ULLSTEIN

D1984921

Das Buch

Mit diesem Hit-Lexikon halten Sie das umfassendste Verzeichnis der Rock- und Popmusik in den Händen, das zurzeit erhältlich ist. Es enthält in alphabetischer Ordnung topaktuelle Informationen über alle Interpreten und Gruppen, die zwischen 1962 und Frühjahr 2002 in den amerikanischen, britischen und deutschen Charts waren. Am Schluss des zweiten Bandes finden Sie ein ausführliches Interpreten-, Gruppen- und Titelregister. Letzteres umfasst sämtliche Top-Ten-Hits der letzten vierzig Jahre in Deutschland, Großbritannien und den USA.

Die Autoren

Frank Laufenberg gilt als einer der versiertesten Kenner der internationalen Rock- und Pop-Szene. Er gehörte 1970 zu den Mitbegründern von SWF 3 und leistete mit Sendungen wie »Pop Shop« oder der Reihe »Facts und Platten« Pionierarbeit auf dem Gebiet der Musiksendungen. Von 1980 bis 1990 moderierte er für den WDR 400-mal die Fernsehsendung »WWF Club«. Für das ZDF moderierte er mehrere Jahre den »Schülerexpress«, für den Bayerischen Rundfunk 250-mal die TV-Quizshow »Supergrips«, und für etliche Jahre war er der Gastgeber in der musikalisch herausragenden ARD-Sendung »Ohne Filter«. Von Laufenberg erschienen zahlreiche Bücher zum Thema Rock- und Popmusik: Monographien über Joe Cocker, Cliff Richard und Deep Purple, eine CD-Serie mit Buch über die Geschichte der Popmusik, ein Buch über »Die besten LPs aller Zeiten«, ein »Tagebuch der Rock- und Popmusik« in zwei Bänden und mit »Völlig losgelöst« ein Werk über die Musik der 80er Jahre. Inzwischen arbeitet Laufenberg wieder vorwiegend für den SWR.

Ingrid Laufenberg studierte Anglistik, Ethnologie sowie Theater-, Film- und Fernsehwissenschaften und arbeitete als Journalistin und Übersetzerin. Sie hat Romane und Sachbücher aus dem Englischen ins Deutsche übersetzt, darunter die »Enzyklopädie des Jazz«, ein Buch über John Lennon und die Autobiographie von Chuck Berry. Für mehrere TV-Anstalten war sie als Rechercheurin, Redakteurin, Aufnahmeleiterin, Autorin und Übersetzerin tätig.

Frank Laufenberg
Ingrid Laufenberg

Frank Laufenbergs Hit-Lexikon des Rock und Pop

Band 2: M–Z

Ullstein

Editorischer Hinweis: Bei manchen Hits, die erst Ende 2001 bzw. Anfang 2002 in den Charts auftauchten, besteht die Möglichkeit, dass sie nach Redaktionsschluss noch höhere Positionen erreichen konnten.

Besuchen Sie uns im Internet:
www.ullstein-taschenbuch.de

Umwelthinweis:
Dieses Buch wurde auf chlor- und säurefreiem Papier gedruckt.

Ullstein Taschenbuchverlag
Der Ullstein Taschenbuchverlag ist ein Unternehmen der
Econ Ullstein List Verlag GmbH & Co. KG, München
Originalausgabe
1. Auflage Oktober 2002

Umschlaggestaltung: Thomas Jarzina, Köln
Titelabbildung: Picture Press, Hamburg
Gesetzt aus der Frutiger, Linotype
Satz: KompetenzCenter, Düsseldorf
Druck und Bindearbeiten: Clausen & Bosse, Leck
Printed in Germany
ISBN 3-548-36372-5

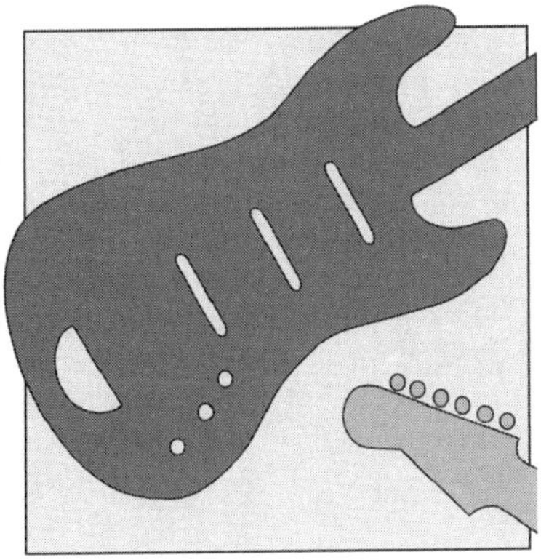

Abkürzungen

Hinter den aufgeführten Interpreten, soweit es sich nicht um Solisten handelt, steht vermerkt, welches Instrument sie spielen. Wir sind sicher, dass die meisten Leser die entsprechenden Kürzel kennen. Trotzdem hier einige Erklärungen der am häufigsten vorkommenden Abkürzungen:

v	Vocal
g	Gitarre
key	Keyboard
d	Drums
b	Bass
syn	Synthesizer
sax	Saxophon
rap	Rapper
bj	Banjo
tr	Trumpet
p	Piano/Klavier
acc	Accordeon
conga	Conga
per	Percussion
pos	Posaune
tuba	Tuba
sou	SOU
harm	Harmonium
dj	DJ
vln	Violin
fiddle	Fiddle
harp	Harp
org	Organ
mix	Mixer
c	Cello
mand	Mandoline
mo	Mouth-Organ
clarinet	Clarinet
fl	Flute
flageolett	Flageolett
panflöte	Panflöte
computer	Computer
bongos	Bongos
cymbals	Cymbals
vibraphon	Vibraphon
horns	Horns
kamm	Kamm
klarinette	Klarinette
tamb	Tamburin
oboe	Oboe
manola	Manola
pedal steel	Pedal Steel
flh	Flügelhorn
bl	Bandleader
tab	Tabla
wb	Washboard
mundh	Mundharmonik
fa	Fagott

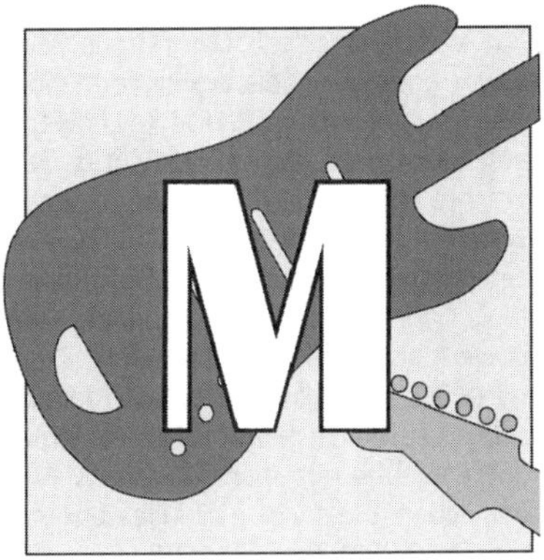

M

ROBIN SCOTT v (Großbritannien, * 1.4. 1947)

M ist Robin Scott. Er hatte als Musiker in der Band von David Bowie begonnen, wurde dann der Manager der Gruppe Roogalator und gründete schließlich das Plattenlabel Do It, um der Band die Möglichkeit zur Veröffentlichung einer LP zu bieten. 1978 ging Robin nach Paris und produzierte dort einige französische Bands, darunter Slits. Hier kam ihm auch die Idee für sein Projekt M – er sah dieses große M immer wenn er in die Nähe einer Métro-Station kam. Als erste Single erschien »Modern Man«, die jedoch ein Flop wurde. Die zweite Platte war dann der Multimillionseller »Pop Muzik« – wobei Music in der Schreibweise Muzik eher als Schimpfwort zu verstehen ist. Die Musik, die in Supermärkten oder Fahrstühlen läuft, wird in den angelsächsischen Ländern als Muzik oder Muzak bezeichnet. Eine LP wurde mit Hilfe einiger Mitglieder der Roogalators und Studiomusiker aufgenommen. Auf einer zweiten waren die zu jenem Zeitpunkt noch unbekannten Musiker Mark King und Phil Gould zu hören, die später Level 42 gründen sollten. Danach hatte man in New York, London, Paris, Munich genug von Robins Muzak. Ein Remix von »Pop Muzik« kam Mitte 1989 in GB noch einmal in die Top 20.

Pop Muzik (4/79 GB 2; 6/79 D 1; 8/79 US 1)
Disko

M/A/R/R/S

DAVE DORRELL dj (Großbritannien), ALEX KANE (Großbritannien), RUDI KANE (Großbritannien), CHRIS »CJ« MACKINTOSH mix (Großbritannien), MARTYN YOUNG (Großbritannien), STEVE YOUNG (Großbritannien)

Die Musikrichtung, die die Formation M/A/R/R/S produzierte, nannte man Elektro-Funk. Im Herbst 1987 drehte die Gruppe mit »Pump Up The Volume« auf und brachte es auf Platz 13 und zum Millionseller in den USA. Die Platte beschäftigte auch Rechtsanwälte, denn speziell Stock/Aitken/Waterman waren der Meinung, dass hier Bruch des Copyrights vorlag, da ein oder zwei Sekunden ihres Titels »Roadblock« gesampelt waren. Fünf Tage lang konnte deshalb die Platte nicht vertrieben werden, was dazu führte, dass Rick Astley, damals unter den Fittichen von S/A/W, eine Woche länger den Spitzenplatz in GB mit »Never Gonna Give You Up« belegte.

Pump Up The Volume (9/87 D 2, GB 1)
Techno

M&S pres. The Girl Next Door

NATASHA BRYCE v (Großbritannien), RICKY MORRISON (Großbritannien), FRAN SIDOLI (Großbritannien)

Natasha war das girl next door. Morrison und Sidoli hatten als Produzenten bereits etliche Versuche hinter sich. So stammte aus ihrer Küche die Nummer »Don't Give Up« (11/97 GB 28) von Michelle Weeks.

Danach versuchten sie sich unter dem Gruppennamen State Of Mind und hatten die Hits »This Is It« (4/98 GB 30) und »Take Control« (7/98 GB 46). Als Produzententeam schafften sie mit der Formation Blockster die Hits »You Should Be...« und »Grooveline«. Zusammen mit Blockster alias Brandon Block kamen sie 2000 als Mystic 3 und dem Titel »Something's Going On« (6/00 GB 63). 2001 waren dann M&S mit Natasha und »Salsoul Nugget (If U Wanna)« erfolgreich. Dieses Stück beinhaltete Samples aus »Everyman« von Double Exposure und »Hit & Run« von Loleatta Holloway.

Salsoul Nugget (If U Wanna) (4/01 GB 6)
Dance

Siehe auch: Blockster

M.C. Hammer

M.C. HAMMER rap (USA, * 30. 3. 1962 als Stanley Kirk Burrell in Oakland/Kalifornien)

Zwei Baseballspieler aus Oakland, Mike Davis und Dwayne Murphy, investierten 40 000 Dollar in die Karriere von M.C. Hammer. Den Spitznamen ›Little Hammer‹ legte er sich zu, als er für die Oakland A's als Schlägerträger arbeitete und die in ihm eine große Ähnlichkeit mit dem Home-Run-King Henry ›Hammerin' Hank‹ Aaron sahen. Nach der High-School wollte Hammer eine Karriere als professioneller Baseballspieler beginnen, was jedoch misslang. Er ging zur Navy. Danach verbrachte er viel Zeit in der Kirche, las eifrig die Bibel und gründete das religiöse Rap-Duo The Holy Ghost Boys. Mit Hilfe der oben erwähnten 40 000 Dollar gründete er nun Bustin‹ Records und verkaufte seine Debütsingle »Ring 'Em« aus dem Kofferraum seines Autos. Für die 40 000 Dollar war er mit den Baseball-Stars die Vereinbarung eingegangen, 10 Prozent all seiner Einnahmen an sie abzutreten. Mit zwei DJs und der Backing Group Oaktowns gründete er die eigene Formation 3-5-7 und nahm die LP »Feel My Power« auf, die sich 60 000 mal verkaufte. Das brachte ihm im Mai 1988 einen Plattenvertrag mit Capitol Records ein, die ihm einen Vorschuss von 750 000 Dollar zahlten. Capitol veröffentlichte »Feel My Power« als »Let's Get It Started« (12/88 US-LP 30) – man hatte vier neue Songs zusätzlich auf die LP gebracht – noch einmal und verkaufte nun mehr als zwei Millionen Alben. Die nächste LP »Please Hammer Don't Hurt 'Em« (3/90 US-LP 1, 7/90 GB-LP 8) hielt die Spitzenposition 21 Wochen und verkaufte sich mehr als zehn Millionen Mal. Inzwischen war er auch in der Singlehitparade erfolgreich. Von 1991 bis 1994 strich er das M.C. vor seinem Künstlernamen. Im oberen Bereich der Hitparaden tauchte er mit »Pumps And A Bump« (3/94 US 26) auf. Auch erfolgreich waren seine Alben »Too Legit To Quit« (11/91 US-LP 2) und »The Funky Headhunter« (3/94 US-LP 12). Er beeindruckte nicht nur durch gelungenen, melodischen Rap, sondern auch durch gut choreografierten und ausgeführten Tanzstil bei seinen Auftritten. Da Hammer nie durch Skandale auffiel, war er in den USA zu einem Rollenvorbild für schwarze Jugendliche geworden, denen er von Drogen und Alkohol dringendst abriet. Es gab sogar eine Zeichentrickserie mit dem Titel ›Hammerman‹ und eine Puppe von Hammer mit einem Ghettoblaster. In anderer Hinsicht scheint er wenig Vorbild zu sein. Wurde er noch 1991 von der Zeitschrift ›Forbes‹ auf Platz 19 in der Liste der höchstbezahlten Entertainer geführt, so las man im April 1996, er habe 10 Millionen Dollar Schulden und müsse Bankrott anmelden.

U Can't Touch This (4/90 US 8; 6/90 D 2, GB 3)
Have You Seen Her (6/90 US 4; 10/90 D 10, GB 8)
Pray (9/90 US 2; 11/90 GB 8, D 4)
2 Legit 2 Quit (11/91 US 5)

Addams Groove (12/91 GB 4, US 7)
Rap, Rhythm & Blues

M.C. Miker »G« & Deejay Sven

DEEJAY SVEN rap (Niederlande), M.C. MIKER »G« rap (Niederlande, *24. 9. 1967)
Die beiden Rapper haben den »Holiday Rap« zusammengehoppelt aus »Holiday« von Madonna und »Summer Holiday« von Cliff Richard. Produziert wurden sie von dem niederländischen Mastermixer Ben Liebrand. Mit »Celebration Rap« (1/87 D 30) gelang ihnen ein typischer Nachfolgehit. Danach machten sie »And The Bite Goes On«, und so war es dann auch.

Holiday Rap (8/86 GB 6, D 1)
Disko, Rap

M.O.P.

BILLY DANZENIE rap (USA), LIL' FAME rap (USA)
Dieses Rap-Duo aus der New Yorker Ecke Brownsville/Brooklyn formierte sich bereits 1993. Als erste Single brachten sie »How About Some Hardcore« in die unteren Regionen der Rhythm-&-Blues-Charts. M.O.P. stand als Kürzel für Mashed Out Posse. Erste große Erfolge sollten sie nicht in den USA, sondern in Europa erreichen. »Ante Up« (5/01 D 21) veröffentlichten sie zusammen mit Busta Rhymes. Ihr erfolgreichstes Album hieß »Warriorz« (10/00 US-LP 25).

Cold As Ice (5/01 GB 4)
Ante Up (8/01 GB 7)
Rap

M People

AULI COCCO v (Schweden), PAUL HEARD key (Großbritannien, * 5. 10. 1960 in London), MIKE PICKERING v, key, sax, dj (Großbritannien, * 21. 2. 1954 in Manchester), SHOVELL key (Jamaika, * 11. 2. 1969 als Andrew Lovell), HEATHER SMALL v (Großbritannien, * 20. 1. 1965 in London)
Als M-People Anfang der 90er Jahre von Mike Pickering gegründet wurde, verstand er die Formation als Projekt mehrerer Musiker. Ähnlich wie bei Soul II Soul sollten viele verschiedene Sänger bei den Plattenaufnahmen mitwirken. Aber schon als mit »Northern Soul« im Frühjahr 1992 das erste Album erschien, standen die drei oben genannten Interpreten als M-People fest. Small hatte vorher bei der Londoner Formation Hot! House mitgewirkt, Heard bei Orange Juice und Working Week. Die erste Hitnotierung der Gruppe war »How Can I Love You More« (10/91 GB 29). Nachdem der Titel neu abgemischt worden war, kam er im Frühjahr 1993 erneut in die GB-Charts. Im Oktober 1993 war das zweite Album von M-People, »Elegant Slumming« (10/93 GB-LP 2), erschienen. In GB wurde das Trio als ›eine Soulband für die 90er‹ empfohlen. Ende 1994 erschien das Album »Bizarre Fruit« (11/94 GB-LP 3). Ein Jahr später stand »Bizarre Fruit/Bizarre Fruit II« (12/95 GB-LP 3) hoch in den britischen Charts, Bei »Bizarre Fruit II« handelte sich um Remixe des Urspungsalbums. Ende 1995 gelang M-People mit einer neuen Version des Small-Faces-Hits »Itchycoo Park« (11/95 GB 11) ein weiterer Erfolg. Dann sollte es fast zwei Jahre dauern, bis die Formation mit einem neuen Album kam: »Fresco« (10/97 GB-LP 2). Daraus ausgekoppelt: »Just For You«, »Fantasy Island« (12/97 GB 33) und »Angel St«. Die Pause dauerte so lange, weil Sängerin Heather Small Mutterschaftsurlaub genommen hatte: Im März 1997 wurde sie Mutter

eines Sohnes. Ihr nächstes Erfolgsalbum war »The Best Of M People« (11/98 GB-LP 2), die nächsten Singlehits »Testify« (11/98 GB 12) und »Dreaming« (2/99 GB 13).
Schließlich kam Heather als Solistin. Mit »Proud« (6/00 GB-LP 12) legte sie ein erfolgreiches Album vor. Daraus ausgekoppelt der Titelsong »Proud« (5/00 GB 16). Als Gast von Tom Jones hatte sie den Hit »You Need Love Like I Do« (11/00 GB 24).

How Can I Love You More (Remixes) (2/93 GB 8)
One Night In Heaven (6/93 GB 6)
Moving On Up (9/93 GB 2)
Don't Look Any Further (12/93 GB 9)
Renaissance (3/94 GB 5)
Sight For Sore Eyes (11/94 GB 6)
Open Your Heart (2/95 GB 9)
Search For The Hero (6/95 GB 9)
Just For You (10/97 GB 7)
Angel St (3/98 GB 8)
Pop, Soul

Mac Band

RAY FLIPPIN b (USA), RODNEY FRAZIER key (USA), SLYE FULLER d (USA), MARK HARPER g (USA), CHARLES MCCAMPBELL v (USA, in Dallas/Texas), RAY MCCAMPBELL v (USA, in Dallas/Texas), DERRICK MCCAMPBELL v (USA, in Dallas/Texas), KELVIN MCCAMPBELL v (USA, in Dallas/Texas)
Die Mac Band machte, wie es ihre Plattenfirma so schön schrieb, ›Sophisti-Funk‹. Die Brüder McCampbell gingen unterschiedliche musikalische Wege, bevor sie sich 1984 zusammenschlossen. Sie gewannen mehrere Talentwettbewerbe und erhielten schließlich einen Plattenvertrag. Ihr einziger nennenswerter Hit war »Roses Are Red«, der es in den USA bis auf Platz 1 der R&B-Charts und in Deutschland auf 20 in den Popcharts brachte. L.A. Reid und Babyface waren die Produzenten des Hits. Die Plattenveröffentlichungen gingen bis in die 90er Jahre – ein Pophit war nicht mehr dabei.

Roses Are Red (6/88 GB 8)
Pop, Rhythm & Blues

MacColl, Kirsty

KIRSTY MACCOLL v (Großbritannien, * 10. 10. 1959, † 18. 12. 2000)
Kirsty schrieb seit ihren Jugendtagen Songs. Das Talent hatte sie wohl von ihrem Vater, dem Folk-Sänger Ewan MacColl, geerbt, von dem z. B. der wunderschöne Titel »First Time Ever I Saw Your Face« stammt, den er 1957 für Peggy Seeger geschrieben hatte und der durch Roberta Flack im Frühjahr 1972 zum Millionseller und Spitzenreiter in den USA wurde. Kirstys erste Station war die Gruppe Addixx. Nach einem Konzert mit dieser Band lernte sie den Stiff-Chef Dave Robins kennen, dem sie ihr Lied »They Don't Know« vorstellte. Sie erhielt einen Plattenvertrag, und ihre Debütsingle war dann auch die erwähnte Nummer, die später von Tracey Ullman gecovert und für diese im September 1983 zum Hit wurde. Ende 1980 ging Kirsty zu einer anderen Firma und veröffentlichte dort »There's A Guy Works Down The Chip Shop Swears He's Elvis« (6/81 GB 14). Danach trat eine längere Pause ein. Kirsty wurde zweimal Mutter und machte nur noch sporadisch Plattenaufnahmen. »A New England« war geschrieben von Billy Braggs. Auf Alben von Simple Minds, den Rolling Stones, Talking Heads, U2, The Smith, Van Morrison oder den Pogues sang sie im Hintergrund mit – die Pogues hatten mit ihr ihren größten Erfolg. Die Weihnachtssingle »Fairytale Of New York« erschien als Pogues featuring Kirsty MacColl. Bei einer Wiederveröffentlichung zum Weih-

nachtsfest 1991 kam sie noch einmal unter die ersten 40. Mit ihren Solo-Aktivitäten ließ sie sich danach wieder Zeit, und erst 1989 kam sie mit der Nummer »Days« (7/89 GB 12), im Original ein Stück der Kinks. 1993 wechselte sie zu der britischen Plattenfirma ZTT. Als erste Single erschien dort Ende 1993 der Titel »Angel«. Produzent der Nummer war Steve Lillywhite, der auch U2 und Morrissey betreut. Das Plattencover zeigte das Gemälde ›Guardian Angel‹, das Holly Johnson 1989 gemalt hatte. Das alles half nichts. Mit »Titanic Days« erschien 1994 ihre erste CD bei ZTT. Anfang 1995 wurde – dieses Mal von Virgin Records – eine Zusammenstellung ihrer großen Hits veröffentlicht. Eine Wiederveröffentlichung der Nummer »Days« brachte ihr Mitte 1995 einen Platz 42 in GB und ihre letzte Hitnotierung. Ihre erfolgreichsten Alben hießen »Electric Landlady« (7/91 GB-LP 17) und »Galore« (3/95 GB-LP 6).
Ende 2000 wurde Kirsty vor der Küste von Cozumel in Mexiko beim Schwimmen von einem Schnellboot überfahren.

A New England (1/85 GB 7)
Fairytale Of New York (12/87 GB 2)
Pop

MacGregor, Byron

BYRON MACGREGOR v (Kanada, als Gary Mack in Calgary/Alberta, † 3. 1. 1995)
Die gesprochene Platte »Americans«, unterlegt mit der Musik »America The Beautiful«, wurde ein Millionseller. Byron MacGregor war zu dem Zeitpunkt, als er diesen Text sprach, Nachrichtenchef beim Sender CKLW in Detroit. Der Text selbst stammte von Gordon Sinclair und war ein Beitrag zur Lage der US-Amerikaner Mitte 1973. Daraus ging hervor, was die Amerikaner doch für tolle Hechte sind, wie sie der ganzen Welt helfen und wie sie von der ganzen Welt im Stich gelassen werden, wenn sie selbst einmal in Schwierigkeiten sind. Besonders die Japaner und die Deutschen kriegen ihr Fett weg. Ihnen, so heißt es in »Americans«, hat man nach dem Krieg geholfen, die Städte wiederaufzubauen. Und wenn mal ein kleiner Hurrikan über die USA zieht, wer hilft dann? Die Amerikaner haben die beste Technologie, sagt Byron und belegt das mit den Astronauten, die die Amerikaner auf den Mond geschossen haben. Er starb im Alter von 46 Jahren.

Americans (1/74 US 4)
Pop

MacGregor, Mary

MARY MACGREGOR v (USA, * 6. 5. 1948 in St. Paul/Minnesota)
Mary hatte mit ihrem ersten auch gleich ihren größten Hit: »Torn Between Two Lovers« wurde geschrieben und produziert von Peter Yarrow, selbst erfolgreich mit Peter, Paul & Mary. MacGregor selbst konnte den Titel angeblich überhaupt nicht ausstehen. Bis 1980 wurde sie noch in den amerikanischen Hot 100 notiert, ohne je noch einmal unter die Top 30 zu kommen. Ihr erfolgreichstes Album hieß ebenfalls »Torn Between Two Lovers« (1/77 US-LP 17).

Torn Between Two Lovers (11/76 US 1; 2/77 GB 4)
Pop

Mack, Craig

CRAIG MACK rap (USA, in Long Island/New York)
Der 1971 geborene Rapper veröffentlichte seine erste Single »Get Retarded/Just Rhymin« 1988. Nachdem er einen ersten Vorgeschmack von Geld und Ruhm bekommen hatte, konnte er sich nicht

mehr mit dem Gedanken abfinden, einer geregelten Tätigkeit nachzugehen. Auf der anderen Seite kam er mit seinen Demobändern aber auch nicht weiter, und ganz schnell rutschte Mack ab. Er stahl, klaute Autos und lebte schließlich auf der Straße. In seiner Verzweiflung bat er schließlich die Formation EPMD, mit ihnen auf Tour gehen zu dürfen. Er durfte – als Mädchen für alles. Er nahm zwei weitere Demos auf – ohne Erfolg. Den hatte er erst, als er von dem Produzenten Sean ›Puff Daddy‹ Combs für seine Plattenfirma Bad Boy verpflichtet wurde. Combs produzierte u. a. die New Yorker Künstlerin Mary J. Blige und brachte Craig mit ihr zusammen. Die beiden veröffentlichten die Single »You Don't Have To Worry«, und jetzt interessierte sich die große Company Arista für Combs' Label Bad Boy und veröffentlichte u. a. Craig Macks Debütalbum »Project: Funk Da World« (10/94 US-LP 21). Darauf »Flava In Ya Ear«. Dann kamen nur noch »Get Down« (12/94 US 38) und »Spirit« (7/97 GB 35).

Flava In Ya Ear (8/94 US 9)
Rap

Mack, Lonnie

LONNIE MACK v, g (USA, * 18. 7. 1941 als Lonnie McIntosh in Aurora/Indiana)
Mack hatte mit einer Instrumentalversion des Chuck-Berry-Songs »Memphis« seinen größten Hit. Ein typischer Nachzieher war »Wham!« (8/63 US 24). 1954 gründete er seine erste Country-Band, Lonnie & The Twilighters. Anfang der 60er Jahre machte er zusammen mit Troy Seals Platten. Danach gelangen ihm außer dem erwähnten Top-10-Erfolg bis 1965 noch drei weitere Hitnotierungen. Als Sessionmusiker spielte Lonnie Mack auf Platten von Freddy King, James Brown, Dobie Gray, Michael Nesmith oder den Doors mit. Von 1971 bis 1977 zog er sich ganz aus dem Musikgeschäft zurück und veröffentlichte dann zwei LPs, um anschließend wieder eine lange Pause einzulegen. 1985 kam er mit einer neuen LP, die von Stevie Ray Vaughan mitproduziert wurde.

Memphis (6/63 US 5)
Instrumental, Pop, Rock 'n' Roll

Mackenzie, Nick

NICK MACKENZIE v (Indonesien, * 2. 3. 1950)
Mit 15 Jahren sang der in Indonesien geborene Holländer in der Gruppe Secrets. Nächste Station war Road, mit der er den zumindest regional erfolgreichen Titel »Never Leave Me Lonely« hatte. Als Solist erreichte Nick Mackenzie mit der Nummer »One Is One« den Spitzenplatz in Holland, Belgien und Luxemburg. Nach »Juanita« folgten bis 1980 noch weitere Hitnotierungen, dann war er wieder verschwunden.

Juanita (2/74 D 4)
Pop

Macnee, Patrick & Honor Blackman

HONOR BLACKMAN v, PATRICK MACNEE v
Mit Schirm, Charme und Melone und einem Goldfinger – oder war es eine Pussy Galore? – machten sich diese beiden, die das britische männlich-weibliche Gesangsduo Patrick Macnee & Honor Blackman bildeten, über »Kinky Boots« her. Das Stück war bereits 1964 aufgenommen worden. Simon Mayo war Moderator bei Radio 1 und spielte das Stück in seiner Morgensendung so häufig, dass es mit 26-jähriger Verspätung in die Hitparaden kam. Emma Peel wäre sicher über-

rascht gewesen, hätte sie nicht bei John Steed mit allem rechnen müssen. Die Platte, die die beiden herausbrachten, war so gewaltig, dass sie die selbstsüchtigen Briten nur in ihrem Königreich vertreiben ließen. In Deutschland wurden keinerlei Fußstapfen des Songs entdeckt. Es gibt wirklich Platten, die sollten sich die Briten nur alleine anhören dürfen.

Kinky Boots (12/90 GB 5)
Pop

Mad'House

BUSE UNLU v (Türkei)
Im Frühjahr 2002 kamen gleich zwei Coverversionen des Titels »Like A Prayer« von Madonna in die deutschen Charts. Neben Mad'House verging sich Limelight an dieser Nummer.

Like A Prayer (4/02 D 9)

Madison Avenue

CHEYNE COATES v (Australien), ANDY VAN DORSSELAER dj (Australien)
Seinen ersten Hit hatte das australische Duo im November 1999 mit »Don't Call Me Baby«. Die Platte beinhaltete Samples vom Original dieses Titels, das von Pino D'Angelo stammte. Bei der Wiederveröffentlichung des Stücks erreichte die Nummer auf Anhieb die Spitze in GB. Van Dorsselaer war Mitbesitzer des erfolgreichsten australischen Dance-Labels Vicious Vinyl. Mit »The Polyester Embassy« erschien im Oktober 2000 das erste Album der beiden. Ihr dritter Hit wurde »Everything You Need« (1/01 GB 33).

Don't Call Me Baby (5/00 GB 1)
Who The Hell Are You (10/00 GB 10)
Dance, Pop

Madness

MIKE BARSON key (Großbritannien, * 21. 4. 1958 in London), MARK BEDFORD b (Großbritannien, * 24. 8. 1961 in London), JERRY DAMMERS key (Indien, * 22. 5. 1954 als Gerald Dankin), CHRIS FOREMAN g (Großbritannien, * 8. 8. 1958 in London), SUGGS MCPHERSON v (Großbritannien, * 13. 1. 1961 als Graham McPherson in Hastings/Sussex), CHAS SMASH v, tr (* 14. 1. 1959 als Cathal Smyth), LEE THOMPSON sax (Großbritannien, * 5. 10. 1957 in London), DANIEL WOODGATE d (Großbritannien, * 19. 10. 1960 in London)
Die Ursprünge von Madness gehen zurück bis in das Jahr 1976. In London gründeten Barson, Foreman und Thompson die Bluebeat-Band The Invaders. Im Laufe des nächsten Jahres kamen weitere Mitglieder hinzu, und aus dem Bluebeat entwickelten sie ihren so genannten Nutty Sound. Im Januar 1979 änderten die Invaders ihren Namen in Madness. Wenige Monate später erhielten sie ihren ersten Plattenvertrag. Ihre Debütsingle »The Prince« (9/79 GB 16) war eine Hommage an den Ska-Helden Prince Buster, dessen Song »Madness« sie zu ihrem Namen inspiriert hatte. Drei Monate später erschien mit »One Step Beyond« ihr erster Top-10-Erfolg. Bis Ende 1983 sollten 14 weitere Top-10-Hits folgen. Eine ihrer schönsten Aufnahmen ist »Our House«, die Ende 1982 erschien, die einzige Top-10-Notierung von Madness in den USA war und im Frühjahr 1992 als Wiederveröffentlichung noch einmal ein Top-40-Erfolg wurde. Ähnlich wie die Kinks in den 60er Jahren porträtierten Madness in ihren Stücken auf lustige und dennoch melancholische Weise das Leben in London. Ende 1983 verließ Gründungsmitglied Barson die Gruppe und zog mit seiner holländischen Frau in die Niederlande. Mit ihm ging offensichtlich eine ganze Portion Kreativität verloren. Nach längerer Zeit hatten sie im Frühjahr 1992

noch einmal einen Top-10-Erfolg mit »It Must Be Love«. 1984 gründeten Madness ihre eigene Plattenfirma. Smyth und McPherson veröffentlichten 1985 Platten als The Fink Brothers. Im September 1986 kündigte die Gruppe an, sie werde sich trennen. 1987 machten Bedford und Woodgate zusammen mit Voice Of The Beehive Platten. Bedford begann später, Filmmusiken zu schreiben. Im Februar 1988 kamen vier der Mitglieder wieder als The Madness zusammen. 1990 wurde McPherson hauptberuflich Manager der Gruppe The Farm, deren erste Single er schon 1985 produziert hatte. Die erfolgreichsten Alben der Band: »One Step Beyond« (11/79 GB-LP 2, 3/80 D-LP 14), »Absolutely« (10/80 GB-LP 2, D-LP 21), »Madness 7« (10/81 GB-LP 5), »Complete Madness« (5/82 GB-LP 1), »The Rise And The Fall« (11/82 GB-LP 10, 2/83 D-LP 15), »Keep Moving« (3/84 GB-LP 6), »Mad Not Mad« (12/85 GB-LP 16) und »Divine Madness« (3/92 GB-LP 1). Das Album »Divine Madness« wurde 1998 neu aufgelegt und als zusätzlicher Titel kam die Nummer »The Harder They Come« auf das Album, das sich jetzt »The Heavy Heavy Hits« (6/98 GB-LP 24) nannte. Es folgte »Wonderful« (11/99 GB-LP 17).

One Step Beyond (11/79 GB 7)
My Girl (1/80 GB 3)
Work Rest And Play EP (4/80 GB 6)
Baggy Trousers (9/80 GB 3)
Embarrassment (11/80 GB 4)
The Return Of The Los Palmas Seven (1/81 GB 7)
Grey Day (4/81 GB 4)
Shut Up (9/81 GB 7)
It Must Be Love (12/81 GB 4; 2/92 GB 6)
House Of Fun (5/82 GB 1)
Driving In My Car (7/82 GB 4)
Our House (11/82 GB 5; 1/83 D 8; 5/83 US 7)
Tomorrow's Just Another Day/Madness (Is All In The Mind) (2/83 GB 8)
Wings Of A Dove (8/83 GB 2)
The Sun And The Rain (11/83 GB 5)
Lovestruck (7/99 GB 10)
Bluebeat, Pop, Ska

Siehe auch: Suggs

Madonna

MADONNA v, d (USA, * 16. 8. 1958 als Madonna Louise Ciccone in Bay City/Michigan)
Mitte des Jahres 2001 ging Madonna auf eine ausgedehnte Welttournee, die bereits weit im Voraus ausverkauft war. Selbst das Feuilleton stellte nun die Frage: Was macht eigentlich den Erfolg von Madonna aus, und fabulierte von Pop-Göttin. Zwei Punkte waren es, die Madonna 2001 zum Medienereignis machten. Zum Ersten ihr unbedingter Wille, Erfolg zu haben und dafür auch hart zu arbeiten. Zum Zweiten der Mangel an weiteren Pop-Göttinnen. Den meisten weiblichen Stars des Jahres 2001 fehlte es an Weiblichkeit und menschlicher Ausstrahlung. Während Celine Dion und Mariah Carey stimmlich sehr wohl mit Madonna mithalten können – wenn sie ihr nicht sogar überlegen sind –, ihre Ausstrahlung war die eines Fünf-Sterne-Gefrierfachs. Außerdem schaffte es Madonna, sich als als Trendsetter zu profilieren. Sie sprang nicht auf fahrende Züge, sondern setzte sie in Bewegung. Teilweise konterkarierte sie den Zeitgeschmack der Jugendlichen. Wenn es also gerade schick wurde, in Designerkleidung daherzukommen, zog sie sich eine alte verwaschene Jeans und einen Cowboyhut an – und setzte damit wieder einen Modetrend.
Nachdem sie längere Zeit Tanzunterricht genommen hatte, so z. B. bei Alvin Ailey in New York, arbeitete sie mit der Choreografin Pearl Lang. Nebenher übernahm sie Jobs als Model. 1979 war sie in Frankreich mit der Patrick Hernandez Revue unterwegs, die gerade mit »Born To Be Alive« einen großen Erfolg hatte. Nachdem sie diese Show wieder verlassen hatte, gründete sie mit ihrem Freund die Gruppe Breakfast Club. Zuerst spielte sie Schlagzeug, dann wurde sie die Sängerin. 1980 schließlich startete sie ihre eigene Band

Emmenon, wenig später auf Emmy abgekürzt. Während dieser Zeit trat sie auch in einer Billigfilmproduktion auf. 1982 erhielt sie endlich den lang ersehnten Plattenvertrag, und mit Songs wie »Everybody« und »Physical Attraction« hatte sie ihre ersten Club-Hits in den USA. Mitte 1983 erschien mit »Holiday« ihre erste Hitnotierung in den USA und ihr erster Top-10-Erfolg in GB, geschrieben und produziert durch Jellybean Benitez. »Borderline« wurde im Frühjahr 1984 ihr erster Top-10-Hit in den USA. Seit diesem Zeitpunkt ist Madonna eine der erfolgreichsten US-Interpretinnen. Viele ihrer Songs hat sie selbst geschrieben. Lässt die Aufmerksamkeit nach, tut sie alles, um sie wieder auf sich zu ziehen. So war sie 1991 die erste Schauspielerin bei den Filmfestspielen in Cannes, die ihr Kleid auszog, um sich in ihrer Unterwäsche von Gaultier zu präsentieren. Der ›Stern‹ dazu: ›Madonnas züchtiger Strip vor der Zuschauermenge wird in die Geschichte der Festspiele eingehen, genau wie es der Popstar plante.‹ Ein anderes Beispiel ist ihr Video zu »Like A Prayer«, in dem sie Erotik und Religion so verband, dass es vom Vatikan verdammt wurde und Pepsi-Cola sich genötigt sah, einen Sponsorenvertrag mit Madonna zu kündigen. Ähnliches Aufsehen erregte die Veröffentlichung ihres Buches ›Erotica‹ 1992, das nur in zusätzlicher Verpackung über den Ladentisch gehen durfte. Und »Im Bett mit Madonna« dürfte recht interessant sein. Sicher ist vieles von dem, was Madonna macht, geplant und genau kalkuliert. Ohne eine gehörige Portion Fleiß und Talent wäre ihr lang anhaltender Erfolg jedoch nicht möglich. »This Used To Be My Playground« stammte aus dem Film »A League Of Their Own«, in dem Madonna eine Hauptrolle spielte. Auch ansonsten gab es etliche Filme mit ihr: »Dick Tracy«, »Who's That Girl«, »Shanghai Surprise«, »Desperately Seeking Susan« oder »In Bed With Madonna«. Die Reaktionen auf diese Filme waren recht unterschiedlich. Dass sie ausgesprochen geschäftstüchtig ist, zeigt sich darin, dass sie ihre gesamten Aktivitäten unter eigener Regie mit ihrer Produktionsfirma Maverick selbst kontrolliert. Ihre 1994 erschienene CD »Bedtime Stories« knüpft schon mit dem Titel nahtlos an ihre Masche an, Phantasien zu wecken. In der zweiten Hälfte der 90er Jahre sah sie die Möglichkeit, ihre Filmkarriere voranzutreiben und bewarb sich mit größter Intensität um die Hauptrolle in der Verfilmung des Musicals »Evita«. Parallelen zwischen ihr und Evita fielen wohl nicht nur dem Regisseur auf. Sie bekam die Rolle und wurde für ihre Leistung hoch gelobt. »You Must Love Me« kommt in dem Original-Musical nicht vor. Er wurde extra für den Film von Andrew Lloyd Webber und Tim Rice geschrieben – seit Jahren wieder die erste gemeinsame Arbeit der beiden.

Ihre erfolgreichsten Alben: »Madonna« (9/83 US-LP 8, 2/84 GB-LP 6, 5/84 D-LP 44, 10/85 RE-D-LP 28), »Like A Virgin« (11/84 GB-LP 1, 12/84 US-LP 1, D-LP 1), »True Blue« (7/86 GB-LP 1, US-LP 1, D-LP 1), »Who's That Girl« (8/87 US-LP 7, D-LP 1), »You Can Dance« (11/87 GB-LP 5, 12/87 US-LP 14), »Like A Prayer« (4/89 US-LP 1, GB-LP 1, D-LP 1), »I'm Breathless« (6/90 US-LP 2, GB-LP 2, D-LP 1), »The Immaculate Collection« (11/90 GB-LP 1, 12/90 US-LP 2, D-LP 10), »Erotica« (10/92 GB-LP 2, D-LP 5, 11/92 US-LP 2), »Bedtime Stories« (11/94 US-LP 3, GB-LP 2, D-LP 4), »Something To Remember« (11/95 US-LP 6, GB-LP 3, D-LP 2), »Evita« (11/96 US-LP 2, GB-LP 1, D-LP 2), »Ray Of Light« (3/98 D-LP 1, GB-LP 1, US-LP 2), »Music« (9/00 GB-LP 1, 10/00 D-LP 1, US-LP 1) und »GHV2 – Greatest Hits Volume 2« (11/01 GB-LP 2, D-LP 3, 12/01 US-LP 7).

Und noch eine Rolle, in der man sich Madonna am Anfang ihrer Karriere nicht

vorstellen konnte: Mutter. Am 14. 10. 1996 kam mit Lourdes Maria Ciccone Leon eine Tochter zur Welt, am 11. 8. 2000 Sohn Rocco. Vater der Tochter war Madonnas Fitnesstrainer Carlos Leon, Vater des Sohnes der 31-jährige britische Film-Regisseur Guy Ritchie.
2001 erhielt Madonna von der Software-Firma Microsoft 30 Millionen Mark, weil sie ihren Titel »Ray Of Light« für eine Werbekampagne der Firma zur Verfügung stellte.

Holiday (1/84 GB 6; 3/84 D 9; 8/85 GB 2; 6/91 GB 5)
Borderline (3/84 US 10; 1/86 GB 2)
Lucky Star (8/84 US 4)
Like A Virgin (11/84 US 1, GB 3, D 4)
Material Girl (2/85 GB 3, US 2)
Crazy For You (3/85 US 1; 6/85 GB 2)
Angel (4/85 US 5; 9/85 GB 5)
Into The Groove (7/85 GB 1, D 3)
Dress You Up (8/85 US 5; 12/85 GB 5)
Gambler (12/85 GB 4)
Live To Tell (4/86 US 1, GB 2)
Papa Don't Preach (6/86 GB 1, D 2, US 1)
True Blue (10/86 GB 1, D 6, US 3)
Open Your Heart (12/86 US 1, GB 4)
La Isla Bonita (3/87 US 4, GB 1, D 1)
Who's That Girl (7/87 US 1, GB 1, D 2)
Causing A Commotion (9/87 US 2, GB 4)
The Look Of Love (12/87 GB 9)
Like A Prayer (3/89 US 1, GB 1, D 2)
Express Yourself (6/89 US 2, GB 5, D 3)
Cherish (8/89 US 2, GB 3)
Dear Jessie (12/89 GB 5)
Keep It Together (2/90 US 8)
Vogue (4/90 D 4, GB 1, US 1)
Hanky Panky (6/90 US 10, GB 2)
Justify My Love (11/90 US 1, GB 2, D 10)
Crazy For You (Remix) (3/91 GB 2)
Rescue Me (3/91 US 9, GB 3)
This Used To Be My Playground (7/92 D 6, US 1, GB 3)
Erotica (10/92 GB 3, US 3)
Deeper And Deeper (12/92 US 7, GB 6)
Bad Girl (3/93 GB 10)
Fever (4/93 GB 6)
Rain (7/93 GB 7)
I'll Remember (4/94 US 2, GB 7)
Secret (10/94 US 3, GB 5)
Take A Bow (12/94 US 1)
Bedtime Story (2/95 GB 4)
Human Nature (8/95 GB 8)
You'll See (11/95 GB 5; 12/95 US 6)
You Must Love Me (11/96 GB 10)
Don't Cry For Me Argentina (12/96 GB 3; 1/97 D 3; 2/97 US 8)
Another Suitcase In Another Hall (3/97 GB 7)
Frozen (3/98 D 2, GB 1, US 2)
Ray Of Light (5/98 GB 2; 7/98 US 5)
Drowned World/Substitute For Love (9/98 GB 10)
The Power Of Good-Bye (11/98 D 4)
The Power Of Good-Bye/Little Star (12/98 GB 6)
Nothing Really Matters (3/99 GB 7)
Beautiful Stranger (6/99 GB 2)
American Pie (3/00 GB 1, D 1)
Music (8/00 US 1; 9/00 D 2, GB 1)
Don't Tell Me (12/00 US 4, GB 4)
What It Feels Like For A Girl (4/01 GB 7)
AOR (Adult Orientated Rock), Dance, Pop, Soft Pop

Maerz, Marion

MARION MAERZ v (Deutschland, * 17. 8. 1943 als Marion Litterscheid in Flensburg)
Der erste Erfolg gelang Marion Ende 1965 – sie sang zu diesem Zeitpunkt noch nur unter ihrem Vornamen – mit »Er ist wieder da«. Wenig zuvor war sie in Hannover auf einer Messeveranstaltung entdeckt worden. Danach hatte sie Hits mit »Wir halten zusammen« (5/66 D 29), »Ich hab einen guten Freund gehabt« (12/66 D 33) und »Du gehst fort« (9/75 D 15) mit Anthony. Ende der 70er Jahre zog sie sich aus dem Geschäft zurück. Wetten, dass viele wissen, warum? Anfang der 90er Jahre war sie wieder da und versuchte sich als volkstümliche Sängerin.

Er ist wieder da (12/65 D 6)
Deutscher Schlager

Maffay, Peter

PETER MAFFAY v, g (Rumänien, * 30. 8. 1949 als Peter Alexander Makkay in Kronstadt)

1963 kam Peter mit seinen Eltern in die Bundesrepublik, kaufte sich für siebzig Mark eine Gitarre und gründete seine erste eigene Band, The Dukes, die sich musikalisch an die Kinks anlehnte. 1969 wurde er in München von Michael Kunze entdeckt, der zusammen mit Peter Orloff die Nummer »Du« schrieb, die Maffay schließlich im Frühjahr 1970 einen Platz 1 in Deutschland bescherte. In den Anfangstagen seiner Karriere konnte Peter Maffay sicher nicht ahnen, dass er einmal einer der bekanntesten Rocksänger Deutschlands werden würde. Und ganz ehrlich: In jenen Anfangstagen sah es sicher auch nicht so aus, als würde er jemals im Vorprogramm der Rolling Stones spielen. Er brachte es auf einige Single-Hits, aber er ist ohne Zweifel eher ein LP-Verkäufer. Seine erfolgreichsten Alben: »Und es war Sommer« (11/76 D-LP 6), »Steppenwolf« (4/79 D-LP 1), »Frei sein« (10/79 D-LP 1), »Revanche« (9/80 D-LP 1), »Ich will leben« (2/82 D-LP 1), »Live '82« (8/82 D-LP 8), »Tabaluga« (10/83 D-LP 2), »Carambolage« (2/84 D-LP 1), »Sonne in der Nacht« (9/85 D-LP 1),
»Stationen« (3/86 D-LP 5), »Tabaluga und das leuchtende Schweigen« (11/86 D 1), »Lange Schatten« (2/88 D-LP 1), »Kein Weg zu weit« (10/89 D-LP 1), »38317« (9/91 D-LP 3), »Freunde und Propheten« (11/92 D-LP 8), »Tabaluga und Lili« (10/93 D-LP 4), »96« (3/96 D-LP 1), »Maffay 96 Live« (1/97 D-LP 8), »Begegnungen« (3/98 D-LP 5) und »X« (4/00 D-LP 2).

Viele davon wurden mit Platin bedacht, d. h. verkauften sich mehr als 500 000mal. Platin setzte es selbst für sein Märchen »Tabaluga« 1983. Diese Geschichte eines kleinen Drachen wurde in den folgenden Jahren immer mal wieder fortgesetzt. So war er 1994 mit »Tabaluga & Lilli« sehr erfolgreich durch die größten Hallen Deutschlands unterwegs.

Die Singlehits von Peter Maffay machen nicht deutlich, dass Peter textlich sehr viel Tiefgründigeres zu bieten hat als Schlager, in denen ›du‹ vorkommt. Peter Maffay gehört zu den seltenen Fällen, in denen sich jemand vom sanften Schlagersänger zum Rocksänger wandelte, ohne die eine oder andere Fraktion der Fans zu verprellen. Die Konzerte von ihm zeigen auch eine erstaunliche Bandbreite. Die, die 1970 »Du« liebten, blieben ihm so treu wie die, die erst 1990 nach »Tiefer« oder »Steh auf« hinzugekommen sind. Wenn man Peter auf der Bühne beobachtet, sieht man sehr deutlich, dass er das, worüber er singt, ehrlich meint. Er ist nicht einer der stets Betroffenen, sondern artikuliert seine Wut über Zustände und Gegebenheiten recht deutlich. Sozial engagiert und für die Probleme der Kleinen eingesetzt hat er sich schon immer. Jemand, der wie er auf die Hilfe der hier Wohnenden angewiesen war, als er selbst neu hinzuzog, weiß viel über diese Problematik. Der Grafiker Gottfried Helnwein hat über Maffay, den er im Übrigen ausgezeichnet porträtiert hat, gesagt: ›Er hat in Deutschland sicher den Stellenwert, den in den USA jemand wie Bruce Springsteen hat.‹ Wolfgang Niedecken, dessen musikalischer Background sicher meilenweit von Maffays entfernt ist, sagte über Peter: ›Man mag zu Maffay stehen, wie man will, aber allein die Tatsache, dass er für »Nackt im Wind« mit Leuten ins Studio geht, von denen er weiß, dass sie nicht besonders auf ihn stehen, ist doch wahnsinnig gut.‹ Dass er als Chef jemand ist, mit dem man auch über längere Zeit arbeiten möchte, beweist die Tatsache, dass viele seiner Mitmusiker und sein Manager/Berater Dieter Viering schon seit vielen Jahren mit ihm zusammenarbeiten. Auch als Schauspieler hat Peter Maffay keinen schlechten Eindruck hinterlassen. 1986 war er neben Tahnee Welch, Michael York und Armin Mueller-Stahl in dem Krimi »Der Joker« als Kommissar Jan

Bogdan zu sehen, der seiner Arbeit als Polizist überdrüssig ist und, erst nachdem er als Krüppel im Rollstuhl sitzt, richtig aufräumt. Peter Maffay baute sich ein eigenes Aufnahmestudio und gründete eine eigene Plattenfirma, unter anderem, um Nachwuchsförderung in Deutschland zu betreiben. Mit »Begegnungen« brachte Peter ein Album, auf dem er etliche andere Interpreten mit sich singen ließ – darunter Yothu Yindi, José Carreras, Keb' Mo' oder Lokua Kanza. 2001 folgte das Album »Heute vor dreißig Jahren«, das am 5. 3. gleich auf Platz 1 der Album-Charts einstieg. Darauf 15 der bekanntesten Lieder von ihm neu arrangiert, neu aufgenommen und natürlich neu gesungen.

Du (4/70 D 1)
Du bist anders (9/70 D 5)
Josie (10/75 D 9)
Und es war Sommer (10/76 D 5)
So bist du (4/79 D 1)
Über sieben Brücken musst du gehn (12/80 D 4)
Lieber Gott... (2/82 D 6)
AOR (Adult Orientated Rock), Deutscher Schlager, P

Magic Affair

ANITA DAVIS v (USA, in New Orleans), JANET DE LARA v (Deutschland, als Jannet Schüttler in Mannheim), A.D. MORGAN v, FRANCA MORGANO v (Deutschland, * 4. 1. 1968 in Frankfurt/Main), RAS MA-TAZ v (USA, * 29. 10. 1970 als Richard Michael Smith in Atlanta/Georgia), MICHAEL STAAB key, b (Deutschland, * 5. 4. 1960), A.K. SWIFT v (USA, * 15. 7. 1969 als Burnell K. Herring jr. in Chicago/Illinois), BERND WALDSTÄDT (Deutschland)

Die beiden Produzenten Michael Staab und Bernd Waldstädt waren die treibenden Kräfte hinter diesem Technoprojekt. Franca sorgte für den Gesang, A.K. für den Rap. Magic Affair war die Fortführung des Projektes Mysterious Art. Nicht nur, dass Staab bei beiden Formationen die Fäden zog, auch »Das Omen« fand hier seine gedankliche Fortsetzung. Nachdem Mysterious Art mit »Das Omen (Teil I)« 1989 die Spitze der deutschen Hitparade erreicht hatte, kam »Carma – Omen II« im selben Jahr noch in die Top 10. Danach wurden weitere Singles veröffentlicht, die aber an die ersten beiden nicht heranreichen konnten. Mit dem Wechsel von Staab von der CBS zur EMI war offensichtlich auch die Namensänderung notwendig geworden. Bei den Initialen M.A. ist man zumindest geblieben. Im Januar 1994 kam »Omen III« mit Magic Affair und wurde in GB Platz 17. Zu diesem Zeitpunkt gehörten auch Morgana und Swift zu dem Projekt. Swift ist einer der vielen ehemaligen US-GIs, die in Deutschland Plattenstars wurden. »In The Middle Of The Night« (8/94 D 16, 11/94 GB 38) und »Fire« (11/94 D 25) waren weitere Hits. Ende 1994 wurde Swift, der danach eine recht erfolgreiche Solokarriere startete, durch Morgan ersetzt. Mitte 1995 tauschte Mike Staab das Personal von Magic Affair komplett aus. Hinzugenommen wurden Janet De Lara und die gebürtige Amerikanerin Anita Davis. Gleichzeitig kündigte er an, dass das im Herbst 1995 erscheinende Album »Phenomenia« stilistisch merklich von den bisherigen Veröffentlichungen abweichen werde. In puncto beats per minute würde er reduzieren und mehr House-Elemente einbringen. Jeder Track solle außerdem in einem Radio- und einem neu arrangierten House-Mix erscheinen. Im März 1997 wurde mit »Break These Chains« eine neue Single von Magic Affair veröffentlicht. Neben Anita Davis war nun der ehemalige E-Rotic-Sänger Ras Ma-Tas zu hören. Franca Morgano kam 1998 als Solistin mit dem Titel »One Way Street« auf den Markt.

Omen III (1/94 D 1)
Give Me All Your Love (5/94 D 6)
Techno

Siehe auch: Time To Time; Mysterious Art

Mai Tai

CAROLIEN DE WINDT v (Curacao), MILDRED DOUGLAS v (Curacao), JETTIE WELLS v (Surinam)
Jetty Wells ist auf Surinam geboren und in Holland aufgewachsen. Erste Erfolge als Sängerin verbuchte sie mit der Soulband The Free. Später avancierte sie in Holland zur gefragten Studiosängerin. So lernte sie Mildred Douglas kennen, die von der Insel Curacao kam. Von derselben Insel kam auch Carolien de Windt, die mit der Gruppe Fruitcake gesungen hatte. Im Herbst 1983 suchte der holländische Produzent Jochem Fluitsma eine Dance-Band und stellte diese drei als Trio Mai Tai zusammen. 1985 kamen mit »History« der erste Hit. Die Nummer wurde wenig später ein Top-30-Erfolg in Deutschland. Mit »Female Intuition« (5/86 US 71) gelang ihnen ein Charterfolg in den USA. Wie bei so vielen Diskogruppen war nach wenigen Nummern die Luft raus.

History (5/85 GB 8)
Body And Soul (8/85 GB 9)
Disko

Main Ingredient

CUBA GOODING v (USA, * 27. 4. 1944 in New York City), DONALD MCPHERSON v (USA, * 9. 7. 1941 in Indianapolis/Indiana † 4. 7. 1971), LUTHER JR. SIMMONS v (USA, * 9. 9. 1942 in New York City), TONY SYLVESTER v (Panama, * 7. 10. 1941 als Enrique Antonio in Colon)
Das aus New York stammende Soul-Trio kam 1964 als Poets zusammen, und sie nahmen einige Platten auf, änderten ihren Namen in Insiders und schließlich in Main Ingredient. Angeblich haben sie den Gruppennamen einer Colaflasche entnommen. In den späten 60er Jahren erhielten sie einen Plattenvertrag, und mit »You've Been My Inspiration« (6/70 US 64) hatten sie ihre erste Chartnotierung in den USA. 1971 starb McPherson an Leukämie. Für ihn kam Cuba Gooding und mit ihm auch der große Erfolg. Sylvester verließ die Gruppe und arbeitete als Plattenproduzent. Er hatte Erfolg mit Diskoproduktionen von Künstlern wie Sister Sledge, Linda Lewis und Ben E. King. Nach 1975 gelang der Gruppe kein Erfolg mehr. Gooding versuchte sich ab 1977 als Solist, kam aber 1979 wieder mit Simmons und Sylvester zusammen. Bis in die 80er Jahre nahm das Trio weiter Platten auf.

Everybody Plays The Fool (7/72 US 3)
Just Don't Want To Be Lonely (2/74 US 10)
Soft Soul, Soul

Maisonettes

LAWRENCE »LOL« MASON v (Großbritannien), CARLA MENDOCA v (Großbritannien), NICK PARRY d (Großbritannien), LISA RICHARDS v (Großbritannien), MARK TIBBENHAM key (Großbritannien), DENISE WARD v (Großbritannien), ELAINE WILLIAMS v (Großbritannien)
Gegründet wurde diese Band 1982 in Birmingham von Tibbenham und Mason. Mark hatte davor mit mittelmäßigem Erfolg in diversen Bands gespielt, ›Lol‹ hatte mit seiner Gruppe City Boy Mitte 1978 den Top-10-Erfolg »5-7-0-5« und einige andere sehr schöne Titel. Die erste Single als Maisonettes nahmen sie mit den Backgroundsängerinnen Williams und Ward auf: »Heartache Avenue«. Eine zweite Single wurde mit den neuen Backgroundsängerinnen Mendoca und Richards aufgenommen, erreichte aber schon nicht mehr die Hitparaden.

Heartache Avenue (12/82 GB 7)
Pop
Siehe auch: City Boy

Makaveli

2PAC v, rap (USA, * 16. 6. 1971 als Tupac Amaru Shakur in New York City, † 13. 9. 1996)
»The Don Killuminati: The 7 Day Theory« (11/96 US-LP 1) hieß ein Album, das von Makaveli im Herbst 1996 in die US-Charts kam. Hinter dem Pseudonym – zugleich der Name seines eigenen Plattenlabels – verbarg sich 2Pac. Aus diesem Album wurde die Nummer »To Live & Die In L.A.« ausgekoppelt. In den USA verkaufte das Album innerhalb von rund 20 Wochen mehr als zwei Millionen Exemplare.

To Live & Die In L.A. (4/97 GB 10)
Rap, Rhythm & Blues
Siehe auch: 2Pac

Malcolm, Carl

CARL MALCOLM v (Jamaika)
Carl Malcolm ist ein weiterer jamaikanischer Interpret, der es mit einem einzigen Stück in GB unter die ersten 10 schaffte und danach wieder verschwand: »Fattie Bum Bum«. Verfügte der Mann vielleicht über hellseherische Fähigkeiten und wusste etwas über einen Tennisstar im Jahre 2030? Er wurde danach jedenfalls nicht mehr gesehen. Zur selben Zeit hatte sich die britische Formation Diversions ebenfalls mit »Fattie Bum Bum« versucht, erreichte aber nur Platz 34.

Fattie Bum Bum (9/75 GB 8)
Pop

Malmkvist, Siw

SIW MALMKVIST v (Schweden, * 31. 12. 1936 in Landskrona/Malmö)
Siw war ab 1955 in ihrer Heimat erfolgreich. Mit »Trocadero 9910« (6/60 D 50) hatte sie ihren ersten Eintrag in der deutschen Hitparade, zwei Monate später stand sie mit ihrer Version von »Die Liebe ist ein seltsames Spiel« (8/60 D 26), aufgenommen unter dem Pseudonym Jolly-Sisters in den Charts. »Danke für die Blumen« war Mitte 1961 ihr erster Top-10-Erfolg. 1964 gewann sie die Schlagerfestspiele in Baden-Baden mit dem Titel »Liebeskummer lohnt sich nicht«. Mitte 1964 war sie auch einmal in der amerikanischen Hitparade verzeichnet. Zusammen mit dem italienischen Sänger Umberto Marcato stand »Sole Sole Sole« (7/64 US 58) in den Hot 100. Nach 1971 war Siw Malmkvist aus den Charts verschwunden. 1992 kam sie mit neuen Produkten, die allerdings keine Spuren in den Hitparaden hinterließen.

Danke für die Blumen (5/61 D 4)
Mr. Casanova (3/63 D 7)
1999 (9/63 D 8)
Liebeskummer lohnt sich nicht (6/64 D 1)
Küsse nie nach Mitternacht (1/65 D 9)
Harlekin (7/68 D 9)
Deutscher Schlager

Mama Cass

CASS ELLIOTT v (USA, * 19. 9. 1941 als Ellen Naimoi Cohen in Alexandria/Virginia, † 29. 7. 1974)
Sie begann mit Cass Elliot & The Big Three, die ihren Namen in Mugwumps umänderten. 1965 wurde sie Mitglied bei den New Journeymen, aus denen wenig später die Mamas & Papas wurden.
Ab Mitte 1968 sang sie als Solistin – ihre Top-40-Hits: »Dream A Little Dream Of Me« (7/68 US 12, 8/68 GB 11), »It's Getting Better« (6/69 US 30) und »Make Your Own Kind Of Music« (10/69 US 36).
Sie starb in der Londoner Wohnung von Harry Nilsson an einem Herzanfall, nachdem sie sich an einem Sandwich verschluckt hatte. Die Nummer »Dream A

Little Dream Of Me« kam 1992 dank einer Werbekampagne von C&A in die deutsche Hitparade. Als Interpreten wurden allerdings Mamas & Papas genannt.

It's Getting Better (8/69 GB 8)
Dream A Little Dream Of Me (4/92 D 5)
Flower-power, Pop

Siehe auch: Mamas & Papas

Mamas & Papas

DENNIS DOHERTY v (Kanada, * 29. 11. 1941 in Halifax), CASS ELLIOTT v (USA, * 19. 9. 1941 als Ellen Naimoi Cohen in Alexandria/Virginia, † 29. 7. 1974), HOLLY MICHELLE GILLIAM PHILLIPS v (USA, * 6. 4. 1944 in Long Beach/Kalifornien), JOHN PHILLIPS v, g (USA, * 30. 8. 1935 als John Edmund Andrew in Parris Island/ South Carolina, † 18. 3. 2001)

John begann in der Gruppe Smoothies zusammen mit Scott McKenzie, mit dem er dann auch im Folk-Trio Journeymen war, das nach 1961 drei Langspielplatten bei Capitol veröffentlichte. 1964 gründete Phillips zusammen mit Denny Doherty, Michelle Gilliam, die er 1962 heiratete, und Cass Elliot die New Journeymen. Ende 1965 unterschrieben sie einen Plattenvertrag und benannten sich in Mamas & Papas um. Barry McGuire hatte inzwischen die John-Phillips-Komposition »California Dreamin'« aufgenommen und im Oktober 1965 veröffentlicht. Mit dem selben Playback nahmen nun die Mamas & Papas eine eigene Version des Titels auf, der im März 1966 ein Millionseller wurde. Im Juli 1968 trennte sich die Formation bereits wieder, und wenig später zerbrach auch die Ehe von Michelle und John. Mama Cass machte ab 1968 Soloplatten. Im Mai 1970 erschien die erste LP von John Phillips, auf der sein einziger Solohit »Mississippi« (5/70 US 32) zu finden war. Ende 1971 kamen die Mamas & Papas noch einmal zusammen, aber nach einer einzigen LP trennten sie sich wieder. Michelle wechselte zur Schauspielerei und war z. B. in »The Last Movie« neben Dennis Hopper zu sehen, den sie später für acht Jahre heiratete. Weitere Filme mit ihr: »Dillinger« und Ken Russells Film-Bio von Rudolph Valentino 1975. 1977 veröffentlichte Michelle eine Soloplatte, die floppte. Im Juli 1980 wurde Phillips wegen Kokainbesitzes verhaftet, im April 1981 zu fünf Jahren Gefängnis verurteilt, aber schon nach dreißig Tagen wurde die Strafe umgewandelt in 250 Stunden gemeinnützige Arbeit. John unternahm eine Vortragsreise durch die USA, bei der er gegen Drogen predigte. Denny hatte inzwischen zwei erfolglose Soloalben veröffentlicht und war Moderator einer populären kanadischen TV-Sendung geworden. Im März 1982 machten John und Denny eine Reunion-Tour. Den Part der beiden Sängerinnen übernahmen Johns Tochter MacKenzie Phillips und Spanky McFarlane, die früher mit Spanky & Our Gang zusammen war. Diese Formation veröffentlichte kein neues Material, die Tour durch die USA war jedoch sehr erfolgreich. Als Songschreiber hatte John, der einst für Scott McKenzie den Welthit »San Francisco« geschrieben hatte, u. a. für die Beach Boys den 1988er Hit »Kokomo« verfasst. Nachdem sich eine chice und anmutige Bekleidungsfirma entschloss, ihre Werbung mit dem Titel »Dream A Little Dream Of Me« zu unterlegen, kam die Platte im April 1992 in die deutsche Hitparade. Als Interpreten wurden Mamas & Papas angegeben, obwohl es sich ursprünglich um eine Soloveröffentlichung von Mama Cass handelte. Chynna Phillips, die gemeinsame Tochter von John und Michelle, führte die musikalische Familientradition zusammen mit den Brian-Wilson-Töchtern Wendy und Carnie Wilson als Wilson Phillips erfolgreich fort, bevor sie sich als Solistin und Schauspielerin versuchte. »California

Dreamin'« kam Mitte 1997 zurück in die britische Hitparade. Hintergrund: die Brauerei ›Carling Premier Lager‹ hatte die Melodie für einen TV-Spot verwendet, der in der besten Sendezeit lief und so die Nachfrage nach dem Song und so genannten »Best Of Mamas & Papas«-Alben angeheizt. Die erfolgreichsten Alben: »If You Can Believe Your Eyes And Ears« (3/66 US-LP 1), »The Mamas & The Papas« (6/66 GB-LP 3, 7/66 D-LP 14, 10/66 US-LP 4), »The Mamas & The Papas Deliver« (3/67 US-LP 2, 6/67 GB-LP 4, 7/67 D-LP 30), »Farewell To The First Golden Era« (11/67 US-LP 5), »Hits Of Gold« (4/69 GB-LP 7), »The Best Of The Mamas & Papas« (6/77 GB-LP 6) und »Daydream« (6/92 D-LP 7).

Im Jahr 1992 war der Gesundheitszustand von John Phillips schon einmal sehr bedenklich. Er musste sich in einer Klinik in Los Angeles einer Lebertransplantation unterziehen. Davon hat er sich erholt. Er starb am 2001 an Herzversagen.

California Dreamin' (1/66 US 4; 8/97 GB 9)
Monday, Monday (4/66 GB 3, US 1; 6/66 D 2)
I Saw Her Again (7/66 US 5)
Words Of Love (12/66 US 5)
Dedicated To The One I Love (2/67 US 2; 4/67 GB 2)
Creeque Alley (4/67 US 5; 7/67 GB 9)
AOR (Adult Orientated Rock), Flower-power, Folk, P

Siehe auch: Mama Cass; Wilson Philips

Man To Man

MAN PARRISH (USA), MIKE ZONE (USA), PAUL ZONE v (USA)

Das Duo hatte in den 80er Jahren einen Hit, nachdem es sich mit dem US-Mixer Man Parrish zusammengetan hatte. Paul und Mike Zone waren vorher als Stripper aufgetreten. Man Parrish hatte in den USA den Dance-Hit »Hip Hop Be Bop«. Ihr Titel »Male Stripper« kam 1986 erstmals in die britische Hitparade, allerdings nur bis auf Platz 63. Nachdem die Nummer dann häufig in Homosexuellen-Kneipen zu hören war, schaffte sie es nach einem zweiten Re-Entry bis auf Platz 4. Die BBC hatte sich geweigert, das Video zu »Male Stripper« zu zeigen, was erst recht das Interesse der Käufer weckte. Die Nachfolgesingle »I Need A Man/Energy Is Eurobeat« kam noch unter die Top 50, dann waren Man To Man ganz aus den Charts verschwunden.

Male Stripper (2/87 GB 4)
Dance, Disko

Manchester, Melissa

MELISSA MANCHESTER v (USA, * 15. 2. 1951 in Bronx/New York City)

Melissa begann ihre Gesangslaufbahn im Background-Chor ihrer Freundin Bette Midler. Ihre Karriere hatte sie als Schauspielerin in der TV-Soap-Opera ›Search For Tomorrow‹ begonnen: Sie spielte eine Sängerin. Ab Mitte 1975 war sie auch als Solistin erfolgreich. Ihre erste Hitnotierung war auch gleich ihr erster Top-10-Erfolg: »Midnight Blue«. Nach 1986 tauchte Melissa Manchester nicht mehr in den Popcharts auf. Als Songautorin gelangen ihr etliche große Erfolge, so z. B. zusammen mit Kenny Loggins dessen Hit »Whenever I Call You Friend«. Inzwischen betätigt sie sich in erster Linie als Drehbuchautorin und Schauspielerin. Ihre erfolgreichsten Alben heißen »Melissa« (3/75 US-LP 12), »Better Days & Happy Endings« (2/76 US-LP 24) und »Hey Ricky« (5/82 US-LP 19).

Midnight Blue (5/75 US 6)
Don't Cry Out Loud (11/78 US 10)
You Should Hear How She Talks About You (5/82 US 5)
AOR (Adult Orientated Rock), Pop

Manchester United Football Club

Achtmal schaffte diese Fußballmannschaft aus Manchester den Einzug in die britische Hitparade. Im Mai 1976 zum ersten Mal mit »Manchester United« (5/76 GB 50), genau sechs Jahre später mit »Glory Glory Man, United« (5/83 GB 13) und schließlich wieder genau zwei Jahre später mit »We All Follow Man, United«. Wie bei allen anderen Platten, die von Fußballclubs gesungen werden, geht es weniger um Gesangs- als vielmehr um Mitgrölqualität. Im Mai 1994 gewann Manchester United im Wembley Stadium gegen Chelsea 4:0 und damit das Cup Final. 24 Stunden später stand »Come On You Reds« auf Platz 1 der britischen Hitparade. Damit waren sie die erste Clubmannschaft, die jemals einen Platz 1 in der britischen Hitparade belegte. Lediglich die englische Fußballnationalmannschaft hatte das erreicht – und zwar zweimal. »Come On You Reds« basierte auf der Nummer »Burning Bridges (On And Off And On Again)«, ein Top-10-Hit für Status Quo Ende 1988. Im Mai 1995 stand »We're Gonna Do It Again« und genau ein Jahr später »Move Move Move (The Red Tribe)« in den britischen Top 10. Mit »Lift It High (All About Belief)« (5/99 GB 11) erzielten sie wieder ein respektables Ergebnis. Damit dürfte Manchester United die erfolgreichste Fußballmannschaft der Welt sein – in den Pophitparaden.

We All Follow Man, United (5/85 GB 10)
Come On You Reds (4/94 GB 1)
We're Gonna Do It Again (5/95 GB 6)
Move Move Move (The Red Tribe) (5/96 GB 6)
Pop

Mancini, Henry

HENRY MANCINI (USA, * 16. 4. 1924 als Enrico Nicola Mancini in Cleveland/Ohio, † 14. 6. 1994)

Mancini war zwischen 1952 und 1958 bei Universal Pictures als fest angestellter Songschreiber beschäftigt. Nebenher arbeitete er wie so viele andere auch für das Fernsehen. Mit der Titelmelodie für die TV-Serie »Peter Gunn« schrieb er 1958 einen Millionseller für sich und einen Hit für viele andere, z. B. Ray Anthony, Duane Eddy, Emerson, Lake & Palmer und Art Of Noise. Ab 1960 wurde er selbst in den US-Charts verzeichnet. Sein »Love Theme From Romeo & Juliet« wurde ebenfalls Millionseller.

Henry Mancini hatte seine Karriere bei den Mel-Tones, der Begleitband von Mel Tormé, begonnen. Im Laufe der Jahre sollte Henry mehr Oscars – insgesamt vier – und mehr Grammys – insgesamt zwanzig – als die meisten anderen Popkünstler gewinnen. Besonders schön sind seine Themen aus den Filmen »Pink Panther«, »Charade«, »Hatari« oder aus »Frühstück bei Tiffany« »Moon River«. Mit dem Thema aus der Fernsehserie »Charlie's Angels« hatte er 1977 einen Hitparadeneintrag. Seine erfolgreichsten Alben waren »Music From ›Peter Gunn‹« (1/59 US-LP 1), »More Music From ›Peter Gunn‹« (6/59 US-LP 7), »Music From Mr. Lucky« (4/60 US-LP 2), »Breakfast At Tiffany's« (10/61 US-LP 1), »Hatari!« (7/62 US-LP 4), »Uniquely Mancini« (6/63 US-LP 5), »Charade« (12/63 US-LP 6), »The Pink Panther« (4/64 US-LP 8) und »A Warm Shade Of Ivory« (5/69 US-LP 5).

How Soon (9/64 GB 10)
Love Theme From Romeo & Juliet (5/69 US 1)
Instrumental, Pop

Mangione, Chuck

CHUCK MANGIONE Horns, flh (USA, * 29. 11. 1940 als Charles Frank in Rochester/New York)

Chuck schaffte den Tanz zwischen Jazz und Pop spielend mit seinem Flügelhorn.

Zusammen mit seinem Bruder Gaspare machte er schon 1960 seine ersten Platten als Jazz Brothers. Bis 1964 spielten sie zusammen und veröffentlichten drei LPs. Nebenher war 1962 bereits die erste Solo-LP von Chuck erschienen. Mitte der 60er Jahre ging er nach New York, wo er mit Musikern wie Woody Herman, Art Blakey, Kay Winding und Maynard Ferguson spielte. Ab Anfang der 70er Jahre war Chuck eine eigenständige Größe im Jazz, aber auch in den Popcharts konnte er überzeugen. Seine erste Hitnotierung hatte er Mitte 1971. Sein größter Erfolg war »Feels So Good«. Mit der Nummer »Give It All You Got« (1/80 US 18) begann die US-TV-Station ABC jeweils die Berichterstattung von den Olympischen Winterspielen 1980. Seine erfolgreichsten Alben waren »Feels So Good« (10/77 US-LP 2) und »Fun And Games« (2/80 US-LP 8).

Feels So Good (2/78 US 4)
Funk, Instrumental, Jazz Rock, Pop

Manhattan Transfer

CHERYL BENTYNE v, TIM HAUSER v (USA, in Troy/New York), LAUREL MASSE v, ALAN PAUL v (USA, in Newark/New Jersey), JANIS SIEGEL v (USA, in Brooklyn/New York City)
Die Band war 1973 durch Tim Hauser gegründet worden und wurde in New York schnell eine Attraktion. Ihre nostalgischen Bezüge, kombiniert mit exzellenten Bühnenauftritten, einem hervorragenden Satz- und Scatgesang, machten sie schnell populär. Mit »Operator« (9/75 US 22) hatten sie ihre erste Hitnotierung. Es folgten »Tuxedo Junction« (2/76 GB 24), eine Coverversion des Art-&-Dotty-Todd-Titels »Chanson D'Amour« (3/77 D 20), »Don't Let Go« (5/77 GB 32), »Walk In Love« (3/78 GB 12), »On A Little Street In Singapore« (5/78 GB 20), »Where Did Our Love Go/Je Voulais (Te Dire Que Je T'attends)« (9/78 GB 40), »Twilight Zone/Twilight Tone« (4/80 US 30, 5/80 GB 25), »Boy From New York City« – im Original 1965 ein Hit der Ad Libs –, »Spice Of Life« (9/83 US 40, 1/84 GB 19). 1979 wurde Laurel Masse durch Cheryl Bentyne ersetzt, was der musikalischen Qualität der Formation keinen Abbruch tat. 1988 zeigte die Nummer »Soul Food To Go«, dass sie musikalisch sehr anpassungsfähig sind. Witzig auch das Video dazu.
Die erfolgreichsten Alben: »Coming Out« (3/77 GB-LP 12), »Pastiche« (2/78 GB-LP 10), »Live« (11/78 GB-LP 4) und »The Best Of The Manhattan Transfer« (12/81 US-LP 103).

Chanson D'Amour (2/77 GB 1)
Boy From New York City (5/81 US 7)
Pop, Rhythm & Blues, Soul

Manhattans

GERALD ALSTON v (USA, * 8. 11. 1942 in Henderson/Kalifornien), REGINA BELLE v (USA, * 15. 7. 1963 in Englewood/New Jersey), EDWARD »SONNY« BIVINS v (USA, * 15. 1. 1942), KENNETH »WALLY« KELLY v (USA, * 9. 1. 1943), WINFRIED »BLUE« LOVETT v (USA, * 16. 11. 1943), GEORGE »SMITTY« SMITH v (USA), RICHARD TAYLOR v (USA, † 7. 12. 1987)
Die Geschichte dieser Gesangsgruppe aus Jersey City, New Jersey, begann in den frühen 60er Jahren, als Bivins und Taylor die Gruppe Dulcets gründeten. Nach etlichen Umbesetzungen und dann auch der Umbenennung kam es 1962 zu der Urbesetzung der Manhattans. Im selben Jahr beteiligten sie sich im Apollo Theater in New York an einer der vielen Amateur Night Competitions, belegten zwar nur Platz 3, erhielten aber doch einen Plattenvertrag. 1965 kam die erste Notierung in den Popcharts. In der Folge waren sie in der Rhythm-&-Blues-Hitparade regelmäßig vertreten, brachten es in der US-

Pophitparade aber bis 1975 zu keinem Top-30-Erfolg. Das sollte sich im Frühjahr 1976 ändern, als »Kiss And Say Goodbye« Spitzenreiter und Platinplatte wurde. Inzwischen war 1970 Smith an Meningitis erkrankt – woran er im selben Jahr starb – und durch Gerald Alston ersetzt worden. Mit ihm war auch der größere Erfolg gekommen. 1976 verließ Rick Taylor die Manhattans und versuchte erfolglos eine Solokarriere. Für ihn kam kein Ersatz. Alston verließ 1988 die Gruppe und versuchte sich ebenfalls als Solist. 1986/9 war Regina Belle Mitglied bei den Manhattans. Sie sollte später als Solistin recht erfolgreich sein. Die erfolgreichsten Alben waren »The Manhattans« (5/76 US-LP 16, 8/76 GB-LP 37) und »After Midnight« (4/80 US-LP 24).

Kiss And Say Goodbye (4/76 US 1; 6/76 GB 4; 8/76 D 10)
Hurt (10/76 GB 4)
Shining Star (4/80 US 5)
Rhythm & Blues, Soft Soul, Soul

Manic Street Preachers

James Dean Bradfield v, g (Großbritannien, * 21. 2. 1969 in Newport/Wales), Richey James Edwards g (Großbritannien, * 22. 12. 1966 in Wales), Sean Moore d (Großbritannien, * 30. 7. 1970 in PontypoolWales), Nicky Wire b (Großbritannien, * 20. 1. 1969 als Jones in Tredegar/Wales)
Die aus Wales kommende Band sorgte zunächst mit Live-Gigs für Furore. Angeblich haben diese teilweise nicht länger als zehn Minuten gedauert, weil sie spätestens bis dahin im Power-Rausch ihr eigenes Equipment zerstört hatten. Die Plattenfirma: ›Die vier rotzfrechen Jungs zeigen sämtliche Posen aus 30 Jahren Rock- und Popgeschichte, und ihre Musik lebt einem vor, was Jugend pur bedeutet.‹ Was soll man dazu sagen? Im Frühjahr 1992 erschien ihr Debütalbum »Generation Terrorists« (2/92 GB-LP 13). Darauf auch ihr erster Top-20-Hit in GB, »Slash 'N' Burn« (3/92 GB 20). Mit einer Coverversion des Themas aus der TV-Serie »M.A.S.H.«, das 1980 schon einmal auf Platz 1 in der britischen Hitparade gestanden hatte, hatte die Gruppe ihren ersten Top-10-Hit. Die englische Musikzeitschrift ›New Musical Express‹ hatte einen Sampler veröffentlicht, auf dem britische Nummer-1-Hits der 70er/80er Jahre in Coverversionen versammelt waren. Und dafür hatten die Manic Street Preachers sich diese Nummer ausgesucht und waren damit überraschend erfolgreich. Mitte 1993 erschien ihr zweites Album »Gold Against The Soul« (7/93 GB-LP 8), 1994 kam »Holy Bible« (9/94 GB-LP 6). Im August 1994 ging Richey in eine Klinik, nachdem er unglaublich abgemagert war. Ende des Jahres schien er sich wieder erholt zu haben, aber am 1. Februar 1995 verließ er morgens um 7 Uhr sein Hotel und ward nicht mehr gesehen. Zwei Wochen später wurde sein Wagen gefunden, und nachdem die Polizei die ganze Gegend durchkämmt hatte, glaubte man, dass er tot sei. Ende 1995 – Richey war immer noch nicht wieder aufgetaucht – machten die anderen als Trio weiter. 1996 wurde dann ein weiteres Erfolgsjahr für die Formation. Ihre vier Chart-Entries waren alle Top-10-Hits. Ihr Album »Everything Must Go« (6/96 GB-LP 2) war ebenfalls überaus erfolgreich. Im Sommer 1997 gingen die Manic Street Preachers erneut ins Studio und produzierten das Album »This Is My Truth, Tell Me Yours« (9/98 GB-LP 1), aus dem als erste Auskopplung die Nummer »If You Tolerate This Your Children Will Be Next« erschien, die am 5. 9. 1998 gleich auf Platz 1 der britischen Charts einstieg. Die Plattenfirma schrieb dazu: ›Den Song schrieb Bassist Nicky Wire über den spanischen Bürgerkrieg im Jahr 1936, in dem sich

Kämpfer aus aller Welt verbündeten, um gemeinsam gegen den sich ausbreitenden Faschismus zu kämpfen. Der Song, übrigens auch eine Hommage an die Clash-Nummer »Spanish Bombs«, ist ein Appell an das öffentliche Bewusstsein, sich auch heutzutage über Bedrohung und Gefahren im Klaren zu sein.‹ 2001 gelang es den Manic Street Preachers als erste Gruppe, zwei Singles am selben Tag in die britischen Top 10 zu bringen. Ihr nächstes Erfolgsalbum »Know Your Enemy« (3/01 GB-LP 2).

Theme From M.A.S.H. (Suicide Is Painless) (9/92 GB 7)
A Design For Life (4/96 GB 2)
Everything Must Go (8/96 GB 5)
Kevin Carter (10/96 GB 9)
Australia (12/96 GB 7)
If You Tolerate This Your Children will Be Next (9/98 GB 1)
You Stole The Sun From My Heart (3/99 GB 5)
The Masses Against The Classes (1/00 GB 1)
Found That Soul (3/01 GB 9)
So Why So Sad (3/01 GB 8)
Pop, Rock

Manilow, Barry

BARRY MANILOW v, p (USA, * 17. 6. 1946 als Barry Alan Pinkus in Brooklyn/New York City)
Barry begann als Jingle-Schreiber. Auf diesem Gebiet sollte er auch dann noch Erfolg haben, als er bereits als Interpret etabliert war. In den USA ist der McDonald's-Slogan ›You deserve a break today‹ untrennbar mit Barrys Stimme verbunden. Als Musiker hatte er 1972 die ersten Erfolge. Er traf auf Bette Midler, die ihn zu ihrem musikalischen Begleiter machte. Ende 1974 kam seine erste Platte in die Hitparade: »Mandy« wurde Millionseller und Spitzenreiter. Das Lied war schon einmal ein Hit gewesen. Scott English, der Autor, sang den Titel als »Brandy«. »Could It Be Magic« war inspiriert durch Chopins Prélude in c-Moll. Dieser Titel war bereits 1971 veröffentlicht worden. Damals wurde als Interpret Feather Bed feat. Barry Manilow genannt. Ende 1975 gelang Barry mit »I Write The Songs«, geschrieben von Bruce Johnston von den Beach Boys, wieder ein Spitzenreiter und Millionseller. Die Liste seiner Hits reicht bis ins Jahr 1988. In den 80er Jahren bat ihn die Witwe des Songtexters Johnny Mercer, zu bisher unveröffentlichten Texten ihres Mannes die Musik zu schreiben. Einige dieser Aufnahmen übernahm Nancy Wilson für ihr 1991 erschienenes Album »With My Lover Beside Me«. Ende 1994 sang Barry alte Standards auf dem Album »Singin' With The Big Bands«.
Seine erfolgreichsten Alben: »Barry Manilow II« (11/74 US-LP 9), »Tryin' To Get The Feeling« (11/75 US-LP 5), »This One's For You« (8/76 US-LP 6), »Barry Manilow/ Live« (5/77 US-LP 1), »Even Now« (2/78 US-LP 3, 9/78 GB-LP 12), »Greatest Hits« (12/78 US-LP 7, 1/79 D-LP 10), »Manilow Magic« (3/79 GB-LP 3), »One Voice« (9/79 GB-LP 18, 10/79 US-LP 9), »Barry« (11/80 GB-LP 5, 12/80 US-LP 15), »If I Should Love Again« (10/81 GB-LP 5, 10/81 US-LP 14), »Barry Live In Britain« (5/82 GB-LP 1), »I Wanna Do It With You« (11/82 GB-LP 7) und »A Touch More Magic« (10/83 GB-LP 10).
Auch am Ende der 90er Jahre war Barry immer noch im Geschäft. 1998 unternahm er eine Tournee durch GB. Zu diesem Zeitpunkt wurde festgestellt, dass Barry mehr als 50 Millionen Platten verkauft hat. Noch 1998 erschien sein neues Musical »Harmony«. 2001 wechselte Manilow nach 25 Jahren seine Plattenfirma – von Arista ging er zu Concord Records. Hier veröffentlichte er das Album »Here At The Mayflower«. Es wurde von seiner Firma angekündigt als Barrys erstes Album nach 15 Jahren, das nur neue Songs enthält: ›New Era, New Company, New Album‹. Anfang 2002

war er mit viel Erfolg in den USA und Kanada auf Tournee. Fast alle seine Konzerte waren ausverkauft. Zur Tournee erschien »Ultimate Manilow« (2/02 US-LP 3).

Mandy (11/74 US 1)
Could It Be Magic (6/75 US 6)
I Write The Songs (11/75 US 1)
Tryin' To Get The Feeling Again (3/76 US 10)
Weekend In New England (11/76 US 10)
Looks Like We Made It (5/77 US 1)
Can't Smile Without You (2/78 US 3)
Copa Cabana (At The Copa) (6/78 US 8)
Somewhere In The Night (12/78 US 9)
Ships (10/79 US 9)
I Made It Through The Rain (11/80 US 10)
I Wanna Do It With You (12/82 GB 8)
Pop, Soft Pop

Mann, Johnny, Singers

JOHNNY MANN v (USA, * 30. 8. 1928 in Baltimore/Maryland)
Johnny Mann war ab 1957 Musikchef in der ›George Gobel Show‹. Schon zu diesem Zeitpunkt trat er zusammen mit seinen Singers auf. Gleiches machte er 1959 in der ›Eddie Fisher Show‹, 1963/64 in der ›Danny Kaye Show‹ und 1967 bis 1969 in der TV-Talk-Show von Joey Bishop. 1971 bis 1973 war er Moderator der Musiksendung ›Johnny Mann's Stand Up And Cheer‹. In den Hitparaden wird Johnny Mann lediglich einmal notiert: mit Jimmy Webbs Nummer »Up, Up And Away«. Zum selben Zeitpunkt standen die Fifth Dimension mit ihrer Version des Titels in den Top 10 der USA.

Up, Up And Away (7/67 GB 6)
Pop

Mann, Manfred

JACK BRUCE v, b (Großbritannien, * 14. 5. 1943 als John Symon Asher in Bishop Briggs), MIKE D'ABO v (Großbritannien, * 1. 3. 1944 in Betchworth/Surrey), MIKE HUGG d, vibraphon (Großbritannien, * 11. 8. 1942 als Michael Hugg in Andover/Hampshire), PAUL JONES v (Großbritannien, * 24. 2. 1942 als Paul Pond in Portsmouth/Hampshire), MANFRED MANN key (Südafrika, * 21. 10. 1940 als Michael Lubowitz in Johannesburg), TOM MCGUINNESS b (Großbritannien, * 2. 12. 1941 in Wimbledon/London), COLIN PATTENDEN b (Großbritannien), DAVE RICHMOND b (Großbritannien), MICK ROGERS v, g (Großbritannien, * 20. 9. 1946 als Michael Oldroyd), CHRIS THOMPSON v, g (Neuseeland, * 9. 3. 1948), MIKE VICKERS g, sax, fl (Großbritannien, * 18. 4. 1941 in Southampton/Hampshire), KLAUS VOORMANN b (Deutschland, * 29. 4. 1938 in Berlin)
1962 firmierten Hugg und Mann als Mann-Hugg Blues Brothers. Sie hatten sich in einem Feriencamp getroffen und nahmen Jones, Vickers und Richmond hinzu, um die Formation zu komplettieren. Im Frühjahr 1963 gaben sie im Marquee Club in London ihr Debüt, im Mai desselben Jahres erhielten sie einen Plattenvertrag und nannten sich nun Manfred Mann. Ihre Debütsingle »Why Should We Not?«, eine jazzige Rhythm-&-Blues-Instrumentalnummer, kam nicht in die Hitparade. Auch ihre zweite Single »Coc-A-Hoop«, eine R&B-Gesangsnummer, verfehlte die Charts. Im Januar 1964 verließ Richmond die Gruppe und wurde durch Tom McGuinness ersetzt, der vorher mit Eric Clapton bei den Roosters und mit Casey Jones & The Engineers gespielt hatte. Dann wurde die Gruppe gefragt, ob sie nicht das Thema für eine neue britische TV-Popsendung mit dem Titel ›Ready Steady Go‹ schreiben wollte. Sie wollten, und das Ergebnis »5-4-3-2-1« wurde mit Hilfe der Fernsehsendung und der Tatsache, dass sie darin regelmäßig zu Gast waren, ihre erste Hitnotierung. Mitte desselben Jahres gelang ihnen mit »Do Wah

Diddy Diddy«, im Original von der US-Gruppe Exciters, ein weltweiter Hit. Ende 1965 gab es wieder Umbesetzungen. Vickers verließ die Band, McGuinness übernahm die Gitarre, und neuer Bassist wurde Jack Bruce. Der wurde jedoch schnell wieder durch Studiomusiker ersetzt, und schließlich kam für ihn der Deutsche Klaus Voormann. Wichtiger war die Tatsache, dass Mitte 1966 Paul Jones die Band verließ und durch Mike D'Abo ersetzt wurde, weil Rod Stewart, Long John Baldry und Wayne Fontana beim Vorsingen durchgefallen waren. Mit dem neuen Sänger kam als erster Top-10-Hit die Dylan-Nummer »Just Like A Woman«. Bis zum Ende der 60er Jahre sollten noch sechs Top-10-Hits folgen, darunter »Mighty Quinn«, ebenfalls eine Bob-Dylan-Komposition. Im Juni 1969 fiel die Band auseinander. Mann gründete die Gruppe Emanon, die rückwärts gelesen No Name hieß und nicht lange hielt. McGuinness gründete zusammen mit Hughie Flint, Benny Gallagher, Graham Lyle und Dennis Coulson McGuinness Flint. Ende der 70er Jahre sollten Paul Jones und Tom McGuinness in der Blues Band wieder zusammenkommen. Ende 1969 gründete Mann mit Hugg und wechselnden Studiomusikern Manfred Mann Chapter 3. Sie machten jetzt wieder mehr jazzorientierte Musik, die sich nur schwer verkaufen ließ. Im März 1972 kam dann Manfred Mann's Earth Band. Die Besetzung bestand aus Mann, Slade, Pattenden und Rogers. Diese Band war rockiger orientiert und hatte wieder Top-10-Erfolge. Ab 1976 war Mick Rogers gegen den Neuseeländer Chris Thompson ausgewechselt worden. In den 80er Jahren erschienen noch einige sehr schöne und gut gemachte LPs von Manfred Mann's Earth Band. Chris Thompson machte als Solist Aufnahmen.

Die erfolgreichen Alben: »Five Faces Of Manfred Mann« (9/64 GB-LP 3), »Mann Made« (10/65 GB-LP 7), »Mann Made Hits« (9/66 GB-LP 11), »The Roaring Silence« (9/76 US-LP 10, 10/76 D-LP 26, 9/86 GB-LP 10), »Watch« (3/78 D-LP 3, 6/78 GB-LP 33), »Angel Station« (3/79 GB-LP 30, D-LP 4), »Semi-Detached Suburban« (9/79 GB-LP 9), »Chance« (10/80 D-LP 11), »Somewhere In Africa« (11/82 D-LP 8), »Criminal Tango« (3/86 D-LP 17) und »Blinded By The Light – The Very Best Of Manfred Mann's Earthband« (1/93 D-LP 10).

1996 kam nach langer Pause mal wieder ein neues Album von Manfred Mann's Earth Band. Eine Auskopplung daraus brachte es Mitte des Jahres bis auf Platz 97 in der deutschen Hitparade und hieß ganz richtig »Nothing Ever Happens« als Devise für die 90er Jahre.

5-4-3-2-1 (1/64 GB 5)
Do Wah Diddy Diddy (7/64 GB 1; 9/64 US 1; D 4)
Sha La La (10/64 GB 3)
Come Tomorrow (1/65 GB 4)
If You Gotta Go Go Now (9/65 GB 2)
Pretty Flamingo (4/66 GB 1)
Just Like A Woman (8/66 GB 10)
Semi-Detached Suburban Mr. James (10/66 GB 2)
Ha Ha Said The Clown (3/67 GB 4; 5/67 D 1)
Mighty Quinn (1/68 D 1, GB 1; 3/68 US 10)
My Name Is Jack (6/68 GB 8, D 7)
Fox On The Run (12/68 GB 5, D 7)
Ragamuffin Man (4/69 GB 8)
Joybringer (9/73 GB 9)
Blinded By The Light (8/76 GB 6; 11/76 US 1)
Davy's On The Road Again (5/78 GB 6)

AOR (Adult Orientated Rock), Beat, Pop, Rock

Siehe auch: Jones, Paul; Gallagher & Lyle; McGuinness Flint

Mann, Martin

MARTIN MANN v (Österreich, * 10. 3. 1944 als Mario Löprich in Wien)

Martin Mann versuchte immer den Eiertanz zwischen Schlager und Rock 'n' Roll zu bewältigen. Michael Holm entdeckte und produzierte ihn. Die deutsche Version des Simon-&-Garfunkel-Hits »Cecilia« war Mitte 1970 seine erste Top-40-Notierung in Deutschland. Ein Jahr später hatte er mit »Meilenweit« seinen ersten und letzten Top-10-Hit. Nach 1980 wurde er nicht mehr in den Popcharts aufgeführt, obwohl er bis in die 90er Jahre Platten aufnahm. Als Songschreiber hat er Titel für Jürgen Marcus, Nicole, Roland Kaiser oder Wind geschrieben.

Meilenweit (6/71 D 8)
Deutscher Schlager

Manola, Pirko

ADDY FLOR (Deutschland, * 31. 10. 1925 als Arno Flor in Berlin), WYN HOOP v, PIRKO MANOLA v

Im Duett mit Wyn Hoop und begleitet von Addy Flor und seinem Orchester, sang Pirko Manola eine deutsche Version des Bryan-Hyland-Hits »Ginny Come Lately« als »Küsse im Mondschein«. Sechs Monate zuvor hatten die beiden einen Platz 28 in Deutschland mit »Mama will dich sehn«.

Küsse im Mondschein (9/62 D 10)
Deutscher Schlager

Mansun

DOMINIC CHAD g (Großbritannien, * 5. 6. 1974), PAUL DRAPER v, g (Großbritannien, * 26. 9. 1972 in Chester), STOVE KING b (Großbritannien, * 8. 1. 1970), ANDIE RATHBONE d (Großbritannien, * 8. 9. 1972)

Diese Band brachte mit »One EP« (4/96 GB 37), »Two EP« (6/96 GB 32), »Three EP« (9/96 GB 19) und »Wide Open Space« (12/96 GB 15) konsequent so lange Platten auf den Markt, bis es mit »She Makes My Nose Bleed« endlich zu einem Top-10-Hit kam. Im Februar 1997 erschien ihr erstes Album »Attack Of The Grey Lantern« (3/97 GB-LP 1) – und alle bisher erschienenen 25 Titel ihrer ersten fünf Singles bzw. EPs waren darauf nicht vertreten. Grey Lantern war der Name, unter dem Mansun, damals noch im Trio Draper, King und Chad, die ersten musikalischen Versuche unternahm. Auf ihrem eigenen Plattenlabel Sci Fi Hi Fi erschien, jetzt als Mansun, die Debütsingle »Take It Easy Chicken«, die kein Erfolg wurde. Erst danach kam Drummer Rathbone zur Band. »Closed For Business« war im Herbst 1997 der nächte Top-10-Hit. Auf dem Cover waren Bilder des 1962 verstorbenen Beatle Stu Sutcliff zu sehen. Im September 1998 erschien mit »Six« (9/98 GB-LP 6) ihr nächstes Album. Daraus ausgekoppelt wurde vorab die Single »Legacy EP«.

She Makes My Nose Bleed (2/97 GB 9)
Closed For Business (10/97 GB 10)
Legacy EP (7/98 GB 7)
I Can Only Disappoint U (8/00 GB 8)
Pop

Mantronix

D. J. D., LUVAH (als Bryce Wilson), MANTRONIK key, dj (Jamaika, * 4. 9. 1965 als Curtis Kahleel), MC TEE rap (als Tooure Embden)

Curtis bezeichnet sich selbst als Mixologen, der nicht nur geschickt diverse Stile der Dance Music wie Hip-Hop, Soul, House usw. kombiniert, sondern auch die Besetzung seiner Gruppe häufig auffrischt. Er wurde auf Jamaika geboren, wuchs in Kanada und den USA auf. Als Produzent arbeitete er u. a. für Jaki Graham, Duran Duran und Jean-Paul Gaultier. Ende 1984 lernte er MC Tee kennen und veröffentlichte mit ihm 1985 seine erste Platte. Im Februar 1986 hatten sie mit »Ladies« ihre erste Hitnotierung in GB. 1989 verließ MC Tee Mantronix, für ihn kamen Luvah und D. J. D. Im Januar

1990 kam, veröffentlicht als Mantronix featuring Wondress, die Nummer »Got To Have Your Love« in die britischen Charts. Wondress war eine britische Sängerin. In derselben Besetzung erreichte »Take Your Time« vier Monate später die GB-Charts. Anfang der 90er Jahre mussten Mantronix einer neuen Generation von Rappern und Mixern weichen. Luvah machte zusammen mit der Sängerin Amel Larrieux das Duo Groove Theory. Das erfolgreichste Album von Mantronix war »This Should Move Ya« (2/90 GB-LP 18).

Got To Have Your Love (1/90 GB 4)
Take Your Time (5/90 GB 10)
Dance, HipHop, House, Rap

Siehe auch: Groove Theory

Manuel & His Music Of The Mountains

GEOFF LOVE bl (Großbritannien, * 4. 9. 1917 in Todmorden/Yorkshire, † 8. 7. 1991)
Geoff, Sohn eines schwarzen amerikanischen Tänzers, war Ende der 50er, Anfang der 60er Jahre in GB ein bekannter Bandleader. Unter dem Pseudonym Manuel & His Music Of The Mountains verarbeitete er mit Vorliebe südamerikanische Einflüsse. Seine Musik würde heute noch jedem Fahrstuhl zur Ehre gereichen. Ende 1959 hatte er seine erste Hitnotierung in GB, mit »Rodrigo's Guitar Concerto De Aranjuez« gelang ihm 1976 sein größter Hit. Für drei Stunden konnte er sich als Spitzenreiter fühlen. Das für die Hitparaden verantwortliche Marktforschungsbüro hatte einen Fehler im Computer, so dass die Singlehitparade falsch zusammengestellt wurde. Entdeckt wurde das erst nachdem die BBC diese Charts bereits erhalten und gesendet hatte. Nach drei Stunden konnte dann das richtige Ergebnis verkündet werden. Damit ist Manuel der Interpret mit der kürzesten Verweildauer auf dem Spitzenplatz einer Hitparade: drei Stunden. Statt seiner Platte wurde »December '63« mit den Four Seasons Platz 1. Seine erfolgreichsten Alben: »Music Of The Mountains« (9/60 GB-LP 17), »This Is Manuel« (8/71 GB-LP 18) und »Carnival« (1/76 GB-LP 3).

Rodrigo's Guitar Concerto De Aranjuez (1/76 GB 3)
Instrumental, Pop

Manuel & Pony

MANUEL v (Deutschland, * 3. 7. 1965 als Achim Rodewald in Rösrath/Köln)
»Das Lied von Manuel« war 1979 ein Hit in Deutschland, geschrieben von Heinz Gietz und Kurt Feltz. Da offensichtlich Manuel & Pony alles gesagt hatten, was sie wussten, gelang ihnen kein zweiter Erfolg. Manuel sollte als ›männliches‹ Gegenstück zu Andrea Jürgens aufgebaut werden. 1980 trennte er sich von Pony, einer vierköpfigen aus Jungen und Mädchen bestehenden Kindergruppe, da er auf dem Hit nur die Worte ›Maria Dolores‹ singen durfte. Für ihn fand man als Ersatz den 13-jährigen Engländer Christopher Shepperd. Dessen Mutter war eine in Düsseldorf lebende Fremdsprachenkorrespondentin, daher beherrschte auch der kleine Christopher die deutsche Sprache ganz gut. Die Formation nannte sich fortan Chris & Pony. Auf der im Sommer 1980 erschienenen Single »Lieber Vater« sang Manuel ohne Pony und ohne Erfolg. Chris & Pony sangen »Ich denke viel an Blondie« – ebenfalls ohne Erfolg.

Das Lied von Manuel (8/79 D 5)
Deutscher Schlager

Manuela

MANUELA v (Deutschland, * 18. 8. 1943 als Doris Inge Wegener in Berlin, † 13. 2. 2001)

Manuela wurde bei einem Talentwettbewerb von dem Produzenten Peter Meisel entdeckt. Hauptberuflich arbeitete sie zu diesem Zeitpunkt am Fließband einer Berliner Kondensatorenfabrik. Ihre erste Plattenveröffentlichung war 1962 »Hula-Serenade« – die Platte verkaufte lediglich 6 000 Exemplare. Mitte 1963 kam als nächste Veröffentlichung eine deutsche Version von Eydie Gormes »Blame It On The Bossa Nova« als »Schuld war nur der Bossa Nova«. Manuela sang auch im Duett mit Drafi Deutscher und hatte mit ihm 1966 den Hit »Die goldene Zeit«. Nach 1973 ließ der Erfolg nach. Manuela machte mehr Schlagzeilen mit einem angeblichen Bestechungsskandal beim ZDF. Es ging darum, dass ein ZDF-Redakteur von Manuela Schmiergeld für einen Auftritt verlangt haben soll.
Insgesamt gelangen ihr 25 Hitparadennotierungen. Sie erhielt fünf goldene Schallplatten und wurde 1971 zur beliebtesten deutschen Schlagersängerin gewählt. Ihr erfolgreichstes Album nahm sie zusammen mit Drafi Deutscher auf: »Manuela und Drafi« (6/66 D-LP 11). Als Solistin war ihr erfolgreichstes Album »Rund um die Welt« (2/68 D-LP 36). Sie produzierte bis in das Jahr 1993 Platten. An die frühen Erfolge konnte sie jedoch nicht im geringsten anknüpfen. Sie starb an einem Krebsleiden.

Schuld war nur der Bossa Nova (5/63 D 1)
Ich geh' noch zur Schule (9/63 D 4)
Schwimmen lernt man im See (6/64 D 3)
Küsse unterm Regenbogen (5/65 D 7)
Es ist zum Weinen (4/66 D 9)
Monsieur Dupont (8/67 D 9)
Deutscher Schlager

Siehe auch: Tahiti-Tamoures

Marbles

GRAHAM BONNET v, g (Großbritannien, * 12. 12. 1947 in Skegness/Lincolnshire), TREVOR GORDON v, key (Großbritannien, * 5. 5. 1948)
Das Duo hatte sich erstmals in der Band Blues Sect kennen gelernt. Trevor, ein Cousin der Bee Gees, schaffte es, dass er und Graham bei RSO, die auch die Bee Gees unter Vertrag hatten, vorspielen durften. Sie wurden genommen und veröffentlichten im Herbst 1968 den Titel »Only One Woman«. Die Nummer war geschrieben und produziert von den Bee Gees. Auch die meisten anderen Titel der Marbles stammten aus den Federn der Familie Gibb. »The Walls Fell Down« (3/69 GB 28) war die einzige weitere Hitnotierung, und nach ein paar Live-Auftritten, die sehr chaotisch abgelaufen sein müssen, und einer LP, die in GB nicht einmal veröffentlicht wurde, trennten sich die beiden wieder und versuchten sich als Solisten. Graham Bonnet hatte als Solist Erfolg mit der Nummer »Night Games«. Anfang 1992 kam der deutsche Schauspieler Uwe Ochsenknecht mit einer Coverversion von »Only One Woman« bis auf Platz 21 in den deutschen Charts.

Only One Woman (9/68 GB 5; 11/68 D 6)
Soft Pop

Siehe auch: Bonnet, Graham

March, Peggy

PEGGY MARCH v (USA, * 7. 3. 1948 als Margaret Annemarie Battavio in Lansdale/Pennsylvania)
Peggy gilt als die jüngste Sängerin, die je eine Nummer 1 in den USA hatte. Zu diesem Zeitpunkt nannte die Amerikanerin sich noch Little Peggy March. Petula Clark hatte 1962 den französischen Titel »Chariot« gesungen. Als Komponisten wurden Stole und Roma angegeben. Das waren Pseudonyme für die beiden Orchesterchefs Frank Pourcel und Paul Mauriat. Als »I Will Follow Him« kam das Ganze im Frühjahr 1963 in die amerikanische Hitparade. Danach war sie fast ausschließlich in der Bundesrepublik erfolgreich, in die

sie übersiedelte. »Mit 17 hat man noch Träume« brachte Peggy March 1965 den Sieg beim Schlagerfestival in Baden-Baden ein. Die Liste ihrer Hits reicht bis ins Jahr 1977. Als Texterin hatte sie einen Hit mit »When The Rain Begins To Fall« für Pia Zadora und Jermaine Jackson. In den 80er Jahren ging sie wieder in die USA, kehrte jedoch in den 90ern nach Deutschland zurück.

I Will Follow Him (3/63 US 1; 7/63 D 6)
Good Bye, Good Bye, Good Bye (1/65 D 8)
Mit 17 hat man noch Träume (7/65 D 2)
Memories of Heidelberg (3/67 D 5)
Romeo und Julia (9/67 D 1)
Deutscher Schlager, Pop

Marchena, Guillermo

GUILLERMO MARCHENA v, d (Curacao, * 19. 1. 1947 in Wilhelmstad/Curacao)
Guillermo trommelte sich als Teenager durch etliche Rockbands. Ende der 60er Jahre kam er nach Europa und spielte hier erst einmal für ein paar Jahre in einer der vielen Club-Bands. Die folgenden Stationen waren Klaus Doldingers Passport, Head, Hearts & Hands, Connexion Latina, Irazu, Maniacs und Percussion Academia. Für die im Dezember 1987 ausgestrahlte Weihnachts-TV-Serie ›Anna‹ sang Guillermo den Song »My Love Is A Tango«, der sich Anfang 1988 zum Knüller entwickelte.

My Love Is A Tango (1/88 D 1)
Middle Of The Road (MOR)

Marcus, Jürgen

JÜRGEN MARCUS v (Deutschland, * 6. 6. 1948 als Lürgen Beumer in Herne/Westfalen)
Tagsüber machte er eine Lehre als Werkzeugschlosser, abends sang er in der Rockgruppe Crashes. 1967 gewann die Band beim European-Festival in Brüssel, 1968 und 1969 beim Beat-Festival in Recklinghausen. Danach verließ Jürgen die Band und wurde Mitglied im »Hair«-Ensemble. Er spielte den Claude und zog mit der Truppe durch ganz Deutschland. Dann traf er den Produzenten Jack White, der mit ihm die Nummer »Nur Du« (7/70 D 32), eine Coverversion des Simon-&-Garfunkel-Hits »El Condor Pasa«, aufnahm. 1977 hatte Jürgen im ZDF die eigene Unterhaltungsreihe ›Halb und halb‹, zwei Jahre später ›Jürgen Marcus – Einer für viele‹. Seine Hitliste geht bis in das Jahr 1981, danach wurde er nicht mehr notiert. Seine Plattenveröffentlichungen, deren inhaltliche Qualität sich im Laufe der Jahre verbesserte, reichen bis in die 90er Jahre. Zwischendurch nahm er als J. Marcus englischsprachige Titel auf.

Eine neue Liebe ist wie ein neues Leben (7/72 D 2)
Festival der Liebe (2/73 D 3)
Schmetterlinge können nicht weinen (8/73 D 8)
Ein Lied zieht hinaus in die Welt (3/75 D 3)
Deutscher Schlager

Marcy Playground

DYLAN KEEFE b (USA, in Minneapolis/Minnesota), DAN RIESER d (USA), JOHN WOZNIAK v, g (USA, in Minneapolis/Minnesota)
Der Name dieser Band bezieht sich auf die Marcy Open School in Minneapolis, die John Wozniak, der Produzent, Verleger, Songschreiber und Kopf von Marcy Playground, besuchte. Das Trio knackte zuerst in den USA die Charts, in der die Modern Rock Tracks aufgelistet werden – dann kam die Pop-Hitparade. »Sex Andy Candy« (4/98 GB 29) wurde der erste Top-10-Hit. Ihr erfolgreichstes Album hieß »Marcy Playground« (12/97 US-LP 21).

Sex And Candy (4/98 US 8)
Rock

Maresca, Ernie

ERNIE MARESCA v (USA, * 21. 4. 1939 in Bronx/New York City)
Ernie schaffte es immer wieder, sich so an Hits anzulehnen, dass daraus wieder ein neuer Hit werden konnte und sich niemand beklaut fühlte. Von ihm stammen die Nummern »Runaround Sue« oder »The Wanderer«, die Hits für Dion waren. Sich selbst schrieb er den Titel »Shout! Shout! (Knock Yourself Out)«, mit dem er in den USA einen Chart-Hit schaffte. Dabei ist es geblieben.

Shout! Shout! (Knock Yourself Out) (3/62 US 6)
Pop, Rhythm & Blues

Marie, Kelly

KELLY MARIE v (Großbritannien, * 23. 10. 1957 als Jacqueline McKinnon in Paisley/ Schottland)
Unter dem Pseudonym Keli Brown hatte die Schottin 1974 insgesamt viermal die Talentshow ›Opportunity Knocks‹ gewonnen. Für ihren Song »Who's That Lady With My Man« erhielt sie in Frankreich eine goldene Schallplatte. Dann erst startete ihre Karriere in GB. Ray Dorset, der Kopf von Mungo Jerry, hatte für sie die Nummer »Feels Like I'm In Love« geschrieben. Es folgten noch drei weitere Hitnotierungen, die aber nicht mehr über einen Platz 20 hinauskamen. Nach 1981 war Kelly Marie wieder aus den Charts verschwunden. 1984 heiratete sie und hat inzwischen sechs Kinder – fünf Mädchen und einen Jungen. 1989 veröffentlichte sie ohne Erfolg eine Coverversion des Billy-Fury-Hits »Halfway To Paradise«.

Feels Like I'm In Love (8/80 GB 1; 10/80 D 5)
Pop

Marie, Teena

TEENA MARIE v, g, key (USA, * 5. 3. 1956 als Mary Christine Brockert in Santa Monica/Kalifornien)
Diese weiße Funk-Sängerin veröffentlichte in ihren Anfangstagen ihre Platten bei Tamla Motown. Teena Marie galt als ausgezeichnete Sängerin, Komponistin, Keyboarderin, Gitarristin, Produzentin und arbeitete auch als Schauspielerin. Ihren ersten Erfolg hatte Teena mit »I'm A Sucker For Your Love« im Duett mit Rick James. Die Platte kam im Frühjahr 1979 in die Rhythm-&-Blues-Hitparade und wurde darin ein Top-10-Erfolg. Ihr erster Hit in den US-Popcharts war »I Need Your Lovin'« (11/80 US 37), vorher stand sie in GB mit »Behind The Groove« in den Top 10. »Lovergirl« wurde ihr größter Pop-Erfolg. Ihre letzte Eintragung in den Popcharts war die Nummer »Ooo La La La«, im Frühjahr 1988 Platz 85, Spitzenreiter in den Rhythm-&-Blues-Charts. Ihre erfolgreichsten Alben waren »It Must Be Magic« (6/81 US-LP 23) und »Starchild« (12/84 US-LP 31).

Behind The Groove (5/80 GB 6)
Lovergirl (12/84 US 4)
Disko, Funk

Marietta

MARIETTA v (USA, als Marietta Waters)
Marietta, die auf Nachfrage nicht bereit war, ihr Alter oder andere persönliche Daten zu verraten, sang den Titelsong aus dem gleichnamigen Willy-Bogner-Film »Fire And Ice«. Das Stück hatte Harold Faltermeyer produziert und mitgeschrieben. Auch in dem Film »Top Gun« wirkte sie beim Soundtrack mit: Sie sang den Titel »Destination Unknown«.

Fire And Ice (2/86 D 10)
Pop

Marillion

FISH v (Großbritannien, * 25. 4. 1958 als Derek William Dick in Dalkeith/Edinburgh), STEVE HOGARTH v (Großbritannien), DOUG IRVINE b, BRAIN JELLIMAN key, MARK KELLY key (Irland, * 9. 4. 1961 in Dublin), IAN MOSLEY d (Großbritannien, * 16. 6. 1953 in Paddington/London), MICK POINTER d (Großbritannien, * 22. 7. 1956), STEVE ROTHERY g (Großbritannien, * 25. 11. 1959 in Brampton/Yorkshire), PETE TREWAVAS b (Großbritannien, * 15. 1. 1959 in Middlesborough/Cleveland)

Ursprünglich nannte sich die Gruppe, als sie 1978 gegründet wurde, Silmarillion. Vorlage für den Namen bot eine Geschichte von J.R.R. Tolkien. Im Laufe des Jahres 1979 kam es zur Umbenennung in Marillion und erst 1981 zu den ersten Demoaufnahmen. 1982 spielten sie im Londoner Marquee Club, machten Sessionaufnahmen für die BBC, erhielten einen weltweiten Plattenvertrag bei der EMI und hatten mit »Market Square Heroes« (11/82 GB 60) ihre erste Hitnotierung. Musikalisch angesiedelt zwischen Genesis und Barclay James Harvest, war es vor allem Sänger Fish, der die Fans an die Gruppe band. Mitte 1987 hatte Fish bereits mit Tony Banks von Genesis die Single »Short Cut To Somewhere« veröffentlicht, die knapp in die Top 75 kam. Innerhalb der Band gab es mehr und mehr Schwierigkeiten zwischen Fish und den übrigen Mitgliedern. Fish war mit der Richtung, in die sich Marillion musikalisch bewegte, nicht einverstanden. Im September 1988 gaben die Beteiligten bekannt, dass sich Fish von der Band trennen werde. Im April 1989 wurde Steve Hogarth, vorher mit der Formation Europeans, offiziell als neuer Leadsänger vorgestellt. Im Herbst des Jahres wurde Fish erstmals in den britischen Popcharts mit »State Of Mind« notiert. Zu einem Top-10-Hit brachte er es nicht. Sein erfolgreichstes Soloalbum war »Vigil In A Wilderness Of Mirrors« (2/90 GB-LP 5, D-LP 6). Mit seiner deutschen Frau Tamara kaufte er sich im schottischen Elgin einen alten Bauernhof und betreibt darin das Tonstudio ›Funny Farm‹. Ohne Fish kam jedoch auch Marillion nicht mehr unter die ersten 10. Ihre Version des Rare-Bird-Songs »Sympathy« brachte ihnen Mitte 1992 einen Platz 17 in GB. 1994 erschien ihre CD »Brave«, die sie live im Château de Marouatte in der Nähe von St. Après eingespielt hatten. Es handelte sich dabei um die in den 90er Jahren verschwunden geglaubte Form des Konzeptalbums. Grundlage von »Brave« war eine Zeitungsmeldung, die Hogarth 1988 gelesen hatte. Die britische Polizei griff auf einer Autobahnbrücke ein umherirrendes Mädchen auf. Es antwortete auf alle Fragen nur mit Schweigen und verhielt sich auch ansonsten regungslos. Sie wurde schließlich in ein Krankenhaus eingeliefert, und es stellte sich heraus, dass sie unter Depressionen litt. Hogarth sinnierte fortan darüber, was wohl geschehen sein musste, um das Mädchen in diese Verfassung zu bringen. Ihre bisher letzte Singlehitnotierung hatte die Band Mitte 1995 mit »Beautiful«, Platz 29 in GB. Im Januar 1997 erschien mit »Ice Cream Genius« ein Album von Hogarth, das er unter dem Projektnamen H aufgenommen hatte. Mit ihm waren Richard Barbieri, Clem Burke, Chucho Merchan und Luis Jardim zu hören. Es hieß, Marillion würde ›vorübergehend getrennte Wege gehen‹. Hogarth hatte vorher schon ohne die Band das Album »How We Live« aufgenommen.

Die erfolgreichsten Alben von Marillion (mit und ohne Fish): »Script For A Jester's Tear« (3/83 GB-LP 7), »Fugazi« (3/84 GB-LP 5), »Real To Reel« (11/84 GB-LP 8, 12/84 D-LP 38), »Misplaced Childhood« (6/85 GB-LP 1, 6/85 D-LP 3), »Clutching At Straws« (7/87 GB-LP 2, 7/87 D 3),

»Season's End« (10/89 GB-LP 7), »Holiday In Eden« (7/91 GB-LP 7, 7/91 D-LP 10), »Brave« (2/94 GB-LP 10) und »Afraid Of Sunlight« (7/95 GB-LP 16).

Kayleigh (5/85 D 7, GB 2)
Lavender (9/85 GB 5)
Incommunicado (5/87 GB 6)
Pop, Rock

Marilyn

MARILYN v (Großbritannien, * 3. 11. 1962 als Peter Robinson)
Die Freundschaft zu Boy George verschaffte Marilyn einen Plattenvertrag. Er erreichte gleich mit seiner ersten Single »Calling Your Name« die britischen Top 10. Stimmlich unterstützt wurde er auf dieser und den folgenden Platten von Claudia Fontaine und/oder von Naomi. Das starke Interesse an der Person Marilyn lag wohl weniger an seinen gesanglichen Qualitäten als an der herzlichen Männerfreundschaft zwischen ihm und Boy George.

Calling Your Name (11/83 GB 4)
Pop

Marilyn Manson

DAISY BERKOWITZ g (USA, als Scott Putesky), GINGER FISH d (USA, als Ken Wilson), MADONNA WAYNE GACY key (USA, als Steve Bier), MARILYN MANSON v (USA, * 5. 1. 1969 als Brian Warner in Canton/Ohio), TWIGGY RAMIREZ b (USA, als Jeordi White)
Einen ersten Hit hatte die Formation mit dem Platinalbum »Smells Like Children« (11/95 US-LP 31). Es folgten »Antichrist Superstar« (10/96 US-LP 3), »Mechanical Animals« (9/98 GB-LP 8, 9/98 D-LP 7, 10/98 US-LP 1) und »Holly Wood (In The Shadow Of The Valey Of Death)« (12/00 US-LP 13).
Die Top-40-Singles: »The Beautiful People« (6/97 GB 18), »Tourniquet« (9/97 GB 28), »The Dope Show« (11/98 GB 12), »Rock Is Dead« (6/99 GB 23), »Disposable Teens« (11/00 GB 12), »The Fight Song« (3/01 GB 24), »The Nobodies« (9/01 GB 34). Seinen ersten Top-10-Hit hatte er mit einer Coverversion des Soft-Cell-Hits »Tainted Love«

Tainted Love (3/02 GB 5)
Rock

Marina, Imca

IMCA MARINA v (Niederlande)
Was Sangria saufen, südliche Sonne, Stierkampf schauen und Sex im Sperrbezirk von Ballermann 6 alles aus Urlaubern macht, ist hinlänglich bekannt. Dass ihnen dann häufig schlichte Urlaubsweisen die Erinnerung, soweit sie dazu fähig sind, an herrliche Urlaubstage zurückbringen, ist Tatsache. Und so kommt es, dass sich Lieder wie »Viva Espana« untrennbar mit den oben genannten Urlaubsfreuden verbinden.
Dass es ausgerechnet eine Holländerin sein musste, die »Viva Espana« sang, wäre eigentlich nicht nötig gewesen. Angeblich hatte Imca Marina spanische Vorfahren, deshalb wollen wir es gelten lassen. Dass sie es allerdings, ein Jahr nachdem »Viva Espana« ein Top-10-Hit in Deutschland geworden war, mit »Bella Italia« versuchte, wurde dadurch bestraft, dass sie nur noch auf Platz 43 und danach überhaupt nicht mehr in den Hitparaden auftauchte. Ein bisschen Treue zum Urlaubsland muss schon sein.

Viva Espana (7/72 D 10)
Deutscher Schlager

Mark' Oh

MARK' OH (Deutschland, * 23. 6. 1970 als Marko Albrecht in Dorsten)

Seine Musikkarriere begann Mark' Oh in der Hard-Rock-Gruppe Line Up. Im Sommer 1993 veranstaltete er seine erste Randy-Party. Sie lief unter dem Motto ›Never stop that feeling‹ und inspirierte den Rave-Begeisterten zu seiner ersten Platte: »Randy (Never Stop That Feeling)« (2/94 D 25). Beim Winter-Mayday 1993 in Berlin hatte er zum erstenmal bundesweit auf sich aufmerksam gemacht. Das Video zu »Randy«, gedreht in Thailand, lief auf allen Musikkanälen rauf und runter. Nachfolgesingle war »Love Song«, und Ende des Jahres erschien mit »Tears Don't Lie« eine Techno-Version der zwanzig Jahre alten Michael-Holm-Nummer »Tränen lügen nicht«. Am 16. 1. 1995 erreichte der Titel Platz 1 der deutschen Charts. In GB kam die Platte im Mai 95 in die Charts und ereichte immerhin Platz 24. »Droste, hörst du mich?« war genau zu diesem Zeitpunkt sein nächster Top-10-Hit in Deutschland. »Fade To Grey« (8/96 D 11) war eine Coverversion des Visage-Hits. Überaus erfolgreich auch sein Album »Never Stop That Feeling« (1/95 D-LP 2).

Love Song (8/94 D 5)
Tears Don't Lie (12/94 D 1)
Droste, hörst du mich? (5/95 D 2)
Rave, Techno

Marketts

BEN BENAY g (USA), MIKE HENDERSON sax (USA), TOM HENSEY key (USA), RICHARD HOBRIACO key (USA), GENE PELLO d (USA), RAY POHLMAN b (USA)
Dieses Surf-Instrumentalquintett aus Hollywood, Kalifornien, wurde in der Zeit groß, als die Beach Boys gerade ihre Hitphase begannen und Jan & Dean ihre ersten Hits schon hinter sich hatten. Ihr erster Hit war »Surfer's Stomp« (1/62 US 31). Ende 1963 erschien ihr Titel »Out Of Limits«, der auf der Titelmusik zur Fernsehsendung ›The Twilight Zone‹ basierte. Ihre Version des »Batman Theme« (2/66 US 17), wieder aus einer TV-Serie, war ihre letzte Hitnotierung. Ihr erfolgreichstes Album hieß »Out Of Limits!« (2/64 US-LP 37). Sie veröffentlichten noch bis Mitte der 70er Jahre Platten und machten schließlich als New Marketts weiter.

Out Of Limits (12/63 US 3)
Instrumental, Surf-Music

Markus

MARKUS v (Deutschland, * 27. 8. 1959 als Markus Möhrl in Frankfurt a. M.)
Markus war einer der kurzlebigen Stars der neuen deutschen Welle, der 1982 aus dem Nichts auftauchte, in das er nach 1983 wieder verschwand. Dabei wäre Markus sicher einer der Künstler gewesen, die eine längere Hitphase verdient gehabt hätten. 1988 veröffentlichte er die Single »Irgendwann, irgendwo«, die einen gereifteren Markus zeigte, der aber beim Publikum nicht mehr gefragt war. »Ich will Spaß« 1982 propagierte die freie Fahrt für freie Bürger (›Und kost‹ Benzin auch drei Mark zehn, scheißegal, es wird schon gehn‹), sollte aber durchaus auch ironisch aufgefasst werden, was die Konsumenten jedoch nicht alle bemerkten. Der Nachfolger »Schön sind wir sowieso« (10/82 D 39) (›Wir wollen alles, wollen Neues, denn das andere ha'm wir schon‹) wurde ebenso schnell auf sich selbst bezogen und somit fehlinterpretiert. Aus einem Spitzenreiter glaubte die Filmindustrie einen ganzen Streifen machen zu können. Der Film zur Drei-Minuten-Nummer hieß »Gib Gas, ich will Spaß«. Im Film spielte auch Sanges- und Labelkollegin Nena mit. »Kleine Taschenlampe brenn« war der letzte größere Erfolg für Markus. 1985 versuchte er sich zusammen mit dem Briten Mark Jefferis im Duo T.X.T.

»Girls Got A Brand New Toy« (7/85 D 21) wurde ihr größter Erfolg. Mitte 1992 kam er wieder als Markus mit »1000 Kerzen werden brennen« in die deutschen Top 80. 1995 erschien eine überarbeitete Version von »Ich will Spaß«, die nicht in die Hitparaden kam. 1996 versuchte man Gleiches mit »Kleine Taschenlampe brenn« und schrieb dazu: ›Klar, dass der Song in zeitgemäßem Dance-Floor-Sound mit leichten Rave-Elementen erscheint.‹ Die Leute wollten auch Spaß und kauften es nicht. Sein erfolgreichstes Album blieb »Kugelblitze und Raketen« (9/82 D-LP 26).

Ich will Spaß (6/82 D 1)
Kleine Taschenlampe brenn (5/83 D 5)
Neue Deutsche Welle

Marky Mark & The Funky Bunch

MARKY MARK v (USA, * 5. 6. 1971 als Mark Wahlberg in Boston/Massachusetts)
Noch bevor die New Kids On The Block einen Plattenvertrag hatten, war Mark zusammen mit seinem Bruder Donnie Wahlberg Mitglied dieser Formation. Nachdem die New Kids bei den Teenies weltweit Erfolge feierten, half Donnie seinem Bruder bei einer eigenständigen Karriere, die ihn so bekannt machte, dass er zeigen konnte, wie kleine Unterhosen er trägt. Mitte 1991 erschien »Good Vibrations« (8/91 GB 14) – nicht zu verwechseln mit dem Beach-Boys-Titel. Neben Marky Mark und seiner Gruppe The Funky Bunch waren auch noch einige Samples aus Loleatta Holloways 1989er Disko-Hit »Love Sensation« darauf zu hören. Der Nachfolger »Wildside« war eine Neubearbeitung des Lou-Reed-Hits »Walk On The Wild Side«. Sein erfolgreichstes Album war »Music For The People« (8/91 US-LP 21). The Funky Bunch waren DJ Terry Yancey, drei männliche und zwei weibliche Tänzer.
Zusammen mit Prince Ital Joe wurde Marky Mark ab 1993 zumindest in Deutschland wieder sehr erfolgreich, was sich in den beiden unten erwähnten Top-10-Hits ausdrückt. Ebenfalls erfolgreich waren »Life In The Streets« (8/94 D 11) und »Babylon« (2/95 D 17). Ende 1996 kam Marky Mark als Solist. Seine erste Single »Hey DJ« brachte ihm lediglich Platz 58. In den späten 90er Jahren verlegte sich Mark mehr und mehr auf die Schauspielerei. Erst sah man ihn in Nebenrollen, z. B. in »Mr. Bill« und neben Leonardo DiCaprio in »Jim Carroll«. Im Psychothriller »Fear« spielte er eine Hauptrolle. In »Boogie Nights« (1998) gab er einen Pornodarsteller, dann kamen das Zigeuner-Drama »Travellers«, »The Big Hit«, »8 Millimeter«, »The Perfect Storm«, »The Yards« und im Jahr 2000 »Metal God«.

Good Vibrations (7/91 US 1; 10/91 D 3)
Wild Side (11/91 US 10)
Happy People (12/93 D 4)
United (4/94 D 1)
Disko, Pop

Siehe auch: Prince Ital Joe feat. Marky Mark

Marley, Bob & The Wailers

CARLTON BARRETT d (Jamaika, * 17. 12. 1950 in Kingston, † 17. 4. 1987), ASTON »FAMILY MAN« BARRETT d (Jamaika, * 22. 11. 1946 in Kingston), DONALD KINSEY key (USA, * 12. 5. 1953 in Gary/Indiana), EARL LINDO key (Jamaika, * 7. 1. 1953 in Kingston), BOB MARLEY v, g (Jamaika, * 6. 2. 1945, als Robert Nesta Marley in St. Anns Parish, † 11. 5. 1981), PETER TOSH v, g (Jamaika, * 19. 10. 1944 als Winston Hubert McIntosh in Westmoreland, † 11. 9. 1987), BUNNY WAILER v, per (Jamaika, * 10. 4. 1947 als Neville O'Riley Livingston in Kingston)
Bob Marley war die Kultfigur der Reggae-Bewegung. Gerade mal 17 Jahre war er alt, als ihn Leslie Kong auf seinem Label

Beverley-Records eine erste Platte aufnehmen ließ. Es war der Titel »Judge Not (Unless You Judge Yourself)«. Als Interpret wurde Bob Morley angegeben. Die Platte zeigte ihn allerdings noch in eher braver Manier. 1963 gründete er zusammen mit Bunny Livingston und Peter McIntosh die Wailing Wailers. Später kam noch Junior Braithwaite hinzu. Ende 1963 erschien mit »Simmer Down« die erste Platte der Wailers auf dem Recordlabel Studio One – sie wurde auf Jamaika ein großer Hit. In den nächsten beiden Jahren spielte die Gruppe mehr als 30 Titel für diese Firma ein. Trotzdem war es nicht der große kommerzielle Erfolg, und im Februar 1966 verließ Marley Jamaika, um seine Mutter zu besuchen, die mit ihrem zweiten Mann nach Wilmington/Delaware in den USA gezogen war. Dort suchte er sich einen Job als Kellner, arbeitete als Gabelstaplerfahrer, als Nachtwächter in einem Lager und am Fließband bei Chrysler. Während dieser Zeit nannte er sich Donald Marley. Im Oktober 1966 kehrte er nach Kingston zurück und hatte 700 Dollar gespart. Damit gründete er eine eigene Plattenfirma, die er Wail 'n' Soul nannte. Darauf nahm er Johnny Nash unter Vertrag, der den Titel »Reggae On Broadway« veröffentlichte. Marley selbst tat sich mit seinen alten Freunden von den Wailing Wailers zusammen, die sich jetzt nur noch Wailers nannten, und nahm Ende 1967/Anfang 1968 11 Singles auf, die wieder bei Kong's Beverley Label erschienen. Die nächsten 14 Monate verbrachte Bob wegen Besitzes von Marihuana im Gefängnis. 1969 gründeten die Wailers ihr eigenes Label Tuff Gong. Sicher nahmen Bob Marley und die Wailers in jenen Tagen ganz interessante Platten auf – überregional bekannt wurden sie nicht.

Der Erfolg sollte sich 1972 einstellen, nachdem ihn der gebürtige weiße Jamaikaner und Eigner von Island Records, Chris Blackwell, unter Vertrag nahm. Nun leistete Bob für die Entwicklung und Propagierung des Reggae weltweit enorm viel. Erstmals wurde der Name Bob Marley einem breiteren und speziell dem amerikanischen Publikum bekannt, als Eric Clapton Mitte 1974 mit der Bob-Marley-Komposition »I Shot The Sheriff« Platz 1 in der amerikanischen Hitparade erreichte. »No Woman No Cry« (9/75 GB 22) war Bobs erste Hitnotierung in GB. Als die Platte kurz nach seinem Tod wiederveröffentlicht wurde, erreichte sie dort Platz 8. »Jamming/Punky Reggae Party« war sein erster Top-10-Erfolg. In den USA konnte er sich mit seinen Liedern nie durchsetzen, wie es die Reggae Music im Übrigen nie schaffte, dort Fuß zu fassen.

Als Geburtstag von Bob Marley kann man auch sehr oft den 6. April lesen. Das liegt daran, dass in der LP »Burnin'« auf der Innenhülle ein Auszug aus dem Pass von Bob Marley zu finden ist. Darin steht als Geburtsdatum einwandfrei der 6. 4. 1945. Inzwischen hat Jamaika den 6. Februar zum Bob-Marley-Tag und zum nationalen Feiertag ernannt. Also dürfte dieses Geburtsdatum stimmen. In einer dpa-Meldung vom 12. 5. 1981 konnte man lesen: ›Der Reggae-Star Bob Marley ist in einer Klinik in Miami in Florida gestorben. Er erlag einem Gehirntumor, der im vergangenen Jahr entdeckt worden war. Marley hatte noch im März dieses Jahres vergeblich in einer Münchener Klinik Heilung gesucht.‹

1992 erschien mit viel Promotionaufwand die Vierfach-CD »Songs Of Freedom«. Darauf etliche bisher unveröffentlichte Aufnahmen, z. B. die Nummer »Iron Lion Zion«. 1994 erkannten auch die Amerikaner den Stellenwert von Bob Marley und nahmen ihn in die Rock and Roll Hall of Fame auf. Seine bisher letzte Hitnotierung hatte Bob Mitte 1995 in GB: »Keep On Moving« brachte es zu einem Platz 17. Im Februar 1999 eröffneten die Universal

Studios in Florida einen Bob-Marley-Themenpark, dessen Design dem Haus und Garten von Marley in Kingston/Jamaika entspricht – heute übrigens ein Museum. 1999 wurde auf Ibiza von den beiden Dänen Jan K. Meedon und Funkstar De Luxe (richtiger Name Martin Ottesen) in den Diskotheken ein House-Mix der aus dem Jahre 1971 stammenden Nummer »The Sun Is Shining« verteilt. Danach setzte eine enorme Nachfrage nach diesem Mix ein. Als Interpreten wurden Bob Marley Vs. Funkstar De Luxe angegeben. Zusammen mit Lauryn Hill kam Bob Marley mit »Turn Your Lights Down Low« (12/99 GB 15, 12/99 D 33) erneut in die Charts. Und wieder mit Funkstar De Luxe war »Rainbow Country« (1/00 GB 11) erfolgreich.
Seine erfolgreichsten Alben waren »Rastaman Vibration« (5/76 US-LP 8, GB-LP 15), »Exodus« (6/77 GB-LP 8, US-LP 20), »Kaya« (4/78 GB-LP 4, US-LP 50), »Uprising« (6/80 GB-LP 6, 7/80 D-LP 5, 8/80 US-LP 45), »Confrontation« (5/83 GB-LP 5, 6/83 D-LP 31, 7/83 US-LP 55), »Legend« (5/84 GB-LP 1, 6/84 D-LP 11, 8/84 US-LP 54), »Songs Of Freedom« (10/92 GB-LP 10, US-LP 86), »Natural Mystic« (6/95 GB-LP 5, US-LP 67) und »One Love – The Very Best Of« (6/01 GB-LP 5).

Jamming/Punky Reggae Party (12/77 GB 9)
Is This Love (2/78 GB 9)
Could You Be Loved (6/80 GB 5)
No Woman No Cry (6/81 GB 8)
Buffalo Soldier (5/83 GB 4)
One Love – People Get Ready (4/84 GB 5)
Iron Lion Zion (9/92 GB 5)
Sun Is Shining (9/99 GB 3)
Reggae

Marlin, Lene

LENE MARLIN v (Norwegen, * 17. 8. 1980 als Lene Marlin Pedersen in Tromsoe)
Gerade hatte sie das Abitur hinter sich gebracht, als sie schon als ›erfolgreichste Sängerin Norwegens‹ galt – vielleicht hatte man Wencke Myhre, Anita Hegerland, Lene Grawford Nystrom von Aqua, Trine Rein oder Anni-Frid Lyngstad von Abba vergessen. Schon als Schülerin hatte sie Songs geschrieben. Freundinnen arrangierten für sie einen Auftritt im Radio, ein Plattenboss hörte sie und der Vertrag kam. Mit »Playing My Game« hatte sie ihr erstes erfolgreiches Album. Auskopplungen waren »Unforgivable Sinner« (9/00 GB 13) und »Sitting Down Here« (8/99 D 57). Es folgte »Where I'm Headed« (1/01 GB 31).

Sitting Down Here (3/00 GB 6)
Pop

Marmalade

JUNIOR CAMPBELL v (Großbritannien, * 31. 5. 1947 als William Campbell, Jr. in Glasgow/Schottland), PAT FAIRLEY g (Großbritannien, * 1. 4. 1946 in Glasgow), DEAN FORD v (Großbritannien, * 5. 9. 1946 als Thomas McAleese in Coatbridge/Glasgow), GRAHAM KNIGHT v, b (Großbritannien, * 8. 12. 1946 in Glasgow), SANDY NEWMAN v, g, key (Großbritannien), GARTH WATT-ROY v, g (Großbritannien), ALAN WHITEHEAD d (Großbritannien, * 24. 7. 1946 in Oswestry/Shropshire)
Als Dean Ford & The Gaylords begann die aus Glasgow stammende Band schon 1961. Sie nahmen einige Platten auf, die sich jedoch nicht in den Charts platzieren konnten. Bis 1967 waren sie in jedem schottischen Nest unterwegs, zogen dann nach London, benannten sich um in Marmalade und hatten mit »Lovin' Things« ihren ersten Top-10-Erfolg. Ende 1968 nahmen sie eine Coverversion des Beatles-Titels »Ob-La-Di Ob-La-Da« auf. 1972 stieg Junior Campbell aus der Band aus und hatte noch im selben Jahr mit »Hallelujah Freedom« einen eigenen Top-

10-Hit. Zu diesem Zeitpunkt änderte sich auch das gesamte Image der Gruppe. Hatten sie bisher als die netten Jungs von nebenan gegolten, so wurde durch eine britische Sonntagszeitung berichtet, wie sie sich auf Tourneen aufführten, was diesem Image gewaltigen Abbruch tat. Wenig später fiel die Band auseinander. Dean Ford versuchte sich ebenfalls als Solist, jedoch ohne Erfolg. 1976 kamen Knight und Whitehead mit zwei neuen Musikern, Newman und Watt-Roy, erneut als Marmalade.

Lovin' Things (5/68 GB 6)
Ob-La-Di Ob-La-Da (12/68 D 2, GB 1)
Baby Make It Soon (6/69 GB 9)
Reflections Of My Life (12/69 GB 3; 3/70 US 10)
Rainbow (7/70 GB 3)
Cousin Norman (9/71 GB 6)
Radancer (4/72 GB 6)
Falling Apart At The Seams (2/76 GB 9)
Middle Of The Road (MOR), Pop

Marrow, Lee

LEE MARROW dj (Italien, * 23. 7. 1957 als Francesco Bontempi in Marina Di Carrara)
Mit einer der typischen italienischen Diskoproduktionen, die an Stumpfsinnigkeit und Schwachsinn der textlichen Aussage kaum noch zu unterbieten ist, hatte dieser italienische Discjockey Erfolg. Der Nachfolger »Sayonara« erreichte noch Platz 24. Dann wurde es längere Zeit still um ihn, bis er 1989 erneut Platten auch in Deutschland veröffentlichte. Dazu schrieb seine Plattenfirma: ›Lee Marrow weiß ganz sicher, was angesagt ist. Seiner Auswahl an Witz, Beats und Power Slogans kann man getrost vertrauen. Schließlich gilt er als einer der populärsten DJs in der Versilia-Region, neben Emilia Tomagna das Diskothekenzentrum Italiens.‹ 1993 gründete er mit der brasilianischen Sängerin Olga De Souza das Duo Corona, das 1994 international erfolgreich war.

Shanghai (7/85 D 8)
Disko

Siehe auch: Corona

Marshall, Keith

KEITH MARSHALL v, g (Großbritannien, * 5. 6. 1956 in London)
Keith begann in der Gruppe Hello, mit der er zwei Top-10-Erfolge vorweisen kann. Nach dem Auseinanderbruch der Band machte Keith Marshall als Solist weiter. Seinen größten Hit hatte er mit »Only Crying« (4/81 GB 12). Mehr schaffte er nicht, obwohl er auch weiterhin Platten veröffentlichte.

Only Crying (7/81 D 5)
One Hit Wonder, Pop

Siehe auch: Hello

Marshall, Tony

TONY MARSHALL v (Deutschland, * 3. 2. 1938 als Herbert Anton Hilger in Baden-Baden)
Seinen ersten Achtungserfolg hatte Tony mit der deutschen Version des französischen Chansons »Aline«, die beweist, dass er durchaus über eine gute Gesangsstimme verfügt. Dann wurde er für Bierzelte und fürs Schunkeln entdeckt. Der erste Hit, der in diese Kerbe schlug, war die Goldplatte »Schöne Maid«, »Komm, gib mir deine Hand« erhielt sogar Platin. Mit Ratschlägen wie »Wir trinken Brüderschaft mit der ganzen Stadt«, »Wir wollen doch mal wieder Stimmung machen«, »Wir sind die Tramps« und »Mach dir das Leben doch schön« erzeugte er die richtige Wir-Stimmung, die ihn auch für Fernsehsendungen wie ›Fröhlicher Alltag‹, ›Laß das mal den Tony machen‹ oder ›Tony Marshall Show‹ empfahlen. Über den ›Fröhlichmacher der Nation‹ schrieb

die ›Hörzu‹: ›Der hilft einem ja mehr als der Doktor‹ – bei der Akademikerschwemme kommt es halt auch zu Ausrissen.
Auch seine Alben waren durch die Jahre erfolgreich: »Schöne Maid« (2/72 D-LP 2), »Lass das mal den Tony machen« (2/73 D-LP 9), »Lass das mal den Tony machen, 2« (10/84 D-LP 10) und »Lass das mal den Tony machen, 3« (3/86 D-LP 8).

Schöne Maid (6/71 D 3)
Komm, gib mir deine Hand (12/71 D 1)
. . . und in der Heimat (2/73 D 10)
Deutscher Schlager

Marshall Hain

KIT HAIN v (Großbritannien, * 15. 12. 1956 in Cobham/Surrey), JULIAN MARSHALL key (Großbritannien)
Bevor die beiden sich 1978 zum Duo zusammenschlossen, sammelten sie unabhängig voneinander Erfahrungen in jazzorientierten Gruppen. Der Titel »Dancing In The City« brachte Marshall Hain ihren größten Erfolg. Nach »Coming Home« (10/78 GB 39) gelang ihnen kein weiterer Hitparadenerfolg mehr. Nach der Veröffentlichung einer LP, die ebenfalls floppte, aber die Jazzvergangenheit der beiden deutlich dokumentierte, ließ man alle weiteren Plattenpläne fallen und trennte sich wieder. Marshall ging als Keyboarder zu den Flying Lizards und gründete zusammen mit der Sängerin Deborah Berg das Duo Eye To Eye, das 1982 in den USA den Top-40-Hit »Nice Girls« hatte. Kit Hain versuchte eine Solokarriere, ging 1985 in die USA und wurde hier eine erfolgreiche Songschreiberin. Cher, Heart, Til Tuesday, Roger Daltrey, Kiki Dee oder auch Barbara Dickson sangen ihre Lieder. Im Herbst 1987 versuchte der holländische Mixer Ben Liebrand, »Dancing In The City« noch einmal aufzumöbeln. Er mischte den Titel komplett neu ab und ließ noch einen Saxophonisten dazu spielen. Es nützte nichts, die Platte wurde nicht noch einmal ein Erfolg.

Dancing In The City (6/78 GB 3; 8/78 D 1)
Pop, Rock

Martell, Lena

LENA MARTELL v (Großbritannien)
Die Schlagersängerin mit Country-Einschlag brachte 1974 mit »That Wonderful Sound Of Lena Martell« (5/74 GB-LP 35) ihre erste LP in die britischen Charts. Seitdem verkaufte sie vorwiegend ihren eigenen Namen: »The Best Of Lena Martell« (1/77 GB-LP 13), »Lena Martell Collection« (5/78 GB-LP 12) oder »Lena's Music Album« (10/79 GB-LP 5). Aus der letztgenannten LP war »One Day At A Time« ausgekoppelt worden. Das Stück war von Kris Kristofferson geschrieben, zeigte recht christliche Einflüsse mit einem Touch Country Music und war 1974 ein Country-Hit für Marilyn Sellars gewesen. Bis zum Ende der 80er Jahre machte Lena weiter Platten, darunter das Album »By Request« (4/80 GB-LP 9). Dann zog sie sich aus dem Showgeschäft zurück.

One Day At A Time (9/79 GB 1)
Middle Of The Road (MOR)

Martha & The Muffins

CARL FINKLE b (Kanada), TIM GANE d, MARK GANE g, key (Kanada, * 17. 12. 1953), ANDY HAAS sax (Kanada), MARTHA JOHNSON v, org (Kanada, * 18. 12. 1950), NICK KENT d (Kanada), MARTHA LADLY v, key, pos (Kanada), JOCELYNE LANOIS g, b, per (Kanada)
1975 leitete Martha die semiprofessionelle kanadische Band Martha & The Muffins. Zu diesem Zeitpunkt kam als Gitarrist und Keyboarder Mark Gane zur Gruppe, die sich daraufhin entschloss,

Musik hauptberuflich zu betreiben. In den darauf folgenden Jahren erschienen etliche gut und witzig gemachte Platten. Große Erfolge blieben jedoch aus. Im Frühjahr 1980 kam der Titel »Echo Beach« in die britische Hitparade. Es blieb die einzige Hitnotierung. Für diesen Song erhielten sie in Kanada drei Juno Awards. 1981 erschien die LP »This Is The Ice Age«, auf der statt Carl Finkle Jocelyne Lanois, Schwester des Produzenten Daniel Lanois, Bass spielte. Bruder Daniel zeichnete für die Produktion der nächsten beiden LPs verantwortlich. »Danseparc« brachte mit Nick Kent statt Tim Gane einen neuen Schlagzeuger. 1984 wurde die Gruppe aufgelöst, und Mark Gane und Martha Johnson machten als M + M weiter. 1992 erschien mit »Modern Lullaby« wieder ein Album als Martha & The Muffins. Neben Mark und Martha waren jetzt David Piltch, Bass, Stuart Gordon, Violine, Michael Sloski und Tim Gane, Percussion, zu hören.

Echo Beach (3/80 GB 10)
Pop

Martha & The Vandellas

ROSALIND ASHFORD v (USA, * 2. 9. 1943 in Detroit), BETTY KELLY v (USA, * 16. 9. 1944 in Detroit), LOIS REEVES v (USA), MARTHA REEVES v (USA, * 18. 7. 1941 in Eufaula/Alabama), ANNETTE STERLING BEARD v (USA), SANDRA TILLEY v (USA)
Martha hatte ihre Karriere mit der Detroiter Gruppe Del-Phis begonnen, arbeitete aber hauptberuflich als Sekretärin bei Motown Records. Zwischendurch sang sie Background bei Plattenaufnahmen von Künstlern wie Marvin Gaye oder Mary Wells. Im Frühjahr 1963 gab man ihr die Möglichkeit, zusammen mit einigen ihrer Schulfreundinnen eine eigene Platte aufzunehmen. Ashford und Beard kamen dazu, und man nannte sich Martha & The Vandellas. Ihre erste Hitnotierung war im Frühjahr 1963 »Come And Get These Memories«. Die nächsten beiden Platten, »Heat Wave« und »Quicksand«, wurden Top-10-Erfolge. »Dancing In The Street« sollte 1985 ein Top-10-Erfolg für Mick Jagger und David Bowie werden. Beard verließ die Gruppe 1964 und wurde durch Betty Kelly, die vorher mit den Velvelettes gesungen hatte, ersetzt. »Jimmy Mack« sollte Sheena Easton später noch einmal neu aufnehmen. Ab 1967 wurden die Platten dann als Martha Reeves & The Vandellas veröffentlicht. Ein Top-10-Erfolg gelang ihnen nicht mehr. 1969 löste sich die Gruppe auf. Zwei Jahre später formierte sie sich wieder neu mit Marthas Schwester Lois und Sandra Tilley (die 1982 starb), aber schon 1972 sang Martha Reeves nur noch solo. Mitte 1978 kam die Gruppe in ihrer ursprünglichen Besetzung wieder zusammen, um einige Benefizkonzerte zu geben. Im Oktober 1989 starteten sie eine Tournee durch GB. Die beiden anderen Mitglieder haben jedoch ihre Jobs, denen sie mittlerweile nachgingen, beibehalten. Sterling arbeitete inzwischen in einem Krankenhaus, Ashford für eine Telefonfirma. 1995 wurden Martha & The Vandellas in die Rock and Roll Hall of Fame aufgenommen.

Heat Wave (8/63 US 4)
Quicksand (11/63 US 8)
Dancing In The Street (8/64 US 2; 1/69 GB 4)
Nowhere To Run (2/65 US 8)
I'm Ready For Love (10/66 US 9)
Jimmy Mack (2/67 US 10)
Motown Sound, Rhythm & Blues, Soul

Martika

MARTIKA v (USA, * 18. 5. 1969 als Marta Marrero in Los Angeles/Kalifornien)
Die in Los Angeles beheimatete Sängerin kubanisch-amerikanischer Abstammung begann ihre Karriere 1982 in dem Film-

musical »Annie«. Im Kinder-TV-Programm ›Kids, Incorporated‹ war sie danach regelmäßig zu sehen. Ende 1988 erschien »More Than You Know« (12/88 US 18, 1/90 GB 15) als ihre erste Single in der amerikanischen Hitparade. Danach kam »Toy Soldiers«. Seit diesem Zeitpunkt konnte Martika regelmäßige Erfolge verzeichnen. Besonders hervorzuheben ist noch ihre Platte »Love... Thy Will Be Done«, die sie zusammen mit Prince geschrieben hatte. Ihre erfolgreichsten Alben waren »Martika« (2/89 US-LP 15, 9/89 GB-LP 11) und »Martika's Kitchen« (9/91 GB-LP 15).

Toy Soldiers (5/89 US 1; 7/89 D 5, GB 5)
I Feel The Earth Move (10/89 GB 7)
Love... Thy Will Be Done (8/91 US 10, GB 9)
Pop

Martin, Billie Ray

BILLIE RAY MARTIN v (Deutschland, in Hamburg)
Der Observer beschrieb den Gesangsstil von Billie mit ›Aretha Franklin singt die Leadstimme bei Kraftwerk‹. Auch schön: ›Marlene Dietrich des Techno‹, ›die deutsche Grace Jones‹ oder ›sie singt mit einem Herz und einer Stimme, die selbst ein Rhinozeros zum Weinen bringen können‹. Letzteres hätte ich gerne mal gesehen. Mitte der 80er Jahre war Billie Ray von Hamburg nach London gekommen und hatte dort über eine Anzeige im Melody Maker vier junge Männer aus Birmingham kennen gelernt, mit denen sie zusammen die Gruppe Electribe 101 gründete. »Tell Me When The Fever Ended« (10/89 GB 32) und »Talking With Myself« (2/90 GB 23), mit geschrieben von Martin, waren die Top-40-Hits. Danach ging es wieder bergab, und 1992 trennte sich Martin von Electribe 101. Sie versuchte nun laut eigener Aussage ›eine Musik zu schaffen, die exakt auf der Schnittstelle von Kraftwerk und Phil Spector liegt‹. Im Frühjahr 1994 erschien dann ihre erste eigene Chartplatte. »Your Loving Arms« kam erstmals im November 1994 in die GB-Charts und erreichte Platz 38. Im April 1994 kam die Nummer in die US-Hitparade – daraufhin kam die Platte erneut in die GB-Charts und wurde ein Hit. In den USA erreichte der Titel nur Platz 87 und fiel dann wieder raus – aber auch hier wurde die Platte noch einmal neu veröffentlicht und Mitte 1996 ein Platz 46. »Running Around Town« (9/95 GB 29) und »Imitation Of Life« (1/96 GB 29) waren ihre weiteren Hits. Im Frühjahr 1996 arbeitete sie zusammen mit der Gruppe Sparks, bei der sie vorher im Vorprogramm aufgetreten war.

Your Loving Arms (5/95 GB 6)
Pop

Martin, Dean

DEAN MARTIN v (USA, *7.6.1917 als Dino Crocetti in Steubenville/Ohio, †25.12.1995)
Nachdem er alles Mögliche versucht hatte – Bergmann, Boxer, Tankwart usw. –, kam er als 27-Jähriger auf die Idee, Sänger zu werden. 1946 benötigte der Eigner eines Clubs in Atlantic City für seinen Laden einen Knüller. Er brachte Dean zusammen mit dem Nachwuchskomiker Jerry Lewis auf die Bühne. Als sich das Komikerpaar Martin und Lewis 1957 nach knapp zehn Jahren trennte, standen die Meinungen fest: Jerrys Karriere würde nach oben gehen, Deans wäre damit erledigt. Zusammen mit Jerry hatte Dean Ende 1948 mit dem Titel »That Certain Party« seine erste Hitnotierung in den USA. Und während er seine Witzfilmchen mit Jerry drehte, arbeitete er stetig an seiner Karriere als Sänger. Schon im Frühjahr 1949 hatte er seine erste Hitnotierung unter den ersten 10: »Powder Your Face With

Sunshine (Smile, Smile, Smile)«. Einen seiner größten Erfolge landete er Ende 1955 mit dem Titel »Memories Are Made Of This«. Ohne Jerry Lewis drehte Martin weiter Filme, so z. B. 1959 »Rio Bravo«. Die Liste seiner Hitnotierungen in den USA und in GB geht bis in das Jahr 1969. Dean, der auch zu dem Clan um Frank Sinatra gehörte, hatte von 1965 bis 1974 eine eigene Fernsehshow in den USA. Seine erfolgreichsten Alben waren »Everybody Loves Somebody« (8/64 US-LP 2, 10/64 D 20), »The Door Is Still Open To My Heart« (11/64 US-LP 9), »Best Of Dean Martin« (2/69 GB-LP 9), »Gentle On My Mind« (2/69 GB-LP 9), »20 Original Dean Martin Hits« (11/76 GB-LP 7) und »The Very Best Of The Capitol/Reprise Years« (6/99 GB-LP 5).

Powder Your Face With Sunhine (Smile, Smile, Smile) (2/49 US 10)
Kiss (9/53 GB 9, GB 5)
That's Amore (11/53 US 2, GB 2)
Sway (10/54 GB 6)
Naughty Lady Of Shady Lane (1/55 GB 5)
Let Me Go Lover (2/55 GB 3)
Under The Bridges Of Paris (4/55 GB 6)
Memories Are Made Of This (12/55 US 1; 2/56 GB 1)
Return To Me (4/58 US 4; 6/58 GB 2)
Volare (8/58 GB 2)
Everybody Loves Somebody (6/64 US 1)
The Door Is Still Open To My Heart (9/64 US 6)
I Will (10/65 US 10)
Gentle On My Mind (2/69 GB 2)
Middle Of The Road (MOR), Pop

Martin, Juan

JUAN MARTIN g (Spanien)
Juan Martin spielte auf seiner Gitarre den Briten im Januar 1984 die Themen-Melodie der Fernsehserie ›Dornenvögel‹ ins Ohr. Es blieb seine einzige Hitnotierung außerhalb seiner Heimat. In Deutschland erschien dieser Titel als B-Seite der von Henry Mancini gespielten Originalversion. Auch sein Album »Serenade« (2/84 GB-LP 21) wurde im Zug des einen Hits erfolgreich.

Love Theme From The Thorn Birds (1/84 GB 10)
Instrumental, One Hit Wonder

Martin, Marilyn

MARILYN MARTIN v (USA)
Marilyn Martin wirkte als Backgroundsängerin auf Plattenaufnahmen von Joe Vitale, Joe Walsh, Kenny Loggins, Tom Petty oder Stevie Nicks mit. Das Liebesthema für den Film »White Nights«, »Separate Lives«, brachte ihr im Duett mit Phil Collins einen Erfolg. Im Januar 1986 kam als Solohit »Night Moves« in die US-Charts und erreichte Platz 28. Ansonsten wird sie wohl wieder mit Chorgesang beschäftigt sein.

Separate Lives (10/85 GB 4, US 1)
Pop

Martin, Ricky

RICKY MARTIN v (Puerto Rico, * 24. 12. 1971 als Enrique José Martin Morales in San Juan)
Ricky begann seine Karriere als Mitglied der Gruppe Menudo. Zwischen 1984 und 1989 war er in dieser besonders in Lateinamerika überaus erfolgreichen Band. Zu einer Show der Gruppe kamen in São Paulo/Brasilien 250 000 Zuschauer. In den USA wurde er richtig bekannt, als er ab 1993 in der TV-Soap-Opera »General Hospital« mitspielte. Auch am Broadway sah man ihn in »Les Misérables«. Die Nummer »(Un, dos, tres) Maria« (7/96 US 88) erschien Mitte 1996 auch in Deutschland und kam nicht in die Charts. Ein Jahr später kam sie hier erneut auf den Markt und erreichte schnell die Top 10. Sein Song »La Copa De La Vida«, der sehr nach seinem Hit »(Un, dos, tres) Maria« klang, wurde der offizielle Song zur Fuß-

ball-WM '98 in Frankreich. Und dank dauernder TV-Präsenz wurde der Song in Europa förmlich zum Hit getrieben.
Beim Hit »Private Emotion« war als Mitsängerin die Schwedin Meja beteiligt. Zusammen mit Christina Aguilera sang er »Nobody Wants To Be Lonely« (1/01 US 16). Seine erfolgreichsten Alben: »Vuelve« (10/98 US-LP 40), »Ricky Martin« (5/99 D-LP 2, 5/99 US-LP 1, 6/99 GB-LP 2) und »Sound Loaded« (11/00 GB-LP 14, 12/00 US-LP 4).

(Un, dos, tres) Maria (6/97 D 3; 9/97 GB 6)
La Copa De La Vida (5/98 D 1)
Livin' La Vida Loca (4/99 US 1; 5/99 D 6; 7/99 GB 1)
She's All I Ever Had (8/99 US 2)
Private Emotion (4/00 GB 9)
She Bangs (11/00 GB 3)
Nobody Wants To Be Lonely (2/01 D 5; 3/01 GB 4)
Latin Pop

Martin, Ulli

ULLI MARTIN v (Deutschland, * 19. 7. 1946 als Hans Ulrich Wiese in Osnabrück)
Leo Leandros, der Vater von Vicky, entdeckte Ulli Martin Anfang der 70er Jahre und produzierte ihn. Die Liste seiner Hits geht bis in das Jahr 1974. Danach ging es bergab. Er musste sich mit Disko-Auftritten und Veranstaltungen in Bierzelten über Wasser halten, tröstete sich mit Alkohol und verfiel in Depressionen. Anfang der 90er Jahre versuchte er ein Comeback.

Monika (7/71 D 2)
Ich träume mit offenen Augen von dir (11/71 D 3)
Du musst nicht weinen (5/72 D 10)
Deutscher Schlager

Martindale, Wink

WINK MARTINDALE dj (USA, * 4. 12. 1933 als Winston in Jackson/Tennessee)
Wink Martindale arbeitete seit 1950 als Discjockey. Mit der Nummer »Deck Of Cards«, im Original ein Country-Hit von T. Texas Tyler, hatte Wink seinen einzigen Top-40-Erfolg. In GB kam er mit dem Titel erstmals Ende 1959 in die Charts und erreichte Platz 18. Im Frühjahr 1963 kam er wieder rein und erreichte Platz 5. Im Herbst 1973 wurde die Platte erneut wiederveröffentlicht und erreichte Platz 22. Der Erfolg der Nummer veranlasste Wink, aus seiner Heimat Tennessee nach Hollywood zu ziehen, wo er in den 60er Jahren die TV-Sendung ›Teenage Dance Party‹ moderierte. 1969 war er in ›Can You Top This?‹ zu sehen, von 1978 bis 1985 moderierte er ›Tic Tac Dough‹.

Deck Of Cards (9/59 US 7; 4/63 GB 5)
Country, Pop

Martinelli

MARTINELLI (Italien, als Alberto Martinelli)
Hinter diesem Namen verbarg sich der Produzent Alberto Martinelli, der für Aufnahmen von Scotch oder Comanchero verantwortlich war. Nach seinem einzigen Hit »Cenerentola (Cinderella)« schlug es für ihn zwölf, und er musste sich zur bösen Stiefmutter zurückziehen – oder so ähnlich.

Cenerentola (Cinderella) (8/85 D 8)
Disko, One Hit Wonder

Martino, Al

AL MARTINO v (USA, * 7. 10. 1927 als Alfred Cini in Philadelphia/Pennsylvania)
Al gehörte zu der ersten Generation der Italoamerikaner. Seine Eltern waren aus Italien in die USA eingewandert, er selbst wurde dort geboren. Die Familie lebte zu

diesem Zeitpunkt in Philadelphia. Zu Als Jugendfreunden gehörte Mario Lanza, und dessen Erfolg ermutigte Al, sich ebenfalls als Sänger zu profilieren. Tagsüber arbeitete er als Maurer, abends sang er in Nachtclubs. Nachdem er in Arthur Godfreys TV-Talentwettbewerb den ersten Preis gewonnen hatte, bekam er einen Plattenvertrag bei einem kleinen Label und veröffentlichte als erste Single »Here In My Heart«, die Spitzenreiter in den USA und Millionseller wurde und zudem die Platte war, die die erste englische Hitparade 1952 anführte. Dieser Erfolg brachte ihm einen Plattenvertrag bei Capitol Records ein. Martino versuchte sich auch als Schauspieler. In dem Film »Der Pate« spielte er die Rolle, die viele lieber Frank Sinatra zugedacht hätten. Der Grund: Frank Sinatra hätte sich möglicherweise dort selbst gespielt. Die Verbindungen der Interpreten aus der italoamerikanischen Ecke zur Mafia wurden nie geklärt, und viele werden sich noch heute hüten, das genau zu erforschen. Dass Künstler wie Vic Damone, Dean Martin, Al Martino und manch anderer von Freunden der Familie gefördert wurden, ist sicher kein Geheimnis. Man machte halt Angebote, die keiner ablehnen konnte. Bis in die 90er Jahre erschienen weitere Platten von Al Martino. 1993 produzierte Dieter Bohlen Neuaufnahmen von Al – erfolglos. Seine erfolgreichsten Alben: »I Love You Because« (6/63 US-LP 7), »Painted, Tainted Rose« (10/63 US-LP 9) und »Spanish Eyes« (2/66 US-LP 8, 3/67 D-LP 29).

Here In My Heart (5/52 US 1; 11/52 GB 1)
Take My Heart (11/52 GB 9)
Now (1/53 GB 3)
Rachel (7/53 GB 10)
Wanted (7/54 GB 4)
The Story Of Tina (10/54 GB 10)
I Love You Because (4/63 US 3)
I Love You More And More Every Day (2/64 US 9)
Spanish Eyes (3/66 D 3; 7/73 GB 5)
Middle Of The Road (MOR), Pop

Marton, Sandy

SANDY MARTON v (* 4. 10. 1959)
»People From Ibiza« war genau so ein Titel, der viele Freunde dieser Insel von der gleichnamigen vergraulte. Die im typischen italienischen Disko-Stil aufgebaute Nummer wurde vorgetragen von Sandy Marton, der aussah, als wäre er dem Neckermann-Katalog entsprungen. Die gesangliche Leistung von ihm muss man nicht hoch einstufen. Dafür war er wieder der Typ, der in jedem Mickey-Mouse-Club die Mädchen begeisterte. »Exotic And Erotic« war im Frühjahr 1986 eine weitere Hitnotierung für ihn. Danach hörte man nichts mehr von ihm. Besonders niedlich fanden die Mädchen das leise Lispeln von Sandy. Das alleine macht allerdings auf Dauer auch keinen Star aus.

People From Ibiza (9/84 D 10)
Disko, One Hit Wonder

Marusha

MARUSHA dj, mix (Deutschland, * 18. 11. 1966 als Marion Gleis in Nürnberg)
Mit dem Aufkommen der Rave und Techno Music Anfang der 90er Jahre kam auch die Zeit von Marusha, die bis 1990 als Schuhverkäuferin in Nürnberg arbeitete. Mit dem Song »Somewhere Over The Rainbow«, im Original als »Over The Rainbow« aus dem Film »The Wizard Of Oz« bzw. »Das zauberhafte Land« im Herbst 1939 ein Hit für Judy Garland, verzauberte sie die Kids. Die merkten nicht, dass die Stimme von Marusha auch nicht annähernd die Qualität von Judy Garlands hatte, weil sie das Original nicht kannten. Marusha stieg innerhalb kürzester Zeit zum weiblichen Top-DJ auf. Auf Rave-Partys war sie die Attraktion. Ihre Karriere begann sie als Radio-DJ bei dem Jugendsender DT64. Danach moderierte sie im ORB und NDR die TV-Sendung ›Feuerreiter‹. Später erhielt sie eine eigene Radioshow

›Ravesatellite‹ bei dem Berliner Sender Fritz. Ab Ende April 1995 wurde ihre TV-Sendung ›Feuerreiter‹ bundesweit in der ARD ausgestrahlt. Anfang 1997 erschien mit »Ur Life« eine neue Single von Marusha. Die Plattenfirma schrieb dazu (und das freut mich): ›Musikalisch gereift, verbindet sie mit diesem Crossover spielerisch die Elemente des Hiphop, Techno und New Wave, um sie zu einem neuartigen Channel Sound zu vereinen.‹ Aha! Channel Sound war der neue Knüller '97. Ihr erfolgreichstes Album hieß »Raveland« (6/94 D-LP 4).

Somewhere Over The Rainbow (2/94 D 3)
It Takes Me Away (6/94 D 3)
House, Rave, Techno

Marvelettes

KATHERINE ANDERSON v (USA), ANNE BOGAN v (USA), JUANITA COWART v (USA), GEORGEANNA MARIE TILLMAN GORDON v (USA, † 6. 1. 1980), GLADYS HORTON v (USA), WANDA YOUNG v (USA)
Die aus Michigan stammende Mädchengruppe wurde 1960 von Gladys Horton mit Georgeanna, Wanda, Katherine und Juanita gegründet. Alle Mitglieder wurden angeblich 1944 in Detroit geboren. Im Herbst 1961 erreichte ihr Titel »Please Mr. Postman« Platz 1 in der amerikanischen Hitparade und war die erste Nummer 1 für Berry Gordys Plattenfirma Tamla Motown überhaupt. Die Beatles nahmen den Titel 1963 auf ihre zweite LP, 1974 wurde er ein Hit für die Carpenters. Schon 1963 verließ Juanita Cowart die Marvelettes. Danach ging Georgeanna. 1968 wurde Leadsängerin Gladys durch Anne Bogan von den Andantes ersetzt. In der Rhythm-&-Blues-Hitparade schafften die Marvelettes neun Top-10-Erfolge bis zum Jahr 1967. Anfang der 70er Jahre fiel die Band ganz auseinander und kam mit unterschiedlichen Sessionsängerinnen um Gladys und Wanda 1980 und 1990 wieder zusammen.

Please Mr. Postman (9/61 US 1)
Playboy (5/62 US 7)
Don't Mess With Bill (1/66 US 7)
Motown Sound, Rhythm & Blues

Marvin, Lee

LEE MARVIN v (USA, * 19. 2. 1924 in New York City, † 30. 8. 1987)
Der amerikanische Filmschauspieler war ab 1951 erfolgreich im Geschäft. Meist spielte er den Typ Bösewicht. Von 1957 bis 1960 war er in der Fernsehserie ›M Squad‹ als Lt. Frank Bellinger zu sehen. 1962 drehte er »The Man Who Shot Liberty Valance«, 1965 – hier zeigte sich, dass er auch durchaus witzig sein konnte – »Cat Balou«, 1967 »The Dirty Dozen«. In »Westwärts zieht der Wind«, einer Filmversion des Lerner-Loewe-Musicals »Paint Your Wagon«, brummte er das Lied »Wand'rin' Star«. Auch in Deutschland kam die Platte auf Platz 12. Nur die Amerikaner konnten nichts mit einem singenden Lee Marvin anfangen. Marvin starb 1987 an Herzversagen.

Wand'rin' Star (2/70 GB 1)
Pop

Marx, Richard

RICHARD MARX v, g, p (USA, * 16. 9. 1963 in Chicago/Illinois)
Richard Marx stammte aus einem musikalischen Elternhaus. Der Vater war erfolgreicher Jazzpianist und Jingle-Schreiber und setzte die ganze Familie für seine Werbejingles ein. Sowohl die Mutter als auch der kleine Richard mussten die Miniwerke singen. Richard begann damit, als er gerade mal fünf Jahre alt war.
Seine Karriere als Songschreiber startete er für Bob Seger und Kenny Rogers, bei

deren Plattenproduktionen er auch im Hintergrund sang. Lionel Richie war es, der Richards Talent erkannte und ihm empfahl, es doch mal als Solist zu versuchen. 1987 erschien sein Debütalbum »Richard Marx« (6/87 US-LP 8), und seither war er eine feste Größe im amerikanischen Mainstream-Rock. »Don't Mean Nothing« war Mitte 1987 sein erster Top-10-Erfolg in den USA. »Right Here Waiting« war die erste Platte von Richard, mit der er sich außerhalb der Staaten richtig durchsetzen konnte. Der Song war ausgekoppelt aus der CD »Repeat Offender« (5/89 US-LP 1, 5/89 GB-LP 8, 6/89 D-LP 9), ebenso wie der Nachfolgehit »Angelia«. Am 8. 1. 1989 heiratete Richard Cynthia Rhodes, die Leadsängerin der Gruppe Animotion. 1991 erschien die CD »Rush Street« (11/91 US-LP 35, 6/92 GB-LP 7), die den Song »Hazard« beinhaltete. Im Januar 1994 kam das Album »Paid Vacation« (2/94 US-LP 37, 2/94 GB-LP 11) auf den Markt. Die Single daraus hieß »Now And Forever«. Anfang 1997 erschien das Album »Flesh And Bone«.

Don't Mean Nothing (6/87 US 3)
Should've Known Better (9/87 US 3)
Endless Summer Nights (1/88 US 2)
Hold On The Nights (5/88 US 1)
Satisfied (5/89 US 1)
Right Here Waiting (7/89 US 1; 9/89 GB 2)
Angelia (10/89 US 4)
Hazard (2/92 US 9; 5/92 GB 3)
Now And Forever (1/94 US 7)
AOR (Adult Orientated Rock), Rock

Mary Jane Girls

CANDICE GHANT (USA), YVETTE MARINE (USA), JOANNE MCDUFFIE (USA), KIM WULETICK (USA)
Diese Band gilt als die erste weibliche Funk-'n'-Roll-Formation der USA. Für sich selbst suchte Rick James eine Band, die er Mary Jane Girls nennen wollte – nach seiner Vorliebe für Marihuana. In einem Interview sagte er, wie er sich die vorstellte: ›Meine Konzeption ist es, weibliche Charaktere zu entwickeln, mit denen sich Frauen musikalisch identifizieren können. Ich will eine Gruppe formen, die dieselbe Art von Theatralik und Spaß ausströmt, die ich in meiner Rolle als Rick James etabliert habe.‹ 1982 begann er mit der Suche. In L.A. und in New York hörte und sah er sich über 200 Mädchen an, bis er die vier herausgefiltert hatte, die oben genannt werden. Jedes der Mädchen stellte nach Ricks Vorstellungen einen bestimmten Charakter da. JoJo war das taffe Mädchen von der Straße, Candi das glamouröse Supermodel, Cheri das niedliche Mädchen vom Land und Maxi die Peitschen schwingende Domina in schwarzem Leder. Als erste Single erschien die von Rick James geschriebene und produzierte Nummer »Candy Man« (4/83 R&B 23, GB 60). Nachfolger »All Night Long« (6/83 GB 13, R&B 11) war zumindest in GB erfolgreich. In den USA kamen sie im Frühjahr zum erstenmal in die Pophitparade und hatten gleich ihren ersten und einzigen Top-10-Hit: »In My House«. 1985 wurde Ann »Cheri« Bailey durch Yvette »Corvette« Marine ersetzt. Nach 1986 hatte Rick James offensichtlich das Interesse an den Mädels verloren. 1989 versuchten sich die vier unter dem Gruppennamen Breathless, was keinem den Atem verschlug. Ihr erfolgreichstes Album war »Only For You« (3/85 US-LP 18).

In My House (3/85 US 7)
Pop

Mary Mary

TINA ATKINS v (USA, in Inglewood/Kalifornien), ERICA ATKINS v (USA, in Inglewood/Kalifornien)
Da könnte noch mehr kommen: die beiden Schwestern haben noch fünf weitere

Schwestern und einen Bruder. Erica und Tina sangen, wie sich es sich für angehende R&B-Stars gehört, in einem Gospelchor. Dann sang Erica im Hintergrund von Brian McKnight oder Brandy, Tina mit Kenny Lattimore oder Eric Benet. 1996 gründeten die beiden Schwestern das Duo Mary Mary. Zuerst hatten sie allerdings Erfolge als Songschreiberinnen. Die Nummer »Shakles (Praise You)« (3/00 US 28, 6/00 D 25) erreichte erst die US-Charts und kam dann Mitte 2000 in GB auf Anhieb unter die ersten 10. Der Song war ausgekoppelt aus ihrem Debütalbum »Thankful« (5/00 US-LP 59). Davon stammte auch »I Sings« (11/00 GB 32).

Shakles (Praise You) (6/00 GB 5)
Pop, Rhythm & Blues

Mase

MASE v, rap (USA, * 27. 8. 1974 als Mason Betha in Jacksonville/Florida)
Der Rapper wuchs in Harlem/New York City auf. »Feel So Good« stammte aus dem Film »Money Talks«, eine Actionkomödie, die sich stilistisch an »Beverly Hills Cop« oder »Lethal Weapon« anlehnte. Die Musik zum Film brachte eine Mischung aus Newcomern und arrivierten Stars. Auf der einen Seite Puff Daddy und Deborah Cox, auf der anderen Barry White oder Rick James. Mase gehörte zu Puff Daddy's Family – so wirkte er z. B. auf dessen Titel »Can't Nobody Hold Me Down« (1/97 US 1, 3/97 GB 19, D 23) mit. Und noch einmal stand er an der Spitze der US-Charts: Auf »Mo Money, Mo Problems« von Notorious B.I.G. sang er ebenfalls. »You Should Be Mine (Don't Wast Your Time)« (9/97 US 17) war ein Hit für Brian McKnight feat. Mase. Nach so vielen Gastrollen musste es jetzt auch als Solist klappen. »Feel So Good« brachte Schnipsel aus »Hollywood Swinging« von Kool & The Gang. »What You Want« (3/98 D 35, GB 15) brachte ihm in den USA einen weiteren Top-10-Hit. Sein erstes Album hieß »Harlem World« (11/97 US-LP 1) und hatte schon nach zwei Monaten Doppelplatin erreicht. Als Mase Feat. Puff Daddy erreichte er mit »Lookin' At Me« erneut die Top 10. Beim nächsten Hit war er wieder derjenige, der als ›Feat.‹ gastierte: »Top Of The World« (10/98 GB 2) war ein Erfolg für Brandy. »Double Up« (7/99 US-LP 11) hieß sein zweites Album. Mase ist auch als Gast auf Platten von BLACKstreet oder 112 zu hören.

Feel So Good (10/97 US 5; 12/97 GB 10)
What You Want (1/98 US 6)
Lookin' At Me (7/98 US 8)
Rap, Rhythm & Blues

Masekela, Hugh

HUGH MASEKELA v, tr (Südafrika, * 4. 4. 1939 in Wilbank)
Der Trompeter, Bandleader, Sänger und Songschreiber begann seine Karriere bereits 1955 noch in Südafrika. 1960 emigrierte er in die USA. Mit Hilfe von Harry Belafonte bekam er eine Aufenthaltsgenehmigung, spielte zusammen mit Art Blakey und machte 1962 sein erstes Album »Trumpet Afrika«. 1964 heiratete er die Sängerin Miriam Makeba, die ebenfalls durch Harry Belafonte protegiert worden war. 1967 spielte Masekela beim legendären Monterey Festival, Mitte 1968 hatte er mit dem Titel »Grazing In The Grass« seinen einzigen Pop-Erfolg und Millionseller. Ansonsten konzentrierte sich Hugh auch mehr auf LPs. Anfang der 70er Jahre verließ er die USA, ging nach GB und für ein Jahr nach Guinea, wo sich seine 1966 wieder von ihm geschiedene Frau niedergelassen hatte. Ab der zweiten Hälfte der 70er Jahre pendelte er zwischen Orten in Afrika, GB und den USA hin und her. Hatte er nicht mehr genug Geld, unterschrieb er einen Plattenvertrag

und machte schnell ein paar Aufnahmen – so geschehen mit A&M Records, mit deren Boss Herb Alpert er zwei für seine Verhältnisse recht seichte Platten machte. Hugh nahm bis in die 90er Jahre Platten auf, die mehr dem Jazz- als dem Pop-Bereich zuzurechnen sind. Sein erfolgreichstes Album war »The Promise Of A Future« (6/68 US-LP 17).

Grazing In The Grass (6/68 US 1)
Instrumental, Pop, World Music

Mash

»Theme From M.A.S.H (Suicide Is Painless)« war das Thema der gleichnamigen TV-Serie und des Films, in dem Donald Sutherland eine Hauptrolle spielte. Sicher waren viele von dem Erfolg des Titels überrascht – am meisten diejenigen, die die Platte zehn Jahre zuvor veröffentlicht hatten. Geschrieben worden war die Nummer von Mike Altman, dem Sohn des bekannten Regisseurs Robert Altman. Die Melodie oder die Serie hat die Briten dermaßen beeindruckt, dass sie in der Version der Manic Street Preachers zwölf Jahre später noch einmal in die britischen Charts kam.

Theme From M.A.S.H. (Suicide Is Painless) (5/80 GB 1)
Pop

Mason, Barbara

BARBARA MASON v (USA, * 9. 8. 1947 in Philadelphia/Pennsylvania)
Barbara Mason machte 1964 ihre ersten Plattenaufnahmen. Ihr erster war auch ihr größter Hit: »Yes, I'm Ready«. Danach hat sie bis in die 80er Jahre weiter Platten veröffentlicht, die sich jedoch nicht mehr unter den ersten 20 der Popcharts platzieren konnten. Die meisten ihrer Titel hat sich Barbara selbst geschrieben.

Yes, I'm Ready (5/65 US 5)
Pop

Masquerade

DRAFI DEUTSCHER v (Deutschland, * 9. 5. 1946 als Karl-Heinz Deutscher in Berlin)
Hinter dem Gruppennamen verbarg sich Drafi Deutscher, der mit dieser Maskerade den Superhit »Guardian Angel« landete. Die Platte erreichte Platz 2 der deutschen Hitparade und kam nur deshalb nicht auf Platz 1, weil der von Nino de Angelo mit einer deutschsprachigen Version von »Guardian Angel«, »Jenseits von Eden«, blockiert wurde. Masquerade ist nur eins der vielen Pseudonyme, unter denen Drafi im Laufe seines langen Musikerlebens Platten veröffentlichte – lesen Sie mehr unter seinem Namen!

Guardian Angel (12/83 D 2)
Pop

Siehe auch: Deutscher, Drafi

Massive Attack

3-D v (Großbritannien, * 21. 1. 1965 als Robert Del Naja in Brighton), DADDY G key (Großbritannien, * 18. 12. 1959 als Grant Marshall), MUSHROOM key (Großbritannien, * 10. 11. 1967 als Andrew Vowles in Knowle West/Bristol)
1987 kam diese Formation in Bristol zusammen. Mit Wild Bunch gründeten sie ein eigenes Plattenlabel, das 1990 durch Virgin vertrieben wurde. Mitte 1988 war ihre erste Single »Any Love« erschienen, die keine Spuren in den Charts hinterließ. Im November 1990 kam die Single »Daydreaming« auf den Markt, auf der der Gesang von Shara Nelson stammte. Anfang 1991 erschien dann die Platte, die die Gruppe bekannt machen sollte: »Unfinished Sympathy«. Wieder war es Shara Nelson, die sang. Das zum Titel gehörende Video war gegen alle Trends. Keine

schnellen Schnittfolgen, die zusammenhanglos Menschen in der Geografie oder sonstwo zeigen, sondern über die gesamte Länge des Videos eine Kamerafahrt, die die über die Straße laufende Shara Nelson begleitete. Zu diesem Zeitpunkt hatte die Band aus ihrem Namen wegen des stattfindenden Golf-Krieges ›Attack‹ gestrichen. Die Platte erreichte in GB Platz 13, in Deutschland 17. »Safe From Harm« im selben Jahr und »Massiv Attack (EP)« 1992 brachten der Band noch weitere Platzierungen im Top-30-Bereich. Auch ihr Album »Blue Lines« (4/91 GB-LP 13), aus dem die beiden genannten Hits stammten, verkaufte sich gut. Danach trat eine längere Pause für die Band ein. Im September 1994 kam das Album »Protection« (10/94 GB-LP 4) auf den Markt, auf dem etliche Gastmusiker zu hören waren – darunter Tracey Thorne von Everything But The Girl oder Tricky. Als nächstes Album kam im Februar 1995 »No Protection« (1/95 GB-LP 10). Bei der Verleihung der Brit Awards 1996 erhielt Massive Attack eine Auszeichnung als bester Dance Act. »Mezzanine« (5/98 GB-LP 1, D-LP 6) stieg am 2.5.1998 gleich auf Platz 1 der GB-LP-Charts ein. Daraus ausgekoppelt wurde mit »Teardrop« der erste Top-10-Hit von Massive Attack in GB. 1999 verließ Mushroom Massive Attack.

Teardrop (5/98 GB 10)
Dance, HipHop, Pop

Masterboy

BEATRICE DELGADO v (Schweiz, * 21.6. 1969 in Davos), ANNABELL KAY v, LINDA ROCCO v (USA, * 19.6.1966 in Cleveland/Ohio), TOMMY SCHLEH v, key (Deutschland, * 10.12.1964 in Neckarbischofsheim), ENRICO ZABLER v, g (Deutschland, * 2.7.1962 in Bruchsal)

Enrico lernte Tommy 1989 bei einer House Party in London kennen. Als Debütsingle erschien »Dance To The Beat« (4/90 D 26). »Shake It Up And Dance« 1991, »Everybody Needs Somebody« 1993 und »I Got To Give It Up«, im Frühjahr 1994 Platz 13, kamen als weitere Titel in die Hitparade. 1994 erschien die Single »Is This The Love«, die es bis auf Platz 11 in Deutschland brachte. Ihre Technoplatten nehmen sie vorwiegend in Walldorf auf. 1994 hatte sich das Duo Masterboy als Verstärkung die Schweizerin Beatrice dazugeholt, ab 1996 wurde sie durch die Amerikanerin Linda Rocco ersetzt. »Generation Of Love« war Mitte 1995, »Land Of Dreaming« und »Mister Feeling« 1996 weitere Top-20-Hits. Zwischen März 1999 und August 2000 wurde als Frontfrau Annabell Kay genannt.

Feel The Heat Of The Night (7/94 D 8)
Dance, House, Techno

Matchbox

STEVE BLOOMFIELD g (Großbritannien), BOB BURGOS d (Großbritannien), RUSTY LIPTON p (Großbritannien), FRED POKE b (Großbritannien), JIMMY REDHEAD (Großbritannien), WIFFLE SMITH v (Großbritannien), GORDON WATERS v (Großbritannien)

Diese Formation war eine der vielen Bands, die es nicht verwinden konnten, dass in den 80er Jahren der Rock 'n' Roll nicht mehr den Stellenwert hatte wie in den 50ern. Die Gruppe wurde 1971 von Poke und Redhead, zwei ehemaligen Mitgliedern der Formation Contraband, gegründet. Ihre Debütsingle erschien 1973. Mit »Rockabilly Rebel« (11/79 GB 18, 2/80 D 17) wurden sie erstmals in den Charts notiert. Es folgten »Buzz Buzz A Diddle It« (1/80 GB 22), »Midnite Dynamos« (5/80 GB 14), »When You Ask About Love« (11/80 D 29) und »Over The Rainbow/You Belong To Me« (11/80

GB 15). Ihr erfolgreichstes Album hieß ebenfalls »Midnite Dynamos« (10/80 GB-LP 23, 11/80 D-LP 28). In den USA hatten sie keinerlei Erfolg. Dort findet man von diesen Rockabilly-Revival-Truppen in jeder Stadt sieben. Nach 1982 war ihr Revival beendet.

Midnite Dynamos (7/80 D 8)
When You Ask About Love (9/80 GB 4)
Rockabilly

Matchbox Twenty

KYLE COOK g (USA), PAUL DOUCETTE d (USA), ADAM GAYNOR g (USA), ROB THOMAS v (USA), BRIAN YALE b (USA)
1997 war das erste Erfolgsjahr für diese typische US-Rockband aus Boston. Das Stück »Push« (4/98 GB 38), ausgekoppelt aus dem Album »Yourself Or Someone Like You« (3/97 US-LP 5, 4/98 GB-LP 50) konnte den Spitzenplatz in den Modern Rock Track Charts erreichen. Das bedeutet, dass die Nummer von den US-Rock-Radio-Stationen gespielt wurde – in den Verkaufscharts schlug sich das zumindest in den USA jedoch nicht nieder. Auch Nachfolger »3 AM« lief häufig im Radio und brachte es in den eben erwähnten Charts immerhin bis auf Platz 3 – aber eben nur da und nicht in den Verkaufscharts. Das Album »Yourself Or Someone Like You« jedoch verkaufte sich enorm – im Laufe des Jahres 1997 wurden fünf Millionen Exemplare abgesetzt, Ende 2001 wurde es mit zwölffach Platin ausgezeichnet. Mit »Real World« (12/98 US 38) und »Back 2 Good« (12/98 US 24) kamen die ersten Singles in die US-Hot 100 – beide Titel stammten wieder vom Erfolgsalbum. Danach wurde es still um die Band – bis Rob Thomas als Sänger bei Carlos Santana und der Nummer »Smooth« (8/99 US 1, 10/99 GB 75, 11/99 D 21, 4/00 RE-GB 3) auftauchte. Die Single und das dazu gehörende Album »Supernatural« wurden ein weltweiter Erfolg. Jetzt war auch Matchbox Twenty wieder gefragt. Mit »Mad Season« (6/00 US-LP 3) erschien ein neues Album und darauf war »Bent«, der erste Top-10-Hit, zu finden.

Bent (5/00 US 1)
If You're Gone (10/00 US 5)
Rock

Matchroom Mob With Chas & Dave

Die ›Gesangsformation‹ Matchroom Mob, hinter der sich die besten britischen Billardspieler jener Tage versteckten, tat sich im Frühjahr 1986 mit Chas & Dave zusammen, um »Snooker Loopy« aufzunehmen. Daraus wurde dann Matchroom Mob With Chas & Dave, und die Platte wurde zur Überraschung aller Beteiligten ein Hit. Dabei beließen sie es.

Snooker Loopy (5/86 GB 6)
Pop

Siehe auch: Chas & Dave

Mathieu, Mireille

MIREILLE MATHIEU v (Frankreich, * 22. 7. 1946 in Avignon)
Lange Zeit wurde Mireille Mathieu als Nachfolgerin von Edith Piaf gehandelt. Entdeckt wurde sie, als sie am 15. 12. 1965 an einem Nachwuchswettbewerb teilnahm und ihn gewann. Am 27. Dezember desselben Jahres gab sie ihr Debüt in einem Programm von Sacha Distel im Olympia in Paris. Am 6. 2. 1966 trat sie bei einer Gedenkveranstaltung für Edith Piaf in New York auf. Die Platte »Mon Credo«, geschrieben von Paul Mauriat, war 1966 Platz 1 in der französischen Hitparade. Ihren ersten Top-10-Erfolg in Deutschland hatte Mireille mit »Hinter den Kulissen von Paris«. Platten von ihr wurden bis 1984 in den deutschen Charts verzeich-

net. Mit Peter Alexander, Paul Anka und ›Dallas‹-Star Patrick Duffy nahm sie Titel im Duett auf. Ihre erfolgreichsten Alben in Deutschland waren »Mireille Mathieu« (9/66 D-LP 2), »Mireille Mathieu« (12/69 D-LP 5), »Merci, Mireille« (12/70 D-LP 7), »Bonjour Mireille« (19/71 D-LP 10) und »m m« (12/73 D-LP 8). Ihre Plattenveröffentlichungen gehen bis in die 90er Jahre.

Hinter den Kulissen von Paris (4/69 D 5)
Der Pariser Tango (6/71 D 10)
Akropolis adieu (9/71 D 3)
La Paloma ade (10/73 D 1)
Der Zar und das Mädchen (besser, frei wie ein Vogel zu leben, als im goldenen Käfig zu sein) (9/75 D 8)
Deutscher Schlager, Pop

Mathis, Johnny

JOHNNY MATHIS v (USA, * 30. 9. 1935 in San Francisco)

Schon mit 21 Jahren machte Mathis Musik, die einwandfrei für die ältere Generation bestimmt war. Johnny kam neu in das Musikgeschäft, als sich der Rock 'n' Roll gerade durchsetzte. Er studierte Sport und war eingeladen, sich an der Ausscheidung für die nächste Olympiade zu beteiligen. Seit seinem 13. Lebensjahr hatte er aber auch Gesang studiert – und jetzt galt es, sich zwischen Leichtathletik und Gesang zu entscheiden. Er entschied sich für die Gesangskarriere. Zuerst sollte er als Jazzsänger aufgebaut werden. Dann aber kam Mitch Miller von CBS Records und schlug vor, mit ihm Pop-Balladen gegen die Rocker zu singen. Seine erste Single erschien hieß »Wonderful! Wonderful!« (2/57 US 14). Mit Johnny hatte CBS nicht nur eine Single, wie in solchen Fällen üblich, sondern gleich eine ganze LP aufgenommen. Jetzt schickte man den jungen Mann auf Promotionreise durch die USA. In allen wichtigen TV-Sendern trat er auf – CBS selbst verfügte über genügend eigene Stationen. Ab Frühjahr 1958 wurde Mathis auch in GB populär. In den USA brachte er es zwischen 1957 und 1984 auf über vierzig, in GB auf knapp zwanzig Hits. Platz 1 in GB wurde 1978 das weihnachtliche »When A Child Is Born«, das 1974 ein Hit für Michael Holm war und bei ihm »Tränen lügen nicht« hieß. »Too Much, Too Little, Too Late« sang er im Duett mit Deniece Williams. Jahrelang war die LP »Johnny Mathis' Greatest Hits« mit 490 Wochen die Platte mit der längsten Verweildauer in einer Hitparade.

Seine erfolgreichsten Alben: »Wonderful Wonderful« (9/57 US-LP 4), »Warm« (12/57 US-LP 2, 11/58 GB-LP 6), »Good Night, Dear Lord« (4/58 US-LP 10), »Johnny's Greatest Hits« (4/58 US-LP 1), »Swing Softly« (9/58 US-LP 6, 1/59 GB-LP 10), »Merry Christmas« (12/58 US-LP 3, 12/59 RE-US-LP 10, 12/60 RE-US-LP 10, 12/61 RE-US-LP 31, 12/62 RE-US-LP 12), »Open Fire, Two Guitars« (2/59 US-LP 4), »More Johnny's Greatest Hits« (7/59 US-LP 2), »Heavenly« (9/59 US-LP 1), »Faithfully« (1/60 US-LP 2), »Ride On A Rainbow« (2/60 GB-LP 10), »Johnny's Mood« (8/60 US-LP 4), »The Rhythms And Ballads Of Broadway« (10/60 US-LP 6, 12/60 GB-LP 6), »Portrait Of Johnny« (8/61 US-LP 2), »Johnny's Newest Hits« (4/63 US-LP 6), »The Shadow Of Your Smile« (4/66 US-LP 9), »Johnny Mathis' All-Time Greatest Hits« (6/72 US-LP 141), »The Johnny Mathis Collection« (6/77 GB-LP 1), »You Light Up My Life« (4/78 US-LP 9, 4/78 GB-LP 3), »Tears And Laughter« (3/80 GB-LP 1), »Celebration« (9/81 GB-LP 9) und »Unforgettable: A Musical Tribute To Nat King Cole« (9/83 GB-LP 5) mit Natalie Cole.

It's Not For Me To Say (4/57 US 5)
Chances Are (9/57 US 1)
The Twelfth Of Never (10/57 US 9)
A Certain Smile (9/58 GB 4)
Someone (8/59 GB 6)
My Love For You (10/60 GB 9)

Gina (9/62 US 6)
What Will Mary Say (1/63 US 9)
I'm Stone In Love With You (1/75 GB 10)
When A Child Is Born (Soleado) (11/76 GB 1)
Too Much, Too Little, Too Late (3/78 US 1, GB 3)
Middle Of The Road (MOR), Pop, Soft Pop

Matt Bianco

BASIA v (Polen, * 30. 9. 1954 als Basha Trzetrzelewska in Jaworzno), JENNI EVANS v (Großbritannien), MARK FISHER key (Großbritannien), KITO PONCIONI b (Brasilien, * 7. 5. 1958), MARK REILLY v (Großbritannien, * 20. 2. 1960 in High Wycombe/Buckinghamshire), DANIEL WHITE key (Großbritannien, * 26. 8. 1959 in High Wycombe/Buckinghampshire)
Diese Formation, die eine eigenwillige Mixtur aus Pop, Swing, Funk und Soul spielte, wurde 1982 gegründet. Im Februar 1984 kam der gut gemachte Titel »Get Out Of Your Lazy Bed« in die britischen Top 20. Im Sommer desselben Jahres erschien mit »Whose Side Are You On?« (9/84 GB-LP 35, 1/85 D-LP 3) ihre erste LP. In GB ist Matt Bianco nie ein Top-10-Hit gelungen. Und auch in den USA konnte sich die Gruppe nicht durchsetzen. Lediglich in Deutschland schaffte die Formation mit der Nummer »Yeh Yeh«, die mit Georgie Fame im Dezember 1964 ein Spitzenreiter in GB gewesen war, einen Platz 7. Im Frühjahr 1986 gab Mark Reilly bekannt, er wolle in Zukunft mit verschiedenen Besetzungen und in unterschiedlichen Kombinationen arbeiten. Möglich, dass die Verabschiedung von Basia zu dieser Aussage beigetragen hat. Sie trennte sich von Matt Bianco, um eine Solokarriere zu beginnen, und erschien im September 1986 in der deutschen Hitparade mit »Prime Time TV«, allerdings nur in den unteren Regionen. Matt Bianco veröffentlichte bis in die 90er Jahre weiter Platten, darunter noch das erfolgreiche Album »Matt Bianco« (3/86 D-LP 8, 3/86 GB-LP 26). Mitte 1994 erschien das Album »Another Time, Another Place«.

Yeh Yeh (10/85 D 7)
Funk, Pop, Soul

Matthews Southern Comfort

CARL BARNWELL g, RAYMOND DUFFY d, MARK GRIFFITHS g, GORDON HUNTLEY g, ANDY LEIGH b, IAN MATTHEWS v, g (Großbritannien, * 16. 6. 1946 als Ian Matthew McDonald in Scunthorpe/Lincolnshire)
1966 wurde Ian Matthews Mitglied bei der Gruppe Pyramid, die eine erfolglose Single veröffentlichte. Im Herbst 1967 wurde er Leadsänger bei Fairport Convention. Nach zwei LPs mit dieser Band gründete er im Januar 1969 Matthews Southern Comfort. Deren größter Erfolg wurde das Stück »Woodstock«, von Joni Mitchell geschrieben und in den USA erfolgreich in der Version von Crosby, Stills, Nash & Young. Ab Januar 1971 war er als Solist zu hören. Der Titel »Shake It« wurde Ende 1978 ein Platz 13 in den USA und sein größter Soloerfolg. Bis in die 90er Jahre veröffentlichte Ian, der seinen Vornamen inzwischen Iain schreibt, sehr schöne Platten, z. B. 1992 die CDs »Skeleton Keys« oder »Dark Side Of The Room« als Plainsong. Mitglieder der Band waren neben Iain Andy Roberts, Mark Griffiths und Julian Dawson.

Woodstock (9/70 GB 1)
AOR (Adult Orientated Rock), Pop

Maughan, Susan

SUSAN MAUGHAN v (Großbritannien, * 1. 7. 1942 in Newcastle-upon-Tyne)
Maughan begann ihre Karriere bereits 1958 im Ray Ellington Quartet. 1961 schickten sie ein Demoband an die Plattenfirma Philips, und Susan erhielt darauf-

hin einen Solovertrag. Ihr erster war dann auch gleich ihr größter Hit: »Bobby's Girl«, ein Nachzieher des amerikanischen Originals von Marcie Blane. Obwohl die Hits ausblieben, machte Susan weiter Plattenaufnahmen.

Bobby's Girl (10/62 GB 3)
Pop

Mauriat, Paul

PAUL MAURIAT bl (Frankreich, * 4. 3. 1925 in Marseille)
Bereits mit 17 Jahren hatte Paul Mauriat sein erstes Orchester gegründet, mit dem er in seiner Heimat auf Tournee ging. Charles Aznavour entdeckte ihn für seine Plattenaufnahmen, und bald begleitete Mauriat auch andere französische Künstler. Unter dem Pseudonym Del Roma schrieb Paul 1962 für Petula Clark an dem Hit »Chariot« mit, der als »I Will Follow Him« für Peggy March eine Nummer 1 wurde. Im Januar 1968 gelangte der erfolgreiche LP-Verkäufer in die internationalen Singlecharts. Sein Instrumentaltitel »Love Is Blue« bzw. »L'Amour Est Bleu« stand auf Platz 12 in GB, auf 1 in Frankreich und in den USA, wo er auch Millionseller wurde. Sein erfolgreichstes Album hieß »Blooming Hits« (12/67 US-LP 1).

Love Is Blue (1/68 US 1)
Instrumental

Mavericks

PAUL DEAKIN d (USA), DAVID LEE HOLT g (USA), NICK KANE v, g (USA), RAUL MALO v, g (USA, * 7. 8. 1965 in Miami/Florida), ROBERT REYNOLDS b (USA, * 30. 4. 1962)
Diese Country-Band aus Florida schaffte mit »Dance The Night Away« einen Überraschungs-Hit in GB. Möglich dass die Tatsache, dass die Single einen CD-ROM-Track beinhaltete, auf dem das Video des Songs zu sehen war, zu dem Erfolg beitrug. Erstmals war diese Gruppe mit »Hey Good Lookin'« (6/92 C&W 74) in einer Hitparade aufgetaucht. Ihr Album »What A Crying Shame« (3/94 US-LP 54) erhielt Platin. Am 21. 5. 1994 heiratete Robert Reynolds Trisha Yearwood. 1995 und 1996 erhielten die Mavericks jeweils einen Country Music Award als Vocal Group of the Year. Gitarrist Holt wurde im Frühjahr 1995 gegen Kane ausgetauscht. Das Album »Trampoline« (3/98 GB-LP 10, US-LP 96) entwickelte sich in GB zum Renner und erhielt Gold. Mit »I've Got This Feeling« (9/98 GB 27) gelang ihnen ein weiterer Top-40-Hit.

Dance The Night Away (5/98 GB 4)
Country

Maxwell

MAXWELL v (USA, * 23. 5. 1973 in Brooklyn/New York City)
Der US-Sänger, Songschreiber und Produzent stand mit » . . . ›Til The Cops Come Knockin‹ The Opus« (5/96 GB 63) erstmals in den Pop-Charts. Seine nächste Single »Ascension (Don't Ever Wonder)« (8/96 US 36, GB 39, 5/97 RE-GB 28) wurde vergoldet. Es folgten die Top-40-Hits »Sumthin' Sumthin' The Mantra« (3/97 GB 27) und sein erster Top-10-Hit »Fortunate«. Der stammte aus dem Film »Life«, in dem die Hauptrolle von Eddie Murphy gespielt wurde und der Ende 1999 auch in die deutschen Kinos kam. Sein erstes Hitalbum war »Maxwell's Urban High Suite«, (4/96 GB-LP 57, 7/96 US-LP 43, 3/97 RE-GB-LP 39), sein zweites »Embrya« (7/98 US-LP 3, GB-LP 11) – bei erreichtem Platin. Dazwischen machte er die Live-Platte »MTV Unplugged« (7/97 GB-LP 45, 8/97 US-LP 53). Nach zwei Jahren Pause kam er mit dem Album »Now« (9/01 US-LP 1), das am 8. 9. 2001 gleich auf Platz 1

der US-Charts einstieg. Als Single erschien »Lifetime« (9/01 US 22).

Fortunate (4/99 US 4)

Maxx

TOLGA BALKAN (Deutschland, * 11. 12. 1963 in Berlin), GARY BOKOE key, rap (Schweden, * 17. 10. 1974 in Stockholm), LINDA MEEK v (Großbritannien, * 25. 4. 1969 in Manchester), ALICE ›SHEILA‹ MONTANA v (Deutschland, in Frankfurt)
Der Gruppenname soll für ›Maximum Extasy‹ stehen. Als Ende 1993 mit »Get-A-Way« die erste Single dieses Disko-Dance-Projekts in die deutsche Hitparade kam, wurde als Sängerin noch die aus Frankfurt stammende Montana genannt. Auf dem Nachfolger »No More – I Can't Stand It« hieß die Sängerin Linda Meek. Die aus Manchester stammende Linda, die für die britische Armee nach Deutschland kam und hier für den Soldatensender BFBS tätig war, wurde vom Produzenten Tolga Balkan in einem Club in Manchester entdeckt. Bokoe, auch Gary B. oder Mr. Raggmann genannt, wurde in Stockholm geboren, ist jedoch in Deutschland aufgewachsen. Aber egal, wer sein Gesicht hinhielt: Tolga Balkan ist die treibende Kraft hinter Maxx. Tolga hatte 1988 mit der Nummer »Joint Mix« seinen ersten Top-10-Erfolg als Tolga Flim Flam Balkan gehabt. Es folgte noch »You Can Get It« (10/94 GB 21). Dann war ihre Hit-Zeit vorüber.

No More – I Can't Stand It (5/94 D 10; 8/94 GB 8)
Get-A-Way (5/94 GB 4)
Dance, Disko

Siehe auch: Tolga Flim Flam Balkan

May, Brian

BRIAN MAY v, g (Großbritannien, * 19. 7. 1947 in Twickenham/Middlesex)
Noch als Teenager war May Mitglied in der Gruppe The Others, die es auf eine Singleveröffentlichung in den USA und GB brachte. 1967 gründete er Smile. Auch diese Band kam nur auf eine Single. 1970 gehörte er zu den Gründungsmitgliedern von Queen, war dort vorwiegend Gitarrist und Songschreiber und gelegentlich auch Sänger. Ganz ohne Zweifel prägte sein Gitarrenspiel den Sound der Gruppe Queen ebenso wie die Stimme von Freddie Mercury. 1983 veröffentlichte er als Brian May & Friends eine Soloplatte. Neben ihm spielten auf »Star Fleet«, der Titelmelodie einer englischen Science-fiction-Serie, Eddie van Halen, Alan Gratzer, Phil Chen und Fred Mandel. Nach dem Tod von Mercury kam »Driven By You« in die britischen Charts. »Too Much Love Will Kill You« folgte. Weitere Veröffentlichungen als Queen wurden von den drei überlebenden Mitgliedern abgelehnt. Anfang 1995 war Brian May auf der CD »Out Of My Heads« als Gast von Jennifer Rush zu hören. Mit ihr zusammen sang er den Titel »Who Wants To Live Forever«. Sein erfolgreichstes Album war »Back To The Light« (10/92 GB-LP 6).

Driven By You (12/91 GB 6)
Too Much Love Will Kill You (9/92 GB 5)
Pop, Rock

May, Simon

SIMON MAY v, bl (Großbritannien)
Simon schaffte mit der sehr sanften Nummer »Summer Of My Life« seinen größten Hit. Ursprünglich war der Brite Lehrer, der zum erstenmal von sich reden machte, als er 1974 für Stephanie de Sykes den Top-10-Erfolg »Born With A Smile On My Face« schrieb. Auch ansonsten galt seine Hauptliebe stets dem Songschreiben. So stammt z. B. die Nummer »Every Loser Wins«, mit der Nick Berry 1986 Platz 1 in GB belegte, von ihm. Zusammen mit

einem eigenen Orchester schrieb und spielte Simon etliche Themenmelodien für TV-Serien der BBC, so z. B. »Howard's Way« (10/85 GB 21).

Summer Of My Life (10/76 GB 7)
Instrumental, Pop

Mayfield, Curtis

CURTIS MAYFIELD v (USA, * 3. 6. 1942 in Chicago/Illinois)
Curtis begann seine Karriere 1957 als Sänger der Roosters, die sich 1958 in Impressions umbenannten. 1970 verließ Curtis Mayfield die Formation und machte Soloplatten.
Seine erste Platte war die Supernummer »(Don't Worry) If There's A Hell Below We're All Going To Go«. Mitte 1972 gelang ihm der Millionseller »Freddie's Dead (Theme From Superfly)«. Aus demselben Film kam der Titel »Superfly«. Nach 1975 wurde Curtis in den Popcharts nicht mehr notiert. In den R&B-Charts hatte er bis Ende 1985 Erfolg. Kennzeichnend für seine Platten sind vor allem die sozialkritischen Texte von Curtis. So sang er z. B. von den Heimat- und Besitzlosen oder den sozialen Unterschieden zwischen Weißen und Schwarzen. Er schrieb auch Soundtracks für weitere Filme, z. B. »Claudine«, »A Piece Of The Action« oder »Short Eyes«. In dem Film »Short Eyes« sah man ihn auch als Schauspieler. Am 13. 8. 1990 fiel während eines Auftritts eine Lichttraverse auf ihn, und seitdem ist er vom Hals abwärts gelähmt. Im März 1993 erschien ein Album mit dem Titel »People Get Ready: A Tribute To Curtis Mayfield«. Dieses Benefiz-Album beinhaltete Stücke von Curtis Mayfield, die durch Interpreten wie Huey Lewis, Jerry Butler oder Bunny Wailer gesungen wurden. Die Hälfte des Erlöses ging direkt an Curtis. Derweil machte Mayfield mit seinem Sohn Todd sein eigenes Plattenlabel Conquest. Im März 1994 erhielt er für sein Lebenswerk einen Grammy. 1996 erschien ein neues Album von Mayfield mit dem Titel »New World Order«. Seine erfolgreichsten Alben waren »Curtis« (10/70 US-LP 19), »Superfly« (8/72 US-LP 1, 3/73 GB-LP 26) und »Back To The World« (6/73 US-LP 16). Die kanadische Gruppe Bran Van 3000 machte aus einer unveröffentlichten a-cappella-Nummer von Curtis den Hit »Astounded« (6/01 GB 40).

Freddie's Dead (Theme From Superfly) (8/72 US 4)
Superfly (11/72 US 8)
Pop, Rhythm & Blues, Soul

Siehe auch: Impressions

M-Beat

M-BEAT dj (Großbritannien, in London)
Bei M-Beat handelt es sich um einen 1975 geborenen Produzenten, der seine Platte »Incredible« erstmals im Frühjahr 1994 veröffentlichte. Sie wurde angekündigt als die absolute Jungle-Hymne. Mit ihm war bei dem Titel General Levy zu hören. Das Stück erreichte Platz 39 in den Charts und fiel wieder heraus. Zwei Monate später kam es erneut in die Hitparade und erreichte dieses Mal Platz 8. Seine nächste Veröffentlichung hieß »Sweet Love« (12/94 GB 18). Hier sang er zusammen mit seiner Label-Kollegin Nazlyn. Bei der Nummer handelte es sich um eine Jungle-Version von Anita Bakers Top-20-Hit aus dem Jahr 1986. M-Beat machte sich einen Namen als Mixer – so versorgte er Aufnahmen von Chaka Demus und Darkman. Nach längerer Abwesenheit aus den Charts kam er mit »Do U Know Where You're Coming From« (6/96 GB 12). Auch hier brauchte er wieder stimmliche Hilfe – in diesem Fall wurde sie von Jamiroquai geliefert.

Incredible (9/94 GB 8)
Techno

MC Lyte

MC LYTE rap (USA, * 11. 10. 1970 als Lana Moorer in Queens/New York City)
Die Rapperin hatte ihren ersten Erfolg als Gast beim Duo Foster/McElroy. Denzil Foster und Thomas McElroy hatten als Mitglieder vom Club Nouveau erste Hiterfahrung gesammelt und sich später als Produzenten und Interpreten einen Namen gemacht. Für ihr Stück »Dr. Soul« suchten sie eine Rapperin – und fanden sie in MC Lyte. Die Nummer brachte es bis auf Platz 10 in den US-R&B-Charts. Wenig später hatte MC Lyte als Solistin mit »Cha Cha Cha« in den selben Charts ihren ersten Erfolg. »RuffNeck« brachte es Mitte 1993 in den R&B-Charts bis auf Platz 10. Zusammen mit Janet Jackson rappte sie auf deren Hit »You Want This« – erstmals kam sie so auch hoch in die Popcharts. Und schließlich ihr Durchbruch auch unter ihrem Namen in der Pophitparade: »Keep On, Keepin' On« aus dem Film »Sunset Park«. Als Gäste waren das Mädchenquartett Xscape zu hören. Das Jahr 1996 endete damit, dass ihr Titel »Cold Rock A Party« (11/96 US 11, 1/97 GB 15, D 15) weltweit in die Charts kam. Inzwischen ist MC Lyte auch als Schauspielerin aktiv. So spielte sie z. B. in den TV-Serien »Moesha«, »In The House« oder »New York Undercover«. Zusammen mit ihrem Vater kaufte sie in New York das Restaurant »The Harlem Cafe«.

Keep On, Keepin' On (3/96 US 10)
Rap, Rhythm & Blues

MC Tunes Versus 808 State

MC TUNES rap (Großbritannien, * 28. 3. 1970 als Nicholas Lockett)
MC Tunes, der als Hardcore-Rapper mit einem ungewöhnlichen Faible für Hippie-Zeiten gilt, und 808 State, die Masterminds der Zukunftsmusik der Acid-Generation, trafen sich in Manchester. Diese Stadt galt eine Zeit lang als House-Hauptstadt Europas und der Schuppen Boardwalk als die Kernzelle. In diesem Laden kam man überein, zusammenzuarbeiten. Dabei machte die Texte MC Tunes, und die Musik kam von 808 State. Ebenfalls 1990 erreichte »Tunes Splits The Atom« die britischen Top 20, danach spalteten sie sich selbst. 808 State war auch ohne MC Tunes erfolgreich.

The Only Rhyme That Bites (1/90 GB 10)
Rap

Siehe auch: 808 State

McAlmont & Butler

BERNARD BUTLER g, p (Großbritannien, * 1. 5. 1970 in Stamford Hill/London), DAVID MCALMONT v (Großbritannien)
McAlmont schaffte es schnell, wegen seiner 3 1/2 Oktaven umfassenden Stimme Berühmtheit zu erlangen. Viele bezeichneten ihn als Großbritanniens Antwort auf Terence Trent d'Arby. Ende 1994 traf er auf den Gitarristen Butler, und die beiden begannen, gemeinsam Songs zu schreiben. Der nächste Schritt war, sie auch gemeinsam aufzunehmen. Allerdings schrieb die britische Musikpresse schon von Anfang an, dass es zwischen den beiden persönliche Differenzen gebe. Der zweite Hit des Duos hieß »You Do« (11/95 GB 17). Butler war vorher Gitarrist mit Suede gewesen. Anfang 1998 veröffentlichte er mit »People Move On« sein erstes Soloalbum und betätigte sich erstmals auch als Sänger seiner Stücke. Die Singleauskopplung »Stay« (1/98 GB 12) wurde sein erster Hit.

Yes (5/95 GB 8)
Pop, Soul

McCain, Edwin

EDWIN MCCAIN (USA, * 20. 1. 1970 in Greenville/South Carolina)

Mitte der 90er Jahre machte Edwin seine ersten Platten. Aus seinem Album »Honor Among Thieves« (9/95 US-LP 107) wurde die Single »Solitude« (10/95 US 72) ausgekoppelt. Nach einer Pause erschien die Single »I'll Be« von dem Album »Misguided Roses« (4/98 US-LP 73), das Platin erhielt. »I Could Not Ask For More« (6/99 US 37) stammte vom Album »Messenger« (7/99 US-LP 59).

I'll Be (9/98 US 5)
Pop

McCall, C. W.

C. W. McCall v (USA, * 15. 11. 1928 als William Fries in Audubon/Iowa)
C. W. war gelernter Werbefachmann und erfand für eine Brotwerbung die Figur des Truckers C. W. McCall. Für einen Fernsehwerbespot lieh er 1973 eben dieser Figur seine Stimme. Danach stand er bis zum Ende der 70er Jahre mit seinen Novelty-Songs in der Country-&-Western-Hitparade. Sein größter Erfolg in den Popcharts war der Titel »Convoy«, der danach in dem gleichnamigen Film mit Kris Kristofferson auftauchte. Sein erfolgreichstes Album war »Black Bear Road« (11/75 US-LP 12). In den 80er Jahren konzentrierte sich McCall wieder auf Werbekampagnen. 1982 zog er nach Ouray in Colorado, wo er 1986 zum Bürgermeister gewählt wurde.

Convoy (12/75 US 1; 2/76 GB 2)
Country

McCann, Peter

Peter McCann v (USA, in Connecticut)
McCann hatte seinen ersten Erfolg mit dem Song »Right Time Of The Night«, den Jennifer Warnes im Frühjahr 1977 unter die ersten 10 der US-Charts brachte. Danach gab man Peter als Interpret die Möglichkeit, seine selbst geschriebenen Songs aufzunehmen. Noch 1977 gelang ihm seiner Komposition »Do You Wanna Make Love« ein Millionseller. Es blieb seine einzige Hitnotierung in den USA. Hits schreiben und sie singen ist doch ein ander Ding.

Do You Wanna Make Love (4/77 US 5)
Pop

McCartney, Paul

Paul McCartney v, g, b (Großbritannien, * 18. 6. 1942 als James Paul McCartney in Liverpool)
Enttäuscht waren viele, als im Frühjahr 1970 die erste Solo-LP von Paul erschien. Irgendwie hatten sie mehr erwartet. Aber ehrlich: Konnte man den Erfolg einer Gruppe wie die der Beatles überhaupt noch übertreffen? Paul McCartney war derjenige, der offiziell verlauten ließ, die Beatles würden sich trennen. Er wurde dadurch trotzdem nicht zum Buhmann. Paul McCartney ist derjenige, der das meiste Geld mit den Beatles verdient hat und der heute locker zu den reichsten Männern der Erde gehört. Er ist trotzdem irgendwie der nette Junge von nebenan geblieben, der Lausbub, der er immer war. Paul McCartney hatte die Fotografin Linda Eastman (*24. 9. 1942 – 17. 4. 1998) geheiratet, von der immer wieder zu lesen ist, dass sie in der zweiten Hälfte der 60er Jahre häufig und gerne als Edelgroupie unterwegs war. Paul McCartney hatte sich darüber hinweg gesetzt, hatte sie trotz erheblicher Stimmschwierigkeiten mit auf die Bühne und ins Plattenstudio geholt, und es hat ihm nicht geschadet. Paulchen schwebt über allem – und wenn er tumbe Musikjournalisten zurechtstauchte, die ihn in den 90er Jahren noch immer fragten, wann denn die Beatles wieder zusam-

men spielen, finden das die meisten lustig.
»Another Day« war 1971 die erste Top-10-Platzierung für Paul in den internationalen Charts. Die Liste seiner Erfolge geht bis ins 21. Jahrhundert, obwohl die großen Hitparadenknüller ab Mitte der 80er Jahre seltener wurden. »Ebony And Ivory« sang er zusammen mit Stevie Wonder, »Say Say Say« mit Michael Jackson. 1990 wurde Paul mit dem Lifetime Achievement Grammy ausgezeichnet. Obwohl Paul McCartney in der Popmusik alles erreicht hatte, was man erreichen kann, schien ihm das nicht genug zu sein. 1991 erschien mit dem »Liverpool Oratorium« Paul McCartneys erstes klassisches Werk. Die Kritiken darüber waren recht geteilt. Von 1942, dem Geburtsjahr von McCartney und Shanty, dem Held des Oratoriums, bis in die Neuzeit geht die Handlung. Sie beginnt im Beiheft so: ›Eine Welt im Kriegszustand. Sirenen heulen, während Bomben auf Liverpool fallen und verzweifelte Paare unterirdisch Schutz suchen. Inmitten der Brände und des Chaos bei einem Luftangriff wird ein Kind geboren, und es gibt Hoffnung.‹ Das achte Kapitel unter der Überschrift ›Frieden‹ wird so beschrieben: ›Shanty singt seinem neugeborenen Kind vor und preist das Wunder des Lebens. In seiner Predigt spricht der Geistliche vom zerbrechlichen Glück des Familienlebens, während Mary Dee und Shanty einander eine Zukunft mit ihrem Kind geloben. Sie wollen für immer zusammenbleiben und feiern eine Liebe, die nie aufhören soll.‹ Hinter Friede hätte noch Freude und Eierkuchen gehört. 1995 kümmerte er sich zusammen mit seinen alten Bandkollegen Harrison und Starr um die Veröffentlichung der drei Anthology-Doppelalben der Beatles. 1998 starb Linda McCartney in Santa Barbara/Kalifornien an Brustkrebs.
Seine erfolgreichsten Alben: »McCartney« (2/70 GB-LP 2, 5/70 US-LP 1, 6/70 D-LP 15), »Ram« (6/71 GB-LP 1, US-LP 2, 7/71 D-LP 22), »Wild Life« (12/71 GB-LP 11, US-LP 10), »Red Rose Speedway« (5/73 GB-LP 5, US-LP 1), »Band On The Run« (12/73 GB-LP 1, US-LP 1, 3/74 D-LP 15), »Venus And Mars« (6/75 GB-LP 1, US-LP 1, 7/75 D-LP 11), »Wings At The Speed Of Sound« (4/76 GB-LP 2, US-LP 1, 5/76 D-LP 32), »Wings Over America« (12/76 US-LP 1, 1/77 GB-LP 8, 2/77 D-LP 8), »London Town« (4/78 GB-LP 4, US-LP 2, 5/78 D-LP 6), »Wings Greatest Hits« (12/78 GB-LP 5, US-LP 29, 1/79 D-LP 18), »Back To The Egg« (6/79 GB-LP 6, US-LP 8, 7/79 D-LP 16), »McCartney II« (5/80 GB-LP 1, 6/80 US-LP 3, D-LP 19), »Tug Of War« (5/82 GB-LP 1, US-LP 1, D-LP 1), »Pipes Of Peace« (11/83 GB-LP 4, D-LP 20, US-LP 15), »Give My Regards To Broad Street« (11/84 GB-LP 1, US-LP 21, D-LP 25), »Pressed To Play« (9/86 GB-LP 8, D-LP 30, US-LP 30), »All The Best!« (11/87 GB-LP 2, D-LP 9, 12/87 US-LP 62), »Flowers In The Dirt« (6/89 GB-LP 1, D-LP 9, US-LP 21), »Tripping The Live Fantastic – Highlights!« (11/90 GB-LP 17, US-LP 141), »Unplugged (The Official Bootleg)« (6/91 GB-LP 7, US-LP 14), »Off The Ground« (2/93 GB-LP 5, D-LP 2, US-LP 17), »Flaming Pie« (5/97 GB-LP 2, D-LP 6, 6/97 US-LP 2) und »Run Devil Run« (10/99 GB-LP 12, D-LP 21, US-LP 27).
Aus den vielen Hits, die er geschrieben hat, ragt eine Platte heraus: »Yesterday«. Von dieser Komposition gab es bis zum Ende des Jahres 1972 schon fast 1200 verschiedene Versionen – es ist damit das Lied, das am häufigsten auf Platte aufgenommen wurde. Einen anderen Rekord hält die Platte »Mull Of Kintyre«, die 1977 erschien: sie wurde allein in GB 2,5 Millionen Mal verkauft und war damit lange die meistverkaufte Single Großbritanniens – sie löste »She Loves You« von den Beatles ab. Erst »Do They Know It's Christmas« von der Band Aid wurde 1984/85 noch häufiger verkauft. Inzwischen ist »Candle

In The Wind 1997« die meistverkaufte Single aller Zeiten. 1990 wurde Paul von der amerikanischen Plattenindustrie mit einem Grammy für sein Lebenswerk ausgezeichnet. 1997 veröffentlichte er das ›symphonische Gedicht‹ »Standing Stone«. In demselben Jahr wurde McCartney von Queen Elizabeth II. in den Adelsstand erhoben: Sir Paul. 1988 wurden die Beatles als erste britische Gruppe in die Rock and Roll Hall of Fame aufgenommen. 1999 nahm ihn die Hall of Fame auch als Solist auf.
2001 kam Paul mit der Doppel-CD »Wingspan – Hits & History« (5/01 GB-LP 5, US-LP 2).

Another Day (2/71 US 5, D 6, GB 2)
Uncle Albert/Admiral Halsey (8/71 US 1)
Mary Had A Little Lamb (5/72 GB 9)
Hi Hi Hi/C Moon (12/72 GB 5)
Hi Hi Hi (12/72 US 10)
Live And Let Die (1/73 GB 9; 7/73 US 2)
My Love (4/73 GB 9, US 1)
Helen Wheels (11/73 US 10)
Jet (1/74 D 6, US 7, GB 7)
Band On The Run (4/74 US 1; 7/74 GB 3)
Junior's Farm (11/74 US 3)
Listen To What The Man Said (5/75 GB 6, US 1)
Silly Love Songs (4/76 US 1, GB 2)
Let 'Em In (7/76 US 3, GB 2)
Maybe I'm Amazed (2/77 US 10)
Mull Of Kintyre (11/77 GB 1, D 1)
With A Little Luck (3/78 US 1, GB 5)
Goodnight Tonight (3/79 US 5, GB 5)
Wonderful Christmastime (12/79 GB 6)
Coming Up (4/80 GB 2, US 1)
Waterfalls (6/80 GB 9)
Ebony And Ivory (4/82 GB 1, US 1; 5/82 D 1)
Take It Away (7/82 US 10)
The Girl Is Mine (11/82 US 2, GB 8)
Say Say Say (10/83 GB 2, GB 2, US 1)
Pipes Of Peace (12/83 GB 1)
No More Lonely Nights (10/84 GB 2, US 6)
We All Stand Together (11/84 GB 3)
Spies Like Us (11/85 US 7)
Once Upon A Long Ago (11/87 GB 10)
Hope Of Deliverance (1/93 D 3)
AOR (Adult Orientated Rock), Pop, Rock

McClinton, Delbert

DELBERT MCCLINTON v, g, mo (USA, * 4. 11. 1940 in Lubbock/Texas)
Delbert begann in den späten 50er Jahren mit McClintons Straitjackets. In den frühen 60ern befreite er sich aus dieser Zwangsjacke, wechselte von der Gitarre an die Mundharmonika, spielte auf »Hey! Baby« von Bruce Channel, der mit dieser Platte im Januar 1962 in die US-Charts kam und Spitzenreiter wurde, und ging mit ihm auf Englandtournee. Am 21. 6. 1962 spielten sie in New Brighton im Tower Ballroom. Das Ganze nannte sich ›Bruce Channel Show‹. Mit im Programm unter anderem die Big Three, die Four Jays und die Beatles. Bei diesem Aufeinandertreffen von McClinton und den Beatles brachte Delbert John Lennon bei, wie man richtig Mundharmonika spielt. Mitte der 60er Jahre war Delbert Kopf der Ron-Dels, deren einzige Hitnotierung Mitte 1965 »If You Really Want Me To I'll Go« war, ein Platz 97 in den USA. Danach bildete er mit Glen Clark das Duo Delbert & Glen, das es wiederum nur auf einen Hot-100-Erfolg brachte, Ende 1972 Platz 90 mit »I Received A Letter«. Ab 1975 machte Delbert Soloplatten, und jetzt gelang ihm mit »Giving It Up For Your Love« sein einziger Top-10-Erfolg. Sein erfolgreichstes Album war »The Jealous Kind« (11/80 US-LP 34). 1992 veröffentlichte er die hervorragende CD »Never Been Rocked Enough«, 1993 erschien »Delbert McClinton«.

Giving It Up For Your Love (12/80 US 8)
Pop, Rock

McCoo, Marilyn & Billy Davis Jr.

BILLY DAVIS JR. v (USA, * 26. 6. 1939 in St. Louis), MARILYN MCCOO v (USA, * 30. 9. 1943 in Jersey City/New Jersey)
Marilyn und Billy heirateten 1969. Beide

waren Mitglieder bei den Fifth Dimension, die 1966 gegründet worden waren und es auf eine ganze Reihe von Hits gebracht hatten. Ende 1975 verließen sie die Fifth Dimension und machten als Duo weiter. Mit dem Millionseller »You Don't Have To Be A Star (To Be In My Show)« gelang ihnen ein großer Wurf. Es folgte »Your Love« (3/77 US 15). Danach war ihre Single-Karriere beendet. Das erfolgreichste Album des Duos: »I Hope We Get To Love In Time« (9/76 US-LP 30). Zwischen 1981 und 1984 und 1987/88 war Marilyn Mitmoderatorin der erfolgreichen amerikanischen Musik-TV-Sendung ›Solid Gold‹. 1991 brachte sie ein Gospel-Album auf den Markt.

You Don't Have To Be A Star (To Be In My Show) (9/76 US 1; 3/77 GB 7)
Pop, Soul

Siehe auch: Fifth Dimension

McCoy, Van

VAN MCCOY v, p (USA, * 6. 1. 1944 in Washington/D.C., † 6. 7. 1979)
Van begann seine Karriere mit der Gruppe Marylanders, gründete dann die Starliters, die 1959 ihre ersten Plattenaufnahmen machten. Nachdem es nicht zu Hits reichte, gründete er 1960 sein eigenes Plattenlabel, das er aber schnell wieder aufgab, und war von 1961 bis 1964 für die Firma Scepter Produzent für die Shirelles, Gladys Knight, Barbara Lewis, Peaches & Herb und die Drifters. Mitte der 60er Jahre gründete er erneut eine eigene Plattenfirma. Nach 1968 gab es die Van McCoy Productions, die Interpreten wie Stylistics, Aretha Franklin, Nina Simone, Nancy Wilson, Tom Jones, Vikki Carr, Roberta Flack oder Brenda & The Tabulations betreute und Faith, Hope & Charity entdeckte. Ab 1974 machte McCoy eigene Platten. Mit »The Hustle« gelang ihm ein Millionseller. Nach »The Shuffle« war seine Hitparadenzeit wieder vorüber. Sein erfolgreichstes Album hieß »Disco Baby« (4/75 US-LP 12, 7/75 GB-LP 32, 8/75 D-LP 16). Van starb nach einem Herzinfarkt.

The Hustle (4/75 GB 3, US 1; 7/75 D 3)
The Shuffle (4/77 GB 4)
Disko, Pop

McCoys

RONNIE BRANDON org (USA, * 25. 1. 1946 in Greenville/Ohio), RICK DERRINGER g (USA, * 5. 8. 1947 als Richard Zehringer in Union City/Indiana), RANDY HOBBS b (USA, * 22. 3. 1948 in Union City/Indiana, † 5. 8. 1993), DENNIS KELLY b (USA), BOBBY PETERSON key (USA), RANDY ZEHRINGER d (USA, * 21. 11. 1949 in Union City/Indiana)
Kopf der McCoys war Rick Derringer, der bereits 1963 seine erste Formation, Rick & The Raiders, gegründet hatte. Daraus wurde die Rick Z. Combo und ab 1965 die McCoys. Mit »Hang On Sloopy« kamen die McCoys Mitte 1965 in die internationalen Hitparaden. Der Nachfolger »Fever« war wenn man so will eine amerikanische Beat-Version des alten Hits von Little Willy John und Peggy Lee. Alle weiteren Platten, die bis Ende 1968 erschienen, kamen nicht mehr unter die Top 20. 1969 wurden die McCoys die Begleitband von Johnny Winter, und auch bei Bruder Edgar Winter mischten sie mit. Ab 1974 machte Rick auch Soloplatten. Sein Titel »Rock And Roll Hoochie Koo« kam im Januar 1974 in den US-Charts bis auf Platz 23. Ricks Qualitäten als Gitarrist hört man auch auf Platten von Steely Dan, Dan Hartman, Todd Rundgren, Bette Midler, Donald Fagen, Meat Loaf, Bonnie Tyler und vielen anderen.

Hang On Sloopy (8/65 GB 5, US 1; 11/65 D 5)
Fever (11/65 US 7)
Beat, Pop, Rock

McCrae, George

GEORGE MCCRAE v (USA, * 19. 10. 1944 in West Palm Beach/Florida)
Knapp bevor sie selbst als KC & The Sunshine Band erfolgreich sein würden, hatten Casey und Finch Mitte 1974 einen Welthit geschrieben, der durch George McCrae Spitzenreiter in den USA, GB und Deutschland wurde und in weiteren 79 Ländern in die Hitparaden kam: »Rock Your Baby«. Angeblich wurden von dem Titel 15 Millionen Singles verkauft. George war jahrelang mit verschiedenen Bands umhergetingelt, ohne dass ihm etwas gelang. Jetzt galt er plötzlich als der König der Soul-Disko-Revolution. Er sang später im Duett mit seiner Frau Gwen und wurde schließlich deren Manager. In den 80er Jahren tauchte er unter. Einige Publikationen meldeten ihn bereits als verstorben – wahrscheinlich haben sie ihn mit Gordon MacRae verwechselt, der an dem Tag gestorben ist, der als George McCraes Todestag ausgeworfen wurde. McCrae hat längere Zeit in der Bundesrepublik gelebt und getingelt. 1990 erschien nach längerer Pause mit »Breathless« mal wieder eine Single von ihm, die einem jedoch nicht den Atem verschlug. Sein erfolgreichstes Album hieß wie sein größter Singlehit »Rock Your Baby« (8/74 US-LP 38, GB-LP 13, 9/74 D-LP 1).

Rock Your Baby (6/74 D 1, GB 1, US 1)
I Can't Leave You Alone (10/74 D 3, GB 9)
It's Been So Long (7/75 GB 4)
Disko, Rhythm & Blues, Soul

McCrae, Gwen

GWEN MCCRAE v (USA, * 21. 12. 1943 in Pensacola/Florida)
Gewn war im Kielwasser ihres Mannes George McCrae weltweit erfolgreich, indem sie dessen Sound genau kopierte. Im Gegensatz zu George war sie allerdings bereits längere Zeit mit mittlerem Erfolg im Plattengeschäft. Mit George hatte sie 1969 ihre erste Platte gemacht, ohne ihn tauchte sie 1970 zumindest in den amerikanischen Rhythm-&-Blues-Charts auf. Bei »Rockin' Chair« sang im Hintergrund George mit. Als Gast von Music & Mystery gelang ihr mit »All This Love I'm Giving« (2/93 GB 36) noch einmal eine Hitparadennotierung.

Rockin' Chair (5/75 US 9)
Blues, Disko, Rhythm & Blues

McCutcheon, Martine

MARTINE MCCUTCHEON v (Großbritannien, * 24. 5. 1976 in London)
Martine stieg am 17. 4. 1999 mit ihrer Debütplatte gleich auf Platz 1 der britischen Charts ein – es war wohl der perfekte Moment, einen neuen Künstler zu starten. Selten wurden weniger Singles in GB verkauft – die Chancen, mit einem neuen Produkt den Markt zu erobern, waren also denkbar gut. Martine hatte vorher die Rolle der Tiffany in der TV-Serie »EastEnders« gespielt, die in GB seit Urzeiten im Programm war und als Vorlage für die »Lindenstraße« gilt. Das Fernsehen widmete ihr ein Einstundenprogramm, in dem sie sich unter dem Motto »This Is My Moment« produzieren durfte. Dann kam die Single – und innerhalb einer Woche waren 200 000 Platten verkauft. Das genügte für Platz 1. Martine hatte allerdings auch schon vorher auf Platte gesungen: »Are You Man Enough« mit Uno Clio featuring Martine McCutcheon brachte es im November 1995 immerhin auf Platz 62 in GB. 2000 spielte sie eine Nachtclubbesitzerin in der ITV-Serie »The Knock« und veröffentlichte ihre Autobiografie mit dem Titel »Who Does She Think She Is« und das Album »Wishing«. Ihr erstes Erfolgsalbum war »You, Me & Us« (9/99 GB-LP 2).

Perfect Moment (4/99 GB 1)
I've Got You (9/99 GB 6)
Talking In Your Sleep/Love Me (12/99 GB 6)
I'm Over You (11/00 GB 2)
On The Radio (2/01 GB 7)
Pop

McDaniels, Gene

GENE MCDANIELS v, sax (USA, * 12. 2. 1935 als Eugene B. in Kansas City/Missouri)

Sein Vater war ein Reverend. Und wie viele farbige Kinder, die sich für Musik interessierten und vom Elternhaus in diese Richtung beeinflusst wurden, begann auch der kleine Gene McDaniels in einem Gospelchor. Dem schloss er sich mit 13 Jahren an. Nach seiner Gospelzeit spielte er im Schulorchester Saxophon, dann gründete er seine eigene Gruppe und schließlich ein Gesangsquartett. Am Anfang der 60er Jahre traf er auf Snuff Garrett. Der galt in jenen Tagen als ausgezeichneter Produzent, betreute er doch Künstler wie Bobby Vee, The Crickets – ohne Buddy Holly –, Gary Lewis & The Playboys oder Johnny Burnette. Alles weiße Künstler – ein farbiger Sänger fehlte noch in seiner Sammlung. Snuff suchte für ihn den Titel »A Hundred Pounds Of Clay« aus, der für Gene der größte Erfolg wurde. Nach 1963 war seine Hit-Zeit wieder vorüber. Gene veröffentlichte Platten, die sich mit den Problemen der Amerikaner beschäftigten – die wollte keiner kaufen. Von ihm stammt der Titel »Feel Like Makin' Love«, mit Roberta Flack ein Welthit. In den 70er Jahren machte er Plattenaufnahmen unter dem Pseudonym Universal Jones.

A Hundred Pounds Of Clay (3/61 US 3)
Tower Of Strength (10/61 US 5)
Chip Chip (1/62 US 10)
Pop, Rhythm & Blues

McDonald, Jane

JANE MCDONALD v (Großbritannien)

Das britische Traumschiff der BBC heißt »The Cruise« und wird regelmäßig von 12 Millionen Fernsehzuschauern gesehen. Jane ist auf diesem Schiff als Unterhaltungskünstlerin engagiert und darf in jeder Folge ein Liedlein zum Besten geben. Das führte dazu, dass ihr mit dem Album »Jane McDonald« (7/98 GB-LP 1) ein Renner gelang, der sich über 260 000 Mal verkaufte. Für das Weihnachtsfest hatte sich Jane natürlich wieder etwas Besonderes für ihre auf dem Meer herumschippernden Gäste ausgedacht. Sie sang ihnen ein Weihnachtsmedley, bestehend aus »White Christmas«, »Winter Wonderland« und »Santa Claus Is Coming To Town«. Mühelos erreichte sie mit diesen alten Hündchen die Top 10.

Cruise Into Christmas Medley (12/98 GB 10)
Pop

McDonald, Michael

MICHAEL MCDONALD v, key (USA, * 2. 12. 1952 in St. Louis)

Die Karriere von Michael McDonald begann 1974/75 bei Steely Dan. Dort spielte er Keyboards, und als er im Frühjahr 1975 für den erkrankten Tom Johnson zu den Doobie Brothers kam, wurde er auch Sänger. Für diese Country-Rock-Formation schrieb er Hits wie »What A Fool Believes« oder »It Keeps You Running«. 1980 bekam Michael McDonald vier Grammys, u. a. für »What A Fool Believes« als Song des Jahres, den er zusammen mit Kenny Loggins geschrieben hatte. Ende 1981 gingen die Doobies auseinander, und Michael begann eine Solokarriere. Seine erste Hitnotierung war »I Keep Forgettin' (Every Time You're Near)«. Besonders gut gelang ihm im Duett mit Patti LaBelle die Nummer »On My Own«. Ende der 80er Jahre schlossen sich die Doobie Brothers wieder zusammen. Michael machte jedoch nicht mit. Michaels Stimme gehört zweifellos zu den besten des heutigen Soul/Rock, und es ist selten, dass ein Weißer so überzeugend schwarze Musik singen und schreiben kann. Seine erfolgreichsten Alben waren »If That's What It Takes« (8/82 US-LP 6) und »Sweet Freedom: Best Of Michael McDonald« (11/86 GB-LP 6). Seine Komposition »I Keep Forgettin' (Every Time You're Near)« fand sich wieder in dem Hit »Regulate« von Warren G. aus dem Jahre 1994.

I Keep Forgettin' (Every Time You're Near) (8/82 US 4)
On My Own (3/86 US 1; 5/86 GB 2)
Sweet Freedom (6/86 US 7)
AOR (Adult Orientated Rock), Country, Rock

McFadden & Whitehead

GENE MCFADDEN v (USA, in Philadelphia/Pennsylvania), JOHN WHITEHEAD v (USA, in Philadelphia/Pennsylvania)

Die Titel »Back Stabbers« der O'Jays, »I Always Love My Mama« von den Intruders oder »Wake Up Everybody« von Harold Melvin & The Bluenotes wurden von McFadden und Whitehead geschrieben. Viele LPs von Archie Bell, Melba Moore, den Jacksons oder Lou Rawls wurden von ihnen produziert. Sie gelten als diejenigen, die im hohen Maße den ›Sound of Philadelphia‹ mitgeprägt haben.

Als Teenager waren sie Mitglieder bei den Epsilons. Dann tourten sie und wurden von Otis Redding bis zu dessen Tod im Jahre 1967 gemanagt. In den R&B-Charts schaffte das Duo McFadden & Whitehead im Frühjahr 1979 den Spitzenreiter »Ain't No Stoppin' Us Now«, der es in den USA zur Platinplatte brachte. Ihr erfolgreichstes Album war »McFadden & Whitehead« (6/79 US-LP 23). Ansonsten waren sie mehr im Hintergrund erfolgreich. John Whitehead veröffentlichte 1988 eine Solo-LP, aus der der Top-50-Hit »I Need Money Bad« in die Hot 100 kam.

Außerdem zog sich John für einige Zeit aus dem Verkehr, als er seine Steuern falsch berechnete, sie nicht zahlte und deshalb gesiebte Luft atmete.

Ain't No Stoppin' Us Now (5/79 GB 5)
Phillysound, Pop, Rhythm & Blues

McFerrin, Bobby

BOBBY MCFERRIN v (USA, * 11. 3. 1950 in New York City)

Bobby stammt aus einer sehr musikalischen Familie. Beide Elternteile waren Opernsänger, und sein Vater, einst ein erfolgreicher Bariton an der New York Metropolitan Opera, lieh Sidney Poitier im Film »Porgy & Bess« die Stimme. Ab Anfang der 80er Jahre kam Bobby McFerrin, dessen Stimme enorm wandlungsfähig ist und der in seinen Anfangstagen mehr in die Jazz-Ecke gestellt wurde, mit Soloplatten. Dabei klang er alleine wie eine Doo-Wop-Gruppe, benutzte seinen Körper als Rhythmusinstrument und setzte sogar das Geräusch des Atmens als Instrument ein. 1987 sang er das Thema der ›Cosby Show‹ und einen populären Jingle für die 501-Jeans. So war er also ein angesehener Jazz-Interpret, als ihm mit »Don't Worry Be Happy« aus dem Film »Cocktail« ein weltweiter Hit gelang. Wer Bobby McFerrin einmal auf der Bühne gesehen hat, weiß, dass der Mann auch ohne Pophits auskommen kann. Sein erfolgreichstes Album war »Simple Pleasures« (4/88 US-LP 5) – ohne den Singlehit wäre allerdings auch diese LP von Bobby nicht unter die ersten 10 der Charts gekommen. Insofern ist ein Singlehit eben doch wichtig!

Don't Worry Be Happy (7/88 US 1; 9/88 D 1, GB 2)
Jazz, Pop, Rhythm & Blues

McGovern, Maureen

MAUREEN MCGOVERN v (USA, * 27. 7. 1949 in Youngstown/Ohio)
Mit dem Liebesthema aus dem Film »Der Untergang der Poseidon«, »The Morning After«, schaffte Maureen McGovern einen Millionseller. Danach schien Maureen auf Film- und Fernsehmusiken abonniert zu sein. In »Flammendes Inferno«, »Superman« oder der TV-Serie ›Angie‹ – mit dem Thema »Different Worlds« (7/79 US 18) – war sie zu hören. Ein Top-10-Hit ist ihr jedoch nicht mehr gelungen. In GB hieß ihr größter Erfolg Mitte 1976 »The Continental« (6/76 GB 16). Vor ihrem großen Hit war Maureen lediglich als Hobby-Folksängerin in Clubs aufgetreten und hatte hauptberuflich als Sekretärin gearbeitet.

The Morning After (6/73 US 1)
Pop

McGraw, Tim

TIM MCGRAW v (USA, * 1. 5. 1967 in Delhi/Louisiana)
Tim wollte in die Fußstapfen seines Vaters Tug treten – der war ab 1964 für 20 Jahre professioneller Baseballspieler. Das brachte dem Junior Stipendien an der Northeast Louisiana University ein. Trotzdem hatte er noch andere Interessen. Mit »Welcome To The Club« (10/92 C&W 47) erschien er erstmals im Hitparaden-Club. Er zählte zu der jungen Garde der Crossover-Stars. »Indian Outlaw« (3/94 US 15) und »Don't Take The Girl« (5/94 US 17) brachten ihm Erfolge nicht nur in den Country–, sondern auch den Popcharts. Ausgekoppelt wurden die Stücke aus dem Album »Not A Moment Too Soon« (4/94 US-LP 1), das fünf Millionen Exemplare verkaufte. »I Like It, I Love It« (8/95 US 25) erreichte ebenfalls einen guten Platz in den Popcharts. Dieses Stück stammte von dem Album »All I Want« (10/95 US-LP 4), das sich drei Millionen Mal verkaufte. Richtig erfolgreich in den Popcharts wurde er, als er zusammen mit seiner Frau, der ebenfalls bekannten Countrysängerin Faith Hill, den Titel »It's Your Love« sang. Die weiteren Erfolgsalben: »Everywhere« (6/97 US-LP 2), »A Place In The Sun« (5/99 US-LP 1), »Greatest Hits« (12/00 US-LP 4) und »Set This Circus Down« (5/01 US-LP 2). Bei »Bring On The Rain« (12/01 US 36) wirkte er als Gast von Jo Dee Messina mit. Als Solist kam er mit »The Cowboy In Me« (1/02 US 33).

It's Your Love (5/97 US 7)
Please Remember Me (4/99 US 10)
Country, Pop

McGregor, Freddie

FREDDIE MCGREGOR v (Jamaika, in Clarendon)
Freddy stieg bereits im Alter von sieben Jahren ins Musikgeschäft ein. In den 70er Jahren arbeitete er als Solokünstler, aber auch als Sessionmusiker in seiner Heimat. Seine erste LP veröffentlichte er 1979. Er sang sowohl Soul-Rock als auch härtere Rasta-Titel. Ein Crossover-Hit in den Pophitparaden gelang ihm im Sommer 1987 mit einer Coverversion von Ronnie Dysons Titel »Just Don't Want To Be Lonely«. Nach einer weiteren Notierung war er aus den Hitparaden verschwunden, veröffentlichte aber bis in die 90er Jahre weiter Platten.

Just Don't Want To Be Lonely (6/87 GB 9)
Pop, Soul

McGuinness Flint

JOHN BAILEY g (Großbritannien), DENNIS COULSON key (Großbritannien), DIXIE DEAN b, harm (Großbritannien), HUGHIE FLINT d (Großbritannien, * 15. 3. 1942),

BENNY GALLAGHER v, g (Großbritannien, in Lagrs/Ayrshire/Schottland), NEIL INNES v, g, p (Großbritannien, * 9. 12. 1944 in Danbury/Essex), GRAHAM LYLE v, g (Großbritannien, in Lagrs/Ayrshire/Schottland), TOM MCGUINNESS b (Großbritannien, * 2. 12. 1941 in Wimbledon/London), PAUL RUTHERFORD sax (Großbritannien, * 29. 2. 1940 in London)

Tom und Hughie kamen über etliche Stationen, zu denen Manfred Mann, die Roosters, John Mayall, Alexis Korner, Alan Price, Savoy Brown, Chicken Shack, Casey Jones gehörten, zu ihrer eigenen Band McGuinness Flint, die sie 1969 gründeten. Mit den beiden Top-10-Erfolgen »When I'm Dead And Gone« und »Malt And Barley Blues« gelangen der Formation mit einer Mixtur aus Folk und Pop schnell hintereinander zwei sehr schöne Hits. Beide wurden durch Gallagher und Lyle geschrieben, und als diese beiden die Gruppe verließen, gab es ernsthafte Schwierigkeiten. Als Ersatz kamen Dean, Bailey und Innes, aber Ende des Jahres 1971 trennte sich die Formation. Ihr erfolgreichstes Album hieß »McGuinness Flint« (1/71 GB-LP 9). Coulson, McGuinness, Flint und Dean nahmen 1972 eine weitere LP auf. Es folgten mit wechselnder Besetzung noch zwei Alben, aber da ihr früherer Erfolg sich nicht wiederholen ließ, trennte die Gruppe sich 1975 endgültig. Gallagher & Lyle sollten 1976 erfolgreich sein, und Tom McGuinness schloss sich mit seinem alten Freund aus Manfred-Mann-Tagen, Paul Jones, in der Blues Band zusammen. 1983 jedoch nahm man gemeinsam als Lyle McGuinness Band das Album »Acting On Impulse« auf.

When I'm Dead And Gone (11/70 GB 2; 1/71 D 6)
Malt And Barley Blues (5/71 GB 5)
Folk, Pop

Siehe auch: Manfred Mann

McGuire, Barry

BARRY MCGUIRE v (USA, * 15. 10. 1935 in Oklahoma City)

Barry begann seine Karriere in der 1961 gegründeten Formation New Christy Minstrels. Zusammen mit Randy Sparks, dem Gründer dieser Gruppe, schrieb er deren größten Hit: »Green Green« (6/63 US 14). Mit der düsteren Prognose, dass wir alle am Vorabend der Zerstörung der Erde sind, traf er Mitte 1965 als Solist den Nerv der Jugendlichen. Begleitet wurde er auf dem Hit von der amerikanischen Formation Grass Roots.

Glücklicherweise ist das, was er uns vorausgesagt hatte, doch nicht so schnell eingetroffen. Ein weiterer Hit – mit dem er ja seine eigene Aussage unglaubwürdig gemacht hätte – gelang ihm nicht mehr. 1990 nahm er eine teilweise neu getextete Version auf, die zugunsten der Rettung des tropischen Regenwaldes veröffentlicht wurde. Waren in der Originalversion noch die Menschenmassen in Rotchina eine Bedrohung der Welt, so waren es jetzt die geschäftstüchtigen und geldgierigen Finanzhaie, die den Raum für Lebewesen zerstörten. In der Zwischenzeit war Barry McGuire am Broadway in dem Musical »Hair« aufgetreten und verlegte sich dann auf christliche und Gospelmusik. Sein erfolgreichstes Album hieß »Eve Of Destruction« (9/65 US-LP 37). Mitte der 80er Jahre zog er nach Neuseeland, nahm aber auch noch weiter Platten auf und gab Konzerte. 1998 zog Barry zusammen mit Scott McKenzie und zwei Sängerinnen als Mamas & Papas durch GB.

Eve Of Destruction (8/65 GB 3, US 1; 10/65 D 6)
Folk, Pop, Rock

McIntyre, Joey

JOE MCINTYRE v (USA, * 31. 12. 1972 in Needham/Massachusetts)

Er war eines der Originalmitglieder von

New Kids On The Block. Nach 1992 hörte man nichts mehr von den Mitgliedern der Gruppe. Dann kam Joey 1999 als Solist in die Hot 100 und schaffte mit »Stay The Same« einen Top-10-Hit. Sein erfolgreichstes Album hieß ebenfalls »Stay The Same« (4/99 US-LP 49). Er war das erste Mitglied von NKOTB, das den Sprung in eine Solokarriere schaffte. Wenig später folgte ihm Jordan Knight.

Stay The Same (2/99 US 10)
Pop

Siehe auch: New Kids On The Block

McKee, Maria

MARIA MCKEE v, g, key (USA, * 17. 8. 1964 in Kalifornien)
Maria trat bereits mit 16 Jahren zusammen mit ihrem Halbbruder Bryan MacLean, der vorher mit Love gespielt hatte, in Clubs in L.A. auf. Mitte der 80er Jahre war sie bei Lone Justice, die gute Platten veröffentlichten, aber nicht zu Hits kamen.
Ab 1989 machte Maria McKee Soloplatten. Zwischendurch hatte sie die Nummer »A Good Heart« geschrieben, die durch Feargal Sharkey Spitzenreiter in GB wurde. Maria hatte ihrerseits im Herbst 1990 eine Nummer 1 in der britischen Hitparade mit »Show Me Heaven« aus dem Film »Days Of Thunder«. Mit »You Gotta Sin To Get Saved« (6/93 GB-LP 26) erschien eine gut gemachte CD von Maria.

Show Me Heaven (9/90 GB 1)
AOR (Adult Orientated Rock), Pop, Rock

McKenzie, Scott

SCOTT MCKENZIE v (USA, * 1. 10. 1939 als Philip Blondheim in Arlington/Virginia)
Scott stieg Anfang der 60er Jahre in die Gruppe Smoothies ein, die von John Phillips, dem späteren Chef der Mamas & Papas, geleitet wurde. Aus dieser Formation entwickelten sich die Journeymen, die jedoch nach drei LPs wieder auseinander fielen. 1967, John Phillips hatte sich inzwischen als Songschreiber etabliert, nahm Scott McKenzie dessen Titel »San Francisco (Be Sure To Wear Flowers In Your Hair)« auf. Mit »Like An Old Time Movie« (10/67 US 24, 11/67 GB 50, 12/67 D 36) gelang ihm noch ein weiterer Hit – dann war er wieder weg. Als Songschreiber tauchte er 1988 als Mitautor von »Kokomo« der Beach Boys auf. 1998 zog er mit Barry McGuire und zwei Sängerinnen als Mamas & Papas durch GB.

San Francisco (Be Sure To Wear Flowers In Your Hair) (5/67 US 4; 7/67 D 1, GB 1)
AOR (Adult Orientated Rock), Flowerpower, Soft Pop

McKnight, Brian

BRIAN MCKNIGHT v (USA, * 5. 6. 1969 in Buffalo/New York)

Back At One (8/99 US 2)

Siehe auch: Williams, Vanessa

McLachlan, Craig

CRAIG MCLACHLAN v (Australien, * 1. 9. 1965)
Craig begann seine Karriere als Schauspieler in der Fernsehserie ›Neighbours‹. Mit Kylie Minogue und Jason Donovan hatte sie bereits zwei Gesangsstars hervorgebracht, warum sollte es nicht auch mit einem Dritten klappen? Craig McLachlan gründete um sich herum die Gruppe Check 1–2. Auf den Gruppennamen war man durch den obligaten Ruf ins Mikrofon beim Soundcheck gekommen: ›Check 1–2‹. Mitte 1990 erschien »Mona«, eine Coverversion des Rock-'n'-Roll-Klassikers von Bo Diddley. Nachfolgehit war »Amanda« (8/90 GB 19)

Danach kam eine recht anständig gemachte CD, die zeigte, dass Craig als Nur-Schauspieler, der mal singt, unterschätzt wird. 1993 war er der Star im Londoner Dominion Theater in dem Musical »Grease«. Den Titel »You're The One That I Want« nahm er zusammen mit Debbie Gibson auf und hatte damit Mitte 1993 Platz 13 in GB. Sein erfolgreichstes Album war »Craig McLachlan & Check 1–2« (7/90 GB-LP 10).

Mona (6/90 GB 2)
AOR (Adult Orientated Rock), Pop

McLachlan, Sarah

SARAH MCLACHLAN v, g (Kanada, * 28. 1. 1968 in Halifax/Nova Scotia)
1987 wurde sie in ihrer Heimatstadt als Sängerin entdeckt, als sie mit einer New Wave Band auftrat.1989 erschien ihr Debütalbum »Touch«, das sehr viele freundliche Besprechungen, aber außerhalb Kanadas nicht viele Käufer fand. Auch ihrem nächsten Album »Solace« (1992) erging es so – dann erschien »Fumbling Towards Ecstasy« (3/94 US-LP 50), das mit zwei Platinauszeichnungen bedacht wurde. Das Album »The Freedome Sessions« (1995) brachte als Zugabe eine CD-Rom mit einer 30-minütigen Präsentation von Musik und Video. Mit »Building A Mystery« (9/97 US 13) hatte sie ihren ersten Top-40-Hit in den USA – und bei der Grammy-Verleihung Anfang 1998 erhielt sie genau für diesen Song eine Auszeichnung in der Kategorie ›Best Female Pop Vocal Performance‹. Einen weiteren Grammy erhielt sie für »Last Dance« als ›Best Pop Instrumental Performance‹. Ihre weiteren Top-40-Hits waren »Sweet Surrender« (2/98 US 28) und »Adia« (10/98 GB 18). Viel Erfolg hatte sie auch mit den Alben »Surfacing« (8/97 US-LP 2) und »Mirrorball« (7/99 US-LP 3). Bei der Nummer »Silence« war Sarah Gast von Delerium.

Adia (5/98 US 3)
Angel (12/98 US 4)
Silence (10/00 GB 3)
Pop

McLaren, Malcolm

MALCOLM MCLAREN (Großbritannien, * 22. 1. 1946 in London)
Der Manager, Songschreiber und Soundsammler ist für die einen ein Scharlatan, für die anderen ein göttliches Talent. Er managte oder war Mastermind hinter Interpreten wie Sex Pistols, Adam Ant oder Bow Wow Wow. Malcolm beherrscht laut Aussage seiner Plattenfirma kein einziges Instrument und sieht sich als ›musikalischen Maler, der sich ohne falsche Scham in den Klangwelten jedweder Epochen bedient‹. Nachdem ihm die Punk-Bewegung, an der er fleißig mitgebastelt hatte, zeigte, dass man auch ohne Stimme und ohne musikalisches Talent in die Hitparaden kommen kann, nahm er ab 1982 auch eigene Platten auf. Sein erfolgreichstes Album war »Duck Rock« (6/83 GB-LP 18). 1994 – inzwischen galt McLaren als Multitalent, das produzierte, Dokumentarfilme drehte und Mode designte – veröffentlichte er das Album »Paris«. Er verband Jazz mit Ethno-Klängen, englische und französische Texte. Als Gastsängerinnen waren u. a. Amina, Frankreichs National-Ikone Cathérine Deneuve oder Françoise Hardy zu hören.

Buffalo Gals (12/82 GB 9)
Double Dutch (7/83 GB 3)
Pop, Punk

McLean, Bitty

BITTY MCLEAN v (Großbritannien, als Delroy McLean)
In Liverpool studierte Bitty Sound Recording & Media. Von seinem Lehrer wurde

er UB40 empfohlen, die ihn als Handlanger einstellten. Bald schon bediente er als Tontechniker die Regler und verbuchte Album-Credits. Als UB40 auf Welttournee ging, begann er lokale Bands zu produzieren, nebenher nahm er eigene Nummern auf. Von den Demos war Ali Campbell von UB40 so begeistert, dass er ihn als Koproduzenten und Backing-Sänger engagierte. 1993 wurde extra für Bitty McLean das Platten-Label Brilliant gegründet, auf dem als erste Single die alte Fats-Domino-Nummer »It Keeps Raining« veröffentlicht wurde. Als Debüt-Album erschien »Just To Let You Know . . .« (2/94 GB-LP 19), auf dem neben dem ersten Hit auch die beiden folgenden »Here I Stand« und »Dedicated To The One I Love« zu finden sind.

It Keeps Rainin' (Tears From My Eyes) (7/93 GB 2)
Here I Stand (1/94 GB 10)
Dedicated To The One I Love (4/94 GB 6)
Pop, Reggae

McLean, Don

DON MCLEAN v (USA, * 2. 10. 1945 in New Rochelle/New York)

Don McLean galt als introvertiert, als Narziss mit Gold-LP. »American Pie« war eine Superstory, die in der ganzen Welt von jedem, der mit Musik zu tun hatte, interpretiert wurde. Was gab es nicht alles zu enträtseln! Meinte Don mit dem Hinweis auf »Jumpin' Jack Flash« wirklich, dass die Rolling Stones zu denen gehören, die die Rockmusik getötet haben? Sehr wahrscheinlich! Auch die Beatles oder die Byrds werden in die Pfanne gehauen. Überhaupt: Am 3. 2. 1959 ist die Musik gestorben. Nicht ein Musiker ist an diesem Tag mit einem kleinen Flugzeug abgestürzt, sondern die komplette Musik. Von Buddy Holly ist die Rede, der sicher eine wichtige Komponente in der Geschichte des Rock 'n' Roll war, aber auf keinen Fall die wichtigste. Da gab es ganz andere Musiker, die die Wege des Rock 'n' Roll bereitet haben. Vorwiegend Schwarze, die schon Rock 'n' Roll spielten, als die Weißen nicht einmal genau wussten, was denn mit dieser Bezeichnung gemeint sein könnte. Das Cover der LP »American Pie« zeigt die Richtung von Don McLean an: ein erhobener Daumen, der mit Stars and Stripes bemalt ist. Im Lied wird es noch deutlicher: Es geht um eine Zeit, als die jungen Amerikaner noch stolz auf ihr Land waren. Die 50er Jahre waren die Zeit, in der es laut Don McLean so amerikanisch zuging, wie Apfelkuchen amerikanisch ist: ›as American as apple pie‹. Die Beatles, die Stones, Elvis Presley, die Byrds – alle machten die schöne alte Musik kaputt. Janis Joplin war eine Ausnahme, aber kaum dass Don McLean die Frage an sie richten konnte, was es denn Neues unter Gottes schönen Sängern gebe, drehte sie sich selbst heim. Am ärgerlichsten an der Langspielplatte »American Pie« damals war, dass der Titelsong von einem viel schöneren Lied ablenkte, von »Vincent«. Das war bei weitem nicht so spektakulär in seiner Aussage. Selbst wenn man nur mit einem halben Ohr zuhörte, war klar, dass es sich um eine Hommage an den Maler Vincent van Gogh handelte. Vielleicht hätte man, um »American Pie« zu erklären, ein paar Zeilen aus »Vincent« übersetzen müssen, und schon wäre alles klar gewesen: ›Diese Welt wurde nicht für einen wie dich gemacht; einen, der so wunderbar wie du. Jetzt verstehe ich, was du mir sagen wolltest. Sie wollten nicht auf dich hören, sie tun es auch jetzt noch nicht. Vielleicht hören sie niemals.‹ So, und wenn man jetzt den Namen Vincent durch Buddy ersetzt, ergibt das eine neue Interpretation von »American Pie« und von »Vincent«. Zwei auf einen Schlag und wahrscheinlich wieder beide daneben. Dons Hit »Crying« war ein Song von Roy

Orbison. Angeblich handelt das Lied »Killing Me Softly With His Song«, ein Hit mit Roberta Flack im Frühjahr 1973, von Don McLean. Als Songschreiber gelangen ihm noch wunderschöne Titel wie »Castles In The Air«, »And I Love You So« oder »Wonderful Baby«. Seine erfolgreichsten Alben waren »American Pie« (11/71 US-LP 1, 3/72 GB-LP 3, 5/72 D-LP 31), »Tapestry« (6/72 GB-LP 16), »Chain Lightning« (6/80 GB-LP 19, 2/81 US-LP 28) und »The Very Best Of Don McLean« (9/80 GB-LP 4). Später verlegte er sich mehr auf Country Music. Ende 1991 kam »American Pie« noch einmal bis auf Platz 12 in den britischen Charts. 1995 erschien mit »River Of Love« ein neues Album von McLean.

American Pie (11/71 US 1; 1/72 D 9, GB 2)
Vincent (5/72 GB 1)
Crying (5/80 GB 1; 1/81 US 5)
Folk, Pop, Rock

McLean, Penny

PENNY MCLEAN v, g, p, fl (Österreich, * 4. 10. 1948 als Gertrude Münzer in Klagenfurt)

Penny wuchs bei ihrem Vater in Deutschland auf. Der schickte sie ins Internat, wo sie Klavier, Flöte und Gitarre lernte. Mit 17 heiratete sie, kurz darauf war sie wieder geschieden. In München gründete sie ihre erste eigene Band, die MTH-Singers. Bei einem Auftritt lernte sie einen Produzenten kennen, der ihr eine traumhafte Solokarriere versprach. Ende der 60er Jahre erschien »Bananendampferkapitän« – Interpretin war Barbie Münzer. Es folgten neue Bands, Solo-Auftritte in Diskotheken und mehrfach Auftritte im ARD-Talentschuppen. Ein Zusammentreffen mit dem Produzenten Michael Kunze brachte ihr einen neuen Plattenvertrag. Zusammen mit einer weiteren Neuerwerbung von Kunze sang sie im Duo als Helmut & Barbara. Einen ersten Achtungserfolg errang sie mit »Letter Of Miami« unter dem Pseudonym Penny McLean. 1975 sang sie die Nummer »Lady Bump«, die ursprünglich für die Formation Silver Convention vorgesehen war. Der Nachfolger »1-2-3-4 ... Fire!« wurde im Frühjahr 1976 ein weiterer Top-10-Erfolg, doch inzwischen war sie als Mitglied der Gruppe Silver Convention ebenfalls erfolgreich und hatte sogar mit »Fly, Robin, Fly« einen Platz 1 in den USA. Der Fraktionszwang ließ ihre Solokarriere zurückstehen. Nach 1977 tauchte sie nicht mehr als Solistin in den Charts auf. Silver Convention schafften es allerdings auch nicht länger. Penny McLean hat sich inzwischen zur Esoterikexpertin entwickelt, die ihre Kenntnisse zeitweise auch im Fernsehen zum Besten gab.

Lady Bump (8/75 D 1)
1-2-3-4 ... Fire! (3/76 D 3)
Disko, Pop

Siehe auch: Silver Convention

McNeal, Lutricia

LUTRICIA MCNEAL v (USA, in Oklahoma)

Im Februar 1997 wurde »Ain't That Just The Way« in Deutschland veröffentlicht. Im Juni kam sie in die deutsche Hitparade und nachdem sie 14 Wochen in den Charts umhergedümpelt war, erreichte sie Anfang Oktober die Top 10. Lutricias musikalische Karriere begann, als sie nach dem Schulabschluss wegen ihres außergewöhnlichen musikalischen Talents ein Universitätsstipendium erhielt. Während eines Ferienaufenthalts 1989 in Schweden lernte sie in Stockholm die beiden Produzenten Rob 'n Raz kennen, die mit ihr zwei Alben aufnahmen. An etlichen Songs hatte Lutricia mitgeschrieben – der erste Top-10-Hit außerhalb Skandinaviens war laut Angaben der Plattenfirma eine Neuaufnahme eines Hits von Barbi Benton aus den 70er Jahren. In Hitlisten ist die

Platte jedenfalls nicht zu finden. Inzwischen lebt Lutricia in Dallas, ihre musikalischen Erfolgswurzeln liegen weiterhin in Schweden. Der Nachfolgehit »Stranded« (6/98 D 33) klang wie eine Variation der ersten Nummer. Lediglich mit »The Greatest Love You Never Know« (2/98 GB 17) gelang ihr ein weiterer nennenswerter Chart-Auftritt. Ihr erfolgreichstes Album war »Lutricia McNeal« (7/98 GB-LP 16).

Ain't That Just The Way (6/97 D 5; 11/97 GB 6)
Stranded (5/98 GB 3)
Someone Loves You Honey (9/98 GB 9)
Pop

McPhatter, Clyde

CLYDE MCPHATTER v (USA, * 15. 11. 1931 als Clyde Lensley in Durham/North Carolina, † 13. 6. 1972)
Der Ausnahme-Soulsänger begann 1950 mit den Dominoes und hatte mit dieser Gruppe den Hit »Sixty Minute Man« (8/51 US 17). In den Rhythm-&-Blues-Charts war er 14 Wochen lang Spitzenreiter. 1953 war Clyde Gründungsmitglied der Drifters. Im April 1954 wurde er zur Armee eingezogen und durch Dave Baughan ersetzt. Zurück vom Militär, machte er ab 1956 Soloplatten. Die erste Hitnotierung war »Seven Days« (2/56 US 44), im Herbst 1958 hatte er den Top-10-Erfolg »A Lover's Question«. In der Folgezeit gelangen ihm jede Menge Hits auch in den Popcharts, die jedoch nicht mehr unter die ersten 20 kamen, bis im Frühjahr 1962 »Lover Please« veröffentlicht wurde. Nach 1964 tauchte er nicht mehr in den Popcharts auf. Er starb 1972 nach einem Herzanfall, der auf langen Alkoholmissbrauch zurückgeführt wurde. 1987 wurde er in die Rock and Roll Hall of Fame aufgenommen.

A Lover's Question (10/58 US 6)
Lover Please (3/62 US 7)
Pop, Rhythm & Blues, Soul

McTell, Ralph

RALPH MCTELL v (Großbritannien, * 3. 12. 1944 in Farnbrough/Kent)
1967 hatte Ralph das Lied »Streets Of London« geschrieben und veröffentlicht. Die Platte fand keinerlei Beachtung. Möglich, dass die Briten beschämt weghörten, denn angenehm ist es für sie und speziell für die Londoner sicher nicht. Es erschienen im Laufe der nächsten Jahre weitere Versionen dieses Songs auf verschiedenen Langspielplatten. Im Verkauf rührte sich nichts. Bei öffentlichen Auftritten fanden die Zuhörer – meist Jugendliche, Schüler und Studenten – das Lied ganz toll. Kaufen wollte es kaum einer. Dann nahm Ralph Ende 1974 eine Version auf, die sich von den anderen dadurch unterschied, dass ein schnulziger Chor den Text untermalte – oder sollte man besser sagen: verwässerte, leichter überhörbar machte? Jedenfalls wurde die Platte jetzt plötzlich doch ein Hit. Und obwohl in der Folgezeit noch etliche sehr schöne Platten von Ralph McTell erschienen, blieb »Streets Of London« doch sein einziger Erfolg. Das ist sehr schade, denn der Mann hatte noch viel zu erzählen. In »Streets Of London« rechnete er mit den ewig Unzufriedenen ab, die auf die Frage, wie es ihnen denn geht, stets antworten, es könnte viel besser sein. Und da bietet sich Ralph McTell als Stadtführer an, der diesen vor Selbstmitleid triefenden Mitmenschen einmal die Seiten der Metropole London zeigen möchte, die diese wohl übersehen haben, denn sonst kämen sie zu einem anderen Urteil über ihr eigenes Leben. Tatsache ist natürlich, dass es diese Straßen nicht nur in London, sondern überall auf der Welt gibt. In den 80er Jahren machte er Kinderfernsehen, und wenn er heute gelegentlich auf Tour geht, hat er immer noch sein Publikum. 1997 erschien seine Biografie mit dem Titel »Streets Of London«. Sein erfolgreichstes Album war »Streets« (2/75 GB-LP 13).

Streets Of London (12/74 GB 2; 2/75 D 8)
Folk, Pop

McVie, Christine

CHRISTINE MCVIE v, key (Großbritannien, * 12. 7. 1943 als Christine Perfect in Birmingham)
Die Sängerin, Tastenspielerin und Songschreiberin wurde, als sie in der Bluesgruppe Chicken Shack sang (mit der sie einige gute LPs aufnahm) von den Briten zur besten Bluessängerin gewählt. Einen Hit mit dieser Formation hatte sie mit »I'd Rather Go Blind« (5/69 GB 14). Die zweite Bluesgruppe von Format, die es in den späten 60er Jahren in GB gab, war Fleetwood Mac. Bei einer Plattensession lernte Christine den Bassisten John McVie kennen, den sie wenig später heiratete. Nachdem Peter Green Fleetwood Mac verlassen hatte, stieg Christine im August 1970 dort ein. Es folgten ein paar laue Jahre, bis ihnen 1975 erneut Hits gelangen, darunter die sensationelle LP »Rumours«, die weltweit über 15 Millionen Mal verkauft wurde. Ab 1984 erschien Christine auch mit Soloplatten und hatte im selben Jahr die Top-40-Notierungen »Got A Hold On Me« und »Love Will Show Us How« (4/84 US 30). Im September 1990 wurde bekannt, dass sie sich von Fleetwood Mac getrennt hatte.

Got A Hold On Me (1/84 US 10)
AOR (Adult Orientated Rock), Blues, Pop

Siehe auch: Fleetwood Mac

Mead, Abigail & Nigel Goulding

NIGEL GOULDING (USA), ABIGAIL MEAD (USA)
Abigail Mead ist die Tochter von Stanley Kubrick, Nigel Goulding ist Schauspieler. Diese beiden Interpreten erschienen im Herbst 1987 mit dem Titel »Full Metal Jacket (I Wanna Be Your Drill Instructor)«. Das Lied war der Titelsong des Vietnam-Films von Stanley Kubrick, in dem Nigel auch mitspielte. Der Streifen verfolgte das Schicksal einer Gruppe junger, naiver Marine-Infanteristen vom Ausbildungscamp in den USA bis zum Einsatz während der TET-Offensive 1968 in Vietnam. Für viele Kritiker war »Full Metal Jacket« der beste Antikriegsfilm aller Zeiten. Abigails und Nigels Komposition brachte eine bizarre Verquickung von Kasernenhof-Drill mit Rap- und Dance-Elementen. Besonders die Briten und die Deutschen waren von dem Song angetan.

Full Metal Jacket (I Wanna Be Your Drill Instructor) (9/87 GB 2; 11/87 D 8)
Dance, Pop, Rap

Mead, Sister Janet

SISTER JANET MEAD v (Australien, in Adelaide)
Sister Janet Mead (* 1938) war eine Nonne, die mit ihrer Platte an den weltweiten Erfolg »Dominique« von Soeur Sourire anknüpfte. In Australien war sie durch ihre wöchentliche Rockmesse und Radioprogramme sehr populär. »The Lord's Prayer« erschien im Frühjahr 1974 und wurde ein Millionseller in den USA. Geschmackssache, ob man das Vaterunser wirklich mit Rockmusik unterlegt haben muss. Im Land der zahlreichen Bibelradio- und -fernsehprogramme sicher eher normal als bei uns. In den USA gewann sie für ihren Hit einen Grammy.

The Lord's Prayer (2/74 US 4)
Pop

Meat Loaf

MEAT LOAF v (USA, * 27. 9. 1947 als Marvin Lee Aday in Dallas/Texas)
1967 machte er sich in L.A. einen Namen

in der Formation Meat Loaf Soul, die sich später in Popcorn Blizzard umbenannte. Meat Loaf blieb drei Jahre. Die Band spielte im Vorprogramm von Acts wie The Who, Ted Nugent oder den Winter-Brüdern. Ab Mitte 1970 spielte er in etlichen Musicals mit, zuerst in der L.A.-Produktion von »Hair«, danach 1972 den Buddha in »Rainbow«, 1974 »More Than You Deserve« von Jim Steinman, 1975 »The Rocky Horror Show« – später auch in der Filmversion – und »National Lampoon Road Show« und schließlich 1976 in »Rockabye Hamlet«. Im August 1976 sang er auf Ted Nugents LP »Free For All«. Ein Jahr später erhielt er einen Plattenvertrag und nahm die LP »Bat Out Of Hell« auf. Daraus ausgekoppelt wurde die Nummer »Two Out Of Three Ain't Bad« (3/78 US 11, 8/78 GB 32). Ebenfalls von der LP: »You Took The Words Right Out Of My Mouth« (5/78 GB 33, 7/78 D 22, 1/79 US 39). Seinen ersten Top-10-Erfolg hatte Meat Loaf im Duett mit Cher: »Dead Ringer For Love«. Aber ansonsten gehörte seine Liebe doch eher dem Film. Meat Loaf war noch zu sehen in »Americathon« 1979, »Roadie« 1980, »Out Of Bounds« 1986 und »The Squeeze« 1987. Im Januar 1990 begann er öffentlich eine Crash-Diät. Im Herbst 1993 erschien die CD »Bat Out Of Hell II«. Daraus ausgekoppelt war »I'd Do Anything For Love (But I Won't Do That)«. Danach war der Mann wieder gefragt. Seine alte Plattenfirma Epic veröffentlichte noch einmal »Bat Out Of Hell«. Es folgten »Rock And Roll Dreams Come Through« (1/94 US 13, 2/94 GB 11, D 26) und »Objects In The Rear View Mirror May Appear Closer Than They Are« (5/94 US 38, GB 26). Ende 1995 erschien das Album »Welcome To The Neighbourhood«. Darauf befand sich der Song »I'd Lie For You (And That's The Truth)« (10/95 US 13, D 17). Den Nachfolger »Not A Dry Eye In The House« fanden nur noch die Briten interessant. Ebenfalls von diesem letzten Album stammte »Runnin' For The Red Light (I Gotta Life)« (4/96 GB 21). Seine erfolgreichsten Alben: »Bat Out Of Hell« (10/77 US-LP 14, 3/78 GB-LP 9, 8/78 D-LP 11), »Dead Ringer« (9/81 GB-LP 1, D-LP 8), »Midnight At The Lost And Found« (5/83 GB-LP 7, D-LP 26), »Bad Attitude« (11/84 GB-LP 8, D-LP 24), »Hits Out Of Hell« (1/85 GB-LP 2), »Bat Out Of Hell II – Back Into Hell« (9/93 GB-LP 1, D-LP 1, 10/93 US-LP 1), »Meat Loaf Very Best« (12/93 D-LP 5) und »Welcome To The Neighborhood« (11/95 GB-LP 3, D-LP 10, 12/95 US-LP 17).
Seine bisher letzte Hitnotierung ist »Is Nothing Sacred« (4/99 GB 15).

Dead Ringer For Love (11/81 GB 5)
I'd Do Anything For Love (But I Won't Do That) (9/93 D 1, GB 1, US 1)
Bat Out Of Hell (12/93 GB 8)
Not A Dry Eye In The House (10/95 GB 7)
I'd Lie For You (And That's The Truth) (10/95 GB 2)
AOR (Adult Orientated Rock), Pop

Meco

MECO (USA, *29. 11. 1939 als Meco Monardo in Johnsonburg/Pennsylvania)
Die Spezialität des Musikers und Produzenten Meco war es, aus Filmmusiken Diskohits zu machen. Zumindest einmal ist ihm das auch mit einem enormen Erfolg gelungen: »Star Wars Theme/Cantina Band« erhielt Platin-Status. In den Jahren danach nahm er sich »Close Encounters«, »Wizard Of Oz«, »The Empire Strikes Back«, »Shogun« oder »The Return Of The Jedi« vor. Ein Top-10-Hit gelang ihm nicht mehr. Nach 1983 war seine Hitzeit vorüber. Noch vor seinem ersten großen Erfolg hatte er sich als Koproduzent von »Never Can Say Goodbye«, ein Superhit mit Gloria Gaynor Ende 1974, einen Namen gemacht. Sein erfolgreichstes

Album hieß »Star Wars And Other Galactic Funk« (8/77 US-LP 13).

Star Wars Theme/Cantina Band (8/77 US 1, 10/77 GB 7)
Disko, Instrumental

Medeiros, Glenn

GLENN MEDEIROS v (USA, * 24. 6. 1970 als Glenn Allan in Hawaii)
Glenn hatte das Gesicht, wie es die Teenie-Presse braucht. Er kam erstmals im Frühjahr 1987 in die US-Charts mit dem Titel »Nothing's Gonna Change My Love For You«, der es in den USA auf Platz 12 und anderthalb Jahre später in GB auf Platz 1 brachte. Zusammen mit Bobby Brown nahm Glenn Medeiros im Frühjahr 1990 das Stück »She Ain't Worth It« auf. Ende 1992 sang er zusammen mit Thomas Anders (!) »Standing Alone« und erreichte gerade mal Platz 72 in Deutschland.

Nothing's Gonna Change My Love For You (6/88 GB 1)
She Ain't Worth It (5/90 US 1)
Pop, Soft Pop

Medicine Head

JOHN DAVIES d (Großbritannien), JOHN FIDDLER v, g (Großbritannien, * 25. 9. 1947 in Darlaston/Staffordshire), PETER HOPE-EVANS v, harm (Großbritannien, * 28. 9. 1947 in Brecon/Wales), KEITH RELF v, g, b, harm (Großbritannien, * 22. 3. 1943 in Richmond/Surrey, † 14. 5. 1976), IAN SAINTY b (Großbritannien), ROGER SAUNDERS g (Großbritannien, * 9. 3. 1947), ROB TOWNSEND d (Großbritannien, * 7. 7. 1947 in Leicester)
Die beiden Schulfreunde Fiddler und Hope-Evans gründeten 1968 das Duo Medicine Head. Ihre erste Single erschien 1970 und hieß »His Guiding Hand/This Love Of Old«. Es folgte noch im selben Jahr »Coast To Coast/All For Tomorrow«. Ihre dritte Single wurde der erste Hit: »(And The) Pictures In The Sky« (6/71 GB 22). Ende 1971 verließ Peter das Duo – John machte unter demselben Namen mit Davies und Relf weiter. Im Sommer 1972 kam Peter zurück, die beiden anderen gingen. Im Frühjahr 1973 erschien die Milchmädchenrechnung »One And One Is One«. Nachfolger »Rising Sun« (8/73 GB 11) wurde im Herbst desselben Jahres Top 10 in Deutschland. Nach diesem Erfolg wurde Medicine Head mit Saunders, Sainty und Townsend zum Quintett erweitert, bis sie 1976 wieder auf das Ausgangsduo schrumpften. Es erschien als letzte LP »Two Man Band«, dann trennte sich auch das Duo. Fiddler ging zu British Lions und nahm einige Soloplatten auf, bevor er 1983 zu Box Of Frogs ging. Danach trat er wieder als Solist auf. Hope-Evans spielte mit Townsend und in verschiedenen kurzlebigen Bands. Zwischenzeitlich studierte er Literatur und gab dann Kurse für Erwachsene.

One And One Is One (5/73 GB 3; 7/73 D 2)
Rising Sun (9/73 D 8)
Folk, Pop

Medley, Bill

BILL MEDLEY v (USA, * 19. 9. 1940 in Santa Ana/Kalifornien)
Bill begann seine Karriere mit den Paramours und gründete 1962 zusammen mit Bobby Hatfield das Duo Righteous Brothers. Bill und Bobby nahmen ab 1963 Platten auf und brachten es auf eine respektable Liste von Hits. Sie gelten als eines der erfolgreichsten Blue-Eyed-Soul-Duos neben Hall & Oates. Im November 1967 verließ Bill Medley das Duo, um sich als Solist, Clubbesitzer und Country-Interpret zu versuchen. 1974 kam er noch einmal mit Bobby zusammen und hatte einen

weiteren Top-10-Erfolg mit ihm im Duett. Längere Zeit hörte man von Bill nichts mehr, was sich zum Teil sicher dadurch erklären lässt, dass seine Frau ermordet wurde. Dann sang er im Duett mit Jennifer Warnes den Titel »(I've Had) The Time Of My Life«, der es mit Hilfe des Films »Dirty Dancing« in die Charts brachte. Mit »He Ain't Heavy, He's My Brother« (8/88 GB 25) aus »Rocky III« gelang ein Nachfolger. Ende 1990 wurde die Platte noch einmal in GB veröffentlicht und erreichte wieder die Top 10.

(I've Had) The Time Of My Life (9/87 GB 6, US 1; 12/87 D 5; 12/90 GB 8)
AOR (Adult Orientated Rock), Pop, Soul

Siehe auch: Righteous Brothers

Mel & Kim

MELANIE APPLEBY v (Großbritannien, * 11. 7. 1966 in London; † 18. 1. 1990), KIM APPLEBY v (Großbritannien, * 28. 8. 1961 in London)

Die beiden Schwestern Mel & Kim zählten, bevor sie ihre Gesangskarriere 1986 begannen, zu der Crème de la crème der Londoner Fotomodellszene. Das Produzententeam Stock/Aitken/Waterman schrieb den beiden attraktiven Schwestern eine Reihe von Songs, die sich speziell auf dem Teenie-Markt gut absetzen ließen. »F.L.M.« war die Abkürzung für das, was die meisten gerne haben und tun: Fun, Love und Money. Ihr einziges Erfolgsalbum hieß ebenfalls »F.L.M.« (4/87 GB-LP 3). 1988 musste Mel beim Festival in Montreux mit einem Rollstuhl abtransportiert werden. Als offizielle Begründung wurde ein Bandscheibenvorfall genannt. Später stellte sich heraus, dass Mel an Rückenmarkskrebs litt, der im Januar 1990 zu ihrem Tode führte. Kim nahm später eine Solokarriere auf.

Showing Out (Get Fresh At The Weekend) (9/86 GB 3; 12/86 D 1)
Respectable (3/87 GB 1, D 1)
F.L.M. (7/87 GB 7)
That's The Way It Is (2/88 GB 10)
Disko, Pop

Siehe auch: Appleby, Kim

Mel & Kim

MEL SMITH v (Großbritannien, * 3. 12. 1952), KIM WILDE v (Großbritannien, * 18. 11. 1960 als Smith in Chiswick/London)

Mel Smith und die erfolgreiche Kim Wilde brachten zu Weihnachten 1987 eine Neuauflage des alten Brenda-Lee-Hits »Rockin' Around The Christmas Tree«. Im nachhinein wurde häufiger behauptet, Smith und Wilde hätten sich den Namen der beiden Schwestern Appleby nach dem Tode von Mel Appleby angeeignet. Das ist insofern nicht ganz richtig, als der Hit von Smith und Wilde bereits in den Charts stand, als Mel noch lebte. Im Übrigen gingen alle Tantiemen dieser Platte an die britische Hilfsorganisation Comic Relief, die Bedürftige in GB und in Afrika unterstützt.

Rockin' Around The Christmas Tree (12/87 GB 3)
Pop, Rockabilly

Siehe auch: Wilde, Kim

Mel & Tim

MEL HARDIN v (USA, in Holly Springs/Mississippi), TIM MCPHERSON v (USA, in Holly Springs/Mississippi)

Die beiden Cousins Mel & Tim arbeiteten als Busfahrer in St. Louis und traten nebenher als Soulsänger auf. Ein Produzent hörte ein Demo von ihnen, war davon beeindruckt und nahm sie unter Vertrag. Ende 1969 schafften sie mit dem Titel »Backfield In Motion« einen Platz 10 in den USA, der sich zum Millionseller mauserte. Der Titel spielte mit Football-Bildern und nahm am Schluss eine überraschende Wendung. Als nächste Single erzählten sie 1970 die Geschichte »Good Guys Only Win In The Movies«. Zwei Jahre später gelang ihnen noch einmal ein Hit mit »Starting All Over Again« (7/72 US 19), aber weitere Veröffentlichungen blieben erfolglos. Auch in den Rhythm-&-Blues-Charts wurden sie seit 1974 nicht mehr verzeichnet.

Backfield In Motion (10/69 US 10)
Pop

Melanie

MELANIE v (USA, * 3. 2. 1947 als Melanie Safka in Queens/New York City)
1967 veröffentlichte die Plattenfirma Columbia ihre Nummer »Beautiful People«. Sie wurde ein Flop. Erst nach ihrem Wechsel zu Buddah Records kam der Erfolg. 1969 hatten die Edwin Hawkins Singers mit dem Titel »Oh Happy Day« einen der Hits des Jahres. Zusammen mit diesen Edwin Hawkins Singers, die ebenfalls bei Buddah unter Vertrag waren, ließ man Melanie den Titel »Lay Down (Candles In The Rain)« singen. Danach nahm sie eine Version der Jagger-Richards-Nummer »Ruby Tuesday« auf. Zu ihrem größten Erfolg wurde 1971 das Stück »Brand New Key«. Diese Platte erschien bereits auf dem Label Neighbourhood, das sie kurz zuvor mit ihrem Mann Peter Schekeryk gegründet hatte. Bis weit in die 80er Jahre reicht die Reihe ihrer Plattenveröffentlichungen, die von der Stimme her immer noch so klangen, als wäre sie in ihrer ersten Gesangsunterrichtsstunde und hinter ihr stünde der Lehrer, um ihr bei einem falschen Ton eine Kopfnuss zu geben.
Ihre erfolgreichsten Alben waren »Candles in The Rain« (5/70 US-LP 17, 9/70 GB-LP 5, 3/71 D-LP 33), »Lay Down« (11/70 D-LP 16), »Good Book« (4/71 D-LP 29, 5/71 GB-LP 9) und »Gather Me« (11/71 US-LP 15, 1/72 GB-LP 9). 1993 veröffentlichte sie ein Doppelalbum mit dem Titel »Silver Anniversary«. Darauf Akustikversionen all ihrer großen Hits.1994 trat sie beim 25jährigen Jubiläum in Woodstock auf. Mitte 2000 erschien ein Album, auf dem sie Neueinspielungen alter Titel wie »Brand New Key« oder »Lay Down« zu hören waren.Weitere CDs wurden angekündigt. Die beiden Töchter von Melanie haben eine eigene Gruppe gegründet, die sie Safka nennen.

Lay Down (Candles In The Rain) (4/70 US 6)
Ruby Tuesday (9/70 GB 9; 12/70 D 6)
Brand New Key (10/71 US 1; 1/72 GB 4)
Folk, Pop

Mellencamp, John Cougar

JOHN COUGAR MELLENCAMP v (USA, * 7. 10. 1951 in Seymour/Indiana)
Als John 1979 seine erste Hitnotierung in den US-Charts hatte, war er immerhin schon 28 Jahre alt. Dabei hatte er bereits mit 14 seine erste Gruppe gegründet. Ab 1975 sah er Land, als ihn der Manager von David Bowie unter seine Fittiche nahm und aus John Mellencamp John Cougar machte. Überflüssig, wie sich später herausstellte. Ein weiterer Fehler war, seinen Schützling in einer der beliebt-berüchtigten Schubladen ablegen zu wollen. Sein Kästchen trug die Aufschrift ›jugendlicher Rebell‹ oder ›musikalischer James Dean‹. 1979 kümmerte sich der Manager von Rod Stewart um Mellencamp, und nun kam der erste Erfolg mit »I Need A Lover« (10/79 US 28). »Hurts So Good« und »Jack & Diane« waren im Frühjahr 1982 kurz hintereinander Millionseller für Mellencamp, der sich zu diesem Zeitpunkt immer noch John Cougar nannte. Nach diesen beiden Hits erschienen die Platten als John Cougar Mellencamp. Ab Anfang der 90er Jahre war ›Cougar‹ ganz verschwunden. »R.O.C.K. In The U.S.A.« war eine Verbeugung vor der Musik der 60er Jahre. Im Song ist von

Frankie Lymon die Rede, von Bobby Fuller, Mitch Ryder, Jackie Wilson, den Shangri-Las, den Young Rascals, Martha Reeves und – nicht zu vergessen – James Brown. Kein einziger der großen britischen Künstler der 60er Jahre wird erwähnt. Beatlemania, Rolling Stones oder Mersey-Sound, die zwischen 1964 und 1966 für drei Jahre die US-Popmusik förmlich beherrschten, kommen nicht vor. Damit konnte John Mellencamp offensichtlich wenig anfangen. Im Gegenzug ging es ja später vielen US-Rockerkollegen wie ihm selbst: Sie kriegten kein Füßchen auf die britische Erde. Nach seinem letzten größeren Erfolg mit »Get A Leg Up« (10/91 US 14) trat eine längere Pause ein. Zwischenzeitlich wurde 1994 berichtet, er habe gesundheitliche Probleme. Später stellte sich heraus, dass der Raucher von achtzig Zigaretten pro Tag einen Herzanfall hatte. Noch 1994 erschien die CD »Dance Naked«, aus der »Wild Night« ausgekoppelt wurde – er sang im Duett mit Me'Shell NdegéOcello. Geschrieben wurde »Wild Night« von Van Morrison. 1996 erschien das Album »Mr. Happy Go Lucky«. Eine Singleauskopplung war »Key West Intermezzo (I Saw You First)« (8/96 US 14) – ob ihm die Idee zu dieser Nummer ›on Broadway‹ gekommen ist?

Seine erfolgreichsten Alben waren »John Cougar« (8/79 US-LP 64), »Nothin' Matters And What If It Did« (10/80 US-LP 37), »American Fool« (5/82 US-LP 1), »Uh-Huh« (11/83 US-LP 9), »Scarecrow« (9/85 US-LP 2), »The Lonesome Jubilee« (9/87 US-LP 6), »Big Daddy« (5/89 US-LP 7), »Whatever We Wanted« (10/91 US-LP 17), »Human Wheels« (9/93 US-LP 7), »Dance Naked« (7/94 US-LP 13), »Mr. Happy Go Lucky« (9/96 US-LP 9) und »The Best That I Could Do 1978 – 1988« (12/97 US-LP 33).

Zwischendurch betätigte er sich auch als Schauspieler – so. z. B.1992 in »Falling From Grace«. Darin spielt er einen Country-Musiker, der in seine Heimat Indiana zurückkehrt und wieder ein normales Leben führen will. Auch in »After Image«, »Madison« oder »Lone Star State Of Mind« wirkte er mit.

Im Laufe seiner Karriere war Mellenkamp 11 Mal für einen Grammy nominiert – 1983 erhielt er die Auszeichnung als ›Bester Rocksänger‹ für »Hurts So Good«, 1999 erschien ein Buch mit den Werken des Malers Mellenkamp. Im Jahr 2000 wurde bekannt, dass John Mellencamp zusammen mit dem Bestsellerautor Stephen King an einem Musical arbeitet. 2001 wurde ihm der Billboard Century Award verliehen. Ende 2001 kam mit »Cuttin' Heads« (11/01 US-LP 15) das 16. Studioalbum.

Hurts So Good (4/82 US 2)
Jack & Diane (7/82 US 1)
Crumblin' Down (10/83 US 9)
Pink Houses (12/83 US 8)
Lonely Ol' Night (8/85 US 6)
Small Town (11/85 US 6)
R.O.C.K. In The U.S.A. (2/86 US 2)
Paper In Fire (8/87 US 9)
Cherry Bomb (10/87 US 8)
Wild Night (5/94 US 3)
AOR (Adult Orientated Rock), Pop, Rock

Mellor, Will

WILL MELLOR v (Großbritannien, * 3. 4. 1976 in Stockport)

Will spielte in der britischen TV-Serie »Hollyoaks« auf Channel 4 die Rolle des Jambo. Aufrichtig wurde nach seiner Debütplatte erzählt, er habe Zeit seines Lebens singen wollen und seine Mutter habe Will im Alter von 15 Jahren ein Piano gekauft. Diese drei Komponenten – TV-Rolle, Gesangstrauma und das alte Piano der lieben Mutter – genügten, ihn 1998 die von Carol Bayer Sager und Albert Hammond geschriebene Nummer »When I Need You« auch mal singen zu lassen. Immerhin hatte das Lied Leo Sayer Anfang 1977 einen Spitzenreiter in GB und den USA gebracht – warum soll es nicht wieder ein Hit werden? Es wurde. Nachfolger »No Matter What I Do« (6/98 GB 23) kam schon nicht mehr unter die ersten 10.

When I Need You (2/98 GB 5)
Pop

Mellow Trax

DJ MELLOW-D dj (Deutschland, * 9. 11. 1972 als Christian Scharnweber in Pinneberg)
Im Jahr 1999 entwickelte sich Mellow Trax zu einem der erfolgreichsten Dance-Floor-Acts des Jahres. Auch das Album »Techno Vibes« verkaufte sich ganz ordentlich. »Outa Space« brachte Samples des in den 60er Jahren erfolgreichen Reggae-Interpreten Max Romeo.

Phuture Vibes (2/99 D 9)
Outa Space (9/99 D 10)
Dance

Melvin, Harold & The Blue Notes

JOHN ATKINS v (USA), LAWRENCE BROWN (USA), DAVID EBO v (USA), HAROLD MELVIN v (USA, * 25. 6. 1939 in Philadelphia/Pennsylvania, † 24. 3. 1997), TEDDY PENDERGRASS v, d (USA, * 26. 3. 1950), BERNHARD WILSON (USA)
Die Ursprünge dieser Soul-Gruppe aus Philadelphia gehen zurück bis ins Jahr 1954. Zu diesem Zeitpunkt gründeten sich die Blue Notes. 1956 machten sie ihre ersten Plattenaufnahmen. Bis zum Jahr 1970, als Schlagzeuger Teddy Pendergrass Leadsänger wurde, gab es zahllose personelle Veränderungen in der Gruppe. Erstmals wurde die Formation 1960 mit dem Titel »My Hero« in den Hitparaden notiert. Zu diesem Zeitpunkt nannten sie sich nur noch Blue Notes. Mitte der 60er Jahre gelang ihnen zumindest schon mal ein weiterer Rhythm-&-Blues Hit, ab 1972 – jetzt mit Leadsänger Pendergrass – kam der große Erfolg. »If You Don't Know Me By Now«, später ein Hit für Simply Red, wurde ihr erster Millionseller. »The Love I Lost (Part 1)« schaffte ein Jahr später gleiches. Nachdem Harold Melvin sich weigerte, Teddy Pendergrass im Gruppennamen aufzuführen, verließ dieser die Band. Er wurde durch David Ebo ersetzt, der eine sehr ähnliche Stimme wie Pendergrass hatte. Trotzdem ließ der Erfolg nach. In GB kamen sie mit einem bereits 1975 aufgenommenen Titel, »Don't Leave Me This Way«, noch einmal in die Top 10. Das erfolgreichste Album der Formation war »Wake Up Everybody« (12/75 US-LP 9).
Pendergrass hatte als Solist seinen größten Erfolg mit dem Millionseller »Close The Door« (7/78 US 25). Im März 1982 hatte er einen Autounfall, nach dem er teilweise gelähmt blieb. 1984 nahm er mit dem Frischling Whitney Houston ein Duett auf – war wohl noch etwas zu früh für Whitney. Harold Melvin und die Blue Notes veröffentlichten auch in den 80er Jahren weiter Platten und zogen durch die Lande. Im August 1984 hatten sie ihre letzte Hitnotierung mit »Today's Your Lucky Day« in den GB-Top-75.

If You Don't Know Me By Now (9/72 US 3; 1/73 GB 9)
The Love I Lost (Part 1) (9/73 US 7)
Don't Leave Me This Way (1/77 GB 5)
Phillysound, Rhythm & Blues, Soft Soul

Members Of Mayday

»The Religion« (1/94 D 38), »Rave Olympia« (4/94 D 27), »We Are Different« (11/94 D 13), »The Bells Of Reformation« (4/95 D 17), »Great« (11/95 D 49) und

»The Day X« (4/96 D 47) – alles Titel, die von den Members Of Mayday seit 1994 in die deutsche Hitparade gebracht wurden. »Sonic Empire« schaffte schließlich in die Top 10. Westbam war die treibende Kraft hinter diesem Projekt, das die entsprechenden Maydays aufarbeitete oder schon wieder ankündigte. Wer außer ihm bei den einzelnen Platten mitwirkte, war so wichtig, dass es auf den Platten nicht vermerkt wurde. Gerade die Nummer »Sonic Empire« zeigte wieder einmal deutlich, wer den kleinen Mixern den Weg gewiesen hatte: Kraftwerk! Mit kleinen Pausen kehrten die Mitglieder des Notrufs mit »Save The Robots« (4/98 D 38), »Soundtropolis« (4/99 D 14) und »10IN01« (4/01 D 16, 6/01 GB 31) immer wieder in die Charts zurück.

Sonic Empire (5/97 D 1)
Rave

Men At Work

GREG HAM key, sax, fl (Australien, * 27. 9. 1953), COLIN HAY v (Großbritannien, * 29. 6. 1953 in Ayrshire/Schottland), JOHN REES b, JERRY SPEISER d, RON STRYKERT g (Australien, * 18. 8. 1957)
1979 formierte sich Men At Work in Melbourne. Nacht für Nacht spielten sie im legendären Cricketer's Arms Hotel Pub für ein paar Dollar. Dort wurden sie von einem Mitarbeiter der CBS Australien entdeckt. 1982 erschien ihre Debütsingle »Who Can It Be Now«. Die Nachfolgesingle »Down Under« entwickelte sich zu einem weltweiten Hit. Für 1982 gewannen sie in den USA einen Grammy als beste neue Künstler. Die erfolgreichsten Alben: »Business As Usual« (4/82 D-LP 15, 7/82 US-LP 1, 1/83 GB-LP 1) und »Cargo« (4/83 GB-LP 8, 5/83 US-LP 3, D-LP 7).
1984 verließen Speiser und Rees die Gruppe, 1987 machte Colin Hay, der Kopf der Gruppe, Soloplatten, nachdem er nach 1985 von den Originalmitgliedern alleine übrig geblieben war. 1990 kam er mit der Colin Hay Band. Nachdem man längere Zeit nichts mehr von ihm gehört hatte, erschien Anfang 1998 das Album »Transcendental Highway«, das von den Kritikern wieder überschwänglich gelobt wurde. Das könnte ein deutlicher Hinweis darauf sein, dass es kein Verkaufserfolg wird.

Down Under (4/82 D 9; 11/82 US 1; 1/83 GB 1)
Who Can It Be Now? (7/82 US 1)
Overkill (4/83 US 3)
It's A Mistake (7/83 US 6)
AOR (Adult Orientated Rock), Pop

Men Without Hats

JEREMIE ARROBAS d, syn (Kanada), COLIN DOROSCHUK key (Kanada), STEFAN DOROSCHUK g, vln (Kanada), IVAN DOROSCHUK v, syn (Kanada), ALLAN MCCARTHY key, d (Kanada)
Der Nukleus dieser Gruppe formierte sich im Frühjahr 1980 in Montreal. Die Band zählte schnell zur Avantgarde der kanadischen New-Wave-Szene. Die Ursprünge der Band gehen zurück bis in das Jahr 1976. Die drei Brüder Doroschuk spielten zusammen in der Gruppe Wave 21. 1979 stieg Ivan in eine Punkband in Montreal ein, die Heaven 17 hieß, aber nichts mit der englischen Formation zu tun hatte. Dort konnte er sich jedoch nicht mit seinem eigenen Song-Material durchsetzen und verließ, entnervt wegen solch schwerwiegender Probleme wie die richtige Griffweise für einen G-Dur-Akkord, die Formation. Er gründete Men Without Hats als Ein-Mann-Minimalprojekt, und erst später kamen weitere Musiker, darunter seine Brüder, hinzu. Den größten internationalen Singleerfolg hatte diese Band Mitte 1983 mit »The Safety Dance«. Das erfolgreichste Album war »Rhythm Of Youth« (8/83 US-LP 13, 9/83 D-LP 9).

Danach hörte man sehr lange nichts mehr von ihnen, bis sie 1987 mit dem Titelsong einer neuen LP, die hervorragend gemacht war, zumindest in den USA einen Top-20-Hit hatten: »Pop Goes The World«. 1995 starb McCarthy an Aids.

The Safety Dance (6/83 US 3; 8/83 D 2, GB 6)
AOR (Adult Orientated Rock), New Wave, Rock

Mendes, Sergio

SERGIO MENDES v, p (Brasilien, * 11. 2. 1941 in Niteroi)
Sergio gehört zu den Pionieren des Bossa Nova. International bekannt wurde er mit der Formation Sergio Mendes & Brasil '66. 1966 gelang ihm mit »Mas Que Nada« sein erster Pop-Erfolg in den USA. »The Look Of Love« aus dem Film »Casino Royal« und eine Coverversion des Lennon-McCartney-Titels »The Fool On The Hill« waren 1968 zwei Top-10-Erfolge für Mendes. Danach verflachte die Musik der Formation noch mehr, als sie es sowieso schon war, und sie tauchte nicht mehr in den Hitparaden auf. Ab 1983 kam Mendes als Solist und war mit »Never Gonna Let You Go« erfolgreich. Alle seine frühen Platten veröffentlichte Mendes auf dem Plattenlabel A&M, dessen Mitbesitzer Herb Alpert war. Der hatte das Brazil-'66-Mitglied Leni Hall geheiratet, was Sergio und seiner Truppe sicher geholfen hat. 1992 veröffentlichte Mendes die CD »Brasileiro«. Darauf zu hören eine Mixtur aus Samba, Reggae, Funk, Rap und traditioneller brasilianischer Volksmusik. Mendes wollte mit dieser Platte ›World Beat‹ schaffen. Die Nummer »Mas Que Nada« kam 1998 zur Fußball-WM in Frankreich wieder zu Ehren. Die Sportartikelfirma Nike unterlegte einen Werbespot mit diesem Titel, der daraufhin mit Sergio und etlichen Coverversionen wiederveröffentlicht wurde.
Seine erfolgreichsten Alben: »Sergio Mendes & Brasil '66« (9/66 US-LP 7), »Look Around« (3/68 US-LP 5) und »Fool On The Hill« (12/68 US-LP 3).

The Look Of Love (5/68 US 4)
The Fool On The Hill (8/68 US 6)
Never Gonna Let You Go (4/83 US 4)
Pop

Menswear

STUART BLACK b (Großbritannien), JOHNNY DEAN v (Großbritannien), MATT EVERETT d (Großbritannien), CHRIS GENTRY g (Großbritannien), SIMON WHITE g (Großbritannien)
In Camden/London kam das Quintett 1994 zusammen. Nach nur drei Auftritten in dem berüchtigten Good Mixer Pub erhielten sie einen Plattenvertrag. »I'll Manage Somehow« (4/95 GB 49) brachte die erste Hitnotierung. Es folgten »Daydreamer« (7/95 GB 14), »Stardust« (9/95 GB 16), und »Sleeping In« (12/95 GB 24). »Being Brave« wurde schließlich ihr einziger Top-10-Hit. Als »We Love You« (9/96 GB 22) in die Charts kam, war Schlagzeuger Everitt schon ausgestiegen. Produzent dieser Formation war Altmeister Gus Dudgeon. Ihr erfolgreichstes Album war »Nuisance« (10/95 GB-LP 11). Nach schweren Alkohol- und Drogenproblemen und Schwierigkeiten mit dem Management löste sich die Formation Ende der 90er Jahre auf. Alle Mitglieder von Menswear versuchten sich weiterhin im Musikgeschäft – ohne großes Aufsehen zu erregen.

Being Brave (3/96 GB 10)
Pop

Mental As Anything

WAYNE DELISLE d (Australien), REG MOMBASA v, g (Neuseeland, als Chris O'Doher-

ty), PETER O'DOHERTY v, g, b (Australien), MARTIN PLAZA v, g (Australien, als Murphy), GREEDY SMITH v, key, harm (Australien, als Andrew)
Ende der 70er Jahre machte diese Band ihre erste Single, »The Nips Are Getting Harder«. Ihre erste LP, »Get Wet«, erreichte in Australien Goldstatus. Album Nummer 2 war »Espresso Bongo« 1980, und ein Jahr später kam die mit Platin ausgezeichnete LP »Cats And Dogs« heraus. 1982 gingen sie mit Men At Work auf Amerika-Tournee. Danach erschien die LP »Creatures Of Leisure«. 1985 sah man sich nach einem neuen Produzenten um und fand ihn in Richard Gottehrer, der bereits 1965 mit seiner Gruppe Strangeloves und »I Want Candy« von sich reden gemacht hatte. International aufmerksam wurde man auf Mental As Anything, als der CBS-Konzern im Jahre 1988 eine Kampagne für australischen Rock machte. Gruppen wie Midnight Oil, Party Boys, Noiseworks, Ba Ba Nee oder Mental As Anything wurden weltweit promotet. Anfang 1987 hatte diese Formation mit »Live It Up«, einer Platte, die man eher vom holländischen Pop gewohnt war, Erfolg. Musikalisch war die Gruppe nie richtig zu fassen, was vielleicht daran lag, dass sie zu viele verschiedene Musikstile kombinieren wollte, wie z. B. Rockabilly, Rock und Rhythm & Blues.

Live It Up (2/87 GB 3; 4/87 D 6)
Pop

Merchant, Natalie

NATALIE MERCHANT v (USA, *26. 10. 1963 in Jamestown/New York)
1981 war Natalie bei der Gründung der Formation 10,000 Maniacs dabei. Bei dieser Folk-Rockband war sie Leadsängerin und schrieb die Texte. Der größte Erfolg dieser Formation war »Because The Night« (11/93 US 11). Es handelte sich dabei um eine Live-Aufnahme von ihrem »MTV Unplugged«-Album (11/93 US-LP 13, GB-LP 40), das auch ihre erfolgreichste LP war. Im August 1993 verließ Natalie die Gruppe und wurde durch Mary Ramse ersetzt. Mitte 1995 erschien mit »Tigerlily« (7/95 US-LP 13) ihr erstes Soloalbum. Darauf auch »Carnival«, »Wonder« (12/95 US 20) und »Jealousy« (6/96 US 23). Ihr nächster Erfolg in den LP-Charts: »Ophelia« (6/98 US-LP 8).

Carnival (8/95 US 10)
Pop

Mercury, Freddie

FREDDIE MERCURY v, p (Sansibar, *5. 9. 1946 als Faroukh Bulsara, †24. 11. 1991)
Mitte der 40er Jahre wanderten Jer und Bomi Bulsara, Mitglieder der Religionsgemeinschaft der Parsen, von Bombay nach Sansibar aus. Dort wurde 1946 ihr Sohn Faroukh geboren. Der Vater, geboren in Bulsara in der indischen Provinz Gujarat, war zu diesem Zeitpunkt Mitarbeiter der britischen Verwaltung. Den größten Teil seiner Schulzeit verbrachte Faroukh in dem Internat St. Peters in der Nähe von Bombay, Indien. Schon dort spielte er in der Schulband The Hectics. 1963 zogen die Bulsaras in den Londoner Vorort Feltham. Auch in GB versuchte sich Freddie – wie sich Faroukh inzwischen nannte – als Sänger, Pianist und Songschreiber. Er begann seine Karriere 1969 in den Gruppen Ibex und Wreckage. 1970 war er Mitglied bei Sour Milk Sea. 1971 kam es zur Gründung von Queen, die sich zu einer der erfolgreichsten und beständigsten Gruppen der 70er und 80er Jahre entwickelte. 1972 jedoch war sich Freddie nicht so sicher, ob die Band erfolgreich werden würde – also versuchte er sich als Solist mit einer Neuaufnahme des Beach-Boys-Hits »I Can Hear Music« unter dem Pseudonym

Larry Lurex. Die B-Seite der Single hieß »Goin' Back« – auf beiden Titeln spielen Roger Taylor und Brian May – seine Queen-Kumpels – mit. Die Platte erschien am 29. 7. 1973, zwei Wochen vor der Veröffentlichung des ersten Queen-Albums, und verschwand in der Versenkung. Freddie machte auch später nebenher Soloplatten. Mit »Love Kills« – in Anbetracht der Tatsache, dass er an Aids sterben sollte, ein makabrer Titel – hatte er im Herbst 1984 seine erste Hitnotierung und gleich einen Top-10-Erfolg in GB. Die Nummer stammte aus dem Giorgio-Moroder-Soundtrack zu dem Film »Metropolis«. »The Great Pretender« war eine pompöse Coverversion des Platters-Hits. Zusammen mit der Opernsängerin Montserrat Caballé (* 12. 4. 1933) veröffentlichte er 1987 die Nummer »Barcelona«. Als dann 1992 die Olympischen Spiele in Barcelona stattfanden, erschien die Platte noch einmal und erreichte diesmal Platz 2, Im November 1991 starb Freddie Mercury an Aids, einen Tag nachdem er bekannt gemacht hatte, dass er an dieser Krankheit litt. HIV-positiv getestet war er bereits 1987. Freddie war eine der schillerndsten Persönlichkeiten im Showgeschäft, und bei mancher Plattenveröffentlichung, nicht nur bei »Love Kills«, muss man heute im Rückblick vermuten, dass damit Signale gesetzt wurden: »Who Wants To Live Forever«, »Friends Will Be Friends«, »The Show Must Go On« oder »These Are The Days Of Our Lives«. 1992 fand im Wembley-Stadion in London das Freddie-Mercury-Aids-Benefit-Konzert statt. Neben den drei überlebenden Mitgliedern der Gruppe Queen traten George Michael, David Bowie, Annie Lennox, Liza Minelli, Lisa Stansfiel, Axl Rose und Elton John auf. Einer der Mitwirkenden, George Michael, sagte bei diesem Anlass: ›Ich glaube, viele Leute – und nicht nur die, die etwas gegen Schwule haben – trösten sich mit der Tatsache, dass Freddie zwar an Aids starb, aber bisexuell war. Das ist ein sehr, sehr gefährlicher Trost. Man schätzt, dass im Jahr 2000 vierzig Millionen Menschen auf diesem Planeten mit HIV infiziert sein werden, und wenn Sie glauben, dass all diese Menschen schwul oder drogenabhängig sind, dann werden Sie wahrscheinlich auch dazu gehören. Also bitte, um Gottes willen und um Freddies willen, vor allem aber um Ihretwillen, seien Sie vorsichtig.‹ Im Dezember 1992 kam Mercurys Single »In My Defence« in die britischen Charts, im Sommer 1993 »Living On My Own«.

Die erfolgreichsten Soloalben: »Mr. Bad Guy« (5/85 GB-LP 3, 5/85 D-LP 11) und »The Freddie Mercury Album« (11/92 GB-LP 4, 11/92 D-LP 3). Das letzte Album von Queen, an dem Mercury mitgearbeitet hat, war »Made In Heaven«. Freddie hatte verfügt, dass diese Platte erst 4 Jahre nach seim Tod veröffentlicht werden darf – so geschah es auch. 1999 wurde Freddie in GB mit der Herausgabe einer 19p-Briefmarke geehrt. Zu Weihnachten 2000 erschien eine Dreier-CD-Box von Freddie Mercury mit dem Titel »Solo«. Enthalten waren seine Alben »Mr Bad Guy« und »Barcelona« und eine Bonus-CD mit Hits und Raritäten. Für diejenigen, denen das nicht reichte, gab es eine erweiterte Box, bestehend aus 10 CDs und 2 DVDs.

Love Kills (9/84 GB 10)
The Great Pretender (3/87 GB 4)
Barcelona (11/87 GB 8; 8/92 GB 2)
In My Defence (12/92 GB 8)
Living On My Own (Remix) (7/93 D 2, GB 1)
Glitter-(Glam)-Rock, Pop, Rock

Siehe auch: Queen

Mercy

RONNIE CAUDELL g (USA), RODGER FUENTES d (USA), BUDDY GOODE b (USA), DEBBIE LEWIS org (USA), JAMIE MARVELL g (USA), BRENDA MCNISH p (USA), JACK JR. SIGLER g (USA, in Tampa/Florida)

Mercy wurde Mitte der 60er Jahre in Florida von Sigler mit Freunden aus der High-School gegründet. Zunächst spielten sie bei örtlichen Tanzveranstaltungen, und nach einigen Umbesetzungen kam es 1968 zu der oben genannten Line-up. Mit dem von Sigler geschriebenen Stück »Love (Can Make You Happy)« hatte die Gruppe in den USA einen Millionseller. Ein weiterer Top-40-Hit gelang ihnen nicht mehr. Nach der LP-Veröffentlichung »The Mercy & Love (Can Make You Happy)« (6/69 US-LP 38) trennten sie sich, da der kommerzielle Erfolg ausblieb.

Love (Can Make You Happy) (4/69 US 2)
Pop

Merseybeats

JOHN BANKS d (Großbritannien, * 23. 9. 1943 in Liverpool), TONY CRANE v, g (Großbritannien, in Liverpool), BOB GARNER v, b (Großbritannien, in Liverpool), JONNY GUSTAFSON v, b (Großbritannien, in Liverpool), BILLY KINSLEY v, b (Großbritannien, in Liverpool), AARON WILLIAMS g (Großbritannien, in Liverpool)
Diese Band aus Liverpool gehört zum Besten, was in der Merseybeat-Ära hochkam. Während ihre Singles meist langsame, romantische Nummern waren, brachten die EPs und Alben rockige Aufnahmen. Tony Crane und Billy Kinsley hatten zusammen bei den Mavericks gespielt. Sie waren dann die Gründer der Merseybeats, und mit der Aufnahme »It's Love That Really Counts« hatten sie im Herbst 1963 ihren ersten Hit in den britischen Charts. Im Frühjahr 1964 kam »I Think Of You«. In der Sendung ›Juke Box Jury‹ war diese Nummer den Beatles vorgespielt worden, und die hatten sich sehr lobend darüber geäußert. Bill Kinsley verließ unerwartet die Gruppe und wurde durch Bob Garner ersetzt. Für den kam 1967 von den Big Three Johnny Gustafson. Garner wurde Mitglied bei Creation. Die Merseybeats sollten noch fünf weitere Hits in den GB-Charts schaffen. Ihr erfolgreichstes Album war »The Merseybeats« (6/64 GB-LP 12).
Billy Kinsley kam auch wieder zurück in die Gruppe, trotzdem kündigte die Band im Januar 1966 an, sie werde sich trennen. Banks und Gustafson machten das Duo John & Johnny. Crane und Kinsley wurden die Merseys. Jahre später aktivierte Crane im Zuge der Oldie-Revivals die Merseybeats mit wechselnden Musikern und trat bis in die 90er Jahre auf.

I Think Of You (1/64 GB 5)
Merseybeat

Siehe auch: Merseys

Merseys

TONY CRANE v, g (Großbritannien, in Liverpool), BILLY KINSLEY v, b (Großbritannien, in Liverpool)
Nachdem die Merseybeats sich im Januar 1966 getrennt hatten, machten Tony und Billy als Merseys weiter. Mit der Coverversion des McCoys-Titels »Sorrow« gelang ihnen im 1966 ihr einziger Top-10-Hit. Mit ihnen spielte auf der Platte eine andere Gruppe aus Liverpool, die Fruit Eating Bears. Crane und Kinsley blieben für etliche Jahre zusammen. In den 70er Jahren trennten sie sich, und Crane gründete eine eigene nach ihm benannte Formation. Kinsley wurde erfolgreich mit der Formation Liverpool Express: »You Are My Love« (6/76 GB 11).

Sorrow (4/66 GB 4)
Merseybeat

Siehe auch: Merseybeats

Metallica

CLIFFORD LEE BURTON b (USA, * 10. 2. 1962, † 27. 9. 1986), KIRK HAMMETT g (USA, * 18. 11. 1962 in San Francisco), JAMES ALAN HETFIELD v, g (USA, * 3. 8.

1963 in Los Angeles/Kalifornien), DAVE MUSTAINE g (USA, * 13. 9. 1961 in La Mesa/Kalifornien), JASON NEWSTED b (USA, * 4. 3. 1963 in Battles Creek/ Michigan), LARS ULRICH d (Dänemark, * 26. 12. 1963 in Kopenhagen)

Die Trash-und-Speedmetal-Band Metallica wurde 1981 in Los Angeles gegründet. Gründungsmitglied Dave Mustaine verließ die Gruppe 1982 und wurde durch Kirk Hammett ersetzt. Dave wurde Kopf der Formation Megadeth. Bassist Cliff Burton starb bei einem Busunglück. Für ihn kam Jason Newsted. Ihre erste Hitnotierung hatte die Gruppe mit »The $ 5.98 E.P. – Garage Days Revisited« (8/87 GB 27). In ihrer Heimat USA schafften sie mit »One« (2/89 US 35, 4/89 GB 13) einen Millionseller. Mitte 1991 erschien die Single »Enter Sandman«, die sich in den USA wieder zum Millionseller entwickelte. Von ihrer musikalischen Richtung, die sie in den Anfangstagen eingeschlagen hatten, merkte man schon zum Ende der 80er Jahre wenig. Die Gruppe legte die Trash-und Speedmetal-Attitüden mehr und mehr ab – und wurde damit auch für die Pophitparaden interessanter.

Ihre Alben waren ab 1984 überaus erfolgreich und erreichten alle zumindest einfach Platin: »Ride The Lightning« (9/84 US-LP 100), »Master Of Puppets« (3/86 US-LP 29, D-LP 31), »Kill 'Em All« (2/88 US-LP 120), »... And Justice For All« (9/88 US-LP 6, GB-LP 4, D-LP 5), »Metallica« (8/91 US-LP 1, GB-LP 1, D-LP 1), »Load« (6/96 US-LP 1, GB-LP 1, D-LP 1), »Reload« (11/97 GB-LP 4, 12/97 US-LP 1, D-LP 1), »Garage Inc.« (12/98 D-LP 1, GB-LP 29, US-LP 2) – die Platte stieg am 7. 12. 1998 gleich auf Platz 1 der deutschen Charts ein – und »S&M« (12/99 D-LP 1, US-LP 2) – auch dieses Album belegte auf Anhieb Platz 1 in Deutschland: am 6.12. »S&M« stand für ›Symphony & Metallica‹. Es handelte sich bei dieser Platte um ein Doppel-Live-Album, das die Gruppe mit dem San Francisco Symphony Orchestra unter der Leitung von Michael Kamen eingespielt hatte. »S&M« brachte 2 Stunden und 20 Minuten Musik.

Als nächster Hit folgte »I Disappear« (6/00 D 14, 8/00 GB 35) aus dem Film »Mission: Impossible 2«.

Enter Sandman (8/91 D 9, GB 5)
Nothing Else Matters (5/92 D 9, GB 6; 12/99 D 2)
Until It Sleeps (6/96 GB 5, US 10)
AOR (Adult Orientated Rock), Heavy Metal

Method Man

METHOD MAN rap (USA, * 1. 4. 1971 als Clifford Smith in Staten Island/New York City)

Method Man begann seine Karriere als Mitglied des Wu-Tang Clan. Diese Formation hatte im Jahr 1993 das Album »Enter The Wu-Tang (36 Chambers)« veröffentlicht und es damit zum Millionseller gebracht. Ein weiteres Pseudonym von Clifford Smith war Johnny Blaze. 1994 brachte er sein Soloalbum »Tical« (12/94 US-LP 4), das ebenfalls ein Millionseller wurde und das Prince Rakeem, ein Kollege vom Wu-Tang Clan, produziert hatte. »Bring The Pain« (11/94 US 45) war die erste Hitnotierung von Method Man. Mitsängerin bei dem Titel »I'll Be There For You/You're All I Need To Get By«, in den Teile von Ashford und Simpsons »You're All I Need To Get By« eingearbeitet waren, war Mary J. Blige. Sein nächstes Erfolgsalbum hieß »Blackout!« (10/99 US-LP 3) zusammen mit Redman. Mit ihm zusammen kam auch die Single »Part II« (2/02 D 23).

I'll Be There For You/You're All I Need To Get By (5/95 US 3; 7/95 GB 10)
Rap

Siehe auch: Monstars

MFSB

Diese Abkürzung steht für Mothers, Fathers, Sisters and Brothers. Die Mitgliederzahl variierte stets und kam zusammen, wie sie halt für Aufnahmen der Plattenfirma Philadelphia International Records benötigt wurde. So spielten sie mit auf Platten von Billy Paul, den O'Jays oder auch Laura Nyro. Kenny Gamble und Leon Huff, die beiden erfolgreichen Produzenten und Songschreiber, hatten diese Gruppe als reines Studioprojekt zusammengestellt. Dieselben Musiker machten auch Platten als James Boys – unter diesem Namen hatten sie den Hot-100-Hit »The Mule« –, Music Makers – Ende 1967 ein Top-100-Hit mit »United Part 1« – oder Family. Die Gamble-Huff-Komposition »TSOP (The Sound Of Philadelphia)« wurde Millionseller. Zusätzlich zu den Studiomusikern war noch die Gruppe Three Degrees zu hören, ebenfalls ein Act der Firma Philadelphia International. Ihr erfolgreichstes Album: »Love Is The Message« (1/74 US-LP 4).

TSOP (The Sound Of Philadelphia) (3/74 US 1; 5/74 D 5)
Instrumental, Phillysound

Michael, George

GEORGE MICHAEL v (Großbritannien, * 25. 6. 1963 als Georgios Kyriako Panayiotou in Finchley/London)
Ende 1986 kündigte George Michael an, das Duo Wham! aufzulösen. George hatte schon vorab zwei Singles im Alleingang veröffentlicht: »Careless Whisper« und »A Different Corner«. »I Knew You Were Waiting (For Me)« sang er im Duett mit Aretha Franklin und »Don't Let The Sun Go Down On Me« mit Elton John. George Michael, der sich die meisten seiner Hits im Alleingang selbst geschrieben hat, dürfte inzwischen zu den reichsten Männern des britischen Königreiches gehören. Im Frühjahr 1993 kam die EP »Five Live« auf den Markt, die in GB sofort auf Platz 1 schoss. Hier waren außer George die überlebenden Mitglieder der Gruppe Queen und Lisa Stansfield zu hören. Der Erlös aus den Verkäufen dieser Platte kommt dem Mercury Phoenix Trust zugute, einer Aids-Hilfsorganisation. 1993 hatte George Schwierigkeiten mit seiner Plattenfirma CBS. Es ging um angeblich noch ausstehende Tantiemen. Er wollte aus dem bestehenden Vertrag aussteigen und versuchte, das gerichtlich durchzusetzen. Den Prozess verlor er 1994 und musste auch die Kosten tragen, die auf 4 Millionen Pfund geschätzt wurden. Seither war eine Zeit lang unklar, wann und bei welcher Plattenfirma neue Platten von ihm erscheinen würden, denn sein Vertrag mit Sony wäre bis in das Jahr 2003 gegangen. Am 13. Juli 1995 verkündete Sony, dass sie George Michael freigeben. Dafür verlangte Sony geschätzte 40 Millionen Dollar plus 3 % von den Einnahmen seiner nächsten beiden Alben, seines Back-Kataloges und eines Greatest-Hits-Albums. Kein schlechtes Geschäft für Sony! 1996 erschien dann bei Virgin Records ein neues Album mit dem Titel »Older«. Darauf »Jesus To A Child«, »Fastlove« und »Spinning Wheel«, die weltweit erfolgreich waren. Und noch einmal von diesem Album: »The Older E.P.«, auf der neben dem Titelsong dieser LP zwei weitere neue Titel zu hören waren, nämlich »I Can't Make You Love Me« und »The Strangest Thing (Live)«. Außerdem vom »Red Hot And Rio«-Album ein Duett mit Astrud Gilberto. Die beiden sangen »Desafinado«. Eine weitere EP war »You Have Been Loved«, die sicher nur deshalb nicht bis auf Platz 1 kam, weil »Candle In The Wind 97« von Elton John genau den belegte. »You Have Been Loved« war ein Song, den George seiner kurz zuvor verstorbenen Mutter widmete. 1998 kam – auch das ein Teil der Vereinbarung mit So-

ny – ein neues Album von George mit seinen größten Hits und drei neuen Titeln: »Ladies & Gentlemen: The Best Of George Michael«. Der Singlehit »Outside« stammte von dieser Hitkoppelung. »As« sang er im Duett mit Mary J. Blige, »If I Told You That« im Duett mit Whitney Houston.

Seine erfolgreichsten Soloalben: »Faith« (11/87 GB-LP 1, US-LP 1, D-LP 3), »Listen Without Prejudice Volume 1« (9/90 GB-LP 1, US-LP 2, D-LP 7), »Older« (5/96 GB-LP 1, D-LP 3, 6/96 US-LP 6) und »Ladies & Gentlemen: The Best Of George Michael« (11/98 GB-LP 1, D-LP 3).

Im Februar 2000 veröffentlichte die Plattenfirma von George folgende Pressemitteilung: ›Nachdem George Michael die Episode seiner Verhaftung in einer öffentlichen Toilette in Beverly Hills im April '98 auf genial-ironische Art im Video der Single »Outside« aufgriff, klagte der in die Sache involvierte Polizist, Marcelo Rodriguez, prompt gegen George Michael. Rodriguez sah sich in seiner Person und Funktion beleidigt und wollte Schadensersatz. Diese Klage wurde jetzt, am 14. Februar, vom zuständigen Bezirksgericht in Kalifornien abgewiesen. Der Richter sprach George Michael und sein Video von jeglicher Schuld frei. Dies ist auch insgesamt als ein Präzedenzfall zu werten für die Freiheit von Kunst und jeder ihrer Darstellungsformen!‹

2002 wechselte Michael zur Plattenfirma Polydor. Als erstes Album erschien am 4. 3. 2002 »Freeek«.

Careless Whisper (8/84 GB 1, D 3; 12/84 US 1)
Everything She Wants (3/85 US 1)
Freedom (7/85 US 3; 10/90 US 8)
I'm Your Man (11/85 US 3; 10/90 US 8)
A Different Corner (4/86 GB 1, US 7, D 7)
The Edge Of Heaven (7/86 US 10)
I Knew You Were Waiting (For Me) (1/87 D 5, GB 1, US 1)
I Want Your Sex (6/87 GB 3, D 3, US 2)
Faith (10/87 GB 2, US 1, D 5)
Father Figure (1/88 US 1)
One More Try (4/88 US 1, GB 8)
Monkey (7/88 US 1)
Kissing A Fool (10/88 US 5)
Heaven Help Me (2/89 US 5)
Praying For Time (8/90 GB 6, US 1)
Don't Let The Sun Go Down On Me (12/91 GB 1, US 1, D 4)
Too Funky (6/92 US 10, GB 4)
Five Live (EP) (5/93 GB 1)
Jesus To A Child (1/96 GB 1; 2/96 US 7)
Fastlove (5/96 US 8, GB 1)
Spinning The Wheel (8/96 GB 2)
Older/I Can't Make You Love Me (2/97 GB 3)
Star People '97 (5/97 GB 2)
You Have Been Loved (9/97 GB 2)
Outside (10/98 GB 2)
As (3/99 GB 4)
If I Told You That (6/00 GB 9)
Freeek! (3/02 GB 7; 4/02 D 7)
AOR (Adult Orientated Rock), Pop

Siehe auch: Wham!

Michaels, Lee

LEE MICHAELS v, key (USA, * 24. 11. 1945 in Los Angeles/Kalifornien)

Der Sänger, Tastenspieler und Songschreiber begann 1965 mit den Sentinels. Danach spielte er in der Joel Scott Hill Group. Ab 1968 kam er als Solist und hatte seinen größten Erfolg mit dem Stück »Do You Know What I Mean«. Ein weiterer Hit ist Lee Michaels, der alle Voraussetzungen für einen Superstar hatte, nicht gelungen. Viele Jahre später hat er zugegeben, dass ihm seine eigene Faulheit im Weg gestanden hätte. Wenn er Platten abzuliefern hatte, wollte er einfach nur schnell fertig sein, egal, wie das Ergebnis aussah, anstatt immer zu versuchen, gute Platten abzuliefern. Wenn er sich zusammennahm, war das Ergebnis hingegen beeindruckend. Sein erfolgreichstes Album war »5th« (6/71 US-LP 16).

Do You Know What I Mean (7/71 US 6)
AOR (Adult Orientated Rock), Rock

Michel, Pras

PRAS MICHEL rap (Haiti, * 19. 10. 1972 als Samuel Prakazrel)

Pras, Gründungsmitglied der Fugees, erlaubte sich, wie die anderen Mitspieler auch, Soloausflüge. Das Stück »Ghetto Supastar That Is What You Are« (6/98 US 15) basierte auf dem Titel »Islands In The Stream«, einst ein Hit für Kenny Rogers und Dolly Parton und eine Komposition der Gebrüder Gibb. Außerdem wurde noch ein Sample aus »Get Up, Get Into, Get Involved« verbraten. Als Unterstützung für seine Version nahm sich Pras vom Wu-Tang Clan O'l Dirty Bastard und die Nachwuchssängerin Mya. Der Titel stammte aus dem Film »Bulworth« – das trug sicher auch noch dazu bei, daraus einen Hit zu machen. Auch am Nachfolgehit »Blue Angels« hatte mit Barry Gibb einer der Bee Gees mitgeschrieben. Im Original hieß die Nummer »Grease« und war 1978 ein Hit für Frankie Vallie. Als Gast von Wyclef Jean, der zur Nummer »Another One Bites The Dust« von Queen rappte, hatte Pras einen weiteren Hit.

Ghetto Supastar That Is What You Are (6/98 D 1, GB 2)
Another One Bites The Dust – Queen/Wyclef Jean feat. Pras & Free (11/98 GB 5)
Blue Angels (11/98 GB 5)
HipHop, Rap

Siehe auch: Hill, Lauryn; Jean, Wyclef; Fugees; Queen

Michel'le

MICHEL'LE v (USA, als Michel'le Toussant in Los Angeles/Kalifornien)

Michel'le startete ihre Karriere als Hintergrundsängerin der World Class Wreckin Cru. Der Produzent Dr. Dre entdeckte das Stimmwunder und nahm mit ihr das Debütalbum »Michel'le« (1/90 US-LP 35) auf. Daraus ausgekoppelt wurde die HipHop-Nummer »No More Lies«. Die meisten Titel der LP hatte sie zumindest mitgeschrieben. Die Texte drückten, wie es die Plattenfirma sagt, ›das Selbstverständnis der unabhängigen Frauen der 90er‹ aus. Mit »Nicety« (4/90 US 29) und »Something In My Heart« (1/91 US 31) folgten noch zwei kleinere Hits.

No More Lies (11/89 US 7)
Pop, Rhythm & Blues

Michell, Keith

KEITH MICHELL v (Australien, * 1. 12. 1926 in Adelaide)

Der Schauspieler und Sänger Keith Michell hatte Anfang der 70er Jahre eine erste Hitnotierung in den GB-Charts, aber erst »Captain Beaky/Wilfred The Weasel« brachte ihm im Januar 1980 seinen einzigen Top-10-Erfolg. Seine erfolgreichste Rolle als Schauspieler hatte er in der TV-Serie ›The Six Wives Of Henry VIII.‹, in der er Henry VIII spielte. Hierfür erhielt er 1972 einen Emmy Award.

Captain Beaky/Wilfred The Weasel (1/80 GB 5)
Pop

Micky

MICKY v (Spanien, als Miguel-Angel Carreno Smelta)

Mit einem Titel, den offensichtlich viele deutsche Fräuleins aus ihrem Spanien-Urlaub mitbrachten, hatte Micky seinen einzigen Hit: »Bye-Bye Fräulein«. Die sehr schnulzige Nummer »The Mouth Organ Boy (El Chico De La Armonica)« hatte Micky schon einmal eine Platte in Deutschland beschert, die sich jedoch trotz der eingängigen Melodie nicht durchsetzen konnte. Lediglich die deutsche Version des Titels, »Der Junge mit der Mundharmonika«, wurde mit Bernd Clüver im Frühjahr 1973 Spitzenreiter in der deutschen Hitparade. Alle Stücke von Micky wurden von

Fernando Arbex sowohl geschrieben als auch produziert, der u. a. einige Hits für Middle Of The Road schrieb. 1977 vertrat Micky Spanien beim Grand Prix Eurovision in London mit der Nummer »Ensename A Cantar«. Er belegte Platz 9.

Bye-Bye Fräulein (8/76 D 9)
Grand Prix, Schlager

Middle Of The Road

KEN ANDREWS key, d (Großbritannien, * 28. 8. 1942 in Glasgow), SALLY CARR v (Großbritannien, * 28. 3. 1945 in Glasgow), NEIL HENDERSON g (Großbritannien, * 11. 2. 1953 in Glasgow), ERIC LEWIS CAMPBELL b (Großbritannien, * 17. 6. 1947 als Eric McCredie in Glasgow), IAN LEWIS CAMPBELL g (Großbritannien, * 15. 7. 1946 als Ian McCredie in Glasgow)
Diese schottische Gruppe machte musikalisch ihrem Namen alle Ehre. Am 1. 4. 1969 wurde in Schottland ein mittelalterliches Gesetz aufgehoben: Es durfte jetzt auch sonntags nachmittags Bier getrunken werden. Aus diesem Anlass feierte das ganze Land ein Fest – so auch in Glasgow. Dort stand in einem Hotel die Gruppe Electrons auf der Bühne und mühte sich ab, die schickeren Schotten chic zu unterhalten. Die schon etwas angeschickerte Friseuse Sally Carr stellte sich zu den Amateurmusikern auf die Bühne und sang mit. Die Musiker waren begeistert, und im April des darauffolgenden Jahres wechselten alle gemeinsam ins Profilager über. Eine schöne Geschichte, die nach Verfilmung schreit, aber es kommt noch besser, und irgendwann stellt sich die Frage, soll Herr Wenders oder Frau Orlowski Regie führen. Ein erstes Engagement gibt es für die Band auf dem italienischen Kreuzfahrtschiff Orzona – und schon ist man in der Karibik. Zurück in Genua ist man gerade in neue Vertragsverhandlungen eingestiegen, als es einen unangenehmen Zwischenfall gibt: Der 50-jährige, dicke Kapitän der Orzona möchte von der ehemaligen Friseuse und jetzigen Leadsängerin Sally Carr – damals angeblich 20, in Wirklichkeit aber schon 22 oder noch älter – mehr als nur Musik. Sie lehnt entrüstet ab, und alle bleiben ohne eine Lira im Hafen zurück. Also kein Geld für die Rückfahrt in den schottischen Nebel und wahrscheinlich auch keine Lust. Sie tingeln durch Italien und hören irgendwann die Nummer »Chirpy Chirpy Cheep Cheep« von Lally Stott und sind der Meinung, das sei ein Titel für sie und den könnten sie besser machen. Da das keine Kunst war, nahmen sie das Stück in ihr Repertoire und sangen die Nummer von nun an, bis ein RCA-Direktor in seinem italienischen Urlaubsort die Gruppe hörte und sie gleich ins Studio schickte. Im Oktober 1970 erschien die Single »Chirpy Chirpy Cheep Cheep«, die sechs Monate später Platz 2 in Deutschland und noch später Spitzenreiter in England wurde. Danach folgten etliche Top-10-Hits. Ihr erfolgreichstes Album war »Acceleration« (4/72 D-LP 13). In den USA konnte die Gruppe nicht Fuß fassen. 1974 kam als fünftes Mitglied Neil Henderson zur Gruppe. Trotzdem war die Band weder in GB noch in Deutschland nach 1976 in den Charts anzutreffen. Aber bis zum Ende der 90er Jahre zog immer noch eine Formation durch die Lande, die sich Middle Of The Road nannte – einziges Originalmitglied war Ian McCredie, wie er sich jetzt wieder nannte. Die inzwischen zum Trio geschrumpfte Gruppe war ein reines Familienunternehmen. Außer Ian sind sein Sohn Stuart und die Sängerin Lorraine Fehlberg-McCredie mit ›on the road‹.

Chirpy Chirpy Cheep Cheep (4/71 D 2; 6/71 GB 1)
Tweedle Dee Tweedle Dum (9/71 GB 2)
Soley Soley (10/71 D 2; 12/71 GB 5)
Sacramento (1/72 D 1)

Samson And Delilah (4/72 D 2)
Bottom's Up (9/72 D 2)
Yellow Boomerang (3/73 D 6)
Middle Of The Road (MOR)

Midler, Bette

BETTE MIDLER v (USA, * 1. 12. 1944 in Paterson/New Jersey)
Bette wuchs auf Hawaii auf und arbeitete nach der Schule zunächst in einer Ananasfabrik und als Sekretärin bei einer Radiostation, bevor sie 1965 ihren ersten Film machte: »Hawaii«. Sie zog nach New York und nahm die unterschiedlichsten Jobs an, bevor sie erste Erfolge als Tzeitel im Musical »Fiddler On The Roof« feierte.
Für ihre LP »The Divine Miss M« gewann Bette Midler 1972 einen Grammy und wurde ein Star. Ihre erste Hitnotierung hatte Bette Midler Ende 1972 mit »Do You Want To Dance?«, ihr erster Top-10-Erfolg war ein halbes Jahr später »Boogie Woogie Bugle Boy«. Zu dieser Zeit war für drei Jahre Barry Manilow Bettes Begleiter bei ihren Plattenaufnahmen. Für »The Rose« erhielt Bette im Frühjahr 1980 eine goldene Schallplatte. Das Stück stammte aus dem gleichnamigen Film, in dem das Leben von Janis Joplin nachgespielt wurde. Bette spielte die Hauptrolle und wurde für einen Oscar nominiert. Die Bandbreite ihres Könnens reicht von ernsthaften bis zu komischen Rollen. Wunderbar war sie in »Down And Out In Beverly Hills« oder neben Danny De Vito in »Ruthless People«. 1988 war sie in »Beaches« zu sehen, dem ersten Film, der von ihrer eigenen Firma All Girls Production produziert wurde. Das vielseitige Talent gilt als einzige authentische Kabarettistin, die es schaffte, in einer rockorientierten Zeit Erfolg zu haben. »Wind Beneath My Wings« aus dem Film »Beaches« kam im Frühjahr 1989. Außerdem brachte dieser Titel ihr zwei Grammys ein: Platte und Song des Jahres. Ende 1990 gelang ihr mit »From A Distance« ein weltweiter Erfolg. 1993 stellte sie einen neuen Vorverkaufs-Rekord in New York City auf. Innerhalb eines Tages wurden für Auftritte in New York im Rahmen ihrer ersten Tournee nach 10 Jahren 50 000 Tickets für insgesamt mehr als 3 Millionen Dollar verkauft. Ende 1995 erschien mit »Bette Of Roses« ihr erstes nicht aus einem Film stammendes Album seit fünf Jahren. 1996 war sie neben Goldie Hawn und Diane Keaton in dem Film »Club der Teufelinnen« zu sehen. Zusammen mit den beiden sang sie »You Don't Own Me«.
Ihre erfolgreichsten Alben: »The Divine Miss M« (12/72 US-LP 9), »Bette Midler« (12/73 US-LP 6), »The Rose« (12/79 US-LP 12), »Beaches« (1/89 US-LP 2, 7/89 GB-LP 21), »Some People's Lives« (10/90 US-LP 6, 7/91 GB-LP 5), »For The Boys« (11/91 US-LP 22) und »Experience The Divine – Greatest Hits« (7/93 US-LP 50, 10/93 GB-LP 3).

Boogie Woogie Bugle Boy (5/73 US 8)
The Rose (3/80 US 3)
Wind Beneath My Wings (3/89 US 1; 6/89 GB 5)
From A Distance (10/90 US 2; 6/91 GB 6)
AOR (Adult Orientated Rock), Pop

Midnight Oil

JAMES ANDREW b (Australien), PETER GARRETT v (Australien), PETER GIFFORD b (Australien), DWAYNE »BONES« HILLMANN b (Neuseeland), ROB HIRST d (Australien), PETER JIM MOGINIE g (Australien), MARTIN ROTSEY g (Australien)
Die Formation kam 1975 zusammen. Zuerst spielten sie als The Farm, dann kam der Student der Rechte und Glatzkopf Peter Garrett zur Gruppe, und vieles veränderte sich. Nachdem sie sich 1977 in Midnight Oil umbenannten, kam auch der Erfolg. Ihre erste Single erschien Ende

1978 und hieß »Run By Night«. Die Gruppe hat seit den Anfangstagen als Midnight Oil einiges anders als andere Bands gemacht. So behielten sie sich vor, welche Promotionmaßnahmen getroffen werden sollten, welche Fotos an die Presse gingen und natürlich auch, über was sie singen wollten. Umweltschutz, Anti-Krieg, Anti-Atom und Anti-Establishment waren ihre Lieblingsthemen. 1984 bewarb sich der eloquente Garrett um einen Sitz im australischen Parlament, den er nicht errang. 1988 kam der Titel »Beds Are Burning« bis auf Platz 17 in den US-Charts. Ein Jahr später wurde die Nummer der einzige Top-10-Erfolg für Midnight Oil in GB. In diesem Lied ging es um die Umweltproblematik und darum, dass die Natur ihr Recht fordert, während viele immer noch so tun, als ginge sie das nichts an. Das Thema Umwelt beschäftigte Midnight Oil auch in den 90er Jahren. Im Frühjahr 1993 erschien die sehr gut gemachte CD »Earth And Sun And Moon«. Daraus ausgekoppelt wurde »Truganini« (4/93 GB 29). Im Herbst 1996 erschien das Album »Breathe«, ein Jahr später »The Best Of Midnight Oil« und im Frühjahr 1998 »Redneck Wonderland«.
Ihre erfolgreichsten Alben waren »Diesel And Dust« (2/88 US-LP 21, 5/89 GB-LP 19) und«Blue Sky Mining« (3/90 US-LP 20, GB-LP 28, D-LP 2).

Beds Are Burning (3/89 GB 6)
AOR (Adult Orientated Rock), Pop, Rock

Midnight Star

VINCENT CALLOWAY v, pos (USA, in Cincinnati/Ohio), REGGIE CALLOWAY v, tr (USA, als Reginald Calloway in Cincinnati/Ohio), JEFF COOPER g, key (USA), KENNETH GANT b (USA), MELVIN GENTRY v, g (USA), BELINDA LIPSCOMB v (USA), BOBBY LOVELACE d (USA), BILL SIMMONS key, sax (USA), BO WATSON v, key (USA)

Midnight Star kam 1976 in Kentucky zusammen. Köpfe der Band waren bis 1988 die beiden Brüder Reginald und Vincent Calloway, die ab Mitte der 80er Jahre etliche Künstler produzierten und dann von Midnight Star weggingen und erfolgreich als Duo auftraten. Ab 1983 war Midnight Star in den US-Charts vertreten. »Operator« wurde Ende 1984 der erste Top-20-Erfolg der Band in den USA und die erste Hitnotierung überhaupt in GB. Dort erreichten sie mit »Midas Touch« ihren einzigen Top-10-Erfolg. Ihre erfolgreichsten Alben waren »No Parking On The Dance Floor« (7/83 US-LP 27) und »Planetary Invasion« (12/84 US-LP 32).

Midas Touch (10/86 GB 8)
Funk, Rhythm & Blues

Mighty Dub Kats

NORMAN COOK v, g, b (Großbritannien, * 31. 7. 1963 als Quentin Cook in Brighton/Sussex), PIZZAMAN (Großbritannien)

Pizzaman und Norman Cook hatten sich mit diesem Projekt eine weitere Spielwiese hingetrimmt. Ihre erste Single »Magic Carpet Ride« hat nichts mit dem erfolgreichen gleichnamigen Titel der Gruppe Steppenwolf zu tun. In den USA hatte die Platte im Oktober 1995 auf Platz 58 gestanden. Schließlich kam »Magic Carpet Ride« doch noch in die britische Hitparade und erreichte im August 1997 Platz 24.

Magic Carpet Ride (1/96 D 9)
Dance, Techno

Siehe auch: Beats International; Housemartins; Freak Power; Fatboy Slim

Mighty Morph'N Power Rangers

MATT AITKEN (Großbritannien, * 25. 8. 1956), MIKE STOCK (Großbritannien, * 3. 12. 1951)

Im britischen Kinderfernsehen gibt es die Zeichentrickserie ›Power Rangers‹, in der Green, Black, Yellow, Pink, Red und Blue Power Rangers und The Mighty Raw die Hauptrollen spielen. Mike Stock und Matt Aitken haben den Song »Power Rangers« produziert und nahmen damit den Kampf gegen eine böse Hexe, ihre Kumpanen und die Hitparade auf. Wer sich hinter den Studiomusikern verbirgt, die da die Power Rangers mimen, wissen nur Stock und Aitken – und ist auch unerheblich.

Power Rangers (12/94 GB 3)
Pop

Mighty Wah!

CARL WASHINGTON b, PETE WYLIE v, g (Großbritannien, * 22. 3. 1958 in Liverpool)
Anfang der 80er Jahre galt Wah! neben Echo & The Bunnymen als eine der wichtigsten Neuentdeckungen in England. Im August 1981 erschien das Debütalbum »Nah = Poo – The Art Of Bluff«. Das Duo Pete und Carl hatte sich 1980 formiert und nahm für Plattenaufnahmen immer wechselnde Begleitmusiker hinzu. Die Single »The Story Of The Blues« wurde ihr größter Erfolg. Mitte 1984, inzwischen nannte sich die Gruppe The Mighty Wah!, kam »Come Back« bis auf Platz 20 in GB. Mehr gelang den Hochgelobten nicht. 1986 kam Pete Wylie mit der Single »Sinful« (5/86 GB 13). Als »Sinful! (Scary Jigging With Dr. Love)« (4/91 GB 28) veröffentlichte er den Titel noch einmal zusammen mit der Gruppe Farm. Das erfolgreichste Album von Mighty Wah! war »A Word To The Wise Guy« (8/84 GB-LP 28).

The Story Of The Blues (12/82 GB 3)
Pop

Migil Five

LENNY BLANCHE b (Großbritannien), MIKE FELIX v, d (Großbritannien), RED LAMBERT v, g (Großbritannien), GIL LUCAS p (Großbritannien), ALAN WATSON sax (Großbritannien)
Lucas, Blanche und Felix hatten ihre musikalische Karriere 1961 als Jazz-Trio begonnen. Dann kam Red Lambert zu ihnen, weckte ihr Interesse an Popmusik, und sie nahmen Platten als Migil Four auf, bis dann auf Anraten von Kenny Ball noch der Saxophonist Alan Watson dazukam. Auf der Höhe des Bluebeat-Booms in GB gelang den Migil Five mit ihrer Version von »Mockingbird Hill« ein Hit. Es folgte »Near You« (6/64 GB 31) – im Original ein Hit für Francis Craig. Als Mike Felix dann eine Solokarriere anstrebte, trennte sich die Formation.

Mockingbird Hill (3/64 GB 10)
Bluebeat, Pop

Mike & The Mechanics

PAUL CARRACK v, key (Großbritannien, * 22. 4. 1951 in Sheffield/Yorkshire), ADRIAN LEE key (Großbritannien, in London), MIKE RUTHERFORD v, g, b (Großbritannien, * 2. 10. 1950 als Michael Rutherford in Guildford/Surrey), PETER VAN HOOKE d (Großbritannien, * 4. 6. 1950 in London), PAUL YOUNG v (Großbritannien, * 17. 6. 1947 in Manchester, † 15. 7. 2000)
Obwohl die Gruppe Genesis und deren Erfolge für ein ausgefülltes Musikerleben sorgen müssten, haben alle Mitglieder dieser Formation neben ihrer Arbeit mit dieser Band auch noch Soloprojekte gestartet. Der erfolgreichste ist ganz sicher Phil Collins, dann dürfte Mike Rutherford kommen. Sein erstes Soloalbum veröffentlichte Mike bereits 1979. 1985 holte er sich für seine Band Mike & The Mechanics eine ganze Latte erstklassiger Musiker zusammen: Paul Carrack (u. a. bei

Ace, Squeeze, Nick Lowe zu hören), Paul Young (früher Leadsänger bei Sad Café), Peter van Hooke (als Sessionmusiker z. B. bei Van Morrison, Tanita Tikaram oder Rod Argent tätig) und Adrian Lee (Toyah). Bereits Ende 1985 hatte die Formation ihre erste Chartnotierung mit »Silent Running (On Dangerous Ground)« aus dem Film »On Dangerous Ground«. »The Living Years« erzählt von einem jungen Mann, der es bedauert, sich mit seinem Vater nicht zu dessen Lebzeiten ausgesprochen zu haben. 1992/93 war für Mike Rutherford mal wieder Genesis angesagt.

Die erfolgreichsten Alben: »The Living Years« (11/88 GB-LP 2, US-LP 13), »Word Of Mouth« (4/91 GB-LP 11), »Beggar On A Beach Of Gold« (3/95 GB-LP 9), »Hits« (3/96 GB-LP 3, D-LP 6) und »Mike & The Mechanics« (6/99 D-LP 9, GB-LP 14).

Silent Running (On Dangerous Ground) (11/85 US 6; 3/86 D 8)
All I Need Is A Miracle (3/86 US 5)
The Living Years (1/89 GB 2, US 1)
AOR (Adult Orientated Rock), Pop, Rock

Siehe auch: Genesis

Miles, John

JOHN MILES v, g, p (Großbritannien, * 23. 4. 1949 in Jarrow/Tyne)

Musik war Johns erste Liebe und wird angeblich seine letzte sein. 1976 hat diese Liebe John einen Riesenhit in Europa beschert. Alan Parsons hatte diesen Titel mit John Miles in den Abbey-Road-Studios in London produziert, und schnell bezeichnete man John Miles als neuen Kometen am Hitparadenhimmel Englands. Bereits mit fünf Jahren bekam John seine ersten Klavierstunden – auf Drängen der Eltern, nicht auf eigenen Wunsch. Dementsprechend war auch seine Begeisterung, und wenn es ging, schwänzte er. In der Schule dann erwachte doch sein Interesse, und er ging wieder zum Unterricht. Nebenher lernte er später dann auch Gitarre. Während seiner College-Zeit gründete er mit Kommilitonen zusammen seine erste Band, Influence. Um seine Musik finanzieren zu können, schmiss er das College und begann eine Lehre als Graveur. The Influence erwies sich als ausgesprochen talentierte Gruppe – mit dabei waren Schlagzeuger Paul Thompson, der später zu Roxy Music ging, und der Gitarrist und Songschreiber Vic Malcolm, der dann Geordie machte – und wurde ständig gebucht. Wegen ständiger Abwesenheit von seiner Lehrstelle wurde Miles schließlich gefeuert. Trotz des Erfolges trennte sich die Band bald wieder. Nächste Station für John war seine John Miles Band. 1971 veröffentlichte er seine erste Single, die jedoch floppte. 1974 ging er dann von Nordengland nach London und veröffentlichte einige Singles, die ebenfalls erfolglos blieben. 1975 schließlich ging er zu Decca, und die stellten ihm als Produzenten Alan Parsons zur Seite. Ergebnis war der eingangs erwähnte Hit. Ein Platz 10 gelang John noch mit »Slow Down«. Danach war die Zeit als Single-Interpret für den hochgelobten Musiker trotz ausgezeichneter LP-Veröffentlichungen wie »Zaragon« 1978, »Sympathy« 1980, »Miles High« 1981, »Play On« 1983, »Transition« 1985 oder »Upfront« 1993 vorüber. Als Studiomusiker ist er z. B. auf Platten von Alan Parsons Project zu hören. Auch bei Jimmy Page sang er mit, so z. B. auf dessen Album »Outrider« aus dem Jahre 1988. Als Songschreiber sorgte er für den Joe-Cocker-Hit »Now That The Magic Has Gone«. Miles gehört zu der Stamm-Mannschaft von Tina Turners Begleitband und begleitete Joe Cocker auf zwei internationalen Tourneen. Sein erfolgreichstes Album war »Rebel« (3/76 GB-LP 9).

Music (3/76 GB 3; 5/76 D 10)
Slow Down (6/77 GB 10)
AOR (Adult Orientated Rock), Pop

Miles, Robert

ROBERT MILES key (Schweiz, * 3. 11. 1969 als Roberto Concina in Neuchatel/ Genfer See)

Miles war eine der Überraschungen des Jahres 1996. Mit seichtem Instrumental-Elektro-Pop war er in jedem Fahrstuhl und jeder Disko zu hören. Sein erster Hit »Children« war europaweit erfolgreich, aber auch in den USA erreichte er Mitte 1996 Platz 21. Vielleicht war das auch das große Geheimnis seines Erfolges: die Bandbreite für potenzielle Spielmöglichkeiten. Im Gegensatz zu so vielen anderen Sachen, die in den Diskotheken liefen, war Miles ein Hörgenuss. Viele stellten ihn auch in die Ecke Esoterik. Sein erstes Album »Dreamland« (6/96 D-LP 2, GB-LP 7) zeigte auf dem Cover Engelchen und Rehlein und sollte wohl zum Ausdruck bringen, dass man sich beim Abhören dieser Musik wie im Paradies fühlt. Die gleiche Platte erschien ein halbes Jahr später als Winter Edition. Darauf neben den zehn Stücken des ersten Albums zwei Versionen von »One And One«, seinem dritten Singleerfolg, auf dem als Sängerin Maria Nayler zu hören war. Dieses Mal zeigte die Plattenhülle drei Engel im Schnee. Jedenfalls kam die Vermutung auf, dass Robert Miles keine Zierde für eine Plattenhülle ist. Die Musik von Robert Miles fand in den nächsten Monaten enorm viele Nachahmer. Irgendwann sehnte man sich weniger nach Dreamland, sondern mehr nach Nirvana. 1997 kam er mit dem Album »23am« – darauf der Singlehit »Freedom« (11/97 GB 15), gesungen van Kathy Sledge von Sister Sledge, die damit nach etlichen Jahren auch mal wieder in den Charts stand.

Children (2/96 US 1, GB 2)
Fable (6/96 D 3, GB 7)
One And One (11/96 D 5, GB 3)
Elektro-Pop, Soft Pop

Milian, Christina

CHRISTINA MILIAN (USA, * 26. 9. 1981 in New Jersey)

Milian wuchs in Waldorf/Maryland auf. Im Alter von 13 zog sie mit ihren Eltern nach Hollywood. Dort arbeitete sie beim Disney-Sender ›Movie Surfers‹, bekam kleinere TV-Rollen und spielte in einem Kinofilm mit. Nebenher schrieb sie Songs, die auch von anderen Künstlern übernommen wurden, so z. B. von Jennifer Lopez das Stück »Play«. Sie lernte den Produzenten Rodney Jenkins kennen, der ihr einen Job als Backgroundsängerin beschaffte. So sang sie z. B. bei Ja Rule und dem Titel »Between Me And You« (9/00 US 11, 3/01 GB 26) mit. Danach durfte sie eine eigene Platte aufnehmen. Als Debütsingle erschien »AM To PM« (8/01 US 27). Anfang 2002 erschien ihr erstes Album.

AM To PM (1/02 GB 3)
Pop

Milk & Honey

GALI ATARI v (Israel)

Milk & Honey waren die Grand-Prix-Eurovision-Sieger des Jahres 1979. Der Siegertitel »Hallelujah« wurde bei uns veröffentlicht als Gali Atari & Milk & Honey und erreichte Platz 11. Die Formation gehört zu den vielen, die ihren Grand-Prix-Sieg mit Ausnahme des einen Titels nicht weiter kommerziell nutzen konnten.

Hallelujah (4/79 GB 5)
Grand Prix, Schlager

Miller, Frankie

FRANKIE MILLER v, g (Großbritannien, * 6. 11. 1949 in Glasgow)

Der Sänger, Gitarrist und Songschreiber brachte etliche Band-Stationen hinter sich, bevor er mit der für ihn eher untypischen Mitgröl-Nummer »Darlin'« 1978 einen Hit hatte. Zu seinen Stationen gehörten die Stoics, Jude, JB, Frankie Miller's Full House oder aber Studioarbeiten mit Thin Lizzy. Ab 1972 machte er Soloplatten. Mitte des Jahres 1994 hatte er gerade zusammen mit den Eagles an einem neuen Projekt gearbeitet, als er am 25.8. in Los Angeles einen schweren Schlaganfall erlitt, von dem er sich nur langsam erholte. Anfang 1997 saß Miller immer noch im Rollstuhl und konnte kaum sprechen.

Darlin' (10/78 GB 6; 12/78 D 5)
AOR (Adult Orientated Rock), Pop, Rock

Miller, Ned

NED MILLER v (USA, * 12. 4. 1925 als Henry Ned in Rains/Utah)
Der Countrysänger und Songschreiber Ned Miller schaffte einen Crossover-Erfolg, also eine Platte, die sowohl in den Country- als auch in den Popcharts erfolgreich war: »From A Jack To A King«. Die Platte war bereits 1957 aufgenommen worden, kam aber erst Ende 1962 in die Popcharts . Einen solchen Erfolg konnte er nicht mehr wiederholen. In den Country-Charts wurde er bis in die 70er Jahre notiert. Ned schrieb den Titel »Dark Moon«, der mit Gale Storm und Bonnie Guitar erfolgreich war. In den 70er Jahren zog er für acht Jahre nach Arizona und dann nach Las Vegas, um sich endgültig aus dem Showgeschäft zurückzuziehen!

From A Jack To A King (12/62 US 6; 2/63 GB 2)
Country, Pop

Miller, Roger

ROGER MILLER v, g, d (USA, * 2. 1. 1936 in Fort Worth/Texas, † 25. 10. 1992)
Miller war sowohl in den Pop- als auch in den Country-Charts erfolgreich. Mitte der 50er Jahre kam er als Songschreiber nach Nashville, wurde Schlagzeuger in der Faron Young Band und sang schließlich als Solist. Ab 1960 bis 1986 stand er regelmäßig in den Country-Charts. Mit »Dang Me« hatte er 1964 seinen ersten Pophit. 1965 war sein Jahr: Bei der Grammy-Verleihung erhielt er sechs Preise. Insgesamt hat er im Laufe seiner Karriere elf Grammys gewonnen. Vor allem der Titel »King Of The Road« hatte es den Amerikanern angetan. Die Platte wurde 1965 Millionseller. Mit seiner Komposition »Little Green Apples« stand er im März 1968 letztmalig in den britischen Top 20. Das Stück wurde wenige Monate später für O.C. Smith ein Millionseller und Platz 2 in den US-Charts. Seine erfolgreichsten Alben waren »Roger And Out« (6/64 US-LP 37), »The Return Of Roger Miller« (2/65 US-LP 4), »The 3rd Time Around« (7/65 US-LP 13) und »Golden Hits« (11/65 US-LP 6).
Als Autor des Broadway-Musicals »Big River«, basierend auf den Abenteuern des Huckleberry Finn von Mark Twain, erhielt er 1985 den Tony Award. Miller selbst spielte in der Show Finns Vater, Pap. Aus seiner Feder stammten z. B. auch »Little Swiss Maid« von Del Shannon oder »You Don't Want My Love« von Andy Williams. Roger starb 1992 an Krebs. 1995 wurde er in die Country Music Hall Of Fame aufgenommen.

Dang Me (6/64 US 7)
Chug-A-Lug (9/64 US 9)
King Of The Road (1/65 US 4; 3/65 GB 1)
Engine Engine # 9 (5/65 US 7)
England Swings (11/65 US 8)
Country, Pop

Miller, Steve

STEVE MILLER v, g (USA, * 5. 10. 1943 in Milwaukee/Wisconsin)
Steve begann seine Karriere zusammen

mit seinem Bruder Jimmy Miller und Boz Scaggs bei den Marksmen. Nach der Schulzeit war er weiter zusammen mit Scaggs in diversen Bands. Dann ging er nach Chicago, um Blues zu spielen. Zusammen mit Barry Goldberg gründete er die Miller Goldberg Blues Band, die es gerade mal auf eine Single brachte. 1966 kam es zur Gründung der Steve Miller Blues Band, die sich später auf Steve Miller Band und schließlich nur noch auf seinen Namen verkürzte. »Living In The U.S.A.« (11/68 US 94, 5/74 RE-US 49) war die erste Hitnotierung. Mit dem Millionseller »The Joker« hatte er seinen ersten Spitzenreiter. Diese Platte sollte 1990 noch einmal erfolgreich werden – Levi's hatte die Nummer für eine Jeans-Werbung eingesetzt. Ende der 80er Jahre änderte Steve Miller seine musikalische Richtung. Er entfernte sich wieder von den rockigen Nummern und näherte sich eher dem Jazz-Rock, was zwar schön, aber kommerziell nicht erfolgreich war. 1993 versuchte er mit der CD »Wide River« wieder an seine kommerzielle Hitzeit anzuschließen. Der Titelsong kam in den USA jedoch nur bis auf Platz 64. In dem Film »Space Jam« (Ende 1996) sang Seal eine neue Version von »Fly Like An Eagle«, die recht erfolgreich wurde.

Die erfolgreichsten Alben der Band: »Sailor« (11/68 US-LP 24), »Brave New World« (6/69 US-LP 22), »Number 5« (7/70 US-LP 23), »The Joker« (10/73 US-LP 2), »Fly Like An Eagle« (5/76 US-LP 3, 6/76 GB-LP 11), »Book Of Dreams« (5/77 US-LP 2, 7/77 D-LP 13), »Greatest Hits 1974–78« (12/78 US-LP 18), »Circle Of Love« (11/81 US-LP 26) und »Abracadabra« (6/82 US-LP 3, GB-LP 10, 7/82 D-LP 1).

Eine interessante Platte ist die Nummer »My Dark Hour« aus dem Jahre 1969. Hier spielt unter dem Pseudonym Paul Ramon ein gewisser Paul McCartney Bass, Schlagzeug und singt noch Hintergrund mit.

The Joker (10/73 US 1; 8/90 GB 1; 11/90 D 7)
Rock 'N Me (8/76 US 1)
Fly Like An Eagle (12/76 US 2)
Jet Airliner (4/77 US 8)
Abracadabra (5/82 GB 2; US 1, 8/82 D 2)
AOR (Adult Orientated Rock), Pop, Rock

Milli Vanilli

FAB MORVAN (Haiti, * 14. 5. 1966 als Fabrice), ROBERT PILATUS (USA, * 8. 6. 1965 in New York City, † 3. 4. 1998)

Als sich herausstellte, dass diese beiden Interpreten auf ihren Alben nicht gesungen hatten, mussten sie ihren Grammy, den sie 1989 als beste neue Künstler gewonnen hatten, wieder zurückgeben. Danach kam heraus, wer auf den Platten gesungen hatte, nämlich Charles Shaw, Johnny Davis und Brad Howell. Die Nummer »Keep On Running« kam dann als ›The Real Voices Of Milli Vanilli‹ in die Top 10. Die ›alten‹ Milli Vanilli kündigten danach an, sie wollten nun Platten veröffentlichen, auf denen sie wirklich singen. 1993 war es endlich so weit, sie kamen mit dem Album »Rob And Fab«, das selbst von der Musikzeitschrift ›Rolling Stone‹ zumindest wohlwollend beurteilt wurde: ›Sie können singen.‹ Hinter dem Projekt Milli Vanilli steckte Frank Farian, von dem man ja weiß, dass er auch schon andere Figuren tanzen ließ. Diejenigen, die die Nummern wirklich gesungen hatten, versuchten nun ihrerseits als Real Milli Vanilli in die Charts zu kommen. Erfolgreich war das nicht, und da sieht man eben mal, dass Gesangsqualität alleine nicht unbedingt ausreicht. Das Auge hört auch mit!

Drei Monate vor ihrem Debüt als Milli Vanilli hatten die beiden unter dem Gruppennamen Empire Bizarre den Titel »Dansez« für Ralph Siegel aufgenommen. Hier hatten sie selbst gesungen – und darum wurde es wahrscheinlich auch kein Er-

folg! Pilatus hatte 1991 – weil er das jähe Ende seiner Karriere nicht verkraftet hatte – einen Selbstmordversuch unternommen. Anfang 1996 wurde er in L.A. festgenommen, weil er versucht haben soll, einen Wagen gewaltsam zu stoppen und zu überfallen. Ende 1997 wurde er von den US-Behörden gesucht. Es ging wieder um Drogenbesitz, Verstöße gegen Bewährungsauflagen sowie Raub- und Betrugsdelikte. Am 3.4. 1998 wurde Robert Pilatus tot auf dem Bett in einem Frankfurter Hotelzimmer aufgefunden. Er hatte sich ob seiner Drogenabhängkeit einem Entzug im Schwarzwald unterzogen und war jetzt auf der Reise nach Indien wegen einer Nachbehandlung. Das Reisegeld hatte er jedoch am 2.4. vertrunken – im Zusammenhang mit den ihm verschriebenen und eingenommenen Tabletten eine gefährliche Mischung. Frank Farian hatte gerade angekündigt, mit ihm eine neue Platte aufnehmen zu wollen. 2002 fragte der Stern in der Serie ›Was macht eigentlich ...?‹ bei Fab nach: Der lebte inzwischen in Los Angeles und hielt sich mit Gelegenheitsjobs, z.B. Französischunterricht, über Wasser. Auch er träumte davon, eine neue Platte auf den Markt bringen zu können. Material habe er genug. Die Schuld am Desaster mit Milli Vanilli schob er allein Frank Farian in die Schuhe. Seinen eigenen Größenwahn sieht er nicht.
Getürkte Alben: »All Or Nothing« (1/89 GB-LP 6, 8/89 D-LP 4) und »Girl You Know It's True« (3/89 US-LP 1).

Girl You Know It's True (7/88 D 1; 10/88 GB 3; 1/89 US 2)
Baby Don't Forget My Number (12/88 D 9; 4/89 US 1)
Blame It On The Rain (7/89 D 3; 10/89 US 1)
Girl I'm Gonna Miss You (8/89 GB 2, US 1; 10/89 D 2)
All Or Nothing (1/90 US 4)
Keep On Running (11/90 D 4)
Disko, Pop

Millie

MILLIE v (Jamaika, * 6. 10. 1946 als Millicent Smith in Clarendon)
Millie behauptete ob ihrer Größe immer, ihr Name sei Small. Sie war eine der ersten Interpretinnen aus dem westindischen Raum, die einen internationalen Hit hatte: »My Boy Lollipop«. Über dieser Nummer lag ein Hauch von Reggae, Bluebeat und Ska, was ihr den Spitznamen The Bluebeat Girl einbrachte. Die Nachfolgenummer »Sweet William« (6/64 GB 30, 8/64 US 40) wurde ihr letzter Top-40-Hit.
Sie bildete für kurze Zeit ein Duo mit Jackie Edwards als Jackie & Millie und veröffentlichte Nacktfotos in einem Herrenmagazin – beides half ihrer Karriere nicht. Eine Wiederveröffentlichung des Hits »My Boy Lollipop« 1987 brachte nur noch Platz 46 in GB.

My Boy Lollipop (3/64 GB 2; 5/64 D 5, US 2)
Bluebeat, Pop, Reggae, Ska

Mills, Frank

FRANK MILLS p (Kanada, * 27. 6. 1942 in Toronto)
Mills studierte in Montreal Musik und wurde Mitglied in der Formation Bells, die einige seiner Kompositionen aufnahm. 1972 startete er eine Solokarriere und veröffentlichte als erste Single »Love Me, Love Me, Love« (1/72 US 46). Mitte der 70er Jahre nahm er ein Album auf, das er selbst finanzierte. Erst 1979 hörte es ein Mitarbeiter von Polydor, dem der Instrumentaltitel »Music Box Dancer« so gut gefiel, dass er ihn als Single veröffentlichte. Nach einer weiteren Hitparadennotierung trat Mills ab Anfang der 80er Jahre wieder in Kanada in kleinerem Rahmen auf und veröffentlichte bis in die 90er Jahre zahllose Alben, die jedoch nicht mehr in den USA und erst recht nicht in Europa erschienen. Sein erfolgreichstes Album hieß ebenfalls »Music Box Dancer« (3/79 US-LP 21).

Music Box Dancer (1/79 US 3)
Instrumental, Pop

Mills, Stephanie

STEPHANIE MILLS v (USA, * 26. 3. 1956 in Bronx/New York City)
Im Alter von zehn Jahren trat Stephanie Mills für vier Wochen im Apollo Theater mit den Isley Brothers auf. Ein Jahr später sah man sie am Broadway in dem Musical »Maggie Flynn«. Im Alter von fünfzehn übernahm sie die Hauptrolle der Dorothy in einer rein schwarzen Version des Broadway-Musicals »The Wiz«, die sie fünf Jahre lang spielte. Ihre ersten Plattenaufnahmen machte sie 1974. »Whatcha Gonna Do With My Lovin'« (7/79 US 22) war ihre erste Platte in den Singlecharts. »Never Knew Love Like This Before« entwickelte sich 1980 zum Millionseller. Obwohl danach noch viele schöne Platten von ihr erschienen sind, konnte sie diesen Erfolg nicht wiederholen. Ihre erfolgreichsten Alben: »Whatcha Gonna Do With My Lovin'« (5/79 US-LP 22) und »Sweet Sensation« (5/80 US-LP 16).

Never Knew Love Like This Before (8/80 US 6; 10/80 GB 4)
Pop, Rhythm & Blues

Milsap, Ronnie

RONNIE MILSAP v, g, p (USA, * 16. 1. 1946 als Ronnie Lee Millsaps in Robinsville/North Carolina)
Ronnie ist von Geburt an blind. Bereits mit zwölf Jahren war er ein ausgezeichneter Multi-Instrumentalist. Er spielte erst in der Band von J.J. Cale und gründete 1965 eine eigene Gruppe. Ab 1973 war er regelmäßig in den Country-Charts zu finden. Bis Ende 1989 belegte er dort 35-mal Platz 1. In der Liste der erfolgreichsten Country-Interpreten belegte er Platz 21. Ab 1976 war er Mitglied der Grand Ole Opry. 1977 wählte man ihn zum Country-Entertainer des Jahres. In den Popcharts wird er seit 1970 verzeichnet, aber nur einmal gelang ihm ein Top-10-Hit mit »(There's) No Gettin' Over Me«. Seine Platin-Alben waren »Ronnie Milsap – Greatest Hits« (10/80 US-LP 36) und »Ronnie Milsap – Greatest Hits, Vol. 2« (8/85 US-LP 102).

(There's) No Gettin' Over Me (6/81 US 5)
Country, Pop

Mimms, Garnet

GARNET MIMMS v (USA, * 16. 11. 1933 als Garrett Mimms in Ashland/West Virginia)
In den Gospelgruppen Evening Stars, Norfolk Four und Harmonizing Four begann die Karriere von Mimms. 1958 machte er seine eigene Gospeltruppe Gainors. In den drei darauf folgenden Jahren nahmen sie etliche Platten auf, die alle nicht erfolgreich waren. Schließlich verlegte sich die Gruppe mehr auf Soulmusik und nannte sich Garnet Mimms & The Enchanters. Jetzt sollte der Erfolg kommen: »Cry Baby«. Bis 1966 folgten weitere Hits – keiner konnte jedoch in die Top 20 gelangen. Nachdem er nach 1964 nur noch unter seinem Namen aufgetreten war, gründete er kurzzeitig in den 70er Jahren Garnet Mimms & Truckin' Company.

Cry Baby (8/63 US 4)
Rhythm & Blues, Soul

Mina

MINA v (Italien, * 25. 3. 1940 als Anna Maria Mazzini in Busto Arsizio)
Schon mit 18 gelang Mina der Durchbruch in ihrer Heimat Italien. Mitte 1962 stand sie auf Platz 1 der deutschen Hitparade mit »Heißer Sand«. Bis 1964 gelangen ihr noch sechs weitere Charterfolge.

Heute lebt sie mit ihrem Mann in Lugano. Von der Showbühne hat sie sich völlig zurückgezogen, nicht jedoch von der Musik. Jedes Jahr erscheint in Italien eine neue LP von ihr, meist mit vorwiegend anspruchsvollen Liedern.

Heißer Sand (4/62 D 1)
Deutscher Schlager

Minerbi, Marcello

MARCELLO MINERBI bl (Italien)
Der italienische Orchesterleiter schaffte mit seiner Original-Soundtrack-Version von »Zorba's Dance« Mitte 1965, als der Film »Alexis Sorbas« auf dem Höhepunkt seiner Popularität war, einen Hit. Der gleiche Titel war bei uns in Deutschland auf Platz 7 in den Charts, jedoch ohne Interpretennennung und nur als Soundtrack »Zorba Le Grec«. Manchmal findet man als Interpreten auch die Angabe Mikis Theodorakis. Der jedoch hat dieses Stück lediglich geschrieben.

Zorba's Dance (7/65 GB 6)
Instrumental, Pop

Minnelli, Liza

LIZA MINNELLI v (USA, * 12. 3. 1946 als Liza May in Hollywood/Kalifornien)
Die Tochter von Judy Garland und dem Regisseur Vincente Minnelli tanzte schon als Kind auf der Bühne herum, während die Mutter sang. Ihren ersten großen Filmerfolg hatte Liza 1972 in der Rolle der Sally Bowles in dem Film »Cabaret«. Weitere erfolgreiche Filme waren »New York New York« 1977 oder »Arthur – Kein Kind von Traurigkeit« 1981. Ihre ersten Schritte ins Showgeschäft hatte sie 1963 in New York im Off-Broadway-Stück »Best Foot Forward« gemacht. Zwei Jahre später wurde sie die jüngste Broadway-Schauspielerin, die einen Tony Award gewann. Sie spielte die Hauptrolle in »Flora And The Red Menace«. Schon zu diesem Zeitpunkt trat sie regelmäßig mit ihrer Mutter im London Palladium auf. Es folgten erste Platten und Fernsehauftritte und eine erste Tour durch die Nachtclubs. In Frankreich erhielt sie den Spitznamen ›La petite Piaf américaine‹. Ihr erster Film war 1967 »Charlie Bubbles«. 1969 wurde sie für ihre Rolle in »The Sterile Cockoo« für einen Oscar nominiert. 1972 schließlich gewann sie den Oscar als beste Schauspielerin für ihre Leistung in »Cabaret«. 1978 gewann sie einen weiteren Tony für ihre Darstellung im Musical »The Act«. Weitere große Filmrollen blieben ihr versagt, weil es die Sparte Film-Musical so gut wie überhaupt nicht mehr gibt. Einer ihrer größten LP-Erfolge war die Platte »Liza With A Z« (9/72 US-LP 19, 4/73 GB-LP 9). Ihr größter Single- und einziger Top-10-Erfolg wurde von den Pet Shop Boys produziert. »Losing My Mind« 1989. Aus dieser Zeit stammt auch ein weiteres Hitalbum: »Results« (10/89 GB-LP 6). Im selben Jahr gewann sie einen Grammy für ihr Lebenswerk. Mitte 1996 kam mit »Gently« nach längerer Zeit mal wieder ein neues Album von Liza in die amerikanischen LP-Charts.
In den 80er Jahren begannen ihre Alkoholprobleme. Mehrfach musste sie auf Entzug (1981/84/85/99). 1995 bekam sie wegen starker Arthrose ein künstliches Hüftgelenk, ab 1997 bekam sie Gewichtsprobleme – 2001 musste sie 35 Kilo abnehmen. Im Oktober 2000 lag sie wegen einer Hirnhautentzündung im Koma. 2002 kehrte sie – 45 Kilo leichter – wieder zurück. Es wurde angekündigt, sie werde ab dem 2. 4. 2002 fünf Konzerte in der Royal Albert Hall geben und dann auf eine ausgedehnte Europatournee gehen.

Losing My Mind (8/89 GB 6)
Pop

Minogue, Dannii

DANNII MINOGUE v (Australien, * 20. 10. 1970 als Danielle Jane Minogue in Melbourne)
Ihr Motto lautete: Was die große Schwester kann, muss die kleine auch können. Wie Kylie war Dannii Minogue in ihrer Heimat Australien ein TV-Serienstar. In ›Home And Away‹ spielte sie die Emma und wurde wöchentlich von 16 Millionen Zuschauern gesehen. So behauptet es zumindest ihre Plattenfirma. Das würde aber bedeuten, dass wirklich jedes Känguru vor der Kiste sitzen müsste. Bereits mit sieben, also vor ihrer Schwester, hatte sie ihr TV-Debüt in ›Skyways‹ gegeben. Als sie sich jedoch zweimal mit ihr zusammen um eine Rolle bewarb, gewann Kylie: bei ›The Sullivans‹ und ›Neighbours‹. Nachdem Kylie sich als Sängerin ab 1988 auch in GB etabliert hatte, begann die Gesangskarriere von Dannii im Frühjahr 1991 mit dem Titel »Love And Kisses«. Ihr erfolgreichstes Album hieß ebenfalls »Love And Kisses« (6/91 GB-LP 8). »This Is It« schließlich war eine Coverversion des Hits von Van McCoy. 1994 zog sie erst einmal nach New York und schrieb sich an der berühmten ›Sandra Lee School Of Acting‹ ein, um das zu lernen, was sie im australischen TV schon mit Erfolg praktiziert hatte. Nachdem sie im britischen TV etliche Sendungen präsentierte – darunter einige Disney Specials – kam sie im August 1997 mit »All I Wanna Do« in die Charts zurück. Mitte 1998 kündigte ihre Plattenfirma den Vertrag – sie sei nicht erfolgreich genug. Besonders die Alben von Dannii verkauften sich 1997 sehr schlecht. Im Jahre 2000 sah man Dannii als Freundin des Kanadischen Formel-1 Fahrers Jaques Villeneuve, 2001 spielte sie im Londoner Dominion Theatre die Rolle der Esmeralda im Musical »Notre Dame de Paris« – bei uns »Der Glöckner von Notre Dame«.
Ende 2001 tauchte Dannii plötzlich wieder auf. Als Gast der Gruppe Riva war sie auf »Who Do You Love Now (Stringer)« zu hören.

Love And Kisses (3/91 GB 8)
Jump To The Beat (7/91 GB 8)
This Is It (7/93 GB 10)
All I Wanna Do (8/97 GB 4)
Who Do You Love Now (Stringer) (12/01 GB 3)
Pop

Siehe auch: Riva

Minogue, Kylie

KYLIE MINOGUE v (Australien, * 28. 5. 1968 in Melbourne)
Kylie begann wie ihre Schwester als Schauspielerin in einer TV-Serie. Ab 1986 sah man sie in ›Neighbours‹, und als diese Serie auch in GB gezeigt wurde, war sie dort innerhalb weniger Wochen auch als Sängerin gefragt. Stock/Aitken/Waterman sorgten mit ihren in bewährter Manier für den Teenie-Markt produzierten Titeln dafür. Ihren ersten internationalen Hit hatte sie mit »I Should Be So Lucky«. In den nächsten Jahren erschienen in Abständen von vier bis sechs Monaten neue Singles, die bis Anfang 1992 fast alle unter die ersten sechs der britischen Hitparade kamen. Zusammen mit Schauspielerkollege und Nachbar Jason Donovan sang sie »Especially For You«, mit Keith Washington »If You Were With Me Now«. Ebenfalls 1991 war sie ihr sauberes Image als das nette Mädchen von nebenan leid und zeigte sich mehr sexy. Dazu kam eine Affäre mit INXS-Sänger Michael Hutchence. 1993 war ihr Vertrag bei Stock/Aitken/Waterman beendet. Es trat eine zweijährige Plattenpause ein, und im Herbst 1994 meldete sie sich zurück mit der CD »Kylie Minogue«. Die Plattenhülle zeigte sie dieses Mal weniger sexy, dafür empfahl sie sich für Fielmann. Ende 1995 kam Kylie ganz ungewöhnlich. Im Duett mit ihrem Landsmann Nick Cave (* 22. 9. 1959 als Nicholas Edward Cave in Vanga-

ratta/Australien) brachte sie die düstere Nummer »Where The Wild Roses Grow«, die in GB Platz 11, in Deutschland Platz 12 wurde.

Ihre erfolgreichsten Alben: »Kylie« (7/88 GB-LP 1, D-LP 8), »Enjoy Yourself« (10/89 GB-LP 1), »Rhythm Of Love« (11/90 GB-LP 9), »Greatest Hits« (9/92 GB-LP 1), »Kylie Minogue« (10/94 GB-LP 4) und noch einmal »Kylie Minogue« (4/98 GB-LP 10).

Mitte 1999 unterschrieb sie einen neuen Plattenvertrag mit der Parlophone. Als erstes Projekt wurde ein Duett mit Robbie Williams aufgenommen. Dann kam Mitte 2000 die Platte »Spinning Around«, die am 1. 7. 2000 gleich auf Platz 1 der GB-Charts einstieg und vom Album »Light Years« (10/00 GB-LP 2) stammte. Im Duett mit Robbie Williams sang sie den Titel »Kids«. Im Oktober 2001 erschien ihr zwölftes Album »Fever« (10/01 GB-LP 1, D-LP 1, 3/02 US-LP 3). Daraus stammte »Can't Get You Out Of My Head« und »In Your Eyes« (3/02 D 18).

I Should Be So Lucky (1/88 GB 1; 3/88 D 1)
Got To Be Certain (5/88 GB 2, D 6)
The Loco-Motion (8/88 GB 2, US 3, D 3)
Je Ne Sais Pas Pourquoi (10/88 GB 2)
Especially For You (12/88 GB 1, D 10)
Hand On Your Heart (5/89 GB 1)
Wouldn't Change A Thing (8/89 GB 2)
Never Too Late (11/89 GB 4)
Tears On My Pillow (1/90 GB 1)
Better The Devil You Know (5/90 GB 2)
Step Back In Time (11/90 GB 4)
What Do I Have To Do (2/91 GB 6)
Shocked (6/91 GB 6)
If You Were With Me Now (11/91 GB 4)
Give Me Just A Little More Time (1/92 GB 2)
Confide In Me (9/94 GB 2)
Spinning Around (7/00 GB 1)
On A Night Like This (9/00 GB 2)
Kids (10/00 GB 2)
Please Stay (12/00 GB 10)
Can't Get You Out Of My Head (9/01 GB 1; 10/01 D 1; 1/02 US 7)
In Your Eyes (3/02 GB 3)
Pop

Minor, Morris & The Majors

MORRIS MINOR (Großbritannien), GARY PHIL g (USA), RUSTY (Großbritannien)

Dieses Trio hatte Ende 1987 mit »Stutter Rap (No Sleep Til Bedtime)« seinen einzigen Hit. Außerhalb von GB konnte man mit diesem Titel, der sich über körperliche Gebrechen lustig macht, recht wenig anfangen. Viel witziger war die B-Seite dieser Platte, die sie sinnigerweise »Another Boring B-Side« nannten und auf der sie noch mal klar stellten, mit welcher Lust- und Lieblosigkeit daran gearbeitet wird.

Stutter Rap (No Sleep Til Bedtime) (12/87 GB 4)
Pop

Minott, Sugar

SUGAR MINOTT v, g, per (Jamaika, * 25. 5. 1956 als Lincoln Minott in Kingston)

Minott machte seine ersten Platten Mitte der 70er Jahre zusammen mit Tony Tuff und Derrick Howard als African Brothers. Bei Studioaufnahmen fiel Sugars Stimme auf, man engagierte ihn fest und ließ ihn alles singen, was kam, meist Coverversionen. Nebenher spielte er auch Percussion und Gitarre und zeigte, dass er durchaus auch selbst Songs schreiben konnte. Seine erste Veröffentlichung in GB war 1979 der Titel »Hard Time Pressure«. Mit »Good Thing Going (We've Got A Good Thing Going)« – im Original ein Stück von Michael Jackson – gelang ihm sein einziger nennenswerter Hit. Auf Jamaika baute er eine Organisation auf, die sich um die Förderung junger Talente auf der Insel kümmerte. Das war sehr löblich, machte ihm aber Schwierigkeiten, weil er bei Solo-Vertragsverhandlungen immer zur Bedingung machte, dass dieses Youth-Promotion-Projekt Teil der Abmachung sein müsse. 1984 wählte die jamaikanische Plattenindustrie den ›Reggae-Softie mit der Zahnlücke‹ zum besten

Sänger. Bis in die 90er Jahre machte Sugar weiter Platten.

Good Thing Going (We've Got A Good Thing Going) (3/81 GB 4)
Pop, Reggae

Minstrels

DANI FEHR v, g (Schweiz), MARIO FEURER v, vln (Schweiz), FRITZ GELZER b, bj (Schweiz), PEPE SOLBACH v, g (Schweiz)

Die Minstrels entstanden 1967 in Zürich und wollten sich eigentlich auf Volksmusik spezialisieren. Mit dem eher als Blödelnummer verstandenen Stück »Gruezi wohl, Frau Stirnimaa!« hatte das Quartett seinen einzigen überregionalen Erfolg. Noch in den 70er Jahren trennten sich die Minstrels. Dani Fehr betrieb später eine Druckerei. Lediglich Mario Feurer blieb der Musik treu. Er gründete das Trio Grande. Ab 1989 spielte er zusammen mit dem Gitarristen Moreno Fontana bei kleineren und größeren Anlässen. Als Ende 2001 eine Liste der erfolgreichsten Hits der Schweiz aufgestellt wurde, belegte Frau Stirnimaa Platz 1.

Gruezi wohl, Frau Stirnimaa! (1/70 D 3)
Folk, Schlager

Mint Condition

JEFFREY ALLEN v (USA), RICKY KINCHEN v (USA), KERI LEWIS key (USA), HOMER O'DELL g (USA), LARRY WEDDELL key (USA), STOKLEY WILLIAMS v, g, key (USA)

Das Sextett aus Minneapolis tauchte Anfang 1992 zum ersten Mal in den amerikanischen Hitparaden auf mit »Breakin' My Heart (Pretty Brown Eyes)«. Auf dem erfolgreichen Soundtrack »Mo Money« zum gleichnamigen Film, ebenfalls aus dem Jahr 1992, war die Band mit der Nummer »My Dear« zu finden. Im Frühjahr 1994 kam Mint Condition mit »U Sent Me Swingin'« unter die ersten 40 in den USA, im Herbst 1996 erreichten sie Platz 17 mit »What Kind Of Man Would I Be«. Der letzte Erfolg war zu finden auf dem Album »Definition Of A Band« (10/96 US-LP 76).

Breakin' My Heart (Pretty Brown Eyes) (1/92 US 6)
Funk, Rhythm & Blues

Miracles

WILLIAM GRIFFIN v (USA, * 15. 8. 1950 in Detroit), WARREN »PETE« MOORE v (USA, * 19. 11. 1939 in Detroit), CLAUDETTE ROGERS ROBINSON v (USA), SMOKEY ROBINSON v (USA, * 19. 2. 1940 als William Robinson in Detroit/Michigan), BOBBY ROGERS v (USA, * 19. 2. 1940), EMERSON ROGERS v (USA), RONNIE WHITE v (USA, * 5. 4. 1939 in Detroit, † 26. 8. 1995)

Die Miracles gehören zu den erfolgreichsten Rhythm-&-Blues- und Tamla-Motown-Gruppen aller Zeiten. Sie formierten sich bereits 1955 in Detroit. 1958 erschien mit »Got A Job« die erste Single der Band, die eine Antwort auf »Get A Job« von den Silhouettes darstellte. Die erste Platte der Miracles in den Charts war noch auf dem Chess Label, »Bad Girl« (10/59 US 93). Nach »Shop Around« gelangen der Formation bis 1976 knapp fünfzig Hits. Die erfolgreichsten Alben waren »Going To A Go-Go« (11/65 US-LP 8) und »Greatest Hits, Vol. 2« (2/68 US-LP 7).

Bis 1966 nannten sie sich nur Miracles, danach Smokey Robinson & The Miracles. Nachdem Smokey 1972 die Band verlassen hatte, kam es wieder zu dem alten Gruppennamen. Smokey Robinson als Solist sollte ebenfalls noch erfolgreich werden. Außerdem wurde er Vizepräsident von Tamla Motown und gilt als ausgezeichneter Songschreiber. Emerson Rogers hatte die Miracles 1956 schon verlassen und war durch seine Schwester Claudette ersetzt worden, die Smokey Robinson heiratete. Claudette zog sich jedoch 1964 schon wieder aus dem Musikgeschäft zurück. Als Smokey 1972 die Miracles verließ, wurde er durch William Griffin ersetzt. Zwischen 1973 und 1978 gelangen den Miracles noch etliche Hits in den R&B-Charts. Nach 1978 war die Hitzeit vorüber. Ronnie White starb 1995 an Leukämie.

Shop Around (12/60 US 2)
You've Really Got A Hold On Me (12/62 US 8)
Mickey's Monkey (8/63 US 8)
I Second That Emotion (11/67 US 4)
Baby, Baby Don't Cry (1/69 US 8)
Tracks Of My Tears (5/69 GB 9)
The Tears Of A Clown (8/70 GB 1; 10/70 US 1)
Love Machine (Part 1) (10/75 US 1; 1/76 GB 3)
Motown Sound, Pop, Rhythm & Blues

Siehe auch: Robinson, Smokey

Mirage

»Stars On 45«, »Hooked On Classic« oder »Italo Boot Mix« sind der Beweis für die These, dass viele Musikfans mit einem einzigen Riff und dem Refrain eines Songs meist zufrieden sind. Die drei Zeilen, die sie mitsingen können, genügen ihnen. Besonders der Erfolg von »Stars On 45«, der aus den Niederlanden kam und ab 1981 die Ohren zukleisterte, muss die Briten geärgert haben. Die englische Band Mirage, zusammengestellt vom britischen Produzenten Nigel Stock aus Studiomusikern und der aus Liverpool stammenden Sängerin Kiki Billy, schlug in diese Kerbe und hatte ersten Erfolg mit dem Medley »Give Me The Night« (1/84 GB 49). Aus Hits Häppchen herauszunehmen und sie zu einer neuen Platte zu verarbeiten, ist allerdings keine Angelegenheit der 80er Jahre. Früher hießen die Dinger Potpourri und waren genauso sämig. Die erfolgreichsten Alben von Mirage waren »The Best Of Mirage: Jack Mix '88« (12/87 GB-LP 7) und »Jack Mix In Full Effect« (6/88 GB-LP 7).

Jack Mix II/III (5/87 GB 4)
Jack Mix IV (11/87 GB 8)
Dance

Mirror, Danny

DANNY MIRROR v (Niederlande)
Danny gehörte zu den vielen, die nach dem Tod von Elvis Presley noch schnell eine Mark verdienen wollten. Er und der Amerikaner Ronnie McDowell, dessen Titel »The King Is Gone« in den USA bis auf Platz 13 kam, waren die einzigen, deren Aufnahmen einigermaßen erträglich waren. Außer »I Remember Elvis Presley (The King Is Dead)« ist ihm kein weiterer internationaler Erfolg mehr gelungen.

I Remember Elvis Presley (The King Is Dead) (9/77 D 10, GB 4)
Middle Of The Road (MOR), Pop

Mis-Teeq

ALESHA v (Großbritannien), SABRINA v (Großbritannien), SU-ELISE v (Großbritannien), ZENA v (Großbritannien)
Die vier Mädchen dieser Londoner Formation waren alle zwischen 19 und 22 Jahre alt, als ihre erste Platte »Why« in die Hitparade kam. Leadsängerin Sabrina hatte vorher mit Lee Brennan von 911 zusammen gearbeitet. Su-Elise war vorher Mitglied des Royal Scottish Ballett. Alesha sang Backing Vocals bei der Nummer »Damage« der Formation Rumours. Schnell wurde das Album »Lickin' On Both Sides« (11/01 GB-LP 3) nachgeschoben.

Why (1/01 GB 8)

All I Want (6/01 GB 2)
One Night Stand (10/01 GB 5)
B With Me (3/02 GB 5)
Dance, Rhythm & Blues

Mitchell, Des

DES MITCHELL v (Großbritannien)
Seine Karriere startete Mitchell als Discjockey bei einer lokalen Station der BBC in den West Midlands. Nach 1985 arbeitete er auf Teneriffa, Mallorca, in Kanada und Japan. Zusammen mit den beiden belgischen DJ's Johan Gielen und Sven Maes schrieb und fummelte er die Nummer »(Welcome) To The Dance«. Gielen und Maes hatten schon als Airscape und Balearic Bill Platten veröffentlicht.

(Welcome) To The Dance (1/00 GB 5)
Pop

Mitchell, Joni

JONI MITCHELL v, g (Kanada, * 7. 11. 1943 als Roberta Joan Anderson in Fort Mc-Leod/Alberta)
Mitte der 60er Jahre trat Joni in Toronto mit ihrem Mann Chuck Mitchell auf. Nach ihrer Scheidung 1967 zog sie nach New York, wo sie als Designerin Karriere machen wollte. Dort schrieb sie ihren ersten Hit »Chelsea Morning« und verdiente sich in Folkclubs ihr Geld. Inzwischen gilt Joni Mitchell als die poetischste der Popmusikkomponistinnen und Folksong-Interpretinnen Amerikas. Ihr Lied »Woodstock«, das sie vor dem Fernseher in New York schrieb, ›weil ich durch sieben Meilen lange Autoschlangen nicht zum Pop-Festival kommen konnte‹, wurde durch Crosby, Stills & Nash und Matthews Southern Comfort ein Welthit. Ihre schönste Komposition dürfte die in mehr als fünfzig Schallplattenversionen verbreitete Nummer »Both Sides Now« sein. Joni selbst erreichte lediglich einmal die Top 10 der amerikanischen Singlecharts: mit »Help Me«. Ihr erster Erfolg war »Big Yellow Taxi« (6/70 GB 11). Im Falle Joni Mitchells sind Singles allerdings auch nicht empfehlenswert. Hier gilt es, ganze LPs zu hören. Die erfolgreichsten: »Ladies Of The Canyon« (4/70 US-LP 27, 6/70 GB-LP 8), »Blue« (7/71 US-LP 15, GB-LP 3), »For The Roses« (12/72 US-LP 11), »Court And Spark« (2/74 US-LP 2, 3/74 GB-LP 14), »Miles Of Aisles« (12/74 US-LP 2, 2/75 GB-LP 34), »The Hissing Of Summer Lawns« (12/75 US-LP 4, GB-LP 14), »Hejira« (12/76 US-LP 13, GB-LP 11), »Don Juan's Reckless Daughter« (1/78 US-LP 25, GB-LP 20) und »Mingus« (7/79 US-LP 17, GB-LP 24).
Der ›Stern‹ bezeichnete sie als ›Rock-Fee aus dem Land der Steckrüben‹. Die britische Band Nazareth machte aus ihrem Lied »This Flight Tonight« einen Hit. Auch Interpreten wie Bob Dylan, Fairport Convention, Judy Collins, Tom Rush, Gordon Lightfoot oder Johnny Cash bedienten sich gerne ihres Songschreibertalents. Die Latte ihrer hervorragenden Plattenveröffentlichungen geht bis in die 90er Jahre, obwohl es erst einmal so aussah, als würde sie nie wieder singen können. Kettenraucherin Mitchell litt an einer angeblich unheilbaren Kehlkopfentzündung. Mit Hilfe einer hawaiianischen Heilerin überstand Joni die Krankheit. Nach dreijähriger Plattenpause erschien 1994 »Turbulent Indigo« – die alte Klasse war immer noch da, auch wenn sie sagte: ›Ich habe das obere Ende meines Stimmumfangs verloren, aber ich vermisse ihn nicht, denn ich brauche ihn nicht. Ich hatte dreieinhalb Oktaven, Billie Holiday hatte sieben Töne. Und was hat sie alles damit gemacht.‹ 1995 erschien das Album »Friends«. 1996 kam die Doppel-CD »Hits And Misses«. Eine CD brachte die absoluten Hits, die zweite Titel, die zwar sehr schön, aber nicht erfolgreich waren. 1997 wurde sie in

die Rock And Roll Hall Of Fame aufgenommen. 2002 wurde sie bei der Grammy-Verleihung als eine der Künstlerinnen des 20. Jahrhunderts geehrt.

Help Me (3/74 US 7)
AOR (Adult Orientated Rock), Folk, Pop

Mittermeier, Michael

MICHAEL MITTERMEIER v (Deutschland, * 3. 4. 1966 in Dorfen/Bayern)
Seit 1987 absolvierte er über 2000 Auftritte als Kabarettist mit vier Solo-Programmen in Deutschland, Österreich, Schweiz, Italien und England. 1991 präsentierte sich Michael Mittermeier mit eigener Band im Vorprogramm der EAV. Zusammen mit der Berliner Kabarett Anstalt entwickelte er 1994 in Berlin die legendäre ›Killermontage‹, die er erfolgreich in Berlin und Köln moderierte. Im selben Jahr schrieb er seine Magisterarbeit über das Thema ›Amerikanische Stand Up Comedy‹ an der Universität München (Studium der Amerikanistik). Im März 1997 erschien die CD »Zapped« (7/97 D-LP 28). Sein Buch »Im Rausch der Kanäle« erschien bei Ullstein (Co-Autoren Gudrun Allwang und Thomas Hermanns) – allein in den ersten 4 Wochen wurde die 1. Auflage (16 000 Ex.) verkauft. Inzwischen sind mehr als 60 000 Exemplare verkauft. Im Februar 2000 startete er mit seinem Programm »Back to Life« (5/00 D-LP 2). 2001 erhielt er einen Echo als bester Comedy Act.
Anfang 2001 erschien das Album »Mittermeier & Friends«. Die Friends durften sich ihre Lieblingsstellen aus dem Erfolgsprogramm von »Back To Life« heraussuchen und dann mit Mittermeier in einer neuen Version singen. Zu den Friends gehörten auch die Guano Apes, die jetzt allerdings als Guano Babes firmierten. Sie nahmen sich Michaels Bearbeitung des Traditionals »Kumba Jah My Lord« vor. Michael wollte dieses Stück als Rache für Gehörfolterungen auf öffentlichen Plätzen, in Religionsunterrichten und auf Sonnenwendfeiern verstanden wissen. Er erzählte, er sei in Fußgängerzonen fortwährend heftigen Inka-Panflöten-Attacken ausgesetzt gewesen, die ihn in Begleitung ökochristlicher Bodentruppen gnadenlos malträtierten. Und für alle, die in Pfarrheimen gezwungen wurden, »Kumba Jah My Lord« zu singen, sollte diese überarbeitete Version die passende Antwort sein. »Kumba Yo!« verstand er als ›Spiritual Hard Core, als Gospel Metal‹.

Kumba Yo! (4/01 D 3)

Mixed Emotions

DRAFI DEUTSCHER v (Deutschland, * 9. 5. 1946 als Karl-Heinz Deutscher in Berlin), OLIVER SIMON v (Deutschland, * 14. 5. 1957 in München)
Mixed Emotions war eine weitere Spielwiese für die unglaubliche Kreativität von Drafi Deutscher. Zusammen mit dem Münchener Unternehmersohn Oliver Simon machte er von 1986 bis zum Anfang der 90er Jahre neben seinen anderen Aktivitäten Duettplatten. Der erste Erfolg war »You Want Love«. Danach erschien noch eine Reihe weiterer Titel der beiden unter den ersten 20. Die erfolgreichsten Alben für Mixed Emotions: »Deep From The Heart« (5/87 D-LP 2) und »Just For You« (10/88 D-LP 7). Nachdem sich Drafi von Oliver Simon getrennt hatte, nahm er ab 1991 den Sänger Andreas Martin als neuen Partner zu Mixed Emotions. 1999 tauchte Drafi, nach einigen Schlaganfällen abgemagert und offensichtlich auf dem Gesundheitstrip, wieder mit Oliver Simon als Mixed Emotions auf. Ihr Album »We Belong Together« wurde von der Plattenfirma als ›Das Comeback des Jahres!‹ angekündigt.

You Want Love (10/86 D 4)
Middle Of The Road (MOR), Schlager

Siehe auch: Deutscher, Drafi

Mixmaster

DANIELE DAVOLI dj (Italien)
Hinter The Mixmaster verbirgt sich der italienische Discjockey und Produzent Daniele Davoli. Außer diesem Projekt betreute er Black Box und Starlight. Mit der Disko-Nummer »Grand Piano« gelang ihm sein größter Hit. Danach wandte er sich anderen Projekten zu, und es hatte sich ausgemixt. 2001 stand zu lesen, Mixmaster sei ein Projekt von Tony Dawson-Harrison alias Captain Hollywood gewesen. Dafür lässt sich auf der Platte allerdings kein Beweis finden.

Grand Piano (11/89 GB 9)
Dance, Instrumental

Mixtures

DON LEBLER d (Australien, * 16. 9. 1949), CHRIS SPOONER b (Australien), FRED WIELAND g (Australien), PETER WILLIAMS v, g, bj (Australien)
Den Mixtures gelang mit dem »Pushbike Song«, der musikalisch sehr an »In The Summertime« von Mungo Jerry erinnerte, der einzige Hit. Mungo Jerry stand ein halbes Jahr vor ihnen in den Charts. Allerdings hatte das ehemalige Mixtures-Mitglied Idris Jones den »Pushbike Song« bereits im Jahre 1966 geschrieben.

Pushbike Song (1/71 GB 2)
Pop

Mizell, Hank

HANK MIZELL v (USA, als Bill Mizell in Asheville/North Carolina)
Über seine Entlassung aus der US Navy muss Mizell so glücklich gewesen sein, dass er danach zu singen und zu predigen begann. Anfang der 50er Jahre spielte er mit seiner eigenen Countryband in Alabama und zog sich dort den Spitznamen Hank zu. 1957 nahm Mizell den Titel »Jungle Rock« auf, der sich überhaupt nicht verkaufte und ihm einen einzigen Tantiemenscheck in Höhe von 86 Cent einbrachte. Daraufhin gab Mizell die Musik als Profi auf. Er wurde Prediger und produzierte hin und wieder in den 60er und 70er Jahren Country-Platten. 1976 entdeckten britische Rockabilly-Fans »Jungle Rock« wieder. Ansonsten blieb Mizell, der auch in den 80ern hin und wieder ein paar Platten aufnahm, nur eingefleischten Fans ein Begriff.

Jungle Rock (3/76 GB 3)
Rock 'n' Roll, Rockabilly

MJ Cole

MJ COLE (Großbritannien, als Matthew Coleman in Twickenham/London)
Cole (* 1973), zum Zeitpunkt seines ersten Top-10-Hits 24 Jahre alt, kann auf eine solide musikalische Ausbildung zurückgreifen: einen Abschluss an der London City University und ein Diplom in Piano, Oboe und Musiktheorie des Royal College of Music. Er begann seine Karriere als Diskjockey und Produzent. 1997 veröffentlichte er seine erste Single unter dem Pseudonym Matlok. Bei seiner Studioarbeit lernte er die Gruppe Urban Species kennen, bei der Elizabeth Troy mitwirkte. Der erste Hit von MJ Cole war die Nummer »Sincere« (5/98 GB 38, 8/00 RE-GB 13), seine erste Top-10-Notierung »Crazy Love«. Hier war als Sängerin Elizabeth Troy mit dabei und als Rapper Danny Vicious. Im Zusammenhang mit dieser Plattenveröffentlichung wurde MJ Cole als Pionier des 2 Step gefeiert. Auf jeden Fall brachte er einen Stilmix aus Garage,

R&B und Drum 'n' Bass. Als nächster Hit folgte – wieder gesungen von Elizabeth Troy – »Hold On To Me« (12/00 GB 35).

Crazy Love (5/00 GB 10)
Pop, Rap, Rhythm & Blues

MN8

DEE-TAILS v (Großbritannien, * 6. 12. 1976 in Paddington/London), G-MAN v (Trinidad, * 22. 9. 1974), KG v (Großbritannien, * 15. 9. 1976 in Wexham), KULE T v (Großbritannien, * 19. 1. 1975 in London)
Als die Band Anfang 1995 gestartet wurde, zielte sie mit ›vier tanzenden Sängern im Alter von 17 bis 21 Jahren‹ ganz klar auf eine bestimmte Altersklasse. Die vier schwarzen Mitglieder schafften mit »I've Got A Little Something For You« (2/95 D 30) ihre erste Hitnotierung. Auch die beiden nächsten Singles, »If You Only Let Me In« und »Happy«, erreichten die Top 10. »Baby It's You« (11/95 GB 22), »Pathway To The Moon« (2/96 GB 25), »Tuff Act To Follow« (8/96 GB 15) und »Dreaming« (10/96 GB 21) erreichten im Verlauf des Jahres 1996 die Charts. Ihr erfolgreichstes Album hieß »To The Next Level« (5/95 GB-LP 13).

I've Got A Little Something For You (2/95 GB 2)
If You Only Let Me In (4/95 GB 6)
Happy (7/95 GB 8)
Boy Group, Pop, Soul

Mo, Billy

BILLY MO v, tr (Trinidad, * 22. 2. 1923 als Peter Mico Joachim)
In den 50er Jahren kam Billy nach Deutschland und wurde hier Trompeter im Orchester von Bert Kaempfert. So ist es sein Spiel, das den Titel »Mitternachtsblues« im Frühjahr 1958 in die deutschen Charts brachte. Als man in Deutschland Anfang der 60er Jahre einen Spaßvogel à la Louis Armstrong suchte, der auch noch wie er Trompete spielen konnte, musste man zwangsläufig auf Billy Mo kommen. Seine erste Hitnotierung war im Frühjahr 1960 »Wenn die Elisabeth« (12/60 D 40). Drei Jahre später – gerade rechtzeitig zur Karnevalssession – kam »Ich kauf' mir lieber einen Tirolerhut« in die deutsche Hitparade und ließ die Tatsache, dass Billy Mo ein ausgezeichneter Trompeter war, für viele Jahre in Vergessenheit geraten. Seine weiteren Hits zeigen, was man aus ihm gemacht hatte: »Die große Trommel macht bum-bum« (6/63 D 40), »Bierdeckel-Polka« (9/63 D 21), »Das Humbtata-Täterä« (3/64 D 15) oder »Der Salon-Tiroler« (10/64 D 23).

Mitternachts-Blues (2/58 D 6)
Ich kauf' mich lieber einen Tirolerhut (2/63 D 1)
Deutscher Schlager, Instrumental

Mobiles

DAVID BLUNDELL b (Großbritannien), CHRIS DOWTON g (Großbritannien), EDDIE FRAGILE d (Großbritannien), JHON key (Großbritannien), RUSS MADGE g (Großbritannien), ANNA MARIA v (Großbritannien)
Von der Plattenfirma wurde die Gruppe Mobiles mit der sämigen Geschichte, dass sich die Leadsängerin Anna Maria in Berlin unglücklich verliebt hatte und deshalb den Song »Drowning In Berlin« schrieb, angepriesen. Jedenfalls brachte diese Nummer der britischen Formation einen Hit. Mit dem Nachfolger »Amour Amour« hat sie dann offensichtlich ihre Liebe gefunden – der erreichte nur Platz 45 in GB, und danach verschwanden sie wieder.

Drowning In Berlin (1/82 GB 9)
Elektro-Pop

Moby

MOBY v (USA, * 11. 9. 1965 als Richard Melville Hall in New York City)

Als Zehnjähriger lernte er klassische Gitarre, ließ sich dann aber von der Punkbewegung mitreißen und spielte als Teenager alles vom Punk über New Wave bis zu Hip-Hop. Er war Mitglied bei Vatican Commandoes und Flipper. Als Acid House aufkam, begeisterte er sich dafür, und 1991 war er einer derjenigen, die House mit Techno verbanden. Die Musik zur Fernsehserie ›Twin Peaks‹ hat Moby zu seinem Stück »Go« animiert. Dieser Titel kam erstmals Mitte 1991 in den britischen Charts bis auf Platz 46 und fiel dann wieder heraus. Drei Monate später – inzwischen hatte sich die Serie wohl in den Köpfen festgesetzt – kam das Stück erneut in die GB-Charts und erreichte dieses Mal Platz 10. Danach machte er sich einen Namen als Remixer. Michael Jackson, Jam & Spoon oder Depeche Mode ließen sich von ihm helfen. »I Feel It« (7/93 GB 38), »Move« (9/93 GB 21), »Hymn« (5/94 GB 31), »Feeling So Real« (10/94 GB 30, 1/95 D 14), »Every Time You Touch Me« (2/95 GB 28) und »Into The Blue« (7/95 GB 34) waren weitere Hits. Anfang 1995 erschien sein Album »Everything Is Wrong« (3/95 GB-LP 21). Die amerikanische Filmproduktionsfirma MGM gab Moby den Auftrag, dem alten James-Bond-Thema ein zeitgemäßes Klangkleid zu verpassen – er schaffte es und machte einen Dancefloorhit daraus. Gleichzeitig veröffentlichte Moby ein neues Album mit dem Titel »I Like To Score« – es waren neben dem James-Bond-Thema weitere Titel zu hören, die aus Filmen stammten. Interessant sein nächster Top-40-Hit »Honey« (9/98 GB 33). Hier wurde die Nummer »Sometimes« von Bessie Jones gesampelt, die diese in den 30er Jahren aufgenommen hatte.

Nächste Singleerfolge wurden »Run On« (5/99 GB 33), »Bodyrock« (7/99 GB 38), »Why Does My Heart Feel So Bad« (10/99 GB 16), »Natural Blues« (3/00 GB 11), »Porcelain« und »Honey/Why Does My Heart Feel So Bad« (10/00 GB 17). Der Titel »Honey« wurde neu gemixt und außerdem gab es einen neuen Gesang von Kelis. In den USA war »South Side« (12/00 US 14) sein erster Top-40-Hit. Hier wurde als Sängerin Gwen Stefani von No Doubt genannt.

Auch sehr erfolgreich wurde sein Album »Play« (5/99 GB-LP 33, 1/00 RE-GB-LP 1). Drei Jahre vergingen, bis im Mai 2002 ein neues Album von Moby erschien. Als erste Single kam »We Are All Made Of Stars«. Bei dem Titel »Jam For The Ladies« waren als Gäste Angie Stone, MC Lyte und Rapper Mike Geronimo zu hören.

Go (10/91 GB 10)
James Bond Theme (11/97 GB 8)
Where Does My Heart Feel So Bad? (11/99 D 3)
Porcelain (6/00 GB 5)
Dance, Techno

Mocedades

JAVIER GARAY BARRENECHEA b (Spanien, * 16. 12. 1946 in Bilboa), JOSÉ IPINA URIEN g (Spanien, * 7. 1. 1949 in Madrid), ROBERTO URANGA AMEZAGA g (Spanien, * 21. 4. 1948 in Bilboa), IZASKUM URANGA AMEZAGA v (Spanien, * 17. 4. 1950 in Bilbao), AMAYA URANGA AMEZAGA v (Spanien, * 18. 2. 1947 in Bilbao), CARLOS ZUBIAGA URIBARRI g, key (Spanien, * 10. 10. 1944 in Bilboa)

Dieses Sextett aus Bilbao, das von den Schwestern Amaya und Izaskum Uranga Amezaga angeführt wurde, beteiligte sich 1973 für Spanien am Grand Prix Eurovison mit der Nummer »Eres Tu«. Sie belegten Platz 2. Gewinner dieser Veranstaltung, die in jenem Jahr in Luxemburg stattfand, wurde die für Luxemburg startende Anne Marie David mit »Tu Te Reconnaitras«. Normalerweise tauchen

Titel, die beim Grand Prix erfolgreich sind, in den USA nicht in den Hitparaden auf. Dies hier ist eine der Ausnahmen. Für die Amerikaner hatte man die Nummer auf der B-Seite als »Touch The Wind« in Englisch gesungen. In Deutschland erreichte die Platte Mitte 1973 Platz 15. Die Briten straften die Nummer mit Verachtung: Sie kam nicht einmal unter die ersten 75.

Eres Tu (1/74 US 9)
Grand Prix, Pop

Modern Romance

GEOFF DEANNE v (Großbritannien, * 10. 12. 1954), JOHN DU PREZ tr (Großbritannien), PAUL GENDLER g (Großbritannien, * 11. 8. 1960), DAVID JAYMES b (Großbritannien, * 28. 11. 1954), ROBBIE JAYMES key (Großbritannien, * 3. 10. 1962), ANDY KYRIACOU d (Großbritannien, * 19. 4. 1958), MICHAEL J. MULLINS v (Großbritannien, * 9. 11. 1956)
Zusammen mit David Jaymes gründete Geoffe Ende der 70er Jahre die britische Punk und Reggae parodierende Gruppe Leyton Buzzards. Wenig später verzichteten sie auf Leyton und veröffentlichten als Buzzards 1979 eine LP. Diese Platte blieb weit hinter den Verkaufserwartungen des Duos zurück, und deshalb gründeten sie 1980 die mehr kommerziell ausgerichtete Disko-Salsa-Tanzgruppe Modern Romance. Ihre erste Platte in den Charts war im Herbst 1981 »Everybody Salsa«. Der Hopsa- und Tralala-Sound bescherte der Formation bis Ende 1983 etliche Hits. Ende 1982 verließ Deanne die Gruppe, um Soloplatten zu veröffentlichen, und wurde durch Michael J. Mullins ersetzt. Nach ihrem letzten Hit trennte sich die Formation. Auch David Jaymes veröffentlichte Soloplatten, während Deanne inzwischen Comedy-Scripts schreibt.

Ay Ay Ay Ay Moosey (11/81 GB 10)
Best Years Of Our Lives (11/82 GB 4)
High Life (2/83 GB 8)
Walking In The Rain (8/83 GB 7)
Dance, Pop

Modern Talking

THOMAS ANDERS v (Deutschland, * 1. 3. 1963 als Bernd Weidung in Münstermaifeld), DIETER BOHLEN v, g (Deutschland, * 7. 2. 1954 in Oldenburg)
Das Duo gehört ganz ohne Zweifel zu den erfolgreichsten deutschen Acts zwischen 1985 und 1987. Dieter Bohlen schrieb die Songs, Thomas Anders sang sie. Bohlen hatte sich vorher als Ryan Simmons versucht, was keinen Erfolg brachte. Als Sänger war er nicht sonderlich gut – als Songschreiber traf er mit Modern Talking den Geschmack der Fans. Die erfolgreichsten Alben: »The 1st Album« (4/85 D-LP 1), »Let's Talk About Love« (10/85 D-LP 2), »Ready For Romance« (9/86 D-LP 1), »In The Middle Of Nowhere« (11/86 D-LP 1) und »Romantic Various« (6/87 D-LP 3). 1987, nachdem es zu Streitigkeiten zwischen Dieter und Thomas gekommen war, trennte sich das Duo. Dieter machte als Blue System weiter, Thomas veröffentlichte 1989 seine erste Soloplatte. Am 23. 2. 1998 – es war ein Rosenmontag, und man glaubte zuerst an einen Karnevalsscherz – meldete die DPA: »Nach elf Jahren Trennung: Modern Talking wieder vereint.« Man wolle »demnächst auf eine Welttournee gehen«, habe sich »damals ganz schön dämlich verhalten«, habe »den alten Streit vergessen« und »plötzlich stimmte die Chemie zwischen uns wieder«. Schon seit vier Jahren hätten sie sich regelmäßig wieder getroffen und es würde sie »eine Männerfreundschaft verbinden«. Angeblich hatte Thomas Gottschalk die beiden überredet, wieder gemeinsam aufzutreten. Und jetzt wurde auch offen darüber gesprochen, was immer alle vermutet hatten: Nora war der

Grund für die damalige Trennung: »Zum Schluss spielte sie sich als Vorstand von Modern Talking auf«, sagte Bohlen. Anders hatte sich inzwischen von Nora getrennt. Ein neues Album wurde angekündigt, auf dem neben 15 alten, überarbeiteten Stücken des Duos fünf neue Titel zu hören waren. Eine Neuaufnahme von »You're My Heart, You're My Soul« brachte nach erheblicher Fernsehpräsenz des sich wieder lieb habenden Duos dann auch wieder einen Hit. Das Album »Back For Good« erreichte am 13. 4. 1998 nach nur zwei Wochen Platz 1 der deutschen Charts. Und auch 1999 zeigte Dieter Bohlen, dass er immer noch auf der musikalischen Höhe der Zeit war und den Geschmack der Teenies treffen konnte: »You Are Not Alone« stieg nach nur zwei Wochen in die deutschen Top 10 auf. Mit Modern Talking rappte Eric Singleton, der dem Duo den Zeitgeist der End-90er-Jahre einhauchte. Ebenfalls Im Frühjahr 1999 erschien mit »Alone – The 8th Album« eine neue LP, die am 8. März auf Platz 1 der deutschen Charts einstieg. Daraufhin fragten viele nach dem Erfolgsrezept von Modern Talking. Selbst ernannte Fachleute kamen zu dem Ergebnis, die Musik des Duos sei extrem massentauglich, habe einen konservativen Grundtenor, sei von einer kaum zu überbietenden Schlichtheit, würde sich ständig wiederholen, sei ohne textliche Substanz, gleichförmig, handwerklich höchst anspruchslos, habe eine außerordentliche Nähe zur volkstümlichen Musik und zum deutschen Schlager. Das alles stimmt – aber genau das sind die Zutaten, die man für ein erfolgreiches Hitsüppchen braucht. Die weiteren Erfolgsalben: »2000 – Year Of The Dragon« (3/00 D-LP 3) und »America« (4/01 D-LP 2). Mit »Ready For The Victory« brachte Modern Talking wieder den RTL-Hit zur Grand-Prix-Saison. Im März 2002 erschien das Album »Victory – The Eleventh Album« (4/02 D-LP 1), das am 1. 4. 2002 gleich auf Platz 1 der LP-Charts einstieg.

You're My Heart, You're My Soul (1/85 D 1)
You Can Win If You Want (5/85 D 1)
Cheri, Cheri Lady (9/85 D 1)
Brother Louie (2/86 D 1; 8/86 GB 4)
Atlantis Is Calling (S.O.S. For Love) (6/86 D 1)
Geronimo's Cadillac (10/86 D 3)
Jet Airliner (6/87 D 7)
You're My Heart, You're My Soul 1998 (3/98 D 2)
You Are Not Alone (2/99 D 7)
China In Her Hand (2/00 D 8)
Win The Race (3/01 D 5)
Ready For The Victory (3/02 D 7)
Middle Of The Road (MOR), Pop

Siehe auch: Blue System

Modjo

YANN DESTAGNOL v (Frankreich), ROMAIN TRANCHART (Frankreich in Paris)
Tranchart gründete 1994 seine erste Gruppe namens Seven Tracks zusammen mit Paul de Homem-Christo, dem späteren Daft Punk. Er traf auf Destagnol an der American School of Modern Music. Der erste Hit des Duos beinhaltete Samples aus der Nummer »Soup For One« von Chic und brachte eine für die Zeit typische französische Mischung aus Dance und Disko mit einem Häppchen Funk. Es folgte »Chillin'« (4/01 GB 12, D 38).

Lady (Hear Me Tonight) (9/00 GB 1; 10/00 D 2)
Dance, Disko

Mo-Do

FABIO FRITELLI v (Italien, * 24. 7. 1966 in Monfalcone)
Mo-Do ist eine Kombination aus den Anfangsbuchstaben seines Geburtsortes Monfalcone und denen seines Geburtstages, einem Sonntag = Domenica. 1,84 m groß, begann er seine berufliche Karriere zunächst mit einigen Modeljobs. Dann sang er mit der Gruppe Blue The King. Bei

einer Frankfurter Rave-Party traf er auf Einstein Dr. Dee Jay, der mit ihm das Projekt Mo-Do startete.
Angeblich lehnt sich der Text von »Eins zwei, Polizei« an ein Kinderlied an, das – wie der in gebrochenem Deutsch sprechende Fabio erklärte – ihm seine Großmutter als Kind häufig vorgesungen hat. Die Nummer entwickelte sich im Sommer 1994 zum absoluten Diskothekenknüller und zeigt, was Diskogänger an textlichen Inhalten verkraften können. Ein typischer Nachzieher war »Super gut« (12/94 D 26).

Eins zwei, Polizei (8/94 D 1)
Disko

Modul, Das

YASMIN BAYSAL v (Deutschland, in Stuttgart), DIRK SCHMID v (Deutschland, in Stuttgart)
Yasmin, geboren 1972, und Dirk, geboren 1975, waren 1995 mit ihrer Version von »Computerliebe« legitime Nachfolger der Neuen Deutschen Welle. Im Original hatte die Nummer im Frühjahr 1985 mit der Formation Paso Doble Platz 15 in der deutschen Hitparade erreicht. »Kleine Maus« brachte dem Modul einen weiteren Top-10-Erfolg. »1100101« (10/95 D 16), »Frühlingsgefühle« (4/96 D 28) und »Robby Roboter« (8/96 D 29) bescherten ihnen weitere Hits.

Computerliebe (2/95 D 3)
Kleine Maus (6/95 D 4)

Mojos

KEITH ALCOCK b (Großbritannien), NICKY CROUCH g (Großbritannien), STU JAMES v (Großbritannien), BOB KONRAD d (Großbritannien), TERRY O'TOOLE p (Großbritannien)
Die Mojos waren 1963/64 eine der erfolgreicheren Merseybeat-Gruppen. Sie hatten sich 1960 als Nomads zusammengefunden. Wie viele englische Bands dieser Zeit gingen auch sie durch die harte Schule der Hamburger Reeperbahn. Im Frühjahr 1964 gelang der Gruppe mit dem Stück »Everything's Alright« ein Hit. Im selben Jahr gelangen ihnen zwar noch zwei weitere Chart-Entries, aber danach quälten sie sich bis 1967 und nahmen zwischenzeitlich als Schlagzeuger Aynsley Dunbar und als Bassist Lewis Collins hinzu. Dann fiel die Gruppe auseinander. James ging zu einem Musikverlag, Dunbar zu John Mayall's Bluesbreakers, und Lewis Collins wurde Schauspieler. So wirkte er z. B. in der Serie ›Die Profis‹ mit.

Everything's Alright (3/64 GB 9)
Merseybeat

Mokenstef

KENYA v (USA, in Los Angeles/Kalifornien), MONIFA v (USA, in Los Angeles/Kalifornien), STEPHANIE v (USA, in Los Angeles/Kalifornien)
MOnifa, KENya und STEPHanie waren drei Cheerleader an der Morningside High School in Inglewood, Kalifornien. Ihr erster Hit »He's Mine« brachte Häppchen aus »Be Alright« von Zapp und »Do Me Baby« von Prince – eine Goldene Platte und einen Top-10-Hit in den USA.

He's Mine (6/95 US 7)
Dance, Soft Soul

Molella

MOLELLA dj (Italien als Maurizio)
Molella war zum Zeitpunkt seines Hits 30 Jahre alt. Er mixte für Radio DJ, einen bekannten Radiosender in Italien, und in Clubs. Auch als Produzent betätigte er sich und mixte Titel von Technotronic, 2 In A Room, 49ers und Naughty By Nature.

Seine erste Single hieß »Confusion«, gefolgt von »Change«, einer Nummer 1 der italienischen Club-Charts. »If You Wanna Party« machte er zusammen mit den Outhere Brothers, die Platte war an Schlichtheit kaum noch zu überbieten.

If You Wanna Party (12/95 GB 9)
Techno

Siehe auch: Outhere Brothers

Moloko

MARK BRYDON key (Großbritannien), ROISIN MURPHY v (Irland)
Im Film »Clockwork Orange« trinken die Droogs in der Karova Milk Bar ein Gesöff, das sich Moloko nennt – daran lehnt sich der Name des Duos an. Mit »Dominoid« (2/96 GB 65) hatte die beiden eine erste Hitnotierung. Es folgten »Fun For Me« (5/96 GB 36) und »The Flipside« (6/98 GB 53). Mit »Sing It Back« (3/99 GB 45) war Moloko 1998 in den US-Dance-Charts recht erfolgreich. Nachdem Boris Dlugosch, Mousse T & Can die Nummer neu gemixt hatten, wurde es ein erster Top-10-Hit. Es folgten das Album »Things To Make And Do« (4/00 GB-LP 3) und die Singles »The Time Is Now« und »Pure Pleasure Seeker« (8/00 GB 21)

Sing It Back (9/99 GB 4)
The Time Is Now (4/00 GB 2)
Dance

Moments

WILLIAM BROWN v (USA, * 30. 6. 1946 in Atlanta/Georgia), AL GOODMAN v (USA, * 31. 3. 1947 in Jackson/Mississippi), MARK GREENE v (USA), HARRY RAY v (USA, * 15. 12. 1946 in Longbranch/New Jersey, † 1. 10. 1992)
In den Anfangstagen dieses Trios aus Hackensack, New Jersey, war der musikalische Kopf Mark Greene. Ende 1968 gelang den Moments mit »Not On The Outside« eine erste Chartnotierung. Danach verließ Greene die Band, und mit William Brown und Al Goodman kamen zwei neue Sänger. »Love On A Two-Way Street« wurde 1970 ein Millionseller. Nach diesem Hit kam als dritter Mann Harry Ray zu den Moments. In den USA hatten sie ein paar kleinere Hits, in GB gelangen ihnen weitere Top-10-Erfolge. Zusammen mit den Whatnauts, einer weiteren amerikanischen Soulgruppe, hatte die Band 1975 noch den Hit »Girls«. Nachdem der Gruppe kein weiterer Hit mehr gelang, veröffentlichten sie ab Anfang der 80er Jahre Platten unter ihren Nachnamen als Ray, Goodman & Brown und hatten auch ihr erfolgreichstes Album als »Ray, Goodman & Brown« (1/80 US-LP 17). Ray starb 1992 nach einem Schlaganfall.

Love On A Two-Way Street (4/70 US 3)
Girls (3/75 GB 3)
Dolly My Love (7/75 GB 10)
Jack In The Box (1/77 GB 7)
Special Lady (1/80 US 5)
Soul

Money, Eddie

EDDIE MONEY v (USA, * 2. 3. 1949 als Edward Mahoney in Brooklyn/New York City)
Vor seiner Karriere als Rocksänger war Eddie Money Polizist in New York. 1978 erschien seine Debüt-LP, auf der sich auch sein erster Singlehit »Baby Hold On« befand. In »Take Me Home Tonight« sind Ausschnitte aus »Be My Baby« zu hören, die von Ronnie Spector gesungen werden. »Peace In Our Time« erreichte Ende 1989 Platz 11. Seine erfolgreichsten Alben waren »Eddie Money« (1/78 US-LP 37), »Life For The Taking« (1/79 US-LP 17), »No Control« (7/82 US-LP 20) und »Can't Hold Back« (8/86 US-LP 20). 1991

kam er mit der CD »Right Here«, 1992 erschien »Unplug It In«.

Take Me Home Tonight (8/86 US 4)
Walk On Water (10/88 US 9)
AOR (Adult Orientated Rock), Rock

Money, JT

JT MONEY (USA, als Jeff Tompkins in Florida)
JT begann seine Karriere in der Formation Poison Clan. Seinen Hit »Who Dat« machte er zusammen mit der Rapperin Solé. Die wiederum lud ihn für ihre Single »4,5,6« (10/99 US 21) ein. Ein weiterer Gast bei diesem Stück war Kandi. JTs erfolgreichstes Album ist »Pimpin On Wax« (6/99 US-LP 28).

Who Dat (4/99 US 5)
Rap

Monica

MONICA v (USA, * 24. 10. 1980 als Monica Arnold in Atlanta/Georgia)
Auch Monica gehört zu denjenigen, die bereits mit vier Jahren im lokalen Kirchenchor sangen. Nachdem sie 20 Talentwettbewerbe gewonnen hatte, wurde sie von ihrem späteren Songwriter und Produzenten Dallas Austin entdeckt. Der behauptete: ›Sie muss in ihrem vorigen Leben eine Jazz- oder Bluessängerin gewesen sein. Sie ist die begabteste und von Natur aus talentierteste Sängerin, mit der ich je gearbeitet habe.‹ Ihr Debütalbum »Miss Thang« (8/95 US-LP 36) erschien im August 1995. Darauf befand sich auch ihr erster Singlehit »Don't Take It Personal (Just One Of Dem Days)«. Ihr nächstes Erfolgsalbum hieß »The Boy Is Mine« (siehe auch Brandy & Monica) (8/98 US-LP 8).

Don't Take It Personal (Just One Of Dem Days) (4/95 US 2)
Before You Walk Out Of My Life (10/95 US 7)
Why I Love You So Much/Ain't Nobody (6/96 US 9)
For You I Will (3/97 US 4)
The First Night (8/98 US 1; 10/98 GB 6)
Angel Of Mine (12/98 US 1)
Rhythm & Blues, Soul

Siehe auch: Brandy & Monica

Monifah

MONIFAH v (USA, als Monifah Carter in New York City)
Erstmals tauchte Monifah als Schauspielerin und als Backgroundsängerin für Maxi Priest auf. Ihre erste Chartnotierung war »I Miss You (Come Back Home)« (10/95 US 56). Es folgten »You« (5/96 US 32) und »Touch It«, ihr erster Top-10-Hit.

Touch It (8/98 US 9)
Rhythm & Blues

Monkees

MICKEY DOLENZ v, d (USA, * 8. 3. 1945 in Los Angeles/Kalifornien), DAVY JONES v (Großbritannien, * 30. 12. 1945 in Manchester), MICHAEL NESMITH v, g (USA, * 30. 12. 1942 als Robert Michael in Houston/Texas), PETER TORK v, b (USA, * 13. 2. 1944 als Peter Halsten Thorkelson in Washington/D.C.)
Michael Nesmith begann seine Karriere als Michael Blessing. Unter diesem Namen nahm er seine ersten Platten auf. Nebenher schrieb er Lieder für andere Interpreten, so z. B. für die Stone Poneys den Hit »Different Drum«. Michael bewarb sich dann wie einige andere im September 1965 auf eine Zeitungsannonce, in der ›vier verrückte Typen‹ für eine Fernsehserie über eine Musikgruppe gesucht wurden. Nach einigen Tests nahm man zwei Musiker – Michael und Folksänger Peter Tork – und zwei hoffnungsvolle junge Schauspieler – Mickey Dolenz und

Davy Jones. Unter den Bewerbern, die abgelehnt wurden, befanden sich Stephen Stills (wegen seiner schlechten Zähne), Danny Hutton (der daraufhin Three Dog Night gründete) und Charles Manson (mit Recht!). Nesmith, Tork, Jones und Dolenz waren nun also die Monkees, und im September 1966 wurde die erste Folge der TV-Serie ausgestrahlt, die schnell sehr populär wurde. Singles, die in der Sendung gesungen wurden, kletterten in die Charts. Peter Tork war der Erste, der aus der Band aussteigen wollte. Um sich aus dem Vertrag freizukaufen, musste er Ende 1968 160 000 Dollar bezahlen. Der Rest der Musiker trennte sich 1970. 1968 traten sie jedoch noch in ihrem einzigen Film auf: »Head«. Geschrieben wurde das Drehbuch von Jack Nicholson und Bob Rafelson. 1981 tourte Peter Tork mit seiner Band New Monks durch Japan. In einem Interview mit einer amerikanischen Zeitschrift sagte er, er habe in den letzten Jahren als Kellner gearbeitet und sei ansonsten ein professioneller ehemals Erfolgreicher. 1986 sendete MTV die 52 alten Monkees-Episoden wieder, und daraufhin kamen Peter, Mickey und Davy wieder als Monkees zusammen. Es reichte mit »That Was Then, This Is Now« Mitte 1986 zumindest für einen Top-20-Erfolg. Nun war auch die Nachfrage nach dem alten Material der Monkees wieder da, und es kamen in der zweiten Hälfte des Jahres 1986 insgesamt sieben LPs der Gruppe in die US-Charts. Ende 1996 erschien das Album »Justus«, auf dem alle vier Monkees wieder zusammen zu hören waren. Auch Michael Nesmith – und das, obwohl seine Mutter ›Tipp-Ex‹ erfunden und er somit bis an das Ende aller Tage ausgesorgt hat. Im Gegensatz zu den frühen Erfolgstagen der Gruppe, als Studiomusiker für sie den Job übernahmen, spielten nun die Jungs alle Instrumente selbst – und das nicht schlecht!

Ihre erfolgreichsten Alben: »The Monkees« (10/66 US-LP 1, 1/67 GB-LP 1, 3/67 D-LP 11), »More Of The Monkees« (2/67 US-LP 1, 4/67 GB-LP 1, 4/67 D-LP 16), »Headquarters« (6/67 US-LP 1, 7/67 GB-LP 2, 8/67 D-LP 29), »Pisces, Aquarius, Capricorn & Jones Ltd.« (11/67 US-LP 1, 1/68 GB-LP 5, 1/68 D-LP 18), »The Birds, The Bees & The Monkees« (5/68 US-LP 3, 7/68 D-LP 28), »The Monkees Greatest Hits« (8/76 US-LP 58), »Then & Now... The Best Of The Monkees« (7/86 US-LP 21), (»Hey Hey It's The Monkees – Greatest Hits« (4/89 GB-LP 12), »Here They Come: The Greatest Hits Of The Monkees« (3/97 GB-LP 15) und »The Definitive« (3/01 GB-LP 15).

Last Train To Clarksville (9/66 US 1)
I'm A Believer (12/66 GB 1, US 1; 1/67 D 1)
A Little Bit Me, A Little Bit You (3/67 GB 3, US 2; 5/67 D 7)
Alternate Title (6/67 GB 2)
Pleasant Valley Sunday (7/67 US 3)
Daydream Believer (11/67 D 4, GB 5, US 1)
Valerie (3/68 US 3)
Boy Group, Pop

Monro, Matt

MATT MONRO v (Großbritannien, * 1. 12. 1930 als Terrence Parsons in London, † 7. 2. 1985)

Monro suchte noch während seiner Militärzeit sein Glück als Sänger bei Nachwuchswettbewerben. Weil das nicht klappte, wurde er erst einmal Busfahrer. In den späten 50er Jahren wurde er professioneller Sänger. George Martin machte mit ihm unter dem Namen Fred Flange Parodien auf Frank-Sinatra-Titel. So ist er z.B. auf »Songs For Swinging Sellers« von Peter Sellers aus dem Jahr 1959 zu hören. Frank Sinatra, der diese Platte gehört hatte, sprach Matt ein Kompliment aus: gut getroffen. Von 1960 bis 1965 war er dann mit eigenen Platten erfolgreich. 1963 sang Matt das Thema zu dem James-Bond-Film »From Russia With Love«. Sein erfolgreichstes

Album war »Heartbreakers« (3/80 GB-LP 5). Er starb 1985 an Leberkrebs.

Portrait Of My Love (12/60 GB 3)
My Kind Of Girl (3/61 GB 5)
Softly As I Leave You (2/62 GB 10)
Walk Away (9/64 GB 4)
Yesterday (10/65 GB 8)
Middle Of The Road (MOR)

Monroe, Gerry

GERRY MONROE v (Großbritannien)
Monroe gab sein Debüt 1970 in der TV-Sendung ›Top Of The Pops‹ mit einer Coverversion des Gracie-Fields-Hits »Sally«. Dieser erste Hit war auch gleich sein größter. Es folgten außerhalb der Top 10: »Cry« (9/70 GB 38), »It's A Sin To Tell A Lie« (4/71 GB 13) und »Little Drops Of Silver« (8/71 GB 37). Die erfolgreichsten Plattenaufnahmen von Gerry waren Coverversionen. Danach trat er vorwiegend in Clubs auf, bis ihn gesundheitliche Probleme zwangen kürzer zu treten. Gerry Monroe starb im November 1989.

Sally (5/70 GB 4)
My Prayer (11/70 GB 9)
Middle Of The Road (MOR)

Monstars

Die Monstars waren die Monster aus dem Film »Space Jam«, die gegen die armen Cartoonies antreten und sie in Grund und Boden spielen wollten. Natürlich wurde das dank Bugs Bunny und Michael Jordan verhindert. Hinter den Monstars verbargen sich B Real, Busta Rhymes, Coolio, LL Cool J und Method Man. Ihre Platte »Hit ›Em High (The Monstars' Anthem)« brachte es in Deutschland bis auf Platz 14. Der Soundtrack zum Film »Space Jam« wurde ein internationaler Knüller. Etliche Stücke daraus entwickelten sich zu Singlehits, so z. B. Seal mit »Fly Like An Eagle«, Monica und »For You I Will«, »Space Jam« mit Quad City DJ's oder R. Kelly und »I Believe I Can Fly«. Schöner und erfolgreicher wurde ein Werbespot von Nike nie vermarktet.

Hit ›Em High (The Monstars' Anthem) (4/97 GB 8)
Pop, Rhythm & Blues

Siehe auch: Method Man; LL Cool J; Coolio; Busta Rhymes

Monte, Lou

LOU MONTE v (USA, * 2. 4. 1917 in Lyndhurst/New Jersey)
Der Sänger italienischer Abstammung, was er in seinen Songs sehr kultivierte, hatte seinen ersten Hit mit »At The Darktown Strutter's Ball«. Über Songs wie »Somewhere There Is Someone« (4/54 US 21), »Italian Hucklebuck« (8/54 US 30), »Lazy Mary« (3/58 US 12) kam er zu seinem größten Erfolg, »Pepino The Italian Mouse«. Sein erfolgreichstes Album war »Pepino, The Italian Mouse And Other Italian Fun Songs« (12/62 US-LP 9).

At The Darktown Strutter's Ball (2/54 US 7)
Pepino The Italian Mouse (12/62 US 5)
Pop

Montenegro, Hugo

HUGO MONTENEGRO (USA, * 2. 9. 1925 in New York City, † 6. 2. 1981)
Der Orchesterchef hatte sich auf das Komponieren von Filmmusiken spezialisiert. Seinen größten Erfolg hatte er jedoch mit einem Titel, den Ennio Morricone für den Film »Zwei glorreiche Halunken« geschrieben hatte: »The Good, The Bad And The Ugly«. Montenegro kam 1955 zur Plattenindustrie und arbeitete zunächst als Manager und dann als Dirigent und Arrangeur für z. B. Harry Belafonte. In den 60er und 70er Jahren versorgte er Filme von Clint Eastwood, Dean Martin, Frank Sinatra oder auch einen

Western mit Elvis Presley mit Musik. Sein erfolgreichstes Album hieß »Music From ›A Fistful Of Dollars‹ & ›A Few Dollars More‹ & ›The Good, The Bad & The Ugly‹« (2/68 US-LP 9).

The Good, The Bad And The Ugly (2/68 US 2; 9/68 GB 1)
Instrumental

Montez, Chris

CHRIS MONTEZ v (USA, * 17. 1. 1943 als Ezekiel Christopher Montanez in Los Angeles/Kalifornien)
Montez kopierte den Stil seines Vorbildes Ritchie Valens, der Chris auch protegierte. Wie dieser stammte er aus dem Umfeld der Pachucos, die man später Chicanos oder Hispanics nannte. Man sprach in dem Zusammenhang auch von Tex-Mex-Music. Angeblich war Chris Montez ein Schulfreund der Beach Boys. Seine ersten Platten machte er 1960. Ab Mitte 1962 war er für einige Jahre recht erfolgreich. Seine letzte Hitnotierung war »No One Knew« (1/74 D 32), sein erfolgreichstes Album »The More I See You/Call Me« (7/66 US-LP 33).

Let's Dance (8/62 US 4; 10/62 GB 2; 12/62 D 7; 10/72 GB 9)
Some Kinda Fun (1/63 GB 10)
The More I See You (6/66 GB 3)
Pop, Texmex

Monty Python

GRAHAM CHAPMAN (Großbritannien, * 8. 1. 1941, † 4. 10. 1989), JOHN CLEESE (Großbritannien, * 27. 10. 1939 in Weston-Super-Mare/Somerset), TERRY GILLIAM (Großbritannien, * 22. 11. 1940), ERIC IDLE (Großbritannien, * 29. 3. 1943), TERRY JONES (Großbritannien, * 1. 2. 1942), MICHAEL PALIN (Großbritannien, * 5. 5. 1943)
Dass die mit typisch britischem Humor und einer gehörigen Portion Sarkasmus ausgestattete Truppe jemals einen Hit haben würde, war klar. Am Ende des Songs »Always Look On The Bright Side Of Life ...« heißt es ja überdeutlich, dass ganz zufällig die Platte zum Film »The Life Of Brian« im Foyer zu kaufen ist. Dass das jahrelang unbekannt war, lag an der Tatsache, dass sich so lange niemand das Stück angehört hatte, und da das Lied auch am Ende des Films zu hören war, sind alle, bevor der Abspann kam, aufgesprungen und rausgerannt. Irgendwann ist jemand, der während des Films eingeschlafen ist, zu spät wach geworden und hat die Botschaft vernommen, die Platte gespielt – es handelte sich um eine Tante, die den Nachnamen BBC trägt –, und damit nahm das Unglück seinen Lauf. Die 1979 erschienene Platte kam schon Ende 1991 in die englische Hitparade. Gleiches Ergebnis erzielte sie wenig später auch in Deutschland, wo man eine Aufnahme des »River Kwai March« herausgehört hatte. So oder so ähnlich hat sich die Geschichte zugetragen, und wenn sie nicht gestorben sind, mögen sie immer noch Chinesen.
PS: Mal ganz im Ernst, Monty Python kamen 1967 zusammen. Die Schauspieltruppe arbeitete anfangs als Team für das britische Fernsehen und brachte bis 1972 abstruse und absurde Sketch-Episoden. Dann versuchten sie sich mit Kinofilmen. Nachdem sie knapp bei Kasse waren, half George Harrison aus, und mit seiner finanziellen Hilfe entstanden Filme wie »Die Ritter der Kokosnuss« 1974, »Das Leben des Brian« 1979 oder »Der Sinn des Lebens« 1982. Das Spektrum von Monty Python umfasst sanfte Ironie bis zu vulgärem Klamauk, intelligenten wie infantilen Humor, Tabuverletzung und Zerstörungswut, Persiflage und Zynismus. Danach trennte sich die Truppe, arbeitete aber weiter erfolgreich für Fernsehen und

Kino. John Cleese und Michael Palin waren z. B. in »Ein Fisch namens Wanda« zu sehen. Cleese dreht außerdem Filme für Managerseminare.

Always Look On The Bright Side Of Life... (10/91 D 3, GB 3)
Pop

Moody Blues

GRAEME EDGE g, d, tab (Großbritannien, * 30. 3. 1941 in Rochester/Staffordshire), JUSTIN HAYWARD v, g, p (Großbritannien, * 14. 10. 1946 in Swindon/Wiltshire), DENNY LAINE v, g, harm (Großbritannien, * 29. 10. 1944 als Brian Hines in Jersey/Channel Island), JOHN LODGE b (Großbritannien, * 20. 7. 1945 in Birmingham), PATRICK MORAZ key (Schweiz, * 24. 6. 1948 in Morges), MIKE PINDER key, p (Großbritannien, * 27. 12. 1941 in Birmingham), RAY THOMAS v, harm, fl (Großbritannien, * 29. 12. 1941 in Stourport on Severn/Hereford), CLINT WARWICK b (Großbritannien, * 25. 6. 1939 als Clinton Eccles in Birmingham)

Im Mai 1964 wurde der Grundstock für Moody Blues gelegt. Denny Laine hatte gerade seine Gruppe Diplomats aufgelöst und suchte neue Musiker für eine Band, die sich zunächst MB Five nannte. Er fand sie in Ray Thomas, Mike Pinder – beide hatten gerade ein Jahr im Hamburger Top 10 Club mit den Crewcats gespielt –, Graeme Edge und Clint Warwick. Wenig später beschlossen sie, dass M für Moody stand und B für Blues, und nannten sich dementsprechend Moody Blues Five. Noch im August 1964 erschien ihre Debütsingle »Lose Your Money«. Im Frühjahr 1965 erreichte »Go Now!«, eine Coverversion von Bessie Banks' US-Rhythm-&-Blues-Nummer, Platz 1. Die nächsten Singles der Formation kamen jedoch nicht mehr über die Top 20 hinaus, und im Oktober 1966 entschied man sich, die Band aufzulösen. Denny Laine unterschrieb einen Soloplattenvertrag. Nachdem das nichts wurde, machte er mit Ex-Move-Mitglied Trevor Burton die Band Balls, und ab 1973 spielte er mit Paul McCartney's Wings. Nur einen Monat nach der Trennung belebten Pinder, Thomas und Edge die Band neu. Sie suchten sich zwei neue Mitglieder: John Lodge und Justin Hayward. Ende 1967 erschien die von Hayward geschriebene Nummer »Nights In White Satin«, die es bis auf einen Platz 19 in GB brachte. Dieser Titel sollte sich im Laufe der Jahre zum Markenzeichen von Moody Blues entwickeln. »Question« wurde die erfolgreichste Aufnahme der Band in Deutschland. In den 70er Jahren wusste man nie, ob es die Gruppe noch gibt. Sie arbeiteten getrennt oder als Duos, wie z. B. Hayward und Lodge. Mitte 1978 nahmen sie mit »Octave« nach sechs Jahren wieder eine Platte auf, die ihre erste Platin-LP überhaupt wurde. Danach verließ Mike Pinder die Band und wurde durch den Schweizer Patrick Moraz ersetzt, der bereits bei Refugee und Yes gespielt hatte. Auch in den 80er Jahren schien es so zu sein, dass die Gruppe immer dann mal wieder zusammenkam, wenn es galt, die Rente aufzubessern. Sehr schön ihre Langspielplatte »The Other Side Of Life« aus dem Jahr 1986. Daraus ausgekoppelt wurde die Single »Your Wildest Dreams«. 1988 erschien die LP »Sur La Mer«, 1991 »Keys Of The Kingdom«. 1993 spielte die Besetzung Thomas, Hayward, Lodge und Edge zusammen mit dem Colorado Symphony Orchestra das Live-Album »A Night At Red Rocks« ein.

Die erfolgreichsten Alben für Moody Blues: »Days Of The Future Past« (1/68 GB-LP 27, 5/68 US-LP 3), »In Search Of The Lost Chord« (8/68 GB-LP 5, 9/68 US-LP 23, 10/68 D-LP 30), »On The Threshold Of A Dream« (5/69 GB-LP 1, US-LP 20, 7/69 D-LP 37), »To Our Children's Children's Children« (12/69 GB-LP 2, 1/70 US-LP 14), »A Question Of Balance« (8/70 GB-LP 1, 9/70 US-LP 3), »Every Good Boy Deserves Favour« (8/71 GB-LP 1, US-LP 2), »Seventh Sojourn« (11/72 US-LP 11, 12/72 GB-LP 5, D-LP 38), »Octave« (6/78 GB-LP 6, 7/78 US-LP 13, D-LP 15), »Long Distance Voyager« (5/81 GB-LP 7, 6/81 US-LP 1, D-LP 28) und »The Other Side Of Life« (5/86 GB-LP 24, US-LP 9).

Go Now (12/64 GB 1; 2/65 US 10)
Question (5/70 GB 2; 7/70 D 9)
Nights In White Satin (8/72 US 2; 12/72 GB 9)
Your Wildest Dreams (4/86 US 9)
Pop, Rock, Soft Pop

Siehe auch: Hayward, Justin

Moore, Bob

BOB MOORE b, bl (USA, * 30. 11. 1932 in Nashville/Tennessee)
Moore war in den 50er Jahren ein gesuchter Studiomusiker, der auf Platten von Connie Francis, Brenda Lee, Pat Boone, Elvis Presley, Red Foley und vielen anderen zu hören war. Mit seiner Band wurde er der ständige Begleiter auf den frühen Hits von Roy Orbison. Insgesamt hat Bob Moore, der auch Songs schrieb, innerhalb von dreißig Jahren auf 18 000 Schallplatten mitgewirkt. Im Herbst 1961 gelang ihm mit dem Titel »Mexico«, bei dem man sich ernsthaft fragt, was Bob darauf macht, ein Hit. Nach 1964 war auch in Deutschland seine Hitzeit vorüber. Der Sound von Moore auf seinen Hits wurde später von Herb Alpert und seiner Tijuana Brass Band kopiert. Später spielte Bob als Studiomusiker auf Platten von so unterschiedlichen Interpreten wie Moby Grape, Carl Perkins, J.J. Cale, Pearls Before Swine, Harvey Mandel, Kenny Rogers, Don McLean, Bill Medley oder Bob Dylan. In den 80er Jahren zog er sich aus dem Musikgeschäft zurück.

Mexico (8/61 US 7; 11/61 D 1)
Auf Wiedersehn, Marlen' (5/62 D 8)
Auf meiner kleinen Hacienda (10/62 D 8)
Instrumental, Pop

Moore, Chanté

CHANTÉ MOORE v (USA, * 17. 2. 1967 in San Francisco)
Moore war die Tochter eines Geistlichen. Mit 12 Jahren zog sie von San Francisco nach San Diego. Hier gewann sie etliche Schönheitswettbewerbe und arbeitete mit El DeBarge zusammen. 1992 veröffentlichte sie ihr erstes Soloalbum »Precious«. Mit »Love's Taken Over« (12/92 US 86) hatte sie ihre erste Hitnotierung. Dann sollte es sieben Jahre dauern, bis sie mit »Chanté's Got A Man« einen richtigen Hit hatte. Dieses Stück beinhaltete Samples aus »One Bad Apple« von den Osmonds. Zwei Jahre später kam sie in Großbritannien mit »Straight Up« (4/01 GB 11) in die Charts. Ihr erfolgreichstes Album war »This Moment Is Mine« (6/99 US-LP 31).

Chanté's Got A Man (5/99 US 10)

Moore, Dorothy

DOROTHY MOORE v (USA, * 13. 10. 1947 in Jackson/Mississippi)
Zusammen mit der Formation Poppies hatte Dorothy als deren Leadsängerin im Frühjahr 1966 den Hit »Lullaby Of Love« (3/66 US 56). Ab 1973 tauchte sie erst nur in den Rhythm-&-Blues–, ab 1976 auch in den Popcharts auf. Es folgten »Funny How Time Slips Away« (10/76 GB 38) und »I Believe You« (8/77 US 27, 10/77 GB 20). Die Liste ihrer R&B-Erfolge reicht bis in das Jahr 1982. Ihr erfolgreichstes Album war »Misty Blue« (5/76 US-LP 29).

Misty Blue (3/76 US 3; 6/76 GB 5)
Pop, Rhythm & Blues

Moore, Gary

GARY MOORE g (Großbritannien, * 4. 4. 1952 als Robert William Gary Moore in Belfast)

Sein Vater war Konzertveranstalter. Dass von Irland hervorragende Popmusiker kommen, ist sicher nicht erst seit Van Morrison oder Rory Gallagher bekannt. Nachdem er den 16-jährigen als Mitglied von Skid Row gehört hatte, sagte Gitarrenkollege Peter Green Gary Moore eine große Karriere voraus. Skid Row hatte im Vorprogramm von Peter Greens Fleetwood Mac gespielt.

Über die Wandlungsfähigkeit von Gary Moore werden sicher viele gestaunt haben. Gerade mal 16 Jahre alt, spielte Gary neben Phil Lynott in Irland in der Band Skid Row. Phil stieg allerdings schon nach wenigen Monaten aus, um sein Projekt Thin Lizzy zu gründen. Skid machte als Trio weiter. Neben Gary spielten Brendan Shields Bass und Noel Bridgeman Drums. 1970 ging die Gruppe von Belfast nach London und erhielt einen Plattenvertrag. Nach nur zwei Alben stieg Gary wieder aus, um 1973 sein erstes Soloalbum aufzunehmen. Nachdem das ein Flop wurde, ging Gary wieder zu seinem alten Freund Phil und ersetzte bei Thin Lizzy Eric Bell. Jedoch schon nach vier Monaten wurde Gary wieder durch Scott Gorham und Brian Robertson ersetzt. Gary verdiente sein Geld als Sessionmusiker, spielte auf Platten von Eddie Howell und machte mit bei einer Rockversion von »Peter und der Wolf«. 1976 wurde er Mitglied bei Colosseum II, mit denen er drei Langspielplatten aufnahm. 1977 sprang er wieder einmal bei Thin Lizzy ein, ging wieder, wurde wieder festes Mitglied und verließ die Gruppe mitten während einer US-Tournee, um die Band G-Force zu gründen. Phil Lynott muss ihm jedoch immer wieder verbunden gewesen sein, denn im Frühjahr 1979 erschien Garys Singleplatte »Parisienne Walkways«, die von Phil gesungen wurde. Es kamen weitere zwar schöne, aber kommerziell nicht sonderlich erfolgreiche Platten auf den Markt, bis »Empty Rooms« erschien und »Out In The Fields« wieder zusammen mit Phil Lynott. Gerade glaubte man, Gary einordnen zu können, da machte er musikalisch eine Kehrtwendung hin zum Blues. Schien das nach den ersten Platten noch mehr eine Laune zu sein, so entwickelte sich seine Vorliebe für den Blues zu einem absoluten Renner. Den unerwarteten Erfolg von Gary Moores Album »Still Got The Blues« verdankte er sicher auch zum Teil jener Überraschung darüber, dass ein gestandener Gitarrist auf dem Sektor Rock und Jazz-Rock plötzlich eben mit dieser bodenständigen Musik kam. Als Gastmusiker waren auf »Still Got The Blues« George Harrison, Mick Weaver, Albert Collins und andere populäre Rockmusiker zu hören. Als nächste LP erschien »After Hours«, auf der unter anderem die Blues-Legende B.B. King mit ihm spielte. Ein Erfolgsgeheimnis von Gary Moore dürfte sein, dass er auf seinen Platten und auch bei seinen Auftritten Blues-Standards mit neu geschriebenem Material im Blues-Stil mischt. Nach dem Erfolg von »After Hours« erschien die CD »Blues And More«, auf der ein interessanter Querschnitt durch das musikalische Schaffen von Gary Moore zu finden war. Die Aufnahmen gingen von Skid Row über seine eigene Band, Colosseum, G-Force bis hin zum Hit »Parisienne Walkways« mit Phil Lynott. Gary Moore hat immer behauptet, der große Jeff Beck sei sein Vorbild. Inzwischen ist er selbst in die erste Liga der Gitarristen aufgestiegen. Ob er bei diesem Genre bleibt oder ob er nicht doch irgendwann als Jazzgitarrist wieder auftaucht, ist ungewiss. Wer von Gary Moore live mehr hören will, sollte sich unbedingt die CD »Blues Alive« anschaffen, die 1993 er-

schien. Darauf war auch »Parisienne Walkways '93« zu finden, die als Singleauskopplung in dieser Live-Version in die britischen Top 40 kam. 1994 wollten wohl Ginger Baker und Jack Bruce in alter Cream-Manier wieder zusammenspielen. Da Eric Clapton nicht zur Verfügung stand, kam als dritter Mann Gary Moore dazu. Das Projekt erhielt den Namen BBM. Das Ergebnis »Around The Next Dream« kann sich durchaus hören lassen. Mitte 1995 erschien eine CD mit dem Titel »Blues For Greeny«, eine Hommage an Peter Green.
Seine erfolgreichsten Alben: »Wild Frontier« (3/87 GB-LP 8, 3/87 D-LP 9), »After The War« (2/89 D-LP 2, 3/89 GB-LP 23), »Still Got The Blues« (4/90 D-LP 4, 4/90 GB-LP 13), »After Hours« (3/92 GB-LP 4, 3/92 D-LP 2) und »Blues Alive« (5/93 GB-LP 8). Im März 2001 erschien »Back To The Blues«.

Parisienne Walkways (4/79 GB 8)
Out In The Fields (5/85 GB 5)
AOR (Adult Orientated Rock), Bluebeat, Rock

Moore, Mandy

MANDY MOORE v (USA, * 10. 4. 1984 als Amanda Leigh in Nashua/New Hampshire)
Mandy wuchs in Orlando/Florida auf. Sie ist rund drei Jahre jünger als Britney Spears – aber sie sieht aus wie geklont. Entdeckt wurde sie von David McPherson, der die Backstreet Boys bekannt gemacht hatte. Zuerst trat Mandy in etlichen Werbeclips auf, dann wurde sie Moderatorin für MTV. Im Tross der Backstreet Boys und von 'N Sync zog Mandy dann für fünf Monate durch die USA, um sich den Teenies zu präsentieren. Mit der Nummer »Candy« (9/99 US 41) hatte sie ihre erste Platte in den US-Charts. Es folgte der Singlehit »I Wanna Be With You« (6/00 US 24, 8/00 GB 21), der aus dem Film »Centre Stage« stammte. »Centre Stage« wurde angekündigt als ››»Fame« für den Jahrtausenwechsel‹. Ihre erfolgreichsten Alben: »So Real« (12/99 US-LP 31) und »I Wanna Be With You« (5/00 US-LP 21).

Candy (5/00 GB 6)
Pop

Moore, Melba

MELBA MOORE v (USA, * 29. 10. 1945 als Melba Hill in New York)
Melba begann ihre Karriere am Broadway und in der Filmproduktion von »Hair«, in der sie die Sheila spielte. Für ihre Rolle als Lutiebelle im Musical »Purlie« erhielt sie einen Tony Award. Ihren Hit hatte Van McCoy geschrieben, der neben Richard Tee, Eric Gale, John Tropea oder Steve Gadd auch selbst darauf mitspielte. Nachfolgehits waren »Love's Comin' At Ya« (10/82 GB 15) und »Mind Up Tonight« (1/83 GB 22). In den Rhythm-&-Blues-Charts war sie ab 1975 bis in die 90er Jahre erfolgreich. 1986 hatte Melba eine eigene TV-Show in den USA.

This Is It (5/76 GB 9)
Rhythm & Blues, Soul

Moore, Tina

TINA MOORE v (USA, in Milwaukee/Wisconsin)
Nachdem Tina das Wisconsin Conservatory of Music besucht hatte, unterschrieb sie 1994 bei Scotti Brothers in Chicago einen Plattenvertrag. Ihre Debütsingle »Color Me Blue« (8/94 R&B 73) kam lediglich in die R&B-Charts. Die nächste Platte »Never Gonna Let You Go« (5/95 R&B 27) war zwar schon etwas erfolgreicher, kam jedoch in den US-Popcharts lediglich auf Platz 112. Die Nummer wurde als Importplatte in GB sehr gut ver-

kauft – dann entschloss sich die RCA, die Platte offiziell in GB zu veröffentlichen. Nachfolgehit wurde »Nobody Better« (4/98 GB 20).

Never Gonna Let You Go (8/97 GB 7)
Rhythm & Blues

Morales, David

David arbeitete in New York als DJ bei der erfolgreichen Dance-Station WKTU. Außerdem hatte er sich als Mixer einen Namen gemacht – Mariah Carey, Michael und Janet Jackson, Whitney Houston, Jamiroquai oder die Spice Girls hatten ihn für sich arbeiten lassen. Erstmals erreichte er als Interpret die Charts in GB mit »Gimme Luv (Eenie Meenie Miny Mo)« (10/93 GB 37). Hier wurden als Mitinterpreten der Bad Yard Club genannt. Sein nächster Top-40-Hit war »In De Ghetto« (8/96 GB 35). Bei dieser Aufnahme machte wieder der Bad Yard Club mit – außerdem noch Crystal Waters und Delta. Zwischendurch nahm David als Boss die Platte »Congo« (8/94 GB 54) und als Pulse featuring Antoinette Roberson das Stück »The Lover That You Are« (5/96 GB 22) auf. Sein erster Top-10-Hit erschien als ›David Morales Presents The Face‹ – was Morales genau bei dieser Platte machte, blieb verborgen. Er hatte sie mitgeschrieben und auch produziert – aber ansonsten? Ein Remix seines ersten Top-10-Hits kam als »Needin' U II« erneut in die Charts (1/01 GB 11). Neu auf dieser Platte war der Gesang von Juliet Roberts.

Needin' U (8/98 GB 8)
Pop

Morgan, Debelah

DEBELAH MORGAN v (USA, in Detroit)
Im Jahr 2000 galt Debelah als neuer Stern des Rhythm & Blues-Pop. Geboren ist sie in Detroit, aufgewachsen jedoch in Phoenix/Arizona. Nachdem sie 1989 den Titel der ›Miss Black Teenage World‹ gewonnen hatte, zog es sie auf der Suche nach einem Plattenvertrag nach Los Angeles. 1994 veröffentlichte sie ihr erstes Album »Debelah«. Zu diesem Zeitpunkt verzichtete man auch noch auf ihren Nachnamen. Obwohl Ice Cube und auch Whitney Houston bei der Produktion dieses ersten Albums halfen, war es nicht erfolgreich. Ihre erste Hitnotierung war »Yesterday« (9/98 US 56). 1999 nahm sie das Album »It's Not Over« auf. Richtig erfolgreich wurde sie mit dem Titelsong ihres dritten Albums »Dance With Me« (2/01 D 14). Große Teile des Stückes stammten aus »Hernando's Hideaway« (5/54 US 2) – mit der Nummer war z. B. Archie Bleyer sehr erfolgreich gewesen.

Dance With Me (7/00 US 8; 2/01 GB 10)
Pop, Rhythm & Blues

Morissette, Alanis

ALANIS MORISSETTE v (Kanada, * 1. 6. 1974 in Ottawa)
Alanis galt als die Newcomerin des Jahres 1995. Sie gewann vier Grammys, einen Echo- und einen Brit-Award und verkaufte von ihrem Album »Jagged Little Pill« (7/95 US-LP 1, 8/95 GB-LP 1, 9/95 D-LP 3) weltweit über 16 Millionen Exemplare. Selten hatte es jemand so sehr verdient wie sie. Bereits mit 12 Jahren wirkte sie in der Nickelodeon-Kinderserie ›You Can't Do That On Television‹ mit. Schon ein Jahr zuvor hatte sie ihre erste Platte aufgenommen. Mit ihr spielten zwei Mitglieder der Stampeders. Die Single hieß »Fate Stay With Me«. Ihre erste LP »Alanis« erschien, als sie 14 Jahre alt war. In Kanada erhielt sie dafür einen Juno Award als Kanadas vielversprechendster weiblicher Gesangsstar. 1992 kam ihr Album »Now Is The Time« auf den Markt, das zwar in

Kanada erfolgreich war – aber eben auch nur dort. International erfolgreich wurde sie, als sie 1994 nach Los Angeles/Kalifornien übersiedelte und dort von Madonnas Label Maverick unter Vertrag genommen wurde. Mitte 1995 erschien das Album »Jagged Little Pill«, das sowohl von den Kritikern als auch von den Käufern begeistert aufgenommen wurde. In den darauf folgenden Monaten wurde dieses Album langsam, aber sicher in Singles zerpflückt. Am erfolgreichsten war die Nummer »Ironic«, die es in GB bis auf Platz 11 brachte. Mit »Thank U« kündigte sich das neue Album »Supposed Former Infatuation Junkie« (11/98 GB-LP 3, 11/98 D-LP 1, 11/98 US-LP 1) an. In Deutschland stieg die Platte am 16. 11. 1998, in den USA am 21. 11. 1998 gleich auf Platz 1 der LP-Charts ein. Das nächste erfolgreiche Album: »MTV Unplugged« (12/99 D-LP 5). Im Frühjahr 2000 gab Alanis im Stück »The Vagina Monologues« in New York ihr Debüt als Schauspielerin. Anfang 2002 erschien das Album »Under Rug Swept« (3/02 D-LP 1, US-LP 1, GB-LP 2). Daraus die Single »Hands Clean« (2/02 US 23, 3/02 GB 12).

Ironic (3/96 US 4; 5/96 D 8)
You Oughta Know/You Learn (7/96 US 6)
Head Over Feet (8/96 GB 7)
Thank U (10/98 GB 5)
AOR (Adult Orientated Rock), Pop, Rock

Moroder, Giorgio

GIORGIO MORODER v (Italien, * 26. 4. 1940 in St. Ulrich/Südtirol)
Der aus Südtirol stammende Moroder beherrscht mehrere Instrumente und spricht fünf Sprachen. Erste Erfolge hatte er als Songschreiber. Zusammen mit Michael Holm schrieb er den Titel »Ich sprenge alle Ketten«, der mit Ricky Shayne ein Hit wurde. Als Giorgio hatte er die Hits »Looky, Looky« (6/69 D 26), »Moody Trudy« (1/70 D 31), »Underdog« (2/71 D 22) und »From Here To Eternity« (9/77 GB 16, 10/77 D 29). Seit der zweiten Hälfte der 70er Jahre in den USA erfolgreicher Komponist von Filmmusiken. So erhielt er z. B. für »Midnight Express« (1978), »Flashdance« (1983) sowie den Titelsong zu »Top Gun« (1986) je einen Oscar. 1984 veröffentlichte er mit Paul Engemann das offizielle Thema der 23. Olympischen Spiele in Los Angeles: »Reach Out«. Wenig später hatte er zusammen mit Phil Oakey einen Hit: »Together In Electric Dreams«. Für die Olympischen Spiele in Korea 1988 schrieb Giorgio die Nummer »Hand In Hand«, die mit der Formation Koreana weltweit erfolgreich war. Die Vermutung, dass Moroder mit seinen Kompositionen bisher über 150 goldene Schallplatten eingeheimst hat, ist durchaus richtig. Die Bandbreite der von ihm produzierten Musiker reicht von Michael Holm, Ricky Shayne und Mary Roos über Donna Summer bis hin zu Sigue Sigue Sputnik. 1990 schrieb er mit an »Un Estate Italiana«, dem FIFA-Song für die Fußball-Weltmeisterschaft in Italien.

Reach Out (8/84 D 1)
Together In Electric Dreams (9/84 GB 3)
Dance, Elektro-Pop, Pop

Morricone, Ennio

ENNIO MORRICONE (Italien, * 11. 10. 1928 in Rom)
Morricone komponierte ab Anfang der 60er Jahre erst für den einheimischen, dann für den internationalen Film. Vor allem seine Musiken zu den so genannten Spaghetti-Western wie »A Fistful Of Dollars« (Für eine Handvoll Dollars – 1964), »For A Few Dollars More« (Für ein paar Dollars mehr – 1965), »The Good, The Bad And The Ugly« (Zwei glorreiche Halunken -1966) oder »Once Upon A Time In The West« (Spiel mir das Lied vom Tod –

1968) machten ihn weltbekannt. Ab den 70er Jahren schrieb er auch für amerikanische Filme, z. B. für »The Untouchables« 1987, »Frantic« 1988 oder »Bugsy« 1992. Für die Musik zu dem Film »The Mission« 1986 erhielt er einen Oscar. Seinen größten Singleerfolg feierte Ennio im Frühjahr 1981 mit dem Titel »Chi Mai«. Das Stück war ein Thema für die BBC-TV-Serie ›The Life And Times Of David Lloyd George‹ gewesen. International wurde die Nummer bekannt, als sie im Film »Der Profi« mit Jean-Paul Belmondo noch einmal zu hören war. Seine erfolgreichsten Alben waren »The Good, The Bad And The Ugly« (12/68 GB-LP 2, 2/68 US-LP 4) und »Sound Giganten« (1/81 D-LP 5).
Einige seiner Kompositionen veröffentlichte er auch unter dem Pseudonym Leo Nichols.

Chi Mai (4/81 GB 2)
Instrumental, Pop

Morrison, Mark

MARK MORRISON v (Großbritannien, * 12. 5. 1974 in Hannover/Deutschland)
1996 wurde Morrison mit dem englischen Black Music Award in der Kategorie bester männlicher Sänger ausgezeichnet. Seine erste Hitnotierung war im Frühjahr 1995 der Titel »Crazy«, der es bis auf Platz 19 in GB brachte. Es folgte »Let's Get Down« (9/95 GB 39). Dann kam »Return Of The Mack«, und mit diesem Titel begann Marks Erfolg. Als Re-Release kam »Crazy« danach auch in die britischen Top 10 und alle bisherigen nachfolgenden Singles ebenfalls. Sein erfolgreichstes Album hieß ebenfalls »Return Of The Mack« (5/96 GB-LP 4).
Auch in anderer Hinsicht hat Morrison eine recht erfolgreiche, wenn auch sehr zweifelhafte Karriere aufzuweisen. 1994 wurde er in eine Auseinandersetzung in einem Nachtclub verwickelt, bei der ein Mann durch Messerstiche umgebracht wurde. Morrison kam in Untersuchungshaft, und als er später seinen gemeinnützigen Dienst antreten sollte, schickte er einen Ersatzmann, denn er hatte gerade seinen Hit »Return Of The Mack«, den er im Gefängnis geschrieben hatte. Im Oktober 1996 wurde er wegen eines Überfalls auf ein Lebensmittel- und Alkoholgeschäft und der Bedrohung eines Polizisten in London verhaftet. Innerhalb der nächsten Jahre erfolgten mehrere Verurteilungen wegen Bedrohung von Polizisten, bewaffneten Überfalls, Fahren ohne Führerschein, unerlaubten Waffenbesitzes, Behinderung der Polizeiarbeit und Erregung öffentlichen Ärgernisses. Inzwischen ist Morrison zum Islam übergetreten und nennt sich nun Abdul Rahman. Im Januar 1999 wurde bekannt, dass er in einer Zeremonie im Gefängnis seine Freundin Aaliyah Hussein heiraten werde.

Return Of The Mack (3/96 GB 1; 4/96 D 5; 3/97 US 2)
Crazy (7/96 GB 6)
Trippin' (10/96 GB 8)
Horny (12/96 GB 5)
Moan & Groan (3/97 GB 3)
Dance, Pop, Rhythm & Blues

Morrison, Van

VAN MORRISON v, sax (Großbritannien, * 31. 8. 1945 als George Ivan Morrison in Belfast)
Van begann mit 15 bei der Band Monarchs als Saxophonist. 1964 war er Gründer der Gruppe Them, deren größter Hit 1965 »Baby Please Don't Go« wurde. 1966 trennte er sich von der Gruppe und nahm, vorwiegend in den USA, Soloplatten auf. Seine erste Hitnotierung war »Brown Eyed Girl«. Mit »Domino« hatte er einen weiteren Top-10-Hit. Ansonsten ist Van Morrison mehr ein Spezialist für LPs. Über die Jahre hinweg hat er einen

sehr persönlichen Stil entwickelt, in dem sich Blues, Soul, Country, Jazz und die keltische Tradition verbinden. Zudem ist er ein erstaunlicher Sänger, der wie nur wenige improvisieren kann und es versteht, durch scheinbar monotone Wortwiederholungen einen fast hypnotischen Effekt zu erzielen. Was Van Morrison macht, ist, wenn man so will, eine eigene Kategorie. Unter den vielen schönen LPs, die er veröffentlicht hat und von denen viele in Fachzeitschriften zur jeweiligen Platte des Monats gekürt wurden, ragt »Moondance«, die 1970 erschienen war, noch besonders heraus. 1993 wurde er in die Rock and Roll Hall of Fame aufgenommen. Morrisons Komposition »Have I Told You Lately« wurde Mitte 1993 ein weltweiter Erfolg für Rod Stewart. Die gleiche Nummer kam im März 1995 mit der irischen Formation Chieftains unter Mitwirkung von Van Morrison in die britischen Charts. Eine weitere hervorragende Komposition von ihm ist die Nummer »Gloria«, die er im Frühjahr 1993 zusammen mit John Lee Hooker veröffentlichte. Die Platte erreichte Platz 31 in den GB-Charts. Zu den Begleitmusikern auf seinen Alben gehören u. a. Candy Dulfer, Georgie Fame, Junior Wells oder Jimmy Witherspoon.

Seine erfolgreichsten Alben: »Moondance« (3/70 US-LP 29, 4/70 GB-LP 32), »Tupelo Honey« (10/71 US-LP 27), »Saint Dominic's Preview« (8/72 US-LP 15), »Inarticulate Speech Of The Heart« (3/83 GB-LP 14), »Avalon Sunset« (6/89 GB-LP 13), »The Best Of Van Marrison« (4/90 GB-LP 4, 5/90 US-LP 41), »Enlightenment« (10/90 GB-LP 5), »Hymns To The Silence« (9/91 GB-LP 5), »Too Long In Exile« (6/93 GB-LP 4, 6/93 US-LP 29), »A Night In San Francisco« (4/94 GB-LP 8), »Days Like This« (6/95 GB-LP 5, 7/95 US-LP 33), »The Healing Game« (3/97 GB-LP 10) und »Back On The Top« (3/99 GB-LP 11, US-LP 28).

Brown Eyed Girl (7/67 US 10)
Domino (11/70 US 9)

AOR (Adult Orientated Rock), Pop, Rhythm & Blues,

Morrissey

MORRISSEY v (USA, * 22. 5. 1959 als Steven Patrick Morrissey in Davyhulme/ Manchester)

Im November 1982 gründete Morrissey die Gruppe The Smiths, deren erste Single »Hand In Glove« im Mai 1983 erschien. Die Band entwickelte sich schnell zu einer Kultgruppe, bis sie sich im Herbst 1987 plötzlich und unerwartet auflöste. Wenig später unterschrieb Morrissey einen Solovertrag, und schon im Februar 1988 erreichte seine erste Soloplatte die Charts: »Suedehead«. Zu der LP »Your Arsenal« schrieb die Zeitschrift ›Sounds‹: ›Dieses Album zeigt den Musikus mit dem Grübler-Image erstaunlich körper- und lustbetont . . . David Bowies ehemaliger Gitarrist Mick Ronson war für diese Verwandlung des einstigen Vertreters der ›neuen Innerlichkeit‹ zum weltoffenen Star, der gerne ein augenzwinkerndes Spiel mit Glamour-Posen treibt, genau der richtige Produzent.‹ Wenn er nicht gerade verinnerlicht ist, kann er verdammt zynisch sein.

Morrisseys erfolgreichste Alben: »Viva Hate« (3/88 GB-LP 1, 4/88 US-LP 48), »Bona Drag« (10/90 GB-LP 9, 11/90 US-LP 59), »Kill Uncle« (3/91 GB-LP 8), »Your Arsenal« (8/92 GB-LP 4, US-LP 21), »Beethoven Was Deaf« (5/93 GB-LP 13) – 16 Songs, die er am 22. 12. 1992 live im Zenith in Paris vor 6500 Menschen aufgenommen hatte –, »Vauxhall And I« (3/94 GB-LP 1, 4/94 US-LP 18), »World Of Morrissey« (2/95 GB-LP 15), »South Paw Grammar« (9/95 GB-LP 4) und »Maladjusted« (8/97 GB-LP 8).

Suedehead (2/88 GB 5)
Everyday Is Like Sunday (6/88 GB 9)

Last Of The Famous International Playboys (2/89 GB 6)
Interesting Drug (4/89 GB 9)
The More You Ignore Me, The Closer I Get (3/94 GB 8)
Pop

Siehe auch: Smiths

Motels

MARTHA DAVIS v (USA, * 15. 1. 1951 in Berkeley/Kalifornien), BRIAN GLASCOCK d (USA), MICHAEL GOODROE b (USA), MARTIN JOURARD key, sax (USA), JEFF JOURARD g (USA)
Mitte 1978 formierte sich diese Gruppe in Berkeley, Los Angeles. Sängerin Martha Davis hatte zu diesem Zeitpunkt schon einiges hinter sich. Mit 15 Jahren hatte sie geheiratet, dann zwei Kinder bekommen und in diversen Gruppen gesungen. Anfang 1979 spielten die Motels regelmäßig im Whiskey A-Go-Go und waren die Hausband bei Madame Wong in Hollywood. Im Frühjahr desselben Jahres erhielten sie einen Plattenvertrag, und im September erschien ihr Debütalbum. Die erfolgreichsten Alben der Motels waren »All For One« (4/82 US-LP 16) und »Little Robbers« (10/83 US-LP 22). 1987 trennte sich die Gruppe, und Martha machte als Solistin weiter.

Only The Lonely (4/82 US 9)
Suddenly Last Summer (9/83 US 9)
Pop, Rock

Moten, Wendy

WENDY MOTEN v (USA, in Memphis/Tennessee)
Wendy startete ihre Karriere in dem Off-Broadway-Stück »Mama, I Want To Sing«. Während sie dort auftrat, waren ein paar inzwischen eingespielte Demoaufnahmen bei EMI USA gelandet, und die nahmen sie unter Vertrag. Mitte 1993 erschien ihr Debütalbum »Wendy Moten«. Die daraus ausgekoppelte Nummer »Come In Out Of The Rain« erreichte in GB die Top 10, in den USA nur Platz 55 – allerdings schon ein Jahr früher. Nachfolger »So Close To Love« (5/94 GB 35) fiel schon deutlich ab.

Come In Out Of The Rain (2/94 GB 8)
Rhythm & Blues

Moti Special

FRANK ADAHL v, key, MICHAEL CRETU v, key (Rumänien, * 18. 5. 1957 in Bukarest), ANDERS MOSSBERG b (Schweden), DICKY TARRACH d (Deutschland, * 21. 9. 1944 als Reinhard Tarrach in Hamburg), MANFRED THISSY THIERS v, b (Deutschland, * 9. 4. 1951 in Hamburg), NILS TUXEN g
Die Karriere des zum damaligen Zeitpunkt in Hamburg beheimateten Quartetts begann 1981. Man hatte die Nummer »Cold Days, Hot Nights« geschrieben, brachte sie aber wegen der zu diesem Zeitpunkt rollenden deutschen Welle nicht auf den Markt. Erst im Frühjahr 1985 wurde der Titel veröffentlicht. 1987 schien das Kapitel vergessen zu sein, da lernten Tarrach und Tuxen während einer Kopenhagener Session den schwedischen Bassisten Anders Mossberg kennen. Diese drei suchten anderthalb Jahre lang nach einem Sänger, inserierten in deutschen Fachzeitschriften, was ihnen Hunderte von Kassetten ins Haus bescherte, aber erst 1989 kam auf Vermittlung von Mossberg der ebenfalls schwedische Sänger und Keyboarder Frank Adahl zur Gruppe. Die Neuproduktionen waren jedoch nicht so erfolgreich, wie sich die Band das selbst gedacht hatte.
Ihr erfolgreichstes Album war »Motivation« (8/85 D-LP 20).

Cold Days, Hot Nights (3/85 D 3)
Don't Be So Shy (6/85 D 9)
AOR (Adult Orientated Rock), Pop, Rock

Siehe auch: Rattles

Motley Crue

JOHN CORABI v (USA, * 26. 4. 1959 in Philadelphia/Pennsylvania), TOMMY LEE d (Griechenland, * 3. 10. 1962 als Tommy Lee Bass in Athen), MICK MARS g (USA, * 3. 4. 1955 als Bob Deal in Terre Haute/Indiana), VINCE NEIL v (USA, * 8. 2. 1961 als Vince Neil Wharton in Hollywood/Kalifornien), NIKKI SIXX b (USA, * 11. 12. 1958 als Frank Carlton Serafino Feranno in San José/Kalifornien)

Im Januar 1981 hatte Nikki Sixx gerade die Band London verlassen, um mit Christmas eine neue Gruppe zu gründen. Mit Lee fand er einen neuen Schlagzeuger. Dann kamen sie auf den Gitarristen Bob Deal, der in einer Zeitung in Los Angeles eine Anzeige aufgegeben hatte, dass ein lauter, rüder und aggressiver Gitarrist frei sei. Nachdem er von den beiden anderen angenommen wurde, änderte er seinen Namen in Mick Mars. Als letzter kam Vince Neil zur Band. 1982 gründeten sie eine eigene unabhängige Plattenfirma und veröffentlichten darauf ihre erste LP »Too Fast For Love«. Die Plattenfirma ging jedoch schnell pleite, und im Frühjahr 1983 erhielten sie einen Vertrag bei einer großen Company. Im November 1983 erschien ihre zweite LP, »Shout At The Devil«. Im Frühjahr 1984 wurden sie erstmals in den US-Singlecharts notiert: »Looks That Kill« (2/84 US 54). Ihr erster nennenswerter Hit war »Smokin' In The Boys Room« (7/85 US 16), eine Coverversion des Brownsville-Station-Hits aus dem Jahre 1973. Es folgte »Girls, Girls, Girls« (5/87 US 12) und dann der Millionseller »Dr. Feelgood«. Im Frühjahr 1992 trennte sich Vince Neil von Motley Crue, brachte Soloplatten und wurde durch John Corabi ersetzt.

Die erfolgreichsten Alben der Band: »Shout At The Devil« (10/83 US-LP 17), »Too Fast For Love« (12/83 US-LP 77), »Theatre Of Pain« (7/85 US-LP 6, GB-LP 36, D-LP 44), »Girls, Girls, Girls« (5/87 GB-LP 14, 6/87 US-LP 2), »Doctor Feelgood« (9/89 US-LP 1, GB-LP 4), »Decade Of Decadence – '81–'91« (10/91 US-LP 2, GB-LP 20), »Mötley Crüe« (3/94 GB-LP 17, 4/94 US-LP 7), »Generation Swine« (7/97 US-LP 4) und »Greatest Hits« (11/98 US-LP 20).

Am 19. 2. 1995 heiratete Lee Pamela Anderson. Damit hatte die US-Yellow-Press gut zu tun. Lee verließ die Gruppe 1999 und gründete Methods Of Mayhem. Für ihn kam Randy Castillo.

Dr. Feelgood (9/89 US 6)
Without You (2/90 US 8)
Hard Rock

Motorhead

PHILIP CAMPBELL g (Großbritannien, * 7. 5. 1961 in Pontypridd/Wales), EDDIE CLARKE g (Großbritannien, * 5. 10. 1950), LUCAS FOX d, PETE GILL d (Großbritannien, * 9. 6. 1951 in Sheffield), LEMMY v, b (Großbritannien, * 24. 12. 1945 als Ian Fraser Kilminster in Stoke-on-Trent/Staffordshire), PHIL TAYLOR d (Großbritannien, * 21. 9. 1954 in Chesterfield), LARRY WALLIS g, WURZEL g (Großbritannien, * 23. 10. 1949 als Michael Burston in Cheltenham/Gloucestershire)

Nachdem Lemmy im Frühjahr 1975 von der Gruppe Hawkwind rausgeschmissen wurde, gründete er Mitte des Jahres eine neue Band. Außer ihm spielten Larry Wallis und Lucas Fox. Nachdem die Gruppe Mitte des Jahres im Vorprogramm von Greenslade gespielt hatte, wurde eine LP für United Artists geplant. Produzent sollte Dave Edmunds sein, mit dem es aber bei den Aufnahmen schnell zu Schwierigkeiten

kam. Im Dezember 1975 wurde Fox durch Phil Taylor ersetzt. Im Januar 1976 wurde ihr als Debüt geplantes Album von der Plattenfirma abgelehnt. Einen Monat später kam als zweiter Gitarrist Eddie Clarke hinzu, und schon nach der ersten Probe als Quartett verließ Wallis die Band.
Diese Besetzung, Lemmy, Clarke, Taylor, gilt vielen Fans der Band als die definitive Motorhead-Line-up und hielt sechs Jahre lang. Der erste Singleerfolg stellte sich im Herbst 1978 ein. Im Frühjahr 1981 nahmen sie zusammen mit der Mädchen-Heavy-Rockband Girlschool eine EP auf, die ebenfalls unter die ersten 10 kam. Im Mai 1982 verließ Clarke die Band, für ihn kamen einige Übergangslösungen. Im August 1983 gingen der Ersatz und Taylor. Übrig blieb Lemmy. Nachdem er sich eine Reihe von Musikern angehört hatte, kamen mit Phil Campbell, Wurzel und Pete Gill drei neue Mitglieder, die Motorhead jetzt zum Quartett machten. Nach 1986 gelang der Formation zwar kein Singleerfolg mehr, aber sie machten weiter erfolgreiche LPs. In den 90er Jahren bestand die Line-up aus Wurzel, Campbell, dem zurückgekehrten Taylor und Lemmy. 1991 sagte Lemmy: ›Wir bestehen jetzt immerhin schon vier Jahre länger als das Dritte Reich.‹ Im Sommer 1992 erschien »March Or Die«. Darauf als Gastmusiker Slash von Guns N' Roses und Ozzy Osbourne. Im Herbst 1993 kam ein Dance-Remix von »Ace Of Spades« bis auf Platz 23 in den britischen Charts. Im Frühjahr 1995 erschien, versehen mit dem Sticker ›20th Anniversary Album‹, die neue CD »Sacrifice« von Motorhead. Als Schlagzeuger kam neben Kilmister, Campbell und Wurzel Mikkey Dee.
Die erfolgreichsten Alben der Band waren »Bomber« (10/79 GB-LP 12), »Ace Of Spades« (11/80 GB-LP 4), »No Sleep 'Til Hammersmith« (6/81 GB-LP 1, 7/81 D-LP 12), »Iron Fist« (4/82 GB-LP 6, D-LP 27), »Another Perfect Day« (6/83 GB-LP 20, D-LP 31), »No Remorse« (9/84 GB-LP 14).

The Golden Years EP (5/80 GB 8)
Motorhead Live (7/81 GB 6)
Heavy Metal

Siehe auch: Motorhead & Girlschool

Motorhead & Girlschool

EDDIE CLARKE g (Großbritannien, * 5. 10. 1950), DENISE DUFORT d (Großbritannien, * 18. 10. 1957), KELLY JOHNSON v, g (* 20. 6. 1958), LEMMY v, b (Großbritannien, * 24. 12. 1945 als Ian Fraser Kilminster in Stoke-on-Trent/Staffordshire), KIM MCAULIFFE v, g (Großbritannien, * 13. 5. 1959), PHIL TAYLOR d (Großbritannien, * 21. 9. 1954 in Chesterfield), ENID WILLIAMS v, b (Großbritannien, * 28. 4. 1960)
Der Mädchen-Band Girlschool gelang nie ein Top-10-Erfolg. Möglich, dass man sie deshalb mit den Label-Kollegen Motorhead zusammengetan hat, um ihnen einen kleinen Push zu geben. Die EP »St. Valentine's Day Massacre« mit drei Stücken darauf kam im Februar 1981 in die britischen Charts. Ihr erfolgreichstes Album war »Hit 'n' Run« (4/81 GB-LP 5) ein Erfolg für Girlschool.

St. Valentine's Day Massacre (2/81 GB 5)
Heavy Metal

Siehe auch: Motorhead

Motors

NICK GARVEY v, g (Großbritannien, * 26. 4. 1951 in Stoke-on-Trent), ANDY MCMASTER v, b (Großbritannien, * 27. 7. 1947 in Glasgow), RICKY SLAUGHTER v, d (Großbritannien, als Wernham), BRAM TCHAIKOVSKY v, g (Großbritannien, * 10. 11. 1950 als Peter Bramall in Lincolnshire)
Nick Garvey und Andy McMaster kannten sich bereits von der Formation Ducks Deluxe. Als 1977 die Debüt-LP der Motors

erschien, wurde die Gruppe hoch gelobt. Die Nummer »Dancing The Night Away« (9/77 GB 42), ausgekoppelt aus dieser Platte, wurde ihre erste Singlenotierung. Aber die eher ruhige Nummer »Airport« brachte den ersehnten Hiterfolg. Nach 1980 gelang der Gruppe kein Erfolg mehr. Inzwischen hatte sich die Band auf das Duo Andy und Nick reduziert. Nach einer letzten LP 1980 trennten sich auch Andy und Nick und veröffentlichten von da an Soloplatten.

Airport (6/78 GB 4)
Pop

Mott The Hoople

VERDEN ALLEN org (Großbritannien, * 26. 5. 1944 in Hereford), MICK BALTON key, ARIEL BENDER v, g (* 23. 12. 1948 als Luther James Grosvenor), MORGAN FISHER key (Großbritannien, * 1. 1. 1950), DALE ›BUFFIN‹ GRIFFIN v, d (Großbritannien, * 24. 10. 1948 in Ross-on-Wye/Hereford), LUTHER GROSVENOR g (Großbritannien, * 23. 12. 1948 in Evesham/Worchester), IAN HUNTER v (Großbritannien, * 3. 6. 1946 in Shrewsbury/Shropshire), MICK RALPHS v, g (Großbritannien, * 31. 3. 1944 in Hereford), MICK RONSON g, key, b (Großbritannien, * 26. 5. 1945 in Hull/Yorkshire † 30. 4. 1993), OVEREND WATTS v, b (Großbritannien, * 13. 5. 1947 als Peter in Birmingham)

Die Urbesetzung von Mott The Hoople kam im Mai 1969 zusammen. Bis 1973 gab es keine personellen Wechsel, bis der Keyboarder Verden Allen die Gruppe verließ, um sich mehr aufs Songschreiben zu konzentrieren. Er leitete später zwei eigene Gruppen. In den frühen 80er Jahren brachte er eine Soloplatte auf den Markt, auf der Ariel Bender Gitarre spielte. Mott The Hoople hatte mit »All The Young Dudes«, geschrieben, produziert und arrangiert von David Bowie, den ersten Hit. Im März 1972 hatte Mott The Hoople beschlossen, sich zu trennen. Das hatte David Bowie, der ein Fan dieser Gruppe war, gehört und ihnen vorgeschlagen, einen seiner neuen Songs aufzunehmen. Zur Disposition stand »Suffragette City«, sie nahmen jedoch »All The Young Dudes«. Mitte 1973 kamen neue Musiker zur Band: Morgan Fisher, der vorher mit Love Affair gespielt hatte, und Mick Balton. Zwei Monate später verließ Mick Ralphs die Band, um Mitglied bei Bad Company zu werden. Für ihn kam von Spooky Tooth Luther Grosvenor, der sich jetzt Ariel Bender nannte. Im Juli 1974 verließ Balton aus religiösen Gründen die Gruppe wieder und wurde kurzfristig durch Blue Weaver von Amen Corner ersetzt. Im Herbst 1974 verließ Bender die Gruppe, für ihn kam Mick Ronson. Wenig später brach Hunter wegen völliger körperlicher Erschöpfung zusammen, und gegen Ende des Jahres beschloss die Gruppe, sich zu trennen.

Ihre erfolgreichsten Alben hießen »Mott« (8/73 GB-LP 7, 8/73 US-LP 35) und »The Hoople« (4/74 GB-LP 11, 4/74 US-LP 28).

Schon im Januar 1975 machten Hunter und Ronson die Hunter Ronson Band. Griffin, Watts und Fisher machten als Mott weiter bis zum November 1976. Dann nahmen sie John Fiddler von Medicine Head in ihre Band und nannten sich nun British Lions. Diese Formation veröffentlichte zwei Alben, dann kam New Wave, und die Löwen sahen keine weiteren Chancen für sich. Von Morgan Fisher erschienen noch Soloalben. Danach ging er nach Japan, änderte seinen Namen in Veetdharm, meditierte und schrieb Gebrauchsanweisungen für Yamaha-Keyboards. Ian Hunter veröffentlichte bereits 1975 seine erste Soloplatte. Ronson starb 1993 an Leberkrebs.

All The Young Dudes (8/72 GB 3)
All The Way From Memphis (9/73 GB 10)

Roll Away The Stone (11/73 GB 8)
AOR (Adult Orientated Rock), Pop, Rock

Mouskouri, Nana

NANA MOUSKOURI v (Griechenland, * 13. 10. 1934 in Athen)
1959 erschien die erste Platte von Nana, und inzwischen kann sie auf mehr als 200 goldene Schallplatten zurückschauen. In ihrer Heimatstadt erhielt sie eine klassische Ausbildung am dortigen Konservatorium. In ihren Anfangstagen als Sängerin versuchte sie, Ella Fitzgerald und Billie Holiday nachzueifern. Ihren ersten großen Erfolg in Deutschland hatte sie mit »Weiße Rosen aus Athen«. Damit war sie für den deutschen Markt bis in die Steinzeit als Schlagersängerin festgelegt. Die Liste ihrer Hits reicht bis 1987. Als Live-Künstlerin war sie auch in den USA sehr gefragt. Dort gelang ihr jedoch kein Hitparaden-Erfolg. Anders in GB. »Only Love« stammte aus der Fernsehserie ›Mistral's Daughter‹ und kam als »Aber die Liebe bleibt« 1987 als ihre letzte Hitnotierung in die deutschen Charts. Singlehits hat sie wohl auch nicht mehr nötig. Ihre erfolgreichsten Alben waren »Over And Over« (6/69 GB-LP 10), »The Exquisite Nana Mouskouri« (4/70 GB-LP 10), »Turn On The Sun« (4/71 GB-LP 16), »Sieben schwarze Rosen« (4/75 D-LP 18), »Die Welt ist voll Licht« (4/76 D-LP 14), »Passport« (7/76 GB-LP 3), »Alles Liebe ...« (12/81 D-LP 2) und »Alone« (2/86 GB-LP 19).1994 wurde sie als Abgeordnete für Griechenland in das Europaparlament gewählt.

Weiße Rosen aus Athen (8/61 D 1)
Ich schau' den weißen Wolken nach (4/62 D 1)
Einmal weht der Südwind wieder (5/62 D 2)
Am Horizont irgendwo (10/62 D 4)
Rote Korallen (9/63 D 6)
Only Love (1/86 GB 2)
Deutscher Schlager, Middle Of The Road (MOR), Schl

Mousse T

MOUSSE T dj (Deutschland, als Mustafa Gündogdu in Hannover), NADINE RICHARDSON v (Großbritannien, in Birmingham), EMMA SOUTHAM v (Großbritannien, in Birmingham)
Der Arztsohn, der sich selbst als Deutsch-Türke sieht, hatte ersten Erfolg als Remixer von Michael Jacksons »Ghosts« oder En-Vogues »Whatever«. Für seinen Mix der Nummer »Angel« von Simply Red erhielt er 1998 eine Grammy-Nominierung in der Kategorie Remixer des Jahres. Auch Cracks wie Quincy Jones oder Puff Daddy lobten die Arbeit von Mousse T. Schon Ende der 80er Jahre hatte er als Keyboarder der Gruppe Fresh & Fly eine Platte veröffentlicht. Erfolgreich wurde er jedoch erst mit seiner Mixarbeit und seinem Songschreiben: Randy Crawford und Bootsy Collins sangen z. B. Titel von ihm. Schließlich schrieb er sich den geilen Titel »Horny«. Gesungen wurde er von dem Duo Hot 'n' Juicy. Beide waren zur Zeit des Hits 18 Jahre alt. Erfolgreicher blieb er als Mixer. So war er z. B. auch mit verantwortlich für »Sex Bomb« von Tom Jones.

Horny (6/98 GB 2)
Dance

Mouth & MacNeal

MAGGIE MACNEAL v (Niederlande, * 5. 5. 1950 als Sjoukje van't Spijker in Amsterdam), MOUTH v, d, dj (Niederlande, * 31. 3. 1937 als Willem Duyn in Haarlem)
Willem Duyn begann als Schlagzeuger im Holland Quartett, wurde Sänger bei den Jay-Jays, dann Discjockey und gründete schließlich 1970 die Band Speedway. 1971 machte er mit Maggie das Duo Mouth & MacNeal. Mit »I See A Star« vertraten die beiden 1974 die Niederlande beim Grand Prix Eurovision und belegten Platz drei hinter Sieger »Waterloo« von Abba und »Si«

von Gigliola Cinquetti. Die gesanglichen Qualitäten von Maggie sind recht hoch einzuschätzen. Sie ist auch auf Platten von Jan Akkerman, Cuby & The Blizzards und Livin' Blues zu hören. Als Solistin hat sie einige ansprechende Titel veröffentlicht, die jedoch wenig erfolgreich waren. 1980 vertrat Maggie noch einmal die Niederlande beim Grand Prix. Mit »Amsterdam« erreichte sie Platz fünf.

How Do You Do? (2/72 D 5; 4/72 US 8)
Hello-A (6/72 D 1)
I See A Star (5/74 GB 8)
Middle Of The Road (MOR), Schlager

Move

BEV BEVAN d (Großbritannien, * 25. 11. 1944 als Roy Beverly in Birmingham), TREVOR BURTON g (Großbritannien, * 9. 3. 1944 in Aston/Warkshire), ACE KEFFORD b (Großbritannien, * 10. 12. 1946 als Christopher in Moseley/Warkshire), JEFF LYNNE v, g, key, p (Großbritannien, * 30. 12. 1947 in Birmingham), RICK PRICE v, b (Großbritannien, * 10. 6. 1944 in Birmingham), CARL WAYNE v (Großbritannien, * 18. 8. 1944 in Moseley/Warkshire), ROY WOOD v, g (Großbritannien, * 8. 11. 1946 als Ulysses Adrian in Birmingham)
Nachdem das Allround-Talent Roy Wood ab 1963 in seiner Heimatstadt in diversen Bands gespielt hatte, gründete er im Februar 1966 Move. Mitglieder waren Wood, Wayne, Bevan, Burton und Kefford. Die Band brachte eine gelungene Mixtur aus Flower-power, Psychedelic und britischem Beat. »Night Of Fear« war ihre erste Hitnotierung. Kefford verließ Move 1968, weil er an Depressionen litt. Für ihn kam Price. Wayne ging 1969 und wurde durch Jeff Lynne von der Gruppe Idle Race ersetzt. Das erfolgreichste Album hieß schlicht »Move« (4/68 GB-LP 15).
Im Oktober 1971 gründete Roy Wood ELO, ließ Move aber noch ein Stückchen nebenher laufen. Im August 1972 kam es zu einem weiteren Projekt: Wizzard.

Night Of Fear (1/67 GB 2)
I Can Hear The Grass Grow (4/67 GB 5)
Flowers In The Rain (9/67 GB 2)
Fire Brigade (2/68 GB 3)
Blackberry Way (12/68 GB; 2/69 D 7)
Brontosaurus (4/70 GB 7)
California Man (5/72 GB 7)
Beat, Flower-power, Pop

Siehe auch: Wizzard; Electric Light Orchestra; Wood, Roy

Moyet, Alison

ALISON MOYET v (Großbritannien, * 18. 6. 1961 als Genevieve Alison-Jane in Billericay/Essex)
Ihr französischer Vater gab der britischen Sängerin den Spitznamen Alf. Sie sang mit Gruppen wie Vicars und Screaming Abdabs, bevor sie Anfang 1982 zusammen mit Vince Clarke, der gerade Depeche Mode verlassen hatte, Yazoo gründete. Obwohl dieses Duo überaus erfolgreich war, gingen die beiden ab Mitte 1983 wieder getrennte Wege. Clarke machte erst Assembly und dann Erasure, Alison wurde Solistin.
Ihr erster Charterfolg war »Love Resurrection«. Alison Moyet verfügt über eine ausgezeichnete Blues-Stimme, die ihr eigentlich auch in den USA Erfolge hätte bescheren müssen. Ihre erfolgreichsten Soloalben: »Alf« (11/84 GB-LP 1, 12/84 D-LP 5) und »Raindancing« (4/87 GB-LP 2, 4/87 D-LP 3). Nach einer zweiten Babypause kam sie 1991 wieder mit der CD »Hoodoo« (5/91 GB-LP 11). 1994 erschien »Essex« – lediglich eine Auskopplung daraus, »Whispering Your Name«, kam im Frühjahr 1994 in die britischen Top 20. Es folgte »Singles« (6/95 GB-LP 1).

Love Resurrection (6/84 GB 10)
All Cried Out (10/84 GB 8)
That Ole Devil Called Love (3/85 GB 2)

For You Only (12/85 D 7)
Is This Love? (11/86 GB 3)
Weak In The Presence Of Beauty (3/87 GB 6)
Love Letters (11/87 GB 4)
AOR (Adult Orientated Rock), Pop

Siehe auch: Yazoo

Mr. Bean

MR. BEAN v (Großbritannien, * 12. 12. 1955 als Rowan Atkinson in Newcastle)
Jemand, der in seinen Fernsehsendungen vorwiegend Pantomime macht, ist für eine Platte geradezu prädestiniert. Wohl aus diesem Grund holte sich der britische Komiker Bruce Dickinson (früher Iron Maiden) und die Gruppe Taste (Dicki Fliszar, Myke Gray, Andy Robbins, Neville MacDonald) zu Hilfe, um als Mr. Bean & Smear Campaign seinen Nachzieher des alten Alice-Cooper-Songs »(I Want To Be) Elected« akustisch zu vervollständigen. Mr. Bean war mit seiner Fernsehsendung zu diesem Zeitpunkt überaus populär in GB, und deshalb kam wohl auch die Platte bis auf Platz 9. Das Video zur Platte war jedoch eindeutig besser. Alle Tantiemen aus dem Verkauf der Platte kamen der Stiftung Comic Relief zugute, die sich um Bedürftige in GB und Afrika kümmert. Inzwischen hat sich Mr. Bean auch in Deutschland zum Kultkomiker entwickelt. Ausgesprochen witzig seine Darstellung eines – sprechenden! – Priesters in dem wunderbaren Film »Vier Hochzeiten und ein Todesfall«. 1997 war er in einem Video von Boyzone zu sehen: »Picture Of You« war die Titelmelodie zu seinem aktuellen Film.

(I Want To Be) Elected (4/92 GB 9)
Comic Relief, Pop

Mr. Big (GB)

JOHN BURNIP d (Großbritannien), EDDIE CARTER v, g, mundh (Ägypten, * 27. 9. 1952 in Alexandria), VINCENT JOHN CHAULK v, d (Großbritannien, * 8. 8. 1952 in Oxford), PETE CROWTHER v, b (Großbritannien, * 10. 3. 1953 in Oxford), DICKEN v, g (Großbritannien, * 4. 4. 1950 als Jeffrey Robert Pain in Oxford), JOHN ROBERT MARTER d (Großbritannien, * 31. 7. 1953 in New Cross/London)
Um gleich Verwechslungen auszuschließen: Dieser Mr. Big stammt aus Oxford, ist britisch und war in den 70er Jahren erfolgreich. Dicken, Chaulk und Crowther gründeten 1970 das semiprofessionelle Trio Burnt Oak. 1974 erhielten sie einen Plattenvertrag bei der CBS und wurden Profis. Zur Band wurde nun John Burnip als Schlagzeuger genommen, nachdem Chaulk die Band für eine Zeit verlassen musste, weil er einen Nervenzusammenbruch erlitten hatte. Auch nach Chaulks Rückkehr blieb Burnip, und man spielte mit zwei Schlagzeugern. Eddie Carter kam im April 1976 dazu und John Marter im Dezember 1976. John Burnip ging im Februar 1977 und kümmerte sich danach mehr um das Management der Band. Ab 1975 hatte sich die Band in Mr. Big umbenannt, nachdem sie mit der EMI einen Vertrag unterzeichnet hatte, und noch im selben Jahr erschien ihre erste LP »Sweet Silence«. Den einzigen Top-10-Erfolg in den Singlecharts hatte Mr. Big mit »Romeo«. Nachdem Mr. Big auseinander gefallen war, veröffentlichte Dicken einige sehr interessante, aber nicht erfolgreiche Soloplatten.

Romeo (2/77 GB 4)
Pop

Mr. Big (US)

PAUL GILBERT g (USA, * 6. 11. 1966 in Pittsburgh/Pennsylvania), ERIC MARTIN v (USA, * 10. 10. 1960 in New York City), BILLY SHEEHAN b (USA, * 19. 3. 1953 in Buffalo/New York), PAT TORPEY d (USA, * 13. 12. 1959 in Painesville/Ohio)

Gegründet wurde diese amerikanische Band durch Billy Sheehan, der bis Ende 1988 bei David Lee Roth gespielt hatte. Pat Torpey hatte u. a. bei Robert Plant und Ted Nugent getrommelt. Gitarrist Paul Gilbert spielte bei Racer X und Mike Varney. Eric Martin hatte Erfahrungen mit einer eigenen Band und später als Solokünstler gesammelt. 1989 erschien die erste LP dieser Formation, die alle Spielarten des harten Bereichs wie Hard Rock, Heavy Metal, Thrash, Blues, Rock 'n' Roll, aber auch melodischen Mainstream beherrschte. Das erste Album war mit großen Erwartungen erschienen: »Mr. Big« (7/89 US-LP 46). Erfolgreicher wurde »Lean Into It« (4/91 US-LP 15, 4/91 GB-LP 28, 4/92 D-LP 9). Daraus wurde die sehr zarte Nummer »To Be With You« als Single ausgekoppelt. Nachfolgesingles waren »Just Take My Heart« (4/92 US 16, 5/92 GB 32, 7/92 D 29) und »Wild World« (10/93 US 27, 10/93 D 24), eine Coverversion des Cat-Stevens-Titels. Der letzte Titel auf der CD »Bump Ahead« hieß »Mr. Big« und war im Original ein Stück der Gruppe Free. Er bildete die Anregung zum Gruppennamen.

To Be With You (12/91 US 1; 2/92 GB 3, D 1)
AOR (Adult Orientated Rock), Rock

Mr. Blobby

NOEL EDMONDS v (Großbritannien), DAVID ROGERS (Großbritannien), PAUL SHAW (Großbritannien)
›Erwischt!‹, so könnte man den beliebtesten Teil von Noel Edmonds' in GB sehr populärer TV-Sendung ›Noel's House Party‹ bei uns nennen. Es wurden Prominente gezeigt, die man unter dem Vorwand, Casting für eine neue Kinderserie zu veranstalten, vor die Kamera gelockt hatte. Dort konnten sie nun sehen, wie sie mit Mr. Blobby, einem unförmigen rosa Riesen mit gelben Punkten, fertig wurden. Zuerst begann es bei den Proben ganz harmlos: Kinder im Studio versuchten, die Stars zu allen möglichen Aktivitäten zu bewegen. Wenn es dann ernst wurde, steckte Noel Edmonds in Mr. Blobbys Kostüm und veranstaltete im Studio das absolute Chaos. Am Schluss zog er dann die Maske ab – und alles machte gute Miene zum grausamen Spiel. Bei so viel Popularität musste zwangsläufig dann auch eine Platte aufgenommen werden. Die 20 Sekunden lange Titelmusik zur Kinderserie ›Mr. Jellybun‹ wurde von den Komponisten Paul Shaw und David Rogers zu dem Titel »Mr. Blobby« aufgeblasen. Mit zu hören war auf der Platte der Chor der King's College School. Zum Weihnachtsfest 1995 grüßte Mr. Blobby mit »Christmas In Blobbyland« (12/95 GB 36).

Mr. Blobby (12/93 GB 1)
Pop

Mr. Bloe

ZACK LAURENCE p (Großbritannien), HARRY PITCH harm (Großbritannien)
1969 nahm die New Yorker Studiogruppe Wind, in der der ehemalige Dawn-Sänger Tony Orlando Leadsänger war, das Stück »Make Believe« auf. Die Platte erreichte im Herbst desselben Jahres Platz 28 in den US-Charts. Auf der B-Seite war der Titel »Groovin' With Mr. Bloe« zu hören. Ein Jahr später erschien diese B-Seite als A-Seite. Als Interpreten wurden Cool Heat angegeben. Die Platte erreichte nur Platz 89 in den USA. Im Frühjahr 1970 nahm sich eine britische Studiogruppe unter Leitung des Pianisten Zack Lawrence dieses Titels an und schaffte damit einen Hit. Die Mundharmonika bei diesem Instrumentaltitel wurde von Harry Pitch gespielt. Nachdem die folgenden Plattenaufnahmen, darunter auch Kompositionen von Elton John, scheiterten, ließ Lawrence das Projekt Mr. Bloe wieder fallen.

Groovin' With Mr. Bloe (5/70 GB 2; 8/70 D 7)
Instrumental

Mr. Hankey

TREY PARKER (USA), MATT STONE (USA)
Trey Parker und Matt Stone trafen sich, als sie gemeinsam an der Universität von Boulder/Colorado eine Filmklasse besuchten. Die beiden entwickelten die Zeichentrick-TV-Serie »South Park«, die ab 1997 lief. Zum Weihnachtesfest 1998 hatten sie bereits die Briten mit der Nummer »Chocolate Salty Balls (P.S. I Love You)« (12/98 GB 1) von Chef beglückt. Hinter diesem Pseudonym verbarg sich Isaac Hayes. In der Zeichentrickserie »South Park« sprach er die Figur des ›Chef‹. Jetzt kam also Mr. Hankey und sein Christmas Poo – nicht ganz so erfolgreich wie der Chef.

Mr. Hankey The Christmas Poo (12/99 GB 4)
Pop

Siehe auch: Chef; Hayes, Isaac

Mr. Mister

STEVE FARRIS g (USA, * 1. 5. 1957), BUZZ FEITEN g (USA), STEVE GEORGE key (USA, * 20. 5. 1955 in Phoenix/Arizona), PAT MASTELOTTO d (USA, * 10. 9. 1955), RICHARD PAGE v, b (USA, * 16. 5. 1953 in Phoenix/Arizona)
Ende der 70er Jahre gründete Richard Page die Gruppe Pages, die 1979 mit »I Do Believe In You« in den US-Hot-100 notiert wurden. 1982 entstand aus dieser Formation Mr. Mister. Begonnen hatte Richard als Sessionmusiker für Quincy Jones, James Ingram, Molly Hatchet und als Songschreiber für Donna Summer, Michael Jackson, Kenny Loggins und Al Jarreau. 1984 erschien die erste Platte von Mr. Mister, »I Wear The Face«. Aus ihrer zweiten LP »Welcome To The Real World« (8/85 US-LP 1, 1/86 D-LP 8, 2/86 GB-LP 6) wurden die drei Singlehits »Broken Wings«, »Kyrie« und »Is It Love« ausgekoppelt. Steve Farris verließ die Gruppe 1989 und wurde durch Buzz Feiten ersetzt, der vorher bei Stevie Wonder, Paul Butterfield's Blues Band und in der Larsen-Feiten Band gespielt hatte. Allerdings kamen keine weiteren Platten der Gruppe, die in der Versenkung verschwand. Page erhielt Angebote, bei Toto und Chicago zu singen – er lehnte ab. Stattdessen schrieb er Songs für Madonna, die Pointer Sisters, Hall & Oates, Kenny Loggins, Dionne Warwick, Meat Loaf oder Al Jarreau. Als Sänger war er im Hintergrund von Michael Jackson, Motley Crue, Chicago oder Elvis Costello zu hören. 1996 nahm er mit »Shelter Me« ein Soloalbum auf, aus dem »The Best Thing« als Single ausgekoppelt wurde.

Broken Wings (9/85 US 1; 12/85 D 8, GB 4)
Kyrie (12/85 US 1; 2/86 D 7)
Is It Love (3/86 US 8)
AOR (Adult Orientated Rock), Soft Pop

Mr. Oizo

QUENTIN DUPIEUX mix (Frankreich)
Mr. Oizo ist eine gelbe, von Quentin Dupieux entworfene Puppe, die in einem Auto sitzt und zu »Flat Beat« exzessiv feiert – gefahren wird der Wagen von einem ›Low Riding Hipster‹. Die Polizei kommt, stoppt den Wagen. Der Kofferraum ist vollgestopft mit Hemden und Hosen, der Cop lässt sie ziehen. Das Ganze war ein Werbespot für Levi's, die dieses Mal nicht auf einen Oldie zurückgriffen, sondern sich eine Verjüngungskur verschrieben hatten. In GB stieg die Platte am 3. 4. 1999 gleich auf Platz 1 ein. Damit war Mr. Oizo der 11. Künstler, dem dies in GB mit seiner Debütplatte gelang. Die anderen waren Whigfield, Robson & Jerome, Babylon Zoo (auch für Levi's), White Town,

Hanson, Teletubbies, B*Witched, Billie, Spacedust und Britney Spears. Mr. Oizo war der erste französische Künstler (!), der nach Charles Aznavour und der Nummer »She« die Spitze der GB-Charts erreichte – welch ein würdiger Nachfolger für Charles!?

Flat Beat (4/99 D 1, GB 1)
House

Mr. President

NADJA AYCHE v (Deutschland, in Bruchsal), LADY DANII v (Deutschland, * 14. 7. 1973 als Daniela Haak in Bremen), LAZY DEE v, rap (Großbritannien, * 30. 10. 1966 als Delroy Rennalls in Birmingham), T-SEVEN v (Deutschland, * 26. 10. 1976 als Judith Hinkelmann in Bremen)
Das in Bremen ansässige Trio kam mit »Up'N Away« (9/94 D 12) erstmals in die deutsche Hitparade. Die nächsten drei Singles »I'll Follow The Sun« (2/95 D 23), »Four On The Floor« (5/95 D 38) und »Gonna Get Along« (10/95 D 31) erreichten 1995 die Charts. Im April 1996 erschien dann die Platte, die Mr. President richtig bekannt machte: »Coco Jamboo«. »I Give You My Heart« war die Nachfolgesingle, und Ende des Jahres erschien »Show Me The Way« (11/96 D 28). Im Frühjahr 1997 stellte der ›Stern‹ in einer Geschichte unter der Überschrift ›Wer singt denn da?‹ fest: ›Das Bremer Trio macht zwar Millionenumsätze, aber in Wahrheit kommen die Erfolgsstimmen von anderen‹. Karen Müller, Anne Schröder und William King wurden hier als die wahren Stimmen hinter Mr. President aufgeführt – ein nicht unübliches Verfahren in der Popmusik nicht nur der 90er Jahre. Danii machte mit dem Projekt Reset die Single »You Got The Key«, die im Frühjahr 1997 in die deutsche Hitparade kam. Gleichzeitig ließ sie verlauten, weiterhin mit Mr. President zu ›singen‹. »Coco Jamboo« war erstmals im November 1996 in GB erschienen und hatte wenig Eindruck hinterlassen. Als Mitte 1997 die Platte erneut erschien, kam sie auf Anhieb unter die ersten 10. Bei der Verleihung des Deutschen Schallplattenpreises 1997 wurde das Trio in der Kategorie ›Erfolgreichste Nationale Dance-Single‹ für »Coco Jamboo« mit dem Echo ausgezeichnet. Im Juni 1997 erschien »JoJo Action« und stieg auf Platz 6 in die deutschen Charts ein. Nachfolger war »Take Me To The Limit« (9/97 D 11). Inzwischen war »Coco Jamboo« (8/97 US 21) auch in den USA erfolgreich. 2000 trennte sich T-Seven und versuchte sich als Solistin. Nachfolgerin Ayche war angeblich ausgebildete Polizistin und spielte eine Hauptrolle im Musical »Miss Saigon«. Die erfolgreichsten Alben waren »Night Club« (9/97 D-LP 10) und »Space Gate« (5/99 D-LP 5).

Coco Jamboo (4/96 D 2; 6/97 GB 8)
I Give You My Heart (8/96 D 7)
JoJo Action (6/97 D 4)
Dance, Disko, Techno

Siehe auch: Bravo All Stars

Mud

ROB DAVIS v, g (Großbritannien, * 1. 10. 1947 in Carshalton/Surrey), LES GRAY v (Großbritannien, * 9. 4. 1946 in Carshalton/Surrey), DAVE MOUNT v, d (Großbritannien, * 3. 3. 1947 in Carshalton/Surrey), RAY STILES v, g, b (Großbritannien, * 20. 11. 1946 in Carshalton/Surrey)
Diese Rock-'n'-Roll-Revival Truppe wurde 1966 gegründet. 1967 veröffentlichten sie mit »Flower Power« ihre erste Platte – ohne Erfolg. Der kam erst, nachdem sie auf dem RAK-Label von Mickie Most ihre Platten veröffentlichten. »Crazy« (3/73 GB 12, 6/73 D 40) war die erste Hitnotierung, »Dyna-Mite« im Herbst desselben Jahres der erste Top-10-Erfolg. In Abständen von wenigen Monaten wurden nun

Singles der Mud auf den Markt geworfen. Die erfolgreichsten Alben der Band waren »Mud Rock« (9/74 GB-LP 8, 11/74 D-LP 16) und »Mud Rock Volume 2« (7/75 GB-LP 6, 7/75 D-LP 34). Nachdem sie sich vom RAK-Label getrennt hatten, ließ der Erfolg nach. Les Gray versuchte sich später als Solist. Sein größter Erfolg war eine Neuauflage von »A Groovy Kind Of Love« (2/77 GB 32). Im Original war das Stück 1966 ein Hit mit den Mindbenders – und Phil Collins sollte es 1988 mit sehr viel mehr Erfolg als Les ebenfalls covern.

Dyna-Mite (10/73 GB 4)
Tiger Feet (1/74 GB 1, D 6)
The Cat Crept In (4/74 GB 2, D 5)
Rocket (7/74 GB 6; 9/74 D 8)
Lonely This Christmas (11/74 GB 1)
The Secrets That You Keep (2/75 GB 3)
Oh Boy (4/75 GB 1, D 2)
Moonshine Sally (6/75 GB 10, D 8)
L-L-Lucy (10/75 GB 10)
Show Me You're A Woman (11/75 GB 8)
Lean On Me (11/76 GB 7)
Glitter-(Glam)-Rock

Münchener Freiheit

ALEXANDER GRÜNWALD key (Deutschland, * 7. 9. 1954 in Mindelheim), RENNIE HATZKE d (Kanada, * 30. 11. 1955 als Renard Hatzke in Edmonton), MICHA KUNZI b (Deutschland, * 27. 8. 1958 in Stuttgart), ARON STROBEL g (Deutschland, * 26. 1. 1958 in Schwäbisch-Gmünd), STEFAN ZAUNER v, key (Deutschland, * 30. 6. 1952 in Göttingen)

Seine musikalische Laufbahn begann Stefan Zauner, Kopf der Band, 1965 als Schlagzeuger in der Gruppe Changers. Mit dabei war der ebenfalls noch junge Harold Faltermeyer. 1966 spielte Stefan Bass bei Melodic Sound. Ab 1972 studierte er für zwei Jahre Kunst in Basel, arbeitete danach als Maler und spielte ab Oktober 1975 mit Amon Düül II. Nebenher erschien im September 1976 seine erste Solo-LP »Narziss«, im Dezember 1977 »Prism & Views«. Ende der 70er, Anfang der 80er Jahre war Stefan in Los Angeles, um hier sein Glück als Musiker zu versuchen. 1981 kehrte er frustriert nach München zurück und gründete die Münchener Freiheit. Im Frühjahr 1982 erschien die erste LP »Umsteiger«. Der erste Hit der Formation war »Oh Baby« (8/84 D 23). Der schönste Titel der Gruppe, »Rumpelstilzchen«, kam nicht in die Charts. Lag es vielleicht daran, dass es im Text hieß: ›Ach wie gut, dass niemand weiß, dass mein Stilzchen Rumpel heißt‹? Jeder darf doch sein Stilzchen nennen, wie er will! Ende 1988 hatte die Gruppe als Freiheit auch in GB Erfolg: »Keeping The Dream Alive«, eine englischsprachige Version von »Solang man Träume noch leben kann«, erreichte Platz 14. 1991 machten Mitglieder der Münchener Freiheit Platten als Deuces Wild. Die beiden hauptsächlichen Songschreiber waren Steven Fencer und Nora Leborts. Zaun heißt im Englischen übrigens ›fence‹, und wenn Sie Nora umdrehen, wissen Sie auch, wer das ist. 1993 vertraten Münchener Freiheit Deutschland beim Grand Prix mit der Eigenkomposition »Viel zu weit«. Sie landeten viel zu weit hinten auf Platz 18. Ob Stefan sich als Mitglied von Amon Düül II hat vorstellen können, Deutschland einmal beim Grand Prix zu vertreten? Die erfolgreichsten Alben waren »Von Anfang an« (3/86 D-LP 6), »Fantasie« (4/88 D-LP 4) und »Liebe auf den ersten Blick« (1/92 D-LP 7). 1994 erschien ihr Album »Energie«, im Oktober 1996 »Entführ mich«. Ein weiteres Nebenprojekt von Zauner: die Gruppe SOL.

Ohne dich (schlaf' ich heut nacht nicht ein) (1/86 D 2)
Tausendmal du (4/86 D 9)
Solang man Träume noch leben kann (12/87 D 2)
Deutscher Schlager, Grand Prix, Pop

Muldaur, Maria

MARIA MULDAUR v (USA, * 12. 9. 1943 als Maria Grazia Rosa Domenica d'Amato in New York City)
Zusammen mit ihrem Mann Geoff war Maria Muldaur Mitglied in Jim Kweskin's Jug Band. Begonnen hatte sie in der Even Dozen Jug Band neben John Sebastian, Stefan Grossman und Steve Katz. Viele Jahre hat sie sich durch das Greenwich Village gesungen. Ihre Vorbilder waren Bob Dylan, Phil Ochs oder Joan Baez. Langsam, aber sicher kam der Wechsel vom Folk zum Rock. Das hat wohl auch damit zu tun, dass sie sich von New York auf die andere Seite, nach Kalifornien, verzog. 1972 wurde sie von ihrem Mann geschieden. Im Frühjahr 1974 erschien »Midnight At The Oasis«. Der Nachfolgehit »I'm A Woman« brachte es in den USA zumindest noch auf Platz 12. Ihr erfolgreichstes Album war »Maria Muldaur« (9/73 US-LP 3). Danach kam eine sehr lange Pause, und 1992 erfüllte sie sich einen Jugendtraum: Zusammen mit einer ganzen Reihe prominenter Künstler aus Louisiana, dazu gehören Dr. John und Mitglieder der Neville Brothers, veröffentlichte sie »Louisiana Love Call«. 1994 kam sie mit der CD »Jazzabelle«, auf der ihre persönliche Auswahl von Lieblings-Blues- und -Jazz-Songs zu hören ist. Zu schön für die Hitparaden.

Midnight At The Oasis (2/74 US 6)
AOR (Adult Orientated Rock), Pop, Southern Rock

Mullen, Larry

LARRY MULLEN JR. d (Irland, * 31. 10. 1961 als Laurence Mullen in Dublin)
Siehe Clayton, Adam, und U2

Mullins, Shawn

SHAWN MULLINS v (USA, * 8. 3. 1968 in Atlanta)
Shawn gehörte in den USA zu den Senkrechtstartern des Jahres 1998. Auf seinem eigenen Plattenlabel SMG hatte der Multiinstrumentalist und Songschreiber das Album »Soul's Core« (10/98 US-LP 54) veröffentlicht. Das weckte wohl das Interesse von Columbia Records, die es 1998 in leicht veränderter Form erneut veröffentlichten. Darauf dann der Hit »Lullaby«, der im US-Radio zu einem Dauerbrenner wurde. Im knurrigen Sprechgesang wurde im Song an Kultfiguren wie Dennis Hopper, Bob Seger oder Sonny & Cher erinnert – alle 68er, die in den USA wohl Alt-Hippies genannt werden, fühlten sich an ihre Jugend erinnert. Nachdem der Song Ende des Jahres 1998 schon auf dem Weg aus den Charts war, machte er Anfang 1999 wieder einen Sprung in die Top 10 und kam höher als zuvor.

Lullaby (9/98 US 7; 3/99 GB 9)
Folk Rock, Pop

Mumba, Samantha

SAMANTHA MUMBA v (Irland, * 18. 1. 1983 in Dublin)
Bereits im Alter von drei Jahren schickten ihre Eltern Samantha an die Billie Barry Stage School in Dublin, auf der auch Bryan McFadden von der Gruppe Westlife lernte. Nach Beendigung der Schule erhielt sie eine Rolle in dem Musical »The Hot Mikado«, eine jazzige Version der Gilbert & Sullivan Oper. Louis Walsh, Manager von Boyzone und Westlife entdeckte sie in einem Nachtclub und nahm sie unter Vetrag – und als ihre erste Platte »Gotta Tell You« erschien, war Samantha mal gerade 17 Jahre alt. »Body II Body« sampelte den David-Bowie-Hit »Ashes To Ashes«.
Ihr erstes Erfolgsalbum war »Gotta Tell You« (9/01 GB-LP 10, 10/01 GB-LP 9).

Gotta Tell You (7/00 GB 2; 9/00 US 4)
Body II Body (10/00 GB 5)
Always Come Back To Your Love (3/01 GB 3)

Baby Come On Over (9/01 GB 5)
Lately (12/01 GB 6)
Pop, Rhythm & Blues

Mundstuhl

LARS NIEDEREICHHOLZ v (Deutschland), ANDE WERNER v (Deutschland)
Dragan ist Ande, Alder ist Lars – zusammen sind sie das ›Trash-Comedy-Duo‹ Mundstuhl. Der Name des Duos sagt schon alles aus über das, was den beiden so über die Lippen kommt. Sie machen Witze auf Kosten von Ausländern – und die krasse Masse lacht voll konkret. Dass das, was sie machen, politisch nicht korrekt ist, ist ihnen voll egal. Der Spiegel schrieb: ›Im Zeitalter der Schröder-Scherze und der Kanzlergattinnen-Comedy sucht sich die Humor-Guerilla ihre Themen lieber im asozialen Alltag‹. Wie singen Mundstuhl so richtig in ihrem Weihnachtsmedley: ›Du bist auch eine Aschenlöscher aber trotzdem wie geht‹. Die Platte ging gut – was soll's also? Das erfolgreichste Album war »Deluxe« (2/00 D-LP 5). 2002 machte Mundstuhl beim Vorentscheid des Grand Prix mit der Nummer »Fleisch« mit. In der Nach-BSE-Zeit wollte das keiner hören.

Dragan & Alder Weihnachtsmedley (12/99 D 5)
Pop

Mungo Jerry

MIKE COLE b (Großbritannien), RAY DORSET v, g (Großbritannien, * 21. 3. 1946 in Ashford/Kent), COLIN EARL v, p (Großbritannien, * 6. 5. 1942 in Hampton Court/London), PAUL KING v, g, bj (Großbritannien, * 9. 1. 1948 in Dagenham/England)
Thomas Stearns Eliot schrieb 1939 ›Old Possum's Katzenbuch‹. Andrew Lloyd Webber ging hin und machte aus dieser Vorlage sein Musical »Cats«. Eine der Hauptkatzen ist Mungo Jerry – neben Rumpleteaser und Grizabella, versteht sich! 1969 hatte der Brite Ray Dorset die Gruppe Mungo Jerry gegründet, mit der er in GB ein Skiffle-Revival einleitete. Ray Dorset wurde immer als Mungo Jerry angesehen – vor allem von denen, die T.S. Eliots Buch nicht kennen. Rays Komposition »In The Summertime« brachte den Briten den Sonnenschein, den die meisten nur vom Hörensagen her kennen, ins Haus.
Frühsommer 1970, Festival in Hollywood. Nicht in Hollywood in Los Angeles oder Miami, sondern bei Newcastle in GB. Zu den Künstlern, die keiner kannte und die trotzdem auftraten, gehörte die Gruppe Mungo Jerry. Sie trug »In The Summertime« vor – das Lied wurde zum Hit der Veranstaltung. Mitte des Jahres war ein internationaler Hit. Alles sah so aus, als wäre Mungo Jerry ein echtes One-Hit-Wonder – aber es folgten weitere Top-10-Erfolge. Die erfolgreichsten Alben waren »Mungo Jerry« (8/70 GB-LP 13, 9/70 D-LP 14) und »Electronically Tested« (4/71 GB-LP 14).
Nach 1974 versuchte sich Ray als Solist, was weniger erfolgreich war. Als Songschreiber schaffte Ray für Kelly Marie mit »Feels Like I'm In Love« im Herbst 1980 wieder einen Spitzenreiter in GB. 1987 nahm er das Album »A Case For The Blues« mit Peter Green und dem inzwischen verstorbenen Vincent Crane unter dem Gruppennamen Khatmandu auf. Paul King und Colin Earl gründeten die King Earl Boogie Band, nahmen ein Album und zwei Singles auf und trennten sich dann wieder. King versuchte sich als Solist, was nichts brachte. 2001 erschien von Ray das Album »Candy Dreams« – natürlich als Mungo Jerry.

In The Summertime (6/70 US 3, D 1, GB 1)
Baby Jump (2/71 GB 1)

Lady Rose (5/71 D 7, GB 5)
Alright, Alright, Alright (7/73 GB 3)
Pop

Muppets

JIM HENSON v (USA, * 24. 9. 1936 in Greenville/Mississippi, † 16. 5. 1990)
Ihren einzigen Top-10-Hit hatten die Muppets in GB: »Halfway Down The Stairs«. Gesungen wurde er von Kermits kleinem Neffen, Robin. Dahinter verbarg sich der Puppenspieler Jerry Nelson. Kopf der Muppets war Jim Henson, der damit 1954 begonnen hatte. Zuerst traten die Muppets in der Sesamstraße auf. Später hatten sie ihre eigene Show und ihren eigenen Film. Jim Henson war die Stimme von Kermit und Ernie. Ernie alias Jim Henson brachte es 1970 mit »Rubber Duckie« auf einen Platz 16 in den USA, Kermit und sein wunderbar falsch gesungenes Lied »Rainbow Connection« neun Jahre später auf Platz 25. Die Muppets waren noch mit »The Muppet Show Music Hall EP« (12/77 GB 19) vertreten. Ihre erfolgreichsten Alben waren »The Muppet Show« (6/77 GB-LP 1), »The Muppet Show Volume 2« (2/78 GB-LP 16) und »The Muppet Movie« (7/79 US-LP 32).

Halfway Down The Stairs (5/77 GB 7)
Pop

Murmaids

TERRY FISCHER v (USA, in Los Angeles/Kalifornien), CAROL FISCHER v (USA, in Los Angeles/Kalifornien), SALLY GORDON v (USA, in Los Angeles/Kalifornien)
Die beiden Schwestern Carol und Terry und ihre Freundin Sally aus Los Angeles bildeten kurzfristig, bevor sie ins College gingen, das Trio Murmaids. Ihre Mutter brachte sie zu einer kleinen Plattenfirma, und dort kamen sie unter die Fittiche von Produzent Kim Fowley. Der nahm mit ihnen eine Nummer auf, die der spätere Kopf der Formation Bread, David Gates, geschrieben hatte. Nachdem der Titel fertig war, verschwanden die Mädchen ins College. Wider Erwarten wurde »Popsicles And Icicles« ein Hit.

Popsicles And Icicles (11/63 US 3)
Pop

Murphey, Michael

MICHAEL MURPHEY v (USA, * 5. 5. 1938 als Michael Martin in Dallas/Texas)
Der eher zur Outlaw-Szene der Country Music zählende Murphey tourte 1967 als Travis Lewis mit der Lewis & Clarke Expedition durch die USA. Mit dem Titel »I Feel Good« hatten die beiden, der andere war Owen Castleman, im Herbst 1967 einen Top-100-Erfolg in den USA. Nebenher schrieb Murphey Songs für Flatt & Scruggs, die Nitty Gritty Dirt Band und ein Konzeptalbum für Kenny Rogers über die Geisterstadt Calico. Als sein Freund Michael Nesmith Mitglied der Monkees wurde, konnte er für die den Song »What Am I Doin' Hanging Around« schreiben, der ihm einen Vertrag als Songschreiber bei Screen Gems einbrachte. Für die schrieb er Fernsehmelodien und lebte in Los Angeles in der Singer-Songwriter-Szene mit Linda Ronstadt, Jackson Browne und anderen. 1971 ging er wieder zurück nach Texas und kam mit der dortigen Country-Szene in Berührung, zu der Musiker wie Willie Nelson oder Jerry Jeff Walker gehörten. Zu dieser Zeit schrieb er den Titel »Geronimo's Cadillac« (8/72 US 37), der zur Hymne der Indianerrechtsbewegung wurde. 1974 ging er nach Colorado und schrieb dort den Titel »Wildfire«. In den 80er Jahren nahm er – inzwischen unter seinem vollständigen Namen – ausgesprochen schöne LPs auf. Als

Songschreiber war er weiterhin auch für andere erfolgreich, z. B. Cher oder John Denver. Außerdem wirkte er auch in den Filmen »Take This Job And Shove It« und »Hard Country« mit. »Blue Sky – Night Thunder« (2/75 US-LP 18) erhielt Gold und war sein erfolgreichstes Album.

Wildfire (3/75 US 3)
AOR (Adult Orientated Rock), Country, Pop, West Co

Murphy, Eddie

EDDIE MURPHY v (USA, * 3. 4. 1961 in Hempstead/New York)
Der Schauspieler gehörte von 1981 bis 1984 zum festen Team der TV-Sendung ›Saturday Night Live‹, in der er sein komisches Talent bereits bestens unter Beweis stellte. Einem breiten Publikum wurde er durch seine Rollen in Filmen wie »Nur 48 Stunden«, »Die Glücksritter«, »Beverly Hills Cop«, »Auf der Suche nach dem goldenen Kind«, »Der Prinz aus Zamunda« oder »Boomerang« bekannt. Mit Hilfe von Rick James nahm Eddie Murphy Ende 1985 den Titel »Party All The Time« auf. »Put Your Mouth On Me« (7/89 US 27) folgte. Seine erfolgreichsten Alben: »Eddie Murphy« (8/82 US-LP 52), »Eddie Murphy: Comedian« (11/83 US-LP 35 – Doppelplatin) und »How Could It Be« (10/85 US-LP 26).

Party All The Time (10/85 US 2; 2/86 D 9)
Pop, Rhythm & Blues

Murphy, Walter

WALTER MURPHY p (USA, * 19. 12. 1952 in New York City)
Keiner, weder die Plattenfirma noch Walter Murphy selbst, hatte damit gerechnet, dass sich seine moderne Version der Fünften Symphonie von Beethoven zu einem solchen Knüller entwickeln würde. Murphy, der klassisches und Jazz-Piano studiert hatte, arrangierte vorher für Doc Severinsen und das Orchester der ›Tonight‹-Show. Mit sechs Jahren war er bereits für einen TV-Werbespot engagiert worden, in dem er Hammondorgel spielte. Mit 14 komponierte er seine ersten Songs für die High-School-Band und beschloss, Profimusiker zu werden. Nach Abschluss des Colleges studierte er in der Manhattan School of Music. Er schrieb danach Musiken für Werbung und Kinder-TV-Shows, war Arrangeur, und dann kam »A Fifth Of Beethoven«. Walter sagte dazu: ›Es gibt keinen Grund, warum Pop, Rock, Jazz und klassische Musik nicht zusammenpassen sollten. Ich habe festgestellt, dass es in der Musik im Grunde keine Grenzen gibt.‹ Sein erfolgreichstes Album hieß ebenfalls »A Fifth Of Beethoven« (9/76 US-LP 15).

A Fifth Of Beethoven (5/76 US 1)
Disko, Instrumental, Pop

Murray, Anne

ANNE MURRAY v (Kanada, * 20. 6. 1945 als Morna Anne in Springhill/Nova Scotia)
Anne arbeitete nach dem College ein Jahr als Lehrerin und ließ sich 1964 zur Teilnahme an einer Fernsehtalentshow überreden, wurde stattdessen aber für eine andere Sendung verpflichtet, deren Moderator sie später heiratete. Ihre ersten Plattenaufnahmen machte sie 1969, und ein Jahr später kam »Snowbird«. Nachfolger »Danny's Song« war geschrieben von Kenny Loggins. In den Popcharts war sie bis 1986 vertreten, in den Country-Charts bis in die 90er Jahre. Anne Murray und Joni Mitchell waren die ersten Kanadierinnen, denen in den USA Millionseller gelangen. Ihre erfolgreichsten Alben waren »Let's Keep It That Way« (3/78 US-LP 12), »New Kind Of Feeling« (2/79 US-LP 23),

»Anne Murray's Greatest Hits« (10/80 US-LP 16 – vierfach Platin) und »Christmas Wishes« (11/82 US-LP 54).

Snowbird (7/70 US 8)
Danny's Song (1/73 US 7)
You Won't See Me (4/74 US 8)
You Needed Me (7/78 US 1)
Country, Pop

Music Explosion

DON »TUDOR« ATKINS g (USA, in Mansfield/Ohio), BOB AVERY d, harm (USA, in Cohoes/New York), JAMIE LYONS v (USA, in Galion/Ohio), RICK NESTA g (USA, als Richard in Mansfield/Ohio), BUTCH SAHL b, org (USA, als Burton in Mansfield/Ohio)

Music Explosion aus Ohio war einer der frühen Produktionserfolge von Kasenetz/Katz, die mit Bubblegum und Bands wie Ohio Express oder 1910 Fruitgum Co. Hits haben sollten. Mit dem von den beiden Briten John Carter und Ken Lewis – einst Mitglieder bei Ivy League – geschriebenen Titel »Little Bit O' Soul« schaffte die Band einen Millionseller. Schon die nächste Single, »Sunshine Game«, kam nicht einmal mehr unter die ersten 60. Nach etlichen erfolglosen Jahren gründete Lyons seine eigene nach ihm benannte Band. 1973 kam er mit den Capitol City Rockers. Avery blieb bei Kasenetz/Katz und ist als Schlagzeuger auf den Studioproduktionen von Crazy Elephant zu hören.

Little Bit O' Soul (5/67 US 2)
Bubblegum, Pop

Music Instructor

HOLLY TRANCE v (Deutschland, als Holger Trens in Stuttgart)

Die erste Single von Music Instructor war gleich der erste Top-10-Hit. Es folgten die Singles »Hands In The Air« (3/96 D 16) und »Dance« (7/96 D 38). Im Rahmen des Queen-Dance-Traxx-Projektes brachte Music Instructor »Friends Will Be Friends«. Da waren deutliche Unterschiede zwischen Freddie Mercury und dem 1973 in Stuttgart geborenen Holger Trens festzustellen, der in Leipzig Musik und Gesang gelernt hatte. »Super Sonic« stieg am 23. 3. 1998 gleich in die Top-10-Hit ein. Dazu schrieb die Plattenfirma: »Music Instructor, das Projekt des erfolgreichen Berliner Produzententeams Triple M, offeriert mit »Super Sonic« die Essenz des angesagten Club-Sounds und filtert aus minimalistischen Sound-Mosaiksteinchen einen umweglos-hypnotischen Track. Vocoder-Coolness und sanfte Elektronik-Beats raffen die griffigen Harmonien des Tracks zu einem massiven, emotionalen Dance-Paket, das ganz ohne Bombast und brachiale Beat-Attacke fasziniert«. Es sind Künstler, die diese Zettel zu den Platten schreiben – was werfen die bloß ein, damit ihnen so etwas einfällt? Bei »Get Freaky« wurden Music Instructor feat. Abe als Interpreten angegeben. Es folgten »Electric City« (6/99 D 12), »D.J.'s Rock Da House« (12/99 D 38), und Music Instructor feat. Dean brachten »Super Fly (Upper MC)« (9/00 D 13).

Hymn (8/95 D 8)
Super Sonic (3/98 D 4)
Rock Your Body (6/98 D 9)
Get Freaky (11/98 D 5)
Dance

Musical Youth

MICHAEL GRANT v (Großbritannien, * 6. 7. 1969 in Birmingham), KELVIN GRANT v, g (Großbritannien, * 9. 7. 1971 in Birmingham), DENNIS SEATON v (Großbritannien, in Birmingham), FRED WAITE v (Großbritannien, in Birmingham), PATRICK WAITE v, b (Großbritannien, * 16. 6. 1968 in Birmingham, † 18. 2. 1993), JU-

NIOR WAITE v, d (Großbritannien, * 23. 5. 1967 in Birmingham)
In den Anfangstagen sang Vater Fred Waite, der in den 60er Jahren die Reggaegruppe Techniques gegründet hatte, noch mit den Kids aus Birmingham zusammen. Ende der 70er zog er sich dann zurück und wurde durch Dennis Seaton als Leadsänger ersetzt. Mit dem Titel »Pass The Dutchie« gelang dieser britischen Formation jamaikanischer Abstammung ein internationaler Hit. Das Ganze war eine gesäuberte Version des Jamaika-Hits »Pass The Kutchie«. Ein Kutchie ist ein Joint, ein Dutchie ist ein Kochtopf. Es folgten noch fünf weitere Hitnotierungen, danach waren die einzelnen Mitglieder wohl zu alt für eine Kindertruppe à la Jackson 5. Beim Titel »Unconditional Love« (9/83 GB 14) von Donna Summer sangen die Jungs mit. Ihr erfolgreichstes Album war »The Youth Of Today« (12/82 GB-LP 24, 1/83 US-LP 23, 1/83 D-LP 23). Ab Mitte 1983 kamen aus den USA New Edition, die Musical Youth in der Popularität der Kids verdrängten. Im Jahr 2002 verklagte das Management von Musical Youth die Plattenfirma Universal auf Tantiemen in Höhe von 2 Millionen Pfund, die der Gruppe noch zustünden, da ihr Hit auf zahllosen Hitzusammenstellungen Verwendung fand. Junior Waite wurde inzwischen in eine psychiatrische Klinik eingewiesen.

Pass The Dutchie (9/82 GB 1; 11/82 D 2; 12/82 US 10)
Never Gonna Give You Up (2/83 GB 6)
Pop, Reggae

My Mine

DANIELO (Italien), DARREN T. HATCH (Italien), CARLO MALATESTA (Italien), STEFANO MICHELI (Italien)
Dieses Electronic-Discotrio, das seit Mitte der 70er Jahre mit Stefano, Danielo und Carlo bestand, schaffte im Frühjahr 1984 mit »Hypnotic Tango« einen Hit. Schon nach der ersten Single hatte Danielo die Gruppe verlassen, Stefano und Carlo machten als Duo weiter. Als Ersatz fand man in London Darren Hatch, den Sohn von Jackie Trent und Tony Hatch. Geholfen hat das nicht. Ein weiterer Hit gelang My Mine nicht mehr.

Hypnotic Tango (1/84 D 5)
Disko

Mya

MYA HARRISON v (USA, * 10. 10. 1979 als Mya Marie Harrison in Washington/ D.C.)
Als »It's All About Me« am 14. 3. 1998 erstmals in den US-Charts notiert wurde, waren als Intrepreten noch Mya Featuring Sisqo Of Dru Hill genannt, später Mya with Sisqo. Der Hit beinhaltete Samples aus »Moments Of Love« von Art Of Noise. Auf der Nummer »Ghetto Superstar (That Is What You Are)« (6/98 US 15, GB 2, D 1) wurden als Interpreten Pras Michel featuring Ol' Dirty Bastard & Introducing Mya genannt. Mya war weiter erfolgreich mit »Movin' On« (8/98 US 34), als Gast von Blackstreet mit »Take Me There« (12/98 GB 7, 12/98 US 14), wieder als Solistin mit »My First Night With You« (3/99 US 28), »Best Of Me« (6/00 D 26) und »Case Of The Ex« (9/00 D 39) und wieder als Gast, diesmal von Beenie Man, mit »Girls Dem Sugar« (3/01 GB 13). 2001 schlossen sich Christina Aguilera, Lil' Kim, Mya und Pink für eine Neuaufnahme des Titels »Lady Marmalade« zusammen. Das Stück stammte aus dem Nicole Kidman/Ewan McGregor-Musical »Moulin Rouge«. Ihr nächster Solohit war »Free« (6/01 GB 11). Ihre erfolgreichsten Alben: »Mya« (5/98 US-LP 29) und »Fear Of Flying« (5/00 US-LP 15).

It's All About Me (3/98 US 6)
Case Of The Ex (8/00 US 2; 2/01 GB 3)

Lady Marmalade (4/01 US 1; 6/01 GB 1; 7/01 D 1)
Rhythm & Blues

Siehe auch: Sisqo

Myers, Billie

BILLIE MYERS v (Großbritannien, * 14. 6. 1970 in Coventry)
Ihr Vater ist Jamaikaner, ihre Mutter Engländerin. Mit 27 Jahren gelang ihr mit der von ihr mit verfassten Nummer »Kiss The Rain« (11/97 US 15) zuerst ein Hit in den USA und dann fünf Monate später auch in GB. Die beiden anderen, die am Song mitgeschrieben haben, sind Eric Bazilian und Desmond Child. Bis zu diesem Zeitpunkt hatte sie als Versicherungskauffrau gearbeitet – und war dann vom Produzenten und Songschreiber Peter Harris entdeckt worden. Mit ihm zusammen hat sie etliche Titel für ihr erstes Album »Growing Pains« (5/98 GB-LP 19) geschrieben.

Kiss The Rain (4/98 GB 4)
Pop

Myhre, Wencke

WENCKE MYHRE v (Norwegen, * 15. 2. 1947 als Wencke Synnove in Oslo)
Wencke gehörte in den 60er und 70er Jahren zu den erfolgreichsten Schlagerstars in der Bundesrepublik. Ihren ersten Hit hatte sie mit »Ja, ich weiß, wen ich will« (10/64 D 49). Mitte 1965 gelang ihr der erste Top-10-Erfolg mit »Sprich nicht drüber«. 1966 war sie Siegerin beim Deutschen Schlagerfestival mit »Beiß nicht gleich in jeden Apfel«. 1968 vertrat sie Deutschland beim Grand Prix Eurovision und erreichte mit »Ein Hoch der Liebe« immerhin Platz 6. Ansonsten sah man in jenen Jahren kaum eine Fernsehsendung ohne die vielseitige Sängerin und Tänzerin Wencke Myhre, die zudem ein ausgeprägtes komisches Talent hat. Sie war einige Jahre mit dem Regisseur Michael Pfleghar verheiratet.

Sprich nicht drüber (7/65 D 5)
Beiß nicht gleich in jeden Apfel (7/66 D 6)
Komm allein (9/67 D 9)
Er steht im Tor (5/69 D 4)
Deutscher Schlager, Grand Prix

Myles, Alannah

ALANNAH MYLES v (Kanada, * 25. 12. 1955 in Toronto)
Der Farmerstochter gelang 1990 der Überraschungshit der Saison. Ein flott gemachtes Video, das alle Qualitäten von Alannah Myles deutlich machte, tat sein übriges. Diesem Erfolg, der offensichtlich mehr an dem Song lag, lief Alannah seitdem hinterher. 1992 erschien die durchaus gut gemachte CD »Rockinghorse«, aus der sich jedoch auch kein Singlehit auskoppeln ließ. 1997 hörte man wieder von Alannah: zusammen mit Zucchero sang sie im Film »Prinz Eisenherz« die Ballade »What Are We Waiting For«. Im Oktober desselben Jahres erschien mit »Bad 4 You« wieder eine Solosingle von Alannah, geschrieben von ihr und den beiden Songschreiberprofis Eric Bazilian und Desmond Childs. Wenig später kam mit »Arival« ein neues Album, ihr erfolgreichstes hieß »Alannah Myles« (1/90 US-LP 5, 4/90 GB-LP 3, D-LP 2).

Black Velvet (1/90 US 1; 3/90 D 2, GB 2)
AOR (Adult Orientated Rock), Pop, Rock

Mysterious Art

NICOLE BOEUF v (Deutschland, * 13. 6. 1967), MICHAEL KRAUTTER key (Deutschland, * 25. 6. 1969), MICHAEL STAAB key, b (Deutschland, * 5. 4. 1960), STEPHANIE TRAUTMANN v (Deutschland, * 25. 5. 1967), TILLMANN UHRMACHER b (Deutschland, * 14. 5. 1967)

Mysterious Art galten in Deutschland als die Newcomer des Jahres 1989. Mit der Nummer »Das Omen (Teil 1)«, bei der als Vokalistin noch Stephanie genannt wurde, kam die Techno-Dance-Floor-Formation in die Hitparade. Aus Mysterious Art wurde ab 1993 Magic Affair, die dank Michael Staab sowohl musikalisch als auch gedanklich ihrer Richtung weiterhin treu blieb.

Das Omen (Teil 1) (5/89 D 1)
Carma – Omen 2 (11/89 D 9)

Siehe auch: Magic Affair; Time To Time

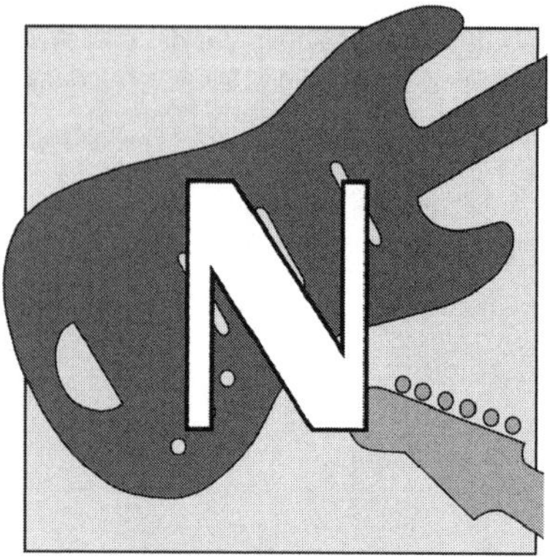

N'Dour, Youssou

Youssou N'Dour v (Senegal, * 1. 10. 1959 in Dakar)
Erstmals las man in der westlichen Welt den Namen Youssou N'Dour, als Peter Gabriel 1989 mit ihm zusammen die Nummer »Shaking The Tree« sang und in die britischen Charts kam. Schon als Teenager hatte Youssou regelmäßig in der Star-Band gesungen, die seinerzeit erfolgreichste Gruppe des Senegal. 1979 gründete er seine eigene Band Etoile De Dakar, die sich 1981 in Super Etoile umbenannte. Youssou N'Dour war bereits ein Star in Afrika, als Peter Gabriel ihn nach Amerika und GB brachte. 1988 war Youssou zusammen mit Peter Gabriel, Bruce Springsteen, Sting und Tracy Chapman Headliner der Amnesty International Human Rights Now Tour. Youssous erstes internationales Album war 1989 »The Lion«, produziert von Peter Gabriel. 1990 folgte »Set«, produziert von Eno. Der ›Rolling Stone‹ schrieb damals: ›Wenn es einen Sänger der Dritten Welt gibt, der an die Popularität eines Bob Marley herankommt, dann ist es mit Sicherheit Youssou N'Dour, ein Sänger, dessen Stimme so außergewöhnlich klingt, als würde sich die Geschichte Afrikas in ihr widerspiegeln.‹ Im Sommer 1991 unterschrieb er bei Spike Lee einen Plattenvertrag. Sein erstes Album hieß »Eyes Open«. 1994 sollte er zu Hitruhm kommen. Zusammen mit Neneh Cherry schrieb er den Text zu »7 Seconds«. Er sang bei der Aufnahme in Französisch und in Wolof, einem senegalesischen Dialekt. Neneh sang englisch. In diesem gemeinsamen Lied ging es darum, dass Probleme unter den verschiedenen Rassen den Kindern erst oktroyiert werden, weil sie selbst ja noch gar kein Empfinden für ihre Hautfarbe haben. Und man sollte sich doch ob der vielen Stimmen, die auf einen einreden, erst einmal besinnen und ganz nüchtern über die Dinge nachdenken. Die Platte wurde, wie auch das Album, im N'Dour-eigenen Xippi-Studio in Dakar aufgenommen.

7 Seconds (6/94 D 3, GB 3)
Pop, World Music

'N Sync

Chris v (USA, * 17. 10. 1971 als Christopher Alan Kirkpatrick in Clarion/Pennsylvania), JC v (USA, * 8. 8. 1976 als Joshua Scott Chasez in Washington/D.C.), Joey v (USA, * 28. 1. 1977 als Joseph Anthony Fatone Jr. in Brooklyn/New York City/New York), Justin v (USA, * 31. 1. 1981 als Justin Randall Timberlake in Memphis/Tennessee), Lance v (USA, * 4. 5. 1979 als James Lance Lansten in Laurel/Mississippi)
Die fünf Jungs wurden konsequent als Nachfolger von Take That aufgebaut. Die Teeniepresse wurde, bevor überhaupt irgend jemand die erste Single gehört hatte, mit Bildern bepflastert, die die Nachfrage nach diesen hübschen US-Boys ankurbeln sollte. Im Herbst 1996 wurden sie auf Tournee geschickt als Vorprogramm von DJ Bobo, und mit »I Want You Back« kam dann auch zwangsläufig der erste Hit. »Tearin' Up My Heart« als Nachfolger kam Anfang 1997 in die Charts – von

einem Vergleich mit den Hits von Take That waren die Erfolge von 'N Sync jedoch noch meilenweit entfernt. Nachfolger »Here We Go« stieg in Deutschland auf Platz 99 ein und war eine Woche später in den Top 10. Anfang des Jahres 1998 knackte 'N Sync auch die US-Charts: »I Want You Back« (3/98 US 13) brachte es dort schließlich zu Gold. Als »Tearin' Up My Heart« 1999 in GB Wiederveröffentlicht wurde, kam sie auch dort unter die ersten 10. »Music Of My Heart« nahmen 'N Sync zusammen mit Gloria Estefan auf. Auch ein Knüller: das Debütalbum »'N Sync« (6/97 D-LP 1, 4/98 US-LP 2) – in den USA erhielten sie zehnfach Platin – und die Weihnachtsplatte »Home For Christmas« (11/98 US-LP 7). Zusammen mit Alabama nahmen sie »God Must Have Spent A Little More Time On You« (5/99 US 29) noch einmal auf. Dann kamen »Bye, Bye, Bye« und das Album »No Strings Attached« (4/00 GB-LP 14, 4/00 D-LP 7, 4/00 US-LP 1), das schon knapp ein Jahr nach Erscheinen zehnfach Platin eingespielt hatte und die Singles »It's Gonna Be Me« (9/00 D 37), »I'll Never Stop« (6/00 D 23, 7/00 GB 13) und »This I Promise You« (11/00 D 37, 12/00 GB 21). Eine weitere Single, die nicht in die Top 10 kam: »Gone« (9/01 US 11, 12/01 GB 24). Bei »Girlfriend« wurde Nelly als Interpret mit genannt.

2000 wurden in der Radio City Music Hall in New York die MTV Music Awards vergeben. Die Gewinner des Abends waren 'N Sync, Eminem, Björk und Red Hot Chili Peppers. 'N Sync wurden für das beste Pop-Video, Wahl der Zuschauer und beste Choreografie in einem Video ausgezeichnet – alles für den Titel »Bye Bye Bye«. Als nächstes Album erschien »Celebrity« (8/01 D-LP 5, 8/01 US-LP 1), das von der Kritik zerrissen wurde. Bereits einen Monat nach Erscheinen wurde das Album mit fünffach Platin bedacht.

Im Januar 2002 war die jährliche Verleihung der American Music Awards im Shrine Auditorium in Los Angeles. Beste Band Pop/Rock war nach Ansicht der Jury 'N Sync, was bei vielen Unmut auslöste. Von der Bühne rief 'N Sync-Mitglied Justin Timberlake der Menge zu: ›Hört auf zu buhen. Die Jungs von U2 werden doch alle Grammys kriegen.‹

I Want You Back (10/96 D 10; 2/99 GB 5)
Tearin' Up My Heart (2/97 D 4; 6/99 GB 9)
Here We Go (5/97 D 8)
(God Must Have Spent) A Little More Time On You (12/98 US 8)
Music Of My Heart (9/99 US 2)
Bye, Bye, Bye (1/00 US 4; 3/00 GB 3, D 4)
It's Gonna Be Me (5/00 US 1; 9/00 GB 9)
This I Promise You (9/00 US 5)
Pop (7/01 GB 9)
Girlfriend (2/02 US 6)
Boy Group

Siehe auch: Bravo All Stars

Naidoo, Xavier

XAVIER NAIDOO v (Deutschland, * 2. 10. 1971 in Mannheim)

Mit dem Album »Nicht von dieser Welt« (6/98 D-LP 1) schaffte er eine der Überraschungen des Jahres 1998. Xavier sang christlich angehauchten Soul, der zuerst einmal nicht verkauft wurde. Deutscher Soul ist ungefähr so wie deutscher Rock – man könnte also von Krautsoul sprechen. Udo Jürgens bezeichnete ihn als ›den größten Hoffnungsträger der deutschen Musik«. Er selbst sagt von sich, er sei ›PR-Agent Gottes‹, seine Heimatstadt das ›neue Jerusalem‹. Sein Vater stammte aus Südafrika, seine Mutter hatte in den 60er Jahren für Pop-Größen wie Marianne Faithfull oder Beatles geschneidert. Xavier begann eine Lehre als Koch, die er nach einem Jahr schmiss. Danach modelte er bei Gala-Abenden in Badehose, sang Werbespots für Bier, Katzenfutter und Langnese-Eis und war Türsteher im Milk-Club. 1994 entdeckte eine reiche Amerikanerin den Jungsänger und nahm ihn

mit nach Flordia. Dort wollte sie ihn zum Star aufbauen und es wurden auch einige Platten veröffentlicht – unter welchem Namen, will Xavier nicht sagen: ›er ist aus dem Tierreich‹. Er hatte ›dubiose Auftritte als Opening Act für Jefferson Starship‹ und eine seiner US-Plattenaufnahmen war in Venezuela in den Charts.
Seine Platte »Freisein« (12/97 D 23) erschien als ›Sabrina Setlur introducing Xavier Naidoo‹. Mit »20.000 Meilen« (5/98 D 32) stand dann Xavier erstmals unter seinem Namen in den Charts. Die Singles »Nicht von dieser Welt« (8/98 D 19) und »Führ' mich ans Licht« (12/98 D 27) folgten. Sein erster Top-10-Hit »Sie sieht mich nicht« stammte aus dem Film »Asterix & Obelix« und war eine deutschsprachige Version des Titels »Elle Ne Me Voit Pas« von Jean Jacques Goldman. Moses Pelham hatte den einfühlsamen deutschen Text geschrieben. Zusammen mit Illmatic & Bruda Sven hatte Xavier den Hit »Eigentlich gut« (8/99 D 32). Sein nächstes Erfolgsalbum hieß »Live« (11/99 D-LP 9). Zusammen mit Sabrina Setlur nahm er den Titel »Alles« (4/00 D 20) auf, der ein weiterer Top-40-Hit wurde. Es folgte »Seine Straßen« (7/00 D 15). Als Gast war Xavier Mitte 2001 auf einer Single der Gruppe Reamonn zu hören, die eine Neuauflage des alten Falco-Hits »Jeanny« (7/01 D 18) produziert hatten. Mit Somersault nahm er den Titel »Way To Mars« (6/01 D 30) auf. Zusammen mit Erkan Aki sang Xavier eine neue Version von »Über sieben Brücken musst du gehn« (8/01 D 40). Zusammen mit Edo Zanki – mit dem er schon bei Söhne Mannheims kooperierte und der an Xaviers Erfolg nicht unbeteiligt war –, der Texanerin Cae Gauntt, dem Kanadier Bo Hart und Tommy Baldu startete er Ende 2001 das Projekt 4 Your Soul. Auf dem ersten Album der fünf sang bei zwei Titeln die amerikanische Sängerin und Songschreiberin Vonda Shepard mit.
Als Solist kam Xavier 2002 mit »Wo willst du hin?« und dem Album »Zwischenspiel/Alles für den Herren«.

Sie sieht mich nicht (4/99 D 2)
Wo willst du hin? (3/02 D 3)
Pop

Siehe auch: Brothers Keepers; Söhne Mannheims

Nail, Jimmy

JIMMY NAIL v, b (Großbritannien, * 16. 3. 1954 als James Michael Aloysius Bradford in Newcastle-upon-Tyne)
In seiner Heimatstadt versuchte Jimmy sich schon mit 16 als Rhythm-&-Blues-Sänger und Bassist. Er wurde Mitglied in einer ganzen Reihe von Bands, was jedoch alles nichts brachte. Vierschrötig wirkt er, hünenhaft und auf den ersten Blick ein bisschen linkisch. Das brachte ihm zumindest einige Rollen in Fernsehserien ein. In ›Auf Wiedersehen Pet‹ mimte er einen rauflustigen deutschen Maurer, in ›Spencer‹ einen Polizisten und Anti-Helden im Stile Schimanskis. Seine Affinität zur Musik hat er nie aufgegeben. Im Frühjahr 1985 erschien eine Coverversion des Rose-Royce-Hits aus dem Jahre 1978 »Love Don't Live Here Anymore«. Danach schien es wieder zu Ende zu sein, denn das zugleich veröffentlichte Album erwies sich als Flop. Etliche Jahre hörte man nichts mehr von ihm als Platteninterpret, und er hatte auch eigentlich nicht mehr vor, ein Plattenstudio zu betreten. Als es dann doch 1992 so weit war und Musiker wie David Gilmour, Gary Moore und George Harrison mit einstiegen, wurde ein neues Album realisiert. Daraus ausgekoppelt wurde »Ain't No Doubt«. Am 10. 11. 1994 startete BBC 1 eine siebenteilige Serie, die Nail geschrieben und produziert hatte. Es ging darin um Jed, einen Fabrikarbeiter und zeitweiligen Songschreiber aus Newcastle, und dessen Schwierigkeiten mit einer gnadenlosen Schallplattenindustrie. Zum Start der Serie veröffent-

lichte Nail ein neues Album mit dem Titel »Crocodile Shoes«. Seine weiteren Hitnotierungen: »Cowboy Dreams« (2/95 GB 13), »Big River« (10/95 GB 18), »Love« (12/95 GB 33) und »Country Boy« (11/96 GB 25).
Seine erfolgreichsten Alben: »Growing Up In Public« (8/92 GB-LP 2), »Crocodile Shoes« (12/94 GB-LP 2), »Big River« (11/95 GB-LP 8), »Crocodile Shoes II« (11/96 GB-LP 10) und »The Nail File – The Best Of« (10/97 GB-LP 8).

Love Don't Live Here Anymore (4/85 GB 3)
Ain't No Doubt (7/92 GB 1)
Crocodile Shoes (11/94 GB 4)
Pop

Naked Eyes

PETER BYRNE v (Großbritannien, * 9. 6. 1954), ROB FISHER key, b, syn (Großbritannien, * 5. 11. 1959 in Cheltenham/ Gloucestershire)
Der britische Keyboarder, Bassist und Songschreiber Rob Fisher gründete 1982 nach einem Studium an der Universität in Bath zusammen mit Pete Byrne das Duo Naked Eyes. Schon 1979 hatten die beiden mit ihrer Zusammenarbeit begonnen und im Wohnzimmer mit einem Zweispurrecorder Demos aufgenommen. Die zogen zwei Singleveröffentlichungen nach sich, und um diese Songs live produzieren zu können, gründeten Pete und Rob eine Band, der u. a. auch Curt Smith und Roland Orzabel, die späteren Tears For Fears, angehörten. Ab 1982 dann das Duo, das jedoch nicht in seiner Heimat, sondern in den USA erfolgreich sein sollte: mit einer Neuauflage des Sandie-Shaw- und Dionne-Warwick-Hits »Always Something There To Remind Me«, »Promises, Promises« (7/83 US 11), »When The Lights Go Out« (10/83 US 37) und »(What) In The Name Of Love« (8/84 US 39). Ihr erfolgreichstes Album hieß »Naked Eyes« (4/83 US-LP 32). Im Dezember 1984 trennte sich das Duo, und Rob Fisher wurde später Mitbegründer von Climie Fisher.

Always Something There To Remind Me (3/83 US 8)
Elektro-Pop, Pop

Siehe auch: Climie Fisher

Nalin & Kane

HARRY CANE key (Großbritannien), ANDRY NALIN key (Großbritannien)
Andry Nalin (wohl eine Verballhornung von Adrenalin) und Harry Cane (= Hurricane) steckten hinter diesem Projekt. Andy, so sein richtiger Vorname (und seinen Nachnamen wollte er nicht preisgeben) legte als DJ im Ratinger Hof in Düsseldorf Platten auf. Harry, der als Produzent fungiert und dann seinen Namen mit ›C‹ schreibt, hatte schon seit Jahren mit Andy zusammengearbeitet. Die beiden hatten auch schon einige Produktionen hinter sich, bevor ihnen mit »Beachball« ein Hit gelang. Shondell Mims ist eine Studiosängerin aus L.A., Andrea Kanta (wohl Kanter) stammt aus Düsseldorf. Der Song »Beachball« (11/97 GB 48) erreichte im Herbst auch die britischen Charts. Mit »Planet Violet« (3/98 GB 51) schafften sie einen weiteren Hit in GB – diesmal firmierten sie als Nalin Inc. Im Oktober 1998 kam »Beachball« erneut in die britischen Charts und erreichte diesmal Platz 17.

Beachball (6/97 D 10)
Techno

Nana

NANA rap (Ghana, * 5. 10. 1968 als Nana Kwame Abrokwa in Accra)
In Ghana geboren kam er als Siebenjähriger mit seiner Mutter nach Deutschland. Seine ersten Berührungen mit dem Show-

Geschäft hatte er als DJ und Organisator von Breakdance-Wettbewerben. Als nächste Karrierestufe spielte er in Filmen und Fernsehproduktionen mit. Ab 1994 arbeitete er mit den Produzenten Toni Cottura und Bülent Aris zusammen, die schon Fun Factory und die Backstreet Boys zum Erfolg geführt hatten. Das erste Produkt »Darkness« erntete lediglich einen Achtungserfolg. »Darkman« wurde schließlich der erste Top-10-Hit für Nana. Nachfolger war die Nummer »Lonely«, die im April 1997 gleich auf Platz 7 in Deutschland kam – anders als in GB war ein so hoher Einstieg in die Charts hierzulande eher selten. Nach drei Wochen erreichte die Platte am 12.5. 1997 den Spitzenplatz. Neben Nana waren auf der Platte der Sänger Jan und die Sängerinnen Alex und Aleks zu hören. Artig bezeichnete Nana sie auf der Plattenhülle als ›Great Voices‹. Es folgten »Let It Rain« (7/97 D 12) und »He's Comin'«. Zum Jahresende setzte es mit einer Coverversion des Bee-Gees-Hits »Too Much Heaven« noch einen Hit. Seine erfolgreichsten Alben waren »Nana« (6/97 D-LP 4) und »Father« (6/98 D-LP 4).

Darkman (12/96 D 9)
Lonely (4/97 D 1)
He's Comin' (9/97 D 4)
Too Much Heaven (12/97 D 2)
Remember The Time (4/98 D 6)
HipHop, Rap

Nannini, Gianna

GIANNA NANNINI v, g, p (Italien, * 14. 6. 1954 in Siena)

In ihrer Heimat ein Superstar, außerhalb Italiens tat sie sich schwer, obwohl sie ausgesprochen gute Rock- und Popmusik machte und ein angenehmer Mensch ist. Zusammen mit Edoardo Bennato hatte sie den Hit zur Fußballweltmeisterschaft 1990 in Italien: »Un Estate Italiana«. Mit 18 verließ sie nach dem Abitur in Bologna das Elternhaus und studierte in Turin Klavier und anschließend in Mailand Komposition. 1976 erschien mit »Gianna Nannini« ihre erste LP, auf der sehr melodische Musik mit autobiografischen Texten zu finden war. Zwei Jahre später kam »Una Radura«, jetzt schon rockiger. Ende 1979 wurde »California« (4/80 D-LP 35) ihre dritte und erste rockige LP. Für den Film »Sconcerto Rock« schrieb Gianna 1981 den Soundtrack und sang den Titelsong »Ora«. Noch im selben Jahr brachte sie »G.N.« auf den Markt, auf der sie mit elektronischer Musik experimentierte. Auf dieser LP war die Nummer »Occhi Aperti« zu finden. Zusammen mit dem deutschen Produzenten Conny Plank erarbeitete sie das Album »Latin Lover« (11/82 D-LP 18). 1984 erschien »Puzzle« (3/84 D-LP 27), aus dem die Single »Fotoromanza« ausgekoppelt wurde. Alleine in Italien stand die Nummer drei Monate auf Platz 1. Für »Puzzle« erhielt Gianna in Italien eine Goldene Schallplatte – damit war sie die erste Frau, die dort ›vergoldet‹ wurde. 1985 kam »Tutto Live«, 1986 »Profumo« (10/86 D-LP 20). In München mit dem deutschen Produzenten Armand Volker produzierte sie 1987 die Single »I Maschi«, mit der sie sich als Italiens Vertreter beim 18. World Popular Song Festival in Tokio vorstellte. Der Song wurde ein Knüller. 1988 erschien »Malafemmina«, wieder ein großer Erfolg. Eins ihrer besten Alben kam schließlich 1990 auf den Markt: »Scandalo«. 1998 kam das Album »Cuore«, Ende 2001 erschien der von ihr geschriebene und aufgenommene Soundtrack zum Zeichentrickfilm »Momo«.

Un Estate Italiana (6/90 D 2)
Pop, Rock

Napoleon XIV

NAPOLEON XIV v (USA, als Jerry Samuels in New York City)

Jerry war von Beruf Tontechniker. Für 15 Dollar mietete er sich ein Studio und nahm innerhalb von anderthalb Stunden die Nummer »They're Coming To Take Me Away, Ha-Haaa!« auf. Für die B-Seite blieb ihm kein Geld mehr, deshalb drehte er das Band einfach um und ließ es rückwärts laufen. Da hieß die Platte dann »Aaah-Ah, Yawa Em Ekat Ot Gnimoc Er'yeht«. Der Titel handelt von einem Mann, der in eine Nervenheilanstalt will, weil ihn sein Hund verlassen hat – das kommt allerdings erst am Schluss des Songs raus. Die US-Radiostationen wollten die Nummer zuerst nicht spielen, weil sie glaubten, der Mann sei von seiner Frau verlassen worden. Trotzdem: Innerhalb von nur fünf Tagen wurden 500 000 Platten von Napoleon XIV in den USA verkauft. Schließlich wurde sie ein Millionseller. Außer Jerry auf der Platte zu hören: Schlagzeug, Tambourin, Händeklatschen, Sirene, fertig.

They're Coming To Take Me Away, Ha-Haaa! (7/66 GB 4, US 3)
Pop

Napoli, Francesco

FRANCESCO NAPOLI (Italien, * 26. 2. 1958)
Was Stars On 45 und alle Disko-Medleys dieser Erde können, kann der italienische Schlager, diesmal in Form von Francesco Napoli, auch. Aus einer Ansammlung von notorischen italienischen Schmonzetten wie »Come Prima«, »Azzurro«, »Quando, Quando«, »Una Lacrima Sul Viso«, »O Sole Mio« und ähnlichen wurde die Nummer »Balla ... Balla! Vol. 1«. Im Mai 1988 wurde Vol. 2 nachgeschoben, die aber nur noch Platz 50 erreichte. Die Masche wurde fallengelassen.

Balla ... Balla! Vol 1 (9/87 D 6)
Schlager

Nas

NAS rap (USA, * 14. 9. 1973 als Nasir Jones in Long Island/New York)
Nas galt Mitte der 90er Jahre als der kommende neue Rapper in den USA. Dazu hat auch sicher beigetragen, dass er sich als ›der beste Kumpel von Puff Daddy‹ bezeichnete. Seine Songs verkaufte er als ›ultimativen Street-Journalismus‹ – das heißt mit anderen Worten: er setzte seine eigenen Erlebnisse auf der Straße um. 1994 kam mit »It Ain't Hard To Tell« (4/94 US 91, 5/94 GB 64) seine erste Platte in die Charts. Das Stück war ausgekoppelt aus dem Album »Illmatic« (5/94 US-LP 12). 1996 sollte sein erstes Erfolgsjahr werden: »It Was Written« (7/96 US-LP 1, 7/96 GB-LP 38) entwickelte sich zu einem Renner. Daraus ausgekoppelt die Stücke »If I Ruled The World« (8/96 GB 12) und »Street Dreams« (11/96 US 22, 1/97 GB 12). Bei »If I Ruled The World« wurde der Gesang durch Lauryn Hill besorgt. »Street Dreams« erlangte seine Popularität sicher auch, weil es sich an die Nummer »Sweet Dreams« der Eurythmics anlehnte. Bei »Head Over Heels« (3/97 US 35, 6/97 GB 18) war Nas Gast der Gruppe Allure. Produziert wurde diese Platte von Mariah Carey. Puff Daddy half bei »Hate Me Now« (5/99 GB 14, 6/99 D 11) als Gast mit. Bei seinen nächsten Top-40-Hits war Nas wieder als Gast anderer Künstler zu hören, einmal bei R. Kelly und »Did You Ever Think« (5/99 US 27, 7/99 GB 20), zum anderen bei Missy Misdemeanor Elliott und »Hot Boyz« (11/99 US 5, 1/00 GB 18). Dann kam er mit »Nastradamus« (1/00 GB 24).
In den Album-Charts ging es weiter mit »I Am ...« (4/99 US-LP 1, 4/99 GB-LP 31) und »Nastradamus« (12/99 US-LP 7). Im Frühjahr 2001 erschien mit »The Lost Tapes« sein fünftes Album. Es folgte »Stillmatic« (1/02 US-LP 5) und »Got Urself A« (2/02 GB 30).

If I Ruled The World (8/96 D 4)
Rap

Nash, Johnny

JOHNNY NASH v, g (USA, * 19. 8. 1940 in Houston/Texas)
Der amerikanische Sänger, Gitarrist, Songschreiber und Schauspieler wurde von vielen für einen Jamaikaner gehalten. Er wuchs in Houston, Texas, auf. Kaum 13 Jahre alt, sang er regelmäßig in Radioshows und im Fernsehen. Seine Plattenkarriere begann mit seiner ersten Hitnotierung »A Very Special Love« (12/57 US 23). Zusammen mit Paul Anka und George Hamilton IV wurde er mit »The Teen Commandments« (12/58 US 29) notiert. Die nächsten Jahre machte er erfolglos weiter Platten und schrieb Songs, die durch andere Hits wurden, z. B. »What Kind Of Love Is This« 1962 mit Joey Dee. 1965 gründete Johnny seine eigene Plattenfirma JoDa. Ab 1968 – inzwischen produzierte er seine Platten auf Jamaika – hatte er wieder Hits, auch unter den Top 10. Ab 1975 kümmerte sich Nash mehr um die Schauspielerei und um sein Aufnahmestudio. 1986 gelang ihm mit »Rock Me Baby« zumindest in Deutschland noch einmal ein Hit. Seine erfolgreichsten Alben: »I Can See Clearly Now« (8/72 GB-LP 39, 10/72 US-LP 23) und »Johnny Nash Collection« (12/77 GB-LP 18). 1991 hörten die Briten wieder von ihm, als »Stir It Up« in einem TV-Werbespot für Kaffee zu hören war.

Hold Me Tight (8/68 US 5, GB 5)
You Got Soul (1/69 GB 6)
Cupid (4/69 GB 6)
I Can See Clearly Now (6/72 GB 5; 9/72 US 1)
There Are More Questions Than Answers (10/72 GB 9)
Tears On My Pillow (6/75 GB 1)
Rock Me Baby (4/86 D 9)
Country, Pop

Nashville Teens

JOHN ALLEN g (Großbritannien, * 23. 4. 1945 als John Samuel in St. Albans/Hertfordshire), TERRY CROW v (Großbritannien), MICHAEL DUNFORD g (Großbritannien), ROGER GROOM d (Großbritannien), JOHN HAWKEN key (Großbritannien, * 9. 5. 1940 in Bournemouth/Dorset), BARRY JENKINS d (Großbritannien, * 22. 12. 1944 in Leicester), RAY PHILLIPS v (Großbritannien, * 16. 1. 1942 als Ramond John in Tiger Bay/Cardiff/Wales), PETE SHANNON b (Großbritannien, * 23. 8. 1941 als Peter Shannon Harris in Antrim/Nordirland), ARTHUR »ART« SHARP v (Großbritannien, * 26. 5. 1941 in Woking/Surrey)
Die Urbesetzung der Nashville Teens kam 1962 zusammen. 1963 verbrachten sie mehrere Monate in Hamburg, dann begleiteten sie Bo Diddley auf seiner Tournee durch GB. Bei der Gelegenheit sah sie Mickie Most, der gerade mit seiner Gruppe Minutemen tourte. Er produzierte die erste Single der Nashville Teens für die Plattenfirma Decca: eine Coverversion des John-D.-Loudermilk-Titels »Tobacco Road«. Auch die Nachfolgesingle »Google Eye« wurde von Loudermilk geschrieben. Sicher hätte mehr aus dieser Band werden können, wenn sich ihre Plattenfirma stärker für sie eingesetzt hätte. Die Musikpresse lobte das große musikalische Potential dieser Beatband und war deshalb überrascht, dass so wenig für sie getan wurde. Im Laufe der nächsten Jahre sollten sie amerikanische Rockstars wie Chuck Berry oder Carl Perkins auf Tourneen durch GB begleiten. Nach 1966 hatten sie keine Erfolge mehr. 1969 fiel die Gruppe auseinander. Barry Jenkins hatte die Nashville Teens bereits 1966 verlassen. John Hawken spielte danach mit mehreren Bands, z. B. Vinegar Joe und Strawbs.

Tobacco Road (7/64 GB 6)
Google Eye (10/64 GB 10)
Beat

Natasha

NATASHA v (Großbritannien, * 18. 12. 1956 als England)

Natasha tauchte 1982 kurz in den Charts ihrer Heimat auf. Vorher war sie Mitglied bei Bobby Orlandos Gruppe Flirts gewesen. Der Solo-Start wurde ihr einfach gemacht: Ihr Ehemann war Besitzer des Plattenlabels Towerbell, auf dem ihre ersten Platten erschienen. Natashas erste Notierung war auch gleich die erfolgreichste, obwohl ihr Nachzieher des Dixie Cups-Hits aus dem Jahr 1965 »Iko Iko« recht lieblos heruntergehoppelt klang. Einige Monate später tauchte sie mit »The Boom Boom Room« noch einmal unter den Top 50 auf. Das war's.

Iko Iko (6/82 GB 10)
Pop

Naté, Ultra

ULTRA NATÉ v (USA, in Havre de Grace/ Maryland)

Die Sängerin mit dem Spitznamen ›House Diva‹ wurde von den Basement Boys entdeckt, die sie auf Monie Love's Debüt-LP mitsingen ließen. 1989 veröffentlichte Ultra ihr erstes eigenes Album, von dem »It's Over Now« (12/89 GB 62) als Single in die Charts kam. Es folgten »Is It Love« (2/91 GB 71) und »Show Me« (1/94 GB 62), die ebenfalls in den unteren Regionen stecken blieben. »Free« brachte ihr schließlich Mitte 1997 den ersten richtigen Hit. Ultra erklärte zu diesem Titel: ›»Free« steht zum einen für all die Dinge, die in meiner Karriere passiert sind, und zum anderen für einen Richtungswechsel‹. Mit einer solchen glasklaren Aussage kann sie in die Politik gehen! Nach ihrem zweiten Top-10-Hit folgte »New Kind Of Medicine« (7/98 GB 14). Zusammen mit Jocelyn Enriquez und Amber gelang ihr als Stars On 54 der Hit »If You Could Read My Mind« (11/98 GB 23). Er stammte aus dem Soundtrack zum Film »54«. Im Jahr 2000 kam sie mit »Desire« (7/00 GB 40). Ihr erfolgreichstes Album war »Situation: Critical« (5/98 GB-LP 17).

Free (6/97 GB 4)
Found A Cure (4/98 GB 6)
Dance, House

Natural Selection

ELLIOT ERICKSON key (USA), FREDERICK THOMAS v, g (USA)

Das Duo aus Minneapolis veröffentlichte im Herbst 1991 die Single »Do Anything«. Nachfolger wurde »Hearts Don't Think (They Feel)!« (12/91 US 28). Erickson und Thomas hatten sich 1988 kennengelernt, schrieben ein paar Songs zusammen und nahmen sie als Demo in Fredericks Wohnung auf. Elliot hatte vorher bei einer Radiostation in Minneapolis gearbeitet. Er spielte das Demoband dem Programmchef vor, dem es gefiel. So kam es zu dem Plattenvertrag.

Do Anything (8/91 US 2)
Funk, Rhythm & Blues

Naughton, David

DAVID NAUGHTON v (USA, * 13. 2. 1951 in Hartford/Connecticut)

David studierte zunächst englische Literatur und Schauspiel und drehte dann einige Werbespots. So lernten ihn in den späten 70er Jahren die Amerikaner als singenden und tanzenden Star in der Werbung von Dr. Pepper kennen. 1979 sang David Naughton den Themensong für die TV-Serie ›Makin' It‹, die auf dem Film »Saturday Night Fever« basierte. Daraufhin bot man ihm eine Rolle in der Serie an, und er spielte den Billy Manucci. Im selben Jahr war derselbe Hit in dem Film »Meatballs« zu hören. Es blieb Davids einzige Platte. Als Schauspieler war er danach in weiteren Serien zu sehen.

Makin' It (3/79 US 5)
Pop

Naughty By Nature

VINCENT BROWN rap (USA, * 17. 9. 1970 in East Orange/New Jersey), ANTHONY »TREACH« CRISS rap (USA, * 2. 12. 1970 in East Orange/New Jersey), KIER »DJ KG« GIST rap (USA, * 15. 9. 1969 in East Orange/New Jersey)
Entdeckt wurde Naughty By Nature von Queen Latifah. Sie sah die Band zum ersten Mal 1990 während eines Musikwettbewerbs, beteiligte sich an der Produktion des Debütalbums und ging mit dem Rap-Trio aus East Orange, New Jersey, auf Tournee. Mit der Doppelplatinplatte »O.P.P.« hatten Naughty By Nature 1991 ihren größten Hit. »O.P.P.« steht für Other People's Property. Davon war auch etliches auf dem Debütalbum »Naughty By Nature« (9/91 US-LP 16) zu hören, so z.B. bei »O.P.P.« Samples von »ABC« der Jackson 5. »Hip Hop Hooray« war ausgekoppelt aus ihrem zweiten Album »19 Naughty III« (3/93 US-LP 3, GB-LP 40). Es folgten »Poverty's Paradise« (5/95 GB-LP 20, 6/95 US-LP 3) und »Nineteen Naughty Nine – Nature's Fury« (5/99 US-LP 22). Die Gruppe spielte mit in den Filmen »The Meteor Man« und »Who's That Man?«.

O.P.P. (9/91 US 6)
Hip Hop Hooray (1/93 US 8)
Jamboree (7/99 US 10)
Rap

Nayler, Maria

Siehe Miles, Robert

Nazareth

PETE AGNEW b (Großbritannien, * 14. 9. 1946 in Dunfermline/Schottland), MANUEL CHARLTON g (Spanien, * 25. 7. 1941 in La Linea), ZAL CLEMINSON g (Großbritannien, * 4. 5. 1949 in Schottland), DAN MCCAFFERTY v (Großbritannien, * 14. 10. 1946 in Dunfermline/Schottland), BILLY RANKIN g (Großbritannien, * 25. 4. 1959 in Glasgow/Schottland), DARRELL SWEET d (Großbritannien, * 16. 5. 1947 in Bournemouth, † 30. 4. 1999)
1969 wurde diese schottische Formation in Dunfermline, Fife, gegründet. Die vier Urmitglieder Dan, Manuel, Pete und Darrell waren bereits 1961 in der Gruppe Shadettes zusammengekommen. 1969 änderten sie ihren Namen in Nazareth. Darauf kamen sie durch den Titel »The Weight« von der Gruppe The Band. Nazareth versuchte immer, einen Mittelweg zwischen Hard Rock und Pop zu finden. Ihre erste Hitnotierung war »Broken Down Angel«. Es gelangen ihnen danach einige Hits mit Nummern, die ursprünglich alles andere als Rock waren. So hatten sie ihren größten Erfolg mit einem Titel, den Joni Mitchell geschrieben hatte: »This Flight Tonight«. »Love Hurts« war im Original ein Titel der Everly Brothers. In den 80er Jahren stellten sie ihre Gruppenaktivitäten zurück, und McCafferty verfolgte Solopläne. 1985 sang er gar auf einer Platte mit Hans Hartz. 1989 erschien mit »Snakes And Ladders«, 1992 mit »No Jive« jeweils wieder ein Album von Nazareth. Zal Cleminson war zwischen 1978 und 1981 Verstärkung in der Gruppe. Für ihn kam danach Billy Rankin, der die Band 1984 wieder verließ, auf dem 1992er Album aber wieder mit dabei war. Nicht mehr in der Gruppe war Manuel. 1994 erschien die CD »Move On«. Darauf eine gut gemachte Unplugged-Version von »This Flight Tonight«. Mitglieder waren nun McCafferty, Rankin, Agnew und Sweet. Zum Hauptsongschreiber der Formation hatte sich inzwischen Billy Rankin entwickelt. In der Sat.1-Miniserie ›Scar-

lett‹ war der Song »Love Hurts« wieder zu hören. Dan McCafferty hatte den Titel mit den Münchener Philharmonikern neu aufgenommen. Er brachte ihm zumindest in Deutschland im Dezember 1994 wieder eine Platzierung unter den ersten 100.
Die erfolgreichsten Alben der Band: »Razamanaz« (5/73 GB-LP 11), »Loud 'n' Proud« (11/73 GB-LP 10, 2/74 D-LP 8), »Rampant« (5/74 GB-LP 13, 6/74 D-LP 11), »Hair Of The Dog« (4/75 US-LP 17, D-LP 27) und »Close Enough For Rock 'n' Roll« (5/76 US-LP 24).

Broken Down Angel (5/73 GB 9)
Bad Bad Boy (7/73 GB 10)
This Flight Tonight (12/73 D 1)
Love Hurts (11/75 US 8)
AOR (Adult Orientated Rock), Pop

Negro, Joey

JOEY NEGRO (Großbritannien, als Dave Lee)
Negro hatte in Großbritannien sein eigenes Plattenlabel Z. Im Laufe der Jahre veröffentlichte er mehr als 200 Singles unter den verschiedensten Pseudonymen. Mit »Reachin'« (3/89 GB 70) stand er erstmals in den Charts. »Do What You Feel« (11/91 GB 36) – als Sängerin wurde hier Debbie French genannt – und »Enter Your Fantasy (EP)« (7/92 GB 35) waren seine Top-40-Hits. Als Li Kwan gelang ihm die Hitnotierung »I Need A Man« (12/94 GB 51). Beim bisher einzigen Top-10-Erfolg »Must Be The Music« sang Taka Boom, die Schwester von Chaka Khan. 2001 kam er als Raven Maize und veröffentlichte den Titel »The Real Life« (8/01 GB 12). Das Stück kombinierte Elemente aus »Theme For Great Cities« von Simple Minds und »Bohemian Rhapsody« von der Gruppe Queen. Das hatte die Corporation Of One 1988 schon einmal versucht – ohne Erfolg.

Must Be The Music (2/00 GB 8)
Dance

Neil

NEIL v (Großbritannien, * 22. 2. 1953 als Nigel Planer)
Der Schauspieler war in der Mitte der 80er Jahre überaus erfolgreichen britischen Fernsehserie ›The Young Ones‹ zu sehen. Er spielte einen angejährten Hippie, der tapfer weiter an der Love-and-Peace-Philosophie der 60er festhält. Aus dem von Dave Mason geschriebenen und von Traffic zum Hit gemachten Stück »Hole In My Shoe« machte Neil Mitte 1984 eine sehr witzige Coverversion. Im Frühjahr 1986 tauchte die Mannschaft aus der TV-Sendung ›The Young Ones‹, Christopher Ryan, Rick Mayall, Adrian Edmondson und Neil – zusammen mit Cliff Richard und dessen Oldie »Living Doll« – im Zuge des Comic-Relief-Programms auf Platz 1 der britischen Hitparade auf. Unübersehbar war die Cover-Ironie bei seinem »Heavy Concept Album«. Hinten Sgt. Pepper, vorne Grateful Dead. Neil hatte in jungen Jahren zusammen mit Julian Marshall – später im Duo Marshall Hain – Songs geschrieben und war die zweite Besetzung im Musical »Evita«. Er war der Ersatzmann für David Essex.

Hole In My Shoe (7/84 GB 2)
Flower-power, Pop

Nek

NEK v, g (Italien, * 6. 1. 1972 als Filippo Neviani in Sassuolo)
Im Alter von 19 belegte Nek bei dem Castrocaro Festival den zweiten Platz und erhielt daraufhin einen Plattenvertrag bei dem unabhängigen Label Fonit Cetra, das sein Debütalbum »Nek« veröffentlichte. 1992 trat er erstmals als Newcomer beim

San Remo Festival an und belegte den dritten Platz, 1994 den zweiten. Außerdem erhielt er einen ›European Award‹ als ›Best Young Italian Artist‹. In seiner Heimat ist er seit diesem Zeitpunkt ein Star. 1997 veröffentlichte die Plattenfirma in Deutschland das Album »Lei, gli amici e tutto il resto«, das in Italien bereits ein Jahr zuvor erschienen war. Mit »Laura non c'è« aus diesem Album hatte er hierzulande seine erste Hitnotierung. Das Nachfolgealbum »In Due« erschien im Juli 1998 in Italien und erreichte sofort einen Platz unter den ersten 10. Spätestens zu diesem Zeitpunkt wurde er in Deutschland als der ›neue Latin Lover vom Dienst‹ gefeiert, der mehr ›Eros als Ramazzotti‹ hat.

Laura Non C'è (4/98 D 10)
Pop

Nelly

NELLY rap (USA, * 2. 11. 1978 als Cornell Haynes jr. in Travis/Texas)
Nellys Vater arbeitete in der US Air Force. Einen großen Teil seiner Jugend verbrachte Nelly auf einer Air Base in Spanien, bevor sich die Familie in St. Louis/Missouri niederließ. Nelly begann bereits 1993, Musik zu machen, wollte zunächst aber lieber Baseballprofi werden. Schließlich schloss er sich 1996 der HipHop-Crew St. Lunatics an. Im Jahr 2000 gelang ihm mehr oder weniger über Nacht gleich mit seiner Debütsingle »Country Grammar« (11/00 D 22) der Durchbruch. Wie so oft, wird auch in diesem Titel eine bereits bekannte Melodie verarbeitet, in diesem Fall das Kinderlied »Down, Down Baby«. Ende 2000 übernahm Nelly seine erste Filmrolle in dem Streifen »Snipes«. Als Nelly Featuring City Spud erschien der nächste Top-10-Hit »Ride Wit Me«. Als Gast von Jagged Edge war Nelly bei dem Titel »Where The Party At« (6/01 US 5) mit dabei. Zusammen mit St. Lunatics hatte er den Hit »Batter Up« (9/01 GB 28). Als Solist folgte »# 1« (10/01 US 22, 12/01 D 16).

Country Grammar (4/00 US 7; 11/00 GB 7)
Ride Wit Me (2/01 US 3; 5/01 GB 3)
Rap

Nelson

MATTHEW NELSON v, g, b (USA, * 20. 9. 1967 in Los Angeles/Kalifornien), GUNNAR NELSON v, g (USA, * 20. 9. 1967 in Los Angeles/Kalifornien)
Die Zwillingssöhne von Rick Nelson wuchsen natürlich mit Musik auf. Zu ihrem 12. Geburtstag schenkte der Vater ihnen einen Studiotermin, und sie nahmen einen selbst geschriebenen Song auf. Im Hintergrund sangen die Pointer Sisters. Anfang der 80er Jahre spielten sie in der Heavy Metal Band Strange Agents, die sich später in Nelsons umbenannte. 1990 unterschrieben die Zwillinge als Nelson einen Plattenvertrag und hatten gleich mit ihrer ersten Singleveröffentlichung einen Spitzenreiter in den USA: »(Can't Live Without Your) Love & Affection«. Danach folgten »After The Rain«, »More Than Ever« (3/91 US 14) und »Only Time Will Tell« (6/91 US 28). Ihr erfolgreichstes Album war »After The Rain« (7/90 US-LP 17).
Ihre ältere Schwester Tracy (* 25. 10. 1963) spielte ab 1982 regelmäßig in TV-Serien mit. Bei uns sah man sie z. B. als Schwester Stephanie in ›Ein gesegnetes Team‹.

(Can't Live Without Your) Love & Affection (7/90 US 1)
After The Rain (11/90 US 6)
Pop

Nelson, Phyllis

PHYLLIS NELSON v (USA, in Chicago/Illinois)

Phyllis begann bereits mit vier zu singen. In Jacksonville gehörte sie zum Familienunternehmen Nelson Five. Diese Formation hatte ebenso wenig Erfolg wie die Gruppe Brown Sugar, Phyllis als Solistin oder Phyllis als Partnerin von Brandy Wells im Duo Breeze. Fast hätte sie sich aus dem Musikgeschäft zurückgezogen, da machte Phyllis Probeaufnahmen in Paris. Mit dem auf europäischen Dance-Floor zugeschnittenen Label Carrere gelang ihr schließlich im Frühjahr 1985 ein Spitzenreiter in der britischen Hitparade: »Move Closer«. Zusammen mit Alain Delon machte sie die Titelmelodie zu dem Film »Der Panther«, »I Don't Know«. Ihr erfolgreichstes Album hieß ebenfalls »Move Closer« (4/85 GB-LP 29).

Move Closer (2/85 GB 1)
Dance, Disko

Nelson, Ricky

RICKY NELSON v (USA, * 8. 5. 1940 als Eric Hilliard Nelson in Teaneck/New Jersey, † 31. 12. 1985)
Ricky war der Sohn des bekannten Bandleaders Ozzie Nelson und seiner Frau, der Sängerin Harriet. Ab März 1949 trat Ricky zusammen mit seinem Bruder David in der Radioshow der Eltern auf, die ›The Adventures Of Ozzie & Harriet‹ hieß und von 1952 bis 1966 ins Fernsehen verlegt wurde. Ricky machte ab 1957 Platten und wurde zum ersten Teenager-Idol der Rock-Ära. Nach drei Hits für die Plattenfirma Verve wechselte er zu Imperial, die ihm als Begleitgruppe die Band von Bob Luman zur Verfügung stellte. Als Leadgitarrist spielte darin James Burton. Bis 1961 erschienen die Platten unter dem Namen Ricky Nelson. Ab jetzt strich er das ›y‹, weil er, wie er sagte, dafür nun zu alt sei. Ab 1969 firmierte er als Rick Nelson & The Stone Canyon Band. Als Filmschauspieler blieb er vor allem in der Rolle eines jungen Scharfschützen im Film »Rio Bravo« (1959) in Erinnerung – Ricky machte neben John Wayne und Dean Martin eine recht gute Figur. Zusammen mit Jack Lemmon war er 1960 der Star in der Seemannsplotte »Auf schrägem Kurs«.
Seine erfolgreichsten Alben: »Ricky« (11/57 US-LP 1), »Ricky Nelson« (7/58 US-LP 7), »Ricky Sings Again« (2/59 US-LP 14), »Songs By Ricky« (9/59 US-LP 22), »More Songs By Ricky« (8/60 US-LP 18), »Rick Is 21« (5/61 US-LP 8), »Album Seven By Ricky« (4/62 US-LP 27), »For Your Sweet Love« (6/63 US-LP 20), »Rick Nelson Sings ›For You‹« (1/64 US-LP 14) und »Garden Party« (12/72 US-LP 32).
Rick Nelson starb 1985 beim Absturz einer Privatmaschine. 1987 wurde er in die Rock and Roll Hall of Fame aufgenommen. Seine Söhne sind als Nelson ins Plattengeschäft eingestiegen, seine Tocher Tracy ist als Schauspielerin erfolgreich.
Ende 2000 erschien eine Box mit 4 CDs, die Rick Nelsons Hits während seiner Zeit bei Imperial, Verve, Epic, Decca und Capitol beinhaltete. Insgesamt waren 54 Chart-Hits darauf versammelt und 46 bisher unveröffentlichte Titel von Nelson. Die Box hieß »Legacy«.
2001 kam die 6er-CD-Box »The American Dream«, auf der sich das gesamte Material der Firmen Verve und Imperial befand.

A Teenager's Romance (5/57 US 2)
I'm Walking (5/57 US 4)
Be-Bop Baby (10/57 US 3)
Stood Up (12/57 US 2)
Believe What You Say (4/58 US 4)
Poor Little Fool (7/58 US 1, GB 4)
Lonesome Town (10/58 US 7)
I Got A Feeling (10/58 US 10)
Someday (11/58 GB 9)
Never Be Anyone Else But You (2/59 US 6)
It's Late (3/59 GB 3, US 9)
Just A Little Too Much (6/59 US 9)
Sweeter Than You (7/59 US 9)
Travelin' Man (4/61 US 1)
Hello Mary Lou (5/61 US 9; 7/61 D2)
Hello Mary Lou/Travelin' Man (6/61 GB 2)

Young World (3/62 US 5)
Teenage Idol (8/62 US 5)
It's Up To You (12/62 US 6)
For You (12/63 US 6)
Garden Party (7/72 US 6)
AOR (Adult Orientated Rock), Pop, Rock 'n' Roll

Nelson, Willie

WILLIE NELSON v (USA, * 30. 4. 1933 als Willie Hugh Nelson in Fort Worth/Texas)
Schon früh handelte sich Willie Nelson den Spitznamen ›King of the Outlaw Country Movement‹ ein. Seine Karriere begann er als Songschreiber. So gelang ihm mit der Nummer »Crazy« für Patsy Cline ein absoluter Dauerbrenner. 1992 wurde diese Platte als meistgedrückte Single aller Zeiten in amerikanischen Musikboxen ermittelt. »Hello Walls« wurde mit Faron Young ein Millionseller. Seine ersten Platten in den Country-&-Western-Charts hatte Willie 1962. Inzwischen bringt er es dort auf weit über hundert Eintragungen und gehört zu den zehn erfolgreichsten Country-Interpreten aller Zeiten. In den Popcharts tauchte er erstmals 1975 auf mit »Blue Eyes Crying In The Rain«. Im Duett mit einem anderen Country-Outlaw, Waylon Jennings, gelangen ihm einige Crossover-Erfolge. Seinen größten Pop-Erfolg hatte er zusammen mit Julio Iglesias und dem Millionseller »To All The Girls I've Loved Before«. Willie war auch in verschiedenen Filmen zu sehen, so z. B. in »The Electric Horseman« 1979, »Honeysuckle Rose« 1980, »Barbarossa« 1982 und »Wag The Dog« 1997. 1989 verlieh man ihm den Living Legends Award. Anfang der 90er Jahre kam er in finanzielle Schwierigkeiten, weil er mit seinen Steuerzahlungen leicht in Rückstand geraten war: 16 Millionen Dollar galt es nachzuzahlen. Er veröffentlichte daraufhin das akustische Album »IRS Tapes« (IRS ist das amerikanische Finanzamt), das er nur über den Versandhandel vertrieb. Im Frühjahr 1993 erschien die CD »Across The Borderline«, produziert von Don Was. Als Gäste sind darauf u. a. Sinead O'Connor, Bonnie Raitt, Paul Simon, David Crosby, Kris Kristofferson und Bob Dylan zu hören. 1994 veröffentlichte er die Alben »Moonlight Becomes You« und »Healing Hands Of Time«. Auf Letztgenanntem fanden sich recht konzertante Versionen seiner Kompositionen »Funny How Time Slips Away« oder »Crazy«.
Seine erfolgreichsten Alben waren »Red Headed Stranger« (7/75 US-LP 28), »The Outlaws« (2/76 US-LP 10) mit Waylon Jennings, Jessi Colter und Tompall Glaser, »Waylon & Willie« (2/78 US-LP 12) im Duett mit Waylon Jennings, »Stardust« (12/78 US-LP 30), »Willie And Family Live« (12/78 US-LP 32), »One For The Road« (6/79 US-LP 25), »Willie Nelson Sings Kris Kristofferson« (11/79 US-LP 42), »Pretty Paper« (12/79 US-LP 73), »Honeysuckle Rose« (9/80 US-LP 10), »Somewhere Over The Rainbow« (3/81 US-LP 31), »Willie Nelson's Greatest Hits (& Some That Will Be)« (9/81 US-LP 27), »Always On My Mind« (3/82 US-LP 2), »Poncho & Lefty« (2/83 US-LP 37) zusammen mit Merle Haggard, »Without A Song« (11/83 US-LP 54), »City Of New Orleans« (8/84 US-LP 69) und »Super Hits« (1/95 US-LP 193).
Im Herbst 2000 meldete sich Willie mit dem Album »Milk Cow Blues« nach einer Pause zurück. Interpreten wie B.B. King, Dr. John, Johnny Lang oder auch Keb' Mo'. Auf dem Album bluesige Neuinterpretationen seiner alten Knüller und andere Titel – alle aber mehr oder weniger in Richtung Blues.

Always On My Mind (3/82 US 5)
To All The Girls I've Loved Before (3/84 US 5)
Country, Pop

Nena

ROLF BRENDEL d (Deutschland, * 13. 6. 1957 in Hagen), JÜRGEN DEHMEL b (Deutschland, * 12. 8. 1958 in Berlin), UWE FAHRENKROG-PETERSEN key (Deutschland, * 10. 3. 1960 in Berlin), CARLO KARGES g (Deutschland, * 31. 7. 1951 in Hamburg, † 30. 1. 2002), NENA v (Deutschland, * 24. 3. 1960 als Gabriele Kerner in Hagen)
Nena und Rolf Brendel gründeten 1979 in ihrer Heimatstadt Hagen die Stripes. Nach einigen erfolglosen Singles brach die Gruppe 1982 auseinander, und Nena und Rolf zogen nach Berlin. Dort wurde im Zuge der Neuen Deutschen Welle jede nur tragbare Formation produziert. Durch den Fotografen und Promoter Jim Rakete gesponsert, erhielten sie einen Plattenvertrag. Ihre erste Single, »Nur geträumt« erschien im Herbst 1982. »99 Luftballons« erreichte als »99 Red Balloons« Platz 1 in England, in deutscher Sprache Platz 2 in den USA. Zusammen mit Markus, einem weiteren NDW-Interpreten, spielte Nena mit in der Deutsch-Rock-Komödie »Gib Gas, ich will Spaß«. Ihre erfolgreichsten Alben: »Nena« (2/83 D-LP 1), »? (Fragezeichen)« (2/84 D-LP 1), »99 Luftballons« (3/84 US-LP 27) und »Feuer und Flamme« (7/85 D-LP 2).
Nach 1986 ließ der kommerzielle Erfolg nach, ein Jahr später trennte sich die Formation, und mit dem Namen Nena musste man ab sofort nicht mehr die Gruppe, sondern nur noch die Sängerin Nena Kerner verbinden. Ein privater Schicksalsschlag – der im Februar 1988 geborene Sohn Christopher starb ein Jahr später – spiegelte sich in den Platten, die in den nächsten Jahren erschienen. 1989 veröffentlichte sie die im Alleingang aufgenommene Platte »Wunder geschehn«, 1990 »Du bist überall«. 1990 bekam sie dann Zwillinge, und mit »Komm, lieber Mai« erschien eine LP mit Kinderliedern. Mitte 1992 kam die gut gemachte Single »Manchmal ist ein Tag ein ganzes Leben«. Jürgen Dehmel und Rolf Brendel spielten wieder mit Nena zusammen, ebenso Frank Becking, ein Gitarrist aus den ehemaligen Stripes-Tagen. Den Produktionen der 90er Jahre fehlte viel von der frischen Unbedarftheit der frühen Hits, was nicht einer gewissen Logik entbehrt. Im April 1997 erschien ihr Album »Jamma nich«. Die Titel für diese Platte hatte sie zusammen mit Annette Humpe, Luci van Org oder Joachim Witt geschrieben.
Carlo Karges starb Anfang 2002 an Leberversagen.

Nur geträumt (9/82 D 2)
99 Luftballons (1/83 D 1; 12/83 US 2)
Leuchtturm (5/83 D 2)
? (Fragezeichen) (12/83 D 3)
99 Red Balloons (2/84 GB 1)
Irgendwie, irgendwo, irgendwann (10/84 D 3)
Feuer und Flamme (5/85 D 8)
Neue Deutsche Welle, Pop

Nevil, Robbie

ROBBIE NEVIL v, g (USA, * 2. 10. 1960 in Los Angeles/Kalifornien)
Nevil hatte seine ersten Erfolge als Songschreiber für die Pointer Sisters, Vanity und El DeBarge, bevor er 1986 sein erstes Soloalbum herausbrachte. Mit »C'est La Vie« als seinem größten Hit. Bis Mitte 1991 wurde er noch in den Charts notiert. Sein erfolgreichstes Album hieß »Robbie Nevil« (11/86 US-LP 37).

C'est La Vie (10/86 US 2; 12/86 GB 3; 1/87 D 2)
Wot's It To Ya (5/87 US 10)
AOR (Adult Orientated Rock), Pop

Neville, Aaron

AARON NEVILLE v (USA, * 24. 1. 1941 in New Orleans)
Aaron, der eine hervorragende und sofort erkennbare Kopfstimme besitzt, ist ein

Mitglied der aus New Orleans stammenden Rhythm-&-Blues-Familiengruppe Neville Brothers. 1957 wurde Aaron Mitglied in der Band seines Bruders, den Hawketts, die bereits 1954 einen regionalen Hit mit dem »Mardi Gras Mambo« hatte. 1960 erschien Aarons erste Soloplatte, »Over You«, die sich zumindest in den Rhythm-&-Blues-Charts auf 21 platzieren konnte. Richtig erfolgreich wurde er mit »Tell It Like It Is«. Der gleiche Song stand Mitte 1989 in der Version von Don Johnson auf Platz 2 der deutschen Hitparade. Danach hörte man als Solist lange nichts mehr von Aaron. 1978 schloss sich Aaron seinen Brüdern Art, Cyril und Charles in der Neville Family Band an, die sich bald in Neville Brothers umbenannte. Nebenher veröffentlichte Aaron weiter Soloplatten. Im Duett mit Linda Ronstadt kam »Don't Know Much«. Wirklich hervorragende Produktionen wie »Sitting In Limbo« oder »Fire On The Bayou« haben erstaunlicherweise nie die internationalen Hitparaden erreichen können. 1981 befragte man Keith Richards nach der besten LP des Jahres. Er nannte »Fire On The Bayou« der Neville Brothers. Für den Song »All My Life« (2/90 US 11) erhielten Neville und Linda Ronstadt 1990 einen Grammy als bestes Pop-Duo. Die beiden nahmen gemeinsam das Album »Cry Like A Rainstorm, Howl Like The Wind« (10/89 US-LP 7) auf. Seine erfolgreichsten Alben waren »Warm Your Heart« (6/91 US-LP 44), »The Grand Tour« (5/93 US-LP 37) und »Aaron Neville's Soulful Christmas« (11/93 US-LP 36).

Im Oktober 1994 veröffentlichte Aaron zusammen mit Trisha Yearwood eine neue Version des Country-Klassikers »I Fall To Pieces«. Die Platte kam zwar nicht in die Charts, aber die beiden erhielten in der Sparte Best Country Vocal Collaboration bei der Grammy-Verleihung 1995 einen Preis.

Tell It Like It Is (12/66 US 2)
Don't Know Much (9/89 US 2; 11/89 GB 2)
Everybody Plays The Fool (7/91 US 8)
Pop, Rhythm & Blues

New Edition

RICKY BELL v (USA, * 18. 9. 1967 in Boston), MICHAEL BIVINS v (USA, * 10. 10. 1968 in Boston), BOBBY BROWN v (USA, * 5. 2. 1969 als Robert Baresford in Roxbury/Boston/Massachusetts), RONNIE DEVOE v (USA, * 17. 11. 1967 in Boston), JOHNNY GILL v (USA, * 22. 5. 1966 in Washington/D.C.), RALPH TRESVANT v (USA, * 16. 5. 1968 in Roxbury/Massachusetts)

Diese schwarze amerikanische Kindertruppe sollte die Tradition der Jackson 5 in den USA fortsetzen. Doch ihren ersten Hit hatten die fünf Jugendlichen in GB. Dort fegten sie mit »Candy Girl« die sich gerade stabilisierende, ähnlich gelagerte Band Musical Youth aus den Charts. Maurice Starr, der zwei Jahre später auch die New Kids On The Block entdecken und fördern sollte, brachte New Edition zusammen und produzierte sie. Maurice Starr scheint auf Kindertruppen abonniert zu sein. 1990 kam er wieder mit einem Trio, das zwischen elf und dreizehn Jahre alt war und Perfect Gentlemen hieß. Nach dem Anfangserfolg in GB kam New Edition dort nicht mehr unter die ersten 10, aber ab Herbst 1984 begann auch ihre große Zeit in den USA. Bobby Brown verließ die Truppe 1986. Für ihn kam Johnny Gill. Nach 1989 waren inzwischen alle so erwachsen, dass sie für den Teenie-Markt nicht mehr zu gebrauchen waren. Bell, Bivins und DeVoe machten ab 1990 ihr eigenes Trio und förderten nun ihrerseits schwarze jugendliche Künstler. Johnny Gill und Ralph Tresvant wurden erfolgreiche Solisten, ebenso wie Bobby Brown, der noch an Popularität gewann, als er

1992 den schwarzen Mega-Star Whitney Houston heiratete. 1996 kamen New Edition wieder zusammen – und zwar alle, die je mitgemacht hatten. Veröffentlicht wurde das Album »Home Again«, aus dem »Hit Me Off« und »I'm Still In Love With You« ausgekoppelt wurden.
Die erfolgreichsten Alben von New Edition waren »New Edition« (10/84 US-LP 6), »All For Love« (12/85 US-LP 32), »Heart Break« (7/88 US-LP 12) und »Home Again« (9/96 US-LP 1, GB-LP 22).

Candy Girl (4/83 GB 1)
Cool It Now (9/84 US 4)
If It Isn't Love (7/88 US 7)
Hit Me Off (8/96 US 3)
I'm Still In Love With You (11/96 US 7)
Pop, Rhythm & Blues

Siehe auch: Gill, Johnny; Tresvant, Ralph; Brown, Bobby; Bell Biv DeVoe

New Kids On The Block

JON KNIGHT v (USA, * 29. 11. 1968 in Worcester/Massachusetts), JORDAN KNIGHT v (USA, * 17. 5. 1970 in Worcester/Massachusetts), JOE MCINTYRE v (USA, * 31. 12. 1972 in Needham/Massachusetts), DONNIE WAHLBERG v (USA, * 17. 8. 1969 in Boston/Massachusetts), DANNY WOOD v (USA, * 14. 5. 1969 in Boston/Massachusetts)
Was für den schwarzen Teenie-Markt in der ersten Hälfte der 80er Jahre New Edition, war für den weißen die ebenfalls von Maurice Starr gegründete und produzierte Truppe New Kids On The Block aus Boston. Maurice Starr (* 1954) strebte selbst eine Karriere als Rhythm-&-Blues-Sänger an, aus der jedoch nichts wurde. Danach beschloss er, Formationen zu schaffen, zu produzieren und zu managen, die seine Songs transportieren sollten. Bei New Kids On The Block kümmerte er sich auch um den äußerst lukrativen Nebenerwerb durch Marketing von Postern, T-Shirts, Aufklebern usw. Nach seinen beiden Erfolgsgruppen New Edition und New Kids On The Block nahm er in den 90ern Rick Wes, Perfect Gentlemen, Superiors, Homework, Tommy Page oder Ana unter Vertrag. Die New Kids On The Block versorgte er seit 1984 mit einer Mischung aus Rap und Pop, die maßgeschneidert für den weißen Teenie-Markt war. In den US-Charts gelang ihnen der Durchbruch jedoch erst Mitte 1988 gleich mit einem Top-10-Hit: »Please Don't Go Girl«. 1989 waren sie die umsatzstärkste Gruppe in den USA. Donnie Wahlbergs jüngerer Bruder Mark, der in den Anfangstagen von NKOTB, als man sich Nynuk nannte, mit dabei war, hatte als Marky Mark Erfolg. Ende 1990 wurde einmal zusammengerechnet, was NKOTB verdient haben: Man kam auf die stolze Summe von 861.373.480 Dollar (richtig: 861 Millionen usw.). Davon wurden alleine 400 Millionen, also fast die Hälfte, durch Merchandising, d. h. den Verkauf von T-Shirts, Aufklebern, Baseballmützen, Gürteln usw. erzielt. Die Fan-Club-Mitglieder steuerten 10 Millionen Dollar bei; diejenigen, die über die so genannte 900er Telefonnummer in den USA die heißesten Informationen über NKOTB erfahren wollten, also z. B., ob Donnie noch Halsschmerzen hat oder nicht, ebenfalls 10 Millionen. Leser von Büchern über NKOTB brachten gerade mal 2 Millionen ein. 1994 erschien nach mehr als zwei Jahren mit »Face The Music« wieder ein neues Album von NKOTB, wie sie sich jetzt offiziell nannten. Auskopplungen daraus, »Dirty Dawg« und »Never Let You Go«, kamen nirgendwo mehr in die Top 20.
Ihre erfolgreichsten Alben: »Hangin' Tough« (8/88 US-LP 1, 12/89 GB-LP 2, 1/90 D-LP 4), »New Kids On The Block« (8/89 US-LP 25, 11/90 GB-LP 13), »Merry, Merry Christmas« (10/89 US-LP 9, 11/90 RE-US-LP 48, 12/90 GB-LP 13), »Step By Step« (6/90 US-LP 1, GB-LP 1, D-LP 1)

und »No More Games« (12/90 US-LP 19).
Lange hörte man nichts mehr von den Mitgliedern der Band. 1999 kam zuerst Joey McIntyre, dann Jordan Knight als Solist.

Please Don't Go Girl (6/88 US 10)
You Got It (The Right Stuff) (11/88 US 3; 11/89 GB 1)
I'll Be Loving You (Forever) (4/89 US 1; 3/90 GB 5)
Hangin' Tough (7/89 US 1; 1/90 GB 1)
Cover Girl (9/89 US 2; 5/90 GB 4)
Didn't I (Blow Your Mind) (9/89 US 8)
This One's For The Children (9/89 US 7; 12/90 GB 9)
Step By Step (5/90 US 1, GB 2, D 8)
Tonight (8/90 US 7, GB 3)
Let's Try Again/Didn't I (Blow Your Mind) (10/90 GB 8)
If You Go Away (12/91 GB 9)
Boy Group

Siehe auch: McIntyre, Hoey; Knight, Jordan

New Order

GILLIAN GILBERT g, key (Großbritannien, * 27. 1. 1961 in Manchester), PETER HOOK b (Großbritannien, * 13. 2. 1956 in Manchester), STEPHEN MORRIS d (Großbritannien, * 28. 10. 1957 in Macclesfield/Cheshire), BARNEY SUMNER v, g (Großbritannien, * 4. 1. 1956 als Bernhard Dicken in Salford/Manchester)
Sumner, der offensichtlich eine Vorliebe für Pseudonyme hat, war 1977 als Bernard Albrecht Mitbegründer der Formation Joy Division. Die Gruppe hatte im selben Jahr schon als Stiff Kittens und als Warsaw ihr Glück versucht. Von Joy Division stammte das Original des Titels »Love Will Tear Us Apart« (6/80 GB 13, 10/83 RE-GB 19, 6/95 GB 19 als Remix), 1984 ein Hit für Paul Young. Ian Curtis (* 15. 7. 1956, † 18. 5. 1980), der Sänger des Stücks, hat den Erfolg nicht mehr erlebt: Er hatte 1980 Selbstmord begangen. Die erfolgreichsten Alben von Joy Division waren »Closer« (7/80 GB-LP 6), »Still« (10/81 GB-LP 5) und »1977–1980 Substance« (7/88 GB-LP 7). Die restlichen Mitglieder von Joy Division – Barney, Hook und Morris – kamen überein, als New Order weiterzumachen. Noch im Oktober 1980 nahmen sie als viertes Mitglied Stephens Freundin Gillian Gilbert, die in der Mädchen-Punkband Inadequates gespielt hatte, in die Gruppe. Barney übernahm den Gesangspart. »Blue Monday« erschien lediglich als Maxi-Single und gilt als eine der meistverkauften Singles dieses Formats überhaupt: weltweit über drei Millionen Mal. Mitte 1990 nahm die Gruppe zusammen mit der englischen Fußballnationalmannschaft den Titel »World In Motion« auf. 1990 schien das Jahr zu sein, in dem sich New Order endgültig auflöste, aber offiziell war davon nie die Rede. Die erfolgreichsten Alben der Band waren »Power, Corruption And Lies« (5/83 GB-LP 4, 6/83 D-LP 18), »Low-Life« (5/85 GB-LP 7), »Brotherhood« (10/86 GB-LP 9), »Substance« (8/87 GB-LP 3, 9/87 US-LP 36), »Technique« (2/89 GB-LP 1, 2/89 US-LP 32), »Republic« (5/93 GB-LP 1, 5/93 US-LP 11) und »? (The Best Of)/? (The Rest Of)« (12/94 GB-LP 4).
Morris und Gilbert arbeiteten weiter an Filmmusiken, Hook war Mitbegründer von Revenge, und Sumner machte mit Johnny Marr und Unterstützung von Neil Tennant von den Pet Shop Boys das Projekt Electronic. Ende 1995 kam erneut »Blue Monday«, dieses Mal mit dem Zusatz '95, in die britischen Charts und wurde Platz 17. 1997 kam Peter Hook mit dem Duo Monaco. Neben ihm spielte David Potts. Ihr erster Hit war »What Do You Want From Me?« (3/97 GB 11).
Acht Jahre vergingen, bis mit »Get Ready« (9/01 GB-LP 6, D-LP 7) wieder ein neues Studioalbum von New Order erschien. Ausgekoppelt wurde »Crystal«.

Blue Monday (5/83 D 2; 8/83 GB 9)
True Faith (8/87 D 8, GB 4)
Blue Monday 1988 (5/88 D 3, GB 3)

World In Motion (6/90 GB 1)
Regret (4/93 GB 4)
True Faith '94 (11/94 GB 9)
Crystal (8/01 GB 8)
Elektro-Pop, Pop

Siehe auch: Electronic; England/New Order

New Radicals

GREGG ALEXANDER v, g (USA, in Grosse Point/Michigan)
Im Alter von 16 Jahren zog es Gregg nach L.A. Dort lebte er mit einer aus Jugendlichen bestehenden Gospelgruppe, die er am Flughafen getroffen hatte. Ein Jahr später erhielt er einen Plattenvertrag und veröffentlichte 1989 und 1992 je ein Album, das sehr erfolglos war. Die Plattenfirma schmiss ihn raus – und erst 1997 erhielt er einen neuen Vertrag. Mit »You Get What You Give« (12/98 US 36, 5/99 D 21) hatte er in GB seinen ersten Top-10-Hit. Sein erstes Erfolgsalbum war »Maybe You've Been Brainwashed Too« (11/98 US-LP 41). Im Sommer 1999 löste Gregg die New Radicals auf und kündigte an, in Zukunft lieber produzieren zu wollen.

You Get What You Give (4/99 GB 5)
Pop, Rock

New Seekers

PETER DOYLE v, g (Australien, * 28. 7. 1949 in Melbourne), EVE GRAHAM v (Großbritannien, * 19. 4. 1943 als Evelyn May Beatsom in Perth/Schottland), MARTY KRISTIAN v, g (Deutschland, * 27. 5. 1947 als Martin Vanags in Leipzig), PAUL MARTIN LAYTON v, g (Großbritannien, * 4. 8. 1947 in Beaconsfield/England), LYN PAUL v (Großbritannien, * 16. 2. 1949 in Manchester)
1969 war die Gruppe Seekers auseinander gefallen. Keith Potger, der Gitarrist dieser Formation, suchte sich neue Musiker, mit denen er die New Seekers bilden wollte. In den Anfangstagen sang Keith noch mit der Gruppe, doch schon nach kurzer Zeit kümmerte er sich lediglich um das Management und die Produktionen dieser Neuformierung. Ihre erste Hitnotierung war »What Have They Done To My Song, Ma« (9/70 US 14, 1/71 GB 39), im Original ein Stück von Melanie. Vom Image der Seekers, die mehr folkorientiert waren, hatten sich die New Seekers inzwischen meilenweit entfernt. Was sie machten, ist eher vergleichbar mit den Gruppen, die speziell für den Grand Prix Eurovision zusammengestellt werden. »Beg Steal Or Borrow« war dann im Frühjahr 1972 für GB der Teilnehmer beim Grand Prix in Edinburgh. Die New Seekers belegten Platz 2 hinter Vicky Leandros, die Luxemburg mit »Après Toi« vertrat und gewann. Nach 1974, gelang der Formation kein Top-20-Erfolg mehr. Notiert werden sie bis 1978. Danach versuchten sich einzelne Mitglieder der Formation als Solisten.
Ihre erfolgreichsten Alben waren »We'd Like To Teach The World To Sing« (12/71 US-LP 37, 4/72 GB-LP 2), »Circles« (10/72 GB-LP 23) und »Together« (3/74 GB-LP 12).

Never Ending Song Of Love (7/71 GB 2; 9/71 D 4)
I'd Like To Teach The World To Sing (In Perfect Harmony) (12/71 US 7, GB 1)
Beg Steal Or Borrow (3/72 D 5, GB 2)
Circles (6/72 GB 4)
You Won't Find Another Fool Like Me (11/73 GB 1)
I Get A Little Sentimental Over You (3/74 GB 5)
Folk, Pop

Siehe auch: Seekers

New Vaudeville Band

CHRIS EDDY b (Großbritannien, * 4. 3. 1942), HENRY HARRISON d (Großbritannien, * 6. 6. 1943 in Watford/Herfordshire), STAN HEYWOOD key (Großbritannien, * 23. 8. 1947 in Dagenham/Essex),

BOB KERR sax, pos (Großbritannien, * 14. 2. 1943 in London), NEIL KORNER b (Großbritannien, * 6. 8. 1942 in Ashfort/Kent), GEOFF STEPHENS v (Großbritannien, * 1. 10. 1934 in New Southgate/London), HUGH »SHUGGY« WATTS pos (Großbritannien, * 25. 7. 1941 in Watford/Hertfordshire), MICK WILSHER g (Großbritannien, * 21. 12. 1945 in Sutton/Surrey)

Die Band wurde 1966 von Geoff Stephens gegründet, der seine Karriere als Sketch-Schreiber für die BBC begonnen hatte. Danach wurde er Autor für Hits der Applejacks, »Tell Me Why«, und Dave Berry, »The Crying Game« – in den 90ern wieder ein Hit für Boy George. Er entdeckte und produzierte Donovan und machte schließlich mit einer Ansammlung von Studiomusikern die New Vaudeville Band, die Platten im Sound der 30er Jahre aufnahm. Nach den beiden Top-10-Hits wurde noch »Finchley Central« (5/67 GB 11) erfolgreich. Ihr erfolgreichstes Album hieß ebenfalls »Winchester Cathedral« (12/66 US-LP 5). Schließlich wandte sich Geoff wieder anderen Projekten zu. So schrieb er z. B. für Herman's Hermits »There's A Kind Of Hush«.

Winchester Cathedral (9/66 US 1, GB 4)
Peek-A-Boo (1/67 GB 7)
Pop

New World

JOHN KANE v (Großbritannien, * 18. 4. 1946 in Glasgow), JOHN LEE v (Großbritannien, * 9. 3. 1944 in Ashtead), MEL NOONAN v (Australien, * 10. 11. 1943 in Sydney)

Noonan und Lee gründeten die Band 1965 in Brisbane. 1968 kam Kane zum Duo, und Ende der 60er Jahre gehörten die drei Musiker von New World in ihrer Heimat Australien zu den erfolgreichen Bands. Ihren größten Erfolg hatten sie mit »Try To Remember«. Dann wurden sie von einer Schifffahrtsgesellschaft engagiert und kamen auf diese Art und Weise nach Europa. Sie erhielten einen Plattenvertrag bei RAK Records, und ihr erster Hit war die Nummer »Rose Garden« (1/71 GB 15). In den folgenden drei Jahren gelangen ihnen vier weitere Hits, neben den beiden Top-10-Hits war noch »Cara Cara« (12/71 GB 17, 1/72 D 31) erfolgreich. Die meisten dieser Hits hatten Nicky Chinn und Mike Chapman geschrieben. 1972 nahmen sie die Nummer »Living Next Door To Alice« auf, mit der sie die Hitparade verfehlten, die dann aber von einer anderen RAK-Gruppe 1976 ein Top-10-Hit wurde: Smokie.

Tom Tom Turnaround (7/71 D 10, GB 6)
Sister Jane (5/72 GB 9)
Soft Pop

Newbeats

LARRY HENLEY v (USA, * 30. 6. 1937 in Arp/Texas), MARCUS »MARC« MATHIS v (USA, * 9. 2. 1940 in Hahira/Georgia), LOUIS »DEAN« MATHIS v (USA, * 17. 3. 1937 in Hahira/Georgia)

Die beiden Brüder Marc und Dean verdienten sich ihre ersten Sporen in der Backing-Group von Dale Hawkins. In den späten 50er Jahren gründeten sie das Duo Dean And Mark, das etliche Platten veröffentlichte – darunter die Nummer »Tell Him No«, die es im Frühjahr 1959 bis zu einem Platz 42 in den US-Charts brachte. Danach kam es zur Gründung der Dean & Marc Combo, in der insgesamt neun Musiker spielten.

1962, während eines Auftritts dieser Formation, kam Larry Henley und fragte, ob er einmal mitsingen dürfe. Er fügte sich so gut ein, dass man ihn bat, bei der Band zu bleiben. 1964 trennte sich die Combo – übrig blieben die beiden Brüder und Henley, die übereinkamen, ein Trio zu gründen. Sie nahmen einige Demobänder auf und verschickten sie an verschiedene Plattenfirmen. Schließlich erhielten die Newbeats einen Plattenvertrag und veröffentlichten »Bread And Butter«. Ende 1965, nach drei weiteren Hitnotierungen, kam »Run, Baby Run (Back Into My Arms)« auf den Markt und erreichte Platz 12 in den USA und sechs Jahre später die britischen Top 10. Nach 1970 wurden sie in den US-Charts nicht mehr notiert, machten aber noch weiter Plattenaufnahmen. 1974 trennten sie sich, und Henley versuchte sich erfolglos als Solokünstler, um sich dann als Songschreiber zu betätigen – mit mehr Erfolg. So schrieb er z. B. mit an dem Bette-Midler-Hit »Wind Beneath My Wings«.

Bread And Butter (8/64 US 2)
Run, Baby Run (Back Into My Arms) (10/71 GB 10)
Beat, Pop

Newberry III., Booker

BOOKER NEWBERRY III. v (USA, * 19. 1. 1956 in Youngstown/Ohio)
Booker begann seine Karriere, wie sich das gehört, im Gospelchor seiner Eltern, den Wings Over Jordan. Nächste Station war die Gruppe Mystic Nights, bevor er 1975 nach Philadelphia zog und das Quintett Sweet Thunder gründete, das 1978/79 zumindest in den R&B-Charts vertreten war. 1979 trennte sich die Gruppe, und 1983 unterschrieb Booker einen Solovertrag. Im Frühjahr desselben Jahres erreichte die Single »Love Town« die britischen Charts. Der Nachfolgehit »Teddy Bear« schaffte es noch unter die Top 50 in GB. In den USA gelang ihm überhaupt kein Pophit, obwohl er weiter Platten aufnahm.

Love Town (5/83 GB 6)
Soul

Newman, Randy

RANDY NEWMAN v (USA, * 28. 11. 1943 in New Orleans)
Randy hatte bereits mit 17 Jahren eine Festanstellung als Songschreiber. 1966 schrieb er für Gene Pitney »Just One Smile«. 1967 hatte Alan Price mit dem Stück »Simon Smith And His Amazing Dancing Bear« einen Hit, 1970 wurde seine Komposition »Mama Told Me (Not To Come)« für Three Dog Night ein Erfolg. Ray Charles, Ringo Starr, Peggy Lee oder Nina Simone nahmen Titel von Randy auf und hatten damit Erfolg. Er selbst veröffentlichte eine Reihe sehr guter und ironischer Songs über den American way of life. Seine Nummer »Short People« wurde 1977 ein Millionseller. Die Liga der kleinen Menschen Amerikas protestierte gegen den Song, was ihm letztendlich nur noch half. Ansonsten ist Randy kein Titel unter den ersten 50 der Hitparade gelungen, obwohl zumindest 1988 »It's Money That Matters«, bei dem Mark Knopfler die Gitarre spielte, es wert gewesen wäre. Randy schrieb auch eine ganze Reihe von Filmmusiken. Für »Ragtime« 1981 erhielt er zwei Oscar-Nominierungen. 1984 gewann er einen in der Kategorie beste Instrumentalkomposition mit dem Titel »The Natural«. »Avalon« oder »The Three Amigos« waren ebenfalls Filme, in denen Musik von Newman zu hören war.
Seine LPs »Sail Away«, »Good Old Boys«, »Little Criminals« (10/77 US-LP 9) oder »Trouble In Paradise« zeugen von Randys Songschreiberqualitäten. 2002 wurde sein Lied »If I Didn't Have You« aus dem Streifen »Die Monster AG« mit dem Oscar für den besten Filmsong des Jahres geehrt.

Short People (11/77 US 2)
AOR (Adult Orientated Rock), Pop

Newton, Juice

JUICE NEWTON v (USA, * 18. 2. 1952 als Judy Kaye Cohen in Lakehurst/New Jersey)

Mit 13 Jahren machte Juice Folkmusic, 1974 ging sie mit ihrer Band Silver Spur, die ab 1975 Platten aufnahm, nach Los Angeles. 1978 löste sich die Gruppe auf, und Juice Newton machte als Solistin weiter. Seit diesem Zeitpunkt ist sie regelmäßig in den Country-Hitparaden vertreten, brachte es aber auch auf einige Crossover-Hits, so z. B. mit ihrer Version von »Angel Of The Morning«. Danach hatte sie noch weitere Notierungen in den Popcharts, aber weitaus mehr Erfolg auf dem Country-Sektor. »The Sweetest Thing (I've Ever Known)« 1981, »You Make Me Want To Make You Mine« und »Hurt« 1985 und »Both To Each Other (Friends & Lovers)« zusammen mit Eddie Rabbitt 1986 belegten jeweils Platz 1 in den Country-Charts.

Ihre erfolgreichsten Alben waren »Juice« (3/81 US-LP 22) und »Quiet Lies« (5/82 US-LP 20).

Angel Of The Morning (2/81 US 4)
Queen Of Hearts (5/81 US 2)
The Sweetest Thing (I've Ever Known) (10/81 US 7)
Love's Been A Little Bit Hard On Me (5/82 US 7)
Country, Pop

Newton, Wayne

WAYNE NEWTON v (USA, * 3. 4. 1942 in Roanoke/Virginia)

Der Sänger und Multi-Instrumentalist galt als der höchstbezahlte Las-Vegas-Entertainer. Seine Karriere begann nach einem Auftritt in der ›Jackie Gleason TV-Show‹ im Jahr 1962. Bobby Darin sah ihn in dieser Sendung, nahm ihn unter Vertrag und produzierte seine erste Platte. Sein erster größerer Erfolg war Bert Kaempferts »Danke schön« (7/63 US 13). Außerhalb der USA konnte man mit dem Las-Vegas-Gehabe von Wayne Newton recht wenig anfangen. Als Schauspieler sah man ihn 1989 in dem James-Bond-Film »Licence To Kill« und 1990 in »The Adventures Of Ford Fairlane«.

Sein erfolgreichstes Album war »Red Roses For A Blue Lady« (5/65 US-LP 17).

Daddy Don't You Walk So Fast (4/72 US 4)
Pop, Schlager

Newton-John, Olivia

OLIVIA NEWTON-JOHN v (Großbritannien, * 26. 9. 1948 in Cambridge)

Olivia wanderte mit ihren Eltern 1953 nach Melbourne, Australien, aus. Ihr Vater war Professor für Deutsch am King's College in Cambridge gewesen, ihre Mutter stammte aus Deutschland. Olivias Großvater mütterlicherseits ist der deutsche Physiker Max Born, der 1954 den Nobelpreis erhielt. Mit zwölf Jahren gewann Olivia Newton-John einen Wettbewerb, in dem es darum ging, möglichst so auszusehen wie Hayley Mills.

Als Sängerin trat sie mit drei anderen Mädchen in einer Schulgruppe auf, die sich Sol Four nannte. Sie brachten vorwiegend Folksongs. Danach sang sie in einem Kaffeehaus, das ihrem Schwager gehörte, als Solistin. Ein Gast brachte sie auf die Idee, sich an einem Talentwettbewerb zu beteiligen, der von dem bekannten australischen Musiker Johnny O'Keefe durchgeführt wurde. Olivia gewann eine Reise nach London. Sie blieb dort und bildete mit einer weiteren Australierin, Pat Carroll, ein Duo, das in Clubs und Kneipen auftrat. Nach zwei Jahren verließen beide GB und kehrten nach Australien zurück. Dort heiratete Pat den Gitarristen John Farrar.

Olivia ging nun alleine nach GB zurück und erhielt die Möglichkeit zu einem Auftritt in Cliff Richards TV-Show – und der brachte für sie den Durchbruch. Sie trat von nun an regelmäßig dort auf, sang, trug Gedichte vor und wirkte in Sketchen mit. In dieser TV-Show traten auch regelmäßig die Shadows auf. Sie lernte Bruce Welch kennen und verlobte sich mit ihm. Und um die Seifenoper richtig rund zu machen: Als für die Shadows ein neuer Gitarrist gesucht wurde, brachte Lovely Livvy den Mann ihrer Freundin Pat ins Spiel. Zack, damit haben wir John Farrar in London. John kümmerte sich neben seiner Arbeit für die Shadows auch um die Plattenproduktionen von Olivia. Auf ihrer ersten LP werden als Arrangeure und Produzenten Bruce Welch und John Farrar genannt. Die Singleauskopplung »If Not For You« (es handelt sich dabei um eine Bob-Dylan-Komposition, auf Folk getrimmt) war ihr erster Hit und gleichzeitig ihre erste Top-10-Notierung. Es folgte eine beispiellose Karriere, vor allem in den USA. Zusammen mit John Travolta sang sie im Film »Grease« den Titel »You're The One That I Want« und »Summer Nights«. 1980 kam sie zusammen mit ELO und den beiden Hits »Magic« und »Xanadu«. 1981 hatte sie einen der Hits des Jahres mit »Physical«, alleine in den USA zehn Wochen auf Platz 1. Nach 1983 ließ der Erfolg nach. 1984 eröffnete sie ihre eigene Boutiquenkette unter dem Namen Koala Blue, mit der sie in den 90er Jahren Pleite ging. 1985 heiratete sie den Schauspieler und Tänzer Matt Lattanzi, den sie während der Dreharbeiten zu »Xanadu« kennen gelernt hatte. Am 17. Januar 1986 wurde Tochter Chloe geboren. 1990 erschien ein Album mit dem Titel »Warm And Tender«, auf dem sie Kinder- und Wiegenlieder sang. Ihre erfolgreichsten Alben waren »If You Love Me, Let Me Know« (6/74 US-LP 1), »Have You Never Been Mellow« (2/75 US-LP 1, 4/75 GB-LP 37), »Clearly Love« (10/75 US-LP 12), »Come On Over« (3/76 US-LP 13) und »Don't Stop Believing« (11/76 US-LP 30), »Olivia Newton-John's Greatest Hits« (11/77 US-LP 13, 1/78 GB-LP 19), »Totally Hot« (12/78 US-LP 7, GB-LP 30), »Xanadu« (7/80 US-LP 4, GB-LP 2), »Physical« (10/81 US-LP 6, GB-LP 11, D-LP 30) und »Olivia's Greatest Hits Vol. II« (10/82 US-LP 16, GB-LP 8, D-LP 33). 1992 wurde »Back To Basics – The Essential Collection 1971–1992« veröffentlicht. Auf dieser CD befanden sich neben ihren großen Hits vier neue Titel, die von so bekannten Produzenten und Songschreibern wie Diane Warren, John Farrar, Peter Asher und Giorgio Moroder stammten. Im selben Jahr diagnostizierte man bei ihr Brustkrebs im fortgeschrittenen Stadium. Ende 1994 schien sie den Kampf gegen den Krebs gewonnen zu haben. Am 7. September 1994 trat sie im Sports & Entertainment Center in Melbourne beim »Best For The Bush«-Konzert auf. Es handelte sich dabei um eine Benefizveranstaltung für die Farmer in Queensland. Im Frühjahr 1995 wurde mit »Gaia – Die Reise einer Frau« ein neues Album angekündigt. Die daraus ausgekoppelte Single »No Matter What You Do« erschien Ende März. Ende 1995 sang sie im Duett mit Cliff Richard den Song »Had To Be« (12/95 GB 22) aus dessen damals angekündigtem und später sehr erfolgreichen Musical »Heathcliff«. 1998 veröffentlichte Olivia nach vier Jahren ein Album mit völlig neuem Material: »Back With A Heart«. Als Single erschien zum gleichen Zeitpunkt eine neue Version von »I Honestly Love You«. 1998 feierte das Musical »Grease« 20-jähriges Jubiläum. Aus diesem Grund wurde »You're The One That I Want« erneut veröffentlicht und kam wieder unter die ersten 10 in GB.

If Not For You (3/71 GB 7)
Banks Of The Ohio (10/71 GB 6)
Let Me Be There (11/73 US 6)
If You Love Me (Let Me Know) (4/74 US 5)
I Honestly Love You (8/74 US 1)

Have You Never Been Mellow (1/75 US 1)
Please Mr. Please (6/75 US 3)
Sam (6/77 GB 6)
You're The One That I Want (4/78 US 1, GB 1; 6/78 D 1; 7/98 GB 4)
Hopelessly Devoted To You (7/78 US 3; 11/87 GB 2)
Summer Nights (8/78 GB 1; US 5; 10/78 D 4)
A Little More Love (11/78 US 3, GB 4)
Magic (5/80 US 1)
Xanadu (6/80 GB 1, D 1; 8/80 US 8)
Physical (10/81 D 4, US 1, GB 7)
Make A Move On Me (2/82 US 5)
Heart Attack (9/82 US 3)
Twist Of Fate (11/83 US 5)
The Grease Megamix (12/90 GB 3)
Middle Of The Road (MOR), Pop

Next

R. L. v (USA), T-LOW v (USA), TWEETY v (USA)
Gegründet wurde die Formation 1992. Zuerst waren es die Brüder T-Flow und Tweety, die sich als Duo versuchten, wenig später kam R.L. hinzu. 1994 bot man dem Trio einen Plattenvertrag an, nachdem sie bei einer Show in Minneapolis mit der selbst geschriebenen Ballade »Slow Down« einige Labelmanager begeistert hatten. Aber erst 1997 realisierte sich der Vertrag und es kam zur Produktion des ersten Albums »Rated Next« (10/97 US-LP 37). Ihre erste Hitnotierung war »Butta Love« (9/97 US 16). Dann kamen der Platinseller »Too Close« und »I Still Love You« (8/98 US 14). Ihr nächstes Hitalbum war »Welcome II Nextasy« (7/00 US-LP 12).

Too Close (2/98 US 1)
Wifey (5/00 US 7)
Rhythm & Blues

Nicholas, Paul

PAUL NICHOLAS v, p (Großbritannien, * 3. 12. 1945 als Paul Beuselinck in Peterborough)
Nicholas begann seine musikalische Karriere als Pianist bei Screaming Lord Sutch. 1964 begann er unter dem Pseudonym Paul Dean eine Solokarriere, änderte seinen Namen aber in Oscar, nachdem er keinen Erfolg hatte. Diese Namensänderung half zwar herzlich wenig, aber zu dieser Zeit baute er sich parallel eine Karriere in Musicals auf und stand zunächst in »Hair« oder »Jesus Christ Superstar« auf der Bühne, später in »Cats« und »Pirates«. Als Platteninterpret hatte er Hitparadenerfolge mit den Disko-Nummern »Dancing With The Captain«. In den USA gelang ihm mit »Heaven On The 7th Floor« ein Millionseller. Danach hat er die Singerei zugunsten der Schauspielerei aufgegeben und ist seitdem ein bekanntes Gesicht im britischen Fernsehen, zu sehen sowohl in komischen als auch ernsten Rollen. 1993 trat er in einem Revival des Musicals »Grease« im Londoner West End auf. Ab 1995 für zwei Jahre in »Singing In The Rain«. Sein erfolgreichstes Album war »Just Good Freinds« (11/86 GB-LP 30).

Dancing With The Captain (10/76 GB 8)
Grandma's Party (12/76 GB 9)
Heaven On The 7th Floor (8/77 US 6)
Middle Of The Road (MOR), Pop

Nickelback

MIKE KROEGER b (Kanada), CHAD KROEGER v (Kanada), RYAN PEAKE g (Kanada), RYAN VIKEDAL d (Kanada)
Die Formation aus Vancouver wurde 1996 gegründet. »Leader Of Men« hieß ihre erste Single, die sie im Eigenvertrieb veröffentlichten. Dann kam das Album »The State«, das in Kanada sehr erfolgreich war. 2001 gewannen sie den Juno-Award in der Kategorie ›Best New Group‹ – und nun ging es bergauf. Das Album »Silver Side Up« (9/01 US-LP 2, 10/01 D-LP 4, 10/01 GB-LP 1) wurde auch außer-

halb Kanadas ein Renner – und die Singleauskopplung »How You Remind Me« ihr erster Top-10-Hit.

How You Remind Me (9/01 US 1; 11/01 D 3; 3/02 GB 4)
Rock

Nickerbocker & Biene

NIKOLAUS »NICKY« KALITA v (Österreich), SABINE KOPERA v (Österreich)
Mit dem von Nick R. Bocker geschriebenen Titel »Hallo Klaus (i wü nur zruck)« hatte dieses Duo seinen einzigen Hit. Kalita war in seiner Heimat Österreich als Komponist, Texter, Sänger, Produzent, Promotionmanager und Plattenchef erfolgreich. Anfang der 80er Jahre schrieb er unzählige Werbejingles für Waschmittel, Banken, Schokolade oder Eis. Zum englischen Hit »Queen Of Hearts« schrieb er den Dialekt-Text »Puppe (du bist a moderne Hex)«. Er veröffentlichte die Platte auf seinem eigenen Label Turbo Music. Im September 1982 erschien seine zweite Single, die er mit Sabine Kopera aufgenommen hatte: »Hallo Klaus (i wü nur zruck)«. Wohin sie danach zurückgegangen sind und ob Klaus sie wieder genommen hat – Fragen, die durch keinen weiteren Hit beantwortet wurden.

Hallo Klaus (i wü nur zruck) (11/82 D 6)
Deutscher Schlager

Nicks, Stevie

STEVIE NICKS v (USA, * 26. 5. 1948 als Stephanie Nicks in Phoenix/Arizona)
Zusammen mit Lindsey Buckingham war sie Mitglied in der Gruppe Fritz. Nachdem die Band 1971 auseinandergefallen war, arbeiteten sie als Duo weiter. 1973 nahmen sie ihre Debüt-LP auf, und als die ein Flop wurde, arbeitete Buckingham als Sessionmusiker und tourte mit Don Everly, während Stevie als Bedienung in einer Kneipe in Hollywood jobbte. Als die ausgelaugte britische Band Fleetwood Mac Anfang 1975 nach dem Fortgang von Bob Welch eine Blutauffrischung benötigte, stießen sie auf dieses Duo. Mit Buckingham/Nicks ging es bei Fleetwood Mac wieder aufwärts. Ab 1981 machte Stevie auch Soloplatten. Auf »Stop Draggin' My Heart Around« waren neben ihr Tom Petty & The Heartbreakers zu hören. Ihre erfolgreichsten Alben: »Bella Donna« (8/81 US-LP 1, GB-LP 11), »The Wild Heart« (7/83 US-LP 5, GB-LP 28, 8/83 D-LP 25), »Rock A Little« (12/85 US-LP 12, GB-LP 30, 2/86 D-LP 23), »The Other Side Of The Mirror« (6/89 US-LP 10, GB-LP 3), »TimeSpace – The Best Of Stevie Nicks« (9/91 US-LP 30, GB-LP 15) und »Street Angel« (6/94 GB-LP 16).
Ab 1990 tourte Stevie nicht mehr mit der Gruppe, 1993 trennte sie sich offiziell von Fleetwood Mac – und kehrte 1997 wieder zurück. Im April 1998 erschien eine Retrospektive mit Stevie's Nummer aus ihrem bisherigen Schaffen – darauf bisher unveröffentliches Material, aber auch wieder Titel von der 1973 erschienenen Debüt-LP »Buckingham Nicks«. Die 3fach-CD hieß »Enchanted«. Einen Monat später ging Stevie auf eine 40-Tage-Tournee durch die USA. Nicht ohne zu betonen, dass sie zwar Zeit ihres Lebens immer private Schwierigkeiten mit ihren Partnern hatte, nie aber mit Fleetwood Mac. Das lag daran, dass sie, wenn ihr Freund und die Gruppe gleichzeitig nach ihr riefen, sich immer für die Band entscheiden würde.
Stevie musste sich einer Augenoperation unterziehen und leidet seit geraumer Zeit am so genannten Epstein-Barr-Virus.
2000 machte sie eine Entziehungskur. Danach arbeitete sie vehement an einem neuen Album, das schließlich im Frühjahr 2001 erschien: »Trouble In Shangri-La« (5/01 US-LP 5).

Stop Draggin' My Heart Around (7/81 US 3)
Leather And Lace (10/81 US 6)
Stand Back (6/83 US 5)
Talk To Me (11/85 US 4)
AOR (Adult Orientated Rock), Pop

Siehe auch: Fleetwood Mac

Nicole

NICOLE v, g (Deutschland, * 25. 10. 1964 als Nicole Hohloch in Saarbrücken)
»Flieg nicht so hoch, mein kleiner Freund« war Mitte 1981 der erste Erfolg für Nicole. 1980 hatte sie an einem Talentwettbewerb teilgenommen und wurde dabei von dem Produzenten und Komponisten Robert Jung entdeckt. 1982 siegte Nicole beim Grand Prix Eurovision mit dem Stück »Ein bisschen Frieden«. In GB kam Nicole mit der englischen Version »A Little Peace« ebenfalls bis an die Spitze. »Ich hab' dich doch lieb« war 1983 ihr letzter Top-10-Erfolg. Nicole, inzwischen verheiratet und Mutter, machte bis ins 21. Jahrhundert Platten. Zur TV-Sendung ›Heimat, deine Stars‹ veröffentlichte der SDR im Juni 1993: ›Nicole 1993 ist eine Rock-orientierte Sängerin mit aggressiven Texten zu harten Tönen.‹ Aaaajah! Dafür sprechen auch ihre Chartnotierungen im selben Jahr: »Wenn ich dich nicht lieben würde« und »Dann küß mich doch«. Ihre erfolgreichsten Alben: »Ein bisschen Frieden« (7/82 D-LP 1) und »So viele Lieder sind in mir« (10/83 D-LP 22).

Flieg nicht so hoch, mein kleiner Freund (7/81 D 2)
Ein bisschen Frieden (4/82 D 1)
A Little Peace (5/82 GB 1)
Ich hab' dich doch lieb (1/83 D 8)
Deutscher Schlager, Grand Prix

Nicole

NICOLE v, rap (USA, als Nicole Wray in Salinas/Kalifornien)
Missy ›Misdemeanor‹ Elliott konnte schon auf einige Erfolge zurückblicken, bevor sie auf ihrem eignen Plattenlabel ›The Gold Mind, Inc.‹ die zu diesem Zeitpunkt 17-jährige Nicole singen ließ. »Make It Hot« (8/98 GB 22) hatte Missy geschrieben, durch Timbaland, ihren langjährigen Mitstreiter, produzieren lassen und außerdem auch noch selbst mitgesungen.

Make It Hot (6/98 US 5)
HipHop

Niemann

KAI NIEMANN v (Deutschland, in Sangerhausen/Sachsen-Anhalt)
Nach mehr als 10 Jahren Geldüberweisungen aus dem Westen bedankten sich unsere Landsleute aus den fünf teuren Ländern mit Erkenntnissen wie »Der Fuchs ist schlau und stellt sich dumm, beim Wessi ist es andersrum«. Es stimmt ja: wer klagelos so viel Kohle in den Osten überwiesen hat, kann ja nur doof sein. Dem Lied von Niemann hört man die gequälte Seele an – und am besten gefällt mir die Zeile ›Dass die Mädchen im Osten schöner sind, weiß heutzutage jedes Kind‹. Aber nur, solange sie den Mund nicht aufmachen!

Im Osten (2/01 D 4)
Pop

Night Ranger

JACK BLADES v, b (USA, * 24. 4. 1954 in Palm/Kalifornien), ALAN »FITZ« GERALD key (USA, * 16. 6. 1954), BRAD GILLIS g (USA, * 15. 6. 1957), KELLY KEAGY d (USA, * 15. 9. 1952), JEFF WATSON g (USA, * 4. 11. 1956)
1982 erschien mit »Dawn Patrol« das Debütalbum dieser Gruppe aus San Francisco. Blades und Gillis waren vorher Mitglieder bei Rubicon. »Sister Christian« und »Sentimental Street« waren die

größten Hits für Night Ranger. Die erfolgreichsten Alben: »Midnight Madness« (11/83 US-LP 15), »7 Wishes« (6/85 US-LP 10) und »Big Life« (4/87 US-LP 28). Gerald verließ die Band 1988, ein Jahr später fiel sie ganz auseinander. Blades wurde Mitglied bei den Damn Yankees und gründete 1995 zusammen mit Tommy Shaw das Duo Shaw/Blades. 1997 kam die Originalbesetzung von Night Ranger wieder zusammen.

Sister Christian (3/84 US 5)
Sentimental Street (5/85 US 8)
AOR (Adult Orientated Rock), Rock

Nightcrawlers

JOHN REID v (Großbritannien, * 6. 9. 1967 in Glasgow/Schottland)
John Reid ist Mastermind hinter dieser Formation. Seine professionelle Musikkarriere begann in Zusammenarbeit mit dem Ex-Culture-Club-Drummer Roy Hay. Als Duo This Way Up tauchten sie 1987 einmal in den unteren Regionen der britischen Hitparade mit »Tell Me Why« auf. Nach der Trennung von Hay schrieb John einige Titel für Bad Boys Inc. und Eternal. Schließlich gründete er mit Nightcrawlers sein eigenes Projekt. Von seiner Plattenfirma wird er als ›unscheinbarster Star der Szene‹ bezeichnet. Erstmals tauchte er im mit »Push The Feeling On« (10/94 GB 22) auf. Ein halbes Jahr später wurde die Platte erneut in GB mit neuen Mixen veröffentlicht und kam dieses Mal nicht nur in GB in die Top 10. Die weiteren Hits außerhalb der Top 10: »Don't Let The Feeling Go« (9/95 GB 13), »Let's Push It« (1/96 GB 23), »Should I Ever (Fall In Love)« (4/96 GB 34) und »Keep On Pushing Our Love« (7/96 GB 30). Ihr erfolgreichstes Album war »Let's Push It« (9/95 GB-LP 14).

Push The Feeling On (3/95 GB 3; 5/95 D 6)
Surrender Your Love (5/95 GB 7)
Dance

Nightingale, Maxine

MAXINE NIGHTINGALE v (Großbritannien, * 2. 11. 1952 in Wembley/London)
Maxine nahm 1968 ihre ersten Platten auf. In den frühen 70er Jahren spielte sie mit in den britischen Produktionen von »Hair«, »Jesus Christ Superstar«, »Godspell« und »Savages«. Mit der Diskoproduktion »Right Back Where We Started From« gelang ihr im Herbst 1975 ein Welthit. Nachfolgehits waren »Love Hit Me« (3/77 GB 11) und »Lead Me On«.

Right Back Where We Started From (11/75 GB 8; 2/76 US 2)
Lead Me On (5/79 US 5)
Disko, Rhythm & Blues

Nilsson

NILSSON v (USA, * 15. 6. 1941 als Harry Edward Nelson III in Brooklyn/New York, † 15. 1. 1994)
In den frühen 60er Jahren versuchte er sich als Sänger unter dem Namen Johnny Niles. Seine Titel wurden aufgenommen von den Ronettes, den Monkees oder Three Dog Night. Er lieferte nicht nur die Kompositionen ab, sondern sang sie auch als Demo auf Band. Bei der Gelegenheit stellte man fest, dass er selbst über eine gute Stimme verfügte. Seine Version von »Everybody's Talkin'« aus dem Film »Midnight Cowboy« kam im Herbst 1969 in die US-Charts. »Without You« war geschrieben von den beiden Badfinger-Köpfen Pete Ham und Tom Evans. Die Platte kam im Herbst 1987 noch einmal in die deutschen Top 40, nachdem das Lied in dem Thomas-Gottschalk-Film »Zärtliche Chaoten« zu hören gewesen war. Die Nummer »Coconut« war der letzte Top-10-Erfolg für Nilsson. Seine erfolgreichsten Alben waren »The Point!« (3/71 US-LP 25), »Nilsson Schmilsson« (12/71 US-LP 3, 2/72 GB-LP 4), »Son Of Schmils-

son« (7/72 US-LP 12) und »A Little Touch Of Schmilsson In The Night« (7/73 GB-LP 20). Nilsson galt als enger Freund von John Lennon und Ringo Starr. Speziell mit John Lennon wurde er aus etlichen Kneipen rausgeschmissen. In den 80er Jahren zog Nilsson sich fast ganz aus dem Musikgeschäft zurück und kümmerte sich in erster Linie um seinen Filmverleih in Kalifornien. Nilssons Gesundheit war bereits seit Anfang 1993 nach einem Herzinfarkt schwer angeschlagen, und zudem litt er unter Diabetes. Er starb 1994 an den Folgen.

Everybody's Talkin' (8/69 US 6)
Without You (12/71 US 1; 2/72 GB 1)
Coconut (6/72 US 8)
AOR (Adult Orientated Rock), Pop, Rock

Nina & Mike

LOTHAR SCHÄFER v (Deutschland, * 14. 1. 1944 in Mannheim), MICHAELA SCHÄFER v (Deutschland, * 19. 6. 1946 als Michaela Hennemann in Halle an der Saale)
Das von Jack White produzierte Ehepaar hatte mit »Rund um die Welt geht das Lied der Liebe« (7/73 D 14) einen ersten Hit. »Fahrende Musikanten« und »Paloma Blanca« wurden ihre Top-10-Erfolge. Obwohl ihnen nach 1975 kein Verkaufserfolg mehr gelang, machten sie bis in die 90er Jahre Platten.

Fahrende Musikanten (12/73 D 5)
Paloma Blanca (8/75 D 6)
Deutscher Schlager

Ninedays

JEREMY DEAN key (USA), BRIAN DESVEAUX v, g (USA), NICK DIMICHINO b (USA), JOHN HAMPSON v, g (USA), VINCENT TATTANELLI d (USA)
Aus ihrem ersten Album »The Madding Crowd« (6/00 US-LP 67) wurde ihr erster Singlehit ausgekoppelt. Die Rockgruppe stammt aus New York City.

Absolutely (Story Of A Girl) (5/00 US 6)
Rock

911

LEE ANTHONY BRENNAN v (Großbritannien, * 27. 9. 1975 in Manchester), JIMMY CONSTABLE v (Großbritannien, * 21. 9. 1973 in Liverpool), SPIKE DAWBARN v (Großbritannien, * 5. 8. 1974 als Simon Dawbarn in Carlisle)
›Eine Mixtur aus Motown-Elementen, Swing, HipHop, Pop und Funky Grooves machen sie zu Protagonisten zeitgemäßer Popmusik‹ – das schrieb die Plattenfirma über die Musik von 911, die in Glasgow ansässig waren und mit »Night To Remember« (5/96 GB 38) ihre erste Hitnotierung hatten. Der Nachfolger »Love Sensation« (8/96 GB 21) war drei Monate später schon besser. Und immer noch 1996: »Don't Make Me Wait«, eingestiegen auf Platz 10 in GB. Dieses Stück brachte ihnen auch eine erste Hitnotierung in Deutschland. Während sie ihre ersten Platten noch auf dem Independant-Label Ginga veröffentlichten, erschien der erste Top-10-Hit schon bei einer Major Company. Die Band machte sich einen Spaß daraus, sich als ›Kleinste Boy-Group der Welt‹ zu bezeichnen: keins der Mitglieder ist größer als 1,65m . Im Februar 1997 erschien ihr erstes Album »The Journey« (3/97 GB-LP 13). Der Titelsong beschäftigte sich mit der Krebserkrankung von Brennan im Kindesalter. Nachdem die Gruppe im Herbst 1997 eine 22-tägige Tournee durch GB hinter sich hatte – gesponsert von Clerasil Acne Lotion, weil die potenziellen Benutzer wohl zum hauptsächlichen Fankreis der Band zu zählen sind – folgte im November mit »Party People . . . Friday Night« der

nächste Top-10-Hit. Am 6.7. 1998 erschien mit »Moving On« (7/98 GB-LP 10) das nächste Album der Band. Daraus ausgekoppelt wurde »How Do You Want Me To Love You?«. Wenig später folgten »More Than A Woman«, die Coverversion eines Bee-Gees-Hits, »A Little Bit More«, die Coverversion einer Dr. Hook-Nummer, und »Wonderland« (10/99 GB 13). Ein weiteres Album: »There It Is« (2/99 GB-LP 8).

Don't Make Me Wait (11/96 GB 10)
The Day We Find Love (2/97 GB 4)
Bodyshakin' (5/97 GB 3)
The Journey (7/97 GB 3)
Party People . . . Friday Night (11/97 GB 5)
All I Want Is You (4/98 GB 4)
How Do You Want Me To Love You? (7/98 GB 10)
More Than A Woman (10/98 GB 2)
A Little Bit More (1/99 GB 1)
Private Number (5/99 GB 3)
Boy Group, Pop

1910 Fruitgum Co.

MARK GUTKOWSKI (USA, in Linden/New Jersey), FRANK JACKELL v, g (USA, in Linden/New Jersey), PAT KARWAN v (USA, in Linden/New Jersey), JOEY LEVINE v (USA), FLOYD MARCUS d (USA, in Linden/New Jersey), STEVE MORTKOWITZ b (USA, in Linden/New Jersey)
Diese Company war eine der vielen Studioproduktionen, die die Bubblegum-Könige Kasenetz/Katz gegründet hatten. Zwar werden oben genannte Musiker als Mitglieder der Formation bezeichnet, richtig dürfte jedoch sein, dass ständig wechselnde Studiomusiker die Platten dieser und der anderen Bands aus dem Stall von Kasenetz/Katz wie Ohio Express, Crazy Elephant oder Music Explosion einspielten. Levine dürfte der Sänger aller Titel von 1910 Fruitgum Co. sein. Auf der LP »Simon Says« von 1910 steht, dass die einzelnen Mitglieder wechselweise als Leadsänger fungierten. Speziell das simple Kinderlied »Simon Says« entwickelte sich zu einem weltweiten Hit. Als 1970 der Bubblegum-Boom vorüber war, verschwand auch 1910 Fruitgum Co. wieder in der Versenkung.

Simon Says (1/68 US 4; 3/68 D 6, GB 2)
1, 2, 3 Red Light (7/68 US 5)
Indian Giver (1/69 US 5)
Bubblegum

98 Degrees

JUSTIN JEFFRE v (USA, * 25. 2. 1973), DREW LACHEY v (USA, * 8. 8. 1976), NICK LACHEY v (USA, * 9. 11. 1973), JEFF TIMMONS v (USA, * 30. 4. 1973)
Diese weiße Gesangsgruppe aus Cincinnati/Ohio wurde im November 1995 gegründet und erhielt bei Tamla Motown einen Plattenvertrag. Mit »Invisible Man« (7/97 US 12) gelang ein erster Erfolg. »Because Of You« erhielt Platin. Zusammen mit Stevie Wonder nahmen sie den Titel »True To Your Heart« (11/98 GB 51, D 52) für den Walt-Disney-Zeichentrickfilm »Mulan« auf. Mitautor dieses Songs war Matthew Wilder. Ihr erstes Album »98 Degrees And Rising« (11/98 US-LP 52) wurde mit Gold ausgezeichnet. Es folgte »Revelation« (10/00 US-LP 2).
Ihre nächsten Singlehits wurden »The Hardest Thing« (3/00 GB 29), »I Do (Cherish You)« (8/99 US 13), »Give Me Just One Night (Una Noche)«, »My Everything« (12/00 US 34).

Because Of You (10/98 US 3)
The Hardest Thing (3/99 US 5)
Give Me Just One Night (Una Noche) (8/00 US 2)
Pop

Nirvana

AARON BURCKHARD d (USA), CHAD CHANNING d (USA, * 31. 1. 1967 in Santa Rosa/

Kalifornien), KURT COBAIN v, g (USA, * 20. 2. 1967 als Kurt Donald Cobain in Aberdeen/Washington, † 5. 4. 1994), DALE CROVER d (USA), JASON EVERMAN g (USA), DAVE GROHL d (USA, * 14. 1. 1969 in Warren/Ohio), KRIST NOVOSELIC b (USA, * 16. 5. 1965 als Krist Anthony Novaselic in Compton/Kalifornien), DAN PETERS d (USA)

Eine der Überraschungen des Jahres 1991 war die aus Aberdeen im US-Bundesstaat Washington stammende Rockgruppe Nirvana. Mit brachialer Härte und Rauheit schaffte es die Nummer »Smells Like Teen Spirit« Ende 1991 in die internationalen Hitparaden. In seinen Jugendjahren hat Cobain offenhörlich die Monkees sehr gemocht, denn der Gitarrenriff von »Smells Like Teen Spirit« erinnert stark an den Song »(I'm Not Your) Stepping Stone« dieser Band. 1987 kam die Urbesetzung von Nirvana zusammen. Neben Cobain und Novoselic spielten etliche Drummer in der Band, bevor mit David Grohl im April 1991 die Erfolgsbesetzung zusammenfand. Der erste Drummer war Aaron Burckhard, dann folgten Dale Crover, wieder Burckhard, Chad Channing, wieder Crover, Dan Peters und dann Grohl. Bis zu diesem Zeitpunkt hatte Nirvana schon etliche Platten veröffentlicht. Die erste Single erschien im Oktober 1988 und hieß »Love Buzz«. Hier spielten Cobain, Novoselic und Chad Channing. Auf der LP »Bleach« spielten der Gitarrist Jason Everman und bei einigen Tracks auch Dale Crover mit. Im Januar 1991 erschien die Single »Sliver«, auf der der Schlagzeuger Dan Peters spielte, der von Mudhoney kam. Im April kam Grohl – Peters und Everman gingen. Jetzt wurde die CD »Nevermind« aufgenommen, auf der der Singlehit »Smells Like Teen Spirit« war. Nachfolgesingle »Come As You Are« wurde nur noch in GB Top 10. Danach schien die Band ihr Pulver verschossen zu haben. Schnell wurden vorher aufgenommene Werke von Nirvana nachgeschoben, z. B. im Dezember 1992 »Incesticide«. Ein weiteres Album mit neuem Material machte der Band offensichtlich Schwierigkeiten. Es kam zu Streitigkeiten zwischen Nirvana und ihrer Plattenfirma Geffen Records. Angeblich sei das bereits fertig gestellte Album zu aggressiv. Von der Plattenfirma wurde jedoch betont, dass nicht das der Grund für die Nichtveröffentlichung gewesen sei, sondern die Tatsache, dass der Sänger Cobain mit einigen Gesangsparts unzufrieden war.

Seine ersten Erfahrungen mit Heroin hatte Cobain schon 1985. Gerüchte über den starken Drogenkonsum von Cobain machten immer wieder die Runde. Drohungen, sich umzubringen, gehen zurück bis in den August 1992. Im Mai 1993 wurde er wegen einer Überdosis Heroin in Seattle in ein Krankenhaus eingeliefert. Im Juli desselben Jahres nahm er erneut eine Überdosis, diesmal vor einem Konzert in New York. Seinen ersten Selbstmordversuch verübte er im März 1994. Er nahm eine Überdosis, diesmal eine Kombination aus Champagner und Rohypnol. Noch im selben Monat kaufte er eine Schrotflinte – es ist die, mit der er sich erschoss. Am 4. April gab seine Mutter eine Vermisstenanzeige auf. Am 8. 4. 1994 wurde Cobain tot in seiner Wohnung aufgefunden. Er hatte einen Abschiedsbrief geschrieben, sich Heroin injiziert und dann mit der Schrotflinte in den Mund geschossen. Polizeiliche Ermittlungen ergaben als Todestag den 5. April. Dave Grohl gründete die erfolgreiche Gruppe Foo Fighters. Novoselic lernte 1994 auf einer Party die venezolanische Sängerin Yva Las Vegas kennen. Zusammen mit ihr und dem Schlagzeuger Adam Wade gründete er das Trio Sweet 75, das am 26. 8. 1997 sein erstes Album veröffentlichte. Es brachte eine Kombination aus Latin-Rhythm und Guitar-Rock.

Die erfolgreichsten Alben von Nirvana:

»Nevermind« (10/91 US-LP 1, GB-LP 7, 12/91 D-LP 3), »Bleach« (1/92 US-LP 89, 3/92 GB-LP 33), »Incesticide« (12/92 GB-LP 14, US-LP 39), »In Utero« (9/93 GB-LP 1, 10/93 US-LP 1), »MTV Unplugged In New York« (11/94 US-LP 1, GB-LP 1, D-LP 6) und »From The Muddy Banks Of The Wishkah« (10/96 US-LP 1, GB-LP 4).

Smells Like Teen Spirit (11/91 US 6, GB 7; 1/92 D 2)
Come As You Are (3/92 GB 9)
Heart-Shaped Box (9/93 GB 5)
Grunge

Siehe auch: Foo Fighters

Nitty Gritty Dirt Band

RALPH BARR g (USA, in Boston/Massachusetts), JACKSON BROWNE v, g, p (Deutschland, * 9. 10. 1948 in Heidelberg), BOB CARPENTER key (USA, * 26. 12. 1946 in Philadelphia/Pennsylvania), CHRIS DARROW v, g (USA), JIMMIE FADDEN g, d (USA, * 9. 3. 1948 in Long Beach/Kalifornien), GLEN GROSCLOSE d (USA), DAVE HANNA v, g (USA), JEFF HANNA v, g (USA, * 11. 7. 1947 in Detroit), JIM IBBOTSON v, g, b, mand (USA, * 21. 1. 1947 in Philadelphia/Pennsylvania), BRUCE KUNKEL v, g (USA, in Long Beach/Kalifornien), JOHN MCEUEN v, g (USA, * 19. 12. 1945 in Long Beach/Kalifornien), LES THOMPSON v, b (USA, in Long Beach/Kalifornien)
Diese Country-Folk-Rock-Gruppe wurde 1965 in Long Beach, Kalifornien, gegründet. In ihren Anfangstagen machten sie noch vorwiegend Country-Rock. Im Laufe der Jahre wandten sie sich mehr und mehr dem Folk-Rock zu. Zwischendurch nannten sie sich für etliche Jahre nur noch Dirt Band. Die Mitgliederfluktuation war relativ hoch. Die Band war mehr auf Langspielplatten abonniert. Ihre einzigen beiden größeren Single-Erfolge waren Jerry Jeff Walkers »Mr. Bojangles« und »An American Dream« (12/79 US 13). Bei »An American Dream« sang Linda Ronstadt die Harmony-Vocals. 1968 war die Nitty Gritty Dirt Band in »Paint Your Wagon« zu sehen. 1977 waren sie die erste amerikanische Rockgruppe, die durch die Sowjetunion tourte. Ihre schönste Langspielplatte war »Will The Circle Be Unbroken« (12/72 US-LP 68), die Ende 1972 erschien und auf der Country-Cracks wie Earl Scruggs, Doc Watson, Roy Acuff, Merle Travis und Mother Maybelle Carter zu hören waren. 1992 erschien in der Besetzung Carpenter, Fadden, Hanna und Ibbotson die rockige LP »Not Fade Away«.

Mr. Bojangles (11/70 US 9)
Folk Rock, Pop

N-Joi

NIGEL CHAMPION (Großbritannien), MARK FRANKLIN (Großbritannien), SAFFRON v (Nigeria, * 3. 6. 1965 als Samantha Maria Sprackling in Lagos)
Mark Franklin und Nigel Champion nahmen sich aus wohl mehr optischen Gründen Saffron in die Band. Saffron wurde als Tochter eines britischen Ingenieurs und einer portugiesischen Mutter in Nigeria geboren. Im Alter von sieben Jahren zog sie mit ihren Eltern nach Brighton, wo sie aufwuchs. Die zweite Single der britischen Diskoformation N-Joi, die EP »Adrenalin« (3/91 GB 23) erschien im Februar 1991 in den GB-Charts und brachte der Gruppe einen Auftritt in der Sendung ›Top Of The Pops‹. Daraufhin wurde ihre Single »Anthem«, die im Oktober 1990 schon einmal in der englischen Hitparade gestanden hatte, Anfang 1991 erneut veröffentlicht. Anfang 1992 arbeitete die Band, die sich mehr als Live-Act sah, an einem Studio-Album. Lediglich die Singles »Live In Manchester (Pts. 1 † 2)« (2/92 GB 12) und »The Drumstruck« (7/93 GB 33) wurden noch erfolgreich. Saffron

tauchte 1996 als Mitglied der Gruppe Republica auf.

Anthem (4/91 GB 8)
Disko

Siehe auch: Republica

No Angels

NADJA BENAISSA v (Deutschland, * 26. 4. 1982 in Frankfurt/Main), LUDMILLA DIAKOVSKA v (Bulgarien, * 2. 4. 1976 in Pleven), SANDY MÖLLING v (Deutschland, * 27. 4. 1981 in Wuppertal), VANESSA PETRUO v (Deutschland, * 23. 10. 1979 in Berlin), JESSICA WAHLS v (Deutschland, * 2. 2. 1977 in Frankfurt/Main)

Ende 2000 startete RTL II eines von vielen neuen Real-Life-Formaten. Das Ganze wurde im Stil einer so genannten Doku-Soap aufgezogen und nannte sich »Popstars«. Hier wurde gezeigt, wie sich fünf junge Mädchen zusammenfanden, um ihre Träume als Popstars zu realisieren. Wöchentlich konnte man beobachten, wie die Gruppe langsam zusammenfand, wie sie ihre ersten Plattenaufnahmen machte, bis dann die erste Single »Daylight In Your Eyes« im Februar 2001 erschien und am 19. 2. 2001 auf Platz 1 der deutschen Single-Hitparade einstieg. Innerhalb von nur 2 Tagen wurden angeblich über 300 000 Singles verkauft. In der so genannten Kernzielgruppe erreichte die Doku-Soap Marktanteile bis zu 25 %. Bis zum Start der Serie hatten RTL II und die Plattenfirma Polydor generalstabsmäßig gearbeitet. Die fünf Mädchen wurden aus 5000 Bewerberinnen ausgewählt. Alles wurde genau geplant. Die Musikfarbe, Styling, Promotion und Titelauswahl. Angeblich hat Polydor aus über 1500 Songs diese Nummer »Daylight In Your Eyes« herausgefiltert. Ganz neu war sie nicht. Im Juli 2000 war das Stück als »Daylight« mit der amerikanischen Sängerin Victoria Faiella schon einmal erschienen. Die zum Erscheinungstermin ihrer Single 27-jährige New Yorkerin hatte vorher als Backgroundsängerin von Enrique Iglesias gearbeitet. Der musikalische Leiter von Iglesias, Tony Bruno, hat den Titel mitgeschrieben. Das Songschreiberteam Ulf Leo Sommer und Peter Plate, die sich sonst um die Belange von Rosenstolz kümmern, gehörte zu den Produzenten. Trotzdem hatte es offensichtlich nicht gereicht, und erst nachdem No Angels mit der Erfolgswelle aus der Serie »Popstars« auf den Markt kamen, wurde es ein Hit. No Angels zeigen noch einmal deutlich, wie wichtig das so genannte Cross Marketing ist. Die Zusammenarbeit von TV-Sendern und Schallplattenfirmen hat es in der Vergangenheit schon immer gegeben, aber erst »Big Brother« und die daraus entsprungenen Container-Stars zeigten die Richtung an: Mach einen Unbekannten in einer TV-Serie zum Star und lass ihn dann singen. Zlatko, Christian, Walter usw. waren der Beweis, dass man auch ohne musikalisches Talent Hitparadenerfolge erzielen kann. Bei der Auswahl von No Angels soll angeblich sehr darauf geachtet worden sein, dass sie sowohl gut aussehen als auch tanzen und singen können. Die Intention, sich eine Mädchen- und nicht eine Boy Group für dieses TV-Experiment zusammenzustellen, erklärte ein Sprecher von RTL II folgendermaßen: ›Mädchen sind einfach emotionaler, schämen sich ihrer Gefühle nicht, gehen mehr aus sich raus und sind extrovertierter. Sie sind auch unbefangener in ihrem Verhalten untereinander und verbünden sich sehr schnell. Ein Mädchen, das vor Freude weint, weil es im Casting eine Runde weitergekommen ist – das ist ein Bild, das man mit Jungs nur schwer zu sehen bekommen würde.‹ Es wurde an einem Konzept und an der Produktion der ersten Tournee gearbeitet. Eile ist auch geboten, denn wie schnell solche Formationen wieder auseinander fallen können, haben in der Vergangenheit

viele, viele Gruppen bewiesen. Da ist es gut, wenn man weiß, woher man kommt – ehe die Brüder und Schwestern einen aus den Charts verdrängen. »There Must Be An Angel« stammte aus dem Film »Der kleine Eisbär«. Das Lied, im Original ein Hit von Eurythmics, stieg am 27. 8. 2001 auf Platz 1 der deutschen Charts ein. Gleichzeitig wurde von der Plattenindustrie zugegeben, dass die Plattenverkäufe drastisch zurückgegangen sind – man also mit recht wenig verkauften Platten in die Charts kommt.
Zusammen mit Donovan sangen die No Angels eine neue Version des alten Donovan-Hits »Atlantis«. Gebraucht wurde der Titel für den gleichnamigen Film aus der Walt-Disney-Werkstatt.
Auch ihr Debütalbum »Elle'ments« (3/01 D-LP 1) stieg am 26. 3. 2001gleich auf Platz 1 der Charts ein.

Daylight In Your Eyes (2/01 D 1)
Rivers Of Joy (5/01 D 7)
There Must Be An Angel (8/01 D 1)
Atlantis (12/01 D 5)
Pop

No Doubt

TOM DUMONT g (USA, * 11. 1. 1968 in Los Angeles), TONY KANAL b (Indien, * 27. 8. 1970), GWEN STEFANI v (USA, * 3. 10. 1968 in Fullerton/Kalifornien), ADRIAN YOUNG d (USA, * 26. 8. 1969 in Long Beach/Kalifornien)
1987 wurde diese Gruppe in Orange County in Kalifornien gegründet. Zu diesem Zeitpunkt waren der Sänger John Spence, der Keyboarder Eric Stefanie und seine Schwester, die Backgroundsängerin Gwen, in der Band. Wenig später kam der in Indien geborene und in England aufgewachsene Tony Kanal zu No Doubt, die eine Mixtur aus Ska und Punk spielten. Im Dezember 1987 beging John Spence Selbstmord und Gwen wurde Leadsängerin. Nun schlossen sich Adrian Young und Tom Dumont der Gruppe an, die durch Live-Auftritte schnell viele Fans gewann. Als Support von Red Hot Chili Peppers beeindruckten sie deren Bassist Flea. Er produzierte mit No Doubt erste Demoaufnahmen, die schließlich 1991 zu einem Plattenvertrag führten. Das Debüt-Album »No Doubt« (1992) und Nachfolger »Beacon Street Collection« (1995) wurden keine Knüller. Matthew Wilder, der mit dem Titel »Break My Stride« (9/83 US 5, 1/84 GB 4, 2/84 D 7) erfolgreich war, brachte No Doubt als Produzent Glück. Er war es, der das Album »Tragic Kingdom« (10/96 US-LP 1, 12/96 D-LP 2, 1/97 GB-LP 3) produzierte. Nach mehr als 65 Wochen stand das Album immer noch unter den ersten 10 in den USA. Die Single »Just A Girl« (12/95 US 23, 10/96 GB 38) brachte zunächst keinen Top-20-Hit. Der große Erfolg auf dem Singlemarkt kam zumindest in Europa Ende 1996 mit dem Titel »Don't Speak«. 1988, nach dem Selbstmord des Gründungsmitgliedes John Spence, wäre die Gruppe fast auseinander gebrochen. Sängerin Gwen Stefani konnte dann auch kaum verstehen, dass für die ›loser band‹, wie sie in einem Interview die Gruppe bezeichnete, dann doch noch der Erfolg kam. Gwen wurde von vielen Anfang 1997 schon als die ›neue Madonna‹ gefeiert – da hatten wohl einige bei ihr oder bei Madonna nicht so richtig hingeschaut. Am 5. 7. 1997 stieg die Nummer »Just A Girl« auf Platz 3 erneut in die GB-Charts ein. »Spiderwebs« (10/97 GB 16) brachte der Band zumindest in GB noch einmal einen Top-20-Hit. Danach trat eine längere Pause ein, die im April 2000 mit dem Album »Return Of Saturn« (4/00 D-LP 5, US-LP 2) endete. Die Single »Hey Baby« erschien als No Doubt feat. Bounty Killer. Dann kam »Rock Steady« (1/02 US-LP 9) mit den Gastmusikern B. Prince oder Bounty Killer. Der ›Stern‹ kommentierte im Februar

2002 die Musik von No Doubt unter der Überschrift ›Probiers mit Gemütlichkeit‹: ›Partys statt Beziehungsstress.‹

Don't Speak (12/96 D 2; 2/97 GB 1)
Just A Girl (7/97 GB 3)
Hey Baby (12/01 US 5; 1/02 D 8; 2/02 GB 2)
Pop, Rock, Ska

Siehe auch: Moby; Eve

No Mercy

MARTY CINTRON v, key (USA, * 24. 9. 1971 in New York City), GABRIEL HERNANDEZ v, g, key (Kuba, * 3. 6. 1971), ARIEL HERNANDEZ v, g, key (Kuba, * 3. 6. 1971)

Cintron verdiente sich seine Brötchen als Musiker am South Beach in Miami, als er von Frank Farian entdeckt wurde. Der gesellte die kubanischen Zwillinge Hernandez zu ihm, und fertig war ein neues Produkt aus dem Hause FAR. Ihr erster Hit hieß »Missing (I Miss You Like The Deserts Miss The Rain)«, der eine Coverversion einer Everything But The Girl-Nummer war. Farian konnte wohl nicht voraussehen, dass ein Remix des Originals den Effekt haben würde, den er sich für No Mercy erhofft hatte. Everything But The Girl hatten mit ihrer Version einen der absoluten Hits des Jahres 1996. Trotzdem erreichte die Version von No Mercy in Deutschland Platz 19. Dann erschien die von Farian mitgeschriebene Nummer »Where Do You Go«, die Mitte 1996 erst die deutsche, dann die US-Hitparade stürmte. Die Briten blieben erst reserviert, aber Anfang 1997 knackte das Trio auch dort die Top 10. Es folgten »Please Don't Go« (2/97 US 21, D 11, 5/97 GB 4) und eine Cover-Version des Exile-Hits »Kiss You All Over« (8/97 D 40, GB 16, 11/97 US 80).

Ihre erfolgreichsten Alben sind »My Promise« (11/96 D-LP 6, 6/97 GB-LP 17) und »More« (10/98 D-LP 7).

Where Do You Go (6/96 D 3; 7/96 US 5; 1/97 GB 2)
When I Die (12/96 D 5)
Please Don't Go (5/97 GB 4)
Soft Pop

Nobles, Cliff

CLIFF NOBLES v, bl (USA, in Mobile/Alabama)

Der 1944 geborene Nobles hatte mit der Instrumentalaufnahme »The Horse« einen Millionseller. Eine weitere Notierung unter den ersten 60 in den USA gelang ihm nicht mehr. Die Erfolgssingle »The Horse« nahm Cliff Nobles nicht mit seiner eigenen Formation auf, sondern mit den James Boys, die Leon Huff zusammengestellt hatte. Später wurden sie zu MFSB, der Hausband des Sigma-Labels.

The Horse (5/68 US 2)
Rhythm & Blues, Soul

Nolan, Kenny

KENNY NOLAN v (USA, in Los Angeles/Kalifornien)

Abgesehen von seinem Millionseller »I Like Dreamin'« war Nolan mehr als Songschreiber erfolgreich. Von ihm stammen Titel wie »My Eyes Adored You«, »Lady Marmalade« oder »Get Dancin'«. Seinen ersten Erfolg als Autor hatte er 1969, als die Gruppe Grassroots die Nummer »Back To Dreamin'« aufnahm. Lediglich mit »Love's Grown Deep« (4/77 US 20) gelang Kenny noch ein nennenswerter Hit. Eins seiner Studioprojekte hieß The Eleventh Hour.

I Like Dreamin' (11/76 US 3)
Middle Of The Road (MOR), Pop

Nolans

COLEEN NOLAN v (Irland, * 12. 3. 1965 in Blackpool/England), BERNADETTE NO-

LAN v (Irland, * 17. 10. 1960 in Dublin), LINDA NOLAN v (Irland, * 23. 2. 1958 in Dublin), MAUREEN NOLAN v (Irland, * 14. 6. 1954 in Dublin), ANNE NOLAN v (Irland, * 12. 11. 1950 in Dublin)
Die Schwestern schafften mit der Nummer »Spirit Body And Soul« (10/79 GB 34) ihren ersten Hit. Die weiteren Hits außerhalb der Top 10. »Don't Make Waves« (4/80 GB 12), »Who's Gonna Rock You« (12/80 GB 12), »Chemistry« (8/81 GB 15) und »Don't Love Me Too Hard« (2/82 GB 14). Ihre erfolgreichsten Alben waren »20 Giant Hits« (7/78 GB-LP 3), »Nolans« (1/80 GB-LP 15), »Making Waves« (10/80 GB-LP 11) und »Portrait« (3/82 GB-LP 7). Ab 1980 traten sie nur noch zu viert auf. Nach 1982 war ihre Hitzeit wieder vorüber.

I'm In The Mood For Dancing (12/79 GB 3)
Gotta Pull Myself Together (9/80 GB 9)
Attention To Me (3/81 GB 9)
Middle Of The Road (MOR), Pop

Nomad

SHARON DEE CLARKE v (Großbritannien), MC MIKEE FREEDOM v (Großbritannien), STEVE MCCUTCHEON (Großbritannien), DAMON ROCHEFORT v (Großbritannien, in Cardiff/Wales)
Damon war von seiner Heimatstadt Cardiff nach London gegangen, um dort für ein Blues-und-Soul-Magazin und die Popseiten der Tageszeitung ›The Sun‹ und des Blattes ›Sunday Sport‹ zu schreiben. In Englands Hauptstadt bekam er Kontakt zur Acid-Scene. Zusammen mit Steve McCutcheon gründete er das Duo Nomad. Ende 1990 erschien die Single »(I Wanna Give You) Devotion« unter der Bezeichnung Nomad feat. MC Mikee Freedom. Es folgte lediglich ein weiterer Top-40-Hit mit »Just A Groove« (5/91 GB 16, D 32). Die Gastsängerin von Nomad, Sharon D. Clarke, hatte schon bei dem Hit »Going Back To My Roots/Rich In Paradise« der italienischen Formation F.P.I. Project mitgesungen.

(I Wanna Give You) Devotion (2/91 GB 2)
Dance

Siehe auch: F. P. I. Project

Norbert & Die Feiglinge

PETER BOHL v, b (Deutschland), NORBERT BOHNSACK v (Deutschland, * 11. 9. 1966), DIRK HACHMANN v, tr (Deutschland), FREDERIK TIMM v, g (Deutschland)
Die Hamburger Gruppe formierte sich im Sommer 1989 und spezialisierte sich, da sie zugegebenermaßen nicht die größten Sänger und Musiker sind, auf den Vortrag von musikalischen Alltagsbeobachtungen mit Wortspielereien in der Tradition des Eugen Roth. Als Anfang des Jahres 1990 nur das Wort ›Manta‹ erwähnt werden musste, und schon brach alles in Lachen aus, gelang der Formation mit dem Titel »Manta« ihr einziger Hit. Der Erfolg von Norbert & Die Feiglinge rief Nachahmer auf den Plan, die mit Liedern des gleichen intelligenten Inhaltes auf den Markt kamen: »Mein roter Manta« mit Michael Kleiber, »Der Manta-Prinz« mit Meier, Müller, Schmitz, »Du darfst« mit Die trinkende Jugend oder »Boah Ey!« mit den Manta-Singers. Da das Thema heiß war, wurde auch sofort ein entsprechender Manta-Film gedreht, es erschienen Manta-Witzbücher, Manta-Fahrer wurden in Talk-Shows eingeladen und bestätigten in der Praxis manch graue Theorie. Mit der Nummer »Manta« hatte sich Norbert selbst in eine Schublade bugsiert, aus der er nur schwer wieder herauskam. Anfang 1995 veröffentlichte die Gruppe die Single »Wir sind bei Aldi«.

Manta (7/90 D 7)
Deutscher Schlager

Norman, Chris

CHRIS NORMAN v (Großbritannien, * 25. 10. 1950 in Redcar/Yorkshire)
Über die Gruppen Kindness und Elizabethans wurde Chris Norman Leadsänger bei Smokie, die zwischen 1975 und 1981 sehr erfolgreich waren. Danach trennte sich die Band erst einmal, und Chris, der bereits 1979 ohne Smokie, aber dafür mit Suzi Quatro den Top-10-Hit »Stumblin' In« gehabt hatte, versuchte sich als Solist. Die treuen deutschen Fans ließen ihn nicht hängen und verschafften ihm mit »Midnight Lady« aus dem Schimanski-Tatort ›Der Tausch‹ im Frühjahr 1986 Platz 1. Den Song hatte Dieter Bohlen geschrieben, der auch für »Broken Heroes« verantwortlich war. Dieser Song stammte ebenfalls aus einem Schimanski-Tatort: ›Gebrochene Blüten‹. 1996 sang Chris den von Curt Cress produzierten Titel »Fearless Hearts« aus der ZDF-Serie ›Alarmcode 112‹. Nach dem Tod von Alan Barton kam es auch wieder zu gemeinsamen Auftritten mit der Gruppe Smokie.
Sein erfolgreichstes Album hieß »Some Hearts Are Diamonds« (10/86 D-LP 14). 2001 war Chris noch immer unterwegs. Mit »Breathe Me In« veröffentlichte er sein 10. Solo-Album. Zusammen mit Nino de Angelo kam er Anfang 2002 mit dem Titel »Ich mach meine Augen zu (Everytime ...)« mal wieder in die deutschen Charts.

Stumblin' In (12/78 D 2; 1/79 US 4)
Midnight Lady (4/86 D 1)
Broken Heroes (5/88 D 3)
Middle Of The Road (MOR)

Siehe auch: Smokie; Quatro, Suzi

North And South

SAM CHAPMAN key (Großbritannien, * 24. 10. 1978 in Boston), JAMES HURST d (Großbritannien, * 26. 4. 1980 in Wisbech), TOM LOWE key (Großbritannien, * 23. 4. 1978 in Stockport), LEE OTTER v (Großbritannien, * 13. 4. 1979 in Bedford)
Lee Otter war Greg, Tom Lowe spielte Miles, Sam Chapman war Giles und James Hurst stellte Jimmy dar – und das alles in der BBC-Kinder-Comic Sendung »No Sweat«, die in neun Folgen recht erfolgreich gesendet wurde. Es ging um einige Schulkinder, die eine eigene Band auf die Beine stellen – um schließlich erfolgreich abzusahnen. Im richtigen Leben war der Manager der vier Jungs Tom Watkins. Gleiches hatte der schon für die Pet Shop Boys, Bros und East 17 gemacht. Seine Firma Massive Management wusste, wie man neue ›Stars‹ in den Medien richtig präsentiert. Monate bevor die Serie oder die erste Platte der Jungs erschien, waren englische Plakatwände mit Comic-Zeichnungen von vier Babys bepflastert worden, ohne dass darauf irgendeine Erklärung stand, wen die Zeichnungen darstellen sollten. Dann kam die Serie, dann die Platte, dann der Hit. In jeder Folge der TV-Serie spielten die Jungs zumindest zwei Songs – ganz in der Tradition der Monkees. Die britische Teenager-Presse hat North And South bereits im Frühjahr 1997 als ›Newcomer-Band‹ 1997 bezeichnet. Ob da massives Management ein wenig gedrückt hat? »Tarantino's New Star« (9/97 GB 18), »Breathing« (11/97 GB 27) und »No Sweat '98« (4/98 GB 29) folgten – dann war's vorbei.

I'm A Man Not A Boy (5/97 GB 7)
Boy Group, Pop

Notorious B.I.G.

NOTORIOUS B.I.G. rap (USA, * 21. 5. 1972 als Christopher Wallace in Brooklyn/New York City/New York City, † 9. 3. 1997)
Nicht nur unter seinem Künstlernamen Notorious B.I.G. kannte man Christopher Wallace, sondern auch als Biggy Smallz.

Gleich seine erste Hitnotierung erreichte Gold: »Juicy/Unbelievable« (8/94 US 27). Anfang 1995 gelang ihm mit »Big Boppa« eine Platinplatte. Im Song wurde »Between The Sheets« von den Isley Brothers gesampelt. Als Gast der Gruppe Total kam im April 1995 »Can't You See« (4/95 US 13, 7/95 GB 43) in die Charts und erreichte wieder Gold. Hier wurde die Nummer »The Payback« von James Brown angezapft. Der Song von Total feat. The Notorious B.I.G. war auch im Film »New Jersey Drive« zu hören, was sicher zum Erfolg des Titels beigetragen hat. Platz 1 in den R&B-Charts und 2 in den Popcharts brachte B.I.G. »One More Chance/Stay With Me« – hier sang Faith Evans, mit der er verheiratet war, im Hintergrund. Im Juni 1995 wurde er wegen Raub und Körperverletzung zu Gefängnis verurteilt. Am Samstag, den 8. März 1997, verabschiedete er sich, die Faust geballt und den Zeigefinger wie eine Pistole ausgestreckt, von einer Party in Los Angeles/Kalifornien. Kurz darauf wurde er aus einem fahrenden Auto heraus erschossen – wie 2Pac, sein Gangsta-Rapper-Feind. Sein letztes Album vor seinem Tod hieß »Ready To Die« (10/94 US-LP 15) – am 25. 3. 1997 erschien als neue LP »Life After Death« (4/97 US-LP 1, GB-LP 23). Die Singleauskopplung »Hypnotize« stieg am 26. 4. 1997 auf Platz 2 in den USA ein. Aus den Titeln »Rise« von Herb Alpert und »La Di Da Di« von Slick Rick wurde für »Hypnotize« einiges ›übernommen‹. Produziert wurde sie von Puff Daddy – der belegte zu diesem Zeitpunkt mit seiner Nummer »Can't Nobody Hold Me Down« Platz 1. Eine Woche später, am 3. 5. 1997, kehrten sich die Platzierungen um. »Mo Money Mo Problems« brachte einen weiteren Hit für B.I.G. – hier war die Nummer »I'm Comin' Out« von Diana Ross die Vorlage. In den USA war es wieder Puff Daddy, der B.I.G. erst einmal vom Spitzenplatz abhielt. Erst am 30. 8. 1997 schaffte es B.I.G., an »I'll Be Missing You« von Puff Daddy in den USA vorbeizuziehen. Nebenbei: Auf »Mo Money Mo Problems« war Puff neben Mase als Gast zu hören. Zusammen mit 2Pac gelang der Hit »Runnin'« (7/98 GB 15), den die beiden 1995 gemeinsam aufgenommen hatten. Das Album »Born Again« (12/99 US-LP 1) schoss am 25. 12. 1999 in den USA sofort an die Spitze der Charts.

Big Poppa/Warning (1/95 US 6)
One More Chance/Stay With Me (6/95 US 2)
Hypnotize (4/97 US 1; 5/97 GB 10)
Mo Money Mo Problems (8/97 GB 6, US 1)
Rap

Siehe auch: Puff Daddy

N-Trance

RICARDO DA FORCE v, rap, LEE LIMER, KELLY LLORENA v, DALE LONGWORTH key, KEVIN O'TOOLE key, GILLIAN WISDOM v

Das Projekt wurde 1991 durch O'Toole und Longworth gegründet. Da Force mischte vorher als Rapper bei KLF mit. Die erste Hitnotierung hatte N-Trance mit »Set You Free« (5/94 GB 39). Nachfolger »Turn Up The Power« (10/94 GB 23) kletterte schon ein wenig höher – und als Anfang 1995 »Set You Free« als Remix erschien, hatten sie ihren ersten Top-10-Hit. Bei »Stayin' Alive«, einst eine Disko-Hymne der Bee Gees, sang Ricardo Da Force mit, der extra auf der Plattenhülle erwähnt wurde. »Electronic Pleasure« (2/96 GB 11), ihr nächste Single, schrappte nur scharf an den Top 10 vorbei. Hier war wieder Ricardo und die Sängerin Gillian Wisdom zu hören. Danach war erst einmal für etliche Monate Funkstille, bis auch eine Coverversion von Ottawan's »D.I.S.C.O.« (4/97 GB 11) knapp die Top 10 verpasste. »The Mind Of The Machine« (8/97 GB 15) folgte und dann erschien »Do Ya Think I'm Sexy«. Hier wurden als Interpreten N-Trance feat. Rod Stewart genannt – und in der Tat hatte N-Trance den kompletten Gesang von Stewarts Originalversion aus dem Jahr 1978 gesampelt. Damit stand der auch mal wieder in den Top 10. Nächste Notierung war »Paradise City« (9/98 GB 28). Nach längerer Pause kam die Gruppe mit einer Neuaufnahme von »Set You Free« (10/01 GB 17, 1/02 D 38). 2001 kam Kelly zusammen mit Flip & Fill und der Nummer »True Love Never Dies«.

Set You Free (Remix) (1/95 GB 2)
Stayin' Alive (9/95 GB 2; 10/95 D 10)
Do Ya Think I'm Sexy (11/97 GB 3)
Set You Free (9/01 GB 4)
Dance, HipHop, Techno

Nu Generation

RUSSELL COOK (Großbritannien), SAM FRANCIS v (Großbritannien), ASTON HARVEY v (Großbritannien)
Vorlage für diesen Hit war die Nummer »Rescue Me« von Fontella Bass aus dem Jahre 1965. Harvey hatte vorher mit der Gruppe Freestylers in den Charts gestanden.

In Your Arms (Rescue Me) (1/00 GB 8)
Pop

Nu Shooz

VALERIE DAY v (USA), GARY FOUNTAINE b (USA), MARTY HIGGINS d (USA), LEWIS LIVERMORE key, tr (USA), RON REGAN key, sax (USA), JOHN SMITH v (USA)
Nu Shooz aus Portland, Oregon, machte eine Mixtur aus Soul und Pop, die zunächst ein Renner in den New Yorker Diskotheken wurde. Erstaunlicherweise hatte Nu Shooz erst einmal keinen Vertrag mit einer amerikanischen, sondern zunächst mit einer holländischen Plattenfirma. Die Köpfe der Band waren das Ehepaar John Smith und Valerie Day. Die Nummer »I Can't Wait« kam im Frühjahr 1986 in die internationalen Charts. Mit »Point Of No Return« (7/86 US 28, 8/86 D 24) folgte noch ein Hit. Ihr erfolgreichstes Album hieß »Poolside« (5/86 US-LP 27, 7/86 D-LP 30).

I Can't Wait (3/86 US 3; 5/86 D 2, GB 2)
AOR (Adult Orientated Rock), Pop, Soul

Numan, Gary

GARY NUMAN v (Großbritannien, * 8. 3. 1958 als Gary Anthony James Webb in Hammersmith/London)
Gary gehört zu den Synthie-Techno-Poppern der frühen Generation. Sein erster Hit »Are Friends Electric« erschien noch unter dem Gruppennamen Tubeway Army, alle weiteren Singles dann unter dem Namen Gary Numan. 1993 brachte er zusammen mit der avantgardistischen Percussiongruppe Dadadang aus Italien und den irischen Uillean Pipes die Platte »Like A Refugee (I Won't Cry)« auf den Markt. Im Frühjahr 1996 erschien »Cars« im Premier-Mix – diese Version wurde in einem TV-Spot für Carling Premier Lager verwendet – und erreichte Platz 17 in GB.
Seine erfolgreichsten Alben: »Replicas« (6/79 GB-LP 1), »The Pleasure Principle« (9/79 GB-LP 1, 2/80 US-LP 16), »Telekon« (9/80 GB-LP 1), »Living Ornaments 1979–1980« (5/81 GB-LP 2), »Dance« (9/81 GB-LP 3) und »I, Assassin« (9/82 GB-LP 8). Im Herbst 1997 veröffentliche er nach längerer Zeit mit »Exile« mal wieder ein neues Album. Danach trat eine erneute Pause ein. Ende 2000 erschien das Album »Pure«.

Are ›Friends‹ Electric (5/79 GB 1)
Cars (9/79 GB 1; 2/80 US 9)
Complex (11/79 GB 6)
We Are Glass (5/80 GB 5)
I Die: You Die (8/80 GB 6)
She's Got Claws (8/81 GB 6)
We Take Mystery (To Bed) (2/82 GB 9)
Elektro-Pop

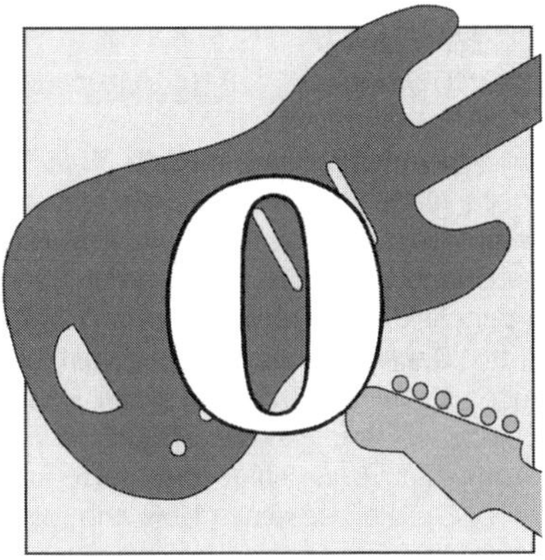

O'Connor, Des

DES O'CONNOR v (Großbritannien, * 12. 1. 1932)

Des O'Connor gilt als einer der erfolgreichsten britischen Entertainer. Sein Talent hatte er entdeckt, als er 1950 in die Royal Air Force eingezogen wurde. Dort unterhielt er die Kameraden, gewann einen Talentwettbewerb und wurde nach seiner Militärzeit erfolgreicher Fernsehmoderator. 1958 moderierte er ›Spot The Tune‹. Der Erfolg als Sänger kam im Herbst 1967 mit »Careless Hands«. »I Pretend« wurde von Les Reed und Barry Mason geschrieben, die auch schon für Tom Jones und Engelbert Humperdinck Hits abgeliefert hatten. Mit »The Tip Of My Fingers« (9/70 GB 15) hatte er seine vorerst letzte Hitnotierung in GB. Es sollten fast 16 Jahre vorüberziehen, bis Des zusammen mit Roger Whittaker und dem Titel »The Skye Boat Song« wieder unter die ersten 10 kam.

Seine erfolgreichsten Alben waren »I Pretend« (12/68 GB-LP 8) und »Just For you« (2/80 GB-LP 17).

Careless Hands (11/67 GB 6)
I Pretend (5/68 GB 1)
1-2-3 O'Leary (11/68 GB 4)
The Skye Boat Song (11/86 GB 10)
Middle Of The Road (MOR)

O'Connor, Hazel

HAZEL O'CONNOR v (Großbritannien, * 16. 5. 1955 in Coventry)

Ihre Karriere startete sie als Tänzerin in einer Nebenrolle in dem Film »Girls Come First«. 1978 nahm Hazel O'Connor ihre ersten Platten auf, im Punk-Film »Breakin' Glass« spielte sie zwei Jahre später eine Hauptrolle. Jetzt wurden ihre Platten Hits. Ihr erfolgreichstes Album war »Breaking Glass« (8/80 GB-LP 5). 1987 zog sie nach L.A. um dort schließlich als Straßenmusikerin am Venice Beach zu landen. 1990 zog sie nach Co Wicklow/Irland und tourt dort vorwiegend als ›One Woman Musical Show‹. Musikalisch bot sie eine Mixtur aus Soul, Rock 'n' Roll und Celtic-Folk. Im Frühjahr 1993 erschien mit »To Be Freed« eine neue, sehr gut gemachte CD. Es folgte noch im selben Jahr »Live . . . Over The Moon« und Anfang 1995 »Private Wars«.

Eighth Day (8/80 GB 5)
D-Days (3/81 GB 10)
Will You (5/81 GB 8)
AOR (Adult Orientated Rock), Pop

O'Connor, Sinéad

SINÉAD O'CONNOR v (Irland, * 12. 12. 1966 in Glenageary)

Erste musikalische Erfahrungen sammelte Sinéad mit der Dubliner Band Ton Ton Macoute. Schon 1985 erhielt sie einen Plattenvertrag als Solistin, aber erst 1987 erschien mit »The Lion And The Cobra« (1/88 GB-LP 27, 2/88 US-LP 36) ihre Debüt-LP. Ausgekoppelt wurde »Mandinka« (1/88 GB 17). In ihren Anfangstagen klang Sinéads Stimme eher beißend und scharf. Mit der melodiösen, von Prince

geschriebenen Ballade »Nothing Compares 2 U« gelang ihr ein weltweiter Hit. Kontinuität scheint nicht die Stärke von Sinéad zu sein, eher Provokation.
1992 erschien mit »Am I Not Your Girl« (9/92 GB-LP 6, 10/92 US-LP 27) eine LP, die bei den Fans teilweise Kopfschütteln hervorrief. Sie sang ausschließlich Neufassungen alter Swing-Standards, Musicalmelodien und eigenwillige Interpretationen aus der goldenen Ära der Hollywood-Traumfabrik. Einzig das Stück »Success Has Made A Failure Of Our Home« (9/92 GB 18), 1962 mit Loretta Lynn erfolgreich, stach positiv hervor. 1993 sang sie zusammen mit Willie Nelson auf dessen CD »Across The Borderline« eine recht ansprechende Version des Peter-Gabriel-Titels »Don't Give Up«. In demselben Jahr sang sie zusammen mit ihrem irischen Kollegen Gavin Friday »You Made Me The Thief Of Your Heart« aus dem Film »In The Name Of The Father. Die Geschichte des Films basiert auf dem Fall von vier Iren aus Guildford, die in den 70er Jahren von einem britischen Gericht fälschlicherweise wegen IRA-Terrorismus verurteilt wurden. Erst in den 90er Jahren wurden sie aus dem Gefängnis wieder entlassen. Ende 1994 erschien »Universal Mother« (9/94 GB-LP 19, 10/94 US-LP 36). Die erfolgreichste Auskopplung war »Thank You For Hearing Me« (11/94 GB 13). Im Frühjahr 1995 sang sie zusammen mit Shane MacGowan »Haunted« und erzielte damit einen Platz 30 in GB. Ihr erfolgreichstes Album könnte das Motto ihres Lebens sein: »I Do Not Want What I Haven't Got« (3/90 GB- LP 1, 3/90 D-LP 1, 4/90 US-LP 1).

Nothing Compares 2 U (1/90 D 1, GB 1; 3/90 US 1)
AOR (Adult Orientated Rock)

O'Day, Alan

ALAN O'DAY v (USA, * 3. 10. 1940 in Hollywood/Kalifornien)
In seinen Anfangstagen spielte Alan in Rock-'n'-Roll-Bands. Danach bekam er einen festen Job als Songschreiber, und Interpreten wie Cher, Dobie Gray, Dusty Springfield, Gary Glitter, Three Dog Night, Fifth Dimension und Bobby Sherman übernahmen seine Kompositionen. Helen Reddy war erfolgreich mit seinem Titel »Angie Baby«, die Righteous Brothers mit »Rock 'n' Roll Heaven«. 1977 gab man Alan O'Day die Chance, einmal selbst einen seiner Titel zu singen. Er nahm »Undercover Angel« und machte daraus einen Millionseller.

Undercover Angel (4/77 US 1)
AOR (Adult Orientated Rock), Pop

O'Donnell, Daniel

DANIEL O'DONNELL v (Irland, * 12. 12. 1961 in Kincasslagh/Donegal)
Auf dem Sektor irische Countrymusic gilt er als der erfolgreichste Vertreter, wobei viele seiner Songs eher dem MOR zuzurechnen sind. Seine erste Hitnotierung hatte er mit »I Just Want To Dance With You« (9/92 GB 20). Es folgten die Top-40-Hits »Whatever Happened To Old Fashioned Love« (8/93 GB 21), »Singing The Blues« (4/94 GB 23), »Secret Love« (6/95 GB 28), »Timeless« (3/96 GB 32), »Footsteps« (9/96 GB 25), »The Love Songs EP« (6/97 GB 27), »Give A Little Love« – eine Benefizplatte, deren Erlös Waisenkindern in Rumänien zugute kam –, »The Magic Is There« (10/98 GB 16), »The Way Dreams Are« (3/99 GB 18), »Uno Mas« (7/99 GB 25), »A Christmas Kiss« (12/99 GB 20), »Light A Candle« (4/00 GB 23) und »Morning Has Broken« (12/00 GB 32).
Seine erfolgreichsten Alben: »Love Songs« (10/98 GB-LP 9), »Greatest Hits«

(10/99 GB-LP 10) und »Faith & Inspiration« (10/00 GB-LP 4).

Give A Little Love (4/98 GB 7)
Middle Of The Road (MOR), Pop

O'Jays

NATHANIEL BEST v (USA, * 13. 12. 1960 in Miami Beach/Florida), ERIC NOLAN GRANT v (USA), BILL ISLES v (USA), EDDIE W. LEVERT SR. v (USA, * 16. 6. 1942 als Edward W. Levert Sr. in Canton/Ohio), BOBBY MASSEY v (USA), BILLY POWELL v (USA, * 20. 1. 1942 als William Povell, † 26. 5. 1977), SAMMY STRAIN v (USA, * 9. 12. 1940), WALTER L. WILLIAMS SR. v (USA, * 25. 8. 1942)
Die Ursprünge dieser Gruppe aus Canton, Ohio, gehen zurück bis zum Jahre 1958. Zu diesem Zeitpunkt formierten sie sich als Triumphs. Mitglieder der Band waren Levert, Williams, Powell, Massey und Isles. 1961 machten sie ihre ersten Plattenaufnahmen. Ein Discjockey aus Cleveland, Eddie O'Jay, verpasste ihnen den Namen O'Jays. 1963 gelang ihnen mit »Lonely Drifter« die erste Hitnotierung. Zwei Jahre später verließ Bill Isles die Gruppe. 1971 ging auch Massey und wurde Plattenproduzent. Die O'Jays machten als Trio – Levert, Williams, Powell – weiter und schafften 1972 mit »Back Stabbers« einen Millionseller. 1975 verließ Powell die Gruppe und wurde durch Sammy Strain ersetzt, der vorher mit Little Anthony & The Imperials aufgetreten war. Bis in die 90er Jahre erschienen weitere Platten der O'Jays. In der Besetzung Levert, Williams und Grant – er hatte 1996 Strain ersetzt – kam Mitte 1997 das gut gemachte Album »Love You To Tears«.
Die erfolgreichsten Alben der Band: »Back Stabbers« (9/72 US-LP 10), »Ship Ahoi« (11/73 US-LP 11), »The O'Jays Live In London« (6/74 US-LP 17), »Survival« (4/75 US-LP 11), »Family Reunion« (11/75 US-LP 7), »Message In The Music« (10/76 US-LP 20), »So Full Of Love« (4/78 US-LP 6) und »Identify Yourself« (9/79 US-LP 16).

Back Stabbers (7/72 US 3)
Love Train (1/73 US 1; 3/73 GB 9)
Put Your Hands Together (12/73 US 10)
For The Love Of Money (4/74 US 9)
I Love Music (Part 1) (11/75 US 5)
Use Ta Be My Girl (4/78 US 4)
Phillysound, Soul

O'Kaysions

JIMMY HENNANT v, BRUCE JOYNER v, WAYNE PITTMAN v, JIM SPIDEL v, RON TURNER v, DONNY WEAVER v
1964 begannen Donny Weaver und Jimmy Hannant in Wilson, North Carolina, als Duo. Im Laufe der folgenden Jahre kamen die weiteren Mitglieder der Band hinzu, die sich Kays nannte und vorwiegend Gospel- und Country Music machte. 1968 waren sie als O'Kaysions ganz weltlich in ihren Themen und veröffentlichten die Single »Girl Watcher«, die so vielen aus dem Herzen sprach, dass sie ein Millionseller wurde. Nach diesem einzigen Erfolg wussten die Mitglieder der Band nicht, welche der vielen angesagten musikalischen Richtungen sie einschlagen sollten, und trennten sich noch im selben Jahr.

Girl Watcher (8/68 US 5)
Pop

O'Keefe, Danny

DANNY O'KEEFE v (USA, in Wenatchee/Washington)
Danny (* 1943) schaffte mit »Good Time Charlie's Got The Blues« Ende 1972 einen Top-10-Hit in den amerikanischen Popcharts. O'Keefe, auch ein guter Songschreiber, hat vor- und nachher einige in-

teressante LPs veröffentlicht, die jedoch für die Pophitparaden wenig geeignet waren.

Good Time Charlie's Got The Blues (9/72 US 9)
AOR (Adult Orientated Rock), Pop

O'Neal, Alexander

ALEXANDER O'NEAL v (USA, *15. 11. 1953 in Natchez/Mississippi)
1978 kam O'Neal zu der Formation Flyte Tyme, die zur Backing-Band von Prince wurde. Mit dabei waren die späteren Produzenten Jimmy Jam und Terry Lewis. Alexander blieb nicht lange: Er wurde bald gefeuert, weil er sich nicht richtig unterordnen konnte. Also begann er in den 80er Jahren eine Solokarriere. Seine erste Platte 1984 wurde von Jam und Lewis produziert. Zunächst wurde Alexander in den Rhythm-&-Blues-Charts notiert, ab 1986 auch in den Pophitparaden. Seinen ersten Hit hatte er zusammen mit der Sängerin Cherrelle: »Saturday Love«. In GB kam zum selben Zeitpunkt seine Single »If You Were Here Tonight« unter die Top 20. Überhaupt ist er in GB im Laufe der Jahre erfolgreicher gewesen als in den USA. Mit seinen Platten ist Alexander in GB bis in die 90er Jahre erfolgreich, auch wenn er zwischendurch wegen Drogen- und Alkoholproblemen therapiert werden musste. Seine erfolgreichsten Alben: »Alexander O'Neal« (1/85 GB-LP 53, 3/86 RE-GB-LP 19), »Hearsay/All Mixed Up« (8/87 GB-LP 4, US-LP 29), »All True Men« (2/91 GB-LP 2), »This Thing Called Love – The Greatest Hits« (5/92 GB-LP 4) und »Love Makes No Sense« (2/93 GB-LP 14). Als Produzent war er für »Control« von Janet Jackson verantwortlich.

Saturday Love (12/85 GB 6)
Criticize (10/87 GB 4)
Rhythm & Blues, Soul

O'Sullivan, Gilbert

GILBERT O'SULLIVAN v (Irland, *1. 12. 1946 als Raymond Edward O'Sullivan in Waterford)
Gilbert begann seine Karriere in der Formation Rick's Blues. Kopf der Band war Rick Davies, der später Supertramp gründen sollte. Ab Anfang der 70er Jahre war Gilbert für fünf Jahre überaus erfolgreich. Sein erster Top-10-Hit war »Nothing Rhymed«. Nach 1975 trennte er sich von seinem Manager Gordon Mills, gegen den er 1982 prozessierte und gewann: Mills musste alle Masterbänder und alle Copyrights an O'Sullivan wieder zurückgeben. Nachdem man fünf Jahre lang in den Charts nichts mehr von ihm gesehen hatte, kehrte er 1980 mit »What's In A Kiss« (9/80 GB 19) in die Charts zurück. Weitere große Erfolge sollten ihm jedoch leider nicht mehr gelingen.
Seine erfolgreichsten Alben waren »Himself« (9/71 GB-LP 5, 5/72 D-LP 23, 8/72 US-LP 9), »Back To Front« (11/72 GB-LP 1, 12/72 D-LP 2), »I'm A Wrtiter, Not A Fighter« (10/73 GB-LP 2, 11/73 D-LP 5), »Stranger In My Own Back Yard« (10/74 GB-LP 9, 11/74 D-LP 38) und »Greatest Hits« (12/76 GB-LP 13).

Nothing Rhymed (11/70 GB 8)
No Matter How I Try (11/71 GB 5)
Alone Again (Naturally) (3/72 GB 3; 6/72 US 1)
Ooh-Wakka-Doo-Wakka-Day (6/72 GB 8)
Clair (10/72 US 2, GB 1)
Get Down (3/73 D 1, GB 1, 6/73 US 7)
Ooh, Baby (9/73 D 8)
Why Oh Why Oh Why (11/73 GB 6)
Pop

Oak Ridge Boys

DUANE DAVID ALLEN v (USA, *29. 4. 1943 in Taylortown/Texas), JOSEPH SLOAN BONSALL v (USA, * 18. 5. 1948 in Philadelphia/Pennsylvania), WILLIAM LEE GOLDEN v (USA, *12. 1. 1939 in Brewtown/Alabama), STEVEN SANDERS v, g

(USA, * 17. 9. 1941 in Richland/Georgia, † 10. 6. 1998), RICHARD ANTHONY STERBAN v (USA, * 24. 4. 1943 in Camden/New Jersey)

Die Ursprünge der Oak Ridge Boys, die als eines der erfolgreichsten Gesangsquartette der modernen Country Music gelten, gehen zurück bis in das Jahr 1940. Zu diesem Zeitpunkt war die Formation ein Gospel-Quartett. Nach dem Zweiten Weltkrieg trennte sich die Band und kam erst 1957 wieder zusammen. Bis in die frühen 70er Jahre gab es viele personelle Veränderungen. Ab 1973 wurden sie regelmäßig in den Country-Charts notiert. Bis 1992 gelangen ihnen alleine 17 Spitzenreiter in den C&W-Charts. Der Spitzenreiter »No Matter How High« kam Ende 1989 in die Country-Charts und hielt sich dort 26 Wochen. Ihr erfolgreichster Crossover-Titel war die Nummer »Elvira«. Ein Jahr später kam »Bobbie Sue« (1/82 US 12). Danach wurden sie dort nicht mehr unter den ersten 50 notiert. 1987 trennte sich Golden von der Band und begann eine Solokarriere. Für ihn kam Steven Sanders, der vorher der Gitarrist der Oak Ridge Boys gewesen war. 1996 trennte sich Sanders wieder von der Band und Golden kehrte zurück. Sanders starb am 1998 an einer Schusswunde – die Polizei sprach von möglichem Selbstmord. Ihre erfolgreichsten Alben sind »Oak Ridge Boys – Greatest Hits« (11/80 US-LP 99), »Fancy Free« (6/81 US-LP 14), »Bobbie Sue« (2/82 US-LP 20) und »Oak Ridge Boys – Greatest Hits 2« (9/84 US-LP 71).

Elvira (5/81 US 5)
Country

Oasis

PAUL ARTHURS g (Großbritannien, * 23. 6. 1965 in Manchester), NOEL GALLAGHER g (Großbritannien, * 29. 5. 1967 in Manchester), LIAM GALLAGHER v (Großbritannien, * 21. 9. 1972 in Manchester), TONY MCCARROLL d (Großbritannien), PAUL MCGUIGAN b (Großbritannien, * 9. 5. 1971 in Manchester), ALAN WHITE d (Großbritannien, * 26. 5. 1972 in London)

Innerhalb von nur acht Stunden nahm die aus Manchester stammende und 1991 gegründete Gruppe den Titel »Supersonic« (4/94 GB 31) auf, der ihre erste Chartnotierung wurde. Nachfolger »Shakermaker« (7/94 GB 11) erinnerte stark an den New-Seekers-Hit »I'd Like To Teach The World To Sing«. Das hinderte die alternative Musikpresse in GB nicht daran, sie zu ihren absoluten Lieblingen zu küren. Mit »Live Forever« erreichten sie erstmals die Top 10. Danach ging es Schlag auf Schlag. Auffällig, dass in regelmäßigen Abständen fast alle Hits von Oasis wieder neu in die britischen Charts als Re-Entry kommen. Zum Beispiel war »Whatever« Ende 1995 auf Platz 55 in GB, im August 1996 Platz 66 und im November 1996 Platz 34. Musikalisch erinnerte Oasis stark an die Psychedelic-Hippie-Musik der zweiten Hälfte der 60er Jahre – und damit an Sgt. Pepper. Oasis galten als die typischen Vertreter des Britpop, was immer diese Bezeichnung sagen soll. Wenn mit Britpop gemeint ist, dass die unter diesem Label zusammengefassten Gruppen sich musikalisch an den Beatles orientierten, wäre es richtig, und man hätte es besser Beatles-Pop genannt. Im April 1995 feuerte die Gruppe den Drummer McCarroll und ersetzte ihn wenig später durch Alan White. Am 7. 4. 1997 heiratete Liam Gallagher die Popsängerin und Schauspielerin Patsy Kensit, die damit nach Dan Donovan von Big Audio Dynamite und Jim Kerr von Simple Minds den dritten Popstar ehelichte. Sie selbst hatte Erfolge als Sängerin der Gruppe Eighth Wonder. »Stand By Me« erreichte nur deshalb nicht Platz 1, weil Elton John und sein »Candle In The Wind 97« ihn blockte. »All

Around The World« war mit einer Laufzeit von 9 Minuten und 38 Sekunden die längste Single, die jemals Platz 1 in GB erreichte. Der bisherige Spitzenreiter »I'd Do Anything For Love« von Meat Loaf wurde damit um rund 90 Sekunden geschlagen. Für den Funk gab es eine Edited Version, die eine Laufzeit von 4 Minuten 50 Sekunden hatte. Auch das war noch zu lang. 1999 wurde der Gitarrist Paul Arthurs durch Gem ersetzt, der vorher mit den Heavy Stereos gespielt hatte.
Die erfolgreichsten Alben der Band: »Definitely Maybe« (9/94 GB-LP 1), »(What's The Story) Morning Glory?« (10/95 GB-LP 1, US-LP 4, D-LP 3), »Be Here Now« (8/97 GB-LP 1, 9/97 D-LP 2, US-LP 2), »The Masterplan« (11/98 GB-LP 2), »Standing On The Shoulder Of Giants« (3/00 GB-LP 1, D-LP 5, US-LP 24) und »Familiar To Millions« (11/00 GB-LP 5). Im Sommer 2002 kam das Album »Heathen Chemistry«.

Live Forever (8/94 GB 10)
Cigarettes And Alcohol (10/94 GB 7)
Whatever (12/94 GB 3)
Some Might Say (5/95 GB 1)
Roll With It (8/95 GB 2)
Wonderwall (11/95 GB 2, 1/96 US 8)
Don't Look Back In Anger (3/96 GB 1)
D'You Know What I Mean? (7/97 GB 1)
Stand By Me (10/97 GB 2)
All Around The World (1/98 GB 1)
Go Let It Out (2/00 GB 1)
Who Feels Love? (4/00 GB 4)
Sunday Morning Call (7/00 GB 4)
Britpop, Pop, Rock

Siehe auch: Buffalo Tom

Ocean

GREG BROWN v, key (Kanada), JEFF JONES b (Kanada), JANICE MORGAN v (Kanada), CHARLES SLATER d (Kanada), DAVID TAMBLYN g (Kanada)
Ocean schaffte mit der Gospel-Pop-Nummer »Put Your Hand In The Hand« einen Millionseller. Danach wurden sie mit drei weiteren Stücken in den Hot 100 notiert, ohne jedoch über Platz 70 hinauszukommen. Die Zeit Anfang der 70er Jahre brachte etliche Pop-Songs mit christlich angehauchten Inhalten in die Charts. In diesem Zusammenhang wären »Spirit In The Sky« von Norman Greenbaum oder »My Sweet Lord« von George Harrison zu nennen. Greg Brown sagte später, dass sie dieses Gospel-Image auf keinen Fall ernsthaft gewollt hätten. Beruflich trennte sich die Formation 1975, obwohl die Mitglieder gemeinsam eine Farm in Kanada bewohnten. Slater beging in den 80er Jahren Selbstmord.

Put Your Hand In The Hand (3/71 US 2)
Middle Of The Road (MOR), Pop

Ocean, Billy

BILLY OCEAN (Trinidad, * 21. 1. 1950 als Leslie Sebastian Charles)
Billy ist in London aufgewachsen. Mit 15 sang er dort als Amateur mit Shades Of Midnight. Danach gründete er mit einigen Freunden The Co., sang mit Dry Eyes und schließlich als Solist. Bevor er als Billy Ocean erfolgreich sein sollte, sang er als Joshua, Les Charts, Lee Charles, Piggy Bank, Byron James und Scorched Earth. Seine erste Single war »Pick A Rose In Bloom«, aufgenommen als Joshua. Seit 1975 singt er als Billy Ocean und ist erfolgreich. Die meisten seiner Hits hat er mitgeschrieben. 1982 zog Billy sich für zwei Jahre aus dem Musikgeschäft zurück und kehrte dann erfolgreicher als je zuvor zurück. 1993 erschien mit »Time To Move On« wieder ein neues Album von Billy, u.a. produziert von R. Kelly. Seine erfolgreichsten Alben waren »Suddenly« (8/84 US-LP 9, 11/84 GB-LP 9, 12/84 D-LP 43), »Love Zone« (5/86 US-LP 6, GB-LP 2, D-LP 33), »Tear Down These Walls« (3/88 GB-LP 3, US-LP 18), »Greatest Hits« (10/89 GB-LP 4, 11/89 US-LP 77) und »Love Is Forever« (8/97 GB-LP 7).

Love Really Hurts Without You (2/76 GB 2)
Red Light Spells Danger (5/77 GB 2)
Caribbean (European) Queen (8/84 US 1; 10/84 GB 6; 11/84 D 2)
Loverboy (12/84 US 2)
Suddenly (3/85 US 4; 5/85 GB 4)
When The Going Gets Tough, The Tough Get Going (11/85 US 2; 1/86 GB 1, D 2)
There'll Be Sad Songs (To Make You Cry) (4/86 US 1)
Love Zone (7/86 US 10)
Get Outta My Dreams, Get Into My Car (2/88 D 3, US 1, GB 3)
Pop, Soul

Ocean Colour Scene

STEVE CRADOCK g (Großbritannien, * 22. 8. 1969 in Solohull), SIMON FOWLER v (Großbritannien, * 25. 5. 1965 in Birmingham), OSCAR HARRISON d (Großbritannien, * 18. 4. 1965 in Birmingham), DAMON MINCHELA b (Großbritannien, * 1. 6. 1969 in Wigan)
Die Band wurde Ende der 80er Jahre gegründet. 1991 tauchten sie erstmals in den britischen Charts auf mit dem Titel »Yesterday Today« (3/91 GB 49). Im darauffolgenden Jahr erschien ihr Debütalbum, das jedoch keine Spuren in den Charts hinterließ. 1996 kam das Album »Moseley Shoals« (4/96 GB-LP 2), auf dem auch ihre ersten erfolgreichen Singles zu finden waren. »The Riverboat Song« (2/96 GB 15) erreichte noch nicht die Top 10 – dafür die drei folgenden. Als nächstes Album erschien »B-Sides, Seasides & Freerides« (3/97 GB-LP 4). Bis Mitte 1997 hatte die LP »Moseley Shoals« mehr als 1Million Exemplare verkauft. Die Mitglieder der Band sind befreundet mit Paul Weller. Gitarrist Cradock und Bassist Minchela begleiteten Weller auf einer Welttournee und spielten auf dessen Album »Wildwood« mit. Auch Noel Gallagher von Oasis ist mit der Band befreundet. Musikalisch haben Oasis und Ocean Colour Scene die Beatles als Vorbild. »Hundred Mile High City« war ein Vorgeschmack auf ein neues Album »Marchin' Already« (9/97 GB-LP 1). Die nächsten Singles erreichten die Top 10 – »It's A Beautiful Thing« (2/98 GB 12) verfehlte sie knapp. Das nächste Hitalbum war »One From The Modern« (9/99 GB-LP 4) und nach einer Pause erschienen »Up On The Downside« (4/01 GB 19) und das Album »Mechanical Wonder« (4/01 GB-LP 7).

You've Got It Bad (4/96 GB 7)
The Day We Caught The Train (6/96 GB 4)
The Circle (9/96 GB 6)
Hundred Mile High City (6/97 GB 4)
Travellers Tune (9/97 GB 5)
Better Day (11/97 GB 9)
Pop, Rock

Siehe auch: Buffalo Tom

Oceanic

JORINDE WILLIAMS v (Großbritannien)
Die aus Liverpool stammende Formation Oceanic war eine Idee der beiden Studiobesitzer Dave Harry und Frank Crofts. Als Systems Exclusives und Trespercussio hatten sie bereits zwei erfolglose Ideen abgeliefert. Mit Hilfe der Sängerin Jorinde Williams gelang ihnen im Herbst 1991 der Hit »Insanity«. Die Platte entwickelte sich in GB schnell zu einem Dance-Floor-Hit und kam in die Popcharts. »Wicked Love« (11/91 GB »5) und »Controlling Me« (7/92 GB 14) waren die beiden weiteren Hits.

Insanity (8/91 GB 3)
Dance

Odyssey

CARMEN LOPEZ v (USA), LILLIAN LOPEZ v (USA, * 16. 11. 1945), LOUISE LOPEZ v (USA, * 22. 2. 1943), BILL MCEACHERN v (USA), TONY REYNOLDS v (USA)
Das New Yorker Soul-Diskotrio hatte mit

»Native New Yorker« im Herbst 1977 einen ersten Hit. Danach hörte man drei Jahre nichts mehr von Odyssey, Carmen Lopez verließ die Band und wurde durch Tony Reynolds ersetzt. In den USA gelang ihnen nichts mehr in den Popcharts. Nach 1985 waren sie auch in GB wieder passé. Bei der in den 90er Jahren in Deutschland erfolgreichen Gruppe Odyssey handelt es sich um eine ganz andere Formation.

Native New Yorker (12/77 GB 5)
Use It Up And Wear It Out (6/80 GB 1)
If You're Lookin' For A Way Out (9/80 GB 6)
Going Back To My Roots (5/81 GB 4)
Inside Out (6/82 GB 3)
Disko, Rhythm & Blues, Soul

Ö La Palöma Boys

ULRICH AHLERS v (Deutschland), CLAUS HOLTFOTH v (Deutschland)
Bei Klaus und Uli, den beiden ›Fake-Sachsen‹, wusste man nicht genau, ob sie vorgeführt wurden oder cool waren. Jedenfalls produzierten sie einen Geburtstagsgruß an ihre Tante Jutta nach Dresden und schickten eine Kassette davon an den ›Erfolgsproduzenten und Spaßmacher‹ Stefan Raab. Der hatte ja schon eine andere Ossi vorgeführt und durch den Maschendrahtzaun gejagt. Jetzt waren Klaus und Uli als Ö La Palöma Boys dran. In seiner TV-Sendung ›TV Total‹ stellte Stefan Raab die Sachsenversion von »Una Paloma Blanca« vor – und richtig gefreut darüber hat sich wahrscheinlich nur Johann Bouwens. Johann war der Kopf von George Baker Selection und hatte dieses Stück geschrieben. Die zweite Veröffentlichung der Boys hieß »Once You Drink Tequila« (8/99 D 20). Danach war das unsägliche Ausschlachten der sächsischen Sprache selbst den etwas einfach strukturierten Zuschauern der Sendung ›TV Total‹ zu viel.

Ö La Palöma (6/99 D 2)
Pop

Ofarim, Esther & Abi

ABI OFARIM v (Israel, * 5. 10. 1937 als Abraham Reichstadt in Tel Aviv), ESTHER OFARIM v (Israel, * 13. 6. 1941 als Esther Zaled in Safed)
In der zweiten Hälfte der 60er Jahre war das Duo zuerst nur in Deutschland, dann auch in GB recht erfolgreich. Mit 17 Jahren hatte Esther ihren späteren Mann kennen gelernt. Nachdem beide ihre Militärzeit in Israel hinter sich gebracht hatten, bildeten sie unter dem Künstlernamen Ofarim (= Gazelle) ein Gesangsduo. Als Entdecker von Esther Ofarim gilt der Hollywood-Regisseur Otto Preminger. Er engagierte sie für den Film »Exodus«, und über diesen Film lernte sie Frank Sinatra kennen. Der ließ sie in einer sechsteiligen Fernsehshow als Sängerin auftreten. 1963 vertrat Esther Ofarim die Schweiz beim Grand Prix Eurovision in London mit dem Titel »T'en Va Pas« und belegte den 2. Platz hinter Jörgen und Grethe Ingmann, deren Siegertitel »Dansevise« stilistisch ungefähr das vorwegnahm, was Esther und Abi später machen sollten. Noch im selben Jahr drehten Esther und Abi den gemeinsamen Film »Es war mir ein Vergnügen«, 1964 unternahmen sie eine Amerika-Tournee, 1965 erschien ihre erste LP, »Songs der Welt«. Die witzig-sarkastische Nummer »Noch ein Tanz« war im Januar 1966 die erste Hitnotierung der Ofarims. Im Herbst 1967 sangen sie eine Coverversion des Bee-Gees-Titels »Morning Of My Life«. Der Komponist von »Cinderella Rockefella« war der Gitarrist Mason Williams, der selbst mit »Classical Gas« Mitte 1968 erfolgreich werden sollte. Aus »Noch ein Tanz« wurde in GB »One More Dance« und die zweite und letzte Hitnotierung für die Ofarims, Platz 13. Am 1. 3. 1969 hatten sie in Köln ihren letzten gemeinsamen Auftritt. Danach flog Esther zu Filmarbeiten in die USA, Abi versuchte sich in London als Produzent. 1970 wurden sie ge-

schieden. Ab 1972 veröffentlichte Esther im Alleingang Platten, die zwar gut, aber kommerziell nicht erfolgreich waren. Abi Ofarim veröffentlichte ebenfalls Soloplatten. 1972 konnte man ›mit schöner Regelmäßigkeit Skandälchen um den ausgeflippten Star Abi Ofarim, von Arroganz und Launenhaftigkeit‹ hören. Im Frühjahr 1995 war Esther als Gastsängerin auf dem Titel »Salomon (das hohe Lied)« aus dem Album »Kosmos« von Udo Lindenberg zu hören. Abis Sohn Gil wurde 1997 von ›Bravo‹ zum neuen Teenie-Star hochgejubelt.
Sehr erfolgreich waren auch die Alben des Duos: »Songs der Welt« (6/64 D-LP 2), »Melodie einer Nacht« (2/65 D-LP 9), »Neue Songs der Welt« (10/65 D-LP 1), »Noch ein Tanz« (4/66 D-LP 3), »Das neue Esther & Abi Ofarim Album« (10/66 D-LP 1) und »2 in 3« (10/67 D-LP 1, 2/68 GB-LP 6).

Morning Of My Life (9/67 D 2)
Cinderella Rockefella (2/68 D 5, GB 1)
Folk, Grand Prix, Pop, Schlager

Off

MICHAEL MÜNZING dj (Deutschland), SVEN VÄTH dj (Deutschland, * 26. 10. 1964)
Sven Väth erarbeitete sich in Frankfurt am Main als Discjockey einen Namen. Zusammen mit dem Produzenten Michael Münzing gründete er Off, was von den beiden als Organisation For Fun verstanden wurde. »Electrica Salsa (Baba Baba)« kam 1986 in die Hitparade. Nachfolgesingle war »Step By Step« (6/87 D 28). 1993 gelang ihm – dieses Mal unter seinem Namen – der Hit »L'esperanza« (7/93 GB 63, 9/93 D 42). Anfang 1998 erschien das Album »Fusion«. Es brachte Collagen verschiedener Stilrichtungen – TripHop, Electro, Big Beat, Easy Listening und Jazz. Anfang 2002 kam er mit dem Album »Fire« und der Single »Mindgames«.

Electrica Salsa (Baba Baba) (12/86 D 3)
Dance

Off-Shore

PETER HARDER computer (Deutschland), ELAINE JACKSON v (Großbritannien), JENS LISSAT computer (Deutschland)
Hinter diesem Studioprojekt stecken Jens Lissat und Peter Harder. Die beiden hatten als Sigmund & seine Freunde Ende 1989 den Titel »Erdbeermund« auf Platz 18 in den deutschen Charts. Im Frühjahr 1990 kamen sie als Komtur mit der Nummer »Hans von Stoffeln« unter die ersten 30. Ende des Jahres erreichten sie als Off-Shore mit »I Can't Take The Power« die GB-Charts. Neben den beiden Machern war mit der farbigen britischen Sängerin Elaine Jackson noch ein weiteres Mitglied an Bord. Jens und Peter hatten sie in einem Hamburger Nachtclub kennen gelernt. Hinter welchen Dance-Floor-Projekten sich die beiden noch verstecken, ist nicht bekannt.

I Can't Take The Power (12/90 GB 7)
Dance

Offspring

DEXTER HOLLAND v, g (USA, * 29. 12. 1965 als Bryan Holland), GREG KRIESEL b (USA, * 20. 1. 1965 in Glendale/Kalifornien), NOODLES g (USA, * 4. 2. 1963 als Kevin Wasserman in Los Angeles/Kalifornien), RON WELTY d (USA, * 1. 2. 1971 in Long Beach/Kalifornien)
Ihren ersten Singleerfolg hatte diese kalifornische Punkband – wie häufig in dieser Musikgattung – nicht in den USA, sondern in Europa und hier besonders in Deutschland. Die Nummer »Self Esteem« kam im Februar 1995 in die GB-Charts und erreichte Platz 37. Zwei Monate später kam sie in die deutsche Hitparade. Nachfolger »Gotta Get Away«

schaffte in GB gerade mal Position 43, in Deutschland nichts. Ihre erfolgreichsten Alben waren »Smash« (6/94 US-LP 4 – fünffach Platin –, 12/94 D-LP 4) und »Ixnay On The Hombre« (2/97 US-LP 9, GB-LP 17). In GB traten sie 1995 beim renommierten Glastonbury Festival auf. Unter anderem spielten sie ihre Version des Damned-Titels »Smash It Up«, der auch auf dem Soundtrack zum Film »Batman Forever« zu hören war. Es wurde ebenfalls kein Hit. Anfang 1999 waren sie wieder in den Top 10 – ihr Hit »Pretty Fly (For A White Guy)« stieg am 30. 1. 1999 gleich auf Platz 1 der britischen Charts ein. Bei diesem Hit wurde die Nummer »Rock Of Ages« von Def Leppard gesampelt. Ebenfalls erfolgreich war ihr Album »Americana« (11/98 GB-LP 10, 11/98 D-LP 5, 12/98 US-LP 2). Es folgten die Singlehits »Why Don't You Get A Job?« (5/99 D 15), »The Kids Aren't Alright« (9/99 GB 11), »Want You Bad« (3/01 GB 15), »Million Miles Away« (7/01 GB 21) und das Album »Conspiracy Of One« (11/00 D-LP 8, 12/00 US-LP 9). Bei dem Single-Hit »Original Prankster« verwendete die Gruppe Samples aus dem Song »Low Rider« von War.

Self Esteem (4/95 D 4)
Pretty Fly (For A White Guy) (1/99 GB 1; 2/99 D 2)
Why Don't You Get A Job? (5/99 GB 2)
Original Prankster (11/00 GB 6)
Punk

Ohio Express

TIM CORWIN d (USA), DOUG GRASSEL g (USA), DEAN KRASTAN b (USA), JOEY LEVINE v (USA), JIM PFLAYER key (USA), DALE POWERS g (USA)

Wie bei 1910 Fruitgum Co. und anderen Bubblegum-Formationen von Kasenetz/Katz wurden auch die Nummern von Ohio Express vorwiegend von Studiomusikern eingespielt und nach Erfolg mit Mietmusikern aufgeführt. Und ebenfalls wie bei anderen Bubblegum-Formationen war die Schlichtheit von Musik und Text nur schwer zu unterbieten. Die erste Hitnotierung von Ohio Express war Ende 1967 die Nummer »Beg, Borrow And Steal«, die sie ein Jahr zuvor schon einmal unter dem Gruppennamen Rare Breed veröffentlicht hatten. »Yummy Yummy Yummy« und »Chewy Chewy« wurden Millionseller. Mit Beginn der 70er Jahre waren die Bubblegum-Gruppen durchgekaut. 1994 versuchte Ohio Express ein Comeback. Allerdings versteckten sich hinter diesem Gruppennamen deutsche Musiker.

Yummy Yummy Yummy (5/68 GB 5, US 4; 7/68 D 3)
Chewy Chewy (12/68 D 7)
Bubblegum

Ohio Players

BILLY BECK key (USA), LEROY »SUGARFOOT« BONNER v, g (USA), MARSHALL JONES b (USA), RALPH »PEE WEE« MIDDLEBROOKS tr (USA), MARTIN PIERCE tr (USA), CLARENCE »SATCH« SATCHELL sax, fl (USA, † 30. 12. 1995), JIMMY »DIAMOND« WILLIAMS d, per (USA)

Die Ohio Players wurden 1959 in Dayton, Ohio, gegründet. Zuerst waren sie auf Platten der Falcons als Instrumentalband zu hören. Ihre ersten eigenen Platten machten sie 1962. Ihre Top-40-Hits: »Funky Worm« (2/73 US 15), »Ecstasy« (8/73 US 31), »Skin Tight« (9/74 US 13), »Fire«, »Sweet Sticky Thing« (9/75 US 33), »Love Rollercoaster«, »Fopp« (2/76 US 30) und »Who'd She Coo?« (6/76 US 18). Ihre erfolgreichsten Alben: »Skin Tight« (4/74 US-LP 11), »Fire« (11/74 US-LP 1), »Honey« (8/75 US-LP 2) und »Contradiction« (6/76 US-LP 12). Nach 1977 war die

Zeit der Band wieder vorüber. Middlebrooks starb 1997.

Fire (12/74 US 1)
Love Rollercoaster (11/75 US 1)
Rhythm & Blues, Soul

Okay

CHRISTIAN BERG key (Deutschland, * 15. 4. 1965 in Rotenburg/Fulda), MARCUS GABLER computer (Deutschland, * 7. 7. 1968 in Frankfurt/Main), ROBIN OTIS g, b (Deutschland, * 19. 5. 1965 in Frankfurt/Main), ALEXANDER PFEIL d (Deutschland, * 8. 4. 1968)
Wieder eine der Diskoformationen, die es auf einen Hit brachte. Die Nummer »Okay!« kam im Frühjahr 1988 in die deutschen Charts. Hinter dem Projekt verbarg sich Marcus Gabler. Der Nachfolgetitel »E-D-U-C-A-T-I-O-N« schaffte noch einen Platz 32, dann war O.K. K.O.

Okay! (2/88 D 2)
Disko

Oldfield, Mike

MIKE OLDFIELD v, g, b (Großbritannien, * 15. 5. 1953 in Reading/Berkshire)
Der Multimusiker und Songschreiber gründete im Alter von 14 Jahren mit seiner Schwester Sally die Gruppe Sallyangie, die auch Platten aufnahm. Der nächste Schritt war die Band Barefeet. 1971 spielte er mit Kevin Ayers in dessen Formation The Whole World erst als Bassist, dann als Gitarrist. Im Mai 1973 veröffentlichte er eine Solo-LP, die ihn mit einem Schlag weltberühmt machte: »Tubular Bells«. Für die Produktion dieser LP brauchte er acht Monate – er spielte fast alle Instrumente selbst. Als Passagen daraus im Film »The Exorcist« zu hören waren, kam es zum Hit »Tubular Bells«. Danach jedoch war Mike speziell in Europa erfolgreich. »Moonlight Shadow« und »To France« wurden von Maggie Reilly gesungen, »Shadow On The Wall« von Roger Chapman,»Pictures In The Dark« und »Innocent« von Anita Hegerland, die einst zusammen mit Roy Black als Kinderstar »Schön ist es, auf der Welt zu sein« trällerte und eine Zeit lang Frau Oldfield war. Als Michael Oldfield veröffentlichte Mike die LP »Heaven's Open«. Dazu sagte er: ›Ich habe immer geglaubt, nicht singen zu können. Nur scheine ich da der Einzige gewesen zu sein – alle anderen waren stets gegenteiliger Meinung und haben mich schließlich überzeugt.‹ Auskopplungen aus diesem Album kamen nicht in die Charts, und nun hat Mike wahrscheinlich die anderen überzeugt. 1992 veröffentlichte Mike eine Fortführung von »Tubular Bells« als »Tubular Bells II«. Die Auskopplung »Sentinel« brachte es im Herbst desselben Jahres auf Platz 10 in GB. 1993 erschien als weitere Single daraus »The Bell«, auf der Mike Oldfield erklären lässt, mit welchen Instrumenten er »Tubular Bells II« aufgenommen hatte. Die englische Einführung der Instrumente spricht MC Viv Stanshall, für die deutschen Hörer und Plattenkäufer hat sich Otto Waalkes als MC Otto bereit erklärt, den Part zu übernehmen.
Seine erfolgreichsten Alben: »Tubular Bells« (7/73 GB-LP 1, 11/73 US-LP 3, 7/74 D-LP 37), »Hergest Ridge« (9/74 GB-LP 1), »Ommadawn« (11/75 GB-LP 4), »Music Wonderland« (10/81 D-LP 5), »Five Miles Out« (3/82 GB-LP 6, 4/82 D-LP 7), »Crisis« (6/83 GB-LP 6, D-LP 1), »Discovery« (7/84 D-LP 1, GB-LP 15), »Islands« (10/87 D-LP 9, GB-LP 29), »Earth Moving« (7/89 D-LP 1, GB-LP 30), »Tubular Bells II« (9/92 GB-LP 1, D-LP 7), »Elements – The Best Of Mike Oldfield« (9/93 GB-LP 5) und »Tubular Bells III« (9/98 GB-LP 4, D-LP 9).
2001 war Mike mehr in der Yellow- als in der Musikpresse zu finden. Hier wurde er als ›frustrierter, ausgebrannter Rockstar‹

dargestellt, der ›gegen den Alkohol kämpft‹ und ›nur noch Luft-Gitarre spielt‹. 2002 war eine Tournee mit ihm durch Deutschland angekündigt. Mitte des Jahres erschien mit »Tres Lunas« ein neues Album und mit »To Be Free« eine neue Single.

Tubular Bells (2/74 US 7)
In Dulce Jubilo/On Horseback (12/75 GB 4)
Portsmouth (11/76 GB 3)
Moonlight Shadow (5/83 D 2, GB 4)
Shadow On The Wall (10/83 D 3)
To France (7/84 D 6)
Pictures In The Dark (12/85 D 4)
Innocent (7/89 D 8)
Sentinel (10/92 GB 10)
AOR (Adult Orientated Rock), Elektro-Pop, Instrume

Olive

RUTH-ANN BOYLE v (Irland, in Sunderland), TIM KELLETT key, tr, flh (Großbritannien, * 23. 7. 1964 als Timothy Kellett in Knaresborough), ROBIN TAYLOR-FIRTH key (Großbritannien)
»You're Not Alone« war im September 1996 die erste Hitnotierung für Olive – die Platte erreichte Platz 42. Kellett gehörte Mitte der 80er Jahre zu den Urmitgliedern von Simply Red, für die er rund 10 Jahre Blasinstrumente spielte. Für die Gruppe Lighthouse Family schrieb er den schönen Titel »Ocean Drive«. Taylor-Firth spielte mit dem Dance-Act Nightmares On Wax. Ruth-Ann sang in einigen Indie-Guitar-Bands, ihre Lieblingsvokalisten sind Ricky Lee Jones und k.d. lang. Im Mai 1996 erschien die Debüt-Single »Miracle«, die nicht in die GB-Charts kam. Nachfolger war im Herbst 1996 »You're Not Alone«. Zur selben Zeit ging die Band als Vorgruppe (›Support-Band‹) von Faithless auf Tour und spielte auch einige Tage in Deutschland. Gleichzeitig war im September 1996 mit »Extra Virgin« (5/97 GB-LP 15) das Debüt-Album der Band erschienen. Im März 1997 war Olive erneut mit Faithless auf Tournee – und wohl aus diesem Grunde wurde die Single »Miracle« erneut veröffentlicht, die es diesmal in GB bis auf Platz 41 brachte. Dann wurde »You're Not Alone« neu abgemixt und kam im Mai 1997 von Null auf Platz 1 in GB.

You're Not Alone (5/97 GB 1)

Oliver

OLIVER v (USA, * 22. 2. 1945 als William Oliver Swofford in North Wilkesboro/North Carolina, † 12. 2. 2000)
Bevor Oliver als Solist Platten machte, war er Mitglied der Band Good Earth. Mit einer auf seicht und Schlager getrimmten Nummer aus dem Musical »Hair« hatte Oliver im Frühjahr 1969 seinen ersten Hit: »Good Morning Starshine«, Die Nachfolgesingle »Jean« wurde in den USA ein Millionseller. Sein erfolgreichtes Album hieß ebenfalls »Good Morning Starshine« (8/69 US-LP 19). Nach 1970 war seine Hitzeit wieder vorüber. Er nahm Platten als Bill Swofford auf, was aber auch nichts daran änderte, dass ihm kein weiterer Erfolg mehr gelang. Oliver starb an Krebs.

Good Morning Starshine (5/69 US 3; 8/69 GB 6)
Jean (8/69 US 2)
Pop

Oliver Onions

MAURIZIO DE ANGELIS v (Italien, * 22. 2. 1946 in Rocca di Papa/Rom), GUIDO DE ANGELIS v (Italien, * 22. 12. 1944 in Rocca di Papa/Rom)
Das Songschreiber- und Sängerduo Oliver Onions aus Rocca di Papa bei Rom hatte mit »Flying Through The Air« einen ersten Hit. Ihre Erfolge stammten meist aus Filmen, vorwiegend mit Bud Spencer und

Terence Hill, wie z. B. »Zwei Himmelhunde auf dem Weg zur Hölle«, »Auch Engel essen Bohnen« oder »Plattfuß in Afrika«. Die meisten dieser Filme waren so anspruchsvoll wie die Musik, die die beiden Brüder dazu verfassten. Vom kommerziellen Standpunkt aus gesehen hätten sie es jedoch nicht besser machen können.

Flying Through The Air (4/73 D 4)
Dune Buggy (10/74 D 8)
Orzowei (4/77 D 1)
Bulldozer (12/78 D 2)
Santa Maria (8/80 D 1)
Middle Of The Road (MOR)

Ollie & Jerry

OLLIE BROWN v, d (USA, in Los Angeles/Kalifornien), JERRY KNIGHT v, b (USA, * 14. 4. 1952 in Los Angeles/Kalifornien)
Das Duo Ollie & Jerry aus Los Angeles hatten sich in Ray Parkers Gruppe Raydio kennen gelernt. Mitte 1984 hatten sie mit »Breakin' ... There's No Stopping Us« ihren einzigen Erfolg. Das Stück stammte aus dem Film »Breakin'«. Ollie hatte seine musikalische Karriere 1975 als Schlagzeuger für Stevie Wonder, Edwin Starr oder die Rolling Stones begonnen, bevor er 1978 zum erstenmal mit Raydio spielte. Anfang der 80er war er verstärkt als Produzent tätig, z. B. für Patti Austin. Jerry Knight verdiente sich seine ersten Sporen in der Band von Bill Withers, bevor er als Bassist und Sänger zu Parkers Gruppe kam.

Breakin' ... There's No Stopping Us (6/84 GB 5, US 9)
Rhythm & Blues

Olsen Brothers

NIELS OLSEN v (Dänemark), JÖRGEN OLSEN v (Dänemark)
13. Mai 2000 – Aus dem Grand Prix wird nun offiziell der ›European Song Contest‹. Heute findet er in Stockholm statt und für ›uns‹ tritt Stefan Raab an – er belegt schließlich den fünften Platz. Sieger mit 195 Punkten werden die Olsen Brothers aus Dänemark mit »Fly On The Wings Of Love«, ein Lied, das durchaus auch aus den 60er Jahren stammen könnte. Jörgen und Niels Olsen, 47 bzw. 50 Jahre alt, sind vom Erfolg wohl selbst überrascht. Die Zeitungen schrieben nach dem Sieg von ›Mit Doppelkinn und Bierbauch zum Grand Prix‹ oder ›Sieg der Alten‹. Platz zwei belegt Russland mit »Solo«, gesungen von Alsou, Platz drei für Lettland mit »My Star«.
Mit 15 bzw. 11 Jahren begann die Karriere der beiden Brüder. Sie spielten mit in der dänischen Version des Hippie-Musicals »Hair«. 1972 erschien ihr Debütalbum »Olsen«, das als erste LP in Dänemark mehr als 100 000 Exemplare verkaufte. In den folgenden Jahren waren sie in ganz Skandinavien sehr erfolgreich. Die meisten ihrer Titel haben sie selbst geschrieben, so auch »Fly On The Wings Of Love«. Nach dem Grand-Prix-Sieg erschienen europaweit mehrere Alben der Brüder.

Fly On The Wings Of Love (5/00 D 7)
Grand Prix, Pop

OMC

PHILIP FUEMANA (Neuseeland, in Auckland), PAULY FUEMANA v, g, rap (Neuseeland, * 8. 2. 1969 als Paul Lawrence in Otara/Auckland), ALAN JANSSON g (Neuseeland)
Irgendwie war der Song »How Bizarre« auf eine ganz bizarre Art und Weise genial. Wenn er im Radio lief, hatte man unweigerlich das Gefühl, dieses Lied schon tausendmal gehört zu haben. War es der Versuch, alle Lieblingshits von Multimusiker und Sänger Pauly und seinem

Produzenten und Mitautor Alan Jansson in einen Computer zu jagen und dann mal zu hören, was dabei rauskommt? Die Plattenfirma nannte den Song ›eine überraschende Mischung aus polynesischen Klängen, mexikanischen Trompeten und Paulys coolem Rap‹ – jedenfalls hob sich die Nummer wohltuend von dem Brei ab, der teilweise 1996 in den Charts dominierte. Für »How Bizarre« setzte es Gold. Nachfolger »On The Run« tat sich wesentlich schwerer und kam nur knapp in die Charts. OMC steht für ›Otara Millionaires Club‹. So hieß die erste Band, die Paul gegründet hatte und die sich 1994 auflöste, nachdem der Bassist verstorben war. Philip und Alan machten die Studioarbeit – Paul stellte das Ganze auf die Bühne und ließ sich von den Tänzerinnen Tibi und Floria begleiten.

How Bizarre (7/96 GB 5; 9/96 D 2)
Rap, Soft Pop

187 Lockdown

DANNY HARRISON key (Großbritannien), JULIAN JONAH key (Großbritannien)
Dieses Duo aus dem Süden Londons tüftelte sich mit »Gunman« (11/97 GB 16, 7/98 RE-GB 17) einen ersten Dance-Hit. »Kung-Fu« brachte den ersten Top-10-Erfolg und war wie viele dieser von den Soundmixern zusammengestückelten Nümmerchen eher von der schlichten Art. Nach »The Don« (10/98 GB 29) waren sie aus den Top 40 verschwunden.

Kung-Fu (4/98 GB 9)
Dance

100 Proof Aged In Soul

DON HATCHER v (USA), EDDIE HOLIDAY v (USA, als Eddie Anderson), STEVE MANCHA v (USA, * 25. 12. 1945 als Clyde Wilson in Walhalla/South Carolina), JOE STUBBS v (USA)
Die Soul-Gruppe aus Detroit hatte mit »Too Many Cooks (Spoil The Soup)« (12/69 US 94) eine erste Hitnotierung. Es folgten der Millionseller »Somebody's Been Sleeping« und noch »Everything Good Is Bad« (4/72 US 45) – dann war's aus. Joe Stubbs ist der Bruder von Levi Stubbs, der mit den Four Tops erfolgreich war. Vorher hatte er mit den Contours und den Falcons gesungen. Nach 1972 gelang ihnen kein Pop-Erfolg mehr.

Somebody's Been Sleeping (9/70 US 8)
One Hit Wonder, Soul

One Hundred Ton And A Feather

JONATHAN KING v (Großbritannien, * 6. 12. 1944 als Kenneth King in London)
One Hundred Ton And A Feather ist eins der vielen Pseudonyme, unter denen Jonathan King Hits aufnahm.

It Only Takes A Minute (6/76 GB 9)
Pop

Siehe auch: King, Jonathan

112

DARON JONES v, key (USA), MARVIN SLIM KEITH v (USA), Q PARKER v, d (USA), MIKE SCANDRICK v, key (USA)
Das Quartett aus Atlanta/Georgia kam Mitte der 90er Jahre zuammen. Mit der Nummer »Only You« (6/96 US 13) hatten sie ihre erste Hitnotierung – sie beinhaltete Samples aus »I Get Lifted« von KC & The Sunshine Band. Es folgten »Come See Me« (11/96 US 33) und der Millionseller »Cupid« (3/97 US 13). Als Gäste waren 112 zu hören auf »I'll Be Missing You« (6/97 US 1, 6/97 GB 1, 6/97 D 1) von Puff Daddy & Faith Evans. Als Gäste von

Allure standen sie erneut in den US-Top-10 mit »All Cried Out« (8/97 US 4, 1/98 GB 12). »Love Me« (10/98 US 17) drehte den Spieß um – jetzt war Mase Gast von 112. »Anywhere« (3/99 US 15) und »Callin' Me« (7/00 US 21) waren die nächsten Erfolge – dann kam mit »It's Over Now« (6/01 GB 22) der erste Top-10-Hit der Band.
Das erste Erfolgsalbum von 112 war »112« (9/96 US-LP 37). Es folgten »Room« (11/98 US-LP 20) und »Part III« (4/01 US-LP 2). Die nächsten Singlehits war »Peaches & Cream« (9/01 GB 32), »Dance With Me« (9/01 US 39).

It's Over Now (12/00 US 6)
Peaches & Cream (4/01 US 4)
Rhythm & Blues

Ones

DICK CARTER, NICK MORRIS
Das Remixer-Team, auch bekannt unter dem Namen Phunk Investigations, nahm mit »Flawless« zum ersten Mal selbst eine Platte auf. Sie erinnerte an Gary Gangs »Keep On Dancin'« und ließ die Disko-Musik der 80er Jahre wieder aufleben.

Flawless (10/01 GB 7)
Dance

Onyx

STICKY FINGAZ rap (USA, als Kirk Jones in Jamaica/New York City), CHYLOW PARKER rap (USA, in Jamaica/New York City), FREDO STAR rap (USA, in Jamaica/New York City), TYRONE TAYLOR rap (USA, in Jamaica/New York City)
Diese vier Rapper stammen aus Jamaica, New York. Sie tauchten erstmals in den unteren Positionen der US-Charts mit der Nummer »Throw Ya Gunz« im Frühjahr 1993 auf. Diese Aufnahme war nur als Kassettenmaxisingle zu haben. Schon einen Monat später kamen Onyx mit ihrer ersten richtigen Single »Slam« in die amerikanische Hitparade und erreichten Platinstatus. Nachfolger »Shifftee« gab es wieder nur als Kassette. Deshalb kam sie auch nicht über Platz 92 hinaus. Ihre erste Albumveröffentlichung hieß »Bacdafucup« (4/93 US-LP 17). Es folgten »All We Got Iz Us« (11/95 US-LP 22) und »Shut 'Em Down« (6/98 US-LP 10). Fredo Star spielte auch in einigen Filmen mit.

Slam (5/93 US 4)
Rap

OPM

MATTHEW LO v, g (USA), JOHN NECRO b (USA), GEOFF TURNEY key (USA)
Mit dem Titel »Heaven Is A Halfpipe (If I Die)« hatte das Rocktrio aus Los Angeles im Mai 2000 eine Hitnotierung in den USA – allerdings nur in der Kategorie Modern Rock Tracks. Anders sah es in Deutschland und Großbritannien aus. Dort hieß der Titel allerdings nur noch »Heaven Is A Halfpipe« (12/00 D 20). Es folgte »El Capitan« (1/02 GB 20).

Heaven Is A Halfpipe (7/01 GB 4)
Rock

Opus

GÜNTER GRASMUCK d (Österreich, * 21. 7. 1957), NIKI GRUBER b (Österreich, * 24. 3. 1956), EWALD PFLEGER g (Österreich, * 6. 5. 1955), KURT RENÉ PLISNIER key (Österreich, * 7. 2. 1957), HERWIG RÜDISSER v (Österreich, * 8. 11. 1956)
Dieses Rockquintett entstand 1973 und war zu diesem Zeitpunkt noch mehr jazzorientiert. 1980 erschien ihr Debütalbum »Daydreams«. Die Singles »Eleven« und »Flyin' High« wurden die ersten Spitzenreiter in Österreich für Opus. »Live Is Life«, eine durch ihre Einfachheit äußerst ein-

und aufdringliche Aufnahme, kam im Frühjahr 1985 in die Hitparaden. In den USA wurde der Bierzelt-Rock immerhin noch ein Platz 32. Ihr erfolgreichstes Album hieß ebenfalls »Live Is Life« (4/85 D-LP 5). Alben der Gruppe erschienen bis in die 90er Jahre.

Live Is Life (3/85 D 1; 6/85 GB 6)
Schlager

Opus III

KRISTY HAWKSHAW v (Großbritannien, * 29. 3. 1969)
Die Plattenfirma konnte sich auch nicht darüber auslassen, wer oder was Opus III sind. Sie schrieben: ›Ihre Identität halten sie geheim, nur ein paar Fotos ihrer Sängerin Kristy sind erhältlich. Doch die exzentrischste Verbindung zu Opus III ist der Lyriker Edward Barton – Performance-Artist, Bildhauer und einer der Außenseiter-Gitarristen Manchesters.‹ Im Frühjahr 1992 erschien die Nummer »It's A Fine Day«, die 1985 schon einmal von einer Sängerin namens Jane veröffentlicht wurde. Die Platte kam nicht in die Charts, und Jane soll zu den Zeugen Jehovas gegangen sein. Die neue Technoversion von »It's A Fine Day« brachte es in Deutschland auf Platz 18. Nachfolgende Singles kamen nicht mehr unter die ersten 50. Noch einmal möchte ich die Plattenfirma zitieren. Zur Veröffentlichung der CD »Mind Fruit« schrieb sie: ›Opus III riskieren etwas; mit ihrer Musik wollen sie nicht nur die Dance-Floor-Fans erreichen. Als sphärisch-esoterisches Dance-Floor-Album mit Techno-Einsprengseln könnte man Mind Fruit bezeichnen.‹ Aha!

It's A Fine Day (2/92 GB 5)
Pop, Techno

Orange Blue

VINCENT BAHRDT p (Deutschland), VOLCAN BAYDAR v (Deutschland)
Das Duo kam 1992 in Hamburg zusammen und setzte mit seiner souligen Musik einen schönen Gegenakzent zu Rock und Techno. Knapp vier Monate brauchte »She's Got That Light«, um endlich unter die ersten 10 der deutschen Charts zu kommen. Ihr erstes Erfolgsalbum war »In Love With A Dream« (10/00 D-LP 7). Aus dem Walt-Disney-Film »Dinosaurier« stammte »Can Somebody Tell Me Who I Am« (11/00 D 33).

She's Got That Light (5/00 D 4)
Pop, Rock

Orange Juice

EDWYN COLLINS v, g (Großbritannien, * 23. 8. 1959 in Edinburgh), STEVEN DALY d (Großbritannien), JAMES KIRK v, g (Großbritannien), ZEKE MANYIKA d (Großbritannien, * 23. 2. 1955), DAVID MCCLYMONT b (Großbritannien, * 30. 11. 1958), MALCOLM ROSS v, g (Großbritannien)
Orange Juice verknüpfte Anfang der 80er Jahre Pop-Traditionen mit ›neuzeitlichem Groove‹. 1977 hatte Collins die Band Nu-Sonic in Glasgow gegründet. Zwei Jahre später unterschrieb die Gruppe, jetzt als Orange Juice, ihren ersten Plattenvertrag. Bereits vor ihrem ersten Erfolg waren Kirk und Daly ausgestiegen und durch Ross und Manyika ersetzt worden. Nach »Rip It Up« wurden mit der Band von 1981 bis 1984 noch acht weitere Titel in den Charts notiert, von denen keiner unter die ersten 40 kam. Die Stimme des Leadsängers Collins erinnerte stark an einen müden Bryan Ferry. Nach einigen musikalischen Differenzen reduzierte sich die Gruppe auf Collins und Manyika, 1985 löste sich Orange Juice auf. Ab 1987 veröffentlichte Collins Soloplatten, die er im

selben Jahr in Köln aufgenommen hatte. 1991 sah Collins als Produzent und Arrangeur, dann baute er sein eigenes Studio, in dem er ein Album aufnahm, das im August 1994 erschien. Die Singleauskopplung »A Girl Like You« wurde ein großer Hit in Frankreich und Belgien und schließlich im Frühjahr 1995 auch in Deutschland veröffentlicht.
Das erfolgreichste Album von Orange Juice war »You Can't Hide Your Love Forever« (3/82 GB-LP 21).

Rip It Up (2/83 GB 8)
Pop

Siehe auch: Collins, Edwyn

Orb

ALEX PATERSON key, computer (Großbritannien als Duncan Robert Alex)
Im Grunde besteht die Formation Orb nur aus einem Mann: Dr. Alex Paterson. Seinen Künstlernamen hat er sich aus dem Woody-Allen-Film »Sleepers« (1974) abgekupfert. Der ehemalige Roadie und A&R-Mann gründete Orb Ende der 80er Jahre zusammen mit Jimmy Cauty von KLF. Später kam Youth von Killing Joke und Brilliant hinzu. Cauty verließ die junge Gruppe bald zugunsten von KLF, und auch Youth hielt nichts bei Orb. Ende 1991 gesellte sich Thrash zu Paterson, und im selben Jahr erschien Orbs Debütalbum »The Orb's Adventures Beyond The Ultraworld« (4/91 GB-LP 29). Den ersten großen Singleerfolg konnte Orb mit »Blue Room« verbuchen. Die CD-Single-Veröffentlichung in Deutschland fiel vor allen Dingen deshalb auf, weil sie eine Laufzeit von 65 Minuten aufwies. Vier Monate später erschien »Assassin« (10/92 GB 12). Die Laufzeit dieser Single-CD betrug 55 Minuten. »Little Fluffy Clouds«, eine ihrer ersten Veröffentlichungen, wurde Ende 1993 erneut auf den Markt gebracht und brachte es dieses Mal bis unter die Top 10. Danach wurde ihre erste Hitnotierung »Perpetual Dawn« (6/91 GB 61, 2/94 RE-GB 18) neu veröffentlicht . Es folgten »Oxbow Legs« (5/95 GB 38), der Top-10-Hit »Toxygene«, »Asylum« (5/97 GB 20) und »Once More« (2/01 GB 38). Die erfolgreichsten Alben von Orb sind »U.F.Orb« (7/92 GB-LP 1) und »Pomme Fritz« (6/94 GB-LP 6). »Toxygene« war ausgekoppelt aus dem Album »Orblivion«. Neben Alex wurden hier als weitere Keyboarder der deutsche Musiker Thomas Fehlmann (einst mit Palais Schaumburg) und Andy Hughes genannt.

Blue Room (6/92 GB 8)
Little Fluffy Clouds (11/93 GB 10)
Toxygene (2/97 GB 4)
Dance, Elektro-Pop, Instrumental

Orbison, Roy

ROY ORBISON v, g (USA, * 23. 4. 1936 in Vernon/Texas, † 6. 12. 1988)
Gerade war ein neues Album der Gruppe Traveling Wilburys erschienen, in der neben George Harrison, Jeff Lynne, Tom Petty und Bob Dylan Roy Orbison mitgemacht hatte, als er nach einer Herzattacke starb. Zu früh und mit 52 viel zu jung. Ganz in Schwarz war er immer aufgetreten, Klamotten und Haare aufeinander abgestimmt. Wenn er seine Songs vortrug, stand er meist völlig emotionslos am Mikrofon. Aber seine Stimme steigerte sich im Verlauf seiner kleinen Dramen, die in der Verkleidung als Popsongs daherkamen, in unglaubliche Höhen. Drei Oktaven schaffte er dabei spielend. Und jeder litt mit diesem Mann, der so viel Leid ertragen musste – in seinen Liedern und im richtigen Leben. Die Songs begannen in seinen besten Zeiten in einer eher zerknirschten Stimmung, dann steigerte sich sein Tenor-Falsett, und es schien, als würde sich damit auch seine Wut über irgendein Unrecht potenzieren, das ihm widerfahren war. Dann schließlich kam

der Höhepunkt. Wut und Zorn des enttäuschten Liebhabers platzten aus ihm heraus, und er schien zusammenzubrechen. Dann war das Lied aus, und es brandete der Applaus auf, den Orbison fast schüchtern entgegennahm. Das Abbild dessen, was man sich hinlänglich unter einem Rockstar vorstellt, war er beileibe nicht. Die ›Berliner Morgenpost‹ schrieb nach einem Auftritt von Roy im Jahr 1980 in der Philharmonie: ›Er ist wahrlich kein flinker Showmann, er steht gerührt lächelnd vor dem Mikrofon. Dabei scheint die Grenze zwischen Kunst und Schmalz nicht mehr vorhanden – die Ehrlichkeit und Sensibilität, mit der er seine Hits präsentiert, überzeugt.‹

Wie Elvis, Jerry Lee Lewis, Carl Perkins, Charlie Rich und viele andere Rocker der 50er Jahre suchte auch Roy sein Glück in Memphis bei der kleinen Plattenfirma von Sam Phillips. Mitte 1956 hatte er mit »Ooby Dooby« seine erste Hitnotierung. Danach sollte es jedoch vier Jahre dauern, bis er wieder in den Charts stand. Zwischenzeitlich hatte der seine Frau Claudette abgöttisch liebende Roy für sie ein Liedchen geschrieben, das mit den Everly Brothers im Mai 1958 in die US-Hitparade kam: »Claudette«. Mit »Only The Lonely (Know How I Feel)«. In der zweiten Hälfte der 60er Jahre war Roy privat vom Pech verfolgt. Erst verunglückte 1966 seine Claudette, die hinter ihrem Mann auf dessen Motorrad saß, hinunterstürzte und sich tödlich verletzte. Dann kamen zwei Jahre später zwei seiner drei Söhne bei einem Feuer in seinem Haus in der Nähe von Nashville ums Leben. 1969 heiratete er die Deutsche Barbara Wellhoh-Jakobs und lebte mit ihr einige Zeit in der Nähe von Bielefeld, ihrer Geburtsstadt. Der Mann, dem etliche Jahre hintereinander Hits eingefallen waren, war damit ausgelaugt. Er machte seichte Country-Music und einige sehr mittelmäßige LPs. Trotzdem waren es viele der später erfolgreichen Popmusiker, die bei der Aufzählung ihrer Vorbilder Roy Orbison erwähnten.

1980 kehrte Roy wieder in das Showgeschäft zurück und produzierte mit Emmylou Harris eine Platte. Zusammen mit seinen alten Sun-Kollegen Jerry Lee Lewis, Carl Perkins und Johnny Cash erschien 1986 die LP »Class Of '55«. Eine ganze Reihe hochkarätiger Interpreten drückten am 30. 9. 1987 durch ihre Mitwirkung bei der Produktion des Videos »A Black And White Night – Starring Roy Orbison« aus, dass sie Fans von ihm sind. Dazu gehörten u. a. Bruce Springsteen, Jackson Browne oder Elvis Costello.

Gleichzeitig begann Orbison mit den Aufnahmen zu einer neuen Solo-LP – wenig später wurde er Mitglied im Projekt Traveling Wilburys. Im Herbst 1988 erschien die LP »Traveling Wilburys Vol. 1« (11/88 US-LP 3, GB-LP 16, 12/88 D-LP 10), die weltweit viel Beachtung fand. Ebenfalls erfolgreich – aber ohne Roy: »Traveling Wilburys Vol. 3« (11/90 US-LP 11, GB-LP 14) – ein Vol. 2 hat es nie gegeben. Auch schön: »Handle With Care« (10/88 GB 21).

Gerade wurde die Veröffentlichung seiner Solo-LP »Mystery Girl« (2/89 US-LP 5, GB-LP 2, D-LP 4) annonciert, als Roy starb. Die erste Auskopplung aus diesem Album war »You Got It«. Weitere posthume Hits wurden »She's A Mystery To Me« (4/89 GB 27), »California Blue« (8/89 D 34), »I Drove All Night«, »Crying« – im Duett mit k.d. lang – (8/92 GB 13) und »Heartbreak Radio« (11/92 GB 36).

Mit Recht wurde er 1987 in die Rock and Roll Hall of Fame aufgenommen. Zum Tod von Roy Orbison schrieb die ›Zeit‹: ›Roy Orbison bewies, dass man sehr wohl aus dem hintersten Texas kommen, dass man dazu noch übergewichtig, brillantiert und kurzsichtig wie ein Maulwurf sein und trotzdem die Wahrheit und nichts als die Wahrheit singen konnte.‹

Seine erfolgreichsten Alben: »Roy Orbi-

son's Greatest Hits« (9/62 US-LP 13), »Lonely And Blue« (6/63 GB-LP 15), »Crying« (6/63 GB-LP 17), »In Dreams« (8/63 US-LP 35, 11/63 GB-LP 6), »The Exciting Sound Of Roy Orbison« (7/64 GB-LP 17), »More Of Roy Orbison's Greatest Hits« (8/64 US-LP 19), »Oh Pretty Woman« (12/64 GB-LP 4), »There Is Only One Roy Orbison« (9/65 GB-LP 10), »The Roy Orbison Way« (2/66 GB-LP 11), »The Classic Roy Orbison« (9/66 GB-LP 12), »The Best Of Roy Orbison« (11/75 GB-LP 1), »The Legendary Roy Orbison« (10/88 GB-LP 1) und »The Very Best Of Roy Orbison« (11/96 GB-LP 18).
Schon 1987 wurde er in die Rock and Roll Hall of Fame aufgenommen. Im Jahr 2001 wurde in Großbritannien mit Erfolg das Album »Love Songs« (2/01 GB-LP 4) veröffentlicht. Es handelte sich dabei um eine Doppel-CD mit 41 Liedern, die speziell zum Valentinstag veröffentlicht wurde.

Only The Lonely (Know How I Feel) (6/60 US 2; 8/60 GB 1)
Blue Angel (9/60 US 9)
Running Scared (4/61 US 1, GB 9)
Crying (8/61 US 2)
Dream Baby (How Long Must I Dream) (2/62 US 4, GB 2)
In Dreams (2/63 US 7, GB 6)
Falling (5/63 GB 9)
Blue Bayou/Mean Woman Blues (9/63 GB 3)
Mean Woman Blues (US 5)
It's Over (4/64 US 9, GB 1)
Oh, Pretty Woman (8/64 US 1, GB 1; 11/64 D 1)
Pretty Paper (11/64 GB 6)
Too Soon To Know (8/66 GB 3)
You Got It (1/89 US 9, D 9, GB 3)
I Drove All Night (6/92 GB 7)
AOR (Adult Orientated Rock), Pop, Rock 'n' Roll, S

Orbit, William

WILLIAM ORBIT mix (Großbritannien, als Wainwright)
Bereits in den 80er Jahren startete William seine musikalische Karriere in der Formation Torch Song. Zwischen 1984 und 1995 veröffentlichte die Gruppe vier Alben, die jedoch keine Spuren in den Charts hinterließen. Nebenher betrieb William Soloprojekte. So nahm er z. B. Platten als Strange Cargo oder als Bass-O-Matic auf. Als Orbit stand er mit dem Titel »Water From A Vine Leaf« (6/93 GB 59) in den Charts. Dann kam lange nichts mehr von ihm – und dann 1999 der Top-10-Hit »Barber's Adagio For Strings« (2/00 D 19). Als Produzent war Orbit für den Erfolg des Albums »Ray Of Light« von Madonna verantwortlich, das sich weltweit mehr als 12 Millionen Mal verkaufte. Auch Blurs Album »13« hat Orbit produziert. Im Januar 2000 kam das Album »Pieces In A Modern Style«, das 1995 schon von Orbit veröffentlicht worden war, noch einmal auf den Markt. Es folgte »Ravel's Pavane Pour Une Infante Défunte« (5/00 GB 31).

Barber's Adagio For Strings (12/99 GB 4)
Dance, Techno

Siehe auch: Bass-O-Matic

Orbital

PHIL HARTNOLL key (Großbritannien, * 9. 1. 1964 in Seven Oaks/London), PAUL HARTNOLL key (Großbritannien, * 19. 5. 1968 in Seven Oaks/London)
Die erste Hitnotierung hatten die beiden Brüder Hartnoll mit »Chime« (3/90 GB 17). Nachfolger »Omen« (9/90 GB 46) war nicht ganz so erfolgreich – dann kam »Satan« (1/91 GB 31). Genau dieser Titel wurde exakt sechs Jahre später der erste Top-10-Hit für Orbital. »Mutations EP« (2/92 GB 24), »Radiccio EP« (9/92 GB 37), »Lush« (8/93 GB 43) und »Are We Here« (9/94 GB 33) dümpelten im Mittelfeld der britischen Charts – bis dann eben »Satan« Anfang 1997 neu in die Charts kam. Der Song war neu abgemischt worden – außerdem waren auf der Single zwei Live-Versionen der Nummer. Und damit

begann auch die Erfolgsphase für das Duo. Der Nachfolgehit »The Saint« wurde bereits 1963 als Thema der TV-Kultsendung ›Simon Templar‹ populär. Die Version von Orbital aus dem Jahr 1997 stammt aus dem gleichnamigen Film mit Val Kilmer als Simon Templar. Außerdem sind auf dem Soundtrack zum Beispiel Duran Duran, Sneaker Pimps oder Fluke zu hören. Es folgten »Style« (3/99 GB 13), »Nothing Left« (7/99 GB 32), »Funny Break (One Is Enough)« (4/01 GB 21). Die erfolgreichsten Alben: »Snivilisation« (8/94 GB-LP 4), »In Sides« (5/96 GB-LP 5) und »The Middle Of Nowhere« (4/99 GB-LP 4).

Satan (1/97 GB 3)
The Saint (4/97 GB 3)
Elektro-Pop, Rave, Techno

Orchestral Manoeuvres In The Dark

MARTIN COOPER (Großbritannien, * 1. 10. 1958), MALCOLM HOLMES d (Großbritannien), PAUL HUMPHREYS v, key (Großbritannien, * 27. 2. 1960 in Liverpool), ANDREW MCCLUSKEY v, key (Großbritannien, * 24. 6. 1959 in Liverpool)
Die Besetzung in den Anfangstagen von Orchestral Manoeuvres In The Dark bestand aus Andy McCluskey und Paul Humphreys. Die Karriere dieser beiden Musiker begann 1977 in Liverpool. Beide spielten zusammen und auch getrennt in meist kurzlebigen Schulbands, eine davon trug den sinnigen Namen Hitlerz Underpantz. Für eine der weiteren Formationen, Equinox, hatte Andy den Titel »Orchestral Manoeuvres In The Dark« geschrieben und dabei sicher noch nicht daran gedacht, dass daraus einmal ein Gruppenname werden könnte. Im September 1977 gründeten Andy und Paul die Formation Id. Mitglieder waren außer dem Gary Hodgson, g, Steve Hollis, b, und Malcolm Holmes, d. Die Gruppe spielte vorwiegend das Material, das dann später von OMD übernommen wurde. »Julia's Song« wurde sogar von Id auf Platte aufgenommen und veröffentlicht. Im August 1978 fiel Id auseinander. Nach einigen anderen Versuchen machten Andy und Paul eine neue Band, VCLXI. Einer ihrer ersten Auftritte fand im Liverpooler Club Eric's statt. Das Duo ließ sich begleiten von eigenen Aufnahmen, die von ihrem Tonbandgerät mit dem Namen Winston eingespielt wurden. Schon wenig später nannten sie sich dann nach McCluskeys altem Song OMD. Mitte 1979 erschien ihre erste Single. Im Frühjahr 1980 kam ihre zweite, »Red Frame White Light«, in die britischen Charts und wurde ihre erste Hitnotierung. Ihre nächste Veröffentlichung war »Messages« (5/80 GB 13) und dann gelang ihnen mit »Enola Gay« der erste Top-10-Erfolg. Was sicher viele speziell in Deutschland nicht gewusst haben: Bei »Enola Gay« handelte es sich nicht um eine Person, sondern um den Namen des Flugzeuges, das 1945 die erste Atombombe über Hiroshima abgeworfen hat. Im Frühjahr 1980 erschien ihr erstes Album. Als Mitmusiker waren Dave Fairbairn, Malcolm Holmes und Martin Cooper genannt, aber in der Hauptsache kann man davon ausgehen, dass die meisten Dinge von Andy und Paul im Alleingang gemacht wurden. Auch in der Folgezeit wurden auf Plattenhüllen hin und wieder bis zu vier Musiker abgebildet. Trotzdem muss man OMD als Duo-Projekt sehen. 1983 erschien das Album »Dazzle Ships«, das für viele Fans und Kritiker eine Überraschung, für manche gewiss eine Provokation war. Hatten sich OMD auf »Architecture And Morality« als Liebhaber elektronischen Wohlklangs gezeigt, der sie mit überladenen, hart an der Grenze zum Kitsch verlaufenden Kompositionen in die Nähe der New

Romantics rückte, so klang die neue LP vergleichsweise fremdartig. Immer wieder wurden Harmonien und Melodik von verschiedenstem akustischem Reizmaterial wie Radionachrichten, computerprogrammierten Signalen, Kurzwellengefiepe, Stimmengewirr und Maschinengeräuschen durchsetzt, ja zersetzt. Das menschlichste aller Instrumente, die Stimme, wurde auf alle möglichen Weisen elektronisch manipuliert. Gegen Ende der 80er Jahre fiel das Duo auseinander. Paul Humphreys gründete mit Listening Pool eine eigene Band. Andy blieb allein OMD. Über die Gruppe konnte man im Laufe der Jahre lesen: ›Technik mit Herz‹, ›Aus dem Elektronikland‹, ›Warme Klänge aus dem kalten Synthesizer‹, ›Auch Maschinen bewegen sich . . .‹, ›Stille Manöver im Dunkeln‹, ›Götterdämmerung‹, ›Sie sind eine der hoffnungsvollsten Formationen der neuen englischen Rockgeneration‹, ›Wieder gänzlich unerwartete Manöver‹, ›Die Bühnen sind schwarz, der Sound aus den kleinen Geräten ist erdrückend. Die Welt von Orchestral Manoeuvres In The Dark ist von Anfang an heller‹. Andy McCluskey über sich und die Band: ›Die Jungs, die mit mir spielen, sind nicht nur Staffage, wenn ich im Fernsehen auftrete, jeder in der Band hat seine ganz spezifische Rolle. So ist Stuart als Koautor nicht mehr wegzudenken. Phil ist unser Sound-Mann, der alle Computer programmiert und zum Klingen bringt, und Nigel unser musikalischer Direktor, mit dem ich mich auf der Bühne köstlich amüsiere.‹ – ›Für mich ist in erster Linie entscheidend, ob ein Song gut ist und Unterhaltungswert besitzt.‹ – ›Wir begannen ungefähr mit 16. Inspiriert hatte uns der Kraftwerk-Titel »Autobahn«. Eines der ersten Stücke, das ich schrieb, war eine elektronische Komposition für drei Radiogeräte und Kriegsgeräusche.‹ – ›In jenen Tagen benutzten wir einen Bass, einen lärmenden Generator und zwei geliehene Echogeräte.‹ – ›Unser langer Erfolg liegt wohl daran, dass ich den Dreh heraushabe, Melodien zu schreiben, die die Leute, wenn sie sie morgens im Radio gehört haben, noch an der Bushaltestelle pfeifen.‹

Die erfolgreichsten Alben der Band waren »Organisation« (11/80 GB-LP 6), »Architecture And Morality« (11/81 GB-LP 3, 5/82 D-LP 8), »Dazzle Ships« (3/83 GB-LP 5, D-LP 11), »Junk Culture« (5/84 GB-LP 9, D-LP 32), »Crush« (6/85 GB-LP 13, 7/85 US-LP 38, D-LP 23), »The Pacific Age« (10/86 GB-LP 15, D-LP 15), »The Best Of O.M.D.« (3/88 GB-LP 2, D-LP 8), »Sugar Tax« (5/91 GB-LP 3, D-LP 8) und »Liberator« (6/93 GB-LP 14). Im September 1998 löste sich die Gruppe auf. Es erschienen das Album »The OMD Singles« (10/98 GB-LP 16) und die Single »The OMD Remixes« (9/98 GB 35).

Enola Gay (10/80 GB 8)
Souvenir (8/81 GB 3)
Joan Of Arc (10/81 GB 5)
Maid Of Orleans (The Waltz Of Joan Of Arc) (1/82 GB 4; 3/82 D 1)
Locomotion (4/84 GB 5)
If You Leave (3/86 US 4)
(Forever) Live And Die (9/86 D 8)
Sailing On The Seven Seas (3/91 D 9, GB 3)
Pandora's Box (7/91 GB 7)
Elektro-Pop, Pop

Original

DJ Pippi dj, Everett v

Hinter The Original steht Ibizas Discjockey Nummer 1, DJ Pippi. Die Nummer »I Luv U Baby« sprengte 1995 Ibizas Grenzen und kam im Januar in der britischen Hitparade auf Platz 31. In einer Remixversion erreichte der gleiche Titel im August desselben Jahres die Top 10. Nachfolger »B 2 Gether« schaffte Ende 1995 die britischen Top 30.

I Luv U Baby (Remix) (8/95 GB 2)
Dance

Orlando, Tony

TONY ORLANDO v (USA, * 3. 4. 1944 als Michael Anthony Orlando Cassavitis in New York City)
siehe Dawn

Orlando Riva Sound

WOLFGANG EMPERHOFF v (Deutschland, * 20. 6. 1944), HERBERT IHLE v (Deutschland, * 30. 6. 1945), TONY MONN (* 17. 3. 1944 als Anthony Monn), RAINER PIETSCH (Deutschland, * 12. 4. 1944), SOPHIA REANEY v

Die Formation Orlando Riva Sound oder ORS, wie sie sich manchmal auch auf den Plattenhüllen nannte, wurde 1977 von einem Komponisten und einem Toningenieur gegründet. Es kam danach zu einigen Umbesetzungen, bis 1979 die endgültige Line-up stand. Ihle, Pietsch und Emperhoff hatten schon bei der Formation Tanned Leather gemeinsam gesungen. Im Frühjahr 1980 gelang ORS mit der John-D.-Loudermilk-Komposition »Indian Reservation« im Disko-Sound ein Hit. »Fire On The Water« (7/80 D 15) war noch ein Nachfolgehit, 1981 fiel die Gruppe wieder auseinander. Emperhoff gehörte mehr als zwanzig Jahre zu den qualifiziertesten deutschen Studiosängern. Monn war als Produzent von Acts wie Amanda Lear, Fancy oder der Saragossa Band erfolgreich, Pietsch arrangierte für ELO oder Freddie Mercury.

Indian Reservation (1/80 D 7)
Disko

Orleans

JOHN HALL v, g (USA, * 25. 10. 1947 in Baltimore/Maryland), LANCE HOPPEN b (USA, in Bayshore/New York), LAWRENCE HOPPEN v, g, key (USA), WELLS KELLY v, org (USA, † 30. 10. 1984), BOB LEINBACH v, g (USA), JERRY MAROTTA d (USA), R.A. MARTIN d (USA)

Orleans wurde in New York 1972 gegründet. Mitte der 70er Jahre erhielten sie einen Plattenvertrag und hatten mit »Let There Be Music« (4/75 US 55) eine erste Hitnotierung. Mitte desselben Jahres erreichten sie mit »Dance With Me« die US-Top-10. Genau ein Jahr später folgte »Still The One«. Ihre letzte Hitnotierung war »Love Takes Time« (3/79 US 11). Inzwischen war es zu Umbesetzungen gekommen. Hall und Marotta hatten die Gruppe 1977 verlassen und waren durch Leinbach und Martin ersetzt worden. Ihr erfolgreichstes Album hieß »Waking And Dreaming« (8/76 US-LP 30).

Dance With Me (7/75 US 6)
Still The One (7/76 US 5)
Soft Rock

Orlons

AUDREY BRICKLEY v (USA), SHIRLEY BRICKLEY v (USA, * 9. 12. 1944, † 13. 10. 1977), STEVE CALDWELL v (USA, * 22. 11. 1942, † 28. 1. 2001), MARLENA DAVIS v (USA, * 4. 10. 1944), ROSETTA HIGHTOWER v (USA, * 23. 6. 1944)

Noch während der Schulzeit der Mitglieder wurde diese Gruppe in Philadelphia gegründet. Nach ein paar Jahren gingen sie wieder auseinander, um sich jedoch später erneut zu formieren. Sie traten auf zusammen mit einer Band, die sich Cashmeres nannte und aus denen später die Dovells werden sollten. Leadsänger dieser Band war Len Barry, der 1960 einen Kontakt zur Plattenfirma Cameo herstellte, der schließlich zu einem Plattenvertrag führte. Im darauf folgenden Jahr erschien mit »I'll Be True« die erste Single der Orlons. »Not Me« und »Crossfire!« waren 1963 weitere Top-20-Erfolge. Dann verließen Davis und Caldwell die Band, und als Ersatz kam Audrey

Brickley. 1968 trennte sich die Gruppe. Rosetta Hightower zog nach England, um eine Solokarriere zu verfolgen, die allerdings nie richtig in die Gänge kam. Shirley Brickley starb 1977 an einer Schussverletzung.

The Wah Watusi (6/62 US 2)
Don't Hang Up (10/62 US 4)
South Street (2/63 US 3)
Pop

Osborne, Joan

JOAN OSBORNE v, g (USA, * 8. 7. 1962 in Anchorage/Kentucky)
Erstmals hörte man von Joan Osborne 1992 mit dem Album »Soul Show«. 1994 kam die EP »Blue Million Miles«, auf der sich Soulmusik der 90er mit den Einflüssen von Rock, Blues und Gospel vereinte. e 1995 erschien das Album »Relish« (9/95 US-LP 9, 3/96 GB-LP 5), aus dem »One Of Us« und »St. Teresa« (6/96 GB 33) ausgekoppelt wurden. Ende 1996 erschien ein Album mit dem Titel »Early Recordings«. Wie der Titel schon sagt, handelte es sich hierbei um ältere Aufnahmen, die fast alle im New Yorker Club Delta 88 entstanden. Zwei Titel davon stammten von der oben angesprochenen EP. Auf dieser LP war in den von Joan Osborne geschriebenen Liner Notes zu lesen, dass sie ihre Vorbilder in Etta James, Aretha Franklin, Tina Turner und Al Green sieht.

One Of Us (12/95 US 4; 2/96 GB 6)
AOR (Adult Orientated Rock), Rhythm & Blues, Soul

Osbourne, Ozzy

OZZY OSBOURNE v (Großbritannien, * 3. 12. 1948 als John Michael Osbourne in Birmingham)
Ozzy begann Ende der 60er Jahre mit Gruppen wie Polka Tulk, Rare Breed und ab 1968 mit Earth, die im darauffolgenden Jahr in Black Sabbath umbenannt wurden. Ende 1977 trennte er sich wieder von dieser Formation, kam noch einmal zurück und ging dann im Sommer 1979 endgültig. Ab 1980 machte er Soloplatten. Seine erfolgreichste Single sang er im Duett mit der Heavy-Metal-Kollegin Lita Ford. Besser verkauften sich seine Alben: »Blizzard Of Ozz« (9/80 GB-LP 7, 4/81 US-LP 21), »Diary Of A Madman« (11/81 US-LP 16, GB-LP 14), »Talk/Speak Of The Devil« (11/82 GB-LP 21, 12/82 US-LP 14), »Bark At The Moon« (12/83 US-LP 19, GB-LP 24), »The Ultimate Sin« (2/86 US-LP 6, GB-LP 8, D-LP 31), »Tribute« (5/87 US-LP 6, GB-LP 13) mit Randy Rhoads, »No Rest For The Wicked« (10/88 US-LP 13, GB-LP 23), »No More Tears« (10/91 US-LP 7, GB-LP 17), »Live & Loud« (7/93 US-LP 22), »Ozzmosis« (11/95 US-LP 4, GB-LP 22) und »The Ozzman Cometh« (11/97 US-LP 13).
2001 zog die ›Ozzfest-Tour‹ durch die Lande – es spielten zusammen Ozzy Osbourne, Tony Iommi, Geezer Butler und Bill Ward. Das war die Originalbesetzung von Black Sabbath. Geplant war auch ein neues Album, das im Frühjahr 2002 erscheinen soll. Von Ozzy erschien 2001 das Album »Down To Earth« (11/01 US-LP 4).

Close My Eyes Forever (3/89 US 8)
Hard Rock

Siehe auch: Black Sabbath

Osmond, Donny

DONNY OSMOND v (USA, * 9. 12. 1957 als Donald Clark Osmond in Ogden/Utah)
Mitte der 60er Jahre kam Donny als weiteres Mitglied zu den Osmonds. Mit ihm hatte die Gruppe ihre größten Erfolge. Ähnlich wie bei den Jackson 5 nahm man auch aus den Osmonds den Leadsänger – bei den Jackson 5 Michael Jackson – heraus und machte mit ihm zusätzlich noch Solo-

platten. Der erste Soloerfolg zeigte deutlich, wie man den kleinen Donny verkaufen wollte: »Sweet And Innocent«. Das Original dieses Titels hatte 1958 Roy Orbison gesungen. Aber nur mit Donny als Mitglied der Osmonds und als Solist gaben sich die Verantwortlichen hinter der Familientruppe nicht zufrieden, sondern man ließ Donny auch noch mit seiner Schwester Marie Platten aufnehmen.
»The Donny Osmond Album« (7/71 US-LP 13), »To You With Love, Donny« (11/71 US-LP 12), »Portrait Of Donny« (5/72 US-LP 6, 9/72 GB-LP 5), »Too Young« (7/72 US-LP 11, 12/72 GB-LP 7), »My Best To You« (12/72 US-LP 29), »Alone Together« (3/73 US-LP 26, 5/73 GB-LP 6), »A Time For Us« (12/73 GB-LP 4) und »Donny« (2/75 GB-LP 16) waren seine erfolgreichsten Soloalben.
Nach 1976 ließen die Erfolge nach. Sämtliche Bemühungen von Donny, sich bei Plattenfirmen mit neuen Demos Gehör zu verschaffen, schlugen fehl. Die Verantwortlichen hatten einfach Angst, dass das Saubermann- und Kinder-Image von Donny nicht mehr ankommen würde und Veränderungen nicht erfolgreich wären. Nachdem man gut zehn Jahre kaum etwas von Donny gehört hatte, kam er mit »Soldier Of Love«. 1992 war er, inzwischen Vater von vier Söhnen, in der Andrew-Lloyd-Webber-Produktion »Joseph & The Amazing Technicolor Dreamcoat« zu sehen. Für die Rolle hatte er ganz normal vorgesprochen und sie nicht erhalten, weil er Donny Osmond war, sondern weil er richtig war für den Part. Er war Besitzer der Produktionsfirma Night Star und moderierte für den Satellitenkanal VH-1 eine eigene Sendung. Über die Jahre schien er sich Fans in Großbritannien bewahrt zu haben. Das schlug sich auch im Album »This Is The Moment« (4/01 GB-LP 10) nieder.

Sweet And Innocent (3/71 US 7)
Go Away Little Girl (8/71 US 1)
Hey Girl (11/71 US 9)
Puppy Love (2/72 US 3; 6/72 GB 1)
Too Young (9/72 GB 5)
Why (11/72 GB 3)
The Twelfth Of Never (3/73 GB 1, US 8)
Young Love (8/73 GB 1)
When I Fall In Love (11/73 GB 4)
Soldier Of Love (3/89 US 2)
Middle Of The Road (MOR), Pop

Siehe auch: Osmond, Donny & Marie; Osmonds

Osmond, Donny & Marie

Marie Osmond v (USA, * 13. 10. 1959 in Ogden/Utah), Donny Osmond v (USA, * 9. 12. 1957 als Donald Clark Osmond in Ogden/Utah)
Ab Mitte 1974 bis 1978 war das amerikanische Geschwisterpaar Donny & Marie Osmond erfolgreich. »I'm Leaving It (All) Up To You« war 1963 ein Spitzenreiter in den US-Charts mit Dale & Grace gewesen. Donny und Marie moderierten von 1976 bis 1978 ihre eigene Musiksendung im Fernsehen. Sie spielten 1978 mit in dem Film »Going Coconuts«. Ihre erfolgreichsten Alben waren »I'm Leaving It All Up To You« (9/74 US-LP 35, 11/74 GB-LP 13) und »Make The World Go Away« (7/75 GB-LP 30). Nach Beendigung ihrer Pop-Karriere fasste Marie ab Mitte der 80er Jahre als Countrysängerin schneller wieder Fuß als ihr Bruder Donny.

I'm Leaving It (All) Up To You (7/74 GB 2, US 4; 9/74 D 4)
Morning Side Of The Mountain (11/74 GB 5, US 8)
Middle Of The Road (MOR)

Siehe auch: Osmond, Donny; Osmond, Marie

Osmond, Little Jimmy

Little Jimmy Osmond v (USA, * 16. 4. 1963 in Canoga Park/Kalifornien)
Das jüngste Mitglied der kinderreichen Familie Osmond kam in der Hochzeit der Osmonds zumindest in GB auch noch zu drei Hits: »Long Haired Lover From Liver-

pool«, »Tweedle Dee« und »I'm Gonna Knock On Your Door« (5/74 GB 11). Sein erfolgreichstes Album hieß »Killer Joe« (2/73 GB-LP 20). Seit er erwachsen ist, arbeitet er hinter den Kulissen weiter im Musikgeschäft.

Long Haired Lover From Liverpool (11/72 GB 1)
Tweedle Dee (3/73 GB 4)
Pop

Siehe auch: Osmonds

Osmond, Marie

MARIE OSMOND v (USA, * 13. 10. 1959 in Ogden/Utah)
Auch Marie begann bereits in recht jungen Jahren, zusammen mit ihren Brüdern bei Konzerten aufzutreten. In der Zeit zwischen 1971 und 1974, als alles, was von dem Familienclan der Osmonds kam, erfolgreich war, hatte auch Marie ihre Hits. Zusammen mit ihrem Bruder Donny hatte sie bis Ende 1974 noch weitere Erfolge. Als die Uhr für die Osmonds abgelaufen war, suchte sie neue Betätigungsfelder und fand sie in der Country Music. Ab Mitte der 80er Jahre wurde Marie dort sehr erfolgreich. Spitzenreiter in den C&W-Charts waren »Meet Me In Montana« (1985) zusammen mit Dan Seals und »There's No Stoppin' Your Heart« (1985) und »You're Still New To Me« (1986) im Duett mit Paul Davis. 1995 spielte sie in der TV-Serie »Maybe This Time«.

Paper Roses (9/73 US 5; 11/73 GB 2)
Country, Middle Of The Road (MOR)

Siehe auch: Osmond, Donny & Marie

Osmonds

DONNY OSMOND v (USA, * 9. 12. 1957 als Donald Clark Osmond in Ogden/Utah), JAY OSMOND v (USA, * 2. 3. 1955 in Ogden/Utah), MERRILL OSMOND v (USA, * 30. 4. 1953 in Ogden/Utah), WAYNE OSMOND v (USA, * 28. 8. 1951 in Ogden/Utah), ALAN OSMOND v (USA, * 22. 6. 1949 in Ogden/Utah)
Die Geschichte dieser Familiengruppe aus Ogden, Utah, beginnt im Jahre 1959. Die vier älteren Brüder begannen als Quartett, sangen religiöse Lieder und Barbershop-Songs. Damit bezeichnet man einen unbegleiteten Männergesang. Andy Williams entdeckte sie und ließ sie von 1962 bis 1967 regelmäßig in seinen TV-Sendungen auftreten. Ab 1963 kam als fünftes Mitglied Donny Osmond zur Band und ab 1971 war die Gruppe erfolgreich. Ihre erste Hitnotierung war gleich ein Spitzenreiter und Millionseller in den USA: »One Bad Apple«.
Ihre erfolgreichsten Alben: »Osmonds« (1/71 US-LP 14), »Homemade« (6/71 US-LP 22), »Phase-III« (1/72 US-LP 10), »The Osmonds Live« (6/72 US-LP 13, 11/72 GB-LP 13), »Crazy Horses« (10/72 US-LP 14, 12/72 GB-LP 9, 2/73 D-LP 26), »The Plan« (8/73 GB-LP 6), »Our Best To You« (8/74 GB-LP 5), »Love Me For A Reason« (12/74 GB-LP 13), »I'm Still Gonna Need You« (6/75 GB-LP 19) und »The Very Best Of The Osmonds« (4/96 GB-LP 17).
Nach 1976 verschwanden sie aus den Popcharts und wandten sich wie ihre Schwester Marie der Country Music zu. Ab 1982 nannten sie sich da Osmond Brothers. Das wird wohl rechtliche Gründe haben. Ab 1990 kam die nächste Generation der Osmonds in die Hitparaden. Als Osmond Boys veröffentlichten vier Söhne von Alan Osmond Platten.

One Bad Apple (1/71 US 1)
Yo-Yo (9/71 US 3)
Down By The Lazy River (1/72 US 4)
Crazy Horses (11/72 D 2, GB 2)
Going Home (7/73 GB 4)
Let Me In (10/73 GB 2)
Love Me For A Reason (8/74 US 10, GB 1)
The Proud One (5/75 GB 5)
AOR (Adult Orientated Rock), Middle Of The Road (MOR)

Siehe auch: Osmond, Donny

Other Ones

STEPHAN GOTTWALD key (Deutschland), UWE HOFFMANN d (Deutschland), JOHNNY KLIMEK b (Australien), JAYNEY KLIMEK v (Australien), ALF KLIMEK v (Australien * 3. 2. 1956), ANDREAS SCHWARZ-RUSZCZYNSKI g (Deutschland)
Die deutsch-australische, in Berlin lebende Sechser-Formation Other Ones schaffte 1987 mit »Holiday« einen der Sommerhits des Jahres. Die Platte erreichte in den USA Platz 29. Alf Klimek hatte vorher bei der Berliner Formation Spliff in deren ›Radio Show‹ mitgemacht.

Holiday (7/87 D 4)
Pop, Rock

O-Town

ASHLEY PARKER ANGEL v (USA, * 1. 8. 1981 in Redding/Kalifornien), ERIK-MICHAEL ESTRADA v (USA, * 23. 9. 1979 in Bronx/New York City), DAN MILLER v (USA, * 4. 9. 1980 als Daniel Mark Miller in Lakoma/New Hampshire), TREVOR PENNICK v (USA, * 16. 11. 1979 in Rancho Cugamonga/Kalifornien), JACOB UNDERWOOD v (USA, * 25. 4. 1980 in San Diego/Kalifornien)
Lou Pearman war der Kopf hinter 'N Sync und den Backstreet Boys. Als er in Orlando im Jahr 2000 die Nachfolger dieser Boygroups suchte, sangen und tanzten ihm hunderte von Jungs vor. Diese fünf wurden als Frischfleisch für die Teenager-Postillen ausgesucht. Auch erfolgreich ihr Album »O-Town« (2/01 US-LP 5, 8/01 GB-LP 7). Schon nicht mehr in die Top 10 kamen »We Fit Together« (11/01 GB 20, 12/01 D 39), »Love Should Be A Crime« (2/02 GB 38, 3/02 D 32).

Liquid Dreams (12/00 US 10; 4/01 GB 3)
All Or Nothing (6/01 US 3; 8/01 D 10, GB 4)
Boy Group

Ottawan

ANNETTE v (Martinique), PATRICK v (Martinique)
Das aus Martinique stammende Duo produzierte Retortenhits, die Anfang der 80er Jahre von Frankreich aus den Diskothekenmarkt überschwemmten. Entdeckt und produziert wurden sie von denjenigen, die auch für die Gibson Brothers und deren Hits verantwortlich waren. Patrick lebte bereits seit Mitte der 60er Jahre in Paris, und als Annette 1976 dorthin zog, hatte er sich schon einen Namen im Musikgeschäft gemacht. Ihre ersten Platten machten sie als Pam und Pat.
Ihr Titel »D.I.S.C.O.« wurde 1980 ein europaweiter Sommerhit. Ihr erfolgreichstes Album hieß ebenfalls »D.I.S.C.O.« (7/80 D-LP 30). 1982 zerstritten sich Annette und Patrick und gingen auseinander.

D.I.S.C.O. (4/80 D 2; 9/80 GB 2)
Hands Up (Give Me Your Heart) (4/81 D 2; 8/81 GB 3)
Disko

Our Kid

TERRY BECCINO v (Großbritannien), BRIAN FARRELL v (Großbritannien), TERRY MCCREIGHT v (Großbritannien), KEVIN ROWN v (Großbritannien)
Mitte der 70er Jahre gewann das Quartett aus Liverpool in der britischen TV-Talentshow ›New Faces‹ den ersten Preis und wurde direkt von der Plattenfirma Polydor unter Vertrag genommen. Im Frühjahr 1976 erschien ihre erste Single »You Just Might See Me Cry«. Dieser Erfolg zog natürlich Live- und Fernsehauftritte nach sich, die jedoch von den örtlichen Jugendbehörden untersagt wurden, weil die netten Jungs von nebenan noch zu jung seien und eigentlich Hausaufgaben machen müssten. Als die nächsten beiden Single-veröffentlichungen keinen Erfolg mehr brachten, taten sie das dann auch.

You Just Might See Me Cry (5/76 GB 2)
Boy Group, Pop

Outfield

ALAN JACKMAN d (Großbritannien, * 24. 10. 1958), TONY LEWIS v, b (Großbritannien, * 21. 12. 1957), JOHN SPINKS v, key (Großbritannien, * 28. 11. 1955)
Mitte der 80er Jahre kam das Trio zusammen. Zu Beginn des Jahrzehnts hatten sie bereits in der Formation Sirius B zusammengespielt. Tony und Alan versuchten danach ihr Glück in unzähligen Pub-Rockbands, John wurde Gitarrist in der Heavy-Metal-Band Running Wild. Mit »Play Deep« (11/85 US-LP 9) erschien das Debütalbum von Outfield. Sie brachten melodischen Rock, wie man ihn eher aus den USA erwartet hätte. Dort war die Band auch wesentlich erfolgreicher als in ihrer Heimat und konnte ein weiteres Hitaalbum verzeichnen: »Bangin'« (7/87 US-LP 18). Ende der 80er Jahre trennte sich Jackman von Outfield. Die beiden anderen machten als Duo weiter, und Anfang 1993 gelang ihnen mit »Going Back« in Deutschland ein Radio-Hit. Es wäre vielleicht auch ein Verkaufserfolg geworden, hätte man häufiger Titel und Interpret erwähnt.

Your Love (2/86 US 6)
Pop, Rock

Outhere Brothers

HULA key (USA, * 12. 6. 1970 als Mahone in Chicago/Illinois), MALIK MAYBERRY v (USA, * 31. 7. 1973 in Chicago/Illinois), SILK E. (USA)
Die Chicagoer House Rapper schafften in England eine Sensation: Als Newcomer gelangen ihnen zwei Nummer-1-Hits hintereinander. Der zweite, »Boom Boom Boom« kam in den USA bis auf Platz 65. Mit ihren Landsleuten können die Amerikaner offensichtlich wenig anfangen. Die Outhere Brothers waren eine Formation, die über die Clubs in die Charts kam. In GB war die im Januar 1994 veröffentlichte Platte »Fuk U In The Ass« ein heimlicher Club-Hit. In Holland kam die Aufnahme in die offizielle Hitparade. In den entsprechenden Zeitschriften wurde die Verbindung von Dirty-Rap mit House-Music gefeiert. Um die Titel auch radiotauglich zu machen, gab es immer entschärfte Versionen. »If You Wanna Party« machten sie zusammen mit Molella. Ihre letzte Hitnotierung war »Let Me Hear You Say 'Ole 'Ole« (1/97 GB 18).

Don't Stop (Wiggle Wiggle) (3/95 GB 1)
Boom Boom Boom (6/95 GB 1; 7/95 D 1)
La La La Hey Hey (9/95 GB 7)
If You Wanna Party (12/95 GB 9)
House, Rap, Techno

Siehe auch: Molella

Outkast

ANDRE BENJAMIN rap (USA, * 27. 5. 1975), ANTOINE PATTON rap (USA, * 1. 2. 1975)
Andre ›Dre‹ und Antoine bzw. Antwan ›Big Boi‹ sind bereits seit der ersten Hälfte der 90er Jahre im Geschäft. Bis Ende 2000 schafften sie jedoch keinen Top-10-Hit. Das sollte sich mit der Nummer »Ms. Jackson« ändern – dem Duo wird's egal sein, weil ihre Alben schon immer gut liefen. Mit »Southernplayalistcadillacmuzik« (5/94 US-LP 20) hatten sie ihren ersten Albumknüller, der mit Platin veredelt wurde. Es folgte »ATLliens« (9/96 US-LP 2), eine Anspielung auf ihren Standort Atlanta, »Aquemini« (10/98 US-LP 2) und »Stankonia« (11/00 US-LP 2, 11/00 D-LP 6, 1/01 GB-LP 10). Aus letztgenanntem Album stammte der Hit »Ms. Jackson«. Ihre nächsten Hits waren »So Fresh, So Clean« (3/01 US 30) und »The Whole World«

(12/01 US 23, 2/02 D 30) – hier wurde als Gast Killer Mike genannt.

Ms. Jackson (11/00 US 1; 1/01 D 1; 3/01 GB 2)
Rap

Outsiders

RICK BAKER d (USA, als Rick Biagiola in Cleveland/Ohio), BILL BRUNO g (USA in Pittsburgh/Pennsylvania), RITCHIE D'AMATO b (USA, in Cleveland/Ohio), SONNY GERACI v (USA, in Cleveland/Ohio), TOM KING g (USA, in Cleveland/Ohio), MERDIN MADSEN b (Dänemark)
Ab 1966 war das Quintett aus Cleveland/Ohio erfolgreich. Das Jahr begann mit »Time Won't Let Me«. Erst ein Jahr zuvor war die Band als Starfires zusammengekommen. Tom King hatte sich im Laufe des Jahres aus verschiedenen anderen Gruppen die Band zusammengestellt und Demos an einige Firmen geschickt. Es folgten die Umbenennung in Outsiders und der erste Hit, danach drei weitere Notierungen, und als das Jahr 1966 vorbei war, wurde die Band nicht mehr verzeichnet. Nachdem Madsen durch D'Amato ersetzt worden war, ging die Formation auseinander. 1971 kam Sänger Geraci mit einer neuen Gruppe namens Climax.

Time Won't Let Me (2/66 US 5)
Rock

Siehe auch: Climax

Overlanders

PETER BARTHOLOMEW v (Großbritannien), PAUL ARNOLD FRISWELL v (Großbritannien), IAN GRIFFITH v (Großbritannien), LAURIE MASON v (Großbritannien), DAVID WALSH d (Großbritannien), TERRY WIDLAKE b (Großbritannien)
Paul, Laurie und Peter hatten die Band 1963 als Folk-Trio gegründet. Sie veröffentlichten eine ganze Latte von erfolglosen Singles, bis sie 1965 die beiden übrigen Mitglieder in die Gruppe nahmen. Im Januar 1966 kam eine Coverversion des Beatles-Titels »Michelle« in die britischen Charts. Noch im Oktober desselben Jahres verließ Paul Arnold die Band und wurde durch Ian Griffith ersetzt, der die Gruppe jedoch auch nicht retten konnte. Die Overlanders blieben ein One Hit Wonder. 1969 gründete Paul Arnold die New Overlanders, die auch einige Platten veröffentlichten, Charterfolge jedoch auch nicht mehr zustande brachten.

Michelle (1/66 GB 1)
Pop, Soft Pop

Owen, Mark

MARK OWEN v, key (Großbritannien, * 27. 1. 1972 in Oldham)
Ende 1996 brachte dieses ehemalige Mitglied der Gruppe Take That sein Debütalbum »Green Man« (12/96 GB-LP 33) auf den Markt. Die Auskopplung »Child« brachte es in Deutschland auf Platz 20. Anfang 1997 wurde »Clementine« ausgekoppelt. Damit hatten drei ehemalige Take-That-Mitglieder – außer Mark noch Gary Barlow und Robbie Williams – Anschluss an ihre Hitzeit mit der Gruppe gefunden.

Child (11/96 GB 3)
Clementine (2/97 GB 3)
Soft Pop

Siehe auch: Take That

Oxide & Neutrino

NEUTRINO dj (Großbritannien, als Mark Oseitutu), OXIDE dj (Großbritannien, als Alex Rivers)
Der 17-jährige Oxide und der 18-jährige Neutrino sind Mitglieder einer lockeren Londoner Vereinigung von DJs und MCs, die sich ›So Solid London Crew‹ nennt. Ihre erste Platte kam gleich am 6. 5. 2000

auf Platz 1 der GB-Charts. Die Nummer »Bound 4 Da Reload« basierte auf einem TV-Thema zur Serie »Casualty«. Die Platte erschien erstmals im August 1999 – hinterließ aber keine Chartnotierung. Erst nachdem ein großes Label die Platte erneut veröffentlichte, kam der Erfolg. Beim zweiten Hit »No Good 4 Me« wurden als ›feat:‹ Megaman, Romeo und Lisa Maria angegeben. »No Good 4 Me« baute auf dem Song »No Good For Me« von Kelly Charles auf. Diesen Titel hatte Prodigy 1994 schon einmal als Vorlage für »No Good (Start The Dance)« verwendet. Die nächsten Hits waren »Devil's Nightmare« (7/01 GB 16), »Rap Dis/Only Wanna Know U Cos Ure« (12/01 GB 12).

Im Mai 2001 wurde Neutrino wegen des Verdachts auf Waffenbesitz verhaftet, nachdem er vor einem Londoner Club eine Schussverletzung ins Bein erlitten hatte. In dem Titel »U Can't Stop Dis Shit« rappt er: »I shoot myself in the leg because I'm fucking crazy like that.«

Bound 4 Da Reload . . . (5/00 GB 1)
No Good 4 Me (12/00 GB 6)
Up Middle Finger (5/01 GB 7)
Dance

Siehe auch: So Solid Crew

Ozark Mountain Daredevils

BUDDY BRAYFIELD v, key (USA), STEVE CANADAY g, d (USA, * 12. 9. 1944 in Springfield/Missouri), STEVE CASH v, harm (USA, * 5. 5. 1946 in Springfield/Missouri), RUELL CHAPPELL v, key (USA), RANDLE CHOWNING v, g (USA), JOHN DILLON v, g (USA, * 6. 2. 1947 in Stuttgart/Arkansas), MICHAEL GRANDA v, b (USA, * 24. 12. 1950 in St. Louis), LARRY LEE v, g, key, d (USA, * 5. 1. 1947 in Springfield/Missouri), JERRY MILLS mand (USA), D. CLINTON THOMPSON v, g (USA), RUNE WALLE v, g (USA)

Die Formation aus Springfield/Missouri kam Anfang der 70er Jahre aus diversen anderen Bands zusammen. Bevor sie sich entschlossen, als Ozark Mountain Daredevils aufzutreten, hatten sie unter etlichen anderen Bezeichnungen schon zeitweise zusammen gespielt. 1973 produzierten sie ihre erste Platte, und ihre Debüt-Single »If You Wanna Get To Heaven« kam im Frühjahr 1974 prompt in die US-Charts und erreichte Platz 25. Ein Jahr später kam »Jackie Blue« auf den Markt. Ansonsten war diese musikalisch sehr breit gefächerte Gruppe mit ihren Langspielplatten recht erfolgreich: »The Ozark Mountain Daredevils« (2/74 US-LP 26) und »It'll Shine When It Shines« (12/74 US-LP 19). Sie spielten alles vom Bluegrass bis zum Rock, wobei die Rock-Elemente stärker betont waren. Der Harmoniegesang der Band lehnte sich zeitweise an die Eagles an. Die Mitgliederzahl schwankte, in der Hauptsache dürften Cash, Dillon, Granda und Lee das Rückgrat der Gruppe bilden.

Jackie Blue (2/75 US 3)
Country, Rock

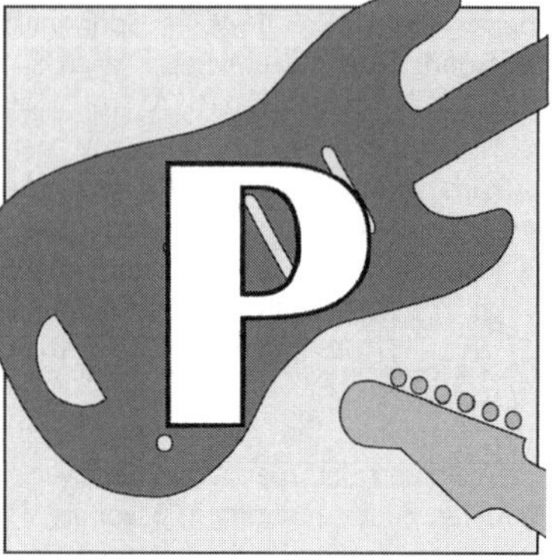

P. Oli.

Oli P. v (Deutschland, * 10. 8. 1978 als Oliver Petszokat in Berlin)

Oliver war einer der vielen Schauspieler in einer täglichen Serie für Jugendliche, die dank eines guten Managers das Gefühl haben, sie könnten für ihre Zuschauer auch noch ein Plättchen aufnehmen. Ob »Gute Zeiten, schlechte Zeiten« oder »Verbotene Liebe« – jeder der so genannten Teeniestars sang oder besprach eine Platte. Oliver Petszokat spielte erst in »Alle Zusammen« und dann in »Gute Zeiten, schlechte Zeiten«. Seine erste Plattenveröffentlichung war aus der schlechten Zeit: »Liebe machen« kam nicht in die Charts. Seine zweite war die Coverversion der Herbert-Grönemeyer-Nummer »Flugzeuge im Bauch« – die brachte die guten Zeiten. Oliver spricht den Text, der Refraingesang kommt von Tina Frank, die im Video zur Platte mitspielt. Der nächste Singlehit »I Wish« stammte vom Album »Mein Tag« (11/98 D-LP 6) und stieg am 25. 1. 1999 gleich unter den ersten 10 der deutschen Hitparade ein. Eine neue Version des Peter-Maffay-Hits »So bist du« aus dem Jahr 1979 brachte Oli 1999 wieder einen Spitzenreiter. Danach gab es eine längere Pause. Im Frühjahr 2001 arbeitete er an einem neuen Album mit deutschem HipHop. Gleichzeitig wurde sein erster Film, »Girl«, angekündigt. Ab Mai 2001 stand er zusammen mit Dirk Bach für die ZDF-Serie ›Der kleine Mönch‹ vor der Kamera. Ende August 2001 veröffentlichte er eine Coverversion der Milli-Vanilli-Nummer »Girl You Know It's True« (9/01 D 17). Sie stammte vom dritten Album »P.ulsschlag«. Darauf war auch der Titel »When You Are Here« zu finden, den er zusammen mit der Schwedin Emilia aufgenommen hatte.

Flugzeuge Im Bauch (9/98 D 1)
I Wish (1/99 D 2)
So bist du (und wenn du gehst . . .) (10/99 D 1)
HipHop, Pop

Pablo Cruise

Bud Cockrell v, b (USA, in San Francisco), Bruce Day b (USA, * 4. 5. 1951 in San Francisco), Dave Jenkins v, g (USA, * 29. 8. 1947 in Florida), Cory Lerios key (USA, * 10. 2. 1951 in Kalifornien), John Pierce b (USA), Steve Price d (USA, * 17. 8. 1951 in Kalifornien), Angelo Rossi g (USA)

1973 wurde dieses Pop-Rock-Quartett aus San Francisco gegründet. Ihre erste Singlenotierung war »Whatcha Gonna Do«. Die Hitnotierungen der Gruppe gehen bis in das Jahr 1981. Schon 1977 war Cockrell gegen Day ausgetauscht worden, der seinerseits später gegen Pierce. Rossi kam 1980 als fünfter Mann zur Band. Ihre erfolgreichsten Alben waren »A Place In The Sun« (3/77 US 19) und »Worlds Away« (6/78 US 6). Nach 1982 wollte ihnen jedoch kein Hit mehr gelingen.

Whatcha Gonna Do (4/77 US 6)
Love Will Find A Way (6/78 US 6)
Soft Rock

Pace, Thom

THOM PACE v (USA)
»Maybe« stammte aus einer amerikanischen TV-Serie, in der ein gutmütiges und tierliebendes Greenhorn namens Grizzly Adams (gespielt von Dan Haggerty * 19. 11. 1941 in Hollywood/Kalifornien) zeigte, dass er in den wilden Wäldern ohne Zahnbürste, Kamm und andere Segnungen der Zivilisation überleben konnte. Immer und immer wieder trotzte er allen Widrigkeiten des Lebens und allen guten Ratschlägen alter Trapper und anderer Esel – und jedes Stinktier des Waldes war sein bester Freund – vor allen anderen Tieren sein Bär. Und am Anfang und am Ende jeder Folge sang Thom Pace »Maybe«.
Ab 1968 hatte sich Pace sein Geld durch Clubauftritte und Theater-Gigs verdient. Der große Erfolg blieb aus. Dann erhielt er das Angebot, die Musik zur TV-Serie ›The Life And Times Of Grizzly Adams‹ zu schreiben. Den Titel »Maybe« hatte er bereits 1972 für den US-Film »The Snow Tiger« geschrieben, was aber keinen interessierte. Als er dann besagten Auftrag erhielt, fiel ihm seine alte Nummer »Maybe« wieder ein und er schlug sie als Titelmelodie vor. Vielleicht ist diese Serie in den USA nicht so richtig angekommen. Jedenfalls kam dort die Platte zum Stinktier nicht in die Top 100. Das lag allerdings auch daran, dass sich dort einfach keine Plattenfirma fand, die die Platte veröffentlichen wollte. Dann kam die Serie als ›Der Mann aus den Bergen‹ nach Europa, und das Londoner Büro der Plattenfirma RSO fand sich bereit, die Nummer auf den Markt zu bringen. In GB erreichte die Platte Platz 14, bei uns zum Jahresende 1979 Platz 1 und wurde schließlich sogar mit Gold ausgezeichnet – aber nur wegen der Verkäufe in Deutschland, Österreich, der Schweiz und Großbritannien. In der Folgezeit wurden in Europa noch etliche Platten von ihm veröffentlicht. Nichts konnte sich mehr platzieren.

Maybe (10/79 D 1)
Soft Rock

Page, Patti

PATTI PAGE v (USA, * 8. 11. 1927 als Clara Ann Fowler in Muskogee/Oklahoma)
Patti trat in den späten 40er Jahren zusammen mit Al Klauser & His Oklahomans regelmäßig in Radiosendungen als Ann Fowler auf. Über denselben Sender sang für die Page Milk Company eine Sängerin namens Patti Page. Als diese den Sender verließ, übernahm Ann Fowler ihren Job und ihren Namen. 1947 sang sie dann in der Band von Jimmy Joy und erhielt im selben Jahr einen Plattenvertrag. Zu diesem Zeitpunkt gehörte sie zu den ersten, die einen Multi-Voice-Effect auf Platte einsetzten. In den 50er Jahren verkaufte sie mehr Platten als jede andere Sängerin. Ihr erfolgreichstes Album war »Manhattan Tower« (11/56 US-LP 18). Zwischen 1955 und 1958 moderierte sie im Fernsehen ihre eigene Show, 1957/58 außerdem noch die TV-Serie ›The Big Record‹. Nachdem sie nach 1968 keine Hitnotierung in den Popcharts mehr schaffte, tauchte sie von 1970 bis 1982 noch mit rund 15 Hits in der C&W-Hitparade auf.

I Don't Care If The Sun Don't Shine (5/50 US 8)
All My Love (8/50 US 1)
The Tennessee Waltz (11/50 US 1)
Would I Love You (Love You, Love You) (2/51 US 4)
Mockin' Bird Hill (2/51 US 2)
Mister And Mississippi (5/51 US 8)
Detour (8/51 US 5)
And So To Sleep Again (9/51 US 4)
Come What May (2/52 US 9)
Once In A While (6/52 US 9)
You Belong To Me (8/52 US 4)
I Went To Your Wedding (8/52 US 1)
Why Don't You Believe Me (11/52 US 4)
The Doggie In The Window (1/53 US 1; 3/53 GB 9)
Butterflies (7/53 US 10)
Changing Partners (11/53 US 3)

Cross Over The Bridge (2/54 US 2)
Steam Heat (6/54 US 8)
What A Dream (8/54 US 10)
Let Me Go, Lover (12/54 US 8)
Allegheny Moon (6/56 US 2)
Old Cape Cod (5/57 US 3)
Left Right Out Of Your Heart (Hi Lee Hi Lo Hi Lup Up Up) (6/58 US 9)
Hush, Hush, Sweet Charlotte (4/65 US 8)
Middle Of The Road (MOR), Pop

Page, Tommy

TOMMY PAGE v (USA, * 24. 5. 1969 in West Caldwell/New Jersey)
Entdeckt wurde Tommy von einem New Yorker Discjockey, dem er ein Demo vorspielte. Mit »A Shoulder To Cry On« (2/89 US 29) erschien sein erster Hit. Danach schrieb er zusammen mit Jordan Knight und Danny Wood von New Kids On The Block den Titel »I'll Be Your Everything«. Mit diesen beiden und Donnie Wahlberg, ebenfalls von NKOTB, nahm er diesen Titel auf. Zusammen mit NKOTB ging er auf eine 72 Konzerte umfassende US-Tournee und brachte so die Kids auf seine Seite. Der Hit war ausgekoppelt aus dem Album »Paintings In My Mind« (3/90 US-LP 38). 1991 erschien »From The Heart«.

I'll Be Your Everything (2/90 US 1)
Pop

Paige, Elaine

ELAINE PAIGE v (Großbritannien, * 5. 3. 1951 als Elaine Bickerstaff in Barnet/Herfordshire)
Die ausgezeichnete Sängerin begann ihre Karriere in Musicals wie »Jesus Christ Superstar«, »Evita«, »Cats«, »Abracadabra« oder »Chess«, um nur einige zu nennen. Meist übernahm sie Hauptrollen in den Theatern des Londoner West Ends und war auch auf den entsprechenden Plattenaufnahmen zu hören. Ihren ersten Hit hatte sie mit »Memory« aus dem Musical »Cats«. Im Duett mit Barbara Dickson sang sie »I Know Him So Well« aus dem Musical »Chess«. 1991 erschien mit »Love Can Do That«, wie die Plattenfirma selbst bemerkte, ihr ›erstes wirkliches Pop-Album‹. Als Songschreiber wirkten Diane Warren, Nik Kershaw, Mike Chapman und Tim Rice mit. Ihre erfolgreichsten Alben waren »Stages« (11/83 GB-LP 2), »Cinema« (10/84 GB-LP 12) »Love Hurts« (11/85 GB-LP 8), »Memories – The Best Of« (12/87 GB-LP 14) und »Encore« (7/95 GB-LP 20).

Memory (7/81 GB 6)
I Know Him So Well (1/85 GB 1)
Pop

Paige, Jennifer

JENNIFER PAIGE v (USA, * 3. 9. 1975 in Marietta/Georgia)
24 Jahre war sie alt, als sie mit »Crush« (9/98 D 15) ihren ersten Hit landete. In der Presse wurde ihr ›natürlicher Charme und ihr tiefer Optimismus‹ hervorgehoben – und in der Tat sah sie zumindest auf der Plattenhülle wie ein All American Girl der 90er Jahre aus. Die Platte war schön gesungen und wurde schnell zu einem der meistgespielten Titel im US-Radio.

Crush (7/98 US 3; 9/98 GB 4)
Pop

Palmer, Robert

ROBERT PALMER v (Großbritannien, * 19. 1. 1949 als Alan Palmer in Batley/Yorkshire)
Der Sänger und Songschreiber war, bevor er im Jahr 1974 eine sehr erfolgreiche Solokarriere begann, neben seiner Tätigkeit als Grafiker Mitglied in diversen Gruppen. Dazu gehörten Mandrake Paddle

Steamer, Alan Bown Set, Dada und Vinegar Joe. Seine erste Hitnotierung hatte er mit »Man Smart, Woman Smarter« Ende 1976. Bevor ihm sein erster Top-10-Hit gelang, wurde er mit den schönen Titeln »Every Kinda People« (3/78 US 16), »Best Of Both Worlds« (12/78 D 36), »Bad Case Of Loving You (Doctor, Doctor)« (7/79 US 14), »What's It Take« (1/80 D 19) notiert. Auch schön: »Some Guys Have All The Luck« (2/82 GB 16). 1985 war Palmer Mitglied bei Power Station, die jedoch nur kurz bestanden und es auf zwei Top-10-Erfolge brachten. 1990 brachte er zusammen mit der britischen Gruppe UB40 die relaxte Nummer »I'll Be Your Baby Tonight« in die Charts.
Seine erfolgreichsten Alben waren »Secrets« (7/79 US-LP 19), »Clues« (10/82 D-LP 6), »Riptide« (11/85 GB-LP 5, 11/85 US-LP 8), »Heavy Nova« (7/88 GB-LP 17, 7/88 US-LP 13), »Addictions Volume 1« (11/89 GB-LP 7, 11/89 US-LP 79), »Don't Explain« (11/90 GB-LP 9), »Addictions Volume 2« (4/92 GB-LP 12) und »The Very Best Of Robert Palmer« (10/95 GB-LP 4). 1992 veröffentlichte er mit »Ridin' High« eine CD, die fast ausschließlich alte Swing-Titel beinhaltete. Sie rief sowohl bei den Fans als auch bei den Kritikern leichtes Kopfschütteln hervor.

Johnny & Mary (9/80 D 7)
Looking For Clues (2/81 D 3)
Addicted To Love (2/86 US 1; 5/86 GB 5)
I Didn't Mean To Turn You On (7/86 US 2, GB 9)
Simply Irresistible (7/88 US 2)
She Makes My Day (10/88 GB 6)
I'll Be Your Baby Tonight (11/90 GB 6)
Mercy Mercy Me – I Want You (1/91 GB 9)
AOR (Adult Orientated Rock), Pop

Siehe auch: Power Station

Paola

PAOLA v (Schweiz, * 5. 10. 1950 als Paola del Medico in St. Gallen)
Bereits 1965 war sie in ihrer Schweizer Heimat ein Gesangsstar. Ab 1969 hatte sie auch in Deutschland Erfolg. In jenem Jahr nahm sie mit der Nummer »Bonjour, Bonjour« für die Schweiz am Grand Prix Eurovision teil und belegte Platz 2. Allerdings war das in dem unsäglichen Jahr, in dem mit Lulu, Lennie Kuhr, Frida Boccara und Maria Rosa Marco gleich vier Titel auf Platz 1 landeten. Noch im selben Jahr hatte sie mit »Stille Wasser, die sind tief« ihre erste Hitnotierung. Ihr einziger Top-10-Erfolg war »Der Teufel und der junge Mann«. Kurz zuvor hatte sie den Schweizer TV-Moderator Kurt Felix geheiratet. Paola und Kurt moderierten jahrelang die Fernsehshow ›Verstehen Sie Spaß‹, bis sie 1992 durch Harald Schmidt abgelöst wurden.

Der Teufel und der junge Mann (1/81 D 5)
Deutscher Schlager

Papa Roach

DAVE BUCKNER d (USA), COBY DICK v (USA), TOBEN ESPERANCE b (USA), JERRY HORTON g (USA)
Papa Roach stammte aus dem nordkalifornischen Farmerkaff Wacaville – das spanische Wort für Kuhdorf. Ihre Musik wurde als Rapcore bezeichnet. Dem Sänger Coby unterstellte man nicht zu Unrecht einen gefährlichen, aggressiven Unterton in seiner Stimme. Von sich selbst behauptete er: ›Ich bin ein total verkorkster Typ. Hyperaktiv, depressiv, neurotisch, Bettnässer bis 16.‹ Die Formation kam 1993 zusammen und veröffentlichte als Debütsingle »Potatoes For Christmas«. 1997 erschien ihr erstes Album »Old Friends For Young Years«. Erfolgreich wurden sie, nachdem sie zur Plattenfirma Greenworks gewechselt hatten. Das Album »Infest« (5/00 US-LP 5, 10/00 GB-LP 9) erhielt Doppelplatin. Als nächste Singlehits folgten »Broken Home« (1/01 D 34) und »Between Angels And Insects«

(5/01 GB 17). Mitte 2002 erschien ein neues Album der Gruppe.

Last Resort (10/00 D 4; 2/01 GB 3)
Rap, Rock

Paper Lace

CLIFF FISH v, b (Großbritannien, * 13. 8. 1949 in Ripley/Darbyshire), CHRIS MORRIS g (Großbritannien, * 1. 11. 1954 in Nottingham), CARLO SANTANNA g (Italien * 29. 6. 1947 in Rom), MICHAEL VAUGHAN g (Großbritannien, * 27. 7. 1950 in Sheffield), PHIL WRIGHT v, d (Großbritannien, * 9. 4. 1948 als Philip in Nottingham)
Paper Lace wurde 1969 gegründet. Ihren ersten großen Hit hatten sie »Billy, Don't Be A Hero«. In den USA war nur deshalb Paper Lace mit eben dieser Nummer nicht erfolgreich, weil der amerikanische Partner der britischen Plattenfirma nicht davon überzeugt war. Von den Autoren wurde daraufhin der Titel einer anderen Firma angeboten, die ihn an Bo Donaldson & The Heywoods weitergab, die daraus einen Spitzenreiter in den USA machten. Bei der nächsten Veröffentlichung von Paper Lace war der amerikanische Partner vorsichtiger. Noch 1974, gelang ihnen mit »The Black Eyed Boys« (8/74 GB 11) ein weiterer Hit. Danach tauchten sie unter. Im März 1978 sangen sie zusammen mit dem Fußballclub Nottingham Forest FC »We've Got The Whole World In Our Hands« (3/78 GB 24). Der Titel wäre eigentlich für einen Handballverein passender gewesen.

Billy Don't Be A Hero (2/74 GB 1)
The Night Chicago Died (4/74 GB 3; 6/74 D 3, US 1)
Pop, Rock

Paperboy

PAPERBOY rap (USA, in Los Angeles/Kalifornien)
Paperboy ist wieder einmal einer der vielen jungen Rapper aus Los Angeles, die Anfang der 90er Jahre wie Pilze aus dem Boden schossen und in vielen Fällen über die Grenzen der USA hinaus nicht bekannt wurden. Ditty brachte Samples aus »Doo Wa Ditty (Blow That Thing)« der Gruppe Zap. An »Ditty« lässt sich gut ablesen, weshalb das Stück keine höhere Chartposition erreichen konnte. In den US-Verkaufs-Charts kam der Titel bis auf Platz 4 – im Airplay jedoch nur bis auf 21. In den meisten Fällen lag es an den aggressiven und obszönen Texten der Rapper, dass die Radiostationen sich weigerten, die Platten zu spielen. Speziell an der amerikanischen Ostküste hatten die Rapper aus L.A. wenig Chancen. Auch die Briten können mit den auf Watts/L.A. zugeschnittenen Problemen nichts anfangen, vom Rest Europas gar nicht zu reden. Nach dem Album »The Nine Yards« (2/93 US-LP 48), das vergoldet wurde, hörte man nichts mehr von Paperboy.

Ditty (12/92 US 10)
Rap

Pappa Bear

PAPPA BEAR rap (Niederländische Antillen als June Rollocks in Curaçao)
Mit einer Rap-Aufnahme der Kool & The Gang-Nummer »Cherish« gelang diesem 210 Pfund schweren und zum Zeitpunkt des Hits 28-jährigen ›Heavy Weight Rapper‹ auf Anhieb ein Hit. Er wurde betreut vom Hause BOOYA Music, die mit Toni Cottura und Bülent Aris über eines der erfolgreichsten deutschen Produzententeams der zweiten Hälfte der 90er Jahre verfügten. Neben dem Pappa wurde auf der Platte noch van der Toorn als Mitinterpret genannt. Vorher arbeitete Pappa

Bear als Koch – damit erklärte er sein Gewicht. Er ist der ältere Bruder der Sängerin und RTL 2-Moderatorin Daisy Dee. Auch sein zweiter Hit war eine Coverversion: Jermaine Jackson und Pia Zadora hatten mit »When The Rain Begins To Fall« 1984 eine Nummer 1 in Deutschland.

Cherish (10/97 D 2)
When The Rain Begins To Fall (4/98 D 9)
Rap

Paradis, Vanessa

VANESSA PARADIS v (Frankreich, * 22. 12. 1972 in St. Maur)
Vanessa gelang im Alter von knapp 15 Jahren mit »Joe Le Taxi« ihr erster internationaler Hit. Sie trug den Titel im Fernsehen so vor, dass sich alle Gleichaltrigen darin wiedersahen. Wer nun der Meinung war, damit sei die Sache ausgestanden, lag falsch. Mit Hilfe von Lenny Kravitz gelang ihr 1992 der Nachfolgehit »Be My Baby«. Außerdem war sie in französischen Filmproduktionen z. B. neben Bruno Cremer zu sehen und wurde für die aufwändige Werbekampagne des Chanel-Parfüms Coco verpflichtet, was in Frankreich fast einem Ritterschlag gleichkommt. Inzwischen lebt sie mit dem Schauspieler Johnny Depp, mit dem sie auch ein Kind hat.

Joe Le Taxi (11/87 D 8; 2/88 GB 3)
Be My Baby (10/92 D 10, GB 6)
Pop

Paris, Mica

MICA PARIS v (Großbritannien, * 27. 4. 1969 als Michelle Warren in London)
Mica gelang im Frühjahr 1988 mit »My One Temptation« ein Platz 30 in der deutschen Hitparade. Die Briten feierten sie als neuen Soulstar, den sie mit Aretha Franklin oder Anita Baker verglichen. Im Alter von fünf Jahren begann sie, Gospelmusik zu singen. Mit vierzehn gründete sie ihr eigenes Vokalquintett. Ein Engagement bei Hollywood Beyond brachte sie mit dem Style-Council-Bassisten Paul Powell zusammen. Mit ihm und dem Produzenten Leon Ware, der schon mit Marvin Gaye und Jermaine Jackson gearbeitet hatte, wurde die erste, oben genannte Single produziert. In den Jahren danach erschienen Solo- oder Duettplatten von Mica. 1993 veröffentlichte sie das Album »I Never Felt Like This Before«. Der ausgekoppelte Titelsong brachte es im Mai 1993 auf Platz 15 in GB.
Ihre erfolgreichsten Alben waren »So Good« (9/88 GB-LP 6) und »Whisper A Prayer« (6/93 GB-LP 20).

My One Temptation (5/88 GB 7)
Pop, Rhythm & Blues, Soul

Paris, Ryan

RYAN PARIS v (Italien, * 12. 3. 1953 als Fabio Roscioli in Rom)
Nach einem abgebrochenen Studium der Architektur tingelte er quer durch die Welt. Ende 1981 kehrte er nach Italien zurück und versuchte sich als Schauspieler. Dann wurde er von einem Produzenten entdeckt, der mit ihm den Titel »Dolce Vita« aufnahm. 1983 gelang Ryan Paris damit bei uns einer der Sommerhits des Jahres. Mitautor des Hits war Gazebo.

Dolce Vita (8/83 GB 5, D 3)
Middle Of The Road (MOR), Pop

Park, Simon

SIMON PARK bl (Großbritannien, in Market Harborough/Leicestershire)
Der Orchesterchef und Songschreiber (* im März 1946) kam im November 1972 mit dem Titel »Eye Level« in den britischen Charts bis auf Platz 41. Knapp ein

Jahr später kam das Stück erneut in die Hitparade und wurde dieses Mal Spitzenreiter. Die Nummer war inzwischen in der Fernsehserie ›Van der Valk‹ als Themamusik verwendet worden und gilt als die erste Nummer, die mit Hilfe einer TV-Serie bis auf Platz 1 der Singlecharts kam. »Eye Level« wurde von Park zusammen mit einem Holländer geschrieben – produziert wurde die Platte in Frankreich.

Eye Level (9/73 GB 1)
Instrumental, Pop

Parker, Ray Jr.

RAY PARKER JR. v, g (USA, * 1. 5. 1954 in Detroit/Michigan)
Der Gitarrist, Sänger und Songschreiber begann seine Karriere als Studiomusiker für Boz Scaggs, LaBelle, Barry White, Marvin Gaye oder Stevie Wonder. Ab 1977 war er erfolgreich mit seiner Gruppe Raydio. Nach den ersten beiden Hits nannte er seine Band Ray Parker Jr. & Raydio. Unter dieser Firmierung kam »A Woman Needs Love (Just Like You Do)«. Ab 1982 verschwand Raydio ganz, und Parker veröffentlichte Platten nur noch unter seinem Namen. Sein größter Hit »Ghostbusters« stammte aus dem gleichnamigen Film, der bei den Kids sehr erfolgreich war. Die erfolgreichsten Alben: »Raydio« (2/78 US-LP 27), »A Woman Needs Love« (4/81 US-LP 13) und »The Other Woman« (4/82 US-LP 11). 1991 erschien die LP »I Love You Like You Are«, mit der die Plattenfirma Ray Parker als ›Soul-Romantiker‹ anpreist.

Jack And Jill (1/78 US 8)
You Can't Change That (4/79 US 9)
A Woman Needs Love (Just Like You Do) (3/81 US 4)
The Other Woman (3/82 US 4)
Ghostbusters (6/84 US 1; 8/84 D 4, GB 2)
Pop, Rhythm & Blues

Parker, Robert

ROBERT PARKER v, sax, bl (USA, * 14. 10. 1930 in Crescent City/Louisiana)
Robert gehörte in den 50er und 60er Jahren zu den führenden Studiomusikern in New Orleans. So ist er z. B. auf Platten von Professor Longhair, Joe Tex oder Ernie K-Doe zu hören. Als Solist gelang Robert Parker mit »Barefootin'« sein einziger Hit. 1987, nachdem mit Knetmännchen-Videos zu Titeln von Jackie Wilson oder Nina Simone erfolgreich alte Nummern wieder veröffentlicht wurden, bot man »Barefootin'« als Knetmännchen-Video Nummer 3 an. Ein Knetmännchen zuviel.

Barefootin' (4/66 US 7)
Instrumental, Pop

Parr, John

JOHN PARR v (Großbritannien, * 18. 11. 1954 in Nottingham)
Nachdem John in der ersten Hälfte der 80er Jahre diverse erfolglose Plattenproduktionen – teilweise auch in Deutschland aufgenommen – hinter sich gebracht hatte, gelang ihm Ende 1984 mit »Naughty Naughty« (12/84 US 23) ein erster Hit. Ein halbes Jahr später ließ man ihn den Titelsong zum Film »St. Elmo's Fire« mitschreiben und auch singen. Als Gast von Meat Loaf war John bei »Rock 'n' Roll Mercenaries« (8/86 GB 31) zu hören.

St. Elmo's Fire (Man In Motion) (6/85 US 1; 9/85 D 6, GB 6)
Pop, Rock

Parsons, Alan, Project

ALAN PARSONS v, g, key (Großbritannien, * 20. 12. 1948), ERIC WOOLFSON v, key (Großbritannien, in Schottland)
Alan und Eric arbeiteten gemeinsam in

den Abbey-Road-Studios in London. Alan war Toningenieur, Woolfson Songschreiber.
Nachdem Alan bei der BBC in einer Abteilung gearbeitet hatte, in der er Bänder kopierte, lernte er ab 1967 in den Abbey-Road-Studios in London sein Handwerk. Laut eigener Aussage musste er anfangs Tee kochen, Bänder sortieren und Botengänge erledigen. Als Assistent des Toningenieurs war seine erste Arbeit das Album »Abbey Road« der Beatles. Nachdem sich diese vier getrennt hatten, arbeitete als Toningenieur für Paul McCartney auf dessen Alben »Wildlife« und »Red Rose Speedway«. Für die Hollies saß er bei deren Singles »He Ain't Heavy, He's My Brother« und »The Air That I Breathe« und insgesamt fünf Alben an den Reglern. 1970 war er an den Aufnahmen zu »Atom Heart Mother« von Pink Floyd beteiligt. Als Roy Wood 1970 mit den Aufnahmen für sein Soloalbum »Boulders« begann, hatte er einen Vertrag mit der EMI, die ihre Aufnahmen in den Abbey-Road-Studios machte. Wood war mit diesen Studios nicht sonderlich zufrieden, lobte aber im Nachhinein Parsons: ›Der Einzige, der mich gerettet hat, war der ausgezeichnete Toningenieur Alan Parsons. Ohne ihn wäre ich wahrscheinlich nicht in dem Studio geblieben.‹ Auch auf dem ersten Album der Gruppe Wizzard, »Wizzard Brew« 1973, wird Parsons als Toningenieur genannt. Zwischen Juni 1972 und Januar 1973 nahmen Pink Floyd ihr Album »The Dark Side Of The Moon« in den Abbey-Road-Studios auf. Hier war Alan Parsons der alleinige Toningenieur und legte den Grundstein für seine späteren Arbeiten. Für seine Mitwirkung auf diesem Album erhielt er eine Grammy-Nominierung. Mit Pilot (z. B. »Magic« und »January«), Al Stewart (z. B. »Year Of The Cat«, »Time Passages« und »Song On The Radio«), Cockney Rebel (z. B. »Make Me Smile«, »Judy Teen« und »Mr. Soft«) und John Miles (z. B. das Album »Rebel« mit dem Hit »Music«) hatte er erste Erfolge als Produzent. Zwei Jahre lang arbeitete er immer mal wieder an seinem ersten Album »Tales Of Mystery And Imagination«, das auf dem gleichnamigen Buch von Edgar Allan Poe basierte und wie alle weiteren Alben von Parsons mit einem besonders gestalteten Cover erschien. Neben seinem Projektkollegen Eric Woolfson sangen auf diesem Album Arthur Brown, John Miles, David Paton (Pilot) und Terry Sylvester (Hollies). Ab Mitte 1976 wurde das Projekt in den Charts notiert. Im Laufe der nächsten Jahre sollte es immer wieder Gastsänger auf Parsons‹ Alben geben. Dazu gehörten u. a. Gary Brooker (Procol Harum), Chris Rainbow, Colin Blunstone (Zombies), Lesley Duncan, Dean Ford (Marmalade), Elmer Gantry (Stretch) oder Allan Clarke (Hollies). Seine erste Hitnotierung hatte Parsons mit »(The System Of) Doctor Tar And Professor Feather« (7/76 US 37), seinen ersten Top-10-Erfolg hatte er mit »Lucifer«.
Seine erfolgreichsten Alben: »Tales Of Mystery And Imagination« (5/76 US-LP 38, 4/77 D-LP 11), »I Robot« (7/77 US-LP 9, 8/77 D-LP 2, GB-LP 30), »Pyramid« (6/78 D-LP 3, 7/78 US-LP 26), »Eve« (9/79 D-LP 1, US-LP 13), »The Turn Of A Friendly Card« (11/80 D-LP 2, US-LP 13, GB-LP 38), »Eye In The Sky« (5/82 D-LP 1, GB-LP 27, 6/82 US-LP 7), »Ammonia Avenue« (3/84 D-LP 1, US-LP 15, GB-LP 24), »Vulture Culture« (2/85 GB-LP 40, 3/85 D-LP 1) und »Gaudi« (1/87 D-LP 6).
1987 überarbeiteten Parsons und Woolfson das Album »Tales Of Mystery And Imagination« für eine CD-Veröffentlichung neu. Unter anderem wurden hier auch Erzählpassagen von Orson Welles hinzugefügt, die schon für die Originalveröffentlichung autorisiert waren: bei »A Dream Within A Dream« und »The Fall Of The House Of Usher«.

Nach einer längeren Pause erschien im Oktober 1993 das Album »Try Anything Once«. Der Zusatz ›Project‹ war inzwischen weggefallen. Von Woolfson schien er sich getrennt zu haben, denn von ihm war weder als Autor noch als Mitmusiker die Rede. Als Gastsänger waren David Pack, Chris Thompson, Eric Stewart und Jacqui Copland zu hören. 1996 kam Parsons mit einem neuen Album: »On Air«. Daraus ausgekoppelt wurde als Single »So Far Away«, gesungen von Christopher Cross. Ebenfalls als Single erschien »Blue Blue Sky«. Hier sang Eric Stewart. 1997 wurde Alan Parsons Boss aller Studios der EMI – und damit auch des berühmten Abbey-Road-Studios, in dem seine Karriere begann.

Lucifer (12/79 D 8)
Eye In The Sky (7/82 US 3)
Don't Answer Me (4/84 D 7)
Instrumental, Pop

Partners In Kryme

KEYMASTER SNOW rap (USA, als James P. Alpern in New York City), MC GOLDEN VOICE rap (USA, als Richard A. Usher in New York City)
Kryme soll als Kürzel für Keeping Rhythm Your Motivating Energy stehen. Was in den 40er/50er Jahren Märchenfiguren wie Bambi waren, wurden am Anfang der 90er Jahre vier Schildkröten, die als Ninja-Kämpfer den Kindern zeigten, wie man sich auf dem Schulhof richtig zu verprügeln hat. Aber immer fair! 1990 kam der Film »Teenage Mutant Ninja Turtles« in die Kinos und wurde ein Riesenerfolg. Der Soundtrack zum Film brachte Musik von Johnny Kemp, MC Hammer, Hi Tek 3 oder eben von dem Rap-Duo Partners in Kryme aus New York City. Der Titel »Turtle Power« kam im Frühjahr 1990 in die amerikanische Hitparade, wurde dort ein Millionseller und Platz 13, in Deutschland Platz 12. Die Schildkröten waren erstmals 1984 in einem amerikanischen Comic zu sehen. 1988 wurden sie fürs Fernsehen entdeckt und gehörten schnell zu den beliebtesten Figuren des amerikanischen Kinderprogramms. Von Muppet-Erfinder Jim Henson wurden sie für die Leinwand zum Leben erweckt – für die Geschichte kann er ja nichts: ›Als Baby-Schildkröten gingen sie einem kleinen Jungen verloren, fielen in eine radioaktiv verseuchte Brühe und mutierten zu vier ca. 15 Jahre alten Teenagern, die in der Riesenratte Splinter ihren Mentor, Lehrer und Namensgeber fanden. Splinter weist die vier jungen und stets zu Witzen aufgelegten Panzer-Teens in die alte japanische Kampfkunst der Ninja ein und gibt ihnen die Namen Leonardo, Donatello, Raphael und Michelangelo. Die Kanalisation ist ihr Zuhause, und überall, wo es nach Pizza und Party riecht, tauchen sie auf, um die aberwitzigsten Abenteuer zu bestehen.‹ So wurde der Inhalt des Films von der Plattenfirma, die den Soundtrack mit großem Erfolg veröffentlichte, erklärt. Es folgte eine Flut von Merchandising-Produkten, die geradezu danach schrie, die Geschichte der Panzer-Teens fortzusetzen. Folge II kam 1991 in die Kinos, Folge III 1993. Amerikanische Künstler drängelten sich förmlich danach, mit ihren Stücken im Soundtrack vertreten zu sein. Etliche der Titel, die darin zu hören waren, wurden auch als Singles erfolgreich. Teilweise wurden Uralt-Nummern wie »Tarzan Boy« von Baltimora dadurch wieder in die Hitparaden befördert. Zur Veröffentlichung der Single »Turtle Power« schrieb die Plattenfirma: ›Turtle Power entstand an einem einzigen Wochenende, worauf die Partners In Kryme auch ein wenig stolz sind. Denn mit Turtle Power haben sie nicht nur inhaltlich die Welt der Teenager amüsant auf den Punkt gebracht, sondern befriedigen mit diesem Rap-Song jeden Heranwachsenden auch musikalisch. Turtle Power – nicht nur

für Schildkröten!‹ Was wurde eigentlich aus Bambi?

Turtle Power (7/90 GB 1)
Rap

Parton, David

DAVID PARTON v (Großbritannien, als David Edward Stanley Parton in Newcastle)
In den 60er Jahren gründete Parton seine erste Beatband Strange Fox. Nachdem das nichts wurde, verlegte er sich mehr aufs Songschreiben und wurde Partner von Tony Hatch, der zu den erfolgreichsten britischen Songschreibern gehört. Vor allen Dingen Petula Clark hat viele Songs von Tony übernommen. Parton war derjenige, der die britische Disko-Truppe Sweet Sensation entdeckte und für sie den Ende 1974 auf dem Spitzenplatz stehenden Hit »Sad Sweet Dreamer« schrieb. Als Songschreiber firmiert Parton häufig unter der Abkürzung D.E.S., den Initialen seiner drei Vornamen. Als Des Parton veröffentlichte er nach dem Hit der Sweet Sensation ein erstes Album – ohne Erfolg. Im Januar 1977 brachte David eine britische Version des Stevie-Wonder-Titels »Isn't She Lovely« auf den Markt. Der Erfolg dieses Titels mag auch darauf beruhen, dass Stevie Wonder seine Version nicht als Single veröffentlichte. Die Nummer blieb Patrons einziger Ausflug in die Hitparaden als Sänger. Es entbehrt nicht einer gewissen Ironie, dass ein Songschreiber seinen einzigen Hit mit einer Fremdkomposition erreichte.

Isn't She Lovely (1/77 GB 4)
Pop

Parton, Dolly

DOLLY PARTON v (USA, * 19. 1. 1946 als Dolly Rebecca Parton in Sevier County/ Tennessee)
Dolly gehört in den USA zu den erfolgreichsten Country-Interpreten aller Zeiten. Sie ist erfolgreich als Sängerin, Songschreiberin und auch als Schauspielerin. Im Alter von elf Jahren machte sie ihre ersten Plattenaufnahmen. 1964 ging sie nach Nashville, wo sie von 1967 bis 1973 Ensemble-Mitglied in der ›Porter Wagoner TV-Show‹ war. Nebenher machte sie jedoch auch weiter Platten als Solistin. Ihre erste Chartnotierung hatte sie in der C&W-Hitparade im Januar 1967 mit der Nummer »Dumb Blonde«. Dass sie das nicht war, zeigte sie ab 1969, als ihre erste LP in die Popcharts kam. Ihr Titel »Jolene« war im Januar 1974 ihre erste Platte in der Pop-Singlehitparade. Ihren größten Erfolg hatte Dolly im Herbst 1983 mit einem Titel, den die Bee Gees schrieben: Im Duett mit Kenny Rogers sang sie »Islands In The Stream«. Als Schauspielerin sah man sie noch in »The Best Little Whorehouse In Texas«, »Rhinestone« und »Magnolien aus Stahl«. Ihre erfolgreichste Komposition wurde die Nummer »I Will Always Love You«. Dolly sang sie erstmals 1974 und hatte damit einen Spitzenreiter in der C&W-Hitparade. Für den Film »The Best Little Whorehouse In Texas« wurde der Titel 1982 wieder verwendet und brachte es erneut auf den 1. Platz in der C&W-Hitparade und auf 53 in den Popcharts. Schließlich wurde dem Titel ein drittes Mal Leben eingehaucht, als Whitney Houston ihn für ihren Film »Bodyguard« aufnahm und damit einen der größten Hits des Jahres 1992 landete. Dolly Parton ist eine ausgesprochen intelligente und clevere Frau, die es allerdings auch nicht an Witz fehlen lässt. Auf die Frage, wie lange man denn für ihre Frisur brauche, antwortete sie, sie habe keine Ahnung, da sie selbst nie dabei sei. Ihre zahlreichen Unternehmungen hat sie in dem Imperium ›Dollywood‹ zusammengefasst. Dazu gehört auch ihre eigene Radiostation W-SEV. 1993 veröffent-

lichte sie das von ihr und Steve Buckingham produzierte Album »Slow Dancing With The Moon«. Die Crème de la Crème der amerikanischen Countryszene drängelte sich darum, mit ihr im Duett zu singen. Tanya Tucker, Billy Ray Cyrus, Pam Tillis, Mary-Chapin Carpenter, Ricky Skaggs, Emmylou Harris, Vince Gill oder Chet Atkins wirkten auf diesem Album mit. Billy Ray Cyrus dazu: ›Es ist schon eine Ehre für einen Jungen aus Flatwoods, Kentucky, einfach nur zusammen mit der legendären Dolly Parton in einem Raum zu sein.‹ Mit ihr im Raum waren für das nächste Album »Honky Tonk Angels«, das ebenfalls 1993 erschien, Loretta Lynn und Tammy Wynette. Ende 1994 kam »Heartsongs – Live From Home«. Dieses Album wurde am 23./24. April 1994 in dem ihr gehörenden Celebrity Theater Dollywood aufgenommen. Im Herbst 1995 erschien »Something Special«.

Ihre erfolgreichsten Alben: »Here You Come Again« (10/77 US-LP 20), »Heartbreaker« (8/78 US-LP 27), »Dolly Parton/ Both Sides« (11/78 GB-LP 24), »9 To 5 And Odd Jobs« (12/80 US-LP 11), »Dolly Parton's Greatest Hits« (10/82 US-LP 77), »Once Upon A Christmas« (12/84 US-LP 31) mit Kenny Rogers, »Trio« (3/87 US-LP 6) mit Linda Ronstadt und Emmylou Harris, »Eagle When She Flies« (4/91 US-LP 24) und »Slow Dancing With The Moon« (3/93 US-LP 16).

Jolene (5/76 GB 7)
Here You Come Again (10/77 US 3)
9 To 5 (11/80 US 1)
Islands In The Stream (8/83 US 1; 11/83 GB 7)
Country, Pop

Partridge, Don

DON PARTRIDGE v (Großbritannien, in Bournemouth/Dorset)

Don (* 1945) nannte sich selbst ›King of the Street Singers‹, und das aus gutem Grund. Entdeckt wurde er auf einem Londoner Straßenmarkt, wo er als Ein-Mann-Band die Passanten unterhielt. Er erinnerte an den ganz frühen Donovan. Mit der selbst geschriebenen Single »Rosie«, deren Produktionskosten immerhin 8 Pfund betrugen, hatte er seinen ersten Hit. 1969 erreichte er mit »Breakfast On Pluto« noch die britischen Top 30. Dann machte Don Partridge da weiter, wo er begonnen hatte, und trat bis in die 90er Jahre als Straßenmusikant auf.

In the late sixties, following the release of his hit song »Rosie«, one-man-band Don Partridge became a household name. But Don was too unconventional even for the music business so, after touring Britain with a band of fellow street musicians and organising a »Buskers Happening« at the Albert Hall, he abandoned stardom for a life on the road. Now, after more than thirty years of travelling, kept alive by busking and selling books of poetry, Don Partridge has agreed to record a selection of his songs. They are songs which allow us a glimpse into the life of this remarkable man who is surely the undisputed »King of the Buskers«.

The album will be launched on Thursday January 24th 2002 at The Komedia, Gardner Street, Brighton. Don will then be touring the UK, with Herbie Flowers on bass and Ollie Boorman on drums, throughout spring 2002.

Rosie (2/68 GB 4)
Blue Eyes (5/68 GB 3)
Pop

Partridge Family

DANNY BONADUCE v (USA, * 13. 8. 1959), DAVID CASSIDY v (USA, * 12. 4. 1950 in New York City), SUZANNE CROUGH v (USA), SUSAN DEY v (USA, * 10. 12. 1952 in Pekin/Illinois), JEREMY GELBWAKS v

(USA), SHIRLEY JONES v (USA, * 31. 3. 1934 in Smithton/Pennsylvania)
Immer wieder die alte Geschichte: Eine Familie, die durch eine allein erziehende Mutter über Wasser gehalten wird, ist fröhlicher Dinge und musiziert gerne – nicht nur am heimischen Kamin. Die Trapp-Familie lässt grüßen. Die Familie Partridge sang in jeder TV-Folge ein nettes Liedchen, das sich danach zum Hit entwickelte. Was die Familie Nelson in den 50er Jahren, machten die Partridges am Anfang der 70er. Nach Einstellung der Serie 1974 war auch die Zeit der Plattenhits vorüber. Zumindest David Cassidy, der bei einigen Hits der Partridge Family schon als ›featuring‹ besonders genannt wurde, konnte sich nebenher auch noch eine Solokarriere aufbauen. Susan Dey stieg inzwischen auf. Sie spielte in der TV-Serie ›L.A. Law‹ eine Anwältin. Shirley Jones, die vor der Serie als Filmschauspielerin in den Musicals »Oklahoma« und »The Music Man« erfolgreich war, machte in diesem Genre weiter und spielte 1979/80 in der TV-Serie ›Shirley‹. Dass sie eine Schauspielerin der Sonderklasse sein konnte, zeigte sie 1960, als sie für ihre Rolle einer Prostituierten in dem Film »Elmer Gantry« einen Oscar gewann. David Cassidy, der in der ›Partridge Family‹ Shirleys Sohn spielte, ist im richtigen Leben ›nur‹ ihr Stiefsohn. Sie hatte dessen Vater, den Schauspieler Jack Cassidy, 1956 geheiratet und bekam mit ihm den gemeinsamen Sohn Shaun Cassidy. Am Schluss jeder Folge der TV-Serie »The Partridge Family« – man will ja aufbauend und positiv sein – lachten alle Familienmitglieder samt Lassie, Flipper, Fury, Clarence, dem schielenden Löwen, den Cartwrights und den Partridges noch einmal erlöst auf. Wir alle freuen uns auf das nächste Abenteuer, das andere für uns bestehen, weil wir zu faul sind, unseren Hintern aus dem Fernsehsessel zu bewegen.
Die erfolgreichsten Alben der singenden Familie: »The Partridge Family Album« (10/70 US-LP 4), »Up To Date« (4/71 US-LP 3), »The Partridge Family Sound Magazine« (8/71 US-LP 9, 4/72 GB-LP 14), »The Partridge Family Shopping Bag« (3/72 US-LP 18, 9/72 GB-LP 28) und »The Partridge Family At Home With Their Greatest Hits« (9/72 US-LP 21).

I Think I Love You (10/70 US 1)
Doesn't Somebody Want To Be Wanted (2/71 US 6)
I'll Meet You Halfway (5/71 US 9)
Breaking Up Is Hard To Do (7/72 GB 3)
Looking Through The Eyes Of Love (2/73 GB 9)
Walking In The Rain (5/73 GB 10)
Middle Of The Road (MOR), Pop

Siehe auch: Cassidy, David

Pasadenas

JOHN ANDREW BANFIELD v (Großbritannien, * 14. 11. 1964), JEFF AARON BROWN v (Großbritannien, * 12. 12. 1964), DAVID MILLINER v (Großbritannien, * 15. 2. 1962), MICHAEL MILLINER v (Großbritannien, * 15. 2. 1962), HAMMISH SEELOCHAN v (Großbritannien, * 11. 8. 1964)
Die Pasadenas formierten sich Anfang der 80er Jahre unter dem Namen Finesse. Ihre Spezialität war zunächst nicht der Gesang, sondern der Tanz. Schnell galten sie als eine der gefragtesten Dance Companies Englands. Sie wirkten mit in zahllosen Videos von Topstars und in dem Film »Absolute Beginners«. Erst 1988 entschlossen sie sich, nicht mehr nur aus Spaß, sondern jetzt auch professionell zu singen. In ihrem ersten Hit »Tribute« wurden viele derjenigen genannt, die für Rock 'n' Roll und Soul mitverantwortlich waren: Little Richard, Elvis, Sam Cooke, Jackie Wilson, James Brown, Marvin Gaye, Stevie Wonder, Smokey Robinson, die Supremes, Jimi Hendrix, Jackson 5 und der Philly- und Motown-Sound. In den

USA kam diese Platte trotz der Aufzählung fast aller amerikanischer Soulgrößen nur bis auf einen Platz 52. Offensichtlich verfügen die Amerikaner über genügend eigene Gruppen, die eine Mixtur aus Soul, Rhythm & Blues und Gospel vorlegen. Pete Wingfield, der in den Anfangstagen für die Erfolge von Dexy's Midnight Runners und auch eigene verantwortlich war, hatte diese Nummer produziert. Nachdem sie einige Zeit nicht mehr in Spitzenpositionen der Hitparade auftauchten, gelang ihnen mit »I'm Doing Fine Now« 1992 noch einmal ein Knüller. Ihre erfolgreichsten Alben waren »To Whom It May Concern« (10/88 GB-LP 3) und »Yours Sincerely« (3/92 GB-LP 6).

Tribute (Right On) (5/88 GB 5)
I'm Doing Fine Now (2/92 GB 4)
Pop, Rhythm & Blues

Passengers

BONO v (Irland, * 10. 5. 1960 als Paul Hewson in Dublin), ADAM CLAYTON b (Großbritannien, * 13. 3. 1960 in Chinnor/Oxfordshire), BRIAN ENO key (Großbritannien, * 15. 5. 1948 als Brian Peter George St. John Le Baptiste De La Salle Eno in Woodbridge/Suffolk), HOLI v (Japan), HOWIE B v, LARRY MULLEN JR. d (Irland, * 31. 10. 1961 als Laurence Mullen in Dublin), LUCIANO PAVAROTTI v (Italien, * 12. 10. 1935 in Modena), THE EDGE g (Großbritannien, * 8. 8. 1961 als David Evans in Barking/Essex)
Passengers ist ein Projekt, das die Gruppe U2 und Brian Eno ins Leben gerufen haben. Auf dem ersten Album, »Original Soundtracks 1« (11/95 GB-LP 12), waren als Gäste Howie B, der japanische Sänger Holi und die Opernlegende Luciano Pavarotti zu hören. Warum U2 dieses Projekt unternahm, erklärte Adam Clayton: ›Für uns ist dies eine Möglichkeit, all die Ideen zu verarbeiten, für die auf unseren eigenen Alben nicht wirklich Platz ist.‹ »Miss Sarajewo« wurde von Bono und Luciano Pavarotti gesungen. Es beschreibt die grotesk-hoffnungsvolle Situation eines Schönheitswettbewerbes in der beinahe komplett zerstörten Stadt und beschwört den Lebenswillen der Bewohner. Der Erlös aus dem Verkauf dieser Platte floss der Stiftung War Child zu. War Child war von englischen Journalisten gegründet worden und hatte es sich zur Aufgabe gemacht, notleidenden Kindern in Ex-Jugoslawien und anderen Kriegsschauplätzen unmittelbare und weiterführende Hilfe zukommen zu lassen.

Miss Sarajewo (12/95 GB 6)
Pop, Rock

Siehe auch: U2

Passion Fruit

MARIA SERRANO-SERRANO (Spanien, * 26. 11. 1973, † 24. 11. 2001), DEBBY ST. MARTEEN (Niederlande), NATHALY VAN HET ENDE (Niederlande, * 2. 1. 1975 † 24. 11. 2001)
Maria war gelernte Krankenschwester, hatte als Model gearbeitet und sang bei Plattenaufnahmen von diversen Acts im Hintergrund mit. Nathaly war seit 1993 als weltweit gefragtes Boss-Model tätig, sang ebenfalls im Background und wirkte in einigen Video-Clips mit. Ebenso Debby. Gleich ihre erste Veröffentlichung wurde ein Top-10-Erfolg. Es folgten »Sun Fun Baby (Looky Looky)« (6/00 D 34) und »Bongo Man« (7/01 D 35). 2000 erschien das Album »Spanglish Love Affairs«. Am 24. 11. 2001 war das Trio auf dem Flug von Berlin nach Zürich, als die Maschine beim Landeanflug in der Nähe von Zürich in ein Waldstück stürzte. Maria und Nathaly kamen bei dem Unglück ums Leben, Debby überlebte.

The Rigga-Ding-Dong-Song (6/99 D 9)
Dance

Pat & Mick

MICK BROWN dj (Großbritannien), PAT SHARP dj (Großbritannien, *25.10. 1961)
Pat Sharp und Mick Brown gehörten Ende der 80er Jahre zu den populärsten Radio-DJs und Fernsehmoderatoren in GB. Mit ihren täglichen Sendungen hatten sich die beiden bei Capitol Radio landesweit einen Namen gemacht. Mit Hilfe von Stock/Aitken/Waterman nahmen sie 1988 eine neue Version von Michael Zagers »Let's All Chant« (4/88 GB 11) auf. 1989 gelang Pat & Mick mit »I Haven't Stopped Dancing Yet« der einzige Top-10-Erfolg. Nach »Use It Up And Wear It Out« (4/90 GB 22) waren sie wohl verbraucht. Alle ihre Aufnahmen waren Benefiz-Platten zugunsten der Organisation ›Help A London Child‹.

I Haven't Stopped Dancing Yet (3/89 GB 9)
Pop

Patti, Guesch

GUESCH PATTI v (Frankreich, *16.3. 1953 als Patricia Porasse)
Patti begann als Elevin an der Pariser Oper und wurde dann Solotänzerin in verschiedenen Companies. Schließlich spielte sie die Hauptrolle in dem Musical »Les Misérables« und gründete danach das Mädchentrio Dacapo. 1987 erschien Guesch Pattis Debütsingle »Etienne«. Möglich, dass nicht die Musik für den Hit entscheidend war, sondern das recht frivole Video zum Titel, das in Cannes mit einem Silbernen Bären prämiert wurde. Nachfolgesingle war »Let Be Must The Queen« (5/88 D 21). Auf ihrem zweiten Album, »Nomades«, erzählt Patti skurrile Geschichten über fleischfressende Pflanzen und die Nomaden in französischen Großstädten. 1992 erschien das Album »Gobe«, das in den Paisley-Park-Studios von Prince in Minneapolis produziert wurde. Im Titelsong ruft sie ihren Landsleuten zu: ›Erstickt doch an eurer naiven Gutgläubigkeit und Gleichgültigkeit. Lasst euch weiterhin von machtgeilen Politikern verarschen, und vegetiert brav vor euch hin.‹ Außerdem kritisiert sie auf dieser LP die Verstümmelung der französischen Sprache durch Amerikanisierung und den Verlust der kulturellen Identität und Tradition Frankreichs durch das schematisierte Rollenverhalten der meisten Menschen. Das Allroundtalent Patti machte sich auch einen Namen als Kleider- und Bühnendekorateurin, ebenso als Choreografin und Videoregisseurin. Der Künstlername Guesch Patti setzte sich zusammen aus Kosewörtern ihrer Kindheit. Ihr erfolgreichstes Album war »Labyrinthe« (6/88 D-LP 10).

Etienne (11/87 D 9)
Pop, Rock

Patto

THOMAS FUCHSBERGER rap (Deutschland), PATRICK GAMMON rap (†28.10. 1996)
Hinter dem schwarz-weißen Disko-Rap-Duo Patto verbergen sich Patrick Gammon und Thomas Fuchsberger. »Black & White« blieb der einzige Erfolg der beiden. Sie versuchten sich auch als Solisten, und besonders Thomas Fuchsberger, Sohn des Schauspielers und TV-Moderators Blacky Fuchsberger, unter den verschiedensten Pseudonymen. Gammon starb im Herbst 1996 an Lungenkrebs.

Black & White (3/84 D 6)
Disko

Paul, Bernie

BERNIE PAUL v (Deutschland, *12.2. 1950 als Bernd Vonficht in Schweinfurt)
Bereits im Alter von 14 Jahren gründete er

seine erste Band. Ende der 60er Jahre spielte er mit Seven Up, 1973 mit Family Child. Danach wurde er Senderbetreuer bei der Ariola, die ihn gleichzeitig als Talentsucher einsetzte. Seine ersten Erfolge hatte er als Produzent und schließlich ab 1978 auch als Sänger. Pauls erste Hitnotierung war »Lucky«. »Oh No No« war musikalisch angelehnt an John Paul Youngs »Standing In The Rain«. Obwohl er bis in die 90er Jahre weiter Platten veröffentlichte, war seine Hit-Zeit nach 1982 vorüber. Als Songschreiber und Produzent hatte er weiterhin Erfolg.

Lucky (9/78 D 6)
Oh No No (5/81 D 2)
Deutscher Schlager

Paul, Billy

BILLY PAUL v (USA, * 1. 12. 1934 als Paul Williams in Philadelphia/Pennsylvania)
Billy hatte bereits im Alter von elf Jahren seine ersten Auftritte im Radio. In den 50er Jahren sang er in Jazzclubs seiner Heimatstadt und kurz mit Harold Melvin & The Blue Notes. Erfolg hatte er jedoch erst, als er in dem Produzenten Kenny Gamble einen Förderer fand. Mit seinem ersten hatte Billy auch gleich seinen größten Hit: die herzzerreißende Seitensprunggeschichte von »Me And Mrs. Jones«. Billy nahm weiterhin sehr schöne Platten auf, konnte seinen Debüterfolg jedoch nicht mehr wiederholen. 1994 stand Paul mit dem zehn Jahre zuvor aufgenommenen Elton-John-Lied »Your Song« noch einmal hoch in der französischen Hitparade. Sein erfolgreichstes Album war »360 Degrees Of Billy Paul« (11/72 US-LP 17).

Me And Mrs. Jones (11/72 US 1)
Phillysound, Soul

Paul, Owen

OWEN PAUL v (Großbritannien, * 1. 5. 1962 als Paul McGee)
Der Sänger und Songschreiber machte ab 1983 Soloplatten. Vorher hatte Owen Paul bereits als 15-jähriger bei den Venigmas gespielt. »My Favourite Waste Of Time«, geschrieben von Marshall Crenshaw, blieb sein einziger Hit. Sein Bruder Brian war Schlagzeuger in den Anfangstagen der Gruppe Simple Minds. Owen produzierte später zwei japanische Bands. Eine davon, Buck Tick, erhielt in Japan dreifach Platin und Owen konnte sich davon ein Haus in GB kaufen. Dann ging er nach New York, arbeitete mit einigen Countrykünstlern und an Musik für Filme. 1991 kehrte er nach GB zurück und spielte 1995 mit in der britischen Bühnenversion von »A Christmas Carrol«. Seitdem ist er im TV-Music und Show-Bühnengeschäft in GB tätig – Platten will er aber keine mehr machen.

My Favourite Waste Of Time (5/86 GB 3)
Pop

Paul & Paula

PAUL v (USA, * 21. 12. 1940 als Ray Hildebrand in Joshua/Texas), PAULA v (USA, * 20. 5. 1942 als Jill Jackson in McCaney/Texas)
Mit der von Ray geschriebenen Nummer »Hey Paula« hatten Paul & Paula einen Millionseller in den USA, Platz 16 in Deutschland. Die Platte war bereits im Frühjahr 1962 unter ihren richtigen Vornamen Jill & Ray erschienen. Nach einem Wechsel der Namen und der Plattenfirma wurde der Titel noch im selben Jahr erneut auf den Markt gebracht – und diesmal klappte es. Im Frühjahr 1963 schafften sie mit »Young Lovers« einen zweiten Top-10-Erfolg, und nach drei weiteren Hitnotierungen noch im selben Jahr waren sie wieder aus den Charts verschwun-

den. Ihr erfolgreichstes Album war »Paul & Paula Sing For Young Lovers« (2/63 US-LP 9). 1982 kamen sie noch einmal für ein Country-Album zusammen.

Hey Paula (12/62 US 1; 2/63 GB 8)
Young Lovers (3/63 GB 9, US 6)
Pop, Soft Pop

Paulsen, Ralf

RALF PAULSEN v (Deutschland, * 3. 4. 1929 in Berlin)
Ende der 50er Jahre machte Ralf Paulsen aus »Chi Chi« – Barry De Verzon hatte dieses Stück unter dem Pseudonym John Buck als Instrumentaltitel in die deutsche Hitparade gebracht – eine deutsche Version mit dem Titel »Tränen in deinen Augen«. Anfang der 60er Jahre verlegte sich Ralf mehr auf Western-Songs. Sein größter Erfolg in diesem Genre wurde eine deutschsprachige Version des TV-Themas aus »Bonanza«. Nach 1963 war er nicht mehr in den Hitparaden vertreten. Ralf sang auch im Lukas Trio mit. In TV-Sendungen trat er nach wie vor auf.

Tränen in deinen Augen (10/59 D 7)
Bonanza (3/63 D 7)
Deutscher Schlager

Pavarotti, Luciano

LUCIANO PAVAROTTI v (Italien, * 12. 10. 1935 in Modena)
Pavarotti gab sein Operndebüt 1961 in »La Bohème«, nachdem er vorher als Lehrer und Versicherungskaufmann gearbeitet hatte. Er entwickelte sich zu einem der gefragtesten Operntenöre. Seine Interpretation von »Nessun Dorma« aus der Oper »Turandot« wurde ein Hit in den Pop-Charts. Zusammen mit seinem Landsmann Zucchero stand er im Herbst 1992 in der britischen Hitparade mit dem Titel »Miserere« (10/92 GB 15).
Zur Fußballweltmeisterschaft 1994 traten neben Pavarotti seine Kollegen José Carreras und Plácido Domingo am 16. Juli im Dodger Stadium in Los Angeles auf, die Aufzeichnung erschien wenig später als CD. Geprobt hatten sie für dieses Ereignis am 9. Juni im Rahmen eines Benefizkonzertes zugunsten der World Association of the Children's Fund in Monte Carlo. Ein Mitschnitt dieses Konzertes wurde als Single-CD veröffentlicht: »Libiamo, Ne'lieti Calici/La Donna E Mobile« (6/94 GB 21). Als Interpreten wurden schlicht und ergreifend The 3 Tenors genannt. Es folgte »You'll Never Walk Alone« (7/98 GB 35). Die erfolgreichsten Alben der drei: »Carreras, Domingo, Pavarotti« (9/90 D-LP 3, 9/90 GB-LP 1, 10/90 US-LP 35), »In Concert 1994« (9/94 D-LP 2, 9/94 US-LP 4, 9/94 GB-LP 1), »Paris Live 1998« (8/98 D-LP 3, 8/98 GB-LP 14) und »Weihnachten mit den Drei Tenören« (12/00 D-LP 9).
1995 wirkte Pavarotti bei dem Projekt Passengers von U2 und Brian Eno mit. Er sang zusammen mit Bono die Nummer »Miss Sarajewo«. Zusammen mit Elton John gelang Pavarotti Ende 1996 »Live Like Horses«. Die beiden hatten den Song in Modena anlässlich des Festivals ›Pavarotti & Friends‹ erstmals zusammen gesungen. Die Studioversion wurde von Chris Thompson produziert. Als Interpreten wurden jetzt Elton John & Luciano Pavarotti genannt – in Modena war es wohl eher umgekehrt.
Seine erste Goldene Schallplatte außerhalb Italiens erreichte er mit »O Sole Mio – Favorite Neapolitan Songs« (11/79 US-LP 77). Weitere Erfolgsalben: »The Pavarotti Collection« (8/86 GB-LP 12), »The Essential Pavarotti« (3/90 GB-LP 1), »Essential Pavarotti II« (7/91 GB-LP 1), »Pavarotti In Hyde Park« (2/92 GB-LP 19), »Together For The Children Of Bosnia« (3/96 GB-LP 11) – im September 1995 live in Modena aufgenommen mit den Gäs-

ten Brian Eno, Bono, The Edge, Meat Loaf, Simon LeBon, Michael Bolton, Zucchero, Jovanotti, Michael Kamen – und »Pavarotti & Friends« (3/96 D-LP 7).
Lange ermittelten die italienischen Behörden gegen Luciano wegen Steuerbetrugs – angeblich habe er zwischen 1989 und 1995 Einkommen in Höhe von 40 Millionen Mark verschwiegen. Mitte 2000 einigten sich Staat und Sänger. Luciano überwies dem Fiskus angeblich eine Summe von 25 Millionen Mark. Trotzdem kam es zu einem Prozess. Im Oktober 2001 wurde er in Modena vom Steuerbetrug freigesprochen. Das Gericht schloss sich seiner Argumentation an, er habe seinen Lebensmittelpunkt und seine geschäftlichen Aktivitäten in seinem langjährigen Wohnsitz Monte Carlo und nicht in seiner Heimatstadt gehabt.

Nessun Dorma (6/90 GB 2)
Miss Sarajewo (12/95 GB 6)
Live Like Horses (12/96 GB 9)
Pop

Siehe auch: Zucchero; Passengers

Pavone, Rita

RITA PAVONE v (Italien, * 23. 8. 1945 in Turin)
Die kleine, burschikose Rita hatte in ihrer Heimat bereits 1963 den Millionseller »La Partita Di Pallone«. Ihre Popularität wurde gesteigert durch regelmäßige Auftritte in der begehrten italienischen Show ›Studio 1‹. Ihren Einstand in der deutschen Hitparade gab sie mit dem Titel »Wenn ich ein Junge wär'«. Ein Jahr später sang sie im Duett mit Paul Anka »Kiddy Kiddy Kiss Me«. Nach 1969 war ihre Zeit auf dem deutschen Markt wieder vorbei. Mit »Remember Me« (6/64 US 26), »Heart« (12/66 GB 27) und »You Only You« (1/67 GB 21) gelangen ihr weitere internationale Hits. Die Gesamtauflage von Rita Pavones verkauften Platten wird auf über dreißig Millionen geschätzt. Dem Wunsch, ein Junge zu sein, kam sie durch ihr Äußeres recht nahe: kurzgeschnittene Haare, nur 149 Zentimeter groß und meist mit Hose und Lederjacke. Ihr erfolgreichstes Album hieß »Rita Pavone« (3/64 D-LP 19).

Wenn ich ein Junge wär' (12/63 D 2)
Kiddy Kiddy Kiss Me (12/64 D 7)
Arrivederci Hans (7/68 D 6)
Deutscher Schlager

Payne, Freda

FREDA PAYNE v (USA, * 19. 9. 1945 als Freda Charcilia Payne in Detroit/Michigan)
Freda studierte zusammen mit ihrer Schwester Scherrie, die zu den Supremes kam, als Diana Ross ging, in ihrer Heimatstadt Gesang. In den 60er Jahren sang sie mit Pearl Bailey, Quincy Jones und Duke Ellington. 1965 machte Freda Payne ihre erste Soloplatte, ab Anfang der 70er Jahre war sie erfolgreich. Ihr erster war gleich ihr größter Hit. Ein weiterer Millionseller gelang ihr mit »Bring The Boys Home« (6/71 US 12). In den frühen 80er Jahren war sie Moderatorin der Talk-Show ›For You, Black Woman‹.

Band Of Gold (4/70 US 3; 9/70 GB 1)
Jazz, Soul

Siehe auch: Abbot, Russ

Peaches & Herb

FRANCINE BARKER v (USA, als Francine Hurd), HERB FAME v (USA, * 1. 10. 1943 als Herbert Feemster), LINDA GREENE v (USA), MARLENE MACK v (USA)
Das Duo aus Washington, D.C., war ab 1966 bis in die 80er Jahre erfolgreich. Ihr erster Hit war »Let's Fall In Love« (12/66 US 21). Direkt danach kam »Close Your Eyes«. Ihre erfolgreichste Zeit war 1978/79. Nach 1980 war ihre Hitzeit vorüber. Konstante in der Gruppe war Herb Fame.

Er hatte bereits früher Soloplatten veröffentlicht und dann mit Francine, die von den Sweet Things kam, das Duo begonnen. 1968/69 verließ sie die Band und wurde durch Marlene Mack ersetzt. Danach fiel das Duo ganz auseinander, Herb ging zur Polizei. 1977 nahm sich Fame als neue Partnerin Linda Greene und sollte mit ihr die erfolgreichste Zeit haben. »2 Hot!« (11/78 US-LP 2) wurde mit Platin ausgezeichnet.

Close Your Eyes (3/67 US 8)
Shake Your Groove Thing (12/78 US 5)
Reunited (3/79 GB 4, US 1)
Soul

Pearl Jam

DAVE ABBRUZZESE d (USA, * 17. 5. 1964), JEFF AMENT b (USA, * 10. 3. 1963 in Big Sandy/Montana), MATT CAMERON d (USA), STONE GOSSARD g (USA, * 20. 7. 1966 in Seattle/Washington), JACK IRONS d (USA, * 18. 7. 1962 in Los Angeles/Kalifornien), DAVE KRUSEN d (USA), MIKE MCCREADY g (USA, * 5. 4. 1965 in Seattle/Washington), EDDIE VEDDER v (USA, * 23. 12. 1966 als Edward Mueller in Evanston/Illinois)

Das Quintett formierte sich in den frühen 90er Jahren in Seattle. Ament und Gossard hatten vorher mit Mother Love Bone und zusammen mit McCready und Krusen bei Temple Of The Dog gespielt. In dieser Formation hatten etliche Musiker mitgewirkt, die auch bei Mother Love Bone und später bei Soundgarden wieder auftauchen sollten. Pearl Jam unterschrieb 1991 einen Plattenvertrag mit Epic Records und profitierte vom Aufkommen des Grunge, der speziell, wenn er aus Seattle kam, der angesagte Sound war. Ihr Debütalbum »Ten« (1/92 US-LP 2, 3/92 GB-LP 18) verkaufte sich alleine in den USA inzwischen mehr als elf Millionen mal. Eine Auskopplung daraus, der Titel »Alive« (2/92 GB 16), wurde ihre erste Chartnotierung. Zwei weitere Singleauskopplungen, »Even Flow« (4/92 GB 27) und »Jeremy« (9/92 GB 15) waren ebenfalls erfolgreich. Nach dem ersten Album wurde Krusen durch Abbruzzese ersetzt. 1993 erschien das Album »Vs.« (10/93 GB-LP 2, US-LP 1, D-LP 8), das mehr als sieben Millionen Mal verkauft wurde. Die Auskopplungen »Daughter« (1/94 GB 18) und »Dissident« (5/94 GB 14) erreichten wieder die britischen Top 20. Im August desselben Jahres verließ Abbruzzese die Gruppe wieder und wurde durch Jack Irons ersetzt, der schon mit What Is This, Red Hot Chili Peppers und Eleven gespielt hatte. Und immer noch 1994 erschien mit »Vitalogy« (12/94 US-LP 1, D-LP 8) das dritte Album von Pearl Jam, das mehr als fünf Millionen Mal verkauft wurde und mit »Spin The Black Circle« den ersten Top-10-Hit der Band in GB und mit der Doppel-A-Seite »Tremor Cries/Spin The Black Circle« (11/94 US 18) den ersten nennenswerten Singleerfolg in ihrer Heimat USA beinhaltete. Der Gruppenname geht zurück auf den Spitznamen des aus New Jersey stammenden und für die Nets spielenden Basketballstars Mookie Blaylock. In dem Film »Singles« spielte Pearl Jam Matt Dillons Band Citizen Dick. Am 23. 12. 1995 stieg die Doppel-Single »I Got Id/Long Road« auf Platz 7 der US-Charts ein und fiel dann langsam, aber stetig wieder nach unten. Das ist sonst nur in der britischen Hitparade üblich und für die USA ganz ungewöhnlich! »I Got Id« (12/95 GB 25) kam in demselben Monat auch in die GB-Charts. »Who You Are« (8/96 GB 18, US 31) war eine Auskopplung aus dem Album »No Coat« (9/96 US-LP 1, GB-LP 3, D-LP 6). Offensichtlich waren die Musiker der Gruppe nicht voll ausgelastet – nebenher betrieben einige von ihnen noch weitere Projekte. So hatte z. B. Mike McCready 1994 die Band Mad Seasons gegründet und Stone Gossart die Formation Brad. Irons wurde 1999 durch Cameron ersetzt. Von Pearl Jam erschienen als Nächstes die Singles »Given To Fly« (1/98 GB 12, 1/98 US 21), »Wishlist« (5/98 GB 30), »Last Kiss«, »Nothing As It Seems« (5/00 GB 22) und die Alben »Yield« (2/98 US-LP 2, GB-LP 7, D-LP 4), »Live On Two Legs« (12/98 US-LP 15) und »Binaural« (5/00 GB-LP 5, D-LP 4, 6/00 US-LP 2).

Spin The Black Circle (11/94 GB 10)
I Got Id/Long Road (12/95 US 7)
Last Kiss (5/99 US 2)
Grunge, Rock

Pearls

LYNN CORNELL v (Großbritannien), ANN SIMMONS v (Großbritannien)
Die erfolgreiche Zeit dieses Duos lag zwischen 1972 und 1974. »Third Finger, Left Hand« (5/72 GB 31) und »You Came, You Saw, You Conquered« (9/72 GB 32) waren ihre ersten Hits, »Guilty« der größte. Lynn war vorher Mitglied der Vernons Girls und hatte als Solistin den Hit »Never On Sunday« (10/60 GB 30) gehabt.

Guilty (6/74 GB 10)
Pop

Pearson, Johnny

JOHNNY PEARSON p, bl (Großbritannien, * 18. 6. 1925 in London)
Johnny hatte mit dem Sounds Orchestral den Welthit »Cast Your Fate To The Wind«. Als Solist hatte er einen einzigen Top-10-Erfolg mit »Sleepy Shores« aus der BBC-Fernsehserie ›Owen M.D.‹. Ansonsten ist er auf Plattenproduktionen von Cilla Black, Shirley Bassey, Lena Horn oder Connie Francis zu hören. Noch als Teenager spielte Johnny Pearson in der Jazzgruppe Rhythm Makers. In den frühen 50er Jahren war er Mitbegründer des Malcolm Mitchell Trio. Jahrelang leitete er das Orchester der beliebten britischen Musik-TV-Show ›Top of the Pops‹ und schrieb für sich und etliche andere Interpreten Songs.

Sleepy Shores (12/71 GB 8)
Instrumental, Pop

Siehe auch: Sounds Orchestral

Pebbles

PEBBLES v (USA, * 29. 8. 1964 als Perri Alette McKissack in Oakland/Kalifornien)
Den Spitznamen Pebbles gab ihr die Familie, weil sie in ihrer ganzen Art sehr an die Zeichentrickfigur Pebbles Flintstone erinnerte. Schon als Teenager sang sie mit der US-Gruppe Con Funk Shun. Ihre Cousine ist die Sängerin Cherrelle, verheiratet ist sie mit dem Sänger, Songschreiber und Produzenten L.A. Reid. Der war auch schon beim ersten Hit seiner Frau – »Girlfriend«. Ihr Hit »Love Makes Things Happen« (12/90 US 13) entstand unter Mitwirkung von Babyface. Ihre erfolgreichsten Alben hießen »Pebbles« (2/88 US-LP 14) und »Always« (9/90 US-LP 37). Pebbles stellte die weibliche Formation TLC zusammen und managte sie.

Girlfriend (1/88 US 5; 3/88 GB 8)
Mercedes Boy (5/88 US 2)
Giving You The Benefit (8/90 US 4)
Pop, Rhythm & Blues

Siehe auch: TLC

Peels

1966 pries die deutsche Plattenfirma Hansa die Novelty-Nummer »Juanita Banana« mit den Peels als den großen US-Comic-Hit an. In den USA hatte die Platte jedoch lediglich Platz 59 erreicht. Die Melodie lehnte sich stark an »Caro Nome« aus Verdis Oper »Rigoletto« an.

Juanita Banana (5/66 D 8)
Pop

Peers, Donald

DONALD PEERS v (Großbritannien, * 9. 8. 1909 als Donald Rhys Hubert in Ammanford/Wales, † 9. 8. 1973)
Ende der 40er und Anfang der 50er Jahre schaffte es der britische Sänger und Sohn eines Bergarbeiters, die englischen Frauen zu ganz unbritischen Begeisterungsstürmen hinzureißen. Eigentlich sollte Donald Lehrer werden. Er lief aber von zu Hause weg, arbeitete als Maler, Steward und schließlich als Sänger. 1944 hatte er mit »In A Shady Nook (By A Babbling Brook)« seinen ersten Hit und wurde in seiner Heimat sehr populär. Er bekam zunächst eine eigene Radio-, dann eine Fernsehsendung und drehte einige Filme. Ende der 50er Jahre arbeitete er vor allem in Südafrika, Indien und Australien, wo er sich eine schwere Rückenverletzung zuzog. »Please Don't Go« war eine Adaption der Barcarole aus »Hoffmanns Erzählungen« von Offenbach. 1960 hatte Elvis Presley diesen Titel als »Tonight Is So Right For Love« für den Film »G.I. Blues« aufgenommen. Da es zum damaligen Zeitpunkt jedoch Copyright-Probleme für Europa gab, nahm man für die europäische Edition des Albums »G.I. Blues« einen anderen Titel. Er hieß »Tonight's Alright For Love« und basierte auf »Geschichten aus dem Wienerwald« von Johann Strauß. Bis Anfang der 70er Jahre blieb Peers aktiv, und Mitte 1972 gelang ihm noch ein Top-40-Erfolg mit »Give Me One More Chance«.

Please Don't Go (12/68 GB 3)
Middle Of The Road (MOR), Pop

Pellow, Marti

MARTI PELLOW v, g (Großbritannien, * 23. 3. 1966 als Mark McLoughlin in Clydebank/Schottland)
Im Mai 1999 wurde bekannt, dass Marti Pellow die Band Wet Wet Wet verlassen hatte, um eine Solokarriere zu beginnen. Seinen ersten Hit hatte er mit »Close To You« vom Album »Smile« (7/01 GB-LP 7). Es folgte »I've Been Around The World« (12/01 GB 28).

Close To You (6/01 GB 9)
Pop

Siehe auch: Wet Wet Wet

Peniston, Ce Ce

CE CE PENISTON v (USA, * 6. 9. 1969 als Cecelia Peniston in Dayton/Ohio)
1989 wurde Ce Ce Peniston Miss Black Arizona. Auf so etwas lässt sich auch eine Gesangskarriere aufbauen. Ende 1991 erschien die Nummer »Finally«, die es in den USA zum Millionseller brachte. Nachdem der Erfolg nachließ, hatte sie ihren Vokalstil verändert und musikalisch stärker ihre R&B-Wurzeln betont. Anfang 1997 erschien als neue Single »Somebody Else's Guy«, einst ein Hit mit Jocelyn Brown. Gleichzeitig wurde ihr neues Album »I'm Movin' On« angekündigt. Remixe ihrer Hits kamen Ende der 90er Jahre wieder in die Charts, z. B. »Finally« (9/97 GB 26) oder »Somebody Else's Guy« (2/98 GB 13). Ihre erfolgreichsten Alben waren »Finally« (2/92 US-LP 70, 2/92 GB-LP 10) und »Thought 'Ya Knew« (2/94 GB-LP 31).

Finally (9/91 US 5; 3/92 GB 2)
We Got A Love Thang (1/92 GB 6)
Keep On Walkin' (5/92 GB 10)
Pop, Rhythm & Blues

Penn, Dawn

DAWN PENN (Jamaika)
Dawn – nicht nur Sängerin, sondern auch

Songschreiberin und Schauspielerin – hatte ihr erstes Erfolgserlebnis als Backgroundsängerin auf dem Johnny-Nash-Klassiker »I Can See Clearly Now«. Mit dem von ihr 1969 geschriebenen Song »You Don't Love Me (No, No, No)« hatte sie 1994 ihren einzigen Hit. Den Titel hatten unzählige Reggae-Interpreten und Sonny & Cher schon vor ihr aufgenommen. Angeblich hatte Dawn Penn bis zum Jahr 1994 schon über 400 Songs geschrieben.

You Don't Love Me (No, No, No) (6/94 GB 3)
Pop, Reggae

Peppers

MAT CAMISON key (Frankreich), PIERRE-ALAIN DAHAN d (Frankreich), TONIO RUBIO b (Frankreich)
Die drei Musiker der Peppers waren in ihrer Heimat gesuchte Studio-Cracks. Angeblich soll die Nummer »Pepper Box« durch Zufall entstanden sein. Die drei oben genannten Musiker fummelten mit einem Tontechniker im Studio an einem neuen Sound, und heraus kam »Pepper Box«. Obwohl das Stück in Deutschland im ›Kommissar‹ zu hören war, erreichte es im Herbst 1973 nur Platz 40. Sehr viel erfolgreicher war die Nummer in GB ein Jahr später. Es blieb der einzige Erfolg des Trios.

Pepper Box (10/74 GB 6)
Instrumental, Pop

Pepsi & Shirlie

LAWRIE »PEPSI« DEMACQUE v (Großbritannien, * 10. 12. 1958 in Paddington/London), SHIRLIE HOLLIMAN v (Großbritannien, * 18. 4. 1962 in Watford/Hertfordshire)
Die weiße Shirlie und die dunkelhäutige Pepsi gehörten zum festen Stamm um die Gruppe Wham! Ab 1987 machten sie als Pepsi & Shirlie Duo-Platten. Noch 1987 gelangen zwei weitere Chart-Entries, doch keiner kam über Platz 50 hinaus. Im Frühjahr 1991 veröffentlichten sie die von George Michael geschriebene und produzierte Single »Someday«, aber auch Michaels Mithilfe machte sie nicht zu einem Hit.

Heartache (1/87 GB 2; 3/87 D 8)
Goodbye Stranger (5/87 GB 9)
Pop

Peret

PERET v (Spanien, als P. Pubill Calaf)
Es steht zu vermuten, dass sich hinter Peret P. Pubill Calaf verbirgt. Jedenfalls vertrat dieser Interpret, der in Klammern als Peret bezeichnet wurde, Spanien 1974 beim Grand Prix Eurovision und belegte Platz 9. Peret ohne irgendwelche Namenszusätze hatte 1971 einen Hit mit »Borriquito«. Diese Platte hatten wohl viele Touristen aus dem Spanien-Urlaub mitgebracht.

Borriquito (8/71 D 1)
Middle Of The Road (MOR), Schlager

Perfect Gentlemen

COREY BLAKELY v (USA), MAURICE JR. STARR v (USA), TYRONE SUTTON v (USA)
Perfect Gentlemen ist eine weitere amerikanische Kinder-Gesangstruppe, hinter der Maurice Starr steckte. Dieses Mal hatte er sogar seinen eigenen Sohn mit verbraten. Im Frühjahr 1990 kam »Ooh Lala (I Can't Get Over You)« als erste und bisher einzige Platte in die US-Charts. Ihre erste LP, »Rated PG«, brachte es Mitte 1990 auf einen für Maurice Starr sen. schlappen Platz 72.

Ooh Lala (I Can't Get Over You) (4/90 US 10)
Pop

Perfecto Allstarz

PAUL OAKENFOLD (Großbritannien)
In der ZDF-Serie ›Heartbreak High‹ waren die Perfecto Allstarz mit »Reach Up (Papa's Got A Brand New Pig Bag)« zu hören. Der einzige Unterschied zwischen der Version der Perfecto Allstarz und dem Original von Pigbag, im Frühjahr 1982 ein Top-10-Hit in GB, bestand darin, dass hin und wieder jemand ›Reach Up‹ brüllte. Das wäre nicht nötig gewesen.

Reach Up (Papa's Got A Brand New Pig Bag) (2/95 GB 6)
Dance

Siehe auch: Element Four; Planet Perfecto; Pigbag; Grace

Pericoli, Emilio

EMILIO PERICOLI v (Italien, in Cesenatico)
1961 gewann der Titel »Al Di La'« in der Version von Betty Curtis das San Remo Song Festival. Im Laufe der nächsten Jahre gab es mehr als 50 Coverversionen dieses Titels. Connie Francis und die Ray Charles Singers standen mit ihren Versionen in den US-Charts. Aber es war der 1928 geborene Italiener Emilio Pericoli, der mit seiner Version am erfolgreichsten war. Emilio hatte Gesang und Schauspiel studiert – aber erst 1960 wurde er professioneller Sänger. Er trat in einigen italienischen TV-Shows auf und sang dann die Nummer »Al Di La'« im Film »Rome Adventure« – und war erfolgreich. In GB erreichte das Stück immerhin Platz 30. International gesehen war es allerdings sein einziger Hit.

Al Di La' (5/62 US 6)
Pop

Perplexer

MARC OLBERTZ dj (Deutschland, * 8. 6. 1970 in Düsseldorf)
Hinter dem Projekt Perplexer verbirgt sich der Düsseldorfer Marc Olbertz, Haus-DJ der Diskothek Index. Seine Debütsingle »Acid Folk« brachte eine Kombination aus Techno- und Folkklängen. Auf der Platte selbst machte die Firma mit dem Sticker ›der Club-Hit mit dem Dudelsack!‹ aufmerksam. Damit war der musikalische Inhalt auch hinreichend erklärt. Produziert wurde Perplexer von Ramon Zenker, der mit Formationen wie Interactive, Hardfloor, Bellini oder Fragma erfolgreich war. Als Vorlage zu »Da Capo« diente die Filmmusik zu Stanley Kubricks Kult-Science-fiction-Film »2001 – Odyssee im Weltall«. Da bekanntlich diese Musik von Richard Strauß stammt, hatte der auch mal wieder einen Top-10-Hit. »Church Of House« (4/95 D 27) erreichte noch die Top 40.

Acid Folk (5/94 D 5)
Da Capo (10/94 D 9)
Techno

Perry, Steve

STEVE PERRY v (USA, * 22. 1. 1949 in Hanford/Kalifornien)
Perry kam 1977 zur 1973 gegründeten Band Journey. Nebenher verfolgte er auch eine Solokarriere. Im Duett mit Kenny Loggins sang er den Titel »Don't Fight It« (8/82 US 17). Ab 1984 kam er auch als Solist: »Oh Sherrie«, »She's Mine« (6/84 US 21), »Strung Out« (9/84 US 40), »Foolish Heart« (11/84 US 18) und »You Better Wait« (7/94 US 29). Im Februar 1987 wurde verkündet, Journey werde nicht wieder zusammenspielen – Steve verfolgte seine Solokarriere weiter. Seine erfolgreichsten Alben: »Street Talk« (4/84 US-LP 12) und »For The Love Of Strange Medicine« (8/94 US-LP 15).

1996 kam es zu einer Reunion von Journey, bei der Steve mitmachte.

Oh Sherrie (4/84 US 3)

AOR (Adult Orientated Rock), Rock

Siehe auch: Journey

Pet Shop Boys

CHRIS LOWE key (Großbritannien, * 4. 10. 1959 als Christopher Sean Lowe in Blackpool), NEIL TENNANT v (Großbritannien, * 10. 7. 1954 als Neil Francis Tennant in North Shields/Northumberland)

Im Herbst 1981 trafen sich die beiden Mitglieder dieses Duos erstmals. Neil hatte bei der Folkband Dust, Chris mit One Under The Eight gespielt. Zwei Jahre lang schrieben sie Songs und schickten Demos an die verschiedensten Plattenfirmen. Aber erst im August 1983 wurden die Weichen für den Erfolg des Duos gestellt. Neil war in New York, um mit Sting ein Interview für das Popmagazin ›Smash Hits‹ zu machen, in dem Neil regelmäßig Artikel veröffentlichte. Bei der Gelegenheit traf er auf den erfahrenen Bobby Orlando, der sich selbst als Produzent anbot. Mitte 1984 wurde die Orlando-Produktion »West End Girls« eine Kultplatte in Frankreich und Belgien, nicht aber im Rest Europas. Im Frühjahr 1985 erhielten sie einen neuen Plattenvertrag, und ihre erste Veröffentlichung, »Opportunities (Let's Make Lots Of Money)«, erscheint Mitte des Jahres. Die Platte wurde zwar häufig im Radio gespielt, kam aber trotzdem nicht in die Charts. Ende des Jahres nahmen sie den Titel »West End Girls« noch einmal neu auf. Im Januar 1986 erreichte die Nummer den Spitzenplatz in GB und verkaufte alleine dort 700 000 Exemplare. Ab Oktober 1986 waren sie für vier Jahre nicht mehr aus den Hitparaden wegzudenken. Sehr schön und sehr erfolgreich war auch ihre Zusammenarbeit mit Dusty Springfield bei dem Stück »What Have I Done To Deserve This«. Die Pet Shop Boys dürften mit ihrem Elektro-Disko-Pop-Sound zu den erfolgreichsten britischen Duos der 80er Jahre gehören, auch durch ihre Produktionsarbeit für andere, so z. B. Liza Minnelli oder Eighth Wonder. 1989 kam Tennant mit Bernard Sumner und Johnny Marr zum Trio Electronic zusammen, ohne jedoch die Arbeit mit Lowe aufzugeben. Die Kreativität der Pet Shop Boys drückte sich auch in ihrer Covergestaltung aus. 1993 veröffentlichten sie die CD »Very«, der als Vorlage wohl eine Legoplatte diente. Gleichzeitig kam das Album aber auch noch als »Very Relentless«. Neben »Very« lag in dieser in Noppenplastik verpackten Limited Edition noch eine weitere Dance-CD mit dem Titel »Relentless«. Die »Very«-Auskopplung »Go West« war im Original 1979 ein Erfolg für Village People. Im Herbst 1994 erschien »Disco 2«, auf der wieder Remixe diverser Nummern zu hören waren. Im August 1995 kam »Alternative«, eine Doppel-CD mit den B-Seiten der Pet Shop Boys. Nach den vielen Resteverwertungen war es 1996 mal wieder Zeit für ein neues Album. Es erschien »Bilingual«.

Die erfolgreichsten Alben des Duos waren »Please« (4/86 GB-LP 3, US-LP 7, D-LP 38), »Disco« (11/86 GB-LP 15, 12/86 D-LP 10), »Actually« (9/87 GB-LP 2, D-LP 2, 10/87 US-LP 25), »Introspective« (10/88 GB-LP 2, D-LP 3, 11/88 US-LP 34), »Behaviour« (11/90 GB-LP 2, D-LP 4), »Discography« (11/91 GB-LP 3), »Very« (10/93 GB 1, D-LP 1, US-LP 20), »Disco 2« (9/94 GB-LP 6), »Alternative« (8/95 GB-LP 2), »Bilingual« (9/96 GB-LP 4, D-LP 7, US-LP 39) und »Night Life« (10/99 GB-LP 7, D-LP 2).

»Somewhere« stammte im Original aus dem Musical »West Side Story« – die Pet Shop Boys nahmen damit zum fünften Mal eine Coverversion auf und hatten Erfolg damit.

Danach versuchten sie es mit einem eigenen Musical: »Closer To Heaven« – es scheiterte an mangelndem Publikumsinteresse. Ende 2001 waren die Jungs wieder im Studio und produzierten ein neues Album. Geholfen wurde ihnen u. a. vom Gitarristen Johnny Marr, einst Smiths. Es erschien 2002 als »Release«. Ausgekoppelt wurde »Home And Dry« (3/02 GB 14, 4/02 D 12).

West End Girls (11/85 D 2, GB 1; 3/86 US 1)
Opportunities (Let's Make Lots Of Money) (5/86 US 10)
Suburbia (10/86 GB 8, D 2)
It's A Sin (6/87 GB 1, D 1; 9/87 US 9)
What Have I Done To Deserve This (8/87 GB 2, D 4; 12/87 US 2)
Rent (10/87 GB 8, D 10)
Always On My Mind (12/87 GB 1, D 1; 3/88 US 4)
Heart (4/88 D 1, GB 1)
Domino Dancing (9/88 GB 7, D 3)
Left To My Own Device (11/88 GB 4, D 9)
It's Alright (7/89 GB 5, D 3)
So Hard (10/90 D 3, GB 4)
Where The Streets Have No Name – Can't Take My Eyes Off You – How Can You Expect To Be Taken Seriously (3/91 GB 4, D 7)
Can You Forgive Her? (6/93 GB 7)
Go West (9/93 GB 2, D 1)
Before (5/96 GB 7)
Se A Vida E (That's The Way Life Is) (8/96 GB 8)
A Red Letter Day (3/97 GB 9)
Somewhere (7/97 GB 9)
You Only Tell Me You Lov Me When Yor're Drunk (1/00 GB 8)
Pop, Techno

Siehe auch: Absolutely Fabulous; Electronic

Peter & Gordon

PETER ASHER v (Großbritannien, * 22. 6. 1944 in London), GORDON WALLER v (Großbritannien, * 4. 6. 1945 in Braemar/Schottland)
1964 wurde dieses Duo gegründet. Peter Ashers Schwester Jane war Paul McCartneys Freundin, und da bekanntlich kleine Geschenke die Freundschaft erhalten, reichte Paul an Peter & Gordon die Nummer »A World Without Love« weiter. Schön, aber kein Top-10-Erfolg, war das Stück »Woman« (2/66 GB 28, US 14), das von einem gewissen Webb geschrieben wurde. Dahinter verbarg sich wieder Paul McCartney. Ihre erfolgreichsten Alben waren »Peter & Gordon« (6/64 GB-LP 18) und »A World Without Love« (7/64 US-LP 21). 1968 ging das Duo auseinander. Soloversuche von Gordon Waller schlugen fehl. Peter wurde erst A&R-Manager bei der Beatles-Firma Apple, dann Produzent in den USA, z. B. für James Taylor, Linda Ronstadt oder in den 80er Jahren für 10 000 Maniacs und Randy Newman.

A World Without Love (3/64 GB 1; 5/64 US 1)
Nobody I Know (6/64 GB 10)
I Go To Pieces (1/65 US 9)
True Love Ways (4/65 GB 2)
To Know You Is To Love You (6/65 GB 5)
Lady Godiva (10/66 US 6)
Pop, Soft Pop

Peter, Paul & Mary

PAUL STOOKEY v (USA, * 30. 11. 1937 als Noel Stookey in Baltimore/Maryland), MARY TRAVERS v (USA, * 7. 11. 1937 in Louisville/Kentucky), PETER YARROW v (USA, * 31. 5. 1938 in New York City)
Die drei standen zwischen 1962 und 1965 als Synonym für akustische Folkmusik in den USA. 1960 wurde der New Yorker Peter Yarrow zum Folk Festival nach Newport eingeladen. Albert Grossman, der Produzent von vielen namhaften Folk-Künstlern werden sollte, entdeckte Peter in der Fernsehsendung ›Folk Sound USA‹. Grossman stellte auch die Formation zusammen, und als Vorbild hatte er den Erfolg des Kingston Trios vor Augen. Bevor Peter, Paul & Mary richtig loslegten, musste erst noch der Vorname von Stookey verändert werden. Grossman war der Meinung, Peter, Noel & Mary würde nicht flüssig genug klingen. Bob Dylan müsste ihnen noch heute die Füße küssen, weil er diesen dreien seinen ersten kommerziel-

len Erfolg verdankt durch ihre Version von »Blowin' In The Wind«. Vorher hatte das Trio mit »If I Had A Hammer« und »Puff The Magic Dragon« schon zwei Top-10-Erfolge gehabt. »Don't Think Twice It's All Right« war wieder eine Bob-Dylan-Komposition. Mitte der 60er Jahre hatten sie einen Durchhänger, dann kam im Herbst 1967 »I Dig Rock And Roll Music« und Ende der 60er Jahre die John-Denver-Komposition »Leaving On A Jet Plane«. Die erfolgreichsten Alben des Trios waren »Peter, Paul & Mary« (4/62 US-LP 1, 1/64 GB-LP 18), »(Moving)« (1/63 US-LP 2), »In The Wind« (10/63 US-LP 1, 3/64 GB-LP 11), »Peter, Paul & Mary In Concert« (8/64 US-LP 4, 2/65 GB-LP 20), »A Song Will Rise« (4/65 US-LP 8), »See What Tomorrow Brings« (10/65 US-LP 10), »Album 1700« (9/67 US-LP 15), »Late Again« (9/68 US-LP 14), »Peter, Paul & Mommy« (6/69 US-LP 12) und »10 Years Together/The Best Of Peter, Paul & Mary« (6/70 US-LP 15). 1971 trennten sich Peter, Paul & Mary und versuchten sich alle drei mit recht wenig Erfolg als Solisten. 1978 kam eine so genannte Reunion-LP, aber der alte Schwung war hin. Als Songautor gelang Peter Yarrow mit dem Titel »Torn Between Two Lovers« für Mary McGregor ein Knüller.

If I Had A Hammer (The Hammer Song) (8/62 US 10)
Puff The Magic Dragon (3/63 US 2)
Blowin' In The Wind (6/63 US 2)
Don't Think Twice It's All Right (9/63 US 9)
I Dig Rock And Roll Music (8/67 US 9)
Leaving On A Jet Plane (10/69 US 1; 1/70 GB 2)
Folk, Pop

Peter, Sue & Marc

MARC DIETRICH v, g (Schweiz, als Marcel in Bern), PETER REBER v, g (Schweiz, * 28. 4. 1949 in Bern), SUE SCHELL v (USA, * 6. 4. 1950 als Susan Schell in New York)

Das Trio Peter, Sue & Marc war in den 70er Jahren in seiner Heimat sehr populär. »Djambo, Djambo«, »Like A Seagull«, »Cindy«, »Memory Melody«, »Tom Dooley«, »Scotty Boy«, »Ciao Amico«, »Birds Of Paradise«, »Io Senza Te« und »Amazonas« waren alle Top-10-Erfolge in der Schweiz. Das Trio vertrat die Schweiz viermal beim Grand Prix Eurovision und belegte zweimal den 4. Platz: 1976 mit »Djambo Djambo« und 1981 mit »Io Senza Te«.

Cindy (4/77 D 10)
Folk, Grand Prix, Pop, Schlager

Peters & Lee

DIANNE LEE v (Großbritannien, * 2. 6. 1950 als Dianne Littlehales in Sheffield), LENNIE PETERS v, key, p (Großbritannien, als Leonard Sargent in Islington/London † 10. 10. 1992)

Das Duo schloss sich 1970 zusammen. Peters war mit 16 Jahren erblindet. Er begann, in Clubs zu singen und Piano zu spielen. Schließlich erhielt er einen Plattenvertrag und veröffentlichte drei Singles. Kurzzeitig war er Mitglied bei den Migil Five, verließ die Gruppe aber, bevor sie ihren größten Hit mit »Mocking Bird Hill« hatte. Ab 1964 war er regelmäßig in Radio- und Fernsehsendungen zu sehen und traf in Clubs schon häufig auf Dianne Lee, die zusammen mit ihrer Cousine Liz als Tänzerin auftrat. Die beiden waren Ende der 60er Jahre als Hailey Twins ein erfolgreicher Tanz-Act. Nachdem Liz ihre Karriere als Tänzerin wegen Fußschmerzen aufgeben musste, bildete Lee mit Peters ein Duo. Als Peters & Lee gewannen sie den britischen Fernsehtalentwettbewerb ›Opportunity Knocks‹ und erhielten einen gemeinsamen Plattenvertrag, der ihnen 1973 den Hit »Welcome Home« einbrachte. 1981 trennten sie sich, kamen aber Ende der 80er Jahre wie-

der zusammen und gehörten bis 1992 zu den bekanntesten Club-Acts in GB. Ihre erfolgreichsten Alben: »We Can Make It« (6/73 GB-LP 1), »By Your Side« (12/73 GB-LP 9), »Rainbow« (9/74 GB-LP 6) und »Favourites« (10/75 GB-LP 2).
1992 starb Lennie Peters im Alter von 59 Jahren an Krebs.

Welcome Home (5/73 GB 1)
Don't Stay Away Too Long (4/74 GB 3)
Middle Of The Road (MOR), Pop

Petersen, Paul

PAUL PETERSEN v (USA, * 23. 9. 1945 in Glendale/Kalifornien)
Paul war als Jugendlicher einer der Mouseketeers. Von 1958 bis 1966 spielte er Jeff Stone in der ›Donna Reed Show‹. Nach dem Motto ›Wer spielt, kann auch singen‹ veröffentlichte er 1962 »She Can't Find Her Keys«, und die Platte wurde ein Top-20-Erfolg. Ende desselben Jahres erschien die Single »My Dad«, die zur schlechtesten Platte des Jahres gewählt wurde. Nachdem die »Donna Reed Show« ausgelaufen war, geschah gleiches mit Pauls Karriere. In den späten 60er Jahren machte er vor allem Schlagzeilen durch seinen Drogenkonsum und seine schnellen Autos. In den 70er Jahren veröffentlichte er eine Romanserie mit einem James Bond ähnlichen Helden namens Eric Safeman. 1977 erschien sein Buch ›Walt, Mickey And Me‹, womit der Bogen zu den Mouseketeers wieder geschlagen war.

My Dad (11/62 US 6)
Pop

Petry, Wolfgang

WOLFGANG PETRY v, g, key (Deutschland, * 22. 9. 1951 als Wolfgang Remling in Köln)
Viel lieber wäre er ein richtiger Rocker geworden – stattdessen trimmte man ihn immer wieder in Richtung Schlagerstar. Mit »Sommer in der Stadt« (9/76 D 16) hatte Wolfgang seine erste Hitnotierung. Es folgten die Top-40-Titel »Jeder Freund ist auch ein Mann« (5/77 D 36), »Gianna (Liebe im Auto)« (9/78 D 17), »Wenn ich geh'« (12/79 D 30), »Ganz oder gar nicht« (11/80 D 27), »Jessica« (5/81 D 34), »Tu's doch!« (9/81 D 32), »Der Himmel brennt« (10/82 D 13), »Wahnsinn« (6/83 D 36) oder nach langen Jahren »Verlieben, verloren, vergessen, verzeih'n« (3/92 D 28).
Es schien so, als sei die Zeit für den Schlagersänger Petry endgültig vorbei, als im Herbst 1996 ein Album von ihm erschien, das »Alles« (9/96 D-LP 1) hieß und in der Tat so ziemlich alles brachte, was Petry schon einmal in den Charts hatte. Teils waren es die Originalaufnahmen, teils hatte er die Titel neu aufgenommen. Das Album stieg am 9. 9. 1996 in den Charts auf Platz 9 ein, kletterte nach oben und verdrängte am 21.10. R.E.M. mit »New Adventures in Hi-Fi« von der Spitze. Im Juli 1999 – inzwischen war die Platte 145 Wochen in den Charts – hatte sie mehr als 2 Millionen Exemplare verkauft.
Als Single erschien 1996 eine Platte, die wiederum nur alte Titel von Petry zusammenfasste und sich »Die längste Single der Welt« nannte. Ob es die nun wirklich ist, weiß ich nicht – mit einer Laufzeit von knapp über 30 Minuten war sie auf jeden Fall sehr lang. Insgesamt wurden darauf 30 Titel von ihm verbraten und mit einem durchgängig tanzbaren Beat unterlegt. Für jede Nummer blieb also rund eine Minute. Video-Clip-Sendungen brachten jetzt auch Wolfgang Petry. Da stand er nun mit seiner Backing-Band auf einem Schrottplatz und machte auf Rocker. Irgendwie schien die Zeit stehengeblieben zu sein, und alles war wieder wie in den 70er Jahren. Anders war nur, dass Wolfgang inzwischen Plattenmillionär ist und

jetzt viele Freunde hat, die sich plötzlich wieder an ihn erinnern und es ja immer gewusst haben.
Ein weiterer Singlehit wurde »Weiber« (6/97 D 38), ein weiteres Erfolgsalbum »Nie genug« (9/97 D-LP 2). Im Herbst 1998 erschien »So ein Schwein....« (10/98 D 34) und mit »Einfach geil!« (10/98 D-LP 1) ein weiteres erfolgreiches Album, das am 19. 10. 1998 gleich auf Platz 1 der LP-Charts einstieg und Platten von Depeche Mode, Phil Collins oder Westerhagen auf die Plätze verwies. Die nächsten LP-Knüller: »Freude!« (12/98 D-LP 5) und »Alles – Live« (8/99 D-LP 2). Und auch »Die längste Single der Welt – Teil 2« und »Da geht mir voll einer ab« (5/00 D 30) waren wieder Hits. Am 3. 7. 2000 stieg sein Album »Konkret« (7/00 D-LP 1) auf Platz 1 der LP-Charts ein. Der nächste Singlehit war »Ich will mehr« (10/01 D 32). Als nächstes Album kam »Achterbahn« (10/01 D-LP 2). Weiter ging es mit »Die längste Single der Welt 3« (12/01 D 15).

Die längste Single der Welt (11/96 D 7)
Die längste Single der Welt – Teil 2 (1/99 D 2)
Deutscher Schlager

Petty, Tom & The Heartbreakers

RON BLAIR b (USA, * 16. 9. 1952 in Macon/Georgia), MIKE CAMPBELL g (USA, * 1. 2. 1954 in Panama City/Florida), HOWARD EPSTEIN b (USA, * 21. 7. 1955 in Milwaukee/Wisconsin), STAN LYNCH d (USA, * 21. 5. 1955 in Gainesville/Florida), TOM PETTY v, g (USA, * 20. 10. 1952 in Gainesville/Florida), BENMONT TENCH key (USA, * 7. 9. 1953 in Gainesville/Florida)
Bereits 1968 gründete der Gitarrist, Sänger und Songschreiber Petty seine erste Band. Über die Namen Sundowners und Epics kamen sie schließlich zu Mudcrutch. 1973 versuchte Tom Petty, Demobänder der Band in Los Angeles an den Mann zu bringen, und gleich sieben Plattenfirmen interessierten sich dafür. Tom hatte die Auswahl und entschied sich für Denny Cordells Shelter Records. 1975 erschien eine einzige Single mit dem Titel »Depot Street« – und floppte. Danach fiel die Band auseinander, und Cordell wollte Petty als Solisten behalten. Der jedoch fühlte sich im Bandformat wohler und gründete die Heartbreakers. Von Mudcrutch übernahm er Campbell und Tench. Blair und Lynch kamen neu hinzu. Ende 1976 erschien die Debüt-LP der neuen Formation, die innerhalb von drei Monaten gerade 6500mal verkauft wurde. Ende 1977 hatten sie mit »Breakdown« eine erste Notierung in den US-Charts: Platz 40. Bereits vorher stand »Anything That's Rock 'n' Roll« unter den ersten 40 der britischen Hitparade. Jetzt verkaufte sich plötzlich auch das Debütalbum besser. Bei »Stop Draggin' My Heart Around« wurden als Interpreten Stevie Nicks with Tom Petty & The Heartbreakers genannt. Seit 1989 erscheinen die Platten nur noch als Tom Petty. Ab 1988 hatte Tom außerdem zusammen mit George Harrison, Bob Dylan, Roy Orbison und Jeff Lynne als Traveling Wilburys sehr schöne Platten veröffentlicht. 1992 brachte er als Schnellschuss nach den Unruhen in Los Angeles die Single »Peace In L.A.«. Der Erlös aus der Single kam den Opfern der Tumulte zugute. 1993 brachte er eine CD mit seinen größten Hits. Wie so viele Künstler ab Anfang der 90er Jahre wandte auch Tom den Trick an, auf einem Greatest-Hits-Album eben diesen größten Hits auch noch neue Aufnahmen hinzuzufügen. »Mary Jane's Last Dance« (12/93 US 14) war eine dieser Neuaufnahmen. 1994 erschien die CD »Wild Flowers«. Daraus ausgekoppelt wurde »You Don't Know How It Feels« (12/94 US 13).
Die erfolgreichsten Alben: »Tom Petty &

The Heartbreakers« (6/77 GB-LP 24, 9/77 US-LP 55), »You're Gonna Get It« (6/78 US-LP 23, 7/78 GB-LP 34), »Damn The Torpedoes« (11/79 US-LP 2), »Hard Promises« (5/81 US-LP 5, GB-LP 32), »Long After Dark« (11/82 US-LP 9), »Southern Accents« (4/85 US-LP 7, GB-LP 23), »Let Me Up (I've Had Enough)« (5/87 US-LP 20), »Full Moon Fever« (5/89 US-LP 3, 7/89 GB-LP 8) fünffach Platin, »Into The Great Wide Open« (7/91 US-LP 13, GB-LP 3, D-LP 8), »Tom Petty Greatest Hits« (11/93 GB-LP 10, 12/93 US-LP 5) – neunfach Platin –, »Wildflowers« (11/94 US-LP 8, GB-LP 36), »She's The One« (8/96 US-LP 15, GB-LP 37) und »Echo« (4/99 D-LP 5, 5/99 US-LP 10).

Don't Do Me Like That (11/79 US 10)
Stop Draggin' My Heart Around (7/81 US 3)
Free Fallin' (11/89 US 7)
AOR (Adult Orientated Rock), Pop, Rock

Siehe auch: Nicks, Stevie; Orbison, Roy

PF Project

MOOSE key, JAMIE WHITE key
Jamie White hatte es bereits unter den Pseudonymen E-drenalin und Big Dance Theory versucht, ohne einen richtigen Hit zu landen. Erst nachdem er sich mit Moose zusammentat und die beiden sich Party Faithful nannten, hatten sie mit »Brass: Let There Be House« (7/95 GB 54) zumindest einen kleineren Hit. Schließlich die Abkürzung auf PF Project und die Nummer »Choose Life«, die auf Platz 6 in GB einstieg. Als weiterer Künstler wurde Ewan McGregor bei diesem Hit genannt. Es handelte sich dabei um den Eingangsmonolog zum Film »Trainspotting«, der gesampelt wurde. Als Produzenten und Songautoren wurden White/Moose genannt.

Choose Life (11/97 GB 6)
Dance

Pharao

DEON BLUE rap (USA, * 20. 1. 1970 als Marcus Deon Thomas in Alabama), ERIC MARTIN rap (Großbritannien, in Cardiff/ Wales), KYRA PHARAO v (Ägypten, * 17. 2. 1971 in Kairo)
Kyra Pharao, die halb indischer Abstammung ist, und Deon Blue lernten sich 1993 in einer Disko in München kennen. Deon hatte bereits als Mitglied der Gruppe Splash Hits mit »I Need Rhythm« (9/90 D 41) und »Set The Groove On Fire« (2/91 D 33). Die Produzenten und Songschreiber DJ Stevie Steve und Alexander Hawking schrieben und produzierten für Pharao den Song »I Show You Secrets«. »World Of Magic« (4/95 D 28) und »Temple Of Love« (2/97 D 36) waren die weiteren Hits außerhalb der Top 10. Im Mai 1995 ging Deon und wurde durch den aus Cardiff stammenden Eric Martin (* 1971) ersetzt. Deon machte in München seine eigene Entertainment-Firma auf und wurde Mitglied der Formation Blue Tribe.

I Show You Secrets (7/94 D 6)
There Is A Star (11/94 D 8)
Dance, Rap

Phats & Small

JASON PHATS dj (Großbritannien), RUSSELL SMALL dj (Großbritannien)
Phats & Small waren Discjockeys in den Clubs Zap und Escape in Brighton. Phats war Mitbesitzer des Plattenlabels Afro Cuts. Die Nummer »Turn Around« basiert im Großen und Ganzen auf dem Hit »Reach Up« (1/83 GB 64) des Amerikaners Toney Lee. Phats & Small veröffentlichten ihr Werk erstmals 1998, aber erst nachdem Norman Cook »Turn Around« neu abgemischt hatte, wurde es schließlich ein Erfolg. Es folgten »Feel Good«, »Tonight« (12/99 GB 11, 1/00 D 36) und »This Time Around« (6/01 GB 15).

Turn Around (4/99 GB 2)
Feel Good (8/99 GB 7)
Pop

PhD

JIM DIAMOND v (Großbritannien, * 28. 9. 1951 in Glasgow), TONY HYMAS key (Großbritannien)
Mit Tony Hymas, ehemaliger Tastenspieler von Jeff Beck und Jack Bruce, schloss sich Jim Diamond, der bis zu diesem Zeitpunkt mit Bandit, Alexis Korner und Zoot Money gearbeitet hatte, zum Duo PhD zusammen. Die Nummer »I Won't Let You Down« entwickelte sich Anfang 1982 in Europa zum Hit. Gerade hatten sie Erfolg, da erkrankte Jim Diamond an Hepatitis und war für einige Zeit außer Gefecht gesetzt. So blieb es bei diesem einzigen Hit des Duos, und ab 1984 startete Jim Diamond eine erfolgreiche Solokarriere.

I Won't Let You Down (4/82 GB 3)
Elektro-Pop, Pop

Siehe auch: Diamond, Jim

Phillips, Esther

ESTHER PHILLIPS v (USA, * 23. 12. 1935 als Esther Mae Jones in Galveston/Texas † 7. 8. 1984)
Esther, die auch etliche Instrumente spielte, wurde mit 13 von Johnny Otis entdeckt und unter Vertrag genommen. Als Little Esther trat sie bis 1954 in dessen Revue auf und hatte dort Hits wie »Double Crossing Blues«, »Mistrustin' Blues« und »Cupid's Boogie«, alle 1950 Spitzenreiter in der Rhythm-&-Blues-Hitparade. Ab 1962 war sie dann als Solistin und ohne Little erfolgreich. Ihren weltweit erfolgreichsten Hit hatte Esther Phillips mit einer sehr gut gemachten, fast jazzigen Diskoversion von »What A Diff'rence A Day Makes«. Sie starb 1984 an Leber- und Nierenversagen.

Release Me (10/62 US 8)
What A Diff'rence A Day Makes (10/75 GB 6)
Disko, Pop, Rhythm & Blues

Pianoman

NORMAN COOK v, g, b (Großbritannien, * 31. 7. 1963 als Quentin Cook in Brighton/Sussex), TIM JEFFREY key (Großbritannien), JC REID key (Großbritannien)
Inoffiziell ist auch Norman Cook Mitglied dieser Gruppe – offiziell war er mit anderen Projekten bei anderen Firmen unter Vertrag, weshalb er wohl im Hintergrund blieb. »Blurred« sampelte die Nummer »Girls And Boys« der Gruppe Blur.

Blurred (6/96 GB 6)
Instrumental, Techno

Pickett, Bobby »Boris«

BOBBY »BORIS« PICKETT v (USA, * 11. 2. 1940 in Somerville/Massachusetts)
Der amerikanische Novelty-Sänger und Songschreiber bemühte sich um eine Karriere als Filmschauspieler. In seiner Jugend hatte er im Kino seines Vaters viele Filme mit Boris Karloff gesehen und kam so auf den Titel »Monster Mash« – für Halloween 1962 genau der richtige Song und sein einziger Hit. In GB wurde die Nummer erst 1973 ein Erfolg, weil sich 1962 die BBC geweigert hatte, den Titel zu spielen. Als die Platte 1973 neu veröffentlicht wurde und wieder in die Hitparaden kam, suchte man Bobby. Angeblich fand man ihn als Taxifahrer in New York. Sein erfolgreichstes Album hieß »The Original Monster Mash« (11/62 US-LP 19).

Monster Mash (9/62 US 1; 5/73 US 10; 9/73 GB 3)
Pop

Pickett, Wilson

WILSON PICKETT v (USA, * 18. 3. 1941 in Prattville/Alabama)
Der Soulsänger und Songschreiber gehörte zu den bekanntesten und erfolgreichsten dieses Genres in den 60er Jahren. 1959 wurde er Mitglied bei den legendären Falcons, einem Rhythm-&-Blues-Quintett aus Detroit. Ihr einziger Hit mit Wilson als Leadsänger war »I Found A Love« 1962. Ab 1963 machte Pickett Soloplatten. Nach einigen nicht sonderlich erfolgreichen Singles kam Wilson mit dem Gitarristen und Produzenten Steve Cropper in Memphis zusammen. Damit begann Wilsons Aufstieg. Sein größter Erfolg war 1966 »Land Of 1000 Dances«. Nachdem man lange Jahre nichts mehr von ihm gehört hatte, veröffentlichte Motown 1987 das Album »American Soul Man«. Darauf zu hören »In The Midnight Hour Version 1987«, die es zumindest noch einmal in die britischen Top 75 schaffte. Seine erfolgreichsten Alben waren »The Exciting Wilson Pickett« (8/66 US-LP 21) und »In The Midnight Hour« (8/67 D-LP 34). 1991 wurde er in die Rock and Roll Hall of Fame aufgenommen. 1992 musste er für ein Jahr ins Gefängnis, weil er betrunken in New Jersey einen Fußgänger umgefahren hatte.

Land Of 1000 Dances (7/66 US 6)
Funky Broadway (8/67 US 8)
Rhythm & Blues, Soul

Pickettywitch

POLLY BROWN v (Großbritannien, * 18. 4. 1947 in Birmingham), MAGGIE FARRAN v (Großbritannien)
1970 war das Jahr dieser Formation, die anfänglich aus den beiden oben genannten Sängerinnen und wechselnden Studiomusikern bestand. Nach dem ersten Hit hat offensichtlich Maggie Farran die Band verlassen. Später leitete sie erfolgreich eine PR-Agentur in London. Das Jahr 1970 begann für Pickettywitch mit »That Same Old Feeling«. Nach »(It's Like A) Sad Old Kinda Movie« (7/70 GB 16) und »Baby I Won't Let You Down« (11/70 GB 27) war das Jahr und damit auch ihre Hitzeit vorüber. 1974 machte Polly Brown zusammen mit Tony Jackson das englische Soul-Reggae-Duo Sweet Dreams. Kurz danach veröffentlichte Polly als Solistin Platten und hatte mit »Up In A Puff Of Smoke« (9/74 GB 34, 1/75 US 16) ihren einzigen Hit.

That Same Old Feeling (2/70 GB 5)
Middle Of The Road (MOR), Pop

Siehe auch: Sweet Dreams

Picotto, Mauro

MAURO PICOTTO dj (Italien in Mailand)
Mauro galt Ende der 90er Jahre als der populärste und angesagteste DJ in Italien. Und wie so viele deutsche DJs war auch er der Meinung, dass er die simplen Nümmerchen, die er sonst auflegt, auch selbst hinfummeln kann. Als R.A.F. begann er seine Karriere. Mit »We've Got To Live Together« (3/92 GB 34) – hier wurden Samples aus Enyas »Orinoco Flow« verwendet – hatte er seinen ersten Erfolg. In den 90er Jahren war er mit drei weiteren Titeln in den GB-Charts vertreten, die jedoch nicht unter die ersten 50 kamen. Als Mauro Picotto hatte er seinen ersten Hit mit »Lizard (Gonna Get You)« (6/99 GB 27). Ein Remix des Titels erreichte Ende 1999 Platz 33 in GB. Es folgten »Iguana« (11/99 D 37, 7/00 GB 33) und sein erster Top-10-Hit »Komodo/Save A Soul« (1/01 GB 13). Gleichzeitig machte er mit der Turinerin Veronika Cassaola Platten als CRW. Deren erster Hit war »I Feel Love« (2/00 GB 15). Von Mauro folgten als Solosingles »Proximus« (12/00 D 18), »Like This Like That« (8/01 GB 21) und »Pulsar 2002« (3/02 GB 35).

Komodo/Save A Soul (8/00 D 6)
Dance

Pigbag

CHIP CARPENTER d (Großbritannien), ROGER FREEMAN per (Großbritannien), ANGELA JAEGER v (Großbritannien), JAMES JOHNSTONE g, key (Großbritannien), KOFI d (Großbritannien), CHRIS LEE tr (Großbritannien), OLLIE MOORE sax (Großbritannien), BRIAN NEVILL d, sax (Großbritannien), SIMON UNDERWOOD b (Großbritannien), OSCAR VERDEN key (Großbritannien)

Pigbag fand Ende 1980 zusammen. Die erste Hitnotierung der Instrumentalband war »Sunny Day« (11/81 GB 53), ihren einzigen Top-10-Erfolg hatten sie mit »Papa's Got A Brand New Pigbag«. Das britische Massenblatt ›Sun‹ schrieb: ›Er hat keinerlei Text, keinen catchy gimmick, nicht einmal eine bestimmte Melodie.‹ Der Sound von Pigbag, Punk-Jazz mit unkonventionellen Arrangements, war geradezu unkommerziell. Nach einer weiteren Single, »The Big Bean« (7/82 GB 40), war die Gruppe wieder aus den Hitparaden verschwunden. Später nahm man noch eine Sängerin hinzu, und es fanden zusätzliche Umbesetzungen statt. Ihr einziger Hit wurde 1995 von den Perfecto Allstarz gecovert und kam in die britischen Top 10. Ihr erfolgreichstes Album war »Dr. Heckle And Mr. Jive« (3/82 GB-LP 18).

Papa's Got A Brand New Pigbag (4/82 GB 3)
Instrumental, Pop

Siehe auch: Perfecto Allstarz

Piglets

JONATHAN KING v (Großbritannien, * 6. 12. 1944 als Kenneth King in London)

1971 nahm Jonathan King, der bekannt für seine zahlreichen Pseudonyme ist, mit einigen Sessionmusikern als Piglets die Single »Johnny Reggae« auf. Die Platte verkaufte sich schneller als jede andere Veröffentlichung von King. Nachdem zwei weitere Episoden, »This Is Reggae« und »Johnny Reggae's Don't Get Your Knickers In A Twist«, keinen Erfolg hatten, wandte sich King neuen Projekten zu.

Johnny Reggae (11/71 GB 3)
Pop

Siehe auch: King, Jonathan

Pilot

IAN BAIRNSON g (Großbritannien, * 3. 8. 1953 in Shetland Isles/Schottland), BILL LYALL v, syn, p, fl (Großbritannien, * 26. 3. 1953 als William Lyall in Edinburgh), DAVID PATON v, g, b (Großbritannien, * 29. 10. 1951 in Edinburgh), STUART TOSH v, d (Großbritannien, * 26. 9. 1951 in Aberdeen)

Sänger, Bassist und Songschreiber David Paton war 1973 Mitbegründer des Trios. Bill Lyall hatte vorher mit den noch nicht erfolgreichen Bay City Rollers gespielt. Ein Jahr später nahm man als vierten Mann den Gitarristen Bairnson hinzu. Produziert wurden die Platten alle von Alan Parsons. Es gelangen Pilot noch zwei weitere Top-40-Hits: »Call Me Round« (4/75 GB 34) und »Just A Smile« (9/75 GB 31) und 1977 erschien mit »Two's A Crowd« ihr letztes Album. Tosh ging zu 10cc. Bairnson und Paton wurden Studiomusiker, u. a. für Kate Bush, Alan Parsons oder Chris DeBurgh. Lyall veröffentlichte eine Solo-LP und ging dann zu Dollar. Im Dezember 1989 starb er an Aids.

January (1/75 GB 1)
Magic (4/75 US 5)
Pop

Pink

PINK v (USA, * 6. 9. 1979 als Alecia Moore in Doylestown/Pennsylvania)
Schon im Alter von 14 Jahren sang Pink mit der Rap-Gruppe School Of Thought in Philadelphia. Danach wurde sie Mitglied der Mädchengruppe Basic Instinct. Als die sich wieder auflöste, gründete Pink Choice. Sie erhielten einen Plattenvertrag bei der Firma Laface – aber bevor überhaupt eine Platte veröffentlicht werden konnte, fiel die Gruppe schon wieder auseinander. Pink blieb und erhielt einen Solovertrag. 2001 schlossen sich Christina Aguilera, Lil' Kim, Mya und Pink zusammen, um eine Neuaufnahme des Titels »Lady Marmalade« zu singen. Das Stück stammte aus dem Nicole Kidman/Ewan McGregor-Musical »Moulin Rouge«. Pinks erstes Erfolgsalbum war »Can't Take Me Home« (4/00 US-LP 26), dann kam »M!ssundaztood« (12/01 US-LP 6, 2/02 GB-LP 4, D-LP 5). Als nächster Singlehit folgte »Don't Let Me Get Me« (3/02 US 22).

There You Go (3/00 US 7; 6/00 GB 6)
Most Girls (8/00 US 4; 9/00 GB 5)
You Make Me Sick (1/01 GB 9)
Lady Marmalade (4/01 US 1; 6/01 GB 1; 7/01 D 1)
Get The Party Started (10/01 US 4; 1/02 GB 2, D 2)
Pop, Rap

Siehe auch: Aguilera, Christina

Pink Floyd

SYD BARRETT v, g (Großbritannien, * 6. 1. 1946 als Roger Barrett in Cambridge), DAVID GILMOUR v, g (Großbritannien, * 6. 3. 1944 in Cambridge), NICK MASON d (Großbritannien, * 27. 1. 1944 in Birmingham), ROGER WATERS v, b (Großbritannien, * 6. 9. 1944 in Cambridge), RICK WRIGHT key (Großbritannien, * 28. 7. 1945 in London)
Singleerfolge sind bei dieser progressiven Rockband rar. »Arnold Layne« (3/67 GB 20) war die erste Hitnotierung. Es folgte der erste Top-10-Hit »See Emily Play« (9/67 D 25), dann »Money« (5/73 US 13) und schließlich der weltweite Nummer-1-Hit »Another Brick In The Wall (Part 2)«. Einen weiteren Top-10-Hit hatte diese Gruppe nicht, die es allerdings erklärtermaßen auch darauf nicht anlegte. Die Ursprünge der Band gehen zurück bis in das Jahr 1965. Waters, Wright und Mason trafen sich als Studenten am Regent-Street-Polytechnikum in London. Sie waren Mitglieder in verschiedenen Studentenbands. Waters brachte seinen Freund Syd Barrett ins Spiel, und die vier gründeten ein Quartett, dem Syd den Namen Pink Floyd gab. Namensgeber waren zwei Bluesmusiker aus Georgia: Pink Anderson und Floyd Council. Pink Floyd spielte zu diesem Zeitpunkt auch Blues. Ab 1966 schlug die Band musikalisch eine andere Richtung ein und verlegte sich auf Psychedelic Underground. Die erste LP von Pink Floyd in den britischen LP-Charts war »Pipers At The Gates Of Dawn« (8/67 GB-LP 6). Anfangs wurde das Material der Gruppe vorwiegend von Syd Barrett geschrieben, der schnell immer abgehobener und schließlich laut Aussage von Nick Mason wirklich verrückt wurde. Syds Verhalten bereitete dem Rest der Gruppe zunehmend Schwierigkeiten, und 1968 brachte Waters als fünften Mann David Gilmour zu Pink Floyd. Im April desselben Jahres wurde Syd gebeten, die Band zu verlassen. Er machte einige sehr verschrobene Soloplatten, die kommerziell nicht erfolgreich wurden. Anders Pink Floyd, die erst jetzt eine konstante musikalische Richtung verfolgten. Mitte 1968 erschien mit »A Saucerful Of Secrets« (7/68 GB-LP 9) ein weiterer Top-10-Erfolg in der LP-Hitparade. Es folgten »More« (6/69 GB-LP 9), »Ummagumma« (11/69 GB-LP 5, 1/70 US-LP 74, 9/70 D-LP 25), »Atom Heart Mother« (10/70 GB-LP 1, 11/70 D-

LP 8), »Meddle« (11/71 GB-LP 3, US-LP 70, 12/71 D-LP 11), »Obscured By Clouds« (6/72 GB-LP 6, 7/72 D-LP 19), »The Dark Side Of The Moon« (3/73 GB-LP 2, US-LP 1, 4/73 D-LP 3) – keine Langspielplatte in der Geschichte der amerikanischen LP-Charts konnte sich länger in der Hitparade halten als dieses Album: insgesamt blieb sie über 740 Wochen drin –, »Wish You Were Here« (9/75 GB-LP 1, US-LP 1, 11/75 D-LP 6), »Animals« (2/77 GB-LP 2, US-LP 3, 3/77 D-LP 1), »The Wall« (12/79 GB-LP 3, US-LP 10, D-LP 1) »A Collection Of Great Dance Songs« (12/81 GB-LP 37, US-LP 31, D-LP 36) und »The Final Cut« (4/83 GB-LP 1, D-LP 1, US-LP 6).

Pink Floyd hat ganz sicher Maßstäbe in diversen Richtungen gesetzt. Ihre Konzerte waren spektakulär, ihr Plattensound perfekt. Zu den Höhepunkten der enormen Rockshows von Pink Floyd gehört ganz ohne Zweifel das Spektakel »The Wall«. 1982 wurde »The Wall« mit Bob Geldof in der Hauptrolle verfilmt. 1980 verließ Wright die Band, nachdem er Schwierigkeiten mit Roger Waters hatte. Aber auch die anderen schienen inzwischen mit Waters nicht mehr richtig zurechtzukommen. Die LP »The Final Cut« kann man schon fast als Soloalbum von Waters bezeichnen. Mitte der 80er Jahre schien Pink Floyd ganz auseinander zu fallen. Die einzelnen Mitglieder arbeiteten an Soloprojekten, und schließlich waren es 1987 Gilmour und Mason, die als Pink Floyd wieder zusammenkamen und eine neue LP mit dem Titel »A Momentary Lapse Of Reason« (9/87 GB-LP 2, US-LP 3, D-LP 2) aufnahmen. Nachdem nun Waters nicht mehr dabei war, kam Wright wieder dazu, jedoch nicht als Bandmitglied, sondern als bezahlter Studiomusiker. Auch ohne Roger Waters wurde die Platte überaus erfolgreich.

Die weiteren Erfolgsalben von Pink Floyd: »Delicate Sound Of Thunder« (12/88 GB-LP 11, US-LP 11, D-LP 9), »The Division Bell« (4/94 GB-LP 1, US-LP 1, D-LP 1) und »Pulse« (6/95 GB-LP 1, US-LP 1, D-LP 2).

Jahrelang fehlte den Fans der Gruppe eine Live-Version von »The Wall« – sie kam schließlich als »Is There Anybody Out There? – The Wall Live – 1980–81« (4/00 D-LP 3, 5/00 US-LP 19).

Soloprojekte von Waters konnten an die großen Erfolge von Pink Floyd nicht anknüpfen. »The Pros And Cons Of Hitch Hiking« 1984, »Radio K.H.A.O.S.« 1987 oder »Amused To Death« 1992 blieben hinter den Erwartungen zurück. Nach dem Fall der Berliner Mauer führte Roger Waters mit einer illustren Schar von Gastmusikern wie Scorpions, Ute Lemper, Cyndi Lauper, Snowy White, Thomas Dolby, Sinéad O'Connor, Joni Mitchell, Bryan Adams, Paul Carrack, Van Morrison, The Band oder Marianne Faithfull am 21. 7. 1990 »The Wall« noch einmal am Potsdamer Platz in Berlin auf. 200 000 Zuschauer sahen das Spektakel und waren begeistert. Das Konzert wurde weltweit live übertragen, und der Erlös ging an einen Katastrophenfonds.

Schon 1987, als Rogers Kollegen David Gilmour, Nick Mason und Rick Wright für neue Produktionen zusammenkamen, wollte Roger gerichtlich verhindern, dass sie den Namen Pink Floyd weiter benutzten – er verlor den Prozess. Weitere Soloaktivitäten von Roger waren – wohl weil die Fans von Pink Floyd sauer auf sein Vorgehen reagierten – nicht sonderlich erfolgreich.

1996 wurden Pink Floyd in die Rock and Roll Hall of Fame aufgenommen.

1999 ging Roger, obwohl er seit sieben Jahren keine neue Platte mehr veröffentlicht hatte, auf eine ausgedehnte Amerikatournee. Nachdem Kritiker und Fans gleichermaßen begeistert waren, kam er auch 2000 wieder in die USA. Im Dezember 2000 erschien von diesen Konzerten die Doppel-CD »In The Flesh«. Zum Zeit-

punkt der Veröffentlichung äußerte Waters in einem Interview, es würde ihn schmerzen, dass seine ehemaligen Bandkollegen immer noch unter dem Namen Pink Floyd touren und seine Kompositionen spielen. Wenn es eine rechtliche Handhabe gäbe, hätte er das schon lange gestoppt. ›Wenn die rund um die Welt in Fußballstadien Songs spielen, die ich als Protest gegen solche Kommerzialisierung geschrieben habe, fühle ich mich, als hätte ich meine Kinder als Prostituierte verkauft – aber Pink Floyd wird als Firma geführt, an der jeder von uns 25 Prozent hält. Die anderen drei können mich jederzeit überstimmen. Deshalb gehe ich auch gar nicht mehr zu den Firmentreffen. Es macht einfach keinen Sinn‹.
2001 versuchte die EMI, den Weihnachtserfolg der Beatles aus dem Jahr 2000 mit Pink Floyd zu wiederholen. Sie veröffentlichten die Doppel-CD »Echoes – The Best Of« (11/01 GB-LP 2, D-LP 1, US-LP 2).

See Emily Play (6/67 GB 6)
Another Brick In The Wall (Part 2) (12/79 D 1, US 1, GB 1)
AOR (Adult Orientated Rock), Psychedelic, Rock

Pinkees

Abgesehen von »Danger Games« hinterließen die Pinkees keinerlei Spuren in den Hitparaden – allerdings sorgte die Band für einen Umbruch in GB, was die Ermittlung der Charts angeht. Ihr Hit war um Position 30 herumgekrebst und machte am 23. 10. 1982 einen ungewöhnlich hohen Sprung von 27 auf 8. Es kam der Verdacht auf, dass hier manipuliert wurde zwischen einem Mitarbeiter der Plattenfirma der Gruppe und dem British Market Research Bureau (BMRB), das im Auftrag der BBC die wöchentliche Hitparade ermittelte. Sogar Scotland Yard wurde eingeschaltet. Der Vertrag zwischen der BBC und BMRB wurde gekündigt, und seit dem Januar 1983 liegt die Ermittlung der GB-Charts beim Meinungsforschungsinstitut Gallup.

Danger Games (9/82 GB 8)
Pop

Pinkerton's Assorted Colours

BARRIE BERNARD b (Großbritannien, * 27. 11. 1944 in Coventry), DAVE HOLLAND d (Großbritannien), SAMUEL »PINKERTON« KEMP v (Großbritannien), TOM LONG g (Großbritannien), TONY NEWMAN g (Großbritannien)
Die Formation wurde 1964 als Liberators gegründet. Reg Calvert, Manager der Fortunes, wurde auf die Gruppe aufmerksam, änderte ihren Namen in Pinkerton's Assorted Colours und verpasste ihnen als Bühnenkleidung grellrosa Jacketts. Nach ihrem Erfolg verkürzte die Band ihren Namen auf Pinkerton's Colours und schließlich Pinkerton. Tony Newman tauchte später als Sänger bei Flying Machine auf.

Mirror Mirror (1/66 GB 9)
Pop

Siehe auch: Flying Machine

Pioneers

GLEN ADAMS v (Jamaika), DERRICK CROOKS v (Jamaika), SYDNEY CROOKS v (Jamaika), GEORGE DEKKER v, JACKIE ROBINSON v
Nachdem die drei Erstgenannten ab 1962 in ihrer Heimat Jamaika etliche Hits hatten, siedelten sie – inzwischen hatten Adams und Derrick Crooks das Trio verlassen und waren durch Robinson und George Dekker, einen Bruder von Desmond Dekker, ersetzt worden – Anfang der 70er Jahre nach GB über. Mit »Long Shot Kick De Bucket« (10/69 GB 21, 10/70 RE-GB 40, 3/80 RE-GB 42) hatten sie dort ihre erste

Hitnotierung. Mit der Jimmy-Cliff-Nummer »Let Your Yeah Be Yeah« standen sie unter den ersten 10. Nachfolger wurde »Give And Take« (1/72 GB 35), und danach waren die Pioneers am Ende. George Dekker versuchte sich als Solist und Songschreiber, Jackie Robinson ebenfalls als Solist, und Sydney Crooks wurde Plattenproduzent. Ende der 80er Jahre machte Sydney ein eigenes Aufnahmestudio in GB auf.

Let Your Yeah Be Yeah (7/71 GB 5)
Pop, Reggae

Piper, Billie

BILLIE v (Großbritannien, * 22. 9. 1982 als Billie Paul Piper in Swindon/London)
Teenie-Pop in Reinkultur – jetzt wurde es mal wieder Zeit für ein 15-jähriges Mädchen, das auf die Frage, warum die Musik so laut sein muss, antwortet: ›Weil wir es wollen‹. Da kann man sicher sein, dass sie genau den Nerv ihrer Altersgenossinnen traf – und die sind halt die Käufer der Singles. Ihre Karriere startete Billie in einigen kleinen Werbespots, war dann in einem Extra der TV-Serie »Eastenders« zu sehen und wurde schließlich über mehrere Wochen in GB als das neue Teen-Idol gefeaturet, bis es die Kids glaubten. Die Single »Because We Want To«, musikalisch eher von der schlichten Art und aus der Serie ›tausenmal gehört‹, stieg am 11. 7. 1998 auf Platz 1 der britischen Charts ein. Nachfolger »Girlfriend« schaffte am 17. 10. 1998 ebenfalls den Sprung von 0 auf 1 in GB. Bis zu diesem Zeitpunkt nannte sie sich auf ihren Singles lediglich Billie. Im Jahr 2000 kam sie mit ihrem vollständigen Namen. Nachdem sie im Spätsommer 2000 bei mehreren Auftritten zusammengebrochen war, erlaubte sich der britische Counterpart zu ›Bild‹, die ›Sun‹, zu ihrer 18. Geburtstagsparty den Schnüffelhund Charly zu schicken. Wie wäre es mit einem einfachen Schwangerschaftstest gewesen? Ihr nächster Hit hieß »Something Deep Inside«. Im Oktober 2000 erschien das Album »Walk Of Life«, ihr erfolgreichstes war »Honey To The B« (10/98 GB-LP 14).

Because We Want To (7/98 GB 1)
Girlfriend (10/98 GB 1)
She Wants You (12/98 GB 3)
Honey To The Bee (4/99 GB 3)
Day & Night (5/00 GB 1)
Something Deep Inside (9/00 GB 4)
Pop

Pipkins

TONY BURROWS v (Großbritannien, * 14. 4. 1942 in Exeter), JONATHAN v (Großbritannien, * 19. 8. 1940 als Roger James Cook in Bristol)
Dieses Studioprojekt brachte es mit der Klamauk-Nummer »Gimme Dat Ding« zum Hit – Sänger ist der hinlänglich bekannte Tony Burrows. Der Titel wurde häufig in den Benny-Hill-Shows als Background-Musik verwendet. Ursprünglich war er vom Songschreiber-Duo Hammond/Hazelwood für die TV-Kinderserie ›Oliver And The Overlord‹ geschrieben worden. Nachdem die Platte zum Hit wurde, stellten sich bei Live-Auftritten Davey Sands, früher bei Essex, und DJ Lean Marshall auf die Bühne.

Gimme Dat Ding (3/70 GB 6; 5/70 US 9)
Middle Of The Road (MOR), Pop

Piranhas

ZOOS ALORS sax (Großbritannien), BOB GROVER v, g (Großbritannien), JOHN HELMER g (Großbritannien), REGINALD FREDRICK HORNSBURG b (Großbritannien), DICK SLEXIA d (Großbritannien)
Der ›Melody Maker‹ nannte sie die Woody Allens des Rock. 1977 begann diese

Formation professionell zu arbeiten. ›Damals‹, so erzählte die Gruppe, ›konnten wir nichts falsch machen, weil Punk gerade groß angesagt war. Niemand im Publikum wusste so recht, was in dieser Woche gerade modern war, und so konnte man alles präsentieren. Hauptsache, man hatte die richtigen Klamotten an.‹ Wegen ihrer ausgeflippten Kleidung wurden sie schnell in Brighton und Umgebung bekannt. Ihr unprofessioneller Habitus, ›am Anfang nicht gewollt, sondern mangels Erfahrung‹, machte Eindruck auf das Publikum. Mit einer Neuauflage des Titels »Tom Hark«, im Original mit der südafrikanischen Gruppe Elias & His Zigzag Jive Flutes 1958 ein Top-10-Hit in GB, hatten die Piranhas ihren ersten Hit. Zwei Jahre später kam »Zambesi« (10/82 GB 17). Danach hatten sie wohl so viel gelernt, dass das Publikum sie nicht mehr als aufregend empfand.

Tom Hark (8/80 GB 6)
Pop

Pitney, Gene

Gene Pitney v (USA, * 17. 2. 1941 als Gene Francis Allan in Hartford/Connecticut)

Pitney wurde als Spross polnischer Einwanderer geboren. Seine erste Gruppe gründete er, während er die High-School besuchte: Gene Pitney & The Genials. Zusammen mit Ginny Arnell nahm er 1958 als Jamie & Jane seine ersten Platten auf. Ab 1959 machte er Soloplatten, erst als Billy Bryan, dann unter seinem richtigen Namen, und war bis 1974 in den Hitparaden zu finden. Seine erste Hitnotierung war »(I Wanna) Love My Life Away« (1/61 US 39, 3/61 GB 26). Eine Nummer 1 ist ihm nie gelungen, bis er nach langer Abwesenheit aus den Hitparaden 1989 zusammen mit dem Briten Marc Almond eine Neuaufnahme von »Something's Gotten Hold Of My Heart« sang. Auch als Songschreiber für andere war Gene erfolgreich. So schrieb er z. B. für die Crystals »He's A Rebel« oder Ricky Nelsons »Hello Mary Lou«. 1993 erschien bei Bear Family die CD »Hits And Misses«, auf der auch Aufnahmen aus dem Jahr 1959 zu finden waren, die er als Jamie & Jane und Billy Bryan aufgenommen hatte. Neben unveröffentlichten Aufnahmen befand sich außerdem auf dieser CD eine deutsche Version von »Town Without Pity«, »Bleibe bei mir«. Auch in den 90er Jahren trat Pitney in den USA mit viel Erfolg auf. Von allen Beteiligten als großartig angesehen wurde ein Konzert von ihm im Februar 1993 in der New Yorker Carnegie Hall.

Seine erfolgreichsten Alben waren »Blue Gene« (4/64 GB-LP 7), »Gene Pitney's Big Sixteen« (2/65 GB-LP 12), »I'm Gonna Be Strong« (3/65 GB-LP 15), »Lookin' Thru The Eyes Of Love« (11/65 GB-LP 15), »Nobody Needs Your Love« (9/66 GB-LP 13), »Best Of Gene Pitney« (9/69 GB-LP 8), »His 20 Greatest Hits« (10/76 GB-LP 6) und »Backstage – The Greatest Hits And More« (10/90 GB-LP 17).

(The Man Who Shot) Liberty Valance (4/62 US 4)
Only Love Can Break A Heart (9/62 US 2)
Twenty Four Hours From Tulsa (12/63 GB 5)
That Girl Belongs To Yesterday (3/64 GB 7)
It Hurts To Be In Love (7/64 US 7)
I'm Gonna Be Strong (10/64 GB 2, US 9)
I Must Be Seeing Things (2/65 GB 6)
Looking Through The Eyes Of Love (6/65 GB 3)
Princess In Rags (11/65 GB 9)
Backstage (2/66 GB 4)
Nobody Needs Your Love (6/66 GB 2)
Just One Smile (11/66 GB 8)
Something's Gotten Hold Of My Heart (11/67 GB 5; 1/89 D 1, GB 1)
Pop

Piu, Mario

Nach seinem bisher einzigen Top-10-Hit veröffentlichte er als Mario Piu pres. DJ Arabesque »The Vision« (3/01 GB 16). Weitere Erfolge außerhalb Italiens sind nicht bekannt.

Communication (Somebody Answer The Phone) (12/99 GB 5)
Dance

PJ & Duncan

DECLAN DONNELLY v (Großbritannien, * 25. 9. 1975 in Newcastle), ANTHONY MCPARTLIN v (Großbritannien, * 18. 11. 1975 in Newcastle)

Die beiden verband zunächst ihre gemeinsame Begeisterung für den Fußball und da besonders für ihren Heimatverein. Sie lernten sich bei den Dreharbeiten zu der TV-Serie ›Byker Grove‹ kennen, in der es um die Probleme von Jugendlichen ging. Declan spielte die Rolle des Duncan, Anthony die des PJ. In der erwähnten Serie gründeten die beiden eine Popgruppe mit dem Namen Grove Matrix und versuchten, im Showgeschäft Fuß zu fassen. Um das ganz auszuspielen, mussten sie natürlich auch ein Liedchen singen. Es war der Titel »Tonight I'm Free«, der sich 1993 auf 62 platzieren konnte. Von da an ging's langsam bergauf: »Why Me«(4/94 GB 27). Diese Platte erschien bereits als PJ & Duncan (a.k.a. Ant & Declan). »If I Give You My Number« (10/94 GB 15), »Eternal Love« (12/94 GB 12) und »Our Radio Rocks« (2/95 GB 15) schafften es immerhin noch unter die ersten 20. Anfang 1995 erschien das erste Album des Duos PJ & Duncan mit dem Titel »Psyche« (11/94 GB-LP 5). Inzwischen hatten sie die Schauspielerei aufgegeben, um sich ganz auf ihre Popkarriere zu konzentrieren. 1995 und 1996 erschienen etliche Singles der beiden, die sich jedoch immer nur unter die ersten 20, nicht in die Top 10 schlichen: »Our Radio Rocks« (2/95 GB 15), »Stuck On U« (7/95 GB 12), »U Krazy Kat« (10/95 GB 15), »Perfect« (12/95 GB 16) und »Stepping Stone« (3/96 GB 11). Dann änderten sie Mitte 1996 ihre Namen. Aus den TV-Namen PJ & Duncan wurde jetzt Ant & Dec, die Abkürzungen für Anthony und Declan. Dort geht die Geschichte weiter.

Let's Get Ready To Rhumble (7/94 GB 9)
Boy Group, Pop

Siehe auch: Ant & Dec

Placebo

STEVE HEWITT d (Großbritannien, * 22. 3. 1971 in Northwich), BRIAN MOLKO v, g STEFAN OLSDAL g, key, b (Schweden, * 31. 3. 1974), ROBERT SCHULTZBERG d

»Teenage Angst« (9/96 GB 30) hieß der erste Hit dieser Band, die sich aus amerikanischen und schwedischen Musikern zusammensetzte, die in London ansässig waren. Molko und Olsdal hatten sich in Luxemburg an einer Schule kennen gelernt, als sie 12 Jahre alt waren. Placebo wurde schließlich sieben Jahre später in London gegründet, nachdem sich die beiden zufällig an der South Kensington U-Bahn-Station wiedergetroffen hatten. Aufgenommen wurde »Nancy Boy« in Irland und gemischt in Frankreich. Also schön international, diese Band, die nach dem lateinischen Motto ›ich werde gefallen‹ arbeitet. Nach diesem Erfolg kam ihre Debütsingle »Bruise Pristine« (5/97 GB 14) auch endlich zu Hitehren. Placebo ist im medizinischen Sinne ein unwirksames Medikament, das einem echten Medikament im Aussehen und Geschmack gleicht. »Bruise Pristine« war bereits 1995 bei einer unabhängigen kleinen Plattenfirma erschienen. Danach erhielten sie einen Plattenvertrag bei einem größeren Label. Dort erschien im Februar 1996 »Come Home« und wurde ein Flop.

Dann kamen »Teenage Angst« und das Album »Placebo« (6/96 GB-LP 40, 2/97 RE-GB-LP 5). Im Oktober 1998 erschien mit »Without You I'm Nothing« (10/98 GB-LP 7) das nächste Album. Vorauskopplungen waren die Top-10-Hits »Pure Morning« und »You Don't Care About Us«. Das Jahr 1999 begann mit der Single »Every You Every Me« (2/99 GB 11). Schultzberg wurde von Steve Hewitt abgelöst. Es folgten die Single-Hits »Taste In Men« (7/00 GB 16) und »Slave To The Wage« (10/00 GB 19). Im Herbst 2000 erschien mit »Black Market Music« (10/00 GB-LP 6, 10/00 D-LP 4) ein neues Album.

Nancy Boy (2/97 GB 4)
Pure Morning (8/98 GB 4)
You Don't Care About Us (10/98 GB 5)
Pop, Punk, Rock

Planet Funk

MARCO BARONI (Italien), DAN BLACK v (Großbritannien), DOMENICO CANU (Italien), AULI COCCO v (Schweden), SERGIO DELLA MONICA (Italien), ALEX NERI (Italien), ALESSANDRO SOMMELLA (Italien)
Mit »Chase The Sun« hatte Planet Funk den ersten Hit in den Charts – dabei waren die einzelnen Mitglieder dieser Formation alles andere als Frischlinge. Auli Cocco, im Jahr 2001 bereits 40 Jahre alt, war in Lappland als Jazzinterpret eine feste Größe. Dan Black hatte vorher mit der Gruppe Servant gesungen. Canu war Mitglied von Souled Out, die mit »In My Life« (5/92 GB 72) Hitparadenluft geschnuppert hatten. Beheimatet war Planet Funk in Neapel.

Chase The Sun (2/01 GB 5)
Dance

Planet Perfecto

PAUL OAKENFOLD (Großbritannien)
Planet Perfecto ist ein weiteres Projekt des GB-Tüftlers Paul Oakenfold. Unter der Verkleidung als Planet Perfecto hatte er schon die Hits »Not Over Yet 99« (8/99 GB 16) und »Bullet In The Gun« (11/99 GB 15). Mit den Perfecto Allstarz stand er in den Charts mit »Reach Up (Papa's Got A Brand New Pig Bag)«. Aber auch an Grace und Element Four war er beteiligt und hatte Top-10-Erfolge. »Bullet In The Gun« kam knapp ein Jahr nach der ersten Hitnotierung erneut in die GB-Charts mit dem Zusatz »2000« und wurde dieses Mal ein Top-10-Hit.

Bullet In The Gun 2000 (9/00 GB 7)
Dance

Siehe auch: Element Four; Perfecto Allstarz; Grace

Plastic Bertrand

PLASTIC BERTRAND v, d (Belgien, * 24. 2. 1958 als Roger Jouvet in Brüssel)
Bertrand hatte etwas von Sid Vicious für Kinder. 1976 war er Schlagzeuger in der Gruppe Hubble Bubble. Dann wurde er von dem Produzenten Lou Deprijk entdeckt, der gerade mit Two Man Sound erfolgreich war. Im Oktober 1977 erschien »Ça Plane Pour Moi« und entwickelte sich im Laufe der nächsten Monate zu einem Hit in Europa. Nachfolger wurde »Sha La La La Lee« (8/78 GB 39). Ein weiterer Hit gelang ihm nicht. 1987 vertrat Bertrand Luxemburg beim Grand Prix Eurovision und landete mit »Amour, Amour« auf Platz 21 – es nahmen 22 Songs teil.

Ca Plane Pour Moi (5/78 D 6, GB 8)
Grand Prix, Pop, Punk

Plastic Penny

MICK GRABHAM g (Großbritannien), BRIAN KEITH v (Großbritannien), TONY MURRAY b (Großbritannien, * 26. 4.

1945), NIGEL OLSSON d (Großbritannien, * 10. 2. 1949 in Wallasey/Lancashire), PAUL RAYMOND key (Großbritannien)
Plastic Penny kamen 1968 zusammen und gehörten zu den ersten Interpreten, die für das neu gegründete Label Page One von Larry Page Platten aufnahmen. Vier Mitglieder hatten vorher bei den Universals gespielt – dazu kam Nigel Olsson. Mit einer Coverversion des Box-Tops-Titels »Everything I Am« hatte Plastic Penny einen Hit. Weitere Singleversuche scheiterten, und bereits vor Fertigstellung der einzigen LP verließ Keith die Gruppe und hatte mit Congregation den Hit »Softly Whispering I Love You«. Nach dem Weggang von Keith trennten sich auch die anderen. Grabham gründete zunächst die Formation Cochise, bevor er zu Procol Harum ging. Murray spielte mit den Troggs, Raymond mit Chicken Shack und Savoy Brown, während Olsson mit der Spencer Davis Group und Elton John arbeitete.

Everything I Am (1/68 GB 6)
Pop

Platinum 45 feat. More Fire Crew

LETHAL B (Großbritannien, in London), NEEKO dj (Großbritannien), OZZI B (Großbritannien, in London), PLATINUM 45
Die More Fire Crew bestand aus den beiden Jugendfreunden Lethal und Ozzi und Neeko, DJ bei einem britischen Piratensender. Für ihren Hit »Oi!« suchten sie die Unterstützung des Produzenten Platinum 45 – es funktionierte.

Oi! (3/02 GB 8)
Dance

Player

PETER BECKETT v, g (Großbritannien, in Liverpool), WAYNE COOKE key (USA, in Los Angeles/Kalifornien), JOHN CROWLEY v, g (USA, * 13. 11. 1947 in Galveston Bay/Houston/Texas), JOHN FRIESEN d (USA, in Los Angeles/Kalifornien), RONN MOSS b (USA, in Los Angeles/Kalifornien)
Player wurde in Los Angeles gegründet. Gleich ihre erste Hitnotierung »Baby Come Back« (2/87 GB 32) war ein Millionseller. Nach dem weiteren Top-10-Hit »This Time I'm In It For Love« kam mit »Prisoner Of Your Love« (9/78 US 27) noch ein Top-40-Hit. Ab 1988 wurde John Crowley erfolgreich als Countrysänger. Ronn Moss spielte Ridge Forrest in der TV-Serie ›The Bold And The Beautiful‹. Peter Beckett wurde 1992 Mitglied der Little River Band.

Baby Come Back (10/77 US 1)
This Time I'm In It For Love (3/78 US 10)
Pop, Soft Pop

Players Association

BOB BERG sax (USA), HERB BUSHLER b (USA), TOM HARRELL tr (USA), CHRIS HILL v, key, d, b, MIKE MANDEL syn (USA), BOB MOVER sax (USA), KARL RATZER g (USA), PAT REBILLOT key (USA)
Chris Hill ist der Kopf der Players Association, einer Vereinigung von bekannten amerikanischen Jazzmusikern. Die Aufnahme »Turn The Music Up!« war in den USA nicht erfolgreich, in GB kam sie bis auf Platz 8. Sie gilt als Beweis dafür, dass Diskomusik auch anspruchsvoll sein kann. Es folgten noch zwei weitere Titel der Band in den GB-Charts, aber keiner kam über Platz 40 hinaus.

Turn The Music Up! (3/79 GB 8)
Disko, Instrumental

PM Dawn

DJ MINUTE MIX dj (USA, * 17. 7. 1971 als Jarrett Cordes in Jersey City/New Jersey), PRINCE B (USA, * 19. 5. 1970 als Attrell Cordes in Jersey City/New Jersey)

Die beiden Brüder wurden in ihrer Familie schon früh mit Musik konfrontiert. Die Mutter engagierte sich im obligatorischen Gospelchor der Heimatstadt, der Stiefvater war Gründungsmitglied bei der Funk-Band Kool & The Gang. PM Dawn hatten ihre ersten Erfolge in GB. Als Mitautor von »Set Adrift On Memory Bliss« wurde Gary Kemp angegeben, denn Anklänge an das Stück »True« von Spandau Ballet waren nicht zu überhören. »I'd Die Without You« war wohl auch deshalb so erfolgreich, weil er im Film »Boomerang« mit Eddie Murphy zu hören war. Der Name PM Dawn soll sagen, dass aus der tiefsten Finsternis die Erleuchtung kommt! Ihre erfolgreichsten Alben: »Of The Heart, Of The Soul And Of The Cross« (9/91 GB-LP 8) und »The Bliss Album . . .?« (4/93 GB-LP 9, US-LP 30).

Set Adrift On Memory Bliss (8/91 D 3, GB 3; 10/91 US 1)
I'd Die Without You (9/92 US 3)
Looking Through Patient Eyes (3/93 US 6)
Rap, Soul

Pogues

PHIL CHEVRON g (Irland, * 17. 6. 1957 als Ryan Chevron in Dublin), JAMES FEARNLEY acc (Großbritannien, * 9. 10. 1954 in Manchester), JEM FINER bj (Großbritannien, * 20. 7. 1955 als Jeremy Max in Stoke-on-Trent), DARRYL HUNT b (Großbritannien, * 4. 5. 1950 in Nottingham), SHANE MACGOWAN v, g (Großbritannien, * 25. 12. 1957 in Tunbridge Wells/Kent), CAITLIN O'RIORDAN b, ANDREW RANKEN d (Großbritannien, * 13. 11. 1953 in London), PETER »SPIDER« STACY v (Großbritannien, * 14. 12. 1958 in Eastbourne/London), JOE STRUMMER v (Türkei, * 21. 8. 1952 als John Graham Mellors in Ankara), TERRY WOODS bj (Irland, * 4. 12. 1947 in Dublin)

Die Pogues formierten sich 1982 in London und spielten in ihren Anfangstagen eine Mixtur aus Country, Rockabilly und Folk. Auf ihrem eigenen Plattenlabel Pogue Mahone veröffentlichten sie ihre Debütsingle »The Dark Streets Of London«. Zu diesem Zeitpunkt nannte sich die Formation noch Pogue Mo Chone – ein gälischer Ausdruck für ›Leck mich am Arsch‹. Schon aus diesem Grunde spielte die BBC die Debütsingle nur zögerlich. Mitte des Jahres 1984 wechselten sie zu der Plattenfirma Stiff Records, die die Band überredete, den Namen auf Pogues abzukürzen. »A Pair Of Brown Eyes« war im Frühjahr 1985 die erste Single der Gruppe in den britischen Charts. »Fairytale Of New York« kam im Dezember 1987 in die GB-Charts und erreichte Platz 2. Vier Jahre später kam sie erneut in die Hitparade, dieses Mal bis auf Platz 36. Bei diesem Titel war außer der Gruppe Pogues Kirsty MacColl zu hören. Zusammen mit den Dubliners nahmen die Pogues im Frühjahr 1987 den Titel »The Irish Rover« auf. Die Plattenveröffentlichungen der Gruppe reichen bis in die 90er Jahre. 1991 verließ Shane MacGowan die Band und wurde durch Joe Strummer von Clash ersetzt. Seit Juni 1992 hat Stacy den Job des Leadsängers übernommen. Im September 1993 kam »Waiting For Herb«, ein neues Album der Pogues mit Stacy als Leadsänger. 1994 veröffentlichte MacGowan die CD »The Snake«. Er nannte seine Gruppe Shane MacGowan & The Popes. Im April 1996 stand seine Interpretation von »My Way« auf Platz 29 in GB.

Die erfolgreichsten Alben der Pogues: »Rum, Sodomy And The Lash« (8/85 GB-LP 13), »If I Should Fall From Grace With God« (1/88 GB-LP 3), »Peace And Love« (7/89 GB-LP 5), »Hell's Ditch« (10/90 GB-LP 12), »The Best Of The Pogues« (10/91 GB-LP 11) und »Waiting For Herb« (9/93 GB-LP 20).

The Irish Rover (3/87 GB 8)
Fairytale Of New York (12/87 GB 2)
Folk, Punk

Point Break

OLLIE v (Großbritannien, als David Oliver), BRETT ADAMS v (Großbritannien), DECLANE BARNETT v (Großbritannien)
Bret spielte zwischen 1990 und 1995 in der TV-Serie »Byker Grove« die Rolle des Noddy, die erste homosexuelle Teenie-Rolle, die in England entwickelt wurde. Zwischen 1991 und 1992 spielte in der selben Serie Olli. Der Dritte im Bunde hatte sich seine ersten Sporen in der britischen Show »This Morning« verdient. Die drei mussten einfach auf den Teenie-Markt geworfen werden. »Do We Rock« (10/99 GB 29) war der erste Hit, dann kamen »Stand Tough«, »Freakytime« (4/00 GB 13), »You« (8/00 GB 14) und »What About Us« (12/00 GB 24).

Stand Tough (1/00 GB 7)
Boy Group

Pointer Sisters

JUNE POINTER v (USA, * 30. 11. 1954 in Oakland/Kalifornien), BONNIE POINTER v (USA, * 11. 7. 1950 in Oakland/Kalifornien), ANITA POINTER v (USA, * 23. 1. 1948 in Oakland/Kalifornien), RUTH POINTER v (USA, * 19. 3. 1946 in Oakland/Kalifornien)
Die Pointer Sisters kamen 1971 in ihrer Heimatstadt Oakland als Gesangsgruppe zusammen. Ein Jahr später nahmen sie als viertes Mitglied Schwester June dazu. Bevor ihre Karriere als Soul-Gruppe begann, sangen sie Gospelmusik, was bei den Eltern – sie sind Pfarrer – kein Wunder ist. Sie sangen jedoch auch im Hintergrund bei Plattenaufnahmen von Elvin Bishop, Boz Scaggs, Grace Slick und vielen anderen. Schon 1971 hatten sie einen eigenen Plattenvertrag. Ihre erste Hitnotierung war »Yes We Can Can« im Herbst 1973. 1977 trennten sie sich kurz. Bonnie beschloss, eine Solokarriere zu verfolgen, die drei anderen machten als Trio weiter. Der größte Erfolg von Bonnie wurde Mitte 1979 »Heaven Must Have Sent You«, Platz 11 in den USA. Die Bruce-Springsteen-Nummer »Fire« brachte den Schwestern 1978 einen Millionseller.
Ihre größten Albumerfolge waren »The Pointer Sisters« (6/73 US-LP 13), »Energy« (12/78 US-LP 13), »Black & White« (7/81 US-LP 12, 8/81 GB-LP 21), »Break Out« (12/83 US-LP 8, 5/84 GB-LP 9) und »Contact« (7/85 GB-LP 34, 8/85 US-LP 24) und »Jump – The Best Of The Pointer Sisters« (7/89, GB-LP 11). Die Plattenveröffentlichungen der Pointer Sisters reichen bis in die 90er Jahre. 1993 erschien, produziert von Peter Wolf, »Only Sisters Can Do That«.

Fire (11/78 US 2)
He's So Shy (7/80 US 3)
Slow Hand (5/81 US 2; 8/81 GB 10)
Automatic (1/84 US 5; 4/84 GB 2)
Jump (For My Love) (4/84 US 3; 6/84 GB 6)
I'm So Excited (8/84 US 9)
Neutron Dance (11/84 US 6)
Dance, Rhythm & Blues, Soul

Poison

BOBBY DALL b (USA, * 2. 11. 1958 als Robert Kuy Kendall in Miami/Florida), C.C. DEVILLE g (USA, * 14. 5. 1962 als Bruce Anthony Johannesson in Brooklyn/New York City/New York), RICHIE KOTZEN g (USA, * 3. 2. 1970 in Reading/Pennsylvania), BRET MICHAELS v (USA, * 15. 3. 1962 als Bret Michael Sychalk in Harrisburg/Pennsylvania), RIKKI ROCKETT d (USA, * 8. 8. 1959 als Richard Ream in Mechanicsburg/Pennsylvania), BLUES SARACENO g (USA, * 17. 10. 1971)

Das Quartett aus Harrisburg/Pennsylvania formierte sich 1984. Mit der Single »Talk Dirty To Me« schafften sie ihren ersten Hitparadenerfolg. Hatte sich die Gruppe Poison in ihren Anfangstagen mehr wie eine Mischung aus Travestie und Alice Cooper gegeben, so kamen sie in den 90er Jahren mit Metaller-Image. 1992 gab auf dem Album »Swallow This Live« C.C. DeVille seinen Abschied. Ersatz für ihn wurde Richie Kotzen. Die erfolgreichsten Alben der Band, die alleine von ihren ersten drei LPs in den USA 11 Millionen Exemplare verkaufte: »Look What The Cat Dragged In« (8/86 US-LP 3), »Open Up And Say... Ahh!« (5/88 US-LP 2, GB-LP 18), »Flesh & Blood« (7/90 US-LP 2, GB-LP 3) und »Native Tongue« (3/93 US-LP 16, GB-LP 20).

Talk Dirty To Me (3/87 US 9)
Nothin' But A Good Time (4/88 US 6)
Every Rose Has Its Thorn (10/88 US 1)
Your Mama Don't Dance (2/89 US 10)
Unskinny Bop (7/90 US 3)
Something To Believe In (10/90 US 4)
Hard Rock

Police

STEWART COPELAND d (Ägypten, * 16. 7. 1952 in Alexandria), STING v, b (Großbritannien, * 2. 10. 1951 als Gordon Summer in Wallsend/Tyne And Wear), ANDY SUMMERS g (Großbritannien, * 31. 12. 1942 als Andrew Somers in Poulton Le Fylde/Lancashire)

Das Trio kam im Januar 1977 zusammen. In den Anfangstagen war als Gitarrist Henri Padovani mit dabei. Diese drei nahmen die erste Single von Police, »Fall Out«, auf, die sich nur 15 000 Mal verkaufte. Im August 1977 kam als viertes Mitglied Andy Summers zur Band. Im September spielte Police als Quartett beim South of France Punk Festival in Mont de Marson. Zurück in GB, verließ Padovani, ›weil die Chemie nicht stimmte‹, die Band. Andy Summers hatte vorher z. B. bei Eric Burdon & The Animals, Soft Machine, der Kevin Ayers Band und der Zoot Money Big Roll Band gespielt, teilweise unter dem Pseudonym Andrew Somers. Copeland war vorher Mitglied bei Curved Air gewesen, Sting Bassist bei Earthrise, den River City Jazzmen, der Newcastle Big Band, Last Exit und außerdem in einem bürgerlichen Beruf tätig: als Grundschullehrer für Sport und Musik. Police entwickelte sich schnell zu einer der innovativsten Rockbands der 70er Jahre. Ihre Mixtur aus New Wave, Punk-Manierismen, Reggae und Rock faszinierte nicht nur die Briten. Noch im Jahr 1977 arbeiteten sie mit dem Deutschen Eberhard Schoener an dessen Album »Video Flashback«. Im Frühjahr 1978 wirkten sie in einem Werbespot für Wrigleys Kaugummi im amerikanischen Fernsehen mit. Um den amerikanischen Vorstellungen von britischer Punk-Rock-Bewegung gerecht zu werden, färbte sich das Trio die Haare blond. Im April 1978 erschien die Single »Roxanne«, die aber nicht in die Hitparaden kam, weil die Gruppe keine Zeit hatte, dafür Promotion zu machen. Wieder war sie in Deutschland und arbeitete mit Eberhard Schoener an dessen Laser-Theater. »Can't Stand Losing You« (10/78 GB 42) war die erste Chart-Single des Trios, die, als sie Mitte 1979 noch einmal veröffentlicht wurde, in die Top 10 kam. Auch die erwähnte Platte »Roxanne« (2/79 US 32, 4/79 GB 12) wurde im Frühjahr 1979 noch einmal neu veröffentlicht. »Message In A Bottle« wurde im Herbst 1979 der erste Spitzenreiter in GB. Schon früh begannen die einzelnen Mitglieder, auch an Projekten neben Police zu arbeiten. So veröffentlichte Copeland unter dem Namen Klark Kent Mitte 1978 eine Platte. Sting spielte in diversen Filmen mit, so z. B. »The Great Rock 'n' Roll Swindle«,

»Quadrophenia«, »Dune«, »The Bride« und »Plenty«. Mitte 1982 erschien die erste Soloplatte von Sting. Es tauchten viele Gerüchte auf, dass die Band nun auseinander fallen werde, die sich aber zunächst nicht bestätigten. Auch Andy Summers veröffentlichte Soloplatten oder nahm zusammen mit dem Gitarristen Robert Fripp von den Kritikern hochgelobte Alben auf. Zwischenzeitlich blieb immer noch Luft, auch Musik für Filme zu schreiben. Summers z. B. für »Zoff in Beverly Hills«, Copeland für Coppolas »Rumble Fish«. 1988 gründete er mit Deborah Holland und Stanley Clarke Animal Logic. Die erfolgreichsten Aktivitäten neben Police dürften auf das Konto von Sting gehen.
Die erfolgreichsten Alben für Police: »Outlandos D'Amour« (3/79 US-LP 23, 4/79 GB-LP 6), »Regatta De Blanc« (10/79 GB-LP 1, 11/79 US-LP 25, 3/80 D-LP 16), »Zenyatta Mondatta« (10/80 GB-LP 1, US-LP 5, D-LP 5), »Ghost In The Machine« (10/81 GB-LP 1, US-LP 2, D-LP 4), »Synchronicity« (6/83 GB-LP 1, D-LP 4, 7/83 US-LP 1), »Every Breath You Take – The Singles« (11/86 GB-LP 1, US-LP 7, D-LP 18 – fünffach Platin), »Hits '77–'83« (10/90 D-LP 5), »Greatest Hits« (10/92 GB-LP 10) und »Live!« (6/95 GB-LP 25, 7/95 US-LP 86). Police sind sozusagen ungeschlagen abgetreten und darin mit den Beatles zu vergleichen, die ebenfalls aufgehört haben, bevor man sich fragte: ›Sind die etwa immer noch da?‹

Can't Stand Losing You (7/79 GB 2)
Message In A Bottle (9/79 GB 1)
Walking On The Moon (12/79 GB 1)
So Lonely (2/80 GB 6)
Don't Stand So Close To Me (9/80 GB 1; 2/81 US 10)
De Do Do Do, De Da Da Da (10/80 US 10; 12/80 GB 5)
Every Little Thing She Does Is Magic (9/81 US 3, GB 1)
Invisible Sun (9/81 GB 2)
Every Breath You Take (5/83 GB 1, US 1, D 8)
Wrapped Around Your Finger (7/83 GB 7; 1/84 US 8)
King Of Pain (8/83 US 3)
AOR (Adult Orientated Rock), Pop, Rock

Siehe auch: Sting

Pollard, Su

SU POLLARD v (Großbritannien)
Über ein Jahr lang beobachtete ein britisches TV-Team den Verlauf des ersten Ehejahres von Marc und Karen Adams-Jones. Daraus machte die BBC die sechsteilige TV-Serie ›The Marriage‹. Thema-Musik war »Starting Together«, gesungen von Su Pollard, die mit ihrer Krankenkassengestell-Brille und eher dezentem Make-up wie ein Mauerblümchen unter den hypergestylten Synthie-Bands und grellbunten Musik- und Modesettern in GBs Hit-Szene wirkte. Sus Produzent war sich sicher, auch ohne Hilfe einer TV-Serie mit seinem Schützling Hits landen zu können. Irren ist menschlich. Vor ihrem einzigen Erfolg hatte Su als Schauspielerin am Theater und in Musicals gearbeitet. Danach setzte sie diese Karriere fort.

Starting Together (2/86 GB 2)
Pop

Poole, Brian & The Tremeloes

ALAN BLAKLEY g (Großbritannien, * 1. 4. 1942 in Dagenham/Essex), ALAN HOWARD v, b (Großbritannien, * 17. 10. 1941 in Dagenham/Essex), DAVE MUNDEN v, d (Großbritannien, * 2. 12. 1943 als David in Dagenham/Essex), BRIAN POOLE v, g (Großbritannien, * 2. 11. 1941 in Barking/Essex), RICKY WEST v, g (Großbritannien, * 7. 5. 1943 als Richard Westwood in Dagenham/Essex)
Die Anfänge der Formation gehen zurück bis in das Jahr 1959. Sie spielt zu diesem Zeitpunkt vorwiegend Coverversionen amerikanischer Rock-'n'-Roll-Hits. Am

1. 1. 1962 spielen sie und die Beatles bei der Plattenfirma Decca vor, um einen Vertrag zu erhalten. Den Zuschlag erhalten Brian Poole und seine Tremeloes, weil sie in London wohnen und damit schneller zur Verfügung stehen. Im März 1962 erscheint die Debüt-Single »Twist Little Sister«. Ihr erstes Album ist eine Ansammlung von Coverversionen und heißt »Big Hits Of '62«. Außerdem spielt die Gruppe auf der Vernons-Girls-Single »Loco-Motion«, auf Mike Sarnes »Come Outside« und auf John Leytons »Wild Wind«. Als Anfang 1963 der Merseybeat-Boom beginnt, hängt sich Brian Poole an. Ihre erste Hitnotierung wird Mitte »Twist And Shout«. Im Januar 1966 verlässt Brian die Band, um als Solist weitere Platten zu machen – ohne Erfolg. Den haben die Tremeloes ohne Brian Poole jetzt auch international. Brian versucht sich im Kabarett und arbeitet dann im Familienbetrieb – einer Metzgerei. Später gründet er seine eigene Plattenfirma, Outlook Records, und einen Verlag. In den 90er Jahren gehen Brian Poole und etliche Originalmitglieder der Tremeloes wieder im Zuge der 60er-Jahre-Nostalgie auf Tour. Ein interessantes Projekt realisiert er mit seiner Plattenfirma: Mit Reg Presley von den Troggs, Mike Pender von den Searchers, Tony Crane von den Merseybeats und Clem Curtis von den Foundations bildete er das Projekt Corporation. Als erste Single erscheint eine Coverversion von »It Ain't Nothin' But A Houseparty«. Außerdem veröffentlicht Brian ein Buch über einen besonderen Zweig der englischen Sprache: »Talkback: An Easy Guide To British Slang«. Mitte der 90er Jahre kamen Shellie und Karen Poole, die beiden Töchter von Brian, als Duo Alisha's Attic.

Twist And Shout (7/63 GB 4)
Do You Love Me (9/63 GB 1)
Candy Man (1/64 GB 6)
Someone Someone (5/64 GB 2)
Beat, Pop, Twist

Siehe auch: Tremeloes

Pop, Iggy

IGGY POP v, d (USA, * 21. 4. 1947 als James Jewel Osterburg in Ypsilanti/Ann Arbor/Michigan)

Der Sänger, Songschreiber und Schlagzeuger wurde 1964 Mitglied bei den Iguanas (aus dieser Zeit stammt auch der Name Iggy), später spielte er als Drummer für Junior Wells, Buddy Guy oder die Shangri-Las. 1965 kam er zu den Prime Movers, 1966 als Schlagzeuger zur Butterfield Blues Band. 1967 gründete er die Psychedelic Stooges, die sich ab 1969 nur noch Stooges nannten. 1971 fiel die Band auseinander, und Iggy Pop verdiente sich danach seinen Lebensunterhalt als Rasenmäher auf Golfplätzen in Florida. 1972 kam es durch Protektion von David Bowie, mit dem Iggy dessen Hit »China Girl« schrieb, zu einer Neuauflage der Stooges, aber 1974 fielen sie wieder auseinander. 1975 verschwand Iggy ganz von der Bildfläche.

Wie sich später herausstellte, war er für längere Zeit in einer psychiatrischen Klinik, um von seinen Drogenproblemen geheilt zu werden. Der Einzige, der ihn in dieser Zeit besuchte, war David Bowie. Im April 1977 erschien Iggys erste Solo-LP: »The Idiot«. Seither veröffentlicht er in regelmäßigen Abständen Platten. 1990 kam das Album »Brick By Brick«. Anfang 1991 war Iggy in Deutschland unterwegs und beweist, ›dass in dem von Drogen und tierischen Exzessen genesenen Körper immer noch ein wilder Punker schlummert‹, wie der ›Musik Express‹ schrieb. 1993 erschien das Album »American Caesar«. Darauf der Titel »Wild America«, der zeigte, dass es auch im Land der unbegrenzten Möglichkeiten schnell vom Traum zum Alptraum, von der Idylle zur Apokalypse gehen kann. 2000 kam Iggy mit der Gruppe Death In Vegas.

Real Wild Child (Wild One) (12/86 GB 10)
Pop, Punk, Rock

Siehe auch: Death In Vegas

Pop Tops

PHIL TRIM v (Trinidad, * 5. 1. 1940)
Phil Trim war Leadsänger und Songschreiber dieser Formation, die 1967 in Madrid gegründet wurde. Die einzelnen Mitglieder kamen aus Casablanca, von Teneriffa und Trinidad. Ihren ersten Erfolg hatten sie im Herbst 1968 in den USA mit »Oh Lord, Why Lord«, eine Adaptierung des Kanons von Pachelbel. Der größte Hit für die Pop Tops war »Mamy Blue«. Die Nachfolger »Suzanne Suzanne« und »Hideaway«, beide 1972, kamen in Deutschland unter die ersten 30. In Spanien war diese Gruppe über viele Jahre sehr populär. Ihr erfolgreichstes Album hieß ebenfalls »Mamy Blue« (1/72 D-LP 30).

Mamy Blue (10/71 D 1)
Soft Pop

Pop Will Eat Itself

SIR CHARLES g, d, b (Großbritannien, * 4. 3. 1965 als Richard March in York), GRAHAM CRABB v, d (Großbritannien, * 10. 10. 1964 in Sutton Coldfield), FUZZ d (Großbritannien, * 31. 7. 1964 als John Richard Keith Townsend in Birmingham), CLINT MANSELL v, g (Großbritannien, * 7. 1. 1963 als Clinton Mansell in Coventry), ADAM MOLE g, key (Großbritannien, * 8. 4. 1962 in Stourbridge)
Nachdem die Gruppe aus Stourbridge als From Eden und Wild And Wondering gespielt hatte, traten sie ab 1986 in der Besetzung Mansell, Mole, Crabb und March als Pop Will Eat Itself auf. Inspiriert wurden sie durch die US-Gruppe Run-D.M.C. Ihre erste Veröffentlichung war die auf eigene Kosten aufgenommene EP »The Poppies Say Grr«, die vom ›New Musical Express‹ zur Single der Woche gekürt wurde. Es folgten etliche Auftritte bei der BBC. 1987 erschien ihr erstes Album »Box Freezy«, das eine Mischung brachte aus herkömmlichem Pop und modernem Sampling. Ihre erste Singlenotierung hatten sie mit »There Is No Love Between Us Any More« im Januar 1988. Mit »XY & Zee« 1991 und »Karmadrome/Eat Me Drink Me Love Me Kill Me« 1992 hatten sie ihre ersten Top-20-Platzierungen in GB. 1992 nahmen sie mit Fuzz einen Schlagzeuger in die Gruppe. Von der britischen Musikpresse wurde Pop Will Eat Itself immer als Schmuddelpop eingestuft. ›Sie plündern alle Musikrichtungen der Popgeschichte mit dem erklärten Ziel, Spaß zu haben und ihr Publikum zu unterhalten. Dabei trampeln sie fast ständig auf den Gefühlen puristischer Nostalgiker herum.‹
Ihre erfolgreichsten Alben waren »The Looks Or The Lifestyle« (9/92 GB-LP 15) und »Dos Dedos Mes Amigos« (10/94 GB-LP 11).
1994 verließ Crabb die Gruppe und veröffentlichte das Album »All Blue Revue« als Golden Claw Musics. Später gründete er Cracksquad.

Get The Girl! Kill The Baddies! (1/93 GB 9)
Psychedelic, Rap, Rock

Pop-Corn Makers

Mit der Synthie-Simpel-Nummer »Pop Corn«, geschrieben von Gershon Kingsley, hatten Hot Butter, Anarchic System und die Pop-Corn Makers 1972 Erfolg. Die Version von Hot Butter war die Erfolgreichste.

Pop Corn (8/72 D 7)
Instrumental, Pop

Poppy Family

SUSAN JACKS v (Kanada, als Susan Peklevits in Vancouver), TERRY JACKS v, g (Kanada, * 29. 3. 1946 in Winnipeg/Manitoba), CRAIG MACCAW g (USA), SATWAN SINGH per (USA)

Das Pop-Quartett hatte im Frühjahr 1970 mit »Which Way You Goin' Billy?« einen Millionseller. Nach »That's Where I Went Wrong« (8/70 US 29) hatten sie in den USA noch drei weitere Hitnotierungen. 1973 trennte sich die Gruppe und auch das Ehepaar Jacks. Susan hatte wenig Erfolg, Terry 1974 den Welthit »Seasons In The Sun«.

Which Way You Goin' Billy? (3/70 US 2; 8/70 GB 7)

Soft Pop

Siehe auch: Jacks, Terry

Porn Kings

CORRINDA ›MISS BEHAVIOR‹ v (Großbritannien, * 2. 3. 1971), JOE DA BONE, DJ DAVY T dj (Großbritannien, * 1. 11. 1968), DJ PAUL ROBERTSON dj (Großbritannien, * 20. 12. 1973 als Paul Herbie Robertson)

Die GB-Soundtüftler gründeten 1995 das Housetrio Porn Kings in Liverpool. Mit »Up To No Good« (9/96 GB 28, 12/96 D 20) und »Amour (C'mon)« (6/97 GB 17) hatten sie ihre ersten Top-40-Hits. Als Porn Kings Vs. DJ Supreme kam der Top-10-Hit »Up To The Wildstyle«. DJ Supreme ist Nick Destri, der erstmals mit Hijack und »The Badman Is Robbin'« (1/90 GB 56) in den Charts stand. Er ist auch als Pied Piper Mitglied bei Da Click, die mit »Good Rhymes« (1/99 GB 14) ihren ersten Hit hatten.

Up To The Wildstyle (1/99 GB 10)

House

Portishead

GEOFF BARROW key (Großbritannien, * 9. 12. 1971 in Walton-In-Gordano/Avon), BETH GIBBONS v (Großbritannien, * 4. 1. 1965 in Devon)

Gegründet wurde Portishead – benannt nach einer Hafenstadt in der Nähe von Bristol – im Frühjahr 1993 von Barrow und Gibbons. Im Mai 1994 erschien mit »Numb« eine erste Platte dieser Formation. Eine erste Hitnotierung hatten sie mit »Sour Times« (8/94 GB 57, 4/95 RE-GB 13). Mit »Glory Box« (1/95 GB 13) gelang Portishead der Sprung in die Top 20. Eine Wiederveröffentlichung von »Sour Times« schaffte Gleiches. Mit »All Mine« hatten sie ihren ersten Top-10-Hit. Ihr Debüt in den Albumcharts gelang ihnen mit »Dummy« (9/94 GB-LP 32, 12/94 RE-GB-LP 2). Das Album verkaufte mehr als 2,5 Millionen Exemplare. Im Herbst 1997 erschien ihr zweites Album »Portishead« (10/97 GB-LP 2, D-LP 7, US-LP 21).

All Mine (9/97 GB 8)

Pop

Post, Mike

MIKE POST bl (USA, * 29. 9. 1944 in Los Angeles/Kalifornien)

Von diesem Plattenproduzenten, Komponisten und Orchesterleiter stammen unendlich viele TV- und Filmmelodien. Zwischen 1969 und 1971 leitete er das Orchester der ›Andy Williams Show‹, zwischen 1974 und 1976 das der ›Mac Davies Show‹. Seine Themamusik zur TV-Serie ›Detektiv Rockford‹ und »The Theme From Hillstreet Blues« wurden Single-Hits. Ob ›L.A. Law‹ oder ›Magnum‹, ›The A-Team‹ oder ›The Greatest American Hero‹ – die Musik stammt immer von Mike Post. Als Gitarrist ist er auf »I Got You Babe« von Sonny & Cher zu hören, und er war Gründer von First Edition, bei denen auch Kenny Rogers mitwirkte.

The Rockford Files (5/75 US 10)
The Theme From Hillstreet Blues (8/81 US 10)

Instrumental, Pop

Potente, Franka

FRANKA POTENTE rap (Deutschland, * 21. 7. 1974 in Dülmen/Westfalen)
Mit dem Film »Lola rennt« (1998) kam der Erfolg. 1992 schaffte sie die Aufnahmeprüfung an der renommierten Falckenberg-Schauspielschule in München. 1993 wurde sie von einer Casting-Agentin entdeckt. 1996 drehte sie mit »Nach fünf im Urwald« ihren ersten Film. Ein Jahr später kam die Klamauk-Komödie »Die drei Mädels von der Tankstelle«. Im TV-Thriller »Opernball« spielte sie neben Heiner Lauterbach eine ehrgeizige Journalistin. Aus »Lola rennt« stammt der Titel »Wish (Komm zu mir)«, den sie zusammen mit Thomas D aufgenommen hat. Im ›Spiegel-Kultur-Extra‹ 8/98 wurde sie auf diese Platte angesprochen – sie antwortete: ›Ich habe mir sagen lassen, dass das kein Techno ist. Das nennt man Hardcore-House. Außerdem singe ich gar nicht richtig. Das ist eine Art Sprechgesang, der meinen stimmlichen Möglichkeiten eher entspricht. Für eine Whitney-Houston-Arie hätten die sich jemand anderen aussuchen müssen.‹ Der nächste Film von ihr kam noch 1998 in die Kinos: »Bin ich schön?«. 1999 war sie im Kino dabei gleich dreimal zu sehen, u. a. – abermals mit Heiner Lauterbach – in dem Actionthriller »Schlaraffenland«. Im Jahr 2000 stand sie mit Benno Fürmann und Joachim Krol in Tom Tykwers neuem Film »Der Krieger und die Kaiserin« vor der Kamera. 2000 brachte ihr auch den Durchbruch in den USA. Sie spielte in zwei Filmen an der Seite prominenter Hollywood-Superstars wie Johnny Depp und Matt Damon.

Wish (Komm zu mir) (7/98 D 5)
Pop, Rap

Powell, Jesse

JESSE POWELL v (USA, in Gary/Indiana)
Jesse stammt aus einer ausgesprochen musikalischen Familie. Seine beiden Schwestern Trina und Tamara hatten im Herbst 1997 den Hit »My Love Is The Shhh!«. Diesen Titel nahmen sie zusammen mit der Formation Somethin' For The People auf. Jesses erste Hitnotierungen bewegten sich außerhalb der Hot 100: »All I Need« (3/96 US 113) und »Gloria« (8/96 US 119). Mit »I Wasn't With It« (8/98 US 85) stand er erstmals in den Hot 100, und dann folgte »You«. Im Frühjahr 2001 kam er mit dem Album »JP«.

You (2/99 US 10)
Pop, Rhythm & Blues

Siehe auch: Somethin' For The People

Powell, Cozy

COZY POWELL d (Großbritannien, * 29. 12. 1947 in Cirencester/Gloucester, † 5. 4. 1998)
Der Drummer und Songschreiber spielte von April 1971 bis Juni 1972 in der Jeff Beck Group, gründete dann im November des selben Jahres Beast, aus denen im Mai 1973 Bedlam wurde, die bis zum April 1974 zusammenblieben. Nebenher machte Cozy auch Soloplatte. Im Mai 1974 startete er die Formation Cozy Powell's Hammer, die bis April 1975 hielt, spielte dann für zwei Monate mit Strange Brew und trommelte ab September 1975 für Rainbow. Nachdem sich Ritchie Blackmore 1984 wieder mit seinen alten Kollegen von Deep Purple zusammengetan hatte, wurde Cozy für eine LP Mitglied bei Emerson, Lake & Powell. 1990 tauchte er als Mitglied bei Black Sabbath auf. Mitte 1992 erschien nach einer längeren, krankheitsbedingten Pause – bei einem Reitunfall wurde sein Becken zertrümmert – mit »The Drums Are Back« wieder

eine Soloplatte von ihm. Wie schon auf seinen frühen Soloalben konnte er auch dieses Mal eine Reihe bekannter Rockmusiker für sich gewinnen. Dazu gehörten Brian May, Steve Lukather, Billy Sheehan, Jon Lord, John Deacon und sein Stammkeyboarder Don Airey. Powell starb 1998 nach einem Autounfall auf der Autobahn bei Bristol.

Dance With The Devil (12/73 D 4, GB 3)
Na Na Na (8/74 GB 10)
Instrumental, Pop, Rock

Power Station

BERNARD EDWARDS b (USA, * 31. 10. 1952 in Greenville/South Carolina, † 18. 4. 1996), ROBERT PALMER v (Großbritannien, * 19. 1. 1949 als Alan Palmer in Batley/Yorkshire), JOHN TAYLOR b (Großbritannien, * 20. 6. 1960 in Birmingham), ANDY TAYLOR g (Großbritannien, * 16. 2. 1961 in Tynemouth/Northumberland), TONY THOMPSON d (USA, * 15. 11. 1954 in Greenville/North Carolina)
Als diese Superstar-Formation im Januar 1985 zusammenkam, war das ganze Projekt für eine LP angelegt. John und Andy Taylor kamen von Duran Duran, Tony Thompson war Schlagzeuger von Chic, und Robert Palmer war als Solist arriviert. Aus der LP »The Power Station« (4/85 GB-LP 12, US-LP 6, D-LP 23) wurden »Some Like It Hot« und »Get It On«, ein Revival des T.-Rex-Hits, ausgekoppelt. Aber schon als es galt, 1985 auf eine Konzerttournee zu gehen, machte Robert Palmer nicht mehr mit. Für ihn sprang Michael Des Barres ein. Ab 1991 bemühten sich die Originalmitglieder um eine Wiederbelebung von Power Station. Ende 1993 war es dann so weit. Für John Taylor spielte allerdings Bernard Edwards Bass. In Los Angeles/Kalifornien, New York, Mailand und auf Capri wurden, produziert von Edwards, 11 Titel eingespielt. Sie erschienen schließlich 1996 auf dem Album »Living In Fear«, das dem inzwischen verstorbenen Edwards gewidmet war.

Some Like It Hot (3/85 US 6)
Get It On (6/85 US 9)
AOR (Adult Orientated Rock), Rock

Siehe auch: Palmer, Robert; Duran Duran; Chic

Powers, Joey

JOEY POWERS v (USA, in Canonsburg/ Pennsylvania)
Zunächst hatte Powers (* 1939) es mehr mit dem Sport: Er arbeitete kurze Zeit als Lehrer für Ringen an der Universität von Ohio und produzierte die ›John Hill's Exercise Show‹. Perry Como, der ebenfalls aus Canonsburg kam und mit der Familie Powers befreundet war, verschaffte Joey einen Plattenvertrag. Als Interpret gelang ihm lediglich der Hit »Midnight Mary«.

Midnight Mary (11/63 US 10)
Pop

Pozzoli, Silver

SILVER POZZOLI v (Italien, * 19. 7. 1953 als Silvio Pozzoli in Mailand)
Angeblich soll er seine Karriere als Backgroundsänger bei Stevie Wonder, Steve Winwood und David Crosby begonnen haben. Danach beschränkte er sich wieder auf den italienischen Raum und war zu hören im Hintergrund von Baltimora, Raf, Edoardo Bennato und Eros Ramazzotti. 1983 wurde er Leadsänger der Gruppe Clubhouse, die mit einem Medley aus »Do It Again« und »Billy Jean« Mitte 1983 in Europa recht erfolgreich war. 1985 begann Pozzoli eine Solokarriere. Seine erste Single, »Around My Dream«, wurde ein Spitzenreiter in Spanien und Südafrika. Als Sänger war er auch mal bei Pink Project zu hören.

Around My Dream (5/85 D 9)
Disko, Pop

Siehe auch: Club House featuring Carl

PPK

KURZH, PIMENOV, POLYAKOV

Da stellten die Briten erstaunt fest, dass dies im Jahr 2001 schon der zweite russische Act war, der sich in den britischen Charts niederschlug. Der erste kam von Alsou mit »Before You Loved Me« (5/01 GB 27). Nun kam PPK. PPK waren die Initialen der Namen der drei Mitglieder. Als allerdings die Nummer »Resurrection« erschien, hatte sich Kurzh bereits wieder verabschiedet, und der Gesang auf diesem Hit stammte von Vera – also hätte es eigentlich PPV heißen müssen. Die Platte war längere Zeit in den Clubs erfolgreich und wurde nur sehr zögerlich im Radio gespielt. Als der Hit dann erschien, war auch nicht mehr von Trio, sondern nur noch von Duo die Rede.

Resurrection (12/01 GB 3)
Trance

Prado, Perez

PEREZ PRADO p, org, bl (Kuba, * 11. 12. 1916 als Damaso Perez in Mantanzas, † 14. 9. 1989)

Der Tastenspieler und Songschreiber wurde in den 50er Jahren in den USA zu ›El Rey de Mambo‹. Von Kuba war er 1949 nach Mexico City ausgewandert und gründete dort eine Big Band. Ab 1954 tourte und arbeitete er in den USA. Seine ersten Hitnotierungen waren »Anna« (8/53 US 29) und »Skokiaan« (9/54 US 26). In dem Film »Under Water!« war er mit »Cherry Pink And Apple Blossom White« zu hören. Sein erfolgreichstes Album hieß »Prez« (5/59 US-LP 22). Nach dem Ende der 50er Jahre ließ das Interesse an der Mambo-Musik nach und damit auch das Interesse am ›King of Mambo‹. Er starb 1989 nach einem Schlaganfall – so erlebte er nicht mehr, wie eine alte Nummer von ihm wieder hoch in den britischen Charts stand. Der Bierbrauer Guinness unterlegte eine Fernsehwerbung mit der Nummer »Guaglione«, die daraufhin Ende 1994 in die Hitparade kam und es bis auf Platz 42 brachte. Dann fiel sie wieder heraus und kam im April 1995 erneut in die Charts – diesmal unter die ersten 10. Und auch für den Hit des Jahres 1999 »Mambo No. 5 (A Little Bit Of...)« mit Lou Bega kam er zu spät. Prado hatte die Nummer im Jahre 1948 geschrieben.

Cherry Pink And Apple Blossom White (3/55 GB 1, US 1; 8/55 D 1)
Patricia (6/58 GB 8, US 1; 9/58 D 1)
Guaglione (4/95 GB 2)
Instrumental, Pop

Praise

ANDROS GEORGIOU (Großbritannien), PETER LORIMER mix (Großbritannien)

Praise war ein Projektname für die Werbemusik des Fiat Tempra in GB. Verantwortlich für den Titel »Only You« waren Andros Georgiou als Produzent und Peter Lorimer als Produzent und Remixer. Andros ist übrigens ein Cousin von George Michael. Auf der Platte wurde Miriam Stockley als Vokalistin angegeben. Anfang 1997 gründete George Michael eine eigene Plattenfirma, bei der sein Cousin Andros mitmischte.

Only You (2/91 GB 4)
Pop

Pratt & McClain

JERRY MCCLAIN v (USA, in Pasadena/Kalifornien), TRUETT PRATT v (USA, in San Antonio/Texas)

1966 hatte McClain zusammen mit Michael Omartian die Band The American Scene gegründet. 1970 brachte Omartian Pratt und McClain zusammen, und mit einigen anderen Musikern machten sie

Brother Love. Die Formation arbeitete vorwiegend bei Studioaufnahmen und nahm viele Werbespots auf. 1974 erhielten sie einen Plattenvertrag. Im Frühjahr 1976 machten sie die Themenmelodie zu der TV-Serie ›Happy Days‹. Als Interpreten wurden Pratt & McClain with Brother Love genannt. Produziert wurden sie von Steve Barri und Michael Omartian.

Happy Days (4/76 US 5)
Pop

Precious

KALLI CLARK STERNBERG v (Großbritannien), JENNY FROST v (Großbritannien, * 22. 2. 1978 in Liverpool), ANYA LAHIRE v (Großbritannien), SOPHIE MCDONNELL v (Großbritannien), LOUISE ROSE v (Großbritannien)
Die fünf Mädchen repräsentierten mit »Say It Again« Großbritannien beim Eurovision Song Contest in Jerusalem am 29. Mai 1999 und belegten Platz 12. Es wurde vermutet, dass sie ausschließlich zu diesem Zweck zusammengebracht wurden – was ja nicht so selten ist. Dann kamen sie ein Jahr später mit »Rewind« (4/00 GB 11). Es folgte »It's Gonna Be My Way« (7/00 GB 27). Jenny Frost ersetzte Anfang 2001 Kerry Katona bei der Formation Atomic Kitten.

Say It Again (5/99 GB 6)
Grand Prix, Pop

Siehe auch: Atomic Kitten

Prefab Sprout

NEIL CONTI d (Großbritannien, * 12. 2. 1959 in London), MARTIN MCALOON b (Großbritannien, * 4. 1. 1962 in Durham), PADDY MCALOON v, g (Großbritannien, * 7. 6. 1957 in Durham), WENDY SMITH v, g (Großbritannien, * 31. 5. 1963 in Durham)
Das Trio wurde 1982 in Newcastle von dem Englisch-Studenten Paddy McAloon gegründet. In den Anfangstagen war als Schlagzeuger noch Mick Salmon dabei. Nachdem etliche Plattenfirmen Prefab Sprout abgelehnt hatten, veröffentlichten sie auf eigene Kosten tausend Exemplare von »Lions In My Own Garden«. 1983 hatten sie mit »The Devil Has All The Best Tunes« einen ersten Hit in den Independent-Charts. »Don't Sing« (1/84 GB 62) war ihr erster Chart-Entry. Im November 1984 kam als neuer Schlagzeuger Neil Conti in die Gruppe. Die nächsten Charterfolge waren »Faron Young« (7/85 GB 74), »When Love Breaks Down« (11/85 GB 25), »Johnny Johnny« (2/86 GB 64), »Cars And Girls« (2/88 GB 44) und schließlich der Top-10-Hit »The King Of Rock 'n' Roll«. Die Platte hatte Thomas Dolby produziert. An Hits folgten »Hey Manhattan!« (7/88 GB 72), »Looking For Atlantis« (8/90 GB 51), »We Let The Stars Go« (10/90 GB 50), »Jordan: The EP« (1/91 GB 35), »The Sound Of Crying« (6/92 GB 23), »If You Don't Love Me« (8/92 GB 33, 2/93 RE-GB 60), »All The World Loves Lovers« (10/92 GB 61) und »Life Of Surprises« (1/93 GB 24). Sieben Jahre ließen sie sich Zeit, bis im Mai 1997 ein neues Album der Band erschien. Band-Chef Paddy hatte in der Zwischenzeit Songs für Cher, Kylie Minogue oder Jimmy Nail geschrieben und sich ein eigenes Studio aufgebaut. Ihre erfolgreichsten Alben waren »From Langley Park To Memphis« (3/88 GB-LP 5), »Protest Songs« (7/89 GB-LP 18), »Jordan: The Comeback« (9/90 GB-LP 7), »A Life Of Surprises – The Best Of Prefab Sprout« (7/92 GB-LP 3) und »Andromeda Heights« (5/97 GB-LP 7).
2001 erschien das Album »The Gunman And Other Stories«, das von Tony Visconti produziert worden war. Als Gäste spielten darauf Carlos Alomar, Richie Morales und Eric Weissberg.

The King Of Rock 'n' Roll (4/88 GB 7)
Pop, Rock

Presidents Of The United States

CHRIS BALLEW v, g (USA, in Seattle/Washington), DAVE DEDERER b (USA, in Seattle/Washington), JASON FINN d (USA)
Die Ursprünge dieser Gruppe gehen in das Jahr 1993 und nach Seattle zurück. Noch im selben Jahr wurde auf einem kleinen, ortsansässigen, unabhängigen Label ein erstes Album veröffentlicht. 1995 erhielten sie einen Plattenvertrag bei einer Major Company. Im September des Jahres erschien ihr erstes Album, das zweimal Platin erhielt. Die erste erfolgreiche Auskopplung daraus hieß »Lump« (1/96 GB 15). »Peaches« (3/96 US 29), »Dune Buggy« (7/96 GB 15) und »Mach 5« (11/96 GB 29) waren die weiteren Top-40-Hits der Band. Ihre erfolgreichsten Alben waren »The Presidents Of The United States Of America« (9/95 US-LP 6, 1/96 GB-LP 14) und »II« (11/96 US-LP 31, GB-LP 36). Um ihrem Gruppennamen gerecht zu werden, spielten sie 1994 in Seattle für Bill Clinton. Außerdem waren sie die erste Band, die am Mount Rushmore angesichts von vier Portraits amerikanischer Präsidenten spielte. 1997 trennte sich die Gruppe. Ballew wurde Mitglied bei den Giraffes.

Peaches (4/96 GB 8)
Rock

Presley, Elvis

ELVIS PRESLEY v, g (USA, * 8. 1. 1935 als Elvis Aaron Presley in Tupelo/Mississippi, † 16. 8. 1977)
Wochenlang hatten Scotty Moore, Bill Black und Elvis Presley für den 5. 7. 1954 geübt. An diesem Tag sollten sie bei Sam Phillips zum erstenmal eine Platte aufnehmen. »I Love You Because«, »That's Alright«, »Harbor Lights« und »Blue Moon Of Kentucky« kamen an diesem und dem darauf folgenden Tag in den Kasten. Und damit begann das, was später als die Weltgefahr Nummer 3 gleich hinter dem Atomwettrüsten und der asiatischen Grippe genannt wurde: das Phänomen Elvis Presley Superstar. Zwischen diesem 5. Juli und dem erfolgreichsten Showstar aller Zeiten lagen knapp drei Jahre. In diesen drei Jahren hat Elvis seine beste Musik gemacht und wurde der ideelle Hoffnungsträger einer ganzen Generation. In der ›Zeit‹ konnte man 1956 über ihn lesen, er sei ein wimmernder Zitteraal mit einem Backpfeifengesicht. Der Abstieg vom Rocker Elvis zum Kuschel-Schmusebär wurde durch seinen Manager Tom Parker (* 26. 6. 1909, † 21. 1. 1997) verursacht, von dem zu Recht behauptet wird, er habe in seiner Jugend gelb gefärbte Spatzen als Kanarienvögel verkauft und so genannte tanzende Hühnchen auftreten lassen. Das Geheimnis der tanzenden Hühnchen bestand darin: Unter der für den Zuschauer nicht sichtbaren Bodenplatte erhitzten Kerzen den Boden so sehr, dass die Hühnchen vor Schmerz von einem Bein aufs andere traten. Tom Parker machte aus dem Teenie-Liebling und Bürgerschreck eine wandelnde Litfaßsäule, einen substanzlosen Werbeträger für Lippenstifte und Unterhosen, Waschmittel und allerlei Schnickschnack. In 31 dümmlichen Filmen, deren Handlungen inhaltsloser als das Fernseh-Testbild waren, musste der inzwischen schon mit Bauchansatz kämpfende Elvis agieren. Dabei hatte er doch begonnen als aufmüpfiges Idol gegen die Langeweiler à la Frank Sinatra oder Vera Lynn – zumindest sahen die Jugendlichen der damaligen Zeit das so. Besonders die Art seiner Auftritte brachte seine Kritiker zum

Kochen. Man bezeichnete ihn als rasenden Minnesänger, als Jugendverführer, als Elvis the Pelvis. Drei Monate nachdem die erste Platte erschienen war, musste sich Elvis bei einem Auftritt in Nashville raten lassen: ›Geh wieder nach Memphis und fahr weiter Lastwagen.‹ Trotzig gab Elvis 1954 seinen regulären Job als Lkw-Fahrer bei der Firma Crown Electric auf und wurde der King of Rock 'n' Roll. Nachdem er 1954 seine ersten Platten aufgenommen hatte, war in der Tat nicht der große Elvis-Rummel ausgebrochen. Am 10. 1. 1956 betrat der zu diesem Zeitpunkt zwar regional, aber keinesfalls landesweit bekannte Elvis zum ersten Mal ein Plattenstudio der RCA. Sein Manager hatte ihn für die zum damaligen Zeitpunkt unglaublich hohe Summe von 40 000 Dollar von der kleinen Plattenfirma Sun an den Medienriesen verhökert. Parker hatte erkannt, dass Elvis bei Sun Records keine Chance hatte, in den ganzen USA bekannt zu werden. Da musste eine Firma her, die Promotion für eine Platte über die gesamten Vereinigten Staaten machen konnte. RCA hatte jede Menge eigene Radio- und TV-Stationen, und das war die richtige Voraussetzung für eine erfolgreiche Promotion. An diesem 10. Januar nahm Elvis die Nummer »Heartbreak Hotel« auf, die im März desselben Jahres in die US-Charts kam und es bis auf Platz 1 brachte, den sie acht Wochen lang hielt. Was danach passierte, ist eine eigene Buchreihe wert. Es gibt kaum einen Interpreten, nicht einmal John Lennon, über den es annähernd so viel zu lesen gibt wie über Elvis. Und in einem Buch über ihn kann man in der Tat mit Superlativen um sich werfen. Zwischen 1956 und 1982 hatte Elvis 151 Platten in den US-Charts, davon waren 17 Millionseller und 18 Spitzenreiter in den USA. Auch in GB ist er einer der erfolgreichsten Interpreten aller Zeiten. Wie die Beatles belegte er 17mal Platz 1, schaffte aber bei einer Zählung der gesamten Hitnotierungen mit 1168 Wochen Hits in den Charts vor Cliff Richard – der noch aufholen kann – Platz 1. Bei der Auflistung seiner LP-Erfolge schaffte er es bis 2000, 104 LPs in die US-Charts zu bekommen. Seine erfolgreichste LP war »Aloha From Hawaii Via Satellite«, die sich drei Millionen Mal verkaufte. Die Platte, die sich die längste Zeit auf Platz 1 halten konnte, war »Blue Hawaii« 1961 – 20 Wochen an der Spitze.

Die Zeit, in der sich Hit an Hit reihte, dauerte von 1956 bis 1962. In diese Zeit fällt auch die Wandlung vom Rock 'n' Roller mit »Jailhouse Rock«, »All Shook Up« oder »One Night« hin zum seichten Elvis à la »It's Now Or Never«, »Are You Lonesome Tonight« oder »Can't Help Falling In Love«. Nach 1963 trat eine Durststrecke für ihn ein, die 1965 durch »Crying In The Chapel« unterbrochen wurde und bis 1969 anhielt. Mit »In The Ghetto«, »Suspicious Minds« und »Don't Cry Daddy« 1969 und »The Wonder Of You« 1970 war er wieder groß im Geschäft. Ende 1972 hatte er mit »Burning Love« den letzten Millionseller, den er erlebte. Vor seinem Tode wurde die Nummer »Way Down« veröffentlicht, die sich nach seinem Tod wie »My Way«, die nächste Veröffentlichung, zum Millionseller entwickelte. Als Elvis im Alter von 42 Jahren starb, wurde als Todesursache Herzversagen angegeben, verursacht durch langjährigen Medikamentenmissbrauch.

Was nach dem Tod von Elvis noch in seinem Namen an Geld verdient wurde, ist unglaublich. Im Mai 1983 beantragten in den USA Priscilla Presley, Ginger Rogers und die Erben von W.C. Fields und Lou Costello die Einführung eines Gesetzes, das die kommerzielle Ausbeutung Prominenter nach ihrem Tod verhindern soll. Besonders Priscilla Presley betonte, wie scham- und geschmacklos sie die Art und Weise findet, auf die nach dem Tod von Elvis mit seinem Namen und seinem Konterfei Geschäfte gemacht werden – zwei Jahre später erschien ihr Buch ›Elvis und ich‹. Nur Hype kann den Erfolg eines Künstlers über einen solchen Zeitraum nicht ausmachen. Da muss schon wesentlich mehr dahinter sein. Elvis ist ohne Zweifel der König des Rock 'n' Roll gewesen. Für die Entwicklung dieser Musik hat er recht wenig getan. Kaum ein Lied hat er selbst geschrieben, und wenn er als Autor genannt wurde, war das meist ein Trick von Colonel Tom Parker. Als Sänger ist Elvis einzigartig gewesen. Schon 1971 verlieh man ihm den Lifetime Achievement Grammy, 1986 nahm man ihn in die Rock and Roll Hall of Fame auf. Die US-Post ehrte Elvis mit einer Sondermarke, die am 8. 1. 1993 erschien. Elvis war damit der erste Rock-'n'-Roll-Künstler, der eine amerikanische Briefmarke zierte. Und die Briefmarke mit seinem Konterfei war die erste, die, nachdem sie ausverkauft war, wegen der enormen Nachfrage noch einmal aufgelegt wurde. Elvis' Tochter Lisa Marie heiratete am 2. 5. 1994 Michael Jackson. Der hatte sich vorher die Rechte an den Beatles-Songs gesichert. Lisa Marie hat die Rechte an den Elvis-Songs. Gute Kombination, die aber nicht lange hielt. 1996 reichte Lisa Marie die Scheidung ein. Das meistverkaufte Album von Elvis in den USA bleibt »Elvis' Golden Records«, Anfang 1958 erschienen und bis Ende 1996 sechs Millionen Mal verkauft.

Elvis brachte alleine in die amerikanische Hitparade rund 100 Alben. Seine erfolgreichsten LP's: »Elvis Presley« (3/56 US-LP 1), »Elvis« (11/56 US-LP 1), »Peace In The Valley« (5/57 US-LP 3), »Loving You« (7/57 US-LP 1), »Loving You, Vol. II« (9/57 US-LP 18), »Love Me Tender« (9/57 US-LP 22), »Elvis' Christmas Album« (12/57 US-LP 1), »Elvis' Golden Records« (4/58 US-LP 3, 11/58 GB-LP 3), »King Creole« (9/58 US-LP 2, 11/58 GB-LP 4), »For LP Fans Only« (3/59 US-LP 19), »Elvis (Rock 'n' Roll)« (4/59 GB-LP 4), »A Date With Elvis« (8/59 GB-LP 4, 9/59 US-LP 32), »50.000.000 Elvis Fans Can't Be Wrong – Elvis' Gold Records – Volume 2« (2/60 US-LP 31, 6/60 GB-LP 4), »Elvis Is Back!« (6/60 GB-LP 1), »G.I. Blues« (10/60 US-LP 1, 12/60 GB-LP 1, 9/77 RE-GB-LP 14), »His Hand In Mine« (1/61 US-LP 13, 5/61 GB-LP 3), »Something For Everybody« (7/61 US-LP 1, 11/61 GB-LP 2), »Blue Hawaii« (10/61 US-LP 1, 12/61 GB-LP 1, 7/62 D-LP 17), »Pot Luck« (7/62 US-LP 4, 7/62 GB-LP 1, 8/62 D-LP 7), »Rock 'n' Roll No. 2« (12/62 GB-LP 3), »Girls! Girls! Girls!« (12/62 US-LP 3, 1/63 GB-LP 2, 2/63 D-LP 18), »It Happened At The World's Fair« (4/63 US-LP 4, 5/63 GB-LP 4, 5/63 D-LP 19), »Elvis' Golden Records, Volume 3« (9/63 US-LP 3, 4/64 GB-LP 6), »Fun In Acapulco« (12/63 US-LP 3, 12/63 GB-LP 9, 3/64 D-LP 21), »Kissin' Cousins« (4/64 US-LP 6, 7/64 GB-LP 5, 11/64 D-LP 22), »Roustabout« (11/64 US-LP 1, 1/65 GB-LP 12), »Girl Happy« (4/65 US-LP 8, 5/65 GB-LP 8), »Elvis For Everyone!« (8/65 US-LP 10, 12/65 GB-LP 8), »Flaming Star And Summer Kisses« (9/65 GB-LP 11), »Harum Scarum« (11/65 US-LP 8, 1/66 GB-LP 11), »Frankie And Johnny« (4/66 US-LP 20, 4/66 GB-LP 11), »Paradise, Hawaiian Style« (7/66 US-LP 15, 8/66 GB-LP 7), »Spinout« (10/66 US-LP 18), »California Holiday« (11/66 GB-LP 17), »How Great Thou Art« (3/67 US-LP 18, 4/67 GB-LP 11), »Elvis – NBC TV Special« (12/68 US-LP 8, 5/69 GB-LP 2), »Flaming Star« (7/69 GB-LP 2), »From Elvis In Memphis« (6/69 US-LP 13, 8/69 GB-LP 1, 8/69 D-LP 14), »From Memphis To Vegas – From Vegas To Memphis« (11/69 US-LP 12, 1/70 D-LP 37, 5/70 GB-LP 3), »On Stage – Februar, 1970« (6/70 US-LP 13, 8/70 GB-LP 2), »Worldwide 50 Gold Award Hits, Vol. 1« (8/70 US-LP 45, 12/70 GB-LP 49), »Elvis Country (»I'm 10.000 Years Old«)« (1/71 US-LP 12, 4/71 GB-LP 6), »You'll Never Walk Alone« (3/71 US-LP 69, 8/71

GB-LP 20), »Love Letters From Elvis« (6/71 US-LP 33, 7/71 GB-LP 7), »C'mon Everybody« (8/71 GB-LP 5), »Elvis' Christmas Album« (12/71 GB-LP 7), »He Touched Me« (4/72 US-LP 79), »Elvis Now« (5/72 GB-LP 12), »Elvis As Recorded At Madison Square Garden« (7/72 US-LP 11, 7/72 GB-LP 3), »Burning Love And Hits From His Movies Volume 2« (11/72 US-LP 22), »Aloha From Hawaii Via Satellite« (2/73 US-LP 1, 2/73 GB-LP 11, 4/73 D-LP 38), »Elvis« (9/73 GB-LP 16), »Elvis – A Legendary Performer, Volume 1« (2/74 US-LP 43, 3/74 GB-LP 20), »Elvis Forever« (11/74 D-LP 16, 2/77 RE-D-LP 2), »40 Greatest Hits« (7/75 GB-LP 1, 11/75 D-LP 4), »The Elvis Presley Sun Collection« (9/75 GB-LP 16), »Elvis – A Legendary Performer, Volume 2« (2/76 US-LP 46), »Elvis In Demand« (2/77 GB-LP 12), »Welcome To My World« (4/77 US-LP 44, 9/77 GB-LP 7), »Moody Blue« (7/77 US-LP 3, 8/77 GB-LP 3, 10/77 D-LP 19), »Elvis In Concert« (10/77 US-LP 5, 11/77 GB-LP 13), »A Portrait In Music« (10/77 D-LP 9), »Love Songs« (11/79 GB-LP 4, 3/80 D-LP 3), »Elvis Aron Presley« (8/80 US-LP 27, 8/80 GB-LP 21), »Inspiration« (11/80 GB-LP 6), »32 Filmhits« (8/84 D-LP 11), »The Number One Hits« (8/87 US-LP 143), »The Top 10 Hits« (8/87 US-LP 117), »Presley – The All Time Greatest Hits« (8/87 GB-LP 4), »From The Heart – His Greatest Love Songs« (2/92 GB-LP 4), »The King Of Rock 'n' Roll – The Complete 50's Masters« (8/92 US-LP 159), »The Essential Collection« (9/94 GB-LP 6), »Always On My Mind – Ultimate Love Songs« (6/97 GB-LP 3) und »The 50 Greatest Hits« (12/00 GB-LP 8).

Das letztgenannte Hitalbum war sein 100. in den britischen Album-Charts. Der Interpret, der in dieser Hitparade ihm am nächsten kommt, ist James Last. Er hat 60 Eintragungen. Auf der Doppel-CD »The 50 Greatest Hits« waren alle 17 Nummer-1-Hits von Elvis in GB zu finden. Von den 18 Nummer-1-Hits aus den USA fehlte nur »I Want You, I Need You, I Love You«.

Auch im Jahr 2001 beschäftigte Elvis noch die Hitparaden. In Großbritannien veröffentlichte man im Frühjahr das Album »The Live Greatest Hits«. Daraus ausgekoppelt wurde der Titel »Suspicious Minds« (4/01 GB 15). Nach dem Terroranschlag auf das World Trade Center am 11. 9. 2001 veröffentlichte die RCA die Single »America The Beautiful«, deren Nettoerlös aus dem Verkauf an den American Red Cross Liberty Desaster Fund ging. Auf der Multimedia-Single waren neben »America The Beautiful« noch »Amazing Grace«, aufgenommen am 15. 3. 1971, und »If I Can Dream«, live aufgenommen beim legendären Elvis-Comeback-TV-Special aus dem Jahre 1968, zu hören.

Heartbreak Hotel (3/56 US 1; 5/56 GB 2)
Blue Suede Shoes (5/56 GB 9)
I Want You, I Need You, I Love You (5/56 US 1)
Hound Dog (8/56 US 1, GB 2)
Don't Be Cruel (8/56 US 1)
Love Me Tender (10/56 US 1)
Blue Moon (11/56 GB 9)
Love Me (11/56 US 2)
Too Much (1/57 US 1; 5/57 GB 6)
Tutti Frutti (2/57 D 9)
All Shook Up (4/57 US 1; 6/57 GB 1)
(Let Me Be Your) Teddy Bear (6/57 US 1, GB 3)
Paralysed (8/57 GB 8)
Party (10/57 GB 2)
Jailhouse Rock (US 1/58; GB 1, D 10)
Santa Bring My Baby Back To Me (11/57 GB 7)
I Beg Of You (1/58 US 8)
Don't (1/58 US 1, GB 2)
Wear My Ring Around Your Neck (4/58 GB 3, US 2)
Hard Headed Woman (6/58 US 1, GB 2)
King Creole (10/58 GB 2)
One Night (11/58 US 4)
I Got Stung (US 8)
One Night/I Got Stung (1/59 GB 1)
(Now And Then There's) A Fool Such As I (3/59 US 2)
I Need Your Love Tonight (3/59 US 4)
A Fool Such As I/I Need Your Love Tonight (4/59 GB 1)
A Big Hunk O' Love (7/59 GB 4, US 1)

Stuck On You (4/60 US 1, GB 3)
It's Now Or Never (7/60 US 1; 9/60 D 2; 11/60 GB 1)
A Mess Of Blues (GB 2)
Are You Lonesome Tonight? (11/60 US 1; 1/61 GB 1, D 6)
Wooden Heart (11/60 D 2; 3/61 GB 1)
Surrender (2/61 GB 1, US 1, D 6)
I Feel So Bad (5/61 US 5)
Little Sister (8/61 US 5)
(Marie's The Name) His Latest Flame (8/61 US 4)
Wild In The Country/I Feel So Bad (9/61 GB 4)
His Latest Flame/Little Sister (11/61 GB 1)
Can't Help Falling In Love (12/61 US 2)
Rock A Hula Baby/Can't Help Falling In Love (2/62 GB 1)
Good Luck Charm (3/62 US 1; 5/62 GB 1, D 6)
She's Not You (8/62 GB 1, US 5)
Return To Sender (10/62 US 2, GB 1)
Kiss Me Quick (5/63 D 3)
(You're The) Devil In Disguise (6/63 US 3, GB 1; 8/63 D 2)
Bossa Nova Baby (10/63 US 8)
Kissin' Cousins (1/64 GB 10)
Crying In The Chapel (4/65 US 3, GB 1)
Love Letters (7/66 GB 6)
In The Ghetto (5/69 GB 2, US 3; 7/69 D 1)
Suspicious Minds (9/69 US 1; 11/69 GB 2, D 7)
Don' Cry Daddy (11/69 US 6; 2/70 GB 8)
The Wonder Of You (5/70 US 9; 7/70 GB 1)
I've Lost You (11/70 GB 9)
You Don't Have To Say You Love Me (1/71 GB 9)
There Goes My Everything (3/71 GB 6)
Rags To Riches (5/71 GB 9)
Heartbreak Hotel/Hound Dog (7/71 GB 10)
I Just Can't Help Believing (12/71 GB 6)
Until It's Time For You To Go (4/72 GB 5)
American Trilogy (6/72 GB 8)
Burning Love (8/72 US 2, GB 7)
Always On My Mind (12/72 GB 9)
My Boy (11/74 GB 5)
Promised Land (1/75 GB 9)
Girl Of My Best Friend (9/76 GB 9)
Suspicion (12/76 GB 9)
Moody Blue (3/77 GB 6)
Way Down (8/77 GB 1)
My Way (12/77 GB 9)
It's Only Love/Beyond The Reef (8/80 GB 3)
Pop, Rock 'n' Roll, Soft Pop

Preston, Billy

BILLY PRESTON v, p (USA, * 9. 9. 1946 in Houston/Texas)
Bereits mit zehn Jahren stand Preston als Profi auf der Bühne. Als Gospel-Klavierspieler durfte er in einer TV-Show Mahalia Jackson begleiten. Die fand den kleinen Billy so gut, dass sie ihn gleich mit auf Tournee nahm. Noch im selben Jahr 1956 spielte Billy neben Nat King Cole und Ella Fitzgerald in dem Film »St. Louis Blues«. Cole spielte die Rolle des W.C. Handy, Billy spielte W.C. als Kind. 1962 war Billy zusammen mit Little Richard auf Tournee. Dabei kamen sie auch nach Hamburg und spielten dort im Star-Club. Zum selben Zeitpunkt waren dort die noch recht unbekannten Beatles engagiert. Billy befreundete sich mit den Jungs, was ihm später noch sehr nützlich sein sollte. Auch Sam Cooke hat Billy auf seiner Europatournee begleitet – und für SAR, die Plattenfirma von Cooke, machte Billy seine ersten Soloplatten. Als die Beatles Jahre später ihre eigene Plattenfirma Apple aufmachten, nahmen sie Preston unter Vertrag. Billy spielte auch bei einigen Stücken der Beatles Tasteninstrumente, so z. B. bei dem Hit »Get Back«. Später war er auch auf Platten von den Rolling Stones und Sly & The Family Stone zu hören. Auch John Lennon, George Harrison und Ringo Starr haben für ihre Soloplatten mit Billy gespielt – nur Paul McCartney hat auf ihn verzichtet. Beim »Concert For Bangla Desh«, organisiert von Harrison, war Billy ebenfalls dabei. Sein erster Hiterfolg war »That's The Way God Planned It« (7/69 GB 11). »With You I'm Born Again« sang er 1979 zusammen mit Syreeta. Als Songschreiber besorgte er z. B. für Joe Cocker den wunderschönen Titel »You Are So Beautiful«. Sein erfolgreichstes Album hieß »The Kids & Me« (9/74 US-LP 17).

Outa-Space (4/72 US 2)
Will It Go Round In Circles (3/73 US 1)
Space Race (9/73 US 4)

Nothing From Nothing (7/74 US 1)
With You I'm Born Again (12/79 GB 2, US 4)
AOR (Adult Orientated Rock), Rhythm & Blues, Rock

Pretenders

BILLY BRAMMER g, MARTIN CHAMBERS d (Großbritannien, * 4. 9. 1951 in Hereford), BLAIR CUNNINGHAM d (USA, * 11. 10. 1957 in Harlem/New York City), PETER FARNDON b (Großbritannien, * 2. 6. 1952 in Hereford, † 14. 4. 1983), MALCOLM FOSTER b (Großbritannien, in Schottland), MITCHELL FROOM key, ANDY HOBSON b, JAMES HONEYMAN-SCOTT g (Großbritannien, * 4. 11. 1956 in Hereford, † 16. 6. 1982), CHRISSIE HYNDE v, g (USA, * 7. 9. 1951 in Akron/Ohio), ROBBIE MACINTOSH g, JOHN MCKENZIE b, DOMINIC MILLER g, ADAM SEYMOUR g, T.M. STEVENS b, BERNIE WORELL key

1973 kam Chrissie Hynde nach GB, verkaufte Lederhandtaschen auf der Oxford Street und traf einen Journalisten des ›New Musical Express‹, der sie einlud, Mitarbeiter seiner Zeitschrift zu werden. Das machte sie auch, arbeitete nebenher im Klamottenshop von Punk-Guru Malcolm McLaren. 1974 ging sie nach Paris und wurde Mitglied bei den Frenchies. Ein Jahr später ging sie zurück nach Ohio und spielte mit der Rhythm-&-Blues-Gruppe Jack Rabbit. Wiederum ein Jahr später ging sie zurück nach GB, gründete für kurze Zeit die Berk Brothers, sang im Februar 1977 im Hintergrund von Chris Speddings LP »Hurt« und machte ihre ersten Demoaufnahmen. Im März 1978 stellte sie die Gruppe zusammen, aus der schließlich die Pretenders werden sollten. Anfang 1979 hatten die Pretenders ihre erste Hitnotierung mit der Ray-Davies-Nummer »Stop Your Sobbing« (2/79 GB 34). Ende desselben Jahres wurde »Brass In Pocket« Spitzenreiter in GB. Ab 1985 drehte sich das Personalkarussell recht schnell. Chrissie Hynde nahm zusammen mit UB40 im Sommer 1985 die Nummer »I Got You Babe« auf, die Spitzenreiter in GB wurde. »Breakfast In Bed«, wieder mit UB40, wurde Mitte 1988 ein weiterer Top-10-Erfolg. Privat war sie ab 1980 für drei Jahre mit Ray Davies verbunden. Abgelöst wurde der durch den Leadsänger der Simple Minds, Jim Kerr, den sie 1984 heiratete. Von beiden bekam sie jeweils eine Tochter. 1990 erschien »Packed«, eine neue CD der Pretenders. Im Video zu einem Titel tauchte der britische Boxer Gary Stretch auf, der Kerr in der Zwischenzeit abgelöst hatte. Nach vier Jahren gab es dann mit »Last Of The Independents« wieder ein neues Album der Pretenders. Von den alten Pretenders war nur noch Martin Chambers dabei. Als weitere Mitglieder wurden Seymour und Hobson genannt. Die erfolgreichsten Alben der Pretenders: »Pretenders« (1/80 GB-LP 1, US-LP 9), »Pretenders II« (8/81 GB-LP 7, US-LP 10), »Learning To Crawl« (1/84 GB-LP 11, 2/84 US-LP 5, D-LP 38), »Get Close« (11/86 GB-LP 6, US-LP 25, 12/86 D-LP 33), »The Singles« (11/87 GB-LP 6, 12/87 US-LP 69), »Packed!« (5/90 GB-LP 19) und »Last Of The Independents« (5/94 GB-LP 8, US-LP 41).

Nun trat eine Pause von mehr als vier Jahren ein, bevor sich die Gruppe wieder entschloss, eine neue Platte zu produzieren. Mit »Human« (5/99 GB 33) kehrte sie wieder zurück. Gleichzeitig wurde mit »Viva El Amor« (5/99 GB-LP 32) ein neues Album angekündigt. In die Charts kam Chrissie als Gast von Hybrid auf »Kid 2000« (6/00 GB 32).

Brass In Pocket (11/79 GB 1)
Talk Of The Town (4/80 GB 8)
I Go To Sleep (11/81 GB 7)
Back On The Chain Gang (12/82 US 5)
Don't Get Me Wrong (10/86 US 10, GB 10)

Hymn To Her (12/86 GB 8)
I'll Stand By You (4/94 GB 10)
AOR (Adult Orientated Rock), Rock

Siehe auch: UB40

Pretty Poison

WHEY COOLER key (USA, in Philadelphia/Pennsylvania), JADE STARLING v (USA, in Philadelphia/Pennsylvania)
Jade und Whey gründeten die Band 1984. Sie zählte schnell zu den heißesten Club-Bands in ihrer Heimatstadt Philadelphia. Die aus dem Film »Hiding Out« stammende Nummer »Catch Me (I'm Falling)« wurde ein Millionseller. Lediglich »Nighttime« (4/88 US 36) war eine weitere Hitnotierung.

Catch Me (I'm Falling) (9/87 US 8)
Dance

Pretty Things

SKIP ALAN d (Großbritannien, * 11. 6. 1944 als Alan Ernest Skipper in London), WALLY ALLEN v, b (Großbritannien), STUART BROOKS b (Großbritannien), GORDON EDWARDS key (Großbritannien, * 26. 12. 1946 in Southport/Merseyside), JACK GREEN b (Großbritannien, * 12. 3. 1951 in Glasgow), PHIL MAY v (Großbritannien, * 9. 11. 1944 in Dartford/Kent), BRIAN PENDLETON g (Großbritannien, * 13. 4. 1944 in Wolverhampton, † 15. 5. 2001), JOHN POVEY v, key (Großbritannien, * 20. 8. 1944 in London), VIV PRINCE d (Großbritannien, * 9. 8. 1944 in Loughborough/Leichester), JOHN STAX b (Großbritannien, * 6. 4. 1944 als John Fullegar in Crayford/Kent), DICK TAYLOR g (Großbritannien, * 28. 1. 1943 in Dartford/Kent), PETER TOLSON g (Großbritannien, * 10. 9. 1951 in Bishops Stortford/Hertfordshire)
Diese Gruppe versuchte, in die Tür zu kommen, die durch die Rolling Stones aufgetreten wurde. Was ihr fehlte, war allerdings eine Figur wie Mick Jagger. Dick Taylor hatte 1962 mit Little Boy Blue & The Blue Boys gespielt. Mitglied in dieser Gruppe war ein gewisser Keith Richards. Als diese Formation ihren Namen in Rollin' Stones änderte und das Geschäft professionell betreiben wollte, stieg Taylor aus. Zusammen mit dem Rhythm-&-Blues-Fan Phil May gründete er ein Jahr später die nach einem Titel von Bo Diddley benannten Pretty Things. Ihre erste Hitnotierung war »Rosalyn« (6/64 GB 41). Der Nachfolger »Don't Bring Me Down« wurde ihr einziger Top-10-Hit. 1965 wurde Prince durch Skip Alan ersetzt, später kamen Allen und Povey für Pendleton und Stax. Aber auch alle Umbesetzungen nützten nichts. Die Gruppe, die konsequent ihren Rock-Stil durchhielt, wurde nach 1966 nicht mehr in der Hitparade verzeichnet. 1969 verließ Taylor die Gruppe. 1971 trennten sich auch die anderen, kamen aber ein halbes Jahr später in der Besetzung May, Povey, Alan, Tolson, Brooks und Edwards wieder zusammen. Drei Jahre später wurde Brooks durch Green ersetzt. 1976 gingen die Pretty Things ein zweites Mal auseinander. 1980 kamen sie wieder zusammen, tourten durch Clubs und veröffentlichten erneut eine LP. 1987 erschien die in Deutschland aufgenommene CD »Out Of The Island«. Von der Urbesetzung waren Phil May und Dick Taylor dabei. In der einen oder anderen Besetzung machten sie bis ins 21. Jahrhundert weiter. Ihr erfolgreichstes Album war »Pretty Things« (3/65 GB-LP 6).

Don't Bring Me Down (10/64 GB 10)
Rock

Prezioso

ALESSANDRO MOSCHINI (Italien), GIORGIO PREZIOSO (Italien), ANDREA PREZIOSO (Italien)
Prezioso war ein typischer italienischer

Dance-Act, der sich als Unterstützung Marvin angeheuert hatte und deshalb als Prezioso feat. Marivn firmierte. Die nächsten Hits wurden »Let Me Stay« (5/00 D 32), »Rock The Discothek« (4/01 D 29) und »Let's Talk About A Man« (12/01 D 30).

Tell Me Why (10/99 D 10)
Dance

Price, Alan

ALAN PRICE v, key, p (Großbritannien, * 19. 4. 1941 in Fairfield/County Durham)
Der Tastenspieler, Sänger, Songschreiber, Arrangeur und Produzent spielte die Keyboards auf den ersten Hits der Animals: »The House Of The Rising Sun« und »We've Gotta Get Out Of This Place«. 1965 verließ er die Animals und formierte Alan Price Set, die mit »Simon Smith And His Amazing Dancing Bear« und »The House That Jack Built« 1967 erfolgreich waren. Anfang der 70er Jahre erschien Price zusammen mit einem weiteren britischen Popstar der 60er Jahre, Georgie Fame, als Fame & Price Together. Mit »Rosetta« standen sie 1971 auf Platz 11 in GB. 1974 brachte Price die wunderschöne LP »Between Yesterday And Today« (6/74 GB-LP 9) heraus. Daraus ausgekoppelt wurde der »Jarrow Song«. 1976 und 1983 kamen die originalen Animals kurzfristig und für einige Plattenproduktionen wieder zusammen. 1989 hatte Alan bei uns den Top-30-Hit »Changes« – VW verwandte den Titel für einen Werbespot. Seit den 70er Jahren arbeitet Price auch als Schauspieler, vor allem für das britische Fernsehen, und schreibt Musicals.

I Put A Spell On You (3/66 GB 9)
Simon Smith And His Amazing Dancing Bear (3/67 GB 4)
The House That Jack Built (8/67 GB 4)
Jarrow Song (5/74 GB 6)
AOR (Adult Orientated Rock), Beat

Siehe auch: Animals

Priest, Maxi

MAXI PRIEST v (Großbritannien, * 10. 6. 1958 als Max Alfred Elliott in London)
Den ersten Erfolg hatte der Sänger und Songschreiber mit »Strollin' On« (3/86 GB 32). »Wild World« war die Coverversion eines Cat-Stevens-Titels. Seine Mixtur aus Soul und Reggae brachte ihm in den 90er Jahren weitere Erfolge. 1991 erschien die Kompilation »Best Of Me«. Darauf zu finden das Stück »Housecall«, das er zusammen mit Shabba Ranks aufgenommen hatte. Genau diese Aufnahme wurde, nachdem Shabba Ranks mit »Mr. Loverman« und »Slow & Sexy« zwei Hitnotierungen hatte, im Januar 1993 als Neuveröffentlichung von Shabba Ranks auf den Markt gebracht und für ihn ein Top-10-Hit. In dem Film »Scam« war er als Schauspieler zu sehen: Er spielte einen Taxifahrer. »That Girl« (6/96 GB 15, 6/96 US 20) mit Shaggy und »Watching The World Go By« (9/96 GB 36) waren noch erwähnenswerte Hits.. Sein erfolgreichstes Album war »Bonafide« (7/90 GB-LP 11).

Wild World (6/88 GB 5)
Close To You (6/90 D 4, US 1, GB 7)
Housecall (5/93 GB 8)
Reggae, Soft Pop

Primal Scream

MARTIN DUFFY key (Großbritannien), BOBBY GILLESPIE v, d (Großbritannien, * 22. 6. 1964 in Schottland), ANDREW INNES g (Großbritannien), DENISE JOHNSON v (Großbritannien), MANI b (Großbritannien, * 16. 11. 1962 als Gary Michael Mounfield in Manchester), PAUL MURANEY d (Großbritannien), HENRY OLSEN b (Großbritannien), TOBY TOMANOV d (Großbritannien), ROBERT YOUNG g (Großbritannien)
Nachdem Gillespie ein kurzes Gastspiel als Schlagzeuger bei Jesus And Mary

Chain gegeben hatte, arbeitete er ab 1984 immer wieder mal mit wechselnden Musikern als Primal Scream. 1987 erschien ihre Debüt-LP »Sonic Flower Groove« (10/87 GB-LP 62)«. Ihre erste Single-Notierung war »Loaded« (3/90 GB 16), die zwar immer noch Einflüsse des Rock aufwies, aber deutlich in die Dance-Floor-Richtung ging. Kopf der Formation ist ganz ohne Zweifel Bobby Gillespie, der seine Mitstreiter, mit denen bei Plattenaufnahmen die oben genannten Musiker aufgestockt werden, Scream Gang nennt. Dazu gehören schon mal der Keyboarder Benmont Tench, der Bassist George Drakoulias oder der Sänger George Clinton. »Dixie-Narco EP« (2/92 GB 11) beinhaltete als Leadtrack »Movin' On Up«. Die britische Presse schrieb im Zusammenhang mit Primal Scream von der Bereicherung der Rockmusik mit Dance-Elementen. Zu den Produzenten der Gruppe gehören so unterschiedliche Cracks wie Graham Massey, der schon The Orb oder 808 State betreute, oder Jimmy Miller, der bei »Exile On Main Street« mit den Rolling Stones arbeitete. »Kowalski« gelang Primal Scream der zweite Top-10-Hit – Kowalski war eine Figur aus dem Film »Vanishing Point«, der 1970 in die Kinos kam und bei uns »Fluchtpunkt San Francisco« hieß. Barry Newman spielte den ehemaligen Rennfahrer Kowalski, der in seinem Auto von der Polizei quer durch die Wüste von Nevada gejagt wird und schließlich bewusst in den Tod fährt. Hier wurde ohne jede Easy-Rider-Romantik der verzweifelte Versuch eines Mannes gezeigt, seinen Traum von Freiheit zu realisieren. Dazu kamen hervorragend fotografierte Bilder. So hieß dann auch ihr 1997er Album »Vanishing Point«. 1996 war als neuer Bassist von den Stone Roses Gary ›Mani‹ Mounfield gekommen. Von den Jazz Butchers war inzwischen der Schlagzeuger Paul Muraney zu Primal Scream gestoßen.
Ihre Erfolgsalben waren »Screamadelica« (10/91 GB-LP 8), »Give Out But Don't Give Up« (4/94 GB-LP 2) und »Vanishing Point« (7/97 GB-LP 2).

Rocks/Funky Jam (3/94 GB 7)
Kowalski (5/97 GB 8)
Rock

Primitives

PAUL COURT v, g (Großbritannien, * 27. 7. 1965), STEVE DULLAGHAN b (Großbritannien, * 18. 12. 1966), KIERON v (Großbritannien), TRACEY TRACEY v (Australien * 18. 8. 1965 als Cattell), PETE TWEEDIE d (Großbritannien)
Das Quartett aus Coventry wurde 1985 gegründet. Bereits nach kurzer Zeit wurde die ursprüngliche Sängerin Kieron durch die Australierin Tracey Tracey ersetzt. Die Primitives gründeten ihr eigenes Plattenlabel, Lazy Records, und wurden mit ihren Singles und LPs hoch in den Independent-Charts notiert. In der Indie-Szene und der britischen Pop-Presse waren sie bald zu erklärten Lieblingen avanciert. Mit »Crash« gelang ihnen der Durchbruch. Die Primitives sind beeinflusst durch die Monkees, die Ramones, die Fugs oder Blondie. Bis Ende 1989 erschienen noch vier weitere Singles in den Popcharts, aber keine kam mehr über Platz 20 hinaus. Ihr erfolgreichstes Album hieß »Lovely« (4/88 GB-LP 6). 1991 fiel die Band auseinander und Tracey ging wieder für 18 Monate zurück nach Australien. Dann zog es sie erneut nach Coventry. Dort arbeitete sie als Agentin für das DJ-Kollektiv Slacker's Delight und sang hin und wieder mal auf einer Platte der ehemaligen Kollegen, mit dem Trio Pink Bomb oder mit dem DJ Matt Booker.

Crash (2/88 GB 5)
Pop, Rock

Prince

PRINCE v, g, d, p (USA, * 7. 6. 1958 als Prince Rogers Nelson in Minneapolis/Minnesota)

Wenn der Satz von Graham Greene, dass eine entbehrungsreiche Kindheit eine Goldgrube für einen Schriftsteller ist, stimmt, so können wir von Prince noch viel erwarten. Statt zum Psychoanalytiker zu gehen, hat Prince diese Jugendzeit im Film »Purple Rain« aufgearbeitet. Als er Anfang der 80er Jahre nach dem Kontakt zu seinen Eltern gefragt wurde, sagte er: ›Wir reden nicht mehr viel miteinander, aber ich glaube, sie leben noch.‹ So richtig ernst genommen haben ihn viele nicht, als ihm mit 18 Jahren als jüngstem Künstler in der Geschichte des Plattenkonzerns Warner Brothers eingeräumt wurde, die totale Kontrolle über seine Produktion zu behalten. Er komponierte, arrangierte und spielte alle Instrumente im Playbackverfahren selbst ein. 1978 erschien sein Debütalbum »For You« (10/78 US-LP 163) nach fünf Monaten Produktionszeit. Es wurde doppelt so teuer, wie es hätte sein dürfen. Trotzdem hat sich die Investition gelohnt: Die Presse verglich ihn danach mit Stevie Wonder. Schon auf dieser ersten Platte stand fest, was sich als Hauptthema durch alle seine späteren Werke ziehen sollte: Sex. Die Nummer »Soft And Wet« war die erste Singleauskopplung von Prince und kam in die Hot 100. Ein Jahr später erschien seine nächste LP, die nur noch »Prince« hieß und bereits ein Millionseller wurde. Alles hatte sich Prince selbst beigebracht – Piano, Gitarre, Schlagzeug und 23 andere Instrumente. Bei der Veröffentlichung seiner ersten LP beschäftigte er nicht einmal einen Cover-Designer, auch das besorgte er selbst.

Zehn Jahre war er alt, da nahm ihn sein Stiefvater mit auf ein Konzert von James Brown. Nachdem er gesehen hatte, wie der auf der Bühne arbeitete, stand der Entschluss für ihn fest: Er wollte Musiker werden. Zwei Jahre später setzte er den in die Tat um.

1970 lief Prince von zu Hause weg. Sein richtiger Vater, John Nelson, war Jazzpianist im Prince Rogers Trio. Nach diesem Trio nannte er seinen Sohn Prince Rogers Nelson. In diesem Trio hatte auch seine Mutter mitgesungen. Die heiratete später Hayward Baker, vor dem Prince nun ausriss und sich zu seinem richtigen Vater durchschlug. Der kaufte ihm eine Gitarre, und Prince brachte sich selbst das Spielen bei. 1972 überredete ihn der Cousin und Schlagzeuger Charles Smith, in der Gruppe Grand Central mitzuspielen. Er willigte ein, und in den folgenden Monaten spielte diese Formation aktuelle Hits nach, die von Prince neu arrangiert wurden. 1973 wurde aus Grand Central die Gruppe Champagne, in der neben Prince nun auch Morris Day spielte. In jenen Tagen spielte Prince mit Alexander O'Neal, Colonel Abrams und vielen anderen zusammen, die später mit ihrem Minneapolis-Sound in die Popgeschichte eingingen. 1976 machte Prince auf den englischen Studiotechniker Chris Moon, der das Talent von Prince erkannte, einen solchen Eindruck, dass der ihm beibrachte, wie man mit Studiotechnik umgehen muss. Mitte desselben Jahres ging er nach New York und versuchte, einen Plattenvertrag zu erhalten. Schon zu diesem Zeitpunkt ging er an die Vertragsverhandlungen mit der Prämisse heran, dass er nur unterschreibt, wenn er alles unter Kontrolle behält. Im März 1977 spielte er bei Warner Brothers vor, und die gingen mit ihm dieses Wagnis ein. Zum Album »Purple Rain« gab's den gleichnamigen Film, der die semiautobiografische Geschichte über die Karriere von Prince beinhaltete. In der Presse konnte man danach lesen, dass dieser Film wahrscheinlich der pfiffigste und anspruchsvollste Rock-'n'-Roll-Film aller Zeiten sei. In Los Angeles verstiegen sich Filmkritiker gar zu Vergleichen mit

Marlon Brando oder Orson Welles. Zu den gut gemachten, innovativen, technisch perfekten Platten kam von Anfang an eine geniale Bühnenshow. Die verleitete den ›Stern‹ dazu, unter der Überschrift ›Macho im Rüschenhemd‹ zu schreiben: ›Er treibt es auf der Bühne wie andere nur im Schlafzimmer ... Eindeutiger hat sich seit Jimi Hendrix keiner auf der Bühne aufgeführt. Und so feiern ihn Anhänger längst als dessen Nachfolger, als besten laufenden Phallus in der Geschichte des Rock 'n' Roll.‹ Wäre es das nur alleine gewesen, würde heute sicher niemand mehr von Prince sprechen. Er ist nicht nur ein genialer Musiker und Schauspieler, sondern auch ein erfolgreicher Geschäftsmann. Nach dem Erfolg von »Purple Rain« erschien seine nächste Langspielplatte »Around The World In A Day« auf seinem eigenen Plattenlabel Paisley Park. Inzwischen hatte er lange sein eigenes Plattenstudio, in dem er sich und andere Größen des Pop-Geschäfts produzierte. Von seinem Songschreibertalent profitierten schon viele. So hatten z. B. die Bangles, Sheila E., Martika, Sheena Easton, Tom Jones oder Sinéad O'Connor große Erfolge mit von Prince verfassten Nummern. Er selbst hatte seinen ersten Millionseller in den USA 1979 mit »I Wanna Be Your Lover« (11/79 US 11) und seinen ersten Top-10-Hit 1983 mit »Little Red Corvette«. Er brachte es auf über 50 Hits, darunter fünf Nummer-1-Hits. In den 90er Jahren ist Prince auch noch in das Plattenfirmen-Management eingestiegen. Man möchte ihm wünschen, dass er sich dabei nicht zu sehr verzettelt. Im März 1991 wählten ihn die Leser der renommierten Musikzeitschrift ›Rolling Stone‹ zum besten Songschreiber des Jahres. Wenn man zu viele Verträge unterschreiben muss, in denen es um Banknoten geht, könnte Kreativität verloren gehen. Was seine Popularität angeht, so kann man Prince sicher nur mit Madonna oder Michael Jackson vergleichen. Am 7. 6. 1993 gab er bekannt, dass er sich einen neuen Namen gegeben hatte: Symbol. Dieses Zeichen sollte die Vereinigung der beiden Symbole für Mann und Frau darstellen. Ob Vanity 6 oder Apollonia, Sheena Easton oder die Bangles, Sheila E. oder Cat – mit wem immer Prince zusammenarbeitete, ihm wurde nachgesagt, er ›habe‹ auch was mit ihnen. Prince und seine Rolle als Sex-Maniac wurde von der einschlägigen Presse natürlich auch gerne breitgetreten. Falsch ausgelegt wurde sicher »Sexy MF«. MF steht in diesem Fall als Abkürzung für jemand, den man attraktiv und scharf findet, und ist in diesem Sinn ein gängiger, nicht abwertender Slangausdruck. Nachdem Prince 1993 angekündigt hatte, er wolle in den nächsten Jahren kein Aufnahmestudio mehr betreten, und damit gegen seinen sehr lukrativen Vertrag verstieß, der ihn zwingt, in den nächsten Jahren noch etliche LPs zu veröffentlichen, sagte Prince: ›Ich habe noch so viel fertiges Material in den Schubladen liegen. Ich kann noch bis zum Jahr 2000 Platten mit unveröffentlichten Titeln auf den Markt bringen, ohne auch nur ein einziges Mal ein Studio zu betreten.‹ 1994 kam er unter dem Pseudonym Symbol auf seinem eigenen Plattenlabel, veröffentlichte aber im selben Jahr auch wieder eine Platte als Prince. Ende 1996 überraschte er mit dem Künstlernamen T.A.F.K.A.P., was ›The Artist Formely Known As Prince‹ bedeutet. Es erschien eine Dreifach-CD mit dem Titel »Emancipation«. Die Auskopplung »Betcha By Golly Wow!«, 1972 ein Hit für die Stylistics, stieg im Dezember 1996 auf Platz 11 in GB ein. Im Video zu dem Titel irrt Prince auf der Suche nach seiner schwangeren Frau durch ein Krankenhaus, und ein anderes Stück auf der LP ist mit dem Herzschlag von Princes ungeborenem Baby unterlegt. Am 16. Oktober 1996 kam dieses Kind schwerstbehindert – Pfeiffer-Syndrom – zur Welt und starb wenige Tage später. Musikalisch schien Prince zu diesem Zeitpunkt eher ausgebrannt zu sein. Er hatte sich zwar von seiner alten Plattenfirma ›emanzipiert‹, dafür war aber auch das Feuer weg. Dazu kam, dass der Handel nicht mehr wusste, wie er seine Platten nun einsortieren sollte – unter P wie Prince? S wie Symbol? T wie T.A.F.K.A.P.? Und die potenziellen Käufer wussten nicht, worunter sie suchten sollten. Irgendwie ein Eigentor – wahrscheinlich kommt er irgendwann als Mr. Nelson! Zum Jahreswechsel 1998/99 wurde seine Platte »1999« wiederveröffentlicht. Zumindest in GB wurde sie erneut erfolgreich.

Seine erfolgreichsten Alben: »Prince« (11/79 US-LP 22), »Controversary« (11/81 US-LP 21), »Prince 1999« (11/82 US-LP 9, 9/84 GB-LP 30), »Purple Rain« (7/84 US-LP 1, GB-LP 7, D-LP 5), »Around The World In A Day« (5/85 US-LP 1, GB-LP 5, D-LP 10), »Parade« (4/86 US-LP 3, GB-LP 4, D-LP 6), »Sign ›O‹ The Times« (4/87 US-LP 6, GB-LP 4), »Lovesexy« (5/88 US-LP 11, GB-LP 1, D-LP 4), »Batman« (7/89 US-LP 1, GB-LP 1, D-LP 3), »Graffiti Bridge« (9/90 US-LP 6, GB-LP 1, D-LP 4), »Diamonds And Pearls« (10/91 US-LP 3, GB-LP 2, D-LP 8), »Symbol (Untitled)« (10/92 US-LP 5, GB-LP 1, D-LP 5), »The Hits/The B-Sides« (9/93 GB-LP 4, 10/93 US-LP 19), »The Hits 1« (9/93 GB-LP 5, 10/93 US-LP 46), »The Hits 2« (9/93 GB-LP 5, 10/93 US-LP 54), »Come« (8/94 GB-LP 1, D-LP 9, 9/94 US-LP 15), »The Gold Experience« (10/95 US-LP 6, GB-LP 4), »Emancipation« (11/96 GB-LP 18, 12/96 US-LP 10) und »Rave Un2 The Joy Fantastic« (11/99 US-LP 18).

Im Mai 2000 war Prince wohl dies Pseudonym-Durcheinander leid – er verkündete, ab sofort sei er wieder der kleine Prince. Wie schön. Als nächstes Album erschien »The Very Best Of« (8/01 GB-LP 2, D-LP 6).

Little Red Corvette (2/83 US 6)
Delirious (9/83 US 8)
When Doves Cry (6/84 US 1, GB 4)
Let's Go Crazy (8/84 US 1)
Purple Rain (9/84 GB 8, US 2, D 5)
I Would Die 4 U (12/84 US 8)
1999/Little Red Corvette (1/85 GB 2)
Let's Go Crazy/Take Me With You (2/85 GB 7)
Raspberry Beret (5/85 US 2)
Pop Life (7/85 US 7)
Kiss (2/86 US 1, GB 6, D 4)
Sign ›O‹ The Times (3/87 US 3, GB 10)
U Got The Look (8/87 US 2)
I Could Never Take The Place Of Your Man (11/87 US 10)
Alphabet St. (4/88 GB 9, US 8)
Batdance (6/89 D 10, US 1, GB 2)
Thieves Of The Temple (8/90 US 6, GB 7)
Get Off (8/91 GB 4)
Cream (9/91 US 1)
Diamonds & Pearls (12/91 US 3)
Sexy MF/Strollin' (7/92 GB 4)
My Name Is Prince (10/92 GB 7)
7 (11/92 US 7)
Controversy (12/93 GB 5)
The Most Beautiful Girl in the World (3/94 US 3, GB 1, D 9)
Gold (12/95 GB 10)
1999 (1/99 GB 10)
AOR (Adult Orientated Rock), Rhythm & Blues

Prince Ital Joe feat. Marky Mark

MARKY MARK (USA, * 5. 6. 1971 als Mark Wahlberg in Boston/Massachusetts), PRINCE ITAL JOE (Dominikanische Republik, * 5. 5. 1963 als Joe Paquette, † 16. 5. 2001)

Prince Ital Joe und Marky Mark lernten sich angeblich 1991 in einer Hotelhalle in Los Angeles kennen. In den Anfangstagen der Teenie-Gruppe New Kids On The Block, als die sich noch Nynuk nannten, spielte Mark mit seinem älteren Bruder Donnie in eben dieser Formation zusammen. Bevor jedoch die ersten Hits kamen, stieg er aus und gründete schließlich seine eigene Gruppe. Nachdem die

als Marky Mark & The Funky Bunch erfolgreich gewesen war, löste sie sich wieder auf, und Mark begann seine Zusammenarbeit mit Prince Ital Joe. Produzenten, Komponisten und Arrangeure von »Happy People« waren die Deutschen Frank Peterson und Alex Christensen. »Life In The Streets« (8/94 D 11) stammte aus dem Film »Mr. Bill«, in dem Danny de Vito die Hauptrolle. Es folgte »Babylon« (2/95 D 17). Das erfolgreichste Album war »Life In The Streets« (5/95 D-LP 10). Prince Ital Joe machte auch Aufnahmen mit 2Pac und Snoopy Dogg.
Ital Joe starb 2001 bei einem Autounfall in den USA.

Happy People (12/93 D 4)
United (4/94 D 1)
Dance, Rap

Siehe auch: Marky Mark & The Funky Bunch

Princess

DESIRÉE HESLOP v (Großbritannien, * 28. 11. 1962)
Mitte der 80er Jahre, als Stock/Aitken/Waterman für die einen ein Schimpfwort, für die anderen Götter waren, machten sich die drei Produzenten über Princess her und bügelten für sie den Hit »Say I'm Your No. 1«. An diesem Erfolg wurde die Sängerin jetzt immer gemessen. Erreicht hat sie ihn nie wieder, obwohl für sie noch vier weitere Songs aus der Werkstatt S/A/W geschmiedet wurden. Danach wechselte sie die Produzenten, und von nun ab ging es ihr noch schlechter. Ihre letzte Hitnotierung war Mitte 1987 »Red Hot«, Platz 58 in GB. Vor 1985 arbeitete sie erst als Verkäuferin, hatte eine Punkplatte besungen, war für zwei Jahre bei Osibisa und arbeitete mit Mai Tai und Precious Wilson. Ihr erfolgreichstes Album hieß »Princess« (5/86 GB-LP 15).

Say I'm Your No. 1 (8/85 D 2, GB 7)
Middle Of The Road (MOR)

Prinzen

SEBASTIAN KRUMBIEGEL v (Deutschland, * 5. 6. 1966 in Leipzig), TOBIAS KÜNZEL v, key, d (Deutschland, * 26. 5. 1963 in Leipzig), WOLFGANG LENK v, g (Deutschland, * 4. 9. 1966 in Leipzig), HENRI SCHMIDT v (Deutschland, * 17. 8. 1967 in Leipzig), JENS SEMBDNER v (Deutschland, * 20. 1. 1967 in Wermsdorf)
1991 war die fünfköpfige Gruppe die Überraschungsformation des Jahres. Alle Mitglieder hatten zunächst im Thomaner-Chor ihrer Heimatstadt Leipzig gesungen. Ende der 80er Jahre begannen Krumbiegel, Lenk, Schmidt und Sembdner als Herzbuben, Künzel bei Amour & Die Kids. Annette Humpe erkannte nach den Wendetagen das Potential der Herzbuben, als fünfter Mann kam Künzel hinzu, und man benannte sich um in Die Prinzen. Im Mai 1991 erschien die erste Single »Gabi und Klaus« (9/91D 24). Produziert war die Platte von Annette Humpe und Armand Volker. Noch im selben Jahr kam mit »Das Leben ist grausam« (1/92 D-LP 5) das erste Album auf den Markt. Die nachfolgenden Singles »Millionär«, »Mann im Mond«, »Mein Fahrrad« und »Küssen verboten« schafften zwar alle den Sprung in die deutschen Charts, nicht jedoch in die Top 10. Nach und nach setzte sich schließlich doch die sprachliche und gesangliche Qualität der fünf durch. Witzige und intelligente Texte und ein Satzgesang, wie er im deutschsprachigen Raum nur schwer zu finden ist (abgesehen von den Bläck Fööss), heben sie aus der Masse der deutschsprachigen Interpreten hervor. »Alles nur geklaut« wurde 1993 die einzige deutschsprachige Single, die Goldstatus erreichen konnte. Auch das gleichnamige Album hatte enorme Verkaufszahlen. Bis Ende 1993 waren über 600 000 Exemplare abgesetzt, und damit ist Platin erreicht. Im ersten Titel auf ihrer

ersten CD aus dem Jahre 1991, »Das Leben ist grausam«, singen die Prinzen: »Ich wär' so gerne Millionär«. Nach ihren weiteren CDs »Küssen verboten« (10/92 D-LP 6), »Alles nur geklaut« (11/93 D-LP 4), »Schweine« (5/95 D-LP 3) und »So viel Spaß für so wenig Geld« (5/99 D-LP 9) hatten sie ihr Ziel erreicht.
Richtig bemerkte der ›Stern‹ im April 1995: ›Manchmal werden auch die Guten Millionär.‹ Am 26.4. 1999 kamen die Prinzen nach einer Kreativpause zurück und veröffentlichten die Single »So viel Spaß für wenig Geld (Ich freu' mich)«. Es folgte »Deutschland« (9/01 D 15).

Alles nur geklaut (10/93 D 4)
Du musst ein Schwein sein (4/95 D 8)
Pop

Proby, P. J.

P. J. PROBY v (USA, * 6. 11. 1938 als James Marcus Smith in Houston/Texas)
1957 machte Proby als Jett Powers seine ersten Platten. 1958 sang er mit den Mello Kings und danach mit seiner eigenen Band, den Moon Dogs. Ende der 50er, Anfang der 60er Jahre verdiente er sich seinen Lebensunterhalt damit, dass er, weil seine Stimme so ähnlich klang, Demobänder für Elvis Presley sang und in Filmen kleinere Rollen spielte. Außerdem schrieb er Songs für andere Interpreten. 1961 erschien seine erste Single als P. J. Proby in den USA: »Try To Forget Her«. 1963 tauchte er als P. J. Proby in GB auf. Sein einziger nennenswerter Erfolg in den USA war die Nummer »Niky Hoeky« (1/67 US 23). Sein erfolgreichstes Album hieß »I'm P. J. Proby« (2/65 GB-LP 16). In GB brachte seine Bühnenshow die Mädchen zum Kreischen. Sämtliche Stripteasetänzerinnen der Welt wirkten gegen Proby wie eine Ansammlung von Holzböcken. Dass er auch ein wirklich guter Sänger war, wurde dabei meist vergessen. Im Januar 1965 passierte Proby bei Bühnenauftritten ein Missgeschick: Ihm platzte die Hose. Nicht irgendwo, sondern an sehr auffälliger Stelle, sozusagen frontal zum Publikum. Das geschah jetzt häufig – und bald hatten ihn die prüden britischen Medienmogule aus den Auftrittshallen und TV-Sendungen verbannt. Er veröffentlichte »I Apologise« und erreichte trotz des Medienbanns Platz 11 in GB. Aber bald war er die Anfeindungen der Presse satt, ging zurück in die USA und versuchte dort mal wieder sein Glück. Ende der 60er Jahre ging er wieder zurück nach GB und nahm mit den Musikern, die wenig später Led Zeppelin wurden, die LP »Three Weeks Hero« auf. 1970 spielte er mit in »Catch My Soul«, einer Rock-Oper nach Motiven aus ›Othello‹. 1978 stand er wieder auf der Bühne in GB. Diesmal spielte er im Musikportrait »Elvis On Stage« mit. Lange hielt es ihn nicht, und Proby wäre nicht Proby, wenn er es mal ein wenig länger irgendwo ausgehalten hätte. Nachdem das Stück mehrere Wochen lief, begann er vom vorgeschriebenen Text abzuweichen und sich in bester Elvis-Las-Vegas-Manier von der Bühne herab mit dem Publikum zu unterhalten. Der Veranstalter feuerte ihn. Im selben Jahr veröffentlichte er zusammen mit der niederländischen Gruppe Focus die LP »Focus Con Proby« – so hat er es halt gerne: alles Licht auf ihn! Nachdem man lange Zeit nichts mehr von Proby gehört hatte, sang er Ende 1996 im Duett mit Marc Almond den Cupid's-Inspiration-Hit »Yesterday Has Gone«, der allerdings im unteren Bereich der britischen Top 75 hängenblieb.

Hold Me (5/64 GB 3)
Together (9/64 GB 8)
Somewhere (12/64 GB 6)
Maria (11/65 GB 8)
Pop

Proclaimers

CHARLIE REID v, g, b (Großbritannien, * 5. 3. 1962 in Edinburgh), CRAIG REID v, bongos, tamb (Großbritannien, * 5. 3. 1962 in Edinburgh)

Die Zwillinge wurden von den Housemartins für das Musikgeschäft entdeckt. Mit ihrer Vielseitigkeit – Folkmusik und Country-Rock, aber auch lyrische Balladen – überzeugten sie auch schnell die Plattenfirma Chrysalis, die sie unter Vertrag nahm. Nachdem sie in verschiedenen Punkbands in der Umgebung von Edinburgh gespielt hatten, gründeten sie 1983 ihr gemeinsames Duo Proclaimers. 1986 schließlich gingen sie als ›special guests‹ mit den Housemartins auf Tour und erhielten daraufhin den begehrten Plattenvertrag. 1987 erschien ihr erstes Album »This Is The Story«, und die britische Presse ließ sich prompt zu Vergleichen mit den Everly Brothers hinreißen. Ausgekoppelt wurde als erste Single »Letter From America«. Produzent des ersten Hits war Gerry Rafferty. 1988 erschien mit »Sunshine On Leith« (9/88 GB-LP 6, 4/89 US-LP 31) das zweite Album der Proclaimers. Die daraus ausgekoppelten Singles waren zwar sehr schön, aber nicht unter den Top 10 zu finden. Das schafften die Proclaimers erst 1990 mit der EP »King Of The Road« und einer Coverversion eben dieses Titels von Roger Miller. Mit dazu beigetragen hat vielleicht auch, dass die Nummer in dem Film »The Crossing« zu hören war. Ihre bereits 1988 erschienene Single »I'm Gonna Be (500 Miles)« (8/88 GB 11) kam Mitte 1993 in den amerikanischen Charts unter die ersten 10 und wurde Millionseller: Sie war im Film »Benny And Joon« zu hören. Daraufhin produzierte Pete Wingfield mit ihnen ein neues Album mit dem Titel »Hit The Highway« (3/94 GB-LP 8).

Letter From America (11/87 GB 3)
King Of The Road (EP) (11/90 GB 9)
I'm Gonna Be (500 Miles) (6/93 US 3)
AOR (Adult Orientated Rock), Pop

Procol Harum

DAVE BALL (Großbritannien, * 30. 3. 1950), GARY BROOKER v, p (Großbritannien, * 29. 5. 1945 in Southend/Essex), MARK BRZEZICKI d (Großbritannien, * 21. 6. 1957 in Slough), ALAN CARTWRIGHT b (Großbritannien, * 10. 10. 1945), CHRIS COPPING b, org (Großbritannien, * 29. 8. 1945 in Southend/Essex), MATTHEW FISHER org (Großbritannien, * 7. 3. 1946 in Croydon/Surrey), MICK GRABHAM g (Großbritannien), BOBBY HARRISON d (Großbritannien, * 28. 6. 1943 in East Ham/London), DAVE KNIGHTS b (Großbritannien, * 28. 6. 1945 in Islington/London), KEITH REID (Großbritannien, * 10. 10. 1946), RAY ROYER g (Großbritannien, * 8. 10. 1945), DON SNOW v, key (Kenia, * 13. 1. 1957 in Nairobi), ROBIN TROWER g (Großbritannien, * 9. 3. 1945 in London), BARRY WILSON d (Großbritannien, * 18. 3. 1947 in Southend/Essex)

»A Whiter Shade Of Pale« ist zweifellos inzwischen ein Schmuseklassiker geworden, musikalisch angelehnt an einen wahren Klassiker, die Air auf der G-Saite von Bach. Brooker und Trower kannten sich bereits seit ihrer Schulzeit und hatten im zarten Alter von 14 Jahren ihre erste Band, die Paramounts, gegründet. Der Entschluss, Profimusiker zu werden, stand bald fest, und nach Abschluss der Schule setzte man ihn in die Tat um. 1963 erhielten die Paramounts, zu denen inzwischen auch Barry Wilson gehörte, einen Plattenvertrag und veröffentlichten ein Jahr später als erste Single eine Coverversion von »Poison Ivy«. Damit kamen sie immerhin unter die ersten 40 der britischen Charts. 1966 löste sich die Gruppe auf, weil die Mitglieder mit der Qualität ihrer Auftritte nicht mehr zufrieden waren – sie mussten Sandie Shaw und Chris Andrews begleiten. Trower und Wilson spielten in verschiedenen R&B-Bands, während Brooker mit dem Texter Keith Reid ein Songschrei-

berteam bildete. 1967 war man auf der Suche nach einer Band, um das Material umzusetzen, und gründete die Pinewoods mit Brooker, Fisher, Royer, Knights und Harrison, die als erste Version von Procol Harum mit »A Whiter Shade Of Pale« einen Spitzenreiter erzielen. Wenig später gelang ihnen mit »Homburg« ihr einziger weiterer Top-10-Hit. Zu diesem Zeitpunkt fand bereits die erste Umbesetzung statt: Royer und Harrison gingen, dafür kamen Trower und Wilson wieder. Nachdem 1969 auch Fisher und Knights gegangen waren, war mit Copping wieder ein Mitglied der Schulzeit-Paramounts bei Procol Harum. Die Band spielte inzwischen im Vorprogramm von Jimi Hendrix und mit Größen wie Ike & Tina Turner, John Mayall, The Band, Chuck Berry, Janis Joplin, den Byrds u. a. bei großen Festivals Ende der 60er Jahre. Mitte 1971 verließ Trower die Band, für ihn kam Dave Ball, während Alan Cartwright als Bassist Copping entlasten sollte. Ball wiederum wurde 1972 durch Mick Grabham ersetzt. Die letzte Umbesetzung fand 1976 statt, als Cartwright ging und für kurze Zeit Pete Solley dazukam. 1977 beschloss die Formation, die im Grunde nie eine wirkliche Band gewesen ist, sich zu trennen, da sie für ihre Art von Musik im Zuge der aufkommenden Punk- und New-Wave-Bewegung keine Zukunft mehr sah. Brooker versuchte sich ohne nennenswerten Erfolg als Solist. Wilson starb 1989 in Oregon/USA. Als in den 90er Jahren viele Arten von Dinosauriern immer beliebter wurden, tauchten auch Procol Harum wieder auf: In der Besetzung Brooker, Fisher, Trower, Brzezicki und dem als Mitglied genannten Texter Reid erschien das Album »The Prodigal Stranger«. 1992 ging Brooker auf Tour durch die USA. Neben ihm spielten jetzt Whitehorn, Snow und Brzezicki – allerdings war das auch ziemlich egal, denn das Ganze ähnelte eher einer Solo-Tour von Brooker. Und auch das Jahr 1995 sah Procol Harum. Die Band spielte nach 18 Jahren mal wieder in London, und von der alten Garde war noch Matthew Fisher dabei.
Ihr erfolgreichstes Album war »Procol Harum Live In Concert With The Edmonton Symphony Orchestra« (5/72 US-LP 5, 7/72 D-LP 30).

A Whiter Shade Of Pale (5/67 US 5, GB 1; 7/67 D 1)
Homburg (10/67 GB 6)
Pop, Soft Pop

Prodigy

KEITH FLINT v (Großbritannien, * 17. 9. 1968 in Braintree/Essex), LIAM HOWLETT key, computer (Großbritannien, * 21. 8. 1971 in Braintree/Essex), MC MAXIM REALITY v, rap, dj (Großbritannien, * 21. 3. 1966 als Keith Palmer), LEEROY THORNHILL (Großbritannien, * 8. 10. 1968 in Peterborough/Essex)
Das Quartett aus der Nähe von London wurde den Plattenkäufern von der Plattenfirma mit der Bemerkung ›Ein Muss für Freunde des intelligenten Techno-Raves‹ ans Herz gelegt. In der Hip-Hop- und Dance-Szene kam man dem gut gemeinten Rat nach und kaufte. Prodigy wurde 1990 von Liam Howlett gegründet. 1991 erschien ihre Debüt-Single »What Evil Lurks«. Mit der Nachfolgesingle »Charly« kam der Erfolg. Es folgten »Everybody In The Place«, »Fire/Jericho« (9/92 GB 11), »Out Of Space/Ruff In The Jungle Bizness« (2/93 D 15) und »Wind It Up (Rewound)« (4/93 GB 11). 1992 war ihr Debütalbum »Experience« (10/92 GB-LP 12) erschienen, das Goldstatus erreichte. 1993 kommentierte die Plattenfirma die neue Veröffentlichung von Prodigy mit den Worten: ›Die Sounds und Beats scheinen aus anderen Welten, der Gesang vom guten Donald Duck zu stammen.‹ Mitte 1994 erschien ihr zweites Album »Music For The

Jilted Generation« (7/94 GB-LP 1). Darauf auch die Hits »One Love«,«No Good (Start The Dance)«, »Voodoo People« (9/94 GB 13) und »Poison« (3/95 GB 15). Von der britischen Musikpresse wurden Reality, Flint und Thornhill freundlich als Tänzer bezeichnet. »Firestarter« (1/97 US 30) aus dem Album »The Fat Of The Land« (7/97 GB-LP 1, D-LP 1, US-LP 1) stieg in die britische Hitparade auf Platz 1 ein.

Mit der Nummer »Firestarter« änderte Keith Flint sein Image – er wurde vom harmoniesüchtigen Softie zum rasenden Ravepunker und ließ auf der Bühne ›die Sau raus‹. Keith: ›Ich war ein verdammter Hippie, ein Waschlappen mit schulterlangen Haaren und verblödetem Ecstasy-Grinsen. Ich machte Schluss mit der Droge und wurde innerhalb von Wochen ein neuer Mensch. Heute verliere ich auf der Bühne komplett den Verstand. Ich muss aufpassen, dass ich mich nicht mal aus Versehen bei meiner Show umbringe. Ich werde echt gefährlich und bekomme die Energie eines angreifenden Tigers. Wehe dem, der mir dann in die Quere kommt.‹ Seine Markenzeichen wurden nun seine rot gefärbten Teufelshörner auf seinem ansonsten kahlgeschorenen Kopf, eine gepiercte Zunge und ein sechs Zentimeter langer Silberpfeil durch die Nase. Freimütig bekannte Keith: ›Ich kann nicht singen, aber lauter schreien als alle anderen. Deshalb bin ich Shouter.‹

Charly (8/91 GB 3)
Everybody In The Place (EP) (1/92 GB 2)
Out Of Space/Ruff In The Jungle Bizness (11/92 GB 5)
One Love (10/93 GB 8)
No Good (Start The Dance) (5/94 GB 4; 6/94 D 4)
Firestarter (3/96 GB 1; 4/96 D 6)
Breathe (11/96 D 8, GB 1)
Smack My Bitch Up (11/97 GB 8)
Rave, Techno

Progress Presents The Boy Wunda

Progress ist ein Nachtclub in Derby, in dem der damals 15-jährige Robert Webster schon 1992 Platten auflegte. Im Laufe der Jahre entwickelte er sich zu einem gefragten DJ, der unter dem Pseudonym Boy Wunda arbeitete und schließlich Haus-DJ im Progress wurde. Mit »Everybody« hatte er seinen ersten Hit. Die Platte brachte Samples von Madonnas »Papa Don't Preach«.

Everybody (12/99 GB 7)
Dance

Promises

PETER KNAUER syn (Kanada), JED KNAUER v, g (Kanada), BEN KNAUER v, key (Kanada), LESLIE KNAUER v (Kanada, * 20. 8. 1957), FRED MEDRANO b, HERB QUICK d

Leslie, Ben und Jed wurden auf den Plattenhüllen stets als Trio abgebildet, obwohl noch weitere Musiker in der Band waren – so z. B. Peter Knauer, ihr Vater. Er war bei Plattenproduktionen und Live-Auftritten stets dabei. Es begann in der Tat sehr vielversprechend für die drei aus Kanada stammenden und in Kalifornien lebenden Geschwister mit deutschen Vorfahren. Nachdem die Geschwister in verschiedenen Formationen zusammen und getrennt gearbeitet hatten, verschaffte ihnen Produzent Steve Verroca einen Plattenvertrag und schrieb mit ihnen zusammen ein paar Titel. Es ging, zumindest in Deutschland, vielversprechend für die Promises weiter: »Baby It's You«, ausgekoppelt aus ihrer 1978 erschienenen LP, kam Anfang 1979 in die Hitparade. Mitte desselben Jahres wurde »Let's Get Back Together« bei uns noch unter den ersten 20 notiert, und das war's. Es werden eben nicht alle Versprechen auch eingelöst.

Baby It's You (1/79 D 4)
Pop

Propaganda

CLAUDIA BRÜCKEN v (Deutschland, * 7. 12. 1963), RALF DORPER key (Deutschland, * 11. 1. 1960), DEREK FORBES b (Großbritannien, * 22. 6. 1956), SUSANNE FREYTAG v (Deutschland, * 3. 9. 1960), BRIAN MCGEE d (Großbritannien), MICHAEL MERTENS per (Deutschland, * 23. 10. 1963), BETSI MILLER v

Bevor es 1982 zur Gründung von Propaganda kam, hatte Claudia Brücken in dem Düsseldorfer Mädchenquartett Topolinos gesungen, Michael Mertens war Mitglied des Düsseldorfer Symphonie-Orchesters. ›Wir hatten eine präzise Vorstellung von unserem Sound: Elektronische Musik, die hart und laut sein sollte, ohne dabei auf Harmonie und auf Elemente zu verzichten, die einen Song angenehm machen‹, sagte die Band über ihre Konzeptvorstellung. Ein Demoband schickten sie an den britischen Journalisten Paul Morley, der für den ›New Musical Express‹ schrieb und seinen Job gerade aufgab. Zusammen mit Trevor Horn gründete er ZTT Records. Die beiden nahmen Propaganda unter Vertrag. Claudia Brücken heiratete Morley wenig später. Die Single »Dr. Mabuse« kam im Frühjahr 1984 unter die ersten 30 in den britischen Charts. »Duel« wurde 1985 ein Top-30-Hit in GB und Deutschland, »P-Machinery« im selben Jahr nur in GB. Das erfolgreichste Album von Propaganda hieß »Secret Wish« (7/85 GB-LP 16, 7/85 D-LP 24). Der Veröffentlichung weiterer Platten standen für einige Zeit Rechtsschwierigkeiten mit ZTT im Wege. Susanne Freytag verließ das Showgeschäft und widmete sich wieder ihrem alten Beruf als Goldschmiedin. Claudia verwirklichte Solopläne und gründete mit Thomas Leer Act. Inzwischen gehörten Forbes und McGee, beides ehemalige Mitglieder von Simple Minds, fest zur Band. Von der Urbesetzung blieb nur noch Mertens übrig. Als neue Sängerin kam die Amerikanerin Miller, die mit zwölf Jahren aus Idaho mit ihren Eltern nach Deutschland ausgewandert war. Im August 1997 tauchte Claudia Brücken als Sängerin der britischen Band Oceanhead mit der Nummer »Eyemotion« wieder auf dem Plattenmarkt auf.

Dr. Mabuse (4/84 D 7)
Elektro-Pop

Pseudo Echo

BRIAN CANHAM v, g (Australien), PIERRE GIGLIOTTI v, g, key (Australien), VINCE LEIGH v, d (Australien), JAMES LEIGH v, key (Australien)

Das Quartett wurde Ende 1983 in Melbourne gegründet. Nachdem sie in ihrer Heimat recht erfolgreich waren, kamen sie 1987 mit einer internationalen Version ihrer in Australien erfolgreichen LP »Love An Adventure« auf den Markt. Die erste Singleauskopplung, »Living In A Dream« (3/87 US 57) wurde zumindest in den USA bemerkt. Mehr Glück hatten sie mit der zweiten Single, einer Coverversion des Lipps-Inc.-Hits »Funky Town«.

Funky Town (5/87 US 6; 7/87 GB 8)
Rock, Techno

Public Announcement

FELONY DAVIS v (USA), EUCLID GRAY v (USA), EARL ROBINSON v (USA), GLEN WRIGHT v (USA)

Die Band wurde 1991 gegründet und begleitete den R&B-Superstar R. Kelly. Als R. Kelly And Public Announcment hatte man auch die ersten Hits: »She's Got That Vibe« (3/92 US 59, 5/92 GB 57, 10/94

RE-GB 3), »Honey Love« (5/92 US 39), »Slow Dance (Hey Mr. DJ)« (8/92 US 43) und »Dedicated« (2/93 US 31). Alle Stücke stammten vom Album »Born Into The 90's« (2/92 US-LP 42), das mit Platin ausgezeichnet wurde. Danach machte Kelly ohne die Gruppe weiter – die löste sich auf und kam ab 1997 wieder. Chef im Ring war immer noch Earl Robinson. Nach dem ersten Hit »Body Bumpin' Yippie-Yi-Yo« erschien im Frühjahr 1998 das erste Album »All Work No Play« und 2001 »Don't Hold Back«.

Body Bumpin' Yippie-Yi-Yo (2/98 US 5)
Pop, Rhythm & Blues

Siehe auch: Kelly, R.

Public Domain

JAMES ALLAN (Großbritannien), MALLORCA LEE v (Großbritannien), ALISTAIR MACISAAC (Großbritannien), MARK SHERRY (Großbritannien)
Das Quartett hatte vorher Plattenaufnahmen als Casio Brothers, Lovelife und US gemacht. »Operation Blade (Bass In The Place)« sampelte Teile von dem Hit »Confusion« von New Order, der im Film »Blade« zu hören war. Bei »Rock Da Funky Beats« (6/01 GB 19) wurden als Interpreten Public Domain feat. Chuck D genannt. Es folgte »Too Many MC's/Let Me Clear My Throat« (1/02 GB 34).

Operation Blade (Bass In The Place) (12/00 GB 5; 1/01 D 4)

Public Image Ltd.

MARTIN ATKINS d (Großbritannien, * 3. 8. 1959 in Coventry), PETE JONES b (Großbritannien, * 22. 9. 1957), MIKE JOYCE d (USA, * 1. 6. 1963 in Fallowfield/Manchester), KEITH LEVENE g (Großbritannien), JOHN LYDON v (Großbritannien, * 30. 1. 1956 in London), JIM WALKER d (Kanada), JAH WOBBLE b (Großbritannien als John Wordle)
Der Punker, Sänger und Songschreiber Johnny Rotten war 1975 Mitbegründer der Sex Pistols. Nach dem Ende dieser Formation nahm er 1978 wieder seinen richtigen Namen, John Lydon, an und gründete seine eigene Formation Public Image Ltd. in der Besetzung Lydon, Levene, Wobble und Walker. Noch im selben Jahr erschien mit »Public Image« ihre Debüt-Single und wurde im Herbst ein Top-10-Hit. Auf dieser Platte firmierten sie noch als Public Image Ltd., auf allen folgenden kürzten sie sich P.I.L. ab. Anfang 1979 verließ Walker die Band und wurde durch Atkins ersetzt. 1980 gingen auch Atkins und Wobble, 1981 kam Jones. Nachdem 1983 auch Levene nicht mehr dabei war, blieb von der Originalbesetzung nur noch Lydon, der 1982 seinen festen Wohnsitz in New York bezogen hatte. 1983 wurde »This Is Not A Love Song« zum größten Erfolg für P.I.L. Von Anfang an zeichneten sich die Live-Auftritte der Formation, in welcher Besetzung auch immer, dadurch aus, dass Band und Publikum sich gegenseitig mit Gegenständen bewarfen, viel zu Bruch ging und es immer zu Krawallen kam. Bis in die 90er Jahre erschienen Platten von P.I.L., die mit wechselndem Erfolg in den britischen Charts auftauchten. Die erfolgreichsten Alben: »Metal Box« (12/79 GB-LP 18), »Flowers Of Romance« (4/81 GB-LP 11), »Album/Cassette« (2/86 GB-LP 14) und »The Greatest Hits, So Far« (11/90 GB-LP 20).

Public Image (10/78 GB 9)
This Is Not A Love Song (9/83 GB 5; 12/83 D 10)
Punk, Rock

Siehe auch: Sex Pistols

Puckett, Gary & The Union Gap

»SERGEANT« DWIGHT BENETT sax (USA, * 28. 12. 1945 in San Diego/Kalifornien),

»CORPORAL« KERRY CHATER b (Kanada, * 7. 8. 1944 in Vancouver), »GENERAL« GARY PUCKETT v (USA, * 17. 10. 1942 in Hibbings/Minnesota), »PRIVATE« PAUL WHITEBREAD d (USA, * 8. 2. 1946 in San Diego/Kalifornien), »PRIVATE« GARY WITHEM p (USA, * 22. 8. 1946 in San Diego/Kalifornien)
Gary Puckett und seine Band tauchten 1967 mehr oder weniger aus dem Nichts auf. Im selben Jahr hatten sie sich als Outcasts in San Diego formiert und dann in Union Gap umbenannt. Sie traten in Klamotten aus dem amerikanischen Bürgerkrieg auf – ein ewiger Kostümball. In ihrer Heimat Kalifornien fielen sie einem Mann auf, der zwar nicht in ihrer Band spielen sollte, aber der wichtigste in der Hitmaschinerie war: Jerry Fuller, Songschreiber und Produzent. Der erste Hit unter Producer Fuller war gleich ein Millionseller: »Woman Woman«. Die beiden ersten Hits erschienen unter dem Gruppennamen Union Gap. Danach drängelte sich Gary nach vorne, und man nannte sich Gary Puckett & The Union Gap. Die erfolgreichsten Alben der Band waren »Woman, Woman« (2/68 US-LP 22), »Young Girl« (5/68 US-LP 21), »Union Gap« (6/68 GB-LP 24), »Incredible« (11/68 US-LP 20) und »Gary Puckett & Union Gap's Greatest Hits« (7/70 US-LP 50). Nach 1969 ließ der Erfolg langsam nach. Gary Puckett und Jerry Fuller trennten sich, 1971 fiel die Band auseinander. 1974 wurde »Young Girl« – immer wieder ein beliebtes Thema in der Popmusik: Älterer Mann weist junges, zu junges Mädchen zurück; darüber singen Popstars gerne! – wieder neu in GB veröffentlicht und erreichte noch einmal die Top 10. Gary wandte sich der Schauspielerei zu und war im Fernsehen und im Theater zu sehen. In den 80er Jahren trat er in Las Vegas auf und versuchte sich mit einer Australientournee.

Woman, Woman (11/67 US 4)
Young Girl (3/68 GB 1, US 2; 6/68 D 6; 6/74 GB 6)
Lady Willpower (6/68 US 2; 8/68 GB 5)
Over You (9/68 US 7)
This Girl Is A Woman Now (8/69 US 9)
Soft Pop

Puddle Of Mudd

DOUGLAS JOHN ARDITO b (USA, in Concord/Massachusetts), PAUL JAMES PHILLIPS g (USA, in Brunswick/Georgia), WESLEY REID SCANTLIN v, g (USA, in St. Joseph/Missouri), GREG DAVID UPCHURCH d (USA, in Houma/Louisiana)
Puddle of Mudd wurde 1993 in Kansas City von Wes (* 1972) gegründet. Er gab dem Chef von Fred Dursts Security ein Demoband, der es tatsächlich an Durst weitergab. Dem gefiel, was er hörte, und er rief Wes an, aber die Band war inzwischen auseinander gegangen. Vergeblich versuchte Wes, die Truppe wieder zusammenzubringen, aber es klappte nicht. Also ließ Fred Wes nach Los Angeles kommen, rekrutierte die neuen Musiker und nahm die Band bei seinem Label Flawless unter Vertrag. Nach einem Wechsel des Schlagzeugers kam es zur oben genannten Formation. Wes hatte vorher als Bauarbeiter, Koch und Tellerwäscher gearbeitet. Greg war ebenfalls vielversprechender Tellerwäscher, bevor er seine ersten Engagements bekam. Paul hatte im örtlichen Plattenladen gearbeitet. Doug lieferte Pizza aus. Puddle Of Mudd spielen eine Mischung aus Grunge, Nu Metal und Hardrock. Wes dazu: ›Alice In Chains, Motorhead und Led Zeppelin sind so die Bands, die mich beeinflussten.‹ Nach »Blurry« folgte »Control« (2/02 GB 15). Ihr erstes Erfolgsalbum hieß »Come Clean« (9/01 US-LP 9, 4/02 D-LP 10).

Blurry (12/01 US 6)

Puff Daddy

PUFF DADDY rap (USA, * 4. 11. 1970 als Sean Combs in Harlem/New York City)
Aus »The Message« von Grandmaster Flash und »Break My Stride« von Matthew Wilder machte ›Puffy‹ die Nummer »Can't Nobody Hold Me Down« (3/97 GB 19, 4/97 D 23) und schaffte damit die Spitze der US-Charts und Platin. Neben Puff Daddy waren auf dem Hit Mase zu hören. Puff war Eigentümer der Firma Bad Boy Entertainment, die er Anfang der 90er Jahre gegründet hatte. Zu den ersten Künstlern, die er unter Vertrag nahm, gehörte Christopher Wallace alias Notorious B.I.G. Als der am 9. März 1997 erschossen wurde, nahm Puff zusammen mit Faith Evans, der Witwe von Wallace, und der Gruppe 112 das Stück »I'll Be Missing You« auf, das es am 14. Juni 1997 von 0 auf 1 in den USA brachte. Das hatten bisher lediglich »You Are Not Alone« von Michael Jackson, »Fantasy« von Mariah Carey, »Exhale (Shoop Shoop)« mit Whitney Houston und noch einmal Mariah Carey zusammen mit Boyz II Men und »One Sweet Day« geschafft. Der Song »I'll Be Missing You« basierte auf »Every Breath You Take« der Gruppe Police. Die Weltpremiere erlebte der Titel am 14. Mai. Um Punkt 12 Uhr mittags legten 200 US-Radiostationen eine Schweigeminute ein, die im Land der unbegrenzten Möglichkeiten 30 Sekunden dauerte. Dann das Lied »I'll Be Missing You« als Hommage an Notorious B.I.G. Die Plattenfirma von Puff und auch die ausländischen Vertretungen, wie Arista Records oder BMG, verpflichteten sich, den Erlös dieser Single den hinterbliebenen Kindern des Ermordeten zukommen zu lassen. Nachdem der Titel 11 Wochen auf Platz 1 in den USA gestanden hatte, waren alleine dort 3 Millionen Exemplare verkauft. »It's All About The Benjamins« war der letzte Hit des Jahres 1997 für Puff Daddy, der hier jetzt als ›Puff Daddy & The Family‹ verzeichnet wurde. Zu dieser Family gehören etliche Interpreten, die auch ohne Puff Daddy in die Hitparaden kamen: Mase, Usher, Lil' Kim, 112, The Firm, Foxy Brown, Jay-Z, Lil' Cease und Busta Rhymes. Zusammen mit Jimmy Page wurde der Titel »Come With Me« aus dem Film »Godzilla« ein Hit für Puff Daddy. Vorlage für »Come With Me« war die Nummer »Kashmir« von Led Zeppelin. Zusammen mit R. Kelly gelang ihm als nächster Single-Hit »Satisfy You«. Seine erfolgreichsten Alben waren »No Way Out« (7/97 D-LP 2, 8/97 US-LP 1, 8/97 GB-LP 10) und »Forever« (8/99 D-LP 4, 9/99 US-LP 2, GB-LP 9).
Im Frühjahr 2001 verkündete Puffy: »Puff Daddy ist gestorben. Es gibt von jetzt an nur noch P. Diddy. Das ist mein neuer Name. Ich will mein Leben in den Griff kriegen und Gott dem Herrn dienen.« Ab Mai 2001 pfiff er auch auf P. Diddy und wollte in Zukunft nur noch als Sean Combs angesprochen werden. Sein Album »The Saga Continues ...« (7/01 US-LP 2) erschien als P. Diddy & The Bad Boy Family.

Can't Nobody Hold Me Down (1/97 US 1)
I'll Be Missing You (6/97 GB 1, D 1, US 1)
It's All About The Benjamins (12/97 US 5)
Come With Me (6/98 US 4; 7/98 D 3; 8/98 GB 2)
Satisfy You (9/99 US 2; 10/99 D 2; 3/00 GB 8)
Bad Boy For Life (9/01 D 6)
HipHop

Siehe auch: Kelly, R.

Pulp

NICK BANKS d (Großbritannien), JARVIS COCKER v (Großbritannien, * 19. 9. 1963), CANDIDA DOYLE key (Großbritannien), STEVE MACKEY b (Großbritannien, * 10. 11. 1966), RUSSELL SENIOR g (Großbritannien, * 18. 5. 1961), MARK WEBBER g, key (Großbritannien, * 14. 9. 1970)
Schon 1979 gründete Jarvis Cocker noch

als Schüler Arabacus Pulp. Ein erstes Album mit dem Titel »It« erschien im April 1983. Auch Singleauskopplungen hinterließen wie das Album selbst in den Charts keinerlei Spuren. Ende 1985 erschien »Little Girl And Other Pieces«, eine EP mit vier Nummern. Ein halbes Jahr später kam eine weitere EP, 1987 das Album »Freaks«. Zwischenzeitlich wechselten die Musiker in der Band recht häufig. 1991 erschien »Separations«, ein weiteres Album. Im Oktober 1993 kam »Intro – The Gift Recordings«, und im November 1993 erschien mit der Single »Lip Gloss« die erste Hitnotierung der Band. Das Album »His 'n' Hers« (4/94 GB-LP 9) und die Single »Common People« brachten der Band die ersten Top-10-Erfolge. Die lange Anlaufzeit der Formation lässt sich zum Teil sicher dadurch erklären, dass sich in den 80er Jahren niemand für den inzwischen so genannten Brit Pop interessierte. Somit profitierte Pulp von dem Boom dieser Richtung in den 90ern.

Die weiteren Erfolgsalben: »Different Class« (11/95 GB-LP 1), »Countdown 1992 – 1983« (3/96 GB-LP 10), »This Is Hardcore« (4/98 GB-LP 1) und »We Love Life« (11/01 GB-LP 6) – produziert von Scott Walker, ehemals Walker Brothers.

Common People (6/95 GB 2)
Mis-Shapes/Sorted For E's And Wizz (10/95 GB 2)
Disko 2000 (12/95 GB 7)
Something Changed (4/96 GB 10)
Help The Aged (11/97 GB 8)
Pop

Pur

ROLAND BLESS d (Deutschland, * 8. 3. 1961 in Bietigheim), RUDI BUTTAS g (Jugoslawien, in Beceg), JOE CRAWFORD b (Deutschland, * 28. 3. 1963 als Jörg Weber in Bietigheim), HARTMUT ENGLER v (Deutschland, * 24. 11. 1961 in Jugersheim), INGO REIDL key (Deutschland, * 10. 6. 1961 in Bietigheim)

Aus der schwäbischen Schülerband Crusade (1977) entwickelte sich über diverse Auftritte in amerikanischen Clubs die Formation Opus (1980). 1985 benannte man sich in Pur um, 1986 wurden sie Bundes-Rock-Sieger. 1988 wurde ihnen die Goldene Europa verliehen, und 1991 hatten sie den ersten Charterfolg. »Lena« erreichte Platz 50 in den deutschen Charts. Im selben Jahr erhielten sie den Preis der Deutschen Schallplattenkritik für das Album »Nichts ohne Grund«. Pur gehört zu den Gruppen, von denen man sich lieber eine Langspielplatte kauft als eine Single. Für »Pur Live« gab es 1993 Gold. Auch in den Jahren danach setzte es weitere Auszeichnungen: so 1994/95 den Echo-Preis, 1995 die Goldene Kamera, Goldene Europa, Goldene Stimmgabel, 1993/94/95 RSH Gold. Das im August 1995 erschienene Album »Abenteuerland« gehört inzwischen zu den erfolgreichsten deutschsprachigen LPs. Der ›Stern‹ stellte im Herbst 1995 unter der Überschrift ›Fünf Schwaben im Abenteuerland‹ fest: ›Das Herz auf der Zunge, die Kirche im Dorf und das Geld auf der hohen Kante – nach diesem schwäbischen Hausrezept haben sich fünf Provinzrocker aus Bietigheim-Bissingen an die Spitze der deutschen Charts gespielt.‹ Und ›mit treuherzigen Texten und süßem Sound hat die Gruppe Pur den Nerv der Deutschen getroffen‹. Das gelang der Gruppe wieder mit der Single »Wenn du da bist«, die gleich auf Platz 6 in die deutsche Hitparade einstieg. Anfang 1999 brachte Pur einen »Partyhitmix« auf den Markt. Die Gruppe hatte den Titel zusammen mit rund 200 Fan-Club-Mitgliedern am 21. 11. 1998 in ihrem Studio in Bietigheim aufgenommen.

Die erfolgreichsten Alben: »Live« (9/92 D-LP 7), »Seiltänzertraum« (8/93 D-LP 2), »Abenteuerland« (9/95 D-LP 1), »Live –

die zweite« (9/96 D-LP 1), »Mächtig viel Theater« (2/98 D-LP 1), »Mittendrin« (9/00 D-LP 1) und »Hits pur – 20 Jahre eine Band« (9/01 D-LP 1).

Ich lieb' dich (egal wie das klingt) (7/95 D 10)
Wenn du da bist (12/97 D 6)
Partyhitmix (2/99 D 10)
Adler sollen fliegen (1/00 D 9)
Herzbeben (8/00 D 4)
Soft Rock

Pure Prairie League

JOHN CALL g (USA), JIM CAUGHLIN d (USA), MICHAEL CONNOR key (USA), CRAIG LEE FULLER v, g (USA), VINCE GILL v, g, bj, fiddle (USA, * 12. 4. 1957), WILLIAM FRANK HINDS d (USA), JIM LANHAM b (USA), GEORGE POWELL v, g (USA), MICHAEL REILLY v, b (USA), JEFF WILSON v, g (USA)
Die Formation wurde 1971 in Cincinnati als Trio mit Fuller, Powell und Hinds gegründet. In dieser Besetzung nahmen sie 1972 zwei LPs auf, von denen die zweite, »Bustin' Out« (2/75 US-LP 34), erst drei Jahre später in die amerikanische Hitparade kam und ein Millionseller wurde. Die Band zeichnete sich vor allem durch enorme personelle Fluktuation aus. Sehr lange hielt es Countrysänger Vince Gill aus, der von 1979 bis 1983 ihr Leadsänger war. Ab 1984 versuchte er sich als Solist, seit Anfang der 90er Jahre gehört er zu den erfolgreichsten amerikanischen Country-Interpreten. In den Hitparaden wurde die Pure Prairie League bis Anfang der 80er Jahre verzeichnet. Ihr größter Erfolg war »Let Me Love You Tonight«. Ihr erfolgreichstes Album: »Two Lane Highway« (6/75 US-LP 24).

Let Me Love You Tonight (5/80 US 10)
Country, Rock

Puretone

JOSH ABRAHAMS (Australien)
Hinter Puretone verbirgt sich der australische Produzent Josh Abrahams. Als Sängerin wirkt auf der Platte Amiel Daemion mit. In Australien war Josh jahrelang in der Underground-Szene aktiv und gründete die Formation Future Sound Of Melbourne. Zuerst erhielt die Band einen Plattenvertrag, schließlich nur noch Josh. 1996 erschien sein Debüt »Satyricon«.

Addicted To Bass (1/02 GB 2)
Dance

Purify, James & Bobby

ROBERT LEE DICKEY v, g (USA, * 2. 9. 1939 in Tallahassee/Florida), BEN »BOBBY« MOORE v (USA), JAMES PURIFY v (USA, * 12. 5. 1944 in Pensacola/Florida)
1965 gründete James Purify zusammen mit seinem Cousin Robert Lee Dickey in Florida dieses Duo. Anfang der 60er Jahre hatte Dickey als Sänger und Gitarrist in dem Dothan Sextett gearbeitet. Als dessen Leadsänger eine Solokarriere startete, brachte Dickey seinen Cousin James als Ersatz mit. Auf der Bühne sangen sie oft im Duett und wurden so populär, dass man ihnen wiederum als Duo einen Plattenvertrag anbot. Mit ihrer ersten Single hatten sie auch gleich ihren größten Hit: »I'm Your Puppet«. Ende der 60er Jahre hatte Dickey keine Lust mehr, und James machte als Solist weiter, bis 1974 mit Ben Moore, der sich fortan Bobby nannte, ein neuer Duettpartner kam. Mit einem Remake des ersten Hits »I'm Your Puppet« standen sie im Frühjahr 1976 unter den ersten 20 in GB. Als weitere Hits ausblieben, trennten sich auch diese beiden.

I'm Your Puppet (9/66 US 6)
Pop, Soul

Pursell, Bill

BILL PURSELL v, p (USA, * 9. 6. 1926 in Oakland/Kalifornien)
Bill lernte schon im Kindergartenalter Klavier spielen. Also nur konsequent, dass er nach der High-School das Musikkonservatorium in Baltimore besuchte. Während des Zweiten Weltkrieges arbeitete er als Arrangeur für die Air-Force-Band in Washington, D.C. Nach dem Krieg erwarb er einen Abschluss in Komposition. Schließlich zog er nach Nashville, wurde dort Mitglied des Symphonieorchesters und unterrichtete an der Vanderbilt University. 1962 nahm er das Instrumentalstück »Our Winter Love« auf, das sein einziger Erfolg wurde. Bill Justis hatte den Titel arrangiert. Danach spielte Pursell bei Sessions in Nashville und unterrichtete weiter an der Universität. Sein erfolgreichstes Album hieß ebenfalls »Our Winter Love« (4/63 US-LP 28).

Our Winter Love (2/63 US 9)
Instrumental, Pop

Pussycat

THEO COUMANS v (Niederlande), BETTY DRAGSTRA v (Niederlande, * 23. 6. 1952), MARIANNE HEWSON v (Niederlande), JOHN THEUNISSEN v (Niederlande), THEO WETZELS v (Niederlande), TONY WILLE v (Niederlande), LOU WILLE v (Niederlande)
Die drei Schwestern Betty, Marianne und Tony hatten in Limburg, Niederlande, als ›Fräulein vom Amt‹ gearbeitet, bis Tony ihren späteren Mann Lou kennenlernte, der mit seiner Band in der Stadt spielte. Nach der Hochzeit gründeten sie die Formation Sweet Reaction zusammen mit Theunissen, Coumans und Wetzels, die vorher in der Band Scam gespielt hatten. Sweet Reaction erhielten einen Plattenvertrag, und als Erstes änderte der Produzent einmal ihren Namen in Pussycat. Ihre erste Aufnahme war der Titel »Mississippi«, geschrieben vom Gitarrenlehrer der drei Schwestern, Werner Theunissen (nicht verwandt mit John). Bis 1981 waren sie in der deutschen Hitparade noch unter den ersten 50 vertreten, dann hörte man von dem bekanntesten Export Limburgs – nach dem Käse – nichts mehr. Ihr erfolgreichstes Album war »First Of All« (5/76 D-LP 10).

Mississippi (1/76 D 1; 8/76 GB 1)
Georgie (4/76 D 6)
Smile (9/76 D 9)
Middle Of The Road (MOR), Schlager

Python Lee Jackson

DAVID BENTLEY v, key (Australien), GARY BOYLE g (Großbritannien), TONY CAHILL b (Großbritannien), MIKE LIBER g (Großbritannien), DAVID MONTGOMERY d (Großbritannien)
Bentley begann mit seiner Band Python Lee Jackson in Sydney. Nachdem mehrere Platten dieser Gruppe erschienen waren, die alle recht erfolgreich in Australien wurden, ging Bentley nach England. Hier suchte er sich neue Musiker und fand eine Plattenfirma, die bereit war, seine Komposition »In A Broken Dream« zu veröffentlichen. Sänger dieser Aufnahme war jedoch nicht Bentley, sondern Rod Stewart, der als Demo-Sessionsänger lediglich die Führstimme singen sollte. Als die Platte erschien, war jedoch kein anderer Sänger auf der Platte außer Rod zu hören. Als Honorar soll er angeblich so viel Geld erhalten haben, dass er sich damit Schonbezüge für den Fahrersitz seines Autos kaufen konnte. In den Anfangstagen wurde immer versucht, Stewart totzuschweigen. Seine Stimme ist jedoch so prägnant, dass man sie gleich heraushört. Die Platte wurde 1969 aufgenommen, kam aber zunächst nicht in die Hitparaden. Erst im Herbst 1972 erreichte die

Single dann in der britischen Hitparade Platz 3, in den USA Platz 56. Außer diesem Titel ist Python Lee Jackson nichts gelungen – und wenn man's genau nimmt, war »In A Broken Dream« mehr eine Platte von Rod Stewart.

In A Broken Dream (9/72 GB 3)
Rock, Soft Rock

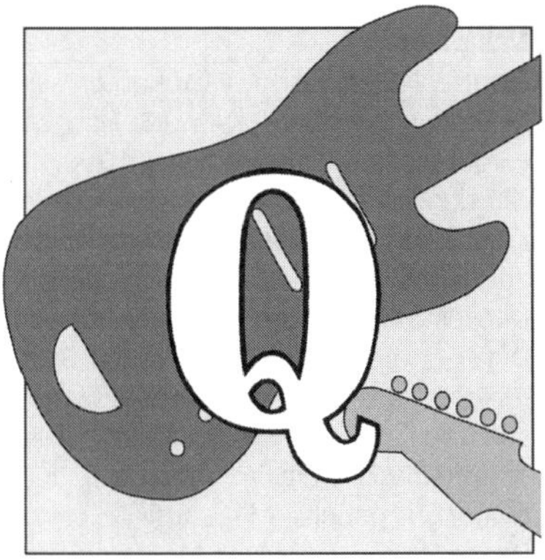

Quad City D.J.'s

JAY SKI rap (USA, als Johnny McGowan), LANA v (USA, als JeLana LaFleur), C.C. LEMONHEAD (USA, als Nathaniel Orange)

Kopf des Studio-Trios aus Orlando/Florida ist C.C. Lemonhead. Der hatte als Mitglied der Formation 95 South 1993 das Album »Quad City Knock« herausgebracht. Darauf befand sich der Singlehit »Whoot, There It Is« (5/93 US 11), der mit Platin bedacht wurde. Anfang 1995 kam ein zweites Album der Band in die US-LP-Charts: »One Mo' 'Gen«. Die Auskopplung »Rodeo« brachte es nur noch auf Platz 77 und führte wohl dazu, dass Lemonhead seine eigene Gruppe machte. Die lehnte sich nun an den Titel des ersten Albums von 95 South an und nannte sich Quad City D.J.'s. Mitte 1996 erschien das Album »Get On Up And Dance« (7/96 US-LP 31), und das beinhaltete auch den Top-10-Hit. Für den Film »Space Jam« (12/96 US 37) machte die Formation den gleichnamigen Titel.

C'mon 'N Ride It (The Train) (3/96 US 3)
Dance

Quantum Jump

RAY COOPER per (Großbritannien), RUPERT HINE v, key (Großbritannien), TREVOR MORAIS d (Großbritannien), JOHN G. PERRY v, b (USA, * 19. 1. 1947 in Auburn/New York), MORRIS PERT per (Großbritannien), MARK WARNER v, g (Großbritannien)

Die Formation hatte mit dem Titel »The Lone Ranger« ihren ersten und einzigen Hit. In dem Stück ging es um den ›Lone Ranger‹, bei uns ›Der Held mit der Maske‹, eine TV-Serie, die am 15. 9. 1949 zum ersten Mal ausgestrahlt wurde. Damals spielte Clayton Moore die Titelrolle, Jay Silverheels den Tonto. Rupert Hine hatte 1965 als 17-jähriger bereits seine ersten Platten aufgenommen. Es erschienen zwei Alben, danach schrieb er Songs für Doris Troy und Yvonne Elliman. Auch als Produzent arbeitete er an etlichen Produktionen, so z. B. bei Mike Oldfield, Nico oder Kevin Ayres. 1976 erschien das Debütalbum von Quantum Jump. Auf dieser LP war das Stück »The Lone Ranger« erstmals zu hören. Da aber die Freundschaft des Westernhelden Lone Ranger mit seinem indianischen Bruder Tonto als Beziehung zweier kiffender Pooftahs – eine englische Slang-Bezeichnung für Homosexuelle – ironisiert wurde, spielte die BBC den Titel nicht. Das Zungenbrecher-Intro der Nummer, eine Verballhornung eines indianischen Dialekts, gefiel dem britischen Fernsehmann Kenny Everett so gut, dass er es bei jeder passenden Gelegenheit in seiner ›Kenny Everett Video Show‹, einer Comedy-Serie im Abendprogramm, ablaufen ließ. Das machte er fast drei Jahre lang, und immer mehr Zuschauer fragten, was das für eine Aufnahme sei, deren Ende nie zu hören war. Daraufhin wurde die Platte erneut veröffentlicht, und nun kam sie in die Charts. Zu diesem Zeitpunkt hatte sich Quantum Jump als Gruppe schon wieder aufgelöst. In den folgenden Jahren war Rupert Hine als Produzent/

Musiker bei Anthony Phillips, Murray Head, Jona Lewie, Chris de Burgh, Robert Palmer, Tina Turner, Power Station, Fixx oder Thinkman zu hören.

The Lone Ranger (6/79 GB 5)
Pop

Quarterflash

JACK CHARLES v, g (USA), RICK DIGIALLONARDO key (USA), RICH GOOCH b (USA), MARV ROSS v, g (USA, * 30. 1. 1951 in Portland/Oregon), RINDY ROSS v, sax (USA, * 26. 6. 1951 in Portland/Oregon), BRIAN DAVID WILLIS d (USA)
Das Ehepaar Ross entschloss sich 1977, in Zukunft sein Glück als Musiker zu versuchen. Sie spielten in der Umgebung ihrer Heimatstadt in diversen Clubs und wurden häufig von wechselnden Backingbands unterstützt. 1980 hatten sie als Seafood Mama den Titel »Harden My Heart« aufgenommen, der zu einem lokalen Funk-Hit avancierte. Kurz darauf fusionierte Seafood Mama mit Pilot, einer weiteren Clubband aus Portland, und damit war Quarterflash entstanden. Ende 1981 erschien eine Neuaufnahme von »Harden My Heart«, und dieses Mal wurde die Platte ein nationaler Hit. In den vier darauffolgenden Jahren sind weitere Singles in den Charts erschienen, wovon jedoch nur »Find Another Fool« (2/82 US 16) und »Take Me To Heart« (6/83 US 14) erwähnenswert sind. Ihr Album »Quarterflash« (10/81 US-LP 8) wurde mit Platin ausgezeichnet. 1985 trennte sich Quarterflash, kam jedoch 1990 wieder zusammen.

Harden My Heart (10/81 US 3)
Pop, Rock

Quartz

RONNIE HEREL key, per (Großbritannien, in Birmingham), DAVE RAWLINGS key, per (Großbritannien, in Birmingham)
Mit der Coverversion eines alten Carole-King-Songs, »It's Too Late«, erreichte das aus Birmingham stammende Soul-Pop-Duo einen Hit. Der Gesang wurde von Dina Carroll übernommen. Weitere Singles des Duos, teilweise auch gesungen von Dina oder aber von Karen Wells, schafften es nicht mehr in die Top 20. Ihre Mixtur aus populärer Popmusik, HipHop, Dance-Floor und diversen Mix-Spielereien fand in den jeweiligen Sparten zu wenig Anhänger. Sie haben sich wohl etwas verfitzelt. Ab 1992 kam Dina als Solistin.

It's Too Late (2/91 GB 8)
Dance, Pop

Siehe auch: Carroll; Dina

Quatro, Suzi

SUZI QUATRO v, b (USA, * 3. 6. 1950 als Suzi Quatrocchio in Detroit/Michigan)
Im Alter von sieben durfte sie die Bongos in der Band ihres Vaters spielen – wahrscheinlich hat sie das für den Rest ihres Lebens an die Musik und die Bühne gefesselt. Ihre ersten Auftritte im Fernsehen zeigten Suzi als Go-Go-Tänzerin. Mit ihrer älteren Schwester Pattie, die später in der Gruppe Fanny spielen sollte, gründete sie 1964 die Mädchengruppe Suzi Soul And The Pleasure Seekers. Ihr größter Erfolg war eine Tournee der Girls durch Vietnam zur Truppenbetreuung. Ende der 60er Jahre merkte Suzi, dass sie in den USA nicht weiterkam, ging 1970 nach England und unterschrieb dort bei Mickie Mosts RAK-Label einen Vertrag. Ihr erster Hit, gleich ein Spitzenreiter in GB und Deutschland, war »Can The Can«. In ihrer Heimat USA gelang Suzi zusammen mit Chris Norman, dem Leadsänger von Smokie, Anfang 1979 der Millionseller »Stumblin' In«. In

Deutschland erreichte der Titel Goldstatus. 1977 wirkte Suzi in der TV-Serie ›Happy Days‹ mit. Ihre Plattenveröffentlichungen reichen bis ins 21. Jahrhundert. So erschien 1992 die Single »Love Touch«, die ausgekoppelt wurde aus dem Album »Oh, Suzi Q.« Produzenten waren die Holländer Rob und Ferdi Bolland. 1993 arbeitete sie wieder mit ihrem alten Produzenten Mike Chapman zusammen. Es erschienen die Singles »Fear Of The Unknown« 1993 und »If I Get Lucky« 1994, die jedoch wenig beeindruckten. In England ist sie nach wie vor auf Tournee – in Deutschland tritt sie vorwiegend bei Oldie-Festivals auf. Suzi lebt inzwischen in einem Landhaus in Essex bei London. Verheiratet ist sie mit dem Hamburger Musikproduzenten und Konzertveranstalter Rainer Haas. Wenn sie heute auf der Bühne steht, dann immer noch ganz in Leder. 2000 sagte sie, sie würde aufhören, wenn sie zu alt für ihre Lederklamotten sei – das kann dauern.
Ihre erfolgreichsten Alben waren »Suzi Quatro« (10/73 GB-LP 32, 11/73 D-LP 4) und »Suzi Quatro's Greatest Hits« (4/80 D-LP 4).

Can The Can (5/73 GB 1; 7/73 D 1)
48 Crash (7/73 GB 3; 9/73 D 2)
Daytona Demon (11/73 D 2)
Devil Gate Drive (2/74 D 2, GB 1)
Too Big (7/74 D 6)
The Wild One (10/74 GB 7, D 5)
If You Can't Give Me Love (3/78 D 5, GB 4)
Stumblin' In (12/78 US 4, D 2)
She's In Love With You (10/79 D 8)
Pop, Rock

Siehe auch: Norman, Chris

Quaye, Finley

FINLEY QUAYE v (Großbritannien, * 25. 3. 1974 in Edinburgh/Schottland)
Finley stammt aus einer musikalischen Familie. Sein Vater ist Jazzkomponist, sein Bruder Caleb spielte Gitarre in der Band von Elton John und in den 70er Jahren mit der Gruppe Hookfoot, seine Stiefschwester Maxine ist die Mutter von Tricky. Sein Plattendebüt gab Finley als Sänger auf einem Titel der Gruppe A Guy Called Gerald. In einer Hitparade stand er erstmals mit »Sunday Shining« (6/97 GB 16). Es folgten der Top-10-Hit »Even After All«, »It's Great When We're Together« (11/97 GB 29), »Your Love Gets Sweeter« (3/98 GB 16) und »Spiritualized« (9/00 GB 26). Sein Debütalbum »Maverick A Strike« (10/97 GB-LP 3) wurde ebenfalls ein Erfolg. 1998 erhielt er einen Brit Award als bester Sänger.

Even After All (9/97 GB 10)
Pop

Queen

JOHN DEACON b (Großbritannien, * 19. 8. 1951 in Leicester), BRIAN MAY v, g (Großbritannien, * 19. 7. 1947 in Twickenham/ Middlesex), FREDDIE MERCURY v, p (Sansibar, * 5. 9. 1946 als Faroukh Bulsara, † 24. 11. 1991), ROGER TAYLOR d (Großbritannien, * 26. 7. 1949 als Roger Meddows-Taylor in Kings-Lynn/Norfolk)
May, Taylor und ein gewisser Tim Staffell gründeten 1967 die Gruppe Smile, die 1969 lediglich in den USA die Single »Earth« veröffentlichte. Die Platte wurde ein Flop. 1970 trafen May und Taylor auf Freddie Mercury, der sich bis zu diesem Zeitpunkt in der Gruppe Wreckage als Sänger versuchte. Als vierter Mann stieß im Februar 1971 John Deacon zur Band. Und dann sollte es noch zweieinhalb Jahre dauern, bis die erste Platte von Queen erschien. Wohl weil Freddie Mercury der Queen-Kiste nicht ganz traute, veröffentlichte er im Juli 1973 als Larry Lurex, eine Frühform von Gary Glitter, noch im Phil-Spector-Stil eine Coverversion des Beach-Boys-Titels »I Can Hear Music«. Am 9. 4. 1973 hatte die Plattenfirma von Queen Journalisten und Publikum im Londoner

Marquee Club die Gruppe vorgestellt. Die erste Single von Queen, »Keep Yourself Alive«, wurde ein Flop. Die zweite war »Seven Seas Of Rhye« und erreichte Platz 10 in den britischen Charts. Von diesem Zeitpunkt bis zum Tod von Freddie Mercury war Queen eine der erfolgreichsten britischen Bands. Nach den ersten Erfolgen kamen auch schon die ersten Neider. Freddie Mercury wurde als homophiler Schönling und konzertante Hard-Rock-Königin bezeichnet, die Band als Ersatz-Led-Zeppelin abgestempelt. Die ›Frankfurter Rundschau‹ schrieb von ›gitarrenlastigem Heavy-Rock, immer wieder durchbrochen von subtilen Satzgesängen und farbenprächtigen Harmonie-Zitaten aus der Kunstmusik‹. Ihr international größter Erfolg, »Bohemian Rhapsody«, wurde als ›überaus manieriert und strapaziös‹ bezeichnet. Die Fans der Gruppe liebten den Titel, und mit »Bohemian Rhapsody« sollte ein neues Zeitalter beginnen. Niemand war sich dessen bewusst, aber als Queen zu dieser Platte einen Promotionfilm drehte, schlug die Geburtsstunde der Video-Clips. Immerhin sollte es noch rund fünf Jahre dauern, bis mit MTV der Sender für diese Musikkurzfilme kam. »Bohemian Rhapsody« kam Ende 1991, nach dem Tod von Freddie Mercury, wieder weltweit in die Hitparaden. Zu einer Hymne der Kids, Fußballspieler und sonstiger Sportler entwickelte sich die Platinplatte »We Are The Champions«. 1991 zeichnete sich stark ab, dass Freddie Mercury krank war, aber erst einen Tag vor seinem Tod gab er bekannt, dass er Aids hatte. Er hatte so lange gewartet, weil er seine Krankheit als Privatangelegenheit betrachtete und befürchtete, nach Bekanntwerden immer nur danach befragt zu werden, obwohl er lieber seine Musik in den Mittelpunkt stellen wollte. Seine Freunde und die Familie wussten Bescheid, und das war ihm wichtiger. Mit Freddie Mercury starb ganz ohne Zweifel einer der besten britischen Rocksänger aller Zeiten. Nach seinem Tod gaben die anderen drei Musiker bekannt, dass sie nicht als Queen weiter Platten machen wollten. Brian May kam Ende 1991 mit seiner Single »Driven By You«. John Deacon hatte bereits Mitte 1986 zusammen mit Lenny Zakatek und Robert Ahwai als The Immortals eine Platte aufgenommen. Roger Taylor machte nach einigen Soloplatten in der zweiten Hälfte der 80er Jahre die Band The Cross. Im Frühjahr 1993 erschien unter dem Titel »Five Live« eine CD mit fünf Titeln von George Michael und Queen mit Lisa Stansfield. »Somebody To Love« von Michael und Queen stammte von dem Freddie-Mercury-Konzert im April 1992 ebenso wie das Duett »These Are The Days Of Our Lives« mit George Michael und Lisa Stansfield. Alle Tantiemen dieser Mini-LP gehen an den Mercury Phoenix Trust, eine Aids-Hilfsorganisation. Ende 1995 erschien »Made In Heaven«. Darauf die beiden Top-10-Hits »Heaven For Everyone« und »A Winter's Tale«. »Too Much Love Will Kill You« (3/96 GB 15), immer noch von diesem Album, kam in die britische, »You Don't Fool Me« (3/96 D 26) in die deutschen Charts. Und auch noch »Let Me Live«, Top 10 Mitte 1996 in GB, und »You Don't Fool Me – The Remixes« (11/96 GB 17), stammten von diesem Album. Damit ist die Geschichte von Queen immer noch nicht zu Ende. Zum Todestag von Freddie erschien am 24. 11. 1997 mit »No One But You« eine neue Nummer der Band, gesungen von Brian May und Roger Taylor. Am 3.11. kam das Album »Queen Rocks«, auf dem sich dieser Titel auch befand – obwohl er sicher alles andere als Rock war. Wyclef Jean, Pras Michel und Free nahmen sich im Herbst 1998 die Nummer »Another One Bites The Dust« vor und hatten in GB einen Top-10-Hit. Im April 1999 wurde bekannt, dass Roger Taylor und Brian May

im Laufe des Jahres ins Studio gehen wollten, um ein neues Album als Queen aufzunehmen. Taylor hoffte, auch John Deacon würde sich anschließen. Nach vierjähriger Abwesenheit aus den Charts kehrte Queen mit einer neuen Version von »We Will Rock You« zurück. Diese Platte stieg am 29. 7. 2000 auf Platz eins in GB ein. Als Interpreten wurden Five + Queen genannt – von Queen spielten Brian May und Roger Taylor mit.
Die erfolgreichsten Alben: »Queen II« (3/74 GB-LP 5), »Sheer Heart Attack« (11/74 GB-LP 2, 12/74 US-LP 12), »A Night At The Opera« (12/75 GB-LP 1, US-LP 4, 2/76 D-LP 5), »A Day At The Races« (12/76 GB-LP 1, 1/77 US-LP 5, 2/77 D-LP 10), »News Of The World« (11/77 GB-LP 4, US-LP 3, 12/77 D-LP 7), »Jazz« (11/78 GB-LP 2, 12/78 US-LP 6, D-LP 5), »Live Killers« (7/79 GB-LP 3, US-LP 16, D-LP 4), »The Game« (7/80 GB-LP 1, US-LP 1, D-LP 2), »Flash Gordon« (12/80 GB-LP 10, US-LP 23, 1/81 D-LP 2), »Greatest Hits« (11/81 GB-LP 1, D-LP 1, US-LP 14, 11/91 RE-GB-LP 6, 12/91 RE-D-LP 5, 10/92 RE-US-LP 11), »Hot Space« (5/82 GB-LP 4, US-LP 22, D-LP 5), »The Works« (3/84 GB-LP 2, US-LP 23, D-LP 3), »A Kind Of Magic« (6/86 GB-LP 1, D-LP 4), »Live Magic« (12/86 GB-LP 3, D-LP 15), »The Miracle« (6/89 GB-LP 1, D-LP 1, US-LP 24), »Innuendo« (2/91 GB-LP 1, D-LP 1, US-LP 30), »Greatest Hits II/Classic Queen« (11/91 GB-LP 1, D-LP 2, 3/92 US-LP 4), »Live At Wembley '86« (6/92 GB-LP 2), »Made In Heaven« (11/95 GB-LP 1, D-LP 1), »Queen Rocks« (11/97 GB-LP 7) und »Greatest Hits III« (11/99 GB-LP 5, D-LP 5).

Seven Seas Of Rhye (3/74 GB 10)
Killer Queen (10/74 GB 2)
Bohemian Rhapsody (11/75 GB 1; 1/76 US 9, D 7)
You're My Best Friend (7/76 GB 7)
Somebody To Love (11/76 GB 2)
We Are The Champions (10/77 US 4, GB 2)
Don't Stop Me Now (2/79 GB 9)
Crazy Little Thing Called Love (10/79 GB 2; 12/79 US 1)
Another One Bites The Dust (8/80 US 1, GB 7; 10/80 D 6)
Flash (12/80 GB 10, D 3)
Under Pressure (11/81 GB 1)
Radio Ga Ga (2/84 D 2, GB 2)
I Want To Break Free (4/84 GB 3, D 4)
It's A Hard Life (7/84 GB 6)
One Vision (11/85 GB 7)
A Kind Of Magic (3/86 GB 3, D 6)
I Want It All (5/89 GB 3, D 9)
Breakthru' (7/89 GB 7)
Innuendo (1/91 GB 1, D 5)
The Show Must Go On (11/91 D 7)
Bohemian Rhapsody/These Are The Days Of Our Lives (12/91 GB 1)
Bohemian Rhapsody (3/92 US 2)
Five Live (EP) (5/93 GB 1)
Heaven For Everyone (11/95 GB 2)
A Winter's Tale (12/95 GB 6)
Let Me Live (6/96 GB 9)
Another One Bites The Dust – Queen/Wyclef Jean feat. Pras & Free (11/98 GB 5)
We Will Rock You (7/00 GB 1; 8/00 D 8)
AOR (Adult Orientated Rock), Glitter-(Glam)-Rock

Siehe auch: Five; Mercury, Freddy; Jean, Wyclef; May, Brian

Queensryche

CHRIS DEGARMO g (USA, * 14. 6. 1963 in Wenatchee/Washington), EDDIE JACKSON b (USA, * 29. 1. 1961 in Robstown/ Texas), SCOTT ROCKENFIELD d (USA, * 15. 6. 1963 in Seattle/Washington), GEOFF TATE v (Deutschland, * 14. 1. 1959 in Stuttgart), MICHAEL WILTON g (USA, * 23. 2. 1962 in San Francisco)
Die Band wurde 1981 in Seattle gegründet. Zehn Jahre haben sie gebraucht, um einen Singlehit zu schaffen. Ihre erste Notierung, ein Platz 59 in GB, war im Frühjahr 1989 »Eyes Of A Stranger«. Aber erst »Silent Lucidity« brachte im Frühjahr 1991 den internationalen Durchbruch. Erfolgreicher sind die Alben der Band: »Operation: Mindcrime« (5/88 US-LP 50, 7/88 GB-LP 58), »Empire« (9/90 US-LP 7, GB-LP 13), »Promised Land« (10/94 GB-LP 13, D-LP 10, 11/94 US-LP 3) und »Here

In The Now Frontier« (3/97 GB-LP 46, 4/97 US-LP 19).

Silent Lucidity (3/91 US 9)
Heavy Metal

? & The Mysterians

ROBERT LEE »BOBBY« BALDERRAMA g (USA, * 27. 2. 1950 in O'Donnell/Texas), LARRY BORJAS g, FRANCISCO HERNANDEZ »FRANK« LUGO b (USA, * 15. 3. 1947 in Welasco/Texas), ROBERT MARTINEZ d, RUDY MARTINEZ v (Mexico), FRANKIE RODRIGUEZ key (USA, * 9. 3. 1951 in Crystal City/Texas), EDUARDO DELGARDO »EDDIE« SERRATO d (USA, * 5. 12. 1945 in Encial/Texas)

Die Mitglieder von ? & The Mysterians wurden alle in Mexiko bzw. Texas geboren, wuchsen jedoch in Saginaw, Michigan, auf. Ihr Titel »96 Tears« (11/66 GB 37, 12/66 D 27), mit dem die Formation im Herbst 1966 bis auf Platz 1 der US-Charts kam und einen Millionseller schaffte, gilt als frühe Punk-Nummer. Sie hatten den Titel zuerst als The Mysterians auf dem in Texas beheimateten Pa-Go-Go-Label veröffentlicht. Nachdem die Band in Michigan erfolgreich wurde und die Nachfrage nach der Nummer sich verstärkte, brachte die Formation die Platte zu einer lokalen Radiostation. Dort entwickelte sich das Stück schnell zu einem Hit. Dann wurde sie in Detroit gespielt, und schließlich nahm sie das überregionale Label Cameo in seinen Vertrieb. Nachfolghit war »I Need Somebody« (11/66 US 22). Nachdem Borjas und Robert Martinez noch auf dem ersten Hit mitgespielt hatten, wurden sie eingezogen und durch Serrato und Balderrama ersetzt. Und obwohl sie noch viele weitere Singles und viele personelle Veränderungen hinter sich brachten, kam nichts mehr in die Charts. Bis weit in die 70er Jahre traten sie noch in amerikanischen Clubs auf. Noch Ende der 90er Jahre war die ursprüngliche Formation zusammen. Im Mai 1999 erschien mit »More Action« ein neues Album.

96 Tears (9/66 US 1)
Texmex

Siehe auch: Fender, Freddy; Los Lobos; Lopez, Trini

Quiet Riot

FRANKIE BANALI d (USA, * 14. 11. 1953 in Queens/New York City), CARLOS CAVAZO g (USA, * 8. 7. 1957 in Atlanta/Georgia), KEVIN DUBROW v (USA, * 29. 10. 1955 in Los Angeles/Kalifornien), DREW FORSYTH d (USA, * 14. 5. 1956 in Hollywood/Kalifornien), KELLY GARNI b (USA, * 29. 10. 1957 in Hollywood/Kalifornien), KENNY HILLERY b (USA), SEAN MCNABB b (USA), RANDY RHOADS g (USA, * 6. 12. 1956 in Burbank/Kalifornien, † 19. 3. 1982), RUDY SARZO b (Kuba, * 9. 11. 1952 in Havanna), PAUL SHORTINO v (USA), CHUCK WRIGHT b (USA)

Das Quartett wurde 1975 in Burbank/Kalifornien in der Besetzung DuBrow, Rhoads, Garni und Forsyth gegründet. Rhoads kam 1982 bei einem Flugzeugunglück ums Leben. Die ersten beiden Alben der Band, die 1978/79 erschienen, waren speziell für den japanischen Teen-Markt zugeschnitten. 1983 erschien die LP »Metal Health« (4/83 US-LP 1), die es zum Erstaunen aller über sechs Millionen mal verkauft wurde. Darauf war auch die Slade-Nummer »Cum On Feel The Noize«, die vergoldet wurde. Die nachfolgende LP »Condition Critical« (8/84 US-LP 15) wurde 1984 ebenfalls ein Platinseller. Darauf mit »Mama Weer All Crazee Now« wieder eine Slade-Nummer, die es jedoch nur noch bis auf Platz 51 brachte. Danach kam es zu personellen Umbesetzungen. Sarzo wurde 1985 durch Wright ersetzt, DuBrow und Wright verließen 1987 die Band, und für sie kamen Shortino und McNabb. 1988 trennte sich die Formation. 1991 kamen DuBrow,

Cavazo und Banali mit dem Bassisten Hillery als Heat wieder zusammen. 1992 beging Hillery Selbstmord. 1993 kam von Quiet Riot das Album »Terrified« – darauf wird Hillery als Bassist genannt. Weitere Mitspieler waren wieder DuBrow, Cavazo und Banali. Ausgekoppelt wurde als Single eine Coverversion des Small-Faces-Klassikers »Itchycoo Park«. Es folgten noch weitere Alben: 1993 »The Randy Rhoads Years«, 1995 »Down To The Bone«, 1996 »Greatest Hits« und 1999 »Alive And Well«. 1999 musste DuBrow Bankrott anmelden. 2001 hieß es, Quiet Riot habe sich neu formiert und ein neues Album aufgenommen.

Cum On Feel The Noize (9/83 US 5)
Heavy Metal

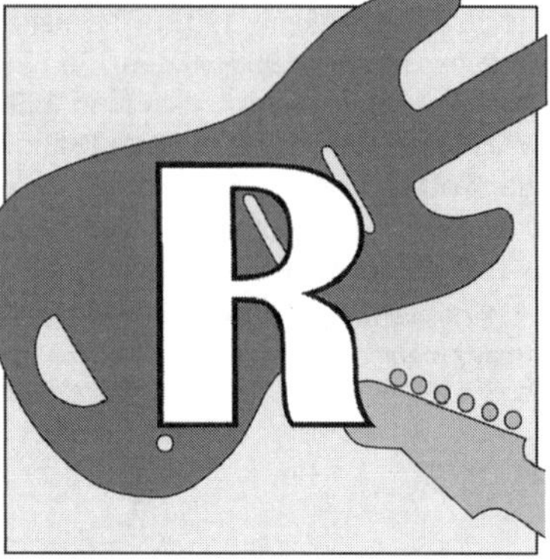

R.E.M.

Bill Berry d (USA, * 31. 7. 1958 als William Thomas Berry in Duluth/Minnesota), Peter Buck g (USA, * 6. 12. 1956 als Peter Lawrence Buck in Oakland/Kalifornien), Mike Mills b (USA, * 17. 12. 1958 als Michael Edward Mills in Orange County/Kalifornien), Michael Stipe v (USA, * 4. 1. 1960 als John Michael Stipe in Decatur/Georgia)

R.E.M. wurde 1980 in Athens/Georgia gegründet und nannte sich zunächst Can Of Piss. Ab 1983 hatten sie auch einige Hitnotierungen, die jedoch nie über Platz 70 hinauskamen. Erst im Herbst 1987 sollte ihnen mit »The One I Love« der erste Top-10-Erfolg gelingen. Ab diesem Zeitpunkt wurde die Formation, die seit ihren Anfangstagen von den Kritikern hoch gelobt wurde, einem breiten Publikum bekannt. Das Interesse an der Musik von R.E.M. – eine Abkürzung für Rapid Eye Movement, die schnellen Augenbewegungen zu Beginn der Traumphase eines schlafenden Menschen – wurde Anfang der 90er Jahre weltweit so groß, dass die ersten Alben der Gruppe komplett wieder neu veröffentlicht wurden. Nun gelangen ihnen auch außerhalb von Amerika Singleerfolge. »Losing My Religion« erhielt einen Grammy. Die Zeitschrift Rolling Stone hatte R.E.M. einst zu Amerikas bester Rock-'n'-Roll-Band gekürt. Das scheint zu wenig zu sein, denn die Vielseitigkeit dieser Gruppe lässt eine solch simple Eingruppierung nicht zu. In ihrer Musik verarbeiten sie die unterschiedlichsten Strömungen. Peter Buck dazu: ›Die Leute können unsere Musik aus verschiedensten Gründen mögen. Man kann dazu tanzen, Auto fahren, sogar dazu denken, obwohl Musik keine nur intellektuelle Erfahrung sein sollte.‹ Im März 1995 musste sich Schlagzeuger Berry in der Schweiz einer schweren Kopfoperation unterziehen, die erfolgreich verlief. Der harte Kern der Singlekäufer von R.E.M. ist ohne Zweifel in GB anzutreffen. Abgesehen davon ist die Gruppe eher dazu angetan, Albumkäufer anzusprechen. Im November 1997 wurde bekannt, dass Berry die Band verlassen werde. Nach seiner Operation würde er nun viele Dinge neu betrachten und wolle aussteigen. Die erste Produktion als Trio brachte R.E.M. im Herbst 1998 mit der Single »Daysleeper« auf den Markt.

Die erfolgreichsten Alben der Band: »Murmur« (5/83 US-LP 36), »Reckoning« (5/84 US-LP 27), »Fables Of The Reconstruction« (6/85 US-LP 28, GB-LP 35), »Life's Rich Pageant« (8/86 US-LP 21), »R.E.M. No. 5: Document« (9/87 US-LP 10, GB-LP 28), »Green« (11/88 US-LP 12, GB-LP 27), »Out Of Time« (3/91 US-LP 1, GB-LP 1, 4/92 D-LP 2), »The Best Of R.E.M.« (10/91 GB-LP 7), »Automatic For The People« (10/92 US-LP 2, GB-LP 1, D-LP 2), »Monster« (10/94 US-LP 1, GB-LP 1, D-LP 2), »New Adventures In Hi-Fi« (9/96 GB-LP 1, D-LP 1, US-LP 2), »Up« (11/98 GB-LP 2, D-LP 1, US-LP 3), »The Great Beyond« (2/00 GB-LP 3) und »Reveal« (5/01 GB-LP 1, D-LP 1, 6/01 US-LP 6).

The One I Love (9/87 US 9)
Stand (1/89 US 6)

Losing My Religion (4/91 US 4)
Shiny Happy People (5/91 D 10, GB 6; 7/91 US 10)
Everybody Hurts (4/93 GB 7)
What's The Frequency, Kenneth (9/94 GB 9)
Strange Currencies (4/95 GB 9)
E-Bow The Letter (8/96 GB 4)
Daysleeper (10/98 GB 6)
At My Most Beautiful (3/99 GB 10)
The Great Beyond (2/00 GB 3)
Imitation Of Life (5/01 GB 6)
AOR (Adult Orientated Rock), Rock

Raab, Stefan

JÜRGEN DREWS v (Deutschland, * 2. 4. 1945 in Berlin), STEFAN RAAB (Deutschland, * 20. 10. 1966 in Köln)

Stefan Raab wurde zum bekanntesten Moderator des Privatsenders VIVA. Während der WM-Berichterstattung 1994 für seine Sendung ›VIVASION‹ kam ihm die Idee, die kritische Stimmung gegenüber Fußballbundestrainer Berti Vogts in einen Rap zu fassen, den er live über den Äther schmetterte. Die Plattenfirmen interessierten sich für diesen Song, und eine veröffentlichte ihn als »Böörti Böörti Vogts«. Den Erfolg dieses Titels erklärte Raab damit, dass er Stadioncharakter habe und wohl auch noch in angetrunkenem Zustand einigermaßen gut angestimmt werden könne. Raab hatte ein Jesuiten-Internat in Bonn-Bad Godesberg besucht, sich dann als Student der Rechtswissenschaft versucht und parallel dazu eine Metzgerlehre absolviert und mit ›sehr gut‹ abgeschlossen. Dass das dazu beiträgt, eine ›zynisch-freche und bissig-böse‹ (Zitat der Plattenfirma) Einstellung zum Leben allgemein zu fördern, scheint mir logisch. Zusammen mit Hape Kerkeling produzierte er dessen Single »Hurz!« Auf zwei CDs, die als ›ganz obskure Projekte, ein Muss für jeden Musikfan der etwas anderen Art‹ bezeichnet wurden, veralberte er diverse Werbespotklänge. Inzwischen besitzt Stefan Raab einen eigenen Musikverlag. »Hier kommt die Maus« schmetterte er zum Geburtstag der WDR-»Sendung mit der Maus«. Diesmal fand der Song auch in der ARD reichlich Unterstützung. Für Guildo Horn schrieb er unter dem Pseudonym Alf Igel den Song »Guildo hat euch lieb!« – und damit gewann der dann auch am 26. 2. 1998 die Vorentscheidung zur Teilnahme am Grand Prix. Ende 1996 hatte Raab seine eigene Plattenfirma Rare gegründet. Rare ist die Abkürzung für Raab Records.

Mit »Maschen-Draht-Zaun« stieg er am 29. 11. 1999 gleich auf Platz 1 der deutschen Charts ein. Zum Erfolg des Titels trug die Quote von Stefans montäglicher Sendung »TV-Total« bei. Dort hatte er einen Ausschnitt aus einer SAT.1 Gerichtsreihe vorgestellt, auf dem der Song »Maschen-Draht-Zaun« aufbaute. Regina Zindler (52), eine arbeitslose Sachbearbeiterin aus dem sächsischen Auerbach, hatte ihren Nachbarn Gerd Trommer (32) verklagt, weil dessen Knallerbsenstrauch einen Maschendrahtzaun hochkletterte, der Z. gehörte und den Z. damit vom Verfall bedroht sah. Zindler verlor den Prozess gegen Trommer – und Richterin Barbara Salesch amüsierte sich in der SAT.1-Sendung über die Aussprache des Wortes »Maschendrahtzaun« von Frau Zindler. Raab zeigte diesen Ausschnitt also mehrfach in seiner Sendung und rankte dann sein Lied um dieses Gesächsel. Z. erhielt von Raab die Zusage von 10 Pfennig pro verkaufter Platte und 5 000 DM Vorschuss. Die Platte erschien – und schon nach einem Monat hatte Z. 40 000 DM verdient. Die Posse ging weiter: Jetzt war Trommer sauer, weil er zwar den Prozess gewonnen hatte, am Hit aber nix verdiente. Er sei doch im Ausschnitt auch zu sehen gewesen und sagte: ›Ich werde mich beim Sender beschweren.‹ Die munteren Sachsen sorgten so am Ende des Jahres 1999 für die Knallerbsenschote des Jahres. Anfang

2000 wurde bekannt, dass Frau Zindler einen Exklusiv-Vertrag mit RTL abgeschlossen hatte. Der Nachbar Trommer schloss einen Vertrag mit SAT.1 – was die jeweiligen ›Künstler‹ nun machen sollten, ist nicht ganz klar. Regina Zindler jedenfalls durfte im Januar 2000 sogar eine eigene Platte aufnehmen: »Frieden am Zaun« – hier wurde wieder einmal die Medientheorie des sich selbst verwertenden Opfers bewiesen.

Stefan Raab nahm sich als nächstes Projekt die Teilnahme am Grand Prix Eurovision vor. Die nationale Vorentscheidung am 18.2. in Bremen gewann er mit großem Abstand mit der Nummer »Wadde hadde dudde da?«. Stefan erhielt 57,4 % aller TED-Stimmen. Der 13. 5. 2000 in Stockholm zeigte, dass der Rest Europas den Titel auch lustig fand – immerhin belegte er Platz 5.

Das Album »TV-Total« (3/00 D-LP 2) stieg jedenfalls schon einmal hoch in die deutschen LP-Charts ein.

Einen enormen Anklang fand das Angebot von Stefan Raab, seinen Titel »Ho mir ma ne Flasche Bier (Schluck, Schluck, Schluck)« im Internet kostenlos herunterladen zu können. 200 000 Fans nahmen diese Offerte innerhalb von 48 Stunden wahr, gar eine Million User klickten sich in diesem Zeitraum bei www.tvtotal.de ein. Dieser Ansturm legte zwischenzeitlich den ProSieben-Server lahm. Ab dem 27. September war der Titel, der auf einem Sample mit der Stimme von Bundeskanzler Gerhard Schröder beruht, auch als Single erhältlich.

Ab Januar 2001 lief seine Sendung ›TV-Total‹ nicht nur einmal, sondern gleich mehrmals pro Woche. Dazu erschien auch eine Zeitschrift mit dem Titel ›TV-Total‹. Die Erstausgabe kam am 24. 1. 2001 in einer Auflage von 1 Million Exemplare auf den Markt. Sie verstand sich als Mischung aus Comedy, TV-Programm und Unterhaltung und wollte sich zwischen TV- und Musikzeitschrift etablieren.

Im Frühjahr 2001 powerte er in der Verkleidung als Eddie Rodriguez den Titel »Sensacion« (5/01 D 30). Dann kam unter seinem Namen »Wir kiffen«.

Böörti Böörti Vogts (7/94 D 4)
Hier kommt die Maus (3/96 D 2)
Maschen-Draht-Zaun (11/99 D 1)
Wadde hadde dudde da? (2/00 D 2)
Ho mir ma ne Flasche Bier (10/00 D 2)
Wir kiffen (12/01 D 3)
Dance, Schlager

Siehe auch: Ö La Palöma Boys; Horn, Guildo

Rabbitt, Eddie

EDDIE RABBITT v (USA, * 27. 11. 1941 als Edward Thomas Rabbitt in Brooklyn/New York, † 7. 5. 1998)

Seine ersten Platten machte er 1964. Nachdem sie erfolglos blieben, ging er 1968 nach Nashville und wurde dort Songschreiber für den Verlag Hill & Range mit einem Gehalt von 37 Dollar pro Woche. Das änderte sich, als Elvis Presley 1970 mit Eddies Titel »Kentucky Rain« einen Millionseller hatte. Mitte 1976 gelang Eddie Rabbitt sein erster eigener Hit in den Popcharts: »Rocky Mountain Music«. 1980 kam »Drivin' My Life Away« aus dem Film »Roadie« und wurde ein Millionseller. Der Nachfolger »I Love A Rainy Night« erreichte ebenfalls dieses Verkaufsergebnis. »You And I« hatte er zusammen mit Crystal Gayle aufgenommen. Sein erfolgreichstes Album war die Platinplatte »Horizon« (7/80 US-LP 19). Nach 1983 gelangen ihm keine Pophits mehr, dafür war er aber regelmäßig hoch in den Country-Hitparaden zu finden. In diesen Charts gelangen ihm zwischen 1976 und 1993 17 Spitzenreiter. Die erfolgreichste Platte dieses Genres war »Every Which Way But Loose« aus dem gleichnamigen Film mit Clint Eastwood. Eddie starb an Lungenkrebs.

Drivin' My Life Away (6/80 US 5)
I Love A Rainy Night (11/80 US 1)

Step By Step (7/81 US 5)
You And I (10/82 US 7)
AOR (Adult Orientated Rock), Country

Racey

PHIL FURSDON v, g (Großbritannien, in Weston-Super-Mare), RICHARD GOWER v, key (Großbritannien, in Weston-Super-Mare), PETE MILLER v, b (Großbritannien, in Weston-Super-Mare), CLIVE WILSON v, d (Großbritannien, in Weston-Super-Mare)
Als der erste Hit dieser Gruppe aus Weston-Super-Mare/Somerset, »Lay Your Love On Me« in die Charts kam, hatten die Musiker bereits eine lange Zeit in erfolglosen Combos gespielt. Der clevere Mickie Most und das Autorengespann Chinn/Chapman verpassten ihnen mit dem ersten Hit und mit »Some Girls« zwei Nummern, mit denen jede x-beliebige Gruppe ebenfalls in die Charts gekommen wäre. Und wie in anderen Fällen auch: Nachdem sich Interpreten von Chinn/Chapman gelöst hatten, weil sie nicht mehr deren simple Teenie-Liedchen singen wollten, ließ der Erfolg schlagartig nach. Racey schaffte noch zwei Chart-Entries, darunter eine Neuauflage des Dion-Hits »Runaround Sue« (12/80 GB 13). Nach ihrer Erfolgszeit nahm die Band einen fünften Mann hinzu, der jedoch auch nichts retten konnte.

Lay Your Love On Me (11/78 GB 3)
Some Girls (3/79 GB 2; 5/79 D 2)
Boy Oh Boy (9/79 D 3)
Pop

Radenkovic, Radi

RADI RADENKOVIC v (Jugoslawien, * 1. 10. 1934 als Petar Radenkovic in Belgrad)
Der Jugoslawe hatte 1956 bei den Olympischen Spielen in Melbourne als Torwart seiner Nationalmannschaft eine Silbermedaille gewonnen. Nachdem er in der Bundesrepublik zuerst bei Wormatia Worms im Tor gestanden hatte, kam Radenkovic 1960 zu 1860 München. Dort avancierte er schnell zum Liebling bei den Fußballfans der Bayern-Metropole. Radi, wie er liebevoll genannt wurde, war gefürchtet und geliebt zugleich wegen seiner Showeinlagen. Er liebte Ausflüge bis in den gegnerischen Strafraum. 1966 gewann 1860 München mit Radi im Tor die deutsche Fußballmeisterschaft. 1967 ergab eine Umfrage, dass Radi für deutsche Kinder zwischen fünf und siebzehn Jahren neben John F. Kennedy, Winnetou und Albert Schweitzer als eins der größten Vorbilder galt. 1970 gab er das Fußballspielen auf und machte sich als Gastronom in München einen Namen. Bei einer solchen Popularität muss man auch als Schlagerstar erfolgreich sein. Nach »Bin i Radi – bin i König« kam noch »Bißchen Glück in Liebe (- bisschen Glück in Spiel)« (10/65 D 36) in die Charts. Danach wurde er wieder der Ausflugstorwart.

Bin i Radi – bin i König (4/65 D 5)
Deutscher Schlager

Radiohead

COLIN GREENWOOD b (Großbritannien, * 26. 6. 1969 in Oxford), JONNY GREENWOOD g, key (Großbritannien, * 5. 11. 1971 als Jonathan Greenwood in Oxford), ED O'BRIEN v, g (Großbritannien, * 15. 4. 1968 als Edward John O'Brien in Oxford), PHIL SELWAY d (Großbritannien, * 23. 5. 1964 in Hemingford Grey), THOM YORKE v, g (Großbritannien, * 7. 10. 1968 in Wellingborough)
›Radiohead sind nicht die neuen Suede (trotz der wüsten Posen von Jon), aber wenn Suede die neuen Smiths sind und wenn wir dieses Spiel spielen müssen (und in der Musikpresse müssen wir das

wohl), würde ich ganz zögernd Radiohead als die neuen Jam bezeichnen‹, schrieb der ›Melody Maker‹. Als die fünf Jungs aus Oxford beschlossen, eine Band zu gründen, konnte keiner von ihnen ein Instrument spielen. So scheint es nur logisch, dass ihr erster britischer Charterfolg »Anyone Can Play Guitar« (2/93 GB 32) hieß. Das stimmt vermutlich auch, die Frage ist nur, wie. Im Mai 1992 war ihre erste EP »Drill« erschienen. Kritiker verglichen die Grunge-Band mit Ride, Blur oder Dinosaur Jr. Die Band selbst sieht sich eher dem Sound der US-Band Fugazy verbunden. Im März 1993 erschien ihr Debütalbum »Pablo Honey« (3/93 GB-LP 25, 5/93 US-LP 32, 1/98 RE-GB-LP 22), das sich mehr als 1,5 Millionen Mal verkaufte. Die daraus ausgekoppelte Single »Creep« entwickelte sich zur Generation-X-Smash-Hymne. In den USA erreichte die Platte Platz 34. Fast genau zwei Jahre später erschien mit »The Bends« (3/95 GB-LP 4, 5/95 US-LP 88) ein zweites Studioalbum. »High & Dry« (3/95 GB 17), »Fake Plastic Trees« (5/95 GB 20) und »Just« (9/95 GB 19) und »Street Spirit (Fade Out)« stammten von diesem Album. Mit »OK Computer« (6/97 GB-LP 1, 7/97 US-LP 21) erschien das nächste Album. Daraus stammte »Paranoid Android« – mit 6 Minuten und 28 Sekunden war die Nummer ungewöhnlich lang für die Charts. Ihr nächstes Erfolgsalbum erschien Ende 2000 und hieß »Kid A« (10/00 US-LP 1, GB-LP 1, D-LP 4). Als Vorbote für das Album »Amnesiac« (6/01 GB-LP 1, D-LP 2, US-LP 2) erschien die Single »Pyramid Song«. Es folgte »Knives Out« (8/01 GB 13).

Creep (9/93 GB 7)
Street Spirit (Fade Out) (2/96 GB 5)
Paranoid Android (6/97 GB 3)
Karma Police (9/97 GB 8)
No Surprises (1/98 GB 4)
Pyramid Song (6/01 GB 5)
Britpop, Grunge

Raff

RAFF v (Italien, * 29. 9. 1959 als Raffaele Riefoli)
Mit dem selbst geschriebenen Stück »Self Control« gelang Raff sein größter Hit. Laura Branigan erreichte mit einem Nachzieher des Titels zum selben Zeitpunkt Platz 1 in Deutschland. Ab dem 25. 6. 1984 belegten die beiden Versionen von »Self Control« für drei Wochen die beiden ersten Plätze. Auch international war es Laura, die erfolgreich war: USA Platz 4, GB 5. Raffs Nachfolgehit »Change Your Mind« erreichte Anfang 1985 noch die ersten 20. Danach war er zwar in Deutschland nicht mehr erfolgreich, aber bis in die 90er Jahre in seiner Heimat Italien und in der Schweiz.

Self Control (5/84 D 2)
Disko

Rafferty, Gerry

GERRY RAFFERTY v, g (Großbritannien, * 16. 4. 1947 in Paisley/Schottland)
Gerry begann seine Karriere 1968 bei der Folk-Formation Humblebums, die 1970 nach zwei LPs auseinander fiel. 1971 veröffentlichte er seine erste Solo-LP, die kein Erfolg wurde. 1972 gründete er Stealers Wheel, die eine schottische Version von Crosby, Stills & Nash sein sollten. Nach dem Top-10-Hit »Stuck In The Middle With You« im Frühjahr 1973 trennte sich die Band im März 1975. Gerry Rafferty hatte in den folgenden Jahren Schwierigkeiten mit seinem Management und seiner Plattenfirma. Erst 1978 erhielt er einen neuen Plattenvertrag und veröffentlichte die ausgezeichnete LP »City To City« (2/78 GB-LP 6, 5/78 US-LP 1, 7/78 D-LP 3). Ausgekoppelt daraus wurde »Baker Street«.
Seine weiteren Erfolgsalben waren »Night Owl« (6/79 GB-LP 9, 6/79 US-LP 29, 6/79 D-LP 18), »Snakes And Ladders« (4/80 GB-LP 15, 6/80 D-LP 34) und

»One More Dream – The Very Best Of Gerry Rafferty« (10/95 GB-LP 17). In den 80er Jahren veröffentlichte er weitere Platten, die wenig beeindruckten. 1987 produzierte er »Letter From America« für die Proclaimers. Seine letzte Hitnotierung war Ende 1992 in Deutschland »Don't Give Up On Me«, Platz 51. Er gab auch nicht auf und kam mit »A New Beginning« Ende 1994 wieder in die deutsche Hitparade. Der Song war ausgekoppelt aus der CD »Over My Head«.

Baker Street (2/78 GB 3; 4/78 D 3, US 2)
Night Owl (5/79 GB 5)
AOR (Adult Orientated Rock), Folk, Pop

Siehe auch: Stealer's Wheel

Rage Against The Machine

TIMMY C. b (USA), ZACH DE LA ROCHA v (USA, in Long Beach/Kalifornien), TOM MORELLO g (USA, * 30. 5. 1964 in New York City), BRAD WILK d (USA, * 5. 9. 1968 in Portland/Oregon)

Rage Against The Machine kamen in Orange County/Kalifornien 1992 zusammen. Chef war der Gitarrist Tom Morello, der in Harvard studiert hatte. Vorher hatte Morello in der Formation Lock Up gespielt, die 1989 ein Album aufnahm. Ebenfalls von Lock Up kam Brad Wilk, von Inside Out kam Zack de la Rocha (* 1970). Toms Vater war Mitglied der kenianischen Widerstandsbewegung, sein Onkel Jomo Kenyatta wurde der erste kenianische Präsident. In Kalifornien machten sich Rage Against The Machine schnell einen Namen als Rock-Punk-Rapper. 1993 tauchten sie erstmals in einer Hitparade auf – und zwar in GB mit »Killing In The Name« (2/93 GB 25). Zum selben Zeitpunkt erschien ihr Debütalbum »Rage Against The Machine« (2/93 GB-LP 17, 5/93 US-LP 45). In der britischen Hitparade konnten sich weitere Singles durchsetzen: »Bullet In The Head« (5/93 GB 16) und »Bombtrack« (9/93 GB 37). Dann erschien das Album »Evil Empire« (4/96 GB-LP 4, D-LP 2, 5/96 US-LP 1) und stieg gleich auf Platz 1 der amerikanischen Albumcharts ein. »Bulls On Parade«, »People Of The Sun« (9/96 GB 26) und »Guerrilla Radio (11/99 GB 32) wurden daraus ausgekoppelt. Weitere Hitalben: »Battle Of Los Angeles« (11/99 US-LP 1, GB-LP 23, D-LP 7) und »Renegades« (12/00 US-LP 14).

Bulls On Parade (4/96 GB 8)
Punk, Rap, Rock

Raggio Di Luna

MOON RAY v (Frankreich als Mandy Ligios)

Die 1963 geborene Moon Ray hatte einen griechischen Vater und eine brasilianische Mutter. Sie wurde bekannt durch ihr Mitwirken in den Musicals »Jesus Christ Superstar«, »Hair« und »Evita«. Mitte der 80er Jahre war sie Mitglied im Ensemble des Musicals »All That Jazz«, das auf allen europäischen Konzertbühnen zu sehen war. Während eines Italien-Urlaubs lernte sie mit Aldo Martinelli und Fabrizio Gatto zwei der wichtigsten Disko-Produzenten des Landes kennen. Die beiden überredeten Moon Ray, im Studio den Titel »Comanchero« zu singen. Einen Nachfolger gab es für Raggio Di Luna nicht.

Comanchero (1/85 D 3)
Disko

Rah Band

RICHARD A. HEWSON v (Großbritannien, * 17. 11. 1943 in Stockton-on-Tees)

Richard A. Hewson war der Kopf dieser reinen Studioformation. Er schrieb die Songs, produzierte sie, arrangierte sie und spielte die meisten Instrumente. Mit der Nummer »The Crunch« hatte sie ihren ersten Hit. Dann hörte man einige Jahre gar nichts mehr von ihr, und ab Ende 1980 gelangen ihr/ihm fünf Top-75-Erfolge. Im Frühjahr

1985 kam die gut gemachte Story von der einsamen Frau Johnson, die ihren Mann, einen Flight Commander auf dem Weg zum Mars, anruft. Sie stellt z. B. die interessante Frage, wie denn so das Wetter ist. Nach einigen atmosphärischen Störungen bricht das Gespräch zusammen, und die Frau verspricht, nächstes Jahr wieder anzurufen. »Clouds Across The Moon« wurde gesungen von ›Dizzy‹ Lizzy. Dahinter verbarg sich Richards Frau Liz. Offensichtlich hat sie ihren Mann bisher noch nicht erreicht, denn sonst hätte man schon mehr Hits gehört. In den 80er Jahren konzentrierte Hewson sich aufs Schreiben und Produzieren, z. B. für Toyah, Five Star, Shakin' Stevens oder Cliff Richard. 1999 wurde der Titel »Clouds Across The Moon« neu gemixt, erreichte aber lediglich Platz 85 in den deutschen Charts.

The Crunch (7/77 GB 6)
Clouds Across The Moon (3/85 GB 6)
Disko, Pop

Rainbirds

BECKMANN v, g (Deutschland, * 20. 7. 1961), KATHARINA FRANCK v, g (Deutschland, * 28. 7. 1963), WOLFGANG GLUM d (Deutschland, * 26. 4. 1958), ULRIKE HAAGE key (Deutschland), TIM LORENZ d (Deutschland)

Die Rainbirds wurden 1986 von Katharina Franck, Beckmann und Wolfgang Glum gegründet. Katharina war, nachdem sie ihre Jugend in Portugal und Brasilien verbracht hatte, Anfang der 80er Jahre nach Berlin gekommen und studierte dort Musik. Vor den Rainbirds spielte sie in der Formation Les Block Carnations. Die Rainbirds hatten Anfang 1988 mit der Nummer »Blueprint« ihren einzigen Top-10-Erfolg. Weitere schöne Singleveröffentlichungen waren »Call Me Easy, Say I'm Strong«, »Sea Of Time« oder »Not Exactly«. Besonders fällt die eigenwillige Stimme von Katharina auf, die gleichzeitig kraftvoll und zerbrechlich klingt. 1989 trennten sich Beckmann und Glum von Katharina, die seitdem mit Ulrike Haage als Rainbirds weiterhin eine Mischung aus New Wave, Pop und Rock machte. 1991 erschien das Album »Two Faces«, 1993 »In A Different Light«. Im Sommer 1994 nahmen Haage und Franck mit Tim Lorenz wieder einen Schlagzeuger hinzu und stellten das veränderte Format auf einer Club-Tour vor. Im Herbst 1995 nahmen sie mit »Making Memory« ein neues Album auf, das im März 1996 erschien. Im Oktober 1997 erschien das Album »Forever«.

Ihre erfolgreichsten Alben: »Rainbirds« (1/88 D-LP 2) und »Call Me Easy, Say I'm Strong – Love Me My Way It Ain't Wrong« (4/89 D-LP 4).

Im Frühjahr 2002 kam Katharina Franck als Solistin mit dem Album »Zeitlupenkino« – darauf zelebrierte sie gesprochene Pop-Songs und erzählte (Alltags)Geschichten, die der Alltags schrieb. Ihre Plattenfirma zu diesem Album: ›Sie geht dem Banalen nicht aus dem Weg, vermeidet jedoch alles Prätentiöse und Didaktische. Im Gegensatz zu anderen deutschen Songschreibern und Geschichtenerzählern gaukelt sie niemandem vor, wie das Leben »wirklich« ist, sondern gewährt jedem, der sich darauf einlässt, lediglich einen Einblick in ihre Sicht auf das Leben in Fragmenten. Für eine Vorstellung im »Zeitlupenkino« sollte man sich genügend Zeit mitbringen, es lohnt sich!‹

Blueprint (1/88 D 7)
New Wave, Pop, Rock

Rainbow

DON AIREY key (Großbritannien), JIMMY BAIN b (Großbritannien), RITCHIE BLACKMORE g (Großbritannien, * 14. 4. 1945 in

Weston-Super-Mare), GRAHAM BONNET v, g (Großbritannien, * 12. 12. 1947 in Skegness/Lincolnshire), CHUCK BURGI d (Großbritannien), TONY CAREY v, g, key (USA, * 16. 10. 1952 in Fresno/Kalifornien), BOB DAISLEY b (Großbritannien), RONNIE JAMES DIO (USA, * 10. 7. 1947 als Ronald Padavona in Portsmouth/New Hampshire), GARY DRISCOLL d (Großbritannien), ROGER GLOVER b (Großbritannien, * 30. 11. 1945 in Breacon/Wales), CRAIG GRUBER b (Großbritannien), COZY POWELL d (Großbritannien, * 29. 12. 1947 in Cirencester/Glouchester, † 5. 4. 1998), BOB RONDINELLI d (Großbritannien), DAVID ROSENTHAL key (Großbritannien), MICKEY LEE SOULE key (Großbritannien), DAVID STONE key (Großbritannien), JOE LYNN TURNER v

Aus den Trümmern der Gruppe Elf nahm sich 1975 Ritchie Blackmore die Musiker für seine Neugründung Rainbow. Vorher hatte er mit Deep Purple gespielt. Es steht zu vermuten, dass der Exzentriker Blackmore der felsenfesten Überzeugung war, dass es eigentlich keine Rolle spielte, wer neben seinem herrlichen Gitarrenspiel sonst noch auf der Bühne fungierte. Der kleine Ronnie James Dio, dessen Geburtsjahr 1948 ihm sehr schmeichelt, konnte ihm kaum gefährlich werden. Schon auf der ersten LP 1975 zeigte sich, dass Dio zusammen mit Blackmore ein gutes Songschreiber-Team bildete. Ritchie machte die Musik, Ronnie die Texte. In regelmäßigen Abständen, meist jeweils nach einem Jahr, erschienen neue LPs von Rainbow, die besonders in GB sehr erfolgreich waren. Bei der zweiten LP, »Rising«, hatte Blackmore fast die gesamte Mannschaft von Elf ausgetauscht. Übrig war nur Dio, während Powell, Carey und Bain neu hinzu kamen. Getreu der Devise, dass Hard-Rock-Fans auch Live-Musik ihrer Lieblingsgruppe mit Freude konsumieren, erschien als dritte LP »On Stage«. Bei der vierten LP, »Long Live Rock 'n' Roll«, war der Keyboarder David Stone neu, der von der kanadischen Gruppe Symphonic Clam kam, und außerdem der australische Bassist Daisley, der vorher mit der Gruppe Widow Makers gespielt hatte. Die fünfte LP brachte Ritchie wieder etwas mehr auf den Teppich: Sie hieß »Down To Earth«. Ronnie Dio hatte sich von der Band getrennt, um Soloplatten zu machen. Für ihn war Bonnet gekommen. Der hatte vorher zwei Solo-LPs veröffentlicht, die nur mäßig beeindruckten. Als neuer Tastenspieler war Don Airey mit dabei, der vorher bei Colosseum II, Strife und mit Gary Moore gespielt hatte. Als neuer Bassist und Produzent gesellte sich Roger Glover zu Blackmore. 1981 erschien mit »Difficult To Cure« das erfolgreichste Album von Rainbow. Die siebte LP, »Straight Between The Eyes«, brachte mit David Rosenthal mal wieder einen neuen Keyboarder. Ansonsten blieb die Besetzung. Im Informationsblatt seiner Plattenfirma stand zu lesen, dass Ritchie ›schon immer zum Musikerwechsel neigte' und ›in der Personalpolitik ein schwer zu befriedigender Zeitgenosse‹ sei. Bei der letzten LP, »Beat Out Of Shape«, setzte es zumindest einen neuen Musiker: Chuck Burgi wurde der neue Schlagzeuger. Nach 1983 war das Kapitel Rainbow abgeschlossen, und ein Jahr später formierte sich die erfolgreiche Besetzung von Deep Purple – Blackmore, Gillan, Glover, Lord und Paice – wieder neu. 1994 verließ Blackmore wieder einmal Deep Purple.

Die erfolgreichsten Alben: »Ritchie Blackmore's Rainbow« (9/75 GB-LP 11, US-LP 30), »Rainbow Rising« (6/76 GB-LP 11, 7/76 D-LP 38), »On Stage« (7/77 GB-LP 7, 8/77 D-LP 28), »Long Live Rock 'n' Roll« (5/78 GB-LP 7, 6/78 D-LP 26), »Down To Earth« (7/79 D-LP 19, 8/79 GB-LP 6), »Difficult To Cure« (2/81 GB-LP 3, 3/81 D-LP 13), »The Best Of Rainbow« (11/81 GB-LP 14), »Straight Between The Eyes«

(4/82 GB-LP 5, 5/82 US-LP 30, D-LP 21) und »Band Out Of Shape« (9/83 GB-P 11, 10/83 D-LP 25, 11/83 US-LP 34). Zusammen mit Candice Night kam Blackmore Ende der 90er Jahre im Duo Blackmore's Night. Sie spielten ›mittelalterlich beeinflusste Musik‹ – Ritchie als der ›Minstrel of the dawn?‹. Im Juni 2001 erschien ihr Album »Fires At Midnight« (7/01 D-LP 9).

Since You've Been Gone (9/79 GB 6)
All Night Long (2/80 GB 5)
I Surrender (1/81 GB 3)
Hard Rock

Siehe auch: Deep Purple

Rainbows

HANS-DIETER HEINZE d (Deutschland, * 28. 8. 1943), HOTTE LIPPOK b (Deutschland, * 28. 11. 1941 als Horst), HARTMUT MÜNSTER v, g (Deutschland, * 2. 2. 1945), ROLLE SCHRÖDER v, g (Deutschland, * 24. 6. 1944 als Rolf)
Nachdem sich die Berliner Gruppe Rainbows bei den Beat-Fans in ganz Deutschland einen Namen gemacht hatte, gelang ihnen Ende 1965 mit der von Horst Lippok geschriebenen Blödelnummer »Balla Balla« ein Hit. Danach waren sie bei den echten Beat-Fans unten durch. Auch der Nachfolgehit »Kommando Pimperle« (3/66 D 27) konnte die Trennung der Gruppe 1966 nicht mehr verhindern.

Balla Balla (10/65 D 3)
Beat, Schlager

Rainford, Tina

TINA RAINFORD v (Deutschland, * 25. 12. 1946 in Berlin)
Zunächst sang sie neben ihrer Arbeit als Ground Hostess einer Fluggesellschaft in einem Club. Dort wurde sie Mitte der 70er Jahre von Drafi Deutscher entdeckt, der ihr unter dem Pseudonym Renate Valplus den Hit »Silver Bird« schrieb und als Drafi Deutscher produzierte. »Charly Boy« (3/77 D 14) wurde der Nachfolgehit.
In der amerikanischen Country-&-Western-Hitparade schaffte Tina Rainford im Frühjahr 1977 mit »Silver Bird« immerhin einen Platz 25. Nach diesem Erfolg trat sie in den USA mit Country-Stars wie Johnny Cash oder Tammy Wynette auf und sang sogar in der Grand Ole Opry in Nashville. Nachdem sie sich dann viele Jahre zurückgezogen hatte, kam sie 1989 mit einer Neuaufnahme von »Silver Bird« – jedoch nicht in die Hitparaden.

Silver Bird (9/76 D 5)
Country, Schlager

Raitt, Bonnie

BONNIE RAITT v, g (USA, * 8. 11. 1949 in Burbank/Kalifornien)
Der Vater dieser Sängerin, Gitarristin und Songschreiberin war John Raitt, Star der ersten Produktion von Rodgers und Hammersteins »Carousel« 1945. Bonnie machte ab 1971 Platten und gilt als ausgezeichnete Bluesgitarristin, besonders auf der Slide-Guitar. Erstmals tauchte sie in den US-Popcharts Mitte 1977 mit dem Titel »Runaway« auf, einer neuen Version des Del-Shannon-Hits. Neben ihren Soloprojekten ist sie auch auf vielen Platten von Little Feat, Jackson Browne, James Taylor und anderen zu hören. Richtig erfolgreich wurde sie jedoch erst 1990, als sie für ihre im Jahr zuvor erschienene LP »Nick Of Time« (4/89 US-LP 1) mit drei Grammys geehrt wurde. Einen vierten Grammy erhielt sie für ihre Zusammenarbeit mit John Lee Hooker auf dessen LP »The Healer«. »Something To Talk About« war ausgekoppelt aus der LP »Luck Of The Draw« (7/91 US-LP 2). »I Can't Make You Love Me« kam noch im selben Jahr unter die amerikanischen Top 20. Bonnie ist jedoch kein Fall für eine

Single, sondern für komplette LPs. Davon hat sie eine ganze Reihe anhörenswerter auf dem Markt. Am 28. 4. 1991 heiratete Bonnie den Schauspieler Michael O'Keefe, der im Film »Caddyshack« und in der TV-Serie ›Against The Law‹ bekannt wurde. Im Frühjahr 1994 erschien mit »Longing In Their Hearts« (4/94 US-LP 1, GB-LP 26) eine weitere ausgezeichnete CD von Bonnie. Die Singleauskopplung »Love Sneakin' Up On You« kam ebenfalls im Frühjahr 1994 in die amerikanischen Top 20. 1995 sang sie für den Film »Boys On The Side« den Titel »You Got It«, eine Komposition von Jeff Lynne, Roy Orbison und Tom Petty. Als im Frühjahr 1995 die Grammys für das abgelaufene Jahr vergeben wurden, wählte das Gremium »Longing In Their Hearts« zum besten Pop-Album. Ende 1995 brachte Bonnie mit »Road Tested« ein Live-Album auf den Markt, das sie Mitte desselben Jahres in Oregon und Kalifornien aufgenommen hatte. Im April 1996 veröffentlichte sie ihre erste Multimedia-CD »Burning Down The House«. Darauf waren fünf Live-Clips, Interviews, Texte und ein Musikvideo zu finden. Erwähnenswert noch »Fundamental« (4/98 US-LP 17).

Bonnie ist Quäkerin – schon aus diesem Grunde hat sie im Laufe ihre Karriere Hunderte von Benefizkonzerten gegeben. Sie ist die Gründerin von M.U.S.E. (Musicians United For Safe Energy), die im September 1979 ein Konzert im Madison Square Garden in New York gaben, bei dem neben ihr James Taylor, Jackson Browne und die Doobie Brothers auftraten. 1991 war sie Mitbegründerin einer Rhythm & Blues Foundation, die alte Bluesmusiker unterstützen soll, die einst windige Plattenverträge erhielten, aus denen sie kaum Tantiemen erhielten und die heute in Armut und Vergessenheit leben. 1995 erschien die erste Gitarre, die nach einer Frau benannte wurde: Fender's Bonnie Raitt Strato-caster. Die Tantiemen, die Bonnie aus diesem Deal erhält, gehen voll in ein Programm, das Mädchen unterstützen soll, die das Gitarrespielen erlernen wollen. 2000 wurde sie in die Rock and Roll Hall of Fame aufgenommen.

Something To Talk About (7/91 US 5)
AOR (Adult Orientated Rock), Blues, Rock

Ram Jam

BILL BARTLETT g (USA), HOWIE BLAUVELT b (USA, †25. 10. 1993), PETE CHARLES d (USA), MYKE SCAVONE v (USA)

Bill Bartlett war einst Leadgitarrist der Lemon Pipers gewesen. Ram Jam machte im Gegensatz zu den Lemon Pipers jedoch eine ausgesprochen harte Musik. Blauvelt war vorher zusammen mit Billy Joel in dessen Gruppe Hassles. Mit dem Stück »Black Betty«, das einst der legendäre schwarze Folksänger Huddie Leadbelly geschrieben hatte, kam diese amerikanische Band Mitte 1977 in die US-Charts und erreichte Platz 18. Im Herbst desselben Jahres kamen sie bis auf Platz 7 in GB und 25 in Deutschland. Eine Wiederveröffentlichung des Stückes Anfang 1990 erreichte in GB Platz 13. Möglich, dass Leadbelly seine eigene Komposition nicht wiedererkannt hätte.

Black Betty (9/77 GB 7)
Rock

Ramazzotti, Eros

EROS RAMAZZOTTI v (Italien, *28. 10. 1963 in Cinecittá/Rom)

1981 gewann Eros Ramazzotti einen Talentwettbewerb und damit einen Schallplattenvertrag bei einem neu gegründeten Label. Seine erste Single hieß »Ad Un Amico«. Erfolg sollte sich einstellen, nachdem er mit der Eigenkomposition »Terra Promessa« den New Talent Wettbewerb von San Remo gewann. Von da an ging es Schlag auf Schlag. 1985 wurde »Una Storia Importante« von seinem Debütalbum »Cuori Agitati« sein erster Hit auch außerhalb Italiens. 1986 gewann »Adesso Tu« von seinem zweiten Album »Nuovi Eroi« den Wettbewerb von San Remo. Sein drittes Album »In Certi Momenti« verkaufte sich 1987 über zwei Millionen Mal. Auch die nächsten Alben »Musica E« 1988, »In Ogni Senso« 1990 oder das Doppel-Live-Album »Eros In Concert« 1991 waren überaus erfolgreich. Die New York Times jubelte: ›Er ist die Zukunft der italienischen Musik.‹ »Tutte Storie« 1993 verkaufte auf fünf Kontinenten insgesamt über 5 Millionen Exemplare. 1996 hieß sein Erfolgsalbum »Dove C'è Musica«. Auch in Deutschland hat er inzwischen eine große Fangemeinde. »Se Bastasse Una Canzone« 5/90 D 19) war in Deutschland die erste Hitnotierung unter den ersten 40 in den Charts. »Cose Della Vita« (5/93 D 30), »Più Bella Cosa« (4/96 D 17) und, im Duett mit Tina Turner, »Cosa Della Vita (Can't Stop Thinking Of You)« folgten. Auch seine Alben waren hier überaus erfolgreich: »Musica E« (7/88 D-LP 4), »In Ogni Senso« (4/90 D-LP 2), »Tutte Storie« (5/93 D-LP 3), »Dove C è musica« (5/96 D-LP 1), »Eros« (11/97 D-LP 1), »Eros Live« (11/98 D-LP 9), »StileLiebero« (11/99 D-LP 2).

Cose Della Vita (Can't Stop Thinking Of You) (2/98 D 4)
Pop, Rock

Ramirez, Karen

KAREN RAMIREZ v (Großbritannien, in Islington/London)
Karen wurde zwar im Norden Londons geboren, verbrachte aber einen großen Teil ihrer Jugend auf Trinidad. Ihre Eltern waren Mitglieder einer Tanztruppe – als Karen sechs Jahre alt war, ging sie mit ihren Eltern zurück nach Trinidad. Zurück in London wurde sie Sessionsängerin bei dem italienischen Diskoprojekt Souled Out. Es folgte ein Solovertrag mit der Plattenfirma Mercury und Karen nahm im Studio von Souled Out in Neapel ein erstes Album auf. Schon 1997 waren Importplatten ihrer ersten Hitnotierung »Troubled Girl« (3/98 GB 50) aufgetaucht. Aber erst nach offizieller Veröffentlichung kam die Platte in die Charts. Nachfolger »Looking For Love« wurde ihr Top-10-Hit. Es handelte sich bei dem Titel um ein Stück der Gruppe Everything But The Girl. »If We Try« (11/98 GB 23) war ihr letzter Hit. Am 1. 6. 1998 erschien ihr Debütalbum »Distant Dreams« (8/98 GB-LP 45).

Looking For Love (6/98 GB 8)
Dance

Rammstein

RICHARD Z. KRUSPE g (Deutschland, * 24. 6. 1967 in Wittenberg), TILL LINDEMANN v (Deutschland, * 4. 1. 1966 in Leipzig), FLAKE LORENZ key (Deutschland, * 16. 11. 1966 als Christian Lorenz in Berlin), OLIVER ›OLLI‹ RIEDEL b (Deutschland, * 11. 4. 1971 in Schwerin), CHRISTOPH SCHNEIDER d (Deutschland, * 11. 5. 1966 in Berlin)
Angekündigt wurde die Gruppe von ihrer Plattenfirma folgendermaßen: ›Hier bahnt sich eine neue Hassliebe für Deutschland an. Diese Band wird die Fronten klären und die Lager spalten, denn spektakulär und provozierend ist ihre Mischung aus Metalriffs und Sextalk, rhythmischen Peitschenhieben und hochmütigem Knurren.‹ Die Jungs hatten vorher in diversen anderen Bands gespielt, so z. B. mit Inchtabokatables, Feeling B und einem Auge-Gottes-Vorläufer. 1995 erschien ihr Debütalbum »Herzeleid«, das die Band an den amerikanischen Regis-

seur David Lynch schickte, weil sie ihn gerne für die Produktion eines Musikvideos gewinnen wollten. Lynch hörte sich die Platte an und verwendete die Nummern »Heirate mich« und »Rammstein« für seinen Film »Lost Highway«, der im April 1997 in die deutschen Kinos kam. Die Produzentin Mary Sweeney dazu: ›Wir mussten Übersetzungen der Titel anfordern, weil wir sie nicht verstanden. Danach waren wir sicher, dass wir die Titel im Film verwenden wollten. Nimmt man allein die Musik, läuft es einem schon eiskalt über den Rücken. Wir benutzten sie in Lost Highway als ein sehr düsteres und bedrohliches Element.‹ Ebenfalls im Frühjahr 1997 schaffte die Band mit der Nummer »Engel« einen Top-10-Hit. Nachfolger »Du hast« stieg im August gleich auf Platz 5 in Deutschland ein. Das schaffte »Das Modell«, die Coverversion einer Kraftwerknummer, vier Monate später ebenfalls. ›Rammstein Hits U.S.‹ überschrieb der Billboard am 1. 8. 1998 einen Artikel. Zu diesem Zeitpunkt befand sich ihr Album »Sehnsucht« auf Platz 60 der US-Album-Charts – mit aufsteigender Tendenz. Mit »Stripped« (8/98 D 14) erschien die nächste Single der Band. Es handelte sich dabei um eine Depeche-Mode-Coverversion, die Rammstein für die Tribute-Compilation »For The Masses« aufgenommen hatte – auf dem Album spielten Interpreten die Hits von Depeche Mode nach. Die erfolgreichsten Alben: »Herzeleid« (10/95 D-LP 6), »Sehnsucht« (9/97 D-LP 1, 6/98 US-LP 45), »Live aus Berlin« (9/99 D-LP 1) und »Mutter« (4/01 D-LP 1).

Engel (4/97 D 3)
Du hast (8/97 D 5)
Das Modell (12/97 D 5)
Sonne (2/01 D 2)
Heavy Metal, Rock

Ramona

RAMONA WULF v, p (Deutschland, * 18. 10. 1954 als Ramona Kraft in Hanau)
1969 nahm die Tochter eines farbigen US-Piloten und einer deutschen Mutter an einem Nachwuchswettbewerb einer Frankfurter Brauerei teil. »Du – ich brauch' was, und das bist du« (8/70 D 35) war ihre erste Hitnotierung. »Alles, was wir woll'n auf Erden« kam 1971 in die deutsche Hitparade – inzwischen hatte sie Gesangs-, Schauspiel-, Tanz- und Klavierunterricht genommen. »Lieber dich und kein Geld« (2/72 D 34) war ihre letzte Hitnotierung. Sie schien schon fast vergessen, als sie Mitte 1975 im weltweit erfolgreichen Trio Silver Convention als Ramona Wulf auftauchte.

Alles, was wir woll'n auf Erden (1/71 D 8)
Deutscher Schlager

Siehe auch: Silver Convention

Ramones

C. J. RAMONE b (USA, * 8. 10. 1965 als Christopher Joseph Ward in Long Island/New York), RICHIE RAMONE d (USA, als Richard Reinhardt a.k.a. Beau), MARKY RAMONE d (USA, * 15. 7. 1956 als Mark Bell in New York City), TOMMY RAMONE d (Ungarn, * 29. 1. 1952 als Tommy Erdelyi in Budapest), JOEY RAMONE d (USA, * 19. 2. 1951 als Jeffrey Hyman in Forest Hills/New York City, † 15. 4. 2001), DEE DEE RAMONE b (Kanada, * 18. 9. 1952 als Douglas Colvin in Fort Lee/Vancouver, † 5. 6. 2002), JOHNNY RAMONE g (USA, * 8. 10. 1948 als John Cummings in Long Island/New York)
Dieses Quartett wurde 1974 in New York gegründet. 1976 erschien ihre Debüt-LP. Die Debüt-Single »Blitzkrieg Bop« kam nicht unter die ersten 100 der Popcharts. Darin tauchten sie mit »Sheena Is A Punk Rocker« (5/77 GB 22) erstmals auf. Im Mai

1978 verließ Tommy die Ramones, blieb ihnen als Produzent jedoch verbunden. Für ihn kam Mark Bell. 1979 spielten sie in dem Film »Rock 'n' Roll High School« mit. 1980 veröffentlichten sie die LP »End Of The Century« (1/80 GB-LP 14, 2/80 US-LP 44), produziert von Phil Spector. Der ließ die Ramones den von ihm 1964 für die Ronettes geschriebenen Titel »Baby I Love You« aufnehmen, der der einzige Top-10-Erfolg der Band wurde. 1983 verließ Marky die Gruppe und wurde durch Richie ersetzt. Mitte 1985 veröffentlichten die Ramones die umstrittene Platte »Bonzo Goes To Bitburg«. In dem Lied verarbeiteten sie Ronald Reagans Besuch eines Kriegsgräberfriedhofs bei Bitburg, auf dem auch SS-Angehörige begraben sind. Im August 1989 verließ Dee Dee die Ramones und wurde der Rapper Dee Dee King. Für ihn kam C.J. 1990 unternahmen die Ramones in dieser Besetzung eine erfolgreiche US-Tournee zusammen mit Deborah Harry, Jerry Harrison und Tom Tom Club. 1992 erschien das Album »Mondo Bizarro«, 1993 kam »Acid Eaters« und Mitte 1995 »Adios Amigos«. Zum letzten Album wurde dann auch die entsprechende Tour unternommen: Name sollte Programm sein. Allerdings – im Februar 1996 gab es ein weiteres Abschiedskonzert, und wie wir von Frank Sinatra wissen, können Abschiedstourneen lang werden. 2002 wurde die Gruppe in die Rock and Roll Hall of Fame aufgenommen.

Baby I Love You (1/80 GB 8)
Punk, Rock

Ramsey, Bill

BILL RAMSEY v, dj (USA, * 17. 4. 1931 als William McCreery Ramsey in Cincinnati/Ohio)
Bill kam 1952 mit der US Air Force in die Bundesrepublik, arbeitete hier für den AFN und später als Discjockey für RTL und den SR. Vorher hatte er Soziologie und Wirtschaftswissenschaft in Yale, Frankfurt/Main und New Haven studiert. Seine musikalische Karriere begann er als Gewinner mehrerer Jazz-Wettbewerbe. Nebenher ließ er sich auch auf Schlager ein und hatte mit »Wumba Tumba Schokoladeneisverkäufer« seinen ersten Hit. Nach Erfolgen wie »Souvenirs« oder »Pigalle« war Bill Ramsey in den Ohren der Deutschen musikalisch festgelegt. Nebenher spielte er in etlichen deutschen so genannten Filmkomödien mit. Zusammen mit Peter Alexander sang Bill »Missouri-Cowboy«. Nach 1964 war die große Schlagerzeit von Ramsey beendet. Er kümmerte sich wieder mehr um die Jazzmusik und engagierte sich als Förderer des Musikernachwuchses. Als Onkel Bill produzierte er 1967 eine LP mit Kinderliedern. 1971 moderierte er ›Schlager für Schlappohren‹. Danach wurde er Redakteur und Moderator der Folkloresendung ›Show ohne Schuh‹. Ab 1974 moderierte er den ›Talentschuppen‹ und ab 1976 ›Geheimtip‹. Jazzplatten von ihm erschienen bis in die 90er Jahre. Für die meisten Deutschen blieb er jedoch bedauerlicherweise immer der Wumba-Tumba-Schokoladeneisverkäufer.

Wumba Tumba Schokoladeneisverkäufer (4/59 D 4)
Souvenirs (9/59 D 1)
Pigalle (2/61 D 1)
Missouri-Cowboy (3/61 D 10)
Zuckerpuppe (8/61 D 5)
Ohne Krimi geht die Mimi nie ins Bett (10/62 D 3)
Maskenball bei Scotland Yard (3/63 D 8)
Deutscher Schlager

Randy & The Rainbows

KEN ARCIPOWSKI v (USA, * 26. 5. 1945), VINNIE CARELLA v (USA, * 8. 4. 1947), FRANK SAFUTO v (USA, * 26. 9. 1938), DOMINICK »RANDY« SAFUTO v (USA, * 19. 4. 1947), SAL ZERO v (USA,

* 30. 10. 1942), MIKE ZERO v (USA, * 4. 4. 1947)
Die Mitglieder dieser Band aus Queens/ New York City begannen 1961 als Dialtones. Der Vater eines Gruppenmitgliedes kannte den Songschreiber Neil Levenson, dem er die Gruppe vorstellte. Neil hatte gerade den Titel »Denise« geschrieben, den er der Band anbot, ihnen gleichzeitig aber riet, ihren Gruppennamen in Randy & The Rainbows zu ändern. »Denise« erschien und wurde ihr einziger Hit. Eine weitere Single kam knapp unter die ersten 100, und danach hatte die Band keinen Erfolg mehr, bestand aber noch weiter. 1974 verließ Sal Zero die Gruppe und wurde gegen Vinnie Carella ausgetauscht. Die Gruppe spielte bis weit in die 80er Jahre vorwiegend an der Ostküste der USA.

Denise (6/63 US 10)
Pop

Rank 1

PIET BERVOETS (Niederlande), BENNO DE GOEIJ (Niederlande)
Bervoets hatte schon einige Jahre als Techno/Trance-Produzent gearbeitet und in seiner Heimat als ROOS den Titel »Instant Moments« veröffentlicht. De Goeij hatte Soloplatten gemacht und zusammen mit Dutchman DJ Tiesto als Kamaya Painters. Die Aufnahme »Airwave« war die Themenmelodie zur größten holländischen Hallenkonzertveranstaltung.

Airwave (4/00 GB 10)
Dance

Ranks, Shabba

SHABBA RANKS v (Jamaika, * 17. 1. 1966 als Raxton Rawlston Fernando Gordon in Sturgetown)
Shabba begann seine Karriere als Dance-Hall-Reggae-Sänger. Am Anfang nannte er sich Jamaican DJ Don. Bereits als 14-jähriger schrieb er seine ersten Reggae-Stücke und nahm unter dem Pseudonym Co-Pilot seine erste Platte auf. Mitte der 80er Jahre war er Mitglied bei Heat Under Sufferer's Feet. 1989 erschien seine erste Solosingle »Holda Fresh«. Shabba schaffte es, eine Synthese aus Reggae, HipHop und Pop zu finden. Seine erste Hitnotierung »She's A Woman« (3/91 GB 20) kam als Scritti Politti featuring Shabba Ranks auf den Markt. »Housecall« (8/91 GB 31, 10/91 US 37) sang er zusammen mit Maxi Priest. Mitte 1992 erschien die Single »Mr. Loverman« (6/92 US 40, 8/92 GB 23, D 17). »Slow And Sexy« (10/92 US 33, 11/92 GB 17), ausgekoppelt aus dem Album »X-Tra Naked«, sang er mit Johnny Gill. Als »Mr. Loverman« im Frühjahr 1993 in GB erneut veröffentlicht wurde, kam er in die Top 10. Im Sog dieses Hits wurde nun »Housecall« noch einmal veröffentlicht und kam ebenfalls in die Top 10. Eine Coverversion eines Klassikers von Sly & The Family Stone, »Family Affair« (12/93 GB 18) aus dem Film »Addams Family« brachte Shabba featuring Patra And Terri & Monica und »Let's Get It On« (4/95 GB 22) waren weitere Hits. Zweimal, 1992 und 1994, erhielt Shabba in der Kategorie Best Reggae Album einen Grammy.

Mr. Loverman (3/93 GB 3)
Housecall (5/93 GB 8)
HipHop, Ragamuffin, Reggae

Rapsody

Neben Rapsody wurden als Interpreten noch der amerikanische Rapper Warren G. und die norwegische Sängerin Sissel genannt. Warren G. hat einen eigenen Eintrag in diesem Buch – die zum damaligen Zeitpunkt 24-jährige Sissel wurde weltweit bekannt, als sie 1994 zusammen mit Placido Domingo den Titel »Fire In Your Heart« (3/94 D 26) sang, der das offizielle Lied der 17. Olymischen Winterspiele in Lillehammer/Norwegen war. In Norwegen war sie mit dieser Platte Spitzenreiter in den Charts – in ganz Skandinavien hatte sie schon damals knapp 2 Millionen Platten verkauft. Nun zu »Prince Igor« des Jahres 1997: hier wurde der Brückenschlag zwischen Rap und klassischem Gesang versucht. Das Motto lautete ›HipHop Meets Classic‹. Das deutsche Produzententeam Achim, Dieter und Klaus Völker hatte die Idee zu dieser Kombination. Die Titelarie der Oper Prince Igor bildete die Vorlage für den gleichnamigen Hit – allerdings kam einem die Melodie auch schon bekannt vor, wenn man wenig Bezug zur Klassik hatte: »Stranger In Paradise«, in den frühen 50er Jahren in den Charts mit Gordon McRae, Tony Bennett, den Four Aces oder Tony Martin, basierte ebenfalls auf »Polowetzer Tänze« aus der Oper »Fürst Igor« des in St. Petersburg geborenen und gestorbenen Russen Aleksandr Borodin (30. 10. 1833 – 15. 2. 1887). Die 1997er Version von »Fürst Igor« wurde in den Videoclip-Stationen in Deutschland pausenlos gespielt – in der Tat war das Video zum Titel auch ansehenswert. Die deutsche Plattenfirma Mercury schaffte in Verbindung mit dem amerikanischen Label Def Jam die Kombination Klassik und HipHop. Neben Warren G. waren auf dem am 3. 11. 1997 erschienenen Album »The Rapsody – Overture« noch Interpreten wie LL Cool J, Xzibit, Run DMC, Onyx oder Redman zu hören. Anfang 1998 kam »Prince Igor« (1/98 GB 15) auch in die britischen Charts – hier war von Rapsody keine Rede mehr. Als Interpreten wurde Warren G. feat. Sissel genannt.

Prince Igor (10/97 D 8)
Pop, Rap

Siehe auch: G., Warren

Rare Earth

GIL BRIDGES sax, fl (USA, * 14. 8. 1942), ED GUZMAN per (USA, * 10. 3. 1944, † 29. 7. 1993), KENNETH JAMES key (USA), RAY MONETTE g (USA, * 7. 5. 1946), MARK OLSON key (USA), JOHN PERSH b, pos (USA), ROB RICHARDS g (USA), PETE RIVERA d (USA, * 16. 6. 1945 als Peter Hoorelbeke), MICHAEL URSO b, pos (USA)

Aus Detroit stammte diese Band, die zu den wenigen weißen Künstlern der Plattenfirma Tamla Motown gehörte. Extra für Weiße hatte sie das Unterlabel Rare Earth gegründet – und darauf war die Band ab 1970 erfolgreich. In den 60er Jahren hatten die drei erstgenannten Musiker als Sunliners begonnen. In den späten 60er Jahren arbeiteten sie mit Dennis Coffey zusammen, der mit der Gruppe ein Medley aus zwei früheren Motown-Hits, »Stop In The Name Of Love« und »Where Did Our Love Go«, aufnahm, das zwar kein Hit wurde, ihnen aber einen Vertrag bei Rare Earth brachte. »Get Ready« und »(I Know) I'm Losing You« waren beides vorher Hits für die Temptations gewesen. Die Nummer »Get Ready« zeichnete sich vor allen Dingen dadurch aus, dass sie von Rare Earth auf über 20 Minuten gestreckt worden war. »Warm Ride«, geschrieben von den Bee Gees, war im Frühjahr 1978 der letzte Top-40-Erfolg dieser Gruppe. Schon 1970 hatte es erste Umbesetzungen in der Band gegeben. Im Laufe der nächsten Jahre sollten etliche Musiker mit Rare Earth spielen, die bis in die 90er Jahre Platten veröffentlichten. Die erfolgreichsten Alben der Band waren »Get Ready« (12/69 US-LP 12, 8/70 D-LP 17), »Ecology« (7/70 US-LP 15), »One World« (7/71 US-LP 28) und »Rare Earth In Concert« (1/72 US-LP 29). Von den Originalmitgliedern starb Persh 1979 an einer Virusinfektion, Olsen starb 1982 an seinen Alkoholproblemen und Guzman 1993. Er wurde 49 Jahre alt.

Get Ready (3/70 US 4)
(I Know) I'm Losing You (8/70 US 7)
I Just Want To Celebrate (7/71 US 7)
Motown Sound, Pop, Rock

Rascals

EDDIE BRIGATI v (USA, * 22. 10. 1946 in New York City), FELIX CAVALIERE v, key (USA, * 29. 11. 1943 in Pelham/New York), GENE CORNISH v, g, b (Kanada, * 14. 5. 1944 in Ottawa), DINO DANELLI d (USA, * 23. 7. 1945 in New York City), BUZZY FEITEN b (USA, in New York City), ROBERT POPWELL d (USA, in Daytona/Florida), ANN SUTTON v (USA, in Pittsburgh/Pennsylvania)
Im Frühjahr 1964 waren als Mitglieder bei Joey Dee & The Starliters Brigati, Cornish und Cavaliere. Diese drei waren es satt, ewig mit Joey Dee den »Peppermint Twist« zu spielen, nahmen Danelli hinzu und gründeten die Young Rascals. 1967 strichen sie das Young aus ihrem Namen, und im Mai 1972 brach die Band auseinander. Cavaliere machte Soloalben und wurde Produzent z. B. von Laura Nyro. Der erste Hit der Formation war im Frühjahr 1966 »Good Lovin'«. Ein Jahr später kam der Millionseller »Groovin'«. 1968, inzwischen als Rascals, hatten sie die beiden Millionseller »A Beautiful Morning« und »People Got To Be Free«. Ihre erfolgreichsten Alben: »The Young Rascals« (5/66 US-LP 15), »Collections« (1/67 US-LP 14), »Groovin'« (8/67 US-LP 5), »Once Upon A Dream« (3/68 US-LP 9), »Time Peace/The Rascals' Greatest Hits« (7/68 US-LP 1) und »Freedom Sweet« (3/69 US-LP 17). Die Hitliste der Band geht bis in das Jahr 1971. Dann verließen Brigati und Cornish die Gruppe, und Popwell, Feiten und Sutton kamen neu hinzu, bis sie ein Jahr später aufgaben. Danelli und Cornish gründeten die Formationen Bulldog und Fotomaker und kamen 1988 mit Cavaliere zu einer ausgedehnten Rascals-Revivaltour wieder zusammen. 1989 verklagten Danelli und Cornish Cavaliere, weil der seine neue Band wieder The Young Rascals nannte. Ein New Yorker Gericht entschied, dass Danelli und Cornish sich selbst The New Rascals und Cavaliere ›Formerly of the Young Rascals‹ nennen darf. 1997 wurde die Gruppe in die Rock and Roll Hall of Fame aufgenommen.

Good Lovin' (3/66 US 1)
Groovin' (4/67 GB 8, US 1)
A Girl Like You (7/67 US 10)
How Can I Be Sure (9/67 US 4)
A Beautiful Morning (4/68 US 3)
People Got To Be Free (7/68 US 1)
Flower-power, Pop, Soul

Raspberries

JIM BONFANTI d (USA, * 17. 12. 1948 in Winber/Pennsylvania), WALLY BRYSON g (USA, * 18. 7. 1949 in Gastonia/North Carolina), ERIC CARMEN v (USA, * 11. 8. 1949 in Cleveland/Ohio), MICHAEL MCBRIDE d, SCOTT MCCARL b, DAVID SMALLEY b (USA, * 10. 7. 1949 in Oil City/Pennsylvania)
Die Raspberries wurden 1970 in Cleveland gegründet. Smalley, Bonfanti und Bryson waren vorher in der Band Choir gewesen. Star der Raspberries war ganz ohne Zweifel Eric Carmen, der auch die meisten Hits der Band geschrieben hat. Die erste Hitnotierung hatten sie Mitte 1972. Noch im selben Jahr gelang ihnen mit »Go All The Way« ein Millionseller. »I Wanna Be With You« (11/72 US 16) und »Overnight Sensation (Hit Record)« (9/74 US 18) waren zwei weitere Hits. Ihr erfolgreichstes Album war »Fresh« (12/72 US-LP 36). 1974 trennten sich Smalley und Bonfanti von der Gruppe und wurden durch McCarl und McBride ersetzt. 1975 verließ Eric Carmen die Raspberries, die damit in die Bedeutungslosigkeit fielen.

Als Solist wurde Carmen recht erfolgreich. Im Frühjahr 1999 kam es zu einer Reunion-Tour der Band mit den Originalmitgliedern Eric Carmen, Wally Bryson, David Smalley und Jim Bonfanti.

Go All The Way (7/72 US 5)
Pop, Rock

Siehe auch: Carmen, Eric

Rattles

PETER BECKER d (Deutschland), EDNA BEJARANO v, HERBERT BORNHOLD d (Deutschland), AL BROCK d (Deutschland, * 4. 5. 1950 als Wolfgang Brock in Berlin), RAINER DEGNER v (Deutschland), FRANK DOSTAL v (Deutschland), LINDA FIELDS v (USA, * 14. 2. 1953 in Henderson), HERBERT HILDEBRANDT v, b (Deutschland, * 23. 1. 1943), HENNER HOIER v (Deutschland), HANS JOACHIM KREUZFELD g (Deutschland), LUDE LAFAYETTE v, key (Deutschland, * 13. 1. 1953 als Jochen Peters in Bremen), KURT »ZAPPO« LÜNGEN g, b (Deutschland, * 8. 3. 1946 in Hitzacker), GEORGE MEIER v, g (Deutschland, * 9. 10. 1951 in Bremerhaven), FRANK MILLE g (Deutschland, * 3. 10. 1949 in Hamburg), GEORGE MILLER d (Deutschland, * 2. 6. 1947 in Bremerhaven), ACHIM REICHEL v, g (Deutschland, * 28. 1. 1944 in Wentorf/Hamburg), VOLKER REINHOLD g (Deutschland), RUGY RUGENSTEIN g (Deutschland, * 30. 9. 1946 als Hermann Rugenstein), DIETER SADLOWSKY d (Deutschland), BERND SCHULZ g (Deutschland), DICKY TARRACH d (Deutschland, * 21. 9. 1944 als Reinhard Tarrach in Hamburg)

Die Rattles wurden 1960 von Reichel, Hildebrandt, Reinhold und Sadlowsky gegründet. Im Laufe der Jahre spielten etliche Musiker mit dieser Formation. Schon Ende 1961 kam für Reinhold Kreuzfeld. 1962 spielte die Band im neu eröffneten Hamburger Star-Club und gewann einen Preis als beste Beatband. Anfang 1962 kam für Sadlowsky Tarrach. Im Herbst 1963 spielten die Rattles erstmals in England und hinterließen dort einen recht guten Eindruck. Sie wurden vom ›Melody Maker‹ als das deutsche Äquivalent zu den Beatles bezeichnet. Im Frühjahr 1965 drehte sich das Besetzungskarussell weiter. Für Kreuzfeld kam Rugenstein. In der Besetzung Reichel, Hildebrandt, Tarrach und Rugenstein spielten sie im Sommer 1966 als Vorgruppe der Beatles auf deren Deutschlandtournee. Und auch angelehnt an ihre Vorbilder Beatles drehten sie den Film »Hurra, die Rattles kommen«. Danach verließ Achim Reichel die Band, weil er zur Bundeswehr einberufen wurde. Für ihn kamen der Sänger Frank Dostal und der Gitarrist Bernd Schulz. Im Herbst 1967 verließen Dostal und Tarrach die Rattles, um mit Achim Reichel, Helmut Franke und Les Humphries Wonderland zu gründen. Degner und Becker kamen für sie zu den Rattles. 1968 ging Hildebrandt, für ihn kam Lüngen. Noch im selben Jahr wechselte die Rattles-Besetzung fast komplett. Henner Hoier und George Meier kamen für Schulz, Degner und Rugenstein. Das Quartett Hoier, Meier, Lüngen und Becker nahm im Januar/Februar 1969 den Titel »The Witch« auf, der als B-Seite der Single »Geraldine« veröffentlicht wurde und anderthalb Jahre lang keine Beachtung fand. Ende 1969 lösten sich die Rattles auf. Inzwischen stieß der Titel »The Witch« vor allen Dingen in den USA auf Interesse. Noch im Frühjahr 1970 formierten sich die Rattles neu, dieses Mal in der Besetzung Edna Bejerano, Miller, Lüngen und Bornhold. Die vier nahmen den Titel »The Witch« ein zweites Mal auf und brachten es zum einzigen Top-10-Hit. Diese Besetzung hielt sich relativ lange. 1972 nahm man als weiteren Musiker Lude Lafayette dazu. Bis sich die Gruppe Ende 1976 wieder auflöste, um zum größten Teil in

eine neue Gruppe um Lude Lafayette, Wolfsmond, überzugehen, waren noch weitere Mitglieder zu verzeichnen. Ein Hit gelang ihnen nicht mehr. 1989 formierten sich die Rattles neu, dieses Mal mit Achim Reichel, Herbert Hildebrandt, Dicky Tarrach und Henner Hoier. 1992 hatte Reichel von dem Projekt offensichtlich wieder die Nase voll. Die drei anderen machten als Trio weiter. Reichel verfolgte seine Solokarriere weiter. Zwischen 1960 und 1977 gab es insgesamt vierzehn verschiedene Rattles-Besetzungen. Als 1997 in Hamburg ein Musical über die goldenen Tage des Star-Clubs gespielt wurde, waren die Rattles mit dabei.
Ihre erfolgreichsten Alben hießen »Twist im Star-Club« (4/64 D-LP 8), »Twist Time im Star-Club« (5/65 D-LP 12) und »Greatest Hits« (6/66 D-LP 19).

The Witch (10/70 GB 8, D 4)
Beat, Pop, Rock

Siehe auch: Reichel, Achim

Rawls, Lou

LOU RAWLS v (USA, * 1. 12. 1935 in Chicago/Illinois)
Nach seiner Militärzeit war Lou Rawls von 1956 bis 1959 Mitglied der Gospelgruppe Pilgrim Travellers. Danach sang er in der Begleitgruppe von Sam Cooke und ist z. B. auf dessen Singlehit »Bring It On Home To Me«, der Mitte 1962 in die US-Top-10 kam, zu hören. Noch im selben Jahr begann er eine Solokarriere. »Three O'Clock In The Morning« war Mitte 1965 seine erste Hitnotierung. »You'll Never Find Another Love Like Mine« brachte Lou seinen größten Erfolg, einen Millionseller. Seine weiteren Hitnotierungen waren »Love Is A Hurtin' Thing« (9/66 US 13), »Dead End Street Monologue/ Dead End Street« (3/67 US 29), »Your Good Thing (Is About To End)« (7/69 US 18), »A Natural Man« (8/71 US 17) und »Lady Love« (1/78 US 24). Seine erfolgreichsten Alben waren »Lou Rawls Live!« (5/66 US-LP 4), »Lou Rawls Soulin'« (9/66 US-LP 7), »Lou Rawls Carryin' On!« (1/67 US-LP 20), »Too Much!« (5/67 US-LP 18), »All Things In Time« (6/76 US-LP 7) und »Unmistakeably Lou« (4/77 US-LP 41).
Seine Plattenveröffentlichungen gehen bis in die 90er Jahre. In dem Disko- und Rap-Getümmel sticht seine warme und sympathische Stimme angenehm heraus.

You'll Never Find Another Love Like Mine (6/76 GB 10, US 2)
Pop, Soul

Ray, Goodman & Brown

Siehe Moments

Rayvon

Siehe Shaggy

Rea, Chris

CHRIS REA v, g (Großbritannien, * 4. 3. 1951 in Middlesborough)
Der Sänger, Gitarrist und Songschreiber wurde 1978 in den USA zum Newcomer des Jahres gewählt. Bevor er eine Solokarriere startete, spielte er in der Band Magdalene. Er ersetzte David Coverdale, der zu Deep Purple ging. Die Gruppe benannte sich in Beautiful Losers um und gewann 1975 einen Talentwettbewerb – ohne Folgen. 1978 schließlich kam Reas Aufnahme »Fool (If You Think It's Over)« (7/78 US 12, 10/78 GB 30). Danach schien es, als wäre es wirklich vorbei mit Rea, und in der Tat ist ihm in den USA nichts mehr gelungen. Auch ansonsten ist Chris Rea mehr ein Fall für die LP-Hitparaden, was für ihn spricht. Seinen einzigen Top-10-Erfolg hatte er mit »The Road To Hell

Part 2«. Speziell in Deutschland hat er sehr viele Fans, und die sitzen in verstärktem Maße auch in den Funkhäusern. Viele seiner Platten kamen zwar in der Verkaufshitparade nicht unter die ersten 10, wohl aber in der Rundfunkhitparade, so z. B. »Josephine« 1985, »On The Beach« 1986, »Let's Dance« 1987 oder auch »The Road To Hell« 1989. Mit »Julia«, ausgekoppelt aus dem Album »Espresso Logic«, gelang Chris im Herbst 1993 mal wieder ein Top-20-Erfolg in GB. Sehr schön auch die Nummer »›Disco‹ La Passione«, die er zusammen mit Shirley Bassey sang.
Erfolgreicher war er mit seinen Alben: »Water Sign« (11/83 D-LP 30), »Wired To The Moon« (4/84 D-LP 17), »Shamrock Diaries« (4/85 D-LP 12, 5/85 GB-LP 15), »On The Beach« (4/86 GB-LP 11, D-LP 2), »Herzklopfen« (9/86 D-LP 5), »Dancing With Strangers« (9/87 GB-LP 2, 10/87 D-LP 5), »New Light Through Old Windows« (10/88 GB-LP 5, 11/88 D-LP 9), »The Road To Hell« (11/89 GB-LP 1, D-LP 3), »Auberge« (3/91 GB-LP 1, D-LP 1), »God's Great Banana Skin« (11/92 GB-LP 4), »Espresso Logic« (11/93 GB-LP 8) und »The Best Of Chris Rea« (11/94 GB-LP 3, D-LP 4).
1994 war Chris in Frankreich auf der Suche nach einem Haus, das er kaufen wollte, als er sich eine Bauchfellentzündung zuzog. Er musste schließlich auf eine Intensivstation und verlor dramatisch an Gewicht. Erst nach fünf schweren Operationen war Chris wieder auf dem Wege der Besserung. 1998 erschien dann mit »The Blue Café« (1/98 GB-LP 10, 2/98 D-LP 7) wieder ein neues Album. Seit 1968 ist er mit seiner Frau Joan zusammen, geheiratet hat er sie erst 11 Jahre später. Die beiden haben die Töchter Josephine und Julia.

The Road To Hell (Part 2) (10/89 GB 10)
Pop, Soft Rock

Ready For The World

JOHN EATON b (USA), GREGORY POTTS key (USA), MELVIN RILEY v, g, key (USA, in Flint/Michigan), GORDON STROZIER g, d, b (USA), WILLIE TRILETT per (USA), GERALD VALENTINE key (USA)
Gründer und Masterminds dieser Formation, die sich 1982 in Flint/Michigan formierte, waren Strozier und Riley. Diese beiden schrieben auch die meisten Songs. Die Musik der Gruppe war angesiedelt zwischen den zu jenem Zeitpunkt angesagten Disko-Trends Pop und Funk. Ihre erste Hitnotierung war »Oh Sheila« (10/85 D 11). Lediglich »Digital Display« (12/85 US 21) stand neben »Love You Down« noch in den US-Charts. Ihr erfolgreichstes Album war »Ready For The World« (6/85 US-LP 17). Melvin Riley versuchte sich später als Solist.

Oh Sheila (8/85 US 1)
Love You Down (12/86 US 9)
Disko, Funk

Real Life

ALAN JOHNSON key, b (Australien * 21. 12. 1957), DANNY SIMCIC d (Australien, * 6. 10. 1962), DAVID STERRY v (Australien, * 31. 5. 1954), STEVE WILLIAMS key, RICHARD ZATORSKI key, vln (Australien, * 20. 8. 1957)
Real Life formierte sich in den frühen 80er Jahren. Im Frühjahr 1982 erhielten sie einen Plattenvertrag. Ende 1983 kam ihre eingängige Nummer »Send Me An Angel« (11/83 US 29) in die US-Charts und im Frühjahr 1984 auch in die deutsche Hitparade. Nachfolgehit war »Catch Me I'm Falling« (3/84 US 40). Nach 1985 war ihre Hitzeit wieder vorüber. Ihr erfolgreichstes Album hieß »Heart Land« (6/84 D-LP 12). Eine Neuauflage von »Send Me An Angel« kam im Frühjahr 1989 noch einmal unter die ersten 30 in den USA. 1990 ersetzte Steve Williams Zatorski.

Send Me An Angel (4/84 D 1)
Catch Me I'm Falling (6/84 D 9)
AOR (Adult Orientated Rock), Pop

Real McCoy

O-JAY key, rap (Deutschland, als Olaf Jeglitza), PATRICIA PETERSON v (Deutschland)
MC Sar & The Real McCoy, wie sich Real McCoy in Deutschland zunächst nannten, gelten als Vorbilder für Dance Acts wie Captain Hollywood Project oder Twenty 4 Seven. Die erste Hitnotierung für das in Deutschland beheimatete Duo war »Pump Up The Jam« (11/89 D 16). Es folgte »It's On You« (6/90 D 11). Nachdem in den Jahren danach wenig passierte, kam ihr Titel »Another Night« (8/93 D 18). Nachfolgehits außerhalb der Top 10 waren »Automatic Lover (Call For Love)« (2/94 D 20) und »Run Away« (8/94 D 22), »Love And Devotion« (4/95 GB 11, 5/95 D 37),«Come And Get Your Love« (6/95 US 19, 8/95 GB 19) – einst ein Hit der Gruppe Redbone – und »One More Time« (3/97 US 27). Ihr erfolgreichstes Album hieß »Another Night« (4/95 US-LP 13, 5/95 GB-LP 6).

Another Night (8/94 US 3; 11/94 GB 2)
Run Away (1/95 GB 6; 3/95 US 3)
Dance

Real Thing

CHRIS AMOO v (Großbritannien, * 14. 10. 1952 in Liverpool), EDDIE AMOO v, g, key (Großbritannien, * 5. 5. 1950 in Liverpool), RAY LAKE v (Großbritannien, * 11. 2. 1946 in Liverpool), DAVID SMITH v (Großbritannien, * 6. 7. 1952 in Liverpool)
Der Einstieg dieser schwarzen Gruppe aus Liverpool war grandios. »You To Me Are Everything« kam Mitte 1976 in die GB-Charts und wurde Spitzenreiter. Nach 1980 verschwand die Gruppe. Im Frühjahr 1986 wurden »You To Me Are Everything« und »Can't Get By Without You« als sogenannte ›Decade-Remix‹-Versionen wiederveröffentlicht und kamen erneut unter die ersten 10. Alles wartete auf 1996 – nichts passierte!

You To Me Are Everything (6/76 GB 1)
Can't Get By Without You (9/76 GB 2)
Can You Feel The Force (2/79 GB 5)
You To Me Are Everything (The Decade Remix 76–86) (3/86 GB 5)
Can't Get By Without You (The Second Decade Remix) (5/86 GB 6)
Disko

Reamonn

UWE BOSSERT g (Deutschland), MIKE GOMMERINGER d (Deutschland), SEBASTIAN PADOTZKE key (Deutschland), PHILLIP RAUENBUSCH b (Deutschland), REAMONN v (Irland, als Raymond Garvey)
Sänger Reamonn tourte bereits mit verschiedenen Bands seit drei Jahren durch Deutschland, als er mit dem Freiburger Schlagzeuger Mike Gommeringer den Grundstein für Reamonn legte. Der Rest der Gruppe kam langsam zusammen – und 2000 hieß es ›Fünf Freunde auf Erfolgskurs‹. Ihr erstes Album »Tuesday« (6/00 D-LP 5) nahmen sie in Manchester im Studio von Pete Townshend unter der Regie von Steve Lyon auf. Der hatte schon für Depeche Mode oder Paul McCartney die Regler bedient. Im Vorprogramm von Him und Guano Apes stellten sie sich bundesweit dem Publikum vor. Ihr nächster Top-40-Hit war »Josephine« (9/00 D 35). 2001 machte Reamonn eine Neuauflage des alten Falco-Hits »Jeanny« (7/01 D 18) mit Xavier Naidoo als Gast. Es folgte das Album »Dream No. 7« (9/01 D-LP 6).
Die SZ schrieb im Dezember 2001: ›Reamonn bietet besten Landrock für Leute mit Bausparvertrag, die keine Ex-

perimente wollen, denen Pur zu labbrig erscheint, aber Oasis zu verrückt‹, und sieht die Gruppe an der ›Schnittstelle zwischen Independent und Mainstream‹. Genau!

Supergirl (4/00 D 4)
Rock

Rebel MC

LEIGH GUEST dj, mix (Großbritannien), MICHAEL MENSON dj, mix (Großbritannien, † 16. 2. 1997), REBEL MC v, rap (Großbritannien, * 27. 8. 1965 als Michael Alec Anthony West in Tottenham/London)
Leigh Guest und Michael Menson waren die beiden Köpfe der Formation Double Trouble und in London sehr bekannte Discjockeys, Produzenten und Remixer. 1989, als »Just Keep Rockin'« (5/89 GB 11) von Double Trouble and the Rebel MC erschien, schrieb der ›New Musical Express‹, dies sei die einzige Dance-Platte, die man in diesem Sommer bräuchte. Mit »Street Tuff« (11/89 D 12) hatte die Kombination Rebel MC & Double Trouble ihren ersten Top-10-Hit. Ab 1990 machte Rebel MC eigene Platten. Versuche von Double Trouble, mit der Sängerin Janette Sewell oder dem Rapper Carl Brown weitere Hits zu landen, blieben unterhalb der Top-20-Grenze – der größte Erfolg war »Love Don't Live Here Anymore« (6/90 GB 21). Rebel MC versuchte, Reggae und britischen Beat zu kombinieren. Auf einer seiner Solosingles ist eine Landkarte von Jamaika, von Afrika und den britischen Inseln zu sehen. Mit »Better World« (3/90 GB 20) und »Tribal Base« (6/91 GB 20) gelangen ihm noch zwei weitere Hits. Ihr erfolgreichstes Album war »Rebel Music« (4/90 GB-LP 18). Menson wurde 1997 bei einen Brandanschlag mit rassistischem Hintergrund ermordet – in GB stellte sich das so dar: Murdered, burned to death in a racist attack. Guest kam Jahre später zusammen mit Andrew Peach als Airheadz und hatte den ersten Hit »Stanley (Here I Am)« (4/01 GB 36).

Street Tuff (10/89 GB 3)
Dance, Rap

Rebels

TOM SHANNON dj (USA, in Buffalo/New York), PHIL TODARO (USA)
Shannon und der Produzent Todaro nahmen 1959 den Titel »Rockin' Crickets« mit Hot-Toddys feat. Bill Pennell am Saxophon auf. Die Platte kam nur bis unter die ersten 60. Ein Jahr später machten sie mit der aus Buffalo stammenden Gruppe Rebels eine Instrumentalaufnahme der Erkennungsmelodie von DJ Shannon, »Wild Weekend«. Diese Single wurde erstmals 1960 veröffentlicht, ohne bemerkt zu werden. Als sie Ende 1962 erneut auf den Markt kam, erreichte sie die Top 10. Daraufhin veröffentlichten Shannon und Todaro die Nummer der Hot-Toddys noch einmal, diesmal unter dem Gruppennamen Rockin' Rebels. Aber auch beim zweiten Versuch erreichte der Titel die Top 50 nicht.

Wild Weekend (12/62 US 8)
Instrumental, Pop

Red Box

JULIAN CLOSE sax (Großbritannien), ROB LEGGE b (Großbritannien), MARTIN NICKSON d (Großbritannien), PADDY TALBOT key (Großbritannien), SIMON TOULSON CLARKE v, g (Großbritannien)
1982 wurde Red Box als Quintett gegründet. Auf einem unabhängigen Label veröffentlichten sie ihre erste Single, und als sie einen Plattenvertrag bei der WEA erhielten, reduzierten sie sich auf das Duo Toulson Clarke und Close. Im Sommer

1985 hatten sie dann auch ersten kommerziellen Erfolg mit »Lean On Me (Ah-Li-Ayo)« (11/85 D 27). Bis in die 90er Jahre folgten weitere Plattenveröffentlichungen. Von der Originalformation blieb jedoch schließlich nur noch Simon Toulson Clarke übrig.

Lean On Me (Ah-Li-Ayo) (8/85 GB 3)
For America (10/86 GB 10)
Pop

Red Dragon With Brian And Tony Gold

TONY GOLD v (Jamaika), BRIAN GOLD v (Jamaika), RED DRAGON dj (Jamaika)
Red Dragon ist einer der erfolgreichsten jamaikanischen Discjockeys. 1989 gründete er sein eigenes Plattenlabel Red Dragon, mit dem er lokalen Reggaeformationen den Einstieg ins Musikgeschäft ermöglichte. Zusammen mit dem Ska- und Rocksteady-Duo Brian und Tony Gold gelang ihm Mitte 1994 der relaxte Reggae-Ska-Hit »Compliments On Your Kiss«. Dragon hatte bereits mit Reggae-Legenden wie King Tubby, Harry J. Steely & Cleevie und Mafia & Fluxy Plattenaufnahmen gemacht. Brian und Tony gaben ihr Plattendebüt 1987 und gehörten in den 90er Jahren zu den gesuchtesten Sessionsängern Jamaikas. Produzenten des gemeinsamen Hits waren Sly Dunbar und Robbie Shakespeare.

Compliments On Your Kiss (7/94 GB 2)
Pop, Reggae, Ska

Red Hot Chili Peppers

ANTWAN THE SWAN v (USA, * 1. 11. 1962 als Anthony Kields in Grand Rapids/Michigan), FLEA b (Australien, * 16. 10. 1962 als Michael Balzary in Melbourne), JOHN FRUSCIANTE g (USA, * 5. 3. 1970 in New York City), JACK IRONS d (USA, * 18. 7. 1962 in Los Angeles/Kalifornien), ANTHONY KIEDIS v (USA, * 1. 11. 1962 in Grand Rapids/Michigan), ARIK MARSHALL g (USA, * 13. 2. 1967 in Los Angeles/Kalifornien), DAVE NAVARRO g (USA, * 7. 6. 1967 in Santa Monica/Kalifornien), DANK HILLEL SLOVAK g (Israel, * 13. 4. 1962 in Haifa, † 25. 6. 1988), CHAD SMITH d (USA, * 25. 10. 1962 in St. Paul/Minnesota)
1983 wurde dieses Quartett in L.A. gegründet. Zunächst nannten sie sich Los Faces. 1984 erschien die erste LP »The Red Hot Chili Peppers«. In ihren Anfangstagen machten sie eine merkwürdige Mischung aus Soul, Funk, Rap, Hard Rock und Metal Music. Die Gruppe selbst bezeichnete sich als ›Psychedelic Sex Funk Band from Heaven‹. Auch war die Formation bekannt durch ihre außergewöhnlichen Auftritte. Gerne gezeigt wird immer das Bild, auf dem die Jungs nackt bzw. mit nur einem Socken an exponierter Stelle bekleidet zu sehen sind. 1988 starb der in Haifa geborene Slovak an einer Überdosis Drogen. Das nahm Irons zum Anlass, die Gruppe zu verlassen. Für die beiden kamen Frusciante und Smith. Im Mai 1992 stieg Frusciante wieder aus. Und das, obwohl sie zum ersten Mal Erfolg hatten. Der Titel »Under The Bridge« (3/92 GB 26, 5/92 D 11, 4/94 RE-GB 13) stammte von dem Album »Blood Sugar Sex Magik« (10/91 US-LP 2, GB-LP 25), das sich im Laufe der Jahre über sieben Millionen Mal verkaufte. Im Februar 1994 erreichten sie die britische Hitparade mit dem Song »Give It Away« (12/91 US 73). Dieses Lied war Ende 1991 die erste Chartnotierung der Gruppe in den USA gewesen. Später erhielt das Lied einen Grammy in der Sparte Best Hard Rock Performance.
Weitere Singlehits außerhalb der Top 10 waren »Taste The Pain« (6/90 GB 29), »Soul To Squeeze« (8/93 US 22), »Warped« (9/95 GB 31), »My Friends« (10/95 GB 29), »Aeroplane« (2/96 GB 11),

»Love Rollercoaster« aus dem Film »Beavis And Butthead Do America« – im Original der größte Hit der Ohio Players, der in den USA Anfang 1976 Platz 1 erreichte; auf der B-Seite war Engelbert Humperdinck mit der Nummer »Lesbian Seagull« zu hören und hatte damit nach 1973 seinen ersten Hit in den GB-Single-Charts –, »Scar Tissue« (6/99 GB 15), »Around The World« (9/99 GB 35), »Otherside« (2/00 US 14, 3/00 GB 33), »Californication« (8/00 GB 16) und »Road Trippin'« (1/01 GB 30).
Ihre erfolgreichsten Alben sind, »What Hits!?« (10/92 US-LP 22, 10/92 GB-LP 23), »One Hot Minute« (9/95 US-LP 4, 9/95 GB-LP 2, 9/95 D-LP 3), »Californication« (6/99 GB-LP 5, 6/99 D-LP 2, 6/99 US-LP 3 – neunfach Platin).
Anfang 2002 erschien eine DVD der Band mit dem Titel »Off The Map«.

Under The Bridge (4/92 US 2)
Give It Away (2/94 GB 9)
Love Rollercoaster (6/97 GB 7)
Scar Tissue (6/99 US 9)
Hard Rock, Pop, Rock, Soul

Redbone

ANTHONY BELLAMY g (USA, in Los Angeles/Kalifornien), PETER DE POE d (USA, in Neah Bay Reservation/Washington), PAT VEGAS v, b (USA, in Fresno/Kalifornien), LOLLY VEGAS v, g (USA, * 2. 10. 1939 in Fresno/Kalifornien)
Redbone wurde 1968 in L.A. gegründet und gilt als die erste Indianergruppe, die sich in den USA durchsetzen konnte. Sie spielten so genannten Swamp Rock. Die beiden Brüder Vegas hatten vorher schon als Sessionmusiker gearbeitet und sollten als Songschreiber erfolgreich werden. Sie lieferten Hits für P. J. Proby, Bobbie Gentry, Aretha Franklin oder die Righteous Brothers. Sie selbst wurden erstmals Ende 1970 in den US-Charts mit der Nummer »Maggie« aufgeführt. »The Witch Queen Of New Orleans« (11/71 D 16, US 21) wurde ihr größter Erfolg. Ihre Nummer »Come And Get Your Love« war 1974 ein Millionseller. Ansonsten engagierte sich die Band sehr für die Belange der amerikanischen Indianer, was sie auch in ihren Songs zum Ausdruck brachten, z. B. in »We Were All Wounded At Wounded Knee« (7/73 D 21).

The Witch Queen Of New Orleans (9/71 GB 2)
Come And Get Your Love (1/74 US 5)
Pop, Rock

Redding, Otis

OTIS REDDING v (USA, * 9. 9. 1941 in Dawson/Georgia, † 10. 12. 1967)
Man schrieb den 10. 12. 1967. Starker Nebel lag über dem zugefrorenen See Monana in der Nähe von Madison, Wisconsin. Man hatte sich entschlossen, den Weg zum nächsten Auftritt mit einer kleinen Privatmaschine zurückzulegen. Alle hatten es eilig und wollten möglichst schnell am nächsten Ort sein, um sich noch etwas zu erholen. Der Besitzer und Pilot des Flugzeugs, Otis Redding, war gerade 26 Jahre alt und auf dem Weg zu großem Starruhm. Und auch die anderen, die bei ihm waren, hatten sich als Musiker bereits einen Namen gemacht. Es waren nur noch drei Flugminuten bis zum Ziel – da stürzte die zweimotorige Beechcraft in diesen schon erwähnten See. Es könnte fast die Geschichte von Buddy Holly sein, aber der war nicht mal 26, als er mit einer kleinen Maschine abstürzte und mit Ritchie Valens und Big Bopper ums Leben kam. Überhaupt schienen und scheinen Popmusiker in den USA recht häufig mit kleinen Privatmaschinen zu verunglücken: Patsy Cline, Cowboy Copas, Jim Reeves, Jim Croce, Rick Nelson, Ronnie van Zant, Steve Gaines oder John Denver ging es so. Otis Redding flog also zusam-

men mit vier Mitgliedern der Band Bar-Keys, die mit der Nummer »Soul Finger« gerade ihren ersten großen Hit hatte. Es wurde nach dem Absturz noch lange darüber diskutiert, ob es sich um einen Unfall oder um Sabotage handelte – beliebt war Otis Redding bei den Fans, seine Musikerkollegen mochten ihn nicht sonderlich. Auch sahen es viele Amerikaner nicht gerne, dass Otis Redding zusammen mit weißen Musikern auftrat und viele weiße Fans hatte. Der Werdegang von Redding ist vergleichbar mit dem vieler anderer Soul-Stars der 60er Jahre. Er stammte aus Georgia, wurde in Macon City groß und begann dort im Gospelchor. Bei Johnny Jenkins & The Pipetoppers durfte er manchmal im Background-Chor singen, ansonsten war er der Roadmanager der Band, d. h. Geräte wie Lautsprecher auf- und wieder abbauen, zum nächsten Auftritt fahren usw. Mit 19 machte Otis seine ersten Soloplatten, und dazu gehörte »South Bamalama«. Und bei der hört man noch sehr gut den Einfluss eines anderen Musikers aus Macon: Little Richard. 1963 änderte Redding seinen Stil. Er wurde ruhiger und hat damit mehr Erfolg. Seine erste Hitnotierung kam 1963 mit »These Arms Of Mine«.

Dann erschienen »I've Been Loving You Too Long (To Stop Now)« (5/65 US 21), »Respect« (9/65 US 35), »My Girl« (11/65 GB 11, 2/68 RE-GB 36), »Satisfaction« (3/66 US 31, 4/66 GB 33), »My Lover's Prayer« (7/66 GB 37), »I Can't Turn You Loose« (8/66 GB 29), »Fa-Fa-Fa-Fa-Fa (Sad Song)« (10/66 US 29, 11/66 GB 23), »Try A Little Tenderness« (12/66 US 25), »Tramp« (5/67 US 26, 7/67 GB 18) mit der Queen of Soul Carla Thomas, »Shake« (6/67 GB 28) und »Knock On Wood« (8/67 US 30, 10/67 GB 35) ebenfalls mit Carla. 1967 wählten ihn die Briten zum weltbesten Sänger. Otis trat am 17. 6. 1967 als letzter Künstler am zweiten Abend des Monterey Pop Festival auf und feierte Triumphe – und das, obwohl vor ihm Jefferson Airplane aufgetreten war und im Publikum vorwiegend Hippies saßen, die mit Soulmusik wenig anfangen konnten. Sein Auftritt ist im Film »Monterey Pop« von D.A. Pennebaker zu sehen. Er war also ein Star, als er sich auf dem Weg nach Madison befand. Am 6. Dezember 1967, also nur vier Tage vor seinem Tod, hatte Otis die Nummer »(Sittin' On) The Dock Of The Bay« aufgenommen. Dass sie Spitzenreiter in der US-Hitparade und Millionseller wurde, erlebte Otis Redding nicht mehr. Zu seiner Beerdigung kamen mehr als 4500 Fans, darunter Soulgrößen wie Joe Tex, Solomon Burke, Percy Sledge oder Sam & Dave. Sie alle hatten in Otis Redding ihr musikalisches Vorbild gesehen. In der Tat war der Soul-Boom nach dem Tod von Redding bald vorbei. Der Motor fehlte, denn neben seinen eigenen Hits hatte er auch für andere Songs geschrieben, z. B. »Sweet Soul Music« für Arthur Conley. Postume Hits waren »The Happy Song (Dum-Dum)« (4/68 US 25, 5/68 GB 24), »Amen« (7/68 US 36), »Hard To Handle« (7/68 GB 15) und »Papa's Got A Brand New Bag« (11/68 US 21).

1989 wurde Otis in die Rock and Roll Hall of Fame aufgenommen. Seine beiden Söhne Otis III. und Dexter sowie deren Cousin Mark Locket treten seit 1980 als The Reddings auf.

Ob sich das in den 60er Jahren hier in Deutschland vermittelt hat, mag ich bezweifeln: Der weltweite Hit »Dock Of The Bay« war ein Lied über Arbeitslosigkeit, Obdachlosigkeit, Hoffungslosigkeit, Langeweile. »Ich sitze hier in der Morgensonne, ich werde hier noch sitzen, wenn der Abend kommt. Ich beobachte die Schiffe, wie sie ein- und auslaufen, sitze hier am Kai, sehe den Gezeiten zu, sitze am Kai und verplempere mein Leben. Ich verließ mein Zuhause in Georgia und schlug mich

durch bis zur San Francisco Bucht. In Georgia gab es nichts, wofür es sich zu leben lohnte – aber geändert daran hat sich auch hier nichts. Es sieht so aus, als würde sich nichts verändern – alles bleibt stets dasselbe. So sitze ich hier und ruhe meine Knochen aus. 2000 Meilen bin ich gezogen, nur um diesen Kai zu meinem Zuhause zu machen. Und da sitze ich nun, beobachte die Gezeiten und verplempere mein Leben«.
Seine erfolgreichsten Alben waren »Otis Blue« (2/66 GB-LP 6, 1/67 RE-GB-LP 7), »History Of Otis Redding« (12/67 US-LP 9, 2/68 GB-LP 2) und »The Dock Of The Bay« (3/68 US-LP 4, 6/68 GB-LP 1, D-LP 17).

(Sittin' On) The Dock Of The Bay (1/68 GB 3, US 1)
Soul

Reddy, Helen

HELEN REDDY v (Australien, *25. 10. 1941 in Melbourne)
Helen wurde in eine Familie hineingeboren, die im Showgeschäft zu Hause war. Schon mit vier stand sie zum ersten Mal auf der Bühne. Schließlich kam sie in ein englisches Internat, ging danach wieder zurück nach Australien und wurde dort eine populäre Künstlerin. In den 60er Jahren hatte sie in Australien eine eigene TV-Show. 1966 wurde ihr der fünfte Kontinent zu klein, und sie siedelte nach New York über. 1968 zog sie nach L.A. Sie spielte mit in den Filmen »Airport 1975« aus dem Jahr 1974, »Pete's Dragon« 1977 und »Sgt. Pepper's Lonely Hearts Club Band« 1978. Ab Anfang der 70er Jahre war sie auch in den USA als Interpretin erfolgreich. Ihre erste Hitnotierung war »I Don't Know How To Love Him« (2/71 US 13) aus der Rockoper »Jesus Christ Superstar«. Ihr erster Spitzenreiter wurde »I Am Woman«.
Ihre erfolgreichsten Alben waren »I Am Woman« (12/72 US-LP 14), »Long Heart Climb« (8/73 US-LP 8), »Love Song For Jeffrey« (4/74 US-LP 11), »Free And Easy« (11/74 US-LP 8, 2/75 GB-LP 17), »No Way To Treat A Lady« (7/75 US-LP 11), »Helen Reddy's Greatest Hits« (12/75 US-LP 5, 2/76 GB-LP 5) und »Music, Music« (8/76 US-LP 16).

I Am Woman (6/72 US 1)
Delta Dawn (6/73 US 1)
Leave Me Alone (Ruby Red Dress) (11/73 US 3)
You And Me Against The World (6/74 US 9)
Angie Baby (10/74 US 1; 1/75 GB 5)
Ain't No Way To Treat A Lady (8/75 US 8)
Pop

Rednex

MARY JOE v (Schweden als Annika Lyungberg), BILLIE RAY vln (Schweden als Jonas Nilsson), PAT RENIZ key (Schweden als Patrick Edeneberg), MUP ALIAS BILLY BOB STIFF d (Schweden als Urban Landgren), BOBBY SUE vln (Schweden als Anders Ahrstrand), KEN TACKY v, bj (Schweden als Kenta Ohlander), WHIPPY v
Angeblich entdeckte der schwedische Produzent Pat Reniz seine Begleitband für dieses Projekt, während er den Staat Idaho in den USA besuchte. Er sah die Rednex, die ebenfalls aus Schweden stammen, bei einem Auftritt und engagierte sie vom Fleck weg. »Cotton Eye Joe« (3/95 US 25), eine Mixtur aus Country und Euro-Dance, entwickelte sich zu einem Nummer-1-Hit in Schweden. Nachdem MTV den Titel gepowert hatte, kam er im Oktober 1994 in die deutschen Charts und zwei Monate später in die britischen. In beiden Ländern wurde der Song Spitzenreiter. Alleine in Deutschland verkaufte sich die Single 1,5 Millionen mal. Im März 1995 stieg die Nummer auch in die amerikanische Hitparade ein und erhielt Gold. Derweil war

in der deutschen Hitparade die Nachfolgesingle »Old Pop In An Oak« (3/95 GB 12) mühelos wieder unter die ersten 10 gelangt. Der Ausdruck Rednecks scheint in Schweden nicht sonderlich geläufig zu sein. Als Rednecks bezeichnen die Amerikaner die weißen Farmer aus den Südstaaten, die sich bei der Arbeit auf den Feldern häufig den Nacken verbrennen, der dann so schön rot wird. Rednecks nennt man vor allem die, denen man außerdem eine gehörige Portion Nationalismus und Borniertheit nachsagen kann – also ein richtig schönes Schimpfwort. ›Bravo‹, das offizielle Enttarnungs- und Aufklärungsblatt für die Mixer-Generation, fand dann heraus, dass die gesamte Geschichte mit der Entdeckung der Gruppe in den USA vom Produzenten Patrick Edeneberg ausging. Musikalisch schon ganz anders als die ersten beiden Hits war die Nummer »Wish You Were Here«. Annika, die die Solostimme bei »Wish You Were Here« gesungen hatte, brachte im November 1996 mit »Flower In My Garden« ihre erste, im April 1997 mit »The Reddest Rose« ihre zweite Soloplatte auf den Markt. Anfang Juni 1997 erschien ihr Soloalbum »Me & Myself«. Nach einer längeren Pause kamen Rednex mit den Nummern »The Way I Mate« (2/00 D 34) und »The Spirit Of The Hawk« – für diesen Titel erhielten sie 2001 einen Echo für die beste Pop-Single. Inzwischen hatte man Mary Joe gegen Whippy (* 1977) ausgewechselt. Nächster Hit wurde »Hold Me For A While« (12/00 D 25). Ihr erfolgreichstes Album war »Sex & Violins« (3/95 D-LP 4, 5/95 US-LP 68). Inzwischen haben Rednex ihren Lebens- und Arbeitsmittelpunkt nach Amsterdam verlegt und Whippy, Billy Ray, Bobby Sue und B.B Stiff haben die Formation verlassen. 2002 wurden als zusätzliche Mitglieder Scarlet, Dagger, Joe Cagg und Jay Lee genannt. Die Gruppe besteht inzwischen aus 11 Mitgliedern, was es nicht einfacher macht, da den Überblick zu behalten. Sie verstehen sich aber auch nicht als Band, sondern als Multimedia-Projekt.

Cotton Eye Joe (10/94 D 1; 12/94 GB 1)
Old Pop In An Oak (1/95 D 2)
Wish You Were Here (5/95 D 1)
The Spirit Of The Hawk (8/00 D 1)
Dance, Pop

Reed, Jerry

JERRY REED v, g (USA, * 20. 3. 1937 als Jerry Reed Hubbard in Atlanta/Georgia)
Reed vermischte Rock und Country Music. Zweimal gelang ihm ein Top-10-Hit in der amerikanischen Hitparade. Reed schrieb auch Hits für andere Interpreten, so z. B. für Gene Vincent »Crazy Legs« und für Elvis Presley »Guitar Man«. Als Schauspieler konnte man ihn unter anderem im »Gator« und »Smokey & The Bandit« sehen. 1971 erhielt er einen Grammy als bester Countrysänger. Zwischen 1967 und 1983 hatte er 57 Country-Hits, darunter dreimal Platz 1.

Amos Moses (10/70 US 8)
When You're Hot, You're Hot (5/71 US 9)
Country, Rock

Reed, Lou

LOU REED v, g (USA, * 2. 3. 1942 als Louis Firbank in Freeport/New York)
Reed war Mitbegründer der Formation Velvet Underground, die sich in der zweiten Hälfte der 60er Jahre Kult-Status erspielte. Lou Reed in eine Kategorie zu stecken, ist nur schwer möglich. Bereits ab den ersten Tagen mit Velvet Underground gab es kaum einen Musiker und Songschreiber, der so viele Kontroversen auslöste wie Reed. Nach der Trennung von Velvet Underground musste Lou zunächst einmal einen Drogenentzug machen. 1972 startete er eine Solokarriere,

bei der dem ›Vater der New Yorker Punkszene‹ von Musikern wie Iggy Pop oder David Bowie geholfen wurde. Besonders die Nummer »Walk On The Wild Side« (2/73 US 16), die von Bowie mitproduziert wurde und auf der er Saxophon spielt, machte Lou einem breiteren Publikum bekannt. Seit dieser Zeit sind unendlich viele LPs von ihm erschienen. Zu seinen schönsten muss man »New York« (1/89 US-LP 40, GB-LP 14) und »Magic And Loss« (1/92 GB-LP 6) zählen. Mit »Set The Twilight Reeling« (3/96 GB-LP 26) erschien nach vier Jahren Pause wieder ein Album von Reed in den Charts. Zusammen mit einer ganzen Latte von amerikanischen, britischen und irischen Musikern nahm er im Herbst 1997 seine Nummer »Perfect Day« auf, die einst als B-Seite von »Walk On The Wild Side« erschienen war. Die Platte erschien in der BBC-Benefiz-Serie ›Children In Need‹ und schoss am 29.11. 1997 von 0 auf 1 in den britischen Charts. Neben Lou wirkten auf dem Hit folgende Interpreten mit: Bono, Morcheeba, David Bowie, Suzanne Vega, Elton John, Boyzone, Lesley Garnett, Burning Spears, Thomas Allen, Brodsky Quartet, Heather Small, Emmylou Harris, Tammy Wynette, Shane McGowan, Sheena White, Dr. John, Robert Cray, Huey (FLC), Ian Broudie, Gabrielle, Evan Dando, Courtney Pine, Brett Anderson, Joan Armatrading, Laurie Anderson, Tom Jones, Visual Ministry Choir und das BBC Symphony Orchestra unter der Leitung von Andrew Davis.

Seine erfolgreichsten Alben waren »Transformer« (12/72 US-LP 29, 4/73 GB-LP 13, 2/98 RE-GB-LP 32), »Berlin« (10/73 GB-LP 7), »Rock 'n' Roll Animal« (3/74 US-LP 45, GB-LP 26) und »Sally Can't Dance« (10/74 US-LP 10).

1996 wurde Velvet Underground in die Rock and Roll Hall of Fame aufgenommen.

Walk On The Wild Side (5/73 GB 10)
Perfect Day (11/97 GB 1)
Punk, Rock

Reef

JACK BESSANT b (Großbritannien, * 19. 3. 1971 in Wells/Somerset), DOMINIC GREENSMITH d (Großbritannien, * 2. 6. 1970 in Denby/Derbyshire), KENWYN HOUSE g (Großbritannien, * 1. 8. 1970 in Tiverton/Devon), GARY STRINGER v (Großbritannien, * 18. 6. 1973 in Litchfield/Staffordshire)

Reef kam 1993 zusammen und spielte sich brav und fleißig durch fast jeden Club in GB. Ihr selbstproduziertes Demoband fiel Paul Weller in die Hände, und er nahm sie 1994 als Vorgruppe für sein Konzert in der Londoner Royal Albert Hall. 1995 durften sie im Vorprogramm von Soundgarden und den Rolling Stones spielen. Mitte 1995 erschien mit »Replenish« (7/95 GB-LP 9) ihr erstes Album. Darauf auch zu finden die ersten beiden Hitnotierungen der Band: »Good Feeling« (4/95 GB 24) und »Naked« (5/95 GB 11). Im Sommer 1996 nahmen sie in den Abbey Road Studios ihr zweites Album auf. Im November desselben Jahres erschien »Place Your Hands«, eine Auskopplung aus diesem Album, und wurde der erste Top-10-Hit der Band. Zu diesem Zeitpunkt wussten sie immer noch nicht, wie sie ihr neues Album nennen sollten. Schließlich hieß es »Glow« (2/97 GB-LP 1). Auch »Come Back Brighter«, ihr nächster Top-10-Hit, stammte von diesem Album. Ihr nächstes Erfolgsalbum hieß »Rides« (5/99 GB-LP 3). Die weiteren Top-40-Hits: »Consideration« (4/97 GB 13), »Yer Old« (8/97 GB 21), »I've Got Something To Say« (4/99 GB 15) und »Set The Record Straight« (8/00 GB 19).

Place Your Hands (11/96 GB 6)

Come Back Brighter (1/97 GB 8)
AOR (Adult Orientated Rock), Blues, Funk, Rock

Reel 2 Real featuring The Mad Stuntman

AILEEN (USA), BABY v (USA, * 5. 3. 1973 als Lissette Maldonado in New York), ERICK ›MORE‹ MORILLO key, d (USA, * 26. 3. 1971 in New York), THE MAD STUNTMAN v (Trinidad, * 24. 1. 1967 als Mark Quashie)
Wer um den in Brooklyn/New York lebenden Mad Stuntman herumhüpft, scheint egal zu sein. Er und Morillo sind auf jeden Fall die Köpfe dieser Formation. 1992 beschlossen die beiden, House-Grooves mit einem Schuss Reggae zu veredeln. Ihre ersten Platten veröffentlichten sie auf dem New Yorker Underground-Dance-Label Strictly Rhythm. »I Like To Move It« kam Anfang 1994 knapp in die US-Charts, in GB erreichte die Platte auf Anhieb eine Top-10-Plazierung, die sie dann später auch in Deutschland schaffte. Nachfolger »Go On Move« (7/94 D 20) stand erneut unter den britischen Top 10. Wohl um zu beweisen, dass Reel 2 Real nicht ein reines Studioprojekt ist, umgaben sie sich bei öffentlichen Auftritten mit Tänzerinnen. »Can You Feel It« (10/94 D 32), »Raise Your Hands« (12/94 GB 14) und »Conway« (4/95 GB 27) stammten alle noch vom ersten Album der Formation »Move It« (10/94 GB-LP 8). 1996 erschien »Are You Ready For Some More?« mit dem Singlehit »Jazz It Up« und dem Titelsong »Are You Ready For Some More« (10/96 GB 24).

I Like To Move It (2/94 GB 5; 4/94 D 3)
Go On Move (7/94 GB 7)
Jazz It Up (7/96 GB 7)
Dance, House, Reggae

Reeves, Jim

JIM REEVES v, dj (USA, * 20. 8. 1923 in Panola County/Texas, † 31. 7. 1964)
Der Countrysänger und Songschreiber wäre vielleicht ein großer Baseballspieler geworden, aber eine Verletzung des Fußgelenks stoppte die angehende Karriere. Wenn man die angenehme Stimme von Jim Reeves hört, wundert es einen nicht, dass er als Nächstes Discjockey wurde. Er arbeitete in Shreveport, Louisiana, dem ›Home of Louisiana Hayride‹. 1950 machte er dann seine ersten Plattenaufnahmen, 1953 hatte er einen ersten Millionseller und den Top-Country-Hit des Jahres: »Mexican Joe« (4/53 US 23). Seit diesem Titel gehörte er in den USA zu den wenigen Künstlern, die sich sowohl in den Country- als auch in den Popcharts behaupten konnten. Seins nächsten Hits waren »Bimbo« (1/54 US 26), »Four Walls« (4/57 US 11) und dann der Millionseller »He'll Have To Go«. Zum Zeitpunkt des Erfolges von »Distant Drums« war Jim Reeves bereits tot. Am 31. 7. 1964 stürzte er mit seiner Privatmaschine ab. Seine Platten wurden sowohl in GB als auch in den USA in regelmäßigen Abständen wieder veröffentlicht. Noch in den 80er Jahren tauchte er mit seinen Singles in der Country-Hitparade auf. Insgesamt brachte er es auf 80 Notierungen, darunter elfmal Platz 1. Seine letzte Top-10-Eintragung in der C&W-Hitparade war 1981 »Have You Ever Been Lonely (Have You Ever Been Blue)«, ein Duett mit Patsy Cline, die wie er bei einem Flugzeugunglück ums Leben kam, im Jahre 1963.
Die erfolgreichsten Alben: »He'll Have To Go« (5/60 US-LP 18, 8/64 GB-LP 16), »Good 'n' Country« (3/64 GB-LP 10), »Gentleman Jim« (5/64 GB-LP 3), »Moonlight And Roses« (6/64 US-LP 30, 9/64 GB-LP 2), »The Best Of Jim Reeves« (8/64 US-LP 9, 11/64 D-LP 26, 1/65 GB-LP 3), »A Touch Of Velvet« (8/64 GB-LP 8), »International Jim Reeves« (8/64 GB-LP 11), »The

Intimate Jim Reeves« (8/64 GB-LP 12, 8/71 RE-GB-LP 8), »God Be With You« (8/64 GB-LP 10), »Country Side Of Jim Reeves« (9/64 GB-LP 12), »We Thank Thee« (9/64 GB-LP 17), »Twelve Songs Of Christmas« (11/64 GB-LP 3, 11/71 RE-GB-LP 3), »The Best Of Jim Reeves« (11/64 D-LP 26, 1/65 GB-LP 3), »Have I Told You Lately That I Love You« (4/65 GB-LP 12), »The Jim Reeves Way« (5/65 GB-LP 16), »Distant Drums« (6/66 US-LP 21, 11/66 GB-LP 2), »A Touch Of Sadness« (1/69 GB-LP 15), »According To My Heart« (7/69 GB-LP 1), »On Stage« (11/69 GB-LP 13), »Jim Reeves' Golden Records« (8/71 GB-LP 9), »40 Golden Greats« (9/75 GB-LP 1), »The Definitive Jim Reeves« (8/92 GB-LP 9) und »The Ultimate Collection« (9/96 GB-LP 17).

He'll Have To Go (12/59 US 2)
Welcome To My World (6/63 GB 6)
I Love You Because (2/64 GB 5)
I Won't Forget You (6/64 GB 3)
There's A Heartache Following Me (11/64 GB 6)
It Hurts So Much (2/65 GB 8)
Distant Drums (8/66 GB 1)
Country, Pop

Reeves, Vic

VIC REEVES v (Großbritannien, * 21. 1. 1959)

Was den Deutschen ihr Hape Kerkeling, ist den Engländern Vic Reeves. Er gilt als Englands Entertainer Nummer 1. Über Club-Entertainer und Komiker brachte er es zu einer eigenen TV-Show. Mit dem Stück »Born Free«, einer Neuauflage der alten Matt-Monro-Nummer, hatte er seinen ersten Hit. Bei »Dizzy«, einst ein Hit mit Tommy Roe, war die Formation Wonder Stuff mit von der Partie.

Born Free (4/91 GB 6)
Dizzy (10/91 GB 1)
Pop

Siehe auch: EMF

Reflections

DANIEL BENNIE v (Großbritannien, * 13. 3. 1940 in Johnston/Schottland), PHIL »PARROT« CASTRODALE v (USA, * 2. 4. 1942 in Detroit/Michigan), JOHN DEAN v (USA, in Detroit/Michigan), ANTHONY MICALE v (USA, * 23. 8. 1942 in Bronx/New York City), RAYMOND »RAZOR« STEINBERG v (USA, * 29. 10. 1942 in Washington/Pennsylvania)

Das Quintett aus Detroit schaffte mit »(Just Like) Romeo And Juliet« seinen größten Hit. Nach zwei weiteren Notierungen, die nicht über die Position 50 hinaus kamen, war die Band wieder verschwunden. Ihren einzigen großen Hit hatte die Gruppe nie ernst genommen. Der Titel gefiel ihnen nicht, und sie wollten eine komische Nummer daraus machen. Deshalb sangen sie Falsett. Nachdem daraus ein Erfolg geworden war, erwarteten die Plattenkäufer von ihnen, dass die nächsten Titel auch in diesem Stil blieben. Das wollten die Reflections jedoch nicht. Sie wechselten die Plattenfirma und schließlich auch den Namen und benannten sich in The High And The Mighty um, aber auch das brachte nichts. Sie spielten noch Jahre als Reflections in Clubs, bevor sie sich trennten. In den 80er Jahren tauchten Micale und Dean in einer Band namens Laredos in Detroit auf.

(Just Like) Romeo And Juliet (4/64 US 6)
Pop, Rock

Regina

REGINA v (USA, als Regina Richards in New York City)

Regina (* 1971) veröffentlichte Mitte 1986 den Titel »Baby Love«, der nichts mit dem gleichnamigen Stück der Supremes gemeinsam hatte. Im Hintergrund sang Siedah Garrett mit und es war ein Saxophonsolo von David Sanborn zuhören. Es wurde auch eine Langspielplatte mit Regina auf den Markt gebracht. Trotzdem hatte sie danach keinen weiteren Erfolg.

Baby Love (6/86 US 10)
Pop

Reichel, Achim

ACHIM REICHEL v, g (Deutschland, * 28. 1. 1944 in Wentorf/Hamburg)
Der Sänger und Songschreiber gründete 1960 die Rattles, mit denen er 1963 im Hamburger Star-Club einen der vielen Beatband-Wettbewerbe gewann. Es folgten fünf Tourneen durch GB, was damals einer Sensation gleichkam. 1966 musste Achim Reichel zur Bundeswehr. Seine Plattenfirma versuchte, ihn als Schlagersänger zu featuren, was gründlich misslang. 1968 war er mit der Gruppe Wonderland und dem Titel »Moscow«, der Mitte des Jahres Platz 15 in der deutschen Hitparade erreichte, wieder da. 1970 ging er auf einen Elektroniktrip. Viel später gab er zu, sich gewundert zu haben, dass die Plattenfirma das alles so wortlos bezahlt und nichts verkauft hat. Nach fünf LPs in diesem Stil – die letzte 1973 – erschien er 1976 als Shantysänger, 1977 als Klabautermann, und seit Ende der 70er Jahre spielt er wieder Rock mit deutschen Texten. Seit den 80er Jahren erscheinen immer wieder schöne LPs von ihm. Sein größter Singlerfolg war »Aloha Heja He«.

Aloha Heja He (7/91 D 5)
Pop

Siehe auch: Rattles

Reid, Mike

MIKE REID v (Großbritannien)
Der Komiker, Schauspieler und Sänger hatte mit »The Ugly Duckling« seinen einzigen Top-40-Hit. Die Platte vom hässlichen Entlein wirkte vor allem durch ihren originellen Cockney-Dialekt. Mitte der 80er Jahre war Reid in der sehr erfolgreichen Soap-Opera ›EastEnders‹ zu sehen.

The Ugly Duckling (3/75 GB 10)
Pop

Reid, Neil

NEIL REID v (Großbritannien, in Motherwell/Schottland)
Der kleine Neil (* 1960) war für die Briten das, was Heintje für die Deutschen war. Mit der Hymne an die Mami, »Mother Of Mine« kam er 1972 in die britischen Charts. Der Nachfolger »That's What I Want To Be« kam gerade mal unter die ersten 50. Mutterliebe o. K., Lebensplanung egal. Nachdem er einige Jahre durch Europa und Südafrika Tourneen unternommen hatte, war er es leid, immer wie ein 12-jähriger singen zu müssen. Er arbeitete in einem Fast-food-Restaurant, kehrte jedoch in den 80er Jahren kurz zum Showgeschäft zurück. Heute ist er Versicherungsmakler. Sein erfolgreichstes Album heißt »Neil Reid« (2/72 GB-LP 1).

Mother Of Mine (1/72 GB 2)
Pop

Reim, Matthias

MATTHIAS REIM v (Deutschland, * 26. 11. 1957 in Korbach/Waldeck)
Erste Erfolge hatte Matthias Reim mit Songs für Roy Black, Jürgen Drews oder Bernhard Brink, die er geschrieben und auch produziert hatte. 1986 gründete er mit seiner damaligen Frau die Disko-Formation Fairfax. Im Frühjahr 1990 erschien »Verdammt, ich lieb' dich« in den deutschen Charts, erreichte innerhalb von sechs Wochen Platz 1 und hielt den 16 Wochen lang. Insgesamt wurden mehr als eine Million Singles von dieser Love-Story verkauft. Die dazu gehörende Langspiel-

platte »Reim« (7/90 D-LP 1) verkaufte sich mehr als zwei Millionen Mal. Die weibliche Stimme auf der Platte sang Heike Neumeyer, die später eine Solokarriere versuchte. Auch der Nachfolger »Ich hab' geträumt von dir« kam hoch in die deutsche Hitparade. Spätestens mit »Ich hab' mich so auf dich gefreut« von dem Album »Reim II« (10/91 D-LP 5) bewies Matthias, dass er keine Eintagsfliege war. »Küsse oder so« (5/93 D 27) und »Im Himmel geht es weiter« (9/94 D 88) zeigten an, dass die Karriere von Matthias abebbte. Im Februar 2001 wurde bekannt, dass Reim Schulden in Höhe von 20 Millionen Mark hatte. Er kündigte an, die ›Ärmel hochzukrempeln und die Schulden abzuarbeiten‹. Zu diesem finanziellen Desaster sei es gekommen, weil er seinen Vermögensverwalter zwischen 1983 und 2000 mit einer Generalvollmacht ausgestattet hatte.

Verdammt, ich lieb' dich (4/90 D 1)
Ich hab' geträumt von dir (8/90 D 2)
Ich hab' mich so auf dich gefreut (9/91 D 4)
Rock, Schlager

Relax

DIETER KLIER key (Deutschland, * 27. 4. 1951 in Kulmbach), CLAUS MATHIAS g (Deutschland, * 6. 5. 1955 in Naila/Oberfranken), KLAUS SCHELDT b (Deutschland, * 9. 11. 1950 in Wuppertal), ORNIE SINGERL d (Österreich, * 17. 8. 1952 in Wien), PETER VOLKMANN v (Deutschland, * 13. 12. 1951 in München), FELIX WEBER key (Deutschland, * 1. 12. 1960)

Mit Pop-Rock in bayerischer Sprache erreichte Relax im Herbst 1982 die deutschen Charts: »Weil i di mog«, mitgeschrieben und produziert von Bernie Paul. Bis Ende 1986 funktionierte das Ganze, und es kamen noch etliche Hitnotierungen. Ihr erfolgreichstes Album hieß »Relaxed samma« (11/82 D-LP 24). Felix Weber hat sich inzwischen als Songschreiber etabliert. So sangen z. B. Tracie Spencer oder Chaka Khan Lieder von ihm, die er zusammen mit seiner Freundin Irmgard Klarmann geschrieben hat.

Weil i di mog (8/82 D 6)
Pop, Rock, Schlager

Rembrandts

PHIL SOLEM v, g, key (USA, * 1. 7. 1956), DANNY WILDE v, g, key (USA, * 3. 6. 1956)

Die Mitglieder dieses Duos lernten sich schon Ende der 70er Jahre kennen. Phil und Danny spielten in der US-Band Great Buildings. Mit »Apart From The Crowd« erschien ein einziges Album. Danach löste sich die Formation wieder auf. Im Verlauf der 80er Jahre baute sich Danny in seiner Garage ein eigenes Tonstudio und nahm dort die Titel für seine erste Solo-LP auf, die 1986 erschien und »The Boyfriend« hieß. Es erschienen noch zwei weitere LPs von ihm, die jedoch auch nicht erfolgreich waren. 1990 gründete er wieder mit seinem alten Kumpel Phil die Rembrandts, denen mit »Just The Way It Is Baby« (2/91 US 14) ein erster Hit gelang. Mitte 1995 kam das Album »L.P.« (6/95 US-LP 23, 9/95 GB-LP 14) auf den Markt. Darauf auch »I'll Be There For You« (3/95 US 17). Der Titel stammte aus der amerikanischen TV-Serie ›Friends‹, die auch im deutschen Fernsehen lief. Nachdem die Platte »I'll Be There For You« länger als ein Jahr aus den britischen Charts gefallen war, stieg sie als Re-Entry am 24. 5. 1997 wieder auf Platz 11 ein und kam eine Woche später erneut in die Top 10. Die Platte kam wieder in die Charts, weil die ersten fünf Folgen der TV-Serie ›Friends‹ mit viel Werbung auf Video veröffentlicht wurden.

Just The Way It Is Baby (4/91 D 6)

I'll Be There For You (9/95 GB 3; 5/97 GB 5)
Pop

Remmler, Stephan

STEPHAN REMMLER v (Deutschland, * 25. 10. 1946 in Dortmund)
Nachdem sich 1986 die deutsche Formation Trio aufgelöst hatte, machte deren Sänger und hauptsächlicher Songschreiber Stephan Remmler Soloplatten. Mit »Keine Sterne in Athen (3-4-5 x in 1 Monat)« und »Alles hat ein Ende, nur die Wurst hat zwei (Krause und Ruth)« brachte Remmler auch hier wie bei Trio ein wenig Witz und Intelligenz in den manchmal doch trostlosen deutschen Schlager. Es folgten »Vogel der Nacht« (1/88 D 36) und »Keine Angst, hat der Papa mir gesagt (Keine Angst, hat die Mama mir gesagt)« (11/88 D 15). Sein erfolgreichstes Soloalbum hieß »Stephan Remmler« (1/87 D-LP 8).

Keine Sterne in Athen (11/86 D 3)
Alles hat ein Ende, nur die Wurst hat zwei (Krause und Ruth) (2/87 D 3)
Pop, Schlager

Siehe auch: Trio

Renaissance

JONATHAN CAMP v, b (Großbritannien), LOUIS CENNAMO v, b (Großbritannien), MIKE DUNFORD v, g (Großbritannien), ANNIE HASLAM v (Großbritannien), JOHN HAWKEN key (Großbritannien, * 9. 5. 1940 in Urnemouth/Dorset), ROBERT HENDRY v, g (Großbritannien), JIM MCCARTY d (Großbritannien, * 25. 7. 1943 in Liverpool), JANE RELF v (Großbritannien), KEITH RELF v, g, b, harm (Großbritannien, * 22. 3. 1943 in Richmond/Surrey, † 14. 5. 1976), TERRY SLADE d (Großbritannien), TERENCE SULLIVAN d (Großbritannien), JOHN TOUT key (Großbritannien)
Die 1969 von den Geschwistern Jane und Keith Relf gegründete Band etablierte sich schnell als eine der führenden Folk-Rock-Gruppen GBs. Keith Relf und Jim McCarty waren vorher Mitglieder bei den Yardbirds und hatten 1968 als Together zwei Singles aufgenommen. Hawken kam von den Nashville Teens. Bereits Anfang der 70er Jahre stieg Keith Relf wieder aus, wenig später folgte seine Schwester. Ihren Platz als Leadsängerin nahm Annie Haslam, deren Stimme fünf Oktaven umfasst, ein. Ab 1972 – keins der Urmitglieder war mehr dabei – trat die Gruppe in der Besetzung Haslam, Hendry, Tout, Camp und Slade auf. 1973 wurde Hendry durch Dunford ersetzt, 1975 Slade durch Sullivan. In der Regel waren lediglich die LPs von Renaissance erfolgreich. Mit der Single »Northern Lights« gelang der Band ihre einzige Notierung in den Singlecharts überhaupt. 1977 wurden Hawken, McCarty und Jane Relf Mitglieder bei Illusion. 1980 verließen Tout und Sullivan Renaissance, die anderen machten weiter.
1983 erschien das Album »Timeline« – danach trat eine Pause von 17 Jahren ein, bis 2000 ein neues Album der Band erschien. Annie Haslam veröffentlichte »Tuscany« – mit ihr spielten Michael Dunford, John Tout und als Gäste Roy Wood und Mickey Simmonds. Fast zum selben Zeitpunkt veröffentlichte Jim McCarthy als Renaissance Illusion ebenfalls eine neue Platte: »Through The Fire«. Darauf neben ihm John Hawken, Jane Relf und Louis Cennamo.

Northern Lights (7/78 GB 10)
AOR (Adult Orientated Rock), Rock

Renay, Diane

DIANE RENAY v (USA, als Renee Diane Kushe in Philadelphia/Pennsylvania)
Diane erreichte mit dem Titel »Navy Blue«

Anfang 1964 die US-Charts. »Kiss Me Sailor« (4/64 US 29) war ein typischer Nachfolgehit. Ihr erfolgreichstes Album hieß ebenfalls »Navy Blue« (4/64 US-LP 54), darauf der Titel »Please Forget Me« – der Wunsch wurde erfüllt. Danach war die Seemannsmasche gegessen, und aus Liverpool kamen ganz andere Seeleute.

Navy Blue (1/64 US 6)
Pop

Renée & Renato

RENATO v (Italien als Renato Pagliari in Rom), RENÉE v (Großbritannien, als Hilary Lefter)
Renato arbeitete als Kellner in Birmingham und sang gelegentlich seinen Kollegen etwas vor. Die Plattenfirma erzählt, dass seine große Stunde kam, als ein Sänger ausfiel und er einspringen durfte. Bei folgenden Auftritten lernte er Hilary kennen, die in Renée umgetauft wurde und mit Renato den Titel »Save Your Love« aufnahm. Bevor die Platte Ende 1982 Spitzenreiter in den britischen Charts wurde, war Hilary schon wieder verschwunden, nachdem sie mit Renato u. a. noch den Titel »Just One More Kiss« (2/83 GB 26) aufgenommen hatte. Für Auftritte mit dem Spitzenreiter bekam die Sängerin Val Penny eine Perücke verpasst und musste Renée spielen. Danach machte Renato lieber als Solist weiter und veröffentlichte das Album »Save Your Love« (12/82 GB-LP 26).

Save Your Love (10/82 GB 1; 1/83 D 10)
Middle Of The Road (MOR)

Renegades

KIM BROWN v, g (Großbritannien), DENYS GIBSON g (Großbritannien), GRAHAM JOHNSON d (Großbritannien), IAN MALLETT b (Großbritannien)
Die vier Musiker der Renegades kamen 1965 von Birmingham nach Finnland und wurden dort zum ersten Mal in ihrem Leben frenetisch gefeiert. Aus diesem Grund beschlossen sie, dort zu bleiben. Sie wurden schnell zu Teenageridolen und ihr Titel »Cadillac« zu einem Hit. Nach etlichen Erfolgen in Finnland gingen sie auf Tournee durch Italien und blieben für einige Zeit dort hängen. Die Band löste sich schließlich auf. Graham wurde Barbesitzer in Italien, Ian ließ sich bei der Plattenfirma WEA in Liverpool anstellen, die beiden anderen wurden Studiomusiker in GB.

Cadillac (5/65 D 10)
Beat, Rock

Reno, Mike & Ann Wilson

MIKE RENO v (Kanada, * 8. 1. 1955 als Rynoski), ANN WILSON v (USA, * 19. 6. 1950 in San Diego/Kalifornien)
Mike Reno war Sänger der erfolgreichen kanadischen Formation Loverboy, Ann Wilson leitete zusammen mit ihrer Schwester Nancy die Band Heart. Für den Film »Footloose« nahmen diese beiden das Stück »Almost Paradise ... Love Theme From Footloose« auf. Es blieb die einzige erfolgreiche Zusammenarbeit der beiden.

Almost Paradise ... Love Theme From Footloose (5/84 US 7)
Pop, Rock

Siehe auch: Heart; Loverboy

REO Speedwagon

DAVE AMATO v, g (USA, * 3. 3. 1953), KEVIN CRONIN v, g (USA, * 6. 10. 1951 in Evanston/Illinois), NEAL DOUGHTY key (USA, * 29. 7. 1946 in Evanston/Illinois), ALAN GRATZER d (USA, * 9. 11. 1948 in Syracuse/New York), BRUCE HALL b (USA, * 3. 5. 1953 in Champaign/Illinois),

JESSE HARMS v, key (USA, * 6. 7. 1952), BRYAN HITT d (USA, * 5. 1. 1954), GRAHAM LEAR d (USA), TERRY LUTTRELL v (USA), MICHAEL MURPHY v (USA), CRAIG PHILBIN b (USA), GARY RICHRATH g (USA, * 10. 10. 1949 in Peoria/Illinois)
Die Gruppe formierte sich 1968 in Champaign, Illinois. Sie benannte sich nach einem Feuerwehrauto der Firma Oldsmobile aus dem Jahr 1911 – REO ist die Abkürzung des Firmengründers: Ransom Eli Olds. 1972 wird Terry gegen Cronin ausgetauscht, und jetzt erhält die Gruppe einen Plattenvertrag. Die erste LP ist nicht sonderlich erfolgreich. Noch im selben Jahr wird eine zweite LP aufgenommen; dieses Mal erscheint als Leadsänger Mike Murphy. Cronin hatte die Band verlassen und sich als Solist versucht. Auch die nächsten LPs sind nicht so erfolgreich, wie die Plattenfirma sich das vorstellt. Murphy verlässt die Band wieder, und Mitte 1976 kommt Cronin zurück. Im Frühjahr 1977 erscheint das Live-Doppelalbum »REO Speedwagon Live/You Get What You Play For«, das Platin erhält. Jetzt kommt es auch zu den ersten Singleerfolgen. Der größte LP-Erfolg der Gruppe wird »Hi Infidelity«, die Ende 1980 erscheint, über 100 Wochen in den LP-Charts bleibt, davon fünfzehn Wochen auf Platz 1, und die sich neun Millionen Mal verkauft. 1988 verlässt Gratzer REO und wird durch den ehemaligen Santana-Schlagzeuger Lear ersetzt. Die Line-up 1990 zeigt Cronin, Doughty, Hall und die neuen Mitglieder Hitt, Amato und Harms, der REO 1991 wieder verlässt.
Die erfolgreichsten Alben der Band: »Ridin' The Storm Out« (1/74 US-LP 171), »REO Speedwagon Live/You Get What You Play For« (3/77 US-LP 72), »You Can Tune A Piano, But You Can't Tuna Fish« (4/78 US-LP 29), »A Decade Of Rock And Roll 1970 To 1980« (4/80 US-LP 55), »Hi Infidelity« (12/80 US-LP 1, 4/81 GB-LP 6, 5/81 D-LP 18), »Good Trouble« (7/82 US-LP 7, GB-LP 29, D-LP 17), »Wheels Are Turnin'« (11/84 US-LP 7) und »REO Speedwagon The Hits« (6/88 US-LP 56).

Keep On Loving You (11/80 US 1; 4/81 GB 7)
Take It On The Run (3/81 US 5)
Keep The Fire Burnin' (6/82 US 7)
Can't Fight This Feeling (1/85 US 1)
Rock

Republica

DAVID BARBAROSSA d (Großbritannien, * 6. 12. 1957 als David Barbe), TIM DORNEY key (Großbritannien, * 30. 3. 1965 in Ascot), JONNY MALE g (Großbritannien, * 10. 10. 1966 in Windsor), SAFFRON v (Nigeria * 3. 6. 1965 als Samantha Maria Sprackling in Lagos), ANDREW TODD key, b (Großbritannien, * 28. 12. 1963)
Als die Band 1994 gegründet wurde, setzte sie sich in der Mehrheit aus Dance-Veteranen zusammen, die von der gesamten Dance-Szene frustiert waren. Sängerin Saffron, die chinesische, portugiesische und englische Vorfahren hat, sang einst bei N-Joi. Ihr Musikstil wurde als ›Techno Pop Punk Rock‹ bezeichnet. Keyboarder Tim war Mitglied bei Flowered Up. Drummer Dave trommelte vorher bei Adam & The Ants und Bow Wow Wow. Republica brachte eine Mixtur aus Dance und Rock und hatte damit nicht nur in Europa, sondern sehr zum Erstaunen der Band auch in den USA Erfolg. »Ready To Go« (4/96 GB 43, 8/96 US 56, 2/97 D 38, 3/97 RE-GB 13) war die erste Hitnotierung. Dann folgte mit »Drop Dead Gorgeous« der erste Top-10-Hit. Beide Stücke stammten aus dem Debütalbum »Republica« (3/97 GB-LP 4), das zuerst in den USA veröffentlicht wurde. »Drop Dead Gorgeous« war auch im Film »Scream – Nightmares On Elm Street« zu hören. Als Nächstes erschien die Single »From Rush Hour With Love« (10/98 GB 20). Gleichzeitig kam das zwei-

te Album der Band auf den Markt: »Speed Ballads« (10/98 GB-LP 37).

Drop Dead Gorgeous (5/97 GB 7)
Dance, Rock

Reunion

Joey Levine war der Leadsänger der Gruppe, die sich aus Studiomusikern der Plattenfirma RCA zusammensetzte. Joey war außerdem Leadsänger der Studioformation Ohio Express. Im Titel »Life Is A Rock (But The Radio Rolled Me)« (9/74 GB 33, 11/74 D 23) wird innerhalb von zwei Minuten und vierundfünfzig Sekunden versucht, so ziemlich jeden zu nennen, der irgendwie in der Popgeschichte mal Erfolg hatte. Die Zeile ›Life is a rock but the radio rolled me, at the end of my rainbow lies a golden oldie‹ war genau das Richtige für die amerikanischen Radiostationen. Da die meisten interessanten Namen der Pop-History damit abgefeiert waren, gab es keinen Nachfolger.

Life Is A Rock (But The Radio Rolled Me) (9/74 US 8)
Pop

Revere, Paul & The Raiders

CHARLIE COE b (USA, * 19. 11. 1944), JOE JR. CORRERO d (USA, * 19. 11. 1946 in Greenwood/Mississippi), DRAKE LEVIN g (USA), MARK LINDSAY v, sax (USA, * 9. 3. 1942 in Cambridge/Idaho), PAUL REVERE key (USA, * 7. 1. 1938 als Paul Revere Dick in Harvard/Nebraska), MIKE SMITH d (USA, als Michael Leroy Smith, † 6. 3. 2001), PHILIP VOLK b (USA), FREDDY WELLER v, g (USA, * 9. 9. 1947 in Atlanta/Georgia)

1959 sieht Mark Lindsay in seiner Heimatstadt Eugene/Oregon eine Band und fragt, ob er nicht mal mitsingen dürfe. Er beeindruckt so, dass er gebeten wird, den derzeitigen Sänger abzulösen und dessen Part zu übernehmen. Sie nennen sich nun Downbeats. 1960 nehmen sie einige Instrumentalplatten auf, und mit dem fertigen Band fährt Revere nach Los Angeles, um es dort an den Mann zu bringen. Eine Firma ist interessiert, ändert den Gruppennamen jedoch in Paul Revere & The Raiders um und veröffentlicht »Like, Long Hair« (3/61 US 38). Die Platte basiert auf Rachmaninovs Prélude in cis-Moll und bleibt für vier Jahre der einzige Hit. Richtig erfolgreich werden sie erst im Frühjahr 1966, als die Nummern »Kicks«, »Hungry« und »Good Thing« unter die ersten 10 kommen. 1965 traten sie bereits regelmäßig in der ABC TV-Show ›Where The Action Is‹ auf. 1968 haben sie mit ›Happening‹ eine eigene TV-Show. Inzwischen hatte man die gesamten Mitmusiker neben Paul und Mike ausgetauscht. Neu hinzugekommen waren Weller, Coe und Correro jr. Ab Anfang der 70er Jahre erschienen die Platten nur noch als Raiders. Mark Lindsay hatte inzwischen eine Solokarriere begonnen, blieb aber der Band als Produzent und manchmal auch wieder als Mitglied verbunden. Mitte 1971 haben die Raiders einen Millionseller mit der John-D.-Loudermilk-Nummer »Indian Reservation (The Lament Of The Cherokee Reservation Indian)«. Sänger des Titels ist Freddy Weller, der später eine erfolgreiche Karriere als Countrysänger startet. Nach 1973 gelingt der Gruppe, deren Personalkarussell sich in den letzten Jahren sehr schnell gedreht hatte, nichts mehr. Die erfolgreichsten Alben waren »Just Like Us!« (2/66 US-LP 5), »Midnight Ride« (6/66 US-LP 9), »The Spirit Of '67« (12/66 US-LP 9) und »Greatest Hits« (5/67 US-LP 9).

Kicks (3/66 US 4)
Hungry (6/66 US 6)
Good Thing (12/66 US 4)
Him Or Me – What's It Gonna Be? (4/67 US 5)

Indian Reservation (4/71 US 1)
Beat, Rock

Siehe auch: Lindsay, Mark

Reynolds Girls

AISLING REYNOLDS v (Großbritannien, * 11. 8. 1972), LINDA REYNOLDS v (Großbritannien, * 12. 11. 1970)
Das Produzententrio Stock/Aitken/Waterman schrieb die Nummer »I'd Rather Jack«, in der es darum geht, dass heutzutage im Radio die Musik von Fleetwood Mac oder den Rolling Stones zu häufig zu hören ist: ›Golden oldies, Rolling Stones, we don't want them back‹. Das Ganze war im typischen S/A/W-Sound gemacht, und da die beiden Reynolds Girls stimmlich unterstützt werden mussten, sang im Hintergrund Suzanne Rhatigan mit. Die Reynolds Girls sind wieder weg, die Rolling Stones sind immer noch da.

I'd Rather Jack (2/89 GB 8)
Middle Of The Road (MOR), Pop

Rhythm Heritage

STEVE BARRI v (USA), MICHAEL OMARTIAN key (USA), LUTHER WATERS v (USA), OREN WATERS v (USA)
Dies war eine Studioformation aus L.A., die vom Produzenten Steve Barri und dem Keyboarder Michael Omartian geleitet wurde. Oren und Luther Waters steuerten den Gesang bei. Zu den weiteren Mitgliedern gehörten Ray Parker jr., Jeff Porcaro, Tom Scott oder Jay Graydon. Die Themenmelodie zur Fernsehserie ›S.W.A.T.‹, »Theme From S.W.A.T.«, wurde Ende 1975 ein Millionseller. Geschrieben hatte sie Barry DeVorzon. Nach zwei weiteren Hitnotierungen wurde Rhythm Heritage nicht mehr aufgeführt.

Theme From S.W.A.T. (11/75 US 1)
Disko, Instrumental

Ricchi E Poveri

ANGELA BRAMBATI v (Italien, * 20. 10. 1949), FRANCO GATTI v, g, p (Italien * 4. 10. 1945), MARINA OCCHIENA v (Italien, * 19. 3. 1950), ANGELO SOTGIU v, g, sax (Italien, * 22. 2. 1946)
Die Ursprünge dieser Formation gehen zurück bis in das Jahr 1966. Gatti und Sotgiu stiegen aus der Band Jet aus Genua aus und gründeten im Herbst 1967 Ricchi E Poveri. Beide Sängerinnen konnten zu diesem Zeitpunkt auch schon Bühnenerfahrung vorweisen. 1970 und 1971 wurden sie beim San Remo Festival jeweils Zweite, und in Italien entwickelten sie sich zu Stars. 1979 trafen sie den deutschen Autor Fred Jay. Der lud das Quartett nach München ein, um dort unter seiner und der Regie von Toto Cutugno ein Album aufzunehmen. Ab Mitte 1981 waren sie auch bei uns erfolgreich. Inzwischen hatte Marina die Formation verlassen, die daraufhin als Trio weitermachte. »Sara' Perche' Ti Amo« (7/81 D 11) war ihre erste Notierung in der deutschen Hitparade. Es folgten »M'innamoro Di Te« (3/82 D 35), »Made In Italy«, »Piccolo Amore« (10/82 D 24), »Mamma Maria« (2/83 D 11) und »Ciao Italy, Ciao Amore« (10/83 D 34). Ihr erfolgreichstes Album hieß ebenfalls »Made In Italy« (11/83 D-LP 11).

Made In Italy (7/82 D 6)
Middle Of The Road (MOR), Schlager

Rich, Charlie

CHARLIE RICH v, p (USA, * 14. 12. 1932 in Colt/Arkansas, † 25. 7. 1995)
Der Countrysänger, Songschreiber und Pianist begann als Rockabilly-Interpret bei Sun Records seine Plattenkarriere. Vorher hatte er bereits in Jazz- und Popbands gespielt, hatte die Velvetons gegründet und war Moderator einer lokalen TV-Show gewesen. Bei Sun Records hatte er Johnny Cash, Roy Orbison und andere

bei Plattenaufnahmen begleitet. Dann erschienen auch Soloplatten von ihm. »Lonely Weekends« (3/60 US 22) war sein erster Hit. Richtig erfolgreich sollte er werden, als er in den frühen 70er Jahren auf Country umschwenkte. Die Nummer »Behind Closed Doors« (4/73 US 15, 4/74 GB 16) wurde ein Millionseller, »The Most Beautiful Girl« ebenfalls. Sein erfolgreichstes Album war »Behind Closed Doors« (5/73 US-LP 8, 3/74 GB-LP 4). 1974 wählte man ihn zum Country-Entertainer des Jahres. Nach 1981 hörte man vom ›Silver Fox‹, so sein Spitzname, nichts mehr. Im Juli 1995 starb er in einem Hotelzimmer in Hammond, Louisiana, an einem Blutgerinsel in der Lunge.

The Most Beautiful Girl (9/73 US 1; 2/74 GB 2)
Country, Pop, Rockabilly

Rich, Tony Project

TONY RICH v, g (USA, * 19. 11. 1971 als Anthony Jeffries in Detroit/Michigan)
Basketballspieler John Salley entdeckte und förderte Tony Rich. Der spielte Keyboard und sang in Detroit in verschiedenen R&B- und Jazzbands. Salley bezahlte Rich Demoaufnahmen, die Tony über drei Ecken übers Telefon Pebbles vorspielte, die offensichtlich so davon angetan war, dass sie ihn bat, den nächstmöglichen Flug zu nehmen und von Detroit nach Atlanta zu kommen. Pebbles stellte Rich ihrem Ehemann, L.A. Reid, vor, der außerdem Besitzer von LaFace Records ist. Reid überredete Rich, nach Atlanta zu ziehen und für sein Label als Sessionmusiker, Songschreiber, Mixer und Produzent zu arbeiten. Eine seiner ersten erfolgreichen Arbeiten ist ein Remix von Toni Braxtons »You Mean The World To Me«, die 1994 zu einem Top-10-Hit in den USA wird. Auf dem zweiten Album von Boyz II Men befindet sich die Tony-Rich-Komposition »I Sit Away«. Das Album stieg auf Platz 1 der US-LP-Charts ein. Und immer noch 1994 wurde die von Tony gemixte Version von »Red Light Special« mit TLC Top 10 in den USA und Top 20 in GB. Jetzt gab Reid die Erlaubnis für die erste Soloarbeit von Rich. Auf dem ersten Album mit dem Titel »Words« (2/96 US-LP 31) befinden sich auch die Nummern »Nobody Knows« und »Like A Woman« (8/96 GB 27).

Nobody Knows (12/95 US 2; 5/96 GB 4)
Rhythm & Blues, Soft Soul

Richard, Cliff

CLIFF RICHARD v (Indien, * 14. 10. 1940 als Harry Rodger Webb in Lucknow)
Im schnelllebigen Musikgeschäft ist Cliff ohne Zweifel ein Phänomen. In seiner nun schon 44 Jahre anhaltenden Karriere hat er weit über hundert Singles veröffentlicht, mehr als jeder andere britische Künstler vor ihm. Bis 1993 veröffentlichte er 56 LPs. Als er 1958 seine erste Single »Move It« auf den Markt brachte, war er nichts anderes als einer der vielen Briten, die versuchten, auf den Rock-'n'-Roll-Zug aufzuspringen. 1959 hatte er mit »Living Doll« und »Travellin' Light« seine ersten beiden Spitzenreiter in GB. Im Dezember 1999 gelang Cliff Richard mit »The Millennium Prayer« seine bisher letzte Nummer 1. Da er in allen vier Jahrzehnten zuvor auch Spitzenreiter in GB hatte, kann er für sich in Anspruch nehmen, der einzige Künstler zu sein, dem Platz-1-Hits in fünf Jahrzehnten gelungen sind.
In Amerika tat sich Cliff Richard bis 1976 schwer. Mit »Devil Woman« gelang ihm in jenem Jahr ein Millionseller in den USA. Dass er sich in den USA so schwer tat, führte Cliff auf die mangelnde Unterstützung seiner amerikanischen Plattenfirma zurück.
In den ersten Jahren seiner Karriere bis

1969 wurde Cliff vorwiegend von seiner Band, den Shadows, begleitet. Die hatten als eigenständige Formation von 1960 bis zum Ende der 70er Jahre ebenfalls etliche Top-10-Erfolge in GB. Dass die Popularität von Cliff Richard ungebrochen ist, bewies 1990 eine Tournee durch GB und Irland. Er wurde von 420 000 Menschen gesehen. 18mal hintereinander spielte er in der Londoner Wembley-Arena vor ausverkauftem Haus. 1992 gab er 42 restlos ausverkaufte Konzerte in sechs Städten. Neben seinen Pop-Alben veröffentlichte Cliff, der sich 1966 offen zum Christentum bekannte, auch etliche Alben religiösen Inhalts. Er ist jedoch stets bemüht, Pop und christliche Ambitionen zu trennen. So erzählte er in einem Interview 1993, dass er christliche Konzerte und Veranstaltungen ganz klar als solche kennzeichnet, weil er niemanden irreführen will. Im selben Interview von mir darauf angesprochen, weshalb er Anfang der 60er Jahre auch etliche Songs in anderen als seiner Muttersprache gesungen habe, antwortete er, das sei von den jeweiligen Partnern seiner britischen Plattenfirma gewünscht worden, und Japanisch und Deutsch sei ihm am schwersten gefallen. »Rote Lippen soll man küssen«, »Das ist die Frage aller Fragen«, eine deutsche Version von »Spanish Harlem«, waren beide Spitzenreiter in Deutschland. Die Mühe hat sich also gelohnt.

Am 25. 10. 1995 wurde er von der britischen Königin in den Ritterstand erhoben und ist seither Sir Cliff Richard. Ende desselben Jahres wurde »Songs From Heathcliff« vorgestellt. Es handelte sich dabei um Lieder aus einem Musical, das am 16. 10. 1996 in Birmingham Premiere hatte und in dem Cliff selbst auf der Bühne stand. Für die Produktion hatte er 75 % der Kosten aus eigener Tasche aufgebracht. Kritiker gaben Cliff keine Chance: ›Er spielt, als würde man dem Papst beim Kiffen zuschauen‹. Der Vorverkauf der Karten begann am 30. 3. 1996 – nach einem Monat waren Tickets im Wert von mehr als 2,3 Millionen Pfund verkauft. Cliff ließ alle Verrisse nachdrucken – mit dem Nachsatz: ›Kartenverkauf bricht alle Rekorde‹. »Heathcliff« basiert mal wieder auf Emily Brontes ›Wuthering Heights‹ (›Sturmhöhe‹) – siehe auch Kate Bush. Am 17. 10. 1998 erschien eine Anzeige in der britischen Musikpresse, in der darauf hingewiesen wurde, dass Cliff seit seinem Chartdebüt im September 1958 über 250 Millionen Platten verkauft hat, dass er insgesamt 118 Platten in den britischen Charts stehen und damit alle lebenden und toten Künstler übertroffen hatte. Und: Cliff ist der einzige Künstler, der in fünf verschiedenen Dekaden die britische Hitparade anführte.

Die erfolgreichsten Alben von Cliff: »Cliff« (4/59 GB-LP 4), »Cliff Sings« (11/59 GB-LP 2), »Me And My Shadows« (10/60 GB-LP 2), »Listen To Cliff« (4/61 GB-LP 2), »21 Today« (10/61 GB-LP 1), »The Young Ones« (12/61 GB-LP 1), »32 Minutes And 17 Seconds« (9/62 GB-LP 3), »Summer Holiday« (1/63 GB-LP 1), »Cliff's Hit Album« (7/63 GB-LP 2), »Cliff's Greatest« (7/63 D-LP 15), »When In Spain« (9/63 GB-LP 8), »Cliff International« (4/64 D-LP 27), »Wonderful Life« (7/64 GB-LP 2), »Cliff!« (7/64 D-LP 33), »Aladdin And The Wonderful Lamp« (1/65 GB-LP 13), »Cliff Richard« (4/65 GB-LP 9), »More Hits By Cliff« (8/65 GB-LP 20), »Love Is Forever« (1/66 GB-LP 19), »Kinda Latin« (5/66 GB-LP 9), »Finders Keepers« (12/66 GB-LP 6), »Best Of Cliff« (7/69 GB-LP 5), »I'm Nearly Famous« (5/76 GB-LP 5), »Every Face Tells A Story« (3/77 GB-LP 8), »40 Golden Greats« (10/77 GB-LP 1, 11/77 D-LP 30), »Thank You Very Much – Reunion Concert At The London Palladium« (2/79 GB-LP 5), »Rock 'n' Roll Juvenile« (9/79 GB-LP 3, 10/79 D-LP 6), »Move It« (1/80 D-LP 2), »I'm No Hero« (9/80 GB-LP 4, D-LP 14), »Love

Songs« (7/81 GB-LP 1), »Wired For Sound« (9/81 GB-LP 4), »Now You See Me, Now You Don't« (9/82 GB-LP 4), »Dressed For The Occasion« (5/83 GB-LP 7), »Silver« (10/83 GB-LP 7), »Always Guaranteed« (9/87 GB-LP 5, 10/87 D-LP 9), »Private Collection« (11/88 GB-LP 1), »Stronger« (11/89 GB-LP 7), »From A Distance... The Event« (11/90 GB-LP 3), »Together With Cliff« (11/91 GB-LP 10), »The Album« (5/93 GB-LP 1), »The Hit List« (10/94 GB-LP 3), »Songs From ›Heathcliff‹« (11/95 GB-LP 15), »Cliff At The Movies – 1959 – 1974« (8/96 GB-LP 17) und »Real As I Wanna Be« (10/98 GB-LP 10).

Zu Weihnachten 2000 erschien die Doppel-CD »The Whole Story – His Greatest Hits« (10/00 GB-LP 6). Insgesamt waren darauf 47 Stücke zu hören, davon 12 seiner 14 Nummer-1-Hits in GB. Es fehlten das von Cliff Richard nicht geschätzte »Congratulations« und seine Coverversion von »Living Doll« mit den Young Ones.

1999 hatte sich die EMI, bei der Cliff seit Anfang seiner Karriere unter Vertrag war, geweigert, den Titel »Millennium Prayer« zu veröffentlichen. Er war danach bei Papillon Records erschienen. Daraufhin kündigte Cliff seinen Vetrag mit der EMI und wechselte 2001 ganz zu Papillon. Als erstes Werk mit neuem Material erschienen nach dreijähriger Album-Pause im November 2001 »Wanted« (11/01 GB-LP 11) und die Single »Somewhere Over The Rainbow/What A Wonderful World« (12/01 GB 11).

Move It (9/58 GB 2)
High Class Baby (11/58 GB 7)
Mean Streak (5/59 GB 10)
Living Doll (7/59 GB 1)
Travellin' Light (10/59 GB 1)
Voice In The Wilderness (1/60 GB 2)
Fall In Love With You (3/60 GB 2)
Please Don't Tease (6/60 GB 1)
Nine Times Out Of Ten (9/60 GB 3)
I Love You (12/60 GB 1)
Gee Whiz It's You (3/61 GB 4)
Theme For A Dream (3/61 GB 3)
A Girl Like You (6/61 GB 3)
When The Girl In Your Arms Is The Girl In Your Heart (9/61 GB 3)
The Young Ones (1/62 GB 1)
I'm Looking Out The Window/Do You Wanna Dance (5/62 GB 2)
It'll Be Me (9/62 GB 2)
The Next Time/Bachelor Boy (12/62 GB 1)
Summer Holiday (2/63 GB 1)
Lucky Lips (5/63 GB 4; 7/63 D 8)
It's All In The Game (8/63 GB 2)
Rote Lippen soll man küssen (10/63 D 1)
Don't Talk To Him (11/63 GB 2)
I'm The Lonely One (2/64 GB 8)
Constantly (4/64 GB 4)
Sag no zu ihm (6/64 D 2)
On The Beach (7/64 GB 7)
The Twelfth Of Never (10/64 GB 8)
I Could Easily Fall (In Love With You) (12/64 GB 9)
Das ist die Frage aller Fragen (12/64 D 1)
The Minute You're Gone (3/65 GB 1)
Es war keine so wunderbar wie du (6/65 D 5)
Wind Me Up (Let Me Go) (11/65 GB 2)
Visions (7/66 GB 7)
Time Drags By (10/66 GB 10)
In The Country (12/66 GB 6)
It's All Over (3/67 GB 9)
The Day I Met Marie (8/67 GB 10)
All My Love (11/67 GB 6)
Congratulations (3/68 GB 1, D 3)
Big Ship (5/69 GB 8)
Throw Down A Line (9/69 GB 7)
Goodbye Sam, Hello Samantha (6/70 GB 6)
Power To All Our Friends (3/73 D 4, GB 4)
Devil Woman (5/76 GB 9; 7/76 US 6)
We Don't Talk Anymore (7/79 GB 1; 9/79 D 1, US 7)
Carrie (2/80 GB 4)
Dreamin' (8/80 GB 8, US 10, D 6)
Wired For Sound (8/81 GB 4)
Daddy's Home (11/81 GB 2)
The Only Way Out (7/82 GB 10)
She Means Nothing To Me (2/83 GB 9)
True Love Ways (4/83 GB 8)
Please Don't Fall In Love (11/83 GB 7)
Living Doll (3/86 GB 1)
All I Ask Of You (10/86 GB 3)
My Pretty One (6/87 GB 6)
Some People (8/87 D 6, GB 3)
Mistletoe And Wine (12/88 GB 1)
The Best Of Me (6/89 GB 2)
I Just Don't Have The Heart (8/89 GB 3)

Silhouettes (8/90 GB 10)
Saviour's Day (12/90 GB 1)
We Should Be Together (12/91 GB 10)
I Still Believe In You (12/92 GB 7)
Peace In Our Time (3/93 GB 8)
Can't Keep This Feeling In (10/98 GB 10)
The Millennium Prayer (11/99 GB 1)
Grand Prix, Middle Of The Road (MOR), Pop, Rock 'n

Siehe auch: Shadows

Richie, Lionel

LIONEL RICHIE v, key (USA, * 20. 6. 1949 in Tuskegee/Alabama)
Richie war 1967 Mitbegründer der Mighty Mystics, aus denen noch im selben Jahr die Commodores wurden. Er sang und komponierte die meisten der großen Erfolge dieser Formation. Ab 1981 nahm er Soloplatten auf. Sein erster großer Erfolg war allerdings ein Duett mit Diana Ross: »Endless Love« stand Mitte 1981 für neun Wochen auf Platz 1. Zwischen 1982 und 1986 gelangen ihm zwölf Top-10-Erfolge, davon vier Spitzenreiter, die auch alle Millionseller wurden. »Say You, Say Me« stammte aus dem Film »White Nights«. Nach 1987 ließ seine Karriere nach, was allerdings auch auf eine Erkrankung der Stimmbänder zurückzuführen war. Erst 1992 kehrte er wieder an die Front zurück und veröffentlichte die sehr schöne Hit-Zusammenstellung »Back To The Front« mit einigen Neuaufnahmen. Im Frühjahr 1996 kam sein erstes neues Album seit 10 Jahren auf den Markt: »Louder Than Words«. Die Auskopplung »Don't Wanna Lose You« erreichte die Top 20 in GB. Im selben Jahr spielte Lionel eine Rolle in dem Film »The Preacher's Wife« zusammen mit Whitney Houston und Denzel Washington. Lionel dürfte der erfolgreichste Soft-Soul-Sänger der 80er Jahre sein. Sein Album »Can't Slow Down« wurde 1984 ausgezeichnet mit dem Grammy für das Album des Jahres 1983. Es verkaufte sich bis Ende 1996 allein in den USA 10 Millionen Mal.
Ende der 90er Jahre warfen ihn private Probleme aus der Bahn. Sein Vater starb und von seiner Frau wurde er geschieden. Er litt unter Selbstzweifeln und offensichtlich auch unter stimmlichen Problemen. Lionel spürte wohl, dass Veränderungen notwendig waren, um diese Schwierigkeiten zu überwinden. Er ließ sich in London nieder und bediente von dort aus in zunehmendem Maße den europäischen Markt. In London produzierte er auch einige der Titel für das Album »Renaissance« (10/00 GB-LP 6, D-LP 3), das im Herbst 2000 erschien. Darauf die Singles »Angel« (10/00 GB 18), »Don't Stop The Music« (12/00 GB 34), »Tender Heart« (3/01 GB 29), »I Forgot« (6/01 GB 34).

Endless Love (7/81 US 1; 9/81 GB 7)
Truly (10/82 US 1, GB 6)
You Are (1/83 US 4)
My Love (4/83 US 5)
All Night Long (All Night) (9/83 US 1, GB 2; 11/83 D 2)
Running With The Night (11/83 US 7, GB 9)
Hello (2/84 GB 1, US 1; 4/84 D 2)
Stuck On You (6/84 US 3)
Penny Lover (10/84 US 8)
Say You, Say Me (11/85 US 1, GB 8)
Dancing On The Ceiling (7/86 US 2, GB 7)
Love Will Conquer All (10/86 US 9)
Ballerina Girl (12/86 US 7)
My Destiny (8/92 GB 7)
Angel (10/00 D 9)
Motown Sound, Pop, Rhythm & Blues, Soft Soul

Siehe auch: Commodores

Richman, Jonathan

JONATHAN RICHMAN v, g (USA, * 16. 5. 1951 in Boston/Massachusetts)
Anfang der 70er Jahre gründete er die Formation Modern Lovers. Diese Band spielte in der Tradition der Garagenbands und des Minimalistensounds. Mit dem

Titel »Roadrunner« (7/77 GB 11) hatte er seinen ersten Erfolg. Der Instrumentaltitel »Egyptian Reggae«, der wenig mit Punk zu tun hat, blieb sein einziger Top-10-Erfolg. Danach wandte sich Jonathan Richman immer mehr von der ursprünglichen Richtung ab und der akustischen Musik zu. Mit »The Morning Of Our Lives« (1/78 GB 29), einer Live-Aufnahme, hatte er seinen letzten Hit. Noch im selben Jahr löste er die Modern Lovers auf und versuchte sich mit einer Solokarriere. Seine Titel zeugten von einer beinahe kindlichen Naivität, die sich offenbar von nichts und niemandem beeinflussen ließ. In den 80er Jahren reaktivierte er auch die Modern Lovers für diese Stilrichtung wieder, aber Erfolg hatte er keinen mehr.

Egyptian Reggae (10/77 GB 5)
Instrumental, Pop, Punk

Rickitt, Adam

ADAM RICKITT v (Großbritannien, * 29. 5. 1978 in Crewe/Cheshire)
Wieder ein Schauspieler aus der Endlosserie »Coronation Street«, der es als Sänger in die Charts brachte. Adams Sangeskarriere wurde von Nigel Martin-Smith begleitet, der schon für Take That das Feld bestellte. »I Breathe Again«, »Everything My Heart Desires« (10/99 GB 15) und »Best Thing« (2/00 GB 25) waren Auskopplungen aus dem Album »Good Times« (10/99 GB-LP 41). Danach ging er wohl wieder vor die Kamera.

I Breathe Again (6/99 GB 5)
Pop

Ride

ANDY BELL v, g (Großbritannien, * 11. 8. 1970 in Cardiff/Wales), LAURENCE COLBERT v (Großbritannien, * 27. 6. 1970 in Kingston/Surrey), MARK GARDENER v (Großbritannien, * 6. 12. 1969 in Oxford/Oxfordshire), STEPHEN QUERALT v (Großbritannien, * 4. 2. 1968 in Oxford/Oxfordshire)
Ride fand sich 1988 an der Art School in Oxford zusammen. Innerhalb kurzer Zeit machten sie sich mit ihrer Mischung aus Byrds auf Acid getrimmt, mehrstimmigem Chorgesang und Schneidbrennergitarren einen Namen in der alternativen Musikszene. 1990 tauchten sie mit der EP »Ride« (1/90 GB 71) zum ersten Mal in den britischen Charts auf. Danach ging es langsam aufwärts. Die nächsten EPs »Play« (4/90 GB 32), »Fall« (9/90 GB 34) und »Today Forever« (3/91 GB 14) folgten. Sie versuchten, ihrem Erfolg durch ausgedehntes Touren auf die Sprünge zu helfen, was auch funktionierte. Anfang 1992 erreichten sie mit ihrer über acht Minuten dauernden Single »Leave Them All Behind« die britischen Top 10. Ihr Debütalbum war »Nowhere« (10/90 GB-LP 11). Es folgten »Going Blank Again« (3/92 GB-LP 5) und »Carnival Of Life« (7/94 GB-LP 5), das offenhörlicher denn je Soundanleihen bei der Musik der 60er Jahre machte. 1995 nahmen die Schwierigkeiten zwischen Gardener und Bell zu. Im November erschien das Album »Life Light«, das nicht in den Charts gelistet wurde. Im Dezember entschlossen sie sich zu einer Trennung. Im März 1996 kam das letzte Studioalbum »Tarantula« (3/96 GB-LP 21). Gardener gründete eine neue Band, Colbert wurde Mitglied bei der Formation Twist, Bell kam 1997 mit seiner Gruppe Hurricane #1.

Leave Them All Behind (2/92 GB 9)
Pop, Psychedelic, Punk

Ridgway, Stan

STAN RIDGWAY v (USA, * 5. 4. 1954 als Stanard Ridgway in Los Angeles/Kalifornien)
1979 gründete er die Formation Wall Of Voodoo. Diese Electronic-Rock-Gruppe

aus L.A. hatte im Frühjahr 1983 die Hitnotierung »Mexican Radio«. Danach machte er Soloplatten, besonders die Aufnahme »Camouflage« begeisterte Mitte 1986 das britische und deutsche Publikum. In den USA kam die Nummer nicht einmal in die Hot 100. Auch in der Folgezeit sind spannende und sarkastische Geschichten von Stan Ridgway erzählt worden, die von der subtilen Beobachtung seiner Mitmenschen und deren Handlungen und Unterhaltungen zeugen. Exemplarisch ist die tragische letzte Episode aus dem Leben von Bert, der von einem Flügel erschlagen wurde, sich aber ansonsten nicht beklagen konnte: »Can't Complain«. Seine Songs verschmelzen musikalisch Stilrichtungen aus Country & Western, Blues, Folk und urbanen Klängen.

Camouflage (7/86 GB 4; 9/86 D 8)
AOR (Adult Orientated Rock), Rock

Righeira

STEFANO RIGHI v (Italien, * 9. 9. 1960 in Turin), STEFANO ROTA v (Italien, * 1. 10. 1961 in Turin)
Das Duo schaffte 1983 mit der spanisch gesungenen Aufnahme »Vamos A La Playa« einen Knüller. Produziert wurde das Ganze von La Bionda mit deutschen Musikern in München. Der Titel, der von den Deutschen als leichter Sommerhit abgetan wurde, handelte weniger von den Strandfreuden als vielmehr von der Umweltverschmutzung der Meere und den davon ausgehenden Gefahren. »No Tengo Dinero« (1/84 D 12) wurde wieder auf Spanisch gesungen. Auch diese Platte hatte einen kritischen Text, handelte von dem Gegensatz zwischen Arm und Reich in der Stadt, klang aber wieder wie ein ganz normaler Sommerhit. Nach »L'Estate Sta Finendo« (7/85 D 35) waren sie wieder aus den Charts verschwunden.

Vamos A La Playa (8/83 D 3)
Disko, Pop

Right Said Fred

FRED FAIRBRASS g (Großbritannien, * 2. 11. 1956 als Christopher Abbott Bernard Fairbrass in East Grinstead/Surrey), RICHARD FAIRBRASS v (Großbritannien, * 22. 9. 1953 als Richard Peter John Fairbrass in East Grinstead/Surrey), ROB MANZOLI g (Großbritannien, * 29. 1. 1954 in London)
In den Musikmarkt stieg Richard Fairbrass als Produzent von Videos für Stars wie Mick Jagger, David Bowie oder Boy George ein. Die beiden Brüder Richard und Fred gründeten 1987 ein Duo, das sich auf akustische Musik spezialisierte. 1989 stieg Rob Manzoli ein. Mitte 1991 erschien ihre ironische Single »I'm Too Sexy« (3/92 D 14). In den USA erreichte die Platte Platinstatus. Als Nächstes erschien die Nummer »Don't Talk – Just Kiss«, auf der als Gastsängerin Jocelyn Brown zu hören war.
Die weiteren Top-40-Hits: »Deeply Dippy« (3/92 GB 1, 4/92 D 15), »Those Simple Things/Daydream« (8/92 GB 29), »Stick It Out« (2/93 GB 4) und »Bumped« (10/93 GB 32).
Ihr erfolgreichstes Album hieß »Up« (3/92 GB-LP 1, US-LP 46, 4/92 D-LP 8).
1995 gründete Richard Fairbrass sein eigenes Plattenlabel Happy Valley. 2001 kam das Trio wieder nach einer längeren Pause zurück. Als dritter Mann war neben den Fairbrass-Brüdern Myke Gray zu hören. Als Produzenten gewannen sie für ihre Single »You're My Mate« (10/01 GB 18) den deutschen Dance-Experten Alex Christensen. Ein Dauerbrenner in der deutschen Hitparade – richtig zum Karneval – wurde der »Lovesong« (11/01 D 21).

I'm Too Sexy (7/91 GB 2; 12/91 US 1)

Don't Talk – Just Kiss (12/91 GB 3; 2/92 D 2)
Deeply Dippy (3/92 GB 1)
Stick It Out (2/93 GB 4)
You're My Mate (3/01 D 6)
Pop

Righteous Brothers

BOBBY HATFIELD v (USA, * 10. 8. 1940 in Beaver Dam/Wisconsin), BILL MEDLEY v (USA, * 19. 9. 1940 in Santa Ana/Kalifornien)

Dieses Duo formierte sich 1962. Medley hatte vorher mit den Paramours gesungen. Ab 1963 nahmen sie gemeinsam Platten auf, die man als Blue-Eyed-Soul bezeichnete. Ihre erste Hitnotierung war »Little Latin Lupe Lu« (5/63 US 49). Ihr erster weltweiter Hit war »You've Lost That Lovin' Feelin'« (4/65 D 21, 11/77 RE-GB 42). Bei Wiederveröffentlichungen des Titels in GB kam er mehrfach in die Charts. Gleiches geschah mit »Unchained Melody« (8/65 GB 14, 10/65 D 27, 8/90 RE-US 13). 1990 wurde diese Nummer in dem Film »Ghost« eingesetzt und wurde deshalb wieder erfolgreich von den Teenies entdeckt. Dabei war der Titel der Righteous Brothers nicht einmal das Original der Aufnahme. Die war etliche Jahre älter und stand im Jahre 1955 gleich mit vier Interpreten in den US-Charts: Les Baxter und sein Orchester erreichten Platz 1, der blinde Al Hibbler 3, Roy Hamilton 6 und June Valli 29. Das Lied muss die Amerikaner unendlich beschäftigt haben. Sie kannten allerdings auch die Hintergründe zu dem Song. Das Lied stammte aus dem Film »Unchained«, der 1955 in die US-Kinos kam. Es ging um ein Gefängnis ohne Zellen, ohne Gitterstäbe. Die Vorlage war Hall Bartletts Buch ›Prisoners Are People‹. Das handelt von einem Gouverneur, der in einem US-Bundesstaat neu gewählt wird. Über den Strafvollzug in den Gefängnissen ist er entsetzt. Er möchte es auf eine ganz neue Art versuchen und lässt die Zellengitter abreißen. Die Geschichte entwickelt sich zu einem Drama. Ob die Righteous Brothers den ursprünglichen Sinn des Liedes noch wussten, kann man bezweifeln. Alle Zeilen lassen sich auch auf alle Liebenden der Welt, die getrennt sind, übertragen. »Ebb Tide« und der Millionseller und »(You're My) Soul And Inspiration« waren die weiteren Top-10-Erfolge der nicht verwandten Brüder. Im November 1967 trennte sich das Duo. Bill versuchte sich als Solist, Clubbesitzer und Country-Interpret. Auch Bobby machte Soloplatten, hatte jedoch keine Erfolge. 1974 kamen Bill und Bobby noch einmal zusammen und sangen die Nummern »Rock 'n' Roll Heaven«, »Give It To The People« (9/74 US 20), »Dream On« (11/74 US 32). Danach war wieder Pause. 1990, nach dem Erfolg von »Unchained Melody« (10/90 US 19), nahmen die Righteous Brothers den Titel noch einmal neu auf. Er wurde nur als Kassette veröffentlicht und erhielt in den USA Platinstatus. Zwischendurch war Bill Medley ab 1987 auch ohne Bobby erfolgreich: Im Duett mit Jennifer Warnes nahm er den Titel »(I've Had) The Time Of My Life« auf.

Die erfolgreichsten Alben: »Right Now!« (1/65 US-LP 11), »Some Blue-Eyed Soul« (1/65 US-LP 14), »You've Lost That Lovin' Feelin'« (1/65 US-LP 4), »Just Once In My Life ...« (5/65 US-LP 9), »Back To Back« (12/65 US-LP 16), »Soul & Inspiration« (4/66 US-LP 7), »The Best Of Righteous Brothers: Unchained Melody« (1/90 GB-LP 11) und »Best Of The Righteous Brothers« (11/90 US-LP 161).

You've Lost That Lovin' Feelin' (12/64 GB 1, US 1; 12/69 GB 10)
Just Once In My Life (4/65 US 9)
Unchained Melody (7/65 US 4; 10/90 GB 1; 12/90 D 6)
Ebb Tide (12/65 US 5)
(You're My) Soul And Inspiration (3/66 US 1)

Rock And Roll Heaven (5/74 US 3)
You've Lost That Lovin' Feelin'/Ebb Tide (12/90 GB 3)
Pop, Soft Soul

Siehe auch: Medley, Bill

Riley, Jeannie C.

JEANNIE C. RILEY v (USA, * 19. 10. 1945 als Jeanne Carolyn Stephenson in Anson/Texas)
Mitte der 60er Jahre kam Jeannie nach Nashville, arbeitete dort als Sekretärin und sang nebenher Demoplatten. Mit der von Tom T. Hall geschriebenen Nummer »Harper Valley P.T.A.« (10/68 GB 12, 11/68 D 31) gelang ihr im Herbst 1968 ein Welthit. In diesem Titel ging es um die heuchlerische Schulpflegschaft in einer amerikanischen Kleinstadt, die einer verwitweten Mutter schriftlich mitteilt, dass sie wohl nicht in der Lage sei, ihre jugendliche Tochter angemessen zu erziehen, da sie ihr kein Vorbild biete. Ihre Kleider seien zu kurz, außerdem gehe sie aus und man habe sie auch schon trinken sehen. Diese Mutter taucht nun bei der Versammlung der P.T.A. auf und geigt den Mitgliedern, dass man nicht mit Steinen werfen sollte, wenn man im Glashaus sitzt. In der Pophitparade gelangen Riley noch vier weitere Hitnotierungen, von denen keine über Platz 50 hinauskam. In den Country-Charts war sie bis 1976 erfolgreich. Aus dem Hit machten die Amerikaner sowohl einen Film als auch eine Fernsehserie. In beiden Fällen spielte Barbara Eden die Hauptrolle. Rileys erfolgreichstes Album hieß ebenfalls »Harper Valley P.T.A.« (10/68 US-LP 12).

Harper Valley P.T.A. (8/68 US 1)
Country, Pop

Rimes, LeAnn

LEANN RIMES v (USA, * 28. 8. 1982 in Jackson/Mississippi)
LeAnn wuchs in Texas auf und entwickelte sich dort zu einer erfolgreichen Countrysängerin. 1996 gewann sie einen Grammy Award in der Kategorie Best New Artist. Ihr Album »Blue« (7/96 US-LP 3) brachte ihr den nationalen Durchbruch, die Auskoppelung des Titelstücks »Blue« (5/96 C&W 10, US 26) war ihre erste Hitnotierung. Das Lied war ursprünglich für Patsy Cline geschrieben worden – die hatte das Lied jedoch nicht aufgenommen. Mit »One Way Ticket (Because I Can)« (9/96 C&W 1) hatte sie ihren ersten Spitzenreiter in den Country-Charts. Ihre Coverversion von »Unchained Melody« (12/96 C&W 3) wurde ein weiterer Top-10-Hit in der Country-Hitparade. Dabei hatte die Platte lediglich als Bonus-CD während der Vorweihnachtszeit dem Album »Blue« beigelegen. »How Do I Live« kämpfte Mitte 1997 in zwei Versionen in den US-Popcharts. Die ebenfalls dem Country-Lager entsprungene Trisha Yearwood hatte das Lied im Film »Con Air« gesungen, brachte ihre Version jedoch nicht über Platz 23 hinaus. LeAnn gelang mit dem Song von Dianne Warren ihr erster Top-10-Hit in den Popcharts – sie verkaufte mehr als 2,5 Millionen Exemplare. Am 27. 9. 1997 stieg ihr neues Album »You Light Up My Life – Inspirational Songs« (9/97 US-LP 1) gleich auf Platz 1 der US-Album-Charts ein. Auch der Nachfolger »Sittin' On Top Of The World« (5/98 US-LP 3, GB LP 11) kam gleich unter die ersten 10. Im Frühjahr 1998 erreichte die Single »How Do I Live« (12/98 D 22) auch die britischen Top-10. Gleichzeitig wurde ein Film angekündigt, in dem sie im wahrsten Sinne des Wortes die Hauptrolle spielte. Er handelte von ihrem Leben und ihrem Aufstieg zum Star. Aus dem Walt-Disney-Bühnenmusical »Aida« stammte der Hit »Written In The Stars«, den sie zusammen mit Elton John aufgenommen hatte. Elton hatte das Stück zusammen mit Tim Rice geschrieben.

Weitere Erfolgsalben »Unchained Melody/ The Early Years« (3/97 US-LP 1), »LeAnn Rimes« (11/99 US-LP 8), »I Need You« (2/01 US-LP 10, 4/01 GB-LP 7).

How Do I Live (6/97 US 2; 3/98 GB 7)
Written In The Stars (3/99 GB 10)
Can't Fight The Moonlight (11/00 D 8, GB 1)
Country, Pop

Rios, Miguel

MIGUEL RIOS v (Spanien, * 7. 6. 1944 in Granada)
Rios spielte und sang in einer Rockband, als er von dem Manager einer Plattenfirma für den Titel »A Song Of Joy« vorgeschlagen wurde. Es handelte sich dabei um die »Ode an die Freude« aus Beethovens 9. Sinfonie. Beethoven wurde 1770 geboren – die Jahresfeiern zum 200. Geburtstag lagen an, und aus diesem Grunde wollte man in Spanien die Nummer ›verpoppen‹. Begleitet wurde Miguel vom Orchester Waldo de los Rios. Mag sein, dass sich der Rocker Miguel erst einmal nicht wohl gefühlt hat. Als dann »A Song Of Joy« (6/70 US 14, 7/70 GB 16) in Deutschland auf den Spitzenplatz kam, hat er im Nachhinein wohl die gleichnamige Ode für sich selbst angestimmt. Für einen richtigen internationalen Nachfolgehit reichte es jedoch nicht. Dabei hätte sich doch so viel Klassik angebiedert, die man hätte plündern können. Seine einzige weitere Top-40-Notierung war »Sonnenschein und Regenbogen« (11/71 D 22). Sein erfolgreichstes Album hieß ebenfalls »A Song Of Joy« (11/70 D-LP 24).

A Song Of Joy (7/70 D 1)
Pop

Rios, Waldo de los

WALDO DE LOS RIOS bl († 28. 3. 1977)
Der argentinisch-spanische Orchesterchef war international erfolgreich mit leicht angepoppter Klassikmusik. Er veröffentlichte Platten mit Titeln von Mozart, Brahms, Beethoven oder Opernarien. Seine Bearbeitung von »Mozart Symphony No. 40 In G Minor K 550 1st Movement (Allegro Molto)« war ein internationaler Erfolg. Bereits ein Jahr zuvor war Rios zusammen mit Miguel Rios international mit »A Song Of Joy« erfolgreich. Der Erfolg mit Mozart war also quasi ein Nachfolgehit nach Beethoven. Sein erfolgreichstes Album war »Symphonies« (7/71 D-LP 21).

Mozart Symphony No. 40 In G Minor K 550 1st Movement (4/71 D 10, GB 5)
Pop

Rip Chords

ERNIE BRINGAS (USA), BRUCE JOHNSTON v, g, key, b (USA, * 27. 6. 1944 in Peoria/ Illinois), ARNIE MARCUS (USA), TERRY MELCHER v (USA, * 8. 2. 1942 in New York City), RICH ROTKIN (USA), PHIL STEWART (USA)
1964 nahm Terry Melcher, Produzent bei Columbia Records, das Quartett Rip Chords unter Vertrag. Er produzierte mit ihnen die Singles »Here I Stand« und »Gone«, die noch im selben Jahr die Hot 100 der US-Charts erreichten. »Gone« war geschrieben von Melcher und Johnston, der auch Background-Vocals sang. Diese beiden hörten den Titel »Hey Little Cobra«, den das frühere Teddy-Bears-Mitglied Annette Kleinbard unter dem Pseudonym Carol Connors geschrieben hatte. Er gefiel ihnen so gut, dass sie ihn aufnahmen. Zunächst wollten sie »Hey Little Cobra« als Bruce & Terry veröffentlichen, entschieden sich dann aber doch für Rip Chords, weil diese Formation ja bereits in den Hitparaden aufgetaucht war. Nachfolger »Three Window Coupe«

(4/64 US 28) wurde wieder gesungen von Melcher und Johnston. Danach war die Zeit der Rip Chords wieder vorbei. Ab 1964 hatten Melcher und Johnston als Bruce & Terry auch einige kleinere Erfolge.
Melcher kümmerte sich danach vorwiegend um Produktionen. So betreute er 1964 die LP »Love Him!« seiner Mutter, dann die ersten LPs der Byrds, von Paul Revere & The Raiders und erfolgreich David Cassidy. 1973 hatten Roger McGuinn, Chris Hillman, Clarence White, Bruce Johnston und Ry Cooder mitgearbeitet am Album »Terry Melcher« – es wurde trozdem kein Erfolg. Auch das Album »Royal Flush« (1976) hinterließ wenig Spuren. 1978 verließ Terry die USA, weil er um sein Leben fürchtete. Bis heute ist er der Meinung, dass der Anschlag von Charles Manson nicht Sharon Tate, sondern ihm gegolten hat. Bis Mitte der 80er Jahre arbeitete er mit wechselndem Erfolg als Produzent. Johnston wurde im April 1965 Mitglied der Beach Boys.

Hey Little Cobra (12/63 US 4)
Pop, Surf-Music

Riperton, Minnie

MINNIE RIPERTON v (USA, * 8. 11. 1947 in Chicago/Illinois, † 12. 7. 1979)
Die Sängerin, deren Stimme mehrere Oktaven umfasste, begann mit den Gems, die bei Plattenaufnahmen von Johnny Nash, Etta James, Fontella Bass oder Ramsey Lewis im Hintergrund sangen, und machte 1966 ihre ersten Soloplatten unter dem Namen Andrea Davis. Nachdem der Erfolg ausblieb, wurde sie von 1967 bis 1970 Leadsängerin des Rock-Rhythm-&-Blues-Sextetts Rotary Connection. 1973 sang sie in der Formation Wonderlove, die Stevie Wonder begleitete. »Lovin' You«, geschrieben von Minnie Riperton zusammen mit ihrem Mann Richard Rudolph, wurde Millionseller. Obwohl sie noch eine ganze Reihe sehr schöne Platten veröffentlicht hat, blieb das ihr einziger Erfolg. Ihre erfolgreichsten Alben waren »Perfect Angel« (8/74 US-LP 4, 5/75 GB-LP 33) und »Adventure In Paradise« (6/75 US-LP 18). Schon 1976 wurde bei Minnie Krebs diagnostiziert. Sie starb 1979 an dieser Krankheit.

Lovin' You (1/75 US 1; 4/75 GB 2)
Pop, Rhythm & Blues

Ritchie Family

Diese aus Philadelphia stammende Diskogruppe bestand aus diversen Sessionsängern und -musikern. Dazu gehörten Cassandra Ann Wooten, Jacqueline Smith-Lee, Theodosia Draher und Ednah Holt. Kopf war der Arrangeur und Produzent Ritchie Rome, der 1975 unter der Überschrift »The Other Sound Of Philadelphia« die Nummer »Brazil« versaute. Dieses Stück war 1939 von dem Brasilianer Ary Barroso geschrieben worden. Xavier Cugat und Jimmy Dorsey waren damit erfolgreich gewesen. Neben Rome mischte der Franzose Jacques Morali in dieser Formation mit. Morali sollte wenige Jahre später als Produzent von Village People weltweit Erfolg haben. »The Best Disco In Town« (8/76 US 17) war im Herbst des Jahres 1976 der einzige Top-10-Erfolg der Ritchie Family. Ihr erfolgreichstes Album war »Arabian Nights« (7/76 US-LP 30).

The Best Disco In Town (9/76 GB 10)
Disko

Riva

Riva war ein Zusammenschluss britischer Discjockeys. Für ihre Auftritte hatten sie sich die Instrumentalnummer »Stringer«

hingefummelt. Dieser Titel wurde überarbeitet, hieß jetzt »Who Do You Love Now? (Stringer)« (1/02 D 14) und die kleine Schwester von Kylie Minogue, Dannii Minogue, sang dazu. Der Zeitpunkt war ausgesprochen gut gewählt, denn Kylie hatte gerade eins der erfolgreichsten Alben des Jahres 2001 abgeliefert.

Who Do You Love Now (Stringer) (12/01 GB 3)
Dance

Siehe auch: Minogue, Dannii

Rivers, Johnny

JOHNNY RIVERS v, g (USA, * 7. 11. 1942 als John Ramistella in New York City)
Der Sänger, Gitarrist, Produzent und Songschreiber machte seine ersten Platten 1956 mit den Spades in Baton Rouge. 1956 kam er von Louisiana nach New York und traf dort Alan Freed, der dem jungen Sänger empfahl, seinen Namen zu ändern, und ihm zu einem Soloplattenvertrag verhalf. Zwischen 1958 und 1962 machte er bei 12 verschiedenen Plattenfirmen Aufnahmen, aber erst als er 1961 nach Los Angeles ging, kam der Erfolg. 1963 war er dort Star im Whisky A Go Go. Es erschienen Platten, die in einem ähnlichen Stil aufgenommen wurden wie die von Trini Lopez – mit Live-Publikum, das mitsingt und -klatscht. 1966 gründete Johnny auch seine eigene Plattenfirma Soul City, für die er z. B. die Fifth Dimension verpflichtete. Bis in die 80er Jahre nahm Rivers weitere Platten auf. In den frühen 80er Jahren machte er Christian Music.
Seine erfolgreichsten Alben: »Johnny Rivers At The Whisky A Go Go » (6/64 US-LP 12, 12/69 D-LP 22), »Rewind« (6/67 US-LP 14) und »Realization« (6/68 US-LP 5).

Memphis (5/64 US 2; 9/64 D 1)
Mountain Of Love (10/64 US 9)
Seventh Son (6/65 US 7)
Secret Agent Man (3/66 US 3)
Poor Side Of Town (9/66 US 1)
Baby I Need Your Lovin' (2/67 US 3)
The Tracks Of My Tears (6/67 US 10)
Rockin' Pneumonia – Boogie Woogie Flu (10/72 US 6)
Swayin' To The Music (Slow Dancin') (6/77 US 10)
Pop, Rock 'n' Roll

Rivieras

PAUL DENNERT d (USA), BILL DOBSLAW v, key (USA), MARTY FORTSON v, g (USA), DOUG GEAN b (USA), OTTO NUSS key (USA), JOE PENNELL g (USA)
Diese Teenagerband aus South Bend/Indiana begann als The Playmates. Als Rivieras hatten sie Anfang 1964 den Titel »California Sun« in den Charts, der im Original 1961 ein kleinerer Erfolg für Joe Jones gewesen war. Nach dem Hit der Rivieras ging Sänger Fortson zu den Marines, und Bill Dobslaw, der bis zu diesem Zeitpunkt der Manager der Band gewesen war, übernahm den Gesangspart. Drei weitere Platten kamen knapp unter die ersten 100 in den US-Charts – ansonsten war mit der Gruppe nichts mehr los.

California Sun (1/64 US 5)
Rock 'n' Roll, Surf-Music

RMB

FARID GHARADJEDAGHI key (Deutschland, * 26. 5. 1974 in Teheran), ROLF MAIER-BODE key (Deutschland, * 6. 3. 1974 in Berlin)
RMB ist die Abkürzung für Rolf Maier-Bode. Er und Farid bilden aber gemeinsam dieses Projekt. Sie schreiben auch die Songs zusammen und produzieren sie. 1991 starteten sie unter dem Synonym Skyflyer. Ende 1991 erschien ihre erste Platte »RMB Trax Vol. 1«. 1993 wechselten sie nach sieben Veröffentlichungen

zum Berliner Plattenlabel Low Spirit. Ab jetzt erschienen ihre Platten als RMB. Die Top-40-Hits: »Redemption« (1/95 D 19), »Love Is An Ocean« (5/95 D 23), »Experience (Follow Me)« (8/95 D 12), »Spring«, »Reality«, »Break The Silence« (6/97 D 35). Der Gesang wird von wechselnden Interpreten übernommen. Bei »Reality« war es Angela Caran, bei »Spring« Marion H.
Nach einer längeren Pause meldete sich RMB wieder zurück mit »Deep Down Below« (3/01 D 23). Diese Pause hatten Rolf und Farid gut genutzt und ihre eigene Plattenfirma Various Music Rec. gegründet mit den Sub-Labeln Silver und Delight. 1997 gründeten sie die Agentur Direct Booking, die sich speziell um Künstler aus der Dance-Szene kümmerte. 1999 hatten sie einen eigenen Club installiert: sie übernahmen den weit über Düsseldorf hinaus bekannten und berüchtigten Club ›Ratinger Hof‹. Im August 2001 folgte das Album »Mission Horizon«.

Spring (5/96 D 7)
Reality (9/96 D 10)
Rave

Roachford

PAUL BRUCE v, b (USA), HAWI GONDWE v, g (Großbritannien), PHILLIP LINTON v, key (Großbritannien), ANDREW ROACHFORD v, key (Großbritannien, * 22. 1. 1965), CHRIS TAYLOR d (Großbritannien)
Bereits in seiner Kindheit nahm der schwarze Brite Klavierunterricht. Mit 14 sammelte er erste Erfahrungen als Profimusiker. Er wurde von seinem Onkel, einem Jazz-Saxophonisten, für dessen Band engagiert und tingelte durch die Londoner Clubs. Sein nächster Schritt war eine Anstellung als Sessionmusiker im Studio von Bernie Rhodes, dem Manager der Gruppe Clash. Hier lernte er die Pop- und Rockmusik von der Pike auf kennen. Anfang 1986 gründete er seine eigene Band, die er Roachford nannte. Schnell erhielt er einen Plattenvertrag, und Ende 1987 erschien die Debütsingle »Family Man«. »Cuddly Toy« war die nächste Single, die es zur ersten Hitnotierung in GB brachte. Mitte 1988 kam sie in die GB-Charts und erreichte lediglich Platz 61. Als sie ein halbes Jahr später erneut auf den Markt gebracht wurde, erreichte sie Platz 4 in GB, 25 in den USA. Seitdem sind weitere schöne Singles erschienen, die aber nicht mehr unter die ersten 10 kamen. Roachford zählt in GB zu den Erneuerern der schwarzen Musik. 1988 erschien sein Debütalbum »Roachford« (7/88 GB-LP 11), dann folgten »Get Ready« (5/91 GB-LP 20), »Permanent Shade Of Blue« (4/94 GB-LP 25) und »Feel« (10/97 GB-LP 19). Die weiteren Singles standen nicht mehr unter den ersten 10: »Only To Be With You« (3/94 GB 21), »Lay Your Love On Me« (6/94 GB 36), »This Generation« (8/94 GB 38), »The Way I Feel« (10/97 GB 20) und »How Could I? (Insecurity)« (2/98 GB 34) kamen zumindest unter die ersten 40.

Cuddly Toy (1/89 GB 4)
Rock, Soul

Robbins, Kate & Beyond

KATE ROBBINS v (Großbritannien)
Kate, eine Cousine zweiten Grades von Paul McCartney, begann ihre Karriere zusammen mit ihrer Schwester Jane in der Formation Prima Donna. 1980 vertrat diese Gruppe GB beim Grand Prix Eurovision mit dem Song »Love Enough For Two« und belegte Platz 3. 1981 begann sie als Solistin, begleitet von der Gruppe Beyond, und erreichte im Frühjahr 1981 mit der Nummer »More Than In Love« ihren größten Hit. Der Song stammte aus der BBC-Serie ›Crossroads‹. Ansonsten nahmen weder die Plattenkäufer noch die

einschlägige Musikpresse von Kate größere Notiz. Und da weiter nichts von ihr kam, ist es auch so geblieben.

More Than In Love (5/81 GB 2)
Pop

Robbins, Marty

MARTY ROBBINS v (USA, * 26. 9. 1925 als Martin David Robinson in Glendale/Arizona, † 8. 12. 1982)
Kaum ein US-Sänger der 50er Jahre war so vielseitig wie Marty Robbins. Wenn man böse wäre, könnte man sagen, er wusste nicht genau, wo seine Stärken lagen. Schaut man sich die Titel an, die er im Laufe seiner Karriere gesungen hat, finden sich mehrere Musikrichtungen: Country Music, Rock 'n' Roll, Balladen, Schlager, Hawaii-Gejammer – einfach alles, was der Markt zuließ. Seine erste Platte nahm er 1951 auf. »I'll Go On Alone« kam Ende 1952 in die C&W-Charts und wurde Spitzenreiter. Anfang 1955 sang er eine Coverversion von Elvis Presleys erster Sun-Aufnahme »That's Alright« und kam immerhin unter die ersten 10 der C&W-Charts. Ab den späten 40er Jahren hatte er seine eigene Radiosendung. 1951 machte er in Phoenix die TV-Sendung ›Western Caravan‹. Nachdem sich der Orchesterchef Ray Conniff des Sängers angenommen hatte, begann Martys Karriere. Seine Version von »Singing The Blues« (11/56 US 17) war seine erste Hitnotierung in den Pop-Charts. Ab 1970 tauchte Marty nicht mehr in den Popcharts, dafür aber bis zu regelmäßig in den Country-Charts auf. In der Liste der erfolgreichsten Country-Interpreten der USA stand er lange unter den ersten 10. Marty gründete 1958 seine eigene Plattenfirma und spielte auch in diversen Filmen mit.
Seine erfolgreichsten Alben waren »Gunfighter Ballads And Trail Songs« (12/59 US-LP 6, 8/60 GB-LP 20) und »Marty Robbins Collection« (2/79 GB-LP 5). 1982 wurde Marty in die Country Music Hall of Fame aufgenommen. Er starb im selben Jahr nach einem Herzanfall.

A White Sport Coat (And A Pink Carnation) (4/57 US 2)
El Paso (11/59 US 1)
Don't Worry (1/61 US 3)
Devil Woman (9/62 GB 5)
Country, Pop, Rock 'n' Roll

Roberts, Austin

AUSTIN ROBERTS v (USA, * 19. 9. 1945 in Newport News/Virginia)
Austin begann seine Karriere als Autor von Country-Songs. Er arbeitete mit an diversen Zeichentrickserien, z. B. »Scooby Doo« und »Josie & The Pussycat«. 1972 ersetzte er Gene Pistilli in der Formation Buchanan Brothers/Cashman Pistilli & West. Im selben Jahr begann er eine Solokarriere und hatte mit »Something's Wrong With Me« (10/72 US 12) seine erste Hitnotierung. Sein größter Hit kam mit der sämigen Teenagerschnulze »Rocky« (10/75 GB 22). Roberts ist danach kein weiterer Erfolg mehr gelungen. Die deutsche Version dieses Songs sang der bis zu diesem Zeitpunkt noch recht unbekannte Frank Farian und hatte damit Anfang 1976 Platz 1 in Deutschland und eine goldene Schallplatte – ›Rocky, ich habe noch niemals geliebt, ich weiß nicht, ob ich das bringe, denn es gehört doch mehr dazu als ein Flirt und ein paar Ringe. Ich sagte: Kopf hoch, Baby, lehn dich an mich, es wird schon irgendwie gehn.‹ Dann lehnte sich Boney M. an Eruption, und heraus kam Milli Vanilli.

Rocky (7/75 US 9)
Soft Pop

Roberts, Chris

CHRIS ROBERTS v (Deutschland, * 13. 3. 1944 als Christian Klusacek in München)

Mit der Gruppe Blue Rockets hatte Chris seine ersten regionalen Erfolge. Dann kamen seine ersten Soloplatten, die sich nicht verkauften, und schließlich die deutsche Version der Barry-Mason-Nummer »Rowbottom Square« als »Wenn du mal einsam bist« (3/68 D 15). Danach folgten Aufnahmen wie »Die Maschen der Mädchen«, »Ein Mädchen nach Maß«, »Ich bin verliebt in die Liebe«, »Hab' ich dir heute schon gesagt, dass ich dich liebe«, »Hab' Sonne im Herzen« und schließlich »Du kannst nicht immer siebzehn sein«. In den großen Zeiten der ZDF-Mitklatsch-Zentrale in Berlin, die sich ›ZDF Hitparade‹ nannte, gab es kaum eine Sendung ohne Chris Roberts. Immer wieder wurde darauf hingewiesen, dass er den jugendlichen Charme besitzt, der bei den Teenies, und da speziell bei den Mädchen, einschlägt. Den verströmte er auch in unsäglichen Filmen neben z. B. Theo Lingen, Uschi Glas, Roy Black usw. Die Reihe seiner Plattenerfolge geht bis in das Jahr 1980. In den 90ern war er als Serienschauspieler bei RTL zu sehen. Sein erfolgreichstes Album war die richtige Feststellung »Du kannst nicht immer siebzehn sein« (4/74 D-LP 19).

Die Maschen der Mädchen (12/69 D 8)
Ein Mädchen nach Maß (5/70 D 5)
Ich bin verliebt in die Liebe (11/70 D 3)
Mein Name ist Hase (4/71 D 10)
Hab' ich dir heute schon gesagt, dass ich dich liebe (9/71 D 3)
Hab' Sonne im Herzen (3/72 D 9)
Du kannst nicht immer siebzehn sein (2/74 D 3)
Deutscher Schlager

Roberts, Malcolm

MALCOLM ROBERTS v (Großbritannien, * 31. 3. 1944 in Manchester)

Roberts studierte zunächst in seiner Heimatstadt Innenarchitektur und besuchte abends Schauspiel- und Musikunterricht. Nach einem kurzen Theater-Engagement war er in der ›Coronation Street‹ zu sehen, dann folgten Engagements in Londoner Musicals. Seine erste Platte veröffentlichte er 1967 mit »Time Alone Will Tell« (5/67 GB 45). Seinen einzigen Top-10-Erfolg hatte er mit »May I Have The Next Dream With You«. Wiederum ein Jahr später gelang ihm mit »Love Is All« (11/69 GB 12) sein letzter Chart-Entry. In GB blieb er ein populärer Sänger. In den 80er Jahren wandte er sich wieder verstärkt den Musical-Bühnen zu.

May I Have The Next Dream With You (10/68 GB 8)
Pop

Robertson, B.A.

B.A. ROBERTSON v, g (Großbritannien, als Brian Alexander Robertson in Glasgow)

Robertson ging 1975 nach London. Obwohl er bereits 1973 eine erste LP mit dem Titel »Wringing Applause« veröffentlicht hatte, etablierte er sich dort zunächst als Songwriter. Unter anderem schrieb er für Cliff Richard, Fern Kinney und die Bellamy Brothers. Mitte 1979 erschien seine erste eigene Single: »Bang Bang«. »Hold Me« (10/81 GB 11) sang er zusammen mit Maggie Bell, »Time« (12/83 GB 45) zusammen mit Frida von Abba. Zur Veröffentlichung der LP »Initial Success« (3/80 GB-LP 32) schrieb die Plattenfirma: ›Das Debütalbum – und schon ein Greatest-Hits-Album.‹ Das ist richtig und falsch. Richtig ist, dass auf dieser LP alle seine Hits zusammengefasst sind. Falsch ist, dass es sein Debütalbum war. Produziert wurde B.A. von Terry Britten, der sehr oft mit Cliff Richard zusammenarbeitete. Inzwischen arbeitet B.A. wieder mehr als Songschreiber. So stammt z. B. der Hit der Gruppe Mike & The Mechanics, »The Living Years«, von ihm. B.A. schrieb auch andere Titel für Michael Rutherford und war auch als Keyboarder zu hören, so z. B. auf »Beggar On A Beach Of Gold« 1995.

Bang Bang (7/79 GB 2; 11/79 D 6)
Knocked It Off (10/79 GB 8)
To Be Or Not To Be (5/80 GB 9)
AOR (Adult Orientated Rock), Pop

Robic, Ivo

IVO ROBIC v (Jugoslawien, * 29. 1. 1926 in Bjelovar, † 11. 3. 2000)
Ivo war kein junger Nachwuchsinterpret mehr, als er 1959 seine erste Platte für den deutschen Markt aufnahm. In Jugoslawien war er bereits ein gefeierter Star, der mit einem fünfzehn Mitglieder starken Orchester durch die Lande zog. Er studierte erst Musik und nahm dann rund fünfzig Platten für die jugoslawische Plattenfirma Jugoton auf, bis er schließlich für den deutschen Markt entdeckt wurde. Als im Herbst 1959 seine Single »Morgen« erschien, schoss sie hoch in der deutschen Hitparade bis auf Platz 2. Die warme, zarte Stimme von Robic kam auf Anhieb in Deutschland an. Es störte sich auch keiner sonderlich daran, dass seine Aussprache nicht gut war. Erst recht störten sich die Briten und Amerikaner nicht daran. Die waren der Meinung, hier würde ein gewisser Morgan besungen. In GB kam die Platte bis auf Platz 23 und in den USA gar bis auf 13. »Morgen« gilt als die erste in deutsch gesungene Platte, die sich in den USA in den Charts platzieren konnte. Allein in Deutschland gab es für »Morgen« zwei goldene Schallplatten. Bei »Mit 17 fängt das Leben erst an« handelte es sich um eine deutschsprachige Version des Drifters-Hits »Save The Last Dance For Me«. Nach 1971 wurde er nicht mehr in den deutschen Charts notiert. In seinem Heimatland blieb er noch sehr lange ein Star. Er starb während einer Gallennotoperation in einer Klinik in Zagreb.

Morgen (9/59 D 2)
Muli-Song (2/60 D 7)
Mit 17 fängt das Leben erst an (12/60 D 1)
Ein ganzes Leben lang (8/62 D 8)
Deutscher Schlager

Robinson, Smokey

SMOKEY ROBINSON v (USA, * 19. 2. 1940 als William Robinson in Detroit/Michigan)
Robinson schrieb unzählige Hits für seine Formation Miracles und sich selbst. Seine erste Gruppe gründete er schon 1955 noch als Schüler: die Matadors, aus denen sich später die Miracles entwickeln sollten. 1958 erschien »Got A Job«, die erste Single der Miracles, die eine Antwort auf »Get A Job« von den Silhouettes darstellte. Smokey hatte mit den Miracles bis 1972 sechs Top-10-Hits, davon drei als Smokey Robinson & The Miracles. Ohne die Miracles, die er 1972 verließ, hatte er ab 1973 regelmäßig Chartnotierungen in den USA. Seine Plattenveröffentlichungen gehen bis in die 90er Jahre. Seine erfolgreichsten Soloalben waren »Where There's Smoke...« (6/79 US-LP 17), »Warm Thoughts« (3/80 US-LP 14), »Being With You« (3/81 US-LP 10, 6/81 GB-LP 17) und »One Heartbeat« (3/87 US-LP 26). Smokey schrieb nicht nur für die Miracles und für sich Hits, sondern für ein gutes Dutzend weiterer Tamla-Motown-Künstler. Dieser Firma war er so verbunden, dass er schließlich deren Vizepräsident wurde. Erst 1988 gab er diesen Posten wieder auf. 1987 hatte man ihn in die Rock and Roll Hall of Fame aufgenom-

men, 1989 überreichte man ihm für sein Lebenswerk einen Grammy.

I Second That Emotion (11/67 US 4)
Baby, Baby Don't Cry (1/69 US 8)
Tracks Of My Tears (5/69 GB 9)
Tears Of A Clown (8/70 GB 1; 10/70 US 1)
Cruisin' (10/79 US 4)
Being With You (2/81 US 2; 5/81 GB 1)
Just To See Her (3/87 US 8)
One Heartbeat (7/87 US 10)
Motown Sound, Pop, Rhythm & Blues, Soul

Robinson, Tom

TOM ROBINSON v (Großbritannien, * 1. 7. 1950 in Cambridge)
1977 konnte man im ›Melody Maker‹ über Tom lesen: ›Robinson ist der handgemachte Rockstar des Jahres 1977, kompromisslos engagiert und ohne jede leeren Posen. Und seine Band ist einfach pures Dynamit und stampft satte, kompakte, fetzende Rockmusik heraus.‹ Tom Robinson veranstaltete in England viele Aktionen gegen den Neonazismus und Rassismus mit. Mit seinem Lied »Glad To Be Gay« stärkte er all jenen Homosexuellen den Rücken, die nicht den Mut besaßen, sich zu ihrer Veranlagung zu bekennen. »2-4-6-8 Motorway« war seine erste Hitnotierung, nach 1984 wurde er nicht mehr in den Charts verzeichnet. Seine erfolgreichsten Alben waren »Power In The Darkness« (6/78 GB-LP 4), »TRB2« (5/79 GB-LP 18) und »Hope And Glory« (9/84 GB-LP 21).

2-4-6-8 Motorway (10/77 GB 5)
War Baby (6/83 GB 6)
Pop, Rock

Robinson, Vicki Sue

VICKI SUE ROBINSON v (USA, * 31. 5. 1954 in Philadelphia/Pennsylvania, † 27. 4. 2000)
Ihre ersten Erfolge feierte Vicki Sue in den Broadway-Produktionen von »Hair« und »Jesus Christ Superstar«. In der zweiten Hälfte der 70er Jahre, der Hochzeit der Diskowelle, gelang ihr mit »Turn The Beat Around« ihr erster und einziger Top-10-Erfolg in den USA. In den späten 80er Jahren wurde sie eine gesuchte Studiosängerin – so arbeitete sie z. B. mit Elton John, Cyndi Lauper oder Phil Ramone. Außerdem sang sie unzählige Werbejingles. Ende der 90er Jahre kam sie mit »Vicki Sue Robinson ... Behind The Beat« auf die Bühne zurück. Dieses autobiografische Stück wurde ab dem 9. 5. 1999 im Kaufman Theatre in New York aufgeführt. Sie starb in ihrem Haus in Wilton/Connecticut an Krebs.

Turn The Beat Around (4/76 US 10)
Disko

Robson & Jerome

JEROME FLYNN v (Großbritannien), ROBSON GREEN v (Großbritannien)
Robson & Jerome waren Dave Tucker und Sergeant Paddy Garvey – in der britischen TV-Serie ›Soldier, Soldier‹. Jede Woche schauten 17 Millionen diese Serie an. Das reichte für Stock und Aitken, sich die beiden Schauspieler ins Studio zu holen und sie bekannte Titel neu aufnehmen zu lassen. Nach demselben Prinzip arbeiteten Stock/Aitken auch mit John Alford und ließen ihn alte Schnulzen singen. In einer der Serienfolgen sangen Robson & Jerome die Nummer »Unchained Melody« – sie kam am 20.5.95 in die britische Hitparade und wurde Spitzenreiter. Ende des Jahres galt die Nummer als die ›erfolgreichste Single des Jahres‹. Insgesamt wurden mehr als zwei Millionen Platten verkauft. Die nächste Single schaffte am 11.11.95 ebenfalls den Sprung von Null auf 1: »I Believe«, den Briten bestens bekannt durch den Amerikaner Frankie Laine, der mit seiner Version

des Titel 1953 ganze 18 Wochen Platz 1 belegte. Als zweite Nummer wurde auf dieser Single noch das Stück »Up On The Roof« genannt – ebenfalls ein Oldie, denn Kenny Lynch stand 1962 damit in den britischen Top 10. Nach dem selben Strickmuster erschien im November 1996 wieder eine Single der beiden Schauspieler: »What Becomes Of The Broken Hearted«, 1966 und 1974 erfolgreich mit Jimmy Ruffin, 1981 mit Dave Stewart und dem Gastsänger Colin Blunstone. Auch diese Single schoss mit Robson & Jerome am 9.11.96 von Null auf 1. Nach zwei Wochen wurde nicht nur ein Titel, sondern alle drei Stücke der Maxi-CD in den britischen Charts genannt: »What Becomes Of The Broken Hearted/Saturday Night At The Movies/You'll Never Walk Alone« – alles Oldies aus der Serie ›aus alt mach neu‹. Und nicht nur die Singles der beiden verkaufen sich gut, sondern auch ihre Alben »Robson & Jerome« (11/95 GB-LP 1), »Take Two« (11/96 GB-LP 1) und »Happy Days – The Best Of Robson & Jerome« (11/97 GB-LP 2).

Unchained Melody (5/95 GB 1)
I Believe/Up On The Roof (11/95 GB 1)
What Becomes Of The Broken Hearted (11/96 GB 1)
Soft Pop

Robyn

ROBYN MIRIAM CARLSSON v (Schweden * 12. 6. 1979 in Stockholm)
Robyn sang 1996 mit »You've Got That Somethin'« (7/96 GB 54, D 85) die Titelmelodie zum Modelcontest ›Das Gesicht '96‹. In ihrer Heimat galt die zu diesem Zeitpunkt 16-jährige mit zahlreichen Gold- und Platinauszeichnungen als ›Pop-Sensation‹. »Do You Know (What It Takes)« brachte Robyn dann den Durchbruch in den USA. An ihren Songs schrieb Robyn mit, so auch an »Show Me Love« und »Do You Really Want Me« (5/98 GB 20). Ihre Gesangskarriere begann auf recht dramatische Weise. Als sie vierzehn Jahre alt war, trat an ihrer Schule die populäre schwedische Gruppe Legacy of Sound auf, und die Schulverwaltung wollte, dass während der Pause jemand von der Schule sang. Robyn nahm diese Herausforderung an und sang in der Pause a cappella über das, was sie damals am meisten beschäftigte: die Trennung ihrer Eltern. Legacy of Sound waren von der bewegenden Darbietung so begeistert, dass sie versprachen, einen Kontakt mit BMG Schweden herzustellen. Robyn versuchte in den nächsten Wochen, Peter Swartling, den A&R-Mann des Labels Ricochet zu erreichen, das kurz vor der Übernahme durch BMG stand. Schließlich schaffte sie es, und da sie keine Demobänder hatte, ging sie in sein Büro und sang ihm dort ebenfalls die bereits erwähnte Scheidungsballade »In My Heart« vor. Swartling nahm sie vom Fleck weg unter Vertrag und brachte sie mit den Produzenten Denniz Pop und Falcon zusammen. Man ermunterte Robyn, weiter Songs zu schreiben, wie sie es seit ihrem elften Lebensjahr getan hatte. Sie selbst betrachtet das Schreiben in gewisser Weise als eine Art Therapie, die ihr hilft, die Familienereignisse zu verarbeiten. Außerdem möchte sie damit um Verständnis für ihre Generation werben. Sie sagt von sich, dass sie ein Teil der neuen schwedischen Generation ist, die sich musikalisch mehr an Miles Davis und an Aretha Franklin und nicht mehr an Abba orientiert. Ihr erfolgreichstes Album »Robyn Is Here« (7/97 US-LP 57) wurde mit Platin ausgezeichnet. Mehrere Jahre hörte man nichts mehr von Robyn. Mitte 2001 wurde bekannt, dass sie einen neuen Plattenvertrag unterschrieben hat.

Do You Know (What It Takes) (5/97 US 7)
Show Me Love (11/97 US 7; 3/98 GB 8)
Pop

Rocco

Rocco ist wieder ein Projektname, hinter dem sich die Produzenten Sven-R-G, Bus-T und Pulsedriver verbergen. Sie alle stammen aus Norddeutschland und wirken dort als Soundtüftler für das Plattenlabel Aqualoop. 2001 war »Back In Town Again« ein Clubhit. Daraufhin machten sie Remixe für Interpreten wie z. B. Rollergirl. Ihr Hit »Everybody« wurde von der Plattenfirma angekündigt mit: ›harte Beats gepaart mit mitreißenden Melodien, die den Nerv der Party People treffen und alle Floors zum Kochen bringen‹.

Everybody (2/02 D 9)
Dance

Rocker's Revenge

Mit der Eddy-Grant-Nummer »Walkin' On Sunshine« hatte die aus New York stammende Gruppe Rocker's Revenge featuring Donnie Calvin ihren ersten Erfolg. Das Ganze klang wie der Versuch, Sly & The Family Stone auf Britisch zu trimmen. Mit der Jimmy-Cliff-Nummer »The Harder They Come« (1/83 GB 30) stand die Band noch einmal in den Carts – danach war die Rache vorüber. Produziert wurden die beiden Hits durch Arthur Baker, der sich später einen Namen als ganz großer Mixer machen sollte.

Walkin' On Sunshine (8/82 GB 4)
Pop

Rockin' Berries

ROY AUSTIN g (Großbritannien, * 27. 12. 1943 in Birmingham), TERRY BOND d (Großbritannien, * 22. 3. 1943 in Birmingham), BRYAN CHARLES BOTFIELD g (Großbritannien, * 11. 11. 1943 in Birmingham), CHRIS »CLIVE« LEA v (Großbritannien, * 16. 2. 1942 in Birmingham), GEOFFREY TURTON v, g (Großbritannien, * 11. 3. 1944 in Birmingham)
Dias aus Birmingham stammende Quintett begann mit Coverversionen von Rhythm-&-Blues-Titeln. Dann machten die Rockin' Berries auf Tokens und nahmen einen Nachzieher von deren »He's In Town« auf. Bei Live-Auftritten gingen sie bald dazu über, andere Künstler zu parodieren und kleine Sketche aufzuführen. Bis 1966 tauchten sie in den britischen Charts auf, darunter Hits wie »What In The World's Come Over You« (1/65 GB 23) und »You're My Girl« (8/65 GB 40). 1968 verabschiedete sich Turton von der Gruppe und startete eine Solokarriere unter dem Namen Jefferson. Im Frühjahr 1969 hatte er mit »Colour Of My Love« einen Top-30-Hit in GB. Die anderen machten als Berries weiter. Das erfolgreichste Album der Band: »In Town« (6/65 GB-LP 15).

He's In Town (10/64 GB 3)
Poor Man's Son (5/65 GB 5)
Beat, Rhythm & Blues

Rocksteady Crew

BABY LOVE v (USA, * 1. 12. 1968 als Daisy Castro in New York City), BUCK 4 v (USA, * 23. 2. 1964 als Gabriel Marcano in New York City), CRAZY LEGS v (USA, * 1. 1. 1966 als Richard Colon in New York City), DOZE v (USA, * 28. 5. 1964 als Jeffrey Green in New York City), KURIAKI v (USA, * 1. 3. 1965 als Lorenzo Soto in New York City), PRINCE KEN SWIFT v (USA, * 13. 8. 1966 als Kenneth Gabbert in New York City)
Die auf den Straßen von Harlem und der Bronx aufgewachsenen Mitglieder dieser Formation sind groß geworden mit Rap, Graffiti und Breakdance. Breakdance ist die Verkörperung der Rap Music. Die Rocksteady Crew machte genau auf diesem Gebiet durch ihre akrobatischen Ein-

lagen auf sich aufmerksam. Mitglied Doze ist übrigens derjenige, der für Jennifer Beals in »Flashdance« den Stuntman machte. Danach wirkte die Rocksteady Crew auf Malcolm McLarens Album »Duck Rock« mit. Im Herbst 1983 demonstrierte die Tanztruppe im Rahmen der Royal Variety Show ihr Können vor der englischen Königin Elizabeth II. Zu diesem Zeitpunkt kam auch die Nummer »(Hey You) The Rocksteady Crew« in die Charts. Nach »Uprock« (5/84 D 27) hatte es sich ausgetanzt.

(Hey You) The Rocksteady Crew (10/83 GB 6; 1/84 D 6)
Pop, Rap

Rockwell

ROCKWELL v (USA, * 15. 3. 1964 als Kennedy Gordy in Detroit/Michigan)
Als Rockwell mit 19 Jahren seine Gesangskarriere begann, wusste niemand, dass er der Sohn des Tamla-Motown-Gründers Berry Gordy jr. ist. Erst nachdem sich seine erste Singleveröffentlichung »Somebody's Watching Me« zum Millionseller entwickelt hatte, wurde es bekannt. Hilfreich war bei dieser Nummer die bekannte Tatsache, dass Michael Jackson im Hintergrund mitsang und dessen Bruder Jermaine Jackson ebenfalls mit von der Partie war. In seinem zweiten Hit wurde Rockwell nicht mehr observiert, sondern nur noch von obszönen Telefonanrufen belästigt: »Obscene Phone Caller« (5/84 US 35). Danach hatte er offensichtlich alles Interessante über sich erzählt. Beide Titel hat er im Alleingang geschrieben. Es erschienen zwar weitere Platten, aber kein Hit mehr. Da konnte auch Vater Berry nicht helfen. Umgekehrt – dass Rockwell der Sohn des Tamla-Motown-Besitzers ist, hat vermutlich so viele Neider auf den Plan gerufen, dass es Rockwell in mancher Hinsicht schadete. Aus »Somebody's Watching Me« machte 1993 der Schweizer D.J. Bobo den Hit »Somebody Dance With Me«. Rockwelss erfolgreichstes Album hieß ebenfalls »Somebody's Watching Me« (2/84 US-LP 15, 4/84 D-LP 38).

Somebody's Watching Me (1/84 GB 6, US 2; 3/84 D 2)
Motown Sound, Pop, Rhythm & Blues

Rodgers, Clodagh

CLODAGH RODGERS v (Großbritannien, * 5. 3. 1947 in Down/Nordirland)
Bereits 1959 hatte sie mit Michael Holliday eine Platte aufgenommen. Auf ihren Soloplatten kürzte sie ihren Vornamen zunächst auf Cloda. Mit ihrem ersten Hit hatte sie auch gleich ihren größten: »Come Back And Shake Me«. Mit »Jack In The Box« hatte sie GB beim Grand Prix Eurovision in Dublin vertreten und ebenfalls Platz 4 erreicht. Zusammen mit ihrem zweiten Mann, dem Gitarristen Ian Sorbie, eröffnete sie eine Restaurant in Paignton/Devon, das aber nicht richtig lief. 1992 mussten sie Konkurs anmelden. 1995 starb Ian an einem Gehirntumor – er war gerade mal 43 Jahre alt. 1997 veröffentlichte Clodagh mit »You Are My Music« ein neues Album, was sie wieder in die Schlagzeilen brachte. Danach spielte sie in der West-End-Produktion »Blood Brothers« die Rolle der Mrs. Johnstone.

Come Back And Shake Me (3/69 GB 3)
Goodnight Midnight (7/69 GB 4)
Jack In The Box (3/71 GB 4)
Grand Prix, Pop

Rodgers, Jimmie

JIMMIE RODGERS v, g, p (USA, * 18. 9. 1933 als James Frederick Rodgers in Camas/Washington)
Nicht zu verwechseln mit dem einflussrei-

chen Country-Star, dessen große Zeit zwischen 1927 und 1932 lag und der 1933 starb. Dieser Jimmie Rodgers ist mehr ein Pop-Interpret und Songschreiber mit einem Schuss Folk. Noch während er bei der Air Force war, gründete er seine erste eigene Band. 1956 hörte ihn ein Freund in einem Club in Nashville und gab ihm den Tip, es doch einmal in New York zu versuchen. Bei Roulette Records stellte er zwei seiner Songs vor, und als erste Veröffentlichung erschien »Honeycomb«. Am 1. 12. 1967 wurde er auf der Heimfahrt von einem Polizisten, der nicht im Dienst war, gestoppt, weil er offensichtlich Schlangenlinien gefahren war. Als Rodgers mit dem Vorgehen des Polizisten nicht einverstanden war, holte der sich noch zwei weitere zu Hilfe. Später am Tag wurde Rodgers mit einer Schädelfraktur und einem gebrochenen Handgelenk in ein Krankenhaus eingeliefert. Er behauptete, die Polizisten hätten ihn so zugerichtet. Die wiederum sagten, er sei unglücklich gefallen. Rodgers zu dem Vorfall: ›Mein Doktor hat mir gesagt, ich hätte von meinem Auto springen müssen, mit dem Kopf nach unten, und das achtmal, um mir diese Art von Verletzung zuzuziehen.‹ Am 28. 1. 1969 kehrte er zwar wieder auf die Bühne zurück, aber seine Karriere kam nie wieder in Tritt. Sein erfolgreichstes Album war »Jimmie Rodgers« (12/57 US-LP 15).

Honeycomb (8/57 US 1)
Kisses Sweeter Than Wine (11/57 GB 7, US 3)
Oh-Oh, I'm Falling In Love Again (2/58 US 7)
Secretly (5/58 US 3)
Are You Really Mine (8/58 US 10)
English Country Garden (6/62 GB 5)
Folk, Pop

Roe, Tommy

TOMMY ROE v, g (USA, * 9. 5. 1942 in Atlanta/Georgia)

Der Sänger, Gitarrist und Songschreiber gründete noch während seiner Schulzeit 1958 die Gruppe Satins, die 1960 den Titel »Sheila« aufnahm, den Tommy Roe im Alter von 14 Jahren geschrieben hatte. Diese Version sollte allerdings keine Spuren in den Charts hinterlassen. Ab 1962 machte er dann Soloplatten und nahm den Titel »Sheila« erneut auf. Dieses Mal klappte es. Nach 1963 musste Tommy seine Militärzeit absolvieren, dann ging es mit Hits weiter. In der Zwischenzeit hatte Tommy seine Militärzeit absolviert. Sein erfolgreichstes Album war »12 In A Roe/A Collection Of Tommy Roe's Greatest Hits« (12/69 US-LP 21). Mitte der 60er Jahre war Tommy nach GB ausgewandert, 1969 kehrte er in die USA zurück. Wie viele seiner Kollegen, die in den USA in den 60er Jahren erfolgreich waren, wandte sich Tommy nach seiner Erfolgszeit als Popinterpret der Country Music zu. Sein größter Hit dort war »Let's Be Fools Like That Again« Ende 1986. 1991 stand Tommys größter Hit »Dizzy« in der Version von Vic Reeves und Wonder Stuff wieder an der Spitze der britischen Hitparade.

Sheila (7/62 US 1; 9/62 D 9, GB 3)
The Folk Singer (3/63 GB 4)
Everybody (9/63 US 3, GB 9)
Sweet Pea (6/66 US 8)
Hooray For Hazel (9/66 US 6)
Dizzy (2/69 US 1; 4/69 D 4, GB 1)
Jam Up Jelly Tight (11/69 US 8)
Pop

Roger

ROGER v (USA, * 29. 11. 1951 als Roger Troutman in Hamilton/Ohio, † 25. 4. 1999)

Der Sänger, Songschreiber, Multiinstrumentalist und Produzent arbeitete mit Sly Stone und George Clinton. Außerdem war er Chef der Familientruppe Zapp, in der neben ihm seine Brüder Lester, Tony und Larry waren. Die Gruppe spielte innovativen Elektro-Funk. Ab 1981 machte Roger außerdem auch Soloplatten. Seine Version von »I Heard It Through The Grapevine« kam im Herbst 1981 bis auf Platz 1 der Rhythm-&-Blues-Charts. Sein größter Soloerfolg war 987 »I Want To Be Your Man«. Die Nummer hat Rogers Bruder Larry geschrieben. 1988 war er als Gastmusiker auf dem Stück »Boom! There She Was« von Scritti Politti zu hören. 1991 erschien mit »Bridging The Gap« eine CD, auf der Roger sang, Gitarre, Bass, Keyboards, Synthesizer und Lead- bzw. Rhythmusgitarre spielte und sie auch noch produzierte. Hier zeigte er seine ganze Vielseitigkeit. Die erfolgreichsten Alben waren »Zapp« (9/80 US-LP 19), »The Many Facets Of Roger« (10/81 US-LP 26), »Zapp II« (8/82 US-LP 25) und »All The Greatest Hits« (11/93 US-LP 39).

Roger und sein Bruder Larry wurden am 25. April 1999 in der Nähe ihres Studios in Dayton/Ohio tödlich verwundet aufgefunden. Die Polizei sprach entweder von Mord oder von Selbstmord. Es war bekannt, dass die Brüder in den 90er Jahren unter starken finanziellen Problemen litten. Später stellte sich heraus, dass Larry erst seinen Bruder und dann sich selbst erschossen hat.

I Want To Be Your Man (11/87 US 3)
Pop, Rhythm & Blues

Roger, Mike

MIKE ROGER v, p (Deutschland, * 22. 3. 1930 als Hermann Glöckler, † 12. 4. 1984)

Der gelernte Autoschlosser wirkte schon in jungen Jahren als Pianist in einer Band mit. Nach dem Zweiten Weltkrieg arbeitete er als Angestellter beim Labour Service der US-Truppen. Abends in den Soldatenclubs hörte er Hillbilly-Musik, und 1953 gründete er mit drei anderen deutschen Musikern Çircle 4 Ranch Boys. In den Jahren danach entwickelte sich der Pianist Roger immer mehr zum Sänger. Ab 1958 war er Chef einer neuen Vier-Mann-Kapelle, und 1962 wurde er in einem Amerikaner-Club auf die neue Tanzart Slop aufmerksam. Schnell wurden zwei Titel geschrieben, die in diese Richtung gingen. »Let's Slop« machte aus Mike Roger den ›King of Slop‹. Es folgten noch weitere Plattenveröffentlichungen, aber ein Erfolg gelang ihm nicht mehr. Ein Höhepunkt seiner Karriere muss 1968 ein viermonatiges Gastspiel in New York gewesen sein, bei dem er zusammen mit seinem großen Vorbild Fats Domino, dem er auch äußerlich nacheiferte, auftrat. Nach 1969 wurde es ruhig um Mike. Er wurde Gastronom. Ende der 70er Jahre musste er mehrere Male ins Krankenhaus und starb schließlich in seiner Nürnberger Wohnung an den Folgen eines chronischen Leberleidens.

Let's Slop (7/63 D 10)
Pop

Rogers, Julie

JULIE ROGERS v (Großbritannien, * 6. 4. 1943 als Julie Rolls in London)

Julie Rogers begann ihre Karriere in der Band von Teddy Foster. 1963 erschien mit »It's Magic« ihre Debütplatte. Als Solistin gelang ihr mit einer Coverversion des argentinischen Stückes »La Novia« als »The Wedding« (4/65 D 16) ihr größter Hit. Vorher hatte bereits die Amerikanerin Anita Bryant den Titel aufgenommen. Weitere Top-40-Hits waren »Like A Child« (12/64 GB 21) und »Hawaiian Wedding Song« (3/65 GB 31). Danach reichte es zwar nicht mehr für die Charts – in Clubs und bei Notalgie-Festivals trat sie immer wieder auf.

The Wedding (8/64 GB 3; 11/64 US 10)
Soft Pop

Rogers, Kenny

KENNY ROGERS v, b (USA, * 21. 8. 1938 als Kenneth Donald Rogers in Houston/ Texas)

Nachdem Kenny ab 1956 in der High-School-Band Scholars gespielt hatte, wurde er Mitglied beim Bobby Doyle Trio, einer populären, jazzig angehauchten Formation aus Houston. Als Nächstes sang er kurz mit Kirby Stone Four und war ab 1966 einer der New Christy Minstrels. 1967 gründete er die First Edition, deren erster Hit »Just Dropped In (To See What Condition My Condition Was In)« im Frühjahr 1968 in den US-Charts stand. Nach einem weiteren Top-20-Hit wurde die Gruppe im Frühjahr 1969 in Kenny Rogers & The First Edition umbenannt. Unter diesem Namen hatten sie den weltweiten Hit »Ruby, Don't Take Your Love To Town«. In den Charts war die Band bis zum Frühjahr 1972 vertreten. Als nichts mehr gelang, trennte Kenny sich von der Gruppe und veröffentlichte ab 1976 Soloplatten. »Lucille« wurde im Frühjahr 1977 sein erster Millionseller. Seinen bisher letzten Spitzenreiter hatte Kenny zusammen mit Dolly Parton und der Nummer »Islands In The Stream«. Diesen mit Platin geehrten Titel hatten die Bee Gees geschrieben. Überhaupt gibt es einige sehr erfolgreiche Duettplatten von ihm, so z. B. »Don't Fall In Love With A Dreamer« mit Kim Carnes oder »We've Got Tonight« mit Sheena Easton. Auch im Fernsehen war Rogers als Moderator zu sehen. Als Filmschauspieler sah man ihn in »The Gambler 1–3«, »Coward Of The County« und »Six Pack«. Nach 1985 ließ seine Karriere nach. Allerdings hatte er in der Zwischenzeit sein Geld so gut angelegt, dass er es auch nicht mehr nötig hat: In Georgia züchtet er Araber, außerdem besitzt er Aufnahmestudios und Spielhallen, beschäftigt über 200 Angestellte und hat Häuser in Malibu, Beverly Hills und Bel Air.

Die erfolgreichsten Alben: »Kenny Rogers & The First Edition's Greatest Hits« (2/71 US-LP 57), »Kenny Rogers« (5/77 US-LP 30, 6/77 GB-LP 14), »Daytime Friends« (8/77 US-LP 39), »Ten Years Of Gold« (2/78 US-LP 33), »The Gambler« (12/78 US-LP 12), »Classics« (4/79 US-LP 82) mit Dottie West, »Kenny« (9/79 US-LP 5, 2/80 GB-LP 7), »The Kenny Rogers Singles Album« (10/79 GB-LP 12), »Gideon« (4/80 US-LP 12), »Kenny Rogers' Greatest Hits« (10/80 US-LP 1), »Kenny Rogers – The American Superstar« (10/80 D-LP 3), »Share Your Love« (7/81 US-LP 6), »Christmas« (11/81 US-LP 34), »Love Will Turn You Around« (7/82 US-LP 34), »We've Got Tonight« (3/83 US-LP 18), »Eyes That See In The Dark« (9/83 US-LP 6), »Twenty Greatest Hits« (11/83 US-LP 22), »Duets« (5/84 US-LP 85) mit Dottie West, Kim Carnes und Sheena Easton, »What About Me?« (9/84 US-LP 31), »Once Upon A Christmas« (12/84 US-LP 31) mit Dolly Parton, »The Kenny Rogers Story« (7/85 GB-LP 4), »Daytime Friends – The Very Best Of Kenny Rogers« (9/93 GB-LP 16), »She Rides Wild Horses« (5/99 US-LP 60) und »All The Hits & All New Love Songs« (5/99 GB-LP 14).

Für etliche Jahre tauchte Kenny nicht mehr in den Pop-Charts auf. Dann stand er zusammen mit Alison Krauss und Billy Dean und dem Titel »Buy Me A Rose« (3/00 US 40) wieder in den US-Top-40.

Just Dropped In (To See What Condition My Condition Was In) (2/68 US 5)
Ruby, Don't Take Your Love To Town (6/69 US 6; 9/69 GB 2)
Something's Burning (2/70 GB 8)
Lucille (3/77 US 5, GB 1; 7/77 D 10)
She Believes In Me (4/79 US 5)
You Decorated My Life (9/79 US 7)
Coward Of The County (11/79 US 3; 1/80 GB 1)

Don't Fall In Love With A Dreamer (3/80 US 4)
Lady (10/80 US 1)
I Don't Need You (6/81 US 3)
We've Got Tonight (1/83 US 6)
Islands In The Stream (8/83 US 1; 11/83 GB 7)
Country, Pop

Rolling Stones

MICK JAGGER v (Großbritannien, * 26. 7. 1943 als Michael Philip Jagger in Dartford/Kent), BRIAN JONES g (Großbritannien, * 28. 2. 1942 als Lewis Brian Hopkin-Jones in Cheltenham/Gloucestershire, † 3. 7. 1969), KEITH RICHARD g (Großbritannien, * 18. 12. 1943 als Keith Richards in Dartford/Kent), IAN STEWART p (Großbritannien, † 12. 12. 1985), MICK TAYLOR g (Großbritannien, * 17. 1. 1948 in Welwyn Garden City/Hertfordshire), CHARLIE WATTS d (Großbritannien, * 2. 6. 1941 als Charles Robert Watts in London), RON WOOD g (Großbritannien, * 1. 6. 1946 in Hillingdon/Middlesex), BILL WYMAN b (Großbritannien, * 24. 10. 1936 als William Perks in Plumstead/London)

Kurz bevor er fünfzig Jahre alt wurde, kam Mick Jagger nach Hamburg und holte sich dort für über 300 000 verkaufte Tonträger seines Soloalbums »Wandering Spirit« eine goldene Schallplatte ab. Ich gehe einmal davon aus, dass er sich darüber gefreut hat, denn so erfolgreich, wie er sich das sicher gewünscht hatte, sind seine Solo-Aktivitäten nicht gewesen. »She's The Boss«, seine erste Solo-LP, hat sich in den USA zwar über eine Million mal verkauft, erreichte dort aber 1985 nur Platz 13. Als Mick Jagger mit der Gruppe Rolling Stones begann, wird er sicher nicht damit gerechnet haben, einmal Mitglied der dienstältesten Rock-'n'-Roll-Kapelle der Welt zu sein. Am Anfang hatten sie mit Rock 'n' Roll sowieso wenig am Hut. Alle Mitglieder dieser Gruppe, die am 12. 7. 1962 erstmals als The Rollin' Stones auftrat, waren mehr Rhythm-&-Blues-Fans. Zu diesem Zeitpunkt bestand die Band aus Jagger, Richard, Jones, Dick Taylor, Ian Stewart und Mick Avory – er sollte später Schlagzeuger der Gruppe Kinks werden. Ihren Namen hatten sie sich von einem Muddy-Waters-Song entliehen. Im Oktober desselben Jahres nahmen sie in einem Londoner Studio eine Coverversion des Muddy-Waters-Songs »Soon Forgotten« und drei weitere Titel auf. Statt Dick Taylor und Mick Avory spielte hier Tony Chapman mit. Diese Demo-Aufnahmen wurden an Plattenfirmen weitergereicht, die wenig Interesse zeigten. Ende 1962 kam der Bassist Wyman zur Band, im Januar 1963 Watts. Damit war die Urbesetzung der Rolling Stones komplett. Noch im selben Monat machten sie fünf weitere Demo-Aufnahmen unter der Leitung von Glyn Jones, der später ein erfolgreicher Rock-Produzent werden sollte. Am 9. 5. 1963 unterschrieben sie einen Drei-Jahres-Vertrag mit der Plattenfirma Decca Records, die immer noch daran knabberte, dass sie die Beatles abgelehnt hatte. Schon einen Tag später nahmen sie den Chuck-Berry-Song »Come On« (7/63 GB 21) auf, der von der Plattenfirma als grässlich bezeichnet wurde. Der Titel wurde noch einmal aufgenommen, erschien Mitte des Jahres und wurde die erste Chartnotierung der Gruppe. Die nächste Single war die Lennon-McCartney-Komposition »I Wanna Be Your Man« (11/63 GB 12), dann erschien »Not Fade Away«, eine Buddy-Holly-Komposition im Bo-Diddley-Stil, und schließlich mit »It's All Over Now« ein Titel der Valentinos. Am 17. 4. 1964 kam die erste LP der Rolling Stones auf den Markt, die noch vorwiegend Fremdkompositionen aus dem R&B-Lager brachte. Lediglich die Nummern »Now I've Got A Witness (Like Uncle Phil And Uncle Gene)« und »Little By Little« stammten schon aus der Feder von Jagger/Richards, die sich zu diesem Zeitpunkt noch ›Phelge‹ nannten.

Die LP »Let It Bleed« kann als Einschnitt in der Karriere der Rolling Stones gezählt werden. Es war die letzte LP, auf der noch Brian Jones, und die erste, auf der sein Nachfolger Mick Taylor zu hören war. Brian Jones, der kurz vor seinem Tod 1969 wegen musikalischer Differenzen aus der Gruppe ausgestiegen war, ertrank in seinem Swimmingpool. 1975 kam für Mick Taylor Ron Wood. Ebenfalls im Jahre 1969 fand das umstrittene Altamont-Konzert der Rolling Stones statt, bei dem ein Zuschauer von einem Mitglied der Hell's Angels erstochen wurde. Das Album »Black And Blue« war das erste, auf dem Ron Wood mitspielte. 1986 erhielten die Rolling Stones für ihr Lebenswerk einen Grammy. 1989 wurde die Gruppe in die Rock and Roll Hall of Fame aufgenommen. Anfang 1993 verließ Wyman endgültig die Band. Die Rolling Stones muss man neben den Beatles als die wichtigste und stilbildendste Formation der Rockmusik nennen. Bemerkenswert bei den Rolling Stones ist auch die Tatsache, dass sie es immer wieder verstanden, neue musikalische Strömungen, die nicht unbedingt mit Rock 'n' Roll zu tun hatten, in ihre Plattenproduktionen einfließen zu lassen. Abgesehen von den am Anfang erwähnten Soloprojekten von Mick Jagger, haben es sich auch die anderen Mitglieder der Band nie nehmen lassen, mit eigenen Formationen oder/und als Solisten zu arbeiten. Jedoch war es Mick Jagger, dessen Projekte am erfolgreichsten waren. Mitte 1994 erschien mit »Voodoo Lounge« ein neues Album der Rolling Stones. 13 Jahre nachdem sie zum letzten Mal Spitzenreiter in den britischen LP-Charts gewesen waren, erreichten sie wieder diese Position. Es war ihr zehntes Nummer-1-Album in GB. ›Musik Week‹ stellte in dem Zusammenhang süffisant fest, dass das Durchschnittsalter der Bandmitglieder fünfzig Jahre sei und sie somit die älteste Gruppe darstellten, die jemals Platz 1 in den LP-Charts hatte. Als Bassist spielte Darryl Jones mit, der jedoch nicht als offizielles Mitglied der Rolling Stones betrachtet wurde. Bilder in der Plattenhülle zu »Voodoo Lounge« zeigen nur Jagger, Richards, Watts und Wood. Im August 1994 starteten sie zu ihrer Welttournee, die bis weit in das Jahr 1995 ging. »Voodoo Lounge« wurde im Frühjahr 1995 mit einem Grammy als bestes Rockalbum des vergangenen Jahres ausgezeichnet. Das Album »Stripped« wurde im Paradiso Club in Amsterdam, im Olympia in Paris und bei Proben in Tokio und Lissabon aufgenommen. Im Herbst 1997 kam mit »Bridges To Babylon« wieder ein neues Album der Band – und wieder wurde eine neue Welttournee gestartet.

Die erfolgreichsten Alben der Stones: »Rolling Stones« (4/64 GB-LP 1, 8/64 D-LP 2), » (England's Newest Hit Makers/The Rolling Stones« (6/64 US-LP 11), »12 x 5« (11/64 US-LP 3), »Around And Around« (12/64 D-LP 4), »Rolling Stones No. 2« (1/65 GB-LP 1, 4/65 D-LP 1), »The Rolling Stones, Now!« (3/65 US-LP 5), »Out Of Our Heads« (8/65 US-LP 1, 10/65 GB-LP 2, D-LP 2), »December's Children (And Everybody's)« (12/65 US-LP 4), »Bravo Rolling Stones« (12/65 D-LP 1), »Aftermath« (4/66 GB-LP 1, 6/66 D-LP 1, 7/66 US-LP 2), »Big Hits (High Tide And Green Grass)« (4/66 US-LP 3, 11/66 GB-LP 4), »Got Live If You Want It!« (12/66 US-LP 6), »Between The Buttons« (1/67 GB-LP 3, US-LP 2, 4/67 D-LP 2), »The Rolling Stones Live« (2/67 D-LP 2), »Flowers« (7/67 US-LP 3, 10/67 D-LP 7), »Their Satanic Majesties Request« (12/67 GB-LP 3, US-LP 2, 1/68 D-LP 4), »Beggars Banquet« (12/68 GB-LP 3, US-LP 5, 1/69 D-LP 8), »Through The Past Darkly (Big Hits Volume 2)« (9/69 GB-LP 2, US-LP 3, 10/69 D-LP 13), »Let It Bleed« (12/69 GB-LP 1, US-LP 3, 1/70 D-LP 3), »›Get Your Ya-Ya's

Out!‹« (9/70 GB-LP 1, 10/70 US-LP 6, D-LP 6), »Stone Age« (4/71 GB-LP 4, 5/71 D-LP 30), »Sticky Fingers« (5/71 GB-LP 1, US-LP 1, D-LP 1), »Gimme Shelter« ((9/71 GB-LP 19), »Hot Rocks 1964–1971« (1/72 US-LP 4, 7/90 GB-LP 3), »Milestones« (3/72 GB-LP 14), »Exile On Main Street« (6/72 GB-LP 1, US-LP 1, D-LP 2), »More Hot Rocks (Big Hits & Faced Cookies)« (12/72 US-LP 9), »Goats Head Soup« (9/73 GB-LP 1, US-LP 1, 10/73 D-LP 2), »It's Only Rock 'n' Roll« (11/74 GB-LP 2, US-LP 1, D-LP 12), »Made In The Shade« (6/75 US-LP 6, GB-LP 14), »Metamorphosis« (6/75 US-LP 8), »Rolled Gold – The Very Best Of The Rolling Stones« (11/75 GB-LP 7), »Black And Blue« (5/76 GB-LP 2, US-LP 1, 6/76 D-LP 15), »Love You Live« (10/77 GB-LP 3, US-LP 5, 11/77 D-LP 22), »Get Stoned« (11/77 GB-LP 8), »Some Girls« (6/78 GB-LP 2, US-LP 1, 7/78 D-LP 6), »Emotional Rescue« (7/80 GB-LP 1, US-LP 1, D-LP 2), »Sucking In The Seventies« (4/81 US-LP 15), »Tattoo You« (9/81 GB-LP 2, US-LP 1, D-LP 3), »Still Life (American Concerts 1981)« (6/82 GB-LP 4, D-LP 4, US-LP 5), »Undercover« (11/83 GB-LP 3, US-LP 4, D-LP 2), »Dirty Work« (4/86 GB-LP 4, US-LP 4, D-LP 2), »Steel Wheels« (9/89 GB-LP 2, D-LP 2, US-LP 3), »Flashpoint« (4/91 GB-LP 6, US-LP 16, D-LP 5), »Jump Back – The Best Of The Rolling Stones 1971–1993« (12/93 GB-LP 16), »Voodoo Lounge« (7/94 GB-LP 1, D-LP 1, US-LP 2), »Stripped« (11/95 GB-LP 9, D-LP 3, 12/95 US-LP 9), »The Rolling Stones Rock And Roll Circus« (10/96 GB-LP 12), »Bridges To Babylon« (10/97 GB-LP 6, US-LP 3, D-LP 1) und »No Security« (11/98 D-LP 5, US-LP 34).

Not Fade Away (2/64 GB 3)
It's All Over Now (7/64 GB 1)
Time Is On My Side (10/64 US 6)
Little Red Rooster (11/64 GB 1)
The Last Time (3/65 GB 1, D 1, US 9)
(I Can't Get No) Satisfaction (6/65 US 1; 8/65 GB 1, D 1)
Get Off Of My Cloud (10/65 GB 1, US 1, D 1)
As Tears Go By (12/65 US 6)
19th Nervous Breakdown (2/66 GB 2, US 2, D 1)
Paint It, Black (5/66 GB 1, US 1, D 2)
Mother's Little Helper (7/66 US 8; 9/66 D 9)
Have You Seen Your Mother, Baby, Standing In The Shadow? (9/66 GB 5, US 9, D 9)
Let's Spend The Night Together/Ruby Tuesday (1/67 GB 3)
Ruby Tuesday (1/67 US 1)
Let's Spend The Night Together (2/67 D 1)
We Love You/Dandelion (8/67 GB 8)
We Love You (9/67 D 2)
2000 Light Years From Home (1/68 D 5)
She's A Rainbow (3/68 D 10)
Jumpin' Jack Flash (5/68 GB 1, D 1, US 3)
Street Fighting Man (9/68 D 7)
Honky Tonk Women (7/69 GB 1, US 1, D 2)
Brown Sugar/Bitch/Let It Rock (4/71 GB 2)
Brown Sugar (5/71 US 1, D 4)
Tumbling Dice (4/72 GB 5, US 7)
Angie (9/73 GB 5, US 1, D 2)
It's Only Rock And Roll (8/74 GB 10)
Fool To Cry (4/76 US 10, GB 6)
Miss You (5/78 US 1)
Miss You/Far Away Eyes (6/78 GB 3)
Beast Of Burden (9/78 US 8)
Emotional Rescue (7/80 GB 9, US 3)
Start Me Up (8/81 GB 7, US 2)
Undercover Of The Night (11/83 US 9)
Harlem Shuffle (3/86 US 5)
Mixed Emotions (9/89 US 5)
Beat, Blues, Pop, Rock, Rock 'n' Roll

Siehe auch: Jagger, Mick

Romantics

CLEMENT BURKE d (USA, * 24. 11. 1955 in New York City), COZ CANLER v, g (Kuba, * 25. 7. 1954 in Havanna), RICHARD COLE v, b (USA), JIMMY MARINOS v, d (USA), WALLY PALMAR v, g (USA, * 27. 4. 1953 in Hamtramck/Michigan), DAVID PETRATOS v, d (USA), MIKE SKILL v, g (USA, * 16. 7. 1952 in Buffalo/New York)

Das Rockquartett wurde 1977 in Detroit mit Palmar, Skill, Cole und Marinos gegründet. Ihr erster Charterfolg war »What I Like About You« (2/80 US 49). »Talking In Your Sleep« wurde ihr größter Hit. Statt Skill wird auf dieser Platte Coz Canler angegeben. Für ihr Album »In

Heat« (10/83 US-LP 14) gab es Gold. Marinos verließ die Romantics und wurde durch Petratos ersetzt. Die Besetzung der 1985 erschienenen LP »Rhythm Romance« bestand aus Palmar, Canler, Skill und Petratos. Die Band konnte sich jedoch nicht außerhalb der USA durchsetzen und war nach 1985 auch dort wieder aus den Charts verschwunden. Petratos wurde 1989 durch Burke ersetzt, der von Blondie kam.

Talking In Your Sleep (10/83 US 3)
AOR (Adult Orientated Rock), New Wave

Rome

ROME v (USA, als Jerome Woods in Benton Harbor/Michigan)
Rome singt seit seinem dritten Lebensjahr – und selbst die Plattenfirma schreibt: ›Die relativ typische Geschichte des Gospel- und Kirchenchorjungen, der aus einer musikverrückten Familie mit singenden Eltern stammt, ist oft erzählt.‹ Jedenfalls schreibt sich Rome seine Songs selbst, und »I Belong To You (Every Time I See Your Face)« war seine Debüt-Single. In den USA wurde er mit R.Kelly und Tony Rich auf eine Stufe gestellt. Seine Vorbilder sind Marvin Gaye, Sam Cooke und Bobby Womack. Lediglich mit »Do You Like This« (8/97 US 31) gelang ihm ein weiterer Hit. Beide stammten vom Album »Rome« (5/97 US-LP 30).

I Belong To You (Every Time I See Your Face) (3/97 US 6)
Pop

Romeo, Max

MAX ROMEO v (Jamaika, als Max Smith)
Romeo tauchte im Frühjahr 1969 in den britischen Top 10 mit einem Titel auf, der sich durchgesetzt hatte, obwohl ihn keine einzige Radiostation spielte: »Wet Dream«. Er machte in diesem Stil mit Titeln wie »Mini Skirt Vision« weiter, hatte aber keinen Hitparadenerfolg mehr. Daneben veröffentlichte er auch politische Songs oder witzige Titel über das Leben auf Jamaika. 1979 erschien das Album »I Love My Music«, das mit Hilfe von Keith Richard entstanden war, aber auch kein Erfolg wurde. 1981 erschien »Holding Out My Love To You«. Wieder half Keith Richard, aber auch Robbie Shakespeare und Sly Dunbar spielten mit und schrieben vier Titel für dieses Album. Es half nichts. Romeo veröffentlichte bis in die 90er Jahre Platten.

Wet Dream (5/69 GB 10)
Reggae

Ronettes

ESTELLE BENNETT v (USA, * 22. 7. 1944 in New York City), VERONICA »RONNIE« BENNETT v (USA, * 10. 8. 1943 in New York City), NEDRA TALLEY ROSS v (USA, * 27. 1. 1946 in New York City)
Die Schwestern Bennett und ihre Cousine Nedra versuchten mit allen Mitteln, Anfang der 60er Jahre ins Showgeschäft zu kommen. Sie waren groß geworden in New Yorks Stadtteil Spanish Harlem und hatten ihre ersten Erfolge als tanzende und stimmliche Unterstützung von Joey Dee in der Peppermint Lounge. 1961 nahmen sie ihre ersten Platten auf, die jedoch nicht erfolgreich waren. Dann nahm Phil Spector, der von 1968 bis 1974 mit Ronnie verheiratet war, die Ronettes unter seine Fittiche. Mit ihrer ersten Hitnotierung »Be My Baby« hatten sie auch gleich ihren größten Erfolg – im Hintergrund singt übrigens Cher mit. Der Nachfolgehit »Baby I Love You« (12/63 US 24, 1/64 GB 11) war zwar von Spector speziell für die Ronettes komponiert worden, doch waren es andere Interpreten, die später damit erfolgreich sein sollten. Ende 1966

kam die letzte Hitnotierung der Band, die sich inzwischen Ronettes featuring Veronica nannte, in die US-Charts. 1966 fiel die Gruppe auseinander. Ronnie machte als Solistin Platten, die aber nicht erfolgreich waren. Nach ihrer Trennung von Spector ging sie zu Buddah Records und veröffentlichte mit Denise Edwards und Chip Fields zunächst als Ronnie & The Ronettes, später als Ronnie Spector & The Ronettes Platten. Nach diesem Zwischenspiel versuchte sie sich wieder als Solistin. Dabei kamen zwar keine Hits, aber durchaus interessante Platten heraus. So ist z. B. ihre Version des Billy-Joel-Hits »Say Goodbye To Hollywood«, die sie 1977 mit der E-Street Band von Bruce Springsteen einspielte, durchaus anhörenswert. Anfang der 80er Jahre nahm sie Genya Ravan, die ehemalige Sängerin der Band Ten Wheel Drive, auf ihrer eigenen Plattenfirma Polish Records unter Vertrag. Fast 18 Monate bastelten die beiden an der LP »Siren«, die jedoch auch kein Knüller wurde. In die Charts kehrte Ronnie zurück, als sie neben Eddie Money auf dessen Single »Take Me Home Tonight« sang. Die Nummer wurde im Herbst 1986 Platz 4 in den USA. Danach erschien auf dem Label, auf dem auch Money seine Platten veröffentlichte, eine neue Solo-LP von Ronnie, die »Unfinished Business« hieß. Unterstützt wurde sie von Mitsängern wie Money, Desmond Child oder Gregory Abbott. »Be My Baby« kam Mitte 1992 in die deutschen Charts, nachdem der Song in einem Levi's-Spot zu hören war.

Be My Baby (8/63 US 3; 10/63 GB 4)
Pop

Ronny

RONNY v (Deutschland, * 10. 3. 1930 als Wolfgang Roloff in Bremen)
Ronny hatte in der Band von James Last den Bass gezupft, war gelernter Tontechniker und schließlich Besitzer eines eigenen Tonstudios. Anfang 1964 setzte er sich vor eines seiner Mikrofone und sang die Nummer »Oh, My Darling Caroline«. Seine erfolgreichsten Alben: »Oh, My Darling Caroline« (6/64 D-LP 20), »Die großen Erfolge« (7/67 D-LP 8), »Hohe Tannen« (10/68 D-LP 12), »Die Stimme der Prärie« (9/79 D-LP 2), »Stimme der Heimat« (2/82 D-LP 4) und »Stimme des Meeres« (9/64 D-LP 12).
Aber nicht nur mit seinen eigenen Aufnahmen verdiente sich Ronny eine goldene Nase. Er war es auch, der die großen Hits des kleinen Holländers Heintje produzierte. Nach 1971 gelang ihm kein Hit mehr, aber sein Schäfchen dürfte er lange im Trockenen haben.

Oh, My Darling Caroline (3/64 D 1)
Kein Gold im Blue River (7/64 D 5)
Kleine Annabell (11/64 D 1)
Kenn ein Land (12/64 D 5)
Darling Good Night (5/65 D 8)
Anja – Anja (11/65 D 4)
Dunja, du (10/66 D 5)
Laß die Sonne wieder scheinen (4/67 D 5)
Adios My Darling (9/67 D 5)
Er war nur ein armer Zigeuner (5/69 D 5)
Deutscher Schlager

Ronny & The Daytonas

RONNY DAYTON v (USA, * 26. 4. 1946 als John Wilkin in Tulsa/Oklahoma)
Ronny trug den Spitznamen Bucky. Er hatte sich auf Hot-Rod-Musik spezialisiert und ließ sich auf seinen Platten von wechselnden Studiomusikern begleiten. Dazu gehörten Bobby Russell (* 19. 4. 1941, † 19. 11. 1992), Chips Moman, Bergan White, Buzz Cason oder Johnny MacRea. Im August 1964 kam die Nummer »G.T.O.« in die US-Charts. Daraufhin stellte Ronny die Band Ronny & The Daytonas zusammen, mit der er auf Tournee ging und die im Herbst 1967 als Hombres mit der Nummer »Let It Out (Let

It All Hang Out)« einen Platz 12 in den USA haben sollte. Bis 1966 folgten noch vier weitere Hitnotierungen für Ronny, von denen nur »Sandy« Ende 1965 in die Top 30 kam. All seine Hits wurden von Bill Justis produziert.

G.T.O. (8/64 US 4)
Rock 'n' Roll

Ronstadt, Linda

LINDA RONSTADT v (USA, * 15. 7. 1946 in Tucson/Arizona)
Schon während ihrer Schulzeit begann sie im Folk-Trio The 3 Ronstadts. Die beiden anderen waren ihre Schwester und ihr Bruder. 1964 gründete sie die Band Stone Poneys, die mit der sehr schönen Nummer »Different Drum« (11/67 US 13) einen Hit hatte. Ab 1968 nahm sie als Solistin Platten auf. In ihrer Begleitgruppe spielten 1971 Glenn Frey, Don Henley, Randy Meisner und Bernie Leadon, aus denen wenig später die Eagles werden sollten. Lindas Version von »You're No Good«, einst ein Erfolg für Betty Everett und in GB für die Swinging Blue Jeans, brachte ihr den ersten Top-10-Hit. Produzent des Titels war der Brite Peter Asher, Andrew Gold spielte das Gitarrensolo. »Somewhere Out There« aus dem Film »An American Tail« war ein Duett von Linda mit James Ingram, drei Jahre später sang sie zusammen mit Aaron Neville die Nummer »Don't Know Much«, die den beiden einen Grammy einbrachte. Linda wurden häufig wechselnde Affären nachgesagt. Dazu sie selbst: ›Ich wünschte, ich hätte so viele Männer im Bett gehabt, wie mir die Zeitungen andichten.‹ Wirklich zusammen war sie mit dem kalifornischen Gouverneur Jerry Brown und dem Star-Wars-Regisseur George Lucas. Zwischendurch machte Linda Ronstadt auch am Broadway von sich reden. 1981 feierte sie Triumphe in »The Pirates Of Penzance«. Ihr Operndebüt als Mimi in »La Bohème« wurde von den New Yorker Kritikern sehr gelobt. Bemerkenswert auch ihre beiden Hit-LPs mit Standards, die sie unter der Leitung von Nelson Riddle aufgenommen hat: »What's New« und »Lush Life«. Vielleicht wird sie gerade wegen ihrer Vielseitigkeit von vielen nicht ernst genommen. 1993 veröffentlichte sie das Album »Winter Lights«. Darauf zu finden Songs ihrer Lieblingskomponisten und Ausflüge in die afro-kubanische und mexikanische Folklore.
Ihre erfolgreichsten Alben: »Heart Like A Wheel« (12/74 US-LP 1), »Prisoner In Disguise« (10/75 US-LP 4), »Hasten Down The Wind« (8/76 US-LP 3, 9/76 GB-LP 32), »Linda Ronstadt Greatest Hits« (12/76 US-LP 6, GB-LP 37), »Simple Dreams« (9/77 US-LP 1, 10/77 GB-LP 15), »Living In The USA« (10/78 US-LP 1, GB-LP 39), »Mad Love« (3/80 US-LP 3), »Greatest Hits, Volume Two« (11/80 US-LP 26), »What's New« (10/83 US-LP 3, 1/84 GB-LP 31), »Lush Life« (12/84 US-LP 13), »Trio« (3/87 US-LP 6) mit Dolly Parton und Emmylou Harris, »Canziónes De Mi Padre« (12/87 US-LP 42) und »Cry Like A Rainstorm – Howl Like The Wind« (10/89 US-LP 7).
Wunderschön ihr Begleitgesang auf »Under African Skies«, ein Titel des erfolgreichen Albums »Graceland« von Paul Simon.

You're No Good (12/74 US 1)
When Will I Be Loved (4/75 US 2)
Heat Wave (9/75 US 5)
Blue Bayou (9/77 US 3)
It's So Easy (10/77 US 5)
Ooh Baby Baby (11/78 US 7)
How Do I Make You (2/80 US 10)
Hurts So Bad (4/80 US 8)
Somewhere Out There (12/86 US 2; 7/87 GB 8)
Don't Know Much (9/89 US 2; 11/89 GB 2)
AOR (Adult Orientated Rock), Folk, Pop

Rooftop Singers

ERIK DARLING v, g, bj (USA, * 25. 9. 1933 in Baltimore/Maryland), WILLARD SVANOE v, g (USA), LYNNE TAYLOR v (USA)

Erik Darling kam als Teenager von Baltimore nach New York und fand dort schnell Gefallen an der Folk-Szene in Greenwich Village. Mit 23 gründete er seine erste Gruppe, die Tune Tellers, danach das Trio Tarriers, das mit dem »Banana Boat Song« (12/56 US 4) einen Hit hatte. Außerdem begleiteten sie bei »Cindy, Oh Cindy« (10/56 US 9) Vince Martin. Neben der Gitarre beherrschte Erik auch das fünfsaitige Banjo, und als Pete Seeger 1958 die Formation Weavers verließ, nahm Erik seinen Platz ein. Eines Tages hörte er einen Song aus dem Jahr 1930, der ihm so gut gefiel, dass er ihn aufnehmen wollte: »Walk Right In«. Zusammen mit dem Gitarristen Svanoe und der Jazzsängerin Lynne Taylor († 1982), die schon mit Tommy Dorsey und Benny Goodman gesungen hatte, gründete er zu diesem Zweck die Rooftop Singers. Ihr erfolgreichstes Album hieß ebenfalls »Walk Right In!« (2/63 US-LP 15). 1963 hatten sie noch zwei weitere Notierungen mit »Tom Cat« (3/63 US 20) und »Mama Don't Allow«. 1967 trennten sie sich. Darling ist heute Psychologe, Willard Drehbuchautor.

Walk Right In (1/63 GB 10, US 1)
Folk, Pop

Roos, Mary

MARY ROOS v (Deutschland, * 9. 1. 1949 als Marianne Rosemarie Schwab in Bingen am Rhein)

Bereits im Alter von neun Jahren nahm sie ihre erste Schallplatte auf. In dem Film »Die Straße« war sie kaum älter. Ihren ersten Erfolg in der deutschen Hitparade hatte Mary 1965 mit »Geh nicht den Weg« (7/65 D 36). Ihr einziger Top-10-Hit »Arizona Man« wurde produziert von Michael Holm, der ihn zusammen mit Giorgio Moroder auch geschrieben hat. Mary spielte eine Hauptrolle in dem Film »Un Enfant Dans La Ville« und war die einzige deutsche Künstlerin, die Gast in der ›Muppet Show‹ war. Zweimal vertrat sie Deutschland beim Grand Prix Eurovision. 1972 belegte sie Platz 3 mit »Nur die Liebe lässt uns leben«, 1984 Platz 13 mit »Aufrecht gehn«. Das Lied hätte mehr verdient gehabt. Im TV hatte sie eine eigene Serie, die »Mary's Music« hieß – und die Show »Maryland«. Ihre Schwester, Monika Schwab, trat als Tina York auf. Mary war einige Jahre verheiratet mit Werner Böhm, der als Gottlieb Wendehals erfolgreich war.

Arizona Man (7/70 D 9)
Deutscher Schlager, Grand Prix

Rose, David

DAVID ROSE bl (Großbritannien, * 15. 6. 1910 in London, † 23. 8. 1990)

David wanderte im Alter von vier Jahren mit seinen Eltern nach Amerika aus. In Chicago studierte er Musik und wurde Profi im Chicago Orchestra. Später wurde er Arrangeur für eine Radiostation und ging schließlich in gleicher Funktion nach Hollywood. Inzwischen arrangierte er auch für bekannte Orchester, so z. B. für Benny Goodman dessen Spitzenreiter »It's Been So Long« aus dem Jahr 1936. Noch im Zweiten Weltkrieg gründete er seine erste eigene Band, und mit der Nummer »Holiday For Strings« hatte er 1943 einen Millionseller. »Poinciana (Song Of The Tree)« war im Frühjahr 1944 Platz 11 in den USA, und dann sollte man lange nichts mehr von ihm in den Charts hören. Er arbeitete weiter für den Film und für viele TV-Serien, so z. B. für ›Bonanza‹ oder ›Unsere kleine Farm‹. Speziell Tony Martin und der Komiker Red Skelton arbeiteten mit David in Radio-

und TV-Programmen. Auf vielen Platten von Connie Francis ist David mit seinem Orchester zu hören. Im Frühjahr 1962 erschien in den US-Charts die Nummer »The Stripper«. Irgendwie muss ihm dieser Titel unangenehm gewesen sein. In der Royal Albert Hall hat sich Rose angeblich einmal bei der Halle selbst für die Nummer entschuldigt. Normalerweise waren die Arrangements und die Songs, die er schrieb, auf Geigen ausgerichtet, wie sich schon am Hit »Holiday For Strings« ablesen lässt. »The Stripper« hingegen wird von Bläsern dominiert. Auch auf Tourneen hat er immer Bläser dabei gehabt, die dann die Nummer spielten, wenn im Publikum jemand danach rief. Jedenfalls hat ihm dieser Titel einen Batzen Dollars eingebracht, die er sicher in sein größtes Hobby gesteckt hat: seine Leidenschaft für Züge. Auf seinem Grundstück im San Fernando Valley hatte er über 3 km Schienen verlegt, die er mit zehn kleinen Zügen befuhr, die mit Kohle betrieben wurden und bis zu dreißig Personen befördern konnten. Seine erfolgreichsten Alben waren »The Cole Porter Review« (8/46 US-LP 1) und »The Stripper & Other Fun Songs For The Family« (6/62 US-LP 3). Er starb an Herzschwäche.

Holiday For Strings (6/43 US 2)
The Stripper (5/62 US 1)
Instrumental, Pop

Rose, Randolph

RANDOLPH ROSE v (Deutschland, * 7. 6. 1954 in Bamberg)
Rose stammte aus einer Zigeunerfamilie. Sein Vater war angeblich Stoffhändler aus Indien, seine Großmutter Rumänin, seine Mutter Deutsche. Bei einem Nachwuchswettbewerb in Berlin belegte er den 2. Platz, der ihm einen Plattenvertrag bescherte. »Silver Moon Baby« wurde sein größter Hit. Es folgten »Nur ein Flirt« (9/71 D 21), »Sylvias Mutter« (8/72 D 26) und »Hey, Amigo, muchas gracias« (1/73 D 37). Nach 1973 war er ganz aus den Charts verschwunden. Randolph spielte eine Hauptrolle in der Fernsehserie ›Tommy Tulpe‹. In den 90er Jahren wirkte er mit in dem Duo Twice Nice. 1997 drängte die nächste Generation Rose auf den Plattenmarkt. Seine beiden Söhne Ronhold-Randolph und Benjamin veröffentlichten als R & B die Platte »Gimme Help«.

Silver Moon Baby (3/71 D 5)
Deutscher Schlager

Rose Royce

KENJI BROWN g (USA), KENNY COPELAND tr (USA), GWEN DICKEY v (USA), FREDDIE DUNN tr (USA), HENRY GARNER d (USA), LEQUIENT »DUKE« JOBE b (USA), MICHAEL MOORE sax (USA), VICTOR NIX key (USA), GERRAI SANTIEL d (USA)
Die aus acht Mitgliedern bestehende Formation wurde in den frühen 70er Jahren in Los Angeles gegründet. Zuerst nannten sie sich Total Concept Unlimited und waren die Begleitgruppe für Edwin Starr. Gleiches machten sie danach für die Temptations und schließlich für Undisputed Truth. 1976 kam mit Gwen Dickey eine Sängerin zur Band, und man nannte sich nun Rose Royce. Ihre erste Hitnotierung war die Platinplatte »Car Wash«. Bei Wiederveröffentlichungen des Titels 1988 und 1998 kam er in GB erneut unter die ersten 20. Das Stück stammte aus dem Film »Car Wash«, für den Rose Royce den gesamten Soundtrack übernommen hatten. Daraus ausgekoppelt wurde auch »I Wanna Get Next To You«. Die weiteren Hits außerhalb der Top 10: »Do Your Dance Part 1« (9/77 US 39, GB 30), »It Makes You Feel Like Dancin'« (5/78 GB 16), »Love Don't Live Here Anymore« (12/78

US 32) und »Is It Love You're After« (11/79 GB 13). Die erfolgreichsten Alben waren »Car Wash« (10/76 US-LP 14), »In Full Bloom« (8/77 US-LP 9, 10/77 GB-LP 18), »Strikes Again« (9/78 US-LP 28, GB-LP 7), »Rose Royce Greatest Hits« (3/80 GB-LP 1) und »Chic & Rose Royce – Their Greatest Hits Side By Side« (7/91 GB-LP 8).
1998 war Gwen Dickey plötzlich wieder im Geschäft: Zusammen mit Jay-Z war sie auf einer neuen Version von »Wishing On A Star« (2/98 GB 13) zu hören.

Car Wash (10/76 US 1; 12/76 GB 9)
I Wanna Get Next To You (2/77 US 10)
Wishing On A Star (1/78 GB 3)
Love Don't Live Here Anymore (9/78 GB 2)
Soul

Rosenberg, Marianne

MARIANNE ROSENBERG v (Deutschland, * 10. 3. 1955 in Berlin)
1969 gewann sie bei einem Talentwettbewerb und durfte danach »Mr. Paul McCartney« (6/70 D 33) ihr Liebesleid klagen. Ein Jahr später war »Fremder Mann« ihr erster Top-10-Erfolg. Ihr erfolgreichstes Album war »Lieder der Nacht« (2/77 D 20). Nach 1982 schien die Karriere von Marianne Rosenberg beendet.
Schließlich arbeitete sie mit Rio Reiser, Annette Humpe, Wolf Maahn und Extrabreit, gründete mit Marianne Enzensberger die Frauenband Rouge Et Noir, und statt in großen TV-Shows trat sie auf Berliner Kleinkunstbühnen auf. Ab 1989 wurde sie wieder in den Hitparaden notiert. Ihre Platten aus den 70er Jahren hatten inzwischen in gewissen Kreisen Kultstatus. Speziell ihre Nummer »Marleen« bekommt, wenn man sie anstatt mit 45 mit 33 Umdrehungen abspielt, einen ganz anderen Dreh. Im Zeitalter der CD fallen solche Spielchen leider weg. 1989 meldete sich Marianne mit verändertem Outfit und neuen Platten zurück, z. B. »Ich denk' an dich« (10/89 D 40).
2001 kam Marianne als Musical-Sängerin. Sie spielte im Berliner Theater ›Tuchfühlung‹ im Kurt-Weill-Musical »Die Venus« die Hauptrolle.

Fremder Mann (6/71 D 8)
Er ist nicht wie du (1/72 D 5)
Jeder Weg hat mal ein Ende (12/72 D 9)
Er gehört zu mir (4/75 D 7)
Lieder der Nacht (5/76 D 6)
Marleen (11/76 D 5)
Deutscher Schlager

Rosenstolz

ANNA ERR v (Deutschland), PETER PLATE key (Deutschland)
Gleichstellung von Schwulen und Lesben lag dem Berliner Duo seit Anfang ihrer Karriere am Herzen. Künstlerisch ein Team, waren sie privat getrennt. Beide führten seit Jahren eine harmonische Beziehung mit einem gleichgeschlechtlichen Partner. Ihre erste Single hieß »Ich stell mich an die nächste Wand (Monotonie)«. Wenig später erschien im September 1997 ihr Debütalbum »Die Schlampen sind müde« (10/97 D-LP 31). Die Plattenfirma dazu: ›Der Titelsong ist der absolute Favorit für den letzten Schluck einer durchzechten Sommernacht.‹ Mit »Herzensschöner« (3/98 D 34) beteiligten sie sich 1998 an der nationalen Vorausscheidung zum Grand Prix Eurovision. Hätte es nicht den Hype um Guildo Horn gegeben, hätten sie gewinnen müssen. So belegten sie Platz 2 – allerdings mit gehörigem Abstand nach »Guildo hat euch lieb«. Der erhielt 61 % der Anrufe, 10,6 % Rosenstolz. Mag auch Guildo Horn gewonnen haben, kommerziell haben Rosenstolz für sich sicher einen großen Nutzen aus dieser Veranstaltung ziehen können. Wohltuend heben sich die Texte und die Musik von Rosen-

stolz aus dem üblichen Schlagergedudel hervor. Schöne Arrangements, einfühlsame Texte. Die Musik schreibt in der Regel Peter Plate, an den Texten arbeitet auch Anna mit. Die Tournee von Rosenstolz nach dem Album »Die Schlampen sind müde« war ausverkauft. Das zweite Album »Alles Gute – das Beste von '92–'98« (5/98 D-LP 10) stieg gleich auf Platz 10 ein. Es folgten »Zucker« (5/99 D-LP 2), »Zuckerschlampen: Live« (10/99 D-LP 5) und »Kassengift« (9/00 D-LP 1) – da kann man auf Singlehits schon fast verzichten. Die weiteren Top-40-Hits: »Perlentaucher« (3/99 D 40), »Amo vitam« (9/00 D 19), »Total Eclipse« (3/01 D 22) zusammen mit Nina Hagen und Marc Almond und schließlich »Es könnt' ein Anfang sein«.

Es könnt' ein Anfang sein (11/01 D 8)
Pop

Ross, Diana

DIANA ROSS v (USA, * 26. 3. 1944 als Diane Ernestine Ross in Detroit/Michigan)
Sie war der unbestrittene Superstar bei den Supremes, die zwischen 1964 und 1969 das erfolgreichste schwarze Mädchentrio der Welt waren. Als sich Diana Ende 1969 entschloss, als Solistin ihre Karriere fortzusetzen, sangen die Supremes mit ihr als letzten Hit »Someday We'll Be Together« – bis heute ist das nicht eingetroffen und wird es wohl auch nicht mehr. Ohne Diana Ross sind die Supremes zwar nicht ganz aus den Charts verschwunden, aber die großen Zeiten waren vorbei. Mitte 1970 erreichte hingegen Diana ohne die Supremes Platz 1 in den USA mit »Ain't No Mountain High Enough«. Zu ihren Solohits kommen noch weitere Erfolge, die sie mit Michael Jackson – dessen Karriere sie seit 1969 begleitete –, Marvin Gaye, Smokey Robinson, Stevie Wonder oder den Temptations aufgenommen hat. Es sei in diesem Zusammenhang noch die Nummer »Endless Love« erwähnt, die neun Wochen hintereinander auf Platz 1 in den USA stand und die sie mit Lionel Richie im Duett sang. Diana war als Schauspielerin in etlichen Filmen zu sehen, in denen sie eine sehr gute Figur machte: »Lady Sings The Blues« 1972, »Mahogany« 1975 und mit Michael Jackson in »The Wiz« 1977. Für ihre Hauptrolle als Billie Holiday in »Lady Sings The Blues« wurde sie gar für einen Oscar nominiert. »Missing You« war Marvin Gaye gewidmet, geschrieben und produziert hatte den Titel Lionel Richie. 1986 heiratete sie den norwegischen Schiffsmagnaten Arne Naess – danach ließ sie die Karriere etwas ruhiger angehen.
Die größten LP-Erfolge von Diana Ross: »Diana Ross« (7/70 US-LP 19, 10/70 GB-LP 14), »I'm Still Waiting« (10/71 GB-LP 10), »Lady Sings The Blues« (11/72 US-LP 1), »Touch Me In The Morning« (7/73 US-LP 5, 9/73 GB-LP 7), »Diana & Marvin« (11/73 US-LP 26, 1/74 GB-LP 6) mit Marvin Gaye, »Diana Ross« (3/76 US-LP 5, GB-LP 4), »Greatest Hits 2« (8/76 US-LP 13, GB-LP 2), »Baby It's Me« (10/77 US-LP 18), »The Boss« (6/79 US-LP 14), »20 Golden Greats« (11/79 GB-LP 2), »Diana« (6/80 US-LP 2, GB-LP 12, 9/80 D-LP 5), »Why Do Fools Fall In Love« (11/81 US-LP 15, GB-LP 17), »Love Songs« (12/82 GB-LP 5), »Portrait« (12/83 GB-LP 8), »Eaten Alive« (9/85 GB-LP 11, 10/85 D-LP 20), »Love Songs« (10/87 GB-LP 12), »Love Songs« (1/89 GB-LP 18), »The Force Behind The Power« (12/91 GB-LP 11), »Motown's Greatest Hits« (2/92 GB-LP 20), »One Woman – The Ultimate Collection« (10/93 GB-LP 1) und »Take Me Higher« (9/95 GB-LP 10).
2000 wurde sie von ihrem norwegischen Mann Arne Naess wieder geschieden.

Ain't No Mountain High Enough (8/70 GB 6, US 1)

Remember Me (4/71 GB 7)
I'm Still Waiting (7/71 GB 1)
Surrender (10/71 GB 10)
Touch Me In The Morning (6/73 US 1, GB 9)
All Of My Life (1/74 GB 9)
You Are Everything (3/74 GB 5)
Theme From Mahogany (Do You Know Where You're Going To) (11/75 US 1; 4/76 GB 5)
Love Hangover (4/76 US 1, GB 10)
Upside Down (7/80 GB 2, US 1; 9/80 D 3)
My Old Piano (9/80 GB 5)
I'm Coming Out (9/80 US 5)
It's My Turn (10/80 US 9)
Endless Love (7/81 US 1; 9/81 GB 7)
Why Do Fools Fall In Love (10/81 GB 4, US 7)
Mirror, Mirror (1/82 US 8)
Work That Body (5/82 GB 7)
Muscles (10/82 US 10)
Missing You (12/84 US 10)
Chain Reaction (1/86 GB 1)
When You Tell Me That You Love Me (11/91 GB 2)
One Shining Moment (6/92 GB 10)
Not Over You Yet (11/99 GB 9)
Motown Sound, Pop, Rhythm & Blues, Soul

Siehe auch: Supremes

Ross, Jack

JACK ROSS tr (USA, † 16. 12. 1982)
Der Nachtclub-Entertainer und Trompeter kam Anfang 1962 mit der Novelty-Instrumentalnummer »Happy José (Ching-Ching)« in die US-Charts und erreichte Platz 57. Als die Platte wenig später in Deutschland veröffentlicht wurde, kam sie bis auf Platz 7. »Cinderella« (3/62 US 16) wurde ein Nachfolgehit. Er starb im Alter von 66 Jahren.

Happy José (Ching-Ching) (2/62 D 7)
Instrumental, Pop

Rosso, Nini

NINI ROSSO tr, bl (Italien, * 19. 9. 1926 als Celeste Rosso in Turin)
Mit 19 lief er von zu Hause weg, weil die Eltern in ihm einen Akademiker sahen, er aber Musik machen wollte. In Nizza wurde er schließlich von der Polizei aufgegriffen: Man fand ihn als Trompeter in einem Nachtclub. Nun waren auch die Eltern davon überzeugt, dass ihr Sprössling mehr zur Musik tendierte, und ließen ihn spielen. Jahre später galt er als der beste Jazztrompeter Italiens. Davon ist bei der Nummer »Il Silenzio« wenig zu merken. Dafür allerdings wurde der Titel zum Superknüller in der ganzen Welt: Nummer 1 in den Hitparaden von Italien, Deutschland, Österreich, Belgien, der Schweiz und immerhin Top 10 in GB. Eddie Calvert machte in GB eine eigene Version, in den USA Al Hirt. Verdient hat an allen Versionen immer Nini Rosso. Er hat das Stück mitgeschrieben. Insgesamt wurden alleine von Rossos Version fünf Millionen Exemplare verkauft. Es folgten die Top-40-Hits »Schlafe, mein Prinzchen, schlaf ein« (12/65 D 20), »Al mio amore« (7/66 D 32) und »La Montanara« (12/66 D 14). Seine erfolgreichsten Alben waren »Il Silenzio – Abschiedsmelodie« (8/65 D-LP 10), »Das große Wunschkonzert« (12/67 D-LP 19) und »Trumpet Dreams« (2/79 D-LP 1).

Il Silenzio (5/65 D 1; 8/65 GB 8)
Instrumental, Pop

Roth, David Lee

DAVID LEE ROTH v (USA, * 10. 10. 1955 in Bloomington/Indianapolis)
Der Sänger und Songschreiber war Mitglied bei den Red Ball Jets, aus denen mit den Brüdern van Halen Mommoth wurde. Nachdem sie sich zur lautesten Gruppe westlich des Mississippi gemausert hatten, nannten sie sich ab 1975 Van Halen. Ab 1978 wurden sie in den Hitparaden verzeichnet und hatten ihren größten Hit mit dem Millionseller »Jump«. Nach seinem ersten Soloerfolg »California Girls« gab David im Juni 1985 bekannt, dass er Van Halen verlassen werde. Im Februar

1986 versuchte die Plattenfirma Warner Brothers, den Brüdern Eddie und Alex klar zu machen, dass sie den Namen Van Halen ohne David nicht mehr verwenden sollten. Die kümmern sich nicht darum und stellten Sammy Hagar als Ersatz für David vor. Der hatte weitere Solohits mit »Just A Gigolo/I Ain't Got Nobody« (3/85 US 12), »Yankee Rose« (7/86 US 16), »Just Like Paradise« (3/88 GB 27) und »A Lil' Ain't Enough« (1/91 GB 32).
Die erfolgreichsten Alben für Roth: »Crazy From The Heat« (2/85 US-LP 15), »Eat 'Em And Smile« (7/86 US-LP 4, 7/86 GB-LP 28), »Skyscraper« (2/88 US-LP 8, 2/88 GB-LP 11) und »A Little Ain't Enough« (1/91 GB-LP 4, 2/91 US-LP 18).

California Girls (1/85 US 3)
Just Like Paradise (1/88 US 6)
AOR (Adult Orientated Rock), Rock

Siehe auch: Van Halen

Roula

Siehe 20 Fingers

Round One

JOHN ANTHONY key (USA), RALF THOMAS computer (Deutschland)
John und Ralf nahmen in den Kölner On-Line Studios als Round One ein Diskomedley aus den beiden Nummern »Gonna Fly Now« und »Eye Of A Tiger« auf. Damit man auch genau wusste, wo man die Titel schon mal gehört hatte, nannten sie diesen Mix »Theme From Rocky«. Alles wartete auf die zweite Runde. Die kam mit »In Zaire« (11/85 D 18) und war schon schwächer.

Theme From Rocky (6/85 D 4)
Disko, Instrumental

Roussos, Demis

DEMIS ROUSSOS v (Ägypten, *15.6. 1946 als Artemios Roussos in Alexandria)
Er begann als Sänger bei der von ihm mitgegründeten Formation Aphrodite's Child. Das Trio formierte sich Mitte der 60er Jahre in Griechenland. 1968 gelang ihnen mit »Rain And Tears« (5/68 D 29, 11/68 GB 30) ein erster internationaler Erfolg. Vor allem die nasale, schluchzende Falsettstimme von Roussos machte den Erfolg dieses Stückes aus. »It's Five O'Clock« und »I Want To Live« waren ebenfalls international erfolgreich. Das 1972 veröffentlichte Album »666« markierte ihren Höhepunkt und gleichzeitig ihr Ende. Im Nachhinein wurde ob der »666« viel über den eventuell dahintersteckenden Teufelskult spekuliert. Ab Anfang der 70er Jahre und nach dem Auseinanderbruch der Gruppe machte er Soloplatten. »We Shall Dance« (11/71 D 29) war seine erste Hitnotierung. Ab Ende 1975 wurde er plötzlich in GB populär. Auf der EP »The Roussos Phenomenon« befanden sich vier Titel: »Forever And Ever«, »Sing An Ode To Love«, »So Dreamy« und »My Friend The Wind«. Von der Stimme und der Art seines Auftrittes erinnerte er mehr an einen Operntenor (die Statur wäre allerdings für Bassrollen besser geeignet). Nur zwischendurch hatte er sich mal seiner Walle-Walle-Gewänder entledigt: Da hatte er gerade unglaublich abgenommen und dazu sein Buch promotet, wie er das geschafft hat. Er nahm bis in die 90er Jahre Platten auf. Seine erfolgreichsten Alben waren »Forever And Ever« (6/73 D-LP 1, 6/74 GB-LP 2), »Happy To Be« (4/76 GB-LP 4) und »Insel der Zärtlichkeit« (3/80 D-LP 2).

Good-Bye, My Love, Good-Bye (4/73 D 1)
My Friend The Wind (9/73 D 7)
Schönes Mädchen aus Arcadia (10/73 D 6)
Schön wie Mona Lisa (3/75 D 6)
Happy To Be On An Island In The Sun (11/75 GB 5)

The Roussos Phenomenon EP (1/76 GB 1)
When Forever Has Gone (10/76 GB 2)
Schlager, Soft Pop

Rowles, John

JOHN ROWLES v (Neuseeland, * 25. 3. 1947)
1968 tauchte John mal kurz mit zwei Titeln in den britischen Charts auf und war danach wieder verschwunden. »If I Only Had Time« (6/68 D 15) war eine englische Version des Michel-Fugain-Titels »Je N'Aurai Pas Le Temps«. »Hush Not A Word To Mary« (6/68 GB 12, 10/68 D 37) war der einzige Nachfolgehit. Der Karriere von Rowles war sicher nicht förderlich, dass er stimmlich und mit seinen Titeln zwischen Tom Jones, Engelbert und P. J. Proby lag.

If I Only Had Time (3/68 GB 3)
Middle Of The Road (MOR)

Roxette

MARIE FREDRIKSSON v, key (Schweden * 30. 5. 1958 als Gun Marie Frederiksson in Östra-Ljungby), PER GESSLE v, g, key (Schweden, * 12. 1. 1959 als Per Hakan Gessle in Halmstad)
Als das Duo im restlichen Europa bekannt wurde, waren sie in ihrer Heimat schon populär. Per war zwischen 1977 und 1985 Sänger und Autor der in Schweden erfolgreichen Formation Gyllene Tider. Nach deren Auflösung startete er 1984 zwei neue Karrieren, die eine als Solokünstler, die andere als Songschreiber. Marie hatte als Mitglied der Gruppe Strul und als Solistin bereits etliche Hits hinter sich, bis sie in Per Gessle den idealen Partner fand. Ab 1985 bildeten sie das Duo Roxette, und 1986 erschien mit »Pearls Of Passion« ihr Debütalbum. Seit 1989 haben sie weltweit Erfolg. Anfang 1995 wurde ihnen – wohl auch ob der politischen Ungefährlichkeit ihrer Texte – im Rahmen ihrer Welttournee die Ehre zuteil, in China spielen zu dürfen. Die Tour endete am 1. 5. 1995 in Moskau. Im Oktober desselben Jahres erschien »Don't Bore Us – Get To The Chorus!«. Darauf ihre größten Singlehits und vier neue Nummern. Keine davon konnte sich in den USA durchsetzen. Auch in Deutschland blieben sie hinter den Erwartungen zurück. »The Look '95« war im November gerade mal ein Platz 28 in GB und damit die erfolgreichste Auskopplung. Inzwischen hatten die beiden Mitglieder auch zwei Soloausflüge unternommen. Ende 1992 gönnte sich Marie die LP »Den Ständiga Resan«, die insgesamt 14 Titel in schwedischer Sprache brachte. Zusammen mit Nisse Hellberg produzierte Per als The Lonely Boys ein gemeinsames Album. Die beiden und ein paar Freunde nahmen es innerhalb von sechs Tagen und Nächten als eine Art Party auf. Ende 1996 brachte Roxette ein Album mit großen Hits des Duos in spanischer Sprache als »Baladas En Espanol«. Am 5. 5. 1997 veröffentlichten die beiden Mitglieder von Roxette zeitgleich Soloalben: Marie Fredriksson brachte Balladen in schwedischer Sprache unter dem Titel »En En Tid Som Var« und Per Gessle »The World According To Gessle«. Außerdem reaktivierte Per wieder seine alte Band Gyllene Tider, mit der er ab 1994 wieder regelmäßig auftrat und außerdem das Album »Samtliga Hits 1979–95« veröffentlichte. Ende Oktober 1997 erschien das bis dato offiziell nicht veröffentliche Debütalbum »Pearls Of Passion« aus dem Jahr 1986 auch in Deutschland – darauf acht Bonus-Tracks. Man hatte sich wohl zu diesem Schritt entschlossen, um die Wartezeit bis zum nächsten neuen Album zu überbrücken.
Die erfolgeichsten Alben des Duos: »Look Sharp!« (4/89 US-LP 23, 5/89 D-LP 7, 6/89

GB-LP 45, 6/90 RE-GB-LP 4), »Joyride« (4/91 US-LP 12, GB-LP 2, D-LP 1), »Tourism« (9/92 GB-LP 2, D-LP 1), »Crash Boom Bang« (4/94 GB-LP 3, D-LP 2) und »Don't Bore Us...Get To The Chorus! – Greatest Hits« (11/95 GB-LP 5, D-LP 7), »Have A Nice Day« (3/99 D-LP 2) und »Room Service« (4/01 D-LP 3).

The Look (2/89 US 1; 4/89 D 1, GB 7)
Listen To Your Heart (8/89 US 1; 10/89 D 7; 8/90 GB 6)
Dangerous (12/89 US 2; 2/90 D 8)
It Must Have Been Love (4/90 US 1; 6/90 D 4, GB 3; 9/93 GB 10)
Joyride (3/91 US 1, D 1, GB 4)
Fading Like A Flower (Everytime You Leave) (5/91 D 5, US 2)
Spending My Time (11/91 D 9)
How Do You Do! (7/92 D 2)
Almost Unreal (7/93 GB 7)
AOR (Adult Orientated Rock), Pop

Roxy Music

ROGER BUNN g, BRIAN ENO key (Großbritannien, * 15. 5. 1948 als Brian Peter George St. John Le Baptiste De La Salle Eno in Woodbridge/Suffolk), BRYAN FERRY v, key (Großbritannien, * 26. 9. 1945 in Washington/Tyne & Wear/Durham), EDWIN JOBSON key (Großbritannien, * 28. 4. 1955 in Billingham/Teeside), RIK KENTON b (Großbritannien, * 31. 10. 1948 in Nottingham), DEXTER LLOYD d, ANDY MACKAY sax (Großbritannien, * 23. 7. 1946 in Lostwithiel/Cornwall), PHIL MANZANERA g (Großbritannien, * 31. 1. 1951 als Philip Tagett-Adams Manzanera in London), DAVID O'LIST g (Großbritannien, * 13. 12. 1948), GRAHAM SIMPSON b, PAUL THOMPSON d (Großbritannien, * 13. 5. 1951 in Newcastle)

Ende 1970 beschließen Ferry und Simpson, eine eigene Band zu gründen. Im Januar 1971 kommen Mackay und Eno dazu. Mitte desselben Jahres geben sie eine Anzeige im ›Melody Maker‹ auf, in der sie weitere Musiker suchen. Es melden sich Bunn und Lloyd. Die Band spielt zwar nicht live, nimmt aber Demobänder mit Material auf, das Bryan Ferry geschrieben hat. Die Plattenfirmen lehnen dankend ab. Danach gehen Bunn und Lloyd wieder, und neu kommen hinzu David O'List, der vorher mit Nice gespielt hatte, und Thompson. Anfang 1972 spielt die BBC in ihrer Sendung ›Sounds Of The Seventies‹ Bänder mit Demos von Roxy Music. O'List geht, Manzanera kommt. Im Frühjahr 1972 erhalten sie einen Plattenvertrag und nehmen ihre Debüt-LP auf. Danach verlässt Simpson die Band und wird durch Kenton ersetzt. Nachdem sie im Vorprogramm von Rory Gallagher und Alice Cooper gespielt haben und in BBC 2s ›The Old Grey Whistle Test‹ aufgetreten sind, entwickelt sich die Debüt-LP zu einem Hit. Die Single »Virginia Plain« kommt in die Popcharts. Bryan Ferry startete eine erfolgreiche Solokarriere. Auch die anderen Mitglieder der Band versuchten sich – meist mit weniger Erfolg – als Solisten. Die Fluktuation der Musiker ist enorm. Besonders häufig wurde der Bassist ausgetauscht. 1983 trennte sich die Band, die vor allen Dingen mit ihrem Habitus und ihrem Äußeren viele britische Bands der New-Wave- und New-Romantic-Bewegung beeinflusst hat. In den USA konnte sich die Band nie durchsetzen. Dort war die Nummer »Love Is The Drug« mit einem Platz 30 der größte Erfolg. Eine Wiederveröffentlichung dieses Titels brachte Roxy Music im Frühjahr 1996 einen Platz 33 in GB.

Die erfolgreichsten Alben der Band: »Roxy Music« (7/72 GB-LP 10), »For Your Pleasure« (4/73 GB-LP 4, D-LP 28), »Stranded« (12/73 GB-LP 1, 3/74 D-LP 39), »Country Life« (11/74 GB-LP 3, 1/75 US-LP 37, 2/75 D-LP 38), »Siren« (11/75 GB-LP 4), »Viva Roxy Music« (7/76 GB-LP 6), »Greatest Hits« (11/77 GB-LP 20), »Manifesto« (3/79 GB-LP 7, US-

LP 23, 4/79 D-LP 37), »Flesh And Blood« (5/80 GB-LP 1, 6/80 US-LP 35, D-LP 6), »Avalon« (6/82 US-LP 53, D-LP 4, GB-LP 1), »Street Life 20 Great Hits« (3/86 GB-LP 1, 5/86 D-LP 14), »The Ultimate Collection« (11/88 GB-LP 6) und »More Than This« (11/95 GB-LP 15). Auf den letzten drei Alben waren Hits von Roxy Music und von Bryan Ferry als Solist gemischt.

Virginia Plain (8/72 GB 4)
Pyjamarama (3/73 GB 10)
Street Life (11/73 GB 9)
Love Is The Drug (10/75 GB 2)
Dance Away (4/79 GB 2)
Angel Eyes (8/79 GB 4)
Over You (5/80 GB 5)
Oh Yeah (On The Radio) (8/80 GB 5)
Jealous Guy (2/81 GB 1)
More Than This (4/82 GB 6)
AOR (Adult Orientated Rock), Glitter-(Glam)-Rock

Siehe auch: Ferry, Brian

Royal, Billy Joe

BILLY JOE ROYAL v, g, d, p (USA, * 3. 4. 1942 in Valdosta/Georgia)
Noch während er zur High-School ging, gründete er seine eigene Band, die Corvettes. 1962 machte er seine ersten Plattenaufnahmen. Mitte 1965 gelang ihm mit der Joe-South-Nummer »Down In The Boondocks« (10/65 GB 38) der erste Hit. Joe South war auch der Produzent dieser Aufnahme. Bis Ende 1967 produzierte South noch vier weitere Nummern mit Royal, von denen zumindest drei erwähnenswert sind: »I Knew You When« (9/65 US 14), »I've Got To Be Somebody« (12/65 US 38) und »Hush« (9/67 US 52, 3/68 D 12). »Hush« sollte ein Jahr später der erste großer Erfolg für Deep Purple werden. 1969 gelang Billy Joe mit »Cherry Hill Park« (10/69 US 15) noch einmal ein Hit in den USA. 1971 und 1978 erreichte er noch knapp die US-Hot-100. Danach hörte man nichts mehr von ihm, obwohl seine Plattenveröffentlichungen bis in die 90er Jahre reichen. Stimmlich lag Billy Joe sehr nahe bei Gene Pitney.

Down In The Boondocks (7/65 US 9)
AOR (Adult Orientated Rock), Pop

Royal Guardsmen

BILL BALOUGH b (USA), JOHN BURDETTE d (USA), CHRIS NUNLEY v (USA), TOM RICHARDS g (USA), BILLY TAYLOR org (USA), BARRY WINSLOW v, g (USA)
Das Novelty-Pop-Sextett aus Florida belebte die alte Geschichte, die Peanuts-Erfinder Schulz zwischen dem Hund Snoopy und dem deutschen Baron von Richthofen spielen ließ, wieder neu. Der größte Traum von Snoopy war es, jenem ›Roten Baron‹ zu zeigen, dass ein Hund doch der bessere Pilot ist. Der Kampf zwischen diesen beiden Giganten des Himmels wurde als »Snoopy Vs. The Red Baron« Ende 1966 ein Millionseller. In Deutschland erreichte die Platte Platz 14 – die Deutschen hatten mal wieder nicht gemerkt, dass es hier einem nationalen Flieger-Ass an den Kragen ging. Die Fortsetzung des Titels, »The Return Of The Red Baron« (4/67 GB 37, 12/67 US 15), brachte der Gruppe einen Nachfolgehit. Ihren letzten Top-40-Hit hatten sie mit »Baby Let's Wait« (11/68 US 35). Dann wurden sie selbst abgeschossen.

Snoopy Vs. The Red Baron (12/66 GB 8, US 2)
Pop

Royal Philharmonic Orchestra

LOUIS CLARK bl (Großbritannien), ROYAL PHILHARMONIC ORCHESTRA
Unter der Leitung von Louis Clark, der sich auch als Arrangeur für ELO betätigt hatte, war sich das Royal Philharmonic Orchestra nicht zu schade, mit einem Medley aus

insgesamt zehn vorwiegend klassischen Nummern als »Hooked On Classics« in den Popcharts aufzutauchen. Verarbeitet wurden u. a. Tschaikowskis Klavierkonzert Nr. 1, »Der Hummelflug«, Mozarts Sinfonie Nr. 40, die »Rhapsody In Blue«, die »Karelia-Suite«, die »Hochzeit des Figaro« oder »Romeo und Julia«. Von diesem Orchester sind in den britischen LP-Charts etliche Werke aufgetaucht. Auch Nicht-Klassik spielten sie, so z. B. Titel von Pink Floyd oder Queen. Ihre erfolgreichsten Alben waren »Hooked On Classics« (9/81 GB-LP 4, 11/81 US-LP 4), »Classic Disco« (1/82 D-LP 1), »Can't Stop The Classics« (7/82 GB-LP 13, 8/82 US-LP 33) und »Non Stop Classics« (1/83 D-LP 17).

Hooked On Classics (7/81 GB 2; 10/81 US 10)
Instrumental, Pop

Royal Scots Dragoon Guards

TONY CREASE bl (Großbritannien), ROYAL SCOTS DRAGOON GUARDS

Im Frühjahr 1972 wurden 48 Mitglieder der in Herford stationierten Militärkapelle Royal Scots Dragoon Guards die neuen Stars der Popmusik. Ihre Version von »Amazing Grace« kam in GB bis auf Platz 1 und in den USA und Deutschland bis auf Platz 11. Das Solo spielte der Chef der Truppe, Pipe Major Tony Crease. Weltweit wurden über eine Million Exemplare dieses Titels verkauft. Auch andere britische Armee-Orchester tauchten vorher und nachher in Pophitparaden auf. So brachte z. B. die Band der berühmten Offiziersschule Sandhurst eine LP mit Beatles-Stücken auf den Markt. Für die Königinmutter spielten sie Melodien aus »Jesus Christ Superstar«. Im Laufe des Jahres 1972 sind von den Royal Scots noch zwei weitere Platten in die Popcharts gekommen: »Heykens Serenade/The Day Is Over« auf Platz 30 und »Little Drummer Boy« auf 13.

Amazing Grace (4/72 GB 1)
Pop

Rozalla

ROZALLA v (Sambia, * 18. 3. 1964 als Rozalla Miller)

Getrost kann man den Gesang als ein Hobby von Rozalla betrachten. Sie ist Erbin einer großen Eisen-und-Stahl-Firma. In Simbabwe gewann sie einen Gesangswettbewerb und bekam einen Plattenvertrag. Danach ging sie nach London und schaffte mit »Everybody's Free (To Feel Good)« ihren Durchbruch. In den USA wurde die Aufnahme Mitte 1992 ein Top-40-Hit. Daraufhin wurde auch ihre erste Hitnotierung »Faith (In The Power Of Love)« (4/91 GB 65, 11/91 RE-GB 11) erfolgreich. Die weiteren Top-40-Hits: »Are You Ready To Fly« (2/92 GB 14, 3/92 D 25), »I Love Music« (2/94 GB 18), »This Time I Found Love« (8/94 GB 33), »You Never Love The Same Way Twice« (10/94 GB 16), »Baby« (3/95 GB 26) und »Everybody's Free (Remix)« (8/96 GB 30). »I Love Music«, die Coverversion eines O'Jays-Hits, stammte aus dem Film »Carlito's Way«. Ihr erfolgreichstes Album hieß »Everybody's Free« (4/92 GB-LP 20).

Everybody's Free (To Feel Good) (9/91 GB 6; 11/91 D 6)
Dance

Rubettes

PETE ARNESEN key (Österreich, * 25. 8. 1947 in Salzburg), ALEX BINES d (Großbritannien, * 23. 7. 1955 in Rochford/Essex), MICK CLARKE b (Großbritannien, * 10. 8. 1946 in Grimbsy/Humberside), PAUL DA VINCI v (Großbritannien, als Brewer), BILL HURD key (Großbritannien, * 11. 8. 1946 in East Ham/London), JOHN RICHARDSON v (Großbritannien, * 3. 5.

1947 in South Ockensen/Essex), TONY THORPE g (Großbritannien, * 20. 7. 1947 in London), ALAN WILLIAMS v, g (Großbritannien, * 22. 12. 1948 in Welwyn Garden City/Hertfordshire)

Regelmäßig gibt es in GB Bands, die den amerikanischen Doo-Wop-Sound der 50er Jahre neu beleben und damit auch noch Erfolg haben. Showaddywaddy und die Rubettes waren in den 70er Jahren die erfolgreichsten Vertreter dieser Richtung. Die Rubettes waren eine Gründung der beiden Songschreiber Wayne Bickerton und Tony Waddington, die vorher vorwiegend Songs für die Pete Best Four geschrieben hatten. Sie suchten sich ein paar Studiomusiker und nahmen mit denen ihre Komposition »Sugar Baby Love« auf. Bei der Produktion war der Studiosänger Paul Brewer derjenige, der die hohe Falsettstimme, die für den Erfolg des Titels schließlich verantwortlich war, sang. Nach der Aufnahme lehnte er es jedoch ab, festes Mitglied der Rubettes zu werden, weil ihm ›das Konzept der Rubettes-Macher zu simpel und albern‹ war. Als dann in der populären BBC-Sendung ›Top Of The Pops‹ ein Künstler ausfiel, die Rubettes einsprangen und »Sugar Baby Love« sangen, kam die Platte in die britische Hitparade und wurde dort wie auch in Deutschland Spitzenreiter. Jetzt versuchte Paul Brewer als Paul Da Vinci an diesem Hit zu partizipieren. Er nahm in einer sehr ähnlichen Manier den Titel »Your Baby Ain't Your Baby Anymore« (7/74 GB 20) auf. Dabei blieb es und später arbeitete Brewer alias Da Vinci wieder als Studiomusiker. Der Gitarrist und Tastenspieler Alan Williams war nun derjenige, der bei TV-Auftritten zu Vollplayback »Sugar Baby Love« mimte. Es sollten jedoch auch ohne Da Vinci noch etliche Hits der Rubettes folgen. Noch 1974 gab es die erste Umbesetzung. Pete Arnesen verließ die Band und wurde nicht ersetzt. Die Plattenveröffentlichungen reichen bis in die 90er Jahre. Zuerst reduzierte sich das Quintett auf ein Quartett und schließlich auf ein Trio. Williams und Richardson dürften als die hauptsächlichen Betreiber der Rubettes gelten. Eine der schönsten Nummern der Gruppe, »Under One Roof«, schaffte im Herbst 1976 in GB lediglich Platz 40, in Deutschland Platz 30. Ab Ende der 80er Jahre spielte Alex Bines Schlagzeug. Tony Thorpe sang 1982 bei dem Titel »Arthur Daley ('E's Alright)« (7/82 GB 14) die Leadstimme. Das ganze firmierte als Firm.

Sugar Baby Love (5/74 D 1, GB 1)
Tonight (8/74 D 4)
Juke Box Jive (11/74 D 4, GB 3)
I Can Do It (3/75 D 3, GB 7)
Foe-Dee-O-Dee (7/75 D 6)
Baby I Know (2/77 GB 10)
Glitter-(Glam)-Rock, Pop

Ruby & The Romantics

RUBY NASH CURTIS v (USA, * 12. 11. 1939 in New York City), LEROY FANN v (USA, * 9. 11. 1936), GEORGE LEE v (USA), RONALD MOSLEY v (USA), EDWARD ROBERTS v (USA, * 24. 4. 1936, † 10. 8. 1993)

Roberts, Lee, Mosley und Fann sangen bereits im Chor ihrer High-School in Akron, Ohio, zusammen. Als sie die Schule beendet hatten, zogen sie nach New York und nahmen als Supremes erste Platten auf, die nicht erfolgreich wurden. Fann brachte dann Ruby zur Gruppe, und man benannte sich um in Ruby & The Romantics. Im Gegensatz zu den Männern hatte Ruby noch nie in einem Plattenstudio gestanden. Es war für sie also das erste Mal, als sie »Our Day Will Come« aufnahmen. »My Summer Love« (5/63 US 16) und »«Hey There Lonely Boy« (8/63 US 27) wurden weitere Hits. 1971 trennte sich die Gruppe. Ruby heiratete, gründete eine Familie und arbeitete für eine Telefongesellschaft. Ed und

George zogen nach New York. Ed arbeitete in einer Bank, George als Lkw-Fahrer. Fann wurde 1973 getötet. Roberts starb 1993 an Krebs.

Our Day Will Come (2/63 US 1)
Pop, Rhythm & Blues

Ruff Driverz presents Arrola

CHRIS BROWN key (Großbritannien), BRADLEY CARTER key (Großbritannien), KATHERINE ELLIS v (Großbritannien)
Das Trio aus Essex hatte mit »Don't Stop« (2/98 GB 30) seine erste Hitnotierung. Es folgten »Deeper Love« (5/98 GB 19), »Shame« (10/98 GB 51) – die Coverversion einer alten Evelyn-Champagne-King-Nummer – und dann mit »Dreaming« der erste Top-10-Hit. »La Musica« (4/99 GB 14) und »Waiting For The Sun« (10/99 GB 37) kamen danach noch in die Charts. Nur bei »Dreaming« und »La Musica« war der Zusatz ›presents Arrola‹ angegeben.

Dreaming (11/98 GB 10)
Dance

Ruff Endz

DAVID CHANCE v (USA), DANTE JORDAN v (USA)
Das Duo aus Baltimore bezeichnet Interpreten wie Marvin Gaye oder Stevie Wonder als musikalische Vorbilder. Aber auch K-Ci, JoJo oder Dru Hill standen Pate für den Sound von ›Davinch‹ und ›Chi‹ (Dante) alias Ruff Endz. 1998 erhielten sie einen Plattenvertrag. Mit »Please Don't Forget About Me« auf dem Soundtrack »Blue Streck« hatten sie ihre erste Songveröffentlichung. Dann waren sie auf dem Album »Woody« von Dru Hill zu hören – und schließlich kam ihre eigene Single »No More« (8/00 GB 11), die innerhalb von acht Wochen den Sprung in die Top-10 in den USA schafte. In GB stiegen sie mit dieser Nummer immerhin Ende August auf Platz 11 ein. Gleichzeitig wurde das Album »Love Crimes« angekündigt.

No More (6/00 US 5)
Rhythm & Blues

Ruffin, Bruce

BRUCE RUFFIN v (Jamaika, * 17. 2. 1952 als Bernardo Constantine Balderamus in St. Catherine)
Wieder einer der vielen Reggae-Interpreten aus Jamaika, die mal kurz in GB erfolgreich sind und dann wieder untertauchen. Seine Gesangskarriere begann er 1968 als Mitglied der Formation Techniques. Nachdem die Gruppe auseinander gefallen war, versuchten sich alle Mitglieder als Solisten. Zumindest in seiner Heimat war Bruce recht erfolgreich – er arbeitete für den bekannten jamaikanischen Studio- und Plattenfirmenbesitzer Leslie Kong. Sein größter Hit auf Jamaika war eine Coverversion des Dawn-Hits »Candida«. Nachdem Kong seine Platten durch Trojan Records vertreiben ließ, wurde Bruce auch in Großbritannien bekannt. Aber erst nach dem Tod von Kong im Jahr 1971 schaffte er dort seinen ersten Hit: »Rain« (5/71 GB 19). Es handelte sich dabei um eine Coverversion des José-Feliciano-Titels. »Mad About You« brachte ihm dann seinen einzigen Top-10-Erfolg. 1976 sang er mit seinem ehemaligen Techniques-Kollegen Dave Barker in der britischen Soulgruppe Chain Reaction. Ende der 90er Jahre arbeitete Ruffin im Norden Londons als Manager und Verleger für seine eigene Firma Genius.

Mad About You (6/72 GB 9)
Reggae

Ruffin, David

DAVID RUFFIN v (USA, * 18. 1. 1941 als Davis Eli in Meridian/Mississippi, † 1. 6. 1991)

Ruffin war zwischen 1964 und 1968 Leadsänger der Temptations. Bevor er dort als Ersatz für Elbridge Bryant einstieg, hatte er ab 1960 schon Soloaufnahmen gemacht. Der größte Hit während seiner Mitgliedschaft war »My Girl«, Anfang 1965 Platz 1 in den USA. Danach machte er als Solist weiter, und gleich seine erste Solo-Hitnotierung war ein Top-10-Erfolg: »My Whole World Ended (The Moment You Left Me)«. Nach 1976 hörte man lange nichts mehr von ihm. Anfang der 80er Jahre musste er wegen Steuerhinterziehung kurz ins Gefängnis. Mitte der 80er kam es zu einer kurzen Reunion der Temptations und danach zu einer Partnerschaft mit Eddie Kendrick. Mit ihm und Hall & Oates trat Ruffin im New Yorker Apollo Theater auf und wurde gefeiert. David starb an einer Überdosis Crack.

My Whole World Ended (The Moment You Left Me) (2/69 US 9)
Walk Away From Love (8/75 US 9; 1/76 GB 10)
Motown Sound, Soul

Siehe auch: Temptations

Ruffin, Jimmy

JIMMY RUFFIN v (USA, * 7. 5. 1939 in Collinsville/Mississippi)

Der ältere Bruder von David Ruffin begann 1961 als Backgroundsänger bei Motown-Produktionen. Seine ersten Soloplatten machte er ebenfalls schon ab 1961. »What Becomes Of The Brokenhearted« wurde sein größter Hit. »Hold On To My Love« war von Robin Gibb geschrieben und produziert worden. Jimmy nahm zusammen mit seinem Bruder auch etliche Duett-Platten auf, die zwar schön, aber nicht sonderlich erfolgreich waren.

What Becomes Of The Brokenhearted (8/66 US 7; 10/66 GB 10; 7/74 GB 4)
Farewell Is A Lonely Sound (2/70 GB 8)
I'll Say Forever My Love (7/70 GB 7)
It's Wonderful (10/70 GB 6)
Hold On To My Love (3/80 US 10; 5/80 GB 7)
Motown Sound, Soul

Rundgren, Todd

TODD RUNDGREN v, g (USA, * 22. 6. 1948 in Upper Darby/Pennsylvania)

Bevor er 1967 seine Band Nazz gründete, war er Mitglied bei Money und Woody's Truckstop. Ab 1970 veröffentlichte er Platten unter dem Pseudonym Runt. Mit »We Gotta Get You A Woman« hatte er nun seinen ersten Top-20-Erfolg in den USA. Die Nummer »Hello It's Me« wurde dann unter seinem Namen Ende 1973 sein einziger Top-10-Erfolg. Der vielseitige Musiker und Songschreiber gründete nun eine Band, die er Utopia nannte und mit der er im Frühjahr 1980 einen Top-30-Hit hatte: »Set Me Free«. Todd Rundgren produzierte Gruppen oder Interpreten wie Badfinger, Tubes, Grand Funk, Fanny, Sparks, New York Dolls, Meat Loaf, XTC und Patti Smith und stellt seine vielen Talente nach wie vor in Eigen- und Fremdproduktionen unter Beweis. Sein erfolgreichstes Album war »Something/Anything?« (3/72 US-LP 29).

Hello It's Me (10/73 US 5)
AOR (Adult Orientated Rock), Pop, Rock

Run-D.M.C.

D.M.C. v (USA, * 31. 5. 1964 als Darryl Matthews McDaniels in New York City), JAM MASTER JAY g, b, dj (USA, * 21. 1. 1965 als Jason Mizell in New York City), RUN v, dj (USA, * 14. 11. 1964 als Joseph Simmons in New York City)

Die drei Mitglieder von Run-D.M.C. wuchsen im New Yorker Stadtteil Hollis/Queens auf. 1977 arbeitete Run, gerade

zwölf Jahre alt, als DJ für Kurtis Blow, der damals von Runs Bruder Russell gemanagt wurde. Jam Master Jay begann als Gitarrist und Bassist für die Two-Fifth Down. 1982 nahm Russell die drei unter seine Fittiche und produzierte mit ihnen »It's Like That«. Ihre erste Hitnotierung, und darüber wird man sich in Herzogenaurach sehr gefreut haben, war die Nummer »My Adidas« Mitte 1986. Danach kam »Walk This Way« in die US-Charts. Bei diesem Titel handelte es sich um eine Neuauflage des Aerosmith-Top-10-Erfolges aus dem Jahre 1977. Steve Tyler und Joe Perry von Aerosmith mischten bei der neuen Version von Run-D.M.C. zweckmäßigerweise auch gleich mit. 1993 veröffentlichten sie das Album »Down With The King«. Im Herbst 1997 standen sie plötzlich in den deutschen Charts mit dem Titel »It's Like That« – als Interpreten wurden Run-D.M.C. vs. Jason Nevins genannt. Nevins war ein New Yorker DJ, der zusammen mit den drei Rap-Pionieren von Run-D.M.C. eine gelungene Verschmelzung von Rap und House schaffte. Das Werk fand im Frühjahr 1998 auch Gefallen in GB – es stieg am 21. 3. 1998 gleich auf Platz 1 ein. Die erfolgreichsten Alben waren »King Of Rock« (2/85 US-LP 52), »Raising Hell« (6/86 US-LP 3 – dreifach Platin), »Tougher Than Leather« (6/88 US-LP 9, 6/88 GB-LP 13) und »Down With The King« (5/93 US-LP 7).
Lange ließ sich das Trio Zeit, bis es mit »Crown Royal« 2001 ein neues Album veröffentlichte. Als Verstärkung holten sie sich Stars wie Jermaine Dupri, Fred Durst von Limp Bizkit, Kid Rock, Everlast, Ja Rule, Nas und Method Man.

Walk This Way (7/86 US 4; 9/86 GB 8)
It's Like That (11/97 D 1; 3/98 GB 1)
Dance, Rap

Rush, Jennifer

JENNIFER RUSH v (USA, * 28. 9. 1960 als Heidi Stern in New York City)
Jennifer begann ihre Karriere unter ihrem bürgerlichen Namen. Ab 1983 sang sie unter dem Pseudonym Jennifer Rush und war mit der Nummer »25 Lovers« Mitte 1984 erstmals in der deutschen Hitparade vertreten. Ein internationaler Erfolg gelang ihr Anfang 1985 mit »The Power Of Love«. »Destiny« und zusammen mit Elton John »Flames Of Paradise« waren ihre weiteren Top-10-Erfolge. Nachfolgende Plattenveröffentlichungen waren weniger erfolgreich. Ende 1993 hatte Celine Dion mit einer Coverversion von »The Power Of Love« einen großen Hit. Natürlich sprach man nun auch wieder in verstärktem Maße von der Originalversion mit Jennifer Rush. Anfang 1995 erschien ein neues Album von ihr, »Out Of My Hands«. Daraus ausgekoppelt wurde als Single »Tears In The Rain«, die sich zumindest unter den ersten 50 in Deutschland platzieren konnte. Für die deutsche Ausgabe des Films »Pocahontas« sang Jennifer »Das Farbenspiel des Windes«. Im Februar 1997 erschien mit »Credo« eine neue Single von Jennifer, mit der sie ein wenige Wochen später erscheinendes gleichnamiges Album ankündigte.
Ihre erfolgreichsten Alben waren »Jennifer Rush« (10/84 D-LP 2, 11/85 GB-LP 7), »Movin'« (10/85 D-LP 1, 5/86 GB-LP 32), »Heart Over Mind« (3/87 D-LP 1) und »Passion« (10/88 D-LP 3).

The Power Of Love (1/85 D 9; 6/85 GB 1)
Destiny (9/85 D 4)
Flames Of Paradise (6/87 D 8)
Pop

Rush, Merrilee & The Turnabouts

TERRY CRAIG b (USA), NEIL RUSH sax (USA), MERRILEE RUSH v (USA, in Seattle/

Washington), PETE SACK d (USA), CARL WILSON (USA)

Merrilee Rush begann bereits im Alter von 18 Jahren, durch die Clubs und Tanzschuppen des Nordwestens der USA zu touren. Bei der Gelegenheit wurden sie und ihre Band von Paul Revere & The Raiders entdeckt, die sie in ihr Vorprogramm einbauten. Im Frühjahr 1968 nahm Merrilee zusammen mit den Turnabouts – dazu gehörte der Gitarrist Carl Wilson, ein Bruder von Ann und Nancy Wilson von Heart – den Titel »Angel Of The Morning« auf. Nach zwei weiteren Singles noch im selben Jahr verschwand Merrilee ganz aus den Charts und kam erst neun Jahre später mit »Save Me« zumindest noch einmal unter die Top 100. Was sie machte, war angenehm produzierte Easy-Listening-Musik.

Das Lied »Angel Of The Morning« sollte sich im Laufe der Jahre zu einem echten Dauerbrenner entwickeln. Zwei Monate nach Merrilee erreichte in GB P. P. Arnold mit dem Titel die Top 30. Dann folgte Juice Newton (2/81 US 4, 6/81 D 23) und schließlich Shaggy, der mit seiner Version, die nur »Angel« hieß, Platz 1 in den USA, GB und Deutschland belegte. Darüber freute sich besonders Chip Taylor, der diesen Titel geschrieben hatte. Chip wurde 1940 als James Wesley Voight in Yonkers/New York als jüngerer Bruder des Schauspielers Jon Voight geboren. Bereits in den 50er Jahren versuchte sich Chip ohne nennenswerten Erfolg als Rockabilly-Sänger. Dann schloss er sich mit Al Gorgoni zusammen und bildete das Songschreiber- und Produzententeam Just Us. Sie betreuten z. B. eine Formation, die sich Flying Machine nannte – darin der spätere Superstar James Taylor und der Ausnahmegitarrist Danny Kortchmar. Dann schrieb Chip den Titel »Wild Thing«, der sich mit den Troggs 1966 zu einem Welthit entwickelte. Auch den Hitnachfolger »Anyway That You Want Me« schrieb Chip, der nun auch für die Hollies, Billy Vera oder Judy Clay Hits verfasste. Seine eigene Karriere als Interpret betrieb Chip auch weiter. Zuerst machte er mit Gorgoni und einem weiteren Musiker, Trade Martin, ein Trio. Ab 1971 veröffentlichte er Soloalben. Darunter das hochgelobte Werk »Saint Sebastian« (1979). Nach längerer Pause kam er 1997 mit der LP »The Living Room Tapes«.

Als 2001 Shaggy in die Hitparade kam, war klar, dass das das Jahr der Familie Voight werden würde. Die Tochter von Jon Voight war inzwischen unter ihren Vornamen Angelina Jolie (* 4. 6. 1975) zu einer bekannten Schauspielerin herangereift und war gerade als Lara Croft im Streifen »Tomb Raider« erfolgreich. 1999 hatte sie einen Oscar für ihre Darstellung in »Durchgeknallt« erhalten. 2001 lief auch »Original Sin« in den Kinos, in dem sie neben Antonio Banderas spielte.

Angel Of The Morning (5/68 US 7)
Pop

Rushen, Patrice

PATRICE RUSHEN v, p (USA, * 30. 9. 1954 in Los Angeles/Kalifornien)

Die Sängerin, Pianistin und Songschreiberin wuchs in Los Angeles auf und besuchte in Kalifornien auch die Universität. Als Teenager wandte sie sich vom klassischen Piano ab und dem Jazz zu. In den 70er Jahren arbeitete sie als Sessionmusikerin z. B. mit Lee Ritenour, Donald Byrd, Sonny Rollins, Jean-Luc Ponty oder Stanley Turrentine. Ab Ende der 70er konzentrierte Patrice Rushen sich stärker aufs Singen und wurde ab 1980 als Solistin in den Charts notiert. In ihrer Heimat USA kam sie über die Top 30 nicht hinaus, aber in GB gelang ihr mit »Forget Me Nots« ein Top-10-Hit. Nach 1984 wird sie in den Hitparaden nicht mehr notiert. Ende der 80er spielte sie mit Wayne Shorter und

Carlos Santana. Ihr erfolgreichstes Album war »Straight From The Heart« (5/82 US-LP 14, 5/82 GB-LP 24). 1992 übernahm sie als erste Frau die musikalische Leitung der Grammy Awards Show.

Forget Me Nots (4/82 GB 8)
Pop

Russell, Brenda

BRENDA RUSSELL v (USA, als Brenda Gordon in New York City)
Im Alter von zwölf Jahren kam sie nach Toronto. Dort wurde sie später Mitglied im schwarzen Trio Tiara. Nachdem dies nicht erfolgreich war, machte sie 1978 zusammen mit ihrem damaligen Mann Brian Russell das Duo Brian & Brenda. Außerdem war sie als Sessionsängerin auf Platten von Elton John, Barbra Streisand, Bette Midler und Robert Palmer zu hören. Nebenher schrieb sie noch Stücke, die durch Anne Murray, Cheryl Ladd und Rufus aufgenommen wurden. Und weil das alles noch nicht genug ist, war sie Mitmoderatorin der kanadischen TV-Serie ›Music Machine‹. 1979 gelang ihr mit »So Good, So Right« ihre erste Hitnotierung, ein Top-30-Erfolg. Der nächste Hit kam im Frühjahr 1988 mit »Piano In The Dark«. Mit ihr sang bei dieser Nummer Joe Esposito von der Gruppe Brooklyn Dreams. Auch ansonsten waren auf der dazu erschienenen Solo-LP »Get Here« Top-Musiker wie David Sanborn, Stanley Clarke oder André Fischer zu hören. 1990 erschien die LP »Kiss Me With The Wind«.

Piano In The Dark (2/88 US 6)
AOR (Adult Orientated Rock), Pop, Rhythm & Blues

Ruts

GARY BARNACLE v (Großbritannien), PAUL FOX v, g (Großbritannien), JOHN »SEGS« JENNINGS b (Großbritannien), MALCOLM OWEN v (Großbritannien, † 14. 7. 1980), DAVE RUFFY d (Großbritannien)
Der erste Erfolg dieser durch Reggae und Punk beeinflussten Band war »Babylon's Burning«. Es folgten »Something That I Said« (9/79 GB 29) und »Staring At The Rude Boys« (4/80 GB 22). Dass der erste Erfolg nicht fortzusetzen war, lag sicher auch am Drogentod des Sängers Owen. Die anderen Bandmitglieder machten zusammen mit Gary Barnacle als Ruts D.C. – D.C. steht hier für da capo, d. h. wieder von vorne – weiter und veröffentlichten zwei Alben, die eine Mischung aus Funk und Reggae boten, hatten jedoch keine kommerziellen Erfolge mehr. Ihr erfolgreichstes Album hieß »The Crack« (10/79 GB-LP 16).

Babylon's Burning (6/79 GB 7)
Funk, Punk, Reggae

Ryan, Barry

BARRY RYAN v (Großbritannien, * 24. 10. 1948 als Barry Sapherson in Leeds)
Zusammen mit seinem Zwillingsbruder Paul begann er 1965 im Duett Platten aufzunehmen. Schon die Mama Marion war unter dem Nachnamen Ryan erfolgreich mit dem Hit »Love Me Forever« (1/58 GB 5). Also behielt man den klangvollen Namen. Ende 1965 gelang ihnen mit »Don't Bring Me Your Heartaches« ein Platz 13 in GB. Es war ihr größter Erfolg. Bis Mitte 1967 gelangen ihnen noch sieben weitere Hitnotierungen. Dann entschloss sich Paul, nur noch als Songschreiber im Plattengeschäft zu bleiben. Im Herbst 1968 kam Barry Ryan mit dem von Paul geschriebenen Titel »Eloise« zu einem Millionseller. Die fast sechs Minuten dauernde Nummer war ein Stück Monumental-Pop, wie er auch z. B. bei »MacArthur Park« von Richard Harris zu finden ist. Bis Ende 1972

hatte Barry fünf weitere Platten in den britischen Charts, von denen aber keine über Platz 20 hinauskam, anders in Deutschland. Sein erfolgreichstes Album hieß »Barry Ryan Sings Paul Ryan« (6/69 D-LP 16). Nach 1972 war über viele Jahre nichts mehr von ihm zu hören. Er hatte sich ganz aus dem Showgeschäft zurückgezogen und seine Talente als Maler und Modefotograf entdeckt. Paul Ryan ging als Musikverleger in die USA. Erst 1989 kam Barry wieder zurück. Paul hatte ihm den Titel »Turn Away« geschrieben, der Barry überzeugte, nicht jedoch die Plattenkäufer. 1991 nahm er noch einmal den Titel »Eloise« auf, der jedoch auch kein Erfolg mehr wurde. Am 29. 11. 1992 starb Paul an Lungenkrebs.
Patenonkel der Zwillinge war Frank Sinatra. Für ihn schrieb Paul die Nummer »I Will Drink The Wine«.

Eloise (10/68 GB 2; 12/68 D 1)
Love Is Love (3/69 D 4)
Kitsch (5/70 D 10)
Zeit macht nur vor dem Teufel halt (1/72 D 8)
Middle Of The Road (MOR), Pop, Schlager

Rydell, Bobby

BOBBY RYDELL v (USA, * 26. 4. 1942 als Robert Louis Ridarelli in Philadelphia/ Pennsylvania)
Zu den Schulfreunden von Bobby gehörten Fabian und Frankie Avalon. Sie alle stammten aus Philadephia und hatten nur ein Ziel: Stars zu werden. Zusammen mit Avalon als Trompeter spielte Bobby – er war der Schlagzeuger – 1956 bei Rocco & The Saints. 1957 machte Bobby seine ersten eigenen Platten, und wie viele andere High-School-Rocker jener Tage wirkte er auch in einigen belanglosen Filmchen mit. Seine erste Hitnotierung hatte Bobby Mitte 1959 mit »Kissin' Time« (6/59 US 11). Im Herbst desselben Jahres gelang ihm mit »We Got Love« sein erster Top-10-Erfolg. Nach 1965 wurde er nicht mehr in den Charts notiert. Er trat noch viele Jahre in Clubs und bei Oldie-Revivals auf. Seine erfolgreichsten Alben waren »Bobby's Biggest Hits« (2/61 US-LP 12) und »Bobby Rydell/ Chubby Checker« (12/61 US-LP 7).

We Got Love (10/59 US 6)
Wild One (2/60 GB 7, US 2)
Swingin' School (5/60 US 5)
Volare (7/60 US 4)
The Cha-Cha-Cha (10/62 US 10)
Forget Him (11/63 US 4)
Pop, Rock 'n' Roll

Ryder, Mitch & The Detroit Wheels

»LITTLE« JOHN BADANJEK d (USA), JOE CUBERT g (USA), EARL ELLIOTT b (USA), JIM MCCARTY g (USA), MITCH RYDER v (USA, * 26. 2. 1945 als William Levise in Detroit/Michigan)
Der Sänger und Songschreiber Ryder gründete 1963, nachdem er bei den Peps gewesen war, Billy Lee & The Rivieras, die noch im selben Jahr ihre erste Platte machten. Im Juli 1965 wollte man sich einen neuen Namen zulegen, tippte im Telefonbuch auf den Namen Mitch Ryder und setzte, um den Namen voller klingen zu lassen, Detroit Wheels hinzu. Somit hieß die Formation ab sofort Mitch Ryder & The Detroit Wheels. Ihr erster Hit war ein Medley aus zwei Rock-Oldies: aus »C.C. Rider« und »Jenny Jenny« wurde »Jenny Take A Ride!« Ab Mitte 1967 versuchte sich Mitch als Solist. Sein größter Erfolg wurde ein Platz 30 mit »What Now My Love« in dem selben Jahr. Seine Band Detroit Wheels veröffentlichte ohne ihn drei weitere Singles und löste sich dann auf. 1971 gründete Mitch eine neue Band, Detroit. Weitere Plattenveröffentlichungen folgten, die jedoch kommerziell nicht erfolgreich waren. So brachte Mitch z. B. 1994, begleitet von der Ex-DDR-Band Engerling, die CD »Rite Of Passage«. Das

erfolgreichste Album von Mitch Ryder & The Detroit Wheels war »Breakout ...!!!« (8/66 US-LP 23).

Jenny Take A Ride! (12/65 US 10)
Devil With A Blue Dress On & Good Golly Miss Molly (10/66 US 4)
Sock It To Me-Baby! (2/67 US 6)
AOR (Adult Orientated Rock), Pop, Rock 'n' Roll

Rythm Syndicate

KEVIN CLOUD d (USA), MIKE MCDONALD v, g (USA), JOHN MEVIN v, b (USA), ROB MINGRINO v, sax (USA), EVAN ROGERS v (USA), CARL STURKEN g (USA)
Sturken und Rogers bildeten schon seit einigen Jahren ein erfolgreiches Autoren- und Produktionsteam. Auch als Sessionmusiker hatten sie einen guten Namen. Rogers sang für Springsteen und die Bee Gees, Sturken spielte für Musiker des Sugarhill-Labels. Als Team schrieben sie Songs für Stephanie Mills, Cheryl Lynn, Jennifer Holliday oder Donny Osmond. 1991 gründeten sie mit den oben genannten Musikern das am schwarzen Rhythm & Blues orientierte Sextett Rythm Syndicate. Ihrer Debüt-Single »P.A.S.S.I.O.N.« hört man an, dass Sturken und Rogers Fans von Prince sein müssen. Nachfolgesingle wurde »Hey Donna« (9/91 US 13). Ab Mitte des Jahres 1992 veröffentlichte die Formation ihre Platten in rhythmisch richtiger Schreibweise als Rhythm Syndicate.

P.A.S.S.I.O.N. (6/91 US 2)
Pop, Rhythm & Blues

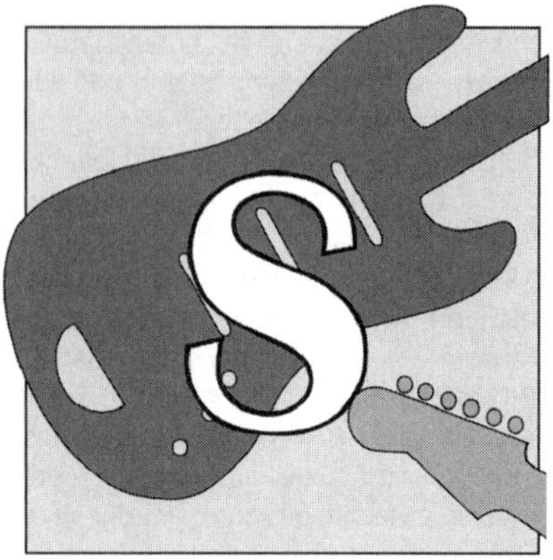

S., Robin

ROBIN S. v (USA, als Robin Stone in Jamaika/New York City)
Mit dem Titel »Show Me Love« (8/93 D 11) hatte Robin ihren ersten Singleerfolg im Januar 1993 in GB. Die Platte kam bis auf Platz 59 und fiel dann wieder heraus. Im März desselben Jahres kam sie erneut in die GB-Charts und erreichte Platz 6. In Deutschland wurde »Show Me Love« im Herbst immerhin noch Platz 11. Nachfolgesingle wurde »Luv 4 Luv« (7/93 GB 11, 9/93 D 20). Es erschien das Album »Show Me Love« (9/93 GB-LP 34). Produziert und geschrieben wurden die meisten ihrer Nummern von Allen George und Fred MacFariane. Die beiden hatten unter anderem auch für die Nummer »Somebody Else's Guy« von Jocelyn Brown gesorgt. 1997 wurde der Titel »Show Me Love« von Lisa Marie Experience und von Tood Edwards neu gemixt – und kam wieder unter die ersten 10 der britischen Hitparade. Im Kielwasser folgte »It Must Be Love« (7/97 GB 37).

Show Me Love (3/93 US 5, GB 6; 3/97 GB 9)
Pop

S Club 7

TINA BARRETT v (Großbritannien, * 16. 9. 1976 in London), PAUL CATTERMOLE v (Großbritannien, * 7. 3. 1977 in St. Alban/London), JON LEE v (Großbritannien, * 26. 4. 1982 in Croyden/London), BRADLEY MCINTOSH v (Großbritannien, * 8. 8. 1981 in Westminster/London), JO O'MEARA v (Großbritannien, * 29. 4. 1979 in Collierow/Essex), HANNAH SPEARRITT v (Großbritannien, * 1. 4. 1981 in Great Yarmouth), RACHEL STEVENS v (Großbritannien, * 9. 4. 1978 in London)
Die Formation ist der zweite Act des Managers Simon Fuller, der die Spitze der britischen Hitparade erreicht. Vorher waren es die Spice Girls aus seinem Stall, die Spitzenreiter in GB wurden. Das Stück »Bring It All Back«stammte wie alle folgenden Hits aus der GB-Soap »S Club 7 in Miami«, die auf der Insel jeweils 4 Millionen Zuschauer hatte. Das erste erfolgreiche Album war »S Club« (10/99 GB-LP 2). Die Eltern von Bradley McIntosh, Lorraine und Steve, waren Chefs der Gruppe Coolnotes, die zwischen 1984 und 1986 in GB erfolgreich war und mit »Spend The Night« (3/85 GB 11) und »In Your Car« (7/85 GB 13) Top-40-Hits hatten. Ab Anfang 2000 wurde die Serie als »S Club 7 in Miami« auch in Deutschland ausgestrahlt. Inhalt: Eine junge Popband möchte groß in den USA rauskommen. In jeder Folge werden ein oder zwei Liedchen geträllert – die stärksten Titel wurden als Single veröffentlicht. Bis die Serie in Deutschland bei VIVA anlief – immer Freitags 17.00 Uhr –, hatten S Club 7 bereits drei Top-10-Hits in GB und drehten schon die zweite Staffel in Miami. Für den Hit »Natural« lieferte Faure's »Pavane« die Vorlage. Als nächstes Album erschien »Sunshine« (12/01 GB-LP 3).

Bring It All Back (6/99 GB 1; 2/00 D 6)
S Club Party (10/99 GB 2)

Two In A Million/You're My Number One (12/99 GB 2)
Reach (6/00 GB 2)
Natural (9/00 GB 3)
Never Had A Dream Come True (12/00 GB 1; 3/01 US 10)
Don't Stop Movin' (5/01 GB 1; 7/01 D 9)
Have You Ever (12/01 GB 1)
You (2/02 GB 2)
Pop

S.O.S. Band

JASON T.C. BRYANT key (USA), MARY DAVIS v, key (USA), BILLY R. ELLIS sax (USA), JAMES EARL III. JONES d (USA), WILLIE SONNY KILLEBREW sax, fl (USA), ABDUL RAOOF v, tr, flh (USA), JOHN III. SIMPSON key, b (USA), BRUNO SPEIGHT g (USA), JEROME J.T. THOMAS d (USA)
Die Debütsingle der S.O.S. Band aus Atlanta war »Take Your Time (Do It Right) Part 1«. Sie erhielt Platin. Danach trat erst einmal für längere Zeit eine Hitpause ein. 1981 hatte man Raoof zur Band genommen und Schlagzeuger Jones gegen Thomas ausgetauscht. In der Folgezeit gab es zwar etliche Hitnotierungen in den R&B-Charts, in GB wurden »Just Be Good To Me« (4/84 GB 13), »Just The Way You Like It« (8/84 GB 32) und »The Finest« (3/86 GB 17) in den Top 40 notiert. 1987 trennte sich Mary Davis von der S.O.S. Band und machte als Solistin Platten. Damit war der Gruppenname endgültig hinfällig. Er stand als Kürzel für ›Sounds of Success‹. Daran änderte sich auch nichts nach dem 1991 veröffentlichten Album »One Of Many Nights«. Ihre erfolgreichsten Alben waren »S.O.S.« (6/80 US-LP 12) und »Sands Of Time« (5/86 GB-LP 15, D-LP 20).

Take Your Time (Do It Right) Part 1 (5/80 US 3)
Funk, Rhythm & Blues

Sabrina

SABRINA v (Italien, * 15. 3. 1968 als Sabrina Salerno in Genua)
Bereits als Teenager beschloss Sabrina, dass aus ihr etwas Besonderes werden müsste. Sie wusste, wo ihre Stärken lagen, ging an den Strand und wurde bald für Schönheitswettbewerbe entdeckt. Mit 16 sang und tanzte sie im italienischen Fernsehen und hatte mit 17 sogar eine eigene Show. Sie wurde bekannt in der Disko-Szene und hatte mit 19 einen Riesenhit: »Boys (Summertime Love)«. Es folgten noch »Hot Girl« (12/87 D 19) und »All Of Me« (7/88 D 16, 10/88 GB 25).

Boys (Summertime Love) (8/87 D 2; 6/88 GB 3)
Disko

Sad Cafe

TONY CRESWELL d (Großbritannien), VIC EMERSON key (Großbritannien), DAVID IRVING d (Großbritannien), ASHLEY MULFORD v, g (Großbritannien), JOHN STIMPSON b (Großbritannien), DES TONG b (Großbritannien), IAN WILSON g (Großbritannien), PAUL YOUNG v (Großbritannien, * 17. 6. 1947 in Manchester, † 15. 7. 2000), LENNI ZAKSEN v, sax (Großbritannien)
Die aus Manchester stammende Formation kam 1976 zusammen. Die Gruppen Gyro und Mandala vereinigten sich zu Sad Cafe. 1977 erschien ihr Debütalbum »Fanx Ta-Ra«. 1978 wurde Creswell durch Irving ersetzt. »Every Day Hurts« war ihre erste Hitnotierung. »Strange Little Girl« (1/80 GB 32), »My Oh My« (3/80 GB 14) und »I'm In Love Again« (12/80 GB 40) waren die weiteren Top-40-Hits. Die beiden LPs »Facades« und »Sad Cafe« 1980 wurden von Eric Stewart, dem Macher hinter 10cc, in deren Strawberry-Studios produziert. Im Sommer 1980 wurde Stimpson Manager der

Gruppe und am Bass durch Tong ersetzt. Bis Ende der 80er Jahre erschienen sporadisch weitere Platten von Sad Cafe. Ihr erfolgreichstes Album war »Facades« (9/79 GB-LP 8) – der Titel war ein Anagramm ihres Namens. Paul Young sang ab 1985 mit Mike & The Mechanics. Paul Young starb 2000 nach einem Herzanfall.

Every Day Hurts (9/79 GB 3)
AOR (Adult Orientated Rock), Pop

Siehe auch: Mike & The Mechanics

Sade

SADE v (Nigeria, * 16. 1. 1959 als Helen Folasade Adu in Ibadan)
Sade wurde als Tochter einer Britin und eines Nigerianers geboren. Sie wuchs in England auf, studierte in London Modedesign, arbeitete als Model und sang 1980 mit Arriva. 1981 wurde sie Mitglied in der Funkband Pride. 1983 gründete sie ihre eigene Band Sade. An den meisten ihrer Veröffentlichungen hat sie selbst mitgeschrieben. Ihre erste Hitnotierung war der sexy Titel »Your Love Is King«. Nach einer Welttournee 1988 legte sie eine längere Pause ein, heiratete den spanischen Videoproduzenten Carlos Scola und begann 1991 mit der Produktion von weiteren sehr schönen Platten. Keine Single konnte sich jedoch mehr unter den ersten 10 behaupten. 1994 erschien »The Best Of Sade«. Darauf mit »Please Send Me Someone To Love« lediglich ein neuer Titel. Die größten Fans von Sade sitzen wohl in den USA. Dort wurde jedes ihrer Alben mit Platin ausgezeichnet: »Diamond Life« (7/84 GB-LP 2, 8/84 D-LP 1, 2/85 US-LP 5), »Promise« (11/85 GB-LP 1, D-LP 2, 12/85 US-LP 1), »Stronger Than Pride« (5/88 GB-LP 3, D-LP 4, 6/88 US-LP 7), »Love Deluxe« (11/92 GB-LP 10, US-LP 3) und »The Best Of Sade« (11/94 GB-LP 6, US-LP 9). Alleine in den USA setzte sie mehr als 22 Millionen Alben ab. Acht Jahre lang nahm Sade kein neues Album mehr auf – dann kam sie im November 2000 mit ihrem fünften Studioalbum »Lovers Rock« (11/00 D-LP 4, 12/00 US-LP 3). Die erste Auskopplung war »By Your Side« (11/00 GB 17). Es folgte »Lovers Live« (2/02 US-LP 10).

Your Love Is King (2/84 GB 6)
Smooth Operator (3/85 US 5)
The Sweetest Taboo (11/85 US 5)
AOR (Adult Orientated Rock), Soft Pop, Soft Soul

Sadler, Staff Sergeant Barry

BARRY STAFF SERGEANT SADLER g (USA, * 1. 11. 1940 in Carlsbad/New Mexico, † 5. 11. 1989)
Staff Sergeant Barry Sadler war zwischen 1958 und 1962 bei der US Air Force. Danach erlernte er das Gitarrenspiel und gründete in seinem Heimatstaat New Mexico eine eigene Gruppe. Als die sich wegen Erfolglosigkeit aufgelöst hatte, ging Barry 1963 in die Army. Kurz nachdem er nach Vietnam geschickt worden war, verletzte er sich ein Bein beim Sturz in eine Bambusfalle des Vietcong. Zurück in den USA, schrieb er sein Lied von den grünen Mützchen: »The Ballad Of The Green Berets«. Sein erfolgreichstes Album hieß selbstverständlich auch Auch das Album »Ballad Of The Green Berets« (2/66 US-LP 1). Nach »The ›A‹ Team« (4/66 US 28) widmete er sich wieder ganz dem Militär und seiner Vorliebe für Waffen: Im Dezember 1978 war er in den Mordfall an dem Songschreiber Lee Ermeson verwickelt. 1981 war er an einer Schießerei mit einem ehemaligen Geschäftspartner beteiligt. 1988 – er trainierte inzwischen Kontrarebellen in Guatemala – traf ihn während eines Raubüberfalls in seinem Zuhause ein Schuss in den Kopf. Er erlitt Gehirnverletzungen und lag 14 Monate im Krankenhaus, bevor er am 5. 11. 1989 in Tennessee an Herzversagen starb.

The Ballad Of The Green Berets (2/66 US 1; 4/66 D 4)
Pop

Safri Duo

MORTEN FRIIS (Dänemark), UFFE SAVERY (Dänemark)
Safri setzt sich aus den Nachnamen der beiden Mitglieder zusammen. Beide spielten im Royal Danish Conservatory of Classical Music. Sie traten in der Royal Albert Hall in London auf, im Sydney Opera House und in der Carnegie Hall in New York. Weil sie wohl merkten, dass man mit klassischer Musik nicht so viel verdienen kann wie mit Pop, beglückten sie die Welt mit ihrem Hit »Played A-Live (The Bongo Song)« und dem Album »Episode II« (6/01 D-LP 2). Als nächste Single folgte »Samb-Adagio« (8/01 D 14).

Played A-Live (The Bongo Song) (2/01 GB 6; 3/01 D 2)
Pop

Sager, Carole Bayer

CAROLE BAYER SAGER v (USA, *8. 3. 1946 in New York City)
Carole schrieb schon als Teenager die Nummer »A Groovy Kind Of Love«, die mit den Mindbenders und Phil Collins zum Hit wurde. Ihre weiteren Songs wurden durch die Doobie Brothers, Carly Simon, Frank Sinatra, Michael Jackson, Aretha Franklin aufgenommen und erfolgreich. Auch für viele Filmmusiken schrieb sie die Texte.
1982 heiratete sie Burt Bacharach, von dem sie 1991 wieder geschieden wurde. Als Interpretin hat Carole Bayer Sager zwar schöne, aber nicht sonderlich erfolgreiche Platten veröffentlicht. Ihren einzigen Top-10-Erfolg hatte sie in GB mit dem Titel »You're Moving Out Today«, den sie zusammen mit Bette Midler schrieb. Ihr größter Erfolg in den USA war »Stronger Than Before« (5/81 US 30).

You're Moving Out Today (5/77 GB 6)
AOR (Adult Orientated Rock), Pop

Sailor

GAVIN DAVID v, VIRGINIA DAVID v, GEORGE KAJANUS v, g (Norwegen, * 9. 2. 1946 als Georg Hultgren), HENRY MARSH v, p, acc (Großbritannien, * 8. 12. 1948), PHIL PICKETT v, b, p (Deutschland, * 19. 11. 1946), GRANT SERPELL v, d (Großbritannien, * 9. 2. 1946 als Pierre Benoit in Maidenhaid)
Sailor kam 1974 zusammen. Zunächst gingen sie mit Mott The Hoople auf Tournee, was ihrer eigenen Karriere aber nichts nützte. Danach waren sie mit Kiki Dee und Cockney Rebel unterwegs und wurden nun auch eigenständig erfolgreich. Ihre erste Hitnotierung wurde »A Glass Of Champagne«. Weil Sailor merkte, dass sie musikalisch in eine Sackgasse geraten waren, lösten sie sich 1978 auf. Im September 1980 kam dann mit »Dressed For Drowning« eine neue LP von Sailor, auf der von der Urbesetzung jedoch nur noch Pickett und Marsh zu hören waren. Neu: die Sänger Virginia und Gavin David. Das Ehepaar David war vorher als Folklore-Duo aufgetreten. Da diese Formation wenig brachte, hielt sie auch nicht lange, und Sailor fiel 1982 auseinander. Kajanus hatte schon ab 1980 neben Sailor mit der Gruppe Data Platten veröffentlicht. Pickett arbeitete als Keyboarder und Songschreiber für Culture Club, 1984 schrieb er für das britische Fernsehen ITV das »Olympic Games Theme« und produzierte Thereza Bazar. 1990 kam die Urbesetzung von Sailor wieder zusammen, um erneut Platten aufzunehmen. Obwohl man versuchte, an das Erfolgskonzept von »A Glass Of Champagne« anzuknüp-

fen, kam es zu keinem weiteren Top-20-Hit. Die erfolgreichsten Alben waren »Trouble« (4/76 D-LP 3) und »The Third Step« (11/76 D-LP 11).

A Glass Of Champagne (12/75 GB 2; 2/76 D 3)
Girls, Girls, Girls (3/76 GB 7, D 2)
Pop

Sainte-Marie, Buffy

BUFFY SAINTE-MARIE v, g (Kanada, * 20. 2. 1941 als Beverly Sainte-Marie in Piapot Reserve/Sascatchewan)
Buffy, die indianischer Abstammung ist, hatte ihre größten Erfolge nicht als Interpretin, sondern als Autorin für andere. Von ihr stammten »Universal Soldier«, »Until It's Time For You To Go« oder auch »Up Where We Belong«. Ihr größter eigener Hit war das Stück »Soldier Blue« aus dem Film »Das Wiegenlied vom Totschlag«. Ende der 70er Jahre hatte Buffy Sainte-Marie sich als aktive Interpretin aus dem Geschäft zurückgezogen. Sie ließ sich auf Hawaii nieder, um auf einer kleinen Insel ihren Sohn aufzuziehen. Zusammen mit ihrem Freund und Techniker Roger Jacobs nahm sie dort auch in ihrem mit modernster Computertechnik ausgestatteten Studio Anfang der 90er Jahre sämtliche Tracks und Instrumente für eine neue LP auf, die sie dann per Modemanschluss nach London überspielte. Dort wurden die Stücke überarbeitet und mit Bass- und Percussion-Sequenzen angereichert. Heraus kam mit »Coincidence And Likely Stories« im Frühjahr 1992 ein hervorragendes Album. Die Auskopplung »The Big Ones Get Away« erreichte 1992 in GB nur knapp die Top 40.

Soldier Blue (7/71 GB 7)
AOR (Adult Orientated Rock), Folk

Sakamoto, Kyu

KYU SAKAMOTO v (Japan, in Kawasaki, † 12. 8. 1985)
Kyu Sakamoto (* 1941) war das neunte Kind eines Restaurantbesitzers aus Tokio. Als er Ende der 50er Jahre die High-School besuchte, sang er nebenher schon in Jazz-Clubs. 1959 unterschrieb er einen Plattenvertrag mit einer japanischen Firma, die einen Typ ›Junge von nebenan‹ suchte. Er wurde schnell zu einem gefeierten Star in seiner Heimat Japan. Dort hatte er bereits 15 erfolgreiche Singles veröffentlicht, als sich 1963 der amerikanische Vertragspartner der japanischen Firma, Capitol Records, entschloss, ein Stück von ihm in den USA zu veröffentlichen. Die Nummer hatte den Titel »Ue O Muite Aruko«, was so viel bedeutet wie ›Ich schaue nach vorne, wenn ich gehe‹. Um den amerikanischen Discjockeys die Aussprache zu erleichtern, titelte man den Song in »Sukiyaki« um. Ein weiterer internationaler Erfolg gelang Kyu nicht. In Japan blieb er ein Star, bis er am 12. 8. 1985 eins der über 520 Opfer war, die bei dem Absturz eines japanischen Jumbo Jets ums Leben kamen. Schon 1963 hatte man versucht, Kyus Hit in die englische Sprache zu übertragen, was zu diesem Zeitpunkt zwar gelang, aber nicht zum Hit wurde. Erst 1981 sollte die amerikanische Soulformation A Taste Of Honey mit einer englischsprachigen Version bis auf Platz 3 in den USA kommen. 14 Jahre später erreichte die Formation 4 P.M. ebenfalls mit einer englischen Version von »Sukiyaki« die amerikanischen Top 10. Kyus erfolgreichstes Album hieß »Sukiyaki And Other Japanese Hits« (6/63 US-LP 14).

Sukiyaki (5/63 GB 6, US 1; 8/63 D 2)
Pop

Salt 'N' Pepa

PEPA v, rap (Jamaika, * 9. 11. 1961 als Sandra Denton in Kingston), SALT v, rap

(USA, * 28. 3. 1964 als Cheryl James in Brooklyn/New York City), SPINDERELLA rap (USA, * 3. 8. 1969 als Deidre Dee Dee LaToya Roper)
Salt 'N' Pepa, in Queens/New York City gegründet, bestand anfangs aus dem Duo James und Denton. Diese beiden hatten vorher bereits als Super Nature Platten aufgenommen und mit der Nummer »The Show Stoppa« 1985 in der Rhythm-&-Blues-Hitparade eine Notierung. Im Text dieses Songs kam ›salt 'n' pepa‹ vor, was sie schließlich zu ihrem Gruppennamen machten. Ihre erste Platzierung in den US-Popcharts gelang ihnen mit dem Titel »Push It«. Danach machten die beiden Mädchen eine deutliche Imagewandlung durch. Die Plattenhüllen zeigten, dass sie jetzt auch Wert auf ihre äußere Erscheinung legten und als drittes Mitglied Spinderella hinzugenommen hatten. Auf der B-Seite von »Shake Your Thang«, in den Hitparaden im Herbst 1988, war der Song »Spinderella's Not A Fella (But A Girl D.J.)« zu hören. Ihre nächste Top-10-Notierung hatten sie mit einer der vielen Coverversionen von »Twist And Shout«. Ihre zweite Singlenotierung in den USA wurde Anfang 1990 »Expression« (3/90 US 26) und wieder mit Platin bedacht. »Do You Want Me« (3/91 US 21) erhielt immerhin Gold. Dann folgte der Superhit »Let's Talk About Sex«. Zusammen mit En Vogue und dem Song »Whatta Man« hatten sie sowohl in den USA als auch in GB Erfolg. Für den Film »Bulletproof« sangen sie den Titel »Champagne« (12/96 GB 23). Bei ihrem bisher letzten Hit »The Brick Track Versus Gitty Up« (12/99 GB 22) wurden Samples aus »Another Brick In The Wall« von Pink Floyd verarbeitet.
Ihre erfolgreichsten Alben waren »Hot, Cool & Vicious« (8/87 US-LP 26), »Salt With A Deadly Pepa« (8/88 GB-LP 19, US-LP 38), »Blacks' Magic« (4/90 US-LP 38), »Greatest Hits« (10/91 GB-LP 6, 11/91 D-LP 10) und »Very Necessary« (10/93 US-LP 4, 4/94 GB-LP 36).

Push It (4/88 D 9)
Push It/Tramp (6/88 GB 2)
Twist And Shout (11/88 GB 4)
Do You Want Me (5/91 GB 5)
Let's Talk About Sex (8/91 D 1, GB 2)
Shoop (10/93 US 4)
Whatta Man (1/94 US 3; 3/94 GB 7)
Dance, Pop, Rap

Sam & Dave

SAMUEL MOORE v (USA, * 12. 10. 1935 in Miami/Florida), DAVID PRATER v (USA, * 9. 5. 1937 in Ocilla/Georgia, † 9. 4. 1988)
Die beiden wurden in der zweiten Hälfte der 60er Jahre mit der Soulwelle nach oben geschwemmt. Sam hatte in der Gospelgruppe Melionaires gesungen. Dave war als Solokünstler unterwegs, ehe sich die beiden 1961 in Miami kennenlernten. Ab 1962 nahmen sie gemeinsam Platten auf. Der Erfolg stellte sich ein, nachdem sie ab 1966 von Isaac Hayes und David Porter produziert wurden. Ihre erste Hitnotierung hatten sie Anfang 1966 mit »You Don't Know Like I Know«. Ihr Song »Soul Man« wurde ein Millionseller. Ihren letzten nennenswerten Hit hatten sie mit »Soul Sister, Brown Sugar« (2/69 GB 15). Ab 1970 gingen Sam und Dave getrennte Wege. Anfang 1987 nahm Sam zusammen mit Lou Reed eine neue Version von »Soul Man« auf, die in GB Platz 30 erreichte. Dave starb im April 1988 bei einem Autounfall. 1992 wurden Sam & Dave in die Rock and Roll Hall of Fame aufgenommen. Im selben Jahr sang Sam hinter Bruce Springsteen auf dessen Hit »Human Touch«.

Soul Man (9/67 US 2)
I Thank You (1/68 US 9)
Rhythm & Blues, Soul

Sam The Sham & The Pharaohs

BUTCH GIBSON sax (USA, * 2. 10. 1940 in Corinth), DAVID MARTIN b (USA, * 20. 3. 1937 in Memphis/Tennessee, † 2. 8. 1987), JERRY PATTERSON d (USA, * 30. 11. 1941 in Memphis/Tennessee), DOMINGO »SAM« SAMUDIO v (USA, * 6. 3. 1939 in Dallas/Texas), RAY STINNET g (USA, * 18. 2. 1944 in Memphis/Tennessee)

Samudio hatte in einer Amateurband gesungen und Anfang der 60er Jahre die Rock-'n'-Roll-Novelty-Gruppe Sam The Sham & The Pharaohs gegründet. 1964 machten sie ihre ersten Plattenaufnahmen, und Mitte 1965 war die von Samudio geschriebene Nummer »Wooly Bully« Millionseller in den USA. Vor allen Dingen fiel die Gruppe dadurch auf, dass sie sich als Araber verkleideten. Die vier Mitspieler hüllten sich in wallende, knöchellange Gewänder. Sam The Sham trug einen Turban, den er am Ende jeder Show ins Publikum warf. Einen weiteren Millionseller hatte die Formation mit »Lil' Red Riding Hood«. Ihr erfolgreichstes Album hieß ebenfalls »Wooly Bully« (6/65 US-LP 26, 9/65 D-LP 37). Nach 1967 wurden sie nicht mehr in den Charts notiert. Sie benannten sich in Sam The Sham Revue um, bevor Sam die Gruppe 1970 auflöste, um eine Solokarriere zu starten. 1974 gründete er eine neue Band. 1982 war er an dem Soundtrack zu dem Film »The Border« beteiligt. Später wurde Sam Straßenprediger in Memphis.

Wooly Bully (4/65 US 2, 7/65 D 1)
Lil' Red Riding Hood (6/66 US 2)
Pop, Rock 'n' Roll

Sampson, P. M.

P. M. SAMPSON rap (USA, * 7. 9. 1960 als Phillip-Mychal Sampson in New York City)

P. M. Sampson kam Mitte des Jahres 1990 mit »We Love To Love« in die deutschen Charts. »How I Miss You So« (11/90 D 16) war noch ein Nachfolgehit. All seine Produktionen wurden in Deutschland aufgenommen. International gelang ihm überhaupt kein Hit.

We Love To Love (7/90 D 4)
Disko, Rap

Sanchez, Roger

ROGER SANCHEZ (USA)

Erstmals tauchte Roger mit »Release Yo Self« (3/97 GB 43) in den Charts auf. Als Interpreten wurden Roger Sanchez presents Transatlantic Soul angegeben. »I Want Your Love« (2/99 GB 31) erschien als Roger Sanchez presents Twilight. »I Never Knew« (1/00 GB 24) und »Another Chance« (8/01 D 18) erschienen unter seinem Namen, es folgte als Roger Sanchez feat. A. van Helden & N'Dea Davenport »You Can't Change Me« (12/01 GB 25).

Another Chance (7/01 GB 1)
Dance

Sanderson, Richard

RICHARD SANDERSON v (Großbritannien, * 5. 3. 1953)

Der Sänger und Songschreiber hatte das Glück, dass der Film »La Boum – die Fete« in die kleinen Herzchen der Teenies einschlug. Darin zu hören war sein Titel »Reality«, der im Frühjahr 1981 veröffentlicht wurde und ein Jahr später auf Platz 20 in Deutschland kam. Nach einer Neuauflage des Films fünf Jahre später stieg die Platte erneut in die deutschen Charts ein und wurde dieses Mal Spitzenreiter. Es blieb der einzige Erfolg von Sanderson, obwohl bis in die 90er Jahre Platten von ihm erschienen.

Reality (1/87 D 1)
One Hit Wonder, Soft Pop

Sandpipers

JIM BRADY v (USA, * 24. 8. 1944 als James Brady), MICHAEL PIANO v (USA, * 26. 10. 1944), RICHARD SHOFF v (USA, * 30. 4. 1944)

Die Sandpipers aus Los Angeles trafen sich, als sie Mitglieder im Mitchell Boys Choir waren. Mitte 1966 erschien ihr Titel »Guantanamera« (11/66 D 22). »Louie, Louie« (11/66 US 30), »Quando M'Inamoro (A Man Without Love)« (6/68 GB 33), »Kumbaya« (3/69 GB 38) und »Come Saturday Morning« (12/69 US 17) setzten die Tradition sanfte Popsongs mit südamerikanischem Folk-Touch fort. »Hang On Sloopy« (11/76 GB 32) war ihr letzter Chart-Entry. Ihr erfolgreichstes Album hieß »Guantanamera« (10/66 US-LP 13).

Guantanamera (7/66 US 9; 9/66 GB 7)
Folk, Pop

Sandra

SANDRA v (Deutschland, * 18. 5. 1962 als Sandra Lauer in Saarbrücken)

Mit zwölf Jahren wurde sie bei einem Talentwettbewerb entdeckt und nahm mit dem Titel »Andy, mein Freund« ihre erste Single auf. Nachdem ihre Solokarriere nicht in Schwung kam, wurde sie 1978 für das Mädchentrio Arabesque engagiert. Zunächst wurden die drei zu Superstars in Japan, dann hatten sie auch in unseren Breiten Erfolg. Als der nachließ, trennten sie sich 1983, und Sandra machte wieder als Solistin weiter. 1982 hatte sie ihren späteren Ehemann Michael Cretu kennengelernt, der schon zu diesem Zeitpunkt ein erfolgreicher Songschreiber und Produzent war. 1985 nahm Sandra die von Cretu mit Hubert Kemmler und Markus Löhr geschriebene Nummer »Maria Magdalena« auf. Sandra sang die weiblichen Vokalparts bei Cretus Projekt Enigma. 1994 kündigte sie an, nicht mehr als Sandra singen zu wollen. 1995 veröffentlichte sie »Nights In White Satin« (5/95 D 86) aus dem im selben Jahr erschienenen Album »Fading Shades«.

Ihre erfolgreichsten Alben waren »The Long Play« (11/85 D-LP 12), »Mirrors« (10/86 D-LP 16), »Paintings In Yellow« (4/90 D-LP 4), »Close To Seven« (2/92 D-LP 7) und »18 Greatest Hits« (10/92 D-LP 10).

Nach einer sechsjährigen Pause – Sandra war Mutter von Zwillingen geworden – meldete sich Sandra im Herbst 2001 mit der Single »Forever« wieder zurück. Im Frühjahr 2002 folgten das Album »The Wheel Of Time« und die Single »Such A Shame«, eine Coverversion der alten Talk Talk-Nummer.

Maria Magdalena (7/85 D 1)
In The Heat Of The Night (11/85 D 2)
Hi! Hi! Hi! (9/86 D 7)
Everlasting Love (9/87 D 5)
Stop For A Minute (2/88 D 9)
Secret Land (10/88 D 7)
We'll Be Together ('89 Remix) (1/89 D 9)
Hiroshima (2/90 D 4)
Disko, Pop

Siehe auch: Enigma; Arabesque

Sanford/Townsend Band

ED SANFORD key (USA), JOHN TOWNSEND v (USA)

Das aus Los Angeles stammende Duo nannte als größten Einfluss Rhythm-&-Blues und Interpreten wie Wilson Pickett oder Allen Toussaint. Vorher hatte Sanford mit Larry Sims und Merle Brigante gespielt, die beide später zu Loggins & Messina gingen. Townsend war vorher Mitglied bei Feather, die 1970 eine Chartnotierung in den USA hatten. Nachdem die beiden Bands auseinander gebrochen waren, begannen die beiden, in Teamarbeit Songs zu schreiben. 1976 wurde die LP »Smoke From A Distant Fire« veröffentlicht, und ein Jahr später kam dann die Singleauskopplung des Titelsongs in die Charts. Nach diesem Erfolg sind andere, wie z. B. Loggins & Messina und Nigel Olsson, hingegangen und haben Kompositionen von Sanford und Townsend aufgenommen. Bis zum Ende der 70er Jahre erschienen weitere Platten der beiden, die sich jedoch nicht mehr in den Charts platzieren konnten.

Smoke From A Distant Fire (6/77 US 9)
AOR (Adult Orientated Rock), One Hit Wonder, Pop,

Sang, Samantha

SAMANTHA SANG v (Australien, * 5. 8. 1953 als Cheryl Gray in Melbourne)
Ihre Karriere begann 1961 bei einer Radiostation in ihrer Heimatstadt. Ende der 60er Jahre war sie in Australien ein Topstar. Anfang der 70er kam sie nach GB, wo sie die Bee Gees traf. Robert Stigwood, der Manager dieser Band, gab ihr den Rat, ihren Namen in Samantha Sang zu ändern. Die beiden Brüder Barry und Robin Gibb schrieben ihr die Nummer »Emotion« (2/78 GB 11). Barry Gibb sang auch im Hintergrund mit. Weitere Plattenveröffentlichungen brachten international keinen Hit mehr.

Emotion (11/77 US 3)
Disko, One Hit Wonder, Pop

Santa Esmeralda

LEROY GOMEZ v (Spanien)
Die Studioformation um den Sänger Leroy Gomez verstand es, Flamenco und Disko so zu mixen, dass daraus zumindest für einen Titel ein weltweiter Hit heraussprang: »Don't Let Me Be Misunderstood« (11/77 US 15), 1965 bereits ein Hit für die Animals. Bei der nachfolgenden Produktion tauchte Gomez nicht mehr auf, dafür Jimmy Goings. Man versuchte sich an einem weiteren Hit der Animals, »The House Of The Rising Sun« (2/78 D 27). Ihre erfolgreichsten Alben waren »Santa Esmeralda« (10/77 D-LP 1), »Don't Let Me Misunderstood« (11/77 US-LP 25) und »Santa Esmeralda II« (3/78 D-LP 24).

Don't Let Me Be Misunderstood (10/77 D 1)
Disko

Santabarbara

MARIO BALAQUER g (Spanien), ALBERTO LOPEZ d (Spanien), ENRIQUE MILIAN b (Spanien)
Das Trio schaffte 1973 den Sommerhit aller Spanienurlauber mit »Charly«. Dabei war das Ganze eigentlich eine recht traurige Geschichte. Sie handelt von einer Taube, die von einem tierlieben Jungen gefunden und gepflegt wird, bis sie schließlich wieder davonfliegt. Außer in Deutschland kam die Formation in keine internationale Hitparade.

Charly (9/73 D 5)
One Hit Wonder, Schlager

Santamaria, Mongo

MONGO SANTAMARIA d (Kuba, * 7. 4. 1922 als Ramon Santamaria in Havanna)
Der Schlagzeuger, Bandleader und Songschreiber kam 1950 über Mexico City nach New York und spielte dort für drei Jahre in der Band von Perez Prado. Den Rest der 50er Jahre war er dann mit Tito Puente zu hören. Außerdem spielte er auf Platten von George Shearing, Dizzy Gillespie oder Jack McDuff. Ab 1958 machte Mongo Santamaria auch eigene Platten.

Seine Musik kann man als Fusion von Latin, Rhythm & Blues, Jazz und Soul bezeichnen. Seinen größten Singleerfolg hatte er mit der von Herbie Hancock geschriebenen Nummer »Watermelon Man«. Bis in die 70er Jahre sind von ihm erfolgreiche Langspielplatten, bis in die 90er Jahre weitere LPs erschienen. 1966 wirkte er im Film »Made In Paris« mit.

Watermelon Man (3/63 US 10)

Instrumental, Jazz, Latin Rock, Rhythm & Blues

Santana

JOSE CHEPITOS AREAS per (Nicaragua * 25. 7. 1946 in Leon), DAVID BROWN b (USA, * 15. 2. 1947 in New York City), MICHAEL CARABELLO per (USA, * 18. 11. 1947 in San Francisco), TOM COSTER (USA, * 21. 8. 1941), COKE ESCOVEDO (USA, * 30. 4. 1941 als Thomas Escovedo in Kalifornien, † 13. 7. 1985), GRAHAM LEAR d (USA), ARMANDO PERAZA, RAUL REKOW, GREGG ROLIE key (USA, * 17. 6. 1947 in Seattle/Washington), CARLOS SANTANA v, g (Mexico, * 20. 7. 1947 in Autlan de Jalisco), NEAL SCHON g (USA, * 27. 2. 1954 in San Mateo/Kalifornien), MICHAEL SHRIEVE per (USA, * 6. 7. 1949 in San Francisco), ORESTES VILATO

Carlos war eins von sieben Kindern des Mariachi-Spielers José Santana. Schon in jungen Jahren spielte er in den Kneipen und Bordellen in den Vergnügungsvierteln der Grenzstadt Tijuana Gitarre. 1962 zog die gesamte Familie nach San Francisco, und dort spielte Carlos zunächst in ein paar lokalen Bands. Mitte 1966 gründete er mit einigen Freunden die Santana Blues Band. Die Geschichte erzählt, dass Carlos nicht im Vordergrund stehen wollte, die lokale Musikergewerkschaft jedoch verlangte, dass jede Gruppe einen Kopf haben müsste. Den spielte Carlos. Zwei Jahre später wurde aus der Blues Band das Rockseptett Santana, das einem breiteren Publikum 1969 beim Woodstock-Festival bekannt wurde. Dort trat die Band ohne Gage auf und wurde neben Joe Cocker eine der Entdeckungen. Danach ging Santanas Karriere steil nach oben. Die erste Hitnotierung hatte Santana kurz nach Woodstock mit »Jingo« (10/69 US 56). Im Frühjahr 1970 kam mit »Evil Ways« der erste Top-10-Erfolg und noch im selben Jahr mit »Black Magic Woman« der vorerst letzte. »Black Magic Woman« war im Übrigen eine Nummer, die der britische Gitarrist Peter Green für seine Formation Fleetwood Mac geschrieben und im Original aufgenommen hat. Nummern wie »Oye Como Va«, »Se A Cabo«, »Europa«, »Aqua Marine«, »Samba De Sausalito« oder vor allem »Samba Pa Ti« hätten höchste Hitnotierungen verdient gehabt. Auf der anderen Seite sind es vorwiegend die LPs dieser Band gewesen, die erfolgreich waren: »Santana« (9/69 US-LP 4, 5/70 GB-LP 26, 7/70 D-LP 12), »Abraxas« (10/70 US-LP 1, 11/70 GB-LP 7, 12/70 D-LP 5), »Santana III« (10/71 US-LP 1, 11/71 GB-LP 6, D-LP 6), »Carlos Santana & Buddy Miles! Live!« (7/72 US-LP 8, 8/72 GB-LP 29, 9/72 D-LP 14), »Caravanserai« (11/72 US-LP 8, GB-LP 6, 12/72 D-LP 13), »Love Devotion And Surrender« (7/73 US-LP 14, GB-LP 7, 8/73 D-LP 26) mit Mahavishnu John McLaughlin, »Welcome« (12/73 GB-LP 8, US-LP 25, 2/74 D-LP 29), »Santana's Greatest Hits« (7/74 US-LP 17, 9/74 GB-LP 14, D-LP 11), »Borboletta« (11/74 US-LP 20, GB-LP 18, 12/74 D-LP 28), »Amigos« (4/76 US-LP 10, GB-LP 21, 5/76 D-LP 8), »Festival« (1/77 D-LP 15, GB-LP 27, US-LP 27), »Moonflower« (11/77 US-LP 10, GB-LP 7, 12/77 D-LP 16), »Inner Secrets« (11/78 US-LP 27, GB-LP 17, 12/78 D-LP 11), »Zebop!« (4/81 US-LP 9, GB-LP 33, D-LP 21), »Shango« (8/82 D-LP 14, 9/82 US-LP 22), »Beyond Appearance« (3/85 D-LP 20).

Die Erfolge des Ausnahmegitarristen Santana gehen mit immer wieder wechselnden Musikern bis in die 90er Jahre. Alleine bis Ende 1976 werden 22 verschiedene Besetzungen von Santana aufgelistet. Carlos spielte außerdem mit exzellenten Musikern aus den Lagern Jazz, Rock und Blues auf deren Platten zusammen. Besonders bemerkenswert seine Zusammenarbeit mit John Lee Hooker. 1998 wurde Santana in die Rock and Roll Hall of Fame aufgenommen. Im darauffolgenden Jahr erschien das Album »Supernatural« (7/99 US-LP 1, D-LP 1, 9/99 GB-LP 1), das im Anfang 2001 schon vierzehnfach Platin erhalten hatte. Für die Grammy-Verleihung 2000 wurde das Album mit 10 Nominierungen bedacht. Der Abend des 23. 2. 2000 wurde zu einem Triumph für Carlos Santana: An 9 Grammys war er beteiligt: Album des Jahres und Rock Album »Supernatural«; Platte, Song des Jahres und Pop mit Gesang »Smooth«; Pop-Duo oder Gruppe mit Gesang »Maria Maria«; Pop Instrumental »El Farol«; Rock-Duo oder Gruppe mit Gesang »Put Your Lights On« mit Everlast als Gast und Rock Instrumental »The Calling« mit Gast Eric Clapton. Aus diesem Album stammten »Smooth« – als Sänger war darauf Rob Thomas von der Gruppe Matchbox 20 zu hören – und »Maria Maria«.

Evil Ways (1/70 US 9)
Black Magic Woman (11/70 US 4)
Smooth (7/99 US 1; 4/00 GB 3)
Maria Maria (2/00 D 1, US 1; 8/00 GB 6)
AOR (Adult Orientated Rock), Jazz Rock, Pop

Santillan, Facio

FACIO SANTILLAN fl
Mitte des Jahres 1970 stand das amerikanische Duo Simon & Garfunkel für sieben Wochen auf Platz 1 der deutschen Hitparade mit der Folklore-Nummer »El Condor Pasa«. Paul Simon hatte zu der südamerikanischen Melodie einen englischen Text geschrieben und bei der Produktion auf die Formation Los Incas zurückgegriffen, die die typischen Indioflöten spielten. Santillan veröffentlichte eine Instrumentalversion dieses Titels.

El Condor Pasa (8/70 D 9)
Instrumental, One Hit Wonder, Pop

Santos

SANTOS dj (Italien, in Rom)
Santos wurde 1971 geboren. Er bezeichnet Kraftwerk, Giorgio Moroder, Jean-Michel Jarre und Cerrone als seine musikalischen Vorbilder. Für den Sommer 2001 wurde das Album »R U Shackadelic« angekündigt.

Camels (1/01 GB 9)
Dance

Sara @ Tic Tac Two

JOZZY T v (Deutschland, * 4. 8. 1975 als Marlene Victoria Tackenberg in Gelsenkirchen), LEE v (Deutschland, * 29. 7.1974 als Liane Claudia Sprenger-Wiegelmann, SARA
1998 befand sich das Trio Tic Tac Toe in Schwierigkeiten. Ricky wollte eine Solokarriere beginnen und deshalb nahmen die beiden anderen mit der 20-jährigen Sängerin Sara aus Datteln als Sara @ Tic Tac Two den Titel »Nie wieder« auf. Die Platte war als einmalige Aktion geplant. Es wurde allerdings schon angekündigt, dass man als Trio weitermachen wolle, wenn die Nummer sich zum Hit entwickeln würde. Sara hatte im November 1998 die erfolglose Single »Tut mir leid (du bist alt und ich bin jung)« veröffentlicht. Mitte 2000 hatten sich die Namens-

inhaber von Tic Tac Toe wohl geeinigt: Lee, Jazzy und Sara durften sich jetzt wieder so nennen.

Nie wieder (3/99 D 4)
Pop

Siehe auch: Tic Tac Toe

Saragossa Band

THOMMY BRANDNER (Deutschland), HARRY CARRERE v, DUSTY KLAERL, GEORG KLANTHE b, GLORIA RENNALLS, ALFRED RUDEC v, g, HELMUT SCHIFFNER, PIT TROJA (Deutschland), HENRY WHISKY d
Die Gruppe hatte ab 1977 Erfolg. Sie machten eine Mixtur aus Reggae, Humtata, Disko und dem, was sich Klein Hänschen unter Karibik-Feeling vorstellt. »Big Bamboo (Ay Ay Ay)« (6/77 D 40) hieß noch im selben Jahr ihr erster Erfolg in der deutschen Hitparade. Mit »Rasta Man« und »Zabadak« gelangen der Gruppe 1979 zwei Top-10-Erfolge. »Ginger Red« (7/80 D 28), »Agadou« (6/81 D 14), »Aiko Aiko« (12/81 D 37) und »Dance With The Saragossa Band On 45« (2/82 D 23) waren die weiteren Top-40-Hits. »Za Za Zabadak« (1/82 D-LP 3) und »Das neue große Za Za Zabadak« (1/83 D-LP 14) waren die größten Albenerfolge.

Rasta Man (5/79 D 9)
Zabadak (12/79 D 6)
Disko, Middle Of The Road (MOR)

Sarne, Mike

MIKE SARNE v (Großbritannien, * 6. 8. 1939 als Michael Scheur in Paddington/London)
Der Filmschauspieler, Regisseur und Sänger begann seine Schauspielkarriere 1957. 1962 nahm er, mehr als Joke gedacht, zusammen mit der Schauspielkollegin Wendy Richard den Song »Come Outside« auf. Auch seine nächste Platte sang er im Duett, dieses Mal mit Billie Davis: »Will I What« (9/62 GB 18). Nach »Just For Kicks« (1/63 GB 22) und »Code Of Love« (3/63 GB 29) widmete er sich wieder mehr dem Filmgeschäft. 1970 wurde Mike Sarne nach zwei Filmen, bei denen er Regie geführt und für die er das Drehbuch geschrieben hatte, von der Kritik dermaßen zerrissen, dass er von der Bildfläche verschwand.

Come Outside (5/62 GB 1)
Pop

Sarstedt, Peter

PETER SARSTEDT v, g (Indien, * 10. 12. 1942 in Neu Dehli)
In der Begleitband seines älteren Bruders Richard, der als Eden Kane Anfang der 60er Jahre in GB erfolgreich war, spielte Peter Gitarre. Ende der 60er Jahre versuchte er sich als Solist, machte eine Mixtur aus Folk- und Popmusik und stand mit der selbst geschriebenen Nummer »Where Do You Go To My Lovely« erstmals in den Charts. »Frozen Orange Juice« folgte und danach gelang ihm nichts mehr. Sein erfolgreichstes Album hieß »Peter Sarstedt« (3/69 GB-LP 8). Ein Zusammenschluss der Brüder Richard, Clive – der auch als Robin Sarstedt sein Glück als Solist versuchte – und Peter als Sarstedt Brothers 1973 brachte nichts mehr. Peter trat bis in die 90er Jahre in den entsprechenden Oldie-Sendungen auf und sang bei Nostalgie-Shows oft mit Gerry & The Pacemakers. 1986 nahm Peter zusammen mit seinem Bruder Robin/Clive das New-Age-Instrumentalalbum »Asia Minor« auf.

Where Do You Go To My Lovely (2/69 D 9, GB 1)
Frozen Orange Juice (6/69 GB 10)
Pop, Soft Pop

Siehe auch: Kane, Eden; Sarstedt, Robin

Sarstedt, Robin

ROBIN SARSTEDT v (Großbritannien, als Clive)

Einer der drei Brüder Sarstedt, von denen Peter und Richard in den 60er Jahren in GB recht erfolgreich waren. Dieser Sarstedt machte Platten unter seinem richtigen Namen, aber auch als Robin. Im Frühjahr 1976 gelang ihm mit einer neuen Version der alten Hoagy-Carmichael-Nummer »My Resistance Is Low« ein Hit. Es blieb der einzige Erfolg von Clive/Robin, der auch zusammen mit seinen Brüdern Platten aufnahm.

My Resistance Is Low (5/76 GB 3)

One Hit Wonder, Pop, Soft Pop

Siehe auch: Kane, Eden; Sarstedt, Peter

Sash!

RALF ›KAPPI‹ KAPPMEIER key (Deutschland), SASHA LAPPESSER key (Deutschland, als Sascha Lappesser in Köln), THOMAS ›ALISSON‹ LÜDKE key (Deutschland), SABINA OHMES v (Deutschland)

Die Formation Sash! überraschte 1997 die Dance-Szene nicht nur in Deutschland. Zuerst stand »Encore Une Fois« hierzulande unter den ersten 20 in den Charts, dann stieg die Nummer am 1. 3. 1997 auf Platz 2 in den GB-Charts ein. Produziert wurde der Titel in Düsseldorf. Sasha hatte sich seine ersten Sporen als Lightjockey und dann als regulärer DJ verdient. Seine erste Platte produzierte er als Careca: »Indian Rave«. Im Herbst 1995 bildete er mit DJ-Kollegen Thomas ›Alisson‹ Lüdke und dem Techniker/Musiker Ralf ›Kappi‹ Kappmeier das Produktionsteam Sash! & Tokapi. Als erste Single dieses Teams erschien »It's My Life«. Die Platte wurde ein Hit in Belgien – aber eben nur dort. Ihre nächste Platte war dann der Knüller »Encore Une Fois«, auf dem als Sängerin Sabine Ohmes zu hören war. Im April kam die Single »Ecuador« – hier wurde Adrian Rodriguez, ein Münchener Szene-DJ, der in Montevideo/Uruguay geboren wurde, ›gefeaturet‹. Am 9.6. stieg die Platte auf Platz 13 in Deutschland in die Charts ein und war eine Woche später ein Top-10-Hit. Ende April erschien das Album »It's My Life« (7/97 GB-LP 6). In britischen Zeitschriften wurde Sash! lange als belgische Formation angesehen. »Stay« (10/97 D 17) war die dritte erfolgreiche Single des Projektes, diesmal sang La Trec. Sabine Ohmes brachte Ende 1997 mit dem Studioprojekt Encore die Platte »Le Disc-Jockey« (11/97 D 63, 2/98 GB 12) auf den Markt. »La Primavera« (3/98 D 13) war der nächste Top-10-Hit in GB. Beim nächsten Hit, »Mysterious Times« (8/98 D 18), wurde Sash! von der Sängerin Tina Cousins begleitet, bei »Move Mania« von Shannon. Dann folgten »Colour The World« (3/99 D 39, 4/99 GB 15) und »Adelante« (12/99 D 17). Als nächstes Erfolgsalbum erschien »Life Goes On« (9/98 GB-LP 5).

Encore Une Fois (3/97 GB 2)
Ecuador (6/97 D 7)
Equador (7/97 GB 2)
Stay (10/97 GB 2)
La Primavera (4/98 GB 3)
Mysterious Times (8/98 GB 2)
Move Mania (11/98 GB 8)
Adelante (2/00 GB 2)
Just Around The Hill (4/00 GB 8)
With My Own Eyes (9/00 GB 10)

Dance, Rave

Siehe auch: Shannon

Sasha

SASHA v (Deutschland, * 5. 1. 1972 als Sasha Schmitz in Soest)

Er begann seine Karriere in der Funk/Rock-Crossover-Band Junkfood. Dort wurde er von dem Produzenten Grant Michael B. entdeckt, der ihn für die Click-Studios engagierte. In den nächsten Jahren sang er im Background von Bellini, Interactive, Der Wolf (»Sei dein eigener Held« – hier spielte er auch im Video mit) oder mit Sir Prize. Dann wurde Sasha als

Backgroundstimme für Young Deenay und deren Nummern »Walk On By« (11/97 D 5) und »Wannabe Your Lover« (5/98 D 7) verpflichtet. Danach wurden die beiden von den Bravos dieser Republik als das neue Teentraumpaar angebiedert – bis Sasha bzw. die Plattenfirma, auf der Deenay ihre Platten veröffentlicht hatte, das Potenzial seines Aussehens bemerkte. Flugs drehte man den Spieß um und machte mit Sasha die Single »I'm Still Waitin'« (7/98 D 14), auf der nun Young Deenay im Hintergrund sang. Dann war es an der Zeit, aus Sasha eine Ein-Mann-Boy-Group zu kreieren. Mit »If You Believe« und »We Can Leave The World« gelangen ihm seine ersten Top-10-Hits.

Seine Alben »Dedicated To ...« (11/98 D-LP 4), »...You« (5/00 D-LP 2), »Surfin' On A Backbeat« (11/01 D-LP 7) wurden ebenfalls Knüller.

Mitte 2000 wurde der Versuch unternommen, Sasha auch auf dem amerikanischen Markt zu etablieren. Seine Nummer »If You Believe« schaffte es zumindest unter die ersten 25 der Adult-Contemporary-Hitparade im Billboard. In den USA nannte er sich Sasha Alexander.

If You Believe (11/98 D 3)
We Can Leave The World (3/99 D 10)
I Feel Lonely (7/99 D 9)
Pop

Savage Garden

DARREN HAYES v, g (Australien, * 8. 5. 1972 in Brisbane), DANIEL JONES v, g, key (Großbritannien, * 22. 7. 1973 in South End)

Das Duo schaffte mit »I Want You« den Sprung von down under nach oben auf den nordamerikanischen Kontinent. Die Platte war 1996 die bestverkaufte Single in Australien. 1993 hatten sich die beiden Musiker in einer Kneipe in Brisbane kennengelernt. Daniel suchte für sein Projekt einen geeigneten Sänger, und Darren bewarb sich um den Job. Nach den ersten Demos standen angeblich die Plattenfirmen Schlange, um das Duo unter Vertrag zu nehmen. Für die Produktion ihres Debütalbums »Savage Garden« (3/97 US-LP 3, 3/98 GB-LP 13) ließen sie sich acht Monate Zeit – »I Want You« (5/97 D 38, GB 11) war die erste Singleauskopplung daraus, dann »To The Moon And Back« (7/97 US 37, 9/97 D 14, 7/98 RE-US 24). Savage Garden ›kreieren einen erfrischenden Mix verschiedener Stilrichtungen. Ihre Texte sind beißend und provokativ, die Musik eine herrliche Vereinigung aus Traditionellem und Modernem, zentrales Thema ist die Liebe in allen Facetten‹, schreibt ihre Plattenfirma. Solche Aussagen klingen nicht besonders aufregend. »Truly Madly Deeply« (3/98 D 12) aus diesem Album wurde nach nur sieben Wochen Spitzenreiter in den USA und verdrängte dort am 17. 1. 1998 »Candle In The Wind 97« von Platz 1. Im August 1998 wurde auch in GB die Nummer »To The Moon And Back« erneut veröffentlicht und sprang gleich in die Top 10. Das nächste Erfolgsalbum war »Affirmation« (11/99 US-LP 6, GB-LP 7). 2000 trennte sich Darren von seinem Partner und lebt inzwischen in San Francisco. Im März 2002 erschien mit »Spin« das erste Soloalbum von Darren. Ausgekoppelt wurde »Insatiable«.

I Want You (2/97 US 4)
Truly Madly Deeply (12/97 US 1; 2/98 GB 4)
To The Moon And Back (8/98 GB 3)
I Knew I Loved You (10/99 US 1; 11/99 GB 10)
Affirmation (7/00 GB 8)
Pop, Rock

Siehe auch: Hayes, Darren

Savalas, Telly

TELLY SAVALAS v (USA, * 21. 1. 1924 als Aristotle Savalas in Garden City/New York, † 22. 1. 1994)

Der Lolly-Lutscher und glatzköpfige Film- und TV-Star hatte mit einer gesprochenen Version eines Bread-Hits seinen ersten Chart-Erfolg: »If«. Sein erfolgreichstes Album hieß »Telly« (3/75 GB-LP 12). Seine Karriere als Schauspieler begann erst, als er schon knapp 40 war. In dem Film »Birdman Of Alcatraz« 1962 war er so überzeugend, dass er für den Oscar der besten Nebenrolle nominiert wurde. Tellys Vielseitigkeit zeigte sich in so unterschiedlichen Filmen wie »The Greatest Story Ever Told« 1965, in der er den Pontius Pilatus spielte, »Dirty Dozen« 1967, »Im Geheimdienst Ihrer Majestät« 1969, »Pancho Villa« 1972 oder »Muppet Movie« 1979. Als Fernsehstar entdeckte man Savalas erstmals 1961 für die Abenteuergeschichte ›Acapulco‹. Als Lt. Theo Kojak war er zwischen 1973 und 1978 überaus erfolgreich. 1974 erhielt er für diese Rolle einen Emmy Award. Als er in den 90er Jahren wieder als Kojak über die Mattscheibe huschte, hatten ihm die amerikanischen Zahnärzte verboten, weiterhin an seinem Lolly zu lutschen, um den Kindern kein schlechtes Vorbild zu sein. Entzückend! Er starb einen Tag nach seinem siebzigsten Geburtstag an Krebs.

If (2/75 D 4, GB 1)
Some Broken Hearts Never Mend (12/80 D 5)
Pop

Sayer, Leo

LEO SAYER v (Großbritannien, * 21. 5. 1948 als Gerard Hugh Sayer in Shoreham-on-Sea)
1972 begann der Sänger und Songschreiber seine Laufbahn als Mitglied der Gruppe Patches. Deren Manager war Dave Courtney, Ex-Schlagzeuger von Adam Faith. Dave war von Leo so begeistert, dass er ihn Adam Faith vorstellte, der ihn unter seine Fittiche nahm und zum Star machte. »The Show Must Go On« war die erste Hitnotierung von Leo Sayer. »Orchard Road« (3/63 GB 16) war im Frühjahr 1983 sein letzter Top-20-Hit in GB. Danach hatte er vertragliche Schwierigkeiten mit dem Management und der Plattenfirma. Ein Rechtsstreit mit seinem ehemaligen Manager Adam Faith endete damit, dass Leo 650 000 Pfund an ihm noch zustehenden Tantiemen zugesprochen wurden. Seine Plattenveröffentlichungen reichen bis in die 90er Jahre. »You Make Me Feel Like Dancing« (8/98 GB 32) kam erneut in die Charts, als die Formation Groove Generation den Titel wieder aufnahm und Leo Sayer singen ließ. Die erfolgreichsten Alben: »Silver Bird« (1/74 GB-LP 2), »Just A Boy« (10/74 GB-LP 4, 2/75 US-LP 16), »Another Year« (9/75 GB-LP 8), »Endless Flight« (11/76 GB-LP 4, US-LP 10, 1/77 D-LP 25), »Thunder In My Heart« (10/77 GB-LP 8, US-LP 37), »Leo Sayer« (9/98 GB 15), »The Very Best Of Leo Sayer« (3/79 GB-LP 1), »Living In A Fantasy« (8/80 GB-LP 15, 10/80 US-LP 36) und »Have You Ever Been In Love« (11/83 GB-LP 15). Mit Oldie-Festivals war Leo Sayer auch noch im Jahr 2002 unterwegs.

The Show Must Go On (12/73 GB 2; 3/74 D 7)
One Man Band (6/74 GB 6)
Long Tall Glasses (I Can Dance) (9/74 GB 4; 2/75 US 9)
Moonlightning (8/75 GB 2)
You Make Me Feel Like Dancing (10/76 D 9, GB 2, US 1)
When I Need You (1/77 US 1, GB 1)
How Much Love (4/77 GB 10)
I Can't Stop Lovin' You (Though I Try) (9/78 GB 6)
More Than I Can Say (7/80 GB 2; 9/80 US 2, D 8)
Have You Ever Been In Love (3/82 GB 10)
Pop

Scaffold

JOHN GORMAN v (Großbritannien, * 4. 1. 1937), MIKE MCGEAR v (Großbritannien,

* 7. 1. 1944 als Michael McCartney in Liverpool), ROGER MCGOUGH v (Großbritannien, * 9. 11. 1937)
Die Liverpooler Formation wurde 1963 als »The Liverpool One Fat Lady All Electric Show« von Paul McCartneys Bruder Michael, dem Dichter McGough und dem Komiker Gorman gegründet. Zunächst traten sie in der Clubszene mit satirischen Sketchen auf, und 1966 erhielten sie einen Plattenvertrag. Ihre erste Single hieß »2 Day's Monday« und war von George Martin produziert worden. Sie wurde wie die Nachfolgesingle »Goodbat Nightman« ein Flop. Mit »Lily The Pink« hatten sie ihren größten kommerziellen Erfolg. Beteiligt an der Aufnahme waren u. a. Graham Nash von den Hollies und Jack Bruce. Durch die ausgedehnte Nachbearbeitung ging Mikes Meinung nach der für das Stück typische Tanzrhythmus verloren, also nahm er ihn mit Ringo Starrs Bass Drum selbst auf. Zu den Sessionsängern gehörte auch Elton John, der zu jener Zeit noch Reg Dwight hieß und sich zwischen seinen Büropflichten bei einem Musikverlag als Sessionsänger Geld verdiente. 1973 machten die drei zusammen mit dem Torso einer anderen britischen Blödelkapelle, der Bonzo Dog Doo-Dah Band, die Gruppe Grimms auf. Plattenveröffentlichungen floppten. Erneut kam Scaffold zusammen und nahm die LP »Fresh Liver« auf, aus der Mitte 1974 »Liverpool Lou« ausgekoppelt wurde. Nach einer weiteren LP löste Scaffold sich auf. McGear, der ab 1972 Soloplatten veröffentlicht hatte, verfolgte diese Karriere weiter und wurde später Fotograf. McGough wurde Lyriker, Gorman machte im Fernsehen Karriere und tauchte 1980 noch einmal als Mitglied der Four Bucketeers in der Hitparade auf. 1992 hatte sich die Fotoarbeit von Mike gelohnt. Im Albert Dock Maritim Museum in Liverpool, wo er immer noch lebt, hatte er die Ausstellung ›Liverpool Now‹. Im September desselben Jahres veröffentlichte er das Kinderbuch ›Sunny Joe And The Ringdon Rhymes‹.

Thank U Very Much (11/67 GB 4)
Lily The Pink (11/68 GB 1; 1/69 D 5)
Liverpool Lou (6/74 GB 7)
Folk, Pop

Scaggs, Boz

BOZ SCAGGS v, g (USA, * 8. 6. 1944 als William Royce Scaggs in Ohio)
Der Sänger, Gitarrist und Songschreiber begann, mal mit, mal ohne Steve Miller, in Bands wie Markmen 1959, Ardells 1961, Fabulous Knighttrains 1961 und Wigs 1963. 1964 ging Boz Scaggs nach Europa und machte in Schweden seine erste Solo-LP, die jedoch auch nur dort erschien. Bis 1967 zog er durch die Welt, dann kehrte er in die Staaten zurück und wurde im September jenes Jahres Mitglied bei der Steve Miller Band. Ende 1968, nach zwei LPs, verließ er Steve wegen musikalischer Differenzen und machte 1969 mit hervorragenden Studiomusikern, z. B. Duane Allman, eine ausgezeichnete Solo-LP, die kein Erfolg wurde. Den hatte er aber ab Anfag der 70er Jahre. Seine erste Hitnotierung war »We Were Always Sweethearts« 1971. Zu den schönsten Kompositionen, die Boz schrieb, zählt das Stück »We're All Alone«, mit dem Rita Coolidge 1977 erfolgreich war. 1994 veröffentlichte er das Album »Some Change«. Mit ihm spielten u. a. Booker T. Jones, Ricky Fataar, Nathan East, Neil Stubenhaus oder Michael Omartian. Seine erfolgreichsten Alben waren »Silk Degrees« (3/76 US-LP 2, 3/77 GB-LP 37), »Down 2 Then Left« (12/77 US-LP 11), »Middle Man« (4/80 US-LP 8) und »Hits!« (11/88 US-LP 24).

Lowdown (7/76 US 3)
What Can I Say (1/77 GB 10)
AOR (Adult Orientated Rock), Rock, West Coast

Scandal

IVAN ELIAS b (USA), RAY GOMEZ g (USA), BENJI KING key (USA), FRANKIE LA ROCKA d (USA), PAUL SHAFFER key (USA), ZACK SMITH g (USA, in Westport/Connecticut), PATTY SMYTH v (USA, * 26. 6. 1957 in New York City)

Scandal aus New York hatte Ende 1982 mit »Goodbye To You« die erste Hitnotierung. Ab 1984 wurden die Platten als Scandal featuring Patty Smyth veröffentlicht. Das Stück »The Warrior« war produziert von Mike Chapman. Nach 1985 gelang der Gruppe kein Erfolg mehr. Patty Smyth wurde als Solointerpretin ab 1987 in den Charts notiert. Richtig erfolgreich wurde sie, als sie im Duett mit Eagle Don Henley im Herbst 1992 »Sometimes Love Just Ain't Enough« sang. Scandals erfolgreichstes Album hieß ebenfalls »The Warrior« (8/84 US-LP 17).

The Warrior (6/84 US 7)
Rock

Siehe auch: Smyth, Patty

Scanty Sandwich

RICHARD MARSHALL (Großbritannien)

»Because Of You« hatte eine Vorlage: »Shoo Be Doo Be Doo Da Day« von Stevie Wonder aus dem Jahr 1968. Michael Jackson coverte 1972 den Titel und jetzt machte daraus Richard Marshall »Because Of You«.

Because Of You (1/00 GB 3)
One Hit Wonder, Pop

Scarbury, Joey

JOEY SCARBURY v, p (USA, * 7. 6. 1955 in Ontario/Kalifornien)

Joey machte mit 13 Jahren seine erste Platte. 1971 wurde er erstmals in den US-Charts notiert mit »Mixed Up Guy«. Danach war er auf Produktionen des Hitmachers Mike Post zu hören und als Backgroundsänger bei Loretta Lynn. Als Mike Post einen Sänger für das Thema zur TV-Serie ›Greatest American Hero‹ suchte, erinnerte er sich an Joey Scarbury und nahm die Platte mit ihm auf. Es wurde Joeys einziger großer Erfolg, ein Millionseller.

Theme From Greatest American Hero (Believe It Or Not) (5/81 US 2)
One Hit Wonder, Pop

Scatman John

SCATMAN JOHN v, p (USA, * 13. 3. 1942 als John Larkin in Kalifornien, † 6. 12. 1999)

Jahrelang hatte Larkin in kalifornischen Bars Piano gespielt und sicher nicht mehr damit gerechnet, dass ihm noch einmal ein internationaler Erfolg beschieden sein würde. 1990 flog er von L.A. nach Berlin, weil er – wie er glaubte – in Europa ein Publikum für seine Musik finden könnte. Wenn er sprach, konnte er kaum einen Satz sagen, ohne zu stottern. Doch beim Singen ging's absolut flüssig und ihm gelang harmonischer Scatgesang. Neben Künstlern wie Al Jarreau oder Rickie Lee Jones trat er in verschiedenen Jazzclubs auf, bis ihn der Techno-Produzent Antonio Nunzio Catania aus Bottrop entdeckte. DJ Hooligan, den Weather Girls und U96 verpasste Catania den richtigen Sound. Er holte John für einen Tag ins Studio und schnippelte aus dem, was John auf Band gesungen hatte, einen Titel, der selbst Larkin verblüffte. Später gab dieser auch zu, dass er erst einmal entsetzt von dem Ergebnis war. Sein erfolgreichstes Album war »Scatman's World« (7/95 D-LP 6). Kurz vor seinem Tod erschien sein drittes und letztes Album »Take your Time«. Im Frühjahr 2000 wurde daraus die gleichnamige Single ausgekoppelt.

Scatman (Ski-Ba-Bop-Ba-Dop-Bop) (1/95 D 2; 5/95 GB 3)

Scatman's World (7/95 D 1, 9/95 GB 10)
Pop

Schanze, Michael

MICHAEL SCHANZE v (Deutschland, * 15. 1. 1947 in Tutzing)
Auch eigene TV-Shows schafften es nicht, seinen bestimmt nicht schlechten Gesang in den Hitparaden nach oben zu bringen. Seinen ersten Erfolg, »Ich hab' dich lieb« (7/70 D 16), konnte er in der ZDF-Hitparade nur mit Mühe vortragen. Wegen des banalen Textes fiel es ihm sehr schwer, das Lachen zu unterdrücken. Inzwischen ist er als TV-Moderator Michael Schanze ausgesprochen souverän. Als Sänger hatte er zusammen mit der deutschen Fußballnationalmannschaft pünktlich zur Fußballweltmeisterschaft 1982 den LP-Hit »Olé Espana« (3/82 D-LP 1) und den gleichnamigen Single-Erfolg. Man hätte ihm mal einen richtig guten Titel gewünscht.

Olé Espana (4/82 D 10)
Deutscher Schlager

Scheel, Walter

WALTER SCHEEL v (Deutschland, * 8. 7. 1919 in Solingen)
Aus Jux hatte der Exbundespräsident Walter Scheel zusammen mit dem Düsseldorfer Männergesangverein den Hit »Hoch auf dem gelben Wagen« aufgenommen. Ob diese Tatsache ihm geholfen hat, die Wahl zum Bundespräsidenten am 15. Mai desselben Jahres zu gewinnen, ist nicht bekannt. Er gilt auch als Mann mit Pferdeverstand und leidenschaftlicher Golfer.

Hoch auf dem gelben Wagen (1/74 D 5)
Deutscher Schlager

Schilling, Peter

PETER SCHILLING v (Deutschland, * 28. 1. 1956 in Stuttgart)
Schilling schaffte es, sich aus der Masse der Neue-Deutsche-Welle-Künstler, die ab 1982 Deutschland überschwappten, völlig loszulösen. Sein Titel »Major Tom (völlig losgelöst)« stand als »Major Tom (Coming Home)« (9/83 US 14) sogar in den US-Charts. Nach »Die Wüste lebt (Alarmsignal . . .)« sind noch viele Platten von ihm veröffentlicht worden, die jedoch nicht mehr in die Top 10 kamen. Im September 1994 erschien »Major Tom '94« im Techno-Trance-Mix und erreichte Platz 29 in Deutschland. Mit »Fehler im System« (1/83 D-LP 2, 10/83 US-LP 61) hatte er seinen größten Albumerfolg. Nach längerer Zeit hob Major Tom noch einmal ab. Als Ground Control vs. Peter Schilling kam der Titel »Major Tom 2000/Völlig losgelöst« (3/00 D 83) noch einmal knapp in die Charts.

Major Tom (völlig losgelöst) (12/82 D 1)
Die Wüste lebt (5/83 D 7)
Neue Deutsche Welle, Pop

Schlümpfe

Was den Briten die Smurfs sind den Holländern und Deutschen die Schlümpfe – und warum sollen Kleinkinder nicht auch ihre Popmusik haben? Ähnlich wie Ross Bagdasarian schon in den 50er/60er Jahren bei den Chipmunks einfach seine eigene Stimme mittels Technik in eine Erdhörnchen-Tonlage brachte, machte man das mit den Schlümpfen. Die Schlümpfe bedankten sich auf den Plattenhüllen bei Simone-Rabea, Alex und Michael, die wohl die Stimmen im holländischen Catmusic-Studio lieferten. Alles was irgendwo in den Hitparaden erfolgreich war, wurde nun mit deutschem Text versehen und von den Schlümpfen vorgetragen. Aus »Fred Come To Bed« wurde »Ich muss ins Bett«, aus »Scatman's World« »Postmann Schlumpf«, aus »Du musst ein Schwein sein« »Du musst ein Schlumpf sein«, aus »Macarena« »Makkaroni« und so weiter. An den Erfolg dieses Unternehmens hat man wahrscheinlich nicht mal im Hause der Plattenfirma der Schlümpfe geglaubt. Ob Singles oder LPs – die Platten wurden Renner. »Schlumpfen Cowboy Joe« (im Original »Cotton Eye Joe«) wurde der einzige Top-10-Hit. Unter der Schirmherrschaft der UNICEF gingen die Schlümpfe im Frühjahr 1997 auf Tournee. In einem Zelttheater traten sie in 12 Großstädten jeweils ein bis zwei Wochen auf.

Auch die Alben der Schlümpfe waren erfolgreich: »Tekkno ist Cool Vol. 1« (5/95 D-LP 1), »Megaparty Vol. 2« (10/95 D-LP 6), »Alles Banane Vol. 3« (7/96 D-LP 2), »Voll in den Winter Vol. 4« (12/96 D-LP 2), »Balla Balla Vol. 5« (6/97 D-LP 6), »Irre glalaktisch Vol. 6« (12/97 D-LP 4), »Fette Fete! Vol. 7« (9/98 D-LP 2), »Super Sommer! Vol. 9« (6/99 D-LP 6) und »Total abgespaced! – Vol. 11« (5/00 D-LP 3).

Schlumpfen Cowboy Joe (5/95 D 9)
Schlager, Techno

Schneider, Helen

HELEN SCHNEIDER v (USA, * 23. 12. 1952 in Brooklyn/New York City)

Die Sängerin und Songschreiberin startete ihre Karriere 1978 in der Hamburger Musikkneipe Onkel Pö. Deutschland blieb sie auch seither verbunden, denn nur hier war sie erfolgreich. »Rock 'n' Roll Gypsy« war Ende 1981 ihre erste Hitnotierung in Deutschland und ihr einziger Top-10-Erfolg. Nach 1983 wurde sie nicht mehr in den Hitparaden notiert. Im Fall Helen Schneider stehen Bekanntheitsgrad des Namens und kommerzieller Erfolg in einem krassen Missverhältnis. Ende 1989 veröffentlichte sie »A Walk On The Weill Side« und versuchte sich an Kurts Liedern. Mitte der 90er Jahre sang sie in der deutschen Version des Musicals »Sunset Boulevard« die Hauptrolle.

Ihr erfolgreichstes Album war »Schneider With The Kick« (5/81 D-LP 10).

Rock 'n' Roll Gypsy (10/81 D 6)
Pop

Schnelldorfer, Manfred

MANFRED SCHNELLDORFER v (Deutschland, * 2. 5. 1943 in München)

Seine erste Deutsche Meisterschaft im Eiskunstlauf gewann Manfred Schnelldorfer 1956. Bis 1964 gab er diesen Titel nicht mehr ab. Seine erfolgreichste Tat war der Gewinn von olympischem Gold bei den Winterspielen 1964 in Innsbruck. Im selben Jahr wurde er auch Weltmeister. Im August 1964 erklärte er seinen Rücktritt vom aktiven Eiskunstlauf, und schon einen Monat später tauchte er erstmalig in der deutschen Hitparade auf mit »Wenn du mal allein bist«. Der Titel stammte aus dem Film »Holiday in St. Tropez«. Im Frühjahr 1965 kam »Traurigsein bringt nichts ein« noch einmal unter die ersten 40. Damit war dieses Kapitel auch erledigt. Er wirkte in etlichen Spielfilmen und Eisrevuen mit. 1967 wurde er Bundestrainer im Deutschen Eislaufverband. 1981 eröffnete er in der Nähe von München ein Sportgeschäft.

Wenn du mal allein bist (9/64 D 4)
Deutscher Schlager

Schulz, Purple

DIETER HOFF v, d (Deutschland, * 7. 10. 1953 in Köln), JOSEF PIEK g (Deutschland, * 5. 3. 1957 in Köln), PURPLE SCHULZ v, key (Deutschland, * 25. 9. 1956 als Rüdiger Schulz in Köln)

Purple Schulz ging aus dem recht glücklos

agierenden Quintett Neue Heimat hervor. Diese Formation hatte mit »Ich bau' dir ein Schloss« Mitte 1982 einen Top-40-Hit in Deutschland. Ende 1984 erschien die Nummer »Sehnsucht«. Als Interpreten wurden hier noch Purple Schulz & die Neue Heimat genannt – Mitspieler waren neben den oben genannten drei noch Haghü Schmitz als Bassist und Freddy Böhmer als Keyboarder. Die gingen nach der ersten LP, und das verbleibende Trio brachte Mitte 1985 mit »Verliebte Jungs« (7/85 D 15), die in den Rundfunkcharts die Spitze erreichte. Anfang 1986 kam die Single »Kleine Seen« (1/86 D 25) auf den Markt. Das erfolgreichste Album des Trios war »Hautnah« (2/85 D-LP 20). 1988 erschien die zweite LP von Purple Schulz, auf der Dieter Hoff schon nicht mehr mitspielte. Hoff versuchte sich als Solist und veröffentlichte u. a. 1993 die gut gemachte Nummer »Der blöde Willi«. Purple Schulz als Duo hatte den größten Erfolg mit »Du hast mir gerade noch gefehlt« (8/90 D 33). Im Februar 1997 erschien das achte Album des Duos mit dem Titel »Pop«. Dazu Purple: ›Popmusik bedeutet für mich, dass alles möglich ist. Jede Form, sich musikalisch auszudrücken, ist erlaubt. Die Beatles haben es vorgemacht, deshalb sind sie auch der Inbegriff des Pop.‹ 1999 kam es zu einer ›Neuinterpretation‹ der Nummer »Sehnsucht« als »Ich will raus (Sehnsucht) '99« (3/99 D 15). Neben Purple war auf der Platte Kami Manis zu hören. Die hatte vorher mit der Gruppe Basis aufgenommen.

Sehnsucht (12/84 D 6)
Neue Deutsche Welle, Pop, Schlager

Scooch

CAROLINE BARNES v (Großbritannien), DAVID DUCASSE v (Großbritannien), NATALIE POWERS v (Großbritannien), RUSSELL SPENCER v (Großbritannien)

Scooch war eines der vielen typischen Boy/Girls-Group-Projekte. Dieses wurde von Mike Stone und Matt Aitken geleitet, die einst mit Pete Waterman ein Erfolgstrio bildeten. Der erste Hit von Scooch war »When My Baby« (11/99 GB 29). Für den Hit »More Than I Needed To Know« wurde die Verkaufszahl angegeben, mit der die Band diesen Platz fünf erreichte: 20 800. Damit wäre man zu anderen Jahreszeiten nicht mal unter die ersten 20 gekommen. Es folgten »The Best Is Yet To Come« (5/00 GB 12) und »For Sure« (8/00 GB 15).

More Than I Needed To Know (1/00 GB 5)
Pop

Scooter

H.P. BAXXTER v (Deutschland, * 16. 3. 1966 als Hans Peter Geerdes in Leer/Ostfriesland), FERRIS BUELLER key (Deutschland, * 29. 9. 1971 als Sören Bühler in Freiburg), AXEL COON dj (Deutschland, * 23. 3. 1975 in Hamburg), RICK JORDAN key (Deutschland, * 1. 1. 1968 als Hendrik Stedler in Hannover), JENS THELE (Deutschland)

Rick Jordan und H.P. Baxxter hatten Ende der 80er mit dem Projekt Celebrate The Nun einen Dance-Hit in den USA gehabt. Zusammen mit Thele und Bueller gründeten sie im Sommer 1993 das Remix-Team The Loop. Sie sorgten für Remixes von Adeva, RuPaul, Tony DiBart, Holly Johnson oder Prince Ital Joe featuring Marky Mark. Im Frühjahr 1994 entstand die Idee, mit Scooter ein eigenes Projekt auf die Beine zu stellen, bei dem Jens Thele mehr im Hintergrund agiert, während die anderen drei Scooter in der Öffentlichkeit darstellen. Nach »Hyper Hyper« kamen »Move Your Ass!« (10/95 GB 23), »Back In The U.K.« (2/96 GB 18), »Let Me Be Your Valentine« (3/96 D 14), »Rebel Yell« (5/96 GB 30), »I'm Raving« (10/96 GB 33),

»Break It Up« (12/96 D 15), »Fire« (4/97 GB 45) und »The Age Of Love« (8/97 D 14). Im April 1998 stieg Ferris bei Scooter aus und kündigte ein eigenes Projekt an. Für ihn kam Axel Coon. Er hatte vorher als DJ Lacoon in Clubs gearbeitet und war als Toningenieur schon bei Aufnahmen von Scooter im Studio dabei gewesen. Zusammen mit ihm gelang der Top-10-Hit »How Much Is The Fish«. Die Plattenfirma dazu: ›Der Track basiert musikalisch auf einem folkloristisch anmutenden Traditional, das bereits in den 80ern von einer unbedeutenden holländischen Band aufgegriffen wurde. Jetzt endlich erfährt die Melodie als grandiose Scooter-Hookline ihre eigentliche Bestimmung.‹ Die unbedeutende holländische Gruppe waren die Bots. Das Stück hieß 1980 bei ihnen »Sieben Tage lang«. Der linksverbrämte Wir-stehen-alle-zusammen-Text wurde durch Scooter noch unterboten. Eigentlich hätte der Titel lauten müssen ›Sieben Tage stinkt der Fisch vom Kopf‹. Am 20. Juli 1998 erschien Scooters Album »No Time To Chill« (8/98 D-LP 4). Die nächsten Singlehits außerhalb der Top 10 waren »We Are The Greatest« (10/98 D 26),«Call Me Manana« (1/99 D 16), »Fuck The Millennium« (12/99 D 11), »I'm Your Pusher« (6/00 D 17), »Aiii Shot The DJ« (8/01 D 29). Scooter zählt zu den erfolgreichsten und beständigsten Formationen dieses Genres. Immerhin gelangen der Band auch etliche Hits in GB. Ihre nächsten Erfolgsalben hießen »Back To The Heavyweight Jam« (10/99 D-LP 7), »Push The Beat For This Jam« (1/02 D-LP 5).

Hyper Hyper (10/94 D 2)
Move Your Ass! (2/95 D 3)
Friends (5/95 D 3)
Endless Summer (8/95 D 5)
Back In The U.K. (12/95 D 4)
Rebel Yell (5/96 D 8)
I'm Raving (10/96 D 4)
Fire (4/97 D 5)
How Much Is The Fish (6/98 D 3)
FasterHarderScooter (9/99 D 7)
Posse (I Need You On The Floor) (6/01 D 7)
Ramp! The Logical Song (12/01 D 7)
Dance, Rave

Siehe auch: Bravo All Stars

Scorpions

FRANCIS BUCHHOLZ b (Deutschland, * 19. 2. 1950 in Hannover), WOLFGANG DZIONY v, d (Deutschland), BERND HEGNER v (Deutschland), LOTHAR HEIMBERG b (Deutschland), WERNER HOYER v (Deutschland), MATTHIAS JABS g (Deutschland, * 25. 10. 1956 in Hannover), ACHIM KIRCHHOFF b (Deutschland), ACHIM KIRSCHNING key (Deutschland), RUDY LENNERS d (Deutschland), KLAUS MEINE v (Deutschland, * 25. 5. 1948 in Hannover), HERMAN RAREBELL d (Deutschland, * 18. 11. 1949 als Herman Erbel in Lübeck), RALPH RIECKERMANN b (Deutschland, * 8. 8. 1958 in Lübeck), JÜRGEN ROSENTHAL d (Deutschland, * 17. 7. 1949 in Hannover), ULRICH ROTH g (Deutschland, * 18. 12. 1954 in Düsseldorf), RUDOLF SCHENKER g (Deutschland, * 31. 8. 1948 in Hildesheim), MICHAEL SCHENKER g (Deutschland, * 10. 1. 1955 in Hannover), KARL-HEINZ VOLLMER g (Deutschland), ULRICH WOROBIEC g (Deutschland)
Die Ursprünge dieser einzigen deutschen Hard-Rock-Formation mit internationalem Erfolg gehen zurück bis in das Jahr 1965. Der angehende Starkstromelektriker Rudolf Schenker erfüllt sich einen lang gehegten Wunsch und gründet in Hannover die Scorpions. Zur Anfangsbesetzung gehören neben ihm Vollmer, Kirchhoff und Dziony. Die Musik, die diese Gruppe spielt, lehnt sich an Animals, Yardbirds und Pretty Things an. Ulrich Dieckmann wird Manager der ehrgeizigen Amateure und verschafft ihnen Gastspiele im Vorprogramm der Easy-

beats, Searchers, Dave Dee & Co., Lords und Rattles. 1967 kommt Hoyer zu den Scorpions, und als wenig später Leadgitarrist Vollmer zur Bundeswehr muss, löst Schenker die Scorpions wieder auf. Schenker und Dziony versuchen es mit einer Soulband, doch dann muss auch Rudolf zur Bundeswehr, und als er dort wieder entlassen wird, gründet er im Herbst 1968 die Scorpions neu. Mitglieder werden neben ihm Worobiec, Hegner und Heimberg. Nach einem Jahr wird Hegner wieder gefeuert, und auch Worobiec geht. Für Letzteren kommt Rudolfs jüngerer Bruder Michael zur Gruppe. Michael Schenker hatte bei der Band Copernicus gespielt und von dort auch gleich den Sänger mitgebracht: Klaus Meine. 1971 werden die Niedersachsen Profis. 1972 erscheint ihr Debütalbum »Lonesome Crow« in der Besetzung Michael und Rudolf Schenker, Meine, Dziony und Heimberg. Der Erstling wird später als unausgegorenes Gebräu aus Psychedelic und Acid-Rock-Zutaten mit ausufernden Gitarrenimprovisationen und holprigen Texten beschrieben. Dazu Klaus Meine: ›Das war die Zeit, als ich unsere englischen Texte noch mit dem Wörterbuch schrieb.‹ In der Folgezeit spielen sie im Vorprogramm von Rory Gallagher, Atomic Rooster, Uriah Heep und UFO. Als der UFO-Gitarrist Bernie Marsden erkrankt, vertritt ihn Michael Schenker. Die Briten verpflichten ihn, und die Scorpions stehen vor der Auflösung. Schenker und Meine wollen die Gruppe jedoch am Leben erhalten und engagieren Roth, Buchholz und Rosenthal. Außerdem verpflichten sie mit Kirschning zum ersten Mal einen Keyboarder. 1974 nehmen sie das Album »Fly To The Rainbow« auf. Trotz positiver Kritiken trennen sich die Hannoveraner wieder von ihrem Tastenspieler. Rudolf Schenker: ›Wir waren und sind einfach eine Gitarrenband.‹ 1975 dreht sich wieder das Besetzungskarussell: Für Rosenthal kommt der Belgier Lenners, und zum ersten Mal nehmen sie mit Dieter Dierks, der als einer der besten Heavy-Metal-Produzenten der Welt gilt, ihre Platte »In Trance« auf. Die LP wird das bestverkaufte RCA-Album in Japan. Auch in den Beneluxländern und in Frankreich haben sie Erfolg, und von den einschlägigen Gazetten werden sie als die beste deutsche Rockband bezeichnet. Sie spielen als Opener auf der Europatournee von Sweet, machen eine Tour durch England, sind im Vorprogramm von Kiss und spielen bei den bedeutenden Open-air-Festivals. 1976 erscheint die LP »Virgin Killer«, deren Covergestaltung zu zwiespältigen Reaktionen führt und in manchen Ländern gar zensiert wird. 1977 erkrankt Lenners, für ihn kommt Rarebell. Mitte 1978 verlässt Roth die Band, um seine eigene Formation Electric Sun zu gründen. Die Gruppe schaltet daraufhin eine Anzeige im ›Melody Maker‹. Es melden sich über 140 Musiker, und nach tagelangen Tests entscheiden sich die Scorpions für den Hannoveraner Jabs. Ab der LP »Lovedrive« (3/79 D-LP 11, 4/79 GB-LP 36, 7/79 US-LP 55) spielen die Scorpions in der Erfolgsbesetzung Rudolf Schenker, Meine, Buchholz, Jabs und Rarebell. Zwischenzeitlich meldet sich noch einmal kurzfristig Michael Schenker zurück und hätte fast den gerade erst angetretenen Jabs verdrängt, aber auf der anschließenden Deutschlandtournee muss der von Drogen und Alkohol gebeutelte Michael schon nach zwei Wochen aufgeben, und Jabs kommt wieder zurück. Michael Schenker gründet später MSG. Inzwischen haben die Scorpions nicht nur in Europa und Japan Erfolg, sondern auch in den USA. »Lovedrive« ist die erste LP der Band, die Gold erhält. Ihre erste Notierung in den deutschen Single-Charts haben die Scorpions mit »Still Loving You« (11/84 D 14). Ein welt-

weiter Erfolg gelingt ihnen Anfang 1991 mit »Wind Of Change«. 1992 scheidet Buchholz aus – für ihn kommt Ralph Rieckermann.
Anfang der 90er Jahre wechselt die Gruppe von dem EMI-Label Harvest zur Plattenfirma Mercury. Ende 1994 nehmen sie den Titel »White Dove« (1/95 D 18) auf. Der Erlös aus dem Verkauf dieser CD-Single geht an das Projekt UNICEF für Ruanda. Anfang 1995 wird ein Live-Album der Band angekündigt und gleichzeitig ein Wechsel von Mercury zu East West.
Ganz richtig schrieb der ›Musik Express‹ über die Songs der Scorpions: ›Bei aller Liebe der Gruppe zum harten Rock liegt ihre wahre Stärke in den Balladen.‹
Ihre erfolgreichsten Alben waren »Animal Magnetism« (5/80 D-LP 12, US-LP 52, GB-LP 23), »Blackout« (3/82 D-LP 10, US-LP 10, 4/82 GB-LP 11), »Love At First Sting« (2/84 D-LP 6, 3/84 US-LP 6, GB-LP 17), »World Wide Live« (6/85 D-LP 4, GB-LP 18, 7/85 US-LP 14), »Savage Amusement« (5/88 D-LP 4, US-LP 5, GB-LP 18), »Best Of Rockers 'n' Ballads« (12/89 US-LP 43), »Crazy World« (11/90 D-LP 1, US-LP 21, GB-LP 27), »Face The Heat« (9/93 D-LP 4, 10/93 US-LP 24), »Pure Instinct« (5/96 D-LP 8) und »Eye To Eye« (4/99 D-LP 6).
Zusammen mit den Berliner Philharmonikern nahmen sie das Album »Moment Of Glory« (7/00 D-LP 3) auf.

Wind Of Change (3/91 D 1; 6/91 US 4, GB 2)
Send Me An Angel (9/91 D 5)
AOR (Adult Orientated Rock), Hard Rock

Scotch

VINCE LANCINI v (Italien), FABIO MARGUTTI key (Italien)
Das Disko-Duo Scotch kam Ende 1984 mit der Nummer »Disco Band« bis auf Platz 3 der deutschen Singlecharts. Nachfolger war im Frühjahr 1985 »Delirio Mind«. Nach »Take Me Up« (5/85 D 19) stand ihre letzte Single, »Mirage«, nur noch auf Platz 56.

Disco Band (10/84 D 3)
Delirio Mind (2/85 D 6)
Disko

Scotland World Cup Squad

SCOTLAND WORLD CUP SQUAD v (Großbritannien, in Schottland)
Wie immer bei Weltmeisterschaften träumen Fußballmannschaften davon, den Cup zu gewinnen. In den letzten Jahren waren es vor allem die Deutschen und die Briten, die ihre Wünsche und Hoffnungen auch in Liedern ausdrückten. Zur WM 1978 sangen die Schotten gemeinsam mit Rod Stewart, der bekanntlich Fan von ihnen ist, die Nummer »Ole Ola (Mulher Brasileira)«. 1982 sangen die Schotten »We Have A Dream«. Nachdem sie in der Endrunde Neuseeland 5:2 geschlagen, gegen die UdSSR unentschieden gespielt und gegen Brasilien 4:1 verloren hatten, kamen sie nicht einmal unter die letzten 8. Ihre Platte ist also erfolgreicher gewesen. Die weiteren WM-Lieder der Schotten: »Easy Easy« (6/74 GB 20) und wieder mit Rod Stewart »Purple Heather« (6/96 GB 16). Das erfolgreichste Album der 11 Freunde: »Easy Easy« (5/74 GB-LP 3).

Ole Ola (Mulher Brasileira) (5/78 GB 4)
We Have A Dream (5/82 GB 5)
Pop

Scott, Freddie

FREDDIE SCOTT v (USA, * 24. 4. 1933 in Providence/Rhode Island)
Scott arbeitete als Songschreiber für Columbia Music, als er seine ersten Platten aufnahm. Gerade dreißig Jahre alt geworden, gelang ihm mit »Hey, Girl« sein einzi-

ger Top-10-Erfolg. Freddie wurde bis 1967 mit sechs weiteren Titeln notiert, von denen keiner die Top 30 erreichte. 1963 war in den USA für einen amerikanischen Interpreten auch kein guter Zeitpunkt, um eine Karriere zu starten. Dafür sorgte die Übermacht der Briten.

Hey, Girl (7/63 US 10)
Pop

Scritti Politti

DAVID GAMSON key (Großbritannien), GREEN GARTSIDE v (Großbritannien, * 22. 6. 1956 als Green Strohmeyer-Gartside in Cardiff/Wales), NIAL JINKS b (Großbritannien), MATTHEW KAY key (Großbritannien), FRED MAHER d (Großbritannien), TOM MORLEY d (Großbritannien)

Angeregt von einem Sex-Pistols-Konzert, gründet Gartside 1977 zusammen mit zwei weiteren Freunden von der Leeds Art School, Morley und Jinks, die Formation Scritti Politti. Im Herbst 1979 erscheint als erste Plattenveröffentlichung der Band »Four ›A‹-Sides«. Wenig später folgt die EP »John Peel Session«. Während sie 1979 mit Joy Division und Gang Of Four auf Tour waren, erlitt Gartside einen Kollaps mit Herzbeschwerden. Das gesamte Jahr 1980 verbrachte er bei seinen Eltern, um sich zu erholen. Nebenher schrieb er neue Songs. 1981 erschien wieder neues Material von der Gruppe und mit »The Sweetest Girl« (11/81 GB 64) auch ihre erste Hitnotierung. In den nächsten Jahren änderte sich die Besetzung. Ab 1983 waren neben Gartside Gamson und Maher zu hören. »Wood Beez (Pray Like Aretha Franklin)« war ihr erster Top-10-Erfolg. Ihr größter Hit in den USA warl »Perfect Way« (9/85 US 11). Eine der schönsten Aufnahmen der Band war »Oh Patti (Don't Feel Sorry For Loverboy)« (5/88 GB 13) mit Miles Davis als Gastmusiker an der Trompete. Drei Jahre später coverten sie »She's A Woman« (5/91 GB 20) von den Beatles. Als Mitsänger war Shabba Ranks dabei. Die erfolgreichsten Alben der Band waren »Songs To Remember« (9/82 GB-LP 12), »Cupid & Psyche 85« (6/85 GB-LP 5) und »Provision« (6/88 GB-LP 8). Nachdem man längere Zeit nichts mehr von Scritti Politti gehört hatte, erschien Mitte 1999 das Album »Anomie & Bonhomie«. Inzwischen konnte man nicht mehr von einer Gruppe sprechen, denn Scritti Politti bestand nur noch aus Green Gartside. Green hatte das Album in Los Angeles und in New York mit amerikanischen Gastmusikern aufgenommen.

Wood Beez (Pray Like Aretha Franklin) (3/84 GB 10)
The Word Girl (5/85 GB 6)
Elektro-Pop, Pop

Seahorses

STUART FLETCHER b (Großbritannien, * 16. 1. 1976 in York/England), CHRIS HELME v, g (Großbritannien, * 22. 7. 1971 in York/England), JOHN SQUIRE g (Großbritannien, * 24. 11. 1962 in Broadheath/Lancestershire), ANDY WATTS d (Großbritannien in London)

Nachdem sich John Squire am 25. 3. 1996 von den Stone Roses getrennt hatte, machte er mit Seahorses seine eigene Gruppe. Noch am Tag seines Abschieds von Stones Roses traf er in einem Pub in York Fletcher, der dort in einer Band spielte. Helme nahm er in die neue Gruppe, nachdem er ihn als Straßenmusiker vor Woolworth gehört hatte. Schlagzeuger und Exgrafiker Watt kam im November 1996 als Letzter zu Seahorses. Die erste Single »Love Is The Law« schoss gleich unter die ersten 10 der britischen Hitparade – gerade MTV-Europe hatte die Band mit viel Power unterstützt. Produzent der

Band war Tony Visconti, der schon Künstler wie T. Rex, David Bowie oder die Sparks betreut und zu Erfolgen geführt hatte. Musikalisch erinnerte Seahorses stark an die Beatles und an die zweite Hälfte der 60er Jahre. Ihr erfolgreichstes Album war »Do It Yourself« (6/97 GB-LP 2).

Love Is The Law (5/97 GB 3)
Blinded By The Sun (7/97 GB 7)
Pop

Siehe auch: Stone Roses

Seal

SEAL v, g (Großbritannien, * 19. 2. 1963 als Sealhenry Samuel in London)
Seal kann auf nigerianische, brasilianische und afro-karibische Ahnen zurückblicken. Der erste große Hit des Jahres 1990 war die Nummer »Killer«, die der Techno-Wizard Adamski veröffentlichte und auf der Seal, der auch daran mitgeschrieben hatte, sang. Im November desselben Jahres erschien mit »Crazy« seine erste eigene Produktion. Dieses Mal hatte Seal die Nummer im Alleingang geschrieben. »Killer« nahm Seal, produziert durch Trevor Horn, noch einmal ohne Adamski auf. Im Mai 1991 erschien Seals Debüt-LP, auch diese produziert von Trevor Horn. Als Gastsängerinnen waren z. B. Wendy & Lisa zu hören. 1994 erschien sein nächstes Album »Seal«, darauf »Prayer For The Dying« (5/94 GB 14, US 21). Für den Film »Batman« sang er »Kiss From A Rose«. Für den Film »Space Jam« nahm er eine neue Version des Steve-Miller-Hits »Fly Like An Eagle« auf.
Seine erfolgreichsten Alben: »Seal« (6/91 GB-LP 1, D-LP 7, 7/91 US-LP 24), »Seal« (6/94 GB-LP 1, US-LP 15, D-LP 25) und »Human Being« (12/98 US-LP 22). Im Februar 1996 erhielt Seal gleich drei Grammys: Platte und Song des Jahres »Kiss From A Rose« – und er wurde auch noch bester Popsänger des Jahres.

Crazy (12/90 GB 2; 2/91 D 2; 6/91 US 7)
Killer (EP) (11/91 GB 8)
Kiss From A Rose (6/95 US 1; 7/95 GB 4)
Fly Like An Eagle (12/96 US 10)
Dance, Rhythm & Blues, Soft Soul

Seals & Crofts

DASH CROFTS v, g, key, d, mand (USA, * 14. 8. 1940 als Darrell Crofts in Cisco/Texas), JIM SEALS v, g, sax, vln (USA, * 17. 10. 1941 in Sidney/Texas)
Schon 1957 spielten die beiden mit dem texanischen Sänger Dean Beard. Jim ist der Bruder von Dan Seals und Cousin von Troy Seals, Bradley Seals (Little Texas) und Johnny Duncan.Nachdem die Gruppe Champs Anfang 1958 ihren Hit »Tequila« hatte, kamen Seals und Crofts dazu und blieben bis Mitte der 60er Jahre. Danach gründeten sie die Dawnbreakers, und ab Anfang der 70er Jahre kamen sie als Duo. Im Herbst 1972 hatten sie mit »Summer Breeze« ihre erste Hitnotierung. Die letzte Hitnotierung erfolgte 1978. Danach zogen sie sich aus dem Musikgeschäft zurück, um sich ganz der Baha'i-Religion zu widmen, zu der sie 1969 konvertiert waren. Der Softsound des Duos Seals & Crofts blieb eine rein amerikanische Angelegenheit. Ihre erfolgreichsten Alben waren »Summer Breeze« (9/72 US-LP 7), »Diamond Girl« (4/73 US-LP 4), »Unborn Child« (3/74 US-LP 14) und »Greatest Hits« (11/75 US-LP 11).

Summer Breeze (9/72 US 6)
Diamond Girl (5/73 US 6)
Get Closer (4/76 US 6)
Soft Pop, West Coast

Searchers

BILLY ADAMSON d (Großbritannien), FRANK ALLEN v, b (Großbritannien, * 14. 12. 1943 als Francis Renaud McNeice in Hayes/Middlesex), JOHN BLUNT d

(Großbritannien, * 28. 3. 1947), CHRIS CURTIS d (Großbritannien, * 26. 8. 1941 als Christopher Crummey in Oldham/Lancashire), ANTHONY JACKSON v, b (Großbritannien, * 16. 7. 1940 in Liverpool), SPENCER JAMES v, g (Großbritannien), JOHN MCNALLY v, g (Großbritannien, * 30. 8. 1941 in Liverpool), MIKE PENDER v, g (Großbritannien, * 3. 3. 1942 als Michael John Prendergast in Liverpool)

Zwischen 1960 und 1963 gab es in Liverpool und Umgebung rund 380 Bands, die alle die gleiche Motivation hatten: durch Erfolg der Eintönigkeit dieser Industriestadt zu entrinnen. Eine davon waren die Searchers, die als Begleitband des Sängers Johnny Sandon begannen. Ein John-Wayne-Western namens »The Searchers« inspirierte sie zu ihrem Namen. Sandon wurde Mitglied bei den Remo Four, und Schlagzeuger Norman McGarry, der in den Anfangstagen mit ihnen gespielt hatte, wurde Ersatz für Ringo Starr bei Rory Storm & The Hurricanes. Für ihn kam im September 1962 Chris Curtis. Als sie im Herbst 1962 im Hamburger Star-Club spielten, wurden einige Stücke der Band live aufgenommen und veröffentlicht. Im Mai 1963 erhielten sie einen Plattenvertrag. Ihre erste Singleveröffentlichung war eine Coverversion der Drifters-Nummer »Sweets For My Sweet«. Im August 1964 hatte Tony Jackson die Gruppe verlassen, um eine Solokarriere zu beginnen. Der Titel »Bye Bye Baby« kam Ende 1964 knapp in die Top 40 in GB. Ansonsten gelang ihm nichts. Für ihn kam Allen, der vorher mit Cliff Bennett & The Rebel Rousers gespielt hatte. Im Frühjahr 1966 wurde Chris Curtis sehr krank, und für ihn wurde als vorübergehender Ersatz John Blunt geholt. Curtis kehrte jedoch nicht zurück, wurde Produzent für die Plattenfirma Pye, bei der die Searchers ihre großen Hits veröffentlicht hatten, und Blunt blieb bis zum Dezember 1968. Dann wurde er durch Adamson ersetzt. In den 70er Jahren hat die Gruppe immer mal wieder Platten veröffentlicht und trat bei Oldie-Konzerten und British-Re-Invasion-Shows auf. Ende 1985 verließ Pender die Band, um Mike Pender's Searchers zu gründen. Für ihn kam Spencer James. Mitte 1988 versuchten die restlichen Searchers mit rechtlichen Schritten, Mike von dem Gebrauch des Namens Mike Pender's Searchers abzuhalten. In der Besetzung McNally, Allen, Adamson und James nahmen die Searchers 1988/89 etliche Platten in Deutschland auf. Hits waren keine mehr dabei.

Die erfolgreichsten Alben der Band waren »Meet The Searchers« (8/63 GB-LP 2, 3/64 D-LP 20, 4/64 US-LP 22), »Sugar And Spice« (11/63 GB-LP 5, 4/64 D-LP 30), »Sweets For My Sweet« (2/64 D-LP 11), »It's The Searchers« (5/64 GB-LP 4), »Needles And Pins« (6/64 D-LP 19) und »Sounds Like The Searchers« (3/65 GB-LP 8).

Sweets For My Sweet (6/63 GB 1)
Sugar And Spice (10/63 GB 2)
Needles And Pins (1/64 GB 1; 3/64 D 8)
Don't Throw Your Love Away (4/64 GB 1)
When You Walk In The Room (9/64 GB 3)
Love Potion Number Nine (11/64 US 3)
Goodbye My Love (3/65 GB 4)
Beat

Sebastian, John

JOHN SEBASTIAN v, g, harm, mo (USA, * 17. 3. 1944 in New York City)

Der Sänger, Gitarrist, Mundharmonikaspieler und Songschreiber gründete 1965 Lovin' Spoonful. Er hatte vorher mit der Even Dozen Jug Band gespielt, als Sessionmusiker gearbeitet und war dann mit Mama Cass Elliott und Denny Doherty, später bei Mamas & Papas, und Zal Yanovsky bei den Mugwumps. Zwischen 1965 und 1968 hatte die Gruppe Lovin' Spoonful neun Top-20-Hits in den

USA. 1968 löste sich die Formation auf, und John machte als Solist weiter. Sein erfolgreichstes Album hieß »John B. Sebastain« (3/70 US-LP 20). Mit der Themamusik zu der TV-Serie ›Welcome Back, Kotter‹, in der John Travolta seine ersten Erfolge hatte, gelang Sebastian sein einziger Solohit. Plattenveröffentlichungen folgten keine, aber Sebastian hatte trotzdem bis in die 90er Jahre alle Hände voll zu tun: als Komponist für TV-Themen, als Kinderbuchautor, Moderator und nicht zuletzt als Musiker auf ausgedehnten Tourneen von Sha Na Na und NRBQ.

Welcome Back (3/76 US 1)
Folk, Pop, West Coast

Siehe auch: Lovin' Spoonful

Secada, Jon

JON SECADA v (Kuba, * 4. 10. 1963 als Juan Secada in Havanna)

1972 flüchtete er mit seinen Eltern nach Miami, Florida. Miami – das wissen wir nicht erst, seit Crockett und Tubbs dort die Verbrecher jagen – ist eine amerikanische Stadt, in der nicht etwa Englisch die erste Sprache ist, sondern Spanisch. Das liegt vielleicht auch daran, dass man von Key West aus – sollten sich die Haifische mal eine kleine Pause gönnen – fast nach Kuba rüberschwimmen könnte. Fidel Castro und sein Zuckerrohrkommunismus haben dafür gesorgt, dass sich viele Kubaner in Florida und da speziell in Miami niederließen. Sollte Fidel Castro einmal gestürzt werden und der Kapitalismus auf Kuba Einzug halten, könnte es sein, dass halb Miami entvölkert ist. Selbstverständlich bildete sich auch eine eigene musikalische Szene in Miami, die von lateinamerikanischen Rhythmen geprägt ist. Dass Interpreten und Gruppen von Miami aus in spanischer Sprache den südamerikanischen Raum erobern, kommt häufiger vor. So geschah es auch mit Gloria Estefan, die 1960 von Kuba nach Florida gekommen war, als Mitglied der Formation Miami Sound Machine. Und so wie einst Gloria kam zwölf Jahre später auch Jon Secada mit seinen Eltern nach Florida. Sein Interesse für Musik entdeckte er schon auf der High-School. Durch eine konservative Schulung entwickelte er seine Talente und erwarb sich einen Namen als Jazzmusiker noch vor seinem Schulabschluss. Während der Studienzeit erlernte er das Songschreiben und schulte seine Stimme im Studiengang Jazz-Gesang. Ende der 80er Jahre lernte er Emilio Estefan, den Mann von Gloria, kennen, und 1989 wurde Jon als Backgroundsänger auf der Langspielplatte »Cuts Both Ways« genannt. Außerdem hatte er auf diesem Album mit »Say« einen ersten Titel geschrieben. 1991 erschien von Gloria »Into The Light«. Wieder war Jon Backgroundsänger, und wieder hatte er auch als Autor mitgearbeitet. Dieses Mal waren es jedoch mit »Coming Out Of The Dark«, »What Goes Around«, »Sex In The 90's«, »Light Of Love«, »Can't Forget You« und »Mama Yo Can't Go« ein paar Titel mehr, die auf sein Konto gingen. »Coming Out Of The Dark« wurde im Frühjahr 1991 ein Spitzenreiter in den USA und war ein gutes Entrée für Jon Secada, sich nun um einen Solovertrag zu kümmern. Dabei wurde er von Gloria Estefan unterstützt, und seine Debüt-LP »Jon Secada« (6/92 US-LP 15) erhielt dreifach Platin. Schon vorher war als erste Single die Nummer »Just Another Day« veröffentlicht worden, die im April 1992 in die amerikanische Hitparade auf Platz 99 einstieg. 14 Wochen lang kletterte die Platte nach oben und erreichte Platz 5. Nachfolgehits waren »Do You Believe In Us« (9/92 US 13, 10/92 GB 30, 11/92 D 19), »Angel« (1/93 US 18, 2/93 GB 23), »I'm Free« (6/93 US 27), »Do You Really Want Me« (7/93 GB 30), »If You Go« (5/94 GB 39) und »Mental Picture« (11/94 US 29). Für den Spanisch sprechenden Markt hatte Jon

seine erste Langspielplatte in spanischer Sprache veröffentlicht. Bei einigen Texten war ihm seine alte Freundin Gloria Estefan bei der Übersetzung behilflich.
Seine erfolgreichsten Alben hießen »Jon Secada« (6/92 US-LP 15, 8/92 D-LP 5, 9/92 GB-LP 20) und »Heart, Soul & A Voice« (6/94 US-LP 21, GB-LP 17).

Just Another Day (4/92 US 5; 6/92 GB 5, D 3)
If You Go (5/94 US 10)
Pop, Rhythm & Blues, Soft Pop

Secombe, Harry

HARRY SECOMBE v (Großbritannien, * 8. 9. 1921 als Harold Donald Secombe in Swansea/Wales, † 11. 4. 2001)
Nach dem Zweiten Weltkrieg nutzte der Brite die Chance, sich im Londoner Westend wie viele frisch aus der Armee Entlassene dem Publikum und möglicherweise auch Agenten zu präsentieren. 1949 bildete er zusammen mit Peter Sellers, Spike Milligan und Michael Bentine die Blödeltruppe Goons. Ab diesem Jahr drehte er auch Filme, die meist komischer Art waren. Daneben war er in zahllosen TV-Sendungen zu sehen und hatte in den 60ern und 70ern seine eigene Show. Zeitprobleme scheint er nicht gehabt zu haben, denn in Musicals trat er ebenfalls noch auf. In der britischen Hitparade tauchte Harry Secombe zum erstenmal 1955 mit »On With The Motley« (12/55 GB 16). Sein größter Erfolg nach einer weiteren Top-20-Notierung im Jahre 1963 war eine neue Version von »This Is My Song«. Die Nummer war von Charlie Chaplin geschrieben worden.
Seine erfolgreichsten Alben waren »Sacred Songs« (3/62 GB-LP 16), »Secombe's Personal Choice« (4/67 GB-LP 6), »If I Ruled The World« (8/71 GB-LP 17) und »20 Songs Of Joy« (12/78 GB-LP 8).

This Is My Song (2/67 GB 2)
Pop

Secret Service

OLA HAKANSSON v (Schweden, * 24. 3. 1945), LEIF JOHANSSON d (Schweden), TONY LINDBERG g (Schweden), TIM NORELL key (Schweden), LEIF PAULSEN b (Schweden), ULF WAHLBERG key (Schweden)
Ola war der Kopf dieser Formation. Er hatte seine Karriere in der Formation Ola & The Janglers begonnen. Speziell die Deutschen liebten den melodischen Pop von Secret Formation. Mit »Oh! Susie« hatten sie ihren ersten Erfolg. Es schien, als könne sich die Gruppe über einen längeren Zeitraum in den deutschen Hitparaden festsetzen. Allerdings kamen mit »Ye-Si-Ca«, »L.A. Goodbye« (6/81 D 16) und »Flash In The Night« (1/82 D 23) und »Cry Softly« (9/82 D 27) die letzten Hits. Dann setzte sich die neue deutsche Welle durch, und Melody Pop war erst einmal nicht mehr angesagt.

Oh! Susie (1/80 D 9)
Ten O'Clock Postman (7/80 D 4)
Ye-Si-Ca (2/81 D 8)
Middle Of The Road (MOR), Pop

Sedaka, Neil

NEIL SEDAKA v, p (USA, * 13. 3. 1939 in Brooklyn/New York City)
Wer hätte gedacht, dass ›Comma, comma, down-doo-be-doo-down down‹ zu einem unsterblichen Satz des Rock 'n' Roll werken könnte? Vermutlich nicht einmal Mrs. Greenfield, eine Nachbarin der Familie Sedaka. Sie schlug dem 13-jährigen Neil vor, doch einmal zusammen mit ihrem drei Jahre älteren Sohn Howie einen Song zu schreiben. Im Alter von neun hatte Neil mit Klavierstunden begonnen und wurde drei Jahre später bereits in die Kinderklasse der berühmten Juilliard School of Music aufgenommen. Obwohl Neil sagte, vom Songschreiben verstehe er nichts, kam Howie eine Woche später mal

vorbei. Nach ein paar Tagen hatten die beiden Jungs ihren ersten Song fertig: »My Life's Devotion«. Es wurde kein Klassiker, aber so gut, dass Neil und Howie weiter zusammenarbeiten wollten. 1954 hörte Neil »Earth Angel« von den Penguins und wollte unbedingt einen Rock-'n'-Roll-Song schreiben: Heraus kam »Mr. Moon«. Als Neil den Titel bei einem Talentwettbewerb in der High-School sang, erntete er stürmischen Beifall. Ungefähr ein Jahr später gründete er mit ein paar Freunden die Formation Tokens. Sie hatten einen kleinen Hit in New York, »I Love My Baby«, bevor sich ihre Wege wieder trennten. Später sollten sie ohne Neil den Welthit »The Lion Sleeps Tonight« haben. Nach Abschluss der High-School war Neil hin und her gerissen zwischen Klassik und Rockmusik. Nachdem er einen Klavierwettbewerb gewonnen hatte – Prüfer war kein Geringerer als Arthur Rubinstein –, studierte er klassisches Piano und Komposition, schrieb aber auch weiter zusammen mit Howard Greenfield Songs, die z. B. von Clyde McPhatter, Lavern Baker oder den Clovers aufgenommen wurden. 1958 schrieben die beiden »Stupid Cupid« und versprachen ihn den Shepard Sisters. Nachdem Connie Francis den Titel gehört hatte, wollte sie ihn unbedingt haben. Sie bekam ihn, und Neil spielte auf ihre Bitte hin bei der Aufnahme Piano. Der Titel wurde ein Knüller, aber das Schreiben alleine reichte Neil nicht. Er wollte sein Material auch selbst aufnehmen. Er war z. B. unzufrieden mit der Aufnahme seines Songs »The Diary« von den Imperials. Neil nahm das Stück selbst auf und erreichte Platz 14 in den USA. Es folgte eine ganze Reihe weiterer Hits. 1959 hatte er mit »I Go Ape« seinen ersten Millionseller. Auch hier stammte der Text wieder von Howard Greenfield. Im selben Jahr konnten die beiden einen zweiten Millionseller landen: »Oh! Carol«, geschrieben für Carole King, eine Freundin seit High-School-Tagen. Allein bis 1960 kam das Team Sedaka/Greenfield auf rund 400 Songs. Dann wollte Neil unbedingt etwas Rockiges schreiben. Also komponierte er ein Stück und ging damit zu Greenfield. Der war nicht besonders angetan. Neil versuchte es noch einmal, und Howard reagierte dieses Mal gnädiger. Es wurde ein Aufnahmetermin für »Breaking Up Is Hard To Do« vereinbart. In der Nacht davor konnte Neil einfach nicht einschlafen. Er hatte das Gefühl, dass dem Song noch irgend etwas fehlte. Mitten in der Nacht fiel es ihm ein. Er rief seinen Arrangeur an und sang ihm die Zeile vor: ›Down-doo-be-doo-down down, comma, comma ...‹ Nach 1963 widmete er sich für etliche Jahre nur noch dem Schreiben. Heraus kamen Hits für Tom Jones, Andy Williams, Peggy Lee oder David Cassidy. Dann ging Neil nach England, wo er immer noch sehr populär war. 1973 behauptete er, seine »Tra-La Days Are Over«. Zusammen mit den vier Musikern von 10cc machte er die gleichnamige LP. Darauf zu finden die starke Nummer »Standing On The Inside«. Bei »Bad Blood« sang Elton John im Hintergrund mit. Ebenfalls 1975 kam auch wieder »Breaking Up Is Hard To Do« in die Hitparade, allerdings in einer langsameren Version. Im Frühjahr 1980 veröffentlichte er zusammen mit seiner Tochter Dara den Titel »Should've Never Let You Go« (3/80 US 19). 1991 nahm er noch einmal alle seine großen Hits auf und veröffentlichte sie auf der CD »Timeless«. Darauf auch wieder ein Duett mit Tochter Dara: »Laughter In The Rain«. Als Songschreiber dürfte er inzwischen auf über tausend Titel zurückblicken können. Als Interpret geht er ab und zu immer noch auf Tour. Mitte 1994 sang er zusammen mit der norwegischen Sängerin Sissel Kyrkjebo noch einmal eine neue Version von »Breaking Up Is Hard To Do« – es wurde kein erneuter Erfolg. Die erfolgreichsten Alben von Neil waren »The Tra-La Days Are Over« (6/74 GB-LP 17), »The Hungry Years« (10/75 US-LP 16), »Laughter And Tears – The Best Of Neil Sedaka Today« (7/76 GB-LP 2) und »Timeless – The Very Best Of Neil Sedaka« (11/91 GB-LP 10).

I Go Ape (4/59 GB 9)
Oh! Carol (10/59 US 9, GB 3)
Stairway To Heaven (3/60 US 9, GB 8)
Calendar Girl (12/60 US 4; 2/61 GB 8)
Little Devil (5/61 GB 9)
Happy Birthday, Sweet Sixteen (11/61 GB 3, US 6)
Breaking Up Is Hard To Do (6/62 US 1, GB 7; 12/75 US 8)
Next Door To An Angel (10/62 US 5)
Laughter In The Rain (10/74 US 1)
Bad Blood (9/75 US 1)
Pop, Rock 'n' Roll

Seduction

APRIL HARRIS v (USA, * 25. 3. 1967 in New York City), IDALIS LEON v (USA, * 15. 6. 1966 in New York City), SINOA LOREN v (USA, * 6. 12. 1966 in New York City), MICHELLE VISAGE v (USA, * 20. 9. 1968 in New York City)

Das gemischtrassige weibliche Gesangstrio stammte aus New York. Mit der Nummer »You're My One And Only (True Love)« (7/89 US 23) kam die Formation erstmals in die Charts. Ohne dass es auf der Platte vermerkt war, hatte Martha Wash, Mitglied der Weather Girls und auch als Solistin im Geschäft, die Leadstimme gesungen. Die Nachfolgeplatte war »Two To Make It Right«. In der Nummer waren Samples von der Art-of-Noise/Tom-Jones-Version des Titels »Kiss« zu hören. 1990 hatte die Gruppe mit »Heartbeat« (2/90 US 13) und »Could This Be Love« (6/90 US 11) noch zwei weitere Hits. Danach ließ der Erfolg wieder nach. 1990 verließ Leon das Trio und wurde durch Loren ersetzt. Leon wurde später ein VJ für MTV.

Two To Make It Right (11/89 US 2)
Pop, Rhythm & Blues

Seekers

JUDITH DURHAM v (Australien, * 3. 7. 1943 in Melbourne), ATHOL GUY b (Australien * 5. 1. 1940 in Victoria), KEITH POTGER v, g (Sri Lanka, * 2. 3. 1941 in Colombo), BRUCE WOODLEY v, g (Australien, * 25. 7. 1942 in Melbourne)

1963 wurde in Australien das Folk-Trio durch die männlichen Mitglieder gegründet. 1964 kam als viertes Mitglied Judith Durham hinzu. Zum etwa selben Zeitpunkt war in GB das Folk-Trio Springfields auseinander gefallen. Hauptsächlicher Songschreiber dieser Gruppe war Tom Springfield, der Bruder von Dusty, die bekanntlich nach dem Auseinanderbruch der Formation eine erfolgreiche Solokarriere begann. Tom hatte eine Reihe sehr schöner Songs geschrieben, auf denen er nun sitzen blieb. Sehr wahrscheinlich wird er sich deshalb gefreut haben, als noch 1964 die Seekers nach GB kamen. Für die Folk-Pop-orientierte Musik, die Tom schrieb, war Judiths Stimme wesentlich besser geeignet als Dustys. Auf einem Passagierschiff verdienten sie sich die Überfahrt nach GB und trafen dort Tom Springfield, der in seiner Schublade u. a. den Song »I'll Never Find Another You« liegen hatte, den er mit den Seekers aufnahm. Nun ging es Schlag auf Schlag. Bis 1969 hielt sich die Gruppe. Dann fiel sie auseinander. Ein Mitglied der Band, Keith Potger, gründete die New Seekers mit komplett neuen Musikern. Anfänglich mischte er selbst noch als Musiker mit, dann zog er sich auf den Produzentenstuhl zurück. Die New Seekers wurden durch die 70er sehr erfolgreich. 1993 kamen die vier Original-Seekers-Mitglieder wieder für eine ›Silver-Jubilee-World-Tour‹ zusammen. Mit »Keep A Dream In Your Pocket« und »One World Love« nahmen sie auch gemeinsam wieder zwei neue Titel auf. Diese beiden und ihre größten Hits waren auf dem Album »A Carnival Of Hits« (4/94 GB-LP 7) zu hören. Die weiteren Erfolgsalben der Gruppe waren »A World Of Our Own« (7/65 GB-LP 5), »The Seekers« (7/95 GB-LP 16), »Come The Day« (11/66 GB-LP 3), »Georgie Girl« (2/67 US-LP 10), »Seekers – Seen In Green« (11/67 GB-LP 15), »Live At The Talk Of The Town« (9/68 GB-LP 2) und »Best Of The Seekers« (11/68 GB-LP 1).

I'll Never Find Another You (1/65 GB 1; 3/65 US 4)
A World Of Our Own (4/65 GB 3)
The Carnival Is Over (10/65 GB 1)
Walk With Me (8/66 GB 10)
Morning Town Ride (11/66 GB 2)
Georgy Girl (12/66 US 2; 2/67 GB 3)
Folk, Pop

Siehe auch: New Seekers

Seger, Bob

BOB SEGER v, g (USA, *6. 5. 1945 in Dearborne/Michigan)
Der Sänger, Gitarrist und Songschreiber machte ab 1966 Platten. Zwei Jahre zuvor hatte er sein erstes eigenes Rocktrio, die Decibels, gegründet. Nachdem das nichts wurde, spielte er mit Town Criers und Doug Brown & The Omens. Die Musiker der Omens nahmen im März 1966 unter dem Pseudonym Beach Bums eine Parodie auf »The Ballad Of The Green Berets« auf. Bei Ihnen waren es »Yellow Berets«. Nachdem Barry Sadler rechtliche Schritte angedroht hatte, wurde die Platte zurückgezogen. Im Mai 1966 dann Bobs erste Platte unter seinem Namen. Ab Januar 1968 hatte er einen Vertrag als Bob Seger System bei Capitol Records. Die erste Hitnotierung war »Ramblin' Gamblin' Man« (12/68 US 17). Ab 1971 erschienen die Platten nur noch unter seinem Namen. »Night Moves« war 1976 sein erster Top-10-Erfolg. Aus dem Film »Beverly Hills Cop II« stammte der Letzte, »Shakedown«. Die meisten seiner Hits zwischen 1978 und 1986 nahm er als Bob Seger & The Silver Bullet Band auf. Seine Hitnotierungen gehen bis in die 90er Jahre. Ende 1994 erschien das Album »Greatest Hits« (11/94 US-LP 8, 2/95 GB-LP 6). Darauf mit »C'est La Vie«, einer Chuck-Berry-Komposition, und »In Your Time« auch zwei neue Titel. Die weiteren Erfolgsalben waren »Beautiful Loser« (4/75 US-LP 131), »›Live‹ Bullet« (5/76 US-LP 34), »Night Moves« (11/76 US-LP 8), »Stranger In Town« (5/78 US-LP 4, 6/78 GB-LP 31, 8/78 D-LP 28), »Against The Wind« (3/80 US-LP 1, GB-LP 26, 4/80 D-LP 17), »Nine Tonight« (9/81 US-LP 3, GB-LP 24, 10/81 D-LP 34), »The Distance« (1/83 US-LP 5, D-LP 16), »Like A Rock« (4/86 US-LP 3, GB-LP 35) und »The Fire Inside« (9/91 US-LP 7).

Night Moves (12/76 US 4)
Still The Same (5/78 US 4)
Fire Lake (2/80 US 6)
Against The Wind (5/80 US 5)
Tryin' To Live My Life Without You (9/81 US 5)
Shame On The Moon (12/82 US 2)
Shakedown (5/87 US 1)
AOR (Adult Orientated Rock), Rock

Selecter

CROMPTON AMANOR g (Großbritannien), CHARLIE ANDERSON b (Großbritannien), CHARLES H. BEMBRIDGE d (Großbritannien), PAULINE BLACK v (Großbritannien, *23. 10. 1953), DESMOND BROWN key (Großbritannien), NOEL DAVIES g (Großbritannien), ARTHUR GAPS HENDRICKSON v (Großbritannien)
Die Band entstand Mitte 1979, als sie be-

reits ihre ›Debüt-Single‹ veröffentlicht hatte. Die Formation Specials hatte für ihre erste Platte, »Gangsters«, eine B-Seite gesucht. Noel Davies nahm zusammen mit Prince Rimshot von den Specials und Barry Jones zu diesem Zweck den Titel »The Selecter« auf. Diese B-Seite wurde nach Erscheinen der Single ebenso oft gespielt wie die A-Seite. Zwangsläufig kam der Punkt, dass eine Band her musste, die dazu auftreten konnte. Bradbury spielte bei den Specials, und Jones arbeitete inzwischen bei einer Nachrichtenagentur, also stellte Davies eine neue Formation mit Hendrickson, Black, Brown, Anderson, Amanor und Bembridge zusammen. Die erste Single der Band war »On My Radio/ Too Much Pressure«. Im Jahre 1980 erschienen »Three Minute Hero« (2/80 GB 16), »Missing Words« (3/80 GB 23) und »The Whisper« (8/80 GB 36). Ihr erfolgreichstes Album war »Too Much Pressure« (2/80 GB-LP 5). »Three Minute Hero« spiegelte viel von der frustrierten englischen Jugend jener Tage wider. Trotzdem stand Selecter eindeutig im Schatten der Specials und erst recht von Madness. Nach 1980 wurde die Band nicht mehr in den Charts verzeichnet. Sie fiel in die Bedeutungslosigkeit zurück, und die Mitglieder wechselten häufig. Pauline Black verließ die Formation 1981, wurde 1984 Mitglied bei Sunday Best, kam aber 1991 zurück, um mit Selecter im Zuge des britischen Ska-Revivals auf Tour zu gehen.

On My Radio/Too Much Pressure (10/79 GB 8)
Pop, Ska

Sembello, Michael

MICHAEL SEMBELLO v, g (USA, * 17.4. 1954 in Philadelphia/Pennsylvania)
Der Gitarrist, Produzent, Komponist und Sänger war zwischen 1974 und 1979 als Gitarrist auf den LPs von Stevie Wonder zu hören. Für den Film »Flashdance« schrieb er mit an dem Titel »Maniac«,. Ohne Unterstützung des Filmes wäre die Platte sehr wahrscheinlich nicht so erfolgreich geworden. Im Windschatten dieses Hits kam »Automatic Man« (9/83 US 34) noch in die Charts. Danach wurde Michael Sembello wieder das, was er am besten konnte: gesuchter Studiomusiker und Songschreiber. So ist er z. B. auf Platten von Chaka Khan, Donna Summer, Randy Crawford, Sister Sledge, Deniece Williams oder Peabo Bryson zu hören.

Maniac (6/83 US 1; 9/83 D 6)
Dance, Pop

Sensations

SAM ARMSTRONG v (USA, in Philadelphia/ Pennsylvania), RICHARD CURTAIN v (USA, in Philadelphia/Pennsylvania), ALPHONSO HOWELL v (USA, in Philadelphia/Pennsylvania, † 7. 5. 1998), YVONNE MILLS BAKER v (USA, in Philadelphia/Pennsylvania)
Das aus Philadelphia stammende Rhythm-&-Blues-Vokalquartett kam 1954 als Cavaliers zusammen. Ihre erste Plattenaufnahme, jetzt als Sensations, machten sie 1955. Mit »Yes Sir, That's My Baby« (2/56 R&B 15) und »Please Mr. Disc Jockey« (5/56 R&B 13) hatten sie ihre ersten Chartnotierungen. Nach diesen Platten verließ Yvonne die Gruppe und heiratete. Die Band fiel auseinander. Im Frühjahr 1961 konnte Alphonso Yvonne überreden zurückzukommen, und die Sensations wurden neu belebt. Ihre erste neue Singleveröffentlichung im Herbst 1961 hieß »Music, Music, Music« (8/61 R&B 12, 6/61 US 54) und wurde ihr erster Pop-Charterfolg. Mit »Let Me In« hatten sie ihren einzigen Top-10-Hit. Danach erschienen weitere Platten als Yvonne Baker & The Sensations, und unter diesem Namen erreichten sie mit »That's My Desire« (4/62 US 69) ein letztes Mal die

Hot 100. 1964 trennte sich die Formation, und Yvette nahm noch einige Soulplatten auf.

Let Me In (1/62 US 4)
Pop, Rhythm & Blues

Serendipity Singers

JON ARBENZ g (USA), MIKE BROVSKY v (USA), DIANE DECKER v (USA), BROOKS HATCH v (USA), JOHN MADDEN g (USA), BRYAN SENNETT v (USA), TOMMY TIEMAN v (USA), LYNNE WEINTRAUB v (USA), BOB YOUNG b (USA)

Die Serendipity Singers wurden durch die Universität von Colorado organisiert und gefördert. Musikalisch lehnten sie sich an das an, was auch die New Christy Minstrels in jenen Tagen in der ersten Hälfte der 60er Jahre in den USA boten. Nachdem sie 1963 einen Plattenvertrag erhalten hatten, kamen sie im Frühjahr des darauf folgenden Jahres mit dem Titel »Don't Let The Rain Come Down (Crooked Little Man)«. Die Nummer hatte Ersel Hickey mit geschrieben, von dem auch der Beach-Boys-Hit »Blue Birds Over The Mountain« stammt und der selbst als Rockabilly-Interpret in der zweiten Hälfte der 50er Jahre recht schöne Platten gemacht hat. »Beans In My Ears« (5/64 US 30) war ein typischer Nachfolgehit. Danach waren sie in den USA eine Live-Attraktion, die allerdings nicht mehr in den Hitparaden auftauchte. Ihr erfolgreichstes Album hieß »The Serendipity Singers« (3/64 US-LP 11).

Don't Let The Rain Come Down (Crooked Little Man) (2/64 US 6)
Folk, Pop

Setlur, Sabrina

COSTA MERONIANAKIS rap (Deutschland, * 14. 1. 1973 in Bad Pyrmont), SABRINA SETLUR v, rap (Deutschland, * 10. 1. 1974)

Als Schwester S hatte Sabrina mit »Ja klar« (2/95 D 14) ihren größten und einzigen Erfolg. Sie wolle nicht ewig ›die kleine Schwester‹ sein, aus dem Grund habe sie ab 1997 das Pseudonym abgelegt und unter ihrem richtigen Namen weitergemacht. Ein Wechsel der Plattenfirma dürfte dem Namenswechsel wohl auch einige Impulse gegeben haben. Ihre Eltern stammen aus Indien, Sabrina ist jedoch in Frankfurt/Main aufgewachsen. Der Song »Du liebst mich nicht« traf wohl genau das Lebensgefühl der Girlies des Jahres 1997 und wurde ein Knüller. Textlich schlug der Titel in eine ähnliche Kerbe wie »Verpiß dich« von Tic Tac Toe. Aussagen dieser Art machten Sabrina sauer – auf Tic Tac Toe war sie nicht gut zu sprechen. Ob Sabrina oder Tic Tac Toe – Texte dieser Interpretinnen zeigten, dass es mit der Einstellung der Girlies am Ende des 20. Jahrhunderts dem männlichen Geschlecht gegenüber so war wie seit der Steinzeit. Sabrina als Rapperin war in Ordnung – als Sängerin war sie nicht zu gebrauchen. ›Den Titel »Frei sein« sollte ich singen, aber nachher hat mir keiner mehr zugehört im Studio, alle waren weg. Ich kann nicht singen, Emel kann's.‹ Die Sängerin Emel, die auch Soloplatten veröffentlichte, war also die Gesangsstimme hinter Sabrina, woraus im Übrigen auch kein Geheimnis gemacht wurde. Die männliche Stimme kam vom Coproduzenten Martin Haas. Während der Live-Auftritte rappte Costa Meronianakis auf der Bühne. Mit »Glaubst Du mir?« (6/97 D 17) und »Nur mir« (9/97 D 27) gelangen zwei Nachfolgehits. Als Mitglied von 3p veröffentlichte sie Anfang 1998 die Single »3p (Licence 2 Kill)« (3/98 D 21). Weitere Mitglieder der Band waren Illmatic, Xavier Naidoo, Thomas Hofmann und Moses Pelham. Ihre erfolgreichsten Alben: »Die neue S-Klasse« (4/97 D-LP 10) und »Aus der Sicht und mit den Worten von ...« (10/99 D-LP 3).

Du liebst mich nicht (3/97 D 1)
HipHop, Rap

Sevelle, Taja

TAJA SEVELLE v (USA, * 18. 3. 1962 in Minneapolis/Minnesota)
Taja ist eine der vielen Sängerinnen, die Prince entdeckt und gefördert hat. Im Herbst 1987 brachte sie auf dem Paisley-Park-Label die von ihr selbst geschriebene Nummer »Love Is Contagious« auf den Markt. Warum es keine weiteren Hits von Taja gab, bleibt das kleine Geheimnis zwischen ihr und Prince, der offensichtlich schnell die Lust an seinen neuen Entdeckungen verliert, siehe auch Apollonia 6, Sheila E. oder Cat.

Love Is Contagious (2/88 GB 7)
One Hit Wonder, Soul

Siehe auch: Prince

702

LEMISHA GRINSTEAD v (USA), IRISH GRINSTEAD v (USA), KAMEELAH WILLIAMS v (USA)
Die drei jungen Mädchen aus Las Vegas benannten sich nach der Postleitzahl ihrer Heimatstadt. Entdeckt wurden sie von Michael Bivens, als der in Atlanta die ›Jack The Rapper Convention‹ besuchte. Entdeckt ist vielleicht ein bisschen zu viel gesagt – es soll sich folgendermaßen abgespielt haben: Die drei lauerten Michael Bivens in der Lobby seines Hotels auf, legten los und überzeugten. Kameelah und die beiden Schwestern Irish und LeMisha haben unterschiedliche musikalische Vorlieben, was sich auf ihre Platten als sicher nicht schlecht auswirken muss: Kameelah kommt aus der Gospel- und Soulecke, Irish ist HipHop-Fan, LeMisha liebt Jazz und Blues. Erstmals wurden sie in den US-Charts als Gäste der Gruppe Subway mit »This Lil' Game We Play« (2/95 US 15) verzeichnet. Ihr erster eigener Hit war »Steelo« (9/96 US 32). Hier rappte Missy Elliott mit. Das Stück beinhaltete Samples aus »Voices In My Head« von Police. Es folgten »Get It Together«, »All I Want« (8/97 US 35), »Where My Girls At?« (8/99 GB 22, 8/99 D 21) und »You Don't Know« (11/99 GB 36).
Das erste Album des Trios hieß »No Doubt« (2/97 US-LP 82) – darauf befand sich auch ihr erster Top-10-Hit »Get It Together«. »Where My Girls At?« wurde von Missy Elliott produziert. Es folgte das Album »702« (7/99 US-LP 34).

Get It Together (2/97 US 10)
Where My Girls At? (5/99 US 4)
HipHop, Rhythm & Blues

Séverine

SÉVERINE v (Frankreich, * 10. 10. 1948 als Josiane Grizeau in Paris)
Séverine begann als Sängerin in diversen Amateurbands und nahm 1969 ihre erste Platte auf. 1971 siegte sie beim Grand Prix Eurovision mit dem Titel »Un Banque, Un Arbre, Une Rue«. In Deutschland hatte sie mit einer deutschen Version des Titels, »Mach die Augen zu (und wünsch dir einen Traum)« mehr Erfolg als mit dem Original: Sie erreichte Platz 20. Danach sang sie Prachtwerke wie »Ja, der Eiffelturm«, »Der Duft von Paris« oder »Vergessen heißt verloren sein«. Nach 1976 war sie für den deutschen Markt verloren, obwohl sie bis in die 90er Jahre Platten veröffentlichte.

Un Banque, Un Arbre, Une Rue (4/71 GB 9)
Grand Prix, Pop, Schlager

Sex Pistols

PAUL COOK d (Großbritannien, * 20. 7. 1956 in London), STEVE JONES g (Großbritannien, * 3. 5. 1955 in London), GLEN MATLOCK b (Großbritannien, * 27. 8. 1956 in London), JOHNNY ROTTEN v (Großbritannien, * 30. 1. 1956 als John Lydon in London), SID VICIOUS v, b (Großbritannien, * 10. 5. 1957 als John Simon Beverly in London, † 2. 2. 1979)

Zwei Jahre lang, vom November 1975 bis zum Januar 1978, waren sie die erfolgreichste und tonangebende britische Punkband. Manager Malcolm McLaren sorgte schon in den Anfangstagen dafür, dass die Gruppe sich mehr über Provokationen und rüpelhaftes Benehmen definierte als über ihre Musik. Dass das Ganze mehr oder weniger eine gehypte Kiste war, wurde im Film »The Great Rock 'n' Roll Swindle« offengelegt. Die erste Single der Band war »Anarchy In The UK« (12/76 GB 38, 10/92 RE-GB 33), die Ende 1976 von der Plattenfirma EMI veröffentlicht wurde. Wenige Tage nach der Veröffentlichung wurde sie wegen des provozierenden Textes wieder zurückgezogen. Es genügte jedoch, um die Band bekannt zu machen, und mit Kusshand erhielten sie bei Virgin einen neuen Plattenvertrag. Matlock verließ Anfang 1977 die Band, und für ihn kam Sid Vicious neu hinzu. Der drehte das schlechte Image der Gruppe sogar noch mehr auf und entwickelte sich zu einem solch großen Aushängeschild für die Gruppe, dass er später auf den Plattenhüllen extra genannt wurde. Bereits Anfang 1978 lösten sich die Sex Pistols auf. Johnny Rotten hatte sich von der Gruppe getrennt und mit Public Image Ltd. eine eigene Band gegründet. Der Erfolg der letzten drei Top-10-Singles ist wohl auch auf die traurige Popularität der Gruppe durch den Tod von Sid Vicious Anfang 1979 in New York zurückzuführen. Im Oktober 1978 hatte man seine Freundin Nancy in seinem Hotelzimmer erstochen aufgefunden und Vicious daraufhin wegen Mordverdachts verhaftet. Einige Zeit später wurde er auf Kaution freigelassen und starb 1979 an einer Überdosis Heroin. »Something Else« und »C'mon Everybody« waren beide für den 1960 verstorbenen Rocker Eddie Cochran Hits gewesen und von ihm mitgeschrieben worden. Insofern könnte man zumindest vermuten, dass das Gedankengut, das er in seinen Liedern transportierte, sich auch von der Jugend Ende der 70er Jahre gut nachempfinden ließ. Aber wahrscheinlich wird sich das auch nie ändern, dass die Jugendlichen gegen die Werte der Erwachsenen ankämpfen, und um dann für ihr Anliegen genügend Popularität zu erreichen, sind ihnen viele Mittel Recht. Die Provokationen und das Outfit der Sex Pistols haben nur den Zweck, sich in den Medien, die ja von den Erwachsenen beherrscht werden, Aufmerksamkeit zu verschaffen. Wenn sie es dann geschafft haben, kommt unweigerlich der Erfolg, und kurz darauf werden sie brav, weil sie selbst zum Establishment gehören. Diese Geschichte wiederholt sich in der Popmusik von Elvis Presley über die Rolling Stones, Ramones und Sex Pistols bis zu ... (bitte hier die neueste Band eintragen, die mit zwei Akkorden die Hitparaden aufrollt). Ende 1992 kamen »Anarchy In The UK«, ihr erster Hit, und »Pretty Vacant« mit den Sex Pistols erneut in die britischen Charts. »Pretty Vacant Live« brachte es Mitte 1996 zu einem Platz 18 in GB. Lydon, Jones, Matlock und Cook hatten sich 1996 erneut zusammengeschlossen. Ihre erfolgreichsten Alben waren »Never Mind The Bollocks Here's The Sex Pistols« (11/77 GB-LP 1, 12/77 US-LP 106), »The Great Rock 'n' Roll Swindle« (3/79 GB-LP 7), »Some Product – Carri On Sex Pistols« (8/79 GB-LP 6) und »Kiss This« (10/92 GB-LP 10).

God Save The Queen (6/77 GB 2)
Pretty Vacant (7/77 GB 6)
Holidays In The Sun (10/77 GB 8)
No One Is Innocent/My Way (7/78 GB 7)

Something Else/Friggin' In The Riggin' (3/79 GB 3)
Silly Thing (4/79 GB 6)
C'mon Everybody (6/79 GB 3)
Punk

S-Express

CHILO HARLO v, per (Großbritannien), PETER LORIMER (Großbritannien), LINDA LOVE key (Großbritannien), BILLY RAY MARTIN v, MICHELLE v (Großbritannien), MARK MOORE key, dj (Großbritannien, * 12. 1. 1965), ERIC ROBINSON d (Großbritannien)
Hinter diesem Projekt steckte Mastermind Mark Moore, der Anfang 1988 die Dance-Floor-Music mit einem neuen Sound und neuen Techniken revolutionierte. Moore machte Acid-House Music, bevor dieser Begriff überhaupt geprägt wurde. Seine ersten Erfahrungen sammelte er als DJ im legendären Londoner Wag Club. Ihren ersten Hit hatte die Formation im Frühjahr 1988 mit »Theme From S-Express«. Nach den drei Top-10-Hits gab es mit »Mantra For A State Of Mind« (9/89 GB 21), »Nothing To Lose« (9/90 GB 32) und »Theme From S.Express: The Return Trip« (5/96 GB 14) noch drei weitere Hitnotierungen. Ihr erfolgreichstes Album hieß »Original Soundtrack« (4/89 GB-LP 5). Peter Lorimer ging nach dem Ende der Formation nach Kalifornien und machte mit 29 Palms ein eigenes Projekt, mit dem er 2002 die Single »Touch The Sky« veröffentlichte.

Theme From S-Express (4/88 D 2, GB 1)
Superfly Guy (7/88 GB 5)
Hey Music Lover (2/89 GB 6)
Acid-House, Dance

Shadows

BRIAN BENNETT d (Großbritannien, * 9. 2. 1940 in London), JOHN FARRAR (Australien, * 8. 11. 1945), CLIFF HALL (Großbritannien), JET HARRIS g, b (Großbritannien, * 6. 7. 1939 als Terence Harris in Kingsbury/Middlesex), GEOFF HATHERTON (Großbritannien), ALAN HAWKSHAW key (Großbritannien), ALAN JONES v, g (Großbritannien, * 5. 1. 1950 in Birmingham), DAVE LAWSON (Großbritannien, * 25. 4. 1945), BRIAN »LIQUORICE« LOCKING b (Großbritannien, * 22. 12. 1940 in Bedworth/Coventry), HANK B. MARVIN g (Großbritannien, * 28. 10. 1941 als Brian Robson Ranking in Newcastle-upon-Tyne), TONY MEEHAN d (Großbritannien, * 2. 3. 1942 als Daniel Joseph Anthony Meehan in Hampstead/London), DAVE RICHMOND b (Großbritannien), JOHN ROSTILL b (Großbritannien, * 16. 6. 1942 in Kings Norton/Birmingham, † 26. 11. 1973), ALAN TARNEY (Großbritannien), BRUCE WELCH g (Großbritannien, * 2. 11. 1941 als Bruce Cripps in Bognor Regis/Sussex)
Lange Zeit stand diese Formation im Schatten von Cliff Richard. Ihre ersten Plattenaufnahmen ohne Cliff hatten sie noch als Drifters gemacht. Nachdem dann die gleichnamige amerikanische Gruppe davon Wind bekam und auf ihre älteren Rechte pochte, nannten sich die Briten Shadows. Mitte 1960 erschien die von dem britischen Gitarristen Jerry Lordan geschriebene Nummer »Apache«. Durch die Jahre waren es zwei Musiker, die die Richtung der Band bestimmten: Bruce Welch und Hank B. Marvin, dessen Idol Buddy Holly war und der sich aus diesem Grund eine Brille wie Buddys zulegte. Besonders Marvin ist es zu verdanken, dass die Shadows aus der langen Reihe von britischen Instrumental- und Begleitgruppen jener Tage Anfang der 60er Jahre hervorstachen. Zum einen ist er ein wirklich hervorragender Gitarrist, zum anderen ein ausgezeichneter Songschreiber, der im Laufe der Jahre nicht nur für die Shadows, sondern auch große Hits für

Cliff Richard schrieb. Marvin hatte 1957 mit Bruce Welch in ihrer gemeinsamen Heimatstadt Newcastle die Skifflegruppe Rail Roaders gegründet. Im Mai 1958 gingen sie nach London und formierten die Five Chesternuts. Sie veröffentlichten erfolglos eine Single und wurden dann als Begleitmusiker für Cliff Richard engagiert, der im Oktober 1958 im Vorprogramm der Kalin Twins durch GB ziehen sollte. Der Name Shadows zieht sich bis in die 90er Jahre. 1991 veröffentlichten sie die LP »Reflections«. Im Laufe der Jahre sollten neben Hank B. Marvin und Bruce Welch etliche Musiker bei den Shadows spielen. Die Mitglieder der ersten Erfolgsbesetzung Meehan und Harris konnten Anfang der 60er Jahre, nachdem sie aus der Band ausgestiegen waren, gemeinsam und als Solisten Erfolge feiern. Tragisch das Schicksal von John Rostill, der zu Hause durch einen Stromschlag seines elektrischen Basses starb. Über den Australier John Farrar kam Bruce Welch an Olivia Newton-John, mit der er lange zusammenarbeiten sollte. Aber nicht Welch ging nach Australien, sondern Marvin. Dort lebt er heute noch. Trotzdem kommt es zu gelegentlichen Reunions.
Die erfolgreichsten Alben der Shadows: »The Shadows« (9/61 GB-LP 1), »Out Of The Shadows« (10/62 GB-LP 1, 3/63 D-LP 18), »Greatest Hits« (6/63 GB-LP 2), »Shadows Best« (5/63 D-LP 11), »The Great Shadows« (3/64 D-LP 19), »Dance With The Shadows« (5/64 GB-LP 2, 8/64 D-LP 11), »Brilliant Shadows – Brilliant Songs« (6/64 D-LP 20), »Sound Of The Shadows« (7/65 GB-LP 4), »Shadow Music« (5/66 GB-LP 5), »Jigsaw« (7/67 GB-LP 8), »20 Golden Greats« (2/77 GB-LP 1), »String Of Hits« (9/79 GB-LP 1), »Another String Of Hits« (7/80 GB-LP 16), »Change Of Address« (9/80 GB-LP 17), »Hits Right Up Your Street« (9/81 GB-LP 15), »Moonlight Shadows« (5/86 GB-LP 6), »Simply Shadows« (10/87 GB-LP 11), »Steppin' To The Shadows« (5/89 GB-LP 11), »At Their Very Best« (12/89 GB-LP 12), »Reflections« (10/90 GB-LP 5) und »The Best Of Hank B. Marvin & The Shadows« (10/94 GB-LP 19).

Apache (7/60 GB 1; 10/60 D 10)
Man Of Mystery/The Stranger (11/60 GB 5)
F.B.I. (2/61 GB 6)
Frightened City (5/61 GB 3)
Kon-Tiki (9/61 GB 1)
The Savage (11/61 GB 10)
Wonderful Land (3/62 GB 1)
Guitar Tango (8/62 GB 4)
Dance On (12/62 GB 1)
Foot Tapper (3/63 GB 1)
Atlantis (6/63 GB 2)
Shindig (9/63 GB 6)
The Rise And Fall Of Flingel Bunt (5/64 GB 5)
Don't Make My Baby Blue (8/65 GB 10)
Don't Cry For Me Argentina (12/78 GB 5)
Theme From The Deer Hunter (Cavatina) (4/79 GB 9)
Instrumental, Pop, Rock 'n' Roll

Siehe auch: Harris, Jet & Toni Meehan; Richard, Cliff

Shadows Of Knight

NORM GOTSCH b (USA), JOE KELLEY g (USA), JERRY MCGEORGE g (USA), WARREN ROGERS g, b (USA), TOM SCHIFFOUR d (USA), JIM SOHNS v (USA, * 23. 8. 1949 in Prospect Heights/Illinois), DAVE »THE HAWK« WOLINSKI g, b (USA)
Die aus Chicago stammende Garagenband Shadows Of Knight hatte im Frühjahr 1966, als diese Musik unter den Jugendlichen der USA gerade als chic galt, mit einer Version des Them/Van-Morrison-Hits »Gloria« einen Erfolg. Mit »Oh Yeah« (6/66 US 39) folgte noch ein Hit, und mit Aufkommen der Hippie-Glückseligkeit 1967 war die Zeit für diese Art von Musik vorbei.

Gloria (3/66 US 10)
Pop, Punk

Shaft

ADRIAN HUGHES computer (Großbritannien), MARK PRITCHARD computer (Großbritannien)
Mark Pritchard und Adrian Hughes steckten hinter dem Projekt Shaft. Ihr Titel »Roobarb & Custard« kam zu Weihnachten 1991 in die britischen Charts. Die Platte war eine ziemlich überflüssige und laue Mixtur aus Dance und Disko Music, die es nicht zu einem Nachfolgehit brachte. Roobarb & Custard waren Figuren aus der gleichnamigen BBC-TV-Kindersendung.

Roobarb & Custard (12/91 GB 7)
Dance, Disko, One Hit Wonder

Shaft

ELLIOT IRELAND dj (Großbritannien), ALEX RIZZO dj (Großbritannien)
1999 brachte diese Formation mit dem Namen Shaft, die mit der aus dem Jahr 1991 nichts zu tun hat, eine Coverversion von »Sway« auf den Markt. Den Sprung an die Spitze verhinderten lediglich Lou Bega und sein »Mambo No. 5 (A Little Bit Of...)«. »Sway« nahmen bereits Interpreten wie Rosemary Clooney, Cliff Richard, Bobby Rydell, Eileen Barton oder sogar Björk auf. Clooney sollte zuerst bei Shaft gesampelt werden – die Plattenfirma lehnte das ab. So wurde statt dessen der Gesangspart von der Sessionsängerin Claire Vaughan übernommen. Das Lied wurde 1953 in Mexico als »Quien Sera« veröffentlicht und kam 1954 erstmals mit Dean Martin in die Charts. Elliot und Alex hatten sich 1993 in Brighton auf einer Plattenbörse kennengelernt. Sie machten Plattenaufnahmen als Pedigree Cuts, Buenaventura und Skeewiff. Für den Channel 4, BBC 1, Kiss 100 FM und für die British Airways haben sie Themen- bzw. Werbemelodien geschrieben. Mit »Mambo Italiano« (5/00 GB 12) gelang noch ein Nachfolgehit.

(Mucho Mambo) Sway (9/99 GB 2)
Pop

Shag

JONATHAN KING v (Großbritannien, * 6. 12. 1944 als Kenneth King in London)
Die Gruppe Shag war wieder einmal eins der Pseudonyme von Jonathan King. Mit seiner Version der Schlichtnummer »Loop Di Love« kam er im Herbst 1972 in die britischen Charts. Alles andere siehe unter Jonathan King.

Loop Di Love (10/72 GB 4)
Pop

Siehe auch: King, Jonathan

Shaggy

SHAGGY v (Jamaika, * 22. 10. 1968 als Orville Richard Burrell in Kingston)
Anfang des Jahres 1993 war Shaggy der angesagte Ragamuffin-Rapper in London. Von Kingston war er im Alter von 18 Jahren nach Brooklyn/New York gezogen. Dort ging er zu den Marines und gehörte zu denen, die in Kuwait für die Operation Desert Storm ihren Kopf hinhielten. Seine Veröffentlichung »Oh Carolina« kam Anfang Januar 1993 in die GB-Charts und schoss bis auf Platz 1. Der Song stammte ursprünglich von den Folkes Brothers, die den Titel 1960 aufgenommen hatten. Von dieser Originalsingle hatte Shaggy einiges heruntergesampelt. Ebenso waren Fragmente aus Henry Mancinis »Peter Gunn« entliehen worden. Mitte 1995 erschien das Album »Boombastic«. Der ausgekoppelte Titelsong wurde ein weltweiter Erfolg. Hier wurde der Song »Baby Let Me Kiss You« von King Floyd gesampelt. In den USA war die B-Seite »In The Summertime« feat. Rayvon, in GB wurde das als eigenständige Single. »Why You Treat Me So Bad« (1/96 GB 11) brachte

Samples von Bob Marleys »Mr. Brown«. Als Interpreten wurden Shaggy feat. Grant Puba genannt. Mitte 1997 war Shaggy zusammen mit der Sängerin Marsha erfolgreich mit einer Coverversion des alten Erma-Franklin- und Janis-Joplin-Hits »Piece Of My Heart«. Nach einer längeren Pause kam Shaggy Ende 2000 wieder zurück. Zuerst hatte er den Hit »It Wasn't Me«, bei dem Ricardo ›Rikrok‹ Ducent als Gast genannt wurde. Bei seinem nächsten Hit »Angel« sein Partner wieder Rayvon. »Angel« war eine Cover-Version des Hits »Angel Of The Morning«, mit Merrilee Rush, P. P. Arnold und Juice Newton in den Charts. Es folgten »Luv Me Luv Me« (11/01 D 36) und »Dance And Shout/Hope« (12/01 GB 19). Als DJ Quicksilver meets Shaggy wurde das Stück »Boombastic« (10/01 D 27) noch einmal verwurschtelt. »Me Julie« war eine Zusammenarbeit von Shaggy mit Ali G. Seine erfolgreichsten Alben: »Boombastic« (7/95 US-LP 34, 10/95 GB-LP 37) und »Hot Shot« (8/00 US-LP 1, 2/01 GB-LP 1, 4/01 D-LP 1).

Oh Carolina (1/93 GB 1; 4/93 D 3)
Boombastic/In The Summertime (5/95 US 3)
In The Summertime (7/95 GB 10)
Boombastic (9/95 D 2, GB 1)
Piece Of My Heart (7/97 GB 7)
It Wasn't Me (11/00 US 1; 3/01 GB 1; 4/01 D 4)
Angel (12/00 US 1; 6/01 GB 1; 7/01 D 1)
Luv Me Luv Me (9/01 GB 5)
Me Julie (3/02 GB 2)
Pop, Ragamuffin, Rap

Shai

GARFIELD A. BRIGHT v (USA, * 21. 10. 1969 in Nashville/Tennessee), MARC GAY v (USA, * 21. 1. 1969 in Miami/Florida), CARL MARTIN v (USA, * 29. 8. 1970 in Lafayette/Louisiana), DARNELL VAN RENSALIER v (USA, * 17. 5. 1970 in Patterson/ New Jersey)

Der Name der Gesangsformation Shai, die sich an der Howard University in Washington zusammenfand, bedeutet ›die Personifizierung des Schicksals‹. Sie nahmen ein Demoband auf, das sie an die lokale Radiostation WPGC schickten, die den Titel toll fand und einsetzte. Andere Stationen in Detroit, Houston, Chicago und San Diego folgten, und nach Veröffentlichung der Platte im Herbst 1992 kletterte »If I Ever Fall In Love« in nur sechs Wochen bis auf Platz 2 der US-Charts. Das Album » . . . If I Ever Fall In Love« (1/93 US-LP 6) erhielt Doppelplatin. Ihr letzter Top-40-Hit »The Place Where You Belong« (6/94 US 34) stammte aus dem Film »Beverly Hills Cop III«. Anfang 1994 kam als neues Album »Right Back At Cha«, Ende 1995 als nächstes »Blackface« (11/95 US-LP 42).

If I Ever Fall In Love (10/92 US 2)
Comforter (1/93 US 10)
Baby I'm Yours (6/93 US 10)
Pop

Shakatak

GEORGE ANDERSON b (Großbritannien), ROGER ODELL d (Großbritannien), JACKIE RAWE v (Großbritannien), JILL SAWARD v (Großbritannien, * 9. 3. 1953), BILL SHARPE key (Großbritannien), STEVE UNDERWOOD b (Großbritannien), KEITH WINTER g (Großbritannien), NIGEL WRIGHT key, syn (Großbritannien)

Shakatak hatte ihre Hitnotierungen zwischen 1980 und 1988. Neben Level 42 waren sie die populärsten Vertreter dieses Stils in GB. Wright, Underwood und Odell kamen aus einer 12-Mann-Band, die im Stil der Crusaders vorwiegend um London herum spielte. Odell hatte außerdem eine Jazz-Rockband, die Tracks hieß. Darin spielte auch Sharpe und Winter. Diese fünf – Sharpe, Underwood, Odell, Winter und Wright – bildeten die Urbesetzung von Shakatak, und in dieser Besetzung nahmen sie auch ihre erste LP, »Drivin' Hard«, auf. Ihr Single-Chart-Debüt in GB gaben sie Ende 1980 mit »Feels Like The Right Time«. 1982 verließ Underwood die Gruppe und wurde durch Anderson ersetzt. Im selben Jahr wurden als weitere Mitglieder der Gruppe zwei Sängerinnen, Jack and Jill, genannt. In dieser Besetzung erschienen 1982 gleich zwei LPs. 1984 verabschiedeten sich Jackie und Wright. In der Besetzung Saward, Sharpe, Winter, Anderson und Odell spielten sie durch die 80er Jahre weitere Platten ein. Im März 1993 erschien nach längerer Zeit mal wieder ein neues Album von Shakatak, auf dem sie sich, wie die Plattenfirma bemerkte, ›auf die Jazz-Funk-Roots der 80er Jahre besonnen‹ haben. Die erfolgreichsten Alben der Band waren »Night Birds« (5/82 GB-LP 4) und »Down On The Street« (8/84 GB-LP 17, 9/84 D-LP 18).

Night Birds (4/82 GB 9)
Down On The Street (7/84 GB 9)
Funk, Jazz, Pop

Shakespear's Sister

MARCELLA DETROIT v (USA, * 21. 6. 1959 als Marcella Levy in Detroit/Michigan), SIOBHAN MARIE DEIDRE FAHEY-STEWART v (Irland, * 10. 9. 1958 in Dublin)

Ende 1987 verließ Siobhan die erfolgreiche Formation Bananarama, um sich auf eine Solokarriere zu konzentrieren. Allerdings wurde es dann doch keine Solokarriere, denn zusammen mit der Amerikanerin Marcella Detroit machte sie das Projekt Shakespear's Sister. Detroit hatte zusammen mit Eric Clapton die Nummer »Lay Down Sally« geschrieben und zusammen mit Robin Gibb Platten veröffentlicht. Zum Zusammenspiel der beiden sagte Siobhan: ›Wir sind nicht zusammen, weil sich jeder von uns bereits einen Namen gemacht hat, sondern weil wir bereit sind, neue Dinge zu versuchen. Durch ihre amerikanische Herkunft haben Marcella und Richard Feldman, unser Produzent, die Musik von Motown und George Clinton im Blut, während ich am meisten von der britischen Szene à la Roxy Music, The Smiths oder Marc Bolan inspiriert wurde. Jetzt endlich mache ich, was mir Spaß macht.‹ Ihre erste Single »Break My Heart« wurde ein Flop. Mit der Nachfolgesingle »You're History« klappte es dann. Ihre letzte Hitnotierung war »Hello (Turn Your Radio On)« (11/92 GB 14, 12/92 D 12). Die erfolgreichsten Alben des Duos: »Sacred Heart« (9/89 GB-LP 9) und »Hormonally Yours« (2/92 GB-LP 3).

Ab Mitte 1990 verzichteten die Schwestern auf das Apostroph bei Shakespears. 1993 trennte sich das Duo. Inzwischen lebt auch Siobhan Fahey in Los Angeles – zusammen mit ihrem Mann Dave Stewart, erfolgreich mit den Eurythmics und als Solist. Dave produzierte mit seiner Frau – immer noch unter dem Gruppennamen Shakespear's Sister – Mitte 1996 eine neue Platte. Als Single erschien »I Can Drive« (6/96 GB 30).

You're History (7/89 GB 7)
Stay (1/92 GB 1; 3/92 D 3; 7/92 US 4)
I Don't Care (5/92 GB 7)
Pop

Siehe auch: Bananarama

Shakira

SHAKIRA v, g (Kolumbien, * 2. 2. 1977 als Shakira Isabel Mebarak Ripoll in Barranquilla)

Shakiras Vater ist ein US-Amerikaner libanesischer Abstammung, die Mutter Kolumbianerin. Schon als 8-jährige wollte Shakira Profimusiker werden. Sie begann Songs zu schreiben und lernte ab 11 Gitarre spielen. Während ihrer Schulzeit gewannt sie bereits Talentwettbewerbe – aus dem Schulchor flog sie raus,

weil sie die anderen Stimmen übertönte. Mit 13 erhielt sie einen Plattenvertrag, und als erstes Album erschien »Magia«. Es beinhaltete Songs, die sie seit ihrem 8. Lebensjahr geschrieben hatte. Einige Jahre später erschien als zweites Album »Peligro«. 1995 folgte »Pies Descalzos«, eine Mischung aus Rock, Pop und Latin, die sich mehr als vier Millionen Mal verkaufte. Erfolgreiche Single-Auskopplungen waren »Estoy Aqui« und »Donde Estas Corazon«. Danach ging Shakira für zwei Jahre auf Tour und veröffentlichte für ihre brasilianischen Fans portugiesische Remixe ihrer Songs. 1998 erschien ihr viertes Album »Donde Estan Los Ladrones?«, 2000 kam »MTV Unplugged«.
Von 1994 bis 1997 spielte sie eine Rolle in der kolumbianischen Seifenoper »El Oasis«. Produziert und gemanagt wird Shakira von Emilio Estefan und ihre erste englischsprachige Single wurde von Gloria Estefan aus dem Spanischen übersetzt. Mit dem Titel »Whenever, Wherever« erreichte sie erstmals die US-Pop-Charts. Ihr Album »Laundry Service« (12/01 US-LP 3, 2/02 D-LP 2, 3/02 GB-LP 3) stieg gleich unter die ersten 3 der US-LP-Charts ein. Am 4.2. 2002 stieg die bis zu diesem Zeitpunkt völlig unbekannte Shakira mit ihrer Single auf Platz 1 in Deutschland ein. Dazu hatten auch Artikel in diversen Publikationen, die sich ansonsten weniger um Musik kümmern, beigetragen. Läutet der Aufstieg von Shakira das Ende von Britney Spears ein?

Whenever, Wherever (10/01 US 6; 2/02 D 1; 3/02 GB 2)
Latin Pop

Shaky & Bonnie

SHAKIN' STEVENS v (Großbritannien, * 4. 3. 1948 als Michael Barratt in Ely/ Wales), BONNIE TYLER v (Großbritannien, * 8. 6. 1951 als Gaynor Hopkins in Swansea/Wales)
Mit einer Neuauflage der Brook-Benton-und-Dinah-Washington-Nummer »A Rockin' Good Way« aus dem Jahr 1960 kamen Shaky & Bonnie im Januar 1984 in die britischen Charts. Ansonsten konzentrieren sie sich mehr auf ihre jeweiligen Soloaktivitäten.

A Rockin' Good Way (1/84 GB 5)
Rhythm & Blues

Siehe auch: Tyler, Bonnie; Stevens, Shakin'

Shalamar

GERALD BROWN v (USA), JEFFREY DANIELS v (USA, * 24. 8. 1955 in Los Angeles/Kalifornien), DELISA DAVIS v (USA), MICKI FREE v (USA), HOWARD HEWETT v (USA, * 1. 10. 1955 in Akron/Ohio), SYDNEY JUSTIN v (USA), JODY WATLEY v (USA, * 30. 1. 1959 in Chicago/Illinois)
Shalamar wurde 1978 durch Don Cornelius, den Produzenten und Moderator der TV-Sendung ›Soul Train‹, gegründet. Im Frühjahr 1977 hatten unbekannte Sessionsänger als Shalamar eine Mixtur aus Soulhits unter der Hauptüberschrift »Uptown Festival (Part 1)« gesungen und waren damit bis auf Platz 25 der US-Charts vorgedrungen. Jody Watley hatte in ›Soul Train‹ als Tänzerin ihre Karriere begonnen. Neben ihr waren in der Neugründung Shalamar Jeffrey Daniels und Gerald Brown. Brown stieg im Frühjahr 1979 wieder aus und wurde durch Hewett ersetzt. Ende 1979 wurde »The Second Time Around« ein Millionseller. Bis 1984 folgten weitere Hitnotierungen. Dann verließen Watley und Daniels die Band, um Solokarrieren zu beginnen. Für sie kamen Delisa Davis, die vorher Miss Teenage Georgia und Miss Tennessee State geworden war, und Micki Free. Hewett verließ Shalamar ein Jahr später, und für ihn kam Sydney Justin, vorher Footballspieler bei den L.A. Rams. Was nicht mehr kam, waren Hits in den Popcharts. Die erfolg-

reichsten Alben waren »Friends« (2/82 US-LP 35, 3/82 GB-LP 6), »The Look« (7/83 GB-LP 7, 8/83 US-LP 38) und »The Greatest Hits« (4/86 GB-LP 5).

The Second Time Around (12/79 US 8)
I Can Make You Feel Good (3/82 GB 7)
A Night To Remember (7/82 GB 5)
There It Is (9/82 GB 5)
Dead Giveaway (6/83 GB 8)
Dance, Soul

Siehe auch: Hewett, Howard; Watley, Jody

Sham 69

BILLY BOSTIK d (Großbritannien), MARK CAIN d (Großbritannien), RICK GOLDSTEIN d (Großbritannien), JOHNNY GOODFORNOTHING g (Großbritannien), NEIL HARRIS g (Großbritannien), DAVID PARSONS g (Großbritannien), JIMMY PURSEY v (Großbritannien, * 9. 2. 1955), ALBIE SLIDER b (Großbritannien), DAVE TREGGANA b (Großbritannien)

Sham 69 war eine der Working-Class-Punkbands, die sich mit am längsten halten konnte. Sie wurde 1976 als Quintett von Pursey gegründet, der als absoluter Idealist galt und die erste Besetzung innerhalb eines Jahres feuerte, weil sie sich nicht genügend engagierten. Die neue Formation umfasste Treggana, Cain und Parsons, der mit Pursey zusammen den Kopf bildete. In der britischen Hitparade tauchte Sham 69 zum ersten Mal mit »Angels With Dirty Faces« (5/78 GB 19) auf. 1979 wurde Cain durch Goldstein ersetzt. Nach 1980 war auch die Zeit für diese Punker vorbei. Pursey versuchte sich erfolglos als Solist, und Anfang der 90er Jahre kam die Formation zu Nostalgie- und Revivalkonzerten wieder zusammen. Ihr erfolgreichstes Album war »The Adventures Of The Hersham Boys« (9/79 GB-LP 8).

If The Kids Are United (7/78 GB 9)
Hurry Up Harry (10/78 GB 10)
Hersham Boys (8/79 GB 6)
Punk

Shamen

JHELISA ANDERSON v (Großbritannien), COLIN ANGUS v, g, key (Großbritannien, * 24. 8. 1961 in Aberdeen), PLAVKA LONICH v (Großbritannien), KEITH MCKENZIE g (Großbritannien, * 30. 8. 1961 in Ayrshire/Schottland), DERRICK MCKENZIE g, d (Großbritannien, * 27. 2. 1962 in Islington/London), MR. C v (Großbritannien), WILLIAM SINNOTT b (Großbritannien, * 23. 12. 1960 in Glasgow, † 23. 5. 1991), PETER STEPHENSON g (Großbritannien, * 1. 3. 1961 in Ayrshire/Schottland)

1986 gaben die Shamen als Quartett ihr Debüt mit der Maxi »They May Be Right«. Vorher hatten sie bereits als Alone Again Or einige Erfahrungen sammeln können. Im Sommer 1987 erschien ihre erste LP »Drop«, die zeigte, dass die Band noch sehr auf dem Psychedelic- und Acid-Trip war. Im selben Jahr entdeckte Colin seine Vorliebe für Hip-Hop und House-Underground, und der Gitarrist Derek McKenzie verließ die Band. Neu hinzu kam William Sinnott. Die nächste Single, »Christopher Mayhew Says«, zeigte, wie es weitergehen sollte. Samples erzeugten eine Atmosphäre, vergleichbar einem Film, der zerschnitten und wahllos wieder zusammengesetzt mit erhöhter Geschwindigkeit abgespult wird. Christopher Mayhew war im Übrigen bis Mitte 1974 Labour-Mitglied und britischer Verteidigungsminister, der sich in den 50er Jahren für LSD-Tests angeboten hatte. Die nächsten Platten brachten eine Fusion von Acid-House-Elementen und Rock, und auf der nächsten LP, »In Gorbatchev We Trust«, war die schottische Formation Shamen zum Duo Angus/Sinnott geschrumpft. In den Charts tauchte die Gruppe erstmals mit »Pro-Gen« (4/90 GB 55) auf. Schnell wurden sie als ›The Monsters of Dance‹ bezeichnet, und als ihre direkten Konterparts sah ihre eigene Plattenfirma Künstler wie KLF, Dr. Alban oder Snap. Der große Erfolg kam für Shamen mit »Move Any Mountain«. Möglich, dass der tragische Tod von Sin bei den Dreharbeiten für ein Video zu dieser Platte vor Gomera Shamen erst richtig populär machte. Sinnott ertrank im Mai 1991, und zwei Monate später kam die Single in die Charts, erreichte Platz 4 in GB und wurde ein Top-40-Hit in den USA. Angus machte in der Folgezeit mit wechselnden Gastmusikern als Shamen weiter. Ende 1995 erschien das Album »Axis Mutatis«, darauf auch zu finden der Singlehit »Destination Eschaton« (8/95 GB 15). 1996 veröffentlichte die Gruppe zwei Alben: »Collection« bringt die großen Hits, »Remix Collection – Stars On 25« beinhaltet 25 Remixe. Ihr erfolgreichstes Album war »Boss Drum« (9/92 GB-LP 3).

Move Any Mountain (7/91 GB 4)
LSI (7/92 GB 6)
Ebeneezer Goode (9/92 GB 1)
Boss Drum (11/92 GB 4)
Phorever People (12/92 GB 5)
Dance, Rave, Techno

Shangri-Las

MARGIE GANSER v (USA, als Marguerite Ganser Dorste, † 28. 7. 1996), MARY ANN GANSER v (USA), BETTY WEISS v (USA), MARY WEISS v (USA)

Die Shangri-Las galten als die ›punkiest‹ der vielen Girl Groups in der ersten Hälfte der 60er Jahre. Die beiden Schwestern Weiss und die Zwillinge Margie und Mary Ann waren zwischen 16 und 17 Jahre alt, als sie an ihrer Schule in Queens, New York City, circa 1963 zu singen begannen. Anfang 1964 nahmen sie ein Demo von »Remember (Walkin' In The Sand)« auf, bei dem ein junger Mann namens Billy Joel Piano spielte. Auf vielen Plattenhüllen sind drei Shangri-Las abgebildet. Das hat damit zu tun, dass sie bei öffentlichen Auftritten häufig nur zu dritt waren, wenn einer der jungen Damen ›mal übel war‹. Das entwickelte sich im Laufe der Zeit zu einer schlechten Angewohnheit – aufgrund ihrer schlechten Angewohnheiten. Nach 1966 wurden sie mit Neuaufnahmen nicht mehr notiert. Zu diesem Zeitpunkt verließ Margie das Quartett, und der Rest machte noch bis 1968 als Trio weiter. Mary Ann starb 1971 an Gehirnhautentzündung, ihre Schwester im Alter von 48 Jahren 1996 an Brustkrebs.

Remember (Walkin' In The Sand) (8/64 US 5)
Leader Of The Pack (10/64 US 1; 10/72 GB 3; 6/76 GB 7)
I Can Never Go Home Anymore (11/65 US 6)
Pop

Shanice

SHANICE v (USA, * 14. 5. 1973 als Shanice Lorraine Wilson in Pittsburgh/Pennsylvania)

Mit elf Jahren spielte Shanice in einer Aufführung des Musicals »Get Happy« in Los Angeles und beeindruckte mit ihren Leistungen so sehr, dass sie ihren ersten Schallplattenvertrag erhielt, und 1987 erschien ihre erste LP, »Discovery«. »(Baby Tell Me) Can You Dance« (11/87 US 50) war – noch als Shanice Wilson – ihre erste Hitnotierung. Danach sollte es noch vier Jahre dauern – inzwischen war sie bei Tamla Motown unter Vertrag –, bis mit der Nummer »I Love Your Smile« ihre erste Erfolgssingle und mit »Inner Child« (3/92 D-LP 9) ein Erfolgsalbum erschien. Wiederum ein Jahr später kam sie in den USA mit einem Titel aus der TV-Serie ›90210 Beverly Hills‹, »Saving Forever For You«, in die Charts. Danach hörte man wieder längere Zeit nichts mehr von ihr, bis »When I Close My Eyes« (3/99 US 12) zum Hit wurde.

I Love Your Smile (11/91 US 2; 2/92 D 2, GB 2)
Saving Forever For You (10/92 US 4)
Motown Sound, Pop, Rhythm & Blues

Shanks & Bigfoot

BIGFOOT (Großbritannien, als Daniel Langsman), SHANKS (Großbritannien, als Stephen Meade)
Als die beiden ihren ersten gemeinsamen Hit landeten, waren sie zumindest in GB keine unbeschriebenen Blätter mehr. Shanks hatte zusammen mit MJ Cole als The Cartel den Clubhit »Message Of Love«. Bigfoot hatte vorher Platten als Teknicolour aufgenommen. Als Doolally hatten Shanks und Bigfoot den Hit »Straight From The Heart«. »Sweet Like Chocolate« war gedacht als Hommage an die Plattenfirma Chocolate Boy Records, für die die beiden 1998 eine EP aufgenommen hatten. Der Gesang auf dem Titel »Sweet Like Chocolate« kam von Sharon Woolf. Aufgenommen wurde die Nummer in den Soul II Soul Studios. Danach wurde der Titel, den sie 1998 als Doolally veröffentlicht hatten und bei dem ebenfalls Sharon Woolf gesungen hatte, wieder erfolgreich. Es folgte der Single-Hit »Sing-A-Long« (7/00 GB 12).

Sweet Like Chocolate (5/99 GB 1)
Pop

Siehe auch: Doolally

Shannon

SHANNON v (USA, * 12. 5. 1957 als Brenda Shannon Greene in Washington/D.C.)
1983 erschien Shannons Debütplatte »Let The Music Play« (1/84 GB 14). Mit »Give Me Tonight« (4/84 GB 24, 4/84 D 26) und »Sweet Somebody« (6/84 GB 25) hatte sie noch zwei Nachfolgehits. Nach einer Pause von 13 Jahren kehrte sie in die Charts zurück: als Terry Todd presents Shannon mit »It's Over Love« (12/97 GB 16) und Sash! featuring Shannon mit »Move Mania« (11/98 GB 8). 2002 kam Shannon mit einem neuen Album: »The Best Is Yet To Come« – da kann man gespannt sein!

Let The Music Play (11/83 US 8; 2/84 D 5)
Disko

Siehe auch: Sash!

Shannon, Del

DEL SHANNON v (USA, * 30. 12. 1934 als Charles Weedon Westover in Coopersville/Michigan, † 8. 2. 1990)
Del hatte während seiner Militärzeit in der US Army über die Senderkette des AFN in Deutschland seine eigene Radioshow ›Get Up And Go‹. Zurück in den USA arbeitete er tagsüber in einem Teppichladen, nachts sang er in Clubs. Dort wurde er entdeckt und erhielt einen Plattenvertrag. Seine erste Hitnotierung war der Welthit »Runaway«. Seine erfolgreichsten Alben waren »Hats Off To Del Shannon« (5/63 GB-LP 9) und »Little Town Flirt« (6/63 US-LP 12, 11/63 GB-LP 15). Nach seinen großen Hits arbeitete er weiter als Songschreiber – so stammt von ihm z. B. »I Go To Pieces« für Peter & Gordon –, Produzent und Interpret. Speziell in GB hatte er noch so viele Fans, dass er dort immer noch auftreten konnte, nachdem seine Hochzeit in den Hitparaden schon lange vorüber war. Zu seinen späteren Produzenten gehörten Tom Petty oder auch Jeff Lynne. Petty produzierte Dels letzte Hitnotierung »Sea Of Love« (12/81 US 33). Weil Petty und Lynne ausgemachte Shannon-Fans waren – Jeff ja schon, weil er am selben Tag Geburtstag hat –, vermutete man sicher nicht zu Unrecht, Del würde nach dem Tod von Roy Orbison dessen Platz bei den Traveling Wilburys einnehmen. Doch dazu kam es nicht mehr. Del erschoss sich 1990, unter tiefen Depressionen leidend. Postum erschien das Album »Rock On!«, auf dem wieder Petty und Lynne, der es auch produziert hatte, mitspielten. 1999 wurde er in die Rock and Roll Hall of Fame aufgenommen.

Runaway (3/61 GB 1, US 1)
Hats Off To Larry (6/61 US 5; 9/61 GB 6)

So Long Baby (12/61 GB 10)
Hey! Little Girl (3/62 GB 2)
Swiss Maid (10/62 GB 2)
Little Town Flirt (1/63 GB 4)
Two Kinds Of Teardrops (4/63 GB 5)
Keep Searchin' (We'll Follow The Sun) (11/64 US 9; 1/65 GB 3)
Pop, Rock, Rock 'n' Roll

Shapiro, Helen

HELEN SHAPIRO v (Großbritannien, * 28. 9. 1946 in Bethnal Green/London)
Noch während ihrer Schulzeit wurde Helen wegen ihrer männlichen Stimme Nebelhorn genannt. Sie war immer noch Schülerin, als sie mit »Don't Treat Me Like A Child« erstmals die GB-Charts erreichte. Schon in diesen Anfangstagen wurde ihr Outfit auf so alt getrimmt – hochtoupierte Betonfrisur und Glockenrock-Cocktailkleid –, dass sie sich im Laufe der Jahre zu verjüngen schien. Nach 1962 bröckelte ihr Erfolg in den Charts ab. Inzwischen sang Helen Shapiro auch Liedchen in deutscher Sprache. So wurde z. B. aus »Tell Me What He Said« »Frag mich nicht warum«. Als Schauspielerin war sie zu sehen in »It's Trad, Dad« und »Play It Cool«, beide 1962. Später trat sie als Nancy in einem Revival von Lionel Barts Musical »Oliver!« auf und veränderte ihren musikalischen Stil in Richtung Jazz. 1987 nahm sie eine Platte mit Songs von Johnny Mercer auf. Ihre erfolgreichsten Alben waren »Tops With Me« (3/62 GB-LP 2) und »Helen Shapiro singt Hits« (8/62 D-LP 22).

Don't Treat Me Like A Child (3/61 GB 3)
You Don't Know (6/61 GB 1)
Walkin' Back To Happiness (9/61 GB 1)
Tell Me What He Said (2/62 GB 2)
Little Miss Lonely (7/62 GB 8)
Pop, Schlager

Sharkey, Feargal

FEARGAL SHARKEY v (Großbritannien, * 13. 8. 1958 in Londonderry/Nord Irland)
Feargal hatte mit seiner unverkennbaren, prägnanten Stimme seine ersten Erfolge 1978 als Leadsänger der Undertones. Im Juni 1983 löste sich die Band auf, und Feargal machte mit Vince Clarke Assembly. Clarke arbeitete aber offensichtlich gedanklich schon an seinem weiteren Projekt Erasure. Ende 1984 kam Feargal als Solist. Der Titel »A Good Heart« wurde geschrieben von Maria McKee und produziert von David A. Stewart (Eurythmics). Sein erfolgreichstes Album war »Feargal Sharkey« (11/85 GB-LP 12). Es erschienen regelmäßig weitere Veröffentlichungen, z. B. »I've Got News For You« (3/91 GB 12). Der Titel stammte von der CD »Songs From The Mardi Gras« (4/91 GB-LP 27), die den Wandel in Sharkeys Titeln von Pop zu einer Musik zeigt, die mehr im Rhythm & Blues und Soul verwurzelt ist. 1986 waren Feargals Mutter und seine Schwester in Londonderry von Terroristen als Geiseln genommen worden. Daraufhin zog er in die USA und versuchte dort, seine Karriere fortzufahren. 1993 kehrte er nach GB zurück und wurde A&R-Mitarbeiter der Plattenfirma Polydor. 1994 promotete er das Multimediaunternehmen ESP.

A Good Heart (10/85 GB 1; 12/85 D 4)
You Little Thief (1/86 GB 5)
Pop

Siehe auch: Assembly; Undertones

Sharp, Dee Dee

DEE DEE SHARP v, p (USA, * 9. 9. 1945 als Dione LaRue in Philadelphia/Pennsylvania)
Sharp begann ihre Karriere 1961. In jenem Jahr suchte die Firma Cameo-Parkway junge Backgroundsängerinnen, die außerdem Klavier spielen und Noten lesen

konnten. Nachdem sie vorgesungen hatte, bekam Dee Dee den Job. Bei Aufnahmen von Bobby Rydell oder dem Titel »Slow Twistin'« von Chubby Checker ist sie z. B. zu hören. Ab 1962 war sie selbst als Solistin erfolgreich. Bis 1964 gelangen ihr noch fünf weitere Chart-Entries, und 1967 heiratete sie den erfolgreichen Songschreiber und Produzenten Kenny Gamble. Danach machte sie Platten als Dee Dee Sharp Gamble, die jedoch nicht erfolgreich waren.

Mashed Potato Time (3/62 US 2)
Gravy (For My Mashed Potatos) (6/62 US 9)
Ride! (10/62 US 5)
Do The Bird (3/63 US 10)
Pop, Rhythm & Blues

Shaw, Sandie

SANDIE SHAW v (Großbritannien, * 26. 2. 1947 als Sandra Goodrich in Dagenham/ Essex)

Sandie hatte ihre große Zeit zwischen 1964 und 1969. Bei einem Konzert von Adam Faith kämpfte sie sich vor bis in dessen Garderobe, sang ihm etwas vor und beeindruckte ihn damit so sehr, dass er sie unter Vertrag für seine Managementfirma nahm. Produzent Tony Hatch kam auf die Idee, sie barfuß singen zu lassen, um der Presse einen Aufhänger für Berichte zu geben. Es heißt allerdings auch, dass sie immer barfuß auftrat, weil sie, sehr kurzsichtig, Angst davor hatte, mit Stöckelabsätzen über auf der Bühne herumliegende Kabel zu stolpern. Ihre erste Veröffentlichung war der Chris-Andrews-Titel »As Long As You're Happy«, der ein Flop wurde. Ihre erste Hitnotierung war gleich der Spitzenreiter »(There's) Always Something There To Remind Me«. Die von Burt Bacharach und Hal David geschriebene Nummer hatte vorher in den USA Lou Johnson veröffentlicht. Schon nach einigen Fernsehauftritten wurde Sandie – die typisch war für den Look der 60er Jahre: groß, gutaussehend und mit Model-Zügen – enorm populär in GB. Fast alle ihre nächsten Hits hat Chris Andrews geschrieben. 1967 vertrat sie GB beim Grand Prix Eurovision und gewann mit »Puppet On A String«. Ihr letzter Top-10-Erfolg »Monsieur Dupont« wurde von Christian Bruhn komponiert. Ihre erfolgreichsten Alben waren »Sandie« (3/65 GB-LP 3) und »Puppet On A String« (6/67 D-LP 12). Nach 1969 wurde sie für viele Jahre nicht mehr in den Hitparaden notiert. Dann tauchte sie plötzlich 1982 mit der von Martyn Ware (B.E.F.) produzierten Nummer »Anyone Who Had A Heart« auf. 1984 stand sie dann auch wieder unter den ersten 30 der GB-Charts mit der Nummer »Hand In Glove«, die die beiden Smiths-Mitglieder Morrissey und Marr geschrieben hatten. Morrissey selbst hat sich immer als großen Fan von Sandie Shaw bezeichnet. Durch die 80er Jahre machte sie weitere Plattenveröffentlichungen, die zwar von der Presse beachtet und gelobt, aber nicht gekauft wurden.

Inzwischen ist die in London lebende Sandie praktizierende Buddhistin und hat eine Therapieausbildung absolviert. Sie arbeitet in der Londoner ›Arts Clinic‹, in der Künstler behandelt werden, deren Karrieren ausliefen und die mit den entsprechenden Folgen nicht zurecht kommen. Im Rahmen der britischen TV-Serie »Britgirls« wurde 1997 eine Biografie von Sandie Shaw ausgestrahlt.

(There's) Always Something There To Remind Me (10/64 GB 1)
Girl Don't Come (12/64 GB 3)
I'll Stop At Nothing (2/65 GB 4)
Long Live Love (5/65 GB 1)
Message Understood (9/65 GB 6)
Tomorrow (1/66 GB 9)
Puppet On A String (3/67 D 1, GB 1)
Monsieur Dupont (2/69 GB 6)
Grand Prix, Pop

Shayne, Ricky

RICKY SHAYNE v (Ägypten, * 4. 6. 1944 als George Albert Tabett in Kairo)
Seine ersten Erfolge hatte der Sohn eines Libanesen und einer Französin in Italien mit »Stanotte« und »Uno Dei Mods«. Neben Udo Jürgens und Joachim Fuchsberger spielte Ricky 1966 in dem Film »Siebzehn Jahr, blondes Haar«. Anfang 1967 begann dann seine Plattenkarriere in Deutschland mit »Ich sprenge alle Ketten« (7/67 D 20), geschrieben von Giorgio Moroder und Michael Holm. Bis zu seinem einzigen Top-10-Erfolg »Mamy Blue« hatte er noch folgende Hits: »Das hat die Welt noch nicht gesehn« (6/69 D 21), »Es wird ein Bettler zum König« (7/69 D 17), »Ich mache keine Komplimente« (11/69 D 24), »Fantastic« (4/70 D 27), »In festen Händen« (1/71 D 38), »Ginny, komm näher« (5/71 D 13). Nach »Delta Queen« (11/72 D 20) war seine Hitparadenkarriere zu Ende. 1988 sang er den Titel »Face The World Alone«, der in der ZDF-Serie ›Eurocops‹ mit Heiner Lauterbach zu hören war. Alles Ton in Ton, aber kein Erfolg. Anfang 1997 produzierte Frank Farian Ricky bei dem italienisch gesungenen Titel »Anima Mia«. Auch im Jahr 2002 tingelte er immer noch mit Rüschenhemd durch die Geografie.

Mamy Blue (10/71 D 7)
Deutscher Schlager, Pop

Shearston, Gary

GARY SHEARSTON v, g (Australien, * 9. 1. 1939 in Inverell/New South Wales)
Shearston trat mit 19 als Profi mit traditioneller australischer Musik in Clubs, aber auch in Funk und Fernsehen auf. Seine ersten Plattenaufnahmen machte er Ende der 50er Jahre und veröffentlichte bis Mitte der 60er einige Alben. 1965 wurde er für die beste Komposition des Jahres ausgezeichnet: »Sometime Lovin'« wurde u. a. auch von Peter, Paul & Mary aufgenommen. 1968 zog er für vier Jahre in die USA, dann nach GB. Dort nahm er zwei Alben für das Label Charisma auf. Seinen einzigen Hit außerhalb Australiens hatte er mit »I Get A Kick Out Of You«. Er veröffentlichte weiter Alben und trat in europäischen Folk-Clubs auf, bis er 1988 nach Australien zurückkehrte. 1991 wurde er dort Deacon of the Anglican Church.

I Get A Kick Out Of You (10/74 GB 7)
One Hit Wonder, Pop

Shed Seven

PAUL BANKS g (Großbritannien), TOM GLADWIN b (Großbritannien), ALAN LEACH d (Großbritannien), RICK WITTER v (Großbritannien)
1991 wurde die Band in York/England gegründet. Ende 1993 erhielt sie einen Plattenvertrag und veröffentlichte mit »Mark« im März 1994 ihre erste Single. Ihr erstes Album »Change Giver« (9/94 GB-LP 16) enthielt die Singlehits »Dolphin« (6/94 GB 28), »Speakeasy« (8/94 GB 24) und »Ocean Pie« (11/94 GB 33). Auch die Nummern »Where Have You Been Tonight?« (5/95 GB 23) und »Getting Better« (1/96 GB 14) wurden erfolgreich. Im Frühjahr 1996 erschien mit »A Maximum High« (4/96 GB-LP 8) das zweite Album. Die erste Singleauskopplung daraus war »Going For Gold«. Von der englischen Musikpresse wurden sie mit ihrem gesamten Repertoire in die Richtung Brit Pop gesteckt. Die Band versuchte dagegen anzusteuern und gestaltete »A Maximum High« härter als ihr erstes Album. »Bully Boy« (5/96 GB 22), »On Standby« (8/96 GB 12) und »Chasing Rainbows« (11/96 GB 17) waren in GB – aber eben nur dort – erfolgreich. »Let It Ride« (6/98 GB-LP 6) und »Going For Gold – The Greatest Hits« (6/99 GB-LP 7) waren weitere Erfolgsalben. Nächs-

ter Singlehit wurde »Cry For Help« (5/01 GB 30).

Going For Gold (3/96 GB 8)
Pop

Sheer, Ireen

IREEN SHEER v (Großbritannien, * 25. 2. 1949 als Ireen Woolridge in Romford/ Essex)
Ireen wurde Anfang der 60er Jahre bei einem Talentwettbewerb entdeckt. 1966 hatte sie mit Gulliver's People ihre ersten TV-Auftritte. Danach sang sie bei der Gruppe Family Dogg, in der sich auch Steve Rowland, Albert Hammond und Mike Hazelwood engagierten und die vor allem für ihre häufigen Besetzungswechsel bekannt war. Ab 1970 arbeitete Ireen Sheer als Solistin – und das vorwiegend in Deutschland. »Oh Love My Love« war 1972 ihre erste deutsche Single, »Goodbye Mama« 1973 ihre erste Hitnotierung. 1978 vertrat Ireen in Paris Deutschland beim Grand Prix Eurovision und belegte mit der Nummer »Feuer« Platz 6. Ireen und ihr Mann Gavin du Porter waren häufig Gast in sämtlichen nur möglichen TV-Sendungen in Deutschland. Ireens Plattenveröffentlichungen reichen bis ins 21. Jahrhundert. 1991 veröffentlichte sie die Nummer »Und heut abend hab' ich Kopfweh«, von der viele sagten, sie habe »Das gewisse Etwas« – so hieß ihre 1993 erschienene CD. 2001 trennte sie sich von Gavin.

Goodbye Mama (5/73 D 5)
Deutscher Schlager, Grand Prix

Sheer Elegance

BEV GORDON v (Großbritannien), DENNIS ROBINSON v (Großbritannien), HERBERT WATKINS v (Großbritannien)
Die Debütsingle des Trios erschien Mitte 1975 mit »Going Downtown«. Zu diesem Zeitpunkt lebten die drei Sänger, die alle von den Westindischen Inseln stammen, aber nicht das geringste Interesse an Reggae-Musik hatten, bereits seit zwölf Jahren in GB und hatten einige musikalische Erfahrungen gesammelt: Gordon als Solist, Robinson spielte in GI Bases auf dem Kontinent, und Watkins hatte eine eigene Gruppe. »Milky Way« (12/75 GB 18) war ihr erster Hiteintrag. Als nächste Single erschien »Life Is Too Short Girl« – offensichtlich hatte man damals von Aids noch nichts gehört.

Life Is Too Short Girl (4/76 GB 9)
Pop, Soul

Sheila & B. Devotion

SHEILA v (Frankreich, * 16. 8. 1946 als Annie Chancel in Paris)
Erstmals trat Sheila Ende 1962 im französischen Fernsehen auf und wurde schnell zu einer Größe im Showbusiness des französischen Sprachraums. Bis dahin hatte sie schon zahlreiche Auftritte hinter sich, bei denen sie mit den Guitars Brothers Titel von Elvis Presley, Johnny Hallyday oder Brenda Lee sang. Nachdem sie 1962 bei Claude Carrere auf dessen Version von »Sheila« mitgesungen hatte, nannte sie sich nach diesem Titel Sheila. Bereits ein Jahr später hatte sie in ihrer Heimat einen ersten Hit mit »L'Ecole Est Finie«. Es folgten weitere mit »Vous Les Copains Je Ne Vous Oublierai Jamais« 1964, eine französische Version von »Doo Wah Diddy«, »L'Heure De La Sortie« 1966, »Petite Fille De Français Moyen« 1969, »Gondoles A Venise« 1973 – zusammen mit Ringo Bayle – und »Singin' In The Rain« 1977 mit ihrer Gruppe B. Devotion. 1972 hatte sie in dem Film »Bang Bang« mitgespielt. Ihren ersten Hit in Deutschland hatte sie. Mit der von Bernard Edwards und Nile Rodgers geschriebenen und produzierten

Nummer »Spacer« kam sie ein letztes Mal in die deutschen Charts und erreichte noch einmal die Top 20 in GB. Im Sommer 2001 verarbeitete die Formation Alcazar »Spacer« zu ihrem Hit »Crying At The Discotheque«. Ab 1981 veröffentlichte Sheila ihre Platten wieder nur noch unter ihrem Namen. »Little Darlin'« (12/81 US 49) wurde ihre einzige Hitnotierung in den USA.

Love Me Baby (10/77 D 9)
Singin' In The Rain (1/78 D 6)
Spacer (3/80 D 9)
Disko, Pop

Shelley, Peter

PETER SHELLEY v (Großbritannien)
Eins zumindest stand für ihn von Anfang an fest: Er wollte unbedingt ins Musikgeschäft. Es stellte sich jedoch heraus, dass das nicht so einfach war. Mitte der 60er Jahre zog er sechs Monate von einer Company zur nächsten, bis er endlich einen Job als Promoter bei einer Plattenfirma fand. Dann wurde er Produktionsassistent bei der EMI, blieb ein halbes Jahr und lernte die Grundbegriffe der Plattenproduktion. Nächste Station war Decca, bei der er Talentscout wurde und Gruppen wie Amen Corner, Ten Years After oder King Crimson entdeckte. 1969 machte er sich als Produzent selbstständig und nahm einige Jahre später Alvin Stardust unter seine Fittiche. Die meisten großen Erfolge von Alvin Stardust hat Shelley im Alleingang geschrieben. 1973 gründete er sein eigenes Label Magnet, auf dem nun Stardust seine Platten veröffentlichte. Auch andere erfolgreiche Interpreten sollten im Laufe der nächsten Jahre ihre Heimat beim Plattenlabel Magnet finden, darunter z. B. Chris Rea. Peter Shelley selbst veröffentlichte als Sänger im Herbst 1974 seine Eigenkomposition »Gee Baby«. Den Nachfolger »Love Me Love My Dog« schrieb er zusammen mit Marty Wilde. Danach tauchte er nicht mehr in den Hitparaden auf, vielleicht auch deshalb, weil er jetzt ja wusste, dass er könnte, wenn er wollte.

Gee Baby (9/74 GB 4)
Love Me Love My Dog (3/75 GB 3)
Pop

Shepard, Vonda

VONDA SHEPARD v, p (USA, * 7. 7. 1963 in New York City)
Bereits mit sechs Jahren erhielt Vonda Klavierunterricht, mit 14 absolvierte sie ihre ersten Auftritte mit selbst geschriebenen Songs. Nachdem sie etliche Jahre als Background-Sängerin und Keyboarderin mit Rickie Lee Jones gearbeitet hatte, erhielt sie 1987 einen Solovertrag und es erschien ihr selbst betiteltes Debütalbum. Erstmals tauchte sie in den US-Charts als Gast von Dan Hill auf dessen Nummer »Can't We Try« (6/87 US 6) auf. 1992 erschien ihr zweites Album mit dem Titel »The Radical Light«, auf dem sich der Titel »Searchin' My Soul« befand – der sollte allerdings erst sechs Jahre später zum Hit werden, nachdem er in der TV-Serie ›Ally McBeal‹ zu hören war. 1996 kam mit »It's Good Eve« ein weiteres Album auf den Markt, auf dem als Gast Jackson Browne sang. Im Gegenzug begleitete sie ihn auf seinen Tourneen. Das Album »Songs From ›Ally McBeal‹« (5/98 US-LP 7, 10/98 GB-LP 3), auf dem ausschließlich Lieder von Vonda zu hören waren, entwickelte sich ebenfalls zum Verkaufsknüller. 1999 setzte es mit »Heart & Soul – New Songs From ›Ally McBeal‹« (11/99 GB-LP 9) neue Songs von Vonda.

Searchin' My Soul (12/98 GB 10)
Country, Folk Rock, Pop

Sherbet

DARYL BRAITHWAITE v (Australien, * 11. 1. 1949 in Melbourne), GUNTHER GORMAN v, g (Australien), HARVEY JAMES v, g (Australien), TONY MITCHELL b (Australien, * 21. 10. 1951), GARTH PORTER v, key (Australien), ALAN SANDOW d (Australien, * 28. 2. 1958), CLIVE SHAKESPEARE v, g (Australien, * 3. 6. 1957), BRUCE WORRALL b (Australien)

Sherbet kam 1969 zusammen. Nachdem sie in ihrer Heimat 16 Hitsingles und sieben Hit-LPs, 26 Gold- und sieben Platinplatten einkassiert hatten, versuchten sie sich auch außerhalb des fünften Kontinents. »Howzat« erschien in der Hitbesetzung Braithwaite, Porter, Mitchell, Sadow und James. Ein weiterer internationaler Hit wollte ihnen nicht gelingen. Auch eine Namensänderung in Sherbs brachte nichts. 1983 trennte sich die Formation. 1989 veröffentlichte Daryl mit »Edge« ein Soloalbum. Im selben Jahr trat er in Europa im Vorprogramm von Chris de Burgh auf. 1991 erschien eine weitere LP, »Higher Than Hope«, aus der es allerdings auch keine Hitauskopplung gab.

Howzat (9/76 GB 4)
One Hit Wonder, Pop, Rock

Sheridan, Tony

TONY SHERIDAN v, g (Großbritannien, * 21. 5. 1940 als Anthony Esmon McGinnity in Cheltenham/Gloucestershire)

Der Gitarrist, Sänger und Songschreiber begann als Skifflemusiker und wurde dann Mietmusiker von Marty Wilde, Conway Twitty, Gene Vincent und vielen anderen Künstlern, die durch die britischen Lande zogen. Er war einer der ersten, die erkannten, dass englische Musiker in Hamburg auf der Reeperbahn ihr Geld verdienen konnten. Heute im Rückblick erscheint er ein wenig wie eine tragische Figur. Der deutsche Produzent Bert Kaempfert nahm mit ihm 1961 einige Titel auf, die er mit seinem Orchester begleitete oder aber für die er eine Beatgruppe brauchte. Zusammen mit den Beat Brothers nahm Tony Sheridan den Titel »My Bonnie« (12/61 D 32, 2/64 US 26) auf. Hinter diesen Beat Brothers versteckten sich die Beatles. Somit ist Deutschland das erste Land, in dem die Beatles in der Hitparade standen. Dass Kaempfert sie nicht als Beatles hat auftreten lassen, lässt sich nur dadurch erklären, dass er unter dem Namen Beat Brothers später z. B. auch die Starliters von Joey Dee, die Star Combo, Bobby Patrick Big Six oder einfach irgendwelche Studiomusiker firmieren lassen konnte. »Let's Slop« war eine Komposition des Deutschen Mike Roger. Diese Aufnahme wurde Tonys Intentionen und seinem Können bei weitem nicht gerecht. Nachdem sich die Beatles zu einem weltweiten Knüller entwickelt hatten, wurde der Titel »Skinny Minny« veröffentlicht. Wieder wurde diese Aufnahme verkauft als Tony Sheridan & The Beat Brothers, und alle vermuteten hinter den Beat Brothers die Beatles. In dem Fall stimmte es nicht, und somit ging Kaempferts Rechnung auf. Mit Tony Sheridan traten als Beat Brothers Bobby Patrick Big Six auf. In den folgenden Jahren wurde Tony Sheridan bei Plattenveröffentlichungen und Interviews mehr nach den Beatles als nach sich selbst befragt. Seine Versuche, als deutschsprachiger Rocker Erfolg zu haben, wirkten eher peinlich. Da er in Deutschland mehr Erfolg hatte als in seiner Heimat, hat er sich schließlich hier ganz niedergelassen.

Let's Slop (7/63 D 10)
Skinny Minny (7/64 D 3)
Beat, Pop, Schlager

Sheriff

FREDDY CURCI v (Kanada), STEVE DEMARCHI v, g (Kanada), ROB ELLIOTT

d (Kanada), WOLF HASSELL v, b (Kanada), ARNOLD DAVID LANNI v, g, key (Kanada)
1983 nahm Sheriff den Titel »When I'm With You« auf, der es in den US-Charts bis auf Platz 61 brachte. Für die Musiker war diese schwache Platzierung ein Signal, sich andere Betätigungsfelder zu suchen, und die Band ging, nachdem sie für die Kinks auf deren US-Tour den Opener gemacht hatte, auseinander. 1988 begannen einige amerikanische Radiostationen, diesen Titel wieder auf ihre Playlist zu nehmen. Die Mitglieder waren inzwischen in alle Winde zerstreut. Lanni, der »When I'm With You« geschrieben hatte, und Hassel spielten z. B. in der Band Frozen Ghost. Die Platte kam Ende 1988 in die US-Charts, kletterte bis auf den Spitzenplatz und wurde ein Millionseller. Trotzdem kam die Band nicht wieder zusammen. Curci und DeMarchi gründeten 1990 die Formation Alias.

When I'm With You (11/88 US 1)
AOR (Adult Orientated Rock), One Hit Wonder, Rock

Siehe auch: Alias

Sherman, Allan

ALLAN SHERMAN v (USA, * 30. 11. 1924 als Allan Copelon in Chicago/Illinois, † 21. 11. 1973)
Allan war Produzent der TV-Serie ›I've Got A Secret‹ und für diese und für andere Fernsehsendungen ein professioneller Gagschreiber. Er begann für Jackie Gleason, Joe E. Lewis und andere als Autor. Auf Ponchiellis »Tanz der Stunden« bastelte er die von allen Eltern der Welt nachzuempfindende Nummer »Hello Mudduh, Hello Fadduh! (A Letter From Camp)«. Noch erfolgreicher waren seine Alben »My Son, The Folk Singer« (11/62 US-LP 1), »My Son, The Celebrity« (1/63 US-LP 1) und »My Son, The Nut« (8/63 US-LP 1). Bis 1967 nahm Allan Sherman weitere Platten auf, hatte eine eigene TV-Sendung, arbeitete als Schauspieler und schrieb komische Bücher – seinen großen Erfolg konnte er jedoch nie wiederholen. Er starb an einer Erkrankung der Atemwege, die auf seine Fettleibigkeit zurückzuführen war.

Hello Mudduh, Hello Fadduh! (A Letter From Camp) (8/63 US 2)
Pop

Sherman, Bobby

BOBBY SHERMAN v (USA, * 18. 7. 1943 in Santa Monica/Kalifornien)
Der Schauspieler machte nebenher zwischen 1969 und 1972 mal schnell eine Karriere als Plattenstar. Sein Erfolg begann 1964 in der TV-Serie ›Shindig‹. In dieser Sendung war er bis 1966 regelmäßig zu Gast. Von 1968 bis 1970 spielte er in der Abenteuerserie ›Here Come The Brides‹ die Rolle des Jeremy Bolt. Im Anschluss daran war er in der Comedy-Serie ›Getting Together‹ für zwei Jahre als Bobby Conway zu sehen. Wer so häufig im Fernsehen auftaucht, muss auch singen. Bis zum Frühjahr 1972 wurde er in den Charts notiert.
Seine erfolgreichsten Alben waren »Bobby Sherman« (11/69 US-LP 11), »Here Comes Bobby« (4/70 US-LP 10) und »With Love, Bobby« (10/70 US-LP 20). Danach lebte er glücklich und zufrieden von dem, was er erarbeitet hatte. Im Frühjahr 1998 ging er zusammen mit Peter Noone und Davy Jones auf eine Tour durch die USA unter dem Motto ›Teen Idols‹.

Little Woman (8/69 US 3)
La La La (If I Had You) (11/69 US 9)
Easy Come, Easy Go (2/70 US 9)
Julie, Do Ya Love Me (8/70 US 5)
Pop

Shervington, Pluto

PLUTO SHERVINGTON v (Jamaika, * 13. 8. 1950)

Wieder einer der vielen Jamaikaner, die aus dem Nichts in der britischen Hitparade auftauchten. Erstmals wurde man auf ihn aufmerksam, als er den Hit »Midnight Rider« (12/75 GB 10) von Paul Davidson produzierte. Pluto Shervington, der seine Songs selbst schreibt und ein Multi-Instrumentalist hatte seinen einzigen Hit mit »Dat«. Im Frühjahr 1982 tauchte er wieder auf, hatte seinen Nachnamen verloren und brachte »Your Honour« (3/82 GB 19).

Dat (2/76 GB 6)
Pop, Reggae

Shirelles

SHIRLEY ALSTON v (USA, * 10. 6. 1941 als Shirley Owens in Passaic/New Jersey), ADDIE »MICKI« HARRIS v (USA, * 22. 1. 1940 in Passaic/New Jersey, † 10. 6. 1982), DORIS KENNER v (USA, * 2. 8. 1941 in Passaic/New Jersey, † 3. 2. 2000), BEVERLY LEE v (USA, * 3. 8. 1941 in Passaic/New Jersey)

Schon während ihrer Schulzeit in Passaic/New Jersey gründete Shirley die Gruppe Poquellos. Daraus entwickelten sich die Shirelles, die 1958 ihre ersten Platten aufnahmen. Im Frühjahr desselben Jahres gelang dieser als Rhythm & Blues Girl Group bezeichneten Formation mit »Met Him On A Sunday (Ronde-Ronde)« (4/58 US 49) der erste Chart-Entry. Mitte 1959 kamen sie in die Hot 100 mit »Dedicated To The One I Love«, aber richtig erfolgreich wurde das Quartett mit der King-Goffin-Nummer »Will You Love Me Tomorrow«. Danach wurde »Dedicated To The One I Love« erneut veröffentlicht und erreichte dieses Mal Platz 3. Bis 1967 reichen die Hitnotierungen dieser Gruppe, die es auf insgesamt 26 Eintragungen brachte. Ihr erfolgreichstes Album war »The Shirelles Greatest Hits« (1/63 US-LP 19). 1968 verließ Kenner die Gruppe, kam jedoch 1975 wieder zurück. Zu diesem Zeitpunkt ging dann Namensgeberin Shirley Alston, um eine Solokarriere zu starten. Sie nannte sich jedoch nicht Shirley, sondern Lady Rose. 1996 nahm man die Shirelles in die Rock and Roll Hall of Fame auf.

Will You Love Me Tomorrow (11/60 US 1; 2/61 GB 4)
Dedicated To The One I Love (1/61 US 3)
Mama Said (4/61 US 4)
Baby It's You (12/61 US 8)
Soldier Boy (3/62 US 1)
Foolish Little Girl (3/63 US 4)
Pop

Shirley & Company

SHIRLEY GOODMAN v (USA, * 19. 6. 1936 in New Orleans), LEONARD LEE (USA, * 29. 6. 1935 in New Orleans, † 23. 10. 1976)

Zusammen mit ihrem Partner Leonard Lee, der wie sie aus New Orleans stammte, nahm sie 1952 als Shirley & Lee ihre erste Platte »I'm Gone« auf. Schnell hatten die beiden ›Sweethearts of the Blues‹ Erfolg. Nachdem ihnen einige Hits in den R&B-Charts gelungen waren – »I'm Gone« 1952 und »Feel So Good« 1955 erreichten beide Platz 2 –, schafften sie mit »Let The Good Times Roll« im Herbst 1956 einen Platz 1 in den R&B- und 20 in den Popcharts. Bis 1961 hatten sie etliche Erfolge auch in den Pophitparaden, und nach 1963 trennten sie sich. Shirley machte zusammen mit Jessie Hill als Shirley & Jessie weiter und arbeitete in New Orleans mit Mac Rebennack alias Dr. John. Danach ging sie an die Westküste und arbeitete als Sessionsängerin für z. B. Harold Battiste. Lee versuchte eine nicht sonderlich erfolgreiche Solokarriere und arbeitete für ein Armenprogramm in New Orleans. Dort starb er 1976 nach einem Herzanfall. Ab 1974 trat Shirley wieder in Gesellschaft auf. Als Shirley & Company nahm sie zusammen mit einigen Studiomusikern die Nummer »Shame, Shame, Shame« auf. Die männliche Stimme gehörte Jesus Alvarez. Geschrieben war der Titel von Sylvia Robinson, die früher im Duo Mickey & Sylvia erfolgreich war und dann den Boss von All Platinum Records, Joe Robinson, geheiratet hatte. Die Platte gilt als einer der ersten Disko-Hits. Wiederholen konnte Shirley ihren Erfolg nicht.

Shame, Shame, Shame (2/75 D 1, GB 6)
Disko, One Hit Wonder, Rhythm & Blues

Shocking Blue

SHORTY BECK d (Niederlande, * 6. 6. 1948 als Cornelius van der Beek, † 2. 4. 1998), FRED GLOVER v (Niederlande), HENK SMITHSKAMP b (Niederlande), KLAASJE VAN DER WAL b (Niederlande, * 1. 12. 1949), ROB VAN LEEUWEN g (Niederlande, * 24. 10. 1946), MARISKA VERES v (Niederlande, * 1. 10. 1946)
Mitte der 60er Jahre war eine der bekanntesten Gruppen der Niederlande neben Golden Earring, den Outsiders und Q '65 die Formation Motions. Deren Gitarrist van Leeuwen gründete 1967 seine eigene Band Shocking Blue. Anfänglich gehörte der Sänger Fred Glover dazu. 1968 erhielten sie einen Plattenvertrag und veröffentlichten ihre erste Single, »Lucy Brown Is Back In Town«. Nachdem sich der Erfolg nicht in dem Maße einstellte, wie man erwartet hatte, wurde Glover gefeuert und durch Veres ersetzt. Von nun an ging es bergauf. Ende 1969 erschien die Nummer »Venus«. Nach den Top-10-Hits gelangen noch »Never Marry A Railroad Man« (7/70 D 12), »Inkpot« (5/72 D 12) und »Rock In The Sea« (9/72 D 31). Nachdem sich keine weiteren Hits einstellten, stieg 1973 van der Wal aus, und für ihn kam Henk Smitskamp. 1974 löste sich die Gruppe auf. Zwei Jahre später kam van Leeuwen mit einer neuen Gruppe: Galaxy Lin. Der kommerzielle Erfolg blieb aus. 1977 produzierte er einige Solosingles von Veres – auch ohne Erfolg. 1984 schloss sich die Band für so genannte Back-To-The-60's-Festivals wieder zusammen. 1986 nahm die Formation Bananarama noch einmal die Nummer »Venus« auf und hatte damit einen weltweiten Hit. 1990 brachte die italienische Instrumentalgruppe Don Pablo's Animals »Venus« unter die ersten 10 in GB.

Venus (10/69 D 2; 12/69 GB 8, US 1)
Mighty Joe (1/70 D 5)
Pop, Rock

Shorts

HANS STOKKERMANNS (Niederlande * 3. 5. 1966), HANS VAN VONDELEN (Niederlande, * 30. 6. 1965), PETER WEZENBEEK (Niederlande, * 24. 6. 1966)
Diese Kindertruppe begeisterte die Gleichaltrigen 1983 mit dem Titel »Comment Ca Va«. Der Nachfolger »Je Suis, Tu Es« (9/83 D 37) kam noch in die Charts – danach gingen sie wieder zur Schule.

Comment Ca Va (6/83 D 5)
One Hit Wonder, Pop

Showaddywaddy

MALCOLM ALLURED d (Großbritannien, * 27. 8. 1945), DAVE BARTRAM v (Großbritannien, * 23. 3. 1952), GEOFF BETTS b (Großbritannien), ROMEO CHALLENGER d (Großbritannien, * 19. 5. 1950), ROD DEAS b (Großbritannien, * 13. 2. 1951), RUSS FIELD g (Großbritannien, * 1. 9. 1949), BUDDY GASK v (Großbritannien, * 18. 12. 1948 als Bill Gask), AL JAMES b

(Großbritannien), TREVOR OAKES g (Großbritannien, * 9. 9. 1946 als Trevor Leslie)
Die Rock-'n'-Roll-Revival-Truppe kam 1973 in Leicestershire zusammen. Einen Plattenvertrag erhielten sie, nachdem sie in der britischen TV-Talentshow ›New Faces‹ aufgetreten waren. Im Frühjahr 1974 erschien ihr erster Hit »Hey Rock And Roll«. Diese Platte hatte sich die Band, damals bestehend aus Allured, Bartram, Challenger, Deas, Field, Gask, James und Oakes, noch selbst geschrieben. Alle anderen Titel waren durchweg Nachzieher meist amerikanischer Rocknummern der 50er und 60er Jahre. Bis 1982 hatte die Gruppe noch Hitnotierungen. Die erfolgreichsten Alben: »Showaddywaddy« (12/74 GB-LP 9), »Step Two« (7/75 GB-LP 7), »Greatest Hits« (12/76 GB-LP 4, 3/77 D-LP 36), »Red Star« (12/77 GB-LP 20), »Greatest Hits (1976–1978)« (12/78 GB-LP 1) und »Crepes And Drapes« (11/79 GB-LP 8).

Hey Rock And Roll (5/74 GB 2)
Three Steps To Heaven (5/75 GB 2)
Heartbeat (9/75 GB 7)
Under The Moon Of Love (11/76 D 4, GB 1)
When (3/77 D 9, GB 3)
You Got What It Takes (7/77 GB 2)
Dancin' Party (11/77 GB 4)
I Wonder Why (3/78 GB 2)
A Little Bit Of Soap (6/78 GB 5)
Pretty Little Angel Eyes (11/78 GB 5)
Glitter-(Glam)-Rock, Pop, Rockabilly

Shut Up & Dance

PJ rap (Großbritannien, als Philip Johnson), SMILEY rap (Großbritannien, als Carl Hyman)
Die beiden Breakbeat-House-Künstler und Produzenten kamen 1988 als Duo zusammen. Ein Jahr später gründeten sie die gleichnamige Plattenfirma Shut Up & Dance und nahmen Künstler wie die Ragga Twins oder Nicolette unter Vertrag. Bei ihren eigenen Aufnahmen kombinierten sie Reggae-Basslines mit schnellem HipHop, rappten dazu oder unterlegten das Ganze mit Techno. Dazu kamen kritische bis zynische Texte über Drogen, Gewalt, Geldgier, Obdachlosigkeit und auch die negativen Seiten des Musikgeschäftes. Sie veröffentlichten nicht nur als SUAD, sondern auch als Private Party. In die Hitparaden kamen SUAD zum ersten Mal im Frühjahr 1990 mit »20 Pounds To Get In« (4/90 GB 56). Erfolgreich waren sie zwei Jahre später mit »Raving, I'm Raving«. Ihr ausgesprochen laxer Umgang mit Copyrights brachte der Band 1993 eine wahre Prozesslawine wegen nichtgeklärter Samples. Dies führte zu einer musikalischen Zwangspause von mehr als einem Jahr. Dann kamen sie mit »Save It 'Til The Morning After« (4/95 GB »5). Es handelte sich dabei um die Coverversion eines Hits von Duran Duran.

Raving, I'm Raving (5/92 GB 2)
House, Rave

Sia

SIA v (Australien, in Adelaide)
Sias Eltern waren beide Profimusiker, ihr Onkel ist der durch die Gruppe Men At Work bekannte Colin Hayes. In ihren Teenjahren war sie war sie für drei Jahre Chefin der HipHop-Formation Crisp. 1997 verschlug es sie nach London. 1999 erhielt sie einen Plattenvertrag und die Single »Taken For Granted« war ihr Debütwerk. Im September 2000 erschien das Album »Healing Is Difficult«.

Taken For Granted (6/00 GB 10)
HipHop

Siffre, Labi

LABI SIFFRE v, g (Großbritannien, * 25. 6. 1945 in London)
Der Sänger, Gitarrist und Songschreiber ist der Sohn einer Engländerin und eines

Nigerianers. Während seiner Schulzeit wollte er zunächst Tierarzt werden, überlegte es sich dann jedoch anders, weil er Angst vor Tieren hatte, und verlegte sich auf Gitarrespielen und Singen. Der Einstieg ins Showgeschäft erwies sich jedoch als nicht so einfach, und so arbeitete Labi zunächst in den unterschiedlichsten Jobs vom Bürogehilfen bis zum Taxifahrer. Labi beschäftigte sich nun ernsthafter mit musikalischer Technik und spielte schließlich für neun Monate mit einem Trio, bevor er nach Cannes ging, um mit Soulbands zu arbeiten. Ab 1966 konzentrierte er sich aufs Singen und erhielt bald einen Job in einem Londoner Club. Seinen ersten kommerziellen Erfolg hatte Labi mit »It Must Be Love« (11/71 GB 14). Nach »Crying, Laughing, Loving, Lying« (3/72 GB 11) und »Watch Me« (8/72 GB 29) hatte Labi 15 Jahre keinen Erfolg mehr – dann kam »(Something Inside) So Strong«. Mit dieser Nummer unterstützte Labi Siffre den African National Congress (ANC), dessen Führer Nelson Mandela zu diesem Zeitpunkt seit über zwei Jahrzehnten in Südafrika in Haft gehalten wurde. Ein weiterer Hit ist ihm nicht mehr gelungen, obwohl er in bewährter Art schöne und intelligente Songs schrieb. Ebenfalls bemerkenswert: »Man Of Reason«, ein Album, das Rod Argent und Peter van Hooke 1991 produzierten.

(Something Inside) So Strong (4/87 GB 4)
Pop, Rhythm & Blues

Sigue Sigue Sputnik

CHRIS CAVANAGH d (Großbritannien), MARTIN DEGVILLE v (Großbritannien, * 27. 1. 1961), TONY JAMES b (Großbritannien, * 12. 4. 1958), RAY MAYHEW d (Großbritannien), NEAL X g (Großbritannien)

Die Plattenfirma dieser Formation kündigte die erste Single der Band, »Love Missile F1–11«, folgendermaßen an: ›Sigue Sigue Sputnik, das ist Stereo-Technocolour-Neon-Sound plus Star Wars plus Space Invaders. Das sind wilde Apatschen auf Stiletto-Absätzen mit platinblonden und pinkorangen Stachelschweinfrisuren – die selbst gestylte Zukunft des Rock 'n' Roll! Sigue Sigue Sputnik, das ist ein neues Konzept. Eine Rockband als living movie, als moderner Fantasy-Fan!‹ Giorgio Moroder produzierte diese britische Hype-Gruppe. Ab 1988 produzierten Stock/Aitken/Waterman die Formation, was sie auch nicht besser machte. Die Band verstand sich als der lebende Beweis dafür, dass man auch zumindest eine Platte erfolgreich veröffentlichen kann, ohne von musikalischer Sachkenntnis getrübt zu sein. Tony James war vorher zusammen mit Billy Idol bei Generation X und ging später kurz zu den Sisters Of Mercy, die anderen Mitglieder waren Designer. Auf der LP »Flaunt It« (8/86 GB-LP 10) war noch eine Warnung abgedruckt: ›Platte nicht spielen, wenn man in Begleitung eines Erwachsenen ist.‹

Love Missile F1–11 (3/86 D 3, GB 3)
Punk

Silk

TIMOTHY CAMERON (USA), JIMMY GATES v (USA), GARY GLENN v (USA), GARY JENKINS v (USA), JONATHAN RASBORO v (USA)

Das aus Atlanta stammende Quintett wurde durch Keith Sweat entdeckt. Dem hatten sie bei einem Barbecue zur Feier des 4. Juli Songs von Boyz II Men vorgesungen. Anfang 1993 war »Happy Days« ihre erste Chartnotierung. Zwei Wochen später kam der Titel »Freak Me« in die US-Hitparade und erhielt schließlich Platin. Es folgte »Girl U For Me« (6/93 US 26). Silk traf wie viele US-Rhythm-&-Blues-Bands der 90er Jahre mit sanften Balladen den

Geschmack der US-Käufer. Ende 1992 war ihr erstes Album »Lose Control« (12/92 US-LP 7) erschienen, das sich im Laufe der nächsten Jahre über 2 Millionen Mal verkaufen sollte. Ende 1995 kam mit »Silk« (12/95 US-LP 46) ein zweiter Longplayer. Auskopplungen daraus blieben auf die amerikanische Hitparade und die unteren Plätze beschränkt. 1999 waren sie wieder da: »If You (Lovin' Me)« (3/99 US 13). Weitere Erfolgsalben: »Tonight« (4/99 US-LP 21) und »Love Session« (6/01 US-LP 20).

Freak Me (2/93 US 1)
Pop, Rhythm & Blues

Silkie

IVOR AYLESBURY v, g (Großbritannien), KEVIN CUNINGHAM b (Großbritannien), MIKE RAMSDEN v, g (Großbritannien), SYLVIA TATLER v (Großbritannien)
Die vier Briten traten neben ihrem Studium als Folkquartett auf. Sie hatten sich 1963 an der Universität von Hull formiert, wurden von Brian Epstein entdeckt und unter Vertrag genommen. Kommerziellen Erfolg hatten sie mit der Lennon-McCartney-Nummer »You've Got To Hide Your Love Away« (9/65 GB 28). Die Beatles hatten den Titel in dem Film »Help!« gesungen. Die Aufnahme von Silkie wurde von John Lennon und Paul McCartney produziert, während sich George Harrison um das Arrangement kümmerte. Es blieb der einzige Hit für Silkie, und auf dem Folksektor wurden sie zudem bald von den Seekers eingeholt.

You've Got To Hide Your Love Away (10/65 US 10)
Folk, One Hit Wonder, Pop

Silver Convention

RHONDA HEATH v, ZENDA JACKS v (* 5. 5. 1955), PENNY MCLEAN v, g, p, fl (Österreich, * 4. 10. 1948 als Gertrude Münzer in Klagenfurt), LINDA THOMPSON v (als Übelherr), RAMONA WULF v, p (Deutschland, * 18. 10. 1954 als Ramona Kraft in Hanau)
Als Silver Convention 1975 ihre erste Platte »Save Me« in die deutsche Hitparade brachten, waren sie zu verstehen als eine Ansammlung von Münchner Studiomusikern unter der Leitung von Sylvester Levay. Mitglieder waren Garry London, Ewald Warning, Ronald Cairo, Humphrey Cairo, Harry Vincent Bebrout, Felicia King und Ken Taylor. Zur Veröffentlichung schrieb die Plattenfirma: ›Zu ihnen kommen bei Live-Auftritten noch drei bildhübsche Mädchen, Ingrid und Wilma aus Deutschland und Monica aus Brasilien, die sie singend und tanzend unterstützen und weitere Farben und Reize in die bunte, bewegte Szene der Silver Convention bringen. Denn auch die Musikanten, alle um die 22 bis 23 Jahre, sehen blendend aus und geben ein Bild von dunkler Schönheit und individueller Vielfalt.‹ Mit dem, wie wir Silver Convention kennen, hat diese Beschreibung nichts zu tun. Offensichtlich ist erst nach dem Erfolg der Single das Trio McLean, Wulf, Thompson zusammengestellt worden. Noch im selben Jahr, 1975, erschien der Titel »Fly, Robin, Fly« und wurde ein Millionseller wie auch »Get Up And Boogie (That's Right)«. Nach 1977 war Silver Convention wieder aus den Hitparaden verschwunden. Inzwischen hatte man Linda Thompson – die vorher bei den Les Humphries Singers gewesen war – durch Rhonda Heath ersetzt, was aber den Abstieg auch nicht mehr aufhalten konnte. 1978 erschien die LP »Love In A Sleeper«, auf der nur noch Ramona Wulf von der Erfolgsbesetzung übrig geblieben war. Penny McLean war gegen Zenda Jacks ausgetauscht worden. Für Penny McLean war die Zeit mit Silver Convention eine echte Doppelbelastung. Während der Hochzeit

dieser Gruppe war sie als Solistin ebenfalls überaus erfolgreich. Die erfolgreichsten Alben der Formation waren »Save Me« (9/75 US-LP 10) und »Silver Convention« (1/76 D-LP 19, 4/76 US-LP 13). Ein Witz am Rande: Am 28. 2. 1976 wurden in Los Angeles mal wieder die Grammys vergeben. Gewinner in der Kategorie ›Best R & B-Instrumental Performance‹ (!!!) wird Silver Convention mit »Fly, Robin, Fly« – das werden die drei Mädels sicher nicht gerne gehört haben, denn damit wurde ihr Gesang untergebuttert.

Fly, Robin, Fly (10/75 US 1; 12/75 D 3)
Get Up And Boogie (That's Right) (3/76 GB 7, US 2)
Disko

Siehe auch: McLean, Penny; Ramona

Simon, Carly

CARLY SIMON v (USA, *25. 6. 1945 in New York City)

Zusammen mit ihrer älteren Schwester Lucy tauchte Carly als Simon Sisters mit »Winkin' Blinkin' And Nod« (4/64 US 73) in der Hitparade auf. Der Vater der beiden war einer der Gründer des renommierten amerikanischen Verlagshauses Simon & Schuster. Dann heiratete Lucy, und das Duo fiel auseinander. 1971 gewann Carly als Solistin nach »That's The Way I've Always Heard It Should Be« einen Grammy als bester neuer Künstler. Am 3. 11. 1972 heiratete sie ihren Kollegen James Taylor, von dem sie sich 1982 wieder trennte und später scheiden ließ. Bei »You're So Vain« sang im Hintergrund Mick Jagger mit – er konnte es also nicht sein, von dem Carly sang, er sei so eitel. Jahre später ließ sie verlauten, wen sie damit meinte: Warren Beatty. Zusammen mit ihrem Mann hatte Carly im Frühjahr 1974 einen weiteren Millionseller: »Mockingbird«. »Nobody Does It Better« war ihr Beitrag zum James-Bond-Film »Der Spion der mich liebte«. »Jesse« (8/80 US 11) kam zwar nicht in die Top 10, wurde aber trotzdem ein Millionseller. Wunderschön war die Nummer »Coming Around Again« aus dem Film »Sodbrennen«. Wieder aus einem Film, »Working Girl«, stammte ihr Titel »Let The River Run«, der mit einem Oscar belohnt wurde.

Ihre erfolgreichsten Alben: »No Secrets« (12/72 US-LP 1, 1/73 GB-LP 3, 3/73 D-LP 39), »Hotcakes« (2/74 US-LP 3, 3/74 GB-LP 19), »Playing Possum« (5/75 US-LP 10), »The Best Of Carly Simon« (12/75 US-LP 17), »Boys In The Trees« (4/78 US-LP 10), »Coming Around Again« (4/87 US-LP 25, 5/87 GB-LP 25) und »Greatest Hits Live« (8/88 US-LP 87). Auf ihrem 1990er Album »Have You Seen Me Lately« war ihre Schwester Lucy wieder als Gast zu hören. 1994 veröffentlichte sie das Album »Letters Never Sent«. Als Gäste wirkten Rosanne Cash, Mark Cohn, Dave Stewart oder auch Andreas Vollenweider mit. Im Dezember 1995 erschien ein Box Set mit drei CDs und dem Titel »Clouds In My Coffee 1965 – 1995«. Darauf zu hören die Nummer »Play With Me«, ihr erstes Demo, das sie 1965 aufgenommen hatte und das nie veröffentlicht worden war. 2000 kam das Album »The Bedroom Tapes«. Bei dem Hit »Son Of A Gun (I Betcha Think This Song)« (11/01 US 29, 12/01 GB 13) von Janet Jackson handelte es sich um eine Adaption des Titels »You're So Vain« von Carly Simon, die auch als Gast bei Janet mitwirkte.

That's The Way I've Always Heard It Should Be (4/71 US 10)
You're So Vain (12/72 GB 3, US 1; 2/73 D 8)
Mockingbird (2/74 US 5)
Nobody Does It Better (7/77 GB 7, US 2)
You Belong To Me (4/78 US 6)
Why (8/82 GB 10)
Coming Around Again (1/87 GB 10)
AOR (Adult Orientated Rock), Folk, Pop

Simon, Joe

JOE SIMON v (USA, * 2. 9. 1943 in Simmesport/Louisiana)

1959 zog er nach Oakland. Im darauffolgenden Jahr machte der Sänger und Songschreiber mit den Golden Tones seine ersten Plattenaufnahmen. Ab 1965 war er als Solist erfolgreich. Seine erste Platte in den Popcharts war Mitte 1966 »Teenager's Prayer«. Die Singles »The Chokin' Kind« (3/69 US 13), »Drowning In The Sea Of Love« (11/71 US 11) und »Power Of Love« (7/72 US 11) wurden alle Millionseller. Seinen einzigen Hit unter den ersten 10 hatte Joe Simon mit »Get Down, Get Down (Get On The Floor)«. Nach 1975 tauchte er in den Popcharts zwar nicht mehr auf, dafür wurde er in den Rhythm-&-Blues-Charts bis in die 80er Jahre notiert. Seine erfolgreichste Nummer in Europa war »Step By Step« (2/73 US 37, 6/73 GB 14).

Get Down, Get Down (Get On The Floor) (4/75 US 8)

Pop, Rhythm & Blues

Simon, Paul

PAUL SIMON v, g (USA, * 13. 10. 1941 als Paul Frederic Simon in Newark/New Jersey)

Die Konfusion über den Geburtstag von Paul Simon ist wohl darin begründet, dass man in den Anfangstagen von ihm und seinem Kollegen Art Garfunkel, als sie als Tom & Jerry auftraten, die Daten nicht richtig zuordnen konnte. Man wusste nicht, wer Tom und wer Jerry war. In den meisten Unterlagen wird als Geburtstag der 5. November genannt. In amerikanischen Biografien über Paul Simon, ›The Boy In The Bubble‹ und ›Simon & Garfunkel – Old Friends‹, steht als Geburtsdatum der 13. 10. 1941.

Zusammen mit seinem Schulfreund Art schrieb Paul 1955 seine ersten Stücke. Die beiden hatten sich in der Schule kennen gelernt, wo sie zusammen bei einer Aufführung von ›Alice In Wonderland‹ mitspielten. Paul stellte den White Rabbit dar und Art die Cheshire Cat. 1957 nahmen die beiden als Tom & Jerry, wobei Jerry Landis Paul Simon war und Tom Graph Art Garfunkel, den Titel »Hey Schoolgirl« (12/57 US 49) auf. Weitere Platten folgten, waren jedoch nicht erfolgreich. 1958 veröffentlichte Paul als True Taylor die Soloplatte »True Or False«. 1959 – beide waren mit der High-School fertig – trennten sich Tom & Jerry und verloren sich aus den Augen. Paul studierte Englisch und machte nebenher Demoaufnahmen für andere Sänger. Er veröffentlichte weitere Singles als Jerry Landis und zwischen 1960 und 1963 außerdem Platten als Tico, Tico & The Triumphs und Paul Kane. Seine erste Solonotierung hatte er mit »The Lone Teen Ranger« (1/63 US 97) als Jerry Landis. Noch im selben Jahr wurde Paul durch den aufkommenden Folkboom in den USA beeinflusst und versuchte sich im New Yorker Greenwich Village auf diesem Gebiet. Paul ging für einige Zeit nach London – während der Sommerferien kam Art zu Besuch – und spielte dort in Folkclubs. Dort nahm er als Jerry Landis die Titel »Carlos Dominguez/He Was My Brother« auf. In den USA erschien die Platte unter dem Namen Paul Kane und kam nicht in die Charts. Zurück in den USA, schloss er sich wieder mit Art Garfunkel zusammen, und die beiden veröffentlichten die LP »Wednesday Morning, 3: A.M.« Danach ging er wieder zurück nach GB und nahm dort für den britischen Markt die LP »The Paul Simon Songbook« auf – heute würde man diese akustischen Titel als ›unplugged‹ bezeichnen. Die Platte wurde kein großer Erfolg, aber es waren darauf einige Nummern zu hören, die später – aufgenommen vom Duo – zu Hits wurden. Beides mit Recht! Ohne Simon oder Garfunkel zu informieren, veröffentlichte die amerikanische CBS als Singleauskopplung den Titel »The Sound Of Silence«, hatte aber zu der rein akustischen Aufnahme noch Schlagzeug, Percussion und elektrische Gitarre aufgenommen. Und damit war der Grundstein für Simon & Garfunkel als eines der erfolgreichsten Duos der 60er Jahre gelegt. Schon Anfang 1970 stand fest, dass sich die beiden trennen wollten. Hin und wieder kamen sie noch zu besonderen Anlässen, wie z. B. bei einer Grammy-Verleihung im März 1971 oder für eine NBC-›Saturday-Night-Live‹-Show im Oktober 1975, zusammen. 1975 gingen die beiden in Toronto noch einmal in ein Studio und nahmen eine neue gemeinsame Single auf: »My Little Town«. 1971 erschien Pauls erste Solo-LP, und mit »Mother And Child Reunion« hatte er seinen ersten Top-10-Erfolg. Ansonsten sind seine LPs überaus erfolgreich und auch empfehlenswert, schon weil Paul auf diesen Platten musikalische Richtungen unterstützt, die ansonsten in der Popmusik wenig zu hören sind. So arbeitets er z. B. auf seiner hervorragenden CD »Graceland« mit Straßenmusikanten aus Soveto, Südafrika. 1990 nahm er in Brasilien mit lokalen Musikern »The Rhythm Of The Saints« auf. 1992 heiratete er seine Kollegin Edie Brickell. Ende 1997 erschien ein neues Album von Paul, das sich an ein von ihm geschriebenes Musical anlehnte: »Songs From The Capeman«. Stilistisch brachte es eine Mixtur aus Doo-Wop, Rock, Latin und Gospel. Capeman beruht auf einer wahren Begebenheit um den puertorikanischen Teenager Salvador Agron. Er wuchs in den New Yorker Ghettos auf und füllte 1959 die Schlagzeilen, als er im Alter von 16 Jahren wegen Doppelmordes an zwei Jugendlichen zum Tode verurteilt wurde. Salvador war Mitglied der Jugendbande ›The Vampires‹, deren Mitglieder stets einen schwarzen Umhang trugen – daher der Name Capeman. Das Musical hatte am 1. 12. 1997 im Marquis Theatre am Broadway Premiere. Co-Autor der Lyrics von Capeman war der Schriftsteller Derek Walcott, der 1992 den Nobelpreis für Literatur erhielt. Trotzdem: Nach nur 68 Vorstellungen wurde das Musical wieder abgesetzt und die Presse sprach von einem der ›größten Flops in der Broadway-Geschichte‹.

Seine erfolgreichsten Soloalben: »Paul Simon« (2/72 US-LP 4, GB-LP 1, 4/72 D-LP 37), »There Goes Rhymin' Simon« (5/73 US-LP 2, 6/73 GB-LP 4), »Still Crazy After All These Years« (10/75 US-LP 1, 11/75 GB-LP 6), »Greatest Hits, Etc.« (12/77 US-LP 8, GB-LP 6), »One-Trick Pony« (8/80 GB-LP 17, 9/80 US-LP 12), »Hearts And Bones« (11/83 US-LP 35, GB-LP 34, 12/83 D-LP 5), »Graceland« (9/86 US-LP 3, GB-LP 1, D-LP 2), »Negotiations And Love Songs 1971–1986« (11/88 US-LP 110, GB-LP 17), »The Rhythm Of The Saints« (10/90 GB-LP 1, 11/90 US-LP 4), »Greatest Hits/Shining Like A National Guitar« (5/00 GB-LP 6). Mit »You're The One« (10/00 US-LP 19) erschien im Oktober 2000 wieder ein neues Studioalbum von Paul.

Mother And Child Reunion (2/72 GB 5, US 4)
Kodachrome (5/73 US 2)
Take Me To The Mardi Gras (6/73 GB 7)
Love Me Like A Rock (8/73 US 2)
50 Ways To Leave Your Lover (12/75 US 1)
Slip Slidin' Away (10/77 US 5)
Late In The Evening (8/80 US 6)
You Can Call Me Al (9/86 GB 4)

AOR (Adult Orientated Rock), Folk, Pop, World Musi

Siehe auch: Simon & Garfunkel

Simon & Garfunkel

ART GARFUNKEL v (USA, * 5. 11. 1941 als Arthur Garfunkel in Forest Hills/New York), PAUL SIMON v, g (USA, * 13. 10. 1941 als Paul Frederic Simon in Newark/New Jersey)

Nach einigen Anlaufschwierigkeiten, die man bei Paul Simon und bei Art Garfunkel nachlesen kann, kam Ende 1965 die Single »The Sound Of Silence« in die US-Charts und wurde ein Millionseller. »Homeward Bound« hatte Paul Simon auf der Plattform einer Bahnstation in England geschrieben und dabei an seine Freundin Kathy Chitty gedacht. 1990 wurden Simon & Garfunkel in die Rock and Roll Hall of Fame aufgenommen. De facto hat dieses Duo lediglich zwischen 1965 und 1970 bestanden. Danach hatte man auch das Gefühl, obwohl sie sich hin und wieder bei Veranstaltungen trafen, dass sie nicht sonderlich gut miteinander auskamen. Trotzdem – wenn sie dann mal zusammen spielten, war das von Erfolg gekrönt. Im März 1993 traten sie in Los Los Angeles/Kalifornien zugunsten des Children's Health Fund Project auf und erspielten dabei eine Million Dollar. Ende desselben Jahres bestritten sie zehn Shows im Paramount in New York. Ansonsten verliefen ihre Solokarrieren erfolgreich.

Die erfolgreichsten Alben des Duos: »Wednesday Morning, 3 A.M.« (1/66 US-LP 30, 11/68 GB-LP 24), »Sounds Of Silence« (2/66 US-LP 21, 4/66 GB-LP 13), »Parsley, Sage, Rosemary And Thyme« (11/66 US-LP 4, 8/68 GB-LP 13), »The Graduate« (3/68 US-LP 1, 10/68 GB-LP 3), »Bookends« (4/68 US-LP 1, 8/68 GB-LP 1, 10/68 D-LP 40), »Bridge Over Troubled Water« (2/70 US-LP 5, GB-LP 1, 4/70 D-LP 1), »Simon & Garfunkel's Greatest Hits« (7/72 US-LP 5, GB-LP 2, 9/72 D-LP 6 – 13 Millionen verkaufte Exemplare), »The Simon & Garfunkel Collection« (11/81 GB-LP 4, D-LP 2), »The Concert In Central Park« (3/82 US-LP 6, GB-LP 6, 4/82 D-LP 3), »The Definitive Simon & Garfunkel« (11/91 GB-LP 8, 4/94 RE-GB-LP 12) und »Tales From New York – The Very Best Of« (2/00 GB-LP 9).

The Sounds Of Silence (11/65 US 1; 2/66 D 9)
Homeward Bound (2/66 US 5, GB 9)
I Am A Rock (5/66 US 3)
Mrs. Robinson (4/68 US 1; 6/68 GB 4; 1/69 GB 9)
The Boxer (4/69 GB 6, US 7)
Bridge Over Troubled Water (2/70 US 1, GB 1, D 3)
Cecilia (4/70 US 4, D 2)
El Condor Pasa (6/70 D 1)
My Little Town (10/75 US 9)
AOR (Adult Orientated Rock), Folk, Soft Pop

Siehe auch: Garfunkel, Art; Simon, Paul

Simone, Nina

NINA SIMONE v, p (USA, * 21. 2. 1933 als Eunice Waymon in Tryon/South Carolina)

Simone tendierte stets mehr zum Jazz und spielte sehr gut Piano. Ihren ersten Pophit hatte Nina mit »I Love You, Porgy« (8/59 US 18) aus Gershwins Oper »Porgy And Bess«. In den USA war das ihr größter Singleerfolg. In GB war sie ab 1965 erfolgreich. »To Love Somebody« war eine Coverversion des Bee-Gees-Hits. In den 70er Jahren beschäftigte Nina sich mehr mit Politik als mit Plattenproduktionen. 1987 wurde ihre Nummer »My Baby Just Cares For Me« für eine Chanel-Parfümwerbung benutzt, und das brachte den Titel aus dem Jahre 1959 wieder in Erinnerung. Ihre erfolgreichsten Alben: »I Put A Spell On You« (7/65 GB-LP 18), »'Nuff Said« (2/69 GB-LP 11), »Feeling Good – The Very Best Of ...« (7/94 GB-LP 9) und »Blue For You – The Very Best Of Nina Simone« (2/98 GB-LP 12). »I Love You, Porgy« fand 1998 in GB wieder Verwendung in einem TV-Spot einer Mobiltelefoncompany – diesmal ohne Hitparadenniederschlag.

Ain't Got No – I Got Life/Do What You Gotta Do (10/68 GB 2)
To Love Somebody (1/69 GB 5)
My Baby Just Cares For Me (10/87 GB 5)
Jazz, Pop

Simple Minds

DUNCAN BARNWELL g (Großbritannien), CHARLES BURCHILL g (Großbritannien, * 27. 11. 1959 in Glasgow/Schottland), TONY DONALD b (Großbritannien), DEREK FORBES b (Großbritannien, * 22. 6. 1956), MALCOLM FOSTER b (Großbritannien, in Schottland), MEL GAYNOR d (Großbritannien, * 29. 5. 1959 in Glasgow/Schottland), JOHN GIBLIN b (Großbritannien, * 26. 2. 1952 in Schottland), KENNY HYSLOP d (Großbritannien, * 14. 2. 1951 als Kenneth John Hyslop in Helensburgh/Schottland), JIM KERR v (Großbritannien, * 9. 7. 1959 in Glasgow), MICHAEL MACNEIL key (Großbritannien, * 20. 7. 1956 in Schottland), BRIAN MCGEE d (Großbritannien), PETE VITESSE key (Großbritannien, in Schottland)

Die schottische Band gab ihr Debüt im Februar 1978 in einem Glasgower Club. Kerr, Burchill, Donald und McGee hatten vorher bei Johnny & The Self Abusers gespielt. Hinzugenommen wurden als zweiter Gitarrist Barnwell und als Keyboarder McNeil. Forbes ersetzte den mit den übrigen Mitgliedern zerstrittenen Donald. Im Mai des selben Jahres nahmen sie ein Demo auf, und es kam zu ersten Plattenveröffentlichungen auf einem Independent-Label. 1979 entstand ihre erste LP, »Life In A Day«. Eine Jahr später erschien als zweite LP »Real To Real Cacophony«.

Nach ersten britischen Chartnotierungen in der Region um Platz 50 verließ McGee die Gruppe und wurde im September 1981 durch Hyslop, den ehemaligen Schlagzeuger der Bands Slik, Skids und Zones, ersetzt. »Promised You A Miracle« (4/82 GB 13), »Glittering Prize« (8/82 GB 16), »Someone Somewhere (In Summertime)« (11/82 GB 36), »Waterfront« (11/83 GB 13), »Speed Your Love To Me« (1/84 GB 20) und »Up On The Catwalk« (3/84 GB 27) wurden die ersten Top-40-Hits. Im Mai 1982 hatte Hyslop die Band wieder verlassen. Für ihn kam kurzfristig Mark Ogletree und dann Gaynor. Eine weitere Umbesetzung vor dem ersten Top-10-Hit: Im Mai 1984 kam Giblin als Ersatz für Forbes. »Don't You (Forget About Me)« war in dem Film »The Breakfast Club« zu hören. Im Laufe der Jahre wechselten einige der Musiker. Konstante in der Band blieben Kerr und Burchill, die auch die meisten Hits schrieben. 1984 heiratete Jim Kerr seine Kollegin Chrissie Hynde von den Pretenders, 1992 Patsy Kensit, die mit Eighth Wonder und als Solistin Platten machte. Nach dem 1991 erschienenen Album »Real Life« kam mit »Glittering Prize – Simple Minds '81–'92« noch eine Hitzusammenstellung und dann eine lange Pause. Im Januar 1995 erschien dann wieder eine neue CD: »Good News From The Next World«. Daraus ausgekoppelt wurde die Single »She's A River«. Simple Minds war inzwischen zu einem Duo geschrumpft – übrig blieben Kerr und Burchill. Im Mai 1997 lief die Meldung über die Ticker, dass die ›Rock-Dinos wieder vereint‹ sind. ›Nach fast 20 Jahren steht zum ersten Mal nahezu die Urbesetzung wieder zusammen auf der Bühne: Jim Kerr, Charlie Burchill, Derek Forbes, Mel Gaynor und Mark Taylor kommen direkt aus dem Studio zum Open Air nach Deutschland, um ihre größten Hits zu spielen und einige Kostproben aus dem neuen Album zu präsentieren.‹ Ein angekündigtes Album wurde bis in den September 1997 verschoben, weil Kerr persönliche Probleme zu bewältigen hatte. Dazu gehörte wohl auch die Trennung von Patsy Kensit im Januar 1996 – und dass die im April 1997 das Oasis-Mitglied Liam Gallagher heiratete, machte ihn auch nicht fröhlicher.

Die erfolgreichsten Alben der Band: »Sons And Fascinations/Sisters Feelings Call« (9/81 GB-LP 11), »New Gold Dream (81, 82, 83, 84)« (9/82 GB-LP 3), »Sparkle In The Rain« (2/84 GB-LP 1, D-LP 14),

»Once Upon A Time« (11/85 GB-LP 1, D-LP 5, US-LP 10), »Live In The City Of Light« (6/87 GB-LP 1, D-LP 3), »Street Fighting Years« (5/89 GB-LP 1, D-LP 1), »Real Life« (4/91 GB-LP 2, D-LP 3), »Glittering Prize 81/92« (10/92 D-LP 10, GB-LP 1), »Good News From The Next World« (2/95 GB-LP 2, D-LP 4) und »Néapolis« (3/98 GB-LP 19, D-LP 9). Es folgte »Neonlights« und im April 2002 »Cry«.

Don't You (Forget About Me) (2/85 US 1; 4/85 D 4, GB 7)
Alive & Kicking (10/85 GB 7, US 3)
Sanctify Yourself (2/86 GB 10)
All The Things She Said (4/86 GB 9)
Belfast Child (2/89 D 3, GB 1)
Let There Be Love (3/91 GB 6)
Love Song/Alive & Kicking (10/92 GB 6)
She's A River (1/95 GB 9)
Elektro-Pop, Pop

Simply Red

TONY BOWERS b (Großbritannien, * 31. 10. 1956), GOTA d (Großbritannien), HEITOR P. P. b (Brasilien), MICK »RED« HUCKNALL v (Großbritannien, * 8. 6. 1960 als Michael James Hucknall in Denton/Manchester), CHRIS JOYCE d (Großbritannien, * 11. 10. 1957 in Manchester), TIM KELLETT key, tr, flh (Großbritannien, * 23. 7. 1964 als Timothy in Knaresborough), IAN KRIKHAM sax (Großbritannien), FRITZ MCINTYRE v, key (Großbritannien, * 2. 9. 1958), SYLVAN RICHARDSON g (Großbritannien, * 20. 2. 1965), SHAUN WARD g (Großbritannien)

1984 trennten sich die ab 1979 bestehenden Frantic Elevators, deren Kopf der Sänger und Songschreiber Hucknall war. Sie hatten einige Singles veröffentlicht – darunter die Ballade »Holding Back The Years« –, von denen allerdings keine in die Charts kam. Hucknall gründete sofort eine neue Gruppe, die er nach seinen roten Haaren Simply Red nannte. 1985 erhielten sie einen Plattenvertrag, und als Debütsingle erschien »Money's Too Tight (To Mention)« (6/85 GB 13, 7/86 US 28). Im November 1985 nahmen Simply Red eine neue Version von »Holding Back The Years« auf, die bei ihrer Veröffentlichung erst einmal nicht in die Top 50 kam, dann aber im Frühjahr 1986 die Top 10 erreichte. Ein Nachzieher des Harold-Melvin-&-The-Bluenotes-Klassikers »If You Don't Know Me By Now« wurde 1989 ein Millionseller. Bei der Grammy-Verleihung 1990 wurde dieser Titel ausgezeichnet als der beste Rhythm-&-Blues-Song! Mögen die Musiker in der Gruppe auch hin und wieder wechseln, Aushängeschild ist ganz ohne Zweifel Mick Hucknall, der Simply Red als eine der besten Blue-Eyed-Soulformationen etablierte. Nach längerer Pause erschien Ende 1995 das Album »Life«. Darauf wieder ausgesprochen schöne und auch erfolgreiche Aufnahmen. »Fairground« brachte Hucknall einen Top-10-Hit in Europa. »Remember The First Time« (12/95 GB 22), »Never Never Love« (2/96 GB 18) und »We're In This Together« (6/96 GB 11) waren weitere Erfolge, bevor mit »Angel« Ende 1996 noch ein Top-10-Hit folgte. Im Mai 1998 erschien mit »Say You Love Me« eine neue Single und mit »Blue« ein neues Album von Simpy Red. Darauf auch wieder einige Singlehits – darunter die Nummer »The Air That I Breathe«, die bereits mit dem Originalinterpreten Albert Hammond und den Hollies erfolgreich war.

Die erfolgreichsten Alben für Simply Red: »Picture Book« (10/85 GB-LP 33, 1/86 D-LP 8, 3/86 RE-GB-LP 2, 4/86 US-LP 16, 3/92 RE-GB-LP 33), »Men And Women« (3/87 GB-LP 2, D-LP 3, US-LP 31, 3/95 RE-GB-LP 20), »A New Flame« (2/89 GB-LP 1, D-LP 2, 3/89 US-LP 22, 2/96 RE-GB-LP 28), »Stars« (10/91 GB-LP 1, D-LP 2), »Life« (10/95 GB-LP 2, D-LP 2), »Greatest Hits« (10/96 GB-LP 1, D-LP 2), »Blue« (5/98

GB-LP 1, 6/98 D-LP 1) und »Love And The Russian Winter« (11/99 GB-LP 6, D-LP 2).

Holding Back The Years (4/86 GB 2, US 1)
If You Don't Know Me By Now (4/89 US 1, GB 2)
Stars (11/91 GB 8)
For Your Babies (2/92 GB 9)
Fairground (9/95 GB 1; 10/95 D 5)
Angel (11/96 GB 4)
Say You Love Me (5/98 GB 7)
The Air That I Breathe (8/98 GB 6)
AOR (Adult Orientated Rock), Pop, Soul

Simpson, Jessica

JESSICA SIMPSON v (USA, * 10. 7. 1980 in Dallas/Texas)
Britney Spears, Christina Aguilera, Mandy Moore ... Jessica Simpson. Am Ende der 90er Jahre sahen alle US-Teenie-Sängerinnen aus, als wären sie aus dem selben Reagenzglas geklont. Jessica überraschte Anfang 2000 mit der Aussage: ›Ich bin noch Jungfrau‹. Die Teeniepresse überschlug sich ob dieser Meldung und schob nach ›Seit einem Jahr ist sie mit Nick Lachey von 98 zusammen – Liebe ja, Sex nein‹. Mit »I Wanna Love You Forever« hatte sie ihren ersten großen Erfolg in den USA. Ihr erstes Album »Sweet Kisses« (12/99 US-LP 25) erntete Platin. Es folgte »Irresistible« (6/01 US-LP 6).
Die weiteren Top-40-Hits: »I Think I'm In Love With You« (7/00 US 21, GB 15) – in diesem Titel sind Samples aus »Jack And Diane« von John Mellencamp zu hören – und »Irresistible« (5/01 US 15, 7/01 D 33, GB 11). Dann kam mit Shakira ein weitere Teenie-Star. Zu viel Konkurrenz für Jessica?

I Wanna Love You Forever (10/99 US 3; 4/00 GB 7)
Pop

Simpsons

Diese Familie ist echt zum Kotzen. Vater Homer ist Sicherheitsfachmann im Atomkraftwerk und gibt einen Supergau an Blödheit ab, Mutter Margie ist nett, aber debil, die kleine Maggie hat stets den Schnuller dabei, Lisa spielt Saxophon, ist acht Jahre alt und macht auf intellektuell – und der zehnjährige Bart ist ein verzogenes, freches Blag, das Lehrer und Eltern mit Sätzen wie ›Ja, ich bin beschissen in der Schule und stolz darauf‹ nervt. Sie alle sind keine realen Menschen, sondern Figuren aus einer Zeichentrickserie. Wobei – diese Art Familie findet sich nicht nur in den USA an jeder Ecke: faul, dumm, hässlich und gefräßig und sich unentwegt streitend, was denn eigentlich ein kultiviertes Leben ausmacht. Diese Familie hier heißt mit Nachnamen Simpson und hatte Anfang der 90er Jahre in den USA eine eigene, überaus erfolgreiche TV-Serie, die dann bald auch bei uns zu sehen war.
Viele schauten sich die Sendung an und lachten über die Deppen, ohne zu merken, dass sie lediglich ein Spiegelbild von sich selbst sahen. Ähnliches passiert ja auch bei ›Eine schrecklich nette Familie‹ – oder denken Sie nur an die Familie Tetzlaff. In kleinen, nur 30 Sekunden dauernden Spots hatten die Simpsons 1987 in der Tracy Ullman Show ihre ersten Auftritte. Der Zeichner Matt Groening dehnte die Kurzgeschichten schließlich zu richtigen Sendungen aus und verdiente sich damit eine goldene Nase. Die Simpsons sind auch eine musikalische Familie. Und so wird wie in jeder richtigen schönen Familiensendung auch von den Darstellern musiziert. In den USA hielt sich die Begeisterung für den musikalischen Schrott der Simpsons in Grenzen – ganz anders in GB. Die Stimmen der TV-Helden wurden durch Dan Castellaneta (Homer), Julie Kavner (Margie), Nancy Cartwright (Bart), Yeardley Smith (Lisa) und den Schöpfer der Figuren, Matt Groening (Maggie) ge-

sprochen. Bei der Plattenproduktion half als Koautor und Koproduzent D.J. Jazzy Jeff mit. Die erfolgreichsten Alben der Simpsons waren »The Simpsons Sing The Blues« (12/90 US-LP 3, 2/91 GB-LP 6) und »The Simpsons – Songs In The Key Of Springfield« (9/98 GB-LP 18).

Do The Bartman (1/91 D 5, GB 1)
Deep, Deep Trouble (4/91 GB 7)
Dance

Sims, Joyce

JOYCE SIMS v, key (Deutschland, * 6. 8. 1959 in Rochester/New York)
Joyce absolvierte ihr erstes musikalisches Training im Chor der lokalen Baptistenkirche. Ab dem Alter von zwölf begann sie, sich eigene Songs zu schreiben, nachdem ihr ihr Vater ein Keyboard geschenkt hatte. 1983 wurde ihre Komposition »Don't Walk Away« beim American Song Festival präsentiert. Ihre erste Plattenveröffentlichung war die Nummer »All And All« (4/86 GB 16). »Come Into My Life« hatte Joyce wie die meisten ihrer Platten selbst geschrieben, arrangiert und mitproduziert. Ihr erfolgreichstes Album hieß ebenfalls »Come Into My Life« (1/88 GB-LP 5).

Come Into My Life (1/88 D 4, GB 7)
Dance, Rhythm & Blues

Sims, Kym

KYM SIMS v (USA, * 28. 12. 1964 in Chicago/Illinois)
Ihre ersten Erfolge als Sängerin hatte Kym Sims mit Jingles für die Soft-Drink-Firma Shasta, Kaugummis, McDonald's und ein Seifenpulver. Dann wurde sie von House-Vater Steve ›Silk‹ Hurley entdeckt, der mit ihr die ersten Dance-Platten machte. Ende 1991 stand sie zum ersten Mal in den US-Charts mit der Nummer »Too Blind To See It« (11/91 US 38). Nach »Take My Advice« (3/92 GB 13) und »A Little Bit More« (6/92 GB 30) war's wieder vorbei.

Too Blind To See It (12/91 GB 5)
Dance, House

Sin With Sebastian

SEBASTIAN v (Deutschland, als Sebastian Roth in Neustadt/Weinstraße)
Im Zeitalter von Aids »Shut Up (And Sleep With Me)« zu singen, ist verwegen. In Deutschland kann man ja noch entschuldigen, dass viele nicht verstanden haben, was Sebastian da absonderte. In GB erreichte der Titel im September 1995 Platz 44. Ein Nachfolgehit gelang nicht.

Shut Up (And Sleep With Me) (6/95 D 4)
Dance, One Hit Wonder

Sinatra, Frank

FRANK SINATRA v (USA, * 12. 12. 1915 als Francis Albert Sinatra in Hoboken/New Jersey, † 14. 5. 1998)
Er dürfte das größte Stehaufmännchen gewesen sein, das es je in der Geschichte des Showbusiness gegeben hat. Kaum ein Interpret auf der Welt wird von sich behaupten können, dass er mehr als fünfzig Jahre auf der Bühne gestanden und Erfolg gehabt hat. Frank Sinatra war eine Ausnahme, in jeder Beziehung. Weiß Gott wie oft hatte er seine Karriere als beendet bezeichnet. Jedesmal kam er wieder zurück, jedesmal hatte er wieder Erfolg. Dabei steht fest, dass seine Stimme im Laufe der Jahre nicht besser, sondern schlechter geworden ist. Besser sind lediglich die Produktionsbedingungen geworden, unter denen Interpreten Platten produzieren können, und die es vielen – Sportlern oder Fernsehstars – ermöglichen, ebenfalls ein Plättchen zu besingen. Stimme oder nicht, spielt da keine Rolle

mehr. Ob Frank Sinatra jemals singen konnte, wird von vielen Fachleuten bezweifelt. Schon in seinen Anfangstagen wurde er als Crooner bezeichnet. Das kommt vom englischen Wort für summen oder leise singen und wird eigentlich auf Schnulzensänger angewandt. Vor Frank Sinatra war Bing Crosby Amerikas Lieblingscrooner – und über Bing hat die Jazzsängerin Dinah Shore einmal gesagt: ›Bing singt so, wie Tausende von Männern in der Badewanne singen.‹ Das hat wohl weder Frank Sinatra noch Bing Crosby gekümmert. Kein Mann, der in der Badewanne singt, dürfte damit auch nur annähernd so viel verdient haben wie die beiden. Frank Sinatra ist längst ein Mythos. Hermann Schreiber schrieb im Mai 1975 anlässlich eines Comebacks im ›Spiegel‹: ›Nein, der Sänger Frank Sinatra, den wir ins Plattenregal gestellt und manche sogar ins Herz geschlossen haben, kommt nicht wieder, hat kein Comeback. Er braucht auch keins. Er bleibt, wo er hingehört: auf dem von Erinnerungen getragenen Podest jener Perfektion, der er näher gekommen ist als irgendeiner seinesgleichen.‹
Frank Sinatra hatte Zeit seines Lebens nicht nur Fans, sondern auch viele, die ihm ans Fell wollten, aber das war dick. Dick geworden durch eine Jugend, die viel verlangte. Wer 1915 in Hoboken, New Jersey, in der Sichtweite von New York als Sohn eines italienischen Einwanderers zur Welt kam, hatte sicher keine rosigen Aussichten. Vielleicht hat ihm die Tatsache, dass er immer alles ›my way‹ machte, geholfen, sich durchzuboxen. Boxer stand auch mal auf dem Zukunftsplan des jungen Sinatra oder als Alternative Sportjournalist. Nebenher immer Gesang mit ein paar Kumpels aus Hoboken. Davon gibt es allerdings keine Tonaufnahmen. Die Nähe zum Journalismus ist jedoch belegt: Von 1933 bis 1936 arbeitete er beim ›Jersey Observer‹ – als Helfer auf einem Lkw, der die Zeitungen ausfuhr. Ein Film mit Bing Crosby brachte ihn schließlich von seinen Zeitungsplänen weg: Er wollte so singen wie Bing, der zu diesem Zeitpunkt schon ein Star war. 1935 gründete Sinatra mit Freunden die Hoboken Four, die immerhin einen Sieg in einem Nachwuchswettbewerb errangen. Preis war ein Vertrag für eine kleine Tournee, die jedoch nichts brachte, woraufhin sich die vier trennten. Anfang 1939 arbeitete Frank als singender Kellner im Rustic Cabin, einem Lokal in New Jersey. Harry James hörte ihn und nahm ihn unter Vertrag. Er stellte gerade eine neue Band zusammen und brauchte einen Chorussänger. Zur Wahl standen Perry Como oder Frank Sinatra. Sinatra gewann. Mit Harry James nahm er seine ersten Platten auf. Mitte 1939 wurde »From The Bottom Of My Heart« produziert – ein Flop. Ein Titel jedoch, den Sinatra mit Harry James in diesen Tagen aufnahm, entwickelte sich vier Jahre später zu einem absoluten Renner: »All Or Nothing At All«. Beim ersten Erscheinen der Platte wurden rund 8000 Exemplare abgesetzt. Zu wenig, um Eindruck zu machen. Das Verhältnis zwischen James und Sinatra war sowieso sehr herzlich, aber wenig fruchtbar. Frank musste in der Tradition der Big-Band-Sänger brav auf seinem Höckerchen sitzen, und wenn alle Instrumente ihr Solo gespielt hatten, kam der Chorussänger. Außerdem gab es neben Frank noch eine Sängerin. Anfang 1940 trennte man sich im Guten. Frank ging zum bekannteren Orchester von Tommy Dorsey, der mit Glenn Miller und Benny Goodman die Spitze der US-Musik bildete. Dorsey nahm den jungen Sänger gleich unter einen langfristigen Vertrag, und mit Dorsey hatte Sinatra Mitte 1940 seine erste Nummer 1 in der US-Hitparade: »I'll Never Smile Again«. Frank Sinatra war auf dem Weg zum Superstar, aber immer noch als Sänger einer Band.

Bis zum Sommer 1942 blieb er bei Dorsey. Dann wollte er eine Solokarriere starten. Der Zeitpunkt war jedoch denkbar ungünstig: Die Musiker streikten. Was Sinatra nicht wissen konnte: Der Streik sollte zwei Jahre dauern. Zwischen Herbst 1942 und Herbst 1944 wurden keine Platten mit Musikern produziert. Die Plattenindustrie ging also hin und veröffentlichte alte Titel wieder neu. Darunter auch »All Or Nothing At All«. Dieses Mal wurden mehr als 8000 Platten verkauft: über eine Million. Der Titel kletterte im Sommer 1943 auf Platz 1 in der Hitparade. Zu diesem Zeitpunkt war Sinatra in den ganzen USA regelmäßig in der Sendung ›Your Hit Parade‹ zu hören. Seine Popularität stieg, besonders bei den Mädchen. Seinen ersten Auftritt als Solist hatte er im Oktober 1944 im New Yorker Paramount. Hermann Schreiber über die damalige Hysterie: ›Das alles gemahnte freilich auch daran, dass die Sinatra-Romantik bereits vom Ursprung her etwas ganz anderes ist als die Love-Story-Romantik. Das war damals, mitten im Krieg, Mädchen ohne Männer, die den eigenen Hunger nach Helden kurios vermischten mit dem Drang, den Singsang des spindeldürren Knaben dort am Mikrofon für einen Schrei nach Liebe, Brot der Armen, zu nehmen und ihn zu füttern.‹ In der Radiosendung traten neben Sinatra auch Big Bands mit ihren jeweiligen Sängern auf. Eine davon war die gerade zwanzigjährige Doris Kappelhoff, die unter dem Pseudonym Doris Day sang. Sie sagte später einmal über ihre Zusammenarbeit mit Sinatra: ›Frank ist wunderbar. Mit ihm zu arbeiten ist toll. Er hat das größte Herz der Welt. Er macht einfach alles für dich. Er ist die süßeste und größte Persönlichkeit, die ich in dem ganzen Geschäft kennengelernt habe.‹

Der Tag der Veteranen am 11. November eines jeden Jahres, zur Erinnerung an die Kriegsteilnehmer im Ersten Weltkrieg, wurde für Sinatra zu einem weiteren Meilenstein. Am 11. 11. 1944 einigten sich endlich Musiker und Plattenfirmen. Es konnte weiter produziert werden. Genau drei Tage später, am 14. November, stand Frank im Studio und nahm den Titel »There's No You« auf. Alles war auf Erfolg programmiert. Es kamen Filmprojekte, und kaum etwas konnte schief gehen. Vor allem: An entscheidenden Stationen wurde ihm, wie vielen Sängern italienischer Herkunft, von Nachtclubbesitzern, die ebenfalls auf dem Stiefel ihre Wurzeln sahen, geholfen. Da müsste man z. B. Buddy Greco erwähnen oder Al Martino, Eddie Fisher, die Four Aces, Dean Martin, Tony Bennett oder Vic Damone. Deshalb zu vermuten, die Cosa Nostra oder Mafia hätten hier die Hand im Spiel, ist sicher übertrieben. Der Erfolg Sinatras ging jedoch von Monat zu Monat zurück. Trennung von seiner ersten Frau Nancy und den Kindern – das sahen die Amerikaner nicht gerne. Dann die kurze, aber heftige Affäre mit dem damaligen Filmstar Nr. 1, Ava Gardner, und die Tatsache, dass er sich gern in der Gesellschaft von Freunden bewegte, die klar der Mafia-Szene zuzurechnen waren. Doch dann Anfang der 50er Jahre bewarb er sich mit aller Macht um die Rolle des Maggio in »Bis in alle Ewigkeit«. Schließlich gab er sich sogar mit der halben Gage zufrieden, was sich auch lohnte: Er bekam einen Oscar und seine Karriere neuen Auftrieb. Diese Situation wurde gerne verglichen mit einer Szene aus Mario Puzos »Der Pate«. Der Sänger Johnny Fontane kommt zum Paten und bittet ihn, ihm eine Rolle in einem für ihn sehr wichtigen Film zu besorgen. Und wie bei dem fiktiven Johnny Fontane weigerte sich bei Sinatra die Plattenfirma, weitere Aufnahmen mit ihm zu machen, weil er trank und an einem schlechten Image bastelte.

Nach dem Oscar für die beste männliche Nebenrolle ging es wieder aufwärts. Sinatra konnte sich vor Filmangeboten kaum retten und fand auf Anhieb eine Plattenfirma, die ihm einen Vertrag anbot: Capitol in Hollywood. In den 50er Jahren stand er ständig vor der Kamera neben bekannten und beliebten Gesichtern: Robert Mitchum, Debbie Reynolds, Tony Curtis, Natalie Wood, Gary Cooper, Rita Hayworth, Van Heflin, Tab Hunter, Dean Martin, Shirley MacLaine, Edward G. Robinson, Maurice Chevalier oder Doris Day, mit der er in »Young At Heart« spielte. Der Titelsong wurde Anfang 1954 Platz 2 in den USA. Eine weitere Filmrolle, die ihm Ruhm und Sympathien einbrachte, war die in »Die oberen 10 000«. Hier spielte er neben seinem ehemaligen Idol Bing Crosby und Grace Kelly und Louis Armstrong. Frank sang zusammen mit Bing die Nummer »Well Did You Evah?«

Totale Kontrolle über sein Plattenprodukt hat man nur, wenn man eine eigene Plattenfirma besitzt. Weshalb sollte Sinatra das nicht machen? 1960 gründete er Reprise. Und auf seinem eigenen Label tummelten sich nun seine alten Freunde wie Dean Martin, Bing Crosby oder Sammy Davis jr. Und wie es sich für eine richtige Familie gehört, besorgte er auch seiner Tochter Nancy und seinem Sohn Frank jr. Plattenverträge. Der Sohn bekam keinen Fuß auf die Erde. Es ist eben nicht alles vererbbar. Tochter Nancy Sinatra war erfolgreicher. Blickt man auf die Plattenkarriere von Sinatra zurück, so kommt er auf über 180 Eintragungen in der amerikanischen Hitparade. Zwischen 1940 und 1942 hatte er neben »I'll Never Smile Again« mit dem Orchester Tommy Dorsey noch etliche Hits, darunter im Frühjahr 1941 der Spitzenreiter »Dolores« aus dem Film »Las Vegas Nights«. Ab 1942 wird er als Solist notiert. »Somethin' Stupid« 1967 zusammen mit seiner Tochter Nancy wurde sein größter Erfolg. Mitte der 60er Jahre erlebte Sinatra mal wieder ein Hoch in seiner Karriere. Erst der Spitzenreiter mit der von Bert Kaempfert geschriebenen Nummer »Strangers In The Night« und dann »Somethin' Stupid«, der innerhalb von 35 Minuten aufgenommen wurde. Bemerkenswert die Liebe der Briten zum Titel »My Way«. Die Platte kam erstmals im April 1969 in die GB-Charts, fiel immer wieder raus und kam immer wieder rein, bis 1972 neunmal.

Als Sänger war Sinatra immer Spitze, als Songschreiber eine absolute Null. Nie hat er selbst einen Hit geschrieben. Der Name Sinatra lässt sich unter keinem Plattentitel als Autor finden. Auch als Geschäftsmann war er nicht auf der Höhe. Sein Plattenlabel Reprise gedieh nicht so, wie er es sich vorgestellt hatte. Schon nach drei Jahren hatte er Schulden in Höhe von 2 Millionen Dollar. Da kam ihm der Umstand zustatten, dass der Medienriese Warner Brothers ihm einen Vertrag für vier Filme anbot. Sinatra machte die Zusage davon abhängig, ob Warner Brothers Reprise übernehmen würde und damit seine Schulden. Schuld am Misserfolg von Reprise war sicher auch seine ehemalige Vertragsfirma Capitol. Die brachte nämlich massenweise alte LPs von ihm zu Billigpreisen auf den Markt. Sinatra wollte das gerichtlich verhindern, hatte jedoch keine Chance. Es kam zu einer Einigung mit WB. Sinatra behielt ein Viertel von Reprise, der Rest ging an WB, die zwei Drittel von Sinatras Schulden übernahmen und mit ihm den Filmvertrag abschlossen. Kaum war Frank nicht mehr Chef im Haus, hatte Reprise die ersten Hits mit Lou Monte und Trini Lopez. Später nahm die Company Jimi Hendrix, Randy Newman, Arlo Guthrie, Neil Young, Ry Cooder, Gordon Lightfoot und die späten Beach Boys unter Vertrag. Sinatra hätte all diese Musiker sicher nicht genommen. Es fehlte ihm am Geschäftssinn und an der richtigen Nase für Trends. 1970 kündigte er erstmals seinen

Rückzug vom Showgeschäft an. Seit dieser Zeit setzte es regelmäßige Abschiedstourneen von ›Ol' Blue Eyes‹.
Die 80er Jahre begannen, und Sinatra war immer noch da. Seine Version von »New York, New York« wurde im Frühjahr 1980 seine letzte Hitnotierung in den USA. Die Platte erreichte Platz 32 und in GB nur 59. Bei einer Wiederveröffentlichung dieses Titels im Frühjahr 1986 stand »New York, New York« auf Platz 4 in GB, eine Position, die der Nummer gerechter wurde, denn Sinatras Interpretation ist zweifellos die Beste. Er sang sie glaubhaft – wohl, weil auch ein Stückchen seiner eigenen Geschichte darin beinhaltet war: ›Wenn ich es hier schaffe, schaffe ich es überall.‹ 1984 erschien die LP »L.A. Is My Lady«, produziert von Quincy Jones. Mit dabei Cracks wie Lionel Hampton, George Benson oder Lee Ritenour. Seine letzten Konzerte gab er im Frühjahr 1993. Fans der Kult-TV-Serie ›Eine schrecklich nette Familie‹, die seit den 90er Jahren erfolgreich läuft, lernten Frank Sinatra kennen, ob sie wollten oder nicht. Sein Hit »Love And Marriage« aus dem Jahr 1955 war der Titelsong dieser Serie. Ende 1993 erschien als B-Seite einer U2-Single die Nummer »I've Got You Under My Skin« – gesungen wurde der Titel von Frank Sinatra zusammen mit Bono. Das Stück war eine Auskoppelung aus der CD »Duets«, auf der Frank u. a. mit Interpreten wie Carly Simon, Aretha Franklin, Anita Baker, Luther Vandross, Julio Iglesias oder eben Bono im Duett sang. Nach demselben Prinzip wurde 1994 »Duets II« veröffentlicht. Dieses Mal sang er mit Gladys Knight, Jon Secada, Linda Ronstadt, Chrissie Hynde, Willie Nelson, Jimmy Buffett oder Neil Diamond. Im Herbst 1994 erschien eine neue Single der Gruppe Sparks mit dem Titel »When Do I Get To Sing ›My Way‹«. In Deutschland wurde der Song ein Top-10-Erfolg und brachte somit auch den Techno-Fans den im Lied namentlich erwähnten Frank Sinatra wieder ins Bewusstsein. Ende 1996/Anfang 1997 machte Sinatra seine Gesundheit zu schaffen, und er musste mehrere Male ins Mount Sinai Krankenhaus von Los Angeles/Kalifornien gebracht werden. Dort starb er im Mai 1998 an Herzversagen.
Seine erfolgreichsten Alben waren »The Voice Of Frank Sinatra« (3/46 US-LP 1), »Songs By Sinatra« (5/47 US-LP 2), »Christmas Songs By Sinatra« (12/48 US 7), »Songs For Young Lovers« (2/54 US-LP 3), »Swing Easy« (9/54 US-LP 3, 10/60 GB-LP 5), »In The Wee Small Hours« (5/55 US-LP 2), »Songs For Swingin' Lovers!« (3/56 US-LP 2, 6/56 GB-LP 12, 11/58 RE-GB-LP 8), »This Is Sinatra!« (12/56 US-LP 8), »Close To You« (3/57 US-LP 5), »A Swingin' Affair!« (5/57 US-LP 2), »Where Are You?« (9/57 US-LP 3), »Pal Joey« (11/57 US-LP 2), »A Jolly Christmas From Frank Sinatra« (12/57 US-LP 18), »Come Fly With Me« (2/58 US-LP 1, 11/58 GB-LP 2), »This Is Sinatra, Vol. 2« (4/58 US-LP 8), »Frank Sinatra Story« (5/58 US-LP 12, 11/58 GB-LP 8), »Frank Sinatra Sings For Only The Lonely« (9/58 US-LP 1, 12/58 GB-LP 5), »Come Dance With Me!« (2/59 US-LP 2, 5/59 GB-LP 2), »Look To Your Heart« (6/59 US-LP 8, 8/59 GB-LP 5), »No One Cares« (8/59 US-LP 2), »Come Back To Sorrento« (6/60 GB-LP 6), »Nice 'N' Easy« (8/60 US-LP 1, 1/61 GB-LP 4), »Swing Easy« (10/60 GB-LP 5), »Sinatra's Swingin' Session!!!« (2/61 US-LP 3, 9/61 GB-LP 6), »All The Way« (4/61 US-LP 4), »Ring-A-Ding Ding!« (5/61 US-LP 4, 12/61 GB-LP 8), »Come Swing With Me« (8/61 US-LP 8, 2/62 GB-LP 13), »Sinatra Swings« (8/61 US-LP 6, 10/61 GB-LP 8), »When Your Lover Has Gone« (8/61 GB-LP 6), »I Remember Tommy« (11/61 US-LP 3, 4/62 GB-LP 10), »Sinatra Plus« (11/61 GB-LP 7), »Sinatra & Strings« (3/62 US-LP 8, 6/62 GB-LP 6), »Sinatra – Basie« (2/63 US-LP 5, GB-LP 2), »The Concert Sinatra« (6/63 US-LP 6, 7/63 GB-

LP 8), »Sinatra's Sinatra« (10/63 US-LP 8, GB-LP 9), »Days Of Wine And Roses, Moon River And Other Academy Award Winners« (4/64 US-LP 10), »Sinatra '65« (7/65 US-LP 9), »September Of My Years« (8/65 US-LP 5), »A Man And His Music« (12/65 US-LP 9, 1/66 GB-LP 9), »Strangers In The Night« (6/66 US-LP 1, 7/66 GB-LP 4, 8/66 D-LP 3), »Sinatra At The Sands« (8/66 US-LP 9, 10/66 GB-LP 7), »That's Life« (12/66 US-LP 6, 2/67 GB-LP 22), »Frank Sinatra's Greatest Hits« (9/68 US-LP 55, 10/68 GB-LP 8), »My Way« (5/69 US-LP 11, 6/69 GB-LP 2), »Greatest Hits Volume 2« (12/70 GB-LP 6), »Sinatra And Company« (6/71 GB-LP 9), »Portrait Of Sinatra« (3/77 GB-LP 1), »20 Golden Greats« (5/78 GB-LP 4), »Sinatra Reprise – The Very Good Years« (4/91 US-LP 138), »Duets« (11/93 US-LP 2, GB-LP 5), »Duets II« (11/94 GB-LP 29, 12/94 US-LP 9) und »My Way – The Best Of Frank Sinatra« (5/98 D-LP 22, GB-LP 7).

Am 9. Dezember 1998 wurde die 1 275 Seiten umfassende Geheimakte des FBI über Frank Sinatra veröffentlicht. Sie enthält Berichte des FBI, Zeitungsausschnitte, Fotos, Anschuldigungen anderer gegen Sinatra und Aufzeichnungen von Gesprächen mit Sinatra. Der erste Eintrag stammte aus dem Jahr 1938: ein Verbrecherfoto von Sinatra, gefolgt von Beschuldigungen der ›Verführung‹ und schließlich Mitte der 80er Jahre mehrere Todesdrohungen und Erpressungsversuche gegen Sinatra und seine Familie. 1973 wurde Sinatras Sohn Frank jr. entführt. Das FBI konnte jedoch die Kidnapper und auch das Lösegeld finden. Ein Großteil des Materials war in der Zeit zusammengetragen, als J. Edgar Hoover Leiter des FBI war und über viele Prominente Akten einrichtete. Unter dem Material finden sich auch Anschuldigungen gegen Sinatra, die sich als falsch erwiesen. Interessant sind die Aufzeichnungen des FBI über Sinatra als Sänger: Auf einer Seite findet sich eine gebührende Würdigung seines Benefizkonzertes für Martin Luther King Jr., gefolgt von einem Bericht, dass bei einer anderen Veranstaltung die besten Plätze von bekannten Verbrecherbossen und Prostituierten eingenommen wurden.Ganz deutlich wird jedenfalls in den Papieren, dass weder das FBI noch das Justizministerium jemals vorhatten, Sinatra wegen eines seiner angeblichen Vergehen zu verfolgen. Sinatra selbst hatte bereits 1979 und 1980 Einsicht in seine Akten gehabt.

Auch nach seinem Tod war der Name Sinatra immer noch für einen Werbesong gut. Sein Titel »They All Laughed« (1/99 GB 41), aufgenommen 1979, fand Ende 1998 Verwendung in einem Werbespot für Carlsberg Lager – und kam prompt in die britischen Charts. Bei dem Song »All The Way« von Celine Dion, der von ihrem Album »All The Way... A Decade Of Songs« (11/99 GB-LP 1, 11/99 D-LP 1, 12/99 US-LP 1) stammte, sang Frank mit ihr im Duett. Und noch einmal sein altes Material von Capitol: »Classic Sinatra« (6/00 GB-LP 10). Nachdem Robbie Williams Ende 2001 mit seinem Album »Swing When You're Winning« das Interesse auch der jugendlichen Käufer auf Interpreten wie Frank Sinatra lenkte, veröffentlichte Reprise das Album »A Fine Romance – The Love Songs Of Frank Sinatra« (2/02 GB-LP 6).

I'll Never Smile Again (6/40 US 1)
Our Love Affair (11/40 US 5)
We Three (My Echo, My Shadow And Me) (11/40 US 3)
Star Dust (1/41 US 7)
Oh, Look At Me Now (3/41 US 2)
Dolores (4/41 US 1)
Do I Worry? (4/41 US 4)
Everything Happens To Me (4/41 US 9)
This Love Of Mine (8/41 US 3)
Two In Love (12/41 US 9)
How About You? (2/42 US 8)
Just As Though You Were Here (7/42 US 6)
Take Me (8/42 US 5)
Daybreak (10/42 US 10)

There Are Such Things (11/42 US 1)
It Started All Over Again (2/43 US 4)
All Or Nothing At All (6/43 US 1)
You'll Never Know (7/43 US 2)
In The Blue Of The Evening (7/43 US 1)
It's Always You (7/43 US 3)
Sunday, Monday, Or Always (8/43 US 9)
Close To You (8/43 US 10)
People Will Say We're In Love (10/43 US 3)
I Couldn't Sleep A Wink Last Night (2/44 US 4)
I'll Be Seeing You (5/44 US 4)
White Christmas (12/44 US 7; 12/45 US 5; 12/46 US 6)
I Dream Of You (1/45 US 7)
Saturday Night (Is The Loneliest Night Of The Week) (2/45 US 2)
Dream (6/45 US 5)
I Should Care (6/45 US 8)
You'll Never Walk Alone (9/45 US 9)
If I Loved You (9/45 US 7)
Don't Forget Tonight Tomorrow (11/45 US 9)
Nancy (With The Laughing Face) (12/45 US 10)
Oh! What It Seemed To Be (2/46 US 1)
Day By Day (2/46 US 5)
They Say It's Wonderful (5/46 US 2)
All Through The Day (5/46 US 7)
Five Minutes More (8/46 US 1)
The Coffee Song (9/46 US 6)
The Things We Said Last Summer (10/46 US 8)
September Song (12/46 US 8)
That's How Much I Love You (3/47 US 10)
I Believe (5/47 US 5)
Mam'selle (5/47 US 1)
So Far (11/47 US 8)
Nature Boy (5/48 US 7)
The Hucklebuck (6/49 US 10)
Some Enchanted Evening (6/49 US 6)
Don't Cry, Joe (Let Her Go, Let Her Go, Let Her Go) (10/49 US 9)
Chattanoogie Shoe Shine Boy (2/50 US 10)
Goodnight Irene (8/50 US 5)
One Finger Melody (10/50 US 9)
Castle Rock (9/51 US 8)
I'm Walking Behind You (5/53 US 7)
Young-At-Heart (2/54 US 2)
Three Coins In The Fountain (5/54 US 4; 7/54 GB 1)
Learnin' The Blues (5/55 US 1; 8/55 GB 2)
Love And Marriage (11/55 US 5; 1/56 GB 3)
(Love Is) The Tender Trap (12/55 US 7, GB 2)
Hey! Jealous Lover (12/56 US 3)
All The Way (10/57 US 2; 12/57 GB 3)
Witchcraft (1/58 US 3)
High Hopes (9/59 GB 6)
Strangers In The Night (5/66 D 1, US 1, GB 1)
That's Life (11/66 US 4)
Somethin' Stupid (3/67 US 1, GB 1; 5/67 D 4)
My Way (4/69 GB 5)
Love's Been Good To Me (10/69 GB 8)
Theme From New York, New York (2/86 GB 4)
Stay (Faraway, So Close) mit U2/I've Got You Under My Skin mit Frank Sinatra und Bono (12/93 GB 4)
Pop

Sinatra, Nancy

NANCY SINATRA v (USA, * 8. 6. 1940 in Jersey City/New Jersey)
Papi hatte eine eigene Plattenfirma, und darauf tummelte sich ab Herbst 1965 Tochter Nancy. Ihren ersten TV-Auftritt hatte sie neben ihrem Vater und Elvis Presley 1959. Von 1960 bis 1965 war sie mit ihrem Kollegen Tommy Sands verheiratet. Der war auch kein begnadeter Sänger. Nach der Trennung begann dann ihre Karriere mit der Hitnotierung »So Long Babe«. Der Nachfolger »These Boots Are Made For Walkin'« war ein Millionseller in den USA. Im Frühjahr 1967 sang sie zusammen mit ihrem Vater »Somethin' Stupid«. Im Vorfeld zu dieser Platte wurden sie von einem Angestellten der Plattenfirma Reprise darauf aufmerksam gemacht, dass es vielleicht ein schlechtes Licht auf sie werfen könnte, wenn Vater und Tochter ein Liebeslied singen. Frank war der Meinung, das ginge schon in Ordnung, man solle sich darüber nicht zu viel Gedanken machen. Er hatte Recht: Die Platte wurde eine Nummer 1 weltweit, ohne dass sich jemand darüber Gedanken machte, dass der Vater seine Tochter z. B. mit der Zeile ansingt: ›Ich weiß, ich steh' in der Warteschlange, um mit dir einmal einen Abend zu verbringen.‹ Man sollte das wohl auch abstrahieren können. Da sangen nicht Vater und Tochter, sondern zwei Künstler, und die Situation ist wohl gleichzusetzen mit der zweier Schauspieler, die eine bestimmte Rolle verkörpern

und nicht reales Leben spielen. Dieser Hit »Somethin' Stupid« ist in der Popgeschichte einmalig. Vater und Tochter auf einem Platz 1 der US-Hitparade hat es bis zu diesem Zeitpunkt und auch danach nicht wieder gegeben. Vater Pat Boone hatte jede Menge Hits auf Platz 1, und Tochter Debby schaffte das zumindest einmal, aber nicht mit, sondern ohne ihn. Nancys Karriere ging trotzdem langsam, aber sicher zurück. Titel wie »Jackson« und »Lady Bird« 1967 und »Some Velvet Morning« 1968 kamen noch in die Top 30 und wurden von Nancy zusammen mit ihrem Produzenten Lee Hazlewood gesungen. Der hatte von Anfang an ihre Karriere begleitet und war auch Autor der Hits »These Boots Are Made For Walkin'« und »How Does That Grab You, Darlin'?« 1968 war sie mit Elvis Presley in dem Film »Speedway« zu sehen. Nach 1969 gelang Nancy in den USA kein Hit mehr. »Did You Ever« sang sie wieder zusammen mit Lee Hazlewood. Nancy veröffentlichte 1985 eine Biografie ihres Vaters unter dem Titel ›Frank Sinatra My Father‹ und überwachte auch deren Verfilmung. Danach lebte sie in Kalifornien mit ihrem Mann, dem Produzenten Hugh Lambert (der 1985 starb), und zog ihre beiden Töchter groß. Nachdem die aus dem Gröbsten raus waren, meldete sie sich Ende 1997 mit einem neuen Album zurück: »One More Time«. Darauf neben einer neuen Version von »Nights In White Satin« vorwiegend Country- und Popsounds.
Ihre erfolgreichsten Alben waren »Boots« (3/66 US-LP 5, 4/66 GB-LP 12, 6/66 D-LP 16), »How Does That Grab You« (6/66 GB-LP 17), »Sugar« (2/67 US-LP 18) und zusammen mit Lee Hazlewood »Nancy And Lee« (4/68 US-LP 13, 6/68 GB-LP 17).

These Boots Are Made For Walkin' (1/66 GB 1, US 1; 3/66 D 1)
How Does That Grab You, Darlin'? (4/66 US 7; 6/66 D 10)
Sugar Town (11/66 US 5; 1/67 GB 8)
Somethin' Stupid (3/67 GB 1, US 1; 5/67 D 4)
Jackson (8/67 D 8)
Did You Ever (8/71 GB 2)
Pop

Sinclair, Bob

Bereits im Alter von 18 legte Bob in Paris Platten auf. Irgendwann erkannte er die Mechnismen des Geschäfts und gründete mit Yello Production eine eigene Plattenfirma. Mit »My Only Love« (3/99 GB 56) tauchte er erstmals außerhalb Frankreichs in den Charts auf – als Mitinterpret wurde Lee A. Genies genannt. Bob veröffentlichte auch Platten als Mighty Bob.

I Feel For You (8/00 GB 9)
Dance, One Hit Wonder

Sinitta

SINITTA v (USA, * 19. 10. 1964 als Sinitta Renet in Seattle/Washington)
Sinitta ging mit ihrer Mutter nach GB, als diese dort in der Londoner Version des Musicals »Hair« die Sheila spielte. Ihre Mutter ist die Tänzerin, Schauspielerin und Sängerin Miquel Brown, die den deutschen Fernsehzuschauern aus der ZDF-Sendung ›Show Express‹ als Mitglied der Tanz- und Singgruppe Second Generation bekannt wurde. Als Interpretin hatte Miquel Brown im Herbst 1983 in den deutschen Top 30 »So Many Men, So Little Time«, in GB hatte sie 1984/85 zwei Notierungen im unteren Bereich. Ihre Tante ist die erfolgreiche Sängerin Amii Stewart. Sinitta begann ihre Karriere in TV-Shows, dem Musical »Cats« und in »The Wiz«. 1981 sah man sie in dem Film »Shock Treatment«, 1986 in »Foreign Bodies«, und in demselben Jahr spielte sie sich selbst in »Little Shop Of Horrors«. Produziert wurden ihre Hits

durch das Team Stock/Aitken/Waterman und Paul Hardcastle. Ihre letzte Top-40-Notierung war »Shame, Shame, Shame« (7/92 GB 28).

So Macho/Cruising (6/86 GB 2)
Toy Boy (7/87 GB 4; 9/87 D 9)
Cross My Broken Heart (3/88 GB 6)
Right Back Where We Started From (6/89 GB 4)
Disko

Siouxsie & The Banshees

PETE BUDGIE d (Großbritannien, * 21. 8. 1957), JOHN CARRUTHERS g (Großbritannien), PETE FENTON g (Großbritannien), JOHN KLEIN g (Großbritannien), JOHN MCGEOGH g (Großbritannien), JOHN MCKAY g (Großbritannien), KENNY MORRIS d (Großbritannien), MARCO PIRRONI v, g, per (Großbritannien, * 27. 4. 1959 in London), STEVE SEVERIN b (Großbritannien, * 25. 9. 1955 als Steven Bailey in London), SIOUXSIE SIOUX v (Großbritannien, * 27. 5. 1957 als Susan Dallion in London), ROBERT JAMES SMITH v, g (Großbritannien, * 21. 4. 1959 in Blackpool/Lancashire)

Die Karriere der Sängerin, Gitarristin und Songschreiberin Siouxsie begann 1976, als sich die Gruppe Banshees formierte. Am 20. 9. 1976 spielten sie bei einem Punkfestival in London mit Sid Vicious am Schlagzeug, Steve Havoc als Bassist und Marco Pironi als Gitarrist. Kurz darauf fiel die Band wieder auseinander. Havoc nahm den Namen Steve Severin an, Sid Vicious ging zu den Sex Pistols und Pironi wurde erst Mitglied bei den Models und dann Adam Ants Songschreiberpartner bei Adam & The Ants.

Im Dezember desselben Jahres trat Siouxsie zusammen mit den Sex Pistols in der britischen TV-Show ›Today‹ auf. Jetzt kam Morris zur Gruppe und wenig später erst Pete Fenton als Gitarrist, der nach nur fünf Monaten von John McKay abgelöst wurde. Mitte 1978 erhielt die Band einen Plattenvertrag, und wenig später waren sie als Siouxsie & The Banshees neben anderen britischen Punkbands im Film »Punk Rock Movie« zu sehen. Im September desselben Jahres kam ihre Debütplatte »Hong Kong Garden« in die britischen Top 10.

Ein Jahr später verließen Morris und McKay mitten während einer Tournee die Gruppe und wurden kurzfristig durch Pete Budgie am Schlagzeug und Robert Smith, eine Leihgabe der Gruppe Cure, an der Gitarre ersetzt. Das Jahr 1980 begann mit einem neuen Gitarristen, John McGeoch. In regelmäßigen Abständen wurden Singles veröffentlicht, die meist in den Bereich 20 bis 40 der GB-Charts kamen. 1981 machten Siouxsie und Budgie als Nebenband die Creatures, die bis 1989 insgesamt vier Singles in die britischen Top 75 brachten. Am erfolgreichsten war das Stück »Right Now«, das Mitte 1983 bis auf Platz 14 in GB kam. 1982 wurde McGeoch krank, und erneut kam Smith von Cure zu Hilfe. Nach einigen Wochen sagte McGeoch, er werde die Banshees verlassen, weil er mit Siouxsies Einstellungen nicht leben könne. Im ersten Halbjahr 1983 arbeiteten Siouxsie und Budgie wieder als Creatures, während Severin und Smith, der inzwischen nicht nur bei The Cure, sondern auch bei den Banshees festes Mitglied war, die Gruppe Glove bildeten. Mit »Like An Animal« hatte Glove im Herbst 1983 eine Hitnotierung im unteren Bereich. Im Herbst 1983 gelang dann Siouxsie & The Banshees mit einem Nachzieher der Beatles-Nummer »Dear Prudence« ihr größter Hit. Im Mai 1984 ging Smith zurück zu Cure, und für ihn kam John Carruthers. Der ging wieder im März 1987 und wurde durch John Klein ersetzt. Zum selben Zeitpunkt kam als Keyboarder Martin McCarrick.

Ende 1988 nahmen sie »Peek-A-Boo« (7/88 GB 16) auf. Nebenher belebte Siouxsie immer wieder ihr Projekt Creatures, das im Frühjahr 1990 erstmals in Nordamerika auftrat. Mitte 1992 erschien mit »Face To Face« ein Titel von Siouxsie & The Banshees, der auch im Film »Batman Returns« zu hören war. Die erfolgreichsten Alben der Band: »The Scream« (12/78 GB-LP 12), »Join Hands« (9/79 GB-LP 13), »Kaleidoscope« (8/80 GB-LP 5), »Ju Ju« (6/81 GB-LP 7), »A Kiss In The Dreamhouse« (11/82 GB-LP 11), »Hyena« (6/84 GB-LP 15), »Tinderbox« (4/86 GB-LP 13) und »Through The Looking Glass« (3/87 GB-LP 15), »Peepshow« (9/88 GB-LP 20).

Hongkong Garden (8/78 GB 7)
Dear Prudence (10/83 GB 3)
Punk, Rock

Sir Douglas Quintet

JACK BARBER b (USA), MARTIN FIERRO Horns (USA), HARVEY KAGAN b (USA, * 18. 4. 1946), AUGIE MEYERS org (USA, * 31. 5. 1940 in San Antonio/Texas), FRANCISCO (FRANK) MORIN Horns (USA, * 13. 8. 1946), JOHN PEREZ d (USA, * 8. 11. 1942), GEORGE RAINS d (USA), DOUG SAHM v, g (USA, * 6. 11. 1941 in San Antonio/Texas, † 18. 11. 1999), WAYNE TALBERT p (USA)

1955 nahm Sahm als Little Doug die Platte »A Real American Joe« auf. Er erhielt eine Einladung an die Grand Ole Opry, lehnte sie aber ab, weil er erst einmal mit der Schule fertig werden wollte. 1964 leitete er dann das Sir Douglas Quintet mit den Mitmusikern Morin, Meyers, Barber und Perez. Die Formation entwickelte sich zur führenden Tex-Mex-Rock-'n'-Roll-Band. Im Frühjahr 1965 wurde mit »She's About A Mover« (4/65 US 13, 6/65 GB 15) ihre erste Hitnotierung veröffentlicht. Ihre letzte hatten sie mit »Nuevo Laredo« (3/70 D 24). Inzwischen drehte sich das Karussell der Musiker um Doug Sahm relativ schnell. 1976 trat er auf als Sir Douglas & The Texas Tornados, in den 80er Jahren wieder als Sir Douglas Quintet. Neben Doug war vorwiegend Augie Meyers mit dabei. 1994 erschien mit »Daydreaming At Midnight« wieder ein neues Album des Sir Douglas Quintet. Mitproduzent war Doug Clifford, einst Creedence Clearwater Revival. Doug starb in einem Hotelzimmer in Taos/New Mexico an Herzversagen.

Mendocino (6/69 D 2)
Dynamite Woman (10/69 D 7)
Rock, Texmex

Sir Mix-A-Lot

GIG MASTER rap (USA, als Ron Brooks), KID SENSATION rap (USA, als Steve Spencer), MAHARAJI rap (USA, als Terry Matthews), SIR MIX-A-LOT rap (USA, * 12. 8. 1963 als Anthony Ray in Seattle/Washington)

Sir Mix-A-Lot formierte sich in Seattle als Rap Quartett. Außer Ray waren noch Gig Master, Kid Sensation und Maharaji mit dabei. Als 1992 »Baby Got Back« erfolgreich wurde, war von diesen Dreien keine Rede mehr. Erfolgreicher als die Singles waren die Alben: »Swass« (10/88 US-LP 82) und »Mack Daddy« (2/92 US-LP 9).

Baby Got Back (4/92 US 1)
Rap

Sisqo

SISQO rap (USA, * 9. 11. 1978 als Mark Althavan Andrews in Baltimore/Maryland)

Sisqo wurde auch bekannt als ›The Golden Child‹ oder ›Dru Nasty‹. Seine Karriere begann Sisqo in der Gruppe Legacy, aus der schließlich Dru Hill wurde. Ab 1998 veröffentlichte er auch Platten ohne Dru Hill. Als Gast von Mya hatte er den Hit »It's All About Me« (3/98 US 6). Mit »Got To Get It« (11/99 US 40, 2/00 GB 14) hatte er seinen ersten Erfolg als Solist. Es folgte mit »Thong Song« sein erster Top-10-Hit – ›Thong‹ ist ein Tangaslip. Sein erstes Soloalbum wurde »Unleash The Dragon« (12/99 US-LP 2). Nach knapp einem halben Jahr hatte er schon vierfach Platin eingeheimst. Als nächstes Album folgte »Return Of Dragon« (7/01 US-LP 7). Mitte 2000 spielte Sisqo einen Basketballer in dem Film »Getting Over Alison«.

Thong Song (1/00 US 3; 4/00 GB 3)
Incomplete (7/00 US 1)
Unleash The Dragon (9/00 GB 6)
Dance For Me (7/01 GB 6)
Rap, Rhythm & Blues

Siehe auch: Dru Hill; Mya

Sister Sledge

KATHY SLEDGE v (USA, * 6. 1. 1959 in Philadelphia/Pennsylvania), KIM SLEDGE v (USA, * 21. 8. 1957 in Philadelphia/Pennsylvania), JOAN SLEDGE v (USA, * 13. 9. 1956 in Philadelphia/Pennsylvania), DEBRA SLEDGE v (USA, * 9. 7. 1954 in Philadelphia/Pennsylvania)
Die vier leiblichen Schwestern nahmen 1971 erstmals als Sister Sledge Platten auf. Danach arbeiteten sie als Hintergrundsängerinnen, und 1975 hatten sie ihre erste Hitnotierung mit »Love Don't You Go Through No Changes On Me«. Ihr erster Top-10-Erfolg kam mit »He's The Greatest Dancer«. Anfang 1993 standen sie mit Remix-Versionen ihrer Hits »We Are Family«, »Lost In Music« und »Thinking Of You« jeweils unter den ersten 20 in GB. Kathy war als Sängerin auf der Nummer »Freedom« (11/97 GB 15) von Robert Miles zu hören. Die erfolgreichsten Alben waren »We Are Family« (2/79 US-LP 3, 5/79 GB-LP 7), »When The Boys Meet The Girls« (6/85 GB-LP 19) und »The Very Best Of Sister Sledge 1973 – 1993« (2/93 GB-LP 19).

He's The Greatest Dancer (2/79 GB 6, US 9)
We Are Family (4/79 GB 8, US 2)
Lost In Music (Remix) (9/84 GB 4)
Frankie (6/85 GB 1)
We Are Family ('93 Mixes) (1/93 GB 5)
Dance, Soul

Sisters Of Mercy

CRAIG ADAMS b (Großbritannien, * 4. 4. 1962 in Otley/Yorkshire), TIM BRICHENO g (Großbritannien, * 6. 7. 1963 in Huddersfield/Yorkshire), ANDREAS BRUHN g (Deutschland, * 5. 11. 1967 in Hamburg), ANDREW ELDRITCH v (Großbritannien, * 15. 5. 1959 als Andrew Taylor in Ely/East Anglia), BEN GUNN g (Großbritannien, als Benjamin Matthews), WAYNE HUSSEY g (Großbritannien, * 26. 5. 1958 als Jerry Lovelock in Bristol), TONY JAMES b (Großbritannien, * 12. 4. 1958), GARY MARX g (Großbritannien, als Mark Pearman), PATRICIA MORRISON b (Großbritannien, * 14. 1. 1962)
1980 wurde diese Formation in Leeds als Trio, bestehend aus Eldritch, Marx und einem Drum-Computer namens Doktor Avalanche, gegründet. Noch im selben Jahr veröffentlichen sie ihre Debüt-Single »The Damage Done« auf ihrem eigenen Label Merciful Release. Für Live-Auftritte holten sie schließlich Gunn und Adams zur Band und traten im Vorprogramm von Nico, The Clash oder den Psychedelic Furs auf. Als sie 1982 ihre zweite Single, »Body Electric«, veröffentlichten, hatten sie zumindest bei ihrer Kult-Fangemeinde Erfolg. 1983 verließ Gunn die Band und wurde durch Hussey ersetzt. Mit »Body And Soul/Train« (6/84 GB 46) erschien ihre erste Chartnotierung. Diese Mixtur aus Psychedelic Rock, Wave-Anklängen, Düsternis und Heavy Metal tat sich in den An-

fangsjahren beim Publikum schwer. 1985 trennte sich die Formation. Hussey und Adams gründeten The Mission, Eldritch zog nach Deutschland und tauchte 1987 zusammen mit Patricia Morrison wieder als Sisters Of Mercy auf. »This Corrosion« wurde 1987 der erste Top-10-Erfolg des Quartetts. 1990 veröffentlichten die Sisters in der Besetzung Eldritch, Morrison, Bruhn, Bricheno und James »More« (10/90 GB 14, D 14). Bei der Nummer »Temple Of Love (1992)« war die jemenitische Sängerin Ofra Haza zu hören. »Under The Gun« (8/93 GB 19, 9/93 D 40) war noch ein weiterer Hit – hier sang Terri Nunn von Berlin mit. Ihre erfolgreichsten Alben waren »First And Last And Always« (3/85 GB-LP 14), »Floodland« (11/87 GB-LP 9), »Vision Thing« (11/90 GB-LP 11), »Some Girls Wander By Mistake« (5/92 GB-LP 5, D-LP 9) und »Greatest Hits Volume 1« (9/93 GB-LP 14).

This Corrosion (10/87 GB 7)
Temple Of Love (5/92 D 5, GB 3)
Punk, Rock

Sixpence None The Richer

DALE BAKER d (USA), JUSTIN CARY b (USA), SEAN KELLY g (USA), LEIGH NASH v (USA), MATT SLOCUM g (USA)
Slocum begann seine Karriere in der texanischen Band Love Coma. Nebenher gründete er Sixpence None The Richer zusammen mit Nash, der sich zu diesem Zeitpunkt Leigh Bingham nannte. Ihren Gruppennamen fanden sie in C.S. Lewis' Buch »Mere Christianity«. 1993 veröffentlichten sie ihr Debütalbum »Fatherless & The Widow«. 1995 erschien »This Beautiful Mess«. »Kiss Me« war aus dem Album »Sixpence None The Richer« (3/99 US-LP 89, 6/99 GB-LP 27) ausgekoppelt. Ihr nächster Hit war »There She Goes« (9/99 GB 14), 1989/90 ein Hit für die La's.

Kiss Me (2/99 US 2; 5/99 GB 4; 6/99 D 7)

69 Boyz

FAST rap (USA, in Jacksonville/Florida), ROTTWEILER rap (USA, in Jacksonville/Florida), SLOW rap (USA, in Jacksonville/Florida), THRILL rap (USA, in Jacksonville/Florida)
Das Hip-Hop-Quartett stammt aus Jacksonville, Florida, wo sie alle 1969 geboren wurden – daher der Gruppenname. Es handelt sich um den Lead-Rapper Thrill ›Van‹, den Texter und Rapper Rottweiler ›Mike Mike‹ und um Fast und Slow – es dürfte sich dabei um Künstlernamen handeln. Zusammen mit dem Produzenten 95 South taten sie sich zusammen, um, wie die Plattenfirma schrieb, ›die Welt zum Gangsta Flava Rap zu bekehren‹. Flava ist in dem Fall eine Verballhornung von Flavour. Ob ihnen das gelingt, wird die Zeit zeigen. Mit »Woof Woof« (7/98 US 31) schafften sie einen weiteren Top-40-Hit. Der Song stammte aus dem Film »Dr. Dolittle« mit Eddie Murphy. Ihr erfolgreichstes Album hieß »Nineteen Ninety Quad« (7/94 US-LP 59).

Tootsee Roll (7/94 US 9)
HipHop, Rap

Skellern, Peter

PETER SKELLERN key, p (Großbritannien, * 14. 3. 1947 in Bury/Lancashire)
1969 war der Sänger und Songschreiber Mitglied der Gruppe The March Hare, die als Harlan County ein Country-Pop-Album aufnahmen und sich 1971 trennten. Peter, der immerhin Frau und zwei Kinder zu ernähren hatte, arbeitete als Hotelportier und spielte in einer Pizzabar in Soho Piano. Zwischendurch durfte er verschiedene Plattenaufnahmen anderer Künstler als Keyboarder begleiten. Erst im Herbst 1972 gelang ihm seine erste Hitnotierung mit »You're A Lady«. »Hold On To Love« (3/75 GB 14) markiert schon das Ende seiner Solokarriere. Danach schrieb Skellern

einige Stücke für BBC-TV-Programme und trat darin auch auf. 1983 moderierte er die Sendung ›Private Lives‹. Zusammen mit Julian Lloyd Webber, Mary Hopkin und dem Gitarristen Bill Lovelady gründete er 1984 die Formation Oasis, die sich zur Aufgabe machte, klassische und Popelemente zu verbinden. Erfolg hatten sie damit nicht.

You're A Lady (9/72 GB 3)
Pop, Soft Pop

Skid Row

ROB AFFUSO d (USA, * 1. 3. 1963), SEBASTIAN »BACH« BIERK v (Kanada, * 3. 4. 1968 in Toronto), RACHEL BOLAN b (USA, * 9. 2. 1967), SCOTT HILL g (USA, * 31. 5. 1964), DAVE »THE SNAKE« SABO g (USA, * 16. 9. 1962)
Diese Band – nicht zu verwechseln mit der irischen Formation, in der z. B. Gary Moore und Phil Lynott mitspielten – stammte aus New Jersey und spielte Hard Rock. Mitte 1989 erschien mit »Youth Gone Wild« die erste Hitnotierung von Skid Row. Einen Monat später hatten sie mit »18 And Life« einen Millionseller. Mit Beginn der 90er Jahre hatte die Band vorwiegend in GB Singleerfolge: »Monkey Business« (6/91 GB 19), »Wasted Time« (11/91 GB 20) und »Youth Gone Wild/ Delivering The Goods« (8/92 GB 22). Die erfolgreichsten Alben der Band: »Skid Row« (2/89 US-LP 6, 9/89 GB-LP 30), »Slave To The Grind« (6/91 US-LP 1, GB-LP 5) und »Subhuman Race« (4/95 GB-LP 8, US-LP 35). Lange Zeit hörte man nichts mehr von Bach – dann kam er Mitte 2000 als Schauspieler. Am Broadway spielte er in »Jekyll & Hyde« beide Rollen (geht kaum anders!). Für Ende 2000 war ein Solo-Album angekündigt.

18 And Life (7/89 US 4)
I Remember You (11/89 US 6)
Hard Rock

Skids

STUART ADAMSON v, g, syn (Großbritannien, * 11. 4. 1958 in Manchester, † 16. 12. 2001), RICHARD JOBSON v (Großbritannien, * 6. 10. 1960 in Schottland), TOM KELLICHAN d (Großbritannien, in Schottland), WILLIE SIMPSON b (Großbritannien, in Schottland)
Mitte 1977 formierte sich diese schottische Band, die noch deutliche Anklänge der Punkexplosion beinhaltete. Noch 16-jährig erhielt Jobson mit seinen Musikern einen Plattenvertrag und veröffentlichte vor Weihnachten die erste Single, »Charles«. Aber erst ein Jahr später sollten sie mit »Sweet Suburbia« ihre erste Hitnotierung haben. »Into The Valley« blieb der einzige Erfolg der Skids in den Top 10. In den USA und in Deutschland hinterließen sie in den Hitparaden überhaupt keine Spuren. Nach 1980 waren sie auch wieder aus den britischen Charts verschwunden, und 1982 trennten sich die Skids. 1983 startete Adamson die Formation Big Country. Jobson veröffentlichte ein Album mit seiner neuen Band Armoury Show, bevor er eine Solokarriere als Plattenkünstler, Dichter, Songschreiber und Moderator verfolgte. Die erfolgreichsten Alben der Skids waren »Scared Dance« (3/79 GB-LP 19) und »The Absolute Game« (9/80 GB-LP 9).

Into The Valley (2/79 GB 10)
Pop, Punk

Siehe auch: Big Country

Sky

HERBIE FLOWERS b (Großbritannien), TRISTAN FRY per (Großbritannien), STEVE GRAY key (Großbritannien), FRANCIS MONKMAN key (Großbritannien, * 9. 6. 1949 in Hampstead/London), KEVIN PEEK g (Australien, * 21. 12. 1946), JOHN WILLIAMS g (Australien, * 24. 4. 1941 in Melbourne)

Die einzelnen Musiker dieser in GB stationierten Formation, die sich auf Adaptionen klassischer Themen spezialisiert hatte, waren bereits musikalisch erfahren, als Sky 1979 gegründet wurde. Williams gilt als einer der besten klassischen Gitarristen der Welt. Flowers war Mitbegründer von Blue Mink und arbeitete als Sessionmusiker mit Elton John, Bryan Ferry, T. Rex, David Bowie und Lou Reed – die klassische Basslinie auf »A Walk On The Wild Side« spielt Flowers. Peek war als Studiogitarrist auf Platten von Cliff Richard, Olivia Newton-John, Shirley Bassey, Mary Hopkin, Peter Skellern und den New Seekers zu hören. Fry ist klassisch ausgebildeter Percussionist und Mitglied des London Philharmonic Orchestra. Als Sessionmusiker war er bei Aufnahmen von Frank Sinatra, Duke Ellington, den Beatles, Elton John und David Essex dabei. Monkman war Mitglied bei Curved Air und Camel, spielte mit Phil Manzanera und machte auch Solo-LPs. Nach dem einzigen Hitparadenerfolg dieser Formation »Toccata« stieg Monkman aus. Gray, der ihn ersetzte, hatte vorher als Arrangeur für die Walker Brothers, Justin Hayward, Roger Daltrey, Paul McCartney, John Denver und Neil Diamond gearbeitet. Erfolgreicher waren die Alben von Sky: »Sky« (6/79 GB-LP 9), »Sky 2« (4/80 GB-LP 1, 6/80 D-LP 7), »Sky 3« (3/81 GB-LP 3), »Sky 4 – Forthcoming« (4/82 GB-LP 7), »Sky Five Live« (1/83 GB-LP 14) und »Masterpieces – The Very Best Of Sky« (5/84 GB-LP 15).

Toccata (4/80 GB 5)
Instrumental, Rock

Skylark

DAVID FOSTER key (Kanada), BONNIE JEAN COOK FOSTER v (Kanada), DONNY GERRARD v (Kanada), CARL GRAVES per (Kanada), BRIAN HILTON d (Kanada), DURIS MAXWELL d (Kanada), NORMAN MCPHERSON g (Kanada), ALLAN MIX g (Kanada), STEVEN PUGSLEY b (Kanada)

Die aus Vancouver, Kanada, stammende Band kam in den frühen 70er Jahren zusammen. Foster und Cook waren vorher Mitglieder in der Band hinter Ronnie Hawkins gewesen. Ursprünglich hatten sie sich neue Musiker zusammengeholt, um damit wieder andere Interpreten begleiten zu können. 1972 erhielten sie dann jedoch einen eigenen Plattenvertrag. Der Hit »Wildflower« hat dieser Band offensichtlich nicht gut getan. McPherson verließ die Gruppe, und für ihn kam Mix. Maxwell wurde durch Hilton ersetzt, und trotzdem trennte sich die Formation kurz darauf. Foster wurde später Mitglied bei den Attitudes und machte Mitte der 80er Jahre erste Soloplatten. Sein Stück »Love Theme From St. Elmo's Fire« aus dem gleichnamigen Film war 1985 ein Hit. 1986 sang er im Duett mit Olivia Newton-John »The Best Of Me«. Inzwischen hatte er sich auch als Songschreiber einen Namen gemacht, und Interpreten wie Chicago oder Barbra Streisand sangen seine Titel.

Wildflower (2/73 US 9)
Pop

SL 2

LIME dj (Großbritannien), SLIPMATT dj (Großbritannien)

Die beiden DJs Slipmatt und Lime waren in der englischen Raveszene Anfang der 90er Jahre keine Unbekannten mehr. Lime führte die illegale Radiostation Awesome Radio, und Slipmatt war Besitzer eines eigenen Labels und DJ bei den Londoner Rainparties. »Do The Dance« und »The Noise« waren die ersten beiden Singles von SL 2, die ihren Namen vom Technics-Plattenspieler SL 1200 abgekupfert hatten. Ihre erste Hitnotierung war

»DJs Take Control/Way In My Brain« (11/91 GB 11). Im Frühjahr 1992 erschien ihre Single »On A Ragga Tip«, die eine Kombination aus Reggae und Techno darstellte. Beide planten auch Projekte mit anderen Musikern. Ein Remix von »On A Ragga Tip« stand im Februar 1997 noch einmal in den britischen Top 40.

On A Ragga Tip (4/92 GB 2)
Rave

Slade

DAVE HILL g (Großbritannien, * 4. 4. 1946 in Fleet Castle/Devon), NODDY HOLDER v, g (Großbritannien, * 15. 6. 1946 als Neville Holder in Walsall/West Midlands), TREVOR HOLLIDAY v, key, b (Großbritannien), JIMMY LEA b (Großbritannien, * 14. 6. 1949 in Wolverhampton), DON POWELL d (Großbritannien, * 10. 9. 1946 in Bilston/West Midlands), STEVE WHALLEY v, g (Großbritannien)

Die Ursprünge dieser Band gehen bis in die frühen 60er Jahre zurück. Kaum hatten sie die Schule verlassen, gründeten Powell und Hill die von den Shadows beeinflusste Band Vendors. Mitglieder waren neben den beiden der Sänger Johnny Howells, der Gitarrist Mickey Marston und der Bassist Dave Jones. Nachdem die Beatles groß wurden, änderten auch die Vendors ihren Stil und coverten nun amerikanische Rhythm-&-Blues-Songs. 1964 nahmen sie auf eigene Kosten eine EP auf, die kein Erfolg wurde. Danach änderten sie ihren Namen in N' Betweens. Unter diesem Namen erhielten sie einen Vertrag bei der französischen Plattenfirma Barclay Records und nahmen nun Platten für den französischen Markt auf. Ende 1965 kam Holder ins Spiel, der als Gitarrist und gelegentlicher Sänger bei Steve Brett & The Mavericks gewesen war. Holder hatte bereits 1959 seine erste Band, die Rockin' Phantoms, gegründet. 1963 wurden daraus die Memphis Cut-Outs, ein Jahr später kam er zu den Mavericks. Im Frühjahr 1966 wurde er festes Mitglied bei den N' Betweens. Zum selben Zeitpunkt kam auch Lea für Jones zur Band. Marston wurde rausgeworfen. Holder, Hill, Lea und Powell bildeten nun die Gruppe hinter dem Sänger Howells. Am 1. 4. 1966 traten sie erstmals ohne Howells auf, und Holder übernahm den Gesang. Bei der Gelegenheit stellte man fest, dass man auch ohne Howells als eigenständige Formation bestehen könnte. Zusammen mit dem amerikanischen Produzenten Kim Fowley nahmen sie noch 1966 eine Single auf, die jedoch nicht erfolgreich war. Die N' Betweens spielten die nächsten zweieinhalb Jahre in England und versuchten, eine Londoner Plattenfirma für sich zu interessieren. Während um sie herum Flower-power und Psychedelic angesagt waren, spielten sie lauten und harten Geradeaus-Rock. Im Frühjahr 1969 erhielten sie den ersehnten Plattenvertrag mit Fontana Records. Die Firma stellte der Band Chas Chandler, den ehemaligen Animals-Bassisten und Jimi-Hendrix-Förderer, als Manager zur Seite. Seine erste Handlung: Er änderte den Namen in Ambrose Slade. Ihr Debütalbum mit dem Titel »Beginnings« und alle anderen Veröffentlichungen floppten. 1970 veränderte Chandler das Image der Gruppe und trimmte sie mehr in Richtung Skinheads, um endlich Aufmerksamkeit zu erregen. Der Name wurde auf Slade gekürzt, die Jungs ließen sich brav die Köpfe kahl scheren, krempelten sich die Hosen um und zogen sich schwere Stiefel an. Die Skins konnten mit der Gruppe nichts anfangen, aber wenigstens gab es den gewünschten Presserummel. »Get Down And Get With It« (6/71 GB 16, 9/71 D 34) wurde die erste Hitnotierung für Slade. Danach änderten sie ihr Image in Richtung Glitter Rock mit Plateausohlen und glänzenden Anzü-

gen. Ihre erste Hochphase hatte die Band ab Herbst 1971 mit »Coz I Luv You« bis 1975. In dieser Zeit gelangen ihr in GB 13 Top-10-Hits. Nach 1975 ließ der Erfolg nach, aber 1981 kehrten sie zurück in die Top 10 mit »We'll Bring The House Down«. Ihren größten Erfolg in den USA hatten Slade mit »Run Run Away« (4/84 US 20). Danach wurde es stiller um die Band, und nach 1987 schienen sie ganz vergessen. Ende 1991 brachten sie die Single »Radio Wall Of Sound« in die britischen Charts, und Mitte 1993 kam die Nummer »Far Far Away«, die Ende 1974 ein Hit in GB und in Deutschland war, dank C&A-TV-Werbung wieder in die deutschen Top 20. Nachdem längere Zeit kein neues Material auf den Markt gekommen war, erschien im Dezember 1994 mit »Keep On Rockin'« eine neue CD von Slade, die jetzt allerdings hinter ihren Gruppennamen eine römische II setzten. Von der Urbesetzung waren noch Hill und Powell dabei. Neu waren der Leadsänger Steve Whalley und der Gitarrist und Keyboarder Trevor Holliday. Aufgenommen hatte Slade II die CD in Belgien. 1998 haben Stefan Runqvist und Sven Olsen, zwei Mitglieder des schwedischen Slade-Fanclubs, den Titel »Merry Xmas Everybody« (12/98 GB 30) neu abgemischt und damit wieder einmal in die Charts gebracht.
Die erfolgreichsten Alben: »Slade Alive« (4/72 GB-LP 2, 8/72 D-LP 25), »Slayed?« (12/72 GB-LP 1, 2/73 D-LP 10), »Sladest« (10/73 GB-LP 1, 11/73 D-LP 3), »Old New Borrowed And Blue« (2/74 GB-LP 1, 3/74 D-LP 20), »Slade In Flame« (12/74 GB-LP 6), »Nobody's Fool« (3/76 GB-LP 14), »The Amazing Kamikaze Syndrome« (1/84 D-LP 9) und »Greatest Hits – Feel The Noize« (1/97 GB-LP 19).

Coz I Luv You (10/71 GB 1; 12/71 D 9)
Look Wot You Dun (2/72 GB 4)
Take Me Bak 'Ome (6/72 GB 1, D 10)
Mama Weer All Crazee Now (9/72 GB 1, D 6)
Gudbuy T'Jane (11/72 GB 2, D 3)
Cum On Feel The Noize (3/73 GB 1, D 8)
Skweeze Me Pleeze Me (6/73 D 3, GB 1)
My Friend Stan (10/73 D 5, GB 2)
Merry Xmas Everybody (12/73 GB 1, D 4)
Everyday (4/74 GB 3)
Bangin' Man (7/74 GB 3, D 7)
Far Far Away (10/74 GB 2, D 8)
Thanks For The Memory (Wam Bam Thank You Mam) (5/75 GB 7)
We'll Bring The House Down (1/81 GB 10)
My Oh My (11/83 GB 2; 1/84 D 4)
Run Run Away (2/84 GB 7)
Glitter-(Glam)-Rock

Sledge, Percy

PERCY SLEDGE v (USA, * 25. 11. 1940 in Leighton/Alabama)
Mit zwanzig schloss sich Sledge der lokal bekannten Esquires Combo an. Ende 1965 traf er Quinn Ivy, der Discjockey, Songschreiber und Produzent war, einen eigenen Plattenladen und ein Aufnahmestudio besaß. Ivy machte mit Sledge die Aufnahme »When A Man Loves A Woman«. Bis 1970 hatte er noch die Erfolge »Warm And Tender Love« (7/66 US 17, 8/66 GB 34), »It Tears Me Up« (10/66 US 20) und »Take Time To Know Her« (3/68 US 11). 1987 setzte die Jeans-Firma Levi's »When A Man Loves A Woman« für ihre 501-Werbung ein und machte sie erneut zum Hit. Dass sie nicht Platz 1 wurde, verhinderte ein anderer Oldie: Ben E. King mit »Stand By Me«. Percy Sledge zog bis in die 90er Jahre durch alle Diskotheken dieser Erde und musste vor allen Dingen »When A Man Loves A Woman« singen. 1994 veröffentlichte er mit »Blue Night« ein neues Album, auf dem Mick Taylor, Steve Cropper und Bobby Womack mitwirkten. Am 7.4. desselben Jahres bekannte er sich der Steuerhinterziehung für schuldig.

When A Man Loves A Woman (4/66 GB 4, US 1; 2/87 GB 2)
Rhythm & Blues, Soft Soul

Sleeper

ANDY MACCLURE d, per (Großbritannien, * 4. 7. 1970 in Liverpool), DIID OSMAN b (Somalia, * 10. 4. 1968 in Mogadischu), JON STEWART g (Großbritannien, * 12. 9. 1967), LOUISE WENER v, g (Großbritannien, * 30. 7. 1968)
1993 noch eine unbekannte Indieband, avancierte Sleeper Ende 1994 zum Liebling der britischen Musikpresse. Vor allen Dingen Frontfrau Werner zierte die Titelseiten der Musikmagazine. Anfang 1995 kam die Platte »Inbetweener« (1/95 GB 16) in die britische Hitparade. Der Titel handelt vom Verhalten der Menschen, die auf ihrer Seite der Straße nie zufrieden sind, weil es auf der anderen Seite besser sein muss. Sie selbst sind jedoch nicht bereit, dafür etwas zu tun. Die weiteren Top-40-Hits: »Vegas« (4/95 GB 33), »What Do I Do Now« (10/95 GB 14), »Sale Of The Century«, »Nice Guy Eddie« und »Statuesque« (10/96 GB 17).
Die erfolgreichsten Alben: »Smart« (2/95 GB-LP 5), »The It Girl« (5/96 GB-LP 5) und »Pleased To Meet You« (10/97 GB-LP 7). 1999 trennte sich die Formation.

Sale Of The Century (5/96 GB 10)
Nice Guy Eddie (7/96 GB 10)
Pop, Rock

Slik

KENNY HYSLOP d (Großbritannien, * 14. 2. 1951 als Kenneth John Hyslop in Helensburgh/Schottland), JIM MCGINLAY b (Großbritannien, * 9. 3. 1949 als James Anthony McGinlay in Lennoxtown/Schottland), BILLY MCISAAC key (Großbritannien, * 12. 7. 1949 als William McIsaac in Rothesay/Schottland), MIDGE URE v, g (Großbritannien, * 10. 10. 1953 als James Ure in Cambuslang/Lanarkshire)
Diese Gruppe, die aus der Formation Salvation hervorging, war die letzte Teenieband der 70er Jahre, die wie die Bay City Rollers aus Schottland kam. Die Hits der Bay City Rollers hatten Bill Martin und Phil Coulter geschrieben. Das taten sie auch für Slik. Man steckte Slik dieses Mal nicht in Schottenklamotten, sondern in ein Baseball-Outfit, und der Presse wurden sie als die nächste Sensation vorgestellt. Nach »Forever And Ever« hatten sie noch Hits mit »Requiem« (5/76 GB 24, 6/76 D 22), »The Kid's A Punk« (9/76 D 33) und »Dancerama« (5/77 D 30), bevor sich die Gruppe 1977 trennte. Die große Zeit von Ure sollte allerdings erst beginnen. Über Rich Kids und Visage wurde er der führende Kopf bei Ultravox und veröffentlichte Soloplatten.

Forever & Ever (1/76 GB 1; 3/76 D 6)
Pop

Siehe auch: Visage; Ure, Midge; Ultravox

Sly & The Family Stone

GREG ERRICO d (USA, * 1. 9. 1946 in San Francisco), LARRY GRAHAM b (USA, * 14. 8. 1946 in Beaumont/Texas), JERRY MARTINI sax (USA, * 1. 10. 1943 in Colorado), CYNTHIA ROBINSON tr (USA, * 12. 1. 1946 in Sacramento/Kalifornien), ROSIE STONE p (USA, * 21. 3. 1945 als Rosemary Stewart in Vallejo/Kalifornien), FREDDIE STONE g (USA, * 5. 6. 1946 als Freddie Stewart in Dallas/Texas), SLY STONE v, dj (USA, * 15. 3. 1944 als Sylvester Stewart in Dallas/Texas)
1967 gründete der Produzent und Discjockey Sly Stone die Formation The Family Stone. Sly hatte bereits im Alter von vier Jahren Gospelplatten besungen. Später wurde er Produzent für Bobby Freeman, The Mojo Men und The Beau Brummels. Seine erste eigene Gruppe, die Stoners, hatte er 1966 gegründet, und daraus wurde dann ein Jahr später The Family Stone. Mit in der Band waren sein Bruder Freddie und seine Schwester Rosie, sein Cousin Graham und Robinson. Sie spielten eine Mixtur aus Funk,

Jazz und Rock, die schnell die Bezeichnung Psychedelic Soul erhielt. Erstmals tauchte diese Familie mit der Nummer »Dance To The Music« in den US-Singlecharts. Beim Woodstock-Festival 1969 gehörten Sly & The Family Stone zu den Gewinnern. Mitte der 70er Jahre ließ die Karriere nach. Larry Graham verließ im Januar 1972 die Band und gründete Graham Central Station. 1976 musste Sly Stone Bankrott anmelden. Es erschienen zwar noch weitere Veröffentlichungen der Band, die aber nicht sonderlich erfolgreich waren. 1982 arbeitete Sly mit George Clinton zusammen. Ende 1989 machte er Schlagzeilen, weil er wegen Kokainmissbrauchs für 55 Tage ins Gefängnis musste. 1993 wurde die Gruppe in die Rock and Roll Hall of Fame aufgenommen. Die erfolgreichsten Alben waren »Stand!« (4/69 US-LP 13), »Greatest Hits« (11/70 US-LP 2), »There's A Riot Goin' On« (11/71 US-LP 1, 2/72 GB-LP 31), »Fresh« (6/73 US-LP 7) und »Small Talk« (7/74 US-LP 15).

Dance To The Music (2/68 US 8; 7/68 GB 7)
Everyday People (11/68 US 1)
Hot Fun In The Summertime (8/69 US 2)
Thank You (Falettinme Be Mice Elf Agin) (1/70 US 1)
Family Affair (11/71 US 1)
Pop, Punk, Rhythm & Blues

Sly Fox

MICHAEL CAMACHO v (USA), GARY »MUDBONE« COOPER v (USA, * 24. 11. 1953)

Das schwarzweiße Gesangsduo Sly Fox formierte sich Anfang 1985. Cooper hatte acht Jahre lang als Sänger und Schlagzeuger mit Sly Stone, Bootsy's Rubberband und George Clintons legendärer Formation Parliament-Funkadelic gearbeitet und war auf insgesamt 14 Gold- und Platinaufnahmen zu hören. Camacho war in den USA bekannt als A-cappella-Sänger eines preisgekrönten Bluejeans-Werbespots. Tour- und Banderfahrung sammelte er mit Change Of Pace und Main Ingredient. Außerdem trat er als Schauspieler, Tänzer und Performer in mehreren Theaterstücken auf New Yorker Bühnen auf. Für ihr Debütalbum »Let's Go All The Way« schrieben die beiden acht Titel, die ein breites Spektrum von Funk, Rock, Rhythm & Blues und Latinoklängen aufwiesen. Die Singleauskopplung des Titelstückes wurde ihr einziger Hit. Schnell wurde jedoch nachgewiesen, dass die beiden Jungs den Groove der Nummer »Fly Girl« der Boogie Boys kopiert hatten.

Let's Go All The Way (12/85 US 7; 5/86 GB 3)
One Hit Wonder, Pop

Small Faces

KENNEY JONES d (Großbritannien, * 16. 9. 1948 in Stepney/London), RONNIE LANE b (Großbritannien, * 1. 4. 1946 in Plaistow/London, † 4. 6. 1997), STEVE MARRIOTT v, g (Großbritannien, * 30. 1. 1947 in Bow/London, † 20. 4. 1991), IAN MCLAGAN key (Großbritannien, * 12. 5. 1945 in London), JIMMY WINSTON org (Großbritannien, * 20. 4. 1945 als James Langwith in Stratford/London)

Die Gruppe wurde 1965 in London gegründet. Mitglieder waren Lane, Jones, Winston und Marriott. Ihre erste Single hieß »Whatcha Gonna Do About It?« (9/65 GB 14). Im November 1965 verließ Winston die Gruppe und wurde durch McLagen ersetzt. Mitautor des Stückes »Sha La La La Lee« war Mort Shuman. Nach »Universal« (7/68 GB 16, 9/68 D 35) und »Afterglow Of Your Love« (3/69 GB 36) trennte sich die Band. Lane, Jones und McLagen blieben zusammen, nahmen Ron Wood und den Sänger Rod Stewart hinzu und machen weiter als Faces. Marriott gründete mit dem jungen

Peter Frampton und anderen Musikern Humble Pie. Ende 1975 wurde in GB »Itchycoo Park« neu veröffentlicht. Das war der Grund, dass Marriott, Jones, McLagen und Neuzugang Rick Wills als Small Faces einige Alben aufnahmen, die jedoch alle nicht ankamen. Jones ging danach zu den Who als Ersatz für den verstorbenen Keith Moon, Wills in die USA zu Foreigner. McLagen wurde Mitglied der Tourband der Rolling Stones. Marriott verbrannte 1991 in seinem Haus. Brandursache war vermutlich eine brennende Zigarette in seinem Schlafzimmer. Ronnie Lane, mit dem Marriott viele Hits der Small Faces zusammen geschrieben hatte, starb 1997 an Multipler Sklerose.
Ihre erfolgreichsten Alben waren »Small Faces« (5/66 GB-LP 3), »From The Beginning« (6/67 GB-LP 17) und »Ogden's Nut Gone Flake« (6/67 GB-LP 1, 8/68 D-LP 6).

Sha La La La La Lee (2/66 GB 3)
Hey Girl (5/66 GB 10)
All Or Nothing (8/66 GB 1)
My Mind's Eye (11/66 GB 4)
Itchycoo Park (8/67 GB 3)
Tin Soldier (12/67 GB 9; 2/68 D 7)
Lazy Sunday (4/68 D 2, GB 2)
Itchycoo Park (12/75 GB 9)
Beat, Pop

Siehe auch: Humble Pie; Faces

Smart E's

NICK ARNOLD (Großbritannien), TOM ORTON (Großbritannien), CHRIS POWELL (Großbritannien)
Die erste Single des Trios Smart E's erschien 1991 und war schon von ihrem Titel her nicht hitverdächtig: »Fuck The Law«. Da sie wohl doch lieber Erfolg haben wollten, verlegten sie sich auf ein unverfänglicheres Thema. Unter dem Titel »Sesame's Treet« nahmen sie eine Hommage an die seit vielen Jahren gern gesehene Kinderserie ›Sesame Street‹ auf und hatten Glück. Dabei blieb's.

Sesame's Treet (7/92 GB 2)
One Hit Wonder, Techno

Smash Mouth

GREG CAMP g (USA), KEVIN COLEMAN d (USA), PAUL DELISLE b (USA), STEVE HARWELL v (USA)
Smash Mouth kommt aus San Jose. Die Karriere der Gruppe begann mit dem Album »Fush Yu Mang« (8/97 US-LP 19), das Doppelplatin erhielt, und der daraus ausgekoppelten Single »Walkin' On The Sun« (10/97 GB 19). Dreifachplatin erhielt »Astro Lounge« (6/99 US-LP 6), aus dem »All Star« und »Then The Morning Comes« (10/99 US 11) ausgekoppelt waren. Singles waren wohl nicht die Sache der Band – ihr nächster Top-40-Hit war eine Coverversion der Neil-Diamond-Nummer »I'm A Believer« (7/01 US 25). Das dritte Album der Band kam im Frühjahr 2002: »Smash Mouth«. Harwell, der 35-jährige Kopf der Band, zum Erfolgsrezept: ›Man muss wissen, was im Radio läuft‹. Kritiker behaupten, Smash Mouth sei die familienfreundlichste Band seit der Partridge Family. Ob das die Kalifornier als Lob betrachten?

All Star (5/99 US 4)
Pop, Rock

Smashing Pumpkins

MELISSA AUF DER MAUR b (Kanada, * 17. 3. 1972 in Montreal), JIMMY CHAMBERLIN d (USA, * 10. 6. 1964 in Joliet/Illinois), BILLY CORGAN v, g (USA, * 17. 3. 1967 in Chicago/Illinois), JAMES IHA g (USA, * 26. 3. 1968 in Elk Grove/Illinois), D'ARCY WRETZKY b (USA, * 1. 5. 1968 in South Haven/Michigan)
Die Mitglieder dieser Gruppe fanden 1986 in Chicago zusammen. Ihre erste Platte »I Am One/Not Worth Asking« ver-

öffentlichten sie 1989 auf einem lokalen Label. Mit ihrem Album »Gish« (9/91 US-LP 195) (benannt nach der amerikanischen Schauspielerin Lillian Gish) erregten sie erstmals ein größeres Interesse an ihrer Musik. Bevor sie mit »Tonight Tonight« ihren ersten Top-10-Hit hatten, kamen »Cherub Rock« (7/93 GB 31), »Disarm« (3/94 GB 11), »Bullet With Butterfly Wings« (10/95 GB 20, 11/95 US 22) – erhielt 1997 einen Grammy in der Kategorie Hard Rock – und »1979« (2/96 US 12, GB 16) in die Charts. Im Mai 1996 kam »Zero« in die LP-Charts, und das obwohl die Platte als Single angeboten wurde. In den US-Singlecharts dürfen jedoch nur Platten aufgeführt sein, auf denen nicht mehr als vier Titel sind – »Zero« beinhaltete sieben. Ebenfalls 1996 trennten sie sich von ihrem Schlagzeuger Chamberlin, weil der seinen Drogenkonsum nicht in den Griff bekam. Der Tour-Keyboarder Jonathan Melvoin hatte sich am 12. 7. 1996 in einem New Yorker Hotel einen ›goldenen Schuss‹ gesetzt – Chamberlin hatte sich ebenfalls eine Dosis Heroin der Marke ›Red Rum‹ (rückwärts gelesen ›Murder‹) gespritzt und war knapp am Tode verbeigeschrappt. 1997 wurde die Nummer »The End Is The Beginning Is The End« ein Hit – der Film »Batman & Robin« kam in die Kinos und darin war das Lied zu hören. »Ava Adore« (5/98 GB 11) war eine Auskopplung aus dem Album »Adore«, ebenso »Perfect« (9/98 GB 24). Anfang 2000 war Chamberlin wieder Mitglied der Gruppe. Wretzky war durch Melissa auf der Maur ersetzt worden, die vorher mit Hole gespielt hatte. Als neue Single erschien »Stand Inside Your Love« (3/00 GB 23).

Ihre erfolgreichsten Alben: »Siamese Dream« (7/93 GB-LP 4, 8/93 US-LP 10), »Pisces Iscariot« (10/94 US-LP 4), die Doppel-CD »Mellon Collie And The Infinite Sadness« (11/95 GB-LP 4, US-LP 1), »The Aeroplane Flies High« (12/96 US-LP 42), »Adore« (6/98 US-LP 2, 6/98 GB-LP 5, 6/98 D-LP 3) und »Machina/Machines Of The God« (3/00 GB-LP 7, D-LP 4, US-LP 3). Im Herbst 2000 kündigte die Gruppe an, sie würde sich auflösen. Billy Corgan begründete das Aus so: ›Wir haben das Ende unseres Weges erreicht – emotional, geistig und musikalisch. So wie die Massenkultur heute aussieht, ist es schwer, den Kampf gegen die Britneys dieser Welt weiterzuführen‹. Er hat es schon im Mai einem US-Sender gegenüber erklärt, dass die laufende Tour die letzte sei. Schade, denn die Pumpkins gehörten sicherlich zu den wichtigsten Independent-Bands der 90er Jahre. Im Herbst 2001 kam dann die Meldung, dass Billy mit Zwan eine neue Band gegründet hat. Von den Pumpkins war Drummer Jimmy Chamberlin mit dabei.

Tonight Tonight (5/96 GB 7)
The End Is The Beginning Is The End (6/97 GB 10)
Grunge

Smith

ED BEYER key (USA), JERRY CARTER b (USA), RICK CLIBURN g (USA), STEVE CUMMINGS (USA), ROBERT EVANS d (USA), JADE HASS b (USA), GAYLE MCCORMICK v (USA, * 26. 11. 1948), LARRY MOSS key (USA), ALAN PARKER g (Großbritannien)

Gayle McCormick hatte bereits seit ihren Schultagen in St. Louis gesungen. Als Sängerin der Chevels hatte sie 1966 einige Singles aufgenommen, die jedoch nicht erfolgreich waren. Danach änderten sie den Namen in Gayle McCormick & The Klassmen. Auch hier wurden einige Platten aufgenommen, die sich jedoch nicht durchsetzen konnten. Genau zu dieser Zeit kam eine Band in die Stadt, die Smiths hieß. Gayle und Cummings, der auch bei den Klassmen war, machten zusammen mit Carter und Cliburn eine neue Band:

Smith. 1969 spielten sie in San Fernando Valley in einem Club, der Rag Doll hieß. Del Shannon und Brian Hyland hörten sie dort, und Shannon bot ihnen an, sie zu produzieren und zu managen. Sie sagten zu. Einer der Titel, die jetzt aufgenommen wurden, war einst ein Hit der Shirelles und auch schon von den Beatles gecovert worden: »Baby It's You«. Allerdings muss es schon vor der Veröffentlichung innerhalb der Band sehr große Schwierigkeiten gegeben haben, denn die Fluktuation der Mitglieder war enorm. Schließlich war es 1970 so weit, dass von den ursprünglichen Mitgliedern nur noch Gayle übrig war. Sie machte für verschiedene Plattenlabels weitere Aufnahmen. Ihr größter Soloerfolg war die Nummer »It's A Cryin' Shame«, die es Ende 1971 in die Top 50 schaffte. Das erfolgreichste Album der Gruppe hieß »a group called Smith« (8/69 US-LP 17).

Baby It's You (9/69 US 5)
One Hit Wonder, Pop, Rock

Smith, Hurricane

HURRICANE SMITH v (Großbritannien, * 22. 2. 1923 als Norman Smith in Edmonton/North London)
Bereits in jungen Jahren begann Smith, etliche Instrumente zu spielen. Im 2. Weltkrieg diente er in der Royal Air Force – 1947 wurde er entlassen, schaffte aber nicht den Sprung zum Berufsmusiker. 1959 begann er in den Abbey-Road-Studios in London als Tontechniker. In den Anfangstagen der Beatles-Produktionen bis hin zu »Rubber Soul« war er unter George Martin für die Tonaufnahmen usw. verantwortlich. Norman arbeitete auch mit Billy J. Kramer & The Dakotas, Freddy & The Dreamers und Cliff Bennett & The Rebel Rousers. Später wurde er Produzent von Pink Floyd, Barclay James Harvest und den Pretty Things. Außerdem hatte er inzwischen etliche Songs geschrieben, die durch die Shadows und Billy J. Kramer aufgenommen wurden. Mitte 1971 schaffte er es dann selbst, als Interpret in die Charts zu kommen. Sein Pseudonym war angelehnt an den 1952 erschienenen Film »Hurricane Smith«. Für den deutschen Markt nahm er eine deutschsprachige Version von »Oh, Babe, What Would You Say?« auf, die da hieß »Oh, Baby mach die Türe zu«. Wer nun erwartete, dass ein Produzent von Pink Floyd oder ein Mitarbeiter der Beatles progressive Musik bringt, wurde enttäuscht. Es klang eher so, als habe sich ein Megafonsänger der 30er in ein Studio der 70er Jahre verirrt. Nach 1972 und dem letzten Hit »Who Was It« (9/72 GB 23), geschrieben von Gilbert O'Sullivan, bediente er wieder mehr die Regler, was er auch ohne Zweifel besser konnte. Schließlich zog er sich aus dem Musikgeschäft zurück, züchtete Pferde und wurde Mitbesitzer einer Firma, die mit medizinischen Geräten handelt.

Don't Let It Die (6/71 GB 2)
Oh, Babe, What Would You Say? (4/72 GB 4; 12/72 US 3)
Pop, Schlager

Siehe auch: Teardrop Explodes

Smith, Michael W.

MICHAEL W. SMITH v (USA, in Kenova/West Virginia)
Obwohl Smith einen Grammy und mehrere Goldauszeichnungen gewonnen hatte und fast 200 seiner Songs von ihm oder anderen Künstlern aufgenommen wurden, blieb er ein Außenseiter und hier bei uns ein Unbekannter. Seine Tourneen durch die USA zählten zu den bestverkauften im Lande. Seine Aufnahmen wurden auf dem Plattenlabel Reunion veröffentlicht, das sich auf Songs mit christlichen Inhalten spezialisiert hatte. Seinen Grammy hat Smith für die Best Gospel Performance Male 1984 erhalten. Ähn-

lich wie seine Kollegin Amy Grant, die sich ja auch vorwiegend auf diesem Gebiet profiliert hatte, bevor sie in die Popcharts kam, schaffte Smith Anfang der 90er den Crossover mit »Place In This World«. Im selben Jahr gewann er den American Music Award in der Kategorie ›Favorite New Artist AC‹. Seine erfolgreichsten Alben sind »Change Your World« (9/92 US-LP 86) und »I'll Lead You Home« (9/95 US-LP 16).

Place In This World (5/91 US 6)
AOR (Adult Orientated Rock)

Smith, O. C.

O. C. SMITH v (USA, * 21. 6. 1932 als Ocie Lee Smith in Mansfield/Louisiana)
Schon während seiner Militärzeit in der US Air Force von 1951 bis 1955 begann er als Sänger. Danach war er bei der Sy Oliver Band, machte 1956 seine ersten Soloplatten und war dann von 1961 bis 1963 Mitglied in der Formation von Count Basie. Sein erster Solohit wird Anfang 1968 notiert mit »The Son Of Hickory Holler's Tramp« (2/68 US 40). Die Nachfolgesingle »Little Green Apples« wurde ein Millionseller. Bis 1974 erschienen weitere schöne Platten von O. C. Smith, darunter »Daddy's Little Man« (8/69 US 34) und »Together« (3/77 GB 25). Sein erfolgreichstes Album hieß »Hickory Holler Revisited« (6/68 US-LP 19). Er starb nach einem Herzanfall in Los Angeles.

The Son Of Hickory Holler's Tramp (5/68 GB 2)
Little Green Apples (8/68 US 2)
Rhythm & Blues, Soul

Smith, Patti

PATTI SMITH v (USA, * 30. 12. 1946 in Chicago/Illinois)
Die Sängerin, Songschreiberin, Malerin und Buchautorin wird oft als New-Wave-Poetin bezeichnet. Bob Dylan habe ihre Texte beeinflusst, Elvis Presley ihren Auftrittsstil, sagt sie. Bevor ihr damaliger Freund Allen Lanier von Blue Oyster Cult sie zur Rockmusik brachte – Patti schrieb Texte für die Gruppe –, beschäftigte sie sich vor allem mit Malerei und dem Verfassen von Gedichten. 1972 erschien ihr Band ›Seventh Heaven‹. 1974 erschien ihre erste Single, »Piss Factory«. Es geht um das alltägliche Leben in unserer Industriegesellschaft. Ihren größten Hit hatte Patti mit »Because The Night« (4/78 US 13). Sie hatte die Nummer zusammen mit Bruce Springsteen geschrieben. Ihre erfolgreichsten Alben: »Easter« (4/78 US-LP 20, GB-LP 16) und »Wave« (5/79 US-LP 18). Anfang der 80er Jahre heiratete sie den Ex-MC5-Musiker Fred ›Sonic‹ Smith, zog sich bis 1988 aus dem Musikgeschäft zurück und veröffentlichte dann die gut gemachte CD »Dream Of Life«. Ihr Mann Fred starb am 4. 11. 1994 im Alter von 45 Jahren nach einem Herzanfall. Mitte 1996 veröffentlichte Patti nach vielen Jahren mit »Gone Again« wieder ein neues Album. Sehr schön ihr Titel »Lo And Beholden« vom Album »Gung Ho« (2000).

Because The Night (4/78 GB 5)
New Wave, Punk, Rock

Smith, Rex

REX SMITH v (USA, * 19. 9. 1956 in Jacksonville/Florida)
Der Schauspieler, Broadway-Musicalstar und Sänger spielte Ende der 70er Jahre mit in dem TV-Film ›Sooner Or Later‹. In diesem Film sang er das Stück »You Take My Breath Away«, das ein Millionseller für ihn wurde. Mitte 1981 sang er im Duett mit Rachel Sweet »Everlasting Love« (6/81 US 32, 8/81 GB 35). Sein erfolgreichstes Album hieß »Sooner Or Later« (4/79 US-LP 19). Ansonsten kümmerte er sich mehr um die Schauspielerei. Rex war

z. B. zu sehen in der Broadway-Produktion und Verfilmung von »The Pirates Of Penzance« und der TV-Serie ›Streethawk‹. Rex ist der jüngere Bruder des Starz-Leadsängers Michael Lee Smith.

You Take My Breath Away (4/79 US 10)
Pop

Smith, Sammi

SAMMI SMITH v (USA, * 5. 8. 1943 als Jewel Fay in Orange/Kalifornien)
Sammi Smith trat bereits im zarten Alter von zwölf Jahren öffentlich auf. 1967 kam sie nach Nashville und ist seit dieser Zeit in den Country-Charts zu finden. Den größten Erfolg in den Popcharts hatte Sammi mit ihrer Version der Kris-Kristofferson-Nummer »Help Me Make It Through The Night«. Ansonsten beschränken sich ihre Hits fast ausschließlich auf den Country-Sektor.

Help Me Make It Through The Night (1/71 US 8)
Country, Pop

Smith, Whistling Jack

WHISTLING JACK SMITH v (Großbritannien, * 2. 2. 1946 als Billy Moeller)
Die Nummer »I Was Kaiser Bill's Batman« war eine Melodie von Roger Greenaway und Roger Cook, die von Studiomusikern aufgenommen wurde. Niemand hatte damit gerechnet, dass sie ein Hit würde. Deshalb galt es nun, schnell jemanden zu finden, der den Pfeifenkopf darstellen konnte. Man fand ihn in Billy Moeller, der den Titel nun in der Öffentlichkeit als Whistling Jack Smith präsentierte. Billy Moeller hatte für die Plattenfirma, die jetzt dringend den Pfeifer brauchte, unter dem Namen Coby Wells Platten aufgenommen. Sein älterer Bruder Tommy war Sänger der Formation Unit Four Plus Two.

I Was Kaiser Bill's Batman (3/67 D 4, GB 5)
Instrumental, One Hit Wonder, Pop

Smith, Will

FRESH PRINCE rap, dj (USA, * 25. 9. 1968 als Will Smith in Philadelphia/Pennsylvania)
Zusammen mit Jazzy Jeff hatte Will Smith unter dem Pseudonym Fresh Prince bereits eine erfolgreiche Karriere hinter sich, bevor er Mitte 1997 auch als Solist und unter seinem Namen in die Charts kam. Mit der Nummer »Men In Black« aus dem gleichnamigen Film, in dem er neben Tommy Lee eine Hauptrolle spielte, hatte er seinen Durchbruch. Smith hatte neben seinen Plattenaufnahmen schon früh an seiner Schauspielerkarriere gebastelt. 1993 spielte er im Film »Made In America«, danach drehte er die TV-Serie »Der Prinz von Bel Air«. 1996 hatte er eine Hauptrolle in »Independence Day«. »Gettin' Jiggy Wit It« bescherte uns Samples aus dem Sister-Sledge-Hit »He's The Greatest Dancer«. Die Nummer »Just The Two Of Us« war im Original ein Hit für Bill Withers. Auf »Miami« (11/98 US 17, D 12) waren Samples aus »And The Beat Goes On« der Whispers zu hören, »Wild Wild West« beinhaltete Samples aus Stevie Wonders Hit »I Wish« Kool Moe Dees »Wild Wild West« – in dem gleichnamigen Film spielte Will wieder die Hauptrolle. Bei »Will 2K« wirkte K-Ci mit. Seine erfolgreichsten Alben: »Big Willie Style« (12/97 US-LP 8, GB-LP 9), »Wild Wild West« (7/99 US-LP 4) und »Willennium« (11/99 GB-LP 10, 12/99 US-LP 5). 2001 kam Will mit der Filmrolle seines Lebens: er spielte Muhammad Ali alias Cassius Clay.

Men In Black (8/97 GB 1, D 1)
Gettin' Jiggy Wit It (2/98 US 1, GB 3)
Just The Two Of Us (8/98 GB 2)
Miami (12/98 GB 3)

Wild Wild West (5/99 US 1; 7/99 GB 2, D 3)
Will 2K (11/99 GB 2)
HipHop, Rap

Siehe auch: Jazzy Jeff & Fresh Prince

Smiths

CRAIG GANNON g (Großbritannien, * 30. 7. 1966), MIKE JOYCE d (USA, * 1. 6. 1963 in Fallowfield/Manchester), JOHNNY MARR g (Großbritannien, * 31. 10. 1963 als John Maher in Ardwick/Manchester), MORRISSEY v (USA, * 22. 5. 1959 als Steven Patrick Morrissey in Davyhulme/ Manchester), ANDY ROURKE b (USA, in Manchester)

Morrissey gründete diese Gruppe 1982 in Manchester. Als erste Single wurde 1983 »Hand In Glove« aufgenommen, die nicht in die Hitparade kam, aber in der Version von Sandie Shaw im Frühjahr 1984 die Top 30 erreichte. »This Charming Man« (11/83 GB 25) war der erste Titel der Band in den Charts. Für viele war die Gruppe Smiths Mitte der 80er Jahre eine Alternative zu den vielen Computerformationen, deren Musik teilweise doch recht eintönig klang. Trotzdem ist diese gitarrenorientierte Band zumindest von den Singlekäufern nie richtig akzeptiert worden. Die Langspielplatten waren erfolgreicher: »The Smiths« (3/84 GB-LP 2), »Hatful Of Hollow« (11/84 GB-LP 7, 3/95 RE-GB-LP 26), »Meat Is Murder« (2/85 GB-LP 1, 3/95 RE-GB-LP 39), »The Queen Is Dead« (6/86 GB-LP 2, 3/95 RE-GB-LP 30), »The World Won't Listen« (3/87 GB-LP 2), »Strangeways Here We Come« (10/87 GB-LP 2, 3/95 RE-GB-LP 38), »Rank« (9/88 GB-LP 2), »Best ... I« (8/92 GB-LP 1) und »Singles« (3/95 GB-LP 5). 1987 trennte sich Morrissey von der Gruppe und machte als Solist erfolgreich weiter. Viele Briten haben den Stellenwert der Formation erst in den 90er Jahren begriffen und erst dann die teilweise sehr sozialkritischen Texte von Morrissey verstanden. So wurde die Wiederveröffentlichung von »This Charming Man« neun Jahre nach der Erstveröffentlichung ein Top-10-Hit.

Heaven Knows I'm Miserable Now (6/84 GB 10)
Sheila Take A Bow (4/87 GB 10)
This Charming Man (8/92 GB 8)
Rock

Siehe auch: Morrissey

Smoke

GEOFF GILL g, d (Großbritannien, * 15. 5. 1949 in York), MALCOLM LUKER g, key (Indien, * 3. 3. 1946 in Neu Dehli), JOHN »ZEKE« LUND g, b (Großbritannien, * 13. 11. 1945 in York), PHIL PEACOCK g (Großbritannien), MICK ROWLEY v, g (Großbritannien, * 29. 6. 1946 in Scarborough)

Dass diese Formation aus der Grafschaft Yorkshire überhaupt jemals einen Erfolg hatte, verdankte sie den Träumen eines Kiesgrubenbesitzers und Selfmade-Millionärs, der unbedingt als Manager ins Popgeschäft einsteigen wollte. Offensichtlich hatte er Kies genug, und damit unterstützte er die oben genannten Musiker, die sich in ihren Anfangstagen Shots nannten. Die erste Single floppte, und Peacock stieg aus. Der Rest machte als Quartett unter dem Namen Smoke weiter und veröffentlichte im Februar 1967 die Single »My Friend Jack«, die es in GB auf Platz 45 brachte. Viele Briten deuteten die Zeile ›My friend Jack eats sugar lumps‹ als einen Hinweis auf LSD-Konsum. Nachdem weitere Veröffentlichungen nichts wurden, wechselten sie die Plattenfirma und nahmen dort sowohl als Smoke wie auch als Chords Five weiter Titel auf. Hits hatten beide Formationen nicht. Es folgten zahlreiche personelle Veränderungen in der Band, die bis in die 70er durchhielt. Im März 1997 kam eine neue Version von »My Friend Jack« auf den Markt, auf der mit Luker und Rowley noch zwei Originalmitglieder zu hören waren. Ende April desselben Jahres erschien die EP »Smoke This«, auf der neben der Neueinspielung des Hits fünf neue Songs zu hören waren.

My Friend Jack (4/67 D 2)
One Hit Wonder, Pop, Rock

Smoke City

MARC BROWN key (Großbritannien), CHRIS FRANCK g, key (Großbritannien), NINA MIRANDA v (Brasilien)
Aus GB und Brasilien kamen die Musiker diese Trios. Sängerin Miranda wurde in Brasilien als Tochter eines brasilianischen Vaters und einer britischen Mutter geboren. Im Alter von acht Jahren kam sie mit der Mutter nach GB. Irgendwann traf sie auf Brown und Franck, die beide große Fans brasilianischer Musik waren – so entstand Smoke City. »Underwater Love« war der Debüthit des Trios, der dank der Hilfe eines Levi's-TV-Spots hoch in die Charts katapultiert wurde. Brown und Miranda hatten die Nummer gemeinsam geschrieben. Sie war zuerst auf einem Sampler erschienen, der den Titel »Rebirth Of Cool« trug.

Underwater Love (4/97 GB 4)
One Hit Wonder, Pop

Smokie

ALAN BARTON v (Großbritannien, * 16. 9. 1953 als Alan Lesley Barton in Barnsley/Yorkshire, † 23. 3. 1995), MARTIN BULLARD key (Großbritannien), MIKE CRAFF v (Großbritannien), CHRIS NORMAN v (Großbritannien, * 25. 10. 1950 in Redcar/Yorkshire), STEVE PINNELLI d (Großbritannien), ALAN SILSON g (Großbritannien, * 21. 6. 1951 in Bradford), PETE SPENCER d (Großbritannien, * 13. 10. 1948 als Peter David Spencer in Leeds), TERRY DAVID UTTLEY b (Großbritannien, * 9. 6. 1951 in Bradford)
1975 wurde Smokie in der Schreibweise Smokey von der Plattenfirma RAK, die sich auf den Teeniemarkt spezialisiert hatte, generalstabsmäßig auf eben diesen geworfen. Die Ursprünge dieser Band aus Bradford/Yorkshire, gingen zurück bis in das Jahr 1966, und bis die beiden Spezialisten Chinn/Chapman für sie den Namen Smokey fanden, hatten sie unter etlichen Gruppennamen firmiert, z. B. Yen, Sphynx, Essence, Elizabethans oder Kindness. Als Kindness veröffentlichte dieser Vorläufer von Smokie, in dem mit Norman, Silson und Utley schon der Kern der späteren Hitformation mitspielte, 1970 die erste Platte »Lindy Lou«. 1972/3 spielten Kindness hinter dem Ex-Herman's-Hermits-Sänger Peter Noone auf ausgedehnten Tourneen. Mit »Let The Good Times Roll«, »Oh Yeah« und »Make It Better« veröffentlichten sie auch weitere Singles, die jedoch nicht in die Charts kamen. 1973 schließlich kam die Umbenennung in Smokey/Smokie und die Zusammenarbeit mit dem Chinn/Chapman-Team begann. Auf ihrer ersten LP 1975 spielte die Band vorwiegend selbst geschriebenes Material. Keine der Nummern konnte sich bei den Fans durchsetzen. Auf ihrer zweiten LP, die noch im selben Jahr erschien, befanden sich dann die ersten Hits der Band. Nach den ersten Erfolgen meldete sich aus den USA Smokey Robinson und setzte durch, dass sich Smokey statt mit ›ey‹ am Schluss mit ›ie‹ schreiben musste. Noch erfolgreicher als in ihrer Heimat waren sie in Deutschland. Nach 1980 ließen die Erfolge nach. 1981 fiel die Band auseinander. Chris Norman machte als Solist weiter und war besonders in Deutschland recht erfolgreich. 1986 – nach dem furchtbaren Stadionunglück beim Bradford City Football Club – wurde zugunsten der Hinterbliebe-

nen eine Benefizplatte und ein Benefizkonzert organisiert. Smokie kam in der Originalbesetzung wieder zusammen und danach überein, es doch noch einmal gemeinsam zu versuchen. Sie gingen auf Tournee durch Europa, und dann ließ Norman verlauten, er wolle doch solo weitermachen. Chris Norman selbst war es, der einen alten Kumpel, Alan Barton, der vorher mit der Formation Black Lace gesungen hatte, als neuen Leadsänger empfahl. Es erschien mit »All Fired Up« 1988 eine neue LP, auf der von der Originalbesetzung nur noch Silson und Uttley waren. Ein Jahr später kam »Boulevard Of Broken Dreams«, auf der mit Pinnelli und Bullard zwei neue feste Mitglieder hinzugekommen waren. In dieser Fünferbesetzung nahmen sie mit »Whose Are These Boots?« 1990 und »Chasing Shadows« 1992 weiter Platten auf. Die großen Hitzeiten waren jedoch vorüber. Hitnotierungen, wenn auch mehr in den unteren Bereichen, gingen bis in die 90er. 1994 erschien mit »Celebration« eine CD mit Neuaufnahmen und neuen Arrangements ihrer alten Hits; Untertitel: Ihre größten Hits im neuen Sound – Träume werden wahr.

Am 19. 3. 1995 verunglückten Smokie nach einem Auftritt im Sauerland mit einem Kleinbus bei Hagelschauer in der Nähe von Gummersbach. Alan Barton wurde schwer verletzt in ein Kölner Krankenhaus gebracht, wo er einige Tage später starb. Alle Einnahmen der letzten Single »Surfin'«, geschrieben für die ARD-TV-Serie ›Gegen den Wind‹, wurden von den restlichen Mitgliedern der Witwe von Barton überwiesen. Die Besetzung des Jahres 1996: Mike Craff war der Sänger, Uttley spielte weiterhin Bass, Bullard Keyboard, Silson Gitarre und Pinnelli Schlagzeug. Auftritte der Gruppe reichen bis ins 21. Jahrhundert.

Die erfolgreichsten Alben für Smokie: »Smokie Changing All The Time« (11/75 GB-LP 18, 1/76 D-LP 16), »Midnight Café« (7/76 D-LP 6), »BRAVO präsentiert Smokie« (3/77 D-LP 16), »Greatest Hits« (4/77 GB-LP 6, 5/77 D-LP 1), »Bright Lights & Black Alleys« (11/77 D-LP 6), »The Montreux Album« (10/78 D-LP 3), »The Other Side Of The Road« (12/79 D-LP 17) und »The Very Best Of Smokie« (12/81 D-LP 16).

If You Think You Know How To Love Me (7/75 D 8, GB 3)
Don't Play Your Rock 'n' Roll (10/75 GB 8, D 10)
I'll Meet You At Midnight (10/76 D 9)
Living Next Door To Alice (12/76 GB 5, D 1)
Lay Back In The Arms Of Someone (3/77 D 1)
It's Your Life (7/77 GB 5, D 3)
Needles And Pins (10/77 D 2, GB 10)
For A Few Dollars More (1/78 D 2)
Oh Carol (5/78 GB 5, D 3)
Mexican Girl (9/78 D 1)
Do To Me (7/79 D 10)
Babe It's Up To You (11/79 D 8)
San Francisco Bay (3/80 D 9)
*Who The F**k Is Alice (5/95 GB 3)*
Boy Group, Pop

Smurfs

I've Got A Little Puppy (9/96 GB 4)
Your Christmas Wish (12/96 GB 8)

Siehe auch: Vader Abraham

Smyth, Patty

PATTY SMYTH v (USA, *26. 6. 1957 in New York City)
Nachdem sie mit ihrer Gruppe Scandal nach 1985 keine Hits mehr hatte, wurde sie zwei Jahre später erstmals als Solistin in den Charts mit »Never Enough« notiert. Als Solistin gelangen Patty Smyth einige weitere, jedoch nicht die ganz großen Erfolge. Zusammen mit Don Henley, Mitglied der Eagles, hatte sie im 1992 mit »Sometimes Love Just Ain't Enough« einen Millionseller. Die Platte wäre sicher Spitzenreiter geworden, hätte nicht der

Dauerbrenner »End Of The Road« von Boyz II Men Platz 1 für 13 Wochen gehalten. Auf ihren großen Solohit wartet sie weiter.

Sometimes Love Just Ain't Enough (8/92 US 2)

Rock

Siehe auch: Scandal; Henley, Don

Snap

LUCA ANZILOTTI dj, THEA AUSTIN v (USA), PENNY FORD v (USA, * 6. 11. 1964 in Cincinnati/Ohio), NIKI HARRIS v (* 17. 4. 1963), JACKIE HARRIS v (USA, * 10. 9. 1965 als Jacqueline Arlissa Harris in Pittsburgh/Pennsylvania), JANICE ROBINSON v, SUMMER v (als Paula Brown), TURBO B v (USA, * 30. 4. 1967 als Durron Maurice Butler in Pittsburgh/Pennsylvania)

Richtig betrachtet, ist Snap das Werk der beiden Frankfurter Discjockeys, Produzenten und Songschreiber Michael Münzing und Luca Anzilotti. Die beiden hatten 1986 als 16 Bits ihren ersten Top-20-Hit in Deutschland mit »Where Are You?« Ebenfalls 1986 bastelten sie zusammen mit ihrem Kollegen Sven Väth als Off den Titel »Electrica Salsa«. Unter den Pseudonymen Benito Benitez und John Virgo Garrett III. produzierten sie 1989 »World Power« (5/90 GB-LP 21, 6/90 D-LP 7, US-LP 30, 12/90 RE-GB-LP 10), das erste Album von Snap. Der als GI nach Frankfurt vesetzte Turbo B und seine Cousine Jackie Harris, die sich im Gesang mit Penny Ford, die vorher bei der Gap Band gesungen hatte, abwechselte, wurden in das Projekt integriert. Der erste Hit »The Power« kam Anfang 1990. Allerdings sollte es noch gewisse Schwierigkeiten mit der Urheberschaft des Titels und der Mitwirkenden auf der Platte geben. Die Hook-Line ›I've got the power‹ war aus der Platte »Love Is Gonna Get You« von Jocelyn Brown gesampelt, mit der diese Anfang 1986 unter den ersten 40 der US-Rhythm-&-Blues-Charts stand. Jocelyn Brown sollte später auch mit Incognito, Right Said Fred und als Solistin erfolgreich werden. Außerdem hatte man sich an das Stück »Let The Words Out« von Chill Rob G., produziert von DJ Mark the 45 King, angelehnt. Chill Rob G. versuchte später gerichtlich, einiges von den Tantiemen von »The Power« einzuheimsen – vergeblich. Wie dem auch sei, den weltweiten Hit hatte Snap. Beim Nachfolgehit »Ooops Up« war die Sache klarer. Hier stand der Gap-Band-Klassiker »I Don't Believe You Want To Get Up And Dance (Oops, Up Side Your Head)« aus dem Jahre 1980 Pate. Das Jahr 1991 begann mit einem »Megamix« der bisherigen Hits. 1993 hatten Turbo B und Jackie die Gruppe verlassen und Solokarrieren gestartet. Für Turbo B kam Niki Harris, einst bei Madonna im Hintergrund zu hören. Als im Herbst 1994 das Album »Welcome To Tomorrow« erschien, war als Sängerin die von Penny Ford empfohlene Summer zu hören. Die hatte vorher mit Paula Abdul und Snoop Doggy Dogg Plattenaufnahmen gemacht. Wer bei Snap vorne auf der Bühne steht und auf der Plattenhülle abgebildet wird, ist ungefähr so wichtig wie Rob und Fab bei Milli Vanilli. Anzilotti dazu 1994 im ›Spiegel‹: ›Die Kids wollen keine Gesichter mehr sehen, im Klub sehen sie ja auch keine – da ist es viel zu dunkel. 80 % dessen, was in der Hitparade ist, wurde von uns erfunden.‹ Gleichzeitig stellt der ›Spiegel‹ fest: ›Die beiden Frankfurter Soundtüftler gehören zu den erfolgreichsten Plattenproduzenten der Welt, ihr Tanzmusikprojekt Snap ist der größte Pop-Exportartikel der Republik.‹ »The First, The Last, Eternity« brachte Snap noch einmal einen Top-10-Hit, alle weiteren Veröffentlichungen kamen über die Top 30 nicht hinaus. Die weiteren Erfolgsalben von Snap: »Madman's Return« (2/92 D-LP 3, 8/92 GB-LP 8) und »Welcome To Tomorrow« (10/94 D-LP 10).

The Power (2/90 GB 1, D 2; 5/90 US 2)
Ooops Up (6/90 D 2, GB 5)
Cult Of Snap (9/90 D 3, GB 8)
Mary Had A Little Boy (12/90 D 4, GB 8)
Snap Megamix (3/91 GB 10)
Colour Of Love (12/91 D 9)
Rhythm Is A Dancer (4/92 D 1; 7/92 GB 1, US 5)
Exterminate (1/93 D 3, GB 2)
Do You See The Light (Looking For) (6/93 GB 10)
Welcome To Tomorrow (9/94 D 4, GB 6)
The First, The Last, Eternity (3/95 D 7)
Dance, Techno

Siehe auch: Off

Sneaker Pimps

CHRIS CORNER v, g, key (Großbritannien, * 27. 1. 1974 in Hartlepool), KELLI DAYTON v (Großbritannien, * 30. 6. 1974 in Birmingham), LIAM HOWE key (Großbritannien, * 29. 9. 1970 in Hartlepool), DAVE WESTLAKE (Großbritannien), JOE WILSON (Großbritannien)
›Wer Sneaker Pimps sagt, meint krachende Drums, schmirgelnde Bassläufe, galoppierenden Folkpunk von der Pferdekoppel und Vorlieben für Shirley Bassey, Africa Bambaata, für Nick Drake, Sonic Youth, die Pixies und Kraftwerk. Alles ist erlaubt, je dreister, desto besser‹ – das schrieb die Plattenfirma zur Veröffentlichung der Single »6 Underground« im September 1996. Zu diesem Zeitpunkt erschien die Platte erstmals in GB und erreichte Platz 15. Danach wären die ›Turnschuh-Zuhälter‹ wohl wieder in der Versenkung verschwunden, wenn der Song nicht im Frühjahr 1997 im Film »The Saint« aufgetaucht und wiederveröffentlicht worden wäre. Diesmal erreichte die Platte als Remix auf Anhieb die Top 10. »6 Underground« war die dritte Single der Band und beinhaltete Samples aus John Barrys »Golden Girl«. »Spin Spin Sugar« (3/97 GB 21) war der Nachfolger – und dann erschien nach einer anderthalbjährigen Pause mit »Low Five« (8/99 GB 39) wieder eine neue Platte. Inzwischen hatte sich die Gruppe von der Sängerin Kelli Dayton getrennt – Chris Corner übernahm nun ihren Part. Es folgte das Album »Splinter«. Sie gründeten das Plattenlabel Splinter-Records, gingen 2001 nach Süd-Frankreich und nahmen das Album »Bloodsport« auf, das Anfang 2002 erschien. Darauf Lieder, die von Dummheit, Selbstverliebtheit, Kleinstadt-Flittchen oder Kurt Cobain handelten. In London betrieben die Sneaker Pimps den Home Taping-Club.

6 Underground (6/97 GB 9)
Pop

Snoop Doggy Dogg

SNOOP DOGGY DOGG (USA, * 20. 10. 1972 als Calvin Broadus in Compton/Kalifornien)
In seinen Jugendjahren war er mit Dr. Dre und Warren G. & Nate Dogg befreundet. Bei Dr. Dre rappte er auf dessen Debütalbum »The Chronic«, das zum meistverkauften Hardcore-Hip-Hop-Album der Popgeschichte avancierte. Ende 1993 veröffentlichte Snoop Doggy Dogg seine erste Single »What's My Name«, auf der im Hintergrund die Dramatics zu hören waren, eine in den 70er Jahren recht erfolgreiche Soulgruppe aus Detroit. Notorisch sind Snoops Schwierigkeiten mit der Polizei. Am 25. 8. 1993 wurde er verhaftet, weil er in Los Angeles in eine Schießerei verwickelt war. Dass der Erfolg ihn nicht verändert hat, brachte Snoop auf den Punkt, als er sagte: ›Man kann mich aus dem Ghetto holen, aber man kann das Ghetto nicht aus mir herausholen.‹ Im Februar 1996 wurde er von dem Verdacht des Mordes freigesprochen. Sein Singlehit »Snoops Upside Ya Head« (12/96 GB 12, D 34) war eine Gangsta-Rap-Version von »Oops Up Side Your Head«, 1980 ein Hit für die Gap Band und 1990 als »Ooops Up« für Snap. Die weiteren Hits außerhalb

der Top 10: »Doggy Dogg World« (8/94 GB 32), »Wanted Dead Or Alive« (4/97 GB 16) mit 2Pac, »Vapors« (5/97 GB 18), »We Just Wanna Party With You« (9/97 GB 21), »Tha Doggfather« (1/98 GB 36), »Still A G Thang« (9/98 US 19), »Come And Get With Me« (10/98 US 12) mit Keith Sweat, als Gast von Dr. Dre »The Next Episode« (5/00 US 23, 7/00 D 34, 2/01 GB 3), »Crybaby« (6/00 US 28) als Gast von Mariah Carey, »Snoop Dogg« (4/01 GB 13).
Seine erfolgreichsten Alben: »Doggystyle« (12/93 US-LP 1, GB-LP 38), »Tha Doggfather« (11/96 US-LP 1, GB-LP 15), »Da Game Is To Be Sold, Not To Be Told« (8/98 US-LP 1), das am 22. 8. 1998 gleich auf Platz 1 der US-LP-Charts einstieg, »No Limit Top Dogg« (5/99 US-LP 2), »Snoop Dogg Presents Tha Eastsidaz« (2/00 US-LP 8), »Tha Last Meal« (1/01 US-LP 4), »Snoop Dogg Presents Tha Eastsidaz – Duces 'n Trays – The Old Fashioned Way« (8/01 US-LP 4). Mit dem Jahr 2000 legte er das ›Doggy‹ ab.

What's My Name (12/93 US 8)
Gin And Juice (1/94 US 8)
Rap

Snoopy

Das in Holland produzierte farbige Mädchenduo brachte Ende 1978 eine Tralala-Hopsassa-Diskonummer, die immer schön auf die Eins zählte, in die deutschen Charts: »No Time For A Tango«. Um den Anstrich von Karibik auch noch gleich mitzuliefern, erklang im Hintergrund der aus jenen Regionen bekannte Benzinfass-Sound. Danach hatten die beiden das sowieso sehr dürftige Pulver verschossen.

No Time For A Tango (12/78 D 7)
Disko, One Hit Wonder

Snow

SNOW rap (Kanada, * 30. 10. 1969 als Darren O'Brien in Toronto)
Neben Vanilla Ice war Snow einer der erfolgreichsten weißen Rapper der 90er Jahre. Nachdem er einige Zeit im Knast verbracht hatte und zu seinen Zellenkollegen wohl auch einen Jamaikaner zählen konnte (was sich auf seinen Hit auswirkte), kam er geläutert mit der Platte »Informer« auf den Markt, die sich zu einem der größten Hits des Jahres 1993 entwickelte. Er selbst beschrieb sich als ›a reggae influenced dance hall singer-rapper-dj‹. »Girl, I've Been Hurt« (5/93 US 19) war sein einziger Nachfolgehit. Sein erfolgreichstes Album hieß »12 Inches Of Snow« (2/93 US-LP 5, 4/93 D-LP 5). Dabei ist es geblieben.

Informer (1/93 US 1; 3/93 D 1, GB 2)
Rap

Snow, Mark

MARK SNOW key (Großbritannien)
»X Files« oder auch ›Akte X – Die geheimnisvollen Fälle des FBI‹, wie es bei uns hieß, war eine TV-Serie, die 1996 beeindruckte. Vor allem die Briten und Deutschen mochten diese Melodie, die Mark Snow speziell dafür geschrieben hatte. Als Trittbrettfahrer brachte D.J. Dado eine Diskoversion dieser Nummer auf den Markt und erreichte damit ebenfalls die Top 10 in GB.

The X Files (3/96 GB 2; 4/96 D 8)
Instrumental, One Hit Wonder

Snow, Phoebe

PHOEBE SNOW v, g (USA, * 17. 7. 1952 als Phoebe Laub in New York City)
Anfang der 70er Jahre begann die Sängerin, Gitarristin und Songschreiberin Phoebe Snow ihre Karriere in Greenwich Village. Ihren ersten Plattenerfolg hatte sie mit dem Titel »Poetry Man«. Danach er-

schien das Stück »Gone At Last« (8/75 US 23), das Phoebe zusammen mit Paul Simon sang, und »Every Night« (1/79 GB 37) – dieses Stück hatte im Original Paul McCartney aufgenommen. Es erschienen bis in die 90er Jahre weitere schöne Platten von ihr, die allerdings für den Singlehitparadenbereich nicht geeignet waren. Dafür waren ihre von Jazz und Folk beeinflussten Lieder zu anspruchsvoll. 1990/91 trat sie in Clubs in und um New York mit einer wechselnd besetzten Band auf, zu der zeitweise Donald Fagen und Michael McDonald gehörten. Ihre erfolgreichsten Alben waren: »Phoebe Snow« (9/74 US-LP 4) und »Second Childhood« (2/76 US-LP 13).

Poetry Man (1/75 US 5)
AOR (Adult Orientated Rock), Folk, Pop

So Solid Crew

LISA MAFFIA (Großbritannien), MEGAMAN (Großbritannien), ROMEO (Großbritannien in London)

Diese Crew besteht aus 27 Mitgliedern, darunter auch Oxide und Neutrino, die selbst einen Top-10-Hit hatten, aber bei dem ersten Top-10-Hit nicht mitwirkten. Chef dieser Crew ist Megaman (* 1980), der zu seinem Projekt sagt: ›Ich werde definitiv keine Grenzen zum Mainstram überschreiten und dünnes Zeug produzieren. Wir kommen aus dem Ghetto und das bringen wir einem großen Publikum nahe...« Bei »21 Seconds« sind 10 Discjockeys zu hören, von denen jeder 21 Sekunden für seinen Part Zeit hatte – daher der Titel. Das erste Album dieser Crew hieß »They Don't Know« (12/01 GB-LP 6). Beim Hit »Haters« wurden als Interpreten So Solid Crew presents Mr Shabz genannt.

21 Seconds (8/01 GB 1)
They Don't Know (11/01 GB 3)
Haters (1/02 GB 8)
Dance, Rap, Rhythm & Blues

Siehe auch: Oxide & Neutrion

Soeur Sourire

SOEUR SOURIRE v (Belgien, * 17. 10. 1933 als Jeanine Deckers, † 30. 3. 1985)

Zu sagen, die belgische Ordensschwester Jeanine Deckers sei zum Plattenerfolg gekommen wie die Jungfrau zum Kind, klingt komisch, trifft es aber genau. Denn ganz sicher hatte die lächelnde Schwester nicht vor, mit ihren Liedern die Welt zu beglücken. Für ihre Mitschwestern fuhr sie 1962 zur Plattenfirma Philips nach Brüssel, um dort eine Aufnahme zu machen. Im Sinn hatte sie, dass rund 200 Platten gepresst würden – basta. Die Mitarbeiter der Plattenfirma waren so begeistert, dass sie statt der geforderten 200 gleich mehrere Tausend anfertigen ließen, und überredeten die frommen Klosterfrauen vom Dominikanerorden Fichermont bei Waterloo, das Werk vertreiben zu dürfen. Als die Single »Dominique« erschien, wurde sie aus dem Stand ein Knüller. In die US-Charts stieg sie im November 1963 ein und schaffte kurz vor der Beatlemania Platz 1. Die Amerikaner mit ihrem Sinn fürs Praktische waren es dann auch, die sie Singing Nun, die singende Nonne, nannten. Ihr erfolgreichstes Album hieß »The Singing Nun« (11/63 US-LP 1). Anfang 1964 war sie also eine weltbekannte Sängerin, und das Kloster, dem der Großteil der Tantiemen zufloss, verdiente gut. Aber die Türglocke bimmelte unaufhörlich. Fans wollten die singende Nonne sehen, wollten Autogramme von Soeur Sourire. Die Klosterruhe war hin. Dazu kam, dass die Mutter Oberin sich die lächelnde Schwester zur Brust nahm und ihr klar machte, dass ihre Texte etwas ernsthafter sein könnten. Dann das Erstaunlichste: Hollywood wollte einen Film über sie drehen. Die Hauptrolle übernahm 1966 Debbie Reynolds. Es kam zu einer Auseinandersetzung mit der Mutter Oberin, und die Ordensschwester warf den Schleier. Zusammen mit einer Freundin nahm sie sich in Leuven eine Wohnung und wollte von nun an die Tantiemen selbst einstreichen. Auszug aus »Dominique«: ›Guter Vater Dominikus, bewahre uns unsere Bescheidenheit und Frömmigkeit.‹ Dominikus bewahrte sie, heilig war out und Beatles in. Da half es auch nicht mehr, dass sie – nun als Luc Dominique auftretend – Gott in einem Liedchen für die Pille dankte. Jahre später näherte sie sich wieder der Kirche, gründete ein Heim für Kinder, die an Kontaktschwäche litten, musste es aber 1984 aus Geldmangel wieder schließen. 1985 nahm sie sich zusammen mit ihrer Freundin Annie Pescher durch eine Überdosis Schlaftabletten das Leben.

Dominique (11/63 GB 7, US 1; 1/64 D 7)
One Hit Wonder, Schlager

Sofaplanet

MARTIN GOTTSCHILD b (Deutschland), JAN KERTSCHER d (Deutschland), SVEN RATHKE g (Deutschland, * 5. 9. 1977)
Lag es an der musikalischen Qualität des Trios? Lag es an den netten Jungs? Oder lag es nur an dem Wort Liebficken? Die Zeit wird es zeigen! Vermutlich lag es am Titel.
In einem Interview wurde die Gruppe befragt, woher denn ihr Name käme. Sie antwortete: ›Er ist ein Synonym für die Erde, auf der eine Menge Leute nach ihrem ungeliebten Job die Zeit zu Hause vor dem Fernseher mit Cola und Chips verbringen und nichts aus ihrem Leben machen. Wir wollen ein Zeichen dagegen setzen mit den Songs unseres Albums. In dem Lied »Viel Größer« geht es darum, dass sich die Leute keinen Scheiß erzählen lassen sollen von TV-Stars mit dem Intelligenzquotienten einer Ameise. Die Leute sollen etwas aus ihrem Leben machen.‹ Zum Lied Liebficken: ›Als wir das Album gemacht hatten, grübelten wir nach, mit welchem Lied wir wohl die größte Aufmerksamkeit erzielen würden. Da stach natürlich »Liebficken« hervor. Es ist sehr eingängig und poppig im Gegensatz zu den eher melancholisch-depressiven Songs. Was die Kritiker meinen, darüber mache ich mir keine Gedanken, denn diese Herren sind mir schnurzpiepegal.‹ Auch gut!

Liebficken (4/01 D 10)
Teeniestar

Soft Cell

MARC ALMOND v (Großbritannien, * 9. 7. 1957 als Peter Marc Almond in Southport/ Liverpool), DAVID BALL key, syn (Großbritannien, * 3. 5. 1959 in Blackpool)
Die beiden Briten hatten sich während ihrer Studienzeit am College of Arts in Leeds kennen gelernt. In den Anfangstagen mixten sie typisch britischen Pop mit dem Soul der 60er Jahre. 1980 erhielten sie einen Plattenvertrag. Mitte 1981 erschien der Titel »Tainted Love«. Das Stück hatte vorher bereits Gloria Jones aufgenommen. Sie war die Freundin von Marc Bolan und diejenige, die am 16. 9. 1977 den Autounfall verursachte, bei dem Marc ums Leben kam. Soft Cell entwickelten sich zu Klassikern und Pionieren des Techno-Pop. 1984 trennten sie sich, und Marc Almond wurde als Solist ein Star. Der Titel »Tainted Love« beschäftigte die Briten offensichtlich immer wieder mal. Im Frühjahr 1982 kam er zum zweiten Mal in die GB-Charts und wurde Platz 43. Mitte 1982 erreichte er Platz 50, im Frühjahr 1985 wieder Platz 43, und Mitte 1991 kam er auf Platz 5. Anfang der 90er Jahre tauchte Dave Ball als Mitglied des Duos The Grid auf. Im Juni 1998 wurden die drei Alben »Non Stop Ecstatic Dancing«, »The Art Of Falling Apart« und »Last Night In Sodom« digital geremastert neu veröffentlicht. Die erfolgreichs-

ten Alben der Band waren »Non-Stop Erotic Cabaret« (12/81 GB-LP 5, 12/81 D-LP 23, 1/82 US-LP 22), »Non-Stop Ecstatic Dancing« (6/82 GB-LP 5), »The Art Of Falling Apart« (1/83 GB-LP 5), »This Last Night In Sodom« (3/84 GB-LP 12) und »Memorabilia – The Singles« (6/91 GB-LP 8).
2001 reformierte sich Soft Cell wieder. Ein Album mit Hits in Remix-Versionen und neuen Tracks erschien im März 2002.

Tainted Love (8/81 GB 1; 10/81 D 1; 1/82 US 8)
Bed Sitter (11/81 GB 4)
Say Hello Wave Goodbye (2/82 GB 3)
Torch (5/82 GB 2)
What (8/82 GB 3)
Tainted Love (Re-Recording) (5/91 GB 5)
Elektro-Pop, New Romantic, Techno

Siehe auch: Grid; Almond, Marc

Söhne Mannheims

ANDREAS BAYLESS g (Deutschland), CLAUS EISENMANN v (Deutschland), ROLF GUSTKE d (Deutschland), MICHAEL HERBERGER key (Deutschland), MICHAEL KOSCHORREK g (Deutschland), ROBBEE MARIANO b (Deutschland), XAVIER NAIDOO v (Deutschland, *2. 10. 1971 in Mannheim), TINO OECHSLER v (Deutschland), FLORIAN SITZMANN key (Deutschland), ROLF STAHLHOFEN v (Deutschland), EDO ZANKI v (Deutschland, *19. 10. 1952 in Jugoslawien)
Im Herbst 2000 kam Xavier Naidoo erstmals mit seinem Bandprojekt Söhne Mannheims. Mit dabei war unter anderem Edo Zanki. Die erste Single dieser Gruppe, »Geh davon aus ...« wurde auf Anhieb ein Hit. Das ärgerte Naidoos Produzenten Moses Pelham. Der wollte seinem ehemaligen Freund und Weggefährten die Vermarktung von Musiktiteln in Eigenregie verbieten lassen und zog vor Gericht. Naidoo gewann den Prozess am 30. 10. 2000 – ob das allerdings alles ist, was von Pelham in dieser Angelegenheit unternommen wird, bleibt abzuwarten. Die Söhne Mannheims brachten als Nächstes das Album »Zion« (12/00 D-LP 4).

Geh davon aus ... (10/00 D 2)
Rap

Siehe auch: Naidoo, Xavier; Brothers Keepers

Soho

EDS CHESTERS d (Großbritannien, *24. 10. 1971), JACQUELINE CUFF v (Großbritannien, *25. 11. 1962 in Wolverhampton), PAULINE CUFF v (Großbritannien, *25. 11. 1962 in Wolverhampton), TIM LONDON g, key, b (Großbritannien, *20. 11. 1960 als Timothy Brinkhurst)
Der einzige Erfolg dieses Trios war die Nummer »Hippychick«, die erstmals im Frühjahr 1990 in GB erschien und Platz 67 wurde. Im September desselben Jahres stieg die Platte in die US-Charts ein, erreichte Platz 14 und wurde vergoldet. Daraufhin interessierten sich auch wieder die Briten für ihre Landsleute. Die Platte kam im Januar 1991 erneut in die britischen Charts und wurde Platz 8. Die Nummer beginnt mit der gesampelten Gitarre von Johnny Marr (The Smiths) aus dem Intro zu »How Soon Is Now«. Was danach kommt, ist wie eine Mixtur aus allen möglichen Musikstilen der letzten dreißig Jahre, mit vielleicht ein bisschen zu viel Psychedelic-Touch, aber durchaus anhörenswert. Sie trafen damit den Nerv der Tanzwütigen, ragten aber aus dem Dance-Floor-Einerlei heraus. Auf der 1992 erschienenen CD »Thug« wurde als viertes Mitglied der Schlagzeuger Eds Chester genannt.
Nach 1993 trat die Gruppe als Oosh auf. Sie nahmen zwei Alben auf, deren Veröffentlichung allerdings immer wieder verschoben wurde. 1996 veröffentlichten sie als Trafalgar ein Album in Deutschland. Nach 1996 veröffentlichte Tim verschie-

dene Alben als Yossarian. Zusammen mit Jacqueline hat er eine Tochter (* 1993). Die beiden Schwestern kamen im Jahr 2001 als Family BC.

Hippychick (1/91 GB 8)
Dance, One Hit Wonder, Psychedelic

Somerville, Jimmy

JIMMY SOMERVILLE v (Großbritannien, * 22. 6. 1961 in Glasgow)
1984 war Jimmy Mitbegründer des Trios Bronski Beat. Zwischen 1984 und 1986 hatte die Formation einige Top-10-Erfolge. Im Mai 1985 verließ Jimmy die Band und wurde durch John Jon ersetzt. Jimmy gründete zusammen mit dem Keyboarder Richard Coles das Duo Communards. Auch hier setzte es wieder Top-10-Erfolge, und ab 1989 machte Jimmy Soloplatten. Trotzdem war seine erste Hitnotierung unter seinem Namen ein Duett: Zusammen mit June Miles Kingston sang er »Comment Te Dire Adieu« (11/89 GB 14, 12/89 D 25). 1991 wurde die Nummer »Smalltown Boy« als Jimmy Somerville with Bronski Beat neu veröffentlicht und kam wieder in die Top 40. Für den Solisten folgten »Heartbeat« (1/95 GB 24) und »Hurt So Good« (5/95 GB 15). Sein erfolgreichstes Album war »The Singles Collection 1984 – 1990« (11/90 GB-LP 4, 11/90 D-LP 4) – darauf allerdings auch Aufnahmen mit Bronski Beat und Communards.

You Make Me Feel (Mighty Real) (1/90 GB 5)
To Love Somebody (11/90 GB 8)
Pop

Siehe auch: Bronski Beat; Communards

Somethin' For The People

CAT DADDY v (USA, als Rochad Holiday), FUZZY v (USA, als Jeff Young), SAUCE v (USA, als Curtis Lee-Wilson)
Die beiden Schwestern Trina und Tamara Powell werden neben dem Trio aus Oakland, das sich in L..A. niedergelassen hat, noch als Interpreten beim ersten Hit »My Love Is The Shhh!« genannt. Der Song stammte vom Album »This Time It's Personal«, das das Trio bereits 1995 veröffentlichte. Dabei blieb es.

My Love Is The Shhh! (10/97 US 4)
HipHop, One Hit Wonder, Pop, Rhythm & Blues

Sommers, Joanie

JOANIE SOMMERS v (USA, * 24. 2. 1941 in Buffalo/New York)
1954 war Joanie mit ihren Eltern von Buffalo, New York, nach Kalifornien gezogen. Zuerst sang sie in High-School-Bands, später mit Gruppen am Santa Monica City College. Ein Talentscout der gerade neu gegründeten Plattenfirma Warner Brothers sah und hörte sie und nahm sie 1959 unter Vertrag.
Ihren ersten Job bekam sie als Ersatz für Connie Stevens im Duett mit ›77-Sunset-Strip‹-Star Edd Byrnes. Sie durfte auch in einigen Episoden der Serie mitspielen. Auf Edds Debüt-LP hauchte sie die Worte ›I dig you, Kookie‹. Mitte 1960 gelang ihr mit der Nummer »One Boy« aus dem Broadway-Musical »Bye Bye Birdie« ein erster Hit. Zwei Jahre später kam »Johnny Get Angry«. Nach einer weiteren Hitnotierung, die knapp unter die ersten 100 kam, war Joanie Sommers aus den Popcharts wieder verschwunden, obwohl sie noch jede Menge weitere Platten aufnahm und häufig in TV-Sendungen zu sehen war. Von Anfang bis Mitte der 60er Jahre war Joanie die Stimme der Pepsi-Cola-Werbejingles in den USA. Eine ihrer letzten Singles war 1977 »Peppermint Choo Choo«. Aus dem Showgeschäft ist sie nie ganz verschwunden. Sie spielte noch in etlichen Filmen mit.

Johnny Get Angry (5/62 US 7)
One Hit Wonder, Pop

Sonia

SONIA v (Großbritannien, * 13. 2. 1971 als Sonia Evans in Liverpool)
Sonia begann ihre Karriere in einer Liverpooler Band. In seiner Live Radio Show überraschte sie Pete Waterman, ein Drittel von Stock/Aitken/Waterman. Er nahm sie unter Vertrag, und gleich ihre erste Platte wurde Platz 1 in GB: »You'll Never Stop Me Loving You«. In Deutschland erreichte sie damit Platz 20. 1993 vertrat sie ihre Heimat beim Grand Prix Eurovision und belegte mit »Better The Devil You Know« Platz 2. Ihre weiteren Hits außerhalb der Top 10: »Can't Forget You« (10/89 GB 17), »Counting Every Minute« (4/90 GB 16), »You've Got A Friend« (6/90 GB 14) mit Big Fun, »End Of The World« (8/90 GB 18), »Be Young Be Foolish Be Happy« (8/91 GB 22), »You To Me Are Everything« (11/91 GB 13), »Boogie Nights« (9/92 GB 30) und »Better The Devil You Know« (5/93 GB 15).
Ihr erfolgreichstes Album hieß »Everybody Knows« (5/90 GB-LP 7).

You'll Never Stop Me Loving You (1/89 GB 1)
Listen To Your Heart (12/89 GB 10)
Only Fools (Never Fall In Love) (6/91 GB 10)
Grand Prix, Pop

Sonique

SONIQUE v (Großbritannien, als Sonia Clarke in London)
Zuerst war sie Sängerin, dann der bekannteste weibliche DJ in GB. Ihre Auftritte würzte sie mit Gesangs- und Tanzeinlagen. Dann wurde sie wieder hauptberuflich Sängerin. Allerdings betrachtete sie ihre Hitzeit 1999/2000, inzwischen 32 Jahre alt, auch wieder nur als einen Übergang. Sie würde sofort wieder als DJ arbeiten, ließ sie verlauten. Erstmals tauchte Sonique in den britischen Charts mit dem Titel »I Put A Spell On You« (6/98 GB 36) auf. »It Feels So Good« war in GB Ende des Jahres 1998 erschienen und hatte Platz 24 erreicht. Sie sang außerdem auf Platten von S-Express (z. B. bei »Nothing To Lose« (9/90 GB 32), Josh Wink und Ken Doh. Ende 1999 wurde ihr zweiter Hit neu abgemixt und neu veröffentlicht. Eine Radiostation in Tampa/Flordia setzte die Nummer auf ihre Playlist – und Anfang 2000 kam sie in die US-Charts. Mitte 2000 wurde »It Feels So Good« auch in GB veröffentlicht und sprang am 3.6. gleich auf den ersten Platz der Charts. In dem selben Jahr erschien das Erfolgsalbum »Hear Me Cry« (6/00 GB-LP 6). Ihr Hit »Sky« (10/00 D 11) wurde auch in Deutschland erfolgreich.

It Feels So Good (1/00 US 8; 6/00 GB 1; 7/00 D 2)
Sky (9/00 GB 2)
I Put A Spell On You (12/00 GB 8)
Pop

Sonnenschein, Fred

FRED SONNENSCHEIN v (Deutschland, * 4. 2. 1942 als Frank Zander in Berlin)
Hinter dem Pseudonym Fred Sonnenschein verbarg sich Frank Zander. Im Herbst 1981 gelang ihm mit »Ja, wenn wir alle Englein wären« ein Spitzenreiter in Deutschland, für den er auch eine goldene Platte erhielt. Seine erfolgreichsten Alben waren »Ja, wenn wir alle Englein wären« (11/81 D-LP 20) und »Die fröhliche Hamster-Parade« (5/82 D-LP 14).

Ja, wenn wir alle Englein wären (8/81 D 1)
Schlager

Siehe auch: Zander, Frank

Sonny & Cher

CHER v (USA, * 20. 5. 1946 als Cherilyn Sarkisian LaPierre in El Centro/Kalifornien), SONNY v (USA, * 16. 2. 1935 als Salvatore Bono in Detroit/Michigan)
Nachdem Sonny und Cher 1964 geheiratet hatten, machten sie ihre ersten gemeinsamen Platten unter dem Pseudonym Caesar & Cleo. Ihre ersten beiden Singles, »Baby Don't Go« und »Love Is Strange«, wurden keine Erfolge. »Baby Don't Go« beeindruckte jedoch Ahmet Ertegun, den Chef und Besitzer von Atlantic Records. Er nahm die beiden unter Vertrag, und als Debüt, denn dieses Mal sangen sie erstmals als Sonny & Cher, erschien die Single »Just You«. Sie wurde kein Erfolg. Der Nachfolger »I Got You Babe«, geschrieben und produziert von Sonny, wurde ein Millionseller. Jetzt wurde die Nummer »Baby Don't Go« noch einmal aufgenommen und dieses Mal ein Hit. Sonny und Cher wurden das Traumpaar der Hippie-Bewegung. Er in Anzügen, die selbst für die Carnaby Street zu grell waren. Sie in Kleidchen, die offensichtlich auf Flohmärkten zusammengekauft waren. Bei Fernsehauftritten schmachteten sie sich an. »You got me and I got you« – schön. »Baby Don't Go«, »Baby You're Mine« und so weiter. Aber schon 1966 kamen sie mit der Frage »What Now My Love«. Es bröckelte im Hippie-Paradies. Cher machte Platten als Solistin, anfangs noch von ihrem Sonny produziert, aber mehr und mehr stellte sie sich auf eigene Füße und fest, dass sie sehr wohl ohne Sonny auskommen konnte. Ab 1970 funktionierte die Solokarriere von Cher wesentlich besser als ihr gemeinsames Projekt. Ihre letzte Hitnotierung als Sonny & Cher hatten sie 1973. Am 26. 6. 1974 wurden die beiden geschieden. Chers Solokarriere geht bis in das 21. Jahrhundert. Im Frühjahr 1993 wurde ihre gemeinsame Single »I Got You Babe« noch einmal in den GB-Charts verzeichnet. Sie war auf dem Soundtrack zu »Und täglich grüßt das Murmeltier« zu hören.
Die erfolgreichsten Alben des Duos waren »Look At Us« (8/65 US-LP 2, 10/65 GB-LP 7), »The Wonderous World Of Sonny & Cher« (5/66 GB-LP 15) und »All I Ever Need Is You« (2/72 US-LP 14).

I Got You Babe (7/65 GB 1, US 1; 9/65 D 3)
Baby Don't Go (8/65 US 8)
Little Man (8/66 GB 4, D 2)
The Beat Goes On (1/67 US 6)
All I Ever Need Is You (10/71 US 7; 1/72 GB 8)
A Cowboy's Work Is Never Done (2/72 US 8)
Beat, Flower-power, Pop

Siehe auch: Cher

Soul, David

DAVID SOUL v (USA, * 28. 8. 1943 als David Solberg in Chicago/Illinois)
Viele waren 1976, als David Soul Spitzenreiter in GB und in den USA wurde, der Meinung, hier habe mal wieder die Fernsehpopularität einen Schauspieler zum Sänger gemacht. In diesem Fall war das nicht richtig. Bereits Mitte der 60er Jahre hatte er als Folksänger gearbeitet. Populär wurde er, als er ab 1975 den Ken Hutchinson in der TV-Serie ›Starsky & Hutch‹ spielte. In den USA kannte man David auch durch seine größere Rolle in ›Here Come The Brides‹. In dieser Serie spielte er zwischen 1968 und 1970 Joshua Bolt. Schließlich begann seine Plattenkarriere mit der eher schnulzigen Nummer »Don't Give Up On Us«. Danach liebten ihn speziell die Briten. Nach 1979 lief ›Starsky & Hutch‹ aus, aber trotzdem war Soul regelmäßig in TV-Sendungen zu sehen. In der Fernsehaufbereitung von ›Casablanca‹ 1983 spielte er Rick Blaine – so etwas ist gefährlich und kann der Karriere schaden. Dafür war das Original zu gut!
Seine erfolgreichsten Alben: »David Soul« (11/76 GB-LP 2, 1/77 US-LP 40) und »Playing To An Audience Of One« (9/77 GB-LP 8).

Don't Give Up On Us (12/76 US 1, GB 1)
Going In With My Eyes Open (3/77 GB 2)
Silver Lady (8/77 GB 1)
Let's Have A Quiet Night In (12/77 GB 8)
Soft Pop

Soul, Jimmy

JIMMY SOUL v (USA, * 24. 8. 1942 als James McCleese in Harlem/New York City, † 25. 6. 1988)
Seine Karriere begann er in Gospelgruppen, darunter auch die Nightingales. Angekündigt wurde er in seinen Jugendjahren als ›The Wonder Boy‹. Erstmals stand er als Solist im Frühjahr 1962 mit »Twistin' Matilda« (3/62 US 22) in den US-Charts – es war eine Twistversion der Nummer »Matilda« von Harry Belefonte. Genau ein Jahr später veröffentlichte er die Single »If You Wanna Be Happy« (7/63 GB 39, 6/91 RE-GB 68). Beide Titel waren Neuauflagen populärer Calypso-Melodien. Der Nachfolger »Treat 'Em Tough« kam schon nicht einmal mehr unter die ersten 100. Danach ging Jimmy in die Armee, und damit war seine Gesangskarriere beendet. 1991 war »If You Wanna Be Happy« in dem Erfolgsfilm »Meerjungfrauen küssen besser« mit Cher wieder zu hören. Jimmy starb 1988 an Herzversagen.

If You Wanna Be Happy (3/63 US 1)
Pop, Rhythm & Blues, Twist

Soul Asylum

STERLING CAMPBELL d (USA), KARL MUELLER b (USA, * 27. 7. 1962 in Minneapolis/Minnesota), DAN MURPHY g (USA, * 2. 9. 1963 als Daniel in Duluth/Minnesota), DAVID PIRNER v, g (USA, * 16. 4. 1964 in Green Bay/Wisconsin), GRANT YOUNG d (USA, * 5. 1. 1964 in Iowa City)
Soul Asylum stammte aus der Gegend um Minneapolis und wurde 1983 gegründet. 1984 erschien ihre erste LP mit dem Titel »Say What You Will«, drei Jahre später kam »Made To Be Broken«. Nach drei weiteren Alben – »While You Were Out« (1988), »Hang Time« (1988) und »Soul Asylum & The Horse They Rode In On« (1980) wechselten sie 1991 zu Sony Music und veröffentlichten Ende 1992 mit »Grave Dancers Union« (11/92 US-LP 11) ihr erstes Hitalbum, das sich im Laufe der Jahre mehr als zwei Millionen mal verkaufte. Darauf zu finden war die Nummer »Runaway Train«, die sich dank eines guten Textes und eines geschickten Videos Mitte 1993 zu einem weltweiten Top-10-Hit entwickelte. Die Zeitung ›Village Voice‹ kürte sie zur besten Live-Band Amerikas. Mit einem weiteren Album ließ sich die Gruppe Zeit. Bis in das Jahr 1994 hinein erschienen weitere Auskopplungen aus der Hit-CD, die es jedoch nicht mehr in die Top-20-Regionen brachten. 1995 kam mit Sterling Campbell von Duran Duran ein neuer Schlagzeuger. Mitte desselben Jahres erschien »Let Your Dim Light Shine« (6/95 US-LP 6), das sehr schnell Platin erhielt. Die erste Auskopplung war »Misery« (7/95 US 20, GB 30).

Runaway Train (6/93 D 4, US 5; 11/93 GB 7)
Rock

Soul For Real

JASON ASON DALYRIMPLE v (USA, in Long Island), BRI DALYRIMPLE v (USA, in Long Island), DRE DALYRIMPLE v (USA, in Long Island), CHOC DALYRIMPLE v (USA, in Long Island)
Heavy D schrieb für die vier Brüder aus Long Island – außerdem produzierte er ihre Platten. Sie waren zum Zeitpunkt ihres ersten Hits »Candy Rain« zwischen 14 und 20 Jahre alt. Nachfolger wurde »Every Little Thing I Do« (5/95 US 17) – im Song waren Samples aus »Outstanding«

der Gap Band zu hören. Das erste war wie die Single auch gleich das erfolgreichste Album der Gruppe: »Candy Rain« (4/95 US-LP 23) erhielt Platin. Danach war allerdings die Luft raus.

Candy Rain (1/95 US 2)
Rhythm & Blues

Soul Survivors

JOEY FORGIONE d (USA), RICHARD INGUI v (USA), CHARLES INGUI v (USA), KENNETH JEREMIAH v (USA), EDWARD LEONETTI g (USA), PAUL VENTURINI org (USA)
Gamble/Huff hatten für die weiße Soulband aus New York den Titel »Expressway To Your Heart« geschrieben. Nach »Explosion In Your Soul« (12/67 US 33) fiel die Band auseinander, um 1972 aber noch einmal zusammenzukommen. Erfolge brachte das keine mehr. Kenneth Jeremiah kam später mit Shirley Goodman in Shirley & Company zusammen.

Expressway To Your Heart (9/67 US 4)
One Hit Wonder, Soul

Soul II Soul

LAMYA AL-MAGHAIRY v (Kenia, * 30. 10. 1968 in Mombasa), SONYA ALPHONSE v (Großbritannien, * 3. 1. 1975 in Wimbledon), MELISSA BELL v (Großbritannien, * 5. 3. 1964 in London), DAMEL CARAYOL v (Gambia, * 13. 11. 1956), RICK CLARKE v (Großbritannien, * 17. 8. 1960 in London), DADDAE dj (Großbritannien, * 28. 2. 1964 als Philip Harvey in London), DO'REEN v (Großbritannien), FLUXY d (Großbritannien, * 11. 10. 1963 in London), PENNYE FORD v (Großbritannien), MICHAEL GARNETTE key (Großbritannien, * 1. 6. 1963 in London), ENYONAN ESI GBESEMETE (Ghana, * 21. 12. 1969), NELLEE HOOPER (Großbritannien), JAZZIE B. v, rap, dj (Großbritannien, * 26. 1. 1963 als Beresford Romeo in London), KOFI KARI KARI v (Großbritannien, * 11. 9. 1962 in London), MAFIA b (Großbritannien, * 10. 8. 1962 in London), WILLIAM MOWAT key (Großbritannien, * 27. 5. 1954 in Stamford), JULIA PAYNE v (Großbritannien, * 16. 4. 1963 in London), VANNESSA SIMON v (Großbritannien, * 7. 12. 1969 in Huddersfield), RITCHIE STEVENS v (Großbritannien), INGRID WEBSTER v (Südafrika, * 14. 5. 1964), CARON WHEELER v (Großbritannien, * 19. 1. 1963 in London), VICTORIA WILSON-JAMES v (Großbritannien), ROSE WINDROSS v (Großbritannien)
Kopf dieser britischen Formation war Jazzie B. In den frühen 80er Jahren hat er sich sein Geld als Discjockey und Rapper verdient. Mit Hooper begann er, eigene Platten aufzunehmen, und veröffentlichte die Single »Fair Play«, die im Frühjahr 1988 die erste Hitnotierung für ihn wurde. Schnell galt er als der Pionier des New-British-Soul-Sounds. Er brachte eine interessante Mischung aus hartem Beat und weichem Soul-Pop. »Keep On Moving« war im Frühjahr 1989 sein erster Top-10-Erfolg. Die Sänger bzw. Sängerinnen der Gruppe wechselten immer wieder und waren austauschbar. Zumindest Caron Wheeler hat inzwischen eine Solokarriere begonnen. Nellee Hooper produzierte zusammen mit Sinéad O'Connor deren Superhit »Nothing Compares 2 U«. Auch die Fine Young Cannibals oder Neneh Cherry nahmen gerne diese Dienste in Anspruch. Jazzie B zu den Intentionen von Soul II Soul: ›Es ist ein Soundsystem, eine Organisation, die die Karrieren derer fördern will, die bisher im musikalischen und künstlerischen Bereich wenig Glück gehabt haben.‹ »Love Enough« (7/95 GB 12) kündigte ein neues Album an: »Volume V – Believe«. »I Care« (10/95 GB 17), ein Remix von »Keep On Movin'« (10/96 GB 31) und »Represent« (8/97 GB 39) waren die bisher letzten Top-40-Notierungen. Im Juli

1997 erschien mit »Time For Change« ein neues Album. Es wurde kein Hit mehr. Die erfolgreichsten Alben waren »Club Classics Volume One« (4/89 GB-LP 1), »Keep On Movin'« (7/89 US-LP 14), »Volume II (1990 A New Decade)« (6/90 GB-LP 1, US-LP 21), »Volume III Just Right« (4/92 GB-LP 3), »Volume IV The Classic Singles 88–93« (11/93 GB-LP 10) und »Volume V – Believe« (8/95 GB-LP 13).

Keep On Moving (3/89 GB 5)
Back To Life (However Do You Want Me) (6/89 D 4, GB 1; 9/89 US 4)
Get A Life (12/89 D 6, GB 3)
A Dream's A Dream (5/90 GB 6)
Joy (4/92 GB 4)
Pop, Rap, Soul

Soulful Dynamics

FREDERIK »ANDY« ANDERSON v (Liberia * 31. 1. 1947), ERNEST J.G. CLINTON v (Liberia, * 28. 7. 1949), MANFRED »MAXI« FREE v (Liberia, * 5. 6. 1946), BENJAMIN »BEN« MASON v (Liberia, * 3. 9. 1949)
Die vier aus Liberia stammenden Musiker begannen ihre Karriere Mitte der 60er Jahre in Monrovia. Auf selbst gebauten Instrumenten aus Blechkanistern wurde Elvis nachgespielt. Ihr erster Gruppenname war Dynamic Club. 1966 traten sie bei einem Wettbewerb an und gewannen gegen eine Profitruppe. Jetzt waren die Amateure die Nummer 1 in Liberia. Sie beschlossen, in die USA zu gehen, änderten ihre Meinung jedoch, denn Bens Schwester arbeitete zu jener Zeit im liberianischen Konsulat in Hamburg. 1969 trafen sie in Hamburg ein. Die Schwester hatte alle Schwierigkeiten aus dem Weg geräumt. Anfang 1970 erschien »Mademoiselle Ninette«. Mit dem Konzept lustige Popsongs vom schwarzen Kontinent brachten sie mit »Annabella« (7/70 D 19), »Birdie« (12/70 D 31) und »Saah-Saah-Kumba-Kumba« (7/71 D 25) noch weitere Erfolge unter die Top 40. Sie traten weiter live auf, und 1977 erschien mit »Jungle People« eine LP, zu der die Gruppe sagte: ›Mit Jungle People haben wir endlich unser Konzept verwirklichen können und müssen sagen, dass es sich gelohnt hat, nach Deutschland zu kommen.‹ Irgendwie klingt »Jungle People« nach »Coconuts From Congoville«. Sie hatten keine Erfolge mehr.

Mademoiselle Ninette (1/70 D 1)
Middle Of The Road (MOR)

Soulsearcher

THEA AUSTIN v (USA), MARC POMEROY (USA, in Florida), BRIAN TAPPERT (USA, in New Jersey)
Tappert und Pomeroy trafen sich 1993. Unter dem Namen Jazz-N-Groove produzierten sie eine ganze Reihe von Interpreten. Ein erster Charterfolg gelang ihnen als Urban Blues Project: »Love Don't Live« (8/96 GB 55). Nachdem sie schließlich Thea Austin, die vorher mit Snap gesungen und Songs geschrieben hatte, zur Formation genommen hatten, kam mit »Can't Get Enough« der Erfolg. Es folgte noch »Do It To Me Again« (4/00 GB 32).

Can't Get Enough (2/99 GB 8)
Dance

Soulsister

JAN LEYERS v, g (Belgien, * 16. 5. 1958), PAUL MICHIELS v, key (Belgien, * 15. 6. 1948)
Die beiden kamen 1986 in Antwerpen zu diesem Duo zusammen. »The Way To Your Heart« wurde vergoldet und kam in den USA bis auf Platz 41. Vielleicht war dieser Titel bei uns auch so erfolgreich, weil sich zu diesem Zeitpunkt die EMI eine neue Verkaufsstrategie ausgedacht hatte:

Sie veröffentlichte u. a. diesen Titel als sogenannte ›A-Single‹, die nur 2,98 DM kostete. Auf der B-Seite war kein weiteres Stück der Band, sondern es wurden Informationen zu den Musikern erzählt. Mit »Love Like A Mountain (Remix)« (6/89 D 36) hatten sie noch einen Nachfolgehit. 1990 traten sie nicht mehr als Soulsister auf, sondern nannten sich Leyers, Michiels & Soulsister, besannen sich dann aber wieder auf Soulsister. 1993 erschien ihr Album »Simple Rule«.

The Way To Your Heart (2/89 D 4)
Pop

Sounds Orchestral

KENNY CLARE d (Großbritannien, * 8. 6. 1929, † 21. 12. 1984), JOHNNY PEARSON p, bl (Großbritannien, * 18. 6. 1925 in London), TONY REEVES b (Großbritannien, * 18. 4. 1943), JOHN SCHROEDER (Großbritannien)

Dieses Orchester bestand aus diversen Studiomusikern unter der Leitung des Pianisten Pearson. Sie nahmen eine Version des 1960 von Vince Guaraldi geschriebenen Stückes »Cast Your Fate To The Wind« auf. Dem Sounds Orchestral gelang kein weiterer Top-40-Hit, was darauf schließen lässt, dass das Konzept von Pearson doch nicht ganz richtig war. Er hatte gesagt: ›Die Leute wollen etwas anderes hören als diesen unaufhörlichen Beat, und ich möchte mit Sounds dieses Bedürfnis befriedigen.‹ Das erfolgreichste Album hieß ebenfalls »Cast Your Fate To The Wind« (5/65 US-LP 11, 6/65 GB-LP 17).

Cast Your Fate To The Wind (12/64 GB 5; 3/65 US 10, D 6)
Instrumental, Pop

Siehe auch: Pearson, Johnny

Soup Dragons

SUSHIL DADE b (Großbritannien, * 15. 7. 1966 in Glasgow), SEAN DICKSON v (Großbritannien, * 21. 3. 1967 in Glasgow), JIM MCCULLOCH g (Großbritannien, * 19. 5. 1966 in Glasgow), PAUL QUINN d (Großbritannien), ROSS A. SINCLAIR d (Großbritannien)

Die Formation aus Glasgow wurde 1985 gegründet. Musikalisch orientierte sie sich an den Buzzcocks. Davon lösten sie sich bald wieder und entwickelten einen eigenen Stil, eine Mischung aus tanzbaren Rhythmen und rauem Gitarrensound. Ihre Debütsingle war »Mother Universe«, die nicht in die Charts kam. Erstmals wurden sie mit »Can't Take No More« Mitte 1987 in den britischen Charts notiert. Nach 1987 verschwanden sie erst einmal wieder für drei Jahre in der Versenkung. Ende 1989 wurde Schlagzeuger Sinclair durch Quinn ersetzt. Mitte 1990 hatten Soup Dragons mit der Jagger-Richards-Komposition »I'm Free« ihren einzigen Top-10-Erfolg. Die Rolling Stones hatten die Nummer einst als B-Seite von »Get Off Of My Cloud« veröffentlicht. Die Version der Soup Dragons war mit Hilfe von Junior Reid aufgenommen worden. Als nächste Singles unter den Top 40 erschienen »Mother Universe« (10/90 GB 26) und »Divine Thing« (8/92 US 35). Ihr erfolgreichstes Album war »Lovegod« (5/90 GB-LP 7).

I'm Free (7/90 GB 5)
Pop, Rock

Source feat. Candi Staton

CANDI STATON v (USA, * 13. 5. 1940 als Canzata Staton in Hanceville/Alabama)

Die Quellen der Nummer »You Got The Love« waren »Your Love« von Jamie Principle und »You Got The Love«, ein Titel, den Candi Staton 1986 für ein Abnehm-Video aufgenommen hatte. Die 1991er Version war der erste Hit für das von Produzent Jon Truelove gegründete Label Truelove. Programm war, die Fähigkeiten junger DJs mit alten Vokalaufnahmen zu kombinieren. Zumindest in diesem Fall ging die Rechnung auf. Und da die Anzahl der dicken Menschen auch im weiteren Verlauf der 90er Jahre nicht abnahm, kam »You Got The Love« im März 1997 erneut in die britische Hitparade. Mit »Clouds« (8/97 GB 38) gelang noch ein weiterer Hit. Das Original dieses Titels sang 1980 Chaka Khan.

You Got The Love (2/91 GB 4; 3/97 GB 3)
Dance

Siehe auch: Staton, Candi

South, Joe

JOE SOUTH v, g (USA, * 28. 2. 1940 als Joe Souter in Atlanta/Georgia)
Der Sänger, Gitarrist und Songschreiber hatte bereits im Alter von zwölf Jahren regelmäßige Auftritte bei einer Country-Radiostation seiner Heimatstadt Atlanta. 1957 spielte er in der Band von Pete Drake. 1958 veröffentlichte er seine erste Soloplatte, »The Purple People Eater Meets The Witch Doctor« (7/58 US 47). Anfang der 60er Jahre wurde er Sessiongitarrist für die Muscle Shoals Studios in Nashville. Er begleitete Interpreten wie Marty Robbins, Eddy Arnold, Bob Dylan, Aretha Franklin und Simon & Garfunkel. Nebenher schrieb er seine ersten eigenen Titel: für die Tams »Untie Me« und für Billy Joe Royal »Down In The Boondocks«. Als Interpret hatte er seinen einzigen Top-10-Hit mit »Games People Play« (2/69 US 12, 5/69 D 11). »Walk A Mile In My Shoes« (1/70 US 12) war der einzige Nachfolgehit. 1971 verabschiedete sich Joe South aus dem Musikgeschäft. Das lag zum Teil an dem dauernden Termindruck, unter dem er stand, und am Tod seines Bruders Tommy, der Joe sehr nahe ging. Er zog sich eine Zeit lang in den Urwald von Maui, Hawaii, zurück und begann mit Plattenproduktionen erst wieder 1975. Kein Fall mehr für die Hitparaden. Ende 1970 hatte Lynn Anderson mit seiner Komposition »Rose Garden« einen weltweiten Hit. Die Reggae-Truppe Inner Circle brachte Mitte 1994 eine neue Version von »Games People Play« auf den Markt, die zumindest in Deutschland unter die Top 30 kam.

Games People Play (3/69 GB 6)
AOR (Adult Orientated Rock), Pop

Souther, J. D.

J. D. SOUTHER v, g (USA, * 2. 11. 1945 als John David Souther in Detroit/Michigan)
Souther begann zusammen mit Glenn Frey bei Longbranch Pennywhistle, spielte dann mit Glenn als Duo und, nachdem der zu den Eagles ging, als Solist. J. D. schrieb u. a. Hits für die Eagles, Bonnie Raitt oder Linda Ronstadt. Als Studiomusiker ist er auf vielen Platten bekannter West-Coast-Musiker zu hören. Mit der Souther, Hillman, Furay Band, die er mitbegründete, hatte er 1974 den US-Top-30-Hit »Fallin' In Love«. Als Solist war J. D. Souther ab Ende der 70er Jahre erfolgreich. Seine erste Hitnotierung war sein größter Erfolg: »You're Only Lonely«. Im Frühjahr 1981 sang er im Duett mit James Taylor »Her Town Too« (3/81 US 11). In Europa setzte er sich nicht durch. Danach war er vor allem als Songschreiber erfolgreich und äußerst produktiv.

You're Only Lonely (9/79 US 7)
AOR (Adult Orientated Rock), Rock, West Coast

Southside Spinners

BENJAMIN KUYTEN dj (Niederlande), MARCO VERKUYLEN dj (Niederlande)

Marco und Benjamin starteten ihre gemeinsame Arbeit 1998. Ihren ersten Hit hatten sie als Eights Wonders. Dann machten sie sich einen Namen als Mixer für Klubbheads und Sash!. Schließlich brachten sie ihre Werke als Southside Spinners auf den Markt. Beim ersten Hit »Luvstruck«, den sie selbst geschrieben hatten, machte als Vocal ›Janny‹ mit. Der Erfolgssong stammte aus dem Film »Kevin & Perry Go Large« von Harry Enfield.

Luvstruck (5/00 GB 9)
Dance

Sovine, Red

RED SOVINE v, g (USA, * 17. 7. 1918 als Woodrow Wilson Sovine in Charleston/West Virginia, † 14. 4. 1980)
Der Countrysänger, Gitarrist und Songschreiber galt als der ›King of Trucker Songs‹. Ab 1947 spielte er mit einer eigenen Band, den Echo Valley Boys. Als Solist hatte er ab Mitte der 50er Jahre Erfolg. Seine erste Nummer 1 in den Country-Charts war »Giddyup Go«. Seine erfolgreichste Crossover-Platte war das Stück »Teddy Bear« (7/76 US 40), das Mitte 1976 in die Country-Charts kam und dort Nummer 1 und Millionseller wurde. Dieses Stück wurde fünf Jahre später sein einziger Top-10-Hit. Allerdings erlebte Sovine das nicht mehr: 1980 starb er an einem Herzinfarkt, den er am Steuer seines Wagens erlitt.

Teddy Bear (6/81 GB 4)
Country

Space (Frankreich)

MADELINE BELL v (USA, * 23. 7. 1942 in Newark/New Jersey), ROLAND ROMANELLI key (Frankreich)
Diese Formation war ein Disko-Studioprojekt des Songschreibers Didier Marouani, des Produzenten Jean-Philippe Iliesco und von Roland Romanelli. Für die Instrumentalnummer »Magic Fly« erhielten Space eine goldene Platte. 1978 erschien eine LP mit dem Titel »Deliverance«, auf der als Schlagzeuger Joe Hammer zu hören war und als Sängerin die Britin Madeline Bell. Im darauf folgenden Jahr erschien mit »Just Blue« eine weitere LP. Hits wurden nicht mehr ausgekoppelt. Auf »Deeper Zone« aus dem Jahr 1980 machte Madeline Bell nicht mehr mit, für sie war als Leadsängerin Cissy Stone zu hören. Das erfolgreichste Album hieß ebenfalls »Magic Fly« (9/77 GB-LP 11, D-LP 7).

Magic Fly (6/77 D 1; 8/77 GB 2)
Disko, Instrumental

Space (GB)

LEON CAFFREY d (Großbritannien), FRANNY GRIFFITHS key (Großbritannien), JAMIE MURPHY v, g (Großbritannien), DAVE PALMER b (Großbritannien), ANDY PARLE d (Großbritannien), TOMMY SCOTT v, g (Großbritannien, * 18. 2. 1967 in Liverpool)
Die Liverpooler Gruppe wurde 1996 mit Lobeshymnen bedacht. NME schrieb: ›Space sind es wert, mit einem Superlativ belegt zu werden, der sich im britischen Pop dieser Tage sehr rar gemacht hat: nicht ›neu‹, sondern ›eigenständig‹.‹ Ihr erstes Album, »Spiders« (9/96 GB-LP 5), wurde im März 1996 veröffentlicht. Darauf die Nummer »Neighbourhood« (4/96 GB 56, 11/96 RE-GB 11), in der es um die scheinbar friedliche Nachbarschaft in schläfrigen englischen Kleinstädten geht. Angeblich harmlose Mitbürger entpuppen sich als Hobbytransvestiten oder Serienkiller im Gewand des Briefträgers. Als »Neighbourhood« gerade auf dem Markt war, zeigte sich, dass das wahre Leben noch schlimmer ist, denn just zu diesem Zeitpunkt fand das Massaker von Dun-

blane statt. »Female Of The Species« (6/96 GB 14) erschien als nächste Single und »Me And You Versus The World« war drei Monate später ihr erster Top-10-Hit. Ende 1996 wurde »Neighbourhood« erneut veröffentlicht und verfehlte nur knapp die Top 10. 1997 erreichte lediglich der Titel »Dark Clouds« (2/97 GB 14) die Charts. 1998 hatte gerade begonnen, als sie mit »Avenging Angels« und »The Ballad Of Tom Jones« – hier unterstützte der Gesang von Cerys Matthews – ihre nächsten Top-10-Hits hatten. Ihr nächstes Album hieß »Tin Planet« (3/98 GB-LP 3). Innerhalb der Band kam es immer wieder zu großen Schwierigkeiten. Im Januar 1998 verließ Andy Parle die Band und wurde durch Leon Caffrey ersetzt. Mit »Begin Again« (7/98 GB 21) und der EP »The Bad Days« (12/98 GB 20) kamen noch zwei weitere Hitparadenerfolge. Dann wurde es still um die Gruppe. Zusammen mit Echo & The Bunnymen, Ocean Colour Scene und den Spice Girls hatten Space noch die Nummer »(How Does It Feel To Be) On Top Of The World« (7/98 GB 9). Dieses Stück war die offizielle Hymne der englischen Nationalmannschaft zur Weltmeisterschaft 1998.

Me And You Versus The World (9/96 GB 9)
Avenging Angels (1/98 GB 6)
The Ballad Of Tom Jones (3/98 GB 4)
Pop

Siehe auch: England United

Space Frog

1993 erschien mit »Time Slip (Lost In Space)« die erste Single der Formation, die aus dem New Yorker ›Grim Reaper‹ und drei Musikern – Bassist, Drummer und Keyboarder – bestand. Nachfolger waren »Hyperglide/The Australian Landing« und »Time Slip Remixes« (1994), »Time Slip & RMXS« (1995), »Space Party & Remixes« (1996) und schließlich »(X-Ray) Follow Me«. Es folgten »I Feel Ur Pain« (8/97 D 31) und »Lost In Space '98« (3/98 D 37).

(X-Ray) Follow Me (4/97 D 10)
Dance, House

Spacedust

PAUL GLANCEY key (Großbritannien), DUNCAN GLASSON key (Großbritannien)
Hier wurde ein Sample aus einer Aerobicplatte von Jane Fonda verwendet, um einen Hit zu schaffen. Geschrieben wurde die Nummer von Thomas Bangalter von Daft Punk & Stardust. Zuerst war die Nummer auf einer LP mit dem Titel »Paradise« von Bob Sinclair, auch bekannt als Paris DJ Chris Lefriand, erschienen. Dann zankten sich Bangalter und Sinclair um die Rechte und Bangalter verhinderte die offizielle Veröffentlichung von Sinclairs Version. Zahlreiche Schwarzpressungen kamen auf den Markt, bevor die Plattenfirma Yellow Records beschloss, eine Version der Nummer ohne Bangalter und Sinclair unter dem Namen Spacedust zu veröffentlichen. Die beiden Jungs hatten bereits 1994 als Aquarius Platten veröffentlicht. Ihre Version von »Gym And Tonic« stieg am 24. 10. 1998 gleich auf Platz 1 der GB-Charts ein. In der Jahresabrechnung 1998 stellte die Plattenindustrie fest: »Gym And Tonic« war insgesamt 175 000 mal über die Ladentheke gegangen – es war die Nummer 1 des Jahres, die am wenigsten verkauft hatte. Es folgte »Let's Get Down« (3/99 GB 20). Dieses Stück hatten sie bereits 1994 schon einmal veröffentlicht – damals als Aquarius und ohne Erfolg.

Gym And Tonic (10/98 GB 1)
Dance

Siehe auch: Daft Punk; Stardust

Spagna

SPAGNA v (Italien, * 16. 12. 1960 als Ivana Spagna)

Spagna zeigte uns schon in den 80er Jahren, was Italo-Disko bedeutete – mit »Call Me« schwamm sie fröhlich auf der Diskowelle mit. Danach erschienen noch zwei weitere Hits in den Charts, aber Ivana gelang kein Top-10-Hit mehr.

Call Me (6/87 GB 2, D 10)
Disko

Spandau Ballet

TONY HADLEY v (Großbritannien, * 2. 6. 1960 in Islington/London), JOHN KEEBLE d (Großbritannien, * 6. 7. 1959 in Islington/London), MARTIN KEMP b (Großbritannien, * 10. 10. 1961 in Islington/London), GARY KEMP g (Großbritannien, * 16. 10. 1959 in Islington/London), STEVE NORMAN g, sax, per (Großbritannien, * 25. 3. 1960 in Islington/London)

Die Band aus London wurde 1979 gegründet. Sänger Tony Hadley hatte 1974 einen Nachwuchswettbewerb gewonnen, Gary Kemp hatte 1976 die Makers mit seinen Schulfreunden Keeble, Norman und Richard Miller gegründet. Aus diesen Makers-Mitgliedern, Tony Hadley und Martin Kemp wurde schließlich 1979 Spandau Ballet. Ende 1979 erhielten sie ein Angebot von Island-Records-Boss Chris Blackwell, die Band unter Vertrag zu nehmen. Sie lehnten ab und nahmen sich einen Rechtsanwalt, der ihnen die Grundlage für eine eigene Plattenfirma schaffen sollte. Im April 1980 war es so weit, und die Gruppe unterschrieb einen Vertrag mit Chrysalis Records, die ihr eigenes Label Reformation vertreiben würden. In ihren Anfangstagen galten sie als die Mitbegründer der New-Romantic-Welle. Die Anhänger dieses Stils legten sehr großen Wert auf Kleidung, Make-up und möglichst häufiges Ausgehen in Clubs. Noch 1980 erschien mit »To Cut A Long Story Short« die erste Single der Band. 1992 erschien die erste Solo-LP des Sängers Hadley mit dem Titel »The State Of Play«. Warum es für Spandau Ballet nicht zu weiteren Hits kam, lag vielleicht auch daran, dass die Brüder Kemp keine rechte Lust mehr hatten, da sie sich zunehmend als Schauspieler engagierten. Für ihre Mitwirkung in dem Film »The Krays« ernteten sie sehr gute Kritiken. Im Film »The Bodyguard« spielte Gary Kemp den Manager von Whitney Houston. Im Oktober 1995 erschien sein Soloalbum »Little Bruises«. Die erfolgreichsten Alben: »Journey To Glory« (3/81 GB-LP 5), »Diamond« (3/82 GB-LP 15), »True« (3/83 GB-LP 1, 4/83 D-LP 8, 5/83 US-LP 19), »Parade« (7/84 GB-LP 2, D-LP 7), »The Singles Collection« (11/85 GB-LP 3) und »Through The Barricades« (11/86 GB-LP 7, 12/86 D-LP 9). Mit »Gold – The Best Of« (9/00 GB-LP 7) kam nach längerer Zeit mal wieder ein Lebenszeichen von Spandau Ballet.

To Cut A Long Story Short (11/80 GB 5)
Musclebound/Glow (4/81 GB 10)
Chant No. 1 (I Don't Need This Pressure On) (7/81 GB 3)
Instinction (4/82 GB 10)
Lifeline (10/82 GB 7)
True (4/83 GB 1; 6/83 D 9; 8/83 US 4)
Gold (8/83 GB 2)
Only When You Leave (6/84 GB 3)
I'll Fly For You (8/84 GB 9)
Through The Barricades (11/86 GB 6)
Elektro-Pop, New Romantic, Pop

Spanky & Our Gang

LEFTY BAKER v, g (USA, * 7. 1. 1942 als Eustace Britchforth in Roanoke/Virginia, † 11. 8. 1971), MALCOLM HALE v, g (USA, * 17. 5. 1941 in Butte/Montana, † 31. 10. 1968), KENNY HODGES b (USA, in Jacksonville/Florida), NIGEL PICKERING g (USA, * 15. 6. 1929 in Pontiac/Michigan),

John Seiter d (USA, * 17. 8. 1944 in St. Louis), Spanky v (USA, * 19. 6. 1942 als Elaine McFarlane in Peoria/Illinois)
Die Formation wurde 1966 in Chicago gegründet und brachte Songs in bester Flower-Power- und Hippie-Manier. Kopf und Konstante war die Sängerin und Songschreiberin Elaine ›Spanky‹ McFarlane. Ihre erste Singlenotierung war ihr größter Erfolg: »Sunday Will Never Be The Same«. Bis einschließlich 1969 wurden noch weitere acht Titel der Formation notiert, darunter die beiden Hits »Lazy Day« (11/67 US 14) und »Like To Get To Know You« (4/68 US 17). Danach hörte man lange Zeit nichts mehr von Spanky McFarlane, bis sie 1982 bei einer Reunion der Mamas & Papas als Ersatz für die verstorbene Mama Cass mitmachte – und das bis in die 90er Jahre.

Sunday Will Never Be The Same (5/67 US 9)
Folk, Pop

Sparkle

Sparkle v (USA)
R. Kelly legte sich 1998 wie so viele andere US-Künstler eine eigene Plattenfirma zu. Sparkle war die erste Veröffentlichung auf seinem Rock Land Label. Und um der Platte auch zum Hit zu verhelfen, sang er gleich mit. Das Album »Sparkle« (6/98 US-LP 3) wurde vergoldet. Mit »Time To Move On« (11/98 GB 40) gelang ein Nachfolgehit.

Be Careful (7/98 GB 7)
Rhythm & Blues

Sparks

»Dinky« Diamond d, Harley Fernstein d, Adrian Fisher g, Ian Hampton b, Russel Mael v (USA, * 5. 10. 1953 als Dwight Russell Day in Santa Monica/ Kalifornien), Ron Mael key (USA, * 12. 8. 1948 als Ronald Day in Culver City/ Kalifornien), Jim Mankay b, Earle Mankay g
Die Brüder Ron und Russell waren der Nukleus der Formation Sparks, die überall, nur nicht in ihrer Heimat USA, erfolgreich war. Dort begannen sie als Kinder, Teenagermoden vorzuführen, und nahmen an Seminaren für angehende Filmregisseure teil. 1970 gründeten sie mit weiteren Musikern die Garagenband Halfnelson. 1971 produzierte Todd Rundgren mit ihnen eine Platte, die nichts wurde. Nun benannten sie sich in Sparks um und veröffentlichten zwei weitere Platten, die ebenfalls in der Bedeutungslosigkeit versanken. 1973 trennten sich die Maels von ihren Mitmusikern, gingen nach London und versuchten sich dort wieder mit britischen Musikern als Sparks. In England wurden die verrückten Melodien mit ulkigen, ironischen und skurrilen Texten, kauzigen Anspielungen und die Falsettstimme von Russell schnell populär. Nach 1975 schien das Kapitel Sparks beendet. »Beat The Clock« stand plötzlich Mitte 1979 wieder unter den ersten 10. Diesen Titel hatte Giorgio Moroder mit ihnen in München produziert. Danach herrschte wieder Stille. In den 80er Jahren veröffentlichten sie sogar Aufnahmen auf dem Tamla-Motown-Label. Ende 1994 schienen die Brüder Mael wie auferstanden. Es erschienen die Single »When Do I Get To Sing ›My Way‹« und das Album »Gratuitous Sax And Senseless Violins«. »When I Kiss You (I Hear Charlie Parker Playing)« (3/95 GB 36) war der letzte neue Top-40-Hit für die Sparks. Die Vorstellung, dass den Sparks die alte Tante BBC gehört, mag den Hörern gefallen haben, gekauft haben sie die Single »Now That I Own The BBC« nicht.
Die erfolgreichsten Alben: »Kimono My House« (6/74 GB-LP 4), »Propaganda« (11/74 GB-LP 9) und »Indiscreet« (10/75 GB-LP 18).

This Town Ain't Big Enough For Both Of Us (5/74 GB 2)
Amateur Hour (7/74 GB 7)
Beat The Clock (7/79 GB 10)
When Do I Get To Sing ›My Way' (12/94 D 7)
Elektro-Pop, Punk, Rock

Sparxxx, Bubba

BUBBA SPARXXX rap, dj (USA, *6. 7. 1977 als Warren Anderson Matthis in La-Grange/Georgia)
Bubba war ein weißer Rapper, der in die Fußstapfen von Eminem treten wollte. 1996 gründete er mit dem Rapper Jason Brown die Gruppe One Card Shi – zu diesem Zeitpunkt nannte er sich Lil Devil. Matthis ist 1,83 Meter groß und wiegt über 100 Kilo. 2001 wurde er von Timbaland produziert – und jetzt kam der Erfolg. Von den Medien wurde er als ›Georgias Antwort auf Kid Rock und Eminem‹ bezeichnet – hatte jemand eine Frage gestellt? Mit dem durchaus auch auf ihn zutreffenden Titel »Ugly« (9/01 US 15) hatte er seinen ersten Hit – in der Jugendpresse war zu lesen: ›Bubba ist nicht besonders schön, aber cool‹. Es folgten das Album »The Dark Days, Bright Nights Of Bubba Sparxxx« (10/01 US-LP 3) und »Lovely« (3/02 GB 24).

Ugly (11/01 GB 7)
Rap

Spears, Billie Jo

BILLIE JO SPEARS v (USA, * 14. 1. 1937 in Beaumont/Texas)
Billie Jo Spears trat bereits im Alter von 13 Jahren professionell auf. Zwischen 1968 und 1984 war sie sehr erfolgreich in der Country-Hitparade. Ihre erste Hitnotierung in diesen Charts war »He's Got More Love In His Little Finger« Ende 1968, ihr erster Top-10-Erfolg »Mr. Walker, It's All Over«. Mit »Blanket On The Ground« hatte sie ihren ersten Crossover-Erfolg. In den US-Popcharts erreichte sie nur Platz 78, in GB die Top 10. Die Liste ihrer Country-Hits reicht bis in das Jahr 1984. Auch in GB ist ihr kein weiterer Top-30-Hit gelungen, obwohl sie dort Tammy Wynette als bestverkaufende Country-Interpretin ablöste. Ihre erfolgreichsten Alben: »The Billie Jo Spears Singles Album« (5/79 GB-LP 7) und »Country Girl« (11/81 GB-LP 17).

Blanket On The Ground (7/75 GB 6)
What I've Got In Mind (7/76 GB 4)
Country, Pop

Spears, Britney

BRITNEY SPEARS v (USA, * 2. 12. 1981 in Kentwood/Louisiana)
». . .Baby One More Time« (1/99 US-LP 1, 3/99 D-LP 1, GB-LP 4) hieß auch ihr Debütalbum, das am 30. 1. 1999 gleich auf Platz 1 der amerikanischen LP-Charts einstieg. Britney gehörte zum Stall der Plattenfirma Jive, die sich besonders auf dem internationalen Teeniemarkt einen Namen gemacht und Erfolg hatte – z. B. die Backstreet Boys und 'N Sync wurden durch Jive vertrieben. Zusammen mit Justin Timberlake von 'N Sync moderierte Britney zwei Jahre den Mickey-Mouse-Club. Da Neid mal wieder die aufrichtigste Form der Anerkennung ist, geiferten Kritiker: ›Mit ihrem komplett von Paula Abdul abgekupferten Cheerleader-Pop ist das US-Starlet ungefähr so modern wie die Strafsitten in ihrer Heimat‹. Na ja, Paula war 22, als sie ihren ersten Hit hatte – Britney 17. Paula war eine anerkannte Tänzerin und Choreografin und brachte Interpreten wie Janet Jackson, Z.Z. Top oder auch George Michael für ihre Videoclips Tanzschritte bei – irgendwie doch ein anderer Background! Und mögen die Kritiker auch noch so gegeifert haben – Britney und ihr Management konnten sich

zurücklehnen. Schon nach einem Jahr war das Debütalbum 13 Millionen Mal verkauft worden. Ihr nächstes Erfolgsalbum war »Oops! ... I Did It Again« (5/00 GB-LP 2, D-LP 1, 6/00 US-LP 1). Schon im Mai 2001 hatte sie mit dem Album neunfach Platin erreicht. Ebenfalls im Frühjahr 2001 soll sie für ihren ersten Roman »A Mother's Gift« 1,5 Millionen Mark Vorschuss erhalten haben. Als nächstes Album erschien »Britney« (11/01 GB-LP 4, D-LP 1, US-LP 1). Fast alle ihre Single-Veröffentlichungen kamen in die Top 10 – Ausnahmen: »From The Bottom Of My Broken Heart« (1/00 US 14), »Don't Let Me Be The Last To Know« (3/01 D 12, 4/01 GB 12) und »I'm Not A Girl, Not Yet A Woman« (3/02 D 14).

...Baby One More Time (11/98 US 1; 2/99 D 1, GB 1)
Sometimes (6/99 D 6, GB 3)
(You Drive Me) Crazy (9/99 D 4, US 10; 10/99 GB 5)
Born To Make You Happy (12/99 D 3; 1/00 GB 1)
Oops! ... I Did It Again (5/00 GB 1, US 9, D 2)
Lucky (8/00 D 1, GB 5)
Stronger (11/00 D 4; 12/00 GB 7)
I'm A Slave 4 U (10/01 GB 4, D 3)
Overprotected (2/02 GB 4)
Pop

Specials

JOHN BRADBURY d (Großbritannien), STAN CAMPBELL v (Großbritannien), RHODA DAKAR v (Großbritannien), JERRY DAMMERS key (Indien, * 22. 5. 1954 als Gerald Dankin), SIR HORACE GENTLEMAN b (Großbritannien, als Horace Panter), LYNVAL GOLDING g (Großbritannien, * 24. 7. 1951 in Coventry), TERRY HALL v (Großbritannien, * 19. 3. 1959 in Coventry), GARY MCMANUS b (Großbritannien), EGIDIO NEWTON v (Großbritannien), RODDY RADIATION g (Großbritannien, als Rodney Byers), RICO RODRIGUES pos (Jamaika, * 17. 10. 1934), JOHN SHIPLEY g (Großbritannien), NEVILLE STAPLES v, d, per (Jamaika, * 11. 4. 1956 in Christiana)

Die Ursprünge der Band gehen zurück in das Jahr 1977. Dammers, Golding und Gentleman spielten als Coventry Automatics, die eine Mixtur aus Punk und Reggae machten. Im Laufe des Jahres 1978 kamen weitere Musiker hinzu, darunter der Sänger Terry Hall, und man nannte sich Coventry Specials, bevor sie sich in Special A.K.A. umbenannten. Noch im selben Jahr spielten sie im Vorprogramm von The Clash. Mitte 1979 erhielten sie einen Plattenvertrag bei Chrysalis. Ihre erste Plattenveröffentlichung war das Stück »Gangsters«. Nach »The Special A.K.A. Live!« verzichteten sie auf A.K.A. Ende 1981 zerbröselt die Band. Staples, Hall und Golding gingen und gründeten Fun Boy Three, die es auch auf etliche Hits brachten. Nachdem die dann 1983 wieder auseinander fielen, waren die nächsten Stationen Colourfield, das Trio Terry, Blair And Anouchka und mit Dave Stewart das Duo Vegas. 1994 veröffentlichte Terry das hochgelobte Soloalbum »Home«. Byers gründete nach dem Auseinanderbruch der Specials die Rockabillygruppe Roddy Radiation & The Tearjerkers. Panter schloss sich erst einer religiösen Sekte an und machte dann mit bei General Public. Lediglich Dammers blieb bei der Stange und holte sich neue Musiker, mit denen er wieder als Special A.K.A. weitermachte. In dieser Formation hatte Special A.K.A. den letzten Top-10-Erfolg mit »Nelson Mandela«. Sein Engagement für Mandela und die Artists-Against-Apartheid-Organisation nahm Dammers für die nächsten Jahre in Beschlag. 1995 reformierten sich die Specials. Von den Originalmitgliedern waren noch Golding, Staples, Panter und Radiation mit dabei. Anfang 1996 erschien mit »Hypocrite«, der Coverversion eines Wailers-Titels, mal wieder eine neue Single der Specials. Im

April 1996 kam mit »Today's Specials« ein neues Album. Die LP-Hits waren »Specials« (11/79 GB-LP 4), »More Specials« (10/80 GB-LP 5) und »The Specials Singles« (9/91 GB-LP 10).

Gangsters (7/79 GB 6)
A Message To You Rudy/Niteclub (10/79 GB 10)
The Special A.K.A. Live! EP (1/80 GB 1)
Rat Race/Rude Boys Outa Jail (5/80 GB 5)
Stereotype/International Jet Set (9/80 GB 6)
Do Nothing/Maggie's Farm (12/80 GB 4)
Ghost Town (6/81 GB 1)
Nelson Mandela (3/84 GB 9)
Pop, Ska

Siehe auch: Fun Boy Three

Spektacoolär

ERSEN EREN (Deutschland), MAIK JAHNKE v (Deutschland), MATTHIAS REINSDORF (Deutschland)

»Die Gewalt an den Schulen eskaliert immer mehr. Den Text habe ich nicht einfach so geschrieben, er beruht auf einem wahren Fall. Die Schwester meines besten Freundes hatte totalen Stress an ihrer Schule in Berlin. Sie wurde erpresst, mit Waffen bedroht und geschlagen. Sie hat sich kaum noch aus dem Haus getraut. Schließlich hat sie die Schule gewechselt.« Matthias ›Chico‹ Reinsdorf, der den Text und die Musik von »Meine kleine Schwester« geschrieben hat, erzählte diese Geschichte in einem Interview. Gesprochen wurde der Plattentext von Maik Jahnke. Der Dritte im Trio, Ersen Eren, wurde auf der Plattenhülle nicht mal erwähnt. Wahrscheinlich ist er auch deshalb im Oktober 1997 wieder ausgestiegen.

Meine kleine Schwester (9/97 D 10)
One Hit Wonder, Rap

Spencer, Tracie

TRACIE SPENCER v (USA, * 12. 7. 1975 in Waterloo/Iowa)

Tracie ist der jüngste Spross einer traditionsreichen Musikerfamilie. 1988 erschien ihre Debüt-LP, nachdem sie 1986 in der Fernsehserie ›Star Search‹ gewonnen und einen Plattenvertrag erhalten hatte. Immerhin war sie zum Zeitpunkt der Veröffentlichung ihrer ersten LP gerade mal zwölf Jahre alt. 1988 erschien mit »Symptoms Of True Love« (7/88 D 24, 10/88 US 38) ihre erste Hitnotierung. Ende 1990 kam ihre Single »This House« in die US-Charts. Tracie Spencer galt damit als eine der hoffnungsvollsten Soulsängerinnen für die 90er Jahre. Nachdem sie sich aus dem Geschäft zurückgezogen hatte, ›finding out who I really was‹, kehrte sie 1999 mit dem Album »Tracie« zurück. Daraus ausgekoppelt: »It's All About You (Not About Me)« (8/99 US 18).

This House (12/90 US 3)
Soul

Spice Girls

VICTORIA ADAMS v (Großbritannien, * 17. 4. 1973 in Essex), MEL B v (Großbritannien, * 29. 5. 1973 als Melanie Brown in Leeds/Yorkshire), EMMA BUNTON v (Großbritannien, * 21. 1. 1976 als Emma Lee in London), MEL C v (Großbritannien, * 12. 1. 1974 als Melanie Chisholm in Widnes/Lancashire), GERI HALLIWELL v (Großbritannien, * 6. 8. 1970 als Geraldine Halliwell in Watford/Hertfordshire)

Mitte 1996 stürmten die Spice Girls in die britische Hitparade und erreichten mit ihrer Single »Wannabe«, die am 8. 7. 1996 in GB erschienen war, Platz 1. Ihr freches unbekümmertes Auftreten machte sie zur Girlie Group Nummer 1 in GB. Ähnlich wie ihre deutschen Kolleginnen Tic Tac Toe traten sie sehr resolut und selbstbewusst und die ›Männer in die Eier tretend‹ auf. Zu diesem Thema lässt sich feststellen: Die Boy-Groups treten brav und handzahm auf, die Girlie Groups forsch und fordernd. Ganz anders, als es ihnen in den Kinderstuben meist beigebracht wird. Klar dass ihr Debütalbum »Spice« (11/96 GB-LP 1, D-LP 6, 2/97 US-LP 1) ebenfalls ein Renner war. Die Auskopplungen »Say You'll Be There« und »2 Become 1« erreichten immer noch 1996 Platz 1 in GB. Damit hatten die Spice Girls etwas Seltenes erreicht: Eine Gruppe schafft mit ihren ersten drei Veröffentlichungen jeweils Platz 1. Dabei ist festzustellen, dass zwischen »Wannabe« und »2 Become 1« musikalische Unterschiede liegen, wie sie größer kaum sein können. Anfang 1997 wurden die Spice Girls von den Briten mit Musikpreisen überhäuft. Und auch die vierte Single der Spice Girls kam wieder von null auf eins in GB: »Mama/Who Do You Think You Are«. Der Erfolg der fünf Mädchen war genau kalkuliert. Im März 1994 war in der Zeitschrift ›The Stage‹ eine Anzeige zu lesen, in der ›Are you streetwise, ambitious, dedicated?‹ gefragt wurde. Es meldeten sich rund 400 Mädchen, die diesen Anforderungen zumindest ihrer Meinung nach entsprachen. Chris Herbert, der erste Manager der zu gründenden neuen Gruppe, die als ›Female Take That‹ gedacht war, hatte die Anzeige aufgegeben und sich die 400 angeschaut und angehört. Zwei Monate später hatte er fünf Mädchen ausgesucht, die sich erst einmal Touch nannten. Zu ihnen gehörte Michelle Stephenson, die jedoch nur einen Monat später gegen Emma Bunton ausgetauscht wurde. Damit stand die Besetzung der Gruppe, die sich nun Spice nannte, fest. Im Frühjahr wurde Chris Herbert, der mit den Mädchen keinen festen Vertrag hatte, gefeuert – die Spice Girls, wie sie sich jetzt nannten, unterschrieben einen Vertrag mit ›19 Management‹, die Herbert einen nicht genannten Betrag für seine bisher geleistete Arbeit überwiesen. Mitte 1995 bot das neue Management die Mädchen verschiedenen Plattenfirmen an – sie verschickten jedoch kein Demo-Tape, sondern ließen die fünf bei den jeweiligen Firmen live singen. Im August wollten etliche Plattenfirmen einen Vertrag mit den Spice Girls machen. Virgin-Records erhielt ihn gegen einen angeblichen Vorschuss von zwei Millionen Pfund. RCA, Sony und PolyGram, die ebenfalls hoch geboten hatten, waren damit aus dem Rennen. Dass der Vorschuß inzwischen mehr als eingespielt wurde, dürfte klar sein. Die Mädchen haben alleine aus dem Verkauf des Albums »Spice« (11/96 GB-LP 1, D-LP 6, 2/97 US-LP 1) rund 15 Millionen Pfund verdient. Die britische Musikindustrie ist den Spice Girls jedenfalls überaus dankbar. In deren Augen haben sie weltweit das Intersse an britischer Musik gefördert – was nicht zu verleugnen ist. Am 3. 11. 1997 erschien mit »Spiceworld« (11/97 GB-LP 1, US-LP 6, D-LP 4) das zweite Album der Mädchen. Vorab wurde die Single »Spice Up Your Life« (10/97 D 14, US 18) ausgekoppelt, die am 25. 10. 1997 auf Platz 1 in GB einstieg und Elton John mit »Candle In The Wind 97« von der Spitze verdrängte. Damit hatten die Spice Girls den Rekord der Beatles eingestellt, die in den 60er Jahren fünf Nummer-1-Hits hintereinander hatten. Am 1. Juni 1998 gab Geri bekannt, sie werde die Spice Girls verlassen. Sie wurde als Solistin recht erfolgreich. Der Rest deutete an, als Quartett weiterzumachen. Die Single »Viva Forever« stieg in GB am 1. 8. 1998 gleich auf Platz 1 der Charts ein. Viele, die die Spice Girls schon totgeschrieben hatten, gaben wie üblich ihren Irrtum nicht zu! Ebenfalls von 0 auf 1 in GB am 26. 12. 1998: »Goodbye«. Zwei der Spice Girls verabschiedeten sich in den Mutterurlaub. Mel B. brachte in London am 19. 2. 1999 die Tochter Phoenix Chi, Victoria am 4.3. in derselben Kinderklinik Sohn Brooklyn Joseph zur Welt. Brooklyn deshalb, weil er im New Yorker Stadtteil Brooklyn gezeugt worden sei –

wenn das Mode wird! Vater ist der britische Fußballstar David Beckham. Ab Herbst 1998 veröffentlichte Mel B zuerst als Melanie B, dann nach ihrer Hochzeit mit Jimmy Gulzar als Melanie G auch Soloplatten. Ein Jahr später kam Mel C als Melanie C ebenfalls als Solistin. Victoria Beckham war am Hit »Out Of Your Mind« von True Steppers maßgeblich beteiligt.

Fast zwei Jahre mussten die Fans der Spice Girls warten, bis wieder eine gemeinsame Platte der verbliebenen vier Mädchen erschien. Im Oktober 2000 kam als Single »Holler« und am 6. 11. 2000 das dritte Album der Girls: »Forever« (11/00 GB-LP 2, D-LP 6). Bei der Gelegenheit wurde stolz verkündet, dass die Gruppe knapp 40 Millionen Platten verkauft hatte, dass »Wannabe« in 32 Ländern der Erde auf Platz 1 der Hitparade war, dass sie die erste Girlgroup waren, die mit ihrer Debüt-Single Platz 1 in GB und in den USA belegten, dass sie in GB sechs aufeinanderfolgende Nummer-1-Hits hatten und damit die Rolling Stones, Take That und sogar Elvis geschlagen hatten. Am Song »Holler« hatten die vier Mädchen mitgeschrieben – zumindest wurden sie als Autoren genannt. Bei Elvis war es ja auch so, dass er schon mal als Autor unter einem Titel stand, ohne je eine Note geschrieben zu haben. Dann folgende Meldung:

›London, 22. Oktober 2001 – Die Spice Girls, Ende der 90er-Jahre die erfolgreichste britische Musikgruppe, haben offenbar wegen heftigen Streits zwischen den vier Künstlerinnen de facto zu bestehen aufgehört. Nach einem Bericht der Boulevardzeitung The Sun gibt es nur deswegen keine offizielle Erklärung über das Ende der Spice Girls, weil die Mitglieder des Quartetts sich nicht einmal mehr darauf einigen könnten.

Nachdem sich am Wochenende Posh Spice Victoria Beckham aus Enttäuschung über den mäßigen Erfolg ihres Soloalbums von ihrer Managerin Nancy Phillips trennte, gebe es keine Chance, dass die Spice Girls jemals wieder miteinander auf Tournee gehen, schreibt ›The Sun‹. Zuvor habe sich bereits Melanie Brown von Philipps getrennt, die nun nur noch Melanie Chisholm und Emma Bunton vertrete. Zudem wurde schon seit einem Jahr die offizielle Spice-Seite im Internet nicht mehr aktualisiert, der Fanclub wurde mittlerweile geschlossen und auch das Bürogebäude der Mädchen steht zum Verkauf.‹

Wannabe (7/96 GB 1; 8/96 D 1; 1/97 US 1)
Say You'll Be There (10/96 GB 1; 5/97 US 3)
2 Become 1 (12/96 GB 1; 8/97 US 4)
Mama/Who Do You Think You Are (3/97 GB 1, D 4)
Spice Up Your Life (10/97 GB 1)
Too Much (12/97 GB 1; 2/98 US 9)
Stop (3/98 GB 2)
Viva Forever (8/98 D 4, GB 1)
Goodbye (12/98 GB 1)
Holler!/Let Love Lead The Way (11/00 GB 1)
Funk, HipHop, Pop, Soul

Siehe auch: B, Melanie; Beckham, Victoria; Bunton, Emma; True Steppers; Halliwell, Geri; Tin Tin Out; C, Melanie

Spider Murphy Gang

MICHAEL BUSSE key (Deutschland, * 26. 12. 1956), PAUL DAX d (Deutschland), WILLIE DUNCAN g (Deutschland), WILLY RAY INGRAM sax (USA, * 31. 12. 1950), BARNY MURPHY g (Deutschland, * 2. 3. 1954 als Gerhard Gmell), LUDWIG »WIGGERL« SEUSS p (Deutschland, * 1. 7. 1964), GÜNTHER SIGL v, b (Deutschland, * 8. 2. 1947), OTTO STANILOI sax, Klarinette (Deutschland), FRANZ TROJAN d (Deutschland, * 22. 1. 1957)

Günther Sigl gründete 1977 diese Rockabillyband aus Bayern. Zuerst spielten sie vorwiegend Rock 'n' Roll aus den 50er Jahren, dann entschloss sich Sigl, deutschsprachige/bayerische Texte zu vermeintlich alten Melodien zu schreiben. Ende 1981 erschien »Skandal im

Sperrbezirk« und wurde vergoldet. 1984 vergrößerten sie sich mit dem Saxophonisten Ingram zum Quintett, zwei Jahre später wurde Keyboarder Busse durch Seuss ersetzt. Nach 1985 tauchten sie nicht mehr in der Verkaufs-, sondern nur noch in den Rundfunkhitparaden auf. Titel wie »Ich grüße alle und den Rest der Welt« vermittelten den Rundfunkredakteuren einen Einblick in die Welt ihrer Zuhörer. Der Spider Murphy Gang ist jedenfalls mit gut gemachten Songs der Beweis gelungen, dass Rock 'n' Roll und deutsche Sprache keine Dinge sind, die einander ausschließen. Zum Sound der Gruppe hat ohne Zweifel die Vorliebe des Produzenten Harald Steinhauer für die Musik der 50er Jahre beigetragen. Günther Sigl und Drummer Franz Trojan veröffentlichten auch Solowerke. 1997 erschien sieben Jahre nach dem letzten Studioalbum »Hokuspokus« mit »Keine Lust auf schlechte Zeiten« ein neues Album der Band. Neben den ›alten‹ Mitgliedern Sigl, Murphy und Seuss spielten als Neuzugänge Duncan, Dax und Staniloi mit. Die erfolgreichsten Alben der Band: »Dolce Vita« (6/81 D-LP 1 – Platin!), »Rock 'n' Roll Schuah« (4/82 D-LP 20 – Gold), »Tutti Frutti« (10/82 D-LP 3 – Gold), »Scharf wie Peperoni« (4/84 D-LP 14) und »Wahre Liebe« (6/85 D-LP 18). Die Veröffentlichungen der Band reichen bis weit in die 90er Jahre. Mit der Doppel-CD »Rock 'n' Roll Story« legten sie 1997 einen Überblick über ihre Hits vor und den Mitschnitt eines Konzertes aus Anlass ihres zwanzigjährigen Bestehens, aufgenommen im Krone Bau München am 24. und 25. 10. 1997. Darauf auch die Feststellung: »Mir san prominent«.

Skandal im Sperrbezirk (12/81 D 1)
Wo bist du? (7/82 D 4)
Ich schau' dich an (12/82 D 5)
Rockabilly, Schlager

Spier, Bernd

BERND SPIER v (Deutschland, * 6. 4. 1944 in Ludwigslust)
Schon 1957 stellte Bernd seine erste Schülerband zusammen. Sie spielten vorwiegend auf Partys, Klassenfesten und hatten schließlich erste Auftritte in amerikanischen Clubs im Rhein-Main-Gebiet. Ab 1960 bemühte sich die Gruppe um einen Plattenvertrag. 1963 erhielt zwar nicht die Band, aber Bernd Spier vom damaligen CBS-Deutschland-Chef Bernhard Mikulski einen Plattenvertrag. Als erste Single erschien der Flop »Heut bei dir«. Noch im selben Jahr kam eine deutsche Version des Titels »You Can Never Stop Me Loving You« von Johnny Tillotson als »Das kannst du mir nicht verbieten«. Nach drei weiteren Top-10-Hits kamen noch »Einmal geht der Vorhang zu« (8/65 D 15), »Und dann ...« (11/65 D 13), »Der neue Tag beginnt« (6/66 D 17), »Meine Träume von der Liebe« (12/66 D 33), »Pretty Belinda« (7/69 D 22) und »Klopf dreimal« (2/71 D 22).

Das kannst du mir nicht verbieten (12/63 D 1)
Schöne Mädchen muss man lieben (6/64 D 7)
Memphis Tennessee (9/64 D 1)
Das war mein schönster Tanz (1/65 D 1)
Deutscher Schlager

Spike

JUDGE FLOW (USA), MARC LENNARD dj (USA), PAMELA MITCHELL v (USA)
Sängerin Pamela Mitchell sang im Hintergrund von Whitney Houston, Brandy oder Monica. Aus Harlem kam noch der Rapper Barrelhouse J.M. hinzu. Der House Underground Producer Judge Flow und die New Yorker DJ-Größe Marc Lennard rundeten das ab, was schließlich als Spike erfolgreich war. »Respect« (11/98 D 11) schrammte in Deutschland knapp an den Top 10 vorbei. »Spike – The Album« (6/99 D-LP 6) war auch hierzulande ein Renner.

Anfang 2001 folgten »Never Gonna Give You Up« (1/01 D 37) und ein neues Album.

It Takes Two (Deeper Love) (5/99 D 8)
Dance

Spiller

SOPHIE ELLIS-BAXTOR v (Großbritannien), CHRISTIANO SPILLER (Italien in Venedig)
Das Groovejet ist ein Dance-Club in Miami/Florida – und der Italiener Cristiano Spiller wollte ihm mit seinem Titel »Groovejet (If This Ain't Love)« (10/00 D 14) ein Denkmal setzten. Die Melodie lehnte er an das Stück »Love Is You« von Carol Williams an. Als Sängerin nahm er Sophie Ellis-Bextor unter Vertrag, die Lead-Sängerin bei Theaudience war. Spiller hatte zusammen mit Tommy Vee als Laguna einen Hit in den britischen Charts: »Spiller From Rio (Do It Easy)« (11/97 GB 40). Es folgte »Cry Baby« (2/02 GB 40).

Groovejet (If This Ain't Love) (8/00 GB 1)
Dance, House

Siehe auch: Elli-Bextor, Sophie

Spin Doctors

CHRISTOPHER BARRON v (USA, * 5. 2. 1968 als Barron Gross in Hawaii), AARON COMESS d (USA, * 24. 4. 1968 in Arizona), ANTHONY KRIZAN g (USA, * 25. 8. 1965 in Plainfield/New Jersey), ERIC SCHENKMAN g (USA, * 12. 12. 1963), MARK WHITE b (USA, * 7. 7. 1962 in New York City)
Das Quartett kam an der New Yorker New School of Jazz zusammen. Ihre erste Veröffentlichung war 1991 eine EP mit sechs Nummern unter dem Titel »Up For Grabs«. Das Debütalbum »Pocket Full Of Kryptonite« (7/92 US-LP 3, 3/93 GB-LP 2, 6/93 D-LP 5) verkaufte sich alleine in den USA fünf Millionen Mal. Schon 1993 machten sie eine Tournee durch die USA als Headliner. Aus diesem ersten Album stammte auch ihr weltweiter Top-10-Erfolg »Two Princes«. Vorher wurde in den USA »Little Miss Can't Be Wrong« (10/92 US 17, 8/93 GB 23, D 32) ein Hit. Es folgten »Jimmy Olsen's Blues« (10/93 GB 40) und »Cleopatra's Cat« (6/94 GB 29). Im Frühjahr 1994 hatten sie eine Coverversion der CCR-Nummer »Have You Ever Seen The Rain« veröffentlicht, die in dem Film »Philadelphia« zu hören war. Ihr nächstes Platinalbum war »Turn It Upside Down« (7/94 US-LP 28, GB-LP 3). Im Herbst 1994 trennte sich Schenkman von der Band und wurde durch Krizan ersetzt, der mit den Spin Doctors bereits bei einem Benefizkonzert zugunsten der Farm-Aid-Stiftung in New Orleans gespielt hatte. Mitte 1996 erschien das neue Album »You've Got To Believe In Something«. Die erste Auskopplung daraus, »She Used To Be Mine«, schaffte keine hohe Notierung (6/96 GB 55).

Two Princes (1/93 US 7; 5/93 D 3, GB 3)
Rock

Spinners

G. C. CAMERON v (USA), JOHN EDWARDS v (USA, * 25. 12. 1944 in St. Louis), HENRY FAMBROUGH v (USA, * 10. 5. 1938 in Detroit), BILLY HENDERSON v (USA, * 9. 8. 1939 in Detroit), PERVIS JACKSON v (USA, * 17. 5. 1938), BOBBIE SMITH v (USA, * 10. 4. 1936 in Detroit), PHILLIPPÉ WYNNE v (USA, * 3. 4. 1938 als Philip Walker in Cincinnati/Ohio, † 14. 7. 1984)
Harvey Fuqua, ehemals Leadsänger der Moonglows, entdeckte 1961 diese Gesangsformation, die an einer High-School in der Nähe von Detroit als Domingoes begonnen hatte. Bei Fuquas Label Tri-Phi erhielten sie einen Vertrag und benannten sich in Spinners um. Als erste Single der Spinners und des Labels erschien »That's What Girls Are Made For« (6/61 US 27).

Die Leadstimme sang Fuqua, der jedoch nicht Mitglied der Spinners war, ebenso wie bei der zweiten Single »Love (I'm So Glad) I Found You«. 1963 brachte Fuqua die Spinners zu Motown, aber erst zwei Jahre später erreichte als nächster Titel »I'll Always Love You« (7/65 US 35) die Charts. 1967 kam als Leadsänger G.C. Cameron hinzu, aber der große Durchbruch ließ noch auf sich warten. Im Sommer 1970 gelang ihnen mit der von Stevie Wonder geschriebenen und produzierten Nummer »It's A Shame« (7/70 US 14, 11/70 GB 20) ihr Chartdebüt in GB. Diese Single erschien als Motown Spinners. Später sollten sie sich in GB Detroit Spinners, um Verwechslungen mit der britischen Folkgruppe Spinners zu vermeiden. 1971 wurde Cameron, der eine Solokarriere startete, durch Phillippe Wynne als Leadsänger ersetzt, und im darauffolgenden Jahr begann die ganz große Zeit der Spinners in der Hitbesetzung Wynne, Smith, Henderson, Farmbrough und Jackson. 1972 gelang ihnen mit »I'll Be Around« der erste Top-10-Hit. Zusammen mit Dionne Warwick sangen sie den Titel »Then Came You«. Bereits 1977 hatte Wynne die Spinners verlassen, und Edwards übernahm die Position des Leadsängers. Seit 1973 schon war Edwards bei Live-Auftritten für Wynne eingesprungen. Wie in ihren Anfangstagen kam es in den 80er Jahren zu einigen personellen Veränderungen in der Formation, die 1982 zum letztenmal in der Hitparade notiert wurde, aber weiterhin erfolgreich live auftrat. Als Gäste von Rappin' 4-Tay wurden sie bei dem Titel »I'll Be Around« (3/95 US 39, 6/95 GB 30) in den 90er Jahren notiert.

Die erfolgreichsten Alben der Spinners waren »Spinners« (4/73 US-LP 14), »Mighty Love« (3/74 US-LP 16), »New And Improved« (12/74 US-LP 9), »Pick Of The Litter« (8/75 US-LP 8) und »Spinners Live!« (12/75 US-LP 20).

I'll Be Around (9/72 US 3)
Could It Be I'm Falling In Love (12/72 US 4)
Ghetto Child (9/73 GB 7)
Then Came You (7/74 US 1)
They Just Can't Stop It The (Games People Play) (8/75 US 5)
The Rubberband Man (9/76 US 2)
Working My Way Back To You/Forgive Me Girl (12/79 US 2; 2/80 GB 1)
Cupid/I've Loved You For A Long Time (5/80 GB 4, US 4)
Doo Wop, Motown Sound, Rhythm & Blues

Spitting Image

In den 80er Jahren gehörte die politische Satiresendung ›Spitting Image‹ zu den Knüllern des britischen Fernsehens. Für Politiker und andere Persönlichkeiten des öffentlichen Lebens war es sonntags abends Pflicht, sich die neuesten Bösartigkeiten der Puppen anzusehen, denn sie wussten ja nie, ob sie nicht Zielscheibe des Spotts waren. Die Erfinder der Puppen, Peter Fluck und Roger Law, hatten in den 70er Jahren zunächst Karikaturen für das Magazin ›Economist‹ gezeichnet. In den 80ern entwickelten sie daraus Puppen, die ihre eigene Sendung bekamen und darin auch ziemlich schreckliche Lieder sangen. Eins davon war der »Chicken Song«, eine Parodie auf »Agadoo« von Black Lace. Eigentlich erfüllten Spitting Image alle Voraussetzungen für ein ideales One-Hit-Wonder, aber Weihnachten 1986 erreichten sie mit »Santa Claus Is On The Dole/First Atheist Tabernacle Choir« noch Platz 22. Spitting Image war das Vorbild für die Puppen aus der Sendung ›Hurra Deutschland‹. Auch hier versuchten sich die Puppen als Kohl & The Gang mit Plattenaufnahmen. Titel wie »Nur Kosten im Osten« stellten Tatsachen fest, veränderten aber nichts. Genau wie im richtigen Leben.

The Chicken Song (5/86 GB 1)
Pop

Spliff

REINHOLD HEIL v, key (Deutschland, * 18. 5. 1954 in Schlüchtern/Hessen), ALF KLIMEK v (Australien, * 3. 2. 1956), HERWIG MITTEREGGER v, d (Österreich, * 6. 9. 1953 in Mautern/Steiermark), BERNHARD POTSCHKA v, g (Deutschland, * 1. 3. 1952 in Würzburg), MANFRED PRAEKER v, b (Deutschland, * 25. 9. 1951 in Berlin)

Drei der Spliff-Mitglieder lernten sich 1973 kennen, als sie bei der Berliner Polit-Rockband Lokomotive Kreuzberg spielten. 1976 trafen sie auf Reinhold Heil und Nina Hagen und gründeten die Nina Hagen Band. 1980 trennten sie sich von Nina und stellten in Berlin ihre englischsprachige Rockrevue ›The Spliff Radio Show‹ vor. Als weiteres Mitglied und Sänger war der Australier Alf Klimek an diesem Projekt beteiligt. Nachdem es nicht so erfolgreich war, wie sie sich das vorgestellt hatten, änderten sie ihr Konzept und brachten als Spliff Rock mit deutschen Texten. Klimek wurde dadurch überflüssig und gründete später mit zwei Geschwistern und zwei weiteren Berliner Musikern die Formation Other Ones. Spliff wurde jetzt richtungweisend für viele deutsche Formationen. Mitte 1982 stand der erste Hit von Spliff in den deutschen Charts: »Carbonara«. Gerade »Das Blech« zeigt deutlich den Einfluss der Band auf spätere Formationen – siehe die Fantastischen Vier. Nach 1984 war ihre Hitzeit wieder vorüber. Die einzelnen Mitglieder profilierten sich als Songschreiber und Produzenten für Kollegen sowie mit Soloprojekten. 1984 schrieb Manfred Maurenbrecher: ›Alle Spliff-LPs sind eine Berg-und-Tal-Fahrt, balancieren zwischen Feeling und Raffinement. Gestandene Rockmusiker, gleichzeitig hochspezialisierte Fachleute; wütende Lyriker, gleichzeitig sachliche Marktkenner; sensible Instrumentalisten, gleichzeitig Typen, deren Musik abgeht. Spliff ist ein lebendiger Widerspruch: Wenn's gutgeht, werden ihre Stücke ein aufregendes Puzzle – wenn's schlechtgeht, hört man von allem etwas.‹ 1993 erschien eine Compilation der Hits von Spliff unter dem Titel »Alles Gute«. Sie zeigte, dass die Verpackung einer CD nicht gleichförmig sein muss. Auch hier war Spliff wieder richtungweisend. Die erfolgreichsten Alben der Band: »85555« (2/82 D-LP 1), »Herzlichen Glückwunsch« (11/82 D-LP 4) und »Schwarz auf weiß« (9/84 D-LP 10).

Carbonara (5/82 D 5)
Das Blech (11/82 D 5)
Rock

Splodgenessabounds

WHIFFY ARCHER Kamm (Großbritannien), MILES FLAT g (Großbritannien), BABY GREENSLEEVES v (Großbritannien, als Christine Miller), DONKEY GUT key (Großbritannien als Winston Forbe), MAX SPLODGE v (Großbritannien, als Martyn Everest)

Die Debütplatte der Chaotentruppe aus dem Süden Londons, die wie eine Mischung aus Alice Cooper und Sex Pistols auftraten, hieß »Simon Templar/Two Pints Of Lager And A Packet Of Crisps Please«. Das Stück kam gegen alle Erwartungen sämtlicher britischer Kritiker Mitte 1980 unter die ersten 10 der GB-Charts. Die Band hatte sich vorher durch ihre exzentrische Rock-Show – Trockeneis, Feuerwerk, nackte Körperteile (vor allen Dingen von hinten) und derbe Ausdrücke – einen Namen gemacht. Die Besetzung wechselte sehr häufig, und jede Line-up kann nur eine Momentaufnahme darstellen. Anfangs bezweifelte man, dass das auf Platten übertragbar sei. Nach diesem ersten Top-10-Erfolg gelang ihnen mit einer neuen Version des Rolf-Harris-Hits »Two Little Boys« (9/80 GB 26) aus dem Jahre 1969 noch ein weiterer Top-40-Hit. Danach war das Thema wieder erledigt, und das Publikum hatte sich am Hintern von Leader Max Splodge satt gesehen.

Simon Templar/Two Pints Of Lager And A Packet Of Crisps Please (6/80 GB 7)
Pop

Spooks

BOOKASO BOOKA-T v (USA), HYPNO v (USA), VENGEANCE J.D. v (USA), MING-XIA v (USA), AQUA DINERO WATER WATER v (USA)
Mitte der 90er Jahre kam dieses Quintett an der amerikanischen Ostküste zusammen. »Things I've Seen« (11/00 D 24) stammte aus dem Laurence-Fishburn-Film »Once In The Life« und wurde ihr erster Erfolg. Auch erfolgreich: das Album »S.I.O.S.O.S. Vol. 1«. Das Ganze ist eine Abkürzung für Spooks Is On Some Other Script. Den Gruppennamen gaben sie sich nach dem Kultbuch und -film »The Spook Who Sat By The Door«. Nächster Hit wurde »Karma Hotel« (5/01 GB 15).

Things I've Seen (1/01 GB 6)
Funk, HipHop, Pop, Soul

Spotnicks

OVE JOHANNSSON d (Schweden), BOB LANDER g (Schweden, * 11. 3. 1942 als Bo Starander), JIMMY NICOL d (Großbritannien), LEIF PAULSEN b (Schweden, * 2. 8. 1945 in Stockholm), GÖRAN SAMUELSSON v, sax, org, DEREK SKINNER d (Großbritannien, * 5. 3. 1944 in London), TODDE STOOR g (* 21. 6. 1946 als Torgny), TOMMY TAUSIS d (Schweden, * 22. 3. 1946 in Stockholm), BJÖRN THELIN b (Schweden, * 27. 6. 1942), BO WINBERG g (Schweden, * 27. 3. 1939 in Göteborg), PETER WINSENS v, org (Schweden)
Die Briten hatten die Shadows, die Amerikaner die Ventures, und die Schweden hatten die Spotnicks. Die Band wurde 1957 gegründet, also genau in dem Jahr, in dem die Russen ihren ersten Sputnik in den Weltraum schossen. Sputnik bedeutet Weggefährte, und das wollten die vier jungen Schweden wohl für ihre Fans auch sein. Zumindest Bo Winberg, der Gründer der Band, ist heute – nach mehr als 30 Jahren – immer noch im Geschäft. Den letzten großen Erfolg hatte er mit einer Instrumentalversion von »If You Could Read My Mind«. Die ARD hatte in ihrer Berichterstattung zur Olympiade 1972 in München einen Wettbewerb gestartet: Gesucht wurde die schönste Teilnehmerin der Spiele. Gezeigt wurden in der Tat etliche ausgesprochen hübsche Sportlerinnen, und untermalt wurden die Bilder mit der Nummer »If You Could Read My Mind«. Nachdem das ein paarmal so gesendet worden war, entwickelte sich der Titel zum Hit. Und auch nachdem der Wettbewerb wegen des Terroranschlags auf das Olympische Dorf abgebrochen worden war, fragte die ganze Bundesrepublik nach dem Titel der Spotnicks. Erste Erfolge hatte die Gruppe jedoch schon im Jahr 1962 gehabt. Ihre erste Hitnotierung war in GB in jenem Jahr »Orange Blossom Special« (6/62 GB 29). Plattenhüllen zeigten die vier jungen strahlenden Schweden in albernen Weltraumanzügen. »Amapola«, »Johnny Guitar« oder »Havah Nagila« waren auch bei uns recht bekannt, kamen aber nicht in die Charts. Die Besetzung der Spotnicks wechselte im Laufe der Jahre häufig. Konstante war Bob Lander, der immer andere Musiker um sich scharte, die dann als Spotnicks auftraten. Bei einer LP aus dem Jahr 1989 mit dem Titel »Spotnicks Unlimited« spielte aus der alten Crew außer Lander noch Winberg mit. Schon Anfang der 70er Jahre hatte sich Lander sein eigenes Plattenstudio Tal & Ton gebaut. Die Spotnicks haben es in ihrer großen Zeit geschafft, einen unverwechselbaren Sound zu kreieren. Ihre erfolgreichsten Alben

waren »Out-A-Space« (2/63 GB-LP 20), »Meet The Spotnicks« (6/64 D-LP 14), »Something Like Country« (10/72 D-LP 14) und »Happy Guitar« (3/80 D-LP 2).

If You Could Read My Mind (10/72 D 2)
Instrumental, Pop

Springfield, Dusty

DUSTY SPRINGFIELD v, g (Großbritannien, * 16. 4. 1939 als Mary Catherine Isabel Bernadette O'Brien in Hampstead/London, † 2. 3. 1999)
Dusty begann in der Formation Lana Sisters und gründete dann mit ihrem Bruder Tom und Tim Field zusammen Anfang der 60er Jahre das Folktrio The Springfields. Ab Herbst 1963 arbeitete Dusty als Solistin. Bis 1968 hatte sie alleine in GB zehn Top-10-Hits. Ihre erste Hitnotierung war Ende »I Only Want To Be With You«. Cliff Richard sagte über Dusty, sie habe die schwärzeste Stimme, die er je bei einer weißen Frau gehört hat. Und Martha Reeves, eine farbige amerikanische Sängerin, hielt Dusty sogar für eine Schwarze. Zwischen 1973 und 1978 machte sie keine Plattenaufnahmen – mit einer Ausnahme: 1975 sang sie auf einer Platte von Anne Murray im Hintergrund. 1978 startete sie einen Comebackversuch, aber schließlich war es die britische Disko-Poptruppe Pet Shop Boys, die Dusty wieder in die Hitparaden brachte. In einem Interview hatten die Jungs einmal erklärt, Dusty sei ihre Lieblingssängerin aus Jugendtagen. Zu dritt sangen sie »What Have I Done To Deserve This«. Damit hatte sie nach langen Jahren wieder einen internationalen Top-10-Hit. Danach war Dusty auch wieder als Solistin erfolgreich: »Nothing Has Been Proved« (2/89 GB 16) stammte aus dem Film »Scandal«, der von der Profumo-Affäre handelt. Ende 1993 stand sie zusammen mit Cilla Black auf Platz 75 in GB mit der Nummer »Heart And Soul«. Im Duett mit Darryl Hall erreichte sie Mitte 1995 die unteren Positionen der britischen und deutschen Charts mit »Wherever Would I Be«. Zum selben Zeitpunkt veröffentlichte Dusty mit »A Very Fine Love« ein neues Album. Als Gäste waren K.T. Oslin und Mary Chapin Carpenter zu hören. Die daraus ausgekoppelte Single »Roll Away« erreichte Ende 1995 eine niedrige Hitplatzierung in GB. Zu diesem Zeitpunkt hatte man bei ihr Brustkrebs diagnostiziert. Um ihre Behandlung bezahlen zu können, verkaufte sie die Rechte an all ihren Songs und erlöste 18,7 Millionen Mark. Sie starb im Frühjahr 1999 in ihrem Haus in der britischen Grafschaft Oxfordshire.
Ihre erfolgreichsten Alben: »A Girl Called Dusty« (4/64 GB-LP 6), »Everything Comes Up Dusty« (10/65 GB-LP 6), »Golden Hits« (10/66 GB-LP 2), »Dusty – The Silver Collection« (1/88 GB-LP 14), »Reputation« (7/90 GB-LP 18), »Goin' Back – The Very Best Of Dusty Springfield« (5/94 GB-LP 5) und »The Best Of Dusty Springfield« (11/98 GB-LP 19).

I Only Want To Be With You (11/63 GB 4)
Wishin' And Hopin' (6/64 US 6)
I Just Don't Know What To Do With Myself (7/64 GB 3)
Losing You (10/64 GB 9)
In The Middle Of Nowhere (7/65 GB 8)
Some Of Your Lovin' (9/65 GB 8)
You Don't Have To Say You Love Me (3/66 GB 1; 5/66 US 4)
Going Back (7/66 GB 10)
All I See Is You (9/66 GB 9)
I Close My Eyes And Count To Ten (7/68 GB 4)
Son Of A Preacher Man (11/68 US 10, GB 9)
What Have I Done To Deserve This (8/87 GB 2, D 4; 12/87 US 2)
In Private (1/90 D 4)
Pop, Rhythm & Blues

Siehe auch: Springfields

Springfield, Rick

RICK SPRINGFIELD v, g (Australien, * 23. 8. 1949 als Richard Springthorpe in Sydney)

Der Sänger, Gitarrist und Songschreiber begann in der Formation Zoot. Als daraus nichts wurde, ging er 1972 in die USA und versuchte sich als Solist. Noch im selben Jahr gelang ihm dort der Hit »Speak To The Sky« (8/72 US 14). Als danach seine Karriere nicht richtig weiterlief, wurde Rick Schauspieler. In der US-Vorlage zur ›Schwarzwaldklinik‹ – ›General Hospital‹ – spielte er eine Hauptrolle und wurde einem breiten Publikum bekannt. Er nahm einen erneuten Anlauf als Rockstar – jetzt klappte es besser. 1984 war er Hauptdarsteller in dem Film »Hard To Hold«. Seine letzte Hitnotierung war »Rock Of Life« (2/88 US 22).
Seine erfolgreichsten Alben: »Working Class Dog« (3/81 US-LP 7), »Success Hasn't Spoiled Me Yet« (3/82 US-LP 2), »Living In Oz« (4/83 US-LP 12), »Hard To Hold« (4/84 US-LP 16, D-LP 24) und »Tao« (4/85 D-LP 5, US-LP 21).

Jessie's Girl (3/81 US 1)
I've Done Everything For You (8/81 US 8)
Don't Talk To Strangers (3/82 US 2)
Affair Of The Heart (4/83 US 9)
Love Somebody (3/84 US 5)
Celebrate Youth (6/85 D 5)
AOR (Adult Orientated Rock), Pop, Rock

Springfields

TIM FIELD v, g (Großbritannien, * 13. 4. 1936), MIKE HURST v, g, dj (Großbritannien als Mike Longhurst-Pickworth), TOM SPRINGFIELD v, g (Großbritannien, * 2. 7. 1934 als Dion O'Brien in Hampstead/London), DUSTY SPRINGFIELD v, g (Großbritannien, * 16. 4. 1939 als Mary Catherine Isabel Bernadette O'Brien in Hampstead/London, † 2. 3. 1999)
Der Zeitpunkt für das Folktrio war gut gewählt. Anfang der 60er Jahre war das Interesse an dieser Musikrichtung auch in GB in großem Maße vorhanden. Die meisten Nummern schrieb Tom. Ihr erster Hit war »Breakaway« (9/61 GB 31). Es folgten »Bambino« (11/61 GB 16) und die unten genannten Top-10-Hits. Beim zweiten Top-10-Hit war Tim Field gegen Mike Hurst ausgewechselt worden. Nach »Come On Home« (7/63 GB 31) entschloss sich Dusty, eine Solokarriere zu beginnen. Tom Springfield kam in Kontakt mit der australischen Gruppe Seekers und hat viele der großen Hits für diese Formation geschrieben. Hurst wurde erst Manager eines Folkclubs, dann DJ und später ein bekannter Produzent, der z. B. Cat Stevens betreute.

Island Of Dreams (12/62 GB 5)
Say I Won't Be There (3/63 GB 5)
Folk, Pop

Siehe auch: Springfield, Dusty

Springsteen, Bruce

BRUCE SPRINGSTEEN v (USA, * 23. 9. 1949 in Freehold/New Jersey)
In den 80er Jahren wurde Bruce in den USA einer der führenden Rockinterpreten. Bereits mit 14 Jahren hatte er mit der Band Castiles Plattenaufnahmen gemacht, die nie veröffentlicht wurden. Danach gründete er Child, aus denen später Steel Mill wurde, dann Dr. Zoom & The Sonic Boom und schließlich die E-Street Band. 1972 erhielt er einen Vertrag, der ihm zehn LP-Veröffentlichungen zusicherte. Die erste LP mit dem Titel »Greetings From Asbury Park« (7/75 US-LP 60) erschien im Januar 1973. Man feierte ihn zu diesem Zeitpunkt als den neuen Bob Dylan. Die Nummer »Born To Run« (9/75 US 23, 5/87 GB 16) war Springsteens erste Chartnotierung. Außerhalb der Top 10 gelangen ihm die Hits »Prove It All Night« (6/78 US 33), »Hungry Heart« (11/95 GB 28), »Fade Away« (2/81 US 20), »The River« (6/81 GB 35), »Dancing In The Dark« (5/84 GB 28,), »Cover Me« (10/84 GB 38, 3/85 RE-GB 16), »I'm On Fire« (5/85 D 16), »Glory Days« (8/85 GB 17,

8/85 D 37), »War« (11/86 GB 18, 1/87 D 27), »Brilliant Disguise« (10/87 GB 20, 10/87 D 38), »One Step Up« (2/88 US 13), »Tougher Than The Rest« (6/88 GB 13, 8/88 D 25), »Spare Parts« (9/88 GB 32), »Human Touch/Better Days« (3/92 US 16), »Human Touch« (3/92 GB 11, 3/92 D 15), »Better Days« (5/92 GB 34), »75 Channels (And Nothin' On)« (7/92 GB 32), »Secret Garden« (4/95 GB 44, 3/97 US 19, 4/97 RE-GB 17) und »The Ghost Of Tom Joad« (5/96 GB 26). 1994 erhielt er für »Streets Of Philadelphia«, den Titelsong aus dem Aids-Film »Philadelphia«, einen Oscar. Für diesen Titel erhielt er bei der Grammy-Verleihung 1995 vier Auszeichnungen: Song of the Year, Best Male Rock Vocal Performance, Best Rock Song und Best Song Written Specifically For A Motion Picture. 1997 erhielt Bruce für sein Ende 1995 erschienenes Album »The Ghost Of Tom Joad« einen Grammy als bestes Folkalbum.

Seine erfolgreichsten Alben: »Greetings From Asbury Park, N.J.« (7/75 US-LP 60, 6/85 GB-LP 41), »The Wild, The Innocent & The E Street Shuffle« (7/75 US-LP 59, 6/85 GB-LP 33), »Born To Run« (9/75 US-LP 3, 11/75 GB-LP 36, 4/85 RE-GB-LP 17), »Darkness On The Edge Of Town« (6/78 US-LP 5, GB-LP 16), »The River« (10/80 GB-LP 2, 11/80 US-LP 1, D-LP 31), »Nebraska« (10/82 US-LP 3, GB-LP 3, D-LP 37), »Born In The U.S.A.« (6/84 US-LP 1, GB-LP 1, D-LP 7, 4/85 RE-D-LP 1), »Bruce Springsteen & The E Street Band Live/1975–85« (11/86 US-LP 1, GB-LP 4, 12/86 D-LP 8), »Tunnel Of Love« (10/87 US-LP 1, GB-LP 1, D-LP 3), »Human Touch« (4/92 US-LP 2, D-LP 2, GB-LP 1), »Lucky Town« (4/92 US-LP 3, GB-LP 2, D-LP 4), »In Concert – MTV Plugged« (4/93 GB-LP 4), »Greatest Hits« (3/95 US-LP 1, GB-LP 1, D-LP 1), »The Ghost Of Tom Joad« (11/95 GB-LP 16, 12/95 US-LP 11), »Tracks« (11/98 US-LP 27), »18 Tracks« (4/99 GB-LP 23, D-LP 8), »Live In New York City« (4/01 US-LP 5, D-LP 9).

Hungry Heart (11/80 US 5)
Dancing In The Dark (5/84 US 2; 1/85 GB 4)
Cover Me (8/84 US 7)
Born In The U.S.A. (11/84 US 9)
I'm On Fire (2/85 US 6)
I'm On Fire/Born In The U.S.A. (6/85 GB 5)
Glory Days (6/85 US 5)
I'm Goin' Down (9/85 US 9)
Santa Claus Is Comin' To Town/My Hometown (12/85 GB 9)
My Hometown (12/85 US 6)
War (11/86 US 8)
Brilliant Disguise (10/87 US 5)
Tunnel Of Love (12/87 US 9)
Streets Of Philadelphia (2/94 D 1, US 9, GB 2)
AOR (Adult Orientated Rock), Rock

Springwater

PHIL CORDELL (Großbritannien)
Hinter diesem Projekt verbarg sich der Allroundmusiker und Komponist Phil Cordell. Aus seiner Instrumentalnummer »I Will Return« machte Michael Holm 1972 seinen Hit »Du weinst um mich«.

I Will Return (10/71 GB 5; 12/71 D 3)
Instrumental, One Hit Wonder, Pop

Sqeezer

JIM REEVES v (Kenia, * 30. 4. 1968), LORI STERN v (Deutschland, * 16. 9. 1974 in Mainz), MARC THEVEN v (Deutschland, * 8. 6. 1973 als Markus Knödler in Bargau/Schwäbisch Gmünd, † 4. 6. 1997)
Mit »Scandy Randy« (1/96 D 39) hatte dieses Diskoprojekt die erste Hitnotierung. »Blue Jeans« (7/96 D 16) und »Sweet Kisses« (10/96 D 24) waren die weiteren Top-40-Hits. Mit »Without You« hatten Lori Stern und Jim Reeves, die zu diesem Zeitpunkt die Gruppe darstellten, ihren ersten Top-10-Hit. Marc Theven war lediglich kurzzeitiges Mitglied von Sqeezer. Er stieg im Dezember 1996 ein – und

als nach wenigen Monaten der Stress für ihn zu groß wurde, erhängte er sich in einem Waldstück bei Hannover. Lori Stern übernahm ab dem 31. 8. 1997 neben ihrem Job in der Band auch die Moderation von ›Bravo TV‹.

Without You (4/98 D 10)
Pop

Siehe auch: Bravo All Stars

Squeeze

JOHN BENTLEY b (Großbritannien, * 16. 4. 1951 in London), PAUL CARRACK v, key (Großbritannien, * 22. 4. 1951 in Sheffield/Yorkshire), CHRIS DIFFORD v, g (Großbritannien, * 4. 11. 1954 in London), PAUL GUNN d (Großbritannien), JULIAN »JOOLS« HOLLAND key (Großbritannien, * 24. 1. 1958 in London), MATT IRVING key (Großbritannien), HARRY KAKOULLI b (Großbritannien), GILSON LAVIS d (Großbritannien, * 27. 6. 1951 in Bedford), ANDY METCALFE key, mo, Horns (Großbritannien), DON SNOW v, key (Kenia, * 13. 1. 1957 in Nairobi), GLENN TILBROOK v, g (Großbritannien, * 31. 8. 1957 in London), KEITH WILKINSON b (Großbritannien, * 24. 9. 1954 in Southfield)
Im März 1974 gründeten Difford, Tilbrook, Holland und Gunn die Gruppe Squeeze. Den Namen fanden sie auf einem Album der Gruppe Velvet Underground. 1976 erhielten sie ihren ersten Plattenvertrag. Inzwischen war Gunn durch Lavis ersetzt und mit Kakoulli ein Bassist hinzugenommen worden. Mitte 1977 erschien »Packet Of Three«, produziert vom ehemaligen Velvet-Underground-Mitglied John Cale. Squeeze galten jetzt als New-Wave-Band. »Take Me I'm Yours« (4/78 GB 19) war ihre erste Hitnotierung. Im August 1980 hatte Holland die Gruppe verlassen. Er wurde später ein bekannter TV-Moderator und hatte zwischen 1982 und 1987 seine eigene Band Millionaires. Für ihn kam als Ersatz von der Gruppe Ace Paul Carrack. Im Herbst 1981 verließ Carrack die Band wieder, schloss sich erst Carlene Carters Gruppe an und wurde später als Solist, mit Mike & The Mechanics und anderen Projekten erfolgreich. Für ihn kam Don Snow. Ende 1982 kriselte es in der Band, und man beschloss, sich zu trennen. Difford und Tilbrook veröffentlichten ein gemeinsames Album, und im Januar 1985 schloss sich Squeeze doch wieder zusammen. Neben Difford, Tilbrook, Holland und Lavis kam Keith Wilkinson. 1987 kam als weiterer Keyboarder Metcalfe hinzu. 1990 verließ Holland die Gruppe und veröffentlichte eine Solo-LP. Für ihn kam Irving. Anfang 1992 kam »Cool For Cats« noch einmal kurz in die GB-Charts.
Die erfolgreichsten Alben: »East Side Story« (5/81 GB-LP 19), »Sweets From A Stranger« (5/82 GB-LP 20), »Singles – 45's And Under« (11/82 GB-LP 3, 1/83 US-LP 87), »Babylon And On« (9/87 GB-LP 14) und »Squeeze Greatest Hits« (5/92 GB-LP 6).

Cool For Cats (3/79 GB 2)
Up The Junction (6/79 GB 2)
Labelled With Love (10/81 GB 4)
Pop, Rock

St. Peters, Crispian

CRISPIAN ST. PETERS (Großbritannien, * 5. 4. 1939 als Robin Peter Smith in Swanley/Kent)
Er begann seine Karriere in der Skiffle-Gruppe Hard Travellers, danach spielte er mit Beat Formula Three. 1965 erhielt Crispian einen Plattenvertrag als Solist. 1966 erschien seine Debüt-LP, auf der auch gleich seine größten Singleerfolge waren: »You Were On My Mind« und »Pied Piper«. Möglich, dass weitere Hits gekommen wären – Crispian erklärte der erstaunten Presse, er sei der beste Sänger

und Songschreiber aller Zeiten, besser als Lennon/McCartney. Da hatte er den Mund wohl etwas voll genommen und wurde von den Fans fallen gelassen. Crispian machte nach seiner Pop-Zeit Country-Songs und nannte sich 1968 gar Country Smith. 1970 erschien das Album »Simply – Crispian St. Peters«, auf dem er Country-Songs brachte. Danach trat eine lange Pause ein, aus der er 1996 auftauchte, nachdem in der Zeitschrift ›The Beat Goes On‹ ein Bericht über ihn stand. 1997 trat er wieder auf.

You Were On My Mind (1/66 GB 2)
Pied Piper (3/66 GB 5; 6/66 US 4)
Pop

St. Winifred's School Choir

ST. WINIFRED'S SCHOOL CHOIR v (Großbritannien)
Weihnachtszeit 1980. Es gilt, daran zu denken, was man Weihnachten wohl alles geschenkt bekommen wird. Und niemand schenkt so schön wie die Oma. »There's No One Quite Like Grandma«, sang aus vollem Kinderhals der Mädchenchor der Winifred's School und hatte damit Weihnachten 1980 den Spitzenreiter in der britischen Hitparade. Was die britischen Omis zu Weihnachten geschenkt haben, wissen wir natürlich nicht. Was sie bekommen haben, ist klar: die Platte.

There's No One Quite Like Grandma (11/80 GB 1)
One Hit Wonder, Pop

Stacey Q

STACEY Q v (USA, * 30. 11. 1958 als Stacey Swain in Los Angeles/Kalifornien)
Stacey Q nahm 1985 den Titel »Shy Girl« auf, der allerdings erst im Frühjahr 1987 in die US-Hot-100 kam. Nach einem Wechsel der Plattenfirma veröffentlichte sie 1986 die LP »Better Than Heaven«. Daraus ausgekoppelt wurde Mitte 1986 die Single »Two Of Hearts«. Lediglich mit »We Connect« (2/86 US 35) kam sie noch einmal in die Top 40.

Two Of Hearts (7/86 US 3; 11/86 D 6)
Dance, Disko, One Hit Wonder

Stafford, Jim

JIM STAFFORD v (USA, * 16. 1. 1944 in Eloise/Florida)
Stafford trat, nachdem er von Florida nach Nashville übergesiedelt war, als One-Man-Band auf. Lobo produzierte seine ersten Platten. »Swamp Witch« war Mitte 1973 seine erste Hitnotierung. Es folgte der Millionseller »Spiders & Snakes«,. Diesen Hit hatte Stafford zusammen mit David Bellamy von den Bellamy Brothers geschrieben. Ab 1975 wurde er auch Fernsehmoderator. Nach 1977 gelang ihm kein Pophit mehr. 1978 heiratete er die Sängerin Bobbie Gentry, von der er inzwischen geschieden ist.

Spiders & Snakes (11/73 US 3)
Wildood Weed (7/74 US 7)
Country, Pop

Stafford, Terry

TERRY STAFFORD v (USA, * 22. 11. 1941 in Hollis/Oklahoma, † 17. 3. 1996)
Er klang wie Elvis Presley und hatte seinen größten Hit mit einem Titel, den Elvis auch gesungen hatte: »Suspicion« (5/64 GB 31, 7/64 D 30). Elvis hatte den Titel, der auf seiner LP »Pot Luck« erschien, 1962 in Nashville aufgenommen. Terry Stafford hörte Presleys Version und beschloss, da Elvis sie nicht als Single veröffentlichte, das seinerseits zu tun. Der Produzent Bob Simmons spielte auf Staffords Version alle Instrumente mit Ausnahme

des Basses, den Ron Griffith übernahm. Erst nachdem »Suspicion« in der amerikanischen Hitparade kletterte, entschied sich RCA, die Elvis-Version als Single auf den Markt zu bringen. Es war zu spät. Sie blieb bei 103 hängen. Die andere Seite der Elvis-Single, »Kiss Me Quick«, hingegen wurde ein Hit. Drei Monate später veröffentlichte Stafford »I'll Touch A Star« (5/64 US 25), und danach hörten die Fans lieber wieder den Original-Elvis. Terry trat noch im Film »Wild Wheels« auf – ansonsten blieb er untergetaucht.

Suspicion (2/64 US 3)
Pop

Staind

JOHNNY »OLD SCHOOL« APRIL b (USA, in Springfield/Massachusetts), AARON LEWIS v (USA, in Springfield/Massachusetts), MIKE MUSHOK g (USA, in Springfield/Massachusetts), JON WYSOCKI key (USA, in Springfield/Massachusetts)

Das Quartett macht eine Mischung aus Grunge und Nu Rock, die auch als Depri-Rock bezeichnet wird. Aaron (* 1972) wuchs als Sohn eines Hippie-Pärchens auf. Seine musikalische Karriere begann er als Kneipensänger und begleitete sich dazu auf der akustischen Gitarre. Mike (* 1970) lernte er 1994 auf einer Weihnachtsparty kennen. Im Februar 1995 kamen Jon (* 1971) und Johnny (* 1965) hinzu. Fred Durst von der Formation Limp Bizkit verhalf der Gruppe schließlich 1997 zu einem Plattenvertrag. Die erfolgreichsten Alben: »Dysfunction« (5/99 US-LP 74) und »Break The Cycle« (6/01 US-LP 1, 9/01 GB-LP 1, D-LP 5). Die nächsten Singlehits waren »It's Been Awhile« (9/01 GB 15) und »Outside« (12/01 GB 33).

It's Been Awhile (4/01 US 5)
Grunge

Stallone, Frank

FRANK STALLONE v (USA, * 30. 7. 1950 in Philadelphia/Pennsylvania)

Der jüngere Bruder von Sylvester Stallone begann seine Karriere als Komponist, Autor, Interpret und Schauspieler. Seine ersten Erfolge hatte Stallone mit Soundtracks. In den Hitparaden tauchte er mit dem von Joni Mitchell geschriebenen und von Harry Nilsson produzierten Song »Case Of You« (9/80 US 67) erstmals auf. Für den Film »Staying Alive« sang Frank den Titel »Far From Over«, der sein einziger Top-10-Erfolg wurde. In dem von Sylvester Stallone produzierten Tanzfilm spielten John Travolta und Cynthia Rhodes die Hauptrollen. Man könnte vermuten, dass Sylvester hier den Bruder ein wenig protegierte. Die hauptsächliche Musik des Films stammte von den Bee Gees. Nachdem »Darlin'« im Frühjahr 1984 noch knapp unter die ersten 100 kam, war die Hit-Zeit für Frank vorbei.

Far From Over (7/83 US 10)
One Hit Wonder, Pop

Stampeders

KIM BERLY v, g, d (Kanada), RICK DODSON v, g, b (Kanada), RONNIE KING v, g, b (Kanada)

Die Stampeders wurden Mitte der 60er Jahre nach dem jährlichen lokalen Rodeoereignis als Calgary Stampede gegründet. Sie begannen als Sextett, aber nachdem sich kein Erfolg einstellte, gingen drei Musiker, und übrig blieben die oben genannten. »Morning Magic« war der erste Erfolg dieser Band in Kanada. Nach »Sweet City Woman« beschränkte sich ihre Popularität für fünf Jahre wieder nur auf den kanadischen Raum, bis ihnen mit einer witzigen Version von »Hit The Road Jack« (2/76 US 40) noch ein Hit gelang. Auf der Platte war ein Telefongespräch mit dem bekannten amerikanischen Discjockey Wolfman Jack zu hören.

Sweet City Woman (8/71 US 8)
Pop, Rock

Stansfield, Lisa

LISA STANSFIELD v (Großbritannien, * 11. 4. 1965 in Rochdale/Manchester)
Bevor Lisa im August 1989 mit ihrem ersten Hit in die GB-Charts kam, hatte sie schon einiges hinter sich. Zuerst hatte sie noch in den 70er Jahren etliche Gesangswettbewerbe gewonnen und war dann regelmäßig in der britischen TV-Kindersendung ›Razzamatazz‹ als Moderatorin zu sehen. Nachdem sie dafür zu alt geworden war, gründete sie 1983 zusammen mit ihrem Freund Andy Morris die weiße Soulband Blue Zone. Es kam zu einigen Plattenveröffentlichungen, die allerdings nicht erfolgreich waren. 1989 wurden die Musiker dieser Gruppe vom Produktionsteam der Band Coldcut eingeladen, auf der Platte »People Hold On« (3/89 GB 11, 4/89 D 24) mitzumischen. Danach interessierte man sich für Lisa als Solistin, die jedoch ihren Freund und die Kumpels von Blue Zone als Songschreiber und Begleitmusiker mitbrachte. Die erste Single war dann »This Is The Right Time« (8/89 GB 13, 10/89 D 17, 8/90 US 21). Die Stimme von Lisa beeindruckte Fans und Presse gleichermaßen. Die nächste Single, »All Around The World« wurde ihr erster Top-10-Hit. Die weiteren Hits außerhalb der Top 10: »Live Together« (2/90 D 23), »What Did I Do To You (EP)« (5/90 GB 25), »You Can't Deny It« (5/90 US 14), »Change« (10/91 D 13, 11/91 US 27), »All Woman« (12/91 GB 20), »Time To Make You Mine« (3/92 GB 14), »Set Your Loving Free« (6/92 GB 28), »Five Live (EP)« (5/93 D 21) mit George Michael und Queen, »So Natural« (10/93 GB 15), »Little Bit Of Heaven« (12/93 GB 32) und »Never, Never Gonna Give You Up« (6/97 GB 25). »Someday (I'm Coming Back)« stammte aus dem Film »Bodyguard«.
Am 20. 4. 1992 war Lisa Stansfield Gast von George Michael und Queen im Wembley Stadium. Dort sang sie mit den Genannten anlässlich des ›Freddie Mercury Concert for Aids Awareness‹ den Titel »These Are The Days Of Our Lives«, der sich ein Jahr später zum Hit entwickelte.
Ihre erfolgreichsten Alben waren »Affection« (12/89 GB-LP 2, D-LP 2, 3/90 US-LP 9), »Real Love« (11/91 GB-LP 3, D-LP 9), »So Natural« (11/93 GB-LP 6) und »Lisa Stansfield« (4/97 GB-LP 2).
Drei Jahre lang erschien kein neues Album von Lisa – dann kam sie Mitte 2001 mit »Face Up«. Als Singles wurden »Let's Just Call It Love« und »831« ausgekoppelt.

All Around The World (10/89 D 2, GB 1; 2/90 US 3)
Live Together (2/90 GB 10)
Change (10/91 GB 10)
Someday (I'm Coming Back) (12/92 GB 10)
Five Live (EP) (5/93 GB 1)
In All The Right Places (6/93 GB 8)
People Hold On (The Bootleg Mixes) (1/97 GB 4)
The Real Thing (3/97 GB 9)
Dance, Pop, Rock

Staple Singers

MAVIS STAPLES v (USA, in Chicago/Illinois), YVONNE STAPLES v (USA, in Chicago/Illinois), CLEOTHA STAPLES v (USA, in Chicago/Illinois), PERVIS STAPLES v (USA, in Chicago/Illinois), ROEBUCK »POP« STAPLES v, g (USA, * 28. 12. 1915 in Winona/Mississippi, † 19. 12. 2000)
Chef im Ring dieser Formation war der Gitarrist und Sänger ›Pop‹ Staples. Er spielte in seinen Teen-Jahren als Bluesgitarrist und wurde Mitglied in der Golden Trumpet Gospel Group. Anfang der 50er Jahre gründete er eine eigene Gospelformation, die Staple Singers, in der neben sei-

nem Sohn Pervis, der 1971 das Familienunternehmen wieder verließ, später seine drei Töchter Cleotha, Mavis und Yvonne sangen. 1953 wurde die erste Platte veröffentlicht.

Im Laufe der Jahre veränderte sich der Stil immer weiter weg vom Gospel und hin zum Soul und Pop. 1967 standen sie erstmals mit »Why? (Am I Treated So Bad)« in den amerikanischen Hot 100. »I'll Take You There« war im Frühjahr 1972 die erste Top-10-Notierung. »Let's Do It Again« war geschrieben von Curtis Mayfield. Mavis Staples hatte bereits 1970 ihre ersten Soloaufnahmen gemacht. 1990 sah man sie in dem Film »Graffiti Bridge«.

1995 erschien ihr Album »The Voice«. Die Plattenveröffentlichungen der Staple Singers, die manchmal auch als Staples firmierten, gingen bis in die 90er Jahre. Die erfolgreichsten Alben der Gruppe: »Be Altitude: Respect Yourself« (2/72 US-LP 19) und »Let's Do It Again« (11/75 US-LP 20). 1992 erschien von Pop Staples die Soloplatte »Peace To The Neighborhood«. Als Gastmusiker waren darauf Jackson Browne, Bonnie Raitt, Jim Keltner oder Ry Cooder zu hören. 1994 brachte Pop ein weiteres Album mit dem Titel »Father Father«. Pop starb an einer Gehirnerschütterung, die er sich bei einem Sturz zugezogen hatte.

I'll Take You There (4/72 US 1)
If You're Ready (Come Go With Me) (10/73 US 9)
Let's Do It Again (10/75 US 1)
Soul

Star Wash

STAR WASH key (Deutschland, als Marc Dienewald in Hamburg)

Auf einem Computer hatte Marc Dienewald einen Titel geschrieben, der sich an die Fans von Diskos wandte: »Disco Fans«. Danach kamen »Strong Like A Lion« (8/95 D 35) und das Album »Upwash«. Seitdem hat man von ihm wenig gehört.

Disco Fans (2/95 D 8)
Disko, One Hit Wonder, Rave

Starbuck

BRUCE BLACKMAN v, key (USA), JIMMY COBB v, b (USA), KEN CRYSLER d (USA), SLOAN HAYES v, key (USA), DARRYL KUTZ v, g (USA), DAVID SHAVER v, key (USA), BO WAGNER per (USA)

Das aus Atlanta/Georgia stammende Septett kam 1974 zusammen. Bruce Blackman war vorher der Kopf der aus New Orleans stammenden Band Eternity's Children, die Mitte 1968 mit »Mrs. Bluebird« einen einzigen Hit hatte. 1975 erhielten Starbuck einen Plattenvertrag und veröffentlichten als ihre erste Single »Moonlight Feels Right«. Leadsänger Blackman hatte diese Nummer selbst geschrieben. Bis 1978 folgten vier weitere Hitnotierungen. Danach war die Zeit von Starbuck vorüber. Blackman gründete daraufhin die Formation Korona, die mit »Let Me Be« Anfang 1980 eine Hitnotierung in den USA hatte.

Moonlight Feels Right (4/76 US 3)
AOR (Adult Orientated Rock), One Hit Wonder, Pop

Stardust

THOMAS BANGALTER key (Frankreich, * 1. 1. 1975), BENJAMIN COHEN v (Frankreich), ALAN QUEME key (Frankreich)

Bangalter war eine Hälfte des Duos Daft Punk. Zusammen mit den beiden anderen genannten Musikern bildete er das Trio Stardust, dessen Platte »Music Sounds Better With You« (8/98 D 26) zuerst nur als Import in die britische Hitparade kam. Nachdem sie offiziell veröffentlicht worden war, sprang sie von Platz 55 auf 2. Aus dem Sänger Benjamin Cohen wurde 2000 der Sänger Benjamin Diamond.

Music Sounds Better With You (8/98 GB 2)
Dance, Pop

Siehe auch: Spacedust; Daft Punk

Stardust, Alvin

ALVIN STARDUST v (Großbritannien, * 27. 9. 1942 als Bernard William Jewry in Muswell Hill/London)

Die Karriere von Stardust ähnelt in vielerlei Hinsicht der von Gary Glitter. Auch Stardust versteckte sich hinter Pseudonymen und erlebte einige Hochs und Tiefs.

Alvins Mutter betrieb eine Pension in Mansfield. Viele Gäste dieser Pension spielten am Mansfield Theatre. Und diese besondere Atmosphäre brachte den kleinen Alvin schon früh mit Musik in Berührung, aber auch mit Schauspiel und Theater. Schauspieler lieben Verkleidungen, und manchmal ist diese Verkleidung einfach nur ein Pseudonym, das sie sich zulegen. Bereits im Alter von 4 Jahren stand er zum ersten Mal auf der Bühne in dem Schauspiel »Babes In The Wood«. Fünf Jahre später spielte er in »No Room At The Inn« und erhielt begeisterte Kritiken. Im Teenageralter kam er mit der Gruppe Johnny Theakston & The Tremeloes zusammen und Bernard freundete sich mit den Jungs an. Die BBC suchte Ende der 50er Jahre für ihre Radiosendung »Saturday Club« ständig neue Gruppen. Johnny und die Tremeloes bewarben sich. Für diesen Auftritt bei der BBC änderten sie ihren Namen in Shane Fenton & The Fentones. Wenige Tage vor diesem BBC-Auftritt wurde der Sänger Johnny Theakston sehr krank, kam in eine Klinik und starb zwei Tage später. Nun stand die Gruppe ohne Sänger da, hatte aber den Termin bei der BBC. Der mit der Gruppe befreundete Bernard nahm Johnnys Platz ein und übernahm auch gleich sein Pseudonym Shane Fenton.

Anfang der 60er Jahre machte also Bernard alias Alvin Platten als Shane Fenton & The Fentones, die mit »I'm A Moody Guy« (10/61 GB 22), »Walk Away« (2/62 GB 38), »It's All Over Now« (4/62 GB 29) und »Cindy's Birthday« (7/62 GB 19) ihre Top-40-Hits hatten. Schlagzeuger der Fentones war übrigens Bobby Elliott, der später Mitglied der Hollies werden sollte. Zu den vielen Interpreten, die durch die Beatles aus den Plattenregalen und Hitparaden gefegt wurden, gehörte auch Shane Fenton. 1965 wurde er Manager und arbeitete mit Künstlern wie Hollies oder Lulu. Ab 1973 hörte man ihn dann unter dem Namen Alvin Stardust. Seine erste Hitparadennotierung unter diesem Namen hatte er mit »My Coo-Ca-Choo«. Bis 1975 wurde er noch unter den Top 40 geführt, dann gab es eine Pause von sechs Jahren, bis er mit »Pretend« wieder zurückkam. »So Near To Christmas« (12/84 GB 29) war seine letzte Top-40-Notierung. Mit »The Untouchable« (3/74 GB-LP 4) hatte er sein erfolgreichstes Album. 1997 kam die nächte Generation der Familie Jewry in die britischen Charts: unter dem Pseudonym Adam F konnte sich sein Sohn mit »Colours« (11/97 GB 47) und »Music In My Mind« (3/98 GB 27) auf dem Dance-Sektor behaupten. Adam war der Songschreiber, Publisher, Producer und Interpret der Hits.

My Coo-Ca-Choo (11/73 D 3, GB 2)
Jealous Mind (2/74 D 5, GB 1)
Red Dress (5/74 GB 7)
You You You (8/74 GB 6)
Pretend (9/81 GB 4)
I Feel Like Buddy Holly (5/84 GB 7)
I Won't Run Away (10/84 GB 7)
Glitter-(Glam)-Rock, Pop

Starland Vocal Band

JON CARROLL key (USA, * 1. 3. 1957 in Washington/D.C.), MARGOT CHAPMAN p (USA, * 7. 9. 1957 in Honolulu/Hawaii),

TAFFY DANOFF v (USA, * 25. 10. 1944 als Kathleen Nivert in Washington/D.C.), BILL DANOFF v (USA, * 7. 5. 1946 in Springfield/Massachusetts)
Danoff schrieb zusammen mit John Denver den Hit »Take Me Home, Country Roads«. Der wurde 1971 der erste Millionseller für Denver. Im Hintergrund der Plattenaufnahme singt die Formation Fat City, und dazu gehörten Danoff und seine Frau Taffy Nivert. Dieses Quintett fiel auseinander, und das Ehepaar nahm Platten als Bill & Taffy auf. Mitte der 70er Jahre gründete Denver sein eigenes Plattenlabel Windsong, und als erste Gruppe wurde die Starland Vocal Band unter Vertrag genommen, deren Single »Afternoon Delight« (8/76 GB 18) als erste Platte veröffentlicht. 1976 erhielten sie bei der Grammy-Verleihung als beste neue Künstler und für das beste Arrangement jeweils eine Auszeichnung. Bis 1980 folgten drei weitere Notierungen, die jedoch über einen Platz 60 nicht hinausgingen. Jon Carroll, inzwischen mit Margot Chapman verheiratet, konzentrierte sich danach aufs Songschreiben, z. B. für Linda Ronstadt. Bill und Taffy trennten sich privat, traten aber Ende der 80er Jahre wieder als Fat City auf. Ihr erfolgreichstes Album hieß »Starland Vocal Band« (5/76 US-LP 20).

Afternoon Delight (5/76 US 1)
One Hit Wonder, Pop

Starlight

Der Titel »Numero Uno« deutet schon auf das Herkunftsland dieser Gruppe hin: Italien mit seinen vielen kurzlebigen Disko-Produktionsteams, die schnell einen Hit schafften und danach wieder aus den Charts verschwunden waren. Hinter dem Produktionsteam Starlight stand der Italiener Daniel ›DJ Lelwel‹ Davoli stand. Weitere Projekte von ihm waren Black Box oder Mixmasters.

Numero Uno (8/89 GB 9)
Disko, One Hit Wonder

Starr, Edwin

EDWIN STARR v (USA, * 21. 1. 1942 als Charles Hatcher in Nashville/Tennessee)
Der Soulsänger und Songschreiber begann mit der Gruppe Future Tones und machte 1957 seine ersten Platten. Zwischen 1963 und 1965 sang er mit Bill Doggett, dessen große Zeit jedoch schon vorüber war. Unter dem Namen Edwin Starr machte er ab 1965 Platten und hatte mit »Agent Double-O-Soul« (8/65 US 21) seine erste Hitnotierung. »Twenty-Five Miles« wurde sein erster Top-10-Erfolg. Bis Ende der 70er Jahre war Starr regelmäßig in den US-Charts vertreten. Seine größeren Erfolge hatte er jedoch in GB. Lange stand keine Platte mehr von Edwin in den Charts – dann kam die Nummer »Funky Music« (5/00 GB 23) mit dem britischen Duo Tim Garbutt und Jez Willis unter dem Namen Utah Saints in die Hitparade. Der Gesang auf dieser Platte stammte von Starr.

Twenty-Five Miles (2/69 US 6)
War (7/70 US 1; 10/70 D 9, GB 3)
Contact (1/79 GB 6)
H.A.P.P.Y. Radio (5/79 GB 9)
Motown Sound, Rhythm & Blues, Soul

Starr, Freddie

FREDDIE STARR v (Großbritannien)
Als Freddie Starr mit »It's You« unter den ersten 10 stand, wussten wahrscheinlich viele Briten nicht einmal, dass es sich bei ihm um den Freddie Starr handelte, der bereits Anfang der 60er Jahre in GB populär gewesen war. Freddie spielte mit Howie Casey & The Seniors, bevor er verschiedene eigene Bands gründete, darunter die Delmonts und die Midnighters.

Freddie Starr & The Midnighters waren 1963 mit dem Merseybeat-Boom hochgekommen. Obwohl diese Formation etliche Platten veröffentlichte, darunter Produktionen mit dem Soundtüftler Joe Meek, der aus der Gruppe eine Mixtur aus Beatles und Buddy Holly machte, kam er nie in die Charts. Schließlich wurde aus ihm ein talentierter Komiker, der es im Fernsehen der 70er Jahre zu seiner eigenen Serie ›Who Do You Do‹ brachte. Diese TV-Popularität verhalf Freddie dann wohl auch zu seinem Hit »It's You«. Weihnachten 1975 erreichte er mit seiner Version von »White Christmas« noch einmal die GB-Charts. Sein erfolgreichstes Album hieß »After The Laughter« (11/89 GB-LP 10).

It's You (2/74 GB 9)
Merseybeat, Pop

Starr, Ringo

RINGO STARR v, d (Großbritannien, * 7. 7. 1940 als Richard Starkey in Liverpool)
Bevor er am 18. 8. 1962 ein Beatle wurde, hatte Ringo in der Eddie Clyton Skiffle Group und mit Rory Storm & The Hurricanes gespielt. Mit Storm trat er in sämtlichen Feriencamps an der Südküste Englands auf. Seine Vorliebe für große Ringe und Künstlernamen machten aus Richard Starkey Ringo Starr. Anfang der 60er Jahre kam Rory Storm, wie so viele andere Bands auch, nach Hamburg, und dort trafen sich zwangsläufig Starr und die Beatles. Ringo sprang einige Male als Ersatzschlagzeuger ein, und nachdem Storm gehört hatte, dass ihn die Beatles haben wollten, machte er Ringo ein neues lukratives Angebot, doch der lehnte zu seinem Glück ab. An jenem 18. 8. 1962 spielte Ringo Starr erstmals mit den Beatles im Cavern Club in Liverpool. Von der lokalen Fernsehstation Granada TV wurde das Ereignis gefilmt und existiert heute noch als Dokument. Bei der ersten Plattenaufnahme der Beatles war George Martin von der Qualität des neuen Schlagzeugers anscheinend nicht sehr überzeugt. Er hatte als Sessionschlagzeuger Andy White zusätzlich engagiert. Wie jeder weiß, wurden die Beatles und damit auch Ringo Starr für den Rest der 60er Jahre die bestimmende Formation. Ringo war es auch, der 1970 nach dem Auseinanderbruch der Beatles seine Enttäuschung darüber zum Ausdruck brachte. Er wäre gerne weiterhin ein Beatle geblieben. Im April 1971 erschien seine erste Single in den GB-Charts: »It Don't Come Easy«. In den USA hatte er seine erste Hitnotierung mit »Beaucoups Of Blues« (11/70 US 87). In der ersten Hälfte der 70er Jahre war Ringo nun auch als Solist überaus erfolgreich. Wie »It Don't Come Easy« produzierte George Harrison auch seinen zweiten Top-10-Hit »Back Of Boogaloo«. Der schon zu seinen Beatles-Zeiten als witzig geltende Starr spielte in etlichen Filmen mit: »Candy« (1968), »The Magic Christian« (1969), »Blindman« (1971), »200 Motels« (1971), »Born To Boogie« (1972), »Son Of Dracula« (1972), »That'll Be The Day« (1973), »Harry And Ringo's Night Out« (1974), »Lisztomania« (1975), »Sextette« (1978), »The Last Waltz« (1978), »The Kids Are Alright« (1979), »Caveman« (1981) und »Give My Regards To Broadstreet« (1984). 1981 heiratete er die Schauspielerin Barbara Bach. Seine letzte Hitnotierung in den USA war »Wrack My Brain« (11/81 US 38), geschrieben und wieder produziert von George Harrison. Die Plattenveröffentlichungen von Ringo gehen bis ins 21. Jahrhundert. Die Single »Weight Of The World«, ausgekoppelt aus der CD »Time Takes Time«, kam 1992 in die unteren Regionen der britischen und deutschen Charts. Auf dieser CD waren als Mitmusiker Doug Fieger und Berton

Averre, einst The Knack, Jeff Lynne, Andrew Gold, Michael Landau oder Peter Asher zu hören. Ringo wurde einmal gefragt, warum er so viele Ringe an den Fingern habe. Antwort: ›Weil ich sie nicht alle an die Nase kriege.‹ Seine erfolgreichsten Alben: »Sentimental Journey« (4/70 GB-LP 7, 5/70 US-LP 22), »Ringo« (11/73 US-LP 2, 12/73 GB-LP 7, D-LP 28) und »Goodnight Vienna« (11/74 US-LP 8, 12/74 GB-LP 30, 2/75 D-LP 39).

It Don't Come Easy (4/71 D 5, US 4, GB 4)
Back Off Boogaloo (4/72 US 9, GB 2)
Photograph (10/73 D 5, GB 8, US 1)
You're Sixteen (12/73 US 1; 2/74 GB 4)
Oh My My (3/74 US 5)
Only You (11/74 US 6)
No No Song (2/75 US 3)
AOR (Adult Orientated Rock), Pop

Siehe auch: Beatles

Stars On 45

JAAP EGGERMONT d (Niederlande), OKKIE HUIJSCHENS (Niederlande), BAAS MUIJS (Niederlande), HANS VERMEULEN (Niederlande)

Jaap Eggermont fand Anfang der 80er Jahre ein Rezept, wie man aus Oldies wieder neue Hits machen konnte. Er mixte bekannte Titel im durchgängigen Diskosound und nahm aus den entsprechenden Stücken die allseits bekannten Hooks heraus. »Stars On 45« beinhaltete »Venus«, »Sugar Sugar« und die Beatles-Nummern »No Reply«, »I'll Be Back«, »Drive My Car«, »Do You Want To Know A Secret«, »We Can Work It Out«, »I Should Have Known Better«, »Nowhere Man« und »You're Going To Lose That Girl«. Sie alle waren so aufbereitet, als wären es Schnipsel aus den entsprechenden Platten. In Wirklichkeit standen dahinter die Holländer Hans Vermeulen, Baas Muijs und Okkie Huijschens. Jaap Eggermont, der einst Schlagzeuger bei der holländischen Formation Golden Earring gewesen war, hatte diesen Aufguss mit simplem Disko-Klatschrhythmus von 118 Beat-Schlägen pro Minute unterlegt und so auf eine Linie getrimmt. Die Platte wurde der absolute Knüller im Frühjahr 1981. In GB erhielt Jaap Eggermont den Gruppennamen Starsound verpasst. Der Nachfolger »Stars On 45 II« beinhaltete eine Mixtur diverser Abba-Nummern. Es erschienen weitere Titel als »Stars On 45 III« (9/81 GB 17, 10/81 D 17), »Stars On Stevie« (2/82 GB 14), »More Stars On 45« oder »The Star Sisters Proudly Present« (8/83 D 35), aber nach 1983 war das Thema ausgelutscht. Ganz ohne Zweifel war dieses System, aus populären Nummern Schnipsel herauszunehmen und neu zu verarbeiten, später richtungweisend für die Disko-Sample-Technik. Die erfolgreichsten Alben: »Longplay Album« (5/81 D-LP 1, GB-LP 1, US-LP 9) und »Stars On 45, Album II« (9/81 D-LP 8, GB-LP 18).

Stars On 45 (3/81 GB 2, US 1, D 1)
Stars On 45, Vol. II (7/81 GB 2, D 2)
Disko

Starsailor

BEN BYRNE d (Großbritannien), JAMES STELFOX b (Großbritannien), JAMES WALSH v, g (Großbritannien), BARRY WESTHEAD key (Großbritannien)

Das Album »Starsailor« des US-Sängers Tim Buckley stand Pate für dieses Quartett aus der nordenglischen Kleinstadt Chorley. Anfang 2001 erschienen – eigentlich gedacht als Demoplatte – drei Songs der Band als »Fever EP« (2/01 GB 18). Es folgte »Good Souls« (5/01 GB 12) und schließlich mit »Alcoholic« der erste Top-10-Hit. Auch das Debütalbum »Love Is Here« (10/01 GB-LP 2) war sofort ein Knüller. Weiter ging es mit »Lullaby« (12/01 GB 36) und »Poor Misguided Fool« (3/02 GB 23).

Alcoholic (9/01 GB 10)
Britpop, Pop

Starsplash

FRANK FRITZE (Deutschland), CHARLY LOWNOISE v (Niederlande, * 17. 6. 1968 als Ramon Roelofs in Den Haag)
Nachdem sich 2001 das Duo Charly Lownoise & Mental Theo getrennt hatte, schrieb Charly noch an der ersten Soloplatte für Theo mit und gründete dann mit Fritze die Formation Starsplash. Zunächst hatten sie »Wonderful Days« nur in den Dance- und Club-Charts Erfolg, mit »Free« klappte es dann auch in der Pop-Hitparade. Als erstes Album erschien »Here We Go Again«.

Free (3/02 D 8)
Dance

Siehe auch: Lownoise, Charly & Mental Theo

Statler Brothers

PHILIP E. BALSLEY v (USA, * 8. 8. 1939 in Augusta County/Virginia), LEW C. DEWITT v (USA, * 8. 3. 1938 als Lewis Calvin DeWitt in Roanoke County/Virginia, † 15. 8. 1990), JIMMY FORTUNE v (USA), DONALD S. REID v (USA, * 5. 6. 1945 in Staunton/Virginia), HAROLD REID v (USA, * 21. 8. 1939 in Augusta County/Virginia)
Das Vokalquartett aus Virginia formierte sich 1955 als Kingsmen. Von 1963 bis 1971 spielten sie vorwiegend zusammen mit Johnny Cash, machten aber ab 1965 auch eigene Platten. Ihre erste Hitnotierung war auch gleichzeitig ihr größter Crossover-Hit: »Flowers On The Wall«. Das Stück hatte Lew DeWitt geschrieben. Im Laufe der folgenden Jahre standen sie regelmäßig in den Country-Charts und schafften über sechzig Hits. Lew DeWitt zog sich 1982 aus der Gruppe zurück und wollte eine Solokarriere beginnen, die jedoch nie richtig erfolgreich wurde. Er starb 1990 an Morbus Crohn. Für ihn war 1982 Fortune gekommen. Die Statler Brothers hatten auch unter dem Namen Lester ›Roadhog‹ Moran & His Cadillac Cowboys Platten veröffentlicht. Die erfolgreichsten Alben der Band waren »The Best Of The Statler Brothers« (9/75 US-LP 121) und »The Statler Brothers Christmas Card« (12/78 US-LP 183).

Flowers On The Wall (11/65 US 4)
Country, Pop

Staton, Candi

CANDI STATON v (USA, * 13. 5. 1940 als Canzata Staton in Hanceville/Alabama)
Candi begann ihre Karriere in den Muscle-Shoals-Studios. Vorher war sie Mitglied im Jewel Gospel Trio, in das sie im Alter von zehn Jahren eingestiegen war. Ab 1968 machte sie Soloplatten. Dazu überredet hatte sie Clarence Carter, mit dem sie danach einige Zeit verheiratet war. Mit »I'd Rather Be An Old Man's Sweetheart (Than A Young Man's Fool)« (6/69 US 46) hatte sie ihre erste Notierung. Richtig erfolgreich wurde Candi Staton, nachdem sie ihren Stil mehr in Richtung Disko getrimmt hatte. Die Hits außerhalb der Top 10: »Stand By Your Man« (8/70 US 24), »Young Hearts Run Free« (5/76 US 20, 8/99 RE-GB 29), »Suspicious Minds« (4/82 GB 31) und »Love On Love« (4/99 GB 27). »You Got The Love« machte sie zusammen mit der Formation Source.

Young Hearts Run Free (5/76 GB 2)
Nights On Broadway (7/77 GB 6)
You Got The Love (2/91 GB 4)
Dance, Pop

Siehe auch: Source feat. Candi Staton

Status Quo

ANDY BOWN g, key (Großbritannien, * 27. 3. 1946 als Andrew Bown), JOHN COGHLAN d (Großbritannien, * 19. 9. 1946 in Dulwich/London), JOHN ›RHINO‹ EDWARDS b (Großbritannien, * 9. 5. 1953), PETE KIRCHER d (Großbritannien, * 21. 1. 1948 in Folkstone/Kent), ALAN LANCASTER b (Großbritannien, * 7. 2. 1949 in Peckham/London), ROY LYNES key (Großbritannien, * 25. 10. 1943), RICK PARFITT v, g (Großbritannien, * 12. 10. 1948 als Richard Harrison in Woking/Surrey), JEFF RICH d (Großbritannien, * 8. 6. 1953), FRANCIS MICHAEL ROSSI v, g (Großbritannien, * 29. 5. 1949 in Peckham/London)

Die Karriere dieser Band begann im Jahr 1962. Zu diesem Zeitpunkt wurde die Gruppe Spectres gegründet. Diese Formation erhielt Mitte 1966 einen Plattenvertrag und veröffentlichte als erste Single »I (Who Have Nothing)«, eine Komposition von Leiber und Stoller. Auch die beiden Nachfolgesingles wurden keine Erfolge, und die Jungs beschlossen, ihren Namen in Traffic Jam zu ändern. Unter diesem Namen wurde »Almost But Not Quite There« veröffentlicht. Auch diese Platte wurde kein Erfolg, und um Komplikationen mit Steve Winwoods Traffic aus dem Weg zu gehen, erfolgte eine weitere Namensänderung. Ab November 1967 nannten sie sich Status Quo. Die Veröffentlichung »Pictures Of Matchstick Men« war eher der Psychedelic- als der Rock-Richtung zuzurechnen. Diese Platte blieb der einzig nennenswerte Erfolg der Gruppe in den USA: Platz 12. Anfang 1968 hatten die Musiker immer noch als Begleitband von Madeline Bell gespielt. Jetzt schwammen sie sich frei und machten eigenständige Tourneen durch GB. Sie schafften mit »Ice In The Sun«, geschrieben von Marty Wilde, »Down The Dustpipe« (5/70 GB 12) und »In My Chair« (11/70 GB 21) noch weitere Top-40-Hits, bevor sie sich von ihrer Plattenfirma Pye trennten und ihre musikalische Richtung in Blues und Boogie änderten. Drei Jahre sollte es dauern, bis mit »Paper Plane« und der Plattenfirma Vertigo die Karriere richtig in Schwung kam. Die Band hatte ihr Image wieder verändert. Die Musiker hatten sich ein rockigeres Aussehen zugelegt, die Haare lang wachsen lassen und sich die Attitüden der Heavy Metal Groups zu eigen gemacht. Bis in die 90er Jahre war die Gruppe regelmäßig in den Charts vertreten. »Down Down« wurde Ende 1974 ihr einziger Platz 1 in GB. Ansonsten veröffentlichte die Band selbst geschriebene Titel, die immer auf denselben drei Boogie-Akkorden aufgebaut waren. Im Frühjahr 1976 schlossen Status Quo einen Marketingdeal mit der Jeansfirma Levi Strauss ab, der als eine der ersten Geschäftsverbindungen zwischen Wirtschaft und Rockmusik in GB gilt. Ab Oktober 1976 wurde Andy Bown, einst Mitglied bei Herd, für Live-Auftritte fest in die Band genommen. Bown hatte bereits bei einigen Plattenproduktionen mitgespielt. 1977 ließ sich Lancaster in Australien nieder und spielte in der Folgezeit auf einer lockeren Basis immer mal wieder mit Status Quo. 1987 tauchte er als Mitglied der australischen Band Party Boys auf. 1982 ging Coghlan und wird durch Kircher ersetzt, der vorher mit Honeybus und Original Mirrors gespielt hatte. In der Folgezeit blieben Parfitt und Rossi, die die meisten der Hits von Status Quo geschrieben hatten, die Konstante in der Band. Wer neben den beiden mit Status Quo spielt, ist im Grunde belanglos. Der bisher letzte Top-10-Erfolg war Ende 1990 »The Anniversary Waltz – Part 1«. Das Stück war ein Medley aus »Let's Dance«, »Red River Rock«, »No Particular Place To Go«, »The Wanderer«, »I Hear You Knocking«, »Lucille« und »Great Balls Of Fire«. Mit mehr als 40 Hitnotierungen in den GB-Charts gelten sie als die erfolgreichste britische Gruppe aller Zeiten. Sie liegen vor den Rolling Stones und den Hollies. Auch die Anzahl der von ihnen veröffentlichten Alben kann sich sehen lassen: »Piledriver« (1/73 GB-LP 5, 4/73 D-LP 31), »Hello!« (10/73 GB-LP 1, 11/73 D-LP 37), »Quo« (5/74 GB-LP 2, 7/74 D-LP 21), »On The Level« (3/75 GB-LP 1, 3/75 D-LP 11), »Down The Dustpipe« (3/75 GB-LP 20), »Blue For You« (3/76 GB-LP 1, 3/76 D-LP 15), »Live« (3/77 GB-LP 3, 3/77 D-LP 3), »Rockin' All Over The World« (11/77 GB-LP 5, 12/77 D-LP 7), »If You Can't Stand The Heat« (10/78 D-LP 11, 11/78 GB-LP 3), »Whatever You Want« (10/79 GB-LP 3, 10/79 D-LP 9), »12 Gold Bars« (3/80 GB-LP 3, 4/80 D-LP 19), »Just Supposin'« (10/80 GB-LP 4, 11/80 D-LP 14), »Never Too Late« (3/81 GB-LP 2, 4/81 D-LP 12), »1982« (4/82 GB-LP 1, 5/82 D-LP 29), »From The Makers Of...« (11/82 GB-LP 4), »Back To Back« (12/83 GB-LP 9), »12 Gold Bars Volume 2« (12/84 GB-LP 12), »In The Army Now« (9/86 GB-LP 7, 9/86 D-LP 14), »Rocking All Over The Years« (10/90 GB-LP 2), »Rock 'Til You Drop« (10/91 GB-LP 10), »Thirsty Work« (9/94 GB-LP 13), »Don't Stop – The 30th Anniversary Album« (2/96 GB-LP 2) und »Whatever You Want – The Very Best Of Status Quo« (10/97 GB-LP 13).

Wer auf Frühwerke von Status Quo – Veröffentlichungen von Spectres und Traffic Jam – Wert legt, findet in der Box »The Early Works« auf drei CDs von Castle Communications das richtige Material. Ende 1995 schafften Status Quo mit einer Neuaufnahme des Searchers-Hits »When You Walk In The Room« Platz 34 in GB. Im Frühjahr 1996 erreichten sie dort Platz 24 mit »Fun Fun Fun«. Auf dieser Platte waren auch die Beach Boys zu hören. »Don't Stop« (4/96 GB 35) und »All Around My Hat« (11/96 GB 47) – aufgenommen zusammen mit Maddy Prior – waren ihre bisher letzten erwähnenswerten Hitnotierungen. Rick Parfitt musste im Sommer 1997 für eine vierfache Bypass-Operation in ein Krankenhaus – nach dreimonatiger Pause machte die Band weiter und startete im August wieder mit Liveauftritten.

Pictures Of Matchstick Men (1/68 GB 7; 3/68 D 7)
Ice In The Sun (8/68 GB 8)
Paper Plane (1/73 GB 8)
Caroline (9/73 GB 5)
Break The Rules (5/74 GB 8)
Down Down (12/74 GB 1, D 7)
Roll Over Lay Down (5/75 GB 9)
Rain (2/76 GB 7)
Wild Side Of Life (12/76 GB 9)
Rockin' All Over The World (10/77 D 7, GB 3)
Whatever You Want (9/79 GB 4)
What You're Proposing (10/80 GB 2, D 3)
Something 'Bout You Baby I Like (2/81 GB 9)
Rock 'n' Roll (11/81 GB 8)
Dear John (3/82 GB 10)
Ol' Rag Blues (9/83 GB 9)
Marguerita Time (12/83 GB 3)
The Wanderer (10/84 GB 7)
Rollin' Home (5/86 GB 9)
In The Army Now (10/86 GB 2, D 1)
Burning Bridges (On And Off And On Again) (3/88 GB 5)
The Anniversary Waltz – Part 1 (9/90 GB 2)
Pop, Rock

Stealer's Wheel

ROD COOMBES d (Großbritannien, * 15. 5. 1946), JOE EGAN v, key (Großbritannien, * 18. 10. 1949 in Schottland), LUTHER GROSVENOR g (Großbritannien, * 23. 12. 1948 in Evesham/Worchester), PAUL PILNICK g (Großbritannien, * 17. 3. 1944), GERRY RAFFERTY v, g (Großbritannien, * 16. 4. 1947 in Paisley/Schottland), TONY WILLIAMS b (Großbritannien)

Stealer's Wheel kam Ende der 60er Jahre zusammen. Vorläufer war die Formation Humblebums. Innerhalb der Band wechselten sehr häufig die Mitglieder. Die beiden Konstanten waren Joe Egan und Gerry Rafferty, die auch die meisten Titel der Band schrieben. Die Musik klang immer eher amerikanisch als britisch. Mit »Everything'l Turn Out Fine« (9/73 GB 33) und »Star« (1/74 GB 25, 1/74 US 29) hatten sie zwei weitere Hits. Lange war nichts mehr von ihnen zu hören, bis Anfang 1978 eine Soloplatte von Gerry Rafferty, »Baker Street«, ein weltweiter Hit wurde. Auch Joe Egan veröffentlichte Soloplatten, die jedoch nicht sehr erfolgreich waren.

Stuck In The Middle With You (3/73 US 6; 5/73 GB 8)

Folk, Pop

Siehe auch: Rafferty, Gerry

Steam

JAY BABINA (USA), RAY CORRIEA (USA), MIKE DANIELS (USA), GARY DECARLO d (USA, in Bridgeport/Connecticut), DALE FRASHUER (USA), PAUL LEKA key (USA, in Bridgeport/Connecticut), HANK SCHORZ v (USA), GARRET SCOTT v (USA, als Gary De Carlo in Bridgeport/Connecticut), BILL STEER v (USA)

Einst hatten Leka und De Carlo gemeinsam mit der Gruppe Chateaus gespielt. Dann wurde Leka Produzent und hatte etliche Hits, z. B. »Green Tambourine« mit den Lemon Pipers, produziert. Nachdem er zur Plattenfirma Mercury gewechselt war, überredete er den A&R-Chef dieser Firma, seinen alten Freund Gary De Carlo unter Vertrag zu nehmen. Paul nahm daraufhin mit Gary vier Titel auf. Nachdem alle vier Stücke nach Ansicht der Firma es wert waren, als A-Seite veröffentlicht zu werden, wurden die beiden gebeten, doch noch schnell eine B-Seite aufzunehmen. Sie willigten ein, und bei der Session kam mit Frashuer ein weiterer Kumpel aus den Chateaus-Tagen hinzu, und die drei einigten sich, eine gemeinsame Komposition aus dem Jahr 1961, »Kiss Him Goodbye«, mal schnell aufzunehmen. Da sie keinen Schlagzeuger hatten, nahm Paul von einer der fertigen Aufnahmen von Gary die Schlagzeugspur herunter und spielte selbst Keyboards. Nachdem die Nummer nur zwei Minuten lang war, kam Paul auf die Idee, sie auf über vier Minuten auszudehnen, um die Rundfunk-DJs davon abzuhalten, den Titel zu spielen. Da sie keinen Text hatten, machten sie das, was man immer macht, wenn einem nichts einfällt, sie sangen: ›Na na, hey hey.‹ Nachmittags um sechs Uhr hatten sie mit der Produktion begonnen, eine Stunde nach Mitternacht waren sie fertig und eigentlich der Meinung, dass der Text doch recht schwach sei. Auf der anderen Seite war er ja nur für die Rückseite eines Hits gedacht. Jetzt hörte der A&R-Mann von Mercury das fertige Produkt und fand es so gut, dass es ihm als B-Seite wieder zu schade war. Er beschloss, es nicht unter Garys Namen zu veröffentlichen, sondern unter dem Gruppennamen Steam. Fertig war ein Millionseller. Erst danach wurden Musiker als Steam zusammengestellt. Ein zweiter großer Erfolg gelang ihnen jedoch nicht mehr.

Na Na Hey Hey Kiss Him Goodbye (10/69 US 1; 1/70 GB 9, D 5)

One Hit Wonder, Pop

Steeleye Span

MARTIN CARTHY v, g (Großbritannien), TIM HART v, g (Großbritannien, * 9. 1. 1948 in Lincoln), ASHLEY »TYGER« HUTCHINSON b (Großbritannien, in London), BOB JOHNSON v, g (Großbritannien, * 17. 3. 1944), RICK KEMP b (Großbritannien, * 15. 11. 1941 in Little Handford), JOHN KIRKPATRICK acc (Großbritannien), PETER KNIGHT v, fiddle, NIGEL PEGRUM d (Großbritannien, * 22. 1. 1949), MADDY PRIOR v (Großbritannien, * 14. 8. 1947 in Blackpool), GAY WOODS v (Großbritannien), TERRY WOODS v, g, mand (Großbritannien)

Diese Band gilt als eine der erfolgreichsten und beständigsten Folk-Rock-Gruppen in GB. Im April 1970 wurde sie von Hutchinson (früher Fairport Convention) mit Tim

Hart, Maddy Prior, Gay und Terry Woods gegründet. Im Sommer erschien ihre erste LP, die kein Erfolg wurde, und das Ehepaar Woods verließ daraufhin die Formation wieder. Im Frühjahr 1971 erschien ihr zweites Album, »Please To See The King«, das heute als eines der besten Folkalben gilt. In der Folgezeit spielten etliche Musiker in der Band, aber vor allem die Stimme von Maddy Prior machte den Sound der Gruppe aus. Abgesehen von der Singles »Gaudete« (12/73 GB 14) und »All Around My Hat« beschränkte sich der kommerzielle Erfolg dieser Formation auf den LP-Sektor. Die Plattenveröffentlichungen von Steeleye Span reichten bis in die 90er Jahre. Auf der 1989 erschienenen LP »Tempted And Tried« war mit der Nummer »The Fox« ein Schnitt zu hören, der es durchaus verdient gehabt hätte, in die Hitparaden zu kommen. Von der alten Besetzung waren noch Prior, Knight und Pegrum mit dabei. Die erfolgreichsten Alben waren »Now We Are Six« (3/74 GB-LP 17) und »All Around My Hat« (10/75 GB-LP 7).

All Around My Hat (11/75 GB 5)
Folk, Rock

Steely Dan

Jeffrey »Skunk« Baxter g (USA, * 13. 12. 1948 in Washington/D.C.), Walter Becker v, b (USA, * 20. 2. 1950 in Queens/New York City), Denny Dias g (USA, * 20. 12. 1946), Donald Fagen v, key (USA, * 10. 1. 1948 in Passaic/New Jersey), Jim Hodder d (USA, † 5. 6. 1990), Michael McDonald v, key (USA, * 2. 12. 1952 in St. Louis), David Palmer v, key (USA), Jeff Porcaro d (USA, * 1. 4. 1954 in Hartford/Connecticut, † 5. 8. 1992)

Die beiden Musiker, die Steely Dan ausmachten, trafen sich 1967 am Bard's College in New York. Fagen und Becker studierten dort, und zwei Jahre später machte Fagen seinen Abschluss in englischer Literatur. Fagen und Becker versuchten, sich im Musikgeschäft zu etablieren, und schrieben den Soundtrack für den Richard-Pryor-Film »You Gotta Walk It Like You Talk It«. 1970 lasen sie eine Anzeige in der New Yorker Zeitung ›Village Voice‹, in der der Gitarrist Dias Musiker für seine Gruppe Demian suchte. Sie wurden genommen, und es kam zu ersten Demoaufnahmen. 1971 nahm Barbra Streisand eine Komposition von Becker und Fagen auf. Die beiden verließen Demian und wurden Mitglieder bei Jay & The Americans, die zu diesem Zeitpunkt vorwiegend in New York auftraten und Demos für den Verlag Brill Building sangen. Mitte 1972 kam es zur Gründung von Steely Dan. Der Name ist dem William-Burroughs-Roman ›The Naked Lunch‹ entnommen. Als erste LP erschien »Can't Buy A Thrill« (12/72 US-LP 17, 9/75 GB-LP 38), und darauf ist »Do It Again« zu finden. In GB erreichten sie lediglich mit »Haitian Divorce« (12/76 GB 17) die Charts. In Deutschland ist diese intelligente Mixtur aus Jazz und Rock für den Singlemarkt wohl zu kompliziert gewesen. Die erfolgreichsten Alben waren »Countdown To Ecstasy« (7/73 US-LP 35), »Pretzel Logic« (3/74 US-LP 8, GB-LP 37), »Katy Lied« (4/75 US-LP 13, 5/75 GB-LP 13), »The Royal Scam« (5/76 US-LP 15, GB-LP 11), »Aja« (10/77 US-LP 3, GB-LP 5), »Greatest Hits« (11/78 US-LP 30) und »Gaucho« (12/80 US-LP 9).

1981 trennten sich Becker und Fagen. Von Donald Fagen erschien 1982 die sehr erfolgreiche und musikalisch ausgezeichnete Langspielplatte »The Nightfly«. Erst nach zwölf Jahren kam es wieder zu einer Zusammenarbeit zwischen Fagen und Becker. Auf Fagens CD »Kamakiriad«, die Becker produzierte, sind sie 1993 wieder gemeinsam zu hören. Im selben Jahr gingen sie auch wieder als Steely Dan auf Tour. 1994 erschien eine Solo-CD von

Walter Becker mit dem Titel »11 Tracks Of Whack«, auf der auch wieder beide gemeinsam spielten. Bei der Gelegenheit stellte sich heraus, dass Becker von den beiden der schlechtere Sänger ist. Sie gingen auch wieder gemeinsam auf Tournee, und das Ergebnis erschien Ende 1995 als Album »Alive In America«. Anfang 2000 wurde angekündigt: ›Steely Dan – Das erste Studioalbum nach 20 Jahren von Donald Fagen und Walter Becker' als Steely Dan kommt‹. Es hieß »Two Against Nature« (3/00 GB-LP 11, D-LP 11, US-LP 6) und erhielt einen Grammy als Album des Jahres. 2001 wurden Steely Dan in die Rock and Roll Hall of Fame aufgenommen.

Do It Again (11/72 US 6)
Rikki Don't Lose That Number (5/74 US 4)
Hey Nineteen (11/80 US 10)
AOR (Adult Orientated Rock), Rock

Stéphanie

STÉPHANIE v (Monaco, * 1. 2. 1965)
Stéphanie, Prinzessin von Monaco, sang im Frühjahr 1986 die Nummer »Irresistible«. Nach »One Love To Give« besann sie sich wohl wieder auf andere Dinge. Mitte 1991 kam sie mit »Winds Of Chance« noch einmal ganz knapp in die deutsche Hitparade. Man kann das Ganze als Freizeitbeschäftigung für jemanden betrachten, der ansonsten recht wenig zu tun hat, und nur schwer als ernsthaften Gesang. Ihr erfolgreichstes Album war »Stéphanie« (10/86 D-LP 12). Als Mystery Girl sang sie auf Michael Jacksons Hit »In The Closet« (4/92 US 6, 5/92 GB 8, D 15) mit.

Irresistible (4/86 D 2)
One Love To Give (9/86 D 10)
Disko

Steppenwolf

GEORGE BIONDO b (USA, * 3. 9. 1945 in Brooklyn/New York City), MARS BONFIRE g (Kanada, als Dennis McCrohan), LARRY BYROM g (USA, * 27. 12. 1948), BOBBY COCHRAN g (als Robert Cochran), WAYNE COOK key, JERRY EDMONTON d (Kanada, * 24. 10. 1946 als Jerry McCrohan, † 28. 11. 1993), KENT HENRY g, JOHN KAY v (Deutschland, * 12. 4. 1944 als Joachim Krauledat in Tilsit/Ostpreußen), GOLDY MCJOHN key (Kanada, * 2. 5. 1945 als John Goadsby in Toronto), MICHAEL MONARCH g (USA, * 5. 7. 1946 in Los Angeles/Kalifornien), RUSHTON MOREVE b (USA, in Los Angeles/Kalifornien, † 1. 7. 1981), JOHN RUSSELL MORGAN b, NICK ST. NICHOLAS b (Deutschland, * 28. 9. 1943 als Klaus Kassbaum in Plön)
1958 war John Kay mit seinen Eltern aus der DDR nach Kanada übergesiedelt. 1967 gründete er mit Monarch, Moreve, McJohn und Jerry Edmonton die Formation Sparrow. Nachdem ihre Single »Tomorrow's Ship« kein Erfolg wurde, ging die Band von Kanada nach Kalifornien, änderte ihren Namen in Steppenwolf und erhielt einen Plattenvertrag bei Dunhill Records. Nach einigen ersten Aufnahmen wurde Moreve gegen Morgan ausgetauscht. Im Januar 1968 erschien das Debütalbum »Steppenwolf«, und Mitte 1968 kam »Born To Be Wild« (10/68 D 20, 6/69 GB 30, 2/99 RE-GB 18) in die Singlehitparade. Im Song ist von ›heavy metal thunder‹ die Rede. Heavy Metal wurde später ein feststehender Begriff in der Popmusik. Noch im selben Jahr erschien mit »Magic Carpet Ride« ein zweiter Millionseller. »Rock Me« war die letzte Top-10-Notierung. Peter Fonda eröffnete seinen Film »Easy Rider« mit den beiden Steppenwolf-Songs »The Pusher« und »Born To Be Wild«. 1969 verließen Monarch und Morgan die Gruppe und wurden durch Byrom und St. Nicholas ersetzt. St.

Nicholas ging 1970 wieder, und für ihn kam Biondo. Im Mai 1971 verließ Byrom die Band und wurde durch Henry ersetzt. Im Frühjahr 1972 löste Kay die Gruppe offiziell auf. Als Begründung gab er an, dass sie musikalisch einfach zu sehr in eine bestimmte Richtung gepresst wurden. Wenig später erschien Kays erstes Soloalbum, und nachdem er mit seinem Material keinen sonderlichen Erfolg hatte, kam Steppenwolf Anfang 1974 wieder zusammen. Neben Kay waren McJohn, Edmonton, Biondo und Ex-Flying-Burrito-Brother Bobby Cochran mit von der Partie. Noch im selben Jahr verließ McJohn die Band wieder und wurde durch Cook ersetzt. 1976 fiel die Gruppe erneut auseinander. Monarch wurde Mitglied in der Heavy-Metal-Band Detective. Wieder versuchte sich Kay als Solist, und wieder stellte er 1980 eine Band als John Kay & Steppenwolf zusammen. Mitte 1981 kam Moreve bei einem Autounfall in Los Angeles ums Leben. 12 Jahre später starb Edmonton ebenfalls bei einem Autounfall. Was sich in den 80er Jahren als Steppenwolf durch die Gegend quälte, war großenteils peinlich. Plattenveröffentlichungen gingen bis in die 90er Jahre. Der alte Schwung war dahin, und was aus der einst wilden Horde wurde, zeigte sich am besten, als 1990 in GB für die Shell-Tankstellen mit dem Song »Born To Be Wild« geworben wurde. 1992 erschien »Steppenwolf Greatest Hits Live« als neues Album. Es war weder darauf vermerkt, wer mitspielt, noch anhörenswert, sondern einfach nur zum Vergessen.

Die erfolgreichsten Alben der Gruppe waren »Steppenwolf« (3/68 US-LP 6, 11/68 D-LP 34), »The Second« (10/68 US-LP 3, 3/69 D-LP 23), »At Your Birthday Party« (3/69 US-LP 7), »Monster« (11/69 US-LP 17, 3/70 D-LP 27), »Steppenwolf Live« (4/70 US-LP 7, 7/70 GB-LP 16) und »Steppenwolf 7« (11/70 US-LP 19).

Born To Be Wild (7/68 US 2)
Magic Carpet Ride (10/68 US 3)
Rock Me (3/69 US 10)
Hard Rock, Rock

Steps

LEE LATCHFORD v (Großbritannien, in Chester), CLAIRE RICHARDS v (Großbritannien, in Middlesex), LISA SCOTT-LEE v (Großbritannien, in North Wales), FAYE TOZER v (Großbritannien, * 14. 11. 1975 in Bedfordshire), IAN WATKINS v (Großbritannien, * 8. 5. 1976 in South Wales)

Mit dieser Formation versuchten die Briten den Reihentanz wieder in die Charts zu pushen. Mit »5,6,7,8« (11/97 GB 14) hatte das Quintett einen ersten Erfolg, der zwar über 300 000 Mal in GB verkauft wurde, trotzdem aber nicht in die Top 10 kam. Außergewöhnlich allerdings: Die Platte zeigte innerhalb der Charts mehrfach Aufwärtsbewegungen – normalerweise stieg ab den 90er Jahren eine Platte in die GB-Charts ein und fiel dann langsam wieder nach unten. »Last Thing On My Mind« war die Coverversion eines Titels von Bananarama und brachte der Band ihren ersten Top-10-Hit. Ihr Debütalbum hieß »Step One« (9/98 GB-LP 2). Als nächstes Album erschien »Steptacular« (11/99 GB-LP 1). Daraus ausgekoppelt wurde »After The Love Has Gone«. Ende Oktober 2000 erschien mit »Buzz« (11/00 GB-LP 4) ein neues Album. Im Herbst 2001 wurden die Hits zusammengefasst: »Gold – The Greatest Hits« (10/01 GB-LP 1). Die Platte sprang am 27.10. gleich auf Platz 1.

Last Thing On My Mind (5/98 GB 6)
One For Sorrow (9/98 GB 2)
Heartbeat/Tragedy (11/98 GB 1)
Better Best Forgotten (3/99 GB 2)
Love's Got A Hold On My Heart (7/99 GB 2)
After The Love Has Gone (10/99 GB 5)
Say You'll Be Mine/Better The Devil You Know (12/99 GB 4)

Deeper Shade Of Blue (4/00 GB 4)
When I Said Goodbye/Summer Of Love (7/00 GB 5)
Stomp (10/00 GB 1)
It's The Way You Make Me Feel (1/01 GB 2)
Here And Now/You'll Be Sorry (6/01 GB 4)
Chain Reaction/One For Sorrow (10/01 GB 2)
Words Are Not Enough/I Know Him So Well (12/01 GB 5)
Pop

Stereophonics

STUART CABLE d (Großbritannien, * 19. 5. 1970 in Abadare/Wales), RICHARD JONES b (Großbritannien, * 23. 5. 1974 in Abadare/Wales), KELLY JONES v, g (Großbritannien, * 3. 6. 1974 in Abadare/Wales)

Schon 1992 schlossen sich die drei Freunde, die sich seit ihren Kindertagen kennen, zu dieser walisischen Gruppe zusammen. Im Februar 1998 erhielten sie einen Brit-Award als beste Nachwuchsgruppe. Mit »Local Boy In The Photograph« (3/97 GB 51, 2/98 RE-GB 14) hatten sie ihre erste Hitnotierung. Es folgten »More Life In A Tramp's Vest« (5/97 GB 33), »A Thousand Trees« (8/97 GB 22) und »Traffic« (11/97 GB 20). Nun wurde auch ihr erstes Album »Word Gets Around« (9/97 GB-LP 6) erfolgreich. Nach dem Award wurde »Local Boy In The Photograph« wieder neu veröffentlicht und erreichte nun die Top 20. »The Bartender And The Thief« zum ersten Top-10-Hit. Ihr nächstes erfolgreiches Album wurde »Performance & Cocktails« (3/99 GB-LP 1). Es folgte der Singlehit »I Wouldn't Believe Your Radio« (9/99 GB 11). Nach einer Pause waren sie 2001 mit dem Titel »Mr. Writer« wieder da. Hier starteten sie einen Rundumschlag gegen die Geschwätzigkeit der Musikjournalisten. Als nächstes Album kam »Just Enough Education To Perform« (4/01 GB-LP 1). »Handbags And Gladrags« war eine Coverversion des Titels von Michael D'Abo, der auch schon von Rod Stewart gesungen wurde.

The Bartender And The Thief (11/98 GB 3)
Just Looking (3/99 GB 4)
Pick A Part That's New (5/99 GB 4)
Mr. Writer (3/01 GB 5)
Have A Nice Day (6/01 GB 5)
Handbags And Gladrags (12/01 GB 4)
Pop

Stevens, April

APRIL STEVENS v (USA, * 29. 4. 1936 als Carol Lo Tempio in Niagara Falls/New York)

Gerade mal 15 Jahre alt, hatte April Stevens Mitte 1951 mit dem Titel »I'm In Love Again« ihre erste Hitnotierung. Noch im selben Jahr gelang ihr mit »Gimme A Little Kiss, Will Ya, Huh?« ein weiterer Top-10-Hit. Nach einer weiteren Top-30-Notierung dauerte es acht Jahre, bis der Titel »Teach Me Tiger« zumindest knapp die amerikanische Hitparade erreichte. Zusammen mit ihrem Bruder Nino Tempo machte April eine Neuaufnahme von »Deep Purple« (11/63 GB 17) – ein Spitzenreiter in den USA für Larry Clinton im Jahre 1939 und erstmals 1934 von Paul Whiteman und seinem Orchester gespielt. Nach »Whispering« (12/63 US 11, 1/64 GB 20), »Stardust« (2/64 US 32) und »All Strung Out« (9/66 US 26) war ihre Hit-Zeit wieder vorüber. Mitte 1974 – jetzt nannte sie sich nur noch April – hatte sie ihre letzte Hitnotierung mit dem Titel »Wake Up And Love Me«.

I'm In Love Again (6/51 US 6)
Gimme A Little Kiss, Will Ya, Huh? (8/51 US 10)
Deep Purple (9/63 US 1)
Pop

Siehe auch: Tempo, Nino

Stevens, Cat

CAT STEVENS v (Großbritannien, * 21. 7. 1947 als Stephen Demetri Georgiou in London)

Schon in jungen Jahren begann der Sohn eines Griechen und einer Schwedin, der in London aufwuchs, sich für Musik zu interessieren. 1966 machte er seine ersten Platten und hatte mit »I Love My Dog« (10/66 GB 28) seine erste Hitnotierung. Nach zwei Top-10-Hits kam noch »Kitty« (12/67 GB 20). Auch als Songschreiber bewies er Qualität. »First Cut Is The Deepest« wurde mit P. P. Arnold, »Here Comes My Baby« mit den Tremeloes ein Erfolg. Nach 1967 war er wie vom Erdboden verschwunden. Nur langsam erfuhren die Fans, was passiert war: Cat Stevens hatte Tuberkulose, ein Lungenflügel war paralysiert, und es hieß, dass er wahrscheinlich nicht durchkommen würde. Doch dann war er 1970 wieder da mit »Lady D'Arbanville« (9/70 D 23). Stevens war besser als je zuvor. Die weiteren Erfolge außerhalb der Top 10: »Wild World« (2/71 US 11), »Moon Shadow« (6/71 US 30, 8/71 GB 22), »Morning Has Broken« (3/72 D 37), »Sitting« (11/72 US 16), »Can't Keep It In« (12/72 GB 13, 1/73 D 36), »The Hurt« (7/73 US 31), »Oh Very Young«, »Another Saturday Night« (8/74 GB 19, 10/74 D 37), »Ready« (12/74 US 26), »Two Fine People« (7/75 US 33), »Banapple Gas« (6/76 D 37) und »(Remember The Days Of The) Old Schoolyard« (6/77 US 33).

Er nahm auch eine Reihe von sehr schönen LPs auf, die deutlich zeigten, dass aus dem Sänger von »Matthew And Son« ein reifer Mann geworden war. Ob er nun davon sang, dass Kinder in unserer Zeit und auf dieser Erde kaum noch Platz zum Spielen finden, vom Verhältnis zwischen Vater und Sohn oder von der Notwendigkeit eines allgemeinen Friedens – Cat Stevens war glaubwürdig. Schließlich machte er die Musik für den inzwischen zum Kultfilm avancierten Streifen »Harold And Maude«, und alles deutete darauf hin, dass dieser Interpret mit seinen gescheiten Liedern noch lange im Geschäft bleiben und viele der üblichen Poplümmelchen überleben würde. 1977 erreichte Rod Stewart mit seiner Version von »First Cut Is The Deepest« Platz 1 in GB. Die Verkaufserfolge von Stevens jedoch ließen nach. 1979 stieg Cat Stevens aus dem Plattengeschäft aus. Er war inzwischen zum Islam übergetreten. Was diesen Wechsel vom Popsänger zu Yusuf Islam, wie er sich jetzt nannte, bewirkte, wurde nie bekannt. Auf einer LP-Hülle aus dem Jahr 1984 – auf der Platte wurden viele seiner großen Hits neu veröffentlicht – stand zu lesen, dass er glücklich, gesund und zufrieden als Ehemann und Vater von drei Töchtern nur noch für die Verbreitung des Friedens und des Islams lebte. 1989 wurde bekannt, dass er die Aufforderung, den Autor Salman Rushdie wegen seiner ›Satanischen Verse‹ zu töten, unterstützte.

Seine erfolgreichsten Alben waren »Matthew And Son« (3/67 GB-LP 7), »Tea For The Tillerman« (11/70 GB-LP 20, 2/71 US-LP 8), »Teaser And The Firecat« (10/71 GB-LP 3, 10/71 US-LP 2, 12/71 D-LP 23), »Catch Bull At Four« (10/72 GB-LP 2, 10/72 US-LP 1, 10/72 D-LP 17), »Foreigner« (7/73 GB-LP 3, 7/73 US-LP 3, 8/73 D-LP 18), »Buddah And The Chocolate Box« (4/74 GB-LP 3, 4/74 US-LP 2, 6/74 D-LP 34), »Cat Stevens – Greatest Hits« (7/75 GB-LP 2, 7/75 US-LP 6, 8/75 D-LP 6), »Numbers« (12/75 US-LP 13, 1/76 D-LP 20), »Izitso« (5/77 GB-LP 18, 5/77 US-LP 7, 6/77 D-LP 8), »Morning Has Broken« (11/81 D-LP 5), »The Very Best Of Cat Stevens« (2/90 GB-LP 4, 3/90 D-LP 8) und »Remember – The Ultimate Collection« (11/99 GB-LP 36). Im März 1998 stellte er in London ein neues Album vor, das er zusammen mit Musikern aus Bosnien aufgenommen hatte. Im Frühjahr 2000 erschien das Album »A For Allah« – mit dieser Platte wollte Cat/Islam Kindern die Bedeutung moralischer Werte vermitteln.

Matthew And Son (1/67 GB 2)
I'm Gonna Get Me A Gun (3/67 GB 6)
Lady D'Arbanville (6/70 GB 8)
Peace Train (9/71 US 7)
Morning Has Broken (1/72 GB 9; 4/72 US 6)
Oh Very Young (3/74 US 10)
Another Saturday Night (8/74 US 6)
Folk, Pop

Stevens, Ray

RAY STEVENS v, p (USA, * 24. 1. 1939 als Ray Ragsdale in Clarkdale/Georgia)
Stevens war Spezialist für so genannte Novelty-Songs. Sein erster Erfolg war der fast unaussprechbare und überlange Titel »Jeremiah Peabody's Poly Unsaturated Quick Dissolving Fast Acting Pleasant Tasting Green & Purple Pills«, der es im Herbst 1961 bis in die Top 40 brachte. »Ahab, The Arab« war Mitte 1962 sein erster Top-10-Hit. Seine letzte Notierung in den Popcharts hatte Ray, dessen Plattenveröffentlichungen bis in die 90er Jahre gingen, 1979 mit »I Need Your Help, Barry Manilow«. In den Country-Hitparaden tauchte er in den 80er Jahren immer wieder und auch in den höchsten Positionen auf. Heute gilt Ray Stevens als der Nummer-1-Novelty-Künstler der letzten 35 Jahre in den USA. Sein einziges Platinalbum war »He Thinks He's Ray Stevens« (1/85 US-LP 118).

Ahab, The Arab (6/62 US 5)
Gitarzan (4/69 US 8)
Everything Is Beautiful (4/70 GB 6, US 1)
Bridget The Midget (The Queen Of The Blues) (3/71 GB 2)
The Streak (4/74 GB 1, US 1)
Misty (6/75 GB 2)
Country, Pop

Stevens, Shakin'

SHAKIN' STEVENS v (Großbritannien, * 4. 3. 1948 als Michael Barratt in Ely/Wales)
In den 60er Jahren gründete Stevens Bands wie The Denims oder Shakin' Stevens & The Sunsets. 1969 durfte er in London den Anheizer für die Rolling Stones spielen. 1970 veröffentlichte er die Langspielplatte »A Legend«, die Dave Edmunds produzierte. Ein Jahr später kam das zweite Album von Shakin' Stevens & The Sunsets, »I'm No J.D.«, bei einer anderen Plattenfirma heraus. Als Live-Band spielte die Formation in ganz Europa und war erfolgreich. Ihre Platten jedoch verkauften sich nicht, und Mitte 1976 trennten sich die Sunsets. 1977 war Stevens einer der drei Schauspieler neben P.J. Proby und Tim Whitnall, die in dem Musical »Elvis« in London das Leben von Presley nachspielten. Im Herbst 1978 erhielt er einen Solovertrag, und »Hot Dog« (2/80 GB 24) war seine erste Hitnotierung-Charts. Auch »Marie, Marie« (8/80 GB 19, 1/81 D 19) kam noch nicht in die Top 10. Aber dann ging es Schlag auf Schlag. Auch in der Bundesrepublik hatte Shakin' mit seinem aufgewärmten Rockabillysound viele Fans, die wie in GB dafür sorgten, dass Stevens bis in die 90er Jahre immer wieder mal in den Charts auftauchte. Seine letzte Hitnotierung war »Radio« (10/92 GB 37). Diese Platte machte Shaky zusammen mit Roger Taylor. Seine erfolgreichsten Alben waren »This Ole House« (4/81 GB-LP 2, 6/81 D-LP 4), »Shaky« (9/81 GB-LP 1, 9/81 D-LP 4), »Hot Dog« (5/82 D-LP 11), »Give Me Your Heart Tonight« (10/82 GB-LP 3, 10/82 D-LP 10), »Jetzt kommt Shaky« (5/83 D-LP 13) und »Greatest Hits« (11/84 GB-LP 8).

This Ole House (2/81 GB 1; 4/81 D 5)
You Drive Me Crazy (5/81 GB 2, D 6)
Green Door (7/81 GB 1, D 6)
It's Raining (10/81 GB 10)
Oh! Julie (1/82 GB 1, D 2)

Shirley (4/82 D 7, GB 6)
Give Me Your Heart Tonight (8/82 D 6)
I'll Be Satisfied (10/82 GB 10)
The Shakin' Stevens EP (12/82 GB 2)
Cry Just A Little Bit (11/83 GB 3)
A Rockin' Good Way (1/84 GB 5)
A Love Worth Waiting For (3/84 GB 2)
A Letter To You (9/84 GB 10)
Teardrops (11/84 GB 5)
Merry Christmas Everybody (12/85 GB 1)
What Do You Want To Make Those Eyes At Me For (11/87 GB 5)
Pop, Rock 'n' Roll, Rockabilly

Siehe auch: Shaky & Bonnie

Stevenson, B. W.

B. W. STEVENSON v (USA, * 5. 10. 1949 als Louis C. Stevenson in Dallas/Texas, † 28. 4. 1988)
Der Sänger und Songschreiber hatte mit »Shambala« im Frühjahr 1973 seinen ersten und zwei Monate später mit »My Maria« seinen größten Charterfolg. Mit ihm zusammen spielten auf dieser Platte Studiocracks wie Joe Osborn, Larry Carlton oder Jim Gordon. Weitere Hits gelangen dem Rocksänger mit Folk-Touch nicht mehr. B.W. stand für ›Buck Wheat‹, ein Slangausdruck für Mischling. Stevenson starb nach einer Herzoperation.

My Maria (7/73 US 9)
Folk, One Hit Wonder, Pop

Stewart, Al

AL STEWART v, g (Großbritannien, * 5. 9. 1945 in Glasgow)
Stewart verdiente sich erste musikalische Sporen in den 60er Jahren als Gitarrist bei der Formation Sabres. 1965 zog er nach London und spielte in verschiedenen Folkclubs, bevor er 1966 einen Plattenvertrag erhielt. Nach einer erfolglosen Single wechselte er im darauffolgenden Jahr die Plattenfirma und veröffentlichte 1967 sein Debütalbum »Bedsitter Images«. 1969 kam mit »Love Chronicles« seine zweite LP, die von den britischen Musikkritikern zum Folkalbum des Jahres gewählt wurde. Bis 1975 kamen weitere LPs auf den Markt, die jedoch alle nicht sonderlich beeindruckten. Ab 1975 arbeitete er mit Alan Parsons zusammen, und 1976 erschien »Year Of The Cat«. Der Titel handelte von dem britischen Komiker Tony Hancock. Nach 1980 gelang Al Stewart kein Hitparadenerfolg mehr, obwohl er weiterhin sehr schöne Platten herausbrachte. So erschien 1993 das Album »Famous Last Words«, aus dem die Single »Don't Forget Me« ausgekoppelt wurde. Seine erfolgreichsten Alben waren »Year Of The Cat« (10/76 US-LP 5, 2/77 GB-LP 38), »Time Passages« (10/78 US-LP 10, 10/78 GB-LP 39, 10/78 D-LP 8) und »24 Karat« (9/80 D-LP 19, 9/80 US-LP 37).

Year Of The Cat (12/76 US 8)
Time Passages (9/78 US 7)
AOR (Adult Orientated Rock), Pop

Stewart, Amii

AMII STEWART v (USA, als Amy Stewart in Washington/D.C.)
Amii (* 1956) war gerade 19 Jahre alt, als sie in Miami in dem Musical »Bubbling Brown Sugar« ihre Karriere begann. Wenig später spielte sie in dem selben Musical am Broadway, mit dem sie 1977 nach London ging. Dort wurde sie von einem im Publikum sitzenden Songschreiber und Produzenten als Sängerin entdeckt. Ihr großer Erfolg kam, als sie eine Coverversion von Eddie Floyds »Knock On Wood« sang. Im Sommer 1985 wurden »Knock On Wood/Light My Fire« noch einmal neu gemixt. Wenn man Amii glauben darf, ist Disko nicht ihre bevorzugte Musikrichtung. Amii nahm auch Titel zusamen mit Johnny Bristol 1980 und Deon Estus 1986 auf. In beiden Fällen sang sie »My Guy/My Girl«. 1992 veröffentlichte sie »Extra-

large«, den Titelsong aus dem Film »2 Supertypen in Miami«. Ihr erfolgreichstes Album hieß »Knock On Wood« (3/79 US-LP 19).

Knock On Wood (1/79 US 1; 4/79 GB 6)
Light My Fire/1 3 7 Disco Heaven (Medley) (6/79 GB 5)
Knock On Wood/Light My Fire Remix (8/85 GB 7)
Disko

Stewart, Andy

ANDY STEWART v (Großbritannien, * 30. 12. 1933 in Glasgow)
Dieser Sänger und Entertainer stand mit der Frage »Donald Where's Your Troosers« (12/60 GB 37) erstmals in den britischen Charts. Danach kamen drei weitere Hitnotierungen, darunter mit »A Scottish Soldier« (1/61 GB 19) und »The Battle's O'er« (6/61 GB 28) noch zwei weitere Top-40-Hits. »A Scottish Soldier« war an das Traditional »Green Hills Of Tyrol« angelehnt. Danach war er ganz vergessen, bis sein erster Hit zu Weihnachten 1989 wieder in die GB-Charts kam. Der Erfolg dieser Lieder und dieses Interpreten kann sich nur auf die Britischen Inseln beschränken. Die Briten würden allerdings dem »Buuredanz« der Bläck Fööss ähnlich verständnislos gegenüberstehen.

Donald Where's Your Troosers (12/89 GB 4)
Pop

Stewart, Billy

BILLY STEWART v, p (USA, * 24. 3. 1937 in Washington/D.C., † 17. 1. 1970)
Der Sänger, Komponist und Tastenspieler trug den Spitznamen ›Fat Boy‹. Er begann seine Karriere als Sänger bei den Rainbows in seiner Heimatstadt Washington, D.C. Bei dieser Band waren auch spätere Stars wie Marvin Gaye und Don Covay. Dann spielte Billy Stewart in der Begleitband von Bo Diddley Keyboards. Der förderte ihn und vermittelte ihm einen Plattenvertrag bei Chess Records, für die Billy zwischen 1956 und 1967 Platten aufnahm. Seine erste Chartnotierung hatte er Mitte 1962 mit »Reap What You Sow«. Billys größter Hit war eine eigenwillige Version von Gershwins »Summertime«. Zusammen mit Musikern seiner Band kam er 1970 bei einem tragischen Autounfall ums Leben.

Summertime (7/66 US 10)
Instrumental, Pop, Rhythm & Blues

Stewart, Dave

DAVE STEWART v, p (Großbritannien, * 30. 12. 1950)
Der Tastenspieler und Songschreiber begann mit der Formation Arzachel 1969. Danach spielte er mit Egg, 1971 kurzzeitig mit Nazareth, ein Jahr später mit Khan und ab 1973 mit Hatfield & The North – alles ohne kommerziellen Erfolg. Anfang der 80er Jahre kam er als Solist. Seinen ersten Erfolg hatte er mit einer Neuauflage von »What Becomes Of The Brokenhearted?« (3/81 GB 13). Da auch dieser Dave Stewart kein begnadeter Sänger ist, nahm er sich als Sänger für diesen Titel Colin Blunstone. Zusammen mit der Sängerin Barbara Gaskin veröffentlichte er im Herbst desselben Jahres eine neue Version von Leslie Gores 1963er Hit »It's My Party«. Weitere Platten, die er mit Gaskin zusammen aufnahm, erreichten nicht mehr die ersten 40. Nach 1986 gelang ihnen überhaupt keine Notierung mehr. Nachdem sich der Eurythmics-Dave-Stewart zwischen Vor- und Nachnamen ein A. gesetzt hatte, um sich von diesem hier zu unterscheiden, nannte der sich David L. Stewart. Zusammen mit Barbara Gaskin machte er 1991 das Album »Spin«.

It's My Party (9/81 GB 1; 11/81 D 3)
Pop

Stewart, David A.

DAVE A. STEWART g, key, syn (Großbritannien, *9.9.1952 als David Allan Stewart in Sunderland/Tyne&Wear)
Dieser Gitarrist, Tastenspieler und Songschreiber gründete zusammen mit Annie Lennox 1977 die Tourists und ab 1981 Eurythmics. Beide Formationen waren in den Top 10 erfolgreich. Gegen Ende der 80er Jahre erschienen auch Soloplatten von ihm, und zusammen mit der holländischen Saxophonistin Candy Dulfer gelang ihm im Frühjahr 1990 mit »Lily Was Here« aus dem gleichnamigen Film ein zeitlos schöner Hit. Das scheint allerdings den Tatendrang von David A. nicht zu befriedigen. 1990 kam er auch noch mit einer Band, die er Dave Stewart & The Spiritual Cowboys nannte. Die Nummer »Jack Talking« kam zwar nur in Deutschland unter die ersten 50, hätte aber wesentlich mehr verdient gehabt. Und noch ein weiteres Projekt, das er Vegas nannte, kam Anfang der 90er Jahre auf den Markt. Hier arbeitete er zusammen mit Terry Hall, der mit den Specials, Fun Boy Three und Colourfield gesungen hatte. Nebenher produziert er erfolgreich andere Künstler. Verheiratet ist er mit Siobhan Fahey von Shakespear's Sister. Zusammen mit Tom Jones nahm er die Benefizplatte »All You Need Is Love« (2/93 GB 19) auf. 1994 – jetzt wieder nur unter seinem Namen – veröffentlichte er »Greetings From The Gutter«. Darauf »Heart Of Stone« (9/94 GB 36).

Lily Was Here (2/90 GB 6)
AOR (Adult Orientated Rock), Pop

Siehe auch: Eurythmics; Lennoy, Annie; Tourists

Stewart, Jermaine

JERMAINE STEWART v (USA, * 7.9. 1960 in Chicago/Illinois, † 17.3. 1997)
Jermaine begann seine Karriere als Tänzer in der amerikanischen TV-Serie ›Soul Train‹. Nachdem er im Hintergrund auf Plattenaufnahmen von Shalamar, Gladys Knight, Millie Jackson und Culture Club gesungen hatte, kam er ab 1984 als Solist. Seine erste Hitnotierung gelang Jermaine im Frühjahr 1985 in den USA mit »The Word Is Out« (2/85 US 41). »We Don't Have To Take Our Clothes Off« wurde sein erster Top-10-Erfolg.
Jermaine starb laut einer amerikanischen Quelle an Leberkrebs.

We Don't Have To Take Our Clothes Off (5/86 US 5; 8/86 GB 2)
Say It Again (1/88 GB 7)
Get Lucky (6/88 D 6)
Don't Talk Dirty To Me (10/88 D 4)
Disko

Stewart, John

JOHN STEWART v, g (USA, * 5.9. 1939 in San Diego/Kalifornien)
John begann bei den Cumberland Three und ging 1961 als Ersatz für Dave Guard zum Kingston Trio. Er blieb bis 1967 und machte danach Soloplatten, erst mit Natur-, dann mit elektrischer Gitarre und schließlich mit Rockbegleitung. 1969 hatte er seine erste Hitnotierung in den USA mit »Armstrong«. Erst nach zehn Jahren gelang ihm der nächste Erfolg mit »Gold«. Hilfreich zur Seite standen bei dieser Plattenproduktion wie auch bei »Midnight Wind« (8/79 US 28) Lindsey Buckingham und Stevie Nicks von Fleetwood Mac. Nach »Lost Her In The Sun« (12/79 US 34) war seine Hitzeit vorüber. Als Songschreiber hatte John Stewart seinen größten Erfolg mit Daydream Believer«, 1967/68 mit den Monkees ein weltweiter Hit und Millionseller.

Gold (5/79 US 5)
Folk, Pop, West Coast

Stewart, Rod

ROD STEWART v (Großbritannien, * 10. 1. 1945 als Roderick David Stewart in Highgate/London)
Obwohl er immer so tut, als sei er ein Schotte, ist er in London geboren, aber zumindest ist er schottischer Abstammung. In die Schule ging er zusammen mit den Brüdern Ray und Dave Davies und Pete Quaife, die ab 1964 als Kinks berühmt werden sollten. 1961 unterschrieb Rod einen Vertrag als Profispieler beim Fußballclub in Brentford. Nach drei Wochen verließ er den Club, weil er bis zu diesem Zeitpunkt lediglich die Schuhe der anderen putzen durfte.
1968 gab die Jeff Beck Group in New York im Fillmore East ihr Amerika-Debüt. Der Leadsänger der Band war so schüchtern und nervös, dass er sich während der ersten Titel hinter großen Lautsprechern verbarg. Dieser Leadsänger war Rod Stewart. Vor der Jeff Beck Group hatte Rod schon mit Bands wie Five Dimensions, Jimmy Powell, den Hoochie Coochie Men und Steampacket gesungen. Nach Jeff Beck kamen die Faces und ab November 1969 eine Solokarriere, die bis heute anhält. Sein Bühnenverhalten hat sich inzwischen grundlegend verändert. Von Rod ist bekannt, dass er gerne Fußballer geworden wäre. So wie er auf der Bühne hin und her hetzt, wäre er auf jeden Fall ein großartiger Mittelstürmer geworden. Die Presse zu seinen Auftritten: ›Er ist ein Magier, ein Irrwisch, ein Zappelphilipp mit einer aufgerauhten Stimme, die besonders auf Frauenherzen ihre Wirkung selten verfehlt.‹ – ›Wenn Gilbert Bécaud schon Monsieur 100 000 Volt heißt, ist Rod Stewart Mister Megawatt.‹ – ›Wer sein Alter auf dem Buckel hat und noch immer einen derart knackigen Arsch in der Lederhose – einem solchen Lausbuben verzeiht man vieles.‹ – ›Rod Stewart beherrschte das Geschehen mit seiner Stimme, die sich anhört, als würde er jeden Morgen einen Eimer Sand durch die Kehle rinnen lassen.‹
Mitte 1971 erschien die LP »Every Picture Tells A Story«. Darauf der weltweite Hit »Maggie May«. Dabei war dieser Titel eigentlich nur als B-Seite vorgesehen. Die A-Seite hieß »Reason To Believe«. Noch bevor seine Karriere richtig losging, hatte man ihn 1969 gebeten, für eine Aufnahme von Python Lee Jackson ein Demo zu singen, damit der wüsste, wie »In A Broken Dream« angelegt werden sollte. Als Honorar erhielt Rod Stewart gerade mal so viel Geld, dass er sich einen Schonbezug für seinen Autositz kaufen konnte. Nach dem großen Erfolg von »Maggie May« erschien »In A Broken Dream« mit der Interpretenangabe Python Lee Jackson. Tatsächlich aber hatte man Python Lee Jackson den Titel nie neu singen lassen, sondern das Demo von Rod Stewart veröffentlicht. Es wurde ein Hit, aber von Rod Stewart als Sänger war keine Rede. Erst 1992, als diese Nummer auf der CD »The Best Of Rod Stewart« erschien, wurde erstmals dokumentiert, dass der Sänger dieser Aufnahme Rod Stewart war. So wie 1970 könnte man Rod Stewart heute nicht mehr über den Tisch ziehen. Was oben in den Zitaten schon anklingt, ist die unglaubliche Spielfreude, mit der Rod Stewart inzwischen auf die Bühne geht. Rod Stewart steht zwar bei den Konzerten im Vordergrund, weiß aber, dass die Musiker, die im Hintergrund mitspielen, stimmen müssen. Sonst kann's auch danebengehen. Deshalb versucht er, sich auf seinen Platten und bei seinen Konzerten mit den besten der besten Musiker zu umgeben, weshalb bei seinen Konzerten dann auch nichts daneben geht. Auf der anderen Seite hat es Rod Stewart natür-

lich auch leicht. Er kann mehrere Stunden hintereinander Titel an Titel reihen, und es ist immer ein Knüller. Alleine in der amerikanischen Hitparade gelangen ihm ab 1971 über 50 Hitnotierungen. Obwohl Rod Stewart in der Vergangenheit zeigte, dass er sehr wohl in der Lage ist, sich eigenes Material zu schreiben, sind auch seine Interpretationen von Songs anderer Künstler gottvoll. Was er zum Beispiel aus den Tom-Waits-Nummern »Tom Traubert's Blues (Waltzing Matilda)« und »Downtown Train« gemacht hat, ist mit den Vorlagen nicht zu vergleichen. Die musikalischen Vorbilder von Rod Stewart sind die großen Helden des amerikanischen Rhythm & Blues. So hat Rod einmal zugegeben, dass er in der Phrasierung immer versucht hat, sich an Jackie Wilson zu orientieren. Aber auch der Motown-Sound und die Soulmusik der 60er Jahre – und da speziell Marvin Gaye – haben ihn stark beeinflusst. Wer es nicht glauben will, soll sich mal »The Motown Song« anhören, der Mitte 1991 erschien und den er zusammen mit den Temptations aufgenommen hat. Wer die Platte unvermittelt hört, könnte glauben, hier einen schwarzen Künstler vor sich zu haben. Auf der anderen Seite ist seine Stimme so prägnant, dass er ›Hänschen klein‹ auf Russisch singen könnte, und man würde sie heraushören. Erstaunlich auch die Gefühlsbandbreite von Rod. In einem Moment singt er »Sweet Soul Music« und im nächsten Moment »Downtown Train«. Hier der Gefühlsausbruch, dort die sentimentale Stimmung der Mädels, die mit den Vorortzügen in die Stadt fahren, um einmal etwas zu erleben. Bemerkenswert auch sein Duett mit Tina Turner. Ende 1990 erschien ihre gemeinsame Platte »It Takes Two«. Marvin Gaye hatte das Lied 1967 zusammen mit Kim Weston gesungen. Rod und Tina ließen die Originalversion verblassen. Das war nicht die erste Zusammenarbeit zwischen den beiden. Schon 1982 hatten sie auf »Absolutely Live« »Stay With Me« zusammen gesungen.

Wer so vehement von sich behauptet, dass er sexy ist, dem möchte man schon nachsagen, er hat es nötig. Im März 1975 lernte er die schwedische Schauspielerin Britt Ekland kennen, mit der er eine langjährige Liaison hatte. Im April 1979 heiratete er Alana Hamilton, die Exfrau des amerikanischen Schauspielers George Hamilton. 1984 trennten sie sich wieder. Seine nächste große Liebe war Kelly Emberg, die mit Rod zwischen 1985 und 1990 lebte. Am 15. 12. 1990 heiratete er das Model Rachel Hunter, von der er inzwischen auch wieder geschieden ist.

Rod Stewart dürfte mehr erreicht haben, als er wollte, denn: ›Alles, was ich aus diesem Musikgeschäft rausziehen wollte, war ein Austin Healey Sprite für 300 Pfund. Mehr habe ich nie erwartet.‹ Dann war es auch sicher für ihn überraschend, dass er 1994 in die Rock and Roll Hall of Fame aufgenommen wurde. An Single-Erfolgen sollte Rod in den nächsten Jahren nicht viel gelingen. Die Top-40-Hits nach dieser Zeit: »You're The Star« (5/95 GB 19), »Purple Heather« (6/96 GB 16) mit der ›Scots Euro 96 Squad‹, »Ooh La La« (5/98 GB 16, 7/98 US 39), »I Can't Deny It« (3/01 GB 26). Für den Soundtrack zu dem Film »Patch Adams« mit Robin Williams sang Rod Stewart 1999 den Titel »Faith Of The Heart«.

Seine erfolgreichsten Alben: »Every Picture Tells A Story« (6/71 US-LP 1, 7/71 GB-LP 1, 12/71 D-LP 23), »Never A Dull Moment« (8/72 GB-LP 1, US-LP 2, 9/72 D-LP 37), »Sing It Again Rod« (7/73 US-LP 31, 8/73 GB-LP 1), »Smiler« (10/74 GB-LP 1, US-LP 13), »Atlantic Crossing« (8/75 GB-LP 1, 9/75 US-LP 9, 10/75 D-LP 11), »A Night On The Town« (7/76 GB-LP 1, US-LP 2, 8/76 D-LP 29), »The Best Of Rod Stewart« (7/77 GB-LP 18), »Footloose & Fancy Free« (11/77 GB-LP 3, US-LP 2,

12/77 D-LP 34), »Blondes Have More Fun« (12/78 GB-LP 3, US-LP 1, D-LP 9), »Rod Stewart Greatest Hits« (11/79 GB-LP 1, US-LP 22), »Foolish Behaviour« (11/80 GB-LP 4, 12/80 US-LP 12, D-LP 23), »Tonight I'm Yours« (11/81 GB-LP 8, US-LP 11), »Body Wishes« (6/83 GB-LP 5, US-LP 30, D-LP 2), »Camouflage« (6/84 GB-LP 8, US-LP 18, D-LP 6), »Every Beat Of My Heart« (7/86 GB-LP 5, D-LP 4), »Out Of Order« (6/88 US-LP 20, GB-LP 11, D-LP 6), »The Best Of Rod Stewart« (11/89 GB-LP 3, 12/89 D-LP 6), »Storyteller/The Complete Anthology: 1964–1990« (12/89 US-LP 54), »Downtown Train: Selections From The Storyteller Anthology« (3/90 US-LP 20), »Vagabond Heart« (4/91 GB-LP 2, US-LP 10, D-LP 3), »Rod Stewart, Lead Vocalist« (3/93 GB-LP 3), »Unplugged ... And Seated« (6/93 US-LP 2, GB-LP 2), »A Spanner In The Works« (6/95 GB-LP 4, US-LP 35, 7/95 D-LP 9), »If We Fall In Love Tonight« (11/96 GB-LP 8, US-LP 19), »When We Were The New Boys« (6/98 GB-LP 2, D-LP 16), »Human« (3/01 D-LP 9, 4/01 GB-LP 9) und »The Story So Far – The Very Best Of« (11/01 GB-LP 7).

Maggie May (8/71 GB 1, US 1)
You Wear It Well (8/72 GB 2)
Angel/What Made Milwaukee Famous (Has Made A Loser Out Of Me) (11/72 GB 4)
Oh No Not My Baby (9/73 GB 6)
Farewell – Bring It On Home To Me/You Send Me (10/74 GB 7)
Sailing (8/75 GB 1, D 4; 9/76 GB 3)
This Old Heart Of Mine (11/75 GB 4; 3/90 US 10)
Tonight's The Night (Gonna Be Alright) (6/76 GB 5; 10/76 US 1)
The Killing Of Georgie (8/76 GB 2)
I Don't Want To Talk About It/First Cut Is The Deepest (4/77 GB 1)
You're In My Heart (The Final Acclaim) (10/77 GB 3, US 4)
Hotlegs/I Was Only Joking (1/78 GB 5)
Ole Ola Mulher Brasileira (5/78 GB 4)
Da Ya Think I'm Sexy (11/78 GB 1, US 1, D 9)
Passion (11/80 US 5)
Young Turks (10/81 US 5)
Tonight I'm Yours (Don't Hurt Me) (10/81 GB 8)
Baby Jane (6/83 D 1, GB 1)
What Am I Gonna Do (I'm So In Love With You) (8/83 GB 3, D 9)
Infatuation (5/84 US 6)
Some Guys Have All The Luck (8/84 US 10)
Love Touch (5/86 US 6)
Every Beat Of My Heart (7/86 GB 2)
My Heart Can't Tell You No (12/88 US 4)
Downtown Train (11/89 US 3; 1/90 GB 10)
It Takes Two (11/90 GB 5)
Rhythm Of My Heart (3/91 US 5, D 4, GB 3)
The Motown Song (6/91 GB 10, US 10)
Tom Traubert's Blues (Waltzing Matilda) (12/92 GB 6)
Have I Told You Lately (4/93 US 5; 6/93 GB 5)
All For Love (11/93 US 1; 1/94 GB 2, D 1)
AOR (Adult Orientated Rock), Pop, Rock

Siehe auch: N-Trance; Faces

Stigers, Curtis

CURTIS STIGERS v, sax (USA, * 18. 10. 1965 in Boise/Idaho)
Die Karriere des Sängers, Saxophonisten und Songschreibers begann im Frühjahr 1990 in New York, wo er zusammen mit einem Schlagzeuger und einem Bassisten in einem Club auftrat und eine Mischung aus Rock, Blues, Jazz und Pop spielte. Im Herbst 1991 kam Stigers dann mit seiner ersten LP auf den Markt, die schlicht »Curtis Stigers« (2/92 GB-LP 7, 4/92 D-LP 5) hieß. Anfang 1992 wurde die Single »I Wonder Why« ausgekoppelt und erreichte die internationalen Top 10. Kurz darauf erschien »You're All That Matters To Me«. Noch 1992 kamen mit »Sleeping With The Lights On« und »Never Saw A Miracle« zwei weitere Titel der Debüt-LP als Singles, die es jedoch beide nicht mehr in die Top 30 schafften. 1995 erschien das Album »This Was«. Als Single gab es »This Time« (6/95 GB 28). Ursprünglich wollte der begeisterte Sportler Football-Profi werden.

I Wonder Why (9/91 US 9; 1/92 GB 5; 3/92 D 8)
You're All That Matters To Me (3/92 GB 6)
AOR (Adult Orientated Rock), Pop

Stiltskin

JAMES FINNIGAN key, b (Großbritannien, in Schottland), PETER LAWLOR g (Großbritannien in England), ROSS MCFARLANE d (Großbritannien, in Schottland), RAY WILSON v (Großbritannien, in Schottland)

Wieder mal eine schottische Band, die gleich zum Newcomer des Jahres hochstilisiert wurde. Richtig ist, dass die Gruppe aus Glasgow ihren ersten großen Hit »Inside« der Werbung zu verdanken hat. Levi's nahm den Song für einen Werbespot und hämmerte ihn den Kids so ein, dass sie nicht mehr an ihm vorbei kamen. Mit »The Mind's Eye« (10/94 GB-LP 17) erschien das erste Album von Stiltskin. Daraus ausgekoppelt wurde als Single der Titel »Footsteps« (9/94 GB 34), dem die Hosenunterstützung fehlte. Mitte 1997 wurde Ray Wilson Ersatz für Phil Collins bei Genesis.

Inside (5/94 D 5, GB 1)
One Hit Wonder, Pop

Sting

STING v, b (Großbritannien, * 2. 10. 1951 als Gordon Summer in Wallsend/Tyne And Wear)

Seinen Spitznamen Sting verdankt der Bassist, Sänger, Songschreiber und Tastenspieler seiner Vorliebe für schwarz-gelb gestreifte Pullover: Sting = Stachel = Biene = schwarz-gelb. Diesen Namen fing er sich bereits zwischen 1971 und 1973 ein. In dieser Zeit spielte er als semiprofessioneller Musiker während seines Studiums bzw. ab 1972 neben seiner Tätigkeit als Grundschullehrer bei diversen britischen Jazz-Rockbands. 1974 wurde er Mitglied bei Last Exit, die 1975 die erfolglose Platte »Whispering Voices« herausbrachten. Sting spielte hier Bass und war der Leadsänger. 1977 kam es zur Gründung von Police, die zwischen 1979 und 1984 ihre Hitzeit hatten. Nachdem Sting bereits in einigen Werbespots zu sehen gewesen war, übernahm er 1979 die Rolle des Ace in dem Film »Quadrophenia« und die von Eddie Cochran in der amerikanischen Produktion »Radio On«. Schon während seiner Arbeit mit Police machte Sting Soloplatten, die ebenfalls sehr erfolgreich waren. Seinen ersten Charterfolg hatte er mit »Spread A Little Happiness« (8/82 GB 16). Zusammen mit Bryan Adams und Rod Stewart sang er »All For Love« aus dem Film »Die drei Musketiere«. Wie auch bei der Gruppe Police standen bei Sting die LPs im Vordergrund. Hier werden nicht Platten produziert, um sie als potenzielle Singlehits auf den Markt zu werfen. Nebenher hat Sting auch seine Filmkarriere weiter betrieben. 1981 sang er in »The Secret Policeman's Other Ball« eine akustische Version von »Roxanne«. 1982 spielte er in dem TV-Film »Brimstone And Treacle«, aus dessen Soundtrack sein erster Solohit stammte. Außerdem übernahm er z. B. Rollen in »Artemis« 1981, »The Great Rock 'n' Roll-Swindle« 1982, »Dune – der Wüstenplanet« 1984, »Bring On The Night«, als Frankenstein in »The Bride« und neben Meryl Streep in »Plenty« 1985, 1987 mit Kathleen Turner in »Julia & Julia«, 1988 in »Stormy Monday« mit Melanie Griffith, 1989 »Die Abenteuer des Baron Münchhausen«. 1989 wirkt er in einer amerikanischen Bühnenproduktion der »Threepenny Opera« mit. Zu seinen erfolgreichsten gesanglichen Vorträgen gehörte auch sein Mitwirken auf dem Dire-Straits-Hit »Money For Nothing« (7/85 US 1, GB 4, 10/85 D 19). Sehr schön zusammen mit Eric Clapton die Aufnahme »It's Probably Me« (8/92 GB 30, 9/92 D 22).

Die erfolgreichsten Alben für Sting: »The Dream Of The Blue Turtles« (6/85 GB-LP 3, 7/85 US-LP 2, D-LP 4), »Bring On The Night« (6/86 GB-LP 16, D-LP 10),

»Nothing Like The Sun« (10/87 GB-LP 1, US-LP 9, D-LP 4), »The Soul Cages« (1/91 D-LP 1, 2/91 GB-LP 1, US-LP 2), »Ten Summoner's Tales« (3/93 GB-LP 2, US-LP 2, D-LP 2), »Fields Of Gold – The Best Of Sting 1984 – 1994« (11/94 GB-LP 2, US-LP 7, D-LP 4), »Mercury Falling« (3/96 GB-LP 4, US-LP 5, D-LP 2), »The Very Best Of Sting And The Police« (11/97 GB-LP 11). »Brand New Day« (10/99 GB-LP 5, D-LP 1, US-LP 9) und »... all this time« (11/01 GB-LP 3, D-LP 5). 2002 erschien eine überarbeitete Version von »The Very Best Of Sting And The Police« (3/02 GB-LP 1). Im Gegensatz zu der 1997 erschienenen CD mit demselben Titel waren drei Stücke ausgetauscht worden. Ein Grund, weshalb die Platte so erfolgreich war: Beim Brit Award 2002 wurde Sting mit einem Preis für seinen außergewöhnlichen Beitrag zur britischen Musik ausgezeichnet.
Als habe er nicht genug zu tun, veranstaltet er auch noch Konzerte zugunsten von Amnesty International und kümmert sich intensiv um die Rettung der brasilianischen Regenwälder.

If You Love Somebody Set Them Free (6/85 US 3)
Fortress Around Your Heart (8/85 US 8)
Russians (1/86 D 4)
We'll Be Together (10/87 US 7)
All This Time (1/91 US 5)
All For Love (11/93 US 1; 1/94 GB 2, D 1)
When We Dance (10/94 GB 9)
Desert Rose (2/00 D 7)
AOR (Adult Orientated Rock), Rock

Siehe auch: Police

Stock/Aitken/Waterman

MATT AITKEN (Großbritannien, * 25. 8. 1956), MIKE STOCK (Großbritannien, * 3. 12. 1951), PETE WATERMAN dj (Großbritannien, * 15. 1. 1947)
Als S/A/W galten sie als das erfolgreichste britische Songschreiber- und Produzententeam der 80er Jahre. Waterman war vorher Discjockey und Promoter, bevor er Adrian Bakers Nummer »Sherry« mixte und ihr so zu einem Hit verhalf. Susan Cadogans Hit »Hurt So Good«, der es im Frühjahr 1975 zu einem Platz 4 in GB brachte, hat Waterman mitgeschrieben und produziert. Stock und Aitken waren beide Mitglieder in der wenig erfolgreichen Band Agents Aren't Aeroplanes. Die drei taten sich zusammen und hatten 1984 mit der Nummer »You Spin Me Round (Like A Record)« und der Formation Dead Or Alive einen ersten Spitzenreiter in GB.
Nachdem sie Hazel Dean, Sinitta, Rick Astley, Kylie Minogue, Jason Donovan, Matt Bianco, Mel & Kim, Sam Fox, Princess, Mandy, Depeche Mode, Bananarama und viele andere erfolgreich produziert hatten, wollten sie beweisen, dass sie sogar aus sich selbst Plattenstars machen können. Mitte 1987 brachten sie »Roadblock« (7/87 GB 13) als erste Hitnotierung in die britischen Charts. Im Herbst desselben Jahres kam »Mr. Sleaze«. Es gelangen bis Ende 1988 noch zwei weitere Hitnotierungen. Dann konzentrierten sie sich wieder auf ihre Produktionsarbeit und ihre inzwischen gegründeten Plattenfirmen und hatten ein weiteres Mal bewiesen, dass man nicht gut singen können muss, um hoch in den Hitparaden zu landen. Nachdem zunächst Astley die Hitschmiede verlassen hatte, um eine andere musikalische Richtung einzuschlagen, ging 1991 auch Jason Donovan. Dann trennte sich Hauptsongschreiber Aitken vom Team, während Waterman drei neue Labels gründete.

Mr. Sleaze (10/87 GB 3)
Disko, Middle Of The Road (MOR)

Siehe auch: West End

Stone, R & J

JOANNE STONE v (USA, als geb. Williams), RUSSEL STONE v (Großbritannien)

Der weiße Brite Russel Stone und die schwarze Amerikanerin Joanne Stone, geborene Williams, lernten sich im Chor von James Last kennen, der gerade durch GB tourte. Joanne war lediglich auf Urlaub in England und kam nur durch Zufall in diesen Chor. In den USA hatte sie in ihren Jugendtagen in diversen Gospelgruppen mitgesungen. Russel und Joanne heirateten und ließen sich in GB nieder. Russel hatte schon vorher viele Versuche gestartet, selbst geschriebene Songs bei Verlagen und Plattenfirmen unterzubringen. Joanne brachte einen Schuss Soul in die Sache – und schon lief es besser. Außer der softig-romantischen Eigenkomposition »We Do It« gelang dem Ehepaar nichts.

We Do It (1/76 GB 5)
One Hit Wonder, Pop

Stone Roses

IAN BROWN v (Großbritannien, * 20. 2. 1963 als Ian George Brown in Ancoats/ Lancashire), ANDY COUZENS g (Großbritannien), PETE GARNER b (Großbritannien), ROBERT MADDIX d (Großbritannien, in Manchester), MANI b (Großbritannien, * 16. 11. 1962 als Gary Michael Mounfield in Manchester), RENI d (Großbritannien, * 10. 4. 1964 als Alan John Wren in Manchester), JOHN SQUIRE g (Großbritannien, * 24. 11. 1962 in Broadheath/Lancestershire)

Nachdem sie verschiedene erfolglose Bands in Manchester durchlaufen hatten, kamen die Stone Roses 1984 in der Besetzung Brown, Squire, Couzens, Garner und Reni zusammen. Nach drei Jahren gingen Couzens und Garner, als Bassist kam Mounfield. Die erste Single des Quartetts, »Elephant Stone«, die unter der Regie des New-Order-Produzenten Peter Hook entstand, konnte sich im Herbst 1988 drei Monate in den englischen Independent-Charts halten. Die Gruppe wurde schnell zum Liebling der alternativen Musikpresse und der Nachtprogramme britischer Radiostationen. Ihre erste LP wurde folgendermaßen kommentiert: ›Krachige, schrammende Gitarren, die seit Jesus & Mary Chain auch bei uns viele Liebhaber finden, und Harmoniegesänge zwischen Mamas & Papas und den Beatles.‹ Mitte 1989 stand mit »She Bangs The Drums« ihre erste Single in den britischen Charts. Der Nachfolger »What The World Is Waiting For/Fool's Gold« wurde Ende desselben Jahres ihr erster Top-10-Erfolg. Im Frühjahr 1990 wurde »Elephant Stone« erneut veröffentlicht. Noch im Jahre 1990 wurden alle Singles der Stone Roses durch ihre kleine Plattenfirma Silvertone noch einmal veröffentlicht. Der Gruppe gefiel das nicht. Inzwischen bemühten sich die großen Companies um die Stone Roses, was Silvertone mit langwierigen Auseinandersetzungen vor Gericht zu verhindern suchte. Schließlich gewannen die vier Musiker den Prozess und schlossen mit Geffen einen Vertrag. Bis Ende 1992 wurden nur Platten von Silvertone notiert, jedoch nicht mehr unter den Top 10. Im Dezember 1994 erschien dann nach langem Hin und Her das zweite Album der Band mit dem Titel »Second Coming«. Die Plattenfirma Geffen vermutete, dass ›aufgrund der hohen Erwartungshaltung in England ein Nummer-1-Chart-Entry wohl obligatorisch ist‹. Die Platte stieg auf Platz 4 in den Albumcharts ein. Vor ihnen blieben die großen Hits von Beautiful South, die BBC-Aufnahmen der Beatles und »The Best Of Bon Jovi«. Im März 1995 – inzwischen auf Platz 61 gefallen – hatte das Album Platinstatus in GB erreicht. Die Auskopplung »Love Spreads« stieg im Dezember 1994 auf Platz 2 in GB ein. Hier verstellte Baby D und »Let Me Be Your Fantasy« den Spitzenplatz. Weitere Auskopplun-

gen aus dem Album waren »Ten Storey Love Song« (3/95 GB 11) und »Begging You« (11/95 GB 15). Im April 1995 stieg für Reni Maddix in die Band ein. Er hatte vorher für Terence Trent d'Arby, Ruby Turner, Errol Brown und Rebel MC getrommelt. Ihre Chart-Alben waren »The Stone Roses« (5/89 GB-LP 19), »Turns Into Stone« (8/92 GB-LP 32), »Second Coming« (12/94 GB-LP 4), »The Complete Stone Roses« (5/95 GB-LP 4) und »Music Of The Spheres« (10/01 GB-LP 3).
1996 trennte sich die Gruppe, und Ian Brown hatte als Solist Erfolg.

What The World Is Waiting For/Fool's Gold (11/89 GB 8)
Elephant Stone (3/90 GB 8)
One Love (7/90 GB 4)
Love Spreads (12/94 GB 2)
Pop, Rock

Siehe auch: Brown, Ian

Stories

KEN BICHEL key (USA, in Detroit/Michigan), MICHAEL BROWN key (USA, * 25. 4. 1949 als Michael Lookofsky in New York City), IAN LLOYD v, b (USA, als Ian Buonconciglio in Seattle/Washington), STEVE LOVE g (USA, in New York City), BRYAN MADEY d (USA, in New York City)
1966 war Michael Brown Kopf der Formation Left Banke, die es mit »Walk Away Renee« zu einem Top-10-Hit brachte. Danach arbeitete er in einem kurzlebigen Projekt namens Montage, und 1971 gründete er in New York die Stories. Der erste Erfolg war »I'm Coming Home« (6/72 US 42). Als der Hot-Chocolate-Titel »Brother Louie« in den USA nicht veröffentlicht wurde, machten die Stories schnell eine Coverversion und hatten damit einen Millionseller. Noch 1973 hatte Brown die Band verlassen und war durch Aaronson und Bichel ersetzt worden. Ab 1974 firmierten sie als Ian Lloyd & Stories, aber schon ab 1975 erschienen nur noch Soloplatten von Lloyd. Bei einer Aufnahmesession im Jahr 1976 wurde aus einigen der Musiker, die Ian Lloyd begleiteten, die Formation Foreigner gegründet. Auf LPs von Foreigner ist Lloyd dann auch zu hören.

Brother Louie (6/73 US 1)
One Hit Wonder, Pop

Siehe auch: Foreigner; Left Banke

Storm

JAM EL MAR dj (Deutschland, * 3. 12. 1963 als Rolf Elmer), MARK SPOON (Deutschland, als Markus Löffel)
Mit »Storm« (7/98 D 25, 9/98 GB 32, 5/01 RE-GB 32) hatten Mark und Jam ihren ersten Erfolg in GB als Storm – ansonsten waren sie als Jam & Spoon, Dance 2 Trance oder Tokyo Ghetto Pussy in den Charts.

Time To Burn (8/00 GB 3)
Dance, Techno

Siehe auch: Dance 2 Trance; Jam & Spoon

Straker, Nick

NICK STRAKER v (Großbritannien)
Nick hatte mit der gefälligen und schlichten Pop-Nummer »A Walk In The Park« (8/80 GB 20) seinen einzigen Hit. Es folgten etliche weitere Veröffentlichungen von Straker, darunter 1987 eine neue Version von »A Walk In The Park«, dieses Mal produziert von Stock/Aitken/Waterman.

A Walk In The Park (7/79 D 3)
Middle Of The Road (MOR), One Hit Wonder

Stranglers

JETHRO »JET« BLACK d, per (Großbritannien, * 26. 8. 1938 als Brian Duffy in Ilford/Essex), JEAN-JACQUES BURNEL v, b (Großbritannien, * 21. 2. 1952 in London), HUGH CORNWELL v, g (Großbritannien, * 28. 8. 1948 in London), JOHN ELLIS g (Großbritannien, * 1. 6. 1952 in London), DAVE GREENFIELD v, key (Großbritannien, * 29. 3. 1949 in Brighton/ Sussex), PAUL ROBERTS v (Großbritannien, * 31. 12. 1959 in London), TIKAKE TOBE d

Die Punkband wurde 1974 als Guildford Stranglers gegründet. Zuerst hatten sie mehr den Doors-Stil gepflegt. Dann spülte sie die Punkwelle nach oben. Ihren ersten größeren Auftritt hatten die Stranglers, wie sie sich inzwischen nannten, im Londoner Roundhouse als Vorprogramm von Patti Smith. Im Frühjahr 1977 erschien ihre Debüt-Single »(Get A) Grip (On Yourself)« und erreichte auf Anhieb die britische Hitparade. Noch im Frühjahr 1977 kam »Peaches/Go Buddy Go« in die Top 10. Bis zum Anfang der 90er Jahre hatte sich die Besetzung nicht verändert, obwohl Burnel und Cornwell zwischendurch auch Soloprojekte veröffentlichten. 1990 verließ Cornwell die Band und wurde durch Roberts und Ellis ersetzt. Mitte 1992 veröffentlichte Cornwell mit seiner Gruppe CCW das Album »CCW feat. Hugh Cornwell«, das er am 10. April desselben Jahres in Ronnie Scott's aufgenommen hat. Im September 1992 kam als neuer Schlagzeuger Tobe für Black zu den Stranglers.

Die erfolgreichsten Alben der Band waren »Stranglers IV (Rattus Norvegicus)« (4/77 GB-LP 4), »No More Heroes« (10/77 GB-LP 2), »Black And White« (6/78 GB-LP 2), »Live (X Cert)« (3/79 GB-LP 7), »The Raven« (10/79 GB-LP 4), »Themeninblack« (2/81 GB-LP 8), »La Folie« (11/81 GB-LP 11), »The Collection 1977–82« (9/82 GB-LP 12), »Feline« (1/83 GB-LP 4), »Aural Sculpture« (11/84 GB-LP 14, 12/84 D-LP 17), »Dreamtime« (11/86 GB-LP 16), »All Live And All Of The Night« (2/88 GB-LP 12) und »Greatest Hits 1977 – 1990« (12/90 GB-LP 4).

Peaches/Go Buddy Go (5/77 GB 8)
Something Better Change/Straighten (7/77 GB 9)
No More Hero (9/77 GB 8)
Golden Brown (1/82 GB 2)
Strange Little Girl (7/82 GB 7)
European Femal (1/83 GB 9)
All Day And All Of The Night (1/88 GB 7)
Pop, Punk, Rock

Strawberry Alarm Clock

GEORGE BUNNEL b (USA, * 9. 6. 1949), LEE FREEMAN g (USA, * 8. 9. 1948), ED KING g (USA, * 4. 9. 1949), GARY LOVETRO b (USA, * 2. 10. 1949), RANDY SEOL d (USA, * 7. 9. 1949), MARK WEITZ key (USA, * 18. 11. 1945)

Der Millionseller »Incense And Peppermints« der Gruppe Strawberry Alarm Clock wurde nicht von einem Mitglied der Band, sondern von dem 16-jährigen Greg Munford, dem Kopf der aus Los Angeles stammenden Formation Shapes, gesungen. Der Titel war Anfang 1967 auf den Markt gekommen, als sich die Band noch Thee Sixpence nannte. Nach der Veröffentlichung suchte die Gruppe in Musikzeitschriften nach Besprechungen ihres Stückes. Als sie feststellen mussten, dass in derselben Woche wie sie auch eine Band namens Syxpence und eine weitere Gruppe, die einfach Sixpence hieß, Platten herausgebracht hatten, beschlossen sie, sich in Strawberry Alarm Clock umzubenennen. Nach einem weiteren Top-40-Hit, »Tomorrow« (12/67 US 23), ließ der Erfolg der Band nach. Ihr erfolgreichstes Album hieß »Incense And Peppermints« (11/67 US-LP 11). Die Band fiel auseinander und King wurde von 1973 bis 1975 Mitglied bei Lynyrd Skynyrd. Er ist Mitautor des größten Hits dieser Formation: »Sweet Home Alabama«. Nachdem sein Nachfolger bei Lynyrd Skynyrd durch ein Flugzeugunglück ums Leben kam, ist King zu dieser Band zurückgekehrt.

Incense And Peppermints (9/67 US 1)
One Hit Wonder, Psychedelic, Rock, West Coast

Siehe auch: Lynyrd Skynyrd

Strawberry Switchblade

JILL BRYSON v, g (Großbritannien, in Glasgow), ROSE MCDOWELL v, g (Großbritannien, * 21. 10. 1959 in Glasgow)

Das Mädchenduo wurde Mitte 1981 gegründet. Inspiriert wurden sie von den sanfteren Velvet-Underground-Songs, wie »Sunday Morning«, sowie gesanglich von den Mamas & Papas. Ihre zweite Singleveröffentlichung war im Herbst 1984 die selbst geschriebene Nummer »Since Yesterday«. In den nächsten Monaten folgten noch zwei weitere Hitnotierungen, darunter ein Nachzieher des Dolly-Parton-Klassikers »Jolene«. Der Versuch, Sixties-Pop in moderner Produktionsverpackung abzuliefern, gelang jedoch nur einmal.

Since Yesterday (11/84 GB 5)
One Hit Wonder, Pop

Strawbs

RON CHESTERMAN b (Großbritannien), ROD COOMBES d (Großbritannien, * 15. 5. 1946), DAVE COUSINS g, bj, p (Großbritannien, * 7. 1. 1945 in Leicester), CHAS CRONK b (Großbritannien), JOHN FORD g, b (Großbritannien, * 1. 7. 1948 in Fulham/London), JOHN HAWKEN key (Großbritannien, * 9. 5. 1940 in Urnemouth/Dorset), TONY HOOPER g (Großbritannien), RICHARD HUDSON g, d (Großbritannien, * 9. 5. 1948 als Richard William Stafford Hudson in London), DAVE LAMBERT g (Großbritannien, * 8. 3. 1949 in Hounslow/Middlesex), RICK WAKEMAN key (Großbritannien, * 18. 5. 1949 in London), BLUE WEAVER org (Großbritannien, * 11. 3. 1947 als Mick in Cardiff/Wales)

Dave Cousins gründete 1967 mit Tony Hooper und Arthur Phillips die Strawberry Hill Boys. Als Strawbs machten sie 1968 ihre erste LP. Über die Anfänge erzählte Cousins: ›Damals waren wir ein englisches Folktrio. Wir spielten zwei akustische Gitarren und einen akustischen Bass. Als wir diese erste Platte aufnahmen, arbeiteten wir mit Gus Dudgeon. Der fragte uns, ob wir nicht noch andere Musiker an den Aufnahmen beteiligen wollten, weil sich Folkmusik in England nicht verkauft. Wir ließen uns überzeugen und fanden in John Paul Jones, der später bei Led Zeppelin spielte, und in Nicki Hopkins, später Musiker mit den Rolling Stones und John Lennon, zwei weitere Studiomusiker. Wir fünf spielten diese LP ein: ich, Hooper, Chesterman, Jones und Hopkins. Nachdem die Platte erschienen war, wurden wir stark kritisiert. Wir hatten uns auf dem Folksektor einen Namen gemacht und kamen jetzt mit einer Pop-Platte. Für die zweite LP nahmen wir Clare Deniz am Cello hinzu. Auf einigen Stücken spielte auch erstmals Rick Wakeman mit uns.‹ Die ersten LPs und Singles der Strawbs waren kommerziell keine Erfolge. Erst ihre vierte Langspielplatte, die Ende 1970 erschien und »Just A Collection Of Antiques And Curious« hieß, verkaufte sich gut. Auf diesem Album waren auch erstmals John Ford und Richard Hudson zu hören, und Wakeman war als festes Mitglied integriert. Es handelte sich um eine Live-Platte, die in der Queen Elizabeth Hall in London aufgenommen worden war. Hudson und Ford waren es, die der Gruppe mehr Kommerzialität brachten. Ihre stärkere Anlehnung an Folk-Rock brachte den nötigen Schwung. »Lay Down« (10/72 GB 12) war die erste Hitnotierung. 1971 ging Wakeman zu Yes und wurde durch Blue Weaver von Amen Corner ersetzt. 1972 verließ Hooper die Strawbs. Für ihn kam Lambert. Die Hudson-Ford-Komposition »Part Of The Union« brachte der Band ihren

größten Singlehit. Danach kam es zu Schwierigkeiten innerhalb der Gruppe. Hudson und Ford machten sich als Duo selbstständig und waren erfolgreich. Cousins hatte inzwischen eine Solo-LP veröffentlicht, auf der neben Rick Wakeman Musiker wie Miller Anderson, Roger Glover oder Jon Hiseman spielten. Im April 1974 erschien die LP »Hero And Heroine«. Neben Cousins waren jetzt Lambert, Hawken, Cronk und Coombes mit dabei. Kommerziellen Erfolg hatten die Strawbs nicht mehr. Es erschienen bis zum Ende der 80er Jahre weitere Platten der Band, in der lediglich Cousins die Konstante war.
Ihre erfolgreichsten LPs: »Grave New World« (2/72 GB-LP 11) und »Bursting At The Seams« (2/73 GB-LP 2).

Part Of The Union (1/73 GB 2)
AOR (Adult Orientated Rock), Folk, Pop

Siehe auch: Hudson-Ford

Stray Cats

SLIM JIM PHANTOM d (USA, * 20. 3. 1961 als Jim McDonell), LEE ROCKER b (USA, als Leon Drucher), BRIAN SETZER v, g (USA, * 10. 4. 1959 in New York City)
Die Stray Cats formierten sich 1979 in New York, gingen dann aber nach England. Dort war der klassische 50er-Jahre-Rockabilly, wie er von der Gruppe gespielt wurde, sehr beliebt. Sie übernahmen Material von Eddie Cochran oder Carl Perkins, schrieben aber auch eigene Stücke in diesem Stil. In den Hitparaden wurden sie zum ersten Mal mit »Runaway Boys« verzeichnet. »Rock This Town«, »Stray Cat Strut« und »(She's) Sexy + 17« wurden von Dave Edmunds produziert. Ihre erfolgreichsten Alben waren »Stray Cats« (2/81 GB-LP 6), »Built For Speed« (7/82 US-LP 2) »Rant n' Rave With The Stray Cats« (9/83 US-LP 14, 9/83 D-LP 25).
Nachdem sich die Stray Cats 1984 aufgelöst hatten, machte Brian Setzer Soloplatten. Rocker und Phantom bildeten mit dem Gitarristen Earl Slick die Formation Phantom, Rocker & Slick. Im Frühjahr 1989 kam die Originalbesetzung der Stray Cats wieder zusammen. 1993 erschien mit »Original Cool« ein neues Album. 1994 veröffentlichte Setzer als Brian Setzer Orchestra das gleichnamige Album. In diesem Orchester spielten Musiker, die bereits mit Frank Sinatra, Woody Herman, Tom Jones, Maynard Ferguson oder Buddy Rich Platten aufgenommen hatten. Als besonders gelungen kann der Song »Route 66« bezeichnet werden.

Runaway Boys (11/80 GB 9)
Rock This Town (2/81 GB 9; 9/82 US 9)
Stray Cat Strut (12/82 US 3)
(She's) Sexy + 17 (8/83 US 5)
Pop, Rockabilly

Streisand, Barbra

BARBRA STREISAND v (USA, * 24. 4. 1942 als Barbara Joan Streisand in Brooklyn/New York City)
Barbra Streisand gab 1962 ihr Debüt am Broadway in »I Can Get It From Your Wholesale« und spielte 1964 die Hauptrolle in »Funny Girl«, der Geschichte der Fanny Brice, die als Ziegfeld-Girl begann und dann eine große Karriere machte. In der Kinoversion von »Funny Girl« gab Barbra 1968 ihr Filmdebüt und gewann – zusammen mit Katharine Hepburn – gleich einen Oscar als beste Schauspielerin des Jahres. Mit einem Lied aus »Funny Girl« begann auch ihre Hitparadenkarriere als Sängerin: »People« war ihre erste Notierung. Der Titelsong des Films »The Way We Were« wurde ein Millionseller. Gleiches schaffte genau drei Jahre später »Love Theme From ›A Star Is Born‹ (Evergreen)«. »You Don't Bring Me Flowers« sang sie mit Neil Diamond, »No More Tears (Enough Is Enough)« zusammen mit Donna Summer, »Guilty« mit Barry Gibb.

Als Schauspielerin war sie u. a. zu sehen in »Hello Dolly« 1969, »Die Eule und das Kätzchen« 1970, »Is was, Doc« 1972, »The Way We Were« 1973, »Funny Lady« 1975, »A Star Is Born« 1976, »The Main Event« 1979, »Yentl« 1983 und »Herr der Gezeiten« 1991. In den beiden letztgenannten Filmen war sie nicht nur Hauptdarstellerin, sondern auch Produzentin und Regisseurin. 1993 erschien ihr Album mit dem beziehungsreichen Titel »Back To Broadway« – dort hatte ihre Karriere angefangen. »I Finally Found Someone« sang sie zusammen mit Bryan Adams. Das Stück stammte aus dem Film »The Mirror Has Two Faces«, in dem sie neben Jeff Bridges, Lauren Bacall, Pierce Brosnan, Mimi Rogers oder George Segal die Hauptrolle spielte und Regie führte. Zusammen mit Celine Dion sang sie die Nummer »Tell Him«. Celine hatte schon immer den Wunsch gehabt, im Duett mit Barbra zu singen – hier ging er in Erfüllung. Nebenbei hatten beide Sängerin dieses Stück auf den wenig später erschienenen Soloalben, für die auf diese Art und Weise schon ein wenig hingewiesen wurde.

Äußerst beeindruckend liest sich die Liste ihrer erfolgreichsten Alben: »The Barbra Streisand Album« (4/63 US-LP 8), »The Second Barbra Streisand Album« (9/63 US-LP 2), »The Third Album« (2/64 US-LP 5), »Funny Girl« (5/64 US-LP 2), »People« (10/64 US-LP 1), »My Name Is Barbra« (5/65 US-LP 2), »My Name Is Barbra, Two« (11/65 US-LP 2, 1/66 GB-LP 6), »Funny Girl London Cast Recording« (4/66 GB-LP 19), »Color Me Barbra« (4/66 US-LP 3, 12/66 D-LP 33), »Je M'Appelle Barbra« (11/66 US-LP 5), »Simply Streisand« (11/67 US-LP 12), »Funny Girl« (9/68 US-LP 12, 5/69 GB-LP 11), »Barbra Streisand's Greatest Hits« (2/70 US-LP 32), »Stoney End« (2/71 US-LP 10, 4/71 GB-LP 28), »Barbra Joan Streisand« (9/71 US-LP 11), »Live Concert At The Forum« (11/72 US-LP 19), »The Way We Were« (2/74 US-LP 1), »ButterFly« (11/74 US-LP 13), »Funny Lady« (3/75 US-LP 6), »Lazy Afternoon« (11/75 US-LP 12), »A Star Is Born« (12/76 US-LP 1, 4/77 GB-LP 1), »Streisand Superman« (7/77 US-LP 3, GB-LP 32), »Songbird« (6/78 US-LP 12), »Barbra Streisand's Greatest Hits, Volume 2« (12/78 US-LP 1, 3/79 GB-LP 1), »The Main Event« (7/79 US-LP 20), »Wet« (11/79 US-LP 7, GB-LP 25), »Guilty« (10/80 US-LP 1, GB-LP 1, 11/80 D-LP 4), »Memories« (12/81 US-LP 10), »A Christmas Album« (12/81 US-LP 108), »Love Songs« (1/82 GB-LP 1), »Yentl« (11/83 US-LP 9, GB-LP 21, 5/84 D-LP 26), »Emotion« (10/84 US-LP 19, GB-LP 15, 11/84 D-LP 40), »The Broadway Album« (11/85 US-LP 1, 1/86 GB-LP 3), »One Voice« (5/87 US-LP 9, GB-LP 27), »Till I Loved You« (11/88 US-LP 10, 12/88 GB-LP 29), »A Collection – Greatest Hits... And More« (10/89 US-LP 26, 11/89 GB-LP 22), »Just For The Record« (10/91 US-LP 38), »Back To Broadway« (7/93 US-LP 1, GB-LP 4), »The Concerts« (10/94 US-LP 10), »Higher Ground« (11/97 US-LP 1, GB-LP 12), »A Love Like Ours« (10/99 US-LP 6, GB-LP 12), »Timeless Live In Concert« (10/00 US-LP 21) und »The Essential« (3/02 GB-LP 1).

People (4/64 US 5)
Stoney End (10/70 US 6)
The Way We Were (11/73 US 1)
Love Theme From ›A Star Is Born‹ (Evergreen) (12/76 US 1; 4/77 GB 3)
My Heart Belongs To Me (5/77 US 4)
You Don't Bring Me Flowers (10/78 US 1, GB 5)
The Main Event/Fight (6/79 US 3)
No More Tears (Enough Is Enough) (10/79 GB 3, US 1)
Woman in Love (9/80 US 1, GB 1; 11/80 D 1)
Guilty (11/80 US 3)
What Kind Of Fool (1/81 US 10)
I Finally Found Someone (11/96 US 8; 2/97 GB 10)
Tell Him (11/97 GB 3)
Pop

Stretch & Vern Present Maddog

Aus der Nummer »Boogie Wonderland« von Earth, Wind & Fire wurde hier einiges gesampelt. Jules Vern hatte in der Vergangenheit als Remixer für verschiedene Plattenfirmen gearbeitet und zusammen mit seinem Partner Seb Fontaine die Plattenfirma Spot On gegründet. Stretch Silvester war als DJ in ganz GB unterwegs und Mitbesitzer des Plattenlabels Funk Essentials. Der Titel »I'm Alive« war die erste Zusammenarbeit der beiden und brachte ihnen gleich einen Top-10-Hit. Es folgte noch »Get Up! Go Insane!« (8/97 GB 17).

I'm Alive (9/96 GB 6)
Pop

Strike

MATT CANTOR key (Großbritannien), ANDY GARDNER key (Großbritannien), VICTORIA NEWTON v (Australien in Perth)
Gardner und Cantor trafen angeblich in Australien auf die aus Perth stammende Victoria, als diese in ihrer Heimatstadt am Strand sang. Victoria hatte unter anderem mit Ronnie Jordan zusammengearbeitet und bei dem Titel »Do U Feel 4 Me« (3/93 GB 51) der Gruppe Eden gesungen. Die erste Hitnotierung für Strike war die Nummer »U Sure Do«, die im Dezember 1994 in die britischen Charts kam und Platz 31 erreichte. Nachdem die Platte schon wieder herausgefallen war, kam sie im Frühjahr 1995 erneut in die Hitparade und erreichte diesmal die Top 10. »The Morning After (Free At Last)« (9/95 GB 38), »Inspiration« (6/96 GB 27), »My Love Is For Real« (11/96 GB 35) und »I Have Peace« (5/97 GB 17) waren ihre weiteren Chart-Entries. Beim letzten Titel machte der Rapper K-Gee mit.

U Sure Do (4/95 GB 4)
Dance

Stuntmasterz

PETE COOK dj (Großbritannien), STEVE HARRIS dj (Großbritannien)
Wieder mal ein Mixerduo, das aus bestehenden Hits etwas Neues fummelte. »The Ladyboy Is Mine« war eine Fusion von Modjos »Lady« und Brandy & Monicas »The Boy Is Mine«. Die Platte erschien 2000 zunächst als Bootleg und dann im Frühjahr 2001 offiziell. Die beiden hatten schon vorher einen ähnlichen Mix aus Madonnas »Holiday« und Stardusts »Music Sounds Better With You« verbrochen.

The Ladyboy Is Mine (3/01 GB 10)
Dance

Style Council

DEE C. LEE v (Großbritannien, *6.6. 1961 als Diane Sealey), MICK TALBOT key (Großbritannien, *11.9.1958 in London), PAUL WELLER v, g, b (Großbritannien, *25.5.1958 als John Weller in Woking/Surrey), STEVE WHITE d (Großbritannien)
Nachdem 1983 die Gruppe Jam auseinander gefallen war, gründete Weller mit Talbot, vorher bei Bureau, die Popformation Style Council. Im März des selben Jahres kam mit »Speak Like A Child« die Debüt-Single. Ab Ende 1983 nahmen sie sporadisch als Sängerin noch Dee C. Lee hinzu, die Weller drei Jahre später auch heiratete. Als Schlagzeuger tauchte in den nächsten Jahren immer wieder mal Steve White auf. Die erfolgreichsten Alben: »Café Bleu« (3/84 GB-LP 2), »Our Favourite Shop« (6/85 GB-LP 1, D-LP 23), »Home An Abroad« (5/86 GB-LP 8), »The Cost Of Loving« (2/87 GB-LP 2), »Confessions Of A Pop Group« (7/88 Gb-LP 15) und »Singular Adventures Of The Style Council« (3/89 GB-LP 4).
Lee hatte Ende 1985 mit »See The Day« einen eigenen Top-10-Hit in GB. 1990

trennte sich Style Council, und im darauf folgenden Jahr kam Weller mit einer neuen Formation, Paul Weller Movement.

Speak Like A Child (3/83 GB 4)
Long Hot Summer/Paris Match (8/83 GB 3)
My Ever Changing Moods (2/84 GB 5)
Groovin' (You're The Best Thing)/Big Boss Groove (3/84 GB 5)
Shout To The Top (10/84 GB 7)
Walls Come Tumbling Down! (11/85 GB 6)
It Didn't Matter (1/87 GB 9)
Pop

Siehe auch: Lee, Dee C.; Jam; Weller, Paul

Stylistics

JAMES DUNN v (USA, * 4. 2. 1950 in Philadelphia/Pennsylvania), AIRRION LOVE v (USA, * 8. 8. 1949 in Philadelphia/Pennsylvania), HERBIE MURRELL v (USA, * 27. 4. 1949 in Lane/South Carolina), JAMES SMITH v (USA, * 16. 6. 1950 in New York City), RUSSELL THOMPKINS v (USA, * 21. 3. 1951 in Philadelphia/Pennsylvania)

Das Quintett formierte sich 1968 aus den beiden Gruppen Monarchs und Percussions und nahm 1969 erste Platten auf. 1970 nahm sich einer der Philly-Soundspezialisten, Thom Bell, ihrer an. »You're A Big Girl Now« kam im Januar 1971 als ihre erste Platte in die US-Charts. Ihr poppiger Soulsound machte die Gruppe schnell in den USA und auch in GB sehr populär. Ihre erfolgreichsten Alben: »Let's Put It All Together« (5/74 US-LP 14), »The Best Of The Stylistics« (4/75 GB-LP 1), »Thank You Baby« (7/75 GB-LP 5) und »Best Of The Stylistics Volume 2« (9/76 GB-LP 1).

Nach 1977 wurden sie für viele Jahre nicht mehr in den Popcharts gesichtet. Ende 1990 hatten sie zusammen mit Glenn Medeiros die Nummer »Me – U = Blue« in den US-Charts. 1993 erschien das Album »Love Talk« der inzwischen nach dem Weggang von Dunn und Smith auf ein Trio reduzierten Formation. 1996 folgte »Love Is Back In Style«.

You Are Everything (11/71 US 9)
Betcha By Golly, Wow (2/72 US 3)
I'm Stone In Love With You (10/72 GB 9, US 10)
Break Up To Make Up (2/73 US 5)
Rockin' Roll Baby (1/74 GB 6)
You Make Me Feel Brand New (3/74 US 2; 7/74 GB 2)
Let's Put It All Together (10/74 GB 9)
Sing Baby Sing (5/75 GB 3)
Can't Give You Anything (But My Love) (7/75 GB 1)
Na Na Is The Saddest Word (11/75 GB 5)
Funky Weekend (2/76 GB 10)
Can't Help Falling In Love (4/76 GB 4)
16 Bars (8/76 GB 7)
Rhythm & Blues, Soul

Styx

GLEN BURTNICK v, g (USA), JOHN CURULEWSKI g (USA), DENNIS DEYOUNG v, key (USA, * 18. 2. 1947 in Chicago/Illinois), JOHN PANOZZO d (USA, * 20. 9. 1947 in Chicago/Illinois, † 16. 7. 1996), CHUCK PANOZZO b (USA, * 20. 9. 1947 in Chicago/Illinois), TOMMY SHAW v, g (USA, * 11. 9. 1950 in Montgomery/Alabama), JAMES YOUNG v, g (USA, * 14. 11. 1948 in Chicago/Illinois)

Die Band formierte sich 1964 in Chicago als Tradewinds. 1965 veränderten sie ihren Namen in TW4, um sich von einer gleichnamigen New Yorker Band abzuheben. Durch die gesamten 60er Jahre spielte die Gruppe in und um Chicago. 1971 erhielten sie das Angebot für einen Plattenvertrag, und ab 1972 nannten sie sich Styx. Ihre erste Singlenotierung in den USA wurde im Herbst 1972 »Best Thing«. Ende 1975 verließ Curulewski die Band und wurde durch Shaw ersetzt, der vorher mit Ms. Funk gespielt hatte. 1984 entschlossen sich DeYoung und Shaw, es als Solisten zu versuchen, und als Folge davon fiel die Band auseinander.

Die erfolgreichsten Alben der Band: »Styx 2« (1/75 US-LP 20), »The Grand Illusion« (7/77 US-LP 6), »Pieces Of Eight« (9/78 US-LP 6), »Cornerstone« (10/79 US-LP 2, 11/79 GB-LP 36, 4/80 D-LP 6), »Paradise Theater« (1/81 US-LP 1, 1/81 GB-LP 8, 2/81 D-LP 21), »Kilroy Was here« (3/83 US-LP 3, 3/83 D-LP 7) und »Greatest Hits« (9/95 US-LP 138).

1990 kam sie wieder zusammen. Für Shaw, der inzwischen Mitglied bei den Damn Yankees geworden war, spielte jetzt Glen Burtnick. Es erschien das Album »Edge Of The Century«, aus dem die Nummer »Show Me The Way« ausgekoppelt wurde. Dazu beigetragen hatte der Golfkrieg, denn viele Amerikaner empfanden dieses Lied als einen patriotischen Song. Im Mai 1996 kam die Original-Hitformation von Styx wieder zusammen und ging auf eine dreimonatige Tournee durch die USA. Von dieser Tournee wurde ein Mitschnitt unter dem Titel »Return To Paradise« veröffentlicht. Im Juli 1996 starb John Panozzo an Magenblutungen, die auf exzessiven Alkoholgenuss zurückgeführt wurden. 1999 erscheint nach neun Jahren wieder ein neues Studioalbum von Styx: »Brave New World«. Im Herbst 2000 war Styx erneut auf Tournee, dieses Mal auch in Deutschland. Von den alten Mitgliedern waren noch James Young und Tommy Shaw dabei. Ansonsten spielten Lawrence Gowan, Glen Burtnik und Todd Sucherman. Als Album kam »Arch Allies: Live At Riverport«. Ab dem 10. 5. 2001 zogen sie bis zum 15.7. wieder durch die USA und gaben insgesamt 41 Konzerte – im Vorprogramm war Bad Co. Styx feierten ihr 30-jähriges Bestehen. Neben der Besetzung von 2000 spielte nun auch Chuck Panozzo wieder mit. Auch dazu wieder ein Live-Album: »Styxworld Live 2001«.

Styx gelten als die Erfinder des Pomp-Rocks. Man könnte ihr Spiel jedoch auch Pop-Metal nennen.

Lady (12/74 US 6)
Come Sail Away (9/77 US 8)
Babe (10/79 US 1; 1/80 GB 6)
Boat On The River (3/80 D 5)
The Best Of Times (1/81 US 3)
Too Much Time On My Hands (3/81 US 9)
Mr. Roboto (2/83 D 8, US 3)
Don't Let It End (4/83 US 6)
Show Me The Way (12/90 US 3)
Rock

Sub Sub

JIMI GOODWIN key, b (Großbritannien), ANDY WILLIAMS key, d (Großbritannien), JEZ WILLIAMS key (Großbritannien)

Sub Sub entstand 1989 in Nordengland als Projekt der beiden Brüder Williams und Jimi Goodwin. Noch im selben Jahr veröffentlichten sie ihre erste 12-Inch-Single »Space Face« auf eigene Kosten. Ein Independent-Label war von dem Titel so beeindruckt, dass es ihn in Lizenz vertrieb. Mitte 1992 erschien die EP »Coast«, 1993 die Single »Ain't No Love (Ain't No Use)«. Als Sängerin war auf der Platte Melanie Williams zu hören, die ansonsten für die in Insiderkreisen erfolgreiche Club-Soulband Temper Temper wirkte. Die Platte war eine Mischung aus 70er Diskobeat und den Bässen der 90er. 1994 erschienen die Singles »Respect« (2/94 GB 49) und »Angel«, die jedoch keine Hits mehr wurden. Sie waren allerdings auch ohne Melanie aufgenommen worden, die inzwischen ihr Glück als Solistin versuchte.

Ain't No Love (Ain't No Use) (4/93 GB 3)
Dance, Disko, One Hit Wonder

Suede

BRETT ANDERSON v (Großbritannien, * 27. 9. 1967 in Haywards Heath/Sussex), BERNARD BUTLER g, p (Großbritannien, * 1. 5. 1970 in Stamford Hill/London),

NEIL CODLING key (Großbritannien, * 5. 12. 1965), JUSTINE FRISCHMAN g (Großbritannien), SIMON GILBERT d (Großbritannien, * 23. 5. 1965), RICHARD OAKES g (Großbritannien, * 1. 10. 1976), MATT OSMAN b (Großbritannien, * 9. 10. 1967)

Dieses Londoner Rockquartett veröffentlichte 1993 sein Debütalbum »Suede«, das am 10. 4. 1993 auf Platz 1 der britischen LP-Charts einstieg. Kopf Brett Anderson hatte bereits Mitte der 80er Jahre seine erste Band gegründet, die er Geoff nannte. Mit dabei war sein Schulfreund Osman. 1986, nach nur einem Jahr und zwei Demo-Aufnahmen, fiel die Combo wieder auseinander. Anderson und Osman gingen nach London und studierten dort – nebenher machten sie Musik als Suave & Elegant. Nachdem die beiden durch eine Kleinanzeige im New Musical Express den Gitarristen Butler gefunden hatten, der sich mit einer kleinen Drummachine begleitete, gründete das Trio Suede. Als weiterer Gitarrist kam Justine Frischman, die Freundin von Anderson, zur Band, die in dieser Besetzung ihren ersten Plattenvertrag erhielt. 1991 verging mit Proben und der Hinzunahme des Drummers Gilbert. Anfang 1992 verließ Frischman Suede und gründete später die Band Elastica. Noch im selben Jahr gingen Suede auf Tournee als Vorgruppe von The Fall und Klingmaker und nahmen am Reading-Festival teil. Der ›Melody Maker‹ schrieb über diese Band: ›Glamour, Drama und Sex. Total mitreißend!‹ Außerdem sprach er von der nächsten großen Sensation. 1994 erschien als zweites Album »Dog Man Star« (10/94 GB-LP 3). Ihre Debüt-Single war »The Drowners/To The Birds« (5/92 GB 49), danach erschien die EP »Metal Mickey« (9/92 GB 17). Die nächste Hitnotierung war auch ihre erste Begegnung mit den Top-10: »Animal Nitrate«, eine Auskopplung aus ihrem 1993er Debütalbum. Es folgten »So Young« (5/93 GB 22) und »Stay Together«. Letztgenannte Nummer war weder auf dem ersten noch auf dem nachfolgenden Album zu finden, das 1994 auf den Markt kam. »We Are The Pigs« (9/94 GB 18) und »The Wild Ones« (11/94 GB 18) wiederum stammten von Suedes zweitem Album »Dog Man Star«. Während der Aufnahmen zu diesem Album kam es zum Streit zwischen Butler und Anderson. Butler ging und wurde durch den erst 17-jährigen Oakes ersetzt. »New Generation« (2/95 GB 21), »Trash«, »Beautiful Ones«, »Saturday Night«, »Lazy« und »Filmstar« wurden die nächsten Hits. Im Frühjahr 1996 wurde aus dem Quartett ein Quintett – als weiteres Mitglied kam Codling zur Band, ein Cousin von Gilbert. Im Herbst erschien mit »Coming Up« (9/96 GB-LP 1) ihr nächstes Album, das am 14. 9. 1996 auf Platz 1 der GB-Albumcharts einstieg und gleich vergoldet wurde. Butler machte erst ein Duo mit David McAlmont und dann als Solist weiter. Außerdem spielte er Gitarre auf Platten von Neneh Cherry, Edwyn Collins oder Bryan Ferry. Suede veröffentlichten mit »Sci-Fi Lullabys« (10/97 GB-LP 9) und »Head Music« (5/99 GB-LP 1) weitere Erfolgsalben. Singlehits wurden »Electricity«, »She's In Fashion« (7/99 GB 13), »Everything Will Flow« (9/99 GB 24). Anfang 2002 arbeitete die Band an ihrem nächsten Album.

Animal Nitrate (3/93 GB 7)
Stay Together (2/94 GB 3)
Trash (8/96 GB 3)
Beautiful Ones (10/96 GB 8)
Saturday Night (1/97 GB 6)
Lazy (4/97 GB 9)
Filmstar (8/97 GB 9)
Electricity (4/99 GB 5)
Britpop, Pop, Rock

Sugababes

KEISHA BUCHANAN v (Großbritannien, * 30. 9. 1984 in London), MUTYA BUENA v (Großbritannien, * 21. 5. 1985 in London), SIOBHAN DONAGHY v (Großbritannien, * 14. 6. 1984 in London), HEIDI RANGE v (Großbritannien)

Keisha und Mutya lernten sich in der Schule kennen, als sie acht Jahre alt waren. 1997 lernten sie dann auf einer Party Shiobhan kennen und durch sie den Manager Ron Tom, der sich in ihren Anfangstagen um die All Saints gekümmert hatte. Die Sugababes Mädchen waren 16 Jahre alt, als sie mit »Overload« ihren ersten Hit hatten. Teeniepop mit Verfallsdatum. Als nächster Hit kam »New Year« (12/00 GB 12). Ihr erstes Album hieß »One Touch« (2/01 D-LP 7). Es folgten die Singles »Run For Cover« (4/01 GB 13, 4/01 D 28) und »Soul Sound« (7/01 GB 30).

Im Herbst 2001 verließ Siobhan Donaghy das Trio, um eine Karriere im Modebereich zu beginnen. Für sie kam Heidi Range. Die 18-jährige Heidi gehörte einst zur Urbesetzung von Atomic Kitten, verließ die Band aber, um eigene musikalische Wege zu gehen. Ein erstes gemeinsames Album wurde für das Frühjahr 2002 angekündigt.

Overload (9/00 GB 6; 12/00 D 3)
Pop

Sugar Ray

CRAIG BULLOCK dj (USA), STAN FRAZIER d (USA), MURPHY KARGES b (USA), MARK MCGRATH v (USA, * 15. 3. 1968), RODNEY SHEPPARD g (USA)

Die Gruppe stammt aus Orange County/Kalifornien. 1995 erschien ihr Debütalbum »Lemonade And Brownies«, 1997 »Floored« (7/97 US-LP 12). Ihr erster Singleerfolg »Every Morning« war von dem Album »14:59« (1/99 US-LP 17) ausgekoppelt. Als nächste Single kam »When It's Over« (6/01 US 16). Der für die ersten Jahre des 21. Jahrhunderts so typische Mix aus HipHop, Punk, Rock 'n' Roll und Pop brachte den Erfolg – aber auch die Gefahr, zu klingen wie so viele andere Bands. Als nächstes Album folgte »Sugar Ray« (6/01 US-LP 6).

Every Morning (1/99 US 3; 5/99 GB 10)
Someday (7/99 US 7)
Nu Metal, Rock

Sugarhill Gang

BIG BANK HANK rap (USA, als Henry Jackson in Harlem/New York), MASTER GEE rap (USA, als Guy O'Brien in Harlem/New York), WONDER MIKE rap (USA, als Michael Wright in Harlem/New York)

Dieses aus Harlem/New York stammende Trio gilt als einer der ersten kommerziell erfolgreichen Rap-Acts. Ende 1979 kamen sie mit »Rapper's Delight«. Möglich, dass die Platte in den USA kein Top-10-Hit wurde, weil sie dort nur als 12-Inch-Single erschien. Als musikalische Unterlage für Rapper's Delight nahm man von der Formation Chic den Titel »Good Times«. 1981 und 1982 kamen noch zwei weitere Singles in die US-Charts, die jedoch über Position 50 nicht hinauskamen. Gegen die Rapper der 80er Jahre wirkte die Sugarhill Gang allerdings auch schon wieder sehr brav. Im Zuge der allgemeinen Remix-Wut der 80er Jahre wurde »Rapper's Delight« zehn Jahre nach der Erstveröffentlichung neu zusammengemixt, erreichte in GB allerdings gerade mal die Top 60.

Rapper's Delight (12/79 D 3, GB 3)
One Hit Wonder, Rap, Rhythm & Blues

Sugarloaf

JERRY CORBETTA v, key (USA, * 23. 9. 1947 in Denver/Colorado), BOB MACVIT-

TIE d (USA, * 12. 5. 1946 als Robert MacVittie in Chicago/Illinois), MYRON POLLOCK d (USA), BOB RAYMOND b (USA, * 4. 3. 1946 als Robert Raymond in Santa Ana/Kalifornien), BOB WEBBER g (USA, * 7. 10. 1945 als Robert Webber in Ogden/Utah), ROBERT YEAZEL v, g (USA, * 1. 11. 1946 in Denver/Colorado)
In frühesten Jugendtagen wurde Jerry Corbetta von Swing- und Jazzmusik beeinflusst. Schon als Teenager war er zusammen mit seiner Schwester Nancy in einer Swingband und interessierte sich für alle Arten von Tasteninstrumenten. 1968 gründete Corbetta in Denver die Formation Sugarloaf, die er nach dem bekanntesten Berg seines Heimatstaates Colorado benannte. Sinn und Zweck der Band war es, neue musikalische Formen zu entdecken. In ihren Anfangstagen spielte die Band eine Mixtur aus Rock, Jazz und Swing. 1969 erhielten sie einen Plattenvertrag und veröffentlichten 1970 erste Platten. 1971 wurde als weiterer Musiker Yeazel hinzugenommen. Weitere Singleveröffentlichungen kamen vorerst nicht über Platz 50 hinaus. 1974 verließ McVittie die Gruppe und wurde durch Pollock ersetzt. Die ironische Formulierung »Don't Call Us – We'll Call You« kennen nicht nur viele Musikgruppen in der Zusammenarbeit mit der Plattenindustrie als gebräuchliche Formulierung. Corbetta erzählte später, dass dieser Song autobiografisch sei und ihre Schwierigkeiten darstellte, nach dem ersten großen Hit und der folgenden Flaute einen neuen Plattenvertrag zu erhalten. Zwischendurch war Jerry Corbetta am Studioprojekt Disco Tex & The Sex-O-Lettes beteiligt. Nachdem ab 1975 nichts mehr gelingen wollte, löste Corbetta die Gruppe auf.

Green-Eyed Lady (8/70 US 3)
Don't Call Us – We'll Call You (12/74 US 9)
AOR (Adult Orientated Rock), Rock

Suggs

SUGGS MCPHERSON v (Großbritannien, * 13. 1. 1961 als Graham McPherson in Hastings/Sussex)
Seit 1978 war Suggs Mitglied bei Madness gewesen, die sich ab 1985 immer wieder mal trennten und bis 1992 Platten veröffentlichten. 1985 hatte Suggs zum ersten Mal The Farm produziert, 1988 wurde er deren Manager und außerdem TV-Moderator. Zusammen mit Chas Smash von Madness hatte er 1985 als Fink Brothers die Single »Mutants In Mega City One« (2/85 GB 50) veröffentlicht. Als Solist kam Suggs ab 1995. Seine erste Single-Veröffentlichung »I'm Only Sleeping/Off On Holiday« war auch gleich sein erster Top-10-Hit. »I'm Only Sleeping« war im Original eine Nummer der Beatles. »Camden Town« (10/95 GB 14) und »The Tune« (12/95 GB 33) folgten. Aus »Cecilia«, einst ein Hit für Simon & Garfunkel, schnitzte er sich seinen nächsten Top-10-Erfolg. Die bisher genannten Singlehits stammten alle von seinem Ende 1995 erschienenen Album »The Lone Ranger« (10/95 GB-LP 14).

I'm Only Sleeping/Off On Holiday (8/95 GB 7)
Cecilia (4/96 GB 7)
Pop

Siehe auch: Madness

Sum41

BIZZY D v, g (Kanada, * 21. 3. 1980 als Deryck Whibley in Toronto), DAVE BROWNSOUND g (Kanada, * 26. 7. 1981 als Dave Baksh in Toronto), CONE b (Kanada, * 3. 9. 1980 als Jay McCaslin in Toronto), STEVO 32 d (Kanada, * 23. 7. 1981 als Steve Jocs in Ajax)
Sum41 wurde angeblich am 2. 8. 1999 gegründet, dem 41. Tag des Sommers. Daher der Gruppenname. 2000 spielten sie im Vorprogramm von Blink 182 in den USA. Jerry Finn, der auch Blink 182 produ-

zierte, kümmerte sich daraufhin auch um Sum41. Ihre Mixtur aus Punk, Metal, HipHop, Rock, Pop und Ska kam bei der deutschen Skater-Generation gut an. Ihre erste Hitnotierung war »Fat Lip«. Ihr erstes Album hieß »All Killer No Filler« (5/01 US-LP 13, 8/01 GB-LP 7). Als nächste Single kam »In Too Deep« (12/01 GB 13).

Fat Lip (10/01 GB 8)
HipHop, Punk, Rock

Summer, Donna

DONNA SUMMER v (USA, * 31. 12. 1948 als LaDonna Andrea Gaines in Boston/ Massachusetts)
Donna wollte eine Sängerin wie Mahalia Jackson werden. Ihre Karriere begann in der Gruppe Crow, die in und um Boston herum spielte. 1967 kam sie nach Europa und spielte in der Münchener Aufführung von »Hair«, dann in Wien an der Volksoper in »Porgy And Bess« und »Showboat«. Giorgio Moroder und Pepe Bellotte entdeckten sie, während sie in deren Studio in einem Backgroundchor sang. Sie nahmen sie unter Vertrag und machten mit ihr die ersten Platten. Die Nummer »Je T'Aime ... Moi Non Plus« von Gainsbourg und Birkin inspirierte sie zu dem Titel »Love To Love You Baby«. Schnell avancierte Donna Summer zur Queen of Disko. Bis in die 90er Jahre gelangen ihr Hits. Alleine in den USA hatte sie zehn Millionseller und zwei Platinplatten. Zusammen mit Barbra Streisand sang sie »No More Tears (Enough Is Enough)«. Nebenher versuchte sie sich auch als Schauspielerin. In dem Film »Thank God It's Friday« war sie der Star. Außer mit Moroder und Bellotte arbeitete Donna mit Quincy Jones, Stock/Aitken/Waterman oder Clivilles & Cole. Donna Summer nur als nettes Dummchen hinzustellen, das brav das runtersingt, was ihr vorgelegt wird, ist falsch. An vielen ihrer Hits hat sie mitgeschrieben. In den 80er Jahren fuhr ihre Karriere Achterbahn – allerdings erhielt sie 1984 und 1985 Grammies für ihre Gospelplatten. 1987 war sie ganz unten – ein Album von ihr verkaufte sich so schlecht, dass sie eine Tournee absagen musste. 1989 dann der Versuch, sich mit Hilfe des Produzententeams Stock/Aitken/Waterman wieder in die Charts zu schleichen, der zumindest kurzfristig gelang. Donna zog nach Nashville und malte Bilder, die für fünfstellige Summen verkauft wurden. Im Herbst 1994 erschien mit »Endless Summer« ein CD-Album ihrer größten Erfolge. Darauf zu finden das neue Stück »Melody Of Love«, das ihr in GB einen Platz 21 bescherte. Ein Remix ihres Titels »I Feel Love« brachte ihr im Herbst 1995 einen weiteren Top-10-Hit in GB. Gleiches versuchte man mit »State Of Independence«. Die Nummer schaffte im April 1996 Platz 13 in GB. Im Frühjahr 1998 wurde angekündigt, sie schreibe an einem Musical über ihr Leben – da sind dann wahrscheinlich alle ihre großen Hits noch einmal zu hören.
Ihre erfolgreichsten Alben: »Love To Love You Baby« (11/75 US-LP 11, 1/76 GB-LP 16, 3/76 D-LP 23), »I Remember Yesterday« (6/77 US-LP 18, GB-LP 3, 7/77 D-LP 7), »Donna Summer Greatest Hits« (1/78 GB-LP 4), »Live And More« (9/78 US-LP 1, 10/78 GB-LP 16), »Bad Girls« (5/79 US-LP 1, 6/79 GB-LP 23, D-LP 7), »On The Radio – Greatest Hits Volumes I & II« (11/79 US-LP 1, GB-LP 24), »The Wanderer« (11/80 US-LP 13), »Donna Summer« (7/82 GB-LP 13, 8/82 US-LP 20, D-LP 37), »She Works Hard For The Money« (7/83 D-LP 17, US-LP 9, GB-LP 28), »Another Place And Time« (3/89 GB-LP 17).

Love To Love You Baby (12/75 US 2; 1/76 GB 4; 2/76 D 6)
I Feel Love (7/77 GB 1, D 3, US 6)
Deep Down Inside (Theme From ›The Deep‹) (8/77 GB 5)
Love's Unkind (12/77 GB 3)

I Love You (12/77 GB 10)
Last Dance (5/78 US 3)
MacArthur Park (9/78 US 1, GB 5)
Heaven Knows (1/79 US 4)
Hot Stuff (4/79 D 5, US 1)
Bad Girls (5/79 US 1; 8/79 D 9)
Dim All The Lights (8/79 US 2)
No More Tears (Enough Is Enough) (10/79 US 1, GB 3)
On The Radio (1/80 US 5)
The Wanderer (9/80 US 3)
Love Is In Control (Finger On The Trigger) (6/82 US 10)
She Works Hard For The Money (5/83 US 3)
This Time I Know It's For Real (2/89 GB 3; 4/89 US 7)
I Don't Wanna Get Hurt (5/89 GB 7)
I Feel Love (Remix 1995) (9/95 GB 8)
Disko

Sunny

SUNNY v (Großbritannien, als Heather Wheatman in Madras/Indien)
Jahrelang hatte sie als Sessionsängerin und zusammen mit ihrer Schwester als Sue (Yvonne) & Sunny (Heather) gesungen. Bereits mit 11 Jahren gewann sie einen Gesangsnachwuchswettbewerb. Es kam zu einer ersten Plattenaufnahme, »Let Me Cry«, die jedoch nichts wurde. Nachdem weitere Platten ebenfalls floppten, ging sie zunächst weiter zur Schule, und als 15-jährige versuchte sie sich bereits als professionelle Sängerin. Zusammen mit ihrer Schwester Sue wurde sie von einer Agentur in Newcastle gemanagt, und in den nächsten Jahren sangen sie unter diversen Namen, darunter auch Myrtells. Nachdem die Walker Brothers auseinander gefallen waren, engagierte sie John Walker für seine Show. Sie wurden zu diesem Zeitpunkt auch als Sessionmusikerinnen beschäftigt, und ihre bekannteste Arbeit war 1968 ihre Mitwirkung auf der LP »With A Little Help From My Friends« von Joe Cocker. Nach diesem Erfolg von Cocker wurden sie gesuchte Studiosängerinnen bei z. B. Dusty Springfield, Lulu, Tom Jones, Engelbert, Petula Clark oder Shirley Bassey. Sie standen dabei im Hintergrund, was sich änderte, als sie mit anderen Studiomusikern als Brotherhood Of Man den Titel »United We Stand« aufnahmen. Die Platte wurde im Frühjahr 1970 ein Top-10-Hit in GB. Da jedoch alle Beteiligten an dieser Produktion anderweitig beschäftigt waren, kam ein Nachfolgeprojekt mit anderen Musikern erst sechs Jahre später zustande. Im Frühjahr 1974 sang Sunny als Solistin den Titel »Doctor's Orders«. Weitere Erfolge konnte sie im Alleingang nicht erzielen. Ihre Schwester Sue nahm als Sue Glover eine Solo-LP auf.

Doctor's Orders (3/74 GB 7)
One Hit Wonder, Pop

Supergrass

GAZ COOMBES v, g (Großbritannien, * 8. 3. 1976 als Gareth Coombes in Brighton), ANDY DAVIES b (Großbritannien), NICK GOFFEY g (Großbritannien), DANNY GOFFEY d (Großbritannien, * 7. 2. 1974 in London), TARA MILTON g (Großbritannien), MICKEY QUINN g (Großbritannien, * 17. 12. 1969)
Supergrass kam 1991 in Oxford als The Jennifers zusammen. Unter diesem Namen erschien im April 1992 die EP »Just Got Back Today/Rocks And Boulders/ Danny's Song/Tomorrow's Rain«. In den Anfangstagen spielten Coombes, die beiden Brüder Goffey und Davies. Nach der Platte kam für Nick Goffey erst Tara Milton und dann Mickey Quinn. 1994 änderte die Gruppe ihren Namen in Theodore Supergrass. Andy Davies verließ die Band und der Rest verkürzte den Gruppennamen auf Supergrass und schließlich erhielten sie einen Plattenvertrag bei der Parlophone. Ihre erste Hitnotierung war die Nummer »Caught By The Fuzz« (10/94 GB 43). »Mansize Rooster«

(2/95 GB 20) und »Lose It« (3/95 GB 75) waren die nächsten Notierungen, bis mit »Lenny« der erste Top-10-Hit kam. Ende 1995 wurde die Band zum ›Best New Act‹ und wenig später zum ›Best Newcomer‹ gekürt. Mit »Going Out« wurde die Erfolgsserie fortgesetzt. Ähnlich wie viele andere britische Bands der zweiten Hälfte der 90er Jahre profitierten die Musiker von Supergrass vom so genannten Britpop. Unter diesem Oberbegriff wurden Interpreten zusammengefasst, die sich musikalisch nicht nach vorne, sondern eher nach hinten orientierten. Die Platten dieser Bands klangen so, als wären die Beatles immer noch im Geschäft. Beim Hit »Richard III« war davon jedoch sehr wenig zu hören. Trotzdem stieg die Platte am 12. 4. 1997 auf Platz 2 in GB ein. Weitere Hits außerhalb der Top 10 wurden »Late In The Day« (10/97 GB 18), »Pumping On Your Stereo« (6/99 GB 11) und »Mary« (12/99 GB 36). Die erfolgreichsten Alben waren »I Should Coco« (5/95 GB-LP 1), »In It For The Money« (5/97 GB-LP 2) und »Supergrass« (10/99 GB-LP 3).

Lenny (5/95 GB 10)
Alright/Time (7/95 GB 2)
Going Out (3/96 GB 5)
Richard III (4/97 GB 2)
Sun Hits The Sky (6/97 GB 10)
Moving (9/99 GB 9)
Britpop, Pop

Supermax

SUPERMAX (Österreich, als Kurt Hauenstein in Wien)
Der Studiomusiker wechselte 1976 von Wien nach Frankfurt und entwickelte dort zusammen mit dem deutschen Produzenten Peter Hauke die Idee für Supermax. Mit wechselnden Musikern verwirklichte Hauenstein seine Vorstellungen von europäischer Soul- und Diskomusik. Heute im Rückblick gesehen, war Hauenstein damals mit seiner Musik der Zeit voraus. Bis in die 90er Jahre veröffentlichte er weiter LPs bei wechselnden Plattenfirmen. Mit den Alben »World Of Today« (8/78 D-LP 2) und »Fly With Me« (4/79 D-LP 9) erzielte er gute Verkäufe – außer »Lovemachine« ist ihm kein weiterer Singlehit mehr gelungen.

Lovemachine (8/78 D 4)
Disko, One Hit Wonder, Soul

Supermen Lovers

GUILLAUME ATLAN (Frankreich)
Supermen Lovers ist ein Ein-Mann-Projekt. Dahinter steht der 26-jährige Pariser Guillaume Atlan. Nach einem Studium am Conservatoire Of Music und Stage Performance, gründete er 1999 sein eigenes Plattenlabel Lafesse Records. Darauf wurde auch »Starlight« veröffentlicht. Der Song war erst ein großer Hit in den Diskotheken von Ibiza – von San Antonio bis Ibiza-Stadt tanzten sich die europäischen Urlauber zu diesem Titel durch die Nacht. Dann wurde der Song in Frankreich ein Hit und schwappte schließlich über den Kanal nach GB. 1999 war Atlan auf Mani Hoffmann gestoßen, mit dem er die Platte realisierte – Mani ist der Sänger. Mani und Guillaume machten 1999 die Band School.

Starlight (9/01 GB 2)
Dance

Supertramp

BOB C. BENBERG d (Großbritannien, * 31. 10. 1949 als Robert Siebenberg), KEVIN CURRIE d (Großbritannien), RICK DAVIES v, key (Großbritannien, * 22. 7. 1944 als Richard in Swindon/Wiltshire), FRANK FERRELL b (Großbritannien, in Birmingham), JOHN HELLIWELL sax (Großbritannien, * 15. 2. 1945 in Todmorden/

Lancestershire), ROGER HODGSON v, g (Großbritannien, * 21. 3. 1950 in London), BOB MILLER d (Großbritannien), RICHARD PALMER g (Großbritannien), DOUGIE THOMPSON b (Großbritannien, * 24. 3. 1951 in Glasgow), DAVE WINTHROP sax (USA, * 27. 11. 1948 in New Jersey)

1969 wurde diese Band gegründet, nachdem der junge holländische Millionär Stanley August Miesegaes in München Richard Davies getroffen hatte, der dort in der Band Joint spielte. Miesegaes bot Davies finanzielle Unterstützung für ein eigenes Projekt an, woraufhin dieser mit Hodgson, Palmer, Winthrop und Miller eine eigene Formation zusammenstellte. Zuerst wollte man der Band den Namen Daddy geben, dann einigten sie sich auf Supertramp, angelehnt an das Buch ›The Autobiography Of A Supertramp‹ von W. H. Davies, veröffentlicht 1910. Im August 1970 erschien das erste Album von Supertramp. Mitte 1971 verließen Miller und Palmer die Band und wurden durch Currie und Farrell ersetzt. Auch ihre zweite LP, die wenig später erschien, kam nicht in die Hitparaden, und Miesegaes gab sein Mäzenatentum auf. Daraufhin verließen alle Mitglieder bis auf Hodgson und Davies Supertramp. Im August 1973 kamen mit Helliwell, Thomson und Benberg drei neue Mitglieder, und die erste Veröffentlichung in dieser Formation, die LP »Crime Of The Century«. In den USA wurde die Platte vergoldet und bedeutete den Durchbruch für Supertramp. Supertramp gehört zu den Gruppen, deren LPs durchweg anhörenswert sind, so dass man sich keine Singles zulegen muss, um sich ein gutes Stück herauszupicken. Nach der ebenfalls hervorragenden LP »Famous Last Words« (1982) verließ Hodgson die Band, um eine Solokarriere zu beginnen. Der Rest machte als Quartett weiter. Doch die großen Erfolge in den Charts waren für Supertramp vorüber. Ihr letzter Hitparadeneintrag in den USA war »Cannonball« (5/85 US 20). Acht Jahre dauerte es, bis es ein neues Album von Supertramp erschien. »Some Things Never Change« wurde in der zweiten Hälfte des Jahres 1996 aufgenommen und erschien im Frühjahr 1997. Als Single wurde vorab die Nummer »You Win, I Lose« ausgekoppelt und bewies: Some Things Never Change. Die Platte klingt, als habe Supertramp nie aufgehört zu bestehen und schlägt in der Instrumentierung in die gleiche Kerbe wie immer. Von der Originalbesetzung waren noch Davies, Siebenberg und Helliwell dabei. Ansonsten spielen auf dieser Platte Tom Walsh (Percussion; ex Joe Cocker), Cliff Hugo (Bass; Ray Charles), Carl Verheyen (Gitarre) und Lee R. Thornberg (Multi-Instrumentalist; Tower Of Power, Rod Stewart). Innerhalb weniger Wochen erreichte das Album in Deutschland Gold-Status.

Die erfolgreichsten Alben für Supertramp: »Crime Of The Century« (11/74 GB-LP 4, 12/74 US-LP 38, 7/77 D-LP 5), »Crisis? What Crisis« (12/75 GB-LP 20), »Even In The Quietest Moments« (4/77 GB-LP 12, US-LP 16, 6/77 D-LP 14), »Breakfast In America« (3/79 GB-LP 3, US-LP 1, 4/79 D-LP 1), »Paris« (10/80 GB-LP 7, US-LP 8, D-LP 5), »Famous Last Words« (11/82 GB-LP 6, US-LP 5, D-LP 1), »Die Songs einer Supergruppe« (3/84 D-LP 2), »Brother Where You Bound« (5/85 GB-LP 20, D-LP 4, 6/85 US-LP 21), »The Autobiography Of Supertramp« (10/86 GB-LP 9), »The Very Best« (11/90 D-LP 6), »The Very Best Of Supertramp« (8/92 GB-LP 24, 9/97 RE-GB-LP 8) und »Some Things Never Change« (4/97 D-LP 3).

2002 erschien ihr elftes Studioalbum »Slow Motion«.

The Logical Song (3/79 GB 7, US 6)
Breakfast In America (6/79 GB 9)
Take The Long Way Home (10/79 US 10)
It's Raining Again (11/82 D 3)
AOR (Adult Orientated Rock), Pop, Rock

Supremes

FLORENCE BALLARD v (USA, * 30. 6. 1943 in Detroit/Michigan, † 22. 2. 1976), CINDY BIRDSONG v (USA, * 15. 12. 1939 in Camden/New Jersey), SUSAYE GREEN v (USA), KAREN JACKSON v (USA), LYNDA LAWRENCE v (USA), SCHERRIE PAYNE v (USA, * 14. 11. 1944 in Detroit), DIANA ROSS v (USA, * 26. 3. 1944 als Diane Ernestine Ross in Detroit/Michigan), JEAN TERRELL v (USA, * 26. 11. 1944 in Texas), MARY WILSON v (USA, * 6. 3. 1944 in Greenville/Mississippi)

1959 wird ein weibliches schwarzes Gesangstrio zusammengestellt, um die ebenfalls zu diesem Zeitpunkt beginnende männliche Gruppe Primes bei der Bühnenarbeit zu unterstützen. Ihr Name wird Primettes, und die ersten Mitglieder sind Mary Wilson, Florence Ballard und Betty Travis. Als vierte kommt wenig später Diana Ross hinzu. Im darauf folgenden Jahr verlässt Travis die Primettes, und für sie kommt Barbara Martin. Als es für sie nicht vorwärts geht, konzentrieren sich Ballard und Martin auf ihren Schulabschluss, Wilson und Ross machen als Duo weiter. Im selben Jahr kommen die vier noch einmal zusammen und nehmen für eine kleine Plattenfirma einige Titel auf. Als es darum geht, im Dezember des Jahres bei Berry Gordy einen Vertrag zu unterschreiben, verlässt Martin das Quartett erneut. Gordy ist es, der den Namen Primettes ändern möchte, und Ballard schlägt Supremes vor. Ross und Wilson mögen den Namen nicht, Gordy nimmt ihn. »I Want A Guy« ist die erste Single, die erscheint. Sie wird ebenso wie die zweite Platte, »Buttered Popcorn«, ein Flop. »Your Heart Belongs To Me« ist im Sommer 1962 der erste Hiterfolg für die Supremes. Zwei Jahre lang sind die Supremes mit einigen Titeln in den Charts vertreten, haben jedoch ihren großen Erfolg erst mit »Where Did Our Love Go«. In den nächsten Monaten kristallisierte sich immer mehr heraus, dass der Star in der Truppe Diana Ross war. Das muss Florence Ballard, die bei den frühen Aufnahmen der Supremes manchmal die Leadsängerin war, sehr verärgert haben, und sie wurde durch Cindy Birdsong, die von Patti Labelle & The Bluebelles kam, ersetzt. Der Name des Trios wurde Mitte 1967 in Diana Ross & The Supremes verändert. Zwischen Gordy und Diana Ross herrschte über die Jahre ein sehr inniges und freundschaftliches Verhältnis, und Gordy tat alles, um Dianas Karriere zu unterstützen. So hatte er auch 1967 bestimmt, dass ab sofort Dianas Name vor der Gruppenbezeichnung stand. Er hatte wohl auch Diana eine Solokarriere zugesagt. Am 14. 1. 1970 absolvierten Diana Ross & The Supremes ihren letzten öffentlichen Auftritt im Frontier Hotel in Las Vegas. Als Ersatz für Diana kam die Schwester des Boxers Ernie Terrell, Jean. Alles in allem muss man feststellen, dass die Karriere ohne Diana Ross nicht mehr richtig funktionierte. Im Laufe der nächsten Jahre sollte sich die Besetzung der Supremes noch häufig verändern. Cindy Birdsong verließ die Gruppe 1972 und wurde durch Lynda Lawrence ersetzt. Im folgenden Jahr gingen Terrell und Lawrence, und Mary Wilson machte mit der Schwester von Freda Payne, Scherrie, und der zurückgekehrten Cindy Birdsong weiter. 1976 ging Birdsong erneut, und für sie kam Susaye Green. Am 1976 starb Florence Ballard an den Folgen einer Thrombose. Im Dezember 1976 ging mit Mary Wilson das letzte Originalmitglied der Supremes und wurde durch Karen Jackson ersetzt. Die Plattenfirma Motown sah jetzt allerdings wenig Verkaufschancen für die Supremes und löste die Gruppe ganz auf. 1978 zogen Mary Wilson, Karen Jackson und Karen Raglan als Supremes durch GB. Motown sorgte dafür, dass sie den Namen nicht weiter benutzen durften. Ende 1981 kam das Musical »Dream Girls« an den Broadway. Es basierte auf der Erfolgsstory der Supremes, die ganz ohne Zweifel in den 60er Jahren das dominierende schwarze Gesangstrio waren. Zum 25-jährigen Bestehen von Motown Records kamen im Mai 1983 noch einmal Wilson, Birdsong und Ross als Supremes zusammen. 1988 wurde das Trio in die Rock and Roll Hall of Fame aufgenommen. Am 29. 1. 1994 wurde Mary Wilson in einem schweren Verkehrsunfall verletzt – ihr 14-jähriger Sohn starb dabei. 2000 zogen Diana Ross, Scherrie Payne und Linda Laurence für eine Konzerttournee wieder als Supremes durch die Lande.

Die erfolgreichsten Alben der Supremes: »Where Did Our Love Go« (9/64 US-LP 2, 7/65 D-LP 33), »Meet The Supremes« (12/64 GB-LP 8), »More Hits By The Supremes« (8/65 US-LP 6), »The Supremes At The Copa« (11/65 US-LP 11), »I Hear A Symphony« (3/66 US-LP 8), »The Supremes A Go-Go« (9/66 US-LP 1, 12/66 GB-LP 15), »The Supremes Sing Holland-Dozier-Holland« (2/67 US-LP 6), »The Supremes Sing Motown« (5/67 GB-LP 15) und »The Supremes Sing Rodgers & Hart« (6/67 US-LP 20, 9/67 GB-LP 25).

Erfolgsalben von Diana Ross & The Supremes: »Diana Ross & The Supremes Greatest Hits« (9/67 US-LP 1, 1/68 GB-LP 1), »Live At London's Talk Of The Town« (3/68 GB-LP 6), »Reflections« (4/68 US-LP 18), »Diana Ross & The Supremes Join The Temptations« (11/68 US-LP 2, 1/69 GB-LP 1), »Love Child« (12/68 US-LP 14, 2/69 GB-LP 8), »TCB« (12/68 US-LP 1, 6/69 GB-LP 11), »Magnificent Seven« (5/71 GB-LP 7) mit den Four Tops, »20 Golden Greats« (9/77 GB-LP 1) und »Love Supreme« (1/89 GB-LP 10).

Where Did Our Love Go (7/64 US 1; 9/64 GB 3)
Baby Love (10/64 US 1, GB 1)
Come See About Me (11/64 US 1)
Stop! In The Name Of Love (2/65 US 1, GB 7; 4/65 D 3)
Back In My Arms Again (5/65 US 1)
I Hear A Symphony (10/65 US 1)
My World Is Empty Without You (1/66 US 5)
Love Is Like An Itching In My Heart (4/66 US 9)
You Can't Hurry Love (8/66 US 1, GB 3)
You Keep Me Hangin' On (10/66 US 1; 12/66 GB 8)
Love Is Here And Now You're Gone (1/67 US 1)
The Happening (4/67 GB 6, US 1)
Reflections (8/67 US 2, GB 5)
In And Out Of Love (11/67 US 9)
Love Child (10/68 US 1)
I'm Gonna Make You Love Me (12/68 GB 3, US 2)
I'm Livin' In Shame (1/69 US 10)
Someday We'll Be Together (11/69 US 1)
Up The Ladder To The Roof (3/70 US 10; 5/70 GB 6)
Stoned Love (11/70 US 7; 1/71 GB 3)
Nathan Jones (8/71 GB 5)
Floy Joy (3/72 GB 9)
Automatically Sunshine (7/72 GB 10)
Motown Sound, Rhythm & Blues, Soul

Siehe auch: Ross, Diana

Surface

EVERETT ›JAM‹ BENTON v, key (USA, * 6. 9. 1969 in Buffalo/New York), DAVID ›PIC‹ CONLEY v (USA, * 27. 12. 1953 in Newark/New Jersey), KAREN COPELAND v (USA, † 5. 12. 1988), BERNARD JACKSON v (USA, * 11. 7. 1959 in Stamford/Connecticut), ERIC ›G. RIFF‹ MOORE v (USA, * 23. 8. 1971 in Irvington/New Jersey), DAVID TOWNSEND v (USA, * 17. 5. 1954 in Englewood/Kalifornien)

Das Soul-Pop-Trio wurde 1983 in West Orange/New Jersey gegründet. 1984 verließ Karen Copeland die Band und wurde durch Bernard Jackson ersetzt. Sie begannen als Songschreiber für Interpreten wie New Edition, Isaac Hayes, The Jets, Sister Sledge oder Gwen Guthrie. Townsend ist der Sohn des Produzenten und Songschreibers Ed Townsend. Dave Conley spielte vor Surface Horn mit der Formation Mandrell. Ihren ersten eigenen Hit hatten sie in GB: »Falling In Love« (7/83 GB 67) wurde ihre erste Notierung. In den USA wurden sie mit »Happy« (5/87 US 20) erstmals verzeichnet. Ihr erfolgreichstes Album war die Platinplatte »2nd Wave« (11/88 US-LP 56). Im Winter 1994 trennte sich die Gruppe. Jackson gründete eine neue Formation. Townsend arbeitete als A&R Manager für eine Plattenfirma, und Conley wurde Manager und Produzent verschiedener Gruppen. Außerdem plante Conley, mit neuer Besetzung Surface weiterzuführen, und hatte schon mal Eric Moore und Everett Benton engagiert.

Shower Me With Your Love (7/89 US 5)
The First Time (11/90 US 1)
Soul

Surfaris

BOB BERRYHILL g (USA), PAT CONNOLLY b (USA), JIM FULLER g (USA), JIM PASH sax, clarinet (USA), RON WILSON d (USA, † 19. 5. 1989)

Die Teenager-Surfband kam aus Glendora/Kalifornien. Ihre selbst geschriebene Nummer »Wipe Out« mit der B-Seite »Surfer Joe« kam Mitte 1963, als Surf Music à la Beach Boys und Jan & Dean gerade sehr populär war, in die Charts. Die Instrumentalnummer »Wipe Out« wurde drei Jahre später noch einmal veröffentlicht und erreichte immerhin die Top 20. Die Nummer beginnt mit dem ansteckenden und hämischen Lachen von Dale Smallins, dem damaligen Manager der Band. Hämisch ist das Lachen deshalb, weil wieder einmal jemand beim Surfen vom Brett gefallen ist. Wipe out ist die obligate Bezeichnung der Surfer für jemanden, der das Gleichgewicht auf dem Brett verloren hat. Ansonsten gelang den Surfaris kein weiterer Top-40-Hit mehr. Das erfolgreichste Album der Band hieß ebenfalls »Wipe Out« (8/63 US-LP 15). Nach einigen Umbesetzungen fiel die Formation auseinander. Wilson starb im Alter von 44 Jahren an einer Gehirnblutung.

Wipe Out (6/63 GB 5, US 2)
One Hit Wonder, Surf-Music

Survivor

DAVE BICKLER v (USA), MICKEY CURRY d (USA), MARC DROUBAY d (USA), STEPHAN ELLIS b (USA), JIMI JAMISON v (USA, * 23. 8. 1951), DENNIS KEITH JOHNSON b (USA), JIM PETERIK v, key (USA, * 11. 11. 1950), GARY SMITH d (USA), FRANKIE SULLIVAN g (USA), BILL SYNIAR b (USA)

Der Kopf dieser Formation ist Jim Peterik. Er hatte 1970 den Titel »Vehicle« geschrieben, mit dem die Formation Ides Of March einen Top-10-Hit hatte. 1973 war die Band auseinandergefallen, und Peterik versuchte eine Solokarriere. 1976 veröffentlichte er das Album »Don't Fight The Feeling«. Nebenher schrieb er Songs für z. B. 38 Special und den Titelsong für den Film »Heavy Metal«. Peterik traf Bickler in einem Aufnahmestudio, in dem sie Werbejingles produzierten. Diese beiden und Sullivan gründeten 1978 Survivor. Sie nahmen mit Johnson und Smith eine Rhythm-Section hinzu und veröffentlichten 1979 ihr erstes Album. »Somewhere In America« wurde im Frühjahr 1980 die erste Hitnotierung dieser Band, die man als gemäßigte Rockgruppe bezeichnen kann. 1981 verließen Smith und Johnson die Gruppe und wurden durch Droubay und Ellis ersetzt. Mitte 1982 kam für Survivor der ganz große Erfolg. Im Film »Rocky III« war die Nummer »Eye Of The Tiger« zu hören. 1984 wurde Bickler durch Jamison ersetzt, 1988 gingen Droubay und Ellis, und für sie kamen Syniar und Curry. Weitere Plattenveröffentlichungen von Survivor brachten keine Top-40-Erfolge mehr. Die erfolgreichsten Alben für Survivor: »Eye Of The Tiger« (6/82 US-LP 2, 8/82 GB-LP 12) und »Vital Signs« (9/84 US-LP 16).

Eye Of The Tiger (6/82 GB 1, US 1)
High On You (1/85 US 8)
The Search Is Over (4/85 US 4)
Burning Heart (11/85 US 2; 1/86 GB 5, D 6)
Is This Love (10/86 US 9)
Rock

Siehe auch: Ides Of March

Sutherland Brothers & Quiver

TIM RENWICK g (Großbritannien, * 7. 8. 1949 in Cambridge), GAVIN SUTHERLAND v, g, b (Großbritannien, * 6. 10. 1951 in Peterhead/Schottland), IAIN SUTHERLAND v, g, key (Großbritannien, * 17. 11. 1948 in Ellon/Schottland), BRUCE THOMAS b (Großbritannien, * 14. 8. 1948 in Middlesbrough/Cleveland), WILLIE WILSON d (Großbritannien, * 8. 7. 1947 in Cambridge), PETER WOOD key (Großbritannien)
Die beiden Brüder Iain und Gavin wurden 1972 Mitglieder der zwei Jahre zuvor gegründeten Band Quiver, die sich danach Quiverlands und schließlich Sutherland Brothers & Quiver nannte. Der Titel »Arms Of Mary« brachte der Band einen ersten, »Secrets« (11/76 GB 35) einen zweiten Hit. Gavin Sutherland ist der Autor der Nummer »Sailing«, die mit Rod Stewart ein Welthit wurde. Die eigenen Erfolge dieser Formation beschränken sich mehr auf den Folksektor in GB. Keyboarder Peter Wood kam im Dezember 1993 in New York aus ungeklärten Gründen ums Leben.

Arms Of Mary (4/76 GB 5)
Folk Rock, Rock

Suzie

SUZIE v (Niederlande, * 21. 8. 1946 als Martina Carina Peereboom in Tilburg)
Die Sängerin und Artistin Suzie arbeitete zunächst im Zirkus und dann ab 1960 als Schlagersängerin. 1963 erhielt sie in Schweden ihren ersten Plattenvertrag. Suzie sprach mehrere Sprachen: Englisch, Schwedisch, Französisch, Deutsch und Dänisch. Ihren Hit »Johnny Loves Me« übersetzte sie 1964 ins Deutsche und hatte mit »Johnny, komm« (5/64 D 13) ihren ersten Erfolg. Nach »Schau mir in die Augen« (9/66 D 36) war ihre Hit-Zeit wieder vorüber.

Du, du gehst vorbei (9/64 D 5)
Ich war allein (5/65 D 6)
Ich will immer nur dich (1/66 D 7)
Deutscher Schlager

Swan, Billy

BILLY SWAN v, g, key (USA, * 12. 5. 1942 als Billy Lance Swan in Cape Girardeau/Missouri)
Der Sänger, Songschreiber, Keyboarder, Gitarrist und Produzent stand in den 60er Jahren an der Tür zu Elvis Presleys Haus Graceland und kontrollierte die Besucher. In den späten 50er Jahren hatte er Mert Mitley & The Rhythm Steppers gegründet. Songs, die er schrieb, wurden hin und wieder von anderen aufgenommen, so z. B. 1962 »Lover Please« von Clyde McPhatter. Billy ging dann nach Nashville, produzierte die ersten drei Alben von Tony Joe White und tourte mit Kris Kristofferson. Und dann hatte er endlich selbst einen Hit: »I Can Help«. Nachfolger wurden »Don't Be Cruel« (6/75 D 26) und »Everything's The Same (Ain't Nothing Changed)« (10/75 D 36). Sein erfolgreichstes Album hieß ebenfalls »I Can Help« (12/74 US-LP 21, 3/75 D-LP 33). 1986 gründete er mit Randy Meisner die Formation Black Tie, die ein Album veröffentlichte. Danach war Swan meist wieder mit Kristofferson auf Tour, bis Kristofferson Mitte 1992 seine gesamte Gruppe Boylords auflöste.

I Can Help (9/74 US 1; 12/74 D 1, GB 6)
Pop, Rock 'n' Roll

Swayze, Patrick

PATRICK SWAYZE v (USA, * 18. 8. 1952 in Houston/Texas)
Swayze wurde bei uns bekannt mit ›Fackeln im Sturm‹ und »Dirty Dancing«. In letztgenanntem Film sang er zusammen mit Wendy Fraser den selbst geschriebenen Hit »She's Like The Wind« (3/88 GB 17, 3/88 D 14). Zu jenem Zeitpunkt war er so populär – er hätte auch ›Hänschen klein‹ auf Ki-Swahili singen können, es wäre ein Hit geworden. 1989 kam der Film »Road House« in die Kinos und wieder war Patrick Swayze mit zwei Titeln im Soundtrack vertreten. 1990 sah man ihn mit Demi Moore in dem Erfolgsfilm »Ghost«. Den Hit aus diesem Streifen hatten allerdings die Righteous Brothers mit »Unchained Melody«.

She's Like The Wind (12/87 US 3)
One Hit Wonder, Pop

Sweat, Keith

KEITH SWEAT v (USA, * 22. 7. 1961 in Harlem/New York City)
Der in Harlem aufgewachsene Soulsänger und Songschreiber veröffentlichte 1987 sein Debütalbum »Make It Last Forever« (1/88 US-LP 15). Daraus ausgekoppelt wurde der Millionseller »I Want Her«. Mit »Make You Sweat« (6/90 US 14) folgte ein weiterer Millionseller. Das Debütalbum wurde mehr als 3 Millionen Mal verkauft, der Nachfolger aus dem Jahr 1990, »I'll Give All My Love To You« (6/90 US-LP 6), mehr als zwei Millionen mal. 1991 erschien das Album »Keep It Comin'« (12/91 US-LP 19), 1994 »Get Up On It« (7/94 US-LP 8, 7/94 GB-LP 20), 1996 »Keith Sweat« (7/96 US-LP 5). Jede dieser Platten wurde ›nur‹ jeweils einmal mit Platin bedacht. Keith zog nach Atlanta/Georgia, kaufte sich dort ein Restaurant/Bar/Nightclub und gründete eine eigene Produktionsfirma, die er ›Kiea‹ nannte. Aber auch mit den Hits ging es weiter: »Keep It Comin'« (11/91 US 17), »Twisted« (6/96 GB 39), »Nobody« mit Athena Cage, »Just A Touch« (11/96 GB 35) und die Alben »Still In The Game« (10/98 US-LP 6) und »Didn't See Me Coming« (12/00 US-LP 16). Zusammen mit Gerald Levert und Johnny Gill kam er 1997 als Trio LSG. Trotzdem machte er weiter Soloplatten: »Come And Get With Me« (10/98 US 13) mit Snoop Dogg und »I'm Not Ready« (3/99 US 16). Als Gast von Ayman war Keith auf dem Hit »Dieser Brief« (11/00 D 20) zu hören.

I Want Her (1/88 US 5)
I'll Give All My Love To You (12/90 US 7)
Twisted (6/96 US 2)
Nobody (10/96 US 3)
Pop, Rhythm & Blues

Siehe auch: LSG

Sweet

BRIAN CONNOLLY v (Großbritannien, * 5. 10. 1945 als Brian Francis McManus in Hamilton/Schottland, † 10. 2. 1997), GARY MOBERLEY key (Großbritannien), STEVE PRIEST v, b (Großbritannien, * 23. 2. 1948 in Hayes/Middlesex), ANDY SCOTT g, key (Großbritannien, * 30. 6. 1949 in Wrexham/Wales), MICK TUCKER d (Großbritannien, * 17. 7. 1948 in Harlesden/London, † 14. 2. 2002)
Anfang 1968 gründeten Connolly, Tucker, Priest und der Gitarrist Frank Torpey die Gruppe Sweetshop. Mitte desselben Jahres erschien ihre Debüt-Single »Slow Motion«, die nicht in die Charts kam. Zwei weitere Singleveröffentlichungen waren ebenfalls erfolglos, und schließlich hatten sie keinen Plattenvertrag mehr. 1970 verließ Torpey Sweetshop, und für ihn kam Scott. Nach dessen Beitritt nannte sich die Band nur noch Sweet. Im Frühjahr 1971 erhielten sie einen neuen Plattenvertrag, und mit der Nicki-Chinn/ Mike-Chapman-Nummer »Funny Funny«

(3/71 GB 13) ihre erste Hitnotierung. Durch die 70er Jahre war die Gruppe nun mit recht unterschiedlicher Musik – mal Tralala-Pop, mal Metal, mal Pomp-Rock – durchweg erfolgreich. Anfang 1979 verließ Connolly die Band. Priest übernahm seinen Part als Leadsänger, und als Keyboarder kam Gary Moberley. Anfang der 80er Jahre kamen wieder neue Mitglieder in die Gruppe, und 1981 löste man sich nach der sinnig betitelten LP »Identity Crisis« auf. Im Laufe der 80er Jahre kamen Sweet immer mal wieder für Oldies-Konzerte und -Tourneen zusammen. Bei einer dieser Gelegenheiten entstand 1989 im Londoner Marquee Club eine Live-LP. 1992 erschienen der Film »Ballroom Blitz« und von Andy Scott's Sweet die CD »A«. Von den alten Sweet war in der Tat nur noch Scott dabei. Tucker hat sich aus gesundheitlichen Gründen im Herbst 1991 aus dem Musikgeschäft zurückziehen müssen. Steve Priest veröffentlichte 1994 eine Biografie über sein Leben mit der Band unter dem Titel ›Are You Ready, Steve?‹. 1995 ging Brian Connolly noch einmal auf eine Europatournee mit dem alten Sweet-Material – aber ohne seine alten Mitstreiter. Gleichzeitig wurde eine CD mit dem Titel »Let's Go« veröffentlicht, auf der eine Mischung aus den größten Hits von Sweet und drei neuen Stücken zu finden war. Connolly starb am 1997 in einem Londoner Krankenhaus an Nierenversagen. Freunde erzählten nach seinem Tod vom wilden Leben des Sängers, der nach 1981 mehrere Herzinfarkte erlitten hatte, die er aber überstand. Mick Tucker starb an Leukämie.
Die erfolgreichsten Alben: »Sweet Fanny Adams« (5/74 GB-LP 27, 6/74 D-LP 2), »Desolation Boulevard« (1/75 D-LP 9, 7/75 US-LP 25), »Strung Up« (12/75 D-LP 17), »Give Us A Wink« (3/76 D-LP 9, US-LP 27), »Off The Record« (5/77 D-LP 11), »Level Headed« (3/78 D-LP 15) und »Ballroom Hitz« (1/96 GB-LP 15).

Funny Funny (5/71 D 5)
Co-Co (6/71 GB 2, D 1)
Poppa Joe (2/72 D 3)
Little Willy (6/72 GB 4, D 1; 1/73 US 3)
Wig-Wam Bam (9/72 GB 4, D 1)
Blockbuster (1/73 D 1, GB 1)
Hell Raiser (5/73 GB 2, D 1)
Ballroom Blitz (9/73 D 1, GB 2; 6/75 US 5)
Teenage Rampage (1/74 GB 2, D 1)
The Six Teens (7/74 GB 2, D 4)
Turn It Down (11/74 D 4)
Fox On The Run (3/75 GB 2, D 1; 11/75 US 5)
Action (7/75 D 2)
The Lies In Your Eyes (2/76 D 5)
Fever Of Love (3/77 D 9)
Love Is Like Oxygen (1/78 US 8, GB 9, D 10)
Glitter-(Glam)-Rock

Sweet Dreams

POLLY BROWN v (Großbritannien, * 18. 4. 1947 in Birmingham), TONY JACKSON v (Großbritannien)
Polly Brown war vorher Leadsängerin der Formation Pickettywitch. Nach »Honey Honey« – im Original ein Hit der Gruppe Abba – verließ Polly Brown Sweet Dreams und begann eine Solokarriere. »Up In A Puff Of Smoke« stand im Herbst desselben Jahres unter den ersten 50 der GB-Charts. Ansonsten hatten sich die süßen Träume in Rauch aufgelöst. 1983 kam GB beim Grand Prix mit einer Gruppe, die sich ebenfalls Sweet Dreams nannte und deren Titel »I'm Never Giving Up« (4/83 GB 21) 6. wurde. Diese beiden Bands haben nichts miteinander zu tun.

Honey Honey (7/74 GB 10)
One Hit Wonder, Reggae, Soul

Sweet Female Attitude

LEANNE BROWN v (Großbritannien), CATHERINE CASSIDY v (Großbritannien)
Das Mädchenduo aus Manchester war durch die Produzenten und Songschreiber Cutfather & Joe in die Charts gepusht

worden. Catherine war zum Zeitpunkt des Hits 20, Leanne 19 Jahre alt. Ende 2001 erschien die Single »Don't Tell Me« und gleichzeitig wurde das Album »In Person« angekündigt.

Flowers (4/00 GB 2)
Dance, Pop

Sweet People

Hierbei handelt es sich um eine französische Formation, deren Lied »Et Les Oiseaux Chantaient« im Herbst 1980 Platz 4 in GB und Platz 26 in Deutschland erreichte. Der Titel wurde sieben Jahre später in GB noch einmal veröffentlicht und schaffte zumindest noch den Sprung in die Top 75. Ansonsten sangen die süßen Vögelchen von Sweet People wohl mehr in ihrer französischen Heimat. Die Platte wird von vielen Fans des Titels gesucht – sie finden sie nicht, weil ja auf keine Textzeilen zurückgegriffen werden kann. Und im Plattenladen zu sagen, ›Ich will was mit Vögeln‹, fällt halt vielen Menschen schwer.

Et Les Oiseaux Chantaient (10/80 GB 4)
Instrumental, One Hit Wonder, Pop

Sweet Sensation (UK)

JUNIOR DAYE v (Jamaika, * 26. 6. 1950 in Kingston), ROY FLOWERS d (Jamaika, * 4. 8. 1951 in Kingston), VINCENT JAMES v (Jamaika, * 12. 2. 1951 in St. Mary), BARRY JOHNSON b (Jamaika, * 20. 8. 1954 in Kingston), MARCEL KING v (Großbritannien, * 4. 1. 1958 in Manchester), ST. CLAIR L. PALMER v (West Indies, * 4. 3. 1954 in St. Kitts), GARY SHAUGNESSY g (Großbritannien, * 25. 7. 1953 in Manchester), LEROY SMITH key (Jamaika, * 3. 9. 1952 in Kingston)
1971 formierte sich diese Gruppe aus Manchester als Sensations. Nach etlichen Umbesetzungen gab ihnen die Agentur, bei der sie und auch die Gruppe Sweet unter Vertrag waren, den Namen Sweet Sensation, da sie festgestellt hatte, dass es noch eine andere Gruppe gab, die Sensation hieß. Als erste Single erschien der Titel »Snow Fire«. Die Nachfolgeplatte war »Sad Sweet Dreamer« (12/74 D 29, 1/75 US 14). Die dritte Single »Purely By Coincidence« (1/75 GB 11) war der letzte Erfolg. Danach verließ Marcel King die Band, weil er sich für eine Solokarriere entschieden hatte. Als Ersatz übernahm der 17-jährige Ricky Patrick die Leadstimme. Für einige Jahre galt Sweet Sensation als die beste Soulband Großbritanniens.

Sad Sweet Dreamer (9/74 GB 1)
Soft Soul

Sweet Sensation (USA)

SHEILA BEGA v (USA, in New York City), MARIA FERNANDEZ v (USA, in New York City), MARGIE FERNANDEZ v (USA, in New York City), BETTY LEBRON v (USA, in New York City)
1986 erschien die Debütsingle des Trios Sweet Sensation aus New York City. Betty und die Schwestern Margie und Maria – drei Amerikanerinnen mit puertoricanischen Vorfahren – hatten als Sweet Temptation den Titel »Hooked On You« (1/87 US 64, 6/89 RE-US 23) aufgenommen, mussten aber kurz vor dessen Veröffentlichung ihren Namen auf Drängen des Managements der Temptations ändern. Also nannten sie sich Sweet Sensation, ohne zu wissen, dass es bereits eine britische Formation dieses Namens gab. Sie veröffentlichten ein Album und gingen als Opening Act für die New Kids On The Block auf Tour. Im Frühjahr 1989 hatten sie mit »Sincerely Yours« (2/89 US 14) unter Mitwirkung des Rappers Romeo J.D. einen Hit. Ein Jahr später konnten sie das mit einer Coverversion des Supremes-Hits »Love Child« (3/90 US 13) wiederholen.

Mitte 1990 wurden die Träume der drei – inzwischen war Maria durch Sheila ersetzt worden – wahr: »If Wishes Came True«. In Europa muste sich die Band, um sich von der britischen Formation selben Namens abzuheben, New York's Sweet Sensation nennen. Nach 1991 war ihre Hit-Zeit wieder vorüber.

If Wishes Came True (6/90 US 1)
Pop, Rhythm & Blues

Sweetbox

TINA HARRIS v (USA, in Maryland)
»Booyah (Here We Go!)« (8/95 D 37) war die erste Hitnotierung der zu diesem Zeitpunkt 25-jährigen Amerikanerin, die seit Ende der 80er Jahre in Frankfurt/Main lebte und deren Bruder Niki einst bei Snap sang. Mit »Shakalaka« (1/96 D 46), »Wot« (6/96 D 80) und »I'll Die For You« (6/97 D 59) folgten weitere Hits, ohne jedoch die oberen Ränge zu erreichen. Mit »Everything's Gonna Be Alright« sollte sich das ändern. Hier lagen sie und ihr Produzent Geoman im Trend des Jahres 1997: Klassik im Pop verbraten. Im Top-10-Hit wurde »Air« aus der Suite Nummer 3 von Johann Sebastian Bach unterlegt – eine Melodie, die jeder schon irgendwo gehört hat, und sei es in der Werbung. Begleitet wurde Sweetbox vom Deutschen Film- und Sinfonieorchester Babelsberg. In Deutschland kam die Platte im Oktober 1997 in die Charts und ereichte Platz 12. In GB wurde das Stück erst im August 1998 veröffentlicht und erreichte sofort die Top 10. In den USA kam der Titel schließlich im Oktober 1998 in die Charts – bis auf Platz 46. Im Laufe der nächsten Jahre erschienen etliche Singles von Sweetbox. Auf den späteren Produktionen sang Jade Villalon, so z. B. bei »For The Lonely« (1/01 D 34).

Everything's Gonna Be Alright (8/98 GB 5)
Pop

Swing Out Sister

ANDY CONNELL key (Großbritannien, * 26. 7. 1961), CORINNE DREWERY v (Großbritannien, * 21. 9. 1959), MARTIN JACKSON d (Großbritannien, * 30. 8. 1958)
Vor ihrer Mitgliedschaft bei Swing Out Sister hatten alle drei bereits musikalische Erfahrungen in anderen Formationen gesammelt. Drewery war bei Working Week, Connell bei A Certain Ratio und Jackson bei Magazine. Im Frühjahr 1987 erschien das Debütalbum »It's Better To Travel« (5/87 GB-LP 1, 8/87 US-LP 40). Weitere Plattenveröffentlichungen der Formation, die sich ab 1989 auf das Duo Drewery und Connell reduzierte, kamen bis 1992 in die Charts, jedoch nicht mehr in die Top 20. »Kaleidoscope World« (5/89 GB-LP 3) war ein weiteres Erfolgsalbum. Im Herbst 1994 sangen sie in dem erfolgreichen Film »Vier Hochzeiten und ein Todesfall« eine Coverversion des Delfonics-Hits »La-La Means I Love You« (8/94 GB 34) aus dem Jahr 1968. Im September 1997 erschien das Album »Shapes And Patterns«.

Breakout (10/86 GB 4; 8/87 US 6)
Surrender (1/87 GB 7)
Jazz, Pop

Swinging Blue Jeans

LES BRAID b (Großbritannien, * 15. 9. 1941 in Liverpool), RALPH ELLIS v, g (Großbritannien, * 8. 3. 1942 in Liverpool), RAY ENNIS v, g (Großbritannien, * 26. 5. 1942 in Liverpool), MIKE GREGORY b (Großbritannien), NORMAN KUHLKE d (Großbritannien, * 17. 6. 1942 in Liverpool), TERRY SYLVESTER v, g (Großbritannien, * 8. 1. 1945 in Liverpool)
Mitte 1958 wurde in Liverpool die Gruppe Bluegenes gegründet, die in ihren Anfangstagen Skiffle, dann aber recht schnell Rock 'n' Roll spielte. Anfang 1961

traten sie regelmäßig im Liverpooler Cavern Club auf, und sie waren es auch, die in jenem Club eine neue Gruppe ankündigten, die Beatles. 1963 änderte man den Namen in Swinging Blue Jeans, und – zu diesem Zeitpunkt erhielt jede Band aus Liverpool einen Plattenvertrag – sie unterschrieben bei der EMI. Die erste Single der Band war »It's Too Late Now« (6/63 GB 30). Ende desselben Jahres wurde in der BBC-TV-Show ›Juke Box Jury‹ der Titel »Hippy Hippy Shake« vorgestellt, und die Beatles, die in der Jury saßen, tippten auf Hit. Sie sollten Recht behalten. Mit »Don't Make Me Over« (1/66 GB 31) hatten sie ihre letzte Chartnotierung, und wenig später verließ Ellis die Gruppe. Er wurde ersetzt durch Terry Sylvester, der von den Escorts kam. Eine Woche später ging Braid, und wieder von den Escorts kam Mike Gregory. Mitte 1968 erschien eine neue Single der Band als Ray Ennis & The Blue Jeans. Nachdem die Platte auch kein Erfolg wurde, verließ Sylvester die Band und wurde sechs Monate später Mitglied bei den Hollies. Den Weggang von Sylvester nahm der Rest zum Anlass, sich zu trennen. Ab 1973 kamen sie für Reunion-Shows immer wieder mal zusammen. 1976 tauchte Ray mit Racing Cars und dem einzigen Hit »They Shoot Horses, Don't They« (2/77 GB 14) auf.

Hippy Hippy Shake (12/63 GB 2; 3/64 D 9)
You're No Good (6/64 GB 3)
Beat, Pop

SWV

COKO v (USA, * 13. 6. 1974 als Cheryl Gamble in Bronx/New York City), LELEE v (USA, als Leanne Lyons in New York City), TAY v (USA, als Tamara Johnson in New York City)
Die drei aus Brooklyn und der Bronx stammenden Sisters With Voices gingen alle durch die bei vielen schwarzen Sängern übliche Gospelschule. Seit frühester Jugendzeit sangen sie zusammen und fühlten sich durch die Gruppe New Edition inspiriert, die Female Edition zu gründen. Als SWV sollten sie Anfang mit »Right Here« (1/93 US 92) ihre erste Hitnotierung haben. Bereits einen Monat später kam »I'm So Into You«. Im Juli immer noch desselben Jahres wurde ihr alter Titel »Right Here« in neu gemixter Version ein Erfolg. Dieser neue Mix von »Right Here« beinhaltete Ausschnitte aus dem Titel »Human Nature« von Michael Jackson und wurde demzufolge auch als »Right Here/Human Nature« angeboten. Sämtliche Titel waren Auskopplungen aus ihrem schon 1992 erschienenen Album »It's About Time« (1/93 US-LP 8, 7/93 GB-LP 17), das im Laufe der nächsten Jahre insgesamt 3 Millionen Exemplare verkaufte. »Anything« (4/94 US 18) war eine weitere Auskopplung. Im Frühjahr 1996 kam mit »New Beginning« (5/96 US-LP 9, GB-LP 26) ein neues Album von SWV. Neben »You're The One« kamen auch »Use Your Heart« (8/96 US 22) und »It's All About U« (12/96 GB 36) von diesem zweiten Album. 1997 kamen sie mit »Can We« (4/97 GB 18) aus dem Film »Bootie Call« und »Someone« (7/97 US 19, 9/97 GB 34), ausgekoppelt aus dem dritten Album »Release Some Tension« (8/97 US-LP 24, GB-LP 19). Darauf als Gäste Puff Daddy, Foxy Brown, Lil' Kim oder Snoop Doggy Dogg. »Rain« (3/98 US 25) erreichte die Top 10 nicht mehr. Ab 1999 versuchte sich Coko auch als Solistin.

I'm So In To You (2/93 US 6)
Weak (4/93 US 1)
Right Here/Human Nature (7/93 GB 3, US 2)
You're The One (4/96 US 5)
Rhythm & Blues

Sybil

SYBIL v (USA, als Sybil Lynch in Paterson/New Jersey)

›Dionne Warwick und Gladys Knight sind wohl die beiden massivsten Einflüsse auf meine Art, mit Songs umzugehen.‹ Mit dem Warwick-Hit »Don't Make Me Over« (7/89 GB 59, 9/89 US 20, 10/89 RE-GB 19) hatte Sybil einen Millionseller. Auch die Nachfolgesingle »Walk On By« war ursprünglich ein Hit für Dionne Warwick. Bevor die Amerikanerin ihr Glück als Sängerin versuchte, arbeitete sie im Bereich Theater und Rundfunkjournalismus und als Lektorin im Verlagswesen. Ihre Platten der weiteren 90er Jahre vermischen klassische Soul-Einflüsse, Dance-Floor-Sound und Rhythm-&-Blues-Klänge. 1993 erschien ihr Album »Good And Ready« (6/93 GB-LP 13), auf dem sich auch ihre beiden Top-10-Hits des Jahres befanden.

Walk On By (1/90 GB 6)
The Love I Lost (1/93 GB 3)
When I'm Good And Ready (3/93 GB 5)
Dance, Rhythm & Blues

Siehe auch: West End

Sylver

SILVY DE BIE v (Belgien), REGI PENXTEN (Belgien), WOUT VAN DESSEL (Belgien)

Silvy (* 1981) trat bereits im Alter von neun Jahren in mehreren TV-Shows auf und stand mit einer Coverversion des Michael-Jackson-Hits »Ben« in der belgischen Hitparade. In einem belgischen Club lernte sie die beiden Produzenten Wout und Regi kennen, die mit ihr den Dance-Titel »Turn The Tide« produzierten. Es folgten »Forever In Love« und »Forgiven« (12/01 D 25).

Turn The Tide (4/01 D 2)
Forever In Love (8/01 D 10)
Dance

Sylvers

FOSTER EMERSON SYLVERS v (USA, * 25. 2. 1962 in Memphis/Tennessee), JONATHAN SYLVERS v (USA, in Memphis/Tennessee), PAT SYLVERS v (USA, in Memphis/Tennessee), ANGELICA SYLVERS v (USA, in Memphis/Tennessee), JOSEPH RICHARD SYLVERS v (USA, * 3. 10. 1958 in Memphis/Tennessee), EDMUND THEODORE SYLVERS v (USA, * 25. 1. 1957 in Memphis/Tennessee), JAMES JONATHAN SYLVERS v (USA, * 8. 6. 1955 in Memphis/Tennessee), CHARMAINE ELAINE SYLVERS v (USA, * 9. 3. 1954 in Memphis/Tennessee), LEON FRANK III SYLVERS v (USA, * 7. 3. 1953 in Memphis/Tennessee), OLYMPIA-ANN SYLVERS v (USA, * 13. 10. 1951 in Memphis/Tennessee)

Die aus Memphis stammende zehnköpfige Geschwisterformation hatte mit »Fool's Paradise« im Herbst 1972 eine erste Hitnotierung in den USA. Zum Zeitpunkt des ersten Top-10-Hits hatte James die Familientruppe wieder verlassen. Liebling war der kleine Foster, den man in der Art eines Michael Jackson aufzubauen versuchte. Noch im selben Jahr gelang den Sylvers mit »Hot Line« ein weiterer Millionseller. Nach 1977 war die Erfolgsphase wieder vorüber. 1979 gründete Leon die Gruppe Dynasty, und weitere Veröffentlichungen zeigen, dass die Mitgliederzahl immer weiter abbröckelte. So sind auf der 1979 von Giorgio Moroder und Harold Faltermeyer produzierten LP »Disco Fever« nur noch sechs Geschwister vertreten. 1987 erschien eine LP von Foster Sylvers und seiner Gruppe Hy-Tech. In die Hitparaden gelangte er damit nicht.

Boogie Fever (2/76 US 1)
Hot Line (10/76 US 5)
Disko, Rhythm & Blues

Sylvester

SYLVESTER v (USA, * 6. 9. 1947 als Sylvester James in Los Angeles/Kalifornien, † 16. 12. 1988)

Sylvester zog 1967 nach San Francisco. Dort sang er mit der Gruppe Cockettes, einer – Zitat seiner Plattenfirma – ›betont anzüglichen Mimen-Truppe aus San Francisco, als deren Sänger Sylvester, in extravagante, offenherzig-laszive Frauengewänder spärlich und vielversprechend gehüllt, vormals die avantgardistische Undergroundszene der USA unsicher machte.‹ Er wirkte mit in dem Film »The Rose«, und ab Sommer 1978 wurde er ein Disko-Star. »Dance (Disco Heat)« (8/78 US 19) war seine erste Hitnotierung. »You Make Me Feel (Mighty Real)« bescherte ihm zur selben Zeit in GB seine einzige Top-10-Notierung. Auf seinen Platten wurde er begleitet von den Sängerinnen Martha Wash und Izora Rhodes, die später als Two Tons O' Fun und The Weather Girls bekannt wurden, und Jeanie Tracy. Nach 1983 gelang Sylvester kein Erfolg mehr. Seine Stimme war der von Jimmy Somerville ähnlich, der dann auch Sylvesters größten Hit Anfang 1990 coverte und seinerseits damit einen Platz 5 in GB hatte. Sylvester erlebte das nicht mehr, er starb 1988 an Aids.

You Make Me Feel (Mighty Real) (8/78 GB 8)
Disko

Sylvia

SYLVIA v (USA, * 6. 5. 1935 als Sylvia Vanderpool in New York City)

Ihre ersten Platten machte sie 1950 als Little Sylvia. Zusammen mit McHouston Mickey Baker stand sie als Mickey & Sylvia zwischen 1957 und 1961 mit acht Titeln in den US-Charts, ihr erfolgreichster war (1/57 US 11). Danach heiratete sie Joe Robinson, den Besitzer von All Platinum/Vibration Records. Auf Vibration tauchte Sylvia dann als Solistin in den Hitparaden auf und hatte mit »Pillow Talk« (6/73 GB 14) einen Millionseller. Sie hatte dieses Lied für Al Green geschrieben, aber er hatte es abgelehnt. Drei Nachfolgesingles kamen noch in die Charts, dann wurde sie nicht mehr verzeichnet. Später gehörte ihr das Label Sugar Hill Records, auf dem viele Jahre die besten Rapper aus Harlem und der Bronx zu hören waren. In Fachkreisen wird sie als die dynamischste schwarze Frau im Musikgeschäft bezeichnet. Sylvias Sohn Joey wurde Chef der Gruppe West Street Mob.

Pillow Talk (3/73 US 3)
Pop

Sylvia

SYLVIA v (Schweden, * 22. 8. 1945 als Sylvia Vrethammer in Uddevalla)

Nachdem sie 1969 in ihrer Heimat als Kinderpsychologin promoviert hatte, siedelte sie nach Deutschland über und versuchte sich hier als Sängerin und Songschreiberin. In den folgenden Jahren nahm sie Titel à la »Der Mann fürs Leben« oder »Na-Na-Na, Nee-Nee-Nee, No-No-No« auf, die jedoch nicht in die Charts kamen. Im Sommer 1974 gelang ihr der Hit der Saison: »Y Viva Espana«. Geschrieben wurde die Nummer nicht von einem Spanier, sondern von einem Belgier. Wer die Vorliebe der Briten für die Costa Brava kennt, kann sich vorstellen, wer dafür gesorgt hat, dass der Titel in GB so erfolgreich wurde. In Deutschland war nicht die Version von Sylvia, sondern die der Sängerinnen Imca Marina und Samantha im Sommer 1972 erfolgreich. Sylvia blieb bis in die 90er Jahre im Geschäft. 1991 nahm sie die Nummer »Zu spät am Gate« auf – das Flugzeug ist inzwischen wohl abgeflogen!

Y Viva Espana (8/74 GB 4)
Schlager

Synch

JIMMY HARNEN v (USA)

Dieses Sextett aus Wilkes-Barre/Pennsylvania um den Sänger Jimmy Harnen hatte 1986 eine erste Hitnotierung in den USA. Drei Jahre später – inzwischen nannte sich die Gruppe Jimmy Harnen With Synch – kam die Nummer »Where Are You Now«. Eine gute Frage!

Where Are You Now (2/89 US 10)

One Hit Wonder, Pop, Rock

Syndicate Of Sound

DON BASKIN v, sax (USA, * 9. 10. 1946 in Honolulu/Hawaii), JOHN DUCKWORTH d (USA, * 18. 11. 1946 in Springfield/Montana), BOB GONZALEZ b (USA), JIM SAWYERS g (USA), JOHN SHARKEY g (USA, * 8. 6. 1946 in Los Angeles)

Die aus San José stammende Band war eine der vielen Garagenrockgruppen, die Mitte der 60er Jahre in den USA hochkamen. Das in San José ansässige Plattenlabel Scarlet machte mit den Lokalmatadoren den Titel »Little Girl«, der schließlich in den Vertrieb der großen Plattenfirma Bell übernommen wurde. Bis 1970 gab es zwei weitere Titel in den unteren Regionen der US-Charts, und als Live-Act gehörten sie zu den führenden kalifornischen Rock-'n'-Roll-Bands. Große Verkaufserfolge gelangen ihnen jedoch nicht mehr.

Little Girl (6/66 US 8)

One Hit Wonder, Punk, Rock

System

DAVID FRANK syn (USA, in Dayton/Ohio), MIC MURPHY v, g (USA, in Raleigh/North Carolina)

Dieses in New York ansässige gemischtrassige Duo hatte mit »You Are In My System« 1983 einen ersten Erfolg. Ihre zweite Hitnotierung war »Don't Disturb This Groove«. Ihr Titelsong zum Eddie-Murphy-Film »Coming To America« wurde nicht der erwartete Knüller. Die Platte erreichte knapp die ersten 100. Produzent der letztgenannten Nummer war Nile Rodgers, was jedoch auch nicht half.

Don't Disturb This Groove (4/87 US 4)

Funk, One Hit Wonder, Techno

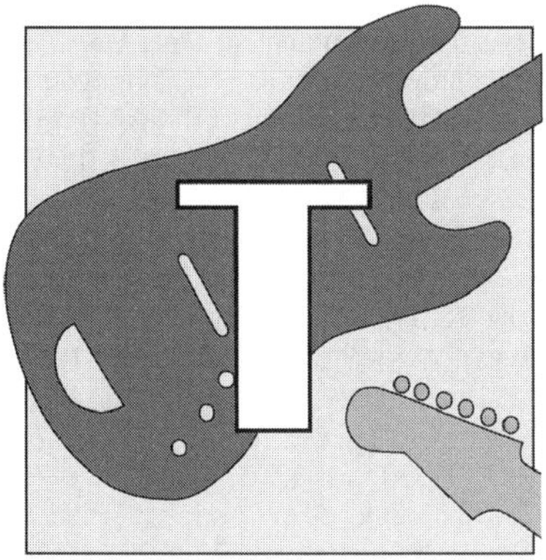

T., Timmy

TIMMY T. v (USA, * 23. 9. 1967 als Timmy Torres in Fresno/Kalifornien)
Timmy brachte Ende 1990 eine kleine Sensation zustande. Meist sind es die großen amerikanischen Plattenlabel, die für die nationalen Hits sorgen. Bei Timmy war das anders. Er schaffte auf einem kleinen Independent-Label den Sprung bis auf Platz 1 in den USA und einen Millionseller. Bei »One More Try« bewies Timmy außerdem Vielseitigkeit. Er hatte diesen Titel nicht nur komponiert und getextet, sondern auch arrangiert und produziert. Sein erster Hit war »Time After Time« (3/90 US 40) gewesen. Nach »One More Try« jubelte man: ›A new star is born.‹ War wohl nix!

One More Try (12/90 US 1; 4/91 D 8)
One Hit Wonder, Soft Pop

T'Pau

TIM BURGESS d (Großbritannien, * 6. 10. 1961 in Shrewsbury), MICHAEL CHETWOOD key (Großbritannien, * 26. 8. 1954 in Shrewsbury), CAROL DECKER v (Großbritannien, * 10. 9. 1957 in London), PAUL JACKSONS b (Großbritannien, * 8. 8. 1961 in Shrewsbury), RONNIE ROGERS g (Großbritannien, * 13. 3. 1959 in Shrewsbury)
Decker und Rogers trafen sich 1982 in der Gruppe Lazers. 1986 – inzwischen waren die beiden ein Songschreiberteam geworden – gründeten sie T'Pau. Sie benannten sich nach einer Vulkanierprinzessin aus einer Folge der Serie ›Raumschiff Enterprise‹. Die ersten Singles klangen sehr vielversprechend und waren auch erfolgreich. Danach erschienen bis Mitte 1991 weitere Singles, die es jedoch nicht mehr in die Top 10 brachten. Der letzte nennenswerte Erfolg war »Whenever You Need Me« (5/91 GB 16). Danach trennten sie sich. Im Frühjahr 1993 erschien eine CD-Single mit dem Titel »Valentine«, ein Mitschnitt aus dem Londoner Hammersmith Odeon aus dem Jahre 1988, der noch einmal zeigte, was die ausdrucksstarke Sängerin Decker kann.
Ihre erfolgreichsten Alben: »Bridge Of Spies« (9/87 GB-LP 1), »Rage« (11/88 GB-LP 4) und »The Promise« (6/91 GB-LP 10).

Heart And Soul (5/87 US 4; 8/87 D 10, GB 4)
China In Your Hand (10/87 GB 1; 12/87 D 2)
Valentine (1/88 GB 9)
AOR (Adult Orientated Rock), Pop

T. Rex

MARC BOLAN v, g (Großbritannien, * 30. 9. 1947 in Hackney/London, † 16. 9. 1977), STEVE CURRIE b (Großbritannien, * 20. 5. 1947 in Grimsby/Lincolnshinre, † 28. 4. 1981), MICKEY FINN per (Großbritannien, * 3. 6. 1947 als Michael Finn in Thornton Heath/Surrey), BILL LEGEND d (Großbritannien, * 8. 5. 1944 als William Fifield in Barking/Essex), STEVE PEREGRINE TOOK per (Großbritannien, * 28. 7. 1949 als Stephen Porter in Eltham/Kent, † 27. 10. 1980)
Marc Bolan war die treibende Kraft hinter dieser erfolgreichen Rockband. Im No-

vember 1965 änderte er seinen Bühnennamen von Toby Tyler in Marc Bolan und veröffentlichte die Platte »The Wizard«, die floppte. Auch die Nachfolger »The Third Degree« und »Hippy Gumbo«, beide 1966, kamen in keine Charts. Im Mai 1967 wurde er neben Andy Ellis, John Hewlett und Chris Townson Mitglied bei John's Children, die ebenfalls erfolglos drei Singles veröffentlichten und im Herbst desselben Jahres aufgaben. Zusammen mit Steve Peregrine Took gründete Bolan das Akustikduo Tyrannosaurus Rex. »Debora« (5/68 GB 34) war die erste Hitnotierung des Duos. Bei einer späteren Wiederveröffentlichung wurde die Platte ein Top-10-Hit. LP-Veröffentlichungen der beiden waren in GB recht erfolgreich, trotzdem verließ Took im Oktober 1969 das Duo und wurde durch Mickey Finn ersetzt. Ende 1970 kürzte Bolan auf Druck seines Produzenten den Gruppennamen auf T. Rex. Damit begann eine drei Jahre anhaltende europaweite Karriere. »Get It On« war die einzige Platte von T. Rex, die in den USA in die Top 10 kommen konnte. Aus »Get It On« machten die Amerikaner allerdings »Bang A Gong«. Was vielleicht auch dazu beigetragen hat, dass die Platte in den USA ein Hit wurde, war die Tatsache, dass die beiden ehemaligen Turtles-Mitglieder Howard Kaylan und Mark Volman mitsangen. Ansonsten hatten die Amerikaner für Bolans Glitter-Rock wenig übrig – und Bands, die Boogie als treibende Kraft in ihrer Musik hatten, gab es in den Staaten genug. Nach 1973 ließ der Erfolg merklich nach. Gerade wollte Marc zu einem Comeback ansetzen, da setzte seine Freundin Gloria Jones seinen kleinen Mini-Cooper gegen einen Baum. Fahrerin Gloria überlebte – Beifahrer Marc starb. Im August 1991 wurde die Nummer »20th Century Boy« in GB erneut veröffentlicht und erreichte Platz 13.
Die erfolgreichsten Alben: »My People Were Fair And Had Sky In Their Hair But Now They're Content To Wear Stars On Their Brows« (7/68 GB-LP 15), »Unicorn« (6/69 GB-LP 12), »T. Rex« (1/71 GB-LP 13), »Electric Warrior« (10/71 GB-LP 1, 11/71 US-LP 32, 1/72 D-LP 14), »Prophets, Seers And Sages The Angels Of The Ages/My People Were Fair And Had Sky In Their Hair But Now They're Content To Wear Stars On Their Brows« (3/72 GB-LP 1), »Bolan Boogie« (5/72 GB-LP 1), »The Slider« (8/72 GB-LP 4, US-LP 17, 9/72 D-LP 7), »Tanx« (3/73 GB-LP 4, 4/73 D-LP 3), »Zinc Alloy And The Hidden Riders Of Tomorrow« (3/74 GB-LP 12), »The Best Of The Twentieth Century Boy« (5/85 GB-LP 5) und »The Ultimate Collection« (9/91 GB-LP 4).

Ride A White Swan (10/70 GB 2)
Hot Love (2/71 GB 1; 4/71 D 3)
Get It On (7/71 GB 1, D 3; 1/72 US 10)
Jeepster (11/71 GB 2, D 3)
Telegram Sam (1/72 D 4, GB 1)
Debora/One Inch Rock (4/72 GB 7)
Metal Guru (5/72 D 1, GB 1)
Children Of The Revolution (9/72 GB 2, D 4)
Solid Gold Easy Action (12/72 GB 2, D 6)
20th Century Boy (3/73 GB 3, D 8)
The Groover (6/73 D 5, GB 4)
Glitter-(Glam)-Rock

Taco

TACO v (Indonesien, * 21. 7. 1955 als Taco Ockerse in Jakarta)
Taco wuchs in Holland auf. 1974 kam er nach Deutschland, gründete hier 1979 Taco's Bizz und machte ab 1981 Soloplatten. Im selben Jahr hatte er seinen ersten TV-Auftritt in Deutschland bei der deutschen Grand-Prix-Vorausscheidung – er sang in deutscher Sprache. Mit dem 1929 von Irving Berlin geschriebenen Stück »Puttin' On The Ritz« (10/82 D 20) Taco seinen einzigen Hit. Mit Titeln wie »Singin' In The Rain«, »Cheek To Cheek« oder »Let's Face The Music« versuchte Taco, noch einmal in die gleiche Kerbe zu hauen. Auch mit seinem Auftreten und

seiner Kleidung versuchte er den Bezug zu den Titeln aus den 20er und 30er Jahren herzustellen. 1993 kam er mit dem Projekt Taron-X.

Puttin' On The Ritz (6/83 US 4)
Grand Prix, One Hit Wonder, Pop

Taffy

TAFFY v (Großbritannien)
Taffys einziger Hit »I Love My Radio (Midnight Radio)« wurde in Italien produziert. Der Anbiederungsversuch bei den Funkleuten kam auch in Deutschland immerhin so gut an, dass sie es bis auf Platz 35 in der Hitparade schaffte. Ob sie auch noch »I Love My TV« gesungen hat, ist nicht bekannt.

I Love My Radio (Midnight Radio) (1/87 GB 6)
Dance, One Hit Wonder, Pop

Tag Team

STEVE GIBSON v (USA), CECIL GLENN v (USA)
Unter den Künstlernamen D.C. The Brain Supreme und Steve Rollin machten diese beiden Schulfreunde aus Denver das Duo Tag Team. »Whoomp! There It Is« verkaufte sich in den USA mehr als vier Millionen mal. Die Nummer enthielt Samples aus dem Titel »I'm Ready« der italienischen Diskoband Kano von 1980. Der Titel des Tag Team blieb 45 Wochen hintereinander in den US-Charts und verwies damit den bisherigen Rekordhalter »Tainted Love« von Soft Cell aus dem Jahr 1982 auf Platz 2. Als Nachfolgesingle kam »Addams Family (Whoomp!)«. Obwohl der Song in dem Film »Addams Family Values« zu hören war, erreichte er nicht die ersten 50 der Charts.

Whoomp! There It Is (5/93 US 2)
HipHop

Tahiti-Tamoures

MANUELA v (Deutschland, * 18. 8. 1943 als Doris Inge Wegener in Berlin, † 13. 2. 2001), CHARLOTTE MARIAN v (Deutschland)
Noch bevor Manuela mit »Schuld war nur der Bossa Nova« erfolgreich war, hatte sie als Mitsängerin der Tahiti-Tamoures im Frühjahr 1963 einen Spitzenreiter in der deutschen Hitparade mit »Wini-Wini«. Nach zwei weiteren kleinen Erfolgen im Top-40-Bereich wurden nach 1964 keine Hits der Formation mehr notiert.

Wini-Wini (3/63 D 1)
Deutscher Schlager

Siehe auch: Manuela

Take That

GARY BARLOW v (Großbritannien, * 20. 1. 1971 in Frodsham/Cheshire), HOWARD DONALD v (Großbritannien, * 28. 4. 1968 in Manchester), JASON ORANGE v (Großbritannien, * 10. 7. 1970 in Manchester), MARK OWEN v, key (Großbritannien, * 27. 1. 1972 in Oldham), ROBBIE WILLIAMS v (Großbritannien, * 13. 2. 1974 als Robert Peter Maximilian Williams in Stoke-on-Trent)
Diese Gruppe galt als die britische Antwort auf die New Kids On The Block. Die Fanlager der beiden Gruppen zeigten ihr ganzes pickliges Pubertätsgehabe, indem sie sich gegenseitig beschimpften, dass sie mit den jeweils anderen Poplümmelchen nichts zu tun haben wollten. Die erste Hitnotierung war vielversprechend: »Promises« (11/91 GB 38). Angeheizt durch die britische Teenie-Presse und ausgestattet mit Melodien, die die meisten bereits in Fahrstuhlversionen kannten, wurde die Band innerhalb eines halben Jahres hochgehypet. Mit »It Only Takes A Minute«, 1975 ein Hit für die Tavares, hatten sie ihren ersten Top-10-Erfolg. »Could It Be Magic« war im Origi-

nal ein Stück von Barry Manilow. »A Million Love Songs« bewies, dass die Gruppe durchaus in der Lage war, sich ihre eigenen Songs zu schreiben. Auf dieser EP hatte Barlow alle vier Nummern geschrieben und drei davon auch produziert. Die Geschichte anderer Teenie-Bands zeigt deutlich, dass der Zenit einer solchen Gruppe in der Regel nach drei Jahren überschritten ist, wenn die pubertierenden Mädchen sich Personen aus ihrem Umkreis zuwenden (auch wenn sie das vorher vehement bestreiten). Von Barlow konnte man vermuten, dass er sich durchsetzen würde. Dafür sprach auch, dass er ab 1993 mit Ausnahme von »Relight My Fire« – 1979 eine Single von Dan Hartman – alle Hits entweder alleine oder mit weiteren Gruppenmitgliedern geschrieben hatte. Auf »Relight My Fire« war als Gastsängerin Lulu zu hören, die auf der 1995er Tournee der Band ebenso wie die Mädchenformation Eternal im Programm war. Am 13. Februar 1996 gab die Gruppe eine Pressekonferenz, auf der sie ihre Trennung ankündigte. Für viele Fans der Gruppe brach die Welt zusammen. In GB wurde extra eine ›Telefonseelsorge‹ für Take-That-Fans eingerichtet. Bei der Verleihung der BRIT Awards (die britische Ausgabe des amerikanischen Grammys) erhielten sie für »Back For Good« den Preis für die beste Single des Jahres. Am 1. März erschien »How Deep Is Your Love«, die Coverversion eines Bee-Gees-Hits aus dem Jahr 1977. Es war die achte Platte der Band, die direkt auf dem Spitzenplatz in GB einstieg. Mitte des Jahres wurde die erste Soloplatte von Gary Barlow veröffentlicht. Gegen alle Erwartungen war er es aber nicht, der später als Solist längerfristig erfolgreich werden konnte, sondern Robbie Williams.
Die Hitalben von Take That: »Take That And Party« (9/92 GB-LP 2), »Everything Changes« (10/93 GB-LP 1, D-LP 4), »Nobody Else« (5/95 GB-LP 1, D-LP 1) und »Greatest Hits« (4/96 GB-LP 1, D-LP 1).

It Only Takes A Minute (6/92 GB 7)
A Million Love Songs (10/92 GB 7)
Could It Be Magic (12/92 GB 3)
Why Can't I Wake Up With You (2/93 GB 2)
Pray (7/93 GB 1)
Relight My Fire (10/93 GB 1)
Babe (12/93 D 9, GB 1)
Everything Changes (4/94 GB 1)
Love Ain't Here Anymore (7/94 GB 3)
Sure (10/94 GB 1)
Back For Good (4/95 GB 1, D 1; 8/95 US 7)
Never Forget (8/95 GB 1, D 10)
How Deep Is Your Love (3/96 D 7, GB 1)
Boy Group, Pop

Siehe auch: Williams, Robbie; Owen, Mark; Barlow, Gary

Talk Talk

SIMON BRENNER key (Großbritannien), LEE HARRIS d (Großbritannien), MARK HOLLIS v, g, key (Großbritannien, in Tottenham/London), PAUL WEBB b (Großbritannien, * 16. 1. 1962)
1977 gründete Hollis die Gruppe Reaction. 1978 erschien die Single »I Can't Resist«, die kein Erfolg wurde. Für ein Punkalbum mit diversen Bands nahm Reaction den Titel »Talk Talk« auf. Wieder kein Erfolg. 1979 fiel Reaction auseinander, und erst 1981 begann Hollis wieder mit neuen Demoaufnahmen. Sein Bruder Ed Hollis, Manager von Eddie & The Hot Rods, der auch schon Reaction unterstützt hatte, brachte Bruder Mark mit Harris und Webb zusammen. Später kam noch Brenner hinzu. Sie probten Stücke, die Hollis geschrieben hatte, und nannten sich nun Talk Talk. Ende 1981 erhielten sie einen Plattenvertrag von der EMI, die von den Demos, entstanden unter der Regie von Rolling-Stones-Produzent Jimmy Miller, beeindruckt war. Im Frühjahr 1982 erschien die Single »Mirror Mirror«, die die Hitparade verfehlte. Die Nachfolgesingle »Talk Talk« (4/82 GB 52, 11/82 RE-GB 23) wurde die erste Chartnotierung. Die Band veröffentlichte eine

Reihe interessanter und gut gemachter Singles: »Today« (7/82 GB 14), »It's My Life« (1/84 GB 46, 3/84 US 31, 12/84 D 33, 5/90 RE-GB 13), »Such A Shame«, »Dum Dum Girl« (8/84 D 20), »Another Word« (9/84 D 25), »Life's What You Make It« (12/85 D 24, 1/86 GB 16, 9/90 RE-GB 23) und »Living In Another World« (3/86 D 34). Im Frühjahr 1983 hatte sich Brenner von der Formation getrennt. Sein Ersatz wurde Tim Friese-Greene, der zwar als offizielles Mitglied nie genannt wurde, jedoch Keyboard spielte, mit Hollis fast alle Stücke gemeinsam schrieb und außerdem die meisten Stücke produzierte. Die Langspielplatten der Band waren recht erfolgreich: »It's My Life« (2/84 GB-LP 35, 6/84 D-LP 4), »The Colour Of Spring« (3/86 GB-LP 8, D-LP 11) – auf drei Stücken ist als Gastmusiker Steve Winwood zu hören – und »Spirit Of Eden« (9/88 GB-LP 19) . 1989 trennte sich die Band von der EMI und ging zu Polydor. Daraufhin veröffentlichte die EMI alte Aufnahmen neu und das Album »Natural History: The Very Best Of Talk Talk« (6/90 GB-LP 3). 1991 veröffentlichte Hollis sein erstes Soloalbum.

Such A Shame (7/84 D 2)
Punk, Rock

Talking Heads

DAVID BYRNE v, g (Großbritannien, * 14. 5. 1952 in Dumbarton/Schottland), CHRIS FRANTZ d (USA, * 8. 5. 1951 als Charlton Christopher Frantz in Fort Campbell/Kentucky), JERRY HARRISON g, key (USA, * 21. 2. 1949 als Jeremiah Harrison in Milwaukee/Wisconsin), TINA WEYMOUTH b (USA, * 22. 11. 1950 als Martina Weymouth in Coronado/Kalifornien)
Die amerikanische Gruppe dürfte eine der wenigen Formationen sein, die dem Anspruch New Wave wirklich gerecht wurden. Talking Heads sollten in der zweiten Hälfte der 70er und in den 80er Jahren richtungweisend sein. Im Herbst 1974 gründeten die drei Absolventen der Rhode Island School of Art – Byrne, Weymouth und Frantz – ein Trio und gingen nach New York. Ihre erste Komposition war die Nummer »Psycho Killer«. Im Frühjahr 1975 nannten sie sich, nachdem einige andere Namen wie Portable Crushers oder Vague Dots wieder verworfen wurden, Talking Heads. Es folgten die ersten Auftritte im CBGB Club. Bei dieser Gelegenheit wurden sie von dem Chef der Plattenfirma Sire Records gesehen, der ihnen einen Vertrag anbot. Sie lehnten ab. Im April 1976 sah Harrison die Gruppe während eines Konzertes in Boston und äußerte den Wunsch, Mitglied zu werden. Harrison hatte zwischen 1970 und 1974 bei Jonathan Richman gespielt. Im September 1976 spielte er erstmals mit Talking Heads. Die Band erhielt weitere Angebote der Plattenindustrie, so z. B. von Arista, RCA, CBS und Beserkley, aber Talking Heads unterschrieben schließlich doch bei Sire Records. Noch im Dezember 1976 erschien die Debütsingle »Love Goes To Building On Fire«, die ein Flop wurde. Mitte 1977 heirateten Frantz und Weymouth, und schließlich war es im Frühjahr 1978 der Titel »Psycho Killer«, der den ersten Chart-Eintritt der Gruppe in den USA markierte. »Once In A Lifetime« wird drei Jahre später der erste Hit in GB. Ab Mitte 1981 machts das Ehepaar Frantz nebenher noch die Band Tom Tom Club, die Mitte desselben Jahres mit »Wordy Rappinghood« einen Top-10-Erfolg in GB verzeichnen konnte. Auch die beiden anderen Mitglieder gingen zwischendurch ihre eigenen Wege, machten Soloplatten und produzierten andere Künstler. Sowohl von Byrne als auch von Harrison erschienen ausgezeichnete LPs. Die Vielseitigkeit der Gruppenmitglieder beschränkte sich nicht nur auf die Musik. 1983 drehten sie den Film »Stop Making Sense«, der sich fast ausschließlich auf

der Bühne abspielte, aufgenommen während eines Konzertes im Pentages Theater in London, und zeigte, dass die von Talking Heads gebotene Show zum Besten gehörte, was der Rock in den vergangenen Jahren zu bieten hatte. Kritiker schrieben: ›Der beste Musikfilm, der je das Licht der Leinwand erblickt hat.‹ Mitte 1986 kam »True Stories« in die Kinos, ein satirischer Rockmusikfilm. Regisseur und Hauptdarsteller David Byrne schrieb auch am Buch mit, der Soundtrack stammte von den Talking Heads. 1988 erschien mit »Naked« die nächste LP von Talking Heads, die neben den gewohnten anglo-amerikanischen Jazz- und Pop-Einflüssen sowohl algerisch-marokkanische Klänge wie den Rai als auch Zouk, Samba und Tangorhythmen vereinigte. 1991 löste sich die Band auf. Die Anzahl der Soloprojekte, speziell die von Byrne, ließ eine weitere Zusammenarbeit der vier Musiker wohl nicht zu. Er hatte inzwischen ein eigenes Plattenlabel gegründet, auf dem er im Laufe der Jahre etliche Sammlungen brasilianischer Musik veröffentlichte. Die Vorliebe für Sambarhythmen und südamerikanische Musik drückte sich schon auf der Solo-LP »Rei Momo« aus, auf der er sich von Musikern wie Ruben Blades, Tito Puente und Wilfredo Vargas unterstützen ließ. Vielleicht haben sie sich allerdings auch aufgelöst, weil sie sich an ein Interview aus ihren Anfangstagen erinnerten. Da sagten sie: ›Wir haben ein bisschen Angst davor, ein Rädchen im System zu werden, gegen das wir uns bisher wenden. Denn warum wir überhaupt anfingen, lag z. B. daran, dass wir beim Malen im Studio alle diese schrecklichen Songs im Radio hörten und dachten, meine Güte, wenn diese Schmocks Platten machen können, dann können wir es auch. Vielleicht werden wir auch mal solche Arschlöcher auf hohen Denkmalsockeln – aber so weit wollen wir es gar nicht bringen.‹

Die erfolgreichsten Alben der Band: »Remain In Light« (11/80 US-LP 19, GB-LP 21), »Speaking In Tongues« (6/83 US-LP 15, GB-LP 21, D-LP 10), »Stop Making Sense« (9/84 US-LP 41, 10/84 GB-LP 37, 11/84 D-LP 25), »Little Creatures« (6/85 GB-LP 10, 7/85 US-LP 20, D-LP 9), »True Stories« (9/86 GB-LP 7, D-LP 13, 10/86 US-LP 17), »Naked« (3/88 GB-LP 3, 4/88 US-LP 19) und »Once In A Lifetime/Sand In The Vaseline« (10/92 GB-LP 7).

Burning Down The House (7/83 US 9)
Road To Nowhere (10/85 D 6, GB 6)
AOR (Adult Orientated Rock), Rock, World Music

Siehe auch: Tom Tom Club

Tamia

TAMIA v (Kanada, in Windosr/Ontario)
Quincy Jones dürfte Tamia entdeckt haben. Ihre ersten Platten erschienen auf dem Label Qwest, das Quincy gehört. Mit »You Put A Move On My Heart« (12/95 US 98) stand sie erstmals in den US-Charts. Als Interpreten wurden Quincy Jones introducing Tamia angegeben. Zusammen mit Brandy, Gladys Knight und Chaka Khan hatte sie den Hit »Missing You« (8/96 US 25) aus dem Film »Set It Off« mit Queen Latifah. Weitere Top-40-Hits waren »Imagination« (3/98 US 37) – hier rappte Jermaine Dupri und aus dem Song »I Want You Back« von den Jackson 5 wurde gesampelt –, »So Into You« (7/98 US 30) – hier wurde aus »Say Yeah« von den Commodores gesampelt – und »Spend My Life With You« (7/99 US 21) zusammen mit Eric Benet.

Stranger In My House (1/01 US 10)
Rhythm & Blues

Tamperer

FAROLFI key (Italien), MAYA v (USA, als Laura Dias in Boston), MENTIROSO key (Italien)

Tamperer bedeutet im Italienischen Fälschung – und so klang die Coverversion der Nummer »Can You Feel It« (5/81 US 77) der Jacksons auch. Vier italienische Soundtüftler steckten hinter dem Projekt: Mafa, Farolfi; Alas und Mentiroso. Dazu kam die US-Sängerin Maya, die ansonsten am Broadway in New York im Musical »Rent« zu sehen und zu hören war. Da angeblich die Vorstellungen für mehrere Monate ausverkauft waren, konnte es auch keine Tournee mit Maya und der Band geben – was wohl auch besser war. Auch in Deutschland kam »Feel It« (5/98 D 31) in die Charts. Im Herbst erschien mit »If You Buy This Record Your Life Will Be Better« der nächste Hit von Tamperer. Und auch diesmal gab es die Nummer im Original: »Material Girl« von Madonna lieferte die Vorlage. Auf beiden weiteren Top-10-Hits war wieder Maya zu hören.

Feel It (4/98 GB 1)
If You Buy This Record Your Life Will Be Better (11/98 GB 3)
Hammer To The Heart (2/00 GB 6)
Dance

Tams

FLOYD ASHTON v (USA, * 15. 8. 1933), ALBERT COTTLE v (USA), HORACE KEY v (USA, * 13. 4. 1934), JOSEPH POPE v (USA, * 6. 11. 1933, † 16. 3. 1996), CHARLES POPE v (USA, * 7. 8. 1936), ROBERT LEE SMITH v (USA, * 18. 3. 1936)
Die aus Atlanta stammendes Tams machten 1960 ihre ersten Plattenaufnahmen. »Untie Me« hieß Ende 1962 die erste Hitnotierung der Formation in den USA. 1964 wurde Ashton durch Cottle ersetzt. Nach 1968 gelang ihnen in den USA kein Erfolg mehr, dafür wurden sie jetzt in GB notiert. Über viele Jahre hörte man nichts mehr von dieser Gruppe. Erst Ende 1987 standen sie ein letztes Mal in den GB-Charts mit »There Ain't Nothing Like Shaggin'« (11/87 GB 21).

What Kind Of Fool (Do You Think I Am) (12/63 US 9)
Hey Girl Don't Bother Me (7/71 GB 1)
Rhythm & Blues

Tarkan

TARKAN TEVETOGLU v (Deutschland, * 17. 10. 1971 in Alzey/Rheinland Pfalz)
Der in Deutschland geborene Tarkan kehrte 1985 mit seinen Eltern in die Türkei zurück. Dort erschien 1993 seine Debüt-LP »Yine Sensiz«, die ein großer Erfolg wurde. Wenig später war er in der Türkei ein Superstar. Auch in Frankreich, den Niederlanden und Belgien – eben da, wo viele emigrierte Türken wohnen – wurde er sehr erfolgreich. In Deutschland war seine Debütsingle »Simarik« zuerst nur als Import in türkischen Läden zu haben. Trotzdem verkaufte er angeblich eine halbe Million CD's. Offiziell erschien die Platte am 1. 3. 1999 in der Bundesrepublik, am 8. 3. kam sein Album »Tarkan« (4/99 D-LP 7). Nächster Singlehit wurde »Sikidim (Hepsi Senin Mi?)« (7/99 D 35).

Simarik (3/99 D 6)
Pop

Taste Of Honey

DONALD JOHNSON v, d (USA, * 12. 11. 1948), JANICE MARIE JOHNSON v, b (USA), PERRY KIBBLE v, key (USA, * 10. 6. 1949), HAZEL PAYNE v, g (USA)
A Taste Of Honey formierte sich bereits 1972 in Los Angeles, als eine Band, in der Janice und Perry gespielt hatten, auseinanderfiel. Nach etlichen personellen Veränderungen kam es 1978 zur oben genannten Besetzung. Mit dem von Janice und Perry geschriebenen Stück

»Boogie Oogie Oogie« hatte diese Soul-Disko-Band noch 1978 eine Platinplatte in den USA. Sie waren die erste schwarze Gruppe, die einen Grammy als Best New Artist erhielt. 1980 blieben nur noch Janice und Hazel als A Taste Of Honey übrig. Die beiden hatten 1981 mit einer überarbeiteten Version des japanischen Kyu-Sakamoto-Hits »Sukiyaki« aus dem Jahr 1963 – der neue englische Text hatte mit dem Original keinerlei Übereinstimmung – wieder einen großen Hit in den USA, der sich zum Millionseller mauserte. 1984 war dann auch die Uhr für das Duo abgelaufen. Das erfolgreichste Album war »A Taste Of Honey« (6/78 US-LP 8). Kibble starb im Februar 1999 an Herzversagen.

Boogie Oogie Oogie (6/78 GB 3, US 1)
Sukiyaki (3/81 US 3)
Disko, Soul

Tavares

VIC TAVARES v (USA), PERRY LEE »TINY« TAVARES v (USA, * 24. 10. 1954 in New Bedford/Massachusetts), ARTHUR »POOCH« TAVARES v (USA, * 12. 11. 1946 in New Bedford/Massachusetts), FELICIANO »BUTCH« TAVARES v (USA, * 18. 5. 1948 in New Bedford/Massachusetts), RALPH TAVARES v (USA, * 10. 12. 1945 in New Bedford/Massachusetts), ANTONE »CHUBBY« TAVARES v (USA, * 2. 6. 1947 in New Bedford/Massachusetts)

Die Rhythm-&-Blues-Familiengruppe aus New Bedford/Massachusetts begann bereits in den späten 50er Jahren zu singen. 1963 wurden sie Profis und nannten sich Chubby & The Turnpikes. Anfang der 70er Jahre und nach Rückbesinnung auf ihren Familien- als Gruppennamen verließ Vic die Gruppe, obwohl inzwischen die Band bereits in Feriengebieten wie den Bermudas, Bahamas oder Puerto Rico sehr bekannt und beliebt war. Ihre erste Hitnotierung hatten die Tavares mit »Check It Out« (9/73 US 35). Aus dem Film »Saturday Night Fever« stammte der Titel »More Than A Woman«. Nachdem man acht Jahre lang nichts mehr von den Tavares gehört hatte, kam »Heaven Must Be Missing An Angel« im Frühjahr 1986 als Wiederveröffentlichung in GB auf Platz 12.

It Only Takes A Minute (7/75 US 10)
Heaven Must Be Missing An Angel (7/76 GB 4)
Don't Take Away The Music (10/76 GB 4)
Whodunit (4/77 GB 5)
More Than A Woman (5/78 GB 7)
Disko, Rhythm & Blues

Taylor, James

JAMES TAYLOR v (USA, * 12. 3. 1948 in Boston/Massachusetts)

Sie haben eine lange Tradition in den USA, die Singer/Songwriter, also Sänger, die sich ihre Lieder selbst schreiben. James Taylor gehört zu den Vertretern der ganz leisen Töne, die allerdings nicht weniger beeindrucken als manches, was lauthals in die Welt trompetet wird. Vielleicht sind sie sogar beeindruckender, weil sie uns nicht in die Gehörgänge gepaukt werden, sondern nachdenklich machen. Wie die Geschichte von James Taylor, auf den viele Ende der 60er Jahre keinen Pfifferling mehr setzten, der abgeschrieben und als Versager in die Ecke gestellt wurde. Taylor hatte es ab Mitte der 60er Jahre als Sänger/Songschreiber versucht, mal mit einer Gruppe namens Flying Machine, mal als Solist. In GB hatte er seine erste große Chance, und dabei halfen ihm die Beatles, die ihn als ersten Künstler bei ihrem Apple-Label unter Vertrag nahmen. Die LP, die er 1968 dafür aufnahm, war nicht schlecht, aber auch kein Superknüller. Als Bassist spielte auf dem wohl schönsten Stück der LP, »Carolina In My Mind«, Paul McCartney mit. Taylor ging zurück in die USA und nahm Peter Asher mit. Der wiederum war mit Gordon Waller als Peter & Gordon zwischen 1964 und 1967 erfolgreich, kannte alle Tricks und Raffinessen des Plattengeschäftes, hatte Gefühl für Musik und arbeitet noch heute für Taylor, wenn auch inzwischen mehr als Manager und persönlicher Freund. Taylor ist ohne Zweifel ein Sensibelchen. Er stammt aus einer Familie, die nicht gerade zu den Armen zu zählen ist. Außerdem ist es eine sehr musikalische Familie: Sein älterer Bruder Alex brachte ihm die Folk- und Countrymusik näher. Seine Schwester Kate und Bruder Livingston machten ebenfalls Platten. 1969 erfuhr die Karriere wieder eine Unterbrechung. Taylor brach sich bei einem Motorradunfall beide Hände. »Sweet Baby James« (3/70 US-LP 3, 11/70 GB-LP 7) aus dem Jahr 1970 wurde der Wendepunkt im Leben von James Taylor. Er begab sich auf die Gewinnerstraße, und vor allen Dingen ein Stück von der LP machte ihn populär: »Fire And Rain«. Das Lied erzählt von drei verzweifelten Phasen in seiner Biografie: der Tod einer Freundin, das hoffnungslose Ausgeliefertsein an harte Drogen und der Aufenthalt in einer Nervenheilanstalt. Mit der Carole-King-Komposition »You've Got A Friend« gelang ihm ein Millionseller. Auf der 1971er LP »Mud Slide Slim And The Blue Horizon« (5/71 US-LP 2, GB-LP 4), und daran kann man seinen schon damals hohen Stellenwert erkennen, spielten Carole King, Russ Kunkel oder Leland Sklar mit. Bei »You've Got A Friend« singt im Hintergrund Joni Mitchell. Ende 1972 heiratete er Kollegin Carly Simon, von der er elf Jahre später wieder geschieden wurde. 1973 spielte er neben Dennis Wilson von den Beach Boys in dem Road-Movie »Two Lane Black Top« und machte dabei eine gute Figur. Zusammen mit Carly Simon gelang ihm im Frühjahr 1974 der Millionseller »Mockingbird«. »Handy Man« war eine Neuauflage des Jimmy-Jones-Hits aus dem Jahr 1959. »(What A) Wonderful World« (1/78 US 17) zusammen mit Art Garfunkel und Paul Simon, wieder mit Carly Simon »Devoted To You« (8/78 US 36), »Up On The Roof« (6/79 US 28) und zusammen mit J.D. Souther »Her Town Too« (3/81 US 11) waren weitere Top-40-Notierungen für Taylor. Für die Singlehitparaden sind seine Plattenveröffentlichungen, die bis ins 21. Jahrhundert reichen, nicht so geeignet. Seine LPs sind weiterhin großartig und erhalten in den USA meist Platin: »One Man Dog« (11/72 US-LP 4, 12/72 GB-LP 27), »Walking Man« (7/74 US-LP 13), »Gorilla« (5/75 US-LP 6), »In The Pocket« (7/76 US-LP 16), »Greatest Hits« (12/76 US-LP 23), »JT« (7/77 US-LP 4), »Flag« (5/79 US-LP 10), »Dad Loves His Work« (3/81 US-LP 10), »That's Why I'm Here« (11/85 US-LP 34), »Never Die Young« (2/88 US-LP 25), »New Moon Shine« (10/91 US-LP 37), »(Live)« (8/93 US-LP 20) und »Hourglass« (6/97 US-LP 9). 1998 erhielt James für »Hourglass« einen Grammy als ›Pop Album des Jahres‹. Im selben Jahr überreichte ihm der Billboard einen Century Award. 2000 wurde er in die Rock and Roll Hall of Fame aufgenommen.

Fire And Rain (9/70 US 3)
You've Got A Friend (6/71 US 1; 8/71 GB 4)
Mockingbird (2/74 US 5)
How Sweet It Is (To Be Loved By You) (6/75 US 5)
Handy Man (6/77 US 4)
AOR (Adult Orientated Rock), Folk, Pop

Taylor, Johnnie

JOHNNIE TAYLOR v (USA, * 5. 5. 1938 in Crawfordsville/Arkansas, † 31. 5. 2000)
Johnnie begann in den frühen 50er Jahren mit der Gospelgruppe Highway QC's und wurde danach Mitglied bei den 5 Echoes, mit denen er 1954 seine ersten Plattenaufnahmen machte. Schließlich ging er als Ersatz für Sam Cooke zu den

Soul Stirrers und machte ab 1961 Soloplatten. Die von Sam Cooke geschriebene Nummer »Baby, We've Got Love« war Ende 1963 seine erste Hitnotierung. Mit seiner für Soul-Verhältnisse fast harten Nummer »Who's Making Love« hatte Johnnie Taylor 1968 seinen ersten Millionseller. Ein weiterer Millionseller gelang ihm mit »I Believe In You (You Believe In Me)« (6/73 US 11). Nach 1974 schien seine Zeit vorüber. Dann erschien »Disco Lady«. Diese Platte gilt als die erste Single, die von den Amerikanern mit Platin ausgezeichnet wurde. Das bedeutet nicht, dass nicht vorher schon Singles häufiger verkauft wurden als »Disco Lady«, sondern nur, dass Platin Anfang 1976 eingeführt wurde. Sein erfolgreichstes Album war »Eargasm« (3/76 US-LP 5). Nach 1977 und weiteren Disko-Titeln wurde es stiller um ihn. Er starb nach einem Herzanfall in seinem Haus in Dallas/Texas.

Who's Making Love (10/68 US 5)
Disko Lady (2/76 US 1)
Disko, Soul

Taylor, R. Dean

R. DEAN TAYLOR v (Kanada, in Toronto)
Der Sänger und Songschreiber (* 1939) begann seine Karriere als Sessionmusiker bei der Plattenfirma Tamla Motown. Auf vielen Platten der Supremes und der Four Tops wirkte er mit. Als sich Motown entschloss, ein Label einzurichten, auf dem weiße Interpreten Titel veröffentlichen konnten, erhielt auch R. Dean eine Chance. Neu war das für ihn nicht. Bereits 1960 hatte er erfolglos erste Platten eingespielt. Mit »Gotta See Jane« (6/68 GB 17) hatte Taylor seine erste Hitnotierung. Bereits 1966 hatte er den Titel »There's A Ghost In My House« aufgenommen, der 1974 ein Hit wurde. Diese Nummer hatte er zusammen mit dem Tamla-Motown-Erfolgsgespann Holland/Dozier/Holland geschrieben. Taylor selbst war Mitautor von »Love Child«, 1968 Spitzenreiter für die Supremes. Nach 1974 hatte Taylor keine weiteren Hits.

Indiana Wants Me (9/70 US 5; 4/71 GB 2)
There's A Ghost In My House (5/74 GB 3)
Motown Sound, Rock

T-Bones

JOE FRANK CAROLLO v, d, b (USA, in Leland/Mississippi), DAN HAMILTON v, g (USA, * 1. 6. 1946 als Daniel Robert Hamilton in Spokane/Washington, † 23. 12. 1994), TOMMY REYNOLDS v, d (USA, als Thomas Clark in New York City), JOE SARAZENO (USA, * 16. 5. 1937 in Utica/New York)
Die T-Bones waren eine Studiogruppe aus Los Angeles. Drei der Mitglieder waren Hamilton, Joe Frank & Reynolds, die ab 1971 als Trio erfolgreich werden sollten. »No Matter What Shape (Your Stomach's In)« war das Aufblasen eines Alka-Seltzer-Jingles. Sie versuchten, diesen Instrumentalhit zu wiederholen, und nahmen sich – der Titel sagt es – mit »Sippin' 'n' Chippin'« dieses Mal der Werbejingle für ein in Fett gebackenes Grundnahrungsmittel vor. Das war nicht so appetitlich und brachte es nur unter die ersten 70.

No Matter What Shape (Your Stomach's In) (12/65 US 3)
Pop

Siehe auch: Hamilton, Joe Frank & Reynolds

Te Kanawa, Kiri

KIRI TE KANAWA v (Neuseeland, * 6. 3. 1944 in Gisborne)
Einem großen Publikum wurde die Sopranistin mit irischen und Maori-Vorfahren 1981 bekannt, als sie bei der Hochzeit von Prince Charles und Lady Diana Spencer sang. Zehn Jahre später konnte sie sich mit dem Titel »World In Union« in den

Popcharts platzieren. Dazu beigetragen hat sicher die Tatsache, dass es sich dabei um die Themenmusik der ITV-Fernsehübertragung der Rugby-Weltmeisterschaft handelte. Auch beim »Liverpool Oratorio« von Paul McCartney wirkte die vor allem als Mozart- und Strauß-Interpretin bekannte Dame Kiri Te Kanawa mit. Ihr erfolgreichstes Album hieß »Kiri!« (4/94 GB-LP 16). Es war anlässlich ihres 50. Geburtstages am 10. 3. 1994 live in der Royal Albert Hall in London aufgenommen worden.

World In Union (9/91 GB 4)
Pop

Teach-In

CHRIS DE WOLDE v, g (Niederlande), JOHN GAASBEEK v, b, p (Niederlande), GETTI v (Niederlande), RUUD NIJHUIS d (Niederlande), KOOS VERSTEEG v, p, acc (Niederlande), ARD WEEINK v, b, tr (Niederlande)

Die Formation kam 1973 in Enschede, Holland, zusammen. Ihre erste Platte erschien im März 1974, hieß »Fly Away« und wurde Spitzenreiter in der holländischen Hitparade. Noch im selben Jahr erschienen die Top-10-Hits »In The Summer Night« und »Tennessee Town«. 1975 vertrat Teach-In die Niederlande beim Grand Prix Eurovision und wurde mit »Ding-A-Dong« (4/75 GB 13) Sieger. Zur Strafe wurde der Grand Prix 1976 in Den Haag ausgetragen. »Dear John« (1/79 D 22) war eine weitere Notierung.

Ding-A-Dong (4/75 D 9)
Grand Prix, Pop

Teardrop Explodes

ALFIE AGIUS b (Großbritannien), DAVE BALFE key (Großbritannien), JULIAN COPE v, g, b (Großbritannien, * 21. 10. 1957 in Bargoed/Wales), GARY DWYER d (Großbritannien), MICHAEL FINKLER g (Großbritannien), RON FRANCOIS b (Großbritannien), PAUL SIMPSON key (Großbritannien), TROY TATE g (Großbritannien)

1978 schloss sich diese Gruppe aus Mitgliedern ehemaliger Liverpooler Bands zusammen, Cope kam z. B. von den Crucial Three. Anfang 1979 erschien mit »Sleeping Gas« die erste EP der Formation. Danach verließ Simpson die Band und wurde durch Balfe ersetzt. Als Nächstes erschien »Bouncing Babies«, dann Anfang 1980 »Treason (It's Just A Story)« und im Herbst desselben Jahres »When I Dream«, ihr erster Hit in GB. Bei ihrem größten Erfolg »Reward« spielt Hurricane Smith die Trompete. Bis 1983 erschienen weitere Singles der Band in den Charts. Im September 1981 hatten bis auf Dwyer alle die Band verlassen, zwischendurch waren bereits Musiker wie Alan Gill oder Jeff Hammer kurzzeitig Mitglied gewesen. Bis zum Ende des Jahres hatte Cope es geschafft, Teardrop Explodes mit Alfie Agius, Troy Tate und dem Rückkehrer Balfe wiederzubeleben. Im Januar 1982 ging Agius wieder und wurde durch Francois ersetzt. Noch Mitte desselben Jahres verließ der zusammen mit Tate Teardrop Explodes, und das Trio Cope, Dwyer, Balfe blieb zurück. Ende des Jahres löste Cope die Band auf. Trotzdem wurden noch weitere Singles veröffentlicht. Cope machte als Solist weiter. Anfang 1990 erschien die LP »Everybody Wants To Shag«, auf der ehemaliger Ausschuss als ›rare old material and out-takes‹ verhökert wurde.

Reward (1/81 GB 6)
New Wave, Pop

Tears For Fears

ROLAND ORZABAL DE LA QUINTANA v, g, key (Großbritannien, * 22. 8. 1961 in

Bath/England), CURT SMITH v, b (Großbritannien, * 24. 6. 1961 in Bath/England)
Roland und Curt hatten bereits im Alter von zwölf Jahren zusammen in einer Schulband gespielt. 1980 waren sie Mitglieder bei Graduate, deren Platte »Elvis Should Play Ska« fast zu einem Hit geworden wäre. 1981 löst sich die Gruppe auf. Curt und Roland gründen das Synthie-Popduo Tears For Fears und nahmen Demos von zwei Orzabal-Songs auf. Sie verschickten sie an die Industrie und erhielten auch prompt einen Plattenvertrag. Ende 1981 erschien mit »Suffer The Children« die erste Single – und wurde kein Erfolg. Im Frühjahr 1982 erschien »Pale Shelter«, ebenfalls ohne Erfolg. Erst »Mad World« wurde ihre erste Hitnotierung. Im Frühjahr 1986 veröffentlichen die Briten noch einmal »Everybody Wants To Rule The World« als Benefizplatte – mit einer Veränderung im Titel: statt ›Rule‹ heißt es jetzt ›Run‹. Ende 1986 ziehen sich Curt und Roland zurück, um ihr privates Leben zu ordnen, und beginnen mit einer neuen Produktion erst wieder im Februar 1988. Bei der Gelegenheit sang zum erstenmal Oleta Adams mit ihnen, die die beiden in einem Hotel in Kansas City entdeckt hatten. Im Herbst 1989 erschien mit »Sowing The Seeds Of Love« eine Nummer, die an die Beatles in ihren besten Zeiten erinnert. 1990 halfen sie Oleta Adams bei der Produktion ihres Debütalbums »Circle Of One«. 1993 erschien mit »Elemental« eine neue CD von Tears For Fears, auf der Smith nicht mehr zu hören ist. Mitspieler von Orzobal sind Tim Palmer und Alan Griffith. Die Plattenhülle zeigt nur Roland. Die erfolgreichste Singleauskopplung daraus war »Break It Down Again« (5/93 GB 20, 7/93 US 25). Im Oktober 1995 wurde mit »Raoul And The Kings Of Spain« ein neues Album veröffentlicht. Die gleichnamige Singleauskopplung erreichte Platz 31 in GB.
Die erfolgreichsten Alben waren »The Hurting« (3/83 GB-LP 1, 4/83 D-LP 15), »Songs From The Big Chair« (3/85 GB-LP 2, US-LP 1, D-LP 1), »The Seeds Of Love« (10/89 GB-LP 1, US-LP 8, D-LP 5), »Tears Roll Down (Greatest Hits 1982–1992)« (3/92 GB-LP 2, D-LP 7, 4/92 US-LP 53) und »Elemental« (6/93 GB-LP 5).

Mad World (10/82 GB 3)
Change (2/83 GB 4)
Pale Shelter (4/83 GB 5)
Shout (12/84 D 1, GB 4; 6/85 US 1)
Everybody Wants To Rule The World (3/85 GB 2, US 1; 5/86 GB 5)
Head Over Heels (9/85 US 3)
Sowing The Seeds Of Love (9/89 US 2, GB 5)
Elektro-Pop, Pop

Technohead

LEE NEWMAN v (Großbritannien, † 4. 8. 1995), MICHAEL WELLS key (Großbritannien)
Unter den Pseudonymen Tricky Disko oder G.T.O. hatte das britische, in Amsterdam beheimatete Duo bereits Platten veröffentlicht. Tricky Disco stand Mitte 1990 mit dem Titel »Tricky Disco« auf 14 in GB. G.T.O. hatte mit »Pure« (1990) und »Elevation« (1992) zwei Platten knapp unter 50 in GB. Mit der Nummer »I Wanna Be A Hippy« war das Duo erst in den Niederlanden, dann in Deutschland und schließlich in GB erfolgreich. Zum Erfolg des Titels hatte auch ein recht witziges Video beigetragen. Nachfolger wurde »Happy Birthday« (4/96 GB 18). Die Sängerin Lee Newman war bereits im August 1995 an Lungenkrebs gestorben. Ihr genaues Alter wurde nicht bekannt – sie dürfte in den 30ern gewesen sein.

I Wanna Be A Hippy (8/95 D 1; 2/96 GB 6)
House, Techno

Technotronic

JO BOGAERT v, rap, dj (USA, * 5. 5. 1956 als Thomas de Quincy), MC ERIC v, rap (Großbritannien, * 19. 8. 1968 als Eric Martin in Cardiff/Wales), YA KID K v, rap (Zaire, * 26. 1. 1972 als Manuela Barbara Kamosi Moaso Djoki in Kinshasa)

Der belgische Discjockey und Produzent Jo Thomas DeQuincy Bogaert steckte hinter diesem Projekt. Mit ihm waren die zu diesem Zeitpunkt 17 Jahre alte Rapperin Manuela und der Londoner Rapper MC Eric in dieses Projekt involviert. Bei »Pump Up The Jam« wurden als Interpreten Technotronic featuring Felly angegeben. Felly stammte wie auch Kamosi aus Zaire, war Model und arbeitete lediglich bei den Videos als optischer Blickfang mit. In den USA wurde die Platte mit Platin bedacht. Ein Remix von »Pump Up The Jam« durch Tin Tin Out brachte Technotronic Ende 1996 Platz 36 in GB. Die erfolgreichsten LPs von Technotronic waren »Pump Up The Jam« (12/89 US-LP 10, 1/90 GB-LP 2, D-LP 10) und »Trip On This – Remixes« (11/90 GB-LP 7). 1990 tauchte Ya Kid K mit der Gruppe Hi-Tek 3 und dem Titel »Spin That Wheel« (9/90 GB 15) in den Hitparaden auf und machte ab 1991 auch Soloplatten.

Pump Up The Jam (9/89 US 2, D 2, GB 2)
Get Up! (Before The Night Is Over) (1/90 GB 2, D 2, US 7)
This Beat Is Technotronic (3/90 D 10)
Rockin' Over The Beat (7/90 GB 9)
Megamix (8/90 GB 6, D 9)
Move This (6/92 US 6)
Techno

Tee Set

DILL BENNINK g (Niederlande, * 15. 2. 1948), JOOP BLOM d (Niederlande, * 24. 1. 1949), FRANKLIN MADJID b (Niederlande, * 11. 11. 1948), PETER TETTEROO v (Niederlande, * 8. 7. 1947), HANS VAN EIJCK g, key (Niederlande, * 7. 5. 1946)

Ihre ersten Plattenaufnahmen machten sie Mitte der 60er Jahre, zunächst vorwiegend Coverversionen englischer Hits. 1969 veröffentlichten Tee Set die von Tetteroo und van Eijck komponierte Nummer »Ma Belle Amie«, die sie auch selbst produziert hatten. In den amerikanischen Charts wurden sie noch einmal in den unteren Regionen notiert. Ende der 70er Jahre trennte sich die Formation.

Ma Belle Amie (1/70 D 8, US 5)
One Hit Wonder, Pop

Teens

ROBERT BAUER v, g, p (Deutschland, * 20. 12. 1964 in Berlin), ALEXANDER MÖBIUS b (Deutschland, * 28. 2. 1964 in Berlin), UWE SCHNEIDER g (Deutschland, * 2. 5. 1964 in Berlin), JÖRG TREPTOW g (Deutschland, * 23. 2. 1962 in Berlin), MICHAEL UHLICH d (Australien, * 26. 9. 1963 in Brisbane)

1976 gründeten Michael, Alex und Uwe die Gruppe Teens, die ab Frühjahr 1977 ihre ersten Auftritte in einer Berliner Kneipe absolvierte und Jörg als Leadgitarristen dazunahm. Im Herbst des Jahres kam als fünftes Mitglied Robert Bauer hinzu, und die Jungs bemühten sich mit Hilfe eines Managers, dem sie bei einem Auftritt aufgefallen waren, um einen Plattenvertrag. Im Frühjahr 1978 klappte es endlich, und als erste Single erschien »Gimme Gimme Gimme Gimme Your Love«. Weitere Top-40-Hits: »We'll Have A Party Tonite 'Nite« (12/78 D 25), »Here I Stand« (5/79 D 31), »1-2-3-4 Red Light« (9/79 D 16) und »Give Me More« (3/80 D 18). Ihre erfolgreichsten Alben waren »The Teens« (12/78 D-LP 15), »Teens & Jeans & Rock 'n' Roll« (9/79 D-LP 6) und »The Teens Today« (4/80 D-LP 2).

Die Teens waren eine der typischen Zielgruppenformationen, die sich nur an Gleichaltrige richteten und deren Haltbarkeitsdauer sehr begrenzt ist – von ›Boy-Groups‹ sprach damals noch keiner. Ihre LPs wurden den Teenies dadurch schmackhaft gemacht, dass man Riesen-Farbposter dazulegte. Ende 1996 waren die Teens wieder da – zumindest als Quartett. Alexander Möbius hatte vertragliche Verpflichtungen mit der sehr guten Berliner Formation Big Light – und wohl auch keine Lust, bei den alt gewordenen Amateuren unter dem Motto ›Kinder, wie die Zeit vergeht‹ (Auszug aus dem Beiheft der neuen CD) zu spielen. »Past And Present '76–'96« hieß ein neues Album, auf dem neben neuen Titeln einige neue Versionen alter Hits und etliche Originalversionen der alten Hits zu hören waren.

Gimme Gimme Gimme Gimme Gimme Your Love (7/78 D 7)
Boy Group, Pop

Teletubbies

Am 13. 12. 1997 stieg »Teletubbies Say Eh-Oh!« gleich auf Platz 1 der britischen Charts ein. Es handelte sich dabei um die Kunstfiguren Tinky Winky, Dipsy, Laa La und Po, die in der gleichnamigen britischen TV-Serie spielten – ähnlich den Archies, Spitting Image, Simpsons oder Mr. Blobby. Der Hitsong brachte eine aufgemotzte Version der Titelmelodie zur TV-Sendung. Ab dem 29. März 1999 stolperten und hopsten die Teletubbies, die wie Sandmännchen auf Ecstasy daherkamen, auch in Deutschland – der Kinderkanal von ARD und ZDF sicherte sich die Rechte. Nicht nur die Kleinstkinder, für die die Sendung gedacht war, gehörten zu den Fans der Sendung. Auch die Techno-Fans schätzten die schrägen Farben und die Gaga-Dialoge. Wundert sich jemand darüber?

Teletubbies Say Eh-Oh! (12/97 GB 1)
One Hit Wonder, Pop

Tempo, Nino

NINO TEMPO v, sax (USA, * 6. 1. 1935 als Antonio Lo Tempio in Niagara Falls/New York)
Der Saxophonist, Sänger und Songschreiber soll schon als Dreijähriger aufgetreten sein. Mit sieben sang er mit dem Orchester von Benny Goodman, später spielte er in der Band von Glenn Miller. Nachdem er dann einige Jahre als Sessionsaxophonist gearbeitet hatte, schloss er sich in den frühen 60er Jahren mit seiner Schwester April Stevens zu einem Duo zusammen. Zum ersten Mal wurden sie im Sommer 1962 mit »Sweet And Lovely« in den Charts notiert. Ihr größter Erfolg war ihre Version von »Deep Purple«. Nach »Whispering« (12/63 US 11, 1/64 GB 20), »Stardust« (2/64 US 32) und »All Strung Out« (9/66 US 26) war ihre Hitzeit wieder vorüber. 1967 wurden sie zum letzten Mal in den Charts notiert und gingen danach wieder getrennte Wege. Nino arbeitete vor allem im Hintergrund mit dem Produzenten Phil Spector und als Songautor. In der amerikanischen Hitparade wurde er 1973 als Nino Tempo & 5th Ave. Sax noch einmal unter den ersten 60 mit »Sister James« notiert.

Deep Purple (9/63 US 1)
Pop

Siehe auch: Stevens, April

Temptations

ELBRIDGE BRYANT v (USA), RAY DAVIS v (USA, * 29. 3. 1940 als Raymond Davis in Sumter/South Carolina), DENNIS EDWARDS v (USA, * 3. 2. 1943 in Birmingham/Alabama), MELVIN FRANKLIN v (USA, * 12. 10. 1942 als David English in Montgomery/Alabama, † 23. 2. 1995),

DAMON OTIS HARRIS v (USA, * 3. 7. 1950 in Baltimore/Maryland), EDDIE KENDRICKS v (USA, * 17. 12. 1939 in Union Spring/Alabama † 5. 10. 1992), GLENN LEONARD v (USA, * 11. 6. 1947 in Washington/D.C.), RICKY OWENS v (USA), THEO PEOPLES v (USA), LOUIS PRICE v (USA), DAVID RUFFIN v (USA, * 18. 1. 1941 als Davis Eli in Meridian/Mississippi, † 1. 6. 1991), RICHARD STREET v (USA, * 5. 10. 1942 in Detroit/Michigan), RON TYSON v (USA, * 8. 2. 1946 in Philadelphia/Pennsylvania), OTIS WILLIAMS v (USA, * 30. 10. 1941 als Otis Miles in Texarcana/Texas), PAUL WILLIAMS v (USA, * 2. 7. 1939 in Birmingham/Alabama, † 17. 8. 1973), ALI OLLIE WOODSON v (USA, in Detroit/Michigan)

In ihren Anfangstagen, zum Beginn der 60er Jahre, nannten sie sich Elgins. Sie entstanden aus den Gruppenmitgliedern der Primes und der Distants. 1961 erhielten die Elgins einen Vertrag von Berry Gordy jr. Im August 1961 benannten sie sich in Temptations um und veröffentlichten ihre Debüt-Single »Oh Mother Of Mine«. Nachdem 1962 auch die zweite Single der Gruppe nichts wurde, ging Bryant und wurde durch Ruffin ersetzt. Ende desselben Jahres begannen sie eine Zusammenarbeit mit dem Songschreiber und Produzenten Smokey Robinson. Dessen Song »The Way You Do The Things You Do« (2/64 US 11) wurde ihre erste Hitnotierung. »My Girl« war ebenfalls ein Robinson-Titel, Leadsänger des Stückes ist David Ruffin. »I'm Gonna Make You Love Me« sangen die Temptations zusammen mit Diana Ross & The Supremes. Mitte 1968 verließ Ruffin die Band und begann eine Solokarriere bei Motown. Für ihn kam Dennis Edwards. Mitte 1971 verließ Kendricks die Temptations und begann wie Ruffin eine Solokarriere bei Motown. Zum selben Zeitpunkt wurde Paul Williams gebeten, die Band zu verlassen. Er hatte Alkoholprobleme und Schwierigkeiten mit seiner Leber. Zwei Jahre später wurde er tot in seinem Auto aufgefunden. Er hatte sich selbst in den Kopf geschossen. Neu hinzu kam Damon Harris. Weitere Personalwechsel fanden statt. Im August 1975 ging Harris wieder, für ihn kam Leonard. Ende 1977 ging Edwards und wurde durch Louis Price ersetzt. Zwischendurch kamen noch einmal kurzfristig Ruffin und Kendricks zurück. 1983 kam mit Ron Tyson wieder ein neuer Mann hinzu. Sämtliche weitere Bemühungen der Gruppe, noch einmal hoch in die Charts zu kommen, waren ab 1974 vergeblich. Mitte 1987 sangen die Temptations zusammen mit Bruce Willis dessen Version von »Under The Boardwalk«. 1989 wurden sie in die Rock and Roll Hall of Fame aufgenommen, und zu diesem Zeitpunkt hatten sie sich bereits den Ruf als Amerikas beste Soulgruppe aller Zeiten erarbeitet. Mitte 1991 sangen sie zusammen mit Rod Stewart »The Motown Song«. Als Anfang 1992 Macauley Culkin mit dem Film »My Girl« in die Kinos kam, wurde der gleichnamige Song der Temptations, der im Film zu hören ist, wieder veröffentlicht. 1991 war Ruffin an einer Überdosis Drogen gestorben, 1992 starb Kendricks an Lungenkrebs. 1993 verließ Richard Street die Gruppe und wurde ersetzt durch Theo Peoples. Nachdem 1995 Franklin an Herzversagen gestorben war, kam für ihn Ray Davis. Damit war Otis Williams das letzte Originalmitglied. In der Besetzung Williams, Woodson, Tyson, Davis und Peoples erschien das Album »For Lovers Only« im Januar 1996. Es ist Franklin gewidmet, und der auf dem Album enthaltene Song »Life Is But A Dream« ist der letzte, an dem er mitgewirkt hat. Als Gast ist auf der CD auch Stevie Wonder zu hören. 1998 wurde Dennis Edwards nach einer Klage von Otis Williams und den Erben des verstorbenen Temptations-Mitglieds Melvin Franklin von einem Gericht untersagt, unter dem

Namen Temptations oder einem Namen, den man mit Temptations verwechseln könnte, aufzutreten. Es wurde ihm einzig gestattet, damit zu werben, dass er ein ehemaliger Leadsänger der Temptations sei.
Die erfolgreichsten Alben der Formation: »Temptin' Temptations« (11/65 US-LP 11), »Gettin' Ready« (7/66 US-LP 12), »The Temptations Greatest Hits« (12/66 US-LP 5, 2/67 GB-LP 17), »Temptations Live!« (4/67 US-LP 10, 7/67 GB-LP 19), »With A Lot O' Soul« (8/67 US-LP 7, 11/67 GB-LP 19), »The Temptations In A Mellow Mood« (12/67 US-LP 13), »Wish It Would Rain« (5/68 US-LP 13), »Diana Ross & The Supremes Join The Temptations« (11/68 US-LP 2, 1/69 GB-LP 1), »TCB« (12/68 US-LP 1, 6/69 GB-LP 11), »Live At The Copa« (1/69 US-LP 15), »Cloud Nine« (3/69 US-LP 4, 9/69 GB-LP 32), »Puzzle People« (10/69 US-LP 5, 2/70 GB-LP 20), »Psychedelic Shack« (4/70 US-LP 9), »Temptations Greatest Hits II« (9/70 US-LP 15), »Sky's The Limit« (5/71 US-LP 16), »All Directions« (8/72 US-LP 2, 12/72 D-LP 20, 1/73 GB-LP 19), »Masterpiece« (3/73 US-LP 7, 4/73 D-LP 17, 7/73 GB-LP 28), »1990« (12/73 US-LP 19, 2/74 D-LP 25), »A Song For You« (2/75 US-LP 13), »Motown's Greatest Hits« (4/92 GB-LP 8) und »Phoenix Rising« (9/98 US-LP 44).

My Girl (1/65 US 1; 2/92 GB 2)
Beauty Is Only Skin Deep (8/66 US 3)
(I Know) I'm Losing You (11/66 US 8)
All I Need (4/67 US 8)
You're My Everything (7/67 US 6)
I Wish It Would Rain (1/68 US 4)
Cloud Nine (11/68 US 6)
I'm Gonna Make You Love Me (12/68 GB 3, US 2)
Run Away Child, Running Wild (2/69 US 6)
Get Ready (3/69 GB 10)
I Can't Get Next To You (8/69 US 1)
Psychedelic Shack (1/70 US 7)
Ball Of Confusion (That's What The World Is Today) (5/70 US 3; 9/70 GB 7)
Just My Imagination (Running Away With Me) (2/71 US 1; 5/71 GB 8)
Papa Was A Rollin' Stone (10/72 US 1)
Masterpiece (2/73 US 7)
Motown Sound, Pop, Rhythm & Blues, Soul

Siehe auch: Kendricks, Eddie; Willis, Bruce

10cc

Paul Burgess d (Großbritannien, * 28. 9. 1950), Lol Creme v, g, key (Großbritannien, * 19. 9. 1947 als Lawrence Creme in Manchester), Rick Fenn v, g (Großbritannien, * 23. 5. 1953), Kevin Godley v, d (Großbritannien, * 7. 10. 1945 in Manchester), Graham Gouldman v, b (Großbritannien, * 10. 5. 1945 in Manchester), Duncan Mackay v, key (Großbritannien, * 26. 7. 1950), Eric Stewart v, g (Großbritannien, * 20. 1. 1945 in Manchester), Stuart Tosh v, d (Großbritannien, * 26. 9. 1951 in Aberdeen)
Sie haben immer klein gekocht: Während sich andere Gruppen als Super, Greatest oder Ähnliches bezeichneten, fuhren 10cc mit Sparmotor. Jedes Mofa hat heute mehr Kubikzentimeter, 50cc ist absolut nichts Besonderes. Als sie 1972 begannen, waren sie zu viert, im Oktober 1976 halbierten sie sich. Zu viel Talent war da in einer Band zusammen. Lol Creme und Kevin Godley kochten nach der Trennung ihr eigenes, teilweise sehr schmackhaftes Süppchen, obwohl einiges, um bei dem Bild zu bleiben, auch Magendrücken verursachen konnte. Das Markenzeichen 10cc behielten sich Eric Stewart und Graham Gouldman vor. Mit Recht, denn sie haben in der gemeinsamen Zeit als Quartett auch die meisten Hits geschrieben. Überhaupt sind die beiden Vollblutmusiker Phänomene. 1964 – er war gerade 19 Jahre alt – begann die Karriere von Eric Stewart bei Wayne Fontana & The Mindbenders. Fast zur selben Zeit schrieb der um ein Jahr jüngere Graham Gouldman

schon Hits für die Hollies, Herman's Hermits oder die Yardbirds. Die vier Musiker von 10cc, die alle aus Manchester stammen, begegneten sich in den nächsten Jahren bei diversen Formationen und Produktionen immer mal wieder. 1970 hatten sie ihr Strawberry-Studio mit Geld, das sie durch Produktionen für Kasenatz/Katz und deren Bubblegum-Truppen verdient hatten, mit neuen Aufnahmegeräten eingerichtet. Hier nahmen sie, um ihr neues Equipment zu testen, den Titel »Neanderthal Man« auf und hatten damit unter dem Gruppennamen Hotlegs einen Top-10-Erfolg in GB. 1971 schrieben, produzierten und spielten sie bei vielen Sessions in den Strawberry-Studios mit. Unter anderem nahmen sie mit Neil Sedaka die LP »The Tra La La Days Are Over« auf. 1972 produzierten sie ein Demo der Nummer »Donna«, und Jonathan King, ein alter Bekannter von Stewart, nahm sie auf seinem UK-Label unter Vertrag. Er gab ihnen auch den Namen 10cc. Noch im selben Jahr erschien die Nummer »Donna«, die wie eine Single aus den 50er Jahren klang. Von diesem Zeitpunkt an bis 1978 stand 10cc insgesamt elfmal unter den britischen Top 10. »Dreadlock Holiday« spiegelte die Erfahrungen des Moody-Blues-Musikers Justin Hayward während eines Urlaubs in der Karibik wider. 1976 trennten sich Godley & Cream von den beiden anderen. Stewart und Gouldman nahmen sich mit Fenn, Mackay, Tosh und Burgess neue Musiker in die Band, aber die Trennung der Original-10cc ist beiden Hälften nicht so recht bekommen. Auf der anderen Seite konnten gerade Godley & Creme auch andere Projekte, wie z. B. Videoproduktionen, verwirklichen. Anfang der 80er Jahre begannen auch die verbliebenen 10cc-Musiker verstärkt, sich um eigene Projekte zu kümmern. Gouldman schrieb Filmmusiken und machte zusammen mit Andrew Gold das Projekt Wax. Stewart spielte ab 1982 öfter zusammen mit Paul McCartney auf dessen Platten. 1992 erschien von 10cc das Album »Meanwhile«. Bei einigen Titeln waren die vier ursprünglichen 10cc-Mitglieder wieder vereint. Außerdem sind mit Jeff Porcaro, Michael Landau oder Freddie Washington exzellente Studiomusiker auf dieser CD zu hören. Anfang 1995 kam ihr Titel »I'm Not In Love« (3/95 GB 29) als Akustik-Neuaufnahme wieder in die britische Hitparade.

Die erfolgreichsten Alben: »Sheet Music« (6/74 GB-LP 9), »The Original Soundtrack« (3/75 GB-LP 4, 4/75 US-LP 15), »Greatest Hits Of 10cc« (3/75 GB-LP 4), »How Dare You?« (1/76 GB-LP 5), »Deceptive Bends« (5/77 GB-LP 3, US-LP 31), »Live And Let Live« (10/77 GB-LP 14), »Bloody Tourists« (9/78 GB-LP 3, 10/78 D-LP 12), »Greatest Hits 1972–1978« (10/79 GB-LP 5), »Look Here« (4/80 D-LP 40) und »Changing Faces – The Very Best Of 10cc And Godley & Creme« (8/87 GB-LP 4).

Donna (9/72 GB 2)
Rubber Bullets (5/73 GB 1)
The Dean And I (8/73 GB 10)
Wall Street Shuffle (6/74 GB 10)
Life Is A Minestrone (4/75 GB 7)
I'm Not In Love (5/75 GB 1, US 2; 7/75 D 8)
Art For Art's Sake (11/75 GB 5)
I'm Mandy Fly Me (3/76 GB 6)
The Things We Do For Love (12/76 US 5, GB 6)
Good Morning Judge (4/77 GB 5)
Dreadlock Holiday (8/78 GB 1)
AOR (Adult Orientated Rock), Pop

Siehe auch: Hotlegs; Godley & Creme; Fontana, Wayne & The Mindbenders

Ten City

BYRON BURKE key (USA, * 30. 10. 1960 in Chicago/Illinois), HERB LAWSON g, b (USA), BYRON STINGILY v (USA, * 16. 3. 1965)

Das aus Chicago stammende Trio galt als Vorreiter des Deep House, des Souls der späten 80er Jahre. Die Gruppe brachte unter dem Motto ›Cello statt Computer‹

eine Rückbesinnung auf echte Instrumente, auf Melodien und Gefühl. Ihr erster war auch gleichzeitig ihr größter Hit: »That's The Way Love Is«. Alle weiteren Platten landeten meist in den unteren Regionen der Hitparaden. Besonders in den USA hatte es die Band schwer. Anfang 1997 war Byron Stingily mit »Get Up (Everybody)« (1/97 GB 14) als Solist erfolgreich. Es folgten mit »Sing A Song« (11/97 GB 38) und »You Make Me Feel (Mighty Real)« (1/98 GB 13) die nächsten Solohits. »You Make Me Feel (Mighty Real)« stand bereits mit den ›Disco-Queens‹ Sylvester (1978) und Jimmy Somerville (1990) in den britischen Charts.

That's The Way Love Is (1/89 GB 8)
House, Pop

Ten Sharp

NIELS HERMES key (Niederlande, * 5. 3. 1959), MARCEL KAPTEIJN v (Niederlande)
Diese Formation hatte bereits ab 1985 in ihrer Heimat mit »When The Snow Falls«, »Last Words« oder »Japanese Love Song« etliche Erfolge. Zum damaligen Zeitpunkt war neben Marcel und Niels Bassist Ton Groen in der Band. Als Ten Sharp mit der Nummer »You« international erfolgreich wurde, hatten sie sich auf ein Duo reduziert. Marcel war der Sänger, und alle Instrumente wurden von Niels gespielt. Damit war Ton aber nicht aus dem Spiel, sondern zusammen mit Niels schrieb er die Songs. Der Nachfolger »Ain't My Beating Heart« schaffte schon nur noch einen Platz in den 60er-Regionen. Nach dem Debütalbum »Under The Water Line« (1/92 D-LP 7) kam 1993 »The Fire Inside« und Anfang 1995 »Shop Of Memories«. In diesem Shop müssen viele Platten von Queen und den Beatles gewesen sein, denn die klingen manchmal sehr durch.

You (10/91 D 4; 3/92 GB 10)
One Hit Wonder, Pop

Ten Years After

CHICK CHURCHILL key (Großbritannien, * 2. 1. 1949 in Mold/Wales), RIC LEE d (Großbritannien, * 20. 10. 1945 in Cannock/Staffordshire), ALVIN LEE v, g (Großbritannien, * 19. 12. 1944 in Nottingham), LEO LYONS b (Großbritannien, * 30. 11. 1943 in Bedford)
Die überlangen Stücke der Rock-Blues-Band Ten Years After waren kaum geeignet für die Singlehitparaden – mit Ausnahme von »Love Like A Man«. Alle anderen Plattenveröffentlichungen, wenn es dann mal eine Single gab, kamen höchstens bis auf Platz 40. Die Anfänge der Band gehen zurück bis in das Jahr 1965. Alvin Lee, Lyons und Ric Lee schlossen sich zu dem Trio Jaybirds zusammen. 1966 waren sie für die Formation Ivy League während einer GB-Tour die Backing-Band. Im November desselben Jahres kam als vierter Mann Churchill hinzu. Sie nannten sich Ten Years After und erhielten 1967 einen Plattenvertrag. Im Oktober des Jahres erschien ihr Debütalbum, ein Jahr später das Live-Album »Undead«. Im Frühjahr 1969 gingen sie auf US-Tournee. Im August 1969 spielten sie beim Woodstock-Festival und wurden vom Publikum frenetisch gefeiert. Bis zum März 1974 hielt Ten Years After noch, dann löste Alvin Lee die Gruppe auf und gründete Alvin Lee & Co. Wie in den nächsten Jahren Alvin Lee durch die Gegend zog, hatte mit den musikalischen Vorstellungen, die man mit Ten Years After in Verbindung bringt, wenig zu tun. Mal kam Alvin Lee solo, mal als Ten Years Later, aber mit dem Blues- und Rockfeeling der Endsechziger konnte das alles nicht mithalten. 1988 wurden sie von einem deutschen Veranstalter gefragt, ob sie nicht noch einmal in der Originalbesetzung auftreten wollten. 1989 erschien in der Urbesetzung die CD »About Time«. Ende 1991 trennten sie sich erneut. Leo Lyons belebte seine Gruppe Kick wieder und veröffentlichte damit

1992 das Album »Heartland« und 1994 »Tough Trip Through Paradise«.
Die erfolgreichsten Alben der Band: »Stonedhenge« (2/69 GB-LP 6), »Ssssh« (8/69 US-LP 20, 10/69 GB-LP 4, 12/69 D-LP 6), »Cricklewood Green« (4/70 US-LP 14, 5/70 GB-LP 4, D-LP 8), »Watt« (12/70 US-LP 21, 1/71 GB-LP 5, D-LP 9), »A Space In Time« (8/71 US-LP 17, 11/71 GB-LP 36) und »Recorded Live« (6/73 US-LP 39, 7/73 GB-LP 36, 8/73 D-LP 10).

Love Like A Man (6/70 GB 10; 8/70 D 9)
AOR (Adult Orientated Rock), Blues, Pop, Rock

Tenpole Tudor

DICK CRIPPEN b (Großbritannien, * 18. 10. 1956), BOB KINGSTON g (Großbritannien), GARY LONG d (Großbritannien), EDWARD TUDOR-POLE v (Großbritannien, * 6. 12. 1955 in London)
Diese Punkband entstand 1977 aus den Resten der Visitors. Kopf war stets der ›unvergleichliche‹ Edward Tudor-Pole, der diese Gruppe mehrfach auflöste und wieder zusammenbrachte. Mentor war Malcolm McLaren, der dafür sorgte, dass Edward in dem Film »The Great Rock 'N' Roll Swindle« mitspielen konnte und mit seiner Gruppe auf den B-Seiten der Sex-Pistols Singles »Who Killed Bambi« und »The Great Rock 'n' Roll Swindle« mit »Silly Thing« bzw. »Rock Around The Clock« platziert wurde. »Swords Of A Thousand Men« war der erste eigenständige Hit von Tenpole Tudor und nach »Wunderbar« (8/81 GB 16) löste Edward die Band 1982 auf. In den nächsten Jahren kam er immer wieder mal mit einer neuen Formation, die er Tenpole Tudor nannte und die den unterschiedlichsten Musikrichtungen folgten. Er selbst kümmerte sich um seine Schauspielkarriere in Theater, Film und Fernsehen.

Who Killed Bambi/Silly Thing (4/79 GB 6)
Swords Of A Thousand Men (4/81 GB 6)
Pop, Punk

Terrell, Tammi

TAMMI TERRELL v (USA, * 24. 1. 1946 als Thomasina Montgomery in Philadelphia/ Pennsylvania, † 16. 3. 1970)
Tammi machte 1961 ihre ersten Platten und arbeitete dann in der James Brown Revue. Einen Namen machte sie sich durch ihre Duette mit Marvin Gaye. Mit ihm zusammen hatte sie ihre Top-10-Erfolge. Schon 1967 war Tammi Terrell während eines Konzertes mit Marvin auf der Bühne zusammengebrochen, während sie gerade das Lied »Your Precious Love« sangen, und später wurde ein Gehirntumor festgestellt. Nach mehreren Operationen und einigen hoffnungsvollen Neuanfängen – sie hatte im Rollstuhl sitzend mehrere Male bei Motown an Plattenaufnahmen teilgenommen – starb sie 1970.

Your Precious Love (9/67 US 5)
If I Could Build My Whole World Around You (12/67 US 10)
Ain't Nothing Like The Real Thing (4/68 US 8)
You're All I Need To Get By (7/68 US 7)
Onion Song (11/69 GB 9)
Motown Sound, Soul

Terrorvision

LEIGH MARKLEW b (Großbritannien, * 10. 8. 1968), SHUTTY d (Großbritannien, * 20. 3. 1967), TONY WRIGHT v (Großbritannien, * 6. 5. 1968), MARK YATES g (Großbritannien, * 4. 4. 1968)
Im August 1990 formierte sich die Band in Bradford. Zuerst nannte sie sich Spoilt Bratz, dann auf Anraten ihres neuen Managers Al Rhodes Terrorvision – nach einem B-Movie aus den 60er Jahren. Dann gründeten sie ihr eigenes Platten-

label Total Vegas. Mit »Thrive EP« (2/92), der Single »My House« (10/92), der LP »Formaldehyde« (12/92) und einer weiteren EP brachten sie ihre ersten, nicht in den Hitparaden notierten Veröffentlichungen auf den Markt. Nachdem 1992 die EMI das Plattenlabel und damit die Gruppe unter Vetrag genommen hatte, begann der Erfolg – ein weiterer Beweis dafür, dass es nicht genügt, gute Musik zu machen – man braucht auch einen starken Vertrieb. Nach »My House« (1/94 GB 29), »Oblivion« (4/94 GB 21), »Middleman« (6/94 GB 25), »Pretend Best Friend« (9/94 GB 25), »Alice What's The Matter« (10/94 GB 24) und »Some People Say« (3/95 GB 22) kam mit »Perseverance« im Frühjahr 1996 endlich der erste Top-10-Hit. »Celebrity Hit List« (5/96 GB 20), »Bad Actress«, »Easy« (1/97 GB 12) und »Josephine« (10/98 GB 23) waren die nächsten Hitnotierungen. Der Erfolg von Terrorvision beschränkte sich lediglich auf den britischen Markt. Ihre Musik wird als Mittelding zwischen Cheap Trick und Therapy? bezeichnet – vielleicht müssten sie sich für den US-Markt mehr festlegen. Ihre erfolgreichsten Alben hießen »How To Make Friends And Influence People« (4/94 GB-LP 18) und »Regular Urban Survivors« (3/96 GB-LP 8).

Perseverance (3/96 GB 5)
Bad Actress (7/96 GB 10)
Tequila (1/99 GB 2)
Pop, Rock

Terry, Todd

TODD TERRY dj, mix (USA, in Brooklyn/New York City)

Der DJ, Mixer, Songschreiber und Produzent Todd Terry tauchte mit seinem gleichnamigen Projekt und dem Titel »Weekend« (11/88 GB 56, 10/95 RE-GB 28) erstmals in den Charts auf. »Keep On Jumpin'« war im Original die B-Seite der US-Version des Titels »In The Bush« der Gruppe Musique. Die A-Seite erreichte gerade mal Ende 1978 Platz 58 in den USA. Von der B-Seite sprach kein Mensch. Todd Terry machte 1993 eine erste Coverversion und hinterließ damit keine Spuren. Die Gruppe Lisa Marie Experience hatte die Version von Todd Terry gehört, machte davon wiederum eine Coverversion und stand damit im April 1996 auf Platz 7 in GB. Jetzt juckte es Terry wieder, die Nummer erneut zu veröffentlichen. Gesungen wurde sie von Martha Wash und Jocelyn Brown. Auch auf »Something Goin' On« sangen Wash & Brown. Der Song stammte aus dem Album »Ready For A New Day«, das im Juli 1997 erschien. Als Mixer war Todd verantwortlich für Hits von den Cardigans, Jamiroquai oder Lightning Seeds. »It's Over Love« (12/97 GB 16) wurde von Shannon gesungen, »Ready For A New Day« (4/98 GB 20) wieder von Martha Wash.

Keep On Jumpin' (7/96 GB 8)
Something Goin' On (7/97 GB 5)
Dance

Tesla

FRANK HANNON v, g, key (USA, * 3. 10. 1966 in Sacramanto/Kalifornien), JEFF KEITH v (USA, * 12. 10. 1958 in Texarcana/Arkansas), TROY LUCCKETTA d (USA, * 5. 10. 1959 in Lodi/Kalifornien), TOMMY SKEOCH v, g (USA, * 5. 2. 1962 in Santa Monica/Kalifornien), BRIAN WHEAT v, b (USA, * 11. 5. 1962 in Sacramanto/Kalifornien)

Die aus Sacramento stammende Band hatte mit »Little Susie« im Frühjahr 1987 ihre erste Hitnotierung in den USA. Ihren Namen leiteten sie von Nikola Tesla ab, der als Mitentwickler der drahtlosen Nachrichtenübermittlung gilt. Der »Love Song« wurde von der zweiten LP als Single ausgekoppelt. Am 2. 7. 1990 nahmen

sie im Trocadero in Philadelphia ein Album auf, das sie »Five Man Acoustical Jam« nannten. Der Titel lehnte sich an die kanadische Gruppe Five Man Electrical Band an, die Mitte 1971 den Millionseller »Signs« in den US-Charts hatte. Genau dieses »Signs« erschien nun Anfang 1991 als Single von Tesla auf dem Markt. Tesla kann sich rühmen, mit dieser Platte zu denjenigen zu gehören, die die Unplugged-Welle auslösten. Anfang 1995 feuerte die Band Tommy Skeoch. Grund für diesen Schritt seien ›diverse Meinungsverschiedenheiten und gesundheitliche Probleme‹ – danach trennte sich die Gruppe. Ihre erfolgreichsten Alben waren »Mechanical Resonance« (1/87 US-LP 32), »The Great Radio Controversy« (2/89 US-LP 18, GB-LP 34), »Five Men Acoustical Jam« (12/90 US-LP 12), »Psychotic Supper« (9/91 US-LP 13) und »Bust A Nut« (9/94 US-LP 20).
2001 kamen Tesla in der Originalbesetzung wieder zusammen und veröffentlichten die Doppel-CD »RePlugged Live«.

Love Song (9/89 US 10)
Signs (1/91 US 8)
Hard Rock, Soft Rock

Tex, Joe

JOE TEX v (USA, * 8. 8. 1933 als Joseph Arrington in Rogers/Texas, † 13. 8. 1982)
Im berühmten Apollo Theater gewann Joe Tex 1954 einen Nachwuchswettbewerb. Schon 1955 veröffentlichte er seine ersten Platten, aber erst ab 1964 war er erfolgreich. Ende jenes Jahres stand »Hold What You've Got« erstmals in den US-Charts. 1967 kam er mit dem Millionseller »Skinny Legs And All«. Wieder vergingen einige Jahre, bis er erneut mit einem Millionseller zuschlug: »I Gotcha«. Und um den Rhythmus zu halten: »Ain't Gonna Bump No More (With No Big Fat Woman)« (4/77 US 12, 7/77 D 25) wurde wieder ein Millionseller. Sein erfolgreichstes Album war »I Gotcha« (4/72 US-LP 17). Schon 1972 hatte er seinen Namen in Joseph Hazziez umgewandelt und war zum Islam übergetreten. Er starb nach einem Herzinfarkt.

Hold What You've Got (12/64 US 5)
Skinny Legs And All (10/67 US 10)
I Gotcha (1/72 US 2)
Ain't Gonna Bump No More (With No Big Fat Woman) (4/77 GB 2)
Soul

Texas

EDDIE CAMPBELL key (Großbritannien, in Schottland), RICHARD HYND d (Großbritannien, in Schottland), STUART KERR d (Großbritannien, * 16. 3. 1963 in Schottland), JOHN MCELHONE b (Großbritannien, * 21. 4. 1963 in Schottland), ALISTAIR MCERLAINE g (Großbritannien, * 31. 10. 1968 in Schottland), SHARLENE SPITERI v, g (Großbritannien, * 7. 11. 1967 in Schottland)
Nach der ersten Platte dieser Formation aus Glasgow überschlugen sich die Kritiker und feierten sie als Sensation. Die vier – Spiteri, McElhone, McErlaine und Kerr – brachten eine gekonnte Mischung aus Slide-Gitarrensound, Bluesklängen, Countryzitaten und Südstaatenrock. Gegründet worden war Texas 1987. Das erste Album »Southside« (3/89 GB-LP 3) war vielversprechend, kam in den USA jedoch nur knapp unter die ersten 100. Auch ansonsten hätte man bei dieser Art Musik mit mehr Erfolg in den USA gerechnet. »Tired Of Being Alone« (4/92 GB 19) war das Remake eines Al-Green-Hits aus dem Jahr 1971. 1991 war das Album »Mother's Heaven« (10/91 GB-LP 32) erschienen, dann »Rick's Road« (11/93 GB-LP 18). »So Called Friend« (9/93 GB 30) und »So In Love With You« (2/94 GB 28) waren Auskopplungen aus »Rick's

Road«. »Say What You Want« wurde die erste Single aus dem Album »White On Blonde« (2/97 GB-LP 1). Musikalisch war die Platte unendlich vielfältig. Häufiger hatte man das Gefühl, den einen oder anderen Song schon mal gehört zu haben. Sharleen Spiteri zu diesem Album: ›Dies ist eine moderne Soul-Platte.‹ »Black Eyed Boy« wurde von ihrer Plattenfirma jedenfalls als ›gefälliger Pop im Gewand der Sixties‹ bezeichnet. Die Nummer »Say What You Want« stieg im März 1998 erneut in die GB-Charts ein – diesmal wirkten neben Texas noch der Wu-Tang Clan mit. Zu einem großen Hit sollte sich »Summer Son« entwickeln, nachdem Giorgio Moroder die Nummer gemixt hatte. »The Hush« (5/99 GB-LP 1, 5/99 D-LP 7) war auch erstmals in Deutschland hoch in den LP-Charts. Im Oktober 2000 erschien das Album »Greatest Hits« (11/00 GB-LP 1), auf dem neben den Erfolgstiteln auch vier neue Stücke zu hören waren. Dazu gehörte »In Demand«. Es folgte »Inner Smile« (2/01 D 36).

I Don't Want A Lover (2/89 GB 8)
Say What You Want (1/97 GB 3)
Halo (4/97 GB 10)
Black Eyed Boy (8/97 GB 5)
Put Your Arms Around Me (11/97 GB 10)
Say What You Want/Insane (3/98 GB 4)
In Our Lifetime (5/99 GB 4)
Summer Son (8/99 D 3, GB 5)
In Demand (10/00 GB 6)
Inner Smile (1/01 GB 6)
AOR (Adult Orientated Rock), Blues, Southern Rock

The Verve

RICHARD ASHCROFT v, g (Großbritannien, * 11. 9. 1971 in Wigan), SIMON JONES b (Großbritannien, in Wigan), NICK MCCABE g (Großbritannien, * 14. 7. 1971 in Wigan), PETER SALISBURY d (Großbritannien, in Wigan), SIMON TONG g (Großbritannien)

Verve formierte sich 1990 aus vier Schülern in Wigan in der Nähe von Manchester. 1991 unterschrieben sie einen Vertrag bei einem Indie-Label und veröffentlichten im März 1992 die EP »All In The Mind/One Way To Go/A Man Called Sun«. Nach »She's A Superstar« (7/92 GB 66), »Blue« (5/93 GB 69), »This Is Music« (5/95 GB 35), »On Your Own« (6/95 GB 28) und »History« (9/95 GB 24) und den Alben »A Storm In Heaven« (7/93 GB-LP 27) und »A Northern Soul« (7/95 GB-LP 13) war Verve gerade an der Schwelle zum großen Erfolg, als der exzentrische Frontmann Ashcroft die Band 1995 auflöste. Das war zu einem Zeitpunkt, als Verve gerade eine Tour als Vorgruppe von Oasis hinter sich gebracht hatten. 1997 kam die Gruppe wieder zurück und war mit »Bitter Sweet Symphony« (7/97 D 37, 3/98 US 12) erfolgreicher als je zuvor. Als fünften Mann hatte man den Rhythmusgitarristen Simon Tong hinzugenommen. »The Drugs Don't Work« stieg gar am 13. 9. 1997 auf Platz 1 der Charts ein. Aus Verve war übrigens 1993 The Verve geworden, weil die US-Plattenfirma Verve nach einer erfolgreichen Klage die Namensänderung erzwungen hatte – die haben Probleme. Für Kinder ist die Musik von The Verve laut Sänger Ashcroft nicht geeignet, da sich die Songs der Formation mit dem Verlust der Unschuld beschäftigen und man sich seiner Meinung nach darum als junger Mensch nicht kümmern soll. Stattdessen sollte man lieber vom großen Glück träumen. Ihr erfolgreichstes Album wurde »Urban Hymns« (10/97 GB-LP 1). Im Frühjahr 1999 wurde bekannt, dass sich Ashcroft von der Band getrennt hatte und bereits an einem Soloalbum arbeitete, wie auch die anderen Mitglieder.

Bitter Sweet Symphony (6/97 GB 2)
The Drugs Don't Work (9/97 GB 1)
Lucky Man (12/97 GB 7)
Britpop, Psychedelic

Siehe auch: Ashcroft, Richard

Them

JIM ARMSTRONG g (Irland, * 24. 7. 1944), JOE BALDI g (Irland), PETER BARDENS key (Großbritannien, * 19. 6. 1945 in Westminster, † 22. 1. 2002), RAY ELLIOTT sax, p (Irland, * 13. 9. 1943), BILLY HARRISON g (Großbritannien, * 14. 10. 1942 in Belfast), DAVE HARVEY d (Irland), ALAN HENDERSON b (Großbritannien, * 26. 11. 1944 in Belfast), PAT JOHN MCAULEY d (Großbritannien, * 17. 3. 1944 in Coleraine/Nordirland), JACK MCAULEY key (Großbritannien, * 14. 12. 1946 in Coleraine/Nordirland), KEN MCDOWELL v (Irland), RONNIE MILLINGS d (Irland), VAN MORRISON v, sax (Großbritannien, * 31. 8. 1945 als George Ivan Morrison in Belfast), TERRY NOONE d (Irland), JOHN WILSON d (Irland, * 6. 11. 1947), ERIC WRIXEN p (Irland)

Diese Rhythm-&-Blues-Gruppe wurde 1963 in Belfast, Nordirland, gegründet. Zu diesem Zeitpunkt waren Morrison, Wrixen, Harrison, Henderson und Millings die Mitglieder dieser Formation. Im Laufe der nächsten Jahre sollte sich die Besetzung so oft ändern, dass es heute nur noch schwer nachzuvollziehen ist, welcher der oben genannten Musiker wann mitgespielt hat. Die erste Singleveröffentlichung war eine Neuaufnahme von Slim Harpos »Don't Start Crying Now«. Nachfolger war »Baby Please Don't Go«, im Original von Big Joe Williams. »Here Comes The Night« hatte Bert Berns geschrieben, der Morrison auch später in die USA lockte. Berns hatte seit Anfang der 60er Jahre als Songschreiber Erfolg. Darunter waren Titel wie »Twist And Shout« mit den Isley Brothers/Beatles oder »Hang On Sloopy« für die McCoys. Von seinem verdienten Geld hatte er die Plattenfirma Bang gegründet, auf der die McCoys, Neil Diamond und später auch Van Morrison ihre Platten veröffentlichten. Nach »Here Comes The Night« kamen weitere Singles, so z. B. der Morrison-Titel »Gloria«, der im Frühjahr 1965 in die amerikanischen Charts kam und heute zum Markenzeichen von Them geworden ist. Anfang 1966 hatte die US-Garagenband Shadows Of Knight damit einen Top-10-Erfolg in den USA. Nachdem diese Coverversion in den USA so erfolgreich wurde, trennte sich Van Morrison von Them und ging zu Berns nach Amerika. Mitte 1967 erschien auf Bang Records der US-Top-10-Erfolg »Brown Eyed Girl«, der erste Singlehit des Solisten Van Morrison. Es folgten weitere Besetzungen von Them, deren Sänger Ken McDowell Van Morrison jedoch nicht das Wasser reichen konnte. In Deutschland wurde der bekannteste Titel die Nummer »It's All Over Now Baby Blue«, eine Komposition von Bob Dylan, die im Februar 1974 bis auf Platz 13 kam. Sie war vorher als Hintergrundmelodie in dem TV-Krimi ›Die Rocker‹ gelaufen. Obwohl es die Band über viele Jahre nicht konstant gab, hielt Billy Harrison immer Kontakt zu den ehemaligen Mitgliedern. 1978 versuchte Harrison noch einmal ein Comeback mit diversen Musikern als Them, das jedoch nichts brachte. Auch in den 90er Jahren war Them hin und wieder auf Tournee. 1996 spielten sie auch in Deutschland. Aus den 60er Jahren waren noch Wrixen und Armstrong dabei. Die Schreibweise des Mitspielers Wrixen wechselte von Platte zu Platte, von einer Presseveröffentlichung zur nächsten. So liest man auch Wrixon, Wiksen oder Wicksen.

Baby Please Don't Go (1/65 GB 10)
Here Comes The Night (3/65 GB 2)
Pop, Rhythm & Blues

Siehe auch: Morrison, Van

Therapy?

ANDY CAIRNS v, g (Irland, * 22. 9. 1965 als Andrew James in Antrim), FYFE EWING d (Irland), GRAHAM HOPKINS d (Irland, * 20. 12. 1975 in Dublin), MICHAEL

McKEEGAN b (Großbritannien, * 25. 3. 1971 in Belfast)
Das Trio wurde 1989 in Belfast/Nordirland gegründet. Im darauf folgenden Jahr veröffentlichten Therapy? auf ihrem eigenen Label Multifuckingnational die erste Single »Meat Abstract«. Danach unterschrieben sie einen Plattenvertrag, und es erschienen die beiden Minialben »Babyteeth« und »Pleasure Death«. 1992 erhielten sie dann einen Vertrag von A&M Records und es kam ihr Debütalbum »Nurse« auf den Markt, das es in den LP-Charts bis auf Platz 38 brachte. Im März 1993 dann »Shortsharpshock (EP)«, ihr erster Top-10-Hit. »Face The Strange (EP)« (6/93 GB 18), »Opal Mantra« (8/93 GB 13) und »Nowhere/Pantapon Rose/ Breaking The Law/C.C. Rider« (1/94 GB 18) waren die nächsten Top-20-Hit. 1994 brachte Therapy? das Album »Troublegum« (2/94 GB-LP 5) auf den Markt. Daraus wurden die EP's »Trigger Inside« (2/94 GB 22) und »Die Laughing« (5/94 GB 29) ausgekoppelt. Mitte 1995 kam das Album »Infernal Love« (6/95 GB-LP 9). Und auch daraus setzte es wieder etliche Singleauskopplungen: »Stories« (6/95 GB 14), »Loose« (7/95 GB 25) und »Diana« (11/95 GB 26). Für den Rummel, der um diese Gruppe gemacht wurde, sind die angesprochenen Positionen in den GB-Charts eigentlich zu schlecht. Positionen nicht unter den ersten 10 gelten in GB schon fast als Flop – vor allem, wenn man beobachtet, wie schnell Platten in die Charts kommen und wie schnell sie wieder draußen sind. Ewing verließ die Band im Januar 1996 und wurde durch Hopkins ersetzt. Es kamen noch die Top-40-Hits »Church Of Moise« (3/98 GB 29) und »Lonely, Cryin', Only« (5/98 GB 32) – dann wurde es still um die Band.

Shortsharpshock (EP) (3/93 GB 9)
Grunge, Pop

They Might Be Giants

BRIAN DOHERTY d (USA, * 2. 7. 1962 in Brooklyn/New York City), JOHN FLANSBURGH v, g (USA, * 6. 5. 1960 in Boston), JOHN LINNELL v,acc (USA, * 12. 6. 1959 in New York City), TONY MAINMONE b (USA, * 7. 9. 1952 in Cleveland/Ohio)
1988 wurden Flansburgh und Linnell von der amerikanischen Zeitschrift ›Esquire‹ zu den einflussreichsten Amerikanern im Musikbusiness gezählt. Niedergeschlagen hat sich das in der amerikanischen Hitparade zumindest nicht. Im Frühjahr 1990 stand »Birdhouse In Your Soul« auf Platz 6 nicht der amerikanischen, sondern der britischen Hitparade. Auch der Nachfolger »Istanbul (Not Constantinople)« schaffte nur den Einstieg in die GB-, nicht aber in die US-Charts. 1986 hatte dieses Duo, das anfangs eine kleine Fangemeinde in New York um sich scharte, eine selbst produzierte und vertriebene Kassette veröffentlicht. Das ebnete ihnen den Weg zu einem Independent-Label. Anfang 1988 sorgte MTV dafür, dass das Video zu »Don't Let's Start« sie über die Grenzen von New York hinaus bekannt machte. Möglich, dass die ironische und skurrile Musik der beiden in den USA eben nur für die College-Charts interessant war. Anfang 1992 erschien das Album »Apollo 18«, auf dem 20 extrem kurze Stücke ohne Titel zu finden waren. 1993 kamen als neue Mitglieder Mainmone und Doherty, erst nur für eine Tournee, dann permanent zur Band. Ende 1994 wurde das Album »John Henry« veröffentlicht. Ihr erfolgreichstes Album blieb »Flood« (4/90 GB-LP 14).

Birdhouse In Your Soul (3/90 GB 6)
Pop, Punk

Thin Lizzy

ERIC BELL g (Großbritannien, * 3. 9. 1947 in Belfast), BRIAN DOWNEY d (Irland,

* 27. 1. 1951 in Dublin), SCOTT GORHAM g (USA, * 17. 3. 1951 in Santa Monica/ Kalifornien), PHIL LYNOTT v, b (Irland, * 20. 8. 1951 in Dublin, † 4. 1. 1986), GARY MOORE g (Großbritannien, * 4. 4. 1952 als Robert William Gary Moore in Belfast), BRIAN ROBERTSON v (Großbritannien, * 12. 9. 1956 in Glasgow), JOHN SYKES g (Irland, * 29. 7. 1959), DARREN WHARTON key (Irland), SNOWY WHITE v, g, computer (Irland, * 3. 3. 1950)
Die Band wurde 1969 in Dublin, Irland, von Phil Lynott, Sohn brasilianisch-irischer Eltern, gegründet. Mitstreiter wurden Downey und Bell. 1970 erhielten sie einen Plattenvertrag, und die ersten beiden LPs waren nicht sonderlich erfolgreich. 1974 verließ Bell die Band, für ihn kam Gary Moore, der jedoch schon vier Monate später kurz durch Andy Gee und John Cann ersetzt wurde, bevor als feste Mitglieder Robertson und Gorham kamen. Anfang 1977 wurde Robertson aufgefordert, die Band zu verlassen. Noch einmal kam kurzfristig Gary Moore dazu und half aus, bis Robertson sich wieder erholt hatte. Dieses Spiel wiederholte sich 1978 noch einmal, bis Robertson schließlich zu Wild Horses ging und Moore mit Hilfe von Lynott die Single »Parisian Walkways« Mitte 1979 bis auf Platz 8 in GB brachte. Eigentlich hätte es eine Lynott-Soloplatte sein müssen, denn er singt, und Moore spielt Gitarre. Auch in den nächsten Jahren wechselte die Besetzung recht häufig. Konstante war immer Phil Lynott. Erst im August 1983 löste Lynott Thin Lizzy endgültig auf. Lynott starb 1986 an Leberversagen.
Die erfolgreichsten Alben der Band waren »Jailbreak« (4/76 GB-LP 10, US-LP 18), »Johnny The Fox« (11/76 GB-LP 11), »Bad Reputation« (9/77 US-LP 39, 10/77 GB-LP 4), »Live And Dangerous« (6/78 GB-LP 2), »Black Rose (A Rock Legend)« (5/79 GB-LP 2), »Chinatown« (10/80 GB-LP 7), »Adventures Of Thin Lizzy« (4/81 GB-LP 6), »Thunder And Lightning« (3/83 GB-LP 4), »Dedication – The Very Best Of Thin Lizzy« (2/91 GB-LP 8) und »Wild One – The Very Best Of Thin Lizzy« (1/96 GB-LP 18).

Whisky In The Jar (1/73 GB 6; 3/73 D 7)
The Boys Are Back In Town (5/76 GB 8)
Waiting For An Alibi (3/79 GB 9)
Killer On The Loose (9/80 GB 10)
Pop, Rock

Third Eye Blind

KEVIN CADOGAN g (USA), BRAD HARGREAVES d (USA), STEPHEN JENKINS v, g (USA), ARION SALAZAR b (USA), ERIC VALENTINE key (USA)
Diese Gitarrenrockgruppe, deren Sound zwischen R.E.M. und Oasis angesiedelt ist, kam 1994 in San Francisco zusammen. 1996 wurde die Gruppe in den USA bekannt, als sie Oasis und James auf ihren US-Tours begleitete. Kopf der Gruppe ist Stephen Jenkins, der die Leadstimme singt und außerdem den Hit »Semi-Charmed Life« im Alleingang geschrieben hat. Im Herbst 1997 spielte die Band als Vorgruppe zu den Rolling Stones und U2 in den USA. »How's Going To Be« (3/98 GB 51) stieg in den britischen Charts in den unteren Bereich ein. Ihr Debütalbum »Third Eye Blind« (4/97 US-LP 25) wurde mit sechsfach Platin ausgezeichnet. Es folgte »Blue« (12/99 US-LP 40).

Semi-Charmed Life (7/97 US 4)
How's It Going To Be (12/97 US 9)
Jumper (9/98 US 5)
Rock

3. Generation

DARKO LADIC rap (Deutschland, * 25. 11. 1975 in Kroatien), TOLGA OLMEZ rap (Deutschland, * 31. 1. 1979 in Berlin),

JULIAN STREHLE rap (Deutschland, * 30. 8. 1980 in Berlin)
Die drei wurden bei einem Freestyle-Wettbewerb in Berlin entdeckt. Erstmals tauchten sie mit »Vater wo bist Du?« in den Hitparaden auf. Danach erschienen in den Top 40 »Halt's Maul« (4/99 D 17), »Du bist der Sommer« (7/99 D 33) und »Leb!«, der Titelsong aus dem TV-Renner »Big Brother«. Ende der 90er Jahre wurde der Erfolg der 3. Generation dadurch begünstigt, dass sich HipHop und Rap auf dem Höhepunkt des Erfolges befanden. Die 3. Generation rappte in der Sprache der Straße und war laut Meinung ihrer Plattenfirma ehrlich, authentisch und mitten im Leben. Darin befanden sich wohl eher Thorsten Brötzmann, Tim Brettschneider und Alex Geringas – die drei haben alle Titel für die 3. Generation geschrieben. So viel zur Aussagekraft der 3. Generation. Dann ging's »Der Sonne entgegen« (4/01 D 36).

Vater wo bist Du? (11/98 D 7)
Leb! (4/00 D 1)
Ich will, dass du mich liebst (11/00 D 6)
HipHop, Rap

Third World

K. MICHAEL »IBO« COOPER v, g, key (Jamaika), STEPHEN H. »CAT« COORE v, g, b (Jamaika), RICHARD »BASSHEART« DALEY b (Jamaika), MILTON HAMILTON v, g (Jamaika), IRVIN »CARROTT« JARRETT per (Jamaika), CORNELL MARSHALL d (Jamaika), BUNNY RUGS v, g (Jamaika als William Clarke), WILLIAM JOHN LEE »ROOT« STEWART d (Jamaika, * 15. 2. 1953)
Third World wurde Mitte 1973 auf Jamaika gegründet und kam zwei Jahre später nach GB. Dort erhielten sie einen Plattenvertrag bei Island Records, die auch Bob Marley & The Wailers unter Vertrag hatten. »Now That We Found Love« (3/85 RE-GB 22) war im Original ein Titel der O'Jays und wurde in den USA die einzige Hitnotierung der Band, Platz 47. Nach »Dancing On The Floor (Hooked On Love)« folgte nichts Neues mehr in den Hitparaden.

Now That We Found Love (9/78 GB 10)
Dancing On The Floor (Hooked On Love) (6/81 GB 10)
Reggae

38 Special

DON BARNES v, g (USA, * 3. 12. 1952), STEVE BROOKINS d (USA, * 2. 6. 1951), BOBBY CAPPS key (USA), MAX CARL v, key, JEFF CARLISI g (USA, * 15. 7. 1952), DANNY CHAUNCEY v, g, JACK GRONDIN d (* 3. 10. 1951), LARRY JUNSTROM b (USA, * 22. 6. 1949), KEN LYONS b, GARY MOFFIT d (USA), DONNIE VAN ZANT v, g (USA, * 11. 6. 1952)
Die aus Florida stammende Rockgruppe wurde im Sommer 1975 durch den jüngeren Bruder von Ronnie van Zant, Donnie, gegründet. Das erste Album der Band erschien 1977. An den meisten der frühen Hits hatte Jim Peterik von der Gruppe Survivor mitgeschrieben. Noch bevor es mit »Rockin' Into The Night« (2/80 US 43) zur ersten Hitnotierung kam, wurde Lyons durch Junstrom ersetzt. »Caught Up In You« war im Frühjahr 1982 der erste Top-10-Erfolg der Band. »If I'd Been The One« (11/83 US 19), »Back Where You Belong« (2/84 US 20), »Teacher Teacher« (9/84 US 25) aus dem Film »Teachers« mit Nick Nolte und »Like No Other Night« (5/86 US 14) waren weitere nennenswerte Hits der Band. 1988 gingen Barnes und Brookins, und für sie kamen Chancey und Carl. »Second Chance« hieß der zweite Top-10-Hit der Band Anfang 1989. Ihre letzte Hitnotierung hatten sie Mitte 1991 mit »The Sound Of Your Voice«. 1992 kehrte Barnes zurück, und Carl verließ die Band

wieder. Mitte 1997 erschien das Album »Resolution«. Neben van Zant, Barnes, Chauncey und Junstrom spielten als neue Mitglieder Moffit und Capps.
Die erfolgreichsten Alben der Formation waren »Wild-Eyed Southern Boys« (2/81 US-LP 18), »Special Forces« (5/82 US-LP 10), »Tour De Force« (2/83 US-LP 22), »Strength In Numbers« (5/86 US-LP 17) und »Flashback« (8/87 US-LP 35).

Caught Up In You (5/82 US 10)
Second Chance (2/89 US 6)
Southern Rock

Thomas, B. J.

B. J. THOMAS v (USA, * 7. 8. 1942 als Billy Joe Thomas in Hugo/Oklahoma)
Thomas begann noch als Schüler bei der Gruppe Triumphs, mit der er im Frühjahr 1966 den US-Top-10-Hit »I'm So Lonesome I Could Cry« hatte. Nach drei weiteren Hitnotierungen sang er als Solist. »Hooked On A Feeling« wurde ein Millionseller, »Raindrops Keep Fallin' On My Head« stammte aus dem Film »Butch Cassidy And The Sundance Kid«. »(Hey Won't You Play) Another Somebody Done Somebody Wrong Song« schien die richtige Platte zu sein, um sich in der Kneipe bei Liebeskummer einen reinzuziehen. Nach 1976 verlegte sich Thomas mehr auf die Gebiete Country und Gospel. So gelangen ihm z. B. mit »Whatever Happened To Old Fashioned Love« und »New Looks From An Old Lover« 1983 zwei Spitzenpositionen in den C&W-Charts. Bemerkenswert auch der Titel »Rock & Roll Shoes«, der im Herbst 1984 in den Top 20 der C&W-Charts stand und den er im Duett mit Ray Charles sang. Sein erfolgreichstes Album hieß ebenfalls »Raindrops Keep Fallin' On My Head« (1/70 US-LP 12).

I'm So Lonesome I Could Cry (9/66 US 8)
Hooked On A Feeling (11/68 US 5)
Raindrops Keep Fallin' On My Head (11/69 US 1)
I Just Can't Help Believing (6/70 US 9)
(Hey Won't You Play) Another Somebody Done Somebody Wrong Song (2/75 US 1)
Pop, Soft Pop

Thomas, Dante

DANTE THOMAS v (USA, * 7. 1. 1978 in Salt Lake City/Utah)
Dante versuchte in New York City sein Glück – Rückschläge zwangen ihn jedoch immer wieder, nach Utah zurückzukehren. Er wollte es schon aufgeben, aber sein Manager ließ nicht locker. Dann fiel Pras Michael ein Demotape von Dante in die Hände – und der war so begeistert, dass er mit ihm sofort das Album »Fly« aufnahm. Bei der ersten Auskopplung »Miss California« (9/01 GB 25) machte Pras auch gleich als Gast mit. So etwas kann schon hilfreich sein. Für Februar 2002 wurde mit »Guilty« (2/02 D 28) eine Coverversion des Barbra Streisand/Barry Gibb-Titels angekündigt. Dieses Duett nahm er mit der aus der Ukraine stammenden und in Essen wohnenden Inessa auf. Produziert wurde das wieder von Pras.

Miss California (6/01 D 1)
Rhythm & Blues

Thomas, Evelyn

EVELYN THOMAS v (USA, * 22. 8. 1953 in Chicago/Illinois)
Evelyn hatte mit »Weak Spot« (1/76 GB 26) ihre erste Hitnotierung. Mit 19 war Evelyn Thomas eine in den USA gefragte Gospel- und Jazzsängerin. 1975 traf sie mit dem amerikanischen Produzenten Danny Leake sowie dessen Londoner Kollegen Ian Levine zusammen. Das Ergebnis war der erste Hit. Nachdem keine weiteren Erfolge mehr gelangen, zog sie sich

1979 zurück. Vier Jahre später erinnerte sich Levine, der nun mit einem neuen englischen Plattenlabel kooperierte, an die stimmgewaltige Sängerin und lud Evelyn nach GB ein, um dort einige Demos zu produzieren. Heraus kam die Diskonummer »High Energy«. Nach »Masquerade« (9/84 D 33) zog sie sich erneut aus dem Geschäft zurück.

High Energy (4/84 GB 5; 7/84 D 1)
Dance, Disko

Thomas, Kenny

KENNY THOMAS (Großbritannien, * 12. 9. 1968 in Hackney/London)
Kenny, halb Spanier und halb Engländer, wuchs in Las Palmas auf. Als Teenager kehrte er nach London zurück und interessierte sich vor allem für die Musik von Stevie Wonder, Roy Ayers oder Earth, Wind & Fire. Seine Debütsingle »Outstandig« (1/91 GB 12) war die Coverversion eines Gap-Band-Hits. »Best Of You« (10/91 GB 11) hieß seine dritte Single. Nachdem 1991 abgelaufen war, gehörte Kenny zu den elf erfolgreichsten Künstlern des Jahres. Es folgten »Tender Love« (11/91 GB 26), »Stay« (7/93 GB 22), »Trippin' On Your Love« (9/93 GB 17), »Piece By Piece« (11/93 GB 36) und »When I Think Of You« (9/95 GB 27). Seine erfolgreichsten Alben waren »Voices« (10/91 GB-LP 3) und »Wait For Me« (9/93 GB-LP 10).

Thinking About Your Love (6/91 GB 4)
Dance

Thomas, Nicky

NICKY THOMAS (Jamaika)
Nicky gelang mit der Nummer »Love Of The Common People« Mitte 1970 Platz 9 in GB. 1983 sollte die Version von Paul Young Platz 2 erreichen. Einen Nachfolgehit schaffte Thomas nicht. Im Original wurde das Stück von den Four Preps gesungen.

Love Of The Common People (6/70 GB 9)
One Hit Wonder, Reggae

Thomas, Peter

PETER THOMAS (Deutschland, * 1. 12. 1925 in Breslau)
Peter Thomas war mit seinem Sound-Orchester verantwortlich für viele TV-Melodien. Seine erste Hitnotierung hatte er mit der Nummer »Melissa«, die den gleichnamigen Francis-Durbridge-Krimi untermalte. Das war im Frühjahr 1966 – zu der Zeit, als Durbridge-Krimis noch echte Straßenfeger waren. Seine zweite Hitnotierung war »Raumpatrouille« (1/67 D 27). Bei Wiederholungen dieser deutschen Weltraumsaga wirkt sie schon wieder so naiv, dass man sie lieben muss. Sie hat alles, was eine Kultsendung ausmacht. Eine Dance-Version von »Raumpatrouille« kam mit der Formation Kosmonova Anfang 1997 in die deutschen Charts. Peter schrieb auch die Nummer »Du lebst in deiner Welt (Highlights Of My Dreams)«, die einer der Hits des Jahres 1972 war und durch Daisy Door gesungen wurde.

Melissa (2/66 D 4)
Instrumental

Thomas, Rufus

RUFUS THOMAS v, dj (USA, * 26. 3. 1917 in Cayce/Mississippi, † 15. 12. 2001)
Der Rhythm-&-Bluessänger, Songschreiber, Tanzerfinder und Discjockey begann seine Karriere als Mitglied der Rabbit Foot Minstrels im Jahr 1935. Als Solist machte er seine ersten Platten 1950. Auf dem Sun-Label hatte er mit der Nummer »Bear Cat« 1953 seinen ersten Erfolg in den

Rhythm-&-Blues-Charts. Es handelte sich bei diesem Lied um einen Antwortsong auf Big Mama Thorntons »Hound Dog«. Sein größter Pophit war »Walking The Dog«. »Do The Funky Chicken« (2/70 US 28, 4/70 GB 18), »(Do The) Push And Pull Part I« (12/70 US 25) und »The Breakdown (Part I)« (8/71 US 31) waren weitere Notierungen. Von 1953 bis 1974 arbeitete er als Diskjockey bei einer Rundfunkstation in Memphis. Seine Tochter ist die Soulsängerin Carla Thomas. Platten von Rufus erschienen bis in die 90er Jahre. In den 80ern machte er auch rap- und bluesorientierte Aufnahmen. 1992 erschien mit »Timeless Funk« eine erstaunlich gute, neue Produktion von Thomas. Er starb an Herzversagen.

Walking The Dog (10/63 US 10)
Funk, Rhythm & Blues, Soul

Thomas, Timmy

TIMMY THOMAS v, p (USA, * 13. 11. 1944 in Evansville/Indiana)
Der Sänger, Tastenspieler und Songschreiber spielte zusammen mit Donald Byrd und Cannonball Adderley, bevor er Studiomusiker in Memphis wurde. 1970 ging Timmy Thomas nach Miami und arbeitete dort für Betty Wright, George und Gwen McCrae, Leif Garrett, Nicole und K.C. & The Sunshine Band. Die von ihm selbst geschriebene Nummer »Why Can't We Live Together« (2/73 GB 12, 4/73 D 28, 8/90 RE-D 26) wurde sein einziger Erfolg.

Why Can't We Live Together (11/72 US 3)
One Hit Wonder, Pop, Soul

Thompson, Chris

CHRIS THOMPSON v, g (Neuseeland, * 9. 3. 1948)
Der Sänger, Gitarrist und Songschreiber kam 1974 nach GB und wurde zwei Jahre später Mitglied bei Manfred Mann's Earthband. Seine Stimme war es, die Songs wie »Blinded By The Light« 1976 oder »Davy's On The Road Again« 1978 zu Hits machte. 1979 startete er seine eigene Gruppe Night, deren größte Single-Erfolge »Hot Summer Nights« (6/79 US 18) und »If You Remember Me« (8/79 US 17) waren. Nach zwei LPs machte er als Solist weiter, war aber auch wieder als Gastsänger bei Manfred Mann zu hören. Durch die 80er und bis in die 90er Jahre erschienen immer wieder Soloplatten von Chris. Lediglich in Deutschland gelang ihm mit der Titelmelodie zum Wimbledon-Tennisturnier 1989, »The Challenge (Face It)«, ein Top-10-Erfolg. Produziert hatte die Nummer Harold Faltermeyer. Den Erfolg hat Chris sicher auch der Tatsache zu verdanken, dass dieses Turnier in Wimbledon, das vom 26. 6. bis 9. 7. 1989 stattfand, für die Deutschen überdurchschnittlich gut ausging. Boris Becker schlug Stefan Edberg in drei Sätzen, Steffi Graf brauchte drei Sätze, um Martina Navratilova zu besiegen. Man kann sich also vorstellen, dass viele deutsche Zuschauer die Fernsehübertragungen sahen und deshalb den Titel von Thompson hörten. Im Frühjahr 1991 hatte er mit der Titelmelodie aus der ARD-Serie »Jolly Joker« (4/91 D 40) noch einen Hit. Als Studiomusiker ist Chris auf Platten von Elton John, den Doobie Brothers, Def Leppard, Robbie Neville oder Frankie Goes To Hollywood zu hören. Als Songautor schrieb er mit anderen die Nummer »You're The Voice«, mit der John Farnham einen Hit hatte.

The Challenge (Face It) (7/89 D 5)
AOR (Adult Orientated Rock), Pop

Siehe auch: Manfred Mann

Thompson Twins

TOM BAILEY v, syn (Großbritannien, * 18. 6. 1956 in Halifax/Yorkshire), CHRIS

BELL d, ALANNAH CURRIE per (Neuseeland, * 20. 9. 1957 in Auckland), PETER DODD g (Großbritannien, * 27. 10. 1953), JOE LEEWAY syn, conga (Großbritannien, * 15. 11. 1957 in Islington/London), JOHN ROOG g (Großbritannien), MATTHEW SELIGMAN b

In dem Cartoon ›Tin Tin‹ heißen zwei Figuren Thompson Twins. Nach ihnen benannten sich Bailey, Dodd und Roog, die 1977 diese Formation gründeten. 1978 nahmen sie als Schlagzeuger Chris Bell hinzu. Im Frühjahr 1980 erschien ihre erste Single »Squares And Triangles«, ein halbes Jahr später »She's In Love With Mystery«. Ab Ende 1980 traf sich Bailey häufig privat mit der aus Neuseeland stammenden Alannah Currie. Im Frühjahr 1981 erhielten die Thompson Twins einen Plattenvertrag bei einer Major Company und veröffentlichten »Perfect Game«. Im August desselben Jahres spielte Currie erstmals Percussion für die Band. Leeway, ein alter Freund aus Urtagen, der bisher Roadie für die Twins gewesen war, stand nun ebenfalls auf der Bühne, nachdem man ihm Bongos gekauft hatte. Im Herbst des Jahres erschien mit »Make Believe« eine nächste Single der Formation. Bassist Matthew Seligman wurde Anfang 1982 in die Gruppe aufgenommen. Zwei Monate später erschien die LP »Set«, die in GB die Top 50 erreichte. »In The Name Of Love« von dieser LP wurde in den USA ein Platz 1 in den Dance-Charts. Manager Hadd kam zu dem Ergebnis, dass die Band überbesetzt war. Bell, Dodd, Seligman und Roog wurden rausgeschmissen, und übrig blieb das Trio Bailey, Leeway, Currie. Im Mai desselben Jahres erschien »Runaway«, im Oktober »Lies« (11/82 GB 67, 1/83 US 30). Ende 1986 verließ Leeway das Trio. Platten des jetzt noch bestehenden Duos erreichten nicht mehr die Charts. 1988 bekamen Bailey und Currie ihr erstes Kind. Für Deborah Harry schrieben sie den Titel »I Want That Man«, der 1989 unter die ersten 20 in GB kam. Ebenfalls 1989 erschien das Album »Big Trash«, 1991 dann »Queer«. Bailey und Currie nahmen ab 1993 Platten als Babble auf. Im Oktober des Jahres erschien ihr erstes Album »The Stone«, auf dem als drittes Mitglied noch Keith Fernley zu hören ist.

Die erfolgreichsten Alben der Thompson Twins: »Quick Step And Side Kick« (2/83 GB-LP 2, US-LP 34), »Into The Gap« (2/84 GB-LP 1, 3/84 US-LP 10, D-LP 6) und »Here's To Future Days« (9/85 GB-LP 5, 10/85 US-LP 20).

Love On Your Side (1/83 GB 9)
We Are Detective (4/83 GB 7)
Hold Me Now (11/83 GB 4; 1/84 US 3, D 7)
Doctor! Doctor! (2/84 GB 3)
You Take Me Up (3/84 GB 2)
Lay Your Hands on Me (9/85 US 6)
King For A Day (1/86 US 8)
Elektro-Pop

Thorne, Ken

KEN THORNE key (Großbritannien, in Norwich)

Ken Thorne verließ 1950 das Vic Lewis Orchestra, um Kirchenorganist zu werden. 1963 hörte er die Musik zum Film »The Legion's Last Patrol«, geschrieben vom Italiener Nini Rosso. Schnell nahm er eine Coverversion auf, die schon fünf Tage nach der Produktion in den Läden stand, und hatte damit seinen einzigen Hit: »Theme From The Film ›The Legion's Last Patrol'«.

Theme From The Film ›The Legion's Last Patrol‹ (7/63 GB 4)
Instrumental, One Hit Wonder, Pop

Thornton, Melanie

MELANIE THORNTON v (USA, * 13. 5. 1967 in Charleston/South Carolina, † 24. 11. 2001)

Im Februar 1992 verschlug es sie aus den USA nach Deutschland. Hier hatte sie erste Erfolge in München, sang dann mit Groovin' Affairs und schließlich zusammen mit Donald Lane McCray Jr. im Projekt La Bouche. Im November 2000 erschien mit »Love How You Love Me« (11/00 D 15) ihre erste Solosingle. Einen Monat später kam ihr erstes Soloalbum – es hieß »Ready To Fly« (12/01 RE-D-LP 5). Melanie starb in der Nähe von Zürich bei einem Flugzeugabsturz. Sie saß in einer Maschine der Cross Air von Berlin nach Zürich. Das Flugzeug vom Typ Jumbolino Avro RJ100 war im Landeanflug in ein Waldstück bei Bassersdorf gestürzt. 24 der 33 Passagiere kamen ums Leben, darunter mit Nathaly van het Ende und Maria Serrano-Serrano auch zwei Mitglieder des Teenie-Trios Passion Fruit. »Wonderful Dream (Holidays Are Coming)« beinhaltete eine Weihnachtswerbemelodie von Coca-Cola.

Wonderful Dream (Holidays Are Coming) (12/01 D 3)
Dance, Pop

Siehe auch: La Bouche

Three Degrees

SHEILA FERGUSON v (USA, in Philadelphia/Pennsylvania), VALERIE HOLIDAY v (USA, in Boston), FAYETTE PINKNEY v (USA in Philadelphia/Pennsylvania), SHIRLEY PORTER v (USA), LINDA TURNER v (USA)

Bereits mit seiner ersten Single hatte das aus Philadelphia stammende Mädchentrio seine erste Hitnotierung: »Gee Baby (I'm Sorry)« (3/65 US 80). Im darauf folgenden Jahr wurden die Urmitglieder Turner und Porter durch Ferguson und Holiday ersetzt. Die weiteren Top-40-Hits, soweit sie nicht unter den ersten 10 waren und unten aufgeführt sind: »Maybe« (6/70 US 29), »Dirty Ol Man« (3/74 D 34), »Year Of Decision« (4/74 GB 13, 8/74 D 27) und »TSOP (The Sound Of Philadelphia)« (4/74 GB 22, 9/74 D 27), veröffentlicht unter dem Gruppennamen MFSB featuring The Three Degrees. Diese Platte war die Titelmelodie der erfolgreichen US-TV-Show ›Soul Train‹. Der Gesangsanteil der Three Degrees ist so groß, dass sie heute noch als Instrumentalplatte bezeichnet wird. Auf der anderen Seite half die Nummer, den Namen Three Degrees populär zu machen. Nach »When Will I See You Again« gelangen weitere Hits mit »Get Your Love Back« (11/74 GB 34, 1/75 D 26), »Take Good Care Of Yourself«, »Long Lost Lover« (7/75 GB 40), »Toast Of Love« (5/76 GB 36), »Givin' Up Givin' In« (10/78 GB 12), »Woman In Love«, »The Runner« und »My Simple Heart«. Letztmals wurden sie 1985 aufgeführt. Ihre erfolgreichsten Alben hießen »The Three Degrees« (8/74 GB-LP 12, 9/74 D-LP 31, 12/74 US-LP 28), »Take Good Care Of Yourself« (5/75 GB-LP 6), »A Collection Of Their 20 Greatest Hits« (3/79 GB-LP 8) und »Gold« (9/80 GB-LP 9).
In Deutschland hörte man von der Gruppe erst wieder, als sie 1993 zusammen mit Thomas Anders, einem Teil von Modern Talking, eine neue Version von »When Will I See You Again« (7/93 D 37) veröffentlichten. Inzwischen hatte sich das Trio in GB angesiedelt. Von den Ur-Mitgliedern war wohl niemand mehr mit dabei. Von Sheila Ferguson wurde bekannt, dass sie sich als Solistin versuchte, dann Schauspielerin wurde und schließlich Kochbücher schrieb.

TSOP (The Sound Of Philadelphia) (3/74 US 1; 5/74 D 5)
When Will I See You Again (7/74 GB 1; 9/74 US 2)
Take Good Care Of Yourself (4/75 GB 9)
Woman In Love (1/79 GB 3)
The Runner (3/79 GB 10)
My Simple Heart (11/79 GB 9)
Phillysound

Three Dog Night

MIKE ALLSUP g (USA, * 8. 3. 1947 in Modesto/Kalifornien), JIM GREENSPOON org (USA, * 7. 2. 1948 in Los Angeles/Kalifornien), JAY GRUSKA v (USA), DANNY HUTTON v (Irland, * 10. 9. 1942 in Buncrana), CHUCK NEGRON v (USA, * 8. 6. 1942 als Charles Negron in Bronx/New York City), JOE SCHERMIE b (USA, * 12. 2. 1945 in Madison/Wisconsin), FLOYD SNEED d (Kanada, * 22. 11. 1943 in Calgary), CORY WELLS v (USA, * 5. 2. 1942 in Buffalo/New York)

Die Formation kam 1968 in Los Angeles zusammen. Leadsänger wurde Danny Hutton, der vorher bereits als freier Produzent, Sessionsänger und als Solist gearbeitet hatte. Sein größter Soloerfolg war »Roses And Rainbows« und stand Ende 1965 unter den ersten 80 der US-Charts. Nachdem er sich erfolglos um einen Platz in der Retortengruppe Monkees beworben hatte, wurde er Gründer von Three Dog Night. Ende 1968 erhielten sie einen Plattenvertrag, und ihre erste Single, »Nobody«, kaufte niemand. Mit »Try A Little Tenderness« (2/69 US 29), im Original ein Hit von Otis Redding aus dem Jahr 1967, hatten sie ihre erste Hitnotierung. Drei Monate später erschien die Harry-Nilsson-Komposition »One«. »Mama Told Me (Not To Come)« hatte Randy Newman geschrieben.

Die erfolgreichsten Alben der Band: »Three Dog Night« (1/69 US-LP 11), »Suitable For Framing« (7/69 US-LP 16), »Captured Live At The Forum« (11/69 US-LP 6), »It Ain't Easy« (5/70 US-LP 8), »Naturally« (12/70 US-LP 14), »Golden Bisquits« (2/71 US-LP 5), »Harmony« (10/71 US-LP 8) und »Seven Separate Fools« (7/72 US-LP 6), »Around With Three Dog Night« (3/73 US-LP 18), »Hard Labor« (4/74 US-LP 20) und »Joy To The World – Their Greatest Hits« (12/74 US-LP 15).

1976 trennte sich das Trio, im Juni 1981 kam es noch einmal für weitere Platten zusammen, jedoch ohne Erfolg. Kurz bevor sie sich auflösten, wurde Hutton durch Gruska ersetzt. Die Reunion jedoch ging wieder von Hutton aus.

One (5/69 US 5)
Easy To Be Hard (8/69 US 4)
Eli's Coming (10/69 US 10)
Mama Told Me (Not To Come) (5/70 US 1; 8/70 GB 3)
Joy To The World (3/71 US 1)
Liar (7/71 US 7)
An Old Fashioned Love Song (11/71 US 4)
Never Been To Spain (12/71 US 5)
Black & White (8/72 US 1)
Shambala (5/73 US 3)
The Show Must Go On (3/74 US 4)
AOR (Adult Orientated Rock), Pop

3 Doors Down

BRAD ARNOLD v, d (USA), TODD HARELL b (USA), CHRIS HENDERSON g (USA), MATT ROBERTS g (USA)

Das Quartett aus Escatawpa/Mississippi hatte gleich mit seinem Debütalbum »The Better Life« (2/00 US-LP 7) einen Superknüller – fünffach Platin. Der Song »Kryptonite« – eine Hommage an Superman – sorgte im Sommer 2000 für enormes Airplay. Zeitweise wurde der Titel häufiger gespielt als »Music« von Madonna. Auch der Comic-Held Superman erlebte ein Revival. 3 Doors Down ist eine der vielen amerikanischen Bands, die über das College Radio in die Charts gekommen sind. Als nächster Hit folgte »Be Like That« (7/01 US 24).

Kryptonite (4/00 US 3)
Rock

3LW

ADRIENNE ELIZA BAILON v (USA), KEYLAY KEYLAY v (USA, als Kiely Alexis Williams), NATURI CORA MARIA NAUGHTON v (USA)

16 bzw 17 Jahre waren die drei kleinen Mädchen – Three Little Women – alt, als sie mit ihrer Debüt-Single »No More (Baby I'ma Do Right)« (11/00 US 23) ihren ersten Erfolg hatten. Keylay war kein unbeschriebenes Blatt mehr – sie hatte bereits als Fünfjährige in einem TV-Pilotfilm mitgespielt. Bailon hatte als Backgroundsängerin bei Ricky Martin mitgewirkt. Als nächste Single kam »Playas Gon' Play« (9/01 GB 21). Ihr erfolgreichstes Album hieß »3LW« (12/00 US-LP 29).

No More (Baby I'ma Do Right) (6/01 GB 6)
HipHop, Pop, Rhythm & Blues

3T

TAJ JACKSON v (USA, * 4. 8. 1973 als Tariano Adaryll Jackson in Los Angeles/Kalifornien), TJ JACKSON v (USA, * 16. 7. 1978 als Tito Joe Jackson in Los Angeles/Kalifornien), TARYLL JACKSON v (USA, * 8. 8. 1975 als Taryll Adren Jackson in Hollywood/Kalifornien)
Bei den drei netten Jungs, die ihrem Onkel Michael wie aus dem Gesicht geschnitten ähnlich sehen, handelt es sich um die Söhne von Tito Jackson. Onkel Michael half dabei, sie ins Showgeschäft einzuführen. Er produzierte das Trio und lieferte auch stimmliche Unterstützung. Ihr erstes Album »Brotherhood« (2/96 GB-LP 11) kam in den USA jedoch nicht unter die ersten 100. In Europa hatte das Trio bis dato mehr Erfolg als in seiner Heimat.

Anything (1/96 GB 2)
Why (8/96 GB 2)
I Need You (12/96 GB 3)
Gotta Be You (4/97 GB 10)
Rhythm & Blues, Soft Soul

Thunder, Johnny

JOHNNY THUNDER v (USA, * 15. 8. 1941 als Gil Hamilton in Leesburg/Florida)
Thunder hatte seinen Hit »Loop De Loop« zusammen mit dem Produzenten Teddy Vann geschrieben, nachdem er bereits ohne Erfolg einige Platten unter seinem richtigen Namen veröffentlicht hatte. 1959 war er für kurze Zeit Mitglied der Drifters gewesen. Obwohl er keine Hits mehr hatte, trat er bis in die 80er Jahre weiter auf. Der Hit basiert auf dem alten Kinderlied »Looby Loo«.

Loop De Loop (12/62 US 4)
One Hit Wonder, Rhythm & Blues

Thunderbugs

BRIGITTE g (Deutschland), JANE v (Großbritannien, in Stratford-upon-Avon), NICKY d (Großbritannien, in Croydon), STEF b (Frankreich)
Die Mädchentruppe aus drei verschiedenen Ländern hatte mit dem Titel »Friends Forever« ihren Debüthit. 1999 schien ein gutes Jahr für Girl-Groups zu sein: Neben den Spice Girls, TLC und B*Witched waren sie die 4. Mädchenformation, die die britischen Top 5 schafften. Im Gegensatz zu den genannten Girl-Groups ist den Thunderbugs kein nennenswerter Hit mehr gelungen.

Friends Forever (9/99 GB 5)
Pop

Thunderclap Newman

SPEEDY KEEN v (Großbritannien, * 29. 3. 1945 als John Keen in Ealing/London), JACK MCCULLOCH d, JIMMY MCCULLOCH g (Großbritannien, * 4. 6. 1952 in Glasgow/Schottland, † 27. 9. 1979), ANDY NEWMAN p (Großbritannien), JIM PITMAN-AVORY b (Großbritannien)
Für das Album »Sell Out« der Who hatte Speedy Keen den Titel »Armenia, City In The Sky« geschrieben. Um ihn herum baute Pete Townshend die Band Thunderclap Newman auf, die er produzierte und

die mit »Something In The Air« (8/69 D 13, 9/69 US 37) ihren einzigen Hit hatte. Der Titel war auch in dem Film »The Magic Christian« zu hören und kann heute im Rückblick als frühe Umweltnummer angesehen werden. Ein Nachfolgehit wollte der Gruppe nicht gelingen, und es half auch nichts, das ursprüngliche Trio auf ein Quintett aufzublasen. Die Band fiel wieder auseinander. Keen und Newman machten Soloplatten. Jimmy ging zu Stone The Crows und wurde schließlich von 1975 bis 1977 Mitglied der Wings. Er schloss sich kurzfrisitg den Small Faces an, war auf Platten von Nick Gilder, Roy Harper und Roger Daltrey zu hören. Gerade hatte er seine eigene Band Dukes gegründet, als er unter ungeklärten Umständen starb. 1994 wurde »Something In The Air« durch Tom Petty & The Heartbreakers neu aufgenommen und kam in die GB-Charts.

Something In The Air (6/69 GB 1)
One Hit Wonder, Pop

Thurston, Bobby

BOBBY THURSTON v, conga (USA, in Washington/D.C.)
Bobby (* 1954) wurde von seiner Plattenfirma als ›The New Wave In Black Music‹ angeboten. Während seiner High-School-Tage hatte er als Studiomusiker mit den Commodores, Earth, Wind & Fire, George McCrae oder Skip Mahoney & The Casuals gespielt. Schließlich wurde er Mitglied bei Spectrum Ltd. Zuerst spielte er Congas und sang im Hintergrund, dann wurde er deren Leadsänger. Bobby Thurston gelang mit der Diskonummer »Check Out The Groove« ein Hit in den britischen Charts. Nebenher arbeitete er für das US State Department – oder umgekehrt?

Check Out The Groove (3/80 GB 10)
Disko, Rhythm & Blues

Tic Tac Toe

JAZZY T v (Deutschland, * 4. 8. 1975 als Marlene Victoria Tackenberg in Gelsenkirchen), LEE v (Deutschland, * 29. 7. 1974 als Liane Claudia Sprenger-Wiegelmann in Iserlohn), RICKY v (Deutschland, * 24. 2. 1978 als Ricarda Nonyem Wältken in Dortmund)
Was den Briten die Spice Girls, war den Deutschen Tic Tac Toe – zumindest in den Anfängen und von der Musik her. Die drei Mädchen aus dem Ruhrgebiet entsprachen genau dem Girlie-Image des Jahres 1995. Und da die Mädchen jener Tage auch mal gerne auf den Putz hauten und ihre Meinung sagten, hieß ihr erster Hit »Ich find' dich Scheiße«. Anfängliche Bedenken der Rundfunkanstalten wurden über Bord geschmissen, als sie merkten, dass die Platte in der Hitparade kletterte. Jetzt sprang jeder auf den Zug und fand die Platte eben nicht... Ähnlich wie bei den Spice Girls wurde dann die Musik von Tic Tac Toe zahmer und zahmer. »Funky« (4/96 D 14) und »Leck mich am A, B, Zeh« (8/96 D 21) waren der ersten Veröffentlichung noch ähnlich. »Verpiß dich« war lediglich noch vom Titel mit »Ich find' dich Scheiße« zu vergleichen. Ansonsten war die Nummer, ihr größter Hit bisher, schon wieder eher Mädchen- als Girlie-haft. Im März 1997 fragten sie »Warum?« und kamen damit auch sofort unter die ersten 10 in Deutschland. Am 25. 3. 1997 war folgende kleine Notiz in vielen Zeitungen zu lesen: ›PR-Schwindel bei Tic Tac Toe. Auf Druck ihrer Plattenfirma hatten sich die drei Sängerinnen Ricky (19), Jazzy (21) und Lee (22) als 18-jährige ausgegeben. Jetzt rückten sie mit der Wahrheit raus und hoffen, dass sich ihre Millionen Fans nicht betrogen fühlen.‹ Aus dieser Meldung entwickelte sich innerhalb weniger Tage eine Lawine. Nicht nur mit dem Alter der Bandmitglieder stimmte einiges nicht – auch privat wurde etliches ver-

schwiegen. Am 17.4. 1997 wurde der Gruppe vom Hamburger Landgericht verboten, weiter unter dem Namen Tic Tac Toe aufzutreten, ihn zu veröffentlichen oder zu verbreiten. Eine Hamburger Medienagentur selben Namens hatte sich beim Münchener Patentamt den Namen schützen lassen, bevor es das Trio gab. Zwischenzeitlich hatte sich die Agentur gegen Zahlung einer fünfstelligen Summe damit einverstanden erklärt, dass die drei Mädchen als Tic Tac Toe auftreten durften. Als dann die Skandale um das Trio begannen, zog die Agentur die Genehmigung zurück. Sie habe Angst, dass durch das schlechte Image der Band der Name Tic Tac Toe nun in Misskredit geraten sei. Fast zeitgleich mit dem Hamburger Urteil erschien das neue Album »Klappe, die 2te«, das angeblich mehr als 300 000 Vorbestellungen hatte. Wirklich ein Gerangel um den Namen oder von der Medienagentur ein gigantischer Werbefeldzug? Am 25.4. 1997 lief über die Ticker: Agentur und Plattenfirma als Vertreter der Gruppe haben sich außergerichtlich geeinigt und das Trio behält den Namen. Werbefeldzug? »Klappe, die 2te« zieht am 5. Mai auf Platz 1 in Deutschland in die LP-Charts ein. Werbefeldzug gelungen! Im Herbst 1997 gab es Gerüchte, Tic Tac Toe würden sich trennen. Es ging insbesondere um Streitigkeiten zwischen Ricky und den beiden anderen Mitgliedern. Ende Dezember 1997 hieß es in ›Bravo‹: »Ricky gibt auf, Jazzy und Lee machen zu zweit weiter.« Die beiden nannten sich nun Tic Tac Two – und Ricky kündigte im Februar 1998 an, sie wolle eine Solokarriere starten. Mit »Schmerz in mir« (11/98 D 20) hatte sie ihren ersten Hit. Tic Tac Two machten zusammen mit der Nachwuchssängerin Sara die Nummer »Nie wieder« und hatten damit im März 1999 einen Top-10-Hit. Die erfolgreichsten Alben: »Tic Tac Toe« (4/96 D-LP 3) und »Klappe – die 2te« (5/97 D-LP 1). Bei der Echo-Verleihung 1998 erhielten Tic Tac Toe eine Auszeichnung als beste nationale Gruppe und für die Single »Warum« als beste nationale Rock/Popsingle. Hier traten die drei auch noch einmal gemeinsam auf. Mitte 2000 hatten sich die Namensinhaber von Tic Tac Toe wohl geeinigt: Lee, Jazzy und Sara durften sich jetzt wieder so nennen. Es erschienen die Singles »Ist der Ruf erst ruiniert...« (6/00 D 27) und »Isch liebe disch« (8/00 D 11).

Ich find' dich Scheiße (12/95 D 3)
Verpiß dich (11/96 D 1)
Warum? (3/97 D 1)
Mr. Wichtig (6/97 D 6)
Pop

Siehe auch: Sara @ Tic Tac Toe

Tiffany

TIFFANY v (USA, * 2. 10. 1971 als Tiffany Renee Darwisch in Norwalk/Kalifornien)
1987 tauchte sie in der TV-Serie ›La La La Lolitas‹ auf und machte als Kind Musik für Kinder. Ihre erste Hitnotierung war im August 1987 ein Nachzieher des Tommy-James-&-Shondells-Hits »I Think We're Alone Now« aus dem Jahre 1967. James brachte es bis auf Platz 4, Tiffany wurde Spitzenreiter. »I Saw Him Standing There« war der Beatles-Klassiker aus weiblicher Sicht. Mit Beginn der 90er Jahre wurde es stiller um sie. Ihre erfolgreichsten Alben waren »Tiffany« (9/87 US-LP 1, 2/88 GB-LP 5) und »Hold An Old Friend's Hand« (12/88 US-LP 17).
Nach einer Pause von rund 10 Jahren war Tiffany im Oktober 2000 wieder da. Ihr Album »The Color Of Silence« richtete sich nach eigener Aussage jetzt an die Erwachsenen – sie war halt auch älter geworden. Im Song »Silence«, mitgeschrieben von Tiffany, sang sie: ›Alles war anders, als ich 17 war. Die Welt war strahlend schön. Jetzt habe ich die Wahrheit herausgefunden – und was sie vor mir ver-

steckten.‹ Viele ehemalige Kinderstars haben keine Gelegenheit, solche Entwicklungserkenntnisse der Welt mitzuteilen – so besehen hat Tiffany noch Glück. Als erste Single wurde »Open My Eyes« ausgekoppelt.

I Think We're Alone Now (8/87 US 1; 1/88 GB 1)
Could've Been (11/87 US 1; 3/88 GB 4)
I Saw Him Standing There (2/88 US 7; 6/88 GB 8)
All This Time (11/88 US 6)
Pop

Tight Fit

STEVE GRANT (Großbritannien), DENISE GYNGELL (Großbritannien), JULIE HARRIS (Großbritannien), VICKI PEMBERTON (Großbritannien), CAROL STEVENS (Großbritannien), ROY WARD v (Großbritannien)

Nachdem der Holländer Jaap Eggermont mit seinen Stars On 45 weltweit Erfolg hatte, reizte er natürlich viele Produzenten zur Nachahmung. Einer davon war der Brite Ken Gold, der mit Studiomusikern das Medley »Back To The Sixties« produzierte. »Back To Sixties (Part II)« (9/81 GB 33) war schon nicht mehr so erfolgreich, und ab 1982 änderte Ken die Taktik. Mit Roy Ward, der einst Schlagzeuger und Sänger bei City Boy war und 1978 deren einzigen Top-10-Hit »5-7-0-5« gesungen hatte, nahm er einen Oldie in seiner vollen Länge auf und ließ ihn von drei Models/Tänzern darstellen. Der alte Klassiker »Wimoweh«/»The Lion Sleeps Tonight«, kam auf diese Art und Weise wieder zu Hit-Ehren. Dargestellt wurde der Titel von Steve Grant und den beiden Tänzerinnen Harris und Gyngell. »Fantasy Island« (5/82 D 23) war der letzte Top-40-Hit. Gold tauschte die Mädchen um Steve Grant aus, und damit war es dann ganz vorbei. Steve versuchte sich erst in der Diskotruppe Splash und dann als Solist.

Back To The Sixties (7/81 GB 4)
The Lion Sleeps Tonight (1/82 GB 1; 3/82 D 3)
Fantasy Island (5/82 GB 5)
Disko, Pop

Tikaram, Tanita

TANITA TIKARAM v (Deutschland, * 12. 8. 1969 in Münster)

Tanita galt 1988 als die Überraschung des Jahres. Ihr Vater stammte von den Fidschi-Inseln und gehörte der britischen Armee an, ihre Mutter war Britin. Tanita Tikaram wurde in Münster geboren, wo ihr Vater stationiert war, und lebte dort bis 1982. Dann zog die Familie nach GB. 1988 erschien Tanitas Debütalbum, auf dem sich die Nummer »Good Tradition« befand. Von der Anlage ihrer Stimme erinnerte Tanita an die junge Helen Shapiro. Nachfolger wurde »Twist In My Sobriety« (10/88 GB 22). Ihre ersten drei LPs »Ancient Heart« (9/88 GB-LP 3, 12/88 D-LP 1), »The Sweet Keeper« (2/90 GB-LP 3, 2/90 D-LP 3) und »Everybody's Angel« (2/91 GB-LP 19) hat Rod Argent mitproduziert. Ab 1992 und »Eleven Kinds Of Loneliness« produzierte sie sich selbst. Danach trat eine längere Pause ein, die sie Anfang 1995 mit dem Album »Lovers In The City« beendete. Die sehr schöne Auskopplung »I Might Be Crying« brachte es nur knapp in die britischen Top 70. 1998 erschien ihr Album »The Cappuccino Songs«.

Good Tradition (7/88 GB 10)
Twist In My Sobriety (1/89 D 2)
AOR (Adult Orientated Rock), Folk, Pop

'Til Tuesday

MICHAEL HAUSMANN d (USA, * 12. 6. 1960 in Philadelphia/Pennsylvania), ROBERT HOLMES g (Großbritannien, * 31. 3.

1959 in Hampton), AIMEE MANN v, b (USA, * 9. 8. 1960 in Richmond/Virginia), MICHAEL MONTES d (USA), JOEY PESCE key (USA, * 14. 4. 1962 in Bronx/New York City)
Das aus Boston stammende Popquartett hatte im Frühjahr 1985 mit »Voices Carry« seine erste Hitnotierung und seinen einzigen Top-10-Hit in den USA. Lediglich »What About Love« (9/86 US 26) wurde ein weiterer nennenswerter Erfolg. Ihr erfolgreichstes Album hieß ebenfalls »Voices Carry« (4/85 US-LP 19). Auf Plattenhüllen wurde zusehends Aimee Mann in den Vordergrund gestellt. Nachdem der Gruppe Ende der 80er Jahre immer weniger gelang, kam Aimee dann Mitte 1993 mit dem Soloalbum »Whatever«. Anfang 1996 erschien »I'm With Stupid«, 1999 »Bachelor No. 2« und die Musik zum Film »Magnolia«. Darauf auch das Stück »Save Me«, das für einen Oscar nominiert wurde – und dann gegen Phil Collins und seinen Schlager aus »Tarzan« verlor.
Wie ihr Ehemann Michael Penn ist Aimee ein Liebling der Kritiker – nur kaufen die keine Platten, und die Käufer halten sich zurück. Der ›kultur Spiegel‹ stellte im Januar 2001 fest, Aimee sei ›eigentlich ein verdammt heißer Feger‹. Der gleiche Fan-Autor sorgte wohl auf der Titelseite des ›kultur Spiegel‹ 1/2001 für die Feststellung ›Sie rettet den Pop: schöner, besser, schlauer als Britney: die US-Sängerin Aimee Mann‹.

Voices Carry (4/85 US 8)
Pop

Tillotson, Johnny

JOHNNY TILLOTSON v, dj (USA, * 20. 4. 1939 in Jacksonville/Florida)
Bereits als Neunjähriger hatte der kleine Johnny bei einer lokalen Radiostation seine eigene Sendung. Später wurde er hauptberuflich Discjockey und hatte auch seine eigene TV-Show. Ende 1958 gelang ihm mit »Well I'm Your Man« seine erste Hitnotierung. Im selben Jahr hatte er seinen ersten Plattenvertrag erhalten. Bis 1965 gelangen ihm 26 Hitnotierungen. Seine größter Hit war »Poetry In Motion«. Von Tillotson stammte das Original des Bernd-Spier-Hits »Das kannst du mir nicht verbieten«. Bei Johnny hieß die Nummer »You Can Never Stop Me Loving You«. Seine Plattenveröffentlichungen reichten bis in die 80er Jahre. Die letzte Hitnotierung hatte Tillotson mit »Lay Back (In The Arms Of Someone)« im Frühjahr 1984 in den US-Countrycharts.
Sein erfolgreichstes Album hieß »It Keeps Right On A-Hurtin'« (7/62 US-LP 8). Nach 1968 zog Johnny nach Kalifornien und trat in Nachtclubs und in diversen TV-Serien als Schauspieler auf. In den 80er Jahren machte er wieder Country-Music. In den 90er Jahren präsentierte er zusammen mit Brenda Lee die TV-Sendung »Nashville Today«.

Poetry In Motion (10/60 US 2; 12/60 GB 1)
Without You (8/61 US 7)
It Keeps Right On A-Hurtin' (5/62 US 3)
Talk Back Trembling Lips (11/63 US 7)
Country, Pop

Time

JEROME BENTON v, per (USA), MORRIS DAY v (USA), JIMMY »JAM« HARRIS v, key (USA), JELLYBEAN JOHNSON v, d (USA), JESSE JOHNSON v, g (USA, * 29. 5. 1960 in Rock Island/Illinois), TERRY LEWIS v, b (USA), MONTE MOIR v, key (USA)
Diese aus Minneapolis stammende Funkgruppe wurde Ende der 70er Jahre von Lewis, Moir, Jellybean Johnson und Harris gegründet. Diese vier hatten vorher Rhythm & Blues mit Flitetime gespielt. 1980 nahmen sie Day und Jesse Johnson in die Band und kürzten den Namen auf Time. Mit der Unterstützung von Prince

erhielten sie einen Plattenvertrag, und das Stück »Cool (Part 1)« kam Anfang 1982 als erste Single in die US-Charts. »Jungle Love« (10/84 US 20) stammte aus dem Film »Purple Rain«, in dem einige Mitglieder der Gruppe mitwirkten. Es kriselte in der Band, und mit Jerome Benton kam noch 1984 ein weiteres Mitglied. Trotzdem lösten sie sich Ende des Jahres auf. Morris Day und Jesse Johnson machten Soloplatten, beide mit mittlerem Erfolg. Lewis und Harris wurden ein erfolgreiches Songschreiber- und Produzententeam. Die Originalformation plus Benton kam 1990 wieder zusammen, veröffentlichte die Single »Jerk Out« und hatte damit einen Millionseller. Die erfolgreichsten Alben waren »Ice Cream Castle« (7/84 US-LP 24) und »Pandemonium« (7/90 US-LP 18).

Jerk Out (6/90 US 9)
Funk

Time Frequency

JON CAMPBELL v, key (Großbritannien), PAUL INGLIS key (Großbritannien), MONICA REED PRICE v (Großbritannien), KYLE RAMSAY v, key (Großbritannien)
Die aus Glasgow/Schottland stammende Studiogruppe formierte sich Anfang der 90er Jahre. Mitte 1992 blieb ihr Titel »Real Love« auf Platz 60 in GB hängen. Mehr als ein Jahr später wurde der Song als »Real Love '93« der einzige Top-10-Erfolg von Time Frequency. Danach nahmen die drei Männer als Sängerin Monica hinzu. In Schottland war die Gruppe ausgesprochen populär und konnte dort mehrere Nummer-1-Hits verbuchen. Mitte 1994 erschien mit »Dominator« (6/94 GB-LP 23) ihr Debütalbum. Darauf aufgemotzte Versionen von Diskoklassikern à la »Supernature« oder »Pop Corn«. Auch die Musik aus »Jurassic Park« wurde verbraten. Die weiteren Top-40-Hits: »New Emotion EP« (1/93 GB 36), »The Power Zone EP« (6/93 GB 17), »Such A Fantasy EP« (5/94 GB 35) und »Dreamscape '94« (10/94 GB 32).

Real Love '93 (11/93 GB 8)
Disko

Time To Time

STEFAN GRIND v (Deutschland), MARTIN RECKE key (Deutschland), MICHAEL STAAB key, b (Deutschland, * 5. 4. 1960), UDO WEILER key (Deutschland)
Der Frankfurter Produzent Michael Staab steckte hinter den Projekten Mysterious Art und Magic Affair. Time To Time war ebenfalls seine Kreation, die er zusammen mit den oben genannten jungen Frankfurter Musikern verwirklichte. Fröhlich wurde auf ihrer Single »Zehn kleine Negerlein« vermerkt: ›Altes Kinderlied wiederentdeckt‹. Das Lied beschäftigte im Mai 1991 sogar den ›Spiegel‹. Die Zeitschrift stellte fest: ›Heraus kam Postmoderne für Bierkeller: ein Stück aus jener Zeit, als der Schwarze noch Neger hieß und als dumm, geil und unzivilisiert galt – holprig gereimt im Jargon ausgeflippter Provinzler.‹ Textauszug: ›Ein kleines Negerlein, das hatte einen stehn. Es schnappte sich 'ne geile Braut, bald waren's wieder zehn.‹ In Briefen wurde die Plattenfirma von Time To Time aufgefordert, das menschenverachtende und rassistische Lied zurückzuziehen. Die Electrola tat es. Bis zu diesem Zeitpunkt hatte sich die Platte in der deutschen Hitparade bis auf Platz 2 hochgehangelt. Vom Managing Director der Firma wurde in einem Statement veröffenlicht: ›Da der Text in dieser Woche von einigen gesellschaftlichen und politischen Gruppen als rassistisch und faschistoid fehlinterpretiert wurde, haben Band und Schallplattenfirma gemeinsam beschlossen, auf den weiteren Verkauf der Platte zu verzichten.‹

Aha – eine Fehlinterpretation! Als nächste Single kam »Tanzpirator« (7/91 D 17).

Zehn kleine Negerlein (4/91 D 2)
Dance

Siehe auch: Magic Affair; Mysterious Art

Timelords

KING BOY D. BILL DRUMMOND (Südafrika, * 29. 4. 1953 als William Butterworth), ROCKMAN ROK computer (Großbritannien, als Jimmy Cauty)
Die Timelords sind ein Projekt der Jungs, die auch als KLF erfolgreich werden sollten. Die Samplekünstler veröffentlichten Mitte 1988 »Doctorin' The Tardis« (7/88 D 28). Das Stück kombinierte »Rock And Roll Part 2« von Gary Glitter mit dem BBC-TV-Thema von »Dr. Who«. Die Justified Ancients Of Mumu, wie sie sich auch noch als Plattenkünstler nannten, wandten sich anderen Projekten zu.

Doctorin' The Tardis (6/88 GB 1)
Dance

Siehe auch: Justified Ancients Of Mu Mu; KLF

Timex Social Club

CHRIS JORDAN d (USA), JAY LOGAN key (USA), MICHAEL MARSHALL v (USA, * 6. 10. 1968 in Berkeley/Kalifornien), STEVE MCCRAW g (USA), ISAIAH MOSELY d (USA), BOB SPENCER sax (USA), MARCUS THOMPSON v (USA)
Die Rap-Disko-Truppe aus Berkeley/Kalifornien veröffentlichte Mitte 1986 die Single »Rumors« (9/86 GB 13, 10/86 D 11). Es folgte mit »Mixed Up World« noch ein Platz 50 in der deutschen Hitparade, danach hörte man von Timex Social Club nichts mehr. Anfang 1987 tauchte in den amerikanischen Charts ein Club Nouveau auf. Clubchef war Jay King = Jay Logan, der das wohl als seine neue Spielwiese betrachtete. »Lean On Me« mit dem neuen Club wurde ein Millionseller und Spitzenreiter in den USA. Michael Marshall zog sich aus dem Showgeschäft zurück und studierte an der Poly University/Kalifornien. Zwei Jahre später hatte er einen Abschluss in Media Communication. Anschließend wurde er Sprecher beim Sender KCPR, leitete die Sportsendung ›The Final Score‹ und betätigte sich nebenher als Sessionsänger. So soll er laut Auskunft seiner Plattenfirma ›die Stimme hinter dem weltweiten Megahit »I Got 5 On It« (6/95 US 8, 10/95 D 2, GB 28, RE-GB 3, 11/98 als Remix GB 28)‹ der Formation Luniz sein – auf der Platte ist davon nichts vermerkt. Im Januar 1999 kam mit »If I Get The Chance« eine Soloplatte von Michael auf den Markt.

Rumors (6/86 US 8)
Disko, Rap

Siehe auch: Club Nouveau

Tin Tin Out

LINDSEY EDWARDS key (Großbritannien), SHELLEY NELSON v (Großbritannien), DARREN STOKES key (Großbritannien)
Im Original war der erste Top-10-Hit des Keyboard- und Produzenten-Duos plus Sängerin Nelson ein Stück der Gruppe Sundays, die die Nummer 1990 auf ihrem Album »Reading, Writing & Arithmetic« veröffentlicht hatten. Tin Tin Out waren mit »The Feeling« (8/94 GB 32) erstmals in den Charts aufgetaucht – hier war Sweet Tee als Gast mit dabei. Auf »Always Something There To Remind Me« (3/95 GB 14) machte Espiritu mit. »All I Wanna Do« (2/97 GB 31), »Dance With Me« (5/97 GB 35) mit Tony Hadley und »Strings For Yasmin« (9/97 GB 31) schlabberten im Mittelfeld, bis ihnen mit »Here's Where The Story Ends« zusammen mit Shelley Nelson im Frühjahr 1998 ein Top-10-Hit gelang. Nachfolger wurden »Sometimes« (9/98 GB 20) wieder mit

Shelley und »Eleven To Fly« (9/99 GB 26) – diesmal sang Wendy Page mit Tin Tin Out. Bei »What Am I« sang Ex-Spice-Girl Emma Bunton mit.

Here's Where The Story Ends (3/98 GB 7)
What Am I (11/99 GB 2)
Pop

Tinman

PAUL DAKEYNE mix (Großbritannien)
Hinter Tinman steckte der Remixer und Produzent Paul Dakeyne, der wohl die Gruppe Nirvana zu seinen Lieblingsbands zählte. Das Stück »Eighteen Strings« erinnerte mit seinen Gitarrenriffs stark an »Smells Like Teen Spirit«. Die erste Version von »Eighteen Strings« erschien Anfang des Jahres 1994. Darauf hatte er jedoch die Originalgitarre von Nirvana gesampelt. Aus rechtlichen Gründen wurde der Song dann neu aufgenommen. Statt der Nirvana-Gitarre nahm Tinman jetzt den Anfangsriff von »(I'm Not Your) Stepping Stone« der Monkees. Klingt genauso wie Nirvana, nur ein bisschen schneller.

Eighteen Strings (8/94 GB 9)
Dance

Titanic

KENNY AAS org (Norwegen, * 18. 6. 1947), KJELL ASPERUD v, per (Norwegen, * 24. 9. 1946), SAINTCLAIR BRUNET v, b (Norwegen), CLAUDE CHAMBOISSIER key (Norwegen), HELGE GROSLIE org (Norwegen), JOHN LORCK v, d, mand (Norwegen, * 2. 6. 1946), JANNI LOSETH v, g (Norwegen, * 8. 7. 1947), ANDREW POULTON d (Norwegen), ROY ROBINSON v (Großbritannien, * 31. 12. 1945), ARCIA SIGGS b (Norwegen), JOHN WILLIAMSON v, g, b (Norwegen)
Im Herbst 1971 tauchte Titanic mit dem britischen Sänger Roy Robinson in GB mit dem Titel »Sultana« auf. Die Band hatte sich in Norwegen mit Asperud, Loseth, Lorck und Aas formiert, ging auf Tournee durch Dänemark und Deutschland, und erst hier gesellte sich Robinson dazu. 1970 wurden sie von Filmfirmen engagiert, um an den Stränden des französischen Mittelmeers zur Einführung des Woodstock-Films zu spielen. Das brachte ihnen erste Fans in Frankreich ein, und sie ließen sich dort nieder. Dann, im Frühjahr 1971, in Frankreich und in Deutschland erste Erfolge mit »Sultana«. In gewisser Weise erinnert der Titel an die Gruppe Santana: Rock mit südamerikanischen Rhythmen. Mit Titeln wie »Santa Fe« (9/71 D 36) oder »Macumba« versuchte man diesen Eindruck noch zu verstärken. Ein weiterer Hit gelang ihnen jedoch nicht. Auch Wechsel der Besetzung brachten keine weiteren Erfolge.

Sultana (9/71 GB 5)
Instrumental, Rock

TLC

LISA »LEFT EYE« LOPES rap (USA, * 27. 5. 1971 in Philadelphia/Pennsylvania, † 25. 4. 2002), ROZONDA »CHILLI« THOMAS rap (USA, * 27. 2. 1971), TIONNE »T-BOZ« WATKINS rap (USA, * 26. 4. 1970 in Des Moines/Iowa)
Der Name dieser Rap-Formation aus Atlanta setzt sich aus den Anfangsbuchstaben der Spitznamen der drei Mitglieder zusammen. Die beiden Produzenten, Songschreiber und Interpreten L.A. Reid und Babyface hatten sich Anfang 1992 eine eigene Plattenfirma geleistet, und die drei Mädchen waren die ersten Künstler, die sie unter Vertrag nahmen. In ihrem ersten Hit »Ain't 2 Proud 2 Beg« waren Samples von James Brown, Kool & The Gang, AWB, Silver Convention und Bob James zu hören. Mitte 1994 zündete Lopez das Haus ihres Freundes an, musste sich deshalb vor Gericht verantworten

und wurde zu fünf Jahren auf Bewährung verurteilt. Das konnte den nächsten Hit »Creep« nicht verhindern. Ihr Debütalbum »Oooooohh ... On The TLC Tip« (3/92 US-LP 14) hatte sich im Laufe der folgenden Jahre mehr als 4 Millionen Mal verkauft. 1994 erschien ihr zweites Album »CrazySexyCool« (12/94 US-LP 3, 2/95 D-LP 4, 5/95 GB-LP 4), das sich bis Ende 1996 alleine in den USA zehn Millionen Mal verkaufte. Trotzdem schien TLC pleite zu sein. Das lag an Left Eye, die ja aus Eifersucht das zwei Millionen Dollar teure Haus ihres Freundes, des Footballstars André Risom, angezündet hatte. Vier Jahre hörte man nichts mehr von dem Trio, dann erschienen im Februar 1999 das Album »Fanmail« (3/99 D-LP 7, 3/99 GB-LP 7, 3/99 US-LP 1) und die Single »No Scrubs«. Es folgten »Unpretty« (8/99 D 16) und »Dear Lie« (12/99 GB 32, 1/00 D 37). Lopez sang mit auf »Never Be The Same Again« (4/00 GB 1, D 5) von Spice Girl Melanie C. Lisa kam bei einem Autounfall in Honduras ums Leben. Sie machte in dem mittelamerikanischen Staat Urlaub. Die sieben anderen Insassen des Unfallwagens blieben unverletzt.

Ain't 2 Proud 2 Beg (2/92 US 6)
Baby – Baby – Baby (6/92 US 2)
What About Your Friends (9/92 US 7)
Creep (11/94 US 1; 1/96 GB 6)
Red Light Spezial (3/95 US 2)
Waterfalls (6/95 US 1; 8/95 D 5, GB 4)
Diggin' On You (11/95 US 5)
No Scrubs (2/99 US 1; 3/99 D 4; 4/99 GB 3)
Unpretty (6/99 US 1; 9/99 GB 6)
Rap, Rhythm & Blues

TNN

RAMON GARRIGA v (Argentinien), FRANK MADEIRO v (Argentinien)
Hinter dem Projekt TNN verstecken sich die beiden Argentinier Ramon Garriga und Frank Madeiro. Ihr Hit »La Cucarmacha« kam über Spanien Mitte 1993 in die deutsche Hitparade. Als Vorlage diente das mexikanische Volkslied »La Cucaracha«, das bereits 1934 in der Version von Lud Gluskin & His Orchestra unter den ersten 20 der amerikanischen Hitparade stand. In den folgenden Jahren ist dieser Titel immer mal wieder auf Stimmungsplatten als Partyknüller erschienen. Auch die Diskogeneration der 90er Jahre kam mit dieser simplen Melodie wieder in Laune. Als Autoren hatten sich Garriga und Madeiro ausgegeben – eine gängige Praxis, wenn so genannte Traditionals oder ›public domains‹ (Volksgut) verbrutzelt werden.

La Cucamarcha (6/93 D 9)
Dance, Disko, One Hit Wonder

Tolga Flim Flam Balkan

TOLGA BALKAN (Deutschland, * 11. 12. 1963 in Berlin)
Tolga wurde als Sohn eines türkischen Gastarbeiters in Berlin geboren. 1988 veröffentlichte er eine House-Mix-Sampleplatte, die versprach, sie sei ›even better than the bootleg‹. Der Titel »Joint Mix« mischte alles, was schlecht und billig war, und weil die Diskogänger nur auf Bässe ansprechen, merkte es keiner. In den 90er Jahren erlebte man Tolga Flim Flam Balkan als treibende Kraft hinter der Gruppe Maxx.

Joint Mix (7/88 D 4)
Disko, House

Siehe auch: Maxx

Tom Tom Club

MONTY BROWN g (USA), TYRON DOWNIE key (USA), CHRIS FRANTZ d (USA, * 8. 5. 1951 als Charlton Christopher Frantz in Fort Campbell/Kentucky), STEVE SCALES per (USA), STEPHEN STANLEY key (USA), ALEX WEIR g (USA), LAURA WEYMOUTH v (USA), TINA WEYMOUTH b (USA, * 22. 11.

1950 als Martina Weymouth in Coronado/Kalifornien)

Neben seiner Mitgliedschaft bei den Talking Heads machte das Ehepaar Frantz 1981 die Formation Tom Tom Club. Was zunächst wie Beschäftigungstherapie aussah, entwickelte sich mehr und mehr zu einer ernsthaften Formation, die schließlich sogar die Talking Heads überlebte. Ihre erste Singleveröffentlichung war die Nummer »Wordy Rappinghood«. Tina und Chris kümmerten sich außerdem um Produktionen von Ziggy Marley, den Happy Mondays und anderen. 1992 erschien die CD »Dark Sneak Love Action« von Tom Tom Club. In den USA hatten sie noch den Top-40-Hit »Genius Of Love« (1/82 US 31). Im Song wurden die alten Funk-Cracks Bootsy Collins, Hamilton Bohannon, Kurtis Blow und James Brown erwähnt.

Wordy Rappinghood (6/81 GB 7)
Pop, Rock

Siehe auch: Talking Heads

Tommy Tutone

VICTOR CARBERRY d (USA), RICK CUTLER d (USA), TOMMY HEATH v (USA), JIM KELLER g (USA), STEVE LEGASSICK key (USA), JON LYONS b (USA), LONNIE TURNER b (USA)

Die beiden Köpfe der Formation Tommy Tutone aus San Francisco waren Heath und Keller. Mit wechselnden Musikern spielten sie ihre Platten ein. »Angel Say No« (5/80 US 38) war die erste Hitnotierung. »867-5309/Jenny« blieb der einzige Top-10-Erfolg dieser Rockband. Ihr erfolgreichstes Album war »Tommy Tutone-2« (2/82 US-LP 20).

867-5309/Jenny (1/82 US 4)
Rock

Tone Loc

TONE LOC rap (USA, * 3. 3. 1966 als Anthony Terrell Smith in Los Angeles/Kalifornien)

Tone Loc lehnte seinen Namen an seinen spanischen Spitznamen Antonio Loco an. Seine erste LP, »Loc'ed After Dark« (2/89 US-LP 1, 3/89 GB-LP 22) wurde über zwei Millionen Mal verkauft. Darauf waren die Nummern »Wild Thing« und »Funky Cold Medina« zu finden. Beide Singles erreichten Platinstatus. Nachfolgesingles und die LP »Cool Hand« konnten den Anfangserfolg bei weitem nicht erreichen. Tone Loc trat auch in etliche Filmen auf, darunter »Surf Ninjas« oder »Ace Ventura«. 1999 kam »Funky Cold Medina« als »Funky Cold Medina 'Y2K« (6/99 D 38) erneut in die Charts. Als Interpreten wurden Tone-Loc Meets ZZ-Bros genannt.

Wild Thing (12/88 US 2)
Funky Cold Medina (3/89 US 3; 5/89 D 7)
Rap

Tony! Toni! Toné!

ELIJAH BAKER (USA), TIMOTHY CHRISTIAN key (USA, * 10. 12. 1965 in Oakland/Kalifornien), CARL WHEELER (USA), RAPHAEL WIGGINS v, b (USA, * 14. 5. 1966, in Oakland/Kalifornien), DWAYNE WIGGINS v, g (USA, * 14. 2. 1963 in Oakland/Kalifornien)

Köpfe dieser Rhythm-&-Blues-Funk-Gruppe aus Oakland/Kalifornien sind die beiden Brüder Wiggins und ihr Cousin Christian. Wem der Begriff Rhythm & Blues in diesem Zusammenhang unzutreffend erscheint, der mag die Musik von Tony! Toni! Toné! als Hip-Hop-Postmodern-Gospel-Rhythm-&-Blues-Funk bezeichnen. Ihre erste Hitnotierung war Mitte 1988 »Little Walter«. »Feels Good« wurde ein Millionseller. Nach 1992 ließen sie die Ausrufezeichen hinter ihrem Namen weg und nannten sich also nur

noch Tony Toni Toné. Ihre erfolgreichsten Alben: »The Revival« (5/90 US-LP 34) und »Sons Of Soul« (7/93 US-LP 24).
Raphael Wiggins machte ab 1995 auch Soloplatten. Er benannte sich in Raphael Saadiq um und hatte mit »Ask Of You« (3/95 R&B 2, 3/95 US 19) einen ersten Hit. Die Nummer »Sukiyaki« stand Pate für diesen Titel, der aus dem Film »Higher Learning« stammte. Es folgte nach einer längeren Pause »Get Involved« (6/99 GB 36) zusammen mit Q-Tip. Das Stück stammte aus der TV-Zeichentrickserie »The P.J.'s« und beinhaltete Teile aus dem Titel »I'll Always Love My Mama« von den Intruders. Ab 2000 versuchte sich auch Dwayne als Solist. Mit »Strange Fruit« hatte er im selben Jahr seine erste Hitnotierung in den amerikanischen R&B-Charts.

Feels Good (9/90 US 9)
If I Had No Loot (6/93 US 7)
Anniversary (9/93 US 10)
Funk, Rhythm & Blues

Toploader

JULIAN DEANE (Großbritannien), ROB GREEN (Großbritannien), DAN HIPGRAVE (Großbritannien), MATT KNIGHT (Großbritannien), JOE WASHBOURN (Großbritannien)
Toploader stammt aus Eastbourne. Sänger Washbourn erklärte in einem seiner ersten Interviews: ›Wir sind die beste neue Band in Großbritannien.‹ Ihre erste Singlenotierung war »Achilles Heel« (5/99 GB 64). Eine Wiederveröffentlichung des Titels wurde ihr erster Top-10-Erfolg. Dazwischen lagen noch »Let The People Know« (8/99 GB 52) und »Dancing In The Moonlight« (3/00 GB 19, 8/00 D 22). Mit »Dancing In The Moonlight« kam eine ältere US-Nummer endlich in Europa zu Hitehren. Das Original stammte von der Gruppe King Harvest, kam im Oktober 1972 in die US-Hitparade und erreichte Platz 13. Das erste Erfolgsalbum von Toploader war »Onka's Big Moka« (6/00 GB-LP 4). Produziert wurden sie von George Drakoulias, der auch schon mit den Beastie Boys und Black Crows erfolgreich war. Es folgte die Single »Just Hold On« (9/00 GB 20). Erstaunlich für britische Hitparadenverhältnisse, dass »Dancing In The Moonlight« im November 2000 nochmals auf Platz 11 einstieg, dann langsam nach unten fiel, aber schließlich eine Kurve nach oben nahm und es sogar bis in die Top 10 schaffte. Eine solche lange Verweildauer in den GB-Charts mit Aufwärtsbewegungen, nachdem die Platte schon nach unten gefallen war, gibt es so gut wie nicht mehr. Als nächster Hit folgte »Only For A While« (4/01 GB 19).

Achilles Heel (5/00 GB 8)
Dancing In The Moonlight (11/00 GB 7)
Pop

Topol

TOPOL v (Israel)
Der israelische Sänger Topol hatte mit »If I Were A Rich Man« aus dem Musical »Anatevka« im Frühjahr 1967 einen Platz 9 in der britischen Hitparade und damit seine einzige Notierung. Das Original dieses Stücks hatte Zero Mostel aufgenommen.

If I Were A Rich Man (4/67 GB 9)
One Hit Wonder, Pop

Torfrock

KLAUS BÜCHNER v, d (Deutschland, * 26. 3. 1948 in Hamburg), REINHARD HEINRICHS per, harm (Deutschland, * 3. 5. 1950), GUNNAR KÄMMER d, per (Deutschland, * 2. 9. 1953), UWE MEITZNER v, g, b (Deutschland), THOMAS RIECKMANN v, g, b (Deutschland, * 26. 10.

1952), RAYMOND VOSS v, g, b (Deutschland, * 11. 7. 1952)
Ihre ersten Platten waren rockige Blödelnummern à la »Preßlufthammer B-B-Bernhard« oder »Volle Granate, Renate«. Die Band wurde Mitte der 70er Jahre gegründet. 1977 erschien die erste LP »... dat matscht so schön«, auf der oben genannte Titel oder auch z. B. »Wikinger Rollo« zu finden waren. Sprüche wie »Rata-ta-zong! Weg ist der Balkong!« machten in Schleswig-Holstein die Runde. Nach fünf LPs löste sich die Band 1982 auf. Klaus Büchner hatte zusammen mit Klaus Baumgart noch 1982 das Blödel-Duo Klaus & Klaus gegründet, das mit Stimmungsnummern wie »An der Norseeküste« oder »Der Eiermann« in Deutschland erfolgreich war. Ab 1988 gab es dann auch wieder Torfrock. Die Nummer »Beinhart« war der Titelsong aus dem Film »Werner – Beinhart«.

Beinhart (11/90 D 1)
Rock, Schlager

Siehe auch: Klaus & Klaus

Tornados

GEORGE BELLAMY g (Großbritannien, * 8. 10. 1940 in Sunderland), HEINZ BURT v, g, b (Deutschland, * 24. 7. 1942 in Hagen, † 7. 4. 2000), ALAN CADDY g (Großbritannien, * 2. 2. 1940 in Chelsea/London, † 16. 8. 2000), CLEM CATTINI d (Großbritannien, * 28. 8. 1938 in London), ROGER LAVERNE JACKSON key (Großbritannien, * 11. 11. 1938 in Kidderminster/Worcestershire)
Die Tornados waren in ihren Anfängen die Begleitgruppe von Billy Fury. 1962 produzierte Joe Meek mit ihnen die Platte »Telstar«. Mit Telstar begann ein neues Zeitalter der Kommunikation zwischen den USA und Europa. Der Satellit war am 10. 7. 1962 hochgeschossen worden und konnte Fernsehsignale zwischen den beiden Kontinenten übermitteln. Ein neues Zeitalter läutete auch der Titel »Telstar« ein. Die Gruppe Tornados war die erste britische Band – und die einzige, bis die Beatles kamen –, die einen Platz 1 in den USA schaffte. Zwei der Mitglieder hatten vor ihrer Arbeit als Gruppe für Billy Fury bereits in anderen Bands gespielt. Cattini kam von Mike Berry's Outlaws, Caddy von den Pirates. Die erste Single der Tornados war »Love And Fury«, die zweite »Telstar«. Die Tornados hatten in den USA mit »Ridin' The Wind« Anfang 1963 eine weitere Hitnotierung, in GB kam zum selben Zeitpunkt »Globetrotter«, und nach drei weiteren Eintragungen war die Gruppe wieder verschwunden. Burt begann eine Solokarriere als Heinz und machte auf Eddie Cochran, und nach 1963 hatten alle Mitglieder die Band verlassen. Das, was dann als Tornados spielte, hatte mit der Urbesetzung nichts mehr zu tun.

Telstar (8/62 GB 1; 10/62 US 1, D 6)
Globetrotter (1/63 GB 5)
Instrumental, Pop

Siehe auch: Heinz

Torriani, Vico

VICO TORRIANI v (Schweiz, * 21. 9. 1920 als Vicos Oxens Torriani in Genf, † 25. 2. 1998)
Der Sänger, Filmschauspieler und TV-Moderator Vico Torriani arbeitete nach einer Lehre im Hotelfach als Skilehrer und Soldat und nach dem Zweiten Weltkrieg als Oberkellner in Zürich. 1946 gewann er einen ›JeKaMi‹-Abend und wurde als Sänger engagiert. Ab 1948 nahm er auch Platten auf. Zu seinen ersten Titeln gehörten »Liebes gutes Mütterlein«, »Lied der Liebe« oder »Vision am Lido«, alle 1948. 1954 begann sein Erfolg in der Bundesrepublik, und er hatte einen ersten Hit mit »Tausend Mandolinen«. Nach 1964 gelang ihm kein Hit mehr. Vico spielte in rund 10 Spielfilmen

mit, sein erster hieß »Straßenserenade«, sein erfolgreichster »Gitarren der Liebe«. TV-Serien mit ihm waren ›Grüezi Vico‹, ›Hotel Victoria‹ und ›Der goldene Schuß‹. Ende der 80er Jahre machte Vico Platten auf dem Gebiet der volkstümlichen Musik. Im Laufe seiner Karriere hat er mehr als 25 Millionen Schallplatten verkauft. Vico starb 1998 in seinem Haus im Tessin an Krebs.

In der Schweiz (9/55 D 2)
Grüß mir die Damen (3/56 D 2)
Siebenmal in der Woche (9/57 D 1)
Ananas aus Caracas (11/57 D 3)
Schön und kaffeebraun (9/58 D 3)
Kalkutta liegt am Ganges (7/60 D 1)
Café Oriental (1/61 D 8)
Pepino (3/63 D 7)
Deutscher Schlager

Total

PAM LONG v (USA, in New York City), KIMA RAYNOR v (USA, in New York City), KEISHA SPIVEY v (USA, in New York City)
Dieses Mädchentrio wurde von Puff Daddy entdeckt. Zusammen mit Notorious B.I.G. hatten sie ihre erste Chartnotierung »Can't You See« (4/95 US 13). Der Titel stammte aus dem Film »New Jersey Drive«. Ihr Debütalbum »Total« (3/96 US-LP 23) wurde mit Platin bedacht. Daraus ausgekoppelt wurden die ersten Singlehits »No One Else« (12/95 US 22) mit Gastrapper Da Brat und »Kissin' You« (5/96 US 12, 9/96 GB 29). Für den Film »Soul Food«, in dem Vanessa Williams die Hauptrolle spielte, sangen sie den Titel »What About Us« (8/97 US 16). Als Gäste von Mase waren sie auf dessen Hit »What You Want« (1/98 US 6, 3/98 D 35, GB 15) zu hören. Im Herbst 1998 erschien ihr Album »Kima, Keisha & Pam« (11/98 US-LP 39). Bei ihrem ersten eigenen Top-10-Hit »Trippin'« wurde als Verstärkung Missy Elliott hinzugeholt.

Trippin' (11/98 US 7)
Rhythm & Blues, Soul

Toten Hosen

ANDI b (Deutschland, *24.7.1962 als Andreas Meurer in Essen), BREITI g (Deutschland, *6.2.1964 als Michael Breitkopf in Düsseldorf), CAMPINO v (Deutschland, *22.6. 1962 als Andreas Frege in Düsseldorf), KUDDEL g (Deutschland, *11.6. 1964 als Andreas von Holst in Münster), TRINI TRIMPOP d (Deutschland), WÖLLI d (Deutschland, *9.1.1958 als Wolfgang Rohde in Kiel)
Ende der 70er Jahre spielten Campino und Kuddel in der deutschen Punkband ZK. Andi, der später bei den Toten Hosen der Bassist wurde, war als Roadie mit dabei. Ende 1981 wollte sich Campino von der Formation trennen und absolvierte die letzten Auftritte mit ihr. Er lernte Trini kennen, der mit der Punkband KFC gespielt und sich dann eine Zeit lang um Filmprojekte gekümmert hatte. Im Frühjahr 1982 kam es zur ersten Formation der Toten Hosen, die vor allem dadurch auffielen, dass sie ihre Instrumente mäßig bis gar nicht beherrschten und bei Live-Auftritten kaum länger als eine Viertelstunde durchhielten, weil sie zu betrunken waren. Zu der Zeit hatte die Band als Leadgitarristen Walter, der überhaupt nicht Gitarre spielen konnte, deshalb auch nie bei Proben erscheinen musste, weil seine Gitarre immer abgedreht wurde, wenn sie irgendwo auftraten. Nach den ersten Plattenaufnahmen – »Wir sind bereit« und »Jürgen Englers Party«, eine Persiflage auf die neue deutsche Welle –, die sich immerhin in den Independent-Charts platzieren konnten, verließ Walter die Gruppe und ging zu den Zeugen Jehovas. Im Februar 1983 nahmen die Toten Hosen in der Besetzung Campino, Kuddel, Andi, Breiti und Trini die Single »Eisgekühlter Bommerlunder« auf, die Kultstatus bei den Jugendlichen erreichte. In demselben Jahr erschien als erstes Album »Opel Gang«. Es folgten 1984 »Unter falscher Flagge«, 1986 »Damenwahl«,

1987 »Never Mind The Hosen – Here's die roten Rosen« und »Bis zum bitteren Ende – live!«, 1988 »Ein kleines bisschen Horrorschau« (11/88 D-LP 7), 1990 »Auf dem Kreuzzug ins Glück« (5/90 D-LP 1), 1991 »Learning English, Lesson One« – darauf sind etliche internationale Punkstars zu hören – und 1993 »Kauf mich!« (5/93 D-LP 1). Ebenfalls 1993 kam mit »Reich & Sexy« (11/93 D-LP 8) eine Zusammenstellung ihrer bisherigen Hits auf den Markt. Das Cover dieser Platte war gestaltet wie das zu »Electric Ladyland« von Jimi Hendrix. Zwischenzeitlich wurde Trini, der das Management übernahm, am Schlagzeug gegen Wölli ausgewechselt. In den Singlehitparaden tauchten die Toten Hosen erstmals mit »Hier kommt Alex« (11/88 D 32) auf. Es folgten »Alles wird gut« (4/90 D 15), »Azzurro« (6/90 D 23), »Karneval in Rio« (11/91 D 36). Den letztgenannten Titel hatten sie zusammen mit dem britischen Posträuber Ronald Biggs, der mit einigen Säcken nach Brasilien geflüchtet war, in Rio de Janeiro aufgenommen. Mit »Sascha ... ein aufrechter Deutscher« gelang ihnen schließlich der erste Top-10-Hit. Der Erlös dieser Platte ging zu 100 Prozent an die Aktion ›Düsseldorfer Appell gegen Fremdenfeindlichkeit und Rassismus‹. Der Song hört auf mit ›Sascha hat's nicht kapiert‹ – ob alle Käufer der Platte sie kapiert haben, ist zumindest fraglich, aber zu hoffen. Im Gegensatz zu ihren Vorbildern, den britischen Punkformationen der 70er Jahre, haben es die Toten Hosen geschickt verstanden, sich bis ins 21. Jahrhundert zu retten. Außerdem begannen sie nicht wie die Sex Pistols und andere Punker mit einem Knall und ließen dann langsam nach, sondern steigerten sich im Laufe der Jahre. Mit Aktionen wie ›Der wahre Heino‹ sorgten sie ›für erkenntnisphilosophisches Umdenken, indem sie durch ein Spiel mit Identität die Austauschbarkeit äußerlicher Erkennungsmerkmale verdeutlichten‹. Das Wichtigste für die Toten Hosen ist allerdings die Frage: Steigt Fortuna Düsseldorf nun auf oder ab? »Sascha ... ein aufrechter Deutscher« stammte von dem Album »Kauf mich!«. »... wünsch‹ dir was« (6/93 D 28), »Alles aus Liebe« (2/94 D 29) und »Kauf mich!« (5/94 D 34) waren weitere Auskopplungen aus dieser CD. Ende Januar 1996 erschien das neue Album »Opium fürs Volk« (2/96 D-LP 1). Auch daraus setzte es wieder einige Singleauskopplungen: »Nichts bleibt für die Ewigkeit« (12/95 D 24), »Paradies« (4/96 D 45), »Bonnie & Clyde« (6/96 D 33) und schließlich »Zehn kleine Jägermeister«, ihr erster Spitzenreiter. Im Oktober 1996 erschien das Live-Album »Im Auftrag des Herrn ... live« (11/96 D-LP 2). Mit »Pushed Again« kam der erste Hit der Toten Hosen nach einer kleineren Pause. Sie selbst schrieben im Beiheft: »Wir sind zurück. Ab Januar klettern wir wieder auf die Bühne irgendwo am anderen Ende der Welt. In Australien, Japan und Neuseeland gewöhnen wir uns wieder neu an Hektik, Live-Konzerte und Parties. Wenn wir zurückkommen, werden wir wieder bereit sein, zu feiern und durchzudrehen, wie ihr es von uns gewohnt seid ... Wir grüßen all die Verrückten, die uns damals bis nach Mexico City, Lima und Buenos Aires gefolgt sind. Wir sehen uns spätestens in Sydney, ok? Respekt und bis bald, Eure Hosen«. Als Campino sich Anfang des Jahres 1998 in allen wichtigen Talkshows neben Politiker und so genannte Schöngeister lümmelte und nach seiner Meinung befragt wurde und sie auch lauthals verkündete, war er etabliert. Geht das? Ein etablierter Punker? Der Kreuzzug zum Glück war angekommen. Im Herbst desselben Jahres hatten die Toten Hosen in der Verkleidung als Die Roten Rosen wieder eine LP in den Charts: »Wir warten auf's Christkind« (11/98 D-LP 4). Schon einmal hatten sie als Die Roten Rosen ein Album aufgenommen: »Never Mind The

Hosen« (1987). Hier hatten sie alte deutsche Schlager der 60er und 70er Jahre verpunkt. Die Hülle der LP war der der Sex Pistols »Never Mind The Bollocks« (1977) nachempfunden. Ein Singlehit aus dem neuen Rosen-Album wurde »Auld Lang Syne« (2/99 D 29). Es folgte, jetzt wieder als Die Toten Hosen, »Schön sein« aus dem Album »Unsterblich« (12/99 D-LP 1), das am 20. 12. 1999 zu Weihnachten auf Platz 1 der deutschen LP-Charts einstieg. Der Titelsong »Unsterblich« (2/00 D 31) kam ausgekoppelt auch in die Single-Charts. Es folgte »Bayern«. Mit viel Medienpower wurde am 11. 9. 2000 die neue Single »Warum werde ich nicht satt?« (9/00 D 38) veröffentlicht. Der deutsche Starregisseur Wim Wenders hatte ein Video für diese Nummer gedreht, das die normalen Standards solcher Musikfilme weit überragte. Dann kam »Was zählt« (12/01 D 16). Am 4. 2. 2002 stieg »Auswärtsspiel« (2/02 D-LP 1) gleich an der Spitze ein. Es folgte »Kein Alkohol (ist auch keine Lösung)« (3/02 D 32).

Sascha . . . ein aufrechter Deutscher (1/93 D 4)
Zehn kleine Jägermeister (9/96 D 1)
Pushed Again (1/98 D 4)
Schön sein (11/99 D 9)
Bayern (4/00 D 8)
Punk, Rock

Toto

JEAN-MICHEL BYRON v (USA), FERGIE FREDERIKSEN v (USA, * 15. 5. 1951 als Dennis), DAVID HUNGATE b (USA, in Los Angeles/Kalifornien), BOBBY KIMBALL v (USA, * 29. 3. 1947 als Robert Toteaux), STEVE LUKATHER g (USA, * 21. 10. 1957 in Los Angeles/Kalifornien), DAVID PAICH key (USA, * 25. 6. 1954 in Los Angeles/Kalifornien), MIKE PORCARO b (USA, * 29. 5. 1955 in Hartford/Connecticut), JEFF PORCARO d (USA, * 1. 4. 1954 in Hartford/Connecticut, † 5. 8. 1992), STEVE PORCARO key (USA, * 2. 9. 1957 in Hartford/Connecticut), JOSEPH WILLIAMS v (USA)

Diese ausgezeichnete Formation kam 1978 in Los Angeles zusammen. Einzelne Mitglieder hatten sich als Studiomusiker bei Jackson Browne, Aretha Franklin, Barbra Streisand oder als Mitglieder in der Band von Boz Scaggs betätigt. Auf den Namen Toto kamen sie, indem sie Bobby Kimballs richtigen Nachnamen in der Schreibweise vereinfachten. Andererseits waren sie alle Fans von »The Wizard Of Oz«, und der Hund darin heißt ebenfalls Toto. Im Herbst 1978 erschien ihre Debütsingle »Hold The Line«. Als Anfang 1983 die Grammys für 1982 verteilt wurden, gewann Toto sechs Preise, die meisten davon für ihre LP »Toto IV«. 1984 verließen Hungate und Kimball Toto und wurden durch den dritten Porcaro-Bruder Mike und Fergie Frederiksen ersetzt. Kimball versuchte sich als Solist und machte später in der Frank-Farian-Formation Far Corporation mit. 1985 war Toto verantwortlich für die Instrumentierung der Nummer »We Are The World« von USA For Africa. 1986 wurde mit Joseph Williams ein neuer Leadsänger vorgestellt. 1987 ging Steve Porcaro und wurde nicht ersetzt. 1990 kam Toto in der Besetzung Paich, Lukather, Jeff und Mike Porcaro und dem neuen Leadsänger Jean-Michel Byron zur Produktion von »Past To Present 1977–1990« wieder zusammen. Im September desselben Jahres begannen sie eine Tournee durch Europa. Im August 1992 starb Jeff Porcaro an den Folgen seiner Kokainsucht. Kurz darauf erschien ›in memory and dedication to Jeff Porcaro‹ die CD »Kingdom Of Desire«. 1993 veröffentlichten sie ein Live-Album, 1995 kam »Tambu«. Die Singleauskopplung »I Will Remember« erreichte knapp die britischen und deutschen Charts. Die erfolgreichsten Alben: »Toto« (10/78 US-LP 9, 2/79 D-LP 8, 3/79 GB-LP 37), »Toto

IV« (4/82 US-LP 4, 5/82 D-LP 12, 2/83 GB-LP 4), »Isolation« (11/84 D-LP 15), »The Seventh One« (2/88 D-LP 10) und »Past To The Present 1977 – 1990« (9/90 US-LP 153). Als im Jahre 2000 Toto mal wieder durch die Lande zog, war Bobby Kimball wieder als Leadsänger dabei. Seiner Stimme merkte man die Jahre an.

Hold The Line (10/78 US 5)
Rosanna (4/82 US 2)
Africa (10/82 US 1; 2/83 GB 3)
I Won't Hold You Back (3/83 US 10)
Jazz, Pop, Rock

Siehe auch: Far Corporation

Toto Coelo

Mit der Billig-Diskonummer »I Eat Cannibals«, u. a. geschrieben von Barry Blue, kamen die fünf Sängerinnen – um die Leadsängerin Ros Holness scharten sich Lindsey, Lacey, Anita und Sheen, die man mühevoll auf ›Manta‹ getrimmt hatte und deren Nachnamen schon damals völlig uninteressant waren – in die britischen Charts. Schon der Nachfolger »Dracula's Tango« brachte es nur noch auf Platz 54. Nach einigen weiteren Veröffentlichungen kam 1985 Toto Coelo als Trio. Für das Make-up des Trios war Helen Porter zuständig, für die Haare Dave at Memory Lane, der die Telefonnummer 01 863 2063 hat. Das steht auf der Hülle. Wie die Mädchen heißen, nicht. Sicher dabei waren Laura James und Rebecca Louise Field, die vorher bei Belle & The Devotions gesungen hatten, und als Leadsängerin Ros Holness. In den USA nannte sich die Gruppe Total Coelo, um sich keine Schwierigkeiten mit der US-Band Toto einzuhandeln – sie erreichten mit »I Eat Cannibals« dort gerade mal Platz 66. Viele US-Radiostationen weigerten sich, den Titel wegen des Textes zu spielen.

I Eat Cannibals (8/82 GB 8)
One Hit Wonder, Pop

Tottenham Hotspur F.A. Cup Final Squad

TOTTENHAM HOTSPUR F.A. CUP FINAL SQUAD v

Wieder eine der vielen britischen Fußballmannschaften, die sich auch auf Platten verewigte. Ihr größter Hit war »Ossie's Dream (Spurs Are On Their Way To Wembley)«. Weitere Top-40-Notierungen waren »Tottenham Tottenham« (5/82 GB 19) und »Hot Shot Tottenham!« (5/87 GB 18). Die beiden ersten Hits wurden gesanglich und instrumental unterstützt vom Duo Chas & Dave. Ihr erfolgreichstes Album hieß »Spurs Go Marching On« (6/67 GB-LP 6).

Ossie's Dream (Spurs Are On Their Way To Wembley) (5/81 GB 5)
Pop

Touch & Go

JIM tr, KEITH b, MIEKO key, SAVRA d, VANESSA v

Die Novelty-Nummer »Would You . . . ?« (12/98 D 21) wurde von japanischen und britischen Musikern eingespielt – und gehörte zu den Überraschungen des Jahres 1998. Eventuell hat vielen männlichen Plattenkäufern auch einfach nur die Vorstellung gefallen, dass eine hübsche Frau ganz selbstverständlich auf einen zukommt und fragt: ›Du gefällst mir. Möchtest Du mit mir ins Bett gehen?‹ Geschrieben und produziert hatte David Lowe.

Would You . . . ? (11/98 GB 3)
Pop

Tourists

EDDIE CHIN b (Großbritannien), PEET COOMBES v, g (Großbritannien), ANNIE LENNOX v, key, fl (Großbritannien, * 25. 12. 1954 in Aberdeen), DAVE A.

STEWART g, key, syn (Großbritannien, * 9. 9. 1952 als David Allan in Sunderland/ Tyne&Wear), JIM TOOMEY d (Großbritannien)
Nachdem Annie Lennox und Dave Stewart einige erfolglose Versuche in Gruppen hinter sich gebracht hatten, gründeten sie Mitte 1979 die Formation Tourists. Ihre erste Veröffentlichung war die Nummer »Blind Among The Flowers« und wurde auch die erste Hitnotierung für sie in GB. Danach erschien »The Loneliest Man In The World« (9/79 GB 32), als dritte Single kam »I Only Want To Be With You«, ein Remake des Dusty-Springfield-Hits von 1963, auf den Markt. Als mit »Don't Say I Told You So« (10/80 GB 40) die letzte Single in den GB-Charts notiert wurde, waren die Tourists gerade auf Tournee in Australien, wo die Gruppe plötzlich und unerwartet auseinander brach. Noch im Dezember 1980 gingen Stewart und Lennox in das Studio von Conny Plank in der Nähe von Köln, und wenig später sollte die Karriere der Eurythmics beginnen.

I Only Want To Be With You (11/79 GB 4)
So Good To Be Back Home Again (2/80 GB 8)
Elektro-Pop, Pop

Siehe auch: Lennox, Annie; Stewart, David A.; Eurythmics

Townshend, Pete

PETE TOWNSHEND v, g (Großbritannien, * 19. 5. 1945 in Chiswick/London)
Er war die treibende Kraft hinter einer der qualitativ besten Rockbands der 60er Jahre. Aber auch in den 70er Jahren hatte die Gruppe noch genug Power, um mitzuhalten. Nachdem sich die Who 1982 aufgelöst hatten, widmete sich Pete nicht nur weiter der Popmusik, sondern wurde nebenher auch noch Lektor im angesehenen Verlag Faber & Faber. In diesem Haus veröffentlichte er 1985 sein Buch ›Horse's Neck‹.
Schon ab 1972 hatten die einzelnen Mitglieder der Who Soloprojekte verfolgt. Townshends erste Solo-LP trug den hintersinnigen Titel »Who Came First« (10/72 GB-LP 30). Aber noch war Pete zu sehr mit dem Songschreiben für die Who beschäftigt, um sich um seine eigenen Platten zu kümmern. Er und Ronnie Lane veröffentlichten im Herbst 1977 die LP »Rough Mix«. Als Gastmusiker waren Eric Clapton und John Entwistle zu hören. Mitte 1980 erschien »Empty Glass« (5/80 GB-LP 11, US-LP 5), und auch dieser Titel war hintergründig. Zu diesem Zeitpunkt hatte er erhebliche Alkoholprobleme, die er schließlich mit Drogen wie Heroin kompensierte. Erst nach einer Entziehungskur, der er sich gemeinsam mit seiner ebenfalls alkoholabhängigen Mutter unterzog, konnte er weitermachen. Zwei Jahre nach »Empty Glass« erschien die LP »All The Best Cowboys Have Chinese Eyes«. Im Frühjahr 1983 stellte er eine Reihe von Demoaufnahmen zu »Scoop« zusammen.
Ende 1985 kam die hervorragend gemachte Platte »White City – A Novel« (11/85 US-LP 26). Nach einer Live-LP 1986 erschien, inhaltlich an den ersten »Scoop« erinnernd, »Another Scoop«. 1989 veröffentlichte er das Konzeptalbum »The Iron Man«. Als Gastmusiker waren z. B. Nina Simone oder John Lee Hooker zu hören. Mitte 1993 kam Pete mit »Psychoderelict«, einem weiteren Konzeptalbum, das in seiner Anlage an Tommy erinnert. Erzählt wird die Geschichte des abgehalfterten Rockmusikers Ray Highsmith, der sich in einer Persönlichkeits- und Schaffenskrise befindet. Sein Manager hat nur den kommerziellen Erfolg im Auge und verbündet sich mit der Radiojournalistin Ruth Steering, die Highsmith hasst und selbst gerne ein Rockstar wäre. Manager und Journalistin schmieden gemeinsam ein Komplott, das sie reich macht, den Rockstar aber mit seinen Problemen alleine lässt. Pete Townshend hat es immer wieder geschafft, sei-

ne Ängste und Nöte in Songs zu packen und zu verarbeiten. War es am Anfang »My Generation«, so berührte ihn 1993 die Ausbeutung der Musiker, Sänger und Songschreiber durch die Vermarktung. In GB war Petes erfolgreichste Singleplatte die Nummer »Rough Boys« (4/80 GB 39), in den USA war er erfolgreich mit »Let My Love Open The Door« und »Face The Face« (11/85 US 26, 12/85 D 15).
Dass Townshend die Dinge trotzdem mit einigem Abstand und der nötigen Selbstironie betrachten kann, zeigt seine 1993er Antwort auf die Frage nach seinen Problemen: Das Einzige, was ihm zu schaffen mache, sei sein nicht zu stoppender Haarausfall. Im März 1994 erhielt »Tommy« als bestes Musical-Show-Album einen Grammy. »Tommy« sollte ihn auch die nächsten Jahre nicht loslassen. Im März 1996 wurde eine CD-ROM veröffentlicht mit dem Titel »Pete Townshend Presents Tommy: The Interactive Adventure«. Mitte desselben Jahres traten Pete, Daltrey, Entwhistle und als Drummer Ringos Sohn Zak Starkey im Londoner Hyde Park auf und spielten »Quadrophenia«.

Let My Love Open The Door (6/80 US 9)
Beat, Punk, Rhythm & Blues, Rock

Siehe auch: Who

Toy Dolls

MICHAEL (OLGA) ALGER v, g (Großbritannien), MOLELLA dj (Italien, als Maurizio Molella), PAUL SMITH d (Großbritannien)
Als Fun-Punk wurde das bezeichnet, was die Toy Dolls Ende 1984 machten. Vor allem aber waren es die Kids, die die Formationen liebten. Die Toy Dolls waren die erste Band, die in die beliebte englische Jugendsendung ›Tube‹ eingeladen wurde. In der TV-Show ›Razzamatazz‹ waren sie des öfteren zu hören. Sie schrieben dafür Jingles und die Themenmusik. Trotzdem blieb »Nellie The Elephant« (2/85 D 39) die einzige Hitnotierung dieser Band.

Nellie The Elephant (12/84 GB 4)
One Hit Wonder, Pop, Punk

Toyah

STEVE BRAY d (Großbritannien), PETER BUSH key (Großbritannien), CHARLIE FRANCIS b (Großbritannien), MARK HENRY b (Großbritannien), TOYAH v (Großbritannien, * 18. 5. 1958 als Toyah Ann Wilcox in Kings Heath/Birmingham)
Dank Toyah wissen wir, wie vielfältig Frisuren und Haarfarben sein können. Was am Anfang noch schrill war, kam irgendwann so vertraut daher, dass sie schließlich ganz auf den Firlefanz verzichtete. 1976 hatte sie ihre ersten Fernsehauftritte. Danach sah man sie in Filmrollen, wie z. B. in »Quadrophenia« 1978. In demselben Jahr machte sie auch ihre ersten Platten. Die Reihe der Hitnotierungen geht bis ins Jahr 1987, dann heiratete sie Robert Fripp, den Kopf von King Crimson, und ward in den Charts nicht mehr gesehen. Nachdem längere Zeit keine neuen Platten mehr von Toyah kamen, wurde 1994 das Album »Dreamchild« veröffentlicht. Dabei hätte Toyah einen richtigen Hit gebrauchen können. 1991 hatte ihre Bank pleite gemacht – damit hatte auch das Ehepaar Fripp keinen Penny mehr. 1998 rechnete Toyah vor, schon im Jahre 2003 wären alle Schulden des Paares bezahlt.
Ihre erfolgreichsten Alben waren »Anthem« (5/81 GB-LP 2), »The Changeling« (6/82 GB-LP 6) und »Warrior Rock – Toyah On Tour« (11/82 GB-LP 20).

Four From Toyah EP (2/81 GB 4)
I Want To Be Free (5/81 GB 8)
Thunder In The Mountains (10/81 GB 4)
Pop, Punk

Toys

BARBARA HARRIS v (USA, * 18. 8. 1945 in Elizabeth City/North Carolina), JUNE MONTEIRO v (USA, * 1. 7. 1946 in New York City), BARBARA PARRITT v (USA, * 1. 10. 1944 in Wilmington/North Carolina)

Das Trio aus New York hatte mit »A Lover's Concerto« im Herbst 1965 einen internationalen Hit. Es handelte sich dabei um die Adaption eines Menuetts in G-Dur aus dem ›2. Notenbuch der Anna Magdalena Bach‹ (BWV Anhang II 114), das jedoch nicht von Bach stammte, sondern von Christian Pezold (danke, Norbert Henning!). Der Nachfolgehit der Gruppe Toys, »Attack« (12/65 US 18, 1/66 GB 36), kam ebenfalls in die Charts, aber schon nach 1966 und zwei weiteren kleinen Hits in den USA war ihre Karriere wieder vorüber, und sie trennten sich.

A Lover's Concerto (9/65 US 2; 11/65 GB 5)
Pop, Soul

Tozzi, Umberto

UMBERTO TOZZI v, g (Italien, * 4. 3. 1952 in Turin)

Der Sänger und Songschreiber gilt in seiner Heimat als ausgezeichneter Gitarrist und kam nur zufällig zum Gesang: Er summte einigen Studiomusikern eine Melodie vor. Vorher hatte er in den Gruppen Data und La Strana gespielt. In unseren Breiten wurde er bekannt mit der Nummer »Ti Amo«. »Tu« (6/78 D 17) stand in Italien 13 Wochen auf Platz 1. Mit dem von Umberto geschriebenen Titel »Gloria« hatte die Amerikanerin Laura Branigan 1982 einen Top-10-Erfolg in den USA und in GB. In den deutschen Hitparaden wurde Tozzi nicht mehr erfolgreich, aber in seiner Heimat blieb er bis in die 90er Jahre ein Star. 1987 gewann Umberto Tozzi zusammen mit Enrico Ruggieri und Gianni Morandi und dem Titel »Si Puo Dare Di Pui« das San Remo Festival. In demselben Jahr nahm Umberto auch für sein Heimatland Italien beim Grand Prix Eurovision teil. Er belegte im Duett mit seinem Kollegen Raff und dem Titel »Gente Di Mare« (8/87 D 39) immerhin Platz 3. Vor ihnen landeten auf Platz 1 Johnny Logan und »Hold Me Now« und die deutsche Gruppe Wind mit »Lass die Sonne in dein Herz« auf Platz 2. 1992 veröffentlichte er mit »Le Mie Canzoni« eine Zusammenstellung seiner größten Hits, die schon kurz nach Erscheinen mit Platin bedacht wurde. 1994 erschien »Equivocando«.

Ti Amo (10/77 D 4)
Gloria (7/79 D 8)
Pop

TQ

TQ v (USA, als Terrance Quaites in Mobile/Alabama)

Schon 1993 war Terrance Mitglied in der Gruppe Coming Of Age, die mit »Coming Home For Love« (9/39 R&B 27) in den USA ihren ersten Hit hatte. Die Mitglieder der Band waren zu diesem Zeitpunkt zwischen 17 und 20 Jahre alt. 1998 löste sich Terrance von der Band und wollte als Solist seine eigenen Vorstellungen realisieren. Sein Debütalbum hieß »They Never Saw You Coming« – daraus ausgekoppelt sein erster Hit »Westside« (1/99 D 13). Die Nummer beinhaltete Samples aus »The Breaks« von Kurtis Blow und »In My Wildest Dreams« von Joe Sample. »Westside« sollte eine Hommage an 2Pac und Eazy-E. sein. Nachfolger »Bye Bye Baby« (5/99 D 11) basierte auf einer wahren Geschichte. Es ging um eine Frau, die von einem vorbeifahrenden Auto aus zufällig erschossen wurde. Die Kugel galt nicht ihr, sondern ihrem Mann. Im Jahr 2000 folgte »Daily« (4/00 GB 14, D 31). Zusammen mit Sarah

Connor war TQ auf dem Titel »Let's Get Back To Bed – Boy!« (5/01 D 2, 10/01 GB 16) zu hören.

Westside (1/99 D 8, GB 4)
Bye Bye Baby (5/99 GB 7, D 6)
HipHop, Rhythm & Blues

Siehe auch: Another Level; Connor, Sarah

Tracid, Kai

KAI TRACID (Deutschland, als Kai MacDonald)
Kai begann seine – wie er es nennt – Lehrjahre bei der Produzentenlegende Frank Farian und dem Producer/DJ Uli Brenner. Seit 1995 machte er unter diversen Pseudonymen wie Formic Acid, Mac Music, The Attractor, ASYS oder Warmduscher mehr als 30 Produktionen. Vorwiegend waren das Platten, denen man heute im Nachhinein Kult-Touch nachsagt. Warmduscher hatte mit »Auf die Fresse« (5/99 D 37) zumindest einen Top-40-Hit.
Sein Pseudonym Tracid suchte er sich aus Trance und Acid zusammen. Seinen ersten Hit hatte er mit »Your Own Reality« (1/98 D 22). Es folgten »Dance For Eternity« (6/98 D 26), »Liquid Skies« (12/98 D 31), »Destiny's Path« (11/99 D 29) und »Too Many Times« (8/01 D 24). Der erste Top-10-Hit von Kai Tracid basierte auf dem Instrumentalstück »Flug auf dem Glücksdrachen« aus »Die unendliche Geschichte«, geschrieben von Klaus Doldinger. Danach wurde Kai als ›Magier des Trance‹ gefeiert. Zwischendurch machte er sich auch als Remixer einen Namen. Er bearbeitete zum Beispiel Titel von Space Frog, La Bouche, No Mercy oder den Prinzen.

Life Is Too Short (11/01 D 9)
Dance

Tracie

TRACIE v (Großbritannien, * 25. 3. 1965 als Tracie Young in Basildon/Essex)
Tracie begann als Sängerin im Chor hinter Paul Weller und Jam. So ist sie auf der Single »Beat Surrender« zu hören. Sie muss Paul so begeistert haben, dass er mit ihr auf seinem eigenen Respond Label »The House That Jack Built« produzierte. Tracie ging schließlich mit Wellers neuer Band Style Council auf Tournee und entwickelte sich dabei immer mehr zum eigenständigen Act. »Give It Some Emotion« (7/83 GB 24) blieb ihre einzige weitere Top-40-Notierung. Ab 1985 erschienen ihre Platten schon unter dem vollständigen Namen Tracie Young. Ihr einziger Top-10-Hit hat übrigens nichts zu tun mit dem gleichnamigen Titel von Alan Price.

The House That Jack Built (3/83 GB 9)
Pop

Traffic

JIM CAPALDI v, d (Großbritannien, * 24. 8. 1944 in Evesham/Worcestershire), ROSKO GEE b, JIM GORDON d (Großbritannien), RICK GRECH b, vln (Frankreich, * 1. 11. 1945 in Bordeaux, † 17. 3. 1990), ROGER HAWKINS d (Großbritannien), DAVID HOOD b (Großbritannien), REEBOP KWAKU-BAAH b (Ghana als Anthony Kwaku-Baah), DAVE MASON v, g (Großbritannien, * 10. 5. 1946 in Worcester), STEVE WINWOOD v, g, key, b, org (Großbritannien, * 12. 5. 1948 in Birmingham), CHRIS WOOD sax, fl (Großbritannien, * 24. 6. 1944 in Birmingham, † 12. 7. 1983)
Als Steve Winwood 1967 diese Formation gründete, war er schon der Star der Spencer Davis Group gewesen und trotzdem erst 19 Jahre alt. Die drei anderen Musiker waren der ehemalige Spencer-Davis-Roadie Mason, das Ex-Sounds-Of-Blue-Mitglied Wood und Capaldi, der einst mit Mason bei den Hellions gespielt hatte. Mitte 1967 erschien die erste Single, »Paper Sun«. Ihr letzter Singlehit war »No Face, No Name, No Number« (3/68

GB 40). Insgesamt bestand die Gruppe rund sieben Jahre. Die Fluktuation in der Band war gewaltig und wird am Beispiel Mason am deutlichsten: Ende 1967 verließ er die Gruppe, kam aber im Mai 1968 wieder, um im Oktober desselben Jahres wieder zu gehen. Vielleicht lagen die Schwierigkeiten in der Band daran, dass sich hier mit Winwood, Capaldi und Mason drei Ausnahme-Songschreiber zusammengefunden hatten. Dave Mason schrieb z. B. im Alleingang die Nummern »Hole In My Shoe« oder »Feelin' Alright«. Im Januar 1969 fiel Traffic erst einmal ganz auseinander, als Winwood neben Eric Clapton, Rick Grech und Ginger Baker Mitglied bei Blind Faith wurde. Mick Weaver, ehemals bei Amen Corner und später mit den Strawbs und den Bee Gees und vielen anderen, bildete mit den drei übrigen kurzzeitig die Gruppe Wooden Frog. Schon nach einem Jahr fiel Blind Faith wieder auseinander, und Winwood entschloss sich, ein Soloalbum aufzunehmen. Capaldi und Wood nahmen an den Aufnahmesessions teil, und alles klappte so gut, dass Traffic wieder neu belebt wurde. Bis 1975 erschien eine Reihe sehr interessanter, guter und auch erfolgreicher LPs: »Mr. Fantasy« (12/67 GB-LP 8), »Traffic« (10/68 GB-LP 9, 11/68 US-LP 17), »Last Exit« (5/69 US-LP 19), »John Barleycorn Must Die« (7/70 US-LP 5, 8/70 GB-LP 11), »The Low Spark Of High Heeled Boys« (12/71 US-LP 7), »Shoot Out At The Fantasy Factory« (2/73 US-LP 6) und »When The Eagle Flies« (9/74 GB-LP 31, 9/74 US-LP 9).
Wood starb 1983 nach längerer Krankheit an einem Leberleiden. Der Titel »Hole In My Shoe« kam 1984 noch einmal zu Hitehren. Der Sänger Neil erreichte damit ebenfalls Platz 2 in den GB-Charts. Zur Überraschung aller Fans dieser Formation erschien 1994 mit »Far From Home« (5/94 US-LP 33, GB-LP 29) eine neue CD von Traffic. Mitglieder waren jedoch nur noch Steve Winwood und Jim Capaldi.

Paper Sun (6/67 GB 5)
Hole In My Shoe (9/67 GB 2)
Here We Go Round The Mulberry Bush (11/67 GB 8)
Pop, Psychedelic, Rock

Siehe auch: Davis, Spencer, Group; Winwood, Steve

Train

CHARLIE COLIN b (USA), ROB HOTCHKISS g, b (USA), PATRICK MONAHAN v, sax, tr, per (USA), JIMMY STAFFORD g (USA), SCOTT UNDERWOOD d (USA)
1994 kam Train aus San Francisco als Folk-Duo, bestehend aus Monahan und Hotchkiss. Sie erweiterten sich im Laufe der Jahre zum Quintett, das vorwiegend traditionelle amerikanische Rockmusik spielt – und sich mit Fleiß auf endlosen Tourneen sein Publikum erarbeitete. Ihr erstes Album erhielt Platin: »Train« (7/99 US-LP 76). Daraus ausgekoppelt wurde die Single »Meet Virginia« (10/99 US 20). Es folgte das Album »Drops Of Jupiter« (4/01 US-LP 6, 8/01 GB-LP 8), aus dem der Titelsong als Single ausgekoppelt und zum ersten Top-10-Hit wurde.

Drops Of Jupiter (Tell Me) (3/01 US 5; 8/01 GB 10)
Pop, Rock

Trammps

JOHN DAVIS sax (USA), JIMMY ELLIS v (USA), DENNIS HARRIS g (USA), JOHN HART key (USA), FRED JOINTER pos (USA), RON KERSEY key (USA), ROGER STEVENS tr (USA), MICHAEL THOMPSON d (USA), ROBERT UPCHURCH v (USA), STANLEY WADE b (USA), HAROLD »DOC« WADE g (USA), EARL YOUNG d (USA)
Ellis war der Leadsänger dieser Formation aus Philadelphia. Ihre erste Hitparaden-

notierung hatte die Gruppe Mitte 1972 mit der Neuauflage eines Judy-Garland-Hits aus dem Jahre 1943: »Zing Went The Strings Of My Heart« (11/74 GB 29). Die weiteren Top-40-Hits: »60 Minute Man« (2/75 GB 40), »Hold Back The Night« (1/76 US 35), »That's Where The Happy People Go« (3/76 GB 35, 4/76 US 27), »Disco Inferno« (5/77 GB 16, 2/78 US 11) und eine Bearbeitung von »Hold Back The Night« (12/92 GB 30). »Disco Inferno« stand Anfang 1977 schon einmal in den US-Charts, fiel aber nach neun Wochen wieder raus. Nachdem er dann in dem Film »Saturday Night Fever« zu hören war, kam er im Februar 1978 erneut in die Charts.

Hold Back The Night (10/75 GB 5)
Disko, Soul

Transvision Vamp

TEX AXILE key (Großbritannien, * 30. 7. 1963), POL BURTON d (Großbritannien, * 1. 7. 1964), WENDY JAMES v (Großbritannien, * 21. 1. 1966 in London), DAVE PARSONS b (Großbritannien, * 2. 7. 1962 in Uxbridge/London), NICK CHRISTIAN SAYER g (Großbritannien, * 1. 8. 1964)
Mit einigen Punk-Attitüden aus den 70er Jahren, mit hartem Rock 'n' Roll, gewagten Videoszenen und dem blonden Blickfang, Sängerin Wendy James, kam die Formation im Frühjahr 1988 mit »Tell That Girl To Shut Up« erstmals in die GB-Charts. Mehr noch als durch ihre Musik machte die Formation durch Wendys ausgeprägten Hang zur Selbstdarstellung um jeden Preis von sich reden. Ihre letzte Chartnotierung wurde im Sommer 1991 »If Looks Could Kill«. Danach fiel die Band auseinander, und im Frühjahr 1993 erschien mit »Now Ain't The Time For Your Tears« ein erstes Soloalbum von Wendy James. Die erfolgreichsten Alben der Formation waren »Pop Art« (10/88 GB-LP 4) und »Velveteen« (7/89 GB-LP 1).

I Want Your Love (6/88 GB 5)
Baby I Don't Care (4/89 GB 3)
Pop, Rock

Trans-X

LAURIE GILL v (Kanada), PASCAL LANGUIRAND v (Kanada, in Montreal)
Pascal, Sänger und Songschreiber, und Laurie Gill steckten hinter dem Projekt Trans-X. 1983 veröffentlichten sie das Stück »Living On Video«. Der Remix des Stücks erreichte zwei Jahre später die britischen Charts. Ein weiterer Hit war nicht angesagt.

Living On Video (7/83 D 4; 7/85 GB 9)
Disko, One Hit Wonder

Trashmen

TONY ANDREASON g (USA), BOB REED g (USA), STEVE WAHRER d (USA, † 21. 1. 1989), DAL WINSLOW g (USA)
Diese Müllmänner aus Minneapolis bzw. St. Paul bildeten eine der vielen Surf-Rock-Gruppen, die 1963 nach oben geschwemmt wurden. Ihre Nummer »Surfin' Bird« erinnerte stark an »The Bird's The Word«. Auch ihren zweiten Hit hatten die Trashmen den Rivingtons abgeschaut: Aus »Papa-Oom-Mow-Mow« wurde bei ihnen »Bird Dance Beat« (2/64 US 30). Danach gingen sie zurück zur Müllabfuhr – oder so. Steven starb im Alter von 47 Jahren an Kehlkopfkrebs.

Surfin' Bird (12/63 US 4)
Punk, Surf-Music

Travis

ANDY DUNLOP g (Großbritannien), FRAN HEALY v (Großbritannien), DOUGIE PAY-

NE b (Großbritannien, * 14. 11. 1972), NEIL PRIMROSE d (Großbritannien)
Dunlop und Primrose gründeten 1991 in Glasgow die Formation Glass Onion. Die Beiden bildeten die Kernzelle für die Mitte der 90er Jahre gegründete Formation Travis. Ende 1996 erschien mit »All I Want To Do Is Rock« eine erste EP. Ihre nächste Veröffentlichung war »U16 Girls« (4/97 GB 40). Es folgten die Top-40-Hits »All I Want To Do Is Rock« (6/97 GB 39), »Tide To The 90's« (8/97 GB 30), »Happy« (10/97 GB 38), »More Than Us EP« (4/98 GB 16), »Writing To Reach You« (3/99 GB 14) und »Driftwood« (5/99 GB 13). Das schon fast larmoyante und weinerlich vorgetragene Lied »Why Does It Always Rain On Me?« konnten offensichtlich viele Briten nachempfinden – was zu verstehen ist. Danach ging es mit der Gruppe rapide bergauf. 2000 erhielten sie einen Brit Award.
Die erfolgreichsten Alben: »Good Feeling« (9/97 GB-LP 9), »The Man Who« (6/99 GB-LP 1), »The Invisible Band« (6/01 GB-LP 1, D-LP 3).

Why Does It Always Rain On Me? (8/99 GB 10)
Turn (11/99 GB 8)
Coming Around (6/00 GB 5)
Sing (6/01 GB 3)
Britpop

Travolta, John

JOHN TRAVOLTA v (USA, * 18. 2. 1954 in Englewood/New Jersey)
Travolta hatte seinen ersten Erfolg als Vinnie Barbarino in der TV-Serie ›Welcome Back Kotter‹, die ab 1975 ausgestrahlt wurde. Höhepunkt seiner Karriere war die Rolle im Disko-Schinken »Saturday Night Fever« 1977. Weitere Filme von John: »Grease« (1978), »Urban Cowboy« (1980), »Blow Out« (1981), »Staying Alive« (1983), »Perfect« (1985), »Look Who's Talking« (1989), »Look Who's Talking Now« (1993), »Pulp Fiction« (1993), »Phenomen« (1995), »Schnappt Shorty« (1995) und »Straße der Rache« (1995). Seinen ersten Hit als Sänger hatte er mit »Let Her In«. Zusammen mit Olivia Newton-John schaffte er einen internationalen Spitzenreiter: »You're The One That I Want«. Mit ihr sang er auch »Summer Nights«. Mit dem »Grease Megamix« erreichten sie zwölf Jahre später noch einmal die britischen Top 10. 1998 feierte die Filmversion des Musicals »Grease« 20-jähriges Jubiläum. Aus diesem Grund wurde »You're The One That I Want« erneut veröffentlicht und kam wieder unter die ersten 10.

Let Her In (5/76 US 10)
You're The One That I Want (4/78 GB 1, US 1; 6/78 D 1; 7/78 GB 4)
Summer Nights (8/78 GB 1, US 5; 10/78 D4)
Sandy (10/78 GB 2)
Grease Megamix (12/90 GB 3)
Pop

Tremeloes

ALAN BLAKELY v, g (Großbritannien, * 1. 4. 1942 in Dagenham/Essex, † 1. 7. 1996), MIKE CLARK v, b (Großbritannien), LEN »CHIP« HAWKES v, b (Großbritannien, * 2. 11. 1946 in London), ALAN HOWARD v, b (Großbritannien, * 17. 10. 1941 in Dagenham/Essex), DAVE MUNDEN v, d (Großbritannien, * 2. 12. 1943 als David Munden in Dagenham/Essex), RICKY WEST v, g (Großbritannien, * 7. 5. 1943 als Richard Westwood in Dagenham/Essex)
Nachdem sich im Januar 1966 Brian Poole von den Tremeloes getrennt hatte, sah es so aus, als würde seine Begleitgruppe in der Bedeutungslosigkeit versinken und er könnte eine Solokarriere aufbauen. Das glaubte wohl auch Alan Howard, der wenig später die Gruppe verließ und durch Clark ersetzt wurde. Howard ging ganz aus dem Musikgeschäft und ver-

suchte sich mit Trockenreinigung. Die erste Single der Tremeloes war eine Coverversion von Paul Simons »Blessed«, die nicht in die Hitparade kam. Auch »Good Day Sunshine«, ein Stück von der Beatles-LP »Revolver«, wurde in der Version der Tremeloes kein Erfolg. Len ›Chip‹ Hawkes wurde als neuer Sänger eingekauft und ersetzte außerdem den Bassisten Mike Clark. 1967 kam die Coverversion des Cat-Stevens-Hits »Here Comes My Baby« in die Charts. Die Karriere der Tremeloes verlief gegen alle Erwartungen erfolgreich, die von Brian Poole ging nie richtig los. Das erfolgreichste Album der Band war »Here Comes The Tremeloes« (6/67 GB-LP 15). 1974 verließ Hawkes die Band, 1975 Blakely. Die Plattenveröffentlichungen der Tremeloes reichten bis in die 90er Jahre. Auf »All For One And One For All« aus dem Jahre 1992 sind von der Originalbesetzung noch Munden, Blakely und West dabei. Chips Sohn Chesney Hawkes war Anfang der 90er Jahre als Solist erfolgreich. Alan Blakley musste sich vom aktiven Tournee-Leben zurückziehen, denn er erkrankte an Darmkrebs, woran er schließlich starb. Im Jahr 2000 wurden die Alben »Here Come The Tremeloes«, »Suddenly You Love Me« und »Master« auf CD wieder veröffentlicht und mit reichlichen Bonus-Tracks versehen, darunter die kompletten Alben »Chip, Dave, Alan And Rick« und »Live In Cabaret«. Außerdem wurde im selben Jahr das 4-CD-Set »Boxed« veröffentlicht, das insgesamt 102 Titel aufwies, alle Singles von 1966 bis 1983 enthielt und etliche Raritäten sowie Solo-Aufnahmen von Hawkes und Blakley präsentierte. Auch 2001 tourten die Tremeloes immer noch in der Besetzung West, Munden, Joe Gillingham und Davey Fryer.

Here Comes My Baby (2/67 GB 4)
Silence Is Golden (4/67 GB 1; 6/67 D 8)
Even The Bad Times Are Good (8/67 GB 4)
Suddenly You Love Me (1/68 GB 6)
My Little Lady (9/68 GB 6; 11/68 D 3)
(Call Me) Number One (11/69 D 3, GB 2)
Me And My Life (9/70 D 6, GB 4)
Beat, Pop, Soft Pop

Siehe auch: Poole, Brian & The Tremeloes; Hawkes, Chesney

Trent, Jackie

JACKIE TRENT v (Großbritannien, * 6. 9. 1940 als Jacqueline Trent in Newcastle-under-Lyme)
Nachdem die Sängerin und Texterin Jackie Trent seit ihrem dreizehnten Lebensjahr in verschiedenen Bands mitgewirkt hatte, wurde sie mit 17 Profi. Anfang der 60er Jahre machte sie ihre ersten Plattenaufnahmen. 1964 wechselte sie zu Pye Records und lernte dort den Produzenten und Komponisten Tony Hatch kennen, den sie 1967 heiratete. Gemeinsam schrieben sie »Where Are You Now (My Love)«. Nach zwei weiteren Top-40-Notierungen, »When The Summertime Is Over« (7/65 GB 39) und »I'll Be There« (4/69 GB 38), war die Gesangskarriere von Jackie beendet. Als Songschreiberin hat sie weiterhin mit ihrem Mann erfolgreich gearbeitet. Mitte der 80er Jahre zogen die beiden nach Australien und schrieben dort u. a. die Themenmusik zur Erfolgsserie ›Neighbours‹.

Where Are You Now (My Love) (4/65 GB 1)
Pop

Tresvant, Ralph

RALPH TRESVANT v (USA, * 16. 5. 1968 in Roxbury/Massachusetts)
Ralphs Karriere begann 1982 in der Kindertruppe New Edition. Ebenso wie die anderen Mitglieder dieser Formation konnte Ralph seine Karriere auch nach New Edition fortsetzen. »Sensitivity« (1/91 GB 18) war seine erste Hitnotierung. Sie stammte von seinem Debüt-

album »Ralph Tresvant« (12/90 US-LP 17, 2/91 GB-LP 37). Ebenfalls von diesem Album kam »Stone Cold Gentleman« (2/91 US 34). Tresvant spielte mit in dem Film »House Party 2«. Zusammen mit Luther Vandross und Janet Jackson sang Ralph auf der Single »The Best Things In Life Are Free«. Das Stück stammte aus dem Film »Mo' Money«. 1993 erschien sein Album »It's Goin' Down«. Als New Edition 1996 wieder zusammenkamen, machte auch Ralph mit.

Sensitivity (11/90 US 4)
The Best Things In Life Are Free (5/92 US 10; 8/92 D 8, GB 2)
Rhythm & Blues

Siehe auch: New Edition

Tricky

TRICKY v (Großbritannien, * 27. 1. 1968 als Adrian Thaws in Knowle West/Bristol)
Er begann seine Karriere als Achtzehnjähriger in dem Kollektiv Fresh 4. Danach sang er bei drei Nummern auf dem Album »Blue Lines« von Massive Attack. Als Solist stand Tricky erstmals mit dem Titel »Aftermath« (2/94 GB 69) in den Charts. Es folgten die Top-40-Hits »Overcome« (1/95 GB 34), »Black Steel« (4/95 GB 28), »The Hell EP« (8/95 GB 12), »Pumpkin« (11/95 GB 26) mit Alison Goldfrapp, »Christiansands« (11/96 GB 36), »Milk« mit Garbage, »Tricky Kid« (1/97 GB 28), »Makes Me Wanna Die« (5/97 GB 29) und »Money Greedy/Broken Homes« (5/98 GB 25) mit Polly Jean Harvey. Seine erfolgreichsten Alben waren »Maxinquaye« (3/95 GB-LP 3), »Pre-Millennium Tension« (11/96 GB-LP 30) und »Angels With Dirty Faces« (6/98 GB-LP 23). Tricky steckte auch hinter dem Projekt Nearly God, das mit der Single »Poems« (4/96 GB 28) und dem Album »Nearly God-Poems« (5/96 GB-LP 10) in den Charts stand.

Milk (11/96 GB 10)
Dance, HipHop, Pop

Siehe auch: Garbage

Trio

PETER BEHRENS d (Deutschland, * 4. 9. 1947), KRALLE GERD KRAWINKEL g (Deutschland, * 21. 4. 1949), STEPHAN REMMLER v (Deutschland, * 25. 10. 1946 in Dortmund)
Nachdem sie jahrelang die Lokalmatadoren in 26197 Großenkneten waren, avancierten sie mit »Da Da Da – ich lieb dich nicht, du liebst mich nicht« zu Goldjungs. Bei Trio paarte sich die Neue Deutsche Welle mit dem Minimalismustrend, und damit trafen sie, wohlüberlegt und durchdacht, den Nerv der Zeit. Wer Trio mit den anderen, zu dieser Zeit aufkommenden NDW-Kapellen in einen Topf schmiss, lag falsch. Ihre Lieder übersetzten die Jungs in unverfälschtes Ostfriesenenglisch, was ihnen Mitte 1982 mit »Da Da Da« einen Platz 2 in der britischen Hitparade einbrachte. Auch »Anna« wurde kongenial übersetzt: »Anna – Letmein, Letmeout«. Wenn man sieht, wie Kinoverleiher amerikanische oder englische Filmtitel ins Deutsche übertragen, ist die Übersetzung von Trio äußerst gelungen. »Nach 1984 fiel die Band bedauerlicherweise auseinander. 1986 kam Stephan Remmler als Solist. Auch Peter Behrens und Kralle machten Soloplatten, die allerdings nicht so erfolgreich waren. Die erfolgreichsten Alben für Trio: »Trio« (4/82 D-LP 3) und »Bye Bye« (9/83 D-LP 9).

Da Da Da – ich lieb dich nicht, du liebst mich nicht (4/82 D 2)
Da Da Da (7/82 GB 2)
Anna – lassmichrein, lassmichraus (10/82 D 3)
Bum Bum (5/83 D 7)
Turaluraluralu – ich mach BuBu, was machst du? (12/83 D 6)
Neue Deutsche Welle, Pop

Siehe auch: Remmler, Stephan

Trio Rio

Pablo Escayola v, per (Uruguay, in Montevideo), Peter Fessler v (Deutschland, in Köln), Oliver Heuss v, key (Brasilien), Klaus Mages d (Deutschland), Serge Maillard v (USA, in New York City), Cläusel Quitschau v, b (Deutschland)

In der zweiten Hälfte der 80er Jahre kamen sowohl international als auch national einige Gruppen hoch, die Samba, Salsa, Bossa Nova, Calypso und Funkelemente mit Latin Rock abrundeten und damit eine sehr temperamentvolle, tanzbare Musik machten. In Deutschland waren es vor allen Dingen die Fritz Brause Band und Trio Rio. Mit »New York – Rio – Tokyo« schaffte die Formation ihre einzige Hitnotierung in Deutschland. Die Gruppe hätte auch internationale Erfolge verdient gehabt. Weshalb es nicht dazu kam, ist nicht nachzuvollziehen. Das Potenzial jedenfalls war da. 1987 kam es zu Umbesetzungen innerhalb der Gruppe. Neuer Sänger wurde Serge Mayllard. Schlagzeuger Mages wurde nicht ersetzt, nachdem er gegangen war. Der gewünschte Erfolg stellte sich nicht ein, und Trio Rio kam 1990 wieder mit einer neuen Besetzung. Neben den vier Musikern der letzten Besetzung waren nun noch etliche Studiomusiker hinzugekommen. Nach dieser LP hörte man nichts mehr von Trio Rio. In den 90er Jahren tauchte Mayllard als Sänger der Soulcats auf. 1997 bewies Peter Fessler während eines Fernsehauftrittes, dass er als Gitarrist und Sänger gewonnen hatte.

New York – Rio – Tokyo (8/86 D 3)
One Hit Wonder, Pop

Troggs

Ronnie Bond d (Großbritannien, * 4. 5. 1943 als Ronald James Bullis in Andover, † 13. 11. 1992), Chris Britton g (Großbritannien, * 21. 6. 1945 in Watford/Hertfordshire), Howard Mansfield g (Großbritannien), Reg Presley v (Großbritannien, * 12. 6. 1943 als Reginald Maurice Ball in Andover), Pete Staples b (Großbritannien, * 3. 5. 1944 in Andover), Dave Wright g (Großbritannien)

Presley hatte diese britische Band 1964 als Troglodytes gegründet. Neben ihm spielten Bond, Wright und Mansfield. Zuerst waren sie eine semiprofessionelle Gruppe, die vorwiegend in und um Andover, Presleys Heimatstadt, spielte. Nachdem es nicht voranging, fiel die Gruppe auseinander, und wenig später machten Presley und Bond mit den Überresten einer anderen lokalen Band aus Andover, den Ten Feet Five, eine Neuauflage der Troglodytes. Die Besetzung bestand jetzt aus Presley, Bond, Britton und Staples. Ein Jahr später sah Larry Page, der Manager der Kinks, die Band und nahm sie unter Vertrag. Noch im selben Jahr galten sie als die führende Punkband in GB. 1966 kürzten sie ihren Namen auf Troggs. Ihre Single »Lost Girl«, die im Februar 1966 erschien, kam nicht in die Charts. Zwei Monate später veröffentlichten sie »Wild Thing« und hatten damit einen weltweiten Hit. Dabei wurde die Platte wegen sogenannter zweideutiger Texte in vielen Rundfunkanstalten rund um die Erde – oder zumindest da, wo man Englisch versteht – nicht gespielt. Aber gerade das machte die Gruppe und den Titel populär. »Love Is All Around« stellte die Band in den USA in die Flower-Power-Ecke, worüber sich Reg köstlich amüsierte. Alles in allem paarte sich bei den Troggs ein Schuss Chuzpe mit etwas Schlüpfrigkeit und hartem Beat. Anfang der 70er Jahre waren die Troggs am Ende. Es erschienen zwar noch weitere Platten, doch der Schwung war hin. In den 80er Jahren kam Reg Presley immer mal wieder mit Neuproduktionen der Troggs auf den Markt. 1992 erschien mit »Athens Andover« wieder eine hervorragend gemachte CD der Troggs. Außer Presley war von den Originalmitgliedern noch Britton mit dabei. Geholfen hatten bei der Produktion etliche Mitglieder der Formation R.E.M., die die Troggs, insbesondere jedoch Reg Presley, immer bewundert hatten. 1994 wurde die Troggs-Nummer »Love Is All Around« von der Gruppe Wet Wet Wet für den Film »Four Weddings And A Funeral« neu aufgenommen – die Platte hielt sich 15 Wochen auf Platz 1 und wurde in GB der Hit des Jahres. Die erfolgreichsten Alben der Band waren »From Nowhere ... The Troggs« (7/66 GB-LP 6, 9/66 D-LP 4) und »Trogglodynamite« (2/67 GB-LP 10, 3/67 D-LP 15).

Wild Thing (5/66 US 1, D 7, GB 2)
With A Girl Like You (7/66 D 2, GB 1)
I Can't Control Myself (9/66 D 2, GB 2)
Any Way That You Want Me (12/66 GB 8)
Give It To Me (3/67 D 10)
Love Is All Around (10/67 GB 5; 2/68 US 7)
Pop, Punk

Troutman, Roger

Siehe 2Pac

Troy, Doris

DORIS TROY v (USA, * 6. 1. 1937 als Doris Higginson in New York City)
Doris begann mit der Jazzformation Halos und bei Jay & Dee. Außerdem war sie Backgroundsängerin bei Chuck Jackson und Solomon Burke. Als Solistin hatte sie einen Hit: »Just One Look«, von ihr mitgeschrieben. Eine Coverversion dieser Nummer bescherte der britischen Band Hollies 1964 ebenfalls einen Erfolg. Mit »What'cha Gonna Do About It?« (11/64 GB 37, 1/65 RE-GB 38) gelang ihr noch ein Nachfolgehit. Wohl auch aus diesem Grund ging Troy Ende der 60er Jahre nach London und nahm dort für das Apple-Label der Beatles eine LP mit Unterstützung von George Harrison und Eric Clapton auf. Später arbeitete sie als Sessionsängerin und war auf Platten von den Rolling Stones, Humble Pie, Carly Simon, Spencer Davis, Scaffold oder Pink Floyd (»Dark Side Of The Moon«) zu hören. In den 80er Jahren wirkte sie in den USA in Musicals mit.

Just One Look (6/63 US 10)
Rhythm & Blues

True, Andrea Connection

ANDREA TRUE v (USA, in Nashville/Tennessee)
Bevor Andrea True im Frühjahr 1976 mit dem Millionseller »More, More, More Pt. 1« kam, hatte sie sich bereits auf einem anderen Gebiet mit Erfolg versucht. Aus der ›vielseitigen‹ Schauspielerin wurde nach dem 1972 gedrehten Debütfilm »Illusions Of A Lady« ein Star des US-Pornokinos. Ihre Talente stellte sie in etlichen Streifen dar. 1975 schrieb sie das Drehbuch für »Once Over Nightly« und führte auch Regie. Ende 1975 wurde sie Vertragskünstlerin des Buddah-Labels, und ihre Debüt-Single war ihr größter Hit. Bis 1978 gelangen ihr weitere Hitnotierungen, darunter »N.Y. You Got Me Dancing« (2/77 US 27) und »What's Your Name, What's Your Number« (3/78 GB 34).

More, More, More Pt. 1 (3/76 GB 5, US 4; 7/76 D 9)
Disko

True Steppers

DANE BOWERS v (Großbritannien), JONNY LISNERS (Großbritannien), ANDY LYSANDROU (Großbritannien)
Die Single »Buggin'« hatten True Steppers 1999 schon einmal veröffentlicht. Damals beinhaltete die Platte Samples des

Gesangs von Nicole Appleton von All Saints. Die Plattenfirma von All Saints verbot den weiteren Vertrieb und so sahen sich Lisner und Lysandrou gezwungen, eine Neuaufnahme vorzunehmen. Diesmal ließen sie Summer Phoenix, die Schwester des verstorbenen Schauspielers River, an das Mikrofon – außerdem noch Dane Bowers von Another Level. Auf der nachfolgenden Hitsingle »Out Of Your Mind« waren wieder Dane und außerdem Victoria Beckham, geborene Adams, von den Spice Girls zu hören. Nächster Singlehit wurde »True Step Tonight« (12/00 GB 25). Bei diesem Titel war als Gast Brian Harvey zu hören.

Buggin' Me (4/00 GB 6)
Out Of Your Mind (8/00 GB 2)
Dance

Siehe auch: Another Level; Dane; Spice Girls

T-Spoon

LINDA ESTELLE v (Niederlande), SHAMROCK (USA)
Der deutsche Produzent Axel Breitung, der auch für D.J. Bobo gearbeitet hatte, sorgte mit »Sex On The Beacht« für einen Sommerhit des Jahres 1998. T-Spoon gehörten in den Niederlanden zu den Stars der Dance-Szene. Dem deutschen Publikum präsentierten sie sich im Vorprogramm von Blümchen. Kern der Gruppe waren Linda Estelle und der Songschreiber Shamrock. Auf der Bühne wurden sie von den Tänzern Anathevka Boos und Regilio unterstützt. Mit »Tom's Party« (1/99 GB 27) gelang ihnen noch ein weiterer Hit. Die Party war zusammengefummelt worden aus den Songs »Dreadlock Holiday« von 10cc und »Tom's Diner« von Suzanne Vega.

Sex On The Beach (9/98 GB 2)
Dance

Tubes

RICK ANDERSON b (USA, * 1. 8. 1947 als Rick Marc Anderson in Saint Paul/Minnesota), GARY CAMBRA v, g, key (USA), MICHAEL COTTEN key, syn (USA, * 25. 1. 1950 als Michael David Cotten in Kansas City/Missouri), PRAIRIE PRINCE d (USA, * 7. 5. 1950 in Charlotte/North Carolina), BILL SPOONER v, g (USA, * 16. 4. 1949 als William Edmond Spooner in Phoenix/Arizona), ROGER STEEN v, g (USA, * 13. 11. 1949 als Roger Allan Steen in Pipestone/Minnesota), RE STYLES v, g (USA, * 3. 3. 1950), FEE WAYBILL v (USA, * 17. 9. 1950 als John Waldo Waybill in Omaha/Nebraska), VINCE WELNICK key (USA, * 21. 2. 1951 als Vincent Leo Welnick in Phoenix/Arizona)
Die Gruppe wurde 1972 in San Francisco gegründet. Eine Zeit lang galten sie als eine der originellsten Rockbands der Welt. Sie vermischten Elemente des Theaters, übliche Rockpräsentation und Provokation. Schnell wurden sie Lieblinge der internationalen Undergroundpresse und Schock für das gutbürgerliche Bewusstsein, da auch Dinge wie Sex in ihren Texten und Shows nicht ausgespart wurden. 1975 wurden sie erstmals in der US-LP-Hitparade notiert. Bis 1985 erreichten sie neunmal die LP-Charts, ihr erfolgreichstes Album war »Outside Inside« (4/83 US-LP 18). Erstaunlicherweise hatten sie auch Singleerfolge. 1976 notierte man die Gruppe erstmals mit »Don't Touch Me There«. Es folgten »White Punks On Dope« (11/77 GB 28), »Prime Time« (4/79 GB 34), »Don't Want To Wait Anymore« (6/81 US 35) und »She's A Beauty«. In den 70er Jahren wurde das in den USA allgegenwärtige Fernsehen von der Gruppe besonders aufs Korn genommen. Titel wie »Prime Time« oder »TV Is King« dokumentieren das. Die Single, die jedoch dem, was die Tubes ausmachte, am nächsten kommt, war »White Punks On Dope«. Mehr als zehn Jahre erschien kein

neues Album der Band, dann kam im März 1997 »Genius Of America«. Von der Originalbesetzung waren noch Steen, Waybill, Anderson und Prince dabei. Neues Mitglied war Gary Cambra. Als Single erschien aus dem Album »How Can You Live With Yourself«, produziert von Richard Marx, mit dem Fee Waybill schon seit Jahren zusammenarbeitete.

She's A Beauty (4/83 US 10)
Punk, Rock

Turner, Ike & Tina

IKE TURNER v, g, key (USA, * 5. 11. 1931 als Izear Luster in Clarksdale/Mississipi), TINA TURNER v (USA, * 26. 11. 1939 als Anna Mae Bullock in Brownsville/Tennessee)

Der Musiker, Songschreiber, Talentscout und Produzent Ike Turner begann seine Karriere im Alter von elf Jahren, als er Bluesmusiker wie Sonny Boy Williamson und Robert Nighthawk am Piano begleitete. 1951 spielte seine Band Kings Of Rhythm im Sun-Studio in Memphis »Rocket '88« ein. Leadsänger war der Saxophonist der Gruppe, Jackie Brenston. Unter dessen Namen wurde die Single auch veröffentlicht und gilt heute als eine der ersten Rock-'n'-Roll-Platten. Turner wurde einer der Top-Sessiongitarristen und produzierte in den 50er Jahren Junior Parker, Howlin' Wolf, B. B. King, Roscoe Gordon oder Johnny Ace. 1956, die Kings Of Rhythm spielten in St. Louis, entdeckte er unter den Zuschauern Anna Mae Bullock, heiratete sie 1958 und trat danach mit ihr als Ike & Tina Turner auf. »A Fool In Love« (8/60 US 27) war die erste Hitnotierung des Ehepaares. In jenen Tagen bauten sie um Tina herum die Ike & Tina Turner Revue auf, die sich durch eine energiegeladene Bühnenshow auszeichnete. Ihre weiteren Top-40-Hits: »It's Gonna Work Out Fine« (9/61 US 14), »Poor Fool« (11/61 US 38), »River Deep Mountain High« (2/69 RE-GB 33), »A Love Like Yours« (10/66 GB 16), »I Want To Take You Higher« (5/70 US 34), »Proud Mary« (4/71 D 21) und »Nutbush City Limits« (9/73 US 22), geschrieben von Tina. Ihr erfolgreichstes Album war »Workin' Together« (12/70 US-LP 25, 4/71 D-LP 12). Die privaten Schwierigkeiten zwischen den beiden werden bei Tina dargestellt. 1974 trennten sich die beiden, 1976 wurden sie geschieden. Während sich Tina in den 80er Jahren zu einem Superstar entwickelte, waren alle weiteren Projekte von Ike nicht sonderlich erfolgreich. Ende der 80er Jahre bekam er ernsthaft Probleme wegen Drogenbesitzes und -handels. 1991 wurden Ike & Tina Turner in die Rock and Roll Hall of Fame aufgenommen. Lange Jahre hörte man also wenig Erfreuliches von Ike – dann kam Mitte des Jahres 2001 ein neues Album von ihm mit dem Titel »Here And Now«. Als Interpreten wurden Ike Turner & The Kings Of Rhythm angegeben. Es wurde darauf hingewiesen, dass es genau 50 Jahre her sei, dass die Nummer »Rocket '88« als erste Rock-'n'-Roll-Platte aller Zeiten aufgenommen wurde. Eine neue Version dieses Titels war auf dem neuen Album zu finden. Erschienen ist es auf Ikes eigener Plattenfirma Ikon Records. Immerhin erhielt diese Platte eine Grammy-Nominierung.

River Deep – Mountain High (6/66 GB 3)
Proud Mary (1/71 US 4)
Nutbush City Limits (9/73 D 2, GB 4)
Pop, Rhythm & Blues, Rock 'n' Roll

Siehe auch: Turner, Tina

Turner, Tina

TINA TURNER v (USA, * 26. 11. 1939 als Anna Mae Bullock in Brownsville/Tennessee)

Aufgewachsen ist sie in dem Nest Nutbush, dem sie in ihrem späteren Hit

»Nutbush City Limit« ein fragwürdiges Denkmal setzte. In St. Louis traf sie auf die Band von Ike Turner. Der holte sie zufällig auf die Bühne, um bei einem Stück mitzusingen. Niemand konnte zu diesem Zeitpunkt – 1956 – ahnen, dass hier eine große Karriere begann.

Ihren Mann Ike Turner hatten viele all die Jahre, die Tina mit ihm zusammenlebte und arbeitete, falsch eingeschätzt. Prügel hatte es gesetzt. Freundlichkeit im Umgang mit den Menschen, die ihn umgaben, war nicht Ikes Stärke. In ihrem Buch ›Ich, Tina – mein Leben‹ enthüllt sie, welch zäher Kämpfe es bedurfte, bis sie den Mut und das Selbstvertrauen fand, sich seelisch wie materiell aus der Abhängigkeit von ihrem tyrannischen Ehemann Ike zu befreien. Die erste LP von Tina Turner nach ihrer Zeit mit Ike erschien 1975 und hieß »Acid Queen«. 1978 kam »Rough«. Besonders beeindruckend darauf ihre Coverversion vom Bob-Seger-Titel »Fire Down Below«, die zeigte, dass sie sich in Zukunft mehr dem Rock zuwenden würde. Im Juli 1976 war sie von Ike geschieden worden. Die Zeit nach dieser Trennung war turbulent. Tina musste ihre vier Kinder durchbringen und war auf Sozialhilfe angewiesen. Schon zum damaligen Zeitpunkt war Tina in Europa populärer als in den USA, wo sie immer als Anhängsel von Ike angesehen wurde. Nachdem »Rough« in den USA kein Erfolg wurde, ließ ihre amerikanische Plattenfirma sie einfach fallen. Nur die europäische Plattenfirma EMI behielt Tina für den englischen Markt unter Vertrag. Für den Rest der Welt – USA, Europa, Ferner Osten – stand Tina ohne einen Plattenvertrag da.

Ende der 70er Jahre hatte Tina eine halbe Million Dollar Schulden und spielte vorwiegend in Clubs, die auf musikalische Qualität recht wenig Wert legen. Zu diesem Zeitpunkt traf sie den jungen Australier Roger Davies, der ihr langsam, aber sicher bessere Auftritte und auch eine bessere Begleitband verschaffte. 1981 ging die Karriere von Tina Turner wieder bergauf. Sie trat im Vorprogramm der Rolling Stones auf. Und wieder waren es nicht die Amerikaner, die sich für Tina interessierten, sondern junge britische Musiker: Ian Craig Marsh und Marty Ware von der Gruppe Heaven 17 und gleichzeitig Initiatoren der British Electric Foundation wollten, dass Tina auf einer ihrer Platten den Temptations-Song »Ball Of Confusion« singt. Die fertige Produktion war schließlich nicht unbedingt so, wie sich Tina eine Platte vorstellte, da für ihren Geschmack zu viel Elektronik im Spiel war. Auf der anderen Seite kam Tina dadurch wieder ins Gespräch. Im Dezember 1981 trat sie im Vorprogramm von Rod Stewart im Los Angeles Forum auf, und das Konzert wurde weltweit per Satellit übertragen. Während Roger Davies Anfang 1982 für Tina Turner einen neuen Plattenvertrag bei Capitol/EMI abschloss, brannte Ike Turner das Studio ab, und man munkelte, er habe schwere Kokainprobleme. Wie sich später herausstellte, stimmte das, und Ike ging für einige Zeit hinter schwedische Gardinen. Ende 1982 wollte Roger Davies Tina Turner in New York der Führungsmannschaft von Capitol Records präsentieren, aber inzwischen hatte sich das Management dieser Plattenfirma verändert, und die, die jetzt dran waren, konnten mit Tina Turner wenig anfangen. Es schien so, als würde aus diesem neuen Vertrag doch nichts werden. David Bowie wusste um diese Probleme. Er hatte gerade mit Capitols Partner EMI einen Vertrag unterschrieben und war in New York, um dort seine demnächst erscheinende LP »Let's Dance« vorzustellen. Am Schluss der Vorstellung kündigte Bowie an, dass er sich jetzt seine Lieblingssängerin anschauen ginge, die ein Konzert geben würde – die Herren von der EMI schlossen sich an und wurden Zeugen eines überwältigenden Comeback-Konzerts. Der Vertrag war gesichert. Ende 1983 erschien mit »Let's Stay Together« Tinas erste Veröffentlichung auf Capitol Records und markierte den Beginn einer steilen Solokarriere von Tina. Schon ihre nächste Single, »What's Love Got To Do With It« wurde Spitzenreiter in den USA und ein Millionseller. Danach riss man sich weltweit wieder um Tina. Hatte sie 1975 im Film »Tommy« als Acid Queen noch eine kleinere Rolle gespielt, so wurde sie 1985 als Auntie Entity im Film »Mad Max: Beyond Thunderdome« schon eine der Hauptdarstellerinnen. 1985 brach sie auf ihrer Europatournee jede Menge Rekorde. Aus den acht angesagten Konzerten für Deutschland wurden 30. Im Sommer 1986 merkten auch die Amerikaner endgültig, was sie an Tina haben. Vor dem Gebäude von Capitol Records in Hollywood erhielt Tina ihren Star im ›Walk of Fame‹. Ihre LP »Private Dancer« verkaufte sich alleine in den USA fünf Millionen Mal. Auch ihre Tour im Jahr 1987, die unter dem Motto »Break Every Rule« stand, brach in 13 Ländern jede Regel, was den normalen Kartenverkauf anging. Als sie im Januar 1988 während ihrer Südamerika-Tournee im Maracana-Stadion in Rio de Janeiro spielte, kamen 180 000 Personen, um sich das Konzert anzuschauen. Es ist die größte Zuschauermenge, die jemals für einen Einzelkünstler zusammengeströmt ist. Während Tina Turner im Herbst 1989 weltweit mit der Single »The Best« in den Charts stand, trat Ike eine vierjährige Strafe im Männergefängnis von St. Luis Obispo in Kalifornien an. 1986 war das Buch ›Ich, Tina – mein Leben‹ erschienen. Walt Disney in Hollywood erschien dieses Leben so interessant, dass sie bei Tina anfragten, ob sie es verfilmen dürften. Tina willigte ein, und am 16. 9. 1993 kam der Film in die Kinos. Als Single wurde die Bryan-Adams-Nummer »Why Must We Wait Until Tonight« aus dem Soundtrack zum Film »What's Love Got To Do With It« ausgekoppelt, der am 19. 6. 1993 in der britischen LP-Hitparade von 0 auf 1 einstieg.

Laut eigener Aussage gehört Tina ›zu der Sorte Mädchen, die, wenn sie einmal mit einem Mann im Bett gewesen sind, ihn als ihren Freund betrachten‹. Bis 1994 lebte sie in Köln mit Erwin Bach, Managing Director bei der EMI. Als sie ihn das erste Mal sah, wurden ihr angeblich die Hände feucht. Auf die Frage, ob ihre Beziehung zu ihm sie glücklich gemacht habe, sagte sie, dass sie sich selbst in den letzten Jahren glücklich gemacht hat, ohne von einem Mann abhängig zu sein. Jedenfalls folgte sie Bach in die Schweiz, als er Chef der dortigen EMI wurde. Ende 1995 sang sie »Goldeneye« für den gleichnamigen James-Bond-Streifen. Im März 1996 erschien »Whatever You Want« (3/96 GB 23) und kündigte damit das neue Album »Wildest Dreams« an, ihr erstes Studioalbum seit sieben Jahren. »On Silent Wings« (6/96 GB 13), »Missing You« (7/96 GB 12), »Something Beautiful Remains« (10/96 GB 27) und im Duett mit Barry White »In Your Wildest Dreams« (11/96 D 32, 12/96 GB 32) waren Hits aus diesem Album. Obwohl sie vorher schon mal angekündigt hatte, nicht mehr auf Tournee gehen zu wollen, war sie 1995/96 ganz schön auf Tour. Das Jahr 1998 begann mit dem Singlehit »Cose Della Vita (Can't Stop Thinking Of You)«, den sie zusammen mit Eros Ramazzotti sang.

Ihre erfolgreichsten Alben: »Private Dancer« (6/84 D-LP 2, GB-LP 2, US-LP 3), »Break Every Rule« (9/86 D-LP 1, GB-LP 2, US-LP 4), »Live In Europe« (4/88 GB-LP 8, D-LP 4), »Foreign Affair« (9/89 GB-LP 1, 10/89 D-LP 1, US-LP 31), »Simply The Best« (10/91 GB-LP 2, D-LP 4, 11/91 US-LP 113), »What's Love Got To Do With It« (6/93 GB-LP 1, D-LP 8, 7/93 US-LP 17), »Wildest Dreams« (4/96 GB-LP 4, D-LP 2) und »Twenty-Four Seven« (11/99 GB-LP 9, D-LP 3, 2/00 US-LP 21).

Let's Stay Together (11/83 GB 6)
What's Love Got To Do With It (5/84 US 1, GB 3; 8/84 D 7)
Better Be Good To Me (9/84 US 5)
Private Dancer (1/85 US 7)
I Can't Stand The Rain (4/85 D 9)
We Don't Need Another Hero (Thunderdome) (7/85 US 2, GB 3, D 1)
One Of The Living (10/85 D 6)
Typical Male (8/86 D 3, US 2)
Two People (11/86 D 10)
The Best (8/89 D 4, GB 5)
I Don't Wanna Lose You (11/89 GB 8)
It Takes Two (11/90 GB 5)
I Don't Wanna Fight (5/93 US 9, GB 7)
Goldeneye (11/95 GB 10, D 8)
Cose Della Vita (Can't Stop Thinking Of You) (2/98 D 5)
When The Heartache Is Over (10/99 GB 10)
Pop, Rhythm & Blues

Siehe auch: Turner, Ike & Tina

Turtles

HOWARD KAYLAN v, sax (USA, * 22. 6. 1945 als Howard Kaplan in New York City), DON RAY MURRAY d (USA, * 8. 11. 1945 in Los Angeles/Kalifornien, † 22. 3. 1996), AL NICHOL g, p (USA, * 31. 3. 1945 in Winston Salem/North Carolina), CHUCK PORTZ b (USA, * 28. 3. 1945 in Santa Monica/Kalifornien), JIM TUCKER g (USA, * 17. 10. 1946 in Los Angeles/Kalifornien), MARK VOLMAN v, sax (USA, * 19. 4. 1947 in Los Angeles/Kalifornien)
1963 wurde aus der L.A.-Surf-Band Nightriders die Neugründung Crossfires. Auch sie spielte vorwiegend instrumentale Surf-Musik. Die Band gewann etliche Wettbewerbe und veröffentlichte schließlich noch 1963 mit »Fiberglass Jungle« ihre Debütsingle. 1964 kamen die vielen britischen Beat-Bands und fegten die Surf-Musik von der Bildfläche. Auch Crossfires mussten ihren Stil ändern, und Sänger wurden Volman und Kaylan. Sie versuchten sich nun mehr mit Folkmusik und nannten sich Crosswind Singers. 1965 erhielten sie ein Angebot für einen Plattenvertrag, sollten ihren Namen aber – analog zu den Byrds – in Tyrtles ändern. Der Kompromiss hieß dann Turtles. Im Herbst 1965 erschien ihre Version des Bob-Dylan-Hits »It Ain't Me Babe«. »Happy Together« war nach einigen kleineren Hits im Frühjahr 1967 ein Millionseller und mit Platz 12 die erste Hitnotierung in GB und 11 in Deutschland. 1970 fiel die Band auseinander, in der die einzige Konstante über die Jahre Volman und Kaylan waren. Danach wurden die beiden Mitglied bei den Mothers Of Invention, machten das Duo Phlorescent Leech & Eddie, später Flo & Eddie. Von ihnen stammte der Soundtrack zu dem Film »Strawberry Shortcake«. 1985 waren sie auch wieder als Turtles unterwegs. Zwischendurch betätigten sich die beiden als Gastmusiker bei vielen anderen Interpreten, darunter Blondie, Alice Cooper, T. Rex – sie sind zu hören auf den beiden Hitsingles »Hot Love« und »Get It On« – und vielen anderen.
Die erfolgreichsten Alben der Turtles hießen »Happy Together« (4/67 US-LP 25, 7/67 GB-LP 18) und »The Turtles! Golden Hits« (11/67 US-LP 7).

It Ain't Me Babe (8/65 US 8)
Happy Together (2/67 US 1)
She'd Rather Be With Me (5/67 GB 4, US 3)
Elenore (9/68 GB 7, US 6)
You Showed Me (1/69 US 6)
Folk, Pop, Rock

Twain, Shania

SHANIA TWAIN v (Kanada, * 28. 8. 1965 als Eileen Regina Edwards in Windsor/Ontario)
Sie gab sich den Namen Shania, was in der Sprache der Ojibwa-Indianer so viel wie ›ich bin auf meinem Weg‹ heißt – ihr

Vater war vom Stamme der Ojibwa. 1993 stand sie erstmals in der US-Country-Hitparade. Am 28.12. 1993 heiratete sie den bekannten Produzenten Robert John ›Mutt‹ Lange, zu dessen Klienten z. B. Def Leppard, Foreigner und die Cars gehören. Shania liegt musikalisch etwas anders gelagert. Ihren ersten Top-40-Hit hatte sie mit »Any Man Of Mine« (5/95 US 31) – ansonsten stand sie mehr in den LP-Charts: »Shania Twain« (7/93 C&W-LP 67) brachte ihr Gold. Das Album »The Woman In Me« (2/95 US-LP 5, C&W-LP 1 – und das 29 Wochen, 3/00 GB-LP 7) verkaufte mehr als 13 Millionen Exemplare. Nachfolger »Come On Over« (11/97 US-LP 2, 3/98 GB-LP 7, 4/99 RE-GB-LP 1, 4/99 D-LP 8)) verkaufte innerhalb von knapp 3 Monaten mehr als 3 Millionen und schließlich mehr als 18 Millionen Exemplare. Bei solchen Albumverkäufen kann man auf Top-10-Hits in den Singlehitparaden gut verzichten. Aber der gelang ihr schließlich auch: »You're Still The One«. Darauf folgte »When« (6/98 GB 18). In der US-Hitparade vom 5.12. 1998 tauchte plötzlich die Nummer »From This Moment On« unter den ersten 10 der Charts auf. Verzeichnet wurde, das diese Platte bereits 27 Wochen in den Charts war. Genau mit diesem Datum 5.12. wurden die US-Hot-100 umgestellt – und genau aus diesem Grund tauchten plötzlich Platten auf, die vorher nicht zu finden waren.

You're Still The One (2/98 US 2, GB 10)
From This Moment On (6/98 US 4; 11/98 GB 9)
That Don't Impress Me Much (2/99 US 7; 5/99 GB 3; 7/99 D 8)
Man! I Feel Like A Woman! (10/99 GB 3)
Don't Be Stupid (2/00 GB 5)
Country, Pop

Tweenies

Nach den Teletubbies war das eine weitere Sendung für Kinder im Vorschulalter. Die Serie ›Tweenies‹, die Anfang 2000 gestartet wurde, hatte bereits nach sieben Monaten 40 Millionen Pfund eingespielt. Nur noch eine Frage der Zeit, bis die Tweenies, bestehend aus den Figuren Bella, Milo, Fizz und Jake, auch unseren Bildschirm bevölkern. Der Single folgte noch im November 2000 »The Tweenies Album – Friends Forever«. Als zweiten Hit hatten sie die Single »Best Friends Forever« (3/01 GB 12). Es folgte »Do The Lollipop« (8/01 GB 17).

Number 1 (11/00 GB 5)
I Believe In Christmas (12/01 GB 9)
Pop

Tweet

TWEET v (* als Charline Keyes in Rochester/New York)
Tweet wurde entdeckt von Missy Elliott und Timbaland. Ihre Musik ist eine Mixtur aus Soul und HipHop. Sie ist nicht nur Sängerin, sondern auch Songschreiberin, Produzentin, Schlagzeugerin und Gitarristin.
Ihre erste Single »Oops (Oh My)« ist ein Stück über eine Frau, die ihr Frausein entdeckt und mit ihrem Körper und ihren Emotionen ins Reine kommt. Tweets Debütalbum wurde für Frühjahr 2002 angekündigt.

Oops (Oh My) (2/02 US 10)
Rhythm & Blues

Tweets

Die Sessionsänger hatten mit »The Birdie Song (Birdie Dance)« ihren einzigen Top-40-Hit. Noch im selben Jahr schlugen sie in die gleiche Kerbe und hatten »Let's All Sing Like The Birdies Sing« in den Top 50.

Ein ähnliches Ergebnis erzielte eine Neuauflage des ersten Hits Ende 1982. Damit waren die Entengesänge vorüber. In Deutschland war die Nummer als »Dance Little Bird« ein Hit mit den Electronicas.

The Birdie Song (Birdie Dance) (9/81 GB 2)
One Hit Wonder, Pop

20 Fingers

BABIE key, dj (USA, als Charlie Rosario in New York City), J.J. FLORES key, dj (USA, als Manfred Mohr in Chicago/Illinois), GILLETTE v (USA, * 16. 9. 1973 als Sandra in Chicago/Illinois)
20 Fingers bezieht sich auf die zwanzig Finger der beiden Macher J.J. Flores und Babie. Babie hatte bereits in dem Duo Babie & Keyes auf der Bühne gestanden und als Solist Platten aufgenommen. Flores war seit seinem 19. Lebensjahr in der Chicagoer Musikszene aktiv. Auch er hatte produziert und geremixt. Mit dem Song »Short Dick Man« (9/94 US 14, 11/94 GB 21, 9/95 RE-GB 11) sorgten 20 Fingers feat. Gillette im Herbst 1994 für Aufregung in der amerikanischen Hitparade. Die Briten wollten den Song so nicht übernehmen und machten aus ›short dick‹ (= kurzschwänzig) »Short Short Man«. Im Januar 1995 kam der Titel dann auch in die deutsche Hitparade. Hier wurde es dann ob der fremdsprachlichen Fähigkeiten der Deutschen ein Top-10-Hit. Im britischen Radio war diese Nummer sehr selten zu hören. Der Nachfolger »Lick It« erreichte lediglich die Top 10 der deutschen Hitparade. Hier wurden als Interpreten 20 Fingers feat. Roula genannt. Im August 1995 kamen dann noch einmal 20 Fingers feat. Gillette mit »Mr. Personality« (8/95 D 11). 1996 erschien die erste Soloplatte von Gillette, und 20 Fingers wurden lediglich als Produzenten genannt.

Short Dick Man (1/95 D 3)
Lick It (4/95 D 4)
Dance, Techno

Twenty 4 Seven

»NANCY« ANNA FRANCIENA COOLEN v (* 10. 9. 1973), »HANKS« GIOVANNI FALCO v (* 5. 2. 1969), »CAPTAIN HOLLYWOOD« TONY HARRISON v (* 9. 8. 1962), »JACKS« WOLFGANG REISS v (* 2. 8. 1968), STAY-C v (Niederlande, * 31. 1. 1969 als Stacey Paton)
Dieses Diskoprojekt, produziert mit Mitgliedern, die aus Italien, Deutschland, den Niederlanden oder USA kommen, hatte in Deutschland seine ersten Erfolge. »I Can't Stand It« und »Are You Dreaming?« (10/90 D 16, 11/90 GB 17) machte das Projekt mit Captain Hollywood. Danach machte sich Captain Hollywood, der schon vor seiner Zeit als Aushängeschild von Twenty 4 Seven Soloplatten veröffentlicht hatte, wieder selbständig. Nach fast dreijähriger Pause kehrte Twenty 4 Seven wieder zurück. Von den ursprünglichen Mitgliedern war nur noch Nance dabei. Neu war der Holländer Stay-C hinzugekommen. »Slave To The Music«, »Is It Love«, »Take Me Away« (3/94 D 14), »Leave Them Alone« (8/94 D 36) und »Oh Baby!« (11/94 D 33) waren die weiteren Hits.

I Can't Stand It (5/90 D 3; 9/90 GB 7)
Slave To The Music (11/93 D 8)
Is It Love (12/93 D 5)
Disko

Siehe auch: Captain Hollywood Project

Twinkle

TWINKLE v (Großbritannien, * 15. 7. 1947 als Lynn Annette Ripley in Surbiton/Surrey)
In ihrer Zeit war Twinkle eine echte Ausnahme. Im Gegensatz zu Dusty Spring-

field, Cilla Black oder Sandie Shaw schrieb sie sich ihre Lieder selbst. Ihr Song »Terry« erinnerte inhaltlich an »The Leader Of The Pack«. Nachfolger war »Golden Lights« (2/65 GB 21). Nachdem ihre Karriere als Sängerin nicht weiterging, wurde sie fest angestellte Songschreiberin in verschiedenen Verlagen, machte hin und wieder jedoch auch noch Platten. So sang sie 1972 eine Coverversion des Monkees-Hits »I'm A Believer«. Nachdem dann eine LP mit Liebesliedern ebenfalls ein Reinfall wurde, gab sie sich mit ihrem Hausfrauendasein zufrieden. Auf die Frage, weshalb sie ihre Karriere nicht weiter verfolgte, sagte sie 1993: ›Weil ich mein ganzes Leben faul war. Als ich dann auch keinen Hit mehr hatte, verlor ich das Interesse an Musik. Mein Mann hat mir immer gesagt, ich sei eben nicht hungrig genug gewesen.‹ 1986 nahm die Gruppe Smiths eine Coverversion von »Golden Lights« auf.

Terry (11/64 GB 4)
Pop

Two Cowboys

MAURIZIO BRACCAGNI key, dj (Italien), ROBERT GALLO key, dj (Italien)
Die beiden Produzenten und Discjockeys kombinierten ihre Vorliebe für Westernfilme mit ihrem Beruf. »Everybody's Gonfi-Gon« war eine Mixtur aus Square dance, Country Fiddle und Techno-Sound. Die Briten fanden den Song so stark, dass er Mitte 1994 auf Platz 11 in den Charts einstieg und eine Woche später Platz 7 belegte. In Deutschland erreichte die Platte Ende 1994 Platz 23. Es könnte sein, dass die beiden Cowboys die Gruppe Rednex inspiriert haben.

Everybody's Gonfi-Gon (7/94 GB 7)
Disko, One Hit Wonder

2 In A Room

DOSE v (USA, * 10. 10. 1969 als Rafael Vargas jr. in Washington Heights/New York City), ROG NICE key (Puerto Rico, * 18. 7. 1967 als Roger Pauletta)
Das Dance-Duo aus Washington Heights, New York, bei dem Dose für den Gesang und den Rap und Roger für Instrumentierung und Remix zuständig ist, hatte seine erste Hitnotierung mit »Somebody In The House Said Yeah!« (11/89 GB 66). Dann kam ihr erster Top-10-Hit: »Wiggle It«, in den USA ein Millionseller. Mit ihrer HipHop-orientierten Musik trafen sie Anfang der 90er Jahre genau den Nerv der Diskogänger. In den Charts reichte es nur noch für zwei weitere Top-40-Hits: »El Trago (The Drink)« (10/94 GB 34) und zusammen mit 740 Boyz »Shimmy Shake« (8/95 D 26).

Wiggle It (1/91 GB 3)
HipHop, Techno

Two Man Sound

FRANCIS DEPRIJCK (Belgien), PIPOU (Belgien), SYLVAIN VAN HOLME (Belgien)
›Two Man Sound ist ein Gedicht, ein Gedicht und ein Trio, dessen Mitglieder, Musiker, Komponisten z. Zt. zu den markantesten Persönlichkeiten und zu den Talentiertesten im heutigen Belgien zählen.‹ Das wurde Anfang 1976 von der Plattenfirma des Trios veröffentlicht. Für ihren Titel »Charlie Brown« wäre so viel Talentbündelung nicht nötig gewesen. Außer dieser Mitgröl- und Happy-Disko-Nummer schaffte die Formation drei Jahre später in GB mit »Que Tal America« einen Top-50-Hit.

Charlie Brown (2/76 D 7)
Dance, One Hit Wonder

Two Of US

THOMAS DÖRR d (Deutschland, in Reutlingen), JAMES HERTER g, syn (Deutschland, in Reutlingen)
Die beiden Musiker hatten sich in Projekten der neuen deutschen Welle, wie Hubert KaH oder Kiz getroffen. Herter war davor Gitarrist und Songschreiber der Formation Zomby Wooff gewesen. 1978 richtete er sich ein Tonstudio ein, und zu seinen ersten Kunden zählte Hubert Kemmler, der Chef von Hubert KaH. Diese NDW-Gruppe arbeitete in den nächsten Jahren eng zusammen mit Herter, und zu Hubert KaH gehörte der damals 16jährige Thomas Dörr. 1982 arbeiteten Herter und Dörr zusammen in der Band von Kiz. Ab 1985 kamen Dörr und Herter als Two Of Us. Mit »Blue Night Shadow« hatten sie ihren ersten, mit »Two Of Us« (11/85 D 36) ihren zweiten Hit.

Blue Night Shadow (7/85 D 5)
Disko

2–4 Family

ESSIE v (Korea in Seoul), J.D. v (USA, in Benton Harbor/Michigan), JAZZ v (USA, in Brooklyn/New York City), JO v (Großbritannien, in London), LIL'BIT v (USA, in Columbia/South Carolina)
Die Band wurde von einer deutschen Managementfirma zusammengestellt. Die Kölner Firma Park Lane Music Production hatte wohl den Markt beobachtet und sich dann Musiker zusammengesucht, die den Anforderungen des Jahres 1998 an eine HipHop-Gruppe entsprachen. Der erste Hit der Band war noch nicht in den Charts, da wurde bereits angekündigt, die fünf Mitglieder von 2–4 Family würden selbstverständlich auch als Solisten Platten aufnehmen. »Stay« kam zwei Monate nach dem ersten Auftreten in den deutschen Charts unter die ersten 10. Es folgte »Lean On Me (With The Family)«. Von den Soloaktivitäten der einzelnen Mitglieder war bis Anfang 2002 nichts zu hören.

Stay (8/98 D 8)
Lean On Me (2/99 D 9)
HipHop

2 Unlimited

ANITA DANIELLE DOTH v (Niederlande, * 28. 12. 1971 als Anita Danielle Dels in Amsterdam), MARION v (Niederlande), KID RAY v (Niederlande, * 28. 6. 1971 als Raymond Slijngaard in Amsterdam), ROMY v (Niederlande)
Aus Amsterdam stammte dieses Duo. Es brachte Anfang der 90er Jahre die für diese Zeit typische europäische Diskomusik. Entdeckt wurden sie von Jean Paul de Coster, der zuvor mit dem Projekt Bizz Nizz erfolgreich war. Erstmals wurden 2 Unlimited im Oktober 1991 in GB mit »Get Ready For This« notiert. Die Nachfolgehits konnten sich speziell in den britischen und deutschen Charts durchsetzen – für den US-Markt waren die Titel zu simpel gestrickt. In Europa ebenfalls erfolgreich: die beiden ersten Alben des Duos: »No Limits« (5/93 GB-LP 1, 5/93 D-LP 4) und »Real Things« (6/94 GB-LP 1, 6/94 D-LP 3). Kid Ray und Anita waren mehr als lediglich die Eintänzer vor einem geschickten Management: Von den meisten Stücken haben sie zumindest den Text mitgeschrieben. Die Nummern »No One« (10/94 GB 17, D 18), »Here I Go« (3/95 GB & D 22) und »Do What's Good For Me« (10/95 GB 16) brachten ihnen 1994/95 weitere Chartnotierungen, dann verließ Ray das Duo und kam 1997 als Solist auf seinem eigenen Plattenlabel Rayvano Records. Gleichzeitig gründete er mit Rayvano Music Publishing einen eigenen Musikverlag. Die Produzenten Jean-Paul de Coster und Phil Wilde, die hinter dem Projekt 2 Unlimited

standen, kamen 1998 mit einer völlig neuen Besetzung der Band: die beiden niederländischen Sängerinnen Romy und Marion durften nun an der Front stehen und 2 Unlimited geben. Die erste Produktion mit der neuen Besetzung war im Frühjahr 1998 der Titel »Wanna Get Up« (7/98 GB 38) und das Album »II«. Im Herbst 1999 machte Ray mit zwei Freunden das Projekt VIP Allstars und veröffentlichte die Singleplatte »Mamacita«.

Get Ready For This (10/91 GB 2)
Twilight Zone (1/92 GB 2)
Workaholic (5/92 GB 4)
No Limit (1/93 D 2, GB 1)
Tribal Dance (5/93 D 2, GB 4)
Faces (9/93 D 8, GB 8)
Let The Beat Control Your Body (2/94 D 8, GB 6)
The Real Thing (5/94 D 4, GB 6)
House, Techno

2Pac

2PAC v, rap (USA, * 16. 6. 1971 als Tupac Amaru Shakur in New York City, † 13. 9. 1996)
2Pac hatte seinen ersten Erfolg als Rapper bei der Formation Digital Underground und deren Nummer »Same Song«. Zusammen mit der Rap-Gruppe Thug Life nahm er das Album »Vol. 1« auf. Er spielte in etlichen Filmen mit – so z. B. in ›Juice‹, ›Above The Rim‹ und ›Poetic Justice‹. Seine Schwierigkeiten mit dem Gesetz waren allgemein bekannt. In Manhattan wurde er am 29. 11. 1994 während eines Raubüberfalls von fünf Kugeln getroffen – er überlebte. Mehrfach musste er sich wegen Körperverletzung verantworten. Im Februar 1995 wurde er wegen Vergewaltigung seiner ehemaligen Geliebten zu vier Jahren Gefängnis verurteilt. Er kam wieder frei, nachdem Suge Knight, Plattenboss des Labels ›Death Row‹, für ihn eine Kaution hinterlegte. Zum Dank veröffentlichte 2Pac seine nächsten Platten bei Knight. Trotzdem wäre er besser im Gefängnis geblieben. Am 7. 9. 1996 wurde er in ein Krankenhaus in Las Vegas eingeliefert, nachdem er auf offener Straße aus einem neben ihm fahrenden Auto mehrfach angeschossen wurde. Er erlag diesen Verletzungen am 13. 9. 1996. Es wird vermutet, dass die Schwierigkeiten zwischen den Ost- und den Westküsten-Rappern Anlass für diesen Anschlag waren. Die Rapper der Ostküste empfinden sich als die wahren Erfinder dieser Musikgattung – und liegen damit auch richtig. Aber die Rapper der Westküste sind erfolgreicher und weniger zimperlich als die der Ostküste. An der Westküste werden die Songs melodischer und mehr am R&B orientiert produziert. Die Ostküstler hatten mehr Vorbehalte gegen die Glorifizierung des Gangstertums und verzichteten weitgehend auf die Themen Sex und Gewalt. Genau davon aber wollen die Fans des Gangsta-Rap hören – und die sind meist in den weißen Vorstädten zu finden. Sie betrachten das alles als Spiel und kennen Ghettos bestenfalls aus dem Fernsehen. Die beiden Plattenfirmen Death Row Records (Westküste) und Bad Boy Records (Ostküste) befehdeten sich bis aufs Blut. 2Pac hatte den Boss der New Yorker Firma Bad Boy, Sean ›Puffy‹ Combs, für die Schüsse auf ihn in New York als Auftraggeber genannt. Nach seinem Tod zog der Plattenverkauf enorm an. Alleine in den USA verkaufte sich das Doppelalbum »All Eyez On Me« insgesamt mehr als fünf millionenmal. Warum die Mutter von 2Pac ihren Sohn nach dem 1572 hingerichteten letzten Inka-Häuptling Tupac Amaru benannte, der als Namensgeber für die uruguayische Guerillatruppe Tupamaros stand, ist nicht geklärt. Auch mit den Túpac-Amaru-Guerilleros, die am 18. 12. 1996 die japanische Botschaft in Lima überfielen, ist die Namensverwandtschaft wohl rein zufällig. Unter

dem Pseudonym Makaveli veröffentlichte er ein Album, aus dem zumindest in GB einige Singles erfolgreich ausgekoppelt wurden. Als 2Pac stand er 1998 wieder in den Charts mit »I Wonder If Heaven Got A Ghetto« (1/98 GB 21), »Do For Love« (3/98 US 21, 6/98 GB 12) mit Eric Williams von BLACKstreet, »Runnin‹« (7/98 GB 15) mit Notorious B.I.G. – letzgenannte Platte hatten die beiden 1995 aufgenommen, als sie noch befreundet waren –, »Happy Home« (11/98 GB 17) und »Changes« (12/98 US 32). »Changes« war im Original die Nummer »The Way It Is« (8/86 GB 15, US 1, D 16) von Bruce Hornsby. B.I.G. und 2 Pac hatten die Rivalitäten zwischen East und West-Coast-Rappern voll mitgemacht. Die Eskalation des Streits zwischen 2Pac und B.I.G. fand sich in einem Song von 2Pac, in dem dieser die Zeile ›I fucked your bitch‹ sang und damit Faith Evens, die Frau von B.I.G., meinte. Der Mörder von 2Pac wurde nie ermittelt. Hauptverdächtiger war ein gewisser Orlando Anderson. Der wurde am 29. 5. 1998 in einer Autowaschanlage in Compton erschossen. Angeblich war es kein Racheakt, sondern ein simpler Streit um Geld, der den 24-jährigen Michael Reed Dorrough veranlasste, Anderson zu erschießen. Mal sehen, wie lange der noch lebt.

Seine erfolgreichsten Alben als 2Pac waren »2Pacalypse Now« (2/92 US-LP 64), »Strictly 4 My N.I.G.G.A.Z.« (3/93 US-LP 24), »Me Against The World« (4/95 US-LP 1), »All Eyez On Me« (3/96 US-LP 1), »R U Still Down? (Remember Me?)« (12/97 US-LP 2), »Greatest Hits« (12/98 US-LP 3, 12/98 D-LP 9), »Still I Rise« (1/00 US-LP 6) mit den Outlawz, »Until The End Of Time« (4/01 US-LP 1). Letztgenanntes Album stieg am 14. 4. 2001 gleich auf Platz 1 der US-LP-Charts ein.

Im Juni 2001 wurde zusammengerechnet: Insgesamt hatte 2Pac bis zu diesem Zeitpunkt 33,5 Millionen Alben verkauft. Und es ging weiter: »Letter 2 My Unborn« (11/01 GB 21).

Dear Mama/Old School (3/95 US 9)
California Love (4/96 D 7, GB 6)
California Love/How Do U Want It (6/96 US 1)
Changes (2/99 D 2, GB 3)
Until The End Of Time (6/01 GB 4)
Rap

Siehe auch: Makaveli

Tyler, Bonnie

BONNIE TYLER v (Großbritannien, * 8. 6. 1951 als Gaynor Hopkins in Swansea/ Wales)

Mit 17 gewann sie einen Nachwuchswettbewerb und wurde in ihrer Heimat zu einer Größe der Pub- und Clubszene. 1976 musste sie sich einer Kehlkopfoperation unterziehen und hatte danach die Stimme, die zu ihrem Markenzeichen wurde: weiblicher Rod Stewart. »Lost In France« war ihre erste Hitnotierung. Nach 1979 schien ihre Karriere wie abgerissen, doch dann kam sie im Frühjahr 1983 mit einer typischen Jim-Steinman-Nummer zurück. Gewaltiger Epos-Pop, wie Steinman ihn mit Vorliebe von Meat Loaf singen ließ, brachte Bonnie Tyler einen Millionseller: »Total Eclipse Of The Heart«. »Holding Out For A Hero« stammte aus dem Film »Footloose«. Sie veröffentlichte bis in die 90er Jahre weiterhin Platten, die jedoch nicht mehr in die Top 10 kamen. Später zog Bonnie in die Schweiz.

Ihre erfolgreichsten Alben waren »The Hits Of Bonnie Tyler« (3/78 D-LP 3), »Faster Than The Speed Of Light« (4/83 GB-LP 1, 5/83 D-LP 20, 8/83 US-LP 4), »Heaven And Hell« (11/89 GB-LP 9, 9/95 RE-GB-LP 12) und »The Very Best Of Bonnie Tyler« (2/93 D-LP 3). Ab Anfang der 90er Jahre wurde Bonnie von Dieter Bohlen produziert, was ihr viel Präsenz in Deutschland einbrachte.

Lost In France (10/76 GB 9; 2/77 D 3)
It's A Heartache (12/77 D 2, GB 4; 3/78 US 3)
Total Eclipse Of The Heart (2/83 GB 1; 7/83 US 1)
A Rockin' Good Way (1/84 GB 5)
Holding Out For A Hero (8/85 GB 2)
Pop

Tymes

DONALD BANKS v (USA), ALBERT BERRY v, d (USA), NORMAN BURNETT v, g (USA), TERRI GONZALEZ v (USA), GEORGE HILLIARD v, p (USA), MELANIE MOORE v (USA), GEORGE WILLIAMS v, tr (USA)
Die Gruppe aus Philadelphia begann 1956 zunächst als Latineers. Ihre erste Hitnotierung wurde gleich Nummer 1 in den USA: »So Much In Love«. Nachfolger wurden »Wonderful! Wonderful« und »Somewhere« (12/63 US 19). 1964 sah es so aus, als könne man die Tymes vergessen. 1968/69 bäumten sie sich noch einmal auf mit »People« (11/68 US 39, 1/69 GB 16) aus dem Musical »Funny Girl«. Danach hörte man für sechs Jahre nichts mehr von den Tymes, bis sie im Sommer 1974 – Berry und Hilliard waren inzwischen durch die beiden Sängerinnen Gonzalez und Moore ausgewechselt – mit »You Little Trustmaker« (8/74 US 12, 9/74 GB 16) wieder da waren. Es folgte »Ms. Grace«. Ihr erfolgreichstes Album war »So Much In Love« (8/63 US-LP 15).

So Much In Love (6/63 US 1)
Wonderful! Wonderful! (8/63 US 7)
Ms. Grace (12/74 GB 1)
Pop, Soul

Typically Tropical

JEFFREY CALVERT (Großbritannien, * 13. 11. 1954), MAX WES (Großbritannien)
Jeffrey und Max waren Toningenieure, die freie Studiozeiten dazu nutzten, eigene Kompositionen aufzunehmen. Eine auf Reggae getrimmte Nummer mit dem Titel »Barbados«, in der Captain Tobias Wilcock von den Coconut Airways sonnenhungrige Briten in die Karibik karrt, gefiel in GB so gut, dass sie Mitte 1975 in die Charts kam und bis an die Spitze kletterte. Auf der Platte waren Studiomusiker zu hören. Andere Projekte von Calvert und West verliefen im Sande. Als Songschreiber hatte Calvert mit der Nummer »I Lost My Heart To A Starship Trooper« und Sarah Brightman Ende 1978 einen weiteren Top-10-Erfolg in GB. Jedenfalls hat Calvert so viel Geld verdient, dass er sich in London ein eigenes Studio einrichten konnte, in dem er bis in die 90er Jahre Platten produzierte. 1999 machten die Vengaboys aus »Barbados« den Hit »We're Going To Ibiza!« (7/99 D 9, 9/99 GB 1).

Barbados (7/75 GB 1; 9/75 D 8)
One Hit Wonder, Pop

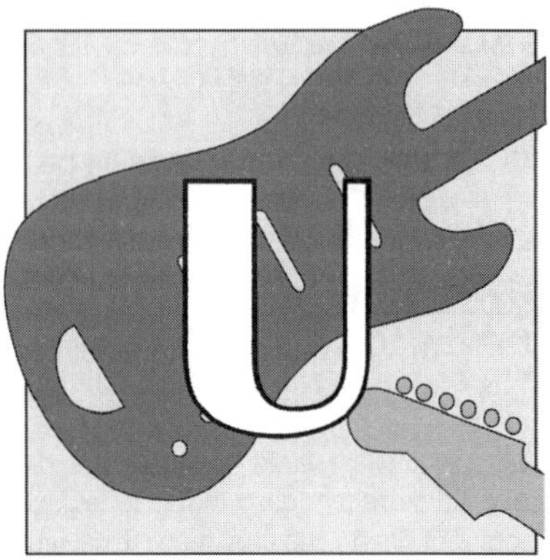

U 96

ALEX CHRISTENSEN dj (Deutschland, * 7. 4. 1967 in Hamburg)
Nachdem Alex ab 1983 als DJ in diversen Diskotheken erste Erfahrungen gesammelt hatte, bastelte er ab 1987 an neuen Klängen des Techno-Dance-Floor-Sounds. 1991 fummelte er die Klaus-Doldinger-Komposition »Das Boot« (8/92 GB 18) aus dem gleichnamigen Film zu einer Disko-Technoplatte um. In einem ›Spiegel‹-Artikel äußerte sich der Popstar: ›Ich kann kein Instrument spielen, und singen kann ich erst recht nicht.‹ Resümee des ›Spiegel‹: ›Hier also stirbt der Rock 'n' Roll.‹ Ende Oktober 1994 erschien die CD-ROM »Club Bizarre«. Angelegt war das Ganze als großes Entdeckungsspiel, durch das die Kids in die Welt von U 96 eintauchen konnten. So bot die CD-ROM die Möglichkeit, einen Club zu beschallen oder selbst mit Originalsamples Titel zu komponieren. Die normale Single »Club Bizarre« erreichte im März 1995 Platz 19 in Deutschland. Im Frühjahr 1996 erschien das Album »Heaven«. Danach schien das Boot versunken. Mit »Das Boot 2001« (3/00 D 16) tauchte es wieder auf. Auch als Produzent hatte Alex ein glückliches Händchen. Rollergirl, Tom Jones oder Marky Mark wurden von ihm betreut. Und auch die Nummer »Around The World (La La La La La)« von ATC stammte aus seinem Haus.

Das Boot (12/91 D 1)
I Wanna Be A Kennedy (3/92 D 4)
Love Sees No Colour (4/93 D 6)
Night In Motion (8/93 D 9)
Love Religion (10/94 D 5)
Heaven (5/96 D 4)
Dance, Techno

U2

BONO v (Irland, * 10. 5. 1960 als Paul Hewson in Dublin), ADAM CLAYTON b (Großbritannien, * 13. 3. 1960 in Chinnor/Oxfordshire), LARRY MULLEN JR. d (Irland, * 31. 10. 1961 als Laurence Mullen in Dublin), THE EDGE g (Großbritannien, * 8. 8. 1961 als David Evans in Barking/Essex)
Die Band formierte sich 1976 in Dublin. Zuerst nannten sie sich Feedback. Sie spielten auf kleinen Veranstaltungen in erster Linie Coverversionen von Hits der Beatles und der Stones und benannten sich in Hype um und schließlich in U2. Der Wirkungskreis der Gruppe beschränkte sich auf Pubs und Clubs in der Nähe von Dublin, bis sie im Frühjahr 1978 einen Talentwettbewerb gewannen, der ihnen 500 britische Pfund und die Chance einbrachte, einer Plattenfirma vorspielen zu dürfen. U2 erhielten einen Vertrag, und ihre erste Platte, eine EP mit dem Titel »U2: 3«, wurde Spitzenreiter in der irischen Hitparade und war auch nur dort erhältlich. Ihre erste Platte, die sich außerhalb von Irland in den Charts platzieren konnte, war »Fire« (8/81 GB 35).
1983 – inzwischen waren sie schon eine Kultband – hatten sie mit »New Year's Day« einen ersten Top-10-Erfolg. Anfang der 90er Jahre galt U2 als eine der erfolgreichsten Bands der Welt. Das haben sie auch sicher der Tatsache zu verdanken,

dass sie keine dümmlichen Liedchen mit Herz und Schmerz reimen, sondern mit ihren Songs aussagekräftige, politisch-religiöse Texte und ihre Ideale transportieren wollen. Dazu kommen die charismatische Stimme von Bono und die charakteristische, kantige Gitarrenarbeit von Edge. »The Joshua Tree« war als Album des Jahres Grammy-Gewinner. Neuveröffentlichungen von U2 sind Medienereignisse. Vorabinformationen sind in der Regel nur schwer zu bekommen, weil die Gruppe angeblich Angst vor schlechten Kritiken hat. 1993 erschien ihre LP »Zooropa«, die weltweit Spitzenreiter wurde, darauf mit »The Wanderer« eine sehr interessante und gelungene Zusammenarbeit zwischen Johnny Cash und U2. Ebenfalls 1993 erschien von Frank Sinatra die CD »Duets«. Zusammen mit Bono sang er darauf den Titel »I've Got You Under My Skin«, der als B-Seite der U2-Nummer »Stay (Far Away, So Close)« Ende 1993 in der britischen Hitparade notiert wurde. Mitte 1995 brachten sie »Hold Me, Thrill Me, Kiss Me, Kill Me« aus dem Film »Batman Forever« auf den Markt. 1995 erschien das Projekt Passengers, an dem U2 und Brian Eno zusammengearbeitet hatten. 1996 verwandten sie auf die Produktion des neuen Albums »Pop«, das von U2 im voraus als rockig angekündigt wurde. Als erste Auskopplung erschien »Discothèque«.

Die erfolgreichsten Alben von U2: »Boy« (3/81 US-LP 63), »October« (10/81 GB-LP 11, 11/81 US-LP 104), »War« (3/83 US-LP 12, GB-LP 1), »U2 Live: Under A Blood Red Sky« (12/83 US-LP 28, GB-LP 2, 9/85 D-LP 20), »The Unforgettable Fire« (10/84 GB-LP 1, US-LP 12, D-LP 14, 8/85 RE-D-LP 23), »Wide Awake In America« (6/85 US 37, 7/85 GB 11), »The Joshua Tree« (3/87 GB-LP 1, US-LP 1, D-LP 1), »Rattle And Hum« (10/88 GB-LP 1, US-LP 1, D-LP 1), »Achtung Baby« (11/91 GB-LP 2, 12/91 US-LP 1, D-LP 4), »Zooropa« (7/93 GB-LP 1, US-LP 1, D-LP 1) und »Pop« (3/97 GB-LP 1, US-LP 1, D-LP 1), »The Best Of 1980 – 1990 & B-Sides« (11/98 GB-LP 1, US-LP 2), »The Best Of 1980 – 1990« (11/98 D-LP 1, US-LP 45, GB-LP 4) und »All That You Can't Leave Behind« (11/00 GB-LP 1, D-LP1, US-LP 3).

Der Titel »New Year's Dub« (6/01 GB 15) wurde als U2 vs. Musique veröffentlicht. Bono wurde 2001 von der Zeitschrift »European Weekly« zum Europäer des Jahres gekürt. Damit sollte sein Engagement in der Kampagne zum Schuldenerlass für Entwicklungsländer gewürdigt werden.

New Year's Day (1/83 GB 10)
Pride (In The Name Of Love) (9/84 GB 3)
The Unforgettable Fire (5/85 GB 6)
With Or Without You (3/87 GB 4, US 1, D 7)
I Still Haven't Found What I'm Looking For (6/87 GB 6, US 1)
Where The Streets Have No Name (9/87 GB 4)
Desire (10/88 D 9, GB 1, US 3)
Angel Of Harlem (12/88 GB 9)
When Love Comes To Town (4/89 GB 6)
All I Want Is You (6/89 GB 4)
The Fly (11/91 D 5, GB 1)
Mysterious Ways (11/91 US 9)
One (3/92 US 10, GB 7)
Even Better Than The Real Thing (Remix) (7/92 GB 8)
Stay (Faraway, So Close)/I've Got You Under My Skin (12/93 GB 4)
Hold Me, Thrill Me, Kiss Me, Kill Me (6/95 GB 2; 7/95 D 8)
Discothèque (2/97 GB 1, US 10, D 9)
Staring At The Sun (4/97 GB 3)
Last Night On Earth (8/97 GB 10)
Please (10/97 GB 7)
Sweetest Thing (10/98 GB 3)
Beautiful Day (10/00 D 7, GB 1)
Stuck In A Moment You Can't Get Out Of (2/01 GB 2)
Elevation (7/01 GB 3)
Walk On (12/01 GB 5)

AOR (Adult Orientated Rock), Pop, Rock

Siehe auch: Clayton, Adam & Larry Mullen; Passengers

UB40

ASTRO v (Großbritannien, * 24. 6. 1957 als Terence Wilson in Birmingham), »YOMI« BABAYEMI per (Nigeria), JIM BROWN d (Großbritannien, * 20. 11. 1957), ROBIN CAMPBELL v, g (Großbritannien, * 25. 12. 1954 in Birmingham), ALI CAMPBELL v (Großbritannien, * 15. 2. 1959 als Alistair Campbell in Birmingham), EARL FALCONER b (Großbritannien, * 23. 1. 1959 in Birmingham), NORMAN LAMONT HASSAN per (Großbritannien, * 26. 1. 1957 in Birmingham), BRIAN TRAVERS sax (Großbritannien, * 7. 2. 1959), MICHAEL VIRTUE key (Großbritannien, * 19. 1. 1957 in Birmingham)

Die gemischtrassige Band wurde 1978 gegründet. Der Name ist in GB die Abkürzung für ein Formular, mit dem man Arbeitslosenunterstützung beantragen kann. Ali und Robin Campbell sind die Söhne des aus Birmingham stammenden Folksängers und Songschreibers Ian Campbell. Im Frühjahr 1980 erschien ihre Debüt-Single »King/Food For Thought«. »Red Red Wine« (10/83 D 12, 1/84 US 34) war eine Komposition von Neil Diamond und wurde ihre erste Hitnotierung in Deutschland und in den USA – dort sollte »Red Red Wine« im Herbst 1988 bei einer Wiederveröffentlichung Spitzenreiter und Millionseller werden. »I Got You Babe« und »Breakfast In Bed« sangen sie zusammen mit Chrissie Hynde, »I'll Be Your Baby Tonight« mit Robert Palmer. »(I Can't Help) Falling In Love With You« stammte aus dem Soundtrack zu dem Sharon-Stone-Film »Sliver«. Eigentlich widersinnig: Die britische Band UB40 mit dem weißen Sänger Ali Campbell ist die erfolgreichste Reggaeformation in den USA. Trotzdem blieben sie stets der Stadt Birmingham verbunden und haben in all den Jahren den Kontakt zu ihren Wurzeln nicht verloren. Die Band frönt keinem Starkult und stellt einen Querschnitt durch das Großbritannien der heutigen Großstädte dar: eine gemischtrassige Gruppe von Leuten, die trotz aller Verschiedenheit von dem großen gemeinsamen Nenner Musik zusammengehalten werden. Ali Campbell machte auch Soloplatten. Nach einer Pause kam UB40 zurück in die Top-10 mit der Nummer »Come Back Darling«.

Auch die Alben der Band waren überaus erfolgreich: »Signing Off« (9/80 GB-LP 2), »Present Arms« (6/81 GB-LP 2, 8/81 D-LP 40), »The Singles Album« (8/82 GB-LP 17), »UB44« (10/82 GB-LP 4), »Labour Of Love« (9/83 GB-LP 1, 10/83 D-LP 29, 11/83 US-LP 14), »Geffrey Morgan« (10/84 GB-LP 3), »Baggariddim« (9/85 GB-LP 14), »Rat In The Kitchen« (8/86 GB-LP 8), »The Best Of UB40 Volume 1« (11/87 GB-LP 3), »UB40« (7/88 GB-LP 12), «Labour Of Love II« (12/89 GB-LP 3, 1/90 US-LP 30, 6/90 D-LP 9), »Promises And Lies« (7/93 GB-LP 1, D-LP 2, 8/93 US-LP 6), »Labour Of Love Volume I & II« (11/94 GB-LP 5), »The Best Of UB40 Volume 2« (11/95 GB-LP 12), »Guns In The Ghetto« (7/97 GB-LP 7) und »Labour Of Love III« (10/98 GB-LP 8).

Gegen Ende des Jahres 2000 erschien mit »The Very Best Of – 1980–2000« (11/00 GB-LP 7) wieder eine Hitkopplung von UB40. Außerdem zog die Formation in der jährlich wiederkehrenden Tournee »Nokia Night Of The Proms« durch die Lande.

Im November 2001 erschien mit »Cover Up« wieder ein Album mit neuem Material der Band. Daraus ausgekoppelt wurde die Single »Since I Met You Lady/Sparkle Of My Eyes« (10/01 GB 40), auf der die Gruppe von Lady Saw alias Marion Hall begleitet wurde. Marion hatte schon mit Shabby Ranks, Shaggy oder Beenie Man auf Platten gesungen. Bei »Since I Met You Lady« handelte es sich um eine Coverversion des Titels »Since I Met You Baby«, 1956 ein Hit für Ivory Joe Hunter, der den Titel auch geschrieben hat.

King/Food For Thought (3/80 GB 4)
My Way Of Thinking/I Think It's Going To Rain (6/80 GB 6)
The Earth Dies Screaming/Dream A Lie (11/80 GB 10)
One In Ten (8/81 GB 7)
Red Red Wine (8/83 GB 1; 8/88 US 1)
Please Don't Make Me Cry (10/83 GB 10)
If It Happens Again (9/84 GB 9)
I Got You Babe (8/85 GB 1)
Don't Break My Heart (10/85 GB 3)
Sing Our Own Song (7/86 GB 5)
Breakfast In Bed (6/88 GB 6)
Homely Girl (11/89 GB 6)
Kingston Town (3/90 GB 4, 5/90 D 5)
The Way You Do The Things You Do (9/90 US 6)
I'll Be Your Baby Tonight (11/90 GB 6)
Here I Am (Come And Take Me) (3/91 US 7)
(I Can't Help) Falling In Love With You (5/93 GB 1, US 1, D 2)
Higher Ground (8/93 GB 8)
Come Back Darling (10/98 GB 10)
AOR (Adult Orientated Rock), Reggae

Siehe auch: Campbell, Ali

Ugly Kid Joe

WHITFIELD CRANE v (USA, * 16. 1. 1968 in Palo Alto/Kalifornien), CORDELL CROCKETT b (USA, * 21. 1. 1965 in Santa Barbara/Kalifornien), MARK DAVIS d (USA, * 22. 4. 1964), KLAUS EICHSTADT g (Deutschland, * 19. 12. 1967 in Hamburg), DAVID FORTMAN g (USA, * 11. 7. 1967 in Covington/Louisiana), ROGER LAHR g (USA), SHANNON LARKIN d (USA, * 24. 4. 1967)
1989 gründeten Crane und Davis zusammen mit Eichstadt, Lahr und Crockett die Formation White Alcoholic Trash, die sich bald in Ugly Kid Joe umbenannte. Ihren ersten Hit hatte die Gruppe mit »Everything About You«, der in dem Film »Wayne's World« zu hören war.Im selben Jahr wurde Lahr durch den neuen Gitarristen Fortman ersetzt. Viele Kritiker rechneten damit, dass Ugly Kid Joe sich als One-Hit-Wonder entpuppen würde. Mit einem Remake des Harry-Chapin-Hits »Cat's In The Cradle« aus dem Jahre 1974 schafften sie einen Überraschungshit – jedenfalls war die Nummer für die übrige Musik der Band recht untypisch. Mitte 1995 erschien das Album »Menace To Sobriety«, aus dem der Titel »Milkman's Son« (7/95 GB 39) ausgekoppelt wurde. Ansonsten hörte man von Ugly Kid Joe nichts mehr. Ihr Debütbalbum »As Ugly As They Want To Be« (2/92 US-LP 4, 6/92 GB-LP 9) brachte ihnen Platin. Doppelplatin erhielt »America's Least Wanted« (9/92 US-LP 27, GB-LP 11, D-LP 10).

Everything About You (4/92 GB 3, US 9)
Cat's In The Cradle (2/93 GB 7, US 6; 4/93 D 10)
Rock

UKW

PEER GERLACH b (Deutschland, * 1. 3. 1959), PETER HUBER v (Deutschland, * 1. 1. 1957), ANDREAS KOCH key (Deutschland, * 6. 3. 1954), THOMAS SCHÜTZE d (Deutschland, * 2. 10. 1956), ANDREAS SCHWARZ g (* 9. 11. 1959)
UKW ist eine der Formationen, die mit eingängigen Melodien und leicht verdaulicher Lyrik Anfang der 80er Jahre mit der neuen deutschen Welle hochkamen. Nach »Sommersprossen« folgte noch »Ich will!« (9/82 D 13). Wie bei den meisten Gruppen dieses Genres war danach die Haltbarkeitsdauer abgelaufen. Ihr erfolgreichstes Album hieß »Ultrakurzwelle« (5/82 D-LP 25).

Sommersprossen (4/82 D 5)
Neue Deutsche Welle

Ullman, Tracey

TRACEY ULLMAN v (Großbritannien, * 30. 12. 1959 in Burnham/Buckinghamshire)
Tracey war zusammen mit Shakin' Ste-

vens in London in der Bühnenshow »Elvis« zu sehen. Anfang der 80er Jahre war sie Hauptdarstellerin in der BBC-TV-Serie ›Three Of A Kind‹. Einen Plattenvertrag erhielt sie, nachdem sie angeblich beim Friseur die Frau des Stiff-Records-Bosses getroffen und bequatscht hatte. Zuerst wurde sie als Ulknudel angeboten. Als ihr Erfolg nach 1984 und abbröckelte, ging sie in die USA und hatte dort zwischen 1987 und 1990 eine eigene TV-Show, in der sie ihr komisches Talent voll zur Geltung bringen konnte. Als Filmschauspielerin sah man sie in »I Love You To Death«, »Plenty«, »Give My Regards To Broad Street«, »Robin Hood – Männer in Strumpfhosen«, »I'd Do Anything« und »Prêt A Porter«. Ihr erfolgreichstes Album war »You Break My Heart In 17 Places« (12/83 GB-LP 14, 3/84 US-LP 34).

Break-A-Way (3/83 GB 4; 5/83 D 8)
They Don't Know (9/83 GB 2; 2/84 US 8)
Move Over Darling (12/83 GB 8)
Pop

Ultimate Kaos

JOMO JAMAINE BAXTER v (Großbritannien, * 31. 7. 1978 in London), JAYDE DELPRATT-SPENCE v (Großbritannien, * 6. 9. 1980 in London), RYAN ELLIOTT (Großbritannien, * 4. 5. 1981 in London), HAYDON ESHUN v (Großbritannien, * 18. 6. 1982 in Hackney/London), NICO GRANT v (Großbritannien, * 18. 3. 1977 als Nicky Grant in London)
Nico, Jomo, Jayde und Haydon begründeten die Gruppe anlässlich des Battersea Dance Workshops in London. Ein Auftritt in der Barrymore-TV-Show brachte sie der britischen Öffentlichkeit nahe. Als fünfter Mann kam der Sohn des Reggae-Stars Maxi Priest, Ryan, hinzu. Ultimate Kaos erhielten einen Plattenvertrag, nachdem sie 1993 im Astoria aufgetreten waren. Danach gingen sie im Vorprogramm von Take That auf Tournee und wurden damit bei den Kids populär. Da sie anscheinend auch noch nett tanzen können, wurden sie gleich mit den legendären Jackson 5 verglichen. »Some Girls« wurde ihr erster Chart-Erfolg. »Hoochie Booty« (1/95 GB 17), »Show A Little Love« (4/95 GB 23), »Right Here« (7/95 GB 18) und »Casanova« (3/97 GB 24, 6/98 D 37, RE-GB 29) waren weitere Hitnotierungen der Band.

Some Girls (10/94 GB 9)
Pop

Ultra

MICHAEL HARWOOD g (Großbritannien), JAMES HEARN v (Großbritannien), NICK KEYNES b (Großbritannien), JON O'MAHONEY d (Großbritannien)
Mit »Say You Do« (4/98 GB 11) hatte diese britische Band ihren ersten Hit. Es folgten »Say It Once« (7/98 GB 16) und »The Right Time« (10/98 GB 28), bevor mit »Rescue Me« der erste Top-10-Hit gelang. Auf der einen Seite schlugen die Jungs in die typische Boy-Group-Kerbe mit singenden und tanzenden Hübschlingen – auf der anderen Seite waren sie aber auch durchaus in der Lage, auf ihren Platten eigene Instrumente zu spielen. Alle genannten Hits waren auf dem Debütalbum der Band zu finden.

Rescue Me (1/99 GB 8)
Boy Group

Ultravox

SAM BLEW v (Großbritannien), VINNY BURNS g (Großbritannien), WARREN CANN d (Kanada, * 20. 5. 1952 in Victoria), CHRIS CROSS b, syn (Großbritannien, * 14. 7. 1952 als Christopher Allen in London), BILLY CURRIE key, vln (Großbritannien, * 1. 4. 1952 in Huddersfield/

Yorkshire), TONY FENELLE v (Großbritannien), JOHN FOXX v, g (Großbritannien, als Dennis Leigh in Chorley/Lancashire), GERRY LAFFY g (Großbritannien), STEVIE SHEARS g (Großbritannien), ROBIN SIMON g (Großbritannien), MIDGE URE v, g (Großbritannien, * 10. 10. 1953 als James Ure in Cambuslang/Lanarkshire), GARY WILLIAMS b (Großbritannien)
Die Formation wurde 1973 als Tiger Lily gegründet. 1975 nahmen sie »Ain't Misbehavin'«, eine alte Fats-Waller-Nummer, auf, die kein Erfolg wurde. Ab Juli 1976, nachdem sie Gruppennamen wie Zips, Innocents, London Soundtrack oder Fire Of London ausprobiert hatten, wurden sie Ultravox und erhielten einen Monat später einen Plattenvertrag. Im Februar 1977 erschien ihre Debütsingle »Dangerous Rhymes«. Ein Jahr später stieg Shears aus und wurde durch Simon ersetzt. Anfang 1979 löste Island Records den Vertrag mit der Band, woraufhin Foxx eine Solokarriere begann. Sein Nachfolger wurde Ure. Der hatte vorher schon in der Band Slik Hitparadenluft geschnuppert. Zum Frühjahr 1980 erhielten sie einen neuen Plattenvertrag und hatten mit »Sleepwalk« (7/80 GB 29) ihre erste Hitnotierung. 1986 trennte sich die Band, 1992 gingen sie wieder ins Studio, allerdings ohne Midge Ure, und nahmen mit »Revelation« eine neue LP auf, die allerdings allen Beteiligten nicht sonderlich gefiel. Erneut gingen die Musiker getrennte Wege. Im Frühjahr 1993 wurde »Vienna« noch einmal veröffentlicht und erreichte wieder Platz 13. Ultravox ging auf Tournee und stellte den neuen Leadsänger Tony Fenelle vor. Im November 1994 stellte Billy Currie erneut unter dem Namen Ultravox eine Band zusammen. Außer ihm waren auf der CD »Ingenuity« Sam Blew, Vinny Burns und Gary Williams zu hören.
Die erfolgreichsten Alben: »Vienna« (7/80 GB-LP 14, 1/81 RE-GB-LP 3, 5/81 D-LP 22), »Rage In Eden« (9/81 GB-LP 4), »Quartet« (10/82 GB-LP 6, 11/82 D-LP 13), »Monument – The Soundtrack« (10/83 GB-LP 9), »Lament« (4/84 GB-LP 8, 4/84 D-LP 25), »The Collection« (11/84 GB-LP 2, 1/85 D-LP 37), »U-Vox« (10/86 GB-LP 9) und »If I Was: The Very Best Of Midge Ure And Ultravox« (3/93 GB-LP 10).

Vienna (1/81 GB 2)
All Stood Still (6/81 GB 8)
Hymn (1/83 D 9)
Dancing With Tears In My Eyes (5/84 D 7, GB 3)
Elektro-Pop

Siehe auch: Slik; Ure, Midge; Visage; Band Aid

Umiliani, Piero

PIERO UMILIANI v (Italien, in Florenz)
Der Arrangeur und Orchesterleiter ›sang‹ in dem Film »Sweden Heaven And Hell« die Nummer »Mah-Na-Mah-Na«. 1969 wurde Piero Umiliani erstmals damit in den amerikanischen Charts notiert und erreichte Platz 55. Im Laufe der Jahre sollte sich dieses ›Lied‹ als Hintergrundmelodie der ›Benny Hill Show‹ etablieren und wurde auch ein gern gehörter Titel in der Muppet Show. Alles in allem sollte man die Nummer eher als Instrumentaltitel mit Gemurmel verstehen. Textlicher Inhalt ist jedenfalls nicht auszumachen. Der 1936 geborene Piero starb im Februar 2001 nach langer Krankheit.

Mah-Na-Mah-Na (4/77 GB 8)
One Hit Wonder, Pop

Uncle Kracker

MATTTHEW SHAFER dj (USA, * 6. 6. 1974 in Mount Clemens/Michigan)
Matt arbeitete zusammen mit dem Rap-Rocker Kid Rock. Mit »Follow Me« startete er eine Solokarriere und brachte jetzt an Stelle von Metal eine Mischung aus

Motown, Country, Southern Rock und HipHop. Als erstes Album erschien »Double Wide« (1/01 US-LP 7).

Follow Me (3/01 US 5; 7/01 D 1; 9/01 GB 3)
HipHop

Uncle Sam

UNCLE SAM v (USA, als Sam Turner in Detroit)
In bester Soulmanier sang Uncle Sam »I Don't Ever Want To See You Again« (5/98 GB 30), geschrieben und produziert von Nathan Morris. Dieser war Mitglied von Boyz II Men – und als die Anfang 1996 für das von ihnen gegründete Label Stonecreek nach Interpreten suchten, sang ihnen Sam Turner am Telefon vor und überzeugte sie. Die gesamte Gruppe beteiligte sich am Songschreiben und an der Produktion des Debütalbums. Typisch die Karriere von Sam: Als Sohn eines Geistlichen einer Baptistengemeinde liegt sein musikalischer Background in der Gospelmusik. Schon als Teenager war er dreieinhalb Jahre mit dem Gospelmusical »A Good Man Is Hard To Find« unterwegs.

I Don't Ever Want To See You Again (11/97 US 6)
One Hit Wonder, Rhythm & Blues, Soul

Undercover

STEVE MAC v, rap, dj (Großbritannien), JOHN MATTHEWS v (Großbritannien)
Die beiden hatten sich darauf spezialisiert, Soft Rock der 70er Jahre aufzupäppeln und ihm, wie sie sagten, den Touch der 90er zu verpassen. Auf diese Art und Weise machten Undercover eine Kühlschrankversion von Gerry Raffertys Superhit »Baker Street« aus dem Jahre 1978. Im Herbst desselben Jahres nahmen sie sich Andrew Golds Titel »Never Let Her Slip Away«, ebenfalls von 1978, vor. »I Wanna Stay With You« (2/93 GB 28) folgte – dann gingen sie wieder in den Untergrund.

Baker Street (8/92 D 3, GB 2)
Never Let Her Slip Away (11/92 GB 5)
Dance

Underdog Project

Frontmann des Projektes ist der auf den Fidschi-Inseln geborene und in Vancouver/Kanada lebende Vic Krishna.

Summer Jam (8/00 D 3)
Dance

Undertones

MICHAEL BRADLEY b (Großbritannien, * 13. 8. 1959 in Derry/Nordirland), BILLY DOHERTY d (Großbritannien, * 10. 7. 1958 in Larne/Nordirland), DAMIAN »DEE« O'NEILL g (Großbritannien, * 15. 1. 1961 in Londonderry/Nord Irland), JOHN O'NEILL g (Großbritannien, * 26. 8. 1957 in Londonderry/Nord Irland), FEARGAL SHARKEY v (Großbritannien, * 13. 8. 1958 in Londonderry/Nord Irland)
Ende 1975 wurde die Gruppe von fünf Freunden in Londonderry, Nordirland, gegründet. Im Herbst 1978 erhielten sie einen Plattenvertrag, und als Debütsingle erschien »Teenage Kicks« (10/78 GB 31). »Jimmy Jimmy« (4/79 GB 16), »Here Comes The Summer« (7/79 GB 34), »You've Got My Number (Why Don't You Use It?)« (10/79 GB 32), »My Perfect Cousin«, »Wednesday Week« (7/80 GB 11) und »It's Going To Happen!« (5/81 GB 18) waren die weiteren Top-40-Hits. Die erfolgreichsten Alben der Formation hießen »The Undertones« (5/79 GB-LP 13), »Hypnotised« (4/80 GB-LP 6) und »Positive Touch« (5/81 GB-LP 17).
Im Juni 1983 löste sich die Band auf – Sharkey machte zusammen mit Vince

Clarke Assembly und wurde als Solist erfolgreich.

My Perfect Cousin (4/80 GB 9)
Pop, Punk

Siehe auch: Assembly; Sharkey, Feargal

Underworld

DARREN EMERSON dj (Großbritannien, * 30. 4. 1971 in Essex), KARL HYDE v, g (Großbritannien, * 10. 5. 1957), RICK SMITH v, key, rap (Großbritannien, * 25. 5. 1959)

Freur war eine Band aus Cardiff/Wales. Mit der Nummer »Doot Doot« hatte sie 1983 einen Platz 59 in GB und 24 in Deutschland. In der Gruppe waren Rick Smith, Karl Hyde, Alfie Thomas, John Warwicker Le Bretton und Bryn B. Burrows. 1988 wurde daraus Underworld – John Warwicker wurde durch Baz Allen ersetzt, 1989 ging Burrows, für ihn kam Pacal Consoli. Anfang der 90er Jahre machten Baz Allen und Pascal Consoli die Formation D-Influence, die mit »Rock With You« (9/98 GB 30) ihren größten Erfolg hatte. Smith und Hyde gründeten 1992 zusammen mit dem Keyboarder Darren Emerson die Gruppe Lemon Interrupt. Daraus wurde 1993 die Erfolgsbesetzung von Underworld. »Spikee/Dogman Go Woof« war im Dezember 1993 ihre erste Hitnotierung in GB. Die Top-40-Hits: »Pearl's Girl« (5/96 GB 24, 11/96 RE-GB 22), »Born Slippy (Remix)« (9/96 D 13) – eine der Nummern, die durch den Erfolg des Filmes »Trainspotting« in die Charts und die Ohren der Käufer gespült wurde –, »Push Upstairs« (3/99 GB 12), »Jumbo« (6/99 GB 21), »King Of Snake« (8/99 GB 17) – basierend auf »I Feel Love« von Donna Summer – und »Cowgirl« (9/00 GB 24). Die erfolgreichsten Alben: »Dubnobasswithmyheadman« (2/94 GB-LP 12), »Second Toughest In The Infants« (3/96 GB-LP 9) und »Beaucoup Fish« (3/99 GB-LP 3).

Am 27. 4. 2000 schickte die Plattenfirma der Band folgende Meldung: ›Nach vielen Spekulationen geben wir heute bekannt, dass Darren Emerson die Band Underworld verlassen hat, um sich seiner Solokarriere zu widmen. Die übrigen Band-Mitglieder Karl Hyde und Rick Smith werden weiterhin Alben als Underworld veröffentlichen.

Die Trennung verlief in einem sehr freundschaftlichen Rahmen.

Darren Emerson gehörte Underworld seit 10 Jahren an. Er möchte zukünftig andere künstlerische Wege beschreiten, die ihn zurück zu seinen musikalischen Wurzeln bringen. Dazu gehören neben seinen weltweiten DJ-Gigs auch Solo-Projekte mit Gast-Produzenten, welche im Verlauf diesen Jahres bestätigt werden sollen.

Underworld werden Darren Emerson nicht ersetzen. Karl Hyde und Rick Smith befinden sich derzeit gemeinsam im Studio, um neue Ideen für das nächste Underworld-Album umzusetzen. Von Labelseite besteht keinerlei Zweifel, dass Underworld nicht wie gewohnt weiter an ihrer Musik arbeiten werden.

Die Veröffentlichung des lang erwarteten Live-Albums »LiveWorld« und der DVD am 04. September 2000 bleibt von den Ereignissen unbeeinflusst. Neben den Live-Versionen vieler bekannter Album-Hits werden bisher unveröffentlichte Tracks zu hören sein, die bei der letztjährigen World Tour der Band aufgenommen worden sind.‹

Born Slippy (7/96 GB 2)
Dance, Pop

Undisputed Truth

TYRONE BERKELEY v (USA), TAKA BOOM v (USA, als Yvonne Stevens), BILLIE CALVIN v (USA), TYRONE DOUGLAS v (USA), BRENDA EVANS v (USA), JOE HARRIS v (USA), VIRGINA MCDONALD v (USA)

1971 brachte der Motown-Produzent Norman Whitfield Undisputed Truth bei Gordy Records unter. Whitfield hatte mit den Temptations und ihrem Psychedelic-Soulsound gerade großen Erfolg und wollte in die gleiche Kerbe hauen. Durch »Smiling Faces Sometimes« gelang ihm das Mitte 1971 mit Undisputed Truth auch. Die Nachfolgeplatten kamen über Platz 60 nicht mehr hinaus, und auch Wechsel innerhalb der Band nach 1973 – von den Originalmitgliedern Harris, Calvin und Evans blieb nur Harris übrig – brachten keine weiteren Erfolge. Taka Boom, die auch als Solistin und mit Glass Family erfolgreich war, ist die Schwester von Chaka Khan und Mark Stevens von den Jamaica Boys.

Smiling Faces Sometimes (6/71 US 3)
Motown Sound, One Hit Wonder, Rhythm & Blues, Soul

Unit Four Plus Two

RUSS BALLARD v, g (Großbritannien, * 31. 10. 1947 in Waltham Cross/Hertfordshire), RODNEY GARWOOD b (Großbritannien, * 27. 3. 1944), HUGH HALLIDAY d (Großbritannien, * 12. 12. 1944), BOB HENRIT d (Großbritannien, * 2. 5. 1944 als Robert Henrit in Broxbourne/Hertfordshire), HOWARD LUBIN g (Großbritannien), BUSTER MEIKLE v, g (Großbritannien, * 1. 3. 1942 als David Meikle in Herfordshire), TOMMY MOELLER v, g, p, tamb (Großbritannien, * 23. 2. 1945), PETER MOULES v, g, bj (Großbritannien, * 14. 10. 1944)

1963 wurde ein Folk-orientiertes Quartett in Hertfordshire gegründet, bestehend aus Meikle, Moeller, Moules und Lubin, das sich Unit Four nannte. Mit der Zeit entwickelte sich daraus mehr eine Pop-Rockgruppe, und nachdem Garwood und Halliday als Rhythm-Section hinzugekommen waren, nannte man sich Unit Four Plus Two. Ihre erste Hitnotierung hatten sie im Frühjahr 1964 mit »Green Fields«. »Concrete And Clay« (5/65 US 28) kam ein Jahr später in die Charts und wurde ihr größter Hit. Danach kam »You've Never Been In Love Like This Before« (5/65 GB 14). Auch Umbesetzungen, wie z. B. mit dem späteren Argent-Mitglied Henrit oder dem erfolgreichen Songschreiber Ballard, brachten keine Hits mehr. 1967 trennte sich die Band.

Concrete And Clay (2/65 GB 1)
Folk, Pop

UNKLE

JOSH DAVIS dj (Großbritannien), JAMES LAVELLE key (Großbritannien)

Ian Brown, einst Sänger der Stone Roses, wurde als Gast von UNKLE auf dem Hit »Be There« angegeben. Die hatten die Nummer als »Unreal« schon einmal veröffentlicht – allerdings als Instrumentaltitel. UNKLE hatte mit »Psyence Fiction« (9/98 GB-LP 4) ebenfalls Erfolg.

Be There (2/99 GB 8)
Pop

Siehe auch: Stone Roses; Brown, Ian

Upsetters

LLOYD ADAMS, GLEN ADAMS v (Jamaika), CARLTON BARRETT d (Jamaika, * 17. 12. 1950 in Kingston, † 17. 4. 1987), ASTON »FAMILY MAN« BARRETT d (Jamaika * 22. 11. 1946 in Kingston), MIKEY BOO, HUX BROWN, CLEVIE BROWNE, SLY DUNBAR, BORIS GARDINER v (Jamaika, * 13. 1. 1949), LEE PERRY (Jamaika, * 20. 3. 1936 als Rainford Hugh in Kendal/Parish of Hanover), WINSTON WRIGHT

Die Band, die aus Studiomusikern bestand, brachte die selbst geschriebene Nummer »Return Of Django/Dollar In The Teeth« im Herbst 1969 in die Charts. Etliche der Musiker, wie z. B. Gardiner oder

Dunbar, sollten später in anderen Formationen oder als Solisten erfolgreich werden. Lee Perry gilt als einer der Pioniere und Wegbereiter des Ska.

Return Of Django/Dollar In The Teeth (10/69 GB 5)
One Hit Wonder, Pop, Reggae

Urban Cookie Collective

SIMON BENTALL per (Großbritannien, * 17. 10. 1967), DIANE CHARLEMAGNE v (Großbritannien, * 2. 2. 1964), ROHAN HEATH key (Großbritannien, * 19. 7. 1964), PETER SAMSON bongos (Großbritannien, * 15. 5. 1968)
Hinter den vier ›Großstadtfrüchtchen‹ aus Manchester steht Mastermind Rohan Heath. Erste Erfahrungen hatte er in den Gruppen A Guy Called Gerald und Together gesammelt. Mit melodiösem Techno-House gelang ihm der erste Hit »The Key, The Secret«. In den Anfangstagen hatten neben Heath und Charlemagne noch ein MC Marty und DJ Pete zur Formation gehört. Offensichtlich spielte es jedoch auch keine Rolle, wer neben Diane und Rohan noch seinen Kopf für die Gruppe hinhielt. »Feels Like Heaven« (12/93 D 12), »Sail Away« (2/94 GB 18, D 25) und »High On A Happy Vibe« (4/94 GB 31) brachten es noch einmal auf erwähnenswerte Platze in den Charts – dann ging es langsam bergab. Im selben Jahr erschien mit dem Album »High On A Happy Vibe« (3/94 GB-LP 28) eine Zusammenfassung der bisherigen Hits.

The Key, The Secret (7/93 GB 2; 9/93 D 5)
Feels Like Heaven (11/93 GB 5)
House, Techno

Urban Hype

BOBBY DEE dj (Großbritannien), MARK LEWIS dj (Großbritannien)
Bobby Dee und Mark Lewis waren zwei DJs, die wie so viele andere Vertreter ihres Berufsstandes mit einer Special-P.A. durch die Lande zogen und Techno spielten. Außerdem waren Urban Hype wieder ein Beweis dafür, wie einfach es manchmal ist, einen Titel in die Hitparaden zu bringen. »A Trip To Trumpton« war eine Mixtur aus Beats und Bleeps und beinhaltete Samples aus der BBC-Kinder-TV-Serie »Trumpton«. Die beiden Nachfolger »The Feeling« und »Living In A Fantasy« kamen bereits nicht mehr über Platz 50 hinaus.

A Trip To Trumpton (7/92 GB 6)
One Hit Wonder, Techno

Ure, Midge

MIDGE URE v, g (Großbritannien, * 10. 10. 1953 als James Ure in Cambuslang/ Lanarkshire)
Der vielseitige Musiker und Songschreiber begann 1972 bei Salvation, die 1974 zu den Nachfolgern der Bay City Rollers umfunktioniert werden sollten und in Slik umbenannt wurden. 1977 trennte sich Slik. Midge wurde zunächst Mitglied bei den Rich Kids und schließlich für Brian Robertson 1979 kurz Ersatz bei Thin Lizzy. Im April 1979 stieg er bei Ultravox ein, und mit ihm kam für diese Band der Erfolg. Im Dezember 1980 machte er neben seiner Arbeit für Ultravox noch das Projekt Visage. Im Juni 1982 veröffentlichte er mit »No Regrets« seine erste Solosingle. Neben all dem produzierte Midge Ure auch noch Steve Harley. Im November 1984 realisierte er zusammen mit Bob Geldof das Band-Aid-Projekt »Do They Know It's Christmas«. 1985 stieg er endgültig bei Ultravox aus. Bis in die 90er Jahre veröffentlichte er weiter Singles und LPs. »After A Fashion« (7/83 GB 39), »That Certain Smile« (11/85 GB 28), »Call Of The Wild« (6/86 GB 27) und »Cold, Cold Heart« (8/91 GB 17) waren die wei-

teren Top-40-Hits. Seine erfolgreichsten Soloalben: »The Gift« (10/85 GB-LP 2, 10/85 D-LP 28) und »If I Was: The Very Best Of Midge Ure And Ultravox« (3/93 GB-LP 10). Auf letztgenanntem Album waren auch Titel von Ultravox, Visage, Band Aid und Phil Lynott zu hören.

Speziell den deutschen Kids wurde der Name Midge Ure 1998 bekannt. Die Nummer »Breathe« (5/96 GB 70, 1/98 D 12) fand Verwendung in der Werbung für Swatch-Uhren. Daraufhin kam das Stück erstmalig in die deutschen Charts.

Nach einer längeren Pause meldete sich Ure im Herbst 2000 wieder zurück. Es erschien das Album »Move Me«, darauf die Single »You Move Me«.

No Regrets (6/82 GB 9)
If I Was (9/85 D 2, GB 1)
Elektro-Pop, Pop

Siehe auch: Band Aid; Visage; Slik; Ultravox

Uriah Heep

KEITH BAKER d (Großbritannien), TREVOR BOLDER b (Großbritannien, * 9. 6. 1950 in Hull/Yorkshire), MICK BOX v, g (Großbritannien, * 8. 6. 1947 in Walthamstow/London), DAVID BYRON v (Großbritannien, * 29. 1. 1947 als Garrick Byron in Epping/Essex, † 28. 2. 1985), IAN CLARKE d (Großbritannien), MARK CLARKE b (Großbritannien, * 25. 7. 1950 in Liverpool), BOB DAISLEY b (Großbritannien), PETER GOALBY v (Großbritannien), KEN HENSLEY v, g, key (Großbritannien, * 24. 8. 1945 in London), LEE KERSLAKE d (Großbritannien, * 16. 4. 1947), PHIL LANZON key (Großbritannien), JOHN LAWTON v (Großbritannien, * 11. 6. 1946), ALEX NAPIER d (Großbritannien), PAUL NEWTON b (Großbritannien, * 21. 2. 1942 in Andover), NIGEL OLSSON d (Großbritannien, * 10. 2. 1949 in Wallasey/Lancashire), BERNIE SHAW v (Großbritannien), JOHN SINCLAIR key, CHRIS SLADE d (Großbritannien, * 30. 10. 1946 als Rees in Pontypridd/Wales), JOHN SLOMAN v (Großbritannien, in Cardiff/Wales), GARY THAIN v, b (Neuseeland, * 15. 5. 1948, † 19. 3. 1976), JOHN WETTON v, b (Großbritannien, * 12. 7. 1949 in Derby)

Die 1969 gegründete Band war zwischen 1971 und 1978 vorwiegend in der deutschen Hitparade vertreten. In GB schafften sie keinen einzigen Hitparadenerfolg, in den USA war »Easy Livin'« (7/72 US 39) ihr größter Erfolg. Erstmals stand Uriah Heep im Januar 1971 in den deutschen Charts mit »Gypsy« (1/71 D 30). Der Nachfolger »Lady In Black« (6/71 D 24, 1/75 RE-D 44) entwickelte sich in Deutschland zum Dauerbrenner – diese Nummer dürfte der größte Erfolg von Uriah Heep sein. Ansonsten machte die Band mehr dadurch von sich reden, dass die Fluktuation in der Gruppe sehr hoch war. Kopf Ken Hensley konnte offensichtlich Kritik innerhalb der Formation nur schwer ertragen. Zu seinen Opfern gehörte auch Byron, die eigentliche Stimme von Uriah Heep. Nachdem der 1976 gegangen war und durch John Lawton ersetzt wurde, schaffte die Band lediglich mit »Free Me« noch einmal einen Hit. Byron machte erst Soloplatten, gründete Rough Diamond und die Byron Band und starb viel zu früh im Februar 1985 an den Folgen übermäßigen Alkoholkonsums.

Lawton verließ Uriah Heep schon 1978 und für ihn kam John Sloman. Nachdem 1980 auch Hensley ging, blieb lediglich Mick Box als einziges Urmitglied übrig. Die Band trennte sich 1981, kam aber schon ein Jahr später wieder zurück. Nach vierjähriger Abstinenz erschien die Studio-LP »Raging Silence« (1989). Sie war absoluter Durchschnitt. Gleiches gilt für »Different World« (1991). Das Album »Sea Of Light« (1995) war schon wieder recht anhörenswert. In der Besetzung Box, Kerslake, Bolder, Shaw und Lanzon, die 1985 zusammenkam, spielte die Band

bis in das neue Jahrtausend und gehört sicher zu den fleißigsten Live-Bands aller Zeiten.
Die erfolgreichsten Alben der Band waren »Look At Yourself« (11/71 D-LP 11), »Demons And Wizards« (6/72 GB-LP 20, US-LP 23, 7/72 D-LP 5), »The Magician's Birthday« (12/72 GB-LP 28, D-LP 7, US-LP 31), »Live« (5/73 GB-LP 23, US-LP 37, 6/73 D-LP 8), »Sweet Freedom« (9/73 GB-LP 18, 10/73 D-LP 12, US-LP 33), »Wonderworld« (6/74 GB-LP 23, 7/74 D-LP 7, US-LP 38), »Return To Fantasy« (7/75 GB-LP 7, D-LP 21), »Firefly« (4/77 D-LP 17), »Innocent Victim« (1/78 D-LP 15) und »Fallen Angel« (10/78 D-LP 18).

Lady In Black (9/77 D 5)
Free Me (11/77 D 9)
AOR (Adult Orientated Rock), Pop, Rock

US 3

MEL SIMPSON key (Großbritannien), GEOFF WILKINSON dj (Großbritannien)
Dieses Projekt überraschte 1993 mit einer ausgesprochen gelungenen Mischung aus HipHop und Jazz. Hinter US 3 stecken in erster Linie Geoff Wilkinson und Mel Simpson. Wilkinson kann man im Grunde nicht als Musiker bezeichnen. Er arbeitete in Plattengeschäften in London, war begeisterter Jazzfan und begann Ende der 80er Jahre, Konzerte zu organisieren. Ab Anfang der 90er Jahre arbeitete er als DJ in Camden Town's Jazz Cafe und brachte dort bei so genannten Jazz Rap Weekends Rapper mit Jazzmusikern zusammen. Bei einer solchen Gelegenheit lernte er den Pianisten und Organisten Simpson kennen. 1991 nahmen die beiden ihre erste Platte »Where Will We Be In The 21st Century?« auf, 1992 zusammen mit Coldcut »The Band Played The Boogie«. Hier hatten sie erstmals Samples aus dem Blue-Note-Material der Firma Capitol eingesetzt, die ihnen erstaunlicherweise danach gestattete, sich nach Belieben ihres Materials zu bedienen. Als erste Chartnotierung konnten sie den Titel »Cantaloop« (1/93 D 22, 9/93 GB 23) verbuchen. Grundlage dieses Titels war »Cantaloupe Island« von Herbie Hancock. Im Sommer 1993 erschien das hochgelobte Album »Hand On The Torch« (1/94 US-LP 31). Mit »Riddim« (7/93 GB 34) und »Come On Everybody (Get Down)« (3/97 GB 38) hatten sie noch weitere Top-40-Hits. Wilkinson und Simpson konnten für ihre Arbeit ausgezeichnete Musiker wie den Trompeter Gerard Presencer oder den Posaunisten Dennis Rollins gewinnen. 2001 erschien das Album »An Ordinary Day In An Unusual Place«. Die Fusion von Jazz mit zeitgenössischen Rhythmen klang perfekt.

Cantaloop (11/93 US 9)
Dance, Jazz

USA For Africa

KIM CARNES v, p (USA, * 20. 7. 1945 in Los Angeles/Kalifornien), RAY CHARLES v, p (USA, * 23. 9. 1930 als Ray Charles Robinson in Albany/Georgia), BOB DYLAN v (USA, * 24. 5. 1941 als Robert Allen Zimmerman in Duluth/Minnesota), DARYL HALL v (USA, * 11. 10. 1948 als Daryl Franklin Hohl in Pottstown/Philadelphia), JAMES INGRAM v (USA, * 16. 2. 1956 in Akron/Ohio), MICHAEL JACKSON v (USA, * 29. 8. 1958 als Michael Joseph Jackson in Gary/Indiana), AL JARREAU v (USA, * 12. 3. 1940 in Milwaukee/Wisconsin), BILLY JOEL v, p (USA, * 9. 5. 1949 als William Martin in Hicksville/Long Island N.Y.), CYNDI LAUPER v (USA, * 20. 6. 1953 als Cynthia Anne Stephanie Lauper in Queens/New York), HUEY LEWIS v (USA, * 5. 7. 1950 als Daryl Franklin Hohl in New York City), KENNY LOGGINS v, g (USA, * 7. 1. 1947 in Everett/Washington), WILLIE NELSON v (USA, * 30. 4.

1933 als Willie Hugh Nelson in Fort Worth/Texas), STEVE PERRY v (USA, * 22. 1. 1949 in Hanford/Kalifornien), KENNY ROGERS v, b (USA, * 21. 8. 1938 als Kenneth Donald Rogers in Houston/Texas), DIANA ROSS v (USA, * 26. 3. 1944 als Diane Ernestine Ross in Detroit/Michigan), PAUL SIMON v, g (USA, * 13. 10. 1941 als Paul Frederic Simon in Newark/New Jersey), BRUCE SPRINGSTEEN v (USA, * 23. 9. 1949 in Freehold/New Jersey), TINA TURNER v (USA, * 26. 11. 1939 als Anna Mae Bullock in Brownsville/Tennessee), DIONNE WARWICK v (USA, * 12. 12. 1940 als Marie Dionne Warwick in East Orange/New Jersey), STEVIE WONDER v, d, p, mo (USA, * 13. 5. 1950 als Steveland Judkins Morris in Saginaw/Michigan)

Im Dezember 1984 stand »Do They Know It's Christmas« von Band Aid, besetzt mit internationalen hochkarätigen Musikern, auf Platz 1 in GB. Sinn und Zweck des Band-Aid-Projektes war es, finanzielle Mittel für die notleidende Bevölkerung in verschiedenen afrikanischen Staaten aufzubringen. Wie um zu beweisen, dass die Amerikaner das auch können, trafen sich am 28. 1. 1985 in L.A. in einem Studio 46 amerikanische Topkünstler, um in einer zehnstündigen Session die von Michael Jackson und Lionel Richie geschriebene Single »We Are The World« aufzunehmen. Präsident der ›United Support of Artists for Africa‹ war Ken Kragen, Besitzer einer Managementfirma und einer TV-Produktionsfirma. Der erhielt einen Anruf von Harry Belafonte, er möge doch ein ähnliches Projekt wie Band Aid auf die Bahn bringen. Zu den Kunden, die die Firma von Kragen betreute, gehörte Lionel Richie. Der erhielt nun seinerseits einen Anruf von Kragen, er möge doch über die Idee nachdenken. Quincy Jones erhielt ebenfalls einen Anruf – er möge die Platte produzieren. Jones wiederum rief Michal Jackson an, beim Songschreiben behilflich zu sein. Nun standen also an diesem 28. 1. 1985 folgende Künstler im Studio: Dan Aykroyd, Harry Belafonte, Lindsey Buckingham, Kim Carnes, Ray Charles, Bob Dylan, Sheila E., Bob Geldof, Daryl Hall & John Oates, James Ingram, Jackie Jackson, LaToya Jackson, Marlon Jackson, Michael Jackson, Randy Jackson, Tito Jackson, Al Jarreau, Waylon Jennings, Billy Joel, Cyndi Lauper, Huey Lewis, Kenny Loggins, Bette Midler, Willie Nelson, Jeffrey Osborne, Steve Perry, die Pointer Sisters, Lionel Richie, Smokey Robinson, Kenny Rogers, Diana Ross, Paul Simon, Bruce Springsteen, Tina Turner, Dionne Warwick und Stevie Wonder. Es wurden mehr als sieben Millionen Singles verkauft, knapp fünf Millionen Alben. Zu den Tantiemen kamen Gewinne aus dem Verkauf von T-Shirts, Videos, Sweatshirts und Postern. Insgesamt kamen mehr als 44 Millionen Dollar für USA For Africa zusammen.

We Are The World (3/85 D 2, GB 1, US 1)

AOR (Adult Orientated Rock)

Siehe auch: Band Aid; Band Für Afrika

Usher

USHER RAYMOND IV. v (USA, * 14. 10. 1978 in Dallas/Texas)

Als Usher mit »Call Me A Mack« seine erste Hitnotierung hatte, war er gerade mal 14 Jahre alt. Der bekannte und erfolgeiche Produzent L.A. Reid nahm sich des Jungen an und veröffentlichte dessen Produkte auf seinem Plattenlabel LaFace. »Call Me A Mack« stammte aus dem Film »Poetic Justice«, in dem Janet Jackson und 2Pac Hauptrollen spielten. Der Song brachte Samples aus »Who's The Mac« von Ice Cube. Die Nachfolgenummer »Can U Get With It« (8/94 US 59) war schon etwas erfolgreicher. »You Make Me Wanna ...« war dann der erste Top-10-Hit für Usher. Die Platte wurde mit Platin bedacht. Nachfolger »Nice & Slow« stieg im Januar 1998 gleich in die US-Top-10 ein. »You Make Me Wanna...« (11/97 D 18) belegte am 31. 1. 1998 in GB auf Anhieb Platz 1. Ebenfalls Anfang 1998 wurde »Nice & Slow« (5/98 GB 24) Spitzenreiter in den USA. Auch erfolgreich war sein Album »My Way« (10/97 US-LP 4, 1/98 GB-LP 16). Nach einer längeren Pause kam er 2001 mit »Pop Ya Collar« (2/01 D 30), »U Remind Me« (7/01 D 21) und dem Album »8701« (7/01 GB-LP 1, D-LP 7, 8/01 US-LP 4). Weiter ging es mit »U Got It Bad« (11/01 D 26) und »U Don't Have To Call« (2/02 US 12).

You Make Me Wanna... (8/97 US 2; 1/98 GB 1)
Nice & Slow (1/98 US 1)
My Way (6/98 US 2)
Pop Ya Collar (2/01 GB 2)
U Remind Me (6/01 US 1; 7/01 GB 3)
U Got It Bad (9/01 US 1; 10/01 GB 5)
Pop, Rhythm & Blues

Usura

BABA key (Italien), CLAUDIO CALVELLO key (Italien), MICHELE COMIS key (Italien), ELISA SPREAFICHI v (Italien)

Die vier Discjockeys aus Norditalien, die hinter Usura stecken, hatten ihre ersten Erfolge mit Produktionen für Jinny und Debbie Cole. »Open Your Mind« wurde 1997 noch einmal als Remix veröffentlicht und erreichte in GB Platz 21. Dort hatte Usura mit »Sweat« (7/93 GB 29) noch einen weiteren Top-40-Hit.

Open Your Mind (1/93 D 8, GB 7)
Dance

Utah Saints

TIM GARBUTT dj (Großbritannien, * 6. 1. 1969 in London), JEZ WILLIS dj (Großbritannien, * 14. 8. 1963 in Brampton/Cumbria)

Wieder einmal zwei DJs, die mit einer Mixtur aus Heavy-Metal-Elementen und House Music das Publikum zum Tanzen brachten. 1987 hatte Willis Bass in der Formation Cassandra Complex gespielt. 1991 gründete er die Band M.D.M.A., die ebenfalls Diskomusik ablieferte. »What Can You Do For Me« war die erste Single der Utah Saints. »Something Good« Titel beinhaltete Samples aus »Cloudbusting« von Kate Bush. »I Want You« (7/93 GB 25) und »I Still Think Of You« (6/94 GB 32) waren noch weitere Top-40-Hits der Gruppe, »Utah Saints« (6/93 GB-LP 10) ihr einziges Erfolgsalbum. Jahrelang hörte man nichts mehr von den beiden. Dann war es der R.E.M.-Sänger Michael Stipe, der behauptete, er könne sich nichts Besseres vorstellen, als mit der Musik vom ersten Album der Utah Saints durch die Straßen von L.A. zu kurven. Das ermutigte Utah Saints 2001, neue Plattenproduktionen zu starten.

What Can You Do For Me (8/91 GB 10)
Somthing Good (6/92 GB 4)
Believe In Me (5/93 GB 8)
Rave, Techno

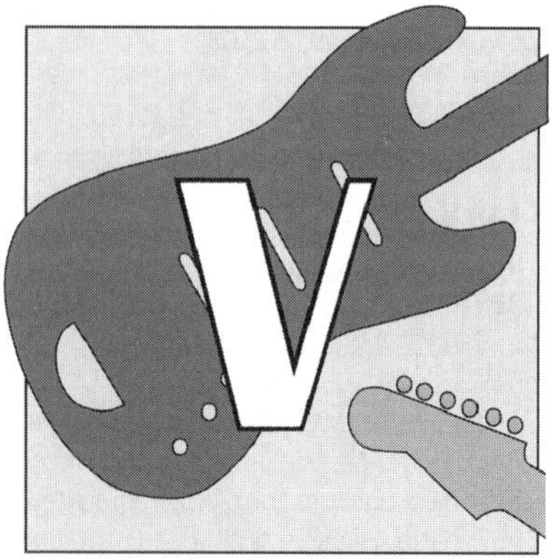

Vader Abraham

VADER ABRAHAM v (Niederlande, * 11. 4. 1935 als Pierre Kartner in Elst)

Nach einer Konditorlehre zog Kartner lange erfolglos als Musiker durch die Lande. Dann sollten ihm als Songschreiber in seiner Heimat erste Hits gelingen. Zeitweise standen in den Niederlanden bis zu sieben Kompositionen von Kartner in den Charts. Einmal stammten die gesamten Top-5 aus seiner Feder. Dann schaffte er selbst den Sprung in die Hitparaden. Sein Song »Das Lied der Schlümpfe« war 1978 der Hit des Jahres in Deutschland und ein zweifacher Millionseller. In Großbritannien wurde das Lied unter dem Namen Father Abraham als »The Smurf Song« veröffentlicht. Sein einziger weiterer Top-40-Hit in Deutschland wurde »Was wird sein, fragt der Schlumpf«. In GB hatte er als Father Abraham noch den Hit »Dippety Day« (9/78 GB 13) und als Father Abraham And The Smurfs »Christmas in Smurfland« (12/78 GB 19). Jonathan King veralberte in GB Father Abraham, indem er eine Platte als Father Abrahart & The Smurps veröffentlichte.

1996 wurde das Konzept der Schlümpfe wieder neu belebt – Kantner wird allerdings bei den neuen Platten nicht mehr erwähnt und war wohl auch nicht dabei – trotzdem hier die Hits der Smurfs. Bei »I've Got A Little Puppy« war die Technohead-Nummer »I Want To Be A Hippy« die Vorlage.

Sein Album »Vader Abraham im Land der Schlümpfe« (6/78 D-LP 3) brachte Platin. In GB hatte er weitere LP-Erfolge: als Father Abraham And The Smurfs gelang ihm der Hit »Father Abraham In Smurfland« (11/78 GB-LP 19). Die 1996er Neuauflage als Smurfs hatte »The Smurfs Go Pop!« (7/96 GB-LP 2), »Smurf's Christmas Party« (11/96 GB-LP 8), »The Smurf Hits '97 – Volume 1« (2/97 GB-LP 2) und »The Smurfs Gop Pop! Again« (9/97 GB-LP 15).

Joe Dassin, Nana Mouskouri, Mireille Mathieu und Julio Iglesias singen seine Titel – Peter Alexander hatte einen Hit mit »Die kleine Kneipe«, ebenfalls eine Nummer von Pierre. 2001 rechnete er zusammen: In seinem Büro in Breda hingen 128 Goldene Schallplatten, die er als Sänger, Produzent oder Songschreiber erhalten hatte. In den Niederlanden war er neben Cliff Richard der einzige Künstler, der über 50 Top-40-Hits hatte. Er tingelte immer noch durch Holland und Belgien und schrieb inzwischen Songs für Ireen Sheer und Stefanie Hertel.

Das Lied der Schlümpfe (1/78 D 1)
The Smurf Song (6/78 GB 2)
Was wird sein, fragt der Schlumpf (9/78 D 4)
I've Got A Little Puppy (9/96 GB 4)
Your Christmas Wish (12/96 GB 8)
Schlager

Siehe auch: Smurfs

Valaitis, Lena

LENA VALAITIS v (Litauen, * 7. 9. 1943 als Anelé Valaitis in Memel)

Anfang der 70er Jahre konnte sich Lena in den Hitparaden etablieren. Mit einer deutschen Version des Nickel Song« von Melanie, »Ob es so oder so oder anders kommt« (8/71 D 26) hatte sie ihre erste Hitnotierung. »Alles was dein Herz begehrt« (11/71 D 30), »Und da steht es geschrieben« (8/72 D 34), »So wie ein Regenbogen« (2/73 D 23), »Da kommt José – der Straßenmusikant« (2/76 D 16), »Ein schöner Tag« (5/76 D 11) und »Johnny Blue« waren ihre weiteren Top-40-Hits. Mit »Johnny Blue« hatte Lena Deutschland beim Grand Prix Eurovision in Dublin vertreten und hinter dem Gewinner »Making Your Mind Up« von Bucks Fizz Platz 2 belegt.

Johnny Blue (4/81 D 9)
Deutscher Schlager, Grand Prix

Valente, Caterina

CATERINA VALENTE v (Frankreich, * 14. 1. 1931 in Paris)
Caterina Valente stammte aus einer angesehenen Artistenfamilie. 1953 nahm Kurt Edelhagen sie als Sängerin in sein Orchester. 1954 verkaufte sich die Platte »Ganz Paris träumt von der Liebe« mehr als 500 000 Mal, für damalige Verhältnisse enorm viel. Caterina sang in zwölf verschiedenen Sprachen und kann Hits in vielen Ländern vorweisen. Einer ihrer größten internationalen Erfolge war »The Breeze And I«. Hierzulande hatte sie Hits als Solistin, unter verschiedenen Gruppennamen – Club Indonesia, Club Italia, Club Argentina, Club Manhattan, Club Honolulu oder Catrins Madison Club – und auch im Duett mit Peter Alexander (»Eventuell« und »Sing Baby sing«) oder ihrem Bruder Silvio Francesco (»Sonnenschein«, The Peppermint Twist«, »Einmal weht der Südwind wieder« und »Quando, Quando, Quando«). Sie einfach nur als Sängerin zu bezeichnen wird ihr nicht gerecht. Auch als Schauspielerin in zahllosen deutschen Unterhaltungsfilmen machte sie trotz teilweise dümmlicher Handlungen eine gute Figur. Ihre erste Hitnotierung in Deutschland hatte sie mit »Fiesta Cubana«. Die letzte Notierung in den Verkaufs-Charts hatte sie Ende 1978 mit »Manuel«, Platz 16. 1985 schrieb sie ihre Autobiografie ›Bonjour Kathrin!‹. 2002 wurde sie bei der Echo-Verleihung für ihr Lebenswerk gewürdigt.

The Breeze And I (4/55 US 8; 8/55 GB 5)
Fiesta Cubana (9/55 D 6)
Casanova (9/55 D 7)
Es ist so schön bei dir (10/55 D 2)
Eventuell (11/55 D 1)
Sing Baby sing (12/55 D 5)
Die Bim Bam Bim Bam Bina (1/56 D 8)
Bonjour Kathrin (1/56 D 10)
Das hab' ich gleich gewusst (9/56 D 8)
Tipitipitipso (5/57 D 3)
Dich werd' ich nie vergessen (9/57 D 2)
Wo meine Sonne scheint (11/57 D 1)
Spiel noch einmal für mich, Habanero (2/58 D 2)
Mal sehn, Kapitän (2/59 D 7)
Tschau, tschau, Bambina (4/59 D 2)
Sonnenschein (4/59 D 9)
Einen Ring mit zwei blutroten Steinen (10/60 D 6)
Ein Schiff wird kommen (10/60 D 5)
Rosalie musst nicht weinen (10/60 D 7)
Pepe (2/61 D 3)
Ein Seemannsherz (6/61 D 5)
Der Sheriff von Arkansas (8/61 D 6)
Kommt ein Schiff nach Amsterdam (10/61 D 9)
The Peppermint Twist (2/62 D 8)
Quando, Quando, Quando (5/62 D 9)
Einmal weht der Südwind wieder (5/62 D 2)
Rosen sind rot (8/62 D 7)
Deutscher Schlager

Siehe auch: Catrins Madison Club/Club

Valentino, Henry

HENRY VALENTINO v (Deutschland, * 23. 5. 1928 als Hans Blum in Hannover)

Siehe Blum, Hans

Valli, Frankie

FRANKIE VALLI v (USA, * 3. 5. 1934 als Francis Castelluccio in Newark/New Jersey)

Schon 1949 war Frankie Mitbegründer des Variety-Trios, das Ende 1952 wieder auseinander brach. 1953 nahm er unter dem Namen Frank Valley die Platte »My Mother's Eyes« auf, die sich nur schwach verkaufte und heute unter Sammlern über 200 Dollar wert ist. Nach einem weiteren Versuch als Mitglied der Variatones wurde Frankie 1956 Mitglied der Gruppe The Four Lovers. Mit ihr hatte er auch seine erste Hitnotierung: »You're The Apple Of My Eye«, Mitte 1956 Platz 62 in den USA. Nach etlichen Umbesetzungen entwickelte sich aus den Four Lovers 1961 die Formation 4 Seasons. Von 1962 bis in die 80er Jahre war diese Gruppe erfolgreich. Ab 1966 versuchte sich Frankie auch als Solist. »(You're Gonna) Hurt Yourself« war 1966 seine erste Hitnotierung. »Can't Take My Eyes Off You« brachte Valli im Frühjahr 1967 einen Millionseller. 1969 brach seine Solokarriere ab. Ähnlich wie Allan Clarke von den Hollies ließ auch Valli immer wieder verlauten, er würde nie wieder zu dieser Band zurückkehren wollen und nur noch Soloplatten aufnehmen, ging jedoch immer wieder zurück. 1974 hatte er den Millionseller »My Eyes Adored You«. 1978 wurde der Titelsong des Films »Grease« (10/78 D 24) mit Platin bedacht. Nach 1980 ist sowohl ihm als Solist als auch den 4 Seasons nicht mehr viel gelungen.

Can't Take My Eyes Off You (5/67 US 2)
My Eyes Adored You (11/74 US 1; 2/75 GB 5)
Swearin' To God (5/75 US 6)
Grease (5/78 US 1; 8/78 GB 3)
Pop, Soft Rock

Siehe auch: Four Seasons

van Dahl, Ian

CHRISTOPHE CHANTZIS dj (Belgien), ANNEMIE COENEN v (Belgien, * 14. 7. 1978), ERIK VANSPAUWEN dj (Belgien)

Erik und Christophe waren auch verantwortlich für die Club-Acts Absolom und Dee Dee. Das Debütalbum von Ian van Dahl hieß »Ace«. Der Track »Castles In The Sky« wurde von der Gastsängerin Marsha (Martine Theeuwen) gesungen, die den Song auch geschrieben hatte. Als dritte Single des Projekts erschien »Give Me A Reason«.

Castles In The Sky (7/01 GB 3)
Will I (12/01 GB 5)
Trance

van Dyk, Paul

PAUL VAN DYK dj (Deutschland, * 16. 12. 1971 in Eisenhüttenstadt)

Paul wuchs in Ost-Berlin auf. Seine ersten Produktionen erschienen auf dem Berliner Independent-Label MFS: »Perfect Day« 1992. Mit seinem Remix von Humate und »Love Stimulation« landete er den Clubhit des Jahres 1993. Ein Jahr später erschien mit »45 RPM« sein Debütalbum, das zweite folgte 1996 und hieß »Seven Ways«. Seine erste Hitnotierung hatte Paul mit der Nummer »Forbitten Fruit« (5/97 GB 69). Auch der Nachfolger »Words« (11/97 GB 54) kam nur in GB in die Charts und blieb da im unteren Drittel hängen. Bei beiden Aufnahmen wurde als Interpret Paul Van Dyk featuring Toni Halliday angegeben. »For An Angel« (9/98 GB 28) war der erste Top-40-Hit für Paul. Es folgten »Another Way/Avenue« (11/99 GB 13), »Tell Me Why (The Riddle)« – hier wurden Saint Etienne als Mitspieler genannt – und »We Are Alive« (11/00 D 14, 12/00 GB 15). Zumindest in GB gehörte Paul lange zu den gefragtesten DJs vom Kontinent.

Tell Me Why (The Riddle) (5/00 GB 7)
Dance, House, Trance

Van Dyke, Leroy

LEROY VAN DYKE v (USA, * 4. 10. 1929 in Spring Fork/Missouri)

Der Sänger und Songschreiber arbeitete als Zeitungsreporter, war in den frühen 50er Jahren in der US Army und wurde dann Auktionator. Genau daraus bezog er die Schnelligkeit, die er für den Song »Auctioneer« (11/56 US 19) brauchte. Vier Jahre später gelang ihm mit der wesentlich melodischeren Nummer »Walk On By« ein Top-10-Erfolg. »If A Woman Answers (Hang Up The Phone)« (3/62 US 35) und »Big Man In A Big House« (4/62 GB 34) waren seine weiteren Top-40-Hits. Danach war Leroy Van Dyke bis 1977 vorwiegend in den Country-Hitparaden zu finden. 1967 spielte er mit in dem Film »What Am I Bid?«

Walk On By (10/61 US 5; 2/62 GB 5)
Country, Pop

Van Halen

MICHAEL ANTHONY b (USA, * 20. 6. 1955 in Chicago/Illinois), GARY CHERONE v (USA, * 26. 7. 1961 in Malden/Massachusetts), SAMMY HAGAR v (USA, * 13. 10. 1947 in Monterey/Kalifornien), DAVID LEE ROTH v (USA, * 10. 10. 1955 in Bloomington/Indianapolis), ALEX VAN HALEN d (Niederlande, * 8. 5. 1953 in Nijmegen), EDDIE VAN HALEN g (Niederlande, * 26. 1. 1955 in Nijmegen)
1973 wurde David Lee Roth in Kalifornien Mitglied der Rockband Red Ball Jets. Eine weitere bekannte Band in Pasadena waren die Broken Combs, in der die beiden Brüder Van Halen spielten. Roth und die Van Halens entschlossen sich, eine Heavy-Rockband zu gründen, die sie Mammoth nannten. 1974 stieß der Bassist Anthony zur Gruppe. 1975 galten sie als die lauteste Band in der Region um Los Angeles. Zu diesem Zeitpunkt benannten sie sich in Van Halen um. 1977 erhielten sie einen Plattenvertrag, der der Gruppe volle Kontrolle über ihre Produktionen garantierte. Anfang 1978 erschien ihr Debütalbum, das sich im Laufe der Jahre über 10 Millionen Mal verkaufte. Insgesamt wurden mehr als 50 Millionen Alben alleine in den USA verkauft. Ihre erste Singlenotierung war »You Really Got Me« (1/78 US 36), eine Neuauflage der Kinks-Nummer aus dem Jahr 1964. Nach »Jump« versuchte sich Roth auch als Solist, und nach seinem ersten Soloerfolg, »California Girls« 1985, gab David Mitte des Jahres bekannt, dass er Van Halen verlassen wird. Anfang des darauf folgenden Jahres versuchte die Plattenfirma Warner Brothers, den Brüdern Eddie und Alex klar zu machen, dass sie den Namen Van Halen ohne David nicht mehr verwenden sollten. Die kümmerten sich nicht darum und stellten als Ersatz Sammy Hagar ein. Der war zwischen 1973 und 1975 Leadsänger der Gruppe Montrose und hatte ab 1977 etliche Solohits, darunter den Top-20-Erfolg »Your Love Is Driving Me Crazy« 1982 und die Top-30-Notierung »I Can't Drive 55«. Sammy Hagar verließ Van Halen im Juni 1996. Die Gruppe behauptete, er habe sie verlassen – er sagte, er sei rausgeschmissen worden. Sein Nachfolger wurde schließlich Gary Cherone, vorher bei Extreme. Von Sammy erschien im Frühjahr 1997 das Soloalbum »Marching To Mars«, auf dem er von Musikern wie Huey Lewis, Mickey Hart, Bootsy Collins oder Ronnie Montrose begleitet wird. Die erste Single daraus wurde »Little White Lies«.
Die erfolgreichsten Alben für Van Halen: »Van Halen« (3/78 US-LP 19, 5/78 GB-LP 34), »Van Halen II« (4/79 US-LP 6, GB-LP 23, D-LP 24), »Women And Children First« (4/80 US-LP 6, GB-LP 15, 5/80 D-LP 19), »Fair Warning« (5/81 US-LP 5, 6/81 D-LP 37), »Diver Down« (5/82 US-LP 3, GB-LP 36), »1984 (MCMLXXXIV)« (1/84 US-LP 2, D-LP 11, 2/84 GB-LP 15), »5150« (4/86 US-LP 1, D-LP 11, GB-LP 16), »OU812« (6/88 US-LP 1, GB-LP 16), »For Unlawful Carnal Knowledge« (6/91 GB-LP 12, 7/91 US-LP 1, D-LP 6),

»Live: Right Here, Right Now.« (3/93 US-LP 5, GB-LP 24), »Balance« (2/95 US-LP 1, 1/95 GB-LP 8, D-LP 8), »Best Of Van Halen Vol. 1« (11/96 US-LP 1, D-LP 7) und »Van Halen 3« (4/98 US-LP 4).

Jump (1/84 GB 7, US 1; 3/84 D 4)
Why Can't This Be Love (3/86 GB 8, US 3; 5/86 D 8)
When It's Love (7/88 US 5)
Hard Rock, Rock

Siehe auch: Roth, David Lee

van Helden, Armand

ARMAND VAN HELDEN dj (USA, in Niederlande)
Armand wurde in den Niederlanden geboren – sein Vater war in der US-Army zu diesem Zeitpunkt dort gerade stationiert. Nachdem er mit seinen Eltern – der Vater ist holländisch-indonesischer, die Mutter französisch-libanesischer Abstammung – durch verschiedene Garnisonen gezogen war, ließ er sich in Boston nieder. Er wurde in den USA und in Europa ein gesuchter DJ, der hin und wieder Platten mixte. Sein erster großer Erfolg kam in GB, als er »Professional Widow (It's Got To Be Big)« (1/97 GB 1) von Tori Amos mixte. 1997 stellte Armand mit »Sampleslaya ... Enter The Meat Market« sein Debütalbum vor. Erstmals stand er in den Charts mit »The Funk Phenomena« (3/97 GB 38) – und das, obwohl die Platte in GB nur als Import zu haben war. Mit »You Don't Know Me« sprang er am 6.2. 1999 gleich auf Platz 1 der britischen Charts. Als Mitinterpret und Mitautor – ›feat.‹ – wurde Duane Harden genannt. Als nächstes Album erschien »2Future4U« (4/99 GB-LP 22), sein nächster Singlehit war »Flowerz« (5/99 GB 18), auf dem neben ihm Roland Clark mitwirkte. Dieser wiederum hatte als Urban Soul Anfang der 90er Jahre zwei kleinere Hitnotierungen in GB gehabt. 2001 kam Armand mit »Why Can't You Spend Some Time« (11/01 GB 34).

You Don't Know Me (2/99 GB 1)
Koochy (5/00 GB 4)
Dance, HipHop

van Hoog, Grit

GRIT VAN HOOG v (Niederlande, * 17.4. 1944)
Mit »Träumen, ist das nicht wunderschön« gelang der Stewardess Grit van Hoog ihr größter Hit. Nach »Weißes Traumboot« (7/63 D 14) gelang ihr in der deutschen Hitparade nichts mehr.

Träumen, ist das nicht wunderschön (2/63 D 9)
Deutscher Schlager

Vandross, Luther

LUTHER VANDROSS v (USA, * 20.4. 1951 in New York City)
Der Sänger, Produzent und Songschreiber begann mit Werbejingles und wurde dann Sessionsänger. So war er z.B. bei den Produktionen der Gruppen Chic und Change dabei. 1980 stellte der italienische Produzent Jacques Fred Petrus eine europäisch-amerikanische Studioformation zusammen. Luther Vandross sang bei einigen Stücken der ersten beiden Alben. Ab 1981 hatte er Soloerfolge: »Never Too Much« (10/81 US 33) war seine erste Hitnotierung. »The Best Things In Life Are Free« aus dem Film »Mo' Money« war ein Duett mit Janet Jackson. 1993 sang Luther zusammen mit Frank Sinatra auf dessen Album »Duets« den Titel »The Lady Is A Tramp«. Auch der nächste Top-10-Erfolg für Luther war ein Duett: »Endless Love« zusammen mit Mariah Carey. 1981 hatten Diana Ross und Lionel Richie mit diesem Titel den Spitzenplatz in den USA belegen können. 1997 erhielt Luther einen Grammy als bester Rhythm-&-

Bluessänger für seinen Song »Your Secret Love«.
Seine erfolgreichsten Alben: »Never Too Much« (9/81 US-LP 19), »Forever, For Always, For Love« (10/82 US-LP 20, 7/87 GB-LP 23), »Busy Body« (12/83 US-LP 32), »The Night I Fell In Love« (4/85 US-LP 19, 4/85 GB-LP 19), »Give Me The Reason« (10/86 US-LP 14, 11/86 GB-LP 3), »Any Love« (10/88 US-LP 9, GB-LP 3), »The Best Of Luther Vandross ... The Best Of Love« (11/89 US 26, GB-LP 14), »Power Of Love« (5/91 US-LP 7, GB-LP 9), »Never Let Me Go« (6/93 US-LP 6, GB-LP 11), »Songs« (10/94 US-LP 5, GB-LP 1), »Greatest Hits 1981–1995« (10/95 GB-LP 12) und »Your Secret Love« (10/96 US-LP 9, 10/96 GB-LP 14).
Er wirkt auf unzähligen LPs anderer Künstler mit und war nebenher Mitglied der Studiogruppe Round Tree. Als Produzent hat Luther Erfolge mit Aretha Franklin und Dionne Warwicke vorzuweisen.
Nach einer längeren Pause kehrte er mit dem Hitalbum »Luther Vandross« (6/01 US-LP 6) in die Albumcharts zurück. Das hatte er Clive Davis zu verdanken, der mit seinem eigenen Label J Mitte des Jahres 2001 Furore machte. Als Single erschien »Take You Out« (7/01 US 26).

Here And Now (12/89 US 6)
Power Of Love/Love Power (4/91 US 4)
Don't Want To Be A Fool (8/91 US 9)
The Best Things In Life Are Free (5/92 US 10; 8/92 D 8, GB 2)
Endless Love (9/94 GB 3, US 2)
The Best Things In Life Are Free (Remix) (12/95 GB 7)
Pop, Rhythm & Blues, Soul

Vangelis

VANGELIS key (Griechenland, * 29. 3. 1943 als Evangelos Papathanassiou in Valos)
Der Keyboarder und Komponist begann als Mitglied der Rockgruppe Formynx. Nachdem in Griechenland das Militär an die Macht gekommen war, flüchtete Vangelis 1967 nach Paris. Mit anderen Exilgriechen gründete er dort die Band Aphrodite's Child, die mit einer Melodie, die Johann Pachelbel nachempfunden war, 1968 einen Millionseller hatte: »Rain And Tears«. Nach Auflösung der Band arbeitete er als Studiomusiker und machte einige Soloprojekte, besonders Filmmusiken. Für »Chariots Of Fire« aus dem gleichnamigen Film erhielt Vangelis einen Oscar. Seit 1980 arbeitete er hin und wieder mit Jon Anderson, dem Sänger der Gruppe Yes, als Jon & Vangelis zusammen. Als Solist gelang Vangelis Ende 1994 in Deutschland wieder ein Riesenknüller. 1992 hatte er für den Film »1492 – Conquest Of Paradise«, der die Geschichte der Entdeckung Amerikas durch Christoph Columbus erzählte, die Musik geschrieben. Die Singleauskopplung des Titelsongs erreichte gerade mal Platz 60 in GB. Zwei Jahre später jedoch setzte der Boxer Henry Maske genau diese Musik als seine Einmarschmelodie beim Weltmeisterschaftskampf 1994 ein – und plötzlich entstand eine enorme Nachfrage nach »Conquest Of Paradise«. Seine erfolgreichsten Alben waren »Albedo 0.39« (10/76 GB-LP 18), »Chariots Of Fire« (4/81 GB-LP 5, 10/81 US-LP 1, 6/82 D-LP 39), »Themes« (7/89 GB-LP 11), »1492« (1/93 D-LP 1), »Bladerunner« (6/94 GB-LP 20) und »Portrait (So Long Ago, So Clear)« (4/96 GB-LP 14).

Chariots Of Fire (12/81 US 1)
Conquest Of Paradise (11/94 D 1)
Instrumental, Pop

Siehe auch: Jon & Vangelis; Roussos, Demis

Vanilla Fudge

CARMINE APPICE d (USA, * 15. 12. 1946 in Staten Island/New York City), TIM BOGERT b (USA, * 27. 8. 1944 in Richfield/New Jersey), VINNIE MARTELL g (USA,

* 11. 11. 1945 als Vince Martell in Bronx/ New York City), MARK STEIN v, key (USA, * 11. 3. 1947 in Bayonne/New Jersey)
Das Psychedelic-Symphonic-Rock-Quartett wurde 1966 in New York gegründet. Mitte des darauf folgenden Jahres erhielten sie einen Plattenvertrag, und als Debüt-Single erschien »You Keep Me Hangin' On«, eine Coverversion des Supremes-Hits. Der einzige weitere Top-40-Hit wurde »Take Me For A Little While« (10/68 US 38). Die meisten Titel der Band eigneten sich jedoch auch nicht als Singles, da sie in der Regel recht lang waren. Auf der LP »The Beat Goes On« aus dem Jahr 1968 wurde der Versuch unternommen, die Musikstile der letzten Jahrzehnte zu verschmelzen. Alleine der Titelsong dauert über 12 Minuten. 1970 gab es Schwierigkeiten in der Band, die zum Auseinanderbruch führten. Appice und Bogert gründeten die Heavy Metal Band Cactus und machten dann zusammen mit Jeff Beck das Trio Beck, Bogert & Appice. 1982, 1984 und 1988 kamen Vanilla Fudge wieder für Plattenaufnahmen oder für Auftritte zusammen.
Die erfolgreichsten Alben der Band waren »Vanilla Fudge« (9/67 US-LP 6, 11/67 GB-LP 31), »The Beat Goes On« (3/68 US-LP 17, 9/68 D-LP 31), »Renaissance« (7/68 US-LP 20) und »Near The Beginning« (3/69 US-LP 16).

You Keep Me Hangin' On (7/68 US 6)
Psychedelic, Rock

Vanilla Ice

VANILLA ICE rap (USA, * 31. 10. 1968 als Robert Van Winkle in Miami Lakes/Florida)
Der in Dallas lebende weiße Rapper war eine der großen Überraschungen des Jahres 1990. Nachdem leise angefragt wurde, ob er seinen Hit »Ice Ice Baby« denn wirklich ganz alleine geschrieben hätte, musste er zugeben, dass die Bass-Line vom Stück »Under Pressure« von Queen und David Bowie gesampelt war. Die LP »To The Extreme« (9/90 US-LP 1, 12/90 GB-LP 4) stand 16 Wochen auf Platz 1 in den USA und verkaufte sich 7 Millionen Mal.

Ice Ice Baby (9/90 US 1; 11/90 D 2, GB 1)
Play That Funky Music (12/90 US 4; 2/91 GB 10)
Rap

Vanity Fare

DICK ALLIX d (Großbritannien, * 3. 5. 1945 in Gravesend/Kent), TREVOR BRICE v (Großbritannien, * 12. 2. 1945 in Rochester/Kent), TONY GOULDEN g (Großbritannien, * 21. 11. 1944 in Rochester), TONY JARRETT g, b (Großbritannien, * 4. 9. 1944), BARRY LANDEMAN key (Großbritannien, * 25. 10. 1947 in Woodbridge/Suffolk)
Die Gruppe hatte mit »I Live For The Sun« (8/68 GB 20) ihre erste Hitnotierung. »Early In The Morning« (10/69 D 26, 11/69 US 12) und »Hitchin' A Ride« (12/69 GB 16) waren die weiteren Hits. Mit »(I Remember) Summer Morning« wurden sie im Herbst 1970 zum letztenmal in den USA notiert. Ganz ohne Zweifel war Vanity Fare gesanglich eine der besten britischen Gruppen der 60er Jahre. Bedauerlich, dass ihnen nicht mehr gelungen ist.

Early In The Morning (7/69 GB 8)
Hitchin' A Ride (3/70 US 5)
Middle Of The Road (MOR), Pop

Vannelli, Gino

GINO VANNELLI v, d (Kanada, * 16. 6. 1952 in Montreal)
Vannelli wurde mit »People Gotta Move« (9/74 US 22) erstmals in den Charts no-

tiert, letztmals wird 1987 mit »Wild Horses« (8/87 D 30). Ginos Vater war Sänger in der Big-Band-Ära. Bei Vannellis zu Hause wurde Jazz gespielt. Gino war von Gene Krupa begeistert und spielte Schlagzeug, sein Bruder Joe Piano. Nachdem er seinen Vater hatte singen sehen, beschloss Gino, Sänger zu werden. Nach dem Aufkommen der Beatles nahm er Popmusik in sein Repertoire, und als er mit seinem Bruder Joe eine Band gründete, spielten sie Rhythm & Blues. Mit 16 nannte er sich Van Elli und nahm eine Single auf, die zumindest in Kanada ein kleinerer Hit wurde. 1973 geriet eins seiner Demobänder in die Hände von Herb Alpert, der ihn unter Vertrag nahm und sein erstes Album, »Crazy Life«, produzierte. Ginos erfolgreichste LP war »Brother To Brother« (9/78 US-LP 13). Sein Bruder Joe spielte mit, der jüngste Bruder Ross war Koproduzent und Songschreiber des größten Hits von Gino, »I Just Wanna Stop«. Inzwischen ist Ross erfolgreicher Produzent von Howard Hewett, den California Raisins und Earth, Wind & Fire. »Nightwalker« (4/81 US-LP 15) war ein weiteres Erfolgsalbum für Vannelli.

I Just Wanna Stop (9/78 US 4)
Living Inside Myself (3/81 US 6)
Pop, Rock, Soul

Vanwarmer, Randy

RANDY VANWARMER v, g (USA, * 30. 3. 1955 als Randall Van Wormer in Indian Hills/Colorado)
Der Musiker und Songschreiber zog im Alter von zwölf Jahren, nachdem sein Vater bei einem Autounfall ums Leben gekommen war, mit seiner Mutter nach GB. Hier versuchte er sein Glück als Musiker. 1979 ging er zurück in die USA und hatte Erfolg mit dem Millionseller »Just When I Needed You Most«. Zwei Nachfolgesingles kamen nicht über Platz 50 hinaus. 1988 tauchte er in den US-Countrycharts auf.

Just When I Needed You Most (3/79 US 4; 8/79 GB 8)
One Hit Wonder, Soft Pop

Vapors

EDWARD BAZALGETTE g (Großbritannien), DAVID FENTON v, g (Großbritannien), STEVE SMITH b (Großbritannien), HOWARD SMITH d (Großbritannien)
Das Pub-Rock-Quartett aus Guildford/Surrey hatte mit »Turning Japanese« (9/80 US 36) seinen einzigen Top-40-Hit. Nach zwei weiteren Singlenotierungen in den Top 50 war die Band nicht mehr verzeichnet.

Turning Japanese (2/80 GB 3)
One Hit Wonder, Rock

Various Artists

Wie der Name schon sagt, handelt es sich hierbei um verschiedene Interpreten. Aus deren Platten wurden Stücke herausgeschnitten und zu einem neuen Titel verarbeitet. Mit großem Erfolg hatten die Briten das erstmals 1956 gemacht mit der »All Star Hit Parade«. Dieser Titel beinhaltete Schnipsel aus Nummern von Winifred Atwell, Joan Regan, Dave King, Lita Roza, Dickie Valentine und David Whitfield. Nach der »All Star Parade No. 2« 1957 wurde dieses Verfahren für viele Jahre eingestellt. Erst 1990 kam man mit »The Brits 1990 (Dance Medley)« mal wieder auf diese Idee und verwandte Teile aus Songs von Double Trouble, A Guy Called Gerald, S' Express, Beatmasters, Jeff Wayne, 808 State, D-Mob und der Cookie Crew. Dieser Mischmasch war als ›Highlights der britischen Dance Music‹ vom englischen Discjockey Mike Grey gemixt worden. Ausgesucht hatte die Titel

Jonathan King. 1997 machte eine Ansammlung amerikanischer, britischer und irischer Künstler eine Neuaufnahme des Lou-Reed-Titels »Perfect Day« und stand damit am 29. 11. 1997 gleich auf Platz 1. Mehr darüber unter Lou Reed. Die nächsten, die als Various Artists in der britischen Hitparade auftauchten, trugen das Medley »Thank Abba For The Music« bei der Brit Awards Verleihung des Jahres 1999 vor. Die zu diesem Zeitpunkt erfolgreichen Interpreten Steps, Tina Cousins, Cleopatra, B'Witched und Billie sangen »Take A Chance On Me«, »Dancing Queen«, »Mamma Mia« und »Thank You For The Music« und dankten damit ›der größten und einflussreichsten Popgruppe der letzten 20 Jahre‹. Björn Ulvaeus dürfte sich darüber sehr gefreut haben. Während dieser Song in den Charts stand, fand am 6. 4. 1999 im Prince Edward Theatre im Londoner WestEnd die Premiere seines Musicals »Mamma Mia« statt. Die Interpreten von »Thank Abba For The Music« wollten sich erst Supertrouper nennen – die diversen Plattenfirmen der Künstler verhinderten das jedoch.

All Star Hit Parade (6/56 GB 2)
The Brits 1990 (Dance Medley) (3/90 GB 2)
Perfect Day (11/97 GB 1)
Thank Abba For The Music (4/99 GB 4)
Pop

Vaughan, Frankie

FRANKIE VAUGHAN v (Großbritannien, * 3. 2. 1928 als Frank Ephraim Abelson in Liverpool, † 17. 9. 1999)
Frankie brachte es zwischen 1954 und 1968 auf elf Top-10-Hits in seiner Heimat, zwei davon zusammen mit den Kaye Sisters. Erstmals wurde er mit »Istanbul« (1/54 GB 11) notiert. Frankie Vaughan war einer der vielen Briten, die sich auf das Nachsingen amerikanischer Hits für den GB-Markt spezialisiert hatten. Sein erfolgreichstes Album war »Frankie Vaughan At The London Palladium« (9/59 GB-LP 6). 1960 spielte er neben Marilyn Monroe und Yves Montand in dem Film »Machen wir's in Liebe«. In GB war er u. a. in dem Musical »42nd Street« zu sehen. 1965 erhielt er für seine Wohltätigkeitsarbeit den OBE. Bis zu seinem Tod – er starb an Herzversagen – trat er regelmäßig auf.

Green Door (11/56 GB 2)
Garden Of Eden (1/57 GB 1)
Man On Fire/Wandrin' Eyes (10/57 GB 6)
Gotta Have Something In The Bank Frank (11/57 GB 8)
Kisses Sweeter Than Wine (12/57 GB 8)
Kewpie Doll (5/58 GB 10)
Come Softly To Me (5/59 GB 9)
The Heart Of A Man (7/59 GB 5)
Tower Of Strength (11/61 GB 1)
Loop-De-Loop (1/63 GB 5)
There Must Be A Way (8/67 GB 7)
Pop

Vaughn, Billy

BILLY VAUGHN v, bl (USA, * 12. 4. 1919 als Richard Vaughn in Glasgow/Kentucky, † 26. 9. 1991)
Der Orchesterchef und Arrangeur begann seine Karriere als Sänger mit den Hilltoppers, die Mitte 1953 mit »P.S.: I Love You« einen Top-10-Erfolg hatten. 1954 verließ Billy die Hilltoppers und wurde Musikchef bei Dot Records. Das Orchester unter seiner Leitung begleitete fast alle großen Hits von Pat Boone, Gale Storm und den Fontane Sisters. Nebenher machte Billy auch mit seinen Musikern Instrumentalaufnahmen. »Melody Of Love« war bereits 1903 geschrieben worden. Und während die Nummer »Raunchy« in den USA seine letzte Top-10-Notierung wurde, ging seine Karriere in Deutschland erst richtig los. Vaughn hatte es geschafft, einen eigenen Sound zu kreieren: quäkende Saxophone mehrstimmig neben-

einander. Wenn Billy Vaughn auch nicht mehr in den Singlecharts auftauchte, so schien sein Sound doch so zeitlos zu sein, dass er bis in die 80er Jahre mit seinen Alben erfolgreich war: »Sail Along Silv'ry Moon« (4/58 US-LP 5), »Billy Vaughn Plays The Millionsellers« (10/58 US-LP 15), »Billy Vaughn Plays« (5/59 US-LP 20), »Blue Hawaii« (5/59 US-LP 7), »Theme From ›A Summer Place'« (3/60 US-LP 1), »Look For A Star« (8/60 US-LP 5), »Theme From ›The Sundowners'« (12/60 US-LP 5), »Orange Blossom Special And Wheels« (4/61 US-LP 11), »Golden Waltzes« (10/61 US-LP 17), »Berlin Melody« (12/61 US-LP 20), »Greatest String Band Hits« (3/62 US-LP 18), »Chapel By The Sea« (6/62 US-LP 14), »A Swinging Safari« (9/62 US-LP 10), »1962's Greatest Hits« (2/63 US-LP 17), »Sukiyaki And 11 Hawaiian Hits« (6/63 US-LP 15), »Pearly Shells« (1/65 US-LP 18), »Moonlight Melodies« (11/78 D-LP 1) und »Italian Memories« (10/81 D-LP 11). Auch in etlichen der großen deutschen Fernsehsendungen in den 80er Jahren war er noch ein gern gesehener und gehörter Gast, obwohl doch seine Hochzeit mit der Rockära zusammenfällt, in der er jedoch mehr Erfolg hatte als jeder andere Orchesterchef.

Melody Of Love (12/54 US 2)
The Shifting Whispering Sands (Parts 1 & 2) (9/55 US 5)
Raunchy (12/57 US 10)
Sail Along Silvery Moon (12/57 US 5; 6/58 D 1)
La Paloma (10/58 D 1)
Aloha-Oe (6/59 D 8)
Morgen (10/59 D 3)
Blue Hawaii (12/59 D 3)
Wheels (3/61 D 1)
Lili Marleen (1/62 D 9)
Instrumental, Pop

Vee, Bobby

BOBBY VEE v (USA, *30. 4. 1943 als Robert Thomas Velline in Fargo/North Dakota)

Vee gründete mit seinem Bruder und einigen Freunden 1959 die Shadows. In Bobbys Heimatstadt Fargo in North Dakota sollte am 3. 2. 1959 Buddy Holly auftreten, von dem alle Mitglieder dieser US-Shadows große Fans waren. Wie bekannt, stürzte Holly vorher ab. Vee und seine Mannen hatten das gesamte Repertoire von Holly drauf – und statt seiner traten sie an diesem Abend auf. Wenig später erhielten sie einen Plattenvertrag. Ihre erste Hitnotierung »Suzie Baby« erschien noch im Herbst 1959 als Bobby Vee & The Shadows, ab 1960 verzichtete man auf den Gruppennamen. Nach 1963 ließ Bobbys Karriere nach, und bis 1967 fand man seine Platten vorwiegend in der unteren Hälfte der ersten 100. Dann gelang ihm mit »Come Back When You Grow Up« Gold in den USA. Das reichte für weitere Hitnotierungen bis in die 70er Jahre. In Oldie-Tourneen erlebte man Bobby bis in die 90er Jahre.
Seine erfolgreichsten Alben waren »Bobby Vee« (3/61 US-LP 18), »Take Good Care Of My Baby« (2/62 GB-LP 7), »Hits Of The Rockin' 50's« (3/62 GB-LP 20), »Bobby Vee Meets The Crickets« (10/62 GB-LP 2), »A Bobby Vee Recording Session« (1/63 GB-LP 10), »Bobby Vee's Golden Greats« (11/62 US-LP 24, 4/63 GB-LP 10), »The Night Has A Thousand Eyes« (10/63 GB-LP 15) und »The Bobby Vee Singles Album« (4/80 GB-LP 5).

Devil Or Angel (8/60 US 6)
Rubber Ball (11/60 US 6; 1/61 GB 4)
More Than I Can Say/Staying In (4/61 GB 4)
Take Good Care Of My Baby (8/61 US 1; 10/61 GB 3)
How Many Tears (8/61 GB 10)
Run To Him (11/61 GB 6, US 2)
Sharing You (6/62 GB 10)
The Night Has A Thousand Eyes (12/62 US 3; 2/63 GB 3)
Come Back When You Grow Up (7/67 US 3)
Pop, Rock 'n' Roll

Vega, Suzanne

SUZANNE VEGA v, g (USA, * 12. 8. 1959 in Santa Monica/Kalifornien)

Die Musikerin und Songschreiberin trat 1985 in die Fußstapfen der Musiker, die in den 60er Jahren im Greenwich Village der traditionellen Folkmusik auf die Beine geholfen hatten. Von aktuellen Trends à la Dance oder Disco Music hielt Vega wenig. Sie ließ sich inspirieren von Joan Baez, Joni Mitchell oder Bob Dylan. 1985 erschien ihr Debütalbum, das die amerikanischen Studenten der Mittachtziger in Herz und Hirn traf. Die Platte erreichte in den LP-Charts einen Platz unter den ersten 100. 1987 kam »Solitude Standing« (5/87 GB-LP 2, 5/87 US-LP 11, 5/87 D-LP 10), daraus ausgekoppelt wurde die Single »Luka« (5/87 GB 23). In GB hatte Suzanne ihre erste Hitnotierung bereits Anfang 1986 mit »Small Blue Thing« gehabt. Auch Titel wie »Marlene On The Wall« (3/86 GB 21) – über Marlene Dietrich – oder »Left Of Center« (6/86 GB 32) standen in den britischen Singlecharts. Auf der LP »Solitude Standing« war auch die A-cappella-Nummer »Tom's Diner« zu hören. Die britische Formation DNA legte unter den Gesang Rhythmus, und Mitte 1990 erreichte »Tom's Diner« als DNA featuring Suzanne Vega die internationalen Charts. Auch in den 90er Jahren erschienen sehr schöne, gefühlvolle, intelligente Titel von Suzanne erschienen. Am 17. 3. 1995 heiratete sie den Plattenproduzenten Mitchell Froom. Es schien dringend gewesen zu sein, denn als am 9. September 1996 ein neues Album »Nine Objects Of Desire« erschien, schrieb die Plattenfirma: ›Suzanne Vega, die inzwischen Mutter einer zweijährigen Tochter ist, hat ihr Album zusammen mit Ehemann Mitchell Froom und der New Yorker Studiomusikerelite in einem Zeitraum von zwölf Monaten in New York aufgenommen.‹

Ihre weiteren Erfolgsalben waren »Suzanne Vega« (10/85 GB-LP 55, 4/86 RE-GB-LP 11), »Days Of Open Hand« (4/90 GB-LP 7) und »99.9 F« (9/92 GB-LP 20). Nach einer längeren Pause kam Suzanne im Herbst 2001 mit dem Album »Songs In Red And Gray«.

Luka (6/87 US 3)
Tom's Diner (7/90 D 1, GB 2; 10/90 US 5)
AOR (Adult Orientated Rock), Folk, Pop

Vengaboys

DANSKI dj (Spanien), DJ DELMUNDO (Spanien)

Zwei spanische DJs verstecken sich hinter diesem Namen. Jahrelang zogen sie mit einem Schulbus durch Spanien, bauten ihre Anlage im Sommer an den Touristen-Stränden auf und feierten illegale Parties, bis die Guardia Civil auftauchte und sie verscheuchte. Zu ihnen gesellte sich die aus Brasilien stammende Sängerin Kim, mit deren Hilfe sie einige Underground Club-Hits landeten. Im August 1997 wurden sie wegen Erregung öffentlichen Ärgernisses festgenommen – wenig später waren sie wieder draußen und nahmen den Titel »Up & Down« (7/98 D 12) auf, der sich zum ersten großen Hit mauserte. Bei »We're Going To Ibiza!« handelte es sich um eine Coverversion von »Barbados« (7/75 GB 1, 9/75 D 8), einst ein Hit für Typically Tropical. Neben Kim stellten die Ungarin Denice, der von Trinidad stammende Roy und der Holländer Yorick die Band dar, die sich ›Bengaboys‹ ausgesprochen wissen wollte. Yorick kam Ende 1999 und ersetzte den Venezolaner Robin.

Die erfolgreichsten Alben der Gruppe: »The Party Album!« (11/98 D-LP 30, 4/99 GB-LP 6, US-LP 86) und »The Platinum Album« (3/00 GB-LP 9, 3/00 D-LP 4).

Up And Down (11/98 GB 4)
We Like To Party! (11/98 D 4)
Boom, Boom, Boom, Boom!! (3/99 D 6; 6/99 GB 1)

We're Going To Ibiza! (7/99 D 9; 9/99 GB 1)
Kiss (When The Sun Don't Shine) (11/99 D 10; 12/99 GB 3)
Shalala Lala (2/00 D 3; 3/00 GB 5)
Uncle John From Jamaica (7/00 GB 6)
Disko, Pop

Ventures

BOB BOGLE g (USA, * 16. 1. 1937 in Portland/Oregon), JOHN DURRILL key (USA, * 20. 8. 1941 in Houston/Texas), NOKIE EDWARDS b (USA, * 9. 5. 1939 in Oklahoma), HOWIE JOHNSON d (USA, in Washington), JERRY MCGEE g (USA, * 17. 11. 1937), MEL TAYLOR d (USA, * 24. 9. 1932 in New York City, † 11. 8. 1996), DON WILSON g (USA, * 10. 2. 1937 in Tacoma/Washington)

Wilson und Bogle, die tagsüber für eine Baufirma arbeiteten, begannen 1959 in Tacoma/Washington als Duo unter dem Namen Impacts. Anfang 1960 kamen Edwards und Johnson hinzu. Das Quartett nannte sich Versatones, und Wilsons Mutter wurde ihre Managerin. Kurz darauf begannen sie in Seattle, Platten aufzunehmen, und als erste Single erschien »Cookies And Coke«. Die zweite hieß »Walk Don't Run«. Inzwischen hatte sich die Band in Ventures umbenannt. Die gleiche Nummer wurde als »Walk Don't Run '64« Mitte 1964 erneut ein Top-10-Erfolg. Die Themenmusik aus der Fernsehserie »Hawaii Five-O« war Anfang 1969 ihre letzte Single unter den ersten 10. Im Laufe der Jahre sollte es zu etlichen Umbesetzungen kommen. Johnson wurde 1961 nach einem Autounfall, bei dem er ernsthaft verletzt wurde, gegen Taylor ausgetauscht. Der hatte vorher als Sessiondrummer gespielt und ist z. B. auf dem Titel »Monster Mash« von Bobby Boris Pickett zu hören. Taylor ging 1973 und gründete seine eigene Formation Mel Taylor & The Dynamics. 1978 kehrte er wieder zurück. Edwards verließ 1967 die Ventures und wurde durch McGee ersetzt, kam aber von 1972 bis 1985 wieder zurück. McGee ging daraufhin zu Delaney & Bonnie. Als sie nach 1969 nicht mehr in den Charts notiert wurden, nahmen sie mit Durrill einen Keyboarder in die Gruppe. 1965 war die Band erstmals auf Japan-Tournee gegangen. Just zu diesem Zeitpunkt entdeckten die Japaner gerade die elektrischen Gitarren, und das machte die Ventures zur absoluten Gitarrenband der Japaner. Während der Instrumental-Markt hauptsächlich von den britischen Shadows besetzt war, kann man ihre Popularität in Japan der der Beatles gleichsetzen. Die Ventures haben etliche Stücke nur für den japanischen Markt geschrieben, die dann extra mit einem entsprechenden japanischen Text versehen wurden. In der Besetzung Bogle, Wilson, Taylor und McGee spielten die Ventures bis in die 90er Jahre. Johnson war im Januar 1988 im Alter von 50 Jahren gestorben, im August 1996 starb Taylor an Lungenkrebs.

Ihre erfolgreichsten Alben waren »Walk Don't Run« (12/60 US-LP 11), »The Ventures Play Telstar, The Lonely Bull« (1/63 US-LP 8), »Walk, Don't Run, Vol. 2« (10/64 US-LP 17), »The Ventures A Go-Go« (9/65 US-LP 16) und »Hawaii Five-O« (5/69 US-LP 11).

Walk Don't Run (7/60 US 2; 9/60 GB 8)
Perfidia (12/60 GB 4)
Walk Don't Run '64 (7/64 US 8)
Hawaii Five-O (3/69 US 4)
Instrumental, Pop, Rock 'n' Roll

Vera, Billy

BILLY VERA v (USA, * 28. 5. 1944 als William McCord Jr in Riverside/Kalifornien)

Billy wurde erstmals zusammen mit Judy Clay und der Nummer »Storybook Children« Ende 1967 in den amerikanischen Charts notiert. Ein weiteres Duett der beiden war »Country Girl – City Man« (2/68 US 36). Noch 1968 stand Vera als Billy & The Beaters in der amerikanischen Hitparade. Danach hörte man für viele Jahre nichts mehr von ihm. Er schrieb Titel für Pop-, R&B- und Country-Künstler, und 1979 belebte er die Formation Beaters wieder. Im Januar 1981 nahm er mit dieser Gruppe im Rosy in Los Angeles eine LP auf, aus der zwei Singles ausgekoppelt wurden. »I Can Take Care Of Myself« (4/81 US 39) und »At This Moment«, Platz 79. Fünf Jahre später, Ende 1986, wurde in der amerikanischen TV-Serie »Family Ties« die Nummer »At This Moment« gespielt. Sie kam erneut in die Charts und wurde vergoldet. Sein erfolgreichstes Album war »By Request (The Very Best Of Billy Vera & The Beaters)« (12/86 US-LP 15).

At This Moment (11/86 US 1)
Pop, Rhythm & Blues

Vertical Horizon

SEAN HURLEY v, b (USA), KEITH KANE v, g (USA), MATTHEW SCANNELL v, g (USA), ED TOTH d (USA)
Keith und Matthew begannen ihre Karriere Anfang der 90er Jahre als Folk-Duo in Georgetown/Boston. Die beiden Studenten spielten Songs von Simon & Garfunkel. Matthew entwickelte sich zum Hauptschreiber für die langsam entstehende Band Vertical Horizon, die musikalisch in der Tradition von R.E.M. angesiedelt ist – nur scheint sie etwas unbekümmerter zu sein. Mitte 1999 kam die Band mit dem Album »Everything You Want« (1/00 US-LP 40) auf den Markt, aus dem zuerst der Titel »We Are« beeindruckte. Dann wurde der Titelsong ausgekoppelt. 25 Wochen brauchte das Stück bis an die Spitze. Das galt zu diesem Zeitpunkt als die längste Laufzeit, die eine Platte in der Geschichte der Hot 100 brauchte, um an die Spitze zu kommen ohne vorher wieder raus zu fallen und erneut in die Charts einzusteigen. Der Erfolg der Gruppe ist auch auf ihre ausgedehnten Tourneen durch die USA zurückzuführen. Auftritte in den Talk-Shows von Letterman, Leno und O'Brian machten die Gruppe in den ganzen USA populär. Als nächster Hit folgte »You're A God« (8/00 US 23).

Everything You Want (1/00 US 1)
Rock

Verve Pipe

DONNY BROWN d (USA), DOUG CORELLA key, per (USA), A.J. DUNNING g (USA), BRAD VANDER ARK b (USA), BRIAN VANDER ARK v, g (USA)
Die Band aus East Lansing/Michigan, die typischen melodischen Rock der 90er Jahre spielte, kam langsam aber sicher über das so genannte ›Alternative-Radio‹ in die Ohren der Amerikaner. »The Freshmen« war eine Auskopplung aus dem Album »Villains« (4/96 US-LP 24). Produziert hatte es Jerry Harrison, Ex-Talking-Heads-Mitglied. Die Band war aus zwei anderen hervorgegangen: Johnny With An Eye und Water 4 The Pool. Nach zwei Alben auf einem Independent-Label und vier Jahre Touren durch die USA hatte sich Verve Pipe eine feste Fangemeinde erspielt und es war Zeit für eine Major-Label-Veröffentlichung. »Villains« erschien bei der RCA. 1996 gingen sie als Vorprogramm von Kiss erst durch die USA und schließlich auch durch Europa auf Tour. Das erklärte Brian Vander Ark, der Sänger und Songschreiber der Gruppe mit den Worten: ›Kiss hat einfach das beste Catering der Welt‹ – wenn das mal kein Grund ist!

The Freshmen (2/97 US 5)
Rock

Video Kids

BIANCA BONELLI v (Niederlande, * 2. 1. 1963), PETER SLAGHUIS v, dj, mix (Niederlande, * 21. 8. 1963)

Bianca begann in der Formation Sam & Joan Company und machte dann als New-Wave-Sängerin die Single »Je Veux L'Amour – Follow Me«, die in Holland sehr erfolgreich wurde. Ihre Produzenten schrieben ihr einige Songs, die sie besser mit einem Partner aufnehmen würde. Man fand in Hollands größter Disko, dem Blue Tiek In in Rotterdam, den ehemaligen Friseur Peter Slaghuis. Zwei Wochen ging er mit Bianca, zwei Produzenten und einem Gesangslehrer in Klausur, dann wurde der Titel »Woodpeckers From Space« aufgenommen. Einen Nachfolgehit gab es für die Video Kids nicht. Slaghuis wurde 1988 als Hithouse mit »Jack To The Sound Of Underground« erfolgreich.

Woodpeckers From Space (2/85 D 4)
Disko, One Hit Wonder

Siehe auch: Hithouse

Village People

ALEXANDER BRILEY v (USA, * 12. 4. 1951), DAVID HODO v (USA, * 7. 7. 1947), GLENN HUGHES v (USA, * 18. 7. 1950 in Bronx/New York City, † 4. 3. 2001), MILES JAYE v (USA), RANDY JONES v (USA, * 13. 9. 1952), MARK LEE v (USA), JEFF OLSON v (USA, * 3. 9. 1952 in New York City), FELIPE ROSE v (USA, * 12. 1. 1954), RAY SIMPSON v (USA, * 15. 1. 1952 in Bronx/New York City), ROBERT STEVENS v (USA), VICTOR WILLIS v (USA, als Victor Edward)

Die New Yorker Diskotruppe wurde 1977 von dem französischen Produzenten Jacques Morali zusammengestellt. »Macho Man« (6/78 US 25) war ihre erste Hitnotierung. Die Gruppe wurde zu diesem Zeitpunkt besonders in Homosexuellen-Kreisen gefeiert. Sie selbst legten sich auch die entsprechenden Attitüden zu, und man sagt sicher nichts Falsches, wenn man behauptet, dass sie absichtlich auf die Schwulenszene zugeschnitten wurden. In »YMCA« sangen sie den Refrain ›Es macht Spaß, in den CVJM zu gehen‹, was wiederum die entsprechenden kirchlichen Stellen auf den Plan rief. Letztendlich half das nur, die Band und die Platte populär zu machen. Auch »In The Navy« sang das Hohelied der Männerfreundschaft, dieses Mal zur See. Nachdem sie etliche Jahre nicht mehr in den Charts notiert waren, kamen sie noch einmal mit »Sex Over The Phone« (3/85 D 40) in die Hitparade. 1979 war Willis durch Simpson, den Bruder von Valerie Simpson, ersetzt worden. Als Simpson ging, kam für ihn Jaye, und in der Folgezeit kam es zu etlichen weiteren Umbesetzungen. Morali starb am 15. 11. 1991 im Alter von 44 Jahren an Aids. Der Titel »Go West« (6/79 GB 15) wurde 1993 durch das britische Duo Pet Shop Boys neu aufgenommen und war sehr erfolgreich. Daraufhin veröffentlichte man auch wieder eine CD mit den großen Hits von Village People. Einige der Songs erschienen als 93er-Remix, und die Nummer »YMCA« brachte es in GB wieder auf Platz 12. Die erfolgreichsten Alben von Village People: »Macho Man« (3/78 US-LP 24), »Cruisin'« (10/78 US-LP 3, 12/78 D-LP 1, 1/79 GB-LP 24) und »Go West« (4/79 US-LP 8, D-LP 14, 5/79 GB-LP 14).

Anfang 1997 wurde Willis in einem Hotelzimmer in Reno/Nevada verhaftet. Ihm wurde Drogenbesitz und Raub vorgeworfen. In der Band war er immer derjenige gewesen, der den Polizisten darstellte! In der zweiten Hälfte des Jahres 1997 ging Village People in folgender Besetzung auf eine ausgedehnte ›20Th Anniversary Tour‹ durch Nordamerika: David Hodo mimte den Bauarbeiter, Ray Simpson den Polizist, Felipe Rose den Indianer, Jeff Olson den Cowboy, Alex Briley den Soldat und Glenn Hughes den Motorradfahrer. Hughes starb 2001 an Krebs.

YMCA (10/78 GB 1, US 2; 12/78 D 1)
In The Navy (3/79 D 3, GB 2, US 3)
Can't Stop The Music (8/80 D 10)
Disko

Village Stompers

DICK BRADY (USA), RALPH CASALE (USA), DON COATES (USA), FRANK HUBBELL (USA), MITCHELL MAY (USA), AL MCMANUS (USA), JOE MURANYI (USA), LENNY POGAN (USA)

Die New Yorker Band aus dem Greenwich Village machte auf Dixieland gestylte Musik. Nach »Washington Square« (12/63 D 29) konnten sie »From Russia With Love« aus dem gleichnamigen Film und »Fiddler On The Roof« aus dem gleichnamigen Musical 1964 in den unteren Regionen der US-Hitparade platzieren und wurden ab 1965 nicht mehr notiert. Plattenaufnahmen machten sie noch bis 1967. Ihr erfolgreichstes Album hieß ebenfalls »Washington Square« (11/63 US-LP 5).

Washington Square (9/63 US 2)
Instrumental, One Hit Wonder, Pop

Vinton, Bobby

BOBBY VINTON v (USA, * 16. 4. 1935 als Stanley Robert Vinton in Canonsburg/Pennsylvania)

Sein Vater war Bandleader. Bobby selbst gründete noch während seiner Schulzeit die erste eigene Gruppe. Für Dick Clarks US-TV-Show ›Caravan Of Stars‹ spielte diese Formation 1960 als Backing Band für die auftretenden Interpreten. 1962 verließ er diese Gruppe und begann eine Solokarriere – gleich mit einem Paukenschlag. »Roses Are Red (My Love)« (8/62 D 18, GB 15) erschien Mitte des Jahres und wurde ein Millionseller. Zwischen 1975 und 1978 hatte er in den USA eine eigene TV-Show, und man hatte ihn nach 1980 schon fast wieder vergessen, als »Blue Velvet« 1990 erneut in die GB-Charts kam. Der Titel war in dem gleichnamigen Film von David Lynch mit Isabella Rossellini zu hören gewesen. Seine erfolgreichsten Alben: »Roses Are Red« (8/62 US-LP 5), »Blue Velvet« (8/63 US-LP 10), »There! I've Said It Again« (2/64 US-LP 8), »Bobby Vinton's Greatest Hits« (10/64 US-LP 12), »Mr. Lonely« (1/65 US-LP 18) und »Melodies Of Love« (11/74 US-LP 16).

Roses Are Red (My Love) (9/62 US 1)
Blue On Blue (5/63 US 3)
Blue Velvet (8/63 US 1; 9/90 GB 2)
There! I've Said It Again (11/63 US 1)
My Heart Belongs To Only You (2/64 US 9)
Mr. Lonely (10/64 US 1)
Please Love Me Forever (9/67 US 6)
I Love How You Love Me (11/68 US 9)
My Melody Of Love (9/74 US 3)
Pop, Soft Pop

Visage

BARRY ADAMSON b (Großbritannien, * 1. 6. 1958 in Moss Side/Manchester), BILLY CURRIE key, vln (Großbritannien, * 1. 4. 1952 in Huddersfield/Yorkshire), RUSTY EGAN d (Großbritannien, * 19. 9. 1957 in London), DAVE FORMULA key (Großbritannien), JOHN MCGEOGH g (Großbritannien), STEVE STRANGE v (Großbritannien, * 28. 5. 1959 als Steve Harrington in Wales), MIDGE URE v, g (Großbritannien, * 10. 10. 1953 als James Ure in Cambuslang/Lanarkshire)

Steve Strange war Roadie für Generation X, dann zusammen mit Chrissie Hynde Ende 1977 Mitbegründer der Moors Murderers, spielte mit Photon und eröffnete schließlich die Diskothek Bill's Club zusammen mit Egan, der vorher bei den Rich Kids war. Dort hatte auch Ure, Mitbegründer des New-Romantic-Trends, gespielt,

bevor er zu Thin Lizzy und dann zu Ultravox ging, bei denen auch Currie Mitglied war. Ende 1978 nahmen Strange und Ure ein Demo für die EMI auf, wurden aber abgewiesen. Daraufhin suchte sich das Duo die oben genannten Musiker und begann mit Proben. Ihre erste Single »Tar« ging unter. Nach einem Wechsel der Plattenfirma gelang ihnen der Hit »Fade To Grey«. Nachfolger wurden »Mind Of A Toy« (3/81 GB 13), »Visage« (7/81 GB 21), »The Damned Don't Cry« (3/82 GB 11, 3/82 D 39), »Night Train« (6/82 GB 12) und »Fade To Grey (Re-Mix)« (8/93 GB 39). Die Abstände zwischen den Veröffentlichungen wurden danach immer größer, bis die Band Visage Mitte der 80er Jahre auseinander ging. Strange gründete Strange Cruise, die anderen kehrten zu ihren Hauptprojekten zurück.
Die erfolgreichsten Alben: »Visage« (1/81 GB-LP 13, 3/81 D-LP 1) und »The Anvil« (4/82 GB-LP 6).

Fade To Grey (12/80 GB 8; 2/81 D 1)
Mind Of A Toy (6/81 D 10)
Elektro-Pop

Siehe auch: Ure, Midge

Vittorio

VITTORIO v (Italien, * 8. 7. 1934 als Vittorio Casagrande in Veneto)
Der Sänger und Schauspieler war ab 1960 auch in der Bundesrepublik erfolgreich. »Tintarella Di Luna« (9/60 D 17) war hier seine erste Hitnotierung. »Liebe, die nie vergeht« war eine deutsche Version des Hits »Cuando Calienta El Sol«. Seine weiteren Erfolge: »Der Liebling von allen« (4/63 D 25), »Il mondo« (12/65 D 31) und »Eine Gitarre und tausend Illusionen« (4/69 D 31). Vittorio spielte auch in etlichen Filmen und TV-Serien, z. B. ›Salto Mortale‹, mit. Als Schauspieler blieb er weiterhin gut im Geschäft.

Liebe, die nie vergeht (11/62 D 10)
Deutscher Schlager

Vogues

CHUCK BLASKO v (USA), BILL BURKETTE v (USA), HUGH GEYER v (USA), DON MILLER v (USA)
Die Vogues formierten sich 1960 in Turtle Creek in der Nähe von Pittsburgh. Die einzelnen Sänger hatten sich auf der High-School kennen gelernt. Gleich ihre ersten beiden Plattenveröffentlichungen waren Top-10-Hits. Mit »Magic Town« (2/66 US 21) und »The Land Of Milk And Honey« (6/66 US 29) gelangen zwei Nachfolgehits. Dann trat eine Pause von zwei Jahren ein, bevor ihnen zwei weitere Top-10-Hits gelangen. Nach »Till« (11/68 US 27) und »No, Not Much« (3/69 US 34) war ihre Hitzeit wieder vorüber.

You're The One (9/65 US 4)
Five O'Clock World (11/65 US 4)
Turn Around, Look At Me (6/68 US 7)
My Special Angel (9/68 US 7)
Pop

Voices Of Theory

JAMES CARTAGENA (USA), MECHI CEBOLLERO (USA), DAVID CORDOBA (USA), HECTOR RAMOS (USA), ERIC SERRANO (USA)
Das Quintett aus Philadelphia hatte mit »Say It« einen ersten Hit und gleich eine Goldene. Es folgte jedoch nur noch »Wherever You Go« (10/98 US 36).

Say It (4/98 US 10)
One Hit Wonder, Rhythm & Blues

von der Lippe, Jürgen

JÜRGEN VON DER LIPPE v, g (Deutschland, * 8. 6. 1948 als Jürgen Dohrenkamp in Bad Salzuflen)
Erste Erfolge verbuchte Jürgen von der Lippe als Mitglied der Gebrüder Blattschuss, an deren großem Hit »Kreuzberger Nächte«, Ende 1978 Platz 2 in

Deutschland, er gerade noch mitgearbeitet hatte. Seit 1978 tritt er als Solist auf und veröffentlichte etliche LPs. Sein größter Single-Erfolg war Mitte 1987 »Guten Morgen, liebe Sorgen«. Der Nachfolger »Dann ist der Wurm drin« brachte es noch auf eine Top-30-Notierung. Seit 1980 moderiert er regelmäßige Fernsehsendungen wie ›WWF Club‹, ›Show-Start‹, ›So isses‹, ›Donnerlippchen‹, seine Eigenerfindung ›Geld oder Liebe‹, oder er fragt ›Wat is?‹. Sein erfolgreichstes Album hieß »Guten Morgen, liebe Sorgen« (6/87 D-LP 4).

Guten Morgen, liebe Sorgen (6/87 D 3)
Deutscher Schlager

Voulzy, Laurent

LAURENT VOULZY v (Frankreich, * 8. 12. 1948 in Paris)
Voulzy machte mit einer Mixtur aus »The Locomotion«, »A Hard Day's Night«, »I Get Around«, »Gloria« und »I Can't Get No Satisfaction« eine »Rockollection Part 1«. Ursprünglich wollte Laurent die zitierten Passagen aus den Originaltiteln heraussampeln; die entsprechenden Plattenfirmen verweigerten ihm jedoch ihre Zustimmung, und so sang Voulzy sie nach.

Rockollection Part 1 (8/77 D 8)
One Hit Wonder, Pop

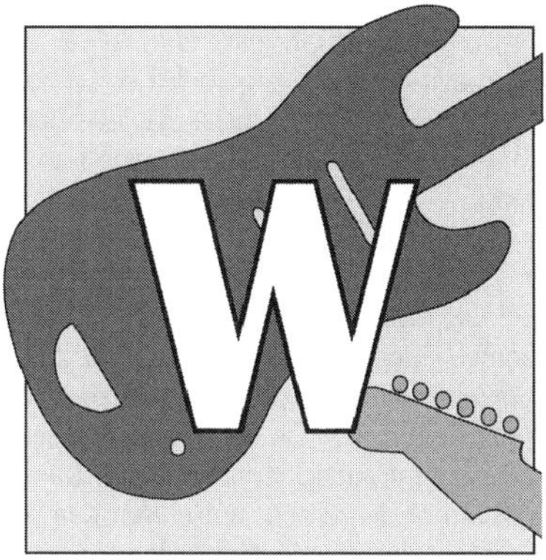

W., Roland

W. ROLAND v, dj (Österreich, * 3. 4. 1941 als Roland Wächter)
Mitte der 60er Jahre arbeitete Roland Wächter als Discjockey in Köln. Ende 1967 landete er mit der mehr gesprochenen als gesungenen Nummer »Monja« seinen größten Hit. Mit »My Maria« (3/68 D 29) gelang W. Roland im Frühjahr noch ein Nachfolgehit. Dann war er wieder aus den Charts verschwunden. Bis in die 90er Jahre war Roland in Oldie-Sendungen à la ›Die goldene Schlagerparade‹ zu sehen. Ansonsten hat er sich in sein Haus in den Westerwald zurückgezogen und einen Namen als Porträtmaler gemacht.

Monja (11/67 D 4)
Deutscher Schlager

Wadsworth Mansion

WAYNE GAGNON (USA), MIKE JABLECKI (USA), STEVE JABLECKI v (USA), JOHN POOLE (USA)
Dieses Quartett ist die Inkarnation eines ›One-Hit-Wonders‹: Einmal hoch in den Charts und dann nie wieder aufgetaucht. Einer der beiden Jablecki Brüder, Steve, schrieb die Bubblegum-angehauchte Nummer »Sweet Mary«, die im Herbst 1970 in Hollywood in einem Studio aufgenommen wurde. Die Nachfolgesingles »Michigan Harry Slaught« und »Nine On The Line«, die denselben Sound wie die Hitsingle transportierten, erreichten nicht mal mehr die Top 100. Von den Mitgliedern der Gruppe hörte man nie wieder etwas.

Sweet Mary (12/70 US 7)
Bubblegum, One Hit Wonder, Rock

Waggershausen, Stefan

STEFAN WAGGERSHAUSEN v (Deutschland, * 20. 2. 1949 in Friedrichshafen)
Am Anfang seiner Karriere wurde der Sänger und Songschreiber von seiner Plattenfirma mal als Traumrocker, mal als deutscher Bob Dylan angeboten. Seine erste Hitnotierung gelang ihm mit »Hallo Engel« (9/80 D 26). Zusammen mit der Italienerin Alice sang er »Zu nah am Feuer« (2/84 D 13) und im Duett mit der Belgierin Viktor Lazlo (* 7. 10. 1960), »Das erste Mal tat's noch weh«. 1994 nahmen zwei Kölner eine hinreißend schöne und warmherzige neue Version von »Zu nah am Feuer« auf: der Liederpoet Jürgen Zeltinger zusammen mit dem Filmregisseur und Dosenbesitzer Walter ›Wally‹ Bockmeyer. Wieder mit einer Sängerin, dieses Mal mit Ofra Haza, sang er 1993 »Jenseits von Liebe«. Das war nix.
Seine erfolgreichsten Alben waren »Hallo Engel« (9/80 D-LP 10), »Sanfter Rebel« (11/82 D-LP 11) und »Tabu« (3/84 D-LP 10).

Das erste Mal tat's noch weh (3/90 D 6)
Deutscher Schlager

Wagner, Jack

JACK WAGNER v (USA, * 3. 10. 1959 in Washington/Missouri)

Als einer der Stars in der TV-Serie ›General Hospital‹ – Jack Wagner spielte Frisco Jones, Leadsänger der Rockband Riff-Raff – war er prädestiniert, auch ein Plättchen zu singen. »All I Need« wurde sein einziger nennenswerter Erfolg. Drei weitere Hitnotierungen bis zum Jahre 1987 kamen nicht mehr über einen Platz 50 hinaus. Seine ersten Bühnenerfolge feierte Jack als Ensemblemitglied in »Oliver« und »Godspell«.

All I Need (10/84 US 2)
One Hit Wonder, Pop

Waite, John

JOHN WAITE v, b, mundh (Großbritannien, *4. 7. 1954 in Lancaster/Lancashire)
Der Sänger, Bassist und Songschreiber war 1976 Mitbegründer der Babys. Deren Hits: »Isn't It Time« (10/77 US 13) und »Everytime I Think Of You« (1/79 US 13). Im Frühjahr 1981 lösten sich die Babys auf. John machte als Solist weiter und seine erste Chartnotierung war »Missing You« (10/84 D 13). Als Solist war sein erfolgreichtes Album »No Brakes« (7/84 US-LP 10). Nach acht weiteren Platzierungen, von denen keine über 25 hinauskam, gehörte er 1988 zu den Gründungsmitgliedern von Bad English. 1993 veröffentlichte Waite wieder Platten als Solist, so z. B. die Nummer »In Dreams« aus dem Film »True Romance«. Im Frühjahr 1995 erschien sein erstes Soloalbum der 90er Jahre »Temple Bar«.

Missing You (6/84 US 1; 9/84 GB 9)
Pop, Rock

Siehe auch: Bad English

Wakelin, Johnny

JOHNNY WAKELIN v (Großbritannien, in Brighton/Sussex)
In den 70er Jahren war Johny in seiner Heimatstadt mehr oder weniger erfolgreich als Sänger in Clubs aufgetreten, bis ihm die glorreiche Idee kam, eine Hommage an den Boxchampion Muhammad Ali zu schreiben. Am 30. 10. 1974 kämpfte Muhammad Ali in Kinshasa gegen George Foreman und schlug ihn in der achten Runde k.o. Im Januar 1975 kam Wakelins »Black Superman (Muhammad Ali)« (3/75 US 21) in die Charts. Danach gelang ihm zunächst nichts mehr. Dann besann er sich erneut auf diesen Kampf und schrieb »In Zaire«. Nach »Africa Man« kam nichts mehr.

Black Superman (Muhammad Ali) (1/75 GB 7)
In Zaire (7/76 D 2, GB 4)
Africa Man (12/76 D 10)
Pop

Walden, Narada Michael

NARADA MICHAEL WALDEN v, d (USA, *23. 4. 1952 in Kalamazoo/Michigan)
Der Musiker, Songschreiber und Produzent spielte bereits als Teenager mit Gruppen wie Ted Nugent & The Amboy Dukes, MC 5, Bob Seger System oder Deacon Williams & The Soul Revival. 1972 wurde er Mitglied im Mahavishnu Orchestra von John McLaughlin. Nachdem sich diese Band 1976 aufgelöst hatte, machte Walden Soloplatten und arbeitete als Studiomusiker für Jeff Beck, Carlos Santana, Weather Report, Rick James, Roy Buchanan, Tommy Bolin und viele andere. Außerdem machte er sich einen Namen als Produzent von Stacy Lattisaw, Don Sherry, Sister Sledge oder Whitney Houston. Mit seinen Singles war er in den USA nicht erfolgreich.

I Shoulda Loved Ya (4/80 GB 8)
Divine Emotions (4/88 GB 8)
Pop, Rhythm & Blues

Walker, Jr. & The All Stars

AUTRY DEWALT, JR d (USA), JAMES GRAVES d (USA), VIC THOMAS key (USA), JR WALKER v, sax (USA, * 14. 6. 1931 als Autry DeWalt II in Blytheville/Arkansas, † 23. 11. 1995), WILLIE WOODS g (USA)
Der richtige Name von Jr. Walker ist Oscar G. Mixon – er gab sich jedoch selbst den Namen Autry DeWalt II. Die Formation machte 1962 ihre ersten Platten. Im Laufe der Jahre wurden etliche Mitglieder ausgetauscht. James Graves kam 1967 bei einem Autounfall ums Leben. In den späteren Formationen spielte schon der Sohn Autry III. Schlagzeug. »Shotgun« war die erste Notierung der Gruppe. Die weiteren Top-40-Hits: »Do The Boomerang« (6/65 US 36), »Shake And Fingerpop« (7/65 US 29), »(I'm A) Road Runner« (4/66 US 20, 4/69 GB 12), »How Sweet It Is (To Be Loved By You)« (7/66 US 18, 8/66 GB 22), »Pucker Up Buttercup« (2/67 US 31), »Come See About Me« (11/67 US 24), »Hip City – Pt. 2« (8/68 US 31), »What Does It Take (To Win Your Love)« (10/69 GB 13), »These Eyes« (10/69 US 16), »Gotta Hold On To This Feeling« (2/70 US 21), »Do You See My Love (For You Growing)« (7/70 US 32), »Walk In The Night« (8/72 GB 16), »Take Me Girl I'm Ready« (1/73 GB 16) und »Way Back Home« (6/73 GB 35).
In GB kam die Formation nie in die Top 10, dafür war sie dort Anfang der 70er Jahre erfolgreicher als in den USA. Hitnotierungen gehen bis in das Jahr 1973, die Plattenveröffentlichungen – teilweise von Walker als Solist – bis in die 80er. Walker spielte auch als Sessionmusiker – so ist er z. B. bei »Urgent« der Gruppe Foreigner als Saxophonist zu hören.

Shotgun (2/65 US 4)
What Does It Take (To Win Your Love) (5/69 US 4)
Motown Sound, Rhythm & Blues

Walker, Scott

SCOTT WALKER v, b (USA, * 9. 1. 1944 als Noel Scott Engel in Hamilton/Ohio)
1964 wurde Scott Sänger und Bassist für die Walker Brothers, die es bis 1967 auf etliche Top-10-Erfolge besonders in GB brachten. Nach der Trennung des Trios machte Scott als Solist Platten, und seine erste Notierung war »Jackie« (12/67 GB 22), die Coverversion einer Jacques-Brel-Nummer. »Joanna« war geschrieben vom Ehepaar Hatch/Trent. Mit »Lights Of Cincinnati« (6/69 GB 13) stand Scott letztmalig in der britischen Hitparade. Seine erfolgreichsten Alben: »Scott« (9/67 GB-LP 3), »Scott 2« (4/68 GB-LP 1), »Scott 3« (4/69 GB-LP 3), »Songs From His TV Series« (7/69 GB-LP 7) und »No Regrets – The Best Of Scott Walker And The Walker Brothers« (1/92 GB-LP 4).
Im August 1975 kamen die Walker Brothers wieder zusammen, hatten einen weiteren Hit und trennten sich 1978 wieder. 1984 erschien erneut eine Solo-LP von Scott, 1987 machte er in GB TV-Werbung für Soft Drinks. Lange hörte man nichts mehr von Scott – dann erschien das Album »Tilt« (5/95 GB-LP 27). 2001 produzierte er ein Album der Gruppe Pulp: »We Love Life«. Ein Titel auf diesem Album hieß »Bad Cover Version« – und darauf veralberte Jarvis Cocker den Gesangsstil von Scott Walker und den Walker Brothers.

Joanna (5/68 GB 7)
Soft Pop

Siehe auch: Walker Brothers

Walker Brothers

GARY WALKER v, d (USA, * 3. 9. 1944 als Gary Leeds in Glendale/Kalifornien), JOHN WALKER v, g (USA, * 12. 11. 1943 als John Maus in New York City), SCOTT WALKER v, b (USA, * 9. 1. 1944 als Noel Scott Engel in Hamilton/Ohio)
Im August 1964 entschloss sich Leeds,

der gerade als Schlagzeuger für P. J. Proby spielte, mit seinen Freunden Engel und Maus, Bassist und Leadgitarrist bei den Dalton Brothers, eine eigene Formation zu gründen. Leeds war 1963 Mitbegründer der Standells gewesen, hatte die Band bereits nach zwei Singles verlassen und danach erst mit Johnny Rivers gespielt und später mit Proby. Mit dem war er auch auf Tournee durch GB und spielte in der ›Jack Good TV-Show‹. Engel hatte vorher einige Soloplatten aufgenommen und 1963 mit den Routers auf deren Hit »Let's Go« und dem Nachfolger »Make It Snappy« gespielt. Maus hatte bereits als Zwölfjähriger in der TV-Serie ›Hello Mum‹ neben Betty Hutton gespielt. Noch im Oktober 1964 nahmen die Walker Brothers vier Titel auf und erhielten einen Vertrag mit dem Smash-Label von Mercury. Ende des Jahres bedrängte Leeds die anderen, mit ihm nach GB zu gehen, weil er gesehen hatte, welche potenziellen Möglichkeiten sich dort für Musiker boten. In der Tat sollten sie im Laufe der nächsten drei Jahre in GB erfolgreicher und populärer sein als in den USA. »Love Her« (5/65 GB 20) wurde ihre erste Hitnotierung – das Original dieses Titels sangen 1963 die Everly Brothers. »The Sun Ain't Gonna Shine Anymore« hatte Frankie Valli bereits 1965 aufgenommen und war in den USA damit lediglich auf Platz 128 gekommen. Nach fünf weiteren Hitnotierungen bis Mitte 1967 trennten sich die Walker Brothers, und alle drei versuchten sich als Solisten, behielten aber als Nachnamen immer Walker bei. Gary hatte mit »You Don't Love Me« und »Twinkie Lee« im Frühjahr 1966 zweimal Platz 26 in GB. John schaffte Mitte 1967 Platz 24 mit »Annabella«. Am erfolgreichsten wurde Scott, der es auf einen Top-10-Hit brachte. Mitte 1975 kamen die Walker Brothers noch einmal zusammen und nahmen »No Regrets«, eine Komposition von Tom Rush, auf. Bis 1978 kam es zu Nachfolgeprojekten – ohne Erfolg. Danach ging jeder wieder seinen eigenen Weg. Ihre erfolgreichsten LPs waren »Take It Easy« (12/65 GB-LP 3), »The Walker Brothers« (7/66 D-LP 7), »Portrait« (9/66 GB-LP 3, 11/66 D-LP 8), »Images« (3/67 GB-LP 6, 5/67 D-LP 23) und »Walker Brothers' Story« (9/67 GB-LP 9), »No Regrets – The Best Of Scott Walker And The Walker Brothers 1965 – 1976« (1/92 GB-LP 4).

Make It Easy On Yourself (8/65 GB 1)
My Ship Is Coming In (12/65 GB 3)
The Sun Ain't Gonna Shine Anymore (3/66 D 4, GB 1)
No Regrets (1/76 GB 7)
Soft Pop

Siehe auch: Walker, Scott

Waller, Rik

RIK WALLER (Großbritannien, in Gillingham/Kent)

Zumindest kann man dem 20-jährigen nicht nachsagen, dass ihm sein Aussehen zum ersten Hit verhalf. Rik kam über die Anfang 2002 sehr erfolgreiche TV-Sendung ›Pop Idol‹ – wie auch Will Young. Rik nahm sich den Titel »I Will Always Love You« vor, den die Briten offensichtlich sehr mögen. 1993 stand zum Beispiel Sarah Washington mit einer Dance-Version in den Charts – und natürlich 1992 Whitney Houston mit ihrer Version aus dem Film »Bodyguard«. Das Original stammt von Dolly Parton. Um in dieser ersten Woche auf Platz 6 der britischen Charts zu kommen, musste Rik 48 000 Exemplare verkaufen. Das ist nicht viel und spiegelt den rückläufigen Single-Verkauf wider. Jedenfalls tat Rik – seine Spitznamen wurden schnell ›The Fat Geezer‹ und ›The Baby Walrus of Pop‹ – sehr viel für die vielen übergewichtigen Jugendlichen – er inspirierte gar eine Plattenfirma, eine ›Fat Boy Band‹ zusammenzustellen. Das wäre dann endlich mal eine Gruppe, von der man von Anfang an sagen könnte, dass sie dick im Geschäft ist!

I Will Always Love You (3/02 GB 6)
Pop

Walsh, Steve

STEVE WALSH dj (Großbritannien, † 3. 7. 1988)
Dieser Steve Walsh hat nichts zu tun mit dem US-Sänger der Band Kansas. Dieser hier gehörte zu den bekanntesten Live-DJs in GB. Aufgrund seiner Rundfunksendungen für die BBC machte er die Bekanntschaft mit der Gruppe Fatback. Die rieten ihm, ihren Titel aus dem Jahr 1984 »I Found Lovin'« neu aufzunehmen. Walsh tat es – und das brachte auch Fatback mit ihrer Version wieder ins Gespräch. Sie kam einen Monat später ebenfalls in die britische Hitparade und erreichte Platz 7. Danach kümmerte sich das Produktionsteam Stock/Aitken/Waterman um Walsh, der es mit Nachfolgeplatten jedoch nicht mehr unter die ersten 40 schaffte. 1988 kam er bei der Produktion eines Videos ums Leben.

I Found Lovin' (8/87 GB 9)
One Hit Wonder, Pop

Walter

WALTER v (Österreich, * 26. 9. 1976 als Walter Unterweger in Lienz)
Ein weiterer Star aus dem Container. Walter, ein Österreicher, war in der zweiten Staffel von »Big Brother« einer der Publikumslieblinge. Endemol besorgte auch hier die Musikproduktion und das Publishing. Danach ging er wohl wieder zurück in seine Heimat – und wir hatten eine Vokal-Lusche weniger und die Österreicher einen Pop-Star mehr. Als letzten Gruß versprach er: »Nie wieder hier« (4/01 D 31).

Ich geh' nicht ohne Dich (12/00 D 3)
One Hit Wonder, Pop

Walters, Trevor

TREVOR WALTERS v (Großbritannien)
Walters begann seine Karriere in der Band Santic. Mit »Love Me Tonight« (10/81 GB 27) hatte er seine erste Hitnotierung als Solist. Bis zur zweiten dauerte es knapp drei Jahre – dafür kam er mit »Stuck On You« in die Top 10.

Stuck On You (7/84 GB 9)
One Hit Wonder, Reggae

Wamdue Project

CHRIS BRANN computer (USA, in Atlanta/Georgia)
Hinter Wamdue Project steht der Produzent und Songschreiber Chris Brann (* ca. 1976). Als Sängerin wurde zunächst auf dem ersten Top-10-Hit eine gewisse Gaelle genannt – später war zu lesen, die in Argentinien geborene und in Deutschland lebende Victoria Frigerio habe gesungen. Nachdem »King Of My Castle« ein Sommerhit des Jahres 1999 in Deutschland war, stieg die Platte am 27. 11. 1999 auf Platz 1 der britischen Single-Charts ein. Sie war als Import bereits einmal im Juni 1999 in den britischen Charts aufgetaucht, brachte es da aber nur bis auf Platz 61. Chris Brann ist zwar der Schöpfer des Wamdue Projects, erfolgreich wurde der Titel aber erst, nachdem der Italiener Roy Mallone ihn neu gemixt hatte. Brann kam nicht für Promotion-Aktivitäten nach Europa. Stattdessen zog die Sängerin Victoria Frigerio durch die TV-Sendungen und stellte die Nummer dar. Mit »You're The Reason« (4/00 GB 39) gelang noch ein Nachfolgehit.

King Of My Castle (6/99 D 3; 11/99 GB 1)
Dance

Wang Chung

DARREN COSTIN d (Großbritannien), NICK FELDMAN v, b (Großbritannien), JACK HUES v, g, key (Großbritannien), HOGG ROBINSON sax (Großbritannien)

Die Londoner Gruppe kam in ihren Ursprüngen bereits 1977 zusammen. Nick, Jack und Darren jammten zum damaligen Zeitpunkt in der Band Intellectuals. Dieses Sextett nannte sich dann irgendwann 57 Men, und als die drei anderen Mitglieder die Band verließen, beschlossen Hues, Feldman und Costin, selbstständig weiterzumachen, und nannten sich Huang Chung. Diesen Namen entdeckten sie als Fußnote in einem deutschen Musikbuch. Es ist ein Begriff aus der chinesischen Musik und bezeichnet den vollkommenen Ton. 1979 veröffentlichten sie ihre Debüt-Single mit dem Titel »Isn't It About Time We're On TV«. Wie der Nachfolger »Stand Still« verkaufte sich die Platte nicht. 1980 kam als vierter Mann Robinson hinzu, und 1981 erhielt die Band einen Vertrag bei der Plattenfirma Arista. Die Debüt-LP der vier war wieder kein Erfolg, und 1983 hatte Robinson die Band wieder verlassen. Erstmals wurden sie in den Charts, jetzt als Wang Chung, mit »Dance Hall Days« (1/84 GB 21, 4/84 US 16) verzeichnet. Außerhalb der Top 10 gelangen Wang Chung noch die Top-40-Hits »Don't Let Go« (2/84 US 38) und »Hypnotize Me« (6/87 US 36). 1985 verließ Costin die Gruppe, die ohne ihn die beiden Top-10-Erfolge »Everybody Have Fun Tonight« und »Let's Go!« hatte. Inzwischen war Wang Chung auf das Duo Hues und Feldman geschrumpft. Der amerikanische Produzent Peter Wolf wirkte 1986 als Keyboarder und Schlagzeuger auf der LP »Mosaic« mit, ebenso die Sänger Siedah Garrett und Michael McDonald.

Dance Hall Days (4/84 D 5)
Everybody Have Fun Tonight (10/86 US 2)
Let's Go! (1/87 US 9)
Pop, Rock

War

PAPA DEE ALLEN per (USA, * 18. 7. 1931 als Thomas Allen in Wilmington/Delaware, † 30. 8. 1988), HAROLD BROWN per (USA, * 17. 3. 1946 in Long Beach/Kalifornien), ERIC BURDON v (Großbritannien, * 11. 5. 1941 in Walker/Newcastle-On-Tyne), B.B. DICKERSON b (USA, * 3. 8. 1949 als Morris Dickerson in Torrance/Kalifornien), RON HAMMOND per (USA), LONNIE JORDAN key (USA, * 21. 11. 1948 als Leroy Jordan in San Diego/Kalifornien), CHARLES WILLIAM MILLER sax (USA, * 2. 6. 1939 in Olathe/Kansas), LEE OSKAR harm (Dänemark, * 24. 3. 1946 als Oskar Levetin Hansen in Kopenhagen), LUTHER RABB b (USA), PAT RIZZO Horns (USA), HOWARD SCOTT g (USA, * 15. 3. 1946 in San Pedro/Kalifornien), ALICE TWEED SMYTH v (USA)

Die Gruppe wurde 1969 in Kalifornien gegründet. Im Frühjahr 1970 gelang ihnen mit dem Briten Eric Burdon als Leadsänger der Hit »Spill The Wine«. Nach einem weiteren Hit mit Burdon schaffte War ab 1971 auch selbständig Erfolge. »Slippin' Into Darkness« (1/72 US 16) wurde ein Millionseller. Im Laufe der Jahre gab es etliche Umbesetzungen in der Gruppe. Einzelne Mitglieder, so z. B. Lee Oscar, machten auch sehr schöne Soloplatten. Miller wurde im Juni 1980 in Los Angeles erschossen, 1988 starb Thomas Allen nach einer Gehirnblutung. Im August 1991 erschien ihre alte Nummer »Low Rider« mit einigen Samples von Santanas »Evil Ways« als »Lowrider (On The Boulevard)« und erreichte Platz 54 in der amerikanischen Singlehitparade. 1993 wurden die alten Platten von War auf CD wiederveröffentlicht.

Die erfolgreichsten Alben von War: »All Day Music« (11/71 US-LP 16), »The World Is A Ghetto« (11/72 US-LP 1), »Deliver The Word« (9/73 US-LP 6), »War Live!« (3/74 US-LP 13), »Why Can't We Be Friends?« (7/75 US-LP 8), »War Greatest Hits« (9/76 US-LP 6), »Galaxy« (12/77 US-LP 15) und

»The Best Of War... And More« (5/87 US-LP 156).

Spill The Wine (5/70 US 3)
The World Is A Ghetto (11/72 US 7)
The Cisco Kid (3/73 US 2)
Gypsy Man (7/73 US 8)
Why Can't We Be Friends? (5/75 US 6)
Low Rider (9/75 US 7)
Summer (7/76 US 7)
Rhythm & Blues

Siehe auch: Burdon, Eric

Ward, Anita

ANITA WARD v (USA, * 20. 12. 1957 in Memphis/Tennessee)
»Ring My Bell« war eigentlich geschrieben für die zu diesem Zeitpunkt elfjährige Stacy Lattisaw. Es sollte das typische Teenie-Gehabe der Kids am Telefon nachvollziehen. Für Anita wurde der Song ein wenig umgeschrieben. Im Nachhinein war Anita Ward nicht sonderlich glücklich mit ihrem großen Hit, weil er sie für alle Zeiten festlegte. Anscheinend zu Recht, denn ein weiterer Erfolg ist ihr nie gelungen. Zumindest reichte es für ein Hitalbum: »Songs Of Love« (5/79 US-LP 8).

Ring My Bell (5/79 GB 1, US 1; 7/79 D 3)
Disko, One Hit Wonder, Rhythm & Blues

Ward, Clifford T.

CLIFFORD T. WARD v (Großbritannien, * 10. 2. 1944 in Kidderminster/Worcestershire, † 18. 12. 2001)
Ward war Englischlehrer, als er mit dem zarten selbst geschriebenen Song »Gaye« in die Charts kam. Nach »Scullery« (1/74 GB 37) war seine Chart-Zeit wieder vorüber, obwohl er mit »Wherewithal«, »Homethoughts From Abroad« oder »To An Air Hostess« sehr schöne einfühlsame Songs schrieb und aufnahm. Was er nicht hatte: auch nur im Entferntesten das Aussehen oder das Verhalten eines Popstars. Seine Songs wurden von Justin Hayward oder Cliff Richard aufgenommen. Später erkrankte Ward an multipler Sklerose. Er starb an Lungenentzündung.

Gaye (6/73 GB 8)
Soft Pop

Warnes, Jennifer

JENNIFER WARNES v (USA, * 3. 3. 1947 in Seattle/Washington)
Ihre ersten Erfolge hatte sie als Sheila in der Los-Angeles-Produktion von »Hair«. 1969 erhielt sie einen Plattenvertrag, und 1970 erschien ihr erstes Album »See Me«. Jennifers erste Hitnotierung war gleich ein Top-10-Hit: »Right Time Of The Night«. »I Know A Heartache When I See One« (6/79 US 19) blieb bis 1982 ihr einziger weiterer Hit. Dann sang sie zusammen mit Joe Cocker das Liebesthema aus dem Film »Ein Offizier und Gentleman«, »Up Where We Belong«.
Fünf Jahre später gelang ihr wieder mit dem Liebesthema aus einem Film ein Spitzenreiter in den USA. Dieses Mal sang sie zusammen mit Bill Medley in »Dirty Dancing« »(I've Had) The Time Of My Life«. Ihre Liebe hat wohl immer mehr der Folkmusik gegolten. 1986 veröffentlichte Jennifer Warnes mit »Famous Blue Raincoat« (7/87 GB-LP 33) eine CD mit neun Liedern von Leonard Cohen. Darauf eine sehr gute Version von »First We Take Manhattan«. Mit Cohen war Jennifer schon 1973 auf Tournee gewesen – sie sang Background Vocals. Auch auf Platten von Cohen sang sie mit: »Recent Songs« (1979) und »I'm Your Man« (1988). 1992 erschien die LP »The Hunter«, auf der u. a. die Donald-Fagen-Nummer »Big Noise, New York« zu finden ist. Fagen singt bei dem Titel im Hintergrund mit.

Right Time Of The Night (1/77 US 6)
Up Where We Belong (8/82 US 1; 12/82 GB 7, D 6)

(I've Had) The Time Of My Life (9/87 GB 6, US 1; 12/87 D 5; 12/90 GB 8)
Country, Pop

Warp Brothers

DENNIS BIERBRODT (Deutschland), JÜRGEN DOHR (Deutschland), OLIVER GÖDICKE (Deutschland), GUIDO KRAMER (Deutschland)
Die Gruppe machte auch Platten als D.O.N.S. Deren größter Erfolg war die Nummer »Pump Up The Jam« (7/98 D 25). Bei diesem Titel wurden sie von Technotronic unterstützt. »Phatt Bass« (8/00 D 45) veröffentlichten sie als Warp Brothers Vs. Aquagen. »We Will Survive« (2/01 GB 19) und »Blast The Speaker« (12/01 GB 40) waren die Nachfolgehits.

Phatt Bass (12/00 GB 9)

Siehe auch: Aquagen

Warrant

JOEY ALLEN g (USA, * 23. 6. 1964), JERRY DIXON b (USA, * 15. 9. 1967), JANI LANE v (USA, * 1. 2. 1964), STEVEN SWEET d (USA, * 29. 10. 1965), ERIK TURNER g (USA, * 31. 3. 1964)
Die aus Los Angeles stammende Band veröffentlichte 1989 ihre Debüt-LP mit dem sympathischen Titel »Dirty Rotten Filthy Stinking Rich« (3/89 US-LP 10). Auch ansonsten hatten sie alle Attitüden, die in diesem Genre wohl sein müssen. Haare in splissgefährdeter Länge, rotzig und frech. Ihre erste Hitnotierung war im Frühjahr 1989 »Down Boys« (4/89 US 27). »Cherry Pie« (9/90 US-LP 7) wurde ein zweiter Albumerfolg.

Heaven (7/89 US 2)
Cherry Pie (9/90 US 10)
I Saw Red (12/90 US 10)
Hard Rock

Warwick, Dionne

DIONNE WARWICK v (USA, * 12. 12. 1940 als Marie Dionne in East Orange/New Jersey)
Dionne begann in der Gospelgruppe Drinkard Singers und schloss sich dann mit ihrer Schwester Dee Dee und ihrer Tante Cissy Houston (Mutti von Whitney) als Trio Gospelaires zusammen. In den späten 50er Jahren arbeitete sie als Studiosängerin und wurde dabei von dem Songschreiberteam Bacharach/David entdeckt, die Dionnes Stimme als sehr geeignet für ihre Kompositionen empfanden. »Don't Make Me Over« (12/62 US 21) war ihre erste Hitnotierung. »Then Came You« sang sie mit den Spinners, »Heartbreaker« war eine Komposition der Bee Gees, und zusammen mit Elton John, Gladys Knight und Stevie Wonder sang sie »That's What Friends Are For«.
In den 70er Jahren verlängerte Dionne Warwick ihren Namen durch ein ›e‹. Der Grund: Sie hatte entdeckt, dass ihr Vor- und Nachname insgesamt aus 13 Buchstaben bestanden. Nachdem ihr diese Änderung jedoch mehr Pech als Glück gebracht hatte, machte sie das wieder rückgängig. In den Jahren 1980/81 und 1985/86 moderierte sie die erfolgreiche amerikanische TV-Sendung ›Solid Gold‹. Ihre erfolgreichsten Alben: »Presenting Dionne Warwick« (5/64 GB-LP 14), »Best Of Dionne Warwick« (5/66 GB-LP 8), »Here Where There Is Love« (1/67 US-LP 18), »Dionne Warwick's Golden Hits, Part One« (11/67 US-LP 10), »Valley Of The Dolls« (3/68 US-LP 6, 5/68 GB-LP 10), »Promises, Promises« (12/68 US-LP 18), »Soulful« (4/69 US-LP 11), »Dionne« (6/79 US-LP 12), »Heartbreaker« (10/82 US-LP 2, GB-LP 3, 12/82 D-LP 18), »The Dionne Warwick Collection« (5/83 GB-LP 11), »Friends« (12/85 US-LP 12) und »Love Songs« (1/90 GB-LP 6).

Anyone Who Had A Heart (12/63 US 8)
Walk On By (4/64 GB 9, US 6)
Message To Michael (4/66 US 8)
I Say A Little Prayer (10/67 US 4)
(Theme From) Valley Of The Dolls (1/68 US 2)
Do You Know The Way To San Jose (4/68 GB 8, US 10)
This Girl's In Love With You (2/69 US 7)
I'll Never Fall In Love Again (12/69 US 6; 6/79 US 5)
Then Came You (7/74 US 1)
Heartbreaker (10/82 US 10, GB 2, D 10)
All The Love In The World (12/82 GB 10)
That's What Friends Are For (11/85 US 1)
Pop, Rhythm & Blues, Soft Soul

Was (Not Was)

SWEET PEA ATKINSON v (USA, * 20. 9. 1945 in Oberlin/Ohio), SIR HARRY BOWENS v (USA, * 8. 10. 1949 in Detroit), DONALD RAY MITCHELL v (USA, * 12. 4. 1957 in Detroit), DAVID WAS fl (USA, * 26. 10. 1952 als David Weiss in Detroit), DON WAS b (USA, * 13. 9. 1952 als Donald Fagenson in Detroit)
Das aus Detroit stammende Ensemble wurde 1981 gegründet und hat im Laufe der Jahre alles geplündert, was es an Musikstilen gegeben hat: Rap, Metal, Soul, Jazz, Schnulz. Mit »Spy In The House Of Love« (10/88 US 16) hatten sie ihre erste Hitnotierung in den USA. Mitte 1987 bereits war »Walk The Dinosaur« erschienen und hatte die britischen Top 10 erreicht. Knapp anderthalb Jahre später tauchte sie auch in den amerikanischen Charts auf. Ihre Version des Temptations-Hits »Papa Was A Rolling Stone« (5/90 GB 12, 6/90 D 14) war nichts für amerikanische Ohren. Bei »Shake Your Head« waren Kim Basinger und Ozzy Osbourne zu hören, die da sangen: ›Shake your head, let's go to bed‹. Bei Kim und Ozzy eigentlich nur schwer vorstellbar. Fagenson, der B-52's, Willie Nelson, Iggy Pop, David Crosby, Paula Abdul, Waylong Jennings, die Highwayman, Bob Dylan oder Bonnie Raitt betreute, hat sich inzwischen als Produzent einen Namen gemacht – 1994 gewann er einen Grammy –, Weiss hingegen als Filmkomponist.

Walk The Dinosaur (10/87 GB 10; 1/89 US 7)
Shake Your Head (7/92 GB 4)
Funk, Rhythm & Blues, Rock

Washington, Grover Jr.

GROVER WASHINGTON JR. sax (USA, * 12. 12. 1943 in Buffalo/New York, † 17. 12. 1999)
Der Saxophonist und Songschreiber hatte bereits mit 16 eine eigene Band, die Four Clefs hieß. Später arbeitete er als Sessionmusiker und machte auch Soloplatten. Dass es die Nummer »Just The Two Of Us« so hoch in den US-Popcharts brachte, dürfte jedoch weniger an ihm als vielmehr an Bill Withers liegen, der diese Nummer sang. Ansonsten waren seine Plattenveröffentlichungen mehr in der LP-Hitparade zu finden: »Mr. Magic« (3/75 US-LP 10), »Feels So Good« (11/75 US-LP 10), »Live At The Bijou« (1/78 US-LP 11) und »Winelight« (11/80 US-LP 5, 5/81 GB-LP 34). Nach einer CBS-TV-Aufzeichnung in New York City brach Grover in seiner Garderobe nach einem Herzanfall zusammen und starb.

Just The Two Of Us (2/81 US 2)
Instrumental, Jazz, Pop

Siehe auch: Withers, Bill

Waterboys

NICK LINDEN b (Großbritannien), MIKE SCOTT v (Großbritannien, * 14. 12. 1958 in Edinburgh), ANTHONY THISTLETHWAITE sax (Großbritannien, * 31. 8. 1955 in Leicester/Lancashire), KARL WALLINGER v, key, per (Großbritannien, * 19. 10. 1957 in Prestatyn/Wales), KEVIN WILKINSON d (Großbritannien, † 17. 7. 1999)

1981 gründete Scott, der schon in etlichen erfolglosen britischen Formationen gespielt hatte, zusammen mit dem Saxophonisten Thistlethwaite die Waterboys. Vom Dezember desselben Jahres bis zum November 1982 arbeiteten sie an ihrem Debütalbum mit einer ganzen Reihe von Studiomusikern. Wilkinson und Linden wurden schließlich als feste Bandmitglieder genannt. Im Frühjahr 1983 erschien diese LP, die kein Erfolg wurde, ebenso wenig die Singleauskopplung »A Girl Called Johnny«, ein Stück über Patti Smith, die Scott 1978 in London traf. Im April 1983 meldete sich auf eine Anzeige in der britischen Zeitschrift ›Sounds‹ der Multimusiker Karl Wallinger. Mit ihm zusammen nahmen die Waterboys ihre nächste LP auf. Die dritte erschien im Herbst 1985, und daraus wurde das Stück »The Whole Of The Moon« (11/85 GB 26) ausgekoppelt. 1986 verließ Wallinger die Band und machte sein eigenes Projekt World Party. Von den Waterboys wurden weitere Platten aufgenommen und veröffentlicht, die jedoch nicht über einen Platz 30 hinauskamen. Erfolgreicher waren ihre LPs »Room To Roam« (9/90 GB-LP 5) und »Best Of The Waterboys '81–'91« (5/91 GB-LP 5). Im Zuge der Veröffentlichung »The Best Of The Waterboys '81–'90« kam »The Whole Of The Moon« erneut in die GB-Charts und erreichte nun die Top 10. 1993 erschien mit »Dream Harder« (6/93 GB-LP 5) ein neues Album. Von den alten Musikern war außer Scott niemand mehr dabei. Der Schotte war inzwischen von Irland nach New York gezogen. Ausgekoppelt wurden »The Return Of Pan« (5/93 GB 24) und »Glastonbury Song« (7/93 GB 29). Danach erklärte Scott das Ende der Band. Er veröffentlichte 1995 sein Soloalbum »Bring 'Em All In« (9/95 GB-LP 23), das von der ›Times‹ als bestes britisches Folk-Album des Jahres bezeichnet wurde. Im August 1997 erschien sein nächstes Album – es hieß »Still Burning« (10/97 GB-LP 34). Schlagzeuger Kevin Wilsonson beging Mitte 1999 Selbstmord. Zum Zeitpunkt seines Todes tourte er gerade mit Howard Jones und machte mit den Waterboys ein neues Studioalbum. Im Herbst 2000 kam dann mit »A Rock In The Weary Land« wieder ein neues Album der Waterboys. Von den alten Mitgliedern waren nur noch Scott und Anthony Thistlethwaite übrig.

The Whole Of The Moon (4/91 GB 3)
Pop, Rock

Waterfront

PHIL CILIA g (Großbritannien, * 3. 5. 1960 in Cardiff/Wales), CHRIS DUFFY v (Großbritannien, * 26. 5. 1960 in Cardiff/Wales)
Das Duo traf sich in Cardiff/Wales, als die beiden Mitglieder elf Jahre alt waren. Ihre erste Beschäftigung mit Musik drückte sich darin aus, dass sie ein Magazin schrieben und an Mitschüler verkauften. Noch als Teenager gründeten sie das Duo Official Secrets. Unter dieser Bezeichnung gingen sie später nach London und spielten dort in Clubs. Dann machten sie einige Demoaufnahmen und verschickten sie an Plattenfirmen. Ein halbes Jahr verging. Dann meldete sich UK Polydor, und sie erhielten einen Plattenvertrag. Auf den Namen Waterfront kamen sie durch den Film »At The Waterfront« mit Marlon Brando. Im Herbst 1988 veröffentlichten sie die Single »Cry« (5/89 GB 17). Weitere Veröffentlichungen wurden nicht von Erfolg gekrönt.

Cry (4/89 US 10)
One Hit Wonder, Pop, Rock

Watergate

ORHAN TERZI computer (Türkei, * 28. 6. 1964)

Die britische Plattenfirma Positiva verweigerte Aussagen darüber, wer Watergate sei. An den Produzenten – darunter Orhan Terzi – konnte man jedoch ablesen, dass es sich um Mixer aus dem Dunstkreis von DJ Quicksilver handelte. Die erste Hitnotierung war »The Battle« (11/98 D 20). Der Hit »Heart Of Asia« wurde geschrieben von Riuichi Sakamoto und hieß im Original »Forbidden Colours«. Er stammte aus dem David-Bowie-Film »Merry Christmas, Mr. Lawrence«.

Heart Of Asia (5/00 GB 3)
Dance

Siehe auch: DJ Quicksilver

Waterloo & Robinson

SEPP KRASSNITZER v, g (Österreich, * 15. 4. 1947 in Straßburg/Kärnten), HANS KREUZMAYR v, g, b (Österreich, * 27. 11. 1945 in Altheim/Oberösterreich)
Das Duo kam 1970 zusammen. Mit Hilfe von Christian Kolonovits und anderen österreichischen Künstlern – darunter Kurt Hauenstein, der später Supermax machen sollte, Jack Grunsky oder Trixi Neuntlinger – nahmen sie die LP »Sing My Song« auf, die 1974 erschien. Darauf die Nummer »Hollywood« (12/74 D 26), die Kolonovits geschrieben hatte. »My Little World« erschien auch noch als »Meine kleine Welt« (8/76 D 23). Nach 1980 trennten sich Hans und Sepp. 1994 kamen sie wieder zusammen, weil ihre Soloprojekte nicht funktionierten.

My Little World (5/76 D 7)
Deutscher Schlager, Schlager

Waterman, Dennis

DENNIS WATERMAN v (Großbritannien, * 24. 2. 1948 in Clapham/London)
Dieser Schauspieler kam wie so viele andere Fernsehstars zu einem Plattenvertrag, weil er ein Gesicht hatte, von dem die Plattenbosse dachten, dass es sich bei Teenies verkauft. Zumindest einmal gelang es. Schon 1962/63 spielte Dennis Waterman die Rolle des Neville Finch in ›Fair Exchange‹. 1976 gab er den Sergeant Carter in ›The Sweeney‹, bei uns als ›Die Füchse‹ auf den Bildschirmen zu sehen. »I Could Be So Good For You« war das Thema aus der ITV-Serie ›Minder‹, in der Dennis die Rolle des Terry McCann spielte. Vor ihm hatte bereits Gerard Kenny diesen Titel gesungen. Zusammen mit George Cole gelang ihm der Erfolg »What Are We Gonna Get Er Indoors? (Interpol. In The Bleak Mid-Winter)« (12/83 GB 21). George Cole spielte in ›Minder‹ die Rolle des Arthur Daley.

I Could Be So Good For You (10/80 GB 3)
Pop

Waters, Crystal

CRYSTAL WATERS v (USA, * 19. 11. 1963 in New Jersey)
Die Sängerin und Songschreiberin war musikalisch vorbelastet durch ihren Vater, den Jazzmusiker J. R. Waters, und ihre Tante, die Bluessängerin Ethel Waters. In Washington, D.C., wurde Crystal eine gesuchte Sessionsängerin, und nach einer Begegnung mit den Basement Boys nahm sie noch 1989 die von Waters und Neil Conway geschriebene Nummer »Gypsy Woman (La Da Dee La Da Da)« auf. Die Plattenfirma, die sie unter Vertrag hatte, veröffentlichte diesen Titel erst über ein Jahr später. Die Nummer gehörte allerdings zu den Titeln, die einen nach dreimaligem Hören nerven. Um nicht allzu dümmlich dazustehen, verzichtete man in den USA auf die Klammer La Da Dee La Da Da und setzte stattdessen ›She's Homeless‹ hinein. Weitere Hits waren »Makin' Happy« (9/91 GB 18), »Megamix« (1/92 GB 39), »Gypsy Woman (Remix)« (10/92 GB 35), »100 % Pure Love«(4/94 GB 15,

5/94 US 11, 7/94 D 33), »Ghetto Day« (7/94 GB 40), »Relax« (11/95 GB 37), als Gast von David Morales und Bad Yard Club »In De Ghetto« (8/96 GB 35) und »Say... If You Feel Alright« (2/97 US 40).

Gypsy Woman (La Da Dee La Da Da) (5/91 D 2, GB 2, US 8)
Dance, Rhythm & Blues

Siehe auch: Shalamar; Babyface

Watley, Jody

JODY WATLEY v (USA, * 30. 1. 1959 in Chicago/Illinois)
Jody Watley begann als Tänzerin in der amerikanischen Fernsehsendung ›Soul Train‹. 1978 war sie mit bei der Gründung des Trios Shalamar, 1984 machte sie als Solistin weiter und hatte ihre erste Hitnotierung mit »Looking For A New Love«. Bei »Friends« wird sie begleitet von Eric B. & Rakim«. Watleys erfolgreichste Alben: »Jody Watley« (3/87 US-LP 10) und »Larger Than Life« (4/89 US-LP 16, 5/89 GB-LP 39). 1987 erhielt sie einen Grammy als Best New Artist. Als Gast war Jody bei der Nummer »This Is For The Lover In You« von Babyface zu hören, die es Ende 1996 zu einem internationalen Hit brachte.

Looking For A New Love (3/87 US 2)
Don't You Want Me (10/87 US 6)
Some Kind Of Lover (1/88 US 10)
Real Love (3/89 US 2)
Friends (6/89 US 9)
Everything (10/89 US 4)
Pop, Rhythm & Blues

Wayne, Jeff

JEFF WAYNE (USA, in New York City)
1953 kam der New Yorker nach London, wo sein Vater Jerry Wayne in dem Musical »Guys And Dolls« auftrat. Nach vier Jahren zog die Familie nach New York zurück und später nach Kalifornien. Jeff studierte nach der Schule in New York Musik und ging 1966 wieder nach London, wo er zusammen mit seinem Vater das Musical »Two Cities« schrieb. Bis Mitte der 70er Jahre arbeitete Jeff als Komponist, Arrangeur und Produzent für Werbung, Radio, Film und Plattenaufnahmen. Nach drei Jahren Vorbereitung erschien 1978 »The War Of The Worlds« (7/78 GB-LP 5, 9/78 D-LP 10, 9/95 RE-GB-LP 23), ein Konzeptalbum, das auf dem gleichnamigen Roman von H. G. Wells basierte. Mit dabei war der Schauspieler Richard Burton, außerdem die Sänger Justin Hayward, Phil Lynott, Chris Thompson, David Essex und Julie Covington. Ausgekoppelt aus diesem Werk wurde »Forever Autumn«, gesungen von Hayward. »The Eve Of The War« (9/78 GB 36) wurde von Chris Thompson gesungen. Ein Remix von »The Eve Of The War«, den Ben Liebrand besorgte, kam Ende 1989 in die britischen Charts. 1992 veröffentlichte Wayne seine musikalische Bearbeitung des Themas »Spartacus«. Es wurde bei weitem nicht so erfolgreich wie »The War Of The Worlds«.

Forever Autumn (7/78 GB 5)
The Eve Of The War (11/89 GB 3)
AOR (Adult Orientated Rock), Instrumental, Rock

We Five

BEVERLY BIVENS v (USA), JERRY BURGAN v, g (USA), PETE FULLERTON v, b (USA), BOB JONES v, g (USA), MIKE STEWART v, g (USA)
Dieses kalifornische Quintett um die Leadsängerin Bivens hatte mit »You Were On My Mind« seine erfolgreichste Notierung. In GB sang Crispian St. Peters diesen Titel nach und erreichte im Frühjahr 1966 Platz 2. We Five schaffte mit »Let's Get Together« (11/65 US 31) eine zweite und letzte Hitnotierung. Etliche Nummern der Gruppe wurden von John Stewart, Mikes

Bruder, geschrieben, der Mitglied beim Kingston Trio und später als Solist erfolgreich war. Um sich für einen längeren Zeitraum zu etablieren, fehlte den fünf das gewisse Etwas, das wenig später z. B. die Mamas & Papas hatten.

You Were On My Mind (7/65 US 3)
Folk, Pop

Weather Girls

DYNELLE RHODES v (USA), IZORA RHODES-ARMSTEAD v (USA), MARTHA WASH v (USA, * 28. 12. 1953 in San Francisco)
Dieses aus San Francisco stammende Duo begann als Two Tons O' Fun. Wenn man die beiden sieht, muss man feststellen, dass das eine charmante Untertreibung ist. In den späten 70er Jahren waren sie die Stimmen hinter dem Diskostar Sylvester, so sind sie z. B. auf »You Make Me Feel Mighty Real« zu hören. Ab 1982 erhielten sie einen Plattenvertrag als Weather Girls und veröffentlichten einige nicht sonderlich erfolgreiche, aber schöne LPs. Ihren größten Erfolg hatten die beiden mit »It's Raining Men« (1/83 US 46). Ohne genannt zu werden, ist Martha Wash auf etlichen erfolgreichen Diskoplatten zu hören. Seduction engagierten sie für »You're My One And Only (True Love)«, 1987 Top-30-Hit in den USA, Black Box für »Everybody Everybody«, Mitte 1990 Top 20 in GB, C & C Music Factory für »Gonna Make You Sweat«, 1990 Spitzenreiter in den USA und Deutschland, 3 in GB. Ende 1992 erschien eine gut gemachte Soloplatte von Martha Wash. Die original Weather Girls hatten sich Ende der 80er Jahre getrennt. Izora trat seitdem zusammen mit ihrer Tochter Dynelle auf und produzierte ihre Platten in Berlin mit Joachim Heider. Das brachte den beiden zumindest in Deutschland, wo sie inzwischen ansässig waren, noch zwei Charterfolge in den unteren Regionen: »Can U Feel It« und »We Shall All Be Free«. 1998 veröffentlichte Martha Wash zusammen mit Ru Paul »It's Raining Men... The Sequel« (2/98 D 21). Der Song »It's Raining Men« wurde 2001 ein Hit für das Ex-Spice-Girl Geri Halliwell. Im Februar 2002 traten die Weather Girls zusammen mit den Disco Brothers und dem Titel »Get Up« zur deutschen Grand-Prix-Vorausscheidung an.

It's Raining Men (3/84 GB 2)
Disko, Rhythm & Blues

Webb, Marti

MARTI WEBB v (Großbritannien, * 13. 12. 1944 in Cricklewood/London)
Marti Webb wurde 1963 in der Musicalproduktion »Stop The World – I Want To Get Off« entdeckt und erhielt eine Hauptrolle in »Half A Sixpence«. Drei Jahre später sang sie die Nancy in »Oliver«. 1970 sang sie in dem biblischen Musical »Godspell« neben Jeremy Irons, David Essex und Julie Covington. Nächste Stationen waren »The Card« 1973 mit Jim Dale, 1974 »The Good Companions« mit John Mills, 1979 in »Evita« die Titelrolle. 1979 erschien auch ihre LP »Tell Me On A Sunday« (2/80 GB-LP 2, 6/80 D-LP 20). Das Album war nicht als Musical gestaltet worden, bildete aber trotzdem eine zusammenhängende Geschichte. Es ging um eine in New York lebende junge Engländerin und deren Erlebnisse und Erfahrungen. Daraus ausgekoppelt kam »Take That Look Off Your Face« als erste Singlenotierung von Marti in die Charts. Mit »Ben« gelang ihr ein weiterer Top-10-Erfolg. »Always There« (9/86 GB 13) war die Musik zur BBC1-TV-Serie »Howard's Way«.

Take That Look Off Your Face (2/80 GB 3; 5/80 D 3)
Ben (6/85 GB 5)
Pop

Wedding Present

SHAUN CHARMAN d (Großbritannien, in Brighton/Sussex), PAUL DORRINGTON g (Großbritannien), DAVID GEDGE v, g (Großbritannien, * 23. 4. 1960 in Leeds/Yorkshire), KEITH GREGORY b (Großbritannien, * 2. 1. 1963 in Durham), PETER SALOWKA g (Großbritannien, in Middleton/Manchester), SIMON SMITH d (Großbritannien, * 3. 5. 1965 in Lincolnshire)
Die Formation wurde 1985 von Gedge mit Gregory, Salowka und Charman gegründet. Ihre ersten Platten veröffentlichten sie auf dem eigenen Reception-Records-Label. Als 1987 ihre Debüt-LP erschien, verließ Charman die Band und wurde durch Smith ersetzt, 1991 kam für Salowka Dorrington. In den Hitparaden tauchte die Formation im Frühjahr 1988 erstmals auf mit »Nobody's Twisting Your Arm«. In der Folgezeit erschienen jede Menge Singles, von denen sich jedoch nur »Come Play With Me« unter die ersten 10 setzen konnte. Als besonderen Gag hatte sich die Gruppe ausgedacht, im Jahr 1992 jeden Monat eine Single zu veröffentlichen. So wie sie dann in den Charts notiert wurden, erschienen sie als »Hit Parade 1« (6/92 GB-LP 22) und »Hit Parade 2« (1/93 GB-LP 19) gesammelt auf zwei CDs. Nach 1997 war ihre Hit-Zeit wieder vorüber.

Come Play With Me (5/92 GB 10)
Punk, Rock

Wedlock, Fred

FRED WEDLOCK (Großbritannien, * 23. 5. 1942 in Bristol)
Bevor er Anfang der 70er Jahre beschloss, sein Hobby Entertainment zum Beruf zu machen, hatte Fred in einem Warenhaus und als Lehrer gearbeitet. Er veröffentlichte bei verschiedenen Independent-Firmen seine ersten Platten, aber der Erfolg kam dann mit einer Veröffentlichung auf Elton Johns Rocket-Label: »The Oldest Swinger In Town«. Weitere Hitparadennotierungen folgten nicht, aber Wedlock konnte sich erfolgreich als Moderator in Funk und Fernsehen etablieren.

The Oldest Swinger In Town (1/81 GB 6)
One Hit Wonder, Pop

Wee Papa Girl Rappers

TIMMIE LAWRENCE rap (Großbritannien, in London), SANDRA LAWRENCE rap (Großbritannien, in London)
Mit einer Rapversion des George-Michael-Titels »Faith« erreichten die beiden Schwestern im Frühjahr 1988 erstmals die britischen Charts. Den Nachfolger »Heat It Up« (6/88 GB 21) hatten sie aufgenommen mit Two Men & A Drum Machine (= 2/3 der Fine Young Cannibals). Es erschienen etliche weitere Singleveröffentlichungen, die nicht mehr in die Top 40 kamen. Es folgte eine unfreiwillige Pause, die durch Schwierigkeiten mit der früheren Produktionsfirma hervorgerufen wurde. Mitte 1993 meldeten sie sich als Wee Papa Girls mit einer neuen Platte zurück. Ein Erfolg wurde es nicht.

Wee Rule (10/88 D 10, GB 6)
Pop, Rap

Weissberg, Eric & Steve Mandell

STEVE MANDELL g (USA), ERIC WEISSBERG g (USA)
Eric und Steve waren populäre und gesuchte Studiomusiker. Beide waren z. B. auf Platten von Judy Collins und John Denver zu hören. Eric Weissberg spielte außerdem bei Aufnahmen von z. B. Buffy Sainte-Marie, Jim Croce, Herbie Mann, Barbra Streisand, Melanie, Bob Dylan,

Esther Phillips, Frankie Valli, Bette Midler, Blood, Sweat & Tears oder Talking Heads. Das gemeinsam mit Steve Mandell aufgenommene Stück »Dueling Banjos« war in dem Film »Deliverance« zu hören. Der Titel war bereits 1955 als »Feuding Banjos« geschrieben und von Arthur Guitar Boogie Smith aufgenommen worden. Auch die LP zum Film war erfolgreich: »Dueling Banjos« (1/73 US-LP 1, 3/73 GB-LP 17). Ansonsten beschränkten sich beide mehr auf ihre Arbeit im Hintergrund. Der Film »Deliverance« kam bei uns in die Kinos als »Beim Sterben ist jeder der erste«, aber auch weniger martialisch als »Flussfahrt«. Darin ein ausgezeichnet spielender Burt Reynolds.

Dueling Banjos (1/73 US 2)
Instrumental, Jazz Rock, One Hit Wonder

Welch, Bob

BOB WELCH v, g (USA, * 31. 7. 1946 in Los Angeles/Kalifornien)
Der Sänger, Gitarrist und Songschreiber begann in der Formation Head West. 1971 kam er zu der inzwischen schon heruntergewirtschafteten britischen Gruppe Fleetwood Mac, konnte dem schlingernden Schiff jedoch auch keine neue Richtung geben. Ende 1974 ging er wieder, gründete Paris, die zwei erfolglose LPs veröffentlichten, und machte ab 1977 Soloplatten. Ende desselben Jahres gelang ihm mit Hilfe der Fleetwood-Mac-Mitglieder Christine McVie und Lindsey Buckingham die erste Hitnotierung »Sentimental Lady«. Es folgten »Ebony Eyes« (1/78 US 14), »Hot Love, Cold World« (6/78 US 31) und »Precious Love« (2/79 US 19). Seine erfolgreichsten Alben hießen »French Kiss« (10/77 US-LP 12) und »Three Hearts« (3/79 US-LP 20). Der Vater von Bob war der Film- und TV-Produzent Robert L. Welch, worauf vielleicht zurückzuführen ist, weshalb der Sohn in den 80er Jahren vorwiegend an Soundtracks arbeitete.

Sentimental Lady (10/77 US 8)
AOR (Adult Orientated Rock), Pop

Welch, Lenny

LENNY WELCH v (USA, * 15. 5. 1938 in Asbury Park/New Jersey)
Der schwarze Schlagersänger wurde Anfang 1960 mit »You Don't Know Me« erstmals in den US-Popcharts notiert. Sein erster Hit gelang ihm mit »Since I Fell For You«. »Ebb Tide« (3/64 US 25) und »Breaking Up Is Hard To Do« (1/70 US 34) waren seine weiteren Top-40-Erfolge.

Since I Fell For You (10/63 US 4)
Pop

Weller, Paul

PAUL WELLER v, g, b (Großbritannien, * 25. 5. 1958 als John Weller in Woking/ Surrey)
Im November 1990 kündigte Paul Weller das Ende von Style Council an. Er gründete kurzfristig Paul Weller Movement, die lediglich die Single »Into Tomorrow« (5/91 GB 36) veröffentlichten. Im Januar 1992 begann er – Plattenvertrag hatte er keinen mehr und sein eigenes Studio Solid Bond hatte er verkauft – mit der Produktion seines ersten Soloalbums, das er selbst finanzierte. Die meisten Instrumente auf dieser Platte spielte er selbst. Seine Top-40-Hits: »Uh Huh Oh Yeah« (8/92 GB 18), »Sunflower« (7/93 GB 16), »Wild Wood« (9/93 GB 14), »The Weaver (EP)« (11/93 GB 18), » Hung Up« (4/94 GB 11), »Out Of The Sinking« (11/94 GB 20), »The Changingman«, »You Do Something To Me«, »Broken Stones« (9/95 GB 20), »Out Of The Sinking« (3/96 GB 16), »Peacock Suit«, »Brushed« (8/97 GB 14), »Friday Street« (10/97 GB 21),

»Mermaids« (12/97 GB 30), »Brand New Start« (11/98 GB 16) und »Wild Wood« (1/99 GB 22).
Wellers Erfolgsalben: »Paul Weller« (9/92 GB-LP 8), »Wild Wood« (9/93 GB-LP 2), »Live Wood« (9/94 GB-LP 13), »Stanley Road« (5/95 GB-LP 1), »Heavy Soul« (7/97 GB-LP 2), »Modern Classics – The Greatest Hits« (11/98 GB-LP 7), »Heliocentric« (4/00 GB-LP 2) und das Live-Album »Days Of Speed« (10/01 GB-LP 3), das von Weller geschriebene Songs aus den Jahren 1977 bis 2001 enthielt und sich wie eine Werkschau anhörte. Paul Weller machte sich auch als Schauspieler einen Namen.

The Changingman (5/95 GB 7)
You Do Something To Me (7/95 GB 9)
Peacock Suit (8/96 GB 5)
Pop

Siehe auch: Style Council; Jam

Wells, Mary

MARY WELLS v (USA, * 13. 5. 1943 in Detroit/Michigan, † 26. 7. 1992)
Mary war gerade 17 Jahre alt, als sie Berry Gordy das Lied »Bye Bye Baby« anbot, das sie für Jackie Wilson geschrieben hatte. Gordy war zu diesem Zeitpunkt auch Wilsons Produzent und von Wells so überzeugt, dass er sie für sein gerade neu gegründetes Motown-Label unter Vertrag nahm. »Bye Bye Baby« war schließlich Marys erste Hitnotierung in den US-Charts im Januar 1961. »The One Who Really Loves You« war der erste Top-10-Erfolg für Motown überhaupt, »My Guy« der erste Spitzenreiter für Motown. Alle Hits hatte Smokey Robinson produziert. Bis 1968 stand Mary mal als Solistin, mal als Duettpartnerin von Marvin Gaye regelmäßig in den US-Charts, dann ließ ihr Erfolg nach. Ihr erfolgreichstes Album hieß »Greatest Hits« (5/64 US-LP 18). 1990 wurde bei ihr Krebs diagnostiziert, 1992 starb sie daran.

The One Who Really Loves You (3/62 US 8)
You Beat Me To The Punch (8/62 US 9)
Two Lovers (12/62 US 7)
My Guy (4/64 GB 5, US 1)
Motown Sound, Rhythm & Blues

Wendehals, Gottlieb

GOTTLIEB WENDEHALS v, p (Polen, * 5. 6. 1941 als Werner Böhm in Thorn)
Nach einer Lehre als Dekorateur begann Böhm ein Innenarchitekturstudium, wurde dann Werbetexter und schrieb später Schlager. Als Pianist spielte er in der Hamburger Rentnerband und kreierte für sich Ende der 70er Jahre die Figur Gottlieb Wendehals. »Polonäse Blankenese« war 1981/82 der Karnevalsschlager der Saison. Mit der Figur Gottlieb musste sich Böhm die nächsten Jahre herumschlagen, und sie überdeckte die Tatsache, dass Werner ein guter Pianist ist. Seine letzte Hitnotierung war seine Version von »Alles hat ein Ende, nur die Wurst hat zwei« (2/87 D 41). Seine Alben »Hier fliegen gleich die Löcher aus dem Käse« (2/82 D-LP 4) und »Da kommt Freude auf« (11/82 D-LP 27) waren Verkaufsknüller.
Nach einigen Alkoholproblemen kam er in der zweiten Hälfte der 90er Jahre wieder mit seiner alten Ledermappe, der schwarz/weiß karierten Jacke und dem Gummihühnchen zurück. Ende der 90er Jahre machte er eine Abmagerungskur und verlor mehr als 30 Kilo Gewicht.

Herbert (1/80 D 4)
Polonäse Blankenese (11/81 D 1)
Deutscher Schlager

Wendland, Gerhard

GERHARD WENDLAND v (Deutschland, * 1. 9. 1920 in Berlin, † 21. 6. 1996)
Wendland wollte eigentlich eine Laufbahn als Opernsänger beginnen. Schon vor

dem Krieg sang er in Bands, die im Kino zwischen Vor- und Hauptfilm für musikalische Unterhaltung sorgten. 1937 sprang er bei einem Radiowettbewerb für den erkrankten Vokalisten des Orchesters Franz Grothe ein, kam beim Publikum an und hatte mit »Es ist alles Komödie« und »Man sagt, ich liebe dich« seine ersten Hits.
Nach dem Krieg sang Gerhard Wendland zunächst in amerikanischen Clubs und wurde 1948 mit Gitta Lind und Kari Barnett vom Tanzorchester des Bayerischen Rundfunks engagiert. 1950 spielte er in dem Film »Der dritte von rechts« mit. Drei Jahre später trat er erstmals im jungen deutschen Fernsehen auf, zu dessen gefragtesten Stars er für lange Zeit gehörte. »Das machen nur die Beine von Dolores« war 1951 ein großer Erfolg für ihn, »Lebewohl du schwarze Rose« 1952, »Das Vagabundenlied« 1953. Ende 1955 stand »Bei uns in Laramie« erstmals in den neu gegründeten Charts auf Platz 3. Bis in die 70er Jahre veröffentlichte er weiter Platten. Er starb in einem Münchener Krankenhaus.

Bei uns in Laramie (12/55 D 3)
Arrivederci Roma (2/56 D 9)
Tanze mit mir in den Morgen (9/61 D 1)
Schläfst du schon (5/62 D 3)
Schau mir noch mal in die Augen (5/62 D 3)
Mary-Rose (11/62 D 3)
Mach die Augen zu (5/64 D 8)
Deutscher Schlager

Werding, Juliane

JULIANE WERDING v, g (Deutschland, * 19. 7. 1956 in Essen)
1970 schickte Julianes Mutter ein Band mit Liedern ihrer Tochter an den Talentschuppen des SWF. Sie wurde zur Vorentscheidung eingeladen und gewann. Mit dem von Udo Jürgens komponierten Lied »Mein erster Weg« trat sie dann im Talentschuppen auf und gewann. Noch während der Sendung erhielt sie einen Plattenvertrag.
Sie war 15 Jahre alt, als sie mit »Am Tag, als Conny Kramer starb« Platz 1 in der deutschen Hitparade erreichte. Es handelte sich dabei um eine deutsche Version des Songs »The Day They Drove Old Dixie Down«, geschrieben von Robbie Robertson von The Band. Auf der Hülle ihrer ersten LP hatte die Plattenfirma eine Todesanzeige abgebildet, auf der zu lesen stand: ›Unsere geliebte, heile Welt, in deren Schoß einst Illusionen von Liebe, Frieden und Freiheit geboren wurden, ist nach langen und blutigen Kämpfen im 20. Jahrhundert endgültig von uns gegangen. In tiefer Trauer Juliane Werding.‹ Starker Tobak für eine 15-jährige. Mitte 1975 reimte Gunter Gabriel für sie »Wenn du denkst, du denkst, dann denkst du nur, du denkst«. Wenn sie in den 90er Jahren auch nicht mehr in den Spitzenregionen der Single-Charts auftaucht, so werden doch etliche Alben veröffenlicht, die sich gut verkaufen. Die erfolgreichsten waren »Juliane Werding (9/72 D-LP 19), »Sehnsucht ist unheilbar« (3/86 D-LP 17), »Jenseits der Nacht« (4/87 D-LP 8) und »Zeit für Engel« (9/90 D-LP 10). Auch ging sie mehrfach auf erfolgreiche Tourneen durch Deutschland. Inzwischen legte sie nach einer Ausbildung ihre Prüfung als Heilpraktikerin ab.

Am Tag, als Conny Kramer starb (3/72 D 1)
Wenn du denkst, du denkst, dann denkst du nur, du denkst (10/75 D 4)
Deutscher Schlager

Werner, Max

MAX WERNER v, d (Niederlande)
In den 70er Jahren kam Werner als Mitglied der Gruppe Kayak erstmals zu Plattenehren. Ende März 1981 wurde Max Werner die Komposition »Rain In May«

vorgespielt, die dem entsprach, was Max musikalisch besonders lag. Heraus kam eine Hommage an Phil Collins und die Beach Boys. Mit »Roadrunner« (11/83 D 21) gelang ihm nur noch ein weiterer erwähnenswerter Hit.

Rain In May (8/81 D 2)
One Hit Wonder, Pop

Wes

WES MADIKO v (Kamerun)
Aus Frankreich kam dieser Interpret 1997 langsam, aber sicher in die deutschen Charts. Wes stammt aus dem zentralafrikanischen Kamerun und emigrierte mit seinen Eltern bereits als Kind nach Nordfrankreich. Er verstand es hervorragend, zusammen mit Michael Sanchez von der Gruppe Deep Forest eine Symbiose aus traditionellen Stammesgesängen und aktueller westlicher Studiotechnik herzustellen. Hier verschmolzen in der Tat sehr unterschiedliche musikalische Kulturen zu einer faszinierenden Einheit. Wes singt seine Texte in Bafoun, einer der letzten originären Sprachen, die von den Bantus in Kamerun noch gesprochen werden. Anfang 1997 erschien das Album »Welenga«, darauf auch die Nummer »Awa Awa«, die in Frankreich, aber nicht bei uns ein Hit wurde. Nachfolger »Alane« (2/98 GB 11) wurde auch erst in Deutschland ein Hit, nachdem Todd Terry einige Remixe der Nummer produziert hatte. Die nahmen dem Original zwar ein wenig von der Exotik, konnten sie aber nicht zukleistern.

Alane (10/97 D 2)
Elektro-Pop, One Hit Wonder, World Music

West, Keith

KEITH WEST v (Großbritannien, * 6. 12. 1943 als Keith Hopkins in Dagenham/Essex)
West war zunächst Leadsänger bei der Formation In Crowd, später dann bei Tomorrow. Während er noch Mitglied dieser Gruppe war, veröffentlichte er 1967 seine erste Solosingle »Excerpt From A Teenage Opera«. Nachfolger wurde »Sam« (11/67 GB 38). 1968 löste sich auch Tomorrow auf, und West zog sich einige Jahre aus dem Musikgeschäft zurück. 1973 begann er wieder mit Plattenaufnahmen und gründete zusammen mit dem ehemaligen Animals-Gitarristen John Weider die Formation Moonrider.

Excerpt From A Teenage Opera (8/67 GB 2; 10/67 D 2)
One Hit Wonder, Pop

West End

SYBIL v (USA, als Sybil Lynch in Paterson/New Jersey)
West End war ein Produkt der beiden britischen Produzenten Mike Stock und Pete Waterman. Gesungen wurde die Nummer »The Love I Lost«, 1973 in den USA ein Hit für Harold Melvin & The Blue Notes, von der Amerikanerin Sybil, die auch als Solistin erfolgreich war.

The Love I Lost (1/93 GB 3)
Pop

Siehe auch: Stock/Aitken/Waterman; Sybil

Westlife

NICKY BYRNE v (Irland, * 9. 10. 1978 in Dublin), KIAN EGAN v (Irland, * 29. 4. 1980 in Sligo), MARK FEEHILY v (Irland, * 28. 5. 1980 in Sligo), SHANE FILAN v (Irland, * 5. 7. 1979 in Sligo), BRYAN MCFADDEN v (Irland, * 12. 4. 1980 in Dublin)
Ab Mitte des Jahres 1998 wurde die Karriere dieser irischen Gruppe durch Louis Walsh (Manager von Boyzone) und Ronan Keating (Sänger von Boyzone) vorbereitet. Ihren ersten Erfolg hatten sie noch

unter dem Namen Westside: Sie erhielten eine Auszeichnung als Best New Tour Act 1998 – diese Preis hatten zuvor auch die Backstreet Boys, Boyzone und Five erhalten. Ihre erste Single »Swear It Again« wurde im März 1999 in Irland veröffentlicht und verdrängte sofort Britney Spears von Platz 1. Frischfleisch für die ›Bravo‹-Generation. Die nächsten drei Singles wurden alle Spitzenreiter in GB. »I Have A Dream/Seasons In The Sun« war eine Doppel-A-Seite, die Hits von Abba bzw. von Terry Jacks coverte und die Weihnachts-Nummer-1 in GB des Jahres 1999 wurde. Die Tantiemen für »Uptown Girl«, eine Coverversion des Billy-Joel-Hits, gingen an die Wohltätigkeitsorganisation Comic Relief. Ihr Debütalbum hieß »Westlife« (11/99 GB-LP 2). Es folgten »Coast To Coast« (11/00 GB-LP 1) und »World Of Our Own« (11/01 GB-LP 1, D-LP 8).

Swear It Again (5/99 GB 1)
If I Let You Go (8/99 GB 1)
Flying Without Wings (10/99 GB 1)
I Have A Dream/Seasons In The Sun (12/99 GB 1)
Fool Again (4/00 GB 1)
My Love (11/00 GB 1)
What Makes A Man (12/00 GB 2)
Uptown Girl (3/01 GB 1; 4/01 D 8)
Queen Of My Heart (11/01 GB 1)
World Of Our Own (3/02 GB 1)
Boy Group

Wet Wet Wet

GRAEME CLARK v, b (Großbritannien, * 15. 4. 1966 in Glasgow), TOM CUNNINGHAM d (Großbritannien, * 22. 6. 1965 in Drumchapel/Glasgow), NEIL MITCHELL key (Großbritannien, * 8. 6. 1967 in Helensborough/Schottland), MARTI PELLOW v, g (Großbritannien, * 23. 3. 1966 als Mark McLoughlin in Clydebank/Schottland)

Die Formation kam 1982 zusammen. 1984 nahmen sie ein Demoband auf und verschickten es an die großen Plattenfirmen in London. Das führte dazu, dass sich neun dieser Firmen um Wet Wet Wet rissen. Phonogram gewann – und das nur, weil sie dem Manager der Gruppe zusicherten, dass sie ihm eine monatliche Sendung Whiskas garantierten. Trotzdem dauerte es noch geraume Zeit, bis die erste Platte erschien. »Wishing I Was Lucky« war das Debüt der Band im Frühjahr 1987. Im Frühjahr 1994 sangen sie in dem Film »Four Weddings And A Funeral« eine Coverversion des Troggs-Hits »Love Is All Around« aus dem Jahre 1967. Mitte 1994 wurde das Album »End Of Part One« noch einmal veröffentlicht, und als 19. Titel war »Love Is All Around« zu hören. »Yesterday« stammte aus dem Film »Bean – The Movie«. Ende 1997 verließ Schlagzeuger Cunningham die Band. Ihre erfolgreichsten Alben: »Popped In Souled Out« (10/87 GB-LP 1), »The Memphis Sessions« (11/88 GB-LP 3), »Holding Back The River« (11/89 GB-LP 2), »High On The Happy Side« (2/92 GB-LP 1), »Live At The Royal Albert Hall« (5/93 GB-LP 10), »End Of Part One (Their Greatest Hits)« (11/93 GB-LP 4, 1/94 D-LP 1), »End Of Part One« (4/94 GB-LP 1), »Picture This« (4/94 GB-LP 1, 4/95 D-LP 6) und »10« (4/97 GB-LP 2).

Im Mai 1999 wurde bekannt, dass Marti Pellow die Band verlassen hatte, um eine Solokarriere zu beginnen. Die startete 2001 durch.

Wishing I Was Lucky (4/87 GB 6)
Sweet Little Mystery (7/87 GB 5)
Angel Eyes (Home And Away) (12/87 GB 5)
With A Little Help From My Friends (5/88 GB 1)
Sweet Surrender (9/89 GB 6)
Goodnight Girl (1/92 GB 1)
Love Is All Around (5/94 D 2, GB 1)
Julia Says (3/95 GB 3)
Don't Want To Forgive Me Now (6/95 GB 7)
Somewhere Somehow (9/95 GB 7)
If I Never See You Again (3/97 GB 3)

Yesterday (8/97 GB 4)
Pop

Siehe auch: Pellow, Marti

Wet Willie

JOHN ANTHONY key (USA), LARRY BERNWALD d (USA), MICHAEL DUKE key (USA), JACK HALL b (USA, * 25. 3. 1947), JIMMY HALL v, sax, harm (USA, * 26. 4. 1949 in Mobile/Alabama), RICKY HIRSCH g (USA), THEOPHILUS LIEVELY d (USA), LEWIS ROSS d (USA), MARSHALL SMITH g (USA)
Die Band aus Mobile/Alabama wurde von den beiden Brüdern Hall angeführt. Die Formation war 1970 als Fox gegründet worden. Ihre erste LP nahmen sie mit dem Produzenten Eddie Offord auf. Der Erfolg stellte sich im Frühjahr 1974 mit »Keep On Smilin'« ein. Weitere Top-40-Hits wurden »Street Corner Serenade« (12/77 US 30) und »Weekend« (5/79 US 29). In den nächsten Jahren erschienen regelmäßig Langspielplatten von der Band, die wohl vorwiegend in Südstaatenkreisen verkauft wurden. Nach einigen Umbesetzungen im Laufe der Jahre trennte sich die Formation 1980. Danach spielte Jimmy Hall auf Platten von z. B. Jeff Beck oder Charlie Daniels und auch als Solist. Sein einziger Soloerfolg unter den Top 40: »I'm Happy That Love Has Found You« (9/80 US 27).

Keep On Smilin' (5/74 US 10)
Rock, Southern Rock

Wham!

GEORGE MICHAEL v (Großbritannien, * 25. 6. 1963 als Georgios Kyriako Panayiotou in Finchley/London), ANDREW RIDGELEY v, g (Großbritannien, * 26. 1. 1963 in Windlesham/Surrey)
1979 kam es zur Gründung der Ska-orientierten Band Executive. Im Laufe der nächsten zwei Jahre schrieben sich Andrew und George eigene Aufnahmen und konzentrierten sich auf die beabsichtigte Trennung von der Gruppe, um ein Duo zu gründen. 1982 nahmen sie Demos der selbst geschriebenen Stücke »Wham Rap!«, »Come On«, »Club Tropicana« und »Careless Whisper« im Haus von Andrews Eltern auf. Die Plattenfirmen, denen die Bänder vorgespielt wurden, zeigten kein Interesse. Ein ehemaliger Mitarbeiter der Firma Phonogram hatte gerade sein eigenes kleines Label Inner Vision gegründet und gab ihnen einen Vertrag. Als Debütsingle erschien »Wham Rap!« und schaffte es nicht einmal in die ersten 100 der GB-Charts. Der Nachfolger »Young Guns (Go For It)« wurde ihre erste Hitnotierung. Anfang 1983 wurde »Wham Rap!« erneut veröffentlicht. Mitte der 80er Jahre kristallisierte sich jedoch mehr und mehr heraus, dass Michael auch ohne Ridgeley arbeiten konnte. Als in den USA 1985 »Everything She Wants« Spitzenreiter wurde, war von Wham! schon nicht mehr die Rede. Die Veröffentlichungspraktiken in GB und in den USA, was die Namensgebung angeht, waren in den nächsten Monaten sehr unterschiedlich. Mal war noch von Wham! die Rede, mal hieß es Wham! featuring George Michael und mal nur noch George Michael. Im April 1986 wurde die Trennung des Duos offiziell. Am 28. Juni des Jahres gaben die beiden vor 72 000 Fans im Wembley Stadium in London ein Konzert unter der Überschrift »The Final«. Versuche von Ridgeley, als Solist Fuß zu fassen, wurden bei weitem nicht so erfolgreich wie die Soloarbeiten von George Michael.
Die erfolgreichsten Alben des Duos: »Fantastic!« (7/83 GB-LP 1, D-LP 7), »Make It Big« (11/84 GB-LP 1, US-LP 1, D-LP 5), »The Final« (7/86 GB-LP 2, D-LP 2, 7/99 RE-GB-LP 27), »Music From The Edge Of Heaven« (7/86 US-LP 10) und »The Best

Of Wham! ... If You Were There« (12/97 GB-LP 4).

Young Guns (Go For It) (10/82 GB 3)
Wham Rap! (1/83 GB 8)
Bad Boys (5/83 GB 2)
Club Tropicana (7/83 GB 4)
Wake Me Up Before You Go Go (5/84 GB 1, D 2; 9/84 US 1)
Careless Whisper (8/84 GB 1, D 3; 12/84 US 1)
Last Christmas (12/84 D 7; 12/85 GB 6)
Freedom (12/84 GB 1; 7/85 US 3)
Last Christmas/Everything She Wants (12/84 GB 2)
Everything She Wants (2/85 D 8, US 1)
I'm Your Man (11/85 GB 1, US 3, D 7)
A Different Corner (4/86 GB 1, US 7, D 7)
The Edge Of Heaven (6/86 D 4, US 10)
The Edge Of Heaven/Where Did Your Heart Go (6/86 GB 1)
Pop

Siehe auch: Michael, George

Wheatley, Rebecca

Rebecca begann bereits im Alter von 15 Jahren mit dem Studium klassischer Musik. Bekannt wurde sie als Amy in der TV-Sendung »Casualty«. In dieser Sendung sang sie auch zum ersten Mal den Titel »Stay With Me (Baby)«. In den 60er Jahren war der Titel bereits von Lorraine Ellison veröffentlicht worden, ohne jedoch die Charts zu erreichen. Mit anderen Schauspielern der Serie hatte Rebecca bereits 1998 in den britischen Top 10 gestanden.

Stay With Me (Baby) (2/00 GB 10)
Pop

Siehe auch: Cast From Casualty

Wheatus

PETER BROWN d (USA, * 1. 9. 1976 in New York City), BRENDAN B. BROWN v, g (USA, * 11. 10. 1973 in New York City), PHIL A. JIMENEZ v, key, per (USA, * 4. 4. 1975 in New York City), RICH LEIGEY b (USA), MIKE MCCABE b (USA, * 11. 3. 1975 in New York City)

Wheatus stammte aus Long Island/New York. Der Chef der Gruppe, Brendan Brown, ist ein Fan von AC/DC, Willie Nelson, Prince und Madonna – interessante Mischung. Schlagzeuger Peter ist sein jüngerer Bruder. Der Titel »Teenage Dirtbag« stammte aus dem High-School-Film »Loser«. Er handelte von einem jungen amerikanischen Langeweiler mit Vokuhila-Haarschnitt und wenigen Freunden. Offensichtlich konnten sich damit viele identifizieren. Auf dem Debütalbum »Wheatus« (3/01 GB-LP 7) ist als Bassist Rich Leigey zu hören, inzwischen ist Mike McCabe der Bassist der Band. Vor seiner Zeit mit Wheatus arbeitete Mike als Flugbegleiter oder wie er sagte ›fliegender Oberkellner‹.

Teenage Dirtbag (2/01 D 2, GB 2)
A Little Respect (7/01 GB 3)
HipHop, Pop, Rock

Whelan, Bill

BILL WHELAN v (Irland)
Bill nahm seinen einzigen Hit nicht alleine auf. Neben ihm wurden als Interpreten auf der Platte noch Anuna & The RTE Concert Orchestra genannt. »Riverdance« wurde ein Hit, nachdem Whelan mit dem Titel bei der Royal Command Performance aufgetreten war, die von der BBC fürs Fernsehen mitgeschnitten worden war.

Riverdance (12/94 GB 9)
Pop

Whigfield

WHIGFIELD v (Dänemark, * 11. 4. 1966 als Sannie Charlotte Carlson)
1992 machte das ehemalige Model zusammen mit ihrem Bruder das Whigfield Projekt. Noch im selben Jahr wurden sie dem italienischen Produzenten Larry Pignagnoli vorgestellt, der mit ihr unter

dem Namen Whigfield die Platte »Saturday Night« aufnahm. Der Titel erschien noch 1992 in Italien und wurde dort ein Hit, 1993 war er erfolgreich in Spanien. Im August 1994 kam er in die deutschen Charts. Die Briten – vor allen Dingen wohl die, die nach einem Sommerurlaub auf dem Kontinent auf ihre Insel zurückkehrten – waren von dem Song so angetan, dass er am 17. 9. 1994 auf Platz 1 in die Charts einstieg. Die Autoren von »Another Day« (12/94 D 12) müssen wohl in den 70er Jahren gerne Mungo Jerry gehört haben – Anleihen bei »In The Summertime« sind unüberhörbar. Weitere Top-40-Hits waren »Think Of You« (5/95 D 25), »Close To You« (9/95 GB 13), »Last Christmas/Big Time« (12/95 GB 21) und »Sexy Eyes« (4/96 D 14). Ihr erfolgreichstes Album hieß »Whigfield« (7/95 GB-LP 13).

Saturday Night (8/94 GB 1, D 1)
Another Day (12/94 GB 7)
Think Of You (6/95 GB 7)
Dance

Whispers

NICHOLAS CALDWELL (USA, * 5. 4. 1944 in Loma Linda/Kalifornien), LEAVEIL DEGREE (USA, * 31. 7. 1948 in New Orleans), GORDY HARMON (USA), MARCUS HUTSON (USA, * 8. 1. 1943 in St. Louis), WALLACE SCOTT (USA, * 23. 9. 1943 in Fort Worth/Texas), WALTER SCOTT (USA, * 23. 9. 1943 in Fort Worth/Texas)

Die Formation wurde 1964 mit Hutson, Caldwell, Harmon und den Zwillingen Scott in Los Angeles gegründet. Fünf Jahre später tauchten sie erstmals in den Rhythm-&-Blues-Charts mit dem Titel »Time Will Come« auf. Ab Herbst 1970 wurden sie auch in den Popcharts verzeichnet. »And The Beat Goes On« (2/80 US 19, 4/80 D 20) wurde ein Millionseller in den USA. Bereits vor dem ersten Hit war Harmon durch Degree ersetzt worden. Im August 1986 nahm die Gruppe das Album »Just Gets Better With Time« mit Leon Sylvers, Gary Taylor und zwei Mitgliedern der Gruppe Deele auf. Als Produzenten arbeiteten Antonio L.A. Reid und Kenny Babyface Edmonds an dem Album und begründeten damit ihren Erfolg. 1990 verließ Hutson aus gesundheitlichen Gründen die Band, und die beiden Brüder Walter und Wallace veröffentlichten ihr erstes eigenes Projekt »My Brother's Keeper«. Anfang 1995 erschien mit »Toast To The Ladies« ein neues Album der Whispers.

Ihre erfolgreichsten Alben waren »The Whispers« (1/80 US-LP 6) und »Just Gets Better With Time« (5/87 US-LP 22).

And The Beat Goes On (2/80 GB 2)
It's A Love Thing (3/81 GB 9)
Rock Steady (6/87 US 7)
Rhythm & Blues, Soul

Whistle

RICKFORD BENNETT rap (USA), GARVIN DUBLIN rap (USA), BRIAN FAUST rap (USA), KERRY »KRAZE« HODGE rap (USA), TARECK STEVENS rap (USA)

Die aus Brooklyn stammende Rapformation kam 1985 als Trio zusammen. 1988 nahmen sie als vierten Mann Hodge hinzu. Als Dublin ging, wurde er durch Stevens ersetzt. In den USA hatten sie 1989 ihre erste Hitnotierung. In GB kam ihre Mixtur aus Hip-Hop und Elektro-Pop schon früher an. Mit »Always And Forever« (4/90 US 35) gelang dem Trio noch eine weitere Hitnotierung.

(Nothin' Serious) Just Buggin' (3/86 GB 7)
Elektro-Pop, HipHop, One Hit Wonder, Rap

White, Barry

BARRY WHITE v (USA, * 12. 9. 1944 in Galveston/Texas)

Mag der Sänger, Songschreiber und Produzent im ersten Moment auch nicht so aussehen: Für viele war er das Sexsymbol der 70er Jahre. Nachdem Frauen auf Männer mit sonoren Stimmen eher stehen als auf Piepmätze, lässt sich das inzwischen sehr wohl erklären. Bereits mit 16 Jahren spielte er in Los Angeles in der Rhythm-&-Blues-Band Upfronts. Mit dieser Formation machte er 1960 auch seine ersten Plattenaufnahmen. Mit 18 Jahren arrangierte er für Bob & Earl den Hit »Harlem Shuffle«. Zwischen 1966 und 1967 arbeitete er als A&R-Mann für eine Plattenfirma. 1969 gründete er Love Unlimited. Seine erste Hitnotierung als Solist hatte Barry mit dem Millionseller und »I'm Gonna Love You Just A Little More, Baby«. Nach 1978 hörte man längere Zeit nichts mehr von Barry White. Im Frühjahr 1990 machte er mit bei einem Projekt von Quincy Jones zusammen mit Al B. Sure!, James Ingram und El DeBarge: »The Secret Garden (Sweet Seduction Suite)« (3/90 US 31). Zu Hitehren als Songautor kam er Mitte 1993 bei der OMD-Nummer »Dream Of Me«, die auf Barrys »Love's Theme« aufbaute. 1994 brachte sich Barry wieder ins Gespräch, als er auf »Good Times« von Edie Brickell zu hören war. Kurz danach wird die neue CD »The Icon Is Love« von ihm veröffentlicht. Daraus ausgekoppelt »Practice What You Preach« (10/94 US 18, 1/95 GB 20). Ende 1996 war er zusammen mit Tina Turner und dem Song »In Your Wildest Dreams« erfolgreich. Als zu diesem Titel ein Video gedreht wurde, das die beiden Interpreten in Form von Knetgummifiguren darstellte, war Herr White nicht amused. Hatte man in seinen Augen etwa zu viel Knetgummi verwandt?

Seine erfolgreichsten Alben: »I've Got So Much To Give« (4/73 US-LP 16), »Stone Gon'« (11/73 US-LP 20, 3/74 GB-LP 18), »Can't Get Enough« (9/74 US-LP 1, 11/74 GB-LP 4, D-LP 5), »Just Another Way To Say I Love You« (4/75 US-LP 17, GB-LP 12, 5/75 D-LP 17), »Barry White's Greatest Hits« (11/75 US-LP 23, GB-LP 18), »Barry White's Greatest Hits Volume 2« (4/77 GB-LP 17), »Barry White Sings For Someone You Love« (9/77 US-LP 8), »Barry White The Man« (10/78 US-LP 36), »Barry White The Collection« (7/88 GB-LP 5, 11/99 RE-GB-LP 6) und »The Icon Is Love« (10/94 US-LP 20).

I'm Gonna Love You Just A Little More Baby (4/73 US 3)
Never, Never Gonna Give Ya Up (10/73 US 7)
Can't Get Enough Of Your Love, Babe (8/74 GB 8, US 1)
You're The First, The Last, My Everything (11/74 D 9, GB 1, US 2)
What Am I Gonna Do With You (3/75 GB 5, US 8)
Let The Music Play (12/75 GB 9)
You See The Trouble With Me (3/76 GB 2)
It's Ecstasy When You Lay Down Next To Me (8/77 US 4)

Rhythm & Blues, Soft Soul

Siehe auch: Love Unlimited Orchestra

White, Karyn

KARYN WHITE v (USA, * 14. 10. 1965 in Los Angeles/Kalifornien)

White übernahm 1984 die Leadstimme bei Legacy, die ein Jahr später ihren größten Erfolg mit »Don't Waste The Night« in der Rhythm-&-Blues-Hitparade hatten. Nebenher arbeitete sie als Sessionsängerin in Los Angeles. Zusammen mit dem Jazz-Keyboarder Jeff Lorber gelang ihr ein erster Hit mit »Facts Of Love« (12/86 US 27). Danach sang sie weiter auf Platten von Ray Parker jr., den Commodores oder Richard Marx, bevor sie 1987 einen Solovertrag erhielt. Ihre letzte erwähnenswerte Hitnotierung war »The Way I Feel About You« (11/91 US 12). Ihr erfolgreichstes Album war »Karyn White« (10/88 US-LP 19, 3/89 GB-LP 20).

The Way You Love Me (10/88 US 7)
Superwoman (1/89 US 8)
Secret Rendezvous (5/89 US 6)
Romantic (8/91 US 1)
Pop, Rhythm & Blues

White, Snowy

SNOWY WHITE v, g, computer (Irland, * 3. 3. 1950)
Er galt jahrelang als einer der gefragtesten und besten Gitarristen Englands. 1969 wurde er Profimusiker und spielte mit bei unendlich vielen Konzerten und Studiosessions. Auf Platten von Cockney Rebel, Al Stewart, Linda Lewis, Cliff Richard und Peter Green ist er zu hören. Zwischen 1976 und 1980 war Snowy als fest engagierter Gitarrist bei allen Pink-Floyd-Konzerten dabei. Danach spielte er für zwei Jahre mit Thin Lizzy, und ab 1982 konzentrierte er sich auf eine Solokarriere. Anfang 1984 kam die Single »Bird Of Paradise«, die aus seiner 1983 erschienenen Debüt-LP »White Flames« (2/84 GB-LP 21) ausgekoppelt wurde. Auf der LP spielt Snowy alle Gitarrenparts und singt. Für einen weiteren Top-50-Hit reichte es nicht mehr. 1994 erschien das Album »Highway To The Sun«. Als Gastmusiker waren Chris Rea, Paul Carrack, Gary Moore und David Gilmour zu hören.

Bird Of Paradise (12/83 GB 6)
One Hit Wonder, Pop, Rock

White, Tony Joe

TONY JOE WHITE v, g (USA, * 23. 7. 1943 in Oak Grove/Louisiana)
Als Teenager gründete er Gruppen wie Tony & The Mojos oder Tony & The Twilights. Mitte der 60er Jahre fiel letztgenannte Band auseinander und Tony blieb in Corpus Christi am Golf von Mexiko hängen. Er trat in Bars als Solist auf. 1968 verschlug es ihn nach Nashville. Hier wurde er als Songschreiber engagiert und machte für die Künstler Demo-Platten. Eine davon kam zur Plattenfirma Monument-Records, die ihn als Sänger unter Vertrag nahmen. Seine ersten Plattenaufnahmen waren alle Flops – Produzent war Billy Swan, wie auch bei den späteren Hits.
Er selbst bezeichnet sich als Bayou-Rock-Singer und trägt wohl deshalb auch den Spitznamen ›Swamp Fox‹. »Polk Salad Annie« wurde sein größter Hit. Brook Benton hatte mit der von White geschriebenen Nummer »Rainy Night In Georgia« Anfang 1970 einen Millionseller in den USA. Weitere Titel von White, die ausgesprochen schön aber nicht erfolgreich waren: »Roosevelt And Ira Lee (Night Of The Mossacin)« oder »Save Your Sugar For Me« – lediglich »Groupie Girl« (6/70 GB 22) kam noch unter die ersten 40. Songs von Tony nahmen Interpreten wie Ray Charles, George Jones, Roy Orbison, Dusty Springfield oder aber auch Elvis Presley auf.
Lange Jahre hörte man wenig von White. Dann arbeitete er 1989 zusammen mit Tina Turner auf deren LP »Foreign Affair«. Tinas Manager Roger Davies nahm jetzt auch White unter seine Fittiche, und 1991 erschien die sehr schöne CD »Closer To The Truth«, darauf Tony Joes Versionen der von ihm geschriebenen Titel »Steamy Windows« und »Undercover Agent For The Blues«. Beide hatte vorher Tina Turner aufgenommen. Im Frühjahr 1995 veröffentlichte White mit »Lake Placid Blues« ein weiteres gut gemachtes Album.

Polk Salad Annie (7/69 US 8)
AOR (Adult Orientated Rock), Rock

White Lion

VITO BRATTA g (USA, * 1. 7. 1961), TOMMY CARADONNA b (USA), GREG D'ANGELO d (USA, * 19. 12. 1963), JIMMY

DEGRASSO d (USA), JAMES LOMENZO b (USA, * 13. 1. 1959), MIKE TRAMP v (Dänemark, * 14. 1. 1961)
In der zweiten Hälfte der 70er Jahre sang Mike Tramp mit der dänischen Gruppe Mabel und machte auch etliche LPs, die teilweise in den Europasound-Studios in Frankfurt/Main aufgenommen wurden. Zu den Arrangeuren zählten damals Christian Kolonovits, Johan Daansen oder Michael Cretu. In den 80er Jahren ging Tramp in die USA und stellte in seiner neuen Wahlheimat New York White Lion zusammen. »Wait« war ausgekoppelt aus ihrer LP »Pride« (9/87 US-LP 11), die mehr als zwei Millionen Mal in den USA verkauft wurde. Ein weiteres Erfolgsalbum wurde »Big Game« (7/89 US-LP 19). Lomenzo und D'Angelo gingen 1991. Für sie kamen Caradonna und DeGrasso. Im Oktober 1992 veröffentlichte ihre Plattenfirma eine Hitzusammenstellung und ließ dazu verlauten: ›White Lion gibt es nicht mehr. Mit dem Verlust von White Lion ist die Hard-Rock-Szene um eine Perle ärmer.‹ Der Grund war: Tramp hatte sich mit dem Gitarristen Bratta zerstritten und gründete die Formation Freak Of Nature.

Wait (2/88 US 8)
When The Children Cry (11/88 US 3)
Heavy Metal, Rock

White Town

JYOTI MISHRA key, computer (Indien, * 30. 7. 1966 in Rourkela)
Sieben Jahre war der in Indien geborene und in den Midlands lebende Jyoti Mishra der Star in seinem Schlafzimmer – nur dort waren seine Eigenkompositionen zu hören. Das änderte sich schlagartig Anfang 1997. Sein nur auf einer Achtspurmaschine aufgenommener Titel »Your Woman« (2/97 D 24, 3/97 US 23) stieg am 21.1. 1997 auf Platz eins der britischen Hitparade ein und überraschte damit die gesamte Fachwelt. Als Inspirationsquelle nannte er Buddy Holly und das Wedding-Present-Album »George Best«. Die Vorlage für »Your Woman« lieferte 1932 der britische Gesangsstar Al Bowlly mit »My Woman«. Wie ein Popstar sah er nicht aus – ein Ziat von ihm: ›Ich bin ein trauriger, fetter Anorak, so weit vom Rock 'n' Roll entfernt wie nur irgend jemand sonst‹. Stimmt, und dazu kommt noch eine Brille, in der Glas so dick wie in der Coca-Cola-Flasche ganz unten ist. Ob es nun nur die Nummer oder doch mehr war, was hinter dem Erfolg von White Town steckte, wird die Zeit zeigen. Vielleicht war es aber auch nur die typisch britische Eigenschaft, jemanden zu achten, der sich nicht unterbuttern lässt, die schließlich zum Erfolg führte. Im Inlay seiner EP-Single, die er »Abort, Retry, Fail?« nannte, steht folgender Text: ›Diese CD hätte einige Monate nach dem sechsjährigen Jubiläum meiner ersten Veröffentlichung erscheinen sollen ... ist noch jemand da? Ich fand den Titel zu dieser CD an dem Wochenende, als ich sie abmischte. Mein Rechner hat gesponnen und ich habe 72 Mal die ganze Sache neu formatieren müssen. Wie oft habe ich dabei gelesen »Fehlversuch, Neubeginn, Beenden«? Diese freudige Nachricht war wie typisch für mich und charakterisierte, was bei mir in den letzten Jahren so gelaufen war.‹ Als erstes Album erschien noch im Frühjahr 1997 »Women In Technology«. Auch nach dem Erfolg hatte Jyoti keine Lust, sein Leben zu verändern. Er verweigerte Pressetermine und wollte auch nicht in die einschlägigen Trendlokale. Vielleicht hatte er Angst, er würde dort nicht reingelassen?!

Your Woman (1/97 GB 1)
Pop

White Plains

TONY BURROWS v (Großbritannien, * 14. 4. 1942 in Exeter), DAVID v (Großbritannien, * 23. 8. 1942 als Roger Greenaway in Southmead), PETE NELSON v (Großbritannien, * 10. 3. 1945), ROBIN SHAW v (Großbritannien, * 6. 10. 1945)

White Plains ist wieder eins der vielen Studioprojekte, in denen Tony Burrows den Leadsänger mimte und das nach einem Erfolg mit Musikern zum Leben erweckt wurde. Nach »My Baby Loves Lovin'« (4/70 US 13) folgten »I've Got You On My Mind« (4/70 GB 17), »Julie, Do Ya Love Me«, »When You Are A King« (6/71 GB 13) und »Step Into A Dream« (2/73 GB 21). Dann war der Traum ausgeträumt.

My Baby Loves Lovin' (2/70 GB 9)
Julie, Do Ya Love Me (10/70 GB 8)
Pop

Whitesnake

DON AIREY key (Großbritannien), TOMMY ALDRIDGE d (USA, * 15. 8. 1950 in Nasville/Tennessee), MARK ANDES b (USA, * 19. 2. 1948 in Philadelphia/Pennsylvania), RICHARD BAILEY key, VIVIAN CAMPBELL g (Großbritannien, * 25. 8. 1962 in Belfast), DANNY CARMASSI g, DAVID COVERDALE v (Großbritannien, * 22. 9. 1949 in Saltburn/Lancashire), BILL CUOMO key, DAVID DOWLE d, AYNSLEY DUNBAR d (Großbritannien, * 10. 1. 1946 in Liverpool), MEL GALLEY g (Großbritannien, * 8. 3. 1948), COLIN HODGKINSON b (Großbritannien, * 14. 10. 1945), BRIAN JOHNSTON key, JON LORD key (Großbritannien, * 9. 6. 1941 in Leicester), BERNIE MARSDEN g, MICKY MOODY g (Großbritannien, * 30. 8. 1950), NEIL MURRAY b, IAN PAICE d (Großbritannien, * 29. 6. 1948 in Nottingham), COZY POWELL d (Großbritannien, * 29. 12. 1947 in Cirencester/Glouchester, † 5. 4. 1998), GUY ›STARKA‹ PRATT b, RUDY SARZO b (Kuba, * 9. 11. 1952 in Havanna), PETE SOLLEY v, key (Großbritannien, * 19. 10. 1948), JOHN SYKES g (Irland, * 29. 7. 1959), BRETT TUGGLE key, STEVE VAI g (USA, * 6. 6. 1960 in Carle Place/New York), ADRIAN VANDENBERG g (Niederlande, * 31. 1. 1954)

Im Frühjahr 1976 hatte Coverdale die Gruppe Deep Purple nach einer katastrophalen Tournee durch GB verlassen. Vertragliche Vereinbarungen machten es ihm für die nächste Zeit unmöglich, in GB zu arbeiten. Also zog er mit seiner gesamten Familie nach Deutschland. Ein Jahr später erschien sein Soloalbum »Whitesnake«, das er in München aufgenommen hatte. Im Januar 1978 kehrte er nach GB zurück und machte dort Promotion für sein zweites Soloalbum »North Wind«. Für Live-Konzerte nahm er die Sessionmusiker, die auch schon auf seiner Platte mit dabei waren: Moody, Marsden, Murray, Johnston und Dowle. Diese Formation zog nun als David Coverdale's Whitesnake durch GB. Mitte des Jahres ging Johnston, und für ihn kam Solley. Mit ihm und den anderen Musikern wurde die EP »Snake Bite« aufgenommen, die schließlich die erste Hitnotierung für Whitesnake wurde. Kurz darauf verließ Solley die Band und wurde durch Coverdales ehemaligen Deep-Purple-Kollegen Lord ersetzt. Mitte 1979 kam ebenfalls von Deep Purple Ian Paice als Ersatz für Dowle. In der zweiten Hälfte des Jahres 1981 machte Whitesnake eine Pause, und als Coverdale 1982 die Band wieder zusammenstellte, waren Marsden, Murray und Paice nicht mehr dabei. Neu hinzu kamen Powell, Galley und Hodgkinson. Im November 1983 gingen Moody und Hodgkinson wieder. Neuer Gitarrist wurde Sykes, außerdem kam Murray wieder zurück. Im Mai 1984 ging Lord und schloss sich der reformierten Band Deep Purple an. Seine Lücke füllte Bailey aus. Ende 1985 begann Whitesnake in

Vancouver, Kanada, mit der Produktion einer neuen LP. Coverdale, Murray und Sykes wurden jetzt begleitet von Dunbar und Airey. Im Januar des nächsten Jahres flog Sykes nach Hause, nachdem sein ehemaliger Thin-Lizzy-Kollege Phil Lynott gestorben war. Stimmliche Probleme bei Coverdale brachten das gesamte Projekt ins Wanken. Nachdem eine Verbiegung der Nasenscheidewand operativ korrigiert werden musste, kehrte er im August 1986 ins Studio zurück, um die LP fertigzustellen. Vom Rest der alten Musiker war keiner mehr dabei. Es spielten jetzt Vandenberg, Andes, Carmassi. Als die Platte dann 1987 erschien, wurde sie die erfolgreichste LP von Whitesnake. Alleine in den USA verkaufte sie sich acht Millionen mal. Die beiden Singleauskopplungen »Is This Love« und »Here I Go Again« wurden im selben Jahr die ersten Top-10-Erfolge für Whitesnake. Wieder wechselte Coverdale die Musiker aus. Es spielten nun Vandenberg, Campbell, Sarzo und Aldridge. Ende 1988 verließ Campbell wieder die Band. Vandenberg verletzte sich das Handgelenk, für ihn kam Vai. 1990 ging die Band auf große Welttournee. Mitglieder waren Coverdale, Vai, Vandenberg, Sarzo und Aldridge. Im Frühjahr 1997 machte sich Coverdale auf Promotiontournee, um für das neue Album »Restless Heart« (6/97 GB-LP 34) zu werben. Gleichzeitig wurde für den Herbst desselben Jahres Jahres eine Farewell-Tour angekündigt, die die ›definitiv letzte Möglichkeit ist, die Band live zu erleben!!!‹ Abwarten – Tee trinken. Neben Coverdale spielten auf »Restless Heart« Guy ›Starka‹ Pratt, Brett Tuggle, Adrian Vandenberg und Denny Carmassi.
Die erfolgreichsten Alben für Whitesnake: »Ready And Willing« (6/80 GB-LP 6), »Live In The Heart Of The City« (11/80 GB-LP 5), »Come An' Get It« (4/81 GB-LP 2, 5/81 D-LP 20), »Saints 'n' Sinners« (11/82 GB-LP 9, 1/83 D-LP 28), »Slide It In« (2/84 GB-LP 9, D-LP 14, 5/84 US-LP 40), »Whitesnake 1987« (4/87 GB-LP 8, US-LP 2 – achtfach Platin), »Slip Of The Tongue« (11/89 GB-LP 10, US-LP 10) und »Whitesnake Greatest Hits« (7/94 GB-LP 4, 8/94 US-LP 161).

Is This Love (6/87 GB 9; 10/87 US 2)
Here I Go Again (7/87 US 1; 10/87 GB 9)
Heavy Metal

Siehe auch: Deep Purple

Whittaker, Roger

ROGER WHITTAKER v (Kenia, *22. 3. 1936 in Nairobi)
Roger wurde als Sohn eines Kolonialbeamten in Nairobi geboren. Stets bezeichnete man ihn als den Sänger der kaffeetrinkenden, schweigenden Mehrheit. Von sich selbst behauptet Roger, nie ein Sexsänger gewesen zu sein. Stimmt – in den Anfangstagen hat er seine Lieder gepfiffen. Sein erster Hit in den britischen Charts war »Durham Town (The Leavin')« (11/69 GB 12). »The Last Farewell« (4/75 US 19, 10/75 D 19) war die einzige Hitnotierung für Roger in den USA und sein erster Hit in Deutschland. Nachdem er in GB nicht mehr erfolgreich war, begann seine Hitzeit in Deutschland. Im Duett mit Des O'Connor sang er »The Skye Boat Song«.
Seine erfolgreichsten Alben: »The Very Best Of Roger Whittaker« (9/75 GB-LP 5), »The Best Of Roger Whittaker« (6/76 D-LP 1), »The Best Of Roger Whittaker 2« (9/76 D-LP 12), »The Best Of Roger Whittaker 3« (4/77 D-LP 19), »Seine 20 schönsten Lieder« (1/79 D-LP 4), »The Roger Whittaker Album« (2/81 GB-LP 18), »Typisch Roger Whittaker« (5/83 D-LP 10), »Weihnachten mit Roger Whittaker« (12/83 D-LP 6, 12/84 RE-D-LP 3), »Ein Glück, dass es dich gibt« (4/84 D-LP 2), »Du gehörst zu mir« (9/85 D-LP 2), »Hits« (9/86 D-LP 4), »His Finest Collection« (5/87 GB-LP 15), »Du bist

nicht allein« (9/88 D-LP 7), »Home Lovin' Man« (9/89 GB-LP 20) und »Alles Roger« (4/96 D-LP 6).

Im November 2000 erschien ein neues deutschsprachiges Studioalbum mit dem Titel »Wunderbar geborgen«. Gleichzeitig begann Roger Whittaker mit der Abschiedstournee »The Last Farewell«. Der Schlusspunkt war am 21.3. 2001 in Wien, einen Tag vor seinem 65. Geburtstag.

I Don't Believe In If Anymore (4/70 GB 8)
The Last Farewell (7/75 GB 2)
River Lady (A Little Goodbye) (4/76 D 4)
Albany (3/82 D 3)
Abschied ist ein scharfes Schwert (2/84 D 9)
The Skye Boat Song (11/86 GB 10)
Deutscher Schlager, Pop

Who

ROGER DALTREY v (Großbritannien, * 1. 3. 1944 in Hammersmith/London), JOHN ENTWISTLE b (Großbritannien, * 9. 10. 1944 in Chiswick/London, † 27. 6. 2002), KENNEY JONES d (Großbritannien, * 16. 9. 1948 in Stepney/London), KEITH MOON d (Großbritannien, * 23. 8. 1947 in Wembley/London, † 7. 9. 1978), PETE TOWNSHEND v, g (Großbritannien, * 19. 5. 1945 in Chiswick/London)

Schon Ende der 50er Jahre spielten Townshend, Entwistle und ein Musiker namens Phil Rhodes als Confederates, manchmal aber auch als Aristocrats oder Scorpions zusammen. Schon zu diesem Zeitpunkt hatte sich Townshend in den Kopf gesetzt, Popstar zu werden. 1961 ist ihre Schulzeit zu Ende. Townshend geht wie viele andere britische Rockstars der 60er Jahre auf ein Art College. 1962 fragt Daltrey an, ob Entwistle nicht in seine Band, die Detours, kommen möchte. Der kommt, und wenig später folgt ihm Townshend. Mit ihnen spielt ein zehn Jahre älterer Schlagzeuger namens Doug Sandom. 1963 tritt diese Gruppe im Vorprogramm anderer Künstler, z. B. der Rolling Stones, auf. Ihr Material geht von James Brown bis Rhythm & Blues à la Bo Diddley. 1964 werden die Detours mit Hilfe des freien Journalisten Pete Meaden in Richtung Mods getrimmt. Diese britische Jugendkultur war eine Reaktion auf die Rocker. Sie fuhren keine schweren Motorräder, sondern Motorroller wie Vespas, waren adrett gekleidet und hatten bessere Manieren. Zu diesem Zeitpunkt verlässt Sandom die Band, und es werden verschiedene Schlagzeuger ausprobiert. Bei einem Auftritt in der Acton Town Hall sitzt während einer Pause plötzlich ein Betrunkener am Schlagzeug und spielt wie ein Wilder. Es ist Keith Moon, der als fester Schlagzeuger in die Band genommen wird und der seine Marotten mit der Trunkenheit bis zu seinem Lebensende beibehalten sollte. Meaden ändert ihren Namen jetzt in High Numbers, was in der Sprache der Mods bedeutete, dass man Stil hat. Er besorgt einen Plattenvertrag, und Mitte 1964 erscheint »I'm The Face«. Die Platte wird ein Flop. Eine Wiederveröffentlichung der Aufnahme im Jahr 1980 erreicht die britischen Top 50. Im Herbst 1964 sucht der Regisseur Kit Lambert für einen Film eine Gruppe. Er sieht die High Numbers und ist von ihnen so begeistert, dass er sofort das Management der Band übernimmt, indem er Meaden mit 500 Pfund auszahlt. Lambert ist auch derjenige, der ihren Namen in Who umändert und der gelegentliche Ausfälle der Band, die zur Zerstörung des gesamten Musikequipments führen, fördert. Er war sich der Tatsache bewusst, dass das ein guter Promotiongag war. Anfang 1965 erscheint mit »I Can't Explain« die erste Hitnotierung der Who. Als Sessiongitarrist ist darauf Jimmy Page zu hören, im Hintergrund singt die Formation Ivy League. Der Titel ist auch die erste Hitnotierung in den USA, und obwohl sich diese britische

Band auch dort einen Namen machen kann, schafft sie lediglich einen einzigen Top-10-Erfolg. In ihren Anfangstagen sind sie mit Titeln wie »I Can't Explain«, »My Generation« oder »Substitute« Sprachrohr der britischen Jugendlichen. Die meisten Stücke hat Pete Townshend im Alleingang geschrieben. Diesem hochsensiblen und intelligenten Songschreiber hat die Welt auch die Rockopern »Tommy« 1969 und »Quadrophenia« 1973 zu verdanken. Beide Themen wurden verfilmt und kamen 1975 bzw. 1979 in die Kinos. 1979 erschien außerdem als Film die Who-Biografie »The Kids Are Alright«. 1993 wurde eine von Townshend überarbeitete Version von »Tommy« erfolgreich am Broadway uraufgeführt.

Ab 1972 machten die einzelnen Mitglieder der Gruppe auch Soloplatten. Den einzigen Wechsel in der Band gab es, als Keith Moon 1978 nach einer Überdosis Drogen starb und durch das ehemalige Small-Faces- bzw. Faces-Mitglied Kenny Jones ersetzt wurde. 1982 lösten sich die Who auf, spielten allerdings 1986 beim Live-Aid-Konzert noch einmal zusammen und gaben in der Besetzung Daltrey, Townshend und Entwistle 1989 15 Konzerte in den USA. Jones gründete 1991 zusammen mit Paul Rodgers The Law. 1990 wurden die Who in die Rock and Roll Hall of Fame aufgenommen.

Die erfolgreichsten Alben der Band: »My Generation« (12/65 GB-LP 5, 4/66 D-LP 14, 10/80 RE-GB-LP 20), »A Quick One« (12/66 GB-LP 4), »The Who« (2/67 D-LP 15), »The Who Sell-Out« (1/68 GB-LP 13), »Tommy« (6/69 GB-LP 2, US-LP 4), »Live At Leeds« (5/70 US-LP 4, 6/70 GB-LP 3, 7/70 D-LP 8), »Who's Next« (8/71 US-LP 4, 9/71 GB-LP 1, 10/71 D-LP 18), »Meaty, Beaty, Big And Bouncy« (11/71 US-LP 11, 12/71 GB-LP 9), »Quadrophenia« (11/73 GB-LP 1, US-LP 2, 12/73 D-LP 7), »Odds And Sods« (10/74 GB-LP 10, US-LP 15), »The Who By Numbers« (10/75 GB-LP 7, US-LP 8), »The Story Of The Who« (10/76 GB-LP 2), »Who Are You« (9/78 GB-LP 6, US-LP 2), »The Kids Are Alright« (6/79 GB-LP 26, US-LP 8), »Face Dances« (3/81 GB-LP 2, 4/81 US-LP 4, D-LP 29), »It's Hard« (9/82 GB-LP 11, US-LP 8), »Who's Greatest Hits« (5/83 US-LP 94), »Who's Better Who's Best« (3/88 GB-LP 10) und »My Generation – The Very Best Of The Who« (8/96 GB-LP 11).

Eine sehr gut gemachte, 80 Titel umfassende Box mit den wichtigsten Aufnahmen der Gruppe Who erschien Mitte des Jahres 1994 mit dem Titel »Thirty Years Of Maximum R&B«. Und auch im Jahre 2000 war Who noch auf Tournee. Neben Townshend/Entwistle/Daltrey spielten Ringo Starrs Sohn Zak Schlagzeug und John ›Rabbit‹ Bundrick Keyboards.

I Can't Explain (2/65 GB 8)
Anyway Anyhow Anywhere (5/65 GB 10)
My Generation (11/65 GB 2; 1/66 D 6)
Substitute (3/66 GB 5; 10/76 GB 7)
I'm A Boy (9/66 GB 2, D 10)
Happy Jack (12/66 D 4, GB 3)
Pictures Of Lily (4/67 GB 4, 6/67 D 5)
I Can See For Miles (10/67 US 9, GB 10)
Pinball Wizard (3/69 GB 4)
Won't Get Fooled Again (7/71 GB 9)
Join Together (6/72 GB 9)
Squeeze Box (1/76 GB 10)
You Better You Bet (3/81 GB 9)
Beat, Rhythm & Blues, Rock

Siehe auch: Daltrey, Roger; Townshend, Pete

Wichtig, Werner

WERNER WICHTIG v (Deutschland, * 15. 1. 1962 als Raimund Thielicke)

Mit einer ziemlich plumpen deutschen Version von »Pump Up The Jam« – »Pump ab das Bier« – kam Werner, wie er sich zu diesem Zeitpunkt nur nannte, Anfang 1990 in die deutschen Charts und erreichte innerhalb von drei Wochen Platz 1. Offensichtlich waren viele Käufer der Meinung, dass es sich hierbei um den Werner aus der Comicserie des Semmel-Verlach von Rötger Feldmann, genannt Brösel, handelte. Die Plattenfirma stellte in einem Rundschreiben klar, dass beide nichts miteinander zu tun haben, und veröffentlichte weitere Platten als Werner Wichtig. Wichtig für die Charts war das nicht mehr.

Pump ab das Bier (1/90 D 1)
Deutscher Schlager, One Hit Wonder

Wiedlin, Jane

JANE WIEDLIN v, g (USA, * 20. 5. 1958 in Oconomowoc/Wisconsin)
Die Gitarristin, Sängerin, Songschreiberin und Schauspielerin war 1978 Mitbegründerin der weiblichen Rockgruppe Go-Go's. 1982 gelangen der Formation mit »We Got The Beat« und »Vacation« zwei Top-10-Erfolge. 1983 veröffentlichte Jane die Solo-LP »Blue Kiss« und sang im Duett mit Russell Mael von den Sparks den Titel »Cool Places«. 1984 verließ Jane die Go-Go's und wurde durch Paula Jean Brown ersetzt. Sie arbeitete weiter an ihrer Solokarriere und hatte mit »Rush Hour« ihren einzigen Hit. In GB erreichte die Platte Platz 12. Das Stück stammte von ihrer zweiten Solo-LP »Fur« – Fur = Pelz, und diesem Thema galt in den 90er Jahren ihr Engagement: Sie setzte sich für den Tierschutz ein. 1990 erschien ihre LP »Tangled«. Als die Go-Go's 1994 für neue Produktionen und eine Tournee wieder zusammenkamen, war Jane mit dabei, ebenso bei einer Reunion im Mai 2001.

Rush Hour (5/88 US 9)
Pop

Siehe auch: Go-Go's

Wigan's Chosen Few

Die Surf-Formation Chosen Few nahm 1967 die Nummer »Footsee« auf, was in der Öffentlichkeit unbemerkt blieb. Jahre später entdeckte Simon Soussan, dass sich die Instrumentalfassung viel besser anhörte, wenn man sie beschleunigte. Das geschah, und außerdem wurde das Geräusch eines Presslufthammers und der jubelnden Menge beim Fußballendspiel 1966 hinzugefügt, und fertig war der neue Titel »Footsee«. Unter dem Gruppennamen Chosen Few durfte er nicht mehr veröffentlicht werden, also machte die neue Plattenfirma Wigan's Chosen Few daraus. Die ursprünglichen ›auserwählten‹ Kanadier konnten nicht mehr ausfindig gemacht werden, da sie nach ihrem Flop in der Versenkung verschwunden waren.

Footsee (1/75 GB 9)
One Hit Wonder, Pop

Wild Cherry

MARK AVSEC key (USA), BRYAN BASSETT g (USA, * 11. 8. 1954), RON BEITLE d (USA, * 30. 8. 1954), ROBERT PARISSI v, g (USA, * 29. 12. 1950 in Steubenville/Ohio), ALLEN WENTZ b (USA, * 16. 5. 1951)
Die weiße Electric-Funk-Band wurde in den frühen 70er Jahren in Steubenville/Ohio gegründet. Kopf, Schreiber aller Hits und Produzent war Bob Parissi. Die einzige Top-40-Notierung der Band war die Platinplatte »Play That Funky Music«. Ihr erfolgreichstes Album hieß »Wild Cherry« (7/76 US-LP 5). Im Februar 1979 trennte sich die Gruppe.

Play That Funky Music (6/76 US 1; 10/76 GB 7)
Funk, One Hit Wonder, Rhythm & Blues

Wildchild

ROGER MCKENZIE computer (Großbritannien, in Southampton)
Als »Renegade Master« im Januar 1998 in den britischen Top 10 erschien, war er bereits zweimal in den britischen Charts notiert worden. Zuerst als »Legends Of

The Dark Black Part 2« (4/95 GB 95) und dann als »Renegade Master« (10/95 GB 11). Kurz nachdem die Nummer bis auf Platz 11 vorgedrungen war, starb Roger McKenzie im November 1995 in seiner Heimatstadt Southhampton nach einem Herzanfall. »Jump To The Beat« (11/96 GB 30) kam noch in die Charts – dann schien der Fall Wildchild erledigt. Remixe des Hits »Renegade Master« wurden Ende 1997 durch Fatboy Slim, Stretch & Verne und Tall Paul & Takeover angefertigt – und jetzt reichte es auch für die Top 10.

Renegade Master (1/98 GB 3)
One Hit Wonder, Pop

Wilde, Kim

KIM WILDE v (Großbritannien, * 18. 11. 1960 als Kim Smith in Chiswick/London)
Die Tochter von Marty Wilde, der zwischen 1958 und 1962 ein erfolgreicher Teenie-Star in GB war, trat Anfang 1981 in die Fußstapfen ihres Vaters. Ihre erste Hitnotierung war »Kids In America«. Geschrieben hatten die Nummer, wie auch viele der weiteren Hits von Kim, Vater Marty und Bruder Ricky Wilde. Viele Erfolge von Kim wurden auch von Ricky produziert. Seine Versuche, selbst als Interpret Fuß zu fassen, schlugen fehl. 1972 hatte er, noch mit Teenie-Stimme, den Song »I Am An Astronaut« gequäkt, der es nicht in die Charts brachte. 1994 ging Kim Wilde nach sechs Jahren Pause wieder auf Konzertreise. Gleichzeitig veröffentlichte man ihren alten Hit »Kids In America« als 94er-Version. Auch 1995/96 standen noch Singles von ihr in der britischen Hitparade, die jedoch nicht über Position 40 hinauskamen. Ihre erfolgreichsten Alben waren »Kim Wilde« (7/81 GB-LP 3, D-LP 1), »Select« (5/82 GB-LP 19, 6/82 D-LP 4), »Close« (6/88 GB-LP 8, D-LP 10) und »The Single Collection 1981–1993« (9/93 GB-LP 11). Im Jahr 2001 erzählte sie, dass sie sich von dem Musikgeschäft ziemlich gelöst hätte. Sie widmet sich inzwischen der Planung und Anlage von Gärten, ist mit dem Schauspieler Hal Fowler verheiratet und hat zwei Kinder. Für die BBC machte sie im Fernsehen Sendungen unter dem Motto ›Garden Invaders‹. Inhalt der Sendung: Sie geht in fremde Gärten und richtet sie in einem Tag her. Bruder Ricky arbeitete zu diesem Zeitpunkt immer noch als Produzent und Kims Schwester Roxanne hatte gerade mit ihrer Band Dimestars begonnen.

Kids In America (2/81 GB 2; 4/81 D 5)
Chequered Love (5/81 GB 4, D 2)
Cambodia (11/81 D 2)
View From A Bridge (4/82 D 6)
The Second Time (10/84 D 9)
You Keep Me Hangin' On (10/86 GB 2; 12/86 D 8, 3/87 US 1)
Another Step Closer To You (4/87 GB 6)
Rockin' Around The Christmas Tree (12/87 GB 3)
You Came (7/88 GB 3, D 5)
Never Trust A Stranger (10/88 GB 7)
Four Letter Word (12/88 GB 6)
Pop

Siehe auch: Mel & Kim

Wildecker Herzbuben

WILFRIED GLIEM v (Deutschland, * 19. 9. 1946 in Obersuhl), WOLFGANG SCHWALM v (Deutschland, * 16. 8. 1954 in Görtzhain)
Schwalm und Gliem spielten einst nebenberuflich in der Begleitgruppe von G.G. Anderson. Der suchte für die von ihm geschriebene Nummer »Herzilein« geeignete Interpreten und fand sie in seinen beiden dicken Kumpels. Es folgten weitere Songs der beiden wie »Und heut verwöhn' ich dich – Herzilein Teil 2«, »Zwei Kerle wie wir«, »Hallo Frau Nachbarin« oder »Weil wir Freunde sind«. Ihr erfolgreichstes Album hieß ebenfalls »Herzilein« (4/90 D-LP 9). An den Wildecker Herzbuben polarisierte sich der Geschmack der Deutschen. Otto reimte über

sie: ›Seh' ich die beiden Moppel dort, denk' ich gleich an Doppelmord.‹ Kollegen wie Karl Dall, Jan Willem, Kurt Brummer oder die Bayerischen 7 machten so genannte Juxversionen von »Herzilein«. Als wenn es derer bedurft hätte. Am erstaunlichsten war der Nachzieher von Rudolf Rock & die Schocker. Ihre Version von »Herzilein«, gespielt im Stil von Status Quo, erreichte immerhin Anfang 1991 Platz 12 in Deutschland.

Herzilein (3/90 D 9)
Deutscher Schlager, One Hit Wonder

Wilder, Matthew

MATTHEW WILDER v, g, p (USA, * 24. 1. 1953 in Manhattan/New York City)
Wilder begann als Straßenmusiker im Alter von 15 Jahren im Greenwich Village. Später zog er nach Los Angeles und machte sich dort einen Namen als Songschreiber und Backgroundsänger. Für Eddie Kendricks schrieb er z. B. »Love, Love, Love«, an Bette Midlers »Let Me Drive« war er beteiligt. Als Sänger ist Matthew Wilder zu hören auf Platten von Rickie Lee Jones, Robbie Dupree und Bette Midler. Seinen größten Hit »Break My Stride« hatte er sich selbst geschrieben. Mit »The Kid's American« (2/84 US 33, 5/84 D 35) folgte noch eine weitere Notierung. Als Produzent war er verantwortlich für die ersten Erfolge der Gruppe No Doubt.

Break My Stride (9/83 US 5; 1/84 D 7, GB 4)
AOR (Adult Orientated Rock), Rock

Will To Power

SUZI CARR v (USA, * 27. 7. 1953), DR. J v, sax (USA), MARIA MENDEZ v (USA), ELIN MICHAELS v (USA), BOB ROSENBERG v, key, dj (USA, * 18. 1. 1959)
Den Namen für seine Gruppe Will To Power entnahm der in Florida beheimatete Ex-DJ Rosenberg dem Buch des deutschen Philosophen Friedrich Nietzsche ›Der Wille zur Macht‹, veröffentlicht 1901. Mitte 1987 erschien mit »Dreamin'« die erste Hitnotierung der Band in den USA. Ihre Mixtur aus »Baby I Love Your Way« – im Original ein Hit von Peter Frampton – und »Freebird« – ein Stück von Lynyrd Skynyrd – kam als »Baby, I Love Your Way/Freebird Medley (Free Baby)« (2/89 D 18) wurde ein Millionseller. 1990 reduzierte Rosenberg die Band auf ein Duo. Neben Bob agierte jetzt die Sängerin Elin Michaels. »I'm Not In Love« (12/90 GB 29) war eine Coverversion des 10cc-Hits.

Baby, I Love Your Way/Freebird Medley (Free Baby) (9/88 US 1; 1/89 GB 6)
I'm Not In Love (11/90 US 7)
Pop

Willem

WILLEM v (Deutschland, * 21. 8. 1942 als Wilken F. Dincklage, † 18. 10. 1994)
Willem arbeitete jahrelang als Rundfunkmoderator, bevor ihm mit »Tarzan ist wieder da« seine erste Chartnotierung gelang. »Wat?«, eine deutschsprachige Version des Captain-Sensible-Hits »What?«, erschien sechs Jahre später und erreichte Platz 19. Es war sein letzter Hiteintrag. Überraschend und viel zu jung starb Willem am 1994.

Tarzan ist wieder da (2/77 D 5)
Deutscher Schlager

Williams, Alyson

ALYSON WILLIAMS v (USA, in Harlem/New York City)
Die ›Soultress‹ (Abkürzung für Soul Songstress = eine Soulsängerin) Alyson Williams hatte lediglich in GB Erfolg. Ihre Karriere begann, als sie im Hintergrund von

Whodini und Kurtis Blow sang. Sie wurde dann Leadsängerin bei Orange Crush und sang im Duett mit Oran ›Juice‹ Jones und 1983 bei der New Wave Band Gang Of Four. »Sleep Talk« (3/89 GB 17) war Alysons erste Hitnotierung. Es folgten »My Love Is So Raw« (5/89 GB 34) und »I Need Your Lovin'«. Mit dem Beginn der 90er Jahre war sie wieder aus den Charts verschwunden.

I Need Your Lovin' (8/89 GB 8)
Pop, Soul

Williams, Andy

ANDY WILLIAMS v (USA, * 3. 12. 1928 als Howard Andrew Williams in Wall Lake/ Iowa)

Zusammen mit seinen drei Brüdern Bob, Dick und Don trat Andy als Williams Brothers Quartet auf. Die vier sangen z. B. mit beim Bing-Crosby-Hit »Swinging On A Star«, der im Frühjahr 1944 Spitzenreiter in den USA wurde. 1952 trennten sich die Brüder, und Andy begann eine Solokarriere. Ab 1956 bis weit in die 70er Jahre war er mit insgesamt 45 Titeln in den US-Charts vertreten. »Walk Hand In Hand« war im Frühjahr 1956 seine erste Hitnotierung, sein erster Top-10-Erfolg im Herbst desselben Jahres »Canadian Sunset«. Williams gilt als einer der größten amerikanischen Schlagersänger. Zwischen 1962 und 1967 und wiederum von 1969 bis 1971 hatte er eigene TV-Shows. Schon zwischen 1952 und 1955 trat er regelmäßig in der ›Tonight‹-Show auf. 1964 spielte er mit in dem Film »I'd Rather Be Rich«. 1962 heiratete er die französische Sängerin Claudine Longet, von der er 1970 wieder geschieden wurde. Trotzdem traten sie bis 1977 regelmäßig in der jährlichen Weihnachtssendung von Williams mit ihren drei Kindern auf. Das wurde abrupt beendet, als Claudine für schuldig befunden wurde, ihren Liebhaber, den Skiprofi Spider Sabich, erschossen zu haben.

Seine erfolgreichsten Alben waren »Danny Boy And Other Love Songs I Love To Sing« (3/62 US-LP 19), »Moon River & Other Great Movie Themes« (5/62 US-LP 3), »Warm And Willing« (10/62 US-LP 16), »Days Of Wine And Roses« (4/63 US-LP 1), »The Wonderful World Of Andy Williams« (1/64 US-LP 9), »Call Me Irresponsible« (5/64 US-LP 5), »Great Songs From My Fair Lady And Other Broadway Hits« (9/64 US-LP 5, 4/66 GB-LP 30), »Dear Heart« (4/65 US-LP 4), »Almost There« (6/65 GB-LP 4), »Can't Get Used To Losing You« (8/65 GB-LP 16), »May Each Day« (3/66 GB-LP 11), »The Shadow Of Your Smile« (5/66 US-LP 6, 7/66 GB-LP 24), »Born Free« (5/67 US-LP 5, 7/67 GB-LP 22), »Love, Andy« (11/67 US 8, 5/68 GB-LP 1), »Honey« (6/68 US-LP 9, 7/68 GB-LP 4), »Happy Heart« (5/69 US-LP 9, 7/69 GB-LP 22), »Get Together With Adny Williams« (12/69 GB-LP 13), »Greatest Hits« (4/70 GB-LP 1), »Can't Help Falling In Love« (6/70 GB-LP 7), »Andy Williams Show« (12/70 GB-LP 10), »Love Story« (2/71 US-LP 3, 7/71 GB-LP 11), »Home Loving Man« (4/71 GB-LP 1), »Love Theme From The Godfather« (7/72 GB-LP 11), »Solitaire« (12/73 GB-LP 3), »The Way We Were« (7/74 GB-LP 7) und »Reflections« (1/78 GB-LP 2).

Zum Fest 1994 stand nach 20 Jahren wieder ein Album von Andy Williams in den US-Charts: »The New Andy Williams Christmas Album«. 1999 kehrte Andy wieder in die Top 10 zurück: »Music To Watch Girls By« erreichte in GB Platz 9. Fiat Punto warb in GB in einem TV-Spot mit diesem Titel – und schon war die Nummer, die 1966 für einen Werbespot von Diet Pepsi geschrieben worden war und als Instrumental mit der Bob Crewe Generation (12/66 US 15) in den Charts stand, erneut ein Hit. Andy Williams trat 1999 in

GB wieder in etlichen TV-Shows auf und feierte seinen ersten Top-10-Hit seit 1973.

Canadian Sunset (8/56 US 7)
Butterfly (2/57 US 1; 4/57 GB 1)
I Like Your Kind Of Love (5/57 US 8)
Are You Sincere (2/58 US 3)
Lonely Street (9/59 US 5)
The Village Of St. Bernadette (12/59 US 7)
Can't Get Used To Losing You (3/63 GB 2, US 2)
Almost There (9/65 GB 2)
Can't Take My Eyes Off You (3/68 GB 5)
Can't Help Falling In Love (3/70 GB 3)
Home Lovin' Man (11/70 GB 7)
(Where Do I Begin) Love Story (2/71 US 9, GB 4)
Solitaire (12/73 GB 4)
Music To Watch Girls By (3/99 GB 9)
Middle Of The Road (MOR), Pop

Williams, Danny

DANNY WILLIAMS (Südafrika, * 7. 1. 1942 in Port Elizabeth)
1960 war Danny nach England gezogen. Zwischen 1961 und 1964 war er als eine Art Johnny Mathis für die Briten in GB recht erfolgreich. Seine erste Hitnotierung hatte Danny im Frühjahr 1961 mit »We Will Never Be As Young As This Again«. In den USA hatte Danny Anfang 1964 Erfolg: »White On White«. Nach 1964 wurde er für viele Jahre nicht mehr in den Hitparaden gesichtet, dann schaffte er danke eines TV-Werbespots für Martini mit »Dancin' Easy« (7/77 GB 30) einen letzten Hit. Seine Plattenveröffentlichungen reichen bis in die 90er Jahre.

Moon River (11/61 GB 1)
Wonderful World Of The Young (4/62 GB 8)
White On White (3/64 US 9)
Soft Pop

Williams, Deniece

DENIECE WILLIAMS v (USA, * 3. 6. 1951 als Deniece Chandler in Gary/Indiana)
Die Sängerin und Songschreiberin begann ihre Karriere bereits in den frühen 60er Jahren. Zwischen 1972 und 1975 sang sie mit Wonderlove, der Backing Group von Stevie Wonder. Danach startete sie eine Solokarriere und hatte mit »Free« (12/76 US 25) ihre erste Hitnotierung. Im Duett mit Johnny Mathis sang sie den Titel »Too Much, Too Little, Too Late«. »Let's Hear It For The Boys« stammte aus dem Film »Footloose«. Nach 1988 wird sie in den Popcharts nicht mehr verzeichnet.

Free (4/77 GB 1)
That's What Friends Are For (7/77 GB 8)
Too Much, Too Little, Too Late (3/78 US 1, GB 3)
It's Gonna Take A Miracle (4/82 US 10)
Let's Hear It For The Boys (4/84 GB 2, US 1; 6/84 D 10)
Soft Pop, Soul

Williams, Geoffrey

GEOFFREY WILLIAMS v (Großbritannien, in London)
Williams wurde 1965 als Sohn westindischer Eltern geboren. Nach seinem College-Abschluss zog er als Sänger der Soulband Caleche durch GB und Skandinavien. Die Band wollte jedoch seine selbst geschriebenen Songs nicht ins Repertoire aufnehmen, und deshalb versuchte er sich als Solist. Mit Demos in einem Londoner Studio beschäftigt, fiel er Talentsuchern auf. Eine andere Geschichte erzählt, dass Genesis-Manager Tony Smith ihn singen hörte, als er am Londoner Flughafen Heathrow in einem Fastfood-Restaurant saß, in dem Geoffrey bediente. Tatsache ist, dass Geoffrey einen Vertrag mit Hit & Run bekam, der Firma von Tony Smith. Mitte 1988 erschien seine Single »Cinderella«. Seit diesem Zeit-

punkt erschienen von ihm bei wechselnden Firmen immer wieder Platten, die es in den Charts nur in die unteren Bereiche brachten. So tauchte er 1992 mit »It's Not A Love Thing« auf Platz 70 der US-Charts auf.

Cinderella (1/89 D 9)
One Hit Wonder, Pop

Williams, John

JOHN WILLIAMS bl (USA, * 8. 2. 1932 als John Towner Williams in New York City)
Der Songschreiber und Orchesterchef ist für viele Filmmusiken verantwortlich. 1980 wurde er Nachfolger von Arthur Fiedler als Leiter des Boston Pops Orchestra. Im Laufe seiner Karriere hat er 15 Grammys und drei Oscars gewonnen. Sein einziger Single-Top-10-Erfolg wurde »Star Wars (Main Title)«. Außer »Star Wars« schrieb er u. a. die Musik zu »Jaws«, »Close Encounters Of The Third Kind«, »Superman«, »E.T.«, »The Empire Strikes Back«, »The Return Of The Jedi«, »Indiana Jones«, »Born On The 4th Of July«, »JFK« oder »Hook«. 1986 wurde sein Sohn Joseph Williams für einige Zeit Leadsänger in der Gruppe Toto. Als 1999 wieder eine neue Folge von »Star Wars« in die Kinos kam, war auch diesmal wieder der Soundtrack von John: »Star Wars – The Phantom Menace« (5/99 US-LP 3, GB-LP 8, D-LP 6).

Star Wars (Main Title) (7/77 US 10)
Instrumental, Pop

Williams, Mason

MASON WILLIAMS g (USA, * 24. 8. 1938 in Abilene/Texas)
Mason Williams hatte seine größte Zeit in der zweiten Hälfte der 60er Jahre. Sein Titel »Classical Gas« wurde für viele andere Gitarristen eine Übungsnummer. Mason verfasste für Esther & Abi Ofarim den Titel »Cinderella Rockefella« und schrieb etliche erfolgreiche TV- und Filmthemen. Aber auch als Sketcheschreiber profilierte er sich. Von 1967 bis 1969 sah man das in der ›Smothers Brothers Comedy Hour‹ in den USA. 1980 wirkte er in ›Saturday Night Live‹ mit. Sein erfolgreichstes Album hieß »The Mason Williams Phonograph Record« (6/68 US-LP 14).

Classical Gas (6/68 US 2; 8/68 GB 9)
AOR (Adult Orientated Rock), Folk, Instrumental, O

Williams, Robbie

ROBBIE WILLIAMS v (Großbritannien, * 13. 2. 1974 als Robert Peter Maximilian Williams in Stoke-on-Trent)
Als ersten Hit nahm sich das Ex-Take-That-Mitglied den Titel »Freedom« von George Michael vor. Er versuchte, ihn genauso zu singen wie Michael, und schaffte es fast auch. Nötig wäre diese neue Version nicht gewesen – auf der anderen Seite wollte Robbie damit seinem ehemaligen Take-That-Kollegen Gary Barlow eins auswischen, den viele schon zum neuen George Michael hochjubelten. Die Plattenfirma von Robbie wollte »Freedom« als ›Statement der neu gewonnenen Freiheit verstehen.‹ Robbie später zu diesem Thema: ›Ich war schlecht beraten von meinem damaligen Manager, ich hätte gleich ein eigenes Stück machen sollen.‹ »Old Before I Die« hatte Robbie zusammen mit Eric Bazilian von den Hooters und Desmond Child geschrieben. Im Herbst 1997 gab Robbie dem Stern ein Interview, in dem er die Wahrheit über die Take-That-Zeit herausließ: ›Das Geheimnis ist, dass es keines gibt. Und das war auch das Schlimme: Leere, absolute Leere. Fünf Jungs machen reihenweise Nummer-Eins-Hits, und nichts bleibt, weil es nichts gab,

was bleiben konnte. Ich war der Einzige, der durchdrehte und Drogen nahm.‹ Am 13. 9. 2001 konnten die Robbie-Fans endlich lesen, welche Rolle Sex, Drogen und Alkohol im Leben ihres Idols gespielt haben – es erschien mit »Somebody Someday« ein Buch von ihm, das er angeblich selbst geschrieben hat. Darin erfuhren sie solche interessanten Dinge wie ›Ich gab Alkohol und Drogen auf und suchte dafür Ersatz – es war Sex‹. »Rock DJ« war angelehnt an die Nummer »It's Ecstasy When You Lay Down Next To Me« von Barry White. Die beiden Autoren des White-Titels, Pigford und Paris, wurden neben Williams und zwei anderen auch bei »Rock DJ« genannt. Den Hit »Kids« sang Robbie im Duett mit Kylie Minogue, »Somethin' Stupid«, einst ein Duett von Vater und Tochter Sinatra, sang Robbie mit der Schauspielerin Nicole Kidman. Seine erfolgreichsten Alben: »Life Thru A Lens« (10/97 GB-LP 1), »I've Been Expecting You« (11/98 GB-LP 1, D-LP 16), »Sing When You're Winning« (9/00 GB-LP 1, D-LP 1) und »Swing When You're Winning« (12/01 GB-LP 1, 12/01 D-LP 1).
2000 verlor Williams einen Plagiatsprozess. Die Nummer »Jesus In A Camper Van« hatte er bei Woody Guthrie und dem Titel »I Am The Way« abgekupfert. Im Januar 2002 bekannte Robbie, dass er das Leben ohne Alkohol kaum noch aushält. Er ging nach Los Angeles, wo er täglich Treffen der Anonymen Alkoholiker besuchte, um seine Sucht zu bekämpfen. Seine Plattenfirma wollte ihm ein halbes Jahr Ruhe ohne Aufnahmen oder Auftritte gönnen.

Freedom (8/96 D 10, GB 2)
Old Before I Die (4/97 GB 2)
Lazy Days (7/97 GB 8)
Angels (12/97 GB 4, D 9)
Let Me Entertain You (3/98 GB 3)
Millennium (9/98 GB 1)
No Regrets (12/98 GB 4)
Strong (3/99 GB 4)
She's The One/It's Only Us (11/99 GB 1)
Rock DJ (8/00 GB 1, D 9)
Kids (10/00 GB 2)
Supreme (12/00 GB 4)
Let Me Be Your Energy (4/01 GB 10)
Eternity/The Road To Mandalay (7/01 GB 1, D 7)
Somethin' Stupid (12/01 GB 1, D 2)
Pop

Siehe auch: Take That

Williams, Roger

ROGER WILLIAMS p (USA, * 1. 10. 1924 als Louis Weertz in Omaha/Nebraska)
Schon im Alter von zwölf Jahren konnte Roger, Sohn eines Musiklehrers, etliche Instrumente spielen. 1951 ging er von seiner Heimatstadt Omaha/Nebraska nach New York und schrieb sich dort an der Juilliard School of Music ein. Er beteiligte sich an Arthur Godfrey's Talentscout-Sendung und gewann. Dave Kapp, Präsident der gleichnamigen Plattenfirma, hörte ihn spielen und nahm ihn unter Vertrag. Im Herbst 1955 wurde der erste von Rogers vielen Instrumentalhits in den USA notiert: »Autumn Leaves«. Zwischen 1956 und 1972 – immer bei Kapp Records – hatte er knapp 40 LPs in den US-Charts. Seine erfolgreichsten waren »Songs Of The Fabulous Fifties« (3/57 US-LP 6), »Till« (3/58 US-LP 4), »With These Hands« (10/59 US-LP 8), »Temptation« (12/60 US-LP 5), »Maria« (3/62 US-LP 9) und »Born Free« (12/66 US-LP 7).

Autumn Leaves (8/55 US 1)
Near You (8/58 US 10)
Born Free (8/66 US 7)
Instrumental, Middle Of The Road (MOR), Pop

Williams, Vanessa

VANESSA WILLIAMS v (USA, * 18. 3. 1963 in Tarrytown/New York)
Zuerst war sie nur Miss Syracuse, dann Miss New York State und schließlich die erste Schwarze, die 1983 Miss America

wurde. Nachdem sie in Penthouse gezeigt hatte, wie gut sie gebaut ist, musste sie den Titel wieder abgeben. 1985 gab sie ihr Broadway-Debüt in dem Musical »One Man Band« und hatte zu diesem Zeitpunkt schon eine exzellente musikalische und schauspielerische Ausbildung hinter sich, die bereits in früher Kindheit begonnen hatte: Ihre Eltern waren beide Musiklehrer. 1987 folgte in »The Pick Up Artist« dann das Filmdebüt. 1988 spielte sie mit im TV-Special »Motown Returns To The Apollo«, in dem sie Josephine Baker porträtierte. Im Sommer desselben Jahres erschien ihre erste LP, »The Right Stuff« (7/88 US-LP 38). Eine Auskopplung daraus war das Stück »Dreamin'«. Zusammen mit Brian McKnight gelang Vanessa Williams der Hit »Love Is« aus dem Soundtrack zur TV-Serie ›90210 Beverly Hills‹. 1994 brillierte sie in New York in dem Broadway-Musical »The Kiss Of The Spider Woman«. Für den Film »Pocahontas« sang sie »Colors Of The Wind«. Nebenher ist sie immer mal wieder in Filmen zu sehen, so zum Beispiel in »Harley Davidson & The Marlboro Man« und neben Schwarzenegger in »Eraser«. Weitere Erfolgsalben waren »The Comfort Zone« (9/91 US-LP 17, 4/92 GB-LP 24) und »The Sweetest Day« (12/94 US-LP 57).

Dreamin' (1/89 US 8)
Save The Best For Last (2/92 GB 3, US 1)
Love Is (1/93 US 3)
Colors Of The Wind (6/95 US 4)
Rhythm & Blues, Soul

Willis, Bruce

BRUCE WILLIS sax (USA, * 19. 3. 1955 als Walter Willison in Idar-Oberstein/ Deutschland)
Geboren wurde Bruce als Sohn eines G.I.'s und einer deutschen Mutter in Idar-Oberstein. Aufgewachsen ist er in Penny Grove, New Jersey. Bevor er Mitte der 70er Jahre seine Karriere als Schauspieler begann, spielte er Saxophon in einer Rhythm-&-Blues-Band namens Loose Goose. Nach einigen Nebenrollen gelang ihm in der TV-Serie ›Moonlighting‹ ab 1985 der erste Erfolg. Es folgten Hauptrollen in »Blind Date« 1987, »Die Hard I« 1989, »Die Hard II« 1990 oder »Death Becomes Her« 1992. In den Popcharts wurde Bruce Anfang 1987 mit »Respect Yourself«, einem Song aus dem TV-Film »The Return Of Bruno«, verzeichnet. Immerhin erschienen die Platten von Bruce Willis auf dem Motown-Label. Bei »Under The Boardwalk« wirken denn auch als Backing-Sänger die Temptations mit. Ende 1987 heiratete Willis die erfolgreiche Schauspielerin Demi Moore, von der er sich inzwischen wieder scheiden ließ. Sein erfolgreichstes Album war »The Return Of Bruno« (2/87 US-LP 14, 4/87 GB-LP 4).

Respect Yourself (1/87 US 5; 3/87 GB 7)
Under The Boardwalk (5/87 GB 2)
Pop, Rhythm & Blues

Wills, Viola

VIOLA WILLS v (USA, in Los Angeles/Kalifornien)
Viola wurde von Barry White entdeckt, der sie zunächst als Sessionsängerin einsetzte und ihr 1965 einen Plattenvertrag gab. Sie veröffentlichte eine ganze Reihe Singles, die jedoch alle untergingen. 1972 wurde sie für die Sanctified Sisters verpflichtet, die Joe Cocker auf seiner »Mad-Dogs-&-Englishmen«-Tournee begleiteten. Nach dieser Tour machte Wills wieder Soloplatten, aber der Erfolg ließ noch auf sich warten. »Gonna Get Along Without You Now« war 1956 ein Hit für Patience & Prudence gewesen. »Both Sides Now/ Dare To Dream« (3/86 GB 35) war ihre einzige weitere Notierung.

Gonna Get Along Without You Now (10/79 GB 8)
One Hit Wonder, Pop, Soul

Wilma

WILMA v (Niederlande, * 28. 4. 1957 als Wilma Landkroon in Enschede)
Wilma sollte Anfang 1969 an die großen Erfolge des Landmannes Heintje als Kinderstar anknüpfen und sang »Heintje, baue ein Schloss für mich«. Da das kleine Zauberwort ›bitte‹ im Lied fehlte, hat Heintje ihr was gepfiffen – ja, ist er denn von Bau, Steine, Erden? Nach »Zauberfee« (5/69 D 28) war Wilma erledigt.

Heintje, baue ein Schloss für mich (1/69 D 10)
Deutscher Schlager, One Hit Wonder

Wilson, Al

AL WILSON v, d (USA, * 19. 6. 1939 in Meridian/Mississippi)
Wilson startete seine Karriere in Gruppen wie Jewels, Rollers und mit Johnny ›Legs‹ Harris & The Statesmen. Seine erste Hitnotierung, produziert durch Johnny Rivers, hatte Wilson mit »The Snake« (8/68 US 27, 8/75 GB 41). Mit der Jerry-Fuller-Nummer »Show And Tell« gelang Al ein Millionseller. Bis 1976 wurden weitere Titel in den Popcharts von ihm verzeichnet, darunter »La La Peace Song« (10/74 US 30) und »I've Got A Feeling (We'll Be Seeing Each Other Again)« (3/76 US 29). Bis Ende der 70er Jahre hatte er noch einige R&B-Hits.

Show And Tell (10/73 US 1)
Rhythm & Blues, Soul

Wilson, Ann

ANN WILSON v (USA, * 19. 6. 1950 in San Diego/Kalifornien)
Ann Wilson war zusammen mit ihrer Schwester Nancy die treibende Kraft hinter der Rockband Heart. Zusammen mit Mike Reno von Loverboy sang Ann »Almost Paradise ... Love Theme From Footloose« aus dem Film »Footloose«, mit Robin Zander, Leadsänger von Cheap Trick, »Surrender To Me« aus dem Film »Tequila Sunrise«.

Almost Paradise ... Love Theme From Footloose (5/84 US 7)
Surrender To Me (12/88 US 6)
Pop, Rock

Siehe auch: Loverboy; Heart

Wilson, Jackie

JACKIE WILSON v (USA, * 9. 6. 1934 in Detroit/Michigan, † 21. 1. 1984)
Der Sänger und Songschreiber begann seine Karriere in einer Gospelgruppe, wurde Amateurboxer und trat schließlich als Gesangssolist auf. Das alles brachte nichts, bis er 1953 als Ersatz für Clyde McPhatter zu Billy Ward & His Dominoes kam. »You Can't Keep A Good Man Down«, im Herbst 1953 Top 10 in den Rhythm-&-Blues-Charts, sang er als Mitglied dieser Formation. Ab 1957 ging er wieder als Solist. Seine erste Hitnotierung war »Reet Petite«. Die Platte kam Ende 1957 bis auf Platz 62 in den USA. Am 29. 9. 1975 fiel er nach einem Herzanfall in ein Koma, aus dem er nicht mehr erwachte. Er starb, nachdem er all die Jahre im Krankenhaus gelegen hatte, am 21. 1. 1984. 1987 wurde Wilson in die Rock and Roll Hall of Fame aufgenommen, und viele der großen Soul- und Popstars nennen ihn als ihr Vorbild. Sein Patenkind war die zwischenzeitlich erfolgreiche Jody Watley.

Reet Petite (11/57 GB 6; 11/86 GB 1; 2/87 D 4)
Lonely Teardrops (11/58 US 7)
Night (3/60 US 4)
Alone At Last (11/60 US 8)
My Empty Arms (1/61 US 9)

Baby Work Out (3/63 US 5)
(Your Love Keeps Lifting Me) Higher And Higher (8/67 US 6)
I Get The Sweetest Feeling (7/72 GB 9; 2/87 GB 3)
Rhythm & Blues, Soul

Wilson, J. Frank & The Cavaliers

GENE CROYLE (USA), JERRY GRAHAM (USA), PHIL TRUNZO (USA), J. FRANK WILSON v (USA, * 11. 12. 1941 in Lufkin/ Texas, † 4. 10. 1991), BOBBY WOODS (USA)
Wilson hatte Anfang der 60er Jahre in San Angelo seine eigene Band, die Cavaliers, gegründet. »Last Kiss« war eine der vielen Kurzliebesgeschichten, die zwischen einem Auto, einem Mädchen, einem Jungen und einem Unfall spielten. Die Nummer hatte der weiße Soulsänger Wayne Cochran geschrieben, der mit seiner Version nicht in die Hitparade kam. Nach »Last Kiss« hatte Frank »Hey Little One«, ebenfalls noch 1964, in den Charts. Danach wurde er nicht mehr notiert, bis eine Wiederveröffentlichung von »Last Kiss« 1973 sich noch einmal platzieren konnte.

Last Kiss (9/64 US 2)
One Hit Wonder, Pop

Wilson, Mari

MARI WILSON v (Großbritannien, * 29. 9. 1957 als Mari MacMillan Ramsey Wilson in London)
Wilson erfüllte sich im Herbst 1982 ihren größten Wunsch – einen Top-10-Hit: »Just What I Always Wanted«. Mari ist in einer Familie aufgewachsen, in der sich die Eltern für Peggy Lee und Judy Garland interessierten. Das machte aus ihr eine Hohepriesterin des Haarsprays und eine Nymphe des Nagellacks. Sich selbst bezeichnete sie, als sie 1982 den Hit hatte, als einen 26jährigen, veralteten Teenager. Mit »Cry Me A River« (3/83 GB 27) gelang ihr noch ein weiterer Top-40-Hit. Inzwischen hat sie ihre Verkleidungen abgelegt und sich mehr dem Jazz-Pop zugewandt.

Just What I Always Wanted (9/82 GB 8)
One Hit Wonder, Pop

Wilson, Meri

MERI WILSON v (Japan)
Meri wurde in Japan geboren und wuchs in Marietta/Georgia auf. Ihr Titel »Telephone Man« (6/77 US 18) war lediglich in GB ein Top-10-Hit. Vorher hatte Meri in Clubs und in Dallas für Werbejingles gesungen. Meri versuchte später, diesen Novelty-Hit »Telephone Man« zu wiederholen, und veröffentlichte Platten wie »Midnight In Memphis« oder »Peter The Meter Reader«. Nichts kam in die Charts. Aus ihr wurde später die Direktorin einer Grundschule in Georgia.

Telephone Man (8/77 GB 6)
One Hit Wonder, Pop

Wilson Phillips

CHYNNA PHILLIPS v (USA, * 12. 2. 1968 als Chynna Gilliam Phillips in Los Angeles/ Kalifornien), WENDY WILSON v (USA, * 16. 10. 1969 in Los Angeles/Kalifornien), CARNIE WILSON v (USA, * 29. 4. 1968 in Los Angeles/Kalifornien)
Dieses musikalisch vorbelastete Trio aus Los Angeles war förmlich zum Erfolg verpflichtet. Carnie und Wendy sind die Töchter vom Beach-Boys-Brain Brian Wilson, Chynna ist Sprößling von John und Michelle Phillips, die 50 Prozent der Mamas & Papas ausmachten. Von den dreien ist Chynna ohne Zweifel die Hüb-

scheste. Sie spielte dann auch mit in dem Film »Caddyshack II«. »Hold On« war die erste Single des Trios. Die Mädchen kennen sich bereits seit ihren Kindertagen: Sie sind zusammen aufgewachsen. Bei ihren Plattenaufnahmen beschränkten sie sich nicht darauf, angeliefertes Hitmaterial runterzusingen, sondern schrieben die meisten Titel auch mit. 1993 wurde das erste Album von Carnie und Wendy Wilson veröffentlicht. Angeblich sollte das nicht das Ende des Trios Wilson Phillips sein. Carnie Wilson dazu: ›Wir waren sieben Jahre lang jeden Tag zusammen. Jetzt machen wir eine Pause. Wenn es so weit ist, werden wir auch wieder zusammenkommen.‹ Sie brachten zwei erfolgreiche LPs heraus: »Wilson Phillips« (4/90 US-LP 2, 6/90 GB-LP 7) und »Shadows And Light« (6/92 US-LP 4, GB-LP 6).

Hold On (3/90 US 1; 5/90 GB 6)
Release Me (6/90 US 1)
Impulsive (10/90 US 4)
You're In Love (2/91 US 1)
Pop

Winans, CeCe

Siehe Houston, Whitney

Winding, Kai

KAI WINDING pos, bl (Dänemark, * 18. 5. 1922 als Kai Chresten Winding in Aarhus, † 6. 5. 1983)
Winding wanderte 1934 in die USA aus. Dort spielte er 1940 bei Shorty Allen, 1941 u. a. bei Alvino Rey und ab 1942 in Army-Bands. Nach dem Militär ging er zu Benny Goodman (1945/46), Stan Kenton (1947) und Charlie Ventura (1948). Danach arbeitete er mit eigenen Gruppen und als Studiomusiker. In den 50er Jahren spielte Kai mit Jay Jay Johnson zusammen in einem Quintett. In den 60ern war er u. a. Komponist für Filmmusiken. Aus dieser Zeit stammt auch sein einziger Hitparadenerfolg: »More«. Es war das Thema aus dem Film »Mondo Cane«. Winding arbeitete auch als Produzent, Agent, Veranstalter und Lehrer und trat regelmäßig bei Jazz-Festivals auf. Er starb 1983 in Spanien, wohin er sich seit einiger Zeit zurückgezogen hatte, an einem Gehirntumor.

More (7/63 US 8)
Instrumental, One Hit Wonder, Pop

Windows

JEANETTE MCKINLAY v (Großbritannien, * 1. 9. 1948 in Gloucester), PETER PETREL v (Deutschland, * 14. 4. 1940 als Peter Sauer in Frankenhausen)
Anfang 1972 hatte das holländische Duo Mouth & MacNeal einen großen Erfolg mit seiner Nummer »How Do You Do«. Für eine Coverversion stellte man das Duo Windows zusammen, und beide Aufnahmen kamen am 21. 2. 1972 in die deutsche Hitparade. Mouth & MacNeal erreichten Platz 5, die Windows Platz 1. Während die Holländer im selben Jahr mit »Hello-A« einen weiteren Top-10-Erfolg hatten, kamen Nachfolgeplatten der Windows nicht mehr unter die ersten 40. Ihre letzte Notierung hieß im Frühjahr 1974 »Hast du keine anderen Sorgen«. Peter Petrel – der 1968 eine Auszeichnung als beste Jazzstimme Deutschlands erhalten hatte – veröffentlichte auch Soloplatten. Sein größter Erfolg war »Ich bin viel zu bescheiden« (2/81 D 20).

How Do You Do (2/72 D 1)
Deutscher Schlager, One Hit Wonder

Wingfield, Pete

PETE WINGFIELD v, key, p (Großbritannien, * 7. 5. 1948 in Kiphook/Hampshire)

Der Tastenspieler, Songschreiber, Produzent und Sänger begann in der Gruppe Jellybread. Schon mit 16 hatte Pete ein monatliches Rhythm-&-Blues-Magazin namens ›Soul Beat‹ herausgegeben. Durch die 70er Jahre schrieb er immer wieder Artikel für die Zeitschrift ›Let it Rock‹. Nach seiner Zeit mit Jellybread ging Pete für ein halbes Jahr zur Keef Hartley Band, und ab 1972 wurde er für zwei Jahre Pianist bei Colin Blunstone. Im Anschluss daran ging er auf Europa- und Amerikatournee mit Maggie Bell und Van Morrison. Mit beiden machte er auch Studioaufnahmen, ebenso wie mit Freddie King, Jimmy Witherspoon, Jess Roden, Bloodstone, Al Stewart oder Mud. Zwischendurch begleitete er immer wieder Live-Konzerte von Musikern, so z. B. die Hollies auf ihrer US-Tournee. Ab Mitte der 70er Jahre machte er sich einen Namen als erfolgreicher Produzent, z. B. von Dexy's Midnight Runners, der Kane Gang, Blue Rondo A La Turk oder der Proclaimers. Aber auch als Studiomusiker war er weiterhin auf vielen Produktionen zu hören: Level 42, Elton John, Everly Brothers, Justin Hayward, Gilbert O'Sullivan, Hot Chocolate, Chris Rea oder Gerry Rafferty bedienten sich der Tastenspielkunst von Pete Wingfield. Auch Marius Müller-Westernhagen ließ sich bei Plattenproduktionen von Pete helfen.

Eighteen With A Bullet (6/75 GB 7)
AOR (Adult Orientated Rock), One Hit Wonder, Pop

Wink, Josh

JOSH WINK dj (Großbritannien)
Als Josh erstmals in den britischen Hitparade auftauchte, nannte er sich Winx. Es war die Platte »Don't Laugh« (5/95 GB 38, 5/95 D 26), mit der der Amerikaner sein Debüt in den GB-Charts hatte. Bereits 1990 war die Nummer »Hypnotizin'« (3/96 GB 35) in den USA veröffentlicht worden, ohne jedoch in den Charts aufzutauchen. Erst nach seinem ersten Top-10-Hit in GB wurde die Platte zumindest ein Top-40-Hit – und das auch nur in GB. Als »Higher State Of Conciousness« im Oktober 1995 erstmals in die britischen Charts kam, wurde als Interpret noch Josh Wink genannt. Beim Re-Entry 1996 stand Winx als Ausführender unter dem Titel. Ebenfalls 1995 wurde Josh als Size 9 in GB erfolgreich: »I'm Ready« (6/95 GB 52, 11/95 RE-GB 30). Danach wurde es für einige Jahre still um Josh. 2000 kam er mit einer überarbeiteten Version eines Hits von Lil Louis, »How's Your Evening So Far« (8/00 GB 23), und hatte damit mal wieder einen Hit.

Higher State Of Consciousness (10/95 GB 8)
Higher State Of Consciousness '96 (7/96 GB 7)
Dance

Winners

WOLFGANG JASS v (Deutschland)
Der Songschreiber und Sänger Wolfgang Jass plus vier Backgroundsängerinnen versteckten sich hinter diesem Gruppennamen. Für die Olympischen Spiele in Seoul 1988 nahmen die Winners den Titel »Go For Gold« auf. Sämtliche weiteren Veröffentlichungen dieser Formation wurden kein Erfolg. Jass hatte als Autor von »Seven Tears« oder »Sun Of Jamaica« für die Goombay Dance Band europaweit Erfolg.

Go For Gold (10/88 D 3)
One Hit Wonder, Schlager

Winslet, Kate

KATE WINSLET v (Großbritannien, * 5. 10. 1975 in Reading/Berkshire)
Mit dem Film »Titanic« hatte sie 1998 einen weltweiten Erfolg. Begonnen hat-

te sie ihre Karriere 1989 in der Rolle der Eleanor Sweet in der TV-Serie »Casualty«. 1992 spielte sie in der TV-Serie »Get Back« die Rolle der Juliet Hulme. Danach wirkte sie in einigen Filmen mit – und dann kam die Titanic. 2001 hörte man Kate in einer Animations-Neuauflage der Weihnachtsgeschichte von Charles Dickens, »A Christmas Carrol – The Movie«. Darin sang sie die Nummer »What If«, die auch als Single veröffentlicht wurde. Es hat schon weitaus schlechtere singende Schauspielerinnen gegeben. Im Januar 2002 kam sie mit dem Spionagethriller »Enigma« in die Kinos.

What If (11/01 D 6; 12/01 GB 6)
Pop

Winstons

G.C. COLEMAN v, d (USA), RAY MARITANO v, sax (USA), QUINCY MATTISON v, g (USA), SONNY PECKROL v, b (USA), RICHARD SPENCER v, sax (USA), PHIL TOLETTA v, org (USA)
Dieses Soulsextett aus Washington/D.C. wurde von der Gesangsgruppe Impressions in einem Club gesehen und dann gefragt, ob sie nicht als Begleitband für sie spielen wollten. Sie willigten ein und machten sich im Laufe der Zeit auch als eigenständige Formation einen Namen. Einige Mitglieder der Gruppe hatten vorher als Begleitmusiker von Otis Redding, Arthur Conley oder den Marvelettes gespielt. Im Frühjahr 1969 erschien ihre Single »Color Him Father«. Der Nachfolger »Love Of The Common People« kam schon nicht mehr unter die ersten 50, und nach diesen beiden Hitnotierungen verschwanden die Winstons wieder.

Color Him Father (5/69 US 7)
One Hit Wonder, Soul

Winter, Edgar

EDGAR WINTER v, key, sax (USA, * 28. 12. 1946 in Beaumont/Texas)
Der Sänger, Tastenspieler, Saxophonist und Songschreiber ist der jüngere Bruder von Johnny Winter, in dessen Band er Anfang der 60er Jahre spielte. Johnny war gerade 15, Edgar 13, als sie als Johnny & The Jammers ihre erste Platte aufnahmen. Später nannten sie sich Black Plague. Als das nichts wurde, versuchten beide als Solisten ihr Glück. Edgar gründete White Trash und dann die Edgar Winter Group, in der Ronnie Montrose und Rick Derringer Leadgitarre und Dan Hartman Bass spielten. In dieser Besetzung gelang im Frühjahr 1973 der Millionseller »Frankenstein« (5/73 GB 18, 7/73 D 39). Weitere Hits außerhalb der Top 10: »Free Ride« (8/73 US 14) und »River's Risin'« (7/74 US 33). Dann fiel seine Band wieder auseinander. Er spielte als Solist, dann wieder mit seinem Bruder oder auch auf Platten von Montrose, Meat Loaf oder Bette Midler.

Frankenstein (3/73 US 1)
Rock

Winters, Ruby

RUBY WINTERS v (USA, in Louisville/Kentucky)
Ruby wurde 1967 erstmals in den US-Charts notiert. Zusammen mit Johnny Thunder sang Ruby Winters »Make Love To Me«. 1969 hatte sie in ihrer Heimat zwei Platten knapp unter den ersten 100 der Charts stehen, dann war sie dort für die Pophitparaden vergessen. Mit »I Will« hatte sie vier Jahre zuvor unter den ersten 40 der R&B-Hitparade gestanden. Das Original des Titels stammte von Vic Dana, 1965 war es ein Top-10-Hit für Dean Martin. »Come To Me« (4/78 GB 11) folgte. Zwei weitere Hitnotierungen erreichten nicht mehr die Top 40. Nach Mitte

1979 war sie auch wieder aus den GB-Charts verschwunden.

I Will (11/77 GB 4)
Soul

Winwood, Steve

STEVE WINWOOD v, g, key, b, org (Großbritannien, * 12. 5. 1948 in Birmingham)
Der Sänger, Keyboarder, Komponist und Produzent begann seine Karriere 1963 bei der Spencer Davis Group. Er war die Stimme hinter den Hits »Keep On Running«, »Somebody Help Me«, »Gimme Some Loving« oder »I'm A Man«. Im April 1967 war er Mitbegründer von Traffic, 1969 von Blind Faith. Danach wurde Traffic neu formiert und hielt bis 1974. Steve arbeitete in der Folge mit Stomu Yamashta und Klaus Schulze. Ab 1977 machte er Soloplatten. »While You See A Chance« war Anfang 1981 seine erste Hitnotierung. In GB erreichte er die ersten 10 der Singlecharts nie. 1994 kam mit »Far From Home« eine neue CD von Traffic – diesmal als Duo mit Steve und Jim Capaldi. 1997 brachte Winwood dann wieder ein Soloalbum mit dem Titel »Junction 7«. Neben ihm wirkten bei den Aufnahmen als Mitmusiker Lenny Kravitz, Nile Rodgers, Jim Capaldi und als Produzent Narada Michael Walden mit. Seine erfolgreichen Soloalben: »Steve Winwood« (7/77 GB-LP 12, US-LP 22), »Arc Of A Diver« (1/81 GB-LP 13, US-LP 3, 2/81 D-LP 27), »Talking Back To The Night« (8/82 US-LP 28, GB-LP 6, D-LP 9), »Back In The High Life« (7/86 GB-LP 8, US-LP 3, D-LP 18), »Chronicles« (11/87 GB-LP 12, US-LP 26), »Roll With It« (7/88 GB-LP 4, US-LP 1, D-LP 7).

While You See A Chance (2/81 US 7)
Higher Love (6/86 US 1)
The Finer Things (2/87 US 8)
Valerie (10/87 US 9)
Roll With It (6/88 US 1)
Don't You Know What The Night Can Do? (8/88 US 6)
AOR (Adult Orientated Rock), Rhythm & Blues, Rock

Siehe auch: Davis, Spencer, Group; Traffic

Winx

Siehe Wink, Josh

Wise Guys

DJ TOUCHE dj (Großbritannien, als Theo Keating), REGAL dj (Großbritannien)
Das in London beheimatete ursprüngliche Duo Wise Guys hatte mit »Ooh La La« (6/98 GB 55) seinen ersten und auch bisher größten Erfolg. Ein Top-10-Hit wurde diese Nummer, nachdem Budweiser seine britische TV-Werbung damit unterlegte. Die Wise Guys hatten als Duo begonnen, Regal verließ das Projekt nach der Debüt-LP »Executive Suite« und gründete sein eigenes Projekt The Bronx Dogs. Somit kann man Wise Guys inzwischen als Soloprojekt ansehen. Nächster Hit war »Start The Commotion« (8/01 US 39).

Ooh La La (6/99 GB 2)
Pop

Wishful Thinking

TONY COLLIER v, g, b (Großbritannien), KEVIN FINN v, g (Großbritannien), JOHN FRANKLIN v, g (Großbritannien), JON REDPATH d (Großbritannien)
1969 nahm die Formation den Titel »Hiroshima« auf, der keinerlei Spuren hinterließ. Die Band fiel auseinander, und jahrelang waren die einzelnen Mitglieder mit anderen Projekten beschäftigt. Collier arbeitete hauptberuflich bei der BBC London als Songschreiber, Finn als Sessionsänger für die Kinks, New Seekers, Madeline Bell oder Olivia Newton-John. Franklin schrieb ebenfalls Lieder und hatte sich in der Nähe

von London ein eigenes Studio gebaut. Außerdem war er der musikalische Leiter der New Seekers. Der Urschlagzeuger war nicht mehr aufzutreiben, und deshalb nahm man 1979, als Wishful Thinking wieder zusammenkam, aus der Begleitgruppe der New Seekers den Drummer Redpath. Inzwischen war folgendes geschehen: Der Titel »Hiroshima« wurde von deutschen Rundfunkstationen so häufig gespielt, dass eine enorme Nachfrage entstand. Im Frühjahr 1978 kam die Platte in die deutsche Hitparade. Daraufhin wurden die Mitglieder gebeten, für neue Produktionen wieder zusammenzukommen. Das geschah 1979, jedoch mit wenig Erfolg. Es blieb bei diesem einen Hit.

Hiroshima (5/78 D 8)
One Hit Wonder, Pop

Siehe auch: Kinks; New Seekers; Newton-John, Olivia

Withers, Bill

BILL WITHERS v, g (USA, * 4. 7. 1938 in Slab Fork/West Virginia)
Withers nahm 1970, produziert von Booker T. Jones, seine ersten Platten auf. »Ain't No Sunshine« war Mitte des darauffolgenden Jahres ein Millionseller. Nach 1977 ließ Bills Erfolg nach. Dann war er als Sänger auf der Nummer »Just The Two Of Us« von Grover Washington jr. zu hören. Als Ende der 80er Jahre die Remixwelle grassierte, nahm man sich auch die Songs von Bill Withers vor. »Lovely Day«, ursprünglich in GB ein Top-10-Hit Anfang 1978, kam Ende 1988 in der Remixversion von Ben Liebrand erneut in die Charts. Seine Hits hat Withers alle selbst geschrieben, und er war als Songschreiber weiterhin gut im Geschäft. Sein erfolgreichstes Album war »Still Bill« (5/72 US-LP 4).

Ain't No Sunshine (7/71 US 3)
Lean On Me (4/72 US 1)
Use Me (8/72 US 2)
Lovely Day (1/78 GB 7; 9/88 GB 4)
Just The Two Of Us (2/81 US 2)
Soul

Witt, Joachim

JOACHIM WITT v, g (Deutschland, * 22. 2. 1949 in Hamburg)
Der Sänger, Gitarrist und Songschreiber war 1977 Mitbegründer der Formation Düsenberg. Nach drei Jahren und drei LPs stieg er aus und versuchte sich als Solist. Im Zuge der Neuen Deutschen Welle gelang ihm mit »Goldener Reiter« der erste Hit. »Kosmetik« (4/82 D 24) und »Tri Tra Trulala (Herbergsvater)« (8/82 D 39) waren noch zwei weitere Hitnotierungen. Seine erfolgreichsten Alben hießen »Silberblick« (1/82 D-LP 10) und »Edelweiss« (4/82 D-LP 20). Danach erschienen unter dem Motto »Laßt es sein, Kinder« weitere Singles und LPs von Witt, die an den früheren Erfolg nicht mehr anschließen konnten. Anfang 1995 veröffentlichte er eine Single, auf der aus dem goldenen Reiter ein »Goldener Raver« wurde. 1998 kam er zusammen mit dem Wolfsheim-Sänger Peter Heppner als Witt/Heppner und erreichte mit »Die Flut« nach mehr als 16 Jahren wieder die Top-10. Es folgten, diesmal wieder allein und schlicht nur ›Witt‹ genannt, »Und ... ich lauf« (10/98 D 25), »Bataillon d'amour« (11/00 D 26).

Goldener Reiter (12/81 D 2)
Die Flut (5/98 D 2)
Neue Deutsche Welle

Wizzard

MIKE BURNEY sax (Großbritannien, * 1. 11. 1944 in Birmingham), CHARLIE GRIMA d (Malta, * 1. 12. 1944), BILL HUNT key (Großbritannien, * 23. 5. 1947 in Birmingham), HUGH MCDOWELL c

(Großbritannien, * 31. 7. 1953 in Hampstead/London), NICK PENTELOW sax (Großbritannien, * 10. 6. 1951 in Guildford/Surrey), RICK PRICE v, b (Großbritannien, * 10. 6. 1944 in Birmingham), KEITH SMART d (Großbritannien, * 10. 12. 1946 in Birmingham), ROY WOOD v, g (Großbritannien, * 8. 11. 1946 als Ulysses Adrian Wood in Birmingham)

Die Formation war ein weiteres Projekt von Roy Wood, der Anfang der 70er Jahre und nach seinen großen Erfolgen mit Move nach einer neuen Herausforderung suchte. Eine hieß ELO, die andere Wizzard. Von beiden Formationen erschienen 1972 die ersten Platten. Im selben Jahr war mit »California Man« die letzte Single von Move erschienen. Schon die Anfänge von ELO zeigten, dass das mehr die Gruppe von Roy Woods Bandkollegen Jeff Lynne werden würde. Also machte Roy mit Wizzard seinen eigenen Ableger von Move. Im Februar 1975 trennte sich die Band. Dafür kamen neu die Wizzo Band, schließlich Roy Wood's Helicopters und wieder Soloplatten von Roy. Das erfolgreichste Album der Band war »Introducing Eddie And The Falcons« (8/74 GB-LP 19).

Nachdem man in den Charts lange nichts mehr von Roy gesehen hatte, kam er Ende 2000 in Zusammenarbeit mit den Wombles bzw. Mike Batt und dem Titel »I Wish It Could Be A Wombling Christmas« (12/00 GB 22). Bei dieser Nummer handelte es sich um eine Kombination der beiden Songs »I Wish It Could Be Christmas Everyday« der Gruppe Wizzard und »Wombling Merry Christmas« der Wombles.

Ball Park Incident (12/72 GB 6)
See My Baby Jive (4/73 GB 1; 6/73 D 5)
Angel Fingers (9/73 GB 1)
I Wish It Could Be Christmas Everyday (12/73 GB 4)
Rock 'n' Roll Winter (4/74 GB 6)
Are You Ready To Rock (12/74 GB 8)
Elektro-Pop, Rock

Siehe auch: Electric Light Orchestra; Move; Wood, Roy

Wolfgang

WOLFGANG v (Österreich, * 17. 2. 1950 als Wolfgang Hofer in Linz)

Der Sänger, Texter und Komponist stand im Frühjahr 1971 mit »Abraham (Das Lied vom Trödler)« in der deutschen Hitparade. Einziger Nachfolgehit war »Song For Julia« (9/71 D 26). Danach nahm Wolfgang zwar noch weitere Platten auf, war allerdings als Sänger nicht mehr sonderlich gefragt. Dafür freuten sich seine Kollegen, darunter Udo Jürgens, über seine Songs, die sie aufnahmen. Mehr und mehr verlegte sich Hofer auf die Arbeit für das Fernsehen. So ist er für etliche TV-Sendungen Drehbuchschreiber.

Abraham (Das Lied vom Trödler) (4/71 D 3)
Deutscher Schlager

Womack, Bobby

BOBBY WOMACK v, g (USA, * 4. 3. 1944 in Cleveland/Ohio)

Der Sänger, Gitarrist und Songschreiber war zusammen mit seinen vier Brüdern in der Gospelformation Womack Brothers. Zwischen 1962 und 1967 wurde daraus die Gruppe Valentinos, die Mitte 1964 das Original von »It's All Over Now« brachte. Dieses Stück wurde von den Rolling Stones gecovert und kam wenig später bis auf Platz 1 in den britischen Charts. Danach tourte Bobby als Gitarrist mit Sam Cooke, um schließlich dessen Witwe zu heiraten. Nebenher sei gesagt, dass sein Bruder Cecil die Tochter von Sam Cooke heiratete und mit ihr als Womack & Womack recht erfolgreich war. Ab 1965 begann Bobby Womack mit einer Solokarriere und wirkte nebenher als Sessiongitarrist auf Platten von Wilson Pickett, den Box Tops, Joe Tex, Aretha Franklin und Janis Joplin mit. Seine erste eigene Hitnotierung war im Herbst 1968 »Fly Me To The Moon«. »Harry Hippie« (12/72 US 31) wurde ein

Millionseller, »Lookin' For A Love« zwei Jahre später ebenfalls. Dieses Stück hatten 1962 bereits die Valentinos aufgenommen, und 1972 war es ein Top-40-Hit für die J. Geils Band. Bobby nahm auch zusammen mit dem amerikanischen Tenorsaxophonisten Wilton Felder und mit der Gruppe Living In A Box Platten auf. Seine letzte erwähnenswerte Hitnotierung war »I'm Back For More« (4/93 GB 27) im Duett mit Lulu.

Lookin' For A Love (2/74 US 10)
Soul

Siehe auch: Womack & Womack

Womack & Womack

LINDA COOKE WOMACK (USA), CECIL WOMACK (USA, in Cleveland/Ohio)
Cecil Womack bildete zusammen mit seinen Brüdern Bobby, Curtis, Cedric und Harry die Gospelgruppe Womack Brothers, aus der 1962 Sam Cooke die Valentinos machte. Cecil war erst mit der Sängerin Mary Wells verheiratet und ehelichte 1976 Linda, die Tochter von Sam Cooke, die sich seit 1964 als Songschreiberin betätigte. Die Beiden schrieben gemeinsam Songs für Chaka Khan, Millie Jackson, Ben E. King und Blondie. Als Womack & Womack veröffentlichte das Ehepaar das Album »Love Wars« (4/84 GB-LP 45). In den folgenden Jahren erschienen weitere LPs der Beiden, die jedoch in den USA nicht sonderlich erfolgreich waren. Auch ihr erster Singlehit hieß »Love Wars« (4/84 GB 14). »Teardrops« wurde ihr größter Erfolg – aber auch nur in Europa. »Life's Just A Ballgame« (11/88 GB 32, 12/88 D 30) und »Celebrate The World« (2/89 GB 19, 4/89 D 22) waren die weiteren Top-40-Erfolge. TV-Auftritte des Paares zeigten deutlich, dass die Dynastie der Womacks im Musikbereich fortbestehen wird. Diverser Nachwuchs tummelte sich da mit einer Lust auf der Bühne, die das sicher stellt. Ihr erfolgreichstes Album war »Conscience« (8/88 GB-LP 4, 10/88 D-LP 5).

Teardrops (8/88 GB 3; 10/88 D 2)
Rhythm & Blues, Soul

Siehe auch: Womack, Bobby

Wombles

MIKE BATT v, key, bl (Großbritannien, * 6. 2. 1950 in Southampton)
Die Studiogruppe war eine Kreation von Mike Batt. Nachdem sich »The Wombling Song« in den Charts hochschrauben konnte, stellte Mike Batt schnell eine Band zusammen, die die Wombles im Fernsehen darstellen konnte. Laut eigener Aussage musste Mutter Batt die ganze Nacht über die Kostüme nähen, mit denen die Musiker dann am nächsten Tag auftraten. Nun sieht Mike Batt wirklich nicht wie ein Popstar aus, aber das wäre nicht nötig gewesen. Ab Ende 1975 – Mike Batt hatte jetzt unter seinem Namen »Summertime City« in die Top 10 gebracht – war die Maskerade vorerst beendet – 1998 war sie wieder da. Zum 25jährigen Jubiläum veröffentlichte die Plattenfirma der Wombles die Nummer »Remember You're A Womble« im März wieder neu – diesmal stieg sie auf Platz 13 der GB-Charts ein. Die erfolgreichsten Alben der Wombles: »Wombling Songs« (3/74 GB-LP 19), »Remember You're A Womble« (7/74 GB-LP 18) und »Keep On Wombling« (12/74 GB-LP 17). Nachdem man in den Charts lange nichts mehr von Mike Batt gesehen hatte, kam er Ende 2000 wieder als Wombles in Zusammenarbeit mit Roy Wood und dem Titel »I Wish It Could Be A Wombling Christmas« (12/00 GB 22). Bei dieser Nummer handelte es sich um eine Kombination der beiden Songs »I Wish It Could Be Christmas Everyday« der Gruppe Wizzard und »Wombling Merry Christmas« der Wombles.

The Wombling Song (1/74 GB 4)
Remember You're A Womble (4/74 GB 3)
Banana Rock (6/74 GB 9)
Wombling Merry Christmas (12/74 GB 2)
Pop

Siehe auch: Batt, Mike

Wonder, Stevie

STEVIE WONDER v, d, p, mo (USA, * 13. 5. 1950 als Steveland Judkins Morris in Saginaw/Michigan)
Direkt nach der Geburt musste Wonder in einen Brutkasten, und durch eine Fehlversorgung erblindete er. Trotz seiner Behinderung begann Wonder mit sieben Jahren, Piano zu lernen, mit neun spielte er außerdem noch Schlagzeug und Mundharmonika. Noch als Pre-Teen sang er in einem Gospelchor. Stevies Musik wurde zu einem Mittelding aus Rhythm & Blues und Gospel, beeinflusst von Ray Charles und Sam Cooke. 1961 wurde er von Ron White, Mitglied der Miracles, entdeckt, und der arrangierte für ihn einen Vorspieltermin bei Motown Records. Berry Gordy war sofort überzeugt und machte mit ihm einen Vertrag. Seine ersten Singles, »I Call It Pretty Music« – Marvin Gaye spielte hier Schlagzeug –, »Waterboy« und »Contract On Love«, erschienen – und verkauften sich nicht. Das änderte sich schlagartig, nachdem Mitte 1963 »Fingertips – Pt. 2« in die US-Charts gekommen war und Platz 1 erreichte. Was sich zunächst anließ wie die Karriere eines Wunderkindes, das ein paar Platten veröffentlicht und dann wieder verschwindet, hatte Bestand und geht bis ins 21. Jahrhundert. Schon ab Mitte 1964 war nicht mehr von Little Stevie Wonder wie auf den ersten Platten, sondern nur noch von Stevie Wonder die Rede. Stevie Wonder konnte sich in der Hochzeit des Merseybeats gegen die britische Invasion durchsetzen. Bei »You Haven't Done Nothin'« sangen die Jackson 5 im Hintergrund, »Sir Duke« war eine Hommage an Duke Ellington, »Ebony And Ivory« sang er zusammen mit Paul McCartney, »That's What Friends Are For« als Teil von Dionne & Friends zusammen mit Dionne Warwick, Elton John und Gladys Knight, »I Just Called To Say I Love You« stammte aus dem Film »The Woman In Red«, »My Love« machte er zusammen mit Julio Iglesias. Wonder hat nicht nur die meisten dieser Titel im Alleingang geschrieben, sondern auch ohne weitere Musiker und fremde Produktionshilfe aufgenommen. Dazu war und ist er als Multi-Instrumentalist in der Lage. Im Laufe seiner Karriere hat er 17 Grammys gewonnen. Er spielte mit in den Filmen »Bikini Beach« und »Muscle Beach Party«. 1989 wurde er in die Rock and Roll Hall of Fame aufgenommen. Für die Produktion neuer Platten lässt sich Wonder in den letzten Jahren Zeit. Dafür erscheinen dann auch Meisterwerke. Wenn er neue Platten vorstellt, warnt er anwesende Journalisten schon mal: ›Wenn ihr keine gute Kritik schreibt, fahre ich euch persönlich nach Hause.‹ 1991 schrieb er den Soundtrack zum Spike-Lee-Film »Jungle Fever«. Einer der Songs des Jahres 1995 war die Nummer »Gangsta's Paradise« mit Coolio . Der erhielt bei der Grammy-Verleihung 1996 eine Auszeichnung als bester R&B-Song. Stevie Wonder wird sich darüber gefreut haben, denn sein »Pastime Paradise« von dem Album »Songs In The Key Of Life« lieferte die Vorlage. Als Gast von Babyface war Stevie Mitte 1997 auf der Single »How Come, How Long« zu hören – damit stand er nach etlichen Jahren mal wieder in den britischen Top 10. Der Hit »Wild Wild West« (5/99 US 1, 7/99 D 3, 7/99 GB 2) von Will Smith mit Dru Hill und Kool Moe Dee beinhaltete Samples aus Stevie Wonders Hit »I Wish« und Kool Moe Dees »Wild Wild West«. 1996 erhielt er einen Grammy für sein Lebenswerk.
Seine erfolgreichsten Alben waren »Little

Stevie Wonder/The 12 Year Old Genius« (7/63 US-LP 1), »My Cherie Amour« (10/69 US-LP 34, 12/69 GB-LP 17), »Talking Book« (11/72 US-LP 3, 2/73 GB-LP 16), »Innervisions« (8/73 US-LP 4, 9/73 GB-LP 8), »Fullfillingness' First Final« (8/74 US-LP 1, GB-LP 5, 10/74 D-LP 32), »Songs In The Key Of Life« (10/76 US-LP 1, GB-LP 2, 11/76 D-LP 23), »Journey Through The Secret Life Of Plants« (11/79 US-LP 4, GB-LP 8, 12/79 D-LP 33), »Hotter Than July« (11/80 US-LP 3, GB-LP 2, D-LP 12), »Stevie Wonder's Original Musiquarium I« (5/82 US-LP 4, GB-LP 8, 6/82 D-LP 33), »The Woman In Red« (9/84 US-LP 4, GB-LP 2, D-LP 3), »Love Songs – 16 Classic Hits« (11/84 GB-LP 20), »In Square Circle« (9/85 GB-LP 5, D-LP 8, 10/85 US-LP 5), »Characters« (11/87 GB-LP 33, 12/87 US-LP 17), »Conversation Peace« (3/95 GB-LP 8, 4/95 US-LP 16) und »Song Review – A Greatest Hits Collection« (11/96 GB-LP 19).

Fingertips – Pt. 2 (6/63 US 1)
Uptight (Everything's Alright) (12/65 US 3)
Blowin' In The Wind (7/66 US 9)
A Place In The Sun (11/66 US 9)
I Was Made To Love Her (6/67 US 2, GB 5)
Shoo-Be-Doo-Be-Doo-Da-Day (4/68 US 9)
For Once In My Life (11/68 US 2, GB 3)
My Cherie Amour (5/69 US 4; 7/69 GB 4)
Yester-Me, Yester-You, Yesterday (10/69 US 7, GB 2)
Never Had A Dream Come True (3/70 GB 6)
Signed, Sealed, Delivered, I'm Yours (6/70 US 3)
Heaven Help Us All (10/70 US 9)
If You Really Love Me (8/71 US 8)
Superstition (11/72 US 1)
You Are The Sunshine Of My Life (3/73 US 1; 5/73 GB 7)
Higher Ground (8/73 US 4)
Living For The City (11/73 US 8)
He's Misstra Know It All (4/74 GB 10)
You Haven't Done Nothin' (8/74 US 1)
Boogie On Reggae Woman (11/74 US 3)
I Wish (12/76 GB 5, US 1)
Sir Duke (4/77 US 1, GB 2, D 10)
Send One Your Love (11/79 US 4)
Master Blaster (Jammin') (9/80 US 5, GB 2, D 9)
I Ain't Gonna Stand For It (12/80 GB 10)
Lately (3/81 GB 3)
Happy Birthday (7/81 GB 2)
That Girl (1/82 US 4)
Ebony And Ivory (4/82 D 1, US 1, GB 1)
Do I Do (6/82 GB 10)
I Just Called To Say I Love You (8/84 US 1, GB 1, D 1)
Part-Time Lover (9/85 US 1, GB 3)
That's What Friends Are For (11/85 US 1)
Go Home (11/85 US 10)
My Love (8/88 GB 5)

Motown Sound, Pop, Rhythm & Blues, Soul

Wonder Stuff

MARTIN BELL bj, p, fiddle (Großbritannien), PAUL CLIFFORD b (Großbritannien, * 23. 4. 1968), MARTIN GILKS d (Großbritannien), MILES HUNT v, g (Großbritannien, * 29. 7. 1966), ROB JONES b (Großbritannien, † 30. 7. 1993), MALCOLM TREECE g (Großbritannien)

Die Gruppe wurde 1986 in Stourbridge/West Midlands gegründet. Im darauffolgenden Jahr veröffentlichten sie als erste Platte eine EP mit dem Titel »It's A Wonderful Day«, die von der Presse wohlwollender als von den Käufern aufgenommen wurde. »Give Give Give Me More More More« war im Frühjahr 1988 ihre erste Hitnotierung. Nach etlichen weiteren Platten, die sich vorwiegend in dem Bereich 20 bis 40 platzieren konnten, gelang Wonder Stuff mit »The Size Of A Cow« ein erster Top-10-Hit. Ende desselben Jahres veröffentlichten sie zusammen mit Vic Reeves eine neue Version des Tommy-Roe-Hits »Dizzy« aus dem Jahr 1969. Auf der EP »Welcome To The Cheap Seats« waren außer dem Titeltrack »Me, My Mom, My Dad And My Brother«, »Will The Circle Be Unbroken« und »That's Entertainment« zu hören. Bereits Ende der 80er Jahre hatte es Umbesetzungen gegeben: Für Jones kam Clifford und als Verstärkung Bell hinzu. Mitte der 90er Jahre trennte sich Wonder Stuff.

Miles Hunt wurde VJ bei MTV und moderierte dort die ›120 Minutes Show‹. Außerdem gründete er mit Vent 414 ein neues Projekt. Die restlichen Gruppenmitglieder gründeten Weknowwhereyoulive.
Die erfolgreichsten Alben waren »The Eight Legged Groove Machine« (8/88 GB-LP 18), »Hup« (10/89 GB-LP 5), »Never Loved Elvis« (6/91 GB-LP 3), »Constructions For The Modern Idiot« (10/93 GB-LP 4) und »If The Beatles Had Read Hunter . . . The Singles« (10/94 GB-LP 8).

The Size Of A Cow (4/91 GB 5)
Dizzy (10/91 GB 1)
Welcome To The Cheap Seats (EP) (1/92 GB 8)
On The Ropes (EP) (9/93 GB 10)
Pop

Wood, Brenton

BRENTON WOOD v, p (USA, * 26. 7. 1941 als Alfred Smith in Shreveport/Louisiana)
Brenton machte 1958 seine ersten Platten mit Little Freddie & The Rockets. »The Oogum Boogum Song« (4/67 US 34) war seine erste Hitnotierung als Solist. Im selben Jahr gelang ihm mit der von ihm mitgeschriebenen Nummer »Gimme Little Sign« (12/67 D 25) sein größter Hit. Schon nach 1968 und zwei weiteren Notierungen war Wood wieder im Unterholz verschwunden. Sein Song »Gimme Little Sign« tauchte 1995 in der Version von Danielle Brisebois wieder auf.

Gimme Little Sign (8/67 US 9; 12/67 GB 8)
Soul

Wood, Roy

ROY WOOD v, g (Großbritannien, * 8. 11. 1946 als Ulysses Adrian Wood in Birmingham)
Dieser Sänger, Multi-Instrumentalist und Songschreiber der Extraklasse begann schon 1963 in seiner Heimatstadt Birmingham mit Gerry Levene & The Avengers. Von 1964 bis Januar 1966 spielte Roy bei Mike Sheridan & The Nightriders und gründete im Februar 1966 seine eigene Formation Move. Die Gruppe hielt sich bis zum Jahr 1972. Schon im Herbst kam mit dem Electric Light Orchestra, kurz ELO, ein neues Projekt, aus dem Roy jedoch kurze Zeit später wieder ausstieg und mit Wizzard erfolgreich neue Pläne verfolgte. Als Solist wurde Roy der Single »Dear Elaine« (8/73 GB 18) erstmals in den GB-Charts verzeichnet. Ende desselben Jahres gelang ihm mit »Forever« sein einziger Top-10-Erfolg unter seinem Namen. Weitere Top-40-Hits waren »Going Down The Road« (6/74 GB 13) und »Oh What A Shame« (5/75 GB 13). Sein erfolgreichstes Album hieß »Boulders« (8/73 GB-LP 15).
Im September 1981 startete er Roy Wood's Helicopters.
Zwischendurch hatte Wood ab Mitte der 70er Jahre vertragliche Schwierigkeiten mit all den Firmen, bei denen er seine Projekte unter Dach und Fach gebracht hatte. Das trug dazu bei, dass man etliche Jahre von ihm nichts mehr hörte, obwohl er unter Pseudonymen eine ganze Reihe Platten aufgenommen hat. Außerdem betätigte er sich als Produzent, u. a. für die Darts. Mit den Helicopters gab es erneut Schwierigkeiten, weil dort Musiker mitspielten, die in anderen Bands unter Vertrag waren. 1986 baute er sich sein eigenes Aufnahmestudio, schrieb Songs für Robin Zander und arbeitete 1992 auch wieder an einem Soloprojekt.

Forever (12/73 GB 8)
Elektro-Pop, Pop

Siehe auch: Electric Light Orchestra; Move; Wizzard

Wookie feat. Lain

WOOKIE (Großbritannien)
Wookie war zum Zeitpunkt seines ersten

Top-10-Hits »Battle« 27 Jahre alt. Er studierte angeblich Architektur, bevor er sich 1990 für eine Karriere als Musiker entschied (hier scheint am Künstler eine Verjüngungskur vorgenommen worden zu sein). Er war verantwortlich für Remixe von Whitney Houston, Brandy, Gabrielle oder Soul II Soul. Mit »What's Going On« (6/00 GB 45) hatte er seinen ersten eigenen Hit, dann folgten »Battle« und »Back Up (To Me)« (5/01 GB 38). Lain war angeblich Leadsänger mit Nu Colours gewesen.

Battle (8/00 GB 10)
Pop

Woolpackers

STEVE HALIWELL v (Großbritannien), BILLY HARTMAN v (Großbritannien), ALUN LEWIS v (Großbritannien)
Bei dieser Formation stand wieder eine TV-Serie Pate: »Emmerdale«. Rein in die Charts – raus aus den Charts. Hitparadenluft geschnuppert und aus. Mit »Line Dance Party« (11/97 GB 25) kam noch ein typischer Nachfolgehit.

Hillbilly Rock Hillbilly Roll (11/96 GB 5)
Pop

Wreckx-N-Effect

A PLUS v (USA, * 2. 8. 1972 als Aquil Davidson in New York City), KEITH KC v, MIGGADY-MARK dj (USA, * 5. 12. 1970 als Markell Riley in New York City), BRANDON MITCHELL v (USA)
Die erste Plattenveröffentlichung dieses Trios lief unter der Überschrift ›New Jack Swing‹. Man versuchte, einen neuen Musikstil zu kreieren, und bezeichnete diesen als eine Mixtur aus ›shuffelndem Rhythmus, Hip-Hop-Beat und funky Grooves‹. Ihr Debütalbum erschien Ende 1989 und hinterließ keine sonderlichen Spuren. Nach dieser Platte verließ Keith KC das anfängliche Quartett. Im darauffolgenden Jahr musste die Formation einen schweren Schlag verkraften: Mitchell wurde erschossen, aber Davidson und Riley machten als Duo weiter. Ende 1992 kam die LP »Hard Or Smooth« (12/92 US-LP 9) in die US-LP-Charts und wurde über eine Million Mal verkauft. Als Single wurde »Rump Shaker« ausgekoppelt. In GB hatte die Rapformation Anfang 1990 mit »Juicy« (1/90 GB 29) ihre erste Hitnotierung gehabt. Produziert werden Wreckx-N-Effect von Markells Bruder Teddy Riley, der auch für Platten von Bobby Brown oder Michael Jackson verantwortlich ist. Teddy war vorher bei der Rhythm-&-Blues-Formation Kids At Work und bei Guy.

Rump Shaker (10/92 US 2)
HipHop, Rap

Wright, Betty

BETTY WRIGHT v (USA, * 21. 12. 1953 in Miami/Florida)
Wright war bereits als Dreijährige Bestandteil des Familien-Gospelchors The Echoes Of Joy. 1966 machte sie ihre ersten Soloplatten. »Girls Can't Do What The Guys Do« (8/68 US 33) war ihre erste Chartnotierung. »Dance With Me« sang sie zusammen mit Peter Brown. Nachdem sie lange Jahre nicht mehr in den Popcharts verzeichnet wurde, konnte sich 1990 der Titel »How 'Bout Us« aus dem Film »True Love«, den sie zusammen mit Grayson Hugh sang, zumindest noch in den Hot 100 platzieren. In den R&B-Charts hatte Betty viele Jahre Erfolg.

Clean Up Woman (11/71 US 6)
Dance With Me (3/78 US 8)
Soul

Wright, Gary

GARY WRIGHT v, key (USA, * 26. 4. 1943 in Creskill/New Jersey)
Der Sänger, Keyboarder und Songschreiber spielte im Alter von sieben Jahren in der US-TV-Serie ›Captain Video‹ mit. Mit seiner Formation New York Times trat er 1967 im Vorprogramm von Traffic bei deren Skandinavientournee auf. Danach wurde er Mitglied in der gerade neu gegründeten Formation Spooky Tooth. Die Band veröffentlichte in der Folgezeit sehr schöne, aber auch sehr erfolglose Platten. 1970 trennte man sich, und Gary versuchte sich als Solist – ohne Erfolg. 1973/74 kam Spooky Tooth noch einmal zusammen, und als es erneut zu keinen Hits kam, fasste Gary endgültig eine Solokarriere ins Auge. Seine Hitnotierungen gehen bis in das Jahr 1981. Sein erfolgreichstes Album war »Dream Weaver« (8/75 US-LP 7).

Dream Weaver (1/76 US 2)
Love Is Alive (4/76 US 2)
Pop, Rock

Wums Gesang

LORIOT v (Deutschland, * 12. 11. 1923 als Freiherr Bernhard Victor Christoph Carl von Bülow in Brandenburg an der Havel)
Wum und Wendelin sind die Zeichentrickfiguren, die seit Urzeiten den ›Großen Preis‹ anpriesen. Die Stimme beider Figuren sprach bzw. sang Loriot. Nach »Ich wünsch' mir 'ne kleine Miezekatze« gab es mit »Abbl-Dibabbl« (9/73 D 34) noch einen Erfolg, dann beschränkte sich Loriot wieder auf wichtigere Dinge wie Zeichnen und Sprechen.

Ich wünsch' mir 'ne kleine Miezekatze (10/72 D 1)
Deutscher Schlager

Wurzels

TOMMY BANNER (Großbritannien), TONY BAYLIS (Großbritannien), PETE BUDD (Großbritannien), ADGE CUTLER (Großbritannien, † 5. 5. 1974)
Adge Cutler, der vier Jahre lang Roadmanager von Acker Bilk gewesen war, gründete diese Formation als Adge Cutler & The Wurzels. Nachdem er bei einem Autounfall ums Leben gekommen war, machten die Wurzels als Trio weiter. Sie nahmen Platten in der Tradition von Blödeltruppen à la Goons oder Textverdrehern wie den Barron Knights auf. »The Combine Harvester« war eine Veralberung des Titels »Brand New Key« von Melanie. Aus »Una Paloma Blanca« machten sie »I Am A Cider Drinker«. Mitte 1977 wurde aus »I Was Kaiser Bill's Batman« »Farmer Bill's Cowman« (6/77 GB 37). Das erfolgreichste Album hieß ebenfalls »Combine Harvester« (7/76 GB-LP 15). 2001 kehrte der Titel »Combine Harvester« (8/01 GB 39) in die Charts zurück.

The Combine Harvester (Brand New Key) (5/76 GB 1)
I Am A Cider Drinker (Paloma Blanca) (9/76 GB 3)
Pop

Wu-Tang Clan

GENIUS/GZA rap (USA, * 22. 8. 1966 als Gary Grice in Staten Island/New York), GHOSTFACE KILLAH rap (USA, * 9. 5. 1970 als Dennis Coles in Staten Island/New York), INSPECTAH DECK rap (USA, * 6. 7. 1967 als Jason Hunter in Staten Island/New York), METHOD MAN rap (USA, * 1. 4. 1971 als Clifford Smith in Staten Island/New York City), OL' DIRTY BASTARD rap (USA, * 15. 11. 1968 als Russell Jones in Brooklyn/New York City), PRINCE RAKEEM/RZA rap (USA, * 5. 7. 1968 als Robert Diggs in Staten Island/New York), v SHALLAH RAEKWON rap (USA, als Corey

Woods in Staten Island/New York), U-GOD rap (USA, als Lamont Hawkins in Staten Island/New York)
Die Jungs aus Staten Island/New York agierten mal als Gruppe, mal als Einzelkämpfer. Sie fanden sich Anfang der 90er Jahre zusammen und werkelten vorher in Formationen wie Shaolin Soldiers (Shaolin ist im Jargon der HipHopper aus Staten Island ein Synonym für ihren New Yorker Vorort – das Original Shaolin wurde im Jahre 495 rund 600 Kilometer südwestlich von Peking gegründet. Hier begann der Siegeszug des Chan-Buddhismus – japanisch Zen-Buddhismus. Nach der Lehre Chan pflegte man in Shaolin die traditionellen Kampfkünste wie z. B. Wushu, aus dem sich Kung-Fu entwickelte), Killer Army, Brothers From The Grain, Shyheim The Rugged Child und anderen. Einen Kopf gibt es innerhalb der Formation nicht. GZA und Rakeem waren die ersten, die 1991 als Solisten Platten veröffentlichten. GZA: »Words From A Genius«, Rakeem: »Ooh I Love You Rakeem/Sexcapades«. Das erste gemeinsame Werk des Clans war das Album »Enter The Wu-Tang (36 Chambers)« (11/93 US-LP 41), das mit Platin ausgezeichnet wurde. Ihr nächstes Werk war »Wu-Tang Forever« (6/97 US-LP 1, 6/97 GB-LP 1, 6/97 D-LP 8), das ein weltweiter Erfolg wurde. Mit Singles tat sich die Gruppe schwer. Nach 1997 gingen die einzelnen Mitglieder eigenen Projekten nach, um schließlich Ende 2000 wieder zusammenzufinden und das Album »The W« (12/00 D-LP 11, US-LP 5) zu veröffentlichen. Daraus ausgekoppelt wurde die Single »Gravel Pit«.

Gravel Pit (11/00 D 5, GB 6)
HipHop, Rap

Siehe auch: Method Man; Texas

WWF Superstars

BRITISH BULLDOG v (Großbritannien, * 27. 11. 1962 als David Smith in Manchester), BRET HITMAN HART v (Kanada, * 2. 7. 1957 in Calgary), MACHO MAN RANDY SAVAGE v (USA, * 15. 11. 1952 als Randy Poffo in Sarasota/Florida), THE UNDERTAKER v (USA, * 24. 3. 1962 als Mark Calaway in Dallas/Texas)
WWF ist in diesem Fall die Abkürzung für World Wrestling Federation. Die Showkämpfe dieser Catcher, von denen keiner weniger als 100 Kilo auf die Waage bringt, sind speziell in England enorm beliebt. Als 1992 im Londoner Wembley Stadium der Summer Slam Event stattfand, waren innerhalb von 68 Minuten 84 000 Karten verkauft. Unter den zehn bestverkauften Videos des Jahres 1992 in GB waren acht von WWF. Das Produzententeam Mike Stock und Pete Waterman, das ja bekanntlich die traurigsten Stimmchen zum Klingen bringt, ließ vier der Kämpfer als WWF Superstars im Studio die Nummer »Slam Jam« trällern, die im Dezember 1992 passend zum Weihnachtsfest erschien. Nachfolgehit wurde »Wrestlemania« (4/93 GB 14). Darauf waren einige der anderen Catcher-Größen zu hören. »Wrestlemania – The Album« (4/93 GB-LP 10) war ebenfalls noch erfolgreich.

Slam Jam (12/92 GB 4)
Pop

Wynette, Tammy

TAMMY WYNETTE v (USA, * 5. 5. 1942 als Virginia Wynette Pugh in Itawamba County/Tupelo/Mississippi, † 6. 4. 1998)
Tammy wurde Ende 1966 erstmals in der US-Country-Hitparade notiert. Sie brachte es auf weit über 60 Hits, davon zwanzigmal Platz 1. In den US-Popcharts erreichte sie ihre höchste Notierung mit »Stand By Your Man«. Der Nachfolger »D.I.V.O.R.C.E.« schaffte Platz 12, und danach schien ihre erfolgreiche Hitzeit in den GB-Popcharts zu Ende. Ihre erfolg-

reichsten Alben waren »Tammy's Greatest Hits« (9/69 US-LP 37), »The Best Of Tammy Wynette« (5/75 GB-LP 4), »Stand By Your Man« (6/75 GB-LP 13) und »20 Country Classics« (12/77 GB-LP 3). Ende 1991 kam sie als Gastsängerin der englischen Band KLF bei dem Song »Justified And Ancient«. In den USA trug sie den Beinamen ›The First Lady of Country Music‹. Zwischen 1969 und 1975 war sie mit dem Countrystar George Jones verheiratet. Trotz ihres großen Hits »Stand By Your Man« brachte sie es auf fünf Ehemänner. Sie starb im Schlaf an einer Lungenembolie.

Stand By Your Man (4/75 GB 1)
Justified And Ancient (12/91 D 3, GB 2)
Country, Pop

Siehe auch: KLF

Wynter, Mark

MARK WYNTER v (Großbritannien, * 29. 1. 1943 als Terence Lewis in Woking/Surrey) Ein weiterer Brite, der US-Hits nachsingen durfte. Mark verkörperte Frankie Avalon und Tommy Sands. Zwischen 1960 und 1964 hatte er neun so genannte Teen-Dream-Records in den britischen Charts. Seine erfolgreichsten waren »Venus In Blue Jeans« und »Go Away Little Girl«. Mit »It's Almost Tomorrow« gelang ihm Ende 1963 noch ein Platz 12 in GB. »Only You« war im Frühjahr 1964 seine letzte Hitnotierung. Nachdem der Erfolg nachgelassen hatte, wanderte Wynter nach Australien aus, zog später wieder nach GB zurück und galt dann als passabler Mime in Musicals.

Venus In Blue Jeans (10/62 GB 4)
Go Away Little Girl (12/62 GB 6)
Pop

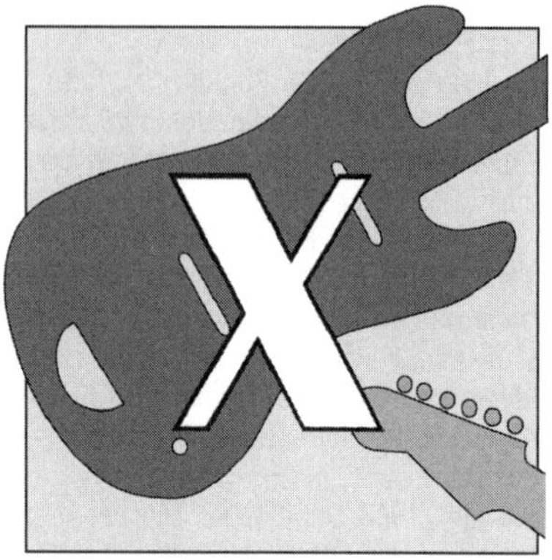

Xpansions

Richie Mallone dj (Großbritannien)

Hinter dem Projekt Xpansions steht der Discjockey, Produzent und Songschreiber Richie Mallone. Anfang 1991 erschien der Titel »Move Your Body (Elevation)« erst in den Dance-, dann auch in den Popcharts. Gesungen wurde das Stück von der zu diesem Zeitpunkt 16-jährigen Lizzie D., die aber nicht im Fernsehen mit Richie auftreten wollte. Er engagierte für TV-Auftritte Sally Ann Marsh, die vorher bei Faith, Hope & Charity war und nun nur noch die Lippen bewegen durfte. Wie viele seiner Discjockeykollegen konnte Mallone keinen weiteren Erfolg verbuchen. Ein Remix von »Move Your Body (Elevation)« erreichte im August 1995 Platz 14 in den GB-Charts. Jetzt nannte man sich Xpansions 95.

Move Your Body (Elevation) (2/91 GB 7)
One Hit Wonder, Pop

X-Perience

Alexander Kaiser (Deutschland, in Berlin), Claudia Uhle v (Deutschland, in Berlin), Matthias Uhle (Deutschland, in Berlin)

Matthias und Alex waren in Berlin seit vielen Jahren musikalisch aktiv. Die klassisch ausgebildete Sängerin Claudia Uhle (Matthias' Schwester) zeigte, dass man auch mit gekonntem Gesang in den Hitparaden bestehen konnte. Ihre erste Hitnotierung war »Circles Of Love« (3/96 D 72). Dann folgte »A Neverending Dream«. Zum Erfolg dieses Titels hat wohl auch beigetragen, dass er von einem gut gestalteten Video begleitet wurde. »Magic Fields« (2/97 D 34) und »I Don't Care« (10/97 D 33) waren weitere Top-40-Hits.

A Neverending Dream (8/96 D 4)
Pop

Xscape

Kandi Burruss v (USA, in Atlanta/Georgia), Tameka Cottle v (USA), Tamika Scott v (USA), La Tocha Scott v (USA)

Die vier schwarzen Mädchen aus Atlanta/Georgia wurden von Jermaine Dupri gefördert, der auch hinter dem Kinderduo Kris Kross stand. Er sah das Quartett als weibliche Antwort auf Jodeci. Die Mitglieder von Xscape waren zum Zeitpunkt ihres ersten Hits zwischen 17 und 20 Jahre alt. Nach zwei Top-10-Erfolgen im Jahre 1993 wurde es erst einmal wieder sehr still um die jungen Damen, die auf ihren Plattenhüllen recht finster dreinblicken. Ihr nächster Top-40-Hit war »Feels So Good« (6/95 US 32). »Who Can I Run To?« wurde im Original 1979 von The Jones Girls aufgenommen. Aus dem Film »Sunset Park« stammte die Nummer »Keep On, Keepin' On«, auf der Xscape als Gäste von MC Lyte mitsingen. Der Song brachte Samples aus »Liberian Girl« von Michael Jackson. Bei »My Little Secret« wurden die Mädchen von Jagged Edge begleitet. Kandi Burruss entwickelte sich zu einer erfolgreichen Songschreiberin und Solointerpretin. Als Gäste von Lil Bow Wow hatten sie den Hit »Bounce With Me« (8/00 US 20). Ihre erfolgreichsten Alben: »Hummin' Comin' At'cha« (10/93 US-LP 17), »Off The Hook« (8/95 US-LP 23) und »Traces Of My Lipstick« (5/98 US-LP 28).

Just Kickin' It (9/93 US 2)
Understanding (12/93 US 8)
Who Can I Run To (10/95 US 8)
Keep On, Keepin' On (3/96 US 10)
The Arms Of The One Who Loves You (5/98 US 7)
My Little Secret (10/98 US 9)
Rhythm & Blues

Siehe auch: Kandi

XTC

BARRY ANDREWS key (Großbritannien, * 12. 9. 1956 in London), TERRY CHAMBERS d (Großbritannien, * 18. 7. 1955 in Swindon/Wiltshire), DAVE GREGORY key (Großbritannien, * 21. 9. 1952 in Swindon/Wiltdshire), COLIN MOULDING v, b (Großbritannien, * 17. 8. 1955 in Swindon/Wiltdshire), ANDY PARTRIDGE v, g (Malta, * 11. 11. 1953)
Im Herbst 1977 wurde diese britische Band auf dem Höhepunkt des Punkbooms in Wiltshire/Swindon gegründet. Ihre erste LP hieß »White Music« (2/78 GB-LP 38). Anfang 1979 verließ Andrews die Band und wurde durch Gregory ersetzt. Vom Punk wandten sie sich schnell ab und wurden eine der führenden New-Wave-Bands. Im April 1982 verließ Chambers die Band, XTC machte als Trio weiter. Weitere Top-40-Hits: »Making Plans For Nigel« (9/79 GB 17), »Generals And Majors/Don't Lose Your Temper« (9/80 GB 32), »Towers Of London« (10/80 GB 31), »Sgt. Rock (Is Going To Help Me)« (1/81 GB 16) und »The Disappointed« (4/92 GB 33). Ihre erfolgreichsten Alben waren »Black Sea« (9/80 GB-LP 16) und »English Settlement« (2/82 GB-LP 5). Die drei veröffentlichten auch Platten als The Three Wise Men oder The Dukes Of Stratosphear. In den 90er Jahren verwandelte sich XTC immer mehr in eine Popband. Ihre Veröffentlichung »Nonsuch« im Frühjahr 1992 war voll sogenannter perfekter Popsongs. Von der britischen Presse wurden Andys Talente als Songschreiber mit denen von Ray Davies (Kinks) verglichen.

Senses Working Overtime (1/82 GB 10)
New Wave, Rock

XXL & Peter ›Cool Man‹ Steiner

PETER STEINER v (Schweiz)
Wurde er einfach nur vorgeführt oder wusste er wirklich, was da mit ihm geschah? Peter Steiner, geboren 1916, war der Cool Man. In einer TV-Werbung für Milka-Schokolade sagte er die Worte ›Aber Vorsicht! It's cool man‹ so, dass sich daraus eine ganze Technoplatte aufblasen ließ. Steiner, Oberhaupt einer 12-köpfigen Familie und Besitzer eines Souvenirshops in San Bernadino, war es allerdings gewohnt, im Rampenlicht zu stehen. So hatte der coolste Alp-Öhi Europas einst im Alphornblasen einen Wettbewerb gewonnen – und sein Bart wurde zum schönsten Exemplar seiner Gattung gewählt. Wer so prämiert ist, kann auch ›Aber Vorsicht! It's cool man‹ sagen. Die Platte »It's Cool Man« machte die Schokoladenfirma Milka zur glücklichsten weit und breit. Jeder dachte beim Abspielen des Titels auch an ihre dusselige lila Kuh und machte eine Pause. So viel unbezahlte Werbung hatte in den letzten Jahren höchstens Bacardi-Rum.

It's Cool Man (1/95 D 5)
One Hit Wonder, Techno

Xzibit

XZIBIT rap (USA, * 18. 9. 1974 als Alvin Nathaniel Joiner in Detroit)

Der in Detroit geborene Rapper und Songschreiber wuchs in New Mexico auf. Mit »Paparazzi« (7/96 US 84, 10/96 D 11) hatte er seinen ersten Erfolg. Nachfolger »The Foundation« (11/96 R&B 58) brachte es nur in die amerikanischen R&B-Charts. Nach längerer Pause kam er mit »X« (3/01 GB 14). Als Gast war auf diesem Titel Snoop Dogg zu hören. Sein erfolgreichstes Album hieß »Restless« (12/00 US-LP 12).

X (2/01 D 4)
Dance, Disko

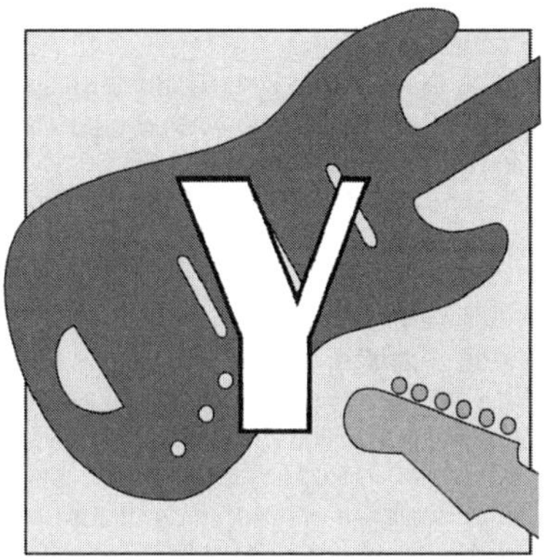

Yanai, Kate

KATE YANAI v

Die Tochter eines amerikanischen Filmmusikproduzenten sang ein Werbejingle für den Rumhersteller Bacardi. Nachdem dieses Lied als Bootleg in Diskotheken in ganz Europa aufgetaucht war, entschloss sich der Komponist des Originals, der Franzose Olivier Bloch-Lainé, das Stück noch einmal neu aufzunehmen. Yanai war gerade in den USA auf einer Tournee mit James Taylor, fand aber Zeit, in einem Studio in Los Angeles den Titel »Bacardi Feeling« neu einzusingen. Das fertige Band wurde dann in Paris mit dem Originalmaster der Instrumentalparts zusammengemixt, und fertig war der Deutschland-Sommerhit 1991. 1994 erschien ihr Debütalbum. Daraus ausgekoppelt wurde die Single »Cry, Cry Louise«, die es jedoch nur bis auf Platz 61 in Deutschland brachte.

Bacardi Feeling (8/91 D 1)
One Hit Wonder, Pop

Yarbrough & Peoples

ALISA PEOPLES (USA), CALVIN YARBROUGH (USA)

Das Duo aus Dallas lernte sich im Kirchenchor kennen. Ab 1977 traten sie gemeinsam auf und wurden von der Gap Band entdeckt und gefördert. Ihr erster Hit war auch gleich ihr größter: »Don't Stop The Music«. In den USA erreichte die Aufnahme im Frühjahr 1981 zwar nur die Top 20, wurde aber ein Millionseller. In den Hitparaden wurden sie bis 1986 notiert, jedoch nicht mehr unter den Top 40. Ihr erfolgreichstes Album hieß »The Two Of Us« (12/80 US-LP 16).

Don't Stop The Music (12/80 GB 7)
Soul

Yardbirds

JEFF BECK g (Großbritannien, * 24. 6. 1944 in Wallington/Surrey), ERIC CLAPTON v, g (Großbritannien, * 30. 3. 1945 als Eric Patrick Clapp in Ripley/Surrey), CHRIS DREJA g (Großbritannien, * 11. 11. 1944 in Surbiton/Surrey), JIM MCCARTY d (Großbritannien, * 25. 7. 1943 in Liverpool), JIMMY PAGE g (Großbritannien, * 9. 1. 1944 in Heston/London), KEITH RELF v, g, b, harm (Großbritannien, * 22. 3. 1943 in Richmond/Surrey, † 14. 5. 1976), PAUL SAMWELL-SMITH b (Großbritannien, * 8. 5. 1943 in Richmond/Surrey), TONY »TOP« TOPHAM g (Großbritannien)

1963, als in GB der Rhythm & Blues boomte, wurden die Yardbirds gegründet. Schon im Gründungsjahr verließ Topham wieder die Band und wurde durch Clapton ersetzt. Anfang 1964 erhielten sie einen Plattenvertrag und veröffentlichten Mitte desselben Jahres ihre Debüt-Single »I Wish You Would«. In die Charts kam die Platte nicht, von der Presse wurde sie jedoch gut besprochen. Im Herbst 1964 erschien »Good Morning Little Schoolgirl« und wurde die erste Chartnotierung der Yardbirds. Als »For Your Love« ein Hit wurde, verließ Clapton

die Band wieder, weil er genau diese Nummer mochte wie Halsschmerzen. Er ging zu John Mayall, und für ihn kam Beck. Im Herbst 1966 wurde »Happenings Ten Years Time Ago« ihre letzte Chartnotierung. Mitte 1966 verließ Samwell-Smith die Gruppe, für ihn kam Jimmy Page. Im Oktober desselben Jahres ging auch Beck und machte mit Rod Stewart und Ron Wood die Jeff Beck Group. Am 8. 5. 1967 traten die Yardbirds beim Cannes-Filmfestival auf. Dort war u. a. der Streifen »Blow Up« zu sehen, in dem sie das Stück »Stroll On« spielten. Im Frühjahr 1968 wurde ein Auftritt der Yardbirds in New York für ein mögliches Live-Album mitgeschnitten. Nachdem sie die Aufnahmen gehört hatten, überzeugten sie ihre Plattenfirma, das Album lieber nicht zu veröffentlichen. Am 7. 7. 1968 wurde die offizielle Trennung der Yardbirds bekannt gegeben. Dreja wurde Fotograf, Relf und McCarty planten eigene Bands, Page gründete die New Yardbirds, aus denen später Led Zeppelin wurde. Relf starb im Mai 1976 an einem Elektroschlag durch seine Gitarre. Mitte 1983 kamen Dreja, McCarty und Samwell-Smith für Auftritte im Marquee Club in London wieder zusammen. Mit John Fiddler bildeten sie danach die neue Gruppe Box Of Frogs. 1992 wurden die Yardbirds in die Rock and Roll Hall of Fame aufgenommen.
Ihre erfolgreichsten Alben hießen »For Your Love« (11/65 D-LP 20) und »Yardbirds« (7/66 GB-LP 20).

For Your Love (3/65 GB 3; 5/65 US 6)
Heart Full Of Soul (6/65 US 9, GB 2)
Evil Hearted You/Still I'm Sad (10/65 GB 3)
Shapes Of Things (3/66 GB 3)
Over Under Sideways Down (6/66 GB 10)
AOR (Adult Orientated Rock), Pop, Rhythm & Blues

Siehe auch: Led Zeppelin; Honeydrippers

Yazoo

VINCE CLARKE key, syn (Großbritannien, * 3. 7. 1960 in Basildon/Essex), ALISON MOYET v (Großbritannien, * 18. 6. 1961 als Genevieve Alison-Jane Moyet in Billericay/Essex)
Clarke hatte gerade das Projekt Depeche Mode verlassen, als er im Januar 1982 Yazoo vorstellte. Nach 1983 wandte sich Clarke zuerst Assembly mit Feargal Sharkey und schließlich Erasure zu. Moyet wurde eine erfolgreiche Solistin. In den USA erschienen die Platten des Duos unter dem Namen Yaz. Im November 1983 wurde »Only You« Spitzenreiter für die Formation Flying Pickets. Ende 1990 wurde von ihrer ehemaligen Plattenfirma das Stück »Situation« noch einmal veröffentlicht und schaffte es immerhin in die Top 20. Im Herbst 1999 wurde bekannt, dass Vince und Alison wieder als Duo ein Album aufnehmen wollen.
Die erfolgreichsten Alben von Yazoo: »Upstairs At Eric's« (9/82 GB-LP 2, D-LP 14, 10/82 US-LP 92) und »You And Me Both« (7/83 GB-LP 1, D-LP 15).

Only You (4/82 GB 2)
Don't Go (7/82 D 4, GB 3)
Nobody's Diary (5/83 GB 3)
Elektro-Pop

Siehe auch: Depeche Mode; Erasure; Moyet, Alison; Assembly

Yazz

YAZZ v (Großbritannien, * 19. 5. 1963 als Yasmin Evans in Shepherd's Bush/London)
Die Tochter eines Jamaikaners und einer Engländerin schloss sich Ende der 70er Jahre der Band Biz an. Danach arbeitete sie vorübergehend als Model und wurde schließlich 1987 von der Gruppe Coldcut zur Produktion der Platte »Doctorin' The House« hinzugezogen. Diesen Erfolg nutzte Yazz als Sprungbrett für eine Solo-

karriere. »Where Has All The Love Gone« noch 1989, und »Treat Me Good« Mitte 1990 kamen schon nur noch in die Top 20. 1992 erschien ihr Album »One True Woman«, 1994 »One On One«. Ihr erfolgreichstes hieß »Wanted« (11/88 GB-LP 3).

Doctorin' The House (2/88 GB 6)
The Only Way Is Up (7/88 D 3, GB 1)
Stand Up For Your Love Rights (10/88 D 10, GB 2)
Fine Time (2/89 GB 9)
Dance

Yell!

DANIEL JAMES v, key (Großbritannien, * 5. 9. 1966 in Buckinghamshire), PAUL VARNEY v (Großbritannien, * 1. 2. 1971 in Hillinbdon/England)
Dieses Duo war als die neue Teenie-Sensation des Hauses Stock/Aitken/Waterman gedacht. Allerdings reichte die Luft gerade mal für einen eizigen Top-10-Hit: »Instant Replay«, eine Coverversion der Dan-Hartman-Nummer. Paul Varney veröffentlichte 1991 mit »If Only I Knew« seine erste Soloplatte und wurde von S/A/W als der neue Rick Astley angekündigt – war aber auch nix.

Instant Replay (1/90 GB 10)
Boy Group, One Hit Wonder

Yello

BORIS BLANK syn (Schweiz, * 15. 1. 1953 in Zürich), DIETER MEIER v (Schweiz, * 4. 3. 1945 in Zürich), CARLOS PERON syn
Diese Gruppe ist wohl die einzige Schweizer Formation mit Weltgeltung. Dabei verstehen sich Blank und Meier weniger als Gruppe, sondern als Multimediaprojekt. Legendär sind ihre Videos. In den Anfangstagen waren Peron und Blank Yello, 1979 kam Meier hinzu und mit »Solid Pleasure« erschien 1980 ihre Debüt-LP. Vor allen Dingen in den Diskotheken von New York und London wurden Yello ab sofort als Techno-Diskostars gehandelt. 1982 trennte sich Peron von Yello, Meier und Blank machten als Duo weiter. »I Love You« war Mitte 1983 die erste Hitnotierung von Yello in GB. Eine ihrer schönsten Nummern war 1987 »Oh Yeah«. Die Amerikaner fanden den Titel so gut, dass sie ihn gleich in zwei verschiedenen Filmen verbrieten: »Ferris Bueller's Day Off« und »The Secret Of My Success«. Sehr schön auch die Aufnahme »Rhythm Divine«, auf der Shirley Bassey sang. Hitnotierungen gingen bis in die 90er Jahre. Ihre erfolgreichsten Alben waren »Stella« (2/85 D-LP 6), »Yello 1980–1985« (4/86 D-LP 20) und »Baby« (7/91 D-LP 6).

The Race (5/88 D 4; 8/88 GB 7)
Disko, Elektro-Pop, Techno

Yellow Dog

HERBIE ARMSTRONG v, g (Irland), GERRY CONWAY d (Großbritannien, * 11. 9. 1947 in Norfolk), ROD DEMICK v, g (Großbritannien), NICK FEET b (Großbritannien), JIM GANNON v, g (Großbritannien), PHIL PALMER g (Großbritannien), ANDY ROBERTS g (Großbritannien), GARY TAYLOR b (Großbritannien), PETER VAN HOOKE d (Großbritannien, * 4. 6. 1950 in London), KENNY YOUNG v, g (USA)
Der erfolgreiche Songschreiber Kenny Young hat Hits für die Drifters und die Rolling Stones – »Under The Boardwalk« –, Herman's Hermits, Ben E. King, die Searchers, Status Quo, Seekers, Mark Lindsay und viele andere geschrieben. Außerdem betätigte er sich als Produzent für Nancy Sinatra, Amazing Blondel und die Average White Band. Nachdem er für Warner Brothers zwei Soloalben veröffentlicht hatte, siedelte er 1968 nach GB

über. Zusammen mit dem Iren Armstrong gründete er die Gruppe Fox. Young und Armstrong waren es auch, die Anfang 1978 als Yellow Dog »Just One More Night« herausbrachten. Bei der Veröffentlichung dieser witzigen Nummer in Deutschland wurde ein Joke beim Überspielen der Single übersehen. Der Schluss – man hatte ihn gerade rausgeschmissen und war froh, dass er endlich weg war, da klingelt das Telefon, und schon wieder bettelt er darum, eine weitere Nacht bleiben zu dürfen – wurde aus Dusseligkeit nicht mit überspielt. Neben den beiden wirkten bei Yellow Dog jede Menge andere Musiker mit. Nach der ersten LP, die 1977 erschien, verließen Conway, Roberts, Gannon und Taylor die Urzelle Young/Armstrong. Die Single »Just One More Night« wurde anscheinend nur von diesen beiden eingespielt. Für die Produktion der nächsten LP kamen dann Palmer, Feet und van Hooke. Noch im Januar 1978 verließ Palmer Yellow Dog, und für ihn kam Demick. Der hatte vorher mit Armstrong im Duo Demick & Armstrong gespielt und zwei erfolglose Platten veröffentlicht.

Just One More Night (2/78 GB 8)
One Hit Wonder, Pop

Siehe auch: Fox

Yes

JON ANDERSON v (Großbritannien, * 25. 10. 1944 in Accrington/Lancashire), PETER BANKS g (Großbritannien, * 7. 7. 1947 in Barnet/Hertfordshire), BILL BRUFORD d (Großbritannien, * 17. 5. 1948 als William Scott in London), GEOFF DOWNES v, key (Großbritannien), TREVOR HORN v, g (Großbritannien, * 15. 7. 1949 in Hertfordshire), STEVE HOWE v, g (Großbritannien, * 8. 4. 1947 in London), TONY KAYE key (Großbritannien, * 11. 1. 1946 in Leicester), PATRICK MORAZ key (Schweiz, * 24. 6. 1948 in Morges), TREVOR RABIN g (Südafrika, * 13. 1. 1954 in Johannesburg), CHRIS SQUIRE b (Großbritannien, * 4. 3. 1948 in London), RICK WAKEMAN key (Großbritannien, * 18. 5. 1949 in London), ALAN WHITE d (Großbritannien, * 14. 6. 1949 in Pelton/Durham)

Diese progressive Rockgruppe wurde 1968 in London gegründet. Ihr teilweise sehr langes Material war für Singleveröffentlichungen nur schlecht geeignet. Die Fluktuation innerhalb der Band war im Laufe ihres Bestehens recht groß. Im November 1969 war das Debütalbum »Yes« erschienen, das keinerlei Spuren in Hitparaden hinterließ. Wenig später verließ Banks Yes und wurde durch Howe ersetzt. Banks gründete 1972 die Formation After The Fire. In den Singlehitparaden wurde »Your Move« (9/71 US 40) als erste Platte aufgeführt. Erste Notierung in GB war der einzige Top-10-Erfolg der Gruppe dort: »Wonderous Stories«. Zum Besetzungskarussell von Yes: Kaye hatte im August 1971 die Band verlassen und war durch Wakeman ersetzt worden. Ein Jahr später ging Bruford, für ihn kam White. Mitte 1974 verließ Wakeman Yes und wurde durch den Schweizer Moraz ersetzt. Der ging Ende 1976, und Wakeman kam wieder zurück. Ab Anfang 1980 – zwischenzeitlich hatten die meisten Mitglieder schon mal Soloprojekte ausprobiert – machte Anderson zusammen mit Vangelis das Projekt Jon & Vangelis. Wenig später verließ Anderson die Gruppe ganz, und Wakeman ging schnell weg. Die beiden Buggles Horn und Downes kamen als Ersatz. Im April 1981 gingen Squire und White, und der Auseinanderbruch der Band wurde offiziell bestätigt. Im Herbst 1982 kam es mit Anderson, Squire, Rabin, White und Kaye zu einer Wiedervereinigung von Yes, die man jedoch mehr als eine lockere Verbindung sehen muss. 1988 fiel auch die wieder auseinander, 1989 – jetzt nicht als Yes, sondern als

Anderson, Bruford, Wakeman & Howe – kamen besagte Mitglieder wieder zusammen, um schließlich 1991 unter Hinzunahme von Kaye, Squire, White und Rabin wieder als Yes zu spielen. Mit »Talk« erschien 1994 ein weiteres Werk von Yes. Besetzung jetzt: Anderson, Rabin, Squire, Kaye und White. 2001 war Yes noch immer unterwegs. Mit ihrem Album »Magnification« zogen sie durch die USA und spielten 32 Shows. Jetzt dabei: Anderson, Howe, Squire und White.
Die erfolgreichsten Alben von Yes: »The Yes Album« (4/71 GB-LP 7, 5/71 US-LP 40), »Fragile« (12/71 GB-LP 7, 1/72 US-LP 4), »Close To The Edge« (9/72 GB-LP 4, 10/72 US-LP 3, 11/72 D-LP 36), »Yessongs« (5/73 GB-LP 7, US-LP 12, 7/73 D-LP 28), »Tales From Topographic Oceans« (12/73 GB-LP 1, 2/74 US-LP 6, 2/74 D-LP 26), »Relayer« (12/74 GB-LP 4, US-LP 5, 1/75 D-LP 27), »Yesterdays« (3/75 US-LP 17, GB-LP 27), »Going For The One« (7/77 GB-LP 1, US-LP 8, 8/77 D-LP 6), »Tormato« (10/78 GB-LP 8, US-LP 10, D-LP 36), »Drama« (8/80 GB-LP 2, 9/80 US-LP 18), »90125« (11/83 GB-LP 16, 12/83 US-LP 5, D-LP 2), »Big Generator« (10/87 GB-LP 17, US-LP 15), »Union« (5/91 GB-LP 7, US-LP 15) und »Talk« (4/94 GB-LP 20).

Wonderous Stories (9/77 GB 7)
Owner Of A Lonely Heart (11/83 D 10, US 1)
Rock

Siehe auch: Jon & Vangelis

Yomanda

PAUL MASTERSON dj (Großbritannien)
Hinter Yomanda verbirgt sich ein professioneller Discjockey. Er war bereits mit mehreren Projekten in der britischen Hitparade vertreten, z. B. mit Sleazesisters, den Candy Girls (hier hatte er zusammen mit Sweet Pussy Pauline »Wham Bam« (2/96 GB 20)) und Dorothy & Amen UK. Mit letztgenannter Gruppe gelang ihm der Top-20-Hit »Passion« (2/97 GB 15). Als Produzent war er verantwortlich für Hits von Kylie Minogue, M-People, Dana International, Five und 911. Der Hit »Synth & Strings« beinhaltete Samples aus Liquid Golds »Dance Yourself Dizzy«. Mit »Sunshine« (3/00 GB 16) und »On The Level« (9/00 GB 28) wurde er auch 2000 notiert.

Synth & Strings (7/99 GB 8)
Dance

York

Als »OTB (On The Beach)« erschien die Single der beiden Dance-Produzenten im August 1999 in den deutschen Charts und erreichte Platz 70. Knapp ein Jahr später wurde die Platte in GB veröffentlicht und auf Anhieb ein Top-10-Hit. Torsten und Jörg Stenzel hatten in der Vergangenheit mit DJ Sakim, Faithless oder Taucher gearbeitet und für Hits gesorgt. In den britischen Charts verpassten sie mit ihrer ersten Chartnotierung »The Awakening« (5/98 D 81, 10/99 GB 11) nur knapp die Top 10. Ihre nächsten Hits waren »Fields Of Love« (10/00 D 42, 1/01 GB 16) – hier wirkten ATB mit – und »Farewell To The Moon« (11/00 GB 37).

On The Beach (6/00 GB 4)
Dance

Young, Faron

FARON YOUNG v (USA, * 25. 2. 1932 in Shreveport/Louisiana, † 10. 12. 1996)
›The Young Sheriff‹, so Farons Spitzname, machte ab 1951 Platten als Mitglied von Tillman Franks & His Rainbow Boys. 1952 wurde er Solist und hatte 1953 seinen ersten Top-10-Hit in den C&W-Charts mit der Nummer »Goin' Steady«. In der Liste der erfolgreichsten Country-Interpreten

aller Zeiten wurde er lange unter den ersten 20 geführt. Die Zahl seiner Hits reicht bis in die 90er Jahre – insgesamt schaffte er es mit 89 Titeln in die Country-Charts, davon 5 mal Platz 1. Das Stück »Alone With You« stand 13 Wochen hintereinander auf Platz 1. In den Popcharts war seine erste Notierung Mitte 1957 »The Shrine Of St. Cecilia«. »Hello Walls« (4/61 US 12) war sein erfolgreichster US-Pophit. Seine einzige Notierung in GB ist »It's Four In The Morning«, in den USA in den C&W-Charts Platz 1. Young war auch als Schauspieler in vielen Western zu sehen und Gründer und Verleger der Zeitschrift Music City News in Nashville. Er starb 1996 an einer Schusswunde, die er sich selbst beigebracht hatte. Er hinterließ einen Brief, in dem er behauptete, nach einer Prostata-Operation unheilbar krank zu sein. Freunde äußerten, er sei nach einem Karriereknick depressiv geworden.

It's Four In The Morning (7/72 GB 3)
Country

Young, John Paul

JOHN PAUL YOUNG v (Großbritannien, * 21. 6. 1950 in Glasgow/Schottland)
John Paul war mit seinen Eltern in den 60er Jahren nach Sydney ausgewandert. Mit dem Team Vanda/Young (keine Verwandtschaft zu Paul) brachte er »Standing In The Rain« in die Charts. Sein größter internationaler Erfolg wurde die Nummer »Love Is In The Air«. Danach erschienen viele Singles und LPs, die diesen locker-flockigen Sound des großen Hits wiederholen wollten, ihm aber teilweise zu nah kamen und deshalb wie schlechte Kopien wirkten. Seine ersten Sporen als Sänger hatte sich John Paul in der Gruppe Elm Tree und als Mitglied im Musical »Jesus Christ Superstar« verdient. Nach seiner Karriere als Popstar wurde er bei einer Radiostation in Newcastle, South Wales (Australien), Discjockey. 2001 kam »Love Is In The Air« (11/01 D 33, 1/02 GB 25) von der Formation Milk & Sugar vs. John Paul Young in die Charts.

Standing In The Rain (6/77 D 4)
Love Is In The Air (12/77 D 3; 4/78 GB 5; 7/78 US 7)
Middle Of The Road (MOR), Pop

Young, Karen

KAREN YOUNG v (Großbritannien, in Sheffield)
Karen, die von der Gesangsgruppe Bachelors entdeckt wurde, gelang mit dem Folk-Standard »Nobody's Child« ihr einziger Hit. Bevor sie sich endgültig aus dem Musikgeschäft zurückzog, trat sie noch eine Zeit lang in Clubs auf. Sie ist nicht zu verwechseln mit der amerikanischen Sängerin Karen Young, die am 26. 1. 1991 gestorben ist.

Nobody's Child (9/69 GB 6)
One Hit Wonder, Pop

Young, Neil

NEIL YOUNG v, g (Kanada, * 12. 11. 1945 in Toronto)
Nachdem Neil Mitglied in verschiedenen High-School-Rockbands gewesen war, gründete er 1965 die Mynah Birds. Leadsänger war der junge Rick James. Im März 1966 wurde er zusammen mit Stephen Stills und Richie Fury Mitglied bei Buffalo Springfield. Die Band hielt sich zwei Jahre und legte eine Reihe sehr guter Produktionen vor. Im Mai 1969 gründete Neil die Band Crazy Horses, die ihn in den nächsten Jahren häufig bei Plattenaufnahmen und Live-Auftritten unterstützte. Mitte desselben Jahres spielte Neil erstmals mit Crosby, Stills & Nash zusammen, mit denen er im Verlauf der nächsten Jahre immer mal wieder Platten aufnahm.

Herausragend das Debütalbum der vier, »Déjà Vu«, erschienen im Frühjahr 1970. »Cinnamon Girl« wurde Mitte 1970 als erste Platte unter dem Namen Neil Young in den Charts verzeichnet. Anfang 1972 hatte er den Millionseller »Heart Of Gold«. Der Hintergrundgesang bei diesem Titel stammt von Linda Ronstadt und James Taylor. Ansonsten stand keine der vielen Platten von Neil unter den ersten 10. Dafür sind seine LPs überaus erfolgreich. Im Laufe der nächsten Jahre erschienen schöne, vielseitige Platten von Neil Young, der sich nicht in eine Schublade pressen lässt. Das drückt z. B. der Song »This Note's For You« 1988 aus, in dem er klar macht, dass er sich nie, wie z. B. Michael Jackson, für Pepsi fest in eine kommerzielle Strategie einspannen ließe. Ebenfalls 1988 erschien nach 14 Jahren wieder eine sehr schöne Platte von Crosby, Stills, Nash & Young: »American Dream«. An den großen Erfolg der LP »Harvest« versuchte Neil 1992 anzuschließen, als er »Harvest Moon« veröffentlichte. Zumindest was den Erfolg anging, kam die CD nicht an den Vorläufer heran. Die Singleauskopplung des Titelsongs erreichte Anfang 1993 in GB knapp die Top 40. Im August 1994 erschien das Album »Sleeps With Angels«. Der Titelsong handelt vom Tod Kurt Cobains. Der wiederum hatte in seinem Abschiedsbrief eine Zeile aus dem Neil-Young-Song »My, My, Hey, Hey (Out Of The Blue)« zitiert: ›It's better to burn out than fade away‹. Mitte 1995 erschien ein weiteres Album von Neil Young: »Mirror Ball«. Bei neun der elf Kompositionen spielt Pearl Jam mit.

Seine erfolgreichsten Solo-LPs waren »Everybody Knows This Is Nowhere« (6/69 US-LP 34), »After The Gold Rush« (9/70 US-LP 8, 10/70 GB-LP 7), »Harvest« (3/72 US-LP 1, GB-LP 1, D-LP 4), »Time Fades Away« (10/73 US-LP 22, GB-LP 20), »On The Beach« (8/74 US-LP 16), »American Stars 'n' Bars« (7/77 US-LP 21, GB-LP 17), »Decade« (11/77 US-LP 43), »Comes A Time« (10/78 US-LP 7), »Rust Never Sleeps« (7/79 US-LP 8, GB-LP 13), »Live Rust« (12/79 US-LP 15), »Trans« (1/83 US-LP 19), »Freedom« (10/89 US-LP 35, GB-LP 17), »Ragged Glory« (9/90 US-LP 31, GB-LP 15), »Weld« (11/91 GB-LP 20), »Harvest Moon« (11/92 US-LP 17, GB-LP 9), »Unplugged« (6/93 GB-LP 4, 7/93 US-LP 23), »Sleeps With Angels« (8/94 GB-LP 2, 9/94 US-LP 9), »Mirror Ball« (7/95 US-LP 5, GB-LP 4, D-LP 8) und »Broken Arrow« (7/96 GB-LP 17, US-LP 31).

1995 wurde er in die Rock and Roll Hall of Fame aufgenommen.

Mit »Silver & Gold« (5/00 GB-LP 10, US-LP 22, D-LP 5) gab es nach langer Zeit mal wieder ein neues Album von Neil. »Are You Passionate?« folgte 2002. Darauf kehrte Neil zu seinen Soul-Wurzeln zurück. Als Gastmusiker waren die Stax-Helden Donald Dunn und Booker T. Jones zu hören. Beim Titel »Let's Roll« setzte er den Passagieren ein Denkmal, die eine der drei entführten Maschinen am 11. 9. 2001 zum vorzeitigen Absturz brachten.

Heart Of Gold (2/72 D 6, GB 10, US 1)

AOR (Adult Orientated Rock), Rock, West Coast

Siehe auch: Crosby, Stills & Nash

Young, Paul

PAUL YOUNG v (Großbritannien, * 17. 1. 1956 in Luton/Bedfordshire)

Nachdem er in seiner Heimatstadt in zwei lokal bekannten Bands mitgespielt hatte, gründete Paul 1977 die Formation Streetband. Ende 1978 machte diese Gruppe die Single »Toast« (11/78 GB 18). Knapp ein Jahr später fiel die Band auseinander. Einige der Mitglieder gründeten mit Young als Leadsänger die achtköpfige Formation Q Tips. Die Band wurde als

Live-Act populär, konnte aber keine Platten verkaufen. Anfang 1983 erschien Pauls erste Soloplatte, »Love Of The Common People«, die kein Hit wurde. Begleitet wurde er bei der Aufnahme von The Royal Family. Mitte desselben Jahres kam eine Coverversion der Marvin-Gaye-Nummer »Wherever I Lay My Hat (That's My Home)« in die Charts. »Every Time You Go Away«, geschrieben von Daryl Hall von Hall & Oates, wurde in den USA ein Millionseller. Nach etlichen weiteren Hitnotierungen, die jedoch nicht in die Top 20 kamen, bis Paul Mitte 1990 mit einem Nachzieher der Chi-Lites-Nummer »Oh Girl« kam. Zusammen mit Zucchero sang er im Frühjahr 1991 das Stück »Senza Una Donna (Without A Woman)«. Ebenfalls 1991 sang er mit der Gruppe Clannad das Stück »Both Sides Now«, das im Film »Switch« von Blake Edwards zu hören ist. Ein Hit wurde es nicht, schön ist die Platte trotzdem. 1993 erschien das Album »The Crossing« mit der ebenfalls schönen Auskopplung »Now I Know What Made Otis Blue«, die es im September auf Platz 14 in GB brachte. Ende 1994 erschien »Reflections«, ein Album, auf dem Paul 15 Soulklassiker neu interpretierte. Seine letzte Hitnotierung war »I Wish You Love« (5/97 GB 33).

Seine erfolgreichsten Alben: »No Parlez« (7/83 GB-LP 1, 10/83 D-LP 1), »The Secret Of Association« (4/85 GB-LP 1, D-LP 6, 5/85 US-LP 19), »Between Two Fires« (11/86 GB-LP 4), »Other Voices« (6/90 GB-LP 4) und »From Time To Time – The Singles Collection« (9/91 GB-LP 1).

Wherever I Lay My Hat (That's My Home) (6/83 GB 1)
Come Back And Stay (9/83 D 1, GB 4)
Love Of The Common People (11/83 D 5, GB 2)
I'm Gonna Tear Your Playhouse Down (10/84 GB 9)
Everything Must Change (12/84 GB 9)
Every Time You Go Away (3/85 GB 4; 5/85 US 1)
Oh Girl (7/90 US 8)
Senza Una Donna (Without A Woman) (3/91 D 2, GB 4)
AOR (Adult Orientated Rock), Soft Pop, Soul

Young, Will

WILL YOUNG v (Großbritannien, in Hungerford)

TV-Voting-Shows waren Anfang 2002 der Renner im britischen Fernsehen. ›Pop-Idol‹ hieß eine Sendung, bei der sich 8 Millionen Fernsehzuschauer an der Entscheidung beteiligten, wer von den vortragenden Nachwuchsinterpreten der Beste sei. Es gewann der 22-jährige Will mit dem Stück »Evergreen/Anything Is Possible«. Gleich in der ersten Verkaufswoche wurden 1,2 Millionen Singles verkauft. Dabei handelte es sich um die höchste Auslieferungszahl innerhalb einer Woche in GB seit den Beatles. In den vergangenen Jahren konnten lediglich Benefizsingles à la Band Aid oder Elton Johns Hommage an Prinzessin Diana »Candle In The Wind 97« eine ähnliche Größenordnung erreichen.

Evergreen/Anything Is Possible (3/02 GB 1)
Teeniestar

Young Deenay

YOUNG DEENAY v (Deutschland, * 14. 1. 1979 als Fatima Napo in Holzminden)

Fatima Napo wurde mal in Göttingen, mal in Mali geboren und war dort angeblich Stammesmitglied der Dogon. Aufgewachsen, so las man, ist sie in Mali und in Oakland/Kalifornien. Sie spricht fließend Bambara, Englisch, Französisch und Deutsch. Im Alter von 10 Jahren kam sie nach Deutschland. Was stimmt, werden wir sicher auch noch erfahren – bis jetzt ist nur sicher, dass sie 18 Jahre alt war, als sie mit »Walk On By« ihre erste Hitnotierung hatte. Entdeckt wurde sie vom Produzententeam Grant Michael B. & Pomez di Lorenzo, das u. a. auch Der Wolf und Sir Prize betreute. »Walk On By« erschien im Juli 1997 und brauchte fast ein halbes Jahr, um sich bis in die Top 10 durchzurobben. Im Januar 1998 gelang es ihr – das ist erfahrungsgemäß die Zeit, in der besonders wenig Platten verkauft werden und in der man leichter unter die ersten 10 der Charts kommen kann. Nachfolgehit wurde »Wannabe Your Lover«, auf dem wie schon bei »Walk On By« Sasha den Gesang beisteuerte. Sasha, vom selben Produzententeam wie Young Deenay betreut, machte dann die Soloplatte »I'm Still Waitin'« (7/98 D 14), auf der nun wieder Young Deenay rappte. Inzwischen wurde sie als ›German Queen Of HipHop‹ gefeiert und Sasha ist als Solist erfolgreich.

Walk On By (11/97 D 5)
Wannabe Your Lover (5/98 D 7)
HipHop

Young Idea

TONY COX v (Großbritannien, * 10. 11. 1945 in London), DOUGLAS UGO GRANVILLE ALLESANDRO MACRAE-BROWN v (Italien, * 17. 4. 1947 in Florenz)
Dieses Duo schaffte Mitte 1967 mit einer Coverversion des Beatles-Titels »With A Little Help From My Friends«, die sich sicherheitshalber nicht zu weit vom Original entfernte, Platz 10 in GB. Joe Cocker hat ihnen ihren eigenen Erfolg nicht versaut. Dessen Version kam erst im Herbst des darauf folgenden Jahres in die GB-Charts. Mehr ist Young Idea nicht gelungen. Cox wurde später Produzent.

With A Little Help From My Friends (6/67 GB 10)
One Hit Wonder, Pop

Young MC

YOUNG MC rap (Großbritannien, * 10. 5. 1967 als Marvin Young in London)
Young MC wuchs in New York im Stadtteil Queens auf. Seine ersten Erfolge hatte er als Koautor für die Tone-Loc-Hits »Wild Thing« und »Funky Cold Medina«. Er selbst wurde erstmals im Sommer 1989 in den US-Singlecharts notiert: »Bust A Move« erhielt Platin. Nachfolgende Singles waren vorwiegend in den Rhythm-&-Blues-Charts erfolgreich. Um nicht vom musikalischen Erfolg abhängig zu sein, absolvierte Young ein Studium der Wirtschaftswissenschaften in Kalifornien. Mitte 1993 erschien sein neues Album »What's The Flavor«. Sein erfolgreichstes Album wurde mit Platin bedacht: »Stone Cold Rhymin'« (9/89 US-LP 9).

Bust A Move (7/89 US 7)
One Hit Wonder, Rap

Youngblood, Sydney

SYDNEY YOUNGBLOOD v, g (USA, * 2. 12. 1960 als Sidney Ford in San Antonio/Texas)
Sydney war als GI in Deutschland stationiert. In kleinen Clubs trat er mit Freunden auf. Zunächst zurückbeordert in die USA, kehrte er nach seiner Entlassung wieder nach Deutschland zurück und zog nach Schwetzingen. Vorerst bildete er zusammen mit Charles Shaw ein Duo. 1988 bekam er einen Plattenvertrag als Solist. Als erste Single erschien »Ain't No Sunshine«, im Original ein Millionseller von Bill Withers aus dem Jahr 1971. Für Sydney wurde es kein Erfolg. Der kam im Sommer 1989 mit »If Only I Could«. Der Nachfolger »Sit And Wait« stand Ende desselben Jahres auf Platz 16 in GB. Mit dem Etta-James-Klassiker »I'd Rather Go Blind« (4/90 D 23, 8/90 US 46) gelang Sydney seine erste Chartnotierung in den USA. Sein erfolgreichstes Album war »Feeling Free« (10/89 D-LP 9, GB-LP 23).

Nachdem ihm keine weiteren Hits mehr gelangen und er schließlich ohne Plattenvertrag dastand, eröffnete er in Heidelberg ein eigenes Aufnahmestudio. Im Frühjahr 2000 kündigte er ein neues Doppelalbum an – Erscheinungstermin unbekannt.

If Only I Could (8/89 D 3, GB 3)
Sit And Wait (12/89 D 2)
AOR (Adult Orientated Rock), Soft Pop, Soul

Youngbloods

HARMON BANANA g, b, bj, p, mand (USA, als Lowel III Levinger in Cambridge/Massachusetts), JOE BAUER d (USA, * 26. 9. 1941 in Memphis/Tennessee), JERRY CORBITT v (USA, in Tifton/Georgia), MICHAEL KANE (USA), JESSE COLIN YOUNG v (USA, * 11. 11. 1944 als Perry Miller in New York City)
Die Gruppe wurde 1965 in New York gegründet. 1967 zogen die Mitglieder nach Kalifornien. »Grizzly Bear« war Ende 1966 ihre erste Chartnotierung in den USA gewesen. Im Herbst des darauf folgenden Jahres erschien »Get Together« und brachte es in den USA bis auf Platz 62. Knapp zwei Jahre später wurde der Song eine Art Themamusik für den National Council of Christians and Jews, kam wieder in die Hitparade und kletterte dieses Mal bis auf Platz 5. Außerdem wurde es ein Millionseller. Nach einer weiteren Hitnotierung im Frühjahr 1970 löste sich die Band 1973 auf. Leader Jesse Colin Young machte als Solist Platten. Joe Bauer starb 1982.

Get Together (6/69 US 5)
AOR (Adult Orientated Rock), Folk Rock

Young-Holt Unlimited

ISAAC RED HOLT d (USA, * 16. 5. 1932 in Rosedale/Mississippi), DON WALKER p (USA), ELDEE YOUNG b (USA, * 7. 1. 1936 in Chicago/Illinois)
In den frühen 50er Jahren spielten Young und Holt mit Ramsey Lewis in der Gruppe Clefs. 1956 gründeten die drei die Gentlemen Of Swing, die noch im selben Jahr ihre ersten Platten aufnahmen und sich später in Ramsey Lewis Trio umbenannten. Nach dem Hit »The In-Crowd« trennten sich Eldee und Isaac von Ramsey und machten zusammen mit Don Walker das Young Holt Trio. »Wack Wack« war Ende 1966 Platz 40 in den USA. Nachdem Walker 1968 das Trio verlassen hatte, gaben sie sich den Namen Young-Holt Unlimited. »Soulful Strut« war der Instrumentaltrack für Barbara Acklins Hit »Am I The Same Girl«. Dasselbe Stück mit Gesang erreichte wenig später Platz 79. Im Frühjahr 1969 kam »Who's Making Love« in die Top 60. Dann gelang ihnen nichts mehr in den Popcharts. Das erfolgreichste Album hieß ebenfalls »Soulful Strut« (1/69 US-LP 9). 1983 kam das Ramsey Lewis Trio in seiner ursprünglichen Besetzung wieder zusammen.

Soulful Strut (11/68 US 3)
Instrumental, Soul

Siehe auch: Lewis, Ramsey

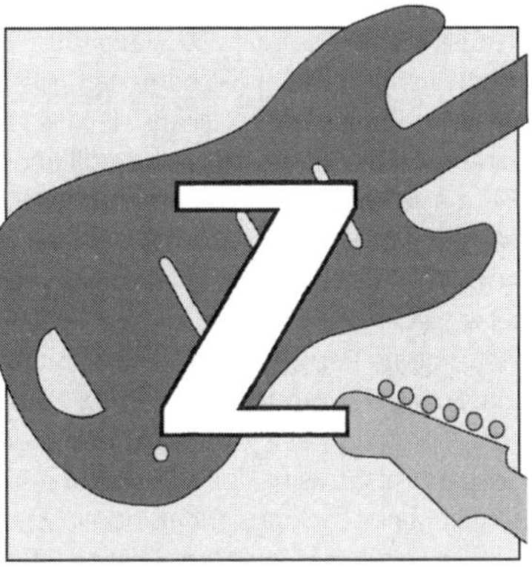

Zacharias, Helmut

HELMUT ZACHARIAS vln (Deutschland, * 27. 1. 1920 in Berlin, † 28. 2. 2002)
Schon Ende der 30 Jahre, noch als Mitglied des Berliner Kammerorchesters, versuchte sich der 19-jährige Zacharias an einem neuen Sound. Swing, Jazz und Klassik wollte er schon damals miteinander verbinden. Bereits als Schüler war er im Rundfunk aufgetreten und hatte schließlich ab 1936 als jüngster Student bei Fritz Kreisler an der Akademischen Hochschule für Musik studiert. Am 29. 11. 1941 nahm er zusammen mit einem Bassisten, drei Gitarristen und einem Cembalisten im Odeon-Lindstroem-Haus seine erste eigene Platte auf. »Schönes Wetter heute« gehörte zu seinen ersten Aufnahmen. Seiner Liebe zum Jazz konnte er erst nach dem Krieg richtig frönen. 1950 schrieb Zacharias das Lehrbuch ›Die Jazz-Violine‹. Er stellte ein eigenes Orchester zusammen. Ab 1948 arbeitete er beim NWDR in Hamburg, und ab 1952 war er als Solist erfolgreich. »When The White Lilacs Bloom Again« wurde im Herbst 1956 Platz 12 in den USA, die »Tokyo Melody« Ende 1964 Top 10 in GB. Im Laufe seiner Karriere schrieb Zacharias über 450 Musiktitel. Weltweit hat er mehr als 14 Millionen Platten verkauft. 1985 erhielt er das Große Bundesverdienstkreuz. Laut Angaben seiner Frau Hella war Zacharias Ende 1999 so stark an Alzheimer erkrankt, dass er ›hilflos wie ein behindertes Kind‹ und ›noch auf dieser Erde, aber nicht mehr von dieser Welt‹ war. Er starb in der Schweiz in einem Pflegeheim.

Tokyo Melody (10/64 GB 9)
Instrumental, Pop

Zadora, Pia

PIA ZADORA v (USA, * 5. 4. 1955 als Pia Schipani in New York)
Ihr millionenschwerer Ehemann Meshulem Riklis war 53 Jahre alt, als er Pia Zadora heiratete – sie war 22. Pias Mutter, geborene Zadorowski, hatte das Kind bereits im Alter von sechs Jahren an den Broadway geprügelt. Im Laufe der nächsten Jahre spielte sie in rund zehn Produktionen mit, darunter »Fiddler On The Roof« und »Dames At Sea«. Nach der Hochzeit mit Riklis wollte der sie zum Sexsymbol der 80er Jahre machen. Er setzte auf diese Art und Weise etliche Millionen in den Sand, so z. B. für ihren ersten Film »Butterfly«. Schmollmündchen alleine bringt es nicht, und auch ihr Duett mit Jermaine Jackson aus dem Jackson-Clan brachte ihr lediglich einen Hit in Deutschland: »When The Rain Begins To Fall«. »Let's Dance Tonight« (2/85 D 11) und »Little Bit Of Heaven« hatte der quirlige Jack White produziert. International schaffte Pia Ende 1982 mit »The Clapping Song« einen Top-40-Hit in den USA. »A Lonely Lady« 1983 und »Hairspray« 1988 waren weitere Filme, in denen Pia mitspielte.

When The Rain Begins To Fall (10/84 D 1)
Little Bit Of Heaven (6/85 D 10)
Pop

Zager, Michael

PEABO BRYSON v (USA, * 13. 4. 1951 in Greensville/South Carolina), MICHAEL ZAGER (USA, * 3. 1. 1943 in Jersey City/ New Jersey)
Der Tastenspieler und Songschreiber spielte zwischen 1968 und 1973 mit der Formation Ten Wheel Drive. Dann folgte er der Diskowelle und stellte eine Studiogruppe zusammen, die ihre erste Hitnotierung im Frühjahr 1976 mit »Do It With Feeling« hatte. Mitglied in der Band von Michael Zager war Peabo Bryson. Mit »Let's All Chant«, einer Klatsch- und Mitsingnummer, kam Michael im Frühjahr 1978 in die GB-Top-10 und die deutschen Top 20. Mehr gelang ihm nicht.

Let's All Chant (4/78 GB 8)
Disko, One Hit Wonder

Zager & Evans

RICK EVANS v, g (USA, * 20. 1. 1943 in Lincoln/Nebraska), DENNY ZAGER v (USA, * 15. 2. 1944 in Wymore/Nebraska)
Die beiden trafen sich erstmals 1962 bei einem Talentwettbewerb, und Denny bot Rick an, in seiner Band Eccentrics zu spielen. Rick akzeptierte und blieb bis 1965. Dann gründete er seine eigene Band DeVilles. Ende der 60er Jahre – als ihre Formationen nichts gebracht hatten – taten sich die beiden zusammen und gründeten ein Folkduo. Schon 1964 hatte Rick das Lied »In The Year 2525« geschrieben, jetzt sollte das Duo es bei Live-Auftritten spielen, worüber Denny nicht sehr glücklich war. Dem Publikum schien es jedoch zu gefallen. Rick überredete Denny, mit ihm nach Odessa, Texas, zu fahren, um dort den Song aufzunehmen, von dem dann schnell tausend Kopien gepresst wurden, die man bei Konzerten verkaufen wollte. Das fertige Produkt hörte ein Mitarbeiter der Plattenfirma RCA und nahm die beiden unter Vertrag. Mitte 1969 kam »In The Year 2525 (Exordium & Terminus)« in die US-Charts, erreichte Platz 1 und wurde ein Millionseller. Insgesamt wurden mehr als sechs Millionen Platten verkauft. Nachdem ein zweiter Hit partout nicht gelingen wollte, ließ Denny noch 1970 das Duo platzen. Er stellte später in seiner Heimatstadt Lincoln Saiteninstrumente her, lehrte Musik und trat ab und zu mit Countrysongs in lokalen Clubs auf. Rick ging nach Arizona und wurde dort Grundstücksmakler. Hin und wieder schreibt er noch Songs. Ihr erfolgreichstes Album hieß »2525 (Exordium & Terminus)« (8/69 US-LP 30, 10/69 D-LP 40).

In The Year 2525 (Exordium & Terminus) (6/69 US 1; 8/69 D 1, GB 1)
Folk Rock, One Hit Wonder

Zamfir, Gheorghe

GHEORGHE ZAMFIR Panflöte (Rumänien, in Bukarest)
Zamfir galt international als der ›Hexer auf der Hirtenflöte‹. Mit »(Light Of Experience) Doina De Jale« kam er im Herbst 1976 in die britische Hitparade, was wohl daran lag, dass die BBC diese alte Trauermelodie als Thema ihrer TV-Serie ›The Light Of Experience‹ einsetzte. In die deutschen Singlecharts kam er nicht, dafür wurde seine LP »Traumland der Panflöte« (12/79 D-LP 2) vergoldet. Später lebte er in Frankreich, wo er wie in den meisten europäischen Ländern weiterhin Platten veröffentlichte.

(Light Of Experience) Doina De Jale (8/76 GB 4)
Instrumental, One Hit Wonder

Zander, Frank

FRANK ZANDER v, g (Deutschland, * 4. 2. 1942 in Berlin)

Seine ersten Erfolge hatte er mit der Berliner Big Band Gloomys. Danach wurde er Begleitmusiker von Gunter Gabriel, und ab 1975 war er als Solist erfolgreich. Seine erste Hitnotierung war der »Ur-Urenkel von Frankenstein« (1/75 D 32). Bei »Hier kommt Kurt« zeigte sich, dass die Bezeichnung Blödelinterpret nicht zutreffend war. Viele seiner Lieder zeugten von Selbstironie und guter Beobachtungsgabe. Als Fred Sonnenschein und seine Freunde hatte er mit »Ja, wenn wir alle Englein wären« im Herbst 1981 eine Nummer 1 in der deutschen Hitparade und erhielt Gold. Auch als Songschreiber und Produzent kann Zander auf Erfolge zurückblicken. Seine erfolgreichsten Alben: »Wahnsinn« (7/75 D-LP 14), »Zanders Zorn« (2/77 D-LP 4) und »Donnerwetter« (7/79 D-LP 13).

Ich trink' auf dein Wohl, Marie (1/75 D 4)
Oh, Susi (Der zensierte Song) (1/77 D 2)
Da Da Da, ich weiß Bescheid, du weißt Bescheid (6/82 D 2)
Hier kommt Kurt (3/90 D 7)
Deutscher Schlager

Siehe auch: Sonnenschein, Fred

Zappa, Frank

FRANK ZAPPA v, g (USA, * 21. 12. 1940 als Frank Vincent Zappa in Baltimore/Maryland, † 4. 12. 1993)
Zappa begann Ende der 50er Jahre in der Gruppe Blackouts. 1960 spielte er Cocktail Music in Cafés und versuchte sich als Komponist für Filmmusiken. 1963 wurde er Mitglied der Scouts, 1964 bei den Soul Giants, die er wenig später in Muthers, dann in Mothers umbenannte. Seither galt er als Quintessenz des Grotesken in der Rockmusik. Was er machte, war auf keinen Fall Musik für die Hitparaden, auf die er wohl auch wenig Wert legte. Die einzige Ausnahme: »Bobby Brown« kam im Frühjahr 1980 in die deutsche Hitparade. Darüber wird sich Frank Zappa sicher köstlich amüsiert haben. Dass der Titel bei uns in die Charts kam, ist wohl nur dadurch zu erklären, dass kaum jemand verstand, was er da sang. Mangelnde Produktivität kann man Frank Zappa sicher nicht vorwerfen. Seine Texte waren frech, bissig und provozierend. Er erwies sich als Zyniker und Sarkast. Mit ihm und seinen Mothers Of Invention spielte eine ganze Armada von Musikern, von denen viele später als Solisten oder in anderen Formationen Erfolg hatten. 1988 bekam er einen Grammy für die LP »Jazz From Hell«. Inzwischen ist die nächste Generation von Zappas schon auf der Bühne. Sein Sohn Dweezil versucht sich auch als Rockmusiker. Mit seiner Tochter besang Frank auch Platten im Duett. Er starb im Dezember 1993 an Krebs. 1995 wurde er in die Rock and Roll Hall of Fame aufgenommen.
Seine erfolgreichsten Alben: »Hot Rats« (2/70 GB-LP 9), »Apostrophe« (4/74 US-LP 10) und »Sheik Yerbouti« (3/79 US-LP 21, GB-LP 32, 5/79 D-LP 10).

Bobby Brown (5/80 D 4)
AOR (Adult Orientated Rock), Psychedelic, Rock

Zavaroni, Lena

LENA ZAVARONI v (Großbritannien, * 4. 11. 1963 in Rothesay/Schottland, † 1. 10. 1999)
Dieser Kinderstar kam im Frühjahr 1974 mit einer neuen Version der Nummer »Ma He's Making Eyes At Me« auf den Markt. Im Sommer desselben Jahres gelang Lena Zavaroni mit einem Nachzieher des Lloyd-Price-Titels »Personality« (6/74 GB 33) eine zweite und letzte Eintragung unter den ersten 40. Ihr erfolgreichstes Album war »Ma« (3/74 GB-LP 8). Danach wurde sie bei zahllosen Konzerten und Tourneen herumgereicht und hatte eine eigene Se-

rie bei der BBC. Der Erfolg blieb trotzdem aus, und in den 80er Jahren – sie litt an Magersucht – zog sie sich ganz aus dem Musikgeschäft zurück. An den Folgen ihrer Essstörung starb sie schließlich.

Ma He's Making Eyes At Me (2/74 GB 10)
Pop

ZaZa

ZAZA (Deutschland, * 5. 6. 1951 als Peter La Bonte in München)
ZaZa wurde mit zwölf Jahren Mitglied der Regensburger Domspatzen. Zehn Jahre später war er Grafiker und schließlich Schlagzeuger und Sänger in verschiedenen Münchener Rockgruppen wie M.P.A., Sonnenschiff oder Number Nine, 1978 Sänger und Leader der Reggae-New-Wave-Band Nighthawks. 1981 trennte er sich wieder von der Formation und begann 1982 mit dem Projekt ZaZa. Der Titel »Zauberstab« kam im Zuge der NDW in die deutsche Hitparade. Was der Zauberstab ist, bleibt der Phantasie eines jeden überlassen. In einem Interview sagte ZaZa: ›Rock 'n' Roll ist Sex. In dieser Tradition muss man den Zauberstab sehen.‹

Zauberstab (7/82 D 8)
Neue Deutsche Welle, One Hit Wonder

Zhané

RENÉE NEUFVILLE v (Jamaika), JEAN NORRIS v (USA, in Rhode Island)
Die beiden schlossen sich während ihrer Studienzeit an der Temple University in Philadelphia zu einem Duo zusammen. Kay Gee, der Produzent von Naughty By Nature, entdeckte sie. »Hey Mr. D.J.« (9/93 GB 26) war erstmals auf der Compilation »Roll Wit Tha Flavor« zu hören. Beim Hit wurden Samples aus »Looking Up To You« von Michael Wycoff aus dem Jahr 1982 verwendet. Die Nachfolgesingles: »Groove Thang« (1/94 US 17, 3/94 GB 34), »Sending My Love« (5/94 US 40), »Shame« (11/94 US 28) und »Request Line« (3/97 US 39, 4/97 GB 22). »Shame« stammte aus dem Film »A Low Down Dirty Shame«. Als Gast der Formation Naughty By Nature waren sie beim Hit »Jamboree« (7/99 US 10) zu hören. Ihr erfolgreichstes Album hieß »Pronounced Jah-Nay« (2/94 US-LP 37) – so wollte sich das Duo ausgesprochen wissen.

Hey Mr. D.J. (8/93 US 6)
Motown Sound, Pop

Zig and Zag

ERICK ›MORE‹ MORILLO key, d (USA, * 26. 3. 1971 in New York)
Die Briten konnten, wenn sie wollten, das Vergnügen mit Zig And Zag schon zum Frühstück haben: Die beiden Figuren stammten aus der Channel-4-Sendung ›Big Breakfast‹. Die Puppen zeichneten sich aus durch Köpfe, die vor allem aus allen möglichen Stoffresten bestanden, und Glupschaugen. Mit Hilfe von Erick Morillo von Reel 2 Reel outeten sie sich Ende 1994 als Popstars. Ihr Ragga-Rap zu Techno-Grooves stieg im Dezember in die britische Hitparade ein. Besonders wohl dürften sich Zig und Zag in dem dazu gedrehten Video gefühlt haben: sie allein zwischen 280 spärlich bekleideten Damen. Einziger Nachfolgehit war »Hands Up! Hands Up!« (7/95 GB 21).

Them Girls Them Girls (12/94 GB 8)
One Hit Wonder, Pop

Zlatko

ZLATKO v (Deutschland, * 1. 1. 1976 als Zlatko Trpkovski in Nördlingen)
Am 8. 5. 2000 stieg dieser Nichtsänger mit einer nichts sagenden Platte in der deutschen Hitpararade auf Platz 1 ein.

Wer bis zu diesem Zeitpunkt noch gezweifelt hatte, dass die Aussagekraft dieser Charts – was den breiten Publikumsgeschmack angeht – gleich null ist, sollte sich das anhören. Eigentlich ist Sladdie ein Mensch, mit dem man Mitleid haben muss. Da Sladdi ›The Brain‹ den Fans dieser TV-Sendung so ähnlich war, machten sie ihn zu ihrem König und erhoben ihn zu ihrem Idol. Wer Dinge wie ›Shakespeare kenne ich schon, aber wenn du mich jetzt frägschst, ob der Filme gemacht hat oder Dokumentationen . . .‹, ›Ey, ich hab Menschenkenntnis, da scheisst du dir in die Hose!‹ oder ›Isch kann däsch gar nicht fassen, dass wo ich jetzt ein Star sein soll‹ sagt, bedarf keiner weiteren Erläuterung. Zusammen mit seinem Containermitbewohner Jürgen sang Zlatko »Großer Bruder« – es war zum Erbarmen. Die Platte stieg am 26. 6. 2000 gleich auf Platz eins ein und spiegelte den Stand des Geschmacks der breiten Masse. Um das gut zu finden, muss man schon sehr breit sein. Aber sehr wahrscheinlich hat sich eben jene Masse inzwischen einen Spaß daraus gemacht, Sladdi und Jürgen hip zu finden. Zlatkos Drohung »Ich bleibe wer ich bin« (7/00 D-LP 7) wurde sofort ernst genommen.
Anfang 2002 war Zlatko schon auf einer Karrierestufe, für die andere Sänger Jahrzehnte brauchen. Er sang in Schuhgeschäften und ähnlichen Lokalitäten. Da kommt endlich zusammen, was zusammengehört: Al Bundy und Zlatko.

Ich vermiss' Dich . . . (wie die Hölle) (5/00 D 1)
Großer Bruder (6/00 D 1)
Pop

Zoe

ZOE v (Großbritannien, * 19. 1. 1969 in London)
Schon als Teenager sang sie in fünf namenlosen Soulbands. Die Single »Sunshine On A Rainy Day« wurde einer der Sommerhits des Jahres 1991. Zoe, die Schauspielunterricht an der Lee Strasberg School genossen hatte und durchaus in der Lage war, an ihren Songs zumindest mitzuschreiben, sollte Mitglied in der Band von Youth, ehemals bei Killing Joke, werden. Dafür waren die musikalischen Differenzen dann doch zu groß. Zumindest hat Youth die Debüt-LP von Zoe, »Scarlet, Red And Blue«, produziert. Die Nachfolgesingle »Lightning« kam jedoch schon nur noch knapp unter die Top 40.

Sunshine On A Rainy Day (8/91 GB 4)
One Hit Wonder, Pop

Zombie Nation

DJ SPLANK dj (Deutschland), EXECUTIVE MOONER dj (Deutschland)
Das Stück »Kernkraft 400« (11/99 D 22) erschien im Oktober 1999 in Deutschland. Es handelte sich bei dem Duo Zombie Nation um zwei Münchener Discjockeys. Der eine versteckte sich hinter dem Namen DJ Splank! bzw. Gnork Zomb, der andere nannte sich Executive Mooner. Dabei dürfte es sich um die beiden Herren Senfter und Günther handeln. In Großbritannien erschien die Platte im Laufe des Jahres 2000 mehrfach als Import und kam Anfang September auf Platz 61. Aber erst als sie offiziell veröffentlicht wurde, stieg sie Ende September auf Platz 2 der britischen Charts ein.

Kernkraft 400 (9/00 GB 2)
Dance, Rave

Zombies

ROD ARGENT v, key (Großbritannien, * 14. 6. 1945 in St. Albans/Hertfordshire), PAUL ATKINSON g (Großbritannien, * 19. 3. 1946 in Cuffley/Hertfordshire), COLIN BLUNSTONE v (Großbritannien,

* 24. 6. 1945 in St. Albans), HUGH GRUNDY d (Großbritannien, * 6. 3. 1945 in Winchester/Hampshire), SEBASTIAN SANTAMARIA v, g, key, CHRIS WHITE b (Großbritannien, * 7. 3. 1943 in Barnet/ Hertfordshire)

Diese Band wurde im Frühjahr 1963 durch Rod Argent gegründet. Mitte 1964 erhielten sie einen Plattenvertrag und veröffentlichten mit »She's Not There« (8/64 GB 12) ihre Debüt-Single. Mitte 1967 lief der Dreijahresvertrag mit Decca aus, und die Firma war an einer Verlängerung nicht interessiert. Aber auch weitere Veröffentlichungen bei der CBS noch im selben Jahr blieben erfolglos. Ende des Jahres fiel die Gruppe auseinander. Blunstone verließ das Musikgeschäft und nahm einen Versicherungsjob an, die anderen Mitglieder tauchten erst einmal unter. Im Frühjahr 1968 veröffentlichte die CBS die LP »Odyssey And Oracle« und die Single »Time Of The Season« in GB. Die Platten erregten kein Aufsehen. In den USA sollten sie erst gar nicht veröffentlicht werden, bis Al Kooper – zu diesem Zeitpunkt Leader von Blood, Sweat & Tears und bei der selben Plattenfirma unter Vertrag wie die ehemaligen Zombies – die CBS drängte, die LP unbedingt zu veröffentlichen. Er selbst schrieb für das Plattencover die Liner Notes, und als Mitte desselben Jahres die amerikanische Gruppe People hinging und das Stück »I Love You« – die B-Seite einer Zombies-Platte – bis auf Platz 14 der US-Popcharts brachte, wurde die ehemalige B- dieses Mal als A-Seite veröffentlicht, und das Interesse an den Zombies stieg wieder. Anfang 1969 unterschrieb Blunstone einen Vertrag als Solist und machte eine neue Version von »She's Not There« unter dem Pseudonym Neil MacArthur. Sie erreichte die britischen Top 40. Inzwischen hatte sich in den USA der Song »Time Of The Season« im Radio durchsetzen können und erreichte die US-Singlecharts. Aus den USA kamen jetzt Bitten, die Zombies mögen sich wieder reformieren. Für einen einzigen Auftritt bot man 20 000 Dollar an. Alle ehemaligen Mitglieder lehnten ab. Rod Argent war schon dabei, seine neue Gruppe Argent auf die Beine zu stellen, doch der Plan, alte Aufnahmen der Zombies zu überarbeiten, wurde schließlich nicht realisiert. Argent und White wurden Produktionspartner. Rod selbst hatte Erfolg mit seiner Band. Blunstone war für einige Jahre als Solist recht erfolgreich. Atkinson und Grundy wurden A & R-Manager für die CBS. 1990 nahmen die Zombies in der Besetzung Blunstone, White, Grundy und Santamaria mit den Gastmusikern Paul Atkinson und Tim Renwick die LP »The Return Of The Zombies« auf. Nicht schlecht, aber auch nicht erfolgreich.

She's Not There (10/64 US 2)
Tell Her No (1/65 US 6)
Time Of The Season (2/69 US 3)
AOR (Adult Orientated Rock), Rock

Siehe auch: Argent

Zucchero

ZUCCHERO v, g (Italien, als Aldelmo Fornaciari)

Der 1956 geborene Zucchero studierte zunächst in Bologna Tiermedizin. Ein afroamerikanischer Student brachte ihm das Gitarrenspiel bei und die Soulmusik näher. Ende der 70er Jahre gründete Zucchero eine eigene Band, hatte aber mehr Erfolg als Songschreiber für andere. Ab Mitte der 80er Jahre nahm er selbst Platten auf und wurde in Italien bald sehr erfolgreich. Bereits 1987 erschien auf seiner LP »Blue's« der Titel »Senza Una Donna«. Als er 1990 zusammen mit Paul Young eine neue Version aufnahm, wurde das der internationale Durchbruch für Zucchero. Zusammen mit Randy Crawford nahm er »Diamante« (3/92 D 20) auf, mit Luciano Pavarotti und dem Titel »Miserere« (10/92 GB 15). Es folgte »My Love« (5/96 D 23). Seine erfolgreichsten Alben: »Zucchero« (6/91 D-LP 9) und »Best Of Zucchero« (12/96 D-LP 10). Im Frühjahr 2002 machte er eine erfolgreiche Tournee durch Deutschland.

Senza Una Donna (Without A Woman) (3/91 D 2, GB 4)
Pop

ZZ Top

FRANK BEARD v, d (USA, * 11. 6. 1949 in Houston/Texas), BILLY GIBBONS v, g (USA, * 16. 12. 1949 in Houston/Texas), DUSTY HILL v, b (USA, * 19. 5. 1949 in Dallas/ Texas)

ZZ Top kam 1969 in Houston zusammen. Inzwischen gelten sie als eine der am längsten in unveränderter Originalbesetzung bestehenden Gruppen. Gibbons war vorher Leadgitarrist in der aus Houston stammenden Psychedelic-Rockband Moving Sidewalks. Hill und Beard spielten in Dallas in der Gruppe American Blues. Ihre erste Hitnotierung war im Frühjahr 1972 »Francene«. Die A-Seite war englisch gesungen, die B-Seite spanisch. Frühe Singles wie »La Grange« 1974 oder »Tush« (7/75 US 20) zeigten, wo es langgehen sollte. Die Hits außerhalb der Top 10: »I Thank You« (1/80 US 34), »Gimme All Your Lovin'« (4/83 US 37, 9/83 GB 61), »Sharp Dressed Man« (11/83 GB 53, 12/84 RE-GB 22), »Legs« (2/85 GB 16), »Sleeping Bag« (10/85 GB 27, 12/85 D 40), »Stages« (1/86 US 21), »Rough Boy« (3/86 US 22, 4/86 GB 23), »Velcro Fly« (7/86 US 34), »Doubleback« (7/90 GB 29, 7/90 D 33), »My Head's In Mississippi« (4/91 GB 37), »Viva Las Vegas« (4/92 D 34), »Pincushion« (1/94 GB 15) und als Gäste von Martay »Gimme All Your Lovin' 2000« (10/99 GB 28, 10/99 D 39).

Ansonsten waren die LPs der Band erfolgreich: »Tres Hombres« (8/73 US-LP 8), »Fandango!« (5/75 US-LP 10), »Tejas« (1/77 US-LP 17), »The Best Of ZZ Top« (12/77 US-LP 94), »Deguello« (11/79 US-LP 24), »El Loco« (8/81 US-LP 17), »Eliminator« (4/83 US-LP 9, GB-LP 43, 5/83 D-LP 25, 7/84 RE-GB-LP 3), »Afterburner« (11/85 US-LP 4, GB-LP 2, D-LP 3), »Recycler« (10/90 GB-LP 8, D-LP 4, 11/90 US-LP 6), »Greatest Hits« (4/92 GB-LP 5, D-LP 4, 5/92 US-LP 9), »Antenna« (1/94 D-LP 3, 2/94 US-LP 14, GB-LP 3) und »Rhythmeen« (9/96 D-LP 9, GB-LP 32, 10/96 US-LP 29). Witzig der Auftritt der Band in dem Film »Zurück in die Zukunft III«. Als Live-Band sind sie mit ihrem erdigen, kompromisslosen und harten Texas-Rock kaum zu schlagen.

Legs (5/84 US 8)
Gimme All Your Lovin' (10/84 GB 10)
Sleeping Bag (10/85 US 8)
Viva Las Vegas (4/92 GB 10)
Rock

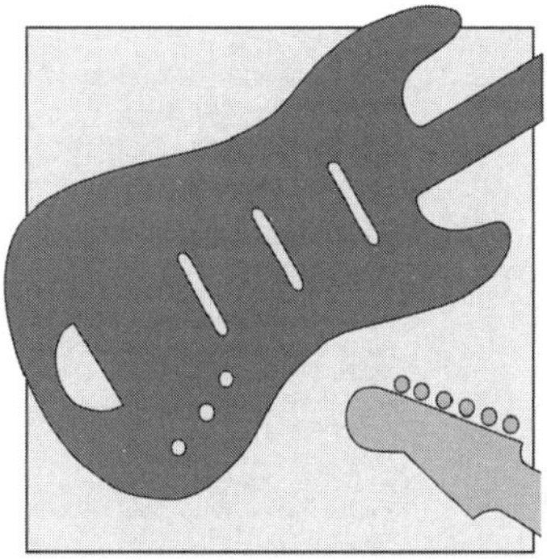

Interpretenregister

A Plus 1536
Aaliyah 2 f., 617, 747, 810, 959
Aas, Kenny 1424
Abbot, Russ 5
Abbott, Gary 761
Abbott, Gregory 5, 1190
Abbott, Jacqueline 115 f.
Abbott, Jude 267
Abbott, Pete 68
Abbruzzese, Dave 1063
Abdi, Heavenli 650
Abdul, Paula 6, 77, 624, 676, 1299, 1317, 1495
Abihssira, Michel 742
Abrahams, Josh 1118
Abrahams, Mick 711 f.
Abrams, Bob 203
Abrams, Bryan 291
Abrams, Colonel 6, 1105
Ace 7, 231, 929
Ace, Johnny 757, 1445
Ackermann, Doris 715
Ackers, Andrew 317
Ackles, David 67
Adahl, Frank 961
Adam 8 f., 172, 746, 972
Adam, George 485
Adamo, Salvatore 10, 584
Adams, Ben 1
Adams, Brett 1086
Adams, Bryan 10, 212, 262, 326, 385, 451, 567, 571, 606, 1078, 1355, 1362
Adams, Cliff 613
Adams, Craig 1283
Adams, Glen 1079, 1464
Adams, Les 781
Adams, Lloyd 1464
Adams, Oleta 11, 1396
Adams, Victoria 118, 1319
Adamski 11 f., 1234
Adamson, Barry 1484
Adamson, Billy 1234
Adamson, Stuart 133, 1285
Adderley, Cannonball 144, 312, 1413
Adderley, Lester 676
Adeva 354, 1229
Adil 576
Adler, Larry 208
Adler, Lou 29, 256, 468, 699
Adler, Steven 598
Ad-Rock, King 108
Affuso, Rob 1285
Afroman 14, 670
Agent, David 280
Agge, Levirt 189
Agius, Alfie 1395
Agnew, Pete 988
Aguilera, Christina 15, 25, 810, 838, 881, 977, 1077, 1272
Ahlers, Ulrich 1024
Aileen 1155
Airey, Don 1093, 1134 f., 1512
Aitken, Matt 21, 377, 506, 530, 927 f., 1229, 1356
Akabahn, City 50
Akabahn, Trey 50
Akens, Jewel 17
Akkerman, Jan 508 f., 966
Al B. Sure! 17, 1509
Alaimo, Steve 814
Alan, Skip 1102
Albano, Vito 23
Albarn, Damon 158, 582
Albaugh, William 797
Albers, Eef 509
Albert, Jodi 569
Albert, Morris 18
Alcindor, Barbara 531
Alcock, Keith 947
Aldridge, Tommy 1512
Alesha 939
Alessi, Billy 18
Alessi, Bobby 18
Alessia 667 f.
Alexander, Gary 62
Alexander, Gregg 997
Alexander, Janis 285
Alexander, Peter 19 f., 171, 299, 535, 543, 852, 889, 1140, 1470 f.
Alexander, Steve 194
Alexandra 424
Alexia 21
Alford, John 21, 1179
Alger, Michael (Olga) 1434
Ali, Tatyana 21
Alice 22, 1487
Allan, Chad 80, 596 f.
Allan, James 1114
Allan, Stuart 278 f.
Allbut, Barbara 40
Allcock, Martin 711
Allen, Colin 508
Allen, Dion 69
Allen, Donna 26, 478
Allen, Duane David 1020
Allen, Frank 128, 1234
Allen, Jeff 631
Allen, Jeffrey 938
Allen, Joey 1494
Allen, John 986
Allen, Johnny 376, 632
Allen, Keith 26, 142, 485
Allen, Lee 270, 413
Allen, Nat 764
Allen, Papa Dee 1492
Allen, Rick 175, 364 f.
Allen, Rod 515
Allen, Steve 582
Allen, Verden 964
Allen, Wally 1102
Allendale, Eric 515
Alleyne, Chantal 492
Allison, Jerry 317, 645
Allison, Verne 369
Allix, Dick 1476
Allman, Duane 26 f., 374, 1225
Allman, Gregg 26 f., 257
Allsup, Mike 1416
Allsup, Tommy 317
Allured, Malcolm 1262
Al-Maghairy, Lamya 1309
Almeida, Eumire Deodato 372
Almond, Marc 28, 190, 594, 1081, 1109, 1195, 1303
Alors, Zoos 1080
Alpert, Herb 29, 79, 230, 699, 886, 917, 954, 1015, 1477
Alphonse, Sonya 1309
Alston, Andy 366
Alston, Barbara 324

Alston, Gerald 860 f.
Alston, Shirley 1261
Alter, Cindi 279
Ama, Shola 32, 58, 571
Amanor, Crompton 1240
Amato, Dave 1160
Ambros, Wolfgang 395
Ambrose, David 67
Ament, Jeff 1063
Ames, Ed 35
Amey, Ian 359
Amoo, Chris 1147
Amorosi, Vanessa 35
Amos, Tori 35, 285, 1474
Amphlett, Christina 388
Anastacia 36 f.
Anders, Christian 37 f.
Anders, Thomas 155, 911, 945, 1415
Andersen, Lale 158
Anderson, Alfa 260
Anderson, Angry 37 f.
Anderson, Bill 38
Anderson, Brent 547
Anderson, Brett 1154, 1365 f.
Anderson, Carl 38, 829
Anderson, Carleen 182
Anderson, Charlie 1240
Anderson, G.G. 38, 267, 785, 1517
Anderson, George 1248
Anderson, Ian 711 f.
Anderson, Jhelisa 1251
Anderson, Jon 206, 725, 1475, 1546
Anderson, Katherine 883
Anderson, Laurie 38, 1154
Anderson, Liz 39
Anderson, Lynn 39, 1312
Anderson, Rick 1444
Anderson, Signe 707 f.
Anderson, Stig 3, 447
Anderson, Sunshine 39
Anderson, Wiliam 323
Andersson, Benny 3, 624
Andes, Mark 219 f., 489, 494 f., 626, 716, 1512
Andes, Matthew 716
Andi 1429
Andrade, Sergio 807
Andre, Peter 39, 811
Andreason, Tony 1438
Andrew, James 926
Andrews, Barry 1541
Andrews, Chris 40, 1110, 1255
Andrews, Ken 925
Andrews, Kenny 342
Andrez 335
Andy, Bob 159
Aneka 40
Angel, Ashley Parker 1042
Angus, Colin 1251
Ani 361
Anka, Paul 42 f., 81, 159, 283, 298, 618, 729, 889, 986, 1062
Anker, Mick 151
Ann Lee 44
Annadin, Colette 394
Annadin, Wendi 394
Annette 1042
Annikafiore 18
Ant, Adam 9, 45, 905
Anthony, Barron 100
Anthony, John 1197, 1506
Anthony, Marc 46
Anthony, Michael 348, 391, 1038, 1473
Anthony, Ray 231, 859
Antonelli, Paul 42
Antunes, Michael 214
Antwan The Swan 1149
Anzilotti, Luca 1299
Apache Indian 46
Apel, Helmut 678
Appice, Carmine 380, 1475
Appice, Vinnie 142 f.
Appleby, Kim 48, 912
Appleby, Melanie 912
Appleton, Natalie 24
Appleton, Nicole 24, 1444
Arbenz, Jon 1242
Arbus, Dave 431
Archer, Clifford 65
Archer, Mark 31
Archer, Tasmin 50
Archer, Whiffy 1325
Arcipowski, Ken 1140
Arconte, Jacky 742
Ardito, Douglas John 1115
Areas, Jose Chepitos 1219
Areklew, Michael 154
Arena, Tina 46, 51
Argent, Rod 51, 929, 1264, 1420, 1557 f.
Armaou, Lindsay 75
Armatrading, Joan 52, 250, 375, 1154
Armstrong, Bob 238
Armstrong, Herbie 520 f., 1545
Armstrong, Jim 1407
Armstrong, Lisa Marie 376
Armstrong, Sam 1241
Arnesen, Pete 1201 f.
Arnheim, Gus 318
Arnold, Brad 1416
Arnold, David 54
Arnold, Eddy 54 f., 1312
Arnold, Nick 1291
Arnold, P. P. 31, 114, 1206, 1248, 1347
Arnone, Mike 422
Arnstein, Holly 414
Aron, Shima 362
Arrington, Steve 56
Arrobas, Jeremie 916
Arthur, Neil 145 f.
Arthurs, Paul 1021 f.
Ash, Daniel 832
Ashanti 59 f., 484, 686
Ashcroft, Richard 60, 1406
Asher, Peter 1001, 1069, 1191, 1338, 1392
Ashford, Nickolas 60
Ashford, Rosalind 878
Ashley, Bob 596 f.
Ashman, Matthew 173
Ashton, Floyd 1391
Ashton, Tony 60 f., 477
Askew, Steve 739
Asperud, Kjell 1424
Astaire, Fred 690
Astley, Rick 62 f., 116, 361, 603, 744, 843, 1356, 1545
Aston, Jay 204
Astro 1458
Astrup, Gunnar 434
Atack, Keith 262
Atack, Timothy 262
Atari, Gali 930
Atkin, James 446
Atkin, Pete 308
Atkins, Chet 386, 463, 628, 1056
Atkins, Dominique 583
Atkins, Erica 884
Atkins, John 915
Atkins, Martin 1114
Atkins, Tina 884
Atkinson, Craig 307
Atkinson, Paul 1557 f.
Atkinson, Sweet Pea 1495
Atlan, Guillaume 1371
Atwell, Winifred 1477
auf der Maur, Melissa 1291 f.
Auger, Brian 67, 416 f., 423
Augustine, Christopher 464
Austin, Danny 8
Austin, Patti 33, 68, 654, 675, 1029
Austin, Roy 1181
Austin, Thea 1299, 1310
Autobahn, Ricardo 324
Avalon, Frankie 105, 1208, 1539
Averre, Berton 768
Avery, Bob 976
Avory, Mick 762 f., 1186
Avsec, Mark 1516
Axile, Tex 1438
Axton, Hoyt 786
Ayche, Nadja 970
Ayers, Tommy 525
Aylesbury, Ivor 1265
Ayman 69, 1377
Ayres, Ben 304
Aznavour, Charles 70, 178, 190, 891, 970

B, Mel 72, 1319, 1321
B., Bela 58
B., Gary 892
B., Jon 72, 77
B., Stevie 73 f.
B.O.W. 163
B Real 951
Baba 301
Babie 1450
Babina, Jay 1342
Babs, Alice 776
Baby Champ, 377
Baby D 76 f., 1357
Baby Love 1181
Babyface 14, 69, 77 f., 147, 184, 272, 362, 437, 637 f., 704, 717, 770, 772, 820, 846, 1064, 1424, 1498, 1508, 1533
Bacharach, Burt 79, 545, 648, 1213, 1255
Bachman, Randy 80, 207, 596 f.
Bachman, Robbie 80
Bachman, Tim 80
Backhaus, Klaus 504
Backus, Gus 81, 776
Bacon, Maurice 831
Baddiel, David 84
Badger, Pat 467
Badu, Erykah 85, 209, 331, 590
Baez, Joan 86 f., 289, 425, 589, 972, 1480
Bagdasarian, Ross 236, 1227
Baggot, Martin 48
Bahrdt, Vincent 1032
Bailey, Barry 65
Bailey, Blaze 680
Bailey, DaWayne 260 f.
Bailey, Elroy 144
Bailey, John 902
Bailey, Nardo 32
Bailey, Pearl 1062
Bailey, Philip 88, 290, 429

Bailey, Richard 1512
Bailey, Sharon 32
Bailey, Tom 1413
Bailon, Adrienne Eliza 1416
Bain, Jimmy 1134
Bainbridge, Merril 88
Baird, Dan 562 f.
Bairnson, Ian 1076
Baiyewu, Tunde 808
Baker, Adrian 88, 816
Baker, Anita 88, 492, 1051, 1277
Baker, Arthur 89, 591, 618, 1181
Baker, Butch 100
Baker, Cheryl 204
Baker, Dale 1284
Baker, Elijah 1426
Baker, George 89, 1024
Baker, Ginger 213, 271, 313, 597, 600, 622, 956, 1437
Baker, Jon 250
Baker, Keith 1466
Baker, Lefty 1315
Baker, Rick 1044
Baker, Scott 400
Balaquer, Mario 1218
Balaz, Ladislav 154
Baldi, Joe 1407
Baldry, Long John 67, 89, 213, 416, 503, 864
Baldwyn, Neal 155
Balfe, Dave 1395
Balgobin, Rupert 697
Balin, Marty 90, 707 f.
Balkan, Tolga 892, 1425
Ball, Dave 1110 f.
Ball, David 28, 594, 1303
Ball, Kenny 90, 135, 139, 928
Ball, Michael 91
Ball, Roger 68
Ballard, Florence 1373
Ballard, Hank 255, 633
Ballard, Russ 51, 532, 631, 1464
Ballew, Chris 1096
Ballin, Deff 557
Ballinger, Dave 100
Balough, Bill 1200
Balsley, Philip E. 1339
Baltimora 91, 687, 1054, 1093
Baltimore, Theresa 244
Balton, Mick 964
Bamonte, Perry 327
Banali, Frankie 1126
Banana, Harmon 1552
Band, Alex 215
Banfield, John 1057
Bangalter, Thomas 334, 1314, 1334
Bangham, Kid 469
Banks, Donald 1455
Banks, John 920
Banks, Nick 1116
Banks, Paul 1256
Banks, Peter 14 f., 1546
Banks, Ron 413
Banks, Tony 543, 558, 560, 870
Banner, Tommy 1537
Bannister, Trevor 82
Bano, Al 94 f.
Banton, Pato 95, 453
Barbarossa, David 114, 1161
Barbella, Pietro 667
Barber, Chris 90, 135, 401
Barber, Jack 1282
Barbieri, Richard 700, 870
Bard, Alexander 18, 53
Barda, Jean-Pierre 53
Bardens, Peter 806, 1407
Bardot, Brigitte 136
Bare, Bobby 98, 823
Bargeron, Dave 149 f.
Barker, Andy 440
Barker, Francine 1062
Barker, Stella 124
Barker, Travis Landon 148
Barksdale, Chuck 369
Barlow, Barriemore 711
Barlow, Gary 99, 1044, 1387 f., 1521
Barnacle, Gary 1207
Barnes, Caroline 1229
Barnes, Don 1410
Barnes, Jimmy 679
Barnes, Neil 796
Barnett, Declane 1086
Barnwell, Carl 890
Barnwell, Duncan 1270
Baron, Mark 44
Baroni, Marco 1083
Barr, Ralph 1009
Barre, Martin 711 f.
Barret, Charlie 500
Barrett, Carlton 873, 1464
Barrett, Marcia 165
Barrett, Syd 1077
Barrett, Tina 1210
Barri, Steve 588, 1095, 1163
Barrie, J. J. 99
Barrie, Steve 400
Barris, Harry 318
Barron, Christopher 1323
Barrow, Geoff 1091
Barry, Jeff 466, 709
Barry, Len 100, 1038
Barry, Mark 105
Barson, Mike 849
Bartholomew, Dave 398
Bartholomew, Peter 1044
Bartholomew, Simon 182
Bartlett, Bill 797, 1137
Bartley, Jock 494 f.
Barton, Alan 142, 1014, 1297 f.
Barton, Eileen 1247
Bartos, Karl 774
Bartram, Dave 1262
Barz, Jürgen 677
Basia 890
Basie, Count 153, 1294
Basil, Toni 101, 824
Basinger, Kim 1495
Baskin, Don 1384
Bass, Fontella 101 f., 1016, 1173
Bassett, Bryan 1516
Bassey, Shirley 54, 102, 729, 734, 1064, 1146, 1286, 1300, 1370, 1545
Batt, Mike 103, 1531 f.
Batt, Nicholas 394
Battin, Skip 210 f.
Battista, Roland 429
Bauer, Joe 1552
Bauer, Robert 1397
Baughan, David 415 f.
Baumgart, Klaus 767, 1428
Bäumler, Hans-Jürgen 86, 755
Bausert, Roland 504
Baxter, Jomo Jamaine 1460
Baxter, Lee 243
Baxter, Les 1170
Baxxter, H. P. 1229
Baydar, Volcan 1032
Bayless, Andreas 1304
Baylis, Tony 1537
Baynard, James Ajax 323
Baynton-Power, David 696
Bayou, Clarel 195
Bayou, Daniel 195
Bayou, Glary 195
Bayou, Lindsey 195
Baysal, Yasmin 947
Bazalgette, Edward 1477
Bazar, Thereza 397, 601, 1213
Bazilian, Eric 650 f., 978, 1521
Bazoomies, Winston 83
Beach, Lesley 32
Beaky 359 f., 478, 635, 649
Beale, Michael 429
Beanz 832 f.
Beard, Dean 1234
Beard, Frank 1559
Beauchamp, Geoff 439
Beaudry, Thomas 534
Beaver, Jackey 189
Bebrout, Harry Vincent 1265
Beccino, Terry 1042
Beck 117 f., 219, 474
Beck, Billy 1026
Beck, Jeff 163, 278, 380, 470, 606, 650, 791, 955, 1074, 1092, 1352, 1476, 1488, 1506, 1543 f.
Beck, John 50, 683
Beck, Robin 117 f.
Beck, Shorty 1262
Becker, Peter 1144
Becker, Walter 265, 703, 728, 1343 f.
Beckett, Harry 213
Beckett, Peter 818, 1084
Beckham, Victoria 118, 1321, 1444
Beckley, Gerry 34
Beckmann 1134
Bedeau, Curt 536
Bedford, Mark 849
Bedingfield, Daniel 118
Bee, Barry 409
Beedle, Martin 329
Beek, Pierre J. 608
Beenie Man 121, 696, 977, 1458
Beers, Garry Gary 678
Bega, Lou 121, 160, 1094, 1247
Bega, Sheila 1379
Begg, Ally 82
Beggs, Nick 739 f.
Behrens, Peter 743, 1441
Behrens, Stephan 191
Beitle, Ron 1516
Bejarano, Edna 1144
Belafonte, Harry 68, 550, 885, 951, 1468
Belanger, Michael 498
Belanger, Richard 498
Belcher, Linnie 28
Belkhaiti, Naima 650
Bell, Andy 45, 453, 1168
Bell, Archie 122, 901
Bell, Chris 1414
Bell, Eric 955, 1408
Bell, Lee 122
Bell, Madeline 153, 282, 343, 352, 1313, 1340, 1529
Bell, Martin 1534
Bell, Melissa 1309
Bell, Ricky 123, 994
Bell, Russ 356 f.
Bell, Thom 177, 1364
Bell, William 122, 275
Bellamy, Anthony 1150

Bellamy, David 124, 1331
Bellamy, George 1428
Bellamy, Howard 124
Belle, Regina 202, 860 f.
Belley, Richard 661
Bellinger, Dennis 585
Bello, Elissa 574
Bembridge, Charles H. 1240
Benaissa, Nadja 1010
Benatar, Pat 126, 278, 710
Benay, Ben 872
Benberg, Bob C. 1371
Bender, Ariel 964
Bender, Steve 418
Bendix, Ralf 126, 158, 630
Bendt, Oliver 580
Beneke, Tex 582
Benett, Dwight 1114
Bengry, Peter 304
Benjamin, Andre 1043
Benjamin, Donald 63
Bennato, Edoardo 127, 984, 1093
Bennett, Alvino M. 781
Bennett, Brain 656
Bennett, Brian 614, 656, 1245
Bennett, Cliff 127 f., 254, 1235, 1293
Bennett, Easther 458
Bennett, Estelle 360, 1189
Bennett, Pat 262
Bennett, Rickford 1508
Bennett, Tony 387, 1142, 1275
Bennett, Vernette 458
Bennie, Daniel 1156
Bennington, Chester 814
Bennink, Dill 1397
Benson, George 68, 128, 199, 312, 526, 639, 673, 1277
Benson, Jamie 635
Bentall, Simon 1465
Bentine, Michael 580, 1237
Bentley, David 1119
Bentley, John 1330
Benton, Brook 128, 632, 1510
Benton, Everett 1375
Benton, Jerome 1421 f.
Bentyne, Cheryl 860
Berg, Bob 1084
Berg, Christian 1027
Berg, Jörg Maria 776
Bergen, Pierre 181
Berger, Bert 646
Berger, Bryllyant 178
Berger, Ernest 627
Berger, Norbert 268
Berger, Sascha 129
Berger, Tom 154
Berggren, Jenny 7
Berggren, Linn 7
Berghagen, Lars 129
Bergland, Bob 668
Berglund, Anders 154
Bergus, Clay 362
Berkeley, Tyrone 1463
Berkowitz, Daisy 871
Berlin, Steve 830
Berly, Kim 1332
Bernard, Andrew 528
Bernard, Barrie 714, 1079
Bernstein, Elmer 575
Bernstein, Peter 575
Bernwald, Larry 1506
Berri 130
Berry, Albert 1455
Berry, Bill 1128
Berry, Chuck 130 f., 275, 429, 435, 489, 536 f., 609, 620, 633, 836, 986, 1111
Berry, Dave 131 f., 998
Berry, Jan 648, 699
Berry, John 108
Berry, Mike 132
Berry, Nick 132, 892
Berry, Robert 445 f.
Berryhill, Bob 1375
Berryman, Guy 286
Bertai, Adele 710
Bertelmann, Fred 158
Bertematti, Manuel 155
Berval, Jean-Christophe 334
Bervoets, Piet 1141
Bessant, Jack 1154
Best, Nathaniel 1019
Best, Pete 110 f., 1202
Bettencourt, Nuno 467
Betts, Dickey 26 f.
Betts, Geoff 1262
Bevan, Alonza 779
Bevan, Bev 233, 441 f., 966
Beyer, Ed 1292
Bhosle, Asha 304
Bialaglow, Tom 422
Bianco, Bonnie 132, 307, 739
Bianco, Matt 465, 890, 1356
Bichel, Ken 1358
Bickler, Dave 1375
Biddu, 409
Biedermann, Stefan 436
Bierbrodt, Dennis 1494
Biermann, Karl Friedrich 140 f.
Big Bank Hank 1367
Big Bopper 318, 644, 1150
Big Proof 332
Bigfoot 404, 1253
Biggs, Barry 134
Bilbrough, Graham Robert 263
Bilk, Mr. Acker 90, 134 f.
Billie Joe 561 f., 592
Billingslea, Joe 300
Billy Joe 135
Bines, Alex 1201 f.
Bino 135
Bins, Sonny 594
Biondo, George 1344
Birch, Dyan 56
Bird, Jez 784
Birdsong, Cindy 783, 1373
Birkin, Jane 135 f.
Birr, Andy 123
Birr, Dieter 123
Birrell, Pete 528
Birtles, Beeb 818
Bischof, Peter 480
Bishop, Elvin 136, 1086
Bishop, Rodney 222
Biti 366
Bitty, Itty 768
Bivens, Beverly 1498
Bivins, Michael 44, 123, 179, 994
Biz Markie 136, 390
Bizarre 332 f.
Bizzy D 1368
BJ 514
Björk 54, 137 f., 981, 1247
Black 138
Black, Bill 207, 1096
Black, Cilla 138 f., 343, 564, 1064, 1327, 1451
Black, Dan 1083
Black, Jay 703
Black, Johnny 207
Black, Lorne 590
Black, Matt 285
Black, Pauline 1240 f.
Black, Roy 139, 1027, 1157, 1177
Black, Stuart 917
Blackman, Bruce 1334
Blackman, Honor 848
Blackmon, Larry 216
Blackmore, Lex 152 f.
Blackmore, Ritchie 363, 1092, 1134 f.
Blackwood, Richard 145, 735
Bladd, Stephen Jo 557
Blades, Jack 337, 1004
Blaikley, Alan 359, 635, 649
Blaikley, Howard 635
Blaine, Hal 210
Blair, Ron 1072
Blake, Lindell 185
Blake, Lindsay 185
Blakely, Alan 266, 1439
Blakely, Corey 1066
Blakely, Michael 266
Blakey, Art 144, 860, 885
Blakley, Alan 1088, 1440
Blakney, Gregory T 134
Blanche, Lenny 928
Blanco, Roberto 146
Bland, Bobby 757
Blane, Marcie 146, 891
Blank, Boris 1545
Blank, Piet 146
Blasko, Chuck 1485
Blatt, David 703
Blatt, Melanie 24, 58
Blauvelt, Howie 1137
Bless, Roland 1117
Blessing, Michael 949
Blew, Sam 1460 f.
Bleyer, Archie 957
Blige, LaTonya J. 147
Blige, Mary J. 25, 147, 236, 706, 848, 921, 923
Bliss, Sister 474
Blockster 148, 844
Blom, Joop 1397
Bloodvessel, Buster 83
Bloom, Bobby 151
Bloomfield, Steve 887
Blow, Kurtis 586, 728, 1205, 1426, 1435, 1519
Blue, Barry 152, 232, 355 f., 1432
Blue, Deon 1073
Blue, Romeo 777
Bluechel jr., Ted 62
Blum, Hans 158, 1471
Blümchen 157, 184, 1444
Blundell, David 943
Blunstone, Colin 322, 1053, 1180, 1350, 1527, 1557
Blunt 250, 332, 1234 f.
Blunt, John 1234 f.
Blunt, Martin 250
Boardley, Skip 323
Bob, Jim 235
Bobby G 204
Bocelli, Andrea 160, 184, 188
Boddy, Paul 434
Boecker, Wolfgang 95
Boel, Hanne 784
Boeuf, Nicole 978
Boff, Frank 267
Bogaert, Jo 1397
Bogan, Anne 883

Bogert, Tim 1475
Boggs, Tom 175 f.
Bogle, Bob 1481
Bogojevic, Mirco 342
Bohannon, Hamilton 161, 1426
Bohl, Peter 1013
Bohlen, Dieter 155, 242, 352, 655, 664, 882, 945 f., 1014, 1454
Bohn, Dennis 191
Bohn, Ulrica 191
Bohnsack, Norbert 1013
Bokoe, Gary 892
Bolan, Dave 377
Bolan, Marc 1249, 1303, 1385 f.
Bolan, Rachel 1285
Boland, Francy 570
Bolder, Trevor 1466
Bolin, Tommy 363, 1488
Bolton aka the West Virginia Creeper, Don 292
Bolton, Michael 162, 183, 542, 604, 732, 1062
Bon Jovi, Jon 99, 163 f., 604
Bonaduce, Danny 1056
Bonaventure, Jean-Claude 742
Bond, Graham 213
Bond, Ronnie 1442
Bond, Terry 1181
Bone, Bizzy 165
Bone, Flesh-N 165
Bone, Krayzie 165
Bone, Layzie 165
Bone, Wish 165
Bonelli, Bianca 1483
Bonet, Lisa 777
Bonfanti, Jim 1143 f.
Bonfire, Mars 1344
Bongo 201
Bonham, John 792 f.
Boning, Wigald 404
Bonnet, Graham 166, 867, 1135
Bonney, Graham 140, 166
Bono, Sonny 25, 167, 257
Bonoff, Carla 575
Bonsall, Joseph Sloan 1020
Bontempi, Francesco 304, 876
Boo, Betty 114, 167 f.
Boo, Mikey 1464
Boogaerts, Gaston 246
Booka-T, Bookaso 1326
Boom, Taka 752, 785, 989, 1463 f.
Boombass 240
Boone, Daniel 170 f., 256, 764
Boone, Debby 170 f.
Boone, Pat 170 f., 398, 567, 954, 1280, 1478
Boone, Steve 835
Boop 235 f.
Bootee, Duke 586
Booth, Timothy 696
Boothe, Ken 172, 176, 185
Borch, Mike 668
Bordin, Mike 473
Borelly, Jean-Claude 172
Borg, Andy 9, 172
Borg, Steve 95 f.
Borjas, Larry 1126
Borland, Wes 811
Bornhold, Herbert 1144
Borovini, Steve 538
Borowiak, Tony 25
Borowski, Werner 557
Bortolotti, Gianfranco 222, 280
Bossert, Uwe 1147
Bossi 306
Bosson 454
Bostelaar, Anika 570
Bostik, Billy 1251
Bostock, Chris 715 f.
Boswell, Eve 158
Botfield, Bryan Charles 1181
Bottazzi, Mario Gaettano 454
Böttcher, Gerd 161
Botts, Mike 185
Bottum, Roddy 473
Boucher, Andy 114
Boucher, Judy 173
Boulter, Roy 482
Boulton, Pete 238
Bourdon, Rob 814
Bourke, Ciaran 418
Bourke, Toby 173
Bowens, Sir Harry 1495
Bowers, Dane 44, 339, 1443 f.
Bowers, Tony 1271
Bowie, David 17, 92 f., 101, 118, 158, 174, 242, 260, 508, 584, 594, 621, 636, 652, 694, 710, 806, 843, 878, 913, 919, 964, 1089, 1154, 1169, 1234, 1286, 1446, 1476
Bowie, Lester 102
Bowles, Bruce 562
Bown, Andy 635, 1340
Box, David 317
Box, Mick 1466
Boy, Danny 313, 656 f., 1519
Boy George 176, 185, 325 f., 357, 490, 524, 711, 729, 871, 998
Boyce, Benjamin 243
Boyce, Tommy 177
Boyd, Brandon 673
Boyd, Eddie 272, 502
Boyer, Jacqueline 177
Boyle, Danny 764
Boyle, Gary 67, 1119
Boyle, Ruth-Ann 1028
Braccagni, Maurizio 1451
Bracegirdle, Nick 261
Bradbury, Bob 631
Bradbury, John 1318
Bradfield, James Dean 861
Bradley, Billy 724
Bradley, Michael 1462
Brady, Dick 1484
Brady, Jim 1217
Bragg, Billy 181, 735
Braid, Les 1380
Braithwaite, Daryl 1259
Brambati, Angela 1163
Bramble, Derek 583 f.
Bramlett, Bekka 502 f.
Brammer, Billy 1101
Branch, Glen 354
Brandes, Will 182, 534
Brandner, Thommy 1221
Brando, Marlon 10, 615, 1106, 1496
Brandon, Ronnie 898
Brandy 21, 50, 183, 484, 753, 770, 820, 885, 949, 1322, 1363, 1390, 1536
Branigan, Laura 38, 162, 183, 476, 1132, 1435
Brann, Chris 1491
Brant, Jon 254
Brard, Patty 840
Bratcher, Nikki 387
Bratta, Vito 1510
Bratton, Creed 588
Braxton, Toni 72, 184, 197
Bray, Stephen 185 f.
Bray, Steve 1434
Brayfield, Buddy 1045
Brayley, Rex 831
Braz Vieira, Loalwa 742
Breck, Freddy 186
Brecker, Michael 187, 550
Brecker, Randy 149 f.
Breen, Richard Abidin 496
Breit, Gerhard 454
Breiti 1429
Breitung, Axel 35, 1444
Brel, Jacques 473, 687
Brendel, Rolf 993
Brennan, Ciaran 270
Brennan, Lee 1006
Brennan, Lee Anthony 1006
Brennan, Walter 186
Brenner, Simon 1388
Brenston, Jackie 1445
Brett, David 507
Brettell, Bones 279
Brewer, Alan 709
Brewer, Don 585
Brewer, Mike 186
Brewer, Paul 1202
Brewer, Teresa 764
Brice, Pierre 187
Brice, Trevor 1476
Bricheno, Tim 24, 1283
Brickell, Edie 187, 1268, 1509
Brickley, Audrey 1038
Brickley, Shirley 1038 f.
Bridgeman, Noel 955
Bridges, Alicia 188
Bridges, Gil 1142
Brierly, Ben 473
Brigati, Eddie 1143
Briggs, David 818
Briggs, Vic 42
Bright, Garfield A. 1248
Bright, Tim 821
Brightman, Sarah 160, 184, 188, 612, 1455
Brigitte 1417
Briley, Alexander 1483
Brill, Rob 129
Brilleaux, Lee 412
Bringas, Ernie 1172
Briquette, Peter 169
Briscue, Marcia 124
Bristol, Johnny 189, 1349
British Bulldog 1538
Britt, Michael 825
Britten, Terry 99, 546, 1178
Britton, Chris 1442
Britton, Geoff 431
Broad, Graham 5
B-Rock 189
Brock, Al 1144
Brock, Dave 622
Brockman, Jake 433
Brokken, Corry 190
Bronski, Steve 190
Brooker, Gary 1053, 1110
Brookes, Jon 250
Brooke-Taylor, Tim 579
Brookins, Steve 1410
Brooks, Arthur 672
Brooks, Dudley A. 317
Brooks, Elkie 130, 192, 569, 766
Brooks, Garth 192 f., 330
Brooks, La La 324
Brooks, Meredith 193
Brooks, Richard 672

Brooks, Stuart 1102
Brotman, Stuart 219 f.
Broudie, Ian 84, 809, 1154
Broughton, Steve 269
Broussard, Grace 335
Brovsky, Mike 1242
Brow, Roy Chubby 196
Browarezyk, Stephan 537
Brown, Andy 515
Brown, Angie 136
Brown, Arthur 67, 196, 446, 1053
Brown, Bobby 77, 145, 196 f., 216, 568, 578, 659, 911, 994, 1536, 1555
Brown, Brendan B. 1507
Brown, Chris 1203
Brown, Dan K. 500
Brown, David 1219
Brown, Desmond 1240
Brown, Donny 1482
Brown, Errol 654 f., 1358
Brown, Foxy 77, 197, 236, 704, 1116, 1381
Brown, Gary 772
Brown, Gerald 1250
Brown, Greg 1022
Brown, Harold 1492
Brown, Hux 1464
Brown, Ian 197 f., 1357 f., 1464
Brown, James 115, 198, 209, 285, 367, 471, 502, 507, 526, 536, 590, 619, 719, 781, 848, 914, 1015, 1057, 1105, 1403, 1424, 1426, 1514
Brown, Jason Paul 496
Brown, Jeff Aaron 1057
Brown, Jim 1458
Brown, Jimmy 187
Brown, Jocelyn 199, 1065, 1169, 1210, 1299, 1404
Brown, Joe 100, 199 f., 564, 741
Brown, Josephine 530
Brown, Kenji 1193
Brown, Kim 1160
Brown, Lawrence 915
Brown, Leanne 1378
Brown, Les 349
Brown, Marc 1297
Brown, Melanie 72, 1319, 1321
Brown, Michael 796, 1358
Brown, Mick 1059
Brown, Monty 1425
Brown, Ollie 1029
Brown, Peter 199, 1507, 1536
Brown, Polly 1075, 1378
Brown, Sam 100, 138, 199, 482, 660, 678
Brown, Timothy 168
Brown, Tommy 661
Brown, Trevor 676
Brown, Vicky 482
Brown, Vincent 988
Brown, William 948
Browne, Clevie 1464
Browne, Ivan 797
Browne, Jackson 87, 200, 428, 509, 974, 1009, 1034, 1136 f., 1258, 1334, 1431
Browne, Tom 200
Brownsound, Dave 1368
Brucato, Danny 547
Bruce, Jack 213, 271, 313, 380, 418, 446, 863 f., 956, 1074, 1225
Bruce, Michael 302
Bruce, Paul 680, 1175
Brücken, Claudia 1113
Bruford, Bill 560, 1546
Brühl, Heidi 201 f.
Bruhn, Andreas 1283
Bruhn, Erica 570 f., 783
Brunet, Saintclair 1424
Bruno, Bill 1044
Bruno, Gioia Carmen 466
Bruysten, Henk 608
Bryan, Billy 1081
Bryan, David 163
Bryan, Kelle 458
Bryan, Mark 651
Bryant, Anita 1184
Bryant, Elbridge 1204, 1398
Bryant, Jason T. C. 1211
Bryant, Sharon 65 f.
Bryce, Natasha 843
Brydon, Mark 948
Bryon, Dennis 33, 118, 120, 471
Bryson, Jill 1360
Bryson, Peabo 202, 383, 501, 542, 1241, 1554
Bryson, Wally 1143 f.
Brzezicki, Mark 133, 1110
Buchanan, Bill 579
Buchanan, Keisha 1367
Buchanan, Wallace 698
Buchholz, Francis 1230
Büchner, Klaus 767, 1427 f.
Buchzyk, Angie 399
Buck 4 1181
Buck, Alan 516
Buck, John 378, 1061
Buck, Mike 469
Buck, Peter 1128
Bucket, Rubber 572
Buckingham, Lindsey 203, 238, 502 f., 588, 1003, 1351, 1468, 1501
Buckland, Jonny 286
Buckler, Rick 695
Buckley, Tim 200, 1338
Buckner, Dave 1049
Buckner, Jerry 203
Budd, Eric 494
Budd, Pete 1537
Budgie, Pete 1281
Bueller, Ferris 1229
Buena, Mutya 1367
Buffett, Jimmy 205, 438, 823, 1277
Bullard, Martin 1297
Bullock, Craig 1367
Bumpus, Cornelius 403
Bunker, Clive 711 f.
Bunn, Roger 1199
Bunnel, George 1359
Bunnell, Dewey 34
Bunton, Emma 206, 1319, 1321, 1424
Burchill, Charles 1270
Burckhard, Aaron 1007 f.
Burden, Ian 662
Burdette, John 1200
Burdon, Eric 41 f., 206, 213, 481 f., 634, 1087, 1492
Burgan, Jerry 1498
Burger Pimp 797
Burgess, John 296
Burgess, Paul 618, 1400
Burgess, Richard James 785
Burgess, Tim 250, 1385
Burgi, Chuck 1135
Burgos, Bob 887
Burhoff, Bernd 420
Burke, Aloha 498
Burke, Byron 1401
Burke, Clarence 498
Burke, Clement 148, 1188
Burke, Cubie 498
Burke, Dennis 498
Burke, Gary 185
Burke, James 498
Burke, Kenneth 498
Burke, Noel 433 f.
Burke, Pat 515
Burke, Solomon 633, 1151, 1443
Burkette, Bill 1485
Burlison, Paul 207
Burnel, Jean-Jacques 1358
Burnett, Billy 203
Burnett, Larry 494
Burnett, Norman 1455
Burnett, Paul 814
Burnette, Billy 502 f.
Burnette, Johnny 207, 900
Burnette, Rocky 207
Burney, Mike 1530
Burnip, John 967
Burns, Bob 841
Burns, Christian 105
Burns, Pete 356 f.
Burns, Ritchie 647 f.
Burns, Vinny 1460 f.
Burr, Clive 680
Burrell, Boz 82 f., 482
Burrows, Tony 195, 416, 436 f., 496, 505 f., 684, 1080, 1512
Burruss, Kandi 740, 1540
Burt, Heinz 631, 1428
Burt, Mick 254
Burtnick, Glen 1364 f.
Burton, Clifford Lee 920
Burton, Emerson 640
Burton, Gary 565
Burton, Pol 1438
Burton, Richard 615, 806, 1498
Burton, Trevor 953, 966
Bush, John 187
Bush, Kate 36, 208, 288, 311, 490, 544, 1076, 1165, 1469
Bush, Peter 1434
Bushler, Herb 1084
Bushnell, Yvonne 704
Buss, Mick 826
Busse, Michael 1321
Busta Rhymes 85, 208, 688, 837, 845, 951, 1116
Butala, Tony 801
Butler, Bernard 24, 894, 1365
Butler, Floyd 492, 533
Butler, Geezer 142 f., 1039
Butler, Jerry 209, 462, 672, 893
Butler, Joe 835
Butler, Tony 133
Buttas, Rudi 1117
Butterfield, Billy 297
Buxton, Felix 101
Buxton, Glen 302
Buzz 235, 1008
Byrd, Donald 144, 607, 1206, 1413
Byrd, Frederick Eugene 74
Byrd, Gary 210
Byrne, Ben 1338
Byrne, David 288, 1389 f.
Byrne, Fran 7
Byrne, Nicky 1504
Byrne, Peter 983
Byrne, Sean 307
Byrnes, Edd 1305
Byrom, Larry 1344

Byron, David 1466
Byron, Jean-Michel 1431

C, Fantastic Johnny 479, 805
C, Mel 11, 105, 212, 1319, 1321, 1425
C., Roy 212
C., Timmy 1133
Cable, Stuart 1346
Caddy, Alan 754, 1428
Cadogan, Kevin 1409
Cadogan, Susan 214
Cafferty, John 214
Caffey, Charlotte 193, 574 f.
Caffrey, Leon 1313 f.
Cahill, Tony 432, 1119
Cain, Jonathan 83, 732
Cain, Mark 1251
Cain, Randy 368
Caines, Ron 431
Cairns, Andy 1407
Cairo, Humphrey 1265
Cairo, Piero 741
Calderon, Mark 291
Caldwell, Bobby 215
Caldwell, Nicholas 1508
Caldwell, Steve 1038
Cale, J. J. 934, 954
Call, John 1118
Callelo, Charlie 517 f.
Callis, Jo 662
Calloway, Cab 738, 800
Calloway, Reggie 216, 927
Calloway, Reginald 927
Calloway, Vincent 216, 927
Calvello, Claudio 1469
Calvert, Bernie 643
Calvert, Bob 622
Calvert, Eddie 1196
Calvert, Jeff 188
Calvert, Jeffrey 1455
Calvin, Billie 1463
Calvin, Donnie 1181
Camacho, Michael 1290
Cambra, Gary 1444 f.
Cameron, Andy 216
Cameron, G. C. 1323
Cameron, George 796
Cameron, Jon 213
Cameron, Matt 1063
Cameron, Timothy 1264
Camillo, Tony 105
Camison, Mat 1066
Camp, Greg 1291
Camp, Jonathan 1159
Campbell, Ali 75, 217, 691, 906, 1458
Campbell, Angus 75
Campbell, Cassius 779
Campbell, Eddie 1405
Campbell, Glen 105 f., 217, 345, 561 f., 648, 795
Campbell, Ian Colin 667
Campbell, Jon 1422
Campbell, Junior 218, 875
Campbell, Mike 254, 1072
Campbell, Philip 962
Campbell, Robin 75, 95, 1458
Campbell, Shanie 19
Campbell, Stan 1318
Campbell, Sterling 422, 1308
Campbell, Tevin 218
Campbell, Tony 714
Campbell, Vivian 364 f., 1512
Campino 1429 f.
Canaday, Steve 1045
Candyman 219
Cane, Harry 983
Cane, Ray 649
Canham, Brian 1113
Canler, Coz 1188
Cann, John 66 f., 1409
Cann, Warren 1460
Cannon, Freddy 221
Cantor, Matt 1363
Cantrell, Blu 221
Canty, Clare 837
Canu, Domenico 1083
Capaldi, Jim 221, 1436 f., 1529
Capehart, Art 484
Capek, Claus 93
Caplin, Paul 623
Capps, Bobby 1410
Cappuccino 222, 1420
Capstick, Tony 222 f.
Captain Hollywood 223
Captain Sensible 224, 337
Cara, Irene 118, 224, 390
Carabello, Michael 1219
Caradonna, Tommy 1510
Carayol, Damel 1309
Carberry, Victor 1426
Carella, Vinnie 1140 f.
Carey, Mariah 28, 77, 85, 179, 213, 226, 333, 596, 659, 717, 740, 837, 850, 957, 985, 1116, 1301, 1474
Carey, Patrick 87
Carey, Rick 87
Carey, Tony 227, 1135
Carisma 392 f., 826
Carl, Max 1410
Carlisi, Jeff 1410
Carlisle, Belinda 227 f., 574 f.
Carlone, Freddy 294
Carlos, Bun E. 254
Carlsson, Robyn Miriam 1180
Carlton, Carl 228, 240
Carman, Brian 248
Carman, Pauli 247
Carmassi, Danny 626, 1512
Carmen, Eric 228, 1143 f.
Carmichael Jr., James 527
Carnegie, Lorenzo 781
Carnes, Kim 229, 374, 654, 675, 1185, 1467 f.
Carollo, Joe Frank 605, 1394
Carpendale, Howard 140, 229, 418
Carpenter, Bob 1009
Carpenter, Chip 1076
Carpenter, Karen 230
Carpenter, Mary-Chapin 1056
Carpenter, Richard 230
Carr, David 515
Carr, Eric 764 f.
Carr, Martin 168
Carr, Sally 925
Carr, Suzi 1518
Carr, Tony 213
Carr, Vikki 230 f., 898
Carra, Raffaella 231, 642
Carrack, Paul 7, 231, 928, 1078, 1330, 1510
Carrell, Rudi 232, 779
Carrere, Harry 1221
Carroll, Dina 232, 650, 1122
Carroll, Jon 1335 f.
Carroll, Pat 1000
Carroll, Porter 65
Carroll, Ronnie 232 f.
Carrott, Jasper 222, 233
Carruthers, John 1281
Carson, Cathy 654
Cartagena, James 1485
Cartellone, Michael 337
Carter, Aaron 184, 234, 713
Carter, Adam 837
Carter, Bob 815
Carter, Bradley 1203
Carter, Carlene 231, 237, 836
Carter, Carroll 56
Carter, Clarence 234, 1339
Carter, Dan 1
Carter, Dick 1031
Carter, Eddie 967
Carter, Jerry 1292
Carter, John 496, 505, 684, 756, 976
Carter, Johnny 369
Carter, Mel 234 f.
Carter, Nicholas Gene 80
Carter, Paul 114
Carter, Ron 318
Carthy, Martin 1342
Cartwright, Alan 1110 f.
Cartwright, Richard 607
Cary, Justin 1284
Casady, Jack 90, 707
Casale, Ralph 1484
Casale, Rosanna 741
Case 197, 236, 686, 717
Casel, Nick 368
Casey, Brain 693
Casey, Brandon 693
Casey, Harry Wayne 744
Cash, Fred 672
Cash, Johnny 236, 238, 354, 543, 808, 836, 940, 1034, 1136, 1163, 1339, 1457
Cash, Philip 48
Cash, Steve 1045
Caso, Massimo 667
Cassidy, Al 150
Cassidy, Catherine 1378
Cassidy, David 207, 238 f., 273, 1056 f., 1173, 1238
Cassidy, James 674
Cassidy, Shaun 228, 239, 551, 1057
Castor, Jimmy 240 f.
Castro, Peppy 18, 156
Castronovo, Dene 83
Cat Daddy 1305
Catch, C. C. 242
Catherall, Joanne 662
Catherine, Philip 509
Catlono, Bill 551
Cattermole, Paul 1210
Cattini, Clem 47, 614, 754, 1428
Catto, Jamie 474 f.
Cauchi, Les 191
Caudell, Ronnie 919
Caughlin, Jim 1118
Cavaliere, Felix 1143
Cavanagh, Chris 1264
Cavazo, Carlos 1126
Cave, Nick 936
Ceasar 30
Cebollero, Mechi 1485
Celentano, Adriano 244, 520
Celeste 340, 1196
Cenci, Nick 368
Cennamo, Louis 1159
Cerrone 245, 1220
Cervero, Petro 408
Cetera, Peter 70, 245, 260 f., 587
Chacksfield, Frank 324

Chacon, Eddie 253
Chad, Dominic 865
Chadbourn, Huw 76
Chadwick, Les 564
Chagall, Nic 306
Challenger, Romeo 1262
Chamberlain, Richard 246 f.
Chamberlin, Jimmy 1291 f.
Chambers, Martin 1101
Chambers, Terry 1541
Chamboissier, Claude 1424
Champion, Nigel 1009
Champion, Will 286
Champlin, Bill 260 f.
Chance, David 1203
Chandler, Chas 41, 634, 1287
Chandler, Gene 247 f.
Chandler, George 824 f.
Chandler, Karen 235
Chaney, Roy 307
Channel, Bruce 248, 897
Channing, Chad 1007 f.
Chantzis, Christophe 1472
Chao, Mann 249
Chapin, Harry 249
Chapman, Gary 587
Chapman, Graham 952
Chapman, Margot 1335 f.
Chapman, Mark 1
Chapman, Mike 126, 466, 746, 998, 1048, 1123, 1226
Chapman, Roger 477, 1027
Chapman, Romell 44
Chapman, Sam 1014
Chapman, Tony 635, 1186
Chapman, Tracy 180, 250, 980
Chappell, Ruell 1045
Chaquico, Craig 707
Charlemagne, Diane 1465
Charles, Gerry C 536
Charles, Jack 1122
Charles, Jimmy 443
Charles, Pete 1137
Charles, Ray (Country, Pop, R&B, Blues, Soul) 251, 301, 492, 681, 1411, 1467 f., 1510
Charles, Ray (Pop) 252 f.
Charles, Sir 1090
Charles, Tina 137, 206, 253, 266, 499 f.
Charlton, Manuel 988
Charly 334
Charman, Shaun 1500
Chase, Carol 841 f.
Chater, Kerry 1115
Chaulk, Vincent John 967
Chauncey, Danny 1410
Cheatdom, John 479
Checker, Chubby 98, 255, 484, 1255
Chen, Philip 697
Cher 25, 27, 156, 167, 245, 257, 462, 975, 1018, 1066, 1091, 1095, 1189, 1307 f.
Cher, Jeff 87
Cherone, Gary 467, 1473
Cherrelle 259, 1064
Cherry, Celena 650
Cherry, Don 259, 297
Cherry, Eagle-Eye 259
Cherry, Neneh 258, 260, 272, 676, 687, 980, 1309, 1366
Chertoff, Rick 650 f.
Chesterman, Ron 1360
Chesters, Eds 156, 1304
Chetwood, Michael 1385
Chevron, Phil 1085
Child, Jane 263
Chilton, Alex 175 f.
Chin, Eddie 1432
Chin, Tony 134
Chinn, Nicky 126, 466, 746, 998
Chirowski, Jozeff 302
Chisholm, Melanie 212, 1319, 1321
Chong, Tommy 256
Chowning, Randle 1045
Christensen, Alex 64, 184, 1108, 1169, 1456
Christensen, Jeanette 453
Christian, Dennie 265
Christian, Garry A. 265
Christian, Roger 265
Christian, Russell 265
Christian, Timothy 1426
Christie, David 266 f.
Christie, Jeff 266
Christie, Lou 267
Christie, Tony 25, 267, 322
Christina, Fran 469
Christo, Johnnie 455
Christopher, Ted 419 f.
Christy, Don 167
Christy, Sonny 167
Churchill, Chick 1402
Ciccone, Don 517
Cieka, Robert 168
Cilia, Phil 1496
Ciner, Al 34
Cinquetti, Gigliola 268, 966
Cintron, Marty 1012
Cipollina, Mario 805
Clail, Gary 270
Clanton, Jimmy 270
Clapton, Eric 27, 69, 77, 130 f., 147, 231, 258, 270, 272, 278, 313, 321, 374, 444, 467, 472, 502, 514, 616, 618, 726, 757, 766, 863, 874, 956, 1220, 1249, 1355, 1433, 1437, 1443, 1543
Clare, Kenny 1311
Clark, Alan 385
Clark, Charles 505
Clark, Claudine 273
Clark, Dave 100, 273, 750
Clark, Dick 255, 336, 524
Clark, Gary 339 f.
Clark, Gene 210 f.
Clark, Graeme 1505
Clark, Kit 339
Clark, Louis 1200
Clark, Mike 1439 f.
Clark, Nigel 395
Clark, Petula 239, 273 f., 867, 891, 1055, 1370
Clark, Roderick Pooh 637
Clark, Shellie 648
Clark Sternberg, Kalli 1095
Clark, Steve 364 f.
Clark, Terry 635
Clarke, Allan 643, 1053, 1472
Clarke, Charles 125
Clarke, Dick 466
Clarke, Eddie 962 f.
Clarke, Gilby 598
Clarke, Ian 1466
Clarke, Junior 536
Clarke, Kenny 570
Clarke, Mark 482, 1466
Clarke, Michael 210 f., 494
Clarke, Mick 1201
Clarke, Rick 1309
Clarke, Sharon 1013
Clarke, Vince 61, 372, 453, 610, 966, 1254, 1544
Claudio 275
Clay, Judy 122, 275, 1206, 1481
Clay, Tom 275
Clayderman, Richard 276
Clayton, Adam 276 f., 972, 1058, 1456
Clayton, David 5
Clayton-Thomas, David 149 f., 418
Cleaves, Jessica 429, 533
Cleese, John 579, 952 f.
Clements, Rod 813
Cleminson, Zal 988
Cleuver, Hans 508
Cleveland, Michael 674
Cliburn, Rick 1292
Cliff, Jimmy 277, 499
Clifford, Doug 315, 1282
Clifford, Paul 1534
Climie, Simon 278, 552
Cline, Patsy 318, 992, 1150, 1155, 1171
Clinton, Ernest J.G. 1310
Clinton, George 539, 1104, 1183, 1249, 1290
Clinton, Larry 1346
Clooney, David 306
Clooney, Rosemary 170, 1247
Close, Julian 1148
Cloud, Kevin 1209
Cloutt, Rod 262
Club, Billy 382
Clusky, Conleth 79
Clusky, Declane 79
Clüver, Bernd 280 f., 924
Clyde, Jeremy 245 f.
Coates, Alan 643
Coates, Cheyne 849
Coates, Don 1484
Coates, Odia 43
Cobain, Kurt 333, 511, 1008, 1300
Cobb, James R. 65, 275
Cobb, Jimmy 1334
Cobbin, Peter 419 f.
Cocco, Auli 845, 1083
Cochran, Bobby 1344 f.
Cochran, Eddie 111, 215, 281, 359, 1244, 1355, 1361, 1428
Cochrane, Tom 281
Cocker, Jarvis 25, 474, 1116, 1489
Cocker, Joe 29, 68, 282 f., 323, 481, 730, 835, 929, 1100, 1219, 1370, 1493, 1523, 1551
Cockrell, Bud 1046
Codling, Neil 1366
Cody, Commander 292 f.
Coe, Charlie 1162
Coenen, AnneMie 1472
Coffey, Carlton 676
Coffey, Dennis 283, 547, 1142
Cogan, Alma 283 f.
Coghlan, John 1340
Cohen, Benjamin 335, 1334
Cohen, Leonard 183, 284 f., 339, 1493
Cohen, Ted 484
Coko 1381
Colbert, Charles Chuck 34
Colbert, Godoy 530
Colbert, Laurence 1168
Coldwell, Terry Mark 430
Cole, Brian 62

Cole, David 212 f.
Cole, Mike 973
Cole, MJ 942, 1253
Cole, Nat King 233, 286 f., 382, 889, 1100
Cole, Natalie 212, 215, 286, 542, 889
Cole, Paula 288
Cole, Richard 1188
Coleman, G. C. 1528
Coleman, Kevin 1291
Coleman, Michael 187
Coleman, Naimee 67 f.
Coleman, Ornette 200
Coles, Richard 294, 1305
Coley, John 449
Colin, Charlie 1437
Colla, Johnny 805
Collard, Dave 715 f.
Collen, Phil 364
Collier, Tony 1529
Collins, Albert 625, 955
Collins, Allen 841 f.
Collins, Ansil 288
Collins, Bill 84
Collins, Bootsy 965, 1426, 1473
Collins, Clarence 817
Collins, Dave 288
Collins, Edwyn 289, 1032, 1366
Collins, Frances 324
Collins, Frank 56
Collins, Judy 289, 320, 808, 940, 1500
Collins, Mark 250
Collins, Phil 45, 88, 92, 200, 290 f., 329, 532, 558, 560, 654, 810, 880, 928, 971, 1072, 1213, 1355, 1421, 1504
Collins, Rob 250
Collins, Tyler 291
Collisson, Sacha 67
Colman, Stuart 507
Colomby, Bobby 149
Colter, Jessi 292, 992
Coltrane, Chi 33
Coltrane, John 431, 621
Colvin, Shawn 292, 589
Colyer, Ken 134
Comer, Terry 7
Comess, Aaron 1323
Comis, Michele 1469
Como, Perry 79, 171, 253, 294 f., 405, 461, 518, 1093, 1274
Condon, Les 213
Cone 1368
Conley, Arthur 296, 479, 1151, 1528
Conley, Cheryl 530
Conlon, Sean Kieran 496
Connell, Andy 1380
Connell, Mike 296
Connelly, Al 571
Conner, Toby Lee 677
Conniff, Ray 296 f., 1176
Connolly, Billy 222, 298, 514
Connolly, Brian 1377 f.
Connolly, Pat 1375
Connor, John 396
Connor, Michael 1118
Connor, Sarah 298
Connor, Shazam 660
Connor, Tony 654
Connors, Carol 299, 1172
Conny 298 f., 567
Conquest, June 620
Constable, Jimmy 1006
Constanten, Tom 588 f.
Conti, Bill 299
Conti, Neil 1095
Conway, Gerry 711, 1545
Cooder, Ry 435, 836, 1173, 1276, 1334
Cook, Dale 300
Cook, Frank 219 f.
Cook, Kyle 888
Cook, Louis 83
Cook, Norman 70, 114 f., 304, 485, 527 f., 657, 927, 1073 f.
Cook, Paul 92, 713, 1243
Cook, Pete 1363
Cook, Roger 153, 296, 343, 416, 719, 1295
Cook, Roger James 153, 343, 1080
Cook, Russell 1016
Cook, Stu 315
Cook, Wayne 1344
Cooke, Sam 29, 215, 296, 300, 591, 633, 1057, 1100, 1145, 1189, 1393 f., 1531, 1533
Cooke, Wayne 1084
Cooke Womack, Linda 1532
Cooler, Whey 1102
Cooley, Cheryl 768
Coolidge, Rita 169, 217, 301, 1225
Coolio 301 f., 951, 1533
Coombes, Gaz 1370
Coombes, Peet 1432
Coombes, Rod 1341, 1360
Coon, Axel 1229 f.
Coonce, Rick 588
Cooper, Alex 743
Cooper, Alice 133, 155, 171, 302, 1087, 1199, 1325, 1448
Cooper, Bernadette 768
Cooper, Colin 278
Cooper, Jeff 927
Cooper, Martin 1036
Cooper, Ray 1121
Cooper, Wayne 216
Cope, Julian 357, 433, 1395
Copeland, Karen 1374
Copeland, Kenny 1193
Copeland, Lynn 134
Copeland, Stewart 328, 1087
Copping, Chris 1110
Corabi, John 962
Corbetta, Jerry 517, 1367 f.
Corbitt, Jerry 1552
Cordalis, Costa 303, 760
Cordell, Phil 338, 1329
Cordoba, David 1485
Cordona, Pepe 23
Corea, Chick 565
Corella, Doug 1482
Corgan, Billy 474, 1291 f.
Corina 303
Cornelison, Buzz 466
Cornelius, Billie 303
Cornelius, Carter 303
Cornelius, Edward 304
Cornelius, Peter 303, 451
Cornelius, Rose 303
Cornell, Lynn 1064
Corner, Chris 1300
Cornick, Glenn 711
Cornish, Gene 1143
Cornwell, Charlotte 309
Cornwell, Hugh 1359
Corr, Andrea 305
Corr, Caroline 305
Corr, Jim 305
Corr, Sharon 305
Corren, Carmela 305
Correro, Joe jr. 1162
Corriea, Ray 1342
Corrigan, Briana 115
Corso, Terence 23
Corwin, Tim 1026
Cosby, Bill 306
Cosgrove, Mike 23
Cosper, Kina 201
Cosso, Pierre 132, 307
Costa, Antony 152
Costa, Don 827
Costell, David 804
Costello, Elvis 307, 437, 710, 805, 836, 969, 1034
Coster, Tom 1219
Costin, Darren 1492
Cotoia, Robert 214
Cott, Gerry 169
Cotten, Michael 1444
Cottle, Albert 1391
Cottle, Tameka 1540
Cottrel, Lawrence 495 f.
Cottura, Toni 537 f., 984, 1050
Coulam, Roger 153
Coulson, Dennis 864, 902
Coumans, Theo 1119
Court, Paul 1104
Courtney, David 335
Courtney, Lloyd 56
Courtney, Lou 493
Courtney, Russell 697
Cousin, Andy 24
Cousins, Dave 1360
Couzens, Andy 1357
Covarick, Dennis 547
Covay, Don 275, 553, 1350
Coverdale, David 363, 793, 1145, 1512
Coveyou, Gary 400
Covington, Julie 308 f., 1498 f.
Cowart, Harold 528
Cowart, Juanita 883
Cowboy 586
Cowe, Simon 813
Cowgod 592
Cowsill, Barbara 309
Cowsill, Barry 309
Cowsill, John 309
Cowsill, Paul 309
Cowsill, Richard 309
Cowsill, Robert 309
Cowsill, Susan 309
Cowsill, William 309
Cox, Andy 109 f., 493
Cox, Billy 632
Cox, Deborah 309 f., 885
Cox, Peter 573
Cox, Terry 213
Cox, Tony 1551
Coxon, Graham 158
Crabb, Graham 1090
Cradock, Steve 205, 1023
Craff, Mike 1297 f.
Craig, Andy 441
Craig, Francis 928
Craig, Judy 262
Craig, Michael 325
Craig, Mikey 176, 325
Craig, Terry 1205
Cramer, Floyd 358, 401
Crane, Les 310
Crane, Tony 920, 1089
Crane, Vincent 66, 196, 973

Crane, Whitfield 1459
Craney, Marc 711
Craven, Beverly 311
Crawford, Joe 1117
Crawford, John 129
Crawford, Johnny 311
Crawford, Michael 312
Crawford, Randy 32, 312, 323, 965, 1241, 1558
Crawley, Clive 656
Cray, Robert 130, 1154
Crazy Legs 1181
Creach, Papa John 707
Crease, Tony 1201
Creeggan, Andrew 98 f.
Creeggan, Jim 98
Cregan, Jim 477 f., 612
Creme, Lol 574, 655, 1400
Creole, Kid 753
Creole, Kidd 586
Cress, Curt 480, 1014
Creswell, Tony 1211
Creswick, Philip 133
Cretu, Michael 49, 303, 400, 408, 450, 739, 961, 1217, 1511
Crewdson, Roy 528
Crewe, Bob 386, 517 f., 1519
Cribbins, Bernard 316
Crippen, Dick 1403
Criscione, Christina 505
Criss, Peter 764 f.
Critchlow, Anthony 819
Croce, Jim 317, 533, 1150, 1500
Crocker, Jean-Paul 612
Crockett, Cordell 1459
Crofts, Dash 1234
Cronin, Kevin 1160
Cronin, Richard 806
Cronk, Chas 1360
Cronley, T. J. 201
Crooks, Derrick 1079
Crooks, Sydney 1079 f.
Cropper, Steve 168, 1075, 1288
Crosby, Bing 53, 255, 318, 614, 681, 720 f., 818, 1274, 1276
Crosby, Bob 296, 349
Crosby, David 210, 320, 459, 643, 992, 1093, 1495
Cross, Chris 1460
Cross, Christopher 321, 786, 1054
Crouch, Nicky 947
Crough, Suzanne 1056
Crover, Dale 1008
Crow, Sheryl 123, 321 f., 516
Crow, Terry 986
Crowe, Nick 552
Crowe, Simon 169
Crowl, Charles 703
Crowley, John 1084
Crowther, Pete 967
Croyle, Gene 1525
Cruise, Julee 76, 323
Cruz, Jerome 134
Cruz, Vincent de la 743
Crysler, Ken 1334
Cubert, Joe 1208
Cuccurullo, Warren 422 f.
Cuevas-Moreno, Alejandra 191
Cuff, Jacqueline 1304
Cuff, Pauline 1304
Cugat, Xavier 1173
Cullimore, Stan 657
Cummings, Burton 326, 596 f.
Cummings, David 366
Cummings, George 412
Cummings, Steve 1292
Cuningham, Kevin 1265
Cunnah, Peter 1, 414
Cunningham, Billy 175
Cunningham, Blair 603, 1101
Cunningham, David 507
Cunningham, Larry 505
Cunningham, Tom 1505
Cuomo, Bill 1512
Curci, Freddy 21 f., 1259
Curiel, Juanita 654
Curless, Ann 466
Curnin, Cy 500
Currie, Alannah 1414
Currie, Billy 1460 f., 1484
Currie, George 342
Currie, Justin 366
Currie, Kevin 1371
Currie, Steve 1385
Curry, Mickey 1375
Curtain, Richard 1241
Curtis, Adrian 597
Curtis, Bill 485
Curtis, Chris 1235
Curtis, Clem 515 f., 1089
Curtis, Ian 996
Curtis, King 620
Curtis, Larry 590
Curtis, Paul 597
Curtis, Ruby Nash 1202
Curtis, Sonny 317, 537, 645
Curulewski, John 1364
Custer, Kurt 841
Custis, Eddie 246
Cutler, Adge 1537
Cutler, Rick 1426
Cutugno, Toto 269, 1163
Cyrus, Billy Ray 330, 1056
Czukay, Holger 218 f., 460

D, Barry 711
D, Mike 108
D, Thomas 331, 479 f., 1092
D., Danny 370, 393
D., Heavy 628
D.J.D. 865
D.M.C. 1204
D. Rock 797
D'Abo, Mike 572, 728, 863 f.
D'Agostino, Gigi 331
D'Albuquerque, Michael 441
D'Aleo, Angelo 384
D'Amato, Ritchie 1044
D'Angelo 251, 331, 849, 1510 f.
D'Angelo, Charlene 251
D'Angelo, Greg 1510
D'Arby, Terence Trent 332
D'ell, Dennis 649
D'mond, Duke 100
Da Bone, Joe 1091
Da Brat 333, 444, 694, 810, 1429
Da Costa, Liza 224
Da Force, Ricardo 1015
Da Hool 333
Da Vinci, Paul 1201 f.
Daansen, Johan 480, 1511
Dactyl, Terry 334, 803
Dacus, Donny 260
Daddae 1309
Daddy, Cat 1305
Daddy Dewdrop 334
Daddy DJ 334
Daddy G 886
Daddy, Mack 778, 1282
Dade, Sushil 1311
Dado 390, 1301
Dahan, Pierre-Alain 1066
Daisley, Bob 1135, 1466
Dakar, Rhoda 1318
Dakeyne, Paul 1424
Daking, Geoff 156
Dalbello, Lisa 571
Dale, Glen 515
Dale, Jim 1499
Daley, Paul 796
Dalida 585
Dalien, Michael 410
Dall, Bobby 1086
Dall, Karl 677, 778, 837, 1518
Dallin, Sarah 91
Dalton, Bob 683
Dalton, John 314, 762 f.
Daltrey, Roger 126, 278, 335, 472, 621, 877, 1286, 1418, 1514
Daly, Gary 264 f.
Daly, Steven 1032
Dalyrimple, Bri 1308
Dalyrimple, Choc 1308
Dalyrimple, Dre 1308
Damae 522
Damian 336
Damian, Michael 336
Dammers, Jerry 849, 1318
Damone, Vic 79, 518, 882, 1275
Dan Tha Automator 582
Dana 652
Dana, Vic 338, 1528
Dancho, Dante 703
Dane 339
Dane, Johnny 456
Danelli, Dino 1143
Danielo 977
Daniels, Charlie 339, 1506
Daniels, Eddie 17
Daniels, Jeffrey 1250
Daniels, Jessie Lee 512
Daniels, Koran 65 f.
Daniels, Mike 1342
Daniels, Ritchie 368
Danii, Lady 970
Danneman, Don 329
Danny Boy 313, 656 f.
Danoff, Bill 1336
Danoff, Taffy 1336
Danski 23, 1480
Dante, Ron 50, 324 f., 436, 647
Dante, Steven 710
Danus, Miguel Vicens 829
Danzenie, Billy 845
Daphne 340
Darby, Terence Allen 453
Darbyshire, Richard 710, 819
Darie G. 341, 415
Darin, Bobby 159, 251, 340 f., 1000
Darling, Erik 1192
Darlington, Jay 779
Darren, James 341
Darrow, Chris 1009
Darvill, Benjamin 311
Dash, Leslie 629
Dash, Sarah 783
Dassin, Joe 1470
Datchler, Clark 722
Daughtry, Dean 65, 275
Davenport, N'Dea 182, 1216
Davey, Damian 336
David, Craig 57, 343
David, F. R. 343
David, Gavin 1213
David, Hal 79, 545, 1255

David, John 412
David, Virginia 1213
Davidson, Brian 310
Davidson, Lenny 273
Davidson, Paul 344, 1261
Davies, Andy 1370
Davies, Cyril 213
Davies, Dale 527
Davies, Dave 344, 762, 1352
Davies, Dik Mik 622
Davies, Iva 668
Davies, John 911
Davies, Mac 647
Davies, Megan 48
Davies, Noel 1240 f.
Davies, Ray 406, 695, 762 f., 1101, 1541
Davies, Rick 1020, 1371
Davies, Sarah 635
Davies, Saul 696
Davies, Theresa 448
Davies, Trevor 359
Davies, Windsor 344
Davis, Alia 28
Davis, Andrea 1173
Davis, Andy 773
Davis, Anita 854
Davis, Billie 345, 600, 631
Davis, Delacy 354
Davis, Delisa 1250
Davis, Ethel 704
Davis, Felony 1113
Davis, Georgia 347
Davis, Henry 781
Davis, Huey 300
Davis, Jimmie 781
Davis, John 1437
Davis, Josh 1464
Davis Jr., Billy 492, 897
Davis, Mac 345
Davis, Mark 1459
Davis, Marlena 1038
Davis, Martha 961
Davis, Mary 1211
Davis, Miles 607 f., 700, 1180, 1233
Davis, Paul 345, 610, 1041
Davis, Ray 539, 1398 f.
Davis, Raymond 1398
Davis, Rob 970
Davis, Sammy Jr. 346
Davis, Santa 134
Davis, Skeeter 346 f.
Davis, Spencer 347 f., 355, 1084, 1436, 1443, 1529
Davis, Thom 694
Davis, Tyrone 348
Davis, Zelma 213
Davlin, Michael 396
Davoli, Daniele 140, 942
Dawbarn, Spike 1006
Dawes, Tom 329
Dawson, Dana 349
Dawson, Johnny 443
Dawson-Harrison, Tony 223, 942
Dax, Paul 1321
Day, Bobby 159
Day, Bruce 1046
Day, Doris 107, 349 f., 699, 764, 1275 f.
Day, Michael 247
Day, Morris 1105, 1421 f.
Day, Valerie 1016
Daye, Junior 1379
Dayne, Taylor 350
Dayton, Kelli 1300
Dayton, Ronny 1190
De Allie, Franklyn 654
De Angelis, Guido 1028
De Angelis, Maurizio 1028
De Angelo, Nino 351
De Bie, Silvy 1382
De Briae, Dave 434
de Burgh, Chris 340, 352 f., 1122, 1259
de Freitas, Pete 433 f.
De Generes, Tommy 528
De Goeij, Benno 1141
de Homem-Christo, Guy-Manuel 334
De Jong, Eloy 243
De La Cour, Michaela 53
de la Cruz, Vincent 743
De La Rocha, Zach 1133
De Lara, Janet 854
de Oliveira, Laudir 260
De Paul, Lynsey 354
De Poe, Peter 1150
de Ronde, Peter 576
de Senneville, Paul 172
de Souza, Barry 352
De Souza, Olga 304, 876
De Sykes, Stephanie 355
de Windt, Carolien 855
de Wolde, Chris 1395
de Wolff, Riem 153
de Wolff, Ruud 153
Deacon, John 1093, 1123, 1125
Deacon, Mike 342
Deakin, Paul 891
Deale, Schuyler 626
Dean, Christopher 619
Dean, Dixie 902
Dean, Hazell 357
Dean, James 111, 215, 293, 627, 683, 861
Dean, Jeremy 1006
Dean, Jimmy 258, 357
Dean, John 1156
Dean, Johnny 917
Dean, Paul 834, 1002
Deane, Julian 1427
Deane, Sandy 703
Deanne, Geoff 945
Deas, Rod 1262
DeBacker, Marc 396
DeBarge, Bunny 358
DeBarge, Chico 358
DeBarge, El 358 f., 954, 993
DeBarge, James 358
DeBarge, Marty 358
DeBarge, Randy 358
DeBoer, Brent 339
DeBorg, Jerry 711
DeCarlo, Bob 368
DeCarlo, Gary 1342
Decker, Carol 1385
Decker, Diane 1242
Decloedt, Mark 446
Decoder, Darren 774
DeCoster, Jean – Paul 137
Dederer, Dave 1096
Dee, Bobby 1465
Dee, Dave 359 f., 478, 635, 649, 1231
Dee, Dizzie 219
Dee, Joey 360 f., 682, 986, 1143, 1189, 1259
Dee, Johnnie Christian 8
Dee Jot 479
Dee, Kiki 322, 361, 719, 877, 1213
Dee, Kool Moe 145, 359, 1533
Dee, Lazy 970
Deejay Sven 845
Deenay, Young 1223, 1550 f.
Dees, Rick 364
Dee-Tails 943
DeFranco, Benny 365
DeFranco, Marisa 365
DeFranco, Merlina 365
DeFranco, Nino 365
DeFranco, Tony 365
DeGarmo, Chris 1125
Degner, Rainer 1144
Degree, Leaveil 1508
Degville, Martin 1264
Dehmel, Jürgen 993
Dekker, Desmond 366, 499, 1079
Dekker, George 1079 f.
Del Conte, Andrea 505
Del Tha Funkee Homosapien 367, 582
Delahunty, Michael 186
Delay, Jan 367
Delgado, Beatrice 887
Delgado, Roberto 368
DeLisle, Paul 1291
Delisle, Wayne 917
Della Monica, Sergio 1083
Dello, Pete 649
Delon, Alain 473, 991
DeLonge, Tom 148
Delp, Brad 172
Delpratt-Spence, Jayde 1460
Delson, Brad 814
Deluxe, Samy 196, 369
DeMarchi, Steve 21, 1259
Demick, Rod 1545
Demps, Larry 413
Dempsey, Michael 327
DeMudd, Pierre 351
Demus, Chaka 369 f., 893
Dench, Ian 446
Dennert, Paul 1174
Dennett, Russell 662
Dennis, Cathy 370 f., 393
Dennis, Larry 590
Dennison, Alan 605
Densmore, John 405 f.
Denton, Mickey 238
Denver, John 371, 654, 706, 975, 1150, 1286, 1336, 1500
Denver, Karl 372
Deodato 372
Depasois, Bobby 766
Deprijck, Francis 1451
Deprijk, Lou 831, 1083
Derosier, Mike 626
Derringer, Rick 898, 1528
Des'ree 375
DeSalvio, James 181
DeSario, Teri 374, 745
Desbrow, Audie 590
Desert, Alex 629
DeShannon, Jackie 167, 374
Desireless 259, 375
Destagnol, Yann 946
Destri, Jimmy 148 f.
Desveaux, Brian 1006
Deter, Ina 93
Detroit, Marcella 1249
Dettmar, Del 622
Deuce Deuce 332
Deutschendorf, Henry John 371
Deutscher, Drafi 135, 351, 377, 646, 838, 867, 886, 941, 1136
DeVaughn, William 378

Devereux, Pete 57 f., 807
DeVille, C. C. 1086 f.
DeVito, Nick 517 f.
DeVito, Ralph 609
DeVito, Tommy 517 f.
Devlin, Adam 156
DeVoe, Ronnie 123, 994
DeVorzon, Barry 378, 1163
Dewdrop, Daddy 334
DeWitt, Lew C. 1339
Dey, Susan 1056 f.
DeYoung, Dennis 379, 1364
Di Bart, Toni 379
Di Capri, Peppino 379
Di'anno, Paul 680
Diagram, Andy 696
Diakovska, Ludmilla 1010
Diamond, David 129
Diamond, Jim 322, 380, 546, 1074
Diamond, Michael 108
Diamond, Neil 380 f., 447, 569, 698, 1277, 1286, 1361, 1407, 1458
Diamonde, Dick 432
Dias, Denny 1343
Dice 76 f., 1188
DiCenso, Fred 547
Dick, Coby 1049
Dick, Magic 557
Dicken 967
Dickerson, B. B. 1492
Dickerson, Lance 292
Dickey, Gwen 1193 f.
Dickey, Robert Lee 1118
Dickie, Dave 138
Dickinson, Bruce 680, 967
Dickson, Alex 598
Dickson, Barbara 382, 877, 1048
Dickson, Sean 1311
Diddley, Bo 127, 645, 758, 904, 986, 1102, 1350, 1514
Dido 382, 474 f.
Dieckmann, Olaf 49
Dietrich, Marc 1070
Dietrich, Marlene 178, 838, 1480
Difford, Chris 1330
DiGiallonardo, Rick 1122
Dillon, John 1045
Dillon, Mavis 267
Dimichino, Nick 1006
DiMucci, Dion 384 f.
Dinger, Klaus 774
Dino 365, 879, 1145
Dio, Ronnie James 142 f., 166, 171, 1135
Dion 221, 383, 437, 518, 1278
Dion, Celine 77, 202, 383, 639, 747, 759, 850, 1205, 1278, 1362
Dirnt, Mike 592
Distel, Sacha 387, 888
Dittrich, Olli 404
Divine 387
Dix, Jan 95
Dixon, Eugene 247 f.
Dixon, Jerry 1494
DJ Aligator 389
DJ Bobo 389, 782, 1182, 1444
DJ Bundeskanzler 390
DJ Dado 390
DJ Davy T 1091
DJ Delmundo 23, 1480
DJ Eddie F 628
DJ Friction 531
DJ Gismo 163
DJ Jean 390
DJ Kool 390
DJ Lethal 656 f., 811
DJ Luck 390 f.
DJ Mellow-D 64, 915
DJ Mike 391
DJ Minute Mix 1084
DJ Moguai 536
DJ Moves 797
DJ Ötzi 46, 224, 248, 391
DJ Parrot 25
DJ Paul 1091
DJ Pied Piper 391
DJ Pippi 1037
DJ Q-Ball 150
DJ Quicksilver 392, 1248, 1497
DJ Sakin 392, 785
DJ Sammy 392 f., 826
DJ Splank 1557
DJ Tomekk 391
DJ Touche 1529
DJ Zki 265, 578
Dmitry, Super DJ 361
Do'Reen 1309
Dobbs, Bryan 301
Dobre 265, 578
Dobslaw, Bill 1174
Dobson, Anita 394
Doctor 394 f., 593
Doctor Spin 395
Dodd, Ken 395
Dodd, Peter 1414
Dodds, Roy 471
Dodson, Rick 1332
Dogg, Nate 542, 1300
Dogg, Red 244
Doggett, Bill 1336
Doggy Dogg, Snoop 809, 1299 f., 1381
Doh, Ken 396, 1306
Doherty, Billy 1462
Doherty, Brian 1408
Doherty, Dennis 857
Dohr, Jürgen 1494
Dokter Renz 491
Dolan, Joe 396
Dolby, Thomas 397, 1078, 1095
Dolce, Joe 397
Doldinger, Klaus 812, 1436
Dolenz, Mickey 177, 949
Dolphy, Eric 607
Domino, Fats 171, 235, 255, 295, 398, 620, 734, 740, 750, 787, 1184
Don, Rasa 55
Donaghy, Siobhan 1367
Donald, Howard 744, 1387
Donald, Tony 1270
Donalds, Andru 400, 451
Donaldson, Star 716
Donato, Dave 143
Donegan, Laurence 155
Donegan, Lonnie 401
Donegan, Norman 8
Donnelly, Declan 45, 1082
Donovan 109, 401 f., 473, 998, 1011, 1056
Donovan, Dan 439, 1021
Donovan, Jason 38, 93, 116, 370, 402, 671, 904, 936, 1356
Dooley, Anne 404
Dooley, Frank 404
Dooley, Jim 404
Dooley, John 404
Dooley, Kathy 404
Doonican, Val 317, 404 f.
Door, Daisy 405, 1412
Doorsen, Wendy 580
Dore, Valerie 407
Dorey, Ray 436
Dorge, Michael 311
Dorney, Tim 1161
Doroschuk, Colin 916
Doroschuk, Ivan 916
Doroschuk, Stefan 916
Dorough, Howard Dwaine 80
Dorper, Ralf 1113
Dörr, Thomas 1452
Dorrell, Dave 843
Dorrington, Paul 1500
Dorset, Ray 869, 973
Dorsey, Gerry 613, 664
Dorsey, Jimmy 564, 674, 1173
Dorsey, Lee 407, 499
Dorsey, Tommy 281, 1192, 1274, 1276
Dorthe 407
Dose 1451
Dostal, Frank 78, 486, 665, 1144
Doth, Anita Danielle 1452
Doucet, Suzanne 409
Doucette, Paul 888
Doug, E. Fresh 409
Doughty, Neal 1160
Douglas, Carl 207, 409, 594
Douglas, Craig 410
Douglas, Graeme John 435
Douglas, Mike 410
Douglas, Mildred 855
Douglas, Tyrone 1463
Dover, Eric 599
Dowding, Tony 82
Dowle, David 1512
Downes, Geoff 61, 206, 1546
Downey, Brian 1408
Downie, Tyron 1425
Dowton, Chris 943
Doyle, Candida 1116
Doyle, Peter 997
Doze 1181 f.
Dozy 359 f., 478, 635, 649
Dr. Alban 8, 411, 737, 1251
Dr. Dre 148, 197, 411, 447, 461, 542, 924, 1300 f.
Dr. J 1518
Dr. John 117, 187, 413, 477, 728, 841, 972, 992, 1154
Dr. Motte 413, 833
Dr. Robert 151 f., 660
Draffen, Willis 151
Dragon, Daryl 107, 223
Dragstra, Betty 1119
Draher, Theodosia 1173
Drake, Nick 414, 1300
Drakoulias, George 1104, 1427
Draper, Paul 865
Dreilich, Herbert 743
Dreja, Chris 792, 1543
Dresden, Martijn 508
Drew, Ronnie 418
Drewery, Corinne 1380
Drews, J. D. 415
Drews, Jürgen 415, 665, 1129, 1157
Dreyer, Karsten 531
Dreyer, Torsten 531
Driggins, Anthony 201
Driggs, Carl 522
Driscoll, Gary 1135
Driscoll, Julie 67, 416 f.
Driscoll, Rick 750
Drosier, Mike 21
Droubay, Marc 1375

Dru, Chyco Roger 742
Drummie, Richard 573
Drummond, Bill 735 f., 767, 1423
Drummond, Burleigh 33
Drummond, Keith 144
Drummond, King Boy D. Bill 1423
Drummond, Miguel John 327 f.
Dryden, Spencer 707
Du Cann, John 66
du Prez, John 945
Dublin, Garvin 1508
DuBrow, Kevin 1126
Ducasse, David 1229
Duckworth, John 1384
Dudley, Anne 57
Duffy, Chris 1496
Duffy, Keith 180
Duffy, Martin 1103
Duffy, Raymond 890
Dufke, Klaus 178
Dufort, Denise 963
Duggan, Noel 270
Duggan, Pádrain 270
Dukaye, Claus 178
Duke, George 89, 427, 560, 702, 770
Duke, Michael 1506
Duke, Patty 419
Dulfer, Candy 460, 960, 1351
Dullaghan, Steve 1104
Dummer, John 342
Dumont, Tom 1011
Dunaway, Dennis 302
Dunbar, Aynsley 707, 732, 947, 1512
Dunbar, Sly 31, 370, 601, 1149, 1189, 1464
Duncan, Andy 242, 815
Duncan, Johnny 1234
Duncan, Malcolm 68
Duncan, Willie 1321
Dundas, David 420
Dunford, Michael 986, 1159
Dunford, Mike 1159
Dunlop, Andy 1438
Dunn, Chris 269
Dunn, Clive 314, 421
Dunn, Freddie 1193
Dunn, James 1364
Dunn, Larry 429
Dunnery, Francis 683
Dunning, A. J. 1482
Dunston, Bruce 268
Dupieux, Quentin 969
Dupree, Robbie 421, 1518
Durand, Angele 158
Durban, Manfred Friedrich 504
Durham, Judith 1239
Durham, Roger 151
Durrill, John 497, 1481
Durst, Fred 25, 333, 811, 1205, 1332
Dury, Ian 423, 836
Dusty, Slim 81
Duval, Frank 424
Duyn, Willem 965
Dwight, Reginald Kenneth 719
Dwyer, Bernie 528
Dwyer, Gary 1395
Dyer, Des 714
Dyke, Roy 60
Dylan, Bob 86 f., 89, 150, 222, 289, 339, 401 f., 424, 426, 442, 545, 550, 589, 616, 713, 718, 808, 940, 954, 972, 992, 1033, 1069, 1072, 1294, 1312, 1328, 1407, 1467 f., 1480, 1487, 1495, 1500
Dymond, John 359
Dyson, Ronnie 426
Dziony, Wolfgang 1230

E., Lizz 531
E., Sheila 56, 427, 1106, 1243, 1468
Eager, Brenda Lee 209
Earl, Colin 973
Earlam, Bruce Hammond 201
Easley, Toriano 637
East, Nathan 89, 359, 616, 1225
Easter, Richard 54
Easton, Elliot 233
Easton, Lynn 761
Easton, Sheena 77, 431 f., 653, 656, 878, 1106, 1185
Eaton, Cleveland 806
Eaton, John 1146
Eaton, Wally 275
Eberhartinger, Klaus 454 f.
Ebo, David 915
Ebstein, Katja 433
Echolette, Ricky 30
Eckford, Pete 527
Eckstine, Billy 519
Eddy, Chris 997
Eddy, Duane 57, 128, 292, 435, 441, 462, 464, 859
Edelhagen, Kurt 456, 1471
Edelman, Randy 374
Edge, Graeme 600, 953
Edmonds, Kevon 14, 437
Edmonds, Melvin 14
Edmonds, Noel 968
Edmonton, Jerry 1344
Edmunds, Dave 254, 437, 441, 464, 833, 836, 962, 1348, 1361
Edmunds, Lu 337
Edwards, Bennie 514
Edwards, Bernard 260, 423, 1093, 1257
Edwards, Canute 815
Edwards, Cliff 125
Edwards, Dennis 182, 300, 1398 f.
Edwards, Gordon 762, 1102
Edwards, Jason 514
Edwards, John 513, 1323
Edwards, Jonathan 438
Edwards, Lindsey 1423
Edwards, Mick 441
Edwards, Mike 711
Edwards, Nokie 1481
Edwards, Reshona 515
Edwards, Richey James 861
Edwards, Rupie 438
Edwards, Sandra 610
Edwards, Saundra Mallett 443
Edwards, Shonna 514
Edwards, Simon 471
Edwards, Stuart 436
Egan, Joe 1341 f.
Egan, Kian 1504
Egan, Rusty 1484
Egan, Walter 438 f.
Eggermont, Jaap 576, 1338, 1420
Egglestone, Sarah 64
Ehart, Phil 741
Ehlebracht, Peter 677
Ehoulan, Maeva 191
Eichstadt, Klaus 1459
Eiermann, Tim 816
Einstein 32, 947
Einziger, Mike 673
Eisele, Michael 678
Eisenmann, Claus 1304
Ekestubbe, Hinke 154
El Mar, Jam 338, 392, 696, 1358
Elbert, Donnie 440
Eldritch, Andrew 1283
Elefante, John 741
Elias, Ivan 1226
Elliman, Yvonne 443 f., 572, 1121
Ellington, Dave 229
Ellington, Duke 52, 224, 1062, 1286, 1533
Elliott, Bobby 643, 1335
Elliott, Cass 856 f., 1235
Elliott, Dennis 513 f.
Elliott, Earl 1208
Elliott, Joe 364
Elliott, Mike 515 f.
Elliott, Ramblin' Jack 89
Elliott, Ray 1407
Elliott, Rob 1259
Elliott, Ron 115
Elliott, Ryan 1460
Elliott, Stuart 612
Ellis, Billy R. 1211
Ellis, Jimmy 1437
Ellis, Joey 444
Ellis, John 1359, 1386
Ellis, Katherine 1203
Ellis, Mark 784
Ellis, Ralph 1380
Ellis, Roger 437
Ellis, Shirley 444
Ellis, Stephan 1375
Ellis, Steve 831 f.
Ellis, Terry 448
Ellis-Baxtor, Sophie 1323
Ellis-Bextor, Sophie 445
Ellison, Harvey 573
Ellner, Ken 307
Elmes, Vic 266
Elstob, Leo 261
Elston, Harry James 533
Elswit, Rik 412
Elworthy, Billy 525, 585
Ely, Jack 761
Emel, 1242
Emerson, Darren 1463
Emerson, Keith 445 f.
Emerson, Vic 1211
Emilia 447, 1046
Eminem, Slim Shady 332, 447
Emmerson, Les 498
Emmie 448
Emperhoff, Wolfgang 1038
Endo 332
Enfield, Harry 449, 1313
Engel, Detlef 161
Engel, Tommy 140 f.
Engels, Gottfried 124
Engemann, Bob 801
Engemann, Paul 42, 958
Engler, Hartmut 1117
Ennis, Ray 1380 f.
Eno, Brian 219, 697, 1058, 1061 f., 1199, 1457
Entner, Warren 588
Entwistle, John 1433, 1514
Envyi 737
Enya 270, 451 f.
Enzensberger, Marianne 1194
Ephraim, Edem 824
Epstein, Brian 111, 119, 139, 313, 329, 564, 775, 1265

Epstein, Howard 1072
Eren, Ersen 1319
Erickson, Elliot 987
Erikson, Duke 548
Err, Anna 1194
Errico, Greg 1289
Ertegun, Ahmed 415
Erye, Ian 328
Escalera, Evelyn 308
Escayola, Pablo 1442
Escovedo, Coke 1219
Escovedo, Pete 427
Eshe, Montsho 55
Eshun, Haydon 1460
Eskens, Margot 456
Esperance, Toben 1049
Esposito, Dino 383
Esposito, Lella 741
Esposito, Mike 156
Essex, David 456 f., 472, 540, 989, 1286, 1498 f.
Essie 1452
Estefan, Emilio 457, 1236, 1250
Estefan, Gloria 240, 457 f., 981, 1236 f., 1250
Estelle, Don 344
Estelle, Linda 1444
Estes, Mike 841
Estrada, Erik-Michael 1042
Estus, Deon 458, 1349
Etheridge, Melissa 459
Evans, Brenda 1463
Evans, Deborah 507
Evans, Faith 339, 460, 462, 740, 1015, 1030, 1116
Evans, Jenni 890
Evans, John 175, 711
Evans, Maureen 461
Evans, Paul 81, 461
Evans, Rick 1554
Evans, Robert 1292
Evans, Rod 363
Evans, Sian 774
Evans, Tania 325
Evans, Tom 84 f., 1005
Evans, Tommy 415
Eve 8 f., 145, 444, 461 f.
Everett 1037
Everett, Betty 209, 462, 1191
Everett, Kenny 188, 462, 1121
Everett, Mark 438
Everett, Matt 917
Everlast 313, 656 f., 1205, 1220
Everly, Don 238, 463, 598, 1003
Everly, Erin 598
Everly, Phil 462 f.
Everman, Jason 1008
Evoy, Lawrence 437
Ewing, Fyfe 1407
Executive Mooner 1557
Eyers, Tony 499 f.
Ezell, Norman 497

F., Herbert 393
Fab 932 f., 1299
Fabares, Shelley 468
Fabian 105, 468
Fabric, Bent 469
Fadden, Jimmie 1009
Fagen, Donald 703, 898, 1302, 1343 f.
Fagin, Joe 470
Fahey, Siobhan 91 f., 1249, 1351
Fahrenkrog-Petersen, Uwe 393, 993
Faiella, Benny 694
Fair, Yvonne 471
Fairbrass, Fred 1169
Fairbrass, Richard 1169
Fairley, Pat 875
Fairweather-Low, Andy 33 f., 471 f., 546, 616, 635
Faison, Alexander 399
Faith, Adam 40, 335, 401, 457, 472, 746, 812, 1224, 1255
Faith, Percy 684
Faithfull, Marianne 473 f., 812, 981, 1078
Faiz 189
Falco 15, 475 f., 1450
Falconer, Earl 1458
Faltermeyer, Harold 476, 731, 869, 971, 1382, 1413
Fältskog, Agnetha 3
Fambrough, Henry 1323
Fame, Georgie 476 f., 481, 520, 890, 960, 1103
Fame, Herb 1062
Fancy 478 f., 1038
Fanini, Carl 280, 431
Fann, Leroy 1202
Fantastic Johnny C 470, 805
Fardon, Don 480
Fargo, Donna 481
Farian, Frank 165, 264, 455, 480 f., 568, 822, 932 f., 1012, 1176, 1256, 1436
Farina, Donato 667
Farley, Colin 329
Farlowe, Billy C. 292
Farlowe, Chris 66 f., 481 f.
Farmer, Dave 144
Farmer, Tom 144
Farndon, Peter 1101
Farner, Mark 585
Farnham, John 88, 483, 818, 1413
Farolfi 1390 f.
Farquharson, Charles 676
Farran, Maggie 1075
Farrar, John 1000 f., 1245 f.
Farrell, Bobby 165
Farrell, Brian 1042
Farrell, Louie 597
Farren, David 83
Farris, Dionne 55, 483
Farris, Steve 969
Farriss, Andrew 678
Farriss, Jon 678
Farriss, Tim 678
Fast (69 Boyz) 1284
Fast (Fun Lovin' Criminals) 538
Fat Joe 59 f., 484
Faulkner, Eric 104
Faulkner, Vic 631
Faust, Brian 1508
Faydoedeelay 312
Fearless, Richard 358
Fearman, Eric 351
Fearnley, James 1085
Fearon, Phil 77, 486
Fears, Shamari 147
Feddersen, Helga 486, 743
Feehily, Mark 1504
Feet, Nick 1545
Fehr, Dani 938
Feinberg, Jonathan 821
Feiten, Buzz 969
Feiten, Buzzy 1143
Felber, Dean 651
Felder, Don 427 f.
Felder, Wilton 323, 1532
Feldman, Nick 1492
Felix 474, 487 f.
Felix, Mike 928
Fellowes, Graham 714
Feltz, Kurt 172, 788, 866
Fender, Freddy 488
Fender, Griff 342
Fendrich, Rainhard 488
Fenelle, Tony 1461
Fenn, Rick 1400
Fenslau, Torsten 325
Fenton, David 1477
Fenton, Paul 266
Fenton, Pete 1281
Ferguson, Jay 489, 716
Ferguson, Jimmy 679
Ferguson, Keith 469
Ferguson, Larry 654
Ferguson, Neil 268
Ferguson, Sheila 1415
Fernandez, Luisa 489, 750
Fernandez, Manolo 829
Fernandez, Margie 1379
Fernandez, Maria 1379
Fernstein, Harley 1316
Feroldi, P. 222
Ferone, Steve 238
Ferrante, Arthur 489
Ferrara, Fred 191
Ferrari, Enrico 142
Ferrell, Frank 1371
Ferrer, Gabriel 170
Ferrone, Steve 68 f., 89, 422 f.
Ferry, Bryan 448, 490, 668, 1032, 1199 f., 1286, 1366
Fessler, Peter 1442
Feurer, Mario 938
Fialka, Karel 491
Fiddler, John 911, 964, 1544
Fieger, Doug 768, 1337
Fiehe, John 557
Field, Rebecca Louise 1432
Field, Russ 1262
Field, Tim 1327 f.
Fielder, Jim 149
Fields, Kali 264
Fields, Linda 1144
Fierro, Martin 1282
Filan, Shane 1504
Fill 504, 1016
Finch, Richard 744
Finer, Jem 1085
Fingaz, Sticky 1031
Fingers, Johnny 169
Finkle, Carl 877 f.
Finkler, Michael 1395
Finley, Brandon 396
Finn, Jason 1096
Finn, Kevin 1529
Finn, Mickey 1385 f.
Finn, Neil 322 f.
Finn, Tim 322
Finn, Tom 796
Finnegan, John 156
Finnigan, James 1355
Fiorillo, Elisa 710
Firth, Steven 445
Fischer, Carol 974
Fischer, Kai 434
Fischer, Stephen 98
Fischer, Terry 974
Fischetti, Bradley 806
Fish 200, 661
Fish, Bob 342
Fish, Cliff 1050

Fish, Ginger 871
Fisher, Adrian 1316
Fisher, Archie 382
Fisher, Bobby 562
Fisher, Eddie 294, 1275
Fisher, Jerry 149 f.
Fisher, Mark 890
Fisher, Matthew 1110 f.
Fisher, Morgan 831 f., 964
Fisher, Rob 278, 983
Fisher, Roger 21 f., 626
Fitzgerald, Ella 546, 582, 700, 965, 1100
Fitzgerald, Scott 496
Flack, Roberta 68, 202, 215, 224, 372, 500 f., 600 f., 620 f., 846, 898, 900, 907
Flansburgh, John 1408
Flat, Miles 1325
Flea 30, 1011, 1149
Fleetwood, Mick 238, 502 f., 588
Fleming, Laconya 495 f.
Fleming, Robert 443
Fleming, Rochelle 495 f.
Flemons, Wade 429
Fletcher, Andy 372
Fletcher, Nigel 807
Fletcher, Stuart 1233
Flick, Vic 47
Flint, Berni 504
Flint, Hughie 213, 864, 902
Flint, Keith 1111 f.
Flip 504, 1016
Flippin, Johnny 485
Flippin, Ray 846
Flor, Addy 865
Flores, J. J. 1450
Flow 178 f.
Flowers, Herbie 153, 213, 421, 1056, 1285
Flowers, Mike 506
Flowers, Roy 1379
Flowers, Tony 87
Floyd, King 506, 1247
Flür, Wolfgang 774 f.
Fluxy 1149, 1309
Flynn 531
Flynn, Jerome 508, 1179
Fogelberg, Dan 509
Fogerty, John 315, 435, 509 f.
Fogerty, Tom 315 f.
Foley, Red 170, 954
Foley, Zac 446
Fontaine, Claudia 114, 871
Fontaine, Johnny 826
Fontana, Wayne 511, 864, 1400
Forbes, Derek 1113, 1270
Force, Ricarda da 512
Ford, Dean 218, 546, 875 f., 1053
Ford, Emile 735, 746
Ford, George 612
Ford, John 449, 661, 1360
Ford, Lita 513, 1039
Ford, Penny 1299
Ford, Pennye 1309
Ford, Perry 506, 684
Ford, Robben 318, 477, 729
Ford, Willie 413
Forde, Brinsley 63
Foreman, Chris 849
Foresti, Ettore 222
Forgione, Joey 1309
Forman, Bob 551
Formosa, Rick 818
Formula, Dave 1484
Forrest, Althea 31 f.
Forster, Dick 262
Forsyth, Drew 1126
Forsyth, Julie 601
Fortman, David 1459
Fortson, Marty 1174
Fortune, Jimmy 1339
Fortune, Nick 203
Fossen, Steve 21, 626
Foster, Bonnie Jean Cook 1286
Foster, Danny 625
Foster, David 1286
Foster, Denzil 280, 448, 894
Foster, John-Jon 191
Foster, Malcolm 1101, 1270
Foster, Michael 495
Fountaine, Gary 1016
Fowler, Simon 450, 1023
Fox, Lucas 962
Fox, Mark 433, 603
Fox, Noosha 520
Fox, Paul 1207
Fox, Samantha 521, 536
Foxton, Bruce 695
Foxx, Charlie 521
Foxx, Inez 521 f.
Foxx, John 1461
Foxx, Leigh 525
Fragile, Eddie 943
Frame, Roddy 70
Frampton, Peter 134, 523, 573, 635, 663, 1291, 1518
Francesco, Silvio 243, 456, 1471
Francis, Bill 412
Francis, Charlie 1434
Francis, Connie 523, 630, 954, 1064, 1067, 1193, 1238
Francis, Sam 1016
Franck, Chris 1297
Franck, Katharina 1134
Francois, Ron 1395
Frank, David 1384
Frank, Jim 520
Frank, Kim 434
Franke, Christian 525
Franke, Helmut 665, 1144
Franklin, Aretha 147, 198, 213, 460, 502, 526, 542, 584, 590, 600, 609, 640, 658, 898, 922, 1039, 1051, 1150, 1180, 1213, 1277, 1312, 1431, 1475, 1531
Franklin, Erma 527
Franklin, Farrah 375
Franklin, John 1529
Franklin, Mark 1009
Franklin, Melvin 1398 f.
Franklin, Rodney 527
Frantz, Chris 1389, 1425
Fraser, Andy 529
Frashuer, Dale 1342
Fratty, Marco 468
Frazier, Rodney 846
Frazier, Stan 1367
Fred, John 528
Frederick, Kevin 351
Fredericks, Bill 416
Fredericks, Matt 697
Frederiksen, Fergie 1431
Fredriksson, Marie 1198
Free, Micki 1250
Free, Stan 654
Freed, Alan 817, 1174
Freeman, Bobby 530, 1289
Freeman, Carl 547
Freeman, Ernie 74, 135
Freeman, Lee 1359
Freeman, Roger 1076
Frehley, Ace 764 f.
Freiberg, David 707
French, Nicki 530
Frenette, Matthew 834
Fresh, Doug E. 390, 409
Freudenthaler, Peter 512
Frew, Alan 571
Frey, Glenn 427 f., 532, 1191, 1312
Freytag, Susanne 1113
Frida 3 f., 18, 532, 1049, 1177
Friday, Gavin 1018
Fried, Marty 329
Friedman, Dean 533
Friesen, John 1084
Friis, Morten 1213
Frischman, Justine 1366
Friswell, Paul 1044
Fritelli, Fabio 946
Fritze, Frank 1339
Frl. Menke 534
Froboess, Cornelia 298, 534
Frog, Wynder K. 34
Froning, Oliver 420
Froom, Mitchell 1101, 1480
Frost, Craig 585
Frost, Jenny 66, 1095
Fruitbat 235
Frusciante, John 1149
Fry, Martin David 5
Fry, Tristan 1285
Fryer, Fritz 516
Fuchs, Matthias 735
Fuchsberger, Thomas 1059
Fuemana, Pauly 1029
Fuemana, Philip 1029
Fuentes, Rodger 919
Fulber, Rhys 368
Fuldner, Phil 536
Fullen, Beverly 635
Fuller, Bobby 536 f., 914
Fuller, Cornelius 122
Fuller, Craig Lee 1118
Fuller, Dennis 824
Fuller, Jim 1375
Fuller, Randy 536 f.
Fuller, Slye 846
Fullerton, Pete 1498
Fullilove, Arthur 724
Funches, Johnny 369
Fung, Simon 264
Fuqua, Harvey 553, 1323
Furay, Richie 204, 822
Fursdon, Phil 1131
Furtado, Nelly 25, 540
Furuholmen, Mags 15
Fury, Billy 540, 631, 1428
Futter, George 419
Fuzz 1090
Fuzzy 539, 1305
Fyne, Sylk-E. 540
Fysh, Carl 194

G, Ali 541, 1248
G, Bobby 204
G., Dario 415
G., Gina 541
G., Kenny 202, 541 f., 834
G., Warren 411, 542, 660, 901, 1141 f., 1300
G. Whiz 628
Gaasbeek, John 1395
Gabler, Marcus 1027
Gabriel, Gilbert 414

Gabriel, Gunter 543, 1503, 1555
Gabriel, Peter 87, 208, 285, 288, 543 f., 558 f., 980
Gabriele 53
Gabrielle 430, 475, 544, 1154, 1536
Gacy, Madonna 871
Gad, Tony 63
Gadd, Paul 572
Gadd, Steve 477, 956
Gage, Peter 192
Gagliardi, Ed 513
Gagnon, Wayne 1487
Gahan, Dave 372
Gaines, Rosie 545
Gaines, Steve 841, 1150
Gainsbourg, Serge 135
Gala 545
Galdez, Claudio 77
Galdo, Joe 522
Gale, Melvyn 441
Galizia, Gianni 667
Gall, France 545 f.
Gallagher, Benny 546, 864, 903
Gallagher, Liam 205, 434, 439, 1021, 1270
Gallagher, Noel 257, 1021, 1023
Gallant, Patsy 546
Galley, Mel 1512
Gallo, Robert 1451
Gallucci, Don 761
Gallup, Simon Jonathan 327
Galway, James 547
Gamble, Mark 779
Gamble, R. C. 74
Gammon, Patrick 1059
Gamson, David 1233
Gane, Mark 877 f.
Gane, Tim 877 f.
Gannon, Craig 155, 1296
Gannon, Jim 520, 1545
Ganser, Margie 1252
Ganser, Mary Ann 1252
Ganshorn, Nicki 398
Gant, Kenneth 927
Garay Barrenechea, Javier 944
Garbutt, Tim 1336, 1469
Garcia 548
Garcia, Gary 203
Garcia, Jerry 588 f., 654, 780
Gard, Louise Anne 391
Garden, Graeme 579
Gardener, Mark 1168
Gardiner, Boris 549, 1464
Gardner, Andy 1363
Gardner, Kim 60 f., 314
Gardner, Rob 598
Garfat, Jance 412
Garfield, Chris 697
Garfunkel, Art 18, 103, 546, 549 f., 552, 1267, 1269, 1393
Garito, Ken 629
Garland, Judy 360, 636, 882, 935, 1525
Garnefski, Peter 405
Garner, Bob 314, 920
Garner, Henry 1193
Garner, Kate 623
Garner, Pete 1357
Garner, Robert Anthony 314
Garnett, Gale 550
Garnette, Michael 1309
Garni, Kelly 1126
Garrett, Bobby 159
Garrett, Leif 551, 1413
Garrett, Peter 926
Garrett, Siedah 182, 1156, 1492
Garrick, David 84, 551
Garriga, Ramon 1425
Garrity, Freddie 528
Garson, Jennie 279
Gartside, Green 1233
Garvey, Nick 963
Garwood, Rodney 1464
Gary, Bruce 768
Gas Lipstick 640
Gascoigne, Paul 450, 556, 814
Gask, Buddy 1262
Gaskin, Barbara 581, 1350
Gately, Stephen 180, 552
Gates, David 185, 974
Gates, Gareth 552
Gates, Jennifer 530
Gates, Jimmy 1264
Gatlin, Timmy 145
Gatti, Franco 1163
Gaudio, Bob 517 f.
Gavrilük, Erik 339
Gay, Marc 1248
Gaye, Marvin 5, 60, 147, 253, 293, 300, 427, 458, 553 f., 623, 878, 1051 f., 1057, 1189, 1195, 1203, 1350, 1353, 1403, 1502, 1533
Gayle, Crystal 343, 554, 823, 1130
Gayle, Michelle 555, 650, 791
Gaynor, Adam 888
Gaynor, Debra 505
Gaynor, Gloria 266, 545, 555, 910
Gaynor, Mel 1270
Gazebo 555 f., 1051
Gazza 556
Gbesemete, Enyonan Esi 1309
Gean, Doug 1174
Geary, Paul 467
Gebegern, Kurt 377
Geddes, David 557
Gedge, David 1500
Gee, Franky 224
Gee, Master 1367
Gee, Rosko 1436
Geils, Jerome 557
Gelbwaks, Jeremy 1056
Geldof, Bob 92, 169, 424, 1078, 1465, 1468
Gelzer, Fritz 938
Gen 711
Gendler, Paul 945
Genius/GZA 1537
Gentleman, Sir Horace 1318
Gentry, Bobbie 217, 561 f., 1150, 1331
Gentry, Chris 917
Gentry, Melvin 927
George, B-Fine 536
George, Bowlegged Lou 536
George, Langston 769
George, Paul-Anthony 536
George, Samuel 221
George, Sophia 562
George, Steve 969
George, Wyndham 326
Georgiou, Andros 168, 1094
Geraci, Sonny 278, 1044
Gerardo 563
Geratsch, Friedel 557
Gerci, Sonny 278
Gergonzi, Bruno 741
Gerlach, Peer 1459
Gero 279
Gerrard, Donny 1286
Gerritsen, Rinus 576
Gers, Janick 680
Gessle, Per 1198
Getti 1395
Getz, Stan 387, 465, 564, 570
Geyer, Hugh 1485
Ghant, Candice 884
Gharadjedaghi, Farid 1174
Ghostface Killah 45, 1537
Giammarese, Carl 203
Gibb, Andy 565
Gibb, Barry 119 f., 374, 566, 924, 1218, 1361
Gibb, Maurice 118, 839
Gibb, Robin 118, 566, 1204, 1218, 1249
Gibbins, Mike 84
Gibbons, Beth 1091
Gibbons, Billy 1559
Gibbons, Ian 762 f.
Gibbons, Michael 400
Gibbs, Georgia 697
Giblin, John 1270
Gibson, Alex 567
Gibson, Bill 805
Gibson, Brian 562
Gibson, Butch 1216
Gibson, Chris 567
Gibson, Debbie 566, 905
Gibson, Denys 1160
Gibson, Don 252, 292
Gibson, Patrick 567
Gibson, Steve 1387
Gibson, Wilf 441
Gifford, Alex 54
Gifford, Peter 926
Gift, Roland 110, 493
Gig Master 1282
Gigliotti, Pierre 1113
Giguere, Russ 62
Gilbert, Gillian 996
Gilbert, Paul 967 f.
Gilbert, Ronnie 156
Gilbert, Simon 1366
Gilberto, Astrud 372, 565, 922
Gilder, Nick 567, 1418
Gildo, Rex 38, 534, 567
Gilks, Martin 1534
Gill, Geoff 1296
Gill, Johnny 123, 458, 568, 787, 803, 837, 994, 1141, 1377
Gill, Laurie 1438
Gill, Pete 962 f.
Gill, Peter 525
Gill, Vince 1056, 1118
Gilla 568
Gillan, Ian 143, 363, 572
Gillespie, Bobby 257, 710, 1103 f.
Gillespie, Dizzy 387, 1218
Gillespie, Mark 133
Gillette 568, 1450
Gilley, Mickey 795
Gilliam, Terry 952
Gillias, Brizz 806
Gillis, Brad 1004
Gilmer, Jimmy 494
Gilmour, David 154, 200, 414, 982, 1077 f., 1510
Gilroy, Dan 185
Gilroy, Eddie 185
Gilstrap, Jim 568
Gim 126
Ginsburg, Arnie 699
Ginuwine 569
Giovanni 189

Giscombe, Junior 145, 735
Gitte 93, 567, 570
Giuliano, Thomas 609
Gizzi, Guiliano 597
Gladwin, Tom 1256
Glamma Kid 571
Glancey, Paul 1314
Glanfield, Manda 114
Glascock, Brian 961
Glascock, John 711 f.
Glasper, David 186
Glasson, Duncan 1314
Glenn, Cecil 1387
Glenn, Gary 1264
Glennie, James 696
Gletschermayer, Martin M. 436
Gliem, Wilfried 1517
Glitter, Gary 572 f., 767, 1018, 1123, 1335, 1423
Glori, Lori 678
Glover, Fred 1262
Glover, Roger 363, 1135, 1361
Glum, Wolfgang 1134
G-Man 943
Goalby, Peter 1466
Goble, Graham 818
Godchaux, Donna 588
Godchaux, Keith 588 f.
Goddard, Paul 65
Godfrey-Brookhouse, Julian 327 f.
Gödicke, Oliver 1494
Godley, Kevin 574, 655, 1400
Godson, Alex 439
Goerl, Robert 460
Goetz, Gitti 570
Goetzman, Steve 466
Goffey, Danny 1370
Goffey, Nick 1370
Goffin, Evy 787
Goffin, Gerry 758, 817
Goggi, Loretta 574
Gold, Andrew 575, 1191, 1338, 1401
Gold, Brian 1149
Gold, Ernest 575
Gold, Jim 547
Gold, Marian 30
Gold, Tony 1149
Goldbird, Jack 377
Golden, William Lee 1020
Golding, Lynval 537, 1318
Goldkind, Ralf 837
Goldman, Graham 132
Goldsboro, Bobby 172, 577
Goldsmith, William 511
Goldstein, Danny 578
Goldstein, Rick 1251
Golga, Eddie 144
Gomelsky, Giorgio 416
Gomez, Leroy 1218
Gomez, Ray 1226
Gomez, Tony 515
Gommeringer, Mike 1147
Gondwe, Hawi 1175
Gonsky, Larry 826
Gonzales, Rodrigo 58
Gonzalez, Bob 1384
Gonzalez, Kenny 202
Gonzalez, Terri 1455
Gooch, Rich 1122
Good, Lemmie B. 811
Goode, Buddy 919
Gooden, Sam 672
Goodfornothing, Johnny 1251
Gooding, Cuba 855
Goodman, Al 948
Goodman, Benny 564, 1192, 1274, 1398, 1526
Goodman, Dickie 579
Goodman, Jerry 606
Goodman, Mariama 650
Goodman, Shirley 1261, 1309
Goodridge, Robin 207
Goodroe, Michael 961
Goodson, Ronnie 528
Goodwin, Jimi 1365
Goosly, Ronald 703
Gordon, Bev 1257
Gordon, Billy 300
Gordon, Derv 452
Gordon, Dexter 607
Gordon, Georgeanna Marie Tillman 883
Gordon, Jim 185, 374, 1349, 1436
Gordon, Lascelles 182
Gordon, Lincoln 452
Gordon, Lonnie 581
Gordon, Marc 802
Gordon, Sally 974
Gordon, Stuart 773, 878
Gordon, Trevor 867
Gore, Lesley 581
Gore, Martin Lee 372
Gorham, Scott 955, 1409
Gorman, Gunther 1259
Gorman, John 1224
Gorman, Leigh 173
Gorme, Eydie 582, 790
Gorow, Theodore 498
Gorrie, Alan 68
Gosling, John 762 f.
Goss, Luke 194
Goss, Matt 93
Goss, Matthew 194
Gossard, Stone 1063
Gota 1271
Gotsch, Norm 1246
Gott, Karel 582 f.
Gott, Larry 696
Gottschalk, Thomas 583, 778, 945
Gottschild, Martin 1303
Gottwald, Stephan 1042
Goudreau, Barry 172 f.
Gould, Bill 473
Gould, Boon 801
Gould, Don 48
Gould, Phil 801 f., 843
Goulden, Tony 1476
Goulding, Nigel 909
Gouldman, Graham 322, 511, 574, 576, 1400
Gourdine, Anthony 817
Gousden, Guy 125
Gower, Richard 1131
Grabham, Mick 1083, 1110 f.
Grabowski, Gerd 38, 267, 785
Grace, Janey Lee 285
Graham, Eve 997
Graham, Jaki 308, 583 f., 587, 611, 865
Graham, Jerry 1525
Graham, Jesse 527
Graham, Johnny 429
Graham, Larry 584, 1289 f.
Graham, Michael 180
Graham, Nick 66
Gramm, Lou 456, 513 f., 584
Gramolini, Gary 214
Granata, Rocco 584
Granda, Michael 1045
Grandmaster Flash 586, 820, 1116
Grange, Pierson 451
Grant, Amy 245, 587, 1294
Grant, Colyn 87
Grant, Darryl 484
Grant, David 573, 583, 587, 815
Grant, Dominic 601
Grant, Eddy 452, 587, 803
Grant, Eric Nolan 1019
Grant, Jim 497
Grant, Kelvin 976
Grant, Michael 976
Grant, Nico 1460
Grant, Steve 1420
Grantley, Steve 439
Grapow, Roland 632
Grasmuck, Günter 1031
Grassel, Doug 1026
Gratzer, Alan 892, 1160
Gravelle, Doug 125
Graves, Carl 1286
Graves, James 1489
Graves Philips, Leonard 382
Gray, Andy 443, 967
Gray, David 589
Gray, Dobie 590, 848, 1018
Gray, Eddie 698
Gray, Euclid 1113
Gray, Howard 47
Gray, Les 970 f.
Gray, Macy 39, 590
Gray, Paul 337, 435
Gray, Robbie 356
Gray, Roger 326
Gray, Steve 1285
Gray, Trevor 47
Graziano, Lee 35
Greatski 768
Greaves, R. B. 591
Grebb, Marty 203
Grech, Rick 271, 477, 1436 f.
Greco, Paul 268
Green, Al 89, 591, 800, 1039, 1383
Green, Doc 415
Green, Jack 1102
Green, Karl 636
Green, Kelly 534
Green, Peter 502 f., 909, 955 f., 973, 1219, 1510
Green, Rob 1427
Green, Robson 592, 1179
Green, Susaye 1373
Greenall, Rupert 500
Greenaway, Peter 296
Greenaway, Roger 68, 343, 355, 416, 420, 1295, 1512
Greenaway, Simon 67
Greenbaum, Norman 593, 1022
Greenberg, Steven 815
Greene, Carlos 362
Greene, Linda 1062 f.
Greene, Lorne 593
Greene, Mark 948
Greenfield, Dave 1359
Greenfield, Howard 400, 1238
Greensleeves, Baby 1325
Greensmith, Dominic 1154
Greenspoon, Jim 1416
Greenwich, Ellie 465 f., 709
Greenwood, Al 513
Greenwood, Colin 1131
Greenwood, Jonny 1131
Greer, Billy 741 f.
Gregg, Brian 754
Gregory, Dave 1541

Gregory, Glenn 6, 627
Gregory, Keith 1500
Gregory, Mike 1380 f.
Gregory, Robert 76
Gregson, Ken 507
Grey, Mike 1477
Grey, Paris 676
Grider, Robbin 768
Griffin, Gary 354
Griffin, James 185
Griffin, William 938 f.
Griffith, Ian 1044
Griffiths, Franny 1313
Griffiths, Marcia 159
Griffiths, Mark 890
Griffiths, Ron 84
Griggs, Paul 601
Grill, Rob 588
Grima, Charlie 1530
Grimaldi, John 51
Grimes, Gerard 340
Grimes, Steve 482
Grind, Stefan 1422
Grinstead, Irish 1243
Grinstead, LeMisha 1243
Grob, Jeffrey 826
Groce, Larry 594
Grogan, Clare 31
Grohl, Dave 511, 1008
Grondin, Jack 1410
Grönemeyer, Herbert 93, 367, 595
Groom, Roger 986
Grosclose, Glen 1009
Groslie, Helge 1424
Gross, Guy 93
Gross, Henry 596
Groß, Jana 123
Großkopf, Markus 632
Grosvenor, Luther 221, 964, 1341
Grothe, Franz 1503
Groucutt, Kelly 441
Grover, Bob 1080
Gruber, Craig 1135
Gruber, Niki 1031
Grundy, Hugh 1558
Grünwald, Alexander 971
Gruska, Jay 1416
Guard, Dave 761 f., 1351
Guess, Don 317, 645
Guest, Annette 496
Guest, Elenor 769
Guest, Leigh 1148
Guest, Lynton 831 f.
Guest, William 769
Guishard, Jeffrey 641
Guitar, Bonnie 931
Guldbäck, Jan 154
Guldberg, John 784
Gummoe, John 236
Gunn, Ben 1283
Gunn, Paul 1330
Guns, Tracii 598
Gunz, Peter 21, 828
Guru Josh 599
Gurvitz, Adrian 600
Gusenburger, Jutta 268
Gusovius, Ralph 140 f.
Gustafson, Jonny 920
Gustke, Rolf 1304
Gusto 600
Gut, Donkey 1325
Guthrie, Arlo 654, 1276
Guthrie, Gwen 600, 1374
Guthrie, Woody 117, 550, 1522
Gutkowski, Mark 1007
Guy, Athol 1239
Guzman, Ed 1142
Gyngell, Denise 1420

Haage, Ulrike 1134
Haak, Nico 602
Haas, Andy 877
Haas, Martin 571, 1242
Hachmann, Dirk 1013
Hackett, Cheryl 95
Hackett, Steve 558, 560
Haddaway 602, 782
Haden, Charlie 729
Hadfield, Mark 837
Hadid, Fares Gabriel 735
Hadley, Tony 1315, 1423
Haenning-Johansson, Gitte 570
Hagar, Sammy 1197, 1473
Hagara, Willy 602
Hahn, Joseph 814
Haigis, Anne 609
Hailey, Jo 716, 745
Hailey, K-Ci 147, 716, 745
Hailey, Mark 762 f.
Hain, Kit 877
Haisman, Gary 393
Hakansson, Ola 1237
Hale, Gareth 603
Hale, Malcolm 1315
Hale, Owen 841
Haley, Bill 470, 536, 720
Haliwell, Steve 1536
Halkes, Nick 753
Hall, Bruce 1160
Hall, Cliff 614, 1245
Hall, Daryl 603 f., 749, 1467 f., 1550
Hall, Ernie 317
Hall, Jack 1506
Hall, Jimmy 1506
Hall, John 452, 1038
Hall, Lancelot 676
Hall, Mark 207
Hall, Randall 841
Hall, Rene 74
Hall, Terry 537, 1318, 1351
Hallervorden, Dieter 486 f.
Halliday, Hugh 1464
Halligan, Dick 149
Halliwell, Geri 605, 1319, 1499
Hallyday, Johnny 276, 1257
Halmich, Franz Willi 504
Ham, Greg 916
Ham, Pete 84, 1005
Hamilton, Dan 605, 1394
Hamilton, Lesley 606
Hamilton, Lynne 606
Hamilton, Mark 59, 711
Hamilton, Milton 1410
Hamilton, Natasha 66
Hamilton, Roy 1170
Hamilton, Tom 13
Hamlisch, Marvin 606
Hammer, Jan 476, 606
Hammer, M. C. 844
Hammerr, Harry Darren 268
Hammett, Kirk 920 f.
Hammond, Albert 63, 478, 607, 819, 914, 1257, 1271
Hammond, Paul 66 f.
Hammond, Ron 1492
Hammond, Ronnie 65
Hammond, Roy Charles 212
Hammond-Hammond, Jeffrey 711
Hampson, John 1006
Hampton, Ian 1316
Hampton, John 569
Hampton, Lionel 235, 387, 1277
Hancock, Herbie 67, 144, 427, 574, 607 f., 1219, 1467
Hank, Big Bank 1367
Hanna, Dave 1009
Hanna, Jeff 1009
Hannon, Frank 1404
Hannon, Neil 387
Hanselmann, David 609
Hansen, Kai 632
Hanson, Chris 144
Hanson, Isaac 609
Hanson, Michael 571
Hanson, Taylor 609
Hanson, Zac 609
Hapcroft, Rob 142
Hard, Robert 82 f.
Hardcastle, Paul 583, 611, 1281
Harder, Peter 1025
Hardin, Glen D. 317
Hardin, Mel 912
Harding, Mike 222
Harding, Phil 714
Hardison, Rodney 537
Hardy, Oliver 789
Hare, Colin 649
Hare, Tynetta 444
Harell, Todd 1416
Hargis, Marlon 466
Hargis, Reggie 187
Hargreaves, Brad 1409
Harket, Morten 15 f.
Harley, Steve 188, 283, 612 f., 1465
Harlo, Chilo 1245
Harman, David 359
Harmon, Gordy 1508
Harms, Jesse 1161
Harnen, Jimmy 1384
Harper, Mark 846
Harpo 613
Harrell, Tom 1084
Harriott, Shani 134
Harris, Anita 613
Harris, April 1239
Harris, Barbara 1435
Harris, Barry 771
Harris, Bobby 351
Harris, Damon Otis 1399
Harris, Dee 583
Harris, Dennis 1437
Harris, Emmylou 386, 438 f., 786, 1034, 1056, 1154, 1191
Harris, Hugh 8
Harris, Jackie 1299
Harris, Jet 345, 613 f., 1245
Harris, Joe 1463
Harris, Julie 1420
Harris, Keith 614
Harris, Lee 1388
Harris, Major 368, 614
Harris, Neil 1251
Harris, Niki 1299
Harris, Phil 7
Harris, Richard 615, 1207
Harris, Rolf 322, 615, 793
Harris, Simon 32 f.
Harris, Steve 680, 1363
Harris, Tim 515
Harris, Tina 1380
Harrison, Billy 1407
Harrison, Bobby 812, 1110
Harrison, Danny 1030
Harrison, George 85, 110, 221, 262, 271, 435, 441 f., 498, 509 f., 616 f.,

625, 840, 952, 955, 982, 1022, 1033, 1072, 1100, 1265, 1337, 1443
Harrison, Henry 997
Harrison, Jerry 1140, 1389, 1482
Harrison, John 622
Harrison, Keith 351
Harrison, Mya 977
Harrison, Noel 617, 812
Harrison, Oscar 1023
Harrison, Phil 773
Harrison, Rex 617
Harrison, Tony 1450
Harrow, Den 617
Harry, Debbie 148, 618
Hart, Bobby 177
Hart, Bret Hitman 1538
Hart, Corey 618
Hart, Douglas 710
Hart, Jimmy 562
Hart, John 1437
Hart, Mark 322 f.
Hart, Mickey 588 f., 1473
Hart, Tim 1342
Hart, Wilbert 368
Hart, William 368
Hartley, Mathieu 327
Hartley, Richard 619
Hartman, Billy 1536
Hartman, Dan 619, 898, 1388, 1528
Hartman, John 403
Hartnoll, Paul 1035
Hartnoll, Phil 1035
Hartz, Hans 93, 988
Harvard, Tim 125
Harvey, Alex 619
Harvey, Aston 1016
Harvey, Brian Lee 430
Harvey, Dave 1407
Harvie, Iain 366
Harwell, Steve 1291
Harwood, Michael 1460
Hashian, Sib 172
Haskell, Gordon 326, 619
Haskins, Kevin 832
Haslam, Annie 1159
Hass, Jade 1292
Hassan, Al 74
Hassan, Norman Lamont 1458
Hasselhoff, David 620
Hassell, Wolf 1260
Hastings, Doug 205
Hatch, Brooks 1242
Hatch, Darren T. 977
Hatcher, Don 1030
Hatfield, Bobby 911, 1170
Hathaway, Donny 500 f., 620 f.
Hatherly, Charlotte 59
Hatherton, Geoff 1245
Hatzke, Rennie 971
Haug, Felix 408
Haugland, Ian 459
Hauser, Tim 860
Hausmann, Michael 1420
Havens, Richie 18
Havermanns, Cyriel 508
Hawes, Darryl Anthony 69
Hawken, John 986, 1159, 1360
Hawkes, Chesney 335, 621, 751, 1440
Hawkes, Greg 233
Hawkes, Keeley 621
Hawkins, Barbara Ann 388
Hawkins, Bill 238
Hawkins, Dale 315, 497, 998
Hawkins, Edwin 621, 665, 730, 913
Hawkins, Roger 1436
Hawkins, Rosa Lee 388
Hawkins, Sophie B. 621
Hawkshaw, Alan 1245
Hawkshaw, Kristy 1032
Hawley, Steve 181
Hay, Barry 576
Hay, Colin 916
Hay, Roy 176, 325, 1005
Haycock, Peter 278
Haydock, Eric 643
Hayes, Calvin 722
Hayes, Chris 805
Hayes, Darren 25, 623, 1223
Hayes, Isaac 256, 545, 600, 623, 681, 752, 768, 969, 1215, 1374
Hayes, Sloan 1334
Haymes, Dick 800
Haynes, Robert 782
Hayward, Justin 401, 623 f., 824, 953, 1286, 1401, 1493, 1498, 1527
Haywood, Leon 675
Haywoode, Don 479
Hayworth, Rita 1276
Haza, Ofra 624, 1284, 1487
Hazel, Eddie 539
Hazelwood, Mike 478, 607, 1257
Hazlewood, Lee 435, 1280
Head, Murray 572, 624, 1122
Head, Pinata 592
Head, Roy 625
Headliner 55
Headon, Topper 274
Healey, Jeff 625
Healey, Martin 356 f.
Healy, Fran 1438
Healy, Jeremiah 623
Heard, Paul 845
Hearn, James 1460
Hearn, Kevin 99
Heath, Rhonda 1265
Heath, Rohan 1465
Heath, Tommy 1426
Heatley, Spike 213
Heaton, Christopher 785
Heaton, Michelle 807
Heaton, Mike 445
Heaton, Paul 115, 657
Heavy D. 628
Hebb, Bobby 628
Heck, Dieter Thomas 415
Heckstall-Smith, Dick 213, 482
Hedges, Eddie 147
Hegarty, Den 342
Hegerland, Anita 139, 726, 875, 1027
Hegner, Bernd 1230
Heichel, Henriette 418
Heichel, Wolfgang 418
Heidt, Hoarce 641
Heil, Reinhold 1325
Heiland, Nicole 638
Heimberg, Lothar 1230
Heino 38, 127, 433, 630
Heinrich, Jasmin 667 f.
Heinrichs, Reinhard 1427
Heintje 630 f., 1157, 1190, 1524
Heinz 631
Heinze, Hans-Dieter 1136
Hellings, Dorothy 580
Helliwell, John 1371
Hellyer, Jonathan 190 f.
Helme, Chris 1233
Helmer, John 1080
Helms, Jimmy 632, 825
Hemingway, David 115, 657
Hemmings, Courtney 63
Hemstock, Les 715
Henderson, Alan 1407
Henderson, Billy 1323
Henderson, Chris 1416
Henderson, Fletcher 52
Henderson, Joe 632
Henderson, Mike 872
Henderson, Neil 925
Henderson, Wayne 323
Hendricks, Bobby 415 f.
Hendrickse, Margorie 301
Hendrickson, Arthur Gaps 1240
Hendriks, Vincent 308
Hendrix, Jimi 47, 150, 360, 632, 634, 656, 729 f., 799, 1057, 1106, 1111, 1276, 1430
Hendrix, Margie 301
Hendry, Robert 1159
Hendryx, Nona 783
Hendy, John Darren 430
Hengst, Bernd 504
Henke, Bob Willard 412
Henley, Don 321, 427 f., 634 f., 654, 1191, 1226, 1298
Henley, Larry 998
Hennant, Jimmy 1019
Henrit, Bob 51, 762 f., 1464
Henry, Kent 1344
Henry, Mark 1434
Henry, Neville 151
Henry, Pauline 264
Hensey, Tom 872
Hensley, Ken 1466
Henson, Jim 974, 1054
Hepburn, Audrey 284
Herberger, Michael 1304
Herbert, Elyse 709
Herbert, Maxine 709
Herbig, Andreas 837
Herbst, Ingi 279
Herel, Ronnie 1122
Heres, Hans 95 f.
Herford, Eric 339
Herman, Gus 83
Herman, Woody 565, 620, 860, 1361
Hermes, Niels 1402
Hernandez, Ariel 1012
Hernandez, Gabriel 1012
Hernandez, Patrick 637, 850
Herr, Ray 668
Herre, Max 531 f.
Herring, Ursula 496
Herron, Cindy Anne 448
Herter, James 1452
Hester, Paul 322
Hetfield, James Alan 920
Heuss, Oliver 1442
Hewett, Howard 637, 675, 1250, 1477
Hewitt, Dave 563
Hewitt, Steve 168, 1082 f.
Hewson, Marianne 1119
Hewson, Peter 262
Hewson, Richard A. 1133
Heyward, Nick 603
Heywood, Stan 997
Hibbler, Al 1170
Hicks, Tony 643
Hidalgo, David 830
Hidding, Alides 521

Hield, Omerit 87
Higgins, Bertie 638
Higgins, Cleopatra 277
Higgins, Marty 1016
Higgins, Yonah 277
Higgins, Zainam 277
Higgs, Dave 435
Hightower, Rosetta 282, 1038 f.
Hila 189
Hildebrandt, Herbert 1144 f.
Hill, Benny 638
Hill, Billie 456
Hill, Brendan 156
Hill, Chris 639, 1084
Hill, Dan 618, 639, 1258
Hill, Dave 1287
Hill, Dusty 1559
Hill, Faith 639, 902
Hill, Jayne 181
Hill, Jessie 413, 1261
Hill, Jonny 639 f.
Hill, Lauryn 147, 526, 535, 640, 875, 985
Hill, Mark 57 f.
Hill, Scott 923, 1285
Hill, Tom 562
Hill, Vince 640
Hiller, Tony 195
Hillery, Kenny 1126
Hillhouse, Christa 516
Hilliard, George 1455
Hillman, Chris 210, 1173
Hilton, Brian 1286
Hinde, Neil 816
Hinds, William Frank 1118
Hine, Eric 421
Hine, Rupert 15, 500, 1121
Hinkel, Volker 512
Hinnen, Peter 641
Hinsley, Harvey 654
Hipgrave, Dan 1427
Hirose, Taka 487
Hirsch, Ricky 1506
Hirschburger, Klaus 738
Hirst, Clare 124
Hirst, Damien 485
Hirst, Rob 926
Hirt, Al 641, 1196
Hitchcock, Russell 16
Hite, Bob 219 f.
Hitt, Bryan 1161
Hobbs, Elsbeary 415
Hobbs, Randy 898
Hobriaco, Richard 872
Hobson, Andy 1101
Hodder, Jim 1343
Hodgens, Robert 155
Hodges, Chas 128, 132, 254, 631
Hodges, Kenny 1315
Hodgkinson, Colin 1512
Hodgson, Roger 1372
Hodo, David 1483
Höferlin, Daniel 735
Hoff, Dieter 1228 f.
Hoffmann, Günther 642
Hoffmann, Michael 642
Hoffmann, Peter 778
Hoffmann, Uwe 1042
Hoffs, Susanna 94
Hogan, Mike 310
Hogan, Noel 310
Hogarth, Steve 870
Hoggs, Billy 300
Hohmann, Andreas 774
Hoier, Henner 1144 f.
Hokenson, Eddie 192
Holden, Ron 589
Holder, Noddy 1287
Holi 1058
Holiday, Billie 375, 520, 940, 965, 1195
Holiday, Eddie 1030
Holiday, Tony 642
Holiday, Valerie 1415
Holland, Dave 1079
Holland, Deborah 1088
Holland, Dexter 1025
Holland, Gary 590
Holliday, John 455
Holliday, Michael 1182
Holliday, Trevor 1287 f.
Holliman, Shirlie 1066
Hollis, Mark 1388
Hollister, David 145
Holloway, Loleatta 140, 844
Holly, Buddy 43, 132, 215, 317 f., 494, 536 f., 607, 644 f., 900, 906, 1150, 1245, 1335, 1337, 1479, 1511
Holm, Michael 38, 262, 646, 864, 889, 958, 1192, 1256, 1329
Holm, Nino 454
Holman, Eddie 646
Holmes, Clint 646
Holmes, Malcolm 1036
Holmes, Paul 376
Holmes, Robert 1420
Holmes, Rupert 324 f., 647
Holmes, Tim 358
Holmström, Peter 339
Holroyd, Les 97
Holt, David 891
Holt, Derek 278
Holt, Isaac Red 806, 1552
Holt, John 647
Holtfoth, Claus 1024
Honer, Dean 25
Honeyball, Ray 629
Honeyman-Scott, James 1101
Hong, Marie 773
Hoock, Fred 140
Hood, David 1436
Hook, Peter 996, 1357
Hooker, Jake 56
Hooker, John Lee 220, 347, 960, 1136, 1220, 1433
Hoop, Wyn 580, 865
Hooper, Craig 322
Hooper, Nellee 1309
Hooper, Stix 323
Hooper, Tony 1360
Hooton, Peter 482
Hope, Dave 741
Hope, Ellie 816
Hope-Evans, Peter 911
Hopkin, Mary 400, 504, 546, 652, 655, 1285 f.
Hopkins, Douglas 569
Hopkins, Graham 1407
Hopkins, Nicky 128
Hopkins, Telma 348 f.
Hoppen, Lance 1038
Hoppen, Lawrence 1038
Hopper, Sean 805
Hoppus, Mark Allen 148
Hopwood, Keith 636
Horn, Guildo 506, 646, 652 f., 1129, 1194
Horn, Trevor 57, 206, 253, 525, 601, 729, 1113, 1234, 1546
Hornblower, Horatio 342
Hornsburg, Reginald Fredrick 1080
Hornsby, Bruce 33, 292, 589, 653, 805, 1454
Horovitz, Adam 108 f.
Hörster, Vanessa 420
Horton, Gladys 883
Horton, Jerry 1049
Hoskins, Bob 611
Hossack, Michael 403
Hoste, Michael 668
Hotchkiss, Rob 1437
Houghton, Steven 656
House, Kenwyn 1154
Houser, Brad 187
Houston, Dale 335
Houston, Thelma 569, 658
Houston, Whitney 77, 177, 179, 196, 213, 226, 333, 350, 461, 526, 542, 584, 658 f., 669, 710, 752, 820, 915, 923, 957, 995, 1055, 1116, 1167, 1315, 1322, 1488, 1490, 1526, 1536
Howard, Adina 660
Howard, Alan 1088, 1439
Howard, Billy 660
Howard, Bruce Robert 151, 660
Howard, Ken 359, 635, 649
Howard, Martine 601
Howard, Peter 274
Howard, Robert 151, 660
Howard, William 413, 775
Howe, Brian 82 f.
Howe, Liam 1300
Howe, Steve 61, 206, 1546
Howell, Alphonso 1241
Howell, Hammy 342
Howie B 1058
Howlett, Liam 1111
Hoyer, Werner 1230
Hoyle, Nigel 552
Hubbard, Freddie 527
Hubbard, Preston 469
Hubbell, Frank 1484
Huber, Peter 1459
Hübler, Thomas 678
Hudson, John 473
Hudson, Richard 661, 1360
Hues, Jack 1492
Huge, Paul 598 f.
Hugg, Mike 863
Hugh, Grayson 1536
Hughes, Adrian 1247
Hughes, Alex 733
Hughes, Gene 238
Hughes, Glen 238
Hughes, Glenn 143, 363, 1483 f.
Hughes, John 50
Hughes, Mike 816
Huijschens, Okkie 1338
Hula 1043
Hull, Alan 813
Hume, Don 56
Humes, Anita 456
Humpe, Annette 395 f., 837, 993, 1108, 1194
Humpe, Inga 395
Humperdinck, Engelbert 613, 663 f., 1017, 1150
Humphreys, Paul 1036 f.
Humphries, Les 165, 415, 664 f., 1144, 1265
Hungate, David 1431
Hunnigale, Peter 57
Hunt, Bill 441, 1530
Hunt, Darryl 1085

Hunt, Gene 178, 713
Hunt, Mary 389
Hunt, Miles 1534 f.
Hunter, Carl 482
Hunter, Ian 513, 591, 964
Hunter, Keith 419
Hunter, Mark 696
Hunter, Steven 302
Hunter, Tab 1276
Huntley, George 296
Huntley, Gordon 890
Hurd, Bill 1201
Hurley, Sean 1482
Hurst, James 1014
Hurst, Mike 652, 1328
Husband, Gary 802
Hussey, Wayne 356 f., 1283
Hutchence, Michael 170, 678, 936
Hutchinson, Jeanette 448
Hutchinson, Pamela 448
Hutchinson, Sheila 448
Hutchinson, Wanda 448
Hutson, Leroy 672
Hutson, Marcus 1508
Hütter, Ralf 774
Hutton, Betty 137, 294, 1490
Hutton, Danny 950, 1416
Huxley, Rick 273
Hyde, Karl 1463
Hyde, Michael 134
Hyland, Brian 466, 665, 1293
Hyman, Jerry 149 f.
Hyman, Paul 83
Hyman, Phyllis 600
Hyman, Preston 66 f.
Hyman, Rob 650
Hymas, Tony 380, 1074
Hynd, Richard 1405
Hynde, Chrissie 54, 258 f., 272, 666, 1101, 1270, 1277, 1458, 1484
Hynes, Nick 181
Hypno 1326
Hyslop, Kenny 1270, 1289

Ian, Janis 667
Ibbotson, Jim 1009
Ice Cube, 313
Ice MC 21, 667 f.
Ice-T 301, 391
Idle, Eric 167, 233, 952
Idol, Billy 122, 668 f., 681, 1264
Ierace, Domenic 695
Ifield, Frank 669
Igel, Alf 653, 1129
Iglesias, Enrique 659, 669, 1010
Iglesias, Julio 670, 992, 1277, 1470, 1533
Iha, James 1291
Ihle, Herbert 1038
Iliesco, Jean-Philippe 1313
Illic, Bata 670
Illsley, John 385
Imbruglia, Natalie 671, 729
Indira 189
Indrizzo, Victor 828
Ingebrigtsen, Christian 1
Inglis, Paul 1422
Ingmann, Jörgen 675
Ingram, Ashley 671
Ingram, James 68, 478, 675, 969, 1191, 1467 f., 1509
Ingram, Luther 675
Ingram, Willy Ray 1321
Ingui, Charles 1309
Ingui, Richard 1309
Innes, Andrew 1103
Innes, Neil 167, 903
Innocent, Marc 648, 677
Inoj 676
Inspectah Deck 1537
Insterburg, Ingo 677
Intrallazzi, Roberto 468
Iommi, Tony 143, 603, 712, 1039
Irby, Treston 637 f.
Ireland, Elliot 1247
Irie, Tippa 57
Iris, Donald 694
Irons, Eddie 187
Irons, Jack 1063, 1149
Irvine, Doug 870
Irvine, Russel 155
Irving, David 1211
Irving, Kevin 280
Irving, Matt 1330
Irwin, Big Dee 681
Isaak, Chris 681
Isles, Bill 1019
Isley, Ernie 682
Isley, Marvin 682
Isley, O'Kelly 682
Isley, Ronald 682, 747
Isley, Rudolph 682
Isley, Vernon 682
Israel, Yackov Ben 429
Ivan 683
Ives, Burl 683 f.
Ivory, Colin Junior 356
Ixi 685

J.D. 333, 1452
J.D., Vengeance 1326
Ja Rule 25, 59 f., 145, 686, 930, 1205
Jablecki, Mike 1487
Jablecki, Steve 1487
Jabs, Matthias 1230
Jackell, Frank 1007
Jackman, Alan 1043
Jacks, Susan 1090
Jacks, Terry 687, 1090, 1505
Jacks, Zenda 1265
Jackson, Al 48, 168 f., 785
Jackson, Anthony 1235
Jackson, Bernard 1374
Jackson, Caroline 308
Jackson, Chad 687
Jackson, Chuck 471, 633, 1443
Jackson, Dee D. 91, 687
Jackson, Eddie 1125
Jackson, Elaine 1025
Jackson, Freddie 478
Jackson, Jackie 633, 692, 1468
Jackson, Janet 6, 123, 145, 209, 359, 688, 894, 957, 1020, 1266, 1317, 1441, 1468, 1474
Jackson, Jermaine 358, 689, 692, 868, 1051, 1182, 1553
Jackson, Joe 689, 1417
Jackson, Johnny 692
Jackson, Karen 1373
Jackson, Lee 213, 1119 f., 1352
Jackson, Marlon 692, 1468
Jackson, Martin 1380
Jackson, Michael 33, 36, 68, 118, 120, 145, 182 f., 201, 280, 321, 333, 349, 359, 490, 546, 569, 587, 688, 690, 693, 820, 896, 937, 944, 969, 1039, 1098, 1106, 1116, 1182, 1195, 1213, 1226, 1381 f., 1467 f., 1536, 1540, 1549
Jackson, Mick 832
Jackson, Pervis 1323
Jackson, Python Lee 1119 f., 1352
Jackson, Randy 163, 692, 1468
Jackson, Ray 813
Jackson, Roger LaVerne 1428
Jackson, Taj 1417
Jackson, Taryll 1417
Jackson, Tito 692, 1417, 1468
Jackson, TJ 1417
Jackson, Tony 451, 1075, 1235, 1378
Jackson, Wanda 691, 794
Jacksons, Paul 1385
Jacobs, Wes 230
Jade 335, 555, 693
Jaeger, Angela 1076
Jaenisch, Joko 140
Jagger, Mick 6, 13, 213, 271, 300, 339, 473 f., 482, 597, 693 f., 725, 777, 878, 1102, 1169, 1186 f., 1266
Jahnke, Maik 1319
Jail Bait 332
Jam Master Jay 1204 f.
James, Al 1262
James, Alex 158, 485
James, Bob 359, 1424
James, Brian 337
James, Christian 605
James, Daniel 1545
James, Duncan 152
James, Elmore 272, 502
James, Etta 130, 429, 697, 1039, 1173
James, Fanita 159
James, Fat Larry 484
James, Glodean 834
James, Harry 53, 297, 533, 1274
James, Harvey 1259
James, Jimmy 360, 633, 697 f.
James, Kenneth 505, 684, 1142
James, Laughton 326
James, Milton 697
James, Rick 333, 705, 869, 884 f., 975, 1488, 1548
James, Spencer 1235
James, Stu 355, 947
James, Sue 356 f.
James, Tommy 23, 698
James, Tony 1264, 1283
James, Vincent 1379
James, Wendy 1438
Jamison, Jimi 1375
Jankowski, Horst 700
Jansen, Gino 521
Jansen, Linda 40
Jansen, Steve 700
Jansson, Alan 1029 f.
Jardine, Al 105 f.
Jared, Evil 150
Jarre, Jean-Michel 47, 701, 1220
Jarre, Maurice 702
Jarreau, Al 702 f., 969, 1226, 1467 f.
Jarrett, Tony 1476
Jason, Mackie 538
Jasper, Chris 682
Jass, Wolfgang 1527
Jaworski, Alan 711
Jay, David 832
Jay, Jay Master 396
Jay, Martin 499
Jay Ski 1121
Jaycee, Lorene 390
Jaye, Miles 1483

Jaymes, David 945
Jaymes, Robbie 945
Jay-Z 44, 77, 145, 197, 248, 686, 704 f., 747, 1116, 1194
Jazz, Maxi 474 f.
Jazzie B. 1309
Jazzy T 1418
JBJ 312
JC 15, 980
Jean, Wyclef 25, 147, 269, 375, 535, 706, 924, 1124
Jeanette 706 f.
Jeczalik, J. J. 57
Jeff, Jazzy 705, 1273, 1295
Jeffers, Barry 714
Jeffers, Eve 461
Jefferson, Adrian 530
Jefferson, Claude 530
Jeffre, Justin 1007
Jeffrey, Robby 801
Jeffrey, Tim 1074
Jeffreys, Garland 709
Jeffreys, Paul 612
Jelliman, Brain 870
Jellybean 478, 710, 787, 819, 851, 1421
Jenkins, Barry 41, 986
Jenkins, Dave 1046
Jenkins, David 84
Jenkins, Gary 1264
Jenkins, Karl 12
Jenkins, Stephen 1409
Jenkins, Thomas 216
Jennings, Waylon 237, 292, 317, 992, 1468
Jensen, Wolfgang 279
Jeremiah, Kenneth 1309
Jett, Joan 56, 497, 713
Jewel 713
Jhon 943
Jilted John 714
Jim Bob 235
Jimenez, Phil A. 1507
Jina 638
Jingles 324, 832 f., 1273, 1434
Jinks, Nial 1233
JJ 390
J-Man 514
Joanisse, Rob 181
Jobson, Edwin 711, 1199
Jobson, Richard 1285
Joe, Billy 135, 275, 1200, 1312, 1411
Joe, Mary 1152 f.
Joel, Billy 68, 252, 311, 710, 717 f., 1137, 1252, 1467 f.
Johannsson, Ove 1326
Johanson, Jai Jai 26
Johansson, Lars-Olof 225
Johansson, Leif 1237
John, Del 496
John, Elton 147, 169, 285, 341, 361, 401, 569, 591, 718, 721, 766, 770 f., 919, 922, 968, 1021, 1061, 1084, 1123, 1154, 1171, 1179, 1205, 1207, 1225, 1238, 1286, 1320, 1413, 1494, 1527, 1533
John, Jason 133
John, Leee 671
John, Robert 722, 1154, 1449
John-Jon 190 f.
Johns, Bibi 158
Johns, Eric 627
Johns, Sammy 723
Johnson, Alan 1146
Johnson, Andreas 723
Johnson, Barry 1379
Johnson, Bob 1342
Johnson, Brian 562
Johnson, Carol 465
Johnson, Claude 399
Johnson, Cynthia 815
Johnson, David 218
Johnson, Denise 1103
Johnson, Dennis Keith 1375
Johnson, Don 723 f., 994
Johnson, Donald 1391
Johnson, Gary 264
Johnson, General Norman 246
Johnson, George 195
Johnson, Graham 1160
Johnson, Gregory 216
Johnson, Harry 618
Johnson, Holly 266, 525, 724, 847, 1229
Johnson, Howie 1481
Johnson, Hubert 300
Johnson, Janice Marie 1391
Johnson, Jellybean 1421
Johnson, Jesse 1421 f.
Johnson, Jimmy 562
Johnson, Joan Marie 388
Johnson, John 724
Johnson, Kelly 963
Johnson, Louis 195
Johnson, Martha 877 f.
Johnson, Marv 725
Johnson, Norman 246
Johnson, Paul 725
Johnson, Plas 74
Johnson, Ralph 429, 672
Johnson, Rudolph 456
Johnson, Scott 569
Johnson, Stephen 807
Johnson, Tom 900
Johnson, Wilko 412
Johnston, Brian 1512
Johnston, Bruce 105 f., 648, 699 f., 862, 1172 f.
Johnston, Davey 356
Johnston, Doug 834
Johnston, Inez 522
Johnston, Sabrina 725
Johnston, Sara 181
Johnston, Tom 403
Johnstone, James 1076
Jointer, Fred 1437
Joling, Alex 19
Joling, Gerard 725
Jonah, Julian 1030
Jones, Alan 144, 614, 1245
Jones, Aled 726
Jones, Allen 33 f.
Jones, Barbara Lee 262
Jones, Billy 627
Jones, Bob 833, 1498
Jones, Booker T. 168, 301, 429, 1225, 1530, 1549
Jones, Brian 1186 f.
Jones, Casey 271, 726, 863, 903
Jones, Cliff 552
Jones, Creadle 263
Jones, Daniel 1223
Jones, Daron 1030
Jones, David 174
Jones, Davy 177, 637, 949 f., 1260
Jones, Donell 727
Jones, Doretta (Dorothy) 301
Jones, Doug 484
Jones, George 1510, 1539
Jones, Grace 49, 266, 727
Jones, Graham 603
Jones, Howard 727, 1496
Jones, Jack 314
Jones, James Earl III. 1211
Jones, Jamie 25 f.
Jones, Jaspa 146
Jones, Jeff 1022
Jones, Joe 388, 1174
Jones, John 132, 792, 1360
Jones, Joyce 496
Jones, Kelly 1346
Jones, Kenney 469, 1290, 1514
Jones, Malcolm 155
Jones, Marshall 1026
Jones, Maxine 448 f.
Jones, Michael 74
Jones, Mick 51, 70, 274, 513 f.
Jones, Neil 33 f., 471
Jones, Paul 213, 728, 863 f., 903
Jones, Paul (Catotonia) 241
Jones, Pete 1114
Jones, Quincy 17 f., 33, 68, 182, 195, 218, 252, 569, 581, 600, 675, 690, 702, 965, 969, 1062, 1277, 1369, 1390, 1468, 1509
Jones, Randy 1483
Jones, Ray 775
Jones, Rena 247
Jones, Richard 278, 1346
Jones, Rickie Lee 728, 1226, 1258, 1518
Jones, Rob 1534
Jones, Shirley 238 f., 1057
Jones, Simon 1406
Jones, Stephen 76
Jones, Steve 507, 599, 713, 1243
Jones, Tammy 729
Jones, Terry 952
Jones, Tom 43, 57, 64, 79, 170, 242, 267, 400 f., 474, 664, 681, 706, 729 f., 796, 804, 846, 898, 965, 1017, 1106, 1154, 1198, 1238, 1351, 1361, 1370, 1456
Jones-Davies, Sue 309
Jonson, Thor Eldon 137
Joop 637, 1397
Joplin, Janis 527, 730 f., 799, 906, 926, 1111, 1531
Jordan, Chris 1423
Jordan, Cortez 185
Jordan, Dante 1203
Jordan, Eddie 491
Jordan, Lonnie 1492
Jordan, Mario 731
Jordan, Montell 39, 731
Jordan, Rick 1229
Joseph, David 641
Joseph, Delroy 737
Joseph, Kenneth 641
Jostyn, Mindy 650 f.
Joswick, Richard 400
Jot, Dee 479
Jourard, Jeff 961
Jourard, Martin 961
Joy, Ruth 779
Joyce, Chris 1271
Joyce, Mike 1114, 1296
Joyce, Miranda 124
Joyner, Bruce 1019
Judge 531
Judge Flow 1322
Judith 275, 289, 637, 970, 1239
Jugg, Roman 337
Jules, Judge 638

Julian, Don 786
Jung, Claudia 9, 276
Junior, Marvin 369
Junstrom, Larry 1410
Jupp, Mickey 836
Jurado, Jeanette 466
Jürgens, Andrea 733, 866
Jürgens, Curd 790
Jürgens, Udo 450, 563, 733 f., 784, 981, 1256, 1503, 1531
Justice, Jimmy 735
Justin, Sydney 1250
Justis, Bill 1119, 1191
Justman, Seth 557
Justo, Rodney 65
JX 736

K., Leila 342, 411, 737
K.P. 737
Kaagman, Jerney 429
Kaballero, Karlos 382
Kaci 738
Kaegi, Adriana 753
Kaempfert, Bert 111, 943, 1259, 1276
Kagan, Harvey 1282
KaH, Hubert 738, 1452
Kaiser, Alexander 1540
Kaiser, Roland 37 f., 739, 865
Kajanus, George 1213
Kakoulli, Harry 1330
Kale, Jim 596
Kalin, Harold 461
Kamen, Nick 740
Kamin, Aaron 215
Kaminski, Mik 441
Kämmer, Gunnar 1427
Kamoze, Ini 740, 750
Kanal, Tony 1011
Kandi 740
Kane, Alex 843
Kane, Chris 83
Kane, Eden 741, 1221
Kane, Gregory 661
Kane, Howie 703
Kane, John 998
Kane, Keith 1482
Kane, Michael 1552
Kane, Nick 891
Kane, Patrick 661
Kane, Paul 1267
Kane, Rudi 843
Kantner, Paul 90, 707 f.
Kaplan, Brenda 226
Kapteijn, Marcel 1402
Karges, Carlo 393, 993
Karges, Murphy 1367
Kari Kari, Kofi 1309
Karn, Mick 700
Karoli, Michael 218
Karwan, Pat 1007
Kath, Terry 260 f.
Katona, Kerry Jayne Elizabeth 66
Katz, Simon 698
Katz, Steve 149 f., 972
Katzmann, Nosie 678, 696, 822
Kaukonen, Jorma 90, 707, 730
Kavana 744
Kay, Annabell 887
Kay, Janet 744
Kay, Jason 698
Kay, John 1344 f.
Kay, Matthew 1233
Kaye, Tony 1546
Kaylan, Howard 423, 1386, 1448
Kayser, Philippe 531
K-Doe, Ernie 1052
Keagy, Kelly 1004
Keating, Johnny 745
Keating, Ronan 180, 746, 1504
Keeble, John 1315
Keefe, Dylan 868
Keegan, Kevin 746
Keeley, Yvonne 496
Keen, Speedy 1417
Kefford, Ace 966
Keita, Salif 742
Keith, Brian 296, 1083
Keith, Jeff 1404
Keith KC 1536
Keith, Marvin Slim 1030
Keith, Rude Boy Farley 539, 658
Keller, Jim 1426
Kellerhoff, Uwe 557
Kellett, Tim 1028, 1271
Kelley, Hubert Ann 661
Kelley, Joe 1246
Kelley, Kevin 210
Kellichan, Tom 1285
Kelling, Graeme 355
Kelly, Angelo 748
Kelly, Barby 748
Kelly, Betty 878
Kelly, Daniel 748
Kelly, Dennis 898
Kelly, Grace 53, 1276
Kelly, Jim 649
Kelly, Jimmy 748
Kelly, Joey 125, 748
Kelly, John 748
Kelly, Kathy 748
Kelly, Luke 418
Kelly, Maite 748
Kelly, Mark 870
Kelly, Patricia 748
Kelly, R. 147, 248, 383, 484, 683, 705, 747, 951, 985, 1022, 1113, 1116, 1316
Kelly, Robert 2 f.
Kelly, Sean 1284
Kelly, Tonya 693
Kelly, Wells 1038
Keltner, Jim 318, 757, 836, 1334
Kemp, Gary 1085, 1315
Kemp, Johnny 749, 1054
Kemp, Martin 1315
Kemp, Rick 1342
Kemp, Tara 749
Kemper, David 508
Kendall, Alan 120
Kendall, Mark 590
Kendall, Robert 437
Kendrick, Paul 338
Kendricks, Eddie 749, 1399, 1518
Kennedy, Delious 25
Kennedy, Errol 671
Kennedy, Harrison 246
Kennedy, Mike 829
Kennedy, Nigel 419
Kenner, Chris 740, 749
Kenner, Doris 1261
Kennibrew, Dee Dee 324
Kenning, Tony 364
Kenny, Claire 32
Kensit, Jamie 439
Kensit, Patsy 439, 763, 1021, 1270
Kent, Klark 1087
Kent, Nick 877 f.
Kent, Peter 489, 557, 750
Kenton, Rik 1199
Kenton, Stan 564, 1526
Kenya 947
Kerkeling, Hape 751, 1129, 1156
Kern, Renate 751
Kerr, Alistair 356
Kerr, Bob 998
Kerr, Donald 464
Kerr, Jim 439, 1021, 1101, 1270
Kerr, Mark 597
Kerr, Stuart 1405
Kersey, Ron 1437
Kershaw, Nik 621, 643, 751, 1048
Kerslake, Lee 1466
Kertscher, Jan 1303
Key, Horace 1391
Key, Ted 657
Keylay, Keylay 1416
Keymaster Snow 1054
Keynes, Nick 1460
Keys, Alicia 25, 670, 752
KG 943
Khan, Chaka 68, 118, 252, 308, 354, 478, 581, 584, 608, 658, 673, 752 f., 770, 989, 1158, 1241, 1312, 1390, 1464, 1532
Kianoush, Bobak 44
Kibble, Perry 1391
Kid Sensation 1282
Kidd, Johnny 412, 754, 828
Kiedis, Anthony 1149
Kier, Lady Miss 361
Kieron 1104
Kiesewetter, Knut 812
Kiftmeyer, John 592
Kihn, Greg 754
Kiley, Tony 152
Kilius, Marika 86, 755
Kilkenny, Sean 396
Killebrew, Willie 1211
Kilmore, Chris 673
Kim, Andy 50, 755 f.
Kimball, Bobby 418, 480, 1431 f.
Kincade, John 756
Kincaid, Jan 182
Kinchen, Ricky 938
Kinchla, Chan 156
King, Alan 7
King, Andy 650
King, B. B. 272, 955, 992
King, Ben E. 68, 281, 415 f., 470, 600, 757 f., 855, 1288, 1532, 1545
King, Benji 1226
King, Carole 29, 301, 341, 609, 758, 817, 1238, 1393
King, Chris 737
King, Claude 759
King, Dave 1477
King, Dee Dee 1140
King, Diana 308, 759
King, Earl 270
King, Ed 841, 1359
King, Evelyn 759
King, Freddie 348, 1527
King, Ian 654
King, Jay 280, 1423
King, Jim 477
King, Johnny 485
King, Jonathan 104, 154, 334, 558, 629, 760, 1030, 1076, 1247, 1401, 1470, 1478
King, Marcel 1379
King, Mark 802, 843
King, Maurice 376
King, Paul 756, 973
King, Pee Wee 55

King, Pete 14
King, Ricky 760
King, Ronnie 1332
King, Simon 622
King, Solomon 760
King, Stove 865
King, Tom 1044
King, William 293, 970
Kingsbery, Peter 281
Kingsley, Eric F.C. 455
Kingston, Bob 1403
Kingston, June Miles 1305
Kinney, Fern 764, 1177
Kinsey, Donald 873
Kinsley, Billy 920
Kirby, Kathy 170, 764
Kirchen, Bill 292
Kircher, Pete 649, 1340
Kirchhoff, Achim 1230
Kirk, Alan 698
Kirk, Clyde 324
Kirk, James 1032
Kirke, Simon 82 f., 529
Kirkham, Terry 62
Kirkpatrick, Don 42
Kirkpatrick, John 1342
Kirschning, Achim 1230
Kirshner, Don 50
Kirtland, John 362
Kirwan, Danny 502
Kiske, Michael 632
Kissoon, Katie 766
Kissoon, Mac 766
Kist, Barbara 158
Kitt, Eartha 191
Kiz 766, 1452
Klaerl, Dusty 1221
Klanthe, Georg 1221
Klass, Mylene 625 f.
Klein, Danny 557
Klein, John 1281
Klever, Wolfgang 95 f.
Klier, Dieter 1158
Klimek, Alf 1042, 1325
Klimek, Jayney 1042
Klimek, Johnny 1042
Klouwer, Theo 243
Klugh, Earl 169
Knauer, Ben 1112
Knauer, Jed 1112
Knauer, Leslie 1112
Knauer, Peter 1112
Knechtel, Larry 185, 210
Knight, Beverley 769
Knight, Brenda 769
Knight, Curtis 633
Knight, Gladys 105, 283, 305, 308, 471, 640, 692, 753, 769 f., 898, 1277, 1351, 1382, 1390, 1494, 1533
Knight, Graham 875
Knight, Jean 770
Knight, Jerry 1029
Knight, Jon 995
Knight, Jordan 770, 904, 995 f., 1048
Knight, Matt 1427
Knight, Peter 1342
Knight, Robert 240, 771, 832
Knights, Dave 1110
Knopfler, David 385 f.
Knopfler, Mark 70, 385 f., 419 f., 490, 625, 999
Knotts, Martin 610
Knowledge, Common 268
Knox, Buddy 494
Knudsen, Keith 403
Knumskull 839
Koblun, Ken 204 f.
Koch, Andreas 1459
Koda, Cub 201
Koelewijn, Peter 578
Koerts, Gerard 429
Kofi 1076, 1309
Kogel, Michael 829
Kokomo 56
Kon Artis 332 f.
Kongos, John 771 f.
König Boris 491
Königstein, Horst 544
Konrad, Bob 947
Kool, Bo 539
Kooper, Al 149 f., 804, 806, 841, 1558
Kooymans, George 429, 576
Kopal, Werner 95
Kopera, Sabine 1003
Kopp, Holger Julian 108
Korner, Alexis 213 f., 380, 694, 903, 1074
Korner, Neil 998
Kornfeld, Artie 309
Koschorrek, Michael 1304
Kossoff, Paul 529
Kotzen, Richie 1086 f.
Kramer, Amanda 674
Kramer, Billy J. 79, 192, 775 f., 1293
Kramer, Guido 1494
Kramer, Joey 13
Krantz-Rossington, Dale 841 f.
Krassenburg, Frans 576
Krassnitzer, Sepp 1497
Krastan, Dean 1026
Kraus, Peter 299, 534, 776
Krautter, Michael 978
Kravitz, Lenny 400, 591, 694, 777, 1051, 1529
Krawinkel, Kralle Gerd 1441
Krebs, Diether 777
Kretschmer, Bob 668
Kreutzmann, Bill 588 f.
Kreuzfeld, Hans Joachim 1144
Kreuzmayr, Hans 1497
Kreyssig, Oliver 216 f.
Krieger, Robby 405 f.
Kriesel, Greg 1025
Krikham, Ian 1271
Kristian, Marty 997
Kristina, Sonja 328
Kristofferson, Kris 237, 301, 877, 895, 992, 1376
Krizan, Anthony 1323
Krock, David 400
Kroeger, Chad 1002
Kroeger, Mike 1002
Kröger, Hannes 778
Kross, Kris 333, 656, 778, 1540
Krüger, Mike 778 f.
Krumbiegel, Sebastian 1108
Krumminga, Helmut 95
Krupa, Gene 47, 341, 1477
Krusen, Dave 1063
Kruspe, Richard Z. 1138
Krust 531
Kuddel 1429
Kuhlke, Norman 1380
Kuhn, Paul 779
Kuklicz, Tomasz 393
Kule T 943
Kulick, Bruce 764 f.
Kuniva 332
Kunkel, Bruce 1009
Kuntze, Knut 828
Kunze, Heinz Rudolf 93, 780, 837
Künzel, Tobias 1108
Kunzi, Micha 971
Kuriaki 1181
Kurzh 1094
Kurzhals, Thomas 743
Kushel, Roy 521
Kutz, Darryl 1334
Kuyten, Benjamin 1312
Kwaku-Baah, Reebop 1436
Kwesi 55
Kyriacou, Andy 945
Kyrkjebo, Sissel 1238
Kyser, Kay 410

La Bionda, Carmelo 782
La Bionda, Michelangelo 782
La Camilla 53 f., 737
La Rocka, Frankie 1226
LaBelle, Patti 308, 476, 783, 900
LaBes, Larry 484
LaCazio, Anna 281
Lachey, Drew 1007
Lachey, Nick 1007, 1272
Lacklison, Christopher 750
LaCroix, Jerry 149 f.
Ladic, Darko 1409
Ladly, Martha 877
Lady Danii 970
Lady Lily 571, 783
Lafayette, Lude 1144 f.
Laffy, Gerry 1461
Lage, Klaus 93, 783
Lagerberg, Bengt 225
Lagonda, Bela 178
Lahire, Anya 1095
Lahr, Roger 1459
Laidlaw, Ray 813
Laine, Denny 322, 953
Laine, Frankie 297, 350, 1179
Laird-Clowes, Nick 414
Lake, Greg 61, 445 f., 784
Lake, Ray 1147
Lala, Joe 155
Lambert, Dave 1360
Lambert, Red 928
Lamm, Robert 34, 260
Lammers, Rolf 140
Lana 1121
Lancaster, Alan 1340
Lance 980
Lance, Dirk 673
Lance, Major 511, 784
Lancini, Vince 1232
Landau, Michael 629, 757, 1338, 1401
Landeman, Barry 1476
Lander, Bob 1326
Landers, Audrey 38, 785
Landis, Jerry 549, 1267
Landis, Karl 703
Landon, Neil 505
Lane, Jani 1494
Lane, Ronnie 469 f., 530, 1290 f., 1433
Lang, Brad 5
lang, k. d. 385
Lang, Robert F. 511
Langan, Gary 57
Lange 785
Lange, John 606

Lange, Robert John »mutt« 269, 1449
Langford, Peter 100
Langkamp, Han 521
Langton, Huw Lloyd 622
Languirand, Pascal 1438
Lanham, Jim 1118
Lanni, Arnold David 1260
Lanois, Jocelyne 877 f.
Lantree, John 649
Lantsbery, James Jackel 756
Lanza, Mario 551, 882
Lanzon, Phil 1466
Lapore, Dennis 156
LaPorta, Bernie 609
Lappesser, Sasha 1222
LaPread, Ronald 293
Larden, Dennis 464
Larden, Larry 464
Lardie, Michael 590 f.
Lark, Stan 494
Larkin, Shannon 1459
Larrieux, Amel 595, 866
Larsen, Schuyler 464
Larson, John 668
Larson, Nicolette 321, 786
LaRue, Florence 492
LaSalle, Denis 786
Lassiter, Rainie 354
Last, James 297, 751, 794, 1099, 1190, 1357
Latchford, Lee 1345
Lattisaw, Stacy 269, 787, 1488, 1493
Lauch, Peter 787
Laud, Alan 629
Lauer, Martin 86, 788
Lauer, Sandra 49, 1217
Lauper, Cyndi 89, 269, 788, 1078, 1179, 1467 f.
Laura 789
Laurel, Stan 789
Laurence, Zack 968
Laurens, Rose 789
Lauricella, Al 551
Lavelle, James 1464
LaVerne Jackson, Roger 1428
Lavi, Daliah 772, 790
Lavis, Gilson 1330
Lavon 586
Lawler, Feargal 310
Lawless, Jim 47, 213
Lawlor, Peter 1355
Lawrence, Lynda 1373
Lawrence, Sandra 1500
Lawrence, Steve 582, 790
Lawrence, Timmie 1500
Lawrence, Vicki 791
Laws, Ronnie 429
Lawson, Dave 1245
Lawson, Herb 1401
Lawton, John 665, 1466
Layton, Lindy 115, 285, 744
Layton, Paul 997
Lazlo, Viktor 1487
Lazy Dee 970
Lazy, Doug 758
Le Bon, Simon 49, 422 f.
Le Roc, Kele 791
Le Roy, David 334
Le Sage, Bill 213
Lea, Jimmy 1287
Leach, Alan 1256
Leach, Ben 482
Leadon, Bernie 427 f., 1191
Leak, Maysa 673
Leander, Zarah 178
Leandros, Leo 499, 881
Leandros, Vicky 267, 791 f., 997
Lear, Amanda 476, 782, 792, 1038
Lear, Graham 1161, 1219
Leavell, Chuck 26 f.
Lebler, Don 942
LeBon, Simon 1062
LeBron, Betty 1379
Leckebusch, Mike 452
Leckenby, Derek 636
Ledesma, Ish 522
Lee, Adrian 928 f.
Lee, Albert 254, 482
Lee, Alvin 482, 620, 1402
Lee, Bernie 326
Lee, Beverly 1261
Lee, Brenda 209, 295, 374, 794 f., 954, 1257, 1421
Lee, Byron 549
Lee, Cathy 773
Lee, Chris 1076
Lee, Curtis 177
Lee, Dave 695, 814
Lee, Dee C. 794, 1363
Lee, Dianne 1070
Lee, Dickey 795
Lee, George 1202
Lee, Jackie 159, 364, 795
Lee, Jerry 773
Lee, Jimmy 484
Lee, John 998
Lee, Johnny 795
Lee, Jon (Feeder) 487
Lee, Jon (S Club 7) 1210
Lee, Larry 1045
Lee, Leapy 607, 796
Lee, Leonard 1261
Lee, Mallorca 1114
Lee, Mark 1483
Lee, Martin 195, 372
Lee, Michael 433 f., 1295
Lee, Peggy 569, 898, 999, 1238, 1525
Lee, Ric 1402
Lee, St. Clair 661
Lee, Stan 382, 629
Lee, Tom 773
Lee, Tommy 962
Leeb, Bill 368
Leen, Bill 569
Leer, Thomas 1113
Lees, John 97
Leese, Howard 626
Leeway, Joe 1414
Leftenant, Nathan 216
LeGassick, Steve 1426
Legend, Balle 366
Legend, Bill 1385
Legge, Rob 1148
LeHenaff, Claude 525
Lehn, Erwin 700
Leiber, Jerry 8, 388, 465, 675, 703, 758
Leigey, Rich 1507
Leigh, Andy 890
Leigh, James 1113
Leigh, Lyane 454
Leigh, Vince 1113
Leinbach, Bob 1038
Leismann, Renate 796
Leitch, Donovan Phillip 401
Leka, Paul 1342
Lelee 1381
Lemaire, Sonny 466
Lemmy 622, 962 f.
Lemonhead, C. C. 1121
Lenk, Wolfgang 1108
Lennard, Marc 1322
Lenners, Rudy 1230
Lennevald, John 64
Lennon, John 18, 110, 112, 131, 167, 199, 339, 439, 655, 776, 797, 799, 897, 1006, 1097, 1100, 1265, 1360
Lennon, Julian 799
Lennox, Annie 460, 526, 591, 800, 919, 1351, 1432 f.
Lenska, Rula 309
Lenton, Evelyne 124
Leon, Idalis 1239
Leon, Jay 551
Leonard, Glenn 1399
Leonard, Tony 573
Leonetti, Edward 1309
Lerios, Cory 1046
Lerner, Dag 338
Lesh, Phil 588, 654
Leskanich, Katrina 743
Leskiw, Greg 596
Leslie, Kelly 449
Lester, Greg 833
Lester, Ketty 800
Lester, Robert 263
Lethal B 1084
Leven, John 459
Levene, Keith 1114
Lever, Timothy 356
Levert, Gerald 568, 802, 837, 1377
Levert, Sean 802
Levert Sr., Eddie W. 1019
Leverty, Bill 495
Levi, Ras 63
Levin, Drake 1162
Levine, Joey 1007, 1026, 1162
Levinson, Blake 525
Levy, Andrew 182
Levy, Steve 264
Lewie, Jona 803, 1122
Lewis, Aaron 1332
Lewis, Alun 1536
Lewis, Barbara 803, 898
Lewis, C. J. 804
Lewis Campbell, Eric 925
Lewis Campbell, Ian 925
Lewis, Charles D. 803
Lewis, David 65
Lewis, Debbie 919
Lewis, Donna 804
Lewis, Eliot 68
Lewis, Eric 925
Lewis, Gary 150, 804 f.
Lewis, Huey 127, 291, 300, 459, 653 f., 805, 836, 893, 1467 f., 1473
Lewis, Ian 676, 925
Lewis, Jerry 178, 804, 879 f., 893
Lewis, Jerry Lee 220, 235, 470, 605, 808, 1034
Lewis, Jonathan 65 f.
Lewis, Ken 505, 684, 756, 976
Lewis, Keri 938
Lewis, Lew 435
Lewis, Linda 103, 806, 855, 1510
Lewis, Mark 1465
Lewis, Ramsey 429, 806, 1173, 1552
Lewis, Roger 676
Lewis, Rudy 415 f.

Lewis, Shaznay T. 24
Lewis, Terry 724, 1020, 1421
Lewis, Tony 1043
Lewis, Wayne 65
Leyers, Jan 1310
Leyton, John 741
Liber, Mike 1119
Libert, David 609
Lickley, Mark 5
Liebezeit, Jaki 218, 460
Liebig, Christian 743
Liebrand, Ben 403, 514, 655, 845, 877, 1498, 1530
Lietz, Leo 828
Lievely, Theophilus 1506
Lightfoot, Gordon 326, 808, 940, 1276
Lil'Bit 1452
Lil Bow Wow 809, 1541
Lil' Fame 845
Lil' Kim 15, 25, 183, 291, 333, 444, 809 f., 838, 977, 1077, 1116, 1381
Lil Louis 648, 810, 1527
Lil' Romeo 810
Liljedahl, Bo 154
Lilley, John 650
Lillington, Marcus 186
Lillywhite, Adrian 756
Lima, Antenor Moreyrar 674
Lima, Devin 806 f.
Lima, Natalicio 674
Limahl 739, 811
Lime 1286
Limer, Lee 1015
Limerick, Alison 811
Lind, Bob 812
Lind, Espen 812
Lind, Gitta 1503
Lindberg, Tony 1237
Lindemann, Till 1138
Linden, Nick 1495
Lindenberg, Udo 93, 207, 544, 812, 1025
Lindes, Hal 385
Lindo, Earl 873
Lindquist, David 177
Lindsay, Mark 814, 1162, 1545
Lindup, Mike 802
Lingen, Theo 1177
Lingle, Larry 517
Linnell, John 1408
Linton, Phillip 1175
Lippok, Hotte 1136
Lipscomb, Belinda 927
Lipsius, Fred 149
Lipton, Rusty 887
Lironi, Stephen 31, 141
Lisboa, Jusy Fortes 124
Lisners, Jonny 1443
Lissat, Jens 677, 1025
Lister, Graham 495
Lister, Lisa 635
Little, Carlo 505
Little Eva 241, 301, 585, 681, 817 f.
Little, Levon 145
Little Richard 131, 169, 470, 633, 648, 776, 1057, 1100, 1151
Littleton, Daniel 821
Littrell, Brian 80
Livermore, Lewis 1016
Livgren, Kerry 741
Livingstone, Andrew 91
Lizz E. 531
LL Cool J 197, 308, 411, 807, 819 f., 951, 1142
Llorena, Kelly 504, 1015
Lloyd, Bernhard 30
Lloyd, Dexter 1199
Lloyd, George 703
Lloyd, Ian 513, 1358
Lloyd, John 668
Lloyd, Pat 452
Lloyd, Rick 507 f.
Lloyd Webber, Andrew 91, 163, 180, 188, 232, 309, 312, 395, 402, 851, 973
Lo, Matthew 1031
Lobina, Maurizio 439
Lobo 820 f., 1331
Locke, James 264
Locorriere, Dennis 412, 652
Lodge, John 624, 953
Loeb, Caroline 821
Loeb, Lisa 821
Logan, Craig 194
Logan, Jay 1423
Logan, Johnny 322, 822, 1435
Logan, Karen 204
Loggins, Dave 823
Loggins, Kenny 600, 822 f., 858, 880, 900, 969, 975, 1067, 1467 f.
Löhr, Marcus 738
Loizzo, Gary 35
Lolita 24
Lolly 824
Lomas, Barbara Joyce 74
Lombardo, Guy 318
Lombo, Ana Maria 436
Lomenzo, James 1511
London, Tim 1304
Long, Gary 1403
Long, Joe 517 f.
Long, Pam 1429
Long, Shorty 825
Long, Tom 1079
Longfellow, Barron 756
Longmuir, Alan 104
Longmuir, Derek 104
Longworth, Dale 1015
Lonich, Plavka 1251
Lonise 831
Lonyo 826
Loona 393, 826 f.
Lopez, Alberto 1218
Lopez, Carmen 1023 f.
Lopez, Jennifer 25, 46, 484, 670, 686, 738, 827, 930
Lopez, Lillian 1023
Lopez, Louise 1023
Lopez, Trini 827, 1174, 1276
Lopulalan, Dewi 308
Lorain, A'Me 828
Lorck, John 1424
Lord, Jon 166, 363, 505 f., 1093, 1512
Lord, Peter 478
Lord Tariq 21, 828
Lord, Tracy 817
Lord Ulli 828
Lordan, Jerry 1245
Loren, Sinoa 1239
Loren, Sophia 740
Lorenz, Flake 1138
Lorenz, Tim 1134
Lorenz, Trey 595 f.
Lorimer, Peter 1094, 1245
Loring, Gloria 38, 829
Loriot 1537
Losekamp, Mike 329
Loseth, Janni 1424
Loss, Joe 307
Lou, Luchie 831
Loughnane, Lee 260
Love, Airrion 1364
Love, Baby 453, 1156 f., 1181, 1202, 1374
Love, Barbara Jean 533
Love, Charles 151
Love, Darlene 159 f., 324, 648
Love, Geoff 866
Love, Linda 1245
Love, Mike 105 f., 223
Love, Steve 1358
Lovelace, Bobby 927
Lovetro, Gary 1359
Lovich, Lene 242, 397, 834
Low, Bruce 158, 835
Lowe, Chris 7, 442, 1068
Lowe, Nick 337, 437, 805, 836, 929
Lowe, Tom 1014
Lowndess, Keith 6
Lownoise, Charly 836, 1339
Lowther, Henry 213
Lozano, Conrad 830
Luallin, Mike 134
Lubin, Howard 1464
Lucas, Cassandra 248
Lucas, Dan 118
Lucas, Gil 928
Luccketta, Troy 1404
Lucia, Peter 698
Luckett, Le Toya 375
Luhrmann, Baz 838
Lukather, Steve 480, 1093, 1431
Luker, Malcolm 1296
Lulu 682, 719, 838 f., 1049, 1335, 1370, 1388, 1532
Luman, Bob 991
Lumholt, Sara Helena 64
Lumley, Joanna 7
Lundberg, Victor 839
Lundon, Eddie 264
Lundon, Tony 807
Lundstedt, Andreas 18
Lundy, Stevie 512
Lupino, Angela 451
Lupo, Pat 214
Lupus Thunder, Loopis 150
Lurex, Larry 919, 1123
Lurie, Elliot 826
Luscombe, Steven 145
Lusher, Don 213
Luts, Peter 787
Luttrell, Terry 1161
Lutz, Michael 201
Luvah 595, 865 f.
L-Viz 565
Lwin, Annabella 173
Lyall, Bill 1076
Lydon, John 1114, 1244
Lyle, Graham 546, 864, 903
Lyles, Pat 301
Lymon, Frankie 241, 914
Lynch, David 323, 681, 1139, 1484
Lynch, Edele 75
Lynch, Ged 141
Lynch, Keavy 75
Lynch, Kenny 840, 1180
Lynch, Shane 75, 180
Lynch, Stan 1072
Lynes, Roy 1340
Lyngstad, Frida 3, 532
Lynn, Barbara 841
Lynn, Tami 841
Lynn, Vera 1096

Lynne, Jeff 233, 435, 441 f., 616, 625, 729, 966, 1033, 1072, 1137, 1253, 1338, 1531
Lynott, Phil 322, 955, 1285, 1409, 1466, 1498, 1513
Lyons, Jamie 976
Lyons, Jon 1426
Lyons, Ken 1410
Lyons, Leo 482, 1402
Lysandrou, Andy 1443

M.C. Hammer 844, 1054
Maahn, Wolf 93, 1194
Maas, Peter 530
Mac, Steve 1462
Macauley, Tony 507
Macbeth, Peter 515
MacCaw, Craig 1090
MacClure, Andy 1289
MacColl, Kirsty 589, 846, 1085
MacDonald, Robin 775
MacGowan, Shane 1018, 1085
MacGregor, Byron 847
MacGregor, Mary 847
MacIntosh, Robbie 1101
MacIsaac, Alistair 1114
Mack, Craig 209, 847
Mack, Daddy 778
Mack, Lonnie 848
Mack, Marlene 1062 f.
Mackay, Andy 309, 1199
Mackay, Duncan 612, 1400
MacKenna, Barry 418
MacKenzie, Alan 414
MacKenzie, Billy 61 f.
Mackenzie, Nick 848
Mackey, Steve 1116
MacMichael, Kevin Scott 329
MacMillan, Doug 296
MacNeal, Maggie 965
Macnee, Patrick 848
MacNeil, Michael 1270
MacRae, Gordon 899
MacRae, Shel 515
MacRae-Brown, Douglas Ugo Granville Allesandro 1551
MacRea, Johnny 1190
Mad Mick 599 f.
Madden, John 1242
Maddix, Robert 1357
Madeiro, Frank 1425
Madey, Bryan 1358
Madge, Russ 943
Madiko, Wes 1504
Madjid, Franklin 1397
Madonna 77, 99, 108, 114, 151, 168, 185 f., 260, 506, 541, 637, 671, 710, 727, 740, 838, 845, 849, 852, 871, 969, 1011, 1035, 1106, 1299, 1391, 1416, 1507
Madsen, Merdin 1044
Mael, Ron 1316
Mael, Russel 1316
Maerz, Marion 852
Maestro, Johnny 191 f.
Maffay, Peter 93, 140, 743, 852, 854
Maffia, Lisa 1302
Maffit, Rocky 247
Mafia 1149, 1309
Magaron, Malcolm 165
Magellan, Mauro 562
Mages, Klaus 1442
Maguire, Leslie 564
Maguire, Steve 394
Maharaji 1282
Maher, Fred 1233
Mahoney, Desmond 144
Maier, Wolfgang 816
Maier-Bode, Rolf 1174
Maile, Heiko 216
Maillard, Serge 1442
Main, Mickey 776
Mainmone, Tony 1408
Majewski, Hank 517
Makeba, Miriam 550, 885
Malatesta, Carlo 977
Malcolm, Carl 549, 856
Malcolm, Vic 562, 929
Male, Jonny 1161
Malinin, Mike 578
Mallett, Ian 1160
Mallett, Timothy 162 f.
Mallone, Richie 1540
Malmkvist, Siw 469, 856
Malo, Raul 891
Malolepski, Olaf 504
Maloo, Kurt 408
Malsby, Lynn 768
Maltby, Dave 396
Mama Cass 856 f., 1235, 1316
Man, Beenie 121, 696, 977, 1458
Mancha, Steve 1030
Manchester, Melissa 101, 324, 858
Mancini, Henry 859, 880
Mandel, Harvey 220, 954
Mandel, Mike 1084
Mandell, Steve 1500 f.
Mandoki, Leslie 418
Mandy 1356
Mangione, Chuck 859
Mangold, Thomas 512
Mani 1103, 1357
Manier, Quartobaro 391
Manilow, Barry 324, 445, 862, 926, 1348, 1388
Mankay, Earle 1316
Mankay, Jim 1316
Manke, Sabine 735
Mann, Aimee 1421
Mann, Jas 78
Mann, Johnny 863
Mann, Manfred 141, 271, 466, 538, 728, 863 f., 903, 1413
Mann, Martin 864
Manola, Pirko 865
Mansell, Clint 1090
Mansfield, Howard 1442
Mansfield, Tony 192, 775
Manson, Harvey 600
Manson, Marilyn 871
Manson, Shirley 548
Mantese, Mario 627
Mantronik 865
Manuel (& His Music Of The Mountains) 866
Manuel (& Pony) 866
Manuela 866 f., 1387, 1397
Manyika, Zeke 1032
Manzanera, Phil 68, 581, 1199, 1286
Manzarek, Ray 406
Manzoli, Rob 1169
Marazzi, Paul 1
Marcato, Umberto 856
Marcello, Kee 459
March, Peggy 867 f., 891
Marche, Rob 716
Marchena, Guillermo 868
Marcus, Arnie 1172
Marcus, Floyd 1007
Marcus, Jürgen 865, 868
Mardin, Arif 573, 604
Maresca, Ernie 869
Margutti, Fabio 1232
Maria, Anna 943
Marian, Charlotte 1387
Mariano, Robbee 1304
Marie, Kelly 869, 973
Marie, Teena 216, 251, 869
Marietta 869
Marilyn 176, 871
Marina, Imca 871, 1383
Marine, Yvette 884
Marini, Simonetta 667
Marinos, Jimmy 1188
Marion 1452 f.
Mariposa 366
Maritano, Ray 1528
Mark' Oh 646, 871 f.
Marker, Steve 548
Markie, Biz 136, 390
Marklew, Leigh 1403
Marks, Daniel 437
Marks, David 105 f.
Markus 872 f., 993
Marky Mark 64, 873, 995, 1107 f., 1229, 1456
Marley, Bob 64, 366, 375, 508, 542, 873, 875, 980, 1410
Marley, Ziggy 95, 1426
Marlin, Lene 875
Marotta, Jerry 1038
Marquardt, Hans 556
Marr, Johnny 442, 996, 1068 f., 1296, 1304
Marriott, Dean 816
Marriott, Steve 200, 470, 523, 635, 663, 1290
Marrow, Lee 304, 876
Mars, Mick 962
Marsden, Bernie 1231, 1512
Marsden, Freddie 564
Marsden, Gerry 266, 322, 564
Marsh, Helena 125
Marsh, Henry 1213
Marsh, Ian Craig 627, 662, 1446
Marsh, Jon 125
Marsh, Kym 625
Marshall, Arik 1149
Marshall, Bob 248
Marshall, Brian 314
Marshall, Cornell 1410
Marshall Hain 877, 989
Marshall, Joi 693
Marshall, Julian 877, 989
Marshall, Keith 631, 876
Marshall, Michael 1423
Marshall, Richard 1226
Marshall, Tony 876
Marson, Andrew 83
Martell, Lena 877
Martell, Vinnie 1475
Martens, Ingo 70
Martens, Ralf 178
Marter, John 967
Martika 878 f., 1106
Martin, Billie 879
Martin, Billy Ray 1245
Martin, Carl 1248
Martin, Chris 25, 286
Martin, David 1216
Martin, Dean 346, 518, 585, 879 f., 882, 951, 991, 1247, 1275 f., 1528

Martin, Debbie 496
Martin, Dewey 204
Martin, Eric 967 f., 1073, 1397
Martin, George 34, 111 f., 617, 720, 775, 950, 1225, 1293, 1337
Martin, Jim 473
Martin, Juan 880
Martin, Linzi 570
Martin, Luci 260
Martin, Marilyn 290, 880
Martin, Paul 466, 997
Martin, Porscha 65 f.
Martin, R. A. 1038
Martin, Ray 879, 1245
Martin, Ricky 15, 46, 880 f., 1417
Martin, Sketch 815
Martin, Skip III 351, 772
Martin, Steve 796
Martin, Tony 1142, 1192
Martin, Ulli 881
Martin, Vince 1192
Martin, Wes 187
Martindale, Wink 881
Martinelli 881, 1133
Martinez, Antonio 829
Martinez, Robert 1126
Martinez, Rudy 1126
Martini, Jerry 1289
Martino, Al 171, 518, 881 f., 1275
Marton, Sandy 882
Martyn, John 242
Marusha 882 f.
Marvell, Jamie 919
Marvin, Hank B. 1245 f.
Marvin, Lee 827, 883
Marx, Gary 1283
Marx, Richard 42, 883 f., 1445, 1509
Mary, Mary 47, 884 f.
Masdea, Jim 172 f.
Mase 145, 183, 461, 885, 1015, 1031, 1116, 1429
Masekela, Hugh 885
Maske, Henry 188, 1475
Mason, Barbara 886
Mason, Barry 416, 1017
Mason, Bonnie Jo 257
Mason, Dave 221, 477, 502 f., 989, 1436 f.
Mason, Laurie 1044
Mason, Nick 337, 1077 f.
Mason, Sylvia 329
Masse, Laurel 860
Massey, Bobby 1019
Massey, Graham 440, 1104
Massi, Nick 517 f.
Mastelotto, Pat 969
Master Gee 1367
Master, Gig 1282
Masters, Barrie 435
Masterson, Paul 638, 1547
Mastrangelo, Carlo 384
Matheos, Mayte 78
Mathias, Claus 1158
Mathieu, Mireille 888 f., 1470
Mathis, Johnny 286, 297, 646, 889, 1520
Mathis, Maria 436
Mathis, Stuart 807
Matlock, Glen 1244
Mattacks, Dave 311
Matthew, Eric 551
Matthews, Cerys 241, 1314
Matthews, Ian 890
Matthews, John 1462
Matthews, Tom 238
Mattison, Quincy 1528
Maudsley, Frank 2
Maughan, Susan 890
Mauldin, Joe B. 317, 645
Mauriat, Paul 791, 867, 888, 891
Maxee 201
Maxfield, Mike 775
Maxwell 366, 474, 641, 891, 1286
Maxwell, Duris 1286
May, Brian 394, 401, 497, 603, 892, 919, 1093, 1123, 1125
May, Mitchell 1484
May, Phil 1102
May, Simon 394, 892
Maya 1390 f.
Mayall, John 502, 903, 1111, 1544
Mayberry, Malik 1043
Maybray, Billy 694
Mayfield, Curtis 181, 209, 248, 620, 672, 785, 893, 1334
Mayger, Barry 262
Mayhew, John 558 f.
Mayhew, Ray 1264
Mays, Odeen 772
Mazelle, Kym 152, 199, 660
Mazur, Epic 312 f.
M-Beat 492, 893
MC Charlie Brown, 209
MC Dinco D, 209
MC Eric 1397
MC Golden Voice 1054
MC Inna One Step 103
MC Lyte 280, 837, 894, 944, 1540
MC Maxim Reality 1111
MC Mikee Freedom 1013
MC Nino 76
MC Tee 865
MC Tunes 440, 894
MCA 48, 108, 173, 572, 713
McAlmont, David 894, 1366
McAloon, Martin 1095
McAloon, Paddy 1095
McArdle, George 818
McAuley, Jack 1407
McAuley, Pat John 1407
McAuley, Robin 480
McAuliffe, Kim 963
McBrain, Nicko 680
McBride, Michael 1143
McBroom, Durga 154
McCabe, Mike 1507
McCabe, Nick 1406
McCabe, Zia 339
McCafferty, Dan 988 f.
McCain, Edwin 894
McCall, C. W. 895
McCammon, Cyril 527
McCampbell, Charles 846
McCampbell, Derrick 846
McCampbell, Kelvin 846
McCampbell, Ray 846
McCann, Jim 418
McCann, Les 500
McCann, Peter 895
McCarl, Scott 1143
McCarroll, Tony 1021
McCarthy, Allan 916
McCartney, Paul 1, 68, 84 f., 89, 92 f., 110, 112, 120, 167, 266, 322, 402, 435, 464, 467, 490, 603, 652, 710, 895 f., 932, 1053, 1069, 1100, 1147, 1175, 1194, 1265, 1286, 1302, 1392, 1395, 1401, 1533
McCarty, Jim 1159, 1208, 1543
McClain, Jerry 1094
McClain, Marlon 351
McClarnon, Elizabeth Margaret 66
McClary, Thomas 293
McClean, Norbert 443
McClinton, Delbert 248, 897
McCloskey, Carol 408
McCluskey, Andrew 1036
McCluskey, David 155
McCluskey, Kenneth 155
McClymont, David 1032
McCoid, Billy 268
McCoo, Marilyn 492 f., 533, 897
McCormick, Charles 151
McCormick, Gayle 1292
McCoy, Steve 356
McCoy, Van 898, 936, 956
McCracken, Chet 403
McCracken, Hugh 477
McCrae, George 661, 737, 745, 899, 1418
McCrae, Gwen 899, 1413
McCraw, Steve 1423
McCray Jr., Donald Lane 782, 1415
McCready, Mike 1063
McCreight, Terry 1042
McCullagh, John 387
McCulloch, Ian 433, 450
McCulloch, Jack 1417
McCulloch, Jim 1311
McCulloch, Jimmy 567, 1417
McCutcheon, Martine 899
McCutcheon, Steve 1013
McDaid, Tony 31
McDaniels, Gene 79, 900
McDermott, Brian 366
McDonald, Ian 513
McDonald, Jane 900
McDonald, Michael 118, 321, 403, 542, 675, 783, 786, 900 f., 1302, 1343, 1492
McDonald, Mike 1209
McDonald, Richie 825
McDonald, Virgina 1463
McDonnell, Sophie 1095
McDougall, Don 596
McDougall, Richard Mitchell 221
McDowell, Hugh 441, 1530
McDowell, Ken 1407
McDowell, Rose 1360
McDowell, Wilcil 679
McDuff, Brother Jack 128
McDuffie, Joanne 884
McDustin, Lenny 393
McEachern, Bill 1023
McElhone, John 31, 1405
McElroy, Thomas 280, 448, 894
McEntee, Mark 388
McErlaine, Alistair 1405
McEuen, John 1009
McFadden, Bryan 66, 972, 1504
McFadden, Gene 901
McFarland, Larry 517
McFarlane, Ross 1355
McFarlane, Spanky 857, 1316
McFee, John 403
McFerrin, Bobby 901
McFusion, Matty 268
McGear, Mike 1224
McGee, Brian 1113, 1270
McGee, Jerry 1481
McGeogh, John 1281, 1484
McGeorge, Jerry 1246
McGhee, Johnny 781
McGill, Lucius 369

McGill, Mickey 369
McGinlay, Jim 1289
McGlynn, Pat 104
McGough, Roger 1225
McGovern, Maureen 902
McGrath, Mark 1367
McGraw, Tim 639, 902
McGregor, Freddie 902
McGregor, Graham 491
McGriff, Jimmy 477
McGuigan, Paul 1021
McGuinn, Jim 210
McGuinness, Tom 271, 726, 863 f., 903
McGuire, Barry 857, 903 f.
McHugh, Paddy 56
McInerney, John 82
McIntosh, Bradley 1210
McIntosh, Lorraine 355, 1210
McIntosh, Robbie 68, 620
McIntyre, Fritz 1271
McIntyre, Joe 903, 995
McIntyre, Onnie 68
McIsaac, Billy 1289
McJohn, Goldy 1344
McKagan, Duff Rose 598
McKay, Al 429
McKay, John 1281
McKee, Maria 51, 254, 589, 904, 1254
McKensie, Calvin 676
McKenzie, Derrick 698, 1251
McKenzie, John 1101
McKenzie, Keith 1251
McKenzie, Mike 263
McKenzie, Roger 1516 f.
McKenzie, Scott 506, 708, 857, 903 f.
McKeown, Jennie 124
McKeown, Leslie 104
McKinlay, Jeanette 1526
McKinven, Jim 31
McKnight, Brian 885, 904, 1523
McKuen, Rod 687
McLachlan, Craig 566, 671, 904 f.
McLachlan, Sarah 368, 905
McLaclan, Roger 818
McLagan, Ian 469, 1290
McLaren, Jenny 324
McLaren, Malcolm 57, 173, 176, 612, 905, 1101, 1244, 1403
McLaughlin, John 1219, 1488
McLean, Alexander James 80
McLean, Bitty 905 f.
McLean, Don 501, 644, 906 f., 954
McLean, Lalisha 28
McLean, Paul 641
McLean, Penny 907, 1265
McLemore, Lamonte 492
McLusky, Sean 716
McManus, Al 1484
McManus, Gary 1318
McManus, Ross 307
McMaster, Andy 963
McMurray, Rick 59, 711
McNabb, Sean 1126
McNally, John 1235
McNally, Stephen 105
McNamara, Danny 445
McNamara, Richard 445
McNeal, Lutricia 907 f.
McNeat 390 f.
McNeil, Brian 265
McNish, Brenda 919
McPartlin, Anthony 45, 1082
McPhatter, Clyde 415, 757, 908, 1238, 1376, 1524
McPherson, Donald 855
McPherson, Norman 1286
McPherson, Suggs 849, 1368
McPherson, Tim 912
McTell, Ralph 652, 908
McVann, Andy 482
McVie, Christine 502 f., 909, 1501
McVie, John 502 f., 588, 909
McWhinney, James 134
McWhinney, Quino 134
McWilliams, Paulette 752
Mead, Abigail 909
Mead, Sister Janet 909
Meagher, Ronald 115
Meat Loaf 18, 177, 257, 898, 909 f., 969, 1022, 1052, 1062, 1204, 1454, 1528
Meco 267, 910
Medeiros, Glenn 911, 1364
Medley, Bill 911, 954, 1170, 1493
Medley, Chic 491
Medlocke, Rickey 841 f.
Medrano, Fred 1112
Medress, Hank 348
Meecham, Andrew 136
Meehan, Tony 613 f., 1245
Meek, Linda 892
Megaman 1045, 1302
Megliore, Reggie 674
Meier, Dieter 1545
Meier, George 1144
Meier, Jeannette 454
Meikle, Buster 1464
Meine, Klaus 1230 f.
Meinecke, Ulla 93
Meinschäfer, Martin 398
Meisel, Peter 280, 867
Meisner, Randy 427 f., 1191, 1376
Meitzner, Uwe 1427
Mel, Melle 586, 752
Melanie 621, 997, 1470, 1500, 1537
Melcher, Marty 699
Melcher, Terry 107, 648, 699 f., 1172 f.
Mellencamp, John 913
Mellor, Will 914
Melouney, Vince 119
Melvin, Harold 658, 678, 901, 915, 1060, 1504
Mendel, Nate 511
Mendes, Sergio 434, 917
Mendez, Akissa 28
Mendez, Maria 1518
Mendiola, Maria 78
Mendoca, Carla 855
Menke, Joe 636
Mensah, Paapa 641
Menson, Michael 1148
Mentiroso 1390 f.
Mercer, Johnny 862, 1254
Mercer, Kelvin 354
Merchant, Natalie 918
Mercury, Freddie 617, 892, 918 f., 976, 1038, 1123 f.
Meredith, Dean 136
Meronianakis, Costa 1242
Merrick 9
Merrick, Bryn 337
Merrill, Alan 56
Merrill, George 177
Mertens, Frank 30
Mertens, Michael 1113
Messano, Bobby 525
Messina, Jim 204 f., 822 f.
Metcalfe, Andy 1330
Metheny, Pat 654
Method Man 147, 197, 921, 951, 1205, 1537
Metoyer, Louis 516
Metz, Conny 299
Metz, Jean 299
Mevin, John 1209
Mey, Marie-Anett 537
Meyer, Mandy 61
Meyers, Augie 1282
Meyjes, Ron 429
Meyn, Marcus 217
Miall, Terry 9
Micale, Anthony 1156
Miccoli, Dennis 203
Miceli, Joe 528
Michael, Dean 142
Michael, George 58, 92, 113, 147, 168, 173, 333, 458, 526, 659, 719, 729, 820, 919, 922 f., 1066, 1094, 1124, 1317, 1333, 1506, 1521
Michaeli, Michael 459
Michaels, Bret 1086
Michaels, Elin 1518
Michaels, Lee 923
Michalski, John 307
Michel, Pras 535, 706, 924, 977, 1124
Michel'le 411, 924
Micheli, Stefano 977
Michell, Keith 924
Michelle 840, 1245
Michie One 831
Michiels, Paul 1310
Mickle, Dale 388 f.
Micky 924 f.
Middleton, Mark 145
Midgeley, Andrew 285
Midler, Bette 101, 372, 530, 656, 702, 731, 858, 862, 898, 926, 1207, 1213, 1468, 1501, 1518, 1528
Mieko 1432
Miggady-Mark 1536
Mighty, Jonathan 505
Mijnhart, Robert 608
Mike, Wonder 1367
Mila 22
Milano, Fred 384
Miles, Buddy 600, 632, 634, 730
Miles, John 647, 766, 929, 1053
Miles, Robert 73, 930, 988, 1283
Miles-Kingston, Paul 188
Milian, Christina 686, 930
Milian, Enrique 1218
Millar, George 679
Millar, Joe 679
Millar, Tommy 419
Millar, Will 679
Millas, Larry 668
Mille, Frank 1144
Miller, Andy 395
Miller, Betsi 1113
Miller, Bob 1372
Miller, Charles William 1492
Miller, Cleo 443
Miller, Count Prince 698
Miller, Dan 1042
Miller, Dominic 1101
Miller, Don 1485
Miller, Frankie 7, 231, 930
Miller, George 1144

Miller, Glenn 318, 715, 1274, 1398
Miller, Jacob 676
Miller, Mitch 297, 889
Miller, Ned 931
Miller, Pete 1131
Miller, Roger 931, 1110
Miller, Steve 931 f., 1225
Miller Jr., Onion 781
Millie 587, 933
Milligan, Terence Spike 580
Milliner, David 1057
Milliner, Michael 1057
Millings, Ronnie 1407
Mills Baker, Yvonne 1241
Mills, Chas 496
Mills, Crispian 779
Mills, Denise 648
Mills, Frank 933
Mills, Hayley 1000
Mills, Jerry 1045
Mills, Mike 1128
Mills, Stephanie 600, 934, 1209
Mills, Theodore 153
Milner, Bruce 464
Miloni, Mirko 140
Milsap, Ronnie 934
Milton, Tara 1370
Milva 418, 782
Mimi 201
Mimms, Garnet 934
Mina 520, 934
Minchela, Damon 1023
Minerbi, Marcello 935
Minetti, Rino 551
Ming, Leslie 74
Mingrino, Rob 1209
Mingus, Charles 431
Ming-Xia 1326
Minnelli, Liza 321, 935, 1068
Minogue, Dannii 936, 1174
Minogue, Kylie 38, 93, 116, 180, 370, 402, 594, 671, 818, 904, 936 f., 1095, 1174, 1356, 1522, 1547
Minor, Morris 937
Minott, Sugar 937
Miranda, Bob 609
Miranda, Nina 1297
Mirror, Danny 939
Misajon, Maile 436
Mishra, Jyoti 1511
Miss Lady 514
Mitch 357
Mitchell, Brandon 1536
Mitchell, Dawn 520
Mitchell, Des 940
Mitchell, Donald Ray 1495
Mitchell, Dryden 23
Mitchell, Guy 297
Mitchell, Ian 104
Mitchell, James 376
Mitchell, Joni 186, 311, 320, 326, 446, 688, 890, 940, 975, 988, 1078, 1332, 1393, 1480
Mitchell, Keith 14
Mitchell, Latania 278 f.
Mitchell, Liz 165
Mitchell, Mike 761
Mitchell, Mitch 632, 634
Mitchell, Neil 1505
Mitchell, Pamela 1322
Mitchell, Paul 505
Mitchell, Ralph 505
Mitchell, Tony 1259
Mitteregger, Herwig 1325
Mittermeier, Michael 596, 941
Mix, Allan 1286
Mixmaster 942
Mizell, Hank 942
Mo, Billy 146, 943
Moberley, Gary 1377 f.
Möbius, Alexander 1397 f.
Moby 64, 944
Moeller, Tommy 1464
Moffit, Gary 1410
Moginie, Peter Jim 926
Mohammed, Gina 822
Mohler, Billy 215
Moir, Monte 1421
Mole, Adam 1090
Molella 947, 1043, 1434
Molino, Louis 281
Molko, Brian 1082
Molland, Joey 84 f.
Mölling, Sandy 1010
Mombasa, Reg 917
Monahan, Patrick 1437
Monarch, Michael 1344
Monday, Paul 572
Monette, Ray 1142
Money, Eddie 948, 1190
Money, JT 740, 949
Moneymaker, Kelly 466
Monge, Antonio Romero 830
Monica 21, 25, 183, 949, 951, 1141, 1265, 1305, 1322
Monica (Time Frequency) 1422
Monifa 947
Monifah 949
Monkman, Francis 328, 1285
Monn, Tony 1038
Monro, Matt 734, 950
Monroe, Gerry 951
Montana, Tony 590
Montand, Yves 1478
Monte, Lou 951, 1276
Monteiro, June 1435
Montenegro, Hugo 951
Montes, Michael 1421
Montesano, Gino 49
Montez, Chris 952
Montgomery, Bob 645
Montgomery, David 1119
Montgomery, John Michael 26
Montgomery, Melba 99
Montgomery, Wes 128, 372
Moody, Mickey 482
Moody, Micky 166, 1512
Moon, Keith 793, 1291, 1514 f.
Mooney, Kevin 9
Mooney, Malcolm 218
Moore, Bob 954
Moore, Dorothy 954
Moore, Eric 1375
Moore, Gary 221, 490, 616, 955 f., 982, 1135, 1285, 1409, 1510
Moore, John 710
Moore, Johnny 415 f.
Moore, Jonathan 285
Moore, Mandy 956, 1272
Moore, Mark 1245
Moore, Melanie 1455
Moore, Melba 478, 901, 956
Moore, Michael 1193
Moore, Nathan 194
Moore, Ollie 1076
Moore, Oscar 287
Moore, Samuel 1215
Moore, Scotty 1096
Moore, Sean 861
Moore, Tina 956
Moose 1073
Morailles, Stephane 181
Morais, Trevor 1121
Moralas, Willie 408
Morales, David 673, 957, 1498
Morali, Jacques 185, 1173, 1483
Moraz, Patrick 953, 1546
Moreira, Airto 125
Morello, Tom 1133
Moreve, Rushton 1344
Morgan, A. D. 854
Morgan, Barry 153, 213
Morgan, Debelah 957
Morgan, Huey 538
Morgan, Ian 715
Morgan, Janice 1022
Morgan, John 1344
Morgan, Melissa 581
Morgan, Paul 530
Morgan, Russ 766
Morgano, Franca 854
Mori, Claudia 245
Morin, Francisco (Frank) 1282
Morissette, Alanis 957
Morley, Tom 1233
Moroder, Giorgio 245, 262, 476, 662, 701, 773, 811, 958, 1001, 1192, 1220, 1256, 1264, 1316, 1369, 1382, 1406
Morricone, Ennio 341, 411, 951, 958
Morris, Chris 1050
Morris, Kenny 1281
Morris, Nick 1031
Morris, Sarah Jane 294
Morris, Stephen 996
Morrison, Charles 786
Morrison, Dorothy 621
Morrison, Jim 406 f., 486
Morrison, Mark 277, 959
Morrison, Patricia 1283 f.
Morrison, Ricky 148, 843
Morrison, Van 386, 474, 477, 509, 521, 620, 729, 766, 846, 914, 929, 955, 959 f., 1078, 1407, 1527
Morriss, Mark 156
Morriss, Scott 156
Morrissey 697, 960, 1255, 1296
Morrissey, Neil 160
Morse, Steve 363, 741 f.
Mortimer, Anthony Michael 430
Mortkowitz, Steve 1007
Morton, Everett 109
Morton, Lionel 516 f.
Morvan, Fab 932
Moschini, Alessandro 1102
Mosely, Chuck 473
Mosely, Isaiah 1423
Mosley, Ian 870
Mosley, Ronald 1202
Moss, Danny 213
Moss, Jon 176, 325, 337
Moss, Larry 1292
Moss, Ronn 1084
Mossberg, Anders 961
Most, Mickey 655
Moten, Wendy 961
Moulding, Colin 1541
Moules, Peter 1464
Mount, Dave 970
Mouskouri, Nana 821, 965, 1470
Mousse T 730, 948, 965
Mouth 965, 1526
Mover, Bob 1084
Mowat, William 1309

Moyet, Alison 328, 373, 471, 800, 966, 1544
Mr. Bean 180, 967
Mr. C 1251
Mr. Dalvin 716
Mr. Vom 394
Mr. Walkie Talkie, 377
Mueller, Karl 1308
Mueller, Scott 396
Muhaw, Christie Angelica 505
Mühren, Arnold 243
Muijs, Baas 1338
Muldaur, Maria 972
Mulford, Ashley 1211
Mullen Jr., Larry 276, 972, 1058, 1456
Mullen, Keith 482
Müller-Westernhagen, Marius 93, 1527
Mulligan, Declan 115
Mullins, Michael J. 945
Mullins, Shawn 972
Mumba, Samantha 972
Munden, Dave 1088, 1439
Mundi, Coati 753
Münster, Hartmut 1136
Münzing, Michael 1025, 1299
Muraney, Paul 1103 f.
Muranyi, Joe 1484
Murciano, Charlie 522
Muriel, Linda 673
Murphey, Michael 974
Murphy, Alan 802
Murphy, Barny 1321
Murphy, Dan 1308
Murphy, Eddie 70, 236, 476, 688, 891, 975, 1085, 1284
Murphy, Jamie 1313
Murphy, Mic 1384
Murphy, Michael 1161
Murphy, Roisin 948
Murphy, Walter 975
Murray, Anne 217, 326, 795, 823, 975, 1207, 1327
Murray, Dave 680
Murray, Don Ray 1448
Murray, Joe 64
Murray, Lee 801
Murray, Martin 649
Murray, Midget 505
Murray, Neil 143, 503, 603, 1512
Murray, Tony 1083
Murrell, Herbie 1364
Muse, David 494 f.
Musgrave 103
Mushok, Mike 1332
Mushroom 886 f.
Music Instructor, 976
Musker, Joe 357
Musmin, Silhouette 521
Mustaine, Dave 921
Mya, 145
Mydland, Brent 588
Myers, Billie 978
Myhre, Wencke 129, 543, 875, 978
Myles, Alannah 978
Myriam, Marie 355

N'Dour, Youssou 259, 362, 544, 980
Nadirah 55
Naidoo, Xavier 69, 196, 981, 1147, 1242, 1304
Nail, Jimmy 470, 514, 603, 982, 1095
Nalin, Andry 983
Nana 50, 983 f.
Nannini, Gianna 127, 984
Napier, Alex 1466
Napoleon XIV 984 f.
Napoli, Francesco 985
Nas 25, 28, 444, 985, 1205
Nash, Graham 210, 320, 643, 1225
Nash, Johnny 874, 986, 1173
Nash, Leigh 1284
Nasic, Sandra 596
Naslas, Vlad 686
Nass, Michael 95
Natale, Alex 19
Natalie 154,
Natasha 987
Naté, Ultra 987
Naughton, David 987
Naughton, Naturi Cora Maria 1416
Navarro, Dave 1149
Nave, R. G. 797
Nayler, Maria 930, 988
Naylor, Jerry 317
Nazarian, Bruce 201
Neabore, Dave 396
Neal, Pat 562
Neal, Russell 637
Neal X 1264
Neale, Stuart Croxford 739
Necro, John 1031
Neefs, Peter 137
Neeko 1084
Negra, Leila 382
Negro, Joey 695, 989
Negron, Chuck 1416
Neil, Vince 962
Neilson, Robert 278
Nek 989
Nelly 694, 981, 990
Nelson, Charles Richard 512
Nelson, Earl 159, 415, 757
Nelson, Earl Lee 159
Nelson, Gunnar 990
Nelson, Marc 69
Nelson, Matthew 990
Nelson, Oliver 607
Nelson, Pete 505, 1512
Nelson, Phyllis 69, 990
Nelson, Rick 374, 990 f., 1150
Nelson, Ricky 991
Nelson, Sandy 699
Nelson, Shelley 1423
Nelson, William jr. 539
Nelson, Willie 237, 292, 670, 974, 992, 1018, 1277, 1467 f., 1495, 1507
Nemes, Les 603
Nena 93, 838, 872, 993
Nenzatti, Luciano 741
Neri, Alex 1083
Nesmith, Michael 848, 949 f., 974
Nesta, Rick 976
Nestor, Pam 52
Neudert, Fred 399
Neumann, Andreas 767
Neutrino 1044 f., 1302
Nevarez, Alfred 26
Nevil, Robbie 791, 993
Nevill, Brian 1076
Neville, Aaron 993, 1191
Neville, Cyril 187
Neville, Richard 496
Nevin, Mark 471
Nevins, Donald 187
Nevins, Jason 1205
Newberry III., Booker 999
Newborn, Phineas 122
Newcombe, Howard 241
Newkirk, Anastacia 36
Newley, Anthony 405
Newman, Andy 1417
Newman, Anthony 507
Newman, Lee 1396
Newman, Paul 216
Newman, Randy 282, 509, 780, 999, 1069, 1276, 1416
Newman, Sandy 875
Newman, Tony 342, 507, 597, 1079
Newsome, George 278
Newsted, Jason 921
Newton, Egidio 1318
Newton, Juice 1000, 1206, 1248
Newton, Paul 1466
Newton, Victoria 1363
Newton, Wayne 1000
Newton-John, Olivia 18, 442, 486, 1000, 1246, 1286, 1439, 1529
Niang, Fatou 742
Nicci 201
Nice, Rog 1451
Nichol, Al 1448
Nicholas, Grant 487
Nicholas, J. D. 293, 627
Nicholas, Paul 1002
Nicholson, Geoff 431
Nicks, Stevie 203, 502 f., 635, 823, 880, 1003, 1072, 1351
Nickson, Martin 1148
Nicky 1417
Nicol, Jimmy 1326
Nicol, Simon 311
Nicol, Steve 435
Nicole (HipHop) 444
Nicole (Schlager) 98, 865, 1004
Nicole (Techno) 817
Niedecken, Wolfgang 95, 97, 853
Niedereichholz, Lars 973
Nielsen, Rick 254
Niemann, Kai 1004
Nightingale, Maxine 1005
Nijhuis, Ruud 1395
Niles, Prescott 768
Nilsson 85, 1005 f.
Nims, Walter 278
Nix, Robert 65
Nix, Victor 1193
Nixon, Marni 575
Noakes, Rab 382
Nobacon, Danbert 268
Nobles, Cliff 1012
Nocito, Mike 722
Noel 335
Noel, Carl 698
Noel, Litzer 115
Nogueira, Monica 742
Nokio 417, 462
Noko 47
Nolan, Anne 1013
Nolan, Coleen 1012
Nolan, Dick 683
Nolan, Kenny 1012
Nolan, Linda 1013
Nolan, Maureen 1013
Nolan, Mike 204, 397
Noodles 1025
Noonan, Mel 998
Noone, Peter 636, 1260, 1297
Noone, Terry 1407
Nordby, Bob 761
Norell, Tim 1237

Norman, Chris 142, 352, 746, 1014, 1122, 1297 f.
Norman, Kyle 693
Norman, Steve 1315
Norreen, Claus 48
Norris, Jean 1556
Norris, Richard 594
North, Christopher 33
Norton, Butch 438
Norton, Cheryl 259
Norum, John 459
Notes, Freddie 594
Notorious B.I.G. 302, 460, 704, 810, 885, 1014 f., 1116, 1429, 1454
Nova, Bill 547
Novoselic, Krist 1008
Nugent, Ted 83, 337, 910, 968, 1488
Numan, Gary 357, 1016
Nunley, Chris 1200
Nunn, Terri 129 f., 1284
Nunnally, Keith 665
Nurding, Louise 458, 831
Nuss, Otto 1174
Nutter, Alice 268
Nystrom, Lene Grawford 48, 875

O'Brien, Ed 1131
O'Brien, Frenchy 42
O'Brien, Robert 241
O'Carroll, Sinead 75
O'Connor, Des 1017, 1513
O'Connor, Hazel 1017
O'Connor, John 495
O'Day, Alan 1018
O'Dell, Homer 938
O'Doherty, Peter 918
O'Donnell, Daniel 1018
O'Flaherty, Pete 421
O'Keefe, Danny 1019
O'Keefe, Kelly 376 f.
O'List, David 712, 1199
O'Mahoney, Jon 1460
O'Malley, Tony 56
O'Meara, Jo 1210
O'Neal, Alexander 259, 280, 1020, 1105
O'Neill, Damian »Dee« 1462
O'Neill, John 1462
O'Neill, Keith 240
O'Riordan, Caitlin 1085
O'Riordan, Dolores 310
O'Rourke, Jimmy 528
O'Sullivan, Gilbert 1020, 1293, 1527
O'Sullivan, Jacquie 91 f.
O'Toole, Kevin 1015
O'Toole, Mark 525
O'Toole, Peter 327, 702, 790
O'Toole, Terry 947
Oakenfold, Paul 443, 583, 1067, 1083
Oakes, Richard 1366
Oakes, Trevor 1263
Oakey, Philip 662
Oakley, Berry 26 f.
Oakley, Glenroy 594
Oates, John 604, 749, 1468
Ocasek, Ric 233
Occhiena, Marina 1163
Ocean, Billy 451, 766, 1022
Oddie, Bill 579
Odell, Roger 1248
Odenthal, Bernd 95 f.
ODM MC 278
Oechsler, Tino 1304
Oettrich, Jens 420
Ofarim, Abi 1024 f., 1521
Ofarim, Esther 1024
Ogletree, Mike 491
Ohmes, Sabina 1222
O-Jay 1147
Oje, Baba 55
Ol' Dirty Bastard 747, 977, 1537
Olafsdottir, Alda 18
Olan, Pentti 302
Olaverra, Margot 574
Olbertz, Marc 1067
Oldfield, Mike 139, 478, 726, 1027, 1121
Oldham, Andrew Loog 473, 481
Olias, Lothar 639
Olive, Patrick 654
Oliveira, Laudir de 260
Oliver 1028
Olivier, Sir Laurence 611
Ollie 1086
Ollis, Terry 622
Olmez, Tolga 1409
Olsdal, Stefan 1082
Olsen, Henry 1103
Olsen, Janine Karen 570 f.
Olsen, Jörgen 1029
Olsen, Niels 1029
Olsen, Rick 129
Olson, Jeff 1483
Olson, Mark 1142
Olsson, Nigel 1084, 1218, 1466
Omartian, Michael 321, 1094 f., 1163, 1225
One, Michie 831
Ono, Yoko 798
Onyewenjo, Patty 165
Orange, Jason 1387
Orbison, Roy 65, 441 f., 467, 577, 616, 681, 954, 1033, 1035, 1040, 1072, 1137, 1163, 1253, 1510
Orbit, William 64, 103, 1035
Orlando, Tony 348 f., 968, 1038
Orloff, Peter 280, 853
Orr, Benjamin 233
Orr, Carl 419 f.
Orridge, Genesis P. 594
Ortiz, Claudette 269, 706
Ortiz, Diana 414
Orton, Tom 1291
Orzabal de la Quintana, Roland 1395
Osborne, Billy 781
Osborne, Jeffrey 68, 639, 781, 1468
Osborne, Joan 1039
Osbourne, Ozzy 143, 513, 963, 1039, 1495
Oskar, Lee 1492
Osman, Diid 1289
Osman, Matt 1366
Osmond, Alan 1041
Osmond, Donny 1039, 1041, 1209
Osmond, Jay 1041
Osmond, Little Jimmy 1040
Osmond, Marie 345, 1040 f.
Osmond, Merrill 1041
Osmond, Wayne 1041
Otis, Johnny 1074
Otis, Robin 1027
Ottavio, Charles 42
Otter, Lee 1014
Otto, John 811
Overett, Kelly 222
Overstreet, Paul 746
Owen, Malcolm 1207
Owen, Mark 1044, 1387
Owen, Sarah-Jane 124
Owens, Gwen 654
Owens, Ricky 1399
Oxaal, Adrian 696 f.
Oxide 1044, 1302
Ozzi B 1084

P., Oli 1046
Pace, Norman 603
Pace, Thom 1047
Pachuta, Mel 661
Pack, David 33, 1054
Packham, Tracey 64
Padotzke, Sebastian 1147
Page, Chris 357
Page, Jimmy 132, 282, 482, 495, 530, 650, 684, 792, 794, 829, 929, 1116, 1514, 1543 f.
Page, Patti 1047
Page, Richard 969
Page, Steven 99
Page, Tommy 995, 1048
Paice, Ian 221, 363, 1512
Paich, David 480, 1431
Paige, Elaine 382, 1048
Paige, Jennifer 1048
Palin, Michael 952 f.
Palmar, Wally 1188
Palmer, Barry 726
Palmer, Bruce 204 f.
Palmer, Carl 61, 66 f., 445 f.
Palmer, Dave 1313
Palmer, David 5, 1343
Palmer, Earl 74, 413
Palmer, Neil 605
Palmer, Phil 1545
Palmer, Poli 477
Palmer, Richard 100, 1372
Palmer, Robert 138, 192, 260, 423, 1048 f., 1093, 1122, 1207, 1458
Palmer, Ron 249
Palmer, St. Clair L. 1379
Panarinfo, Hayo 178
Pandy, Darryl 539
Pankow, James 260
Panozzo, Chuck 1364 f.
Panozzo, John 1364 f.
Paola 1049
Papathanassiou, Evangelos 725, 1475
Pape, Carsten 279
Paperboy 1050
Pappa Bear 1050
Papst, Robert 399
Paradis, Vanessa 777, 1051
Parazaider, Walter 260
Pardlo, Robert 269
Parfitt, Rick 1340 f.
Paris, Mica 1051
Paris, Ryan 556, 1051
Parisio, John 23
Parissi, Robert 1516
Park, Simon 1051
Parker, Alan 296, 643, 1292
Parker, Charlie 490, 1316
Parker, Chylow 1031
Parker, Clive 133
Parker, Graham 836
Parker, Jack 380
Parker, Maceo 539
Parker, Q 1030
Parker, Ray Jr. 1052
Parker, Robert 1052
Parker, Sebnem 744

Parker, Tom 41 f., 47, 55, 1096, 1098
Parker, Trey 256, 969
Parker, Wayne 571
Parks, Dean 282, 629
Parle, Andy 1313 f.
Parnell, Willie 122
Parr, John 1052
Parrish, Man 858
Parritt, Barbara 1435
Parrott, Kevin 187
Parry, Nick 855
Parsons, Alan 33, 196, 289, 321, 929, 1052, 1054, 1076, 1349
Parsons, Bill 98
Parsons, Dave 207, 1438
Parsons, David 1251
Parsons, Gene 210
Parsons, Gram 210, 820
Parsons, Judy 124
Partington, Darren 440
Parton, David 1055
Parton, Dolly 432, 647, 659, 670, 924, 1055 f., 1185, 1191, 1490
Partridge, Andy 1541
Partridge, Don 1056
Paseiro, Arnold 522
Pasemaster Mase 354
Pash, Jim 1375
Pasillas, Jose 673
Pask, Andy 785
Pasquale, Joe 178, 713
Pateman, Matthew 82
Paterson, Alex 1033
Paton, David 1053, 1076
Patrice 638, 1206
Patten, Edward 769
Pattenden, Colin 863
Patterson, Jerry 1216
Patterson, Joe 238
Patterson, Kevin 491
Patti, Guesch 1059
Pattinson, Les 433
Patton, Antoine 1043
Patton, Mike 473
Paul, Alan 860
Paul, Amit Sebastian 64
Paul, Bernie 731, 750, 1059, 1158
Paul, Billy 678, 922, 1060
Paul, Lyn 997
Paul, Owen 1060
Paula 1060 f.
Paulsen, Leif 1237, 1326
Paulsen, Ralf 1061
Pavarotti, Luciano 1058, 1061, 1558
Pavone, Rita 1062
Paxton, Tom 494, 808
Payne, Freda 5, 1062, 1373
Payne, Gordon 317
Payne, Hazel 1391
Payne, Julia 1309
Payne, Scherrie 1373 f.
Payton, Dennis 273
Payton, Lawrence 519 f.
Peacock, Dave 254
Peacock, Phil 1296
Peake, Ryan 1002
Pearson, Delroy 498
Pearson, Deniece 498
Pearson, Doris May 498
Pearson, Johnny 1064, 1311
Pearson, Lorraine Samantha Jean 498
Pearson, Stedman 498
Pearson, Trisco 512
Peat, Chris 31
Pebbles 77, 88, 259, 1064, 1164
Peck, Ged 505
Peckrol, Sonny 1528
Peczynski, Dominika 53
Pedder, John 76
Peek, Dan 34
Peek, Kevin 1285
Peel, John 125, 304, 1233
Peers, Donald 1065
Peet, Ric 219
Pegg, Dave 711
Pegrum, Nigel 1342
Pelham, Moses 571, 982, 1242, 1304
Pellicci, Derek 818
Pello, Gene 872
Pellow, Marti 93, 1065, 1505
Pelz, Martin 737
Pemberton, Vicki 1420
Pena, Rene 517
Pena, Roberto 517
Pence, Jeff 147
Penden, Mike 264
Pender, Mike 1089, 1235
Pendergrass, Teddy 658, 915
Pendleton, Brian 1102
Pengilly, Kirk 678
Peniston, Ce Ce 1065
Penn, Dawn 1065 f.
Pennachio, Charlie 814
Pennell, Joe 1174
Pennick, Trevor 1042
Pennington, J. P. 466
Pentelow, Nick 1531
Penxten, Regi 1382
Peoples, Alisa 1543
Peoples, Theo 1399
Pepa 1214 f.
Peraza, Armando 1219
Percy, Mike 357
Perdigones, Rafael Ruiz 830
Peret 1066
Perez, John 1282
Perez, Luis 830
Pericoli, Emilio 1067
Perkins, Carl 954, 986, 1034, 1361
Peron, Carlos 1545
Perrineau, Greg Dudes 455
Perrineau, Morgan T. D. 455
Perrson, Nina 225
Perry, Adam 1
Perry, Doane 711
Perry, Giles 1
Perry, Jason 1
Perry, Joe 13, 1205
Perry, John 1121
Perry, Lee 838, 1464 f.
Perry, Linda 516
Perry, Steve 732, 1067, 1468
Persh, John 1142
Pert, Morris 1121
Pesce, Joey 1421
Pesklevits, Susan 687
Peterik, Jim 668, 1375, 1410
Peters, Alisha 492
Peters, Dan 1008
Peters, Lennie 1070 f.
Peters, Luan 499 f.
Petersen, John 115
Petersen, Paul 1071
Peterson, Bobby 898
Peterson, Colin 119
Peterson, Debbi 94
Peterson, Garry 596
Peterson, Patricia 1147
Peterson, Ray 567
Peterson, Sylvia 262
Peterson, Vicki 94, 575
Petersson, Tom 254
Petratos, David 1188
Petrel, Peter 1526
Petrocchi, Francesco 431
Petruo, Vanessa 1010
Petry, Rainer 828
Petry, Wolfgang 1071
Pettiford, Oscar 570
Pettigrew, Charles 253
Pettus, Kenny 351
Petty, Tom 34, 238, 441 f., 616, 880, 1003, 1033, 1072 f., 1137, 1253, 1418
Pfeil, Alexander 1027
Pflayer, Jim 1026
Pfleger, Ewald 1031
Phantom, Slim Jim 1361
Pharao, Kyra 1073
Phats, Jason 1073
Phil, Gary 172 f., 937
Philbin, Craig 1161
Philips, Leonard Graves 382
Phillips, Anthony 558 f., 1122
Phillips, Chynna 857, 1525
Phillips, Edwin Michael 314
Phillips, Esther 1074, 1501
Phillips, Holly Michelle 857
Phillips, John 857 f., 904
Phillips, Joseph 65
Phillips, Paul (Driver 67) 417
Phillips, Paul (Hi-Tension) 641
Phillips, Phil 650
Phillips, Ray 986
Phillips, Ricky 83
Phillips, Scott 314
Phillips, Wilson 107, 857, 1525 f.
Phipps, Pete 573
Phoenix 814 f.
Piaf, Edith 70, 116, 177, 888
Piano, Michael 1217
Pic 332
Pickens, Earl 329
Pickering, Mike 845
Pickering, Nigel 1315
Pickett, Kenny 314
Pickett, Phil 1213
Pickett, Wilson 168, 275, 283, 479, 499, 633, 740, 750, 1075, 1217, 1531
Pickles, Andy 715
Pickles, John 715
Picotto, Mauro 1075
Piek, Josef 1228
Pierce, John 1046
Pierce, Martin 1026
Piercy, Andy 14
Pierson, Kate 75
Pietsch, Rainer 1038
Pijpers, Nilz 821
Pike, Donny 801
Pike, Gary 801
Pike, Jim 801
Pilatus, Robert 932 f.
Pilkington-Miksa, Florian 328
Pilnick, Paul 1341
Pimenov 1094
Pin, Mario 1082
Pinckney, Bill 415 f.
Pinder, Mike 953
Pinera, Mike 155
Pink 15, 516, 740, 810, 838, 977, 1077
Pinkney, Fayette 1415

Pinnelli, Steve 1297
Pinnick, Chris 260 f.
Pipes, Toby 362
Pipes, Todd 362
Pipou 1451
Pirner, David 1308
Pirroni, Marco 9, 1281
Pitch, Harry 968
Pitman-Avory, Jim 1417
Pitney, Gene 28, 79, 324, 343, 647, 999, 1081, 1200
Pittman, Wayne 1019
Pitts, Richie 479
Pizzaman 527, 927
PJ 1263
Placebo 559, 1082
Plane, Astrid 42
Planet Pea aka Kudu 5 797
Plant, Robert 126, 329, 650, 683, 792, 794, 829, 968
Plasa, 778
Plasa, Franz 778
Plastic Bertrand 831, 1083
Plate, Peter 1010, 1194 f.
Platinum 45 1084
Plavka 696, 1251
Plaza, Martin 918
Pliers 369 f.
Poasta, Adrienne 760
Poethen, Nina 737
Pogan, Lenny 1484
Pogo 145, 424
Pohlman, Ray 872
Pohlmann, Beppo 556
Pointer, Anita 1086
Pointer, Bonnie 1086
Pointer, June 1086
Pointer, Mick 870
Pointer, Ruth 1086
Poke, Fred 887
Polci, Gerry 517 f.
Pollak, Cheryl 629
Pollard, Su 1088
Pollock, Myron 1368
Polyakov 1094
Pomeroy, Marc 1310
Poncioni, Kito 890
Ponte, Gabry 439
Poole, Ashley 414
Poole, Brian 300, 370, 682, 1088 f., 1439 f.
Poole, John 1487
Pop Ali, Jimmy 150
Pop, Edina 418
Pop, Iggy 54, 177, 339, 358, 1089, 1154, 1495
Pope, Charles 1391
Pope, Joseph 1391
Popper, John 156
Popwell, Robert 1143
Porcaro, Jeff 1163, 1343, 1401, 1431
Porcaro, Mike 1431
Porcaro, Steve 1431
Porter, Cole 361, 465, 489, 1193
Porter, David 623, 1215
Porter, Garth 1259
Porter, Shirley 1415
Porter, Tiran 403
Portz, Chuck 1448
Poschwatta, Dennis 596
Posdnuos 354
Post, Cathy 533
Post, James 533
Post, Mike 1091, 1226
Potak, Steve 296
Potente, Franka 331, 1092
Potger, Keith 997, 1239
Potgieter, Louis Henrik 418
Potschka, Bernhard 1325
Potter, John 412
Potts, Gregory 1146
Potts, Sylvester 300
Poulos, Jon Jon 203
Poulton, Andrew 1424
Povey, John 1102
Powell, Billy 841, 1019
Powell, Chris 1291
Powell, Cozy 143, 166, 445 f., 503, 603, 1092, 1135, 1512
Powell, Dalton 536
Powell, Don 713, 1287
Powell, George 1118
Powell, Jesse 1092
Powell, Owen 241
Power, John 240
Power, Romina 94
Powers, Dale 1026
Powers, Joey 1093
Powers, Natalie 1229
Pozzoli, Silver 280, 1093
Prado, Perez 91, 121, 641, 1094, 1218
Praeker, Manfred 1325
Prakash, John 302
Pratcher, Mildred 389
Prater, David 1215
Prater, Samuelle 280
Pratt, Guy 668
Pratt, Richard 153
Pratt, Truett 1094
Presley, Elvis 43, 50, 55, 120, 159, 179, 237, 244, 254, 261, 330, 345, 406, 468, 565, 644, 658, 691, 719, 723, 799, 808, 906, 939, 952, 954, 1065, 1096, 1098 f., 1109, 1130, 1153, 1244, 1257, 1279 f., 1294, 1331, 1510
Presley, Lisa Marie 690
Presley, Reg 1089, 1442 f.
Presti, Corrado 468
Preston, Billy 195, 282, 498, 629, 1100
Preston, Johnny 81
Preston, Shelley 204
Previte, Franke 525
Prezioso, Andrea 1102
Prezioso, Giorgio 1102
Price, Alan 41, 206, 477, 520, 903, 999, 1103, 1436
Price, Lloyd 81
Price, Louis 1399
Price, Mark 24
Price, Martin 440
Price, Monica 1422
Price, Rick 562 f., 966, 1531
Price, Steve 1046
Priess, Hartmut 140
Priest, Mathew 395
Priest, Maxi 501, 673, 949, 1103, 1141, 1460
Priest, Ryan 1460
Priest, Steve 1377 f.
Priestman, Henry 265 f.
Prime, James 355
Primrose, Neil 1439
Prince 94, 218, 427, 432, 545, 590, 687, 752 f., 815, 879, 921, 947, 1017, 1020, 1059, 1105 ff., 1209, 1243, 1421, 1507
Prince, Fresh 21, 705, 1295
Prince B 1084
Prince, Viv 1102
Prince, Wesley 287
Prince Ital Joe 873, 1107 f., 1229
Prince Ken Swift 1181
Prince, Prairie 732, 1444
Prince Rakeem/RZA 1537
Princess 387, 1081, 1108, 1356
Prior, Maddy 1341, 1343
Pritchard, Barry 515
Pritchard, Mark 1247
Pritchard, Mel 97
Pritchard, Peter 279
Proby, P. J. 28, 345, 1109, 1348
Proctor, Jay 703
Prokopetz, Joesi 395
Pronk, Judy 22
Prosper, Marvin 87
Protzmann, Henning 743
Provisor, Dennis 588
Puckett, Gary 1114 f.
Puddy 235 f.
Puente, Richie 522
Puente, Tito 522, 1218, 1390
Puerta, Joe 33
Puff Daddy 25, 414, 461, 526, 747, 794, 810, 827, 885, 965, 985, 1015, 1030, 1116, 1381, 1429
Puffpaff, Andreas 434
Pugh, Demetrius 44
Pugh, Marliss 44
Pugliano, Jim 694
Pugsley, Steven 1286
Pulga, Stefano 741
Pulsford, Nigel 207
Purdell, John 626
Purify, James 1118
Pursell, Bill 1119
Pursey, Jimmy 1251
Putland, Graham 338
Pye, Peter 649
Pyle, Andy 762 f.
Pyle, Artimus 841

Q, Stacey 1331
Quaife, Peter 762 f.
Quartier, Bruno 73
Quatro, Suzi 466, 490, 1014, 1122 f.
Quaye, Finley 1123
Queen B 264
Queme, Alan 335, 1334
Queralt, Stephen 1168
Quick, Herb 1112
Quigley, Joe 821
Quinn, Derek 528
Quinn, Freddy 528, 630
Quinn, Jamie 578
Quinn, Mickey 1370
Quinn, Paul 1311
Quinol, Catherine 140
Quirico, DeWayne 536
Quitschau, Cläusel 1442
Qunta, Andy 668

R. L. 1002
Raab, Stefan 14, 390, 415, 653, 1024, 1029, 1129 f.
Rabb, Luther 1492
Rabbitt, Eddie 554, 1000, 1130
Rabin, Trevor 1546
Rabon, Mike 497
Radenkovic, Radi 86, 746, 1131
Radiation, Roddy 1318
Rading, Brian 498

Radle, Carl 374
Raekwon, Shallah 1537
Raff 1132, 1435
Rafferty, Gerry 47, 298, 1110, 1132 f., 1341 f., 1527
Rafowitz, Ivan 815
Ragas, Bastiaan 243
Raheim 586
Rainford, Tina 1136
Rains, George 1282
Rainwater, Keech 825
Rainwater, Marvin 523
Raiter, Dunja 665
Raitt, Bonnie 200, 654, 992, 1136 f., 1312, 1334, 1495
Ralph, Jacki 125
Ralphs, Mick 82 f., 964
Ramazzotti, Eros 1093, 1137, 1447
Ramirez, Karen 1138
Ramirez, Twiggy 871
Ramona 1039
Ramone, C. J. 1139
Ramone, Dee Dee 1139
Ramone, Joey 1139
Ramone, Johnny 1139
Ramone, Marky 1139
Ramone, Richie 1139
Ramone, Tommy 1139
Ramos, Hector 1485
Ramos, Jerome 479
Ramos jr., Larry 62
Ramsay, Kyle 1422
Ramsden, Mike 1265
Ramsey, Alan 804
Ramsey, Bill 1140
Ramsey, Rose Marie 674
Rancifer, Ronnie 692
Randall, James 716
Randone, Jeffrey 439
Range, Heidi 1367
Ranken, Andrew 1085
Rankin, Billy 988
Rankin, Mark 597
Rankine, Alan 61
Ranks, Richard 822
Ranks, Shabba 47, 568, 759, 1103, 1141, 1233
Ransley, Tony 421
Ransom, Ray 187
Raoof, Abdul 1211
Rarebell, Herman 1230
Ras 336
Ras Ma-Taz 454, 854
Rasboro, Jonathan 1264
Raspberry, Larry 562
Rasted, Soren 48
Ratcliffe, Simon 101
Rathbone, Andie 865
Rathke, Sven 1303
Ratledge, Mike 12
Ratzer, Karl 1084
Rauenbusch, Phillip 1147
Raven, Paul 572
Rawe, Jackie 1248
Rawlings, Dave 1122
Rawls, Lou 345, 629, 656, 658, 901, 1145
Ray, Ada 704
Ray, Andre 781 f.
Ray, Billie 879, 1152
Ray, Harry 948
Ray, James 616
Ray, Johnnie 297
Ray, Kid 1452
Ray, Moon 1133
Ray, Rita 342
Rayman, Hope 505
Raymond, Bob 1368
Raymond IV., Usher 1468
Raymond, Paul 1084
Raynor, Kima 1429
Rayvon, 1247
Rea, Chris 33, 93, 102, 766, 1145 f., 1258, 1510, 1527
Read, Mark 1
Reader, Eddi 471
Reame-James, Milton 612
Reamonn 982, 1147
Reaney, Sophia 1038
Reason 833
Rebel MC 408, 753, 1148, 1358
Rebennack, Malcolm 413
Reber, Peter 1070
Rebillot, Pat 1084
Rebroff, Ivan 424
Recke, Martin 1422
Record, Eugene 263
Red Dogg 244
Red Dragon 1149
Redburn, Chris 750
Redding, Noel 632, 634
Redding, Otis 215, 281, 296, 318, 479, 609, 623, 901, 1150, 1152, 1416, 1528
Reddy, Helen 1018, 1152
Rede, Emma 795
Redhead, Jimmy 887
Redpath, Jon 1529
Reece, Damon 433 f.
Reed, Bob 1438
Reed, Di 693
Reed, Dizzy 598 f.
Reed, Jerry 1153
Reed, Junior 285
Reed, Les 170, 416, 1017
Reed, Lou 45, 339, 385, 1153, 1215, 1286, 1478
Reed, Michael 247, 619, 1454
Reed, Natina 147
Reeder, Leon 247
Rees, John 916
Reese, James 536
Reeves, Jim 1150, 1155 f., 1329
Reeves, Lois 878
Reeves, Martha 569, 878, 914, 1327
Reeves, Tony 1311
Reeves, Vic 447, 1156, 1183, 1534
Regal 1529
Regan, Joan 1477
Regan, Julianne 24
Regan, Ron 1016
Regina 1156 f.
Reichel, Achim 665, 1144 f., 1157
Reid, Antonio L. A. 362
Reid, Bert 323
Reid, Brenda 465
Reid, Charlie 1110
Reid, Craig 1110
Reid, David 641
Reid, Donald S. 1339
Reid, Donna 31
Reid, Ellen 311
Reid, Errol 264
Reid, Harold 1339
Reid, JC 1074
Reid, Jim 710
Reid, John 1005
Reid, Keith 1110
Reid, Matt 129
Reid, Mike 1157
Reid, Neil 1157
Reid, Sam 571
Reid, William 710
Reidl, Ingo 1117
Reilly, Maggie 1027
Reilly, Mark 890
Reilly, Michael 1118
Reilly, Mike 716
Reim, Matthias 1157
Reinhold, Volker 1144
Reinke, Manfred 134
Reinsdorf, Matthias 1319
Rekow, Raul 1219
Relf, Alan 119
Relf, Bob 159
Relf, Jane 1159
Relf, Keith 911, 1159, 1543
Remmler, Stephan 1159, 1441
Renato 1160
Renay, Diane 1159
Reni 1357 f.
Reniz, Pat 1152
Rennalls, Gloria 1221
Reno, Mike 626, 834, 1160, 1524
Reno, Tony 459
Rentie, Damon 65 f.
Renwick, Tim 1376, 1558
Revere, Paul 814, 1162, 1173, 1206
Rew, Kimberley 743
Rey, Alvino 1526
Reynolds, Aisling 1163
Reynolds, Debbie 1276, 1302
Reynolds, Linda 1163
Reynolds, Nick 761
Reynolds, Paul 2
Reynolds, Robert 891
Reynolds, Tommy 605, 1394
Reynolds, Tony 1023 f.
Rhatigan, Suzanne 1163
Rhoads, Randy 1039, 1126 f.
Rhodes, Cynthia 42, 884, 1332
Rhodes, Dynelle 1499
Rhodes, Lance 134
Rhodes, Nick 49, 419, 422 f., 739
Rhodes, Phillip 569
Rhodes-Armstead, Izora 1499
Rhymes, Busta 85, 208, 688, 837, 845, 951, 1116
Rice, Tim 4, 402, 624, 721, 788, 851, 1048, 1171
Rice-Milton, T. (Terry) 326
Rich, Charlie 1034, 1163
Rich, Jeff 1340
Rich, John 825
Rich, Tony 1164, 1189
Richard, Cliff 43, 93, 273, 400, 462, 603, 845, 989, 1001, 1097, 1134, 1164, 1166, 1177 f., 1245, 1247, 1286, 1327, 1470, 1493, 1510
Richard, Keith 1186, 1189
Richard, Wendy 1221
Richards, Aled 241
Richards, Claire 1345
Richards, Lisa 855
Richards, Rick 562
Richards, Rob 1142
Richards, Tom 1200
Richards, Turley 32
Richardson, Dawn 516
Richardson, John 1201
Richardson, Johnnie Louise 704
Richardson, Kevin Scott 80
Richardson, Nadine 965
Richardson, Perry 495

Richardson, Sylvan 1271
Richie, Lionel 5, 293, 427, 884, 1167, 1195, 1468, 1474
Richman, Jonathan 1167 f., 1389
Richmond, Dave 863, 1245
Richrath, Gary 1161
Rickfors, Mikael 643
Rickitt, Adam 1168
Ricky 69, 1220, 1419
Ridderhof, Ferry 405
Riddle, Nelson 1191
Ridgeley, Andrew 1506
Ridgway, Stan 36, 1168 f.
Ridley, Greg 523, 663
Rieckermann, Ralph 1230, 1232
Rieckmann, Thomas 1427
Rieser, Dan 868
Righi, Stefano 1169
Rightly, Anthony 144
Rik 275
Riley, Jake 781
Riley, Jeannie C. 1171
Riley, Melvin 1146
Riley, Teddy 73, 145, 729, 1536
Riley, Tommy 833
Rimes, LeAnn 1171 f.
Rinker, Al 318
Riopelle, Tom 815
Rios, Miguel 1172
Rios, Waldo de los 1172
Riperton, Minnie 1173
Ripley, Greame 610
Risbrook, Louis 74
Risbrook, William 74
Riseboro, James 552
Riser, Paul 376
Ritenour, Lee 359, 1206, 1277
Rivera, Pete 1142
Rivera, Shawn 69
Rivers, Johnny 275, 492, 605, 1174, 1490, 1524
Rivers, Sam 811
Rivkin, David 815
Rivron, Roland 485
Rizzatto, Gala 545
Rizzo, Alex 1247
Rizzo, Pat 1492
Roachford, Andrew 1175
Robb, Paul 674
Robbie, Sandie 279
Robbins, Kate 1175
Robbins, Marty 79, 339, 1176, 1312
Roberson, LaTavia 375
Roberts, Andy 890, 1545
Roberts, Austin 1176
Roberts, Brad 311
Roberts, Chris 1177
Roberts, Dan 311
Roberts, Doug 494
Roberts, Edward 1202
Roberts, Gerry 169
Roberts, Juliet 539, 957
Roberts, Malcolm 1177
Roberts, Mark 241, 890
Roberts, Matt 1416
Roberts, Mick 756
Roberts, Paul 491, 766, 1359
Roberts, Rick 494 f.
Robertson, B. A. 1177
Robertson, Brian 955, 1409, 1465
Robertson, Ed 99, 609
Robic, Ivo 1178
Robillard, Duke 469
Robinson, Claudette Rogers 938
Robinson, Cynthia 1289
Robinson, David 5, 233, 1176
Robinson, Dawn Cherise 448
Robinson, Dennis 1257
Robinson, Earl 1113 f.
Robinson, Eric 1245
Robinson, Hogg 1492
Robinson, Jackie 1079 f.
Robinson, Janice 1299
Robinson, Roy 1424
Robinson, Scott 497
Robinson, Smokey 278, 300, 542, 553, 573, 938 f., 1057, 1178, 1195, 1297, 1399, 1468, 1502
Robinson, Tom 1179
Robinson, Vicki Sue 1179
Robyn 1180
Rocca, John 530
Rocco, Linda 887
Rocha, Roger 516
Rochefort, Damon 1013
Rock 'n' Roll Pumpkihn 592
Rock III., Sir Monti 386
Rock, Raymond 323
Rock, Rockman 735, 767, 1423
Rockenfield, Scott 1125
Rocker, Lee 1361
Rockett, Rikki 1086
Rockman, Joe 625
Rockwell 1182
Röder, Hendrik 123
Rodford, Jim 51, 762 f.
Rodgers, Clodagh 1182
Rodgers, Jimmie 1182 f.
Rodgers, Nile 260, 421, 650, 1257, 1384, 1529
Rodgers, Paul 82 f., 495, 529, 1515
Rodgers, Percy Nathan 74
Rodgers, Tony 250
Rodrigues, Rico 1318
Rodriguez, Frankie 1126
Roe, Tommy 275, 466, 638, 1156, 1183
Roeder, Klaus 774
Roger, Mike 1184, 1259
Roger, Ranking 95, 109 f.
Rogers, Bobby 938
Rogers, Cledwyn 144
Rogers, David 968
Rogers, Emerson 938 f.
Rogers, Evan 1209
Rogers, Glouster 817
Rogers, Julie 1184
Rogers, Kelis 747
Rogers, Kenny 162, 218, 229, 432, 634, 675, 883, 924, 954, 974, 1055 f., 1091, 1185, 1468
Rogers, Mark 645
Rogers, Mick 863 f.
Rogers, Paul 126
Rogers, Ronnie 1385
Rogers, Warren 1246
Rohde, Johnny 399
Röhl, Roland 512
Roland, W. 1487
Rolie, Gregg 1219
Rollo 382, 474 f., 487 f., 732
Roloff, Wolfgang 630, 1190
Roma, Del 891
Romanelli, Roland 1313
Rome 1189
Romeo 1045, 1302
Romeo, Max 915, 1189
Römer, Bernd 743
Romy 1452 f.
Ronde, Peter de 576
Rondinelli, Bob 1135
Ronny 630, 1190
Ronson, Mick 960, 964
Ronstadt, Linda 130, 200, 428, 462, 575, 634, 675, 786, 974, 994, 1009, 1056, 1069, 1191, 1277, 1312, 1336, 1549
Roog, John 1414
Rooijen, Francis 821
Rooney, Herb 465
Roos, Mary 958, 1192
Rootane, Celvin 125
Rosas, Cesar 830
Rose, Axl 464, 598 f., 919
Rose, Charisse 248
Rose, David 1192
Rose, Felipe 1483
Rose, Louise 1095
Rose, Michaela 49
Rose, Randolph 1193
Rosenberg, Bob 1518
Rosenberg, Marianne 1194
Rosenthal, David 1135
Rosenthal, Jürgen 1230
Rosica, Jim 191
Rosman, Ronald 698
Ross, Charlotte 629
Ross, David 82
Ross, Diana 60, 68, 147, 260, 283, 427, 553, 600, 670, 690, 692, 1015, 1062, 1195, 1373 f., 1399 f., 1468, 1474
Ross, Jack 1196
Ross, Jimmy 694
Ross, Lewis 1506
Ross, Lucius 539
Ross, Malcolm 1032
Ross, Margaret 301
Ross, Marv 1122
Ross, Nedra Talley 1189
Ross, Ricky 355
Ross, Rindy 1122
Ross, Ronnie 213
Rossdale, Gavin 207
Rosser, Scott 341
Rossi, Angelo 1046
Rossi, Francis Michael 1340
Rossington, Gary 841
Rosso, Nini 1196, 1414
Rostill, John 1245 f.
Rota, Stefano 1169
Roth, C. P. 147
Roth, David 968, 1196, 1473
Roth, Ulrich 1230
Rotheray, David 115
Rothery, Steve 870
Rothwell, Ric 511
Rotkin, Rich 1172
Rotsey, Martin 926
Rotten, Johnny 1114, 1244
Rottweiler 1284
Roula 1197
Rourke, Andy 1296
Roussos, Demis 1197
Routh, Colin 142
Rowberry, Dave 41
Rowe, Dennis 74
Rowe, Dick 79
Rowland, Kelly 375
Rowland, Kevin 378
Rowland, Steve 478, 1257
Rowlands, Tom 257
Rowles, John 1198
Rowley, Mick 1296
Rown, Kevin 1042

Rowntree, Dave 158
Royal, Billy Joe 275, 1200, 1312
Royer, Ray 1110
Royer, Robb 185
Roza, Lita 1477
Rozalla 1201
Rubber Johnny 25
Rubicam, Shannon 177
Rubio, Tonio 1066
Rucker, Darius 651
Ruddock, Ann-Marie Teresa Antoinette 32
Rudec, Alfred 1221
Rüdisser, Herwig 1031
Ruffin, Bruce 1203
Ruffin, David 189, 749, 1204, 1399
Ruffin, Jimmy 152, 1180, 1204
Ruffner, Mason 437
Ruffy, Dave 1207
Rugenstein, Rugy 1144
Rugs, Bunny 1410
Ruiter, Bert 429, 508 f.
Rümenapp, Henning 596
Rundgren, Todd 585, 898, 1204, 1316
RuPaul, 1229
Rush, Jennifer 162, 383, 892, 1205
Rush, Merrilee 1205 f., 1248
Rush, Neil 1205
Rush, Tom 200, 940, 1490
Rushen, Patrice 1206
Russel, Mo 82
Russell, Bob 791
Russell, Brenda 192, 654, 1207
Russell, Graham 16
Russell, Jack 590
Russell, John 14, 1344
Russell, Karl 661
Russell, Kevin 161
Russell, Leon 210, 301, 547, 616, 812
Russell, Richard 753
Rusty 937
Rutherford, Mike 543, 558, 560, 928 f.
Rutherford, Paul 525, 903
Ryan, Barry 1207 f.
Ryan, Lee 152
Ryan, Paul 1208
Rydell, Bobby 1208, 1247, 1255
Ryder, Mitch 534, 914, 1208 f.
Ryder, Paul 610
Ryder, Shaun William 141, 610
Ryerson, Arthur 317
Rzeznik, Johnny 578

S., Robin 1210
Saadiq, Raphael 1427
Saber, Danny 141
Sabrina 939, 1211
Sack, Pete 1206
Sade 465, 605, 1212
Sadler, Barry Staff Sergeant 1212
Sadler, Toby 451
Sadlowsky, Dieter 1144
Saffery, Anthony 304
Saffron 1009, 1161
Safuto, Frank 1140
Sager, Carole Bayer 79, 606, 1213
Sagov, Margo 32
Sahl, Butch 976
Sahm, Doug 1282
Sahnie 58
Sainte-Marie, Buffy 402, 1214, 1500
Sainty, Ian 911
Sakamoto, Kyu 517, 1214
Salazar, Arion 1409
Salisbury, Peter 1406
Salowka, Peter 1500
Salt 370, 809, 1214 f.
Salvato, John 422
Salvatore 178
Salvi, Livio 64
Sambora, Richie 163
Sample, Joe 89, 323, 757, 1435
Sampson, Doug 680
Sampson, Graham 207
Sampson, P. M. 1216
Sams, Dean 825
Samson, Peter 1465
Samuelsson, Göran 1326
Samwell-Smith, Paul 311, 1543
Sanchez, Michael 362, 1504
Sanchez, Roger 351, 1216
Sanchiono, Bruno 73
Sanders, Doug 784
Sanders, Marcus 637
Sanders, Marty 703
Sanders, Steven 1020 f.
Sanderson, Richard 1216
Sandon, Johnny 1235
Sandow, Alan 1259
Sandra 240, 451, 739, 12170
Sands, Tommy 177, 1279, 1539
Sanford, Ed 1217
Sang, Samantha 18, 376, 566, 1218
Sangster, Jimmy 138
Santamaria, Mongo 1218
Santamaria, Sebastian 1558
Santana, Carlos 888, 1207, 1219, 1488
Santanna, Carlo 1050
Santiel, Gerrai 1193
Santiglia, Peggy 40
Santillan, Facio 1220
Santollo, Joe 422
Santos 1220
Saraceno, Blues 1086
Sarazeno, Joe 1394
Sardou, Michel 276
Sarne, Mike 345, 1221
Sarstedt, Clive 741
Sarstedt, Peter 741, 1221
Sarstedt, Robin 1221 f.
Sarzo, Rudy 1126, 1512
Sasha 1222 f., 1551
Sasso, Ciro 142
Sauce 1305
Sauer, Wolfgang 158, 382
Saunder, Jennifer 7
Saunders, Lorna 279
Saunders, Roger 911
Saunderson, Kevin 676
Savage, Macho Man Randy 1538
Savage, Rick 364
Savalas, Telly 185, 1223
Savery, Uffe 1213
Savoie, Vivienne 527
Savra 1432
Saward, Jill 1248
Sawyer, Ray 412
Sawyer, Vernon 153
Sawyer, Wendell 153
Sawyers, Jim 1384
Saxa 109 f.
Sayadian, Jeffrey 451
Sayang, Alan 83
Sayer, Leo 278, 335, 472, 915, 1224
Sayer, Nick Christian 1438
Sayles, Joseph Jake 717
Scabies, Rat 337
Scaggs, Boz 27, 477, 932, 1052, 1086, 1225, 1431
Scala, Ralph 156
Scales, Steve 1425
Scandrick, Mike 1030
Scannell, Matthew 1482
Scantlin, Wesley Reid 1115
Scarbury, Joey 1226
Scatman John 53, 1226
Scavone, Myke 1137
Schacher, Mel 585
Schäfer, Lothar 1006
Schäfer, Michaela 1006
Schanze, Michael 450, 1227
Scheckel, Tom 203
Scheel, Walter 1227
Scheff, Jason 260 f.
Scheff, Jerry 261
Scheide, Marga 840
Scheldt, Klaus 1158
Schell, Sue 1070
Schellenbach, Kate 108
Schenker, Michael 1230 f.
Schenker, Rudolf 1230 f.
Schenkman, Eric 1323
Schermie, Joe 1416
Scherzinger, Nicole 436
Schiegl, Marc 399
Schiffmeister 491
Schiffner, Helmut 1221
Schiffour, Tom 1246
Schifrin, Lalo 277
Schilder, Jaap 243
Schilling, Peter 1227
Schleh, Tommy 887
Schmid, Dirk 947
Schmidt, Henri 1108
Schmidt, Irmin 218
Schmit, Timothy B. 34, 427 f.
Schneider, Andreas 677
Schneider, Christoph 1138
Schneider, Fred 75
Schneider, Helen 215, 1228
Schneider, Laura 789
Schneider, Uwe 1397
Schneider-Esleben, Florian 774
Schnelldorfer, Manfred 86, 755, 1228
Schnitzler, Willy 140 f.
Schock, Gina 574
Scholz, Tom 172
Schon, Neal 83, 732, 834, 1219
Schön, Robert 279
Schönberger, Günter 454
Schorz, Hank 1342
Schrödel, Wolfgang 816
Schröder, Rolle 1136
Schroeder, John 1311
Schulman, Mark 514
Schulte, Jessica 735
Schulte-Holthaus, Stefan 816
Schultzberg, Robert 1082
Schulz, Bernd 1144
Schulz, Purple 1228 f.
Schuman, Melissa 414
Schütten, Peter 140
Schütter, Friedrich 311
Schütze, Thomas 1459
Schuur, Diane 757
Schwalm, Wolfgang 1517
Schwandt, Michael 743
Schwarz, Andreas 1459
Schwarz, Brinsley 836
Schwarz-Ruszczynski, Andreas 1042

Schwichtenberg, Ingo 632
Score, Ali 2
Score, Mike 2
Scorpio 283, 586
Scotland World Cup Squad 1232
Scott, Andy 1377
Scott, Bon 562
Scott, Chris 610
Scott, Clive 714
Scott, Freddie 1232
Scott, Garret 1342
Scott, Howard 1492
Scott, Jim 83
Scott, La Tocha 1540
Scott, Luke 76
Scott, Mike 1495
Scott, Robin 843
Scott, Ronnie 174
Scott, Sherry 429
Scott, Tamika 1540
Scott, Tim 249
Scott, Tom 1163
Scott, Tommy 450, 729, 1313
Scott, Wallace 1508
Scott, Walter 1508
Scott-Lee, Lisa 1345
Seaberg, Mark 620
Seal 12, 375, 400, 932, 951, 1234
Seals, Dan 449, 1041, 1234
Seals, England Dan 449
Seals, Jim 1234
Searle, Richard 394
Seaton, Dennis 976 f.
Sebastian, John 835, 972, 1235
Secada, Jon 457 f., 1236 f., 1277
Secombe, Harry 580 f., 1237
Sedaka, Neil 267, 301, 400, 455, 619, 758, 1237, 1239, 1401
Seeger, Pete 289, 339, 380, 808, 827, 1192
Seelochan, Hammish 1057
Seger, Bob 532, 534, 585, 883, 972, 1240, 1488
Seiter, John 1316
Seligman, Matthew 1414
Seller, Chris 44
Sellers, Peter 580 f., 950, 1237
Selway, Phil 1131
Sembdner, Jens 1108
Sembello, Michael 1241
Senior, Russell 1116
Sennett, Bryan 1242
Seol, Randy 1359
Seraphine, Danny 260
Sergeant, Will 433
Serneholt, Marie Eleonor 64
Serpell, Grant 1213
Serrano, Eric 1485
Serrano-Serrano, Maria 1058, 1415
Setlur, Sabrina 982, 1242
Setzer, Brian 1361
Sevelle, Taja 1243
Severin, Steve 1281
Seville, David 236
Sexy Slim 264
Seymour, Adam 1101
Seymour, Nick 322
Shafer, Mattthew 1461
Shaffer, Paul 625, 1226
Shaggy 392, 1103, 1145, 1206, 1247 f., 1458
Shaham 189 f.
Shakespeare, Clive 1259
Shakespeare, Robbie 31, 370, 601, 1149, 1189
Shakira 1, 458, 1249 f., 1272
Shamrock 1146, 1444
Shane, Bob 761
Shanice 1252
Shankar, Ravi 616
Shanks 404, 1253
Shannon 177, 596, 638, 1253, 1404, 1459
Shannon, Del 267, 530, 931, 1253, 1293
Shannon, Pete 986
Shannon, Tom 1148
Shapiro, Helen 374, 1254, 1420
Shapiro, Lee 517
Sharkey, Feargal 61, 662, 904, 1254, 1462, 1544
Sharkey, John 1384
Sharon 797
Sharp, Dee Dee 817, 1254 f.
Sharp, Pat 1059
Sharpe, Bill 1248
Shaugnessy, Gary 1379
Shaver, David 1334
Shaw, Artie 297
Shaw, Bernie 1466
Shaw, Charles 932, 1551
Shaw, Marlena 152 f., 527
Shaw, Paul 968
Shaw, Robin 1512
Shaw, Sandie 40, 400, 613, 716, 729, 1110, 1255, 1296, 1451
Shaw, Suzanne 625
Shaw, Tommy 337, 1005, 1364 f.
Shayne, Ricky 958, 1256
Sheahan, John 418
Shearer, Brian 262
Shears, Stevie 1461
Shearston, Gary 1256
Sheehan, Billy 967 f., 1093
Sheehan, Bobby 156
Sheehan, Fran 172
Sheen, Bobby 159
Sheer, Ireen 1257, 1470
Sheila 18, 260, 1257 f.
Shelby, Lorena Porter 768
Shelley, Peter 1258
Shelton, Dave 44
Shelton, Earl 485
Shepard, Vonda 639, 982, 1258
Shephard, Gerry 573
Sheppard, Nick 274
Sheppard, Rodney 1367
Sheridan, Lee 195
Sheridan, Tony 111, 715, 1259
Sherman, Allan 1260
Sherman, Bobby 637, 1018, 1260
Sherrard, Sean 822
Sherry, Mark 1114
Shervington, Pluto 1261
Shield, Scott 597
Shifty Shellshock 312 f.
Shinoda, Mike 815
Shipley, John 1318
Shipley, Tom 186
Shirley, Jerry 523, 663
Shively, William 134
Shoff, Richard 1217
Shogren, Dave 403
Shone, Lesley 124
Shooter 235
Shore, Dinah 1274
Shorr, Mickey 579
Shorrock, Glenn 818
Shortino, Paul 1126
Shorty 515
Shovell 845
Shrieve, Michael 1219
Shulman, Derek Victor 421
Shulman, Phil 421
Shulman, Ray 421
Shulz, Rick 399
Shutty 1403
Sia 1263
Sice 168
Sidoli, Fran 148, 843
Sidran, Ben 477
Sieber, Jörg 399
Siegel, Janis 860
Siegel, Ralph 124, 418, 578, 653, 932
Siffre, Labi 1263 f.
Siggs, Arcia 1424
Sigl, Günther 1321 f.
Sigler, Jack jr. 919
Silk E. 1043
Silson, Alan 1297
Silva, Kenny Jo 214
Silver, Horace 67
Silver, John 558 f.
Simcic, Danny 1146
Simenon, Tim 162
Simm, Kevin 807
Simmons, Ann 1064
Simmons, Bill 927
Simmons, Gene 764 f.
Simmons, Luther jr. 855
Simmons, Patrick 403
Simms, Nick 304
Simon, Calvin 539
Simon, Carly 478, 571, 606, 1213, 1266, 1277, 1393, 1443
Simon, Hein 631
Simon, Joe 1267
Simon, Oliver 377, 941
Simon, Paul 68, 150, 187, 385, 549 f., 992, 1191, 1220, 1267, 1269, 1302, 1393, 1468
Simon, Robin 1461
Simon, Vannessa 1309
Simone, Nina 159, 898, 999, 1052, 1269, 1433
Simonon, Paul 274
Simons, Ed 257
Simper, Nick 363, 506, 754
Simplici, Valerio 140
Simpson, Andrea 225
Simpson, Gerald 440
Simpson, Graham 1199
Simpson, Jessica 1272
Simpson, John 1211
Simpson, Mel 1467
Simpson, Paul 1395
Simpson, Ray 1483
Simpson, Valerie 60, 324, 1483
Simpson, Willie 1285
Sims, Joyce 1273
Sims, Kym 1273
Sinatra, Frank 5, 43, 53, 229, 231, 281, 287, 294, 318, 340, 346, 372, 383, 468, 517 f., 582, 670, 729, 880, 882, 950 f., 1024, 1096, 1140, 1208, 1213, 1273 f., 1277, 1279, 1286, 1361, 1457, 1474
Sinatra, Nancy 225, 292, 435, 520, 582, 812, 1276, 1279, 1545
Sinclair, Bob 1280, 1314
Sinclair, John 1466
Sinclair, Ross 1311
Singer, Eric 764 f.
Singerl, Ornie 1158

Singh, Avtar 304
Singh, Satwan 1090
Singh, Tjinder 304
Singleton, Stephen 5
Singleton, Sue 461
Sinitta 194, 1280, 1356
Sinks, Henry Earl 317
Sinnott, William 1251
Sioux, Siouxsie 1281
Sir Charles 1090
Sir Mix-A-Lot 1282
Sirico, Stan 41
Sisqo 58, 73, 417, 977, 1282 f.
Sitzmann, Florian 1304
Sixx, Nikki 962
Skaggs, Ricky 1056
Skeete, Beverli 552
Skellern, Peter 652, 1284, 1286
Skeoch, Tommy 1404 f.
Skifs, Björn 154 f.
Skill, Mike 1188
Skinner, Derek 1326
Skinner, Frank 84
Sklar, Leland 629, 1393
Skreen B 324
Slade, Chris 395, 1466
Slade, Terry 1159
Slaghuis, Peter 642, 1483
Slamer, Mike 269
Slash 598 f., 963
Slateford, Neal 394
Slater, Ashley 527
Slater, Charles 1022
Slater, Rodney 167
Slater, Simon 552
Slattery, Mick 622
Slaughter, Ricky 963
Sledge, Debra 1283
Sledge, Joan 1283
Sledge, Kathy 930, 1283
Sledge, Kim 1283
Sledge, Percy 1151, 1288
Slemming, Denzil 781
Slexia, Dick 1080
Slick, Earl 380, 1361
Slick, Grace 90, 707 f., 1086
Slider, Albie 1251
Slijngaard, Mario 580
Slipmatt 1286
Sloan, Eliot 147
Sloan, P. F. 588
Slocum, Matt 1284
Sloman, John 1466
Slovak, Dank Hillel 1149
Slow 1284
Small, Heather 729, 845, 1154
Small, Herschel 87
Small, Jon 718
Small, Russell 1073
Smalley, David 1143 f.
Smallz, Biggy 1014
Smart, Keith 1531
Smash, Chas 849, 1368
Smear, Pat 511
Smiley 107, 1263
Smith, Adrian 680
Smith, Ann Marie 279
Smith, Bobbie 1323
Smith, Chad 1149
Smith, Curly 716
Smith, Curt 11, 983, 1396
Smith, Danny 594
Smith, David 1147, 1538
Smith, Gary 1375
Smith, Greedy 918
Smith, Howard 1477
Smith, Hurricane 1293, 1395
Smith, Jack 1295
Smith, James 327, 1281, 1364
Smith, John 1016
Smith Junior 650 f.
Smith, Larry 167
Smith, Leroy 1379
Smith, Marshall 1506
Smith, Mel 912
Smith, Michael W. 1293
Smith, Mike 33 f., 273, 832, 1162
Smith, Neal 302
Smith, O.C. 345, 931, 1294
Smith, Patti 1204, 1294, 1359, 1496
Smith, Paul 1434
Smith, Phil 603
Smith, Rex 240, 1294
Smith, Rick 1463
Smith, Robert 327, 1281
Smith, Robert James 327, 1281
Smith, Robert Lee 1391
Smith, Sammi 1295
Smith, Scott 834
Smith, Simon 999, 1103, 1500
Smith, Steve 83, 509, 732, 1477
Smith, Toby 698
Smith, Toni 200
Smith, Verron Jeffrey 478
Smith, Wendy 1095
Smith, Whistling Jack 1295
Smith, Wiffle 887
Smith, Will 21, 72, 145, 417, 705, 717, 1295, 1533
Smith, Zack 1226
Smithskamp, Henk 1262
Smudo 367, 479 f.
Smyth, Alice 1492
Smyth, Patty 385, 635, 1226, 1298
Smythe, Danny 175
Snare, C. J. 495
Sneddon, Andy 431
Sneed, Floyd 1416
Snell, Limmie 811
Snipes, Suliman 398
Snow 1301
Snow, Don 242, 1110, 1330
Snow, Mark 390, 1301
Snow, Phoebe 1301 f.
Snyder, Eddie 236
Soboroff, Bruce 203
Sobrante, Al 592
Soeur Sourire 909, 1302
Sohns, Jim 1246
Solbach, Pepe 938
Solem, Phil 1158
Solley, Pete 520, 1111, 1512
Soloff, Lew 149 f.
Somerville, Jimmy 190, 294, 734, 1305, 1383, 1402
Sommella, Alessandro 1083
Sommers, Joanie 1305
Sommers, Ronny 167
Sonefeld, Soni 651
Sonia 133, 194, 1306
Sonique 1306
Sonnenschein, Fred 443, 1306, 1555
Sonny 972, 1066, 1091, 1307
Sorum, Matt 598
Sosa, Ivette 436
Sotgiu, Angelo 1163
Soul, David 1307
Soul, Jimmy 1308
Soule, Mickey Lee 1135
Soumar, Chuck 668
South, Joe 39, 676, 780, 1200, 1312
Southam, Emma 965
Souther, J.D. 254, 321, 1312, 1393
Sovine, Red 1313
Spagna 1315
Spanky 1315 f.
Spanky G 150 f.
Sparkle 1316
Sparks, John 412
Sparrow, Woody 772
Sparxxx, Bubba 1317
Speaks, Michael 660
Spear, Roger 167
Spear, Roger Ruskin 167
Spearritt, Hannah 1210
Spears, Billie 401, 1317
Spears, Britney 15, 25, 738, 956, 970, 1250, 1272, 1317, 1505
Spector, Lawrence 714
Spector, Phil 159, 167, 228, 257, 324, 360, 413, 709, 758, 879, 1140, 1189, 1398
Spedding, Chris 103, 806
Speech 55
Speight, Bruno 1211
Speiser, Jerry 916
Spence, Pete 746
Spence, Skip 403, 707
Spencer, Bob 1423
Spencer, Jeremy 502
Spencer, Paul 341
Spencer, Pete 1297
Spencer, Richard 1528
Spencer, Russell 1229
Spencer, Tracie 1158, 1319
Spickard, Bob 248
Spidel, Jim 1019
Spier, Bernd 275, 840, 1322
Spiller, Christiano 1323
Spinderella 1215
Spinks, John 1043
Spinosa, Charlie 528
Spiteri, Sharlene 1405
Spitzer, Tom 454
Spivey, Keisha 1429
Splodge, Max 1325 f.
Sponge 235
Spoon, Mark 696, 1358
Spooner, Bill 1444
Spooner, Chris 942
Spoonful 142
Spreafichi, Elisa 1469
Springate, John 573
Springfield, Dusty 604, 1018, 1068, 1327 f., 1370, 1510
Springfield, Rick 18, 1327
Springfield, Tom 613, 1239, 1328
Springsteen, Bruce 89, 96, 131, 164, 214, 385, 508, 853, 980, 1034, 1190, 1215, 1294, 1328 f., 1468
Squad, Pee Bee 814
Squire, Chris 1546
Squire, John 1233, 1357
Squires, Ricky 356
Squirrel 312
St. Holmes, Derek 13
St. John, Kate 414
St. John, Mark 765
St. John, Ray 605
St. Marteen, Debby 1058
St. Nicholas, Nick 1344
St. Peters, Crispian 1330 f., 1498

St. Victor, Sandra 478
Staab, Michael 854, 978 f., 1422
Stacey Q 1331
Staehely, Chris 716
Stafford, Baby 597
Stafford, Jim 124, 561, 820, 1331
Stafford, Jimmy 1437
Stafford, Jo 422
Stafford, Terry 1331
Stahl, Tim 784
Stähle, Dietmar 678
Stahlhofen, Rolf 1304
Stahlschmidt, Dominik 398
Stallone, Frank 1332
Stanford, Debbie 355
Staniloi, Otto 1321
Stanley, Paul 765
Stanley, Stephen 1425
Stansfield, Lisa 93, 285, 819, 922, 1124, 1333
Stanshall, Vivian 167
Staples, Cleotha 1333
Staples, Mavis 1333 f.
Staples, Neville 537, 1318
Staples, Pervis 1333
Staples, Pete 1442
Staples, Yvonne 1333
Stapp, Scott 314
Star, Fredo 1031
Star, Tameka 819
Star Wash 1334
Stardust, Alvin 490, 1258, 1335
Starkey, Zac 322
Starling, Jade 1102
Starr, Bobby 678
Starr, Edwin 189, 1029, 1193, 1336
Starr, Freddie 1336 f.
Starr, Maurice 123, 994 f., 1066
Starr, Maurice jr. 1066
Starr, Ringo 110 f., 257, 339, 401, 442, 457, 472, 540, 569, 616, 809, 999, 1006, 1100, 1235, 1337
Starumstoyl, Ingfried 341
Staton, Candi 234, 1311, 1339
Stax, John 1102
Staxx, Marshal Duh 592
Stay-C 1450
Stead, David 115
Steel, John 41
Steel, Trevor 455
Steele, Andrew 635
Steele, David 109 f., 493
Steele, Michael 94
Steen, Cassandra 571
Steen, Roger 1444
Steer, Bill 1342
Stef 1417
Stefani, Gwen 25, 208, 462, 944, 1011
Steig, Jeremy 606
Stein, Andy 293
Stein, Chris 148 f., 618
Stein, Mark 1476
Steinbachek, Larry 190
Steinberg, Lewis 168
Steiner, Peter 1541
Steinhardt, Robby 741
Stelfox, James 1338
Stenmo, Andreas 454
Stennet, Andy 530
Stenzel, Torsten 392
Stephane 178
Stephanie 947
Stephen, Tom 625
Stephens, Geoff 416, 998
Stephenson, Karl 117
Stephenson, Peter 1251
Sterban, Richard Anthony 1021
Sterling Beard, Annette 878
Stern, Lori 1329 f.
Sterry, David 1146
Stevens, April 1346, 1398
Stevens, Carol 1420
Stevens, Cat 180, 806, 1328, 1347
Stevens, Connie 1305
Stevens, David 236
Stevens, Eddie 527
Stevens, Geoff 507
Stevens, Mark 752, 1464
Stevens, Nicky 195
Stevens, Rachel 1210
Stevens, Ray 1348
Stevens, Rick 534
Stevens, Ritchie 1309
Stevens, Robert 1483
Stevens, Roger 1437
Stevens, Sandra 195
Stevens, Shakin' 437, 1134, 1250, 1348 f.
Stevens, Sharon 165 f.
Stevens, T. M. 1101
Stevens, Tareck 1508
Stevenson, B.W. 1349
Stevo 32 1368
Stewart, Al 33, 36, 1053, 1349, 1510, 1527
Stewart, Amii 1280, 1349
Stewart, Andy 1350
Stewart, Billy 246, 429, 553, 1350
Stewart, Chris 558
Stewart, Dave 1350 f.
Stewart, Dave A. 92, 460, 581, 800, 824, 1180, 1249, 1266, 1318, 1351, 1433
Stewart, Eric 132, 511, 574, 655, 1054, 1211, 1400
Stewart, Ian 1186
Stewart, Jermaine 1351
Stewart, John 629, 762, 1351, 1498
Stewart, Jon 1289
Stewart, Martha 811
Stewart, Martin 83
Stewart, Mike 1498
Stewart, Paula 79
Stewart, Phil 1172
Stewart, Rod 10, 17, 67, 113, 212, 216, 300, 416, 470, 478, 572, 682, 806, 864, 913, 960, 1016, 1119 f., 1232, 1290, 1346 f., 1352, 1355, 1376, 1399, 1446, 1454, 1544
Stewart, Troy 339
Stewart, Tyler 99
Stiff, MUP, alias Billy Bob 1152
Stigers, Curtis 1354
Stigwood, Robert 119, 313, 345, 1218
Stiles, Ray 643, 970
Stills, Stephen 204, 210, 289, 320, 950, 1548
Stimpson, John 1211
Sting 10, 92, 95, 113, 121, 288, 474, 980, 1068, 1087 f., 1355 f.
Stingily, Byron 1401 f.
Stinnet, Ray 1216
Stipe, Michael 25, 1128, 1469
Stock, Mike 21, 377, 506, 530, 927 f., 1356, 1504, 1538
Stockhausen, Claudette 178
Stockley, Miriam 12, 1094
Stocklosa, Erry 140
Stojanovic, Gogo 398
Stokes, Darren 1423
Stokes, Sean James 79
Stokkermanns, Hans 1262
Stoll, Billy 134
Stoller, Mike 8, 388, 465, 675, 703
Stone, Charley 552
Stone, David 1135
Stone, Freddie 1289
Stone, Joanne 1356 f.
Stone, Matt 256, 969
Stone, Rosie 1289
Stone, Russel 1356 f.
Stone, Sly 115, 590, 1183, 1289 f.
Stonestreet, Joe 145
Stookey, Paul 1069
Stoor, Todde 1326
Storball, Donald Norman 221
Storm, Gale 931, 1478
Stradlin, Izzy 598 f.
Strain, Sammy 817, 1019
Straker, Nick 1358
Strange, Steve 1484
Stratton, Dennis 680
Stratton, Ed 686
Street, Richard 1399
Strehle, Julian 1410
Streifling, Jens 95
Streisand, Barbra 10, 18, 229, 381, 383, 476, 566, 569, 582, 606, 621, 640, 647, 808, 1207, 1286, 1343, 1361 f., 1369, 1431, 1500
Strenge, Verena von 420
Strickland, Keith 75
Stringer, Gary 1154
Stripe, Red 507 f.
Strobel, Aron 971
Strode, Jeremy 739
Strongman, Phillip 482
Strozier, Gordon 1146
Strummer, Joe 142, 274 f., 1085
Strykert, Ron 916
Stuart, Chad 245
Stuart, Hamish 68, 620
Stuart, Nikki 570
Stubbs, Joe 1030
Stubbs, Levi 246, 519, 1030
Stuermer, Daryl 560
Stuntman, Mad 1155
Sturken, Carl 1209
Style, Yan 750
Styles, Re 1444
Subpoppy, Joe 592
Substance, Markee 774
Such, Alec John 163
Sudano, Bruce 23, 192
Sudderth, William 65
Sue, Bobby 1152 f.
Suede, John 325
Su-Elise 939
Sulley, Susanne 662
Sullivan, Frankie 1375
Sullivan, Niki 317, 645
Sullivan, Noel 625
Sullivan, Rebecca 505
Sullivan, Terence 1159
Summer, Donna 23, 192, 240, 476, 958, 969, 977, 1241, 1361, 1369, 1463
Summers, Andy 42, 1087 f.
Summers, Bill 527
Summers, Eddie 151
Sumner, Barney 442, 996
Sump, Florian 434
Sundholm, Norm 761

Sunny 1370
Supermax 1371, 1497
Supreme, Jay 325
Sure!, Al B. 17, 1509
Sutcliffe, Stu 110 f.
Sutherland, Gavin 1376
Sutherland, Iain 1376
Sutton, Ann 1143
Sutton, Neil 662
Sutton, Tyrone 1066
Suv D 531
Suzie 1376
Suzuki, Kenji Damo 218
Svanoe, Willard 1192
Sveningsson, Magne 225
Svensson, Peter 225
Swan, Billy 1376, 1510
Swayze, Patrick 625, 1377
Sweat, Keith 69, 145, 568, 803, 837, 1264, 1301, 1377
Sweet, Darrell 988
Sweet, Rachel 240, 1294
Sweet, Steven 1494
Swerval, Pieter 826
Swift 332 f.
Swift, A. K. 854
Swift, Prince Ken 1181
Swillms, Ulrich 743
Swing, De Vante 716
Swofford, Bill 1028
Sybil 545, 1382, 1504
Sykes, John 1409, 1512
Sylvers, Angelica 1382
Sylvers, Charmaine Elaine 1382
Sylvers, Edmund Theodore 1382
Sylvers, Foster Emerson 1382
Sylvers, James Jonathan 1382
Sylvers, Jonathan 1382
Sylvers, Joseph Richard 1382
Sylvers, Leon Frank III 1382
Sylvers, Olympia-Ann 1382
Sylvers, Pat 1382
Sylvester 1383
Sylvester, Terry 643, 1053, 1380 f.
Sylvester, Tony 855
Sylvia 628, 1262, 1383
Sylvian, David 700
Syniar, Bill 1375

T., Timmy 1385
T.A.F.K.A.P., 1106
T.Bird 189
Tacky, Ken 1152
Taco 753, 1386
Taffy 1336, 1387
Takac, Robby 578
Takeuchi, Judy 768
Talbert, Wayne 1282
Talbot, Mick 1363
Talbot, Paddy 1148
Talley, Gary 175
Tamaela, Berth 521
Tamblyn, David 1022
Tamboer, Ab 429
Tamia 753, 770, 1390
Tandy, Richard 233, 441
Tanner, Aisha 65
Tappert, Brian 1310
Taree, Aerle 55
Tariq, Lord 21, 828
Tarney, Alan 16, 1245
Tarrach, Dicky 665, 961, 1144 f.
Tash, Tonia 387
Tate, Geoff 1125
Tate, Troy 1395
Tatler, Sylvia 1265
Tatman, Mike 661
Tattanelli, Vincent 1006
Tauchen, Manfred 395
Taupin, Bernie 719 f.
Tausis, Tommy 1326
Tavares, Ralph 1392
Tavares, Vic 1392
Tavarez, Rosanna 436
Tay 1381
Taylor, Alan 241
Taylor, Andy 49, 242, 422 f., 1093
Taylor, Billy 1200
Taylor, Chris 1175
Taylor, Clive 33, 351, 471
Taylor, David 436
Taylor, Diana 834
Taylor, Diane 709
Taylor, Dick 622, 1102, 1186
Taylor, Gary 520, 635, 1508, 1545
Taylor, Isaiah 87
Taylor, James 182, 386, 507, 550, 758, 1069, 1136 f., 1206, 1266, 1312, 1392 f., 1543, 1549
Taylor, Janet 392
Taylor, Jessica 807
Taylor, John 49, 369, 419, 422 f., 1093
Taylor, Johnnie 1393 f.
Taylor, Larry 220
Taylor, Les 466
Taylor, Lynne 1192
Taylor, Mel 1481
Taylor, Mick 1186 f., 1288
Taylor, Phil 962 f.
Taylor, R. Dean 1394
Taylor, Richard 860
Taylor, Rodney 456
Taylor, Roger 49, 422 f., 497, 603, 919, 1123, 1125, 1348
Taylor, Trevor 82
Taylor, True 1267
Taylor, Tyrone 1031
Taylor-Firth, Robin 1028
Taylor-Taylor, Courtney 339
Tchaikovsky, Bram 963
Te Kanawa, Kiri 102, 1394 f.
Teagarden, Jack 564
Tebb, Johnny 241
Tee, Richard 226, 477, 956
Teicher, Louis 489
Teigis, Tess 479
Temperton, Rod 627
Tempest, Joey 459 f.
Tempo, Nino 1346, 1398
Tench, Benmont 1072, 1104
Tennant, Neil 7, 442, 996, 1068
Tennille, Toni 223
Terrell, Jean 1373
Terrell, Tammi 60, 553, 1403
Terry, Kenny 69
Terry, Phil 678
Terry, Sue 461
Terry, Todd 199, 1404, 1504
Terzi, Orhan 392, 1496 f.
Tess 18
Tetteroo, Peter 1397
Tevetoglu, Tarkan 1391
Tex, Joe 413, 676, 1052, 1151, 1405, 1531
Thacker, Clive 67
Thain, Gary 1466
Tharp, Chuck 494
The Edge 1058, 1062, 1456
The Incedible Hagen 58
The Mad Stuntman 1155
The Undertaker 1538
Thele, Jens 1229
Thelin, Björn 1326
Theo, Mental 836, 1339
Theodorakis, Mikis 935
Theunissen, John 1119
Theven, Marc 1329
Thielsch, Ria 840
Thiers, Manfred Thissy 961
Thistlethwaite, Anthony 1495 f.
Thom, Bill 419
Thomas, Alex 429
Thomas, Andrew 82
Thomas, B.J. 79, 435, 1411
Thomas, Bruce 1376
Thomas, Carl 766
Thomas, Carla 620, 1151, 1413
Thomas, Charles 709
Thomas, Charley 415 f.
Thomas, Dante 1411
Thomas, Evelyn 1411
Thomas, Forrest 514
Thomas, Frederick 987
Thomas, Grady 539
Thomas, Jerome J. T. 1211
Thomas, Jimmy 811
Thomas, Joseph 717
Thomas, Kenny 1412
Thomas, Kitty 189
Thomas, Mary 324
Thomas, Mary Ann 8
Thomas, Max 269
Thomas, Mickey 136, 707 f.
Thomas, Nicky 1412
Thomas, Peter 785, 1412
Thomas, Phil 323
Thomas, Philip Michael 5
Thomas, Ralf 1197
Thomas, Ray 953
Thomas, Richard 710
Thomas, Rob 888, 1220
Thomas, Rufus 122, 169, 1412
Thomas, Shirley 389
Thomas, Timmy 1413
Thomas, Vic 1489
Thomas, Werner 442
Thomasson, Hughie 841
Thompkins, Russell 1364
Thompson, Chester 560
Thompson, Chris 863 f., 1054, 1061, 1413, 1498
Thompson, D. Clinton 1045
Thompson, Danny 213
Thompson, Dougie 1372
Thompson, Gary Ray 534
Thompson, Joe 410
Thompson, Lee 849
Thompson, Les 1009
Thompson, Linda 1265
Thompson, Little Tony 637
Thompson, Marcus 1423
Thompson, Marshall 263
Thompson, Michael 1437
Thompson, Mick 314
Thompson, Paul 929, 1199
Thompson, Porl 327
Thompson, Richard 74
Thompson, Sean 629
Thompson, Thump 342
Thompson, Tony 260, 423, 637 f., 1093
Thornalley, Phil 327, 671, 722
Thornally, Phil 722

Thorne, Ken 1414
Thorne, Tracey 464 f., 887
Thornhill, Leeroy 1111
Thornton, Blair 80
Thornton, Kevin 291
Thornton, Kia 387
Thornton, Melanie 782, 1414
Thorpe, Tony 1202
Thorup, Peter 213 f.
Thrall, Pat 61
Thrasher, Andrew 416
Thrasher, Gerhart 416
3-D 886
Thrill 1284
Throne, Zachary 629
Throp, Nicholas Bernard 328
Thunder, Johnny 1417, 1528
Thurston, Bobby 1418
Tibbenham, Mark 855
Tibbs, Gary 9, 618
Tich 359 f., 478, 635, 649
Tichy, John 293
Tickner, George 732
Tieman, Tommy 1242
Tiffany 698, 1419 f.
Tikaram, Tanita 52, 929, 1420
Tilbrook, Glenn 1330
Tilley, Sandra 878
Tillis, Pam 1056
Tillotson, Johnny 840, 1322, 1421
Tilmon, Abraham 376
Tilmon, Cleophus 376
Tilmon, Ivory 376
Tilmon, Raymond 376
Timm, Frederik 1013
Timmons, Jeff 1007
Tinka 279
Tinley, Adam 11
Tinman 1424
Tinsley, Mick 629
Tippett, Keith 417
Tivey, Cara 181
T-Low 1002
Tobe, Tikake 1359
Toby, Ryan 269
Todaro, Phil 1148
Todd, Andrew 1161
Toder, Sandy 23
Toletta, Phil 1528
Tolhurst, Laurence Andrew 327
Tolland, Bryan 366
Tolson, Peter 1102
Tomanov, Toby 1103
Tomlinson, Lee 279
Tomsco, George 494
Tone Loc 1426
Tong, Des 1211
Tong, Simon 1406
Tonkin, Garfield 326
Took, Steve Peregrine 1385 f.
Toomey, Jim 1433
Toonie 235
Top, Emmanuel 73
Topol 1427
Torian, Reggie 672
Tork, Peter 949 f.
Torpey, Pat 967 f.
Torrence, Dean 699
Torres, Tico 163, 525
Torriani, Vico 20, 1428
Torvill, Jayne 619
Tosh, Peter 600 f., 873
Tosh, Stuart 1076, 1400
Toth, Ed 1482
Toulson Clarke, Simon 1148 f.
Tout, John 1159
Towa Tei, Jungle DJ 361
Townes, Jeff 705
Townsend, David 1374
Townsend, John 1217
Townsend, Rob 477, 911
Townshend, Pete 271, 470, 694, 1147, 1417, 1433 f., 1514 f.
Townson, Ronald 492
Toya, Le 375
Toyah 242, 1134, 1434
Tozer, Faye 1345
Tozzi, Umberto 183, 1435
TQ 45, 298, 1435 f.
Tracey, Tracey 1104
Tracid, Kai 1436
Tracie 1436
Trammell, Dan 494
Tramp, Mike 1511
Trance, Holly 976
Tranchart, Romain 946
Trautmann, Stephanie 978
Travers, Brian 75, 1458
Travers, Mary 1069
Travis, Dave Lee 814
Travis, Merle 1009
Travolta, John 272, 486, 826, 1001, 1236, 1332, 1439
Traynor, Kevin 387
Treece, Malcolm 1534
Treggana, Dave 1251
Tremonti, Mark 314
Trent, Jackie 977, 1440
Treptow, Jörg 1397
Tresvant, Ralph 568, 994, 1440 f.
Trewavas, Pete 870
Tricky 548, 887, 1123, 1441
Trilett, Willie 1146
Trim, Phil 1090
Trimpop, Trini 1429
Triplett, Sally Ann 98
Troiano, Dominic 596
Troja, Pit 1221
Trojan, Franz 1321 f.
Trone, Roland 399
Trontman, Roger 1165, 1443
Trouble 312
Trouble T-Roy 628
Trower, Robin 1110
Troy, Doris 1121, 1443
Trucks, Butch 26 f.
True, Andrea 797, 1443
Trugoy The Dove 354
Trujillo, Fred 828
Trumbauer, Frankie 252
Trunzo, Phil 1525
T-Seven 970
Tsiboe, Reggie 165 f.
T-Soul 178
Tubb, Ernest 449
Tucker, Jim 1448
Tucker, Mick 1377 f.
Tucker, Paul 808
Tucker, Tanya 345, 1056
Tucker, Tommy 582
Tudor-Pole, Edward 1403
Tufano, Dennis 203
Tuggle, Brett 1512 f.
Tuitti, Brian 83
Turbo B 1299
Turgon, Bruce 514
Turner, Carl 136
Turner, Erik 1494
Turner, Graham 207
Turner, Ike 1445 f.
Turner, Joe 301
Turner, Joe Lynn 363, 1135
Turner, Linda 1415
Turner, Lonnie 1426
Turner, Nik 622
Turner, Ron 1019
Turner, Tina 58, 63, 101, 190, 257, 542, 546, 633, 639, 648, 839, 1039, 1111, 1122, 1138, 1353, 1445, 1447, 1468, 1509 f.
Turney, Geoff 1031
Turnier, Gary 551
Turrentine, Stanley 477, 1206
Turton, Geoffrey 1181
Tutuska, George 578
Tuxen, Nils 961
Twain, Shania 1448 f.
Tweedie, Pete 1104
Tweet 1449
Tweety 1002
Twigg, Gary 166
Twinkle 1450
Twitty, Conway 1259
2Pac 302, 411, 660, 745, 856, 1015, 1108, 1301, 1435, 1443, 1453 f., 1468
Tyagi, Paul 366
Tyler, Bonnie 10, 85, 898, 1250, 1454
Tyler, Red 413
Tyler, Steven 13 f.
Tyler, T. Texas 881
Tyson, Liam 240
Tyson, Ron 1399

Ude, Stefan 596
Udesom, Hektor von 377
U-God 1538
Uhle, Claudia 1540
Uhle, Matthias 1540
Uhlich, Michael 1397
Uhrmacher, Tillmann 978
Ullman, Tracey 846, 1459
Ulrich, Lars 921
Ulvaeus, Björn 3, 624, 1478
Umiliani, Piero 1461
Uncle Kracker 1461
Uncle Sam 98, 1462
Underwood, Jacob 1042
Underwood, Mike 631
Underwood, Scott 1437
Underwood, Simon 1076
Underwood, Steve 1248
Uosikkinen, David 650
Upchurch, Greg David 1115
Upchurch, Robert 1437
Uranga Amezaga, Amaya 944
Uranga Amezaga, Izaskum 944
Uranga Amezaga, Roberto 944
Urban, Margo 308
Ure, Midge 92, 169, 1289, 1461, 1465 f., 1484
Urick, Ed 35
Urlaub, Farin 58
Urso, Michael 1142
Usher 25, 727, 1054, 1116, 1468
Usher, Gary 647 f.
Uttley, Terry 1297

V, Stevie 12
Vader Abraham 1298, 1470
Vai, Steve 1512
Valaitis, Lena 1470
Valaquen, Kurt 674

Vale, Mike 698
Valens, Ritchie 318, 644, 830, 952, 1150
Valente, Caterina 243, 456, 563, 585, 1471
Valentine, Dickie 1477
Valentine, Eric 1409
Valentine, Gary 148
Valentine, Gerald 1146
Valentine, Hilton 41
Valentine, Kathy 574
Valentine, Michelle 308
Valentino, Henry 158, 1471
Valentino, Sal 115
Valenzuela, Jesse 569
Vallance, Jim 10, 571
Valli, Frankie 18, 68, 267, 517 f., 1471, 1490, 1501
Valli, June 1170
Valo 640
Valory, Ross 732
van Dahl, Ian 1472
van Dansk, Ole 393
van Day, David 204, 397, 601
van der Hilst, Fred 576
van der Linden, Pierre 508
van der Wal, Klaasje 1262
Van Dessel, Wout 1382
van Dorsselaer, Andy 849
van Dyk, Paul 1472
Van Dyke, Leroy 1472 f.
Van Eede, Nick 329
van Eijck, Hans 1397
van Geffen, Hans 608
van Gelder, Nick 698
van Haaften, Jan 608
Van Halen, Alex 1473
Van Halen, Eddie 892, 1473
van Helden, Armand 36, 1474
van Herwerden, Hans 576
van het Ende, Nathaly 1058, 1415
van Holme, Sylvain 1451
van Hoog, Grit 1474
van Hooke, Peter 928 f., 1264, 1545
van Leer, Thijs 508
van Leeuwen, Rob 1262
van Org, Lucie 837
Van Outen, Denise 370
van Rensalier, Darnell 1248
van Vondelen, Hans 1262
van Zant, Donnie 1410
van Zant, Johnny 841 f.
van Zant, Ronnie 841, 1150, 1410
Vance, Kenny 703
Vanda, Harry 432, 501
Vandenberg, Adrian 1512 f.
Vander Ark, Brad 1482
Vander Ark, Brian 1482
Vandi, Lucy 527
Vandross, Luther 123, 199, 458, 600, 675, 688, 1277, 1441, 1474 f.
Vanessa 1432
Vangelis 262, 343, 451, 666, 725, 1475, 1546
Vanian, David 337
Vanilla Ice 1301, 1476
Vann, Joey 422
Vannelli, Gino 1476
Vanspauwen, Erik 1472
Vanwarmer, Randy 1477
Vaplus, Renate 135, 377
Varell, Isabell 9, 766
Varley, Paul 56
Varney, Paul 1545
Väth, Sven 1025, 1299
Vaughan, Frankie 79, 1478
Vaughan, Jimmie 469
Vaughan, Johnny 370
Vaughan, Michael 1050
Vaughan, Sarah 606
Vaughan, Stevie Ray 469, 848
Vaughn, Billy 1478 f.
Vearncombe, Colin 138
Vedder, Eddie 1063
Vee, Bobby 374, 900, 1479
Veerman, Cees 243
Veerman, Piet 243
Vega, Suzanne 285, 292, 394, 1154, 1444, 1480
Vegas, Lolly 1150
Vegas, Pat 1150
Velez, Lisa 816
Venable, Kim 275
Venturini, Paul 1309
Vera, Billy 275, 1206, 1481 f.
Verden, Oscar 1076
Vere, Marcus 819
Veres, Mariska 1262
Verity, John 51
Verkuylen, Marco 1312
Vermeulen, Hans 1338
Vermouth, Apollo C. 167
Vernal, Ewen 355
Versteeg, Koos 1395
Vervoort, David 787
Vestine, Henry 220
Vetter, Jasmin 49
Vetter-Marciniak, Jan 58
Vicious, Sid 1083, 1244, 1281
Vickers, Carle 781
Vickers, Mike 462, 863
Vickers, Walter 456
Vidals, Maria 642
Vieira, Loalwa Braz 742
Vig, Butch 548
Vikedal, Ryan 1002
Vilato, Orestes 1219
Vincent, Gene 359, 424, 476, 1153, 1259
Vincent, Joyce 348
Vincent, Vinnie 765
Vinton, Bobby 461, 1484
Vipond, Dougie 355
Virgins, Lee 591
Virtanen, Ville 342
Virtue, Michael 1458
Visage, Michelle 1239
Visnaldi, Gianni 19, 819
Visnaldi, Paolo 19, 819
Vitesse, Pete 1270
Vito, Rick 203, 502 f.
Vittesse, Peter-John 711
Vittorio 636, 1485
Vogt, Claas 767
Volk, Philip 1162
Volkmann, Michael 557
Volkmann, Peter 1158
Vollmer, Karl-Heinz 1230
Volman, Mark 423, 1386, 1448
Volpeliere-Pierrot, Ben 327 f.
von de Werf, Kier 521
von der Lippe, Jürgen 556, 837, 1485
von Strenge, Verena 420
Voormann, Klaus 141, 863 f.
Voss, Raymond 1428
Voulzy, Laurent 1486

W., Roland 1487
Waaktaar, Pal 15
Waddington, Steve 125
Wade, Adam 1008
Wade, Jason 807
Wade, Mark 178
Wade, Stanley 1437
Wadhams, Bill 42
Waggershausen, Stefan 22, 624, 1487
Wagner, Bo 1334
Wagner, Jack 1487 f.
Wagner, Jasmin 157
Wagner, Richard 302
Wagon, Chuck 382
Wahlbeck, Sascha 778
Wahlberg, Donnie 770, 873, 995, 1048
Wahlberg, Ulf 1237
Wahls, Jessica 1010
Wahrer, Steve 1438
Wailer, Bunny 873, 893
Waite, Fred 976 f.
Waite, John 83, 1488
Waite, Junior 977
Waite, Patrick 976
Wakelin, Johnny 1488
Wakeling, Dave 109 f.
Wakeman, Rick 206, 322, 1360 f., 1546
Walden, Dana 247
Walden, Narada Michael 526, 555, 1488, 1529
Waldstädt, Bernd 854
Walker, Colin 441
Walker, David 804
Walker, Don 1552
Walker, Gary 1489
Walker, Jim 1114
Walker, John 1370, 1489
Walker, Jr 1489
Walker, Lillian 465
Walker, Scott 1117, 1489 f.
Wall, Larry 562
Wall, Tony 756
Wallace, Bill 596
Wallace, John 249
Walle, Rune 1045
Waller, Gordon 1069, 1393
Waller, Rik 552, 1490
Wallinger, Karl 1495 f.
Wallis, Larry 962
Wallman, Ian 75
Walmsley, Richard 114
Walmsley, Steve 797
Walsh, David 1044
Walsh, James 1338
Walsh, Joe 427 f., 616, 880
Walsh, John 703
Walsh, Mick 12
Walsh, Steve 269, 741, 1491
Walter, Tommy 438
Walters, Jamie 629
Walters, John 785
Walters, Trevor 1491
Walton, Andy 750
Ward, Alan 649
Ward, Alistair 337
Ward, Anita 1493
Ward, Bill 143, 768 f., 1039
Ward, Billy 1524
Ward, Carlos 74
Ward, Clifford T. 1493
Ward, Denise 855
Ward, Roy 269, 1420
Ward, Shaun 1271
Ware, Marty 517, 1446

Ware, Martyn 627, 662, 1255
Warleigh, Ray 213
Warmsley, Richard 576
Warner, Alan 515
Warner, Mark 1121
Warnes, Jennifer 282, 284, 895, 912, 1170, 1493
Warren, Diane 63, 1001, 1048
Warren, James 773
Warwick, Clint 953
Warwick, Dionne 79, 139, 159, 215, 230, 275, 545, 658, 770, 969, 1324, 1382, 1468, 1494, 1533
Was, David 1495
Was, Don 282, 770, 992, 1495
Wash, Martha 140, 199, 213, 1239, 1383, 1404, 1499
Washbourn, Joe 1427
Washington, Carl 928
Washington, Chet 429
Washington, Dinah 68
Washington, Geno 378
Washington, Grover Jr. 1495
Washington, Melodie 12
Washington, Reginald 714
Water Water, Aqua Dinero 1326
Waterman, Dennis 1497
Waterman, Pete 1229, 1306, 1356, 1504, 1538
Waters, Crystal 957, 1497
Waters, Gordon 887
Waters, Luther 1163
Waters, Oren 1163
Waters, Roger 1077 f.
Waters, Sam 291
Waters, Ted 786
Waters, Warren 248
Watkins, Herbert 1257
Watkins, Ian 1345
Watley, Jody 77, 92, 1250, 1498, 1524
Watson, Alan 928
Watson, Bo 927
Watson, Bruce 133
Watson, Jeff 1004
Watson, Johnnie 213
Watson, Valerie 280
Watt, Ben 464
Watt, Dave 8
Watt-Roy, Garth 875
Watts, Andy 1233
Watts, Charlie 213, 1186
Watts, L. C. 122
Watts, Louise Mary 268
Watts, Overend 964
Way, Darryl 328
Waybill, Fee 1444 f.
Waye, Michael 125
Wayne, Carl 644, 966
Wayne, Dig 716
Wayne, Jeff 457, 624, 1477, 1498
Wayne, Jerry 1498
Wearing, Jon 534
Weathers, Barbara 65 f.
Weathers, Sabrina 492
Weaver, Blue 33, 119 f., 471, 964, 1360
Weaver, Donny 1019
Webb, Craig 534
Webb, Jimmy 550, 658
Webb, Marti 1499
Webb, Melvin 781
Webb, Paul 1388
Webbe, Simon 152
Webber, Bob 1368
Webber, Mark 1116
Weber, Felix 1158
Weber, Virgil 278
Webster, Ingrid 1309
Weck, Henry 201
Wecker, Konstantin 476, 731
Weddell, Larry 938
Wedgewood, Mike 328
Wedlock, Fred 222, 1500
Weeink, Ard 1395
Weems, Ted 294
Weider, John 41, 477, 1504
Weidner, Stephan 161
Weikath, Michael 632
Weiler, Udo 1422
Weintraub, Lynne 1242
Weir, Alex 1425
Weiss, Betty 1252
Weiss, Jerry 149 f.
Weiss, Judy 160
Weiss, Mary 1252
Weissberg, Eric 550, 1095, 1500
Weitz, Mark 1359
Welborn, Larry 317
Welch, Bob 502 f., 1003, 1501
Welch, Bruce 613, 1001, 1245 f.
Welch, Lenny 1501
Welch, Sean 115
Weldon, Paul 437
Weller, Freddy 1162
Weller, Paul 92, 221, 695, 795, 1023, 1154, 1363 f., 1436, 1501 f.
Wellman, Jim 182
Wells, Coby 1295
Wells, Cory 1416
Wells, Jettie 855
Wells, Mary 553, 878, 1502, 1532
Wells, Mary Sue 704
Wells, Michael 1396
Welnick, Vince 588 f., 1444
Welsh, Bob 248
Welsh, Keith 668
Welty, Ron 1025
Wendehals, Gottlieb 1192, 1502
Wendland, Gerhard 1502 f.
Wener, Louise 1289
Wennick, Jan 700
Wennick, Kjeld 700
Wentz, Allen 1516
Werding, Juliane 38, 93, 543, 837, 1503
Werf, Kier von de 521
Wermerling, Richie 801
Werner, Ande 973
Werner, Max 1503
Wes, Max 1455
West, Albert 607
West, Dottie 292, 1185
West, John 804
West, Keith 1504
West, Kit 366
West, Kyle 17
West, Ricky 1088, 1439
Westbam, 219
Westermann, Bernd 279
Westfield, Rick 772
Westhead, Barry 1338
Westlake, Dave 1300
Weston, Kim 553, 1353
Weston, Mick 600
West-Oram, Jamie 500
Wetton, John 61, 446, 477, 784, 1466
Wetzels, Theo 1119
Weyman, George 436
Weymouth, Laura 1425
Weymouth, Tina 1389, 1425
Wezenbeek, Peter 1262
Whalley, Steve 1287 f.
Wharton, Darren 1409
Wheat, Brian 1404
Wheatley, Rebecca 1507
Wheeler, Carl 1426
Wheeler, Caron 1309
Wheeler, Kenny 213
Wheeler, Tim 59, 711
Whelan, Bill 1507
Whelan, Gavan 696
Whigfield 969, 1507 f.
Whippy 1152 f.
Whisky, Henry 1221
Whitaker, Hugh 657
White, Alan 1021, 1546
White, Barry 142, 187, 351, 538, 541, 623, 834, 885, 1052, 1447, 1509, 1522 f.
White, Chris 47, 1558
White, Clarence 210 f., 1173
White, Daniel 890
White, David 194
White, Fred 429
White, Glen 741
White, Jack 43, 183, 267, 620, 664, 785, 868, 1006, 1553
White, Jamie 1073
White, Karyn 77, 1509
White, Mark 5 f., 1323
White, Maurice 359, 429 f., 806
White, Ray 238
White, Ronnie 938 f.
White, Simon 917
White, Snowy 1078, 1409, 1510
White, Steve 1363
White, Tony Joe 129, 282, 1376, 1510
White, Trevor 594
White, Verdine 429
White, Vince 274
White, Will 54
Whitebread, Paul 1115
Whitehead, Alan 875
Whitehead, Don 429
Whitehead, John 901
Whiteman, Paul 318, 1346
Whitfield, David 1477
Whitford, Brad 13
Whitlock, Bobby 374, 625
Whitney, Charlie 477
Whittaker, Roger 1017, 1513 f.
Whitten, Chris 242
Whitten, Jessie 627
Whitwam, Barry Bean 636
Whiz, G. 628
Wichtig, Werner 1515 f.
Wickett, Andy 422
Widlake, Terry 1044
Wiedlin, Jane 227, 574 f., 1516
Wieland, Fred 942
Wiggins, Dwayne 1426
Wiggins, Raphael 1426 f.
Wildchild 522, 1516 f.
Wilde, Danny 1158
Wilde, Kim 735, 811, 912, 1517
Wilde, Marty 624, 741, 766, 1258 f., 1340, 1517
Wilde, Ricky 1517
Wilder, Alan 372 f.
Wilder, Johnnie 627
Wilder, Keith 627
Wilder, Matthew 1007, 1011, 1116, 1518

Wiley, Isaac 351
Wiley, Michael 351
Wilgrove, Douglas 201
Wilk, Brad 1133
Wilkeson, Leon 841
Wilkins, Elbert 413
Wilkinson, Geoff 1467
Wilkinson, Keith 1330
Wilkinson, Kevin 265, 1495
Wilkinson, Lois Ann 225
Wilkinson, Paul 507
Wilkinson, Peter 240
Will, Chill 409
Will, Dennis 125
Wille, Lou 1119
Wille, Tony 1119
Willem 965, 1518
Williams, Aaron 920
Williams, Alan 1202
Williams, Alyson 581, 1518
Williams, Andy 343, 646, 767, 931, 1041, 1238, 1365, 1519
Williams, Ann 768
Williams, Boris Bransby 327
Williams, Brandi 147
Williams, Calvin 74
Williams, Courtney 822
Williams, Danny 1520
Williams, Deniece 889, 1241, 1520
Williams, Don 343, 795
Williams, Elaine 855
Williams, Enid 963
Williams, Eric 145, 1454
Williams, Erskine 484
Williams, Fleming 661
Williams, Freedom 213
Williams, Gareth 507
Williams, Gary 1461
Williams, Geoffrey 1520
Williams, George 485, 1455
Williams, Gerry Spider Fingers 455
Williams, Hank 384
Williams, Henry 151
Williams, Jake 736
Williams, Jay 833
Williams, Jez 1365
Williams, John 833, 1285, 1521
Williams, Jorinde 1023
Williams, Joseph 1431, 1521
Williams, Kameelah 1243
Williams, Lamar 26 f.
Williams, Larry 167
Williams, Leroy 641
Williams, Maizie 165
Williams, Mason 1024, 1521
Williams, Melanie 1365
Williams, Michelle 375
Williams, Milan 293
Williams, Otis 1399
Williams, Paul 281, 569, 749, 1060, 1399
Williams, Peter 942
Williams, Richard 741
Williams, Robbie 6, 84, 387, 626, 729, 937, 1044, 1278, 1387 f., 1521
Williams, Roger 1522
Williams, Steve 1146
Williams, Stokley 938
Williams, Tony 539, 565, 1341
Williams, Vanessa 584, 904, 1429, 1522 f.
Williams, Walter L. 1019
Williams, Wayne 44
Williams, Winston 737
Williams Sr., Walter 1019
Williamson, John 1424
Willie 150 f.
Willis, Brian 1122
Willis, Bruce 1399, 1523
Willis, Carolyn 648
Willis, Chuck 301
Willis, Jez 1336, 1469
Willis, Pete 364
Willis, Victor 1483
Wills, Bob 449
Wills, Rick 513 f., 1291
Wills, Viola 114, 1523
Willson-Piper, Marty 24
Wilma 1524
Wilsh, Mike 516
Wilsher, Mick 998
Wilski, MC 115
Wilson, Al 220, 1524
Wilson, Alan 220
Wilson, Ann 254, 626, 834, 1160, 1524
Wilson, Barry 1110
Wilson, Bernhard 915
Wilson, Brian 88, 99, 105 f., 107, 648, 699
Wilson, Bryce 595
Wilson, Carl 34, 105, 107, 1206
Wilson, Carnie 857, 1525 f.
Wilson, Charles 547 f.
Wilson, Cindy 75 f.
Wilson, Clive 1131
Wilson, Damon 419 f.
Wilson, David 236
Wilson, Dennis 105, 107, 648, 1393
Wilson, Don 1481
Wilson, Ian 1211
Wilson, J. Frank 1525
Wilson, Jackie 293, 379, 429, 914, 1052, 1057, 1353, 1502, 1524
Wilson, Jeff 1118
Wilson, Joe 275, 1300
Wilson, John 329, 1407
Wilson, Kim 469
Wilson, Leslie 781 f.
Wilson, Mari 1525
Wilson, Mary 1373 f.
Wilson, Meri 1525
Wilson, Michael 359
Wilson, Muke 323
Wilson, Nancy 626, 681, 817, 862, 898, 1206
Wilson, Precious 455, 1108
Wilson, Ray 558, 560, 1355
Wilson, Ricky 75
Wilson, Robert 547
Wilson, Robin 569
Wilson, Ron 1375
Wilson, Ronnie 547
Wilson, Thomas 23
Wilson, Tony 654 f.
Wilson, Wallace 698
Wilson, Wendy 1525 f.
Wilson, Willie 1376
Wilson-James, Victoria 1309
Wilton, Michael 1125
Wimberley, Peele 296
Winans, BeBe 717, 770
Winans, Cele 458, 1526
Winberg, Bo 1326
Winding, Kai 1526
Windross, Rose 1309
Wine, Toni 50
Winfield, Chuck 150
Winfield, Jeff 796
Wingfield, Pete 1058, 1110, 1526 f.
Wingo, Richard 693
Wink, Josh 810, 1306, 1527, 1529
Winkler, Christian 178
Winsens, Peter 1326
Winslet, Kate 1527
Winslow, Barry 1200
Winslow, Dal 1438
Winston, Jimmy 1290
Winter, Edgar 619, 898, 1528
Winter, Johnny 215, 898, 1528
Winter, Keith 1248
Winter, Kurt 596
Winter, Paul 784
Winterhart, Paul 779
Winters, Ruby 1528
Winthrop, Dave 1372
Winwood, Muff 15, 347 f., 355, 385
Winwood, Steve 221, 271, 313, 347 f., 1093, 1389, 1436 f., 1529
Wire, Nicky 861
Wisdom, Gillian 1015
Wise, James 122
Wishart, Alan 133
Wishart, Peter 133
Withem, Gary 1115
Witherington, Steve 7
Withers, Bill 169, 569, 820, 1029, 1295, 1495, 1530, 1551
Withers, Pick 385
Withrow, Kenny 187
Witt, Joachim 993, 1530
Witter, Rick 1256
Wobble, Jah 833, 1114
Wobker, Holger 178
Wochele, Ralf 512
Wolf, Der 1222, 1551
Wolf, Peter 456, 557 f., 1086, 1492
Wolff, Harald 556
Wolfgang 1531
Wolfgramm, Eddie 712
Wolfgramm, Elizabeth 712
Wolfgramm, Eugene 178, 712
Wolfgramm, Haini 712
Wolfgramm, Kathi 712
Wolfgramm, Leroy 712
Wolfgramm, Moana 712
Wolfgramm, Rudy 712
Wölli 1429 f.
Wolstenholme, Woolly 97
Wolters, John 412
Womack, Bobby 300, 819, 839, 1189, 1288, 1531
Womack, Cecil 1532
Womack, Linda Cooke 1532
Wonder Mike 1367
Wonder, Stevie 58, 69, 77, 161, 179, 189, 210, 228, 251, 280, 283, 302, 321, 375, 391, 458, 470, 553, 569, 590, 600, 670, 719, 752, 770, 896, 969, 1007, 1029, 1052, 1055, 1057, 1093, 1105, 1173, 1195, 1203, 1226, 1241, 1324, 1399, 1412, 1468, 1494, 1520, 1533
Wood, Alan 698
Wood, Arthur 278
Wood, Brenton 1535
Wood, Chris 1436
Wood, Danny 995, 1048
Wood, Nancy 751
Wood, Nate 215
Wood, Peter 1376
Wood, Ron 470, 1186 f., 1290, 1544
Wood, Ronnie 314, 401
Wood, Roy 103, 394, 441, 966, 1053, 1159, 1531 f., 1535

Wood, Stuart 104
Woodgate, Daniel 849
Woodley, Bruce 1239
Woodmans, Mike 54
Woods, Adam 500
Woods, Bobby 1525
Woods, Danny 246
Woods, Gay 1342
Woods, Terry 1085, 1342 f.
Woods, Willie 1489
Woodson, Ali Ollie 1399
Woodward, Hilda 807
Woodward, Keren Jane 92
Woodward, Robert 807
Woody 27, 417
Wookie 1535
Woolfolk, Andrew 429
Woolfson, Eric 1052 f.
Woolstenhulme, Rick 807
Woolstenhulme, Sean 215
Woozy, Boozy 768
Worell, Bernie 1101
Worobiec, Ulrich 1230
Worrall, Bruce 1259
Worrell, Bernard 539
Wozniak, John 868
Wretzky, D'Arcy 1291
Wright, Adrian 662
Wright, Betty 199, 219, 457, 1413, 1536
Wright, Chuck 1126
Wright, Clive 281
Wright, Dave 1442
Wright, Edna 648
Wright, Eric 165
Wright, Ernest Jnr. 817
Wright, Gary 1537
Wright, Glen 1113
Wright, Jimmy 497
Wright, Nigel 1248
Wright, Norma Jean 260
Wright, Patricia 324
Wright, Phil 1050
Wright, Rick 154, 1077 f.
Wright, Steve 432
Wright, Sunshine 308
Wright, Tony 1403
Wright, Winston 1464
Wrixen, Eric 1407
Wuletick, Kim 884
Wulf, Ramona 1139, 1265
Wurzel 556, 962 f.
Wylie, Pete 357, 433, 483, 928
Wyman, Bill 1186
Wynette, Tammy 218, 768, 1056, 1136, 1154, 1317, 1538 f.
Wynne, Kevin 771
Wynne, Phillippe 1324
Wynter, Mark 1539
Wysocki, Jon 1332

X, Neal 1264
Xzibit 1142, 1541

Y., Andy 479
Ya Kid K 1397
Yale, Brian 888
Yamauchi, Tetsu 470, 529
Yanai, Kate 1543
Yanovsky, Zal 835, 1235
Yarbrough, Calvin 1543
Yarrow, Peter 847, 1069 f.
Yates, Mark 1403
Yazz 63, 114, 285, 1544 f.
Yeager, Roy 65
Yearwood, Trisha 891, 994, 1171
Yeazel, Robert 1368
Yester, Jerry 835
Yester, Jim 62
York, John 210 f.
York, Pete 347 f.
York, Steve 278
Yorke, Thom 1131
Yost, Dennis 275
Young, Adrian 1011
Young, Andre 411
Young, Bob 1242
Young, Colin 515 f., 1552
Young, Craig 376
Young Deenay 1223, 1550 f.
Young, Earl 1437
Young, Eldee 806, 1552
Young, Faron 931, 992, 1095, 1547
Young, George 432, 501
Young, Grant 1308
Young, James 1364 f.
Young, Jesse Colin 786, 1552
Young, Jimmy 552
Young, John 432, 1548
Young, Karen 1548
Young, Kelli 807
Young, Kenny 520 f., 1545
Young, Malcolm 432
Young, Martyn 843
Young, Neil 70, 204 f., 320, 326, 713, 786, 841, 1276, 1548 f.
Young, Paul 92, 432, 451, 825, 928 f., 996, 1211 f., 1412, 1548 f., 1558
Young, Robert 1103
Young, Roy 128, 254
Young, Steve 843
Young, Wanda 883
Young, Will 552, 1490, 1550
Young MC 1551
Youngblood, Sydney 1551
Youth 154, 729, 1033, 1557
Yukmouth 839
Yu-Tin 22

Zabler, Enrico 887
Zabo, David 236
Zacharias, Helmut 1553
Zadora, Pia 689, 868, 1051, 1553
Zager, Denny 1554
Zager, Michael 600, 1554
Zaksen, Lenni 1211
Zamfir, Gheorghe 1554
Zamora, Tye 23
Zamulo, Bernd 828
Zander, Frank 443, 486, 543, 1306, 1554
Zander, Robin 254, 626, 1524, 1535
Zanki, Edo 595, 982, 1304
Zappa, Dweezil 171
Zappa, Frank 423, 1555
Zatorski, Richard 1146
Zauner, Stefan 971
Zavaroni, Lena 1555
ZaZa 1556
Zdar, Phillipe 240
Zeb, Angus 63
Zehringer, Randy 898
Zekavica, Milan 455
Zelanka, Larry 534
Zempe, Hugo 362
Zena 939
Zender, Stuart 698
Zenker, Ramon 124, 522, 648, 677, 1067
Zero, Mike 1141
Zero, Sal 1140 f.
Zich, Denise 735
Zilinskas, Annette 94
Zlatko 1010, 1556 f.
Zoe 1557
Zöller, Jürgen 95
Zoltan Pluto 640
Zone, Mike 858
Zone, Paul 858
Zubiaga Uribarri, Carlos 944
Zucchero 160, 312, 329, 729, 978, 1061 f., 1550, 1558 f.
Zuiderwijk, Cesar 576

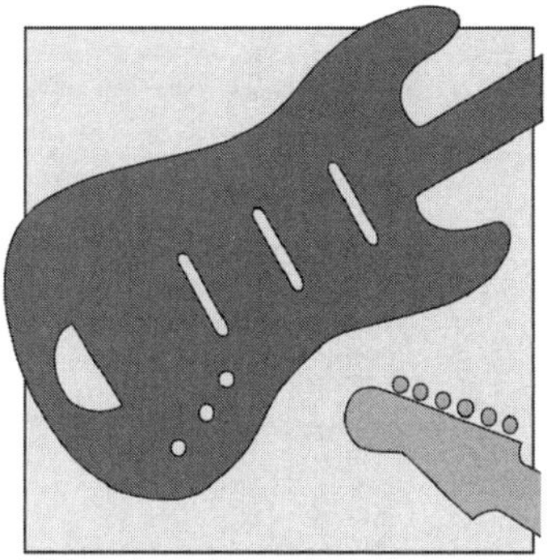

Gruppenregister

A Certain Ratio 1380
A Flock Of Seagulls 2
A Guy Called Gerald 1214, 1465
A Shallow Madness 443
A Tribe Called Quest 688
A1 1
Aaliyah 2 f., 617, 747, 810, 959
ABBA 3
Abbacadabra 610
ABC 5 f., 54, 57, 206, 714
Abfahrt 325
Absolutely Fabulous 7
Absorbic Ones 62
AC/DC 432, 562, 1507
Ace 1, 7, 231, 1330, 1355
Ace Flash & The Dynamos 7
Ace Of Base 7 f., 497, 700
Aces 366
Action 7
Ad Libs 8, 860
Adam & Eve 8, 172
Adam & The Ants 9, 45, 173, 200, 618
Adamski 11 f., 1234
Addixx 846
Adiemus 12
Adventures Of Stevie V 12
Aerosmith 13 f., 596, 598, 777, 1205
African Brothers 937
Afroman 14, 670
After 7 14, 77, 437
After The Fire 14 f., 475, 1546
A-Ha 15 f., 64, 678
Agents Aren't Aeroplanes 1356
Air Supply 16 f.
Airbus 500
Al B. Sure! 17, 1509
Alarm 490
Albert, Morris 18
Alcazar 18, 1258
Alessi 18
Alex Party 19, 819
Alias 21 f., 626, 1260
Alice Deejay 22 f., 390
Alien Ant Farm 23
Alive & Kicking 23, 192
All About Eve 24
All Saints 24 f., 58, 1367, 1444
All Seeing I 25, 267
All Star Tribute 15, 25
All-4-One 25, 336
Allman Brothers 26 f.
Allman Joys 27
allSTARS 28
Allure 28, 985, 1031
Alphaville 30, 93, 677
Altered Images 30 f.
Altern 8 31
Althea & Donna 31
Amazulu 32, 151
Ambassadors Of Funk 32 f.
Amboy Dukes 337
Ambrose Slade 1287
Ambrosia 33
Amen Corner 33, 35, 471 f., 964, 1258, 1360, 1437
America 34
American Breed 34 f.
American Garage 136
Ames Brothers 3
Amon Düül II 971
Amour & Die Kids 1108
Amplifiers 536
Anarchic System 1090
Anderen, Die 415
Anderson, Bruford, Wakeman & Howe 1547
Anderson, John, Band 715
Andrews Sisters 308, 319
Aneka 40
Angel & The Snakes 618
Angels 40 f.
Animals 41 f., 103, 206 f., 1087, 1103, 1218, 1230, 1504
Animotion 42, 884
Anon 558
Another Bad Creation 44, 123, 179
Another Level 44, 339, 1444
Ant & Dec 45, 1082
Anthony, Little, & The Imperials 306, 326, 1019
Antipasta 454
Anton aus Tirol Feat. DJ Ötzi 46
Anuna & The RTE Concert Orchestra 1507
Apache Indian 46
Aphrodite's Child 725, 1197
Apollo 100 47
Apollo Four Forty 47, 702
Apostolic Intervention 663
Applejacks (GB) 48
Aqua 48 f., 389, 875, 1326
Aquagen 49, 1494
Arabesque 49, 1082, 1217
Arcadia 49, 423, 1197
Archies 50, 324 f., 756, 1398
Architechs feat. Nana 50
Ardells 1225
Argent 51, 1464
Armoury Show 1283
Arms & Legs 689
Armstrong, Louis, & His Hot Fives 52
Army 626
Army Of Lovers 18, 38, 53
Arnee & The Terminaters 54
Arnold, David & Propellerheads 54
Arrested Development 55, 483
Arriva 1212
Arrival 56
Arrows 56, 796
Arsenal FC 57
Art Nouveau 739
Art Of Noise 57, 435, 440, 451, 729, 859, 977
Artful Dodger 57 f., 75, 290, 343
Arthur & The Corvets 296
Arzachel 1350
Ärzte 58 f., 110, 171, 341, 365, 544, 601, 617, 749, 765, 838
Ash 59, 832
Ashanti 59 f., 484, 686
Ashford & Simpson 60, 147
Ashton, Gardner & Dyke 60 f., 120
Asia 61, 206, 446, 784
Asia Blue 232
Ask Rufus 35, 752
Assembly 61, 453, 966, 1254, 1463, 1544
Associates 61 f.
Association 62, 420, 1061, 1084

Astro-Jets 17
Aswad 63
atb 64
ATC 64, 1456
A-Teens 64 f.
Atlanta Rhythm Section 65, 275
Atlantic City Expressway 163
Atlantic Starr 65 f.
Atomic Kitten 66, 1095, 1367
Atomic Mass 364
Atomic Rooster 66 f., 196, 446, 482, 1231
Attila 718
Attitudes 1286
Aurora 67 f.
Average White Band 68, 131, 423, 545, 619 f., 673, 831, 1545
Avons 163
AWB 68
Ayers, Kevin, Band 1087
Ayman 69, 1377
Az Yet 69, 72, 245
Aztec Camera 70
Azteca 427
Azzido Da Bass 70

B., Eric, & Rakim 466, 624
B. Bumble & The Stingers 74
B. Devotion 1257
B. T. O. 80
B.B.E. 73
B.T. Express 74
B.V.S.M.P. 73 f.
B'witched 75, 181
B-15 Projekt 75
B-52's 75 f., 323, 1495
Baby Bird 76
Baby D 76 f.
Baby Grant 651
Babylon Zoo 78, 969
Babys 732, 1488
Baccara 78, 367
Bachelors 79 f., 1548
Bachman-Turner Overdrive 80, 597
Backroom Boys 669
Backstreet Boys 25, 80 f., 148, 184, 234, 497, 738, 807, 956, 984, 1042, 1317, 1505
Bad Boys Blue 82
Bad Boys Inc. 82, 1005
Bad Company 82 f., 264, 514, 530, 840, 964
Bad English 83, 732, 1488
Bad Manners 83 f., 109
Baddiel & Skinner 84, 809
Badfinger 84 f., 1204
Badger 61
Bag Of Blues 712
Baha Men 87
Baker, George, Selection 89
Baker Gurvitz Army 600
Baker, Yvonne, & The Sensations 1241
Balance 156
Ball, Kenny, & His Jazzmen 98
Ballard, Hank, & The Midnighters 255
Ballpoint 235
Balls 953
Baltimora 91, 687, 1054, 1093
Bamboo 91, 745, 1221
Bananarama 7 f., 91 f., 537, 1249, 1262, 1345, 1356
Band Aid 92 f., 165, 206, 233, 322, 419, 896, 1466, 1468, 1550
Band Für Afrika 93
Band Of Gypsys 634
Band Of Hope 501
Band Of Joy 792
Band ohne Namen 93
Bandit 380
Bandwagon 724
Bangles 94, 575, 1106
Bangs 94
Bano, Al, & Romina Power 94 f.
Banshees 1281
Banton, Pato 95, 453
BAP 93, 95 f.
Barbin Rocks 766
Barclay James 97, 200, 870, 1293
Bardo 98
Barefeet 1027
Barenaked Ladies 98, 609, 729
Bar-Keys 1151
Barnaby Bye 18
Barons 699
Barron Knights 100, 1537
Barry & The Tamerlanes 378
Basement Jaxx 101
Basie, Count, Band 153
Bass Culture 541
Bassheads 103
Bass-O-Matic 103, 1035
Bates 171
Bauhaus 832
Bay City Rollers 96, 104, 112, 216, 356, 1076, 1289, 1465
Bazuka 105
BBM 956
bbmak 105
BC 76
BC-52's 76
Beach Boys 88, 105, 107, 159, 217, 223, 463 f., 484, 530, 596, 601, 648, 684, 699, 857, 862, 872, 904, 952, 1173, 1276, 1341, 1375, 1393, 1504
Beach Bums 1240
Beachcombers 170
Beagle Music Ltd. 108
Beale Streeters 757
Beast 1092
Beastie Boys 108 f., 447, 538, 1427
Beat 109
Beat Brothers 1259
Beat Jockeys 825
Beat Stones 140
Beaters 1482
Beatles 3 f., 34, 48, 60, 92, 100, 106 f., 110, 114, 119, 121, 131, 141, 167, 171, 210, 247, 255, 282, 301, 315, 317, 320, 329, 340, 370, 374, 388, 395, 398, 405, 410, 422, 463, 475, 528, 540, 543, 580 f., 616, 643, 682, 715, 719, 745, 763, 767, 775, 780, 787, 794, 798 f., 883, 895, 897, 906, 920, 981, 1021, 1023, 1053, 1079, 1088 f., 1097, 1100, 1144, 1186 f., 1229, 1233 f., 1259, 1265, 1286 f., 1293, 1303, 1320, 1335, 1337, 1357, 1368, 1371, 1381, 1392, 1396, 1402, 1428, 1443, 1456, 1477, 1481, 1535, 1550
Beatmasters 114, 168, 576, 1477
Beats International 114 f., 657
Beau Brummels 115, 1289
Beautiful Losers 1145
Beautiful South 115 f., 657, 1357
Beck, Bogert & Appice 1476
Beck, Jeff, Group 470, 1352, 1544
Beckies 796
Bedlam 1092
Bee Gees 34, 118, 121, 148, 166, 180, 313, 376, 383, 444, 566, 807, 839, 867, 924, 1015, 1055, 1142, 1185, 1209, 1218, 1332, 1437, 1494
Beefeaters 210
Beenie Man 121, 696, 977, 1458
Bell, Archie, & The Drells 122
Bell Biv DeVoe 44, 123, 179, 568
Bell Book & Candle 123
Bell Telefunk 351
Bellamy Brothers 124, 1177, 1331
Belle & The Devotions 1432
Belle Epoque 124
Belle Stars 124, 388, 445
Bellini 124 f., 1067, 1222
Bells 125, 319, 574, 915, 933, 1027 f.
Beloved 125, 603
Ben 126
Bennett, Cliff, & The Rebel Rousers 128, 1293
Bennett's, Cliff, Rebellion 128
Berk Brothers 1101
Berlin 129 f.
Berliner Philharmoniker 547
Berries 1181
Beyond 1157
Big Audio Dynamite 439
Big Brother & The Holding Company 315, 730
Big Country 133, 456, 1285
Big Dance Theory 1073
Big Fun 133, 548, 676, 1306
Big In Japan 809
Big Light 1398
Big Mountain 134, 821
Big Soul Band 619
Big Star 176
Big 6 470
Billy & The Beaters 1482
Bino 135
Birkin, Jane & Serge Gainsbourg 135
Biz Markie 136, 390
Bizarre Inc. 136
Bizz Nizz 137, 1452
Black 138
Black Abbots 5
Black Beats 140
Black Box 140, 942, 1336, 1499
Black Claw 254
Bläck Fööss 140 f., 1350
Black Grape 141 f., 485, 610
Black, Jay, & The Americans 703
Black Lace 142, 1298, 1324
Black Legend 142
Black Plague 1528
Black Sabbath 142 f., 603, 641, 645, 712, 1039, 1092
Black Sabbath with Tony Iommie 143
Black Sheep 513
Black Slate 144
Black Tie 1376
Black Watch, Band Of The 144
Blackberries 275
Blackbyrds 144
Blackfoot 201
Blackfoot Sue 144
Blackjack 162
Blackmore's, Richie, Rainbow 166, 227
Blackouts 1555
BLACKstreet 145, 885, 1454
Blades 711
Blancmange 145 f.
Blapps Posse 831
Blaque 147

Blattschuß & Die Blaue Geige 556
Blessid Union Of Souls 147
Blessings 227
Blind Faith 271, 313, 347, 477, 1437, 1529
Blink-182 1, 148
Blizzards 140
Blockheads 424
Blockster 148, 844
Blodwyn Pig 721
Blondie 148 f., 197, 285, 476, 618, 1104, 1189, 1448, 1532
Blood On The Saddle 94
Blood, Sweat & Tears 149 f., 261, 1501, 1558
Bloodhound Gang 150
Bloodstone 151, 1527
Blossom Toes 417
Blossoms 159
Blow Monkeys 151 f., 660
Blue 152
Blue Belles 783
Blue Boy 152 f.
Blue Diamonds 153, 161
Blue Direction 625
Blue Flames 476
Blue Goose 85
Blue Magic 153
Blue Mink 99, 153, 343, 607, 1286
Blue Nature 154
Blue Notes 1060
Blue Pearl 154
Blue Ridge Rangers 315 f.
Blue Rockets 1177
Blue Swede 154 f.
Blue System 155, 945
Blue Velvets 315
Blue World On Anagram 146
Blue Zone 1333
Bluebells 155
Bluegenes 1380
Blues Band 728
Blues Brothers 169, 728, 863
Blues Image 155
Blues Incorporated 89, 213, 694
Blues Keepers 97
Blues Magoos 156
Blues Project 150, 1310
Blues Traveler 156
Bluesbreakers 502
Bluesology 89, 719
Bluetones 156
Blümchen 157, 184, 1444
Blur 158, 582, 1074, 1132
Bob & Earl 159, 786, 1509
Bob & Marcia 159
Bob The Builder 160
Bobby & Sylvia 628
Bodysnatchers 109
Böhse Onkelz 161
Bomb The Bass 162, 259
Bombalurina 162
Bomfunk MC's 163
Bon Jovi 163 f., 291, 422, 837
Bone Enterprise 165
Bone Thugs-n-Harmony 165
Boney M. 165 f., 455, 480 f., 1176
Bonzo Dog Doo-Dah Band 167, 580, 1225
Boo Radleys 168
Boogie Box High 168
Booker T. & The M. G.'s 168, 301
Boomtown Rats 169
Boone Family 170
Bordersong 626
Boston 172 f.
Boston Pops Orchestra 654
Bots 1230
Bow Wow Wow 173 f., 176, 325, 905, 1161
Box Of Frogs 911, 1544
Box Tops 175 f., 1531
Boy Meets Girl 177
Boys Club 178, 713
Boys Next Door 291
Boys Town Gang 178
Boytronic 178
Boyz 178 f.
Boyz II Men 44, 69, 77, 179, 336, 458, 555, 740, 820, 1116, 1164, 1264, 1299, 1462
Boyzone 39, 75, 120, 180 f., 336, 377, 552, 746, 967, 972, 1154, 1505
Brainbox 508
Brainstorm 458
Brainwave 73
Bran Van 3000 181, 893
Brand New Heavies 182
Brandy & Monica 183, 949
Brave Belt 80
Bravo All Stars 184
Braxtons 185
Bread 176, 185, 222, 974, 999
Break Machine 185
Breakfast Club 185 f., 850
Breathe 186
Brewer & Shipley 186
Brian & Brenda 1207
Brian & Michael 187
Brighouse & Rastrick Brass Band 188
Brilliant 154, 767
British Electric Foundation (B. E. F.) 627
British Lions 964
Bro'Sis 189
Brodsky Quartet 307
Broken Combs 1473
Bronski Beat 28, 190 f., 294, 1305
Brooklyn Bounce 191
Brooklyn Bridge 191 f.
Brooklyn Dreams 23, 192, 1207
Bros 133, 194, 288, 377, 422, 1014
Brother Beyond 194
Brother Love 1095
Brotherhood Of Man 195, 436, 1370
Brothers 195
Brothers Johnson 195, 675
Brothers Keepers 196
Brown, James, & The Famous Flames 198
Brown, Joe, & The Bruvvers 199
Brown's Home Brew 199
Brownstone 201, 446
Brownsville Station 201
Bruce & Bongo 201
Bruce & Terry 107, 1172
Bruce Hornsby & The Range 33, 292, 653
Bruisers 170
Bryndle 575
Bubblerock 760
Buchanan & Goodman 579,, 639
Buck, John, & His Blazers 378
Bucketheads 202
Buckingham-Nicks 203
Buckinghams 203
Buckner & Garcia 203
Bucks 397
Bucks Fizz 98, 204, 1471
Buckskin Boys 284
Buffalo Springfield 204 f., 320, 822, 1548
Buggles 61, 206, 1546
Bull Angus 525
Bunny, Jive, & The Mastermixers 715
Buoys 647
Burnette, Johnny, Trio 207
Burnt Oak 967
Bus Stop 207, 400, 409, 644
Bush 207 f.
Bush, K. T., Band 208
Butterfield, Paul, Blues Band 136, 969
Butts Band 406
Buzzardís, Dr., Original Savannah Band 753
Buzzcocks 592
Byrd, Gary, & The G. B. Experience 210
Byrds 168, 200, 210 f., 240, 250, 320, 374, 495, 569, 809, 906, 1111, 1168, 1173, 1448
Byron Band 1406

C & C Boys 234
C & C Music Factory 212 f.
C & C Music Factory Feat. Freedom Williams 213
C. C. S. (= Collective Consciousness Society) 213
C. J. & Co. 283
Cactus 155, 1476
Caesar & Cleo 167, 257, 1307
Calderstones 85
Calgary Stampede 1332
California Boys Choir 777
Calling 215
Calloway 216, 738, 800, 927
Cambridge Circus Show 615
Camel 1286
Cameo 216, 1038, 1126
Camera Club 397
Camillo's, Tony, Bazuka 105
Camisra 216
Camouflage 216 f., 1169
Can 218 f.
Candy Flip 219
Candyman 219
Canned Heat 219 f., 699, 716
Cantina Band 267
Cap'n Swing 233
Capitol City Rockers 976
Capitols 221, 786, 1446
Cappella 222
Capstick, Tony, & The Carlton Maine/ Frickley Colliery Band 223
Captain & Tennille 107, 223
Captain Hollywood Project 223, 1147
Captain Jack 224
Caravan of Stars 400
Caravelles 225, 606
Cardigans 225, 1404
Care 809
Cargo 288
Caribbean Rhapsody 803
Carl & The Passions 106
Carlone, Freddy, Band 294
Carpenter, Richard, Trio 230
Carpenters 29, 230, 531, 883
Cars 233 f., 511, 1016, 1381, 1449
Carter U.S.M. 235
Carter-Lewis & The Southemers 506
Cartoons 235 f.
Carvetts 235
Cascades 236, 378

Cashmeres 1038
Casinos 238
Cassandra Complex 1469
Cassius 240, 779, 1295
Cast 240
Cast From Casualty 240
Castiles 1328
Casuals 241, 1418
Catatonia 241
Catch 242, 800
Catch, C.C. 242
Catrins Madison Club 243
Cats 243
Caught In The Act 184, 243, 735
Cavaliers 1525
C-Block 244
CCW 1359
Celebrate The Nun 1229
Cerrone 245, 1220
Chad & Jeremy 245, 605
Chairmen Of The Board 246, 671
Chakachas 246
Champagne 1105
Champaign 247, 1161
Champs 217, 449, 1234
Changing Faces 248
Chantays 248 f.
Chantels 306
Chantours 263
Chapter 8 88, 165
Charge 290
Charlatans 250
Charlene 251
Charles & Eddie 253
Charles, Ray, Singers 253
Chas & Dave 254, 1432
Cheap Trick 254, 476, 1404, 1524
Check 1–2 904
Cheech & Chong 256
Chef 256, 623, 969
Chelsea F.C. 256
Chemical Brothers 257
Chic 260, 280, 421, 650, 946, 1093, 1367, 1474
Chicago 70, 202 f., 245, 260 f., 969
Chicago Transit Authority 245
Chicane 11, 261 f., 270
Chicory Tip 262
Chiffons 40, 262, 510, 616
Child 262 f.
Childliners 263
Chi-Lites 263
Chilli Feat. Carrapicho 264
Chimes 264
China Black 264
China Crisis 264 f.
Chinn/Chapman 1131
Chipmunks 236, 1227
Chocolate Papers 412
Chocolate Puma 265, 579
Chords Five 1296
Chosen Few 1516
Chris & Pony 866
Christians 265 f., 564, 682, 1552
Christie 266 f.
Christmas 962
Chubby & The Turnpikes 1392
Chumbawamba 267 f.
Church 24
Cindy & Bert 129, 268
Circle 4 Ranch Boys 1184
City Boy 269, 855, 1420
City High 269, 462, 706
City Lights 256
City Preachers 812
Clail, Gary, On-U Sound System 270
Clannad 270, 451, 654, 1550
Clarence & Calvin 234
Clark, Dave, Five 273, 750
Clark's Commandos 340
Clash 274 f., 407, 482, 697, 1085, 1175, 1283, 1318
Classics 267
Classics IV 275
Claudio, Rik & Roger 275
Clayton, Adam & Larry Mullen 276
Cleffs 806
Clefs 1552
Cleftones 817
Cleopatra 277, 1478
Climax 278, 538, 1044
Climax Blues Band 278, 538
Climax Chicago Blues Band 278
Climie Fisher 278, 983
Clinton, Larry, Band 1346
Clock 278 f., 745, 1317, 1359
Clout 279
Clover 805
Clovers 1238
Clowns & Helden 270
Club House featuring Carl 280
Club Nouveau 280, 894, 1423
Clubhouse 1093
Clyton, Eddie, Skiffle Group 1337
Coast To Coast 281
Coasters 643, 775
Co-Co 204
Cochran Brothers 111
Cochran, Tom & Red Rider 281
Cock Robin 281
Cockney Rebel 188, 283, 478, 612, 1053, 1213, 1510
Cola Boy 285
Coldcut 115, 285, 1333, 1467, 1544
Coldplay 286
Collins, Dave & Ansil 288
Color Me Badd 72, 291
Colosseum 482
Colosseum II 955, 1135
Colourfield 537, 1318
Colyer's, Ken, Jazzmen 134, 401
Comets 720
Comic Relief 259
Coming of Age 1435
Commander Cody & His Lost Planet Airmen 292
Commodores 293, 1167, 1390, 1418, 1509
Communards 294, 1305
Composition of Sound 372
Con Funk Shun 427
Confederates 1514
Congregation 296, 343, 346, 1084
Connells 296
Conniff, Ray, Orchester 296
Conny & Jean 299
Continentals 715
Contours 300, 1030
Cookie Crew 114, 1477
Cookies 301
Cool Heat 968
Cool Notes 520
Copernicus 1231
Cornelius Brothers & Sister Rose 303
Cornershop 304, 485
Corona 304 f., 876
Corporation 692
Corrs 305
Cosmic Gate 306
Count Five 307 f.
Country Joe & The Fish 315
Course 308
Coventry Automatics 1318
Coventry Specials 1318
Cover Girls 308
Coverdale/Page 793
Cowboy Junkies 654
Cowsills 309
Cranberries 123, 310, 367, 723
Crash Test Dummies 311
Crazy Town 312 f.
Crazy World of Arthur Brown 66, 196, 446
Cream 29, 271 f., 313, 870, 1031, 1107, 1401, 1422
Creation 44, 60, 123, 179, 314, 920
Creations 591
Creators 8
Creatures 1281
Creed 314, 588
Creedence Clearwater Revival 315, 510, 1282
Creole, Kid & The Coconuts 753
Crests 191
Cretu & Thiers 451
Crickets 317, 537, 645, 900
Crosby, Bob, Orchester 349
Crosby, Stills & Nash 210, 320, 643, 940, 1132, 1548
Crosby, Stills, Nash & Young 205, 320, 509, 840, 1549
Cross 1124
Crossfires 1448
Crosswind Singers 1448
Crow 1369
Crowd 322, 564, 1504
Crowded House 322 f.
Crown Heights 323
Crown Heights Affair 323
Crucial Three 433, 1395
Cruisers 131, 214
Crusaders 312, 323, 1248
Crystals 40, 159, 324, 1081
Cuban Boys 324
Cuff Links 50, 324 f., 647
Cult 598
Cult Heroes 327
Culture Beat 325
Culture Club 92, 176 f., 325, 337, 756, 1213, 1351
Cumberland Three 1351
Cummings, Burton 326, 596 f.
Cupid's Inspiration 326, 620
Curb, Mike, Congregation 346
Cure 327, 373, 671, 697, 722, 987, 1281
Curiosity 327 f.
Curiosity Killed The Cat 327 f.
Curved Air 328, 1087, 1286
Cusco 646
Cut 'n' Move 329
Cutler, Adge & The Wurzels 1537
Cutting Crew 329
Cyrkle 329

D. O. C. 411
D.R.S. 332
D12 447
da Silva, Rui feat. Cassandra 334
Dactyl, Terry, & The Dinosaurs 334, 803
Dada 192, 1049
Dadadang 1016

Daddy DJ 334
Daft Punk 334 f., 946, 1314, 1334
Dakotas 775
Dale & Grace 335
Dalton Brothers 1490
Damage 58, 335 f., 1283
Damn Yankees 337, 1005, 1365
Damned 224, 337, 435, 836, 1485
Dan Reed Network 422
Dan The Banjo Man 338
Dance 2 Trance 338, 1358
Dandy Warhols 339, 670
Dangers, The 563
Daniels, Charlie, Band 339
Danny Wilson 339 f.
Darlin' 335
Darts 342, 1535
Darude 342
Das Bo 342
Data 1213
David & Jonathan 243
Davies, Windsor, & Don Estelle 344
Davis Sisters 347
Davis, Spencer, Group 347
Dawn 348 f.
Dawn Feat. Tony Orlando 348
Dawnbreakers 1234
Daze 34
Dazz Band 351, 772
DB Boulevard 351
De La Soul 354
De Sykes, Stephanie 355
De Sykes, Stephanie, with Rain 355
De'lacy 354
Deacon Blue 355
Dead Clergy 235
Dead End Kids 356
Dead Or Alive 164, 356 f., 1356
Dean And Mark 998
Death In Vegas 358, 1089
DeBarge 358 f.
Decibels 1240
Dee, Daddy 565
Dee, Dave, And The Bostons 359
Dee, Dave, Dozy, Beaky, Mick And Tich 359
Dee, Joey, & The New Starliters 361
Dee, Joey, & The Starliters 360, 1143
Deee-Lite 361
Deele 77, 362, 1508
Deep Blue 362
Deep Blue Something 362
Deep Feeling 221
Deep Forest 47, 362, 1504
Deep House Sound 136
Deep Purple 143, 171, 321, 363, 530, 665, 742, 754, 780, 793, 1092, 1135, 1145, 1200, 1346, 1398, 1512
Def Leppard 269, 364 f., 397, 1026, 1413, 1449
DeFranco Family 365
Degrees Of Motion + Biti 366
Del Amitri 366 f.
Del Capris 783
Del Tha Funkee Homosapien 367, 582
Delaney & Bonnie 271, 301, 503
Delaney, Bonnie & Friends 271
Delaney, Eric, Band 192
Delbert & Glen 897
Delegates 368
Delerium 368, 905
Delfonics 308, 368, 614 f., 671
Dello, Pete, & Friends 649
Dells 369, 429, 803
Dell-Vikings 81
Delphis 665
Del-Phis 878
Del-Satins 191
Deltas 643
Demus, Chaka, & Pliers 369
Denims 1348
Dennis, Alan, Band 370
Deodato 372
Depeche Mode 61, 372 f., 453, 714, 944, 966, 1072, 1139, 1147, 1356, 1544
Depp Jones 58
Derek & The Dominos 27, 374, 803
Des'ree 332, 375
Desidores 263
Detours 1514
Detroit Emeralds 376, 505
Detroit Spinners 189, 376, 1324
Detroit Wheels 1208
Deuce 107, 332, 376 f.
Deuces Wild 971
Devilles 1554
Dexy's Midnight Runners 67, 378 f., 482, 1058, 1527
Diamond Boys 607
Diamonds 614
Dick & Doof 789
Dickies 382, 592
Dillard & Clark 428
Dillard, Moses & The Tex-Town 202
D-Influence 1463
Dion The Belmonts 384
Dire Straits 87, 385 f., 728
Dirt Band 1009
Disco Brothers 1422
Disco Tex & The Sex-O-Lettes 386 f.
Disco3 484
Divine 387
Divine Comedy 387, 729
Divinyls 388
Dixie Cups 388 f.
Dixie Diesels 292
Dixie Dregs 363, 741
Dixiebelles 389
DJ Aligator Project 389
DJ Jurgen Presents Alice 390
D-Mob 370, 393, 1477
DNA 394, 1480
Doberman 575
Doc West 788
Doctor & The Medics 394, 593
Dodgers 85
Dodgy 395
DÖF 395
Dog Eat Dog 9, 396
Dollar 57, 206, 397, 1076
Dolls United 398
Dolphins 643
Dominoe 399
Don & Juan 399
Don Pablo's Animals 399, 1262
Donaldson, Bo, & The Heywoods 400
Donna Allen & Company 26
Doobie Brothers 403, 421, 596, 900, 1137, 1213, 1413
Doofen 171, 404
Doolally 404, 1253
Dooleys 404
Doop 405
Doors 405, 407, 446, 762, 848, 1416
Dorsey Brothers 641
Dorsey, Jimmy, Orchestra 674
Dorsey, Tommy, Orchestra 281, 1276
Double 288, 360, 408, 514, 737, 745, 831, 844, 905, 1148, 1477
Double Trouble 408, 831, 1148, 1477
Double Vision 408, 514
Double You 408, 737, 745
Dovells 101, 1038
Down Low 410, 747
Downbeats 443, 1162
Downtown Fraction 813
Dr. Feelgood 412, 836, 962
Dr. Hook 412, 652
Dr. Hook & The Medicine Show 412
Dr. John 413
Dr. West's Medicine Show & Junk Band 593
Dragon, Carmen & His Orchestra 223
Drahdiwaberl 475
Dramatics 413, 1300
Dream 414
D:ream 1, 414
Dream Academy 341, 414
Drifters 344, 396, 415 f., 479, 490, 507, 520, 647, 757 f., 840, 898, 908, 1245, 1417, 1545
Drinkard Singers 275
Driver 67 417
Dru Hill 197, 417, 686, 977, 1203, 1282 f., 1533
Dschinghis Khan 418
Dubliners 418, 1085
Dukays 247
Duke, George, Trio 702
Dukes 771, 853, 1418
Dukes Of Stratosphear 1541
Dunblane 419 f.
Dune 420
Duo Eye To Eye 877
Duponts 817
Dupree, Simon, & The Big Sound 421
Duprees 422
Duran Duran 49, 67, 92, 242, 419, 422 f., 574, 739, 801, 865, 1036, 1093, 1263, 1308
Duval, Maria & Franco 424
Dynamics 413
Dynasty 1382

E Nomine 427
Eagles 200, 427 f., 494, 532, 634 f., 838, 931, 1045, 1191, 1298, 1312
Earth 143, 1039
Earth & Fire 429
Earth, Wind & Fire 88, 351, 359, 429 f., 448, 533, 806, 1363, 1412, 1418, 1477
Earthrise 1087
East 17 39, 377, 430, 522, 544, 1014
East Of Eden 431
East Side Beat 280, 321, 431
Easy Cure 372
Easy-E 411
Ebb 621
Eccentrics 1554
Echo & The Bunnymen 433 f., 603, 767, 809
Echo Valley Boys 1313
Echobeatz 434
Echos 717
Echt 434
Ect, The 414
Eddie & The Four Tunes 17
Eddie & The Hot Rods 435

Edelhagen, Kurt, Orchester 456
Edelweiß 436, 630
Eden 1362
Eden's Crush 436
Edison Lighthouse 195, 436 f.
E-drenalin 1073
Edward Bear 437, 689
Eels 438
Eiffel 65 439
Eighth Wonder 439, 1021, 1068, 1270
808 State 54, 440, 767, 894, 1104, 1477
El Pasador 440
Elastica 1366
Electric Chair 507
Electric Light Orchestra 441, 1535
Electric Prunes 823
Electric Sun 1231
Electronic 442, 996, 1068
Electronica's 442 f.
Elegato 602
Element Four 443, 1083
Elgins 443, 749, 1399
Elizabethans 1297
Ellis, Beggs & Howard 740
Ellis, Morris, Orchestra 693
Elm Tree 1548
Emanon 864
Embrace 445
Emerson, Lake & Palmer (EL&P) 61, 67, 445 f., 784, 859
Emerson, Lake & Powell 1092
EMF 47, 446 f., 711
Emmenon 851
Emmy 851
Emotions 189, 227, 377, 448, 794, 804, 941, 1188, 1488
Empire Bizarre 932
En Vogue 448 f., 458, 1215
En-Rage 451
Encore 1222
End 235
Engerling 1208
England Dan & John Ford Coley 449
England United 450
England World Cup Squad 450
England/New Order 449, 485
Enigma 64, 450 f., 1217
Enya 270, 451 f.
EPMD 848
Epsilons 901
Equals 95, 452 f., 587
Erasure 4, 45, 61, 453, 594, 610, 966, 1254, 1544
E-Rotic 453 f., 833
Erste Allgemeine Verunsicherung 454
Eruption 455, 480 f., 520, 1176
Escape Club 455
E-17 427, 430 f.
Escorts 643, 1381
Escovedo, Pete & Sheila 56
Essex 456 f., 1080
E-Street Band 131, 1190, 1328
Eternal 66, 94, 244, 277, 458, 650, 768, 791, 826, 831, 1005, 1388
Eternity's Children 1334
Europe 254, 459
Eurythmics 68, 92, 285, 460, 471, 548, 800, 824, 985, 1011, 1249, 1351, 1433
Evan, John, Band 711
Evan's, John, Smash 711
Evans & Hanselmann 609
Even Dozen Jug Band 1235
Everly Brothers 34, 153, 295, 437, 462, 464, 598, 604, 988, 1034, 1110, 1490, 1527
Everons 456
Every Mother's Son 464
Everything But The Girl 464 f., 887, 1012, 1138
Exciters 465 f., 470, 538, 631, 864
Executive 1506
Exile 466
Exodus 134
Extrabreit 93
Extreme 467, 1473
Eye To Eye 877

F. P. I. Project 468
Fabulous Knighttrains 1225
Fabulous Rhinestones 203
Fabulous Thunderbirds 437, 469
Face 565
Faces 469 f., 530, 1352
Fad Gadget 373
Fair Weather 34, 471 f.
Fairfax 1157
Fairground Attraction 471
Faith No More 473
Faithless 382, 474 f., 488, 1028, 1547
Falcons 1026, 1030, 1075
Fall, The 397, 809
Fame & Price Together 1103
Fame, Georgie & The Blue Flames 477
Family 61, 103, 477 f.
Family Affair 828
Family Dogg 478, 607, 1257
Family Stand 478
Famous Flames 198
Fantastics 479
Fantastischen Vier 331, 479 f., 531 f., 1325
Far Corporation 480, 1431
Farm 482, 850, 926, 928, 1368
Farriss Brothers 678
Fascinations 466
Fat Boys 255, 484
Fat Larry's Band 484
Fat Les 485
Fatback Band 200, 485
Fatboy Slim 115, 485, 590, 1517
Father Abraphart & The Smurps 760
FBI 62
Feather 1217
Feathers 174
Feeder 487
Felicity 634
Felony 350
Fenton, Shane, & The Fentones 1335
Fernando Express 9
Ferrante & Teicher 489 f.
Ferris Wheel 806
Ferry Aid 490
Fettes Brot 491
Fiction Factory 491
Fiddler's Dram 492
Fierce 492
Fifth Dimension 492 f., 533, 863, 898, 1018, 1174
57 Men 1492
53rd & 3rd 334, 760
Fine Young Cannibals 89, 110, 115, 493, 1309
Finesse Five 569
Fink Brothers 850, 1368
Fire Horse 609
Fireballs 494
Firefall 494 f., 626, 716
Firehouse 495
Firm 83, 495, 530, 1116, 1202
First Choice 495 f.
First Class 436, 496
First Edition 1185
Five 57, 496, 1125, 1505, 1547
Five Americans 497
Five Crowns 416, 757
Five Gospel Harmonaires 784
Five Man Electrical Band 498, 1405
Five Proud Walkers 661
Five Stairsteps 498
Five Star 498 f., 1134
Five Tops 499
5000 Volts 253, 499 f.
Fixx 500, 1122
Flaming Youth 290
Flash 321
Flash & The Pan 432 f., 501 f.
Fleetwood Mac 203, 439, 502 f., 588, 823, 909, 955, 1003, 1163, 1219, 1351, 1501
Fleetwoods 338
Fleur De Lys 326
Flint 585
Flip City 307
Flipper 944
Flippers 504
Flirts 505, 987
Float Up C P 259
Floaters 505
Florida Playboys 252
Flowerpot Men 436, 505 f., 684
Flowers 668
Flucht 837
Flyer 788
Flying Burrito Brothers 29, 210, 428, 495
Flying Lizards 507, 877
Flying Machine 507, 1079, 1206, 1392
Flying Pickets 507 f., 1544
Flyte Tyme 815, 1020
Focus 375, 508 f., 1109
Fontana, Wayne, & The Mindbenders 511
Fontane Sisters 294
Foo Fighters 511, 1008
Fool's Garden 512
Force Legato 325
Force M 512
Force M. D.'s 512
Ford, Dean, & The Gaylords 218, 546, 875
Foreigner 51, 397, 513 f., 584, 1291, 1358, 1449, 1489
Formation D-Influence 32
Forrest 31 f., 190, 514, 1084
Fortunes 152, 343, 355, 515, 1079
Fotomaker 1143
Foundations 515 f., 1089
4 Non Blondes 391, 516
4 P.M. 517, 1214
Four Aces 585, 1275
Four Aims 519
Four Brothers 348
Four Bucketeers 1225
Four Dots 17
Four Freshmen 684
Four Gents 368
Four Graduates 609
Four Lovers 1472
Four Pennies 262, 516 f.

Four Ramblers 405
Four Seasons 517 f., 609, 684, 866
Four Seasons featuring Frankie Valli 518
Four Speeds 634, 648
4 The Cause 514 f.
Four Tops 246, 283, 519, 1030, 1374, 1394
Fourmost 519, 564
Fourtones 643
40 Thevz 301
49ers 222, 520, 947
Fox 520, 1506, 1546
Fox The Fox 521
Foxx, Inez & Charlie 521 f.
Foxy 522
Frabjoy & Runcible Spoon 574
Fragma 522, 1067
Frampton's, Peter, Camel 523
Franke & The Knockouts 525
Frankie Goes To Hollywood 57, 206, 525 f., 574, 724, 1413
Franklin High School Band 541
Frantic Elevators 1271
Frantique 527
Freak Power 115, 527 f., 657
Fred, John, & His Playboy Band 528
Freddie & The Dreamers 400, 528
Free 82, 214, 529 f., 968
Free Movement 530
Freeez 530
Freehold 290
Frehley's Comet 765
French Affair 531
Fresh & Fly 965
Fresh 4 308, 531, 1441
Fresh Crew, New Get 409
Freundeskreis 531 f.
Freur 1463
Friend & Lover 533
Friends Of Distinction 492, 533
Frijid Pink 534
Fritz 203, 1003
Frozen Ghost 1260
Fugees 269, 308, 375, 501, 526, 535, 640, 706, 924
Full Force 536, 816
Full Tilt Boogie 731
Fuller, Randy, Four 537
Fun Affairs 538
Fun Boy Three 109, 537, 1318, 1351
Fun Factory 537 f., 833, 984
Fun Lovin' Criminals 538
Funk Masters 539
Funkadelic 539
Fuse 254
Future 662

G.T.O. 1396
Galaxy 77, 486
Galaxy, Phil Fearon & 486
Galaxy Lin 1262
Gallagher & Lyle 546, 903
Gallery 547
Galliano 475
Game 769
Gamma Ray 632
Gap Band 216, 547, 1299 f., 1309, 1543
Garbage 548, 1441
Garden Wall 543, 558
Gary And The Nite Lites 35
Gary's Gang 551 f.
Gas Board 490
Gat Decor 552
Gator Creek 823
Gay Dad 552
Gaylords 546
Gaytones 247
Gazza & Lindisfarne 556
G-Clefs 221
Gebrüder Blattschuß 556
Geier Sturzflug 93, 557, 750
Geils, J., Band 557
Geils, J., Blues Band 538
Gems 1173
General Public 110, 1318
Generation X 1264
Genesis 290 f., 329, 543 f., 558, 560, 594, 760, 870, 928 f., 1355
Genesis P. Orridge 594
Genies 212, 399
Gentle Giant 422
Gentrys 104, 562
Geordie 562, 929
Georgia Satellites 562 f.
Gerry & The Pacemakers 322, 564, 1221
Ghetto People feat. L-Viz 565
Ghouls 648
Gibson Brothers 567, 1042
Gidea Park 88
Gilla 568
Gillette 568, 1450
Gin Blossoms 569
Ginuwine 569
Girl Thing 569
Gitte 93, 567, 570
Gitti & Erica 570 f.
Give Way 62
Gladstone 497
Glamma Kid 571
Glashaus 571, 1171
Glass Family 1464
Glass Tiger 571
Glen Eagles 838
Glenroy & The Oracles 594
Glitter Band 531, 573
Gloomys 1555
Glove 1281
Go 61
Go & Go 574
Go West 573, 1069
Godley & Creme 574, 1401
Go-Go's 227 f., 548, 574 f., 1516
Gold Label 831
Goldbug 576
Golden Earring 429, 576, 1262, 1338
Goldie 577, 926
Golliwogs 315
Gompie 578
Goo Goo Dolls 578
Good Earth 1028
Good Men 265, 578 f.
Goodbye Mr. Mackenzie 548
Goodies 579
Goombay Dance Band 580, 1527
Goons 580, 1237, 1537
Gordon The Moron 714
Gorillaz 158, 367, 582
Grace 583
Graces 193, 575
Graduate 1396
Graham Central Station 584
Grand Central 1105
Grand Funk 585, 805, 818
Grand Funk Railroad 585
Grand Ole Opry 38
Grandmaster Flash 586, 820, 1116
Grandmaster Flash & The Furious Five 586
Grandmaster Flash & The 3 MCs 586
Grandmaster Melle Mel & The Furious Five 586
Grange Hill Cast 586
Grass Roots 588, 903
Grateful Dead 315, 588 f., 708, 989
Great Buildings 1158
Great Society 708
Great Southern 27
Great White 151, 590 f.
Green Day 575, 592
Green Jelly 592 f.
Green's, Peter, Fleetwood Mac 502
Greene, Al, & The Soul Mates 591
Greene Brothers 591
Greyhound 594
Grid 54, 594, 1303
Grill, Rob, & Grass Roots 588
Grimms 1225
Groove Theory 595 f., 866
Groovy Ghoulies 334
Grove Matrix 1082
GTR 61
Guano Apes 596, 941, 1147
Guess Who 80, 326, 596 f.
Gully Foyle 380
Gun 600
Gun (Schottland) 597
Guns n' Roses 598 f.
Guru Josh 599 f.
Gusto 600, 761
Guy 145
Guys 'n' Dolls 601
Gyllene Tider 1198
Gypsy Kings 87
Gyro 1211

H 870
Hagen, Nina, Band 1325
Haircut 100 603
Hale & Pace & Stonkers 603
Haley, Bill, & His Comets 720
Halfnelson 1316
Hall & Oates 87, 89, 253, 259, 603 f., 646, 710
Hall Of Fame 56
Halo James 605
Halos 1443
Hamilton, Joe Frank & Dennison 605
Hamilton, Joe Frank & Reynolds 605
Handstands 739
Hank The Knife & The Jets 608 f.
Hansen Quartett 158
Hanson 609, 970
Happenings 408, 609 f.
Happy Clappers 610
Happy Mondays 141 f., 372, 594, 610, 771, 1426
Harlan County 1284
Harley, Steve, & Cockney Rebel 612 f.
Harline 732
Harmony 803
Harmony Ambulance 24
Harmony Chords 79
Harris, Jet, & Tony Meehan 613 f.
Harris, Johnny ›Legs‹, & The Statesmen 1524
Harris, Keith, & Orville 614
Harry J. All Stars 618
Hartley, Richard, & Michael Reed Orchestra 619
Harvey & The Moonglows 553

Hassles 718, 1137
Hatfield & The North 1350
Hawk 361
Hawketts 994
Hawkins, Edwin, Singers 616, 621, 665, 913
Hawkwind 622, 962
Haysi Fantayzee 623
Head, Roy, & The Traits 625
Heads, Hands & Feet 254
Headstone Circus 438
Healey, Jeff, Band 625
Hear'Say 625 f.
Heart 22, 254, 495, 626, 716, 834, 877, 1160, 1206, 1524
Heartbeats 636
Hearts 715
Hearts & Souls & The Wickeds 97
Hearts And Flowers 428
Heatwave 627
Heaven 17 6, 92, 491, 627, 662, 916, 1446
Heavenly Sunbeams 448
Heavy D. & The Boyz 628
Hedgehoppers 629
Hedgehoppers Anonymous 629, 760
Heights 208, 323, 629, 1451
Hellions 221, 1436
Hello 876
Helloween 632
Hendrix, Jimi, Experience 634
Henry, John, Skiffle Group 481
Hep Stars 3
Hepburn 635
Herd 205, 523, 575, 635, 663, 1340
Herman & His Hermits 636
Herman's Hermits 400, 636, 655, 998, 1401, 1545
Hermanos Rigual, Los 635 f.
Hermes House Band 637
Hernandez, Patrick, Revue 850
Herzbuben 1108
Hi-Five 336, 637 f.
Hi-Gate 638
Hickory 290
High And The Mighty 1156
High Numbers 1514
Highland 638, 801
Highway Q. C.'s 300
Hi-Lites 263
Hill 482
Him 640 f.
Hi-Octane 26
Hipsway 31
Hit 'N' Run 168
Hit Kids 760
Hi-Tension 641
Hithouse 642, 1483
Hobbstweedle 792
Hoffmann & Hoffmann 642
Holland/Dozier/Holland 648
Hollies 91, 320, 343, 607, 643 f., 751, 1053, 1206, 1225, 1271, 1335, 1341, 1381, 1401, 1443, 1472, 1527
Holly, Buddy & The Crickets 645
Holly, Buddy & The Three Tunes 645
Hollywood Beyond 645, 1051
Hollywood Flames 159
Hondells 647 f.
Honesty '69 648, 677
Honey Cone 246, 648
Honeybus 649, 1340
Honeycombs 359, 635, 649
Honeydrippers 260, 650, 793
Honeyz 650, 791
Hoochy Coochy Men 89
Hook, Dr., & The Medicine Show 412
Hook, Marcus, Roll Band 432
Hootenany Singers 3
Hooters 650 f., 1521
Hootie & The Blowfish 651
Horn, Guildo & Die Orthopädischen Strümpfe 653
Hot 654
Hot 'n' Juicy 965
Hot Butter 654, 836, 1090
Hot Chocolate 279, 451, 654 f., 1527
Hot Chocolate Band 655
Hot Line 114
Hot Mix 5 539
Hotlegs 511, 574, 655, 1401
Hotshots 656
Hourglass 27
House Of Pain 656 f.
Housemartins 115, 657, 682, 1110
Housemaster Boyz & The Rude Boy Of House 658
Howlin' Wolves 421
H-Town 660
Huang Chung 1492
Hubert Kah 451
Hudson-Ford 661
Hue & Cry 200, 661
Hues Corporation 514, 661
Human Beinz 661
Human League 627, 662 f.
Humble Pie 523, 635, 663, 1291, 1443
Humblebums 298
Humphries, Les, Singers 165, 415, 665, 1265
100 Proof 246
100 Proof Aged In Soul 1030
112 28, 885, 956, 1030 f., 1116
Hypnosis 666
Hy-Tech 1382

I Santo California 667, 782
Icehouse 668
Icicle Works 809
Id 1036
Ideas For Imitators 325
Ides Of March 668, 1375
Idle Race 441
Iguanas 1089
Iio 670
Imagination 671, 770, 1400
Immature 672
Immortals 1124
Impacts 1481
Imperials 817
Impressions 209, 429, 672, 893, 1528
In Crowd 1504
In Praise Of Lemmings 76, 325
Incognito 199, 673, 1299
Incubus 673
Indeep 674
India Company 146
Indios Tabajaras, Los 674
Information Society 674
Ink Spots 344, 825
Inner Circle 676, 1312
Inner City 554, 676
Inoj 676 f.
Insterburg & Co. 677
Interactive 125, 677 f., 1067, 1222, 1434
Intermission 678
Intruders 678, 901, 1427
Invaders 849
Invisible Man's Band 498
INXS 285, 678 f.
IQ-Check 454
Irish Rovers 679
Iron Butterfly 155
Iron Maiden 680 f.
Isley Brothers 2, 162, 165, 333, 370, 633, 662, 682, 747, 831, 934, 1015
Isley Brothers featuring Ronald Isley 682
Isley Jasper Isley 682
It Bites 683
It's Immaterial 266
Italian Asphalt & Pavement Company 422
Itty Bitty Boozy Woozy 768
Ivan & The Sabres 797
Iveys 84
Ivy League 195, 436, 506, 684, 976, 1402, 1514

J. T. & The Big Family 686
Jack 'n' Chill 686
Jack Rabbit 1101
Jackie & Millie 933
Jackmaster 5 539
Jackson 5 / Jacksons 692
Jackson Family 499, 688
Jade 555, 693
Jagged Edge 25, 693, 990, 1540
Jaggerz 694
Jakatta 695
Jam 482, 695 f., 728, 1132, 1363, 1436, 1502
Jam 80, 137
Jam & Spoon 696
Jam 80 137
Jamaica Boys 752
James 696
James Boys 1012
James Brothers 776
James, Etta, & The Peaches 697
James Gang 428
James, Harry, Band 297
James, Jimmy, & The Blue Flames 633
James, Jimmy, & The Vagabonds 697 f.
James, Tommy, & The Shondells 32, 698
Jamie Wednesday 235
Jamies 515
Jamiroquai 475, 698, 893, 957, 1404
Jan & Arnie 699
Jan & Dean 29, 648, 699 f.
Jan & Kjeld 700
Japan 700 f.
Jay & The Americans 177, 380, 703
Jay & The Techniques 703
Jaybirds 1402
Jaynetts 704
Jays 293
Jazz Crusaders 312
Jazziacs 772
Jazzkantine 222
Jazzmasters 611
Jazzy Jeff & Fresh Prince 705 f.
Jefferson Airplane/Jefferson Starship 707
Jefferson Starship 90, 162, 707 ff.
Jelly Beans 709
Jellybean 478, 710, 787, 851, 1421
Jellybread 1527

Jellyfish 599
Jennifers 1370
Jerusalem Stars 128
Jesus And Mary Chain 710 f., 1103 f.
Jesus Jones 711
Jesus Loves You 176, 326, 711
Jet Set 210
Jethro Tull 516, 618, 711 f.
Jets 178, 234, 511, 712 f., 1374
Jett, Joan, & The Blackhearts 56, 713
Jewel 17, 358, 713, 1089, 1295, 1339
Jewel & Eddie 17
Jigsaw 714
Jill & Ray 1060
Jimmy & The Rackets 714 f.
Jive Bombers 334, 803
Jo Boxers 715 f.
Jo Jo Gunne 489, 495, 626, 716
Jodeci 77, 716, 745, 1540
Joe, Billy, & The Checkmates 135
Joe Perry Project 13
Joe Public 717
John & Johnny 920
John Dummer Blues Band 342
John Moore's Expressway 710
John Norman Four 528
John's Children 1386
Johnnie & Joe 704
Johnny & Jackey 189
Johnny & The Jammers 1528
Johnny & The Self Abusers 1270
Johnny & The Silver Beatles 616
Johnny Hates Jazz 722
Johnny With An Eye 1482
Johnson, Johnny, & The Bandwagon 724
Jon & Vangelis 725 f., 1475, 1546
Jones, Binky & The Americans 703
Jones, Casey, & The Engineers 271
Jordanairs 330
Journey 83, 125, 350, 431, 732, 834, 1007, 1067 f.
Journeymen 857
Joy Brothers, The 379
Joy Division 996
Ju Ju Hounds 599
Judas Jump 34
Judge Dread 733
Julian, Don & The Meadowlarks 786
Junkwaffel 54
Just Friends 735
Just Good Friends 314
Justice, Jimmy, & The Jury 735
Justified Ancients Of Mu Mu 735 f., 767

K. P. & Envyi 737
K.W.S. 408, 737, 745
K2 737 f.
K7 738
Kaja 740
Kajagoogoo 739, 811
Kalin Twins 461, 1246
Kandidate 486
Kano 741, 1387
Kansas 269, 363, 741 f., 1491
Kaoma 742 f.
Karat 743
Kat Klub 815
Katrina & The Waves 743 f.
Kavana 744
Kaye Sisters 1478
KBC Band 90
KC & The Sunshine Band 91, 279, 329, 357, 744 f.
K-Ci & JoJo 745
Keith & The Satellites 562
Kelis 747, 944
Kelly Family 748
Kenny & The Cadets 106
Kenny Ball & His Jazzmen 90
Kessler, Alice und Ellen 776
Kestrels 343, 436
KFC 1429
Khan 1350
Kick 1402
Kicks Like A Mule 753
Kidd, Johnny, & The Pirates 412, 754, 828
Kids At Work 145
Kids From ›Fame‹ 754
Kihn, Greg, Band 754
Kilburn & The High Roads 423
Killing Joke 154
Kills For Thrills 598
Kincade 756
King 756
King Bees 174
King Crimson 61, 83, 310, 446, 477, 513, 560, 620, 784, 1258, 1434
King Kong 58
King, Pee Wee, & His Golden West Cowboys 55
King's English 178
Kingfishers 528
Kings 27
Kingsmen 761, 1339
Kingston Trio 687, 761 f., 1351, 1499
Kinks 158, 314, 344, 406, 695, 715, 762 f., 847, 849, 853, 1186, 1260, 1352, 1442, 1529
Kinsman Dazz 351
Kinsman Grill House Band 351
Kinsmen 229
Kippington Lodge 836
Kiss 10, 51, 156, 764 f., 1231, 1483
Kiss & The Sky 611
Kissoon, Mac & Katie 766
Kiz 766, 1452
K-Klass 442, 766 f.
Klangwerk 325
Klaus & Klaus 767, 1428
KLF 66, 736, 767 f., 1015, 1033, 1251, 1423, 1539
Klubheads 768
Klymaxx 768
Knack 112, 728, 768 f., 1338
Knight, Gladys & The Pips 105, 305,471, 640, 692, 769 f.
Knight, Terry, & The Packs 585
Knights 648
Kohl & The Gang 1324
Kokomo 56
Kon Kan 771
Kool & The Gang 92, 291, 351, 372, 390, 772 f., 839, 885, 1050, 1085, 1424
Kool Moe Dee 145, 359, 1295, 1533
Koreana 773, 958
Korgis 77, 773
Korona 1334
Kosheen 774
Kraftwerk 2, 440, 774 f., 879, 1220, 1300
Kramer, Billy J., & The Dakotas 192, 775 f.
Kris Kross 333, 656, 778, 1540
Krokus 6
Krush 779
Kuhn, Paul, Trio 779
Kukl 137
Kula Shaker 779 f.
Kursaal Flyers 103, 760, 836
Kweskin's, Jim, Jug Band 972

L 360 145
L. S. E. 141
L.A. Mix 781
L.A. Style 198, 781
L.T.D. 781
L.U.V. 73
La 240
La Bionda 280, 782, 1169
La Bouche 782, 1415, 1436
La Na Nee Nee Noo Noo 92
LaBelle 25, 568, 610
LaBelle, Patti, & The Blue Belles 783
Laid Back 700, 784
Lakeside 301
Lambrettas 784
Landscape 785
Landscape 3 785
Lange feat. Skye 785
Langford's, Bill, Langfordairs 128
Laredos 1156
Larks 786
Lasgo 787
Last Exit 1087, 1355
Lauch, Peter, & die Regenpfeifer 787
Laurel & Hardy 789
Law 530, 1515
LDC 325
Leaders Of The New School 209
Leapy Lee 607
Leaves 303
Led Zeppelin 13, 171, 214, 282, 314, 321, 641, 650, 656, 767, 792, 794, 829, 1109, 1115 f., 1360, 1544
Lee, Albert, Band 254
Lee, Billy, & The Rivieras 1208
Lee, Kenny, & The Mark Four 314
Leeds United FC 796
Left Banke 796, 1358
Leftfield 796
Legacy 1282, 1509
Legendary Masked Surfers 699 f.
Legends 820
Leismann, Renate & Werner 76 f.
Lemon Interrupt 1463
Lemon Pipers 797, 1137, 1342
Len 797
Leper Messiah 362
Les Block Carnations 1134
Les Brown Band 349
Les Humphries Singers 1265
Let Loose 801
Let's Make It 303
Lettermen 801
Level 42 801 f., 843, 1248, 1527
Levert 802 f.
Lewis, Gary, & The Playboys 804 f.
Lewis, Huey, & The News 805 f.
Lewis, Ramsey, Trio 429, 806, 1552
Leyers, Michiels & Soulsister 1311
Leyton Buzzards 945
LFO (Lyte Funkie Ones) 806
Liberty (GB) 807
Liberty (USA) 699
Lieutenant Pigeon 807
Lifehouse 807
Lighthouse Family 587, 808, 1028
Lightning Seeds 84, 809, 1404
Lilac Time 419
Limmie & The Family Cookin' 811

Limp Bizkit 333, 657, 811 f., 1205, 1332
Lindisfarne 556, 813
Linear 814
Lingo, Laurie & The Dipsticks 814
Linkin Park 814 f.
Linx 587, 815
Lipps, Inc. 815
Liquid Gold 816
Liquido 816
Lisa Lisa & Cult Jam 28, 213, 816
Lisa Marie Experience 816, 1210, 1404
Listening Pool 1037
Little Anthony & The Imperials 177
Little Boy Blue & The Blue Boys 1102
Little Freddie & The Rockets 1535
Little Milton Band 102
Little River Band 483, 818, 1084
Little River Band (LRB) 483, 818
Little Village 650, 836
Liverpool FC 818
Liverpool One Fat Lady All Electric Show 1225
Livin' Joy 475, 811, 819
Living Blues 576
Living In A Box 785, 819, 1532
Lock 'n' Load 821
Lock Up 1133
Lockheed, Captain, & The Starfighters 622
Loeb, Lisa, & Nine Stories 821
Loft 678, 822
Loggins & Messina 822 f.
Loggins, Kenny With Jim Messina 823
Lo-Key 336
Lokomotive Kreuzberg 1325
Lolly 824, 1150, 1224
London Boys 824
London Philharmonic Orchestra 12
London Symphony Orchestra 474
Londonbeat 632, 824 f.
Lone Justice 904
Lonely Boys 1198
Lonestar 825
Long Tall Ernie & The Shakers 608
Longbranch Pennywhistle 428, 532
Lonnie & The Twilighters 848
Look 826
Look & Chain 752
Looking Glass 826
Loona 826 f.
Lorber, Jeff, Fusion 542
Lord Tariq & Peter Gunz 828
Lords 406, 596, 828 f., 1231
Los Bravos 829
Los Del Rio 804, 830
Los Del Rios 122
Los Faces 1149
Los Lobos 830
Los Sonor 829
Lost Souls 717
Lou & The Hollywood Bananas 831
Lou, Luchie, & Michie One 831
Louisiana Hayride Band 248
Love Affair 228, 240, 346, 771, 831 f., 964, 1278
Love City Groove 832 f.
Love Committee 833
Love Generation 750
Love Man Ltd. 781
Love Message 833
Love Sculpture 437, 833
Love Unlimited 834
Love Unlimited Orchestra 541, 834
Loverboy 10, 227, 834, 1023, 1160, 1524
Lovin' Spoonful 835, 1235
Lower Third 174
Lownoise, Charly & Mental Theo 836, 1339
LSG 568, 803, 837, 1377
Lucid 837
Lucilectric 837
Lugee & The Lions 267
Lulu & The Luvvers 838
Luniz 839, 1423
Luv 840
L-Vis 840
Lyfe 752
Lynyrd Skynyrd 150, 841 f., 1359, 1518

M People 845
M. A. F. I. A. 809
M. P. A. 1556
M.O.P. 209, 845
M+M 878
Mac Band 846
MacGowan, Shane & The Popes 1085
Macnee, Patrick, & Honor Blackman 848
Mad Seasons 1063
Mad'House 849
Madison Avenue 849
Madison Street Express 74
Madness 109, 124, 242, 575, 849 f., 1241, 1368
Magazine 1380
Magdalene 1145
Magic Affair 454, 854, 979, 1422
Magic Lanterns 607
Mahavishnu Orchestra 683
Mai Tai 855, 1108
Main Ingredient 855, 1290
Maisonettes 269, 855
Makaveli 856, 1454
Malibooz 438
Mamas & Papas 159, 856 ff., 903 f., 1235, 1316, 1360, 1499, 1526
Man To Man 858
Manchester United Football Club 938
Manchild 77
Mandala 1211
Manfred Mann 141, 271, 466, 538, 728, 863 f., 903, 1413
Manhattan Transfer 8, 101, 647, 860
Manhattans 860 f.
Manic Street Preachers 861 f., 886
Manish Boys 174
Mann's, Manfred, Earthband 864, 1413
Manna 155
Mann-Hugg Blues Brothers 728, 863
Mansun 553, 865
Mantronix 596, 865 f.
Manuel & His Music Of The Mountains 866
Manuel & Pony 866
Marbles 166, 867, 948
Marcy Playground 868
Marillion 870
Marilyn Manson 871
Marionettes 766
Marketts 872
Mar-Keys 168
Markmen 1225
Marksmen 932
Marky Mark & The Funky Bunch 873, 1108
Marley, Bob, & The Wailers 873 f., 1410 Marquees 553
Marmalade 15, 25, 218, 360, 783, 810, 875 f., 978, 1077
M/A/R/R/S 843
Mars Bars 564
Martha & The Muffins 877 f.
Martha & The Vandellas 786, 878
Marvelettes 40, 883, 1528
Marvin and Tammi 253
Mary Jane Girls 884
Mary Mary 47, 884 f.
Marylanders 898
Mase 145, 183, 354, 461, 885, 1015, 1031, 1116, 1429
Mash 886, 1074
Masquerade 128, 351 f., 377, 886
Massive Attack 465, 886 f., 1441
Masterboy 887
Masterettes 465
Masters 465, 604
Matchbox 887 f.
Matchbox Twenty 888, 1220
Matchroom Mob With Chas & Dave 888
Matt Bianco 465, 890, 1356
Matthews Southern Comfort 890, 940
Mavericks 891, 920, 1287
Maxwell 366, 474, 641, 891, 1286
Maxx 892, 1425
Mayall's, John, Bluesbreakers 271, 502, 947
MB Five 953
M-Beat 492, 893
MC Lyte 280, 837, 894, 944, 1540
MC Merlin 114
MC Sar & The Real McCoy 1147
MC Tunes Versus 808 State 894
MC 5 534, 1488
McAlmont & Butler 894
McClintons Straitjackets 897
McCoo, Marilyn, & Billy Davis jr. 897
McCormick, Gayle, & The Klassmen 1292
McCoys 898, 1407
McFadden & Whitehead 901
McGuinness Flint 546, 864, 902 f.
McSon Trio 251
Me & The Other Guys 820
Mead, Abigail, & Nigel Goulding 909
Medicine Head 478, 911, 964
Medium Wave Band 583
Megadeth 921
Mel & Kim 48, 912
Mel &Tim 912
Mellow Trax 915
Mel-Tones 859
Melvin, Harold, & The Blue Notes 658, 678, 901, 915, 1060, 1271, 1504
Members Of Mayday 915 f.
Memphis Cut-Outs 1287
Men At Work 916, 918, 1263
Men Without Hats 916
Menswear 917
Mental As Anything 917 f.
Menudo 880
Mercy 919 f.
Merseybeats 920, 1089, 1533
Merseys 85, 920
Message 609
Metallica 171, 920 f.
Method Man 147, 197, 921, 951, 1205, 1537
MFSB 922, 1012, 1415

Miami Latin Boys 457
Miami Sound Machine 457
Mickey & Sylvia 628
Middle Of The Road 782, 925 f.
Midnight Oil 918, 926 f.
Midnight Star 216, 927
Mighty Avengers 714
Mighty Baby 7
Mighty Dub Kats 115, 527 f., 927
Mighty Morph'N Power Rangers 927
Mighty Wah! 928
Migil Five 928, 1070
Migil Four 928
Mike & The Mechanics 7, 928, 1178, 1212, 1330
Mike & The Runaways 829
Milk & Honey 930
Miller Goldberg Blues Band 932
Milli Vanilli 455, 480 f., 822, 932 f., 1176, 1299
Millie 933, 1351
Mina 520
Mindbenders 511, 574
Minor, Morris, & The Majors 937
Minstrels 229, 550, 903, 938, 1185, 1242, 1412
Mint Condition 938
Miracles 553, 709, 786, 938 f., 1178, 1533
Mirage 698, 939
Missing Heart 454
Missing Persons 423
Mississippi 818
Missouris 646
Mis-Teeq 939
Mitchell, Chad, Trio 371
Mitchell, Malcolm, Trio 1064
Mitley, Mert, & The Rhythm Steppers 1376
Mixed Emotions 377, 941, 1188
Mixmaster 942
Mixtures 942
MJ Cole 942 f., 1253
MN8 943
Mobiles 122, 943
Moby Grape 315, 403
Mocedades 944
Mockingbirds 574
Models 1281
Modern Lovers 1167
Modern Romance 945
Modern Talking 155, 945 f., 1415
Modettes 507
Modjo 946
Mo-Do 946 f.
Modul, Das 947
Moffats 184
Mojos 947, 1510
Mokenstef 947
Moles 421
Moloko 948
Moments 295, 686, 793, 948
Mommoth 1196
Money, JT 740, 949
Monkees 50, 101, 174, 177, 180, 220, 381, 447, 569, 592, 949 f., 974, 1005, 1008, 1014, 1104, 1351, 1416, 1424
Monks 661
Monstars 951
Montrose 626
Monty Python 167, 616, 952
Monty Pythons Flying Circus 580
Moody Blues 558, 600, 623 f., 824, 953
Moody Blues Five 953
Moon Dogs 1109
Moonglows 553, 757, 1323
Moonrider 1504
Moran, Lester ›Roadhog‹, & His Cadillac Cowboys 1339
Morbus & The Three Ghouls 413
Morrissey 697, 847, 960, 1255
Morse, Steve, Band 363
Motels 961
Moten, Wendy 961
Mother Love Bone 1063
Mother McCree's Uptown Jug Champions 589
Mothers 1555
Mothers Of Invention 1448, 1555
Moti Special 451, 961
Motions 1262
Motiv8 541
Motley Crue 962, 969
Motorhead 622, 962 f., 1115
Motorhead & Girlschool 963
Motors 963
Mott The Hoople 83, 832, 964, 1213
Mouseketeers 1071
Mouth & MacNeal 963
Move 441, 644, 966, 1535
Moving Sidewalks 1559
Mr. Big (GB) 967
Mr. Big (US) 967
Mr. Blobby 968, 1398
Mr. Bloe 968 f.
Mr. Hankey 256, 969
Mr. Mister 969
Mr. Oizo 969 f.
Mr. President 184, 833, 970
MSG 1231
MTH-Singers 907
Mud 466, 643, 970 f., 1527
Mudcrutch 1072
Mudhoney 1008
Mugwumps 1235
Münchener Freiheit 93, 971
Mundstuhl 973
Mungo Jerry 869, 942, 973, 1508
Muppets 372, 974
Murmaids 974
Music Explosion 976
Music Research Group 701
Music Students 424
Musical Youth 976 f., 994
Muthers 1555
My Mine 977
Mya 15, 121, 145, 810, 838, 924, 977, 1077, 1283
Myers, Billie 978
Mynah Birds 1548
Mysterious Art 854, 978 f., 1422
Mystery Girls 357
Mystics 703
Mystique 672

N' Betweens 1287
'N Sync 15, 25, 147, 184, 414, 458, 740, 807, 956, 980 f., 1042, 1317
Naked Eyes 278, 983
Nalin & Kane 983
Nas 25, 28, 444, 985, 1205
Nashville Teens 986, 1159
Natural Gas 85
Natural Selection 987
Naughty By Nature 947, 988, 1556
Nazareth 940, 988, 1350
Near Dark 325
Neil & Jack 380
Nelson 990, 1057
Neue Heimat 1229
Neville Brothers 972
Neville Family Band 972
New Atlantic/U4EA featuring Berri 130
New Bohemians 187
New Dimensions 772
New Edition 44, 89, 123, 196 f., 568, 977, 994 f., 1374, 1381, 1440 f.
New Flames 772
New Journeymen 857
New Kids On The Block 123, 145, 770, 873, 904, 994 f., 1048, 1107, 1379, 1387
New Marketts 872
New Monks 950
New Order 442, 449 f., 996, 1114
New Overlanders 1044
New Radicals 997
New Seekers 343, 997, 1239, 1286, 1529 f.
New Vaudeville Band 997 f.
New World 202, 441 f., 998
New Yardbirds 792, 1544
New York City Players 216
Newbeats 998 f.
Newcastle Big Band 1087
Next 1002
Nice 446, 712, 1199
Nickelback 1002
Nickerbocker & Biene 1003
Night Ranger 337, 1004 f.
Night Shift 42
Nightcrawlers 1005
Nighthawks 1556
Nightlife Thugs 169
Nightmares In Wax 357
Nightriders 1448
Nina & Mike 1006
Ninedays 1006
98 Degrees 1007
911 66, 706, 939, 1006, 1547
1910 Fruitgum Co. 797, 976, 1007, 1026
Nirvana 511, 548, 674, 930, 1007 f., 1424
Nite Hawks 323
Nitty Gritty Dirt Band 200, 786, 822 f., 974, 1009
N-Joi 1009, 1161
No Angels 189, 402, 1010 f.
No Doubt 208, 655, 944, 983, 1011 f., 1518
No Mercy 481, 1012, 1436
No More Ugly Germans 325
Nolans 1012
Nomad 468, 1013
Nomades 647
Norbert & Die Feiglinge 1013
North And South 1014
Northern California State Youth Choir 621
Northern Jubilee Gospel Singers 209
Northern Lights 253
Notorious B.I.G. 302, 460, 704, 810, 885, 1014 f., 1116, 1429, 1454
Notting Hillbillies 386
N-Trance 504, 587, 1015 f.
Nu Generation 102, 1016
Nu Shooz 642, 1016
Nucleus 417
Nuff Juice 393

Nugent, Ted, & The Amboy Dukes 337, 1488
Number Nine 1556
Nu-Sonics 289
N.W.A. 411
Nynuk 995
Nytjar 581

Ö La Palöma Boys 1024
O'Jays 291, 628, 678, 802, 817, 901, 922, 1019, 1410
O'Kaysions 1019
Oak Ridge Boys 1020 f.
Oasis 113, 158, 240, 257, 434, 439, 652, 1021 f., 1023, 1148, 1270, 1285, 1406, 1409
Ocean 99, 1022
Ocean Colour Scene 1023, 1314
Oceanhead 1113
Oceanic 1023
Odyssey 1023 f.
Off 1025, 1299
Off-Shore 677, 1025
Official Secrets 1496
Offspring 1025
Ohio Express 797, 976, 1007, 1026, 1162
Ohio Players 1026, 1150
OK Singers 630
Okay 660, 1027
Olive 1028
Oliver Onions 132, 1028
Ollie & Jerry 1029
Olsen Brothers 1029
OMC 1029 f.
OMD 1036
100 Proof Aged In Soul 1030
187 Lockdown 1030
One Hundred Ton And A Feather 1030
Ones 1031
On-U Sound System 270
Onyx 1031, 1142
OPM 1031
Optimal 242
Opus 1031 f., 1117
Opus III 1032
Orange Blue 1032
Orange Crush 1519
Orange Juice 845, 1032 f.
Orb 219, 285, 1033, 1104
Orbital 1035 f.
Orchestral Manoeuvres In The Dark 1036 f.
Ordettes 783
Original 1037
Original Mirrors 809
Orion The Hunter 173
Orlando Riva Sound 1038
Orleans 1037 f.
Orlons 1038
Osmond Boys 1041
Osmonds 123, 207, 309, 365, 683, 954, 1039, 1041
Other Ones 654, 1042, 1325
O-Town 738, 1042
Ottawan 567, 1042
Our Kid 1042
Out Of Order 68
Outer Limits 266
Outfield 1043
Outhere Brothers 948, 1043
Outkast 1043
Outlaws 132, 254, 842
Outsiders 278, 599, 1044, 1262
Overdrive 597
Overlanders 1044
Oxford Watch Band 525
Oxo 522
Ozark Mountain Daredevils 1045

P. Funk All Stars 539
P. I. L. 1114
P. M. 446
Pablo Cruise 1046
Pacemakers 564
Paice, Ashton & Lord 61
Pan's, Peter, Playground 235
Papa Roach 23, 1049 f.
Paper Lace 400, 1050
Paperboy 1050
Pappa Bear 1050 f.
Paragons 647
Paramount Jazz Band 134
Paramounts 771, 1110
Paramours 1170
Paris 502, 1501
Paris Angels 142
Parker & Penny 790
Parlet 539
Parliaments 539
Parsons, Alan, Project 1052
Partners In Kryme 1054
Partridge Family 239, 309, 365, 738, 1056 f., 1291
Pasadenas 82, 1057
Passengers 721, 1058, 1061, 1457
Passion Fruit 1058, 1415
Passions 397
Passport 812
Pastels 681
Pat & Mick 1059
Pat Travers Band 61
Patches 1224
Patrick, Bobby, Big Six 1259
Patto 1059
Paul & Paula 1060 f.
Peaches & Herb 1062 f.
Pearl Jam 1063 f., 1549
Pearls 305, 954, 1064, 1107
Pebbles 77, 88, 259, 1064, 1164
Peels 1064
Pender's, Mike, Searchers 1235
Pendletones 106
People 418
Peppers 25, 313, 429, 981, 1011, 1063, 1066, 1149
Pepsi & Shirlie 1066
Percussion Academia 868
Peret 1066
Perfect Gentlemen 994 f., 1066
Perfecto Allstarz 443, 1067, 1076, 1083
Perplexer 125, 1067
Persuasions 103, 266
Pet Shop Boys 7, 57, 377, 439, 442, 594, 645, 935, 996, 1014, 1068, 1327, 1483
Peter & Gordon 245, 388, 1069
Peter, Paul & Mary 550, 651, 808, 847, 1069 f., 1256
Peter, Sue & Marc 1070
Peters & Lee 1070 f.
Petty, Tom, & The Heartbreakers 1003, 1072 f., 1418
PF Project 1073
Phantom Of The Blue 525
Phantom, Rocker & Slick 1361
Pharao 1073
PhD 1074
Phelge 1187
Pianoman 1074
Pickettywitch 1075, 1378
Pigbag 1067, 1076
Piglets 760, 1076
Pilot 104, 1053, 1076, 1122
Pink Bomb 1104
Pink Floyd 113, 154, 158, 169, 200, 208, 337, 414 f., 603, 722, 1053, 1077 f., 1201, 1215, 1293, 1243, 1510
Pink Project 1093
Pinkees 1079
Pinkerton 1079
Pinkerton's Assorted Colours 714, 1079
Pinkerton's Colours 1079
Pioneers 1079 f.
Pipkins 195, 355, 436, 607, 1080
Pips 769
Piranhas 1080 f.
Pirates 754
PJ & Duncan 1082
Planet Funk 1083
Planet P Projekt 227
Planet Perfecto 443, 583, 1083
Plastic Penny 1083 f.
Platinum 45 feat. More Fire Crew 1084
Platters 919
Playboys 470
Player 818, 1084
Players Association 1084
Playmates 1174
Pleasure Faire 185
Plexus 73
PM Dawn 1084 f.
Poco 203, 428, 494, 822 f.
Poetry Music Fusion Group 397
Pogues 274, 418, 846, 1085
Point Break 1086
Pointer Sisters 101, 448, 969, 990, 993, 1086, 1468
Poison 1086 f.
Police 1, 328, 461, 574, 722, 1087 f., 1116, 1243, 1355
Polka Tulk 143, 1039
Poole, Brian, & The Tremeloes 300, 370, 1088
Pop Tops 1090
Pop Will Eat Itself 47, 1090
Pop-Corn Makers 1090
Popcorn Blizzard 910
Poppy Family 687, 1090
Poquellos 1261
Porn Kings 66, 1091
Portishead 729, 1091
Powell, Ric, Jazz Trio 620
Power Station 260, 423, 1049, 1093, 1122
PPK 1094
Praise 176, 325, 1094
Praise of Lemmings 176, 325
Pratt & McClain 1094 f.
Precious 1095
Prefab Sprout 1095
Presidents Of The United States 1096
Pretenders 603, 666, 729, 1101, 1270
Pretty In Pink 752
Pretty Poison 1102
Pretty Things 1102, 1230, 1293
Prezioso 1102 f.

Pride 1212
Prima Donna 98
Primal Scream 710, 1103 f.
Prime Movers 1089
Primettes 1373
Primitives 1104
Princess 1108
Prinzen 533, 837, 1108 f., 1436
Proclaimers 1110, 1133, 1527
Procol Harum 792, 1084, 1110 f.
Prodigy 1045, 1111
Promises 272, 395, 1112
Propaganda 1113
Pseudo Echo 1113
Psychedelic Stooges 1089
Public Announcement 747, 1113
Public Art 325
Public Domain 1114
Public Enemy 687
Public Image Ltd. 1114, 1244
Puckett, Gary, & The Union Gap 1114
Puddle Of Mudd 1115
Puhdys 123
Pulp 25, 54, 1116 f.
Pur 1117, 1148
Pure Prairie League 1118
Puretone 1118
Purify, James & Bobby 1118
Pussycat 1119
Python Lee Jackson 1119 f., 1352

Q Tips 1549
Quad City D.J.'s 1121
Quails 209
Quantum Jump 1121
Quarterflash 1122
Quartett 112 28
Quartz 232, 1122
Quasar 712
Queen 113, 603, 617, 832, 892, 918 f., 922, 924, 989, 1123 f., 1201, 1333, 1402, 1476
Queensryche 1125
Quiet Riot 1126 f.
Quiver 1376
Quiverlands 1376

R & B 1193
R. C. & The Moonpies 301
R.E.M. 240, 296, 367, 674, 1071, 1128, 1409, 1443, 1482
Rabbit Foot Minstrels 1412
Racer X 968
Racey 101, 1131
Radiation, Roddy, & The Tearjerkers 1318
Radiohead 671, 1131 f.
Raeletts 301
Raff 181, 1132, 1435
Rag Dolls 766
Rage Against The Machine 1133
Raggio Di Luna 1133
Rah Band 1133
Raiders 814
Rail Band 742
Rail Roaders 1246
Rain Tree Crow 701
Rainbirds 1134
Rainbow 143, 166, 227, 1134 f.
Rainbow Boys 759, 1547
Rainbows 295, 553, 1136, 1140 f., 1350
Ram Jam 797, 1137
Ramatam 155
Rammstein 373, 1138 f.
Ramones 59, 530, 592, 1104, 1139 f., 1244
Randy & The Rainbows 149, 1140 f.
Range 653
Rangers 575
Rank 1 1141
Rapsody 1141 f.
Rare Breed 1026, 1039
Rare Earth 251, 361, 1142
Rascals 219, 360, 400, 914, 1143
Raspberries 228, 1143
Rattles 486, 665, 766, 1144 f., 1157, 1231
Ravel, Chris, & The Ravers 40
Raven, Paul, & Boston International 572
Ravens 762
Ravishing Beauties 414
Ray, Goodman & Brown 948
Raydio 1029
Rayvon 1145, 1247 f.
Reaction 1388
Ready For The World 677, 1146
Real Life 1146
Real McCoy 1147
Real Milli Vanilli 822
Real Thing 290, 379, 554, 1147, 1333, 1403, 1453, 1457
Reamonn 982
Rebel MC 753, 1148, 1358
Rebel MC & Double Trouble 1148
Rebel Rousers 128
Rebelettes 435
Rebels 480, 572, 616, 1148
Red Ball Jets 1196, 1473
Red Box 1148
Red Dragon With Brian And Tony Gold 1149
Red Hot 313, 981, 1011, 1063, 1149
Red Hot Chili Peppers 25, 1149 f.
Red Rider 281
Red Sox 528
Redbone 1147, 1150
Reddings 1151
Rednex 142, 405, 594, 1152 f., 1451
Reef 1100, 1154
Reel 2 Real featuring The Mad Stuntman 1155
Reflections 597, 876, 1156, 1374
Relax 526, 1158
Reluctant Stereotypes 756
Rembrandts 1158
Remo Four 60, 1235
Renaissance 1159
Rene & Gaston 579
Renée & Renato 1160
Renegades 1160
Reno, Mike, & Ann Wilson 1160
REO Speedwagon 1160
Republica 174, 1010, 1161
Reset 970
Reunion 1162
Revells 648
Revere, Paul, & The Raiders 814, 1162 f.
Reynolds, Art, Singers 658
Reynolds Girls 1163
Rezillos 662
Rheingold 93
Rhythm Boys 318
Rhythm Heritage 378, 1163
Rhythm Method 191
Rhythm Syndicate 1209
Ricchi E Poveri 782, 1163
Rich Kids 1289, 1465
Rich, Tony, Project 1164
Richard, Cliff, & The Young Ones 603
Ride 1132, 1168
Riff Raff 181
Righeira 1169
Right Said Fred 68, 199, 317, 1169, 1299
Righteous Brothers 552, 601, 604, 911, 1018, 1150, 1170, 1377
Rip Chords 1172 f.
Rip, Rig & Panic 259
Ritchie Family 1173
Riva 936, 1038, 1173
River City Jazzmen 1087
Rivermen 438
Rivieras 1174, 1208
RMB 1174 f.
Roachford 1175
Road 848
Roadrunners 421, 793
Rob 'n' Raz 737
Rob 'n' Raz feat. Leila K. 737
Robbins, Kate, & Beyond 1175 f.
Robson & Jerome 21, 570,969, 1179 f.
Rocco & The Saints 1208
Rock, Dr. & The M. C.'s 512
Rock Follies 309
Rock, Rudolf, & die Schocker 1518
Rocker's Revenge 1181
Rockets 270
Rockin' Berries 1181
Rockin' Rebels 1148
Rockpile 836
Rocksteady Crew 1181 f.
Rockwell 1182
Rodgau Monotones 93
Roemans 638
Rolling Stones 13, 89, 112 f., 131, 150, 153, 167, 435, 473 f., 543, 547, 598, 694, 733, 763, 826, 841, 846, 853, 906, 914, 1029, 1100, 1102, 1104, 1154, 1163, 1186, 1188, 1244, 1291, 1311, 1321, 1341, 1348, 1360, 1409, 1443, 1446, 1514, 1531, 1545
Romancers 530
Romantics 646, 1037, 1188 f., 1202
Rome 1173, 1189
Rondells 329
Ronettes 360, 388, 1005, 1140, 1189 f.
Ronnie & The Ronettes 1190
Ronny & The Daytonas 1190 f.
Rooftop Singers 1192
Roosters 209, 271, 672
Rose Royce 219, 1193 f.
Rose Tattoo 38
Rosenstolz 28, 1010, 1194 f.
Rossington-Collins Band 841
Rouge Et Noir 1194
Rough Diamond 1466
Round One 1197
Roundtree 260
Routers 1490
Roxette 1198
Roxy Music 30, 61, 231, 490, 581, 618, 700, 792, 929, 1199 f., 1249
Roy Young Band 254
Royal Dukes 287 f.
Royal Family 1550
Royal Guardsmen 656, 1200
Royal Philharmonic Orchestra 547, 1200

Royal Scots Dragoon Guards 144, 1201
Royal Teens 130, 518
Rubettes 152, 1201 f.
Rubicon 1004
Ruby & The Romantics 646, 1202 f.
Rudies 594
Ruff Driverz presents Arrola 1203
Ruff Endz 1203
Ruffin & Kendricks 749
Rufus 35
Rufus & Chaka Khan 584, 752
Rum Runners 533
Rumours 820
Runaways 513, 713, 829
Run-D.M.C. 396, 1090, 1204 f.
Runrig 133
Rush, Merrilee, & The Tumabouts 1205
Russell, Paul, & His Rebels 572
Ruthless Rap Assassins 141
Rutles 167
Ruts 1207
Ruts D.C. 1207
Ryder, Mitch, & The Detroit Wheels 1208
Rythm Syndicate 1209

S Club 7 206, 371, 1210
S. E. X. Appeal 454
S.O.S. Band 1211
Sabres 574, 1349
Sad Cafe 1211 f.
Sade 465, 571, 605, 1212
Safri Duo 1213
Sailor 274, 647, 1213
Saint Etienne 285
Salt 'N' Pepa 370, 809, 1214 f.
Salty Peppers 429
Salvation 1465
Sam & Dave 169, 781, 1151, 1215
Sam The Sham & The Pharaohs 1216
Sanctified Sisters 1523
Sandmen 128
Sandpipers 1217
Sandwich 141
Sanford/Townsend Band 1217 f.
Santa Esmeralda 1218
Santabarbara 1218
Santana 502, 657, 732, 1161, 1219 f., 1424, 1429
Santana Blues Band 1219
Santic 1491
Saragossa Band 1038, 1221
Sash! 166, 1222, 1253, 1313
Sash! & Tokapi 1222
Sassy 75
Satellites 562
Satins 1183
Savage Garden 623, 1223
Savages 600
Scaffold 580, 1224 f., 1443
Scandal 1226, 1298
Scanty Sandwich 1226
Schlümpfe 1227 f., 1470
Schon & Hammer 606
Schulz, Purple, & Die Neue Heimat 1229
Scooch 1229
Scooter 184, 833, 1229 f.
Scorpions 632, 837, 1078, 1230 f., 1514
Scotch 144, 881, 1232
Scotland World Cup Squad 1232
Scots Porridge Notes 340
Scott, Tommy, & The Senators 729
Scouts 1555
Screaming Lord Sutch 600
Scritti Politti 47, 278, 1141, 1184, 1233
Scruggs 771
Sea Level 27
Seafood Mama 1122
Seahorses 1233 f.
Seals & Crofts 449, 1234
Searchers 100, 128, 167, 374, 1089, 1231, 1234 f., 1545
Second Helping 823
Secret Service 54, 1237
Secrets 809, 848
Seduction 213, 1239, 1499, 1509
Seekers 343, 520, 997, 1122, 1239, 1265, 1286, 1328, 1529 f., 1545
Seger, Bob, System 1240, 1488
Selecter 109, 1240 f.
Sensational Alex Harvey Band 619
Sensations 443, 1241, 1379
Sentinels 923
Serendipity Singers 1242
702 727, 1243
Seven Souls 503
Seventy Five Music 568
Sex Gang Children 325
Sex Pistols 158, 207, 274, 337, 599, 713, 905, 1114, 1243 f., 1281, 1325, 1430 f.
S-Express 1245, 1306
Seymour 158
SFB Big Band 779
Sha Na Na 596
Shadettes 988
Shadows 345, 613 f., 675, 764, 771, 1001, 1165, 1245 f., 1287, 1293, 1326, 1479, 1481
Shadows Of Knight 1246, 1407
Shaft 623, 1247
Shag 760, 1247
Shai 44, 544, 1248
Shakatak 1248 f.
Shakespear's Sister 1249, 1351
Shakin' Daddes Band 766
Shaky & Bonnie 1250
Shalamar 77, 1250, 1351, 1498
Sham 69 1251
Shamen 1251 f.
Shanghai 128
Shangri-Las 914, 1089, 1252
Shapes 1359
Sharks 529
Shaw/Blades 1005
Shed Seven 1256
Sheer Elegance 1257
Sheila & B. Devotion 1257 f.
Sherabons 649
Sherbet 1259
Sherbs 1259
Sheridan, Mike, & The Nightriders 1535
Sheriff 22, 626, 1259 f.
Shiloh 134, 634
Shirelles 40, 898, 1261, 1293
Shirley & Company 1261 f., 1309
Shirley & Lee 1261
Shocking Blue 1262
Shorts 1262
Shots 1296
Showaddywaddy 1202, 1262
Showmen 246
Shut Up & Dance 1263
Sigmund & seine Freunde 1025
Sigue Sigue Sputnik 958, 1264
SIL 578
Silhouettes 1178
Silk 44, 727, 1264
Silkie 1265
Silly Surfers 648
Silmarillion 870
Silver Beatles 616
Silver Convention 124, 907, 1139, 1265 f., 1424
Simon & Garfunkel 79, 463 f., 549 f., 865, 868, 1220, 1268 f., 1312, 1368
Simon Sisters 1266
Simple Minds 439, 597, 846, 989, 1021, 1060, 1101, 1113, 1270
Simply Red 113, 475, 915, 965, 1028, 1271
Simpsons 921, 1272 f., 1398
Sin With Sebastian 1273
Sinceres 151
Sinceros 151, 242
Siouxsie & The Banshees 31, 1281 f.
Sir Douglas & The Texas Tornados 1282
Sir Douglas Quintet 211, 1282
Sir Mix-A-Lot 1282
Sisqo 58, 73, 417, 977, 1282 f.
Sister Sledge 260, 448, 855, 930, 1241, 1283, 1374, 1488
Sisters Of Mercy 24, 357, 624, 1264, 1283 f.
Sisters With Voices 1381
Sixpence None The Richer 1284
16 Bits 1299
69 Boyz 1284
Skid Row 1285
Skid Row (Irland) 955
Skids 133, 1270, 1285
Skiffle Lords 828
Skifs, Björn, & The Blablus 155
Skin Disease 268
Skindeep feat. Lil' Kim of Junior M. A. F. I. A. 810
Skunk Tussle 556
Sky 583, 1285 f.
Skylark 1286
Skyliners 599
Skyurmolarnin 137
SL 2 1286
Slacker's Delight 1104
Slade 154, 395, 562, 864, 1159, 1287 f., 1466
Slamcreepers 154
Slave 56
Sleeper 1289
Slik 1270, 1289, 1461, 1465
Slippery Elm 805
Sly & The Family Stone 55, 151, 584, 1100, 1141, 1181, 1289 f.
Sly Fox 1290
Small Faces 200, 470, 523, 663, 840, 1290 f., 1418
Smart E's 1291
Smash Mouth 1291
Smashing Pumpkins 373, 548, 1291
Smile 1123
Smiler 680
Smith 1292 f.
Smiths 442, 960, 1069, 1131, 1249, 1255, 1292, 1296, 1304, 1451
Smoke 364, 672, 681, 752, 1218, 1296 f.
Smoke City 1297
Smokie 126, 142, 322, 466, 578, 998, 1014, 1122, 1297 f.
Smurfs 1227, 1298, 1470

Snap 548, 632, 1251, 1299 f., 1310, 1380
Sneaker Pimps 1036, 1300
Snoop Doggy Dogg 809, 1299 f., 1381
Snoopy 656
Snoopy Doggy Dogg's Tha Dogg Pound 542
So Solid Crew 1302
Sofaplanet 1303
Soft Boy 743
Soft Cell 28, 594, 1303 f., 1387
Soft Machine 12, 417
Söhne Mannheims 982, 1304
Soho 360, 1284, 1304
Somethin' For The People 1092, 1305
Sonic Garden 219
Sonic Youth 548, 1300
Sonique 1306
Sonnenschiff 1556
Sonny & Cher 167, 257, 972, 1066, 1091, 1307
Sonny Childe & The TNT's 591
Sorrows 480
Soul Asylum 548, 1308
Soul Food Café Band 475
Soul For Real 1308
Soul II Soul 475, 687, 1253, 1309, 1536
Soul Mates 591
Soul Music Review 772
Soul Satisfiers 555
Soul Stirrers 300
Soul Survivors 1309
Soulcats 1442
Souldier Blue 15
Souled Out 1083
Soulful Dynamics 1310
Soulsearcher 1310
Soulsister 1310 f.
Sound 9418 760
Soundgarden 1063, 1154
Sounds Orchestral 1064, 1311
Soup Dragons 1311
Source 1339
Source feat. Candi Staton 1311 f.
Souther, Hillman, Furay Band 1312
Southside Johnny & The Asbury Jukes 407
Southside Spinners 1312 f.
Southwest F. O. B. 449
Southwest Five 196
Soxx, Bob B., & The Blue Jeans 159 f., 648
Space Babies 329
Space (Frankreich) 1313
Space Frog 1314, 1436
Space (GB) 1313
Spacedust 970, 1314
Spacemen 199
Spagna 1315
Spandau Ballet 92, 785, 1085, 1315
Sparkle 572, 1316
Sparks 412, 647, 879, 903, 1204, 1234, 1277, 1316 f., 1516
Special A. K. A. 1318
Specials 109, 124, 537, 575, 936, 1241, 1318 f., 1351
Spectrum 230
Spektacoolär 1319
Spencer & Spencer 579
Spice Girls 11, 24, 48, 72, 206, 212, 444, 450, 497, 605, 611, 957, 1210, 1314, 1319, 1321, 1417 f., 1444
Spider Murphy Gang 93, 1321 f.
Spiders 302
Spike 1322
Spiller 445, 1323
Spin Doctors 1323
Spinners 189, 219, 273, 376, 519, 1312 f., 1323 f., 1494
Spirit 489, 495, 626, 716
Spiritual Cowboys 460, 1351
Spitting Image 1324, 1398
Splash 1073, 1420
Spliff 93, 1042, 1325
Split Enz 322
Splodgenessabounds 1325
Spooks 1326
Spooky Tooth 513, 523, 1537
Spotnicks 1326
Springfields 1239, 1327 f.
Springwater 338, 1329
Sqeezer 1329
Squeeze 7, 231, 242, 929, 1330, 1515
St. Winifred's School Choir 187, 1331
Staccatos 498
Stackridge 773
Staind 1332
Stampeders 957, 1332
Staple Singers 301, 620, 1333 f.
Star Wash 1334
Starbuck 1334
Stardust 174 f., 335, 457, 490, 1258, 1314, 1334 f.
Starland Vocal Band 1335 f.
Starlight 942, 1336, 1371
Stars On 45 985, 1338, 1420
Starsailor 1338
Starship 136
Starsound 1338
Starsplash 837, 1339
Statler Brothers 1339
Status Quo 47, 92, 107, 510, 520, 635, 859, 1340 f., 1518, 1545
Stavely Makepiece 807
Stax 620
Stealer's Wheel 1341
Steam 1342
Steampacket 67, 89
Steeleye Span 103, 1342 f.
Steely Dan 21, 68, 265, 280, 355, 703, 828, 898, 900, 1343 f.
Steppenwolf 927, 1344 f.
Steps 28, 370, 1263, 1345, 1478
Stereophonics 729 f., 1346
Steve & Eydie 582, 790
Stewart, Sonny, & The Dynamos 714
Stiff Kittens 996
Stilettoes 618
Stilettos 149
Stiltskin 78, 560, 1355
Stock/Aitken/Waterman 48, 62, 93, 133, 194, 357, 402, 490, 581, 655, 673, 843, 912, 936, 1059, 1108, 1163, 1264, 1281, 1306, 1356, 1358, 1369, 1491, 1545
Stone, R & J 1356 f.
Stone Ground 115
Stone Poneys 1191
Stone Roses 197, 610, 1104, 1233, 1357, 1464
Stone The Crows 1418
Stooges 1089
Stories 655, 796, 1358
Storm 696, 732
Storm, Rory, & The Hurricanes 1235, 1337
Stowaways 140
Strange Agents 990
Strange Brew 1092
Strange Cruise 1485
Strange Fox 1055
Stranglers 1358 f.
Strangles 545
Strawberry Alarm Clock 1359
Strawberry Switchblade 1360
Strawbs 34, 647, 661, 986, 1360 f., 1437
Stray Cats 437, 1361
Street 269
Street People 647
Streetwalkers 478
Stretch & Vern Present Maddog 1363
Strike 1363
Strong, Rob, & The Gates 822
Strykers 581
STS 454
Stuntmasterz 1363
Style Council 696, 795, 1363 f., 1436, 1501
Stylistics 898, 1106, 1364
Styx 337, 379, 1364 f.
Sub Sub 1365
Suede 24, 325, 894, 1099, 1131, 1365 f.
Sugababes 1367
Sugar & Spice 654
Sugar Beat 820
Sugar Creek 397, 438
Sugar Ray 202, 1367
Sugar Shack 587
Sugarcakes 811
Sugarcubes 137
Sugarhill Gang 586, 1367
Sugarloaf 1367 f.
Suggs 257, 831, 849, 1368
Sum41 1368 f.
Sundance 652
Sunday Best 1241
Sunliners 1142
Sunny Day Real Estate 511
Super Nature 1215
Super Stocks 648
Supergrass 1370 f.
Supermax 1371, 1497
Supermen Lovers 1371
Supertramp 352, 1020, 1371 f.
Supremes 189, 283, 308, 375, 440, 448, 519, 643, 676, 692, 783, 1057, 1062, 1156, 1195, 1202, 1373 f., 1379, 1394, 1399 f., 1476
Surface 1374 f.
Surfaris 1375
Survivor 668, 1375, 1410
Sweeney Todd 10, 567
Sweet 466, 592, 1231, 1239, 1377, 1379, 1393
Sweet 75 1008
Sweet Children 592
Sweet Dreams 782, 1075, 1378
Sweet Female Attitude 1378
Sweet Inspirations 658
Sweet People 1379
Sweet Reaction 119, 1119
Sweet Sensation (UK) 1055, 1379
Sweet Sensation (USA) 1379
Sweet Things 1063
Sweet Thunder 999
Sweetbox 1380
Swing Out Sister 1380
Swinging Blue 462, 643, 1191, 1380 f.
Switch 358

SWV 145, 277, 1381
Sylver 1382
Sylvers 1382, 1508
Symphonic Clam 1135
Synch 1384
Syndicate Of Sound 1384
System 1384

T'Pau 1385
T., Booker, & The MG's 301
T. Rex 513, 1234, 1385 f., 1448
Tackhead 270
Tag Team 1387
Tahiti-Tamoures 1387
Take That 80, 82, 99, 120, 180, 555, 695, 744, 839, 980 f., 1044, 1168, 1321, 1387, 1460, 1499
Taking Chances 769
Talk Talk 1388
Talking Heads 101, 385, 500, 539, 846, 1389 f., 1426, 1501
Tamperer 1390 f.
Tams 275, 1312, 1391
Tangerine Dream 440
Tappi Tikarrass 137
Taron-X 1387
Tarriers 1192
Taste Of Honey 30, 517, 1214, 1391 f.
Tavares 1387, 1392
Taylor, Bobby, & The Vancouvers 256, 692
T-Bones 605, 1394
TDF (= Totally Dysfunctional Family) 278
Teach-In 1395
Teardrop Explodes 158, 414, 767, 1395
Tears For Fears 11, 491, 801, 983, 1395 f.
Technohead 1396
Technotronic 947, 1397, 1494
Tee Set 1397
Teens 64, 150, 518, 643, 986, 1159, 1378, 1397 f.
Teletubbies 970, 1398, 1449
Temple Of The Dog 1063
Tempo, Nino, & 5th Ave Sax 1398
Temptations 68, 266, 283, 300, 443, 519, 749, 1142, 1193, 1195, 1204, 1353, 1379, 1398, 1400, 1464, 1523
Temptones 604
10 cc 322, 511, 574, 618, 655 f., 683, 760, 1076, 1211, 1238, 1400 f., 1444, 1518
Ten City 1401
Ten Sharp 1402
Ten Wheel Drive 1554
Ten Years After 1258, 1402
Tennessee Haymakers 357
Tenpole Tudor 1403
Terrorvision 1403 f.
Terry, Blair And Anouchka 1318
Tesla 498, 1404 f.
Texas 31, 1405 f.
Texas Tornados 488
Texas Wild Cats 358
That Dog 219
The 3 Tenors 1061
The Cranberry Saw Us 310
The The 259, 442
The Verve 60, 1406
The Young & The Useless 108
Thee Image 155
Thee Sixpence 1359
Them 1407
Therapy? 1404, 1407 f.
They Might Be Giants 285, 1408
Thin Lizzy 652, 931, 955, 1408 f., 1465, 1485, 1510
Third Eye Blind 1409
3 Doors 1416
3. Generation 1409 f.
10cc 322, 511, 574, 618, 655 f., 683, 760, 1076, 1211, 1238, 1400 f., 1444
Third World 628, 676, 1410
38 Special 1375, 1410
This Ain't Chicago 219
Thompson Twins 1413 f.
Three Degrees 922, 1415
Three Dog Night 155, 594, 950, 999, 1005, 1018, 1416
3LW 1416
Three Men Army 597
3T 497, 690, 693, 1417
Three Wise Men 1541
Throbbing Gristle 30
Thunderbirds 481 f.
Thunderbugs 1417
Thunderclap Newman 1417
Tiara 1207
Tic Tac Toe 1220 f., 1242, 1319, 1418 f.
Tico & The Triumphs 1267
Tide Chorus 522
Tiffany 698, 899, 1419 f.
Tight Fit 269, 1420
'Til Tuesday 1420
Tijuana Brass 29
'Til Tuesday 1420 f.
Time 815, 1421 f.
Time Bandits 521
Time Frequency 1422
Time To Time 1422, 1550
Timelords 572, 736, 767, 1423
Timex Social Club 280, 1423
Tin Machine 174
Tin Tin Out 206, 1397, 1423 f.
Titanic 1424, 1528
TKA 738
TLC 212, 727, 740, 1064, 1164, 1417, 1424 f.
TNN 1425
Together 1159
Tokens 348, 609, 722, 746, 1181, 1238
Tokyo 571
Tolga Flim Flam Balkan 892, 1425
Tom & Jerry 549, 1257
Tom Tom Club 1140, 1389, 1425 f.
Tommy Tutone 1426
Tomorrow 1504
Tones On Tail 832
Tony! Toni! Toné! 280, 1426 f.
Tootie & The Jones 651
Toploader 1427
Torfrock 767, 1427 f.
Tornados 488, 614, 631, 1282, 1428
Total 197, 444, 1015, 1429, 1432
Total Coelo 1432
Total Concept Unlimited 1193
Toten Hosen 171, 1429, 1431
Toto 418, 600, 969, 1431 f., 1521
Toto Coelo 1432
Tottenham Hotspur F. A. Cup Final Squad 1432
Touch 332
Touché 184
Tourists 460, 800, 1351, 1432 f.
Town Criers 1240
Toy Dolls 1434
Toyah 242, 929, 1134, 1434
Toys 1435
Tracks 1248
Tradewinds 1364
Traffic 221, 347, 477, 989, 1340 f., 1436 f., 1529, 1537
Traffic Jam 1340 f.
Train 25, 1437
Trama 26
Trammps 1437 f.
Trans-X 1438
Trancesetters 578
Transvision Vamp 1438
Trashmen 1438
Traveling Wilburys 425, 441, 616, 650, 1033 f., 1072, 1253
Travis 1438 f.
Tremblers 636
Tremeloes 266, 300, 370, 621, 682, 1088 f., 1335, 1347, 1439 f.
Trendsetter 629
Tricky Disco 1396
Trinity 31, 67, 417
Trio Rio 1442
Triumphs 1019, 1411
Triumvirat 769
Troggs 103, 1084, 1089, 1206, 1442 f.
Troglodytes 1442
Troppo 408
True, Andrea, Connection 1443
True Steppers 118, 339, 431, 1321, 1443
T-Spoon 1444
Tubes 589, 1204, 1444
Tubeway Army 1016
Turtles 91, 809, 812, 1448
TW4 379, 1364
Tweenies 1449
Tweets 1449, 1552
20 Fingers 430, 1450
Twenty 4 Seven 223, 1147, 1450
Twenty-One 454
Twice Nice 1193
Twinkle 1450
Two Cowboys 1451
2 In A Room 947, 1451 f.
2 Live Crew 676
Two Man Sound 1083, 1451
Two Men, A Drum Machine & A Trumpet 493
Two Of US 1452
Two Rons 603
Two Teens 643
Two Tons O' Fun 213
2 Unlimited 1452 f.
Two-Fifth Down 1205
Tymes 26, 1455
Typically Tropical 1455, 1480
T.X.T. 872

U 96 833, 1456
UB40 95, 217, 381, 440, 691, 698, 906, 1049, 1101, 1458
Ugly Kid Joe 249, 1459
Uillean Pipes 1016
UK 61
UKW 1459
Ultimate Kaos 1460
Ultra 1460
Ultravox 1289, 1460 f., 1465 f., 1485

Undercover 576, 1018, 1188, 1462
Underdog Project 1462
Undertones 59, 61, 1254, 1462
Underworld 635, 1463
Undisputed Truth 1193, 1463 f.
Union Gap 1114 f.
Unit Four Plus Two 1295, 1464
United 763
UNKLE 1464
Unknowns 814
Upsetters 202, 1464
Urban Cookie Collective 1465
Urban Hype 1465
Uriah Heep 61, 1231, 1466
US 3 1467
USA For Africa 229, 252, 326, 693, 1431, 1467 f.
Usura 1469
Utah Saints 1336, 1469
Utopia 1204
U2 47, 87, 89, 92, 238, 270, 277, 591, 679, 697, 757, 808, 846 f., 981, 1058, 1061, 1279, 1409, 1456 f.

V. I. P's 446
Vacuum 54
Valentines 305
Valentinos 1531
Van Halen 47, 467, 786, 1196 f., 1473 f.
Vandellas 553
Vanilla Fudge 1475 f.
Vanity Fare 1476
Vapors 1477
Variation 343
Various Artists 1477 f.
Vaughan Brothers 469
VCLXI 1036
Vegas 537, 1318, 1351
Vehicle 356
Velours 479
Velvet Opera 661
Velvet Underground 610, 1153 f., 1330, 1360
Velvetons 1163
Vendors 1284
Vengaboys 23, 1455, 1480
Ventures 580, 605, 1326, 1481
Vernons Girls 100, 199
Versatiles 492
Versatones 1481
Vertical Horizon 1482
Verve Pipe 1482
Vibrators 473
Vice Versa 5
Video Kids 642, 1483
Viewfinders 145
Village People 185, 1068, 1173, 1483
Village Stompers 1484
Vinegar Joe 192, 278, 986
Vintage 422
Virgo, Jimmy, & The Blue Jacks 314
Virtual Reality 579
Virus 144
Visage 479, 574, 1239, 1289, 1465 f., 1484 f.
Visitors 1403
Vocaliers 565
Vogues 1485
Voice Of The Beehive 850
Voices Of Theory 1485

Wadsworth Mansion 1487
Wah! 928
Wails 575
Walker Brothers 750, 1117, 1286, 1370, 1489 f.
Waller Creek Boys 730
Wamdue Project 1491
Wang Chung 1492
War 42
Ward, Billy, & His Dominoes 1524
Warm Dust 7
Warp Brothers 49, 1494
Warrant 1494
Warsaw 996
Was (Not Was) 1495
Water 4 The Pool 1482
Waterboys 471, 1495 f.
Waterfront 1496
Watergate 392, 1496 f.
Waterloo & Robinson 1497
Wave 21 916
Wax 576, 1401
We Five 1498
Weather Girls 140, 213, 1226, 1239, 1383, 1499
Weavers 1192
Web, Spider, & The Insects 315
Webbs 577
Wedding Present 1500
Wee Papa Girl Rappers 285, 493, 676, 1500
Wee Papa Girls 1500
Weems, Ted, Band 294
Weissberg, Eric, & Steve Mandell 1500 f.
Weldon Irvine Group 200
Wendy & Lisa 1234
West End 284, 656, 716, 726, 824, 1002, 1069, 1504
Westbam 219, 413, 833
Westlife 226, 746, 972, 1504
Wet Wet Wet 1065, 1443, 1505
Wet Willie 1506
Wham! 242, 458, 766, 794, 922, 1066, 1506 f.
Wheatus 1507
Wheelmen 648
Whigfield 969, 1507 f.
Whirlwinds 574
Whiskyhill Singers 762
Whispers 1295, 1508
Whistle 201, 389, 1199, 1508
White Alcoholic Trash 1459
White Clover 741
White Heart 626
White Lion 1510 f.
White Plains 66, 195, 343, 436, 684, 1512
White Town 152, 969, 1511
Whitesnake 1512 f.
Whitford & St. Holmes 13
Who 275, 335, 431, 435, 446, 470, 530, 621, 763, 849, 883, 910, 916, 1291, 1417, 1433
Wigan's Chosen Few 1516
Wigs 1225
Wild Cherry 695, 1516
Wild Horses 1409
Wildecker Herzbuben 38, 1517
Wilder's, Johnnie, Chicago Heatwave 627
Will To Power 1518
Wilson Brothers 547
Wilson, J, Frank, & The Cavaliers 1525
Wilson Phillips 107, 857, 1525 f.
Wind 348, 968
Wind In The Willows 149, 618
Windows 693, 1526
Wings Of Faith 568
Winners 1527
Winstons 1528
Winx 1527, 1529
Wise Guys 1529
Wishful Thinking 265, 573, 1529 f.
Witt / Heppner 1530
Wizzard 103, 441, 966, 1053, 1530, 1532, 1535
Wolfsbane 680
Wolfsmond 1145
Womack & Womack 741, 1532
Womack Brothers 1532
Wombles 103, 1531 f.
Wonder Stuff 1156, 1183, 1534
Wonderland 665, 1144, 1157
Wonderlove 1520
Wooden Frog 1437
Wooden Horse 520
Woodpeckers 563
Woods 563
Woody's Truckstop 1204
Wookie feat. Lain 1535
Woolpackers 1536
Working Week 471, 490, 539, 1380
World Class Wreckin' Cru 411
World Party 1496
Worlds Apart 194, 240, 833
Woza 355
Wreckage 918
Wreckx-N-Effect 47, 1536
Wums Gesang 1537
Wurzels 1537
Wu-Tang Clan 45, 921, 924, 1406, 1537
WWF Superstars 1538

Xpansions 1540
X-Perience 1540
Xscape 740, 809, 894, 1540
XTC 482, 1204, 1541
XXL & Peter ›Cool Man‹ Steiner 1541
Xzibit 1142, 1541

Yachts 266
Yanai, Kate 1543
Yardbirds 271, 412, 416, 650, 792 f., 812, 1159, 1230, 1401, 1543 f.
Yaz 1544
Yazoo 61, 373, 453, 508, 966, 1544
Yell! 1545
Yello 102, 408, 1280, 1545
Yellow Dog 521, 1545 f.
Yes 61, 206, 560, 725, 953, 1360, 1475, 1546 f.
Yost, Dannis & The Classic IV 275
Young Idea 1551
Young Ones 603
Youngbloods 339, 1552
Young-Holt Unlimited 1552

Zager & Evans 1554
Zapp 1183
Zig and Zag 1556
ZK 1429
Zodiacs 589
Zombie Nation 1557
Zombies 51, 1557 f.
Zoo 503
Zoot Money 380, 481, 1074
Zoot Money Big Roll Band 1087
Zu Zu Band 413
ZZ Top 1559

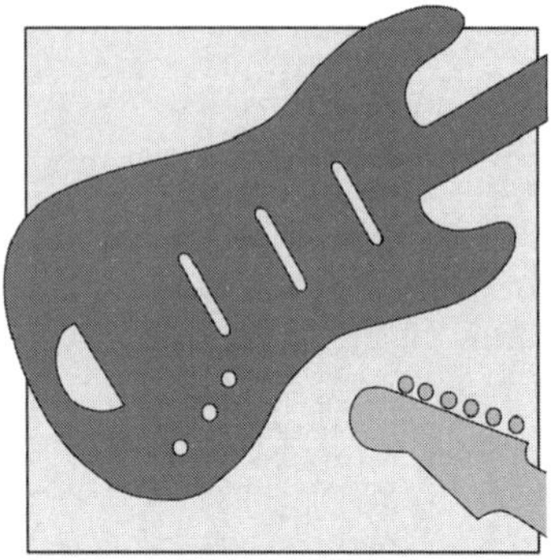

Titelregister

A 1378
A – You're Adorable 295
A Banda 546
A Beautiful Morning 1143
A Big Hunk O' Love 1099
A Black And White Night – Starring Roy Orbison 1034
A Blossom Fell 287
A Bobby Vee Recording Session 1479
A Boy And A Dog 723
A Boy From Nowhere 729 f.
A Boy Named Goo 578
A Boy Named Sue 238
A Broken Frame 373
A Bushel And A Peck 295
A Capella 141
A Carnival Of Hits 1240
A Case For The Blues 973
A Century Ends 589
A Certain Smile 889
A Change Would Do You Good 322
A Child's Prayer 655
A Chorus Line 606, 785
A Christmas Album 1362
A Christmas Kiss 1018
A Christmas Together 372
A Civilized Man 283
A Collection – Greatest Hits . . . And More 1362
A Collection Of Beatles Oldies 113
A Collection Of Great Dance Songs 1078
A Collection Of Their 20 Greatest Hits 1415
A Connecticut Yankee 319
A Cowboy's Work Is Never Done 1307
A Date With Elvis 1098
A Date With The Everly Brothers 464
A Day At The Races 1125
A Day In The Life of Vince Prince 5
A Day Without Love 832
A Day Without Rain 452
A Decade Of Hits 339
A Decade Of Rock And Roll 1970 To 1980 1161
A Deeper Love 526 f.
A Design For Life 862
A Different Beat 180 f.
A Different Corner 922 f., 1507
A Different Kind Of Weather 414
A Different Man 281
A Distant Shore 465
A Distant Trumpet 98
A Dream Within A Dream 1053
A Dream's A Dream 1310
A Dreamer's Holiday 295
A Drop Of The Hard Stuff 418
A Fantasy Love Affair 199
A Far L'Amore Comincia Tu (Liebelei) 231, 642
A Feeling 522
A Few Small Repairs 292
A Fifth Of Beethoven 2, 975
A Fine Romance – The Love Songs Of Frank Sinatra 1278
A Fistful Of Dollars 958
A Flock Of Seagulls 2
A Fool In Love 1445
A Fool Such As I 81
(Now And Then There's) A Fool Such As I 1099
A Fool Such As I/I Need Your Love Tonight 1099
A For Allah 1348
A Funky Odyssey 699
A Gal In Calico 320
A Girl Cal led Dusty 1327
A Girl Called Johnny 1496
A Girl Like Me 206
A Girl Like You 289, 1033, 1143, 1166
A Glass Of Champagne 1213 f.
A Good Heart 904, 1254
A Good Man Is Hard To Find 1462
A Good Year For The Roses 307
A Groovy Kind Of Love 291, 511, 971, 1213
A Guy Is A Guy 350
A Hard Day's Night 113 f., 290, 797, 806, 1486
A Hard Rain's Gonna Fall 490
A Heart Full Of Love (For A Handful Of Kisses) 55
A Heart In New York City 550
A Horse With No Name 34
A Hot Time In The Town Of Berlin 319
A Hundred Pounds Of Clay 410, 900
A Is For Astronaut 356
A Jagged Era 694
A Jolly Christmas From Frank Sinatra 1277
A Kind Of Christmas Card 16
A Kind Of Hush 230
A Kind Of Magic 1125
A Kiss In The Dreamhouse 1282
A League Of Their Own 851
A Legend 1348
A Letter To You 1349
A Life Less Ordinary 59
A Life Of Surprises – The Best Of Prefab Sprout 1095
A Life So Changed 154
A Lil' Ain't Enough 1197
A Little Ain't Enough 1197
A Little Bit Me, A Little Bit You 381, 950
A Little Bit More 412 f., 1007, 1273
A Little Bit Of Luck 391
A Little Bit Of Mambo 121
A Little Bit Of Soap 1263
A Little Bitty Tear 684
A Little Love And Understanding 117
A Little More Love 1002
(God Must Have Spent) A Little More Time On You 981
A Little Peace 1004
A Little Piece Of Heaven 574
A Little Piece Of Leather 440 f.
A Little Respect 453, 1507
A Little South Of Sanity 13
A Little Time 116
A Little Touch Of Schmilsson In The Night 1006
A Lonely Lady 1553
A Lonely Man 263
A Love Bizarre 427
A Love Like Ours 1362
A Love Like Yours 1445

A Love Worth Waiting For 1349
A Lover's Concerto 1435
A Lover's Question 908
A Low Down Dirty Shame 1556
A Man And His Music 1278
A Man Called E 438
A Man Without Love 664
A Matter Of Trust 719
A Maximum High 1256
A Mess Of Blues 1100
A Message To You Rudy/Niteclub 1319
A Million Love Songs 1388
A Minute Of Your Time 730
A Momentary Lapse Of Reason 1078
A Mother's Gift 1318
A Must To Avoid 637
A Natural Man 629, 1145
A Natural Woman (You Make Me Feel Like) 526
A Neverending Dream 1540
A New Beginning 1133
A New Day Has Come 384
A New England 846 f.
A New Flame 1271
A New World Record 441 f.
A Night At Red Rocks 953
A Night At The Opera 1125
A Night In San Francisco 960
A Night On The Town 654, 1353
A Night To Remember 789, 1251
A Night Without Amour 714
A Nightmare On My Street 705
A Nod's As Good As A Wink ... To A Blind Horse 470
A Northern Soul 1406
A Pair Of Brown Eyes 1085
A Passion Play 712
A Pessimist Is Never Disappointed 445
A Picture Of You 199
A Piece Of The Action 893
A Pirat Looks At 50 205
A Place In The Sun 902, 1046, 1534
A Place On Earth – The Greatest Hits 228
A Place To Call Home 460
A Pocketful Of Dreams 133
A Portrait In Music 1099
A Private Heaven 432
A Pub With No Beer 81
A Question Of Balance 954
A Question Of Honour 189
A Question Of Lust 373
A Question Of Time 373
A Quick One 1515
A Quoi Tu Penses? 821
A Real American Joe 1282
A Real Live One 681
A Red Letter Day 1069
A Rock And Roll Alternative 65
A Rock In The Weary Land 1496
A Rockin' Good Way 1250, 1349, 1455
A Rockin' Good Way (To Mess Around And Fall In Love) 129
A Room With A View 227
A Rose Is Still A Rose 526, 640
A Saucerful Of Secrets 1077
A Scottish Soldier 1350
A Secret History 388
A Sentimental Date With Perry Como 295
A Session With Gary Lewis And The Playboys 805
A Session With The Dave Clark Five 273
A Short Album About Love 388
A Shoulder To Cry On 1048
(There's Gonna Be) A Showdown 122
A Single Man 720
A Song For Mama 180
A Song For Me 478
A Song For The Lovers 60
A Song For You 230, 252, 1400
A Song For Young Love 801
A Song Of Joy 1172
A Song To Remember 294
A Song Will Rise 1070
A Space In Time 1403
A Spanner In The Works 1354
A Star Is Born 1362
A Storm In Heaven 1406
A Summer Song 246
A Swingin' Affair! 1277
A Swinging Safari 1479
A Tapestry Of Dreams 70
A Taste Of Aggro 100
A Taste Of Honey 135, 806, 1392
A Teenager In Love 385
A Teenager's Romance 991
A Thin Line Between Love And Hate 660
A Thing Called Love 237 f.
A Thousand Trees 1346
A Time For Us 1040
A Touch More Magic 862
A Touch Of Music In The Night 312
A Touch Of Sadness 1156
A Touch Of Velvet 1155
A Touch Too Much 57
A Tramp Shining 615
A Trick Of The Tail 560
A Trip To Trumpton 1465
A Very Fine Love 1327
A Very Special Love 986
A View To A Kill 422 f.
A Walk In The Black Forest 700
A Walk In The Park 1358
A Walk On The Weill Side 1228
A Walk On The Wild Side 1286
A Walkin' Miracle 456, 811
A Warm Shade Of Ivory 859
A White Sport Coat (And A Pink Carnation) 1176
A Whiter Shade Of Pale 1110 f.
A Whole New World 202
A wie Abba 4
A Winter's Tale 457, 558, 1124 f.
A Woman And A Man 228
A Woman Needs Love (Just Like You Do) 1052
A Woman's Work 208
A Woman's Worth 752
A Wonderful Time Up There 171
A Word To The Wise Guy 928
A World Of Our Own 1240
A World Without Love 388, 1069
A Worm's Life 311
Aaah-Ah, Yawa Em Ekat Ot Gnimoc Er'yeht 985
Aaliyah 3
Aaron Neville's Soulful Christmas 994
Aaron's Party (Come And Get It) 234
Ab und zu 81
Aba Heidschi Bum Beidschi 20
Abacab 560
Abandon 363
Abandoned Luncheonette 604
Abba 4
Abba-esque 453
Abbey Road 113, 1053
Abbl-Dibabbl 1537
ABC 690, 692 f., 988
Abenteuerland 1117
Aber am Abend, da spielt der Zigeuner 268
Aber bitte mit Sahne 734
Aber die Liebe bleibt 965
Abgehfaktor – Das Album 49
Abort, Retry, Fail? 1511
About Time 1402
Above The Rim 542, 660
Abra-Ca-Dabra 365
Abracadabra 6, 932, 1048
Abraham (Das Lied vom Trödler) 1531
Abraham, Martin And John 275, 385, 554
Abraxas 1219
Abschied ist ein scharfes Schwert 1514
Abschied vom Meer 529
Abschiednehmen tut so weh 305
Absolute Beginners 174 f., 439, 696, 763, 1057
Absolutely 6, 850
Absolutely (Story Of A Girl) 1006
Absolutely Everybody 35
Absolutely Fabulous 7
Absolutely Live 407, 1353
Absolutely Right 498
Ac-Cent-Tchu-Ate The Positive 319
Acceleration 925
According To My Heart 1156
Ace 1472
Ace Of Spades 963
Ace Ventura 1426
Aces And Kings – The Best Of Go West 573
Achilles Heel 1427
Achterbahn 1072
Achtung Baby 1457
Achy Breaky Heart 330
Acid Eaters 1140
Acid Folk 1067
Acid Queen 1446
Acker 135
Acker Bilk's Omnibus 135
Across From Midnight 283
Across The Borderline 992, 1018
Across The Universe 475
Acting On Impulse 903
Action 144, 1378
Activ 8 (Come With Me) 31
Actually 1068
Ad Un Amico 1137
Adam 472
Adam & Eve 822
Adamo international 10
Addams Family 1141
Addams Family (Whoomp!) 1387
Addams Family Values 1387
Addicted To Bass 1118
Addicted To Love 1049
Addictions Volume 1 1049
Addictions Volume 2 1049
Adelante 1222
Adesso Tu 1138
Adia 905
Adiemus 12
Adiemus III – Dances Of Time 12
Adieu – Lebe wohl – Goodbye 161

Adios Amigo 387
Adios Amigos 1140
Adios Amor 172
Adios My Darling 1190
Adler sollen fliegen 1118
Adore 1292
Adrenalin 1009
Adrenalize 365
Adriano (Letzte Warnung) 196
Adult Education 604
Adventure In Paradise 1173
Adventures In Modern Recording 206
Adventures Of Thin Lizzy 1409
Aeroplane 1149
Aerosmith 13
Aerosmith's Greatest Hits 13
Aff un zo 97
Affair Of The Heart 1328
Affection 1333
Affirmation 1223
Affjetaut 96
. . . Affrocke 96
Afraid Of Sunlight 871
Africa 1432, 1488
Africa (Voodoo Master) 789 f.
Africa Man 1488
African And White 265
Afrika Shox 796
Afro Dizzi Act 152
After 7 14
After A Fashion 1465
After All 245, 258
After Bathing At Baxter's 709
After Dark 840
After Here Through Midland 281
After Hours 955 f.
After Image 914
After Love 146
After Midnight 861
After The Gold Rush 1549
After The Laughter 1337
After The Love Has Gone 430, 1345
After The Lovin' 664
After The Rain 990
After The Storm 321
After The War 956
After The Watershed 235
Afterburner 1559
Afterglow Of Your Love 1290
Aftermath 1187, 1441
Afternoon Delight 1336
Afternoons And Coffespoons 311
Afternoons In Utopia 30
Aftertones 667
Agadoo 142, 1324
Agadou 1221
Again 350, 689, 777
Against All Odds (Take A Look At Me Now) 226 f., 291
Against The Wind 1240
Age Ain't Nothing But A Number 2
Age Of Reason 483
Agent Double-O-Soul 1336
Agent Provocateur 514
Ahab, The Arab 1348
Ahl Männer, aalglatt 96
Ahoi-Ohe 153
Aida 721, 1171
Aie A Mwana 92
Aiii Shot The DJ 1230
Aiko Aiko 1221
Ain't 2 Proud 2 Beg 1424 f.
Ain't Gonna Bump No More (With No Big Fat Woman) 1405
Ain't Gonna Lie 746
Ain't Got No – I Got Life/Do What You Gotta Do 1269
Ain't It Fun 599
Ain't It Funny 686, 827
Ain't It Funny Remix 827
Ain't Just Another Story 243
Ain't Misbehavin' 1461
Ain't My Beating Heart 1402
Ain't No Doubt 982 f.
Ain't No Love (Ain't No Use) 1365
Ain't No Man 232
Ain't No Mountain High Enough 178, 1195
Ain't No Mountain High Enough I Believe 199
Ain't No Nigga 704
Ain't No Playa 704
Ain't No Pleasing You 254
Ain't No Shame In My Game 219
Ain't No Stoppin' Us 391
Ain't No Stoppin' Us Now 901
Ain't No Sunshine 656, 691, 1530, 1551
Ain't No Way To Treat A Lady 1152
Ain't No Woman (Like The One I've Got) 519 f.
Ain't Nobody 308, 584, 753, 820
Ain't Nobody (Remix) 753
Ain't Nobody Better 676
Ain't Nothin' Goin' On But The Rent 601
Ain't Nothing Gonna Keep Me From You 374
Ain't Nothing Like The Real Thing 554, 1403
Ain't Talkin' 'Bout Dub 47 f.
Ain't Talkin' 'Bout Love 47
Ain't That A Shame 171, 398 f.
Ain't That Funny 735
Ain't That Just The Way 907 f.
Ain't That Peculiar 554
Ain't Understanding Mellow 209
Air 1380
Air Conditioning 328
Air Travel 482
Airport 964
Airport 1975 1152
Airwave 1141
Aisha 65, 358
Aisy Waisy 236
Aja 355, 1343
Akropolis adieu 889
Akwaba Beach 742
Al Di La' 1067
Al mio amore 1196
Alabama 841
Aladdin 202
Aladdin And The Wonderful Lamp 1165
Aladdin Sane 174
Alane 1504
Alanis 957
Alannah Myles 978
Albany 1514
Albatros 743
Albatross 502 f.
Albedo 0.39 1475
Album 1700 1070
Album Of The Year 473
Album Seven By Ricky 991
Alchemy – Dire Straits Live 386
Alcoholic 1338 f.
Al-Di-La 253
Alex Chilton 176
Alex Vanderpool 179
Alexander O'Neal 1020
Alexis Sorbas 935
Alf 966
Alfie 139, 1395
Alice Cooper's Greatest Hits 302
Alice I Want You Just For Me 536
Alice What's The Matter 1404
Alice, Who The X Is Alice 578
Alicia Bridges 188
Aline 876
Alive 1063
Alive Again 258
Alive And Kicking 615
Alive And Well 1127
Alive II 765
Alive III 765
Alive In America 1344
Alive! 765
All 342, 1022
All 'n All 430
All 'N My Grill 444
All 4 Love 292
All About Eve 24
All About Us 39 f.
All Alone Am I 794
All Alone In The Endzone 489
All Alone On Christmas 160
All Along The Watchtower 634
All American Boy 98
All And All 1273
All Around My Hat 1341, 1343
All Around The World 1022, 1333
All Because Of You 562
All Blue Revue 1090
All By Myself 228, 384
All Change 240
All Cried Out 28, 816, 966, 1031
All Day And All Of The Night 406, 762, 764, 1359
All Day Music 1492
All Directions 1400
All Eyez On Me 1453 f.
All Fired Up 1298
All For A Song 382
All For Love 10 f., 995, 1354, 1356
All For One 961
All For One And One For All 1440
All For You 688 f.
All Good 354
All Hooked Up 25
All I Ask Of You 189, 1166
All I Could Do Was Cry 697
All I Ever Need Is You 1307
All I Have To Do Is Dream 218, 247, 463 f., 561 f.
All I Have To Give 81
All I Know 550
All I Need 1092, 1400, 1488
All I Need Is A Miracle 929
All I Need Is Everything/Jump 70
All I Really Want To Do 211, 258
All I See 1
All I See Is You 1327
All I Wanna Do 321 f., 936, 1423
All I Wanna Do Is Make Love To You 627
All I Want 359, 370, 782, 902, 1243
All I Want For Christmas Is You 227
All I Want Is You 11, 1007, 1457
All I Want To Do Is Rock 1439
All I Wanted 742
All In The Mind/One Way To Go/A Man Called Sun 1406
All In The Name Of Love 66

All Killer No Filler 1369
All Kinds Of Everything 338, 652
All Live And All Of The Night 1359
All Men Are Liars 836
All Mine 1091
All Mod Cons 696
All My Life 615, 745, 994
All My Love 1047, 1166
All My Loving 797
All My Trials 86
All Night Holiday 5
All Night Long 461, 884, 1136
All Night Long (All Night) 1167
(All Of A Sudden) My Heart Sings 43
All Of Me 1211
All Of Me Loves All Of You 105
All Of My Heart 6
All Of My Life 1196
All Or Nothing 933, 1042, 1291
All Or Nothing At All 1274 f., 1279
All Out Of Love 17, 400
All Over The Place 94
All Over The World 611
All Right 408
All Right Now 529 f.
All Rise 152
All Saints 24
All She Wants Is 423
All She Wants To Do Is Dance 635
All Shook Up 1097, 1099
All Star 25, 1291
All Star Hit Parade 1477 f.
All Star Parade No. 2 1477
All Stood Still 1461
All Strung Out 1346, 1398
All Summer Long 107
All That Glitters 226
All That I Am 717
All That I Need 180 f.
All That Jazz 186, 1133
All That Matters 162
All That She Wants 8
All That You Can't Leave Behind 1457
All The Best Cowboys Have Chinese Eyes 1433
All The Best! 896
All The Fine Young Cannibals 493
All The Fun Of The Fair 457
All The Girls In The World Beware!!! 586
All The Greatest Hits 1184
All The Hits & All New Love Songs 1185
All The Love In The World 1495
All The Man That I Need 659
All The Money's Gone 78
All The Small Things 148
All The Things (Your Man Won't Do) 717
All The Things She Said 1271
All The Way 383, 964, 1277, 1279
All The Way . . . A Decade Of Songs 383, 1278
All The Way From Memphis 964
All The World Loves Lovers 1095
All The Young Dudes 964
All Things In Time 1145
All Things Must Pass 616
All This And Heaven Too 576
All This Love I'm Giving 899
All This Time 1356, 1420
All Those Years Ago 616 f.
All Through The Day 295, 1279
All Through The Night 726, 789
All Time High 301
All Time Hits From The Hills 55
All Together Now 51, 483
All True Men 1020
All We Got Iz Us 1031
All Woman 1333
All Work No Play 1114
All World 820
All You Good Good People 445
All You Need Is Love 114, 729, 1351
All You Zombies 651
All-4-One 26
Alle glauben, dass ich glücklich bin 98
Alle Wünsche kann man nicht erfüllen 646
Alle Zusammen 1046
Allegheny Moon 1048
Allein wie du 529
Alles 982, 1071
Alles – Live 1072
Alles aus Liebe 1430
Alles Banane Vol. 3 1228
Alles em Lot 97
Alles gelogen 780
Alles Gute 1325
Alles Gute – das Beste von '92–'98 1195
Alles hat ein Ende, nur die Wurst hat zwei 1159, 1502
Alles klar auf der Andrea Doria 813
Alles Liebe . . . 965
Alles nur geklaut 1108 f.
Alles okay 229
Alles Roger 1514
Alles was dein Herz begehrt 1471
Alles wird gut 1430
Alles wird sich ändern 434
Alles, was ich brauche, bist du 642
Alles, was wir woll'n auf Erden 1139
Alley Cat 469
Allure 28
Ally McBeal 164
Ally's Tartan Army 216
Almaz 312
Almost Blue 307
Almost But Not Quite There 1340
Almost Grown 131
Almost Heaven 748
Almost Paradise . . . Love Theme From Footloose 834, 1160, 1524
Almost See You (Somewhere) 264
Almost There 1519 f.
Almost Unreal 1199
Alo-Ahe 529
Aloha From Hawaii Via Satellite 1097, 1099
Aloha Heja He 1157
Aloha-Oe 580
Aloha-Oe, Until We Meet Again 580
Alone 120 f., 274, 627, 787, 965
Alone – The 8th Album 946
Alone Again (Naturally) 1020
Alone At Last 1524
Alone In The Night 572
Alone Together 1040
Alone With Everybody 60
Alone With You 1548
Alone Without You 756
Along Comes Mary 62, 151
Along The Navjo Trail 319
Alpenrap 454
Alpha 61
Alphabet City 6
Alphabet St. 1107
Alright 240, 688, 699, 778
Alright, Alright, Alright 974
Alright/Time 1371
Also denn! 778
Also sprach Zarathustra 372
Alternate Title 950
Alternative 1068
Always 66, 91, 163 f., 453, 1064
Always & Forever 458
Always And Forever 1508
Always And Forever/Mind Blowing Decision 627
Always Breaking My Heart 228
Always Come Back To Your Love 972
Always Got Tonight 682
Always Guaranteed 1166
Always Have, Always Will 8
Always In My Heart 218
Always Look On The Bright Side Of Life 952
Always My Baby 227
Always On My Mind 522, 992, 1069, 1099 f.
Always On My Mind – Ultimate Love Songs 1099
Always On Time 59, 686
Always Something There To Remind Me 591, 983, 1423
Always The Last To Know 367
Always There 199, 673, 1499
Always Tomorrow 457
Always Yours 573
Am Horizont irgendwo 965
Am I Not Your Girl 1018
Am I That Easy To Forget 664
Am I The Same Girl 1552
Am Tag, als Conny Kramer starb 1503
AM To PM 930
Amada Mia, Amore Mio 440
Amanda 173, 904
Amapola 1326
Amateur Hour 1317
Amazed 825
Amazing Darts 342
Amazing Grace 144, 289, 526, 1099, 1201
Amazonas 1070
Amen 33, 672, 1151
Ameno 392
America 34, 381, 827, 946
America The Beautiful 847, 1099
America's Least Wanted 1459
America: What Time Is Love 768
American Beauty 589, 695
American Caesar 1089
American Dream 320, 695, 1549
American Fool 914
American Gigolo 476
American Graffiti 101
American Pie 501, 644, 852, 906 f.
American Recordings 238
American Soul Man 1075
American Stars 'n' Bars 1549
American Trilogy 1100
American Woman 597
Americana 1026
Americanos 724
Americans 847
Americathon 910
Amerika 96
Amigo 144
Amigos 1219

Amigos Para Siempre (Friends For Life) 188
Ammonia Avenue 1053
Amnesia 268
Amnesiac 1132
Amo vitam 1195
Among My Souvenirs 524
Amor 319
Amore Mio 95
Amos Moses 1153
Amour (C'mon) 1091
Amour Amour 943
Amour, Amour 1083
Amoureuse 361
Amplified Heart 465
Amsterdam 966
Amused To Death 1078
Amy Grant – The Collection 587
An American Dream 1009
An American Tail 675, 1191
An Angel 748
An der Nordseeküste 767, 1428
An Evening With John Denver 371
An Everlasting Love 566
An Innocent Man 718 f.
An Old Fashioned Love Song 1416
An Open Letter To My Teenage Son 839
An Ordinary Day In An Unusual Place 1467
Anaconda 827
Ananas aus Caracas 1429
Anarchy 209, 268
Anarchy In The UK 1244
Anatevka 1427
Ancient Heart 1420
Ancora 94
And At Night 828
And Did Those Feet In Ancient Time 485
And I Love You So 295, 907
And In This Corner 705
... And Justice For All 921
And So To Sleep Again 1047
And The Beat Goes On 1295, 1508
And The Bite Goes On 845
And The Music Speaks 26
(And The) Pictures In The Sky 911
And Then ... Along Comes The Association 62
And Then There Were Three 560
And When I Die 150
Andrea Doria 813
Androgyny 548
Andromeda Heights 1095
Andy 1310
Andy Williams Show 1519
Andy, mein Freund 1217
Anfield Rap (Red Machine In Full Effect) 819
Angel 14, 308, 847, 852, 1167, 1271 f., 1365
Angel Clare 550
Angel Dust 473
Angel Eyes 625, 827, 1200
Angel Eyes (Home And Away) 1505
Angel Face 573
Angel Fingers 1531
Angel In Your Arms 654
Angel Interceptor 59
Angel Of Happiness 273
Angel Of Harlem 1457
Angel Of Mine 424, 459, 949
Angel Of The Morning 1000, 1206, 1248
Angel On My Shoulder 286
Angel Say No 1426
Angel St 845 f.
Angel Station 864
Angel/What Made Milwaukee Famous (Has Made A Loser Out Of Me) 1354
Angeleyes/Voulez-Vous 4
Angelia 884
Angelina, lass das Weinen 153
Angelo 195, 384, 748, 1046, 1163
Angels 40, 1522
Angels & Electricity 471
Angels With Dirty Faces 1251, 1441
Angels, Roses, And Rain 795
Angie 136, 399, 1188
Angie Baby 1018, 1152
Anima Mia 1256
Animal 365
Animal Army 78
Animal Magnetism 1232
Animal Nitrate 1366
Animal Tracks 42
Animalisms 42
Animalization 42
Animalize 765
Animals 1078
Anita 303
Anja – Anja 1190
Anka 43
A-N-N-A 532
Anna 281, 943, 1094, 1194, 1441
Anna – Letmein, Letmeout 1441
Annabella 1310, 1490
Anne Murray's Greatest Hits 976
Annie Get Your Gun 202
Annie I'm Not Your Daddy 753
Annie's Song 371 f., 547
Anniversary 1427
Anomie & Bonhomie 1233
Another Boring B-Side 937
Another Brick In The Wall 1215
Another Brick In The Wall (Part 2) 1077, 1079
Another Chance 1216
Another Day 896 f., 1508
Another Day In Paradise 183, 290 f.
Another Funny Honeymoon 420
Another Level 45, 145
Another Life 741
Another Lonely Night In New York 566
Another Lover 339
Another Night 1147
Another One Bites The Dust 706, 924, 1124 f.
Another Page 321
Another Part Of Me 691
Another Perfect Day 963
Another Place And Time 1369
Another Rock 'n' Roll Christmas 572
Another Rock And Roll Christmas 573
Another Sad Love Song 184 f.
Another Saturday Night 300, 1347 f.
Another Scoop 1433
Another Side Of Bob Dylan 425
(Hey Won't You Play) Another Somebody Done Somebody Wrong Song 1411
Another Step Closer To You 735, 1517
Another Story 492
Another String Of Hits 1246
Another Suitcase In Another Hall 382, 852
Another Ticket 272
Another Time, Another Place 490, 890
Another Way 331
Another Way/Avenue 1472
Another Word 1389
Another Year 1224
Answer Me 382
Answer Me, My Love 287
Ant Rap 9
Ante Up 209, 845
Antenna 1559
Anthem 1009 f., 1434
ANThology 23
Anthology 1 112 f.
Anthology 2 112 f.
Anthology 3 112 f.
Antichrist Superstar 871
Antmusic 9, 45
Antmusic – The Very Best Of Adam Ant 45
Anton aus Tirol 46
Antonia: das Porträt einer Frau 289
Anuschka 734
Anutha Zone 413
Anuthatantrum 333
Any Dream Will Do 402 f.
Any Love 886, 1475
Any Man Of Mine 1449
Any Time, Any Place/And On And On 689
Any Way That You Want Me 1443
Any Way You Like It 658
Anyone Can Fall In Love 394
Anyone Can Play Guitar 1132
Anyone Who Had A Heart 139, 1255, 1495
Anything 325, 336, 1381, 1417
Anything But Down 322
Anything For You 457 f.
Anything Is Possible 566
Anything That's Rock 'n' Roll 1072
Anytime 55, 74
Anytime ... Anywhere 301
Anytime You Need A Friend 227
Anyway 478
Anyway Anyhow Anywhere 1515
Anyway That You Want Me 1206
Anyway You Do It 816
Anywhere 1031
Anywhere For You 81
Anywhere Is 452
AOR 701
Apache 46, 614, 654, 675, 1245 f.
Apart From The Crowd 1158
Apeman 762, 764
Apollo 18 1408
Apostrophe 1555
Appetite For Destruction 598 f.
Applejack 614
Apples, Peaches And Pumpkin Pie 703
Après Toi 791, 997
April Love 171
April Played The Fiddle 319
April Skies 711
Aqua Di Mare 94
Aqua Marine 1219
Aqualung 712
Aquarium 48
Aquarius/Let The Sunshine In 493
Aquemini 1043
Arabian Nights 1173

Arc Of A Diver 1529
Arch Allies: Live At Riverport 1365
Architecture And Morality 1036 f.
Are Friends Electric 1016
Are U Still Down 72
Are We Having Fun Yet 138
Are We Here 1035
Are We Ourselves? 500
Are You Blue Or Are You Blind 157
Are You Dreaming? 1450
Are You Experienced? 634
Are You Gonna Go My Way 777
Are You Lonesome Tonight? 1097, 1100
Are You Man Enough 899
Are You Passionate? 1549
Are You Ready 185
Are You Ready? 204
(Are You Ready) Do The Bus Stop 485
Are You Ready For Some More? 1155
Are You Ready To Fly 420, 1201
Are You Ready To Rock 1531
Are You Really Mine 1183
Are You Sincere 1520
Are You Still Having Fun? 259
Are You That Somebody? 3
Are You There (With Another Girl?) 356
Aren't You Glad You're You? 320
Arena 423
Aretha Arrives 526
Aretha Live At Fillmore West 526
Aretha Now 526
Aretha: Lady Soul 526
Argentine Melody (Cancionde Argentina) 52
Aria 135
Aria – The Opera Album 160
Arie Sacre 160
Ariel 533
Arival 978
Arizona 814
Arizona Man 1192
Ark II 290
Armageddon 13
Armageddon It 365
Armchair Theatre 442
Armed And Extremely Dangerous 496
Armed Forces 307
Armenia, City In The Sky 1417
Arms Around The World 831
Arms Of Mary 1376
Armstrong 1351
Army Of Lovers 53
Army Of Me 138
Arnold Layne 1077
Around 431
Around And Around 1187
Around My Dream 1093
Around The Next Dream 956
Around The Way Girl 819 f.
Around The World 320, 335, 431, 1150
Around The World (La La La La La) 64, 1456
Around The World In A Day 1106 f.
Around With Three Dog Night 1416
Arranged Marriage 47
Arrival 4
Arrivederci Claire 172
Arrivederci Hans 1062
Arrivederci Roma 1503
Arsch huh, Zäng ussenander 96
Art 986
Art For Art's Sake 1401
Art Garfunkel Album 550
Art Official Intelligence: Mosaic Thump 354
Artemis 1355
Artful Dodger 807
Arthur 321
Arthur – Kein Kind von Traurigkeit 935
Arthur 2: On The Rocks 259
Arthur Daley ('E's Alright) 1202
Arthur's Theme (Best That You Can Do) 321
As 147 f., 923
As I Lay Me Down 622
As I Love You 102
As Long As He Needs Me 102
As Long As You Love Me 81
As Long As You're Happy 1255
As Safe As Yesterday Is 663
As Tears Go By 473 f., 1188
As The Band Turns 66
As Time Goes By 490
As Ugly As They Want To Be 1459
As Usual 794
As You Like It 472
Ascension (Don't Ever Wonder) 891
Ashes To Ashes 175, 972
Asia 61
Asia Minor 1221
Ask Of You 1427
Ask Rufus 753
Aspects Of Love 91, 188
Assassin 1033
Association's Greatest Hits 62
Asterix & Obelix 982
Aston Villa Skinhead Song 233
Astounded 181, 893
Astral America 47
Astro Lounge 1291
Asylum 1033
At Fillmore East 27
At His Very Best 664
At Last 697
At My Front Door (Crazy Little Mama) 171
At My Most Beautiful 1129
At Seventeen 667
At The Club/Saturday Night At The Movies 416
At The Darktown Strutter's Ball 951
At The End Of A Perfect Day 352
At The Waterfront 1496
At Their Very Best 1246
At This Moment 1482
At Your Best (You Are Love) 2 f.
At Your Birthday Party 1345
Athens Andover 1442
Atlanta Lady 90
Atlantic Bridge 298
Atlantic Crossing 1353
Atlantis 402, 429, 1011, 1246
Atlantis Is Calling (S.O.S. For Love) 946
ATLiens 1043
Atmosphere 5
Atom Heart Mother 1053, 1077
Atomic 66
Atomic – The Very Best Of Blondie 149
Atomic/Atomix – The Very Best Of Blondie 149
Attack 1435
Attack Of The Grey Lantern 865
Attack Of The Weirdors 332
Attention To Me 1013
Attitude And Virtue 618
Außen Top-Hits, innen Geschmack 491
Auberge 1146
Auch du hast dein Schicksal in der Hand 299, 535
Auch Engel essen Bohnen 1029
Auctioneer 1473
Auf dem Kreuzzug ins Glück 1430
Auf dem Mond, da blühen keine Rosen 792
Auf der Autobahn nachts um halb eins 779
Auf der Piazza von Milano 20
Auf der Suche nach dem goldenen Kind 975
Auf die Fresse 1436
Auf einem Auge blöd (aber der Erfolg gibt uns Recht) 491
Auf meiner kleinen Hacienda 954
Auf meiner Ranch bin ich König 641
Auf schrägem Kurs 991
Auf Wiedersehn, Marlen' 954
Aufrecht gehn 1192
August 272
August October 566
Auld Lang Syne 542, 1431
Aural Sculpture 1359
Aurora 67
Aus 1243
Aus Böhmen kommt die Musik 20
Austin Powers 72, 289
Australia 862
Auswärtsspiel 1431
Autoamerican 149
Autobahn 774 f., 1037
Automatic 710, 1086
Automatic For The People 1128
Automatic Lover 91, 687 f.
Automatic Lover (Call For Love) 1147
Automatic Man 1241
Automatically Sunshine 1374
Autophilia 157
Autumn '66 348
Autumn Almanac 762, 764
Autumn Leaves 1522
Ava Adore 1292
Avalon 448, 999, 1200
Avalon Sunset 477, 960
Avenging Angels 1314
Awa Awa 1504
Awake And Breathe 75
AWB 69
Axel F 476
Axel F./Keep Pushin' 279
Axis Mutatis 1252
Axis: Bold As Love 634
Ay Ay Ay Ay Moosey 945
Ay Fond Kiss 471
Ayla 502
Azzurro 245, 985, 1430

B 2 Gether 1037
B For Brotherhood 195
B With Me 940
B, S & T; 4 150
B'witched 75
B-Boys & Flygirls 163
B-Sides, Seasides & Freerides 1023
Ba-Ba-Banküberfall 455
Babacar 546

Babe 243, 1365, 1388
Babe It's Up To You 1298
Babes In The Wood 1335
Babooshka 208
Baby 183, 597, 1075, 1155, 1325, 1545
Baby (You've Got What It Takes) 129
Baby – Baby – Baby 1425
Baby Baby 305, 587
Baby, Baby Don't Cry 939, 1179
Baby Be Mine 145, 709
Baby Boomerang 613
Baby Can I Hold You 180, 197
Baby Can I Hold You/Shooting Star 181
Baby Come Back 95, 244, 452 f., 1084
Baby Come To Me 68, 675
Baby Do You Wanna Bump 165
Baby Don't Change Your Mind 770
Baby Don't Cry 679
Baby Don't Forget My Number 933
Baby Don't Get Hooked On Me 345
Baby Don't Go 1307
Baby Got Back 1282
Baby Grand 252
Baby Hold On 948
Baby Hold On Me 802
Baby I Don't Care 1438
Baby I Know 1202
Baby I Love You 437, 526, 1140, 1189
Baby, I Love You 756
Baby, I Love Your Way 134
Baby I Love You, Okay! 750
Baby I Love Your Way 134, 821, 1518
Baby, I Love Your Way/Freebird Medley (Free Baby) 1518
Baby I Need Your Lovin' 519, 1174
Baby I Won't Let You Down 1075
Baby I'm Yours 803, 806, 1248
Baby I'm-A Want You 185
Baby It's Me 1195
Baby It's You 112, 114, 943, 1112 f., 1261, 1293
Baby Jane 1354
Baby Jump 973
Baby Let Me Kiss You 506, 1247
Baby Let Me Take You Home 41
Baby Let's Wait 1200
Baby Love 453, 1156 f., 1181, 1374
Baby Make It Soon 507, 876
Baby Now That I've Found You 516
... Baby One More Time 1317
Baby Please Don't Go 959, 1407
Baby Talk 29, 699 f.
(Baby Tell Me) Can You Dance 1252
Baby Twist 182
Baby, We've Got Love 1394
Baby, What A Big Surprise 261
Baby You're Mine 1307
Baby-Babble-Bossa-Nova 182
Babylon 78, 590, 873, 1108, 1330
Babylon And On 1330
Babylon's Burning 1207
Babysitter-Boogie 127, 182
Babyteeth 1408
Bacardi Feeling 1543
Baccara 78
Bacdafucup 1031
Bach 1285
Bachelor No. 2 1421
Bachman-Turner Overdrive II 80
Back 82
Back 2 Good 888
Back And Forth 3
Back At One 904
Back For Good 946, 1388
Back Here 105
Back Home 450, 576
Back Home Again 371 f.
(Everytime I Turn Around) Back In Love Again 781 f.
Back In My Arms Again 1374
Back In My Life 23
Back In The High Life 1529
Back In The U.K. 1229 f.
Back In The U.S.A. 131
Back In Town Again 1181
Back Of Boogaloo 1337 f.
Back On The Chain Gang 1101
Back On The Streets 268
Back On The Top 960
Back On Track 663
Back Stabbers 901, 1019
Back Street Luv 328
Back To Back 457, 1170, 1341
Back To Basics – The Essential Collection 1971–1992 1001
Back To Broadway 1362
Back To Dreamin' 1012
Back To Front 1020
Back to Life 941
Back To Life (However Do You Want Me) 1310
Back To Love 182
Back To Myself 418
Back To Sixties (Part II) 1420
Back To The Blues 956
Back To The Egg 896
Back To The Front 1167
Back To The Heavyweight Jam 1230
Back To The Light 892
Back To The Old School 103
Back To The Sixties 1420
Back To The World 893
Back To You 11
Back Together 76
Back Together Again 501, 621
Back Up (To Me) 1536
Back Where You Belong 1410
Back With A Heart 1001
Backfield In Motion 912 f.
Backlash 83
Backless 272
Backseat Of Your Cadillac 242
Backstage
Backstage – Hinter der Bühne 183
Backstage – The Greatest Hits And More 1081
Backstreet Boys 81
Backstreet Dreams 155
Backstreet's Back 81
Bad 316, 690 f.
Bad 4 You 978
Bad Actress 1404
Bad Ambassador 388
Bad Animals 626
Bad Attitude 910
Bad Bad Boy 989
Bad Blood 1238 f.
Bad Boy 458, 617
Bad Boy For Life 1116
Bad Boys 72, 676, 1507
Bad Boys Inc. 82
Bad Case Of Loving You (Doctor, Doctor) 1049
Bad Company 83
Bad Cover Version 1489
Bad English 83
Bad Girl 852, 938
Bad Girls 1369 f.
Bad Intentions 411 f.
Bad Love 514
Bad Medicine 164
Bad Moon Rising 316
Bad Old Man 76
Bad Reputation 1409
Bad Shave 76
Bad Time 586
Bad Timing 550
Bad To Me 776
Bad, Bad Leroy Brown 318
Baduizm 85
Bag It Up 605
Bag Lady 86
Baggariddim 1458
Baggy Trousers 850
Baia 319
Bailamos 669
Bailando 826 f.
Baker Street 1132 f., 1342, 1462
Bakerman 784
Baladas En Espanol 1198
Balance 1474
Balance Of Power 441 f.
Bali Ha'i 295
Ball Of Confusion 1446
Ball Of Confusion (That's What The World Is Today) 1400
Ball Park Incident 1531
Ball Pompös 813
Balla ... Balla! Vol. 1 985
Balla Balla 1136, 1228
Balla Balla Vol. 5 1228
Ballad Of Jimi 633
Ballad Of John And Yoko 114, 798
Ballad Of Paladin 436
Ballad Of The Green Berets 1212
Ballade Pour Adeline 276
Ballerina 320
Ballerina Girl 1167
Ballroom Blitz 1378
Baltimore/Walking With You 36
Bambina 20, 127
Bambino 1328
Bamboleo 549
Bamboo 91
Bamboo Houses/Bamboo Music 701
Bamboogie 91, 745
Banana Boat Song 102, 499, 1192
Banana Republic 170
Banana Rock 1533
Banana Splits (The Tra La La Song) 382
Banana Wind 205
Bananarama 92
Bananas 499
Bananendampferkapitän 907
Banapple Gas 1347
Banba 270
Band Of Gold 297, 1062
Band Of Gypsys 634
Band On The Run 896 f.
Band Out Of Shape 1136
Band Played The Boogie 214
Bandsman 412
Bang 814
Bang A Gong 1386
Bang Bang 258, 1177 f., 1257
Bang Bang (My Baby Shot Me Down) 258
Bang! The Greatest Hits Of Frankie Goes To Hollywood 526

Bangin' 1043
Bangin' Man 1288
Bangla Desh 617
Banjo-Boy 700
Banks Of The Ohio 1001
Banner Man 154
Barbados 188, 1455, 1480
Barbara Ann 108, 388, 699
Barbarella 422, 795
Barbarossa 992
Barbed Wire Kisses 710
Barber's Adagio For Strings 1035
Barbie Girl 48 f.
Barbra Joan Streisand 1362
Barbra Streisand's Greatest Hits 1362
Barbra Streisand's Greatest Hits, Volume 2 1362
Barcarole in der Nacht 524
Barcelona 919
Bare Trees 503
Barefootin' 1052
Barenaked Lunch 99
Barfuß durch den Sommer 415
Barfuß im Regen 646
Bark At The Moon 1039
Barnum On Ice 619
Barometer Soup 205
Barracuda 627
Barrel Of A Gun 373
Barry 862
Barry Live In Britain 862
Barry Manilow II 862
Barry Manilow/Live 862
Barry Ryan Sings Paul Ryan 1208
Barry White Sings For Someone You Love 1509
Barry White The Collection 1509
Barry White The Man 1509
Barry White's Greatest Hits 1509
Barry White's Greatest Hits Volume 2 1509
Basket Case 592
Bass 179
Bass (How Long Can You Go) 33
Bass, Beats & Melody 191
Bassheart 1410
Bat Out Of Hell 910
Bat Out Of Hell II – Back Into Hell 910
Bataillon d'amour 1530
Batdance 1107
Batman 1107, 1234
Batman & Robin 165, 714, 747, 1292
Batman Forever 679, 1026, 1457
Batman Returns 1282
Batman Theme 872
Batter Up 990
Battle 1133, 1536
Battle Of New Orleans 401
Bay City Rollers 104
Bayern 1431
Bayou Country 316
BBC Sessions 794
Be Alone No More 44 f.
Be Alright 947
Be Altitude: Respect Yourself 1334
Be Bop 'N' Holla 472
Be Careful 1316
Be Careful, It's My Heart 319
Be Gentle 74
Be Good To Yourself 733
Be Here Now 1022
Be Like That 1416
Be My Baby 360, 948, 1051, 1189 f.
Be My Day 243
Be My Downfall 367
Be My Guest 399, 734
Be My Lover 782
Be Near Me 6
Be Quick Or Be Dead 681
Be Thankful For What You've Got 378
Be The First To Believe 1
Be There 1464
Be True To Your School 108
Be Young Be Foolish Be Happy 1306
Be Yourself Tonight 460
Be-Bop Baby 991
Be.Angeled 696
Beach Baby 496
Beach Boy Gold 88
Beach Boys Concert 107
Beach House On The Moon 205
Beachball 983
Beaches 926
Beacon Street Collection 1011
Bean 192
Bean – The Movie 1505
Beans In My Ears 1242
Bear Cat 1412
Beast Of Burden 1188
Beastie Boys Anthology: The Sounds Of Science 109
Beat Boys In The Jet Age 784
Beat Dis 162
Beat Goes On 25
Beat It 691
Beat Mama 240
Beat Out Of Shape 1135
Beat Surrender 695 f., 1436
Beat The Carrott 233
Beat The Clock 1316 f.
Beat With Soul 348
Beatles '65 113
Beatles Anthology 112
Beatles Ballads 113
Beatles Beat 113
Beatles For Sale 113
Beatles Movie Medley 114
Beatles VI 113
Beaucoup Fish 1463
Beaucoups Of Blues 1337
Beautiful 870
Beautiful Day 1457
Beautiful Freak 438
Beautiful Garbage 548
Beautiful Girl 679
Beautiful Life 8
Beautiful Loser 1240
Beautiful Moments 230
Beautiful Noise 381
Beautiful Ones 1366
Beautiful People 913
Beautiful Stranger 852
Beautiful Sunday 170, 256
Beauty And The Beast 202, 383 f.
Beauty And The Beat 575
Beauty Is Only Skin Deep 1400
Beauty Stab 5
Beauty's Only Skin Deep 63
Bebe Le Strange 626
Because 273, 295
Because I Got High 14, 670
Because I Love You (The Postman Song) 73
Because Of Love 689
Because Of You 378, 1007, 1226
Because The Night 918, 1294
Because They're Young 436
Because We Want To 1080
Because You Loved Me 384
Because You're Mine 287
Becoming More Like Alfie 387
Bed Of Roses 164
Bed Sitter 1304
Beds Are Burning 927
Bedsitter Images 1349
Bedtime Stories 727, 733, 851
Bedtime Story 852
Bee Gees 20 Greatest Hits 120
Bee Gees Greatest 120
Been It 225
Been So Long 681
Beep Me 911 444
Beethoven Was Deaf 960
Beetlebum 158 f.
Before 1069
Before And After 246
Before I Let You Go 145
Before The Flood 425
Before The Next Teardrop Falls 488
Before The Rain 459
Before You Loved Me 1094
Before You Walk Out Of My Life 949
Beg Steal Or Borrow 997
Beg, Borrow And Steal 1026
Begegnungen 853 f.
Beggar On A Beach Of Gold 929, 1178
Beggars Banquet 1187
Begging You 1358
Begin Again 1314
Begin The Beguine 670
Beginning To Melt 701
Beginnings 261, 1287
Behaviour 1068
Behind A Painted Smile 683
Behind Closed Doors 1164
Behind The Eyes 587
Behind The Groove 869
Behind The Mask 503
Behind The Music 551
Behind The Sun 262, 272
Behind The Wheel 373
Bei uns in Laramie 1503
Beiß nicht gleich in jeden Apfel 158, 978
Beim Sterben ist jeder der erste 1501
Being Boiled 662 f.
Being Bored 88
Being Brave 917
Being With You 1178 f.
Beinhart 767, 1428
Bel Sante 529
Belfast 166
Belfast Boy 480
Belfast Child 1271
Believe 258
Believe In Me 1469
Believe What You Say 991
Belinda 228
Bell Bottom Blues 284
Bella Donna 1003
Bella Italia 871
Bella Stella 638
Bellissima 392
Ben 690 f.
Bend It 360
Bend Me, Shape Me 34
Beneath My Skin 671
Benefit 712
Bennie And The Jets 721

Benny And Joon 1110
Benny And Us 68
Bent 469, 888
Berlin 1154
Berlin – A Concert For The People 97
Berlin Melody 1479
Bernadette 520, 768, 1012
Berührungen 570
Besame Mucho 614
Bess demnähx 96
Besser als das Letzte 129
Best ... I 1296
Best Foot Forward 935
Best For The Bush 1001
Best Friends 28, 675
Best Friends Forever 1449
Best In Me 801
Best Moves 353
Best Of 98
Best Of B.T.O. (So Far) 80
Best Of Ball, Barber And Bilk 135
Best Of Barber And Bilk Volume 1 135
Best Of Barber And Bilk Volume 2 135
Best Of Bee Gees 67–89 120
Best Of Blondie 149
Best Of Both Worlds 1049
Best Of Cliff 1165
Best Of Cream 313
Best Of Dean Martin 880
Best Of Dionne Warwick 1494
Best Of Eagles 428
Best Of Gene Pitney 1081
Best Of Joe Cocker 283
Best Of Mamas & Papas 858
Best Of Me 977, 1103
Best Of My Love 189, 428 f., 448, 804
Best Of Rockers 'n' Ballads 1232
Best Of The Beach Boys 107
Best Of The Doobies 403
Best Of The Goon Shows 581
Best Of The Righteous Brothers 1170
Best Of The Seekers 1240
Best Of The Stylistics Volume 2 1364
Best Of The Waterboys '81–'91 1496
Best Of Van Halen Vol. 1 1474
Best Of You 1412
Best Of Zucchero 1559
Best Shots 126
Best Thing 1168, 1364
Best Thing That Ever Happened To Me 770
Best Years Of Our Lives 945
Bestie in Menschengestalt 59
Besuchen Sie Europa (solange es noch steht) 557
Bet Yer Life I Do 655
Betcha By Golly Wow! 1106
Betcha By Golly, Wow 1364
Betcha Can't Wait 430
Bete Noir 490
Beth 765 f., 1091
Bette Davis Eyes 229, 374
Bette Midler 926
Bette Of Roses 926
Better Be Good To Me 500, 1448
Better Best Forgotten 1345
Better Day 1023
Better Days 597, 717, 1329
Better Days & Happy Endings 858
Better Love Next Time 413
Better Off Alone 23, 390
Better Than Heaven 1331
Better The Devil You Know 937, 1306
Better Watch Out 45 f.
Better World 1148
Bettgeflüster 350
Between 10th And 11th 250
Between Angels And Insects 1049
Between Me And You 686, 930
Between The Buttons 1187
Between The Lines 403, 499, 667
Between The Sheets 333, 683, 1015
Between The War 181
Between Two Fires 1550
Between Yesterday And Today 1103
Beverley Craven 311
Beverly Hills 279
Beverly Hills 90210 629
Beverly Hills Cop 476, 532, 885, 975
Beverly Hills Cop II 1240
Beverly Hills Cop III 783, 1248
Bevor du einschläfst 281
Beware Of Dog 809
Bewitched 350
Beyond Appearance 1219
Beyond The Sea (La Mer) 341
Beyond The Seasons 193
Beyond Time 146
Bez 141, 610
Bianca 186, 1483
Bierdeckel-Polka 943
Big Apple 740
Big Bad John 358
Big Bad John And Other Fabulous Songs And Tales 358
Big Bad Mamma 197
Big Bam Boom 604
Big Bamboo (Ay Ay Ay) 1221
Big Bambu 256
Big Big World 447
Big Boppa 1015
Big Boy 692
Big Boy Pete 761
Big Boys Don't Cry/Rockin' Robin 824
Big Brother UK TV Theme 443
Big Bubbles, No Troubles 740
Big City Miss Ruth Ann 547
Big Daddy 914
Big Eight 733
Big Fun 133, 548, 676
Big Game 1511
Big Generator 1547
Big Girls Don't Cry 518
Big Girls Don't Cry And Twelve Others 518
Big Hits (High Tide And Green Grass) 1187
Big Hits Of '62 1089
Big In Japan 30, 596
Big Life 1005
Big Love 217, 504
Big Man 1473
Big Man In A Big House 1473
Big Me 512
Big Mistake 671
Big Night Out 538
Big Noise, New York 1493
Big Ones 13
Big Poppa/Warning 1015
(big red letter day) 205
Big River 931, 983
Big River, Big Man 759
Big Seven 733
Big Ship 1166
Big Six 733
Big Sonny 678
Big Ten 733
Big Time 544
Big Trash 1414
Big Tyme 628
Big Willie Style 1295
Big Yellow Taxi 270, 688, 940
Bigger And Deffer 820
Bigger, Better, Faster, More! 516
Biggest Part Of Me 33
Bikini Beach 1533
Bilingual 1068
Bill And Ted's Bogus Journey 765
Bill Cosby Is A Very Funny Fellow, Right! 306
Billie Jean 280, 691
Billion Dollar Babies 302
Bills 2 Pay 571
Bills, Bills, Bills 376, 740
Billy Don't Be A Hero 400, 1050
Billy Jean 1093
Billy Vaughn Plays 1479
Billy Vaughn Plays The Millionsellers 1479
Billy, Don't Be A Hero 1050
Bimbo 1155
Bin i Radi – bin i König 746, 1131
Bin ich schön? 1092
Binaural 1064
Bing 319
Bingo Bango 101
Bingo Bongo 392
Biograph 425
Bionic Santa 639
Bird 678
Bird Dance Beat 1438
Bird Dog 464
Bird Of Paradise 1510
Birdhouse In Your Soul 1408
Birdie 1310
Birdman Of Alcatraz 1224
Birds Of Paradise 1070
Birth Of A Nation 357
Birthday Suit 749
Bis in alle Ewigkeit 1275
Bis zum bitteren Ende – live! 1430
Bisschen Glück in Liebe (– bisschen Glück in Spiel) 1131
Bist du einsam heut' nacht 20
Bist du sauer? 731
Bitch 193 f.
Bite 31
Bitid Fast I Vitid 137
Bits And Pieces 273
Bitte bitte 58
Bitte, bitte, Baby 361
Bitter Sweet Symphony 1406
Bitter Tears 679
Bizarre Fruit 845
Bizarre Fruit II 845
Bizarre Fruit/Bizarre Fruit II 845
Bla Bla Bla 331
bla-bla blattschuß 556
Black 138
Black & Blue 81
Black & White 1059, 1086
Black And Blue 1187 f.
Black And Dekker 366
Black And White 594, 1359
Black Balloon 578
Black Bear Road 895
Black Betty 1137
Black Cat 689

Black Celebration 373
Black Coffee 25
Black Cow 21
Black Crow 828
Black Eyed Boy 1406
Bläck Fööss & Fründe 141
Black Hills Of Dakota 350
Black Is Black 124, 829
Black Jesus 657
Black Magic Woman 502, 1219 f.
Black Market Music 1083
Black Moon 446
Black Moses 623
Black Night 364
Black Or White 691
Black Rose (A Rock Legend) 1409
Black Sabbath 143
Black Sabbath Live At Last 143
Black Sabbath Volume 4 143
Black Sea 1541
Black Skin Blue Eyed Boys 453
Black Steel 1441
Black Superman (Muhammad Ali) 1488
Black Tie White Noise 17, 175
Black Velvet 978
Black Water 403
Blackberry Way 966
Blackface 1248
Blackout 1232
Blackout! 921
Blacks' Magic 1215
BLACKstreet 145
Blacky And Johnny 700
Blade 1114
Bladerunner 1475
Blame It On Me 414
Blame It On The Boogie 134, 279, 693
Blame It On The Bossa Nova 582, 867
Blame It On The Pony Express 724
Blame It On The Rain 933
Blame It On The Weatherman 75
Blamm!! 195
Blanket On The Ground 1317
Blaque 147
Blast 724
Blast The Speaker 1494
Blau blüht der Enzian 630
Blaue Augen 157
Blaue Tavernen 787
Blaues Boot der Sehnsucht 153
Blaze Of Glory 163 f.
Blaze Of Glory/Young Guns II 164
Blazing Away 474
Bleach 1008 f.
Blechbüchse roll 398
Bleib bei mir 140
Bleibe bei mir 1081
Bleibt alles anders 595
Bless Its Pointed Little Head 709
Bless The Beasts And Children 378
Bless You 348 f.
Blessed 1440
Blessed Are 87
Blind Among The Flowers 1433
Blind Date 1523
Blind Faith 313
Blind Vision 146
Blinded By The Light 864, 1413
Blinded By The Light – The Very Best Of Manfred Mann's Earthband 864
Blinded By The Sun 1234
Blindman 1337
Blitzkrieg Bop 1139
Blizzard Of Ozz 1039
Block Rockin' Beats 257
Blockbuster 1378
Blonde On Blonde 425
Blondes Have More Fun 1354
Blood And Wine 827
Blood Brothers 239, 1182
Blood On The Dance Floor 690 f.
Blood On The Tracks 425
Blood Sugar Sex Magik 1149
Blood, Sweat & Tears 150
Blood, Sweat & Tears 3 150
Blood, Sweat & Tears Greatest Hits 150
Bloodflowers 327
Bloodnok's Rock 'n' Roll Call 581
Bloodnok's Rock 'n' Roll Call/Ying Tong Song 581
Bloodshot 558
Bloodsport 1300
Bloody Tourists 1401
Blooming Hits 891
Blow Out 1439
Blow The House Down 819
Blow Up 135, 1544
Blow Ya Mind 821
Blow Your Whistle 744
Blowin' In The Wind 1070, 1534
Blowing Kisses In The Wind 6
Blue 408, 860, 940, 1171, 1271, 1406, 1409
Blue (Da Ba Dee) 439
Blue Angel 1035
Blue Angels 924
Blue Bayou 1191
Blue Bayou/Mean Woman Blues 1035
Blue Birds Over The Mountain 1242
Blue Blue Sky 1054
Blue Day 256 f.
Blue Eyes 721, 1056
Blue Eyes Crying In The Rain 992
Blue For You 1341
Blue For You – The Very Best Of Nina Simone 1269
Blue Funk 628
Blue Gene 1081
Blue Girl 170
Blue Guitar 624
Blue Hawaii 1097 f., 1479
Blue Hotel 681
Blue Is The Colour 116, 256 f.
Blue Jays 624
Blue Jean 175
Blue Jean Boy 299, 535
Blue Jeans 1329
Blue Kiss 1516
Blue Lights In The Basement 501
Blue Lines 887, 1441
Blue Melodie 777
Blue Million Miles 1039
Blue Monday 399, 610
Blue Monday 1988 996
Blue Moon 1099
Blue Moon Of Kentucky 1096
Blue Moon Swamp 316, 510
Blue Moon/Only You 21
Blue Moves 720
Blue Night 1288
Blue Night Shadow 1452
Blue On Blue 1484
Blue Room 1033
Blue Savannah 453
Blue Skies 319, 669
Blue Sky – Night Thunder 975
Blue Streck 1203
Blue Suede Shoes 1099
Blue Tail Fly 684
Blue Velvet 1484
Blue's 1558
Blueberry Hill 399
Blueprint 1134
Blues 633 f.
Blues Alive 955 f.
Blues And More 955
Blues For Greeny 956
Bluesbreakers 271
Bluetonic 157
Bluey 673
Blunted On Reality 535
Blur 158
Blurred 1074
Blurring The Edges 193
Blurry 1115
Bo Diddley 645
Boah Ey! 1013
Boat On The River 1365
Boats, Beaches, Bars & Ballads 205
Bob Dylan At Budokan 425
Bob Dylan's Greatest Hits 425
Bob Dylan's Greatest Hits, Vol. II 425
Bobbie Gentry & Glen Campbell 217, 562
Bobbie Sue 1021
Bobby 197, 1118, 1126
Bobby Brown 196, 994, 1555
Bobby Rydell/Chubby Checker 255, 1208
Bobby Sherman 1260
Bobby Vee 1479
Bobby Vee Meets The Crickets 1479
Bobby Vee's Golden Greats 1479
Bobby Vinton's Greatest Hits 1484
Bobby's Biggest Hits 1208
Bobby's Girl 146, 891
Bocelli 160, 189
Bochum 595
Body And Soul 88, 855
Body And Soul/Train 1283
Body Bumpin' Yippie-Yi-Yo 1114
Body Call 717
Body Electric 1283
Body Groove 50
Body II Body 972
Body Language 13
Body Rock 642
Body Talk 671
Body Wishes 1354
Bodyguard 77, 659, 752, 1055, 1333, 1490
Bodyrock 190, 944
Bodyshakin' 1007
Boheme 362
Bohemian Like You 339, 670
Bohemian Rhapsody 615, 617, 989, 1124 f.
Bohemian Rhapsody/These Are The Days Of Our Lives 1125
Boi Bumba 264
Boiler 812
Bolan Boogie 1386
Bolero 619
Bolingo (Love Is In The Air) 782
Bomb Diggy 45
Bomber 963
Bombtrack 1133
Bömmel 140
Bon Jovi 164
Bona Drag 960

Bonafide 72, 1103
Bonanza 1061
Bones 926
Boney M. Megamix 166
Bongo Bong 249
Bongo Man 1058
Bonjour Kathrin 1471
Bonjour Mireille 889
Bonjour, Bonjour 1049
Bonnie & Clyde 1430
Bonzo Goes To Bitburg 1140
Boogaloo Down Broadway 479
Boogie 68
Boogie Down 749
Boogie Fever 1382
Boogie Nights 627, 873, 1306
Boogie On Reggae Woman 1534
Boogie Oogie Oogie 1392
Boogie With Canned Heat 220
Boogie Wonderland 430, 448, 1363
Boogie Woogie Bugle Boy 926
Book Of Days 452
Book Of Dreams 932
Book Of Love 758
Bookends 1269
Boom Bang-A-Bang 839
Boom Boom Boom 1043
Boom Shack-A-Lack 46
Boom Shake The Room 705 f.
Boom! There She Was 1184
Boom, Boom, Boom, Boom!! 1480
Boomania 168
Boombastic 392, 1247 f.
Boombastic/In The Summertime 1248
Boomerang 179, 184, 975, 1085
Boomtown Rats 169
Boonoonoonoos 166
Böörti Böörti Vogts 1129 f.
Booti Call 145
Bootie Call 25, 1381
Boots 1280
Bootylicious 376
Booyah (Here We Go!) 1380
Bop 449
Bop Gun (One Nation) 539
Bora Bora 334
Borboletta 1219
Borderline 800, 851 f.
Boris 1074
Born Again 143, 1015
Born Free 669, 1156, 1519, 1522
Born In The U.S.A. 1329
Born Into The 90's 747, 1114
Born Late 239
Born On A Pirate Ship 99
Born On The 4th Of July 259, 1521
Born On The 5th Of November 235
Born Slippy 1463
Born Slippy (Remix) 1463
Born To Be Alive 146, 637, 850
Born To Be My Baby 164
Born To Be Wild 1344 f.
Born To Be With You 437
Born To Boogie 1337
Born To Bounce 191
Born To Do It 343
Born To Make You Happy 1318
Born To Run 1328 f.
Born To Sing 448
Born With A Smile On My Face 355, 892
Borriquito 1066
Boss Drum 1252
Bossa Nova Baby 1100
Boston 173
Boston Tea Party 619
Both Sides 291
Both Sides Now 289, 940, 1550
Both Sides Now/Dare To Dream 1523
Both Sides Of The Story 291
Both To Each Other (Friends & Lovers) 1000
Bottle Of Wine 494
Bottom's Up 926
Boulders 1053, 1535
Boulevard 200
Boulevard Of Broken Dreams 1298
Bounce 164
Bounce With Me 809, 1541
Bouncing Babies 1395
Bound 4 Da Reload 1045
Bouquet Of Roses 55
Bourrée 103
Bow Down Mister 176 f.
Bow Wow (That's My Name) 809
Bowie At The Beeb 175
Box 200
Box Freezy 1090
Boxed 1440
Boxed Set 2 794
Boxer Beat 716
Boy 1457
Boy From New York City 342, 860
Boy In The Box 618
Boy Oh Boy 1131
Boy You Knock Me Out 21
Boys 93 f.
Boys (Summertime Love) 1211
Boys And Girls 490
Boys Better 339
Boys Cry 741
Boys Do Fall In Love 566
Boys For Pele 36
Boys In The Trees 1266
Boys Keep Swinging 175
Boys Of Summer 635
Boys On The Side 1137
BPM ... The Very Best Of The Beat 110
Brain Salad Surgery 446
Brain Stew/Jaded 592
Brand New Day 1356
Brand New Key 913, 1537
Brand New Start 1502
Brandy 183, 862
Brandy (You're A Fine Girl) 826
Brasileiro 917
Brass In Pocket 1101
Brass: Let There Be House 1073
Brauner Bär und weiße Taube 81
Brave 870 f.
Brave And Crazy 459
Brave New World 681, 932, 1365
Braveheart 392
BRAVO präsentiert Smokie 1298
Bravo Rolling Stones 1187
Bravo, Ray Conniff 297
Brazil 1173
Bread & Circuses 482
Bread And Butter 999
Break Away 108
Break Every Rule 1447
Break It Down Again 1396
Break It To Me Gently 794
Break It Up 1230
Break Machine 185
Break My Heart 1249
Break My Stride 1011, 1116, 1518
Break Out 1086
Break The Cycle 1332
Break The Rules 1341
Break The Silence 1175
Break These Chains 854
Break Up To Make Up 1364
Break Ya Neck 209
Break-A-Way 1460
Breakaway 546, 550, 1328
Breakdance 224
Breakdance Party 185
Breakdawn 354
Breakdown 459, 1072
Breakfast At Tiffany's 362, 859
Breakfast In America 1372
Breakfast In Bed 1101, 1458 f.
Breakfast On Pluto 1056
Breakin' ... There's No Stopping Us 1029
Breakin' Away 703
Breakin' Glass 1017
Breakin' In A Brand New Broken Heart 524
Breakin' My Heart (Pretty Brown Eyes) 938
Breakin' Through 519
Breaking Down The Walls Of Heartache 724
Breaking Glass 1017
Breaking Hearts 720
Breaking Silence 667
Breaking Up Is Hard To Do 1057, 1238 f., 1501
Breakout 277, 512, 1380
Breakout ...!!! 1209
Breakthru' 1125
Breath Of Life 453
Breathe 186, 639, 927, 1112, 1466
Breathe Again 184 f.
Breathe Me In 1014
Breathing 1014
Breathless 305, 542, 899
Breezin' 128
Brenda Lee 794
Brennender Sand 790
Brewing Up With Billy Bragg 181
Brian Wilson 99
Brian's Song 468
Brick 187
Brick By Brick 1089
Brick House 293
Bridge Of Spies 1385
Bridge Over Troubled Water 527, 1269
Bridges To Babylon 1187 f.
Bridget Jones Diary 339
Bridget The Midget (The Queen Of The Blues) 1348
Bridging The Gap 548, 1184
Brigade 626
Bright Eyes 103, 550
Bright Lights & Black Alleys 1298
Bright Red 38
Brille 780
Brilliance 66
Brilliant Disguise 1329
Brilliant Shadows – Brilliant Songs 1246
Brilliant Trees 701
Brimful Of Asha 304, 485
Brimstone And Treacle 1355
Bring 'Em All In 1496
Bring A Little Water Sylvie/Dead Or Alive 401
Bring Back The Love 243

Bring It All Back 1210
Bring It All To Me 147
Bring It On Home To Me 41 f., 1145
Bring Me Edelweiß 436
Bring On The Night 1355
Bring On The Rain 902
Bring The Boys Home 1062
Bring The Pain 921
Bringing It All Back Home 425
Bringing On Back The Good Times 832
Bringing Out The Dead 46
Bristol Stomp 101
Britgirls 1255
British Hustle/Peace On Earth 642
Britney 1318
Broad Daylight 529
Broadcast 329
Broadway 578
Broadway In Rhythm 297
Broken Arrow 1549
Broken Down Angel 988 f.
Broken English 473
Broken Heroes 1014
Broken Home 1049
Broken Silence 197
Broken Stones 1501
Broken Toy Shop 438
Broken Wings 244, 969
Brokenhearted 183
Bronski Beat Singles Collection 84–90 191
Brontosaurus 966
Brother 214
Brother Louie 655, 946, 1358
Brother Sister 182
Brother To Brother 842, 1477
Brother Where You Bound 1372
Brotherhood 996, 1417
Brotherhood Of Man 195
Brotherhood Of Man Sing 20 Number One Hits 195
Brothers & Sisters 286
Brothers And Sisters 27
Brothers In Arms 386
Brown Eyed Girl 959 f., 1407
Brown Sugar 331, 1188
Brown Sugar/Bitch/Let It Rock 1188
Brown-Eyed Handsome Man 645
Browne Sugar 200
Bruce Springsteen & The E Street Band Live/1975–85 1329
Brücke am Kwai 297
Bruise Pristine 1082
Brushed 1501
Brutal Planet 303
Brutal Youth 307
Bruttosozialprodukt 557
BTNHRESURRECTION 165
Bubba 769
Bubbling Brown Sugar 1349
Bubbling Hot 95
Buck Rogers 487
Buckingham Nicks 1003
Bucks Fizz 204
Buddah And The Chocolate Box 1347
Buddah Of Suburbia 174
Buddy Holly Showcase 645
Buddy Holly Story 645
Buddy Holly Story Volume 2 645
Buddy Holly's Greatest Hits 645
Buddy Joe 576
Buddy X 99 260
Buddy's Song 335, 621
Buenos Dias, Argentina 450, 734
Buffalo 292
Buffalo Gals 905
Buffalo Soldier 875
Buffalo Stance 162, 259 f.
Bug A Boo 376
Bug Powder Dust 162
Buggin' 1443
Buggin' Me 1444
Bugs 635
Bugsy 959
Buhloone Mindstate 354
Build Me Up Buttercup 516
Build Me Up, Buttercup 516
Building A Bridge To Your Heart 576
Building A Mystery 905
Building The Perfect Beast 635
Built For Speed 1361
Bulldog 494
Bulldozer 1029
Bullet In The Gun 1083
Bullet In The Gun 2000 1083
Bullet In The Head 1133
Bullet With Butterfly Wings 1292
Bulletproof 1215
Bulls On Parade 1133
Bully Boy 1256
Bulworth 924
Bum Bum 1441
Bumble Boogie 74
Bump Ahead 968
Bump N' Grind 747
Bumped 1169
Bunte Trümmer 97
Buona Notte 585
Buona Sera 84, 127, 135
Burlesque 478
Burn 364, 394
Burn Baby Burn 59
Burnin' 335, 874
Burnin' Sky 83
Burning Bridges (On And Off And On Again) 859, 1341
Burning Down The House 729 f., 1137, 1390
Burning Heart 1376
Burning Love 1097, 1099 f.
Burning Love And Hits From His Movies Volume 2 1099
Bursting At The Seams 1361
Burt Bacharach 79
Bury The Hatchet 310
Bus Stop 207, 644
Business As Usual 916
Buskers Happening 1056
Bust A Move 1551
Bust A Nut 1405
Busted 252
Buster 290, 519
Bustin' Out 1118
Busy Body 1475
But It's Alright 805
. . . But Seriously 291
Butch 1392
Butch Cassidy And The Sundance Kid 1411
Butta Love 1002
Buttered Popcorn 1373
Butterflies 691, 1047
Butterfly 226, 313, 563, 1362, 1520, 1553
Butterfly Doll 779
Buuredanz 1350
Buy Me A Rose 1185
(Money Can't) Buy Me Love 145
Buzz 1345
Buzz Buzz A Diddle It 887
By Request 181, 877
By Request (The Very Best Of Billy Vera & The Beaters) 1482
By The Light Of The Silvery Moon 350
By The Time I Get To Phoenix 217
By The Time This Night Is Over 202, 542
By Your Side 1071, 1212
Bye Bye 1441
Bye Bye Baby 105, 1235, 1435 f., 1502
Bye Bye Birdie 1305
Bye Bye Bye 981
Bye Bye Deutsche Mark 543
Bye Bye Love 463 f., 524
Bye, Bye, Bye 981
Bye-Bye Fräulein 924 f.
Byker Grove 1086
Byrds 211

C U When U Get There 302
C.C. Catch Megamix 242
C.C. Rider 1208
C.C.S. 214
C.M.B. 291
C.O.D.E.S. 103
C30, C60, C90, Go 174
C'est Chic 260
C'est La Ouate 821
C'est La Vie 75, 702, 739, 993, 1240
C'mon 'N Ride It (The Train) 1121
C'mon And Get My Love 370, 393
C'mon And Swim 530
C'mon Everybody 1099, 1244 f.
C'mon Kids 168
Ca Plane Pour Moi 737, 1083
Cabaret 935
Caddyshack 823, 1137
Caddyshack II 823, 1526
Cadillac 1160
Café Bleu 1363
Café Größenwahn 734
Cafeteria Santa Lucia 567
Cairo 32
Calamity Jane 350
Calendar Girl 1239
California 858, 984
California Blue 1034
California Dreamin' 857 f.
California Dreaming 536
California Girls 108, 1196 f., 1473
California Holiday 1098
California Love 411, 1454
California Love/How Do U Want It 1454
California Man 966, 1531
California Sun 1174
California, Here I Come 622
Californication 1150
Call It Love 377
Call Me 149, 696, 1315
Call Me (Come Back Home) 591 f.
Call Me A Mack 1468
Call Me Easy, Say I'm Strong 1134
Call Me Easy, Say I'm Strong – Love Me My Way It Ain't Wrong 1134
Call Me Irresponsible 1519
Call Me Mr. In-Between 684
(Call Me) Number One 1440
Call Me Round 1076
Call Of The Wild 1465

Call On Me 261
Call Up The Groups 100
Callin' Me 1031
Calling 215, 605
Calling All Stations 560
Calling All The Heroes 683
Calling Elvis 386
Calling Occupants Of Interplanetary Craft 230
Calling Your Name 871
Calypso 371 f.
Calypso Italiano 456
Cambodia 1517
Camden Town 1368
Camelot 615
Camels 1220
Camino Palmero 215
Camouflage 216, 1169, 1354
Can Can 84
Can Can You Party 715
Can I Change My Mind 348
Can I Get A . . . 705
Can I Get A Witness? 200
Can I Play With Madness 681
Can I Play With Madness/The Evil That Men Do 681
Can I Take You Home Little Girl 416
Can It Be So Simple 640
Can Somebody Tell Me Who I Am 1032
Can The Can 1122 f.
Can U Feel It 1499
Can U Get With It 1468
Can We 1381
Can We Fix It 160
Can We Talk 218
Can You Feel It 693, 1155, 1391
Can You Feel The Force 1147
Can You Feel The Love Tonight 361, 719 f., 722
(Can You) Feel The Passion 154
Can You Forgive Her? 1069
Can You Handle It 394
Can't Be With You Tonight 173
Can't Buy A Thrill 1343
Can't Buy Me Love 114, 563
Can't Complain 1169
Can't Fight Fate 351
Can't Fight The Moonlight 1172
Can't Fight This Feeling 1161
Can't Forget You 1236, 1306
Can't Get Any Harder 209
Can't Get By Without You 1147
Can't Get By Without You (The Second Decade Remix) 1147
Can't Get Enough 83, 1310
Can't Get Enough Of Your Love 351
Can't Get Enough Of Your Love, Babe 1509
Can't Get Indiana Off My Mind 319
Can't Get It Out Of My Head 442
Can't Get Used To Losing You 110, 1519 f.
Can't Get You Out Of My Head 937
Can't Give You Anything (But My Love) 1364
Can't Help Falling In Love 1097, 1100, 1364, 1519 f.
Can't Help It 610
Can't Help Myself 668, 815
Can't Hold Back 948
Can't Hold Back (Your Loving) 741
Can't I? 287
Can't Keep It In 1347
Can't Keep This Feeling In 1167
Can't Knock The Hustle 704
Can't Let Go 227
(Can't Live Without Your) Love & Affection 990
Can't Nobody Hold Me Down 885, 1015, 1116
Can't See Me 197
Can't Shake The Feeling 134
Can't Slow Down 1167
Can't Smile Without You 863
Can't Stand Losing You 1087 f.
Can't Stay Away From You 458
Can't Stop 14
Can't Stop Raving 420
Can't Stop The Classics 1201
Can't Stop The Music 1484
Can't Stop This Thing We Started 11
Can't Take Me Home 1077
Can't Take My Eyes Off Of You 637
Can't Take My Eyes Off You 178, 1472, 1520
Can't Take No More 1311
Can't Take Your Love 264
Can't Wait Another Minute 499
Can't Wait To Be With You 705
Can't We Try 639, 1258
Can't You Hear My Heartbeat 637
Can't You See 1015, 1429
Can't You See That She's Mine 273
Canadian Sunset 1519 f.
Candida 348 f., 671, 1116, 1203
Candle 897
Candle In The Wind 341, 625, 720, 722, 922, 1021, 1223, 1320, 1550
Candle In The Wind 97 341, 721, 922, 1021, 1223, 1320, 1550
Candle In The Wind 1997/Something About The Way You Look Tonight 720
Candles in The Rain 913
Candy 59, 219, 956, 1337
Candy Cream 609
Candy Dreams 973
Candy Girl 76, 518, 994 f.
Candy Man 884, 1089
Candy Rain 1308 f.
Candyfloss And Medicine 471
Candy-O 233
Canned Heat 219 f., 699
Canned Heat '70 Concert 220
Canned Heat Blues 220
Canned Heat Cookbook 220
Cannonball 1372
Cantaloop 1467
Cantaloop Island 608
Cantaloupe Island 1467
Cantata Mundi 12
Cantgetaman Cantgetajob (Life's A Bitch) 474
Cantilena 12
Canto Della Terra 160
Canziones De Mi Padre 1191
Capriccio Espagnole 619
Captain Beaky/Wilfred The Weasel 924
Captain Fantastic And The Brown Dirt Cowboy 720
Captain Future 536
Captain Hollywood 1450
Captain Jack 224
Captain Kemmen (Retribution) 462
Captain Newman, M.D. 340
Captain Sindbad 202
Captured 732
Captured Angel 509
Captured Live At The Forum 1416
Car 67 417
Car Wash 1193 f.
Cara Cara 998
Cara, Mia 703
Carambolage 853
Caramel 269, 462
Caravan 657 f.
Caravan Of Love 657 f., 682
Caravans 103
Caravanserai 1219
Carbonara 1325
Carefree Highway 808
Careless 922 f., 1017, 1506 f.
Careless Hands 1017
Careless Whisper 922 f., 1506 f.
Cargo 916
Caribbean (European) Queen 1023
Caribou 720
Carlito's Way 1201
Carlos Dominguez/He Was My Brother 1267
Carlos Santana & Buddy Miles! Live! 1219
Carma – Omen 2 854, 979
Carnal Knowledge 550
Carnation 205
Carnaval De Paris 341
Carnival 225, 866, 918
Carnival Of Life 1168
Caro Nome 1064
Carol 131, 631
Carolina In My Mind 1392
Carolina Moon/Stupid Cupid 524
Carolina, komm 303
Caroline 47, 515, 1341
Carousel 322, 1136
Carpenters 230
Carpet Crawlers 560
Carreras, Domingo, Pavarotti 1061
Carrie 460, 1166
Carrie-Anne 644
Carrott 1410
Carry On Up The Charts – The Best Of The Beautiful South 116
Carry On Wayward Son 741
Cars 233, 1016
Cars And Girls 1095
Cartoon Heroes 49
Casanova 77, 388, 802 f., 840, 1460, 1471
Casanova Baciami 274
Case 236
Case Of The Ex 977
Case Of You 1332
Casetta in Canada 602
Casino Royal 917
Casino Royale 790
Cassidy Live 239
Cassius 1999 240
Cast Your Fate To The Wind 1064, 1311
Castle Rock 1279
Castles In The Air 907
Castles In The Sky 1472
Casualty 1045, 1507, 1528
Cat 1410
Cat Among The Pigeons/Silent Night 194
Cat Ballou 287
Cat Stevens – Greatest Hits 1347
Cat's In The Cradle 249, 1459
Catch 774
Catch 22 550

Catch A Falling Star 295
Catch A Fire 602
Catch Bull At Four 1347
Catch Me (I'm Falling) 1102
Catch Me I'm Falling 1146 f.
Catch My Soul 1109
Catch The Catch 242
Catch The Wind 402
Catch Us If You Can 273
Caterina 253, 602, 1471
Cathy's Clown 464
Cats 64, 547, 973, 1002, 1048, 1280
Cats And Dogs 918
Caught By The Fuzz 1370
Caught In The Act Of Love 244
Caught In The Light 98
Caught In The Middle 1
Caught Out There 747
Caught Up In The Rapture 147
Caught Up In You 1410 f.
'Cause You're Young 242
Causing A Commotion 852
Caveman 1337
CCW feat. Hugh Cornwell 1359
Cecilia 464, 831, 865, 1269, 1368
Celebrate 32
Celebrate Me Home 823
Celebrate Our Love 23
Celebrate The World 1532
Celebrate Youth 1328
Celebrate! 772
Celebration 538, 889, 1298
Celebration Rap 845
Celebration Suite 125
Celebrity 981
Celebrity Hit List 1404
Celine Dion 383
Celluloid Heroes 763
Cenerentola (Cinderella) 881
Center City 484
Centerfield 316, 510
Centerfold 558
Central Heating 627
Centre Stage 956
Cereal Killer Soundtrack 592 f.
Cha Cha Cha 894
Cha Cha Heels 191
Chain Gang 300
Chain Lightning 907
Chain Of Fools 526
Chain Reaction 1196
Chain Reaction/One For Sorrow 1346
Chains 51, 301
Chains Of Love 171
Chalk 152
Chameleon 632
Champagne 379, 759, 1215
Champagne Jam 65, 275
Champagner für alle 602
Chance 133, 864
Chances Are 889
Change 244, 809, 948, 1333, 1396
Change Everything 367
Change Giver 1256
Change Is Gonna Come 360
Change Of Address 1246
Change Of Heart 759, 789
Change Of Seasons 604
Change The World 77, 272
Change Your Mind 1132
Change Your World 1294
Changes 1103, 1454
Changes In Latitudes, Changes In Attitudes 205
Changesbowie 175
Changesonebowie 174
Changing Faces 194
Changing Faces – The Best Of 831
Changing Faces – The Very Best Of 10cc And Godley & Creme 574, 1401
Changing Partners 320, 1047
Chanson D'Amour 860
Chant No. 1 (I Don't Need This Pressure On) 1315
Chanté's Got A Man 954
Chaos 595
Chapel By The Sea 1479
Chapel Of Love 388 f.
Characters 1534
Charade 859
Chariot 867, 891
Chariots Of Fire 1475
Charles 1285
Charles Aznavour 70
Charleston 617
Charlie Brown 158, 1451
Charlie Bubbles 935
Charlie Girl 564
Charlie's Angels 376, 859
Charlie's Angels 2000 48
Charly 334, 836, 1111 f., 1218, 1339
Charly Boy 1136
Charmaine 79 f., 1382
Charmed Life 669
Charmless Man 159
Chas & Dave's Greatest Hits 254
Chas & Dave's Knees Up – Jamboree Bag No. 2 254
Chase The Sun 1083
Chasing Rainbows 1256
Chasing Shadows 1298
Chattanooga Choo Choo 813
Chattanoogie Shoe Shine Boy 320, 1279
Cheap Thrills 730
Cheap Trick 254
Cheap Trick At Budokan 254
Cheapness & Beauty 176
Check It Out 1392
Check Out The Groove 1418
Check This Out 781
Check Your Head 109
Check Yourself 422
Cheech 256
Cheech & Chongs's Wedding Album 256
Cheech And Chong 256
Cheek To Cheek 1386
Cheerio (Chariot) 274
Chelsea Morning 940
Chemistry 1013
Chequered Love 1517
Cher 258
Cheri 884
Cheri, Cheri Lady 946
Cherish 62, 239, 773, 852, 1050 f.
Cherry 259
Cherry Bomb 914
Cherry Hill Park 1200
Cherry Lips 548
Cherry Pie 1494
Cherry Pink And Apple Blossom White 1094
Cherry, Cherry 381
Cherub Rock 1292
Chess 4, 382, 624, 1048
Chevy Van 723
Chewy Chewy 1026
Chi Chi 378, 1061
Chi Mai 959
Chi-Baba, Chi-Baba (My Bambino Go To Sleep) 295
Chic & Rose Royce – Their Greatest Hits Side By Side 1194
Chicago 16 261
Chicago 17 261
Chicago At Carnegie Hall 261
Chicago II 260 f.
Chicago III 261
Chicago IX – Chicago's Greatest Hits 261
Chicago Transit Authority 261
Chicago V 261
Chicago VI 261
Chicago VII 261
Chicago VIII 261
Chicago X 261
Chicago XI 261
Chick-A-Boom (Don't Ya Jes' Love It) 334
Chicken Funk 805
Chicken Song 1324
Chico Chico Charlie 202
Child 262 f., 1044
Child Is Father To The Man 150
Children 120, 838, 930, 1386
Children Of The Revolution 838, 1386
Children Of The World 120
Children's Story 732
Chilli 1424
Chillin' 946
Chime 1035
China 87
China Girl 175, 1089
China In Her Hand 946
China In Your Hand 1385
Chinatown 1409
Chinese Eyes 479
Chinese Wall 88
Chinesische Mauer 451
Chip 1439
Chip Chip 900
Chip, Dave, Alan And Rick 1440
Chiquitita 4
Chirpy 824
Chirpy Chirpy Cheep Cheep 766, 925
Chitty Chitty Bang Bang 638
Chocolate Box 194
Chocolate Salty Balls (PS I Love You) 256, 623, 969
Chocolate Starfish And The Hot Dog Flavored Water 812
Choices – The Singles Collection 152
Chok There 47
Choke 116
Choose Life 1073
Chorus 453
Christiansands 1441
Christina Aguilera 15
Christmas 613, 1185
Christmas Album 166
Christmas Greetings 319
Christmas In Blobbyland 968
Christmas In Dreadland/Come Outside 733
Christmas in Smurfland 1470
Christmas Interpretations 180
Christmas Island 205
Christmas Songs By Sinatra 1277

Christmas Through Your Eyes 458
Christmas Wishes 976
Christmas With Conniff 297
Christopher Cross 321
Christopher Mayhew Says 1251
Chronicle (The 20 Greatest Hits) 316
Chronicles 1529
Chronicles – The Best Of 272
Chubby 1392
Chuck Berry 131
Chuck Berry On Stage 131
Chuck E.'s In Love 729
Chug-A-Lug 931
Church Of House 1067
Church Of Moise 1408
Church Of The Poison Mind 326
Chyna Doll 197
Ciao Amico 1070
Ciao Italy, Ciao Amore 1163
Cicciottella 574
Cieli Di Toscana 160
Cigarettes And Alcohol 1022
Cilla 139
Cilla Sings A Rainbow 139
Cinderella 132, 160, 410, 495, 659, 1196
Cinderella Baby 377
Cinderella Rockefella 1024 f., 1521
Cindy 75, 268, 448, 1070, 1373
Cindy Incidentally 470
Cindy Lou 317
Cindy, oh Cindy 456, 1192
Cindy's Birthday 312, 1335
Cinema 1048
Cinnamon Girl 1549
Circle In The Sand 228
Circle Of Life 720, 722
Circle Of Love 600, 932
Circle Of One 11, 1396
Circles 997, 1540
Circles Of Love 1540
Circus 777
Citizen Kane 741
City Life 144
C-I T-Y 215
City Nights 567
City Of Angels 578
City Of New Orleans 992
City Streets 758
City To City 1132
CJ 843
Clair 1020
Clairobscur 612
Clambake 468
Clandestino 249
Clap For The Wolfman 597
Clap Your Hands 216
Clapping Song 445
Class Act 693
Class Of '55 1034
Classic 600, 1201, 1278
Classic Disco 1201
Classic Sinatra 1278
Classical Gas 1024, 1521
Classics 1185
Classics – The Early Years 381
Classics Live! 13
Claudette 1034
Claudine 893
Claydes 772
Clean Up Woman 1536
Clearly Love 1001
Clem 663
Clementine 341, 1044
Cleopatra's Cat 1323
Cleopatra's Theme 277
Cliff 1165
Cliff At The Movies – 1959 – 1974 1166
Cliff International 1165
Cliff Richard 1165
Cliff Sings 1165
Cliff's Greatest 1165
Cliff's Hit Album 1165
Clint Eastwood 582
Clive 1181
Clockwork Orange 948
Close 1517
Close (To The Edit) 57
Close But No Cigar 397
Close Encounters 910
Close Encounters Of The Third Kind 1521
Close Enough For Rock 'n' Roll 989
Close My Eyes Forever 513, 1039
Close My Eyes Forever (Remix) 513
Close The Door 915
Close To Seven 1217
Close To The Edge 1547
Close To You 118, 182, 230, 538, 1065, 1103, 1277, 1279, 1508
(They Long To Be) Close To You 230, 601
Close To Your Heart 736
Close Your Eyes 437, 1062 f.
Closed For Business 865
Closer 996
Closer Than Close 545
Closer Than Most 116
Closer To Heaven 1069
Closer To Home 586
Closer To Me 497
Closer To The Truth 1510
Cloud # 9 11
Cloud 9 283
Cloud Nine 617, 1400
Cloudbusting 1469
Clouds 1312
Clouds Across The Moon 1134
Clouds In My Coffee 1965 – 1995 1266
Club Bizarre 191, 1456
Club Classics Volume One 1310
Club der Teufelinnen 926
Club Paradise 277
Club Tropicana 1506 f.
Clues 1049
Clutching At Straws 870
Clyde 293
Coast 1365
Coast To Coast 273, 1505
Coast To Coast/All For Tomorrow 911
Cobra 215
Coc-A-Hoop 863
Cock Robin 281
Cocker 283
Cocktail 107, 901
Co-Co 1378
Coco Jamboo 970
Coconut 1005 f.
Coconuts From Congoville 1310
Cocoon 138
Coda 793
Code Of Love 1221
Code Red 705
Codo 395 f.
Coffee 158
Cognoscenti Vs. Intelligentsia 324
Coincidence And Likely Stories 1214
Cold As Ice 513 f., 845
Cold Days, Hot Nights 961 f.
Cold Hearted 6
Cold Irons Bound 425
Cold On The Shoulder 808
Cold Rock A Party 894
Cold Spring Harbor 718
Cold Sweat – Part 1 198
Cold, Cold Heart 1465
Cole's Song 799
Colette 394, 540
Collection 1252
Collection Memorial 104
Collections 1143
Colonel von Ryan's Express 231
Color Him Father 1528
Color Me Barbra 1362
Color Me Blue 956
Colors 563
Colors Of The Wind 1523
Colour 266
Colour By Numbers 326
Colour Of Love 1300
Colour Of My Love 1181
Colour Of Your Dreams 758
Colour The World 1222
Colours 402, 1335
Comanchero 1133
Combat Rock 274
Combine Harvester 1537
Come 1107
Come & Talk To Me 716
Come A Little Bit Closer 703
Come An' Get It 1513
Come And Get It 85, 186
Come And Get These Memories 878
Come And Get With Me 1301, 1377
Come And Get Your Love 1150
Come And Stay With Me 474
Come As You Are 1008 f.
Come Baby Come 738
Come Back 928
Come Back And Shake Me 1182
Come Back And Stay 1550
Come Back Baby 719
Come Back Brighter 1154
Come Back Darling 1458 f.
Come Back My Love 342
Come Back To Sorrento 1277
Come Back To The Five And Dime, Jimmy Dean, Jimmy Dean 258
Come Back To What You Know 445
Come Back When You Grow Up 1479
Come Clean 1115
Come Cryin' To Me 825
Come Dance With Me! 1277
Come Dancing 762, 764
Come Down 339
Come E Dolce O Mare 380
Come Find Yourself 538
Come Fly With Me 1277
Come Go With Me 467
Come Home 1082
Come In From The Rain 223
Come In Out Of The Rain 961
Come Into My Life 545, 1273
Come Live With Me 628
Come Monday 205
Come On 1186, 1506
Come On And Do The Jerk 786
Come On Down To My Boat 464
Come On, Eileen 379
Come On Everybody (Get Down) 1467

Come On Home 1328
Come On, Let's Go 830
Come On Over 1001, 1449
Come On Over Baby (All I Want Is You) 15
Come On Over To My Place 416
Come On People (We're Making It Now) 60
Come On You Reds 859
Come Outside 1089, 1221
Come Play With Me 1500
Come Prima 127, 985
Come Sail Away 1365
Come Saturday Morning 1217
Come See About Me 1374, 1489
Come See Me 1030
Come Softly To Me 1478
Come Swing With Me 1277
Come The Day 1240
Come To Me 625, 725, 1528
Come Together 114, 798
Come Tomorrow 864
Come Undone 423
Come What May 791 f., 1047
Come With Me 794, 1116
Come With Us 257
Comedown 208
Comes A Time 1549
Comfort & Joy 31
Comforter 1248
Comics & Pin-Ups 97
Comin' Atcha 277
Comin' Down The Road 316
Coming Around 1439
Coming Around Again 1266
Coming Home 877
Coming Home (Jeanny, Part 2) 476
Coming Home For Love 1435
Coming Home Now 181
Coming Out 860
Coming Out Of The Dark 457 f., 1236
Coming To America 1384
Coming Up 897, 1366
Comme Ils Disent 70
Comment Ca Va 1262
Comment Te Dire Adieu 1305
Commitments 629
Commodores 293
Commodores Live! 293
Common People 1117
Communards 294
Communication (Somebody Answer The Phone) 1082
Communiqué; 386
Como's Golden Records 295
Company Of Strangers 83
Complete Madness 850
Completely Hooked – The 413
Complex 1016
Compliments On Your Kiss 1149
Compositions 89
Compus Mentus 329
Computer Love/The Model 774 f.
Computer World 775
Computerliebe 947
Computerwelt 775
Con Air 1171
Conan der Barbar 727
Concert In Rhythm 297
Concert In Rhythm – Volume II 297
Concerto d'amour 139
Concrete And Clay 1464
Condemnation (EP) 373
Condition Critical 1126
Confessin' 669
Confession Blues 251
Confessions Of A Pop Group 1363
Confide In Me 937
Confrontation 875
Confusion 442, 948, 1114
Confusion About A Goldfish 771
Confusion/Last Train To London 442
Conga 458
Congo 560, 957
Congos 833
Congratulations 1166
Congratulations I'm Sorry 569
Conniff Meets Butterfield 297
Conquest Of Paradise 154, 1475
Conquest Of You 753
Conscience 125, 1532
Consequences 574
Consideration 1154
Conspiracy Of One 1026
Constantly 672, 1166
Construction Time Again 373
Constructions For The Modern Idiot 1535
Contact 1086, 1336
Contagious 682
Contra La Corriente 46
Contract On Love 1533
Contradiction 1026
Control 688, 1020, 1115
Controversary 1107
Controversy 1107
Convention '72 368
Conversation Peace 1534
Conversations 139
Convoy 814, 895
Convoy G.B. 814
Conway 1155
Cookies And Coke 1481
Cool (Part 1) 1422
Cool Cat Blues 477
Cool Change 818
Cool For Cats 1330
Cool Hand 1426
Cool It Now 995
Cool Jerk 221 f., 786
Cool Places 1516
Cool Relax 72
Cool Runnings 277, 759
Cooleyhighharmony 179
Coolin' At The Playground Ya' Know! 44
Cop Yer Whack Of This 298
Copa Cabana (At The Copa) 863
Cornershop 76
Cornerstone 1365
Cornerstones 1965–1970 634
Cornflake Girl 36
Coronation Street 1168
Corporal 1115
Corpses 197
Corvette 884
Cosby Show 259
Cose Della Vita 1138
Cose Della Vita (Can't Stop Thinking Of You) 1138, 1447 f.
Cosmic Curves 687
Cosmic Girl 699
Cosmic Thing 76
Cosmic Wheels 402
Cosmo's Factory 316
Cosmophobia 392
Cotton Candy 641
Cotton Club 224
Cotton Eye Joe 142, 405, 594, 1152 f., 1228
Cotton Fields 734
Cotton's Dream 378
Cottonfields 108
Could Have Told You So 605
Could I Have This Kiss Forever? 659 f., 670
Could It Be Forever/Cherish 239
Could It Be I'm Falling In Love 219, 583 f., 587, 1324
Could It Be Magic 862 f., 1387 f.
Could This Be Love 1239
Could You Be Loved 875
Could've Been 1420
Could've Been Me 330
Couldn't Get It Right 278
Count Me In 805
Count On Me 660, 708 f.
Countdown 1992 – 1983 1117
Countdown To Ecstasy 1343
Counting Every Minute 1306
Country Boy 631, 983
Country Girl 1317
Country Girl – City Man 1482
Country Grammar 990
Country House 158 f.
Country Life 1199
Country Roads 637
Country Side Of Jim Reeves 1156
Couple Days Off 805
Court And Spark 940
Cousin Norman 876
Cover Girl 292, 996
Cover Me 1328 f.
Cover Shot 457
Cover To Cover 625
Cover Up 1458
Cow 610
Coward Of The County 1185
Cowboy 453
Cowboy Dreams 983
Cowboys And Kisses 37
Cowboys To Girls 678
Cowgirl 1463
Coyote Ugly 215
Coz I Luv You 1288
Cracked Rear View 651
Crackers International EP 453
Crackin' Up 836
Cracklin' Rosie 381
Cradle Of Love 669
Craig Douglas 410
Craig McLachlan & Check 1–2 905
Crash 662, 1104
Crash Boom Bang 1199
Crash Landing 634
Crash Test Dude 311
Crawling 815
Crazy 162, 312 f., 458, 493, 670, 837, 959, 970, 992, 1181, 1234
(You Drive Me) Crazy 1318
Crazy Chance 744
Crazy Crazy Nights 766
Crazy For You 620, 801, 852
Crazy For You (Remix) 852
Crazy From The Heat 1197
Crazy Horses 1041
Crazy Legs 1153
Crazy Life 1477
Crazy Little Party Girl 234
Crazy Little Thing Called Love 1125
Crazy Love 942 f.
Crazy Nights 765, 825
Crazy Rap 14
Crazy World 1232
Crazy World Of Arthur Brown 196

CrazySexyCool 1425
Cream 146, 313, 1107
Creatures Of Leisure 918
Credo 1205
Creedence Clearwater Revival 316
Creedence Gold 316
Creep 1132, 1425
Creepin On Ah Come Up 165
Creeque Alley 858
Crepes And Drapes 1263
Crest Of A Knave 712
Cria Cuervos 707
Cricklewood Green 1403
Crime Of The Century 1372
Crimes Of Passion 126
Criminal Tango 864
Crimson And Clover 698, 713
Crisis 1027
Crisis? What Crisis 1372
Criticize 1020
Crockett's Theme 607
Crocodile Rock 721
Crocodile Shoes 983
Crocodile Shoes II 983
Crosby, Stills & Nash 320
Cross My Broken Heart 713, 1281
Cross Of Changes 451
Cross Road 163 f.
Crossfire 642, 1038
Crossroads 250, 272
Crowded House 322
Crown Of Creation 709
Crown Royal 1205
Crucified 54
Cruel Summer 8, 92
Cruel To Be Kind 836
Cruise Into Christmas Medley 900
Cruisin' 169, 805, 1179, 1483
Crumblin' Down 914
Crusaders 352
Crush 164, 234, 713, 810, 1037, 1048
Crush On You 234, 713, 810
Crushin' 484
Cry 574, 691, 951, 1271, 1496
Cry Baby 934, 1323
Cry Baby Cry 40
Cry For Help 63, 1257
Cry For You 716
Cry Just A Little Bit 1349
Cry Like A Baby 176
Cry Like A Rainstorm – Howl Like The Wind 994, 1191
Cry Me A River 1525
Cry Softly 1237
Cry To Be Found 367
Cry Wolf 16
Cry, Cry Louise 1543
Crybaby 1301
Cryin' 14
Crying 906 f., 1034 f.
Crying At The Discotheque 18, 1258
Crying Game 132
Crying In The Chapel 1097, 1100
Crying In The Rain 16, 325, 464
Crying Over You 172
Crying Time 252
Crying, Laughing, Loving, Lying 1264
Crystal 554, 698, 996 f., 1497
Crystal Blue Persuasion 698
CSN 320
Cuando Calienta El Sol 1485
Cuba 567
Cuba/Better Do It Salsa 567
Cuban Boys 324
Cubik/Olympic 440
Cuddly Toy 1175
Cult Of Snap 1300
Cum On Feel The Noize 1126 f., 1288
Cumberland Gap 401
Cuore 984
Cuori Agitati 1138
Cupid 300, 986, 1030
Cupid & Psyche 85 1233
Cupid/I've Loved You For A Long Time 1324
Cupid's Boogie 1074
Current 627
Curtis 893
Curtis Stigers 1354
Curved Air 328
Cut Here 327
Cut Some Rug/Castle Rock 157
Cut The Cake 69
Cuts Both Ways 458, 1236
Cuts Like A Knife 11
Cuttin' Heads 914
Cyberpunk 669
Cycles 403

Déjà Vu 320, 1549
Déraisonnable 789
Désormais 70
D.I.S.C.O. 1015, 1042
D.I.V.O.R.C.E. 298, 1538
D.J.'s Rock Da House 976
D'Eux 383
... D'r Rhing erop, d'r rhing eraf ... 141
D'You Know What I Mean? 1022
Da Bomb 676, 778
Da Capo 96, 1067
Da Capo, Roberto 369
Da Da Da 1441
Da Da Da – ich lieb dich nicht, du liebst mich nicht 1441
Da Da Da, ich weiß Bescheid, du weißt Bescheid 1555
Da Doo Ron Ron 239
Da Doo Ron Ron (When He Walked Me Home) 324
Da Funk/Musique 335
Da Game Is To Be Sold, Not To Be Told 1301
Da geht mir voll einer ab 1072
Da kommt Freude auf 1502
Da kommt José – der Straßenmusikant 1471
Da Partyboom 538
Da sprach der alte Häuptling 82
Da steht ein Pferd auf'm Flur 767
Da Ya Think I'm Sexy 1354
D-A-A-ANCE 784
Dad Loves His Work 1393
Dad's Army 421
Daddly Happy 723
Daddy 778, 886
Daddy Cool 165 f., 342
Daddy Cool 2001 166
Daddy Cool/The Girl Can't Help It 342
Daddy DJ 334
Daddy Don't You Walk So Fast 170, 1000
Daddy's Home 689, 1166
Daddy, Don't You Walk So Fast 256
Daddy's Little Man 345, 1294
Daft Punk Strikes Back One More Time! 335
Daily 1435
Daliah Lavi 790
Damage 939
Damenwahl 1429
Dames At Sea 1553
Dammit (Growing Up) 148
Damn I Wish I Was Your Lover 622
Damn The Torpedoes 1073
Damn Yankees 337
Damon 191
Dan Fogelberg/Greatest Hits 509
Dan The Banjo Man 338
Dance 976, 1016
Dance (Disco Heat) 1383
Dance And Shout/Hope 1248
Dance Away 1200
Dance Birdie Dance 443
Dance, Dance, Dance 108
Dance, Dance, Dance (Yowsah, Yowsah, Yowsah) 260
Dance For Eternity 1436
Dance For Me 148, 1283
Dance Hall Days 1492
Dance Into The Light 291
Dance Little Bird 443, 1450
Dance Little Lady Dance 253
Dance Naked 914
Dance Of The Cockoos (The Laurel & Hardy Theme) 144
Dance On 764, 1246
Dance On Little Girl 44
Dance The Kung Fu 409 f.
Dance The Night Away 891
Dance 'Til Quarter To Three 164
Dance To The Beat 887
Dance To The Music 1290
Dance With Me 199, 957, 1031, 1038, 1423, 1536
Dance With Me Henry (Wallflower) 697
Dance With The Devil 1093
Dance With The Guitar Man 436
Dance With The Saragossa Band On 45 1221
Dance With The Shadows 1246
Dance Yourself Dizzy 816, 1547
Dance! ... Ya Know It! 197
Dancer In The Dark 138
Dancerama 1289
Dancin' Easy 1520
Dancin' In The Key Of Life 56
Dancin' On The Streets 786
Dancin' Party 1263
Dancing In The City 877
Dancing In The Dark 1328 f.
Dancing In The Moonlight 1427
Dancing In The Street 175, 553, 694, 878
Dancing Machine 693
(Dancing) On A Saturday Night 152
Dancing On The Ceiling 1167
Dancing On The Floor (Hooked On Love) 1410
Dancing Queen 4, 1478
Dancing The Night Away 964
Dancing Tight 486
Dancing With Strangers 1146
Dancing With Tears In My Eyes 1461
Dancing With The Captain 1002
Dandy 339, 637, 764
Dandys Rule OK 339
Dang Me 931
Danger 612
Danger Games 1079
Danger Sign 223

Danger Zone 823 f.
Dangerous 209, 690, 1199
Dangerous Minds 302
Dangerous Rhymes 1461
Daniel 721
Danke 652
Danke für die Blumen 856
Danke schön 1000
Dann ist der Wurm drin 1486
Dann küß mich doch 1004
Dann macht es bum 746
Danny Boy 656
Danny Boy And Other Love Songs I Love To Sing 1519
Danny's Song 975 f.
Danseparc 878
Dansevise 675, 1024
Dansez 932
Dare 662
Darin At The Copa 340
Dark Clouds 1314
Dark Horse 617
Dark Is The Night 16
Dark Lady 258, 497
Dark Moon 931
Dark Side Of The Room 890
Dark Sneak Love Action 1426
Darkheart 162
Darklands 710
Darkman 984
Darkness 984
Darkness On The Edge Of Town 1329
Darlin' 930 f., 1332
Darling 78
Darling Be Home Soon 835
Darling Good Night 1190
Darling I Know 369
Darling Pretty 386
Darling, Je Vous Aime Beaucoup 287
Darogui Dlimmoyo 652
Darts 342
Das Album 46
Das alte Haus von Rocky Docky 835
Das Beste von früher bis jetzt 59
Das Blech 1325
Das Boot 595, 1456
Das Boot 2001 1456
Das dreckige Dutzend 827
Das Ende der Liebe 567 f.
Das erste Mal tat's noch weh 1487
Das Farbenspiel des Windes 1205
Das fliegende Klassenzimmer 776
Das freche Mädchen 136
Das ganze Leben ist ein Quiz 751
Das geht doch keinen etwas an 409
Das gewisse Etwas 1257
Das Girl mit dem La-La-La 166
Das goldene Schlageralbum 20
Das goldene Udo-Jürgens-Album 734
Das große Wunschkonzert 1196
Das hat die Welt noch nicht gesehn 1256
Das Humbta-Täterä 943
Das ist alles längst vorbei 20
Das ist die Frage aller Fragen 1165 f.
Das ist nicht die ganze Wahrheit 59
Das kannst du mir nicht verbieten 840, 1322, 1421
Das Kartenspiel 836
Das kommt vom Rudern, das kommt vom Segeln 787
Das Leben des Brian 616, 952
Das Leben ist grausam 1108 f.
Das Leben ist wunderbar 797
Das Lied der Schlümpfe 1470
Das Lied vom Angeln 82
Das Lied vom Tod 411
Das Lied von Manuel 866
Das machen nur die Beine von Dolores 19, 1503
Das Mädchen Carina 140
Das Model 774 f.
Das Modell 1139
Das neue Esther & Abi Ofarim Album 1025
Das neue große Za Za Zabadak 1221
Das Omen (Teil 1) 854, 979
Das schöne Mädchen von Seite 1 158, 229
Das schwarz-weiß-rote Himmelbett 790
Das Schweigen der Lämmer 682
Das Stahlnetz des Dr. Mabuse 790
Das süße Mädi 20
Das Tier in mir (Wolfen) 427
Das Tor zum Garten der Träume 281
Das tu' ich alles aus Liebe 20
Das tut unheimlich weh 706
Das Vagabundenlied 1503
Das war mein schönster Tanz 1322
Das Wiegenlied vom Totschlag 1214
Das zauberhafte Land 882
Dat 1261
... dat matscht so schön 1428
Daughter 1063
Daughter Of Darkness 730
Daughter Of Time 482
Daumen im Wind 813
Dave Dee, Dozy, Beaky, Mick & Tich 360
David 620
David Essex 457
David Gates & Bread: Essentials 185
David Live 174
David Soul 1307
David's Song 392, 748
Davy's On The Road Again 864, 1413
Dawn (Go Away) 518
Dawn (Go Away) And 11 Other Great Songs 518
Dawn Patrol 1004
Day After Day 85, 349
Day By Day 350, 651, 1279
Day Dreaming 527
Day In Day Out 487
Day Trip To Bangor (Didn't We Have A Lovely Time) 492
Day Tripper 114
Day Tripper/We Can Work It Out 114
Daybreak 1278
Daydream 226, 835, 858
Daydream Believer 180, 950
Daydreamer 917
Daydreamer/The Puppy Song 239
Daydreamin' 21
Daydreaming 886
Daydreaming At Midnight 1282
Daydreams 1031
Daylight Again 320
Daylight In Your Eyes 1010 f.
Days 847
Days Like That 492
Days Like This 960
Days Of Open Hand 1480
Days Of Our Livez 165
Days Of Speed 1502
Days Of The Future Past 953
Days Of Thunder 904
Days Of Wine And Roses 1519
Days Of Wine And Roses, Moon River And Other Academy Award Winners 1278
Daysleeper 1128 f.
Daytime Friends 1185
Daytime Friends – The Very Best Of Kenny Rogers 1185
Daytime Nighttime 421
Daytona Demon 1123
Dazz 187, 351
Dazzle Ships 1036 f.
D-Days 1017
De Do Do Do, De Da Da Da 1088
De La Soul Is Dead 354
Dead Elvis 358
Dead End Street 762, 764
Dead End Street Monologue/Dead End Street 1145
Dead From The Waist Down 242
Dead Giveaway 1251
Dead Man's Curve 700
Dead Pool 598
Dead Pop Stars 31
Dead Ringer 910
Dead Ringer For Love 257 f.
Dean 998
Dear Elaine 1535
Dear Eloise 644
Dear Heart 1519
Dear Hearts And Gentle People 320
Dear Jessie 852
Dear John 1341, 1395
Dear Lady Twist 165
Dear Lie 1425
Dear Mama/Old School 1454
Dear Mr. President 516
Dear Mrs. Appleby 84, 551
Dear Perry 295
Dear Prudence 498, 1281 f.
Death Becomes Her 1523
Death Cab For Cutie 167
Death Of A Clown 344
Death Scream 658
Death Walks Behind You 67
DeBarges 358
Debelah 957
Debil 58
Debora 1386
Debora/One Inch Rock 1386
Deborah 223
Deborah Cox 310
Debravation 618
Debut 137
Decade 423, 1549
Decade Of Decadence – '81–'91 962
December 24
December '63 866
December's Children (And Everybody's) 1187
December, 1963 (Oh, What A Night) 518 f.
Deceptive Bends 1401
Deck Of Cards 881
Decksandrumsandrockandroll 54
Dedicated 64, 1114
Dedicated Follower Of Fashion 764
Dedicated To ... 1223
Dedicated To The One I Love 858, 906, 1261
Dedicated To You 252

Dedication 104
Dedication – The Very Best Of Thin Lizzy 1409
Dee 362, 1462
Dee Tee 772
Deep 431, 1369
Deep Deep Down 635
Deep Down Below 1175
Deep Forest 362
Deep From The Heart 941
Deep In My Heart 280
Deep In The Heart Of Texas 319
Deep In You 819
Deep Purple 363 f., 1346, 1398
Deep Purple In Rock 363 f.
Deep Sea Skiving 92
Deep Shadows . . . 641
Deep, Deep Trouble 1273
Deeper And Deeper 852
Deeper Love 1203
Deeper Love (Symphonic Paradise) 73
Deeper Underground 698 f.
Deeper Zone 1313
Deepest Purple 364
Deeply Dippy 68, 1169 f.
Def, Dumb And Blonde 618
Definite 283
Definitely Maybe 1022
Definition Of A Band 938
Definition von Fett 491
Deguello 1559
Dehumanizer 143
Dein ist mein ganzes Herz 780
Dein schönster Tag 631
Dein schönstes Geschenk 139 f.
Deine Liebe klebt 595
Deine Spuren im Sand 229
Deine Tränen sind auch meine 630
Deja Vu (Uptown Baby) 828
Delaware 295
Delbert McClinton 897
Delicate 332, 375
Delicate Sound Of Thunder 1078
Delighted To See You 649
Delightful 610
Delilah 20, 619, 730
Delirio Mind 1232
Delirious 1107
Deliver The Word 1492
Deliverance 77, 1313, 1501
Delta Dawn 1152
Delta Lady 283
Delta Queen 1256
Deluxe 973
Deluxe Soundsystem 369
Demons 590
Demons And Wizards 1467
Demotape 491
Den Ständiga Resan 1198
Denis 149
Denise 149, 1141
Denkt bloß nicht, dass wir heulen 378
Deodato 2 372
Departure 732
Depot Street 1072
Der Berg ruft 738
Der blaue Planet 743
Der blöde Willi 1229
Der blonde Hans 778
Der Clou 606
Der Dämon und die Jungfrau 790
Der Detektiv 813
Der dritte von rechts 1503
Der Duft von Paris 1243
Der Eiermann 767, 1428
Der Erdbeermund 325
Der Floh in meinem Herzen 505
Der Gaukler 790
Der Grinch 234
Der Himmel brennt 1071
Der Hummelflug 1201
Der Joker 835, 853
Der Junge mit der Mundharmonika 280 f., 924
Der Kaffee ist fertig . . . 303
Der King 646
Der kleine Eisbär 1011
Der kleine Prinz 280
Der kleine Prinz (Ein Engel, der Sehnsucht heißt) 281
Der Knüller Mausi Müller 829
Der Knutschfleck 685
Der Kommissar 15, 475 f.
Der lachende Vagabund 733
Der Legionär 529
Der letzte Sirtaki 568
Der letzte Walzer 20
Der Liebling von allen 1485
Der lila Lederhosenlambada 743
Der Mann am Klavier 779
Der Mann fürs Leben 1383
Der Mann im Mond 82
Der Mann mit der Harmonika 411
Der Manta-Prinz 1013
Der Mond hält seine Wacht 20
Der neue Tag beginnt 1322
Der Nippel 778 f.
Der Panther 991
Der Papa wird's schon richten 20
Der Pariser Tango 889
Der Platz neben mir 387
Der Prinz von Bel Air 1295
Der Salon-Tiroler 943
Der Sheriff von Arkansas 1471
Der Sinn des Lebens 952
Der Sonne entgegen 1410
Der Stern von Mykonos 433
Der Teufel und der junge Mann 1049
Der verrückte Professor 69
Der Watzmann ruft 395
Derek & The Dominos In Concert 374
Desafinado 565, 922
Desert Moon 379
Desert Rose 1356
Desiderata 310 f.
Design Of A Decade 1986/1996 688
Desire 73, 146, 425, 566, 987, 1457
Desire Walks On 626
Desireless 259
Desolation Angels 83
Desolation Boulevard 1378
Desperate 388
Desperate Dan 807
Desperately Seeking Susan 851
Destination 746
Destination Anywhere 164
Destination Eschaton 1252
Destination Unknown 869
Destiny 77, 123, 693, 826, 1205
Destiny's Path 1436
Destroyer 765
Detlev 685
Detour 1047
Detroit City 98, 730
Deutschen Comedy Preis 2001 232
Deutschland 1109
Devil Gate Drive 1123
(You're The) Devil In Disguise 1100
Devil Inside 678 f.
Devil Or Angel 1479
Devil Woman 1164, 1166, 1176
Devil's Gun 283
Devil's Haircut 117
Devil's Night 333
Devil's Nightmare 1045
Devoted To You 464, 1393
Devotion 781
(I Wanna Give You) Devotion 1013
Dew 717
Dew Drops In The Garden 361
Di Ya Think I'm Sexy? 506
Diablo 191
Diamante 312, 1558
Diamond 1026, 1315
Diamond & Rust 87
Diamond Dogs 174
Diamond Girl 1234
Diamond Life 1212
Diamond Smiles 169
Diamond Sun 571
Diamonds 30, 545, 614, 1107
Diamonds And Pearls 545, 1107
Diana 43, 298 f., 414, 535, 759, 1408, 1468
Diana & Marvin 1195
Diana And Marvin 554
Diana Ross 1195
Diana Ross & The Supremes Greatest Hits 1374
Diana Ross & The Supremes Join The Temptations 1374, 1400
Diana Ross Presents The Jackson Five 692
Diane 79 f., 709, 1159, 1242, 1465
Diary Of A Mad Band 716
Diary Of A Madman 1039
Dich werd' ich nie vergessen 1471
Dich zu lieben 739
Dick Tracy 794, 851
Did It In A Minute 604
Did Ya 763
Did You Ever 1280
(Did You Ever Get) That Feeling In The Moonlight 295
Did You Ever Have To Make Up Your Mind? 835
Did You Ever Think 985
Did You See My Daddy Over There 669
Didn't I (Blow Your Mind This Time) 368
Didn't I (Blow Your Mind) 996
Didn't See Me Coming 1377
Didn't We Almost Have It All 659
Die 4. Dimension 480
Die 20 größten Hits 108
Die Akte Joel 718
Die Ärzte früher! 59
Die Bim Bam Bim Bam Bina 1471
Die Blumen der Nacht 303
Die Bouzouki klang durch die Sommernacht 792
Die da!?! 331, 479 f.
Die drei Mädels von der Tankstelle 1092
Die Einsteiger 778
Die Eule und das Kätzchen 1362
Die Farbe der Liebe 779
Die Flut 1530
Die fröhliche Hamster-Parade 1306
Die Gitarre und das Meer 529
Die Glücksritter 975

Die goldene Zeit 867
Die goldenen Spangen (Club Indonesia) 243
Die große Trommel macht bum-bum 943
Die großen Erfolge 646, 1190
Die Insel des Glücks 733
Die Klapperschlange 623
Die kleine Kneipe 20, 1470
Die längste Single der Welt 1071 f.
Die längste Single der Welt – Teil 2 1072
Die längste Single der Welt 3 1072
Die Laughing 1408
Die Legende von Babylon 836
Die letzte Rose der Prärie 788
Die Leude 343
Die Liebe ist ein seltsames Spiel 524, 856
Die Maschen der Mädchen 1177
Die Mensch-Maschine 775
Die Monster AG 999
Die Nacht ist mein 524
Die Nacht ist so schön 305
Die Nachtigall singt 738
Die neue S-Klasse 1242
Die Python 19
Die Roboter 774 f.
Die Rose von Mexiko 641
Die Schlampen sind müde 1194 f.
Die schönsten Volkslieder der Welt 630
Die schwarze Barbara 630
Die Senkrechtstarter 778
Die Sennerin vom Königssee 766
Die Songs einer Supergruppe 1372
Die Sonne und du 784
Die Sonne von Mexiko 630
Die Stimme der Heimat 529
Die Stimme der Prärie 1190
Die Straße 1192
Die süßen Trauben hängen hoch 303
Die süßesten Früchte fressen nur die großen Tiere 20
Die Venus 1194
Die Weisse 161
Die Welt ist nicht genug 548
Die Welt ist voll Licht 965
Die Wildgänse kommen 615
Die Wüste lebt (Alarmsignal . . .) 1227
(I Just) Died In Your Arms 329
Diese Nacht hat viele Lichter 535
Diese Welt 433
Diesel And Dust 927
Dieser Brief 69, 1377
Diesmal für immer 377
Differences 569
Different Class 1117
Different Drum 949, 1191
Different Light 94
Different World 1466
Different Worlds 902
Difficult To Cure 1135
Dig The New Breed 696
Dig You Later (A Hubba-Hubba-Hubba) 295
Dig Your Own Hole 257
Diggin' On You 1425
Digital Display 1146
Digital Love 335
Dignity 355 f., 425
Dildo 677
Dillinger 857
Dim All The Lights 1370
Dimples 347
Dina Carroll 232
Ding Dong 455
Ding-A-Dong 1395
Dingly Dell 814
Dinky 1316
Dinle 744
Dinosaurier 1032
Dionne 1494
Dionne Warwick's Golden Hits, Part One 1494
Dippety Day 1470
Dire Straits 386
Direction Reaction Creation 696
Dirk Wears White Socks 9
Dirt 358
Dirty Cash (Money Talks) 12 f.
Dirty Dancing 42, 228, 300, 525, 912, 1377, 1493
Dirty Dawg 995
Dirty Diana 691
Dirty Dozen 1224
Dirty Laundry 635
Dirty Ol Man 1415
Dirty Rotten Filthy Stinking Rich 1494
Dirty Work 1188
Disappear 678 f.
Disappointed 273, 442
Disarm 1292
Disco 1068
Disco 2 1068
Disco Baby 898
Disco Band 1232
Disco Connection 623
Disco Duck 364
Disco Fans 1334
Disco Fever 1382
Disco Inferno 1438
Disco La Passione 102
»Disco« La Passione 1146
Disco Lady 1394
Disco Stomp 161
Disco's Revenge 600
Discography 1068
Discohopping 768
Discoskate 619
Discothèque 1457
Discovery 335, 441 f., 1027, 1252
Dish Of The Day 512
Disintegration 327
Disorderlies 484
Disposable Teens 871
Disreali Gears 313
Dissident 1063
Distant Dreams 1138
Distant Drums 1155 f.
Distant Shores 246
Distant Thunder 64
Ditty 1050
Diva 460, 800
Diver Down 1473
Divine Emotions 1488
Divine Madness 850
Divine Thing 1311
Divinyls 388
Division Bell 158, 200
Dixie-Narco EP 1104
Dizzy 598, 1156, 1183, 1534 f.
Dizzy Up The Girl 578
DJ Culture 146
Djambo Djambo 1070
DJs Take Control/Way In My Brain 1287
DJs, Fans & Freaks (D.F.F.) 146
Djupa Andetag 533
Do Anything 987
Do Anything You Say 174
Do Anything You Wanna Do 435
Do For Love 1454
Do I Do 1534
Do I Figure In Your Life 649
Do I Have To Say The Words? 11
Do I Sleep 821
Do I Worry? 1278
Do It 379
Do It ('Til You're Satisfied) 74
Do It Again 108, 1093, 1343 f.
Do It Again Meets Billie Jean 280
Do It Do It Again 231
Do It For Love 243
Do It To Me Again 1310
Do It With Feeling 202, 1554
Do It Yourself 424, 1234
Do Me Baby 947
Do Me! 123
Do My Thing 209
Do Nothing/Maggie's Farm 1319
Do Re Mi So Far So Good 235
Do That To Me 817
Do That To Me One More Time 223, 696
Do The Bartman 1273
Do The Bird 1255
Do The Boomerang 1489
(Are You Ready) Do The Bus Stop 485
Do The Conga 142
Do The Dance 1286
Do The Funky Chicken 1413
(Do) The Hucklebuck 281
Do The Lollipop 1449
(Do The) Push And Pull Part I 1413
(Do The) Spanish Hustle 485
Do The Twist! 252
Do They Know It's Christ 626
Do They Know It's Christmas 92 f., 169, 206, 419, 896, 1465, 1468
Do To Me 1298
Do U Feel 4 Me 1363
Do U Know Where You're Coming From 893
Do U Still? 431
Do Wah Diddy 391, 538, 864
Do Wah Diddy Diddy 538, 864
Do We Rock 1086
Do What You Do 689
Do What You Feel 989
Do What You Like 531
Do What's Good For Me 1452
Do Ya Do Ya (Wanna Please Me) 521
Do Ya Think I'm Sexy 1015 f.
Do You 190, 523
Do You Believe In Love 805
Do You Believe In Magic 835
Do You Believe In Us 1236
Do You Ever Really Love Me 531
Do You Feel Like We Do 523
Do You Feel My Love 588
Do You Know 555
Do You Know (What It Takes) 1180
Do You Know The Way To San Jose 1495
Do You Know What I Mean 923
Do You Like This 1189
Do You Love Me 332, 1089
Do You Love Me (Now That I Can Dance) 300
Do You Love Me Like You Say? 332

Do You Really Like It 391 f.
Do You Really Want Me 1180, 1236
Do You Really Want To Hurt Me 326
Do You Remember 291
Do You Remember Marilyn 756
Do You See My Love (For You Growing) 1489
Do You See The Light (Looking For) 1300
Do You Wanna Dance 152
Do You Wanna Get Funky With Me 199
Do You Wanna Make Love 895
Do You Wanna Ride? 660
Do You Wanna Touch Me? (Oh Yeah) 573
Do You Want Crying 743
Do You Want It Right Now 366, 552
Do You Want Me 1215
Do You Want Me To? 517
Do You Want To Dance 530, 926
Do You Want To Know A Secret 114, 775 f., 1338
Do Your Dance Part 1 1193
Do-Wah-Diddy 466, 538
Doc 330, 1437
Doc Holiday 621
Dock Of The Bay 1151
Doctor Adamski's Musical Pharmacy 12
Doctor! Doctor! 1414
Doctor Feelgood 962
Doctor Jones 49
Doctor My Eyes 200, 693
(The System Of) Doctor Tar And Professor Feather 1053
Doctor's Orders 1370
Doctorin' The House 286, 1544 f.
Doctorin' The Tardis 572, 767, 1423
Does Anybody Really Know What Time It Is? 261
Does She Have A Friend 248
Does Your Chewing Gum Lose Its Flavour 401
Does Your Mama Know About Me 256
Does Your Mother Know 4
Doesn't Really Matter 688 f.
Doesn't Somebody Want To Be Wanted 1057
DÖF 396
Dog & Butterfly 626
Dog Eat Dog 9, 396
Dog Man Star 1366
Doggy Dogg World 1301
Doggystyle 1301
Dogs In Space 679
Doh Wah Diddy 538
Doin It 820
Doin' It 807
Doin' The Do 168
Doin' The Twist At The Peppermint Lounge 361
(Light Of Experience) Doina De Jale 1554
Doing Alright With The Boys 573
Doing It All For My Baby 806
Doktor Schiwago 702
Dolannes Melodie 172
Dolce Vita 556, 1051, 1322
Dollars 804
Dolly 301
Dolly My Love 948
Dolly Parton's Greatest Hits 1056
Dolly Parton/Both Sides 1056
Dolores 310, 319, 1276, 1278
Dolphin 1256
Dolphins Were Monkeys 197 f.
Dominator 1422
Dominique 583, 909, 1302 f.
Domino 398, 959 f., 1069
Domino Dancing 1069
Dominoid 948
Don Cartagena 484
Don Juan DeMarco 10
Don Juan's Reckless Daughter 940
Don Pedro (Ein Küsschen in Ehren . . .) 303
Don Quixote 752
Don' Cry Daddy 1100
Don't 274, 289, 693, 883 f., 1011, 1114
Don't Answer Me 139, 1054
Don't Ask 51
Don't Be A Stranger 232
Don't Be Cruel 197, 254 f., 1099, 1376
Don't Be Cruel/Hound Dog 179
Don't Be So Shy 962
Don't Be Stupid 1449
Don't Blame Me 669
Don't Bore Us – Get To The Chorus! 1198
Don't Bore Us . . .Get To The Chorus! – Greatest Hits 1199
Don't Break My Heart 617 f., 1459
Don't Break The Heart That Loves You 524
Don't Bring Me Down 42, 442, 1102
Don't Bring Me Your Heartaches 1207
Don't Call Me Baby 849
Don't Call Us – We'll Call You 1368
Don't Come Home Too Soon 367
Don't Cry 61, 599
Don't Cry Daddy 345, 1097
Don't Cry For Me Argentina 309, 506, 852, 1246
Don't Cry Out Loud 858
Don't Cry, Baby 697
Don't Cry, Joe (Let Her Go, Let Her Go, Let Her Go) 1279
Don't Disturb This Groove 1384
Don't Do It, Baby 766
Don't Do Me Like That 1073
Don't Do That 562
Don't Dream It's Over 322 f., 508
Don't Ever Change 317
Don't Expect Me To Be Your Friend 821
Don't Explain 1049
Don't Fall In Love With A Dreamer 229, 1185
(Don't Fear) The Reaper 47
Don't Fence Me In 319
Don't Fight It 1067
Don't Fight The Feeling 1375
Don't Forbid Me 171
Don't Forget Me 1349
Don't Forget Me (When I'm Gone) 571 f.
Don't Forget To Dance 762 f.
Don't Forget To Remember 121
Don't Forget Tonight Tomorrow 1279
Don't Get Me Wrong 1101
Don't Give Me Names 596
Don't Give Me Your Live 19
Don't Give Up 11, 208, 262, 544, 843, 1018
Don't Give Up On Me 1133
Don't Give Up On Us 1307 f.
Don't Go 1544
Don't Go Away 538
Don't Go Breaking My Heart 361, 719, 721
Don't Go Down To Reno 267
Don't Go Out Into The Rain 551
Don't Ha Ha 224, 726
Don't Hang Up 1039
Don't Hold Back 831, 1114
Don't It Make My Brown Eyes Blue 554
Don't Just Stand There 419
Don't Know Much 994, 1191
Don't Laugh 1527
Don't Leave Me Now 145
Don't Leave Me This Way 294, 658, 915
Don't Let Go 860, 1492
Don't Let Go (Love) 449
Don't Let It Die 1293
Don't Let It End 1365
Don't Let It Go To Your Head 182
Don't Let Me Be Misunderstood 41 f., 103, 1218
Don't Let Me Be The Last To Know 1318
Don't Let Me Get Me 1077
Don't Let The Feeling Go 1005
Don't Let The Rain Come Down (Crooked Little Man) 1242
Don't Let The Stars Get In Your Eyes 295
Don't Let The Sun Catch You Crying 564
Don't Let The Sun Go Down On Me 11, 721, 922 f.
Don't Let's Start 1408
Don't Look Any Further 182, 846
Don't Look Back 173, 425, 591
Don't Look Back In Anger 1022
Don't Look Down 573
Don't Lose My Number 291
Don't Love Me Too Hard 1013
Don't Make Me Over 1381 f., 1494
Don't Make Me Wait 1006 f.
Don't Make Me Wait For Love 542
Don't Make My Baby Blue 1246
Don't Make Waves 1013
Don't Marry Her 116
Don't Mean Nothing 884
Don't Mess Up A Good Thing 102
Don't Mess With Bill 883
Don't Miss The Partyline 137
Don't Need The Sun To Shine (To Make Me Smile) 545
Don't Pay The Ferryman 352
Don't Play That Song Again 531
Don't Play Your Rock 'n' Roll 1298
Don't Pull Your Love 605
Don't Push It 779
Don't Rain On My Parade 700
Don't Rob Another Man's Castle 55
Don't Rush (Take Love Slowly) 745
Don't Rush Me 351
Don't Say I Told You So 1433
Don't Say It's Over 598
Don't Say Nothin' Bad (About My Baby) 301
Don't Shed A Tear 231 f.
Don't Shilly Shally 289
Don't Shoot Me I'm Only The Piano Player 720
Don't Sing 1095
Don't Sleep 536

Don't Sleep In The Subway 274
Don't Speak 1011 f.
Don't Stand Me Down 67
Don't Stand So Close To Me 1088
Don't Start Crying Now 1407
Don't Stay Away Too Long 1071
Don't Stop 64, 767
Don't Stop 'Til You Get Enough 691
Don't Stop (Jammin') 781
Don't Stop (Wiggle Wiggle) 1043
Don't Stop – The 30th Anniversary Album 1341
Don't Stop Believin' 733
Don't Stop Believing 1001
Don't Stop Me Now 1125
Don't Stop Movin' 819, 1211
Don't Stop The Carnival 205
Don't Stop The Music 1167, 1543
Don't Suppose 811
Don't Take Away The Music 1392
Don't Take It Personal (Just One Of Dem Days) 949
Don't Take The Girl 902
Don't Talk – Just Kiss 199, 1169
Don't Talk About Love 82
Don't Talk Dirty To Me 1351
Don't Talk To Him 1166
Don't Talk To Me About Love 31
Don't Talk To Strangers 1328
Don't Tell Me 146, 852, 1379
Don't Tell Me Goodnight 820
Don't Tell Me Lies 186
Don't Think I'm Not 740
Don't Think Twice 518
Don't Think Twice It's All Right 1070
(Our Love) Don't Throw It All Away 566
Don't Throw Your Love Away 1235
Don't Touch Me There 1444
Don't Tread 337
Don't Treat Me Bad 495
Don't Treat Me Like A Child 1254
Don't Try This At Home 181
Don't Turn Around 8, 63 f.
Don't Walk Away 244, 693, 1273
Don't Wanna Be A Player 717
Don't Wanna Fall In Love 263
Don't Wanna Let You Go 497
Don't Wanna Lose You 458, 1167
Don't Want No-Body 415
Don't Want To Be A Fool 1475
Don't Want To Forgive Me Now 1505
Don't Want To Wait Anymore 1444
Don't Waste My Time 611
Don't Waste The Night 1509
Don't Worry 48, 1176
Don't Worry Baby 464
Don't Worry Be Happy 901
(Don't Worry) If There's A Hell Below We're All Going To Go 893
Don't You (Forget About Me) 1270 f.
Don't You Care 203
Don't You Just Know It 32
Don't You Know What The Night Can Do? 1529
Don't You Love Me 459, 520
Don't You Rock Me Daddy-O 401
Don't You Think It's Time? 132
Don't You Want Me 474, 483, 488, 662 f., 1498
Don't You Want Me (Remix) 488
Don't You Worry 'Bout A Thing 673
Donald Where's Your Troosers 1350
Donde Estan Los Ladrones? 1250
Donde Estas Corazon 1250
Dondolo 568
Donna 26, 31, 481, 574, 588, 804, 1401
Donna Reed Show 1071
Donna Summer 1369
Donna Summer Greatest Hits 1369
Donna The Prima Donna 385
Donnerwetter 1555
Donny 1040
Donny Hathaway Live 621
Donovan 402
Donovan Rising 402
Donovan's Greatest Hits 402
Doo Wa Ditty (Blow That Thing) 1050
Doo Wah Diddy 1257
Doo Wop (That Thing) 640
DooDah! 236
Dookie 592
Dooms Night 70 f.
Doong Spank 87
Doop 405
Doot Doot 1463
Doremi Fasol Latido 622
Dos Dedos Mes Amigos 1090
Double Barrel 288
Double Crossing Blues 1074
Double Dutch 905
Double Fantasy 798 f.
Double Live 193
Double Platinum 765
Double Up 885
Double Vision 408, 513 f.
Double Wide 1462
Doubleback 1559
Doubt 711
Dove c'è musica 1138
Down And Out In Beverly Hills 926
(Down At) Papa Joe's 389
Down At The Doctor's 412
Down Boys 1494
Down By The Lazy River 1041
Down By The River 607
Down Down 1340 f.
Down In The Boondocks 1200, 1312
Down Low (Nobody Has To Know) 747
Down On The Beach Tonight 416
Down On The Corner 316
Down On The Street 1249
Down So Long 714
Down The Dustpipe 1340 f.
Down To Earth 166, 205, 328, 583, 1039, 1135
Down To The Bone 1127
Down Under 916
Down 2 Then Left 1225
Down With The Clique 3
Down With The King 1205
Down, Down Baby 990
Downtown 274, 642, 1353 f.
Downtown '88 274
Downtown Train 1353 f.
Downtown Train: Selections From The Storyteller Anthology 1354
Dr. Beat 458
Dr. Byrds And Mr. Hyde 211
Dr. Dre – 2001 411
Dr. Feelgood 412, 726, 962
Dr. Heckle And Mr. Jive 1076
Dr. Hook's Greatest Hits 412
Dr. Kiss Kiss 500
Dr. Love 253
Dr. Mabuse 1113
Dr. Soul 280, 894
Dr. Stein 632
Dr. Who 1423
Dracula's Tango 1432
Drafi 377
Drag City 700
Draggin' The Line 698
Dragon Fly 709
DragonTown 303
Drama 1547
Drama! 453
Draw The Line 13
Drawn From Memory 445
Dre Day 411 f.
Dreadlock Holiday 1401, 1444
Dream 414, 1279
Dream A Little Dream 336
Dream A Little Dream Of Me 856 f.
Dream About You/Funky Melody 73
Dream Baby (How Long Must I Dream) 1035
Dream Come True 2, 182
Dream Girls 1373
Dream Harder 1496
Dream Into Action 727
Dream Lover 341, 594
Dream No. 7 1147
Dream Of Life 1294
Dream Of Me 1509
Dream On 13 f., 374, 1170
Dream On Dreamer 182
D:ream On Volume 1 414
Dream Police 255
Dream To Me 341
Dream Weaver 1537
Dreamboat 284, 626, 797
Dreamboat Annie 626
Dreamchild 1434
Dreamer 285, 475, 819
Dreamer (Remix 1995) 819
Dreamer's Road 22
Dreamin' 1166, 1518, 1523
Dreaming 149, 846, 943, 1203
Dreaming My Dreams 473
Dreaming Of Me 373
Dreamland 140, 930
Dreamlover 227
Dreams 239, 288, 305, 310, 341, 475, 496, 504, 544 f., 756
Dreams Are Nothin' More Than Wishes 239
Dreams Are Ten A Penny 496, 756
Dreams Can Come True – Greatest Hits 545
Dreams Can Tell A Lie 288
Dreamscape '94 1422
Dreamtime 604, 1359
3-Tage-Bart 58
Drei Liebesbriefe aus Tirol 734
Drei Musketiere 299, 535
Dress You Up 852
Dressed For Drowning 1213
Dressed For The Occasion 1166
Drift Away 590
Drifting 516
Drifting Away 785 f.
Driftwood 1439
Drill 1132
Drill Instructor 224
Drina-Marsch 675
Drink doch eine met 141
Drinking In L.A. 181
Drinks All Round 741

Drip Drop 385
Drive 233 f., 673 f.
Drive My Car 1338
Drive-In Saturday 175
Drive-Thru Booty 528
Driven By You 892, 1124
Drivin' Hard 1249
Drivin' My Life Away 1130
Driving In My Car 850
Driving With The Brakes On 367
Dröhnland Symphonie 813
Drop 1251
Drop Dead Gorgeous 1161 f.
Drop The Boy 194
Drop The Pilot 52
Drops Of Jupiter (Tell Me) 1437
Droste, hörst du mich? 872
Drowned World/Substitute For Love 852
Drowning 81
Drowning In Berlin 943
Drowning In The Sea Of Love 1267
Dru Hill 417
Dry County 164
Dschinghis Khan 418, 683
Du 524, 792, 881, 1109
Du bist anders 854
Du bist der Sommer 1410
Du bist meine Liebe 751
Du bist mir so sympathisch 535
Du bist nicht allein 139 f., 1513
Du bist überall 993
Du bringst die Liebe mit 69
Du darfst 1013
Du entschuldige – i kenn' di 303
Du fängst den Wind niemals ein 229
Du fehlst mir 222
Du gehörst zu mir 1513
Du gehst fort 9, 852
Du hast 1139, 1229
Du hast mir gerade noch gefehlt 1229
Du – ich brauch' was, und das bist du 1139
Du kannst nicht immer siebzehn sein 1177
Du lässt dich gehn 70
Du lebst in deiner Welt (Highlights of my Dreams) 405, 1412
Du liebst mich nicht 1242 f.
Du musst ein Schlumpf sein 1228
Du musst ein Schwein sein 1228
Du sollst nicht weinen 631
Du trägst keine Liebe in dir 434 f.
Du weinst um mich 1329
Du, die Wanne ist voll 486 f.
Du, du gehst vorbei 1376
Dub Be Good To Me 115
Dubnobasswithmyheadman 1463
Duck 168
Duck Rock 905, 1182
Dude Ranch 148
Duel 1113
Dueling Banjos 1501
Duets 720, 1185, 1277 f., 1457, 1474
Duets II 1277 f.
Duke 519, 560, 1193
Duke Elegant 413
Duke Of Earl 247 f., 342
Dum Dum 794
Dum Dum Girl 1389
Dumb Blonde 1055
Dümmer, als du denkst 556
Dummy 1091
Dune 1088
Dune – der Wüstenplanet 1355
Dune Buggy 1029, 1096
Dunja, du 1190
Dunkler Ort 161
Duophonic 253
Duotones 542
Duran Duran 423
Duran Duran (The Wedding Album) 423
Durchgeknallt 1206
Durham Town (The Leavin') 1513
Dusic 187
Dust In The Wind 741 f.
Dusted 569, 796
Dusty – The Silver Collection 1327
Dyna-Mite 970 f.
Dynamite Woman 1282
Dynasty 765
Dynomite – Part I 105
Dysfunction 1332

E. 1999 Eternal 165
E Nomine (denn sie wissen nicht, was sie tun) 427
E Pluribus Funk 586
E.I.N.S. 161
E.L.E.: Extinction Level Event * The Final World Front 209
E.S.P. 120
E.T. 1521
Each And Everyone 465
Each Time 430 f.
Each Time You Break My Heart 740
Eagle 4
Eagle When She Flies 1056
Eagles Greatest Hits, Volume 2 428
Eagles Live 428
Eagles/Their Greatest Hits 1971–1975 428
Earache My Eye Featuring Alice Bowie 256
Eargasm 1394
Early Autumn 565
Early Bird 184
Early Days – The Best Of Led Zeppelin Volume One 794
Early In The Morning 548, 1476
Early Morning 97
Early Morning Love 723
Early Morning Wake Up Call 502
Early Recordings 1039
Earth 709, 1123
Earth And Sun And Moon 927
Earth Angel 1238
Earth Moving 1027
Earth Song 691
Earthling 175
Easier Said Than Done 456
East Of The Sun, West Of The Moon 16
East Side Story 1330
EastEnders 899, 1080
Easter 1294
Eastern Wind 352 f.
Easy 293, 473, 668, 14046
Easy Come, Easy Go 1260
Easy Easy 1232
Easy Livin' 1466
Easy Lover 88, 291
Easy Rider 101, 1344
Easy To Be Hard 1416
Eat 'Em And Smile 1197
Eat A Peach 27
Eat At Whitey's 657
Eat The Document 425
Eat To The Beat 149
Eaten Alive 1195
Ebb Tide 1170, 1501
Ebeneezer Goode 1252
Ebony And Ivory 896 f., 1533 f.
Ebony Eyes 464, 1501
E-Bow The Letter 1129
Echo 1073
Echo & The Bunnymen 434
Echo Beach 878
Echo Park 487
Echoes – The Best Of 1079
Echt 434
Ecology 1142
Ecstasy 1026
Ecuador 1222
Eddi Reader 471
Eddie 417, 1126
Eddie & The Cruisers 214
Eddie & The Cruisers II 215
Eddie Kendricks 749
Eddie Money 948
Eddie Murphy 975
Eddie Murphy: Comedian 975
Eddy Arnold Sings 55
Edelweiss 640, 1530
Eden 465
Edge 1259
Edge Of The Century 1365
Edge Of The Land 743
Edna 807
E-D-U-C-A-T-I-O-N 1027
Effendi 95
Egal 792
Egyptian Reggae 1168
Eigentlich gut 982
8 Millimeter 873
85555 1325
8701 1469
867-5309/Jenny 1426
Eight Days A Week 114
18 And Life 1285
18 Greatest Hits 690, 693, 1217
18 'Til I Die 11
18 Tracks 1329
18 Yellow Roses 341
808 147, 440
831 1333
Eighteen 302
Eighteen Strings 1424
Eighteen With A Bullet 1527
Eighth Day 1017
Ein Abend mit Freddy 529
Ein Bett im Kornfeld 415
Ein bisschen Frieden 98, 1004
Ein bisschen Goethe, ein bisschen Bonaparte 546
Ein Boy ist ein Boy 797
Ein Dutzend andre Männer 161
Ein ganzes Leben lang 1178
Ein Glück, dass es dich gibt 1513
Ein Hauch von Nerz 350
Ein Häuschen auf zwei Rädern 797
Ein Herz für Kinder 733
Ein Hoch der Liebe 978
Ein Italiano 585
Ein Käfig voller Narren 555
Ein kleines bisschen Horrorschau 1430
Ein kleines Glück 10
Ein Kuss und noch ein Kuss 534
Ein Lied kann eine Brücke sein 646
Ein Lied zieht hinaus in die Welt 868
Ein Mädchen mit 16 534

Ein Mädchen nach Maß 1177
Ein Offizier und Gentleman 1493
Ein Schiff fährt nach Schanghai 153
Ein Schiff wird kommen 1471
Ein Schlafsack und eine Gitarre 797
Ein schöner Tag 1471
Ein Schwein namens Männer (Männer sind Schweine) 59
Ein Seemannsherz 1471
Ein Song namens Schunder 58 f.
Ein Ticket für zwei 493
Ein Totenhemd hat keine Taschen 172
Ein Traum von Liebe 276
Ein verrückter Tag 646
Ein Weihnachtstraum 276
Eine Form von Gewalt 780
Eine Gitarre und tausend Illusionen 1485
Eine Handvoll Reis 529
Eine Insel für zwei 524
Eine Insel mit zwei Bergen 398
Eine Kutsche voller Mädels 602
Eine neue Liebe ist wie ein neues Leben 868
Eine Reise nach Indien 702
Eine Rose aus Santa Monica 305
Eine Rose blüht in Colorado 641
Eine Rose für dich 733
Eine Stunde für dich 229
Einen Ring mit zwei blutroten Steinen 1471
Einfach geil! 1072
Einfacher Mann 780
Einmal da kommst du wieder 305
Einmal geht der Vorhang zu 1322
Einmal in Tampico 529
Einmal reicht uns das Glück die Hände 305
Einmal um die ganze Welt 583
Einmal weht der Südwind wieder 965, 1471
Eins zwei, Polizei 947
Einsamkeit 557
Einstein A Go-Go 785
Eisgekühlter Bommerlunder 1429
El Americano 487
El Capitan 1031
El Condor Pasa 868, 1220, 1269
El Dorado 580
El Farol 1220
El Loco 1559
El Lute 158, 166
El Oasis 1250
El Paso 1176
El Salvador 87
El Trago (The Drink) 1451
Elan 495
Elbow Beach 831
Elected 303
(I Want To Be) Elected 967
Election Day 49, 423
Electric Avenue 588
Electric Blue 668
Electric Cafe 775
Electric City 976
Electric Ladyland 150, 634, 1430
Electric Landlady 847
Electrica Salsa (Baba Baba) 1025, 1299
Electric Warrior 1386
Electric Youth 566
Electricity 1366
Electronic 442
Electronic Pleasure 1015
Electronically Tested 973
Elegant Slumming 845
Elegantly Wasted 679
Elektrobank 257
Elemental 1396
Elements – The Best Of Mike Oldfield 1027
Elenore 1448
Elephant Man 174
Elephant Stone 1357 f.
Elephant's Graveyard (Guilty) 169
Elevation 1396, 1457
11 Tracks Of Whack 1344
Eleven 1031
Eleven Kinds Of Loneliness 1420
Eleven To Fly 1424
1100 Bel Air Place 670
Eli's Coming 1416
Eliminator 1559
Elizabethan Reggae 549
Elke (live) 59
Ella Elle L'a 546
Elle était si jolie 100
Elle Ne Me Voit Pas 982
Elle'ments 1011
Elmer Gantry 1057
ELO's Greatest Hits 441
Eloise 337, 1207 f.
Elton John 720
Elton John's Greatest Hits 720
Elton John's Greatest Hits Volume 3 (1979–1987) 720
Elusive Butterfly 405, 812
Elvira 1021
Elvis 1098 f., 1348, 1460
Elvis (Rock 'n' Roll) 1098
Elvis – A Legendary Performer, Volume 1 1099
Elvis – A Legendary Performer, Volume 2 1099
Elvis – NBC TV Special 1098
Elvis Aron Presley 1099
Elvis As Recorded At Madison Square Garden 1099
Elvis Country 1098
Elvis For Everyone! 1098
Elvis Forever 1099
Elvis In Concert 1099
Elvis In Demand 1099
Elvis Is Back! 1098
Elvis Now 1099
Elvis On Stage 1109
Elvis Presley 1098
Elvis Should Play Ska 1396
Elvis' Christmas Album 1098 f.
Elvis' Golden Records 1098
Elvis' Golden Records, Volume 3 1098
Emancipation 1106 f.
Embarrassment 850
Embrya 891
Emergency 772
Emergency On Planet Earth 698 f.
Emerson, Lake & Palmer 446
Emilia 447
Emma 206, 655, 965, 1319
Emmalene (That's No Lie) 655
Emmerdale 225, 1536
Emotion 376, 566, 1218, 1362
Emotion In Motion 233
Emotional 476
Emotional Hooligan 270
Emotional Rescue 1188
Emotions 226 f., 448, 794
Emperor Waltz 319
Empire 1125
Empire Records 13
Empty Glass 1433
Empty Rooms 955
Empty Skies 720
Empty Sky 719
En En Tid Som Var 1198
Enchanted 1003
Encore 67, 1048
Encore Une Fois 1222
End Of Days 599
End Of Part One 1505
End Of Part One (Their Greatest Hits) 1505
End Of The Century 1140
End Of The Line 650
End Of The Road 77, 179 f., 1299
End Of The World 1306
End Title (Blade Runner) 666
Endangered Species 842
Endless Flight 1224
Endless Love 227, 1167, 1195 f., 1474 f.
Endless Sleep 229
Endless Summer 108, 884, 1230, 1369
Endless Summer Nights 884
Endlich Urlaub 59
Enema Of The State 148
Enemies, A Love Story 702
Enemy Mine 702
Energie 971
Energy 1086
Eng Vum Leed 141
Engel 126, 1139
Engelbert 664
Engelbert Humperdinck 664
Engelbert Humperdinck – His Greatest Hits 664
Engine Engine # 9 931
England Swings 931
England's Irie 142, 485
(England's Newest Hit Makers/The Rolling Stones 1187
English Country Garden 1183
English Rebel Songs 1381–1914 268
English Settlement 1541
Enigma 1528
Enjoy 706
Enjoy The Silence 373
Enjoy Yourself 2, 692 f., 937
Enlightened Rouges 27
Enlightenment 960
Enola Gay 1036 f.
Enough Is Enough 268
Enrique 669
Ensename A Cantar 925
Enter Sandman 171, 921
Enter The Dru 417
Enter The Wu-Tang (36 Chambers) 921, 1538
Enter Your Fantasy 695, 989
Entführ mich 971
Entreat 327
Enya 452
Enzian 630
Epic 312, 473
Epiphany – The Best Of Chaka Khan Volume One 753
Episode II 1213
Equador 1222
Equally Cursed And Blessed 241
Equivocando 1435
Er gehört zu mir 706, 1194

Er ist ein Kerl (der 30-Tonner-Diesel) 543
Er ist nicht wie du 1194
Er ist wieder da 852
Er macht mich krank, der Mondschein an der Donau 82
Er steht im Tor 978
Er war nur ein armer Zigeuner 1190
Erase/Rewind 225
Eraser 1523
Erasure 453
Erdbeermund 1025
Eres Tu 944 f.
Eric Burdon Declares War 206
Eric Clapton At His Best 271
Eric Is Here 42
Ernie (The Fastest Milkman In The West) 639
Eros 1138
Eros In Concert 1138
Eros Live 1138
Erotica 851 f.
Erst kam ein verliebter Blick 755
Es fährt ein Zug nach Nirgendwo 37
Es geht auch so 790
Es geht eine Träne auf Reisen 10
Es gibt kein Bier auf Hawaii 779
Es ist alles Komödie 1503
Es ist geil ein Arschloch zu sein 265
Es ist so schön bei dir 1471
Es ist so schön, dass es dich gibt 524
Es ist zum Weinen 867
Es kann nicht immer nur die Sonne scheinen 630
Es kommt alles einmal wieder 305
Es könnt' ein Anfang sein 1195
Es lebe der Sport 488
Es stieg ein Engel vom Olymp 303
Es war einmal ein Jäger 433
Es war einmal eine Gitarre 129
Es war keine so wunderbar wie du 1166
Es war mir ein Vergnügen 1024
Es waren weiße Chrysanthemen 733
Es wird ein Bettler zum König 1256
Es wird Nacht auf St. Pauli – Der blonde Hans Part II 778
Es wird Nacht, Senorita 734
Es zieht ein Spielmann durch das Land 733
Escapade 688
Escape 455, 669 f., 732
Escape (The Pina Colada Song) 647
Escape To Paradise 392
Escaping 232
Eso Es El Amor 246
Especially For You 370, 402 f., 936 f.
Esperanto 532
Espresso Bongo 918
Espresso Logic 1146
Essential Divinyls 388
Essential Pavarotti II 1061
Essentials ... The Very Best Of George Benson 128
Essex 966
Estoy Aqui 1250
Et Les Oiseaux Chantaient 1379
Et Maintenant 116
Eternal 682
Eternal Flame 66, 94
Eternal Grace 244
Eternal Love 1082
Eternity/The Road To Mandalay 1522
Etienne 1059
Euphoria 365
Europa 1219
European Femal 1359
European Weekly 1457
Europop 439
Eurythmics Greatest Hits 460
EV 3 449
Evapor 8 31
Eve 1053
Eve Of Destruction 461, 903
Evelina 319
Even After All 1123
Even Better Than The Real Thing (Remix) 1457
Even Flow 1063
Even In The Quietest Moments 1372
Even Now 862
Even The Bad Times Are Good 1440
Even The Nights Are Better 17
Eventuell 20, 1471
Ever And Ever 735
Ever Fallen In Love 494
Evergreen 135, 434
Evergreen/Anything Is Possible 1550
Everlasting Hits 645
Everlasting Love 228, 240, 771, 832, 1217, 1294
Everlong 512
Every 1's A Winner 655
Every Angel 24
Every Beat Of My Heart 69, 770, 1354
Every Breath You Take 461, 1088, 1116
Every Breath You Take – The Singles 1088
Every Day Hurts 1211 f.
Every Day I Love You 181
Every Day Is A Winding Road 322
Every Day Of The Week 693
Every Day Should Be A Holiday 339
Every Face Tells A Story 1165
Every Good Boy Deserves Favour 954
Every Heartbeat 587
Every Kinda People 1049
Every Little Bit Hurts 347
Every Little Step 197
Every Little Teardrop 546
Every Little Thing I Do 1308
Every Little Thing She Does Is Magic 1088
Every Loser Wins 132, 892
Every Morning 1367
Every Night 1302
Every Other Time 807
Every Picture Tells A Story 1352 f.
Every Rose Has Its Thorn 1087
Every Single Day 395
Every Time You Go Away 1550
Every Time You Touch Me 944
Every Which Way But Loose 1130
Every Woman In The World 17
Every You Every Me 1083
Everybody 279, 390, 626, 794, 1181, 1183
Everybody (Backstreet's Back) 81
Everybody Dance 260
Everybody Else Is Doing It, So Why Can't We 310
Everybody Everybody 140, 1499
Everybody Get Together 273
Everybody Get Up 56, 497
Everybody Have Fun Tonight 1492
Everybody Hurts 1129
Everybody In The Place 1111 f.
Everybody Jam 53
Everybody Jerk 786
Everybody Knows 273, 1306
Everybody Knows (Exept You) 387
Everybody Knows This Is Nowhere 1549
Everybody Likes To Cha Cha Cha 29
Everybody Loves A Clown 805
Everybody Loves A Lover 350
Everybody loves Gary Glitter 572
Everybody Loves Me But You 794
Everybody Loves Somebody 880
Everybody Move 370
Everybody Needs A 303 485
Everybody Needs Somebody 887
Everybody Plays The Fool 855, 994
Everybody Salsa 945
Everybody Wants To Rule The World 1396
Everybody Wants To Shag 1395
Everybody's Angel 1420
Everybody's Free 1201
Everybody's Free (Remix) 1201
Everybody's Free (To Feel Good) 838, 1201
Everybody's Free (To Wear Sunscreen) 838
Everybody's Gonfi-Gon 1451
(Everybody's Got To Learn Sometimes) I Need Your Loving 77
Everybody's Laughing 486
Everybody's Somebody 791
Everybody's Somebody's Fool 524
Everybody's Talkin' 1005 f.
Everyday 673, 1288
Everyday (I Love You More) 403
Everyday Is Like Sunday 960
Everyday People 55, 1290
Everyman 844
Everyone's Gone To The Moon 760
Everything 94, 147 f., 278, 464, 717, 1498
Everything About You 1459
Everything Changes 1388
Everything Comes Up Dusty 1327
Everything Counts 373
Everything Good Is Bad 1030
Everything Happens To Me 1278
Everything I Am 1084
(Everything I Do) I Do It For You 10 f.
Everything I Own 172, 176 f., 185
Everything I Want To Do 607
Everything Is Alright (Uptight) 804
Everything Is Beautiful 1348
Everything Is Great 676
Everything Is Wrong 944
Everything Must Change 1550
Everything Must Go 861 f.
Everything My Heart Desires 1168
Everything Remains Raw 209
Everything She Wants 923, 1506 f.
Everything That Touches You 62
Everything Will Flow 1366
Everything You Need 849
Everything You Want 1482
Everything Your Heart Desires 604
Everything'l Turn Out Fine 1341
Everything's Alright 947

Everything's Alright Forever 168
Everything's Changed 825
Everything's Coming Up Roses 138
Everything's Gonna Be Alright 1380
Everything's The Same (Ain't Nothing Changed) 1376
Everytime 21
Everytime I Close My Eyes 35, 78
Everytime I Think Of You 1488
(Everytime I Turn Around) Back In Love Again 781 f.
Everytime It Rains 8
Everytime You Need Me 522
Everytime You Sleep 356
Everytime/Ready Or Not 1
Everywhere 504, 902
Evil Empire 1133
Evil Hearted You/Still I'm Sad 1544
Evil Ways 1219 f., 1492
Evil Woman 442
Evita 309, 382, 457, 851, 989, 1048, 1133, 1499
Evolution 11, 180, 283, 732
Evolver 594
Ex:El 440
Excerpt From A Teenage Opera 1504
Excitable 32
Exciter 373
Executive Suite 1529
Ex-Factor 640
Ex-Fan Des Sixties 136
Exhale (Shoop Shoop) 77, 1116
Exile 1016
Exile On Main Street 841, 1104, 1188
Exit 22
Exit Planet Dust 257
Exit Stage Right 1
Exodus 489 f., 875, 1024
Exotic And Erotic 882
Expecting To Fly 157
Experience 634, 1111
Experience (Follow Me) 1175
Experience Hendrix – The Best Of 634
Experience The Divine – Greatest Hits 926
Exploration Of Space 306
Explosion In Your Soul 1309
Explosive Company 34
Expo 2000 775
Exposure 467
Express 74, 832
Express Yourself 852
Expression 1215
Expressly 289
Expressway To Your Heart 1309
Extended Play EP 490
Exterminate 1300
Extra 1350
Extra Texture (Read All About It) 617
Extra Virgin 1028
Eye In The Sky 1053 f.
Eye Level 1051 f.
Eye Of A Tiger 1197
Eye Of The Tiger 1375 f.
Eye To Eye 1232
Eyemotion 1113
Eyes Of A Stranger 1125
Eyes Of The Universe 97
Eyes Open 980
Eyes That See In The Dark 1185
Eyes Without A Face 669
F.B.I. 614, 1246
F.E.A.R. 197
F.L.M. 912
Fa All Y' All 333
Fable 930
Fables Of The Reconstruction 1128
Fabulous 432, 469
Facades 1211 f.
Face Dances 1515
Face It 576
Face Of Funk 216
Face The Face 1434
Face The Heat 1232
Face The Music 441, 995
Face The Strange (EP) 1408
Face The World Alone 1256
Face To Face 98, 424, 681, 1282
Face Up 1333
Face Value 290 f.
Face Your Life 307
Faces 430, 469, 1453
Facing The Crowd 339
Facts Of Love 1509
Fade Away 1328
Fade To Grey 872
Fade To Grey (Re-Mix) 1485
Faded Pictures 236, 717
Fading Like A Flower (Everytime You Leave) 1199
Fading Shades 1217
Fa-Fa-Fa-Fa-Fa (Sad Song) 1151
Fahrende Musikanten 1006
Fair Play 1309
Fair Warning 1473
Fairground 471, 474, 1271 f.
Fairweather Friend 568
Fairweather Johnson 651
Fairytale Of New York 846 f., 1085 f.
Faith 460 f., 472 f., 639, 923, 1500
Faith & Inspiration 1019
Faith (In The Power Of Love) 1201
Faith Can Move Mountains 287
Faith Of The Heart 1353
Faith: A Holiday Album 542
Faithfully 461, 889
Fake Plastic Trees 1132
Falco – The Hit-Singles 476
Falco 3 476
Fall 1168
Fall In Love With You 1166
Fall Out 1087
Fallen Angel 1467
Fallin' 670, 752
Fallin' In Love 605, 1312
Falling 259, 289, 323, 370, 383 f., 732, 876, 914, 1035, 1374
Falling And Laughing 289
Falling Apart At The Seams 876
Falling From Grace 914
Falling In Love 1374
Falling In Love Again 259
(I Can't Help) Falling In Love With You 1458 f.
Falling Into You 383 f.
Fame 175, 224, 581, 754
Fame And Price, Price And Fame Together 477
Fame At Last 477
Familiar To Millions 1022
Family Affair 148, 1141, 1290
Family Entertainment 478
Family Man 604, 873, 1175, 1464
Family Reunion 1019
Family Style 469
Family Ties 1482
Famous Blue Raincoat 284, 1493
Famous Last Words 1349, 1372
Fancy Free 1021
Fancy Pants 750
Fandango! 1559
Fanfare For The Comic Muse 388
Fanfare For The Common Man 446
Fanmail 1425
Fantasie 971
Fantastic 1256
Fantastic Day 603
Fantastic Guitar Hits 760
Fantastic Voyage 301 f.
Fantastic! 1506
Fantasy 140, 227, 758, 1116
Fantasy Island 845, 1420
Fanx Ta-Ra 1211
Far Away Places 295
Far Beyond These Castle Walls 352
Far Far Away 1288
Far From Home 221, 1437, 1529
Far From Over 1332
Farewell – Bring It On Home To Me/You Send Me 1354
Farewell Angelina 87
Farewell Is A Lonely Sound 1204
Farewell Mr. Sorrow 24
Farewell My Summer Love 690 f.
Farewell To The First Golden Era 858
Farewell To The Moon 1547
Farmer Bill's Cowman 1537
Faron Young 1095
Fascinating Rhythm 103
(Keep Feeling) Fascination 663
Fashion 175
Fashion '98 571
Fast Car 250, 544
Faster Than The Speed Of Light 1454
FasterHarderScooter 1230
Fastlove 922 f.
Fat Boys 484
Fat City 292
Fat Lip 1369
Fat Neck 142
Fatal Attraction 702
Fate For Breakfast 550
Fate Of Nations 793
Fate Stay With Me 957
Father 984
Father Abraham In Smurfland 1470
Father And Son 180 f., 802
Father Father 1334
Father Figure 820, 923
Fatherhood 76
Fatherless & The Widow 1284
Fattie Bum Bum 856
Faust auf Faust 783 f.
Favourite Shirts (Boy Meets Girl) 603
Favourites 1071
Fear 208, 873
Fear Of Flying 977
Fear Of The Dark 681
Fear Of The Dark (Live) 681
Fear Of The Unknown 1123
Feargal Sharkey 1254
Fearless Hearts 1014
Feeding Time 826
Feel 779, 1175
Feel Good 1073 f.
Feel It 484, 1391
Feel Like Makin' Love 83, 501, 900
Feel Like Making Love 264
Feel My Power 844
Feel So Good 885, 1261

Feel So High 375
Feel The Beat 216, 342
Feel The Heat Of The Night 887
Feel The Need In Me 376, 514
Feel This 625
(Can You) Feel The Passion 154
Feelin' Alright 1437
Feelin' So Good 484
Feelin' Stronger Every Day 261
Feeling For You 240
Feeling Free 1551
Feeling Good – The Very Best Of . . . 1269
Feeling So Real 944
Feelings 18
Feelings Are Good And Other Lies 423
Feels Good 1426 f.
Feels Like Heaven 1465
(Feels Like) Heaven 491 f.
Feels Like I'm In Love 869, 973
Feels Like The First Time 513 f.
Feels Like The Right Time 1249
Feels So Good 73, 860, 1495, 1540
Feels So Real 56
Feenin' 716
Fehler im System 1227
Fehlversuch, Neubeginn, Beenden 1511
Feliciano! 487
Felicidad (Margherita) 166
Felicità 95, 299
Feline 1359
Felix # 1 488
Fellow Hoodlums 356
Female Intuition 855
Female Of The Species 1314
Fenderella 768
Fernando 4
Fernsehen 838
Ferris Bueller's Day Off 1545
Ferry Cross The Mersey 266, 564
Festival 1219
Festival der Liebe 868
Fette Fete! Vol. 7 1228
Fetter alter Hippie 780
Fettes Brot für die Welt 491
Fettes Brot lässt grüßen 491
Feudin' And Fightin' 320
Feuding Banjos 1501
Feuer 1257
Feuer und Flamme 993
Fever 565, 852, 898, 937
Fever EP 1338
Fever For Da Flavor 660
Fever Of Love 1378
Fiberglass Jungle 1448
Fiddler On The Roof 926, 1484, 1553
Field Commander Cohen: Tour Of 1979 285
Fields Of Fire (400 Miles) 133
Fields Of Gold – The Best Of Sting 1984 – 1994 1356
Fields Of Love 1547
Fiesta 705, 747
Fiesta Cubana 1471
Fiesta Mexicana 568, 646
15 Big Ones 108
5th 923
5th Anniversary EP 733
50 Ways To Leave Your Lover 1268
50.000.000 Elvis Fans Can't Be Wrong – Elvis' Gold Records – Volume 2 1098
54 987
52nd Street 718
Fifty-Six And Taller Than You Think 199
Figaro 195
(You Gotta) Fight For Your Right (To Party!) 109
Fight The Power Part 1 683
Fight To Win 154
Fill Me In 343
Filmstar 1366
Fin De Siecle 388
Finally 145, 1065
Finally Alone 420
Finally Found 650
Finchley Central 998
Find Another Fool 1122
Find Another Way 223
Find Me (Odyssey To Anyoona) 696
Find My Love 471
Find The Time 499
Find Your Way 545
Finders Keepers 1165
Fine Day 615
Fine Time 1545
Finetime 240
Fingertips 553
Fingertips – Pt. 2 1533 f.
Finsternis 427
Fire 66, 196, 854, 1025, 1027, 1086, 1230, 1456
Fire & Skill – The Songs Of The Jam 205
Fire And Ice 869
Fire And Rain 1393
Fire And Water 530
Fire Brigade 966
Fire Down Below 1446
Fire In Your Heart 1142
Fire Lake 1240
Fire On The Bayou 994
Fire On The Mountain 339
Fire On The Water 1038
Fire Water Burn 150
Fire Wire 306 f.
Fire/Jericho 1111
Fireball 363 f.
Firefall 495
Firefly 1467
Firehouse 495
Fires At Midnight 1136
Firestarter 1112
Fireworks EP 445
1st Of Tha Month 165
First And Last And Always 1284
First Band On The Moon 225
First Cut Is The Deepest 1347
First Date 148
First Love 91
First Love/Last Rites 281
First Man In Space 25
First Of All 1119
First Of May 121
First Offense 618
First Step 470
First Take 501
First Time 117 f.
First Time Ever I Saw Your Face 846
First Under The Wire 818
First We Take Manhattan 285, 1493
Firulin 534
Fitz 1004
5 777
5 Feet High And Rising 237
5-4-3-2-1 863 f.
5 Miles To Empty 201
5150 1473
5,6,7,8 1345
5-7-0-5 269, 855, 1420
Five 497
Five – Greatest Hits 497
Five Faces Of Manfred Mann 864
Five Guys Named Mo 716
Five Live 922, 1124
Five Live (EP) 923, 1125, 1333
Five Men Acoustical Jam 498, 1405
Five Miles Out 1027
Five Minutes More 1279
Five O'Clock World 1485
Five Steps 417
Five-A-Side 7
500 Miles 651
500 Miles Away From Home 98
Fix 145
Flag 1393
Flag Day 657
Flame 493
Flames Of Paradise 1205
Flaming Pie 896
Flaming September 474
Flaming Star And Summer Kisses 1098
Flammendes Inferno 902
Flash 73 f., 148, 501
Flash Gordon 1125
Flash In The Night 1237
Flash Is Back 586
Flash Light 539
Flashback 1411
Flashdance 710, 958, 1182, 1241
Flashdance . . . What A Feeling 224
Flashpoint 1188
Flat Beat 969 f.
Flaunt It 1264
Flaunt The Imperfection 265
Flava 39, 209, 848
Flava In Ya Ear 209, 848
Flavour Of The Old School 769
Flawless 1031
Fleetwood Mac 503
Fleisch 973
Flesh 589
Flesh & Blood 1087
Flesh And Blood 1200
Flesh And Bone 884
Flex 835
Flieg nicht so hoch, mein kleiner Freund 1004
Flieger 352
Flight Of Ikarus/The Trooper 681
Flirting And Showing 521
Float On 505
Floaters 505
Floating 594
Flood 1408
Floodland 1284
Floored 1367
Flora And The Red Menace 935
Floral Dance 188
Flow Joe 484
Flower In My Garden 1153
Flower Power 970
Flowers 8, 506, 1187, 1379
Flowers In Our Hair 24
Flowers In The Dirt 896
Flowers In The Rain 966
Flowers Of Romance 1114
Flowers On The Wall 1339
Flowerstand Man 475
Flowerz 1474

Flowing Rivers 566
Floy Joy 1374
Fluchtpunkt San Francisco 1104
Flug auf dem Glücksdrachen 1436
Flugzeuge Im Bauch 1046
Flussfahrt 1501
Fly 1411
Fly Away 777, 1395
Fly By II 152
Fly Girl 1290
Fly Life 101
Fly Like An Eagle 932, 951, 1234
Fly Me To The Moon 1531
Fly On The Wings Of Love 1029
Fly To The Rainbow 1231
Fly With Me 1371
Fly, Robin, Fly 907, 1265 f.
Flyin' High 1031
Flying 240
Flying Colours 353
Flying Cowboys 728
Flying High 223
Flying Through The Air 1028 f.
Flying To The Moon 146
Flying Without Wings 1505
Focus 508, 565
Focus 3 509
Focus con Proby 509, 1109
Foe-Dee-O-Dee 1202
Fog On The Tyne 556, 814
Fog On Tyne (Revisited) 556
Foghorn 1
Follow Me 66, 792, 1461 f.
(X-Ray) Follow Me 1314
Follow My Heartbeat 828
Follow The Rules 819
Follow You Down 569
Follow You Down/Til I Hear It From You 569
Follow You Follow Me 560
Foo Fighters 511 f.
Fool # 1 794
Fool (If You Think It's Over) 1145
Fool Again 1505
Fool On The Hill 917
Fool To Cry 1188
Fool's Paradise 1382
Fooled Around And Fell In Love 136, 708
Foolin' Around 248
Foolish 60
Foolish Beat 567
Foolish Behaviour 1354
Foolish Games 713 f.
Foolish Games/You Were Meant For Me 714
Foolish Heart 1067
Foolish Little Girl 1261
Foolosophy 698
Foot Stompin' Music 161
Foot Tapper 1246
Footloose 823 f., 1160, 1454, 1520, 1524
Footloose & Fancy Free 1353
Footprint 262
Footsee 1516
Footsteps 791, 1018, 1355
Fopp 1026
For A Few Dollars More 958, 1298
For All That You Want 99
For All The Cows 512
For All We Know 102, 185, 230, 531
For America 200, 1149
For An Angel 1472
For Everyman 200
(For God's Sake) Give More Power To The People 263
For Lovers Only 1399
For Lovin' Me 808
For LP Fans Only 1098
For Once In My Life 1534
For Real Tho' 802
For Sale 512
(I Love You) For Sentimental Reasons 287
For Sure 1229
For Teen Twisters Only 255
For The Boys 926
For The Cool In You 78
For The First Time 824
For The Good Times 295
For The Lonely 1380
For The Love Of Money 1019
For The Love Of Strange Medicine 1067
For The Masses 373, 1139
For The Roses 940
For Tomorrow 158
For Twisters Only 255
For Unlawful Carnal Knowledge 1473
For What It's Worth (Stop, Hey What's That Sound) 205
For Whom The Bell Tolls 120 f.
For You 442, 951, 992, 1105
For You I Will 949, 951
For Your Babies 1272
For Your Eyes Only 432
For Your Love 1543 f.
For Your Pleasure 792, 1199
For Your Precious Love 209, 672
For Your Sweet Love 991
Forbidden 143
Forbidden City 442
Forbidden Colours 701, 1497
Forbitten Fruit 1472
Fore! 805
Foreign Affair 1447, 1510
Foreign Bodies 1280
Foreigner 514, 1347
Foreigner Records 514
Forever 30, 336, 420, 766, 1116, 1134, 1217, 1321, 1535
Forever And Ever 295, 1197, 1289
Forever Autumn 624, 1498
Forever Blue 682
Forever Friends 244
Forever Gold 488
Forever In Love 542, 1382
(Forever) Live And Die 1037
Forever Love 99
Forever Man (How Many Times ..?) 272
Forever My Lady 716
Forever Not Yours 16
Forever Now 802
Forever Young 30, 677 f.
Forever Your Girl 6
Forever, For Always, For Love 1475
Forget About Dre 411 f.
Forget Him 1208
Forget Me Not 741
Forget Me Nots 1206 f.
Forgiven 1382
Forgiven, Not Forgotten 305
Forgotten Town 266
Formaldehyde 1404
Forrester – Gefunden! 209
Fort von dir 434
Fortress Around Your Heart 1356
Fortunate 891 f.
Forty Miles Of Bad Road 436
Fotonovela 683
Fotoromanza 984
Found A Cure 987
Found Out About You 569
Found That Soul 862
Found You 395
4 397, 513 f.
4 Seasons Of Loneliness 180
4 Way Street 320
4,5,6 949
4:99 480
461 Ocean Boulevard 272
Four »A«-Sides 1233
Four By Pat 171
Four Chords & Several Years Ago 805
Four From Toyah EP 1434
Four Letter Word 1517
Four More 317
Four On The Floor 970
Four Symbols 793
Four Tops Live! 520
Four Tops On Top 520
Four Tops Reach Out 520
Four Walls 1155
Four Weddings And A Funeral 1443, 1505
Four Wheel Drive 80
Four, Five, Six 740
14:59 1367
1492 – Conquest Of Paradise 1475
14 Shots To The Dome 819 f.
14 Things To Think About 482
40 Golden Greats 1156, 1165
40 Greatest Hits 295, 1099
48 Crash 1123
45 RPM 1472
42nd Street 1478
Fox 521
Fox On The Run 864, 1378
Foxtrot 559 f.
Foxy 522
Foxy Brown 197
Frag den Abendwind 611 f.
Frag doch nur dein Herz 499
Frag mich nicht warum 1254
Frag nur dein Herz 140
? (Fragezeichen) 993
Fragile 1547
Frampton Comes Alive! 523
Francene 1559
Frank 1126
Frank Sinatra Sings For Only The Lonely 1277
Frank Sinatra Story 1277
Frank Sinatra's Greatest Hits 1278
Frankenstein 1528
Frankie 517, 524 f., 930, 1126, 1226, 1283, 1375, 1471
Frankie And Johnny 1098
Frankie Vaughan At The London Palladium 1478
Frankreich, Frankreich 141
Frantic 490, 959
Fräulein Wunderbar 20
Freak 696
Freak Like Me 660
Freak Me 44 f., 1264 f.
Freak Of Nature 37
Freaks 1117
Freakytime 1086
Fred 80
Fred Come To Bed 454, 1227
Freddie & The Dreamers 528

Freddie's Dead (Theme From Superfly) 893
Freddy auf hoher See 529
Freddy und das Lied der Prärie 529
Freddy: Das große Wunschkonzert 529
Free 63, 392, 977, 987, 1339, 1520
(I Wish I Knew How It Would Feel To Be) Free/One 808 f.
Free All Angels 59
Free And Easy 1152
Free As A Bird 112, 114, 442
Free At Last 530
Free Fallin' 1073
Free For All 910
Free Live! 530
Free Me 240, 1466 f.
Free Peace Sweet 395
Free Ride 1528
Free To Decide 310
Free Up 134
Free Your Mind 449
Free Your Soul 504
Freebird 1518
Freed From Desire 545
Freedom 390, 555, 782, 923, 930, 1283, 1507, 1521 f., 1549
Freedom At Point Zero 709
Freedom Come Freedom Go 515
Freedom For The Stallion 661
Freedom Sweet 1143
Freeek 923
Freek'N You 717
Freelove 374
Freestyler 163
Freeway Of Love 527
Freeze-Frame 558
Frei sein 853, 1242
Freischwimmer 434
Freisein 982
Fremder Mann 1194
French Kiss 648, 677, 810, 1501
French Kissin' In The USA 618
French Kissing 298
Frente A Frente 707
Fresco 845
Fresh 531, 541, 705, 773, 1143, 1290, 1295
Fresh Cream 313
Fresh Horses 193
Fresh Liver 1225
Freu dich bloß nicht zu früh 570
Freude! 1072
Freunde fürs Leben 602
Freunde und Propheten 853
Friday 411
Friday I'm In Love 327
Friday Night (Live Version) 754
Friday On My Mind 432 f.
Friday Street 1501
Frieden am Zaun 1130
Friedenspanzer 58
Friend Or Foe 45
Friendly Persuasion (Thee I Love) 171
Friends 56, 107, 533, 735, 940, 1230, 1251, 1494, 1498
Friends And Lovers 829
Friends Forever 1417
Friends Will Be Friends 919, 976
Frightened City 1246
Frijid Pink 534
Fritz Love My Tits 454
From A Distance 926
From A Distance ... The Event 1166
From A Jack To A King 931
From A Moving Train 34
From A Spark To A 354
From A Window 776
From Elvis In Memphis 1098
From Here To Eternity 274, 958
From Langley Park To Memphis 1095
From Luxury To Heartache 326
From Me To You 111, 114
From Memphis To Vegas – From Vegas To Memphis 1098
From New York To L.A. 547
From Nowhere ... The Troggs 1443
From Rush Hour With Love 1161
From Russia With Love 950, 1484
From Sarah With Love 298
From The Beginning 1291
From The Bottom Of My Broken Heart 1318
From The Bottom Of My Heart 1274
From The Bottom Up 201
From The Choirgirl Hotel 36
From The Cradle 272
From The Heart 45, 726, 1048
From The Heart – His Greatest Love Songs 1099
From The Hungry I 762
From The Makers Of ... 1341
From The Muddy Banks Of The Wishkah 1009
From The Tea Rooms Of Mars To The Hellholes Of Uranus 785
From The Underworld 635
From Their Hearts 748
From This Moment On 1449
From Time To Time – The Singles Collection 1550
From Us To You 498
Frontiers 732
Frosty The Snowman 287
Frozen 852
Frozen Orange Juice 1221
Frühlingsgefühle 947
Frühlingssinfonie 595
Frühstück bei Tiffany 859
Fruitcakes 205
Fu-Gee-La 535 f.
Fußball ist unser Leben 450
Fuck The Law 1291
Fuck The Millennium 1230
***k The Millennium 768
Fugazi 870
Führ' mich ans Licht 982
Fuk U In The Ass 1043
Full Circle 668
Full Court Press 333
Full Metal Jacket (I Wanna Be Your Drill Instructor) 909
Full Moon 183, 339
Full Moon Fever 1073
Full Moon, Dirty Hearts 679
Full On ... Mask Hysteria 31
Full Sail 823
Fullfillingness' First Final 1534
Fumbling Towards Ecstasy 905
Fun 199
Fun & Games 296
Fun And Games 860
Fun Factory's Theme 538
Fun For Me 948
Fun Fun Fun 107 f., 1341
Fun In Acapulco 1098
Fun Lovin' Criminals 538
Fundamental 1137
Fundamental Roll 439
Funeral Pyre 696
5000 Meilen von zu Haus 529
Fungus Amongus 673
Funk On Ah Roll 198
Funkdafield 333
Funkentelechy Vs. The Placebo Syndrome 539
Funkin' For Jamaica (N.Y.) 200 f.
Funktefied 499
Funky 772, 1418
Funky Broadway 1075
Funky Cold Medina 1551
Funky Cold Medina 'Y2K 1426
Funky Divas 448
Funky Love 744
Funky Moped/Magic Roundabout 233
Funky Music 1336
Funky Street 296
Funky Town 815 f., 1113
Funky Weekend 1364
Funky Worm 1026
Funny Break (One Is Enough) 1036
Funny Face 481
Funny Familiar Forgotten Feelings 730
Funny Funny 1377 f.
Funny Girl 701, 1361 f., 1455
Funny Girl London Cast Recording 1362
Funny How Love Can Be 496, 684
Funny How Time Slips Away 954, 992
Funny Lady 1362
Funny Way Of Laughin' 684
Fur 1516
Für dich allein 140
Für Gabi tu' ich alles 161
Für Spießer verboten 787
Für usszeschnigge 96
Fürst Igor 1142
Fush Yu Mang 1291
Fusion 1025
Future 2 Future 608
Future Shock 607
Fuzzy 539

G 803, 845
G Force 542
G N' R Lies 599
G.H.E.T.T.O.U.T 248
G.I. Blues 1065, 1098
G.L.A.D. 48
G.N. 984
G.O.A.T. feat. James T. Smith: The Greatest Of All Time 820
G.T.O. 1190 f.
Gabi und Klaus 1108
Gaia – Die Reise einer Frau 1001
Gal Wine 370
Galaxo Gang 813
Galaxy 1492
Galbi 624
Gallus 598
Galore 847
Galveston 217 f.
Galway Bay 320
Gambit 702
Gambler 852
Gamblin' Man/Putting On The Style 401
Game Of Love 511
Games People Play 676, 1312
Games Without Frontiers 544
Gangsta Lean 332
Gangsta's Paradise 301 f., 1533

Gangster Trippin 486
Gangsters 1241, 1318 f.
Gangsters Of The Groove 627
Gänsehaut 813
Ganz in Weiß 139 f.
Ganz nah 229
Ganz oder gar nicht 655, 1071
Ganz Paris träumt von der Liebe 1471
Ganz Wien 475
Garage Girls 826
Garage Inc. 921
Garbage 548
Garden Of Eden 1478
Garden Party 991 f.
Garth Brooks 192
Gary Puckett & Union Gap's Greatest Hits 1115
Gas Money 699
Gatecrashing 819
Gather In The Mushrooms 638
Gather Me 913
Gator 1153
Gaucho 1343
Gaucho Mexicano 797
Gaudete 1343
Gaudi 1053
Gaye 553, 1493
Gaz 610
Gazebo 556
Gebrüder Blattschuß GmbH & Chor KG – Gesänge mit beschränkter Hoffnung 556
Gee Baby 1258
Gee Baby (I'm Sorry) 1415
Gee Whiz It's You 1166
Geek Stink Breath 592
Gefangenenchor 186
Gefeuert 734
Geffrey Morgan 1458
Geh davon aus . . . 1304
Geh nicht den Weg 1192
Geh nicht vorbei 37
Geil 201
Geld oder Leben 455
Geld oder Leber 778
Geld wie Heu 161
Gemische Gefühle 377
Gemma Bier trinken . . . 391
Gems 783
Gene Pitney's Big Sixteen 1081
General 1115
General Hospital 880
Generals And Majors/Don't Lose Your Temper 1541
Generation Of Love 887
Generation Sex 387
Generation Swine 962
Generation Terrorists 861
Genesis 209, 560
Genesis Live 559 f.
Genie In A Bottle 15
Genius + Soul = Jazz 252
Genius Of America 1445
Genius Of Love 1426
Geno 378 f.
Gente Di Mare 1435
Gentle 383
Gentle On My Mind 217, 880
Gentle Shades Of Val Doonican 405
Gentleman 122
Gentleman Jim 1155
Gentlemen Take Polaroids 701
Gently 935
Geordie Boys (Gazza Rap) 556
George Best 1511
Georgia On My Mind 252
Georgia Satellites 563
Georgie 476, 1119
Georgie Girl 1240
Georgina Bailey 521
Gerald's World 803
Geraldine 1144
Geronimo's Cadillac 946, 974
Gershwin's World 608
Geschichten aus dem Wienerwald 1065
Geschieden 734
Gestern war heute noch morgen 161
Get A Grip 13
(Get A) Grip (On Yourself) 1359
Get A Job 938, 1178
Get A Leg Up 914
Get A Life 1310
Get Away 477
Get Back 114, 1100, 1528
Get Close 1101
Get Closer 407, 649, 1234
Get Crunk Tonight 740
Get Dancin' 386 f., 1012
Get Down 848, 1020, 1267
Get Down (You're The One For Me) 81
Get Down And Get With It 1287
Get Down On It 39, 773
Get Down Tonight 91, 745
Get Down, Get Down (Get On The Floor) 1267
Get Even 194
Get Freaky 976
Get Get Down 725
Get Happy 307, 1252
Get Here 11, 1207
Get Into Trance 137
Get Involved 1427
Get It 342
Get It On 732, 1093, 1386, 1448
Get It On Tonight 732
Get It Together 1243
Get Loose 781
Get Lost 741
Get Lucky 834, 1351
Get Me Home 145, 197
Get Money 810
Get Nervous 126
Get Off 339, 522, 1107
Get Off Of My Cloud 1188, 1311
Get On The Bus 376
Get On The Good Foot – Part 1 198
Get On Up 717
Get On Up And Dance 1121
Get Out Of Your Lazy Bed 890
Get Outta My Dreams, Get Into My Car 1023
Get Over It 428
Get Over Yourself 436
Get Ready 145, 996, 1142 f., 1175, 1400
Get Ready For This 1452 f.
Get Ready To Bounce 191
Get Retarded/Just Rhymin 847
Get Right Intae Him 298
Get Stoned 1188
Get The Girl! Kill The Baddies! 1090
Get The Knack 769
Get The Message 442
Get The Party Started 516, 1077
Get The Picture 621
Get Together 1552
Get Together With Adny Williams 1519
Get Up 1499
Get Up (Everybody) 1402
Get Up And Boogie (That's Right) 1265 f.
Get Up On It 1377
Get Up! 769
Get Up! (A Banda) 224
Get Up! (Before The Night Is Over) 1397
Get Up! Go Insane! 1363
Get Up, Get Into, Get Involved 924
Get Ur Freak On 444
Get Wet 918
Get Your Love Back 1415
Get Your Money 747
Get Your Wings 13
Get Your Ya-Ya's 1188
Get-A-Way 892
Gettin' High On Your Own Supply 48
Gettin' Jiggy Wit It 1295
Gettin' Ready 1400
Getting Away With It 442
Getting Better 1256
Getting Out Of Hand 94
Getting Over Alison 1283
Getto Jam 398
Getz/Gilberto 565
Ghetto Child 1324
Ghetto Cowboy 165
Ghetto Day 1498
Ghetto Heaven 478
Ghetto Love 333
Ghetto Romance 336
Ghetto Superstar (That Is What You Are) 924, 977
Ghost 1170, 1377
Ghost In The Machine 1088
Ghost Town 1319
Ghost Writer 709
Ghostbusters 374, 1052
Ghosts 701, 965
GHV2 – Greatest Hits Volume 2 851
Gianna (Liebe im Auto) 1071
Gianna Nannini 984
Giant Lady 408
Giant Steps 168
Gib Gas, ich will Spaß 872, 993
Gib mir dein Wort 529
Gib mir dein Wort, Linda Lou 153
Gib mir noch Zeit 157
Giddyup Go 1313
Gideon 1185
Gidget 341
Gigi 331
Gilbert Bécaud '67 117
Gilbert Bécaud Live International – Monsieur 100 000 Volt persönlich 117
Gimme A Little Kiss, Will Ya, Huh? 1346
Gimme All Your Lovin' 199, 1559
Gimme All Your Lovin' 2000 1559
Gimme Dat Ding 1080
Gimme! Gimme! Gimme! 65
Gimme Gimme Gimme (A Man After Midnight) 4
Gimme Gimme Gimme Gimme Gimme Your Love 1397 f.
Gimme Help 1193
Gimme Hope Jo'anna 588
Gimme Little Sign 1535
Gimme Love 21

Gimme Luv (Eenie Meenie Miny Mo) 957
Gimme More Huhn 404
Gimme Shelter 1188
Gimme Some Lovin' 348
Gimme Some Loving 1529
Gimme Some More 209
Gin And Juice 1301
Gin House Blues 33
Gin Soaked Boy 388
Gina 541, 574, 822
Ginger Red 1221
Ginny Come Lately 666, 865
Ginny, komm näher 1256
Ginuwine The Bachelor 569
Girl 1046
Girl Crazy 610, 655
Girl Don't Come 40, 1255
Girl From Mars 59
Girl Happy 468, 1098
Girl I'm Gonna Miss You 933
Girl Of Independent Means 649
Girl Of My Best Friend 1100
Girl On A Motorcycle 473
Girl On TV 807
Girl To Girl 520
Girl U For Me 1264
Girl Watcher 1019
Girl You Know It's True 933, 1046
Girl, I've Been Hurt 1301
Girl, You'll Be A Woman Soon 381
Girlfriend 752, 981, 1064, 1080
Girlfriend/Boyfriend 145
Girlie ... Girlie 562
Girls 948
Girls ... 824
Girls And Boys 159, 1074
Girls Are Nothing But Trouble 705
Girls Can't Do What The Guys Do 1536
Girls Come First 1017
Girls Dem Sugar 121, 977
Girls! Girls! Girls! 1098
Girls, Girls, Girls 705, 962, 1214
Girls Go Wild 469
Girls Got A Brand New Toy 873
Girls In Love 805
Girls Just Wanna Have Fun 824
Girls Just Want To Have Fun 788 f.
Girls Like Us 75
Girls Night Out 18
Girls Nite Out 291
Girls On Film 423
Girls On Top 570
Girls Talk 437
Gish 1292
Gitarren der Liebe 1429
Gitarzan 1348
Give 'Em Enough Rope 274
Give A Little Love 63, 105, 607, 1018 f.
Give An' Take 606
Give And Take 1080
Give Give Give Me More More More 1534
Give In To Me 691
Give It 2 You 333
Give It All You Got 860
Give It Away 1149 f.
Give It Some Emotion 1436
Give It To Me 705, 1443
Give It To Me Now 750
Give It To The People 1170
Give It To You 771
Give It Up 329, 578 f., 745
Give Love A Second Chance 489
Give Me A Little More Time 545
Give Me A Reason 1472
Give Me All Your Love 855
Give Me Back My Heart 397
Give Me Just A Little More Time 246, 937
Give Me Just One Night (Una Noche) 1007
Give Me Love (Give Me Peace On Earth) 617
Give Me More 1397
Give Me One More Chance 1065
Give Me One Reason 250
Give Me The Night 128, 939
Give Me The Reason 1475
Give Me Tonight 1253
Give Me Your Heart Tonight 1348 f.
Give Me Your Love 424
(For God's Sake) Give More Power To The People 263
Give My Regards To Broad Street 896, 1460
Give My Regards To Broadstreet 1337
Give Out But Don't Give Up 1104
Give Peace A Chance 655, 678, 798 f.
Give U My Heart 184
Give Us A Wink 1378
Give You The Best That I Got 89
Give Your Baby A Standing Ovation 369
Given To Fly 1064
Givin' Up Givin' In 1415
Giving Him Something He Can Feel 449
Giving It All Away 335
Giving It Up For Your Love 897
Giving You The Benefit 1064
Giving You The Best That I Got 88 f.
Glad All Over 273
Glad All Over Again 273
Glad It's All Over/Damned On 45 224
Glad To Be Gay 1179
Gladiators 207
Glam Rock Cops 235
Glass House 718
Glastonbury Song 1496
Glaube mir 382
Glaubst Du mir? 1242
Glee 181
Glen Campbell – Live 217
Glen Campbell's Greatest Hits 217
Glendora 295
Glenn Miller Medley 715
Gling-Glo 137
Glitter 226 f., 572
Glittering Prize 1270
Glittering Prize – Simple Minds '81–'92 1270
Globetrotter 1428
Glocken der Heimat 835
Gloria 183, 458, 960, 1092, 1246, 1407, 1435, 1486
Gloria! 458
Glorious 723
Glory Box 1091
Glory Days 1328 f.
Glory Glory Man, United 859
Glory Of Love 245
Gloryland 604, 828 f.
Glow 1154
Glücklich 59
Glycerine 208
Go 492, 496, 706, 944
Go (Before You Break My Heart) 269
Go All The Way 683, 1143 f.
Go Away Little Girl 791, 1040, 1539
Go Back 706
Go, Connie, Go 524
Go For Gold 1527
Go For It! (Heart And Fire) 444
Go For Your Guns 683
Go Get The Cup 609
Go Go Go 131
Go Home 1534
Go, Jimmy, Go 270
Go Johnnie Go 455
Go Let It Out 1022
Go Now! 953 f.
Go On Move 1155
Go West 573, 1068 f., 1483
Go West/Bangs And Crashes 573
Go Where You Wanna Go 492
Go Wild In The Country 174
Go Your Own Way 504
Goats Head Soup 1188
Gobe 1059
God Be With You 1156
God Bless Older Ladies (For They Made Rock & Roll) 462
God Bless The Go-Go's 228, 575
God Gave Rock And Roll To You 51
God Gave Rock And Roll To You II 765 f.
God Is A DJ 475
God Must Have Spent A Little More Time On You 981
(God Must Have Spent) A Little More Time On You 981
God Only Knows 108
God Save The Queen 1244
God Shuffled His Feet 311
God's Great Banana Skin 1146
Goddess In The Doorway 694
Godspell 154, 456, 750, 1005, 1488, 1499
Godzilla 698, 794, 1116
(Pop, Pop, Pop, Pop) Goes My Mind 802
Goethe war gut 232
Goin Home 398
Goin' Back 919
Goin' Back – The Very Best Of Dusty Springfield 1327
Goin' Back To New Orleans 413
Goin' Down 212
Goin' Out Of My Head 801, 817
Goin' Out Of My Head/Can't Take My Eyes Off You 801
Goin' Steady 1547
Going Back 1043, 1327
Going Back To Cali 819
Going Back To My Roots 468, 1024
Going Back To My Roots/Rich In Paradise 468, 1013
Going Blank Again 1168
Going Coconuts 1040
Going Down The Road 1535
Going Downtown 1257
Going For Gold 1256 f.
Going For Gold – The Greatest Hits 1256
Going For The One 1547
Going Home 1041

Going In Circles 533
Going In With My Eyes Open 1308
Going My Way 319
Going Nowhere 545
Going Out 1371
Going Out Of My Head 485
Going Places 29
Going To A Go-Go 938
Going Underground 205
Going Underground/Dreams Of Children 695 f.
Going Underground: Carnation 205
Going Up The Country 220
Gold 1107, 1351 f., 1415
Gold & Diamonds 120
Gold & Platinum 842
Gold – 20 Super Hits 166
Gold – The Best Of 1315
Gold – The Greatest Hits 1345
Gold Against The Soul 861
Gold Mother 697
Gold/Greatest His 4
Golden Age Of Donegan 401
Golden All Time Hits 80
Golden Bisquits 1416
Golden Brown 1359
Golden Child 392
Golden Gaze 197
Golden Girl 1300
Golden Grass 588
Golden Greats 197, 805
Golden Guitar Hits 760
Golden Guitar Symphonies 760
Golden Heart 386
Golden Hits 931, 1327
Golden Lights 1451
Golden State 208
Golden Treasury Of Bilk 135
Golden Waltzes 1479
Golden Years 175
Goldene Sonne von Mexiko 797
Goldener Raver 1530
Goldener Reiter 1530
Goldener Trompetensound 30
Goldenes Handwerk 58
Goldeneye 1447 f.
Goldfinger 59, 102
Gondoles A Venise 1257
Gone 981, 1172
Gone Again 1294
Gone At Last 1302
Gone Till November 706
Gone To Earth 97
Gone With The Sin 641
Gonna Fly Now 299, 1197
Gonna Get Along 970
Gonna Get Along Without You Now 1523 f.
Gonna Make You A Star 457
Gonna Make You An Offer You Can't Refuse 632
Gonna Make You Sweat 1499
Gonna Make You Sweat (Everybody Dance Now) 213
Gonna Work It Out 638
Good 'n' Country 1155
Good And Ready 1382
Good Book 913
Good Bye, Good Bye, Good Bye 868
Good Day Sunshine 1440
Good Enough 197, 395
Good Feeling 1154, 1439
Good For Me 587
Good Girls 717
Good Girls Don't 769
Good Grief Christina 262
Good Guy 740
Good Guys Only Win In The Movies 913
Good Life (Buena Vida) 676
Good Lovin' 1143
Good Lovin' Gone Bad 83
Good Luck Charm 1100
Good Morning 796
Good Morning Britain 70
Good Morning Freedom 154
Good Morning Judge 1401
Good Morning Little Schoolgirl 1543
Good Morning Starshine 1028
Good News From The Next World 1270 f.
Good Night, Dear Lord 889
Good Old Arsenal 57
Good Old Boys 999
Good Old Rock 'n' Roll 273
Good Rhymes 1091
Good Rockin' Daddy 697
Good Rockin' Tonight 494
Good Sign 447
Good Souls 1338
Good Stuff 76, 747
Good Thing 459, 493 f., 1162
Good Thing Going (We've Got A Good Thing Going) 937 f.
Good Time Charlie's Got The Blues 1019 f.
Good Time Music 828
Good Times 187, 260, 280, 679, 1168, 1367, 1509
Good To Be Back 286
Good To Go Lover/Outside In The Rain 601
Good Tradition 1420
Good Trouble 1161
Good Vibrations 107 f., 873
Good Vibrations: 30 Years Of The Beach Boys 107
Good Woman 770
Good-Bye, My Love, Good-Bye 1197
Goodbat Nightman 1225
Goodbye 313, 652, 1320 f.
Goodbye Cruel World 307, 342
Goodbye Heartbreak 808
Goodbye Is Forever 49
Goodbye Luv 840
Goodbye Mama 1257
Goodbye My Love 573, 1235
Goodbye Sam, Hello Samantha 1166
Goodbye Stranger 1066
Goodbye To Love 230
Goodbye To You 1226
Goodbye Yellow Brick Road 720 f.
Goodnight 76
Goodnight Girl 1505
Goodnight Irene 1279
Goodnight Lovers 373
Goodnight Midnight 1182
Goodnight My Love 140
Goodnight Tonight 897
Goodnight Vienna 1338
Goody Two Shoes 9, 45
Google Eye 986
Gord's Gold 808
Gordon History 99
Gorgeous 440
Gorgeous George 289
Gorilla 1393
Gorillas In The Mist 702
Gorillaz 582
Gosh It's Bad Manners 84
Got 'Til It's Gone 688 f.
(Got A) Heartsick Feeling 472
Got A Hold On Me 909
Got A Job 938, 1178
Got Live If You Want It! 1187
Got Me Waiting 628
Got My Mind Set On You 616 f.
Got Myself Together 202
Got The Feeling 497
Got To Be Certain 937
Got To Be There 691
Got To Get 737
Got To Get It 325, 1283
Got To Get You Into My Life 114, 128, 430
Got To Give 182
Got To Give It Up 3
Got To Give It Up (Pt. I) 554
Got To Give Me Love 349
Got To Have Your Love 866
Got Urself A 985
(You) Got What I Need 136
Gotham City 747
Gotta Be 694
Gotta Be You 1417
Gotta Get Away 1025
Gotta Get Thru This 118
Gotta Have Something In The Bank Frank 1478
Gotta Hold On To This Feeling 1489
Gotta Man 462
Gotta Pull Myself Together 1013
Gotta See Jane 1394
Gotta Tell You 972
Götterdämmerung 813
Gourmandises 24
Govinda 780
Graceland 1191, 1268
Graffiti Bridge 218, 1107, 1334
Gran Turismo 225
Grand Coolee Dan 401
Grand Funk 586
Grand Piano 942
Grand Prix 702
Grandad 314, 421
Grandma's Party 1002
Grange Hill 152
Grapevyne 201
Grateful When You're Dead – Jerry Garcia Was There 780
Gratitude 430
Gratuitous Sax And Senseless Violins 1316
Grave Dancers Union 1308
Grave New World 1361
Gravel Pit 1538
Gravity 542
Gravy (For My Mashed Potatos) 1255
Grazing In The Grass 533, 885 f.
Grease 194, 567, 905, 924, 1001 f., 1439, 1472
Grease Megamix 1439
Great 915
Great Balls Of Fire 1340
Great Expectations 50
Great Songs From My Fair Lady And Other Broadway Hits 1519
Great Southern Land 668
Greatest 423
Greatest Day 769
Greatest Hits 4, 17, 23, 29, 64, 94, 108, 166, 173, 327, 350, 403, 458 f.,

503, 518, 542, 610, 644, 662, 669, 696, 732, 745, 777, 818, 862, 902, 937, 962, 1018, 1020, 1022, 1088, 1125, 1127, 1145, 1162, 1199, 1215, 1234, 1240, 1246, 1263, 1271, 1290, 1298, 1329, 1343, 1348, 1365, 1388, 1393, 1406, 1454, 1502, 1519, 1559
Greatest Hits (1976–1978) 1263
Greatest Hits (1980–1994) 526
Greatest Hits – Chapter One 81
Greatest Hits – Feel The Noize 1288
Greatest Hits 2 1195
Greatest Hits 1965 – 1992 258
Greatest Hits 1972–1978 1401
Greatest Hits 1974–78 932
Greatest Hits 1977–1990 1359
Greatest Hits 1981–1995 1475
Greatest Hits 1982–1989 261
Greatest Hits 1985–1995 162
Greatest Hits II/Classic Queen 1125
Greatest Hits III 1125
Greatest Hits Live 1266
Greatest Hits Of 10cc 1401
Greatest Hits Vol. II 425
Greatest Hits Volume 1 1284
Greatest Hits Volume 2 720, 1278
Greatest Hits, Etc. 1268
Greatest Hits, Vol. 2 4, 938
Greatest Hits, Volume I & II 718
Greatest Hits, Volume Two 1191
Greatest Hits/Live 626
Greatest Hits/Shining Like A National Guitar 1268
Greatest Kiss 765
Greatest Love Of All 659
Greatest Love Songs 287
Greatest Lovesongs Vol. 666 641
Greatest Moments 326
Greatest Remixes 213
Greatest Stories – Live 249
Greatest String Band Hits 1479
Greedy Fly 208
Green 1128
Green Door 1348, 1478
Green Eyed Soul 298
Green Fields 1464
Green Grass 805
Green Green 903
Green Green Grass Of Home 730
Green Hills Of Tyrol 1350
Green Light 35, 453
Green Man 1044
Green Onions 169
Green River 316
Green Tambourine 797, 1342
Green-Eyed Lady 1368
Greensleaves 828
Greetings From Asbury Park, N.J. 1328 f.9
Greetings From The Gutter 1351
Gregory's Girl 31
Grey Day 850
Griechischer Wein 734
(Get A) Grip (On Yourself) 1359
Grizzly Bear 1552
Große Freiheit Nr. 7 778
Großer Bruder 1557
Grönemeyer Live 595
Groove Is In The Heart 361
Groove Me 506, 538
Groove On 802
Groove Thang 1556
Groovejet (If This Ain't Love) 1323
Grooveline 148, 844
Groovin' 95, 219, 1143
Groovin' (You're The Best Thing)/Big Boss Groove 1364
Groovin' With Mr. Bloe 968 f.
Groovin' You 600
Groovy Situation 248
Groovy Train 482 f.
Groupie Girl 1510
Growin' Up 748
Growing Pains 978
Growing Up In Public 983
Grrr! It's Betty Boo 168
Grüß das Haus am Missouri 602
Grüß mir die Damen 1429
Gruezi wohl, Frau Stirnimaa! 938
Grüne Brille 369
Guaglione 91, 1094
Guantanamera 706, 1217
Guaranteed 802
Guardian Angel 351, 886
Gudbuy T'Jane 1288
Guess I Was A Fool 45
Guiding Star 240
Guildo hat euch lieb 646, 653, 1129, 1194
Guilty 566, 1064, 1361 f., 1411
Guilty Conscience 447 f.
Guitar King 608 f.
Guitar Man 185, 1153
Guitar Tango 1246
Gunfighter Ballads And Trail Songs 1176
Gung Ho 1294
Gunman 1030
Guns In The Ghetto 1458
Günther gestehe 792
Gute Freunde kann niemand trennen 746
Gute Zeiten, schlechte Zeiten 1046
Guten Abend, gute Laune 583
Guten Morgen, liebe Sorgen 1486
Guter Geschmack ist der Feind jeden Fortschritts. 657
Guy 145
Guys And Dolls 1498
Gym And Tonic 1314
Gypsie 412
Gypsy 1466
Gypsy Dance 24
Gypsy Man 1493
Gypsy Woman 666
Gypsy Woman (La Da Dee La Da Da) 1497 f.
Gypsy Woman (Remix) 1497
Gypsys, Tramps & Thieves 258

H.A.P.P.Y. Radio 1336
H2O 604
Ha Ha Said The Clown 864
Hab' ich dir heute schon gesagt, dass ich dich liebe 1177
... Hab' gehört ... 369
Hab' Sonne im Herzen 1177
Hack 674
Had To Be 1001
Haddaway Album 602
Hadschi Halef Omar 418
Hail Hail Rock 'n' Roll 130, 709
Hair 156, 165, 303, 309, 426, 493, 496, 580, 590, 619, 632, 750, 868, 903, 910, 956, 1002, 1005, 1028 f., 1133, 1179, 1280, 1369, 1493
Hair Of The Dog 989
Hairspray 618, 1553
Haitian Divorce 1343
Hakuna Matata 277
1/2 Lovesong 59
Half A Sixpence 1499
(If Paradise Is) Half As Nice 34
Half Past Midnight 498
Half The Day's Gone And We Haven't Earned A Penny 840
Half-Breed 258
Halfway Around The World 65
Halfway Between The Gutter And The Stars 486
Halfway Down The Stairs 974
Halfway To Paradise 348, 540, 869
Hallelujah 930
Hallelujah Freedom 218, 875
Hallo Engel 1487
Hallo Frau Nachbarin 1517
Hallo Klaus (I wü nur zruck) 1003
Hallowed By Thy Name 681
Halo 605, 1406
Halt! 780
Halt's Maul 1410
Hammer To The Heart 1391
Hammerhart 367
Hamsterdance Website 324
Hand Cut 204
Hand In Glove 960, 1255, 1296
Hand In Hand 420, 583, 773, 958
Hand On The Torch 1467
Hand On Your Heart 937
Handbags And Gladrags 1346
Handcream For A Generation 304
Handful Of Promises 133
Handle With Care 1034
Hands 714
Hands Across The Table 177
Hands Clean 958
Hands In The Air 976
Hands Off – She's Mine 110
Hands To Heaven 186
Hands Up (Give Me Your Heart) 1042
Hands Up! Hands Up! 1556
Handy Man 1393
Hang 'Em High 169
Hang On In There Baby 189, 328
Hang On Ramsey! 806
Hang On Sloopy 760, 806, 898, 1217, 1407
Hang On To Your Love 403
Hang Time 1308
Hang Your Head 356
Hangin' Tough 995 f.
Hanging Around 225
Hanging By A Moment 807 f.
Hanging On The Telephone 149
Hanks 1450
Hanky Panky 698, 852
Hans von Stoffeln 1025
Hänsel und Gretel 664
Hantayo/The Joker 338
Happenin' All Over Again 581
Happenings Ten Years Time Ago 1544
Happily Ever After 236
Happiness 125
Happiness Happening 785
Happiness Is 297
Happy 610, 1374
Happy Birthday 31, 1396, 1534
Happy Birthday, Sweet Sixteen 1239
Happy Days 1095, 1180, 1264
Happy Days – The Best Of Robson & Jerome 1180

Happy Guitar 1327
Happy Guitar Dancing 760
Happy Heart 1519
Happy Home 1454
Happy Hour 657 f.
Happy Jack 1515
Happy Josà (Ching-Ching) 1196
Happy Just To Be With You 555
Happy Nation 8
Happy People 873, 1108
Happy Song 166
Happy Talk 224
Happy The Man 559
Happy To Be 1197
Happy To Be On An Island In The Sun 1197
Happy Together 403, 1448
Happy Trini Lopez 827
Happy Xmas (War Is Over) 799
Happy-Go-Lucky-Me 461
Harbinger 288
Harbor Lights 320, 654, 1096
Hard Core 810
Hard Country 975
Hard Habit To Break 261
Hard Headed Woman 1099
Hard Knock Life (Ghetto Anthem) 705
Hard Labor 1416
Hard Or Smooth 1536
Hard Promises 1073
Hard Rain 425
Hard Time Pressure 937
Hard To Handle 1151
Hard To Hold 1328
Hard To Love You 360
Hard To Say 509
Hard To Say I'm Sorry 49, 70, 245, 261
Hardcore 834
Hardcore Vibes 420
Harden My Heart 1122
Harder Better Faster Stronger 335
Harlekin 158, 563, 856
Harlem Shuffle 159, 656, 1188, 1509
Harlem World 885
Harley Davidson & The Marlboro Man 1523
Harmony 862, 1416
Harold And Maude 1347
Harper Valley P.T.A. 1171
Harpo 613
Harry And Ringo's Night Out 1337
Harry Hippie 1531
Harry's Bar 620
Harum Scarum 1098
Harvest 1549
Harvest For The World 2, 266, 682 f.
Harvest Moon 1549
Hast du keine anderen Sorgen 1526
Hasten Down The Wind 1191
Hat Full Of Stars 788
Hatari 859
Hatari! 859
Hate Me Now 985
Haters 1302
Hatful Of Hollow 1296
Hatful Of Rain – The Best Of 367
Hats Off To Del Shannon 1253
Hats Off To Larry 1253
Haunted 1018
Hautnah 1229
Havah Nagila 1326
Have »Twangy« Guitar-Will Travel 435
Have A Drink On Me 401, 828
Have A Little Faith 283
Have A Look 35
Have A Nice Day 1199, 1346
Have I The Right 356, 635, 649
Have I Told You Lately 960, 1354
Have I Told You Lately That I Love You 1156
Have You Ever 1211, 1323
Have You Ever Been In Love 1224
Have You Ever Been Lonely (Have You Ever Been Blue) 1155
Have You Ever Really Loved A Woman 10 f.
Have You Ever Seen The Rain 316, 1323
Have You Ever? 183
Have You Never Been Mellow 1001
Have You Seen Her 263, 844
Have You Seen Her/Oh Girl 263
Have You Seen Me Lately 1266
Have You Seen Your Mother, Baby, Standing In The Shadow? 1188
(You're) Having My Baby 44
Hawaii 926
Hawaii Five-O 1481
Hawaiian Wedding Song 1184
Hazard 884
Hazy Shade Of Winter 94
He Ain't Heavy, He's My Brother 91, 643 f., 719, 912, 1053
He Ain't No Competition 194
He Ate Too Many Jelly Doughnuts 364
He Can't Love U 694
He Don't Love You (Like I Love You) 349
He Kills Everything You Love 102
He Loves U Not 414
He Thinks He's Ray Stevens 1348
He Touched Me 1099
He Wasn't Man Enough 184 f.
He Will Break Your Heart 209
He'll Have To Go 1155 f.
He's A Rebel 159, 324, 1081
He's Comin' 984
He's Gonna Step On You Again 610, 771 f.
He's Got More Love In His Little Finger 1317
He's Got The Power 465
He's In Town 1181
He's Mine 947
He's Misstra Know It All 1534
He's So Fine 262, 510, 616
He's So Shy 1086
He's Sure The Boy I Love 159
He's The D.J., I'm The Rapper 705
He's The Greatest Dancer 1283, 1295
He's The One 345
Head 101, 950
Head Games 513 f.
Head Hunters 607 f.
Head Music 1366
Head Over Feet 958
Head Over Heals 28
Head Over Heels 6, 575, 985, 1396
Head Over Heels In Love 746
Head To Toe 816
Headed For A Fall 495
Headlines And Deadlines – The Hits Of A-Ha 16
Headquarters 950
Heads and Tails 249
Heal The World 691
Healing Hands 719
Healing Hands Of Time 992
Healing Is Difficult 1263
Hear Me Cry 1306
Hear The Drummer (Get Wicked) 687
Hear You Calling 68
Heard It All Before 39
Hearsay/All Mixed Up 1020
Heart 626, 1062, 1069
Heart & Soul – New Songs From »Ally McBeal« 1258
Heart And Soul 805, 1327, 1385
Heart Attack 1002
Heart Break 995
Heart Full Of Soul 1544
Heart In Motion 587
Heart Land 1146
Heart Like A Wheel 575, 1191
Heart Of Asia 1497
Heart Of Glass 149
Heart Of Gold 722, 1549
Heart Of Stone 258, 750, 1351
Heart On My Sleeve 546
Heart Over Mind 1205
Heart Shaped World 682
Heart To Heart 757
Heart, Mind & Soul 359
Heart, Soul & A Voice 1237
Heart-Shaped Box 1009
Heartache 1066
Heartache Avenue 855 f.
Heartache Tonight 429
Heartaches Every Moment 641
Heartbeat 132, 146, 724, 1239, 1263, 1305
Heartbeat – It's A Lovebeat 365 f.
Heartbeat City 234
Heartbeat/Tragedy 1345
Heartbreak Hotel 242, 461, 659 f., 1097, 1099
Heartbreak Hotel/Hound Dog 1100
Heartbreak Radio 1034
Heartbreaker 227, 530, 1056, 1494 f.
Heartbreakers 951
Heartland 1403
Heartlight 381, 823
Hearts 34, 90
Hearts And Bones 1268
Hearts And Minds 482
Hearts Don't Think (They Feel)! 987
Hearts Of Fire 425
Hearts Of Stone 316
Hearts On Fire 439
(Got A) Heartsick Feeling 472
Heartsongs – Live From Home 1056
Heat It Up 1500
Heat Of The Moment 14, 61
Heat Of The Night 11
Heat Wave 878, 1191
Heathcliff 1001, 1165
Heathen 175
Heathen Chemistry 1022
Heaven 11, 192, 264, 393, 627, 1456, 1494
(Feels Like) Heaven 491 f.
Heaven And Hell 143, 1454
Heaven For Everyone 1124 f.
Heaven Help Me 458, 923
Heaven Help My Heart 51
Heaven Help Us All 1534
Heaven In Paradise 786
Heaven In Your Eyes 834

Heaven Is A Halfpipe (If I Die) 1031
Heaven Is A Place On Earth 228
Heaven Knows 192, 1370
Heaven Knows I'm Miserable Now 1296
Heaven Must Be Missing An Angel 1392
Heaven Must Have Sent You 443, 1086
Heaven On Earth 228
Heaven On The 7th Floor 1002
Heaven Sent 679
Heaven Tonight 255
Heaven Up Here 434
Heaven's Earth 368
Heaven's Open 1027
Heavenly 889
Heavy Concept Album 989
Heavy Makes You Happy 151
Heavy Metal 1375
Heavy Nova 1049
Heavy Soul 1502
Heel De Wereld 190
Hei, hei, hei so eine Schneeballschlacht 298, 534
Heiße Spuren 784
Heiße Zeiten 557
Heißer Sand 934 f.
Heidi 201, 570 f., 1367
Heidschi Bumbeidschi 631
Heilige Lieder 161
Heiligenschein 129
Heimat, deine Sterne 835
Heimatlos 529
Heimliche Sehnsucht 651
Heimweh nach St. Pauli 529
Heimweh nach Virginia 835
Heino – 20 Superhits 630
Heino – Seine großen Erfolge 630
Heino – Seine großen Erfolge 3 630
Heino – Seine großen Erfolge 4 630
Heintje 631
Heintje – einmal wird die Sonne scheinen 631
Heintje, baue ein Schloss für mich 1524
Heirate mich 1139
Hejira 940
Helen Reddy's Greatest Hits 1152
Helen Shapiro singt Hits 1254
Helen Wheels 897
Heliocentric 1502
Hell Freezes Over 428, 532, 635
Hell Raiser 1378
Hell To Pay 625
Hell's Ditch 1085
Hello 125, 406 f., 631, 1167
Hello! 1341
Hello Walls 992, 1548
Hello (Turn Your Radio On) 1249
Hello Africa 411
Hello Again 229 f., 381
Hello Dolly 53, 580, 1362
Hello Goodbye 114
Hello Hello I'm Back Again 573
Hello, How Are You? 432
Hello Hurray 303
Hello, I Love You 406 f., 762
Hello, I Must Be Going! 291
Hello, I'm Johnny Cash 237
Hello It's Me 1204
Hello Mary Lou 700, 991, 1081
Hello Mary Lou/Travelin' Man 991
Hello Mr. Monkey 49
Hello Mudduh, Hello Fadduh! (A Letter From Camp) 1260
Hello Nasty 109
Hello Stranger 803
Hello Suzie 34
Hello, This Is Joannie 461
Hello Walls 992, 1548
Hello-A 966, 1526
Helmsy 632, 824
Help 7, 92, 806
Help! 113 f., 1265
Help Me 940 f.
Help Me Dr. Dick 454
Help Me Make It Through The Night 647, 1295
Help Me Rhonda 108
Help The Aged 1117
Help Yourself 730
Helpless (You Took My Love) 505
Helyom Halib 222
Hempstead High 2
Hendrix In The West 634
Hepburn 635
Her Greatest Hits 758
Her Royal Majesty 341 f.
Her Town Too 1312, 1393
Her, Me And Reality 499
Herb Alpert Brand New 29
Herb Alpert's Ninth 29
Herb Alpert's Tijuana Brass Volume 2 29
Herbert 1502
Here 458, 1125 f.
Here And Now 367, 1445, 1475
Here And Now/You'll Be Sorry 1346
Here And There 720
Here At Last ... Bee Gees ... Live 120
Here At The Mayflower 862
Here Come The Tremeloes 1440
Here Come Those Tears Again 200
Here Comes Bo Diddley 127
Here Comes Bobby 1260
Here Comes My Baby 1347, 1440
Here Comes That Feeling 794
Here Comes That Rainy Day Feeling Again 515
Here Comes That Sound 33
Here Comes The Hotstepper 740, 750
Here Comes The Judge 825
Here Comes The Night 1407
Here Comes The Rain Again 460
Here Comes The Summer 1462
Here Comes The Sun 612 f., 616
Here Comes The Tremeloes 1440
Here Comes Trouble 83
Here I Am 17, 399
Here I Am (Come And Take Me) 592, 1459
Here I Am (Just When I Thought I Was Over You) 17
Here I Go 1452
Here I Go Again 122, 644, 1513
Here I Stand 906, 1172, 1397
Here In My Heart 882
Here It Comes Again 515
Here Not There 263
Here They Come: The Greatest Hits Of The Monkees 950
Here Today, Tomorrow, Next Week 137
Here We Are 458
Here We Come 1
Here We Go 213 981, 1437
Here We Go Again 762, 1339
Here We Go Round The Mulberry Bush 1437
Here Where There Is Love 1494
Here With Me 382 f.
Here You Come Again 1056
Here's Steve Lawrence 790
Here's To Future Days 1414
Here's Where The Story Ends 1423 f.
Hergest Ridge 1027
Herman's Hermits On Tour 636
Hernando's Hideaway 957
Hero 227, 670
Hero And Heroine 1361
Heroes 174, 293
Heroes And Villains 108
Herr der Gezeiten 1362
Herr der Ringe 452
Hersham Boys 1251
Herz an Herz 157
Herzbeben 1118
Herzeleid 1138 f.
Herzensschöner 1194
Herzfrequenz 157
Herzilein 1517 f.
Herzklopfen 1146
Herzlichen Glückwunsch 1325
Herzlichst 631
Heul mit den Wölfen 780
Heut bei dir 1322
Heute male ich dein Bild, Cindy Lou 377
Heute so, morgen so 146
Heute vor dreißig Jahren 854
Hey 573, 734
Hey, Amigo, muchas gracias 1193
Hey Baby 1011 f.
Hey Baby (Uh Ah) 391
Hey, Baron Münchhausen 535
Hey! Baby 248, 897
Hey Boß, ich brauch' mehr Geld 543
Hey Boy Hey Girl 257
Hey Boys, How Do You Do 299
Hey Capello 630
Hey Child 431
Hey Deanie 228, 239
Hey DJ 873
Hey DJ I Can't Dance (To That Music You're Playing)/Ska Train 114
Hey DJ I Can't Dance To That Music You're Playing 168
Hey Donna 1209
Hey Dude 780
Hey Girl 1040, 1291
Hey, Girl 1232 f.
Hey Girl Don't Bother Me 1391
Hey God 164
Hey Good Lookin' 891
Hey Hey Bunny 528
Hey! Jealons Lover 1279
Hey Jealousy 569
Hey Joe 634
Hey Jude 113 f., 620, 652
Hey Kandi 740
Hey Leonardo (She Likes Me For Me) 147
Hey, Leroy, Your Mama's Calling You 241
Hey, Let's Twist! 360 f.
Hey Little Cobra 1172 f.
Hey Little Girl 668
Hey! Little Girl 1254
Hey Little One 1525
Hey Lover 179, 820
Hey Manhattan! 1095
Hey Matthew 491
Hey Mr. D.J. 1556
Hey Music Lover 1245
Hey, Neandertalman 9
Hey Nineteen 1344

Hey Now (Girls Just Want To Have Fun) 789
Hey Paula 1060 f.
Hey Ricky 858
Hey Rock And Roll 1263
Hey Schoolgirl 549, 1267
Hey Stoopid 302
Hey Süßer 838
Hey There Lonely Boy 646
Hey There Lonely Girl 646
Hey Tonight 316
(Hey Won't You Play) Another Somebody Done Somebody Wrong Song 1411
Hey You 80
(Hey You) The Rocksteady Crew 1182
Hey! Baby 248, 897
Hey! Jealous Lover 1279
Hey, Yvonne (warum weint die Mami?) 543
Heykens Serenade/The Day Is Over 1201
Hi 624
Hi De Ho 738
Hi Hi Hi 897
Hi Hi Hi/C Moon 897
Hi! Hi! Hi! 1217
Hi Ho Silver 380
Hi Infidelity 1161
Hi! How Ya Doin'? 542
Hickory Holler Revisited 1294
Hidden Place 138
Hide U 774
Hideaway 34, 354, 360, 1090
Hiding Out 1102
Hier fliegen gleich die Löcher aus dem Käse 1502
Hier ist ein Mensch 20
Hier kommt Alex 1430
Hier kommt die Maus 1129 f.
Hier kommt Kurt 1555
Hier sind die Onkelz 161
Hi-Fi Companion Album 297
Hi-Fi Serious 1
Hi-Fidelity 754
High 327, 808
High & Dry 1132
High 'N' Dry 365
High Adventure 823
High Button Shoes 284
High Civilization 120
High Class Baby 1166
High Energy 1412
High Enough 337
High Hopes 1279
High In The Sky 34
High Life 945
High On A Happy Vibe 1465
High On Emotion 352
High On Emotion Live From Dublin 354
High On The Happy Side 1505
High On You 1376
High Priority 259
High Society 53
High Society Girl 784
High Time 728
High Wire 682
Higher 314, 1259, 1427, 1527, 1529
(Your Love Has Lifted Me) Higher And Higher 301
(Your Love Keeps Lifting Me) Higher And Higher 1525
Higher Ground 1362, 1459, 1534
Higher Learning 1427
Higher Love 1529
Higher State Of Consciousness 1527
Higher State Of Consciousness '96 1527
Higher Than Hope 1259
Highway 61 Revisited 425
Highway To The Sun 1510
Highwayman 237
Highwayman 2 237
Hi-Ho – Heigh Ho – Whistle While You Work 201
Hijo De La Luna 827
Hi-Lili, Hi-Lo 247
Hill Billy Boy 284
Hillbilly Rock Hillbilly Roll 1536
Him 188, 640, 647
Him Or Me – What's It Gonna Be? 1162
Himbeereis zum Frühstück 642
Himmelblaue Serenade 456
Himself 1020
Hinter den Kulissen von Paris 888 f.
Hip City – Pt. 2 1489
Hip Hop Be Bop 858
Hip Hop Hooray 988
Hip To Be Square 806
Hippy Gumbo 1386
Hippy Hippy Shake 1381
Hippychick 1304 f.
Hiroshima 1217, 1529 f.
His 'n' Hers 1117
His 20 Greatest Hits 1081
His Finest Collection 1513
His Guiding Hand/This Love Of Old 911
His Hand In Mine 1098
His Infernal Majesty 640
His Latest And His Greatest 131
(Marie's The Name) His Latest Flame 1100
His Latest Flame/Little Sister 1100
His Orchestra, His Chorus, His Singers, His Sound 297
History 855, 1406
History Of Eric Clapton 272
History Of Otis Redding 1152
History Repeating 54, 102
History/America's Greatest Hits 34
History/Ghost 691
HIStory: Past, Present And Future – Book I 690
Hit 137
Hit & Run 844
Hit Em High (The Monstars' Anthem) 951
Hit Em With Da Hee 444
Hit 'Em Up Style (Oops!) 221
Hit 'n' Run 963
Hit Me Off 995
Hit Me With Your Best Shot 126
Hit Me With Your Rhythm Stick 424
Hit Parade 1 1500
Hit Parade 2 1500
Hit That Perfect Beat 191
Hit The Highway 1110
Hit The Road Jack 252, 1332
Hitchin' A Ride 592, 1476
Hi-Tension 642
Hitmaker – Burt Bacharach 79
Hits 80, 741, 929, 1513
Hits '77–'83 1088
Hits And Misses 940, 1081
Hits Of Gold 858
Hits Of The Rockin' 50's 1479
Hits Out Of Hell 910
Hits pur – 20 Jahre eine Band 1118
Hits Right Up Your Street 1246
Hits! 1225
Hits! Pseudonyme! Raritäten! 377
Ho mir ma ne Flasche Bier 390, 1130
Hoch auf dem gelben Wagen 1227
Hochexplosiv 69
Hochzeit des Figaro 1201
Hocus Pocus 508 f.
Hoffmanns Erzählungen 161, 1065
Hohe Berge 534
Hohe Schule der Musik 677
Hohe Tannen 1190
Hokuspokus 1322
Hold An Old Friend's Hand 1419
Hold Back The Night 1438
Hold It 419
Hold Me 504, 652, 658, 1109, 1177
Hold Me Close 457
Hold Me Closer 452
Hold Me For A While 1153
Hold Me In Your Arms 63
Hold Me Now 576, 822, 1414, 1435
Hold Me Tight 986
Hold Me, Thrill Me, Kiss Me 235, 458
Hold Me, Thrill Me, Kiss Me, Kill Me 1457
Hold My Hand 651
Hold On 168, 244, 352, 448 f., 610, 629, 822, 1526
Hold On I'm 169
Hold On The Nights 884
Hold On Tight 442
Hold On To Love 1284
Hold On To Me 943
Hold On To My Love 1204
Hold On! I'm A Comin' 623
Hold Out 200
Hold The Line 1431 f.
Hold Tight 360
Hold What You've Got 1405
Hold You 64
Hold You Tight 749
Hold Your Fire 495
Hold Your Head Up 52
Holda Fresh 1141
Holdin' On To Yesterday 33
Holding Back The River 1505
Holding Back The Years 1271 f.
Holding On 4 U 279
Holding On To You 332
Holding Out For A Hero 1454 f.
Holding Out My Love To You 1189
Hole Hearted 467
Hole In My Shoe 989, 1437
Hole In The Ground 316 f.
Holiday 34, 642, 710, 851 f., 1042, 1363
Holiday 80 662
Holiday For Strings 1192 f.
Holiday In Eden 871
Holiday in Honolulu 534
Holiday in St. Tropez 1228
Holiday Rap 845
Holidays In The Sun 1244
Holla Holla 686
Holland 108
Holländer-Witzen 779
Holler 569, 1321
Holler!/Let Love Lead The Way 1321
Hollies 644
Hollies Live Hits 644
Hollies Sing Dylan 644
Holly Holy 381

Holly Wood (In The Shadow Of The Valey Of Death) 871
Hollyoaks 914
Hollywood 1497
Hollywood Swinging 390, 772, 885
Holy Bible 861
Holy Cow 407
Holy Holy Life 576
Holy Smoke 681
Holy Water 83
Homburg 1111
Home 362, 537, 1318
Home Again 995
Home An Abroad 1363
Home And Dry 1069
Home For Christmas 587, 981
Home For The Holidays 295
Home Lovin' Man 1514, 1519 f.
Home Movies – The Best Of Everything But The Girl 465
Homebase 705
Homecoming 34
Homegrown 395
Homely Girl 263, 1459
Homemade 1041
Homesick 356
Homethoughts From Abroad 1493
Homeward Bound 79, 1269
Homework 335
Homogenic 138
Honey 226 f., 297, 577, 648 f., 776, 1026, 1519
Honey Bee 555
Honey Come Back 218
Honey Honey 4, 1378
Honey In The Horn 641
Honey Lamb 743
Honey Love 415, 1114
Honey To The B 1080
Honey To The Bee 1080
Honey's Dead 710
Honey/Why Does My Heart Feel So Bad 944
Honeycomb 1183
Honeymoon in St. Tropez 86, 755
Honeysuckle Rose 992
Hong Kong Garden 1281
Hongkong Garden 1282
Honky Cat 721
Honky Chateau 720
Honky Tonk Angels 1056
Honky Tonk Blues 384
Honky Tonk Train Blues 446
Honky Tonk Women 1188
Honor Among Thieves 895
Honour Your Mother And Father 366
Hoochie Booty 1460
Hoodoo 966
Hook 156, 290, 1521
Hooked On A Feeling 154 f., 1411
Hooked On Classics 939, 1201
Hooked On You 1379
Hoop-Dee-Doo 295
Hooray For Boobies 151
Hooray For Hazel 1183
Hooray! Hooray! It's A Holi-Holiday 166
Hooters Live 651
Hootie Mack 123
Hope And Glory 1179
Hope Of Deliverance 897
Hopelessly Devoted To You 1002
Horizon 230, 1130
Horizontal 120
Hormonally Yours 1249
Horny 959, 965
Horoscope 613
Hot 73
Hot August Night 381
Hot Blooded 513 f.
Hot Box 485
Hot Boyz 444, 462, 985
Hot Buttered Soul 623
Hot Child In The City 567
Hot Chocolate Greatest Hits 655
Hot Diggity (Dog Ziggity Boom 253, 295
Hot Dog 1348
Hot Fun In The Summertime 1290
Hot Girl 1211
Hot House 654
Hot Line 1382
Hot Love 1386, 1448
Hot Love, Cold World 1501
Hot Number 522
Hot Pants 198
Hot Rats 1555
Hot Rocks 1964–1971 1188
Hot Rod Hearts 421
Hot Rod Lincoln 293
Hot Shot 1248
Hot Shot Tottenham! 1432
Hot Space 1125
Hot Streets 261
Hot Stuff 57, 1370
Hot Summer Nights 1413
Hot, Cool & Vicious 1215
Hotcakes 1266
Hotel California 428 f.
Hotel Happiness 129
Hotlegs/I Was Only Joking 1354
Hotter Than July 1534
Hound Dog 1099, 1413
Hounds Of Love 208
Hour Glass 34
Hourglass 1393
Hours... 175
House Arrest 779
House At Pooh Corner 822 f.
House Is Not A Home 253
House Nation 539, 658
House Of Fun 850
House Of Love 430 f., 587
House Of Pain 656
House Of The King 508
House Of The Rising Sun 41 f., 534
House On Fire 169
House Party 2 1441
House Party III 672
Housecall 1103, 1141
Houseparty 2 693
Houses Of The Holy 793
How 'Bout Us 247, 1536
How About Some Hardcore 845
How About That 83, 472
How About You? 1278
How Ace Are Buildings 1
How Am I Supposed To Live Without You 162, 183
How Bizarre 1029 f.
How Can I Be Sure 239, 1143
How Can I Fall? 186
How Can I Fly? 756
How Can I Love You More 845
How Can I Love You More (Remixes) 846
How Can I Tell Her 820
How Can We Be Lovers 162
How Can You Live With Yourself 1445
How Can You Mend A Broken Heart 121
How Come, How Long 77 f., 1533
How Could I? (Insecurity) 1175
How Could It Be 975
How Dare You? 1401
How Deep Is Your Love 120 f., 417, 1388
How Do I Live 1171 f.
How Do I Make You 1191
How Do U Want It 745
How Do You Do 1526
How Do You Do It? 564
How Do You Do! 1199
How Do You Do? 966
How Do You Like It? 564
How Do You Sleep 798
How Do You Talk To An Angel 629
How Do You Want Me To Love You? 1007
(How Does It Feel To Be) On Top Of The World 450, 1314
How Does That Grab You, Darlin'? 1280
How Great Thou Art 1098
How High 251
How I Miss You So 1216
How Long 7, 63
How Many Tears 1479
How Men Are 70
How Much I Feel 33
How Much Is Enough 500
How Much Is The Fish 1230
How Much Love 1224
How Old Are You? 566
How Soon 859, 1304
How Soon (Will I Be Seeing You) 320
How Soon Is Now 1304
How Sweet It Is (To Be Loved By You) 1393, 1489
How Sweet It Is To Be Loved By You 554
How To Make Friends And Influence People 1404
How We Live 870
How Will I Know 177, 659
How Wonderful You Are 620
How You Remind Me 1003
How's Going To Be 1409
How's It Going To Be 1409
How's It Got To Be 706
How's Your Evening So Far 810, 1527
Howard Carpendale 229
Howard's Way 893, 1499
Howzat 1259
Huckleberry Jam 405
Hula Baby 776
Hula-Serenade 867
Human 663, 1101
Human Being 1234
Human Clay 314
Human Menagerie 612
Human Nature 34, 270, 691, 852, 1381
Human Racing 751
Human Touch 1215, 1329
Human Touch/Better Days 1329
Human Wheels 914
Human's Lib 727
Hummelflug 74
Hummer ist der beste Koch 739
Hummin' Comin' At'cha 1541
Humpin' Around 197
Humpin' Around (Remix 1995) 197

Hundert Mann und ein Befehl 202, 529
Hundred Mile High City 1023
100 % Colombian 538
100 % Ginuwine 569
100 % Pure Love 1497
100 Degrees And Rising 673
101 373
112 1031
Hung Up 1501
Hungry 1162
Hungry Eyes 228
Hungry Heart 1328 f.
Hungry Like The Wolf 423
Hunky Dory 174
Hunting High And Low 16
Hup 1535
Hurdy Gurdy Man 402
Hurra 58
Hurra, die Rattles kommen 1144
Hurra, wir fahren ins Grüne 630
Hurricane Hattie 277
Hurricane Smith 1293
Hurry Up Harry 1251
Hurt 861, 1000, 1101
Hurt So Bad 801, 817
Hurt So Good 214, 1305, 1356
(You're Gonna) Hurt Yourself 1472
Hurting Each Other 230
Hurts So Bad 1191
Hurts So Good 913 f.
Hurz! 751, 1129
Hush 363 f., 780, 1048, 1198, 1200
Hush Not A Word To Mary 1198
Hush, Hush, Sweet Charlotte 1048
Hybrid Theory 815
Hyena 1282
Hymn 944, 976, 1461
Hymns To The Silence 960
Hyper Hyper 1229 f.
Hyperactive! 397
Hyperballad 138
Hyperglide/The Australian Landing 1314
Hypnotic Love 804
Hypnotic ST-8 31
Hypnotic Tango 977
Hypnotised 1462
Hypnotize 1015
Hypnotize Me 1492
Hypnotizin' 1527
Hypocrite 1318
Hysteria 365, 662

I (Who Have Nothing) 102, 585, 730, 1340
I Adore Him 40
I Adore Mi Amor 292
I Ain't Gonna Stand For It 1534
I Ain't Movin' 375
I Almost Lost My Mind 171
I Always Love My Mama 901
I Am 430, 985
I Am ... I Said 380
I Am A Cider Drinker (Paloma Blanca) 1537
I Am A Rock 1269
I Am An Astronaut 1517
I Am Blessed 459
I Am One/Not Worth Asking 1291
I Am The Beat 826
I Am The Black Gold Of The Sun 199
I Am The Mob 241
I Am The Way 1522
I Am What I Am 555, 594
I Am Woman 1152
I Apologise 1109
I, Assassin 1016
I Beg Of You 1099
I Beg Your Pardon 771
I Believe 80, 147, 189 f., 295, 1179, 1279
I Believe (In Love) 655
I Believe 97 610
I Believe I Can Fly 747, 951
I Believe In Christmas 1449
I Believe In Father Christmas 446, 784
I Believe In Music 547
I Believe In You (You Believe In Me) 1394
I Believe In You And Me 660
I Believe My Time Ain't Long 502
I Believe You 954
I Believe/Up On The Roof 1180
I Belong 170, 764
I Belong To You 541, 584
I Belong To You (Every Time I See Your Face) 1189
I Breathe 54
I Breathe Again 1168
I Call It Pretty Music 1533
I Called U 810
I Can Do It 1202
I Can Dream About You 619
I Can Drive 1249
I Can Get It From Your Wholesale 1361
I Can Hear Music 108, 918, 1123
I Can Hear The Grass Grow 966
I Can Hear Voices/Caned And Unable 638
I Can Help 1376
I Can Lose My Heart Tonight 242
I Can Love You Like That 26
I Can Make You Feel Good 744, 1251
I Can Never Go Home Anymore 1252
I Can Only Disappoint U 865
I Can Prove It 486
I Can See Clearly 618
I Can See Clearly Now 277, 986, 1066
I Can See For Miles 1515
I Can See The Light 352
I Can Stand A Little Rain 283
I Can Take Care Of Myself 1482
I Can't Be With You 310
I Can't Begin To Tell You 320
I Can't Control Myself 1443
I Can't Dance 561
I Can't Deny It 1353
I Can't Drive 55 1473
I Can't Explain 1514 f.
I Can't Get Next To You 1400
I Can't Get No Satisfaction 1486
(I Can't Get No) Satisfaction 1188
I Can't Go For That (No Can Do) 604
(I Can't Help) Falling In Love With You 1458 f.
I Can't Help Myself 519 f., 748, 837
I Can't Help Myself (Sugar Pie, Honey Bunch) 441
I Can't Leave You Alone 899
I Can't Let Go 644
I Can't Let Maggie Go 649
I Can't Live Without My Radio 819
I Can't Make You Love Me 922, 1136
I Can't Resist 1388
I Can't Sleep Baby (If I) 747
I Can't Stand It 272, 347, 1450
I Can't Stand Myself (When You Touch Me) 198
I Can't Stand The Rain 455, 1448
I Can't Stand Up For Falling Down 307
I Can't Stay Mad At You 347
I Can't Stop Dancing 122
I Can't Stop Lovin' You (Though I Try) 1224
I Can't Stop Loving You 252
I Can't Take The Power 677, 1025
I Can't Tell A Waltz From A Tango 284
I Can't Tell The Bottom From The Top 644, 719
I Can't Tell You Why 201, 429
I Can't Turn You Loose 1151
I Can't Wait 642, 1016
I Can't Wait Another Minute 638
I Care 1309
I Care 'Bout You 78
I Close My Eyes And Count To Ten 1327
I Could Be Happy 31
I Could Be So Good For You 1497
I Could Easily Fall (In Love With You) 1166
I Could Never Take The Place Of Your Man 1107
I Could Not Ask For More 895
I Couldn't Live Without Your Love 274
I Couldn't Sleep A Wink Last Night 1279
I Cry 686
I Did What I Did For Maria 267
(Last Night) I Didn't Get To Sleep At All 493
I Didn't Know I Loved You (Till I Saw Rock 'n' Roll) 573
I Didn't Mean To Turn You On 1049
I Die: You Die 1016
I Dig Rock And Roll Music 1070
I Disappear 921
I Do 696, 821
I Do (Cherish You) 1007
I Do Believe In You 969
I Do, I Do, I Do, I Do, I Do 4
(Everything I Do) I Do It For You 10 f.
I Do Not Want What I Haven't Got 1018
I Don't Believe In If Anymore 1514
I Don't Believe You Want To Get Up And Dance (Oops, Up Side Your Head) 1299
I Don't Care 1249, 1540
I Don't Care If The Sun Don't Shine 1047
I Don't Ever Want To See You Again 1462
I Don't Have The Heart 675
I Don't Know 991
I Don't Know Anybody Else 140
I Don't Know How To Love Him 444, 1152
I Don't Know If It's Right 759
I Don't Know Why 741
I Don't Like Mondays 170
I Don't Like To Sleep Alone 43 f.
I Don't Need You 1186
I Don't Wanna 3
I Don't Wanna Cry 227

I Don't Wanna Dance 588
I Don't Wanna Fight 839, 1448
I Don't Wanna Get Hurt 1370
I Don't Wanna Go On With You Like That 722
I Don't Wanna Live Without Your Love 261
I Don't Wanna Lose You 1448
I Don't Wanna Lose You Baby 246
I Don't Want A Lover 1406
I Don't Want Our Loving To Die 635
I Don't Want To 185
I Don't Want To Be A Hero 722
(If Loving You Is Wrong) I Don't Want To Be Right 675
I Don't Want To Live Without You 514
I Don't Want To Miss A Thing 13 f.
I Don't Want To Put A Hold On You 504
I Don't Want To Talk About It 465
I Don't Want To Talk About It/First Cut Is The Deepest 1354
I Don't Want To Walk Without You 319
I Don't Want Your Love 423
I Dream Of You 295, 1279
I Drove All Night 789, 1034 f.
I Eat Cannibals 1432
I Engineer 42
I Fall To Pieces 994
I Feel Fine 114
I Feel For You 752 f., 1280
I Feel Good 974
I Feel It 944
I Feel Like Buddy Holly 1335
I Feel Lonely 1223
I Feel Love 28 f., 190 f., 1075, 1369 f., 1463
I Feel Love (Medley) 28 f., 191
I Feel Love (Remix 1995) 1370
I Feel Loved 374
I Feel No Fret 69
I Feel So Bad 1100
I Feel The Earth Move 879
I Feel Ur Pain 1314
I Feel You 373
I Finally Found Someone 10 f., 1362
I Forgot 1167
I Forgot More Than You'll Ever Know 347
I Forgot To Be Your Lover 122
I Fought The Law 537
I Found A Love 1075
I Found Lovin' 485, 1491
I Found Someone 258
I Get A Kick Out Of You 1256
I Get A Little Sentimental Over You 997
I Get Around 107 f., 1486
(When We Are Dancing) I Get Ideas 53
I Get Lifted 1030
I Get Lonely 145, 689
I Get The Sweetest Feeling 1525
I Get Weak 228
I Give You My Heart 970
I Go Ape 1238 f.
I Go Crazy 345 f.
I Go To Extremes 719
I Go To Pieces 1069, 1253
I Go To Sleep 1101
I Got 5 On It 839, 1423
I Got A Feeling 991
I Got A Girl 121
I Got A Line On You 489
I Got A Name 318
I Got Dem Ole Kozmic Blues Again, Mama! 731
I Got Id 1063
I Got Id/Long Road 1063 f.
I Got Rhythm 610
I Got Stung 1099
I Got The Feelin' 198
I Got The Sun In The Morning 350
I Got The Vibration/A Positive Vibration 140
I Got The Wherewithall 445
I Got To Give It Up 887
I Got You (I Feel Good) 198
I Got You Babe 167, 1091, 1101, 1307, 1458 f.
I Gotcha 1405
I Gotta Know 461
I Guess That's Why They Call It The Blues 721
I Hate Myself For Loving You 713
I Have A Dream 4
I Have A Dream – Bellissima 392
I Have A Dream/Seasons In The Sun 1505
I Have Nothing 659
I Have Peace 1363
I Haven't Stopped Dancing Yet 1059
I Hear A Symphony 1374
I Hear You Knocking 437, 1340
I Hear You Now 725
I Heard A Rumour 92
I Heard It Through The Grapevine 554, 770, 1184
I Honestly Love You 1001
I Hope We Get To Love In Time 898
I Just Called To Say I Love You 1533 f.
I Just Can't Help Believing 1100, 1411
I Just Can't Stop Loving You 182, 691
(I Just) Died In Your Arms 329
I Just Don't Have The Heart 1166
I Just Don't Know What To Do With Myself 1327
I Just Wanna Be Loved 326
I Just Wanna Be Your Girl 165
I Just Wanna Love You (Give It 2 Me) 705
I Just Wanna Stop 1477
I Just Want To Be Your Everything 566
I Just Want To Celebrate 1143
I Just Want To Dance With You 1018
I Just Want To Make Love To You 697
I Keep Forgettin' (Everytime You're Near) 542, 900 f.
I Knew I Loved You 1223
I Knew The Bride (When She Used To Rock 'n' Roll) 836
I Knew You Were Waiting (For Me) 278, 526 f., 922 f.
I Knew You When 1200
I Know 130, 483 f.
I Know A Heartache When I See One 1493
I Know A Place 274
I Know Enough (I Don't Get Enough) 445
I Know Him So Well 382, 1048
(I Know) I'm Losing You 1142 f., 1400
I Know There's Something Going On 532 f.
I Know What I Like 806
I Know What I Like (In Your Wardrobe) 559
I Know Where It's At 24 f.
I Know You'll Love To Hate This 145
I Like Chopin 556
I Like Dreamin' 1012
I Like It 383, 564, 732
I Like It Like That 273, 750
I Like It Like That, Part 1 750
I Like It, I Love It 902
I Like The Way (The Kissing Game) 638
I Like To Move It 1155
I Like To Score 944
I Like What I Like 87
I Like You 325
I Like Your Kind Of Love 1520
I Live For The Sun 1476
I Live My Life For You 495
I Lost My Heart To A Starship Trooper 188 f., 1455
I Love A Party 5
I Love A Rainy Night 1130
I Love Abba 4
I Love How You Love Me 461, 1484
I Love Mary 771
I Love Music 1201
I Love Music (Part 1) 1019
I Love My Baby 1238
I Love My Dog 1347
I Love My Music 1189
I Love My Radio (Midnight Radio) 1387
I Love My TV 1387
I Love Rock 'n' Roll 56, 497, 713
I Love The Night Life (Disco 'Round) 188
I Love The Sound Of Breaking Glass 836
I Love The Way You Love 725
I Love The Way You Love Me 181
I Love To Love 137, 527
I Love To Love (But My Baby Loves To Dance) 253
I Love You 278, 319, 461, 1166, 1545, 1558
I Love You Always Forever 804
I Love You Baby 43, 299, 535
I Love You Because 882, 1096, 1156
I Love You Drops 338
(I Love You) For Sentimental Reasons 287
I Love You Goodbye 397
I Love You Like You Are 1052
I Love You Love Me Love 573
I Love You More And More Every Day 882
I Love You To Death 1460
I Love You, Porgy 1269
I Love Your Smile 1252
I Luv U Baby 1037
I Luv U Baby (Remix) 1037
I Made It Through The Rain 445, 863
I Maschi 984
I Might Be Crying 1420
I Miss You 602, 768
I Miss You (Come Back Home) 949
I Must Be Seeing Things 1081
I Need A Lover 913
I Need A Man 989
I Need A Man/Energy Is Eurobeat 858

I Need A Miracle 522
I Need Love 819 f.
I Need Money Bad 901
I Need Rhythm 1073
I Need Somebody 1126
I Need To Know 46
I Need You 34, 74, 231, 377, 396, 1172, 1417
I Need You Tonight 810
I Need Your Help, Barry Manilow 1348
I Need Your Love Tonight 1099
I Need Your Lovin' 869, 1519
I Never Felt Like This Before 1051
I Never Knew 1216
I Never Loved A Man (The Way I Love You) 526
I O U 358
I Only Have Eyes For You 550, 575
I Only Wanna Be With You 105
I Only Want To Be With You 1327, 1433
I Owe You Nothing 194
I Pity The Fool 174
I Pretend 1017
I Promise To Remember 241
I Promised Myself 740
I Put A Spell On You 1103, 1269, 1306
I Quit 194, 635
I Ran (So Far Away) 2
I Received A Letter 897
I Remember Elvis Presley (The King Is Dead) 939
I Remember Holding You 178
(I Remember) Summer Morning 1476
I Remember Tommy 1277
I Remember Yesterday 1369
I Remember You 669, 1285
I Robot 1053
I Saved The World Today 460
I Saw Her Again 858
I Saw Him Standing There 1419 f.
I Saw Linda Yesterday 795
I Saw Red 1494
I Say A Little Prayer 526, 1495
I Say I Say I Say 453
I Second That Emotion 701, 939, 1179
I See A Boat (On The River) 166
I See A Star 965 f.
I See The Light 421, 497
I Shall Be There 75
I Shot The Sheriff 271 f., 444, 542 f., 874
I Shot Ya 197
I Should Be So Lucky 936 f.
I Should Care 1279
I Should Coco 1371
I Should Have Known Better 114, 380, 546, 1338
I Shoulda Loved Ya 1488
I Show You Secrets 1073
I Sings 885
I Sit Away 1164
I Specialized In Love 90
I Started A Joke 121
I Started Out As A Child 306
I Still Believe 226 f., 1167
I Still Believe In You 1167
I Still Haven't Found What I'm Looking For 264, 1457
I Still Love You 1002
I Still Think Of You 1469
I Surrender 545, 701, 1136
I Surrender, Dear 318
I Swear 26
I Thank You 1215, 1559
I Think I Love You 738, 1057
I Think I'm In Love With You 1272
I Think I'm Paranoid 548
I Think Of You 920
I Think We're Alone Now 698, 1419 f.
I Touch Myself 388
I Try 590
I Turn To You 15, 212
I Understand 528
I Walk On Guilded Splinter 117
I Walk The Line 237
I Wanna Be A Hippy 1396
I Wanna Be A Kennedy 1456
I Wanna Be Down 183
I Wanna Be Loved 748
I Wanna Be Rich 216
I Wanna Be The One 73
I Wanna Be The Only One 458 f.
I Wanna Be There 147
I Wanna Be U 265
I Wanna Be With U 538
I Wanna Be With You 956, 1143
I Wanna Be Your Lover 1106
I Wanna Be Your Man 370, 1186
I Wanna Dance Wit' Choo 387
I Wanna Dance With Somebody (Who Loves Me) 177, 659
I Wanna Do It With You 862 f.
I Wanna Get Next To You 1193 f.
(I Wanna Give You) Devotion 1013
I Wanna Go Home 401
I Wanna Have Some Fun 521
I Wanna Hold Your Hand 397
I Wanna Know 717
I Wanna Love Him So Bad 709
I Wanna Love Like That 638
(I Wanna) Love My Life Away 1081
I Wanna Love You 693
I Wanna Love You Forever 1272
I Wanna Sex You Up 291 f.
I Wanna Stay With You 546, 1462
I Want A Guy 1373
I Want A New Drug 805
I Want Candy 174, 918
I Want Her 1377
I Want It All 1125
I Want It That Way 81
I Want Love 722
I Want More 219
I Want That Man 1414
I Want To Be A Hippy 1470
(I Want To Be) Elected 967
I Want To Be Free 1434
I Want To Be Wanted 794
I Want To Be Your Man 1184
I Want To Break Free 1125
I Want To Give You My Everything 409
I Want To Go With You 55
I Want To Hold Your Hand 114, 581
I Want To Know What Love Is 514
I Want To Live 371, 583, 1197
I Want To Spend My Lifetime Loving You 46
I Want To Stay Here 582, 791
I Want To Take You Higher 1445
I Want To Wake Up With You 549
I Want To Walk You Home 399
I Want U 545
I Want You 554, 1223, 1469
I Want You Back 72 f., 92, 277, 444, 690, 692 f., 810, 980 f., 1390
I Want You Back Remix 693
I Want You For Myself 44 f.
I Want You To Be My Baby 345
I Want You To Want Me 255
I Want You, I Need You, I Love You 1099
I Want Your Body 51
I Want Your Love 66, 260, 1216, 1438
I Want Your Sex 923
I Was Born A Man 76
I Was Kaiser Bill's Batman 1295, 1537
I Was Made For Dancin' 551
I Was Made For Lovin' You 765 f.
I Was Made To Love Her 1534
I Wasn't With It 1092
I Wear The Face 969
I Went To Your Wedding 1047
I Will 880, 1528 f.
I Will Always Love You 179, 659, 1055, 1490 f.
I Will Come To You 609
I Will Drink The Wine 1208
I Will Follow Him 867 f., 891
I Will Remember 1431
I Will Return 338, 1329
I Will Survive 56, 555, 637
I Wish 747, 1046, 1295, 1534
(I Wish I Knew How It Would Feel To Be) Free/One 808 f.
I Wish It Could Be A Wombling Christmas 103, 1531 f.
I Wish It Could Be Christmas Everyday 103, 1531 f.
I Wish It Would Rain 1400
I Wish It Would Rain Down 291
I Wish You Love 1550
I Wish You Would 1543
I Won't Be The Last 330
I Won't Be There 452
I Won't Forget You 1156
I Won't Hold You Back 1432
I Won't Last A Day Without You/Goodbye To Love 230
I Won't Let The Sun Go Down On Me 751
I Won't Let You Down 380, 1074
I Won't Run Away 1335
I Won't Take Less Than Your Love 346
I Wonder If Heaven Got A Ghetto 1454
I Wonder If I Take You Home 816
I Wonder What She's Doing Tonight 177, 378
I Wonder Who's Kissing Her Now 295
I Wonder Why 1263, 1354
I Would Die 4 U 1107
I Wouldn't Believe Your Radio 1346
I Wouldn't Know Where To Begin 55
I Wouldn't Trade You For The World 80
I Wouldn't Wanna Happen To You 445
I Write The Songs 862 f.
I'd Be Surprisingly Good For You 806
I'd Die Without You 1085
I'd Do Anything 1460
I'd Do Anything For Love 1022

I'd Do Anything For Love (But I Won't Do That) 910
I'd Give Anything 802
I'd Lie For You (And That's The Truth) 910
I'd Like To Teach The World To Sing 297, 1021
I'd Like To Teach The World To Sing (In Perfect Harmony) 997
I'd Love You To Want Me 820
I'd Never Find Another You 540
I'd Rather Be An Old Man's Sweetheart (Than A Young Man's Fool) 1339
I'd Rather Be Rich 1519
I'd Rather Be With You 660
I'd Rather Go Blind 909, 1551
I'd Rather Jack 1163
I'd Really Love To See You Tonight 449
I'd Still Say Yes 768
I'll Always Be With You 337
I'll Always Love My Mama 1427
I'll Always Love You 351, 1324
I'll Be Around 1324
I'll Be Back 54, 1338
I'll Be By Your Side 73
I'll Be Doggone 554
I'll Be Good 197
I'll Be Good To You 196, 252, 752
I'll Be Home 171, 319
I'll Be Home For Christmas 319
I'll Be Loving You (Forever) 996
I'll Be Missing You 461, 1015, 1030, 1116
I'll Be Satisfied 1349
I'll Be Seeing You 319, 1279
I'll Be There 227, 456, 596, 690, 693, 1440
I'll Be There For You 164, 1158
I'll Be There For You/You're All I Need To Get By 147, 921
I'll Be True 1038
I'll Be Your Baby Tonight 1049, 1458 f.
I'll Be Your Everything 1048
I'll Be Your Shelter 351
I'll Bet You 539
I'll Call Your Name 16
I'll Die For You 1380
I'll Find My Way Home 725
I'll Find You 555
I'll Fly For You 1315
I'll Follow The Sun 970
I'll Get By 102
I'll Give All My Love To You 1377
I'll Go On Alone 1176
I'll Have To Say I Love You In A Song 318
I'll Hold You In My Heart (Till I Can Hold You In My Arms) 55
I'll Keep You Satisfied 776
I'll Lead You Home 1294
I'll Make Love To You 77, 179 f.
I'll Manage Somehow 917
I'll Meet You At Midnight 1298
I'll Meet You Halfway 1057
I'll Never Break Your Heart 81
I'll Never Fall In Love Again 356, 401, 562, 730, 1495
I'll Never Find Another You 1239 f.
I'll Never Get Over You 754
I'll Never Get Over You (Getting Over Me) 467
I'll Never Smile Again 1274, 1276, 1278
I'll Never Stop 981
I'll Pick A Rose For My Rose 725
I'll Remember 852
I'll Remember You 669
I'll Say Forever My Love 1204
I'll See You In My Dreams 350
I'll Stand By You 1102
I'll Stick Around 512
I'll Stop At Nothing 1255
I'll Take You There 301, 1334
I'll Touch A Star 1332
I'll Tumble 4 Ya 326
I'll Wait 351
I'm A Believer 381, 447, 950, 1291, 1451
I'm A Boy 1515
I'm A Clown/Some Kind Of A Summer 239
I'm A Man 261, 348, 1529
I'm A Man – Ye Ke Ye Ke (Medley) 280
I'm A Man Not A Boy 1014
I'm A Moody Guy 1335
(I'm A) Road Runner 1489
I'm A Slave 4 U 1318
I'm A Sucker For Your Love 869
I'm A Tiger 839
I'm A Train 607
I'm A Woman 972
I'm A Wonderful Thing, Baby 753
I'm A Wrtiter, Not A Fighter 1020
I'm Alive 644, 1363
I'm All About You 391
I'm Already There 825
I'm Alright 823 f.
I'm Always Chasing Rainbows 295
(I'm Always Touched By Your) Presence Dear 149
I'm Back For More 1532
I'm Bad 819
I'm Born Again 166
I'm Breathless 851
I'm Comin' Out 1015
I'm Coming Home 730, 1358
I'm Coming Out 1196
I'm Crying 41 f.
I'm Doing Fine Now 1058
I'm Easy 473
I'm Easy/Be Aggressive 473
I'm Every Woman 659, 752 f.
I'm Every Woman (Remix) 753
I'm Falling 155
I'm Free 1236, 1311
I'm Glad You're Here With Me Tonight 381
I'm Goin' Down 1329
I'm Gone 1261
I'm Gonna Be (500 Miles) 1110
I'm Gonna Be Strong 788, 1081
I'm Gonna Get Me A Gun 1348
I'm Gonna Get You 136
I'm Gonna Knock On Your Door 1041
I'm Gonna Love That Gal 295
I'm Gonna Love You Just A Little More, Baby 1509
I'm Gonna Make You Love Me 1374, 1399 f.
I'm Gonna Make You Mine 267
I'm Gonna Miss You Forever 234
I'm Gonna Run Away From You 841
I'm Gonna Tear Your Playhouse Down 1550
I'm Happy That Love Has Found You 1506
I'm Henry VIII I Am 637
I'm In Heaven (When You Kiss Me) 64
I'm In Love Again 399, 1211, 1346
I'm In Luv 717
I'm In The Mood For Dancing 1013
I'm In You 523
I'm Into Something Good 301, 636 f.
I'm Leaving It (All) Up To You 1040
I'm Leaving It All Up To You 1040
I'm Leaving It Up To You 335
I'm Like A Bird 540
I'm Livin' In Shame 1374
I'm Looking For The One (To Be With Me) 705
I'm Looking Out The Window/Do You Wanna Dance 1166
(I Know) I'm Losing You 1142 f., 1400
I'm Mandy Fly Me 1401
I'm Movin' On 1065
I'm Nearly Famous 1165
I'm Never Giving Up 1378
I'm No Hero 1165
I'm No J.D. 1348
I'm Not A Girl, Not Yet A Woman 1318
I'm Not A Player 717
I'm Not Following You 289
I'm Not Gonna Let You 7
I'm Not In Love 1401, 1518
I'm Not In Love/Scooby Snacks 538
I'm Not Lisa 292
I'm Not Perfect (But I'm Perfect For You) 727
I'm Not Ready 1377
I'm Not Scared 439 f.
(I'm Not Your) Stepping Stone 1008, 1424
I'm On Fire 500, 1328 f.
I'm On Fire/Born In The U.S.A. 1329
I'm Only Sleeping 1368
I'm Only Sleeping/Off On Holiday 1368
I'm Outta Love 36 f.
I'm Over You 900
I'm P. J. Proby 1109
I'm Raving 1229 f.
I'm Ready 11, 218, 1387, 1527
I'm Ready For Love 878
I'm Real 670, 827
I'm So Crazy 679
I'm So Excited 1086
I'm So Glad I'm Standing Here Today 323
I'm So Happy/Time 673
I'm So Into You 1381
I'm So Lonely 240
I'm So Lonesome I Could Cry 1411
I'm Sorry 371 f., 794
I'm Still 802
I'm Still Gonna Need You 1041
I'm Still In Love With You 591 f., 995
I'm Still Standing 721
I'm Still Waitin' 1223, 1551
I'm Still Waiting 1195 f.
I'm Stone In Love With You 890, 1364
I'm Telling You Now 528
I'm That Type Of Guy 819
I'm The Face 1514
I'm The Leader Of The Gang (I Am) 573
I'm The Lonely One 1166
I'm The One 564
I'm The Only One 459

I'm The Urban Spaceman 167
I'm Throwing Rice (At The Girl I Love) 55
I'm Tired Of Getting Pushed Around 493
I'm Too Romantic 319
I'm Too Sexy 1169
I'm Walked Love 831
I'm Walkin' 399
I'm Walking 580 f., 991, 1279
I'm Walking Backwards For Christmas 580
I'm Walking Backwards For Christmas/ Bluebottle Blues 581
I'm Walking Behind You 1279
I'm With Stupid 1421
I'm Your Angel 383 f., 747
I'm Your Baby Tonight 659
I'm Your Boogie Man 745
I'm Your Man 923, 1493, 1507
I'm Your Puppet 1118
I'm Your Pusher 1230
I.O.I.O. 121
I.O.U. 530
I've Been A Bad Bad Boy 728
I've Been Around The World 1065
I've Been Expecting You 1522
I've Been In Love Before 329
I've Been Losing You 16
I've Been Loving You Too Long 719
I've Been Loving You Too Long (To Stop Now) 1151
(I've Been) Searchin' So Long 261
I've Been Thinking About You 825
I've Done Everything For You 1328
I've Finally Found Someone 606
I've Found Someone Of My Own 530
I've Got A Feeling (We'll Be Seeing Each Other Again) 1524
I've Got A Little Puppy 1298, 1470
I've Got A Little Something For You 943
I've Got A Woman 251
I've Got Love On My Mind 286
I've Got News For You 1254
I've Got So Much To Give 1509
I've Got Something To Say 1154
I've Got The Music In Me 361
I've Got This Feeling 891
I've Got To Be Somebody 1200
I've Got To Get A Message To You 121
I've Got To Use My Imagination 770
I've Got You 900
I've Got You On My Mind 1512
I've Got You Under My Skin 518, 1277, 1457
(I've Had) The Time Of My Life 525, 912, 1170, 1493
I've Lost You 1100
I've Never Been To Me 251
I've Seen That Face Before 727
Ibo 1410
Ice Cream 401
Ice Cream Castle 1422
Ice Cream Genius 870
Ice Ice Baby 1476
Ice In The Sun 1340 f.
Ice In The Sunshine 108
Ice On Fire 720
Icehouse 668
Ich 1228
Ich bau' dir ein Schloss 1229
Ich bin bald wieder hier 529
Ich bin da 229
Ich bin der Martin, ne . . .?! 777
Ich bin für die Liebe nicht zu jung 534
Ich bin kein Eskimo 755
Ich bin verliebt in die Liebe 1177
Ich bin viel zu bescheiden 1526
Ich bleibe wer ich bin 1557
Ich danz met dir 96
Ich denk' an dich 149 f., 631, 1194
Ich denke viel an Blondie 866
Ich find' dich Scheiße 1418 f.
Ich find' Schlager toll 653
Ich fühl mich wohl in deinem Leben 739
Ich geh durch den Regen 535
Ich geh' nicht ohne Dich 1491
Ich geh' noch zur Schule 867
Ich glaub' an die Liebe 790
Ich grüße alle und den Rest der Welt 1322
Ich hab' dein Knie gesehn 158
Ich hab dich lieb 139
Ich hab' dich doch lieb 1004
Ich hab' dich lieb 1227
Ich hab' die Liebe gesehn 792
Ich hab' die Liebe verspielt in Monte Carlo 570
Ich hab einen guten Freund gehabt 852
Ich hab' geträumt von dir 1158
Ich hab' mein Herz in Germany verloren 81
Ich hab' mich so auf dich gefreut 1158
Ich heirate Papi 570
Ich kauf' mir lieber einen Tirolerhut 943
Ich komm' bald wieder 268
Ich leb' in einer Wolke 303
Ich lebe für den HipHop 393
Ich leg' mein Schicksal in deine Hand 424
Ich lieb' dich (egal wie das klingt) 1118
Ich liebe das Leben 792
Ich liebe Dich 280
Ich liebte ein Mädchen in Pankow 677
Ich mach meine Augen zu (Everytime . . .) 352, 1014
Ich mache keine Komplimente 1256
Ich mag Steffi Graf 653
Ich möcht mit dir träumen 534, 776
Ich möcht' heut ausgehen 456
Ich schau' den weißen Wolken nach 965
Ich schau' dich an 1322
Ich sing ein Lied für dich 631
Ich sprenge alle Ketten 958, 1256
Ich steh' allein 187
Ich steh' an der Bar und habe kein Geld 81
Ich stell mich an die nächste Wand (Monotonie) 1194
Ich träume mit offenen Augen von dir 881
Ich trink' auf dein Wohl, Marie 543, 1555
Ich war allein 284, 1376
Ich war noch niemals in New York 734
Ich wär' so gern bei dir (Club Italia) 243
Ich wär' so gerne Millionär 1109
Ich weiß, was dir fehlt 20
Ich will 'nen Cowboy als Mann 570
Ich will immer auf dich warten 794
Ich will immer nur dich 1376
Ich will leben 853
Ich will mehr 1072
Ich will nur dich 19
Ich will raus (Sehnsucht) '99 1229
Ich will Spaß 872 f.
Ich will! 1459
Ich will, dass du mich liebst 1410
Ich wünsch' dir die Hölle auf Erden 525
Ich wünsch' mir 'ne kleine Miezekatze 1537
Ich zähle täglich meine Sorgen 20
Ich zeige dir mein Paradies 733
Ichabod And I 168
Idea 120
Identify Yourself 1019
Identity Crisis 1378
Idle Gossip 295
Idol Songs: 11 Of The Best 669
Iesha 44
If A Woman Answers (Hang Up The Phone) 1473
If Dreams Came True 171
If Ever You're In My Arms Again 202
If He Walked Into My Life 582
If I Can Dream 1099
If I Can't Have You 444, 697, 807
If I Could Build My Whole World Around You 554, 1403
If I Could Fly 583
If I Could Fly Away 424
If I Could Only Make You Care 132
If I Could Reach You 493
If I Could Teach The World 165
If I Could Turn Back The Hands Of Time 747
If I Could Turn Back Time 258
If I Didn't Care 239
If I Didn't Have You 999
If I Ever Fall In Love 1248
If I Get Lucky 1123
If I Get The Chance 1423
If I Give My Heart To You 350
If I Give You My Number 1082
If I Had A Hammer 827
If I Had A Hammer (The Hammer Song) 1070
If I Had No Loot 1427
If I Had Words 496
If I Had You 773
If I Have To Go Away 714
If I Let You Go 1505
If I Loved You 246, 295, 319, 1279
If I Never See You Again 1505
If I Only Had Time 1198
If I Ruled The World 985 f., 1237
If I Said You Have A Beautiful Body Would You Hold It Against Me 124
If I Should Fall From Grace With God 1085
If I Should Love Again 862
If I Told You That 659 f., 923
If I Was 1466
If I Was: The Very Best Of Midge Ure And Ultravox 1461, 1466
If I Were A Carpenter 341, 520
If I Were A Rich Man 831, 1427
If I Were Your Woman 770
If I'd Been The One 1410
If It Don't Work Out 51

If It Happens Again 1459
If It Isn't Love 568, 995
If It Makes You Happy 322
If Looks Could Kill 1438
If Love Is In Your Heart 533
(If Loving You Is Wrong) I Don't Want To Be Right 675
If Music Be The Food Of Love . . . Prepare For Indigestion 360
If Not For You 1001
If Not You 413
If Only 609
If Only I Could 1551 f.
If Only I Knew 1545
(If Paradise Is) Half As Nice 34
If That Were Me 212
If That's What It Takes 901
If The Beatles Had Read Hunter . . . The Singles 1535
If The Kids Are United 1251
If The Whole World Stopped Loving 405
(Don't Worry) If There's A Hell Below We're All Going To Go 893
If This Is It 805
If We Fall In Love Tonight 1354
If We Try 1138
If Wishes Came True 1380
If Ya Gettin' Down 497
If You (Lovin' Me) 1265
If You Asked Me To 384
If You Believe 1223
If You Buy This Record Your Life Will Be Better 1391
If You Can Believe Your Eyes And Ears 858
If You Can't Do It When You're Young, When Can You Do It? 445
If You Can't Give Me Love 1123
If You Can't Stand The Heat 204, 1341
If You Come Back 152
If You Could Love Me 289
If You Could Read My Mind 808, 987, 1326 f.
If You Don't Know Me By Now 915, 1271 f.
If You Don't Love Me 1095
If You Don't Want My Love 722
If You Ever 430 f.
If You Ever Fall In Love 544
If You Go 1236 f.
If You Go Away 687, 996
If You Gotta Go Go Now 864
If You Gotta Make A Fool Of Somebody 528
If You Had My Love 827
If You Leave 1037
If You Leave Me Now 261
(If You Let Me Make Love To You Then) Why Can't I Touch You? 426
If You Let Me Stay 332
If You Love Me 201
If You Love Me (Let Me Know) 1001
If You Love Somebody Set Them Free 1356
If You Need Me Tonight 118
If You Needed Somebody 83
If You Only Let Me In 943
If You Please 319
If You Really Love Me 1534
If You Really Want Me To I'll Go 897
If You Really Want To Be My Friend 153
If You Remember Me 1413
If You Think You Know How To Love Me 1298
If You Think You're Lonely Now 745
If You Tolerate This Your Children Will Be Next 861 f.
If You Wanna Be Happy 1308
If You Wanna Get To Heaven 1045
If You Wanna Party 948, 1043
If You Were Here Tonight 1020
If You Were With Me Now 936 f.
If You'll Be Mine 76
If You're Gone 888
If You're Lookin' For A Way Out 1024
If You're Ready (Come Go With Me) 1334
If You're Thinking Of Me 395
If You've Never Been 445
If Your Girl Only Knew 3
If/Keep On Running 21
Iguana 1075
Ihr seid so leise! 49
Ihre 20 größten Hits 763
II 179, 1096, 1453
III Sides To Every Story 467
Iko Iko 124, 224, 388, 987
Il Jouait Piano Debout 546
Il Mare Calmo Della Sera 160
Il mondo 1485
Il Paese Dei Balocchi 127
Il Silenzio 1196
Il Silenzio – Abschiedsmelodie 1196
Il Vento Caldo Dell'Estate 22
Ill Communication 109
Ill Na Na 197
Illmatic 985
Illusions 550
Illusions Of A Lady 1443
Im Auftrag des Herrn . . . live 1430
Im Bett 787
Im Hafen unserer Träume 20
Im Himmel geht es weiter 1158
Im Himmel ist die Hölle los 455
Im kleinen Dorf am Rio Grande 797
Im Land der Lieder 20
Im Nin'Alu 624
Im Osten 1004
Im Rausch der Kanäle 941
Im Tal der blauen Berge 641
Im Wagen vor mir 158
Images 1490
Imaginary Lover 65
Imagination 671, 770, 1390
Imagination – All The Hits 671
Imagine 32, 51, 751, 798 f.
Imagine Me, Imagine You 521
Imagine That 751
Imagine The Swan 51
Imagine: John Lennon 799
Imitation Of Life 879, 1129
Immer wenn es regnet (A.N.N.A) 532
Immer wieder 436, 789, 1057
Immer wieder sonntags 268
Immigrant Song 794
Immortality 383 f., 581
Imperial Bedroom 307
Impulsive 1526
In 1189
In . . . The Live Of Chris Gaines 193
In A Broken Dream 1119 f., 1352
In A Different Light 1134
In A Lifetime 270
In A Room 395
In A Sentimental Mood 413
In A Shady Nook (By A Babbling Brook) 1065
In Alabama steht ein Haus 641
In All The Right Places 1333
In And Out Of Focus 508
In And Out Of Love 1374
In Black And in White 828 f.
In Blue 305
In Certi Momenti 1138
In Cold Blood 152
In Concert 150, 407
In Concert – MTV Plugged 1329
In Concert 1994 1061
In De Ghetto 957, 1498
In Deep 51, 514
In Demand 1406
In der Schweiz 1429
In der Steinzeit war alles besser 241
In Dreams 1035, 1488
In Due 990
In Dulce Jubilo/On Horseback 1028
In Effect Mode 17
In einer Bar in Mexico – Seine großen Erfolge 2 630
In einer Bar in Mexiko 630
In festen Händen 1256
In Flight 128, 516
In For A Penny 49
In Full Bloom 1194
In Gorbatchev We Trust 1251
In Hearing Of Atomic Rooster 67
In It For The Money 1371
In Joy And Sorrow 641
In Love With A Dream 1032
In mir klingt ein Lied 583
In My Bed 417
In My Chair 1340
In My Defence 919
In My Eyes 73
In My Heart 1180
In My House 884
In My Life 1083
In My Lifetime, Vol. 1 704
In My Own Time 478
In My Room 648
In My Wildest Dreams 1435
In Ogni Senso 1138
In Our Lifetime 1406
In Person 1379
In Pieces 193
In Private 1327
In Rock 363
In Search Of Space 622
In Search Of The Lost Chord 953
In Sides 1036
In Square Circle 1534
In Summer 540
In The Air Tonight 291
In The Air Tonight Remix '88 291
In The Air Tonite 291, 810
In The Army Now 1341
In The Bad Bad Old Days 516
In The Blink Of An Eye 321
In The Blood 825
In The Blue Of The Evening 1279
In The Brownies 298
In The Bush 1404
In The City 12, 695
In The Closet 690 f., 1344
In The Country 1166
In The Dark 589
In The End 815
In The Flesh 1078
In The Garden 460
In The Ghetto 345, 565, 1097, 1100

(When You Say You Love Somebody) In The Heart 773
In The Heat Of The Night 126, 671, 1217
In The Hood 727, 772
In The Hot Seat 446
In The House 279, 894
In The Middle Of A Heartache 691
In The Middle Of Nowhere 945, 1327
In The Middle Of The Night 854
In The Midnight Hour 168, 1075
In The Midnight Hour Version 1987 1075
In The Mood 715
In The Name Of Love 1414
(What) In The Name Of Love 983
In The Name Of The Father 142, 1018
In The Navy 1483 f.
In The Pocket 293, 1393
In The Rain 414
In The Still Of The Nite (I'll Remember) 180
In The Storm 359
In The Summer Night 1395
In The Summertime 334, 942, 973, 1247 f., 1508
In The Wee Small Hours 1277
In The Wind 1070
In The Year 2525 1554
In These Arms 164
In Thoughts Of You 540
In Through The Out Door 793
In Too Deep 228, 561, 1369
In 2 Eternity 393
In Town 1181
In Trance 1231
In Utero 1009
In Visible Silence 57
In Yer Face 440
In Your Arms (Rescue Me) 102, 1016
In Your Car 1210
In Your Eyes 128, 937
In Your Mind 490
In Your Room 94, 373
In Your Time 1240
In Your Wildest Dreams 1447, 1509
In Zaire 1197, 1488
Inarticulate Speech Of The Heart 960
Inbetweener 1289
Incense And Peppermints 1359 f.
Incesticide 1008 f.
Inch' Allah 10
Incommunicado 871
Incomplete 1283
Incredible 893, 1115
Independence 839
Independent Women Part I 376
Indian Giver 1007
Indian Lake 309
Indian Outlaw 902
Indian Rave 1222
Indian Reservation 480 f., 1038
Indian Reservation (The Lament Of The Cherokee Reservation Indian) 1162
Indian Rope 250
Indian Rope Man 67
Indiana Wants Me 1394
Indiscreet 1316
Infatuation 1354
Infernal Love 1408
Infest 1049
Infidels 425
Infiltrate 202 31
Infinite 333
Infinite Dreams 681
Infinity 600, 732
Info-Freako 711
Information Society 675
Informer 1301
Ingenuity 1461
Ingredients In A Recipe For Soul 252
Initial Success 1177
Inkpot 1262
Inner Child 1252
Inner City Blues (Make Me Wanna Holler) 554
Inner Secrets 1219
Inner Smile 1406
Innervisions 1534
Innocent 1027 f., 1467
Innocent Victim 1467
Innocente (Falling In Love) 368
Innuendo 1125
Insanity 1023
Insatiable 623, 1223
Insel der Zärtlichkeit 1197
Inside 78, 1355
Inside Information 513 f.
Inside Job 635
Inside Out 325, 1024
Insight Out 62
Insomnia 475, 487
Insomnia (Remix) 475
Insomniac 592
Inspiration 1099, 1363
Instant Karma (We All Shine On) 798 f.
Instant Moments 1141
Instant Replay 619, 1545
Instinction 1315
Instinctual 671
Intensivstationen 813
Interesting Drug 961
Intergalactic 109
International 546
International Bright Young Thing 711
International Jim Reeves 1155
International Velvet 241
Into The Blue 944
Into The Dragon 162
Into The Fire 11
Into The Gap 1414
Into The Great Wide Open 1073
Into The Groove 852
Into The Light 352 f., 458, 1236
Into The Skyline 370
Into The Valley 1285
Into Tomorrow 1501
Intro – The Gift Recordings 1117
Introduce Yourself 473
Introducing ... The Beatles 113
Introducing Eddie And The Falcons 1531
Introducing Herman's Hermits 636
Introducing The Beau Brummels 115
Introducing The Hardline According To Terence Trent d'Arby 332
Introspective 1068
Intuition 815
Invincible 126, 183, 497, 691
Invisible 57
Invisible Man 1007
Invisible Sun 1088
Invisible Touch 560 f.
Invisible Touch Live 561
Invitation 429
Io Non So Parlar D'Amore 245
Io Senza Te 1070
Ire Feelings (Skanga) 438
Irena 585
Irgendwann gibt's ein Wiedersehn 529
Irgendwann, irgendwo 872
Irgendwann, irgendwo, irgendwie 415
Irgendwie, irgendwo, irgendwann 367, 393, 993
Irgendwo brennt für jeden ein Licht 20
Iris 578
Irma La Douce 424
Iron Fist 963
Iron Lion Zion 874 f.
Iron Maiden 680
Ironic 958
Irre glalaktisch Vol. 6 1228
Irresistible 370, 1272, 1344
IRS Tapes 992
Irv Gotti Presents ... The Murderers 686
Is Everybody Happy 620
Is It Good To You 628
Is It Love 969, 987, 1194, 1450
Is It Love You're After 1194
Is It Safe? 380
Is It Still Good To Ya 60
Is Nothing Sacred 910
Is She Really Going Out With Him 689
Is There Anybody Out There? 103, 1078
Is There Anybody Out There? – The Wall Live – 1980–81 1078
Is There Something I Should Know 28, 423
Is This Love 875, 967, 1513
Is This The Love 887
Is This The Way To Amarillo 267
Is was, Doc 1362
Is You Is Or Is You Ain't (Ma' Baby) 319
Isabella 563
Isch liebe disch 1419
Island Girl 721
Island Life 727
Island Of Dreams 1328
Islands 1027
Islands In The Stream 825, 924, 1055 f., 1185 f.
Isle Of Innisfree 320
Isms 396
Isn't It A Wonder 180 f.
Isn't It About Time We're On TV 1492
Isn't It Time 1488
Isn't She Lovely 1055
Isolation 1432
Israelites 288, 366
Ist der Ruf erst ruiniert ... 1419
Istanbul 1478
Istanbul (Not Constantinople) 1408
It 1117
It Ain't Easy 90, 1416
It Ain't Enough 58
It Ain't Hard To Tell 985
It Ain't Me Babe 1448
It Ain't Nothin' But A Houseparty 1089
It Ain't Over 'Til It's Over 777
It Ain't What You Do It's The Way That You Do It 537

It Ain't What You Do It's The Way You Do It 92
It Began In Afrika 257
It Didn't Matter 1364
It Doesn't Have To Be This Way 152
It Doesn't Matter 706
It Doesn't Matter Anymore 43, 645
It Don't Come Easy 1337 f.
It Don't Matter To Me 185
It Feels So Good 1306
It Happened At The World's Fair 1098
It Hurts Me 339
It Hurts So Much 1156
It Hurts To Be In Love 1081
It Is And It Isn't 620
It Is Time To Get Funky 393
It Keeps Rainin' (Tears From My Eyes) 906
It Keeps Right On A-Hurtin' 1421
It Keeps You Running 900
It Makes You Feel Like Dancin' 1193
It Matters To Me 639
It Miek 366
It Might As Well Rain Until September 758
It Must Be Him 231
It Must Be Love 850, 1210, 1264
It Must Be Magic 869
It Must Have Been Love 1199
It Never Rains In Southern California 607
It Only Takes A Minute 760, 1030, 1387 f., 1392
It Only Took A Minute 199
It Should Have Been Me 471
It Started All Over Again 1279
It Started With A Kiss 655
It Still Ain't Easy 90
It Sure Took A Long, Long Time 820
It Takes A Thief 301
It Takes Me Away 883
It Takes Two 1353 f., 1448
It Takes Two (Deeper Love) 1323
It Tears Me Up 1288
It Was All A Dream 414
It Was Written 985
It Wasn't Me 1248
It Will Make Me Crazy 488
It Won't Be The Last 330
It Would Take A Strong Strong Man 63
It'll Be Me 1166
It'll Shine When It Shines 1045
It's A 105
It's A Beautiful Thing 1023
It's A Cryin' Shame 1293
It's A Fine Day 1032
It's A Game 105
It's A Hard Life 1125
It's A Heartache 85, 1455
It's A Long Way There 818
It's A Love Affair 832
It's A Love Thing 1508
It's A Man's Man's Man's World 198
It's A Man's World 258
It's A Miracle 326
It's A Mistake 916
It's A Party 209
It's A Rainy Day 668
It's A Real Good Feeling 750
It's A Shame 778, 1324
It's A Sin 1069
It's A Sin To Tell A Lie 951
It's A Wonderful Day 1534
It's About Time 1381
It's All About Me 977, 1283
It's All About The Benjamins 1116
It's All About U 1381
It's All About You (Not About Me) 1319
It's All Been Done 99
It's All Coming Back To Me Now 384
It's All In The Game 520, 1166
It's All Over 1166
It's All Over Now 238, 1186, 1188, 1335, 1531
It's All Over Now Baby Blue 490, 1407
It's All Right 672
It's Almost Tomorrow 1539
It's Alright 199, 431, 1069
It's Alright, I Feel It 199
It's Always You 1279
It's Been A Long, Long Time 319
It's Been Awhile 1332
It's Been So Long 899, 1192
It's Better To Travel 1380
It's Called A Heart 373
It's Cool Man 1541
It's D'Lovely 361
It's Different For Girls 689
It's Ecstasy When You Lay Down Next To Me 1509, 1522
It's Everly Time 464
It's Five O'Clock 1197
It's For You 139
It's Four In The Morning 1548
It's Getting Better 856 f.
It's Goin' Down 1441
It's Going To Happen! 1462
It's Gonna Be A Cold Cold Christmas 338
It's Gonna Be Me 981
It's Gonna Be My Way 1095
It's Gonna Take A Miracle 1520
It's Gonna Work Out Fine 1445
It's Good Eve 1258
It's Good News Week 629
It's Great When We're Together 1123
It's Great When You're Straight ... Yeah 142
It's Grim Up North 736
It's Hard 1515
It's Impossible 295
It's In His Kiss 806
It's Just A 129
It's Just A Matter Of Time 129
It's Just My Funny Way Of Laughin' 684
(It's Just) The Way That You Love Me 6
It's Late 991
(It's Like A) Sad Old Kinda Movie 1075
It's Like That 1205
It's Love (Trippin') 578
It's Love That Really Counts 920
It's Magic 350, 1184
It's Money That Matters 999
It's My Life 42, 164, 411, 1222, 1389
It's My Party 581, 1350 f.
It's My Turn 1196
It's No Crime 78
It's No Good 373
It's Not A Love Thing 1521
It's Not For Me To Say 889
It's Not Over 957
It's Not Over ('Til It's Over) 709
It's Not Right But It's Okay 660
It's Not Unusual 170, 729 f.
It's Now Or Never 1097, 1100
It's Oh So Quiet 137 f.
It's On You 1147
It's Only Love/Beyond The Reef 1100
It's Only Make Believe 218, 263, 540
It's Only Money 494
It's Only Rock 'n' Roll 153, 1188
It's Over 279, 360, 539, 802, 1035, 1404
It's Over Love 1253, 1404
It's Over Now 987, 1031
It's Party Time 715
It's Probably Me 1355
It's Raining 342, 1348
It's Raining Again 1372
It's Raining Men 605, 1499
It's Raining Men ... The Sequel 1499
It's Real 745
It's So Easy 1191
It's So Hard To Say Goodbye To Yesterday 180
It's Still Rock And Roll To Me 719
It's The Same Old Song 520, 760
It's The Searchers 1235
It's The Talk Of The Town 297
It's The Way You Make Me Feel 1346
It's Time For Love 263
It's Time To Cry 44
It's Time To Get Funky 393
It's Too Late 232, 758, 1122
It's Too Late Now 89, 1381
It's Too Soon To Know 171
It's Trad, Dad 1254
It's Up To You 992
It's Wonderful 1204
It's You 1336 f.
It's You I Love 399
It's Your Body 568
It's Your Life 1298
It's Your Love 639, 902
It's Your Night 675
It's Your Thing 682 f.
Italian Favorites 524
Italian Hucklebuck 951
Italian Memories 1479
Italo Boot Mix 939
Itchycoo Park 470, 845, 1127, 1291
Itsy Bitsy Teenie Weenie Honolulu-- Strand-Bikini (Club Honolulu) 243
Itsy Bitsy Teenie Weenie Yellow Polka-Dot Bikini 163, 665 f.
Ixnay On The Hombre 1026
Izitso 1347
Izzo (H.O.V.A.) 705

J To Tha L-O! The Remixes 827
J.E. Heartbreaker 694
J.Lo 827
J.O.S.E.: Jealous Ones Still Envy 484
J.R. 717
J.T. 772
Ja, der Eiffelturm 1243
Ja, ich weiß, wen ich will 978
Ja, ja ... deine Mudder 343
Ja klar 1242
Ja, wenn wir alle Englein wären 1306, 1555
Jack & Diane 913, 1272
Jack 539
Jack And Jill 1052
Jack In The Box 948, 1182
Jack Mix II/III 939
Jack Mix In Full Effect 939
Jack Mix IV 939

Jack Talking 1351
Jack The Ripper 726
Jack The Tab 594
Jack To The Sound Of Underground 642, 1483
Jack Your Body 665
Jackie 1489
Jackie Blue 1045
Jackie Wilson Said 379
Jackmaster 538
Jacks 1450
Jackson 687, 692, 1009, 1280
Jackson Browne 200
Jacob's Ladder 805 f.
Jade To The Max 693
Jaded 14
Jagged Little Pill 957 f.
Jagged Little Thrill 694
Jailbreak 1409
Jailhouse Rock 1097, 1099
Jam 1421
Jam For The Ladies 944
Jam Up Jelly Tight 1183
Jambalaya 510
Jambalaya (On The Bayou) 316
Jamboree 988, 1556
Jamboree Bag No. 3 254
James Bond Theme 944
James Brown Is Dead 198, 781
James Brown Is Still Alive 198, 781
James Galway Plays Songs For Annie 547
Jamma nich 993
Jamming/Punky Reggae Party 874 f.
Jane McDonald 900
Janet Jackson's Rhythm Nation 1814 688
Janie's Got A Gun 14
Janie, Don't Take Your Love To Town 164
Janis Ian 667
Janis Joplin's Greatest Hits 731
January 1053, 1076
January February 382
Japanese Boy 40, 733
Japanese Love Song 1402
Jarreau 703
Jarrow Song 1103
Jasmin 157
Java (All Da Ladies Come Around) 641
Jaws 579, 1521
Jay 703
Jay & The Americans Greatest Hits! 703
Jazz 1125
Jazz From Hell 1555
Jazz Funk 673
Jazz It Up 1155
Jazz Samba 565
Jazzabelle 972
Jazzman 759
Je M'Appelle Barbra 1362
Je M'Voyais Déjà 70
Je N'Aurai Pas Le Temps 1198
Je Ne Peux Pas Rentrer Chez Moi 70
Je Ne Sais Pas Pourquoi 937
Je Suis, Tu Es 1262
Je T'ai Dans La Peau 116
Je T'aime (Moi Non Plus) 733
Je T'Aime . . . Moi Non Plus 135, 1369
Je T'aime Mon Amour (Wieviel Stunden hat die Nacht) 276
Je T'appartient 116
Je Veux L'Amour – Follow Me 1483
Jealous Guy 798, 1200
Jealous Mind 1335
Jealousy 540, 918
Jean 137, 299, 673, 706, 770, 1028, 1373, 1556
Jeanny 982, 1147
Jeanny, Part 1 475 f.
Jeans On 420
Jede Stunde 743
Jeder Freund ist auch ein Mann 1071
Jeder Weg hat mal ein Ende 1194
Jeepster 1386
Jein 491
Jekyll & Hyde 1285
Jellybean Rocks The House 819
Jemenite Songs 624
Jennie Lee 699 f.
Jennifer Eccles 644
Jennifer Juniper 402
Jennifer Rush 1205
Jennifer Tomkins 647
Jenny 734
Jenny Take A Ride! 1208 f.
Jenny, Jenny 1208
Jenseits der Nacht 1503
Jenseits des Tales 630
Jenseits von Eden 351 f., 683, 886
Jenseits von Liebe 624, 1487
Jeopardy 754 f.
Jeremiah Peabody's Poly Unsaturated Quick Dissolving Fast Acting Pleasant Tasting Green & Purple Pills 1348
Jeremy 1063
Jerk Out 1422
Jerusalem 485, 790
Jesamine 241
Jesse 1266
Jesse Hold On 75
Jessica 27, 1071
Jessie's Girl 1328
Jesu, meine Freude 47
Jesus 17, 444
Jesus bleibet meine Freude 107
Jesus In A Camper Van 1522
Jesus Says 59
Jesus To A Child 922 f.
Jet 613 f., 897, 932, 946, 1245, 1358
Jet & Tony 614
Jet Airliner 932, 946
Jetzt dreht die Welt sich nur um dich 567 f., 570
Jetzt geht's ab 479
Jetzt kommt Shaky 1348
Jetzt oder nie – Zeit ist Geld 146
JFK 1521
Jig A Jig 431
Jiggs 40
Jigsaw 1246
Jill's Theme 341, 411
Jilted 714
Jilted John 714
Jim Carroll 873
Jim Reeves' Golden Records 1156
Jimi Hendrix Live 634
Jimmie Rodgers 1183
Jimmy 714
Jimmy Jimmy 1462
Jimmy Loves Mary-Anne 826
Jimmy Mack 878
Jimmy Olsen's Blues 1323
Jingle Jangle 50
Jingo 1219
Jive Bunny The Album 715
Jive Connie 524
Jive Talkin' 120 f., 168
Joan Armatrading 52
Joan Baez 87
Joan Baez – ihre schönsten Lieder 87
Joan Baez In Concert 87
Joan Baez In Concert, Part 2 87
Joan Baez No. 5 87
Joan Baez On Vanguard 87
Joan Baez, Vol. 2 87
Joan Of Arc 1037
Joanna 7, 773, 1489
Joanna/Tonight 773
Jody Watley 1498
Joe Brown – Live 199
Joe Cocker 283
Joe Cocker! 283
Joe Cocker – Greatest Hits 283
Joe Cocker/With A Little Help From My Friends 283
Joe Le Taxi 1051
Joey Vann Medley 422
John B. Sebastain 1236
John Barleycorn Must Die 1437
John Brown's Body 828
John Cougar 914
John Denver's Greatest Hits 371
John Denver's Greatest Hits, Volume 2 371
John Henry 1408
John Lennon/Plastic Ono Band 799
John Peel Session 1233
John Wayne Is Big Leggy 623
John Wesley Harding 425
John, Paul, George, Ringo And Bert 382
Johnny Angel 469
Johnny B 410 f., 651
Johnny B. Goode 130 f.
Johnny Blue 1471
Johnny Cash At Folsom Prison 237
Johnny Cash At St. Quentin 237
Johnny Cash's Greatest Hits Volume 1 237
Johnny Come Home 493 f.
Johnny Friendly 716
Johnny Get Angry 1305 f.
Johnny Gill 568
Johnny Guitar 1326
Johnny Johnny 1095
Johnny Loves Me 1376
Johnny Mathis' All-Time Greatest Hits 889
Johnny Mathis' Greatest Hits 889
Johnny Nash Collection 986
Johnny Reggae 760, 1076
Johnny Reggae's Don't Get Your Knickers In A Twist 1076
Johnny Rivers At The Whisky A Go Go 1174
Johnny The Fox 1409
Johnny Will 161, 172
Johnny's Greatest Hits 889
Johnny's Mood 889
Johnny's Newest Hits 889
Johnny, komm 1376
Join Bing And Sing Along 319
Join Hands 1282
Join Me 641
Join Together 1515
Joint Mix 892, 1425
JoJo Action 970
Jolene 1055 f., 1360
Jolly Joker 534, 1413
Jon Secada 1236 f.

Jonathan Livingston Seagull 381
Jools 1330
Joplin In Concert 731
Jordan Knight 770
Jordan: The Comeback 1095
Jordan: The EP 1095
Joseph And The Amazing Technicolor Dreamcoat 239, 402, 566, 726, 1040
Josephine 1146 f., 1404
Josey 362
Josie 854, 1176
Josie & The Pussycat 1176
Journey Through The Secret Life Of Plants 1534
Journey To Glory 1315
Journey To The Past 3
Journeymen 272
Joy 47, 583, 714, 1310
Joy! 553
Joy And Pain 26
Joy To The World 1416
Joy To The World – Their Greatest Hits 1416
Joybringer 864
Joyride 1199
JP 1092
Jraaduss 96
JT 1393
Ju Ju 1282
Juanita 654, 848, 883
Juanita Banana 1064 f.
Judge Dredd 716
Judge Not (Unless You Judge Yourself) 874
Judith 289
Judy In Disguise (With Glasses) 528
Judy Sings Dylan . . . Just Like A Woman 289
Judy Teen 612 f., 1053
Judy's Turn To Cry 581
Judy, I Love You 671
Juice 728, 1000
Juicy 1536
Juicy/Unbelievable 1015
Juke Box Baby 295
Juke Box Jive 1202
Julia 1146
Julia & Julia 1355
Julia Says 1505
Julia's Song 1036
Juliane Werding 1503
Julie Ann 750
Julie, Do Ya Love Me 1260, 1512
Juliet 517, 539, 566
Julio 670
Jumbo 121, 1463
Jump 207, 778, 1196, 1473 f.
Jump (For My Love) 1086
Jump – The Best Of The Pointer Sisters 1086
Jump Around 656 f.
Jump Around/Top O' The Morning To Ya 657
Jump Back – The Best Of The Rolling Stones 1971–1993 1188
Jump Down 75
Jump N' Shout 101
Jump They Say 175
Jump To My Love/Always There 673
Jump To The Beat 787, 936, 1517
Jumper 1409
Jumpin' Jack Flash 906, 1188
Jumpin', Jumpin' 376
Junction 7 1529
Junge, komm bald wieder 529
Junger Mann mit roten Rosen 407
Junges Blut 352
Jungle Boogie 772
Jungle Fever 246, 1533
Jungle Love 1422
Jungle People 1310
Jungle Rock 942
Junimond 434
Junior's Farm 897
Junk Culture 1037
Junk Food Junkie 594
Junkanoo 87
Jupp 96
Jurassic Park 1422
Jürgen Englers Party 1429
Jus 1 Kiss 101
Just 1132
Just A Boy 1224
Just A Collection Of Antiques And Curious 1360
Just A Day 487
Just A Dream 270
Just A Friend 136
Just A Gigolo/I Ain't Got Nobody 1197
Just A Girl 1011 f.
Just A Groove 1013
Just A Little 55, 115, 637, 991
Just A Little Bit Better 637
Just A Little Lovin' (Will Go A Long, Long Way) 55
Just A Little Too Much 991
Just A Prayer Away 319
Just A Smile 1076
Just A Song Before I Go 321
Just A Step From Heaven 459
Just A Touch 1377
Just An Illusion 671
Just Another Band From L.A. 830
Just Another Day 1236 f.
Just Another Dream 370 f.
Just Another Lover 749
Just Another Way To Say I Love You 1509
Just Around The Hill 1222
Just As Though You Were Here 1278
Just Be Good To Me 1211
Just Be True 248
Just Between You And Me 584
Just Blue 1313
(Nothin' Serious) Just Buggin' 1508
Just Can't Get Enough 373, 836
Just Can't Get Enough (No, No, No, No) 785
Just Can't Stop It 110
Just Don't Want To Be Lonely 855, 902
Just Dropped In (To See What Condition My Condition Was In) 1185
Just Enough Education To Perform 1346
Just For Kicks 1221
Just For Lovers 346
Just For The Money 611
Just For The Record 1362
Just For You 573, 770, 845 f., 941, 1017
Just Gets Better With Time 1508
Just Good Friends 200, 546, 1002
Just Got Back Today/Rocks And Boulders/Danny's Song/Tomorrow's Rain 1370
Just Got Lucky 716
Just Got Paid 749
Just Hold On 1427
Just Keep Rockin' 1148
Just Kickin' It 1541
Just Like A Man 367
Just Like A Woman 864
Just Like Eddie 631
Just Like Jesse James 258
Just Like Me 643
Just Like Paradise 1197
(Just Like) Romeo And Juliet 1156
(Just Like) Starting Over 798 f.
Just Like Us! 1162
Just Looking 1346
Just Loving You 613
Just Me 132
Just My Imagination (Running Away With Me) 1400
Just Once 675
Just Once In My Life 1170
Just One Look 644, 1443
Just One More Kiss 1160
Just One More Night 1546
Just One Night 272
Just One Smile 999, 1081
Just Push Play 14
Just Remember I Love You 495
Just Say No 586
Just Supposin' 1341
Just Take My Heart 968
Just The Two Of Us 1295, 1495, 1530
Just The Way It Is Baby 1158
Just The Way You Are 718 f.
Just The Way You Like It 1211
Just To Be Close To You 293
Just To Let You Know . . . 906
Just To See Her 1179
Just What I Always Wanted 1525
Just What I Needed 233
Just When I Needed You Most 1477
Just Who Is The Five O'Clock Hero 696
Just You 1307
Just You 'N' Me 261
Justified And Ancient 66, 768, 1539
Justify My Love 852
Justus 950

K 780
K.I.S.S.I.N.G. 182
Ka-Ding Dong 221
Kaleidoscope 747, 1282
Kaleidoscope Skies 696
Kaleidoscope World 1380
Kalik 87
Kalkutta liegt am Ganges 1429
Kamakiriad 1343
Kanonen von Navarone 615
Kansas City 665
Karamba, Karacho, ein Whisky 630
Karelia-Suite 1201
Karma Chameleon 326
Karma Hotel 1326
Karma Police 1132
Karmadrome/Eat Me Drink Me Love Me Kill Me 1090
Karneval in Portugal 602
Karneval in Rio 1430
Karyn White 1509
Kashmir 1116
Kassengift 1195
Kate Bush On Stage EP 208
Katrin 141

Katrina & The Waves 744
Katy Lied 1343
Kauf mich! 1430
Kavalier, Kavalier 755
Kaya 875
Kayama 12
Kayleigh 871
Kayo 362
KC & The Sunshine Band 745
Keep A Dream In Your Pocket 1240
Keep A-Lovin' Me 463
(Keep Feeling) Fascination 663
Keep In Touch 530
Keep It Comin' 1377
Keep It Coming, Love 745
Keep It Live 351
Keep It Together 852
Keep It Turned On 63
Keep It Up 834
Keep Movin' On 300
Keep Moving 850
Keep On 248
Keep On Burning 289
Keep On Dancin' 552, 1031
Keep On Dancing 104 f., 390, 562
Keep On Jumpin' 199, 817, 1404
Keep On Loving You 1161
Keep On Movin' 497
Keep On Moving 874, 1309 f.
Keep On Pushing 672
Keep On Pushing Our Love 1005
Keep On Rockin' 1288
Keep On Running 347 f., 932 f., 1529
Keep On Smilin' 1506
Keep On Truckin' (Part 1) 749
Keep On Walkin' 1065
Keep On Wombling 1532
Keep On, Keepin' On 894, 1540 f.
Keep Searchin' (We'll Follow The Sun) 1254
Keep Smiling 377, 784
Keep The Ball Rollin' 703
Keep The Faith 163 f., 270, 461, 563
Keep The Fire 823
Keep The Fire Burnin' 1161
Keep the Fires Burning 279
Keep The Music Strong 136
Keep The Secret 420
Keep Their Heads Ringin' 411 f.
Keep Your Distance 328
Keep Your Eyes On Me 30
Keep Your Hands To Yourself 563
Keep Yourself Alive 1124
Keeper Of The Castle 520
Keeper Of The Seven Keys Part I 632
Keeper Of The Seven Keys Part II 632
Keeping The Dream Alive 971
Kein Alkohol (ist auch keine Lösung) 1431
Kein Gold im Blue River 1190
Kein Pardon 751
Kein Weg zu weit 853
Keine Amnestie für MTV 161
Keine Angst, hat der Papa mir gesagt (Keine Angst, hat die Mama mir gesagt) 1159
Keine Bange, Lieselotte 529
Keine Lust auf schlechte Zeiten 1322
Keine Sterne in Athen (3-4-5 x in 1 Monat) 1159
Keith Sweat 1377
Kenn ein Land 1190
Kennen Sie den? 779
Kenny 1185
Kenny Ball's Golden Hits 90
Kenny Rogers 1185
Kenny Rogers & The First Edition's Greatest Hits 1185
Kenny Rogers – The American Superstar 1185
Kenny Rogers' Greatest Hits 1185
Kentucky 186
Kentucky Rain 1130
Kernkraft 400 1557
Keule 813
Kev 717
Kevin & Perry Go Large 1313
Kevin allein in New York 160, 221
Kevin Carter 862
Kew Pie Doll 295
Kewpie Doll 1478
Key Largo 638
Key To My Life 181
Key West Intermezzo (I Saw You First) 914
Keys Of The Kingdom 953
Kick 679
Kickin' Hard 768
Kicks 753, 1162
Kid 2000 1101
Kid A 1132
Kiddio 129
Kiddy Kiddy Kiss Me 44, 1062
Kids 754, 937, 1522
Kids In America 1517
Kids Of The Baby Boom 124
Kihnspiracy 755
Kill 'Em All 921
Kill Uncle 960
Killer 12, 64, 162, 302, 588, 780, 1041, 1125, 1234, 1409
Killer (EP) 1234
Killer Joe 1041
Killer On The Loose 1409
Killer On The Rampage 588
Killer Queen 1125
Killers 680
Killing An Arab 327
Killing In The Name 1133
Killing Me Softly 308, 501, 535 f.
Killing Me Softly With His Blues 501
Killing Me Softly With His Song 501, 907
Kilroy Was here 1365
Kim Carnes 229
Kim Wilde 1517
Kima, Keisha & Pam 1429
Kimono My House 1316
Kind Of A Drag 203
Kinda Kinks 763
Kinda Latin 1165
Kinderlied 780
King Cole Trio – Volume 2 287
King Cole Trio – Volume 3 287
King Cole Trio – Volume 4 287
King Creole 1098 f.
King For A Day 1414
King For A Day/Fool For A Lifetime 473
King Kong 834
King Of My Castle 1491
King Of New York 538
King Of Pain 1088
King Of Rock 1205
King Of Snake 1463
King of the Buskers 1056
King Of The Cops 660
King Of The Road 660, 931, 1110
King Of The Road (EP) 1110
King Of Wishful Thinking 573
King Rocker 668
King/Food For Thought 1458 f.
Kingdom Of Desire 1431
Kingdome Come 820
Kings Of The Wild Frontier 9
Kingsize 497
Kingston Kingston 831
Kingston Town 1459
Kinks 763
Kinks Greatest Hits 763
Kinks Kontroversary 763
Kinky Afro 610 f.
Kinky Boots 848 f.
Kiri! 1395
Kiss 57, 94, 880, 1107, 1239, 1342
Kiss (When The Sun Don't Shine) 1481
Kiss And Say Goodbye 861
Kiss And Shake 751
Kiss And Tell 201
Kiss By Kiss 447
Kiss From A Rose 1234
Kiss Him Goodbye 1342
Kiss Me 419, 1284
Kiss Me Deadly 513
Kiss Me Honey Honey Kiss Me 102
Kiss Me Quick 1100, 1332
Kiss Me Sailor 1160
Kiss Me With The Wind 1207
Kiss Me, Kiss Me, Kiss Me 327
Kiss On My List 604
Kiss The Girl 39 f.
Kiss The Rain 978
Kiss The Sky 21
Kiss This 1244
Kiss Unmasked 765
Kiss You All Over 466, 1012
Kisses On The Wind 260
Kisses Sweeter Than Wine 1183, 1478
Kissin Time 474
Kissin' Cousins 1098, 1100
Kissin' In The Back Row Of The Movies 416
Kissin' Time 765, 1208
Kissin' You 1429
Kissing A Fool 923
Kissing Gate 200
Kissing To Be Clever 326
Kites 421 f.
Kitsch 1208
Kitty 101, 1347
Kitty-Cat 776
Klappe – die 2te 1419
Kleine Annabell 1190
Kleine Lucienne 299, 535
Kleine Maus 947
Kleine Seen 1229
Kleine Taschenlampe brenn 872 f.
Kleiner Gonzales 567 f.
Kleiner Satellit (Piep, Piep) 157
Klopf dreimal 1322
Klubhopping 768
Knallharte Jungs 816
Knee Deep In The Hoopla 709
Knife 70
Knives Out 1132
Knock Knock Who's There 652
Knock On Wood 175, 1151
Knock On Wood/Light My Fire 1349

Knock On Wood/Light My Fire Remix 1350
Knock Three Times 348 f.
Knocked It Off 1178
Knockin' 93
Knockin' Boots 219
Knockin' Da Boots 660 f.
Knockin' On Heaven's Door 419, 545, 599
Knockin' On Heaven's Door/Throw These Guns Away 420
Knocks Me Off My Feet 727
Know Your Enemy 862
Knowing Me Knowing You 4
Knutschfleck 685
Kodachrome 1268
Kohu, ept 718
Kokomo 107 f., 857, 904
Kokomo (I Love You So) 295
Kom Van dat dak af/De Hele Stad Is Gek En Dol 578
Komm allein 978
Komm mit auf große Fahrt 529
Komm und bedien' dich 20
Komm unter meine Decke 543
Komm wir reden über Sex 279
Komm, gib mir deine Hand 114, 876 f.
Komm, lieber Mai 993
Kommando Pimperle 1136
Kommt ein Schiff nach Amsterdam 1471
Komodo/Save A Soul 1075 f.
Kon-Tiki 614, 1246
Kongos 772
Königswalzer 580
Konkret 1072
Koo Koo 618
Koochy 1474
Kool 772
Kool Rockski 484
Kootchypop 651
Korean Bodega 538
Korrekt 780
Kosmetik 1530
Kosmos 1025
Kowalski 1104
Kraftwerk 775
Kraftwerk 2 774
Kraze 1508
Kreuzberger Nächte 556, 1485
Krieg der Welten 624
Kristallnach 97
Krupa 47
Krush Groove 512, 819
Kryptonite 1416
Kugelblitze und Raketen 873
Kumba Jah My Lord 941
Kumba Yo! 596, 941
Kumbaya 1217
Kumbayo! 596
Kung Fu 59
Kung Fu Fighting 207, 409 f.
Kung-Fu 1030
Kunze: Macht Musik 780
Küss' die Hand, schöne Frau 455
Küsse im Mondschein 700, 865
Küsse nie nach Mitternacht 856
Küsse oder so 1158
Küsse unterm Regenbogen 867
Küssen verboten 1108 f.
Kylie 937
Kylie Minogue 936 f.
Kylie Said To Jason 767
Kyrie 969
L Is For Lover 703
L.A. Goodbye 1237
L.A. Is My Lady 1277
L.A. Woman 407
L.P. 1158
L'Amour Est Bleu 791, 891
L'amour toujours 331
L'Aria Del Sabato Sera 574
L'Ecole Est Finie 1257
L'esperanza 1025
L'Estate Sta Finendo 1169
L'Heure De La Sortie 1257
La Bamba 830
La bella 585
La Bella Musica 20
La Bionda 782
La Bohème 70, 1061, 1191
La Booga Rooga 472
La Carretera 670
La Copa De La Vida 880 f.
La Cucaracha 1425
La Di Da Di 1015
La Folie 1359
La Golandrina 761
La Grange 1559
La Isla Bonita 541, 852
La La La (If I Had You) 1260
La La La Hey Hey 1043
La La Means I Love You 368
La La Peace Song 1524
La Mama 70
La Mamma 190
La Montanara 630, 1196
La Musica 1203
La Novia 1184
La Paloma 255, 424, 529, 1479
La Paloma ade 889
La Paloma Twist 255
La Partita Di Pallone 1062
La Passion 331
La Primavera 1222
La Serenissima 394
La Vida Sigue Igual 670
La-La Means I Love You 1380
Laß die Sonne wieder scheinen 1190
Labelled With Love 1330
Labour Of Love 661
Labour Of Love III 1458
Labour Of Love Volume I & II 1458
Labour Of Lust 836
Laßt es sein, Kinder 1530
Laßt mich noch einmal in die Ferne 529
Labyrinth 174
Labyrinthe 1059
Ladies 865
Ladies & Gentlemen: The Best Of George Michael 923
Ladies And Gentlemen 122, 369
Ladies Night 772
Ladies Of The Canyon 940
Lady 103, 299, 331 f., 361, 402, 535, 719, 818, 907, 970, 1115, 1186, 1195, 1363, 1365
Lady (Hear Me Tonight) 946
Lady (You Bring Me Up) 293
Lady Bird 1280
Lady Bump 907
Lady Carneval 583
Lady D'Arbanville 1347 f.
Lady Eleanor 814
Lady Godiva 1069
Lady In Black 1466 f.
Lady Jane 551
Lady Love 1145
Lady Lynda 107 f.
Lady Madonna 114
Lady Marmalade 15, 25, 568, 610, 783, 810, 838, 977, 1012, 1077
Lady Of The Dawn 103
Lady Of The Stars 402
Lady Samantha 719
Lady Sings The Blues 1195
Lady Sunshine und Mr. Moon 299, 535
Lady Willpower 1115
Lady's Night 772
Laid 697
Laisse Moi Le Temps 729
Lake Placid Blues 1510
Lambada 743
Lament 1461
Lamplight 457
Lancelot 407
Land Of 1000 Dances 740, 750, 1075
Land Of Confusion 561
Land Of Dreaming 887
Land Of Make Believe 28
Lange Schatten 853
Lap Of Luxury 255
Larger Than Life 81, 1498
Lärmbada 743
Las Vegas 267
Las Vegas Nights 1276
Lass das mal den Tony machen 877
Lass das mal den Tony machen, 2 877
Lass das mal den Tony machen, 3 877
Lass die Sonne in dein Herz 1435
Last Christmas 1507
Last Christmas/Big Time 1508
Last Christmas/Everything She Wants 1507
Last Dance 905, 1370
Last Days Of The Century 36
Last Exit 1437
Last Goon Show Of All 581
Last Kiss 1064, 1525
Last Night 69 f.
Last Night A D.J. Saved My Life 674
(Last Night) I Didn't Get To Sleep At All 493
Last Night In Sodom 1303
Last Night In Soho 360
Last Night On Earth 1457
Last Night Was Made For Love 540
Last Of The Independents 1101
Last One Standing 570
Last Resort 1050
Last Song 437 f.
Last Stop: This Town 438
Last Thing On My Mind 1345
Last Train To Clarksville 950
Last Train To Trancentral 768
Last Words 1402
Late Again 1070
Late For The Sky 200
Late In The Day 1371
Late In The Evening 1268
Lately 387, 716 f., 973, 1534
Latin America 567
Latin Lover 984
Latino Lover 827
Laugh At Me 167
Laugh, Laugh 115
Laughing 394, 597
Laughing At The Pieces 394
Laughter And Tears – The Best Of Neil Sedaka Today 1239
Laughter In The Rain 1238 f.

Laundry Service 1250
Laura 183, 789, 1425
Laura non c'è 990
Laurie (Strange Things Happen) 795
Lauschgift 480
Lauter schöne Worte 646
Lautsprecher 222
Lavender 871
Lavender Blue (Dilly Dilly) 684
Lawrence von Arabien 702
Lawyers In Love 200
Lay All Your Love On Me 4, 453, 642
Lay Back (In The Arms Of Someone) 1421
Lay Back In The Arms Of Someone 1298
Lay Down 1360
Lay Down (Candles In The Rain) 621, 913
Lay Down Sally 272, 1249
Lay Lady Lay 426
Lay Love On You 489
Lay Your Hands On Me 164
Lay Your Love On Me 1131, 1175
Layla 27, 271 f., 374
Layla And Other Assorted Lovesongs 271
Lazy 374, 970, 1366
Lazy Afternoon 1362
Lazy Day 1316
Lazy Days 1522
Lazy Mary 951
Lazy River 341
Lazy Sunday 1291
Lazyitis – One Armed Boxer 372
Le Disc-Jockey 1222
Le Fou De La Reine 612
Le Freak 260
Le Frisur 59
Le Mie Canzoni 1435
Le Moribond 687
Le Rêve 760
Le Ragazze Fanno Grandi Sogni 127
Le Roy Est Mort, Vive Le Roy 451
Le Temps De L'Amour 611
Lead Me On 1005
Lead Vocalist 212
Leader Of Men 1002
Leader Of The Band 509
Leader Of The Pack 1252
Lean Into It 968
Lean On Me 280, 971, 1423, 1530
Lean On Me (Ah-Li-Ayo) 1149
Lean On Me (With The Family) 1452
Lean On Me I Won't Fall Over 235
Leaning On The Lamp Post 637
LeAnn Rimes 1172
Learn To Fly 512
Learnin' The Blues 1279
Learning English, Lesson One 1430
Learning To Crawl 1101
Leather And Lace 635, 1004
Leave A Light On 228
Leave A Little Love 839
Leave Home 257
Leave Me Alone 1152
Leave Me Alone (Ruby Red Dress) 1152
Leave Them All Behind 1168
Leave Them Alone 1450
Leaving Las Vegas 799
Leaving On A Jet Plane 371, 1070
Leb! 1410
Leben heißt Lieben 20
Lebenslänglich 229
Lebewohl du schwarze Rose 1503
Leck mich am A, B, Zeh 1418
Led 794
Led Zeppelin 793
Led Zeppelin II 793
Led Zeppelin III 793
Led Zeppelin IV 793
Leeds United 796
Left Eye 1424
Left In The Middle 671
Left Of Center 1480
Left Right Out Of Your Heart (Hi Lee Hi Lo Hi Lup Up Up) 1048
Left To My Own Device 1069
Leftism 796
Leftoverture 742
Leg dein Herz in meine Hände 140
Leg nicht auf 780
Legacy 991
Legacy – The Greatest Hits Collection 180
Legacy EP 865
Legacy: A Tribute To Fleetwood Mac's Rumours 305
Legend 875
Legendary Champions 249
Legends Of 1517
Legionäre 451
Lego Skanga 438
Legs 1559
Lei, gli amici e tutto il resto 990
Leise rauscht es am Missouri 835
Leisure 158
Leisure Noise 553
Leisureland 506
Lemon Tree 512, 827
Lemonade And Brownies 1367
Lena 1117
Lena Martell Collection 877
Lena's Music Album 877
Lennon Legend – The Very Best Of 799
Lenny 273, 393, 777, 928, 1371, 1484, 1501
Lenny And Terence 235
Leo Sayer 1224
Leopardefell 96
Les Bicyclettes De Belsize 664
Les Misérables 91, 780, 880, 1059
Les Septpéchés capitaux 387
Les Sucettes 545
Lesbian Seagull 1150
Less Cities, More Moving People 500
Lessons In Love 802
Lessons Learned From Rocky I To Rocky III 304
Let 'Em In 897
Let Be Must The Queen 1059
Let Forever Be 257
Let Her Cry 651
Let Her Dance 537
Let Her Down Easy 332
Let Her In 1439
Let It All Blow 351
Let It Be 112, 114, 462, 464, 490 f., 797
Let It Be Me 209, 462, 464
Let It Bleed 150, 1187
Let It Go 183
Let It Loose 457
Let It Out (Let 1191
Let It Rain 431, 984
Let It Ride 1256
Let It Rock/Memphis Tennessee 131
Let It Roll 724
Let It Whip 351
Let Loose 801
Let Love Rule 777
Let Me Be 1334
Let Me Be Free 521
Let Me Be The One 147, 467
Let Me Be There 1001
Let Me Be Your Angel 787
Let Me Be Your Energy 1522
Let Me Be Your Fantasy 76 f., 1357
Let Me Be Your Fantasy (Remix 2000) 77
(Let Me Be Your) Teddy Bear 1099
Let Me Be Your Valentine 1229
Let Me Blow Ya Mind 462
Let Me Clear My Throat 390
Let Me Cry 379, 1370
Let Me Drive 1518
Let Me Entertain You 1522
Let Me Go Lover 764, 880, 1048
Let Me Go, Love 786
Let Me Hear You Say 'Ole 'Ole 1043
Let Me In 1041, 1241 f.
Let Me Know 791
Let Me Live 1124 f.
Let Me Love You 512
Let Me Love You Tonight 1118
Let Me Show You 216, 767
Let Me Show You The Way 179
Let Me Stay 1103
Let Me Try Again 729
Let Me Up (I've Had Enough) 1073
Let My Love Open The Door 1434
Let The Beat Control Your Body 1453
Let The Beat Hit 'Em 816
Let The Boy Cry 545
Let The Dream Come True 390
Let The Good Times Roll 1261, 1297
Let The Heartaches Begin 89 f.
Let The Music Heal Your Soul 184
Let The Music Play 1253, 1509
Let The People Know 1427
Let The River Run 1266
Let The Words Out 1299
Let Them Eat Bingo 115
Let There Be Love 1271
Let There Be Music 1038
Let This Love Begin 243
Let U Go 64
Let Us Compare Mythologies 284
Let Us Go Into The House Of The Lord 621
Let Your Conscience Be Your Guide 553
Let Your Dim Light Shine 1308
Let Your Love Flow 124, 415
Let Your Yeah Be Yeah 217, 1080
Let's All Chant 600, 1059, 1554
Let's All Sing Like The Birdies Sing 1449
Let's Be Fools Like That Again 1183
Let's Dance 174 f., 243, 497, 952, 1146, 1340, 1446
Let's Dance Tonight 1553
Let's Do It Again 1334
Let's Do It Now 602
Let's Do Rock Steady 124
Let's Face The Music 1386
Let's Face The Music And Dance 287
Let's Fall In Love 1062
Let's Get Back To Bed – Boy! 298, 1436
Let's Get Back Together 1112

Let's Get Down 959, 1314
Let's Get It On 554, 1141
Let's Get It Started 844
Let's Get Married 694
Let's Get Ready To Rhumble 1082
Let's Get Rocked 365
Let's Get Serious 689
Let's Get Tattoos 235
Let's Get The Mood Right 568
Let's Get Together 1498
Let's Get Together Again 573
Let's Go 1378, 1490
Let's Go All The Way 1290
Let's Go Crazy 1107
Let's Go Crazy/Take Me With You 1107
Let's Go Get Stoned 60
Let's Go Round Again 831
Let's Go To San Francisco 506
Let's Go! 1492
Let's Groove 430
Let's Hang On! 518
Let's Have A Party 691
Let's Have A Quiet Night In 1308
Let's Hear It For The Boys 1520
Let's Jump The Broomstick 281
Let's Just Call It Love 1333
Let's Keep It That Way 975
Let's Live For Today 588
Let's Make An Opera 312
Let's Party 715
Let's Push It 1005
Let's Put It All Together 1364
Let's Put The Fun Back in Rock 'n' Roll 221
Let's Ride 732
Let's Roll 1549
Let's Slop 1184, 1259
Let's Spend The Night Together 1188
Let's Spend The Night Together/Ruby Tuesday 1188
Let's Stay Home Tonight 717
Let's Stay Together 591 f., 1447 f.
Let's Stick Together 490
Let's Talk About A Man 1103
Let's Talk About Love 383, 945
Let's Talk About Sex 1215
Let's Try Again/Didn't I (Blow Your Mind) 996
Let's Turkey Trot 817
Let's Twist Again 255 f., 715
Let's Twist Again/The Twist 256
Let's Wait Awhile 688
Let's Walk Thata-Way 350
Let's Work Together 220
Lethal Weapon 885
Letkiss 369
Letter 2 My Unborn 1454
Letter From America 1110, 1133
Letter Of Miami 907
Letters Never Sent 1266
Leuchtturm 993
Level 6 389
Level Best 802
Level Headed 1378
Lexicon Of Love 5
LFO 807
Liar 1416
Liberation 388
Liberator 1037
Liberian Girl 1540
Libertango 727
Liberty 423
(The Man Who Shot) Liberty Valance 1081
Libiamo, Ne'lieti Calici/La Donna E Mobile 1061
Libre 46
Licence To Kill 770, 1000
Licensed To Ill 108
Lick It 765, 1450
Lick It Up 765
Lick U Up 660
Lickin' On Both Sides 939
Lie To Me 164
Lieb mich ein letztes Mal 739
Liebe auf den ersten Blick 971
Liebe ist . . . 505
Liebe ist . . . II 505
Liebe ist . . . mein erster Gedanke 505
Liebe machen 1046
Liebe macht dumm 838
Liebe, die nie vergeht 636, 1485
Liebe, Tod und Teufel 455
Lieber dich und kein Geld 1139
Lieber Gott, lass die Sonne wieder scheinen – für Mama, für Papa und für mich 298, 534
Lieber mal weinen im Glück 751
Lieber Vater 866
Liebes gutes Mütterlein 1428
Liebes Lied 367
Liebesbrief 331
Liebeskummer lohnt sich nicht 856
Liebesleid 20
Liebeslied jener Sommernacht 790
Liebficken 1303
Liebling 723
Lied der Liebe 1428
Lieder der Berge 630
Lieder der Nacht 1194
Lieder, die die Welt nicht braucht 404
Lieder, die ich liebe 792
Lies 1414
Life 225, 375, 602, 673, 891
Life After Death 1015
Life Ain't Easy 277
Life And Times 318
Life Beyond L.A. 33
Life For The Taking 948
Life Goes On 1222
Life In A Day 1270
Life In A Northern Town 341, 414 f.
Life In The Streets 873, 1108
Life In Tokyo 701
Life Is A Dance – The Remix Project 753
Life Is A Flower 8
Life Is A Highway 281
Life Is A Minestrone 1401
Life Is A Rock (But The Radio Rolled Me) 1162
Life Is A Rollercoaster 229, 746
Life Is But A Dream 1399
Life Is For Living 97 f.
Life Is Good 807
Life Is Just A Game 392
Life Is Sweet 257
Life Is Too Short 1436
Life Is Too Short Girl 1257
Life Light 1168
Life Love & Pain 280
Life Of Surprises 1095
Life On Mars 175
Life Thru A Lens 1522
Life With Mikey 789
Life's Just A Ballgame 1532
Life's Rich Pageant 1128
Life's Too Good 137
Life's Too Short 809
Life's What You Make It 1389
Life, Stranger Than Fiction 673
Lifeline 1315
Lifelines 16
Lifetime 892
Lift It High (All About Belief) 859
Lift Me Up 605
Lift/Open Your Mind 440
Lifted 808
Light A Candle 1018
Light My Fire 280, 406 f., 487
Light My Fire/1 3 7 Disco Heaven (Medley) 1350
Light My Fire/Please Release Me 506
Light Of Day 713
(Light Of Experience) Doina De Jale 1554
Light Of Love 1236
Light Of My Life 831
Light Up The Night 195
Light Years 937
Lightnin' Strikes 267
Lightning 1557
Lights Of Cincinnati 1489
Like A Baby 101
Like A Child 1184
Like A Prayer 849, 851 f.
Like A Refugee (I Won't Cry) 1016
Like A Rock 1240
Like A Rolling Stone 426
Like A Rose 1
Like A Seagull 1070
Like A Virgin 838, 851 f.
Like A Woman 1164
Like An Animal 1281
Like An Old Time Movie 904
Like Being Born 474
Like Clockwork 170
Like Dreamers Do 48
Like I Do 461
Like I've Never Been Gone 540
Like No Other Night 1410
Like Sister And Brother 416
Like This Like That 1075
Like To Get To Know You 1316
Like To Get To Know You Well 728
Like You Do . . . The Best Of 809
Like, Long Hair 1162
Lil' Red Riding Hood 1216
Lil' Romeo 810
Lili Marleen 524, 1479
Lilien auf dem Feld 672
Lily In Winter 286
Lily The Pink 1225
Lily Was Here 460, 1351
Limbo Party 255
Limbo Rock 256
Lime Creek Christmas 193
Limousine 738 f.
Linda 82
Linda Ronstadt Greatest Hits 1191
Lindenbergs Rock-Revue 813
Lindstärke 10 813
Lindy Lou 1297
Line Dance Party 1536
Linger 310
Linie 1 298
Links eröm, rächs eröm 141
Lionheart 208
Lions In My Own Garden 1095
Lip Gloss 1117
Lippenstift am Jackett 534
Lipstick On Your Collar 524

Liquid Cool 47
Liquid Dreams 1042
Liquid Skies 1436
Liquidator 618
Liquido 816
Liquorice 1245
Lisa Lisa & Cult Jam With Full Force 816
Lisa Stansfield 1333
Listen 2
Listen Like Thieves 679
Listen People 637
Listen To Billy J. Kramer 776
Listen To Cliff 1165
Listen To The Music 403
Listen To What The Man Said 897
Listen To Your Heart 1199, 1306
Listen Without Prejudice Volume 1 923
Lisztomania 335, 1337
Lita 513
Little 1208, 1594
Little Arrows 796
Little Bird 800
Little Bird/Love Song For A Vampire 800
Little Bit O' Soul 976
Little Bit Of Heaven 1333, 1553
Little Bit Of Lovin' 791
Little Boy 224
Little Brother 154
Little Bruises 1315
Little By Little 1186
Little Children 776
Little Creatures 1390
Little Criminals 999
Little Darlin' 1258
Little Deuce Coupe 107
Little Devil 1239
Little Diane 385
Little Drops Of Silver 951
Little Drummer Boy 1201
Little Earth Quakes 35 f.
Little Fluffy Clouds 1033
Little Girl 534, 817, 1117, 1384
Little Girl And Other Pieces 1117
Little Girl Of Mine 817
Little Green Apples 931, 1294
Little Green Bag 89
Little Honda 648
Little Jackie Wants To Be A Star 816
Little Jeannie 721
Little L 699
Little Latin Lupe Lu 1170
Little Lies 504
Little Man 1307
Little Miss Can't Be Wrong 1323
Little Miss Lonely 1254
Little Ole Man (Uptight – Everything's Alright) 306
Little Queen 626
Little Red Corvette 1106 f.
Little Red Rooster 1188
Little River 785
Little Robbers 961
Little Shop Of Horrors 1280
Little Sister 1100
Little Sonny 678
Little Susie 1404
Little Swiss Maid 931
Little Things 132
Little Things Mean A Lot 284
Little Town Flirt 1253 f.
Little Walter 1426
Little White Lies 1473
Little Willy 1378
Little Woman 1260
Live 85, 283, 542, 595, 860, 982, 1117, 1341, 1467
Live! 1088
(Live) 1393
Live & Loud 1039
Live '82 853
Live (X Cert) 1359
Live – 1118
Live – The Way We Walk Volume 1: The Shorts 560
Live – The Way We Walk Volume 2: The Longs 560
Live . . . Over The Moon 1017
Live After Death 680
Live Album 586
Live And Dangerous 1409
(Forever) Live And Die 1037
Live And Learn 717
Live And Let Die 599, 897
Live And Let Live 1401
Live And More 1369
Live At Leeds 1515
Live At London's Talk Of The Town 1374
Live At The Apollo 198
Live At The BBC 113
Live At The Bijou 1495
Live At The Copa 1400
Live At The London Palladium 319
Live At The Marquee 435
Live At The Royal Albert Hall 1505
Live At The Talk Of The Town 730, 1240
Live At Wembley '86 1125
Live aus Berlin 1139
Live Baby Live 679
Live! Bootleg 13
»Live« Bullet 1240
Live Concert At The Forum 1362
Live Cream 313
Live Evil 143
Live Forever 1021 f.
Live From Earth 126
Live From The Fall 156
Live In Australia 720
Live In Cabaret 1440
Live in Dortmund 161
Live In Europe 1447
Live In Japan 616
Live In London 371
Live In Manchester 1009
Live In New York City 1329
Live In The City Of Light 1271
Live In The Heart Of The City 1513
Live In Trouble 100
Live Is Life 1031 f.
Live It Up 631, 918
Live Killers 1125
Live?! Like A Suicide 598
Live Like Horses 722, 1061 f.
Live! Live! Live 11
Live Magic 1125
Live On Two Legs 1064
Live One Night Only 120
Live: Right Here, Right Now. 1474
Live Rust 1549
Live The Dream 240
Live To Tell 852
Live Together 1333
Live Wood 1502
Live Young 461
Live Your Life Be Free 228
Livehaftig 813
Liverpool 526
Liverpool Lou 1225
Liverpool Oratorium 896, 1395
LiveWorld 1463
Livin' Ain't Livin' 495
Livin' Inside Your Love 128
Livin' It Up 686
Livin' La Vida Loca 881
Livin' On A Prayer 164
Livin' Thing 442
Living Colour 827
Living Doll 603, 989, 1164, 1166
Living For The City 1534
Living For You 583
Living In A Box 819
Living In A Dream 1113
Living In A Fantasy 1224, 1465
Living In America 198, 619
Living In Another World 1389
Living In Danger 8
Living In Fear 1093
Living In Oz 1328
Living In Sin 164
Living In The Material World 616
Living In The Past 712
Living In The U.S.A. 932
Living In The USA 1191
Living Inside Myself 1477
Living It Up 686
Living Large 628
Living My Life 727
Living Next Door To Alice 578, 998, 1298
Living On My Own 919
Living On My Own (Remix) 919
Living On The Ceiling 146
Living On The Fault Line 403
Living On The Front Line 588
Living On The Outside 221
Living On Video 1438
Living Ornaments 1979–1980 1016
Living Proof 258
Living The Blues 220
Living With Jay & The Americans 703
Living Without Your Love 677
Liza Jane 174
Liza With A Z 935
Lizard 310
Lizard (Gonna Get You) 1075
LL 77 816
Llais Swynol Mary Hopkin 652
L-L-Lucy 971
Lo And Beholden 1294
Load 921
Loaded 1104
Loadsamoney (Doin' Up The House) 449
Loan Me A Dime 27
Lobo's Gospel Show 821
Loc'ed After Dark 1426
Local Boy In The Photograph 1346
Lockender Lorbeer 615
Loco 538
Loco In Acapulco 519 f.
Locomotion 479, 1037
Lodger 174
Loggins And Messina 823
Lol 269, 855
Lola 762, 764
London 0 Hull 4 658
London Calling 274
London Nights 824
London Town 896
London's Burning 656

Lone Star State Of Mind 914
Lonely 40, 984
Lonely And Blue 1035
Lonely Boy 43, 575 f.
Lonely Days 121
Lonely Drifter 1019
Lonely Grill 825
Lonely Night (Angel Face) 223
Lonely Ol' Night 914
Lonely People 34
Lonely Pup (In A Christmas Shop) 472
Lonely Street 1520
Lonely Teardrops 1524
Lonely This Christmas 971
Lonely Weekends 1164
Lonely, Cryin', Only 1408
Lonesome Crow 1231
Lonesome Loser 818
Lonesome Town 991
Lonestar 825
Long After Dark 1073
Long Ago (And Far Away) 295, 319
Long Cool Woman (In A Black Dress) 643 f.
Long Distance Voyager 954
Long Haired Lover From Liverpool 1041
Long Heart Climb 1152
Long Hot Summer/Paris Match 1364
Long Live Love 40, 1255
Long Live Rock 'n' Roll 1135
Long Lost Lover 1415
Long Shot Kick De Bucket 1079
Long Tall Glasses (I Can Dance) 1224
Long Train Runnin' 403
Long Train Runnin' (Sure Is Pure Remix) 403
Long Way Down 578
Longer 509, 639
Longer Fuse 639
Longfellow Serenade 381
Longing In Their Hearts 1137
Longplay Album 1338
Longview 592
Looby Loo 1417
Look Around 917
Look At Me 605
Look At Us 1307
Look At Your Game Girl 599
Look At Yourself 1467
Look Away 133, 261
Look For A Star 1479
Look Here 1401
Look Into My Eyes 165
Look Mama 728
Look Of Love; The Very Best Of ABC 6
Look Out For # 1 195
Look Sharp! 1198
Look Through Any Window 644
Look To Your Heart 1277
Look What The Cat Dragged In 1087
Look What You Done For Me 592
Look Who's Talkin' 411
Look Wot You Dun 1288
Lookin' At Me 885
Lookin' For A Love 1532
Lookin' For Love 795
Lookin' Out My Back Door 316
Lookin' Through The Windows 693
Looking After No. 1 169
Looking Back 288
Looking For A New Love 1498
Looking For Atlantis 1095
Looking For Clues 1049
Looking For Freedom 620
Looking For Love 1138
Looking Forward 321
Looking Through Patient Eyes 1085
Looking Through The Eyes Of Love 1057, 1081
Looking Up 555
Looking Up To You 1556
Looks Like We Made It 863
Looks That Kill 962
Looky, Looky 958
Loop De Loop 1417
Loop Di Love 760, 1247
Loop-De-Loop 1478
Loops Of Fury EP 257
Loose 1408
Loot 461
Lopez 440
Lord Jim 790
Lords Of The Boards 596
Lorelei 401
Loreley 418
Los Cochinos 256
Lose Control 1265
Lose It 1371
Lose Your Money 953
Loser 117, 1507
Losing My Mind 935
Losing My Religion 1128
Losing You 794, 1327
Lost Boys 508
Lost Girl 1442
Lost Her In The Sun 1351
Lost Highway 1139
Lost In Emotion 816
Lost In France 1454 f.
Lost In Love 17
Lost In Music 1283
Lost In Music (Remix) 1283
Lost In Space 47 f., 809, 1314
Lost In Space '98 1314
Lost In You 193
Lost In Your Eyes 567
Lost John 828
Lost John/Stewball 401
Lost Planes 500
Lost Songs 95–98 590
Lost Without Your Love 185
Lost You Somewhere 262
Lotosblume 505
Lotta Love 786
Lou Rawls Carryin' On! 1145
Lou Rawls Live! 1145
Lou Rawls Soulin' 1145
Loud 'n' Proud 989
Louder Than Words 1167
Loudmouth – The Best Of The Boomtown Rats And Bob Geldof 169
Louie Louie 761
Louie, Louie 1217
Louise 462
Louise (We Get It Right) 803
Louisiana 829
Louisiana Love Call 972
Loungin 820
L-O-V-E 287
(Can't Live Without Your) Love & Affection 990
Love 70, 983
Love & Consequences 803
Love & Emotion 73
Love & Rockets 832
Love (Can Make You Happy) 920
Love (I'm So Glad) I Found You 1324
Love ... Thy Will Be Done 879
Love Action (I Believe In Love) 663
Love Affair 297
Love Ain't Here Anymore 1388
Love Always 745
Love An Adventure 1113
Love And Affection 52
Love And Dancing 662
Love And Devotion 1147
Love And Fury 1428
Love And Kisses 936
Love And Kisses From 195
Love And Marriage 1277, 1279
Love And Other Bruises 17
Love And Pride 756
Love And The Russian Winter 1272
Love And Theft 426
Love And Understanding 258
Love Approach 200
Love At First Sting 1232
Love At The Greek 381
Love Ballad 781
Love Bites 365
Love Buzz 1008
Love Came To Me 385
Love Can Build A Bridge 258, 260, 272
Love Can Do That 1048
Love Can't Turn Around 538 f.
Love Changes (Everything) 278
Love Changes Everything 91
Love Child 1374, 1379, 1394
Love Chronicles 1349
Love City Groove 832 f.
Love Come Down 759, 811
Love Crimes 1203
Love Deluxe 1212
Love Devotion And Surrender 1219
Love Don't Cost A Thing 827
Love Don't Live 1310
Love Don't Live Here Anymore 982 f., 1148, 1193 f.
Love Don't You Go Through No Changes On Me 1283
Love Enough 1309
Love Enough For Two 1175
Love Fire 714
Love For Lydia 804
Love For Sale 166
Love Goes To Building On Fire 1389
Love Grows (Where My Rosemary Goes) 437
Love Guaranteed 336
Love Gun 765
Love Hangover 264, 1196
Love Her 1490
Love Here I Come 82
Love Him! 1173
Love Hit Me 1005
Love How You Love Me 782, 1415
Love Hurts 221, 258, 988 f., 1048
Love II Love 336
Love In A Sleeper 1265
Love In An Elevator 14
Love In The First Degree 92
Love Is 1523
Love Is A Battlefield 126, 710
Love Is A Beautiful Thing 591
Love Is A House 513
Love Is A Hurtin' Thing 1145
Love Is A Shield 217
Love Is A Stranger 460
Love Is A Wonderful Thing 162
Love Is Alive 1537
Love Is All 1177

Love Is All Around 390, 1442 f., 1505
Love Is An Ocean 1175
Love Is Back In Style 1364
Love Is Blind 462
Love Is Blue 594, 891
Love Is Contagious 1243
Love Is Everywhere 243 f.
Love Is Forever 1022, 1165
Love Is Gonna Get You 1299
Love Is Here 375, 1338
Love Is Here And Now You're Gone 1374
Love Is In Control (Finger On The Trigger) 1370
Love Is In The Air 1548
Love Is Just A Breath Away 240
Love Is Life 219, 655
Love Is Like A Violin 395
Love Is Like An Itching In My Heart 1374
Love Is Like Oxygen 1378
Love Is Love 1208
Love Is Magic 822
Love Is Not Sex 223
Love Is Only Feeling 402
Love Is Strange 494, 1307
Love Is Teasin' 474
Love Is The Answer 449
Love Is The Drug 727, 1199 f.
Love Is The Law 1233 f.
Love Is The Message 922
Love Is The Price 389, 782
(Love Is) The Tender Trap 1279
Love Is The Thing 287
(Love Is) Thicker Than Water 566
Love Is You 1323
Love Kills 919
Love Kisses And Heartaches 461
Love Letters 800 f., 967
Love Letters From Elvis 1099
Love Letters In The Sand 171
Love Life 130
Love Like A Fountain 197
Love Like A Man 1402 f.
Love Like A Mountain (Remix) 1311
Love Like This 461
Love Like You And Me 573
Love Machine (Part 1) 939
Love Makes 602
Love Makes No Sense 1020
Love Makes The World 758
Love Makes The World Go Round 295, 361
Love Makes Things Happen 1064
Love Me 44, 1031
Love Me Baby 214, 1258
Love Me Do 112, 114, 388
Love Me Do/P.S. I Love You 111
Love Me For A Reason 180 f., 1041
Love Me For Life 73
Love Me Forever 1207
Love Me Like A Rock 1268
Love Me Like I Love You 105
Love Me Love My Dog 1258
Love Me Or Leave Me 346, 350
Love Me Tender 247, 1098 f.
Love Me Tonight 730, 1491
Love Me With All Your Heart (Cuando Calienta El Sol) 253
Love Me, Love Me, Love 933
Love Meeting Love 802
Love Message 833
Love Missile F1-11 1264
(I Wanna) Love My Life Away 1081
Love Not Money 465
Love Of A Lifetime 495, 650
Love Of My Life 404
Love Of The Common People 1412, 1528, 1550
Love Of The Loved 139
Love On A Mountain Top 771
Love On A Two Way Street 787
Love On A Two-Way Street 948
Love On Love 1339
Love On The Rocks 381
Love On Your Side 1414
Love Or Let Me Be Lonely 533
Love Over Gold 386
Love Parade 1998 – One World One Future 413
Love Parade 2000 413
Love Plus One 603
Love Potion Number Nine 1235
Love Really Hurts Without You 1023
Love Religion 1456
Love Resurrection 966
Love Rollercoaster 1026 f., 1150
Love Scenes 311
Love Sees No Colour 1456
Love Sensation 140, 873, 1006
Love Session 1265
Love Shack 76
Love Shine A Light 743 f.
Love Should Be A Crime 1042
Love Shoulda Brought You Home 184
Love Sneakin' Up On You 1137
Love So Right 121
Love Somebody 349 f., 1328
Love Song 327, 872, 1404 f.
Love Song For Jeffrey 1152
Love Songs 113, 286, 293, 413, 720, 1018, 1035, 1099, 1195, 1362, 1494
Love Songs – 16 Classic Hits 1534
Love Spreads 1357 f.
Love Stimulation 1472
Love Story 1519
(Where Do I Begin) Love Story 1520
Love Supreme 1374
Love Takes Time 227, 1038
Love Talk 1364
Love The Life 541
Love Theme From »A Star Is Born« (Evergreen) 1361
Love Theme From Romeo & Juliet 859
Love Theme From St. Elmo's Fire 1286
Love Theme From The Godfather 1519
Love Theme From The Thorn Birds 880
Love To Hate You 453
Love To Love You Baby 1369
Love Touch 1123, 1354
Love Town 999
Love Tracks 555
Love Train 724, 1019
Love U 4 Life 717
Love Unlimited 538
Love Wars 1532
Love What You Do 388
Love Will Conquer All 1167
Love Will Find A Way 1046
Love Will Keep Us Together 223
Love Will Lead You Back 351
Love Will Never Do (Without You) 689
Love Will Save The Day 659
Love Will Show Us How 909
Love Will Tear Us Apart 996
Love Will Turn You Around 1185
Love Won't Let Me Wait 614 f.
Love Won't Wait 99
Love X Love 128
Love You Down 677, 1146
Love You Inside Out 121
Love You Live 1188
Love You Most Of All 29
Love You To Tears 1019
Love Zone 1022 f.
Love's Been A Little Bit Hard On Me 1000
Love's Been Good To Me 1279
Love's Comin' At Ya 956
Love's Got A Hold On Me 397
Love's Got A Hold On My Heart 1345
Love's Grown Deep 1012
Love's Just A Broken Heart 139
Love's Made A Fool Of You 537
Love's Taken Over 954
Love's Theme 834, 1509
Love's Unkind 1369
Love, Andy 1519
Love, Love, Love 1518
Lovebirds 395
Lovedrive 1231
Lovefool 225
Lovegod 1311
Lovely 1104, 1317
Lovely Day 1530
Lovely Daze 705
Lovemachine 1371
Lover Be Thy Name 602
Lover Lover Lover 285
Lover Please 908, 1376
Loverboy 226 f., 834, 1023
Lovergirl 869
Lovers And Other Strangers 185
Lovers In The City 1420
Lovers Live 1212
Lovers Of The World Unite 343 f.
Lovers Rock 1212
Lovers Who Wander 385
Lovesexy 1107
Lovesick Blues 669
Lovesong 1169
Lovestruck 850
Lovething/We Do It Like That 410
Lovin' Each Day 746
Lovin' Every Minute Of It 834
Lovin' Things 875 f.
Lovin' You 1173
Loving Every Minute 808
Loving You 584, 1098
Loving You (Ole Ole Ole) 431
Loving You, Vol. II 1098
Low 174
Low Five 1300
Low Rider 1026, 1492 f.
Low-Life 996
Lowdown 1225
Lowrider (On The Boulevard) 1492
LSD – Love Sensuality Devotion 451
LSG 837
LSI 1252
Lucifer 1053 f.
Lucille 726, 1185, 1340
Lucille/So Sad (To Watch Good Love Go Bad) 464
Luck Of The Draw 1136
Lucky 754, 1060

Lucky 13 Shades Of Val Doonican 405
Lucky Dog 789
Lucky Lips 1166
Lucky Love 8
Lucky Lucky Me 553
Lucky Man 784, 1406
Lucky Number 834 f.
Lucky Star 852
Lucky Stars 533
Lucky Town 1329
Lucky You 809
Lucy Brown Is Back In Town 1262
Lucy In The Sky With Diamonds 528, 721, 798
Luka 292, 1480
Lullaby 73, 327, 972, 1338
Lullaby Of Broadway 350
Lullaby Of Love 954
Lump 1096
Luna See 495
Lunatic 556
Lush 1035
Lush Life 1191
Luther Vandross 1475
Lutricia McNeal 908
Luv 4 Luv 1210
Luv Dance Medley 840
Luv Me Luv Me 1248
Luvstruck 1313
Luxus 595
Lyin' Eyes 428 f.
Lyin' To Myself 239
Lynyrd Skynyrd (pronounced leh-nerd skin-nerd) 842

M.A.S.H. 861
M.O.R. 158
M.U. – The Best Of Jethro Tull 712
m m 889
M!ssundaztood 1077
M'innamoro Di Te 1163
Ma 1555
Ma Baker 166
Ma Belle Amie 1397
Ma Che Musica Maestro 231
Ma He's Making Eyes At Me 1555 f.
Ma Vie 100
Macarena 804, 830, 1228
Macarena (Bayside Boys Mix) 830
MacArthur Park 615, 1207, 1370
Mach 5 1096
Mach die Augen zu 58, 1503
Mach die Augen zu (und wünsch dir einen Traum) 1243
Mach dir das Leben doch schön 876
Mach doch nicht immer so viel Wind 700
Machen wir's in Liebe 1478
Machina/Machines Of The God 1292
Machine Head 363 f.
Machinehead 208
Macho Macho 488
Macho Man 1483
Mächtig viel Theater 1118
Mack Daddy 1282
Mack The Knife 341
Mackie Messer 424
Macumba 1424
Mad About You 227 f., 1203
Mad Dogs & Englishmen 282 f., 301
Mad Love 1191
Mad Mad World 281
Mad Max Beyond Thunderdome 702
Mad Not Mad 850
Mad Season 888
Mad World 1396
Mad-Dogs-&-Englishmen 1523
Madame Lilly 770
Mädchen 837 f.
Maddalena 568
Made For Lovin' You 37
Made In America 230, 1295
Made In England 720
Made In Europe 364
Made In Heaven 919, 1124 f.
Made In Italy 1163
Made In Japan 364
Made In Paris 1219
Made In The Shade 1188
Made It Back 769
Made It Back 99 769
Made To Be Broken 1308
Mademoiselle Ninette 1310
Madison 914
Madison in Mexico 243
Madman Across The Water 720
Madman's Return 1299
Madness 849
Madness 7 850
Madness Money & Music 656
Madonna 851
Maffay 96 Live 853
Magazine 626
Maggie 1150
Maggie Flynn 224, 934
Maggie May 470, 1352, 1354
Magia 1250
Magic 389, 557, 713, 829, 854, 1001 f., 1053, 1076
Magic And Loss 1154
Magic Carpet Ride 927, 1344 f.
Magic Every Moment 509
Magic Fields 1540
Magic Fly 1313
Magic Hour 240
Magic Man 626 f.
Magic Moment 392
Magic Moments 295
Magic Symphony 155
Magic Town 1485
Magic Wand 399
Magical Mystery Tour 113, 167
Magical Mystery Tour (Doppel-EP) 114
Magnet And Steel 439
Magnetic Fields 701
Magnification 1547
Magnificent 7 520
Magnificent Seven 1374
Magnolia 1421
Magnolien aus Stahl 1055
Mah-Na-Mah-Na 1461
Mahogany 1195
Maid Of Orleans (The Waltz Of Joan Of Arc) 1037
Main Course 120
Main Title Theme From Man With The Golden Arm 614
Major 95
Major Tom 224
Major Tom '94 1227
Major Tom (Coming Home) 1227
Major Tom (völlig losgelöst) 1227
Major Tom 2000/Völlig losgelöst 1227
Make A Little Magic 786
Make A Move On Me 1002
Make Believe 348, 968, 1414
Make It Better 1297
Make It Big 1506
Make It Easy On Yourself 1490
Make It Happen 227
Make It Hot 444, 1004
Make It Last 445
Make It Last Forever 1377
Make It On My Own 811
Make It Real 713
Make It Reign 828
Make It Snappy 1490
Make It With You 185, 801
Make Love To Me 1528
Make Me An Island 396
Make Me Belong To You 803
Make Me Lose Control 228
Make Me Say It Again Girl 165
Make Me Smile 260 f., 612 f., 1053
Make Me Smile (Come Up And See Me) 612 f.
Make Me Your Baby 803
Make The World Go Away 55, 1040
Make Way For The Indian 47
Make You Sweat 1377
Make Your Own Kind Of Music 856
Make Yourself 673
Makes Me Wanna Die 1441
Makin' Happy 1497
Makin' It 988
Makin' Tracks 723
Makin' Whoopee 728
Making Love On The Dance Floor 536
Making Love Out Of Nothing At All 17
Making Memory 1134
Making Movies 386
Making Plans For Nigel 1541
Making The Most Of 395
Making Up Again 577
Making Waves 1013
Making Your Mind Up 204, 1471
Makkaroni 1228
Mal sehen 491
Mal sehn, Kapitän 1471
Maladjusted 960
Malafemmina 984
Malaika 743
Malcolm X 56
Male Stripper 858
Maledetta Primavera 574
Malt And Barley Blues 546, 903
Mam'selle 1279
Mama 132, 524, 560, 630 f., 856
Mama – Who Da Man? 145
Mama Can't Buy You Love 721
Mama Don't Allow 1192
Mama, hol den Hammer 127
Mama, I Want To Sing 961
Mama Leone 135
Mama Leone (deutsche Version) 135
Mama Loo 665
Mama Lorraine 38, 733
Mama Said 777, 819 f., 1261
Mama Said Knock You Out 819 f.
Mama Told Me (Not To Come) 999, 1416
Mama Told Me Not To Come 730
Mama Used To Say 145, 735
Mama Weer All Crazee Now 1126, 1288
Mama will dich sehn 865
Mama Yo Can't Go 1236
Mama/Robot Man 524
Mama/Who Do You Think You Are 1320 f.

Mama's Gun 86
Mama's Pearl 693
Mamacita 1453
Mamatschi 456
Mambo Italiano 1247
Mambo No. 5 (A Little Bit Of ...) 121 f., 160, 1094, 1247
Mamboleo 827
Mame 582
Mamma Maria 1163
Mamma Mia 4, 65, 1478
Mamy Blue 1090, 1256
Mamy Yoko 789
Man 518, 1150
Man In The Mirror 182, 691
Man muss das Leben eben nehmen, wie das Leben eben ist 543
Man muss schließlich auch mal nein sagen können 570
Man Of Mystery/The Stranger 1246
Man Of Reason 1264
Man Of The World 503
Man On Fire/Wandrin' Eyes 1478
Man On The Edge 680 f.
Man On The Line 353
Man sagt, ich liebe dich 1503
Man Size Love 768
Man Smart, Woman Smarter 1049
Man With The Child In His Eyes 208
Man! I Feel Like A Woman! 1449
Manana 104
Manchester United 859
Manchild 162, 260
Manchmal ist ein Tag ein ganzes Leben 993
Manchmal möchte ich schon mit dir 739
Mandinka 1017
Mandolin Rain 654
Mandolinen und Mondschein 20, 602
Mandy 61, 862 f., 956
Maneater 604
Mange Tout 146
Manhattan Skyline 16
Manhattan Tower 1047
Maniac 1241
Manic Monday 94
Manifesto 1199
Manilow Magic 862
Mann im Mond 1108
Mann Made 864
Mann Made Hits 864
Mannen 141
Männer 141, 222, 491, 595
Manners And Physique 45
Mansize Rooster 1370
Manta 1013
Mantra For A State Of Mind 1245
Manuel 1471
Manuel Goodbye 785
Manuela und Drafi 867
Many Rivers To Cross 277
Many Tears Ago 524
Marblehead Johnson 157
Marc 998
Marc Anthony 46
March Of The Siamese Children 90
March Or Die 963
Marcheta 372
Marchin' Already 1023
Marching To Mars 1473
Marcy Playground 868
Mardi Gras 316
Mardi Gras Mambo 994
Margaritaville 205 f.
Marguerita Time 1341
Maria 78, 149, 904, 1058, 1109, 1379, 1518, 1522
(Un, dos, tres) Maria 880 f.
Maria Elena 674
Maria Magdalena 49, 1217
Maria Maria 1220
Maria Muldaur 972
Mariah Carey 226
Mariana 567
Mariandl 534
Marianne 1119, 1194
Marianne Faithfull 474
Marie 64, 80, 773, 869, 1040 f., 1198, 1348
Marie, der letzte Tanz ist nur für dich 568
Marie, Marie 1348
(Marie's The Name) His Latest Flame 1100
Marienhof 789
Marigold Sky 604
Marigot Bay 49
Marina 182, 584 f., 871, 1163
Marina (Remix) 585
Mark 1256
Market Square Heroes 870
Marleen 1194
Marlene On The Wall 1480
Marmor, Stein und Eisen bricht 377
Maroon 99
Marrakesh Express 320
Married To The Mob 682
Marta's Song 362
Martha's Harbour 24
Martika 879
Martika's Kitchen 879
Martinique 580
Marty Robbins Collection 1176
Marvellous 809
Marvin Gaye Live At The London Palladium 554
Marvin Gaye Live! 554
Mary 147, 1371
Mary Ann 142
Mary Ann Regrets 684
Mary Had A Little Boy 1300
Mary Had A Little Lamb 897
Mary Jane 333
Mary Jane's Last Dance 1072
Mary Of The 4th Form 169
Mary's Boy Child – Oh My Lord 166
Mary's Music 1192
Mary's Prayer 340
Mary-Rose 1503
Maryland 1192
Mas Que Nada 434, 917
Maschen-Draht-Zaun 1129 f.
Mashed Potato Time 1255
Mask 258
Maskenball 505
Maskenball bei Scotland Yard 1140
Masquerade 1412
Masquerade – Message To The Streets 706
Massachusetts 119, 121
Massiv Attack (EP) 887
Master 1440
Master And Servant 373
Master Blaster (Jammin') 1534
Master Of Puppets 921
Master Of Reality 143
Masterblaster 2000 391
Masterpiece 66, 1400
Masterpieces – The Very Best Of Sky 1286
Mata Hari 624
Matador 709, 729
Matchstalk Men And Matchstalk Cats And Dogs 187
Mated 587
Material Girl 852, 1391
Mathilda 734
Matilda 1308
Matrix 3
Matt Bianco 890
Matters Of The Heart 250
Matthew And Son 1347 f.
Maverick A Strike 1123
Max 828
Max Don't Have Sex With Your Ex 454
Maxi 1310
Maxinquaye 1441
Maxwell's Urban High Suite 891
May Each Day 1519
May I Have The Next Dream With You 1177
May It Be 452
Maybe 295, 1047, 1415
Maybe Baby 317, 494, 645
Maybe I'm Amazed 897
Maybe This Time 1041
Maybe Tomorrow 85
Maybe You Should Drive 99
Maybe You've Been Brainwashed Too 997
Maybellene 130 f.
McCartney 896
McCartney II 896
McFadden & Whitehead 901
McGuinness Flint 903
MCMXC A.D. 451
McNamara's Band 320
McVicar 335, 472
Me – U = Blue 1364
Me & Myself 1153
Me & You 21
Me Against The World 1454
Me And A Gun 36
Me And Bobby McGee 731
Me And Mrs. Jones 1060
Me And My Life 1440
Me And My Shadows 1165
Me And You And A Dog Named Boo 820
Me And You Versus The World 1314
Me Gustas Tu 249
Me Julie 541, 1248
Me Myself And I 354
Me Myself I 52
Me The Peaceful Heart 839
Me, My Mom, My Dad And My Brother 1534
Mea Culpa, part II 451
Mean Streak 1166
Mean Woman Blues 1035
Meanwhile 1401
Meat Abstract 1408
Meat Is Murder 1296
Meat Loaf Very Best 910
Meatballs 987
Meaty, Beaty, Big And Bouncy 1515
Mechanical Animals 871
Mechanical Resonance 1405
Mechanical Wonder 1023
Meddle 1078
Medusa 800
Meerjungfrauen küssen besser 258, 1308

Meet Danny Wilson 340
Meet Her At The Love Parade 333 f.
Meet Her At The Love Parade 2001 334
Meet Me In Montana 1041
Meet Me On The Corner 814
Meet The Beatles! 113
(Meet) The Flintstones 76
Meet The Searchers 1235
Meet The Spotnicks 1327
Meet The Supremes 1374
Meet Virginia 1437
Meeting In The Ladies Room 768
Mega Mix '98 479
Mega-Shebang 472
Megablast/Don't Make Me Wait 162
Megamix 1299, 1397, 1497
Megaparty Vol. 2 1228
Meilenweit 865
Mein Baby war beim Frisör 58
Mein erster Weg 1503
Mein Fahrrad 1108
Mein Geschenk für dich 20
Mein Girl in Kingstontown 580
Mein Gott, Walther 778
Mein Leben ist wie ein Lied 433
Mein Lied für dich 734, 792
Mein Name ist Adamo 10
Mein Name ist Hase 1177
Mein roter Manta 1013
Mein Stern 69
Mein Tag 1046
Mein Traumland am Wörthersee 456
Mein Vater war ein Cowboy 534
Mein Weg zu dir 229
Meine Art, Liebe zu zeigen 790
Meine Braut, die kann das besser 161
Meine Freunde sind die Träume 792
Meine Höhepunkte 738
Meine kleine Schwester 1319
Meine kleine Welt 1497
Meine Liebe zu dir 140
Meine Lieder 734
Meine Panik 813
Meine Stadt (von Japan nach Amerika) 563
Meine Träume von der Liebe 1322
Melancholie 380
Melissa 858, 1412
Melissa Etheridge 459
Mellon Collie And The Infinite Sadness 1292
Mellow Gold 117
Mellow Yellow 402
Melodie der Nacht 529
Melodie einer Nacht 1025
Melodien für Melonen 404
Melodies Of Love 1484
Melody Of Love 1369, 1478 f.
Melt In Your Mouth 219
Melting Pot 153 f., 250
Memo From Turner 694
Memorabilia – The Singles 1304
Memorial Beach 16
Memories 179, 1362
Memories – The Best Of 1048
Memories Are Made Of This 297, 880
Memories of Heidelberg 868
Memory 504, 726, 10480
Memory Melody 1070
Memphis 527, 848, 1174
Memphis Tennessee 132, 171, 275, 1322
Men And Women 1271
Men In Black 705, 1295
Menace To Sobriety 1459
Mendocino 646, 1282
Mental Picture 1236
Mer han 'nen Deckel 141
Mer losse d'r Dom en Kölle 141
Mercedes Benz 783
Mercedes Boy 1064
Merci Cheri 640, 734
Merci, Mireille 889
Mercury Falling 1356
Mercy Mercy Me (The Apology) 554
Mercy Mercy Me – I Want You 1049
Mercy, Mercy, Mercy 153, 203
Mere Christianity 1284
Mermaids 1502
Merrie Gentle Pops 100
Merry Christmas 226, 319, 889
Merry Christmas Everybody 1349
Merry Christmas Music 295
Merry Christmas, Mr. Lawrence 701, 1497
Merry Gentle Pops 100
Merry Xmas Everybody 1288
Merry, Merry Christmas 995
Mesopotamia 76
Message In A Bottle 1087 f.
Message In The Music 1019
Message Of Love 1253
Message Personnel 611
Message To Michael 356, 1495
Message Understood 1255
Messages 1036
Messenger 895
Messer, Gabel, Schere, Licht 791
Met Him On A Sunday (Ronde-Ronde) 1261
Metal Box 1114
Metal God 873
Metal Guru 1386
Metal Health 1126
Metal Mickey 1366
Metallica 921
Metamorphosis 1188
Method Of Modern Love 604
Metropolis 919
Metropolis – The Legend Of Babel 390
Meuterei auf der Bounty 457, 615
Mexicali Rose 372
Mexican Girl 1298
Mexican Joe 1155
Mexican Radio 1169
Mexico 89, 665, 954
Mezzanine 887
MFEO 744
MfG 480
Mi Casa Su Casa (My House Is Your House) 295
Mi Chico Latino 605
Mi Tierra 458
Miami 1295
Miami Hit Mix/Christmas Through Your Eyes 458
Miami Vice Theme 476, 607
Miaow 116
Michael And The Slipper Tree 453
Michael Ball 91
Michael Crawford Performs Andrew Lloyd Webber 312
Michael Row The Boat/Lumbered 401
Michaela 49, 53, 671, 1006
Michel'le 924
Michelle 114, 343, 1044
Michigan Harry Slaught 1487
Mickey 101, 824
Mickey's East Coast Jerk 786
Mickey's Monkey 939
Micki 1261
Midas Touch 927
Middle Man 1225
Middle Of Nowhere 609
Middleman 1404
Midi-Midinette 299, 535
Midlife Crisis 473
Midnight At The Lost And Found 910
Midnight At The Oasis 182, 972
Midnight Blue 584, 858
Midnight Café 1298
Midnight Confessions 588
Midnight Cowboy 490, 1005
Midnight Express 476, 958
Midnight In Chelsea 164
Midnight In Memphis 1525
Midnight In Moscow 90
Midnight Lady 1014
Midnight Love 554
Midnight Madness 1005
Midnight Magic 293
Midnight Man 502
Midnight Mary 1093
Midnight Melody 172
Midnight Ride 1162
Midnight Rider 344, 1261
Midnight Train To Georgia 770
Midnight Wind 1351
Midnite Dynamos 887 f.
Midnite Vultures 117
Mief! (Nimm mich jetzt, auch wenn ich stinke) 404
Mighty Joe 1262
Mighty Like A Rose 307
Mighty Love 1324
Mighty Quinn 864
Mike & The Mechanics 929
Miles High 929
Miles Of Aisles 940
Milestones 1188
Milk 548, 930, 1441
Milk And Alcohol 412
Milk And Honey 799
Milk Cow Blues 992
Milkman's Son 1459
Milky Way 1257
Mille Mille Grazie 274
Millennium 81, 1166, 1522
Millennium Prayer 1166
Miller's Cave 98
$ 1,000,000.00 Worth Of Twang 436
Million Mile Reflections 339
Million Miles Away 1026
Million Miles From Home 420
Millionaires 697
Millionär 1108
Milord 190
Mimmo 667
Mind Adventures 375
Mind Fruit 1032
Mind Games 799
Mind Of A Toy 1485
Mind Power 367
Mind Up Tonight 956
Mind, Body And Song 693
Mindgames 1025

Mingus 940
Mini Skirt Vision 1189
Minne Minne Haha 127
Minor Earth – Major Sky 16
Minority 592
Minstrel In The Gallery 712
Minute By Minute 403
Mir geht's genauso wie dir 797
Mir klääve am Lääve 141
Mir san prominent 1322
Miracle 659, 1028
Miracle Row 667
Miracles 542, 708 f., 787, 938
Miracles – The Holiday Album 542
Mirage 503, 698, 939, 1232
Mireille Mathieu 889
Mirmama 471
Mirror Ball 1549
Mirror In The Bathroom 110
Mirror Man 663
Mirror Mirror 1079, 1388
Mirror Mirror (Mon Amour) 397
Mirror, Mirror 1196
Mirrorball 905
Mirrors 1217
Mis-Shapes/Sorted For E's And Wizz 1117
Miserere 1061, 1559
Misery 1308
Misfit 328
Misguided Roses 895
Mishale 400
Misled 773
Misplaced Childhood 870
Miss Broadway 124
Miss California 1411
Miss Me Blind 326
Miss Randy Crawford – The Greatest Hits 312
Miss Saigon 780, 970
Miss Sarajewo 1058, 1061 f.
Miss Thang 949
Miss You 319, 1188
Miss You Like Crazy 286
Miss You Much 688
Miss You So 132 f.
Miss You/Far Away Eyes 1188
Missing 465
Missing (I Miss You Like The Deserts Miss The Rain) 1012
Missing (Remix 1995) 465
Missing . . . Presumed Having A Good Time 386
Missing Words 1241
Missing You 236, 354, 753, 770, 1195 f., 1390, 1447, 1488
Missing You Now 542
Mission Horizon 1175
Mission To Please 682
Mission: Impossible 276
Mission: Impossible 2 812, 921
Mississippi 857, 1119
Missouri Cowboy 20, 1140
Mistadobalina 367, 582
Mistaken Identity 229
Mister And Mississippi 1047
Mister Feeling 887
Mister Music 534
Mister Tap Toe 350
Mistletoe And Wine 1166
Mistrustin' Blues 1074
Misty 270, 1348
Misty Blue 954
Misty Eyed Adventures 270
Mit dir 532
Mit dir sofort und ohne Ende 415
Mit siebzehn 776
Mit 17 fängt das Leben erst an 1178
Mit 17 hat man noch Träume 868
Mit 66 Jahren (was wichtig ist . . .) 734
Mitschnacker 491
Mitsou 178
Mittendrin 229, 1118
Mittermeier & Friends 941
Mitternacht 427
Mitternachts-Blues 943
Mitternachtsspitzen 350
Mixed Emotions 466, 941, 1188
Mixed Up 327
Mixed Up Guy 1226
Mixed Up World 1423
Mmm Mmm Mmm Mmm 311
Mmmbop 609
Mo Money 938
Mo Money Mo Problems 885, 1015
Mo' Money 688, 1441, 1474
Mo' Ritmo 563
Mob Rules 143
Mockin' Bird Hill 1047
Mocking Bird Hill 1070
Mockingbird 522, 1266, 1393
Mockingbird Hill 928
Modern Classics – The Greatest Hits 1502
Modern Girl 431 f.
Modern Life Is Rubbish 158
Modern Love 2, 175
Modern Love Is Automatic 2
Modern Lullaby 878
Modern Man 843
Modern Sounds In Country And Western Music 252
Modern Sounds In Country And Western Music (Volume Two) 252
Modern Woman 719
Moderne Romanzen 20
Moesha 183, 894
Mohikana Shalali 630
Moi . . . Lolita 24
Moment Of Glory 1232
Moments In Soul 686
Moments Of Love 977
Momo 984
Mon Amie La Rose 611
Mon Beau Chapeau 387
Mon Credo 888
Mon Pays 547
Mona 904 f.
Mona Lisa 287, 616
Monday, Monday 858
Mondo Bizarro 1140
Mondo Bongo 169
Mondo Cane 1526
Mondschein-Partie 456
Mondsüchtig 258
Money 121, 507, 696, 948 f., 1077
(Money Can't) Buy Me Love 145
Money For Nothing 386, 1355
Money Greedy/Broken Homes 1441
Money Honey 105
Money Money Money 4
Money Talks 885
Money To Burn 60
Money Train 827
Money's Too Tight (To Mention) 1271
Monika 881
Monja 1487
Monkey 923
Monkey Business 1285
Monkey Kong 1
Monkey Spanner 288
Monkey Wrench 512
Monolith 742
Monopoly 783
Monsieur 274
Monsieur Dupont 867, 1255
Monster 1128, 1345
Monster Mash 1074, 1481
Monster Movie 218
Montego Bay 32, 151
Monterey Pop 1151
Monument – The Soundtrack 1461
Mony Mony 32, 151, 669, 698
Moods 381
Moody Blue 1099 f.
Moody Trudy 958
Moon And The Sky 453
Moon River 297, 594, 859
Moon River & Other Great Movie Themes 1519
Moon Shadow 1347
Moon Spirits 338
Moondance 960
Moonflower 1219
Moonlight 410
Moonlight And Roses 1155
Moonlight Bay 350
Moonlight Becomes You 319, 992
Moonlight Feels Right 1334
Moonlight Madness 374
Moonlight Melodies 1479
Moonlight Shadow 1027 f.
Moonlight Shadows 1246
Moonlighting Theme 703
Moonlightning 1224
Moonshine Sally 971
Moontan 576
Mope 151
More 1012, 1077, 1284, 1526
More Abba Gold 4
More Action 1126
More And More 223 f.
More Chuck Berry 131
More Great Song Hits From The Bachelors 79
More Hits By Cliff 1165
More Hits By The Supremes 1374
More Hot Rocks (Big Hits & Faced Cookies) 1188
More Italian Favorites 524
More Johnny's Greatest Hits 889
More Life In A Tramp's Vest 1346
More Love 229
More More More 797
More Music From »Peter Gunn« 859
More Of Roy Orbison's Greatest Hits 1035
More Of The Hard Stuff 418
More Of The Monkees 950
More Songs By Ricky 991
More Specials 1319
More Stars On 45 1338
More Than A Feeling 172 f.
More Than A Woman 3, 617, 1007, 1392
More Than Ever 990
More Than I Can Say 1224
More Than I Can Say/Staying In 1479
More Than I Needed To Know 1229
More Than In Love 1175 f.
More Than This 448, 1200
More Than Us EP 1439
More Than Words 467

More Than Words Can Say 22
More Than You Deserve 910
More Than You Know 879
More To This World 82
More Trini Lopez At PJ'S 827
More, More, More 92
More, More, More Pt. 1 1443
Morgen 1178, 1479
Morgen beginnt die Welt 529
Morning Dew 833
(What's The Story) Morning Glory? 1022
Morning Has Broken 1018, 1347 f.
Morning Magic 1332
Morning Of My Life 1024 f.
Morning Side Of The Mountain 1040
Morning Sky 89
Morning Town Ride 1240
Morning Train (Nine To Five) 432
Morning View 674
Morrison Hotel/Hard Rock Café; 407
Mosaic 1492
Moscow 665, 1157
Moseley Shoals 1023
Moskau 418
Mosquitos 36
Most Girls 1077
Most High 794
Most Of The Animals 42
Mother 798
Mother And Child Reunion 1268
Mother Earth 223
Mother Lode 823
Mother Nature And Father Time 287
Mother Nature Calls 240
Mother Of Mine 1157
Mother Universe 1311
Mother's Heaven 1405
Mother's Little Helper 1188
Mother-In-Law 159
Mothership Connection 539
Motivation 961
Mötley Crüe 962
Motorcycle Mama 613
Motorhead Live 963
Motorvatin' 131
Motown Returns To The Apollo 1523
Motown's Greatest Hits 1195, 1400
Motownphilly 180
Mott 964
Mouldy Old Dough 807
Moulin Rouge 15, 810, 838, 977, 1077
Mountain Of Love 840, 1174
Mourir D'Aimer 70
Mouth 88, 965
Mouth To Mouth 815
Move 944, 966
Move Any Mountain 1252
Move Away 326, 367
Move Away Jimmy Blue 367
Move Closer 69, 991
Move It 222, 1155, 1164, 1166
Move It Up/Big Beat 222
Move Mania 1222, 1253
Move Me 1466
Move Move Move (The Red Tribe) 859
Move On 988
Move On Baby 222
Move Over Darling 350, 1460
Move This 1397
Move To Memphis 16
Move To This 370
Move Your Ass! 1229 f.
Move Your Body 439, 1540
Move Your Body (Elevation) 1540
Move Your Feet To The Rhythm Of The Beat 642
Movies 23
Moviestar 613
Movin Too Fast 57 f.
Movin' 202, 1205
Movin' Melodies 64
Movin' On 83, 92, 977
Movin' On Up 1104
Moving 1371
(Moving) 1070
Moving On 1007
Moving On Up 846
Moving Waves 508 f.
Mozart Symphony No. 40 In G Minor K 550 1st Movement (Allegro Molto) 1172
Mr. Bad Guy 919
Mr. Big 968
Mr. Big Stuff 628, 770
Mr. Bill 873, 1108
Mr. Blobby 968
Mr. Blue Sky 442
Mr. Bojangles 346, 1009
Mr. Brown 1248
Mr. Casanova 856
Mr. E's Beautiful Blues 438
Mr. Fantasy 1437
Mr. Greed 510
Mr. Hankey The Christmas Poo 969
Mr. Happy Go Lucky 914
Mr. Heartbreak's Here Instead 546
Mr. Holland's Opus 799
Mr. Jaws 579
Mr. Lonely 1484
Mr. Loverman 1103, 1141
Mr. Magic 1495
Mr. Moon 1238
Mr. Moonlight 514
Mr. Music 319
Mr. Paul McCartney 1194
Mr. Personality 1450
Mr. President 359
Mr. Roboto 1365
Mr. Sleaze 1356
Mr. Smith 820
Mr. Soft 612 f., 1053
Mr. Tambourine Man 210 f.
Mr. Vain 325
Mr. Walker, It's All Over 1317
Mr. Wendal 56
Mr. Wendal/Revolution 56
Mr. Wichtig 1419
Mr. Wonderful 502 f.
Mr. Writer 1346
Mrs. Bluebird 1334
Mrs. Brown You've Got A Lovely Daughter 637
Mrs. Robinson 1269
Ms. Grace 1455
Ms. Jackson 1043 f.
MTV Unplugged 425 f., 480, 891, 918, 958, 1250
MTV Unplugged EP 226
MTV Unplugged In New York 1009
Much Love 32
Mucho Amore 178
(Mucho Mambo) Sway 1247
Mud Rock 971
Mud Rock Volume 2 971
Mud Slide Slim And The Blue Horizon 1393
Mudbone 1290
Mugsy's Girl 183
Mulan 15, 1007
Mulder And Scully 241 f.
Mule Train 320
Muli-Song 1178
Mull Of Kintyre 896 f.
Multiplication 341
Mungo Jerry 973
Muny, Muny, Muny 646
Muppet Movie 1224
Murder 410
Murder On The Dancefloor 445
Murder She Wrote 370
Murmur 1128
Muscle Beach Party 1533
Muscle Of Love 302
Musclebound/Glow 1315
Muscles 1196
Music 758, 851 f., 929, 1053, 1111, 1416
Music And Lights 671
Music Box 226
Music Box Dancer 933 f.
Music Everywhere 203
Music For The 1112
Music For The Masses 373
Music For The People 873
Music From »A Fistful Of Dollars« & »A Few Dollars More« & »The Good, The Bad & The Ugly« 952
Music From »Peter Gunn« 859
Music From Mr. Lucky 859
Music From The Edge Of Heaven 1506
Music From The Elder 765
Music In A Doll's House 477
Music In Colours 419
Music In My Mind 1335
Music Is My Radar 159
Music Man 572
Music Of My Heart 458, 981
Music Of The Mountains 866
Music Of The Spheres 197, 1358
Music Sounds Better With You 1334 f., 1363
Music To Watch Girls By 1519 f.
Music Wonderland 1027
Music's No Good Without You 258
Music, Music 1152
Music, Music, Music 1241
Musica E 1138
Musical Chairs 651
Musik aus Zeit und Raum 701
Musik Non Stop 775
Musik, das ist mein Leben 229
Musique 546
Musique Non Stop 774
Muskrat Love 223
Must Be The Music 989
Mustafa 499
Mutants In Mega City One 1368
Mutations 117
Mutations EP 1035
Mutter 1139
Mutter, der Mann mit dem Koks ist da 476
Mütterlein 382
My Adidas 1205
My Aim Is True 307, 805
My All 226 f.
My Arms Keep Missing You 243
My Baby 436, 810
My Baby Daddy 189
My Baby Just Cares For Me 1269

My Baby Loves 437
My Baby Loves Lovin' 1512
My Bed Is Too Big 155
My Best 550
My Best Friend's Girl 234
My Best To You 1040
My Body 837
My Bonnie 111, 1259
My Boy 1100
My Boy Lollipop 84, 933
My Boyfriend's Back 40 f.
My Brother Jake 530
My Brother Makes The Noise For The Talkies 167
My Brother's Keeper 1508
My Camera Never Lies 204
My Cherie Amour 1534
My Coo-Ca-Choo 1335
My Cup Runneth Over 35
My Dad 1071
My Dark Hour 932
My Darling, My Darling 350
My Dear 938
My Dearest Darling 697
My Destiny 1167
My Ding-A-Ling 131
My Dixie Darling 401
My Dreams Are Getting Better All The Time 349 f.
My ears are alight 366
My Empty Arms 1524
My Ever Changing Moods 1364
My Everything 1007
My Eyes Adored You 1012, 1472
My Fair Lady 202, 247, 424
My Favorite Mistake 322
My Favourite Game 225
My Favourite Waste Of Time 1060
My First Album 824
My First Night With You 977
My Friend Jack 1296 f.
My Friend Stan 1288
My Friend The Sea 274
My Friend The Wind 1197
My Friends 1149
My Generation 812, 1434, 1515
My Generation – The Very Best Of The Who 1515
My Girl 695, 850, 1151, 1204, 1399 f.
My Girl Josephine 511
My Girl Lollipop (My Boy Lollipop) 84
My Guy 1502
My Guy/My Girl 1349
My Hallucination 337
My Hankey The Christmas Poo 256
My Happiness 524
My Head's In Mississippi 1559
My Heart Beats Like A Drum (Dam Dam Dam) 64
My Heart Belongs To Me 1362
My Heart Belongs To Only You 1484
My Heart Can't Tell You No 1354
My Heart Goes Boom 531
My Heart Has A Mind Of Its Own 524
(All Of A Sudden) My Heart Sings 43
My Heart Will Go On 154, 792
My Heart Will Go On (Love Theme From »Titanic«) 383
My Heart's Symphony 805
My Hero 512, 915
My Home Town 44
My Hometown 1329
My Honey And Me 675
My House 1404
My Jelly Bean 722
My Kind Of Christmas 15
My Kind Of Girl 951
My Last Night With You 56
My Life 147, 719
My Life's Devotion 1238
My Little Lady 1440
My Little Secret 1540 f.
My Little Town 550, 1268 f.
My Little World 166, 1497
My Little World Is All Blue 166
My Love 274, 670, 791, 897, 1167, 1505, 1533 f., 1559
My Love And Devotion 350
My Love For You 889
My Love Is A Tango 868
My Love Is For Real 6, 624, 1363
My Love Is So Raw 1519
My Love Is The Shhh! 1092, 1305
My Love Is Your Love 659 f.
My Lover's Prayer 1151
My Lovin' (You're Never Gonna Get It) 449
My Maria 1349, 1487
My Melody Of Love 1484
My Mind's Eye 1291
My Mother's Eyes 1472
My Music 823
My Name Is 447 f.
My Name Is Barbra 1362
My Name Is Barbra, Two 1362
My Name Is Jack 864
My Name Is Joe 356, 717
My Name Is Prince 1107
My Oh My 48 f., 1211, 1288
My Old Man's A Dustman 401
My Old Piano 1196
My One Temptation 1051
My Only Love 1280
My Own Prison 314
My People Were Fair And Had Sky In Their Hair But Now They're Content To Wear Stars On Their Brows 1386
My Perfect Cousin 1462 f.
My Prayer 951
My Prerogative 197
My Pretty One 1166
My Promise 1012
My Resistance Is Low 1222
My Sacrifice 314
My Sentimental Friend 637
My Sharona 769
My Ship Is Coming In 1490
My Simple Heart 1415
My Son, The Celebrity 1260
My Son, The Folk Singer 1260
My Son, The Nut 1260
My Soul 302, 715
My Special Angel 1485
My Star 197 f., 1029
My Stepmother Is An Alien 42
My Summer Love 1202
My Sunny Sunshine 153
My Sweet Charlie 419
My Sweet Lord 262, 510, 616 f., 1022
My Sweet Love 783
My Toot Toot 770, 787
My Town 571
My Up And Down 660
My Way 43, 87, 615, 620, 812, 1085, 1097, 1100, 1276, 1278 f., 1469
My Way – The Best Of Frank Sinatra 1278
My Way Of Thinking/I Think It's Going To Rain 1459
My Weekness Is None Of Your Business 445
My Whole World Ended (The Moment You Left Me) 1204
My Woman 1511
My World 55
My World Is Empty Without You 1374
My, My, Hey, Hey (Out Of The Blue) 1549
My, My, My 568
Mya 977
Mysterious Girl 39
Mysterious Times 1222
Mysterious Ways 1457
Mysterious Woman 743
Mystery Girl 1034

'N Sync 981
N.Y. You Got Me Dancing 1443
N.Y.C. (Can You Believe This City?) 253
Na Na Hey Hey Kiss Him Goodbye 92, 1342
Na Na Is The Saddest Word 1364
Na Na Na 1093
Na-Na-Na, Nee-Nee-Nee, No-No-No 1383
Nabucco 186
Nach fünf im Urwald 1092
Nach uns die Sintflut – live 59
Nachts hör' ich immer alle Uhren schlagen 20
Nachts scheint die Sonne 262
Nachts, wenn alles schläft 229
Nackt im Wind 93, 853
Nadia's Theme (The Young And The Restless) 378
Nadine (Is It You?) 131
Nah = Poo – The Art Of Bluff 928
Nakasaki EP (I Need A Lover Tonight) 396
Naked 476, 1154, 1390
Naked Eyes 983
Naked Gun 636
Naked In The Rain 154
Naked In The Rain '98 154
Name 578
Name And Number 328
Nana 984
Nancy 1450
Nancy (With The Laughing Face) 1279
Nancy And Lee 1280
Nancy Boy 1082 f.
Napoli 524
Nappy Heads 535
Narcotic 816
Narziss 971
Nasher 525
Nashville Cats 835
Nashville Skyline 425
Nashville Today 1421
Nastradamus 985
Nasty 688
Nat King Cole Sings And The George Shearing Quintet Plays 287
Nathalie 117
Nathan Jones 1374
Nathan Michael Shawn Wanya 180

National Express 388
National Lampoon Road Show 910
Native New Yorker 1024
Native Songs 823
Native Tongue 1087
Natural 39 f., 987, 1210 f.
Natural Blues 944
Natural Born Bugie 663
Natural High 151, 293
Natural History: The Very Best Of Talk Talk 1389
Natural Mystic 875
Natural Sinner 34, 471
Naturally 1416
Nature Boy 287, 1279
Naughty By Nature 988
Naughty Christmas (Goblin In The Office) 485
Naughty Girls (Need Love Too) 521
Naughty Lady Of Shady Lane 880
Naughty Naughty 1052
Navy Blue 1159 f.
Ne Me Quitte Pas 687
Ne Partez Pas Sans Moi 383
Neanderthal Man 574, 655 f., 1401
Néapolis 1271
Near The Beginning 1476
Near You 928, 1522
Nearly God-Poems 1441
Nebraska 1329
Neck And Neck 386
Ned Kelly 473, 694
Need You 678 f.
Need You Tonight 678 f.
Need Your Love So Bad 502
(Everybody's Got To Learn Sometime) I Need Your Loving 77
Needin' U 957
Needin' U II 957
Needles And Pins 167, 1235, 1298
Negotiations And Love Songs 1971–1986 1268
Neighbourhood 1313 f.
Neighbours 541, 671
Neil Diamond/Gold 381
Neil Diamond/His 12 Greatest Hits 381
Neil Reid 1157
Neither Fish Nor Flash 332
Neither One Of Us (Wants To Be The First To Say Goodbye) 770
Nek 989
Nel Sole 94
Nellie The Elephant 1434
Nelson Mandela 1318 f.
Nena 993
Neonlights 1271
Neppomuk's Rache 455
Nervous Night 650
Nessun Dorma 1061 f.
Net Als Toen 190
Nether Lands 509
Neue Songs der Welt 1025
99 Luftballons 993
Neutron Dance 1086
Neutronica 402
Never 627
Never A Dull Moment 1353
Never Be Anyone Else But You 991
Never Be The Same Again 212, 1425
Never Been Rocked Enough 897
Never Been To Spain 1416
Never Can Say Goodbye 294, 555, 693, 910
Never Die Young 1393
Never Do A Tango With An Eskimo 284
Never Ending Song Of Love 795, 997
Never Ending Story 811
Never Enough 459, 1298
Never Ever 24 f.
Never For Ever 208
Never Forget 1388
Never Forget (Where You Came From) 190
Never Give In 95
Never Gonna Cry Again 460
Never Gonna Give You Up 62 f., 843, 977, 1323
Never Gonna Let You Go 917, 956 f.
Never Goodbye 372
Never Had A Dream Come True 1211, 1534
Never Knew Love 11
Never Knew Love Like This 264
Never Knew Love Like This Before 934
Never Leave Me Lonely 848
Never Let Her Slip Away 576, 1462
Never Let Me Down 175
Never Let Me Down Again 373
Never Let Me Go 1475
Never Let You Down 650
Never Let You Go 995
Never Lie 672
Never Loved Elvis 1535
Never Make A Promise 417
Never Marry A Railroad Man 1262
Never Mind The 1431
Never Mind The Ballots: Here's The Rest Of Your Life 268
Never Mind The Bollocks Here's The Sex Pistols 1244, 1431
Never Mind The Hosen – Here's die roten Rosen 1430
Never My Love 62, 155
Never Never 61, 102, 1271
Never Never Love 1271
Never Never Never 102
Never On Sunday 1064
Never S-A-Y Never 183
Never Saw A Miracle 1354
Never Say Die 143
Never Stop 182
Never Stop That Feeling 872
Never Surrender 618
Never Tear Us Apart 678 f.
Never Too Far/Don't Stop Funkin' 4 226
Never Too Late 937, 1341
Never Too Much 1474 f.
Never Trust A Stranger 1517
Never Understand 710
Never, Never Gonna Give Ya Up 1509
Never, Never Gonna Give You Up 1333
Never/These Dreams 627
Nevermind 1008 f.
New Adventures in Hi-Fi 1071, 1128
New And Improved 1324
New Beginning 250, 552, 1381
New Beginning (Mamba Seyra) 204
New Beginning/Bright Eyes 552
New Blood 150
New Boots And Panties!! 424
New Day 706
New Edition 995
New Emotion EP 1422
New Generation 1366
New Gold Dream (81, 82, 83, 84) 1270
New Jack City 291
New Jersey 164
New Jersey Drive 1015, 1429
New Kid In Town 429
New Kids On The Block 995
New Kind Of Feeling 975
New Kind Of Medicine 987
New Light Through Old Windows 1146
New Looks From An Old Lover 1411
New Miserable Experience 569
New Moon On Monday 423
New Moon Shine 1393
New Morning 425
New Old Songs 812
New Orleans 164 f., 607
New Recording 356
New Rose 337
New San Antonio Rose 319
New Sensation 678 f.
New Song 727 f.
New Wave 335
New World Order 893
New Year 1367
New Year's Day 1456 f.
New Year's Dub 1457
New York 1154
New York – Rio – Tokyo 1442
New York Groove 631 f.
New York Mining Desaster 1941 119, 121
New York Undercover 894
New York, New York 517, 1277
News Of The World 1125
Next Door To An Angel 1239
Next Lifetime 85
Next To You 63
Nexus 98
Nexus . . . 45
Nice & Slow 1468 f.
Nice 'N' Easy 1277
Nice Girls 877
Nice Guy Eddie 1289
Nice Legs, Shame About Her Face 661
Nice Time 462
Nice To Be With You 547
Nicely Out Of Tune 814
Nicety 924
Nicht von dieser Welt 981 f.
Nichts bleibt für die Ewigkeit 1430
Nichts haut mich um – aber du 790
Nichts ohne Grund 1117
Nick Of Time 1136
Nicky 1003
Nicolette 786
Nie genug 1072
Nie mehr allein sein 642
Nie wieder 455, 1220 f., 1419
Nie wieder hier 1491
Nie wieder Kunst (wie immer . . .) 455
Night 519, 1004, 1524
Night And Day 465, 689
Night And The City 221
Night Birds 1249
Night Calls 283
Night Club 970
Night Dubbing 671
Night Fever 120 f.
Night Gallery 100
Night Games 166, 867
Night In Motion 1456

Night In The Ruts 13
Night Life 1068
Night Moves 880, 1240
Night Music 689
Night Of Fear 966
Night Owl 1132 f.
Night To Remember 1006
Night Train 1485
Nightbirds 783
Nightclubbing 146, 727
Nightflight To Venus 166
Nightingale 759, 1005
Nights Are Forever Without You 449
Nights In White Satin 401, 624, 953 f., 1217, 1280
Nights Like This 14
Nights On Broadway 121, 1339
Nightshift 293
Nighttime 1102
Nightwalker 1477
Nightwatch 823
Niky Hoeky 1109
Nilsson Schmilsson 1005
Nimm mich mit, Freddy 529
Nimrod 592
9 A.M. (The Comfort Zone) 825
9 To 5 432, 1056
9 To 5 And Odd Jobs 1056
9,999,999 Tears 795
9PM (Till I Come) 64
911 147, 706, 1006
90125 1547
Nine Lives 13
Nine Objects Of Desire 1480
Nine On The Line 1487
Nine Times Out Of Ten 1166
Nine Tonight 1240
19 261
19/2000 582
19 Naughty III 988
1980 – F 15
1982 1341
1984 (MCMLXXXIV) 1473
1990 1400
1999 15, 113, 138, 142, 166, 376 f., 430, 474, 856, 914, 1078, 1107, 1166, 1247
1999/Little Red Corvette 1107
1997 238, 316, 617, 806, 888
1992 – The Love Album 235
1991 842
1979 1292
1977 59
1977–1980 Substance 996
1962's Greatest Hits 1479
Nineteen 611
Nineteen Naughty Nine – Nature's Fury 988
Nineteen Ninety Quad 1284
19th Nervous Breakdown 1188
98 Degrees And Rising 1007
98.6 746 f.
99 Red Balloons 993
99.9 F 1480
96 853
96 Tears 1126
Nite And Day 17
Nix es ömesöns 141
Nix is fix 488
No Angel 382
No Arms Can Ever Hold You 80
No Bier, no Wein, no Schnaps 82
No Brakes 1488
No Chance, No Charge 298
No Charge 99 f.
No Coat 1063
No Coke 411
No Control 948
No Diggity 145, 411
No Distance Left To Run 158
No Doubt 1011, 1243
No Doubt About It 655
No Exit 149
No Face, No Name, No Number 1436
No Fences 192
No Fronts 396
No Fronts – The Remixes 396
No Fun Allowed 532
(There's) No Gettin' Over Me 934
No Good (Start The Dance) 1112
No Good 4 Me 1045
No Hollywood Movie 606
No Honestly 355
No Jacket Required 290 f.
No Jive 988
No Limit 1453
No Limit Top Dogg 1301
No Limits 1452
No Matter How High 1021
No Matter How I Try 1020
No Matter What 85, 180 f.
No Matter What I Do 915
No Matter What Shape (Your Stomach's In) 1394
No Matter What You Do 1001
No Milk Today 637
No More 1, 1203
No More »I Love You's« 800
No More (Baby I'ma Do Right) 1417
No More – I Can't Stand It 892
No More Boleros 725
No More Drama 147 f.
No More Games 810, 996
No More Hero 1359
No More Heroes 1359
No More Lies 924
No More Lonely Nights 897
No More Mr. Nice Guy 171, 303
No More Tears 645, 706, 1039
No More Tears (Enough Is Enough) 199, 1361 f., 1369 f.
No More The Fool 192
No Name Face 807
No Need To Argue 310
No News 825
No No No 706
No No Song 1338
No One 1452
No One But You 1124
No One Can Stop Us Now 256
No One Cares 1277
No One Else 1429
No One Is Innocent/My Way 1244
No One Is To Blame 728
No One Knew 952
No Ordinary Morning/Halcyon 262
No Ordinary Music 464
No Ordinary World 283
No Other Love 295
No Parking On The Dance Floor 927
No Parlez 1550
No Particular Place To Go 131, 1340
No Place Like Home 133
No Prayer For The Dying 681
No Protection 709, 887
No Quarter 793
No Reason To Cry 272
No Regrets 1465 f., 1522
No Regrets – The Best Of Scott Walker And The Walker Brothers 1965 – 1976 1489 f.
No Remorse 963
No Reply 1338
No Reservations 46
No Rest For The Wicked 1039
No Room At The Inn 1335
No Scrubbs 740
No Scrubs 1425
No Secrets 1266
No Security 1188
No Sleep 'Til Hammersmith 963
No Son Of Mine 561
No Strings Attached 981
No Surprises 1132
No Surrender 377
No Sweat 1014
No Sweat '98 1014
No Tengo Dinero 1169
No Time 359, 597, 810
No Time For A Tango 1301
No Time To Chill 1230
No Time To Play 795
No Way 527
No Way Out 702, 1116
No Way To Treat A Lady 1152
No Woman, No Cry 535 f., 874 f.
No, No, No 376
No, Not Much 1485
Noah 836
Nobody 1377, 1416
Nobody Better 957
Nobody But Me 662
Nobody But You 90
Nobody Does It Better 606, 1266
Nobody Else 1388
Nobody I Know 1069
Nobody Knows 229, 1164
Nobody Needs Your Love 1081
Nobody Told Me 799
Nobody Wants To Be Lonely 15, 881
Nobody's Child 1548
Nobody's Darlin' But Mine 669
Nobody's Diary 1544
Nobody's Fool 603, 823 f., 1288
Nobody's Supposed To Be Here 310
Nobody's Twisting Your Arm 1500
Nobodys Fault 474
Noch ein Tanz 1024 f.
Nokia Night Of The Proms 1458
Nolans 1013
Nomades 1059
Nomansland 392
Nominator 265
Non è Vero 783
Non ho l'età 268
Non Stop Classics 1201
Non Stop Ecstatic Dancing 1303
Non Succedera Più 245
Non-Stop 74
Non-Stop Ecstatic Dancing 1304
Non-Stop Erotic Cabaret 1304
Nonsuch 1541
Nordisch By Nature 491
Norman . . . Is That You? 658
Norman Bates 785
North Country Boy 250 f.
North Wind 1512
Northern Lights 1159
Northern Soul 845
Northern Star 212
Norwood 217
Not A Dry Eye In The House 910
Not A Girl Anymore 806

Not A Moment Too Soon 902
Not Anyone 140
Not Exactly 1134
Not Fade Away 1009, 1186, 1188
Not Fragile 80
Not Gon' Cry 147 f.
Not If You Were The Last Junkie On Earth 339
Not Me 1038
Not On The Outside 948
Not Over Yet 583, 1083
Not Over Yet 99 583, 1083
Not Over You Yet 1196
Not Shy 439
Not Such An Innocent Girl 118
Not That Kind 36 f.
Not Tonight 333, 444, 810
Not Where It's At 367
not.com.mercial 258
Nothin' At All 627
Nothin' But A Good Time 1087
Nothin' Matters And What If It Did 914
Nothin' No Sweeter Than Love 228
(We Ain't Got) Nothin' Yet 156
(Nothin' Serious) Just Buggin' 1508
Nothing 1
Nothing As It Seems 1064
Nothing Can Divide Us 403
Nothing Can Stop Me 248
Nothing Compares 2 U 309, 1018, 1309
Nothing Else Matters 921
Nothing Ever Happens 367, 864
Nothing Has Been Proved 1327
Nothing Is Real But The Girl 149
Nothing Lasts Forever 434
Nothing Left 1036
Nothing Like The Sun 1356
Nothing Really Matters 852
Nothing Rhymed 1020
Nothing To Lose 302, 810, 1245, 1306
Nothing's Gonna Change My Love For You 911
Nothing's Gonna Stop Me Now 521
Nothing's Gonna Stop Us Now 709
Notorious 423, 1014
Notre Dame de Paris 936
November Rain 599
Novocaine For The Soul 438
Now 882
Now & Forever 292
Now & Then 230
Now Ain't The Time For Your Tears 1438
Now And Forever 17, 884
(Now And Then There's) A Fool Such As I 1099
Now I Know What Made Otis Blue 1550
Now I've Got A Witness (Like Uncle Phil And Uncle Gene) 1186
Now In A Minute 804
Now Is The Hour 320
Now Is The Time 698, 957
Now That I Own The BBC 1316
Now That The Magic Has Gone 929
Now That We Found Love 628, 1410
Now That's What I Call Quite Good! 658
Now Those Days Are Gone 204
Now We Are Six 1343
Now We May Begin 312
Now You See Me, Now You Don't 1166
Now's The Time 517
Nowhere 1168
Nowhere Man 114, 1338
Nowhere To Run 337, 878
Nowhere/Pantapon Rose/Breaking The Law/C.C. Rider 1408
N-R-G 11
Nu-Clear Sounds 59
Nude On The Moon: The B-52's Anthology 76
Nuevo Laredo 1282
Nuff Vibes 46
Nuff Vibes (EP) 47
'Nuff Said 1269
Nuisance 917
Nukleopatra 357
Numb 1091
Number 1 21, 1449
Number One 424
(Call Me) Number One 1440
1 990
#1s 226
Number 5 932
Numbers 1347
Numero Uno 1336
Nummer 5 lebt 359
Nuovi Eroi 1138
Nur 48 Stunden 975
Nur die besten überleben 222
Nur die Liebe lässt uns leben 1192
Nur die Wahrheit zählt 69
Nur Du 868
Nur ein Flirt 1193
Nur ein Kuß, Maddalena 646
Nur eine Nacht 69
Nur geträumt 157, 993
Nur geträumt ... 157
Nur in deinem Kopf 480
Nur in Portofino 602
Nur Kosten im Osten 1324
Nur mir 1242
Nurse 1408
Nursery Cryme 559 f.
Nussknacker 74
Nutbush City Limits 1445 f.
Nuthin' But A »G« Thang 411
Nuthin' Fancy 842
Nuttin' But Love 628

Ö 595
O Baby mach dich schön 776
O Billy Boy (Club Argentina) 243
O Josefin 20
O L'Amour 397
Ö La Palöma 1024
O Sole Mio 985
O Sole Mio – Favorite Neapolitan Songs 1061
O Superman 38 f.
O.K.? 309
O.P.P. 988
Oak Ridge Boys – Greatest Hits 1021
Oak Ridge Boys – Greatest Hits 2 1021
Ob 15, 16, 17 Jahre alt 299, 535
Ob es so oder so oder anders 1471
Ob-La-Di Ob-La-Da 114, 875 f.
Obie 519
Objects In The Rear View Mirror May Appear Closer Than They Are 910
Oblivion 1404
Oblivious 70
Obscene Phone Caller 1182
Obscured By Clouds 1078
Obsession 42, 54
Occhi Aperti 984
Ocean Drive 808, 1028
Ocean Pie 1256
Ocean Rain 434
Oceans Of Fantasy 166
Octave 953 f.
October 1457
Octoberon 97
Octopus 662 f.
Octopussy 301
Odds And Sods 1515
Ode an die Freude 1172
Ode To Billie Joe 561 f.
Ode To My Family 310
Odelay 117
Odessa 120
Odyssee 813
Odyssey And Oracle 1558
Of A Simple Man 820
Of The Heart, Of The Soul And Of The Cross 1085
Off The Ground 896
Off The Hook 1541
Off The Map 1150
Off The Record 1378
Off The Wall 690 f.
Offshore 261
Offshore '97 261
Ogden's Nut Gone Flake 1291
Oh Aaron 234
Oh, Babe, What Would You Say? 1293
Oh Baby 971
Oh Baby! 317, 1450
Oh, Baby mach die Türe zu 1293
Oh! Baby (We Got A Good Thing Goin') 841
Oh Boy 195, 645, 971
Oh Boy (The Mood I'm In) 195
Oh Carol 1238 f., 1298
Oh Carolina 1247 f.
Oh! Darling 566
Oh Diane 504
Oh Girl 177, 263, 1550
Oh, God 371
Oh Happy Day 616, 621, 665, 913
Oh! Julie 1348
Oh Lady Mary 20
Oh, Lonesome Me 524
Oh, Look At Me Now 1278
Oh Lord, Why Lord 1090
Oh, Lori 18 f.
Oh Love My Love 1257
Oh Mercy 425
Oh Mother Of Mine 1399
Oh, My Darling Caroline 1190
Oh My God 599
Oh My God, They Killed Kenny 324
Oh My My 1338
Oh No 293, 1354
Oh No No 1060
Oh No Not My Baby 1354
Oh, Oh, Rosi 585
Oh Patti (Don't Feel Sorry For Loverboy) 1233
Oh Pretty Woman 1035
Oh Sheila 1146
Oh Sherrie 1067 f.
Oh, Susi (Der zensierte Song) 1555
Oh! Susie 1237
Oh, Suzi Q. 1123
Oh Very Young 1347 f.
Oh, wann kommst du? 790

Oh Well 503
Oh, What A Beautiful Mornin' 319
Oh What A Circus 457
Oh What A Night 279, 369
Oh What A Nite 369
Oh What A Shame 1535
Oh! What It Seemed To Be 1279
Oh Yeah 59, 197, 1246, 1297, 1545
Oh Yeah (On The Radio) 1200
Oh Yes! You're Beautiful 573
Oh You Pretty Thing 636
Oh-Oh, I'm Falling In Love Again 1183
Ohne dich (schlaf' ich heut nacht nicht ein) 971
Ohne Krimi geht die Mimi nie ins Bett 1140
Ohne Moos nichts los 543
Oi! 1084
Oil On Canvas 701
OK Computer 1132
Okay! 360, 1027
Oklahoma 1057
Olé Espana 1227
Ol' Rag Blues 1341
Old Before I Die 1521 f.
Old Cape Cod 1048
Old Days 261
Old Dog, New Trick 239
Old Friends For Young Years 1049
Old Man & Me (When I Get To Heaven) 651
Old Man Down The Road 316, 510
Old Man Moses 665
Old New Borrowed And Blue 1288
Old Pop In An Oak 1153
Old Rivers 186
Old School 1332
(Remember The Days Of The) Old Schoolyard 1347
Old Shatterhand 790
Older 922 f.
Older/I Can't Make You Love Me 923
Ole Buttermilk Sky 410
Ole Ola (Mulher Brasileira) 1232
Oliver 1488, 1499
Oliver! 1254
Oliver's Army 307
Olivia Newton-John's Greatest Hits 1001
Olivia's Greatest Hits Vol. II 1001
Olsen 1029
Olympic Games Theme 1213
Omen 1035
Omen III 854 f.
Ommadawn 1027
On A Carousel 644
On A Day Like Today 11
On A Little Street In Singapore 860
On A Night Like This 937
On A Ragga Tip 1287
On A Saturday Night 334
(Dancing) On A Saturday Night 152
On Air 321, 1054
On And On 63, 770
On Bended Knee 179 f.
On Broadway 128, 416
On Dangerous Ground 929
On Every Street 386
On Her Majesty's Secret Service 54
On How Life Is 590
On My Own 79, 783, 900 f.
On My Radio/Too Much Pressure 1241
On Ne Sait Jamais 70
On Our Own 197
On Silent Wings 1447
On Stage 823, 1135, 1156
On Stage – Februar, 1970 1098
On Standby 1256
On The 6 46, 827
On The Atchison, Topeka And The Santa Fe 319
On The Beach 1146, 1166, 1547, 1549
On The Bible 377
On The Boarder 428
On The Dark Side 214 f.
On The Inside 606
On The Level 1341, 1547
On The Loose! 377
On The Night 386
On The Radio 900, 1369 f.
On The Radio – Greatest Hits Volumes I & II 1369
On The Road Again 220
On The Ropes (EP) 1535
On The Run 1030
On The Threshold Of A Dream 953
On The Waters 185
On The Way To The Sky 381
On The Wings Of A Nightingale 464
On Through The Night 365
On Top Of Old Smokey 684
(How Does It Feel To Be) On Top Of The World 450, 1314
On With The Motley 1237
On Your Own 159, 1406
On&On 85
Once Bitten, Twice Shy 591
Once In A Blue Moon 512
Once In A Lifetime 1389
Once In A Lifetime/Sand In The Vaseline 1390
Once In A While 1047
Once In The Life 1326
Once More 1033
Once Over Nightly 1443
Once Upon A Christmas 1056, 1185
Once Upon A Dream 540, 1143
Once Upon A Long Ago 897
Once Upon A Star 104
Once Upon A Time 410 f., 958, 1271
Once Upon A Time In The West 411, 958
Once You Drink Tequila 1024
Once You Get Started 753
1 113
1, 2, 3 Red Light 1007
1, 2, 3, 4 (Sumpin' New) 302
1-2-3 101, 458, 1017
1-2-3 O'Leary 1017
1-2-3-4 . . . Fire! 907
1-2-3-4 Get With The Wicked 145
1-2-3-4 Red Light 1397
1100101 947
10538 Overture 442
One And One 911, 930
One And One Is One 911
One Bad Apple 954, 1041
One Big Blow 508
One Big Family EP 445
One Boy 1305
One By One 258, 522
One Careful Owner 91
One Cool Remove 292
One Day At A Time 877
One Day I'll Fly Away 312
One Day In Your Life 37, 691
One EP 865
One Fine Day 262
One Finger Melody 1279
One For Sorrow 1345
One For The Road 992
One For You, One For Me 782
One From The Modern 1023
One Good Woman 245
One Headlight 425
One Heartbeat 1178 f.
One Hot Minute 1150
One Hundred Ways 675
One In A Million 3
One In A Million You 584
One In Ten 440, 1459
One Is One 848
One Kiss From Heaven 831
One Kiss Too Many 55
One Less Bell To Answer 493
One Love 1112, 1344, 1358
One Love – People Get Ready 875
One Love – The Album 411
One Love – The Very Best Of 875
One Love To Give 1344
One Man Band 1224, 1523
One Man Dog 1393
One Man In My Heart 662
One Man Woman/One Woman Man 44
One Million Years 566
One Mint Julep 252
One Minute 179
One Minute Man 444
One Mo' 'Gen 1121
One Moment In Time 659
One Monkey Don't Stop No Show Part I 648
One More Chance/Stay With Me 1015
One More Dance 1024
One More Dream – The Very Best Of Gerry Rafferty 1133
One More For The Road 842
One More Night 291
One More Time 253, 335, 1147, 1280
One More Try 387, 923, 1385
One Nation Under A Groove 539
One Nation Under A Groove – Part I 539 f.
One Night 1097, 1099
One Night In Bangkok 624 f.
One Night In Heaven 846
One Night Of Sin 283
One Night Only – Greatest Hits 721
One Night Stand 940
One Nil 323
One Of Many Nights 1211
One Of The Living 1448
One Of These Nights 428 f.
One Of Us 4, 651, 735, 1039
One On One 604, 1545
One Shining Moment 1196
One Step At A Time 794
One Step Beyond 849 f.
One Step Closer 403, 815
One Step Further 98
One Step Out Of Time 91
One Step Up 1329
One Sweet Day 179 f., 227, 1116
One Thing Leads To Another 500
One To Another 250 f.
One To One 727
One Toke Over The Line 186

One Touch 1367
One True Woman 1545
One Two Three 232
One Vision 1125
One Voice 862, 1362
One Way Love 128
One Way Street 573, 854
One Way Ticket 455
One Way Ticket (Because I Can) 1171
One Way Wind 243
One Week 99
One Wild Night 164
One Wild Night – 1985–2001 164
One Wish 310
One Woman 693
One Woman – The Ultimate Collection 1195
One World 1142
One World Love 1240
One-Trick Pony 1268
Onedin Line 745
Onion Song 554, 1403
Onka's Big Moka 1427
Only A Woman Like You 162
Only Crying 876
Only Fools (Never Fall In Love) 1306
Only For A While 1427
Only For Love 811
Only For You 884
Only Forever 319
Only Happy When It Rains 548
Only Human 232
Only In My Dreams 567
Only Love 965
Only Love Can Break A Heart 1081
Only One 39
Only One Road 384
Only One Woman 166, 867
Only Sisters Can Do That 1086
Only Sixteen 29, 410, 413
Only Tender Love 356
Only The Lonely 961
Only The Lonely (Know How I Feel) 1034 f.
Only The Strong Survive 209
Only The Young 733
Only Time 452
Only Time Will Tell 990
Only To Be With You 1175
Only Wanna Be With You 651
Only When You Leave 1315
Only With You 224
Only Women Bleed 309
Only Yesterday 230
Only You 508, 715, 1030, 1094, 1338, 1539, 1544
Only You (And You Alone) 263
Only You Can 520 f.
O-o-h Child 498
Ooby Dooby 1034
Ooh Aah . . . Just A Little Bit 541
Ooh, Baby 1020
Ooh Baby Baby 1191
Ooh Boy 219
Ooh Child 383
Ooh I Love You Rakeem/Sexcapades 1538
Ooh La La 1353, 1529
Ooh La La La (Let's Go Dancin') 773
Ooh Lala (I Can't Get Over You) 1066 f.
Ooh Las Vegas 356
Ooh Stick You 340
Ooh To Be Ah 740
Ooh! What A Life 567
Ooh Yeah! 604
Ooh-La-La 470
Ooh-Wakka-Doo-Wakka-Day 1020
Ooo La La La 869
Oooh 354
Oooooohh . . . On The TLC Tip 1425
Ooops Up 548, 1299 f.
Oops (Oh My) 1449
Oops Up Side Your Head 547 f., 1300
Oops! . . . I Did It Again 1318
Opal Mantra 1408
Opel Gang 1429
Open 67, 417
Open Arms 227, 733
Open Fire, Two Guitars 889
Open Letter 236
Open My Eyes 1420
Open Our Eyes 430
Open Road 99
Open Sesame 737
Open Up 796
Open Up And Say . . . Ahh! 1087
Open Your Eyes 22, 596
Open Your Heart 663, 846, 852
Open Your Mind 1469
Operation Blade (Bass In The Place) 1114
Operation Dance 224
Operation Madball 341
Operation Stackola 839
Operation: Mindcrime 1125
Operator 860, 927
Opernball 1092
Ophelia 918
Opium fürs Volk 1430
Opportunities (Let's Make Lots Of Money) 1068 f.
Opposites Attract 6
Ora 984
Orange Blossom Special 1326
Orange Blossom Special And Wheels 1479
Orange Colored Sky 287
Orblivion 1033
Orchard Road 1224
Orchestral Manoeuvres In The Dark 1036
Ordinary Lives 121
Ordinary World 67 f., 423
Organic 282 f.
Organisation 1037
Original 796
Original Cool 1361
Original Prankster 1026
Original Sin 1206
Original Soundtrack 1245
Original Soundtracks 1 1058
Orinoco Flow 1075
Orinoco Flow (Sail Away) 452
Orville's Song 614
Orzowei 1029
Osmonds 1041
Ossie's Dream (Spurs Are On Their Way To Wembley) 254, 1432
OTB (On The Beach) 1547
Other Voices 1550
Otherside 1150
Otis Blue 1152
O-Toon 1042
OU812 1473
Our Best To You 1041
Our Day Will Come 1202 f.
Our Favourite Melodies 410
Our Favourite Shop 1363
Our House 849 f.
Our Last Song Together 400
Our Lips Are Sealed 537, 575
Our Love 286
Our Love Affair 1278
(Our Love) Don't Throw It All Away 566
Our Radio Rocks 1082
Our Town – Greatest Hits 356
Our Town – The Greatest Hits Of Deacon Blue 356
Our Winter Love 1119
Out Here On My Own 224
Out In The Fields 955 f.
Out Of Body 651
Out Of Bounds 910
Out Of Control 257
Out Of Control (Back For More) 342
Out Of Limits 872
Out Of My Hands 1205
Out Of My Heads 892
Out Of Order 1354
Out Of Our Heads 1187
Out Of Reach 545
Out Of Sight 827
Out Of Space/Ruff In The Jungle Bizness 1111 f.
Out Of The Blue 441, 523, 566 f.
Out Of The Cradle 203
Out Of The Dark (Into The Light) 476
Out Of The Dark – Into The Light 476
Out Of The Island 1102
Out Of The Night 590
Out Of The Shadows 1246
Out Of The Sinking 1501
Out Of This World 460
Out Of Time 482, 1128
Out Of Touch 604
Out Of Work 164
Out Of Your Mind 118, 1321, 1444
Out-A-Space 1327
Outa Space 915
Outa-Space 1100
Outer Space Girl 125
Outlandos D'Amour 1088
Outrider 482, 929
Outrospective 475
Outside 175, 923, 1332
Outside Inside 1444
Outstanding 1308, 1412
Over And Over 273, 965
Over My Head 503, 1133
Over The Hump 748
Over The Mountains 'Cross The Sea 704
Over The Rainbow 882
Over The Rainbow/You Belong To Me 887
Over Under Sideways Down 1544
Over You 994, 1115, 1200
Overcome 1441
Overkill 916
Overload 1367
Overnight Sensation (Hit Record) 1143
Overprotected 1318
Overture And Beginners 470
Öwerall 97
Owner Of A Lonely Heart 1547
Oxbow Legs 1033
Oxy 702
Oxygen 666

Oxygene 701
Oxygene 7–13 702
Oxygene 8 701
Oxygene 10 701
Oxygene IV 701
Oxygene Part IV 702
Oye Como Va 1219
Ozzmosis 1039

P-Machinery 1113
P. T. 109 358
P.A.S.S.I.O.N. 1209
P.ower Of A.merican N.atives 338 f.
P.S. I Love You 114
P.T. 109 358
P.ulsschlag 1046
P.Y.T. (Pretty Young Thing) 675, 691
Pablo Honey 1132
Pac-Man Fever 203 f.
Pacific – 707 440
Pacific State 440
Pacific/Cubik 440
Pack die Badehose ein 298, 534
Packed 1101
Packet Of Three 1330
Pagan Poetry 138
Paid In Full 624
Paid My Dues 37
Paid Vacation 884
Pain 538
Pain Is Love 686
Paint It, Black 1188
(You Don't Have To) Paint Me A Picture 805
Paint The Sky With Stars – The Best Of Enya 452
Paint Your Wagon 883, 1009
Painted From Memory 307
Painted, Tainted Rose 882
Painter Man 166, 314
Painting It Red 116
Paintings In My Mind 1048
Paintings In Yellow 1217
Pal Joey 1277
Pale Shelter 1396
Palisades Park 221
Paloma Blanca 89, 1006
Pamela Pamela 511
Pan 303
Pancho Villa 1224
Pandemonium 1422
Pandora's Box 13, 1037
Panik Udo 813
Panische Nächte 813
Panische Zeiten 813
Panorama 233
Papa Don't Preach 852, 1112
(Down At) Papa Joe's 389
Papa Loves Mambo 253, 295
Papa Was A Rollin' Stone 1400, 1495
Papa's Got A Brand New Bag Part I 198, 1151
Papa's Got A Brand New Pigbag 1076
Papa-Oom-Mow-Mow 1438
Paparazzi 1542
Paper Doll 344
Paper In Fire 914
Paper Plane 1340 f.
Paper Roses 461, 1041
Paper Sun 1436 f.
Paper, Scissors, Stone 242
Paperback Writer 114, 745
Papercut 815
Parachutes 286
Parade 1107, 1315
Paradies 1430
Paradise 138, 676, 738, 1314
Paradise City 599, 1016
Paradise Lost 635
Paradise Of Sounds 9
Paradise Theater 1365
Paradise, Hawaiian Style 1098
Paradiso 524
Parallel Lines 149
Paralysed 1099
Paranoid 143 f.
Paranoid Android 1132
Parents Just Don't Understand 705
Paris 612, 905, 1372
Paris Live 1998 1061
Parisian Walkways 1409
Parisienne Girl 673
Parisienne Walkways 955 f.
Parisienne Walkways '93 956
Parklife 158 f.
Parlez-Vous Français 78
Parrot 1156
Parsley, Sage, Rosemary And Thyme 1269
Part 3 745
Part II 921
Part III 1031
Part Of The Plan 509
Part Of The Union 661, 1360 f.
Part Time Love 660
Part-Time Lover 1534
Partners In Crime 647
Party 836
Party All The Time 975
Party Doll 791
Party Fears Two 62
Party Lights 273
Party Party – 16 Great Party Icebreakers 142
Party Party 2 142
Party People . . . Friday Night 1006
Party Up The World 414
Party Your Body 73
Partyalarm (Und ab geht's) 49
Partyhitmix 1117 f.
Pass And Move (The Red Time) 819
Pass The Courvoisier Part II 209
Pass The Dutchie 977
Pass The Kutchie 977
Passage 230
Passengers 721, 1058
Passion 505, 552, 1058, 1205, 1354, 1547
Passion – Music For The Last Temptation Of Christ 544
Passport 965
Past And Present '76–'96 1398
Past Masters – Vol. 1 113
Past Masters – Vol. 2 113
Past To Present 1977–1990 1431 f.
Pastiche 860
Pastime Paradise 302, 1533
Pastpresent 270
Pat Garrett And Billy The Kid 425
Pat's Great Hits 171
Patch Adams 1353
Patches 234, 246, 795
Pathway To The Moon 943
Patience 599
Patricia 295, 324, 748, 1094, 1147, 1283
Patsy Girl 307
Paul & Paula Sing For Young Lovers 1061
Paul Anka Sings His Big 15 43
Paul Carrack Collection 231
Paul Simon 1268
Paul Weller 1502
Paul's Boutique 109
Pavane 1210
Pavarotti & Friends 1062
Pavarotti In Hyde Park 1061
Payback Time 389
Peace 460, 725
Peace And Love 1085
Peace And Tranquility 6
Peace In L.A. 1072
Peace In Our Time 133, 948, 1167
Peace In The Valley 1098
Peace Of Mind 680
Peace On Earth – Little Drummer Boy 175, 320
Peace To The Neighborhood 1334
Peace Train 1348
Peaceful Journey 628
Peaches 1031, 1062, 1096
Peaches & Cream 1031
Peaches/Go Buddy Go 1359
Peacock Suit 1501 f.
Pearl 731
Pearl Harbor 639
Pearl In The Shell 728
Pearl's A Singer 192
Pearl's Girl 1463
Pearls 192
Pearls II 192
Pearls Of Passion 1198
Pearly Shells 1479
Peasants, Pigs & Astronauts 780
Pebbles 1064
Pee Wee 1026
Peek-A-Boo 998, 1282
Peepshow 1282
Peer Gynt 289
Peggy Sue 317, 645
Pelican West 603
Peligro 1250
Pendulum 316
Penny Lane 114
Penny Lane/Strawberry Fields Forever 114
Penny Lover 1167
Penny-Melodie 700
Penthouse Serenade 287
People 1361 f., 1455
People Are People 373
People Everyday 55 f.
People From Ibiza 882
People Get Ready: A Tribute To Curtis Mayfield 893
People Got To Be Free 1143
People Gotta Move 1476
People Hold On 1333
People Hold On (The Bootleg Mixes) 1333
People Like You And People Like Me 573
People Move On 894
People Need Love 4
People Of The Sun 1133
People Will Say We're In Love 319, 1279
People World 828
Pepe 23, 346, 436, 602, 938, 1471
Pepino 1429
Pepino The Italian Mouse 951
Pepino, The Italian Mouse And Other Italian Fun Songs 951
Pepper Box 1066

Peppermint Choo Choo 1305
Peppermint Twist 1143
Peppermint Twist – Part I 361
Pepsi 1066
Per Elisa 22
Per Sempre Amore 824
Percolator 135
Percolator (Twist) 135
Perfect 471, 809, 826, 1066, 1082, 1292, 1439
Perfect 10 116
Perfect Angel 1173
Perfect Combination 568, 787
Perfect Day 423, 1154, 1472, 1478
Perfect Game 1414
Perfect Gentleman 706
Perfect Moment 900
Perfect Strangers 363 f.
Perfect Timing 26
Perfect Way 1233
Perfect World 806
Perfect Year 232
Perfidia 1481
Performance 694
Performance & Cocktails 1346
Perlentaucher 1195
Permanent Shade Of Blue 1175
Permanent Vacation 13
Perpetual Dawn 1033
Perry Como 295
Perseverance 1404
Personal Conversation 236
Personal Jesus 373
Personal Touch 655
Personality 320, 1555
Perverse 711
Pet Sounds 106 f.
Pete 938
Pete Townshend Presents Tommy: The Interactive Adventure 1434
Pete's Dragon 1152
Peter & Gordon 1069
Peter Alexander in Paris 20
Peter Alexander serviert Spezialitäten aus Böhmen, Ungarn, Österreich 20
Peter Alexander-Show 20
Peter Gabriel 544
Peter Gabriel (Security) 544
Peter Gabriel Plays Live 544
Peter Gunn 57, 435 f., 859, 1247
Peter Gunn Theme 436
Peter Sarstedt 1221
Peter The Meter Reader 1525
Peter und der Wolf 955
Peter, Paul & Mary 1070
Peter, Paul & Mary In Concert 1070
Peter, Paul & Mommy 1070
Petite Fille De Français Moyen 1257
Phantasmagoria 328, 337
Phantom der Oper 312
Phase-III 1041
Phased (EP) 24
Phatt Bass 49, 1494
Phenomen 1439
Phenomenia 854
Phenomenon 272, 820
Phil Collins . . . Hits 291
Phil Fearon & Galaxy 486
Philadelphia 1323, 1329
Philadelphia Freedom 721
Phobia 344, 763
Phoebe Snow 1302
Phoenix 509, 586
Phoenix Rising 1400
Phorever People 1252
Photograph 1338
Photograph Smile 800
Photographs & Memories/His Greatest Hits 318
Phuture Vibes 915
Physical 1001 f.
Physical Attraction 851
Physical Graffiti 793
Piaf, l'amour triomphe de tout 547
Piano In The Dark 192, 1207
Piano Loco 391
Piano Man 718
Piccolina 499, 700
Piccolo Amore 1163
Pick 'n' Mix 824
Pick A Part That's New 1346
Pick A Rose In Bloom 1022
Pick Of The Litter 1324
Pick Up The Pieces 68 f., 661
Pico 766
Picture Book 1271
Picture Of You 180 f., 967
Picture Perfect Morning 187
Picture This 1505
Pictures At An Exhibition 446
Pictures At Eleven 793
Pictures In The Dark 726, 1028
(And The) Pictures In The Sky 911
Pictures Of Lily 1515
Pictures Of Matchstick Men 1340 f.
Pictures Of Starving Children Sell Records 268
Pictures On My Wall 434
Pie Jesu 188 f.
Piece By Piece 1412
Piece Of My Heart 527, 678, 730, 749, 1248
(Take A Little) Piece Of My Heart 527
Pieces In A Modern Style 1035
Pieces Of A Dream 673
Pieces Of Eight 1365
Pieces Of You 713
Pied Piper 159, 1330 f.
Pies Descalzos 1250
Pigalle 1140
Pigpen 588
Pik sibbe 96
Piledriver 1341
Pilgrim 272
Pillow Talk 1383
Pills 'n' Thrills And Bellyaches 610
Pimpin On Wax 949
Pinball Wizard 721, 1515
Pinch Me 99
Pincushion 1559
Pink As The Day She Was Born 516
Pink Blue 31
Pink Bubbles Go Ape 632
Pink Cadillac 212, 286
Pink Houses 914
Pink Panther 859
Pinkerton 1079
Pin-Ups 174
Pipeline 248 f., 654
Pipers At The Gates Of Dawn 1077
Pipes Of Peace 896 f.
Piratensender Powerplay 778
Pirates 424, 728, 1002
Pisces Iscariot 1292
Pisces, Aquarius, Capricorn & Jones Ltd. 950
Piss Factory 1294
Pistol Packin' Mama 319, 476
Pitchin' (In Every Direction) 638
Più Bella Cosa 1138
PJ's 706
Place In This World 1294
Place Your Hands 1154
Placebo 1083
Planet Colors 389
Planet Love 392, 678
Planet Punk 59
Planet Violet 983
Planet Waves 425
Planetary Invasion 927
Plastic Letters 149
Plattfuß in Afrika 1029
Play 1168
Play A Simple Melody 320
Play Dead 54
Play Deep 1043
Play It Again (Los Ninos Mix) 325
Play It Cool 1254
Play Me Backwards 87
Play Me Like You Play Your Guitar 435 f.
Play Misty For Me 500
Play On 929
Play That Funky Music 695, 1476, 1516
Play With Me 1266
Playa Blanca 785
Playa Hata 839
Playas Gon' Play 1417
Playboy 883
Played A-Live (The Bongo Song) 1213
Player's Anthem 810
Playground 44
Playground In My Mind 646 f.
Playing My Game 875
Playing Possum 1266
Playing To An Audience Of One 1307
Playing With Knifes 136
Plaything 815
Pleasant Valley Sunday 950
Please 1068, 1457
Please Come Home For Christmas 164
Please Come To Boston 823
Please Don't Fall In Love 1166
Please Don't Forget About Me 1203
Please Don't Go 408, 672, 737, 745, 1012, 1065
Please Don't Go Girl 995 f.
Please Don't Make Me Cry 1459
Please Don't Tease 1166
Please Don't Touch 754
Please Don't Turn Me On 57 f.
Please Forget Me 1160
Please Forgive Me 11, 589
Please Hammer Don't Hurt 'Em 844
Please Let Me Love You 210
Please Love Me 757
Please Love Me Forever 1484
Please Mr. Disc Jockey 1241
Please Mr. Moving Man 551
Please Mr. Please 1002
Please Mr. Postman 230, 883
Please Please Me 111, 113 f.
Please Remember Me 902
Please Send Me Someone To Love 1212
Please Stay 937
Please Tell Him That I Said Hello 338
Please To See The King 1343
Please, Please, Please 198
Pleased To Meet You 1289

Pleasure And Pain 388
Pleasure Death 1408
Pleasure Victim 130
Pleasures U Like 72
Plenty 1088, 1355, 1460
P-Machinery 1113
Pocket Calculator 774
Pocket Full Of Kryptonite 1323
Poems 1441
Poetic Justice 688, 1468
Poetry In Motion 1421
Poetry Man 1301 f.
Poinciana 319, 790
Poinciana (Song Of The Tree) 1192
Point Of Know Return 741 f.
Point Of No Return 467, 1016
Point Of View 351
Poison 123, 303, 1086, 1112
Poison Arrow 6
Poison Girl 641
Poison Ivy 784, 1110
Police Academy 525
Policy Of Truth 373
Polk Salad Annie 1510
Polonäse Blankenese 1502
Polowetzer Tänze 1142
Pomme Fritz 1033
Poncho & Lefty 992
Pony 569
Pony Time 255 f.
Pooch 1392
Pool Hall Richard/I Wish It Would Rain 470
Poolside 1016
Poor Boy 828
Poor Fool 1445
Poor Little Fool 991
Poor Man's Son 1181
Poor Me 472
Poor Misguided Fool 1338
Poor Side Of Town 1174
Pop 2000 – 50 Jahre Popmusik und Jugendkultur in Deutschland 367
Pop Art 1438
Pop Corn 1090, 1422
Pop Go The Workers 100
Pop Goes The World 917
Pop Idol 552
Pop Life 1107
Pop Muzik 843
Pop Pop 728
Pop Trash 423
Pop Ya Collar 1469
(Pop, Pop, Pop, Pop) Goes My Mind 802
Pop! – The First Twenty Hits 453
Popcorn 654, 836
Popeye The Hitchhiker 256
Poppa Joe 1378
Popped In Souled Out 1505
Popsicles And Icicles 974
Popstars 436, 626, 1010
Populär 480
Porcelain 944
Porcupine 434
Porgy & Bess 346, 901, 1269, 1369
Pornograffitti 467
Pornography 327
Porque Te Vas 707
Portishead 1091
Portrait 1013, 1195, 1490
Portrait (So Long Ago, So Clear) 1475
Portrait In Music 79
Portrait in Musik 734
Portrait Of Donny 1040
Portrait Of Johnny 889
Portrait Of My Love 791, 951
Portrait Of Sinatra 1278
Porträt in Musik 612
Portsmouth 1028
Positiv 783
Positive Touch 1462
Positively 4th Street 426
Posse (I Need You On The Floor) 1230
Post 137
Post Historic Monsters 235
Postcard 652
Postcards From Heaven 808
Postmann Schlumpf 1228
Pot Luck 1098, 1331
Potatoes For Christmas 1049
Potion 410
Poupé De Cire, Poupé De Son 545
Pour Que Tu M'Aimes Encore 383 f.
Pour Some Sugar On Me 365
Pour Toi 18
Poverty's Paradise 988
Powder Your Face With Sunhine (Smile, Smile, Smile) 880
Power In The Darkness 1179
Power Of A Woman 458 f.
Power Of Love 1267, 1475
Power Of Love/Love Power 1475
Power Of Songs: The Songs Of Leonard Cohen 285
Power Of Ten 354
Power Rangers 928
Power To All Our Friends 1166
Power To The People 799
Power, Corruption And Lies 996
Powerslave 680
Prêt A Porter 740, 1460
Prêt-a-Porter 362
Practice What You Preach 1509
Praise You 486
Pray 390, 844, 1388
Prayer For The Dying 1234
Praying For Time 923
Pre-Millennium Tension 1441
Preßlufthammer B-B-Bernhard 1428
Precious 954
Precious And Few 278
Precious Heart 679
Precious Little Diamonds 521
Precious Love 1501
Precious Time 126
Prelude 372
Premonition 316, 510
Prescription 411
Presence 793
(I'm Always Touched By Your) Presence Dear 149
Present Arms 1458
Presenting Dionne Warwick 1494
Presley – The All Time Greatest Hits 1099
Pressed To Play 896
Pretend 287, 715, 1335
Pretend Best Friend 1404
Pretenders 1101
Pretenders II 1101
Pretending 641
Pretty Ballerina 796
Pretty Belinda 40, 1322
Pretty Blue Eyes 410, 791
Pretty Flamingo 864
Pretty Fly (For A White Guy) 1026
Pretty Girl 72
Pretty Good Year 36
Pretty Little Angel Eyes 177, 1263
Pretty Little Ditty 313
Pretty Paper 992, 1035
Pretty Things 1102
Pretty Vacant 1244
Pretty Vacant Live 1244
Pretty Woman 479, 542, 573
Pretzel Logic 1343
Prez 1094
Price Of Love 83, 392
Pride 1511
Pride (In The Name Of Love) 1457
Pride And Joy 553 f.
Prime Time 1444
Prime Time TV 890
Primitive 381
Primitive Cool 694
Primitive Love 457
Primitive Man 668
Prince 1105, 1107
Prince 1999 1107
Prince Charming 9
Prince Igor 1142
Prince Markie Dee 484
Princess 1108
Princess In Rags 1081
Prinz Eisenherz 978
Prism & Views 971
Prisoner In Disguise 1191
Prisoner Of Love 295
Prisoner Of Your Love 1084
Prisoners In Paradise 460
Private 1115
Private Collection 1166
Private Dancer 1447 f.
Private Emotion 881
Private Eyes 604
Private Investigations 386
Private Life 727
Private Line 802
Private Number 122, 275, 1007
Private Times . . . And The Whole 9! 17
Private Wars 1017
Privilege 728
Problems 464
Procol Harum Live In Concert With The Edmonton Symphony Orchestra 1111
Professional Widow (It's Got To Be Big) 36, 1474
Profumo 984
Pro-Gen 1251
Project: Funk Da World 848
Promise 311, 694, 1212
Promise Ain't Enough 604
Promise Me 311
Promised Land 131, 1100, 1125
(We'll Fly You To The) Promised Land 665
Promised You A Miracle 1270
Promises 272, 310, 395, 1112, 1387
Promises And Lies 1458
Promises, Promises 983, 1494
Pronounced Jah-Nay 1556
Propaganda 1316
Prophets, Seers And Sages The Angels Of The Ages/My People Were Fair And Had Sky In Their Hair But Now They're Content To Wear Stars On Their Brows 1386
Prostitute 30

Protect Your Mind 785
Protect Your Mind (Braveheart) 392
Protect Your Mind (For The Love Of A Princess) 392
Protection 465, 887
Protest Songs 1095
Proud 846
Proud Like God 596
Proud Mary 316, 1445
Prove It All Night 1328
Prove Your Love 351
Provision 1233
Provocative 568
Proxima Estacion: Esperanza 249
Proximus 1075
Psyche 1082
Psychedelic Shack 1400
Psycho Circus 765
Psycho City 591
Psycho Killer 1389
Psychocandy 710
Psychodelic 331
Psychoderelict 1433
Psychotic Reaction 308
Psychotic Supper 1405
Psyence Fiction 1464
Public Image 1114
Pucker Up Buttercup 1489
Puff The Magic Dragon 1070
Pull Up The Bumper/La Vie En Rose 727
Pulsar 2002 1075
Pulse 1078
Pulstar 666
Pump 13
Pump ab das Bier 1515 f.
Pump Up The Jam 1147, 1397, 1494, 1515
Pump Up The Volume 843
Pumping On Your Stereo 1371
Pumpkin 1441
Pumps And A Bump 844
Punch The Clock 307
Punk Rock Movie 1281
Punker Maria 487
Puppe (Du bist a moderne Hex) 1003
Puppet On A String 1255
Puppy Love 43 f., 803, 1040
Pur Live 1117
Pure 809, 1016, 1396
Pure And Simple 625 f.
Pure Dynamite! Live At The Royal 198
Pure Instinct 1232
Pure Lust am Leben 557
Pure Morning 1083
Pure Pleasure Seeker 948
Pure Shores 25
Purely By Coincidence 1379
Pures Gift 369
Purgatory/Mai 681
Purlie 956
Purpendicular 363
Purple Haze 634
Purple Heather 1232, 1353
Purple Pills 333
Purple Rain 427, 1105, 1107, 1422
Push 194, 888
(Do The) Push And Pull Part I 1413
Push It 548, 1215
Push It/Tramp 1215
Push The Beat For This Jam 1230
Push The Beat/Bauhaus 222
Push The Feeling On 1005
Push Upstairs 1463
Pushbike Song 942
Pushed Again 1430 f.
Pushover 697
Puss 'N Boots 45
Put A Little Love In Your Heart 374, 591 f., 800
Put It On Me 686
Put Your Arms Around Me 1406
Put Your Hand In The Hand 1022
Put Your Hands Together 393, 1019
Put Your Hands Where My Eyes Could See 209
Put Your Head On My Shoulder 43 f.
Put Your Lights On 1220
Put Your Love In Me 655
Put Your Mouth On Me 975
Put Your Shoes On Lucy 274
Put Yourself In My Place 443
Puttin' On The Ritz 1386 f.
Puttin' On The Style 401, 472
Puzzle 984
Puzzle People 1400
Pyjamarama 92, 1200
Pyramid 1053
Pyramid Song 1132
Pyromania 365

Quad City Knock 1121
Quadratur des Kreises 571
Quadrophenia 1088, 1355, 1434, 1515
Quando Caliente El Sol 635
Quando M'Inamoro (A Man Without Love) 1217
Quando Quando Quando 664
Quando, Quando 985
Quando, Quando, Quando 1471
Quark 58
Quarter To Three 165
Quarterflash 1122
Quartet 1461
Que Sera 487, 828
Que Sera Mi Vida (If You Should Go) 567
Que Sera Sera 637
Que Tal America 1451
Queen II 1125
Queen In Exile 624
Queen Of China-Town 792
Queen Of Clubs 745
Queen Of Hearts 1000, 1003
Queen Of My Heart 1505
Queen Of New Orleans 164
Queen Of The Damned 3
Queen Of The Hop 341
Queen Rocks 1124 f.
Queens Of Noise 713
Queer 548, 1414
Quench 116
Question 953 f.
? (The Best Of)/? (The Rest Of) 996
Questions I Can't Answer 631
Quick Step And Side Kick 1414
Quicksand 878
Quicksilver 320
Quien Sera 1247
Quiereme Mucho (Yours) 670
Quiet Lies 1000
Quiet Life 701
Quiet Revolution 354
Quietschfidelio 443
Quinella 65
Quit Playing Games (With My Heart) 81
Quite A Party 494
Quo 1341

R To The A 804
R U Shackadelic 1220
R U Still Down? (Remember Me?) 1454
R. 747
R. Kelly 747
R.E.M. No. 5: Document 1128
R.O.C.K. In The U.S.A. 913 f.
Rabbit 254, 529
Rabbits On And On 233
Race With The Devil 597, 600
Rachel 882, 1210, 1285
Radancer 876
Radar Love 576
Radiccio EP 1035
Radio 820, 1348
Radio Eriwahn präsentiert 813
Radio Ga Ga 1125
Radio K.H.A.O.S. 1078
Radio On 1355
Radio Wall Of Sound 1288
Radio-Aktivität 775
Rag Doll 499, 518
Rag Mop 153
Ragamuffin Girl 47
Ragamuffin Man 864
Rage 1385
Rage Against The Machine 1133
Rage Hard 526
Rage In Eden 1461
Ragged Glory 1549
Raging Silence 1466
Rags To Riches 1100
Rags To Rufus 753
Ragtime 999
Rain 487, 580, 852, 1203, 1341, 1381
Rain And Tears 1197, 1475
Rain In May 1503 f.
Rain Man 124, 388
Rain On The Roof 835
Rain Or Shine 499
Rainbirds 1134
Rainbow 226, 832, 910, 1071
Rainbow Connection 974
Rainbow Country 875
Rainbow Rising 1135
Rainbow To The Stars 420
Rainbow Valley 832
Raincloud 808
Raindancing 966
Raindrops 387
Raindrops Keep Fallin' On My Head 1411
Raindrops Keep Falling On My Head 387
Rainy Days And Mondays 230
Rainy Night In Georgia 129, 1510
Raise The Pressure 442
Raise Your Hands 1155
Raise! 430
Raised On Radio 732
Raising Hell 485, 1205
Ralf & Florian 774
Ralph Tresvant 1441
Ram 896
Ramblin' Gamblin' Man 1240
Ramblin' Man 27
Ramblin' Rose 287 f.
Rammstein 1139
Ramona 79 f., 153, 1139, 1265
Ramp! The Logical Song 1230

Rampant 989
Randy 154
Randy (Never Stop That Feeling) 872
Rangoon Moon 408
Rank 1296
Rant n' Rave With The Stray Cats 1361
Raoul And The Kings Of Spain 1396
Rap Dis/Only Wanna Know U Cos Ure 1045
Rapper's Delight 586, 1367
Rapper's Deutsch 583
Rapture 89, 149, 197
Rapture (Tastes So Sweet) 670
Rare 174
Rare Earth In Concert 1142
Rare Precious And Beautiful 120
Raspberry Beret 1107
Rasputin 166
Rasta Man 1221
Rastaman Vibration 875
Rat In The Kitchen 1458
Rat Race/Rude Boys Outa Jail 1319
Rat Trap 170
Rata-ta-zong! Weg ist der Balkong! 1428
Ratata 533
Rated Next 1002
Rated PG 1066
Rattle And Hum 1457
Raumpatrouille 1412
Raumschiff Edelweiß 436
Raunchy 1478 f.
Raus 480
Rave Nation 333
Rave Olympia 915
Rave On 645
Rave Un2 The Joy Fantastic 1107
Ravel's Pavane Pour Une Infante Défunte 1035
Raveland 883
Raving, I'm Raving 1263
Raw Like Sushi 260
Ray Charles In Person 252
Ray Charles' Greatest Hits 252
Ray Of Light 851 f., 1035
Ray, Goodman & Brown 948
Raydio 1052
Razamanaz 989
Razor 1156
Razorblade Romance 641
Razorblade Suitcase 208
Re-Rewind The Crowd Say Bo Selecta 58, 343
Reach 1211
Reach For The Stars 734
Reach For The Stars/Climb Ev'ry Mountain 102
Reach Out 533, 958
Reach Out I'll Be There 520, 555
Reach Out Of The Darkness 533
Reach The Beach 500
Reach Up 1073
Reach Up (Papa's Got A Brand New Pig Bag) 1067, 1083
Reachin' 989
Read It In Books 434
Read My Lips 445
Read My Lips (Saturday Night Party) 19
Read My Sign 123
Reading, Writing & Arithmetic 1423
Ready 1347
Ready And Willing 1513
Ready Fo Flow 64
Ready For A New Day 1404
Ready For Romance 945
Ready For The Victory 946
Ready For The World 1146
Ready Or Not 14, 535 f., 584, 809
Ready Or Not Here I Come (Can't Hide From Love) 308
Ready To Die 1015
Ready To Fly 1415
Ready To Go 1161
Ready, Willing And Able 350
Real 26, 228
Real As I Wanna Be 1166
Real Gone Kid 356
Real Good Time 18
Real Life 1270 f.
Real Love 112, 114, 147 f., 403, 442, 1333, 1422, 1498
Real Love '93 1422
Real Things 1452
Real To Real Cacophony 1270
Real To Reel 870
Real Wild Child (Wild One) 1089
Real World 888
Real, Real, Real 711
Reality 484, 1175, 1216 f.
Reality Bites 134, 769, 821
Reality Fills Fantasy 429
Reality TV-Show 436
Realization 1174
Really Rosie 758
Really Saying Something 92, 537
Reap What You Sow 1350
Reason To Believe 1352
Reasonable Thought 704
Reasons To Be Cheerful (Pt. 3) 424
Rebel 929, 1053
Rebel Music 1148
Rebel Rebel 175
Rebel Yell 669, 1229 f.
Rebel-'Rouser 435 f.
Rebirth Of Cool 1297
Recent Songs 1493
Recently 87
Reckless 10 f.
Reckoning 1128
Recorded Live 1403
Recorder 434
Recovery 102
Recuerdo A Javier Solis 231
Recurring Dream 323
Recycler 1559
Red 294, 812, 1271
Red Alert 101
Red Balloon 273
Red Dress 1335
Red Frame White Light 1036
Red Guitar 701
Red Headed Stranger 992
Red Hot 1108
Red Hot And Blue 361
Red Hot And Rio 922
Red Light Special 1164
Red Light Spells Danger 1023
Red Light Spezial 1425
Red Octopus 709
Red Red Wine 381, 698, 1458 f.
Red River Rock 1340
Red Rose Speedway 896, 1053
Red Roses For A Blue Lady 338, 1000
Red Rubber Ball 329
Red Star 1263
Redemption 1175
Redneck Wonderland 927
Redundant 592
Reel Life 177
Reel Music 113
Reelin' & Rockin' 131
Reet Petite 1524
Reflections 15, 1156, 1246, 1374, 1519, 1550
Reflections Of My Life 876
Regatta De Blanc 1088
Regenbögen 222
Reggae Dancer 676
Reggae On Broadway 874
Reggae Tune 472
Regret 997
Regular Urban Survivors 1404
Regulate 901
Regulate . . . G Funk Era 542
Rei Momo 1390
Reich & Sexy 1430
Reim 1158
Reim II 1158
Reine Nervensache 780
Rejoice 448
Relax 525 f., 1158, 1498
Relaxed samma 1158
Relayer 1547
Release 1069
Release Me 664, 1074, 1526
Release Some Tension 1381
Release The Pressure 796
Release Yo Self 1216
Relentless 1068
Relight My Fire 695, 839, 1388
Relish 1039
Reload 474, 729 f., 921
Remain In Light 1390
Remasters 793
Remedy 101
Remember (Sha-La-La) 105
Remember (Walkin' In The Sand) 1252
Remember – The Ultimate Collection 1347
Remember Me 153, 1062
Remember Me This Way 572 f.
(Remember The Days Of The) Old Schoolyard 1347
Remember The First Time 1271
Remember The Time 691, 984
Remember The Time/Come Together 691
Remember You're A Womble 1532 f.
Remember You're Mine 171
Remember You're Mine/There's A Gold Mine In The Sky 171
Reminiscing 645, 818
Remix Collection – Stars On 25 1252
Remote/The Bitter Suite 661
Renaissance 846, 1159, 1167, 1476
Renaldo & Clara 425
Rendez-Vous 701
Rendez-Vous 98 47, 702
Rendez-vu 101
Rendezvous 321, 343
Renegade Master 1516 f.
Renegades 1133
Rent 1069, 1391
Renta Santa 639
REO Speedwagon Live/You Get What You Play For 1161
REO Speedwagon The Hits 1161
Repeat Offender 884
Replenish 1154
Replicas 1016
RePlugged Live 1405
Represent 1309

Reptile 272
Republic 442, 996
Republica 1161
Reputation 1327
Request & Line 590
Request Line 1556
Requiem 824, 1289
Rescue Me 102, 123, 852, 1016, 1460
Reservations 421
Resist 774
Resolution 1411
Respect 526, 1151, 1322, 1365
Respect Yourself 1523
Respectable 912
Restless 1542
Restless Heart 1513
Results 935
Resurrection 1094
Resurrection Shuffle 60 f.
Retail Therapy 278
Retro Active 365
Retrospective/The Best Of Buffalo Springfield 205
Return Of Django/Dollar In The Teeth 1464 f.
Return Of Dragon 1283
Return Of Hip Hop (Ooh, Ooh) 393
Return Of Saturn 1011
Return Of The Mack 959
Return To Fantasy 1467
Return To Innocence 451
Return To Me 880
Return To Paradise 154, 1365
Return To Pooh Corner 823
Return To Sender 1100
Return To Spender 156
Return To The Last Chance Saloon 157
Return To Yesterday 419
Reunion 143
Reunited 1063
Revanche 853
Reveal 1128
Revelation 1007, 1461
Revenge 306, 460, 765
Revenge Of The Flowers 612
Reverberation 434
Reverence 475, 711
Reverend Black Grape 142
Reverend Mr. Black 762
Revolution 56, 268
Revolution Now 224
Revolutions 701
Revolver 113, 1440
Reward 1395
Rewind 1095
Rewind (Find A Way) 769
Rex Gildo 567
Rhapsody In Blue 1201
Rhapsody In White 834
Rheinhotel 141
Rhinestone 1055
Rhinestone Cowboy 217 f.
Rhymes & Reasons 758
Rhythm & Drums 306
Rhythm And Blues At The Flamingo 477
Rhythm And Stealth 796
Rhythm Divine 1545
Rhythm Is A Dancer 1300
Rhythm Is A Mystery 767
Rhythm Is Gonna Get You 458
Rhythm Nation 688
Rhythm Nation 1814 688
Rhythm Of Life 11
Rhythm Of Life (Remix) 11
Rhythm Of Love 88, 937
Rhythm Of My Heart 1354
Rhythm Of The Night 358 f.
Rhythm Of The Rain 236, 378, 403
Rhythm Of Youth 916
Rhythm Romance 1189
Rhythmeen 1559
Rich Girl 604, 831
Rich In Paradise 468
Richard Chamberlain Sings 247
Richard Clayderman 276
Richard III 1371
Richard Marx 884
Rick Is 21 991
Rick Nelson Sings »For You« 991
Rick's 1406
Rick's Road 1405
Rickie Lee Jones 728
Ricky 991
Ricky Martin 881
Ricky Nelson 991
Ricky Sings Again 991
Rico Suave 563
Riddim 1467
Riddle 449
Ride 1168
Ride A Rock Horse 335
Ride A White Swan 1386
Ride Captain Ride 155 f.
Ride Like The Wind 321, 431
Ride On A Rainbow 889
Ride On Time 140
Ride The Bullet 54
Ride The Lightning 921
Ride The Pony 254
Ride The Wild Surf 468
Ride Wit Me 990
Ride With The Devil 714
Ride! 1255
Riders In The Sky 835
Riders In The Sky (Cowboy Legend) 684
Riders On The Storm 407
Rides 1154
Ridiculous Thoughts 310
Ridin' High 1049
Ridin' The Storm Out 1161
Ridin' The Wind 1428
Riding With The King 272, 757
Rievkooche-Walzer 141
Right Back At Cha 1248
Right Back Where We Started From 1005, 1281
Right Beside You 622
Right By Your Side 460
Right Here 949, 1381, 1460
Right Here In My Arms 641
Right Here Right Now 262, 486, 492
Right Here, Right Now 711
Right Here Waiting 884
Right Here/Human Nature 1381
Right In The Night (Fall In Love With Music) 696
Right Now 66, 1281
Right Now! 1170
Right On Time 195
Right On Track 186
Right Place, Wrong Time 413
Right Said Fred 316 f., 1169
Right Time Of The Night 895, 1493
Rigoletto 52, 1064
Rikki Don't Lose That Number 1344
Ring 'Em 844
Ring My Bell 705, 1493
Ring Of Changes 97
Ring Of Fire 42
Ring Ring 4
Ring Ring Ring (Ha Ha Hey) 354
Ring-A-Ding Ding! 1277
Ringo 110, 593 f., 1337 f.
Ringo, I Love You 257
Rinky Dink 241, 306
Rio 423
Rio Bravo 880, 991
Riot 814
Rip It Up 289, 1032 f.
Riptide 1049
Rise 29 f., 278, 545, 1015
Rise And Shine 225
Rise To The Occasion 278
Rising 1135
Rising Sun 911
Risky 468
Risque 260
Rita Pavone 1062
Ritchie Blackmore's Rainbow 1135
Rite Of Passage 1208
Rite Time 219
River Deep – Mountain High 1445
River Kwai March 952
River Lady (A Little Goodbye) 1514
River Of Dreams 98, 718
River Of Love 907
River Of Souls 509
River's Risin' 1528
Riverdance 1507
Rivers Of Babylon 166, 481
Rivers Of Babylon/Brown Girl In The Ring 166
Rivers Of Joy 1011
RMB Trax Vol. 1 1174
Roachford 1175
Road House 1377
Road Rage 242
(I'm A) Road Runner 1489
Road Tested 1137
Road To Cairo 67
Road To Nowhere 1390
Road To Your Soul 24
Road Trippin' 1150
Roadblock 843, 1356
Roadhouse 625
Roadie 618, 910, 1130
Roadrunner 1168, 1504
Roam 76
Rob And Fab 932
Rob's Theme 250
Robbie Nevil 993
Robby Roboter 947
Robert de Niro's Waiting 92
Roberta Flack & Donny Hathaway 501, 621
Robin Hood 10
Robson & Jerome 1180
Robyn Is Here 1180
Rocca-Cha-Cha 585
Rock & Roll Shoes 1411
Rock 'N Me 932
Rock 'n Soul, Part 1 604
Rock 'n' Roll 131, 207, 317, 412, 536 f., 592, 609, 799, 942, 1174, 1191
Rock 'n' Roll (Parts 1 & 2) 572
Rock 'n' Roll Animal 1154
Rock 'n' Roll Dudes 573
Rock 'n' Roll Fantasy 83
Rock 'n' Roll Gypsy 1228
Rock 'n' Roll Heaven 1018, 1170

Rock 'n' Roll High School 1140
Rock 'n' Roll Juvenile 1165
Rock 'n' Roll Mercenaries 1052
Rock 'n' Roll Millionsellers 524
Rock 'n' Roll Music 113
Rock 'n' Roll No. 2 1098
Rock 'n' Roll Party Mix 715
Rock 'n' Roll Schmuseparty 776
Rock 'n' Roll Schuah 1322
Rock 'n' Roll Story 1322
Rock 'n' Roll Winter 1531
Rock 'Til You Drop 1341
Rock A Hula Baby/Can't Help Falling In Love 1100
Rock A Little 1003
Rock And Roll Dreams Come Through 910
Rock And Roll Girls 316
Rock And Roll Hoochie Koo 898
Rock And Roll Lullaby 435
Rock And Roll Music 107 f., 114, 131
Rock And Roll Over 765
Rock And Roll Part 2 1423
Rock Around The Clock 715, 720, 1403
Rock Bottom 355
Rock Da Funky Beats 1114
Rock DJ 1522
Rock Hard 108
Rock In The Sea 1262
Rock Is Dead 871
Rock Island 712
Rock Island Line 401
Rock Justice 90
Rock Lobster 75
Rock Me 223, 1344 f.
Rock Me Amadeus 475 f.
Rock Me Baby 239, 986
Rock Me Gently 756
Rock My Heart 602
Rock Of Ages 1026
Rock Of Life 1328
Rock Of The Westies 720
Rock On 336, 457, 1523
Rock Spectacle 99
Rock Steady 527, 1011, 1508
Rock The Boat 3, 514, 661
Rock The Discothek 1103
Rock The House 582, 705
Rock This Town 1361
Rock Wit'cha 197
Rock With U 752
Rock With You 676, 691, 1463
Rock Your Baby 737, 745, 899
Rock Your Body 279, 976
Rock Your Body Down 728
Rockabilly Rebel 887
Rockabye Hamlet 910
Rock-A-Doodle-Doo 806
Rockaria! 442
Rocket 713, 721, 971
Rocket '88 1445
Rocket 2 U 713
Rocket Man 721
Rockin' 728
Rockin' All Over The World 316, 510, 1341
Rockin' Around The Christmas Tree 794, 912, 1517
Rockin' Chair 899
Rockin' Crickets 1148
Rockin' Into The Night 1410
Rockin' My Body 520
Rockin' Over The Beat 1397
Rockin' Pneumonia – Boogie Woogie Flu 1174
Rockin' Robin 691
Rockin' Roll Baby 1364
Rockin' Soul 661
Rocking All Over The Years 1341
Rockinghorse 978
Rockit 607 f.
Rockollection Part 1 1486
Rocks 13
Rocks/Funky Jam 1104
... rockt andere kölsche Leeder 95
Rocky 481, 795, 1176
Rocky Mountain High 371 f.
Rocky Mountain Music 1130
Rod Stewart Greatest Hits 1354
Rod Stewart, Lead Vocalist 1354
Rodeo 1121
Rodrigo's Guitar Concerto De Aranjuez 866
Roger And Out 931
Rok Da House 114, 216
Rok The Nation 737
Roll Away 1327
Roll Over Beethoven 131, 442
Roll Over Lay Down 1341
Roll To Me 367
Roll Wit Tha Flavor 1556
Roll With It 1022, 1529
Roll With Me Henry 697
Rolled Gold – The Very Best Of The Rolling Stones 1188
Rollerball 820
Rollercoaster 75
Rollin' 104, 812
Rollin' Home 1341
Rollin' Stone 457
Rolling Stones 1187
Rolling Stones No. 2 1187
Rolling Stones, Now 841
Rom 418
Romance 1600 427
Romantic 662, 1510
Romantic Various 945
Romanza 160
Rome 1189
Rome Adventure 1067
Romeo 101, 274, 383, 967, 1189, 1262, 1302
Romeo & Julia 225, 838
Romeo And Juliet 386, 540
(Just Like) Romeo And Juliet 1156
Romeo Must Die 3
Romeo und Julia 868, 1201
Ronan 746
Roni 197
Ronnie 518
Ronnie Milsap – Greatest Hits 934
Ronnie Milsap – Greatest Hits, Vol. 2 934
Roobarb & Custard 1247
Room 1031
Room At The Top 45
Room In Your Heart 819
Room Service 1199
Room To Move 42
Room To Roam 1496
Roosevelt And Ira Lee (Night Of The Mossacin) 1510
Root 1410
Rooty 101
Ropin' The Wind 192 f.
Rosalie 529, 1471
Rosalyn 1102
Rosamunde 265
Rosanna 436, 741, 1432
Rose Garden 39, 771, 998, 1312
Rose Royce Greatest Hits 1194
Rosemarie 738 f.
Rosen haben Dornen 305
Rosen sind rot 1471
Rosenzeit 139
Roses And Rainbows 1416
Roses Are Red 48, 233, 846, 1484
Roses Are Red (My Love) 461, 1484
Rosetta 477, 1103
Rosie 545, 1056, 1289
Rosmarie 172, 641
Roswell 382
Rot blüh'n die Rosen 797
Rote Korallen 965
Rote Lippen soll man küssen 1165 f.
Rote Rosen für dich 186
Roter Wein (Club Italia) 243
Rotterdam 116
Rough 1446
Rough Boy 1559
Rough Boys 1434
Rough Diamonds 83
Rough Mix 470, 1433
Round And Round 179, 218, 295, 584
Round Midnight 608
Roustabout 1098
Route 66 1361
Rowbottom Square 1177
Roxanne 1087, 1355
Roxy Music 1199
Roxy Roller 567
Roy Black 139
Roy Black – 2 139
Roy Orbi 1035
Royal Flush 1173
Rub A Dub Dub 453
Rub You The Right Way 568
Rubber Ball 1479
Rubber Bullets 1401
Rubber Duckie 974
Rubber Soul 113, 1293
Rubberband Girl 208
Rubbish 235
Ruby 1202, 1528
Ruby Baby 385
Ruby Tuesday 913, 1188
Ruby, Don't Take Your Love To Town 1185
Rückenwind 331
Rücksicht 642
Rudi 367
Rudi mit dem gelben Nummernschild 779
Ruf mich an 229
Ruf Teddybär eins-vier 640
Ruff Ryder's First Lady 462
Ruff Ryders Anthem (Remix) 462
RuffNeck 894
Rufus featuring Chaka Khan 753
Rufusized 753
Rugrats In Paris 87
Rule 3:36 686
Rum, Sodomy And The Lash 1085
Rumble Fish 1088
Rumble In The Jungle 535 f.
Rumble On The Docks 341
Rumors 1423
Rumours 336, 503, 909
Rump Shaker 1536
Rumpelstilzchen 971
Run 808
Run Away 1147, 1400
Run Away Child, Running Wild 1400

Run, Baby Run (Back Into My Arms) 999
Run Back 409
Run By Night 927
Run Devil Run 896
Run For Cover 1367
Run For Home 813 f.
Run Joey Run 557
Run On 944
Run Rudolph Run 131
Run Run Away 1288
Run Run Run 489, 716
Run Through The Jungle 316, 510
Run To Him 1479
Run To Me 121
Run To The Hills 680 f.
Run To The Hills/The Number Of The Beast 681
Run To The Sun 453
Run To You 11, 451
Run With The Pack 83
Run-Around 156
Runaround Sue 385, 869, 1131
Runaway 305, 689, 1136, 1253, 1414
Runaway (Remix) 305
Runaway Boys 1361
Runaway Horses 228
Runaway Train 1308
Rund um die Welt 867
Rund um die Welt geht das Lied der Liebe 1006
Runnin' 1015, 1454
Runnin' Away With My Heart 825
Runnin' For The Red Light (I Gotta Life) 910
Running Around Town 879
Running Bear 81
Running Free 680
Running Free (Live)/Run To The Hills (Live) 681
Running Free/Sanctuary 680
Running In The Family 802
Running On Empty 200
Running Scared 768, 1035
Running Up That Hill 208
Running With The Night 1167
Runter mit den Spendierhosen, Unsichtbarer! 59
Rupert 795
Rush 705
Rush Hour 236, 717, 1516
Rush Street 884
Rush, Rush 6
Russians 1356
Rust Never Sleeps 1549
Ruthless People 926

'S Awful Nice 297
S Club 371, 1210
S Club 7 611
S Club 7 in Miami 1210
S Club Party 1210
'S Continental 297
'S Marvelous 297
'S Wonderful! 297
'S Wonderful!, 'S Marvelous 297
S&M 921
S.I.O.S.O.S. Vol. 1 1326
S.O.S. 4, 453, 1211
S.R.O. 29
S.W.A.T. 378
Sa Jeunesse (Hier Encore) 70
Saah-Saah-Kumba-Kumba 1310
Sabbath Bloody Sabbath 143
Sabotage 143
Sabre Dance 437, 833
Sabrina & The Groovy Ghoulies 334
Sacha Distel 387
Sacré Charlemagne 545
Sacramento 788, 925
Sacred Arias 160
Sacred Heart 1249
Sacred Songs 1237
Sacrifice 719, 963
Sacrifice/Healing Hands 722
Sad Cafe 1211
Sad Eyes 722
(It's Like A) Sad Old Kinda Movie 1075
Sad Songs (Say So Much) 721
Sad Sweet Dreamer 1055, 1379
Saddle Up 266 f.
Sadie The Cleaning Lady 483
Safe From Harm 887
Sag ihr, ich lass' sie grüßen 734
Sag mir, was du denkst 534
Sag mir, wie 734
Sag no zu ihm 1166
Said And Done 180
Sail Along Silvery Moon 1479
Sail Away 590 f., 999, 1465
Sail On 293
Sailing 321, 1354, 1376
Sailing On The Seven Seas 1037
Sailing To Philiadelphia 386
Sailor 274, 932, 1213
Saint Dominic's Preview 960
Saint Sebastian 1206
Saints 'n' Sinners 1513
Saints And Sinners 25
Sale Of The Century 1289
Sally 98, 925, 951, 974
Sally Can't Dance 1154
Sally, Go 'Round The Roses 704
Salomon (das hohe Lied) 1025
Salsoul Nugget (If U Wanna) 844
Salt With A Deadly Pepa 1215
Saltwater 262, 270, 533, 799 f.
Salva Mea (Save Me) 475
Salvation 310
Sam 1002, 1504
Sam Cooke 300
Sam's Song 320
Samantha 90
Samb-Adagio 1213
Samba De Janeiro 125
Samba De Sausalito 1219
Samba Pa Ti 1219
Same As It Ever Was 657
Same Old Brand New You 1
Same Old Lang Syne 509
Same Song 1453
Sammy & Rosie tun es 493
Sammy Davis Jr. At The Coconut Grove 346
Sammy Davis Jr. Now 346
Sammy The Slug 543
Sampleslaya ... Enter The Meat Market 1474
Samtliga Hits 1979-95 1198
Samurai 455
Samuraj 352
Samy Deluxe 369
San Bernadino 266
San Fernando Valley 319
San Franciscan Nights 42, 207
San Francisco 857
San Francisco (Be Sure To Wear Flowers In Your Hair) 506, 708, 904
San Francisco Bay 1298
Sanctify Yourself 1271
Sandie 1255
Sandman 153
Sands Of Time 1211
Sandstorm 240, 342
Sandy 1439
Sanfter Rebel 1487
Santa Bring My Baby Back To Me 1099
Santa Claus Is Comin' To Town/My Hometown 1329
Santa Claus Is Coming To Town 900
Santa Claus Is On The Dole/First Atheist Tabernacle Choir 1324
Santa Esmeralda 1218
Santa Esmeralda II 1218
Santa Fe 1424
Santa Lucia By Night 89
Santa Maria 303, 739, 1029
Santa Maria del Mare, adieu 303
Santana 1219
Santana III 1219
Santana's Greatest Hits 1219
Santo Domingo 691
Sara 64, 181, 504, 604, 709, 1220
Sara Smile 604
Sara' Perche' Ti Amo 1163
Sascha ... ein aufrechter Deutscher 1430
Satan 1035 f.
Satch 1026
Satch Plays »Fats« (Waller) 53
Satchmo 52
Satchmo At Symphony Hall 53
Satellite 125
Satin Green Shutters 352
Satisfaction 760, 1151
(I Can't Get No) Satisfaction 1188
Satisfied 884
Satisfy My Soul 231
Satisfy You 747, 1116
Saturday 26
Saturday Club 1335
Saturday In The Park 261
Saturday Love 259, 1020
Saturday Night 105, 1366, 1392, 1508
Saturday Night (Is The Loneliest Night Of The Week) 1279
Saturday Night Fever 120, 387, 444, 987, 1392, 1438 f.
Saturday Night Party 19
Saturday Night Party (Read My Lips) 19
Saturday Night's Alright For Fighting 721
Saturday Nite 182
Satyricon 1118
Sauerkraut-Polka 82
Savage 460
Savage Amusement 1232
Savage Garden 1223
Savages 1005
Savanna Dance 362
Save A Prayer 423
Save It 'Til The Morning After 1263
Save It For Me 518
Save Me 279, 360, 445, 1206, 1265 f., 1421
Save My Life 810
Save Our Love 459
Save The Best For Last 1523
Save The Country 658

Save The Last Dance For Me 365, 416, 758, 1178
Save The Robots 916
Save Tonight 259
Save Up All Your Tears 118
Save Your Heart For Me 805
Save Your Kisses For Me 195
Save Your Love 82, 1160
Save Your Sugar For Me 1510
Saved 425
Saved By The Bell 566
Saved By Zero 500
Saving All My Love For You 659
Saving Forever For You 1252
Saviour's Day 1167
Say 1236
Say . . . If You Feel Alright 1498
Say A Little Prayer 162
Say Goodbye 255
Say Goodbye To Hollywood 1190
Say, Has Anybody Seen My Sweet Gypsy Rose 349
Say Hello, Wave Goodbye 590, 1304
Say I Won't Be There 1328
Say I'm Your No. 1 1108
Say It Again 1095, 1351
Say It Ain't So 625
Say It Isn't So 164, 604
Say It Loud – I'm Black And I'm Proud (Part 1) 198
Say It Once 1460
Say It With Music (A Touch Of Latin) 297
Say My Name 376
Say Say Say 691, 710, 896 f.
Say That You're Here 522
Say What You Want 1406
Say What You Want/Insane 1406
Say What You Will 1308
Say Wonderful Things 233
Say Yeah 1390
Say You Do 1460
Say You Love Me 1271 f.
Say You Will 514
Say You'll Be Mine 786
Say You'll Be Mine/Better The Devil You Know 1345
Say You'll Be There 1320 f.
Say You're Mine Again 295
Say You, Say Me 1167
Sayonara 876
Scales Of Justice 819
Scam 1103
Scandal 493, 1327
Scandalo 984
Scandy Randy 1329
Scar Tissue 1150
Scarecrow 193, 914
Scared Dance 1285
Scarlet 24
Scarlet And Other Stories 24
Scarlet, Red And Blue 1557
Scarlett O'Hara 614
Scary Monsters And Super Creeps 174
Scatman (Ski-Ba-Bop-Ba-Dop-Bop) 1226
Scatman's World 1226, 1228
Scene Through The Eye Of A Lens 477
Scenes From The Southside 653
Scharf wie Peperoni 1322
Schau mir in die Augen 1376
Schau mir noch mal in die Augen 1503
Scheiden tut so weh 631
Schenk mir ein Bild von dir 20
Schickeria 488
Schießen Sie auf den Pianisten 70
Schiwago-Melodie 702
Schizophonia 103
Schizophonic 605
Schlafe, mein Prinzchen, schlaf ein 1196
Schläfst du schon 1503
Schlager-Rendezvous mit Peter Alexander 20
Schlager-Rendezvous mit Peter Alexander, 1. Folge 20
Schlager-Rendezvous mit Peter Alexander, 2. Folge 20
Schlager-Rendezvous mit Peter Alexander, 3. Folge 20
Schlagzeiten 96
Schlaraffenland 1092
Schlumpfen Cowboy Joe 1228
Schmal 95
Schmerz in mir 69, 1419
Schmetterlinge können nicht weinen 868
Schmidtchen Schleicher 602
Schnappt Shorty 1439
Schneeglöckchen im Februar, Goldregen in Mai 630 f.
Schneewitchen 201
Schneider With The Kick 1228
Schön ist es, auf der Welt zu sein 139 f., 1027
Schön sein 1431
Schön sind wir sowieso 872
Schön wie Mona Lisa 1197
Schon wieder mal 20
Schöne Bescherung 141
Schöne Maid 876 f.
Schöner fremder Mann 524
Schönes Mädchen aus Arcadia 1197
Schönes Wetter heute 1553
Schönheits-Tips 779
School Days 131
School Is Out 165
School's Out 302 f.
Schrei nach Liebe 58 f.
Schubert Dip 447
Schuld war nur der Bossa Nova 867, 1387
Schwanenkönig 743
Schwarz auf weiß 1325
Schwarze Madonna 671
Schwarze Rose, Rosemarie 777
Schwarzer Kater Stanislaus 469
Schweißperlen 784
Schweine 1109
Schwimmen lernt man im See 867
Schwule Mädchen 491
Sci-Fi Lullabys 1366
Science & Nature 157
Scirocco 360
Sconcerto Rock 984
Scooby Doo 1176
Scooby Snacks 538
Scoop 1433
Scorpio 283, 586
Scorpion 462
Scotch On The Rocks 144
Scott 1489
Scott 2 1489
Scott 3 1489
Scotty Boy 1070
Scoubidou 387
Scoundrel Days 16
Scream 605, 668, 688, 690 f.
Scream If You Wanna Go Faster 605
Screamadelica 1104
Script For A Jester's Tear 870
Scullery 1493
Se A Cabo 1219
Se A Vida E (That's The Way Life Is) 1069
Se Bastasse Una Canzone 1138
Se Tu Vuoi 638
Sea Of Light 1466
Sea Of Love 650, 1253
Sea Of Time 1134
Seal 1234
Sealed With A Kiss 403, 666, 805
Search For The Hero 846
Searchin' (I Gotta Find A Man) 357
Searchin' My Soul 1258
(I've Been) Searchin' So Long 261
Searching 264
Searching For The Young Soul Rebels 378
Seasam-Jam (Der, Die, Das) 157
Seaside Shuffle 334, 803
Season 429
Season's End 871
Seasons Change 467
Seasons In The Sun 687, 1091
Sebastian 480, 612
666 – Trau keinem, mit dem du schläfst! 723
Secombe's Personal Choice 1237
2nd Resurrection 498
2nd Wave 1375
Second Chance 236, 1410 f.
Second Childhood 1302
Second Coming 1357 f.
Second Hand Love 524
Second Helping 842
Second Nature 442
Second Toughest In The Infants 1463
Seconds Out 560
Secret 852, 1237
Secret Agent Man 1174
Secret Combination 312
Secret Garden 1329
Secret Land 1217
Secret Love 121, 350, 764, 1018
Secret Lovers 66
Secret Messages 441
Secret Rendezvous 1510
Secret Secrets 52
Secret Separation 500
Secret Wish 1113
Secret World Live 544
Secretly 1183
Secrets 184, 459, 663, 1049, 1376
See Emily Play 1077, 1079
See Me 1493
See My Baby Jive 1531
See My Friend 764
See See Rider 41, 207
See The Day 795, 1363
See The Funny Little Clown 577
See The Light 625
See What Tomorrow Brings 1070
See Ya 66
See You 373
See You In September 610
Seekers – Seen In Green 1240
Seemann 274
Seemann, weit bist du gefahren 529
Seemed Like A Good Idea (At The Time) 483

Segs 1207
Sehnsucht 1139, 1229
Sehnsucht ist unheilbar 1503
Sei nicht traurig, geliebte Mama 305
Seide und Samt 20
Seiltänzertraum 1117
Sein bestes Pferd 788
Seine 20 schönsten Lieder 1513
Seine Straßen 982
Seitenstechen 778
Select 1517
Selena 827
Self Control 183, 1132
Self Esteem 1025 f.
Self Portrait 425
Sell Out 1417
Sell, Sell, Sell 589
Selling England By The Pound 559 f.
Selmasongs – Soundtrack zum Film Dancer In The Dark 138
Semi-Charmed Life 1409
Semi-Detached Suburban Mr. James 864
Send For Me 288
Send In The Clowns 289
Send Me An Angel 1146 f., 1232
Send One Your Love 1534
Sending All My Love 814
Sending My Love 1556
Sensacion 1130
Sensational 555
Sense 809
Sense Sickness 367
Senses Working Overtime 1541
Sensitivity 1440 f.
Sensual World 208
Sentimental 309
Sentimental Journey 349 f., 1338
Sentimental Lady 1501
Sentimental Street 1004 f.
Sentinel 1027 f.
Senza Una Donna 1558
Senza Una Donna (Without A Woman) 1550, 1559
Separate Lives 291, 880
Separate Ways (Worlds Apart) 733
Separations 1117
September 99 430
September Morn 381
September Of My Years 1278
September Song 5, 1279
Serenade 381, 880
Sergeant 1114
Sergio Mendes & Brasil '66 917
Serious 26, 291, 769
Serious Fun 769
Serious Hits . . . Live! 291
Sesame's Treet 1291
Set 980, 1414
Set Adrift On Memory Bliss 1085
Set It Off 449, 753, 1390
Set Me Free 584, 764, 1204
Set The Groove On Fire 1073
Set The Night To The Music 501
Set The Record Straight 1154
Set The Twilight Reeling 1154
Set This Circus Down 902
Set You Free 504, 1015 f.
Set You Free (Remix) 1016
Set Your Loving Free 1333
Setting Sons 696
Setting Sun 257
Seul Sur Son Etoile 116, 231
Seussical – The Musical 234
7 304, 343, 412, 487, 631, 754, 789, 860, 950, 1074, 1107, 1130, 1241, 1428, 1514
7 Days 343
7 Seconds 980
7 Ways To Love 285
7 Wishes 1005
702 1243
Seven 697
Seven Ages Of Acker 135
Seven And The Ragged Tiger 423
Seven Daffodils 828
Seven Days 908
Seven Days And One Week 73 f.
Seven Days In The Sun 487
Seven Drunken Nights 418
Seven Little Girls Sitting In The Back Seat 163, 461
Seven Seas Of Rhye 1124 f.
Seven Seconds 259 f.
Seven Separate Fools 1416
Seven Tears 580, 1527
Seven Ways 1472
Sevens 193
17 Again 460
Seventeen 801
Seventh Sojourn 954
Seventh Son 1174
Seventh Son Of A Seventh Son 680
7800 Fahrenheit 164
'74–'75 296
75 Channels (And Nothin' On) 1329
7-Tease 402
Sex & Violins 1153
Sex And Candy 868
Sex And Drugs And Rock 'n' Roll 424
Sex Andy Candy 868
Sex Bomb 730, 965
Sex Control 93
Sex In The 90's 1236
Sex Machine 507
Sex Machine – The Very Best Of James Brown 198
Sex Me (Parts I & II) 747
Sex On The Beacht 1444
Sex On The Phone 454
Sex Over The Phone 1483
Sexcrime (Nineteen Eighty Four) 460
Sextette 1337
Sexual Guarantee 18
Sexual Healing 553 f.
Sexuality 181
Sexy 531
(She's) Sexy, 1361
Sexy Eyes 413, 1508
Sexy MF 1106
Sexy MF/Strollin' 1107
Sgt. Pepper 106, 119, 282
Sgt. Pepper's Lonely Hearts Club Band 113, 523, 1152
Sgt. Rock (Is Going To Help Me) 1541
Sh*t, Damn, Motherf*cker 331
Sh-Boom 549
Sha La La 504 f., 840, 864, 1083, 1290 f.
Sha La La La Lee 840, 1083, 1290 f.
Sha La La, I Love You 504 f.
Sha-La-La (Make Me Happy) 592
Shaddap You Face 397
Shadow Dancing 566, 809
Shadow Music 1246
Shadow On The Wall 478, 1027 f.
Shadows And Light 1526
Shadows Best 1246
Shadows Of The Night 389
Shaft 209, 623
Shaft 2000 752
Shakalaka 1380
Shake 300, 1151
Shake And Fingerpop 1489
Shake Down Cruise 489
Shake Hands 377
Shake It 890
Shake It Up 233 f.
Shake It Up And Dance 887
Shake The Disease 373
Shake You Down 5
Shake Your Body (Down To The Ground) 692 f.
(Shake, Shake, Shake) Shake Your Booty 745
Shake Your Groove Thing 1063
Shake Your Head 1495
Shake Your Love 567
Shake Your Thang 1215
Shake, Rattle And Roll 296
(Shake, Shake, Shake) Shake Your Booty 745
Shakedown 1240
Shaken & Stirred – The David Arnold James Bond Project 54
Shakermaker 1021
Shakin' All Over 754, 828 f.
Shaking The Tree 980
Shaking The Tree – Sixteen Golden Greats 544
Shakles (Praise You) 885
Shaky 1348
Shalala Lala 1481
Shambala 1349, 1416
Shame 179, 759, 1203, 1556
Shame On Me 98
Shame On The Moon 1240
Shame, Shame, Shame 1262, 1281
Shamrock Diaries 1146
Shang-A-Lang 105
Shanghai 304, 350, 876
Shanghai Surprise 851
Shango 1219
Shangri-La 303, 338, 725
Shania Twain 1449
Shannon 177, 596, 1148, 1253, 1459
Shape Of My Heart 81
Shapes And Patterns 1380
Shapes Of Things 1544
Shapes That Go Together 16
Sharazan 95
Share My World 147
Share The Land 597
Share Your Love 1185
Sharing The Night Together 413
Sharing You 1479
Sharp Dressed Man 1559
Shasam! 436
Shattered Dreams 722 f.
Shaun Cassidy 239
Shaved Fish 799
She 70, 307, 970
She Ain't Worth It 197, 911
She Bangs 881
She Bangs The Drums 1357
She Believes In Me 1185
She Blinded Me With Science 397
She Bop 789
She Can't Find Her Keys 1071
She Cried 703
She Did It 336

She Don't Let Nobody 370
She Drives Me Crazy 494
She Is Still A Mystery 835
She Kissed Me 332
She Loves You 114, 896
She Makes My Day 1049
She Makes My Nose Bleed 865
She Means Nothing To Me 462 f., 1166
She Rides Wild Horses 1185
She Said Yeah 167
She Used To Be Mine 1323
She Wants To Dance With Me 63
She Wants You 1080
She Was Only A Grocer's Daughter 152
She Wears My Ring 761
She Works Hard For The Money 1369 f.
She'd Rather Be With Me 1448
She's A Bad Mama Jama (She's Built, She's Stacked) 228
She's A Beauty 1444 f.
She's A Fool 581
She's A Lady 43, 730, 804
She's A Mystery To Me 1034
She's A Rainbow 1188
She's A River 1270 f.
She's A Star 697
She's A Superstar 1406
She's A Wind Up 412
She's A Woman 114, 1141, 1233
She's About A Mover 1282
She's All I Ever Had 881
She's Gone 604
She's Got Claws 1016
She's Got That Light 1032
She's Got That Vibe 747, 1113
She's In Fashion 1366
She's In Love With Mystery 1414
She's In Love With You 1123
She's Just My Style 805
She's Leaving Home 181
She's Like The Wind 1377
She's Mine 1067
She's My Lady 359
She's Not There 1558
She's Not You 1100
She's On It 109
She's Out Of My Life 691
She's Playing Hard To Get 638
(She's) Sexy, 1361
She's So Fine 432
She's So High 158
She's So Modern 169
She's So Unusual 651, 788 f.
(She's) Some Kind Of Wonderful 805
She's Strange 216
She's The Boss 694, 1186
She's The One 1073
She's The One/It's Only Us 1522
She-Bop 269
Sheena Is A Punk Rocker 1139
Sheep 657
Sheer Heart Attack 1125
Sheer Magic 135
Sheet Music 1401
Sheik Yerbouti 1555
Sheila 427, 448, 1183, 1257, 1379, 1415
Sheila Take A Bow 1296
Shelter 182
Shelter Me 969
Sheltered Life 235
Shepherd Moons 452
Shepherd's Serenade 319
Sher-Oo 139
Sheriff Fatman 235
Sherry 88, 429, 1356
Sherry & 11 Others 518
Sheryl Crow 322
Shifftee 1031
Shimmy Shake 1451
Shindig 1246
Shine 35, 63 f., 69, 723
Shine A Little Love 442
Shine Like A Star 130
Shine On 366, 756
Shine On Me Woman 756
Shinin' On 586
Shining Light 59
Shining Star 429 f., 679, 861
Shining Star (EP) 679
Shiny Happy People 1129
Shiny Shiny 623
Ship Ahoi 1019
Ship Of Fools 453
Ships 863
Shirley 102, 528, 1348 f.
Shit Can Happen 333
Shit On You 333
Shiver 286
Shock To The System 669
Shock Treatment 1280
Shocked 937
Shogun 910
Shoo-Be-Doo-Be-Doo-Da-Day 1226, 1534
Shoop 1215
Shoot Me With Your Love 414
Shoot Out At The Fantasy Factory 1437
Shooting Rubberbands At The Stars 187
Shop Around 223, 938 f.
Shop Of Memories 1402
Short Cut To Somewhere 870
Short Dick Man 1450
Short Eyes 893
Short People 999
Short Short Man 1450
Short Shorts 150
Short Stories 725
Short'nin' Bread 306
Shortsharpshock (EP) 1408
Shorty (Got Her Eyes On Me) 727
Shot In The Dark 591
Shot Of Love 425
Shotgun 212, 1489
Shotgun Wedding 212
Should I Ever (Fall In Love) 1005
Should I Stay Or Should I Go 274 f.
Should've Known Better 884
Should've Never Let You Go 1238
Shoulda Woulda Coulda 769
Shout 46, 682, 831, 838 f.
Shout – Brand New 1986 Re-Recording 839
Shout – Part I 360 f.
Shout At The Devil 962
Shout! Shout! (Knock Yourself Out) 869
Shout To The Top 1364
Shouting For The Gunners 57
Show A Little Love 1460
Show And Tell 1524
Show Me 308, 349, 987
Show Me Heaven 51, 904
Show Me Love 1180, 1210
Show Me The Meaning Of Being Lonely 81
Show Me The Money 50
Show Me The Way 523, 970, 1365
Show Me You're A Woman 971
Show Some Emotion 52
Show Time 376
Show You The Way To Go 693
Showaddywaddy 1263
Showboat 1369
Showdown 683
Shower Me With Your Love 1375
Showing Out (Get Fresh At The Weekend) 912
Showroom Dummies 774
Shuggy 998
Shut 'Em Down 1031
Shut Down, Volume 2 107
Shut Up 6, 339, 850, 1263, 1273
Shut Up (And Sleep With Me) 1273
Shut Up And Dance (The Dance Mixes) 6
Shut Up And Forget About It 339
Shuttered Room 500
Shy Boy 92
Shy Girl 1331
Shy Guy 759
Si 269, 965
Si j'osais 10
Si Puo Dare Di Pui 1435
Siamese Dream 1292
Sick And Tired 225, 749
Side Show 134
Sideshow 153
Sidewalk Talk 710
Sie hieß Mary Anne 127, 529
Sie ist weg 480
Sie kommt wieder 280
Sie liebt dich 114
Sie sieht mich nicht 982
7 Tage – 7 Köpfe 779
Sieben Fässer Wein 739
Sieben schwarze Rosen 965
Sieben Tage lang 1230
Sieben Tage Sonnenschein 505
Sieben Wochen nach Bombay 567
Siebenmal in der Woche 1429
Siebenmeilenstiefel 166
Siebentausend Rinder 641
Siebzehn Jahr, blondes Haar 734, 1256
Sierra Sue 319
Sight For Sore Eyes 846
Sign »O« The Times 1107
Sign Of The Times 124
Sign Your Name 332
Signed, Sealed, Delivered, I'm Yours 178, 1534
Significant Other 812
Signing Off 1458
Signorina Bella 585
Signs 498, 1405
Sikidim (Hepsi Senin Mi?) 1391
Silberblick 1530
Silence 368, 905, 1419
Silence Is Broken 337
Silence Is Golden 1440
Silent Fall 13
Silent Lucidity 1125 f.
Silent Night 320
Silent Prayer 568
Silent Running (On Dangerous Ground) 929
Silhouette 542
Silhouettes 542, 637

Silk 665, 1265
Silk And Steel 499
Silk Degrees 1225
Silkwood 258
Silly Games 744
Silly Love Songs 897
Silly Thing 1245, 1403
Silver 1166
Silver & Gold 1549
Silver Anniversary 913
Silver Bird 1136, 1224
Silver Convention 1266
Silver Dream Machine (Part 1) 457
Silver Lady 1308
Silver Machine 622
Silver Moon Baby 1193
Silver Side Up 1002
Silver Star 519
Silvermoon 777
Simarik 1391
Simmer Down 874
Simon & Garfunkel's Greatest Hits 1269
Simon Says 1007
Simon Smith And His Amazing Dancing Bear 999, 1103
Simon Templar/Two Pints Of Lager And A Packet Of Crisps Please 1325 f.
Simple Dreams 1191
Simple Game 520
Simple Pleasures 901
Simple Rule 1311
Simple Things 758
Simply – Crispian St. Peters 1331
Simply Irresistible 1049
Simply Shadows 1246
Simply Streisand 1362
Simply The Best 1447
Sin 1273
Sin Amor 683
Sin City 352
Sinatra & Strings 1277
Sinatra '65 1278
Sinatra – Basie 1277
Sinatra And Company 1278
Sinatra At The Sands 1278
Sinatra Plus 1277
Sinatra Reprise – The Very Good Years 1278
Sinatra Swings 1277
Sinatra's Sinatra 1278
Sinatra's Swingin' Session!!! 1277
Since I Don't Have You 599
Since I Fell For You 1501
Since I Met You Baby 1458
Since I Met You Lady 1458
Since I Met You Lady/Sparkle Of My Eyes 1458
Since Yesterday 1360
Since You've Been Gone 1136
(Sweet Sweet Baby) Since You've Been Gone 526
Sincere 942
Sincerely Yours 1379
Sind Sie der Graf von Luxemburg 408
Sinful 928
Sinful! (Scary Jigging With Dr. Love) 928
Sing 230, 749, 1364, 1439
Sing A Little Song 366
Sing A Song 430, 1402
Sing An Ode To Love 1197
Sing Baby sing 1471
Sing Don't Speak 144
Sing Hallelujah 411
Sing It Again Rod 1353
Sing It Back 948
Sing Lofty 345
Sing Me 195
Sing My Song 1497
Sing Our Own Song 1459
Sing When You're Winning 1522
Sing-A-Long 1253
Singin' In The Rain 1257 f., 1386
Singin' With The Big Bands 862
Singing In The Rain 1002
Singing The Blues 1018, 1176
Single 465
Singles 966, 1063, 1296
Singles – 45's And Under 1330
Singular Adventures Of The Style Council 1363
Sioux City Sue 320
Sippin' 'n' Chippin' 1394
Sir Duke 1533 f.
Siren 1190, 1199
Sista Sista 769
Sister 194, 474, 909, 1283
Sister Act 2 526
Sister Christian 1004 f.
Sister Golden Hair 34
Sister James 1398
Sister Jane 998
Sister King Kong 813
Sisters Are Doin' It For Themselves 460, 527
Sit And Wait 1551 f.
Sit Down 697
Sit Down (Remix) 697
Sittin' In 823
(Sittin' On) The Dock Of The Bay 1151 f.
Sittin' On Top Of The World 333, 1171
Sittin' Up In My Room 183, 820
Sitting 1347
Sitting Down Here 875
Sitting In Limbo 277, 994
Situation 1544
Situation: Critical 987
6 Underground 1300
666 1197
Six 865
Six Days 678
Six O'Clock 835
Six Pack 1185
Sixpence None The Richer 1284
16 Bars 1364
16 Hits From »Stars And Garters« 764
16 Tons 127
60 Minute Man 1438
Sixteen Stone 207
'65 Love Affair 346
Sixty Minute Man 908
Size Isn't Everything 120
Skandal im Sperrbezirk 1322
Skeleton Keys 890
Sketsch Up 677
Ski Sunday 552
Skid Row 1285
Skin 459
Skin On Skin 583
Skin Tight 1026
Skinny Legs And All 1405
Skinny Minnie 715
Skinny Minny 1259
Skip 155
Skip To My Lu 816
Skip-du-bi-du 535
Skokiaan 1094
Skunk 403, 1343
Skweeze Me Pleeze Me 1288
Sky 1285 f., 1306
Sky 2 1286
Sky 3 1286
Sky 4 – Forthcoming 1286
Sky Five Live 1286
Sky High 714
Sky's The Limit 1400
Skylark 1286
Skynyrd's First . . . And Last 842
Skynyrd's Innyrds/Their Greatest Hits 842
Skyscraper 1197
Skyscraping 6
Slade Alive 1288
Slade In Flame 1288
Sladest 1288
Slam 497, 1031, 1538
Slam Dunk (Da Funk) 497
Slam Jam 1538
Slang 365
Slap! 268
Slash 'N' Burn 861
Slash's Snakepit 599
Slave To Love 490
Slave To The Grind 1285
Slave To The Music 1450
Slave To The Rhythm 727
Slave To The Wage 1083
Slayed? 1288
Sleazy Bed Track 157
Sledgehammer 544
Sleep On The Left Side 304
Sleep Talk 1519
Sleeper Catcher 818
Sleepers 1033
Sleeping Bag 1559
Sleeping Gas 1395
Sleeping Satellite 50
Sleeping With The Lights On 1354
Sleeping With The Past 720
Sleeps With Angels 1549
Sleepwalk 1461
Sleepy Eyed 205
Sleepy Shores 745, 1064
Slide 578
Slide Away 679
Slide It In 1513
Slight Return 157
Slim 179
Slip Away 234
Slip Of The Tongue 1513
Slip Slidin' Away 1268
Slippery When Wet 163 f.
Slippin' Into Darkness 1492
Slipping Into You 94
Sliver 1008, 1458
Sloop John B. 108
Slow & Sexy 1103
Slow And Sexy 568, 1141
Slow Dance (Hey Mr. DJ) 1114
Slow Dancing With The Moon 1056
Slow Down 929, 1002
Slow Down World 402
Slow Hand 1086
Slow Motion 1372, 1377
Slow Train Coming 425
Slow Train To Dawn 259
Slow Twistin' 255 f., 1255
Slowhand 272
Smack My Bitch Up 1112
Small Blue Thing 1480

Small Faces 1291
Small Talk 1290
Small Town 914
Small World 805
Smalltown Boy 190 f., 1305
Smart 1289
Smarty Pants 496
Smash 1026
Smash Hits 634
Smash It Up 1026
Smash Mouth 1291
Smashes, Thrashes & Hits 765
Smells Like Children 871
Smells Like Teen Spirit 1008 f., 1424
Smile 287, 613, 825, 1065, 1119
Smile A Little Smile For Me 507
Smiler 1353
Smiley Smile 107
Smiling Faces Sometimes 1464
Smitty 860
Smoke 671 f.
Smoke From A Distant Fire 1218
Smoke Gets In Your Eyes 21
Smoke On The Water 171, 363 f.
Smoke This 1297
Smokey & The Bandit 1153
Smokey And The Bandit II 794
Smokie Changing All The Time 1298
Smokin' In The Boys Room 201, 962
Smoky 683
Smooth 888, 1220
Smooth Criminal 23, 691
Smooth Operator 605, 1212
Smooth Talk 759
Smurf's Christmas Party 1470
Snafu 431
Snake Bite 1512
Snakes And Ladders 988, 1132
Snap 696
Snap Megamix 1300
Snap Your Fingers 632
Sneakin' Suspicion 412
Snipes 990
Snivilisation 1036
Snooker Loopy 254, 888
Snoop Dogg 1301
Snoop Dogg Presents Tha Eastsidaz 1301
Snoop Dogg Presents Tha Eastsidaz – Duces 'n Trays – The Old Fashioned Way 1301
Snoops Upside Ya Head 1300
Snoopy Versus The Red Baron 656
Snoopy Vs. The Red Baron 1200
Snot Rap 462
Snow Fire 1379
Snowbird 975 f.
Snowed In 609
Snowy 432
So 544
So Addictive 444
So Alive 832
So bist du 854, 1046
So Blu 221
So Called Friend 1405
So Close 232, 604
So Close To Love 961
So Cold The Night 294
So Dreamy 1197
So ein Schwein ... 1072
So ein Seemann macht es richtig 787
So Emotional 659
So Far 11, 1279
So Far Away 321, 1054
So Far So Good 11
So Fresh, So Clean 1043
So Full Of Love 1019
So geht das jede Nacht 529
So Good 181, 458, 1051
So Good To Be Back Home Again 1433
So Good, So Right 1207
So Hard 1069
So Help Me Girl 99
So I Can Love You 448
So In Love With You 186, 1405
So In To You 65
So Into You 1390
So Let Me Go Far 395
So Lonely 695, 1088
So Long 492
So Long Babe 1279
So Macho/Cruising 1281
So Many Men, So Little Time 1280
So Many Ways 129
So Much In Love 26, 297, 1455
So Natural 1333
So Near To Christmas 1335
So Pure 77
So Real 956
So Red The Rose 49
So Right 767
So Sad (To Watch Good Love Go Bad) 464
So schön kann doch kein Mann sein 570
So Smooth 295
(Something Inside) So Strong 1264
So Strung Out 244
So The Story Goes 819
So This Is Romance 815
So viel Spaß für wenig Geld (Ich freu' mich) 1109
So viel Wind und keine Segel 835
So viele Lieder sind in mir 1004
So What If I 336
So Why So Sad 862
So wie ein Regenbogen 1471
So You Win Again 655
So Young 305, 1366
Soap Box Derby 312
Soca Dance 803 f.
Society's Child 667
Sock It 2 Me 333, 444
Sock It To Me-Baby! 1209
Sodbrennen 1266
Soft And Wet 1105
Softly As I Leave You 951
Softly Whispering I Love You 296, 1084
Softly With These Songs – The Best Of Roberta Flack 501
Softly, Softly 453
Sogno 160
Solace 905
Solang man Träume noch leben kann 971
Sold Out 762
Soldier Blue 1214
Soldier Boy 1261
Soldier Of Love 1040
Soldier Soldier 224
Sole Sole Sole 856
Soley Soley 925
Solid 60, 116, 1386, 1545
Solid Bronze – Great Hits 116
Solid Gold Easy Action 1386
Solid Pleasure 1545
Solitaire 183, 1519 f.
Solitary Man 238
Solitude 895
Solitude Standing 1480
Solitude/Solitaire 245
Solo 331, 919, 1029
Solo Concert 298
Solo Por Ti 489, 750
Solomon Bites The Worm 157
Solsbury Hill 544
Some Blue-Eyed Soul 1170
Some Broken Hearts Never Mend 1224
Some Candy Talking 710
Some Change 1225
Some Enchanted Evening 295, 320, 1279
Some Friendly 250
Some Gave All 330
Some Girls 1131, 1188, 1460
Some Girls Wander By Mistake 1284
Some Great Reward 373
Some Guys Have All The Luck 1049, 1354
Some Hearts Are Diamonds 1014
Some Kind Of Lover 1498
Some Kind Of Wonderful 586
(She's) Some Kind Of Wonderful 805
Some Kinda Fun 952
Some Like It Hot 1093
Some Might Say 1022
Some Of Your Lovin' 1327
Some Other Sucker's Paradise 367
Some People 1166
Some People Say 1404
Some People's Lives 926
Some Product – Carri On Sex Pistols 1244
Some Things 787
Some Things Never Change 1372
Some Velvet Morning 1280
Somebody Dance With Me 390, 1182
Somebody Else's Guy 199, 831, 1065, 1210
Somebody Help Me 348, 1529
Somebody In The House Said Yeah! 1451
Somebody Loves Me 297
Somebody Someday 1522
Somebody To Love 90, 708 f., 1124 f.
Somebody's Baby 200
Somebody's Been Sleeping 1030
Somebody's Watching Me 1182
Someday 227, 458 f., 572, 823, 991, 1066, 1367
Someday (I'm Coming Back) 1333
Someday ... 393
Someday I'll Be Saturday Night 164
Someday I'll Find You 32
Someday We'll Be Together 189, 1195, 1374
Someone 889, 1381
Someone Else's Baby 472
Someone Else's Boy 524
Someone Hold Me 596
Someone Like You 232
Someone Loves You Honey 908
Someone Saved My Life Tonight 721
Someone Someone 1089
Someone Somewhere (In Summertime) 1270
Someone There For Me 145
Someone To Call My Lover 689
Someone To Love 72, 77

Someone's Looking At You 170
Somethin' 4 Da Honeyz 732
Somethin' Stupid 217, 1276, 1279 f., 1522
Something 722, 1087
Something 'Bout You Baby I Like 1341
Something About The Way You Look Tonight 720
Something About You 802
Something Beautiful Remains 1447
Something Better Change/Straighten 1359
Something Changed 1117
Something Deep Inside 1080
Something Else 102, 1244
Something For Everybody 838, 1098
Something For The Pain 164
Something For The Weekend 387
Something Goin' On 1404
Something Good 474, 1469
Something Happened On The Way To Heaven 291
Something In Common 659
Something In My Heart 924
Something In The Air 1418
(Something Inside) So Strong 1264
Something Like Country 1327
Something New 113
Something Old, Something New 479
Something So Strong 322 f.
Something Special 772, 1056
Something Special For Young Lovers 253
Something Stupid 524
Something Tells Me (Something Is Gonna Happen Tonight) 139
Something That I Said 1207
Something To Believe In 1087
Something To Love 781
Something To Remember 851
Something To Talk About 1136 f.
Something's Burning 1185
Something's Going On 844
Something's Got A Hold On Me 697
Something's Gotta Give 346
Something's Gotten Hold Of My Heart 28 f., 1081
Something's Happening 637
Something's Wrong With Me 1176
Something/Anything? 1204
Something/Come Together 114
Sometime Lovin' 1256
Sometimes 59, 453, 635, 639, 697, 944, 1226, 1298 f., 1318, 1423
Sometimes Love Just Ain't Enough 635, 1226, 1298 f.
Sometimes When We Touch 639
Somewhere 70, 101, 287, 297, 306, 675, 680, 863 f., 882 f., 951, 992, 1068 f., 1109, 1166, 1191, 1375, 1455, 1505
Somewhere Along The Way 287
Somewhere In Africa 864
Somewhere In America 1375
Somewhere In My Heart 70
Somewhere In The Night 863
Somewhere In Time 680
Somewhere My Love 297
Somewhere Out There 675, 1191
Somewhere Over The Rainbow 306, 882 f., 992
Somewhere Over The Rainbow/What A Wonderful World 1166
Somewhere Somehow 1505
Somewhere There Is Someone 951
Sommer in der Stadt 1071
Sommersprossen 1459
Somthing Good 1469
Son Of A Gun 736
Son Of A Gun (I Betcha Think This Song) 1266
Son Of A Preacher Man 1327
Son Of A Son Of A Sailor 205
Son Of Dracula 1337
Son Of My Father 262
Son Of Schmils 1006
Son-In-Law 159
Sonata 295
Sonderzug nach Pankow 813
Song 2 159
Song For Guy 721
Song For Julia 1531
Song For Whoever 116
Song Of Faith And Devotion 373
Song Of Joy 223
Song Of Life 796
Song Of Mexico 614
Song Of The Marching Children 429
Song Of The South 160
Song On The Radio 1053
Song Review – A Greatest Hits Collection 1534
Song Sung Blue 381
Songbird 542, 1362
Songs 1475
Songs By Ricky 991
Songs By Sinatra 1277
Songs der Welt 1024 f.
Songs For Swingin' Lovers! 1277
Songs For Swinging Sellers 950
Songs For Young Lovers 1277
Songs From »Ally McBeal« 1258
Songs From »Heathcliff« 1165 f.
Songs From A Room 284
Songs From His TV Series 1489
Songs From Stage And Screen 312
Songs From The Big Chair 1396
Songs From The Capeman 1268
Songs From The Mardi Gras 1254
Songs From The West Coast 721
Songs From The Wood 712
Songs In A Minor 752
Songs In Red And Gray 1480
Songs In The Attic 718
Songs In The Key Of Life 210, 302, 1533 f.
Songs Of Faith And Devotion 373
Songs Of Freedom 874 f.
Songs of Leonard Cohen 284
Songs Of Love 1493
Songs Of Love And Hate 284
Songs Of Sanctuary 12
Songs Of The Fabulous Fifties 1522
Songs To Learn & Sing 434
Songs To Remember 1233
Songs You Know By Heart – Jimmy Buffetts Greatest Hits 205
Sonic Empire 916
Sonic Flower Groove 1104
Sonne 1139
Sonne in der Nacht 853
Sonnenschein 1306, 1471
Sonnenschein und Regenbogen 1172
Sonny 860
Sonny Side Of Cher 258
Sons And Fascinations/Sisters Feelings Call 1270
Sons Of Soul 1427
Soon As I Get Home 460
Soon Forgotten 1186
Sooner Or Later 69, 105, 588, 1294
Sophisticated Boom Boom 357
Sorrento Moon (I Remember) 51
Sorrow 175, 920
Sorry 727
Sorry (Baby Can I Hold You) 197
Sorry Little Baby 86
Sorry Seems To Be The Hardest Word 721
Sorry Suzanne 644
Sorry, I'm A Lady 78
SOS 303, 436
Soul & Inspiration 1170
(You're My) Soul And Inspiration 1170
Soul Asylum & The Horse They Rode In On 1308
Soul City Walk 122
Soul Dancing 350
Soul Drifter 203
Soul Finger 1151
Soul Food 78, 1429
Soul Food To Go 860
Soul Freedom – Free Your Soul 366
Soul Inspiration 278
Soul Jerk 786
Soul Man 623, 1215
Soul Provider 162
Soul Searching 69
Soul Show 1039
Soul Sister 223
Soul Sister, Brown Sugar 1215
Soul Sound 1367
Soul Tattoo 69
Soul Thing 572
Soul To Squeeze 1149
Soul's Core 972
Soulful 1494
Soulful Strut 1552
Souljacker Part 1 438
Soulstream 724
Sound 497
Sound Affects 696
Sound And Vision 175
Sound Giganten 959
Sound Loaded 881
Sound Of Drums 780
Sound Of Love 497
Sound Of Music 640
Sound Of My Heart 738
Sound Of The Shadows 1246
Sound Venture 477
Sound-System 608
Sounds '73 665
Sounds Like A Melody 29 f.
Sounds Like Love 613
Sounds Like The Searchers 1235
Sounds Of Silence 1269
Soundtropolis 916
Soup For One 946
Sour Times 1091
Sous Le Vent 383
South African Man 161
South America, Take It Away 320
South Bamalama 1151
South Of The Border 29
South Pacific 224, 319
South Paw Grammar 960
South Side 944
South Street 1039
South Town, U.S.A. 389
Southern Accents 1073

Southern Comfort 504
Southern Freeez 530
Southern Gal 448
Southern Man 841
Southern Nights 217 f.
Southernplayalistcadillacmuzik 1043
Southside 1405
Souvenir 1037
Souvenirs 509, 1140
Sowing The Seeds Of Love 1396
Space Age Love Song 2
Space Face 1365
Space Gate 970
Space Jam 747, 932, 951, 1121, 1234
Space Oddity 174 f.
Space Party & Remixes 1314
Space Race 1100
Space Ritual Alive 622
Spaceman 78
Spacer 18, 1258
Spanador 816
Spanglish Love Affairs 1058
Spanisch war die Nacht 20
Spanish Bombs 862
Spanish Eyes 882
Spanish Flea 30
Spanish Fly 816
Spanish Harlem 527, 735, 758, 1165
(Do The) Spanish Hustle 485
Spanish Train And Other Stories 352
Spare Parts 1329
Sparkle 1316
Sparkle In The Rain 1270
Sparrow 546
Sparrow In The Tree Top 320
Spartacus 483, 1498
Spaziergang durch das Land der Operette 20
Speak And Spell 373
Speak Like A Child 1363 f.
Speak To Me Of Love (Parlez-Moi D'Amour) 177
Speak To Me Pretty 794
Speak To The Sky 1328
Speakeasy 1256
Speaking In Tongues 1390
Speaking Of Dreams 87
Special Brew 84
Special Forces 1411
Special Kind Of Love 232
Special Kind Of Something 744
Special Lady 948
Specially For You 435
Specials 1319
Speed Ballads 1162
Speed Your Love To Me 1270
Speedway 1280
Speedy Gonzales 171 f.
Spellbound 6, 201
Spend My Life With You 1390
Spend Some Time 182
Spend The Night 1210
Spending My Time 1199
Spice 1320
Spice Of Life 860
Spice Up Your Life 1320 f.
Spiceworld 1320
Spicks And Specks 119
Spider 1085
Spider Jiving 472
Spiders 1313
Spiders & Snakes 1331
Spiders And Snakes 124
Spiderwebs 1011
Spiel mir das Lied vom Tod 341, 411
Spiel noch einmal für mich, Habanero 1471
Spies Like Us 897
Spike 186, 307, 772
Spike – The Album 1322
Spikee/Dogman Go Woof 1463
Spill The Wine 206 f., 1492 f.
Spiller From Rio (Do It Easy) 1323
Spin 623, 1223, 1350
Spin Spin Sugar 1300
Spin That Wheel 1397
Spin The Black Circle 1063 f.
Spinderella's Not A Fella (But A Girl D.J.) 1215
Spinners 1324
Spinners Live! 1324
Spinning Around 937
Spinning The Wheel 923
Spinning Wheel 150, 922
Spinout 468, 1098
Spirit 371, 430, 714, 848
Spirit Body And Soul 1013
Spirit In The Sky 394, 593, 1022
Spirit Of America 108
Spirit Of Eden 1389
Spirit Orgasmusz Of Jeronimo And Creedence Clearwater Revival 316
Spirits Having Flown 120
Spirits In The Material World 95
Spiritualized 1123
Spit In The Rain 367
Spitfire 709
Splinter 1300
Splinter Group 503
Splish Splash 341
Spooky 275
Spoon 219
Sports 805
Spotnicks Unlimited 1326
Sprakle 3
Spread A Little Happiness 1355
Sprich nicht drüber 978
Spring 1175
Springtime Mama 596
Sprünge 595
Spurs Go Marching On 1432
Spy In The House Of Love 1495
Spybreak! 54
Squares And Triangles 1414
Squeeze Box 1515
Squeeze Greatest Hits 1330
Squirt 179
S-S-S-Single Bed 521
Ssssh 1403
Stéphanie 1344
St. Elmo's Fire (Man In Motion) 1052
St. Louis Blues 287, 1100
St. Patrick's Day 319
St. Teresa 1039
St. Tropez Twist 380
St. Valentine's Day 319
St. Valentine's Day Massacre 963
Stage 174
Stages 1048, 1559
Stairway To Heaven 171, 480, 615, 793, 1239
Stakes Is High 354
Stampede 403
Stan 382, 448
Stan The Gunman 608 f.
Stand 1128
Stand And Deliver 9
Stand Back 1004
Stand By Me 515, 758, 1021 f., 1288
Stand By Your Man 1339, 1538 f.
Stand Inside Your Love 1292
Stand Still 1492
Stand Tall 326
Stand Tough 1086
Stand Up 712
Stand Up For Your Love Rights 1545
Stand! 1290
Standing Alone 911
Standing At The End Of The Line 820
Standing By The Fire 330
Standing In The Light 802
Standing In The Rain 1060, 1548
Standing In The Road 144
Standing In The Shadows Of Love 520
Standing On A Beach – The Singles 327
Standing On The Inside 1238
Standing On The Shoulder Of Giants 1022
Standing Out For Love 73
Standing Outside The Fire 193
Standing Still 714
Standing Stone 897
Stankonia 1043
Stanley (Here I Am) 1148
Stanley Road 1502
Stanotte 1256
Star 11, 361, 611, 1341
Star 69 486
Star Dust 171, 1278
Star Fleet 892
Star Guitar 257
Star People '97 923
Star Portrait 237
Star Search 15
Star Trek 741
Star Trekkin' 495
Star Wars (Main Title) 1521
Star Wars – The Phantom Menace 1521
Star Wars And Other Galactic Funk 911
Star Wars Theme/Cantina Band 910 f.
Star/I Like It 414
Starchild 869
Stardust 319, 457, 472, 917, 992, 1334 f., 1346, 1398
Staring At The Rude Boys 1207
Staring At The Sun 802, 1457
Starland Vocal Band 1336
Starlight 1336, 1371
Starlight Express 811
Starmaker 754
Starman 175
Starmania 788
Starring Sammy Davis Jr. 346
Stars 264, 488, 667, 1271 f.
Stars 2002 837
Stars Crash Down 661
Stars in Gold 20
Stars On 45 939, 1338
Stars On 45 II 1338
Stars On 45 III 1338
Stars On Stevie 1338
Stars We Are 28
Starsailor 1338
Starship Trooper 188
Start 696
Start Me Up 1188

Start The Commotion 1529
Starting All Over Again 913
(Just Like) Starting Over 798 f.
Starting Together 1088
Startrek 312
State Of Affairs 772
State Of Independence 1369
State Of Mind 870
State Of Shock 693 f.
Station To Station 174
Stationen 853
Statuesque 1289
Stay 132 f., 307, 458 f., 552, 894, 1222, 1249, 1279, 1412, 1452
Stay (Far Away, So Close) 1457
Stay (Faraway, So Close)/I've Got You Under My Skin 1457
Stay (I Missed You) 821
Stay Another Day 430 f.
Stay Awhile 125
Stay Free 60
Stay In My Corner 369
Stay On These Roads 16
Stay Out Of My Life 499
Stay The Night 672
Stay The Same 904
Stay This Way 182
Stay Together 1366
Stay With Me 439, 470, 837, 1353
Stay With Me (Baby) 1507
Stay With Me Till Dawn 837
Stay With The Hollies 644
Stay/The Load-Out 200
Stayin' Alive 120 f., 706, 1015 f.
Staying Alive 42, 120, 1332, 1439
Staying Out For The Summer 395
Steady On 292
Steal Away 421
Steal My Sunshine 797
Stealing Beauty 13
Steam 430 f., 544, 1342
Steam Heat 1048
Steamy Windows 1510
Steel 183
Steel Wheels 1188
Steelo 1243
Steeltown 133
Steh auf 853
Steig in das Boot heute nacht, Anna Lena 303
Steig in das Traumboot der Liebe (Club Indonesia) 243
Stella 1545
Step Back In Time 937
Step By Step 660, 807, 995 f., 1025, 1267
Step Inside Love 139
Step Into A Dream 1512
Step Off (Part 1) 586
Step On 610 f., 771
Step One 1345
Step Out Of Your Mind 35
Step Two 1263
Stephan Remmler 1159
Steppenwolf 853, 1344 f.
Steppenwolf 7 1345
Steppenwolf Greatest Hits Live 1345
Steppenwolf Live 1345
Steppin' Out 689
Steppin' Out (Gonna Boogie Tonight) 349
Steppin' Out – The Very Best Of Joe Jackson 689
Steppin' To The Shadows 1246
Stepping Stone 1082
(I'm Not Your) Stepping Stone 1008, 1424
Steps In Time 756
Steptacular 1345
Stereotype/International Jet Set 1319
Stereotypes 159
Sternenhimmel 738 f.
Steve Winwood 1529
Stevie Wonder's Original Musiquarium I 1534
Stick Around For Joy 137
Stick It 591
Stick It Out 1169 f.
Stick-Up 648
Sticky Fingers 1188
StileLiebero 1138
Still 38, 293, 590, 996, 1240
Still A G Thang 1301
Still Be Lovin' You 336
Still Bill 1530
Still Burning 1496
Still Climbing 201
Still Crazy 514
Still Crazy After All These Years 1268
Still Dre 411 f.
Still Got The Blues 955 f.
Still I Rise 1454
Still In The Game 1377
Still Life (American Concerts 1981) 1188
Still Loving You 1231
Still Not A Player 717
Still On Your Side 105
Still The One 1038
Still The Same 1240
Still Water (Love) 520
Still Waters 120
Stille Wasser, die sind tief 1049
Stillmatic 985
Stillness In Time 699
Stillness Of Heart 777
Stimme der Heimat 1190
Stimme des Meeres 1190
Stir It Up 759, 986
Stomp 196, 1346
Stone Age 1188
Stone By Stone 242
Stone Cold Gentleman 1441
Stone Cold Rhymin' 1551
Stone Gon' 1509
Stone Love 773
Stone Soul Picnic 492
Stoned And Dethroned 711
Stoned Love 1374
Stoned Soul Picnic 493
Stonedhenge 1403
Stoney End 1362
Stood Up 991
Stool Pigeon 753
Stop 1321
Stop! 200
Stop And Go 587
Stop And Smell The Roses 345
Stop And Think It Over 335
Stop Draggin' My Heart Around 1003 f., 1072 f.
Stop For A Minute 1217
Stop In The Name Of Love 643, 1142
Stop! In The Name Of Love 1374
Stop Making Sense 1389 f.
Stop Stop Stop 644
Stop The Cavalry 803
Stop The Rock 47 f.
Stop The Wedding 697
Stop The World 391
Stop The World – I Want To Get Off 1499
Stop Your Sobbing 1101
Storia Di Due Innamorati 94
Stories 1408
Storm 1358
Storm And Thunder 429
Storm Front 718
Storm In A Teacup 152, 355, 515
Stormbringer 364
Stormfront 513
Stormy 275
Stormy Monday 1355
Stormy Monday Blues 482
Stormy Weather 570
Story 649
Storybook Child 1482
Storyteller 763
Storyteller/The Complete Anthology: 1964–1990 1354
Storytellers 669
Straße der Rache 1439
Straßenserenade 1429
Strada Del Sole 488
Straight Between The Eyes 1135
Straight From The Heart 11, 404, 1207, 1253
Straight On Till Morning 156
Straight Shooter 83
Straight Up 6, 954
Straight Up No Bends 431
Straighten Up And Fly Right 287
Stranded 908, 1199
Strange Behavior 42
Strange Currencies 1129
Strange Days 407
Strange Folk 780
Strange Fruit 1427
Strange Kind Of Woman 364
Strange Little Girl 1211, 1359
Strange Little Girls 36
Strange Way 495
Strange Weather 532
Strangelove 373
Stranger In Moscow 691
Stranger In My House 1390
Stranger In My Own Back Yard 1020
Stranger In Paradise 1142
Stranger In The City 572
Stranger In Town 1240
Stranger On The Shore 135
Stranger Things 6
Strangers By Night 242
Strangers In The Night 1276, 1278 f.
Strangers Thoughts 217
Strangeways Here We Come 1296
Stranglers IV (Rattus Norvegicus) 1359
Strawberries 337
Strawberry Fields Forever 114, 219
Strawberry Letter 23 196
Strawberry Shortcake 703, 1448
Stray Cat Strut 1361
Stray Cats 1361
Street Angel 1003
Street Corner Serenade 1506
Street Dance 185
Street Dreams 985
Street Fighting Man 1188
Street Fighting Years 1271
Street Life 312, 323
Street Life 20 Great Hits 1200
Street Life Serenade 718
Street Party 254
Street Spirit (Fade Out) 1132

Street Survivors 842
Street Talk 1067
Street Tuff 1148
Street-Legal 425
Streetplayer 202
Streets Of London 908 f.
Streets Of Philadelphia 1329
Streets On Fire 619
Streicheleinheiten 303
Streisand Superman 1362
Strength In Numbers 1411
Strictly 4 My N.I.G.G.A.Z. 1454
Strike It Up 140
Strikes Again 1194
String Along 762
String Of Hits 1246
Stringer 1173
Strings For Yasmin 1423
Strip 45
Stripped 373, 1139, 1187 f.
Striptease-Susi 127
Stroke You Up 248
Stroll On 1544
Strollin' On 1103
Strong 1522
Strong As Steel 51
Strong Enough 258, 322
Strong In Love 262
Strong Like A Lion 1334
Stronger 99, 1166, 1318
Stronger Than Before 1213
Stronger Than Pride 1212
Strung Out 1067
Strung Up 1378
Strut 432, 527
Strut Your Funky Stuff 527
Struttin' My Stuff 136
Stubborn Kind Of Feeling 553
Stuck In A Moment You Can't Get Out Of 1457
Stuck In The Middle With You 831, 1132, 1342
Stuck On U 1082
Stuck On You 1167, 1491
Stuck With Me 592
Stuck With You 806
Stumblin' In 1014, 1122 f.
Stunt 99
Stupid Cupid 132, 1238
Stupid Girl 548
Stupid Stupid Stupid 142
Stupidity 412
Stutter 717, 937
Stutter Rap (No Sleep Til Bedtime) 937
Style 1036
Styx 2 1365
Styxworld Live 2001 1365
Subhuman Race 1285
Substance 996
Substitute 279, 816, 1515
Subterranean Homesick Blues 426
Suburbia 1069
Success Has Made A Failure Of Our Home 1018
Success Hasn't Spoiled Me Yet 1328
Such A Fantasy EP 1422
Such A Feeling 136
Such A Shame 1217, 1389
Such mich in meinen Liedern 229
Sucking In The Seventies 1188
Suddenly 38, 1022 f.
Suddenly Last Summer 961
Suddenly There's A Valley 274
Suddenly You Love Me 1440
Südsee-Träume 760
Suede 1366
Suedehead 960
Suffer The Children 1396
Suffocate 487
Suffragette City 964
Sugar 1280
Sugar And Spice 1235
Sugar Baby 145, 776
Sugar Baby Love 1202
Sugar Bee 220
Sugar Candy Kisses 766
Sugar Coated Iceberg 809
Sugar Daddy 693
Sugar Lips 641
Sugar Me 355
Sugar Moon 171
Sugar Ray 1367
Sugar Shack 494
Sugar Sugar 50, 325, 756, 760, 1338
Sugar Tax 1037
Sugar Town 1280
Sugar Walls 432
Sugarbush 350
Sugarfoot 1026
Suicide Blonde 678 f.
Suitable For Framing 1416
Suite: Judy Blue Eyes 289, 320
Sukiyaki 90, 153, 517, 1214, 1392, 1427, 1479
Sukiyaki And 11 Hawaiian Hits 1479
Sukiyaki And Other Japanese Hits 1214
Sulk 62
Sultana 1424
Sultans Of Swing 386
Sultans Of Swing – The Best Of 386
Summer 1299, 1369, 1493
Summer '81 267
Summer (The First Time) 172, 577
Summer Breeze 1234
Summer Days (And Summer Nights!!) 107
Summer Dreams – 28 Classic Tracks 108
Summer Fayre/St. Lucia 395
Summer Girls 807
Summer Holiday 845, 1165 f.
Summer In Paradise 107
Summer In The City 835
Summer Is Crazy 21
Summer Jam 1462
Summer Love Sensation 105
(I Remember) Summer Morning 1476
Summer Moved On 16
Summer Night City 4
Summer Nights 474, 1001 f., 1439
Summer Of '69 10 f.
Summer Of Love 826
Summer Of My Life 892 f.
Summer Set 135
Summer Son 1406
Summer Summer 822
Summertime 45, 705 f., 1350, 1532
Summertime City 104, 1532
Summertime Dream 808
Summertime Of Our Lives 1
Summertime Summertime 515
Sumthin' Sumthin' The Mantra 891
Sun Always Shines On TV 678
Sun Arise 615
Sun Fun Baby (Looky Looky) 1058
Sun Glasses At Night 618
Sun Goddess 806
Sun Hits The Sky 1371
Sun Is Shining 875
Sun Of Jamaica 580, 1527
Sun Street 743
Sunchyme 341, 415
Sunday 8PM 475
Sunday And Me 380
Sunday Girl 149
Sunday Morning 1360
Sunday Morning Call 1022
Sunday Shining 1123
Sunday Will Never Be The Same 1316
Sunday, Monday Or Always 319, 1279
Sündenknall 813
Sundown 808
Sunflower 1501
Sunny 166, 1370
Sunny '76 629
Sunny Afternoon 763 f.
Sunny Came Home 292
Sunny Day 1076
Sunset (Bird Of Prey) 486
Sunset Boulevard 1228
Sunset Park 894, 1540
Sunshine 39, 77, 308, 383, 413, 438, 545, 704, 1210, 1547
Sunshine After The Rain 130, 192
Sunshine Game 976
Sunshine Girl 637
Sunshine Of Your Love 314
Sunshine On A Rainy Day 1557
Sunshine On Leith 1110
Sunshine On My Shoulders 372
Sunshine Reggae 784
Sunshine Superman 402
Sunshower 658
Sunstroke 262
Super 331
Super Fly (Upper MC) 976
Super Girl 166
Super gut 947
Super Hits 992
Super Nature 245
Super Sommer! Vol. 9 1228
Super Sonic 976
Super Starshine 429
Super Trouper 4, 65
Superfly 893
Superfly Guy 1245
Supergirl 1148
Supergran 298
Supergrass 1371
Superman 333, 902, 1521
Superman (Gioca Jouer) 142
Superman's Song 311
Supermarioland 33
Supernatural 375, 657, 888, 1220
Supernatural Thing 600
Supernatural Thing – Part I 758
Supernature 1422
Superrappin' 586
Supersonic 1021
Superstar 230, 624
Superstition 280, 1534
SUPERstition/GOOD times 280
Superwoman 1510
Supper Club Favorites 295
Supper's Ready 559
Supposed Former Infatuation Junkie 958
Supreme 1522
Sur La Mer 953
Sur Ma Vie 70
Surabaya 305

Sure 1388
Sure Gonna Miss Her 805
Surf Beat Fun 107
Surf City 699 f.
Surf Ninjas 1426
Surf's Up 108
Surfacing 905
Surfer Girl 107 f.
Surfer Joe 1375
Surfer's Stomp 872
Surfin' 105 f., 1298
Surfin' Bird 1438
Surfin' On A Backbeat 1223
Surfin' Safari 106
Surfin' U.S.A. 106, 108, 234, 551
Surprise 136
Surrealistic Pillow 708 f.
Surrender 257, 295, 1100, 1196, 1380
Surrender To Me 254, 1524
Surrender Your Love 1005
Surround Yourself With Sorrow 139
Survival 586, 1019
Survivor 376, 1375
Susan's House 438
Susannah's Still Alive 344
Susi Rock 776
Suspect 258
Suspicion 1100, 1331 f.
Suspicious Minds 494, 1097, 1099 f., 1339
Sussudio 291
Sutras 402
Suzanne 284
Suzanne Suzanne 1090
Suzanne Vega 1480
Suzi Quatro 1123
Suzi Quatro's Greatest Hits 1123
Suzie Baby 1479
Suzie Q 315, 487, 497
Suzy 512
Sven Sven Sven 122 f.
Swagger 598
Swallow This Live 1087
Swallowed 208
Swamp Girl 759
Swamp Thing 594
Swamp Witch 1331
Swass 1282
Sway 880, 1247
Swayin' To The Music (Slow Dancin') 1174
Swear It Again 1505
Swearin' To God 1472
Sweat 1469
Sweat (A La La La La Long) 676
Sweden Heaven And Hell 1461
Sweet & Sour Tears 252
Sweet And Innocent 1040
Sweet And Lovely 1398
Sweet Baby 590
Sweet Baby James 1393
Sweet Caroline (Good Times Never Seemed So Good) 381
Sweet Catatonia 241
Sweet Cherry Wine 698
Sweet Child O' Mine 322, 598 f.
Sweet City Woman 1332 f.
Sweet Danny Wilson 340
Sweet Dream 712
Sweet Dreams 17, 782, 985, 1378
Sweet Dreams (Are Made Of This) 460
Sweet Dreams – Album 782
Sweet Fanny Adams 1378
Sweet Freedom 1467
Sweet Freedom: Best Of Michael McDonald 901
Sweet Gene Vincent 424
Sweet Harmony 125 f.
Sweet Hitch-Hiker 316
Sweet Home Alabama 841 f., 1359
Sweet Illusion 218
Sweet Inspiration 724
Sweet Kisses 1272, 1329
Sweet Like Chocolate 404, 1253
Sweet Little Mystery 1505
Sweet Little Sixteen 106, 131, 551
Sweet Lorraine, komm wieder 153
Sweet Love 89, 293, 893
Sweet Love 2K 492
Sweet Lullaby 362
Sweet Mary 1487
Sweet Memory 124
Sweet Nothin's 794
Sweet Pea 1183, 1495
Sweet Potato Pie 398
Sweet Revenge 792
Sweet Seasons 759
Sweet Sensation 934
Sweet Sensual Love 134
Sweet September 267
Sweet Silence 967
Sweet Sixteen 669
Sweet Somebody 1253
Sweet Soul Music 296, 1151, 1353
Sweet Sticky Thing 1026
Sweet Suburbia 1285
Sweet Surrender 905, 1505
(Sweet Sweet Baby) Since You've Been Gone 526
Sweet Talkin' Guy 262
Sweet Talkin' Woman 442
Sweet Thing 752 f.
Sweet Things 477
Sweet Vendetta 600
Sweet William 933
Sweeter Than You 991
Sweetest Smile 138
Sweetest Thing 1457
Sweetheart 525
Sweetness 555
Sweets For My Sweet 804, 1235
Sweets From A Stranger 1330
Sweety 776 f.
Swing 611
Swing Batta Swing 738
Swing Easy 1277
Swing Low, Sweet Chariot 264
Swing My Way 737
Swing Softly 889
Swing The Mood 715
Swing When You're Winning 1278, 1522
Swing Your Daddy 569
Swingin' 673
Swingin' School 1208
Swinging On A Star 319, 681, 818, 1519
Swiss Maid 1254
Switch 1550
Swords Of A Thousand Men 1403
Sylvia 262, 508 f., 1265, 1383
Sylvia's Mother 412 f.
Sylvias Mutter 1193
Symbol (Untitled) 1107
Sympathy 870, 929
Sympathy For The Devil 599
Symphonies 1172
Symphony 320
Symphony Or Damn 332
Symptoms Of True Love 1319
Synchronicity 1088
Synkronized 699
Synth & Strings 1547
System Addict 499

'T Ain't Me 350
T. C. D. 512
T. Rex 1386
T.E.V.I.N. 218
T.L.C. 814
T'en Va Pas 1024
Tabak und Rum 835
Tabaluga 853
Tabaluga und das leuchtende Schweigen 853
Tabaluga und Lili 853
Taboo 571
Tabu 1487
Tabula Rasa Part II 532
Tag am Meer 480
Tage wie dieser 824
Tago Mago 219
Tahiti 457
Tails 821
Tainted Love 28 f., 871, 1303 f., 1387
Tainted Love (Re-Recording) 1304
Take A Bow 852
Take A Chance On Me 4, 453, 1478
Take A Heart 480
Take A Letter Maria 591
(Take A Little) Piece Of My Heart 527
Take A Look Over Your Shoul 543
Take California 54
Take Control 389, 844
Take Good Care Of My Baby 758, 1479
Take Good Care Of Yourself 1415
Take It Away 897
Take It Easy 200, 428, 1490
Take It Easy Chicken 865
Take It Easy On Me 818
Take It On The Run 1161
Take It To The Limit 429
Take Me 1278
Take Me As I Am 639
Take Me Away 222, 414, 1450
Take Me Away (I'll Follow You) 82
Take Me Bak 'Ome 1288
Take Me For A Little While 1476
Take Me Girl I'm Ready 1489
Take Me Higher 1195
Take Me Home 257 f., 291
Take Me Home (A Girl Like Me) 445
Take Me Home Tonight 948 f., 1190
Take Me Home, Country Roads 371 f., 706, 1336
Take Me I'm Yours 1330
Take Me There 145, 977
Take Me To Heart 1122
Take Me To Heaven 77
Take Me To The Limit 970
Take Me To The Mardi Gras 1268
Take Me To Your Heart 63
Take Me Up 1232
Take My Advice 1273
Take My Breath Away 129 f., 206
Take My Hand/Hunter 382
Take My Heart 93 f., 735, 882
Take Off Some Time 130
Take Off Your Pants And Jackets 148
Take On Me 1, 16
Take That And Party 1388

Take That Look Off Your Face 1499
Take The Heat Off Me 166
Take The Long Way Home 1372
Take These Chains From My Heart 252
Take This Job And Shove It 975
Take Time To Know Her 1288
Take Two 1180
Take You Out 1475
Take Your Chance 538
Take Your Time 866, 1226
Take Your Time (Do It Right) Part 1 1211
Taken For Granted 1263
Takes Two To Tango 53
Takin' Care Of Business 80
Takin' It To The Streets 403
Taking On The World 597
Tales From New York – The Very Best Of 1269
Tales From Topographic Oceans 1547
Tales Of Mystery And Imagination 33, 1053
Talk 1547
Talk Back Trembling Lips 1421
Talk Dirty To Me 1087
Talk Of The Town 1101
Talk On Corners 305
Talk Talk 1388
Talk To Me 358, 1004
Talk/Speak Of The Devil 1039
Talkback: An Easy Guide To British Slang 1089
Talking Back To The Night 1529
Talking Book 569, 1534
Talking In Your Sleep 1188 f.
Talking In Your Sleep/Love Me 900
Talking With Myself 879
Talking With The Taxman About Poetry 181
Tall Paul 216
Tallahassee 320
Tallahassee Lassie 221
Tambu 1431
Tammy 729, 1538
Tammy's Greatest Hits 1539
Tangerine 487
Tangled 1516
Tango In The Night 503
Tanx 1386
Tanz den Horn 653
Tanz der Stunden 1260
Tanz für mich 49
Tanz, tanz, tanz (den Apokalypso) 454
Tanze mit mir in den Morgen 1503
Tanze Samba mit mir 642
Tanzparty bei Paul, Folge 1–3 779
Tanzpirator 1423
Tao 1328
Tap Root Manuscript 381
Tap Turns On The Water 214
Tapestry 758, 907
Tar 291, 1485
Tarantino's New Star 1014
Tarantula 1168
Tarkan 1391
Tarkus 446
Tarzan 291, 1421
Tarzan Boy 91, 1054
Tarzan ist wieder da 1518
Taste In Men 1083
Taste It 679
Taste Of Honey 30, 1391
Taste The Pain 1149
Tattoo You 1188
Tattva 780
Taurus 283
1000 Kerzen werden brennen 873
1000 Mal 69
1000 und 1 Nacht (Zoom!) 783 f.
Tausend Mandolinen 1428
Tausendmal du 971
Taxi 490
Taxi nach Texas 788
Taxman 616
T-Boz 1424
TCB 1374, 1400
Te Quiero Tanto 683
Te Quiero, Latina 548
Tea For The Tillerman 1347
Tea For Two 350
Teach Me Tiger 1346
Teacher Teacher 1410
Teacher/The Witch's Promise 712
Teachers 1410
Tear Down These Walls 1022
Tear It Up (On Our Worst Behavior) 672
Tear The Roof Off The Sucker (Give Up The Funk) 539
Teardrop 887, 1395
Teardrops 1349, 1532
Tearin' Up My Heart 980 f.
Tears 512
Tears And Laughter 889
Tears Are Not Enough 5, 326
Tears Don't Lie 646, 872
Tears In Heaven 271 f.
Tears In The Rain 118, 1205
Tears Of A Clown 109, 1179
Tears Of A Clown/Ranking Full Stop 110
Tears Of Happiness 395
Tears On My Pillow 817, 937, 986
Tears Roll Down (Greatest Hits 1982–1992) 1396
Tease Me 370
Teaser And The Firecat 1347
Technical Ecstasy 143
Technique 996
Techno Vibes 915
Ted 153
Teddy Bear 640, 999, 1313
(Let Me Be Your) Teddy Bear 1099
Teddy Boy 424
Teddy Girl 613
Teen Spirit 65
Teenage Angst 1082 f.
Teenage Dirtbag 1507
Teenage Idol 992
Teenage Kicks 1462
Teenage Millionaire 98
Teenage Mutant Ninja Turtles 1054
Teenage Mutant Ninja Turtles Teil 3 91
Teenage Rampage 1378
Teenager Melodie 182, 299, 534 f., 776
Teenager's Prayer 1267
Teenagerträume, Liebeleien und Sugarbabys 776
Teens & Jeans & Rock 'n' Roll 1397
Teeny 377
Tejas 1559
Tekkno ist Cool Vol. 1 1228
Telegram Sam 1386
Telekon 1016
Telephone (Long Distance Love Affair) 432
Telephone Line 442
Telephone Man 1525
Teletubbies Say Eh-Oh! 1398
Television 413
Tell Her 825
Tell Her About It 719
Tell Her No 1558
Tell Her This 367
Tell Him 345, 383 f., 465 f., 631 f., 1362
Tell Him No 998
Tell It Like It Is 627, 658, 724, 994
Tell It To My Heart 350 f., 366
Tell It To The Rain 518
Tell Laura I Love Her 567
Tell Mama 697
Tell Me 417, 596
Tell Me It's Real 745
Tell Me On A Sunday 1499
Tell Me Something Good 752 f.
Tell Me The Way 222
Tell Me What He Said 1254
Tell Me What You Want Me To Do 218
Tell Me When 48, 663, 677
Tell Me When The Fever Ended 879
Tell Me Why 467, 998, 1005, 1103
Tell Me Why (The Riddle) 1472
Tell That Girl To Shut Up 1438
Tellin' Stories 250
Telling Stories 250
Telly 1224
Telstar 631, 1428
Temma Harbour 652
Temple Bar 1488
Temple Of Love 624, 1073, 1284
Temple Of Love (1992) 1284
Tempo Fiesta (Party Time) 768
Temptation 303, 464, 627 f., 1522
Temptation (Remix) 628
Temptations Greatest Hits II 1400
Temptations Live! 1400
Tempted And Tried 1343
Temptin' Temptations 1400
10 1505
10 From 6 83
10 Years Together/The Best Of Peter, Paul & Mary 1070
10 000 Light Years 244
10IN01 916
10th Anniversary 287
Ten 1063
Ten Commandments Of Love 553
Ten Good Reasons 403
Ten New Songs 285
Ten O'Clock Postman 1237
Ten Short Songs About Love 340
Ten Storey Love Song 1358
Ten Summoner's Tales 1356
Ten Years Of Gold 1185
Tender 159
Tender Heart 1167
Tender Is The Night 200
Tender Love 78, 512 f., 1412
Tender Years 214
Tenderly 287
Tennessee 55 f., 483
Tennessee Town 1395
Tennessee Waltz 284
Tensongs 738
Tequila 654, 1234, 1404
Tequila Sunrise 254, 464, 1524
Tequila Talkin' 825
Teresa 396
Terminal 3 822

Terpentin 161
Terra Promessa 1137
Terrapin Station 589
Terrell 74
Terrified 1127
Terror Squad: The Album 484
Terry 1451
Terry Melcher 1173
Testify 846
Tetris 395
Texarcana Baby 55
Texas Cowboys 594
Texas Jimmy 646
Tha Crossroads 165
Tha Doggfather 1301
Tha Last Meal 1301
Thank Abba For The Music 1478
Thank God I Found You 227, 717
Thank God I'm A Country Boy 371 f.
Thank God It's Friday 1369
Thank U 958
Thank U Very Much 1225
Thank You 382 f., 423
Thank You (Falettinme Be Mice Elf Agin) 1290
Thank You Baby 1364
Thank You For Being A Friend 575
Thank You For Hearing Me 1018
Thank You For The Music 4, 454, 1478
Thank You Very Much – Reunion Concert At The London Palladium 1165
Thankful 286, 885
Thanks For The Memory (Wam Bam Thank You Mam) 1288
That Certain Party 879
That Certain Smile 1465
That Day 671
That Don't Impress Me Much 1449
(Did You Ever Get) That Feeling In The Moonlight 295
That Girl 1103, 1534
That Girl Belongs To Yesterday 1081
That Girl Could Sing 200
That Lady (Part 1) 683
That Look 354
That Look In Your Eyes 217
That Ole Devil Called Love 966
That Same Old Feeling 1075
That Sounds Good To Me 715
That Was Then, This Is Now 950
That Wonderful Sound Of Lena Martell 877
That'll Be The Day 317, 457, 472, 540, 645, 1337
That's All 340
That's All I Gotta Do 794
That's Alright 1096, 1176
That's Amore 880
That's Entertainment 1534
That's For Me 319
That's How Much I Love You 1279
That's Life 1278 f.
That's Livin' Alright 470
That's Me 558
That's My Desire 1241
That's My Home 135
That's Old Fashioned (That's The Way Love Should Be) 464
That's Rock 'n' Roll 228, 239
That's The Way 649, 743
That's The Way (I Like It) 279, 357, 745
That's The Way God Planned It 1100
That's The Way I've Always Heard It Should Be 1266
That's The Way It Is 384, 912
That's The Way Love Goes 689
That's The Way Love Is 554, 1402
That's The Way Of The World 430
That's What Friends Are For 722, 770, 1494 f., 1520, 1533 f.
That's What Girls Are Made For 1323
That's What I Like 715
That's What I Want To Be 1157
That's What Love Is For 587
That's What Love Will Do 199
That's Where I Went Wrong 1091
That's Where The Happy People Go 1438
That's Why I'm Here 1393
That's You 288
The 217, 711, 1156
The $ 5.98 E.P. – Garage Days Revisited 921
The Abba Generation 65
The Absolute Game 1285
The Act 935
The Adventures Of Ford Fairlane 1000
The Adventures Of Priscilla Queen Of The Desert 188
The Adventures Of The Hersham Boys 1251
The Aeroplane Flies High 1292
The Afro-Left EP 796
The Age Of Aquarius 493
The Age Of Consent 191
The Age Of Love 1230
The Air That I Breathe 643 f., 1053, 1271 f.
The Album 4, 160, 637, 1166
The Allnighter 532
The Amazing Kamikaze Syndrome 1288
The American Dream 991
The American Tour With Ed Rudy 113
The Animals 42
The Anniversary Waltz – Part 1 1340 f.
The Anvil 1485
The Arms Of The One Who Loves You 1541
The Art Of Falling Apart 1303 f.
The Art Of War 165
The »A«-Team 1212
The Autobiography Of Supertramp 1372
The Awakening 1547
The B-52's 76
The Baby 643
The Bachelors And 16 Great Songs 79
The Bad Days 1314
The Bad Touch 151
The Badman Is Robbin' 1091
The Ballad Of Bonnie And Clyde 477
The Ballad Of Chasey Lain 151
The Ballad Of Lucy Jordan 473 f.
The Ballad Of Peter Pumpkinhead 311
The Ballad Of The Green Berets 1212 f., 1240
The Ballad Of Tom Jones 1314
The Band Played The Boogie 1467
The Barbara Dickson Album 382
The Barbara Dickson Songbook 382
The Barbra Streisand Album 1362
The Bartender And The Thief 1346
The Basement Tapes 425
The Battle 1497
The Battle Rages On . . . 363
The Battle's O'er 1350
The Beach Boys Today! 107
The Beach Boys' Party 107
The Beat Goes On 25, 1307, 1476
The Beat Of The Brass 29
The Beatles (White Album) 113
The Beatles 1962–1966 113
The Beatles 1967–1970 113
The Beatles At The Hollywood Bowl 113
The Beatles' Second Album 113
The Beatles' Story 113
The Beautiful People 871
The Bedroom Tapes 1266
The Bee Gees' 1st 120
The Bell 1027
The Belle Stars 124
The Bells Of Reformation 915
The Bells Of St. Mary's 319
The Bends 1132
The Bertha Butt Boogie (Part 1) 241
The Best 57, 697, 1506 f.
The Best Disco In Town 1173
The Best Is Yet To Come 1229, 1253
The Best Little Whorehouse In Texas 659, 1055
The Best Man 740
The Best Of 158, 407
The Best Of 10 Years 166
The Best of 1969/1974 175
The Best Of 1980 – 1990 1457
The Best Of 1980 – 1990 & B-Sides 1457
The Best Of Abba 4
The Best Of Ball, Barber And Bilk 90
The Best Of Belinda Volume 1 228
The Best Of Bill Cosby 306
The Best Of Bob Dylan 426
The Best Of Bon Jovi 1357
The Best Of Both Worlds 747
The Best Of Bread 185
The Best Of Carly Simon 1266
The Best Of Chris Rea 1146
The Best Of Corrs 305
The Best Of Creedence Clearwater Revival 316
The Best Of Dusty Springfield 1327
The Best Of Earth, Wind & Fire, Vol. I 430
The Best Of Elvis Costello – The Man 307
The Best Of Free – All Right Now 530
The Best Of Friends 823
The Best Of Gladys Knight & The Pips 770
The Best Of Hall & Oates – Looking Back 604
The Best Of Hank B. Marvin & The Shadows 1246
The Best Of Herman's Hermits 636
The Best Of James 697
The Best Of James Brown – The Godfather Of Soul 198
The Best Of Jim Reeves 1155 f.
The Best Of Kansas 742
The Best Of Lena Martell 877
The Best Of Luther Vandross . . . The Best Of Love 1475

The Best Of M People 846
The Best Of Me 11, 1166, 1286
The Best Of Midnight Oil 927
The Best Of Mirage: Jack Mix '88 939
The Best Of Nat King Cole 287
The Best Of O.M.D. 1037
The Best Of R.E.M. 1128
The Best Of Rainbow 1135
The Best Of Righteous Brothers: Unchained Melody 1170
The Best Of Rod Stewart 1352, 1354
The Best Of Roger Whittaker 1513
The Best Of Roger Whittaker 2 1513
The Best Of Roger Whittaker 3 1513
The Best Of Roy Orbison 1035
The Best Of Sade 1212
The Best Of Tammy Wynette 1539
The Best Of The Animals 42
The Best Of The Beach Boys, Vol. 2 107
The Best Of The Beach Boys, Vol. 3 107
The Best Of The Bee Gees 120
The Best Of The Dooleys 404
The Best Of The Doors 407
The Best Of The Lettermen 801
The Best Of The Lovin' Spoonful 835
The Best Of The Mamas & Papas 858
The Best Of The Manhattan Transfer 860
The Best Of The Pogues 1085
The Best Of The Statler Brothers 1339
The Best Of The Stylistics 1364
The Best Of The Twentieth Century Boy 1386
The Best Of The Waterboys '81–'90 1496
The Best Of Times 1365
The Best Of UB40 Volume 1 1458
The Best Of UB40 Volume 2 1458
The Best Of Van Marrison 960
The Best Of War ... And More 1493
The Best Of ZZ Top 1559
The Best Of/Skeleton's From The Closet 589
The Best That I Could Do 1978–1988 914
The Best Thing 969
The Best Things In Life Are Free 123, 688 f., 1441, 1474 f.
The Best Things In Life Are Free (Remix) 689, 1475
The Best Years Of Our Lives 613
The Better Life 1416
The Big Bean 1076
The Big Breakfast 169
The Big Country 66
The Big Figure 412
The Big Hit 873
The Big Hurt 461
The Big Ones Get Away 1214
The Big Picture 720
The Big Throwdown 802
The Big Time 432
The Bill 152
The Billie Jo Spears Singles Album 1317
The Bird's The Word 1438
The Birdie Song (Birdie Dance) 1449 f.
The Birds And The Bees 17
The Birds, The Bees & The Monkees 950
The Bitch Is Back 721
The Bitterest Pill (I Ever Had To Swallow) 696
The Black Eyed Boys 1050
The Black Man's Burdon 207
The Bliss Album ..? 1085
The Blood That Moves The Body 16
The Blue Café 1146
The Blueprint 705
The Blues And Me 477
The Boat That I Row 839
The Bobby Darin Story 341
The Bobby Vee Singles Album 1479
The Bodyguard 659, 1315
The Boll Weevil Song 129
The Bomb! (These Sounds Fall Into My Mind) 202 f.
The Boom Boom Room 987
The Border 1216
The Border Song 719
The Boss 1195
The Bouncer 753
The Boxer 1269
The Boy From New York City 8
The Boy Is Mine 50, 183, 949, 1363
The Boy With The X-Ray Eyes 78
The Boy With X-Ray Eyes 78
The Boyfriend 1158
The Boys Are Back In Town 1409
The Boys Of Summer 635
The Breakdown (Part I) 1413
The Breakfast Club 1270
The Breaks 1435
The Breakup Song (They Didn't Write 'Em) 754
The Breeze And I 1471
The Brick Track Versus Gitty Up 1215
The Bride 1088, 1355
The Bridge 8, 718
The Brits 1990 (Dance Medley) 1477 f.
The Broadway Album 1362
The Brothers Rico 341
The Bump 324, 750
The Byrds' Greatest Hits 211
The Cage 701
The Call 81
The Calling 1220
The Candy Man 346
The Capeman 46
The Cappuccino Songs 1420
The Captain 772
The Captain And Me 403
The Captain Of Her Heart 408
The Card 1499
The Caribbean Disco Show 821
The Carnival 535, 706
The Carnival Is Over 1240
The Cars 233
The Cars Greatest Hits 234
The Cat Crept In 971
The Cell 827
The Celts 452
The Certainty Of Chance 387
The Cha-Cha-Cha 1208
The Challenge (Face It) 1413
The Change Has Come 255
The Changeling 1434
The Changingman 1501 f.
The Charlatans 250
The Chase 193
The Chicken Song 1324
The Children Of Kosovo 749
The Chokin' Kind 1267
The Chosen Few 404
The Christians 266
The Christmas Album 381
The Christmas Song 287
The Chronic 411, 1300
The Cider House Rules 86
The Circle 1023
The Circus 453
The Cisco Kid 1493
The City Is Mine 145, 704
The Clairvoyant 681
The Clapping Song 124, 1553
The Clapping Song (Clap Pat Clap Slap) 445
The Class 255
The Classic Roy Orbison 1035
The Closer I Get To You 501, 621
The Coffee Song 1279
The Cole Porter Review 1193
The Collection 250, 430, 1461
The Collection 1977 – 82 1359
The Collection Volume One 165
The Color Of My Love 383
The Color Of Silence 1419
The Colour And The Shape 512
The Colour Of Spring 1389
The Combine Harvester (Brand New Key) 1537
The Comfort Zone 1523
The Coming 209
The Complete Picture – The Very Best Of Deborah Harry & Blondie 149
The Complete Singles Collection 4
The Complete Stone Roses 1358
The Complete Tom Jones 730
The Concert For Bangla Desh 616
The Concert In Central Park 1269
The Concert Sinatra 1277
The Concerts 1362
The Concerts In China 701
The Continental 902
The Contino Sessions 358
The Cost Of Loving 1363
The Cover Of Rolling Stone 412 f.
The Cow Jumped Over The Moon 682
The Cowboy In Me 902
The Crack 1207
The Cream Of Eric Clapton 313
The Crossing 133, 1110, 1550
The Crown 210
The Cruel Sea 776
The Cruise 900
The Crunch 1133 f.
The Cry Of Love 634
The Crying Game 132, 176, 998
The Crystal Gayle Singles Album 554
The Cult Of Ant & Dec 46
The Cut 36
The Cutter 434
The Damage Done 1283
The Damned 702
The Damned Don't Cry 1485
The Dance 503
The Dark Days, Bright Nights Of Bubba Sparxxx 1317
The Dark Side Of The Moon 1053, 1078
The Dark Streets Of London 1085
The Dave Clark Five Return! 273
The Dave Clark Five's Greatest Hits 273
The Day 77
The Day Before You Came 4
The Day I Found Myself 648
The Day I Met Marie 1166

The Day They Drove Old Dixie Down 1503
The Day We Caught The Train 1023
The Day X 916
The Days Of Pearly Spencer 28 f.
The Dean And I 1401
The Definitive 950
The Definitive Jim Reeves 1156
The Definitive Simon & Garfunkel 1269
The Devil Has All The Best Tunes 1095
The Devil Sent You To Lorado 78
The Devil Went Down To Georgia 339
The Devil You Know 711
The Devil's Answer 67
The Diary 1238
The Dionne Warwick Collection 1494
The Dirty Dozen 883
The Disappointed 1541
The Disco Cops 660
The Distance 1240
The Divine Miss M 926
The Division Bell 415, 1078
The Dock Of The Bay 1151 f.
The Doctor 403
The Dog And The Cat 306
The Doggie In The Window 1047
The Dollar Album 397
The Don 1030
The Don Killuminati: The 7 Day Theory 856
The Donny Osmond Album 1040
The Door 339
The Door Is Still Open To My Heart 880
The Doors 259, 407
The Doors Greatest Hits 407
The Doors Soundtrack 407
The Dope Show 871
The Dream Of The Blue Turtles 1355
The Dreaming 208
The Drowners/To The Birds 1366
The Drugs Don't Work 1406
The Drums 306
The Drums Are Back 1092
The Drumstruck 1009
The Duck 159, 364
The Dude 68, 675
The Dynasty Roc La Familia (2000 – . . .) 705
The Early Beatles 113
The Early Works 1341
The Earth Dies Screaming/Dream A Lie 1459
The Ecleftic: 2 Sides II A Book 706
The Edge Of Heaven 923, 1507
The Edge Of Heaven/Where Did Your Heart Go 1507
The Eggplant That Ate Chicago 593
The Eight Legged Groove Machine 1535
The Electric Horseman 992
The Elvis Presley Sun Collection 1099
The Empire Strikes Back 910, 1521
The End 406
The End Is The Beginning Is The End 1292
The End Of The Innocence 635
The End Of The World 347
The Entertainer 606
The Essential 426, 1362
The Essential Collection 1099
The Essential Pavarotti 1061
The Eton Rifles 696
The Eve Of The War 1498
The Everly Brothers Reunion Concert 463
The Evil That Men Do 681
The Exciting Sound Of Roy Orbison 1035
The Exciting Wilson Pickett 1075
The Explosive Freddy Cannon 221
The Exquisite Nana Mouskouri 965
The Eyes Have It 491
The F-Word 76
The Fabulous Johnny Cash 237
The Fantastic Fifth Dimension 493
The Fantasticks 35
The Fat Man 398
The Fat Of The Land 1112
The Feeling 1423, 1465
The Feeling Of Chicago 261
The Fiddler On The Roof 831
The Fields Of Love 64
The 5th Dimension/Greatest Hits 493
The Fight Song 871
The Final 536, 1506
The Final Countdown 459 f.
The Final Curtain – The Ultimative Best Of Falco 476
The Final Cut 1078
The Final Embrace 521
The Fine Art Of Surfacing 169
The Finer Things 1529
The Finest 494, 1211
The Fire Inside 1240, 1402
The 50 Greatest Hits 1099
The 1st Album 945
The First Night 949
The First Of A Million Kisses 471
The First Rebirth 64
The First Time 40, 473, 1375
The First Time Ever I Saw Your Face 500 f., 656
The First, The Last, Eternity 1299 f.
The Five Heartbeats 14
The Five Man Electrical Band 498
The Flame 255
The Flat Earth 397
(Meet) The Flintstones 76
The Flipside 948
The Fly 256, 1457
The Flying Saucer (Part 1 & 2) 579
The Folk Singer 1183
The Fool 482, 613, 917
The Fool Of Yesterday Will Be The Fool Of Tomorrow 613
The Fool On The Hill 917
The Force Behind The Power 1195
The Foundation 1542
The 4 Seasons' Gold Vault Of Hits 518
The Four Tops Greatest Hits 520
The Fox 1343
The Freddie Mercury Album 919
The Free Electric Band 607
The Free Story 530
The Freedome Sessions 905
The Freewheelin' Bob Dylan 425
The Fresh Prince Of Bel Air 21
The Freshmen 1482
The Friends Of Mr. Cairo 725
The Frog Princess 387
The Full Monty 655
The Fun Boy Three 537
The Fun Lovin' Criminal 538
The Funk Phenomena 1474
The Funky Gibbon/Sick Man Blues 579
The Funky Headhunter 844
The Future 145, 285
The Gambler 1185
The Gambler – The Adventure Continues 312
The Gambler 1–3 1185
The Game 1125
The Garden 88
The Gene Krupa Story 341
The Genius Hits The Road 252
The Genius Of Jankowski 700
The Genius Of Ray Charles 252
The George Benson Collection 128
The Getaway 352 f.
The Ghost Of Tom Joad 1329
The Ghosts That Haunt Me 311
The Gift 679, 696, 1466
The Gift Of Christmas 263
The Gift Of Game 313
The Girl Can't Help It 342
The Girl For Me 549
The Girl From Ipanema 565
The Girl Is Mine 691, 897
The Glamorous Life 427
The Glen Campbell Album 217
The Globe Sessions 322
The Gold Experience 1107
The Golden Age Of Wireless 397
The Golden Years EP 963
The Good Companions 1499
The Good Life 184, 387
The Good Will Out 445
The Good, The Bad And The Ugly 951 f., 958 f.
The Goonies 'R' Good Enough 269, 789
The Graduate 1269
The Grand Illusion 1365
The Grand Tour 994
The Grateful Dead 589
The Grätest Hitz 455
The Grave And The Constant 538
The Grease Megamix 1002
The Great Beyond 1128 f.
The Great Commandment 217
The Great Escape 158
The Great Pretender 919
The Great Radio Controversy 1405
The Great Rock 'n' Roll Swindle 1087, 1244, 1355, 1403
The Great Shadows 1246
The Great Song Of Indifference 169
The Greatest Hits 258, 588, 659, 679, 1251
The Greatest Hits 1966–1992 381
The Greatest Hits Collection 92
The Greatest Hits, So Far 1114
The Greatest Love You Never Know 908
The Greatest Story Ever Told 1224
The Green Leaves Of Summer 90
The Groove 527, 627
The Groove Line 627
The Groover 1386
The Grosser 491
The Gunman And Other Stories 1095
The Guns Of Navarone 341
The Happening 1374
The Happiest Girl In The Whole U.S.A. 481

The Happiest Man Alive 76
The Happy Beat 297
The Happy Organ 306
The Happy Song (Dum-Dum) 1151
The Harder I Try 194
The Harder I Try (The Bluer I Get) 530
The Harder They Come 277, 850, 1181
The Hardest Thing 1007
The Harlem Cafe 894
The Hawk 1246
The Head On The Door 327
The Healer 1136
The Healing Game 960
The Heart Of A Man 1478
The Heart Of A Teenage Girl 410
The Heart Of Chicago 261
The Heartbreak Kid 400
The Heat 184
The Heat Is On 532, 683
The Heavy Heavy Hits 850
The Hell EP 1441
The Hissing Of Summer Lawns 940
The Hit List 1166
The Hit Sounds Of The Lettermen 801
The Hits 193
The Hits 1 1107
The Hits 2 1107
The Hits Of Bonnie Tyler 1454
The Hits/The B-Sides 1107
The Hoople 964
The Horse 1012
The Hot Mikado 972
The House Of Blue Light 364
The House Of The Rising Sun 1103, 1218
The House That Jack Built 686, 1103, 1436
The Hucklebuck 1279
(Do) The Hucklebuck 281
The Human Beat Box 484
The Hunger 162
The Hungry Years 1239
The Hunter 149, 1493
The Hunting Of The Snark 103
The Hurt 1347
The Hurting 1396
The Hush 1406
The Hustle 898
The Icon Is Love 1509
The Id 590
The Idiot 1089
The Immaculate Collection 851
The Impossible Dream 235
The In Crowd 590, 806, 1552
The Inbetweenies/Father Christmas Do Not Touch Me 579
The Incredible Shrinking Dickies 382
The Inevitable Return Of The Great White Dope 151
The Innocence 453
The Innocent Age 509
The Intergalactic Laxative 402
The Invisible Band 1439
The Invisible Man 312
The Irish Rover 418, 1085 f.
The Iron Man 1433
The Isaac Hayes Movement 623
The It Girl 1289
The Jack That House Built 686 f.
The Jazz Singer 381
The Jealous Kind 897
The Jean Genie 175
The Jerk 786
The Jesus Of Cool 836
The Jets 713
The Jim Reeves Way 1156
The John Lennon Collection 799
The Johnny Cash Collection (His Greatest Hits, Volume II) 237
The Johnny Cash Show 237
The Johnny Mathis Collection 889
The Joker 491, 932
The Jolly Green Giant 761
The Joshua Tree 1457
The Journey 1006 f.
The Juliet Letters 307
The Kenny Rogers Singles Album 1185
The Kenny Rogers Story 1185
The Key 52
The Key, The Secret 1465
The Kick Inside 208
The Kid's A Punk 1289
The Kid's American 1518
The Kids & Me 1100
The Kids Are Alright 1337, 1515
The Kids Aren't Alright 1026
The Kids From »Fame« 754
The Kids From »Fame« Again 754
The Kids From »Fame« Live 754
The Kids From »Fame« Songs 754
The Killing Moon 434
The Killing Of Georgie 1354
The King Is Gone 939
The King Of Rock 'n' Roll 1095 f., 1099
The King Of Rock 'n' Roll – The Complete 50's Masters 1099
The Kingsmen Vol. II 761
The Kingston Trio 762
The Kingston Trio At Large 762
The Kiss (Gammon) 108
The Kiss Of The Spider Woman 1523
The Knock 899
The Krays 1315
The Lady In My Life 820
The Lady In Red 352, 354
The Lady Is A Tramp 1474
The Ladyboy Is Mine 1363
The Lamb Lies Down On Broadway 559 f.
(The Lament Of The Cherokee) Indian Reservation 480
The Land Of Make Believe 28, 204
The Land Of Milk And Honey 1485
The Language Of Life 465
The Last Dragon 358
The Last Farewell 1513 f.
The Last Game Of The Season (A Blind Man In The Bleachers) 557
The Last Kiss 239
The Last Movie 857
The Last Rebel 842
The Last Temptation 302
The Last Time 1188
The Last Unicorn 34
The Last Waltz 664, 1337
The Last Word In Lonesome Is Me 55
The Latch-Key Child 1
The Laughing Gnome 175
The Launch 390
The Lead And How To Swing It 729
The Leader Of The Pack 1451
The Leading Man 99, 164
The Legacy 335
The Legend Of Xanadu 360
The Legend The Essential Collection 283
The Legendary Roy Orbison 1035
The Legion's Last Patrol 1414
The Letter 175 f., 283, 480
The Lettermen!!! . . . And »Live!« 801
The Lexicon Of Love 5
The Lies In Your Eyes 1378
The Life 569
The Life Of Brian 952
The Life Of Riley 809
The Limited Series 193
The Line, The Curve And The Cross 208
The Lion 980
The Lion And The Cobra 1017
The Lion Sleeps Tonight 87, 269, 722, 1238, 1420
The Little Mermaid 39
The Little Old Lady (From Pasadena) 700
The Little Shoemaker 274
The Live Greatest Hits 1099
The Liverpool One Fat Lady All Electric Show 1225
The Living Daylights 16
The Living Legend 295
The Living Room Tapes 1206
The Living Years 929, 1178
The Loco-Motion 241, 586, 758, 817 f., 937, 1089, 1486
The Logical Song 1372
The London Chuck Berry Sessions 131
The Lone Ranger 1121 f., 1368
The Lone Teen Ranger 1267
The Loneliest Man In The World 1433
The Lonely Bull 29 f.
The Lonely One 23
The Lonesome Jubilee 914
The Long And Winding Road 114, 797
The Long Black Veil 474
The Long Play 1217
The Long Run 428 f.
The Longest Day 43
The Look 1198 f., 1251
The Look '95 1198
The Look Of Love 6, 356, 852, 917
The Looks Or The Lifestyle 1090
The Lord's Prayer 909
The Lost Tapes 985
The Love Cats 327
The Love I Lost 915, 1382, 1504
The Love I Lost (Part 1) 915
The Love Scene 717
The Love Songs 128, 354, 554
The Love Songs EP 1018
The Love You Save 690, 693
The Lover In Me 432
The Lover That You Are 957
The Low Spark Of High Heeled Boys 1437
The Lunatics (Have Taken Over The Asylum) 537
The Luxury Gap 628
The Madding Crowd 1006
The Magic Christian 85, 1337, 1418
The Magic Garden Of Stanley Sweetheart 723
The Magic Is There 1018
The Magic Number/Buddy 354
The Magic Of Boney M. 166
The Magic Of Christmas 193
The Magic Piper (Of Love) 289
The Magician's Birthday 1467

The Main Event 1362
The Main Event/Fight 1362
The Majesty Of Love 523
The Mamas & The Papas 858
The Mamas & The Papas Deliver 858
The Man And His Music 300
The Man From Hong Kong 714
The Man I Love 208
The Man In Black 237
The Man In Black – The Definitive Collection 237
The Man In Black 1954–1958 238
The Man In Black 1959–1962 238
The Man Who 1439
The Man Who Shot Liberty Valance 883
(The Man Who Shot) Liberty Valance 1081
The Man Who Sold The World 839
The Man-Machine 775
The Manhattans 861
The Many Facets Of Roger 1184
The Mark, Tom, And Travis Show (The Enema Strikes Back!) 148
The Marshall Mathers LP 333, 447
The Mask Of Zorro 46
The Mason Williams Phonograph Record 1521
The Masses Against The Classes 862
The Masterplan 1022
The Memory Of Trees 452
The Memory Remains 474
The Memphis Sessions 1505
The Men In My Little Girl's Life 410
The Mercy & Love (Can Make You Happy) 920
The Merseybeats 920
The Message 586, 1116
The Message Is Love 89, 592
The Meteor Man 136, 988
The Middle Of Nowhere 1036
The Milagro Beanfield 488
The Millennium Prayer 1164, 1167
The Mind Of The Machine 1015
The Mind's Eye 1355
The Minute You're Gone 1166
The Miracle 1125
The Miracle Worker 419
The Mirror Has Two Faces 606, 1362
The Miseducation Of Lauryn Hill 640
The Mission 959
The Mix 775
The Moment 542
The Monkees 950
The Monkees Greatest Hits 950
The Monkey Time 785
The Montreux Album 1298
The More I See You 952
The More I See You/Call Me 952
The More You Ignore Me, The Closer I Get 961
The More You Live, The More You Love 2
The Morning After 902
The Morning After (Free At Last) 1363
The Morning Of Our Lives 1168
The Mosquito 407
The Mosquito Coast 702
The Most Beautiful Girl 1164
The Most Beautiful Girl in the World 1107
The Most Of Lulu 839
The Motown Song 1353 f., 1399
The Mouth Organ Boy (El Chico De La Armonica) 924
The Movies 91
The Mule 922
The Muppet Show 974
The Muppet Show Music Hall EP 974
The Muppet Show Volume 2 974
The Music I Like 21
The Music Man 1057
The Music Of The Night 312
The Music Of Torvill & Dean EP 619
The Music's Got Me 191
The Musicals 91
The Mystery Of Edwin Drood 647
The Nail File – The Best Of 983
The Naked Truth 576
The Name Game 445
The Name Of The Game 4
The Nat King Cole Trio 287
The Natural 999
The New Andy Williams Christmas Album 1519
The Next Episode 412, 1301
The Next Step Is Love 461
The Next Time I Fall 245, 587
The Next Time/Bachelor Boy 1166
The Night 407
The Night Chicago Died 1050
The Night Has A Thousand Eyes 1479
The Night I Fell In Love 1475
The Night Owls 818
The Night The Lights Went Out In Georgia 791
The Night They Drove Old Dixie Down 87
The Nightfly 146, 1343
The Nine Yards 1050
The Nips Are Getting Harder 918
The Nitty Gritty 444 f.
The Nobodies 871
The Noise 1286
The Notorious Byrd Brothers 211
The Notorious Kim 810
The Number Of The Beast 680
The Number One Hits 1099
The Nutty Professor 236, 732
The Nylon Curtain 718

The O'Jays Live In London 1019
The Ocean 794
The Old Apartment 99
The Old Lamp-Lighter 410
The Old Man Down The Road 316, 510
The Older E.P. 922
The Oldest Swinger In Town 1500
The OMD Remixes 1037
The OMD Singles 1037
The One 81, 720, 722
The One And Only 621, 751
The One For Me 717
The One I Gave My Heart To 3
The One I Love 1128
The One That You Love 17
The One Thing 162, 678
The One Who Really Loves You 1502
The Only Living Boy In New Cross 235
The Only One I Know 251
The Only Rhyme That Bites 894
The Only Rhythm That Bites 440
The Only Thing That Looks Good On Me Is You 11
The Only Way Is Up 1545
The Only Way Out 1166
The Oogum Boogum Song 1535
The Orb's Adventures Beyond The Ultraworld 1033
The Original Monster Mash 1074
The Original Soundtrack 1401
The Osmonds Live 1041
The Other Guy 483
The Other Side Of Life 953 f.
The Other Side Of The Mirror 1003
The Other Side Of The Road 1298
The Other Sound Of Philadelphia 1173
The Other Woman 1052
The Outlaws 292, 992
The Ozark Mountain Daredevils 1045
The Ozzman Cometh 1039
The P.J.'s 1427
The Pacific Age 1037
The Partridge Family 1057
The Partridge Family Album 1057
The Partridge Family At Home With Their Greatest Hits 1057
The Partridge Family Shopping Bag 1057
The Partridge Family Sound Magazine 1057
The Party Album! 1480
The Party Continues 333
The Party's Over 401
The Paul Simon Songbook 1267
The Pavarotti Collection 1061
The Payback 1015
The Payback – Part 1 198
The People Who Grinned Themselves To Death 658
The Peppermint Twist 1471
The Perfect Storm 873
The Perfect Year 232
The Pet Sounds Sessions (Produced By Brian Wilson) 107
The Phantom Of The Opera 188 f., 612 f.
The Pick Up Artist 1523
The Pink Panther 859
The Pirates of Penzance 636, 1191, 1295
The Place Where You Belong 1248
The Plan 1041
The Plastic Ono Band – Live Peace In Toronto 1969 799
The Platinum Album 1480
The Pleasure Principle 1016
The Point! 1005
The Pointer Sisters 1086
The Polyester Embassy 849
The Pop Singer's Fear Of The Pollen Count 388
The Poppies Say Grr 1090
The Power 35, 1299 f.
The Power (Of All The Love In The World) 414
The Power Of Gold 509
The Power Of Good-Bye 852
The Power Of Good-Bye/Little Star 852
The Power Of Love 383 f., 526, 805, 1205
The Power Station 1093
The Power Zone EP 1422
The Preacher's Wife 659, 1167
The Present That I Want 735
The Presidents Of The United States Of America 1096
The Pretender 200

The Price Of Love 464
The Prince 849
The Principle Of Moments 793
The Prodigal Stranger 1111
The Professionals 702
The Promise 49, 1385
The Promise Of A Future 886
The Promise Of A New Day 6
The Promise You Made 282
The Pros And Cons Of Hitch Hiking 1078
The Proud One 1041
The Psychomodo 613
The Purple People Eater 1312
The Purple People Eater Meets The Witch Doctor 1312
The Pusher 1344
The Queen Is Dead 1296
The Race 1545
The Radical Light 1258
The Rain 728
The Rain (Supa Dupa Fly) 444
The Rain, The Park And Other Things 309
The Randy Rhoads Years 1127
The Rapper 695
The Rapsody – Overture 1142
The Raven 1359
The Raw And The Cooked 494
The Ray Charles Story 252
The Real Bass 191
The Real Life 989
The Real Slim Shady 448
The Real Thing 379, 473, 1333, 1453
(Don't Fear) The Reaper 47
The Red Back Spider 201
The Red Hot Chili Peppers 1149
The Red Shoes 208
The Red Strokes 193
The Reddest Rose 1153
The Reflex 423
The Religion 915
The Remix Collection 180
The Return Of Bruno 1523
The Return Of Pan 1496
The Return Of Roger Miller 931
The Return Of The Jedi 910, 1521
The Return Of The Los Palmas Seven 850
The Return Of The Red Baron 1200
The Return Of The Space Cowboy 699
The Return Of The Zombies 1558
The Revival 1427
The Rhythm 279
The Rhythm Divine 102
The Rhythm Of The Night 305
The Rhythm Of The Saints 1268
The Rhythms And Ballads Of Broadway 889
The Riddle 331, 751
The Rigga-Ding-Dong-Song 1058
The Right Kinda Lover 783
The Right Stuff 299, 1523
The Right Time 1460
The Rise And Fall Of Flingel Bunt 1246
The Rise And Fall Of Ziggy Stardust And The Spiders From Mars 174
The Rise And The Fall 850
The River 395, 1328 f.
The River Of Dreams 719
The River's Run Dry 640
The Riverboat Song 1023
The Road 465
The Road Goes On Forever 237
The Road To Hell 1146
The Road To Hell (Part 2) 1146
The Roaring Silence 864
The Robots 774
The Rock Show 148
The Rockafeller Skank 485 f.
The Rockford Files 1091
(Hey You) The Rocksteady Crew 1182
The Rocky Horror Show 910
The Roger Whittaker Album 1513
The Rolling Stones Live 1187
The Rolling Stones Rock And Roll Circus 1188
The Rolling Stones, Now! 1187
The Rose 731, 926, 1383
The Roussos Phenomenon 1197
The Roy Orbison Way 1035
The Royal Scam 1343
The Rubberband Man 1324
The Runner 1415
The Safety Dance 916 f.
The Saftey EP 286
The Saga Continues . . . 1116
The Saint 1036, 1300
(We Want) The Same Thing 228
The Savage 1246
The Science Of Things 208
The Score 535
The Scream 1282
The Screen Behind The Mirror 451
The Search Is Over 1376
The Searchers 1235
The Second 1345
The Second Barbra Streisand Album 1362
The Second Time 1517
The Second Time Around 1250 f.
The Secret Garden (Sweet Seduction Suite) 1509
The Secret Life 474
The Secret Of Association 1550
The Secret Of My Success 1545
The Secret Policeman's Other Ball 1355
The Secret Value Of DayDreaming 799
The Secrets That You Keep 971
The Seeds Of Love 11, 1396
The Seekers 1240
The Seer 133
The Selecter 1241
The Sensual World 208
The Serendipity Singers 1242
The Seventh Dwarf 658
The Seventh One 1432
The Sex Of It 753
The Shadow Of Your Smile 889, 1519
The Shadows 1246
The Shakin' Stevens EP 1349
The Sheffield Grinder/Capstick Comes Home 223
The Shirelles Greatest Hits 1261
The Shirley Bassey Single Album 102
The Shoop Shoop Song (It's In His Kiss) 258, 462, 806
The Show 409
The Show – The After-Party – The Hotel 716
The Show Must Go On 919, 1125, 1224, 1416
The Show Stoppa 1215
The Shrine Of St. Cecilia 1548
The Shuffle 898
The Sign 8
The Sign Of Fire 500
The Silent Sun 558
The Simon & Garfunkel Collection 1269
The Simpsons – Songs In The Key Of Springfield 1273
The Simpsons Sing The Blues 1273
The Sinbad Show 183
The Singing Hills 319
The Singing Nun 1302
The Single Collection 1981–1993 1517
The Singles 1101
The Singles (The First Ten Years) 4
The Singles 81–85 373
The Singles 86–98 373
The Singles 1969–1973 230
The Singles 1974–1978 230
The Singles Album 1458
The Singles Collection 175, 524, 1315
The Singles Collection 1984 – 1990 1305
The Six Teens 1378
The Size Of A Cow 1534 f.
The Skye Boat Song 1017, 1513 f.
The Slider 1386
The Slightest Touch 499
The Slim Shady LP 447
The Smiths 1296
The Smurf Hits '97 – Volume 1 1470
The Smurf Song 1470
The Smurfs Go Pop! 1470
The Smurfs Go Pop! Again 1470
The Snake 1085, 1285, 1524
The Snow Tiger 1047
The Soca Calypso Party 821
The Soft Parade 407
The Son Of Hickory Holler's Tramp 1294
The Song Remains The Same 793
The Songstress 88
The Soul Cages 1356
The Sound Of Bread 185
The Sound Of Crying 1095
The Sound Of Music 170, 476
The Sound Of Silence 79 f., 549, 1268 f.
The Sound Of The Crowd 662
The Sound Of Your Voice 1410
The Soundhouse Tapes 680
The Space Jungle 12
The Spaghetti Incident? 599
The Special A.K.A. Live! 1318
The Special A.K.A. Live! EP 1319
The Special Years 405
The Specialist 457
The Specials Singles 1319
The Spirit Of '67 1162
The Spirit Of The Hawk 1153
The Spook Who Sat By The Door 1326
The Squeeze 910
The Star Sisters Proudly Present 1338
The Star Spangled Banner 659 f.
The State 1002
The State Of Play 1315
The Statler Brothers Christmas Card 1339
The Sterile Cockoo 935
The Sting 606

The Stone 1414
The Stone Roses 1358
The Stonk 603
The Story Of My Life 79
The Story Of The Blues 928
The Story Of The Clash 274
The Story Of The Who 1515
The Story Of Tina 882
The Story So Far – The Very Best Of 1354
The Stranger 718
The Strangest Party (These Are The Times) 679
The Strangest Thing (Live) 922
The Streak 1348
The Stripper 1193
The Stripper & Other Fun Songs For The Family 1193
The Strutt 91
The Summer 64
The Sun Ain't Gonna Shine Anymore 1490
The Sun Always Shines On TV 16
The Sun And The Rain 850
The Sun Goes Down (Living It Up) 802
The Sun Is Shining 875
The Sun Keeps Shining 463
The Sun Rising 125
The Sunshine After The Rain 130
The Sunshine Of Your Smile 132
The Supremes A Go-Go 1374
The Supremes At The Copa 1374
The Supremes Sing Holland-Dozier-Holland 1374
The Supremes Sing Motown 1374
The Supremes Sing Rodgers & Hart 1374
The Sweet Keeper 1420
The Sweetest Day 1523
The Sweetest Girl 1233
The Sweetest Taboo 571, 1212
The Sweetest Thing 640
The Sweetest Thing (I've Ever Known) 1000
(The System Of) Doctor Tar And Professor Feather 1053
The Tears I Cried 573
The Tears Of A Clown 939
The Techno Wave 677
The Teen Commandments 986
The Teens 1397
The Teens Today 1397
The Temptations Greatest Hits 1400
The Temptations In A Mellow Mood 1400
(Love Is) The Tender Trap 1279
The Tennessee Waltz 1047
The Theme From Hillstreet Blues 1091
The Thin Red Line 571
The Things I Like 3
The Things We Do For Love 1401
The Things We Said Last Summer 1279
The Third Album 1362
The Third Degree 1386
The Third Step 1214
The 3rd Time Around 931
The Thirteenth Dream 489
The 13th Floor 641
The Three Amigos 999
The Three Caballeros 319
The Three Degrees 1415
The Thrill Is Gone 757
The Tide Is High 149
The Time 194
The Time Has Come 472
The Time Is Now 948
(I've Had) The Time Of My Life 525, 912, 1170, 1493
The Time Warp 2 336
The Times They Are A-Changin' 425
The Tip Of My Fingers 1017
The Top 327
The Top 10 Hits 1099
The Tra La La Days Are Over 1401
The Tra-La Days Are Over 1239
The Tracks Of My Tears 1174
The Trail Of The Lonesome Pine 789
The Tune 1368
The Turn Of A Friendly Card 1053
The Turtles! Golden Hits 1448
The Twang's The 436
The Tweenies Album – Friends Forever 1449
The Twelfth Of Never 889, 1040, 1166
The Twelve Commandments Of Dance 824
The Twist 255 f.
The Twist (Yo, Twist) 256, 484
The Two Of Us 1543
The Ugly Duckling 1157
The Ultimate Collection 718, 1156, 1200, 1386
The Ultimate Experience 634
The Ultimate Session 413
The Ultimate Sin 1039
The Undertones 1462
The Unforgettable Fire 1457
The Unicorn 679 f.
The Uniorn 680
The Universal 159
The Unrecorded Jasper Carrott 233
The Untouchable 1335
The Untouchables 959
The Vagina Monologues 958
The Valley Road 654
The Vanishing Race 17
The Velvet Rope 688
The Ventures A Go-Go 1481
The Ventures Play Telstar, The Lonely Bull 1481
The Very Best 1372
The Very Best . . . And Beyond 514
The Very Best Of 1107
The Very Best Of – 1980–2000 1458
The Very Best Of Art Garfunkel 550
The Very Best Of Bonnie Tyler 1454
The Very Best Of Buddy Holly 645
The Very Best Of Cat Stevens 1347
The Very Best Of Chris De Burgh 353
The Very Best Of Cilla Black 139
The Very Best Of David Bowie 174
The Very Best Of David Essex 457
The Very Best Of Dexy's Midnight Runners 379
The Very Best Of Don McLean 907
The Very Best Of Elkie Brooks 192
The Very Best Of Elton John 720
The Very Best Of Elvis Costello 307
The Very Best Of Frankie Valli And The 4 Seasons 518
The Very Best Of Hot Chocolate 655
The Very Best Of Jam 696
The Very Best Of Joan Armatrading 52
The Very Best Of Leo Sayer 1224
The Very Best Of Marvin Gaye 554
The Very Best Of Michael Ball In Concert In The Royal Albert Hall/Christmas 91
The Very Best Of Randy Crawford 312
The Very Best Of Robert Palmer 1049
The Very Best Of Roger Whittaker 1513
The Very Best Of Roy Orbison 1035
The Very Best Of Sister Sledge 1973–1993 1283
The Very Best Of Smokie 1298
The Very Best Of Sting And The Police 1356
The Very Best Of Supertramp 1372
The Very Best Of The Beach Boys 108
The Very Best Of The Bee Gees 120
The Very Best Of The Capitol/Reprise Years 880
The Very Best Of The Eagles 428
The Very Best Of The Electric Light Orchestra 441
The Very Best Of The Osmonds 1041
The Village Of St. Bernadette 1520
The Vision 1082
The Visitors 4
The Voice 1334
The Voice Of America 372
The Voice Of Frank Sinatra 1277
The W 1538
The Wah Watusi 1039
The Walker Brothers 1490
The Wall 169, 1078
The Wallflower 697
The Walls Fell Down 867
The Wanderer 238, 385, 869, 1340 f., 1369 f., 1457
The War Lover 312
The War Of The Worlds 1498
The War Song 326
The Warrior 1226
The Way Dreams Are 1018
The Way I Am 448
The Way I Feel 1175
The Way I Feel About You 1509
The Way I Mate 1153
The Way I Want To Touch You 223
The Way It Is 653 f., 1454
The Way It Used To Be 664
The Way Of Love 258
(It's Just) The Way That You Love Me 6
The Way That You Talk 693
The Way To Your Heart 1310 f.
The Way To Your Love 626
The Way We Were 606, 640, 1361 f., 1519
The Way We Were – Try To Remember 770
The Way You Do The Things You Do 1399, 1459
The Way You Love Me 639, 1510
The Way You Make Me Feel 691, 746
The Weaver (EP) 1501
The Weaver's Answer 478
The Wedding 1184 f.
The Wedding Album 423
The Wedding Planner 827
The Weight 988
The Westerner 186
The Wheel Of Time 1217
The Whisper 1241
The Whispers 1508

The Whistler's Mother-In-Law 319
The White Room 768
The Who 1515
The Who By Numbers 1515
The Who Sell-Out 1515
The Whole Of The Moon 1496
The Whole Story 208
The Whole Story – His Greatest Hits 1166
The Whole World 1043
The Whole World Is Singing My Song 350
The Whole World Lost Its Head 575
The Wicker Man 681
The Wild Heart 1003
The Wild Life Concert 371
The Wild One 1123
The Wild Ones 1366
The Wild Side Of Life 684
The Wild, The Innocent & The E Street Shuffle 1329
The Wind Cries Mary 634
The Winds Of Change 103
The Winkleman 733
The Winner Takes It All 4, 454
The Witch 1144 f.
The Witch Queen Of New Orleans 1150
The Wiz 690, 934, 1195, 1280
The Wizard 611, 1386
The Wizard Of Oz 882, 1431
The Woman I Am 259
The Woman I Love 643, 751
The Woman In Me 1449
The Woman In Red 1533 f.
The Wombling Song 1532 f.
The Wonder Of You 1097, 1100
The Wonderful World Of Andy Williams 1519
The Wonderous World Of Sonny & Cher 1307
The Word Girl 1233
The Word Is Love 665
The Word Is Out 1351
The Works 1125
The World According To Gessle 1198
The World Beaters Sing The World Beaters 450
The World Is A Ghetto 1492 f.
The World Is Not Enough 548
The World Is Stone 788
The World Of Johnny Cash 237
The World Won't Listen 1296
The World's Greatest 747
The Worst Of Jefferson Airplane 709
The Wreck Of The Edmund Fitzgerald 808
The Writing's On The Wall 376
The X Factor 680 f.
The X Files 1301
The Yards 873
The Year Of Living Dangerously 702
The Yes Album 1547
The Yodelling Song 669
The Young New Mexican Pupeteer 730
The Young Offender's Mum 235
The Young Ones 1165 f.
The Young Rascals 1143
The Youth Of Today 977
Theater 433
Theatre Of Pain 962
Their 1st LP 348
Their 2nd LP 348
Their Greatest Hits 655
Their Greatest Hits – The Record 121
Their Satanic Majesties Request 1187
Them Girls Them Girls 1556
Theme (Of Progressive Attack) 191
Theme For A Dream 1166
Theme For Great Cities 989
Theme From »A Summer Place'« 1479
Theme From »The Sundowners'« 1479
Theme From »Z Cars« 746
Theme From Dixie 436
Theme From Dr. Kildare (Three Stars Will Shine Tonight) 247
Theme From Greatest American Hero (Believe It Or Not) 1226
Theme From Harry's Game 262, 270
Theme From M.A.S.H. (Suicide Is Painless) 862, 886
Theme From Mahogany (Do You Know Where You're Going To) 1196
Theme From Mission: Impossible 277
Theme From New York, New York 1279
Theme From Rocky 1197
Theme From S.Express: The Return Trip 1245
Theme From S.W.A.T. 1163
Theme From Shaft 623, 768
Theme From The Apartment 489 f.
Theme From The Deer Hunter (Cavatina) 1246
Theme From The Film »The Legion's Last Patrol'« 1414
Theme From The Threepenny Opera 53
(Theme From) Valley Of The Dolls 1495
Themeninblack 1359
Themes 1475
Then Again ... 483
Then & Now ... The Best Of The Monkees 950
Then And Now 239
Then Came You 735, 1324, 1494 f.
Then He Kissed Me 324, 507
Then I Kissed Her 108
Then I Turned And Walked Slowly Away 55
Then Play On 503
Then The Morning Comes 1291
Then You Can Tell Me Goodbye 238
Theo, wir fahr'n nach Lodz 792
There 758
There Ain't Nothing Like Shaggin' 1391
There Are More Questions Than Answers 986
There But For Fortune 87
There Goes My Baby 416
There Goes My Everything 664, 1100
There Goes My First Love 416
There Goes Rhymin' Simon 1268
There Goes The Neighborhood 322
There Is A Mountain 402
There Is A Party 389
There Is A Star 1073
There Is Always One More Time 757
There Is No Love Between Us Any More 1090
There Is Nothing Left To Lose 512
There Is Only One Roy Orbison 1035
There It Is 1007, 1251
There Must Be A Way 1478
There Must Be An Angel 460, 1011
There Must Be An Angel (Playing With My Heart) 460
There She Goes 78, 1284
There There My Dear 379
There Will Never Be Another 11
There You Go 740, 1077
There You'll Be 639
There! I've Said It Again 1484
There'll Be Sad Songs (To Make You Cry) 1023
There's A Ghost In My House 1394
There's A Guy Works Down The Chip Shop Swears He's Elvis 846
There's A Heartache Following Me 1156
There's A Kind Of Hush 637, 998
There's A Party 389
There's A Riot Goin' On 1290
There's A Star 59
There's A Whole Lot Of Loving 601
(There's Gonna Be) A Showdown 122
(There's) Always Something There To Remind Me 1255
(There's) No Gettin' Over Me 934
There's No One Quite Like Grandma 1331
There's No Other Way 159
There's No Stoppin' Your Heart 1041
There's No You 1275
There's No-One Quite Like Grandma 187
There's Nothing I Won't Do 736
There's Something About Mary 516
There's Something Going On 76
These Are Special Times 383
These Are The Days Of Our Lives 919, 1124, 1333
These Are The Times 417
These Arms Of Mine 1151
These Boots Are Made For Walkin' 1279 f.
These Boots Are Made For Walking 435
These Days 163 f.
These Dreams 627
These Eyes 597, 1489
These Foolish Things 490
They All Laughed 1278
They Don't Care About Us 691
They Don't Know 72, 846, 1302, 1460
They Just Can't Stop It The (Games People Play) 1324
They Like It Slow 660
(They Long To Be) Close To You 230, 601
They May Be Right 1251
They Never Saw You Coming 1435
They Say It's Wonderful 295, 1279
They Shoot Horses, Don't They 1381
They're Coming To Take Me Away, Ha-Haaa! 985
Thick As A Brick 712
Thieves Of The Temple 1107
Things 341
Things Can Only Get Better 414, 728
Things Can Only Get Better (Remix) 414
Things Have Changed 426

Things I've Seen 1326
Things That Go Bump In The Night 28
Things That Make You Go Hmmm . . . 213
Things To Make And Do 948
Think 482, 526, 674
Think About Me 58
Think About The Children 655
Think About The Way 668
Think About The Way (Bom Digi Bom) 21
Think About Your Children 655
Think I'm Gonna Fall In Love With You 404
Think Of Laura 321
Think Of You 1508
Think Twice 384
Thinking About Your Love 1412
Thinking It Over 807
Thinking Of You 823, 1283
Thinks: School Stinks 656
Third Album 693
Third Eye Blind 1409
Third Finger, Left Hand 1064
Third Stage 173
Thirsty Work 1341
13 59, 158, 407, 1035
13 Smash Hits 730
Thirteen Tales From Urban Bohemia 339
30 Greatest 770
30 Something 235
32 Filmhits 1099
32 Minutes And 17 Seconds 1165
Thirty Years Of Maximum R&B 1515
This Ain't A Love Song 164
This Beat Is Technotronic 1397
This Beautiful Mess 1284
This Charming Man 1296
This Corrosion 1284
This Could Be The Night 834
This Cowboy Song 95
This D.J. 543
This Diamond Ring 150, 804 f.
This Fire 288
This Flight Tonight 940, 988 f.
This Generation 1175
This Girl Is A Woman Now 1115
This Girl's In Love With You 1495
This Guy's In Love With You 30
This House 1319
This I Promise You 981
This Is . . . Brenda 794
This Is A Call 511 f.
This Is Darin 340
This Is For The Lover In You 77 f., 820, 1498
This Is Hardcore 1117
This Is How We Do It 732
This Is It 844, 936, 956
This Is Manuel 866
This Is Me 278
This Is Mine 414
This Is Music 1406
This Is My Moment 899
This Is My Song 274, 1237
This Is My Truth, Tell Me Yours 861
This Is Not A Love Song 1114
This Is Not America 175
This Is Reggae 1076
This Is Sinatra! 1277
This Is Sinatra, Vol. 2 1277
This Is The Ice Age 878
This Is The Moment 1040
This Is The Right Time 1333
This Is The Story 1110
This Is The Time – The Christmas Album 162
This Is The World Calling 169
This Is Tom Jones 730
This Is Tomorrow 490
This Is Where I Came In 121
This Is Your Night 628
This Kiss 639
This Last Night In Sodom 1304
This Lil' Game We Play 1243
This Little Bird 474
This Little Girl 164
This Love Of Mine 1278
This Magic Moment 703
This Masquerade 128
This Moment Is Mine 954
This Morning 1086
This Note's For You 1549
This Old Heart Of Mine 682 f., 1354
This Ole House 1348
This One's For The Children 996
This One's For You 862
This Should Move Ya 866
This Thing Called Love – The Greatest Hits 1020
This Time 326, 1354
This Time (We'll Get It Right) 450
This Time Around 609, 1073
This Time I Found Love 1201
This Time I Know It's For Real 1370
This Time I'm Free 411
This Time I'm In It For Love 1084
This Time It's Personal 1305
This Town Ain't Big Enough For Both Of Us 1317
This Used To Be My Playground 851 f.
This Was 712, 1354
This Way 714
This Way Up 354
This Wheel's On Fire 67, 417
This Will Be 286
This Year's Love 589 f.
This Year's Model 307
Thomas Crown ist nicht zu fassen 617
Thomas D präsentiert Reflektorfalke – Lektionen in Demut 331
Thong Song 1283
Thorn In My Side 460
Thoroughbred 758
Those Lazy-Hazy-Crazy Days Of Summer 288
Those Simple Things/Daydream 1169
Those Were The Days 652
Thought 'Ya Knew 1065
Thought I'd Died And Gone To Heaven 11
Thread A Needle 234
3 + 3 683
3 A.M. Eternal 768
3 AM 888
3 Car Garage – The Indie Recordings '95–'96 609
3 Feet High And Rising 354
3 Is Family 349
3 x 3 EP 560
3 Years, 5 Months And 2 Days In The Life Of . . . 55
3LW 1417
3p (Licence 2 Kill) 1242
38317 853
Three 32
Three Chord Opera 381
Three Coins In The Fountain 1279
Three Dog Night 1416
Three Dollar Bill, Y' All $ 812
Three EP 865
Three Hearts 1501
Three Hearts In The Happy Ending Machine 604
Three Kisses Of Love 119
Three Lions 84, 809
Three Lions '98 84
Three Little Pigs 593
Three Little Words (I Love You) 48
Three Minute Hero 1241
Three O'Clock Blues 757
Three O'Clock In The Morning 1145
Three Ring Circus 134, 153
Three Sides Live 560
Three Steps To Heaven 1263
Three Times A Lady 293
Three Times In Love 698
Three Weeks Hero 1109
Three Window Coupe 1172
Three-Five-Zero-Zero 828
360 Degrees Of Billy Paul 1060
Threepenny Opera 1355
Thriller 675, 690 f.
Thrive EP 1404
Through A Big Country – Greatest Hits 133
Through The Barricades 1315
Through The Fire 1159
Through The Looking Glass 1282
Through The Past Darkly (Big Hits Volume 2) 1187
Throw Away The Key 815
Throw Down A Line 1166
Throw The Warped Wheel Out 491
Throw These Guns Away 420
Throw Ya Gunz 1031
Throwing It All Away 561
Thug 1304
Thunder 431, 1417
Thunder And Lightning 1409
Thunder In My Heart 1224
Thunder In The Mountains 1434
Thunder Island 489
Thunderbirds Are Go 468
Ti Amo 229, 541, 1435
Ti-Lai-Lai-Li 563
Tic Tac Toe 1419
Tic, Tic Tac 264
Tical 921
Tich 30
Ticket To Ride 114, 230
Tide To The 90's 1439
Tie A Yellow Ribbon Round The Ole Oak Tree 349
Tie Me Kangaroo Down Sport 615
Tiefer 838, 853
Tierischer Tango 487
Tiffany 1419
Tiger 700, 776, 971
Tiger Feet 971
Tiger Rag 700
Tigerlily 918
Tighten Up 122
Tighter, Tighter 23
Tiki 539
'Til 40
Til I Hear From You 569
Til I Kissed You 756
('Til) I Kissed You 153, 464

'Til Reveille 319
. . . Til The Cops Come Knockin The Opus 891
'Til You Do Me Right 14
Till 730, 1138, 1485, 1522
Till I Loved You 1362
Till The End Of The Day 764
Till The End Of Time 295, 350
Tilt 1489
Timbre 622
Time230, 239, 410, 441, 1421 f.
Time (Clock Of The Heart) 326
Time 2 Wonder 393
Time 3 732
Time After Time 248, 677, 697, 789, 1385
Time Alone Will Tell 1177
Time And Chance 291
Time Bandits 616
Time Capsule: Songs For A Future Generation 76
Time Drags By 1166
Time Fades Away 1549
Time Flies 330
Time For Change 1310
Time In A Bottle 318
Time Is Cash, Time Is Money 97
Time Is On My Side 1188
Time Is Ticking Away 244
Time Is Tight 169
Time Of Our Lives 811
Time Of The Season 1558
Time Of The Seasons 51
Time Of Your Life (Good Riddance) 592
Time Out Of Mind 425 f.
Time Passages 1053, 1349
Time Peace/The Rascals' Greatest Hits 1143
Time Pie 775
Time Pieces/The Best Of Eric Clapton 272
Time Slip & RMXS 1314
Time Slip (Lost In Space) 1314
Time Slip Remixes 1314
Time Takes Time 1337
Time To Burn 1358
Time To Make You Mine 1333
Time To Move On 1022, 1316
Time To Say Goodbye 160 f., 188 f.
Time Will Come 1508
Time Won't Let Me 1044
Time, Love And Tenderness 162
Timeless 189, 1018, 1238
Timeless (The Classics) 162
Timeless – The Very Best Of Neil Sedaka 1239
Timeless Funk 1413
Timeless Live In Concert 1362
Timeline 1159
Times Of Your Life 44
Times They Are A-Changin' 426
TimeSpace – The Best Of Stevie Nicks 1003
Timothy 647
Tin Man 34, 493
Tin Planet 1314
Tin Soldier 1291
Tin Tin 419
Tina Marie 253, 295
Tinderbox 1282
Tingelingeling, mein Banjo singt 700
Tintarella Di Luna 1485
Tiny 1392
Tipitipitipso 1471
Tired Of Being Alone 591 f., 1405
Tired Of Toein' The Line 207
Tired Of Waiting For You 764
Tiritomba 456
Titanic 154, 383, 792, 1527
Titanic Days 847
To All The Girls I've Loved Before 670, 992
To An Air Hostess 1493
To Be A Lover 122, 669
To Be Frank 751
To Be Free 1028
To Be Freed 1017
To Be Or Not To Be 1178
To Be With You 968
To Be With You Again 802
To Cut A Long Story Short 1315
To Earth With Love 553
To France 1027 f.
To Know Him Is To Love Him 299
To Know You Is To Love You 1069
To Live & Die In L.A. 856
To Love Somebody 1269, 1305
To Make You Feel My Love 718
To Mother 55
To Our Children's Child 954
To Russell, My Brother, Whom I Slept With 306
To Sir With Love 839
To The Bone 763
(Welcome) To The Dance 940
To The Extreme 1476
To The Faithful Departed 310
To The Limit 52
To The Moon And Back 1223
To The Next Level 943
To Venus And Back 36
To Whom It Concerns 40
To Whom It May Concern 1058
To You I Belong 75
To You With Love, Donny 1040
Toast 1549
Toast Of Love 1415
Toast To The Ladies 1508
Tobacco Road 986
Toca Me 522
Toca's Miracle 522
Toccata 1286
Today 1389
Today Forever 1168
Today's Specials 1319
Today's Your Lucky Day 915
Together 389, 524, 1109, 1294
Together Again 688 f.
Together For The Children Of Bosnia 1061
Together Forever 63
Together In Electric Dreams 662, 958
Together We Are Beautiful 764
Together With Cliff 1166
Togetherness 781
Tokoloshe Man 772
Tokyo Melody 1553
Tom 730
Tom Cat 1192
Tom Dooley 401, 761 f., 1070
Tom Hark 1081
Tom Jones Live In Las Vegas 730
Tom Petty & The Heartbreakers 1072 f.
Tom Petty Greatest Hits 1073
Tom Pillibi 178
Tom Tom 314
Tom Tom Turnaround 998
Tom Traubert's Blues (Waltzing Matilda) 1353 f.
Tom's Diner 394, 1444, 1480
Tom's Party 1444
Tomb Raider 1206
Tomboy 295
Tommy 335, 721, 1434, 1447, 1515
Tommy Tutone-2 1426
Tomorrow 697, 1255, 1359
Tomorrow (A Better You, A Better Me) 218
Tomorrow Belongs To Me 619
Tomorrow Comes Today 582
Tomorrow Never Dies 54, 322
Tomorrow Tomorrow 121
Tomorrow's Just Another Day/Madness (Is All In The Mind) 850
Tomorrow's Ship 1344
Tonfilm 97
Toni Braxton 184
Tonic For The Troops 169
Tonight 175, 490, 584, 703, 996, 1073, 1202, 1265
Tonight I'm Free 1082
Tonight I'm Yours 1354
Tonight I'm Yours (Don't Hurt Me) 1354
Tonight Is So Right For Love 1065
Tonight Is The Night 219
Tonight She Comes 234
Tonight Tonight 1292
Tonight's Alright For Love 1065
Tonight, I Celebrate My Love 202, 501
Tonight, Tonight, Tonight 561
Tonight's The Night 262
Tonight's The Night (Gonna Be Alright) 1354
Tonite's Tha Night 778
Tonnes Of Attraction 54
Too Big 1123
Too Blind To See It 1273
Too Busy Thinking About My Baby 554
Too Close 152, 1002
Too Fast For Love 962
Too Funky 923
Too Good To Be Forgotten 32, 263
Too Hot 302, 627, 772
Too Hot To Handle 627
Too Late 734
Too Late For Goodbyes 799 f.
Too Late To Turn Back Now 304
Too Legit To Quit 844
Too Long In Exile 960
Too Low For Zero 720
Too Many Broken Hearts 403
Too Many Cooks (Spoil The Soup) 1030
Too Many MC's/Let Me Clear My Throat 1114
Too Many People 264
Too Many Times 1436
Too Many Walls 371
Too Much 194, 1099, 1321
Too Much! 1145
Too Much Heaven 121, 439, 984
Too Much Is Not Enough 124
Too Much Love Will Kill You 892, 1124
Too Much Pressure 1241
Too Much Time On My Hands 1365
Too Much, Too Little, Too Late 889 f., 1520
Too Nice To Talk To 110

Too Shy 739 f.
Too Soon To Know 1035
Too Weak To Fight 234
Too Young 1040
Too Young To Die 699
Too Young To Go Steady 288
Too-Rye-Ay 379
Took My Love 136
Toonage 236
Tootsee Roll 1284
Top 1543
Top Gun 129, 476, 823, 834, 869, 958
Top Gun Anthem 476
Top O' The Morning To Ya 657
Top Of The Pops 465
Top Of The World 183, 230, 268, 484, 885
Top Of The World (Olé, Olé, Olé) 268
Topaz 702
Tops With Me 1254
Too-Ra-Loo-Ra-Loo-Ral 319
Too-Rye-Ay 379
Torch 1304
Tormato 1547
Torn 671
Torn Between Two Lovers 847, 1070
Tornero 667, 782
Torquay 494
Tossing And Turning 684
Total 1429
Total abgespaced! – Vol. 11 1228
Total Eclipse 28, 1195
Total Eclipse Of The Heart 530 f., 1454 f.
Total egal 595
Totally Hot 1001
Totally Krossed Out 778
Toto 1431 f.
Toto IV 1431
Tottenham Tottenham 1432
Touch 460, 512, 905
Touch It 949
Touch Me 334, 406 f., 478, 572
Touch Me (All Night Long) 370 f.
Touch Me (I Want Your Body) 521
Touch Me In The Morning 1195 f.
Touch Me Tease Me 236
Touch Me, Touch Me 360
Touch My Light 134
Touch Of Grey 589
Touch The Sky 1245
Touch The Wind 945
Touched By Jesus 24
Touchy! 16
Tough All Over 215
Tough Guys 623
Tough Trip Through Paradise 1403
Tougher Than Leather 1205
Tougher Than The Rest 1329
Toulouse Street 403
Tour De Force 1411
Tour De France 774
Tourism 1199
Tourniquet 871
Tous Les Garçons Et Les Filles 611
Tout Pour La Musique 546
Touter 676
Tower Of Strength 900, 1478
Towers Of London 1541
Town Called Malice/Precious 696
Town Without Pity 1081
Toxygene 1033
Toy 241
Toy Boy 1281
Toy Soldiers 879
Toys In The Attic 13
TP-2.com 747
Traces 275
Traces Of My Lipstick 1541
Tracie 1319
Track Record 52
Tracks 1329
Tracks Of Life 682
Tracks Of My Tears 573, 939, 1179
Tracy 24 f., 817
Tracy Chapman 250
Trade Winds 319
Traffic 1346, 1437
Traffic From Paradise 729
Tragedy 51, 121
Tragic Kingdom 1011
Train 1437
Train Of Thoughts 16
Train Ride To Hollywood 151
Trains And Boats And Planes 79, 776
Trainspotting 1073, 1463
Tra-La Days Are Over 1238
Tramp 1151
Trampoline 891
Tränen in deinen Augen 303, 1061
Tränen lügen nicht 646, 872, 889
Trans 1549
Transcendental Highway 916
Transfer Affection 2
Transformer 1154
Transition 929
Trapped 6 f.
Trapped By A Thing Called Love 787
Trash 302, 1366
Traumboy 534
Träume – Liebe – Sehnsucht 505
Träumen kann man was man will 700
Träumen mit Engelbert 664
Träumen, ist das nicht wunderschön 1474
Träumereien 276
Träumereien 2 276
Träumereien 3 276
Traumland der Panflöte 1554
Traurigsein bringt nichts ein 1228
Travelin' Band 316
Travelin' Man 991
Traveling Wilburys Vol. 1 1034
Traveling Wilburys Vol. 3 1034
Travellers 873
Travellers Tune 1023
Travellin' Light 1164, 1166
Travelling Withour Moving 699
TRB2 1179
Treach 988
Treason (It's Just A Story) 1395
Treat 'Em Tough 1308
Treat Her Like A Lady 304, 759
Treat Her Right 625
Treat Me Good 1545
Tremor Cries/Spin The Black Circle 1063
Tres Hombres 1559
Tres Lunas 1028
Tretboot in Seenot 534
Treue Bergvagabunden 630
Tri Tra Trulala (Herbergsvater) 1530
Trial By Fire 732
Tribal Base 1148
Tribal Dance 1453
Tribute 1039, 1057
Tribute (Right On) 1058
Tribute To Buddy Holly 132
Tricky Disco 1396
Tricky Kid 1441
Trigger Inside 1408
Trilogy 446
Trini Lopez At PJ'S 827
Trini Lopez In London 827
Trio 1056, 1191
Trip On This – Remixes 1397
Trippin' 444, 959, 1412, 1429
Trippin' On Your Love 1412
Tripping The Live Fantastic – Highlights! 896
Triumph 693
Triumph der goldenen Stimme 583
Triumphgeheul in Ironesien 653
Trocadero 9910 856
Trogglodynamite 1443
Troglodyte (Cave Man) 241
Trojan Horse 840
Tropical Dreams 580
Tropical Gangsters 753
Tropico 126
Trouble 203, 286, 312, 628, 1214
Trouble In Paradise 999
Trouble In Shangri-La 1003
Trouble Man 253, 554
Troubled Girl 1138
Troublegum 1408
Truck Turner 623
True 1085, 1315
True Blue 186, 851 f.
True Colors 789
True Confessions 92
True Faith 996 f.
True Faith '94 997
True Grit 217
True Love 247, 320, 361, 722, 828, 1536
True Love Never Dies 504, 1016
True Love Ways 645, 1069, 1166
True Or False 1267
True Romance 1488
True Step Tonight 431, 1444
True Stories 1390
True To Your Heart 1007
Truganini 927
Truly 656, 1167, 1223
Truly Madly Deeply 1223
Trumpet Afrika 885
Trumpet Dreams 1196
Trumpton 1465
Trunk Funk – The Best Of The Brand New Heavies 182
Trust 307
Trust Me 697
Truth In A Structured Form 65
Truthdare Doubledare 191
Try A Little Kindness 217
Try A Little Tenderness 1151, 1416
Try Again 3
Try Anything Once 1054
Try It On 466
Try Me 198
Try Me Out 305
Try To Forget Her 1109
Try To Remember 35, 998
Try Whistling This 323
Tryin' To Get The Feeling 862
Tryin' To Get The Feeling Again 863
Tryin' To Live My Life Without You 1240
Tryin' To Love Two 122
Tschau, tschau, Bambina 1471
TSOP (The Sound Of Philadelphia) 922, 1415

Tu 1435
Tu Amore 738
Tu es! 568
Tu mir nicht weh/Paradiso 524
Tu t'en Vas 9, 100
Tu Te Laisse Aller 70
Tu Te Reconnaitras 944
Tu's doch! 1071
Tubthumping 268
Tubular Bells 1027 f.
Tubular Bells II 1027
Tubular Bells III 1027
Tucker 68
Tudor 976
Tuesday 1147
Tuesday Night Music Club 321
Tuff Act To Follow 943
Tuff Enuff 469
Tug Of War 896
Tum-Balalaika 499
Tumbleweed Connection 720
Tumbling Dice 1188
Tunes Splits The Atom 440, 894
Tunnel Of Love 537, 1329
Tupelo Honey 960
Tür an Tür mit Alice 229
Turaluraluralu – ich mach BuBu, was machst du? 1441
Turandot 1061
Turbulent Indigo 940
türlich, türlich (sicher, Dicker) 343
Turn 487, 1439
Turn Around 743, 1073 f., 1485
Turn Around, Look At Me 217, 1485
Turn Away 1208
Turn Back The Clock 722
Turn Back The Hands Of Time 348
Turn Back Time 49
Turn In, Tune In, Cop Out 528
Turn It Down 1378
Turn It On Again 560
Turn It On Again – Best 81–83 560
Turn It On Again – The Hits 560
Turn It Up 39
Turn It Up (Remix)/Fire It Up 209
Turn It Up/Fire It Up (Remix) 209
Turn It Upside Down 1323
Turn Me Loose 834
Turn Of The Tide 97
Turn Off The Light 540
Turn On Some Music 554
Turn On The Sun 965
Turn On, Tune In, Cop Out 485, 527
Turn The Beat Around 457, 1179
Turn The Music Up! 1084
Turn The Tide 1382
Turn To Me 35
Turn! Turn! Turn! (To Everything There's A Season) 211
Turn Up The Beat 51
Turn Up The Power 1015
Turn Your Lights Down Low 875
Turn Your Love Around 128
Turn-Down Day 329
Turning Japanese 1477
Turns Into Stone 1358
Turnstiles 718
Turtle Power 1054 f.
Tuscany 1159
Tush 1559
Tusk 503 f.
Tut mir leid (du bist alt und ich bin jung) 1220
Tutte Storie 1138
Tutti Frutti 171, 507, 715, 776, 1099, 1322
Tutto Live 984
Tuxedo Junction 860
TV Crimes 143
TV Is King 1444
TV-Total 1129 f.
Tweedle Dee 1041
Tweedle Dee Tweedle Dum 925
12 x 5 1187
12 Gold Bars 1341
12 Gold Bars Volume 2 1341
12 Greatest Hits, Vol. II 381
12 In A Roe/A Collection Of Tommy Roe's Greatest Hits 1183
12 Inches Of Snow 1301
12 Play 747
Twelve Deadly Cyns . . . And Them Some 789
Twelve Songs Of Christmas 1156
20th Century Blues 474
20th Century Boy 1386
20/20 107, 128
20 All Time Greats 524
20 Country Classics 1539
20 Diamant Hits 381
20 Giant Hits 1013
20 Golden Greats 108, 217, 287, 350, 381, 644 f., 1195, 1246, 1278, 1374
20 Golden Greats Of Ken Dodd 395
20 Golden Hits 113
20 Good Vibrations – The Greatest Hits 108
20 Greatest Hits 113, 730
20 Hottest Hits 655
20 Original Dean Martin Hits 880
20 Pounds To Get In 1263
20 Songs Of Joy 1237
Twenty 842
Twenty Four Hours From Tulsa 79, 1081
Twenty Greatest Hits 1185
25Th Anniversary 102
25 Lovers 1205
25 Miles To Kissimee 512
25 Or 6 To 4 261
25 Thumping Great Hits 273
25 Years 242
2525 (Exordium & Terminus) 1554
Twenty-Five Miles 1336
24-7-365 253
24/7 437
24 Original Hits 416
Twenty-Four Seven 1448
Twentyfourseven 58
29 Palms 793
21 Seconds 1302
21 Today 1165
23am 930
Twice As Kool 772
. . . Twice Shy 591
Twice The Love 128
Twilight Zone 576, 1453
Twilight Zone/Twilight Tone 860
Twin Sons Of Different Mothers 509
Twinkie Lee 1490
Twins 374
Twist And Shout 114, 356, 370, 682, 1089, 1215, 1407
Twist im Star-Club 1145
Twist In My Sobriety 1420
Twist Little Sister 1089
Twist Of Fate 1002
Twist Time im Star-Club 1145
Twist Twist 246
Twist With Chubby Checker 255
Twist, Twist, Senora 165
Twisted 367, 1377
Twisted Tenderness 442
Twister 578
Twistin' And Twangin' 436
Twistin' Matilda 1308
Twistin' The Night Away 300
Twistin' USA 255
2 Become 1 1320 f.
2 Day's Monday 1225
2 Hot! 1063
2 in 3 1025
2 Legit 2 Quit 844
2 Times 44
2-4-6-8 Motorway 1179
2Future4U 1474
2Pacalypse Now 1454
Two Against Nature 1344
Two Can Play That Game (Remix 1995) 197
Two Cities 1498
Two EP 865
Two Faced 831
Two Faces 1134
Two Faces Have I 267
Two Fine People 1347
Two For The Show 742
Two Hearts 291
Two In A Million 371
Two In Love 287, 1278
Two Kinds Of Teardrops 1254
Two Lane Black Top 1393
Two Lane Highway 1118
Two Little Boys 615, 1325
Two Lovers 1502
Two Man Band 911
Two Occasions 362
Two Of Hearts 1331
Two Of Us 1452
Two Out Of Three Ain't Bad 910
Two People 1448
Two Princes 1323
Two Sides Of Four Pennies 517
Two To Make It Right 1239
Two Tribes 525 f.
Two's A Crowd 1076
200 Motels 1337
2000 1083
2000 – Year Of The Dragon 946
2000 Light Years From Home 1188
2001 372, 655
Tycoon 788
Tyger 1342
Typical Male 1448
Typisch Roger Whittaker 1513
Tyr 143
Tyrone 85

U And Me 222
U Blow My Mind 145
U Can't Stop Dis Shit 1045
U Can't Touch This 844
U Don't Have To Call 1469
U Got 2 Know 222
U Got 2 Let The Music 222
U Got It Bad 1469
U Got The Look 432, 1107
U Know What's Up 727
U Krazy Kat 1082
U R The Best Thing 414
U Remind Me 1469
U Sent Me Swingin' 938
U Sexy Thing 279

U Sure Do 1363
U Tore My World Apart 222
U.F.Orb 1033
U.S. 164
U2 Live: Under A Blood Red Sky 1457
U2: 3 1456
U16 Girls 1439
UB40 1458
UB44 1458
Über sieben Brücken musst du gehn 743, 982
Überall auf der Welt 186
Udo 734
Udo '70 734
Udo '71 734
Udo 40 734
Udo Live 734
Ue O Muite Aruko 1214
Ugly 1317, 1459
Ugly Beautiful 76
Uh Huh Oh Yeah 1501
Uh La La La 21
Uh-Huh 914
Ultimate Manilow 863
Ultimate Trunk Funk EP 182
Ultra 373
Ultrakurzwelle 1459
Um Um Um Um Um 511
Um Um Um Um Um Um 511
Um, Um, Um, Um, Um, Um 785
Ummagumma 1077
Umsteiger 971
Un Banque, Un Arbre, Une Rue 1243
Un de Bläck Fööss – Live 141
(Un, dos, tres) Maria 880 f.
Un Enfant Dans La Ville 1192
Un Estate Italiana 127, 958, 984
Un Grande Amore E Niente Più 379
Un-Break My Heart 184 f.
Una Festa Sui Prati 245
Una Lacrima Sul Viso 985
Una Notte Speciale 22
Una Paloma Blanca 760, 1024, 1537
Una Radura 984
Una Storia Importante 1138
Unbelievable 447
Unborn Child 1234
Unbreak My Heart 298
Unbreakable 183
Unchain My Heart 252, 283
Unchained 238
Unchained Melody 240, 552, 1170 f., 1179 f., 1377
Unchained Melody/The Early Years 1172
Uncle Albert/Admiral Halsey 897
Uncle John From Jamaica 1481
Uncle Satchmo's Lullaby 53
Unconditional Love 977
Und ... ich lauf 1530
Und da steht es geschrieben 1471
Und dabei liebe ich euch beide 733
Und dann ... 1322
Und die Sonne ist heiß 303
Und es war Sommer 577, 853 f.
Und heut abend hab' ich Kopfweh 1257
Und heut verwöhn' ich dich – Herzilein Teil 2 1517
Und manchmal weinst du sicher ein paar Tränen 20
Und täglich grüßt das Murmeltier 1307
Undead 1402
Undecided 362
Under African Skies 1191
Under Milk Wood 652
Under My Skin 155
Under One Roof 1202
Under Pressure 175, 1125, 1476
Under Rug Swept 958
Under The Boardwalk 416, 1399, 1523, 1545
Under The Bridge 25, 1149 f.
Under The Bridge/Lady Marmalade 25
Under The Bridges Of Paris 880
Under The Gun 1284
Under The Influence Of ... 834
Under The Moon Of Love 1263
Under The Pink 36
Under The Water Line 1402
Under Water! 1094
Under Wraps 239
Under Your Thumb 574
Undercover 1188
Undercover Agent For The Blues 1510
Undercover Angel 1018
Undercover Of The Night 1188
Underdog 958
Understanding 1541
Underwater Love 1297
Undivided Love 831
Uneasy Rider 339
Unequalled Equals 453
Unfinished Business 144, 360, 1190
Unfinished Monkey Business 197
Unfinished Music No. 1/Two Virgins 798
Unfinished Sympathy 886
Unforgettable With Love 286
Unforgettable: A Musical Tribute To Nat King Cole 286, 889
Unforgivable Sinner 875
Unforgiven 414, 575
Unguarded 587
Unicorn 1386
Union 1547
Union City 126, 618
Union City Blues 149
Union Gap 1115
Union Of The Snake 423
Uniquely Mancini 859
Unite 772
United 1108
United Part 1 922
United We Stand 195, 436, 1370
Unity 134
Universal 767, 1290
Universal Soldier 402, 1214
Unknown Territory 162
Unleash The Dragon 1283
Unmistakeably Lou 1145
Uno Dei Mods 1256
Uno Mas 1018
Unplug It In 949
Unplugged 11, 272, 305, 374, 472, 1549
Unplugged (The Official Bootleg) 896
Unplugged ... And Seated 1354
Unplugged Herbert 595
Unpredictable 286
Unpretty 1425
Unreal 1464
Unrestricted 333
Uns geht's prima 58
Uns Johreszigge 141
Unser Mann in Havanna 684
Unser täglich Brot ist die Liebe 20
Unsere Lieder 505
Unsere tollen Nichten 734
Unsere tollen Tanten 734
Unskinny Bop 1087
Unsterblich 1431
Unter dem Schottenrock ist gar nichts 602
Unter falscher Flagge 1429
Unter fremden Sternen 529
Untie Me 1312, 1391
Until It Sleeps 921
Until It's Time For You To Go 1100, 1214
Until The End Of Time 1454
Until The Time Is Through 497
Until You Come Back To Me (That's What I'm Gonna Do) 527
Untitled 211
Untitled (How Does It Feel) 331
Unusual Heat 513
Up 1128, 1169
Up All Night 169, 430
Up And Down 1480
Up Around The Bend 316
Up For Grabs 1323
Up In A Puff Of Smoke 1075, 1378
Up Middle Finger 1045
Up On It 515
Up On The Catwalk 1270
Up On The Downside 1023
Up On The Roof 416, 758, 840, 1180, 1393
Up The Junction 1330
Up The Ladder To The Roof 1374
Up To Date 1057
Up To No Good 1091
Up To Our Hips 250
Up To The Wildstyle 1091
Up Where We Belong 282 f., 1214, 1493
Up Your Alley 713
Up'N Away 970
Up, Up And Away 492 f., 863
Upfront 929
Uprising 875
Uprock 1182
Uprocking Beats 163
Upside Down 65, 1196
Upstairs At Eric's 1544
Uptight (Everything's Alright) 1534
Uptown Festival (Part 1) 1250
Uptown Girl 719, 1505
Uptown Top Ranking 31 f.
Upwash 1334
Ur Life 883
Ur-Urenkel von Frankenstein 1555
Urban Cowboy 795, 1439
Urban Hymns 1406
Urban Takeover Remix 839
Urgent 514, 1489
Urmel-Lied-Mix 398
Us 544
Us And Us Only 251
Use It Up And Wear It Out 1024, 1059
Use Me 1530
Use Ta Be My Girl 1019
Use Your Fingers 151
Use Your Heart 1381
Use Your Illusion I 599
Use Your Illusion II 599

Utah Saints 1469
Utopia 813
U-Turn 827
U-Vox 1461

V.L. 792
Vacation 524, 575, 1516
Vader Abraham im Land der Schlümpfe 1470
Vagabond Heart 1354
Vagabond Ways 474
Val 405
Val Doonican Rocks But Gently 405
Valentine 1385
Valerie 950, 1529
Valleri 569
Valley Of Tears 399
Valley Of The Dolls 1494 f.
Valotte 799 f.
Vamonos (Hey Chico Are You Ready) 548 f.
Vamos A La Playa 224, 1169
Vamp 727
Van Halen 1473
Van Halen II 1473
Van Halen 3 1474
Van Zant II 842
Vanilla Fudge 1476
Vanishing Point 229, 1104
Vapors 1301
Väter und Söhne 595
Vater Unser 427
Vater wo bist Du? 1410
Vault: Greatest Hits 1980–1995 365
Vauxhall And I 960
Vegas 1289
Vehicle 668, 1375
Velcro Fly 1559
Velveteen 1438
Venni Vetti Vecci 686
Ventura Highway 34
Venus 92, 400, 1262, 1338
Venus And Mars 896
Venus In Blue Jeans 270, 1539
Verbotene Liebe 1046
Verbotene Träume 20
Verdammt, ich lieb' dich 1157 f.
Verdamp lang her 96 f.
Verde 760
Vergessen heißt verloren sein 1243
Verities & Balderdash 249
Verlieben, verloren, vergessen, verzeih'n 1071
Verliebt . . . 157
Verliebt, verlobt, verheiratet 20, 299, 535
Verliebte Jungs 1229
Verliebte Leute 20
Verpiß dich 1242, 1418 f.
Version 2.0 548
Very 1068
Very Best Of Rita Coolidge 301
Very Necessary 1215
Very Relentless 1068
Vespertine 138
Viaggio Italiano 160
Vibe 244
Vibes 789
Vibrator 332
Vicki Sue Robinson . . . Behind The Beat 1179
Vicky Leandros 792
Victim Of Love 453
Victims 326
Victims Of Circumstance 97
Victor Should Have Been A Jazz Musician 727
Victoria Beckham 118
Victory 689, 693, 773
Victory – The Eleventh Album 946
Victory Polka 319
Video Flashback 1087
Video Killed The Radio Star 206
Videodrome 618
Viel Größer 1303
Viel zu weit 971
Viele bunte Lichter 700
Vienna 1461
Vienna Calling 475 f.
Viens Au Creux De Mon Epaule 70
4 gewinnt 479 f.
4630 Bochum 595
24 Karat 1349
View From A Bridge 1517
Vigil In A Wilderness Of Mirrors 870
Villains 1482
Vincent 906 f.
Vindaloo 485
Violator 373
Virgin Killer 1231
Virginia Plain 1199 f.
Virtual Insanity 698 f.
Virtual XI 681
Visage 1485
Vision am Lido 1428
Vision Of Love 226 f., 410
Vision Thing 1284
Visions 1166
Visions Of The World 95
Vital Idol 669
Vital Signs 1375
Vitalogy 1063
Viva Bobby Joe 453
Viva El Amor 1101
Viva El Moscow 233
Viva Espana 871
Viva Forever 1320 f.
Viva Hate 960
Viva Italia 245
Viva La Radio 824
Viva Las Vegas 1559
Viva Los Tioz 161
Viva Roxy Music 1199
Vivid 442
Vivo Per Lei – Ich lebe für sie 160
Vogel der Nacht 1159
Vogeltjedans/Tchip Tchip 443
Vogue 852
Voice In The Wilderness 1166
Voice Of The Heart 230
Voices 44, 604
Voices Carry 1421
Voices From The Holyland 726
Voices In My Head 1243
Vol. 1 1453
Vol 2 . . . Hard Knock Life 704
Vol. III 425
Vol.3 . . . Life And Times Of S. Carter 705
Volare 880, 1208
Volcano 205
Voll auf der Kippe 779
Voll in den Winter Vol. 4 1228
Volle Granate, Renate 1428
Volume One 650
Volume II (1990 A New Decade) 1310
Volume III Just Right 1310
Volume IV The Classic Singles 88–93 1310
Volume V – Believe 1309 f.
Volunteers 709
Vom Stadtpark die Laternen 567 f., 570
Von Anfang an 971
Von Böhmen in die Welt 583
Von Kontinent zu Kontinent 529
Voodoo 331
Voodoo Chile 634
Voodoo Lounge 1187 f.
Voodoo People 1112
Voodoo Ray (EP) 440
Votan Wahnwitz 813
Voulez Vous 453
Voulez-Vous 4
Vous Les Copains Je Ne Vous Oublierai Jamais 1257
Vous Permettez Monsieur 10
Voyage Voyage 375
Vs. 1063
Vuelve 881
Vulture Culture 1053
Vun drinne noh drusse 96

W.F.L. 610
Wack Wack 1552
Wadde hadde dudde da? 1130
Wade In The Water 806
Wag The Dog 992
Wahnsinn 1071, 1555
Wahnsinn/Die Hits 79–95 96
Wahre Liebe 1322
Wait 183, 660, 1412, 1511
Wait! 152
Wait A Minute 183
Wait For Me 1412
Waiting 537
Waiting 502
Waiting For A Girl Like You 514
Waiting For A Star To Fall 177
Waiting For A Train 502
Waiting For An Alibi 1409
Waiting For Herb 1085
Waiting For Love 22
Waiting For The Punchline 467
Waiting For The Sun 407, 1203
Waiting For Tonight 827
Waiting For You 808
Waiting In The Wings 482
Waiting In Vain 800
Waiting To Exhale 147, 183, 659, 783, 820
Wake Me Up Before You Go Go 1507
Wake Up 134
Wake Up And Love Me 1346
Wake Up And Smell The Coffee 310
Wake Up Boo! 168
Wake Up Everybody 901, 915
Wake Up Little Susie 464
Wake Up! 168
Waking And Dreaming 1038
Waking Hours 367
Waking Up The Neighbours 11
Waking Up With The House On Fire 326
Walk A Mile In My Shoes 1312
Walk Away 734, 951, 1335
Walk Away From Love 1204
Walk Away Renee 520, 796, 1358
Walk Don't Run 1481
Walk Don't Run '64 1481
Walk, Don't Run, Vol. 2 1481
Walk Hand In Hand 1519

Walk In Love 860
Walk In The Night 1489
Walk In the Sun 654
Walk Like A Man 518, 585
Walk Like A Panther 25, 267
Walk Like A Panther '98 25
Walk Like An Egyptian 94
Walk Of Life 386, 1080
Walk On 173, 1457
Walk On Boy 572
Walk On By 545, 1223, 1382, 1473, 1495, 1550 f.
Walk On The Wild Side 45, 421, 873, 1154
Walk On Water 949
Walk Right Back 464
Walk Right Back/Ebony Eyes 464
Walk Right In 1192
Walk Right Now 693
Walk Tall 405
Walk That Walk, Talk That Talk 469
Walk The Dinosaur 1495
Walk This Way 13 f., 1205
Walk Through Fire 83
Walk Under Ladders 52
Walk With Me 1240
Walkaway 240
Walker Brothers' Story 1490
Walkin' 214
Walkin' Back To Happiness 1254
Walkin' In The Rain With The One I Love 834
Walkin' My Baby Back Home 287
Walkin' On Sunshine 504, 1181
Walkin' On The Sun 1291
Walkin' The Dog 169
Walking After You 512
Walking Away 343, 675
Walking In Memphis 258
Walking In Rhythm 144
Walking In The Air 726
Walking In The Rain 945, 1057
Walking In The Sunshine 84
Walking Into Clarksdale 794
Walking Man 1393
Walking On Air 82
Walking On Broken Glass 800
Walking On Sunshine 743 f.
Walking On The Moon 1088
Walking The Dog 1413
Walking To New Orleans 399
Walking With A Panther 820
Walking Wounded 465
Wall Street Shuffle 1401
Walls And Bridges 799
Walls Come Tumbling Down! 1364
Wally 860
Walthamstow 430
Waltz Away Dreaming 173
Wand'rin' Star 883
Wandering Spirit 694, 1186
Wann kommt der Tag 305
Wann wird's mal wieder richtig Sommer? 232
Wanna Be Startin' Somethin' 691
Wanna Get Up 1453
Wanna Make You Go ... Uuh 370
Wannabe 1319, 1321
Wannabe Your Lover 1223, 1551
Want Ads 648 f.
Want You Bad 1026
Wanted 295, 404, 882, 1166, 1545
Wanted Dead Or Alive 164, 1301
War 1329, 1336, 1457
War Baby 1179
War Child 712
War Greatest Hits 1492
War Live! 1492
War Of Nerves 25
War Of The Worlds 624
Wär ich ein Buch 790
Warm 889
Warm And Tender 1001
Warm And Tender Love 1288
Warm And Willing 1519
Warm It Up 778
Warm Ride 1142
Warm Thoughts 1178
Warm Your Heart 994
Warning 592
Warped 1149
Warrior Rock – Toyah On Tour 1434
Warriors 63
Warriors (Of The Wasteland) 526
Warriorz 845
Wärst du doch in Düsseldorf geblieben 408
Wart auf mich 646
Warte auf das Glück 499
Warten ist so schwer 797
Warum nur, warum 734
Warum werde ich nicht satt? 1431
Warum? 1418 f.
Was damals war 583
Was ich dir sagen will 734
Was ich tat, tat ich nur für Maria 580
Was kostet die Welt? 265
Was soll das? 595
Was wäre, wenn ... 525
Was wird sein, fragt der Schlumpf 1470
Was zählt 1431
Waschen Schneiden Legen 653
Washington Square 1484
Wasn't That A Party 679
Wasser bis zum Hals steht mir 780
Wasted 364
Wasted Days And Wasted Nights 488
Wasted On The Way 321
Wasted Time 1285
Wasted Years/Stranger In A Strange Land 681
Wat een geluck 232
Wat? 1518
Watch 864
Watch Me 1264
Watch Me Do My Thing 672
Watch What You Say 752
Watching The Wheels 799
Watching The World Go By 1103
Watching You, Watching Me 587
Water 298, 616
Water From A Vine Leaf 1035
Water On Snow 138
Water Runs Dry 180
Water Sign 1146
Waterbed Hev 628
Waterboy 1533
Waterfalls 897, 1425
Waterfront 1270
Waterloo 4, 90, 394, 965, 1497
Waterloo Sunset 370, 762, 764
Watermark 452, 550
Watermelon Man 607, 1219
Watership Down 103, 550, 552
Watt 1403
Wave 1294
Way Back Home 1489
Way Beyond Blues 241
Way Down 1097, 1100
Way Down Yonder in New Orleans 221
Way Of Life 478
Way Out West 789
Way To Mars 982
Waylon & Willie 992
Wayne Fontana & The Mindbenders 511
Wayne's World 1459
Wayward Wind 669
WBBD – Bootcity! The Remix Album 123
(We Ain't Got) Nothin' Yet 156
We All Follow Man, United 859
We All Need Love 408
We All Stand Together 897
We Are 1482
We Are Alive 1472
We Are All Living In One Place 572
We Are All Made Of Stars 944
We Are Detective 1414
We Are Different 915
We Are Family 1283
We Are Family ('93 Mixes) 1283
We Are Glass 1016
We Are Goin' Down Jordan 665
We Are The Champions 1124 f.
We Are The Greatest 1230
We Are The Moles 421
We Are The Pigs 1366
We Are The World 229, 252, 326, 1431, 1468
We Belong 126
We Belong Together 941
We Built This City 708 f.
We Call It Acieed 393
We Can Get Together 668
We Can Leave The World 1223
We Can Make It 1071
We Can Work It Out 114, 1338
We Can't Be Friends 310
We Can't Dance 560
We Can't Go Wrong 308
We Close Our Eyes 573
We Come 1 475
We Connect 1331
We Didn't Start The Fire 719
We Do It 1357
We Don't Have To Take Our Clothes Off 1351
We Don't Need Another Hero 546
We Don't Need Another Hero (Thunderdome) 1448
We Don't Talk Anymore 1166
We Fit Together 1042
We Get Letters 295
We Got A Love Thang 1065
We Got By 702
We Got It 672
We Got Love 1208
We Got The Beat 575, 1516
We Got Us 582
We Gotta Get Out Of This Place 42
We Gotta Get You A Woman 1204
We Have A Dream 1232
We Have All The Time In The World 53
We Have All The Time In The World – The Very Best Of Louis Armstrong 53
We Just Wanna Party With You 1301
We Let The Stars Go 1095

We Like To Party! 1480
We Love Life 1117, 1489
We Love To Love 1216
We Love You 917, 1188
We Love You/Dandelion 1188
We Must Believe In Magic 554
We Need A Resolution 3
We Shall All Be Free 1499
We Shall Dance 1197
We Should Be Together 1167
We Sold Our Soul For Rock 'n' Roll 143
We Take Mystery (To Bed) 1016
We Thank Thee 1156
We Three (My Echo, My Shadow And Me) 1278
We Thuggin' 484
We Too Are One 460
We Trying To Stay Alive 706
We Two 483
We Want The Funk 563
(We Want) The Same Thing 228
We Were All Wounded At Wounded Knee 1150
We Were Always Sweethearts 1225
We Will Never Be As Young As This Again 1520
We Will Rock You 497, 1125
We Will Survive 1494
We Wish You A Merry Christmas 297
We'd Like To Teach The World To Sing 997
We'll Be Together 1217, 1356
We'll Be Together ('89 Remix) 1217
We'll Bring The House Down 1288
We'll Find Our Day 355
(We'll Fly You To The) Promised Land 665
We'll Have A Party Tonite 'Nite 1397
We'll Never Have To Say Goodbye Again 449
We'll Sing In The Sunshine 550
We're All Alone 301, 1225
We're An American Band 585 f.
We're Going To Ibiza! 1455, 1480
We're Gonna Do It Again 859
We're In This Together 1271
We're Not Gonna Sleep Tonight 206
We're Not Making Love No More 417
We're Ready 173
We're Through 644
We've Got It Goin' On 81
We've Got The Whole World In Our Hands 1050
We've Got To Live Together 1075
We've Got Tonight 432, 1185 f.
We've Gotta Get Out Of This Place 41, 1103
We've Only Just Begun 230
Weak 967, 1381, 1411
Weak In The Presence Of Beauty 967
Weak Spot 1411
Wear My Ring Around Your Neck 1099
Weather With You 322 f.
Weathered 314
Weck mich auf 369
Wedding Bell Blues 493
Wedding Bells 574
Wednesday Morning, 3 A.M. 1267, 1269
Wednesday Week 1462
Wee Rule 1500
Weekend 429, 1404, 1506
Weekend In L.A. 128
Weekend In New England 863
Weiße Rosen aus Athen 965
Weiber 1072
Weißes Traumboot 1474
Weißt du wohin 582 f.
Weißt du, was du für mich bist 790
Weight Of The World 1337
Weihnachten auf hoher See 529
Weihnachten mit Andrea Jürgens 733
Weihnachten mit den Drei Tenören 1061
Weihnachten mit Heintje 631
Weihnachten mit Roger Whittaker 1513
Weil du arm bist, musst du früher sterben 580
Weil du meine große Liebe bist 161
Weil i di mog 1158
Weil mein Herz dich nie vergisst 792
Weil wir Freunde sind 1517
Weine nicht, kleine Eva 504 f.
Weinst du 434 f.
Weit ist der Weg 529
Weites Land 683
Welch ein Tag 731
Welches Ziel hat die Evolution? 653
Welcome 1219
Welcome Back 446, 1236
Welcome Back My Friends To The Show That Never Ends – Ladies And Gentlemen: Emerson, Lake & Palmer 446
Welcome Home 1070 f.
Welcome II Nextasy 1002
Welcome To Heartlight 823
Welcome To My Music 267
Welcome To My Nightmare 302
Welcome To My World 1099, 1156
Welcome To Paradise 592
Welcome To The Beautiful South 116
Welcome To The Cheap Seats 1534
Welcome To The Cheap Seats (EP) 1535
Welcome To The Club 902
(Welcome) To The Dance 940
Welcome To The Jungle 598 f.
Welcome To The Neighbourhood 910
Welcome To The Pleasure Dome 526
Welcome To The Pleasuredome 526
Welcome To The Ponderosa 594
Welcome To The Real World 969
Welcome To The Show 98
Welcome To Tomorrow 1299 f.
Welcome To Wherever You Are 679
Weld 1549
Welenga 1504
Well Did You Evah? 1276
Well I'm Your Man 1421
Well Respected Kinks 763
Well, I Ask You 741
Well, Well, Said The Rocking Chair 533
Wendy Moten 961
Wenn 453, 507, 524 f., 1105
Wenn das Liebe ist 571
Wenn der Vorhang fällt 571
Wenn die Cowboys träumen 755
Wenn die Elisabeth 943
Wenn die Kraniche zieh'n 630
Wenn die Sonne erwacht in den Bergen 9
Wenn die Sonne scheint in Texas 835
Wenn du da bist 1117 f.
Wenn du denkst, du denkst, dann denkst du nur, du denkst 543, 1503
Wenn du gehst, stürzt nicht der Himmel ein 525
Wenn du mal allein bist 1228
Wenn du mal einsam bist 1177
Wenn ein Schiff vorüberfährt 670
Wenn erst der Abend kommt 20
Wenn et jöck . . . 141
Wenn ich dich nicht lieben würde 1004
Wenn ich dich verlier'! 642
Wenn ich ein Cowboy wär' 788
Wenn ich ein Junge wär' 1062
Wenn ich geh' 1071
Wenn Teenager träumen 776
Wer das vergißt 529
Wer hat mein Lied so zerstört, Ma? 790
Wer hätte 343
Werner – Beinhart 1428
West End Girls 1068 f.
West End Pad 370
West Side Story 90, 490, 703, 1068
West Side Story & Other Motion Picture & Broadway Hits 490
Westerland 58
Western Union 497
Westlife 1505
Westside 1435 f.
Westwärts zieht der Wind 883
Wet 1362
Wet Dream 1189
Wetten, dass . . ? 286
Wha'ppen 110
Whaler 622
Wham Bam 1547
Wham Rap! 1506 f.
Wham! 848
What 29, 1304, 1489
What? 1518
What A Crying Shame 891
What A Diff'rence A Day Makes 1074
What A Dream 1048
What A Feeling 224, 390
What A Fool Believes 403, 421, 900
What A Fool I Was 55
What A Girl Wants 15
What A Lovely Way To Spend An Evening 609
What A Night 269
What A Price To Pay 336
What A Waste 424
What A Wonderful World 53
(What A) Wonderful World 1393
What About Love 627, 1421
What About Me 602, 1185
What About Now 825
What About Us 183, 1086, 1429
What About Your Friends 1425
What Am I 1424
What Am I Bid? 1473
What Am I Doin' Hanging Around 974
What Am I Gonna Do (I'm So In Love With You) 1354
What Am I Gonna Do With You 1509
What Are We Gonna Get Er Indoors? (Interpol. In The Bleak Mid-Winter) 1497
What Are We Waiting For 978

What Are You Doing Sunday 349
What Becomes Of The Broken Hearted 1180
What Becomes Of The Broken Hearted/ Saturday Night At The Movies/You'll Never Walk Alone 1180
What Becomes Of The Brokenhearted 1204
What Becomes Of The Brokenhearted? 1350
What Can I Do 305, 440
What Can I Do (Remix) 305
What Can I Say 1225
What Can You Do For Me 1469
What Comes Around Goes Around 136
What Did I Do To You (EP) 1333
What Do I Do 411, 486
What Do I Do Now 1289
What Do I Have To Do 937
What Do You Want From Me? 996
What Do You Want To Make Those Eyes At Me For 1349
What Do You Want? 472
What Does It Take (To Win Your Love) 1489
What Evil Lurks 1111
What Goes Around 1236
What Happened To Rock 'n' Roll 583
What Have I Done To Deserve This 1068 f., 1327
What Have They Done To My Song, Ma 997
What Have You Done For Me Lately 688
What Hits!? 1150
What I Am 187 f., 206
What I Like About You 1188
What I've Got In Mind 1317
What If 809, 1528
(What) In The Name Of Love 983
What In The World's Come Over You 1181
What Is Beat? (The Best Of The Beat) 110
What Is Life 617
What Is Love 602, 727 f., 735
What It Feels Like For A Girl 852
What It Is 386
What It Takes 14
What It's Like 657
What Kind Of Fool 24, 346, 566, 1362
What Kind Of Fool (Do You Think I Am) 1391
What Kind Of Fool Am I And Other Show-Stoppers 346
What Kind Of Love Is This 986
What Kind Of Man Would I Be? 261, 938
What Kinda Boy You're Lookin' For (Girl) 655
What Makes A Man 1505
What Next? 209
What Now My Love 29, 102, 1208, 1307
What The Fuck Is Going On 767
What The World Is Waiting For/Fool's Gold 1357 f.
What The World Needs Now Is Love 275, 374
What The World Needs Now Is Love/ Abraham, Martin And John 276
What They Gonna Do 828
What Time Is Love 767
What Time Is Love (Live At Trancentral) 768
What Took You So Long? 206
What Were Once Vices Are Now Habits 403
What Will Mary Say 890
What Would I Be 405
What Would You Do? 269
What Ya Want 462
What You Are 356
What You Don't Know 467
What You Need 679
What You Want 885, 1429
What You Won't Do For Love 215
What You're Missing 767
What You're Proposing 1341
What'cha Gonna Do About It? 1443
What'chu Like 333
What'd I Say 251 f.
What's All This 595
What's Another Year 822
What's Bin Did And What's Bin Hid 402
What's Funk? 585
What's Going On 15, 25, 253, 554, 1536
What's In A Kiss 1020
What's It Gonna Be?! 209, 688
What's It Take 1049
What's Love 652
What's Love Got To Do With It 542 f., 546, 660, 1447 f.
What's Luv? 59, 484
What's My Age Again? 148
What's My Name 1300 f.
What's New 1191
What's New Pussycat? 507, 730
What's On Tonight 732
What's On Your Mind (Pure Energy) 674 f.
What's So Different? 569
What's The 411? 147
What's The Colour Of Money? 645 f.
What's The Flavor 1551
What's The Frequency, Kenneth 1129
What's The Name Of Your Game 583
(What's The Story) Morning Glory? 1022
What's The Word 469
What's The Worst That Could Happen? 554
What's Up 391, 516
What's Your Name 262, 399
What's Your Name, What's Your Number 1443
Whatcha Gonna Do 934, 1046
Whatcha Gonna Do About It? 1290
Whatcha Gonna Do With My Lovin' 934
Whatcha See Is Whatcha Get 414
Whatever 740, 965, 1021 f., 1421
Whatever Gets You Through The Day 808
Whatever Gets You Thru The Night 799
Whatever Happened To 276
Whatever Happened To Old Fashioned Love 1018, 1411
Whatever I Do (Wherever I Go) 357
Whatever We Wanted 914
Whatever Will Be, Will Be 349
Whatever Will Be, Will Be (Que Sera, Sera) 350
Whatever You Say, Say Nothing 356
Whatever You Want 1447
Whatever You Want – The Very Best Of Status Quo 1341
Whatever's For Us 52
Whatever, Whenever 740
Whatta Man 448 f., 1215
Wheatus 1507
Wheel In The Sky 732
Wheel Of Fortune 8
Wheels 1479
Wheels Are Turnin' 1161
Wheels Of Fire (Double) 313
Wheels Of Fire (Single) 313
When 461, 1235, 1263, 1440
When A Child Is Born 889
When A Child Is Born (Soleado) 890
When A Man Loves A Woman 162, 1288
When A Woman 545
When Can I See You 77 f.
When Disaster Strikes . . . 209
When Do I Get To Sing »My Way« 1277, 1316
When Doves Cry 569, 1107
When Forever Has Gone 1198
When I Close My Eyes 1252
When I Come Around 592
When I Die 1012
When I Dream 554, 1395
When I Fall In Love 45, 288, 801, 1040
When I Fall In Love/My Arms Keep Missing You 63
When I Grow Up 548
When I Grow Up (To Be A Man) 108
When I Kiss You (I Hear Charlie Parker Playing) 1316
When I Look Into Your Eyes 495
When I Looked At Him 467
When I Need You 914 f., 1224
When I Said Goodbye/Summer Of Love 1346
When I See You Smile 83
When I Think Of You 688, 1412
When I Was Born For The 7th Time 304
When I'm Back On My Feet Again 162
When I'm Dead And Gone 546, 903
When I'm Gone 330
When I'm Good And Ready 1382
When I'm Sixty-Four 316
When I'm With You 22, 1260
When In Spain 1165
When Incubus Attacks Vol. 1 673
When It's Love 1474
When It's Over 1367
When Johnny Comes Marching Home/ Mad You 472
When Julie Comes Around 324 f.
When Love And Death Embrace 641
When Love And Hate Collide 365
When Love Breaks Down 1095
When Love Comes To Town 757, 1457
When My Baby 1229
When My Little Girl Is Smiling 410, 735
When Pigs Fly 474
When She Was My Girl 520
When Smokey Sings 6
When Susannah Cries 812
When The Boy In Your Arms (Is The Boy In Your Heart) 524

When The Boys Meet The Girls 1283
When The Children Cry 1511
When The Eagle Flies 1437
When The Girl In Your Arms Is The Girl In Your Heart 1166
When The Going Gets Tough, The Tough Get Going 181, 1023
When The Heartache Is Over 1448
When The Lights Go Out 497, 983
When The Rain Begins To Fall 689, 868, 1051, 1553
When The Snow Falls 1402
When The Summertime Is Over 1440
When The Sun Comes Shining Thru 89
When The White Lilacs Bloom Again 1553
When The World Knows Your Name 356
(When We Are Dancing) I Get Ideas 53
When We Dance 1356
When We Was Fab 616
When We Were Kings 535
When We Were The New Boys 1354
When We Were Young 204, 761
When Will I Be Famous? 194
When Will I Be Loved 464, 1191
When Will I See You Again 1415
When Will You Say I Love You 540
When You And I Were Young, Maggie, Blues 320
When You Are A King 1512
When You Are Here 1046
When You Ask About Love 887 f.
When You Believe 226 f., 659 f.
When You Come Back To Me 403
When You Gonna Learn 698
When You Love A Woman 732
When You Say Nothing At All 746
(When You Say You Love Somebody) In The Heart 773
When You Tell Me That You Love Me 1196
When You Walk In The Room 263, 1235, 1341
When You Want It 520
When You Were Sweet Sixteen 295
When You Were Young 367
When You're Falling 544
When You're Gone 11, 212, 310
When You're Hot, You're Hot 1153
When You're In Love With A Beautiful Woman 413
When You're Young And In Love 508
When Your Heart Is Weak 281 f.
When Your Lover Has Gone 1277
Whenever I Call You Friend 823 f., 858
Whenever You Need Me 1385
Whenever You Need Somebody 63
Whenever You Need Someone 82
Whenever, Wherever 458, 1250
Where Are You 744
Where Are You Baby 168
Where Are You Now 1384
Where Are You Now (My Love) 1440
Where Are You? 1277, 1299
Where Can I Find Love 819
Where Did I Go Wrong 360
Where Did Our Love 441
Where Did Our Love Go 441, 1142, 1373 f.
Where Did Our Love Go/Je Voulais (Te Dire Que Je T'attends) 860
Where Did Our Love Go? 441
Where Do Broken Hearts Go 659
(Where Do I Begin) Love Story 1520
Where Do You Go 1012
Where Do You Go To My Lovely 1221
Where Does My Heart Beat Now 383 f.
Where Does My Heart Feel So Bad? 944
Where Has All The Love Gone 1545
Where Have All The Cowboys Gone? 288
Where Have You Been Tonight? 1256
Where I Wanna Be 727
Where I'm Headed 875
Where Is The Love 501, 621
Where Is Your Love 389
Where It All Begins 27
Where It's At 117
Where Love Lives 811
Where Love Lives (Remix) 811
Where My Girls At? 1243
Where Or When 385
Where The Boys Are 524
Where The Boys Are/Baby Roo 524
Where The Lost Ones Go 812
Where The Party At 694, 990
Where The Sour Turns To Sweet 559
Where The Streets Have No Name 1069, 1457
Where The Wild Roses Grow 937
Where There's Smoke ... 1178
Where We Belong 180
Where Were You When I Needed You 588
Where Were You When I Was Falling In Love 820
Where Will The Words Come From 805
Where Will We Be In The 21st Century? 1467
Where You Goin' Now 337
Where's The Love 609
Where's The Reason 99
Where's Your Head At 101
Wherever I Go 474
Wherever I Lay My Hat (That's My Home) 1550
Wherever Would I Be 604, 1327
Wherever You Are 323
Wherever You Go 1485
Wherever You Will Go 215
Wherewithal 1493
Which Way You Goin' Billy? 1091
Whiffenpoof Song 320
Whigfield 1508
While My Guitar Gently Weeps 616, 625
While The City Sleeps ... 128
While You See A Chance 1529
While You Were Out 1308
While You're Out Looking For Sugar 648
Whip Appeal 78
Whiplash 697
Whiplash Smile 669
Whipped Cream & Other Delights 29
Whisky In The Jar 1409
Whisper A Prayer 1051
Whispering 1346, 1398
Whispering Grass 344 f.
Whispering Jack 483
Whispering Voices 1355
Whispering Your Name 966
Whispering/Cherchez La Femme/Se Si Bon 753
Whispers 197
Whistle Down The Wind 51, 180
Whistle Song (Blow My Whistle Bitch) 389
Whistle Stop 324
White Bucks And Saddle Shoes 722
White Christmas 240, 255, 319, 614, 720, 900, 1279, 1337
White City – A Novel 1433
White Dove 1232
White Feathers 740
White Flames 1510
White Gold 834
White Horse 784
White Horses 795
White Ladder 589 f.
White Lie 514
White Lilies Island 671
White Lines 820
White Lines (Don't Do It) 423
White Lines (Don't Don't Do It) 586
White Music 1541
White Nights 33, 880, 1167
White On Blonde 1406
White On White 1520
White Punks On Dope 1444
White Rabbit 708 f.
White Room 314
White Rover/Rocky Road To Dublin 418
White Wedding 669
Whitesnake 1512
Whitesnake 1987 1513
Whitesnake Greatest Hits 1513
Whitey Ford Sings The Blues 657
Whitney 659
Whitney Houston 659
Who Am I 121
Who Am I/This Is It! 472
Who Are You 1515
Who Came First 1433
Who Can I Run To? 1540 f.
Who Can It Be Now? 916
Who Can Make Me Feel Good? 103
Who Dat 949
Who Do U Love 309
Who Do We Think We Are 364
Who Do You Love Now? (Stringer) 936, 1174
Who Do You Think You Are 400
Who Does She Think She Is 899
Who Found Who 710
Who I Am 769
Who Is Elvis 677
Who Is Harry Kellerman And Why Is He Saying Those Terrible Things About Me 412
Who Is He And What Is He To You 820
Who Is It 691
Who Killed Bambi 1403
Who Killed Bambi/Silly Thing 1403
Who Let The Dogs Out 87
Who Loves You 518 f.
Who Needs Guitars Anyway 23
Who Needs Love (Like That) 453
Who Pays The Piper? 270
Who The F**k Is Alice 1298
Who The Fuck Is James Brown? 198, 781
Who The Hell Are You 849
Who Wants To Live Forever 420, 892, 919

Who Was It 1293
Who Will Answer? And Other Songs Of Our Time 35
Who Will Save Your Soul 713
Who Will You Run To 627
Who You Are 1063
Who'd She Coo? 1026
Who'll Come With Me 748
Who's Better Who's Best 1515
Who's Crying Now 733
Who's Gonna Rock You 1013
Who's Greatest Hits 1515
Who's Holding Donna Now 359
Who's In The House 114
Who's Johnny 359
Who's Leaving Who 357
Who's Loving My Baby 32
Who's Making Love 1394, 1552
Who's Next 431, 1515
Who's Sorry Now 523 f.
Who's That Girl 460, 462, 851 f.
Who's That Knocking 399
Who's That Lady With My Man 869
Who's That Man? 628, 988
Who's The Mac 1468
Who's Zooming Who? 526 f.
Whoa, Nelly! 540
Whodunit 1392
Whole Again 66
Whole Lotta Love 214, 576, 793 f.
Whole Lotta Loving 399
Whole Wide World 828
Whoomph! (There It Is) 189, 279, 1387
Whoops Now/What'll I Do 689
Whoot, There It Is 1121
Whose Are These Boots? 1298
Whose Law (Is It Anyway)? 600
Whose Side Are You On? 890
Why 190, 370, 393, 571, 690, 753, 800, 822, 939, 1040, 1266, 1417
Why? 191
Why? (Am I Treated So Bad) 1334
Why Are You Leaving 816
Why Baby Why 171
(If You Let Me Make Love To You Then) Why Can't I Touch You? 426
Why Can't I Wake Up With You 1388
Why Can't This Be Love 1474
Why Can't We Be Friends? 1492 f.
Why Can't We Live Together 1413
Why Can't You Spend Some Time 1474
Why Didn't You Call Me 590
Why Do Fools Fall in Love 72, 376, 804, 1195 f.
Why Do Lovers Break Each Other's Heart? 160
Why Does It Always Rain On Me? 1439
Why Does My Heart Feel So Bad 944
Why Don't You Believe Me 1047
Why Don't You Get A Job? 1026
Why I Love You So Much/Ain't Nobody 949
Why Me? 224, 227, 822, 1082
Why Must We Wait Until Tonight 1447
Why Oh Why 64
Why Oh Why Oh Why 1020
Why Should We Not? 863
Why Why 753
Why You Treat Me So Bad 1247
Wichita Lineman 217 f.
Wicked Game 641, 681 f.
Wicked Love 1023
Widderlich 97
Wide Awake In America 1457
Wide Awake In Dreamland 126
Wide Eyed And Legless 472
Wide Open Space 865
Wide River 932
Wie damals in Paris 153
Wie der Sonnenschein 646
Wie es euch gefällt 20
Wie es geht 59
Wie frei willst du sein? 229
Wiedersehn ist wunderschön 794
Wiener Blut 476
Wiener Spaziergänge 20
Wifey 1002
Wig-Wam Bam 1378
Wiggerl 1321
Wiggle It 1451
Wikinger Rollo 1428
Wild! 453
Wild America 1089
Wild At Heart 681
Wild Bird 89
Wild Boys 423
Wild Card 332
Wild Cherry 1516
Wild Days 512
Wild Flowers 1072
Wild Frontier 956
Wild Hearted Woman 24
Wild Honey 107
Wild Horses 295, 1477
Wild In The Country/I Feel So Bad 1100
Wild In The Streets 709
Wild Is Love 287
Wild Life 767, 896
Wild Mood Swings 327
Wild Night 914
Wild One 639, 1208
Wild One – The Very Best Of Thin Lizzy 1409
Wild Planet 76
Wild Seed 16
Wild Seed – Wild Flower 483
Wild Side 873
Wild Side Of Life 1341
Wild Thing 478, 1206, 1426, 1442 f., 1551
Wild Weekend 1148
Wild West Hero 442
Wild Wheels 1332
Wild Wild West 417, 456, 669, 1295, 1533
Wild Wind 1089
Wild Wood 1501 f.
Wild World 277, 968, 1103, 1347
Wilde Rosen und andere Träume 433
Wildest Dreams 1447
Wild-Eyed Southern Boys 1411
Wildfire 974 f.
Wildflower 1286
Wildflowers 289, 1073
Wildlife 1053
Wildood Weed 1331
Wildside 873
Wildwood 1023
Will 2K 1295 f.
Will I 1472
Will I Ever 23
Will I What 345, 1221
Will It Go Round In Circles 1100
Will The Circle Be Unbroken 1009, 1534
Will The Wolf Survive? 830
Will You 261, 744, 758, 1017, 1261
Will You Be There 626, 691
Will You Be There In The Morning 626
Will You Love Me Tomorrow 758, 1261
Will You Still Love Me? 261
Will You Wait For Me 744
Willennium 1295
William Bloke 181
Willie And Family Live 992
Willie Nelson Sings Kris Kristofferson 992
Willie Nelson's Greatest Hits (& Some That Will Be) 992
Willow Weep For Me 246
Willst du mit mir geh'n 772, 790
Willst Du mit mir schlafen geh'n 568
Willy 824
Willy And The Poor Boys 316
Willy Use A Billy . . . Boy 454
Willy Wonka And The Chocolate Factory 346
Wilson Phillips 1526
Wimoweh 372, 722, 1420
Win The Race 946
Win, Lose Or Draw 27
Winchester Cathedral 998
Wind & Wuthering 560
Wind Beneath My Wings 656, 926, 999
Wind It Up (Rewound) 1111
Wind Me Up (Let Me Go) 1166
Wind Of Change 1232
Windmills Of Your Mind 617
Windows Of Heaven 708
Windpower 397
Winds Of Chance 1344
Windsong 312, 371
Windy 62
Windy Night 352
Winelight 1495
Wings At The Speed Of Sound 896
Wings Greatest Hits 896
Wings Of A Dove 850
Wings Of Tomorrow 459
Wings Over America 896
Wingspan – Hits & History 897
Wini-Wini 1387
Winkin' Blinkin' And Nod 1266
Winner In You 783
Winter Dance Party 644
Winter In July 162
Winter Lights 1191
Winter Wonderland 295, 900
Winter World Of Love 664
Wipe Out 1375
Wipeout 108, 484
Wir bauen eine Falle 398
Wir haben es getan 434
Wir halten zusammen 852
Wir kiffen 14, 1130
Wir lieben die Stürme 630
Wir sind bei Aldi 1013
Wir sind bereit 1429
Wir sind die Tramps 876
Wir sind jung, die Welt ist offen 797
Wir trinken Brüderschaft mit der ganzen Stadt 876
Wir warten auf's Christkind 1430
Wir wollen doch mal wieder Stimmung machen 876
Wir wollen niemals auseinandergehn 202

Wir wollen nur deine Seele 59
Wir wollen zu Land ausfahren 630
Wir zwei allein 620
Wired For Sound 1166
Wired To The Moon 1146
Wish 327
Wish (Komm zu mir) 331, 1092
Wish It Would Rain 1400
Wish You Were Here 674, 706, 1078, 1153
Wishful Thinking 30, 265, 1529
Wishin' And Hopin' 1327
Wishing 645, 899
Wishing (If I Had A Photograph Of You) 2
Wishing I Was Lucky 1505
Wishing On A Star 308, 531, 704, 1194
Wishing Well 332, 530
Wishing You Were Somehow Here Again 188 f.
Wishlist 1064
Witch Doctor 236
Witchcraft 1279
Witchy Woman 428 f.
With A Girl Like You 1443
With A Little Help From My Friends 282 f., 1370, 1505, 1551
With A Little Luck 897
With A Lot O' Soul 1400
With All My Heart 274
With Arms Wide Open 314
With Every Beat Of My Heart 351
With Love, Bobby 1260
With Me 376
With My Lover Beside Me 862
With My Own Eyes 1222
With Or Without You 1457
With The Beatles 113
With These Hands 1522
With You I'm Born Again 1100 f.
Within Without You 695
Without A Song 992
Without Love 232, 730, 804
Without You 85, 837, 962, 1005 f., 1083, 1329 f., 1421
Without You (Not Another Lonely Night) 525
Without You I'm Nothing 1083
Without You/Never Forget You 227
Witness 605
Wizard Of Oz 910
Wizzard Brew 1053
Wo bist du? 1322
Wo bist du jetzt? 434
Wo der Südwind weht 785
Wo meine Sonne scheint 127, 1471
Wo willst du hin? 982
Woke Up With A Monster 254
W-O-L-D 249
Wolverton Mountain 759
Woman 260, 799, 1069
Woman In Chains 11
Woman in Love 1362, 1415
Woman In Me 831
Woman Trouble 57 f.
Woman Woman 1115
Woman, Woman 1115
Wombling Merry Christmas 103, 1531, 1533
Wombling Songs 1532
Women And Children First 1473
Women In Technology 1511
Women In Uniform/Twilight Zone 680
Won't Get Fooled Again 1515
Won't Take It Lying Down 650
Won't Talk About It 115
Wonder 445, 918
Wonder Boys 426
Wonder No. 8 650
Wonderful 45, 850
Wonderful Baby 907
Wonderful Christmastime 897
Wonderful Days 837, 1339
Wonderful Dream (Holidays Are Coming) 1415
Wonderful Land 1246
Wonderful Life 138, 1165
Wonderful Tonight 336
Wonderful Wonderful 889
(What A) Wonderful World 1393
Wonderful World 29, 277, 300, 637, 1520
Wonderful World Of The Young 1520
Wonderful! Wonderful 1455
Wonderful! Wonderful! 889, 1455
Wonderfulness 306
Wonderland 133, 251, 1007
Wonderous Stories 1546 f.
Wonderwall 506, 616, 1022
Wonderworld 1467
WOO-HAH!! Got You All In Check 209
Wood Beez (Pray Like Aretha Franklin) 1233
Wooden Heart 1100
Woodface 322
Woodpeckers From Space 1483
Woodstock 320, 890, 940
Woody 1203
Woody Boogie 91
Woof Woof 1284
Wooly Bully 1216
Word Gets Around 1346
Word Of Mouth 101, 929
Word To The Badd!! 689
Word Up 72, 598
Word Up! 216
Words 120 f., 180 f., 343, 1164, 1472
Words And Music 639
Words Are Not Enough/I Know Him So Well 1346
Words From A Genius 1538
Words Get In The Way 458
Words Of Love 645, 858
Wordy Rappinghood 1389, 1426
Work All Day 134
Work Rest And Play EP 850
Work That Body 1196
Work With Me Annie 697
Workaholic 1453
Workers' Playtime 181
Workin' Together 1445
Working Class Dog 1328
Working Class Hero 798
Working Girl 1266
Working In A Gold Mine 70
Working In The Coalmine 407
Working My Way Back To You 518
Working My Way Back To You/Forgive Me Girl 1324
Workingman's Dead 589
Works, Vol. 1 446
World 121, 414
World Beat 743
World Clique 361
World Cup Willie 401
World Gone Wrong 425
World In Motion 389, 450, 485, 996
World In My Eyes 373
World In Union 102, 1394 f.
World Machine 802
World Of Magic 1073
World Of Morrissey 960
World Of Our Own 1505
World Of The Bachelors 80
World Of The Bachelors Volume 2 80
World Of Today 1371
World Of Val Doonican 405
World Power 1299
World Wide Live 1232
Worlds Away 1046
Worldwide 50 Gold Award Hits, Vol. 1 1098
Worldwide Love 818
Worry Bomb 235
Worst That Could Happen 192
Wot 224, 1380
Wot's It To Ya 993
Would I Lie To You? 253, 460
Would I Love You (Love You, Love You) 350, 1047
Would You . . .? 1432
Would You Follow Me 772
Wouldn't Change A Thing 937
Wouldn't It Be Good 751
Wouldn't It Be Nice 108
Wouldn't You Like It 104
Wozu sind Kriege da? 813
Wrack My Brain 1337
Wrap Around Joy 758
Wrap Me Up 19
Wrapped Around Your Finger 1088
Wrapped Up In You 193
Wreckx Shop 47
Wrestlemania 1538
Wrestlemania – The Album 1538
Wringing Applause 1177
Writing To Reach You 1439
Written In The Stars 721 f., 1171 f.
Wrong 465
Wrong Impressions 672
Wrote For Luck 610
Wu-Tang Forever 1538
Wumba Tumba Schokoladeneisverkäufer 1140
Wunder geschehn 993
Wunder gibt es immer wieder 433
Wunderbar 1403
Wunderbar geborgen 1514
Wunderbar ist die Welt 140
Wunderkinder 780
Wunderschönes fremdes Mädchen 86
. . . wünsch' dir was 1430
Wurzel 556
Wuthering Heights 208

X 96, 679, 745, 853, 1301, 1542
X Files 1301
X für e U 96
Xanadu 441 f., 1001 f.
X-Files 390
X-Girlfriend von Mariah Carey, »It Makes Me Ill« 740
XII 97
X-Offender 149
X-Ray 763
(X-Ray) Follow Me 1314
X-Tra Naked 1141
XY & Zee 1090

Y Viva Espana 1383
Y Viva Suspenders 733
Ya Ya 361, 407, 799
Yah Mo B There 675
Yah-Ta-Ta Yah-Ta-Ta (Talk, Talk, Talk) 319
Yankee Rose 1197
Yardbirds 1544
Ye Ke Ye Ke 742
Yeah Man 296
Yeah! Yeah! Yeah! 113
Year Of Decision 1415
Year Of The Cat 1053, 1349
Years May Come, Years May Go 637
Yeh Yeh 477, 890
Yello 286
Yello 1980-1985 1545
Yellow 113 f., 266, 286, 926, 1240, 1545
Yellow Berets 1240
Yellow Boomerang 926
Yellow River 266
Yellow Submarine 113
Yellow Submarine – Songtrack 113
Yellow Submarine/Eleanor Rigby 114
Yentl 1362
Yer Old 1154
Yes 894
Yes I Am 459
Yes I Will 644
Yes I'm Ready 374
Yes, I'm Ready 745, 886
Yes, My Darling 534, 567
Yes My Darling Daughter 582
Yes Sir I Can Boogie 78, 367
Yes Sir, That's My Baby 1241
Yes We Can Can 1086
Ye-Si-Ca 1237
Yessongs 1547
Yester-Me, Yester-You, Yesterday 1534
Yesterday 62, 797, 896, 951, 957, 1505
Yesterday . . . And Today 113
Yesterday Has Gone 28, 326, 1109
Yesterday Man 40
Yesterday Once More 230
Yesterday Today 1023
Yesterday Went Too Soon 487
Yesterday, Today, Tomorrow – The Greatest Hits Of Kenny Loggins 823
Yesterday's Gone 246
Yesterday's Hero 472
Yesterdays 1547
Yesterdays/November Rain 599
Yield 1064
Yine Sensiz 1391
Ying Tong Song 581
YMCA 1483 f.
Yo Frankie 385
Yomi 1458
Yoo Doo Right 218
You 80, 85, 87, 178, 207, 375, 725, 904, 941 f., 949, 970, 986, 1086, 1092, 1124, 1130 f., 1211, 1263, 1307, 1311 f., 1339, 1343
. . . You 1223
You Ain't Seen Nothing Yet 80, 207
You All Dat 87
You Alone 295
You And I 319, 554, 1130 f.
You And Me 303, 1544
You And Me Against The World 1152
You And Me Both 1544
You Are 1167
You Are A Part Of My Heart 202
You Are Alive 522
You Are Everything 147, 554, 1196, 1364
You Are In My System 1384
You Are My Destiny 43
You Are My Love 920
You Are My Music 1182
You Are My Sunshine 252
You Are Not Alone 691, 946, 1116
You Are So Beautiful 283, 1100
You Are The One (Remix) 16
You Are The Sunshine Of My Life 1534
You Are The Woman 495
You Beat Me To The Punch 1502
You Belong To Me 422, 736, 1047, 1266
You Belong To My Heart 319
You Belong To The City 532
You Better Sit Down Kids 258
You Better Wait 1067
You Better You Bet 1515
You Break My Heart In 17 Places 1460
You Bring Me Up 745
You Bring On The Sun 825
You Call It Madness 287
You Came 1517
You Came, You Saw, You Conquered 1064
You Can Call Me Al 1268
You Can Dance 851
You Can Depend On Me 794
You Can Do Magic 34, 811
You Can Get It 892
You Can Get It If You Really Want 277, 366
You Can Never Stop Me Loving You 840, 1322, 1421
You Can Tune A Piano, But You Can't Tuna Fish 1161
You Can Win If You Want 946
You Can't Change Me 1216
You Can't Change That 1052
You Can't Deny It 1333
You Can't Have My Love 691
You Can't Hide Your Love Forever 1033
You Can't Hurry Love 291, 1374
You Can't Keep A Good Man Down 1524
You Can't Live On Memories 776
You Can't Stop Us 833
You Caught My Eyes 173
You Could Be Mine 599
You Decorated My Life 1185
You Didn't Have To Be So Nice 835
You Do 320, 894
You Do Something To Me 1501 f.
You Don't Bring Me Flowers 381, 1361 f.
You Don't Care About Us 1083
You Don't Fool Me 1124
You Don't Fool Me – The Remixes 1124
You Don't Have To Be A Baby To Cry 225, 606
You Don't Have To Be A Star (To Be In My Show) 898
(You Don't Have To) Paint Me A Picture 805
You Don't Have To Go 263
You Don't Have To Say You Love Me 601, 1100, 1327
You Don't Have To Worry 848
You Don't Know 1243, 1254
You Don't Know How It Feels 1072
You Don't Know Like I Know 1215
You Don't Know Me 252, 1474, 1501
You Don't Love Me 1490
You Don't Love Me (No, No, No) 1066
You Don't Mess Around With Jim 318
You Don't Own Me 581, 926
You Don't Want My Love 931
(You Drive Me) Crazy 1318
You Drive Me Crazy 1348
You Gave Me Love 323
You Get What You Give 997
You Gets No Love 461
You Give Good Love 658 f.
You Give Love A Bad Name 164
You Got It 1034 f., 1137
You Got It (The Right Stuff) 996
You Got It All 713
You Got Me 85
You got me and I got you 1307
You Got Soul 986
You Got The Key 970
You Got The Love 1311 f., 1339
(You) Got What I Need 136
You Got What It Takes 273, 725, 1263
You Gotta Be 375
You Gotta Be 1999 Mix 375
(You Gotta) Fight For Your Right (To Party!) 109
You Gotta Sin To Get Saved 904
You Gotta Walk It Like You Talk It 1343
You Have Been Loved 922 f.
You Haven't Done Nothin' 1533 f.
You Just Might See Me Cry 1042 f.
You Keep It All In 116
You Keep Me Hangin' On 1374, 1476, 1517
You Know 243
You Know I Love You 757
You Know The Teacher 586
You Lied To Me 370
You Light Up My Life 170, 889, 1171
You Light Up My Life – Inspirational Songs 1171
You Little Thief 1254
You Little Trustmaker 1455
You Made Me Believe In Magic 105
You Made Me The Thief Of Your Heart 1018
You Make It Move 359
You Make Loving Fun 504
You Make Me Feel (Mighty Real) 1305, 1383, 1402, 1499
You Make Me Feel Brand New 1364
You Make Me Feel Like Dancing 1224
You Make Me Sick 1077
You Make Me Wanna . . . 1468 f.
You Make Me Want To Make You Mine 1000
You Make My Dreams 604
You May Be Right 719
You Mean The World To Me 185, 1164
You Might Need Somebody 32
You Might Think 233 f.
You Move Me 1466
You Must Have Been A Beautiful Baby 341
You Must Love Me 851 f.
You Need Love Like I Do 846
You Needed Me 181, 976
You Never Can Tell 131

You Never Done It Like That 223
You Never Love The Same Way Twice 1201
You Only Tell Me You Lov Me When Yor're Drunk 1069
You Only You 1062
You Ought To Be With Me 592
You Oughta Know/You Learn 958
You Put A Move On My Heart 1390
You Really Got Me 762, 764, 1473
You Remind Me 147
You Remind Me Of Something 747
You Rock My World 691
You Sang To Me 46
You See The Trouble With Me 142, 1509
You Send Me 300
You Sexy Thing 655
You Sexy Thing (Remix) 655
You Should Be . . . 844
You Should Be Dancing 120 f., 148
You Should Be Mine (Don't Wast Your Time) 885
You Should Hear How She Talks About You 858
You Showed Me 809, 1448
You Spin Me Round (Like A Record) 357, 1356
You Stole The Sun From My Heart 862
You Take Me Up 1414
You Take My Breath Away 1294 f.
You Take My Heart Away 342
You Talk Too Much 388
You Tell Me Why 115
You To Me Are Everything 1147, 1306
You To Me Are Everything (The Decade Remix 76–86) 1147
You Took The Words Right Out Of My Mouth 910
You Upset Me Baby 757
You Used To Love Me 460
You Walked In 825
You Want Love 941 f.
You Want This 894
You Want This/70's Love Groove 689
You Wear It Well 1354
You Were Made For Me 528
You Were Meant For Me 713 f.
You Were On My Mind 1330 f., 1498 f.
You Were There 631
You Win Again 121
You Win, I Lose 1372
You Won't Be Satisfied (Until You Break My Heart) 53, 295, 350
You Won't Find Another Fool Like Me 997
You Won't Forget Me 782
You Won't See Me 976
You You You 1335
You'll Always Find Me In The Kitchen At Partys 803
You'll Lose A Good Thing 841
You'll Never Find Another Love Like Mine 1145
You'll Never Know 102, 1279
You'll Never Stop Me Loving You 1306
You'll Never Walk Alone 322, 564, 1061, 1098, 1279
You'll See 852
You're A Big Girl Now 1364
You're A Friend Of Mine 200
You're A God 1482
You're A Lady 1284 f.
You're A Woman 82
You're A Woman '98 82
You're All I Need To Get By 554, 921, 1403
You're All That Matters To Me 1354
You're Everything To Me 549
You're Going To Lose That Girl 1338
You're Gonna Get It 1073
(You're Gonna) Hurt Yourself 1472
You're Gorgeous 76
(You're) Having My Baby 43 f.
You're History 1249
You're In Love 1526
You're In My Heart (The Final Acclaim) 1354
You're Just In Love 295
You're Lying 815
You're Makin' Me High/Let It Flow 185
You're More Than A Number In My Little Red Book 416
You're Moving Out Today 1213
You're My Angel 392
You're My Best Friend 1125
You're My Everything 1400
You're My Girl 525, 1181
You're My Heart, You're My Soul 946
You're My Heart, You're My Soul 1998 946
You're My Life 134
You're My Mate 1169 f.
You're My One And Only (True Love) 1239, 1499
(You're My) Soul And Inspiration 1170
You're My Thrill 350
You're My World 139
You're No Good 63, 462, 575, 1191, 1381
You're Not Alone 261, 1028
You're Only Human (Second Win) 719
You're Only Lonely 1312
You're Sixteen 1338
You're So Vain 1266
You're Still New To Me 345, 1041
You're Still The One 1449
You're Such A Good Looking Woman 396
You're The Apple Of My Eye 518, 1472
(You're The) Devil In Disguise 1100
You're The First, The Last, My Everything 1509
You're The Greatest Lover 840
You're The Inspiration 261
You're The One 764, 1268, 1381, 1485
You're The One I Love 32
You're The One That I Want 486, 567, 905, 1001 f., 1439
You're The Reason 1491
You're The Reason I'm Living 341
You're The Star 1353
You're The Voice 483, 1413
You've Been My Inspiration 855
You've Come A Long Way Baby 486
You've Got A Friend 133, 182, 500, 621, 758, 1306, 1393
You've Got A Lot To Answer For 241
You've Got It Bad 1023
You've Got Me Dangling On A String 246
You've Got Me Thinking 125
You've Got My Number (Why Don't You Use It?) 1462
You've Got That Somethin' 1180
You've Got To Believe In Something 1323
You've Got To Hide Your Love Away 1265
You've Got Your Troubles 343, 515
You've Lost That Lovin' Feelin' 139, 1170
You've Lost That Lovin' Feelin'/Ebb Tide 1171
You've Made Me So Very Happy 150
You've Never Been In Love Like This Before 1464
You've Really Got A Hold On Me 939
You, Me & Us 899
Young Americans 174, 716
Young At Heart 155, 297, 1276
Young Blood 83
Young Girl 1115
Young Gun II 163
Young Guns (Go For It) 1506 f.
Young Hearts Run Free 1339
Young Love 1040
Young Lovers 1060 f.
Young Talent Time 51
Young Turks 1354
Young Woman/Black Eyes 715
Young, Fresh N' New 747
Young, Gifted And Black 159
Young, Rich & Dangerous 778
Young-At-Heart 1279
Your Arsenal 960
Your Baby Ain't Your Baby Anymore 1202
Your Cassette Pet 174
Your Christmas Wish 1298, 1470
Your Good Thing (Is About To End) 1145
Your Heart Belongs To Me 1373
Your Honour 1261
Your Imagination 107
Your Little Secret 459
Your Love 676, 898, 1043, 1311
Your Love Gets Sweeter 1123
(Your Love Has Lifted Me) Higher And Higher 301
Your Love Is Driving Me Crazy 1473
Your Love Is King 1212
(Your Love Keeps Lifting Me) Higher And Higher 1525
Your Loving Arms 879
Your Lucky Day In Hell 438
Your Mama Don't Dance 823, 1087
Your Move 1546
Your Own Reality 1436
Your Precious Love 554, 1403
Your Secret Love 1475
Your Song 721, 838, 1060
Your Songs 720
Your Twist Party 255
Your Wildest Dreams 953 f.
Your Woman 39, 1511
Yours Sincerely 1058
Yourself Or Someone Like You 888
Youth Gone Wild 1285
Youth Gone Wild/Delivering The Goods 1285
Youthquake 357
Yo-Yo 1041
Yum, Yum (Gimme Some) 485
Yummy Yummy Yummy 1026

Za Za Zabadak 1221
Zabadak 1221
Zabadak! 360
Zahn um Zahn 783
Zambesi 1081
Zanders Zorn 1555
Zanz Kant Danz 316, 510
Zapp 1184
Zapp II 1184
Zapped 941
Zappo 1144
Zaragon 929
Zärtliche Chaoten 1005
Zärtliche Lieder 172
Zärtlichkeiten 670
Zauber der Gitarre 760
Zauber der Karibik 580
Zauberfee 1524
Zauberstab 1556
Zebop! 1219
Zehn kleine Jägermeister 1430 f.
Zehn kleine Negerlein 1422 f.
Zeig mir dein Gesicht 129
Zeit für Engel 1503
Zeit macht nur vor dem Teufel halt 1208
Zeitlupenkino 1134
Zeke 1296
Zenyatta Mondatta 1088
Zero 1292
Zigeunerjunge 158
Ziggy Stardust 362
Ziggy Stardust – The Motion Picture 175
Zinc Alloy And The Hidden Riders Of Tomorrow 1386
Zing A Little Zong 320
Zing Went The Strings Of My Heart 1438
Zingalamduni 56
Zion 1304
Zip Code 497
Zip-A-Dee Do-Dah 159 f.
Zoff in Beverly Hills 1088
Zombie 310, 1557
Zoom 411, 442, 485
Zooropa 238, 1457
Zorba Le Grec 935
Zorba's Dance 935
Zu der Ponderosa reiten wir 630
Zu geil für diese Welt 480
Zu nah am Feuer 22, 1487
Zu spät ... 58
Zu spät am Gate 1383
Zucchero 1559
Zucker 1195
Zucker im Kaffee 158
Zuckerpuppe 1140
Zuckerschlampen: Live 1195
Zum Teufel mit der Penne 631
20 Jahre Chansons von Gilbert 116
20.000 Meilen 982
Zwei blaue Vergißmeinnicht 568
Zwei Kerle wie wir 1517
Zwei kleine Italiener 299, 535, 700
Zwei Mädchen aus Germany 44
2001 – Odyssee im Weltall 1067
Zwesche Salzjebäck un Bier 96
Zwischenspiel/Alles für den Herren 982